中华人民共和国进出口税则

Import and Export Tariff of the People's Republic of China

（2018年）

海关总署关税征管司 编

Department of Duty Collection of
the General Administration of Customs

中国海关出版社
China Customs Press

图书在版编目（CIP）数据

中华人民共和国进出口税则．2018 年/海关总署关税征管司编．
—北京：中国海关出版社，2018. 1
ISBN 978-7-5175-0244-9

Ⅰ.①中… Ⅱ.①海… Ⅲ.①进出口贸易—关税—税则—
中国—2018 Ⅳ. ①D922. 221

中国版本图书馆 CIP 数据核字（2017）第 293642 号

中华人民共和国进出口税则（2018 年）

ZHONGHUA RENMIN GONGHEGUO JINCHUKOU SHUIZE（2018 NIAN）

作　　者：海关总署关税征管司
责任编辑：史　娜　黄华莉　夏淑婷　吴　婷
助理编辑：衣尚书
出版发行：中国海关出版社
社　　址：北京市朝阳区东四环南路甲 1 号　　邮政编码：100023
网　　址：www. hgcbs. com. cn；www. hgbookvip. com
编 辑 部：01065194242－7535（电话）　　01065194231（传真）
发 行 部：01065194221/4227/4238/4246（电话）　　01065194233（传真）
社办书店：01065195616（电话）　　01065195127（传真）
www. customskb. com/book（网址）
印　　刷：重庆华林天美印务有限公司　　经　　销：新华书店
开　　本：889mm×1194mm　1/16
印　　张：81. 5　　字　　数：3680 千字
版　　次：2018 年 1 月第 1 版
印　　次：2018 年 1 月第 1 次印刷
书　　号：ISBN 978-7-5175-0244-9
定　　价：300. 00 元

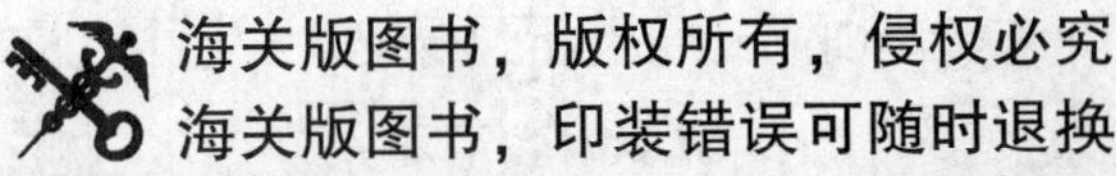

《进出口税则》移动版查询系统

权威准确 实时更新 移动便捷

一、功能简介

为满足读者移动办公及掌握商品实时更新信息的需求，我社开发了针对本书内容的移动版查询系统——“海关数库”微信公众号，免费向本书用户开放，开放时限为2018年全年。系统可对本书主体内容进行全文检索查询，且将与海关监管库数据同步更新，以便用户实时掌握更新动态，提高通关效率。

二、开通流程

1. 刮开图书封面防伪标涂层，打开手机微信，扫描二维码。
注：每个二维码只能被扫描一次并开通权限，不能重复扫描。

2. 扫描成功后，系统自动弹出“海关学库申请获取以下权限”对话框。
注：“海关学库”为我社微信统一认证平台，认证结果将作用于“海关数库”微信公众号。

3. 点选“允许”后，首次微信扫码用户，还须进行手机号验证，并设置用户密码，以保证增值服务权益不受损。

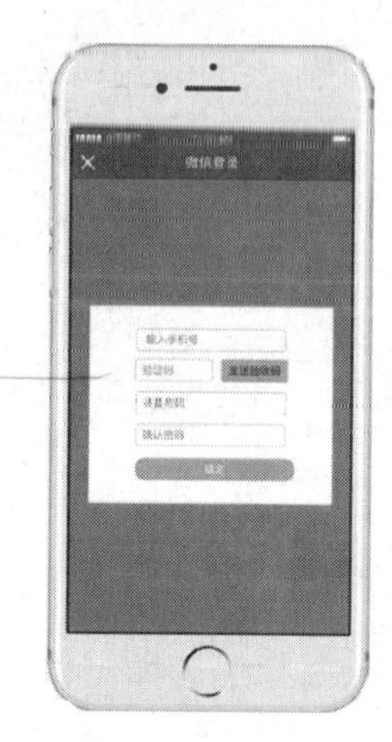

4. 手机号验证成功后，系统自动弹出认证成功提示框。

5. 点选“立即进入”后，即可开通“海关数库”微信公众号中的“商品信息”“通关参数”“我的定制”等增值服务权限。

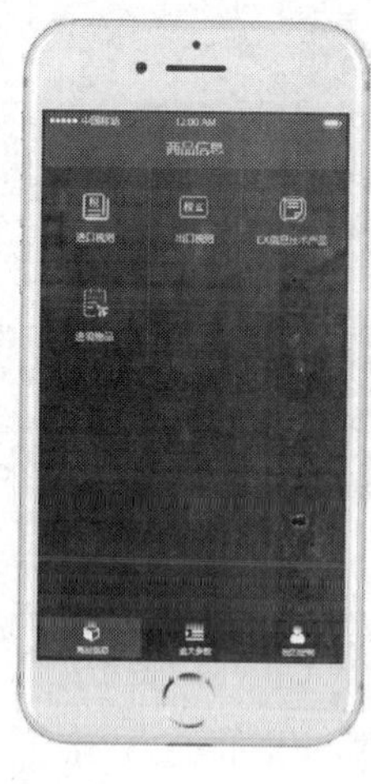

编写说明

《中华人民共和国进出口税则》是以世界海关组织（WCO）制定的《商品名称及编码协调制度》（Harmonized Commodity Description and Coding System，以下简称《协调制度》）为基础，结合我国贸易政策，以及其他政策情况编制而成的。为履行作为世界海关组织《商品名称及编码协调制度公约》缔约方的义务，我国以《协调制度》为基础制定了《中华人民共和国进出口税则》（2018年），包括我国本国税目和关税税率等内容。

本书力求全面、实用，是海关和进出口企业工作人员必备的工具书。我们相信本书的出版将有助于促进对外经济贸易的发展和规范进出口贸易行为。由于编辑时间较紧，书中难免有各种不尽人意之处，欢迎广大读者提出批评意见和建议。书中内容如有与法规文本不一致之处，均以法规文本为准。

海关总署关税征管司

2017年12月

Editor's Remark

Customs Tariff of Import and Export of the People's Republic of China (hereinafter referred to as "the Customs Tariff of Import and Export") is compiled based on the Harmonized Commodity Description and Coding System (hereinafter referred to as "the Harmonized System") approved and published by the World Customs Organization (WCO), taking into account of the interests of the national trade policies and other policy issues. To honor China's commitment as a contracting party to the International Convention on the Harmonized Commodity Description and Coding System, a new version of Customs Tariff of Import and Export (2018) is completed based on the Harmonized System, which contains national headings and tariff rates.

Aiming at its comprehensiveness and practical use, this publication proves to be an indispensable reference book for professionals specialized in customs and trade. It is believed that this publication will serve to promote the development of foreign economic trade and to regulate import and export trade activities. Given the time constraints in accomplishing this edition, it inevitably leaves some to be desired of. Bearing this in mind, any positive opinion and suggestion for its further improvement would be highly appreciated. In the event of any inconsistency which occurs in the contents between this publication and the legal texts of the Customs Tariff of Import and Export, the latter shall prevail.

Department of Duty Collection
of the General Administration of Customs
December 2017

税率适用说明

1. 最惠国税率

原产于共同适用最惠国待遇条款的世界贸易组织成员的进口货物，原产于与中华人民共和国签订含有相互给予最惠国待遇条款的双边贸易协定的国家或地区的进口货物，以及原产于中华人民共和国境内的进口货物，适用最惠国税率。

2. 协定税率

原产于与中华人民共和国签订含有关税优惠条款的区域性贸易协定的国家或地区的进口货物，适用协定税率。

目前适用协定税率的部分国家或地区为原产于文莱达鲁萨兰国、柬埔寨王国、印度尼西亚共和国、老挝人民民主共和国、马来西亚、缅甸联邦共和国、新加坡共和国、泰王国、越南社会主义共和国、菲律宾共和国、大韩民国、斯里兰卡民主社会主义共和国、孟加拉人民共和国、印度共和国、巴基斯坦伊斯兰共和国、智利共和国、新西兰、秘鲁共和国、哥斯达黎加共和国、瑞士联邦、冰岛共和国、澳大利亚联邦、格鲁吉亚、香港特别行政区、澳门特别行政区以及台湾地区的部分进口货物。

目前适用东盟协定税率的国家为文莱达鲁萨兰国、柬埔寨王国、印度尼西亚共和国、老挝人民民主共和国、马来西亚、缅甸联邦共和国、新加坡共和国、泰王国、越南社会主义共和国、菲律宾共和国。

目前适用亚太贸易协定税率的国家为大韩民国、斯里兰卡民主社会主义共和国、孟加拉人民共和国、印度共和国、老挝人民民主共和国。

3. 特惠税率

原产于与中华人民共和国签订含有特殊关税优惠条款的贸易协定的国家或地区的进口货物，适用特惠税率。

目前适用特惠税率的国家或地区为原产于孟加拉人民共和国、老挝人民民主共和国、缅甸联邦、柬埔寨王国、尼日尔共和国、索马里联邦共和国、埃塞俄比亚联邦民主共和国、贝宁共和国、布隆迪共和国、厄立特里亚国、吉布提共和国、刚果民主共和国、几内亚共和国、几内亚比绍共和国、科摩罗联盟、利比里亚共和国、马达加斯加共和国、马里共和国、马拉维共和国、毛里塔尼亚伊斯兰共和国、莫桑比克共和国、卢旺达共和国、塞拉利昂共和国、苏丹共和国、南苏丹共和国、坦桑尼亚联合共和国、多哥共和国、乌干达共和国、赞比亚共和国、莱索托王国、乍得共和国、中非共和国、阿富汗伊斯兰共和国、尼泊尔联邦民主共和国、东帝汶民主共和国、也门共和国、瓦努阿图共和国、赤道几内亚共和国、安哥拉共和国、塞内加尔共和国、冈比亚共和国、圣多美和普林西比民主共和国的部分进口货物。

4. 普通税率

原产于上述国家或地区以外的国家或地区的进口货物，以及原产地不明的进口货物，适用普通税率。

5. 出口税率

出口关税设置出口税率。

6. 暂定税率

适用最惠国税率的进口货物有暂定税率的，应当适用暂定税率；适用协定税率、特惠税率的进口货物有暂定税率的，应当从低适用税率；适用普通税率的进口货物，不适用暂定税率。适用出口税率的出口货物有暂定税率的，应当适用暂定税率。

暂定税率仅在当年有效。

7. 关税减免

特定地区、特定企业或者特定用途的进出口货物减征或者免征关税的，以及其他依法减征或者免征关税的，按照国务院的有关规定执行。

8. 附表的商品名称

凡附表中商品名称为简称的，其准确的商品名称以进出口税则的货品名称描述为准。

Application of Tariff Rates

1. The Most Favored Nation (MFN) Tariff Rates

The MFN tariff rates shall apply to goods imported from and originating in the members of the World Trade Organization providing that the MFN treatment is reciprocal between the People's Republic of China and these members; or those countries or regions with which the People's Republic of China has concluded bilateral agreements for reciprocal tariff preference; or the customs territory of the People's Republic of China.

2. The Conventional Tariff Rates

The conventional tariff rates shall apply to goods imported from and originating in the countries or regions which join together with the People's Republic of China into regional trade agreements for tariff preferences.

The Conventional tariff rates are currently applicable to some goods imported from and originating in the Negara Brunei Darussalam, the Kingdom of Cambodia, the Republic of Indonesia, the Lao People's Democratic Republic, Malaysia, the Republic of the Union of Myanmar, the Republic of Singapore, the Kingdom of Thailand, the Socialist Republic of Vietnam, the Republic of Philippines, the Republic of Korea, the Democratic Socialist Republic of Sri Lanka, the People's Republic of Bangladesh, the Republic of India, the Islamic Republic of Pakistan, the Republic of Chile, New Zealand, the Republic of Peru, the Republic of Costa Rica, Swiss Confederation, the Republic of Iceland, the Commonwealth of Australia, Georgia, the Hong Kong Special Administrative Region, China, the Macao Special Administrative Region, China, and Taiwan, China.

The tariff rates of "ASEAN" are currently applicable to some goods imported from and originating in Negara Brunei Darussalam, the Kingdom of Cambodia, the Republic of Indonesia, the Lao People's Democratic Republic, Malaysia, the Republic of the Union of Myanmar, the Republic of Singapore, the Kingdom of Thailand and the Socialist Republic of Viet Nam, the Republic of Philippines.

The tariff rates of "APTA" are currently applicable to some goods imported from and originating in the Republic of Korea, the Democratic Socialist Republic of Sri Lanka, the People's Republic of Bangladesh, the Republic of India, the Lao People's Democratic Republic.

3. The Special Preferential Tariff Rates

The special preferential tariff rates shall apply to goods imported from and originating in countries or regions that have concluded special tariff preferential agreement with the People's Republic of China.

The special preferential tariff rates are applicable to some goods imported from and originating in the People's Republic of Bangladesh, the Lao People's Democratic Republic, the Republic of the Union of Myanmar, the Kingdom of Cambodia, the Federal Republic of Nigeria, the Federal Republic of Somalia, the Federal Democratic Republic of Ethiopia, the Republic of Benin, the Republic of Burundi, the State of Eritrea, the Republic of Djibouti, the Democratic Republic of the Congo, the Republic of Guinea, the Republic of Guinea-Bissau, the Union of the Comoros, the Republic of Liberia, the Republic of Madagascar, the Republic of Mali, the Republic of Malawi, the Islamic Republic of Mauritania, the Republic of Mozambique, the Republic of Rwanda, the Republic of Sierra Leone, the Republic of the Sudan, the Republic of South Sudan, the United Republic of Tanzania, the Togolese Republic, the Republic of Uganda, the Republic of Zambia, the Kingdom of Lesotho, the Republic of Chad, the Central African Republic, the Islamic State of Afghanistan, the Federal Democratic Republic of Nepal, the Democratic Republic of Timor-Leste, the Republic of Yemen, the Republic of Vanuatu, the Republic of Equatorial Guinea, the Republic of Angola, the Republic of Senegal, the Republic of the Gambia, the Democratic Republic of Sao Tome and Principe.

4. The General Tariff Rates

The general tariff rates shall apply to goods imported from and originating in countries or regions with which the People's Republic of China has concluded no agreements for reciprocal tariff preference, goods with non-origin or no definite origin.

5. The Expore Tariff Rates

Duty rates on export goods are designed to collect export duty.

6. The Interim Tariff Rates

The interim import tariff rates have the priority over the MFN tariff rates for application. Goods eligible for interim import tariff rates, when imported under the agreement tariff rates or special preferential tariff rates, will be levied under the lower of the two rates.

The interim export tariff rates have the priority over the export tariff rates for application.

Interim tariff rates are effective in one year from January 1st to December 31st.

7. Exemption and Reduction

Customs duties shall be reduced or exempted in accordance with the provisions set out in the relevant regulations by the State Council on goods imported into or exported out of the designated areas, the designated enterprises, or for designated uses.

8. Article Description in the Appendix

For the exact description of a brief description in the Appendix, the correspondent *Article Description* in the Import and Export Tariff of the People's Republic of China should be consulted.

总　目　录

Contents

进 出 口 税 则

Import and Export Tariff

目　　录

INDEX

归类总规则

货品在协调制度中的归类，应遵循以下规则：

规则一 类、章及分章的标题，仅为查找方便而设；具有法律效力的归类，应按品目条文和有关类注或章注确定，如品目、类注或章注无其他规定，则按以下规则确定。

规则二 （一）品目所列货品，应视为包括该项货品的不完整品或未制成品，只要在报验时该项不完整品或未制成品具有完整品或制成品的基本特征。还应视为包括该项货品的完整品或制成品（或按本款规则可作为完整品或制成品归类的货品）在报验时的未组装件或拆散件。

（二）品目中所列材料或物质，应视为包括该种材料或物质与其他材料或物质混合或组合的物品。品目所列某种材料或物质构成的货品，应视为包括全部或部分由该种材料或物质构成的货品。由一种以上材料或物质构成的货品，应按规则三归类。

规则三 当货品按规则二（二）或由于其他原因看起来可归入两个或两个以上品目时，应按以下规则归类：

（一）列名比较具体的品目，优先于列名一般的品目。但是，如果两个或两个以上品目都仅述及混合或组合货品所含的某部分材料或物质，或零售的成套货品中的部分货品，即使其中某个品目对该货品描述得更为全面、详细，这些货品在有关品目的列名应视为同样具体。

（二）混合物、不同材料构成或不同部件组成的组合物以及零售的成套货品，如果不能按照规则三（一）归类时，在本款可适用的条件下，应按构成

GENERAL RULES FOR THE INTERPRETATION OF THE HARMONIZED SYSTEM

Classification of goods in the nomenclature shall be governed by the following principles:

1. The titles of sections, Chapters and sub-Chapters are provided for ease of reference only; for legal purposes, classification shall be determined according to the terms of the headings and any relative Section or Chapter Notes and Provided such headings or Notes do not otherwise require, according to the following provisions.

2. (a) Any reference in a heading to an article shall be taken to include a reference to that article incomplete or unfinished, provided that, as presented, the incomplete or unfinished article has the essential character of the complete or finished article.it shall also be taken to include a reference to that article complete or finished (or falling to be classified as complete or finished by virtue of this Rule), presented unassembled or disassembled.

(b) Any reference in a heading to a material or substance shall be taken to include a reference to mixtures or combinations of that material or substance with other materials or substances. Any reference to goods of a given material or substance shall be taken to include a reference to goods consisting wholly or partly of such material or substance. The classification of goods consisting of more than one material or substance shall be according to the principles of Rule 3.

3. When by application of Rule 2 (b) or for any other reason, goods are, *prima facie*, classifiable under two or more headings, classification shall be effected as follows:

(a) The heading which provides the most specific description shall be preferred to headings providing a more general description. However, when two or more headings each refer to part only of the materials or substances contained in mixed or composite goods or to part only of the items in a set put up for retail sale, those headings are to be regarded as equally specific in relation to those goods, even if one of them gives a more complete or precise description of the goods.

(b) Mixtures, composite goods consisting of different materials or made up of different components, and goods put up in sets for retail sale, which cannot be classified

货品基本特征的材料或部件归类。

by reference to 3(a), shall be classified as if they consisted of the material or component which gives them their essential character, insofar as this criterion is applicable.

(三)货品不能按照规则三(一)或(二)归类时,应按号列顺序归入其可归入的最末一个品目。

(c) When goods cannot be classified by reference to 3(a) or 3(b), they shall be classified under the heading which occurs last in numerical order among those which equally merit consideration.

规则四 根据上述规则无法归类的货品,应归入与其最相类似的货品的品目。

4. Goods which cannot be classified in accordance with the above rules shall be classified under the heading appropriate to the goods to which they are most akin.

规则五 除上述规则外,本规则适用于下列货品的归类:

(一)制成特殊形状,适用于盛装某一或某套物品并适合长期使用的照相机套、乐器盒、枪套、绘图仪器盒、项链盒及类似容器,如果与所装物品同时报验,并通常与所装物品一同出售的,应与所装物品一并归类。但本款不适用于本身构成整个货品基本特征的容器。

(二)除规则五(一)规定的以外,与所装货品同时报验的包装材料或包装容器,如果通常是用来包装这类货品的,应与所装货品一并归类。但明显可重复使用的包装材料和包装容器不受本款限制。

5. In addition to the foregoing provisions, the following rules shall apply in respect of the goods referred to therein:

(a) Camera cases, musical instrument cases, gun cases, drawing instrument cases, necklace cases and similar containers, specially shaped or fitted to contain a specific article or set of articles, suitable for long-term use and presented with the articles for which they are intended, shall be classified with such articles when of a kind normally sold therewith. This rule does not, however, apply to containers which give the whole its essential character.

(b) Subject to the provisions of rule 5 (a) above, packing materials and packing containers presented with the goods therein shall be classified with the goods if they are of a kind normally used for packing such goods. However, this provision is not binding when such packing materials or packing containers are clearly suitable for repetitive use.

规则六 货品在某一品目项下各子目的法定归类,应按子目条文或有关的子目注释以及以上各条规则(在必要的地方稍加修改后)来确定,但子目的比较只能在同一数级上进行。除条文另有规定的以外,有关的类注、章注也适用于本规则。

6. For legal purposes, the classification of goods in the subheadings of a heading shall be determined according to the terms of those subheadings and any related Subheading Notes and, *mutatis mutandis*, to the above Rules, on the understanding that only subheadings at the same level are comparable. For the purposes of this rule the relative section and Chapter Notes also apply, unless the context otherwise requires.

第一类 活动物；动物产品

SECTION I LIVE ANIMALS; ANIMAL PRODUCTS

注释：

一、本类所称的各属种动物，除条文另有规定的以外，均包括其幼仔在内。

二、除条文另有规定的以外，本协调制度所称干的产品，均包括经脱水、蒸发或冷冻干燥的产品。

Section Notes:

1. Any reference in this Section to a particular genus or species of an animal, except where the context otherwise requires, includes a reference to the young of that genus or species.

2. Except where the context otherwise requires, throughout the Nomenclature any reference to "dried" products also covers products which have been dehydrated, evaporated or freezedried.

第一章 活动物

Chapter 1 Live animals

注释：

本章包括所有活动物，但下列各项除外：

一、税目 03.01、03.06、03.07 或 03.08 的鱼、甲壳动物、软体动物及其他水生无脊椎动物；

二、税目 30.02 的培养微生物及其他产品；以及

三、税目 95.08 的动物。

Chapter Note:

This Chapter covers all live animals except:

1. Fish and crustaceans, molluscs and other aquatic invertebrates, of heading 03.01, 03.06 , 03.07 or 03.08;

2. Cultures of micro-organisms and other products of heading 30.02; and

3. Animals of heading 95.08.

税则号列 Tariff Item	商品名称	最惠国税率[①] (%) M. F. N.	普通税率 (%) Gen.	协定税率[②] (%) Conventional 东盟 ASEAN	亚太 APTA	香港 H. K.	澳门 Macao	台湾 Taiwan	出口税率[③] (%) Export	Article Description
01.01	马、驴、骡：									**Live horses, asses, mules and hinnies:**
	-马：									-Horses:
0101.2100	--改良种用	0	0							--Pure-bred breeding
0101.2900	--其他	10	30	0						--Other
	-驴：									-Asses:

①关税配额商品进口税率见附表 3，进口暂定税率见附表 4，进口商品从量税复合税税率见附表 6，非全税号的信息技术产品税率见附表 7。

The tariff quota rate on import goods see "Table 3" . The interim duty rate on import goods see "Table 4" . The specific and compound duty rate on import goods see "Table 6" . The duty rate on specific information technology products see "Table 7" .

②其他国家或地区的协定税率见附表 1，进口特惠税率见附表 2。

The other country or region's conventional tariff rates see "Table 1" . The special preferential tariff rates on import goods see "Table 2" .

③出口暂定税率和出口特别关税见附表 5。

The interim duty rate and special duty rate on export goods see "Table 5" .

税则号列 Tariff Item	商品名称	最惠国税率(%) M. F. N.	普通税率(%) Gen.	协定税率(%) Conventional 东盟 ASEAN	亚太 APTA	香港 H. K.	澳门 Macao	台湾 Taiwan	出口税率(%) Export	Article Description
0101.3010	---改良种用	0	0							---Pure-bred breeding
0101.3090	---其他	10	30	0						---Pure-bred breeding
0101.9000	-其他	10	30	0						-Other
01.02	**牛:**									**Live bovine animals:**
	-家牛:									-Cattle:
0102.2100	--改良种用	0	0							--Pure-bred breeding
0102.2900	--其他	10	30	0						--Other
	-水牛:									-Buffalo:
0102.3100	--改良种用	0	0							--Pure-bred breeding
0102.3900	--其他	10	30	0						--Other
	-其他:									-Other:
0102.9010	---改良种用	0	0							---Pure-bred breeding
0102.9090	---其他	10	30	0						---Other
01.03	**猪:**									**Live swine:**
0103.1000	-改良种用	0	0							-Pure-bred breeding
	-其他:									-Other:
	--重量在50千克以下:									--Weighing less than 50kg:
0103.9110	---重量在10千克以下	10	50	0						---Weighing less than 10kg
0103.9120	---重量在10千克及以上,但在50千克以下	10	50	0						---Weighing 10kg or more, but less than 50kg
0103.9200	--重量在50千克及以上	10	50	0						--Weighing 50kg or more
01.04	**绵羊、山羊:**									**Live sheep and goats:**
	-绵羊:									-Sheep:
0104.1010	---改良种用	0	0							---Pure-bred breeding
0104.1090	---其他	10	50	0						---Other
	-山羊:									-Goats:
0104.2010	---改良种用	0	0							---Pure-bred breeding
0104.2090	---其他	10	50	0						---Other
01.05	**家禽,即鸡、鸭、鹅、火鸡及珍珠鸡:**									**Live poultry, that is to say, fowls of the species *Gallus domesticus*, ducks, geese, turkeys and guinea fowls:**
	-重量不超过185克:									-Weighing not more than 185g:
	--鸡:									--Fowls of the species *Gallus domesticus*:
0105.1110	---改良种用	0	0							---Pure-bred breeding
0105.1190	---其他	10	50	0						---Other
	--火鸡:									--Turkeys:
0105.1210	---改良种用	0	0							---Pure-bred breeding
0105.1290	---其他	10	50	0						---Other
	--鸭:									--Ducks:
0105.1310	---改良种用	0	0							---Pure-bred breeding
0105.1390	---其他	10	50	0						---Other

税则号列 Tariff Item	商品名称	最惠国税率(%) M. F. N.	普通税率(%) Gen.	协定税率(%) Conventional 东盟 ASEAN	亚太 APTA	香港 H. K.	澳门 Macao	台湾 Taiwan	出口税率(%) Export	Article Description
	--鹅：									--Geese：
0105.1410	---改良种用	0	0							---Pure-bred breeding
0105.1490	---其他	10	50	0						---Other
	--珍珠鸡：									--Guinea fowls：
0105.1510	---改良种用	0	0							---Pure-bred breeding
0105.1590	---其他	10	50	0						---Other
	-其他：									-Other：
	--鸡：									--Fowls of the species *Gallus domesticus*：
0105.9410	---改良种用	0	0							---Pure-bred breeding
0105.9490	---其他	10	10	0						---Other
	--其他：									--Other：
0105.9910	---改良种用	0	0							---Pure-bred breeding
	---其他：									---Other：
0105.9991	----鸭	10	50	0						----Ducks
0105.9992	----鹅	10	50	0						----Geese
0105.9993	----珍珠鸡	10	50	0						----Guinea fowls
0105.9994	----火鸡	10	50	0						----Turkeys
01.06	**其他活动物：**									**Other live animals：**
	-哺乳动物：									-Mammals：
	--灵长目：									--Primates：
0106.1110	---改良种用	0	0							---Pure-bred breeding
0106.1190	---其他	10	50	0						---Other
	--鲸、海豚及鼠海豚（鲸目哺乳动物）；海牛及儒艮（海牛目哺乳动物）；海豹、海狮及海象（鳍足亚目哺乳动物）：									--Whales, dolphins and porpoises (mammals of the order Cetacea); manatees and dugongs (mammals of the order Sirenia); seals, sea lions and walruses (mammals of the suborder Pinnipedia)：
	---鲸、海豚及鼠海豚（鲸目哺乳动物）；海牛及儒艮（海牛目哺乳动物）：									---Whales, dolphins and porpoises (mammals of the order Cetacea); manatees and dugongs (mammals of the order Sirenia)：
0106.1211	----改良种用	10	50	0						----Pure-bred breeding
0106.1219	----其他	10	50	0						----Other
	---海豹、海狮及海象（鳍足亚目哺乳动物）：									---Seals, sea lions and walruses (mammals of the suborder Pinnipedia)：
0106.1221	----改良种用	0	0							----Pure-bred breeding
0106.1229	----其他	10	50	0						----Other

税则号列 Tariff Item	商品名称	最惠国税率(%) M. F. N.	普通税率(%) Gen.	协定税率(%) Conventional 东盟 ASEAN	亚太 APTA	香港 H. K.	澳门 Macao	台湾 Taiwan	出口税率(%) Export	Article Description
	--骆驼及其他骆驼科动物：									--Camels and other camelids (*Camelidae*)：
0106.1310	---改良种用	0	0							---Pure-bred breeding
0106.1390	---其他	10	50	0						---Other
	--家兔及野兔：									--Rabbits and hares：
0106.1410	---改良种用	0	0							---Pure-bred breeding
0106.1490	---其他	10	50	0						---Other
	--其他：									--Other：
0106.1910	---改良种用	0	0							---Pure-bred breeding
0106.1990	---其他	10	50	0						---Other
	-爬行动物（包括蛇及龟鳖）：									-Reptiles (including snakes and turtles)：
	---改良种用：									---Pure-bred breeding：
0106.2011	----鳄鱼苗	0	0							----Crocodiles for cultivation
0106.2019	----其他	0	0							----Other
0106.2020	---食用	10	50	0						---For human consumption
0106.2090	---其他	10	50	0						---Other
	-鸟：									-Birds：
	--猛禽：									--Birds of prey：
0106.3110	---改良种用	0	0							---Pure-bred breeding
0106.3190	---其他	10	50	0						---Other
	--鹦形目（包括普通鹦鹉、长尾鹦鹉、金刚鹦鹉及美冠鹦鹉）：									--Psittaciformes (including parrots, parakeets, macaws and cockatoos)：
0106.3210	---改良种用	0	0							---Pure-bred breeding
0106.3290	---其他	10	50	0						---Other
	--鸵鸟；鸸鹋：									--Ostriches; emus (*Dromaius novaehollandiae*)：
0106.3310	---改良种用	0	0							---Pure-bred breeding
0106.3390	---其他	10	50	0						---Other
	--其他：									--Other：
0106.3910	---改良种用	0	0							---Pure-bred breeding
	---食用：									---For human consumption：
0106.3921	----乳鸽	10	50	0						----Squabs
0106.3923	----野鸭	10	50	0						----Teals
0106.3929	----其他	10	50	0						----Other
0106.3990	---其他	10	50	0						---Other
	-昆虫：									-Insects：
	--蜂：									--Bees：
0106.4110	---改良种用	0	0							---Pure-bred breeding
0106.4190	---其他	10	50	0	9					---Other
	--其他：									--Other：
0106.4910	---改良种用	0	0							---Pure-bred breeding
0106.4990	---其他	10	50	0	9					---Other

税则号列 Tariff Item	商品名称	最惠国税率(%) M. F. N.	普通税率(%) Gen.	协定税率(%) Conventional 东盟 ASEAN	亚太 APTA	香港 H. K.	澳门 Macao	台湾 Taiwan	出口税率(%) Export	Article Description
	-其他：									-Other：
	---改良种用：									---Pure-bred breeding：
0106.9011	----蛙苗	0	0							----Tadpole and young frogs
0106.9019	----其他	0	0							----Other
0106.9090	---其他	10	50	0	9					---Other

第　二　章
肉及食用杂碎

Chapter 2
Meat and edible meat offal

注释：

本章不包括：

一、税目02.01至02.08或02.10的不适合供人食用的产品；

二、动物的肠、膀胱、胃（税目05.04）或动物血（税目05.11、30.02）；或

三、税目02.09所列产品以外的动物脂肪（第十五章）。

Chapter Notes:

This Chapter does not cover:

1. Products of the kinds described in headings 02.01 to 02.08 or 02.10, unfit or unsuitable for human consumption;

2. Guts, bladders or stomachs of animals (heading 05.04) or animal blood (heading 05.11 or 30.02); or

3. Animal fat, other than products of heading 02.09 (Chapter 15).

税则号列 Tariff Item	商品名称	最惠国税率(%) M. F. N.	普通税率(%) Gen.	协定税率(%) Conventional 东盟 ASEAN	亚太 APTA	香港 H. K.	澳门 Macao	台湾 Taiwan	出口税率(%) Export	Article Description
02.01	鲜、冷牛肉：									**Meat of bovine animals, fresh of chilled:**
0201.1000	-整头及半头	20	70	0						-Carcasses and half-carcasses
0201.2000	-带骨肉	12	70	0						-Other cuts with bone in
0201.3000	-去骨肉	12	70	0						-Boneless
02.02	冻牛肉：									**Meat of bovine animals, frozen:**
0202.1000	-整头及半头	25	70	0						-Carcasses and half-carcasses
0202.2000	-带骨肉	12	70	0						-Other cuts with bone in
0202.3000	-去骨肉	12	70	0						-Boneless
02.03	鲜、冷、冻猪肉：									**Meat of swine, fresh, chilled or frozen:**
	-鲜或冷的：									-Fresh or chilled:
	--整头及半头：									--Carcasses and half-carcasses:
0203.1110	---乳猪	20	70	0						---Sucking pig
0203.1190	---其他	20	70	0						---Other
0203.1200	--带骨的前腿、后腿及其肉块	20	70	0						--Hams, shoulders and cuts thereof, with bone in
0203.1900	--其他	20	70	0						--Other
	-冻的：									-Frozen:
	--整头及半头：									--Carcasses and half-carcasses:
0203.2110	---乳猪	12	70	0						---Sucking pig
0203.2190	---其他	12	70	0						---Other
0203.2200	--带骨的前腿、后腿及其肉块	12	70	0						--Hams, shoulders and cuts thereof, with bone in
0203.2900	--其他	12	70	0						--Other
02.04	鲜、冷、冻绵羊肉或山羊肉：									**Meat of sheep or goats, fresh, chilled or frozen:**

税则号列 Tariff Item	商品名称	最惠国税率(%) M. F. N.	普通税率(%) Gen.	协定税率(%) Conventional					出口税率(%) Export	Article Description
				东盟 ASEAN	亚太 APTA	香港 H. K.	澳门 Macao	台湾 Taiwan		
0204.1000	-鲜或冷的整头及半头羔羊	15	70	0						-Carcasses and half-carcasses of lamb, fresh or chilled
	-其他鲜或冷的绵羊肉：									-Other meat of sheep, fresh or chilled:
0204.2100	--整头及半头	23	70	0						--Carcasses and half-carcasses
0204.2200	--带骨肉	15	70	0						--Other cuts with bone in
0204.2300	--去骨肉	15	70	0						--Boneless
0204.3000	-冻的整头及半头羔羊	15	70	0						-Carcasses and half-carcasses of lamb, frozen
	-其他冻的绵羊肉：									-Other meat of sheep, frozen:
0204.4100	--整头及半头	23	70	0						--Carcasses and half-carcasses
0204.4200	--带骨肉	12	70	0						--Other cuts with bone in
0204.4300	--去骨肉	15	70	0						--Boneless
0204.5000	-山羊肉	20	70	0						-Meat of goats
02.05	**鲜、冷、冻马、驴、骡肉：**									**Meat of horses, asses, mules or hinnies, fresh, chilled of frozen:**
0205.0000	鲜、冷、冻马、驴、骡肉	20	70	0						Meat of horses, asses, mules or hinnies, fresh, chilled or frozen
02.06	**鲜、冷、冻牛、猪、绵羊、山羊、马、驴、骡的食用杂碎：**									**Edible offal of bovine animals, swine, sheep, goats, horses, asses, mules or hinnies, fresh, chilled or frozen:**
0206.1000	-鲜、冷牛杂碎	12	70	0						-Of bovine animals, fresh or chilled
	-冻牛杂碎：									-Of bovine animals, frozen:
0206.2100	--舌	12	70	0						--Tongues
0206.2200	--肝	12	70	0						--Livers
0206.2900	--其他	12	70	0						--Other
0206.3000	-鲜、冷猪杂碎	20	70	0						-Of swine, fresh of chilled
	-冻猪杂碎：									-Of swine, frozen:
0206.4100	--肝	20	70	0						--Livers
0206.4900	--其他	12	70	0						--Other
0206.8000	-其他鲜或冷杂碎	20	70	0						-Other, fresh or chilled
0206.9000	-其他冻杂碎	18	70	0						-Other, frozen
02.07	**税目01.05所列家禽的鲜、冷、冻肉及食用杂碎：**									**Meat and edible offal, of the poultry of heading 01.05, fresh, chilled or frozen:**
	-鸡：									-Of fowls of the species *Gallus domesticus*:
0207.1100	--整只，鲜或冷的	20	70	0						--Not cut in pieces, fresh or chilled

税则号列 Tariff Item	商品名称	最惠国税率(%) M. F. N.	普通税率(%) Gen.	协定税率(%) Conventional 东盟 ASEAN	亚太 APTA	香港 H. K.	澳门 Macao	台湾 Taiwan	出口税率(%) Export	Article Description
0207.1200	--整只，冻的	T6[①]	T6	0						--Not cut in pieces，frozen
	--块及杂碎，鲜或冷的：									--Chicken cut and offal，frozen：
	---块：									---Cut：
0207.1311	----带骨的	20	70	0						----With bone
0207.1319	----其他	20	70	0						----Other
	---杂碎：									---Offal：
0207.1321	----翼（不包括翼尖）	20	70	0						----Midjoint wing
0207.1329	----其他	20	70	0						----Other
	--块及杂碎，冻的：									--Cuts and offal，frozen：
	---块：									---Cut：
0207.1411	----带骨的	T6	T6	0						----With bone
0207.1419	----其他	T6	T6	0						----Other
	---杂碎：									---Offal：
0207.1421	----翼（不包括翼尖）	T6	T6	0						----Midjoint wing
0207.1422	----鸡爪	T6	T6	0						----Chicken claw
0207.1429	----其他	T6	T6	0						----Other
	-火鸡：									-Of turkeys：
0207.2400	--整只，鲜或冷的	20	70	0						--Not cut in pieces，fresh or chilled
0207.2500	--整只，冻的	20	70	0						--Not cut in pieces，frozen
0207.2600	--块及杂碎，鲜或冷的	20	70	0						--Cuts and offal，fresh or chilled
0207.2700	--块及杂碎，冻的	10	70	0						--Cuts and offal，frozen
	-鸭：									-Of ducks：
0207.4100	--整只，鲜或冷的	20	70	0						--Not cut in pieces，fresh or chilled
0207.4200	--整只，冻的	20	70	0						--Not cut in pieces，frozen
0207.4300	--肥肝，鲜或冷的	20	70	0						--Fatty livers，fresh or chilled
0207.4400	--其他，鲜或冷的	20	70	0						--Other，fresh or chilled
0207.4500	--其他，冻的	20	70	0						--Other，frozen
	-鹅：									-Of geese：
0207.5100	--整只，鲜或冷的	20	70	0						--Not cut in pieces，fresh or chilled
0207.5200	--整只，冻的	20	70	0						--Not cut in pieces，frozen
0207.5300	--肥肝，鲜或冷的	20	70	0						--Fatty livers，fresh or chilled
0207.5400	--其他，鲜或冷的	20	70	0						--Other，fresh or chilled
0207.5500	--其他，冻的	20	70	0						--Other，frozen
0207.6000	-珍珠鸡	20	70	0						-Of guinea fowls
02.08	**其他鲜、冷、冻肉及食用杂碎：**									**Other meat and edible meat offal，fresh，chilled or frozen：**
	-家兔或野兔的：									-Of rabbits or hares：

①税率表中“T6”表示该税率见附表6，并依此类推。
“T6” in the table stands for “Table 6”，and so on.

税则号列 Tariff Item	商品名称	最惠国税率(%) M. F. N.	普通税率(%) Gen.	协定税率(%) Conventional 东盟 ASEAN	亚太 APTA	香港 H. K.	澳门 Macao	台湾 Taiwan	出口税率(%) Export	Article Description
0208.1010	---鲜、冷兔肉，兔头除外	20	70	0						---Meat of rabbits, fresh or chilled, excluding head
0208.1020	---冻兔肉，兔头除外	20	70	0						---Meat of rabbits, frozen, excluding head
0208.1090	---其他	20	70	0						---Other
0208.3000	-灵长目的	23	70	0						-Of primates
0208.4000	-鲸、海豚及鼠海豚（鲸目哺乳动物）的；海牛及儒艮（海牛目哺乳动物）的；海豹、海狮及海象（鳍足亚目哺乳动物）的	23	70	0						-Of whales, dolphins and porpoises (mammals of the order Cetacea); of manatees and dugongs (mammals of the order Sirenia); of seals, sea lions and walruses (mammals of the sub-order Pinnipedia)
0208.5000	-爬行动物（包括蛇及龟鳖）的	23	70	0						-Of reptiles (including snakes and turtles)
0208.6000	-骆驼及其他骆驼科动物的	23	70	0						-Of camels and other camelids (*Camelidae*)
	-其他：									-Other:
0208.9010	---乳鸽的	20	70	0						---Of squabs
0208.9090	---其他	23	70	0						---Other
02.09	**未炼制或用其他方法提取的不带瘦肉的肥猪肉、猪脂肪及家禽脂肪，鲜、冷、冻、干、熏、盐腌或盐渍的：**									**Pig fat free of lean meat and poultry fat not rendered or otherwise extracted, fresh, chilled, frozen, salted, in brine, dried or smoked:**
0209.1000	-猪的	20	70	0						-Of pigs
0209.9000	-其他	20	70	0						-Other
02.10	**肉及食用杂碎，干、熏、盐腌或盐渍的；可供食用的肉或杂碎的细粉、粗粉：**									**Meat and edible meat offal, salted, in brine, dried or smoked; edible flours and meals of meat or meat offal:**
	-猪肉：									-Meat of swine:
	--带骨的前腿、后腿及其肉块：									--Hams, shoulders and cuts thereof, with bone in:
0210.1110	---带骨的腿	25	80	0		0				---Hams and shoulders, with bone in
0210.1190	---其他	25	80	0						---Other
0210.1200	--腹肉（五花肉）	25	80	0						--Bellies (streaky) and cuts thereof
0210.1900	--其他	25	80	0						--Other
0210.2000	-牛肉	25	80	0						-Meat of bovine animals
	-其他，包括可供食用的肉或杂碎的细粉、粗粉：									-Other, including edible flours and meals of meat and meat offal:
0210.9100	--灵长目的	25	80	0						--Of primates

税则号列 Tariff Item	商品名称	最惠国税率(%) M. F. N.	普通税率(%) Gen.	协定税率(%) Conventional 东盟 ASEAN	亚太 APTA	香港 H. K.	澳门 Macao	台湾 Taiwan	出口税率(%) Export	Article Description
0210.9200	--鲸、海豚及鼠海豚（鲸目哺乳动物）的；海牛及儒艮（海牛目哺乳动物）的；海豹、海狮及海象（鳍足亚目哺乳动物）的	25	80	0						--Of whales, dolphins and porpoises (mammals of the order Cetacea); of manatees and dugongs (mammals of the order Sirenia); of seals, sea lions and walruses (mammals of the suborder Pinnipedia)
0210.9300	--爬行动物（包括蛇及龟鳖）的	25	80	0						--Of reptiles (including snakes and turtles)
0210.9900	--其他	25	80	0		0				--Other

第 三 章
鱼、甲壳动物、软体动物及其他水生无脊椎动物

Chapter 3
Fish and crustaceans, molluscs and other aquatic invertebrates

注释：

一、本章不包括：

（一）税目 01.06 的哺乳动物；

（二）税目 01.06 的哺乳动物的肉（税目 02.08 或 02.10）；

（三）因品种或鲜度不适合供人食用的死鱼（包括鱼肝、鱼卵及鱼精等）、死甲壳动物、死软体动物及其他死水生无脊椎动物（第五章）；不适合供人食用的鱼、甲壳动物、软体动物、其他水生无脊椎动物的粉、粒（税目 23.01）；或

（四）鲟鱼子酱及用鱼卵制成的鲟鱼子酱代用品（税目 16.04）。

二、本章所称"团粒"，是指直接挤压或加入少量黏合剂制成的粒状产品。

Chapter Notes:

1. This Chapter does not cover:

(a) Mammals of heading 01.06;

(b) Meat of mammals of heading 01.06 (heading 02.08 or 02.10);

(c) Fish (including livers, roes and milt thereof) or crustaceans, molluscs or other aquatic invertebrates, dead and unfit or unsuitable for human consumption by reason of either their species or their condition (Chapter 5); flours, meals or pellets of fish or of crustaceans, molluscs or other aquatic invertebrates, unfit for human consumption (heading 23.01); or

(d) Caviar or caviar substitutes prepared from fish eggs (heading 16.04).

2. In this Chapter the term "pellets" means products which have been agglomerated either directly by compression or by the addition of a small quantity of binder.

税则号列 Tariff Item	商品名称	最惠国税率(%) M. F. N.	普通税率(%) Gen.	协定税率（%）Conventional 东盟 ASEAN	亚太 APTA	香港 H. K.	澳门 Macao	台湾 Taiwan	出口税率(%) Export	Article Description
03.01	**活鱼：**									**Live fish:**
	-观赏鱼：									-Ornamental fish:
0301.1100	--淡水鱼	17.5	80	0		0				--Freshwater
0301.1900	--其他	17.5	80	0		0				--Other
	-其他活鱼：									-Other live fish:
	--鳟鱼（河鳟、虹鳟、克拉克大麻哈鱼、阿瓜人麻哈鱼、吉雨大麻哈鱼、亚利桑那大麻哈鱼、金腹大麻哈鱼）：									--Trout (*Salmo trutta*, *Oncorhynchus mykiss*, *Oncorhynchus clarki*, *Oncorhynchus aguabonita*, *Oncorhynchus gilae*, *Oncorhynchus apache* and *Oncorhynchus chrysogaster*):
0301.9110	---鱼苗	0	0							---Fry
0301.9190	---其他	10.5	40	0	8					---Other
	--鳗鱼（鳗鲡属）：									--Eels (*Anguilla spp.*):
0301.9210	---鱼苗	0	0						20	---Fry
0301.9290	---其他	10	40	0	6.7					---Other

税则号列 Tariff Item	商品名称	最惠国税率(%) M. F. N.	普通税率(%) Gen.	协定税率(%) Conventional					出口税率(%) Export	Article Description
				东盟 ASEAN	亚太 APTA	香港 H. K.	澳门 Macao	台湾 Taiwan		
	--鲤科鱼（鲤属、鲫属、草鱼、鲢属、鲮属、青鱼、卡特拉鲃、野鲮属、哈氏纹唇鱼、何氏细须鲃、鲂属）：									--Carp (*Cyprinus spp.*, *Carassius spp.*, *Ctenopharyngodon idellus*, *Hypophthalmichthys spp.*, *Cirrhinus spp.*, *Mylopharyngodon piceus*, *Catla catla*, *Labeo spp.*, *Osteochilus hasselti*, *Leptobarbus hoeveni*, *Megalobrama spp.*):
0301.9310	---鱼苗	0	0							---Fry
0301.9390	---其他	10.5	40	0	8					---Other
	--大西洋及太平洋蓝鳍金枪鱼：									--Atlantic and Pacific bluefin tunas (*Thunnus thynnus*, *Thunnus orientalis*):
0301.9410	---鱼苗	0	0							---Fry
	---其他：									---Other:
0301.9491	----大西洋蓝鳍金枪鱼	10.5	40	0	8	0				----Atlantic bluefin tunas (*Thunnus thynnus*)
0301.9492	----太平洋蓝鳍金枪鱼	10.5	40	0	8	0		0		----Pacific bluefin tunas (*Thunnus orientalis*)
	--南方蓝鳍金枪鱼：									--Southern bluefin tunas (*Thunnus maccoyii*):
0301.9510	---鱼苗	0	0							---Fry
0301.9590	---其他	10.5	40	0	8	0				---Other
	--其他：									--Other:
	---鱼苗：									---Fry:
0301.9911	----鲈鱼	0	0							----Of perches
0301.9912	----鲟鱼	0	0							----Of sturgeon
0301.9919	----其他	0	0							----Other
	---其他：									---Other:
0301.9991	----罗非鱼	10.5	40	0		0				----Tilapia
0301.9992	----鲀	10.5	40	0	8	0				----Puffer fish
0301.9993	----其他鲤科鱼	10.5	40	0	8					----Other carps
0301.9999	----其他	10.5	40	0	8	0		0		----Other
03.02	**鲜、冷鱼，但税目 03.04 的鱼片及其他鱼肉除外：**									**Fish, fresh or chilled, excluding fish fillets and other fish meat of heading 03.04:**
	-鲑科鱼，但子目 0302.91 至 0302.99 的可食用鱼杂碎除外：									-Salmonidae, excluding edible fish offal of subheading 0302.91 to 0302.99:
0302.1100	--鳟鱼（河鳟、虹鳟、克拉克大麻哈鱼、阿瓜大麻哈鱼、吉雨大麻哈鱼、亚利桑那大麻哈鱼、金腹大麻哈鱼）	12	40	0						--Trout (*Salmo trutta*, *Oncorhynchus mykiss*, *Oncorhynchus clarki*, *Oncorhynchus aguabonita*, *Oncorhynchus gilae*, *Oncorhynchus apache* and *Oncohynchus chrysogaster*)

税则号列 Tariff Item	商品名称	最惠国税率(%) M. F. N.	普通税率(%) Gen.	协定税率(%) Conventional 东盟 ASEAN	亚太 APTA	香港 H. K.	澳门 Macao	台湾 Taiwan	出口税率(%) Export	Article Description
0302.1300	--大麻哈鱼红［大麻哈鱼、细鳞大麻哈鱼、大麻哈鱼（种）、大鳞大麻哈鱼、银大麻哈鱼、马苏大麻哈鱼、玫瑰大麻哈鱼］	10	40	0						--Pacific salmon (*Oncorhynchus nerka*, *Oncorhynchus gorbuscha*, *Oncorhynchus keta*, *Oncorhynchus tschawytscha*, *Oncorhynchus kisutch*, *Oncorhynchus masou* and *Oncorhynchus rhodurus*)
	--大西洋鲑鱼及多瑙哲罗鱼：									--Atlantic salmon (*Salmo salar*) and Danube salmon (*Hucho hucho*):
0302.1410	---大西洋鲑鱼	10	40	0						---Atlantic salmon (*Salmo salar*)
0302.1420	---多瑙哲罗鱼	10	40	0						---Danube salmon (*Hucho hucho*)
0302.1900	--其他	12	40	0	8					Other
	-比目鱼（鲽科、鲆科、舌鳎科、鳎科、菱鲆科、刺鲆科），但子目0302.91至0302.99的可食用鱼杂碎除外：									-Flat fish (*Pleuronectidae*, *Bothidae*, *Cynoglossidae*, *Soleidae*, *Scophthalmidae* and *Citharidae*), excluding edible fish offal of subheading 0302.91 to 0302.99:
0302.2100	--庸鲽鱼（马舌鲽、庸鲽、狭鳞庸鲽）	12	40	0	9					--Halibut (*Reinhardtius hippoglossoides*, *Hippoglossushippoglossus*, *Hippoglossus stenolepis*)
0302.2200	--鲽鱼（鲽）	12	40	0	9					--Plaice (*Pleuronectes platessa*)
0302.2300	--鳎鱼（鳎属）	12	40	0	9					--Sole (*Solea spp.*)
0302.2400	--大菱鲆（瘤棘鲆）	12	40	0	6					--Turbots (*Psetta maxima*)
0302.2900	--其他	12	40	0	6					--Other
	-金枪鱼（金枪鱼属）鲣鱼或狐鲣（鲣），但子目0302.91至0302.99的可食用鱼杂碎除外：									-Tunas (*of the genus Thunnus*), skipjack or stripe-bellied bonito (*Euthynnus* (Katsuwonus) *pelamis*), excluding edible fish offal of subheading 0302.91 to 0302.99:
0302.3100	--长鳍金枪鱼	12	40	0	9					--Albacore or longfinned tunas (*Thunnus alalunga*)
0302.3200	--黄鳍金枪鱼	12	40	0	9	0				--Yellowfin tunas (*Thunnus albacares*)
0302.3300	--鲣鱼或狐鲣	12	40	0	8					--Skipjack or stripe-bellied bonito
0302.3400	--大眼金枪鱼	12	40	0						--Bigeye tunas (*Thunnus obesus*)

税则号列 Tariff Item	商品名称	最惠国税率(%) M. F. N.	普通税率(%) Gen.	协定税率(%) Conventional 东盟 ASEAN	亚太 APTA	香港 H. K.	澳门 Macao	台湾 Taiwan	出口税率(%) Export	Article Description
	--大西洋及太平洋蓝鳍金枪鱼：									--Atlantic and Pacific bluefin tunas (*Thunnus thynnus*, *Thunnus orientalis*):
0302.3510	---大西洋蓝鳍金枪鱼	12	40	0						---Atlantic bluefin tunas (*Thunnus thynnus*)
0302.3520	---太平洋蓝鳍金枪鱼	12	40	0	8					---Pacific bluefin tunas (*Thunnus orientalis*)
0302.3600	--南方蓝鳍金枪鱼	12	40	0						--Southern bluefin tunas (*Thunnus maccoyii*)
0302.3900	--其他	12	40	0	8					--Other
	-鲱鱼（大西洋鲱鱼、太平洋鲱鱼）、鳀鱼（鳀属）、沙丁鱼（沙丁鱼、沙瑙鱼属）、小沙丁鱼属、黍鲱或西鲱、鲭鱼［大西洋鲭、澳洲鲭（鲐）、日本鲭（鲐）］、印度鲭（羽鳃鲐属）、马鲛鱼（马鲛属）、对称竹荚鱼、新西兰竹荚鱼及竹荚鱼（竹荚鱼属）、鲹鱼（鲹属）、军曹鱼、银鲳（鲳属）、秋刀鱼、圆鲹（圆鲹属）、多春鱼（毛鳞鱼）、剑鱼、鲔鱼、狐鲣（狐鲣属）、枪鱼、旗鱼、四鳍旗鱼（旗鱼科），但子目0302.91至0302.99的可食用鱼杂碎除外：									-Herrings (*Clupea harengus*, *Clupea pallasii*), anchovies (*Engraulis spp.*), sardines (*Sardina pilchardus*, *Sardinops spp.*), sardinella (*sardinella spp.*), brisling or sprats (*Sprattus Sprattus*), mackerel (*Scomber scombrus*, *Scomber australasicus*, *Scomber japonicus*), Indian mackerels (*Rastrelliger spp.*), seerfishes (*Scomberomorus spp.*), jack and horse mackerel (*Trachurus spp.*), jacks, crevalles (*Caranx spp.*), cobia (*Rachycentron canadum*), silver pomfrets (*Pampus spp.*), Pacific saury (*Cololabis saira*), scads (*Decapterus spp.*), capelin (*Mallotus villosus*), swordfish (*Xiphias gladius*), Kawakawa (*Euthynnus affinis*), bonitos (*Sarda spp.*), marlins, sailfishes, spearfish (*Istiophoridae*), excluding edible fish offal of subheading 0302.91 to 0302.99:
0302.4100	--鲱鱼（大西洋鲱鱼、太平洋鲱鱼）	12	40	0	8					--Herrings (*Clupea harengus*, *Clupea pallasii*)
0302.4200	--鳀鱼（鳀属）	12	40	0	8	0		0		--Anchovies (*Engraulis spp.*)
0302.4300	--沙丁鱼（沙丁鱼、沙瑙鱼属）、小沙丁鱼属、黍鲱或西鲱	12	40	0	8					--Sardines (*Sardina pilchardus*, *Sardinops spp.*), sardinella (*Sardinella spp.*), brisling or sprats (*Sprattus sprattus*)

税则号列 Tariff Item	商品名称	最惠国税率(%) M. F. N.	普通税率(%) Gen.	协定税率(%) Conventional 东盟 ASEAN	亚太 APTA	香港 H. K.	澳门 Macao	台湾 Taiwan	出口税率(%) Export	Article Description
0302.4400	--鲭鱼［大西洋鲭、澳洲鲭（鲐）、日本鲭（鲐）］	12	40	0	8					--Mackerel (*Scomber scombrus*, *Scomber australasicus*, *Scomber japonicus*)
0302.4500	--对称竹荚鱼、新西兰竹荚鱼及竹荚鱼（竹荚鱼属）	12	40	0	8	0		0		--Jack and horse mackerel (*Trachurus spp.*)
0302.4600	--军曹鱼	12	40	0	8	0		0		--Cobia (*Rachycentron canadum*)
0302.4700	--剑鱼	12	40	0	8	0				--Swordfish (*Xiphias gladius*)
0302.4900	--其他	12	40	0	8	0		0		--Other
	-犀鳕科、多丝真鳕科、鳕科、长尾鳕科、黑鳕科、无须鳕科、深海鳕科及南极鳕科鱼，但子目0302.91至0302.99的可食用鱼杂碎除外：									-Fish of the families Bregmacerotidae, Euclichthyidae, Gadidae, Macrouridae, Melanonidae, Merlucciidae, Moridae and Muraenolepididae, excluding edible fish offal of subheading 0302.91 to 0302.99:
0302.5100	--鳕鱼（大西洋鳕鱼、格陵兰鳕鱼、太平洋鳕鱼）	12	40	0	8					--Cod (*Gadus morhua*, *Gadus ogac*, *Gadus macrocephalus*)
0302.5200	--黑线鳕鱼（黑线鳕）	12	40	0	8					--Haddock (*Melanogrammus aeglefinus*)
0302.5300	--绿青鳕鱼	12	40	0	8					--Coalfish (*Pollachius virens*)
0302.5400	--狗鳕鱼（无须鳕属、长鳍鳕属）	12	40	0	8	0		0		--Hake (*Merluccius spp.*, *Urophycis spp.*)
0302.5500	--狭鳕鱼	12	40	0	8	0		0		--Alaska Pollack (*Theragra chalcogramma*)
0302.5600	--蓝鳕鱼（小鳍鳕、南蓝鳕）	12	40	0	8	0		0		--Blue whitings (*Micromesistius poutassou*, *Micromesistius australis*)
0302.5900	--其他	12	40	0	8	0		0		--Other
	-罗非鱼（口孵非鲫属）、鲶鱼（鲿鲶属、鲶属、胡鲶属、真鮰属）、鲤科鱼（鲤属、鲫属、草鱼、鲢属、鲮属、青鱼、卡特拉鲃、野鲮属、哈氏纹唇鱼、何氏细须鲃、鲂属）、鳗鱼（鳗鲡属）、尼罗河鲈鱼（尼罗尖吻鲈）及黑鱼（鳢属），但子目0302.91至0302.99的可食用鱼杂碎除外：									Tilapias (*Oreochromis spp.*), catfish (*Pangasius spp.*, *Silurus spp.*, *Clarias spp.*, *Ictalurus spp.*), carp (*Cyprinus spp.*, *Carassius spp.*, *Ctenopharyngodon idellus*, *Hypophthalmichthys spp.*, *Cirrhinus spp.*, *Mylopharyngodon piceus*, *Catla catla*, *Labeo spp.*, *Osteochilus hasselti*, *Leptobarbus hoeveni*, *Megalobrama spp.*), eels (*Anguilla spp.*), Nile perch (*Lates niloticus*) and snakeheads (*Channa spp.*), excluding edible fish offal of subheading 0302.91 to 0302.99:

税则号列 Tariff Item	商 品 名 称	最惠国税率(%) M. F. N.	普通税率(%) Gen.	协定税率（%）Conventional 东盟 ASEAN	亚太 APTA	香港 H. K.	澳门 Macao	台湾 Taiwan	出口税率(%) Export	Article Description
0302.7100	--罗非鱼（口孵非鲫属）	12	40	0						--Tilapias (*Oreochromis spp.*)
0302.7200	--鲶鱼（鲇鲶属、鲶属、胡鲶属、真鮰属）	12	40	0	8	0		0		--Catfish (*Pangasius spp.*, *Silurus spp.*, *Clarias spp.*, *Ictalurus spp.*)
0302.7300	--鲤科鱼（鲤属、鲫属、草鱼、鲢属、鲮属、青鱼、卡特拉鲃、野鲮属、哈氏纹唇鱼、何氏细须鲃、鲂属）	12	40	0	8	0		0		--Carp (*Cyprinus spp.*, *Carassius spp.*, *Ctenopharyngodon idellus*, *Hypophthalmichthys spp.*, *Cirrhinus spp.*, *Mylopharyngodon piceus*, *Catla catla*, *Labeo spp.*, *Osteochilus hasselti*, *Leptobarbus hoeveni*, *Megalobrama spp.*)
0302.7400	--鳗鱼（鳗鲡属）	12	40	0	8	0				--Eels (*Anguilla spp.*)
0302.7900	--其他	12	40	0	8	0		0		--Other
	-其他鱼，但子目0302.91至0302.99的可食用鱼杂碎除外：									-Other fish, excluding edible fish offal of subheading 0302.91 to 0302.99:
0302.8100	--角鲨及其他鲨鱼	12	40	0	9	0				--Dogfish and other sharks
0302.8200	--魟鱼及鳐鱼（鳐科）	12	40	0	8	0		0		--Rays and skates (*Rajidae*)
0302.8300	--南极犬牙鱼（南极犬牙鱼属）	12	40	0	8	0				--Toothfish (*Dissostichus spp.*)
0302.8400	--尖吻鲈鱼（舌齿鲈属）	12	40	0	8	0		0		--Seabass (*Dicentrarchus spp.*)
0302.8500	--菱羊鲷（鲷科）	12	40	0	8	0		0		--Seabream (*Sparidae*)
	--其他：									--Other:
0302.8910	---带鱼	12	40	0	8	0				---Scabbard fish (*Trichiurus*)
0302.8920	---黄鱼	12	40	0	8	0				---Yellow croaker (*Pseudosicaena*)
0302.8930	---鲳鱼	12	40	0	8	0				---Butterfish (*Pamus*)
0302.8940	---鲀	12	40	0	8	0				---Puffer fish
0302.8990	---其他	12	40	0	8	0		0		---Other
	-鱼肝、鱼卵、鱼精、鱼鳍、鱼头、鱼尾、鱼鳔及其他可食用鱼杂碎：									-Livers, roes, milt, fish fins, heads, tails, maws and other edible fish offal:
0302.9100	--鱼肝、鱼卵及鱼精	12	50	0						--Livers, roes and milt
0302.9200	--鲨鱼翅	12	40	0	9	0				--Shark fins
0302.9900	--其他	10	40	0						--Other
03.03	**冻鱼，但税目03.04的鱼片及其他鱼肉除外：**									**Fish, frozen, excluding fish fillets and other fish meat of heading 03.04:**
	-鲑科鱼，但子目0303.91至0303.99的可食用鱼杂碎除外：									-Salmonidae, excluding edible fish offal of subheading 0303.91 to 0303.99:
0303.1100	--红大麻哈鱼	10	40	0	6.7					--Sockeye salmon (red salmon) (*Oncorhynchus nerka*)

税则号列 Tariff Item	商品名称	最惠国税率(%) M. F. N.	普通税率(%) Gen.	协定税率(%) Conventional					出口税率(%) Export	Article Description
				东盟 ASEAN	亚太 APTA	香港 H. K.	澳门 Macao	台湾 Taiwan		
0303.1200	--其他大麻哈鱼［细鳞大麻哈鱼、大麻哈鱼(种)、大鳞大麻哈鱼、银大麻哈鱼、马苏大麻哈鱼、玫瑰大麻哈鱼］	10	40	0	6.7					-- Other Pacific salmon (*Oncorhynchus gorbuscha*, *Oncorhynchus keta*, *Oncorhynchus tschawytscha*, *Oncorhynchus kisutch*, *Oncorhynchus masou* and *Oncorhynchus rhodurus*)
0303.1300	--大西洋鲑鱼及多瑙哲罗鱼	10	40	0						--Atlantic salmon (*Salmo salar*) and Danube salmon (*Hucho hucho*)
0303.1400	--鳟鱼（河鳟、虹鳟、克拉克大麻哈鱼、阿瓜大麻哈鱼、吉雨大麻哈鱼、亚利桑那大麻哈鱼、金腹大麻哈鱼）	12	40	0						-- Trout (*Salmo trutta*, *Oncorhynchus mykiss*, *Oncorhynchus clarki*, *Oncorhynchus aguabonita*, *Oncorhynchus gilae*, *Oncorhynchus apache* and *Oncorhynchus chrysogaster*)
0303.1900	--其他	10	40	0	6.7					--other
	-罗非鱼（口孵非鲫属）、鲶鱼（鲶鲶属、鲶属、胡鲶属、真鮰属）、鲤科鱼（鲤属、鲫属、草鱼、鲢属、鲮属、青鱼、卡特拉鲃、野鲮属、哈氏纹唇鱼、何氏细须鲃、鲂属）、鳗鱼（鳗鲡属）、尼罗河鲈鱼（尼罗尖吻鲈）及黑鱼（鳢属），但子目0303.91至0303.99的可食用鱼杂碎除外：									-Tilapias (*Oreochromis spp.*), catfish (*Pangasius spp.*, *Silurus spp.*, *Clarias spp.*, *Ictalurus spp.*), carp (*Cyprinus spp.*, *Carassius spp.*, *Ctenopharyngodon idellus*, *Hypophthalmichthys spp.*, *Cirrhinus spp.*, *Mylopharyngodon piceus*, *Catla catla*, *Labeo spp.*, *Osteochilus hasselti*, *Leptobarbus hoeveni*, *Megalobrama spp.*), eels (*Anguilla spp.*), Nile perch (*Lates niloticus*) and snakeheads (*Channa spp.*), excluding edible fish offal of subheading 0303.91 to 0303.99:
0303.2300	--罗非鱼（口孵非鲫属）	10	40	0	5					--Tilapias (*Oreochromis spp.*)
0303.2400	--鲶鱼（鲶鲶属、鲶属、胡鲶属、真鮰属）	10	40	0	5	0		0		--Catfish (*Pangasius spp.*, *Silurus spp.*, *Clarias spp.*, *Ictalurus spp.*)

税则号列 Tariff Item	商品名称	最惠国税率(%) M. F. N.	普通税率(%) Gen.	协定税率(%) Conventional					出口税率(%) Export	Article Description
				东盟 ASEAN	亚太 APTA	香港 H. K.	澳门 Macao	台湾 Taiwan		
0303.2500	--鲤科鱼（鲤属、鲫属、草鱼、鲢属、鳙属、青鱼、卡特拉鲃、野鲮属、哈氏纹唇鱼、何氏细须鲃、鲂属）	10	40	0	5	0		0		--Carp (*Cyprinus spp.*, *Carassius spp.*, *Ctenopharyngodon idellus*, *Hypophthalmichthys spp.*, *Cirrhinus spp.*, *Mylopharyngodon piceus*, *Catla catla*, *Labeo spp.*, *Osteochilus hasselti*, *Leptobarbus hoeveni*, *Megalobrama spp.*)
0303.2600	--鳗鱼（鳗鲡属）	12	40	0	8	0				--Eels (*Anguilla spp.*)
0303.2900	--其他	10	40	0	5	0		0		--Other
	-比目鱼（鲽科、鲆科、舌鳎科、鳎科、菱鲆科、刺鲆科），但子目0303.91至0303.99的可食用鱼杂碎除外：									-Flat fish (*Pleuronectidae*, *Bothidae*, *Cynoglossidae*, *Soleidae*, *Scophthalmidae* and *Citharidae*), excluding edible fish offal of subheading 0303.91 to 0303.99:
	--庸鲽鱼（马舌鲽、庸鲽、狭鳞庸鲽）：									--Halibut (*Reinhardtius hippoglossoides*, *Hippoglossus hippoglossus*, *Hippoglossus stenolepis*):
0303.3110	---格陵兰庸鲽鱼	10	40	0	6.7	0				---Greenland halibut
0303.3190	---其他	10	40	0	6.7	0				---Other
0303.3200	--鲽鱼（鲽）	12	40	0	8					--Plaice (*Pleuronectes platessa*)
0303.3300	--鳎鱼（鳎属）	12	40	0	8					--Sole (*Solea spp.*)
0303.3400	--大菱鲆（瘤棘鲆）	10	40	0	8					--Turbots (*Psetta maxima*)
0303.3900	--其他	10	40	0	8					--Other
	-金枪鱼（金枪鱼属）、鲣鱼或狐鲣（鲣），但子目0303.91至0303.99的可食用鱼杂碎除外：									-Tunas (*of the genus Thunnus*), skipjack or stripe-bellied bonito (*Euthynnus* (*Katsuwonus*) pelamis), excluding edible fish offal of subheading 0303.91 to 0303.99:
0303.4100	--长鳍金枪鱼	12	40	0	9					--Albacore or longfinned tunas (*Thunnus alalunga*)
0303.4200	--黄鳍金枪鱼	12	40	0	9					--Yellowfin tunas (*Thunnus albacares*)
0303.4300	--鲣鱼或狐鲣	12	40	0	9					--Skipjack or stripe-bellied bonito
0303.4400	--大眼金枪鱼	12	40	0		0				--Bigeye tunas (*Thunnus obesus*)
	--大西洋及太平洋蓝鳍金枪鱼：									--Atlantic and Pacific bluefin tunas (*Thunnus thynnus*, *Thunnus orientalis*):
0303.4510	---大西洋蓝鳍金枪鱼	12	40	0						---Atlantic bluefin tunas (*Thunnus thynnus*)

税则号列 Tariff Item	商品名称	最惠国税率(%) M. F. N.	普通税率(%) Gen.	协定税率(%) Conventional 东盟 ASEAN	亚太 APTA	香港 H. K.	澳门 Macao	台湾 Taiwan	出口税率(%) Export	Article Description
0303.4520	---太平洋蓝鳍金枪鱼	12	40	0	9					---Pacific bluefin tunas (*Thunnus orientalis*)
0303.4600	--南方蓝鳍金枪鱼	12	40	0						--Southern bluefin tunas (*Thunnus maccoyii*)
0303.4900	--其他	12	40	0	9					--Other
	-鲱鱼(大西洋鲱鱼、太平洋鲱鱼)、鳀鱼(鳀属)、沙丁鱼(沙丁鱼、沙瑙鱼属)、小沙丁鱼属、黍鲱或西鲱、鲭鱼[大西洋鲭、澳洲鲭(鲐)、日本鲭(鲐)]、印度鲭(羽鳃鲐属)、马鲛鱼(马鲛属)、对称竹荚鱼、新西兰竹荚鱼及竹荚鱼(竹荚鱼属)、鲹鱼(鲹属)、军曹鱼、银鲳(鲳属)、秋刀鱼、圆鲹(圆鲹属)、多春鱼(毛鳞鱼)、剑鱼、鲔鱼、狐鲣(狐鲣属)、枪鱼、旗鱼、四鳍旗鱼(旗鱼科),但子目0303.91至0303.99的可食用鱼杂碎除外:									-Herrings (*Clupea harengus*, *Clupea pallasii*), anchovies (*Engraulis spp.*), sardines (*Sardina pilchardus*, *Sardinops spp.*), sardinella (*Sardinella spp.*), brisling or sprats (*Sprattus sprattus*), mackerel (*Scomber scombrus*, *Scomber australasicus*, *Scomber japonicus*), Indian mackerels (*Rastrelliger spp.*), seerfishes (*Scomberomorus spp.*), jack and horse mackerel (*Trachurus spp.*), jacks, crevalles (*Caranx spp.*), cobia (*Rachycentron canadum*), silver pomfrets (*Pampus spp.*), Pacific saury (*Cololabis saira*), scads (*Decapterus spp.*), capelin (*Mallotus villosus*), swordfish (*Xiphias gladius*), Kawakawa (*Euthynnus affinis*), bonitos (*Sarda spp.*), marlins, sailfishes, spearfish (*Istiophoridae*), excluding edible fish offal of subheading 0303.91 to 0303.99:
0303.5100	--鲱鱼(大西洋鲱鱼、太平洋鲱鱼)	10	40	0	6.7					--Herrings (*Clupea harengus*, *Clupea pallasii*)
0303.5300	--沙丁鱼(沙丁鱼、沙瑙鱼属)、小沙丁鱼属、黍鲱或西鲱	12	40	0	8					--Sardines (*Sardina pilchardus*, *Sardinops spp.*), sardinella (*Sardinella spp.*), brisling or sprats (*Sprattus sprattus*)
0303.5400	--鲭鱼[大西洋鲭、澳洲鲭(鲐)、日本鲭(鲐)]	10	40	0	6.7					--Mackerel (*Scomber scombrus*, *Scomber australasicus*, *Scomber japonicus*)
0303.5500	--对称竹荚鱼、新西兰竹荚鱼及竹荚鱼(竹荚鱼属)	10	40	0	5	0		0		--Jack and horse mackerel (*Trachurus spp.*)

税则号列 Tariff Item	商品名称	最惠国税率(%) M. F. N.	普通税率(%) Gen.	协定税率(%) Conventional					出口税率(%) Export	Article Description
				东盟 ASEAN	亚太 APTA	香港 H. K.	澳门 Macao	台湾 Taiwan		
0303.5600	--军曹鱼	10	40	0	5	0		0		--Cobia (*Rachycentron canadum*)
0303.5700	--剑鱼	10	40	0	5	0				--Swordfish (*Xiphias gladius*)
0303.5900	--其他	10	40	0	5	0		0		--Other
	-犀鳕科、多丝真鳕科、鳕科、长尾鳕科、黑鳕科、无须鳕科、深海鳕科及南极鳕科鱼，但子目 0303.91 至 0303.99 的可食用鱼杂碎除外：									-Fish of the families Bregmacerotidae, Euclichthyidae, Gadidae, Macrouridae, Melanonidae, Merlucciidae, Moridae and Muraenolepididae, excluding edible fish offal of subheading 0303.91 to 0303.99:
0303.6300	--鳕鱼（大西洋鳕鱼、格陵兰鳕鱼、太平洋鳕鱼）	10	40	0	6.7					--Cod (*Gadus morhua*, *Gadus ogac*, *Gadus macrocephalus*)
0303.6400	--黑线鳕鱼（黑线鳕）	12	40	0	8					--Haddock (*Melanogrammus aeglefinus*)
0303.6500	--绿青鳕鱼	12	40	0	8					--Coalfish (*Pollachius virens*)
0303.6600	--狗鳕鱼（无须鳕属、长鳍鳕属）	12	40	0						--Hake (*Merluccius spp.*, *Urophycis spp.*)
0303.6700	--狭鳕鱼	10	40	0	5	0		0		--Alaska Pollack (*Theragra chalcogramma*)
0303.6800	--蓝鳕鱼（小鳍鳕、南蓝鳕）	10	40	0	5	0		0		--Blue whitings (*Micromesistius poutassou*, *Micromesistius australis*)
0303.6900	--其他	10	40	0	5	0		0		--Other
	-其他鱼，但子目 0303.91 至 0303.99 的可食用鱼杂碎除外：									-Other fish, excluding edible fish offal of subheading 0303.91 to 0303.99:
0303.8100	--角鲨及其他鲨鱼	12	40	0	9					--Dogfish and other sharks
0303.8200	--魟鱼及鳐鱼（鳐科）	10	40	0	5	0		0		--Rays and skates (*Rajidae*)
0303.8300	--南极犬牙鱼（南极犬牙鱼属）	10	40	0	5	0				--Toothfish (*Dissostichus spp.*)
0303.8400	--尖吻鲈鱼（舌齿鲈属）	12	40	0	8	0				--Seabass (*Dicentrarchus spp.*)
	--其他：									--Other:
0303.8910	---带鱼	10	40	0	5	0				---Scabbard fish (*Trichiurus*)
0303.8920	---黄鱼	10	40	0	5	0				---Yellow croaker (*Pseudosicaena*)
0303.8930	---鲳鱼	10	40	0	5	0				---Butterfish (*Pamus*)
0303.8990	---其他	10	40	0	5	0		0		---Other
	-鱼肝、鱼卵、鱼精、鱼鳍、鱼头、鱼尾、鱼鳔及其他可食用杂碎：									-Livers, roes, milt, fish fins, heads, tails, maws and other edible fish offal:
0303.9100	--鱼肝、鱼卵及鱼精	10	50	0	9					--Livers, roes and milt
0303.9200	--鲨鱼翅	12	40	0	9					--Shark fins
0303.9900	--其他	10	40	0	6.7					--Other

税则号列 Tariff Item	商品名称	最惠国税率(%) M. F. N.	普通税率(%) Gen.	协定税率(%) Conventional					出口税率(%) Export	Article Description
				东盟 ASEAN	亚太 APTA	香港 H. K.	澳门 Macao	台湾 Taiwan		
03.04	**鲜、冷、冻鱼片及其他鱼肉(不论是否绞碎):**									**Fish fillets and other fish meat (whether or not minced), fresh, chilled or frozen:**
	-鲜或冷的罗非鱼(口孵非鲫属)、鲶鱼(𩷶鲶属、鲶属、胡鲶属、真鮰属)、鲤科鱼(鲤属、鲫属、草鱼、鲢属、鲮属、青鱼、卡特拉鲃、野鲮属、哈氏纹唇鱼、何氏细须鲃、鲂属)、鳗鱼(鳗鲡属)、尼罗河鲈鱼(尼罗尖吻鲈)及黑鱼(鳢属)的鱼片:									-Fresh or chilled fillets of tilapias (*Oreochromis spp.*), catfish (*Pangasius spp.*, *Silurus spp.*, *Clarias spp.*, *Ictalurus spp.*), carp (*Cyprinus spp.*, *Carassius spp.*, *Ctenopharyngodon idellus*, *Hypophthalmichthys spp.*, *Cirrhinus spp.*, *Mylopharyngodon piceus*, *Catla catla*, *Labeo spp.*, *Osteochilus hasselti*, *Leptobarbus hoeveni*, *Megalobrama spp.*), eels (*Anguilla spp.*), Nile perch (*Lates niloticus*) and snakeheads (*Channa spp.*):
0304.3100	--罗非鱼(口孵非鲫属)	12	70	0	9	0				--Tilapias (*Oreochromis spp.*)
0304.3200	--鲶鱼(𩷶鲶属、鲶属、胡鲶属、真鮰属)	12	70	0	9	0				--Catfish (*Pangasius spp.*, *Silurus spp.*, *Clarias spp.*, *Ictalurus spp.*)
0304.3300	--尼罗河鲈鱼(尼罗尖吻鲈)	12	70	0	9	0				--Nile Perch (*Lates niloticus*)
0304.3900	--其他	12	70	0	9	0				--Other
	-鲜或冷的其他鱼片:									-Fresh or chilled fillets of other fish:
0304.4100	--大麻哈鱼[红大麻哈鱼、细鳞大麻哈鱼、大麻哈鱼(种)、大鳞大麻哈鱼、银大麻哈鱼、马苏大麻哈鱼、玫瑰大麻哈鱼]、大西洋鲑鱼及多瑙哲罗鱼	12	70	0	9	0				--Pacific salmon (*Oncorhynchus nerka*, *Oncorhynchus gorbuscha*, *Oncorhynchus keta*, *Oncorhynchus tschawytscha*, *Oncorhynchus kisutch*, *Oncorhynchus masou and Oncorhynchus rhodurus*), Atlantic salmon (*Salmo salar*) and Danube salmon (*Hucho hucho*)
0304.4200	--鳟鱼(河鳟、虹鳟、克拉克大麻哈鱼、阿瓜大麻哈鱼、吉雨大麻哈鱼、亚利桑那大麻哈鱼、金腹大麻哈鱼)	12	70	0	9	0				--Trout (*Salmo trutta*, *Oncorhynchus mykiss*, *Oncorhynchus clarki*, *Oncorhynchus aguabonita*, *Oncorhynchus gilae*, *Oncorhynchus apache and Oncorhynchus chrysogaster*)

税则号列 Tariff Item	商品名称	最惠国税率(%) M. F. N.	普通税率(%) Gen.	协定税率(%) Conventional 东盟 ASEAN	亚太 APTA	香港 H. K.	澳门 Macao	台湾 Taiwan	出口税率(%) Export	Article Description
0304.4300	--比目鱼（鲽科、鲆科、舌鳎科、鳎科、菱鲆科、刺鲆科）	12	70	0	9	0				--Flat fish (*Pleuronectidae*, *Bothidae*, *Cynoglossidae*, *Soleidae*, *Scophthalmidae* and *Citharidae*)
0304.4400	--犀鳕科、多丝真鳕科、鳕科、长尾鳕科、黑鳕科、无须鳕科、深海鳕科及南极鳕科鱼	12	70	0	9	0				--Fish of the families *Bregmacerotidae*, *Euclichthyidae*, *Gadidae*, *Macrouridae*, *Melanonidae*, *Merlucciidae*, *Moridae and Muraenolepididae*
0304.4500	--剑鱼	12	70	0	9	0				--Swordfish (*Xiphias gladius*)
0304.4600	--南极犬牙鱼（南极犬牙鱼属）	12	70	0	9	0				--Toothfish (*Dissostichus spp.*)
0304.4700	--角鲨及其他鲨鱼	12	70	0	9	0				--Dogfish and other sharks
0304.4800	--魟鱼及鳐鱼（鳐科）	12	70	0	9	0				--Rays and skates (*Rajidae*)
0304.4900	--其他	12	70	0	9	0				--Other
	-其他，鲜或冷的：									-Other, fresh or chilled:
0304.5100	--罗非鱼（口孵非鲫属）、鲶鱼（鲑鲶属、鲶属、胡鲶属、真鮰属）、鲤科鱼（鲤属、鲫属、草鱼、鲢属、鲮属、青鱼、卡特拉鲃、野鲮属、哈氏纹唇鱼、何氏细须鲃、鲂属）、鳗鱼（鳗鲡属）、尼罗河鲈鱼（尼罗尖吻鲈）及黑鱼（鳢属）	12	70	0	9	0				--Tilapias (*Oreochromis spp.*), catfish (*Pangasius spp.*, *Silurus spp.*, *Clarias spp.*, *Ictalurus spp.*), carp (*Cyprinus spp.*, *Carassius spp.*, *Ctenopharyngodon idellus*, *Hypophthalmichthys spp.*, *Cirrhinus spp.*, *Mylopharyngodon piceus*, *Catla catla*, *Labeo spp.*, *Osteochilus hasselti*, *Leptobarbus hoeveni*, *Megalobrama spp.*), eels (*Anguilla spp.*), Nile perch (*Lates niloticus*) and snakeheads (*Channa spp.*)
0304.5200	--鲑科鱼	12	70	0	9	0				--Salmonidae
0304.5300	--犀鳕科、多丝真鳕科、鳕科、长尾鳕科、黑鳕科、无须鳕科、深海鳕科及南极鳕科鱼	12	70	0	9	0				--Fish of the families *Bregmacerotidae*, *Euclichthyidae*, *Gadidae*, *Macrouridae*, *Melanonidae*, *Merlucciidae*, *Moridae* and *Muraenolepididae*
0304.5400	--剑鱼	12	70	0	9	0				--Swordfish (*Xiphias gladius*)
0304.5500	--南极犬牙鱼（南极犬牙鱼属）	12	70	0	9	0				--Toothfish (*Dissostichus spp.*)
0304.5600	--角鲨及其他鲨鱼	12	70	0	9	0				--Dogfish and other sharks
0304.5700	--魟鱼及鳐鱼（鳐科）	12	70	0	9	0				--Rays and skates (*Rajidae*)
0304.5900	--其他	12	70	0	9	0				--Other

税则号列 Tariff Item	商品名称	最惠国税率(%) M. F. N.	普通税率(%) Gen.	协定税率(%) Conventional 东盟 ASEAN	亚太 APTA	香港 H. K.	澳门 Macao	台湾 Taiwan	出口税率(%) Export	Article Description
	-冻的罗非鱼（口孵非鲫属）、鲶鱼（鲑鲶属、鲶属、胡鲶属、真鮰属）、鲤科鱼（鲤属、鲫属、草鱼、鲢属、鲮属、青鱼、卡特拉鲃、野鲮属、哈氏纹唇鱼、何氏细须鲃、鲂属）、鳗鱼（鳗鲡属）、尼罗河鲈鱼（尼罗尖吻鲈）及黑鱼（鳢属）的鱼片：									-Frozen fillets of tilapias (*Oreochromis spp.*), catfish (*Pangasius spp.*, *Silurus spp.*, *Clarias spp.*, *Ictalurus spp.*), carp (*Cyprinus spp.*, *Carassius spp.*, *Ctenopharyngodon idellus*, *Hypophthalmichthys spp.*, *Cirrhinus spp.*, *Mylopharyngodon piceus*, *Catla catla*, *Labeo spp.*, *Osteochilus hasselti*, *Leptobarbus hoeveni*, *Megalobrama spp.*), eels (*Anguilla spp.*), Nile perch (*Lates niloticus*) and snakeheads (*Channa spp.*):
0304.6100	--罗非鱼（口孵非鲫属）	10	70	0		0				--Tilapias (*Oreochromis spp.*)
	--鲶鱼（鲑鲶属、鲶属、胡鲶属、真鮰属）：									--Catfish (*Pangasius spp.*, *Silurus spp.*, *Clarias spp.*, *Ictalurus spp.*):
	---叉尾鮰鱼（真鮰属）：									---Ictalurus:
0304.6211	----斑点叉尾鮰鱼	10	70	0		0				----Channel catfish (*Ictalurus Punctatus*)
0304.6219	----其他	10	70	0		0				----Other
0304.6290	---其他	10	70	0		0		0		---Other
0304.6300	--尼罗河鲈鱼（尼罗尖吻鲈）	10	70	0		0		0		--Nile Perch (*Lates niloticus*)
0304.6900	--其他	10	70	0		0		0		--Other
	-冻的犀鳕科、多丝真鳕科、鳕科、长尾鳕科、黑鳕科、无须鳕科、深海鳕科及南极鳕科鱼的鱼片：									-Frozen fillets of fish of the families *Bregmacerotidae*, *Euclichthyidae*, *Gadidae*, *Macrouridae*, *Melanonidae*, *Merlucciidae*, *Moridae and Muraenolepididae*:
0304.7100	--鳕鱼（大西洋鳕鱼、格陵兰鳕鱼、太平洋鳕鱼）	10	70	0		0		0		--Cod (*Gadus morhua*, *Gadus ogac*, *Gadus macrocephalus*)
0304.7200	--黑线鳕鱼（黑线鳕）	10	70	0		0		0		--Haddock (*Melanogrammus aeglefinus*)
0304.7300	--绿青鳕鱼	10	70	0		0		0		--Coalfish (*Pollachius virens*)
0304.7400	--狗鳕鱼（无须鳕属、长鳍鳕属）	10	70	0		0		0		--Hake (*Merluccius spp.*, *Urophycis spp.*)
0304.7500	--狭鳕鱼	10	70	0		0		0		--Alaska Pollack (*Theragra chalcogramma*)

税则号列 Tariff Item	商 品 名 称	最惠国税率(%) M. F. N.	普通税率(%) Gen.	协定税率(%) Conventional 东盟 ASEAN	亚太 APTA	香港 H. K.	澳门 Macao	台湾 Taiwan	出口税率(%) Export	Article Description
0304.7900	--其他	10	70	0		0		0		--Other
	-其他冻鱼片：									-Frozen fillets of other fish：
0304.8100	--大麻哈鱼［红大麻哈鱼、细鳞大麻哈鱼、大麻哈鱼（种）、大鳞大麻哈鱼、银大麻哈鱼、马苏大麻哈鱼、玫瑰大麻哈鱼］、大西洋鲑鱼及多瑙哲罗鱼	10	70	0		0		0		--Pacific salmon（*Oncorhynchus nerka*, *Oncorhynchus gorbuscha*, *Oncorhynchus keta*, *Oncorhynchus tschawytscha*, *Oncorhynchus kisutch*, *Oncorhynchus masou* and *Oncorhynchus rhodurus*）, Atlantic salmon（*Salmo salar*）and Danube salmon（*Hucho hucho*）
0304.8200	--鳟鱼（河鳟、虹鳟、克拉克大麻哈鱼、阿瓜大麻哈鱼、吉雨大麻哈鱼、亚利桑那大麻哈鱼、金腹大麻哈鱼）	10	70	0		0		0		--Trout（*Salmo trutta*, *Oncorhynchus mykiss*, *Oncorhynchus clarki*, *Oncorhynchus aguabonita*, *Oncorhynchus gilae*, *Oncorhynchus apache* and *Oncorhynchus chrysogaster*）
0304.8300	--比目鱼（鲽科、鲆科、舌鳎科、鳎科、菱鲆科、刺鲆科）	10	70	0		0		0		--Flat fish（*Pleuronectidae*, *Bothidae*, *Cynoglossidae*, *Soleidae*, *Scophthalmidae* and *Citharidae*）
0304.8400	--剑鱼	10	70	0		0				--Swordfish（*Xiphias gladius*）
0304.8500	--南极犬牙鱼（南极犬牙鱼属）	10	70	0		0				--Toothfish（*Dissostichus spp.*）
0304.8600	--鲱鱼（大西洋鲱鱼、太平洋鲱鱼）	10	70	0		0		0		--Herrings（*Clupea harengus*, *Clupea pallasii*）
0304.8700	--金枪鱼（金枪鱼属）、鲣鱼或狐鲣（鲣）	10	70	0		0		0		--Tunas（*of the genus Thunnus*）, skipjack or stripe-bellied bonito（*Euthynnus*（*Katsuwonus*）*pelamis*）
0304.8800	--角鲨、其他鲨鱼、魟鱼及鳐鱼（鳐科）	10	70	0		0		0		--Dogfish, other sharks, rays and skates（*Rajidae*）
0304.8900	--其他	10	70	0		0		0		--Other
	-其他，冻的：									-Other, frozen：
0304.9100	--剑鱼	10	70	0						--Swordfish（*Xiphias gladius*）
0304.9200	--南极犬牙鱼（南极犬牙鱼属）	10	70	0						--Toothfish（*Dissostichus spp.*）

税则号列 Tariff Item	商品名称	最惠国税率(%) M. F. N.	普通税率(%) Gen.	协定税率(%) Conventional 东盟 ASEAN	亚太 APTA	香港 H. K.	澳门 Macao	台湾 Taiwan	出口税率(%) Export	Article Description
0304.9300	--罗非鱼(口孵非鲫属)、鲶鱼(鲶鲶属、鲶属、胡鲶属、真鮰属)、鲤科鱼(鲤属、鲫属、草鱼、鲢属、鲮属、青鱼、卡特拉鲃、野鲮属、哈氏纹唇鱼、何氏细须鲃、鲂属)、鳗鱼(鳗鲡属)、尼罗河鲈鱼(尼罗尖吻鲈)及黑鱼(鳢属)	10	70	0						--Tilapias (*Oreochromis spp.*), catfish (*Pangasius spp.*, *Silurus spp.*, *Clarias spp.*, *Ictalurus spp.*), carp (*Cyprinus spp.*, *Carassius spp.*, *Ctenopharyngodon idellus*, *Hypophthalmichthys spp.*, *Cirrhinus spp.*, *Mylopharyngodon piceus*, *Catla catla*, *Labeo spp.*, *Osteochilus hasselti*, *Leptobarbus hoeveni*, *Megalobrama spp.*), eels (*Anguilla spp.*), Nile perch (*Lates niloticus*) and snakeheads (*Channa spp.*)
0304.9400	--狭鳕鱼	10	70	0						--Alaska Pollack (*Theragra chalcogramma*)
0304.9500	--犀鳕科、多丝真鳕科、鳕科、长尾鳕科、黑鳕科、无须鳕科、深海鳕科及南极鳕科鱼,狭鳕鱼除外	10	70	0						--Fish of the families *Bregmacerotidae*, *Euclichthyidae*, *Gadidae*, *Macrouridae*, *Melanonidae*, *Merlucciidae*, *Moridae* and *Muraenolepididae*, other than Alaska Pollack (*Theragra chalcogramma*)
0304.9600	--角鲨及其他鲨鱼	10	70	0						--Dogfish and other sharks
0304.9700	--魟鱼及鳐鱼(鳐科)	10	70	0						--Rays and skates (*Rajidae*)
0304.9900	--其他	10	70	0						--Other
03.05	**干、盐腌或盐渍的鱼;熏鱼,不论在熏制前或熏制过程中是否烹煮;适合供人食用的鱼的细粉、粗粉及团粒:**									**Fish dried, salted or in brine; smoked fish, whether or not cooked before or during the smoking process; flours, meals and pellets of fish, fit for human consumption:**
0305.1000	-适合供人食用的鱼的细粉、粗粉及团粒	10	80	0			0			-Flours, meals and pellets of fish, fit for human consumption
0305.2000	-干、熏、盐腌或盐渍的鱼肝、鱼卵及鱼精	10	80	0						-Livers, roes and milt of fish, dried, smoked, salted or in brine
	-干、盐腌或盐渍的鱼片,但熏制的除外:									-Fish fillets, dried, salted or in brine, but not smoked:

税则号列 Tariff Item	商品名称	最惠国税率(%) M. F. N.	普通税率(%) Gen.	协定税率(%) Conventional 东盟 ASEAN	亚太 APTA	香港 H. K.	澳门 Macao	台湾 Taiwan	出口税率(%) Export	Article Description
0305.3100	--罗非鱼（口孵非鲫属）、鲶鱼（鲑鲶属、鲶属、胡鲶属、真鮰属）、鲤科鱼（鲤属、鲫属、草鱼、鲢属、鲮属、青鱼、卡特拉鲃、野鲮属、哈氏纹唇鱼、何氏细须鲃、鲂属）、鳗鱼（鳗鲡属）、尼罗河鲈鱼（尼罗尖吻鲈）及黑鱼（鳢属）	10	80	0	7.8	0	0			--Tilapias (*Oreochromis spp.*), catfish (*Pangasius spp.*, *Silurus spp.*, *Clarias spp.*, *Ictalurus spp.*), carp (*Cyprinus spp.*, *Carassius spp.*, *Ctenopharyngodon idellus*, *Hypophthalmichthys spp.*, *Cirrhinus spp.*, *Mylopharyngodon piceus*, *Catla catla*, *Labeo spp.*, *Osteochilus hasselti*, *Leptobarbus hoeveni*, *Megalobrama spp.*), eels (*Anguilla spp.*), Nile perch (*Lates niloticus*) and snakeheads (*Channa spp.*)
0305.3200	--犀鳕科、多丝真鳕科、鳕科、长尾鳕科、黑鳕科、无须鳕科、深海鳕科及南极鳕科鱼	10	80	0	7.8	0	0			--Fish of the families *Bregmacerotidae*, *Euclichthyidae*, *Gadidae*, *Macrouridae*, *Melanonidae*, *Merlucciidae*, *Moridae* and *Muraenolepididae*
0305.3900	--其他	10	80	0	7.8	0	0			--Other
	-熏鱼，包括鱼片，但食用杂碎除外：									-Smoked fish, including fillets, other than edible fish offal:
	--大麻哈鱼［红大麻哈鱼、细鳞大麻哈鱼、大麻哈鱼（种）、大鳞大麻哈鱼、银大麻哈鱼、马苏大麻哈鱼、玫瑰大麻哈鱼］、大西洋鲑鱼及多瑙哲罗鱼：									--Pacific salmon (*Oncorhynchus nerka*, *Oncorhynchus gorbuscha*, *Oncorhynchus keta*, *Oncorhynchus tschawytscha*, *Oncorhynchus kisutch*, *Oncorhynchus masou and oncorhynchus rhodurus*), Atlantic salmon (*Salmo salar*) and Danube salmon (*Hucho hucho*):
0305.4110	---大西洋鲑鱼	14	80	0		0				---Atlantic salmon
0305.4120	---大麻哈鱼及多瑙哲罗鱼	14	80	0						---Pacific salmon and Danube salmon
0305.4200	--鲱鱼（大西洋鲱鱼、太平洋鲱鱼）	16	80	0						--Herrings (*Clupea harengus*, *Clupea pallasii*)
0305.4300	--鳟鱼（河鳟、虹鳟、克拉克大麻哈鱼、阿瓜大麻哈鱼、吉雨大麻哈鱼、亚利桑那大麻哈鱼、金腹大麻哈鱼）	14	80	0			0			-- Trout (*Salmo trutta*, *Oncorhynchus mykiss*, *Oncorhynchus clarki*, *Oncorhynchus aguabonita*, *Oncorhynchus gilae*, *Oncorhynchus apache* and *Oncorhynchus chrysogaster*)

税则号列 Tariff Item	商品名称	最惠国税率(%) M. F. N.	普通税率(%) Gen.	协定税率(%) Conventional					出口税率(%) Export	Article Description
				东盟 ASEAN	亚太 APTA	香港 H. K.	澳门 Macao	台湾 Taiwan		
0305.4400	--罗非鱼（口孵非鲫属）、鲶鱼（鲶鲶属、鲶属、胡鲶属、真鮰属）、鲤科鱼（鲤属、鲫属、草鱼、鲢属、鲮属、青鱼、卡特拉鲃、野鲮属、哈氏纹唇鱼、何氏细须鲃、鲂属）、鳗鱼（鳗鲡属）、尼罗河鲈鱼（尼罗尖吻鲈）及黑鱼（鳢属）	14	80	0			0			--Tilapias (*Oreochromis spp.*), catfish (*Pangasius spp.*, *Silurus spp.*, *Clarias spp.*, *Ictalurus spp.*), carp (*Cyprinus spp.*, *Carassius spp.*, *Ctenopharyngodon idellus*, *Hypophthalmichthys spp.*, *Cirrhinus spp.*, *Mylopharyngodon piceus*, *Catla catla*, *Labeo spp.*, *Osteochilus hasselti*, *Leptobarbus hoeveni*, *Megalobrama spp.*), eels (*Anguilla spp.*), Nile perch (*Lates niloticus*) and snakeheads (*Channa spp.*)
0305.4900	--其他	14	80	0			0			--Other
	-干鱼（不包括食用杂碎），不论是否盐腌，但熏制的除外：									-Dried fish, other than edible fish offal, whether or not salted but not smoked:
0305.5100	--鳕鱼（大西洋鳕鱼、格陵兰鳕鱼、太平洋鳕鱼）	16	80	0			0			--Cod (*Gadus morhua*, *Gadus ogac*, *Gadus macrocephalus*)
0305.5200	--罗非鱼（口孵非鲫属）、鲶鱼（鲶鲶属、鲶属、胡鲶属、真鮰属）、鲤科鱼（鲤属、鲫属、草鱼、鲢属、鲮属、青鱼、卡特拉鲃、野鲮属、哈氏纹唇鱼、何氏细须鲃、鲂属）、鳗鱼（鳗鲡属）、尼罗河鲈鱼（尼罗尖吻鲈）及黑鱼（鳢属）	16	80	0		0	0			--Tilapias (*Oreochromis spp.*), catfish (*Pangasius spp.*, *Silurus spp.*, *Clarias spp.*, *Ictalurus spp.*), carp (*Cyprinus spp.*, *Carassius spp.*, *Ctenopharyngodon idellus*, *Hypophthalmichthys spp.*, *Cirrhinus spp.*, *Mylopharyngodon piceus*, *Catla catla*, *Labeo spp.*, *Osteochilus hasselti*, *Leptobarbus hoeveni*, *Megalobrama spp.*), eels (*Anguilla spp.*), Nile perch (*Lates niloticus*) and snakeheads (*Channa spp.*)
0305.5300	--犀鳕科、多丝真鳕科、鳕科、长尾鳕科、黑鳕科、无须鳕科、深海鳕科及南极鳕科鱼，鳕鱼（大西洋鳕鱼、格陵兰鳕鱼、太平洋鳕鱼）除外	16	80	0		0	0			--Fish of the families Bregmacerotidae, Euclichthyidae, Gadidae, Macrouridae, Melanonidae, Merlucciidae, Moridae and Muraenolepididae, other than cod (*Gadus morhua*, *Gadus ogac*, *Gadus macrocephalus*)

税则号列 Tariff Item	商品名称	最惠国税率(%) M. F. N.	普通税率(%) Gen.	协定税率(%) Conventional					出口税率(%) Export	Article Description
				东盟 ASEAN	亚太 APTA	香港 H. K.	澳门 Macao	台湾 Taiwan		
0305.5400	--鲱鱼（大西洋鲱鱼、太平洋鲱鱼）、鳀鱼（鳀属）、沙丁鱼（沙丁鱼、沙瑙鱼属）、小沙丁鱼属、黍鲱或西鲱、鲭鱼[大西洋鲭、澳洲鲭（鲐）、日本鲭（鲐）]、印度鲭（羽鳃鲐属）、马鲛鱼（马鲛属）、对称竹荚鱼、新西兰竹荚鱼及竹荚鱼（竹荚鱼属）、鲹鱼（鲹属）、军曹鱼、银鲳（鲳属）、秋刀鱼、圆鲹（圆鲹属）、多春鱼（毛鳞鱼）、剑鱼、鲔鱼、狐鲣（狐鲣属）、枪鱼、旗鱼、四鳍旗鱼（旗鱼科）	16	80	0		0	0			--Herrings (*Clupea harengus*, *Clupea pallasii*), anchovies (*Engraulis spp.*), sardines (*Sardina pilchardus*, *Sardinops spp.*), sardinella (*Sardinella spp.*), brisling or sprats (*Sprattus sprattus*), mackerel (*Scomber scombrus*, *Scomber australasicus*, *Scomber japonicus*), Indian mackerels (*Rastrelliger spp.*), seerfishes (*Scomberomorus spp.*), jack and horse mackerel (*Trachurus spp.*), jacks, crevalles (*Caranx spp.*), cobia (*Rachycentron canadum*), silver pomfrets (*Pampus spp.*), Pacific saury (*Cololabis saira*), scads (*Decapterus spp.*), capelin (*Mallotus villosus*), swordfish (*Xiphias gladius*), Kawakawa (*Euthynnus affinis*), bonitos (*Sarda spp.*), marlins, sailfishes, spearfish (*Istiophoridae*)
	--其他：									--Other:
0305.5910	---海龙、海马	2	20	0						---Pipefish and hippocampi
0305.5990	---其他	16	80	0		0	0			---Other
	-盐腌及盐渍的鱼（不包括食用杂碎），但干或熏制的除外：									-Fish, salted but not dried or smoked and fish in brine, other than edible fish offal:
0305.6100	--鲱鱼（大西洋鲱鱼、太平洋鲱鱼）	16	80	0	11.1					--Herrings (*Clupea harengus*, *Clupea pallasii*)
0305.6200	--鳕鱼（大西洋鳕鱼、格陵兰鳕鱼、太平洋鳕鱼）	16	80	0	12		0			--Cod (*Gadus morhua*, *Gadus ogac*, *Gadus Macrocephalus*)
0305.6300	--鳀鱼（鳀属）	16	80	0	12					--Anchovies (*Engraulis spp.*)

税则号列 Tariff Item	商品名称	最惠国税率(%) M. F. N.	普通税率(%) Gen.	协定税率(%) Conventional 东盟 ASEAN	亚太 APTA	香港 H. K.	澳门 Macao	台湾 Taiwan	出口税率(%) Export	Article Description
0305.6400	--罗非鱼(口孵非鲫属)、鲶鱼(鲑鲶属、鲶属、胡鲶属、真鮰属)、鲤科鱼(鲤属、鲫属、草鱼、鲢属、鲮属、青鱼、卡特拉鲃、野鲮属、哈氏纹唇鱼、何氏细须鲃、鲂属)、鳗鱼(鳗鲡属)、尼罗河鲈鱼(尼罗尖吻鲈)及黑鱼(鳢属)	16	80	0		0				--Tilapias (*Oreochromis spp.*), catfish (*Pangasius spp.*, *Silurus spp.*, *Clarias spp.*, *Ictalurus spp.*), carp (*Cyprinus spp.*, *Carassius spp.*, *Ctenopharyngodon idellus*, *Hypophthalmichthys spp.*, *Cirrhinus spp.*, *Mylopharyngodon piceus*, *Catla Catla*, *Labeo spp.*, *Osteochilus hasselti*, *Leptobarbus hoeveni*, *Megalobrama spp.*), eels (*Anguilla spp.*), Nile perch (*Lates niloticus*) and snakeheads (*Channa spp.*)
	--其他:									--Other:
0305.6910	---带鱼	16	80	0		0				---Scabber fish (*Trichurius*)
0305.6920	---黄鱼	16	80	0		0				---Yellow croaker (*Pseudosicaena*)
0305.6930	---鲳鱼	16	80	0		0				---Butterfish (*Pampus*)
0305.6990	---其他	16	80	0		0				---Other
	-鱼鳍、鱼头、鱼尾、鱼鳔及其他可食用杂碎:									-Fish fins, heads, tails, maws and other edible fish offal:
0305.7100	--鲨鱼翅	15	80	0			0			--Shark fins
0305.7200	--鱼头、鱼尾、鱼鳔	16	80	0						--Fish heads, tails and maws
0305.7900	--其他	16	80	0						--Other
03.06	**带壳或去壳的甲壳动物,活、鲜、冷、冻、干、盐腌或盐渍的;熏制的带壳或去壳甲壳动物,不论在熏制前或熏制过程中是否烹煮;蒸过或用水煮过的带壳甲壳动物,不论是否冷、冻、干、盐腌或盐渍的;适合供人食用的甲壳动物的细粉、粗粉及团粒:**									**Crustaceans, whether in shell or not, live, fresh, chilled, frozen, dried, salted or in brine; smoked crustaceans, whether in shell or not, whether or not cooked before or during the smoking process; crustaceans, in shell, cooked by steaming or by boiling in water, whether or not chilled, frozen, dried, salted or in brine; flours, meals and pellets of crustaceans, fit for human consumption:**
	-冻的:									-Frozen:
0306.1100	--岩礁虾和其他龙虾(真龙虾属、龙虾属、岩龙虾属)	10	70	0						--Rock lobster and other sea crawfish (*Palinurus spp.*, *Panulirus spp.*, *Jasus spp.*)
0306.1200	--鳌龙虾(鳌龙虾属)	10	70	0	7.2					--Lobsters (*Homarus spp.*)
	--蟹:									--Crabs:

税则号列 Tariff Item	商品名称	最惠国税率(%) M. F. N.	普通税率(%) Gen.	协定税率(%) Conventional 东盟 ASEAN	亚太 APTA	香港 H. K.	澳门 Macao	台湾 Taiwan	出口税率(%) Export	Article Description
0306.1410	---梭子蟹	10	70	0						---Swimming crab
0306.1490	---其他	10	70	0						---Other
0306.1500	--挪威海螯虾	16	70	0						--Norway lobsters (*Nephrops norvegicus*)
	--冷水小虾及对虾（长额虾属、褐虾）：									--Cold-water shrimps and prawns (*Pandalus spp.*, *Crangon crangon*)：
	---冷水小虾：									---Cold-water shrimps：
0306.1611	----虾仁	8	70	0	4	0				----Shelled
0306.1612	----其他，北方长额虾	5	70	0	2.5	0				----Other，Northem pandalus (*Pandalus*)
0306.1619	----其他	5	70	0	2.5	0				----Other
	---冷水对虾：									---Cold-water prawns (*Crangon crangon*)：
0306.1621	----虾仁	8	70	0	4	0				----Shelled
0306.1629	----其他	5	70	0	2.5	0				----Other
	--其他小虾及对虾：									--Other shrimps and prawns：
	---小虾：									---shrimps：
0306.1711	----虾仁	8	70	0	4	0				----Shelled
0306.1719	----其他	5	70	0	2.5	0				----Other
	---对虾：									---prawns：
0306.1721	----虾仁	8	70	0	4	0				----Shelled
0306.1729	----其他	5	70	0	2.5	0				----Other
	--其他，包括适合供人食用的甲壳动物的细粉、粗粉及团粒：									--Other, including flours, meals and pellets of crustaceans, fit for human consumption：
	---淡水小龙虾：									---Freshwater crawfish：
0306.1911	----虾仁	16	70	0						----Shelled
0306.1919	----其他	16	70	0						----Other
0306.1990	---其他	16	70	0						---Other
	-活、鲜或冷的：									-Live, fresh or chilled：
	--岩礁虾及其他龙虾（真龙虾属、龙虾属、岩龙虾属）：									--Rock lobster and other sea crawfish (*Palinurus spp.*, *Panulirus spp.*, *Jasus spp.*)：
0306.3110	---种苗	0	0							---For cultivation
0306.3190	---其他	15	70	0		0				---Other
	--螯龙虾（螯龙虾属）：									--Lobsters (*Homarus spp.*)：
0306.3210	---种苗	0	0							---For cultivation
0306.3290	---其他	15	70	0		0				---Other
	--蟹：									--Crabs：
0306.3310	---种苗	0	0							---For cultivation
	---其他：									---Other：
0306.3391	----中华绒螯蟹	14	70	0						----Freshwater crabs, live

税则号列 Tariff Item	商品名称	最惠国税率(%) M. F. N.	普通税率(%) Gen.	协定税率(%) Conventional 东盟 ASEAN	亚太 APTA	香港 H. K.	澳门 Macao	台湾 Taiwan	出口税率(%) Export	Article Description
0306.3392	----梭子蟹	14	70	0		0				----Swimming crab
0306.3399	----其他	14	70	0		0				----Other
	--挪威海螯虾：									--Norway lobsters (*Nephrops norvegicus*):
0306.3410	---种苗	0	0							---For cultivation
0306.3490	---其他	14	70	0		0				---Other
	--冷水小虾及对虾（长额虾属、褐虾）：									--Cold-water shrimps and prawns (*Pandalus spp.*, *Crangon crangon*):
0306.3510	---种苗	0	0							---For cultivation
0306.3520	---鲜、冷对虾	15	70	0		0				---Cold-water prawns, fresh or chilled
0306.3590	---其他	12	70	0		0				---Other
	--其他小虾及对虾：									--Other shrimps and prawns:
0306.3610	---种苗	0	0							---For cultivation
0306.3620	---鲜、冷对虾	15	70	0		0				---Cold-water prawns, fresh or chilled
0306.3690	---其他	12	70	0		0				---Other
	--其他，包括适合供人食用的甲壳动物的细粉、粗粉及团粒：									--Other, including flours, meals and pellets of crustaceans, fit for human consumption:
0306.3910	---种苗	0	0							---For cultivation
0306.3990	---其他	14	70	0		0				---Other
	-其他：									-Other:
0306.9100	--岩礁虾及其他龙虾（真龙虾属、龙虾属、岩龙虾属）	15	70	0		0				--Rock lobster and other sea crawfish (*Palinurus spp.*, *Panulirus spp.*, *Jasus spp.*)
0306.9200	--螯龙虾（螯龙虾属）	15	70	0		0				--Lobsters (*Homarus spp.*)
	--蟹：									--Crabs:
0306.9310	---中华绒螯蟹	14	70	0						---Freshwater crabs, live
0306.9320	---梭子蟹	14	70	0		0				---Swimming crab
0306.9390	---其他	14	70	0		0				---Other
0306.9400	--挪威海螯虾	14	70	0		0				--Norway lobsters (*Nephrops norvegicus*)
	--小虾及对虾：									--Shrimps and prawns:
0306.9510	---冷水小虾及对虾（长额虾属、褐虾）	12	70	0		0				---Cold-water shrimps and prawns (*Pandalus spp.*, *Crangon crangon*)
0306.9590	---其他小虾及对虾	12	70	0		0				---Other shrimps and prawns
0306.9900	--其他，包括适合供人食用的甲壳动物的细粉、粗粉及团粒	14	70	0		0				--Other, including flours, meals and pellets of crustaceans, fit for human consumption

税则号列 Tariff Item	商品名称	最惠国税率(%) M. F. N.	普通税率(%) Gen.	协定税率(%) Conventional 东盟 ASEAN	亚太 APTA	香港 H. K.	澳门 Macao	台湾 Taiwan	出口税率(%) Export	Article Description
03.07	**带壳或去壳的软体动物，活、鲜、冷、冻、干、盐腌或盐渍的；熏制的带壳或去壳软体动物，不论在熏制前或熏制过程中是否烹煮；适合供人食用的软体动物的细粉、粗粉及团粒：**									**Molluscs, whether in shell or not, live, fresh, chilled, frozen, dried, salted or in brine; smoked molluscs, whether in shell or not, whether or not cooked before or during the smoking process; flours, meals and pellets of molluscs, fit for human consumption:**
	-牡蛎（蚝）：									-Oysters:
	--活、鲜或冷的：									--Live, fresh or chilled:
0307.1110	---种苗	0	0							---For cultivation
0307.1190	---其他	14	70	0		0				---Other
0307.1200	--冻的	14	70	0		0				--Frozen
0307.1900	--其他	14	70	0		0				--Other
	-扇贝，包括海扇：									-Scallops, including queen scallops, of the genera *Pecten*, *Chlamys or Placopecten*:
	--活、鲜或冷的：									--Live, fresh or chilled:
0307.2110	---种苗	0	0							---For cultivation
0307.2190	---其他	14	70	0		0				---Other
0307.2200	--冻的	14	80	0						--Frozen
0307.2900	--其他	14	80	0						--Other
	-贻贝：									-Mussels (*Mytilus spp.*, *Perna spp.*):
	--活、鲜或冷的：									--Live, fresh or chilled:
0307.3110	---种苗	0	0							---For cultivation
0307.3190	---其他	14	70	0		0				---Other
0307.3200	--冻的	14	70	0	9.8					--Frozen
0307.3900	--其他	14	70	0	9.8					--Other
	-墨鱼及鱿鱼：									-Cuttle fish (*Sepia officinalis*, *Rossia macrosoma*, *Sepiola spp.*) and squid (*Ommastrephes spp.*, *Loligo spp.*, *Nototodarus spp.*, *Sepioteuthis spp.*):
	--活、鲜或冷的：									--Live, fresh or chilled:
0307.4210	---种苗	0	0							---For cultivation
	---其他：									---Other:

税则号列 Tariff Item	商品名称	最惠国税率(%) M. F. N.	普通税率(%) Gen.	协定税率(%) Conventional 东盟 ASEAN	亚太 APTA	香港 H. K.	澳门 Macao	台湾 Taiwan	出口税率(%) Export	Article Description
0307.4291	----墨鱼（乌贼属、巨粒僧头乌贼、耳乌贼属）及鱿鱼（柔鱼属、枪乌贼属、双柔鱼属、拟乌贼属）	12	70	0		0				----Cuttle fish (*Sepia of ficinalis*, *Rossia macrosoma*, *Sepiola spp.*) and squid (*Ommastrephes spp.*, *Loligo spp.*, *Nototodarus spp.*, *Sepioteuthis spp.*)
0307.4299	----其他	14	70	0		0				----Other
	--冻的：									--Frozen:
0307.4310	---墨鱼（乌贼属、巨粒僧头乌贼、耳乌贼属）及鱿鱼（柔鱼属、枪乌贼属、双柔鱼属、拟乌贼属）	12	70	0	10	0	0			---Cuttle fish (*Sepia of ficinalis*, *Rossia macrosoma*, *Sepiola spp.*) and squid (*Ommastrephes spp.*, *Loligo spp.*, *Nototodarus spp.*, *Sepioteuthis spp.*)
0307.4390	---其他	10	70	0			0			---Other
	--其他：									--Other:
0307.4910	---墨鱼（乌贼属、巨粒僧头乌贼、耳乌贼属）及鱿鱼（柔鱼属、枪乌贼属、双柔鱼属、拟乌贼属）	12	70	0	10	0	0			---Cuttle fish (*Sepia of ficinalis*, *Rossia macrosoma*, *Sepiola spp.*) and squid (*Ommastrephes spp.*, *Loligo spp.*, *Nototodarus spp.*, *Sepioteuthis spp.*)
0307.4990	---其他	10	70	0			0			---Other
	-章鱼：									-Octopus (*Octopus spp.*):
0307.5100	--活、鲜或冷的	17	70	0		0				--Live, fresh or chilled
0307.5200	--冻的	17	70	0		0	0			--Frozen
0307.5900	--其他	17	70	0		0	0			--Other
	-蜗牛及螺，海螺除外：									-Snails, other than sea snails:
0307.6010	---种苗	0	0							---For cultivation
0307.6090	---其他	14	70	0						---Other
	-蛤、鸟蛤及舟贝（蚶科、北极蛤科、鸟蛤科、斧蛤科、缝栖蛤科、蛤蜊科、中带蛤科、海螂科、双带蛤科、截蛏科、竹蛏科、砗磲科、帘蛤科）：									-Clams, cockles and arkshells (families *Arcidae*, *Arcticidae*, *Cardiidae*, *Donacidae*, *Hiatellidae*, *Mactridae*, *Mesodesmatidae*, *Myidae*, *Semelidae*, *Solecurtidae*, *Solenidae*, *Tridacnidae* and *Veneridae*):
	--活、鲜或冷的：									--Live, fresh or chilled:
0307.7110	---种苗	0	0							---For cultivation
	---其他：									---Other:
0307.7191	----蛤	14	70	0		0				----Clams
0307.7199	----其他	14	70	0		0				----Other
0307.7200	--冻的	10	70	0						--Frozen
0307.7900	--其他	10	70	0			0			--Other

税则号列 Tariff Item	商品名称	最惠国税率(%) M. F. N.	普通税率(%) Gen.	协定税率(%) Conventional 东盟 ASEAN	亚太 APTA	香港 H. K.	澳门 Macao	台湾 Taiwan	出口税率(%) Export	Article Description
	-鲍鱼（鲍属）及凤螺（凤螺属）：									-Abalone（*Haliotis spp.*）and stromboid conchs（*Strombus spp.*）：
	--活、鲜或冷的鲍鱼（鲍属）：									--Abalone（*Haliotis spp.*），live，fresh or chilled：
0307.8110	---种苗	0	0							---For cultivation
0307.8190	---其他	14	80	0		0				---Other
	--活、鲜或冷的凤螺（凤螺属）：									--Stromboid conchs（*Strombus spp.*），live，fresh or chilled：
0307.8210	---种苗	0	0							---For cultivation
0307.8290	---其他	14	70	0		0				---Other
0307.8300	--冻的鲍鱼（鲍属）	10	80	0		0	0			--Abalone（*Haliotis spp.*），frozen
0307.8400	--冻的凤螺（凤螺属）	10	70	0			0			--Stromboid conchs（*Strombus spp.*），frozen
0307.8700	--其他鲍鱼（鲍属）	10	80	0		0	0			--Other abalone（*Haliotis spp.*）
0307.8800	--其他凤螺（凤螺属）	10	70	0			0			--Other stromboid conchs（*Strombus spp.*）
	-其他，包括适合供人食用的细粉、粗粉及团粒：									-Other，including flours，meals and pellets，fit for human consumption：
	--活、鲜或冷的：									--Live，fresh or chilled：
0307.9110	---种苗	0	0							---For cultivation
0307.9190	---其他	14	70	0		0				---Other
0307.9200	--冻的	10	70	0			0			--Frozen
0307.9900	--其他	10	70	0			0			--Other
03.08	**不属于甲壳动物及软体动物的水生无脊椎动物，活、鲜、冷、冻、干、盐腌或盐渍的；熏制的不属于甲壳动物及软体动物的水生无脊椎动物，不论在熏制前或熏制过程中是否烹煮；适合供人食用的不属于甲壳动物及软体动物的水生无脊椎动物的细粉、粗粉及团粒：**									**Aquatic invertebrates other than crustaceans and molluscs，live，fresh，chilled，frozen，dried，salted or in brine；smoked aquatic invertebrates other than crustaceans and molluscs，whether or not cooked before or during the smoking process；flours，meals and pellets of aquatic invertebrates other than crustaceans and molluscs，fit for human consumption：**
	-海参（仿刺参、海参纲）：									-Sea cucumbers（*Stichopus japonicus*，*Holothurioidea*）：
	--活、鲜或冷的：									--Live，fresh or chilled：
0308.1110	---种苗	0	0							---For cultivation
0308.1190	---其他	14	70	0		0				---Other
0308.1200	--冻的	10	80	0						--Frozen
0308.1900	--其他	10	80	0						--Other

税则号列 Tariff Item	商品名称	最惠国税率(%) M. F. N.	普通税率(%) Gen.	协定税率(%) Conventional 东盟 ASEAN	亚太 APTA	香港 H. K.	澳门 Macao	台湾 Taiwan	出口税率(%) Export	Article Description
	-海胆（球海胆属、拟球海胆、智利海胆、食用正海胆）：									-Sea urchins (*Strongylocentrotus spp.*, *Paracentrotus lividus*, *Loxechinus albus*, *Echichinus esculentus*):
	--活、鲜或冷的：									--Live, fresh or chilled:
0308.2110	---种苗	0	0							---For cultivation
0308.2190	---其他	14	70	0		0				---Other
0308.2200	--冻的	10	70	0			0			--Frozen
0308.2900	--其他	10	70	0			0			--Other
	-海蜇（海蜇属）：									-Jellyfish (*Rhopilema spp.*):
	---活、鲜或冷的：									---Live, fresh or chilled:
0308.3011	----种苗	0	0							----For cultivation
0308.3019	----其他	14	70	0		0				----Other
0308.3090	---其他	10	70	0			0			---Other
	-其他：									-Other:
	---活、鲜或冷的：									---Live, fresh or chilled:
0308.9011	----种苗	0	0							----For cultivation
0308.9012	----沙蚕，种苗除外	14	70	0		0				----Clamworm, other than those for cultivation
0308.9019	----其他	14	70	0		0				----Other
0308.9090	---其他	10	70	0			0			---Other

第四章
乳品；蛋品；天然蜂蜜；其他食用动物产品

注释：

一、所称“乳”，是指全脂乳及半脱脂或全脱脂的乳。

二、税目04.05所称：

（一）“黄油”，仅指从乳中提取的天然黄油、乳清黄油及调制黄油（新鲜、加盐或酸败的，包括罐装黄油），按重量计乳脂含量在80%及以上，但不超过95%，乳的无脂固形物最大含量不超过2%，以及水的最大含量不超过16%。黄油中不含添加的乳化剂，但可含有氯化钠、食用色素、中和盐及无害乳酸菌的培养物。

（二）“乳酱”是一种油包水型可涂抹的乳状物，乳脂是该制品所含的唯一脂肪，按重量计其含量在39%及以上，但小于80%。

三、乳清经浓缩并加入乳或乳脂制成的产品，若同时具有下列三种特性，则视为乳酪归入税目04.06：

（一）按干重计乳脂含量在5%及以上的；

（二）按重量计干质成分至少为70%，但不超过85%的；以及

（三）已成型或可以成型的。

四、本章不包括：

（一）按重量计乳糖含量（以干燥无水乳糖计）超过95%的乳清制品（税目17.02）；

（二）以一种物质（例如，油酸酯）代替乳中一种或多种天然成分（例如，丁酸酯）而制得的产品（税目19.01或21.06）；或

（三）白蛋白（包括按重量计干质成分的乳清蛋白含量超过80%的两种或两种以上的乳清蛋白浓缩物） （税目35.02）及球蛋白（税目

Chapter 4
Dairy products; birds' eggs; natural honey; edible products of animal origin, not elsewhere specified or included

Chapter Notes:

1. The expression "milk" means full cream milk or partially or completely skimmed milk.

2. For the purposes of heading 04.05:

(a) The term "butter" means natural butter, whey butter or recombined butter (fresh, salted or rancid, including canned butter) derived exclusively from milk, with a milkfat content of 80% or more but not more than 95% by weight, a maximum milk solids-not-fat content of 2% by weight and a maximum water content of 16% by weight. Butter does not contain added emulsifiers, but may contain sodium chloride, food colours, neutralising salts and cultures of harmless lactic-acid-producing bacteria.

(b) The expression "dairy spreads" means a spreadable emulsion of the water-in-oil type, containing milkfat as the only fat in the product, with a milkfat content of 39% or more but less than 80% by weight.

3. Products obtained by the concentration of whey and with the addition of milk or milkfat are to be classified as cheese in heading 04.06 provided that they have the three following characteristics:

(a) a milkfat content, by weight of the dry matter, of 5% or more;

(b) a dry matter content, by weight, of at least 70% but not exceeding 85%; and

(c) they are moulded or capable of being moulded.

4. This Chapter does not cover:

(a) Products obtained from whey, containing by weight more than 95% lactose, expressed as anhydrous lactose, calculated on the dry matter (heading 17.02);

(b) Products obtained from milk by replacing one or more of its natural constituents (e. g., butyric fats) by another substance (e.g., oleic fats) (heading 19.01 or 21.06); or

(c) Albumins (including concentrates of two or more whey proteins, containing by weight more than 80% whey proteins, calculated on the dry mat-

35.04)。

子目注释：

一、子目 0404.10 所称“改性乳清”，是指由乳清成分构成的制品，即全部或部分去除乳糖、蛋白或矿物质的乳清、加入天然乳清成分的乳清及由混入天然乳清成分制成的产品。

二、子目 0405.10 所称“黄油”，不包括脱水黄油及印度酥油（子目 0405.90）。

ter) (heading 35.02) or globulins (heading 35.04).

Subheading Notes:

1. For the purposes of subheading 0404.10, the expression “modified whey” means products consisting of whey constituents, that is, whey from which all or part of the lactose, proteins or minerals have been removed, whey to which natural whey constituents have been added, and products obtained by mixing natural whey constituents.

2. For the purposes of subheading 0405.10 the term “butter” does not include dehydrated butter or ghee (subheading 0405.90).

税则号列 Tariff Item	商品名称	最惠国税率（%）M. F. N.	普通税率（%）Gen.	协定税率（%）Conventional 东盟 ASEAN	亚太 APTA	香港 H. K.	澳门 Macao	台湾 Taiwan	出口税率（%）Export	Article Description
04.01	**未浓缩及未加糖或其他甜物质的乳及奶油：**									**Milk and cream, not concentrated nor containing added sugar or other sweetening matter:**
0401.1000	-按重量计脂肪含量不超过1%	15	40	0			0			-Of a fat content, by weight, not exceeding 1%
0401.2000	-按重量计脂肪含量超过1%，但不超过6%	15	40	0		0	0			-Of a fat content, by weight, exceeding 1% but not exceeding 6%
0401.4000	-按重量计脂肪含量超过6%，但不超过10%	15	40	0			0			-Of a fat content, by weight, exceeding 6% but not exceeding 10%
0401.5000	-按重量计脂肪含量超过10%	15	40	0			0			-Of a fat content, by weight, exceeding 10%
04.02	**浓缩、加糖或其他甜物质的乳及奶油：**									**Milk and cream, concentrated or containing added sugar or other sweetening matter:**
0402.1000	-粉状、粒状或其他固体形状，按重量计脂肪含量不超过1.5%	10	40	0	7	0	0			-In powder, granules or other solid forms, of a fat content, by weight, not exceeding 1.5%
	-粉状、粒状或其他固体形状，按重量计脂肪含量超过1.5%：									-In powder, granules or other solid forms, of a fat content, by weight, exceeding 1.5%:
0402.2100	--未加糖或其他甜物质	10	40	0	7	0	0			--Not containing added sugar or other sweetening matter
0402.2900	--其他	10	40	0		0	0			--Other
	-其他：									-Other:

税则号列 Tariff Item	商品名称	最惠国税率(%) M. F. N.	普通税率(%) Gen.	协定税率(%) Conventional					出口税率(%) Export	Article Description
				东盟 ASEAN	亚太 APTA	香港 H. K.	澳门 Macao	台湾 Taiwan		
0402.9100	--未加糖或其他甜物质	10	90	0		0	0			--Not containing added sugar or other sweetening matter
0402.9900	--其他	10	90	0						--Other
04.03	**酪乳、结块的乳及奶油、酸乳、酸乳酒及其他发酵或酸化的乳和奶油，不论是否浓缩、加糖、加其他甜物质、加香料、加水果、加坚果或加可可：**									**Buttermilk, curdled milk and cream, yogurt, kephir and other fermented or acidified milk and cream, whether or not concentrated or containing added sugar or other sweetening matter or flavoured or containing added fruit, nuts or cocoa:**
0403.1000	-酸乳	10	90	0		0	0			-Yogurt
0403.9000	-其他	20	90	0		0	0			-Other
04.04	**乳清，不论是否浓缩、加糖或其他甜物质；其他税号未列名的含天然乳的产品，不论是否加糖或其他甜物质：**									**Whey, whether or not concentrated or containing added sugar or other sweetening matter; products consisting of natural milk constituents, whether or not containing added sugar or other sweetening matter, not elsewhere specified or included:**
0404.1000	-乳清及改性乳清，不论是否浓缩、加糖或其他甜物质	6	30	0						-Whey and modified whey, whether or not concentrated or containing added sugar or other sweetening matter
0404.9000	-其他	20	90	0						-Other
04.05	**黄油及其他从乳中提取的脂和油；乳酱：**									**Butter and other fats and oils derived from milk; dairy spreads:**
0405.1000	-黄油	10	90	0						-Butter
0405.2000	-乳酱	10	90	0	8.1		0			-Dairy spreads
0405.9000	-其他	10	90	0						-Other
04.06	**乳酪及凝乳：**									**Cheese and curd:**
0406.1000	-鲜乳酪（未熟化或未固化的），包括乳清乳酪；凝乳	12	90	0		0	0			-Fresh (unripened or uncured) cheese, including whey cheese; and curd
0406.2000	-各种磨碎或粉化的乳酪	12	90	0		0	0			-Grated or powdered cheese, of all kinds
0406.3000	-经加工的乳酪，但磨碎或粉化的除外	12	90	0						-Processed cheese, not grated or powdered
0406.4000	-蓝纹乳酪和娄地青霉生产的带有纹理的其他乳酪	15	90	0						-Blue-veined cheese and other cheese containing veins produced by penicillium roqueforti
0406.9000	-其他乳酪	12	90	0						-Other cheese
04.07	**带壳禽蛋，鲜、腌制或煮过的：**									**Birds' eggs, in shell, fresh, preserved or cooked:**

税则号列 Tariff Item	商品名称	最惠国税率(%) M. F. N.	普通税率(%) Gen.	协定税率(%) Conventional 东盟 ASEAN	亚太 APTA	香港 H. K.	澳门 Macao	台湾 Taiwan	出口税率(%) Export	Article Description
	-孵化用受精禽蛋：									-Fertilised eggs for incubation：
0407.1100	--鸡的	0	0							--Of fowls of the species *Gallus domesticus*
0407.1900	--其他	0	0							--Other
	-其他鲜蛋：									-Other fresh eggs：
0407.2100	--鸡的	20	80	0						--Of fowls of the species *Gallus domesticus*
0407.2900	--其他	20	80	0						--Other
	-其他：									-Other：
0407.9010	---咸蛋	20	90	0						---Salted eggs
0407.9020	---皮蛋	20	90	0						---Lime-preserved eggs
0407.9090	---其他	20	90	0						---Other
04.08	**去壳禽蛋及蛋黄，鲜、干、冻、蒸过或水煮、制成型或用其他方法保藏的，不论是否加糖或其他甜物质：**									**Birds' eggs, not in shell, and egg yolks, fresh, dried, cooked by steaming or by boiling in water, moulded, frozen or otherwise preserved, whether or not containing added sugar or other sweetening matter：**
	-蛋黄：									-Egg yolks：
0408.1100	--干的	20	90	0						--Dried
0408.1900	--其他	20	90	0						--Other
	-其他：									-Other：
0408.9100	--干的	20	90	0						--Dried
0408.9900	--其他	20	90	0		0				--Other
04.09	**天然蜂蜜：**									**Natural honey：**
0409.0000	天然蜂蜜	15	80	0			0			Natural honey
04.10	**其他税号未列名的食用动物产品：**									**Edible products of animal origin, not elsewhere specified or included：**
0410.0010	---燕窝	25	80	0		0	0			---Salanganes' nests
	---蜂产品：									---Bee products：
0410.0041	----鲜蜂王浆	15	70	0						----Pure royal jelley
0410.0042	----鲜蜂王浆粉	15	70	0						----Pure royal jelley, in powder
0410.0043	----蜂花粉	20	70	0						----Bee pollen
0410.0049	----其他	20	70	0			0			----Other
0410.0090	---其他	20	70	0			0	0		---Other

第五章 其他动物产品

Chapter 5 Products of animal origin, not elsewhere specified or included

注释：

一、本章不包括：

(一) 食用产品（整个或切块的动物肠、膀胱和胃以及液态或干制的动物血除外）；

(二) 生皮或毛皮（第四十一章、第四十三章），但税目 05.05 的货品及税目 05.11 的生皮或毛皮的边角废料仍归入本章；

(三) 马毛及废马毛以外的动物纺织原料（第十一类）；或

(四) 供制帚、制刷用的成束、成簇的材料（税目 96.03）。

二、仅按长度而未按发根和发梢整理的人发，视为未加工品，归入税目 05.01。

三、本协调制度所称“兽牙”，是指象、河马、海象、一角鲸和野猪的长牙、犀角及其他动物的牙齿。

四、本协调制度所称“马毛”，是指马科、牛科动物的鬃毛和尾毛。税目 05.11 主要包括马毛及废马毛，不论是否制成带衬垫或不带衬垫的毛片。

Chapter Notes:

1. This Chapter does not cover:

(a) Edible products (other than guts, bladders and stomachs of animals, whole and pieces thereof, and animal blood, liquid or dried);

(b) Hides or skins (including furskins) other than goods of heading 05.05 and parings and similar waste of raw hides or skins of heading 05.11 (Chapter 41 or 43);

(c) Animal textile materials, other than horsehair and horsehair waste (Section XI); or

(d) Prepared knots or tufts for broom or brush making (heading 96.03).

2. For the purposes of heading 05.01, the sorting of hair by length (provided the root ends and tip ends respectively are not arranged together) shall be deemed not to constitute working.

3. Throughout the Nomenclature, elephant, hippopotamus, walrus, narwhal and wild boar tusks, rhinoceros horns and the teeth of all animals are regarded as "ivory".

4. Throughout the Nomenclature, the expression "horsehair" means hair of the manes or tails of equine or bovine animals. Heading 05.11 covers, inter alia, horsehair and horsehair waste, whether or not put up as a layer with or without supporting material.

税则号列 Tariff Item	商品名称	最惠国税率(%) M.F.N.	普通税率(%) Gen.	协定税率(%) Conventional 东盟 ASEAN	亚太 APTA	香港 H.K.	澳门 Macao	台湾 Taiwan	出口税率(%) Export	Article Description
05.01	**未经加工的人发，不论是否洗涤；废人发：**									**Human hair, unworked, whether or not washed or scoured; waste of human hair:**
0501.0000	未经加工的人发，不论是否洗涤；废人发	15	90	0						Human hair, unworked, whether or not washed or scoured; waste of human hair
05.02	**猪鬃、猪毛；獾毛及其他制刷用兽毛；上述鬃毛的废料：**									**Pigs', hogs' or boars' bristles and hair; badger hair and other brush making hair; waste of such bristles or hair:**

税则号列 Tariff Item	商品名称	最惠国税率(%) M. F. N.	普通税率(%) Gen.	协定税率(%) Conventional 东盟 ASEAN	亚太 APTA	香港 H. K.	澳门 Macao	台湾 Taiwan	出口税率(%) Export	Article Description
	-猪鬃、猪毛及其废料：									-Pigs', hogs' or boars' bristles and hair and waste thereof:
0502.1010	---猪鬃	20	90	0						---Bristles
0502.1020	---猪毛	20	90	0						---Hair
0502.1030	---废料	20	90	0						---Waste
	-其他：									-Other:
	---獾毛及其他制刷用兽毛：									---Badger hair and other brush making hair:
0502.9011	----山羊毛	20	90	0						----Goat hair
0502.9012	----黄鼠狼尾毛	20	90	0						----Weasel tail hair
0502.9019	----其他	20	90	0						----Other
0502.9020	---废料	20	90	0						---Waste
05.04	**整个或切块的动物（鱼除外）的肠、膀胱及胃，鲜、冷、冻、干、熏、盐腌或盐渍的：**									**Guts, bladders and stomachs of animals (other than fish), whole and pieces thereof, fresh, chilled, frozen, salted, in brine, dried or smoked:**
	---肠衣：									---Casings:
0504.0011	----盐渍猪肠衣（猪大肠头除外）	20	90	0	10					----Hog casings, salted (excluding hog fat-ends)
0504.0012	----盐渍绵羊肠衣	18	90	0	9					----Sheep casings, salted
0504.0013	----盐渍山羊肠衣	18	90	0	9					----Goat casings, salted
0504.0014	----盐渍猪大肠头	20	90	0	10					----Hog fat-ends, salted
0504.0019	----其他	18	90	0	9					----Other
	---胃：									---Gizzard:
0504.0021	----冷、冻的鸡胗	T6	T6	0	0.65元/千克					----Cold, frozen gizzard
0504.0029	----其他	20	90	0	10					----Other
0504.0090	---其他	20	80	0	10					---Other
05.05	**带有羽毛或羽绒的鸟皮及鸟体其他部分；羽毛及不完整羽毛（不论是否修边）、羽绒，仅经洗涤、消毒或为了保藏而作过处理，但未经进一步加工；羽毛或不完整羽毛的粉末及废料：**									**Skins and other parts of birds, with their feathers or down; feathers and parts of feathers (Whether or not with trimmed edges) and down, not further worked than cleaned, disinfected or treated for preservation; powder and waste of feathers or parts of feathers:**
0505.1000	填充用羽毛；羽绒	10	100	0	7.5					-Feathers of a kind used for stuffing; down
	-其他：									-Other:

税则号列 Tariff Item	商品名称	最惠国税率(%) M. F. N.	普通税率(%) Gen.	协定税率(%) Conventional 东盟 ASEAN	亚太 APTA	香港 H. K.	澳门 Macao	台湾 Taiwan	出口税率(%) Export	Article Description
0505.9010	---羽毛或不完整羽毛的粉末及废料	10	35	0						---Powder and waste of feathers or parts of feathers
0505.9090	---其他	10	90	0						---Other
05.06	**骨及角柱，未经加工或经脱脂、简单整理（但未切割成形）、酸处理或脱胶；上述产品的粉末及废料：**									**Bones and horn-cores, unworked, defatted, simply prepared (but not cut to shape), treated with acid or degelatinized; powder and waste of these products:**
0506.1000	-经酸处理的骨胶原及骨	12	50	0					40	-Ossein and bones treated with acid
	-其他：									-Other:
	---骨粉、骨废料：									---Powder and waste of bones:
0506.9011	----含牛羊成分的	12	35	0					40	----Of bovine and sheep
0506.9019	----其他	12	35	0					40	----Other
0506.9090	---其他	12	50	0			0		40	---Other
05.07	**兽牙、龟壳、鲸须、鲸须毛、角、鹿角、蹄、甲、爪及喙，未经加工或仅简单整理但未切割成形；上述产品的粉末及废料：**									**Ivory, tortoise-shell, whalebone and whalebone hair, horns, antlers, hooves, nails, claws and beaks, unworked or simply prepared but not cut to shape; powder and waste of these products:**
0507.1000	-兽牙；兽牙粉末及废料	10	30	0						-Ivory; ivory powder and waste
	-其他：									-Other:
0507.9010	---羚羊角及其粉末和废料	3	14	0						---Antelope horns and powder or waste thereof
0507.9020	---鹿茸及其粉末	11	30	0						---Pilose antlers and powder thereof
0507.9090	---其他	10	50	0						---Other
05.08	**珊瑚及类似品，未经加工或仅简单整理但未经进一步加工；软体动物壳、甲壳动物壳、棘皮动物壳、墨鱼骨，未经加工或仅简单整理但未切割成形，上述壳、骨的粉末及废料：**									**Coral and similar materials, unworked or simply prepared but not otherwise worked; shells of molluscs, crustaceans or echinoderms and cuttle-bone, unworked or simply prepared but not cut to shape, powder and waste thereof:**
0508.0010	---粉末及废料	12	35	0		0				---Powder and waste
0508.0090	---其他	12	50	0		0				---Other

税则号列 Tariff Item	商品名称	最惠国税率(%) M. F. N.	普通税率(%) Gen.	协定税率(%) Conventional 东盟 ASEAN	亚太 APTA	香港 H. K.	澳门 Macao	台湾 Taiwan	出口税率(%) Export	Article Description
05.10	**龙涎香、海狸香、灵猫香及麝香；斑蝥；胆汁，不论是否干制；供配制药用的腺体及其他动物产品，鲜、冷、冻或用其他方法暂时保藏的：**									**Ambergris, castoreum, civet and musk; cantharides; bile, whether of not dried; glands and other animal products used in the preparation of pharmaceutical products, fresh, chilled, frozen or otherwise provisionally preserved:**
0510.0010	---黄药	3	14	0						---Bezoar
0510.0020	---龙涎香、海狸香、灵猫香	7	50	0						---Ambergris, castoreum and civet
0510.0030	---麝香	7	20	0						---Musk
0510.0040	---斑蝥	7	50	0						---Cantharides
0510.0090	---其他	6	20	0						---Other
05.11	**其他税号未列名的动物产品；不适合供人食用的第一章或第三章的死动物：**									**Animal products not elsewhere specified or included; dead animals of Chapter 1 or 3, unfit for human consumption:**
0511.1000	-牛的精液	0	0							-Bovine semen
	-其他：									-Other:
	--鱼、甲壳动物、软体动物、其他水生无脊椎动物的产品；第三章的死动物：									--Products of fish or crustaceans, molluscs or other aquatic invertebrates; dead animals of Chapter 3:
	---鱼的：									---Fish:
0511.9111	----受精鱼卵	12	35	0						----Fertilized fish eggs
0511.9119	----其他	12	35	0						----Other
0511.9190	---其他	12	35	0						---Other
	--其他：									--Other:
0511.9910	---动物精液（牛的精液除外）	0	0							---Animal semen, other than bovine semen
0511.9920	---动物胚胎	0	0							---Animal embryo
0511.9930	---蚕种	0	0							---Silkworm graine
0511.9940	---马毛及废马毛，不论是否制成有或无衬垫的毛片	15	90	0						---Horsehair and horsehair waste, whether or not put up as a layer with or without supporting material
0511.9990	---其他	12	35	0						---Other

第 二 类
植 物 产 品

SECTION Ⅱ
VEGETABLE PRODUCTS

注释：

本类所称“团粒”，是指直接挤压或加入按重量计比例不超过3%的黏合剂制成的粒状产品。

Section Note:

In this Section the term “pellets” means products which have been agglomerated either directly by compression or by the addition of a binder in a proportion not exceeding 3% by weight.

第 六 章
活树及其他活植物；鳞茎、根及类似品；插花及装饰用簇叶

Chapter 6
Live trees and other plants; bulbs, roots and the like; cut flowers and ornamental foliage

注释：

一、除税目06.01的菊苣植物及其根以外，本章只包括通常由苗圃或花店供应为种植或装饰用的活树及其他货品（包括植物秧苗）；但不包括马铃薯、洋葱、青葱、大蒜及其他第七章的产品。

二、税目06.03、06.04的各种货品，包括全部或部分用这些货品制成的花束、花篮、花圈及类似品，不论是否有其他材料制成的附件。但这些货品不包括税目97.01的拼贴画或类似的装饰板。

Chapter Notes:

1. Subject to the second part of heading 06.01, this Chapter covers only live trees and goods (including seedling vegetables) of a kind commonly supplied by nursery gardeners or florists for planting or for ornamental use; nevertheless it does not include potatoes, onions, shallots, garlic or other products of Chapter 7.

2. Any reference in heading 06.03 or 06.04 to goods of any kind shall be construed as including a reference to bouquets, floral baskets, wreaths and similar articles made wholly or partly of goods of that kind, account not being taken of accessories of other materials. However, these headings do not include collages or similar decorative plaques of heading 97.01.

税则号列 Tariff Item	商 品 名 称	最惠国税率(%) M. F. N.	普通税率(%) Gen.	协定税率（%）Conventional					出口税率(%) Export	Article Description
				东盟 ASEAN	亚太 APTA	香港 H. K.	澳门 Macao	台湾 Taiwan		
06.01	鳞茎、块茎、块根、球茎、根颈及根茎，休眠、生长或开花的；菊苣植物及其根，但税目12.12的根除外：									**Bulbs, tubers, tuberous roots, corms, crowns and rhizomes, dormant, in growth or in flower; chicory plants and roots other than roots of heading 12.12:**
	-休眠的鳞茎、块茎、块根、球茎、根颈及根茎：									-Bulbs, tubers, tuberous roots, corms, crowns and rhizomes, dormant:
0601.1010	---番红花球茎	4	14	0	2					---Stigma croci corms
	---百合球茎：									---Lily corms:
0601.1021	----种用	0	0							----Seed
0601.1029	----其他	5	40	0	2.5					----Other

税则号列 Tariff Item	商品名称	最惠国税率(%) M. F. N.	普通税率(%) Gen.	协定税率(%) Conventional 东盟 ASEAN	亚太 APTA	香港 H. K.	澳门 Macao	台湾 Taiwan	出口税率(%) Export	Article Description
	---其他:									---Other:
0601.1091	----种用	0	0							----Seed
0601.1099	----其他	5	40	0	2.5					----Other
0601.2000	-生长或开花的鳞茎、块茎、块根、球茎、根颈及根茎;菊苣植物及其根	15	80	0	7.5					-Bulbs, tubers, tuberous roots, corms, crowns and rhizomes, in growth or in flower; chicory plants and roots
06.02	**其他活植物(包括其根)、插枝及接穗;蘑菇菌丝:**									**Other live plants (including their roots) cuttings and ships; mushroom spawn:**
0602.1000	-无根插枝及接穗	0	0							-Unrooted cuttings and slips
	-食用水果或食用坚果的树、灌木,不论是否嫁接:									-Trees, shrubs and bushes, grafted or not, of kinds which bear edible fruit or nuts:
0602.2010	---种用苗木	0	0							---Seedlings
0602.2090	---其他	10	80	0	5					---Other
	-杜鹃,不论是否嫁接:									-Rhododendrons and azaleas, grafted or not:
0602.3010	---种用	0	0							---Seedlings
0602.3090	---其他	15	80	0						---Other
	-玫瑰,不论是否嫁接:									-Roses, grafted or not:
0602.4010	---种用	0	0							---Seedlings
0602.4090	---其他	15	80	0						---Other
	-其他:									-Other:
0602.9010	---蘑菇菌丝	0	0							---Mushroom spawn
	---其他:									---Other:
0602.9091	----种用苗木	0	0							----Seedlings
0602.9092	----兰花	10	80	0						----Orchid
0602.9093	----菊花	10	80	0						----Chrysanthemum
0602.9094	----百合	10	80	0						----Lily
0602.9095	----康乃馨	10	80	0						----Carnation
0602.9099	----其他	10	80	0	5					----Other
06.03	**制花束或装饰用的插花及花蕾,鲜、干、染色、漂白、浸渍或用其他方法处理的:**									**Cut flowers and flower buds of a kind suitable for bouquets or for ornamental purposes, fresh, dried, dyed, bleached, impregnated or otherwise prepared:**
	-鲜的:									-Fresh:
0603.1100	--玫瑰	10	100	0	5					--Roses
0603.1200	--康乃馨	10	100	0	5					--Carnations
0603.1300	--兰花	10	100	0	5			0		--Orchids
0603.1400	--菊花	10	100	0	5					--Chrysanthemums

税则号列 Tariff Item	商品名称	最惠国税率(%) M. F. N.	普通税率(%) Gen.	协定税率(%) Conventional 东盟 ASEAN	亚太 APTA	香港 H. K.	澳门 Macao	台湾 Taiwan	出口税率(%) Export	Article Description
0603.1500	--百合花（百合属）	10	100	0	5					--Lilies (*Lilium spp.*)
0603.1900	--其他	10	100	0	5					--Other
0603.9000	-其他	23	100	0	11.5	0	0			-Other
06.04	**制花束或装饰用的不带花及花蕾的植物枝、叶或其他部分、草、苔藓及地衣，鲜、干、染色、漂白、浸渍或用其他方法处理的：**									**Foliage, branches and other parts of plants, without flowers or flowerbuds, and grasses, mosses and lichens, being goods of a kind suitable for bouquets or for ornamental purposes, fresh, dried, dyed, bleached, impregnated or otherwise prepared:**
	-鲜的：									-Fresh:
0604.2010	---苔藓及地衣	23	100	0						---Mosses and lichens
0604.2090	---其他	10	100	0						---Other
	-其他：									-Other:
0604.9010	---苔藓及地衣	23	100	0						---Mosses and lichens
0604.9090	---其他	10	100	0		0	0			---Other

第 七 章
食用蔬菜、根及块茎

Chapter 7
Edible vegetables and certain roots and tubers

注释：

一、本章不包括税目12.14的草料。

二、税目07.09、07.10、07.11及07.12所称"蔬菜"，包括食用的蘑菇、块菌、油橄榄、刺山柑、菜葫芦、南瓜、茄子、甜玉米、辣椒、茴香菜、欧芹、细叶芹、龙蒿、水芹、甜茉乔栾那。

三、税目07.12包括干制的归入税目07.01至07.11的各种蔬菜，但下列各项除外：

（一）做蔬菜用的脱荚干豆（税目07.13）；

（二）税目11.02至11.04所列形状的甜玉米；

（三）马铃薯细粉、粗粉、粉末、粉片、颗粒及团粒（税目11.05）；

（四）用税目07.13的干豆制成的细粉、粗粉及粉末（税目11.06）。

四、本章不包括辣椒干及辣椒粉（税目09.04）。

Chapter Notes:

1. This Chapter does not cover forage products of heading 12.14.

2. In headings 07.09, 07.10, 07.11 and 07.12 the word "vegetables" includes edible mushrooms, truffles, olives, capers, marrows, pumpkins, aubergines, sweet corn (*Zea mays var. saccharate*), fruits of the genus *Capsicum* or of the genus *Pimenta*, fennel, parsley, chervil, tarragon, cress and sweet marjoram (*Majorana hortensis or Origanum majorana*).

3. Heading 07.12 covers all dried vegetables of the kinds falling in headings 07.01 to 07.11, other than:
   (a) dried leguminous vegetables, shelled (heading 07.13);
   (b) sweet corn in the forms specified in headings 11.02 to 11.04;
   (c) flour, meal, powder, flakes, granules and pellets of potatoes (heading 11.05);
   (d) flour, meal and powder of the dried leguminous vegetables of heading 07.13 (heading 11.06).

4. However, dried or crushed or ground fruits of the genus *Capsicum* or of the genus *Pimenta* are excluded from this Chapter (heading 09.04).

税则号列 Tariff Item	商品名称	最惠国税率(%) M.F.N.	普通税率(%) Gen.	协定税率(%) Conventional 东盟 ASEAN	亚太 APTA	香港 H.K.	澳门 Macao	台湾 Taiwan	出口税率(%) Export	Article Description
07.01	**鲜或冷藏的马铃薯：**									**Potatoes, fresh or chilled.**
0701.1000	-种用	13	70	0						-Seeds
0701.9000	-其他	13	70	0	9					-Other
07.02	**鲜或冷藏的番茄：**									**Tomatoes, fresh or chilled:**
0702.0000	鲜或冷藏的番茄	13	70	0						Tomatoes, fresh or chilled
07.03	**鲜或冷藏的洋葱、青葱、大蒜、韭葱及其他葱属蔬菜：**									**Onions, shallots, garlic, leeks and other alliaceous vegetables, fresh or chilled:**
	-洋葱及青葱：									-Onions and shallots:
0703.1010	---洋葱	13	70	0	6.5					---Onions
0703.1020	---青葱	13	70	0	6.5					---Shallots
	-大蒜：									-Garlic:
0703.2010	---蒜头	13	70	0	6.5					---Garlic bulbs

税则号列 Tariff Item	商品名称	最惠国税率(%) M. F. N.	普通税率(%) Gen.	协定税率(%) Conventional 东盟 ASEAN	亚太 APTA	香港 H. K.	澳门 Macao	台湾 Taiwan	出口税率(%) Export	Article Description
0703.2020	---蒜薹及蒜苗（青蒜）	13	70	0	6.5					---Garlic stems，garlic seedlings
0703.2090	---其他	13	70	0	6.5					---Other
	-韭葱及其他葱属蔬菜：									-Leeks and other alliaceous vegetables：
0703.9010	---韭葱	13	70	0						---Leeks
0703.9020	---大葱	13	70	0						---Scallion
0703.9090	---其他	13	70	0						---Other
07.04	**鲜或冷藏的卷心菜、菜花、球茎甘蓝、羽衣甘蓝及类似的食用芥菜类蔬菜：**									**Cabbages，cauliflowers，kohlrabi，kale and similar edible brassicas，fresh or chilled：**
0704.1000	-菜花及硬花甘蓝	10	70	0						-Cauliflowers and headed broccoli
0704.2000	-抱子甘蓝	13	70	0						-Brussels sprouts
	-其他：									-Other：
0704.9010	---卷心菜	13	70	0						---Cabbages（*Brassica oleracea var. capitata*）
0704.9020	---西兰花	13	70	0						---Broccolis（*Brassica oleracea var. italica*）
0704.9090	---其他	13	70	0						---Other
07.05	**鲜或冷藏的莴苣及菊苣：**									**Lettuce（*lactuca sativa*）and chicory（*Cichorium spp.*），fresh or chilled：**
	-莴苣：									-Lettuce：
0705.1100	--结球莴苣（包心生菜）	10	70	0						--Cabbage lettuce（head lettuce）
0705.1900	--其他	10	70	0						--Other
	-菊苣：									-Chicory：
0705.2100	--维特罗夫菊苣	13	70	0						--Witloof chicory（*Cichoriym intybus var. foliosum*）
0705.2900	--其他	13	70	0						--Other
07.06	**鲜或冷藏的胡萝卜、萝卜、色拉甜菜根、婆罗门参、块根芹、小萝卜及类似的食用根茎：**									**Carrots，turnips，salad beetroot，salsify，celeriac，radishes and similar edible roots，fresh or chilled：**
0706.1000	-胡萝卜及萝卜	13	70	0						-Carrots and turnips
0706.9000	-其他	13	70	0						-Other
07.07	**鲜或冷藏的黄瓜及小黄瓜：**									**Cucumbers and gherkins，fresh or chilled：**
0707.0000	鲜或冷藏的黄瓜及小黄瓜	13	70	0	6.5					Cucumbers and gherkins，fresh or chilled
07.08	**鲜或冷藏的豆类蔬菜，不论是否脱荚：**									**Leguminous vegetables，shelled or unshelled，fresh or chilled：**
0708.1000	-豌豆	13	70	0	6.5					-Peas（*Pisum sativum*）
0708.2000	-豇豆属及菜豆属	13	70	0	6.5					-Beans（*Vigna spp.*，*Phaseolus spp.*）
0708.9000	-其他豆类蔬菜	13	70	0	6.5					-Other leguminous vegetables

税则号列 Tariff Item	商品名称	最惠国税率(%) M. F. N.	普通税率(%) Gen.	协定税率(%) Conventional 东盟 ASEAN	亚太 APTA	香港 H. K.	澳门 Macao	台湾 Taiwan	出口税率(%) Export	Article Description
07.09	**鲜或冷藏的其他蔬菜：**									**Other vegetables, fresh or chilled:**
0709.2000	-芦笋	13	70	0	6.5					-Asparagus
0709.3000	-茄子	13	70	0	6.5					-Aubergines (egg-plants)
0709.4000	-芹菜，但块根芹除外	10	70	0						-Celery other than celeriac
	-蘑菇及块菌：									-Mushrooms and truffles:
0709.5100	--伞菌属蘑菇	13	90	0		0	0			--Mushrooms of the genus Agaricus
	--其他：									--Other:
0709.5910	---松茸	13	90	0						---Sungmo
0709.5920	---香菇	13	90	0						---Shiitake
0709.5930	---金针菇	13	90	0				0		---Winter mushroom
0709.5940	---草菇	13	90	0						---Paddy Straw mushroom
0709.5950	---口蘑	13	90	0						---Tricholoma mongolicum Imai
0709.5960	---块菌	13	90	0						---Truffle
0709.5990	---其他	13	90	0						---Other
0709.6000	-辣椒，包括甜椒	13	70	0	6.5					-Fruits of the genus *Capsicum* or of the genus *Pimenta*
0709.7000	-菠菜	13	70	0		0				-Spinach, New Zealand spinach and orache spinach (garden spinach)
	-其他：									-Other:
0709.9100	--洋蓟	13	70	0		0				--Globe artichokes
0709.9200	--油橄榄	13	70	0		0				--Olives
0709.9300	--南瓜、笋瓜及瓠瓜（南瓜属）	13	70	0		0				--Pumpkins, squash and gourds (*Cucurbita spp.*)
	--其他：									--Other:
0709.9910	---竹笋	13	70	0						---Bamboo shoots
0709.9990	---其他	13	70	0		0				---Other
07.10	**冷冻蔬菜（不论是否蒸煮）：**									**Vegetables (uncooked or cooked by steaming or boiling in water), frozen:**
0710.1000	-马铃薯	13	70	0						-Potatoes
	-豆类蔬菜，不论是否脱荚：									-Leguminous vegetables, shelled or unshelled:
0710.2100	--豌豆	13	70	0						--Peas (*Pisum sativum*)
	豇豆属及菜豆属：									--Beans (*Vigna spp.*, *Phaseolus spp.*):
0710.2210	---红小豆（赤豆）	13	70	0						---Small red (Adzuki) beans (Phaseolus or Vigna angularis)
0710.2290	---其他	13	70	0						---Other
0710.2900	--其他	13	70	0						--Other
0710.3000	-菠菜	13	70	0						-Spinach, New Zealand spinach and orache spinach (garden spinach)

税则号列 Tariff Item	商品名称	最惠国税率(%) M. F. N.	普通税率(%) Gen.	协定税率(%) Conventional 东盟 ASEAN	亚太 APTA	香港 H. K.	澳门 Macao	台湾 Taiwan	出口税率(%) Export	Article Description
0710.4000	-甜玉米	10	70	0						-Sweet corn
	-其他蔬菜：									-Other vegetables:
0710.8010	---松茸	13	70	0						---Sungmo
0710.8020	---蒜薹及蒜苗（青蒜）	13	70	0						---Garlic stems, garlic seedlings
0710.8030	---蒜头	13	70	0						---Garlic bulbs
0710.8040	---牛肝菌	13	70	0						---Boletus
0710.8090	---其他	13	70	0						---Other
0710.9000	-什锦蔬菜	10	70	0						-Mixtures of vegetables
07.11	**暂时保藏（例如，使用二氧化硫气体、盐水、亚硫酸水或其他防腐液）的蔬菜，但不适于直接食用的：**									**Vegetables provisionally preserved (for example, by sulphur dioxide gas, in brine, in suphur water or in other preservative solutions), but unsuitable in that state for immediate consumption:**
0711.2000	-油橄榄	13	70	0						-Olives
0711.4000	-黄瓜及小黄瓜	13	70	0						-Cucumbers and gherkins
	-蘑菇及块菌：									-Mushrooms and truffles:
	--伞菌属蘑菇：									--Mushrooms of the genus *Agaricus*:
	---盐水的：									---In brine:
0711.5112	----白蘑菇	13	90	0						----White mushroom
0711.5119	----其他	13	90	0						----Other
0711.5190	---其他	13	90	0						---Other
	--其他：									--Other:
	---盐水的：									---In brine:
0711.5911	----松茸	13	90	0						----Sungmo
0711.5919	----其他	13	90	0						----Other
0711.5990	---其他	13	90	0						---Other
	-其他蔬菜；什锦蔬菜：									-Other vegetables; mixtures of vegetables:
	---盐水的：									---In brine:
0711.9031	----竹笋	13	70	0	6.5					----Bamboo shoots
0711.9034	----大蒜	13	70	0	6.5					----Garlic
0711.9039	----其他	13	70	0	6.5					----Other
0711.9090	---其他	13	90	0	6.5					---Other
07.12	**干蔬菜，整个、切块、切片、破碎或制成粉状，但未经进一步加工的：**									**Dried vegetables, whole, cut, sliced, broken or in powder, but not further prepared:**
0712.2000	-洋葱	13	80	0						-Onions
	-蘑菇、木耳、银耳及块菌：									-Mushrooms, wood ears (*Auriculariaspp.*), jelly fungi (*Tremella spp.*) and truffles:

税则号列 Tariff Item	商品名称	最惠国税率(%) M. F. N.	普通税率(%) Gen.	协定税率(%) Conventional 东盟 ASEAN	亚太 APTA	香港 H. K.	澳门 Macao	台湾 Taiwan	出口税率(%) Export	Article Description
0712.3100	--伞菌属蘑菇	13	80	0	9					--Mushrooms of the genus *Agaricus*
0712.3200	--木耳	13	100	0						--Wood ears (*Auricularia spp.*)
0712.3300	--银耳	13	90	0						--Jelly fungi (*Tremella spp.*)
	--其他：									--Other:
0712.3910	---香菇	13	100	0	9					---Shiitake
0712.3920	---金针菇	13	100	0	9					---Winter mushroom
0712.3950	---牛肝菌	13	100	0	9					---Boletus
	---其他：									---Other:
0712.3991	----羊肚菌	13	100	0	9					----Tripe bacteria
0712.3999	----其他	13	100	0	9					----Other
	-其他蔬菜；什锦蔬菜：									-Other vegetables; mixtures of vegetables:
0712.9010	---笋干丝	13	80	0						---Bamboo shoots
0712.9020	---紫萁（薇菜干）	13	80	0						---Osmund
0712.9030	---金针菜（黄花菜）	13	80	0						---Day lily flowers
0712.9040	---蕨菜	13	80	0						---Wild brake
0712.9050	---大蒜	13	80	0						---Garlic
	---其他：									---Other:
0712.9091	----辣根	13	80	0						----Horseradish
0712.9099	----其他	13	80	0						----Other
07.13	**脱荚的干豆，不论是否去皮或分瓣：**									**Dried leguminous vegetables, shelled, whether or not skinned or split:**
	-豌豆：									-Peas (*Pisum sativum*):
0713.1010	---种用	0	0							---Seed
0713.1090	---其他	5	20	0						---Other
	-鹰嘴豆：									-Chickpeas (garbanzos):
0713.2010	---种用	0	0							---Seed
0713.2090	---其他	7	20	0						---Other
	-豇豆属及菜豆属：									-beans (*Vigna spp. and Phaseolus spp.*):
	--绿豆：									--Beans of the species *Vigna mungo* (*L.*) *Hepper or Vigna radiata* (*L.*) *Wilczek*:
0713.3110	---种用	0	0							---Seed
0713.3190	---其他	3	11	0	1.5					---Other
	--红小豆（赤豆）：									--Small red (Adzuki) beans (Phaseolus or Vigna angularis):
0713.3210	---种用	0	0							---Seed
0713.3290	---其他	3	14	0						---Other
	--芸豆：									--Kidney beans, including white pea beans (*Phaseolus vulgaris*):

税则号列 Tariff Item	商 品 名 称	最惠国税率(%) M. F. N.	普通税率(%) Gen.	协定税率(%) Conventional 东盟 ASEAN	亚太 APTA	香港 H. K.	澳门 Macao	台湾 Taiwan	出口税率(%) Export	Article Description
0713.3310	---种用	0	0							---Seed
0713.3390	---其他	7.5	20	0						---Other
0713.3400	--巴姆巴拉豆	7	20	0	3.5					--Bambara beans (*Vigna subterranea or Voandzeia subterranea*)
0713.3500	--牛豆（豇豆）	7	20	0	3.5					--Cow peas (*Vigna unguiculata*)
0713.3900	--其他	7	20	0	3.5					--Other
	-扁豆：									-Lentils:
0713.4010	---种用	0	0							---Seed
0713.4090	---其他	7	20	0						---Other
	-蚕豆：									-Broad beans (*Vicia fabavar Major*) and horse beans (*Vicia faba var. equina*, *Vicia faba var. minor*):
0713.5010	---种用	0	0							---Seed
0713.5090	---其他	7	20	0						---Other
	-木豆（木豆属）：									-Pigeon peas (*Cajanus cajan*):
0713.6010	---种用	0	0							---Seed
0713.6090	---其他	7	20	0						---Other
	-其他：									-Other:
0713.9010	---种用干豆	0	0							---Seed
0713.9090	---其他	7	20	0						---Other
07.14	鲜、冷、冻或干的木薯、竹芋、兰科植物块茎、菊芋、甘薯及含有高淀粉或菊粉的类似根茎，不论是否切片或制成团粒；西谷茎髓：									**Manioc, arrowroot, salep, Jerusalem artichokes, sweet potatoes and similar roots and tubers with high starch or inulin content, fresh, chilled, frozen or dried, whether or not sliced or in the form of pellets; sago pith:**
	-木薯：									-Manioc (cassava):
0714.1010	---鲜的	10	30	0						---Fresh
0714.1020	---干的	5	30	0						---Dried
0714.1030	---冷或冻的	10	80	0						---Chilled or frozen
	-甘薯：									-Sweet potatoes:
	---鲜的：									---Fresh:
0714.2011	----种用	0	50							----For cultivation
0714.2019	----其他	13	50	0	6.5					----Other
0714.2020	---干的	13	50	0	6.5					---Dried
0714.2030	---冷或冻的	13	80	0	6.5					---Chilled or frozen
0714.3000	-山药	13	50	0	6.5					-Yams (*Dioscorea spp.*)
0714.4000	-芋头（芋属）	13	50	0	6.5					-Taro (*Colocasia spp.*)
0714.5000	-箭叶黄体芋（黄肉芋属）	13	50	0	6.5					-Yautia (*Xanthosoma spp.*)
	-其他：									-Other:
0714.9010	---荸荠	13	50	0	6.5					---Water chestnut

税则号列 Tariff Item	商品名称	最惠国税率(%) M. F. N.	普通税率(%) Gen.	协定税率(%) Conventional					出口税率(%) Export	Article Description
				东盟 ASEAN	亚太 APTA	香港 H. K.	澳门 Macao	台湾 Taiwan		
	---藕：									---Lotus (*Nelumbo nucifera*) rootstock：
0714.9021	----种用	0	0							----For cultivation
0714.9029	----其他	13	50	0	6.5					----Other
0714.9090	---其他	13	50	0	6.5					---Other

第 八 章
食用水果及坚果；
柑橘属水果或甜瓜的果皮

Chapter 8
Edible fruit and nuts;
peel of citrus fruit or melons

注释：

一、本章不包括非供食用的坚果或水果。

二、冷藏的水果和坚果应按相应的鲜果税目归类。

三、本章的干果可以部分复水或为下列目的进行其他处理，但必须保持干果的特征：

（一）为保藏或保持其稳定性（例如，经适度热处理或硫化处理、添加山梨酸或山梨酸钾）；

（二）为改进或保持其外观（例如，添加植物油或少量葡萄糖浆）。

Chapter Notes:

1. This Chapter does not cover inedible nuts or fruits.

2. Chilled fruits and nuts are to be classified in the same headings as the corresponding fresh fruits and nuts.

3. Dried fruit or dried nuts of this Chapter may be partially rehydrated, or treated for the following purposes:

(a) For additional preservation or stabilisation (for example, by moderate heat treatment, sulphuring, the addition of sorbic acid or potassium sorbate);

(b) To improve or maintain their appearance (for example, by the addition of vegetable oil or small quantities of glucose syrup), provided that they retain the character of dried fruit or dried nuts.

税则号列 Tariff Item	商品名称	最惠国税率(%) M. F. N.	普通税率(%) Gen.	协定税率(%) Conventional 东盟 ASEAN	亚太 APTA	香港 H. K.	澳门 Macao	台湾 Taiwan	出口税率(%) Export	Article Description
08.01	**鲜或干的椰子、巴西果及腰果，不论是否去壳或去皮：**									**Coconuts, Brazil nuts and cashew nuts, fresh or dried, whether or not shelled or peeled:**
	-椰子：									-Coconuts:
0801.1100	--干的	12	80	0	6		0			--Desiccated
0801.1200	--未去内壳（内果皮）	12	80	0	6					--In the inner shell (endocarp)
	--其他：									--Other:
0801.1910	---种用	0	0							---Seedlings
0801.1990	---其他	12	80	0	6					---Other
	-巴西果：									-Brazil nuts:
0801.2100	--未去壳	10	80	0			0			--In shell
0801.2200	--去壳	10	80	0			0			--Shelled
	-腰果：									-Cashew nuts:
0801.3100	--未去壳	20	70	0			0			--In shell
0801.3200	--去壳	10	70	0			0			--Shelled
08.02	**鲜或干的其他坚果，不论是否去壳或去皮：**									**Other nuts, fresh or dried, whether or not shelled or peeled:**
	-扁桃核及仁：									-Almonds:
0802.1100	--未去壳	24	70	0			0			--In shell
0802.1200	--去壳	10	70	0			0			--Shelled
	-榛子：									-Hazelnuts or filberts (*Corylus spp*):

税则号列 Tariff Item	商品名称	最惠国税率(%) M. F. N.	普通税率(%) Gen.	协定税率(%) Conventional 东盟 ASEAN	 亚太 APTA	 香港 H. K.	 澳门 Macao	 台湾 Taiwan	出口税率(%) Export	Article Description
0802.2100	--未去壳	25	70	0			0			--In shell
0802.2200	--去壳	10	70	0			0			--Shelled
	-核桃：									-Walnuts：
0802.3100	--未去壳	25	70	0			0			--In shell
0802.3200	--去壳	20	70	0			0			--Shelled
	-栗子：									-Chestnuts（*Castanea spp.*）：
	--未去壳：									--In shell：
0802.4110	---板栗	25	70	0			0			---Chestnuts
0802.4190	---其他	25	70	0			0			---Other
	--去壳：									--Shelled：
0802.4210	---板栗	25	70	0			0			---Chestnuts
0802.4290	---其他	25	70	0			0			---Other
	-阿月浑子果（开心果）：									-Pistachios：
0802.5100	--未去壳	10	70	0			0			--In shell
0802.5200	--去壳	10	70	0			0			--Shelled
	-马卡达姆坚果（夏威夷果）：									-Macadamia nuts：
	--未去壳：									--In shell：
0802.6110	---种用	0	70							---Seed
0802.6190	---其他	24	70	0			0			---Other
0802.6200	--去壳	24	70	0			0			--Shelled
0802.7000	-可乐果（可乐果属）	24	70	0			0			-Kola nuts（*Cola spp.*）
0802.8000	-槟榔果	10	30	0	5		0			-Areca nuts
	-其他：									-Other：
0802.9020	---白果	25	70	0			0			---Gingko nuts
0802.9030	---松子仁	25	70	0			0			---Pine-nuts，shelled
0802.9090	---其他	24	70	0			0			---Other
08.03	**鲜或干的香蕉，包括芭蕉：**									**Bananas, including plantains, fresh or dried:**
0803.1000	-芭蕉	10	40	0	6.9		0	0		-Plantains
0803.9000	-其他	10	40	0	6.9		0	0		-Other
08.04	**鲜或干的椰枣、无花果、菠萝、鳄梨、番石榴、芒果及山竹果：**									**Dates, figs, pineapples, avocados, guavas, mangoes and mangosteens, fresh or dried:**
0804.1000	-椰枣	15	40	0			0			-Dates
0804.2000	-无花果	30	70	0			0			-Figs
0804.3000	-菠萝	12	80	0	7.9	0	0			-Pineapples
0804.4000	-鳄梨	25	80	0	12.5		0			-Avocados
	-番石榴、芒果及山竹果：									-Guavas, mangoes and mangosteens：
0804.5010	---番石榴	15	80	0	7.5		0			---Guavas
0804.5020	---芒果	15	80	0	10.6		0			---Mangoes

税则号列 Tariff Item	商品名称	最惠国税率(%) M. F. N.	普通税率(%) Gen.	协定税率(%) Conventional 东盟 ASEAN	亚太 APTA	香港 H. K.	澳门 Macao	台湾 Taiwan	出口税率(%) Export	Article Description
0804.5030	---山竹果	15	80	0	7.5		0			---Mangosteens
08.05	**鲜或干的柑橘属水果：**									**Citrus fruit, fresh or dried:**
0805.1000	-橙	11	100	0			0	0		-Oranges
	-柑橘（包括小蜜橘及萨摩蜜柑橘）；克里曼丁橘、韦尔金橘及类似的杂交柑橘：									-Mandarins (*including tangerines and satsumas*); clementines, wilkings and similar citrus hybrids:
	--柑橘（包括小蜜橘及萨摩蜜柑橘）：									--Mandarins (*including tangerines and satsumas*):
0805.2110	---蕉柑	12	100	0			0			---Chiao-Kan
0805.2190	---其他	12	100	0			0			---Other
0805.2200	--克里曼丁橘	12	100	0			0			--Clementines
0805.2900	--其他	12	100	0			0			--Other
0805.4000	-葡萄柚，包括柚	12	100	0		0	0			-Grapefruit, including pomelos
0805.5000	-柠檬及酸橙	11	100	0	5.5		0	0		-Lemons (*Citrus limon*, *Citrus limonum*) and limes (*Citrus aurantifolia*)
0805.9000	-其他	30	100	0	15		0			-Other
08.06	**鲜或干的葡萄：**									**Grapes, fresh or dried:**
0806.1000	-鲜的	13	80	0						-Fresh
0806.2000	-干的	10	80	0			0			-Dried
08.07	**鲜的甜瓜（包括西瓜）及木瓜：**									**Melons (including watermelons) and papaws (papayas), fresh:**
	-甜瓜，包括西瓜：									-Melons (including watermelons):
0807.1100	--西瓜	25	70	0	12.5					--Watermelons
	--其他：									--Other:
0807.1910	---哈蜜瓜	12	70	0	6			0		---Hami melons
0807.1920	---罗马甜瓜及加勒比甜瓜	12	70	0	6					---Cantaloupe and Calia melons
0807.1990	---其他	12	70	0	6					---Other
0807.2000	-木瓜	25	70	0						-Papaws (papayas)
08.08	**鲜的苹果、梨及榅桲：**									**Apples, pears and quinces, fresh:**
0808.1000	-苹果	10	100	0						-Apples
	-梨：									-Pears:
0808.3010	---鸭梨及雪梨	12	100	0	10					---Ya pears, Hsueh pears
0808.3020	---香梨	12	100	0	10					---Xiang pears
0808.3090	---其他	10	100	0						---Other
0808.4000	-榅桲	16	100	0						-Quinces
08.09	**鲜的杏、樱桃、桃（包括油桃）、梅及李：**									**Apricots, cherries, peaches (including nectarines), plums and sloes, fresh:**
0809.1000	-杏	25	70	0						-Apricots
	-樱桃：									-Cherries:
0809.2100	--欧洲酸樱桃	10	70	0						--Sour cherries (*Prunus cerasus*)

税则号列 Tariff Item	商品名称	最惠国税率(%) M. F. N.	普通税率(%) Gen.	协定税率(%) Conventional 东盟 ASEAN	亚太 APTA	香港 H. K.	澳门 Macao	台湾 Taiwan	出口税率(%) Export	Article Description
0809.2900	--其他	10	70	0						--Other
0809.3000	-桃，包括油桃	10	70	0						-Peaches, including nectarines
0809.4000	-梅及李	10	70	0						-Plums and sloes
08.10	**其他鲜果：**									**Other fruit, fresh:**
0810.1000	-草莓	14	80	0						-Strawberries
0810.2000	-木莓、黑莓、桑葚及罗甘莓	25	80	0						-Raspberries, blackberries, mulberries and loganberries
0810.3000	-黑、白或红的穗醋栗（加仑子）及醋栗	25	80	0						-Black, white or red currants and gooseberries
0810.4000	-蔓越橘及越橘	30	80	0						-Cranberries, bilberries and other fruits of the genus *Vaccinium*
0810.5000	-猕猴桃	20	80	0	16.5					-Kiwifruit
0810.6000	-榴莲	20	80	0						-Durian
0810.7000	-柿子	20	80	0	16.4	0	0			-Persimmons
	-其他：									-Other:
0810.9010	---荔枝	30	80	0	20					---Lychee
0810.9030	---龙眼	12	80	0						---Longan
0810.9040	---红毛丹	20	80	0						---Rambutan
0810.9050	---番荔枝	20	80	0						---Sugar apple
0810.9060	---杨桃	20	80	0						---Carambola
0810.9070	---莲雾	20	80	0	16.4					---Wax apple
0810.9080	---火龙果	20	80	0	16.4			0		---Dragon fruit
0810.9090	---其他	20	80	0	16.4	0	0			---Other
08.11	**冷冻水果及坚果，不论是否蒸煮、加糖或其他甜物质：**									**Fruit and nuts, uncooked or cooked by steaming or boiling in water, frozen, whether or not containing added sugar or other sweetening matter:**
0811.1000	-草莓	30	80	0						-Strawberries
0811.2000	-木莓、黑莓、桑葚、罗甘莓、黑、白或红的穗醋栗（加仑子）及醋栗	30	80	0						-Raspberries, blackberries, mulberries, loganberries, black, white or red currants and gooseberries
	-其他：									-Other:
0811.9010	---栗子，未去壳	30	80	0						---Chestnuts, in shell
0811.9090	---其他	30	80	0						---Other
08.12	**暂时保藏（例如，使用二氧化硫气体、盐水、亚硫酸水或其他防腐液）的水果及坚果，但不适于直接食用的：**									**Fruit and nuts, provisionally preserved (for example, by sulphur dioxide gas, in brine, in sulphur water or in other preservative solutions), but unsuitable in that state for immediate consumption:**
0812.1000	-樱桃	30	80	0						-Cherries
0812.9000	-其他	25	80	0						-Other

税则号列 Tariff Item	商品名称	最惠国税率(%) M. F. N.	普通税率(%) Gen.	协定税率（%）Conventional 东盟 ASEAN	亚太 APTA	香港 H. K.	澳门 Macao	台湾 Taiwan	出口税率(%) Export	Article Description
08.13	**税目08.01至08.06以外的干果；本章的什锦坚果或干果：**									**Fruit, dried, other than that of headings 08.01 to 08.06; mixtures of nuts or dried fruits of this Chapter:**
0813.1000	-杏	25	70	0			0			-Apricots
0813.2000	-梅及李	25	70	0			0			-Prunes
0813.3000	-苹果	25	70	0			0			-Apples
	-其他：									-Other fruit:
0813.4010	---龙眼干、肉	20	70	0			0			---Longans and longan pulps
0813.4020	---柿饼	25	70	0			0			---Persimmons
0813.4030	---红枣	25	70	0			0			---Red jujubes
0813.4040	---荔枝干	25	70	0			0			---Preserved litchi
0813.4090	---其他	25	70	0			0			---Other
0813.5000	-本章的什锦坚果或干果	18	70	0			0			-Mixtures of nuts or dried fruits of this Chapter
08.14	**柑橘属水果或甜瓜（包括西瓜）的果皮，鲜、冻、干或用盐水、亚硫酸水或其他防腐液暂时保藏的：**									**Peel of citrus fruit or melons (including watermelons), fresh, frozen, dried or provisionally preserved in brine, in sulphur water or in other preservative solutions:**
0814.0000	柑橘属水果或甜瓜（包括西瓜）的果皮，鲜、冻、干或用盐水、亚硫酸水或其他防腐液暂时保藏的	25	70	0			0			Peel of citrus fruit or melons (including watermelons), fresh, frozen, dried or provisionally preserved in brine, in sulphur water or in other preservative solutions

第九章
咖啡、茶、马黛茶及调味香料

Chapter 9
Coffee, tea, mate and spices

注释：

一、税目 09.04 至 09.10 所列产品的混合物，应按下列规定归类：

（一）同一税号的两种或两种以上产品的混合物仍应归入该税号；

（二）不同税号的两种或两种以上产品的混合物应归入税目 09.10。

税目 09.04 至 09.10 的产品［或上述（一）或（二）项的混合物］如添加了其他物质，只要所得的混合物保持了原产品的基本特性，其归类应不受影响。基本特性已经改变的，则不应归入本章；构成混合调味品的，应归入税目 21.03。

二、本章不包括荜澄茄椒或税目 12.11 的其他产品。

Chapter Notes:

1. Mixtures of the products of headings 09.04 to 09.10 are to be classified as follows:

(a) Mixtures of two or more of the products of the same heading are to be classified in that heading;

(b) Mixtures of two or more of the products of different headings are to be classified in heading 09.10.

The addition of other substances to the products of headings 09.04 to 09.10 (or to the mixtures referred to in paragraph (a) or (b) above) shall not affect their classification provided the resulting mixtures retain the essential character of the goods of those headings. Otherwise such mixtures are not classified in this Chapter; those constituting mixed condiments or mixed seasonings are classified in heading 21.03.

2. This Chapter does not cover Cubeb pepper (*Piper cubeba*) or other products of heading 12.11.

税则号列 Tariff Item	商品名称	最惠国税率(%) M.F.N.	普通税率(%) Gen.	协定税率(%) Conventional 东盟 ASEAN	亚太 APTA	香港 H.K.	澳门 Macao	台湾 Taiwan	出口税率(%) Export	Article Description
09.01	**咖啡，不论是否焙炒或浸除咖啡碱；咖啡豆荚及咖啡豆皮；含咖啡的咖啡代用品：**									**Coffee, whether or not roasted or decaffeinated; coffee husks and skins; coffee substitutes containing coffee in any proportion:**
	-未焙炒的咖啡：									-Coffee, not roasted:
0901.1100	--未浸除咖啡碱	8	50	5						--Not decaffeinated
0901.1200	--已浸除咖啡碱	8	50	5						--Decaffeinated
	-已焙炒的咖啡：									-Coffee, roasted:
0901.2100	--未浸除咖啡碱	15	80	5		0	0			--Not decaffeinated
0901.2200	--已浸除咖啡碱	15	80	0			0			--Decaffeinated
	-其他：									-Other:
0901.9010	---咖啡豆荚及咖啡豆皮	10	30	0						---Coffee husks and skins
0901.9020	---含咖啡的咖啡代用品	30	80	0			0			---Coffee substitutes containing coffee
09.02	**茶，不论是否加香料：**									**Tea, whether or not flavoured:**
	-绿茶（未发酵），内包装每件净重不超过3千克：									-Green tea (not fermented) in immediate packings of a content not exceeding 3kg:
0902.1010	---花茶	15	100	0	7.5		0			---Flavoured

税则号列 Tariff Item	商品名称	最惠国税率(%) M. F. N.	普通税率(%) Gen.	协定税率(%) Conventional 东盟 ASEAN	 亚太 APTA	 香港 H. K.	 澳门 Macao	 台湾 Taiwan	出口税率(%) Export	Article Description
0902.1090	---其他	15	100	0	7.5		0	0		---Other
	-其他绿茶（未发酵）：									-Other green tea (not fermented)：
0902.2010	---花茶	15	100	0	7.5		0			---Flavoured
0902.2090	---其他	15	100	0	7.5		0	0		---Other
	-红茶（已发酵）及半发酵茶，内包装每件净重不超过3千克：									-Black tea (fermented) and partly fermented tea, in immediate packings of a content not exceeding 3kg：
0902.3010	---乌龙茶	15	100	0	7.5	0	0	0		---Oolong tea
0902.3020	---普洱茶	15	100	0	7.5	0	0			---Pu-er tea
0902.3090	---其他	15	100	0	7.5	0	0	0		---Other
	-其他红茶（已发酵）及半发酵茶：									-Other black tea (fermented) and other partly fermented tea：
0902.4010	---乌龙茶	15	100	0	7.5	0	0	0		---Oolong tea
0902.4020	---普洱茶	15	100	0	7.5	0	0			---Pu-er tea
0902.4090	---其他	15	100	0	7.5	0	0	0		---Other
09.03	**马黛茶：**									**Mate：**
0903.0000	马黛茶	10	100	0						Mate
09.04	**胡椒；辣椒干及辣椒粉：**									**Pepper of the genus *Piper*; dried or crushed or ground fruits of the genus *Capsicum or of the genus Pimenta*：**
	-胡椒：									-Pepper：
0904.1100	--未磨	20	70	5						--Neither crushed nor ground
0904.1200	--已磨	20	70	5	10	0	0			--Crushed or ground
	-辣椒：									-Fruits of the genus *Capsicum* or of the genus *Pimenta*：
0904.2100	--干，未磨	20	70	0	10	0	0			--Dried, neither crushed nor ground
0904.2200	--已磨	20	70	0	10	0	0			--Crushed or ground
09.05	**香子兰豆：**									**Vanilla：**
0905.1000	-未磨	15	50	0						-Neither crushed nor ground
0905.2000	-已磨	15	50	0			0			-Crushed or ground
09.06	**肉桂及肉桂花：**									**Cinnamon and cinnamon-tree flowers：**
	-未磨：									-Neither crushed nor ground：
0906.1100	--锡兰肉桂	5	50	0						--Cinnamon (*Cinnamomum zeylanicum Blume*)
0906.1900	--其他	5	50	0						--Other
0906.2000	-已磨	15	50	0		0	0			-Crushed or ground
09.07	**丁香（母丁香、公丁香及丁香梗）：**									**Cloves (whole fruit, cloves and stems)：**
0907.1000	-未磨	3	14	0						-Neither crushed nor ground
0907.2000	-已磨	3	14	0			0			-Crushed or ground

税则号列 Tariff Item	商品名称	最惠国税率(%) M. F. N.	普通税率(%) Gen.	协定税率(%) Conventional 东盟 ASEAN	亚太 APTA	香港 H. K.	澳门 Macao	台湾 Taiwan	出口税率(%) Export	Article Description
09.08	肉豆蔻、肉豆蔻衣及豆蔻：									**Nutmeg, mace and cardamoms:**
	-肉豆蔻：									-Nutmeg:
0908.1100	--未磨	8	30	0						--Neither crushed nor ground
0908.1200	--已磨	8	30	0			0			--Crushed or ground
	-肉豆蔻衣：									-Mace:
0908.2100	--未磨	8	30	0						--Neither crushed nor ground
0908.2200	--已磨	8	30	0			0			--Crushed or ground
	-豆蔻：									-Cardamoms:
0908.3100	--未磨	3	14	0						--Neither crushed nor ground
0908.3200	--已磨	3	14	0			0			--Crushed or ground
09.09	**茴芹子、八角茴香、小茴香子、芫荽子、枯茗子及黄蒿子；杜松果：**									**Seeds of anise, badian, fennel, coriander, cumin or caraway; juniper berries:**
	-芫荽子：									-Seeds of coriander:
0909.2100	--未磨	15	50	0						--Neither crushed nor ground
0909.2200	--已磨	15	50	0			0			--Crushed or ground
	-枯茗子：									-Seeds of cumin:
0909.3100	--未磨	15	50	0	7.5					--Neither crushed nor ground
0909.3200	--已磨	15	50	0	7.5		0			--Crushed or ground
	-茴芹子或八角茴香、黄蒿子或小茴香子；杜松果：									-Seeds of anise, badian, caraway or fennel; juniper berries:
	--未磨：									--Neither crushed nor ground:
0909.6110	---八角茴香	20	90	0						---Badian
0909.6190	---其他	15	50	0						---Other
	--已磨：									--Crushed or ground:
0909.6210	---八角茴香	20	90	0			0			---Badian
0909.6290	---其他	15	50	0			0			---Other
09.10	**姜、番红花、姜黄、麝香草、月桂叶、咖喱及其他调味香料：**									**Ginger, saffron, turmeric (cnr-cuma), thyme, bay leaves, curry and other spices:**
	-姜：									-Ginger:
0910.1100	--未磨	15	50	0	7.5					--Neither crushed nor ground
0910.1200	--已磨	15	50	0	7.5		0			--Crushed or ground
0910.2000	-番红花	2	14	0						-Saffron
0910.3000	-姜黄	15	50	0	7.5	0	0			-Turmric (curcuma)
	-其他调味香料：									-Other spices:
0910.9100	--本章注释一（二）所述的混合物	15	50	0	7.5	0	0			--Mixtures referred to in Note 1 (b) to this Chapter
0910.9900	--其他	15	50	0		0	0			--Other

第　十　章
谷　　物

Chapter 10
Cereals

注释：

一、（一）本章各税目所列产品必须带有谷粒，不论是否成穗或带秆。

（二）本章不包括已去壳或经其他加工的谷物。但去壳、碾磨、磨光、上光、半熟或破碎的稻米仍应归入税目 10.06。

二、税目 10.05 不包括甜玉米（第七章）。

子目注释：

所称“硬粒小麦”，是指硬粒小麦属的小麦及以该属具有相同染色体数目（28）的小麦种间杂交所得的小麦。

Chapter Notes:

1. (a) The products specified in the headings of this Chapter are to be classified in those headings only if grains are present, whether or not in the ear or on the stalk.

(b) The Chapter does not cover grains which have been hulled or otherwise worked. However, rice, husked, milled, polished, glazed, parboiled or broken remains classified in heading 10.06.

2. Heading 10.05 does not cover sweet corn (Chapter 7).

Subheading Note:

The term “durum wheat” means wheat of the *Triticum durum* species and the hybrids derived from the inter-specific crossing of *Triticum durum* which have the same number (28) of chromosomes as that species.

税则号列 Tariff Item	商品名称	最惠国税率(%) M. F. N.	普通税率(%) Gen.	协定税率(%) Conventional 东盟 ASEAN	亚太 APTA	香港 H. K.	澳门 Macao	台湾 Taiwan	出口税率(%) Export	Article Description
10.01	**小麦及混合麦：**									**Wheat and maslin:**
	-硬粒小麦：									-Durum wheat:
1001.1100	--种用	T3	T3	5						--Seed
1001.1900	--其他	T3	T3	5						--Other
	-其他：									-Other:
1001.9100	--种用	T3	T3	5						--Seed
1001.9900	--其他	T3	T3	5						--Other
10.02	**黑麦：**									**Rye:**
1002.1000	-种用	0	0							-Seed
1002.9000	-其他	3	8	0						-Other
10.03	**大麦：**									**Barley:**
1003.1000	-种用	0	160							-Seed
1003.9000	-其他	3	160	0	0					-Other
10.04	**燕麦：**									**Oats:**
1004.1000	-种用	0	0							-Seed
1004.9000	-其他	2	8	0						-Other
10.05	**玉米：**									**Maize (corn):**
1005.1000	-种用	T3	T3							-Seed
1005.9000	-其他	T3	T3	50						-Other
10.06	**稻谷、大米：**									**Rice:**

税则号列 Tariff Item	商品名称	最惠国税率(%) M. F. N.	普通税率(%) Gen.	协定税率(%) Conventional 东盟 ASEAN	亚太 APTA	香港 H. K.	澳门 Macao	台湾 Taiwan	出口税率(%) Export	Article Description
	-稻谷：									-Rice in husk (paddy or rough)：
	---种用：									---Seed：
1006.1011	----籼米	T3	T3	50						----Long grain
1006.1019	----其他	T3	T3	5						----Other
	---其他：									---Other：
1006.1091	----籼米	T3	T3	50						----Long grain
1006.1099	----其他	T3	T3	5						----Other
	-糙米：									-Husked (brown) rice：
1006.2010	---籼米	T3	T3	50						---Long grain
1006.2090	---其他	T3	T3	5						---Other
	-精米，不论是否磨光或上光：									-Semi-missed or wholly missed rice, whether or not polished or glazed：
1006.3010	---籼米	T3	T3	50						---Long grain
1006.3090	---其他	T3	T3	5						---Other
	-碎米：									-Broken rice：
1006.4010	---籼米	65/10①	T3	5						---Long grain
1006.4090	---其他	65/10	T3	5						---Other
10.07	**食用高粱：**									**Grain sorghum：**
1007.1000	-种用	0	0							-Seed
1007.9000	-其他	2	8	0						-Other
10.08	**荞麦、谷子及加那利草子；其他谷物：**									**Buckwheat, millet and canary seed; other cereals：**
1008.1000	-荞麦	2	8	0						-Buckwheat
	-谷子：									-Millet：
1008.2100	--种用	2	8	0						--Seed
1008.2900	--其他	2	8	0						--Other
1008.3000	-加那利草子	2	8	0						-Canary seed
	直长马唐（马唐属）：									-Fonio (*Digitaria spp.*)：
1008.4010	---种用	0	0							---Seed
1008.4090	---其他	3	8	0						---Other
	昆诺阿藜：									-Quinoa (*Chenopodium quinoa*)：
1008.5010	---种用	0	0							---Seed
1008.5090	---其他	3	8	0						---Other
	-黑小麦：									-Triticale：
1008.6010	---种用	0	0							---Seed
1008.6090	---其他	3	8	0						---Other
	-其他谷物：									-Other cereals：
1008.9010	---种用	0	0							---Seed
1008.9090	---其他	3	8	0						---Other

①最惠国税率中，“/”左右两边的税率分别为2018年上半年和2018年下半年使用的税率，下同。

①If there is “/” around the tax rate, the tax rate will be used in the first half and second half of the year respectively.

第十一章
制粉工业产品；麦芽；淀粉；菊粉；面筋

注释：

一、本章不包括：

（一）作为咖啡代用品的焙制麦芽（税目09.01或21.01）；

（二）税目19.01的经制作的细粉、粗粒、粗粉或淀粉；

（三）税目19.04的玉米片及其他产品；

（四）税目20.01、20.04或20.05的经制作或保藏的蔬菜；

（五）药品（第三十章）；或

（六）具有芳香料制品或化妆盥洗品性质的淀粉（第三十三章）。

二、（一）下表所列谷物碾磨产品按干制品重量计如果同时符合以下两个条件，应归入本章；但是，整粒、滚压、制片或磨碎的谷物胚芽均归入税目11.04：

1. 淀粉含量（按修订的尤艾斯旋光法测定）超过表列第（2）栏的比例；以及

2. 灰分含量（除去任何添加的矿物质）不超过表列第（3）栏的比例。

否则，应归入税目23.02。

（二）符合上述规定归入本章的产品，如果用表列第（4）或第（5）栏规定孔径的金属丝网筛过筛，其通过率按重量计不低于表列比例的，应归入税目11.01或11.02。

否则，应归入税目11.03或11.04。

Chapter 11
Products of the milling industry; malt; starches; inulin; wheat gluten

Chapter Notes:

1. This Chapter does not cover:

(a) Roasted malt put up as coffee substitutes (heading 09.01 or 21.01);

(b) Prepared flours, groats, meals or starches of heading 19.01;

(c) Corn flakes or other products of heading 19.04;

(d) Vegetables, prepared or preserved, of heading 20.01, 20.04 or 20.05;

(e) Pharmaceutical products (Chapter 30); or

(f) Starches having the character of perfumery, cosmetic or toilet preparations (Chapter 33).

2. (a) Products from the milling of the cereals listed in the table below fall in this Chapter if they have, by weight on the dry product:

(i) a starch content (determined by the modified Ewers polarimetric method) exceeding that indicated in Column (2); and

(ii) an ash content (after deduction of any added minerals) not exceeding that indicated in Column (3).

Otherwise, they fall in heading 23.02. However, germ of cereals, whole, rolled, flaked or ground is always classified in heading 11.04.

(b) Products falling in this Chapter under the above provisions shall be classified in heading 11.01 or 11.02 if the percentage passing through a woven metal wire cloth sieve with the aperture indicated in Column (4) or (5) is not less, by weight, than that shown against the cereal concerned.

Otherwise, they fall in heading 11.03 or 11.04.

谷　物 (1)	淀粉含量 (2)	灰分含量 (3)	通过下列孔径筛子的比率	
			315 微米 (4)	500 微米 (5)
小麦及黑麦	45%	2.5%	80%	-
大　麦	45%	3%	80%	-
燕　麦	45%	5%	80%	-
玉米及高粱	45%	2%	-	90%
大　米	45%	1.6%	80%	-
荞　麦	45%	4%	80%	-

Cereal (1)	Starch content (2)	Ash content (3)	Rate of passage through a sieve with an aperture of	
			315 micrometres (microns) (4)	500 micrometres (microns) (5)
Wheat and rye	45%	2.5%	80%	-
Barley	45%	3%	80%	-
Oats	45%	5%	80%	-
Maize (corn) and grain Sorghum	45%	2%	-	90%
Rice	45%	1.6%	80%	-
Buckwheat	45%	4%	80%	-

三、税目11.03所称“粗粒”及“粗粉”，是指谷物经碾碎所得的下列产品：

（一）玉米产品，用2毫米孔径的金属丝网筛过筛，通过率按重量计不低于95%的；

（二）其他谷物产品，用1.25毫米孔径的金属丝网筛过筛，通过率按重量计不低于95%的。

3. For the purposes of heading 11.03, the terms “groats” and “meal” mean products obtained by the fragmentation of cereal grains, of which:

(a) in the case of maize (corn) products, at least 95% by weight passes through a woven metal wire cloth sieve with an aperture of 2mm;

(b) in the case of other cereal products, at least 95% by weight passes through a woven metal wire cloth sieve with an aperture of 1.25mm.

税则号列 Tariff Item	商品名称	最惠国税率(%) M. F. N.	普通税率(%) Gen.	协定税率(%) Conventional 东盟 ASEAN	亚太 APTA	香港 H. K.	澳门 Macao	台湾 Taiwan	出口税率(%) Export	Article Description
11.01	**小麦或混合麦的细粉：**									**Wheat or maslin flour:**
1101.0000	小麦或混合麦的细粉	T3	T3	50						Wheat or maslin flour
11.02	**其他谷物细粉，但小麦或混合麦的细粉除外：**									**Cereal flours other than of wheat or maslin:**
1102.2000	-玉米细粉	T3	T3							-Maize (corn) flour
	-其他：									-Other:
	---大米细粉：									---Rice flour:
1102.9011	----籼米的	T3	T3							----Of long grain
1102.9019	----其他	T3	T3	5						----Other
1102.9090	---其他	5	14	0						---Other
11.03	**谷物的粗粒、粗粉及团粒：**									**Cereal groats, meal and pellets:**
	-粗粒及粗粉：									-Groats and meal:
1103.1100	--小麦的	T3	T3	50						--Of wheat
1103.1300	--玉米的	T3	T3	50						--Of maize (corn)
	--其他：									--Other:
1103.1910	---燕麦的	5	14	0						---Of oats
	---大米的：									---Of rice:
1103.1921	----籼米的	T3	T3	5						----Of long grain
1103.1929	----其他	T3	T3	5						----Other

税则号列 Tariff Item	商品名称	最惠国税率(%) M. F. N.	普通税率(%) Gen.	协定税率(%) Conventional 东盟 ASEAN	亚太 APTA	香港 H. K.	澳门 Macao	台湾 Taiwan	出口税率(%) Export	Article Description
1103.1990	---其他	5	14	0						---Other
	-团粒：									-Pellets：
1103.2010	---小麦的	T3	T3	50						---Of wheat
1103.2090	---其他	20	50	0						---Of other cereals
11.04	**经其他加工的谷物（例如，去壳、滚压、制片、制成粒状、切片或粗磨），但税目10.06的稻谷、大米除外；谷物胚芽，整粒、滚压、制片或磨碎的：**									**Cereal grains otherwise worked (for example, hulled, rolled, flaked, pearled, sliced or kibbled), except rice of heading 10.06; germ of cereals, whole, rolled, flaked or ground:**
	-滚压或制片的谷物：									-Rolled or flaked grains：
1104.1200	--燕麦的	20	50	0						--Of oats
	--其他：									--Other：
1104.1910	---大麦的	20	50	0						---Of barley
1104.1990	---其他	20	50	0						---Other
	-经其他加工的谷物（例如，去壳、制成粒状、切片或粗磨）：									-Other worked grains (for example, hulled, pearled, sliced or kibbled)：
1104.2200	--燕麦的	20	50	0						--Of oats
1104.2300	--玉米的	T3	T3	50						--Of maize corn
	--其他：									--Other：
1104.2910	---大麦的	65	114	0						---Of barley
1104.2990	---其他	20	50	0						---Other
1104.3000	-谷物胚芽，整粒、滚压、制片或磨碎的	20	50	0						-Germ of cereals, whole, rolled, flaked or ground
11.05	**马铃薯的细粉、粗粉、粉末、粉片、颗粒及团粒：**									**Flour, meal, powder, flakes, granules and pellets of potatoes:**
1105.1000	-细粉、粗粉及粉末	15	50	0						-Flour, meal and powder
1105.2000	-粉片、颗粒及团粒	15	50	0						-Flakes, granules and pellets
11.06	**用税目07.13的干豆或税目07.14的西谷茎髓及植物根茎、块茎制成的细粉、粗粉及粉末；用第八章的产品制成的细粉、粗粉及粉末：**									**Flour, meal and powder of the dried leguminous vegetables of heading 07.13, of sago or of roots or tubers of heading 07.14; or of the products of Chapter 8:**
1106.1000	-用税目07.13的干豆制成的	10	30	0						-Of the dried leguminous vegetables of beading 07.13
1106.2000	-用税目07.14的西谷茎髓及植物根茎、块茎制成的	20	50	0						-Of sago or of roots or tubers of heading 07.14
1106.3000	-用第八章的产品制成的	20	80	0	10					-Of the products of Chapter 8
11.07	**麦芽，不论是否焙制：**									**Malt, whether or not roasted:**
1107.1000	-未焙制	10	50	0						-Not roasted
1107.2000	-已焙制	10	50	0						-Roasted
11.08	**淀粉；菊粉：**									**Starches; inulin:**

税则号列 Tariff Item	商　品　名　称	最惠国税率(%) M. F. N.	普通税率(%) Gen.	协定税率(%) Conventional 东盟 ASEAN	 亚太 APTA	 香港 H. K.	 澳门 Macao	 台湾 Taiwan	出口税率(%) Export	Article Description
	-淀粉：									-Starches：
1108.1100	--小麦淀粉	20	50	0						--Wheat starch
1108.1200	--玉米淀粉	20	50	0						--Maize (corn) starch
1108.1300	--马铃薯淀粉	15	50	0						--Potato starch
1108.1400	--木薯淀粉	10	50	0						--Manioc (cassava) starch
1108.1900	--其他	20	50	0						--Other starches
1108.2000	-菊粉	20	50	0						-Inulin
11.09	**面筋，不论是否干制：**									**Wheat gluten, whether or not dried:**
1109.0000	面筋，不论是否干制	18	80	0						Wheat gluten, whether or not dried

第十二章
含油子仁及果实；杂项子仁及果实；工业用或药用植物；稻草、秸秆及饲料

注释：

一、税目 12.07 主要包括棕榈果及棕榈仁、棉子、蓖麻子、芝麻、芥子、红花子、罂粟子、牛油树果，但不包括税目 08.01 或 08.02 的产品及油橄榄（第七章或第二十章）。

二、税目 12.08 不仅包括未脱脂的细粉和粗粉，而且包括部分或全部脱脂以及用其本身的油料全部或部分复脂的细粉和粗粉。但不包括税目 23.04 至 23.06 的残渣。

三、甜菜子、草子及其他草本植物种子、观赏用花的种子、蔬菜种子、林木种子、果树种子、巢菜子（蚕豆除外）、羽扇豆属植物种子，可一律视为种植用种子，归入税目 12.09。

但下列各项即使作种子用，也不归入税目 12.09：

（一）豆类蔬菜或甜玉米（第七章）；

（二）第九章的调味香料及其他产品；

（三）谷物（第十章）；或

（四）税目 12.01 至 12.07 或 12.11 的产品。

四、税目 12.11 主要包括下列植物或这些植物的某部分：罗勒、琉璃苣、人参、海索草、甘草、薄荷、迷迭香、芸香、鼠尾草及苦艾。

但税目 12.11 不包括：

（一）第三十章的药品；

（二）第三十三章的芳香料制品及化妆盥洗品；或

（三）税目 38.08 的杀虫剂、杀菌剂、除草剂、消毒剂及类似产品。

五、税目 12.12 的“海草及其他藻类”不包括：

（一）税目 21.02 的已死的单细胞微生物；

（二）税目 30.02 的培养微生物；或

Chapter 12
Oil seeds and oleaginous fruits; miscellaneous grains, seeds and fruit; industrial or medicinal plants; straw and fodder

Chapter Notes:

1. Heading 12.07 applies, *inter alia*, to palm nuts and kernels, cotton seeds, castor oil seeds, sesamum seeds, mustard seeds, safflower seeds, poppy seeds and shea nuts (karite nuts). It does not apply to products of heading 08.01 or 08.02 or to olives (Chapter 7 or Chapter 20).

2. Heading 12.08 applies not only to non-defatted flours and meals but also to flours and meals which have been partially defatted or defatted and wholly or partially refatted with their original oils. It does not, however, apply to residues of headings 23.04 to 23.06.

3. For the purposes of heading 12.09, beet seeds, grass and other herbage seeds, seeds of ornamental flowers, vegetable seeds, seeds of forest trees, seeds of fruit trees, seeds of vetches (other than those of the species *vicia faba*) or of lupines are to be regarded as "seeds of a kind used for sowing".

   Heading 12.09 does not, however, apply to the following even if for sowing:

   (a) Leguminous vegetables or sweet corn (Chapter 7);

   (b) Spices or other products of Chapter 9;

   (c) Cereals (Chapter 10); or

   (d) Products of headings 12.01 to 12.07 or 12.11.

4. Heading 12.11 applies, *inter alia*, to the following plants or parts thereof: basil, borage, ginseng, hyssop, liquorice, all species of mint, rosemary, rue, sage and wormwood.

   Heading 12.11 does not, however, apply to:

   (a) Medicaments of Chapter 30;

   (b) Perfumery, cosmetic or toilet preparations of Chapter 33; or

   (c) Insecticides, fungicides, herbicides, disinfectants or similar products of heading 38.08.

5. For the purposes of heading 12.12, the term "seaweeds and other algae" does not include:

   (a) Dead single-cell micro-organisms of heading 21.02;

   (b) Cultures of micro-organisms of heading 30.02; or

（三）税目31.01或31.05的肥料。

(c) Fertilisers of heading 31.01 or 31.05.

子目注释：

子目1205.10所称"低芥子酸油菜子"，是指所榨取的固定油中芥子酸含量按重量计低于2%，以及所得的固体成分每克葡萄糖苷酸（酯）含量低于30微摩尔的油菜子。

Subheading Note:

For the purposes of subheading 1205.10, the expression "low erucic acid rape or colza seeds" means rape or cloza seeds yielding a fixed oil which has an erucic acid content of less than 2% by weight and yielding a solid component which contains less than 30 micromoles of glucosinolates per gram.

税则号列 Tariff Item	商品名称	最惠国税率(%) M.F.N.	普通税率(%) Gen.	协定税率(%) Conventional 东盟 ASEAN	亚太 APTA	香港 H.K.	澳门 Macao	台湾 Taiwan	出口税率(%) Export	Article Description
12.01	**大豆，不论是否破碎：**									**Soya beans, whether or not broken:**
1201.1000	-种用	0	180							-Seed
	-其他：									-Other:
1201.9010	---黄大豆	3	180	0	0					---Yellow soya beans
1201.9020	---黑大豆	3	180	0	0					---Black soya beans
1201.9030	---青大豆	3	180	0	0					---Green soya beans
1201.9090	---其他	3	180	0	0					---Other
12.02	**未焙炒或未烹煮的花生，不论是否去壳或破碎：**									**Ground-nuts, not roasted or otherwise cooked, whether or not shelled or broken:**
1202.3000	-种用	0	0							-Seed
	-其他：									-Other:
1202.4100	--未去壳	15	70	0						--In shell
1202.4200	--去壳，不论是否破碎	15	70	0						--Shelled, whether or not broken
12.03	**干椰子肉：**									**Copra:**
1203.0000	干椰子肉	15	30	0	7.5		0			Copra
12.04	**亚麻子，不论是否破碎：**									**Linseed, whether or not broken:**
1204.0000	亚麻子，不论是否破碎	15	70	0						Linseed, whether or not broken
12.05	**油菜子，不论是否破碎：**									**Rape or colza seeds, whether or not broken:**
	-低芥子酸油菜子：									-Low erucic acid rape or colza seeds:
1205.1010	---种用	0	80							---Seed
1205.1090	---其他	9	80	0	0					---Other
	-其他：									-Other:
1205.9010	---种用	0	80							---Seed
1205.9090	---其他	9	80	0	0					---Other
12.06	**葵花子，不论是否破碎：**									**Sunflower seeds, whether or not broken:**
1206.0010	---种用	0	0							---Seed
1206.0090	---其他	15	70	0						---Other
12.07	**其他含油子仁及果实，不论是否破碎：**									**Other oil seeds and oleaginous fruits, whether or not broken:**
	-棕榈果及棕榈仁：									-Palm nuts and kernels:

税则号列 Tariff Item	商品名称	最惠国税率(%) M. F. N.	普通税率(%) Gen.	协定税率(%) Conventional					出口税率(%) Export	Article Description
				东盟 ASEAN	亚太 APTA	香港 H. K.	澳门 Macao	台湾 Taiwan		
1207.1010	---种用	0	0							---Seed
1207.1090	---其他	10	70	0						---Other
	-棉子：									-Cotton seeds：
1207.2100	--种用	0	0							--Seed
1207.2900	--其他	15	70	0						--Other
	-蓖麻子：									-Castor oil seeds：
1207.3010	---种用	0	0							---Seed
1207.3090	---其他	15	70	0						---Other
	-芝麻：									-Sesamum seeds：
1207.4010	---种用	0	0							---Seeds for cultivation
1207.4090	---其他	10	70	0	9					---Other
	-芥子：									-Mustard seeds：
1207.5010	---种用	0	0							---Seeds for cultivation
1207.5090	---其他	15	70	0						---Other
	-红花子：									-Safflower (*Carthamus tinctorius*) seeds：
1207.6010	---种用	0	0							---Seed
1207.6090	---其他	20	70	0						---Other
	-甜瓜的子：									-Melon seeds：
1207.7010	---种用	0	0							---Seed
	---其他：									---Other：
1207.7091	----黑瓜子	20	80	0						----Black watermelon seeds
1207.7092	----红瓜子	20	80	0						----Red watermelon seeds
1207.7099	----其他	30	70	0						----Other
	-其他：									-Other：
1207.9100	--罂粟子	20	70	0						--Poppy seeds
	--其他：									--Other：
1207.9910	---种用	0	0							---Seed
	---其他：									---Other：
1207.9991	----牛油树果	20	70	0						----Shea nuts (karite nuts)
1207.9999	----其他	10	70	0						----Other
12.08	**含油子仁或果实的细粉及粗粉，但芥子粉除外：**									**Flours and meals of oil seeds or oleaginous fruits, other than those of mustard：**
1208.1000	-大豆粉	9	70	0						-Of soya beans
1208.9000	-其他	15	80	0		0				-Other
12.09	**种植用的种子、果实及孢子：**									**Seeds, fruit and spores, of a kind used for sowing：**
1209.1000	-糖甜菜子	0	0							-Sugar beet seed
	-饲料植物种子：									-Seeds of forage plants：
1209.2100	--紫苜蓿子	0	0							--Lucerne (alfalfa) seed
1209.2200	--三叶草子	0	0							--Clover (*Trifblium spp.*) seed
1209.2300	--羊茅子	0	0							--Fescue seed
1209.2400	--草地早熟禾子	0	0							--Kentucky blue grass (*Poa pratensis L.*) seed

税则号列 Tariff Item	商品名称	最惠国税率(%) M. F. N.	普通税率(%) Gen.	协定税率(%) Conventional 东盟 ASEAN	亚太 APTA	香港 H. K.	澳门 Macao	台湾 Taiwan	出口税率(%) Export	Article Description
1209.2500	--黑麦草种子	0	0							--Rye grass (*Lolium multiflorum Lam.*, *Lolium perenne L.*) seed
	--其他：									--Other:
1209.2910	---甜菜子，糖甜菜子除外	0	0							---Beet seed, excluding sugar beet seed
1209.2990	---其他	0	0							---Other
1209.3000	-草本花卉植物种子	0	0							-Seeds of herbaceous plants cultivated principally for their flowers
	-其他：									-Other:
1209.9100	--蔬菜种子	0	0							--Vegetable seeds
1209.9900	--其他	0	0							--Other
12.10	**鲜或干的啤酒花，不论是否研磨或制成团粒；蛇麻腺：**									**Hop cones, fresh or dried, whether or not ground, powdered or in the form of pellets; lupulin:**
1210.1000	-啤酒花，未经研磨也未制成团粒	20	50	0						-Hop cones, neither ground nor powdered nor in the form of pellets
1210.2000	-啤酒花，经研磨或制成团粒；蛇麻腺	10	50	0						-Hop cones, ground, powdered or in the form of pellets; lupulin
12.11	**主要用作香料、药料、杀虫、杀菌或类似用途的植物或这些植物的某部分(包括子仁及果实)，鲜、冷、冻或干的，不论是否切割、压碎或研磨成粉：**									**Plants and parts of plants (including seeds and fruits), of a kind used primarily in perfumery, in pharmacy or for insecticidal, fungicidal or similar purposes, fresh, chilled, frozen or dried, whether or not cut, crushed or powdered:**
	-人参：									-Ginseng roots:
1211.2010	---西洋参	7.5	70	0		0	0			---American ginseng
1211.2020	---野山参（西洋参除外）	20	90	0	16.4					---Wild ginseng (other than American ginseng)
	---其他：									---Other:
1211.2091	----鲜的	20	50	0		0	0			----Fresh
1211.2099	----其他	20	50	0		0	0			----Other
1211.3000	-古柯叶	9	50	0						-Coca leaf
1211.4000	-罂粟秆	9	50	0						-Poppy straw
1211.5000	-麻黄	9	30	0	4.5					-Ephedra
	-其他：									-Other:
	---主要用作药料的植物及其某部分：									---Of a kind used primarily in pharmacy:
1211.9011	----当归	6	30	0	3					----Radix angelicae sinensis
1211.9012	----三七（田七）	6	20	0	3					----Radix pseudoginseng
1211.9013	----党参	6	20	0	3					----Radix codonopsitis
1211.9014	----黄连	6	20	0	3					----Rhizoma coptidis
1211.9015	----菊花	6	20	0	3					----Flos chrysanthemi

税则号列 Tariff Item	商品名称	最惠国税率(%) M. F. N.	普通税率(%) Gen.	协定税率(%) Conventional					出口税率(%) Export	Article Description
				东盟 ASEAN	亚太 APTA	香港 H. K.	澳门 Macao	台湾 Taiwan		
1211.9016	----冬虫夏草	6	20	0	3		0			----Cordyceps sinensis
1211.9017	----贝母	6	20	0	3					----Bulbs fritillariae thunbergii
1211.9018	----川芎	6	20	0	3					----Rhizoma ligustici
1211.9019	----半夏	6	20	0	3					----Rhizoma pinelliae
1211.9021	----白芍	6	20	0	3					----Radix paeoniae lactifiorae
1211.9022	----天麻	6	20	0	3					----Rhizoma gastrodiae
1211.9023	----黄芪	6	30	0	3					----Radix astragali
1211.9024	----大黄、籽黄	6	20	0	3					----Rhubarb
1211.9025	----白术	6	20	0	3					----Rhizoma atractylodis macrocephalae
1211.9026	----地黄	6	20	0	3					----Radix rehmanniae
1211.9027	----槐米	6	20	0	3					----Flos sophorae
1211.9028	----杜仲	6	20	0	3					----Cortex eucommiae
1211.9029	----茯苓	6	20	0	3					----Poria
1211.9031	----枸杞	6	30	0	3					----Fructus lycii
1211.9032	----大海子	6	20	0	3					----Bantaroi seeds
1211.9033	----沉香	3	20	0	1.5					----Aloes wood
1211.9034	----沙参	6	20	0	3					----Adenophora axilliflora
1211.9035	----青蒿	6	20	0						----Southernwood
1211.9036	----甘草	6	30	0						----Liquorice roots
1211.9037	----黄芩	6	20	0	3					----Radix astragali
1211.9038	----椴树(欧椴)花及叶	6	20	0	3					----Linden flower and leaf
1211.9039	----其他	6	20	0	3					----Other
1211.9050	---主要用作香料的植物及其某部分	8	50	0	4					---Of a kind used primarily in perfumery
	---其他:									---Other:
1211.9091	----鱼藤根、除虫菊	3	11	0	1.5					----Derris roots and pyrethrum
1211.9099	----其他	9	30	0	4.5					----Other
12.12	**鲜、冷、冻或干的刺槐豆、海草及其他藻类、甜菜及甘蔗,不论是否碾磨;主要供人食用的其他税号未列名的果核、果仁及植物产品(包括未焙制的菊苣根):**									**Locust beans, seaweeds and other algae, sugar beet and sugar cane, fresh, chilled, frozen or dried, whether or not ground; fruit stones and kernels and other vegetable products (including unroasted chicory roots of the variety *Cichorium intybus sativum*) of a kind used primarily for human consumption, not elsewhere specified or included:**
	-海草及其他藻类:									-Seaweeds and other algae:
	--适合供人食用的:									--Fit for human consumption:
1212.2110	---海带	20	70	0	10					---Sea tangle
1212.2120	---发菜	20	70	0	10					---Black moss
	---裙带菜:									---Pinnatifida:
1212.2131	----干的	15	70	0	7.5					----Dried
1212.2132	----鲜的	15	70	0	7.5					----Fresh

税则号列 Tariff Item	商品名称	最惠国税率(%) M. F. N.	普通税率(%) Gen.	协定税率(%) Conventional 东盟 ASEAN	亚太 APTA	香港 H. K.	澳门 Macao	台湾 Taiwan	出口税率(%) Export	Article Description
1212.2139	----其他	15	70	0	7.5					----Other
	---紫菜：									---Laver：
1212.2141	----干的	15	70	0	7.5					----Dried
1212.2142	----鲜的	15	70	0	7.5					----Fresh
1212.2149	----其他	15	70	0	7.5					----Other
	---麒麟菜：									---Eucheuma：
1212.2161	----干的	15	70	0	7.5					----Dried
1212.2169	----其他	15	70	0	7.5					----Other
	---江蓠：									---Gracilaria：
1212.2171	----干的	15	70	0	7.5					----Dried
1212.2179	----其他	15	70	0	7.5					----Other
1212.2190	---其他	15	70	0	7.5					---Other
	--其他：									--Other：
1212.2910	---马尾藻	15	70	0	7.5					---Sargassum
1212.2990	---其他	15	70	0	7.5					---Other
	-其他：									-Other：
1212.9100	--甜菜	20	70	0						--Sugar beet
1212.9200	--刺槐豆	20	70	0	10					--Locust beans (carob)
1212.9300	--甘蔗	20	70	0						--Sugar cane
1212.9400	--菊苣根	20	70	0						--Chicory roots
	--其他：									--Other：
	---杏、桃（包括油桃）、梅或李的核及核仁：									---Apricot, peach (including nectarine) or plum stones and kernels：
1212.9911	----苦杏仁	20	80	0						----Bitter apricot kernels
1212.9912	----甜杏仁	20	80	0		0	0			----Sweet apricot kernels
1212.9919	----其他	20	80	0						----Other
	---其他：									---Other：
1212.9993	----白瓜子	20	80	0						----Pumpkin seeds
1212.9994	----莲子	20	80	0						----Lotus seeds (*Semen Nelumbinis*)
1212.9996	----甜叶菊叶	30	70	0						----Stevia leaf
1212.9999	----其他	30	70	0						----Other
12.13	**未经处理的谷类植物的茎、秆及谷壳，不论是否切碎、碾磨、挤压或制成团粒：**									**Cereal straw and husks, unprepared, whether or not chopped, ground, pressed or in the form of pellets：**
1213.0000	未经处理的谷类植物的茎、秆及谷壳，不论是否切碎、碾磨、挤压或制成团粒	12	35	0						Cereal straw and husks, unprepared, whether or not chopped, ground, pressed or in the form of pellets

税则号列 Tariff Item	商品名称	最惠国税率(%) M. F. N.	普通税率(%) Gen.	协定税率(%) Conventional 东盟 ASEAN	亚太 APTA	香港 H. K.	澳门 Macao	台湾 Taiwan	出口税率(%) Export	Article Description
12.14	**芜菁甘蓝、饲料甜菜、饲料用根、干草、紫苜蓿、三叶草、驴喜豆、饲料羽衣甘蓝、羽扇豆、巢菜及类似饲料，不论是否制成团粒：**									**Swedes, manigolds, fodder roots, hay, lucerne (alfalfa), clover, sainfoin, forage kale, lupines, vetches and similar forage products, whether or not in the form of pellets:**
1214.1000	-紫苜蓿粗粉及团粒	5	35	0						-Lucerne (alfalfa) meal and pellets
1214.9000	-其他	9	35	0						-Other

第十三章
虫胶；树胶、树脂及其他植物液、汁

注释：

税目13.02主要包括甘草、除虫菊、啤酒花、芦荟的浸膏及鸦片，但不包括：

一、按重量计蔗糖含量在10%以上或制成糖食的甘草浸膏（税目17.04）；

二、麦芽膏（税目19.01）；

三、咖啡精、茶精、马黛茶精（税目21.01）；

四、构成含酒精饮料的植物汁、液（第二十二章）；

五、樟脑、甘草甜及税目29.14或29.38的其他产品；

六、按重量计生物碱含量不低于50%的罂粟秆的浓缩物（税目29.39）；

七、税目30.03或30.04的药品及税目30.06的血型试剂；

八、鞣料或染料的浸膏（税目32.01或32.03）；

九、精油、浸膏、净油、香膏、提取的油树脂或精油的水馏液及水溶液；饮料制造业用的以芳香物质为基料的制剂（第三十三章）；或

十、天然橡胶、巴拉塔胶、古塔波胶、银胶菊胶、糖胶树胶或类似的天然树胶（税目40.01）。

本国注释：

税号1302.1100的鸦片，我国禁止进口。

Chapter 13
Lac; gums, resins and other vegetable saps and extracts

Chapter Notes:

Heading 13.02 applies, *inter alia*, to liquorice extract and extract of pyrethrum, extract of hops, extract of aloes and opium. The heading does not apply to:

1. Liquorice extract containing more than 10% by weight of sucrose or put up as confectionery (heading 17.04);
2. Malt extract (heading 19.01);
3. Extracts of coffee, tea or maté (heading 21.01);
4. Vegetable saps or extracts constituting alcoholic beverages (Chapter 22);
5. Camphor, glycyrrhizin or other products of heading 29.14 or 29.38;
6. Concentrates of poppy straw containing not less than 50% by weight of alkaloids (heading 29.39);
7. Medicaments of heading 30.03 or 30.04 or blood-grouping reagents (heading 30.06);
8. Tanning or dyeing extracts (heading 32.01 or 32.03);
9. Essential oils, concretes, absolutes, resinoids, extracted oleoresins, aqueous distillates or aqueous solutions of essential oils or preparations based on odoriferous substances of a kind used for the manufacture of beverages (Chapter 33); or
10. Natural rubber, balata, gutta-percha, guayule, chicle or similar natural gums (heading 40.01).

National note:

Opium of Subheading 1302.1100 is subject to import ban.

税则号列 Tariff Item	商品名称	最惠国税率(%) M. F. N.	普通税率(%) Gen.	协定税率(%) Conventional					出口税率(%) Export	Article Description
				东盟 ASEAN	亚太 APTA	香港 H. K.	澳门 Macao	台湾 Taiwan		
13. 01	虫胶；天然树胶、树脂、树胶脂及油树脂（例如，香树脂）：									**Lac; natural gums, resins, gum-resins and oleoresins (for example, balsams):**
1301. 2000	-阿拉伯胶	15	40	0						-Gum Arabic
	-其他：									-Other:
1301. 9010	---胶黄耆树胶（卡喇杆胶）	15	40	0						---Gum tragacanth
1301. 9020	---乳香、没药及血竭	3	17	0						---Olibanum, myrrh and dragon's blood
1301. 9030	---阿魏	3	17	0						---Asafoetida
1301. 9040	---松脂	15	45	0						---Pine-resin
1301. 9090	---其他	15	45	0						---Other
13. 02	植物液汁及浸膏；果胶、果胶酸盐及果胶酸酯；从植物产品制得的琼脂、其他胶液及增稠剂，不论是否改性：									**Vegetable saps and extracts; pecticsubstances, pectinates and pectates; agar and other mucilages and thickeners, whether or not modified, derived from vegetable products:**
	-植物液汁及浸膏：									-Vegetable saps and extracts:
1302. 1100	--鸦片	0	0							--Opium
1302. 1200	--甘草的	6	20	0						--Of liquorice
1302. 1300	--啤酒花的	10	80	0						--Of hops
1302. 1400	--麻黄的	9. 7	80	0	15					--Of ephedra
	--其他：									--Other:
1302. 1910	---生漆	20	90	0						---Crude lacquer
1302. 1920	---印楝素	3	11	0						---Azadirachtin
1302. 1930	---除虫菊的或含鱼藤酮植物根茎的	3	11	0						---Of pyrethrum or of the roots of plants containing rotenone
1302. 1940	---银杏的	9. 7	80	0	15					---Of ginkgo
1302. 1990	---其他	9. 7	80	0	15					---Other
1302. 2000	-果胶、果胶酸盐及果胶酸酯	20	80	0						-Pectic substances, pectinates and pectates
	-从植物产品制得的胶液及增稠剂，不论是否改性：									-Mucilages and thickeners, whether or not modified, derived from vegetable products:
1302. 3100	--琼脂	10	80	0						--Agar
1302. 3200	--从刺槐豆、刺槐豆子或瓜尔豆制得的胶液及增稠剂，不论是否改性	10. 5	80	0	10					--Mucilages and thickeners, whether or not modified, derived from locust beans, locust bean seeds or guar seeds
	--其他：									--Other:
	---海草及其他藻类制品：									---Preparations of seaweeds and other algae:
1302. 3911	----卡拉胶	8	80	0						----Carrageenan
1302. 3912	----褐藻胶	8	80	0						----Algin
1302. 3919	----其他	8	80	0						----Other
1302. 3990	---其他	8	80	0						---Other

第十四章
编结用植物材料；其他植物产品

Chapter 14
Vegetable plaiting materials; vegetable products not elsewhere specified or included

注释：

一、本章不包括归入第十一类的下列产品：
主要供纺织用的植物材料或植物纤维，不论其加工程度如何；或经过处理使其只能作为纺织原料用的其他植物材料。

二、税目14.01主要包括竹（不论是否劈开、纵锯、切段、圆端、漂白、磨光、染色或进行不燃处理）、劈开的柳条、芦苇及类似品和藤心、藤丝、藤片。但不包括木片条（税目44.04）。

三、税目14.04不包括木丝（税目44.05）及供制帚、制刷用成束、成簇的材料（税目96.03）。

Chapter Notes:

1. This Chapter does not cover the following products which are to be classified in Section XI:
vegetable materials or fibres of vegetable materials of a kind used primarily in the manufacture of textiles, however prepared, or other vegetable materials which have undergone treatment so as to render them suitable for use only as textile materials.

2. Heading 14.01 applies, *inter alia*, to bamboos (whether or not split, sawn lengthwise, cut to length, rounded at the ends, bleached, rendered non-inflammable, polished or dyed), split osier, reeds and the like, to rattan cores and to drawn or split rattans. The heading does not apply to chipwood (heading 44.04).

3. Heading 14.04 does not apply to wood wool (heading 44.05) and prepared knots or tufts for broom or brush making (heading 96.03).

税则号列 Tariff Item	商品名称	最惠国税率(%) M.F.N.	普通税率(%) Gen.	协定税率(%) Conventional 东盟 ASEAN	亚太 APTA	香港 H.K.	澳门 Macao	台湾 Taiwan	出口税率(%) Export	Article Description
14.01	**主要作编结用的植物材料(例如,竹、藤、芦苇、灯芯草、柳条、酒椰叶,已净、漂白或染色的谷类植物的茎秆,椴树皮):**									**Vegetable materials of a kind used primarily for plaiting (for example, bamboos, rattans, reeds, rushes, osier, raffia, cleaned, bleached or dyed cere-al straw, and lime bark):**
1401.1000	-竹	10	70	0						-Bamboos
1401.2000	-藤	10	35	0						-Rattans
	-其他：									-Other:
1401.9010	---谷类植物的茎秆（麦秸除外）	10	70	0						---Cereal straw (other than wheat straw)
1401.9020	---芦苇	10	70	0						---Reeds
	---灯芯草属：									---Rushes:
1401.9031	----蔺草	10	70	0						----Mat rush
1401.9039	----其他	10	70	0						----Other
1401.9090	---其他	10	70	0						---Other
14.04	**其他税号未列名的植物产品：**									**Vegetable products not elsewhere specified or included:**
1404.2000	-棉短绒	4	30	0						-Cotton linters
	-其他：									-Other:
1404.9010	---主要供染料、鞣料用的植物原料	5	45	0	4.3					---Raw vegetable materials of a kind used primarily in dyeing or tanning
1404.9090	---其他	15	70	0						---Other

第 三 类
动、植物油、脂及其分解产品；精制的食用油脂；动、植物蜡

SECTION Ⅲ
ANIMAL OR VEGETABLE FATS AND OILS AND THEIR CLEAVAGE PRODUCTS; PREPARED EDIBLE FATS; ANIMAL OR VEGETABLE WAXES

第十五章
动、植物油、脂及其分解产品；精制的食用油脂；动、植物蜡

Chapter 15
Animal or vegetable fats and oils and their cleavage products; prepared edible fats; animal or vegetable waxes

注释：

一、本章不包括：

（一）税目 02.09 的猪脂肪及家禽脂肪；

（二）可可脂、可可油（税目 18.04）；

（三）按重量计税目 04.05 所列产品的含量超过 15%的食品（通常归入第二十一章）；

（四）税目 23.01 的油渣或税目 23.04 至 23.06 的残渣；

（五）第六类的脂肪酸、精制蜡、药品、油漆、清漆、肥皂、芳香料制品、化妆盥洗品、磺化油及其他货品；或

（六）从油类提取的油膏（税目 40.02）。

二、税目 15.09 不包括用溶剂提取的橄榄油（税目 15.10）。

三、税目 15.18 不包括变性的油、脂及其分离品，这些货品应归入其相应的未变性油、脂及其分离品的税号。

四、皂料、油脚、硬脂沥青、甘油沥青及羊毛脂残渣，归入税目 15.22。

子目注释：

子目 1514.11 及 1514.19 所称“低芥子酸菜子油”，是指按重量计芥子酸含量低于 2%的固定油。

Chapter Notes:

1. This Chapter does not cover:

(a) Pig fat or poultry fat of heading 02.09;

(b) Cocoa butter, fat or oil (heading 18.04);

(c) Edible preparations containing by weight more than 15% of the products of heading 04.05 (generally Chapter 21);

(d) Greaves (heading 23.01) or residues of headings 23.04 to 23.06;

(e) Fatty acids, prepared waxes, medicaments, paints, varnishes, soap, perfumery, cosmetic or toilet preparations, sulphonated oils or other goods of Section VI; or

(f) Factice derived from oils (heading 40.02).

2. Heading 15.09 does not apply to oils obtained from olives by solvent extraction (heading 15.10).

3. Heading 15.18 does not cover fats or oils or their fractions, merely denatured, which are to be classified in the heading appropriate to the corresponding undenatured fats and oils and their fractions.

4. Soap-stocks, oil foots and dregs, stearin pitch, glycerol pitch and wool grease residues fall in heading 15.22.

Subheading Note:

For the purposes of subheadings 1514.11 and 1514.19, the expression "low erucic acid rape or colzaoil" means the fixed oil which has an erucic acid content of less than 2% by weight.

税则号列 Tariff Item	商 品 名 称	最惠国税率(%) M. F. N.	普通税率(%) Gen.	协定税率(%) Conventional 东盟 ASEAN	 亚太 APTA	 香港 H. K.	 澳门 Macao	 台湾 Taiwan	出口税率(%) Export	Article Description
15.01	**猪脂肪（包括已炼制的猪油）及家禽脂肪，但税目02.09及15.03的货品除外：**									**Pig fat (including lard) and poultry fat, other than that of heading 02.09 or 15.03:**
1501.1000	-猪油	10	35	0		0	0			-Lard
1501.2000	-其他猪脂肪	10	35	0		0	0			-Other pig fat
1501.9000	-其他	10	35	0		0	0			-Other
15.02	**牛、羊脂肪，但税目15.03的货品除外：**									**Fats of bovine animals, sheep or goats, other than those of heading 15.03:**
1502.1000	-牛、羊油脂	8	30	0	0		0			-Tallow
1502.9000	-其他	8	70	0	0		0			-Other
15.03	**猪油硬脂、液体猪油、油硬脂、食用或非食用脂油，未经乳化、混合或其他方法制作：**									**Lard stearin, lard oil, oleostearin, oleooil and tallow oil, not emulsified or mixed or otherwise prepared:**
1503.0000	猪油硬脂、液体猪油、油硬脂、食用或非食用脂油，未经乳化、混合或其他方法制作	10	30	0			0			Lard stearin, lard oil, oleostearin, oleooil and tallow oil, not emulsified ormixed or otherwise prepared
15.04	**鱼或海生哺乳动物的油、脂及其分离品，不论是否精制，但未经化学改性：**									**Fats and oils and their fractions, of fish or marine mammals, whether or not refined, but not chemically modified:**
1504.1000	-鱼肝油及其分离品	12	30	0			0			-Fish-liver oils and their fractions
1504.2000	-除鱼肝油以外的鱼油、脂及其分离品	12	50	0			0			-Fats and oils and their fractions, of fish, other than liver oils
1504.3000	-海生哺乳动物的油、脂及其分离品	14.4	50	0			0			-Fats and oils and their fractions, of marine mammals
15.05	**羊毛脂及从羊毛脂制得的脂肪物质（包括纯净的羊毛脂）：**									**Wool grease and fatty substances derived therefrom (including lanolin):**
1505.0000	羊毛脂及从羊毛脂制得的脂肪物质（包括纯净的羊毛脂）	20	70	0						Wool grease and fatty substances derived therefrom (including lanolin)
15.06	**其他动物油、脂及其分离品，不论是否精制，但未经化学改性：**									**Other animal fats and oils and their fractions, whether or not refined, but not chemically modified:**
1506.0000	其他动物油、脂及其分离品，不论是否精制，但未经化学改性	20	70	0			0			Other animal fats and oils and their fractions, whether or not refined, but not chemically modified

税则号列 Tariff Item	商品名称	最惠国税率 (%) M. F. N.	普通税率 (%) Gen.	协定税率 (%) Conventional 东盟 ASEAN	亚太 APTA	香港 H. K.	澳门 Macao	台湾 Taiwan	出口税率 (%) Export	Article Description
15.07	**豆油及其分离品，不论是否精制，但未经化学改性：**									**Soya-bean oil and its fractions, whether or not refined, but not chemically modified:**
1507.1000	-初榨的，不论是否脱胶	9	190							-Crude oil whether or not de-gummed
1507.9000	-其他	9	190							-Other
15.08	**花生油及其分离品，不论是否精制，但未经化学改性：**									**Ground-nut oil and its fractions, whether or not refined, but not chemically modified:**
1508.1000	-初榨的	10	100	0						-Crude oil
1508.9000	-其他	10	100	0						-Other
15.09	**油橄榄油及其分离品，不论是否精制，但未经化学改性：**									**Olive oil and its fractions, whether or not refined, but not chemically modified:**
1509.1000	-初榨的	10	30	0			0			-Virgin
1509.9000	-其他	10	30	0		0	0			-Other
15.10	**其他橄榄油及其分离品，不论是否精制，但未经化学改性，包括掺有税目15.09的油或分离品的混合物：**									**Other oils and their fractions, obtained solely from olives, whether or not refined, but not chemically modified, including blends of these oils or fractions with oils or fractions of heading 15.09:**
1510.0000	其他橄榄油及其分离品，不论是否精制，但未经化学改性，包括掺有税目15.09的油或分离品的混合物	10	30	0			0			Other oils and their fractions, obtained solely from olives, whether or not refined, but not chemically modified, including blends of these oils or fractions with oils or fractions of heading 15.09
15.11	**棕榈油及其分离品，不论是否精制，但未经化学改性：**									**Palm oil and its fractions, whether or not refined, but not chemically modified:**
1511.1000	-初榨的	9	60							-Crude oil
	-其他：									-Other:
1511.9010	---棕榈液油（熔点19℃～24℃）	9	60							---Palm olein (melting point: 19℃～24℃)
1511.9020	---棕榈硬脂（熔点44℃～56℃）	8	60							---Palm stearin (melting point: 44℃～56℃)
1511.9090	---其他	9	60							---Other
15.12	**葵花油、红花油或棉子油及其分离品，不论是否精制，但未经化学改性：**									**Sunflower-seed, safflower or cottonseed oil and fractions thereof, whether or not refined, but not chemically modified:**
	-葵花油或红花油及其分离品：									-Sunflower-seed or safflower oil and fractions thereof:

税则号列 Tariff Item	商品名称	最惠国税率(%) M. F. N.	普通税率(%) Gen.	协定税率(%) Conventional 东盟 ASEAN	亚太 APTA	香港 H. K.	澳门 Macao	台湾 Taiwan	出口税率(%) Export	Article Description
1512.1100	--初榨的	9	160	0			0			--Crude oil
1512.1900	--其他	9	160	0			0			--Other
	-棉子油及其分离品：									-Cotton-seed oil and its fractions:
1512.2100	--初榨的，不论是否去除棉子酚	10	70	0			0			--Crude oil, whether or not gossypol has been removed
1512.2900	--其他	10	70	0			0			--Other
15.13	**椰子油、棕榈仁油或巴巴苏棕榈果油及其分离品，不论是否精制，但未经化学改性：**									**Coconut (copra), palm kernel or babassu oil and fractions thereof, whether or not refined, but not chemically modified:**
	-椰子油及其分离品：									-Coconut (copra) oil and its fractions:
1513.1100	--初榨的	9	40	0	4.5		0			--Crude oil
1513.1900	--其他	9	40	0	4.5		0			--Other
	-棕榈仁油或巴巴苏棕榈果油及其分离品：									-Palm kernel or babassu oil and fractions thereof:
1513.2100	--初榨的	9	40	0			0			--Crude oil
1513.2900	--其他	9	40	0			0			--Other
15.14	**菜子油或芥子油及其分离品，不论是否精制，但未经化学改性：**									**Rape, colza or mustard oil and fractions thereof, whether or not refined, but not chemically modified:**
	-低芥子酸菜子油及其分离品：									-Low erucic acid rape of colza oil and its fractions:
1514.1100	--初榨的	9	170							--Crude oil
1514.1900	--其他	9	170							--Other
	-其他：									-Other:
	--初榨的：									--Crude oil:
1514.9110	---菜子油	9	170	5						---Rape oil
1514.9190	---芥子油	9	170							---Mustard oil
1514.9900	--其他	9	170	5						--Other
15.15	**其他固定植物油、脂（包括希蒙得木油）及其分离品，不论是否精制，但未经化学改性：**									**Other fixed vegetable fats and oils (including jojoba oil) and fractions thereof, whether or not refined, but not chemically modified:**
	-亚麻子油及其分离品：									-Linseed oil and its fractions:
1515.1100	--初榨的	15	30	0			0			Crude oil
1515.1900	--其他	15	30	0			0			--Other
	-玉米油及其分离品：									-Maize (corn) oil and its fractions:
1515.2100	--初榨的	10	160	0			0			--Crude oil
1515.2900	--其他	10	160	0			0			--Other
1515.3000	-蓖麻油及其分离品	10	70	0			0			-Castor oil and its fractions
1515.5000	-芝麻油及其分离品	12	20	0			0			-Sesame oil and its fractions
	-其他：									-Other:
1515.9010	---希蒙得木油（霍霍巴油）及其分离品	20	70	0			0			---Jojoba oil and its fractions

税则号列 Tariff Item	商品名称	最惠国税率(%) M. F. N.	普通税率(%) Gen.	协定税率(%) Conventional					出口税率(%) Export	Article Description
				东盟 ASEAN	亚太 APTA	香港 H. K.	澳门 Macao	台湾 Taiwan		
1515.9020	---印楝油及其分离品	20	70	0			0			---Neemoil and its fractions
1515.9030	---桐油及其分离品	20	70	0			0			---Tung oil and its fractions
1515.9090	---其他	20	70	0			0			---Other
15.16	**动、植物油、脂及其分离品，全部或部分氢化、相互酯化、再酯化或反油酸化，不论是否精制，但未经进一步加工：**									**Animal or vegetable fats and oil and fractions thereof, partly or wholly hydrogenated, interesterified, reesterified or elaidinized, whether or not refined, but not further prepared:**
1516.1000	-动物油、脂及其分离品	5	70	0			0			-Animal fats and oils and fractions thereof
1516.2000	-植物油、脂及其分离品	25	70	0			0			-Vegetable fats and oils and fractions thereof
15.17	**人造黄油；本章各种动、植物油、脂及其分离品混合制成的食用油、脂或制品，但税目15.16的食用油、脂及其分离品除外：**									**Margarine; edible mixtures or preparations of animal or vegetable fats or oils or of fractions of different fats or oils of this Chapter, other than ediblefats or oils or their fracitions of heading 15.16:**
1517.1000	-人造黄油，但不包括液态的	30	80	0			0			-Margarine, excluding liquid margarine
	-其他：									-Other:
1517.9010	---起酥油	25	70	0		0	0			---Shortening
1517.9090	---其他	25	70	0		0	0			---Other
15.18	**动、植物油、脂及其分离品，经过熟炼、氧化、脱水、硫化、吹制或在真空、惰性气体中加热聚合及用其他化学方法改性的，但税目15.16的产品除外；本章各种油、脂及其分离品混合制成的其他税号未列名的非食用油、脂或制品：**									**Animal or vegetable fats and oils and fractions thereof, boiled, oxidized, dehydrated, sulphurized, blown, polymerized by heat in vacuum or in inert gas or otherwise chemically modified, excluding those of heading 15.16; inedible mixtures or preparations of animal or vegetable fats or oils or of fractions of different fats or oils of this Chapter, not elsewhere specified or included:**
1518.0000	动、植物油、脂及其分离品，经过熟炼、氧化、脱水、硫化、吹制或在真空、惰性气体中加热聚合及其他化学方法改性的，但税目15.16的产品除外；本章各种油、脂及其分离品混合制成的其他税号未列名的非食用油、脂或制品	10	70	0			0			Animal or vegetable fats and oils and fractions thereof, boiled, oxidized, dehydrated, sulphurized, blown, polymerized by heat in vacuum or in inert gas or otherwise chemically modified, ex-cluding those of heading 15.16; inedible mixtures or preparations of animal or vegetable fats or oils or of fractions of different fats or oils of this Chapter, not elsewhere specified or included

税则号列 Tariff Item	商品名称	最惠国税率(%) M. F. N.	普通税率(%) Gen.	协定税率（%）Conventional					出口税率(%) Export	Article Description
				东盟 ASEAN	亚太 APTA	香港 H. K.	澳门 Macao	台湾 Taiwan		
15.20	**粗甘油；甘油水及甘油碱液：**									**Glycerol，crude；glycerol waters and glycerol lyes：**
1520.0000	粗甘油；甘油水及甘油碱液	20	50	0		0	0			Glycerol，crude；glycerol waters and glycerol lyes
15.21	**植物蜡（甘油三酯除外）、蜂蜡、其他虫蜡及鲸蜡，不论是否精制或着色：**									**Vegetable waxes（other than triglycerides），beeswax，other insect waxes and spermaceti，whether or not refined or coloured：**
1521.1000	-植物蜡	20	80	0			0			-Vegetable waxes
	-其他：									-Other：
1521.9010	---蜂蜡	20	80	0						---Beeswax
1521.9090	---其他	20	80	0						---Other
15.22	**油鞣回收脂；加工处理油脂物质及动、植物蜡所剩的残渣：**									**Degras；residues resulting from the treatment of fatty substances of animal or vegetable waxes：**
1522.0000	油鞣回收脂；加工处理油脂物质及动、植物蜡所剩的残渣	20	50	0						Degras；residues resulting from the treatment of fatty substances of animal or vegetable waxes

第　四　类
食品；饮料、酒及醋；烟草、烟草及烟草代用品的制品

SECTION Ⅳ
PREPARED FOODSTUFFS; BEVERAGES, SPIRITS AND VINEGAR; TOBACCO AND MANUFACTURED TOBACCO SUBSTITUTES

注释：

本类所称“团粒”，是指直接挤压或加入按重量计比例不超过3%的黏合剂制成的粒状产品。

Chapter Note:

In this Section the term “pellets” means products which have been agglomerated either directly by compression or by the addition of a binder in a proportion not exceeding 3% by weight.

第十六章
肉、鱼、甲壳动物、软体动物及其他水生无脊椎动物的制品

Chapter 16
Preparations of meat, of fish or of crustaceans, molluscs or other aquatic invertebrates

注释：

一、本章不包括用第二章、第三章及税目05.04所列方法制作或保藏的肉、食用杂碎、鱼、甲壳动物、软体动物或其他水生无脊椎动物。

二、本章的食品按重量计必须含有20%以上的香肠、肉、食用杂碎、动物血、鱼、甲壳动物、软体动物或其他水生无脊椎动物及其混合物。对于含有两种或两种以上前述产品的食品，则应按其中重量最大的产品归入第十六章的相应税号。但本条规定不适用于税目19.02的包馅食品和税目21.03及21.04的食品。

Chapter Notes:

1. This Chapter does not cover meat, meat offal, fish, crustaceans, molluscs or other aquatic invertebrates, prepared or preserved by the processes specified in Chapter 2 or 3 or heading 05.04.

2. Food preparations fall in this Chapter provided that they contain more than 20% by weight of sausage, meat, meat offal, blood, fish or crustaceans, molluscs or other aquatic invertebrates, or any combination thereof. In cases where the preparation contains two or more of the products mentioned above, it is classified in the heading of Chapter 16 corresponding to the component or components which predominate by weight. These provisions do not apply to the stuffed products of heading 19.02 or to the preparations of heading 21.03 or 21.04.

子目注释：

一、子目1602.10的“均化食品”，是指用肉、食用杂碎或动物血经精细均化制成适合供婴幼儿食用或营养用的零售包装食品（每件净重不超过250克）。为了调味、保藏或其他目的，均化食品中可以加入少量其他配料，还可以含有少量可见的肉粒或食用杂碎粒。归类时该子目优先于税目16.02的其他子目。

Subheading Notes:

1. For the purposes of subheading 1602.10, the expression “homogenised preparations” means preparations of meat, meat offal or blood, finely homogenised, put up for retail sale as food suitable for infants or young children or for dietetic purposes, in containers of a net weight content not exceeding 250g. For the application of this definition no account is to be taken of small quantities of any ingredients which may have been added to the preparation for seasoning, preservation or other purposes. These preparations may contain a small quantity of visible pieces of meat or meat offal. This subheading takes precedence over all other subheadings of heading 16.02.

二、税目16.04或16.05项下各子目所列的是鱼、甲壳动物、软体动物及其他水生无脊椎动物的俗名，它们与第三章中相同名称的鱼、甲壳动物、软体动物及其他水生无脊椎动物种类范围相同。

2. The fish, crustaceans, molluscs and other aquatic invertebrates specified in the subheadings of heading 16.04 or 16.05 under their common names only, are of the same species as those mentioned in Chapter 3 under the same name.

税则号列 Tariff Item	商品名称	最惠国税率(%) M. F. N.	普通税率(%) Gen.	协定税率(%) Conventional 东盟 ASEAN	亚太 APTA	香港 H. K.	澳门 Macao	台湾 Taiwan	出口税率(%) Export	Article Description
16.01	**肉、食用杂碎或动物血制成的香肠及类似产品；用香肠制成的食品：**									**Sausages and similar products, of meat, meat offal or blood; food preparations based on these products:**
1601.0010	---用天然肠衣做外包装的香肠及类似产品	15	90	0		0	0			---Sausages and similar products, with a natural casing
1601.0020	---其他香肠及类似产品	15	90	0		0	0			---Other sausages and similar products
1601.0030	---用香肠制成的食品	15	90	0			0			---Food preparations based on sausages and similar produts
16.02	**其他方法制作或保藏的肉、食用杂碎或动物血：**									**Other prepared or preserved meat, meat offal or blood:**
1602.1000	-均化食品	15	90	0						-Homogenized preparations
1602.2000	-动物肝	15	90	0		0				-Of liver of any animal
	-税目01.05的家禽的：									-Of poultry of heading 01.05:
1602.3100	--火鸡的	15	90	0		0				--Of turkeys
	--鸡的：									--Of fowls of the species *Gallus domesticus*:
1602.3210	---罐头	15	90	0			0			---In airtight containers
	---其他：									---Other:
1602.3291	----鸡胸肉	15	90	0		0	0			----Chicken breast filets
1602.3292	----鸡腿肉	15	90	0		0	0			----Chicken leg meat
1602.3299	----其他	15	90	0		0	0			----Other
	--其他：									--Other:
1602.3910	---罐头	15	90	0			0			---In airtight containers
	---其他：									---Other:
1602.3991	----鸭的	15	90	0		0				----Of duck
1602.3999	----其他	15	90	0			0			----Other
	-猪的：									-Of swine:
1602.4100	--后腿及其肉块	15	90	0			0			--Hams and cuts thereof
1602.4200	--前腿及其肉块	15	90	0			0			--Shoulders and cuts thereof
	--其他，包括混合的肉：									--Other, including mixtures:
1602.4910	---罐头	15	90	0		0	0			---In airtight containers
1602.4990	---其他	15	90	0		0	0			---Other
	-牛的：									-Of bovine animals:
1602.5010	---罐头	12	90	0		0	0			---In airtight containers
1602.5090	---其他	12	90	0		0	0			---Other

税则号列 Tariff Item	商品名称	最惠国税率(%) M. F. N.	普通税率(%) Gen.	协定税率(%) Conventional 东盟 ASEAN	亚太 APTA	香港 H. K.	澳门 Macao	台湾 Taiwan	出口税率(%) Export	Article Description
	-其他，包括动物血的食品：									-Other, including preparations of blood of any animal:
1602.9010	---罐头	15	90	0		0	0			---In airtight containers
1602.9090	---其他	15	90	0			0			---Other
16.03	**肉、鱼、甲壳动物、软体动物或其他水生无脊椎动物的精及汁：**									**Extracts and juices of meat, fish or crustaceans, molluscs or other aquatic invertebrates:**
1603.0000	肉、鱼、甲壳动物、软体动物或其他水生无脊椎动物的精及汁	23	90	0		0				Extracts and juices of meat, fish or crustaceans, molluscs or other aquatic invertebrates
16.04	**制作或保藏的鱼；鲟鱼子酱及鱼卵制的鲟鱼子酱代用品：**									**Prepared or preserved fish; caviar and caviar substitutes prepared from fish eggs:**
	-鱼，整条或切块，但未绞碎：									-Fish, whole or in pieces, but not minced:
	--鲑鱼：									--Salmon:
1604.1110	---大西洋鲑鱼	12	90	0		0	0			---Atlantic salmon
1604.1190	---其他	12	90	0						---Other
1604.1200	--鲱鱼	12	90	0						--Herrings
1604.1300	--沙丁鱼、小沙丁鱼属、黍鲱或西鲱	5	90	0			0			--Sardines , sardinella, brisling or sprats
1604.1400	--金枪鱼、鲣鱼及狐鲣（狐鲣属）	5	90	0		0	0			--Tunas, skipjack or bonito
1604.1500	--鲭鱼	12	90	0						--Mackerel
1604.1600	--鳀鱼	12	90	0						--Anchovies
1604.1700	--鳗鱼	12	90	0	9.9	0	0			--Eels
1604.1800	--鲨鱼翅	12	90	0	9.9	0	0			--Shark fins
	--其他：									--Other:
1604.1920	---罗非鱼	12	90	0		0	0			---Tilapia
	---叉尾鮰鱼：									---*Ictalurus*:
1604.1931	----斑点叉尾鮰鱼	12	90	0	9.9	0	0			----Channel catfish (*Ictalurus punctatus*)
1604.1939	----其他	12	90	0	9.9	0	0			----Other
1604.1990	---其他	12	90	0	9.9	0	0			---Other
	-其他制作或保藏的鱼：									-Other prepared or preserved fish:
	---罐头：									---In airtight containers:
1604.2011	----鱼翅	12	90	0	9.9	0	0			----Shark's fin
1604.2019	----其他	12	90	0	9.9	0	0			----Other
	---其他：									---Other:
1604.2091	----鱼翅	12	90	0	9.9	0	0			----Shark's fin
1604.2099	----其他	12	90	0	9.9	0	0			----Other
	-鲟鱼子酱及鲟鱼子酱代用品：									-Caviar and caviar substitutes:
1604.3100	--鲟鱼子酱	12	90	0						--Caviar
1604.3200	--鲟鱼子酱代用品	12	90	0						--Caviar substitutes

税则号列 Tariff Item	商　品　名　称	最惠国税率(%) M. F. N.	普通税率(%) Gen.	协定税率（%）Conventional 东盟 ASEAN	亚太 APTA	香港 H. K.	澳门 Macao	台湾 Taiwan	出口税率(%) Export	Article Description
16.05	**制作或保藏的甲壳动物、软体动物及其他水生无脊椎动物：**									**Crustaceans, molluscs and other aquatic invertebrates, prepared or preserved:**
1605.1000	-蟹	5	90	0		0	0			-Crab
	-小虾及对虾：									-Shrimps and prawns:
1605.2100	--非密封包装	5	90	0		0	0			--Not in airtight container
1605.2900	--其他	5	90	0		0	0			--Other
1605.3000	-龙虾	5	90	0		0	0			-Lobster
	-其他甲壳动物：									-Other crustaceans:
	---淡水小龙虾：									---Freshwater crawfish:
1605.4011	----虾仁	5	90	0						----Shelled
1605.4019	----其他	5	90	0						----Other
1605.4090	---其他	5	90	0			0			---Other
	-软体动物：									-Molluscs:
1605.5100	--牡蛎	5	90	0	3.9	0	0			--Oysters
1605.5200	--扇贝，包括海扇	5	90	0	3.9	0	0			--Scallops, including queen scallops
1605.5300	--贻贝	5	90	0	3.9	0	0			--Mussels (*Mytilus spp.*, *Perna spp.*)
1605.5400	--墨鱼及鱿鱼	5	90	0	3.9	0	0			--Cuttle fish and squid
1605.5500	--章鱼	5	90	0	3.9	0	0			--Octopus
	--蛤、鸟蛤及舟贝：									--Clams, cockles and arkshells:
1605.5610	---蛤	5	90	0	3.9	0	0			---Clams
1605.5620	---鸟蛤及舟贝	5	90	0	3.9	0	0			---Cockles and arkshells
1605.5700	--鲍鱼	5	90	0	3.9	0	0			--Abalone
1605.5800	--蜗牛及螺，海螺除外	5	90	0	3.9	0	0			--Snails, other than sea snails
1605.5900	--其他	5	90	0	3.9	0	0			--Other
	-其他水生无脊椎动物：									-Other aquatic invertebrates:
1605.6100	--海参	5	90	0	3.9	0	0			--Sea cucumbers
1605.6200	--海胆	5	90	0	3.9	0	0			--Sea urchins
1605.6300	--海蜇	15	90	0		0	0			--Jelly fish
1605.6900	--其他	5	90	0	3.9	0	0			--Other

第十七章
糖及糖食

Chapter 17
Sugars and sugar confectionery

注释:

本章不包括:

一、含有可可的糖食(税目 18.06);

二、税目 29.40 的化学纯糖(蔗糖、乳糖、麦芽糖、葡萄糖及果糖除外)及其他产品;或

三、第三十章的药品及其他产品。

Chapter Notes:

This Chapter does not cover:

1. Sugar confectionery containing cocoa (heading 18.06);
2. Chemically pure sugars (other than sucrose, lactose, maltose, glucose and fructose) or other products of heading 29.40; or
3. Medicaments or other products of Chapter 30.

子目注释:

一、子目 1701.12、1701.13 及 1701.14 所称"原糖",是指按重量计干燥状态的蔗糖含量对应的旋光读数低于 99.5°的糖。

二、子目 1701.13 仅包括非离心甘蔗糖,其按重量计干燥状态的蔗糖含量对应的旋光读数不低于 69°但低于 93°。该产品仅含肉眼不可见的不规则形状天然他形微晶,外被糖蜜残余及其他甘蔗成分。

Subheading Note:

1. For the purposes of subheadings 1701.12, 1701.13 and 1701.14, "raw sugar" means sugar whose content of sucrose by weight, in the dry state, corresponds to a polarimeter reading of less than 99.5°.
2. Subheading 1701.13 covers only cane sugar obtained without centrifugation, whose content of sucrose by weight, in the dry state, corresponds to a polarimeter reading of 69° or more but less than 93°. The product contains only natural anhedral microcrystals, of irregular shape, not visible to the naked eye, which are surrounded by residues of molasses and other constituents of sugar cane.

税则号列 Tariff Item	商品名称	最惠国税率(%) M.F.N.	普通税率(%) Gen.	协定税率(%) Conventional 东盟 ASEAN	亚太 APTA	香港 H.K.	澳门 Macao	台湾 Taiwan	出口税率(%) Export	Article Description
17.01	固体甘蔗糖、甜菜糖及化学纯蔗糖:									**Cane or beet sugar and chemically pure sucrose, in solid form:**
	-未加香料或着色剂的原糖:									-Raw sugar not containing added flavouring or colouring matter:
1701.1200	--甜菜糖	T3	T3							--Beet sugar
1701.1300	--本章子目注释二所述的甘蔗糖	T3	T3							--Cane sugar specified in subheading note 2 of this chapter
1701.1400	--其他甘蔗糖	T3	T3							--Other cane sugar
	-其他:									-Other:
1701.9100	--加有香料或着色剂	T3	T3							--Containing added flavouring or colouring matter
	--其他:									--Other:
1701.9910	---砂糖	T3	T3							---Granulated sugar

税则号列 Tariff Item	商品名称	最惠国税率(%) M. F. N.	普通税率(%) Gen.	协定税率(%) Conventional 东盟 ASEAN	亚太 APTA	香港 H. K.	澳门 Macao	台湾 Taiwan	出口税率(%) Export	Article Description
1701.9920	---绵白糖	T3	T3							---Superfine sugar
1701.9990	---其他	T3	T3							---Other
17.02	**其他固体糖，包括化学纯乳糖、麦芽糖、葡萄糖及果糖；未加香料或着色剂的糖浆；人造蜜，不论是否掺有天然蜂蜜；焦糖：**									**Other sugars, including chemically pure lactose, maltose, glucose and fructose, in solid form; sugar syrups not containing added flavouring or colouring matter; artificial honey, whether or not mixed with natural honey; caramel:**
	-乳糖及乳糖浆：									-Lactose and lactose syrup:
1702.1100	--按重量计干燥无水乳糖含量在99%及以上	10	80	0			0			--Containing by weight 99% or more lactose, expressed as anhydrous lactose, calculated on the dry matter
1702.1900	--其他	10	80	0			0			--Other
1702.2000	-槭糖及槭糖浆	30	80	0			0			-Maple sugar and maple syrup
1702.3000	-葡萄糖及葡萄糖浆，不含果糖或按重量计干燥状态的果糖含量在20%以下	30	80	0		0	0			-Glucose and glucose syrup, not containing fructose or containing in the dry state less than 20% by weight of fructose
1702.4000	-葡萄糖及葡萄糖浆，按重量计干燥状态的果糖含量在20%及以上，但在50%以下，转化糖除外	30	80	0			0			-Glucose and glucose syrup, containing in the dry state at least 20% but less than 50% by weight of fructose, excluding invert sugar
1702.5000	-化学纯果糖	30	80	0			0			-Chemically pure fructose
1702.6000	-其他果糖及果糖浆，按重量计干燥状态的果糖含量在50%以上，转化糖除外	30	80	0			0			-Other fructose and fructose syrup, containing in the dry state more than 50% by weight of fructose, excluding invert sugar
1702.9000	-其他，包括转化糖及其他按重量计干燥状态的果糖含量在50%以上的糖及糖浆混合物	30	80	0		0	0			-Other, including invert sugar and other sugar and sugar syrup blends containing in the dry state more than 50% by weight of fructose
17.03	**制糖后所剩的糖蜜：**									**Molasses resulting from the extraction or refining of sugar:**
1703.1000	-甘蔗糖蜜	8	50	0						-Cane molasses
1703.9000	-其他	8	50	0						-Other
17.04	**不含可可的糖食（包括白巧克力）：**									**Sugar confectionery (including white chocolate), not containing cocoa:**
1704.1000	-口香糖，不论是否裹糖	12	50	0	9.5	0	0			-Chewing gum, whether or not sugarcoated
1704.9000	-其他	10	50	0	8.2	0	0			-Other

第十八章
可可及可可制品

Chapter 18
Cocoa and cocoa preparations

注释：

一、本章不包括税目 04.03、19.01、19.04、19.05、21.05、22.02、22.08、30.03、30.04 的制品。

二、税目 18.06 包括含有可可的糖食及注释一以外的其他含可可的食品。

Chapter Notes:

1. This Chapter does not cover the preparations of heading 04.03, 19.01, 19.04, 19.05, 21.05, 22.02, 22.08, 30.03 or 30.04.

2. Heading 18.06 includes sugar confectionery containing cocoa and, subject to Note 1 to this Chapter, other food preparations containing cocoa.

税则号列 Tariff Item	商品名称	最惠国税率(%) M. F. N.	普通税率(%) Gen.	协定税率(%) Conventional 东盟 ASEAN	亚太 APTA	香港 H. K.	澳门 Macao	台湾 Taiwan	出口税率(%) Export	Article Description
18.01	**整颗或破碎的可可豆，生的或焙炒的：**									**Cocoa beans, whole or broken, raw or roasted:**
1801.0000	整颗或破碎的可可豆，生的或焙炒的	8	30	0						Cocoa beans, whole or broken, raw or roasted
18.02	**可可荚、壳、皮及废料：**									**Cocoa shells, husks, skins and other cocoa waste:**
1802.0000	可可荚、壳、皮及废料	10	30	0						Cocoa shells, husks, skins and other cocoa waste
18.03	**可可膏，不论是否脱脂：**									**Cocoa paste, whether or not defatted:**
1803.1000	-未脱脂	10	30	0						-Not defatted
1803.2000	-全脱脂或部分脱脂	10	30	0						-Wholly or partly defatted
18.04	**可可脂、可可油：**									**Cocoa butter, fat and oil:**
1804.0000	可可脂、可可油	22	70	0						Cocoa butter, fat and oil
18.05	**未加糖或其他甜物质的可可粉：**									**Cocoa powder, not containing added sugar or other sweetening matter:**
1805.0000	未加糖或其他甜物质的可可粉	15	40	0						Cocoa powder, not containing added sugar or other sweetening matter
18.06	**巧克力及其他含可可的食品：**									**Chocolate and other food preparations containing cocoa:**
1806.1000	-加糖或其他甜物质的可可粉	10	50	0			0			-Cocoa powder, containing added sugar or other sweetening matter
1806.2000	-其他重量超过 2 千克的块状或条状含可可食品，或液状、膏状、粉状、粒状或其他散装形状的含可可食品，容器包装或内包装每件净重超过 2 千克的	10	50	0	7.7	0	0			-Other preparations in blocks, slabs or bars weighing more than 2kg or in liquid, paste, powder, granular or other bulk form in containers or immediate packings, of a content exceeding 2kg

税则号列 Tariff Item	商品名称	最惠国税率(%) M. F. N.	普通税率(%) Gen.	协定税率(%) Conventional 东盟 ASEAN	亚太 APTA	香港 H. K.	澳门 Macao	台湾 Taiwan	出口税率(%) Export	Article Description
	-其他块状或条状的含可可食品：									-Other, in blocks, slabs or bars:
1806.3100	--夹心	8	50	0	6.4	0	0			--Filled
1806.3200	--不夹心	10	50	0	7.7	0	0			--Not filled
1806.9000	-其他	8	50	0	6.4	0	0			-Other

第十九章 谷物、粮食粉、淀粉或乳的制品；糕饼点心

注释：

一、本章不包括：

（一）按重量计含香肠、肉、食用杂碎、动物血、鱼、甲壳动物、软体动物、其他水生无脊椎动物及其混合物超过20%的食品（第十六章），但税目19.02的包馅食品除外；

（二）用粮食粉或淀粉制的专作动物饲料用的饼干及其他制品（税目23.09）；或

（三）第三十章的药品及其他产品。

二、税目19.01所称：

（一）“粗粒”是指第十一章的谷物粗粒。

（二）“细粉”及“粗粉”，是指：

1. 第十一章的谷物细粉及粗粉；以及
2. 其他章所列植物的细粉、粗粉及粉末，但不包括干蔬菜、马铃薯和干豆类的细粉、粗粉及粉末（应分别归入税目07.12、11.05和11.06）。

三、税目19.04不包括按重量计全脱脂可可含量超过6%或用巧克力完全包裹的食品或税目18.06的其他含可可食品（税目18.06）。

四、税目19.04所称“其他方法制作的”，是指制作或加工程度超过第十章或第十一章各税目或注释所规定范围的。

Chapter 19 Preparations of cereals, flour, starch or milk; pastrycooks' products

Chapter Notes:

1. This Chapter does not cover:

(a) Except in the case of stuffed products of heading 19.02, food preparations containing more than 20% by weight of sausage, meat, meat offal, blood, fish or crustaceans, molluscs or other aquatic invertebrates, or any combination thereof (Chapter 16);

(b) Biscuits or other articles made from flour or from starch, specially prepared for use in animal feeding (heading 23.09); or

(c) Medicaments or other products of Chapter 30.

2. For the purposes of heading 19.01:

(a) The term “groats” means cereal groats of Chapter 11.

(b) The terms “flour” and “meal” mean:

(i) Cereal flour and meal of Chapter 11; and

(ii) Flour, meal and power of vegetable origin of any Chapter, other than flour, meal or powder of dried vegetables (heading 07.12), of potatoes (heading 11.05) or of dried leguminous vegetables (heading 11.06).

3. Heading 19.04 does not cover preparations containing more than 6% by weight of cocoa calculated on a totally defatted basis or completely coated with chocolate or other food preparations containing cocoa of heading 18.06 (heading 18.06).

4. For the purposes of heading 19.04, the expression “otherwise prepared” means prepared or processed to an extent beyond that provided for in the headings of or Notes to Chapter 10 or 11.

税则号列 Tariff Item	商品名称	最惠国税率(%) M. F. N.	普通税率(%) Gen.	协定税率(%) Conventional 东盟 ASEAN	亚太 APTA	香港 H. K.	澳门 Macao	台湾 Taiwan	出口税率(%) Export	Article Description
19.01	**麦精；细粉、粗粒、粗粉、淀粉或麦精制的其他税号未列名的食品，不含可可或按重量计全脱脂可可含量低于40%；税目04.01至04.04所列货品制的其他税号未列名的食品，不含可可或按重量计全脱脂可可含量低于5%：**									**Malt extract; food preparations of flour, groats, meal, starch or malt extract, not containing cocoa or containing less than 40% by weight of cocoa calculated on a totally defatted basis, not elsewhere specified or included; food preparations of goods of headings 04.01 to 04.04, not containing cocoa or containing less than 5% by weight of cocoa calculated on a totally defatted basis, not elsewhere specified or included:**
	-供婴幼儿食用的零售包装食品：									-Preparations for infant use, put up for retail sale:
1901.1010	---配方奶粉	15	40	0			0			---Powdered formulas
1901.1090	---其他	15	40	0			0			---Other
1901.2000	-供烘焙税目19.05所列面包糕饼用的调制品及面团	25	80	0		0	0			-Mixes and doughs for the preparation of bakers' wares of heading 19.05
1901.9000	-其他	10	80	0		0	0			-Other
19.02	**面食，不论是否煮熟、包馅（肉馅或其他馅）或其他方法制作，例如，通心粉、意大利面条、面条、汤团、馄饨、饺子、奶油面卷；古斯古斯面食，不论是否制作：**									**Pasta, whether or not cooked or stuffed (with meat or other substances) or otherwise prepared, such as spaghetti, macaroni, noodles, lasagne, gnocchi, ravioli, cannelloni; couscous, whether or not prepared:**
	-生的面食，未包馅或未经其他方法制作：									-Uncooked pasta, not stuffed or other wise prepared:
1902.1100	--含蛋	15	80	0		0	0			--Containing eggs
1902.1900	--其他	15	80	0		0	0			--Other
1902.2000	-包馅面食，不论是否烹煮或经其他方法制作	15	80	0		0	0			-Stuffed pasta, whether or not cooked or otherwise prepared
	-其他面食：									-Other pasta:
1902.3010	---米粉干	15	80	0			0			---Rice vermicelli, cooked
1902.3020	---粉丝	15	80	0			0			---Bean vermicelli, cooked
1902.3030	---即食或快熟面条	15	80	0	13.1	0	0			---Instant noodle
1902.3090	---其他	15	80	0	13.1	0	0			---Other
1902.4000	-古斯古斯面食	25	80	0			0			-Couscous
19.03	**珍粉及淀粉制成的珍粉代用品，片、粒、珠、粉或类似形状的：**									**Tapioca and substitutes therefor prepared from starch, in the form of flakes, grains, pearls, siftings or in similar forms:**

税则号列 Tariff Item	商品名称	最惠国税率(%) M. F. N.	普通税率(%) Gen.	协定税率(%) Conventional					出口税率(%) Export	Article Description
				东盟 ASEAN	亚太 APTA	香港 H. K.	澳门 Macao	台湾 Taiwan		
1903.0000	珍粉及淀粉制成的珍粉代用品，片、粒、珠、粉或类似形状的	15	80	0			0			Tapioca and substitutes therefor prepared from starch, in the form of flakes, grains, pearls, siftings or in similar forms
19.04	**谷物或谷物产品经膨化或烘炒制成的食品（例如，玉米片）；其他税号未列名的预煮或经其他方法制作的谷粒（玉米除外）、谷物片或经其他加工的谷粒（细粉、粗粒及粗粉除外）：**									**Prepared foods obtained by the swelling or roasting of cereals or cereal products (for example, corn flakes); cereals (other than maize (corn)) in grain form or in the form of flakes or other worked grains (except flour, groats and meal), precooked or otherwise prepared, not elsewhere specified or included:**
1904.1000	-谷物或谷物产品经膨化或烘炒制成的食品	25	80	0			0			-Prepared foods obtained by the swelling or roasting of cereals or cereal products
1904.2000	-未烘炒谷物片制成的食品及未烘炒的谷物片与烘炒的谷物片或膨化的谷物混合制成的食品	30	80	0		0	0			-Prepared foods obtained from unroasted cereal flakes or from mixtures of unroasted cereal flakes and roasted cereal flakes or swelled cereals
1904.3000	-碾碎的干小麦	30	80	0			0			-Bulgur wheat
1904.9000	-其他	30	80	0		0	0			-Other
19.05	**面包、糕点、饼干及其他烘焙糕饼，不论是否含可可；圣餐饼、装药空囊、封缄、糯米纸及类似制品：**									**Bread, pastry, cakes, biscuits and other bakers' wares, whether or not containing cocoa; communion wafers, empty cachets of a kind suitable for pharmaceutical use, sealing wafers, rice paper and similar products:**
1905.1000	-黑麦脆面包片	20	80	0			0			-Crispbread
1905.2000	-姜饼及类似品	20	80	0			0			-Gingerbread and the like
	-甜饼干；华夫饼干及圣餐饼：									-Sweet biscuits; waffles and wafers:
1905.3100	--甜饼干	15	80	0	12.4	0	0			--Sweet biscuits
1905.3200	--华夫饼干及圣餐饼	15	80	0	12.4	0	0			--Waffles and wafers
1905.4000	-面包干、吐司及类似的烤面包	20	80	0			0			-Rusks, toasted bread and similar toasted products
1905.9000	-其他	20	80	0	17.1	0	0			-Other

第二十章
蔬菜、水果、坚果或植物其他部分的制品

注释：

一、本章不包括：

（一）用第七章、第八章或第十一章所列方法制作或保藏的蔬菜、水果或坚果；

（二）按重量计含香肠、肉、食用杂碎、动物血、鱼、甲壳动物、软体动物、其他水生无脊椎动物及其混合物超过20%的食品（第十六章）；

（三）税目19.05的烘焙糕饼及其他制品；或

（四）税目21.04的均化混合食品。

二、税目20.07及20.08不包括制成糖食的果冻、果膏、糖衣杏仁或类似品（税目17.04）及巧克力糖食（税目18.06）。

三、税目20.01、20.04及20.05仅酌情包括用本章注释一（一）以外的方法制作或保藏的第七章或税目11.05、11.06的产品（第八章产品的细粉、粗粉除外）。

四、干重量在7%及以上的番茄汁归入税目20.02。

五、税目20.07所称"烹煮制成的"，是指在常压或减压状态下，通过减少产品中的水分或其他方法增加产品黏稠度的热处理制得的。

六、税目20.09所称"未发酵及未加酒精的水果汁"，是指按容量计酒精浓度（标准见第二十二章注释二）不超过0.5%的水果汁。

子目注释：

一、子目2005.10所称"均化蔬菜"，是指蔬菜经精细均化制成适合供婴幼儿食用或营养用的零售包装食品（每件净重不超过250克）。为了调味、保藏或其他目的，均化蔬菜中可以加入少量其他配料，还

Chapter 20
Preparations of vegetables, fruit, nuts or other parts of plants

Chapter Notes:

1. This Chapter does not cover:

(a) Vegetables, fruit or nuts, prepared or preserved by the processes specified in Chapter 7, 8 or 11;

(b) Food preparations containing more than 20% by weight of sausage, meat, meat offal, blood, fish or crustaceans, molluscs or other aquatic invertebrates, or any combination thereof (Chapter 16);

(c) Bakers' wares and other products of heading 19.05; or

(d) Homogenised composite food preparations of heading 21.04.

2. Headings 20.07 and 20.08 do not apply to fruit jellies, fruit pastes, sugar-coated almonds or the like in the form of sugar confectionery (heading 17.04) or chocolate confectionery (heading 18.06).

3. Headings 20.01, 20.04 and 20.05 cover, as the case may be, only those products of Chapter 7 or of heading 11.05 or 11.06 (other than flour, meal and powder of the products of Chapter 8) which have been prepared or preserved by processes other than those referred to in Note 1 (a).

4. Tomato juice the dry weight content of which is 7% or more is to be classified in heading 20.02.

5. For the purposes of heading 20.07, the expression "obtained by cooking" means obtained by heat treatment at atmospheric pressure or under reduced pressure to increase the viscosity of a product through reduction of water content or other means.

6. For the purposes of heading 20.09, the expression "juices, unfermented and not containing added spirit" means juices of an alcoholic strength by volume (see Note 2 to Chapter 22) not exceeding 0.5% vol.

Subheading Notes:

1. For the purposes of subheading 2005.10, the expression "homogenised vegetables" means preparations of vegetables, finely homogenised, put up for retail sale as food suitable for infants or young children or for di-

可以含有少量可见的蔬菜粒。归类时，子目 2005.10 优先于税目 20.05 的其他子目。

etetic purposes, in containers of a net weight content not exceeding 250g. For the application of this definition no account is to be taken of small quantities of any ingredients which may have been added to the preparation for seasoning, preservation or other purposes. These preparations may contain a small quantity of visible pieces of vegetables. Subheading 2005.10 takes precedence over all other subheadings of heading 20.05.

二、子目 2007.10 所称“均化食品”，是指果实经精细均化制成适合供婴幼儿食用或营养用的零售包装食品（每件净重不超过 250 克）。为了调味、保藏或其他目的，均化食品中可以加入少量其他配料，还可以含有少量可见的果粒。归类时，子目 2007.10 优先于税目 20.07 的其他子目。

2. For the purposes of subheading 2007.10, the expression "homogenised preparations" means preparations of fruit, finely homogenised, put up for retail as food suitable for infants or young children or for dietetic purposes, in containers of a net weight content not exceeding 250g. For the application of this definition no account is to be taken of small quantities of any ingredients which may have been added to the preparation for seasoning, preservation or other purposes. These preparations may contain a small quantity of visible pieces of fruit. Subheading 2007.10 takes precedence over all other subheadings of heading 20.07.

三、子目 2009.12、2009.21、2009.31、2009.41、2009.61 及 2009.71 所称“白利糖度值”，是指在 20℃ 时直接从白利糖度计读取的度数或从折射计直接读取的以蔗糖百分比含量计的折射率，在其他温度下读取的数值应折算为 20℃ 时的数值。

3. For the purposes of subheadings 2009.12, 2009.21, 2009.31, 2009.41, 2009.61 and 2009.71, the expression "Brix value" means the direct reading of degrees Brix obtained form a Brix hydrometer or of refractive index expressed in terms of percentage sucrose content obtained from a refractometer, at a temperature of 20℃ or corrected for 20℃ if the reading is made at a different temperature.

税则号列 Tariff Item	商品名称	最惠国税率 (%) M. F. N.	普通税率 (%) Gen.	协定税率 (%) Conventional 东盟 ASEAN	亚太 APTA	香港 H. K.	澳门 Macao	台湾 Taiwan	出口税率 (%) Export	Article Description
20.01	**蔬菜、水果、坚果及植物的其他食用部分，用醋或醋酸制作或保藏的：**									**Vegetables, fruit, nuts and other edible parts of plants, prepared or preserved by vinegar or acetic acid:**
2001.1000	-黄瓜及小黄瓜	25	70	0						-Cucumbers and gherkins
	-其他：									-Other:
2001.9010	---大蒜	25	70	0						---Garlic
2001.9090	---其他	25	70	0			0			---Other
20.02	**番茄，用醋或醋酸以外的其他方法制作或保藏的：**									**Tomatoes prepared or preserved otherwise than by vinegar or acetic acid:**
	-番茄，整个或切片：									-Tomatoes, whole or in pieces:
2002.1010	---罐头	19	80	0			0			---In airtight containers
2002.1090	---其他	25	70	0						---Other

税则号列 Tariff Item	商品名称	最惠国税率(%) M. F. N.	普通税率(%) Gen.	协定税率(%) Conventional 东盟 ASEAN	 亚太 APTA	 香港 H. K.	 澳门 Macao	 台湾 Taiwan	出口税率(%) Export	Article Description
	-其他：									-Other:
	---番茄酱罐头：									---Tomato paste, in airtight containers:
2002.9011	----重量不超过5千克的	20	80	0			0			----Weighing not more than 5kg
2002.9019	----重量超过5千克的	20	80	0			0			----Weighing more than 5kg
2002.9090	---其他	18	70	0			0			---Other
20.03	**蘑菇及块菌，用醋或醋酸以外的其他方法制作或保藏的：**									**Mushrooms and truffles, prepared or preserved otherwise than by vinegar or acetic acid:**
	-伞菌属蘑菇：									-Mushrooms:
	---罐头：									---In airtight containers:
2003.1011	----小白蘑菇	25	90	0			0			----Small white agaric
2003.1019	----其他	25	90	0			0			----Other
2003.1090	---其他	25	90	0			0			---Other
	-其他：									-Other:
2003.9010	---罐头	25	90	0			0			---In airtight containers
2003.9090	---其他	25	90	0			0			---Other
20.04	**其他冷冻蔬菜，用醋或醋酸以外的其他方法制作或保藏的，但税目20.06的产品除外：**									**Other vegetables prepared or preserved otherwise than by vinegar or acetic acid, frozen, other than products of heading 20.06:**
2004.1000	-马铃薯	13	70	0						-Potatoes
2004.9000	-其他蔬菜及什锦蔬菜	25	70	0						-Other vegetables and mixtures of vegetables
20.05	**其他未冷冻蔬菜，用醋或醋酸以外的其他方法制作或保藏的，但税目20.06的产品除外：**									**Other vegetables prepared or preserved otherwise than by vinegar or acetic acid, not frozen, other than products of heading 20.06:**
2005.1000	-均化蔬菜	25	70	0						-Homogenized vegetables
2005.2000	-马铃薯	15	70	0		0				-Potatoes
2005.4000	-豌豆	25	70	0						-Peas (*Pisum sativum*)
	-豇豆及菜豆：									-Beans (*Vigna spp.*, *phaseolus spp.*):
	脱荚的：									--Beans, shelled:
	---罐头：									In airtight containers:
2005.5111	----赤豆馅	25	70	0		0	0			----Red bean paste
2005.5119	----其他	25	70	0		0	0			----Other
	---其他：									---Other:
2005.5191	----赤豆馅	25	70	0						----Red bean paste
2005.5199	----其他	25	70	0		0	0			----Other
	--其他：									--Other:
2005.5910	---罐头	25	80	0			0			---In airtight containers

税则号列 Tariff Item	商品名称	最惠国税率(%) M. F. N.	普通税率(%) Gen.	协定税率(%) Conventional					出口税率(%) Export	Article Description
				东盟 ASEAN	亚太 APTA	香港 H. K.	澳门 Macao	台湾 Taiwan		
2005.5990	---其他	25	70	0						---Other
	-芦笋：									-Asparagus:
2005.6010	---罐头	25	80	0			0			---In airtight containers
2005.6090	---其他	25	70	0						---Other
2005.7000	-油橄榄	10	70	0						-Olives
2005.8000	-甜玉米	10	80	0						-Sweet corn (*Zea mays var. saccharata*)
	-其他蔬菜及什锦蔬菜：									-Other vegetables and mixtures of vegetables:
	--竹笋：									--Bamboo shoots:
2005.9110	---竹笋罐头	25	80	0			0			---Bamboo shoots, in airtight containers
2005.9190	---其他	25	80	0						---Other
	--其他：									--Other:
2005.9920	---蚕豆罐头	25	80	0			0			---Broad beans, in airtight containers
2005.9940	---榨菜	25	70	0						---Hot pickled mustard tubers
2005.9950	---咸蕨菜	25	70	0						---Chueh tsai (fiddle-head), salted
2005.9960	---咸藠头	25	70	0						---Scallion, salted
	---其他：									---Other:
2005.9991	----罐头	25	70	0			0			----In airtight containers
2005.9999	----其他	25	70	0						----Other
20.06	**糖渍蔬菜、水果、坚果、果皮及植物的其他部分(沥干、糖渍或裹糖的)：**									**Vegetables, fruit, nuts, fruit-peel and other parts of plants, preserved by sugar (drained, glace or crystallized):**
2006.0010	---蜜枣	30	90	0		0	0			---Preserved jujubes
2006.0020	---橄榄	30	90	0		0	0			---Preserved olives
2006.0090	---其他	30	90	0		0	0			---Other
20.07	**烹煮的果酱、果冻、柑橘酱、果泥及果膏，不论是否加糖或其他甜物质：**									**Jams, fruit jellies, marmalades, fruit or nut puree and fruit or nut pastes, being cooked preparations, whether or not containing added sugar or other sweetening matter:**
2007.1000	-均化食品	30	80	0						-Homogenized preparations
	-其他：									-Other:
2007.9100	--柑橘属水果的	30	80	0			0			--Citrus fruit
	--其他：									--Other:
2007.9910	---罐头	5	80	0			0			---In airtight containers
2007.9990	---其他	5	80	0			0			---Other

税则号列 Tariff Item	商品名称	最惠国税率(%) M. F. N.	普通税率(%) Gen.	协定税率(%) Conventional 东盟 ASEAN	亚太 APTA	香港 H. K.	澳门 Macao	台湾 Taiwan	出口税率(%) Export	Article Description
20.08	**用其他方法制作或保藏的其他税号未列名水果、坚果及植物的其他食用部分，不论是否加酒、加糖或其他甜物质：**									**Fruit, nuts and other edible parts of plants, otherwise prepared, or preserved, whether or not containing added sugar or other sweetening matter or spirit, not elsewhere specified or included:**
	-坚果、花生及其他子仁，不论是否混合：									-Nuts, ground-nuts and other seeds, whether or not mixed together:
	--花生：									--Ground-nuts:
2008.1110	---花生米罐头	30	90	0		0	0			---Ground-nut kernels, in airtight containers
2008.1120	---烘焙花生	30	80	0		0	0			---Roasted ground-nuts
2008.1130	---花生酱	30	90	0			0			---Ground-nut butter
2008.1190	---其他	30	80	0		0	0			---Other
	--其他，包括什锦坚果及其他子仁：									--Other, including mixtures:
2008.1910	---核桃仁罐头	20	90	0	10	0	0			---Walnut meats, in airtight containers
2008.1920	---其他果仁罐头	13	90	0	6.5	0	0			---Other nuts, in airtight containers
	---其他：									---Other:
2008.1991	----栗仁	10	80	0	5	0	0			----Chestnut seed
2008.1992	----芝麻	10	80	0	5	0	0			----Sesame
2008.1999	----其他	10	80	0	5	0	0			----Other
	-菠萝：									-Pineapples:
2008.2010	---罐头	15	90	5			0			---In airtight containers
2008.2090	---其他	15	80	5						---Other
	-柑橘属水果：									-Citrus fruit:
2008.3010	---罐头	20	90	0			0			---In airtight containers
2008.3090	---其他	20	80	0		0	0			---Other
	-梨：									-Pears:
2008.4010	---罐头	20	90	0			0			---In airtight containers
2008.4090	---其他	20	80	0						---Other
2008.5000	-杏	20	90	0						-Apricots
	-樱桃：									-Cherries:
2008.6010	---罐头	20	90	0						---In airtight containers
2008.6090	---其他	20	90	0						---Other
	-桃，包括油桃：									-Peaches, including nectarines:
2008.7010	---罐头	10	90	0			0			---In airtight containers
2008.7090	---其他	20	80	0		0	0			---Other
2008.8000	-草莓	15	90	0						-Strawberries
	-其他，包括子目2008.19以外的什锦果实：									-Other, including mixtures other than those of subheading 2008.19:
2008.9100	--棕榈芯	5	80	0						--Palm hearts

税则号列 Tariff Item	商品名称	最惠国税率(%) M. F. N.	普通税率(%) Gen.	协定税率(%) Conventional 东盟 ASEAN	亚太 APTA	香港 H. K.	澳门 Macao	台湾 Taiwan	出口税率(%) Export	Article Description
2008.9300	--蔓越橘（大果蔓越橘、小果蔓越橘、越橘）	15	80	0		0	0			--Cranberries (*Vaccinium macrocarpon*, *Vaccinium oxycoccos*, *Vaccinium vitis-idaea*)
2008.9700	--什锦果实	10	80	0			0			--Mixtures
	--其他：									--Other:
2008.9910	---荔枝罐头	20	90	0		0	0			---Lychee can
2008.9920	---龙眼罐头	15	80	5		0	0			---Longan can
	---海草及其他藻类制品：									---Preparations of seaweeds and other algae:
2008.9931	----调味紫菜	15	90	0		0	0			----Seasoned laver
2008.9932	----盐腌海带	15	80	0		0	0			----Sea tangle, salted
2008.9933	----盐腌裙带菜	15	80	0		0	0			----Pinnatifida, salted
2008.9934	----烤紫菜	15	80	0		0	0			----Laver, baked
2008.9939	----其他	15	80	0		0	0			----Other
2008.9940	---清水马蹄罐头	25	80	0			0			---Water chestnut, in airtight containers
2008.9990	---其他	15	80	0		0	0			---Other
20.09	**未发酵及未加酒精的水果汁（包括酿酒葡萄汁）、蔬菜汁，不论是否加糖或其他甜物质：**									**Fruit juices (including grape must) and vegetable juices, unfermented and not containing added spirit, whether or not containing added sugar or other sweetening matter:**
	-橙汁：									-Orange juice:
2009.1100	--冷冻的	7.5	90	0		0	0			--Frozen
2009.1200	--非冷冻的，白利糖度值不超过20的	30	90	0		0	0			--Not frozen, of a Brix value not exceeding 20
2009.1900	--其他	30	90	0			0			--Other
	-葡萄柚（包括柚）汁：									-Grapefruit (including pomelo) juice:
2009.2100	--白利糖度值不超过20的	15	90	0		0	0			--Of a Brix value not exceeding 20
2009.2900	--其他	15	90	0			0			--Other
	-其他未混合的柑橘属水果汁：									-Juice of any other single citrus fruit:
	--白利糖度值不超过20的：									--Of a Brix value not exceeding 20:
2009.3110	---柠檬汁	18	90	0	16.8	0	0			---Lemon juice
2009.3190	---其他	18	90	0	16.8	0	0			---Other
	--其他：									--Other:
2009.3910	---柠檬汁	18	90	0	16.8		0			---Lemon juice
2009.3990	---其他	18	90	0	16.8		0			---Other
	-菠萝汁：									-Pineapple juice:
2009.4100	--白利糖度值不超过20的	10	90	5		0	0			--Of a Brix value not exceeding 20
2009.4900	--其他	10	90	5			0			--Other
2009.5000	-番茄汁	30	80	0			0			-Tomato juice

税则号列 Tariff Item	商品名称	最惠国税率(%) M. F. N.	普通税率(%) Gen.	协定税率(%) Conventional					出口税率(%) Export	Article Description
				东盟 ASEAN	亚太 APTA	香港 H. K.	澳门 Macao	台湾 Taiwan		
	-葡萄汁，包括酿酒葡萄汁：									-Grape juice (including grape must):
2009.6100	--白利糖度值不超过30的	20	90	0		0	0			--Of a Brix value not exceeding 30
2009.6900	--其他	20	90	0			0			--Other
	-苹果汁：									-Apple juice:
2009.7100	--白利糖度值不超过20的	20	90	0		0	0			--Of a Brix value not exceeding 20
2009.7900	--其他	20	90	0			0			--Other
	-其他未混合的水果汁或蔬菜汁：									-Juice of any other single fruit or vegetable:
2009.8100	--蔓越橘汁（大果蔓越橘、小果蔓越橘、越橘）	20	90	0	10	0	0			--Cranberries (*Vaccinium macrocarpon*, *Vaccinium oxycoccos*, *Vaccinium vitis-idaea*) juice
	--其他：									--Other:
	---水果汁：									---Fruit juice:
2009.8912	----芒果汁	20	90	0	17.4	0	0			----Mango juice
2009.8913	----西番莲果汁	20	90	0	17.4	0	0			----Passion-fruit juice
2009.8914	----番石榴果汁	20	90	0	17.4	0	0			----Guva juice
2009.8915	----梨汁	20	90	0	10	0	0			----Pear juice
2009.8919	----其他	20	90	0	10	0	0			----Other
2009.8920	---蔬菜汁	20	80	0	10	0	0			---Vegetable juice
	-混合汁：									-Mixtures of juices:
2009.9010	---水果汁	20	90	0	17.4	0	0			---Of fruit juices
2009.9090	---其他	20	80	0		0	0			---Other

第二十一章
杂项食品

注释：

一、本章不包括：

（一）税目 07.12 的什锦蔬菜；

（二）含咖啡的焙炒咖啡代用品（税目 09.01）；

（三）加香料的茶（税目 09.02）；

（四）税目 09.04 至 09.10 的调味香料或其他产品；

（五）按重量计含香肠、肉、食用杂碎、动物血、鱼、甲壳动物、软体动物、其他水生无脊椎动物及其混合物超过 20% 的食品（第十六章），但税目 21.03 或 21.04 的产品除外；

（六）税目 30.03 或 30.04 的药用酵母及其他产品；或

（七）税目 35.07 的酶制品。

二、上述注释一（二）所述咖啡代用品的精汁归入税目 21.01。

三、税目 21.04 所称“均化混合食品”，是指两种或两种以上的基本配料，例如，肉、鱼、蔬菜或果实等，经精细均化制成适合供婴幼儿食用或营养用的零售包装食品（每件净重不超过 250 克）。为了调味、保藏或其他目的，可以加入少量其他配料，还可以含有少量可见的小块配料。

Chapter 21
Miscellaneous edible preparations

Chapter Notes:

1. This Chapter does not cover:

(a) Mixed vegetables of heading 07.12;

(b) Roasted coffee substitutes containing coffee in any proportion (heading 09.01);

(c) Flavoured tea (heading 09.02);

(d) Spices or other products of headings 09.04 to 09.10;

(e) Food preparations, other than the products described in heading 21.03 or 21.04, containing more than 20% by weight of sausage, meat, meat offal, blood, fish or crustaceans, molluscs or other aquatic invertebrates, or any combination thereof (Chapter 16);

(f) Yeast put up as a medicament or other products of heading 30.03 or 30.04; or

(g) Prepared enzymes of heading 35.07.

2. Extracts of the substitutes referred to in Note 1 (b) above are to be classified in heading 21.01.

3. For the purposes of heading 21.04, the expression "homogenised composite food preparations" means preparations consisting of a finely homogenised mixture of two or more basic ingredients such as meat, fish, vegetables, fruit or nuts, put up for retail sale as food suitable for infants or young children or for dietetic purposes, in containers of a net weight content not exceeding 250g. For the application of this definition, no account is to be taken of small quantities of any ingredients which may be added to the mixture for seasoning, preservation or other purposes. Such preparations may contain a small quantity of visible pieces of ingredients.

税则号列 Tariff Item	商品名称	最惠国税率 (%) M. F. N.	普通税率 (%) Gen.	协定税率（%）Conventional 东盟 ASEAN	亚太 AP TA	香港 H. K.	澳门 Macao	台湾 Taiwan	出口税率 (%) Export	Article Description
21.01	咖啡、茶、马黛茶的浓缩精汁及以其为基本成分或以咖啡、茶、马黛茶为基本成分的制品；烘焙菊苣和其他烘焙咖啡代用品及其浓缩精汁：									**Extracts, essences and concentrates, of coffee, tea or maté and preparations with a basis of these products or with a basis of coffee, tea or maté; roasted chicory and other roasted coffee substitutes, and extracts, essences and concentrates thereof:**

税则号列 Tariff Item	商品名称	最惠国税率(%) M. F. N.	普通税率(%) Gen.	协定税率(%) Conventional					出口税率(%) Export	Article Description
				东盟 ASEAN	亚太 APTA	香港 H. K.	澳门 Macao	台湾 Taiwan		
	-咖啡浓缩精汁及以其为基本成分或以咖啡为基本成分的制品：									-Extracts, essences and concentrates of coffee, and preparations with a basis of these extracts, essences or concentrates or with a basis of coffee:
2101.1100	--浓缩精汁	17	130	0		0	0			--Extracts, essences and concentrates
2101.1200	--以浓缩精汁或咖啡为基本成分的制品	30	130	0		0	0			--Preparations with a basis of extracts, essences or concentrates or with a basis of coffee
2101.2000	-茶、马黛茶浓缩精汁及以其为基本成分或以茶、马黛茶为基本成分的制品	32	130	0	16	0	0			-Extracts, essences and concentrates, of tea or maté, and preparations with abasis of these extracts, essences or concentrates or with a basis of tea or maté
2101.3000	-烘焙菊苣和其他烘焙咖啡代用品及其浓缩精汁	32	130	0						-Roasted chicory and other roasted coffee substitutes, and extracts, essences and concentrates thereof
21.02	**酵母（活性或非活性）；已死的其他单细胞微生物(不包括税目30.02的疫苗)；发酵粉：**									**Yeasts (active or inactive); other singlecell micro-organisms, dead (but not including vaccines of heading 30.02); prepared baking powders:**
2102.1000	-活性酵母	25	80	0		0	0			-Active yeasts
2102.2000	-非活性酵母；已死的其他单细胞微生物	25	70	0			0			-Inactive yeasts; other single-cell microorganisms, dead
2102.3000	-发酵粉	25	70	0			0			-Prepared baking powders
21.03	**调味汁及其制品；混合调味品；芥子粉及其调制品：**									**Sauces and preparations therefor; mixed condiments and mixes seasonings; mustard flour and meal and prepared mustard:**
2103.1000	-酱油	28	90	0		0	0			-Soya sauce
2103.2000	-番茄沙司及其他番茄调味汁	15	90	0		0	0			-Tomato ketchup and other tomato sauces
2103.3000	-芥子粉及其调制品	15	70	0			0			-Mustard flour and meal and prepared mustard
	-其他：									-Other:
2103.9010	---味精	21	130	0	18.2	0	0			---Gourmet powder
2103.9020	---别特酒（Aromatic bitters），按体积计酒精含量44.2%～49.2%，按重量计含1.5%～6%的香料、各种配料以及4%～10%的糖	21	90	0		0	0			---Aromatic bitters, 44.2%～49.2% of which is alcoholic strength by volume, 1.5%～6% of which is spiles and various ingredients by weight and 4%～10% of which is sugar by weight
2103.9090	---其他	21	90	0	18.4	0	0			---Other

税则号列 Tariff Item	商品名称	最惠国税率(%) M. F. N.	普通税率(%) Gen.	协定税率(%) Conventional 东盟 ASEAN	亚太 APTA	香港 H. K.	澳门 Macao	台湾 Taiwan	出口税率(%) Export	Article Description
21.04	**汤料及其制品；均化混合食品：**									**Soups and broths and preparations therefor; homogenized composite food preparations:**
2104.1000	-汤料及其制品	15	90	0		0	0			-Soups and broths and preparations therefor
2104.2000	-均化混合食品	32	90	0			0			-Homogenized composite food preparations
21.05	**冰淇淋及其他冰制食品，不论是否含可可：**									**Ice cream and other edible ice, whether or not containing cocoa:**
2105.0000	冰淇淋及其他冰制食品，不论是否含可可	19	90	0		0	0			Ice cream and other edible ice, whether or not containing cocoa
21.06	**其他税号未列名的食品：**									**Food preparations not elsewhere specified or included:**
2106.1000	-浓缩蛋白质及人造蛋白物质	10	90	0			0			-Protein concentrates and textured protein substances
	-其他：									-Other:
2106.9010	---制造碳酸饮料的浓缩物	35	100	0		0	0			---Beverage bases
2106.9020	---制造饮料用的复合酒精制品	20	180	0		0	0			---Compound alcoholic preparations of a kind used for the manufacture of beverages
2106.9030	---蜂王浆制剂	3	80	0		0	0			---Royal jelly, put up as tonic essences
2106.9040	---椰子汁	10	90	5	9	0	0			---Coconut juice
2106.9050	---海豹油胶囊	20	90	0	18.4	0	0			---Seal oil capsules
2106.9090	---其他	20	90	0	18.4	0	0			---Other

第二十二章
饮料、酒及醋

Chapter 22
Beverages, spirits and vinegar

注释：

一、本章不包括：

（一）本章的产品（税目 22.09 的货品除外）经配制后，用于烹饪而不适于作为饮料的制品（通常归入税目 21.03）；

（二）海水（税目 25.01）；

（三）蒸馏水、导电水及类似的纯净水（税目 28.53）；

（四）按重量计浓度超过 10% 的醋酸（税目 29.15）；

（五）税目 30.03 或 30.04 的药品；或

（六）芳香料制品及盥洗品（第三十三章）。

二、本章及第二十章和第二十一章所称“按容量计酒精浓度”，应是温度在 20℃ 时测得的浓度。

三、税目 22.02 所称“无酒精饮料”，是指按容量计酒精浓度不超过 0.5% 的饮料。含酒精饮料应分别归入税目 22.03 至 22.06 或税目 22.08。

子目注释：

子目 2204.10 所称“汽酒”，是指温度在 20℃ 时装在密封容器中超过大气压力 3 巴及以上的酒。

Chapter Notes:

1. This Chapter does not cover:

(a) Products of this Chapter (other than those of heading 22.09) prepared for culinary purposes and thereby rendered unsuitable for consumption as beverages (generally heading 21.03);

(b) Sea water (heading 25.01);

(c) Distilled or conductivity water or water of similar purity (heading 28.53);

(d) Acetic acid of a concentration exceeding 10% by weight of acetic acid (heading 29.15);

(e) Medicaments of heading 30.03 or 30.04; or

(f) Perfumery or toilet preparations (Chapter 33).

2. For the purposes of this Chapter and of Chapters 20 and 21, the “alcoholic strength by volume” shall be determined at a temperature of 20℃.

3. For the purposes of heading 22.02, the term “non-alcoholic beverages” means beverages of an alcoholic strength by volume not exceeding 0.5% vol. Alcoholic beverages are classified in headings 22.03 to 22.06 or heading 22.08 as appropriate.

Subheading Note:

For the purposes of subheading 2204.10, the expression “sparkling wine” means wine which, when kept at a temperature of 20℃ in closed containers, has an excess pressure of not less than 3 bars.

税则号列 Tariff Item	商品名称	最惠国税率 (%) M.F.N.	普通税率 (%) Gen.	协定税率 (%) Conventional 东盟 ASEAN	亚太 APTA	香港 H.K.	澳门 Macao	台湾 Taiwan	出口税率 (%) Export	Article Description
22.01	**未加糖或其他甜物质及未加味的水，包括天然或人造矿泉水及汽水；冰及雪：**									**Waters, including natural or artificial mineral waters and aerated waters, not containing added sugar or other sweetening matter or flavoured; ice and snow:**
	-矿泉水及汽水：									-Mineral waters and aerated waters:
2201.1010	---矿泉水	20	90	0		0	0			---Mineral waters
2201.1020	---汽水	20	90	0			0			Aerated waters
	-其他：									-Other:
	---天然水：									---Natural waters:

税则号列 Tariff Item	商品名称	最惠国税率(%) M. F. N.	普通税率(%) Gen.	协定税率(%) Conventional 东盟 ASEAN	亚太 APTA	香港 H. K.	澳门 Macao	台湾 Taiwan	出口税率(%) Export	Article Description
2201.9011	----已包装	10	30	0		0	0			----Packaged
2201.9019	----其他	10	30	0		0	0			----Other
2201.9090	---其他	10	30	0		0	0			---Other
22.02	**加味、加糖或其他甜物质的水，包括矿泉水及汽水，其他无酒精饮料，但不包括税目20.09的水果汁或蔬菜汁：**									**Waters, including mineral waters and aerated waters, containing added sugar or other sweetening matter or flavoured, and other non-alcoholic beverages, not including fruit or vegetable juices of heading 20.09:**
2202.1000	-加味、加糖或其他甜物质的水，包括矿泉水及汽水	20	100	0		0	0			-Waters, including mineral waters and aerated waters, containing added sugar or other sweetening matter or flavoured
	-其他：									-Other:
2202.9100	--无醇啤酒	35	100	0	29.5	0	0			--Non-alcoholic beer
2202.9900	--其他	35	100	0	29.5	0	0			--Other
22.03	**麦芽酿造的啤酒：**									**Beer made from malt:**
2203.0000	麦芽酿造的啤酒	T6	T6							Beer made from malt
22.04	**鲜葡萄酿造的酒，包括加酒精的；税目20.09以外的酿酒葡萄汁：**									**Wine of fresh grapes , including fortified wines; grape must other than that of heading 20.09:**
2204.1000	-汽酒	14	180	0			0			-Sparkling wine
	-其他酒；加酒精抑制发酵的酿酒葡萄汁：									-Other wine; grape must with fermentation prevented or arrested by the addition of alcohol:
2204.2100	--装入2升及以下容器的	14	180	0		0	0			--In containers holding 2L or less
2204.2200	--装入2升以上但不超过10升容器的	20	180	0						--In containers holding more than 2L but not more than 10L
2204.2900	--其他	20	180	0						--Other
2204.3000	-其他酿酒葡萄汁	30	90	0						-Other grape must
22.05	**味美思酒及其他加植物或香料的用鲜葡萄酿造的酒：**									**Vermouth and other wine of fresh grapes flavoured with plants or aromatic substances:**
2205.1000	-装入2升及以下容器的	65	180	0		0				-In containers holding 2L or less
2205.9000	-其他	65	180	0						-Other
22.06	**其他发酵饮料（例如，苹果酒、梨酒、蜂蜜酒、清酒）；其他品目未列名的发酵饮料的混合物及发酵饮料与无酒精饮料的混合物：**									**Other fermented beverages (for example, cider perry, mead); mixtures of fermented beverages and mixtures of fermented beverages and non-alcoholic beverages, not elsewhere specified or included:**
2206.0010	---黄酒	40	180	0		0	0			---Yellow rice wine

税则号列 Tariff Item	商 品 名 称	最惠国税率(%) M. F. N.	普通税率(%) Gen.	协定税率(%) Conventional					出口税率(%) Export	Article Description
				东盟 ASEAN	亚太 APTA	香港 H. K.	澳门 Macao	台湾 Taiwan		
2206.0090	---其他	40	180	0		0	0			---Other
22.07	**未改性乙醇，按容量计酒精浓度在80%及以上；任何浓度的改性乙醇及其他酒精：**									**Undenatured ethyl alcohol of an alcoholic strength by volume of 80% vol or higher; ethyl alcohol and other spirits, denatured, of any strength:**
2207.1000	-未改性乙醇，按容量计酒精浓度在80%及以上	40	100	0			0			-Undenatured ethyl alcohol of an alcoholic, strength by volume of 80% vol or higher
2207.2000	-任何浓度的改性乙醇及其他酒精	30	80	0						-Ethyl alcohol and other spirits, denatured of any strength
22.08	**未改性乙醇，按容量计酒精浓度在80%以下；蒸馏酒、利口酒及其他酒精饮料：**									**Undenaturated ethyl alcohol of an alcoholic strength by volume of less than 80% vol; spirits, liqueurs and other spirituous beverages:**
2208.2000	-蒸馏葡萄酒制得的烈性酒	10	180	0						-Spirits obtained by distilling grape wine or grape marc
2208.3000	-威士忌酒	10	180	0						-Whiskies
2208.4000	-朗姆酒及蒸馏已发酵甘蔗产品制得的其他烈性酒	10	180	0						-Rum and other spirits obtained by distilling fermented sugarcaneproducts
2208.5000	-杜松子酒	10	180	0						-Gin and geneva
2208.6000	-伏特加酒	10	180	0	8.8					-Vodka
2208.7000	-利口酒及柯迪尔酒	10	180	0	8.8	0				-Liqueurs and cordials
	-其他：									-Other:
2208.9010	---龙舌兰酒	10	180	0	8.8					---Tequila, Mezcal
2208.9020	---白酒	10	180	0	8.8		0			---Chinese distilled spirits
2208.9090	---其他	10	180	0	8.8		0			---Other
22.09	**醋及用醋酸制得的醋代用品：**									**Vinegar and substitutes for vinegar obtained from acetic acid:**
2209.0000	醋及用醋酸制得的醋代用品	20	70	0		0	0			Vinegar and substitutes for vinegar obtained from acetic acid

第二十三章 食品工业的残渣及废料；配制的动物饲料

Chapter 23 Residues and waste from the food industries; prepared animal fodder

注释：

税目23.09包括其他税号未列名的配制动物饲料，这些饲料是由动、植物原料加工而成的，并且已改变了原料的基本特性，但加工过程中的植物废料、植物残渣及副产品除外。

Chapter Note:

Heading 23.09 includes products of a kind used in animal feeding, not elsewhere specified or included, obtained by processing vegetable or animal materials to such an extent that they have lost the essential characteristics of the original material, other than vegetable waste, vegetable residues and by-products of such processing.

子目注释：

子目2306.41所称的"低芥子酸油菜子"，是指第十二章子目注释一所定义的菜子。

Subheading Note:

For the purposes of subheading 2306.41, the expression "low erucic acid rape or colza seeds" means seeds as defined in Subheading Note 1 to Chapter 12.

税则号列 Tariff Item	商品名称	最惠国税率(%) M. F. N.	普通税率(%) Gen.	协定税率(%) Conventional 东盟 ASEAN	亚太 APTA	香港 H. K.	澳门 Macao	台湾 Taiwan	出口税率(%) Export	Article Description
23.01	**不适于供人食用的肉、杂碎、鱼、甲壳动物、软体动物或其他水生无脊椎动物的渣粉及团粒；油渣：**									**Flours, meals and pellets, of meat or meat offal, of fish or of crustaceans, molluscs or other aquatic invertebrates, unfit for human consumption; greaves:**
	-肉、杂碎的渣粉及团粒；油渣：									-Flours, meals and pellets, of meat or meat offal; greaves:
	---肉骨粉：									---Flours and meals, of meat bones:
2301.1011	----含牛羊成分的	2	11	0						----Of bovine and sheep
2301.1019	----其他	2	11	0						----Other
2301.1020	---油渣	5	50	0		0				---Greaves
2301.1090	---其他	5	30	0						---Other
	-鱼、甲壳动物、软体动物或其他水生无脊椎动物的渣粉及团粒：									-Flours, meals and pellets, of fish or of crustaceans, molluscs or other aquatic invertebrates:
2301.2010	---饲料用鱼粉	2	11	0	0	0	0			---Flours and meals of fish, of a kind used in animal feeding
2301.2090	---其他	5	30	0	0	0	0			---Other
23.02	**谷物或豆类植物在筛、碾或其他加工过程中所产生的糠、麸及其他残渣，不论是否制成团粒：**									**Bran, sharps and other residues, whether or not in the form of pellets, derived from the sifting, milling or other working of cereals or of leguminous plants:**
2302.1000	-玉米的	5	30	0						-Of maize (corn)
2302.3000	-小麦的	3	30	0						-Of wheat
2302.4000	-其他谷物的	5	30	0						-Of other cereals

税则号列 Tariff Item	商品名称	最惠国税率(%) M. F. N.	普通税率(%) Gen.	协定税率(%) Conventional					出口税率(%) Export	Article Description
				东盟 ASEAN	亚太 APTA	香港 H. K.	澳门 Macao	台湾 Taiwan		
2302.5000	-豆类植物的	5	30	0		0	0			-Of leguminous plants
23.03	**制造淀粉过程中的残渣及类似的残渣，甜菜渣、甘蔗渣及制糖过程中的其他残渣，酿造及蒸馏过程中的糟粕及残渣，不论是否制成团粒：**									**Residues of starch manufacture and similar residues, beet-pulp, bagasses and other waste of sugar manufacture, brewing or distilling dregs and waste, whether or not in the form of pellets:**
2303.1000	-制造淀粉过程中的残渣及类似的残渣	5	30	0						-Residues of starch manufacture and similar residues
2303.2000	-甜菜渣、甘蔗渣及制糖过程中的其他残渣	5	30	0						-Beet-pulp, bagasses and other waste of sugar manufacture
2303.3000	-酿造及蒸馏过程中的糟粕及残渣	5	30	0						-Brewing or distilling dregs and waste
23.04	**提炼豆油所得的油渣饼及其他固体残渣，不论是否碾磨或制成团粒：**									**Oil-cake and other solid residues, whether or not ground or in the form of pellets, resulting from the extraction of soyabean oil:**
2304.0010	---油渣饼	5	30	0	0					---Oil-cake
2304.0090	---其他	5	30	0	0					---Other
23.05	**提炼花生油所得的油渣饼及其他固体残渣，不论是否碾磨或制成团粒：**									**Oil-cake and other solid residues, whether or not ground or in the form of pellets, resulting from the extraction of ground nutoil:**
2305.0000	提炼花生油所得的油渣饼及其他固体残渣，不论是否碾磨或制成团粒	5	30	0						Oil-cake and other solid residues, whether or not ground or in the form of pellets, resulting from the extraction of groundnut oil
23.06	**税目23.04或23.05以外的提炼植物油脂所得的油渣饼及其他固体残渣，不论是否碾磨或制成团粒：**									**Oil-cake and other solid residues, whether or not ground or in the form of pellets, resulting from the extraction of vegetable fats or oils, other than those of heading 23.04 or 23.05:**
2306.1000	-棉子的	5	30	0						-Of cotton seeds
2306.2000	-亚麻子的	5	30	0						-Of linseed
2306.3000	-葵花子的	5	30	0						-Of sunflower seeds
	-油菜子的：									-Of rape or colza seeds:
2306.4100	--低芥子酸的	5	30	0						--Of low erucic acid rape or colza seeds
2306.4900	--其他	5	30	0						--Other
2306.5000	-椰子或干椰肉的	5	30	0	2.5					-Of coconut or copra
2306.6000	-棕榈果或棕榈仁的	5	30	0						-Of palm nuts or kernels
2306.9000	-其他	5	30	0						-Other
23.07	**葡萄酒渣；粗酒石：**									**Wine lees; argol:**

税则号列 Tariff Item	商品名称	最惠国税率(%) M. F. N.	普通税率(%) Gen.	协定税率(%) Conventional 东盟 ASEAN	亚太 APTA	香港 H. K.	澳门 Macao	台湾 Taiwan	出口税率(%) Export	Article Description
2307.0000	葡萄酒渣；粗酒石	5	30	0						Wine lees; argol
23.08	**动物饲料用的其他税号未列名的植物原料、废料、残渣及副产品，不论是否制成团粒：**									**Vegetable materials and vesetable waste, vegetable residues and by-products, whether or not in the form of pellets, of a kind used in animal feeding, not elsewhere specified or included:**
2308.0000	动物饲料用的其他税号未列名的植物原料、废料、残渣及副产品，不论是否制成团粒	5	35	0						Vegetable materials and vegetable waste, vegetable residues and by-products, whether or not in the form of pellets, of a kind used in animal feeding, not elsewhere specified or included
23.09	**配制的动物饲料：**									**Preparations of a kind used in animal feeding:**
	-零售包装的狗食或猫食：									-Dog or cat food, put up for retail sale:
2309.1010	---罐头	15	90	0		0	0			---In airtight containers
2309.1090	---其他	15	90	0		0	0			---Other
	-其他：									-Other:
2309.9010	---制成的饲料添加剂	5	14	0	2.5	0	0			---Preparations for use in making the complete feeds or supplementary feeds
2309.9090	---其他	6.5	14	0	3.3	0	0			---Other

第二十四章
烟草、烟草及烟草代用品的制品

Chapter 24
Tobacco and manufactured tobacco substitutes

注释：

本章不包括药用卷烟（第三十章）。

Chapter Note:

This Chapter does not cover medicinal cigarettes (Chapter 30).

子目注释：

子目2403.11所称“水烟料”，是指由烟草和甘油混合而成用水烟筒吸用的烟草，不论是否含有芳香油及提取物、糖蜜或糖，也不论是否用水果调味，但供在水烟筒中吸用的非烟草产品除外。

Subheading Notes:

For the purposes of Subheading 2403.11, the expression “water pipe tobacco” means tobacco intended for smoking in a water pipe and which consists of a mixture of tobacco and glycerol, whether or not containing aromatic oils and extracts, molasses or sugar, and whether or not flavoured with fruit. However, tobacco-free products intended for smoking in a water pipe are excluded from this Subheading.

税则号列 Tariff Item	商品名称	最惠国税率(%) M. F. N.	普通税率(%) Gen.	协定税率(%) Conventional 东盟 ASEAN	亚太 APTA	香港 H. K.	澳门 Macao	台湾 Taiwan	出口税率(%) Export	Article Description
24. 01	**烟草；烟草废料：**									**Unmanufactured tobacco; tobacco refuse:**
	-未去梗的烟草：									-Tobacco, not stemmed/stripped:
2401. 1010	---烤烟	10	70	5	9. 4					---Flue-cured
2401. 1090	---其他	10	70	5						---Other
	-部分或全部去梗的烟草：									-Tobacco, partly or wholly stemmed/stripped:
2401. 2010	---烤烟	10	70	5						---Flue-cured
2401. 2090	---其他	10	70	5						---Other
2401. 3000	-烟草废料	10	70	5						-Tobacco refuse
24. 02	**烟草或烟草代用品制成的雪茄烟及卷烟：**									**Cigars, cheroots, cigarillos and cigarettes, of tobacco or of tobacco substitutes:**
2402. 1000	-烟草制的雪茄烟	25	180							-Cigars, cheroots and cigarillos, containing tobacco
2402. 2000	-烟草制的卷烟	25	180							-Cigarettes containing tobacco
2402. 9000	-其他	25	180							-Other
24. 03	**其他烟草及烟草代用品的制品；“均化”或“再造”烟草；烟草精汁：**									**Other manufactured tobacco and manufactured tobacco substitutes; “homogenized” or “reconstituted” tobacco; tobacco extracts and essences:**
	-供吸用的烟草，不论是否含有任何比例的烟草代用品：									-Smoking tobacco, whether or not containing tobacco substitutes in any proportion:

税则号列 Tariff Item	商品名称	最惠国税率(%) M. F. N.	普通税率(%) Gen.	协定税率(%) Conventional 东盟 ASEAN	亚太 APTA	香港 H. K.	澳门 Macao	台湾 Taiwan	出口税率(%) Export	Article Description
2403.1100	--本章子目注释所述的水烟料	57	180	50	50					--Water pipe tobacco specified in subheading note 1 of this chapter
2403.1900	--其他	57	180	50	50					--Other
	-其他：									-Other:
2403.9100	--"均化"或"再造"烟草	57	180	50						--"Homogenized" or "reconstituted" tobacco
2403.9900	--其他	57	180	50						--Other

第 五 类
矿 产 品

第二十五章
盐；硫磺；泥土及石料；石膏料、石灰及水泥

注释：

一、除条文及注释四另有规定的以外，本章各税目只包括原产状态的矿产品，或只经过洗涤（包括用化学物质清除杂质而未改变产品结构的）、破碎、磨碎、研粉、淘洗、筛分以及用浮选、磁选和其他机械物理方法（不包括结晶法）精选过的货品，但不得经过焙烧、煅烧、混合或超过税号所列的加工范围。

本章产品可含有添加的抗尘剂，但所加剂料并不使原产品改变其一般用途而适合于某些特殊用途。

二、本章不包括：

（一）升华硫磺、沉淀硫磺及胶态硫磺（税目 28.02）；

（二）土色料，按重量计三氧化二铁含量在 70%及以上（税目 28.21）；

（三）第三十章的药品及其他产品；

（四）芳香料制品及化妆盥洗品（第三十三章）；

（五）长方砌石、路缘石、扁平石（税目 68.01）、镶嵌石或类似石料（税目 68.02）及铺屋顶、饰墙面或防潮用的板岩（税目 68.03）；

（六）宝石或半宝石（税目 71.02 或 71.03）；

（七）每颗重量不低于 2.5 克的氯化钠或氧化镁培养晶体（光学元件除外）（税目 38.24）；氯化钠或氧化镁制的光学元件（税目 90.01）；

（八）台球用粉块（税目 95.04）；或

（九）书写或绘画用粉笔及裁缝划粉（税目 96.09）。

SECTION V
MINERAL PRODUCTS

Chapter 25
Salt; sulphur; earth and stone; plastering materials, lime and cement

Chapter Notes:

1. Except where their context or Note 4 to this Chapter otherwise requires, the headings of this Chapter cover only products which are in the crude state or which have been washed (even with chemical substances eliminating the impurities without changing the structure of the product), crushed, ground, powdered, levigated, sifted, screened, concentrated by flotation, magnetic separation or other mechanical or physical processes (except crystallisation), but not products which have been roasted, calcined, obtained by mixing or subjected to processing beyond that mentioned in each heading.

   The products of this Chapter may contain an added anti-dusting agent, provided that such addition does not render the product particularly suitable for specific use rather than for general use.

2. This Chapter does not cover:

   (a) Sublimed sulphur, precipitated sulphur or colloidal sulphur (heading 28.02);

   (b) Earth colours containing 70% or more by weight of combined iron evaluated as Fe_2O_3 (heading 28.21);

   (c) Medicaments or other products of Chapter 30;

   (d) Perfumery, cosmetic or toilet preparations (Chapter 33);

   (e) Setts, curbstones or flagstones (heading 68.01); mosaic cubes or the like (heading 68.02); roofing, facing or damp course slates (heading 68.03);

   (f) Precious or semi-precious stones (heading 71.02 or 71.03);

   (g) Cultured crystals (other than optical elements) weighing not less than 2.5g each, of sodium chloride or of magnesium oxide, of heading 38.24; optical elements of sodium chloride or of magnesium oxide (heading 90.01);

   (h) Billiard chalks (heading 95.04); or

   (ij) Writing or drawing chalks or tailors' chalks (heading 96.09).

三、既可归入税目25.17，又可归入本章其他税号的产品，应归入税目25.17。

3. Any products classifiable in heading 25.17 and any other heading of the Chapter are to be classified in heading 25.17.

四、税目25.30主要包括：未膨胀的蛭石、珍珠岩及绿泥石；不论是否煅烧或混合的土色料；天然云母氧化铁；海泡石（不论是否磨光成块）；琥珀；模制后未经进一步加工的片、条、杆或类似形状的黏聚海泡石及黏聚琥珀；黑玉；菱锶矿（不论是否煅烧），但不包括氧化锶；陶器、砖或混凝土的碎块。

4. Heading 25.30 applies, inter alia, to: vermiculite, perlite and chlorites, unexpanded; earth colours, whether or not calcined or mixed together; natural micaceous iron oxides; meerschaum (whether or not in polished pieces); amber; agglomerated meerschaum and agglomerated amber, in plates, rods, sticks or similar forms, not worked after moulding; jet; strontianite (whether or not calcined), other than strontium oxide; broken pieces of pottery, brick or concrete.

税则号列 Tariff Item	商品名称	最惠国税率(%) M.F.N.	普通税率(%) Gen.	协定税率(%) Conventional					出口税率(%) Export	Article Description
				东盟 ASEAN	亚太 APTA	香港 H.K.	澳门 Macao	台湾 Taiwan		
25.01	**盐（包括精制盐及变性盐）及纯氯化钠，不论是否为水溶液，也不论是否添加抗结块剂或松散剂；海水：**									**Salt (including table salt and denatured salt) and pure sodium chloride, whether or not in aqueous solution or containing added anticaking or free-flowing agents; sea water:**
	---盐：									---Salt:
2501.0011	----食用盐	0	0							----Edible salt
2501.0019	----其他	0	0							----Other
2501.0020	---纯氯化钠	3	35	0						---Pure sodium chloride
2501.0030	---海水	0	0							---Sea water
25.02	**未焙烧的黄铁矿：**									**Unroasted iron pyrites:**
2502.0000	未焙烧的黄铁矿	3	20	0						Unroasted iron pyrites
25.03	**各种硫磺，但升华硫磺、沉淀硫磺及胶态硫磺除外：**									**Sulphur of all kinds, other than sublimed sulphur, precipitated sulphur and colloidal sulphur:**
2503.0000	各种硫磺，但升华硫磺、沉淀硫磺及胶态硫磺除外	3	17	0						Sulphur of all kinds, other than sublimed sulphur, precipitated sulphur and colloidal sulphur
25.04	**天然石墨：**									**Natural graphite:**
	-粉末或粉片：									-In powder or in flakes:
2504.1010	---粉片	3	30	0						---In flakes
	---其他：									---Other:
2504.1091	----球化石墨	3	30	0						----Spheroidized graphite
2504.1099	----其他	3	30	0						----Other
2504.9000	-其他	3	30	0						-Other
25.05	**各种天然砂，不论是否着色，但第二十六章的含金属矿砂除外：**									**Natural sands of all kinds, whether or not coloured, other than metal-bearing sands of Chapter 26:**
2505.1000	-硅砂及石英砂	3	40	0						-Silica sands and quartz sands

税则号列 Tariff Item	商品名称	最惠国税率 (%) M. F. N.	普通税率 (%) Gen.	协定税率(%) Conventional 东盟 ASEAN	亚太 APTA	香港 H. K.	澳门 Macao	台湾 Taiwan	出口税率 (%) Export	Article Description
2505.9000	-其他	3	40	0						-Other
25.06	**石英(天然砂除外);石英岩,不论是否粗加修整或仅用锯或其他方法切割成矩形(包括正方形)的板、块:**									**Quartz (other than natural sands); quartzite, whether or not roughly trimmed or merely cut, by sawing or otherwise, into blocks or slabs of a rectangular (including square) shape:**
2506.1000	-石英	3	40	0						-Quartz
2506.2000	-石英岩	3	40	0						-Quartzite
25.07	**高岭土及类似土,不论是否煅烧:**									**Kaolin and other kaolinic clays, whether or not calcined:**
2507.0010	---高岭土	3	50	0						---Kaolin
2507.0090	---其他	3	50	0						---Other
25.08	**其他黏土(不包括税目68.06的膨胀黏土)、红柱石、蓝晶石及硅线石,不论是否煅烧;富铝红柱石;火泥及第纳斯土:**									**Other clays (not including expanded clays of heading 68.06), andalusite, kyanite and sillimanite, whether or not calcined; mullite; chamotte or dinas earths:**
2508.1000	-膨润土	3	50	0						-Bentonite
2508.3000	-耐火黏土	3	20	0						-Fire-clay
2508.4000	-其他黏土	3	50	0						-Other clays
2508.5000	-红柱石、蓝晶石及硅线石	3	40	0						-Andalusite, kyanite and sillimanite
2508.6000	-富铝红柱石	3	40	0						-Mullite
2508.7000	-火泥及第纳斯土	3	20	0						-Chamotte or dinas earths
25.09	**白垩:**									**Chalk:**
2509.0000	白垩	3	45	0						Chalk
25.10	**天然磷酸钙、天然磷酸铝钙及磷酸盐白垩:**									**Natural calcium phosphates, natural aluminium calcium phosphates and phosphatic chalk:**
	-未碾磨:									-Unground:
2510.1010	---磷灰石	3	11	0						---Apatite
2510.1090	---其他	3	20	0						---Other
	-已碾磨:									-Ground:
2510.2010	---磷灰石	3	11	0						---Apatite
2510.2090	---其他	3	20	0						---Other
25.11	**天然硫酸钡(重晶石);天然碳酸钡(毒重石),不论是否煅烧,但税目28.16的氧化钡除外:**									**Natural barinm sulphate (barytes); natural barium carbonate (witherite), whether or not calcined, other than barium oxide of heading 28.16:**
2511.1000	-天然硫酸钡(重晶石)	3	45	0						-Natural barium sulphate (barytes)

税则号列 Tariff Item	商品名称	最惠国税率(%) M. F. N.	普通税率(%) Gen.	协定税率(%) Conventional 东盟 ASEAN	亚太 APTA	香港 H. K.	澳门 Macao	台湾 Taiwan	出口税率(%) Export	Article Description
2511.2000	-天然碳酸钡（毒重石）	3	45	0						-Natural barium carbonate (witherite)
25.12	**硅质化石粗粉（例如，各种硅藻土）及类似的硅质土，不论是否煅烧，其表观比重不超过1：**									**Siliceous fossil meals (for example, kieselguhr, tripolite and diatomite) and similar siliceous earths, whether or not calcined, of an apparent specific gravity of 1 or less:**
2512.0010	---硅藻土	3	40	0						---Kieselguhr
2512.0090	---其他	3	40	0						---Other
25.13	**浮石；刚玉岩；天然刚玉砂；天然石榴石及其他天然磨料，不论是否热处理：**									**Pumice stone; emery; natural corundum, natural garnet and other natural abrasives, whether or not heat-treated:**
2513.1000	-浮石	3	35	0						-Pumice stone
2513.2000	-刚玉岩、天然刚玉砂、天然石榴石及其他天然磨料	3	17	0						-Emery, natural corundum, narural garnet and other natural abrasives
25.14	**板岩，不论是否粗加修整或仅用锯或其他方法切割成矩形（包括正方形）的板、块：**									**Slate, whether or not roughly trimmed or merely cut, by sawing or otherwise, into blocks or slabs of a rectangular (including square) shape:**
2514.0000	板岩，不论是否粗加修整或仅用锯或其他方法切割成矩形（包括正方形）的板、块	3	50	0						Slate, whether or not roughly trimmed or merely cut, by sawing or otherwise, into blocks or slabs of a rectangular (including square) shape
25.15	**大理石、石灰华及其他石灰质碑用或建筑用石，表观比重为2.5及以上，蜡石，不论是否粗加修整或仅用锯或其他方法切割成矩形（包括正方形）的板、块：**									**Marble, travertine, ecaussine and other calcareous monumental or building stone of an apparent specific gravity of 2.5 or more, and alabaster, whether or not roughly trimmed or merely cut, by sawing or otherwise, into blocks or slabs of a rectangular (including square) shape:**
	-大理石及石灰华：									-Marble and travertine:
2515.1100	--原状或粗加修整	4	80	0						--Crude or roughly trimmed
2515.1200	--用锯或其他方法切割成矩形，包括正方形	4	80	0						--Merely cut, by sawing or otherwise, into blocks or slabs of a rectangular (including square) shape

税则号列 Tariff Item	商品名称	最惠国税率(%) M. F. N.	普通税率(%) Gen.	协定税率(%) Conventional 东盟 ASEAN	亚太 APTA	香港 H. K.	澳门 Macao	台湾 Taiwan	出口税率(%) Export	Article Description
2515.2000	-其他石灰质碑用或建筑用石；蜡石	3	50	0						-Ecaussine and other calcareous monumental or building stone; alabaster
25.16	**花岗岩、斑岩、玄武岩、砂岩以及其他碑用或建筑用石，不论是否粗加修整或仅用锯或其他方法切割成矩形（包括正方形）的板、块：**									**Granite, porphyry, basalt, sandstone and other monumental or building stone, whether or not building stone, whether or not roughly trimmed or merely cut, by sawing or otherwise, into blocks or slabs of a rectangular (including square) shape:**
	-花岗岩：									-Granite:
2516.1100	--原状或粗加修整	4	50	0	2					--Crude or roughly trimmed
2516.1200	--仅用锯或其他方法切割成矩形，包括正方形	4	50	0	2					--Merely cut, by sawing or otherwise, into blocks or slabs of a rectangular (including square) shape
2516.2000	-砂岩	3	50	0	2.1					-Sandstone
2516.9000	-其他碑用或建筑用石	3	50	0	2.1					-Other monumental or building stone
25.17	**通常作混凝土粒料、铺路、铁道路基或其他路基用的卵石、砾石及碎石，圆石子及燧石，不论是否热处理；矿渣、浮渣及类似的工业残渣，不论是否混有本税目第一部分所列的材料；沥青碎石；税目25.15、25.16所列各种石料的碎粒、碎屑及粉末，不论是否热处理：**									**Pebbles, gravel, broken or crushed stone, of a kind commonly used for concrete aggregates, for road metalling or for railway or other ballast, shingle and flint, whether or not heat-treated; macadan of slag, dross or similar industrial waste, whether or not incorporating the materials cited in the first part of the heading; tarred macadam; granules, chippings and powder, of stones of heading 25.15 or 25.16, whether or not heat treated:**
2517.1000	-通常作混凝土粒料、铺路、铁道路基或其他路基用的卵石、砾石及碎石，圆石子及燧石，不论是否热处理	4	50	0						-Pebbles, gravel, broken or crushed stone, of a kind commonly used for concrete aggregates, for road metalling or for railway or other ballast, shingle and flint, whether or not bead-treated
2517.2000	-矿渣、浮渣及类似的工业残渣，不论是否混有子目2517.10所列的材料	3	50	0						-Macadam of slag, dross or similar industrial waste, whether or not incorporating the materials cited in subheading 2517.10

税则号列 Tariff Item	商品名称	最惠国税率(%) M. F. N.	普通税率(%) Gen.	协定税率(%) Conventional 东盟 ASEAN	亚太 APTA	香港 H. K.	澳门 Macao	台湾 Taiwan	出口税率(%) Export	Article Description
2517.3000	-沥青碎石	3	50	0						-Tarred macadam
	-税目25.15及25.16所列各种石料的碎粒、碎屑及粉末，不论是否热处理：									-Granules，chippings and powder，stones of heading 25.15 or 25.16，whether or not heat-treated：
2517.4100	--大理石	3	50	0						--Of marble
2517.4900	--其他	3	50	0						--Other
25.18	**白云石，不论是否煅烧或烧结、粗加修整或仅用锯或其他方法切割成矩形(包括正方形)的板、块；夯混白云石：**									**Dolomite，whether or not calcined；including dolomite roughly trimmed or merely cut，by sawing or otherwise，into blocks or slabs of a rectangular（including square）shape；dolomite ramming mix：**
2518.1000	-未煅烧或烧结的白云石	3	40	0						-Dolomite，not calcinecd or sintered
2518.2000	-已煅烧或烧结的白云石	3	40	0						-Calcined or sintered dolomite
2518.3000	-夯混白云石	3	40	0						-Dolomite ramming mix
25.19	**天然碳酸镁（菱镁矿）；熔凝镁氧矿；烧结镁氧矿，不论烧结前是否加入少量其他氧化物；其他氧化镁，不论是否纯净：**									**Natural magnesium carbonate(magnesite)；fused magnesia；dead-burned (simtered) magnesia，whether or not containing small quantities of other oxides added before sintering；other magnesinm oxide，whether or not pure：**
2519.1000	-天然碳酸镁（菱镁矿）	3	40	0						-Natural magnesium carbonate（magnesite）
	-其他：									-Other：
2519.9010	---熔凝镁氧矿	3	40	0						---Fused magnesia
2519.9020	---烧结镁氧矿（重烧镁）	3	40	0						---Dead-burned（sintered）magnesia
2519.9030	---碱烧镁（轻烧镁）	3	40	0						---Light-burned magnesia
	---其他：									---Other：
2519.9091	----化学纯氧化镁	3	35	0						----Magnesium oxide，chemically pure
2519.9099	----其他	3	40	0						----Other
25.20	**生石膏；硬石膏；熟石膏(由煅烧的生石膏或硫酸钙构成)，不论是否着色，也不论是否带有少量促凝剂或缓凝剂：**									**Gypsum；anhydrite；plasters（consisting of calcined gypsum or calcium sulphate）whether or not coloured，with or without small quantities of accelerators or retarders：**
2520.1000	-生石膏；硬石膏	5	80	0		0				-Gypsum；anhydrite
	-熟石膏：									-Plasters：
2520.2010	---牙科用	5	40	0						---For dental use
2520.2090	---其他	5	80	0						---Other

税则号列 Tariff Item	商品名称	最惠国税率(%) M. F. N.	普通税率(%) Gen.	协定税率(%) Conventional 东盟 ASEAN	亚太 APTA	香港 H. K.	澳门 Macao	台湾 Taiwan	出口税率(%) Export	Article Description
25.21	**石灰石助熔剂；通常用于制造石灰或水泥的石灰石及其他钙质石：**									**Limestone flux; limestone and other calcareous stone, of a kind used for the manufacture of lime or cement:**
2521.0000	石灰石助熔剂；通常用于制造石灰或水泥的石灰石及其他钙质石	5	50	0		0				Limestone flux; limestone and other calcareous stone, of a kind used for the manufacture of lime or cement
25.22	**生石灰、熟石灰及水硬石灰，但税目28.25的氧化钙及氢氧化钙除外：**									**Quicklime, slaked lime and hydraulic lime, other than calcium oxide and hydroxide of heading 28.25:**
2522.1000	-生石灰	5	80	0						-Quick lime
2522.2000	-熟石灰	5	80	0						-Slaked lime
2522.3000	-水硬石灰	5	80	0						-Hydraulic lime
25.23	**硅酸盐水泥、矾土水泥、矿渣水泥、富硫酸盐水泥及类似的水凝水泥，不论是否着色，包括水泥熟料：**									**Portland cement, aluminous cement, slag cement, supersulphate cement and similar hydraulic cements, whether or not coloured or in the form of clinkers:**
2523.1000	-水泥熟料	8	30	0		0		0		-Cement clinkers
	-硅酸盐水泥：									-Portland cement:
2523.2100	--白水泥，不论是否人工着色	6	30	0	4.5			0		--White cement, whether or not artificially coloured
2523.2900	--其他	8	30	0	6	0	0	0		--Other
2523.3000	-矾土水泥	6	30	0						-Aluminous cement
2523.9000	-其他水凝水泥	8	30	0						-Other hydraulic cements
25.24	**石棉：**									**Asbestos:**
2524.1000	-青石棉	5	30	0						-Crocidolite
	-其他：									-Other:
2524.9010	---长纤维的	5	30	0						---Of long staple
2524.9090	---其他的	5	35	0						---Other
25.25	**云母，包括云母片；云母废料：**									**Mica, including splittings; mica waste:**
2525.1000	-原状云母及劈开的云母片	5	30	0						-Crude mica and mica rifted into sheets or splittings
2525.2000	-云母粉	5	30	0						-Mica powder
2525.3000	-云母废料	5	30	0						-Mica waste
25.26	**天然冻石，不论是否粗加修整或仅用锯或其他方法切割成矩形（包括正方形）的板、块；滑石：**									**Natural steatite, whether or not roughly trimmed or merely cut, by sawing or otherwise, into blocks or slabs or a rectangular (including square) shape; talc:**

税则号列 Tariff Item	商品名称	最惠国税率(%) M. F. N.	普通税率(%) Gen.	协定税率(%) Conventional 东盟 ASEAN	亚太 APTA	香港 H. K.	澳门 Macao	台湾 Taiwan	出口税率(%) Export	Article Description
	-未破碎及未研粉：									-Not crushed，not powdered：
2526.1010	---冻石	3	50	0						---Natural steatite
2526.1020	---滑石	3	50	0						---Talc
	-已破碎或已研粉：									-Crushed or powdered：
2526.2010	---冻石	3	50	0						---Natural steatite
2526.2020	---滑石	3	50	0						---Talc
25.28	**天然硼酸盐及其精矿（不论是否煅烧），但不包括从天然盐水析离的硼酸盐；天然粗硼酸，含硼酸干重不超过85%：**									**Natural borates and concentrates thereof (whether or not calcined), but not including borates separated from natural brine; natural boric acid containing not more than 85% of H_3BO_3 calculated on the dry weight:**
2528.0010	---天然硼砂及其精矿（不论是否煅烧）	3	30	0						---Natural sodium borates and concentrates thereof (whether or not calcined)
2528.0090	---其他	5	30	0						---Other
25.29	**长石；白榴石；霞石及霞石正长岩；萤石(氟石)：**									**Felspar; leucite; nepheline and nepheline syenite; fluorspar:**
2529.1000	-长石	3	50	0						-Felspar
	-萤石：									-Fluorspar：
2529.2100	--按重量计氟化钙含量在97%及以下	3	50	0						--Containing by weight 97% or less of calcium fluoride
2529.2200	--按重量计氟化钙含量在97%以上	3	50	0						--Containing by weight more than 97% of calcium fluoride
2529.3000	-白榴石；霞石及霞石正长岩	5	50	0						-Leucite；nepheline and nepheline syenite
25.30	**其他税号未列名的矿产品：**									**Mineral substances not elsewhere specified or included:**
	-未膨胀的蛭石、珍珠岩及绿泥石：									-Vermiculite，perlite and chlorites，unexpanded：
2530.1010	---绿泥石	5	30	0						---Chlorites
2530.1020	---未膨胀的蛭石和珍珠岩	5	30	0						---Vermiculite，perlite unexpanded
2530.2000	-硫镁矾矿及泻盐矿（天然硫酸镁）	3	30	0						-Kieserite，epsomite（natural magnesium sulphates)
	-其他：									-Other：
2530.9010	---矿物性药材	3	30	0						---Mineral medicinal substances
2530.9020	---稀土金属矿	0	0							---Ores of rare earth metals
	---其他：									---Other：
2530.9091	----硅灰石	3	50	0						----Wollastonite
2530.9099	----其他	3	50	0						----Other

第二十六章
矿砂、矿渣及矿灰

注释：

一、本章不包括：

（一）供铺路用的矿渣及类似的工业废渣（税目25.17）；

（二）天然碳酸镁（菱镁矿），不论是否煅烧（税目25.19）；

（三）主要含有石油的石油储罐的淤渣（税目27.10）；

（四）第三十一章的碱性熔渣；

（五）矿物棉（税目68.06）；

（六）贵金属或包贵金属的废碎料；主要用于回收贵金属的含贵金属或贵金属化合物的其他废碎料（税目71.12）；或

（七）通过熔炼所产生的铜锍、镍锍或钴锍（第十五类）。

二、税目26.01至26.17所称“矿砂”，是指冶金工业中提炼汞、税目28.44的金属以及第十四类、第十五类金属的矿物，即使这些矿物不用于冶金工业，也包括在内。但税目26.01至26.17不包括不是以冶金工业正常加工方法处理的各种矿物。

三、税目26.20仅适用于：

（一）在工业上提炼金属或作为生产金属化合物基本原料的矿渣、矿灰及残渣，但焚化城市垃圾所产生的灰、渣除外（税目26.21）；以及

（二）含有砷的矿渣、矿灰及残渣，不论其是否含有金属，用于提取或生产砷或金属及其化合物。

子目注释：

一、子目2620.21所称“含铅汽油的淤渣及含铅抗震化合物的淤渣”，是指含铅汽油及含铅抗震化合物（例如，四乙基铅）储罐的淤渣，主要含有铅、铅化合物以及铁的氧化物。

Chapter 26
Ores, slag and ash

Chapter Notes:

1. This Chapter does not cover:

(a) Slag or similar industrial waste prepared as macadam (heading 25.17);

(b) Natural magnesium carbonate (magnesite); whether or not calcined (heading 25.19);

(c) Sludges from the storage tanks of petroleum oils consisting mainly of such oils (heading 27.10);

(d) Basic slag of Chapter 31;

(e) Slag wool, rock wool or similar mineral wools (heading 68.06);

(f) Waste or scrap of precious metal or of metal clad with precious metal; other waste or scrap containing precious metal or precious metal compounds, of a kind used principally for the recovery of precious metal (heading 71.12); or

(g) Copper, nickel or cobalt mattes produced by any process of smelting (Section XV).

2. For the purposes of headings 26.01 to 26.17, the term "ores" means minerals of mineralogical species actually used in the metallurgical industry for the extraction of mercury, of the metals of heading 28.44 or of the metals of Section XIV or XV, even if they are intended for non-metallurgical purposes. Headings 26.01 to 26.17 do not, however, include minerals which have been submitted to processes not normal to the metallurgical industry.

3. Heading 26.20 applies only to:

(a) Slag, ash and residues of a kind used in industry either for the extraction of metals or as a basis for the manufacture of chemical compounds of metals, excluding ash and residues from the incineration of municipal waste (heading 26.21); and

(b) Slag, ash and residues containing arsenic, whether or not containing metals, of a kind used either for the extraction of arsenic or metals or for the manufacture of their chemical compounds.

Subheading Notes:

1. For the purposes of subheading 2620.21, "leaded gasoline sludges and leaded anti-knock compound sludges" means suldges obtained from storage tanks of leaded gasoline and leaded anti-knock compounds (for example, tetraethyllead), and consisting essentially of lead, lead compounds and iron oxide.

二、含有砷、汞、铊及其混合物的矿渣、矿灰及残渣，用于提取或生产砷、汞、铊及其化合物，归入子目 2620.60。

2. Slag, ash and residues containing arsenic, mercury, thallium or their mixtures, of a kind used for the extraction of arsenic or those metals or for the manufacture of their chemical compounds, are to be classified in subheading 2620.60.

税则号列 Tariff Item	商品名称	最惠国税率(%) M. F. N.	普通税率(%) Gen.	协定税率(%) Conventional 东盟 ASEAN	亚太 APTA	香港 H. K.	澳门 Macao	台湾 Taiwan	出口税率(%) Export	Article Description
26.01	**铁矿砂及其精矿，包括焙烧黄铁矿：**									**Iron ores and concentrates, including roasted iron pyrites:**
	-铁矿砂及其精矿，但焙烧黄铁矿除外：									-Iron ores and concentrates, other than roasted iron pyrites:
	--未烧结：									--Non agglomerated:
2601.1110	---平均粒度小于 0.8 毫米的	0	0							---The average grain size less than 0.8mm
2601.1120	---平均粒度不小于 0.8 毫米，但不大于 6.3 毫米的	0	0							---The average grain size not less than 0.8mm, but not more than 6.3mm
2601.1190	---其他	0	0							---Other
2601.1200	--已烧结	0	0							--Agglomerated
2601.2000	-焙烧黄铁矿	0	0							-Roasted iron pyrites
26.02	**锰矿砂及其精矿，包括以干重计含锰量在 20%及以上的锰铁矿及其精矿：**									**Manganese ores and concentrates, including ferruginous manganese ores and concentrates with a manganese content of 20% or more, calculated on the dry weight:**
2602.0000	锰矿砂及其精矿，包括以干重计含锰量在 20%及以上的锰铁矿及其精矿	0	0							Manganese ores and concentrates, including ferruginous manganese ores and concentrates with a manganese content of 20% or more, calculated on the dry weight
26.03	**铜矿砂及其精矿：**									**Copper ores and concentrates:**
2603.0000	铜矿砂及其精矿	0	0							Copper ores and concentrates
26.04	**镍矿砂及其精矿：**									**Nickel ores and concentrates:**
2604.0000	镍矿砂及其精矿	0	0							Nickel ores and concentrates
26.05	**钴矿砂及其精矿：**									**Cobalt ores and concentrates:**
2605.0000	钴矿砂及其精矿	0	0							Cobalt ores and concentrates
26.06	**铝矿砂及其精矿：**									**Aluminium ores and concentrates:**
2606.0000	铝矿砂及其精矿	0	0							Aluminium ores and concentrates
26.07	**铅矿砂及其精矿：**									**Lead ores and concentrates:**
2607.0000	铅矿砂及其精矿	0	0						30	Lead ores and concentrates
26.08	**锌矿砂及其精矿：**									**Zinc ores and concentrates:**
2608.0000	锌矿砂及其精矿	0	0						30	Zinc ores and concentrates

税则号列 Tariff Item	商品名称	最惠国税率(%) M. F. N.	普通税率(%) Gen.	协定税率(%) Conventional 东盟 ASEAN	亚太 APTA	香港 H. K.	澳门 Macao	台湾 Taiwan	出口税率(%) Export	Article Description
26.09	**锡矿砂及其精矿：**									**Tin ores and concentrates:**
2609.0000	锡矿砂及其精矿	0	0						50	Tin ores and concentrates
26.10	**铬矿砂及其精矿：**									**Chromium ores and concentrates:**
2610.0000	铬矿砂及其精矿	0	0							Chromium ores and concentrates
26.11	**钨矿砂及其精矿：**									**Tungsten ores and concentrates:**
2611.0000	钨矿砂及其精矿	0	0						20	Tungsten ores and concentrates
26.12	**铀或钍矿砂及其精矿：**									**Uranium or thorium ores and concentrates:**
2612.1000	-铀矿砂及其精矿	0	0							-Uranium ores and concentrates
2612.2000	-钍矿砂及其精矿	0	0							-Thorium ores and concentrates
26.13	**钼矿砂及其精矿：**									**Molybdenum ores and concentrates:**
2613.1000	-已焙烧	0	0							-Roasted
2613.9000	-其他	0	0							-Other
26.14	**钛矿砂及其精矿：**									**Titanium ores and concentrates:**
2614.0000	钛矿砂及其精矿	0	0							Titanium ores and concentrates
26.15	**铌、钽、钒或锆矿砂及其精矿：**									**Niobium, tantalum, vanadium or zirconium ores and concentrates:**
2615.1000	-锆矿砂及其精矿	0	0							-Zirconium ores and concentrates
	-其他：									-Other:
2615.9010	---水合钽铌原料（钽铌矿富集物）	0	0						30	---Hydrated Tantalum/Niobium materials or enriched materials from Tantalum/Niobium Ore
2615.9090	---其他	0	0						30	---Other
26.16	**贵金属矿砂及其精矿：**									**Precious metal ores and concentrates:**
2616.1000	-银矿砂及其精矿	0	0							-Silver ores and concentrates
2616.9000	-其他	0	0							-Other
26.17	**其他矿砂及其精矿：**									**Other ores and concentrates:**
	-锑矿砂及其精矿：									-Antimony ores and concentrates:
2617.1010	---生锑（锑精矿，选矿产品）	0	0						20	---Crude antimony (Antimony concentrates which are mineral products)
2617.1090	---其他	0	0							---Other
	-其他：									-Other:
2617.9010	---朱砂（辰砂）	3	14	0						---Cinnabar
2617.9090	---其他	0	0							---Other
26.18	**冶炼钢铁所产生的粒状熔渣（熔渣砂）：**									**Granulated slag (slag sand) from the manufacture of iron or steel:**
2618.0010	---主要含锰	4	35	0						---Containing mainly Manganese
2618.0090	---其他	4	35	0						---Other

税则号列 Tariff Item	商品名称	最惠国税率(%) M. F. N.	普通税率(%) Gen.	协定税率(%) Conventional 东盟 ASEAN	亚太 APTA	香港 H. K.	澳门 Macao	台湾 Taiwan	出口税率(%) Export	Article Description
26.19	**冶炼钢铁所产生的熔渣、浮渣（粒状熔渣除外）、氧化皮及其他废料：**									**Slag, dross (other than granulated slag), scalings and other waste from the manufacture of iron or steel:**
2619.0000	冶炼钢铁所产生的熔渣、浮渣（粒状熔渣除外）、氧化皮及其他废料	4	35	0						Slag, dross (other than granulated slag), scalings and other waste from the manufacture of iron or steel
26.20	**含有金属、砷及其化合物的矿渣、矿灰及残渣（冶炼钢铁所产生的灰、渣除外）：**									**Slag, ash and residues (other than from the manufacture of iron or steel) containing metals, arsenic or their compounds:**
	-主要含锌：									-Containing mainly zinc:
2620.1100	--含硬锌	4	35	0						--Hard zinc spelter
2620.1900	--其他	4	35	0						--Other
	-主要含铅：									-Containing mainly lead:
2620.2100	--含铅汽油的淤渣及含铅抗震化合物的淤渣	4	35	0						--Leaded gasoline sludges and leaded anti-knock compound sludges
2620.2900	--其他	4	35	0						--Other
2620.3000	-主要含铜	4	35	0						-Containing mainly copper
2620.4000	-主要含铝	4	35	0						-Containing mainly aluminium
2620.6000	-含砷、汞、铊及其混合物，用于提取或生产砷、汞、铊及其化合物	4	35	0						-Containing arsenic, mercury, thallium or their mixtures, of a kind used for the extraction of arsenic or those metals or for the manufacture of their chemical compounds
	-其他：									-Other:
2620.9100	--含锑、铍、镉、铬及其混合物	4	35	0						--Containing antimony, beryllinm, cadmium, chromium or their mixtures
	--其他：									--Other:
2620.9910	---主要含钨	4	35	0						---Containing mainly tungsten
2620.9990	---其他	4	35	0						---Other
26.21	**其他矿渣及矿灰，包括海藻灰（海草灰）；焚化城市垃圾所产生的灰、渣：**									**Other slag and ash, including seaweed ash (kelp); ash and residues from the incineration of municipal waste:**
2621.1000	-焚化城市垃圾所产生的灰、渣	4	35	0						-Ash and residues from the incineration of municipal waste
2621.9000	-其他	4	35	0		0				-Other

第二十七章
矿物燃料、矿物油及其蒸馏产品；沥青物质；矿物蜡

注释：

一、本章不包括：

（一）单独的已有化学定义的有机化合物，但纯甲烷及纯丙烷应归入税目27.11；

（二）税目30.03及30.04的药品；或

（三）税目33.01、33.02及38.05的不饱和烃混合物。

二、税目27.10所称“石油及从沥青矿物提取的油类”，不仅包括石油、从沥青矿物提取的油及类似油，还包括那些用任何方法提取的主要含有不饱和烃混合物的油，但其非芳族成分的重量必须超过芳族成分。

然而，它不包括采用减压蒸馏法，在压力转换为1013毫巴下的温度300℃时，以体积计馏出量小于60%的液体合成聚烯烃（第三十九章）。

三、税目27.10所称“废油”，是指主要含石油及从沥青矿物提取的油类（参见本章注释二）的废油，不论其是否与水混合。它们包括：

（一）不再适于作为原产品使用的废油（例如，用过的润滑油、液压油及变压器油）；

（二）石油储罐的淤渣油，主要含废油及高浓度的在生产原产品时使用的添加剂（例如，化学品）；以及

（三）水乳浊液状的或与水混合的废油，例如，浮油、清洗油罐所得的油或机械加工中已用过的切削油。

子目注释：

一、子目2701.11所称“无烟煤”，是指含挥发物（以干燥、无矿物质计）不超过14%的煤。

Chapter 27
Mineral fuels, mineral oils and products of their distillation; bituminous substances; mineral waxes

Chapter Notes:

1. This Chapter does not cover:

(a) Separate chemically defined organic compounds, other than pure methane and propane which are to be classified in heading 27.11;

(b) Medicaments of heading 30.03 or 30.04; or

(c) Mixed unsaturated hydrocarbons of heading 33.01, 33.02 or 38.05.

2. References in heading 27.10 to “petroleum oils and oils obtained from bituminous minerals” include not only petroleum oils and oils obtained from bituminous minerals but also similar oils, as well as those consisting mainly of mixed unsaturated hydrocarbons, obtained by any process, provided that the weight of the non-aromatic constituents exceeds that of the aromatic constituents.

However, the references do not include liquid synthetic polyolefins of which less than 60% by volume distils at 300℃, after conversion to 1,013 millibar when a reduced-pressure distillation method is used (Chapter 39).

3. For the purposes of heading 27.10, “waste oils” means waste containing mainly petroleum oils and oils obtained from bituminous minerals (as described in Note 2 to this Chapter), whether or not mixed with water. These include:

(a) Such oils no longer fit for use as primary products (for example, used lubricating oils, used hydraulic oils and used transformer oils);

(b) Sludge oils from the storage tanks of petroleum oils, mainly containing such oils and a high concentration of additives (for example, chemicals) used in the manufacture of the primary products; and

(c) Such oils in the form of emulsions in water or mixtures with water, such as those resulting from oil spills or storage tank washings, or from the use of cutting oils for machining operations.

Subheading Notes:

1. For the purposes of subheading 2701.11, “anthracite” means coal having a volatile matter limit (on a dry, mineral-matter-free basis) not exceeding 14%.

二、子目2701.12所称“烟煤”，是指含挥发物（以干燥、无矿物质计）超过14%，并且热值（以潮湿、无矿物质计）等于或大于5833大卡/千克的煤。

2. For the purposes of subheading 2701.12, “bituminous coal” means coal having a volatile matter limit (on a dry, mineral-matter-free basis) exceeding 14% and a calorific value limit (on a moist, mineral-matter-free basis) equal to or greater than 5,833 kcal/kg.

三、子目2707.10、2707.20、2707.30及2707.40所称“粗苯”“粗甲苯”“粗二甲苯”及“萘”，是分别指按重量计苯、甲苯、二甲苯或萘的含量在50%以上的产品。

3. For the purposes of subheadings 2707.10, 2707.20, 2707.30 and 2707.40 the terms “benzol (benzene)” “toluol (toluene)” “xylol (xylenes)” and “naphthalene” apply to products which contain more than 50% by weight of benzene, toluene, xylenes or naphthalene, respectively.

四、子目2710.12所称“轻油及其制品”，是指根据ISO 3405方法（等同于ASTM D 86方法），温度在210℃时以体积计馏出量（包括损耗）在90%及以上的产品。

4. For the purposes of subheading 2710.12, “light oils and preparations” are those of which 90 % or more by volume (including losses) distil at 210℃ according to the ISO 3405 method (equivalent to the ASTM D 86 method).

五、税目27.10的子目所称“生物柴油”，是指从动植物油脂（不论是否使用过）得到的用作燃料的脂肪酸单烷基酯。

5. For the purposes of the Subheadings of heading 27.10, the term “biodiesel” means mono-alkyl esters of fatty acids of a kind used as a fuel, derived from animal or vegetable fats and oils whether or not used.

税则号列 Tariff Item	商品名称	最惠国税率(%) M. F. N.	普通税率(%) Gen.	协定税率(%) Conventional 东盟 ASEAN	亚太 APTA	香港 H. K.	澳门 Macao	台湾 Taiwan	出口税率(%) Export	Article Description
27.01	**煤；煤砖、煤球及用煤制成的类似固体燃料：**									**Coal; briquettes, ovoids and similar solid fuels manufactured from coal:**
	-煤，不论是否粉化，但未制成型：									-Coal, whether or not pulverized, but not agglomerated:
2701.1100	--无烟煤	3	20	0						--Anthracite
	--烟煤：									--Bituminous coal:
2701.1210	---炼焦煤	3	20	0						---Coking coal
2701.1290	---其他	6	20	0						---Other
2701.1900	--其他煤	5	20	0	3.5					--Other coal
2701.2000	-煤砖、煤球及用煤制成的类似固体燃料	5	50	0						-Briquettes, ovoids and similar solid fuels manufactured from coal
27.02	**褐煤，不论是否制成型，但不包括黑玉：**									**Lignite, whether or not agglomerated, excluding jet:**
2702.1000	-褐煤，不论是否粉化，但未制成型	3	20	0						-Lignite, whether or not pulverized, but not agglomerated
2702.2000	-制成型的褐煤	3	20	0						-Agglomerated lignite
27.03	**泥煤（包括肥料用泥煤），不论是否制成型：**									**Peat (including peat litter), whether or not agglomerated:**
2703.0000	泥煤（包括肥料用泥煤），不论是否制成型	5	20	0						Peat (including peat litter), whether or not agglomerated

税则号列 Tariff Item	商品名称	最惠国税率(%) M. F. N.	普通税率(%) Gen.	协定税率(%) Conventional 东盟 ASEAN	亚太 APTA	香港 H. K.	澳门 Macao	台湾 Taiwan	出口税率(%) Export	Article Description
27.04	**煤、褐煤或泥煤制成的焦炭及半焦炭，不论是否制成型；甑炭：**									**Coke and semi-coke of coal, of lignite or of peat, whether or not agglomerated; retort carbon:**
2704.0010	---焦炭及半焦炭	5	11	0	2.5					---Coke and semi-coke
2704.0090	---其他	5	11	0	2.5					---Other
27.05	**煤气、水煤气、炉煤气及类似气体，但石油气及其他烃类气除外：**									**Coal gas, water gas, producer gas and similar gases, other than petroleum gases and other gaseous hydrocarbons:**
2705.0000	煤气、水煤气、炉煤气及类似气体，但石油气及其他烃类气除外	5	20	0						Coal gas, water gas, producer gas and similar gases, other than petroleum gases and other gaseous hydrocarbons
27.06	**从煤、褐煤或泥煤蒸馏所得的焦油及其他矿物焦油，不论是否脱水或部分蒸馏，包括再造焦油：**									**Tar distilled from coal, from lignite or from peat, and other mineral tars, whether or not dehydrated or partially distilled, including reconstituted tars:**
2706.0000	从煤、褐煤或泥煤蒸馏所得的焦油及其他矿物焦油，不论是否脱水或部分蒸馏，包括再造焦油	6	30	0						Tar distilled from coal, from lignite or from peat, and other mineral tars, whether or not dehydrated or partially distilled, including reconstituted tars
27.07	**蒸馏高温煤焦油所得的油类及其他产品；芳族成分重量超过非芳族成分的类似产品：**									**Oils and other products of the distillation of high temperature coal tar; similar products in which the weight of the aromatic constituents exceeds that of the non-aromatic constituents:**
2707.1000	-粗苯	6	20	0						-Benzole
2707.2000	-粗甲苯	6	30	0						-Toluole
2707.3000	-粗二甲苯	6	20	0						-Xylole
2707.4000	-萘	7	30	0	6					-Naphthalene
2707.5000	-其他芳烃混合物，根据ISO3405方法（等同于ASTM D 86方法），温度在250℃时的馏出量以体积计（包括损耗）在65%及以上	7	30	0						-Other aromatic hydrocarbon mixtures of which 65% or more by volume (*including losses*) distils at 250℃ by the ISO 3405 method (*equivalent to the ASTM D 86 method*)
	-其他：									-Other:
2707.9100	--杂酚油	7	30	0						--Creosote oils
	--其他：									--Other:
2707.9910	---酚	7	30	0						---Phenols
2707.9990	---其他	7	30	0						---Other

税则号列 Tariff Item	商品名称	最惠国税率(%) M. F. N.	普通税率(%) Gen.	协定税率(%) Conventional 东盟 ASEAN	亚太 APTA	香港 H. K.	澳门 Macao	台湾 Taiwan	出口税率(%) Export	Article Description
27.08	**从煤焦油或其他矿物焦油所得的沥青及沥青焦:**									**Pitch and pitch coke, obtained from coal tar or from other mineral tars:**
2708.1000	-沥青	7	35	0						-Pitch
2708.2000	-沥青焦	6	11	0						-Pitch coke
27.09	**石油原油及从沥青矿物提取的原油:**									**Petroleum oils and oils obtained from bituminous minerals, crude:**
2709.0000	石油原油及从沥青矿物提取的原油	T6	T6							Petroleum oils and oils obtained from bituminous minerals, crude
27.10	**石油及从沥青矿物提取的油类,但原油除外;以上述油为基本成分(按重量计不低于70%)的其他税号未列名制品;废油:**									**Petroleum oils and oils obtained from bituminous minerals, other than crude; preparations not elsewhere specified or included, containing by weight 70%or more of petroleum oils or of oils obtained from bituminous minerals, these oils being the basic constituents of the preparations; waste oils:**
	-石油及从沥青矿物提取的油类(但原油除外)以及以上述油为基本成分(按重量计不低于70%)的其他税目未列名制品,不含有生物柴油,但废油除外:									-Petroleum oils and oils obtained from bituminous minerals (other than crude) and preparations not elsewhere specified or included, containing by weight 70% or more of petroleum oils or of oils obtained from bituminous minerals, these oils being the basic constituents of the preparations, other than those containing biodiesel and other than waste oils:
	--轻油及其制品:									--Light oils and preparations:
2710.1210	---车用汽油及航空汽油	5	14	0						---Mortor gasoline, aviation gasoline
2710.1220	---石脑油	6	20	0	5.4					---Naphtha
2710.1230	---橡胶溶剂油、油漆溶剂油、抽提溶剂油	6	30	5						---Rubber solvent, paint solvent, extractive solvent
	---其他:									---Other:
2710.1291	----壬烯	9	20	5						----Nonene
2710.1299	----其他	9	20	5						----Other
	--其他:									--Other:
	---煤油馏分:									---Kerosene distillages:
2710.1911	----航空煤油	9	14	0				0		----Aviation kerosene
2710.1912	----灯用煤油	9	14	5						----Lamp-kerosene
2710.1919	----其他	6	20	0				0		----Other
	---柴油及其他燃料油:									---Diesel oils and other fuel oils:

税则号列 Tariff Item	商品名称	最惠国税率(%) M. F. N.	普通税率(%) Gen.	协定税率(%) Conventional 东盟 ASEAN	亚太 APTA	香港 H. K.	澳门 Macao	台湾 Taiwan	出口税率(%) Export	Article Description
2710.1922	----5～7号燃料油	6	20	0						----Fuel oils No. 5～No. 7
2710.1923	----柴油	6	11	5						----Diesel oils
2710.1929	----其他	6	20	0			0			----Other
	---润滑油、润滑脂及其他重油：									---Lubricating oils, lubricating greases and other heavy oils:
2710.1991	----润滑油	6	17	0	5.4	0	0			----Lubricating grease
2710.1992	----润滑脂	6	17	0	5.4					----Lubricating oils
2710.1993	----润滑油基础油	6	17	0				0		----Basic oils for lubricating oils
2710.1994	----液体石蜡和重质液体石蜡	6	20	0	5.4			0		----Liquid paraffin and heavy liquid paraffin
2710.1999	----其他	6	20	0		0				----Other
2710.2000	-石油及从沥青矿物提取的油类（但原油除外）以及以上述油为基本成分（按重量计不低于70%）的其他税目未列名制品，含有生物柴油，但废油除外	6	20	0				0		-Petroleum oils and oils obtained from bituminous minerals (other than crude) and preparations not elsewhere specified or included, containing by weight 70% or more of petroleum oils or of oils obtained from bituminous minerals, these oils being the basic constituents of the preparations, containing biodiesel, other than waste oils
	-废油：									-Waste oils:
2710.9100	--含多氯联苯（PCBs）、多氯三联（PCTs）或多溴联苯（PBBs）的	6	20	0						--Containing poly chlorinated biphenyls (PCBs), polychlorinated terphenyls (PCTs) or polybrominated biphenyls (PBBs)
2710.9900	--其他	6	20	0						--Other
27.11	**石油气及其他烃类气：**									**Petroleum gases and other gaseous hydrocarbons:**
	-液化的：									-Liquefied:
2711.1100	--天然气	0	20							--Natural gas
2711.1200	--丙烷	5	20	0	3.5					--Propane
	--丁烷：									--Butanes:
2711.1310	---直接灌注香烟打火机及类似打火器用，其包装容器的容积超过300立方厘米	11	80	0						---Liquid or liquefied-gas fuels in containers of a kind used for filling or refilling cigarette or similar lighters and of a capacity exceeding 300cm^3
2711.1390	---其他	5	20	0						---Other
2711.1400	--乙烯、丙烯、丁烯及丁二烯	5	20	0						--Ethylene, propylene, butylene and butadiene
	--其他：									--Other:

税则号列 Tariff Item	商品名称	最惠国税率(%) M. F. N.	普通税率(%) Gen.	协定税率(%) Conventional 东盟 ASEAN	亚太 APTA	香港 H. K.	澳门 Macao	台湾 Taiwan	出口税率(%) Export	Article Description
2711.1910	---直接灌注香烟打火机及类似打火器用的燃料，其包装容器的容积超过300立方厘米	10	80	0	7					---Liquid or liquefied-gas fuels in containers of a kind used for filling or refilling cigarette or similar lighters and of a capacity exceeding 300cm^3
2711.1990	---其他	3	20	0	2.1					---Other
	-气态的：									-In gaseous state：
2711.2100	--天然气	0	20							--Natural gas
2711.2900	--其他	6	20	0						--Other
27.12	**凡士林；石蜡、微晶石蜡、疏松石蜡、地蜡、褐煤蜡、泥煤蜡、其他矿物蜡及用合成或其他方法制得的类似产品，不论是否着色：**									**Petroleum jelly; paraffin wax, microcrystalline petroleum wax, slack wax, ozokerite, lignite wax, peat wax, other mineral waxes, and similar products obtained by synthesis or by other processes, whether or not coloured：**
2712.1000	-凡士林	8	45	0						-Petroleum jelly
2712.2000	-石蜡，按重量计含油量小于0.75%	8	45	0						-Paraffin wax containing by weight less than 0.75% of oil
	-其他：									-Other：
2712.9010	---微晶石蜡	8	45	0						---Microcrystalline petroleum wax
2712.9090	---其他	8	45	0						---Other
27.13	**石油焦、石油沥青及其他石油或从沥青矿物提取的油类的残渣：**									**Petroleum coke, Petroleum bitumen and other residues of petroleum oils or of oils obtained from bituminous minerals：**
	-石油焦：									-Petroleum coke：
	--未煅烧：									--Not calcined：
2713.1110	---硫的重量百分比小于3%的	3	11	0						---Containing by weight less than 3% of Sulphur
2713.1190	---其他	3	11	0						---Other
	--已煅烧：									--Calcined：
2713.1210	---硫的重量百分比小于0.8%的	3	11	0						---Containing by weight less than 0.8% of Sulphur
2713.1290	---其他	3	11	0						---Other
2713.2000	-石油沥青	8	35	0	5.6					-Petroleum bitumen
2713.9000	-其他石油或从沥青矿物提取的油类的残渣	6	35	0						-Other residues of petroleum oils or of oils obtained from bituminous minerals
27.14	**天然沥青（地沥青）；沥青页岩、油页岩及焦油砂；沥青岩：**									**Bitumen and asphalt, natural; bituminous or oil shale and tar sands; asphaltites and asphaltic rocks：**

税则号列 Tariff Item	商品名称	最惠国税率(%) M. F. N.	普通税率(%) Gen.	协定税率(%) Conventional					出口税率(%) Export	Article Description
				东盟 ASEAN	亚太 APTA	香港 H. K.	澳门 Macao	台湾 Taiwan		
2714.1000	-沥青页岩、油页岩及焦油砂	6	20	0						-Bituminous or oil shale and tar sands
	-其他：									-Other：
2714.9010	---天然沥青（地沥青）	8	35	0						---Natural bitumen and asphalt
2714.9020	---乳化沥青	0	20							---Emulsified bitumen and asphalt
2714.9090	---其他	3	20	0						---Other
27.15	**以天然沥青（地沥青）、石油沥青、矿物焦油或矿物焦油沥青为基本成分的沥青混合物（例如，沥青胶黏剂、稀释沥青）：**									**Bituminous mixtures based on natural asphalt, on natural bitumen, on petroleum bitumen, on mineral tar or on mineral tar pitch (for example, bituminous mastics, cut-backs)：**
2715.0000	以天然沥青（地沥青）、石油沥青、矿物焦油或矿物焦油沥青为基本成分的沥青混合物（例如，沥青胶黏剂、稀释沥青）	8	35	0			0			Bituminous mixtures based on natura asphalt, on natural bitumen, on petroleum bitumen, on mineral tar or on mineral tar pitch (for example, bituminous mastics, cut-backs)
27.16	**电力：**									**Electrical energy：**
2716.0000	电力	0	8							Electrical energy

第 六 类
化学工业及其相关工业的产品

注释：

一、（一）凡符合税目 28.44 或 28.45 规定的货品（放射性矿砂除外），应分别归入这两个税号而不归入本协调制度的其他税号。

（二）除上述（一）款另有规定的以外，凡符合税目 28.43、28.46 或 28.52 规定的货品，应分别归入以上税号而不归入本类的其他税号。

二、除上述注释一另有规定的以外，凡由于按一定剂量或作为零售包装而可归入税目 30.04、30.05、30.06、32.12、33.03、33.04、33.05、33.06、33.07、35.06、37.07 或 38.08 的货品，应分别归入以上税号，而不归入本协调制度的其他税号。

三、由两种或两种以上单独成分配套的货品，其部分或全部成分属于本类范围以内，混合后则构成第六类或第七类的货品，应按混合后产品归入相应的税号，但其组成成分必须符合下列条件：

（一）其包装形式足以表明这些成分不需经过改装就可一起使用的；

（二）一起报验的；以及

（三）这些成分的属性及相互比例足以表明是相互配用的。

SECTION Ⅵ
PRODUCTS OF THE CHEMICAL OR ALLIED INDUSTRIES

Section Notes:

1. (a) Goods (other than radioactive ores) answering to a description in heading 28.44 or 28.45 are to be classified in those headings and in no other heading of the Nomenclature.

   (b) Subject to paragraph (a) above, goods answering to a description in heading 28.43, 28.46 or 28.52 are to be classified in those headings and in no other heading of this Section.

2. Subject to Note 1 above, goods classifiable in heading 30.04, 30.05, 30.06, 32.12, 33.03, 33.04, 33.05, 33.06, 33.07, 35.06, 37.07 or 38.08 by reason of being put up in measured doses or for retail sale are to be classified in those headings and in no other heading of the Nomenclature.

3. Goods put up in sets consisting of two or more separate constituents, some or all of which fall in this Section and are intended to be mixed together to obtain a product of Section VI or VII, are to be classified in the heading appropriate to that product, provided that the constituents are:

   (a) having regard to the manner in which they are put up, clearly identifiable as being intended to be used together without first being repacked;

   (b) presented together; and

   (c) identifiable, whether by their nature or by the relative proportions in which they are present, as being complementary one to another.

第二十八章
无机化学品；贵金属、稀土金属、放射性元素及其同位素的有机及无机化合物

注释：

一、除条文另有规定的以外，本章各税号只适用于：

（一）单独的化学元素及单独的已有化学定义的化合物，不论是否含有杂质；

Chapter 28
Inorganic chemicals; organic or inorganic compounds of precious metals, of rare-earth metals, of radioactive elements or of isotopes

Chapter Notes:

1. Except where the context otherwise requires, the headings of this Chapter apply only to:

   (a) Separate chemical elements and separate chemically defined compounds, whether or not containing impurities;

（二）上述（一）款产品的水溶液；

（三）溶于其他溶剂的上述（一）款产品，但该产品处于溶液状态只是为了安全或运输所采取的正常必要方法，其所用溶剂并不使该产品改变其一般用途而适合于某些特殊用途；

（四）为了保存或运输需要，加入稳定剂（包括抗结块剂）的上述（一）、（二）、（三）款产品；

（五）为了便于识别或安全起见，加入抗尘剂或着色剂的上述（一）、（二）、（三）、（四）款产品，但所加剂料并不使原产品改变其一般用途而适合于某些特殊用途。

(b) The products mentioned in (a) above dissolved in water;

(c) The products mentioned in (a) above dissolved in other solvents provided that the solution constitutes a normal and necessary method of putting up these products adopted solely for reasons of safety or for transport and that the solvent does not render the product particularly suitable for specific use rather than for general use;

(d) The products mentioned in (a), (b) or (c) above with an added stabiliser (including an anti-caking agent) necessary for their preservation or transport;

(e) The products mentioned in (a), (b), (c) or (d) above with an added anti-dusting agent or a colouring substance added to facilitate their identification or for safety reasons, provided that the additions do not render the product particularly suitable for specific use rather than for general use.

二、除以有机物质稳定的连二亚硫酸盐及次硫酸盐（税目28.31），无机碱的碳酸盐及过碳酸盐（税目28.36），无机碱的氰化物、氧氰化物及氰络合物（税目28.37），无机碱的雷酸盐、氰酸盐及硫氰酸盐（税目28.42），税目28.43至28.46及28.52的有机产品，以及碳化物（税目28.49）之外，本章仅包括下列碳化合物：

（一）碳的氧化物，氰化氢及雷酸、异氰酸、硫氰酸及其他简单或络合氰酸（税目28.11）；

（二）碳的卤氧化物（税目28.12）；

（三）二硫化碳（税目28.13）；

（四）硫代碳酸盐、硒代碳酸盐、碲代碳酸盐、硒代氰酸盐、碲代氰酸盐、四氰硫基二氨基络酸盐及其他无机碱络合氰酸盐（税目28.42）；

（五）用尿素固化的过氧化氢（税目28.47）、氧硫化碳、硫代羰基卤化物、氰、卤化氰、氨基氰及其金属衍生物（税目28.53），不论是否纯净，但氰氨化钙除外（第三十一章）。

2. In addition to dithionites and sulphoxylates, stabilised with organic substances (heading 28.31), carbonates and peroxocarbonates of inorganic bases (heading 28.36), cyanides, cyanide oxides and complex cyanides of inorganic bases (heading 28.37), fulminates, cyanates and thiocyanates, of inorganic bases (heading 28.42), organic products included in heading 28.43 to 28.46 and 28.52 and carbides (heading 28.49), only the following compounds of carbon are to be classified in this Chapter:

(a) Oxides of carbon, hydrogen cyanide and fulminic, isocyanic, thiocyanic and other simple or complex cyanogen acids (heading 28.11);

(b) Halide oxides of carbon (heading 28.12);

(c) Carbon disulphide (heading 28.13);

(d) Thiocarbonates, selenocarbonates, tellurocarbonates, selenocyanates, tellurocyanates, tetrathio-cyanatodiamminochromates (reineckates) and other complex cyanates, of inorganic bases (heading 28.42);

(e) Hydrogen peroxide, solidified with urea (heading 28.47), carbon oxysulphide, thiocarbonyl halides, cyanogen, cyanogen halides and cyanamide and its metal derivatives (heading 28.53) other than calcium cyanamide, whether or not pure (Chapter 31).

三、除第六类注释一另有规定的以外，本章不包括：

3. Subject to the provisions of Note 1 to Section VI, this Chapter does not cover:

（一）氯化钠或氧化镁（不论是否纯净）及第五类的其他产品；

（二）上述注释二所述以外的有机—无机化合物；

（三）第三十一章注释二、三、四或五所述的产品；

（四）税目32.06的用作发光剂的无机产品；税目32.07的搪瓷玻璃料及其他玻璃，呈粉、粒或粉片状的；

（五）人造石墨（税目38.01）；税目38.13的灭火器的装配药及已装药的灭火弹；税目38.24的零售包装的除墨剂；税目38.24的每颗重量不少于2.5克的碱金属或碱土金属卤化物的培养晶体（光学元件除外）；

（六）宝石或半宝石（天然、合成或再造）及这些宝石、半宝石的粉末（税目71.02至71.05），第七十一章的贵金属及贵金属合金；

（七）第十五类的金属（不论是否纯净）、金属合金或金属陶瓷，包括硬质合金（与金属烧结的金属碳化物）；或

（八）光学元件，例如，用碱金属或碱土金属卤化物制成的（税目90.01）。

(a) Sodium chloride or magnesium oxide, whether or not pure, or other products of Section V;

(b) Organo-inorganic compounds other than those mentioned in Note 2 above;

(c) Products mentioned in Note 2, 3, 4 or 5 to Chapter 31;

(d) Inorganic products of a kind used as luminophores, of heading 32.06; glass frit and other glass in the form of powder, granules or flakes, of heading 32.07;

(e) Artificial graphite (heading 38.01); products put up as charges for fire-extinguishers or put up in fire-extinguishing grenades, of heading 38.13; ink removers put up in packings for retail sale, of heading 38.24; cultured crystals (other than optical elements) weighing not less than 2.5g each, of the halides of the alkali or alkaline-earth metals, of heading 38.24;

(f) Precious or semi-precious stones (natural, synthetic or reconstructed) or dust or powder of such stones (headings 71.02 to 71.05), or precious metals or precious metal alloys of Chapter 71;

(g) The metals, whether or not pure, metal alloys or cermets, including sintered metal carbides (metal carbides sintered with a metal), of Section XV; or

(h) Optical elements, for example, of the halides of the alkali or alkaline-earth metals (heading 90.01).

四、由本章第二分章的非金属酸和第四分章的金属酸所构成的已有化学定义的络酸，应归入税目28.11。

4. Chemically defined complex acids consisting of a non-metal acid of sub-Chapter II and a metal acid of sub-Chapter IV are to be classified in heading 28.11.

五、税目28.26至28.42只适用于金属盐、铵盐及过氧酸盐。

除条文另有规定的以外，复盐及络盐应归入税目28.42。

5. Headings 28.26 to 28.42 apply only to metal or ammonium salts or peroxysalts.

Except where the context otherwise requires, double or complex salts are to be classified in heading 28.42.

六、税目28.44只适用于：

（一）锝（原子序数43）、钷（原子序数61）、钋（原子序数84）及原子序数大于84的所有化学元素；

（二）天然或人造放射性同位素（包括第十四类及第十五类的贵金属和贱金属的放射性同位素），不论是否混合；

（三）上述元素或同位素的无机或有机化合物，不

6. Heading 28.44 applies only to:

(a) Technetium (atomic No. 43), promethium (atomic No. 61), polonium (atomic No. 84) and all elements with an atomic number greater than 84;

(b) Natural or artificial radioactive isotopes (including those of the precious metals or of the base metals of Sections XIV and XV), whether or not mixed together;

(c) Compounds, inorganic or organic, of these ele-

论是否已有化学定义或是否混合；

（四）含有上述元素或同位素及其无机或有机化合物并且具有某种放射性强度超过74贝克勒尔/克（0.002微居里/克）的合金、分散体（包括金属陶瓷）、陶瓷产品及混合物；

（五）核反应堆已耗尽（已辐照）的燃料元件（释热元件）；

（六）放射性的残渣，不论是否有用。

税目28.44、28.45及本注释所称“同位素”，是指：

1. 单独的核素，但不包括自然界中以单一同位素状态存在的核素；
2. 同一元素的同位素混合物，其中一种或几种同位素已被浓缩，即人工地改变了该元素同位素的自然构成。

ments or isotopes, whether or not chemically defined, whether or not mixed together;

(d) Alloys, dispersions (including cermets), ceramic products and mixtures containing these elements or isotopes or inorganic or organic compounds thereof and having a specific radioactivity exceeding 74 Bq/g (0.002 μci/g);

(e) Spent (irradiated) fuel elements (cartridges) of nuclear reactors;

(f) Radioactive residues whether or not usable.

The term "isotopes", for the purposes of this Note and of the wording of headings 28.44 and 28.45, refers to:

(i) individual nuclides, excluding, however, those existing in nature in the monoisotopic state;

(ii) mixtures of isotopes of one and the same element, enriched in one or several of the said isotopes, that is, elements of which the natural isotopic composition has been artificially modified.

七、税目28.53包括按重量计含磷量超过15%的磷化铜（磷铜）。

7. Heading 28.53 includes copper phosphide (phosphor copper) containing more than 15% by weight of phosphorus.

八、经掺杂用于电子工业的化学元素（例如，硅、硒），如果拉制后未经加工或呈圆筒形、棒形，应归入本章；如果已切成圆片、薄片或类似形状，则归入税目38.18。

8. Chemical elements (for example, silicon and selenium) doped for use in electronics are to be classified in this Chapter, provided that they are in forms unworked as drawn, or in the form of cylinders or rods. When cut in the form of discs, wafers or similar forms, they fall in heading 38.18.

子目注释：

子目2852.10所称“已有化学定义”是指符合第二十八章注释一（一）至（五）或第二十九章注释一（一）至（八）规定的汞的无机或有机化合物。

Subheading Note:

For the purposes of Subheading 2852.10, the expression "chemically defined" means all organic or inorganic compounds of mercury meeting the requirements of paragraphs (a) to (e) of Note 1 to Chapter 28 or paragraphs (a) to (h) of Note 1 to Chapter 29.

税则号列 Tariff Item	商品名称	最惠国税率(%) M.F.N.	普通税率(%) Gen.	协定税率(%) Conventional 东盟 ASEAN	亚太 APTA	香港 H.K.	澳门 Macao	台湾 Taiwan	出口税率(%) Export	Article Description
	第一分章 化学元素									I. CHEMICAL ELEMENTS
28.01	氟、氯、溴及碘：									Fluorine, chlorine, bromine and iodine:
2801.1000	-氯	5.5	80	0						-Chlorine
2801.2000	-碘	5.5	30	0						-Iodine
	-氟；溴：									-Fluorine; bromine:

税则号列 Tariff Item	商品名称	最惠国税率(%) M. F. N.	普通税率(%) Gen.	协定税率(%) Conventional					出口税率(%) Export	Article Description
				东盟 ASEAN	亚太 APTA	香港 H. K.	澳门 Macao	台湾 Taiwan		
2801.3010	---氟	5.5	30	0						---Fluorine
2801.3020	---溴	5.5	30	0						---Bromine
28.02	**升华硫磺、沉淀硫磺；胶态硫磺：**									**Sulphur, sublimed or precipitated; colloidal sulphur:**
2802.0000	升华硫磺、沉淀硫磺；胶态硫磺	5.5	17	0						Sulphur, sublimed or precipitated; colloidal sulphur
28.03	**碳（炭黑及其他税号未列名的其他形态的碳）：**									**Carbon (carbon blacks and other forms of carbon not elsewhere specified or included):**
2803.0000	碳（炭黑及其他税号未列名的其他形态的碳）	5.5	35	0	4.4	0		0		Carbon (carbon blacks and other forms of carbon not elsewhere specified or included)
28.04	**氢、稀有气体及其他非金属：**									**Hydrogen, rare gases and other non-metals:**
2804.1000	-氢	5.5	30	0		0				-Hydrogen
	-稀有气体：									-Rare gases:
2804.2100	--氩	5.5	30	0		0				--Argon
2804.2900	--其他	5.5	30	0		0				--Other
2804.3000	-氮	5.5	30	0		0				-Nitrogen
2804.4000	-氧	5.5	80	0		0				-Oxygen
2804.5000	-硼；碲	5.5	17	0						-Boron; tellurium
	-硅：									-Silicon:
	--按重量计含硅量不少于99.99%：									--Containing by weight not less than 99.99% of silicon:
	---经掺杂用于电子工业的直径在7.5厘米及以上的单晶硅棒：									---Monocrystals doped for use in electronics, in the form of cylinders or rods, 7.5cm or more in diameter:
2804.6117	----直径在30厘米及以上的	4	11	0						----30cm or more in diameter
2804.6119	----其他	4	11	0						----Other
2804.6120	---经掺杂用于电子工业的其他单晶硅棒	4	17	0						---Other monocrystals doped for use in electronics, in the form of cylinders or rods
2804.6190	---其他	4	30	0						---Other
2804.6900	--其他	4	30	0						--Other
	-磷：									-Phosphorus:
2804.7010	---黄磷（白磷）	5.5	30	0					20	---Yellow phosphorus (white phosphorus)
2804.7090	---其他	5.5	30	0					20	---Other
2804.8000	-砷	5.5	30	0						-Arsenic
	-硒：									-Selenium:
2804.9010	---经掺杂用于电子工业的晶体棒	4	17	0						---Crystals doped for use in electronics, in the form of cylinders or rods
2804.9090	---其他	5.5	30	0						---Other

税则号列 Tariff Item	商品名称	最惠国税率(%) M. F. N.	普通税率(%) Gen.	协定税率(%) Conventional 东盟 ASEAN	亚太 APTA	香港 H. K.	澳门 Macao	台湾 Taiwan	出口税率(%) Export	Article Description
28.05	**碱金属、碱土金属；稀土金属、钪及钇，不论是否相互混合或相互熔合；汞：**									**Alkali or alkaline-earth metals; rare-earth metals, scandium and yttrium, whether or not intermixed or interalloyed; mercury:**
	-碱金属及碱土金属：									-Alkali metals or alkaline-earth metals:
2805.1100	--钠	5.5	30	0						--Sodium
2805.1200	--钙	5.5	30	0						--Calcium
	--其他：									--Other:
2805.1910	---锂	5.5	30	0						---Lithium
2805.1990	---其他	5.5	30	0						---Other
	-稀土金属、钪及钇，不论是否相互混合或相互熔合：									-Rare-earth metals, scandium and yttrium, whether or not intermixed or interalloyed:
	---稀土金属、钪及钇，未相互混合或相互熔合：									---Not intermixed or interalloyed:
2805.3011	----钕	5.5	30	0						----Neodymium
2805.3012	----镝	5.5	30	0						----Dysprosium
2805.3013	----铽	5.5	30	0						----Terbium
2805.3014	----镧	5.5	30	0						----Lanthanum
2805.3015	----铈	5.5	30	0						----Cerium
2805.3016	----镨	5.5	30	0						----Praseodymium
2805.3017	----钇	5.5	30	0						----Yttrium
2805.3019	----其他	5.5	30	0						----Other
	---稀土金属、钪及钇，相互混合或相互熔合：									---Inuermixed or interalloyed:
2805.3021	----电池级	5.5	30	0						----Battery grade
2805.3029	----其他	5.5	30	0						----Other
2805.4000	-汞	5.5	17	0						-Mercury
	第二分章　无机酸及非金属；无机氧化物									**Ⅱ. INORGANIC ACIDS AND INORGANIC OXYGEN COMPOUNDS OF NON-METALS**
28.06	**氯化氢（盐酸）；氯磺酸：**									**Hydrogen chloride (hydrochloric acid); chorosulphuric acid:**
2806.1000	-氯化氢（盐酸）	5.5	80	0						-Hydrogen chloride (hydrochloric acid)
2806.2000	-氯磺酸	5.5	40	0						-Chlorosulphuric acid
28.07	**硫酸；发烟硫酸：**									**Sulphuric acid; oleum:**
2807.0000	硫酸；发烟硫酸	5.5	35	0						Sulphuric acid; oleum
28.08	**硝酸；磺硝酸：**									**Nitric acid; sulphonitric acids:**
2808.0000	硝酸；磺硝酸	5.5	40	0						Nitric acid; sulphonitric acids

税则号列 Tariff Item	商品名称	最惠国税率(%) M. F. N.	普通税率(%) Gen.	协定税率(%) Conventional 东盟 ASEAN	亚太 APTA	香港 H. K.	澳门 Macao	台湾 Taiwan	出口税率(%) Export	Article Description
28.09	**五氧化二磷；磷酸；多磷酸，不论是否已有化学定义：**									**Diphosphorus pentaoxide; phosphoric acid; polyphosphoric acids, whether or not chemically defined:**
2809.1000	-五氧化二磷	1	8	0						-Diphosphorus pentaoxide
	-磷酸及多磷酸：									-Phosphoric acid and polyphosphoric acids:
	---磷酸及偏磷酸、焦磷酸：									---Phosphoric acid, metaphosphoric acid and pyrophosphoric acid:
2809.2011	----食品级磷酸	1	8	0						----Phosphoric acid, food grade
2809.2019	----其他	1	8	0						----Other
2809.2090	---其他	5.5	35	0						---Other
28.10	**硼的氧化物；硼酸：**									**Oxides of boron; boric acids:**
2810.0010	---硼的氧化物	5.5	30	0						---Oxides of boron
2810.0020	---硼酸	5.5	30	0						---Boric acids
28.11	**其他无机酸及非金属无机氧化物：**									**Other inorganic acids and other inorganic oxygen compounds of non-metals:**
	-其他无机酸：									-Other inorganic acids:
	--氟化氢（氢氟酸）：									--Hydrofluoric acid:
2811.1110	---电子级氢氟酸	5.5	35	0						---Hydrofluoric acid, electronic-grade
2811.1190	---其他	5.5	35	0						---Other
2811.1200	--氰化氢（氢氰酸）	5.5	35	0						--Hydrocyanic acid
	--其他：									--Other:
2811.1920	---硒化氢	5.5	35	0						---Hydrogen selenide
2811.1990	---其他	5.5	35	0						---Other
	-其他非金属无机氧化物：									-Other inorganic oxygen compounds of nonmetals:
2811.2100	--二氧化碳	5.5	30	0		0				--Carbon dioxide
	--二氧化硅：									--Silicon dioxide:
2811.2210	---硅胶	5.5	30	0			0			---Silica gel
2811.2290	---其他	5.5	30	0			0			---Other
2811.2900	--其他	5.5	30	0		0				--Other
	第三分章 非金属卤化物及硫化物									**Ⅲ. HALOGEN OR SULPHUR COMPOUNDS OF NON-METALS**
28.12	**非金属卤化物及卤氧化物：**									**Halides and halide oxides of non-metals:**
	-氯化物及氯氧化物：									-Chlorides and chloride oxides:
2812.1100	--碳酰二氯（光气）	5.5	30	0						--Carbonyl dichloride (*phosgene*)
2812.1200	--氧氯化磷	5.5	30	0						--Phosphorus oxychloride (*phosphoryl monochloride; phosphorus oxytrichloride*)

税则号列 Tariff Item	商品名称	最惠国税率(%) M. F. N.	普通税率(%) Gen.	协定税率(%) Conventional 东盟 ASEAN	亚太 APTA	香港 H. K.	澳门 Macao	台湾 Taiwan	出口税率(%) Export	Article Description
2812.1300	--三氯化磷	5.5	30	0						--Phosphorus trichloride
2812.1400	--五氯化磷	5.5	30	0						--Phosphorus pentachloride
2812.1500	--一氯化硫	5.5	30	0						--Sulfur monochloride
2812.1600	--二氯化硫	5.5	30	0						--Sulfur dichloride
2812.1700	--亚硫酰氯	5.5	30	0						--Thionyl chloride
2812.1900	--其他	5.5	30	0						--Other
	-其他:									-Other:
	---氟化物及氟氧化物:									---Fluoride and oxyfluoride:
2812.9011	----三氟化氮	5.5	30	0						----Nitrogen trifluoride
2812.9019	----其他	5.5	30	0						----Other
2812.9090	---其他	5.5	30	0						---Other
28.13	**非金属硫化物；商品三硫化二磷：**									**Sulphides of non-metals; commercial phosphorus trisuiphides:**
2813.1000	-二硫化碳	5.5	30	0		0				-Carbon disulphide
2813.9000	-其他	5.5	30	0						-Other
	第四分章 无机碱和金属氧化物、氢氧化物及过氧化物									**Ⅳ. INORGANIC BASES AND OXIDES, HYDROXIDES AND PEROXIDES OF METALS**
28.14	**氨及氨水：**									**Ammonia, anhydrous or in aqueous solution:**
2814.1000	-氨	5.5	35	0						-Anhydrous ammonia
2814.2000	-氨水	5.5	35	0						-Ammonia in aqueous solution
28.15	**氢氧化钠（烧碱）；氢氧化钾（苛性钾）；过氧化钠及过氧化钾：**									**Sodium hydroxide (caustic soda); potassium hydroxide (caustic potash); peroxides or sodium or postassium:**
	-氢氧化钠（烧碱）：									-Sodium hydroxide (caustic soda):
2815.1100	--固体	10	35	5	7					--Solid
2815.1200	--水溶液（氢氧化钠浓溶液及液体烧碱）	8	35	5	5.6					--In aqueous solution (soda lye or liquid soda)
2815.2000	-氢氧化钾（苛性钾）	5.5	30	0						-Potassium hydroxide (caustic potash)
2815.3000	过氧化钠及过氧化钾	5.5	30	0						-Peroxides of sodium or potassium
28.16	**氢氧化镁及过氧化镁；锶或钡的氧化物、氢氧化物及过氧化物：**									**Hydroxide and peroxide of magnesium; oxides, hydroxides and peroxides, of strontium or barium:**
2816.1000	-氢氧化镁及过氧化镁	5.5	30	0						-Hydroxide and peroxide of magnesium
2816.4000	-锶或钡的氧化物、氢氧化物及过氧化物	5.5	30	0						-Oxides, hydroxides and peroxides, of strontium or barium
28.17	**氧化锌及过氧化锌：**									**Zinc oxide; Zinc peroxide:**
2817.0010	---氧化锌	5.5	40	0						---Zinc oxide
2817.0090	---过氧化锌	5.5	30	0						---Zinc peroxide

税则号列 Tariff Item	商品名称	最惠国税率(%) M. F. N.	普通税率(%) Gen.	协定税率(%) Conventional 东盟 ASEAN	亚太 APTA	香港 H. K.	澳门 Macao	台湾 Taiwan	出口税率(%) Export	Article Description
28.18	**人造刚玉，不论是否已有化学定义；氧化铝；氢氧化铝：**									**Artificial corundum, whether or not chemically defined; aluminium oxide; aluminium hydroxide:**
	-人造刚玉，不论是否已有化学定义：									-Artificial corundum, whether or not chemically defined:
2818.1010	---棕刚玉	5.5	20	0						---Brown fused alumina
2818.1090	---其他	5.5	20	0						---Other
2818.2000	-氧化铝，但人造刚玉除外	8	30	0						-Aluminium oxide, other than artificial corundum
2818.3000	-氢氧化铝	5.5	30	0						-Aluminium hydroxide
28.19	**铬的氧化物及氢氧化物：**									**Chromium oxides and hydroxides:**
2819.1000	-三氧化铬	5.5	20	0						-Chromium trioxide
2819.9000	-其他	5.5	30	0						-Other
28.20	**锰的氧化物：**									**Manganese oxide:**
2820.1000	-二氧化锰	5.5	40	0						-Manganese dioxide
2820.9000	-其他	5.5	30	0						-Other
28.21	**铁的氧化物及氢氧化物；土色料，按重量计三氧化二铁含量在70%及以上：**									**Iron oxides and hydroxides; earth colours containing 70% or more by weight of combined iron evaluated as Fe_2O_3:**
2821.1000	-铁的氧化物及氢氧化物	5.5	30	0						-Iron oxides and hydroxides
2821.2000	-土色料	5.5	45	0						-Earth colours
28.22	**钴的氧化物及氢氧化物；商品氧化钴：**									**Cobalt oxides and hydroxides; commercial cobalt oxides:**
2822.0010	---四氧化三钴	5.5	30	0						---Cobalt tetroxide
2822.0090	---其他	5.5	30	0						---Other
28.23	**钛的氧化物：**									**Titanium oxides:**
2823.0000	钛的氧化物	5.5	30	0						Titanium oxides
28.24	**铅的氧化物；铅丹及铅橙：**									**Lead oxides; red lead and orange lead:**
2824.1000	-一氧化铅（铅黄、黄丹）	5.5	30	0						-Lead monoxide (litharge, massicot)
	-其他：									-Other:
2824.9010	---铅丹及铅橙	5.5	45	0						---Red lead and orange lead
2824.9090	---其他	5.5	30	0						---Other
28.25	**肼（联氨）、胲（羟胺）及其无机盐；其他无机碱；其他金属氧化物、氢氧化物及过氧化物：**									**Hydrazine and hydroxylamine and their inorganic salts; other inorganic bases; othermetal oxides, hydroxides and peroxides:**
	-肼（联氨）、胲（羟胺）及其无机盐：									-Hydrazine and hydroxylamine and their inorganic salts:
2825.1010	---水合肼	5.5	30	0						---Hydrazine hydrate
2825.1020	---硫酸羟胺	5.5	30	0						---Hydroxylamine sulfate
2825.1090	---其他	5.5	30	0						---Other
	-锂的氧化物及氢氧化物：									-Lithium oxide and hydroxide:

税则号列 Tariff Item	商品名称	最惠国税率(%) M. F. N.	普通税率(%) Gen.	协定税率(%) Conventional 东盟 ASEAN	亚太 APTA	香港 H. K.	澳门 Macao	台湾 Taiwan	出口税率(%) Export	Article Description
2825.2010	---氢氧化锂	5.5	30	0						---Lithium hydroxide
2825.2090	---其他	5.5	30	0						---Other
	-钒的氧化物及氢氧化物：									-Vanadium oxides and hydroxides：
2825.3010	---五氧化二钒	5.5	30	0						---Divanadium pentaoxide
2825.3090	---其他	5.5	30	0						---Other
2825.4000	-镍的氧化物及氢氧化物	5.5	30	0						-Nickel oxides and hydroxides
2825.5000	-铜的氧化物及氢氧化物	5.5	30	0						-Copper oxides and hydroxides
2825.6000	-锗的氧化物及二氧化锆	5.5	30	0						-Germanium oxides and zirconium dioxide
2825.7000	-钼的氧化物及氢氧化物	5.5	30	0						-Molybdenum oxides and hydroxides
2825.8000	-锑的氧化物	5.5	30	0						-Antimony oxides
	-其他：									-Other：
	---钨的氧化物及氢氧化物：									---Tungsten oxides and hydroxides：
2825.9011	----钨酸	5.5	30	0						----Tungstic acid
2825.9012	----三氧化钨	5.5	30	0						----Tungstic oxide
2825.9019	----其他	5.5	30	0						----Other
	---铋的氧化物及氢氧化物：									---Bismuth oxides and hydroxides：
2825.9021	----三氧化二铋	5.5	30	0						----Dibismuth trioxide
2825.9029	----其他	5.5	30	0						----Other
	---锡的氧化物及氢氧化物：									---Tin oxides and hydroxides：
2825.9031	----二氧化锡	5.5	30	0						----Tin dioxide
2825.9039	----其他	5.5	30	0						----Other
	---铌的氧化物及氢氧化物：									---Niobium oxides and hydroxides：
2825.9041	----一氧化铌	5.5	30	0						----Niobium monoxide
2825.9049	----其他	5.5	30	0						----Other
2825.9090	---其他	5.5	30	0						---Other
	第五分章 无机酸盐、无机过氧酸盐及金属酸盐、金属过氧酸盐									**V. SALTS AND PEROXYSALTS, OFINORGANIC ACIDS AND METALS**
28.26	**氟化物；氟硅酸盐、氟铝酸盐及其他氟络盐：**									**Fluorides; fluorosilicates, fluoroaluminates and other complex fluorine salts:**
	-氟化物：									-Fluorides：
	--氟化铝：									--Of aluminium：
2826.1210	---无水氟化铝	5.5	30	0						---Aluminium fluoride (anhydrous)
2826.1290	---其他	5.5	30	0						---Other
	--其他：									--Other：
2826.1910	---铵的氟化物	5.5	30	0						---Of ammonium
2826.1920	---钠的氟化物	5.5	30	0						---Of sodium
2826.1990	---其他	5.5	30	0						---Other

税则号列 Tariff Item	商品名称	最惠国税率(%) M. F. N.	普通税率(%) Gen.	协定税率(%) Conventional 东盟 ASEAN	亚太 APTA	香港 H. K.	澳门 Macao	台湾 Taiwan	出口税率(%) Export	Article Description
2826.3000	-六氟铝酸钠(人造冰晶石)	5.5	30	0						-Sodium hexafluoroaluminate (synthetic cryolite)
	-其他:									-Other:
2826.9010	---氟硅酸盐	5.5	30	0		0				---Fluorosilicates
2826.9020	---六氟磷酸锂	5.5	30	0						---Lithium hexafluorophosphate
2826.9090	---其他	5.5	30	0					①	---Other
28.27	**氯化物、氯氧化物及氢氧基氯化物;溴化物及溴氧化物;碘化物及碘氧化物:**									**Chlorides, chloride oxides and chloride hydroxides; bromides and bromide oxides; iodides and iodide oxides:**
	-氯化铵:									-Ammonium chloride:
2827.1010	---肥料用	4	11	0						---For use as fertilizer
2827.1090	---其他	5.5	30	0						---Other
2827.2000	-氯化钙	5.5	50	0						-Calcium chloride
	-其他氯化物:									-Other chlorides:
2827.3100	--氯化镁	5.5	30	0						--Of magnesium
2827.3200	--氯化铝	5.5	30	0						--Of aluminium
2827.3500	--氯化镍	5.5	30	0						--Of nickel
	--其他:									--Other:
2827.3910	---氯化锂	5.5	30	0	4.4					---Lithium chloride
2827.3920	---氯化钡	5.5	30	0	4.4					---Barium chloride
2827.3930	---氯化钴	5.5	30	0	4.4					---Cobalt chloride
2827.3990	---其他	5.5	30	0	4.4					---Other
	-氯氧化物及氢氧基氯化物:									-Chloride oxides and chloride hydroxides:
2827.4100	--铜的氯氧化物及氢氧基氯化物	5.5	30	0						--Of copper
	--其他:									--Other:
2827.4910	---锆的氯氧化物及氢氧基氯化物	5.5	30	0						---Of zirconium
2827.4990	---其他	5.5	30	0						---Other
	-溴化物及溴氧化物:									-Bromides and bromide oxides:
2827.5100	--溴化钠及溴化钾	5.5	30	0						--Bromides of sodium or of potassium
2827.5900	--其他	5.5	30	0						--Other
2827.6000	-碘化物及碘氧化物	5.5	30	0						-Iodides and iodide oxides
28.28	**次氯酸盐;商品次氯酸钙;亚氯酸盐;次溴酸盐:**									**Hypochlorites; commercial calcium hypochlorite; chlorites; hypobromites:**
2828.1000	-商品次氯酸钙及其他钙的次氯酸盐	12	80	0	8.4					-Commercial calcium hypochlorite and other calcium hypochlorites

①2826.9090 项下的氟钽酸钾的出口税率为30%。

The export rate of potassium fluorotantalate in tariff item 2826.9090 is 30%.

税则号列 Tariff Item	商品名称	最惠国税率 (%) M. F. N.	普通税率 (%) Gen.	协定税率 (%) Conventional 东盟 ASEAN	亚太 APTA	香港 H. K.	澳门 Macao	台湾 Taiwan	出口税率 (%) Export	Article Description
2828.9000	-其他	5.5	30	0						-Other
28.29	**氯酸盐及高氯酸盐；溴酸盐及过溴酸盐；碘酸盐及高碘酸盐：**									**Chlorates and perchlorates; bromates and perbromates; iodates and periodates:**
	-氯酸盐：									-Chlorates:
2829.1100	--氯酸钠	12	30	0						--Of sodium
	--其他：									--Other:
2829.1910	---氯酸钾（洋硝）	5.5	20	0						---Potassium chlorate
2829.1990	---其他	5.5	30	0						---Other
2829.9000	-其他	5.5	30	0						-Other
28.30	**硫化物；多硫化物，无论是否已有化学定义：**									**Sulphides; polysulphides, whether or not chemically defined:**
	-钠的硫化物：									-Sodium sulphides:
2830.1010	---硫化钠	5.5	40	0						---Sodium sulphide
2830.1090	---其他	5.5	30	0						---Other
	-其他：									-Other:
2830.9020	---硫化锑	5.5	45	0						---Antimony sulphide
2830.9030	---硫化钴	5.5	30	0						---Cobalt sulphide
2830.9090	---其他	5.5	30	0						---Other
28.31	**连二亚硫酸盐及次硫酸盐：**									**Dithionites and sulphoxylates:**
	-钠的连二亚硫酸盐及次硫酸盐：									-Of sodium:
2831.1010	---钠的连二亚硫酸盐	5.5	30	0						---Sodium dithionites
2831.1020	---钠的次硫酸盐	5.5	30	0						---Sodium sulphoxylates
2831.9000	-其他	5.5	30	0						-Other
28.32	**亚硫酸盐；硫代硫酸盐：**									**Sulphites; thiosulphates:**
2832.1000	-钠的亚硫酸盐	5.5	30	0						-Sodium sulphites
2832.2000	-其他亚硫酸盐	5.5	30	0						-Other sulphites
2832.3000	-硫代硫酸盐	5.5	30	0						-Thiosulphates
28.33	**硫酸盐；矾；过硫酸盐：**									**Sulphates; alums; peroxosulphates (persul-phates):**
	钠的硫酸盐.									Sodium sulphates:
2833.1100	--硫酸钠	5.5	40	0						--Disodium sulphate
2833.1900	--其他	5.5	30	0						--Other
	-其他硫酸盐：									-Other sulphates:
2833.2100	--硫酸镁	5.5	30	0						--Of magnesium
2833.2200	硫酸铝	5.5	30	0						--Of aluminium
2833.2400	--镍的硫酸盐	5.5	30	0						--Of nickel
2833.2500	--铜的硫酸盐	5.5	30	0						--Of copper
2833.2700	--硫酸钡	5.5	30	0						--Of barium
	--其他：									--Other:
2833.2910	---硫酸亚铁	5.5	45	0						---Ferrous sulphate
2833.2920	---铬的硫酸盐	5.5	30	0						---Chromium sulphates
2833.2930	---硫酸锌	5.5	30	0						---Zine sulphate
2833.2990	---其他	5.5	30	0						---Other

税则号列 Tariff Item	商品名称	最惠国税率(%) M. F. N.	普通税率(%) Gen.	协定税率(%) Conventional 东盟 ASEAN	亚太 APTA	香港 H. K.	澳门 Macao	台湾 Taiwan	出口税率(%) Export	Article Description
	-矾：									-Alums：
2833.3010	---钾铝矾	5.5	45	0						---Potassium aluminum sulfate
2833.3090	---其他	5.5	30	0						---Other
2833.4000	-过硫酸盐	5.5	30	0						-Peroxosulphates (persulphates)
28.34	**亚硝酸盐；硝酸盐：**									**Nitrites; nitrates:**
2834.1000	-亚硝酸盐	5.5	30	0						-Nitrites
	-硝酸盐：									-Nitrates：
	--硝酸钾：									--Of potassium：
2834.2110	---肥料用	4	11	0						---For use as fertilizer
2834.2190	---其他	5.5	30	0						---Other
	--其他：									--Other：
2834.2910	---硝酸钴	5.5	30	0						---Of cobalt
2834.2990	---其他	5.5	30	0						---Other
28.35	**次磷酸盐、亚磷酸盐及磷酸盐；多磷酸盐，无论是否已有化学定义：**									**Phosphinates (hypophosphites), phosphonates (phosphites) and phosphates; polyphosphates, whether or not chemically defined:**
2835.1000	-次磷酸盐及亚磷酸盐	5.5	20	0						-Phosphinates (hypophosphites) and phosphonates (phosphites)
	-磷酸盐：									-Phosphates：
2835.2200	--磷酸一钠及磷酸二钠	5.5	20	0						--Of mono-or disodium
2835.2400	--钾的磷酸盐	5.5	20	0						--Of potassium
	--正磷酸氢钙（磷酸二钙）：									--Calcium hydrogenorthophosphate (dicalcium phosphate)：
2835.2510	---饲料级的	5.5	20	0						---Feed grade
2835.2520	---食品级的	5.5	20	0						---Food grade
2835.2590	---其他	5.5	20	0						---Other
2835.2600	--其他磷酸钙	5.5	20	0						--Other phosphates of calcium
	--其他：									--Other：
2835.2910	---磷酸三钠	5.5	20	0						---Trisodium phosphate
2835.2990	---其他	5.5	20	0						---Other
	-多磷酸盐：									-Polyphosphates：
	--三磷酸钠（三聚磷酸钠）：									--Sodium triphosphate (sodium tripolyphosphate)：
2835.3110	---食品级的	5.5	20	0						---Food grade
2835.3190	---其他	5.5	20	0						---Other
	--其他：									--Other：
	---六偏磷酸钠：									---Sodium hexametaphosphate：
2835.3911	----食品级的	5.5	20	0						----Food grade
2835.3919	----其他	5.5	20	0						----Other
2835.3990	---其他	5.5	20	0						---Other

税则号列 Tariff Item	商品名称	最惠国税率(%) M. F. N.	普通税率(%) Gen.	协定税率(%) Conventional 东盟 ASEAN	亚太 APTA	香港 H. K.	澳门 Macao	台湾 Taiwan	出口税率(%) Export	Article Description
28.36	**碳酸盐；过碳酸盐；含氨基甲酸铵的商品碳酸铵：**									**Carbonates; peroxocarbonates (percarbonates); commercial ammonium carbonate containing ammonium carbamate:**
2836.2000	-碳酸钠（纯碱）	5.5	35	0						-Disodium carbonate
2836.3000	-碳酸氢钠（小苏打）	5.5	45	0						-Sodium hydrogencarbonate (sodium bicarbonate)
2836.4000	-钾的碳酸盐	5.5	30	0						-Potassium carbonates
2836.5000	-碳酸钙	5.5	45	0						-Calcium carbonate
2836.6000	-碳酸钡	5.5	40	0						-Barium carbonate
	-其他：									-Other:
2836.9100	--锂的碳酸盐	5.5	30	0						--Lithium carbonates
2836.9200	--锶的碳酸盐	5.5	30	0						--Strontium carbonate
	--其他：									--Other:
2836.9910	---碳酸镁	5.5	45	0						---Magnesium carbonate
2836.9930	---碳酸钴	5.5	30	0						---Cobalt carbonate
2836.9940	---商品碳酸铵及其他铵的碳酸盐	5.5	30	0						---Commercial ammonium carbonate and other ammonium carbonates
2836.9950	---碳酸锆	5.5	30	0						---Zirconium carbonate
2836.9990	---其他	5.5	30	0			0			---Other
28.37	**氰化物、氧氰化物及氰络合物：**									**Cyanides, cyanide oxides and complex cyanides:**
	-氰化物及氧氰化物：									-Cyanides and cyanide oxides:
	--氰化钠及氧氰化钠：									--Of sodium:
2837.1110	---氰化钠	5.5	20	0						---Sodium cyanide
2837.1120	---氧氰化钠	5.5	30	0	5					---Sodium cyanide oxide
	--其他：									--Other:
2837.1910	---氰化钾	5.5	20	0						---Potassium cyanide
2837.1990	---其他	5.5	30	0						---Other
2837.2000	-氰络合物	5.5	30	0						-Complex cyanides
28.39	**硅酸盐；商品碱金属硅酸盐：**									**Silicates; commercial alkali metal silicates:**
	-钠盐：									-Of sodium:
2839.1100	--偏硅酸钠	5.5	40	0						--Sodium metasilicates
	--其他：									--Other:
2839.1910	---硅酸钠	5.5	30	0						---Sodium silicate
2839.1990	---其他	5.5	30	0						---Other
2839.9000	-其他	5.5	30	0						-Other
28.40	**硼酸盐及过硼酸盐：**									**Borates; peroxoborates (perborates):**
	-四硼酸钠（精炼硼砂）：									-Disodium tetraborate (refined borax):
2840.1100	--无水四硼酸钠	5.5	20	0						--Anhydrous

税则号列 Tariff Item	商品名称	最惠国税率(%) M. F. N.	普通税率(%) Gen.	协定税率(%) Conventional 东盟 ASEAN	亚太 APTA	香港 H. K.	澳门 Macao	台湾 Taiwan	出口税率(%) Export	Article Description
2840.1900	--其他	5.5	20	0						--Other
2840.2000	-其他硼酸盐	5.5	30	0						-Other borates
2840.3000	-过硼酸盐	5.5	30	0						-Peroxoborates (perborates)
28.41	**金属酸盐及过金属酸盐:**									**Salts of oxometanic or peroxometallicacids:**
2841.3000	-重铬酸钠	5.5	20	0						-Sodium dichromate
2841.5000	-其他铬酸盐及重铬酸盐;过铬酸盐	5.5	30	0						-Other chromates and dichromates; peroxochromates
	-亚锰酸盐、锰酸盐及高锰酸盐:									-Manganites, manganates and perman ganates:
2841.6100	--高锰酸钾	5.5	30	0						--Potassium permanganate
	--其他:									--Other:
2841.6910	---锰酸锂	5.5	30	0						---Lithium manganate
2841.6990	---其他	5.5	30	0						---Other
	-钼酸盐:									-Molybdates:
2841.7010	---钼酸铵	5.5	30	0						---Ammonium molybdates
2841.7090	---其他	5.5	30	0						---Other
	-钨酸盐:									-Tungstates (wolframates):
2841.8010	---仲钨酸铵	5.5	30	0						---Ammonium paratungstate
2841.8020	---钨酸钠	5.5	30	0						---Sodium tungstate
2841.8030	---钨酸钙	5.5	30	0						---Calcium wolframate
2841.8040	---偏钨酸铵	5.5	30	0						---Ammonium metatungstate
2841.8090	---其他	5.5	30	0						---Other
2841.9000	-其他	5.5	30	0						-Other
28.42	**其他无机酸盐或过氧酸盐(包括不论是否已有化学定义的硅铝酸盐),但叠氮化物除外:**									**Other Salts of inorganic acids or peroxoacids (including aluminosilicates whether or not chemically defined), other than azides:**
2842.1000	-硅酸复盐及硅酸络盐,(包括不论是否已有化学定义的硅铝酸盐)	5.5	30	0		0				-Double or complex silicates, including aluminosilicates whether or not chemically defined
	-其他:									-Other:
	---雷酸盐、氰酸盐及硫氰酸盐:									---Fulminates, cyanates and thiocyanate:
2842.9011	----硫氰酸钠	5.5	30	0						----Sodium thiocyanate
2842.9019	----其他	5.5	30	0						----Other
2842.9020	---碲化镉	5.5	30	0						---Cadmium telluride
2842.9030	---锂镍钴锰氧化物	5.5	30	0						---Lithium nickel cobalt manganese oxides
2842.9040	---磷酸铁锂	5.5	30	0						---Lithium Iron Phosphate
2842.9050	---硒酸盐及亚硒酸盐	5.5	30	0						---Selenate and selenite
2842.9060	---锂镍钴铝氧化物	5.5	30	0						---Lithium nickel cobalt aluminum oxides
2842.9090	---其他	5.5	30	0						---Other

税则号列 Tariff Item	商品名称	最惠国税率(%) M. F. N.	普通税率(%) Gen.	协定税率(%) Conventional 东盟 ASEAN	亚太 APTA	香港 H. K.	澳门 Macao	台湾 Taiwan	出口税率(%) Export	Article Description
	第六分章 杂项产品									Ⅵ. MISCELLANEOUS
28.43	**胶态贵金属；贵金属的无机或有机化合物，不论是否已有化学定义；贵金属汞齐：**									**Colloidal precious metals; inorganic or organic compounds of precious metals, whether or not chemically defined; amalgams of precious metals:**
2843.1000	-胶态贵金属	5.5	30	0						-Colloidal precious metals
	-银化合物：									-Silver compounds:
2843.2100	--硝酸银	5.5	30	0		0				--Silver nitrate
2843.2900	--其他	5.5	30	0		0				--Other
2843.3000	-金化合物	5.5	30	0		0				-Gold compounds
2843.9000	-其他贵金属化合物；贵金属汞齐	5.5	30	0		0				-Other compounds; amalgams
28.44	**放射性化学元素及放射性同位素（包括可裂变或可转换的化学元素及同位素）及其化合物；含上述产品的混合物及残渣：**									**Radioactive chemical elements and radioactive isotopes (including the fissile or fertile chemical elements and isotopes) and their compounds; mixtures and residues containing these products:**
2844.1000	-天然铀及其化合物；含天然铀或天然铀化合物的合金、分散体（包括金属陶瓷）、陶瓷产品及混合物	5.5	30	0						-Natural uranium and its compounds; aloys, dispersions (including cermets), ceramic products and mixtures containing natural uranium or natural uranium compouds
2844.2000	-U235浓缩铀及其化合物；钚及其化合物；含U235浓缩铀、钚或它们的化合物的合金、分散体（包括金属陶瓷）、陶瓷产品及混合物	5.5	30	0						-Uranium enriched in U235 and its compounds; plutonium and its compounds; alloys dispersion (including cermets), ceramic products and mixtures containing uranium enriched in U235, plutonium or compounds of these products
2844.3000	-U235贫化铀及其化合物；钍及其化合物；含U235贫化铀、钍或它们的化合物的合金、分散体（包括金属陶瓷）、陶瓷产品及混合物	5.5	30	0						-Uranium depleted in U235 and its compounds; thorium and its compounds; alloys, dispersions (including cermets), ceramic products and mixtures containing uranium depleted in U235, thorium or compounds of these products

税则号列 Tariff Item	商品名称	最惠国税率(%) M. F. N.	普通税率(%) Gen.	协定税率(%) Conventional 东盟 ASEAN	亚太 APTA	香港 H. K.	澳门 Macao	台湾 Taiwan	出口税率(%) Export	Article Description
	-除子目2844.10、2844.20及2844.30以外的放射性元素、同位素及其化合物；含这些元素、同位素及其化合物的合金、分散体（包括金属陶瓷）、陶瓷产品及混合物：									-Radioactive elements and isotopes and compounds other than those of subheading 2844.10, 2844.20 or 2844.30; alloys, dispersions (including cermets), ceramic products and mixtures containing these elements, isotopes or compounds radioactive residues:
2844.4010	---镭及镭盐	4	14	0						---Radium and its salts
2844.4020	---钴及钴盐	4	14	0						---Cobalt and its salts
2844.4090	---其他	5.5	30	0						---Other
2844.5000	-核反应堆已耗尽（已辐照）的燃料元件（释热元件）	5.5	30	0						-Spent (irradiated) fuel elements (cartridges) of nuclear reactors
28.45	**税目28.44以外的同位素；这些同位素的无机或有机化合物，不论是否已有化学定义：**									**Isotopes other than those of heading 28.44; compounds, inorganic or organic, of such isotopes, whether or not chemically defined:**
2845.1000	-重水（氧化氘）	5.5	30	0						-Heavy water (deuterium oxide)
2845.9000	-其他	5.5	30	0						-Other
28.46	**稀土金属、钇、钪及其混合物的无机或有机化合物：**									**Compounds, inorganic or organic, of rare-earth metals, of yttrium or of scandium or of mixtures of these metals:**
	-铈的化合物：									-Ceric compounds:
2846.1010	---氧化铈	5.5	30	0	3.9					---Cerium oxide
2846.1020	---氢氧化铈	5.5	30	0	3.9					---Cerium hydroxide
2846.1030	---碳酸铈	5.5	30	0	3.9					---Cerium carbonate
2846.1090	---其他	5.5	30	0	3.9					---Other
	-其他：									-Other:
	---氧化稀土（氧化铈除外）：									---Rare-earth oxides (other than cerium oxide):
2846.9011	----氧化钇	5.5	30	0						----Yttrium oxide
2846.9012	----氧化镧	5.5	30	0						----Lanthanum oxide
2846.9013	----氧化钕	5.5	30	0						----Neodymium oxide
2846.9014	----氧化铕	5.5	30	0						----Eurapium oxide
2846.9015	----氧化镝	5.5	30	0						----Dysprosium oxide
2846.9016	----氧化铽	5.5	30	0						----Terbium oxide
2846.9017	----氧化镨	5.5	30	0						----Praseodymium oxide (sesquioxide)
2846.9019	----其他	5.5	30	0						----Other
	---氯化稀土：									---Rare-earth chlorides:
2846.9021	----氯化铽	5.5	30	0						----Terbium chloride

税则号列 Tariff Item	商品名称	最惠国税率(%) M. F. N.	普通税率(%) Gen.	协定税率(%) Conventional 东盟 ASEAN	亚太 APTA	香港 H. K.	澳门 Macao	台湾 Taiwan	出口税率(%) Export	Article Description
2846.9022	----氯化镝	5.5	30	0						----Dysprosium chloride
2846.9023	----氯化镧	5.5	30	0						----Lanthanum chloride
2846.9024	----氯化钕	5.5	30	0						----Neodymium chloride
2846.9025	----氯化镨	5.5	30	0						----Praseodymium chloride
2846.9026	----氯化钇	5.5	30	0						----Yttrium chloride
2846.9028	----混合氯化稀土	5.5	30	0						----Mixture of rare-earth chlorides
2846.9029	----其他	5.5	30	0						----Other
	---氟化稀土：									---Rare-earth fluorides:
2846.9031	----氟化铽	5.5	30	0						----Terbium fluoride
2846.9032	----氟化镝	5.5	30	0						----Dysprosium fluoride
2846.9033	----氟化镧	5.5	30	0						----Lanthanum fluoride
2846.9034	----氟化钕	5.5	30	0						----Neodymium fluoride
2846.9035	----氟化镨	5.5	30	0						----Praseodymium fluoride
2846.9036	----氟化钇	5.5	30	0						----Yttrium fluoride
2846.9039	----其他	5.5	30	0						----Other
	---碳酸稀土：									---Rare-earth carbonates:
2846.9041	----碳酸镧	5.5	30	0						----Lanthanum carbonate
2846.9042	----碳酸铽	5.5	30	0						----Terbium carbonate
2846.9043	----碳酸镝	5.5	30	0						----Dysprosium carbonate
2846.9044	----碳酸钕	5.5	30	0						----Neodymium carbonate
2846.9045	----碳酸镨	5.5	30	0						----Praseodymium carbonate
2846.9046	----碳酸钇	5.5	30	0						----Yttrium carbonate
2846.9048	----混合碳酸稀土	5.5	30	0						----Mixture of rare-earth carbonate
2846.9049	----其他	5.5	30	0						----Other
	---其他：									---Other:
2846.9091	----镧的其他化合物	5.5	30	0						----Other compounds of lanthanum
2846.9092	----钕的其他化合物	5.5	30	0						----Other compounds of neodymium
2846.9093	----铽的其他化合物	5.5	30	0						----Other compounds of terbium
2846.9094	----镝的其他化合物	5.5	30	0						----Other compounds of dysprosium
2846.9095	----镨的其他化合物	5.5	30	0						----Other compounds of praseodymium
2846.9096	----钇的其他化合物	5.5	30	0						----Other compounds of yttrium
2846.9099	----其他	5.5	30	0						----Other
28.47	**过氧化氢，不论是否用尿素固化：**									**Hydrogen peroxide, whether or not solidified with urea:**
2847.0000	过氧化氢，不论是否用尿素固化	5.5	30	0						Hydrogen peroxide, whether or not solidified with urea
28.49	**碳化物，不论是否已有化学定义：**									**Carbides, whether or not chemically defined:**
2849.1000	-碳化钙	5.5	45	0						-Of calcium
2849.2000	-碳化硅	5.5	30	0						-Of silicon

税则号列 Tariff Item	商品名称	最惠国税率(%) M. F. N.	普通税率(%) Gen.	协定税率(%) Conventional 东盟 ASEAN	亚太 APTA	香港 H. K.	澳门 Macao	台湾 Taiwan	出口税率(%) Export	Article Description
	-其他:									-Other:
2849.9010	---碳化硼	5.5	30	0						---Of boron
2849.9020	---碳化钨	5.5	30	0						---Of tungsten
2849.9090	---其他	5.5	30	0						---Other
28.50	**氢化物、氮化物、叠氮化物、硅化物及硼化物，不论是否已有化学定义，但可归入税目28.49的碳化物除外:**									**Hydrides, nitrides, azides, silicides and borides, whether or not chemically defined, other than compounds which are also carbides of heading 28.49:**
	---氮化物:									---Nitride:
2850.0011	----氮化锰	5.5	30	0	3.9	0				----Manganese nitride
2850.0012	----氮化硼	5.5	30	0	3.9	0				----Boron nitride
2850.0019	----其他	5.5	30	0	3.9	0				----Other
2850.0090	---其他	5.5	30	0	3.9	0				---Other
28.52	**汞的无机或有机化合物，汞齐除外:**									**compounds, inorganic or organic, of mercury, excluding amalgams:**
2852.1000	-已有化学定义的	5.5	30	0		0				-Chemically defined
2852.9000	-其他	5.5	30	0						-Other
28.53	**磷化物，不论是否已有化学定义，但磷铁除外；其他无机化合物（包括蒸馏水、导电水及类似的纯净水）；液态空气（不论是否除去稀有气体）；压缩空气；汞齐，但贵金属汞齐除外:**									**Phosphides, whether or not chemically defined, excluding ferrophosphorus; other inorganic compounds (including distilled or conductivity water and water of similar purity); liquid air (whether or not rare gases have been removed); compressed air; amalgams, other than amalgams of precious metals:**
2853.1000	-氯化氰	5.5	30	0						-Cyanogen chloride (*chlorcyan*)
	-其他:									-Other:
2853.9010	---饮用蒸馏水	5.5	70	0		0	0			---Distilled water for human consumption
2853.9030	---镍钴锰氢氧化物	6.5	30	0		0	0			---Nickel cobalt manganese composite hydroxide
2853.9040	---磷化物，不论是否已有化学定义，但不包括磷铁	5.5	20	0						---Phosphides, whether or not chemically defined, excluding ferrophosphorus
2853.9050	---镍钴铝氢氧化物	5.5	30	0		0	0			---Nickel cobalt aluminum composite hydroxide
2853.9090	---其他	5.5	30	0		0	0			---Other

第二十九章
有机化学品

注释：

一、除条文另有规定的以外，本章各税号只适用于：

（一）单独的已有化学定义的有机化合物，不论是否含有杂质；

（二）同一有机化合物的两种或两种以上异构体的混合物（不论是否含有杂质），但无环烃异构体的混合物（立体异构体除外），不论是否饱和，应归入第二十七章；

（三）税目 29.36 至 29.39 的产品，税目 29.40 的糖醚、糖缩醛、糖酯及其盐类和税目 29.41 的产品，不论是否已有化学定义；

（四）上述（一）、（二）、（三）款产品的水溶液；

（五）溶于其他溶剂的上述（一）、（二）、（三）款的产品，但该产品处于溶液状态只是为了安全或运输所采取的正常必要方法，其所用溶剂并不使该产品改变其一般用途而适合于某些特殊用途；

（六）为了保存或运输的需要，加入稳定剂（包括抗结块剂）的上述（一）、（二）、（三）、（四）、（五）各款产品；

（七）为了便于识别或安全起见，加入抗尘剂、着色剂或气味剂的上述（一）、（二）、（三）、（四）、（五）、（六）各款产品，但所加剂料并不使原产品改变其一般用途而适合于某些特殊用途；

（八）为生产偶氮染料而稀释至标准浓度的下列产品：重氮盐，用于重氮盐、可重氮化的胺及其盐类的耦合剂。

二、本章不包括：

（一）税目 15.04 的货品及税目 15.20 的粗甘油；

（二）乙醇（税目 22.07 或 22.08）；

（三）甲烷及丙烷（税目 27.11）；

（四）第二十八章注释二所述的碳化合物；

（五）税目 30.02 的免疫制品；

Chapter 29
Organic chemicals

Chapter Notes:

1. Except where the context otherwise requires, the headings of this Chapter apply only to:

(a) Separate chemically defined organic compounds, whether or not containing impurities;

(b) Mixtures of two or more isomers of the same organic compound (whether or not containing impurities), except mixtures of acyclic hydrocarbon isomers (other than stereoisomers), whether or not saturated (Chapter 27);

(c) The products of headings 29.36 to 29.39 or the sugar ethers, sugar acetals and sugar esters, and their salts, of heading 29.40, or the products of heading 29.41, whether or not chemically defined;

(d) The products mentioned in (a), (b) or (c) above dissolved in water;

(e) The products mentioned in (a), (b) or (c) above dissolved in other solvents provided that the solution constitutes a normal and necessary method of putting up these products adopted solely for reasons of safety or for transport and that the solvent does not render the product particularly suitable for specific use rather than for general use;

(f) The products mentioned in (a), (b), (c), (d) or (e) above with an added stabiliser (including an anti-caking agent) necessary for their preservation or transport;

(g) The products mentioned in (a), (b), (c), (d), (e) or (f) above with an added anti-dusting agent or a colouring or odoriferous substance added to facilitate their identification or for safety reasons, provided that the additions do not render the product particularly suitable for specific use rather than for general use;

(h) The following products, diluted to standard strengths, for the production of azo dyes: diazonium salts, couplers used for these salts and diazotisable amines and their salts.

2. This Chapter does not cover:

(a) Goods of heading 15.04 or crude glycerol of heading 15.20;

(b) Ethyl alcohol (heading 22.07 or 22.08);

(c) Methane or propane (heading 27.11);

(d) The compounds of carbon mentioned in Note 2 to Chapter 28;

(e) Immunological products of heading 30.02;

（六）尿素（税目 31.02 或 31.05）；

（七）植物性或动物性着色料（税目 32.03）、合成有机着色料、用作荧光增白剂或发光体的合成有机产品（税目为 32.04）及零售包装的染料或其他着色料（税目 32.12）；

（八）酶（税目 35.07）；

（九）聚乙醛、六亚甲基四胺（乌洛托品）及类似物质，制成片、条或类似形状作为燃料用的，以及包装容器的容积不超过 300 立方厘米的直接灌注香烟打火机及类似打火器用的液体燃料或液化气体燃料（税目 36.06）；

（十）灭火器的装配药及已装药的灭火弹（税目 38.13）；零售包装的除墨剂（税目 38.24）；或

（十一）光学元件，例如，用酒石酸乙二胺制成的（税目 90.01）。

三、可以归入本章两个或两个以上税号的货品，应归入有关税号中的最后一个税号。

四、税目 29.04 至 29.06、29.08 至 29.11 及 29.13 至 29.20 的卤化、磺化、硝化或亚硝化衍生物均包括复合衍生物，例如，卤磺化、卤硝化、磺硝化及卤磺硝化衍生物。

硝基及亚硝基不作为税目 29.29 的含氮基官能团。

税目 29.11、29.12、29.14、29.18 及 29.22 所称“含氧基”，仅限于税目 29.05 至 29.20 的各种含氧基（其特征为有机含氧基）。

五、（一）本章第一分章至第七分章的酸基有机化合物与这些分章的有机化合物构成的酯，应归入有关分章的最后一个税号。

（二）乙醇与本章第一分章至第七分章的酸基有机化合物所构成的酯，应按有关酸基化合物归类。

(f) Urea (heading 31.02 or 31.05);

(g) Colouring matter of vegetable or animal origin (heading 32.03), synthetic organic colouring matter, synthetic organic products of a kind used as fluorescent brightening agents or as luminophores (heading 32.04) or dyes or other colouring matter put up in forms or packings for retail sale (heading 32.12);

(h) Enzymes (heading 35.07);

(ij) Metaldehyde, hexamethylenetetramine or similar substances, put up in forms (for example, tablets, sticks or similar forms) for use as fuels, or liquid or liquefied-gas fuels in containers of a kind used for filling or refilling cigarette or similar lighters and of a capacity not exceeding 300cm^3 (heading 36.06);

(k) Products put up as charges for fire-extinguisher or put up in fire-extinguishing grenades, of heading 38.13; ink removers put up in packings for retail sale of heading 38.24; or

(l) Optical elements, for example, of ethylenediamine tartrate (heading 90.01).

3. Goods which could be included in two or more of the headings of this Chapter are to be classified in that one of those headings which occurs last in numerical order.

4. In headings 29.04 to 29.06, 29.08 to 29.11 and 29.13 to 29.20, any reference to halogenated, sulphonated nitrated or nitrosated derivatives includes a reference to compound derivatives, such as sulphohalogenated nitrohalogenated, nitroslphonated or nitroslphohalogenated derivatives.

Nitro or nitroso groups are not to be taken a “nitrogen-functions” for the purpose of heading 29.29.

For the purposes of headings 29.11, 29.12, 29.14, 29.18 and 29.22, “oxygen-function” is to be restricted to the functions (the characteristic organic oxygen-containing groups) referred to in headings 29.05 to 29.20.

5. (a) The esters of acid-function organic compounds of sub-Chapters I to VII with organic compounds of these sub-Chapters are to be classified with that compound which is classified in the heading which occurs last in numerical order in these sub-Chapters.

(b) Esters of ethyl alcohol with acid-function organic compounds of sub-Chapters I to VII are to be classified in the same heading as the corresponding acid-function compounds.

（三）除第六类注释一及第二十八章注释二另有规定的以外：

1. 第一分章至第十分章及税目29.42的有机化合物的无机盐，例如，含酸基、酚基或烯醇基的化合物及有机碱的无机盐，应归入相应的有机化合物的税号；

2. 第一分章至第十分章及税目29.42的有机化合物之间生成的盐，应按生成该盐的碱或酸（包括酚基或烯醇基化合物）归入本章有关税号中的最后一个税号；以及

3. 除第十一分章或税目29.41的产品外，配位化合物应按该化合物所有金属键（金属—碳键除外）"断开"所形成的片段归入第二十九章有关税号中的最后一个税号。

（四）除乙醇外，金属醇化物应按相应的醇归类（税目29.05）。

（五）羧酸酰卤化物应按相应的酸归类。

六、税目29.30及29.31的化合物是指有机化合物，其分子中除含氢、氧或氮原子外，还含有与碳原子直接连接的其他非金属或金属原子（例如，硫、砷或铅）。

税目29.30（有机硫化合物）及税目29.31（其他有机—无机化合物）不包括某些磺化或卤化衍生物（含复合衍生物）。这些衍生物分子中除氢、氧、氮之外，只有具有磺化或卤化衍生物（或复合衍生物）性质的硫原子或卤素原子与碳原子直接连接。

七、税目29.32、29.33及29.34不包括三节环环氧化物、过氧化酮、醛或硫醛的环聚合物、多元羧酸酐、多元醇或酚与多元酸构成的环酯及多元酸酰亚胺。

本条规定只适用于由本条所列环化功能形成环内杂原子的化合物。

(c) Subject to Note 1 to Section VI and Note 2 to Chapter 28:

(i) Inorganic salts of organic compounds such as acid-, phenol- or enol-function compounds or organic bases, of sub-Chapters I to X or heading 29.42, are to be classified in the heading appropriate to the organic compound;

(ii) Salts formed between organic compounds of sub-Chapters I to X or heading 29.42 are to be classified in the heading appropriate to the base or to the acid (including phenol- or enol-function compounds) from which they are formed, whichever occurs last in numerical order in the Chapter; and

(iii) Co-ordination compounds, other than products classifiable in sub-Chapter XI or heading 29.41, are to be classified in the heading which occurs last in numerical order in Chapter 29, among those appropriate to the fragments formed by "cleaving" of all metal bonds, other than metal-carbon bonds.

(d) Metal alcoholates are to be classified in the same heading as the corresponding alcohols except in the case of ethanol (heading 29.05).

(e) Halides of carboxylic acids are to be classified in the same heading as the corresponding acids.

6. The compounds of headings 29.30 and 29.31 are organic compounds the molecules of which contain, in addition to atoms of hydrogen, oxygen or nitrogen, atoms of other nonmetals or of metals (such as sulphur, arsenic or lead) directly linked to carbon atoms.

Heading 29.30 (organo-sulphur compounds) and heading 29.31 (other organo-inorganic compounds) do not include sulphonated or halogenated derivatives (including compound derivatives) which, apart from hydrogen, oxygen and nitrogen, only have directly linked to carbon the atoms of sulphur or of a halogen which give them their nature of sulphonated or halogenated derivatives (or compound derivatives).

7. Headings 29.32, 29.33 and 29.34 do not include epoxides with a three-membered ring, ketone peroxides, cyclic polymers of aldehydes or of thioaldehydes, anhydrides of polybasic carboxylic acids, cyclic esters of polyhydric alcohols or phenols with polybasic acids, or imides of polybasic acids.

These provisions apply only when the ring-position hetero-atoms are those resulting solely from the cyclising function or functions here listed.

八、税目 29.37 所称：

（一）“激素”，包括激素释放因子、激素刺激和释放因子、激素抑制剂以及激素抗体；

（二）“主要用作激素的”，不仅适用于主要起激素作用的激素衍生物及结构类似物，也适用于在本税号所列产品合成过程中主要用作中间体的激素衍生物及结构类似物。

8. For the purposes of heading 29.37:

(a) the term “hormones” includes hormone-releasing or hormone-stimulating factors, hormone inhibitors and hormone antagonists (anti-hormones);

(b) the expression “used primarily as hormones” applies not only to hormone derivatives and structural analogues used primarily for their hormonal effect, but also to those derivatives and structural analogues used primarily as intermediates in the synthesis of products of this heading.

子目注释：

一、属于本章任一税号项下的一种（组）化合物的衍生物，如果该税号其他子目未明确将其包括在内，而且有关的子目中又无列名为“其他”的子目，则应与该种（组）化合物归入同一子目。

二、第二十九章注释三不适用于本章的子目。

Subheading Notes:

1. Within any one heading of this Chapter, derivatives of a chemical compound (or group of chemical compounds) are to be classified in the same subheading as that compound (or group of compounds) provided that they are not more specifically covered by any other subheading and that there is no residual subheading named “Other” in the series of subheadings concerned.

2. Note 3 to chapter 29 does not apply to the subheading of this chapter.

税则号列 Tariff Item	商品名称	最惠国税率(%) M.F.N.	普通税率(%) Gen.	协定税率(%) Conventional 东盟 ASEAN	亚太 APTA	香港 H.K.	澳门 Macao	台湾 Taiwan	出口税率(%) Export	Article Description
	第一分章 烃类及其卤化、磺化、硝化或亚硝化衍生物									Ⅰ. HYDROCARBONS AND THEIR HALOGENATED, SULPHONATED, NITRATED OR NITROSATED DERIVATIVES
29.01	无环烃：									**Acyclic hydrocarbons:**
2901.1000	-饱和	2	30	0		0				-Saturated
	-不饱和：									-Unsaturated:
2901.2100	--乙烯	2	20	0						--Ethylene
2901.2200	--丙烯	2	20	0				0		--Propene (propylene)
	--丁烯及其异构体：									--Butene (butylene) and isomers thereof:
2901.2310	---1-丁烯	2	20	0						---1-Butene
2901.2320	---2-丁烯	2	20	0						---2-Butene
2901.2330	---2-甲基丙烯	2	20	0						---2-methyl-propylene
	--1,3-丁二烯及异戊二烯：									--Buta-1,3-diene and isoprene:
2901.2410	---1,3-丁二烯	2	20	0				0		---Buta-1,3-diene
2901.2420	---异戊二烯	2	20	0				0		---Isoprene
	--其他：									--Other:
2901.2910	---异戊烯	2	30	0						---Isopentene
2901.2920	---乙炔	2	45	0						---Acetylene
2901.2990	---其他	2	30	0						---Other
29.02	环烃：									**Cyclic hydrocarbons:**

税则号列 Tariff Item	商品名称	最惠国税率(%) M. F. N.	普通税率(%) Gen.	协定税率(%) Conventional 东盟 ASEAN	亚太 APTA	香港 H. K.	澳门 Macao	台湾 Taiwan	出口税率(%) Export	Article Description
	-环烷烃、环烯及环萜烯：									-Cyclanes, cyclenes and cycloterpenes:
2902.1100	--环己烷	2	30	0						--Cyclohexane
	--其他：									--Other:
2902.1910	---蒎烯	2	30	0						---Pinene
2902.1920	---4-烷基-4'-烷基双环己烷	2	30	0						---4-Alkyl-4'-alkylbicyclohexane
2902.1990	---其他	2	30	0						---Other
2902.2000	-苯	2	20	0					40	-Benzene
2902.3000	-甲苯	2	30	0						-Toluene
	-二甲苯：									-Xylenes:
2902.4100	--邻二甲苯	2	20	0				0		--*o*-Xylene
2902.4200	--间二甲苯	2	20	0				0		--*m*-Xylene
2902.4300	--对二甲苯	2	20	0				0		--*p*-Xylene
2902.4400	--混合二甲苯异构体	2	20	0				0		--Mixed xylene isomers
2902.5000	-苯乙烯	2	30		1.4					-Styrene
2902.6000	-乙苯	2	30	0						-Ethylbenzene
2902.7000	-异丙基苯	2	30	0						-Cumene
	-其他：									-Other:
2902.9010	---四氢萘	2	11	0						---Tetrahydronaphthalene (tetralin)
2902.9020	---精萘	2	35	0						---Naphthalene
2902.9030	---十二烷基苯	2	30	0				0		---Dodecylbenzene
2902.9040	---4-（4'-烷基环己基）环己基乙烯	2	30	0						---4-(4'-alkylcyclohexyl) cyclohexyl ethylene
2902.9050	---1-烷基-4-（4-烷烯基-1,1'-双环己基）苯	2	30	0						---1-alkyl-(N-4-enyl-1,1'-propylcyclohexyl) benzene
2902.9090	---其他	2	30	0						---Other
29.03	**烃的卤化衍生物：**									**Halogenated derivatives of hydrocarbons:**
	-无环烃的饱和氯化衍生物：									-Saturated chlorinated derivatives of acyclic hydrocarbons:
2903.1100	--一氯甲烷及氯乙烷	5.5	30	0						--Chloromethane (methyl chloride) and chloroethane (ethyl chloride)
2903.1200	--二氯甲烷	8	30	0		0				--Dichloromethane (methylene chloride)
2903.1300	--氯仿（三氯甲烷）	10	30	0	9	0		0		--Chloroform (trichloromethane)
2903.1400	--四氯化碳	8	30	0						--Carbon tetrachloride
2903.1500	--1,2-二氯乙烷	5.5	30	5						--1, 2-Dichloroethane (ethylene dichloride)
	--其他：									--Other:
2903.1910	---1,1,1-三氯乙烷（甲基氯仿）	8	30	0						---1,1,1-Trichloroethane(methylchloro form)
2903.1990	---其他	5.5	30	0						---Other

税则号列 Tariff Item	商品名称	最惠国税率(%) M. F. N.	普通税率(%) Gen.	协定税率(%) Conventional 东盟 ASEAN	亚太 APTA	香港 H. K.	澳门 Macao	台湾 Taiwan	出口税率(%) Export	Article Description
	-无环烃的不饱和氯化衍生物：									-Unsaturated chlorinated derivatives of acyclic hydrocarbons：
2903.2100	--氯乙烯	5.5	30	0	3.9			0		--Vinyl chloride (chloroethylene)
2903.2200	--三氯乙烯	8	30	0						--Trichloroethylene
2903.2300	--四氯乙烯（全氯乙烯）	5.5	30	0						--Tetrachloroethylene (perchloroethylene)
	--其他：									--Other：
2903.2910	---3-氯-1-丙烯（氯丙烯）	5.5	30	0						---3-Chloro-1-propene (Chloro propene)
2903.2990	---其他	5.5	30	0						---Other
	-无环烃的氟化、溴化或碘化衍生物：									-Fluorinated, brominated or iodinated derivatives of acyclic hydrocarbons：
2903.3100	--1,2-二溴乙烷（ISO）	5.5	30	0		0				--Ethylene dibromide (ISO) (1,2-dibromoethane)
	--其他：									--Other：
2903.3910	---1,1,3,3,3-五氟-2三氟甲基-1-丙烯（全氟异丁烯；八氟异丁烯）	5.5	30	0						---1,1,3,3,3-Pentafluro-2-triflurومethyl-1-propene (Perfluorolisobutylene, isobutylene octafluoride)
2903.3990	---其他	5.5	30	0		0				---Other
	-含有两种或两种以上不同卤素的无环烃卤化衍生物：									-Halogenated derivatives of acyclic hydrocarbons containing two or more different halogens：
2903.7100	--一氯二氟甲烷	5.5	30	0						--Chlorodifluoromethane
2903.7200	--二氯三氟乙烷	5.5	30	0						--Dichlorotrifluoroethanes
2903.7300	--二氯一氟乙烷	5.5	30	0						--Dichlorofluoroethanes
2903.7400	--一氯二氟乙烷	5.5	30	0						--Chlorodifluoroethanes
2903.7500	--二氯五氟丙烷	5.5	30	0						--Dichloropentafluoropropanes
2903.7600	--溴氯二氟甲烷、溴三氟甲烷及二溴四氟乙烷	5.5	30	0						--Bromochlorodifluoromethane, bromotrifluoromethane and dibromotertraf luorothane
	--其他，仅含氟和氯的全卤化物：									--Other perhalogenated derivatives only with fluorine and chlorine：
2903.7710	---三氯氟甲烷	5.5	30	0						---Trichlorofluoromethane
2903.7720	---其他仅含氟和氯的甲烷、乙烷及丙烷的全卤化物	5.5	30	0						---Other methane, ethane and propane perhalogenated derivatives only with fluorine and chlorine：
2903.7790	---其他	5.5	30	0						---Other
2903.7800	--其他全卤化衍生物	5.5	30	0						--Other perhalogenated derivatives
	--其他：									--Other：

税则号列 Tariff Item	商品名称	最惠国税率(%) M. F. N.	普通税率(%) Gen.	协定税率(%) Conventional 东盟 ASEAN	亚太 APTA	香港 H. K.	澳门 Macao	台湾 Taiwan	出口税率(%) Export	Article Description
2903.7910	---其他仅含氟和氯的甲烷、乙烷及丙烷的卤化衍生物	5.5	30	0						---Other methane, ethane and propane halogenated derivatives only with fluorine and chlorine
2903.7990	---其他	5.5	30	0						---Other
	-环烷烃、环烯烃或环萜烯烃的卤化衍生物：									-Halogenated derivatives of cyclanic, cyclenic or cycloterpenic hydrocarbons:
2903.8100	--1,2,3,4,5,6-六氯环己烷［六六六（ISO）］，包括林丹（ISO，INN）	5.5	30	0						--1, 2, 3, 4, 5, 6-Hexachlorocyclohexane（HCH（ISO）), including linadne（ISO, INN）
2903.8200	--艾氏剂（ISO）、氯丹（ISO）及七氯（ISO）	5.5	30	0						--Aldrin（ISO）, chlordane（ISO）and heptachlor（ISO）
2903.8300	--灭蚁灵（ISO）	5.5	30	0						--Mirex（ISO）
2903.8900	--其他	5.5	30	0						--Other
	-芳烃卤化衍生物：									-Halogenated derivatives of aromatic hydrocarbons:
	--氯苯、邻二氯苯及对二氯苯：									--Chlorobenzene, *o*-dichlorobenzene and *p*-dichlorobenzene:
2903.9110	---邻二氯苯	5.5	30	0						---*o*-Dichlorobenzene
2903.9190	---其他	5.5	30	0						---Other
2903.9200	--六氯苯（ISO）及滴滴涕（ISO，INN）［1,1,1-三氯-2,2-双（4-氯苯基）乙烷］	5.5	30	0						--Hexachlorobenzene（ISO）and DDT（ISO）（clofenotane（INN）, 1, 1, 1-trichloro-2, 2-bis（p-chlorophenyl）ethane）
2903.9300	--五氯苯（ISO）	5.5	30	0						--Pentachlorobenzene（ISO）
2903.9400	--六溴联苯	5.5	30	0						--Hexabromobiphenyls
	--其他：									--Other:
2903.9910	---对氯甲苯	5.5	30	0						---*p*-Chlorotoluene
2903.9920	---3,4-二氯三氟甲苯	5.5	30	0						---3, 4-Dichlorotrifluoride toluene
2903.9930	---4-（4'-烷基苯基）-1-（4'-烷基苯基）-2-氟苯	5.5	30	0						---4-（4' alkylphenyl）-1-（4' alkylphenyl)-2-fluorobenzene
2903.9990	---其他	5.5	30	0						---Other
29.04	**烃的磺化、硝化或亚硝化衍生物，不论是否卤化：**									**Sulphonated, nitrated or nitrosated derivatives of hydrocarbons, whether or not halogenated:**
2904.1000	-仅含磺基的衍生物及其盐和乙酯	5.5	30	0		0				-Derivatives containing only sulpho groups, their salts and ethyl esters
	-仅含硝基或亚硝基的衍生物：									-Derivatives containing only nitro or only nitroso groups:
2904.2010	---硝基苯	5.5	20	0						---Nitrobenzene

税则号列 Tariff Item	商品名称	最惠国税率(%) M. F. N.	普通税率(%) Gen.	协定税率(%) Conventional 东盟 ASEAN	亚太 APTA	香港 H. K.	澳门 Macao	台湾 Taiwan	出口税率(%) Export	Article Description
2904.2020	---硝基甲苯	5.5	30	0						---Nitrotoluene and nitrochlorobenzene
2904.2030	---二硝基甲苯	5.5	20	0						---Dinitrotoluene and dinitrochlorobenzene
2904.2040	---三硝基甲苯（TNT）	5.5	40	0						---Trinitrotoluene
2904.2090	---其他	5.5	30	0						---Other
	-全氟辛基磺酸及其盐和全氟辛基磺酰氟：									-Perfluorooctane sulphonic acid, its salts and perfluorooctane sulphonyl fluoride：
2904.3100	--全氟辛基磺酸	5.5	30	0						--Perfluorooctane sulphonic acid
2904.3200	--全氟辛基磺酸铵	5.5	30	0						--Ammonium perfluorooctane sulphonate
2904.3300	--全氟辛基磺酸锂	5.5	30	0						--Lithium perfluorooctane sulphonate
2904.3400	--全氟辛基磺酸钾	5.5	30	0						--Potassium perfluorooctane sulphonate
2904.3500	--其他全氟辛基磺酸盐	5.5	30	0						--Other salts of perfluorooctane sulphonic acid
2904.3600	--全氟辛基磺酰氟	5.5	30	0						--Perfluorooctane sulphonyl fluoride
	-其他：									-Other：
2904.9100	--三氯硝基甲烷（氯化苦）	5.5	30	0						--Trichloronitromethane（*chloropicrin*）
2904.9900	--其他	5.5	30	0						--Other
	第二分章 醇类及其卤化、磺化、硝化或亚硝化衍生物									**Ⅱ. ALCOHOLS AND THEIR HALOGENATED, SULPHONATED, NITRATED OR NITROSATED DERIVATIVES**
29.05	**无环醇及其卤化、磺化、硝化或亚硝化衍生物：**									**Acyclic alcohols and their halogenated, sulphonated, nitrated or nitrosated derivatives:**
	-饱和一元醇：									-Saturated monohydric alcohols：
2905.1100	--甲醇	5.5	30	0		0	0			--Methanol（methyl alcohol）
	--丙醇及异丙醇：									--Propan-1-ol（propyl alcohol）and propan-2-ol（isopropyl alcohol）：
2905.1210	---丙醇	5.5	30	0						---Propan-1-ol（propyl alcohol）
2905.1220	---异丙醇	5.5	30	0				0		---Propan-2-ol（isopropyl alcohol）
2905.1300	--正丁醇	5.5	30	0				0		--Butan-1-ol（*n*-butyl alcohol）
	--其他丁醇：									--Other butanols：
2905.1410	---异丁醇	5.5	30	0				0		---Isobutanol
2905.1420	---仲丁醇	5.5	30	0						---Secbutanol
2905.1430	---叔丁醇	5.5	30	0						---Tertiary butanol

税则号列 Tariff Item	商品名称	最惠国税率(%) M. F. N.	普通税率(%) Gen.	协定税率(%) Conventional 东盟 ASEAN	亚太 APTA	香港 H. K.	澳门 Macao	台湾 Taiwan	出口税率(%) Export	Article Description
	--辛醇及其异构体：									--Octanol (octyl alcohol) and isomers thereof:
2905.1610	---正辛醇	5.5	30	0						---*n*-Octanol
2905.1690	---其他	5.5	30	0						---Other
2905.1700	--十二醇、十六醇及十八醇	7	30	0						--Dodecan-1-ol (lauryl alcohol), hexade can-1-ol (cetyl alcohol) and octadecan-1-ol (stearyl alcohol)
	--其他：									--Other:
2905.1910	---3,3-二甲基丁-2-醇(频哪基醇)	5.5	30	0						---3, 3-Dimethyl-2-butanol (pinacolyl alcohol)
2905.1990	---其他	5.5	30	0						---Other
	-不饱和一元醇：									-Unsaturated monohydric alcohols:
	--无环萜烯醇：									--Acyclic terpene alcohols:
2905.2210	---香叶醇、橙花醇(3,7-二甲基-2,6-辛二烯-1-醇)	5.5	30	0						---Geraniol, nerol (cis-3,7-Dimethyl-2,6-octadien-1-ol)
2905.2220	---香茅醇(3,7-二甲基-6辛烯-1-醇)	5.5	30	0						---Citronellol (3, 7-Dimethyl-6-octen-1-ol)
2905.2230	---芳樟醇	5.5	30	0						---Linalool
2905.2290	---其他	5.5	30	0						---Other
2905.2900	--其他	5.5	30	0						--Other
	-二元醇：									-Diols:
2905.3100	--1,2-乙二醇	5.5	30	5						--Ethylene glycol (ethanediol)
2905.3200	--1,2-丙二醇	5.5	30	0						--Propylene glycol (propane-1, 2-diol)
	--其他：									--Other:
2905.3910	---2,5-二甲基己二醇	4	11	0						---2,5-dimethyl hexandiol
2905.3990	---其他	5.5	30	0						---Other
	-其他多元醇：									-Other polyhydric alcohols:
2905.4100	--2-乙基-2-(羟甲基)丙烷-1,3-二醇(三羟甲基丙烷)	5.5	30	0						--2-Ethyl-2-(hydroxymethyl) propane-1,3-diol (trimethylolpropane)
2905.4200	--季戊四醇	5.5	30	0						--Pentaerythritol
2905.4300	--甘露糖醇	8	30	0						--Mannitol
2905.4400	--山梨醇	14	40	0						--D-glucitol (sorbitol)
2905.4500	--丙三醇(甘油)	14	50	0	11.2		0			--Glycerol
	--其他：									--Other:
2905.4910	---木糖醇	5.5	30	0						---Xylitol
2905.4990	---其他	5.5	30	0						---Other
	-无环醇的卤化、磺化、硝化或亚硝化衍生物：									-Halogenated, sulphonated, nitrated ornitrosated derivatives of acyclic alcohols:
2905.5100	--乙氯维诺(INN)	5.5	30	0						--Ethchlorvynol (INN)
2905.5900	--其他	5.5	30	0						--Other

税则号列 Tariff Item	商品名称	最惠国税率 (%) M. F. N.	普通税率 (%) Gen.	协定税率 (%) Conventional 东盟 ASEAN	亚太 APTA	香港 H. K.	澳门 Macao	台湾 Taiwan	出口税率 (%) Export	Article Description
29.06	**环醇及其卤化、磺化、硝化或亚硝化衍生物：**									**Cyclic alcohols and their halogenated, snlphonated, nitrated or nitrosated derivatives:**
	-环烷醇、环烯醇及环萜烯醇：									-Cyclanic, cyclenic or cycloterpenic:
2906.1100	--薄荷醇	5	70	0						--Menthol
2906.1200	--环己醇、甲基环己醇及二甲基环己醇	5.5	30	0						--Cyclohexanol, methylcyclohexanols and dimethylcyctohexanols
	--固醇及肌醇：									--Sterols and inositols:
2906.1310	---固醇	5.5	30	0						---Sterol
2906.1320	---肌醇	5.5	30	0						---Inositol
	--其他：									--Other:
2906.1910	---萜品醇	5.5	30	0						---Terpineols
2906.1990	---其他	5.5	30	0						---Other
	-芳香醇：									-Aromatic:
2906.2100	--苄醇	5	30	0						--Benzyl alcohol
	--其他：									--Other:
2906.2910	---2-苯基乙醇	5.5	30	0						---2-Phenylethyl alcohol
2906.2990	---其他	5.5	30	0						---Other
	第三分章 酚、酚醇及其卤化、磺化、硝化或亚硝化衍生物									**Ⅲ. PHENOLS, PHENOL-ALCOHOLS, AND THEIR HALOGENATED, SULPHONATED, NITRATED OR NITROSATED DERIVATIVES**
29.07	**酚；酚醇：**									**Phenols; phenol-alcohols:**
	-一元酚：									-Monophenols:
	--苯酚及其盐：									--Phenol (hydroxybenzene) and its salts:
2907.1110	---苯酚	5.5	30	0						---Phenol
2907.1190	---其他	5.5	30	0						---Other
	--甲酚及其盐：									--Cresol and its salts:
	---甲酚：									---Cresol:
2907.1211	----间甲酚	5.5	30	0						----*m*-Cresol
2907.1212	----邻甲酚	5.5	30	0						----*o*-Cresol
2907.1219	----其他	5.5	30	0						----Other
2907.1290	---其他	5.5	30	0						---Other
	--辛基酚、壬基酚及其异构体，以及它们的盐：									--Octylphenol, nonylphenol and their isomers; salts thereof:
2907.1310	---壬基酚	5.5	30	0						---Nonylphenol
2907.1390	---其他	5.5	30	0						---Other
	--萘酚及其盐：									--Naphthols and their salts:
2907.1510	---2-萘酚（β-萘酚）	5.5	30	0						---2-Naphthols (β-naphthol)
2907.1590	---其他	5.5	30	0						---Other
	--其他：									--Other:
2907.1910	---邻仲丁基酚、邻异丙基酚	4	11	0						---*o*-Sec-butyl phenol, *o*-isopropyl phenol

税则号列 Tariff Item	商品名称	最惠国税率(%) M. F. N.	普通税率(%) Gen.	协定税率(%) Conventional 东盟 ASEAN	亚太 APTA	香港 H. K.	澳门 Macao	台湾 Taiwan	出口税率(%) Export	Article Description
2907.1990	---其他	5.5	30	0						---Other
	-多元酚；酚醇：									-Polyphenols; phenol-alcohols:
2907.2100	--间苯二酚及其盐	5.5	30	0						--*m*-Dihydroxybenzene (resorcinol) and its salts
	--对苯二酚及其盐：									--*p*-Dihydroxybenzene (hydroquinone) and its salts:
2907.2210	---对苯二酚	5.5	30	0						---Hydroquinone
2907.2290	---其他	5.5	30	0						---Other
2907.2300	--4,4'-异亚丙基联苯酚（双酚A，二苯基酚丙烷）及其盐	5.5	30	0						--4,4'-Isopropylidenediphenol (bisphenol A, diphenylolpropane) and its salts
	--其他：									--Other:
2907.2910	---邻苯二酚	4	11	0						---*o*-Dihydroxybenzene (catechol, pyrocatechol)
2907.2990	---其他	5.5	30	0						---Other
29.08	**酚及酚醇的卤化、磺化、硝化或亚硝化衍生物：**									**Halogenated, sulphonated, nitrated ornitrosated derivatives of phenols or phenolalcohols:**
	-仅含卤素取代基的衍生物及其盐：									-Derivatives containing only halogen substituents and their salts:
2908.1100	--五氯苯酚（ISO）	5.5	30	0						--Pentachlorophenol (ISO)
	--其他：									--Other:
2908.1910	---对氯苯酚	4	11	0						---*p*-Chlorophenol
2908.1990	---其他	5.5	30	0						---Other
	-其他：									-Other:
2908.9100	--地乐酚（ISO）及其盐	5.5	30	0						--Dinoseb (ISO) and its salts
2908.9200	--4,6-二硝基邻甲酚［二硝酚（ISO）］及其盐	5.5	30	0						-- 4, 6-Dinitro-o-cresol (DNOC (ISO)) and its salts
	--其他：									Other:
2908.9910	---对硝基酚、对硝基酚钠	5.5	30	0						---*p*-Nitrophenol, sodium *p*-nitro-phenolate
2908.9990	---其他	5.5	30	0						---Other
	第四分章　醚、过氧化醇、过氧化醚、过氧化酮、三节环环氧化物、缩醛及半缩醛及其卤化、磺化、硝化或亚硝化衍生物									**Ⅳ. ETHERS, ALCOHOL PEROXIDES, ETHER PEROXIDES, KETONE PEROXIDES, EPOXIDES WITH A THREE-MEM BERED RING, ACETALS AND HEMIACETALS, AND THEIR HALOGENATED, SULPHONATED, NITRATED OR NITROSATED DERIVATIVES**

税则号列 Tariff Item	商品名称	最惠国税率(%) M. F. N.	普通税率(%) Gen.	协定税率(%) Conventional 东盟 ASEAN	亚太 APTA	香港 H. K.	澳门 Macao	台湾 Taiwan	出口税率(%) Export	Article Description
29.09	**醚、醚醇、醚酚、醚醇酚、过氧化醇、过氧化醚、过氧化酮（不论是否已有化学定义）及其卤化、磺化、硝化或亚硝化衍生物：**									**Ethers, ether-alcohols, ether-phenols, ether-alcohol-phenols, alcohol peroxides, ether peroxides, ketone peroxides (whether or not chemically defined), and their halogenated, sulphonated, nitrated or nitrosated derivatives:**
	-无环醚及其卤化、磺化、硝化或亚硝化衍生物：									-Acyclic ethers and their halogenated, sulphonated, nitrated or nitrosated derivatives:
2909.1100	--乙醚	5.5	30	0						--Diethyl ether
	--其他：									--Other:
2909.1910	---甲醚	5.5	30	0						---Methyl ether
2909.1990	---其他	5.5	30	0						---Other
2909.2000	-环烷醚、环烯醚或环萜烯醚及其卤化、磺化、硝化或亚硝化衍生物	5.5	30	0						-Cyclanic, cyclenic or cycloterpenic ethers and their halogenated, sulphonated, nitrated or nitrosated derivatives
	-芳香醚及其卤化、磺化、硝化或亚硝化衍生物：									-Aromatic ethers and their halogenated, sulphonated, nitrated or nitrosated derivatives:
2909.3010	---1-烷氧基-4-（4-乙烯基环己基）-2,3-二氟苯	5.5	30	0						---1-Alkoxy-4-(4-vinylcyclohexyl)-2,3-difluorobenzene
2909.3020	---4-（4-烷氧基苯基）-4'-烷烯基-1,1'-双环己烷及其氟代衍生物	5.5	30	0						---4-(4-alkoxy)-4'-N-alkenyl-1,1'-and Fluoro derivatives of cyclohexane
2909.3090	---其他	5.5	30	0						---Other
	-醚醇及其卤化、磺化、硝化或亚硝化衍生物：									-Ether-alcohols and their halogenated, sulphonated, nitrated or nitrosated derivatives:
2909.4100	--2,2'-氧联二乙醇（二甘醇）	5.5	30	0				0		--2,2'-Oxydiethanol (diethylene glycol, digol)
2909.4300	--乙二醇或二甘醇的单丁醚	5.5	30	0			0	0		--Monobutyl ethers of ethylene glycol or of diethylene glycol
2909.4400	--乙二醇或二甘醇的其他单烷基醚	5.5	30	0						--Other monoalkylethers of ethylene glycol or of diethylene glycol
	--其他：									--Other:
2909.4910	---间苯氧基苄醇	4	11	0						---*m*-Phenoxy benzalcohol
2909.4990	---其他	5.5	30	0						---Other
2909.5000	-醚酚、醚醇酚及其卤化、磺化、硝化或亚硝化衍生物	5.5	30	0						-Ether-phenols, ether-alcohol-phenols and their halogenated, sulphonated, nitrated or nitrosated derivatives

税则号列 Tariff Item	商品名称	最惠国税率(%) M. F. N.	普通税率(%) Gen.	协定税率(%) Conventional 东盟 ASEAN	亚太 APTA	香港 H. K.	澳门 Macao	台湾 Taiwan	出口税率(%) Export	Article Description
2909.6000	-过氧化醇、过氧化醚、过氧化酮及其卤化、磺化、硝化或亚硝化衍生物	5.5	30	0						-Alcohol peroxides, ether peroxides, ketone peroxides and their halogenated, sulphonated, nitrated or nitrosated derivatives
29.10	**三节环环氧化物、环氧醇、环氧酚、环氧醚及其卤化、磺化、硝化或亚硝化衍生物：**									**Epoxides, epoxyalcohols, epoxyphenols and epoxyethers, with a three-membered ring, and their halogenated, sulphonated, nitrated or nitrosated derivatives:**
2910.1000	-环氧乙烷（氧化乙烯）	5.5	30	0						-Oxirane (ethylene oxide)
2910.2000	-甲基环氧乙烷（氧化丙烯）	5.5	30	0						-Methyloxirane (propylene oxide)
2910.3000	-1-氯-2,3-环氧丙烷（表氯醇）	5.5	30	0				0		-1-Chloro-2,3-epoxypropane (epichlorohydrin)
2910.4000	-狄氏剂（ISO，INN）	5.5	30	0						-Dieldrin (ISO, INN)
2910.5000	-异狄氏剂（ISO）	5.5	30	0			0			-Endrin (ISO)
2910.9000	-其他	5.5	30	0			0			-Other
29.11	**缩醛及半缩醛，不论是否含有其他含氧基，及其卤化、磺化、硝化或亚硝化衍生物：**									**Acetals and hemiacetals, whether or not with other oxygen function, and their halogenated, sulphonated, nitrated or nitrosated derivatives:**
2911.0000	缩醛及半缩醛，不论是否含有其他含氧基，及其卤化、磺化、硝化或亚硝化衍生物	5.5	30	0						Acetals and hemiacetals, whether or not with other oxygen function, and their haogenated, sulphonated, nitrated or nitrosated derivatives
	第五分章 醛基化合物									**Ⅴ. ALDEHYDE-FUNCTION COMPO-UNDS**
29.12	**醛，不论是否含有其他含氧基；环聚醛；多聚甲醛：**									**Aldehydes, whether or not with other oxygen function; cyclic polymers of aldehydes; paraformaldehyde:**
	-不含其他含氧基的无环醛：									-Acyclic aldehydes without other oxygen function:
2912.1100	--甲醛	5.5	30	0						--Methanal (formaldehyde)
2912.1200	--乙醛	5.5	30	0						--Ethanal (acetaldehyde)
2912.1900	--其他	5.5	30	0						--Other
	-不含其他含氧基的环醛：									-Cyclic aldehydes without other oxygen function:
2912.2100	--苯甲醛	5.5	30	0						--Benzaldehyde
	--其他：									--Other:
2912.2910	---铃兰醛（对叔丁基-α-甲基-氧化肉桂醛）	5.5	30	0						---Lilial (*p*-tert-butyl-α-methyl-oxocinn amaldehyde)

税则号列 Tariff Item	商品名称	最惠国税率(%) M. F. N.	普通税率(%) Gen.	协定税率(%) Conventional 东盟 ASEAN	亚太 APTA	香港 H. K.	澳门 Macao	台湾 Taiwan	出口税率(%) Export	Article Description
2912.2990	---其他	5.5	30	0						---Other
	-醛醇、醛醚、醛酚及含其他含氧基的醛：									-Aldehyde-alcohols, Aldehyde-ethers, aldehyde-phenols and aldehydes with other oxygen function:
2912.4100	--香草醛（3-甲氧基-4-羟基苯甲醛）	5.5	30	0						--Vanillin (4-hydroxy-3-methoxybenzaldehyde)
2912.4200	--乙基香草醛（3-乙氧基-4-羟基苯甲醛）	5.5	30	0						--Ethylvanillin (3-ethoxy-4-hydroxyben-zaldehyde)
	--其他：									--Other:
2912.4910	---醛醇	5.5	30	0						---Aldehyde-alcohols
2912.4990	---其他	5.5	30	0						---Other
2912.5000	-环聚醛	5.5	30	0						-Cyclic polymers of aldehydes
2912.6000	-多聚甲醛	5.5	30	0						-Paraformaldehyde
29.13	**税目29.12所列产品的卤化、磺化、硝化或亚硝化衍生物：**									**Halogenated, sulphonated, nitrated or nitrosated derivatives of products of heading 29.12:**
2913.0000	税目29.12所列产品的卤化、磺化、硝化或亚硝化衍生物	5.5	30	0						Halogenated, sulphonated, nitrated or nitrosated derivatives of products of heading 29.12
	第六分章 酮基化合物及醌基化合物									**Ⅳ. KETONE-FUNCTION COMPOUNDS AND QUINONE-FUNCTION COMPOUNDS**
29.14	**酮及醌，不论是否含有其他含氧基，及其卤化、磺化、硝化或亚硝化衍生物：**									**Ketones and quinones, whether or not with other oxygen function, and their halogenated, sulphonated, nitrated or nitrosated derivatives:**
	-不含其他含氧基的无环酮：									-Acyclic ketones without other oxygen function:
2914.1100	--丙酮	5.5	20	0						--Acetone
2914.1200	--丁酮［甲基乙基（甲）酮］	5.5	30	0			0			--Butanone (methyl ethyl ketone)
2914.1300	--4-甲基-2-戊酮［甲基异丁基（甲）酮］	5.5	30	0						--4-Methl1-2-pentanone (isobutylmethyl ketone)
2914.1900	--其他	5.5	30	0						--Other
	-不含其他含氧基的环烷酮、环烯酮或环萜烯酮：									-Cyclanic, cyclenic or cycloterpenic ketones without other oxygen function:
2914.2200	--环已酮及甲基环已酮	5.5	30	0						--Cyclohexanone and methylcyclohexanone
2914.2300	--芷香酮及甲基芷香酮	5.5	30	0						--Ionones and methylionones
	--其他：									--Other:
2914.2910	---樟脑	5.5	40	0						---Camphor

税则号列 Tariff Item	商品名称	最惠国税率(%) M. F. N.	普通税率(%) Gen.	协定税率(%) Conventional 东盟 ASEAN	亚太 APTA	香港 H. K.	澳门 Macao	台湾 Taiwan	出口税率(%) Export	Article Description
2914.2990	---其他	5.5	30	0						---Other
	-不含其他含氧基的芳香酮：									-Aromatic ketones without other oxygen function:
2914.3100	--苯丙酮（苯基丙-2-酮）	5.5	30	0						--Propiophenone (phenyl propan-2-one)
	--其他：									--Other:
2914.3910	---苯乙酮	4	11	0						---Acetophenone
2914.3990	---其他	5.5	30	0						---Other
2914.4000	-酮醇及酮醛	5.5	30	0						-Ketone-alcohols and ketone-aldehydes
	-酮酚及含有其他含氧基的酮：									-Ketone-phenols and ketones with other oxygen function:
	---酮酚：									---Ketene phenols:
2914.5011	----覆盆子酮	5.5	30	0						----Raspberry ketone
2914.5019	----其他	5.5	30	0						----Other
2914.5020	---2-羟基-4-甲氧基二苯甲酮	5.5	30	0						---2-Hydroxy-4-methoxydibenzophenone
2914.5090	---其他	5.5	30	0						---Other
	-醌：									-Quinones:
2914.6100	--蒽醌	5.5	30	0						--Anthraquinone
2914.6200	--辅酶Q10［癸烯醌（INN）］	5.5	30	0						--Coenzyme Q10 (*ubidecarenone (INN)*)
2914.6900	--其他	5.5	30	0						--Other
	-卤化、磺化、硝化或亚硝化衍生物：									-Halogenated, sulphonated, nitrated or nitrosated derivatives:
2914.7100	--十氯酮（ISO）	5.5	30	0						--Chlordecone (ISO)
2914.7900	--其他	5.5	30	0						--Other
	第七分章 羧酸及其酸酐、酰卤化物、过氧化物和过氧酸，以及它们的卤化、磺化、硝化或亚硝化衍生物									**Ⅶ. CARBOXYLIC ACIDS AND THEIR ANHYDRIDES, HALIDES, PEROXIDES AND PEROXYACIDS AND THEIR HALOGENATED, SULPHONATED, NITRATED OR NITROSATED DERIVATIVES**
29.15	饱和无环一元羧酸及其酸酐、酰卤化物、过氧化物和过氧酸，以及它们的卤化、磺化、硝化或亚硝化衍生物：									**Saturated acyclic monocarboxylic acids and their anhydrides, halides, peroxides and peroxyacids; their halogenated, sulphonated, nitrated or nitrosated derivatives:**
	-甲酸及其盐和酯：									-Formic acid, its salts and esters:
2915.1100	--甲酸	5.5	40	0						--Formic acid
2915.1200	--甲酸盐	5.5	30	0						--Salts of formic acid
2915.1300	--甲酸酯	5.5	30	0						--Esters of formic acid

税则号列 Tariff Item	商品名称	最惠国税率 (%) M. F. N.	普通税率 (%) Gen.	协定税率 (%) Conventional 东盟 ASEAN	亚太 APTA	香港 H. K.	澳门 Macao	台湾 Taiwan	出口税率 (%) Export	Article Description
	-乙酸及其盐；乙酸酐：									-Acetic acid and its salts; acetic anhydride:
	--乙酸：									--Acetic acid:
	---冰乙酸：									---Acetic acid, glacial:
2915.2111	----食品级的	5.5	30	0				0		----Food grade
2915.2119	----其他	5.5	30	0				0		----Other
2915.2190	---其他	5.5	50	0						---Other
2915.2400	--乙酸酐	5.5	50	0						--Acetic anhydride
	--其他：									--Other:
2915.2910	---乙酸钠	5.5	50	0						---Sodium acetate
2915.2990	---其他	5.5	50	0						---Other
	-乙酸酯：									-Esters of acetic acid:
2915.3100	--乙酸乙酯	5.5	30	0						--Ethyl acetate
2915.3200	--乙酸乙烯酯	5.5	30	0				0		--Vinyl acetate
2915.3300	--乙酸（正）丁酯	5.5	30	0						--*n*-Butyl acetate
2915.3600	--地乐酚（ISO）乙酸酯	5.5	30	0						--Dinoseb (ISO) acetate
2915.3900	--其他	5.5	30	0						--Other
2915.4000	-一氯代乙酸、二氯乙酸或三氯乙酸及其盐和酯	5.5	30	0						-Mono-, di-or trichloroacetic acids, their salts and esters
	-丙酸及其盐和酯：									-Propionic acid, its salts and esters:
2915.5010	---丙酸	5.5	30	0						---Propionic acid
2915.5090	---其他	5.5	30	0						---Other
2915.6000	-丁酸、戊酸及其盐和酯	5.5	30	0						-Butanoic acids, pentanoic acids, their salts and esters
	-棕榈酸、硬脂酸及其盐和酯：									-Palmitic acid, stearic acid, their salts and esters:
2915.7010	---硬脂酸	7	50	0						---Stearic acid
2915.7090	---其他	5.5	30	0						---Other
2915.9000	-其他	5.5	30	0			0			-Other
29.16	**不饱和无环一元羧酸、环一元羧酸及其酸酐、酰卤化物、过氧化物和过氧酸，以及它们的卤化、磺化、硝化或亚硝化衍生物：**									**Unsaturated acyclic monocarboxylic acids, cyclic monocarboxylic acids, their anhydrides, halides, peroxides and peroxyacids; their halogenated, sulphonated, nitrated or nitrosated derivatives:**
	-不饱和无环一元羧酸及其酸酐、酰卤化物、过氧化物和过氧酸，以及它们的衍生物：									-Unsaturated acyclic monocarboxylic acids, their anhydrides, halides, peroxides, peroxyacids and their derivatives:
2916.1100	--丙烯酸及其盐	6.5	30	0						--Acrylic acid and its salts
	--丙烯酸酯：									--Esters of acrylic acid:
2916.1210	---丙烯酸甲酯	6.5	30	0						---Methyl acrylate
2916.1220	---丙烯酸乙酯	6.5	30	0						---Ethyl acrylate
2916.1230	---丙烯酸丁酯	6.5	30	0						---Butyl acrylate

税则号列 Tariff Item	商品名称	最惠国税率(%) M. F. N.	普通税率(%) Gen.	协定税率(%) Conventional 东盟 ASEAN	亚太 APTA	香港 H. K.	澳门 Macao	台湾 Taiwan	出口税率(%) Export	Article Description
2916.1240	---丙烯酸异辛酯	6.5	30	0						---Isooctyl acrylate
2916.1290	---其他	6.5	30	0						---Other
2916.1300	--甲基丙烯酸及其盐	6.5	80	0				0		--Methacrylie acid and its salts
2916.1400	--甲基丙烯酸酯	6.5	80	0				0		--Esters of methacrylie acid
2916.1500	--油酸、亚油酸或亚麻酸及其盐和酯	6.5	30	0		0				--Oleic, linoleic or linotenic acids, their salts and esters
2916.1600	--乐杀螨	6.5	30	0						--Binapacryl (ISO)
2916.1900	--其他	6.5	30	0						--Other
	-环烷一元羧酸、环烯一元羧酸或环萜烯一元羧酸及其酸酐、酰卤化物、过氧化物和过氧酸，以及它们的衍生物：									-Cyclanic, cyclenic or cycloterpenic monocarboxylic acids, their anhydrides, halides, peroxides, peroxyacids and their derivatives:
2916.2010	---二溴菊酸、DV菊酸甲酯	4	11	0						---Dibromochrysanthermic acid, DVchrysanthemimono carboxylate
2916.2090	---其他	6.5	30	0						---Other
	-芳香一元羧酸及其酸酐、酰卤化物、过氧化物和过氧酸，以及它们的衍生物：									-Aromatic monocarboxylic acids, their anhydrides, halides, peroxides, peroxyacids and their derivatives:
2916.3100	--苯甲酸及其盐和酯	6.5	30	0						--Benzoic acid, its salts and esters
2916.3200	--过氧化苯甲酰及苯甲酰氯	6.5	30	0						--Benzoyl peroxied and benzoyl chloride
2916.3400	--苯乙酸及其盐	6.5	30	0						--phenylacetic acid and its salts
	--其他：									--Other:
2916.3910	---邻甲基苯甲酸	6.5	30	0						---*o*-Methylbenzoic acid
2916.3920	---布洛芬	6.5	30	0						---Brufen (Ibuprofen)
2916.3930	---2-(3-碘-4-乙基苯基)-2-甲基内酸	6.5	30	0						---2-(3-iodo-ethylphenyl)-propionic acid
2916.3990	---其他	6.5	80	0						---Other
29.17	**多元羧酸及其酸酐、酰卤化物、过氧化物和过氧酸，以及它们的卤化、磺化、硝化或亚硝化衍生物：**									**Polycarboxylic acids, their anhydrides, halides, peroxides and peroxyacids; their halogenated, sulphonated, nitrated or nitrosated derivatives:**
	-无环多元羧酸及其酸酐、酰卤化物、过氧化物和过氧酸，以及它们的衍生物：									-Acyclie polycarboxylic acids, their anhydrides, halides, peroxides, peroxyacids and their derivatives:
	--草酸及其盐和酯：									--Oxalie acid, its salts and esters:
2917.1110	---草酸	6.5	40	0						---Oxalie acid
2917.1120	---草酸钴	9	30	0						---Cobalt oxalate

税则号列 Tariff Item	商品名称	最惠国税率(%) M. F. N.	普通税率(%) Gen.	协定税率(%) Conventional 东盟 ASEAN	亚太 APTA	香港 H. K.	澳门 Macao	台湾 Taiwan	出口税率(%) Export	Article Description
2917.1190	---其他	6.5	30	0						---Other
2917.1200	--己二酸及其盐和酯	6.5	30	0						--Adipic acid, its salts and esters
	--壬二酸、癸二酸及其盐和酯：									--Azelaic acid, sebacic acid, their salts and esters:
2917.1310	---癸二酸及其盐和酯	6.5	30	0						---Sebacic acid, its salts and esters
2917.1390	---其他	6.5	30	0						---Other
2917.1400	--马来酐	6.5	30	0						--Maleic anhydride
2917.1900	--其他	6.5	30	0			0			--Other
	-环烷多元羧酸、环烯多元羧酸、环萜烯多元羧酸及其酸酐、酰卤化物、过氧化物和过氧酸，以及它们的衍生物：									-Cyclanic, cyclenic or cycloterpenic polycarboxylic acids, their anhydrides, halides, peroxides, peroxyacids and their derivatives:
2917.2010	---四氢苯酐	4	11	0						---Tetrahydrobenzoic anhydride
2917.2090	---其他	6.5	30	0						---Other
	-芳香多元羧酸及其酸酐、酰卤化物、过氧化物和过氧酸，以及它们的衍生物：									-Aromatic polycarboxylic acids, their anhydrides, halides, peroxides, peroxyacids and their derivatives:
2917.3200	--邻苯二甲酸二辛酯	6.5	30	0				0		--Dioctyl orthophthalates
2917.3300	--邻苯二甲酸二壬酯及邻苯二甲酸二癸酯	6.5	30	0				0		--Dinonyl or didecyl orthophthalates
	--其他邻苯二甲酸酯：									--Other esters of orthophthalic acid:
2917.3410	---邻苯二甲酸二丁酯	6.5	30	0						---Dibutyl orthophthalates
2917.3490	---其他	6.5	30	0				0		---Other
2917.3500	--邻苯二甲酸酐	6.5	30	0						--Phthalic anhydride
	--对苯二甲酸及其盐：									--Terephthalic acid and its salts:
	---对苯二甲酸：									---Terephthalic acid:
2917.3611	----精对苯二甲酸	6.5	30	0	6					----PTA (Purified terephthalic acid)
2917.3619	----其他	6.5	30	0	6					----Other
2917.3690	---其他	6.5	30	0						---Other
2917.3700	--对苯二甲酸二甲酯	6.5	30	0						--Dimethyl terephthalate
	--其他：									--Other:
2917.3910	---间苯二甲酸	6.5	30	0						---*m*-phthalic acid
2917.3990	---其他	6.5	30	0						---Other
29.18	**含附加含氧基的羧酸及其酸酐、酰卤化物、过氧化物和过氧酸，以及它们的卤化、磺化、硝化或亚硝化衍生物：**									**Carboxylic acids with additional oxygen function and their anhydrides, halides, peroxides and peroxyacids; their halogenated, sulphonated, nitrated or nitrosated derivatives:**

税则号列 Tariff Item	商品名称	最惠国税率(%) M. F. N.	普通税率(%) Gen.	协定税率(%) Conventional 东盟 ASEAN	亚太 APTA	香港 H. K.	澳门 Macao	台湾 Taiwan	出口税率(%) Export	Article Description
	-含醇基但不含其他含氧基的羧酸及其酸酐、酰卤化物、过氧化物和过氧酸，以及它们的衍生物：									-Carboxylic acids with alcohol function but without other oxygen function, their anhydrides, halides, peroxides, peroxyacids and their derivatives:
2918.1100	--乳酸及其盐和酯	6.5	30	0						--Lactic acid, its salts and esters
2918.1200	--酒石酸	6.5	35	0						--Tartaric acid
2918.1300	--酒石酸盐及酒石酸酯	6.5	30	0						--Salts and esters of tartaric acid
2918.1400	--柠檬酸	6.5	35	0						--Citric acid
2918.1500	--柠檬酸盐及柠檬酸酯	6.5	30	0						--Salts and esters of citric acid
2918.1600	--葡糖酸及其盐和酯	6.5	30	0						--Gluconic acid, its salts and esters
2918.1700	--2,2-二苯基-2-羟基乙酸（二苯基乙醇酸）	6.5	30	0						--2, 2-Diphenyl-2-hydroxyacetic acid (*benzilic acid*)
2918.1800	--乙酯杀螨醇（ISO）	6.5	30	0						--Chlorobenzilate (ISO)
2918.1900	--其他	6.5	30	0						--Other
	-含酚基但不含其他含氧基的羧酸及其酸酐、酰卤化物、过氧化物和过氧酸，以及它们的衍生物：									-Carboxylic acids with phenol function but without other oxygen function, their anhydrides, halides, peroxides, peroxyacids and their derivatives:
	--水杨酸及其盐：									--Salicylic acid and its salts:
2918.2110	---水杨酸、水杨酸钠	6.5	20	0						---Salicylic acid and sodium salicylate
2918.2190	---其他	6.5	30	0						---Other
	--邻乙酰水杨酸及其盐和酯：									--*o*-Acetylsalicylic acid, its salts and esters:
2918.2210	---邻乙酰水杨酸（阿司匹林）	6	20	0						---Acetylsalicylic acid
2918.2290	---其他	6.5	30	0						---Other
2918.2300	--水杨酸的其他酯及其盐	6.5	30	0						--Other esters of salicylic acid and their salts
2918.2900	--其他	6.5	30	0			0			--Other
2918.3000	-含醛基或酮基但不含其他含氧基的羧酸及其酸酐、酰卤化物、过氧化物和过氧酸，以及它们的衍生物	6.5	30	0						-Carboxylic acids with aldehyde or ketone function but without other oxygen function, their anhydrides, halides, peroxides, peroxyacids and their derivatives
	-其他：									-Other:
2918.9100	--2,4,5-涕（ISO）（2,4,5-三氯苯氧基乙酸）及其盐或酯	6.5	30	0						--2, 4, 5-T (ISO) (2, 4, 5-trichlorophenoxyacetic acid), its salts and esters
2918.9900	--其他	6.5	30	0						--Other

税则号列 Tariff Item	商品名称	最惠国税率(%) M. F. N.	普通税率(%) Gen.	协定税率(%) Conventional 东盟 ASEAN	亚太 APTA	香港 H. K.	澳门 Macao	台湾 Taiwan	出口税率(%) Export	Article Description
	第八分章 非金属无机酸酯及其盐，以及它们的卤化、磺化、硝化或亚硝化衍生物									Ⅷ. ESTERS OF INORGANIC ACIDS OF NON-METALS AND THEIR SALTS, AND THEIR HALOGENATED, SULPHONATED, NITRATED OR NITROSATED DERIVATIVES
29.19	**磷酸酯及其盐，包括乳磷酸盐，以及它们的卤化、磺化、硝化或亚硝化衍生物：**									**Phosphoric esters and their salts, including lactophosphates; their halogenated, sulphonated, nitrated or nitrosated derivatives:**
2919.1000	-三（2,3-二溴丙基）磷酸酯	6.5	30	0						-Tris (2,3-dibromopropyl) phosphate
2919.9000	-其他	6.5	30	0						-Other
29.20	**其他非金属无机酸酯（不包括卤化氢的酯）及其盐，以及它们的卤化、磺化、硝化或亚硝化衍生物：**									**Esters of other inorganic acids of nonmetals (excluding esters of hydrogen halides) and their salts; their halogenated, sulphonated, nitrated or nitrosated derivatives:**
	-硫代磷酸酯及其盐，以及它们的卤化、磺化、硝化或亚硝化衍生物：									-Thiophosphoric esters (phosphorothioates) and their salts; their halogenated, sulphonated, nitrated or nitrosated derivatives:
2920.1100	--对硫磷（ISO）及甲基对硫磷（ISO）	6.5	30	0						--Parathion (ISO) and parathion-methyl (ISO) (methyl-parathion)
2920.1900	--其他	6.5	30	0						--Other
	-亚磷酸酯及其盐以及它们的卤化、磺化、硝化或亚硝化衍生物：									-Phosphite esters and their salts; their halogenated, sulphonated, nitrated or nitrosated derivatives:
2920.2100	--亚磷酸二甲酯	6.5	30	0						--Dimethyl phosphite
2920.2200	--亚磷酸二乙酯	6.5	30	0						--Diethyl phosphite
2920.2300	--亚磷酸三甲酯	6.5	30	0						--Trimethyl phosphite
2920.2400	--亚磷酸三乙酯	6.5	30	0						--Triethyl phosphite
	--其他：									--Other:
2920.2910	---其他亚磷酸酯	6.5	30	0						---Other Phosphite esters
2920.2990	---其他	6.5	30	0						---Other
2920.3000	-硫丹	6.5	30	0						-Endosulfan (ISO)
2920.9000	-其他	6.5	30	0						-Other
	第九分章 含氮基化合物									Ⅸ. NITROGEN-FUNCTION COMPOUNDS
29.21	**氨基化合物：**									**Amine-function compounds:**
	-无环单胺及其衍生物，以及它们的盐：									-Acyclic monoamines and their derivatives; salts thereof:

税则号列 Tariff Item	商品名称	最惠国税率(%) M. F. N.	普通税率(%) Gen.	协定税率(%) Conventional 东盟 ASEAN	亚太 APTA	香港 H. K.	澳门 Macao	台湾 Taiwan	出口税率(%) Export	Article Description
2921.1100	--甲胺、二甲胺或三甲胺及其盐	6.5	30	0						--Methylamine, di-or trimethylamine and their salts
2921.1200	--2-(N,N-二甲基氨基)氯乙烷盐酸盐	6.5	30	0						--2-(*N,N-Dimethylamino*) ethylchloride hydrochloride
2921.1300	--2-(N,N-二乙基氨基)氯乙烷盐酸盐	6.5	30	0						--2-(N,N-Diethylamino) ethylchloride hydrochloride
2921.1400	--2-(N,N-二异丙基氨基)氯乙烷盐酸盐	6.5	30	0						--2-(N,N-Diisopropylamino) ethylchloride hydrochloride
	--其他:									--Other:
2921.1910	---二正丙胺	4	11	0						---Di-*n*-propylamine
2921.1920	---异丙胺	6.5	30	0						---Isopropyl amine
2921.1930	---N,N-二(2-氯乙基)乙胺	6.5	30	0						---N,N-Bis (2-chloroethyl) ethylamine
2921.1940	---N,N-二(2-氯乙基)甲胺	6.5	30	0						---N,N-Bis (2-chloroethyl) methylamine
2921.1950	---三(2-氯乙基)胺	6.5	30	0						---Tri-(2-chloroethyl) amine
2921.1960	---二烷(甲、乙、正丙或异丙)氨基乙基-2-氯及其质子化盐	6.5	30	0						---N, N-Dialkyl (Me, Et, n-Pr or i-Pr) aminoethyl-2-chlorides and corresponding protonated salts
2921.1990	---其他	6.5	30	0						---Other
	-无环多胺及其衍生物,以及它们的盐:									-Acyclic polyamines and their derivatives; salts thereof:
	--乙二胺及其盐:									--Ethylenediamine and its salts:
2921.2110	---乙二胺	6.5	30	0						---Ethylenediamine
2921.2190	---其他	6.5	30	0						---Other
	--六亚甲基二胺及其盐:									--Hexamethylenediamine and its salts:
2921.2210	---己二酸己二胺盐(尼龙-6,6盐)	6.5	20	0						---Hexamethylene adipamide (nylon-6,6 salt)
2921.2290	---其他	6.5	30	0						---Other
2921.2900	--其他	6.5	30	0						--Other
2921.3000	-环烷单胺或多胺、环烯单胺或多胺、环萜烯单胺或多胺及其衍生物,以及它们的盐	6.5	30	0						-Cyclanic, cyclenic or cycloterpenic monoor polyamines, and their derivatives; salts thereof
	-芳香单胺及其衍生物,以及它们的盐:									-Aromatic monoamines and theirderivatives; salts thereof:
	--苯胺及其盐:									--Aniline and its salts:
2921.4110	---苯胺	6.5	20	0						---Aniline
2921.4190	---其他	6.5	30	0						---Other
2921.4200	--苯胺衍生物及其盐	6.5	30	0						--Aniline derivatives and their salts
2921.4300	--甲苯胺及其衍生物,以及它们的盐	6.5	30	0						--Toluidines and their derivatives; salts thereof
2921.4400	--二苯胺及其衍生物,以及它们的盐	6.5	30	0						--Diphenylamine and its derivatives; salts thereof

税则号列 Tariff Item	商品名称	最惠国税率(%) M. F. N.	普通税率(%) Gen.	协定税率(%) Conventional 东盟 ASEAN	亚太 APTA	香港 H. K.	澳门 Macao	台湾 Taiwan	出口税率(%) Export	Article Description
2921.4500	--1-萘胺（α-萘胺）、2-萘胺（β-萘胺）及其衍生物，以及它们的盐	6.5	30	0						--1-Naphthylamine （α-naphthylamine），2-naphthylamine（β-naphthylamine）and their derivatives；salts thereof
2921.4600	--安非他明（INN）、苄非他明（INN）、右苯丙胺（INN）、乙非他明、芬坎法明（INN）、利非他明、左苯丙胺（INN）、美芬雷司（INN）、苯丁胺（INN），以及它们的盐	6.5	30	0						--Amfetamine（INN），benzfetamine（INN），dexamfetamine（INN），etilamfetamine（INN），fencamfamin（INN），lefetamine（INN），levamfetamine（INN），mefenorex（INN）and phentermine（INN）；salts thereof
	--其他：									--Other：
2921.4910	---对异丙基苯胺	4	11	0						---*p*-Isopropyl-aniline
2921.4920	---二甲基苯胺	6.5	20	0						---Dimethylanilines
2921.4930	---2,6-甲基乙基苯胺	4	11	0						---2,6-Methyl ethyl aniline
2921.4940	---2,6-二乙基苯胺	6.5	20	0						---2,6-Diethylaniline
2921.4990	---其他	6.5	30	0						---Other
	-芳香多胺及其衍生物，以及它们的盐：									-Aromatic polyamines and their derivatives；salts thereof：
	--邻-、间-、对-苯二胺、二氨基甲苯及其衍生物，以及它们的盐：									--*o*-，*m*-，*p*-Phenylenediamine，diaminotoluenes，and their derivatives；salts thereof：
2921.5110	---邻苯二胺	4	11	0						---*o*-Phenylenediamine
2921.5190	---其他	6.5	30	0						---Other
2921.5900	--其他	6.5	30	0						--Other
29.22	**含氧基氨基化合物：**									**Oxygen-function amino-compounds：**
	-氨基醇（但含有一种以上含氧基的除外）及其醚和酯，以及它们的盐：									-Amino-alcohols，other than those containing more than one kind of oxygen function，their ethers and esters；salts thereof：
2922.1100	--单乙醇胺及其盐	6.5	30	0						--Monoethanolamine and its salts
2922.1200	--二乙醇胺及其盐	6.5	30	0						--Diethanolamine and its salts
2922.1400	--右丙氧吩（INN）及其盐	6.5	30	0						--Dextropropoxyphene（INN）and its salts
2922.1500	--三乙醇胺	6.5	30	0						--Triethanolamine
2922.1600	--全氟辛基磺酸二乙醇铵	6.5	30	0						--Diethanolammonium perfluorooctane sulphonate
2922.1700	--甲基二乙醇胺和乙基二乙醇胺	6.5	30	0						--Methyldiethanolamine and ethyldiethanolamine
2922.1800	--2-（N，N-二异丙基氨基）乙醇	6.5	30	0						--2-（N，N-Diisopropylamino）ethanol
	--其他：									--Other：
2922.1910	---乙胺丁醇	6.5	30	0						---Ethylamino butanol（Ethambutol）

税则号列 Tariff Item	商品名称	最惠国税率(%) M. F. N.	普通税率(%) Gen.	协定税率(%) Conventional 东盟 ASEAN	亚太 APTA	香港 H. K.	澳门 Macao	台湾 Taiwan	出口税率(%) Export	Article Description
	---二烷（甲、乙、正丙或异丙）氨基乙-2-醇及其质子化盐：									---N, N-Dialkyl-（Me, Et, n-Pr or i-Pr）aminoethane-2-ols and corresponding protonated salts：
2922.1921	----二甲氨基乙醇及其质子化盐	6.5	30	0						----N, N-Dimethylaminoethanol and corresponding protonated salts
2922.1922	----二乙氨基乙醇及其质子化盐	6.5	30	0						----N, N-Diethylaminoethanol and corresponding protonated salts
2922.1929	----其他	6.5	30	0						----Other
2922.1930	---乙基二乙醇胺的盐	6.5	30	0						---Ethyldiethanolamine
2922.1940	---甲基二乙醇胺的盐	6.5	30	0						---Methyldiethanolamine
2922.1950	---本芴醇	6.5	30	0						---Benflumetol
2922.1990	---其他	6.5	30	0						---Other
	-氨基萘酚和其他氨基酚（但含有一种以上含氧基的除外）及其醚和酯，以及它们的盐：									-Amino-naphthols and amino-phenols, other than those containing more than one kind of oxygen function, their ethers and esters; salts thereof：
2922.2100	--氨基羟基萘磺酸及其盐	6.5	30	0						--Aminohydroxynaphthalenesulphonic acid and their salts
	--其他：									--Other：
2922.2910	---茴香胺、二茴香胺、氨基苯乙醚及其盐	6.5	30	0						---Anisidines, dianisidines, phenetidines, and their salts
2922.2990	---其他	6.5	30	0						---Other
	-氨基醛、氨基酮和氨基醌，但含有一种以上含氧基的除外，以及它们的盐：									-Amino-aldehydes, amino-ketones and amino-quinones, other than those containing more than one kind of oxygen function; salts thereof：
2922.3100	--安非拉酮（INN）、美沙酮（INN）和去甲美沙酮（INN）以及它们的盐	6.5	30	0						--Amfepramone（INN）, methadone（INN）and normethadone（INN）; salts thereof
	--其他：									--Other：
2922.3910	---4-甲基甲卡西酮	6.5	30	0						---4-Methylmethcathinone
2922.3920	---安非他酮及其盐	6.5	30	0						---Bupropion and its salts
2922.3990	---其他	6.5	30	0						---Other
	-氨基酸（但含有一种以上含氧基的除外）及其酯，以及它们的盐：									-Amino-acids, other than those containing more than one kind of oxygen function, and their esters; salts thereof：
	--赖氨酸及其酯，以及它们的盐：									--Lysine and its esters; salts thereof：
2922.4110	---赖氨酸	5	20	0						---Lysine

税则号列 Tariff Item	商品名称	最惠国税率(%) M. F. N.	普通税率(%) Gen.	协定税率(%) Conventional 东盟 ASEAN	亚太 APTA	香港 H. K.	澳门 Macao	台湾 Taiwan	出口税率(%) Export	Article Description
2922.4190	---其他	6	30	0						---Other
	--谷氨酸及其盐：									--Glutamic acid and its salts：
2922.4210	---谷氨酸	10	90	0	8.6					---Glutamic acid
2922.4220	---谷氨酸钠	10	130	0		0				---Sodium glutamate
2922.4290	---其他	6.5	30	0						---Other
	--邻氨基苯甲酸（氨茴酸）及其盐：									--Anthranilic acid and its salts：
2922.4310	---邻氨基苯甲酸（氨茴酸）	6.5	20	0						---Anthranilic acid
2922.4390	---其他	6.5	30	0						---Other
2922.4400	--替利定（INN）及其盐	6.5	30	0						--Tilidine（INN） and its salts
	--其他：									--Other：
	---其他氨基酸：									---Other amino acids：
2922.4911	----氨甲环酸	6.5	20	0						----Tranexamic acid
2922.4919	----其他	6.5	20	0						----Other
	---其他：									---Other：
2922.4991	----普鲁卡因	6	20	0						----Procaine
2922.4999	----其他	6.5	30	0						----Other
	-氨基醇酚、氨基酸酚及其他含氧基氨基化合物：									-Amino-alcohol-phenols, amino-acidphenols and other amino-compounds with oxygen function：
2922.5010	---对羟基苯甘氨酸及其邓钾盐	6.5	30	0						---D-*p*-hydroxyphenylglycine and its monopotassium salt
2922.5020	---莱克多巴胺和盐酸莱克多巴胺	6.5	30	0						---Ractopamine and ractopamine hydrochloride
2922.5090	---其他	6.5	30	0						---Other
29.23	**季铵盐及季铵碱；卵磷脂及其他磷氨基类脂，不论是否已有化学定义：**									**Quaternary ammonium salts and hydroxides; leeithins and other phosphoaminolipids, whether or not chemically defined:**
2923.1000	-胆碱及其盐	6.5	30	0						-Choline and its salts
2923.2000	-卵磷脂及其他磷氨基类脂	6.5	30	0						-Lecithins and other phosphoaminolipids
2923.3000	-全氟辛基磺酸四乙基铵	6.5	30	0						-Tetraethylammonium perfluorooctane sulphonate
2923.4000	-全氟辛基磺酸二癸基二甲基铵	6.5	30	0						-Didecyldimethylammonium perfluorooctane sulphonate
2923.9000	-其他	6.5	30	0						-Other
29.24	**羧基酰胺基化合物；碳酸酰胺基化合物：**									**Carboxyamide-function compounds; amidefunction compounds of carbonicacid:**
	-无环酰胺（包括无环氨基甲酸酯）及其衍生物，以及它们的盐：									-Aeyclic amides (including acyclic carbamates) and their derivatives; salts thereof:

税则号列 Tariff Item	商品名称	最惠国税率(%) M. F. N.	普通税率(%) Gen.	协定税率(%) Conventional 东盟 ASEAN	亚太 APTA	香港 H. K.	澳门 Macao	台湾 Taiwan	出口税率(%) Export	Article Description
2924.1100	--甲丙氨酯（INN）	6.5	30	0						--Meprobamate（INN）
2924.1200	--氟乙酰胺（ISO）、久效磷（ISO）及磷胺（ISO）	6.5	30	0						--Fluoroacetamide（ISO），monocrotophos（ISO）and phosphamidon（ISO）
	--其他：									--Other：
2924.1910	---二甲基甲酰胺	6.5	30	0		0		0		---N，N-dimethylformamide
2924.1990	---其他	6.5	30	0						---Other
	-环酰胺（包括环氨基甲酸酯）及其衍生物，以及它们的盐：									-Cyclic amides（including cyclic carbamates）and their derivatives；salts thereof：
2924.2100	--酰脲及其衍生物，以及它们的盐	6.5	30	0						--Ureides and their derivatives；salts thereof
2924.2300	--2-乙酰氨基苯甲酸（N-乙酰邻氨基苯甲酸）及其盐	6.5	30	0						--2-Acetamidobenzoic acid（N-acety-lanthranilic acid）and its salts
2924.2400	--炔己蚁胺（INN）	6.5	30	0						--Ethinamate（INN）
2924.2500	甲草胺（ISO）	6.5	30	0			0			--Alachlor（ISO）
	--其他：									--Other：
2924.2910	---对乙酰氨基苯乙醚（非那西丁）	6	30	0						---Phenacetin
2924.2920	---对乙酰氨基酚（扑热息痛）	6	30	0						---*p*-Acetaminophenol（paracetanol）
2924.2930	---阿斯巴甜	6.5	30	0			0			---Aspartame
2924.2990	---其他	6.5	30	0			0			---Other
29.25	**羧基酰亚胺化合物（包括糖精及其盐）及亚胺基化合物：**									**Carboxyimide-function compounds（including saccharin and its salts）and imine-function compounds：**
	-酰亚胺及其衍生物，以及它们的盐：									-Imides and their derivatives；salts thereof：
2925.1100	--糖精及其盐	9	90	0						--Saccharin and its salts
2925.1200	--格鲁米特（INN）	6.5	30	0						--Glutethimide（INN）
2925.1900	--其他	6.5	30	0						Other
	-亚胺及其衍生物，以及它们的盐：									-Imines and their derivatives；salts thereof：
2925.2100	--杀虫脒（ISO）	6.5	30	0						--Chlordimeform（ISO）
2925.2900	--其他	6.5	30	0						--Other
29.26	**腈基化合物：**									**Nitrile-function compounds：**
2926.1000	-丙烯腈	6.5	30	5						-Acrylonitrile
2926.2000	-1-氰基胍（双氰胺）	6.5	30	0						-1-cyanoguanidine（dicyandiamide）
2926.3000	-芬普雷司（INN）及其盐；美沙酮（INN）中间体（4-氰基-2-二甲氨基-4，4-二苯基丁烷）	6.5	30	0						-Fenproporex（INN）and its salts；methadone（INN）intermediate（4-cyano-2-dimethylamino-4，4-diphenylbutane）
2926.4000	-α-苯基乙酰基乙腈	6.5	30	0		0				-alpha-Phenylacetoacetonitrile

税则号列 Tariff Item	商品名称	最惠国税率(%) M. F. N.	普通税率(%) Gen.	协定税率(%) Conventional 东盟 ASEAN	亚太 APTA	香港 H. K.	澳门 Macao	台湾 Taiwan	出口税率(%) Export	Article Description
	-其他:									-Other:
2926.9010	---对氯氰苄	4	11	0						---*p*-Chlorobenzyl cyanide
2926.9020	---间苯二甲腈	6.5	30	0						---*m*-Phthalonitrile
2926.9090	---其他	6.5	30	0		0				---Other
29.27	**重氮化合物、偶氮化合物及氧化偶氮化合物:**									**Diazo-, azo-or azoxy-compounds:**
2927.0000	重氮化合物、偶氮化合物及氧化偶氮化合物	6.5	30	0			0			Diazo-, azo-or azoxy-compounds
29.28	**肼(联氨)及胲(羟胺)的有机衍生物:**									**Organic derivatives of hydrazine or of hydroxylamine:**
2928.0000	肼(联氨)及胲(羟胺)的有机衍生物	6.5	20	0						Organic derivatives of hydrazine or of hydroxylamine
29.29	**其他含氮基化合物:**									**Compounds with other nitrogen function:**
	-异氰酸酯:									-Isocyanates:
2929.1010	---2,4-和2,6-甲苯二异氰酸酯混合物(甲苯二异氰酸酯TDI)	6.5	30	0				0		---Toluene diisocyanate
2929.1020	---二甲苯二异氰酸酯(TODI)	6.5	30	0						---*o*-Xylene diisocyanate
2929.1030	---二苯基甲烷二异氰酸酯(纯MDI)	6.5	30	0						---Diphenylmethane diisocyanate
2929.1040	---六亚甲基二异氰酸酯	6.5	30	0						---Hexamethelene diisocyanate
2929.1090	---其他	6.5	30	0						---Other
	-其他:									-Other:
2929.9010	---环已基氨基磺酸钠(甜蜜素)	9	90	0						---Sodium cyclamate
2929.9020	---二烷(甲、乙、正丙或异丙)氨基膦酰二卤	6.5	30	0						---N,N-Dialkyl (Me, Et, n-Pr or i-Pr) phosphoramidic dihalides
2929.9030	---二烷(甲、乙、正丙或异丙)氨基膦酸二烷(甲、乙、正丙或异丙)酯	6.5	30	0						---Dialkyl (Me, Et, n-Pr or i-Pr) N,N-dialkyl (Me, Et, n-Pr or i-Pr) -phosphoramidates
2929.9040	---乙酰甲胺磷	6.5	30	0						---Acephate
2929.9090	---其他	6.5	30	0						---Other
	第十分章 有机—无机化合物、杂环化合物、核酸及其盐以及磺(酰)胺									**Ⅹ. ORGANO-INORGANIC COMPOU-NDS, HETEROCYCLIC COMPOUNDS, NUCLEIC ACIDS AND THEIR SALTS, AND SULPHONAMIDES**
29.30	**有机硫化合物:**									**Organo-sulphur compounds:**
2930.2000	-硫代氨基甲酸盐(或酯)及二硫代氨基甲酸盐	6.5	30	0						-Thiocarbamates and dithiocarbamates

税则号列 Tariff Item	商品名称	最惠国税率(%) M. F. N.	普通税率(%) Gen.	协定税率(%) Conventional 东盟 ASEAN	亚太 APTA	香港 H. K.	澳门 Macao	台湾 Taiwan	出口税率(%) Export	Article Description
2930.3000	--一硫化二烃氨基硫羰、二硫化二烃氨基硫羰及四硫化二烃氨基硫羰	6.5	30	0						-Thiuram mono-, di or tetrasulphide
2930.4000	-甲硫氨酸（蛋氨酸）	6.5	30	0						-Methionine
2930.6000	-2-（N,N-二乙基氨基）乙硫醇	6.5	30	0		0				-2-（N,N-Diethylamino） ethanethiol
2930.7000	-二（2-羟乙基）硫醚［硫二甘醇（INN）］	6.5	30	0		0				-Bis （2-hydroxyethyl） sulfide（*thiodiglycol*（*INN*））
2930.8000	-涕灭威（ISO）、敌菌丹（ISO）及甲胺磷（ISO）	6.5	30	0		0				-Aldicarb（ISO），captafol（ISO） and methamidophos（ISO）
	-其他：									-Other：
2930.9010	---双巯丙氨酸（胱氨酸）	6.5	30	0						---Cystine
2930.9020	---二硫代碳酸酯（或盐）［黄原酸酯（或盐）］	6.5	30	0						---Dithiocarbonates（xanthates）
2930.9090	---其他	6.5	30	0		0				---Other
29.31	**其他有机—无机化合物：**									**Other organo-inorganic compounds：**
2931.1000	-四甲基铅及四乙基铅	6.5	30	0						-Tetramethyl lead and tetraethyl lead
2931.2000	-三丁基锡化合物	6.5	30	0						-Tributyltin compounds
	-其他有机磷衍生物：									-Other organo-phosphorous derivatives：
2931.3100	--甲基膦酸二甲酯	6.5	30	0						--Dimethyl methylphosphonate
2931.3200	--丙基膦酸二甲酯	6.5	30	0						--Dimethyl propylphosphonate
2931.3300	--乙基膦酸二乙酯	6.5	30	0						--Diethyl ethylphosphonate
2931.3400	--3-（三羟基硅烷基）丙基甲基膦酸钠	6.5	30	0						--Sodium 3-（trihydroxysilyl） propyl methylphosphonate
2931.3500	--1-丙基磷酸环酐	6.5	30	0						--2,4,6-Tripropyl-1,3,5,2,4,6-trioxatriphosphinane 2,4,6-trioxide
2931.3600	--(5-乙基-2-甲基-2-氧代-1,3,2-二氧磷杂环己-5-基）甲基膦酸二甲酯	6.5	30	0						--（5-Ethyl-2-methyl-2-oxido-1，3，2-dioxaphosphinan-5-yl） methyl methyl methylphosphonate
2931.3700	--双［(5-乙基-2-甲基-2-氧代-1,3,2-二氧磷杂环己-5-基）甲基］甲基膦酸酯（阻燃剂FRC-1)	6.5	30	0						--Bis［（5-*ethyl*-2-*methyl*-2-*oxido*-1，3，2-*dioxaphosphinan*-5-*yl*） methyl］ methylphosphonate
2931.3800	--甲基膦酸和脒基尿素（1∶1）生成的盐	6.5	30	0						--Salt of methylphosphonic acid and（aminoiminomethyl） urea（1∶1）
	--其他									--Other
2931.3910	---双甘膦	6.5	30	0						---N-（Phosphonomethyl） iminodiacetic acid
2931.3990	---其他	6.5	30	0						---Other
2931.9000	-其他	6.5	30	0						-Other

税则号列 Tariff Item	商品名称	最惠国税率(%) M. F. N.	普通税率(%) Gen.	协定税率(%) Conventional 东盟 ASEAN	亚太 APTA	香港 H. K.	澳门 Macao	台湾 Taiwan	出口税率(%) Export	Article Description
29.32	**仅含有氧杂原子的杂环化合物：**									**Heterocyclic compounds with oxygen hetero-atom (s) only:**
	-结构上含有一个非稠合呋喃环（不论是否氢化）的化合物：									-Compounds containing an unfused furan ring (whether or not hydrogenated) in the structure:
2932.1100	--四氢呋喃	6	20	0		0		0		--Tetrahydrofuran
2932.1200	--2-糠醛	6	20	0						--2-Furaldehyde (furfuraldehyde)
2932.1300	--糠醇及四氢糠醇	6	20	0						--Furfuryl alcohol and tetrahydrofurfuryl alcohol
2932.1400	--三氯蔗糖	6.5	20	0						--Sucralose
2932.1900	--其他	6.5	20	0						--Other
	-内酯：									-Lactones:
2932.2010	---香豆素、甲基香豆素及乙基香豆素	6.5	20	0						---Coumarin, methylcoumarins and ethylcoumarins
2932.2090	---其他内酯	6.5	20	0						---Other lactones
	-其他：									-Other:
2932.9100	--4-丙烯基-1,2-亚甲二氧基苯（异黄樟脑）	6.5	20	0						--Isosafrole
2932.9200	--1-（1,3-苯并二噁茂-5基）丙烷-2酮	6.5	20	0						--1-(1,3-Benzodioxol-5-yl) propan-2-one
2932.9300	--3,4-亚甲二氧基苯甲醛（胡椒醛）	6.5	20	0						--Piperonal
2932.9400	--4-烯丙基-1,2-亚甲二氧基苯（黄樟脑）	6.5	20	0						--Safrole
2932.9500	--四氢大麻酚（所有的异构体）	6.5	20	0						--Tetrahydrocannabinols (all isomers)
	--其他：									--Other:
2932.9910	---7-羟基苯并呋喃（呋喃酚）	4	11	0						---Furan phenol
2932.9920	---2,2'-双甲氧羰基-4,4'-双甲氧基-5,6,5',6'-双亚甲二氧基联苯（联苯双酯）	6.5	20	0						---Bifendate
2932.9930	---蒿甲醚	6.5	20	0						---Artemether
2932.9990	---其他	6.5	20	0						---Other
29.33	**仅含有氮杂原子的杂环化合物：**									**Heterocyclic compounds with nitrogen hetero-atom (s) only:**
	-结构上含有一个非稠合吡唑环（不论是否氢化）的化合物：									-Compounds containing an unfused pyrazole ring (whether or not hydrogenated) in the structure:
2933.1100	--二甲基苯基吡唑酮（安替比林）及其衍生物	6.5	20	0	6					--Phenazone (antipyrin) and its derivatives

税则号列 Tariff Item	商 品 名 称	最惠国税率 (%) M. F. N.	普通税率 (%) Gen.	协定税率 (%) Conventional 东盟 ASEAN	亚太 APTA	香港 H. K.	澳门 Macao	台湾 Taiwan	出口税率 (%) Export	Article Description
	--其他:									--Other:
2933.1920	---安乃近	6	20	0						---Analgin
2933.1990	---其他	6.5	20	0						---Other
	-结构上含有一个非稠合咪唑环(不论是否氢化)的化合物:									-Compounds containing an unfused imidazole ring (whether or not hydrogenated) in the structure:
2933.2100	--乙内酰脲及其衍生物	6.5	30	0						--Hydantoin and its derivatives
2933.2900	--其他	6.5	20	0						--Other
	-结构上含有一个非稠合吡啶环(不论是否氢化)的化合物:									-Compounds containing an unfused pyridine ring (whether or not hydrogenated) in the structure:
2933.3100	--吡啶及其盐	6	20	0				0		--Pyridine and its salts
	--六氢吡啶(哌啶)及其盐:									--Piperidine and its salts:
2933.3210	---六氢吡啶(哌啶)	4	11	0						---Hexahydropyridine (piperidine)
2933.3220	---六氢吡啶(哌啶)盐	6.5	20	0						---Isoniazidum
2933.3300	--阿芬太尼(INN)、阿尼利定(INN)、苯氰米特(INN)、溴西泮(INN)、地芬诺新(INN)、地芬诺酯(INN)、地匹哌酮(INN)、芬太尼(INN)、凯托米酮(INN)、哌醋甲酯(INN)、喷他左辛(INN)、哌替啶(INN)、哌替啶中间体A(INN)、苯环利定(INN)(PCP)、苯哌利定(INN)、哌苯甲醇(INN)、哌氰米特(INN)、哌丙吡胺(INN)和二甲利定(INN)以及它们的盐	6.5	20	0						--Alfentanil (INN), anileridine (INN), bezitramide (INN), bromazepam (INN), difenoxin (INN), diphenoxylate (INN), dipipanone (INN), fentanyl (INN), ketobemidone (INN), methylphenidate (INN), pentazocine (INN), pethidine (INN), intermediate A (INN), phencyclidine (INN) (PCP), phenoperidine (INN), pipradrol (INN), piritramide (INN), propiram (INN) and trimeperidine (INN); salts thereof
	--其他:									--Other:
2933.3910	---二苯乙醇酸-3-奎宁环脂	6.5	20	0						---Benzilic acid-3-quinuclidinate
2933.3920	---奎宁环-3-醇	6.5	20	0						---Quinuclidine-3-ol
2933.3990	---其他	6.5	20	0						---Other

税则号列 Tariff Item	商品名称	最惠国税率(%) M. F. N.	普通税率(%) Gen.	协定税率(%) Conventional 东盟 ASEAN	亚太 APTA	香港 H. K.	澳门 Macao	台湾 Taiwan	出口税率(%) Export	Article Description
	-结构上含有-个喹啉或异喹啉环系（不论是否氢化）的化合物，但未经进一步稠合的：									-Compounds containing a quinoline or isoquinoline ring-system (whether or not hydrogenated), not further fused:
2933.4100	--左非诺（INN）及其盐	6.5	20	0						--Levorpharol (INN) and its salts
2933.4900	--其他	6.5	20	0						--Other
	-结构上含有一个嘧啶环（不论是否氢化）或哌嗪环的化合物：									-Compounds containing a pyrimidine ring (whether or not hydrogenated) or piperazine ring in the structure:
2933.5200	--丙二酰脲（巴比土酸）及其盐	6.5	20	0						--Malonylurea (barbituric acid) and its salts
2933.5300	--阿洛巴比妥（INN）、异戊巴比妥（INN）、巴比妥（INN）、布他比妥（INN）、正丁巴比妥（INN）、环己巴比妥（INN）、甲苯巴比妥（INN）、戊巴比妥（INN）、苯巴比妥（INN）、仲丁巴比妥（INN）、司可巴比妥（INN）和乙烯比妥（INN）以及它们的盐	6.5	20	0						--Allobarbital (INN), amobarbital (INN), barbital (INN), butalbital (INN), butobarbital (INN), cyclobarbital (INN), methylphenobarbital (INN), pentobarbital (INN), phenobarbital (INN), secbutabarbital (INN), secobarbital (INN) and vinylbital (INN); salts thereof
2933.5400	--其他丙二酰脲（巴比土酸）的衍生物，以及它们的盐	6.5	20	0						--Other derivatives of malonylurea (barbituric acid); salts thereof
2933.5500	--氯普唑仑（INN），甲氯喹酮（INN），甲喹酮（INN）和齐培丙醇（INN），以及它们的盐	6.5	20	0						--Loprazolam (INN), mecloqualone (INN), methaqualone (INN) and zipeprol (INN); salts thereof
	--其他：									--Other:
2933.5910	---胞嘧啶	6.5	20	0	4.6					---Cytosine
2933.5920	---环丙氟哌酸	6.5	20	0	6					---Ciprofloxacin
2933.5990	---其他	6.5	20	0	4.6					---Other
	-结构上含有一个非稠合三嗪环（不论是否氢化）的化合物：									-Compounds containing an unfused triazine ring (whether or not hydrogenated) in the structure:
2933.6100	--三聚氰胺（蜜胺）	6.5	20	0						--Melamine
	--其他：									--Other:
2933.6910	---三聚氰氯	6	20	0			0			---Cyanuric chloride

税则号列 Tariff Item	商 品 名 称	最惠国税率 (%) M. F. N.	普通税率 (%) Gen.	协定税率 (%) Conventional 东盟 ASEAN	亚太 APTA	香港 H. K.	澳门 Macao	台湾 Taiwan	出口税率 (%) Export	Article Description
	---异氰脲酸氯化衍生物：									---Chloroisocyanurate:
2933.6921	----二氯异氰脲酸	6.5	20	0			0			----Dichloroisooyanurate acid
2933.6922	----三氯异氰脲酸	6.5	20	0			0			----Trichloroisocyanurate acid
2933.6929	----其他	6.5	20	0			0			----Other
2933.6990	---其他	6.5	20	0			0			---Other
	-内酰胺：									-Lactams:
2933.7100	--6-己内酰胺	9	35	5						--6-Hexanolactam (epsilon-caprolactam)
2933.7200	--氯巴占（INN）和甲乙哌酮（INN）	9	15	0						--Clobazam (INN) and methyprylon (INN)
2933.7900	--其他内酰胺	9	20	0						--Other lactams
	-其他：									-Other:
2933.9100	--阿普唑仑（INN）、卡马西泮（INN）、氯氮卓（INN）、氯硝西泮（INN）、氯拉卓酸、地洛西泮（INN）、地西泮（INN）、艾司唑仑（INN）、氯氟卓乙酯（INN）、氟地西泮（INN）、氟硝西泮（INN）、氟西泮（INN）、哈拉西泮（INN）、劳拉西泮（INN）、氯甲西泮（INN）、马吲哚（INN）、美达西泮（INN）、咪达唑仑（INN）、硝甲西泮（INN）、硝西泮（INN）、去甲西泮（INN）、奥沙西泮（INN）、匹那西泮（INN）、普拉西泮（INN）、吡咯戊酮（INN）、替马西泮（INN）、四氢西泮（INN）和三唑仑（INN），以及它们的盐	6.5	20	0						--Alprazolam (INN), camazepam (INN), chlordiazepoxide (INN), clonazepam (INN), clorazepate, delorazepam (INN), diazepam (INN), estazolam (INN), ethyl loflazepate (INN), fludiazepam (INN), flunitrazepam (INN), flurazepam (INN), halazepam (INN), lorazepam (INN), lormetazepam (INN), mazindol (INN), medazepam (INN), midazolam (INN), nimetazepam (INN), nitrazepam (INN), nordazepam (INN), oxazepam (INN), pinazepam (INN), prazepam (INN), pyrovalerone (INN), temazepam (INN), tetrazepam (INN) and triazolam (INN); salts thereof
2933.9200	--甲基谷硫磷（ISO）	6.5	20	0						--Azinphos-methyl (ISO)
2933.9900	--其他	6.5	20	0						--Other

税则号列 Tariff Item	商品名称	最惠国税率(%) M. F. N.	普通税率(%) Gen.	协定税率(%) Conventional 东盟 ASEAN	亚太 APTA	香港 H. K.	澳门 Macao	台湾 Taiwan	出口税率(%) Export	Article Description
29.34	核酸及其盐，无论是否已有化学定义；其他杂环化合物：									**Nucleic acids and their salts, whether or not chemically defined; Other heteroeyclic compounds:**
	-结构上含有一个非稠合噻唑环（不论是否氢化）的化合物：									-Compounds containing an unfused thiazole ring (whether or not hydrogenated) in the structure:
2934.1010	---三苯甲基氨噻肟酸	6.5	20	0						---MethoxyiMinoacetic acid
2934.1090	---其他	6.5	20	0						---Other
2934.2000	-结构上含有一个苯并噻唑环系（不论是否氢化）的化合物，但未经进一步稠合的	6.5	20	0						-Compounds containing in the structure a benzothiazole ring-system (whether or not hydrogenated), not further fused
2934.3000	-结构上含有一个吩噻嗪环系（不论是否氢化）的化合物，但未经进一步稠合的	6.5	20	0						-Compounds containing in the structure a phenothiazine ring-system (whether or not hydrogenated), not further fused
	-其他：									-Other:
2934.9100	--阿米雷司（INN），溴替唑仑（INN），氯噻西泮（INN），氯恶唑仑（INN），右吗拉胺（INN），卤恶唑仑（INN），凯他唑仑（INN），美索卡（INN），恶唑仑（INN），匹莫林（INN），苯巴曲嗪（INN），芬美曲嗪（INN）和舒芬太尼（INN），以及它们的盐	6.5	20	0						--Aminorex (INN), brotizolam (INN), clotiazepam (INN), cloxazolam (INN), dextromoramide (INN), haloxazolam (INN), ketazolam (INN), mesocarb (INN), oxazolam (INN), pemoline (INN), phendimet razine (INN), phenmetrazine (INN) and sufentanil (INN); salts thereof
	--其他：									--Other:
2934.9910	---磺内酯及磺内酰胺	6.5	30	0						---Sultones and sultams
2934.9920	---呋喃唑酮	6	20	0						---Furazolidone
2934.9930	---核酸及其盐	6.5	35	0						---Nucleic acids and their salts
2934.9940	---奈韦拉平、依发韦仑、利托那韦及它们的盐	6.5	20	0						---Nevirapine, efavirenz, ritonavir and their salts
2934.9950	---克拉维酸及其盐	6.5	20	0						---Clavulanic acid and its salts

税则号列 Tariff Item	商品名称	最惠国税率(%) M. F. N.	普通税率(%) Gen.	协定税率(%) Conventional 东盟 ASEAN	亚太 APTA	香港 H. K.	澳门 Macao	台湾 Taiwan	出口税率(%) Export	Article Description
2934.9960	---7-苯乙酰氨基-3-氯甲基-4-头孢烷酸对甲氧基苄酯、7-氨基头孢烷酸、7-氨基脱乙酰氧基头孢烷酸	6	20	0	5					--- 4-methoxybenzyl 3-chloromethyl-7-(2-phenylacetamido)-3-cephem-4-carboxylate, 7-aminocephalosporianic acid, 7-aminodeacetoxycephalosporanic acid
2934.9990	---其他	6.5	20	0						---Other
29.35	**磺(酰)胺:**									**Sulphonamides:**
2935.1000	-N-甲基全氟辛基磺酰胺	6.5	35	0						-N-Methylperfluorooctane sulphonamide
2935.2000	-N-乙基全氟辛基磺酰胺	6.5	35	0						-N-Ethylperfluorooctane sulphonamide
2935.3000	-N-乙基-N-(2-羟乙基)全氟辛基磺酰胺	6.5	35	0						-N-Ethyl-N-(2-hydroxyethyl) perfluorooctane sulphonamide
2935.4000	-N-(2-羟乙基)-N-甲基全氟辛基磺酰胺	6.5	35	0						-N-(2-Hydroxyethyl)-N-methylperfluorooctane sulphonamide
2935.5000	-其他全氟辛基磺酰胺	6.5	35	0						-Other perfluorooctane sulphonamides
2935.9000	-其他	6.5	35	0						-Other
	第十一分章 维生素原、维生素及激素									**Ⅺ. PROVITAMINS, VITAMINS AND HORMONES**
29.36	**天然或合成再制的维生素原和维生素(包括天然浓缩物)及其主要用作维生素的衍生物,上述产品的混合物,不论是否溶于溶剂:**									**Provitamins and vitamins, natural or reproduced by synthesis (including natural concentrates), derivatives thereof used primarily as vitamins, and intermixtures of the foregoing, whether or not in any solvent:**
	-未混合的维生素及其衍生物:									-Vitamins and their derivatives, unmixed:
2936.2100	--维生素A及其衍生物	4	20	0			0			--Vitamins A and their derivatives
2936.2200	--维生素B_1及其衍生物	4	20	0			0			--Vitamin B_1 and its derivatives
2936.2300	--维生素B_2及其衍生物	4	20	0			0			--Vitamin B_2 and its derivatives
2936.2400	--D或DL-泛酸(维生素B_3或维生素B_5)及其衍生物	4	20	0			0			--D-or DL-Pantothenic acid (Vitamin B_3 or Vitamin B_5) and its derivatives
2936.2500	--维生素B_6及其衍生物	4	20	0			0			--Vitamin B_6 and its derivatives
2936.2600	--维生素B_{12}及其衍生物	4	20	0			0			--Vitamin B_{12} and its derivatives
2936.2700	--维生素C及其衍生物	4	20	0			0			--Vitamin C and its derivatives
2936.2800	--维生素E及其衍生物	4	20	0			0			--Vitamin E and its derivatives
2936.2900	--其他维生素及其衍生物	4	20	0			0			--Other vitamins and their derivatives
	-其他,包括天然浓缩物:									-Other, including natural concentrates:

税则号列 Tariff Item	商品名称	最惠国税率(%) M. F. N.	普通税率(%) Gen.	协定税率(%) Conventional					出口税率(%) Export	Article Description
				东盟 ASEAN	亚太 APTA	香港 H. K.	澳门 Macao	台湾 Taiwan		
2936.9010	---维生素 AD_3	4	20	0			0			---Vitamin AD_3
2936.9090	---其他	4	20	0			0			---Other
29.37	**天然或合成再制的激素、前列腺素、血栓烷和白细胞三烯以及它们的衍生物和结构类似物，包括主要用作激素的改性链多肽：**									**Hormones, prostaglandins, thromboaxnes and leukotrienes, natural or reproduced by synthesis; derivatives and structural analogues thereof, including chain modified polypeptides, used primarily as hormones:**
	-多肽激素、蛋白激素、糖蛋白激素及其衍生物和结构类似物：									-Polypeptide hormones, protein hormones and glycoprotein hormones, their derivatives and structural analogues:
2937.1100	--生长激素及其衍生物和结构类似物	4	20	0						--Somatotropin, its derivatives and structural analogues
	--胰岛素及其盐：									--Insulin and its salts:
2937.1210	---重组人胰岛素及其盐	4	20	0						---Recombinant human insulin and its salts
2937.1290	---其他	4	20	0						---Other
2937.1900	--其他	4	20	0						--Other
	-甾族激素及其衍生物和结构类似物：									-Steroidal hormones, their derivatives and structural analogues:
2937.2100	--可的松、氢化可的松、脱氢可的松及脱氢皮质醇	4	20	0						--Cortisone, hydrocortisone, prednisone (dehydrocortisone) and prednisolone (dehydrohydrocortisone)
	--皮质（甾）类激素的卤化衍生物：									--Halogenated derivatives of corticosteroidal hormones:
2937.2210	---地塞米松	4	30	0						---Dexamethasone
2937.2290	---其他	4	30	0						---Other
	--雌（甾）激素和孕激素：									--Oestrogens and progestogens:
	---动物源的：									---Zoogenic:
2937.2311	----孕马结合雌激素	4	30	0						----Progesterone conjugated equine estrogen
2937.2319	----其他	4	30	0						----Other
2937.2390	---其他	4	30	0						---Other
2937.2900	--其他	4	30	0						--Other
2937.5000	-前列腺素、血栓烷和白细胞三烯及其衍生物和结构类似物	4	30	0						-Prostaglandins, thromboxanes and leukotrienes, their derivatives and structural analogues
2937.9000	-其他	4	30	0						-Other

税则号列 Tariff Item	商品名称	最惠国税率(%) M. F. N.	普通税率(%) Gen.	协定税率(%) Conventional 东盟 ASEAN	亚太 APTA	香港 H. K.	澳门 Macao	台湾 Taiwan	出口税率(%) Export	Article Description
	第十二分章 天然或合成再制的苷（配糖物）、生物碱及其盐、醚、酯和其他衍生物									Ⅻ. GLYCOSIDES AND ALKALOIDS, NATURAL OR REPRODUCED BYSYNTHESIS, AND THEIR SALTS, ETHERS, ESTERS AND OTHER DERIVATIVES
29.38	**天然或合成再制的苷（配糖物）及其盐、醚、酯和其他衍生物：**									**Glycosides, natural or reproduced bysynthesis, and their salts, ethers, esters and other derivatives:**
2938.1000	-芸香苷及其衍生物	6.5	20	0						-Rutoside (rutin) and its derivatives
	-其他：									-Other:
2938.9010	---齐多夫定、拉米夫定、司他夫定、地达诺新及它们的盐	6.5	20	0						---Zidovudine, lamivudine, stavudine, didanosine and their salts
2938.9090	---其他	6.5	20	0						---Other
29.39	**天然或合成再制的生物碱及其盐、醚、酯和其他衍生物：**									**Vegetable alkaloids, natural or reproduced by synthesis, and their salts, ethers, esters and other derivatives:**
	-鸦片碱及其衍生物，以及它们的盐：									-Alkaloids of opium and their derivatives; salts thereof:
2939.1100	--罂粟秆浓缩物、丁丙诺啡（INN）、可待因、双氢可待因（INN）、乙基吗啡、埃托啡（INN）、海洛因、氢可酮（INN）、氢吗啡酮（INN）、吗啡、尼可吗啡（INN）、羟考酮（INN）、羟吗啡酮（INN）、福尔可定（INN）、醋氢可酮（INN）和蒂巴因，以及它们的盐	4	50	0						--Concentrates of poppy straw; buprenorphine (INN), codeine, dihydrocodeine (INN), ethylmorphine, etorphine (INN), heroin, hydrocodone (INN), hydromorphone (INN), morphine, nicomorphine (INN), oxycodone (INN), oxymorphone (INN), pholcodine (INN), thebacon (INN) and thebaine; salts thereof
2939.1900	--其他	4	50	0						--Other
2939.2000	-金鸡纳生物碱及其衍生物，以及它们的盐	4	20	0						-Alkaloids of cinchona and their derivatives; salts thereof
2939.3000	-咖啡因及其盐	4	20	0						-Caffeine and its salts
	-麻黄碱类及其盐：									-Ephedrines and their salts:
2939.4100	--麻黄碱及其盐	4	20	0						--Ephedrine and its salts
2939.4200	--假麻黄碱及其盐	4	20	0						--Pseudoephedrine (INN) and its salts

税则号列 Tariff Item	商品名称	最惠国税率(%) M. F. N.	普通税率(%) Gen.	协定税率(%) Conventional 东盟 ASEAN	亚太 APTA	香港 H. K.	澳门 Macao	台湾 Taiwan	出口税率(%) Export	Article Description
2939.4300	--d-去甲假麻黄碱（INN）及其盐	4	20	0						--d-Norpseudoephedrine and its salts
2939.4400	--去甲麻黄碱及其盐	4	20	0						--Norpseudoephedrine and its salts
2939.4900	--其他	4	20	0						--Other
	-茶碱和氨茶碱及其衍生物，以及它们的盐：									-Theophylline and aminophylline (theophylline-ethylenediamine) and their derivatives; salts thereof:
2939.5100	--芬乙茶碱（INN）及其盐	4	20	0						--Fenetylline (INN) and its salts
2939.5900	--其他	4	20	0						--Other
	-麦角生物碱及其衍生物，以及它们的盐：									-Alkaloids of rye ergot and their derivatives; salts thereof:
2939.6100	--麦角新碱（INN）及其盐	4	20	0						--Ergometrine (INN) and its salts
2939.6200	--麦角胺（INN）及其盐	4	20	0						--Ergotamine (INN) and its salts
2939.6300	--麦角酸及其盐	4	20	0						--Lysergic acid and its salts
2939.6900	--其他	4	20	0						--Other
	-其他，植物来源的：									-Other, of vegetal origin:
	--可卡因、芽子碱、左甲苯丙胺、去氧麻黄碱（INN）、去氧麻黄碱外消旋体，它们的盐、酯及其他衍生物：									--Cocaine, ecgonine, levo-metamfe-tamine, metamfet-amine (INN), metamfetamine racemate; salts, esters and other derivatives thereof:
2939.7110	---可卡因及其盐	4	20	0						---Cocaine and its salts
2939.7190	---其他	4	20	0						---Other
	--其他：									--Other:
2939.7910	---烟碱及其盐	4	20	0						---Nicotine and its salts
2939.7920	---番木鳖碱（士的年）及其盐	4	17	0						---Strychnine and its salts
2939.7990	---其他	4	20	0						---Other
2939.8000	-其他（相应子目，例如税目29.33和29.34项下的）	4	20	0						-Other
	第十三分章 其他有机化合物									**XIII. OTHER ORGANIC COMPOUNDS**
29.40	**化学纯糖，但蔗糖、乳糖、麦芽糖、葡萄糖及果糖除外；糖醚、糖缩醛和糖酯及其盐，但不包括税目29.37、29.38及29.39的产品：**									**Sugars, chemically pure, other than sucrose, lactose, maltose, glucose and fructose; sugar ethers, sugar acetals and sugar esters, and their salts, other than products of heading 29.37, 29.38 or 29.39:**

税则号列 Tariff Item	商品名称	最惠国税率(%) M. F. N.	普通税率(%) Gen.	协定税率(%) Conventional					出口税率(%) Export	Article Description
				东盟 ASEAN	亚太 APTA	香港 H. K.	澳门 Macao	台湾 Taiwan		
2940.0010	---木糖	6	30	0						---Xylose
2940.0090	---其他	6	30	0						---Other
29.41	**抗菌素：**									**Antibiotics:**
	-青霉素和具有青霉烷酸结构的青霉素衍生物及其盐：									-Penicillins and their derivatives with a penicillanic acid structure; salts thereof:
	---氨苄青霉素及其盐：									---Ampicillin and its salts:
2941.1011	----氨苄青霉素	6	20	0	5					----Ampicillin
2941.1012	----氨苄青霉素三水酸	6	20	0	5					----Ampicillin trihydrate
2941.1019	----其他	6	20	0	5					----Other
	---其他：									---Other:
2941.1091	----羟氨苄青霉素	4	20	0						----Amoxycillin
2941.1092	----羟氨苄青霉素三水酸	4	20	0						----Amoxycillin trihydrate
2941.1093	----6-氨基青霉烷酸（6APA）	4	20	0						----6-Aminopenicillanic acid
2941.1094	----青霉素V	4	20	0						----Penicillin V
2941.1095	----磺苄青霉素	4	20	0						----Sulfobenzylpenicillin
2941.1096	----邻氯青霉素	4	20	0						----Cloxacillin
2941.1099	----其他	4	20	0						----Other
2941.2000	-链霉素及其衍生物，以及它们的盐	4	20	0						-Streptomycins and their derivatives; salts thereof
	-四环素及其衍生物，以及它们的盐：									-Tetracyclines and their derivatives; salts thereof:
	---四环素及其盐：									---Tetracyclines and their salts:
2941.3011	----四环素	4	20	0			0			----Tetracyclines
2941.3012	----四环素盐	4	20	0			0			----Salts of tetracyclines
2941.3020	---四环素衍生物及其盐	4	20	0			0			---Tetracyclines derivatives and their salts
2941.4000	-氯霉素及其衍生物，以及它们的盐	4	20	0						-Chloramphenicol and its derivatives; salts thereof
2941.5000	-红霉素及其衍生物，以及它们的盐	4	20	0			0			-Erythromycin and its derivatives; salts thereof
	-其他：									-Other:
2941.9010	---庆大霉素及其衍生物，以及它们的盐	4	20	0						---Gentamycin and its derivatives; salts thereof
2941.9020	---卡那霉素及其衍生物，以及它们的盐	4	20	0						---Kanamycin and its derivatives; salts thereof
2941.9030	---利福平及其衍生物，以及它们的盐	4	20	0						---Rifampicin（RFP）; salts thereof
2941.9040	---林可霉素及其衍生物，以及它们的盐	4	20	0						---Lincomycin and its derivatives; salts thereof
	---头孢菌素及其衍生物，以及它们的盐：									---Cephamycin and its derivatives; salts thereof:
2941.9052	----头孢氨苄及其盐	6	20	0	5					----Cefalexin and its salts
2941.9053	----头孢唑啉及其盐	6	20	0	5					----Cefazolin and its salts

税则号列 Tariff Item	商品名称	最惠国税率(%) M. F. N.	普通税率(%) Gen.	协定税率(%) Conventional 东盟 ASEAN	亚太 APTA	香港 H. K.	澳门 Macao	台湾 Taiwan	出口税率(%) Export	Article Description
2941.9054	----头孢拉啶及其盐	6	20	0	5					----Cefradine and its salts
2941.9055	----头孢三嗪（头孢曲松）及其盐	6	20	0	5					----Ceftriaxone and its salts
2941.9056	----头孢哌酮及其盐	6	20	0	5					----Cefoperazone and its salts
2941.9057	----头孢噻肟及其盐	6	20	0	5					----Cefotaxime and its salts
2941.9058	----头孢克罗及其盐	6	20	0	5					----Cefaclor and its salts
2941.9059	----其他	6	20	0	5					----Other
2941.9060	---麦迪霉素及其衍生物，以及它们的盐	6	20	0	4.2					---Midecamycin and its derivatives; salts thereof
2941.9070	---乙酰螺旋霉素及其衍生物，以及它们的盐	4	20	0						---Acetyl-spiramycin and its derivatives; salts thereof
2941.9090	---其他	6	20	0	5					---Other
29.42	**其他有机化合物：**									**Other organic compounds:**
2942.0000	其他有机化合物	6.5	30	0						Other organic compounds

第三十章 药 品

Chapter 30 Pharmaceutical products

注释：

一、本章不包括：

（一）食品及饮料（例如，营养品、糖尿病食品、强化食品、保健食品、滋补饮料及矿泉水），但不包括供静脉摄入用的滋养品（第四类）；

（二）用于帮助吸烟者戒烟的制剂，例如，片剂、咀嚼胶或透皮贴片（税目 21.06 或 38.24）；

（三）经特殊煅烧或精细研磨的牙科用熟石膏（税目 25.20）；

（四）适合医药用的精油水馏液及水溶液（税目 33.01）；

（五）税目 33.03 至 33.07 的制品，不论是否具有治疗及预防疾病的作用；

（六）加有药料的肥皂及税目 34.01 的其他产品；

（七）以熟石膏为基本成分的牙科用制品（税目 34.07）；或

（八）不作治疗及预防疾病用的血清蛋白（税目 35.02）。

二、税目 30.02 所称的“免疫制品”是指直接参与免疫过程调节的多肽及蛋白质（税目 29.37 的货品除外），例如，单克隆抗体（MAB）、抗体片段、抗体偶联物及抗体片段偶联物、白介素、干扰素（IFN）、趋化因子及特定的肿瘤坏死因子（TNF）、生长因子（GF）、促红细胞生成素及集落刺激因子（CSF）。

三、税目 30.03 及 30.04，以及本章注释四（四）所述的非混合产品及混合产品，按下列规定处理：

（一）非混合产品：

1. 溶于水的非混合产品；
2. 第二十八章及第二十九章的所有货品；以及
3. 税目 13.02 的单一植物浸膏，只经标定或溶于溶剂的。

（二）混合产品：

Chapter Notes:

1. This Chapter does not cover:

(a) Foods or beverages (such as dietetic, diabetic or fortified foods, food supplements, tonic beverages and mineral waters), other than nutritional preparations for intravenous administration (Section IV);

(b) Preparations, such as tablets, chewing gum or patches (transdermal systems), intended to assist smokers to stop smoking (heading 21.06 or 38.24);

(c) Plasters specially calcined or finely ground for use in dentistry (heading 25.20);

(d) Aqueous distillates or aqueous solutions of essential oils, suitable for medicinal uses (heading 33.01);

(e) Preparations of headings 33.03 to 33.07, even if they have therapeutic or prophylactic properties;

(f) Soap or other products of heading 34.01 containing added medicaments;

(g) Preparations with a basis of plaster for use in dentistry (heading 34.07); or

(h) Blood albumin not prepared for therapeutic or prophylactic uses (heading 35.02).

2. For the purposes of heading 30.02, the expression “immunological products” applies to peptides and proteins (other than goods of heading 29.37) which are directly involved in the regulation of immunological processes, such as monoclonal antibodies (MAB), antibody fragments, antibody conjugates and antibody fragment conjugates, interleukins, interferons (IFN), chemokines and certain tumor necrosis factors (TNF), growth factors (GF), hematopoietins and colony stimulating factors (CSF).

3. For the purposes of headings 30.03 and 30.04 and of Note 4 (d) to this Chapter, the following are to be treated:

(a) As unmixed products:

(i) Unmixed products dissolved in water;

(ii) All goods of Chapter 28 or 29; and

(iii) Simple vegetable extracts of heading 13.02, merely standardised or dissolved in any solvent.

(b) As products which have been mixed:

1. 胶体溶液及悬浮液（胶态硫磺除外）；

2. 从植物性混合物加工所得的植物浸膏；以及

3. 蒸发天然矿质水所得的盐及浓缩物。

(i) Colloidal solutions and suspensions (other than colloidal sulphur);

(ii) Vegetable extracts obtained by the treatment of mixtures of vegetable materials; and

(iii) Salts and concentrates obtained by evaporating natural mineral waters.

四、税目30.06仅适用于下列物品（这些物品只能归入税目30.06，而不得归入本协调制度其他税号）：

（一）无菌外科肠线、类似的无菌缝合材料（包括外科或牙科用无菌可吸收缝线）及外伤创口闭合用的无菌黏合胶布；

（二）无菌昆布及无菌昆布塞条；

（三）外科或牙科用无菌吸收性止血材料；外科或牙科用无菌抗粘连阻隔材料，不论是否可吸收；

（四）用于病人的X光检查造影剂及其他诊断试剂，这些药剂是由单一产品配定剂量或由两种以上成分混合而成的；

（五）血型试剂；

（六）牙科粘固剂及其他牙科填料；骨骼粘固剂；

（七）急救药箱、药包；

（八）以激素、税目29.37的其他产品或杀精子剂为基本成分的化学避孕药物；

（九）专用于人类或作兽药用的凝胶制品，作为外科手术或体检时躯体部位的润滑剂，或者作为躯体和医疗器械之间的耦合剂；

（十）废药物，即因超过有效保存期等原因而不适合作原用途的药品；以及

（十一）可确定用于造口术的用具，即裁切成型的结肠造口术、回肠造口术、尿道造口术用袋及其具有黏性的片或底盘。

4. Heading 30.06 applies only to the following, which are to be classified in that heading and in no other heading of the Nomenclature:

(a) Sterile surgical catgut, similar sterile suture materials (including sterile absorbable surgical or dental yarns) and sterile tissue adhesives for surgical wound closure;

(b) Sterile laminaria and sterile laminaria tents;

(c) Sterile absorbable surgical or dental haemostatics; sterile surgical or dental adhesion barriers, whether or not absorbable;

(d) Opacifying preparations for X-ray examinations and diagnostic reagents designed to be administered to the patient, being unmixed products put up in measured doses or products consisting of two or more ingredients which have been mixed together for such uses;

(e) Blood-grouping reagents;

(f) Dental cements and other dental fillings; bone reconstruction cements;

(g) First-aid boxes and kits;

(h) Chemical contraceptive preparations based on hormones, on other products of heading 29.37 or on spermicides;

(ij) Gel preparations designed to be used in human or veterinary medicine as a lubricant for parts of the body for surgical operations or physical examinations or as a coupling agent between the body and medical instruments;

(k) Waste pharmaceuticals, that is, pharmaceutical products which are unfit for their original intended purpose due to, for example, expiry of shelf life; and

(l) Appliances identifiable for ostomy use, that is, colostomy, ileostomy and urostomy pouches cut to shape and their adhesive wafers or faceplates.

子目注释：

一、子目3002.13及3002.14所述的非混合产品、纯物质及混合产品，按下列规定处理：

（一）非混合产品或纯物质，不论是否含有杂质；

Subheading Notes:

1. For the purposes of subheadings 3002.13 and 3002.14, the following are to be treated :

(a) As unmixed products, pure products, whether

or not containing impurities;

（二）混合产品：

(b) As products which have been mixed:

1. 上述（一）款所述的产品溶于水或其他溶剂的；

(i) The products mentioned in (a) above dissolved in water or in other solvents;

2. 为保存或运输需要，上述（一）款及（二）1. 项所述的产品加入稳定剂的；以及

(ii) The products mentioned in (a) and (b) (1) above with an added stabiliser necessary for their preservation or transport; and

3. 上述（一）款、（二）1. 项及（二）2. 项所述的产品添加其他添加剂的。

(iii) The products mentioned in (a), (b) (1) and (b) (2) above with any other additive.

二、子目3003.60和3004.60包括的药品含有与其他药用活性成分配伍的口服用青蒿素（INN），或者含有下列任何一种活性成分，不论是否与其他药用活性成分配伍：阿莫地喹（INN）、蒿醚林酸及其盐（INN）、双氢青蒿素（INN）、蒿乙醚（INN）、蒿甲醚（INN）、青蒿琥酯（INN）、氯喹（INN）、二氢青蒿素（INN）、苯芴醇（INN）、甲氟喹（INN）、哌喹（INN）、乙胺嘧啶（INN）或磺胺多辛（INN）。

2. Subheadings 3003.60 and 3004.60 cover medicaments containingartemisinin (INN) for oral ingestion combined with other pharmaceutical active ingredients, or containing any of the following active principles, whether or not combined with other pharmaceutical active ingredients: amodiaquine (INN); artelinic acid or its salts; artenimol (INN); artemotil (INN); artemether (INN); artesunate (INN); chloroquine (INN); dihydroartemisinin (INN); lumefantrine (INN); mefloquine (INN); piperaquine (INN); pyrimethamine (INN) or sulfadoxine (INN).

税则号列 Tariff Item	商品名称	最惠国税率(%) M. F. N.	普通税率(%) Gen.	协定税率(%) Conventional 东盟 ASEAN	亚太 APTA	香港 H. K.	澳门 Macao	台湾 Taiwan	出口税率(%) Export	Article Description
30.01	**已干燥的器官疗法用腺体及其他器官，不论是否制成粉末；器官疗法用腺体、其他器官及其分泌物的提取物；肝素及其盐；其他供治疗或预防疾病用的其他税号未列名的人体或动物制品：**									**Glands and other organs for organotherapeutic uses, dried, whether or not powdered; extracts of glands or other organs or of their secretions for organotherapeutic uses; heparin and its salts; other human or animal substances prepared for therapeutic or prophylactic uses, not elsewhere specified or included:**
3001.2000	-腺体、其他器官及其分泌物的提取物	3	30	0						-Extracts of glands or other organs or of their secretions
	-其他：									-Other:
3001.9010	---肝素及其盐	3	30	0						---Heparin and its salts
3001.9090	---其他	3	30	0						---Other
30.02	**人血；治病、防病或诊断用的动物血制品；抗血清、其他血份及免疫制品，不论是否修饰或通过生物工艺加工制得；疫苗、毒素、培养微生物（不包括酵母）及类似产品：**									**Human blood; animal blood prepared for therapeutic, prophylactic or diagnostic uses; antisera, other blood fractions and immunological products, whether or not modified or obtained by means of biotechnological processes; vaccines, toxins, cultures of micro-organisms (excluding yeasts) and similar products:**

税则号列 Tariff Item	商品名称	最惠国税率(%) M. F. N.	普通税率(%) Gen.	协定税率(%) Conventional 东盟 ASEAN	亚太 APTA	香港 H. K.	澳门 Macao	台湾 Taiwan	出口税率(%) Export	Article Description
	-抗血清、其他血份及免疫制品，不论是否修饰或通过生物工艺加工制得：									-Antisera and other blood fractions and immunological products，whether or not modified or obtained by means of biotechnological processes：
3002.1100	--疟疾诊断试剂盒	3	20	0						--Malaria diagnostic test kits
3002.1200	--抗血清及其他血份	3	20	0						--Antisera and other blood fractions
3002.1300	--非混合的免疫制品，未配定剂量或制成零售包装	3	20	0						--Immunological products，unmixed，not put up in measured doses or in forms or packings for retail sale
3002.1400	--混合的免疫制品，未配定剂量或制成零售包装	3	20	0						--Immunological products，mixed，not put up in measured doses or in forms or packings for retail sale
3002.1500	--免疫制品，已配定剂量或制成零售包装	3	20	0						--Immunological products，put up in measured doses or in forms or packings for retail sale
3002.1900	--其他	3	20	0						--Other
3002.2000	-人用疫苗	3	20	0						-Vaccines for human medicine
3002.3000	-兽用疫苗	3	20	0						-Vaccines for veterinary medicine
	-其他：									-Other：
3002.9010	---石房蛤毒素	3	20	0						---Saxitoxin
3002.9020	---蓖麻毒素	3	20	0						---Ricitoxin
3002.9030	---细菌及病毒	3	20	0						---Bacteria and Virus
3002.9040	---遗传物质和基因修饰生物体	3	20	0						---Genetics material and Gene modified Organism
3002.9090	---其他	3	20	0		0				---Other
30.03	**两种或两种以上成分混合而成的治病或防病用药品(不包括税目30.02、30.05或30.06的货品)，未配定剂量或制成零售包装：**									**Medicaments (excluding goods of heading 30.02，30.05 or 30.06) consisting of two or more constituents which have been mixed together for therapeutic or prophylactic uses，not put up in measured doses or in forms or packings for retail sale：**
	-含有青霉素及具有青霉烷酸结构的青霉素衍生物或链霉素及其衍生物：									-Containing penicillins or derivatives thereof，with a penicillanic acid structure，or streptomycins or their derivatives：
	---青霉素：									---Containing penicillins：
3003.1011	----氨苄青霉素	6	30	0	4.5					----Ampicillin
3003.1012	----羟氨苄青霉素	6	30	0	4.5					----Amoxycillin

税则号列 Tariff Item	商品名称	最惠国税率(%) M. F. N.	普通税率(%) Gen.	协定税率(%) Conventional 东盟 ASEAN	亚太 APTA	香港 H. K.	澳门 Macao	台湾 Taiwan	出口税率(%) Export	Article Description
3003.1013	----青霉素V	6	30	0	4.5					----Penicillin V
3003.1019	----其他	6	30	0	4.5					----Other
3003.1090	---其他	6	30	0	4.5					---Other
	-其他，含有抗菌素：									-Other, containing antibiotics:
	---头孢菌素：									---Containing cephamycins:
3003.2011	----头孢噻肟	6	30	0	5.4					----Cefotaxime
3003.2012	----头孢他啶	6	30	0	5.4					----Ceftazidime
3003.2013	----头孢西丁	6	30	0	5.4					----Cefoxitin
3003.2014	----头孢替唑	6	30	0	5.4					----Ceftezole
3003.2015	----头孢克罗	6	30	0	5.4					----Cefaclor
3003.2016	----头孢呋辛	6	30	0	5.4					----Cefuroxime
3003.2017	----头孢三嗪(头孢曲松)	6	30	0	5.4					----Ceftriaxone
3003.2018	----头孢哌酮	6	30	0	5.4					----Cefoperazone
3003.2019	----其他	6	30	0	5.4					----Other
3003.2090	---其他	6	30	0	4.2					---Other
	-其他，含有激素或税目29.37的其他产品：									-Other, containing hormones or other products of heading 29.37:
3003.3100	--含有胰岛素	5	30	0	3.5					--Containing insulin
3003.3900	--其他	6	30	0	4.2					--Other
	-其他，含有生物碱及其衍生物：									-Other, containing alkaloids or derivatives thereof:
3003.4100	--含有麻黄碱及其盐	5	30	0						--Containing ephedrine or its salts
3003.4200	--含有伪麻黄碱(INN)及其盐	5	30	0						--Containing pseudoephedrine (INN) or its salts
3003.4300	--含有去甲麻黄碱及其盐	5	30	0						--Containing norephedrine or its salts
3003.4900	--其他	5	30	0						--Other
	-其他，含有本章子目注释二所列抗疟疾活性成分的：									-Other, containing antimalarial active principles described in Subheading Note 2 to this Chapter:
3003.6010	---含有青蒿素及其衍生物	5	30	0			0			---Containing artemisinins and their derivatives
3003.6090	---其他	5	30	0			0			---Other
3003.9000	-其他	5	30	0			0			Other
30.04	**由混合或非混合产品构成的治病或防病用药品（不包括税目30.02、30.05或30.06的货品），已配定剂量（包括制成皮肤摄入形式的）或制成零售包装：**									**Medicaments (excluding goods of heading 30.02, 30.05 or 30.06) consisting of mixed or unmixed products for therapeutic or prophylactic uses, put up in measured doses (including those in the form of transdermal administration systems) or in forms or packings for retail sale:**

税则号列 Tariff Item	商品名称	最惠国税率(%) M. F. N.	普通税率(%) Gen.	协定税率(%) Conventional 东盟 ASEAN	亚太 APTA	香港 H. K.	澳门 Macao	台湾 Taiwan	出口税率(%) Export	Article Description
	-含有青霉素及具有青霉烷酸结构的青霉素衍生物或链霉素及其衍生物：									-Containing penicillins or derivatives thereof , with a penicillanic acid structure, or streptomycins or their derivatives:
	---青霉素：									---Containing penicillins:
3004.1011	----氨苄青霉素制剂	6	30	0	4.5	0	0			----Ampicillin
3004.1012	----羟氨苄青霉素制剂	6	30	0	4.5	0	0			----Amoxycillin
3004.1013	----青霉素V制剂	6	30	0	4.5	0	0			----Penicillin V
3004.1019	----其他	6	30	0	4.5	0	0			----Other
3004.1090	---其他	6	30	0	4.5	0	0			---Other
	-其他，含有抗菌素：									-Other, containing antibiotics:
	---头孢菌素：									---Containing cephamycins:
3004.2011	----头孢噻肟制剂	6	30	0	5	0				----Cefotaxime
3004.2012	----头孢他啶制剂	6	30	0	5	0				----Ceftazidime
3004.2013	----头孢西丁制剂	6	30	0	5	0				----Cefoxitin
3004.2014	----头孢替唑制剂	6	30	0	5	0				----Ceftezole
3004.2015	----头孢克罗制剂	6	30	0	5	0				----Cefaclor
3004.2016	----头孢呋辛制剂	6	30	0	5	0				----Cefuroxime
3004.2017	----头孢三嗪（头孢曲松）制剂	6	30	0	5	0				----Ceftriaxone
3004.2018	----头孢哌酮制剂	6	30	0	5	0				----Cefoperazone
3004.2019	----其他	6	30	0	5	0				----Other
3004.2090	---其他	6	30	0	4.2	0	0			---Other
	-其他，含有激素或税目29.37的其他产品：									-Other, containing hormones or other products of heading 29.37:
	--含有胰岛素：									--Containing insulin:
3004.3110	---含有重组人胰岛素的	5	30	0	3.5					---Containing recombinant human insulin
3004.3190	---其他	5	30	0	3.5					---Other
3004.3200	--含有皮质甾类激素及其衍生物或结构类似物	5	30	0	3.5	0				--Containing corticosteroid hormones, their derivatives and structural analogues
3004.3900	--其他	5	30	0	3.5	0				--Other
	-其他，含有生物碱及其衍生物：									-Other, containing alkaloids or derivatives thereof:
3004.4100	--含有麻黄碱及其盐	5	30	0		0				--Containing ephedrine or its salts
3004.4200	--含有伪麻黄碱（INN）及其盐	5	30	0		0				--Containing pseudoephedrine (INN) or its salts
3004.4300	--含有去甲麻黄碱及其盐	5	30	0		0				--Containing norephedrine or its salts
3004.4900	--其他	5	30	0		0				--Other

税则号列 Tariff Item	商品名称	最惠国税率(%) M. F. N.	普通税率(%) Gen.	协定税率(%) Conventional 东盟 ASEAN	亚太 APTA	香港 H. K.	澳门 Macao	台湾 Taiwan	出口税率(%) Export	Article Description
3004. 5000	-其他，含有维生素或税目29. 36所列产品	6	40	0	5		0			-Other, containing vitamins or other products of heading 29. 36
	-其他，含有本章子目注释二所列抗疟疾活性成分的：									-Other, containing antimalarial active principles described in Subheading Note 2 to this Chapter:
3004. 6010	---含有青蒿素及其衍生物	4	30	0		0	0			---Containing artemisinins and their derivatives
3004. 6090	---其他	4	30	0	2. 8	0	0			---Other
	-其他：									-Other:
3004. 9010	---含有磺胺类	6	40	0	4. 2	0	0			---Containing sulfa drugs
3004. 9020	---含有联苯双酯	4	30	0	2. 8		0			---Containing biphenyl dicarbxybte
	---中式成药：									---Medicaments of Chinese type:
3004. 9051	----中药酒	3	30	0	2	0	0			----Medicated liquors or wines
3004. 9052	----片仔癀	3	30	0	2	0	0			----Pien Tzu Huang
3004. 9053	----白药	3	30	0	2	0	0			----Bai Yao
3004. 9054	----清凉油	3	30	0	2	0	0			----Essential balm
3004. 9055	----安宫牛黄丸	3	30	0	2	0	0			----Angong niuhuang wan
3004. 9059	----其他	3	30	0	2	0	0			----Other
3004. 9090	---其他	4	30	0	2. 8	0	0			---Other
30. 05	**软填料、纱布、绷带及类似物品（例如，敷料、橡皮膏、泥罨剂），经过药物浸涂或制成零售包装供医疗、外科、牙科或兽医用：**									**Wadding, gauze, bandages and similar articles (for example, dressings, adhesive plasters, poultices), impregnated or coated with pharmaceutical substances or put up in forms or packings for retail sale for medical, surgical, dental or veterinary purposes:**
	-胶粘敷料及有胶粘涂层的其他物品：									-Adhesive dressings and other articles having an adhesive layer:
3005. 1010	---橡皮膏	5	70	0			0			---Adhesive plasters
3005. 1090	---其他	5	35	0			0			---Other
	-其他：									-Other:
3005. 9010	---药棉、纱布、绷带	5	70	0	3	0				---Absorbent cotton, gauze, bandages
3005. 9090	---其他	5	35	0		0	0			---Other
30. 06	**本章注释四所规定的医药用品：**									**Pharmaceutical goods specified in Note 4 to this Chapter:**

税则号列 Tariff Item	商品名称	最惠国税率(%) M. F. N.	普通税率(%) Gen.	协定税率（%）Conventional 东盟 ASEAN	亚太 APTA	香港 H. K.	澳门 Macao	台湾 Taiwan	出口税率(%) Export	Article Description
3006.1000	-无菌外科肠线、类似的无菌缝合材料（包括外科或牙科用无菌可吸收缝线）及外伤创口闭合用的无菌黏合胶布；无菌昆布及无菌昆布塞条；外科或牙科用无菌吸收性止血材料；外科或牙科用无菌抗粘连阻隔材料，不论是否可吸收	5	30	0		0	0			-Sterile surgical catgut, similar sterile suture materials (including sterile absorbable surgical or dental yarns) and sterile tissue adhesives for surgical wound closure; sterile laminaria and sterile laminaria tents; sterile absorbable surgical or dental haemostatics; sterile surgical or dental adhesion barriers, whether or not absorbable
3006.2000	-血型试剂	3	20	0						-Blood-grouping reagents
3006.3000	-X光检查造影剂；用于病人的诊断试剂	4	30	0						-Opacifying preparations for X-ray examinations; diagnostic reagents designed to be administered to the patient
3006.4000	-牙科粘固剂及其他牙科填料；骨骼粘固剂	5	30	0						-Dental cements and other dental fillings; bone reconstruction cements
3006.5000	-急救药箱、药包	5	30	0						-First-aid boxes and kits
	-以激素、税目29.37的其他产品或杀精子剂为基本成分的化学避孕药物：									-Chemical contraceptive preparations based on hormones, on other products of heading 29.37 or on spermicides:
3006.6010	---以激素为基本成分的避孕药	0	0							---Contraceptive preparations based on hormones
3006.6090	---其他	0	0							---Other
3006.7000	-专用于人类或作兽药用的凝胶制品，作为外科手术或体检时躯体部位的润滑剂，或者作为躯体和医疗器械之间的耦合剂	6.5	30	0		0				-Gel preparations designed to be used in human or veterinary medicine as a lubricant for parts of the body for surgical operations or physical examinations or as a coupling agent between the body and medical instruments
	-其他：									-Other:
3006.9100	--可确定用于造口术的用具	10	80	0	9.2	0	0			--Appliances identifiable for ostomy use
3006.9200	--废药物	5	30	0						--Waste pharmaceuticals

第三十一章
肥　料

注释：

一、本章不包括：

（一）税目05.11的动物血；

（二）单独的已有化学定义的化合物［符合下列注释二（一）、三（一）、四（一）或五所规定的化合物除外］；或

（三）税目38.24的每颗重量不低于2.5克的氯化钾培养晶体（光学元件除外）；氯化钾光学元件（税目90.01）。

二、税目31.02只适用于下列货品，但未制成税目31.05所述形状或包装：

（一）符合下列任何一条规定的货品：

1. 硝酸钠，不论是否纯净；
2. 硝酸铵，不论是否纯净；
3. 硫酸铵及硝酸铵的复盐，不论是否纯净；
4. 硫酸铵，不论是否纯净；
5. 硝酸钙及硝酸铵的复盐（不论是否纯净）或硝酸钙及硝酸铵的混合物；
6. 硝酸钙及硝酸镁的复盐（不论是否纯净）或硝酸钙及硝酸镁的混合物；
7. 氰氨化钙，不论是否纯净或用油处理；
8. 尿素，不论是否纯净。

（二）由上述（一）款任何货品相互混合的肥料。

（三）由氯化铵或上述（一）或（二）款任何货品与白垩、石膏或其他无肥效无机物混合而成的肥料。

（四）由上述（一）2或8项的货品或其混合物溶于水或液氨的液体肥料。

三、税目31.03只适用于下列货品，但未制成税目31.05所述形状或包装：

（一）符合下列任何一条规定的货品：

Chapter 31
Fertilisers

Chapter Notes:

1. This Chapter does not cover:

(a) Animal blood of heading 05.11;

(b) Separate chemically defined compounds (other than those answering to the descriptions in Note 2 (a), 3 (a), 4 (a) or 5 below); or

(c) Cultured potassium chloride crystals (other than optical elements) weighing not less than 2.5g each, of heading 38.24; optical elements of potassium chloride (heading 90.01).

2. Heading 31.02 applies only to the following goods, provided that they are notput up in the forms or packages described in heading 31.05:

(a) Goods which answer to one or other of the descriptions given below:

(i) Sodium nitrate, whether or not pure;

(ii) Ammonium nitrate, whether or not pure;

(iii) Double salts, whether or not pure, of ammonium sulphate and ammoniumnitrate;

(iv) Ammonium sulphate, whether or not pure;

(v) Double salts (whether or not pure) or mixtures of calcium nitrate and ammonium nitrate;

(vi) Double salts (whether or not pure) or mixtures of calcium nitrate and magnesium nitrate;

(vii) Calcium cyanamide, whether or not pure or treated with oil;

(viii) Urea, whether or not pure.

(b) Fertilisers consisting of any of the goods described in (a) above mixed together.

(c) Fertilisers consisting of ammonium chloride or of any of the goods described in (a) or (b) above mixed with chalk, gypsum or other inorganic non-fertilising substances.

(d) Liquid fertilisers consisting of the goods of subparagraph (a) (ii) or (viii) above, or of mixtures of those goods, in an aqueous or ammoniacal solution.

3. Heading 31.03 applies only to the following goods, provided that they are not put up in the forms or packages described in heading 31.05:

(a) Goods which answer to one or other of the descriptions given below:

1. 碱性熔渣；
2. 税目 25.10 的天然磷酸盐，已焙烧或经过超出清除杂质范围的热处理；
3. 过磷酸钙（一过磷酸钙、二过磷酸钙或三过磷酸钙）；
4. 磷酸氢钙，按干燥无水产品重量计含氟量不低于 0.2%。

(i) Basic slag;
(ii) Natural phosphates of heading 25.10, calcined or further heat-treated than for the removal of impurities;
(iii) Superphosphates (single, double or triple);
(iv) Calcium hydrogenorthophosphate containing not less than 0.2% by weight of fluorine calculated on the dry anhydrous product.

（二）由上述（一）款的任何货品相互混合的肥料，不论含氟量多少。

(b) Fertilisers consisting of any of the goods described in (a) above mixed together, but with no account being taken of the fluorine content limit.

（三）由上述（一）或（二）款的任何货品与白垩、石膏或其他无肥效无机物混合而成的肥料，不论含氟量多少。

(c) Fertilisers consisting of any of the goods described in (a) or (b) above, but with no account being taken of the fluorine content limit, mixed with chalk, gypsum or other inorganic non-fertilising substances.

四、税目 31.04 只适用于下列货品，但未制成税目 31.05 所述形状或包装：

4. Heading 31.04 applies only to the following goods, provided that they are not put up in the forms or packages described in heading 31.05:

（一）符合下列任何一条规定的货品：

(a) Goods which answer to one or other of the descriptions given below:

1. 天然粗钾盐（例如，光卤石、钾盐镁矾及钾盐）；
2. 氯化钾，不论是否纯净，但上述注释一（三）所述的产品除外；
3. 硫酸钾，不论是否纯净；
4. 硫酸镁钾，不论是否纯净。

(i) Crude natural potassium salts (for example, carnallite, kainite and sylvite);
(ii) Potassium chloride, whether or not pure, except as provided in Note 1 (c) above;
(iii) Potassium sulphate, whether or not pure;
(iv) Magnesium potassium sulphate, whether or not pure.

（二）由上述（一）款任何货品相互混合的肥料。

(b) Fertilisers consisting of any of the goods described in (a) above mixed together.

五、磷酸二氢铵及磷酸氢二铵（不论是否纯净）及其相互之间的混合物应归入税目 31.05。

5. Ammonium dihydrogenorthophosphate (monoammonium phosphate) and diammonium hydrogenorthophosphate (diammonium phosphate), whether or not pure, and intermixtures thereof, are to be classified in heading 31.05.

六、税目 31.05 所称"其他肥料"，仅适用于其基本成分至少含有氮、磷、钾中一种肥效元素的肥料用产品。

6. For the purposes of heading 31.05, the term "other fertilisers" applies only to products of a kind used as fertilisers and containing, as an essential constituent, at least one of the fertilising elements nitrogen, phosphorus or potassium.

税则号列 Tariff Item	商品名称	最惠国税率(%) M. F. N.	普通税率(%) Gen.	协定税率(%) Conventional 东盟 ASEAN	亚太 APTA	香港 H. K.	澳门 Macao	台湾 Taiwan	出口税率(%) Export	Article Description
31.01	**动物或植物肥料，不论是否相互混合或经化学处理；动植物产品经混合或化学处理制成的肥料：**									**Animal or vegetable fertilizers, whether or not mixed together or chemically treated; fertilizers produced by the mixing or chemical treatment of animal or vegetable products:**
	---未经化学处理：									---Not chemically treated:
3101.0011	----鸟粪	3	11	0						----Guano
3101.0019	----其他	6.5	30	0			0			----Other
3101.0090	---其他	4	11	0		0				---Other
31.02	**矿物氮肥及化学氮肥：**									**Mineral or chemical fertilizers, nitrogenous:**
3102.1000	-尿素，不论是否水溶液	T3	T3		40	0				-Urea, whether or not in aqueous solution
	-硫酸铵；硫酸铵和硝酸铵的复盐及混合物：									-Ammonium sulphate; double salts and mixtures of ammonium sulphate and ammonium nitrate:
3102.2100	--硫酸铵	4	11	0						--Ammonium sulphate
3102.2900	--其他	4	11	0						--Other
3102.3000	-硝酸铵，不论是否水溶液	4	11	0						-Ammonium nitrate, whether or not in aqueous solution
3102.4000	-硝酸铵与碳酸钙或其他无肥效无机物的混合物	4	11	0						-Mixtures of ammonium nitrate with calcium carbonate or other inorganic nonfertilizing substances
3102.5000	-硝酸钠	4	11	0						-Sodium nitrate
3102.6000	-硝酸钙和硝酸铵的复盐及混合物	4	11	0						-Double salts and mixtures of calcium nitrate and ammonium nitrate
3102.8000	-尿素及硝酸铵混合物的水溶液或氨水溶液	4	11	0						-Mixtures of urea and ammonium nitrate in aqueous or ammoniacal solution
	-其他，包括上述税号未列名的混合物：									-Other, including mixtures not specified in the foregoing subheadings:
3102.9010	---氰氨化钙	4	11	0						---Calcium cyanamide
3102.9090	---其他	4	11	0						---Other
31.03	**矿物磷肥及化学磷肥：**									**Mineral or chemical fertilizers, phosphatic:**
	-过磷酸钙：									-Superphosphates:

税则号列 Tariff Item	商品名称	最惠国税率(%) M. F. N.	普通税率(%) Gen.	协定税率(%) Conventional					出口税率(%) Export	Article Description
				东盟 ASEAN	亚太 APTA	香港 H. K.	澳门 Macao	台湾 Taiwan		
	--按重量计五氧化二磷(P_2O_5)含量在35%及以上：									--Containing by weight 35 % or more of diphosphorus pentaoxide (P_2O_5)：
3103.1110	---重过磷酸钙	4	11	0						---Triple superphosphates
3103.1190	---其他	4	11	0						---Other
3103.1900	--其他	4	11	0						--Other
3103.9000	-其他	4	11	0						-Other
31.04	**矿物钾肥及化学钾肥：**									**Mineral or chemical fertilizers, potassic：**
	-氯化钾：									-Potassium chloride：
3104.2020	---纯氯化钾	3	11	0						---Pure potassium chloride
3104.2090	---其他	3	11	0						---Other
3104.3000	-硫酸钾	3	11	0						-Potassium sulphate
	-其他：									-Other：
3104.9010	---光卤石、钾盐及其他天然粗钾盐	3	11	0						---Carnallite, sylvite and other crude natural potassium salts
3104.9090	---其他	3	11	0						---Other
31.05	**含氮、磷、钾中两种或三种肥效元素的矿物肥料或化学肥料；其他肥料；制成片及类似形状或每包毛重不超过10千克的本章各项货品：**									**Mineral or chemical fertilizers containing two or three of the fertilizing elements nitrogen, phosphorus and potassium; other fertilizers; goods of this Chapter in tablets or similar forms or in packages of a gross weight not exceeding 10kg：**
3105.1000	-制成片及类似形状或每包毛重不超过10千克的本章各项货品	4	11	0		0				-Goods of this Chapter in tablets or similar forms or in packages of a gross weight not exceeding 10kg
3105.2000	-含氮、磷、钾三种肥效元素的矿物肥料或化学肥料	T3	T3			0				-Mineral or chemical fertilizers containing the three fertilizing elements nitrogen, phosphorus and potassium
3105.3000	-磷酸氢二铵	T3	T3							-Diammonium hydrogenorthophosphate (diammonium phosphate)
3105.4000	-磷酸二氢铵及磷酸二氢铵与磷酸氢二铵的混合物	4	11	0						-Ammonium dihydrogenorthophosphate (monoammonium phosphate) and mixtures thereof with diammonium hydrogenorthophosphate (diammonium phosphate)
	-其他含氮、磷两种肥效元素的矿物肥料或化学肥料：									-Other mineral or chemical fertilizers containing the two fertilizing elements nitrogen and phosphorus：

税则号列 Tariff Item	商品名称	最惠国税率(%) M. F. N.	普通税率(%) Gen.	协定税率(%) Conventional 东盟 ASEAN	亚太 APTA	香港 H. K.	澳门 Macao	台湾 Taiwan	出口税率(%) Export	Article Description
3105.5100	--含有硝酸盐及磷酸盐	4	11	0		0				--Containing nitrates and phosphates
3105.5900	--其他	4	11	0						--Other
3105.6000	-含磷、钾两种肥效元素的矿物肥料或化学肥料	4	11	0		0				-Mineral or chemical fertilizers containing the two fertilizing elements phosphorus and potassium
	-其他：									-Other：
3105.9010	---有机—无机复混肥料	4	11	0		0				---Fertilizers containing the two fertilizing elements organic and inorganic
3105.9090	---其他	4	11	0		0				---Other

第三十二章 鞣料浸膏及染料浸膏；鞣酸及其衍生物；染料、颜料及其他着色料；油漆及清漆；油灰及其他类似胶黏剂；墨水、油墨

注释：

一、本章不包括：

（一）单独的已有化学定义的化学元素及化合物（税目 32.03 及 32.04 的货品、税目 32.06 的用作发光体的无机产品、税目 32.07 所述形状的熔融石英或其他熔融硅石制成的玻璃及税目 32.12 的零售形状或零售包装的染料及其他着色料除外）；

（二）税目 29.36 至 29.39、29.41 及 35.01 至 35.04 的鞣酸盐及其他鞣酸衍生物；或

（三）沥青胶黏剂（税目 27.15）。

二、税目 32.04 包括生产偶氮染料用的稳定重氮盐与偶合物的混合物。

三、税目 32.03、32.04、32.05 及 32.06 也包括以着色料为基本成分的制品（例如，税目 32.06 包括以税目 25.30 或第二十八章的颜料，金属粉片及金属粉末为基本成分的制品）。该制品是用作原材料着色剂的拼料。但以上税号不包括分散在非水介质中呈液状或浆状的制漆用颜料，例如，税目 32.12 的瓷漆及税目 32.07、32.08、32.09、32.10、32.12、32.13 及 32.15 的其他制品。

四、税目 32.08 包括由税目 39.01 至 39.13 所列产品溶于挥发性有机溶剂的溶液（胶棉除外），但溶剂重量必须超过溶液重量的 50%。

五、本章所称"着色料"，不包括作为油漆填料的产品，不论这些产品能否用于水浆涂料的着色。

六、税目 32.12 所称"压印箔"，只包括用以压印诸如

Chapter 32 Tanning or dyeing extracts; tannins and their derivatives; dyes, pigments and other colouring matter; paints and varnishes; putty and other mastics; inks

Chapter Notes:

1. This Chapter does not cover:

(a) Separate chemically defined elements or compounds (except those of heading 32.03 or 32.04, inorganic products of a kind used as luminophores (heading 32.06), glass obtained from fused quartz or other fused silica in the forms provided for in heading 32.07, and also dyes and other colouring matter put up in forms or packings for retail sale, of heading 32.12);

(b) Tannates or other tannin derivatives of products of headings 29.36 to 29.39, 29.41 or 35.01 to 35.04; or

(c) Mastics of asphalt or other bituminous mastics (heading 27.15).

2. Heading 32.04 includes mixtures of stabilised diazonium salts and couplers for the production of azo dyes.

3. Headings 32.03, 32.04, 32.05 and 32.06 apply also to preparations based on colouring matter (including, in the case of heading 32.06, colouring pigments of heading 25.30 or Chapter 28, metal flakes and metal powders), of a kind used for colouring any material or used as ingredients in the manufacture of colouring preparations. The headings do not apply, however, to pigments dispersed in non-aqueous media, in liquid or paste form, of a kind used in the manufacture of paints, including enamels (heading 32.12), or to other preparations of heading 32.07, 32.08, 32.09, 32.10, 32.12, 32.13 or 32.15.

4. Heading 32.08 includes solutions (other than collodions) consisting of any of the products specified in headings 39.01 to 39.13 in volatile organic solvents when the weight of the solvent exceeds 50% of the weight of the solution.

5. The expression "colouring matter" in this Chapter does not include products of a kind used as extenders in oil paints, whether or not they are also suitable for colouring distempers.

6. The expression "stamping foils" in heading 32.12 ap-

书本封面或帽带之类的薄片，这些薄片由以下材料构成：

（一）金属粉（包括贵金属粉）或颜料经胶水、明胶及其他黏合剂凝结而成的；或

（二）金属（包括贵金属）或颜料沉积于任何材料衬片上的。

plies only to thin sheets of a kind used for printing, for example, book covers or hat bands, and consisting of:

(a) Metallic powder (including powder of precious metal) or pigment, agglomerated with glue, gelatin or other binder; or

(b) Metal (including precious metal) or pigment, deposited on a supporting sheet of any material.

税则号列 Tariff Item	商品名称	最惠国税率(%) M. F. N.	普通税率(%) Gen.	协定税率(%) Conventional 东盟 ASEAN	亚太 APTA	香港 H. K.	澳门 Macao	台湾 Taiwan	出口税率(%) Export	Article Description
32.01	**植物鞣料浸膏；鞣酸及其盐、醚、酯和其他衍生物：**									**Tanning extracts of vegetable origin; tannins and their salts, ethers, esters and other derivatives:**
3201.1000	-坚木浸膏	5	35	0						-Quebracho extract
3201.2000	-荆树皮浸膏	6.5	35	0						-Wattle extract
	-其他：									-Other:
3201.9010	---其他鞣料浸膏	6.5	40	0						---Other tanning extracts
3201.9090	---其他	6.5	35	0						---Other
32.02	**有机合成鞣料；无机鞣料；鞣料制剂，不论是否含有天然鞣料；预鞣用酶制剂：**									**Synthetic organic tanning substances; inorganic tanning substances; tanning preparations, whether or not containing natural tanning substances; enzymatic preparations for pre-tanning:**
3202.1000	-有机合成鞣料	6.5	35	0		0				-Synthetic organic tanning substances
3202.9000	-其他	6.5	35	0		0	0			-Other
32.03	**动植物质着色料（包括染料浸膏，但动物炭黑除外），不论是否已有化学定义；本章注释三所述的以动植物质着色料为基本成分的制品：**									**Colouring matter of vegetable or animal origin (including dyeing extracts but excluding animal black), whether or not chemically defined; preparations as specified in Note 3 to this Chapter based on colouring matter of vegetable or animal origin:**
	---植物质着色料及以其为基本成分的制品：									---Colouring matter of vegetable origin and preparations based thereon:
3203.0011	----天然靛蓝及以其为基本成分的制品	6.5	80	0						----Natural indigo and preparations based thereon
3203.0019	----其他	6.5	45	0			0			----Other
3203.0020	---动物质着色料及以其为基本成分的制品	6.5	50	0						---Colouring matter of animal origin and preparations based thereon

税则号列 Tariff Item	商品名称	最惠国税率(%) M. F. N.	普通税率(%) Gen.	协定税率(%) Conventional 东盟 ASEAN	亚太 APTA	香港 H. K.	澳门 Macao	台湾 Taiwan	出口税率(%) Export	Article Description
32.04	**有机合成着色料，不论是否已有化学定义；本章注释三所述的以有机合成着色料为基本成分的制品；用作荧光增白剂或发光体的有机合成产品，不论是否已有化学定义：**									**Synthetic organic colouring matter, whether or not chemically defined; preparations as specified in Note 3 to this Chapter based on synthetic organic colouring matter; synthetic organic products of a kind used as fluorescent brightening agents or as luminophores, whether or not chemically defined:**
	-有机合成着色料及本章注释三所述的以有机合成着色料为基本成分的制品：									-Synthetic organic colouring matter and preparations based thereon as specified in Note 3 to this Chapter:
3204.1100	--分散染料及以其为基本成分的制品	6.5	35	0	5.8					--Disperse dyes and preparations based thereon
3204.1200	--酸性染料（不论是否预金属络合）及以其为基本成分的制品；媒染染料及以其为基本成分的制品	6.5	35	0	5.8	0		0		--Acid dyes, whether or not premetallized, and preparations based thereon; mordant dyes and preparations based thereon
3204.1300	--碱性染料及以其为基本成分的制品	6.5	35	0	6					--Basic dyes and preparations based thereon
3204.1400	--直接染料及以其为基本成分的制品	6.5	35	0	6			0		--Direct dyes and preparations based thereon
	--瓮染料（包括颜料用的）及以其为基本成分的制品：									--Vat dyes (including those usable in that state as pigments) and preparations based thereon:
3204.1510	---合成靛蓝（还原靛蓝）	6.5	35	0	6					---Synthetic indigo (reductive indigo)
3204.1590	---其他	6.5	35	0	6					---Other
3204.1600	--活性染料及以其为基本成分的制品	6.5	35	0	5.8	0		0		--Reactive dyes and preparations based thereon
3204.1700	--颜料及以其为基本成分的制品	6.5	35	0	4.6	0		0		--Pigments and preparations based thereon
	--其他，包括由子目3204.11至3204.19中两个或多个子目所列着色料组成的混合物：									--Other, including mixtures of colouring matter of two or more of the subheadings 3204.11 to 3204.19:
	---硫化染料及以其为基本成分的制品：									---Sulphur dyes and preparations based thereon:
3204.1911	----硫化黑（硫化青）及以其为基本成分的制品	6.5	35	0	6					----Sulphur black and preparations based thereon

税则号列 Tariff Item	商品名称	最惠国税率(%) M. F. N.	普通税率(%) Gen.	协定税率(%) Conventional					出口税率(%) Export	Article Description
				东盟 ASEAN	亚太 APTA	香港 H. K.	澳门 Macao	台湾 Taiwan		
3204.1919	----其他	6.5	35	0	6					----Other
3204.1990	---其他	6.5	35	0	6			0		---Other
3204.2000	-用作荧光增白剂的有机合成产品	6.5	40	0	6	0		0		-Synthetic organic products of a kind used as flourescent brightening agents
	-其他：									-Other：
3204.9010	---生物染色剂及染料指示剂	6.5	20	0	6					---Biological stains and dye indicators
3204.9020	---胡萝卜素及类胡萝卜素	6.5	20	0	6					---Carotenes and carotenoids
3204.9090	---其他	6.5	40	0	6					---Other
32.05	**色淀；本章注释三所述的以色淀为基本成分的制品：**									**Colour lakes; preparations as specified in Note 3 to this Chapter based on colour lakes:**
3205.0000	色淀；本章注释三所述的以色淀为基本成分的制品	6.5	35	0						Colour lakes; preparations as specified in Note 3 to this Chapter based on colour lakes
32.06	**其他着色料；本章注释三所述的制品，但税目32.03、32.04及32.05的货品除外；用作发光体的无机产品，不论是否已有化学定义：**									**Other colouring matter; preparations as specified in Note 3 to this Chapter, other than those of heading 32.03, 32.04 or 32.05; inorganic products of a kind used as luminophores, whether or not chemically defined:**
	-以二氧化钛为基本成分的颜料及制品：									-Pigments and preparations based on titanium dioxide：
	--以干物质计二氧化钛含量在80%及以上的：									--Containing 80% or more by weight of titanium dioxide calculated on the dry matter：
3206.1110	---钛白粉	6.5	30	0				0		---Titanium White
3206.1190	---其他	6.5	30	0						---Other
3206.1900	--其他	10	30	0		0		0		--Other
3206.2000	-以铬化合物为基本成分的颜料及制品	6.5	35	0						-Pigments and preparations based on chromium compounds
	-其他着色料及其他制品：									-Other colouring matter and other preparations：
3206.4100	--群青及以其为基本成分的制品	6.5	35	0						Ultramarine and preparations based thereon
	--锌钡白及以硫化锌为基本成分的其他颜料和制品：									--Lithopone and other pigments and preparations based on zinc sulphide：
3206.4210	---锌钡白	6.5	30	0						---Lithopone
3206.4290	---其他	6.5	30	0						---Other
	--其他：									--Other：

税则号列 Tariff Item	商品名称	最惠国税率(%) M. F. N.	普通税率(%) Gen.	协定税率（%）Conventional 东盟 ASEAN	亚太 APTA	香港 H. K.	澳门 Macao	台湾 Taiwan	出口税率(%) Export	Article Description
	---以铋化合物为基本成分的颜料及制品：									---Pigments and preparations based on bismuth compounds:
3206.4911	----以钒酸铋为基本成分的颜料及制品	6.5	35	0	3.3	0		0		----Pigments and preparations based on bismuth vanadate
3206.4919	----其他	6.5	35	0	3.3	0		0		----Other
3206.4990	---其他	6.5	35	0	3.3	0		0		---Other
3206.5000	-用作发光体的无机产品	6.5	35	0	5.9					-Inorganic products of a kind used as luminophores
32.07	**陶瓷、搪瓷及玻璃工业用的调制颜料、遮光剂、着色剂、珐琅和釉料、釉底料（泥釉）、光瓷釉以及类似产品；搪瓷玻璃料及其他玻璃，呈粉、粒或粉片状的：**									**Prepared pigments , prepared opacifiers and prepared colours, vitrifiable enamels and glazes, engobes (slips), liquid lustres and similar preparations, of a kind used in the ceramic, enamelling or glass industry; glass frit and other glass, in the form of powder, granules or flakes:**
3207.1000	-调制颜料、遮光剂、着色剂及类似制品	5	50	0						-Prepared pigments, prepared opacifiers, prepared colours and similar preparations
3207.2000	-珐琅和釉料、釉底料（泥釉）及类似制品	5	50	0						-Vitrifiable enamels and glazes, engobes (slips) and similar preparations
3207.3000	-光瓷釉及类似制品	5	50	0						-Liquid lustres and similar preparations
3207.4000	-搪瓷玻璃料及其他玻璃，呈粉、粒或粉片状的	5	50	0						-Glass frit and other glass, in the form of powder, granules or flakes
32.08	**以合成聚合物或化学改性天然聚合物为基本成分的油漆及清漆（包括瓷漆及大漆），分散于或溶于非水介质的；本章注释四所述溶液：**									**Paints and varnishes (including enamels and lacquers) based on synthetic polymers or chemically modified natural polymers, dispersed or dissolved in a nonaqueous medium; solutions as defined in Note 4 to this Chapter:**
3208.1000	-以聚酯为基本成分	10	50	0	9	0	0	0		-Based on polyesters
	-以丙烯酸聚合物或乙烯聚合物为基本成分：									-Based on acrylic or vinyl polymers:
3208.2010	---以丙烯酸聚合物为基本成分	10	50	0	9			0		---Based on acrylic polymers
3208.2020	---以乙烯聚合物为基本成分	10	50	0	9					---Based on vinyl polymers
	-其他：									-Other:
3208.9010	---以聚胺酯类化合物为基本成分	10	50	0	9					---Based on polyurethane polymers

税则号列 Tariff Item	商品名称	最惠国税率(%) M. F. N.	普通税率(%) Gen.	协定税率(%) Conventional 东盟 ASEAN	亚太 APTA	香港 H. K.	澳门 Macao	台湾 Taiwan	出口税率(%) Export	Article Description
3208.9090	---其他	10	50	0	9	0	0	0		---Other
32.09	**以合成聚合物或化学改性天然聚合物为基本成分的油漆及清漆（包括瓷漆及大漆），分散于或溶于水介质的：**									**Paints and varnishes (including enamels and lacquers) based on synthetic polymers or chemically modified natural polymers, dispersed or dissolved in an aqueous medium:**
3209.1000	-以丙烯酸聚合物或乙烯聚合物为基本成分	10	50	0	9		0			-Based on acrylic or vinyl polymers
	-其他：									-Other:
3209.9010	---以环氧树脂为基本成分	10	50	0				0		---Based on epoxy resin
3209.9020	---以氟树脂为基本成分	10	50	0						---Based on fluororesin
3209.9090	---其他	10	50	0		0		0		---Other
32.10	**其他油漆及清漆（包括瓷漆、大漆及水浆涂料）；加工皮革用的水性颜料：**									**Other paints and varnishes (including enamels, lacquers and distempers); prepared water pigments of a kind used for finishing leather:**
3210.0000	其他油漆及清漆（包括瓷漆、大漆及水浆涂料）；加工皮革用的水性颜料	10	50	0	9	0	0	0		Other paints and varnishes (including enamels, lacquers and distempers); prepared water pigments of a kind used for finishing leather
32.11	**配制的催干剂：**									**Prepared driers:**
3211.0000	配制的催干剂	10	50	0						Prepared driers
32.12	**制造油漆（含瓷漆）用的颜料（包括金属粉末或金属粉片），分散于非水介质中呈液状或浆状的；压印箔；零售形状及零售包装的染料或其他着色料：**									**Pigments (including metallic powders and flakes) dispersed in non-aqueous media, in liquid or paste form, of a kind used in the manufacture of paints (including enamels); stamping foils; dyes and other colouring matter put up in forms or packings for retail sale:**
3212.1000	-压印箔	15	80	0						-Stamping foils
3212.9000	-其他	10	50	0						-Other
32.13	**艺术家、学生和广告美工用的颜料、调色料、文娱颜料及类似品，片状、管装、罐装、瓶装、扁盒装以及类似形状或包装的：**									**Artists', students' or signboard painters' colours, modifying tints, amusement colours and the like, in tablets, tubes, jars, bottles, pans or in similar forms or packings:**
3213.1000	-成套的颜料	10	70	0						-Colours in sets
3213.9000	-其他	10	70	0	9					-Other

税则号列 Tariff Item	商品名称	最惠国税率(%) M. F. N.	普通税率(%) Gen.	协定税率(%) Conventional 东盟 ASEAN	 亚太 APTA	 香港 H. K.	 澳门 Macao	 台湾 Taiwan	出口税率(%) Export	Article Description
32.14	**安装玻璃用油灰、接缝用油灰、树脂胶泥、嵌缝胶及其他类似胶黏剂；漆工用填料；非耐火涂面制剂，涂门面、内墙、地板、天花板等用：**									**Glaziers' putty, grafting putty, resin cements, caulking compounds and other mastics; painters' fillings; non-refractory surfacing preparations for facades, indoor walls, floors, ceilings or the like:**
	-安装玻璃用油灰、接缝用油灰、树脂胶泥、嵌缝胶及其他类似胶黏剂；漆工用填料：									-Glaziers' putty, grafting putty, resin cements, caulking compounds and other mastics; painters' fillings:
3214.1010	---半导体器件封装材料	9	70	0						---Encapsulation material for semiconductor device
3214.1090	---其他	9	70	0						---Other
3214.9000	-其他	9	70	0		0				-Other
32.15	**印刷油墨、书写或绘图墨水及其他墨类，不论是否固体或浓缩：**									**Printing ink, writing or drawing ink and other inks, whether or not concentrated or solid:**
	-印刷油墨：									-Printing ink:
3215.1100	--黑色	6.5	45	0	4.6	0	0			--Black
3215.1900	--其他	6.5	45	0	4.6	0	0	0		--Other
	-其他：									-Other:
3215.9010	---书写墨水	6.5	70	0		0	0			---Writing or drawing inks
3215.9020	---水性喷墨墨水	10	70	0		0	0			---Water-based inkjet inks
3215.9090	---其他	10	70	0		0	0			---Other

第三十三章
精油及香膏；芳香料制品及化妆盥洗品

Chapter 33
Essential oils and resinoids; perfumery, cosmetic or toilet preparations

注释：

一、本章不包括：

（一）税目 13.01 或 13.02 的天然油树脂或植物浸膏；

（二）税目 34.01 的肥皂及其他产品；或

（三）税目 38.05 的脂松节油、木松节油和硫酸盐松节油及其他产品。

二、税目 33.02 所称“香料”，仅指税目 33.01 所列的物质、从这些物质离析出来的香料组分，以及合成芳香剂。

三、税目 33.03 至 33.07 主要包括适合作这些税号所列用途的零售包装产品，不论其是否混合（精油水馏液及水溶液除外）。

四、税目 33.07 所称“芳香料制品及化妆盥洗品”，主要适用于下列产品：香袋；通过燃烧散发香气的制品；香纸及用化妆品浸渍或涂布的纸；隐形眼镜片或假眼用的溶液；用香水或化妆品浸渍、涂布、包覆的絮胎、毡呢及无纺织物；动物用盥洗品。

Chapter Notes:

1. This Chapter does not cover:

(a) Natural oleoresins or vegetable extracts of heading 13.01 or 13.02;

(b) Soap or other products of heading 34.01; or

(c) Gum, wood or sulphate turpentine or other products of heading 38.05.

2. The expression "odoriferous substances" in heading 33.02 refers only to the substances of heading 33.01, to odoriferous constituents isolated from those substances or to synthetic aromatics.

3. Headings 33.03 to 33.07 apply, inter alia, to products, whether or not mixed (other than aqueous distillates and aqueous solutions of essential oils), suitable for use as goods of these headings and put up in packings of a kind sold by retail for such use.

4. The expression "perfumery, cosmetic or toilet preparations" in heading 33.07 applies, inter alia, to the following products: scented sachets; odoriferous preparations which operate by burning; perfumed papers and papers impregnated or coated with cosmetics; contact lens or artificial eye solutions; wadding, felt and nonwovens, impregnated, coated or covered with perfume or cosmetics; animal toilet preparations.

税则号列 Tariff Item	商品名称	最惠国税率(%) M. F. N.	普通税率(%) Gen.	协定税率(%) Conventional 东盟 ASEAN	亚太 APTA	香港 H. K.	澳门 Macao	台湾 Taiwan	出口税率(%) Export	Article Description
33.01	精油（无萜或含萜），包括浸膏及净油；香膏；提取的油树脂；用花香吸取法或浸渍法制成的含浓缩精油的脂肪、固定油、蜡及类似品；精油脱萜时所得的萜烯副产品；精油水馏液及水溶液：									**Essential oils (terpeneless or not), including concretes and absolutes; resinoids; extracted oleoresins; concentrates of essential oils in fats, in fixedoils, in waxes or the like, obtained by enfleurage or maceration; terpenicby-products of the deterpenation of essential oils; aqueous distillates and aqueous solutions of essential oils:**
	-柑橘属果实的精油：									-Essential oils of citrus fruit:
3301.1200	--橙油	20	80	0			0			--Of orange
3301.1300	--柠檬油	20	80	0			0			--Of lemon
	--其他：									--Other:

税则号列 Tariff Item	商品名称	最惠国税率(%) M. F. N.	普通税率(%) Gen.	协定税率(%) Conventional 东盟 ASEAN	亚太 APTA	香港 H. K.	澳门 Macao	台湾 Taiwan	出口税率(%) Export	Article Description
3301.1910	---白柠檬油（酸橙油）	20	80	0			0			---Of lime
3301.1990	---其他	20	80	0			0			---Other
	-非柑橘属果实的精油：									-Essential oils other than those of citrus fruit：
3301.2400	--胡椒薄荷油	20	90	0			0			--Of peppermint（Mentha piperita）
3301.2500	--其他薄荷油	15	90	0	14		0			--Of other mints
	--其他：									--Other：
3301.2910	---樟脑油	20	90	0			0			---Of camphor
3301.2920	---香茅油	15	70	0			0			---Of citronella
3301.2930	---茴香油	20	80	0			0			---Of aniseed
3301.2940	---桂油	20	80	0			0			---Of cassia
3301.2950	---山苍子油	20	80	0			0			---Of litsea cubeba
3301.2960	---桉叶油	20	80	0			0			---Of eucalyptus
	---其他：									---Other：
3301.2991	----老鹳草油（香叶油）	20	80	0			0			----Of geranium
3301.2999	----其他	15	80	0			0			----Other
	-香膏：									-Resinoids：
3301.3010	---鸢尾凝脂	20	80	0			0			---Balsam of irises
3301.3090	---其他	20	80	0			0			---Other
	-其他：									-Other：
3301.9010	---提取的油树脂	20	80	0	18		0			---Extracted oleoresins
3301.9020	---柑橘属果实的精油脱萜的萜烯副产品	20	80	0	18		0			---Terpenic byproducts of the deterpenation of essential oils of citrus fruit
3301.9090	---其他	20	80	0	18		0			---Other
33.02	**工业原料用的混合香料以及以一种或多种香料为基本成分的混合物（包括酒精溶液）；生产饮料用的以香料为基本成分的其他制品：**									**Mixtures of odoriferous substances and mixtures (including alcoholic solutions) with a basis of one or more of these substances, of a kind used as raw materials in industry; other preparations based on odoriferous substances, of a kind used for the manufacture of beverages:**
	-食品或饮料工业用：									-Of a kind used in the food or drink industry：
3302.1010	---生产饮料用的以香料为基本成分的制品，按容量计酒精浓度不超过0.5%的	15	90	0	12.8		0			---Preparations based on odoriferous substances, of a kind used for the manufacture of beverages, alcoholic strength by volume not exceeding 0.5% vol
3302.1090	---其他	15	130	0			0			---Other
3302.9000	-其他	10	130	0		0	0			-Other

税则号列 Tariff Item	商品名称	最惠国税率(%) M. F. N.	普通税率(%) Gen.	协定税率(%) Conventional 东盟 ASEAN	亚太 APTA	香港 H. K.	澳门 Macao	台湾 Taiwan	出口税率(%) Export	Article Description
33.03	香水及花露水：									**Perfumes and toilet waters:**
3303.0000	香水及花露水	10	150	0	8.2	0	0			Perfumes and toilet waters
33.04	美容品或化妆品及护肤品(药品除外)，包括防晒油或晒黑油；指（趾）甲化妆品：									**Beauty or make-up preparations and preparations for the care of the skin (other than medicaments), including sunscreen or sun tan preparations; manicure or pedicure preparations:**
3304.1000	-唇用化妆品	10	150	0		0	0			-Lip make-up preparations
3304.2000	-眼用化妆品	10	150	0		0	0			-Eye make-up preparations
3304.3000	-指（趾）甲化妆品	15	150	0		0	0			-Manicture or pedicure preparations
	-其他：									-Other:
3304.9100	--粉，不论是否压紧	10	150	0			0			--Powders, whether or not compressed
3304.9900	--其他	6.5	150	0		0	0			--Other
33.05	护发品：									**Preparations for use on the hair:**
3305.1000	-洗发剂（香波）	6.5	150	0	5.4	0	0			-Shampoos
3305.2000	-烫发剂	15	150	0			0			-Preparations for permanent waving or straightening
3305.3000	-定型剂	15	150	0			0			-Hair lacquers
3305.9000	-其他	10	150	0	8.5	0	0			-Other
33.06	口腔及牙齿清洁剂，包括假牙模膏及粉；清洁牙缝用的纱线（牙线），单独零售包装的：									**Preparations for oral or dental hygiene, including denture fixative pastes and powders; yarn used to clean between the teeth (dental floss), in individual retail package:**
	-洁齿品：									-Dentifrices:
3306.1010	---牙膏	10	150	0	7	0	0			---Toothpastes
3306.1090	---其他	10	150	0	7		0			---Other
3306.2000	-清洁牙缝用的纱线（牙线）	10	70	0	9.2		0			-Yarn used to clean between the teeth (dental floss)
	-其他：									-Other:
3306.9010	---漱口剂	10	70	0		0	0			---Gargle
3306.9090	---其他	10	70	0		0	0			---Other
33.07	剃须用制剂、人体除臭剂、沐浴用制剂、脱毛剂和其他税号未列名的芳香料制品及化妆盥洗品；室内除臭剂，不论是否加香水或消毒剂：									**Pre-shave, shaving or after-shave preparations, personal deodorants, bath preparations, depilatories and other perfumery, cosmetic or toilet preparations, not elsewhere specified or included; prepared room deodorizers, whether or not perfumed or having disinfectant properties:**

税则号列 Tariff Item	商品名称	最惠国税率(%) M. F. N.	普通税率(%) Gen.	协定税率(%) Conventional					出口税率(%) Export	Article Description
				东盟 ASEAN	亚太 APTA	香港 H. K.	澳门 Macao	台湾 Taiwan		
3307.1000	-剃须用制剂	10	150	0	7		0			-Pre-shave, shaving or after-shave preparations
3307.2000	-人体除臭剂及止汗剂	10	150	0	7		0			-Personal deodorants and anti-perspirants
3307.3000	-香浴盐及其他沐浴用制剂	10	150	0	8.5	0	0			-Perfumed bath salts and other bath preparations
	-室内散香或除臭制品，包括宗教仪式用的香：									-Preparations for perfuming or deodorizing rooms, including odoriferous preparations used during religious rites:
3307.4100	--神香及其他通过燃烧散发香气的制品	10	150	0		0	0			--Agarbatti and other odoriferous preparations which operate by burning
3307.4900	--其他	10	150	0		0	0			--Other
3307.9000	-其他	9	150	0	6.3		0			-Other

第三十四章
肥皂、有机表面活性剂、洗涤剂、润滑剂、人造蜡、调制蜡、光洁剂、蜡烛及类似品、塑型用膏、“牙科用蜡”及牙科用熟石膏制剂

注释：

一、本章不包括：

（一）用作脱模剂的食用动植物油、脂混合物或制品（税目 15.17）；

（二）单独的已有化学定义的化合物；或

（三）含肥皂或其他有机表面活性剂的洗发剂、洁齿品、剃须膏及沐浴用制剂（税目 33.05、33.06 及 33.07）。

二、税目 34.01 所称“肥皂”，只适用于水溶性肥皂。税目 34.01 的肥皂及其他产品可以含有添加料（例如，消毒剂、磨料粉、填料或药料）。含磨料粉的产品，只有条状、块状或模制形状可以归入税目 34.01。其他形状的应作为“去污粉及类似品”归入税目 34.05。

三、税目 34.02 所称“有机表面活性剂”，是指温度在 20℃时与水混合配成 0.5%浓度的水溶液，并在同样温度下搁置 1 小时后与下列规定相符的产品：

（一）成为透明或半透明的液体或稳定的乳油液而未离析出不溶解物质；以及

（二）将水的表面张力降低到每厘米 45 达因及以下。

四、税目 34.03 所称“石油及从沥青矿物提取的油类”，适用于第二十七章注释二所规定的产品。

五、税目 34.04 所称“人造蜡及调制蜡”，仅适用于：

（一）用化学方法生产的具有蜡质特性的有机产品，

Chapter 34
Soap, organic surface-active agents, washing preparations, lubricating preparations, artificial waxes, prepared waxes, polishing or scouring preparations, candles and similar articles, modelling pastes, “detal waxes” and dental preparations with a basis of plaster

Chapter Notes:

1. This Chapter does not cover:
   (a) Edible mixtures or preparations of animal or vegetable fats or oils of a kind used as mould release preparations (heading 15.17);
   (b) Separate chemically defined compounds; or
   (c) Shampoos, dentifrices, shaving creams and foams, or bath preparations, containing soap or other organic surface-active agents (heading 33.05, 33.06 or 33.07).

2. For the purposes of heading 34.01, the expression “soap” applies only to soap soluble in water. Soap and the other products of heading 34.01 may contain added substances (for example, disinfectants, abrasive powders, fillers or medicaments). Products containing abrasive powders remain classified in heading 34.01 only if in the form of bars, cakes or moulded pieces or shapes. In other forms they are to be classified in heading 34.05 as “scouring powders and similar preparations”.

3. For the purposes of heading 34.02, “organic surface-active agents” are products which when mixed with water at a concentration of 0.5% at 20℃ and left to stand for one hour at the same temperature:
   (a) give a transparent or translucent liquid or stable emulsion without separation of insoluble matter; and
   (b) reduce the surface tension of water to 4.5×10^{-2} N/m (45 dyne/cm) or less.

4. In heading 34.03 the expression “petroleum oils and oils obtained from bituminous minerals” applies to the products defined in Note 2 to Chapter 27.

5. In heading 34.04, subject to the exclusions provided below, the expression “artificial waxes and prepared waxes” applies only to:
   (a) Chemically produced organic products of a waxy

不论是否为水溶性的；

（二）各种蜡混合制成的产品；

（三）以一种或几种蜡为基本原料并含有油脂、树脂、矿物质或其他原料的具有蜡质特性的产品。

本税号不包括：

（一）税目15.16、34.02或38.23的产品，不论是否具有蜡质特性；

（二）税目15.21的未混合的动物蜡或未混合的植物蜡，不论是否精制或着色；

（三）税目27.12的矿物蜡或类似产品，不论是否相互混合或仅经着色；或

（四）混合、分散或溶解于液体溶剂的蜡（税目34.05、38.09等）。

character, whether or not water-soluble;

(b) Products obtained by mixing different waxes;

(c) Products of a waxy character with a basis of one or more waxes and containing fats, resins, mineral substances or other materials.

The heading does not apply to:

(a) Products of heading 15.16, 34.02 or 38.23, even if having a waxy character;

(b) Unmixed animal waxes or unmixed vegetable waxes, whether or not refined or coloured, of heading 15.21;

(c) Mineral waxes or similar products of heading 27.12, whether or not intermixed or merely coloured; or

(d) Waxes mixed with, dispersed in or dissolved in a liquid medium (headings 34.05, 38.09, etc.).

税则号列 Tariff Item	商品名称	最惠国税率(%) M. F. N.	普通税率(%) Gen.	协定税率(%) Conventional 东盟 ASEAN	亚太 APTA	香港 H. K.	澳门 Macao	台湾 Taiwan	出口税率(%) Export	Article Description
34.01	**肥皂；作肥皂用的有机表面活性产品及制品，条状、块状或模制形状的，不论是否含有肥皂；洁肤用的有机表面活性产品及制品，液状或膏状并制成零售包装的，不论是否含有肥皂；用肥皂或洗涤剂浸渍、涂面或包覆的纸、絮胎、毡呢及无纺织物：**									**Soap; organic surface-active products and preparations for use as soap, in the form of bars, cakes, moulded pieces or shapes, whether or not containing soap; organic surface-active products and preparations for washing the skin, in the form of liguid or cream and put up for retail sale, whether or not containing soap; paper, wadding, felt and nonwovens, impregnated, coated or covered with soap or detergent:**
	-肥皂及有机表面活性产品及制品，条状、块状或模制形状的，以及用肥皂或洗涤剂浸渍、涂面或包覆的纸、絮胎、毡呢及无纺织物：									-Soap and organic surface-active products and preparations, in the form of bars, cakes, moulded pieces or shapes, and paper, wadding, felt and nonwovens, impregnated, coated or covered with soap or detergent:
3401.1100	--盥洗用（包括含有药物的产品）	10	130	0	8.3	0	0			--For toilet use (including medicated products)
	--其他：									--Other:
3401.1910	---洗衣皂	10	80	0			0			---Laundry soap

税则号列 Tariff Item	商品名称	最惠国税率(%) M. F. N.	普通税率(%) Gen.	协定税率(%) Conventional 东盟 ASEAN	亚太 APTA	香港 H. K.	澳门 Macao	台湾 Taiwan	出口税率(%) Export	Article Description
3401.1990	---其他	15	130	0						---Other
3401.2000	-其他形状的肥皂	15	130	0	12.4	0	0			-Soap in other forms
3401.3000	-洁肤用的有机表面活性产品及制品，液状或膏状并制成零售包装的，不论是否含有肥皂	10	130	0			0			-Organic surface-active products and preparations for washing the skin, in the form of liquid or cream and put up for retail sale, whether or not cotaining soap
34.02	**有机表面活性剂（肥皂除外）；表面活性剂制品、洗涤剂（包括助洗剂）及清洁剂，不论是否含有肥皂，但税目34.01的产品除外：**									**Organic surface-active agents (other than soap); surface-active preparations, washing preparations (including auxiliary washing preparations) and cleaning preparations, whether or not containing soap, other than those of heading 34.01:**
	-有机表面活性剂，不论是否零售包装：									-Organic surface-active agents, whether or not put up for retail sale:
3402.1100	--阴离子型	6.5	30	0	6	0	0			--Anionic
3402.1200	--阳离子型	6.5	30	0	6	0	0			--Cationic
3402.1300	--非离子型	6.5	30	0	5.9	0	0	0		--Non-ionic
3402.1900	--其他	6.5	30	0	6		0			--Other
	-零售包装的制品：									-Preparations put up for retail sale:
3402.2010	---合成洗涤粉	10	80	0	8.5		0			---Synthetic detergents in powder form
3402.2090	---其他	10	80	0	8.5	0	0			---Other
3402.9000	-其他	9	80	0	7.8	0	0			-Other
34.03	**润滑剂（包括以润滑剂为基本成分的切削油制剂、螺栓或螺母松开剂、防锈或防腐蚀制剂及脱模剂）及用于纺织材料、皮革、毛皮或其他材料油脂处理的制剂，但不包括以石油或从沥青矿物提取的油类为基本成分（按重量计不低于70%）的制剂：**									**Lubricating preparations (including cutting-oil preparations, bolt or nut release preparations, anti-rust or anticorrosion preparations and mould release preparations, based on lubricants) and preparations of a kind used for the oil or grease treatment of textile materials, leather, furskins or other materials, but excluding preparations containing, as basic constituents, 70% or more by weight of petroleum oils or of oils obtained from bituminous minerals:**

税则号列 Tariff Item	商品名称	最惠国税率(%) M. F. N.	普通税率(%) Gen.	协定税率(%) Conventional 东盟 ASEAN	 亚太 APTA	 香港 H. K.	 澳门 Macao	 台湾 Taiwan	出口税率(%) Export	Article Description
	-含有石油或从沥青矿物提取的油类：									-Containing petroleum oils or oils obtained from bituminous minerals：
3403.1100	--处理纺织材料、皮革、毛皮或其他材料的制剂	10	50	0	9.5	0				--Preparations for the treatment of textile materials，leather，furskins or other materials
3403.1900	--其他	10	50	0		0				--Other
	-其他：									-Other：
3403.9100	--处理纺织材料、皮革、毛皮或其他材料的制剂	10	50	0		0				--Preparations for the treatment of textile materials，leather，furskins or other materials
3403.9900	--其他	10	50	0			0			--Other
34.04	**人造蜡及调制蜡：**									**Artificial waxes and prepared waxes：**
3404.2000	-聚氧乙烯（聚乙二醇）蜡	10	70	0						-Of poly（oxyethylene）（polyethyleneglycol）
3404.9000	-其他	10	70	0		0				-Other
34.05	**鞋靴、家具、地板、车身、玻璃或金属用的光洁剂、擦洗膏、去污粉及类似制品（包括用这类制剂浸渍、涂面或包覆的纸、絮胎、毡呢、无纺织物、泡沫塑料或海绵橡胶），但不包括税目34.04的蜡：**									**Polishes and creams for footwear，furniture，floors，coachwork，glass or metal，scouring pastes and powders and similar preparations（whether or not in the form of paper，wadding，felt，nonwovens，cellular plastics or cellular rubber，impregnated，coated or covered with such preparations），excluding waxes of heading 34.04：**
3405.1000	-鞋靴或皮革用的上光剂及类似制品	10	80	0		0				-Polishes，creams and similar preparations for footwear or leather
3405.2000	-保养木制家具、地板或其他木制品用的上光剂及类似制品	10	80	0		0				-Polishes，creams and similar preparations for the maintenance of wooden furniture，floors or other woodwork
3405.3000	-车身用的上光剂及类似制品，但金属用的光洁剂除外	10	80	0						-Polishes and similar preparations for coachwork，other than metal polishes
3405.4000	-擦洗膏、去污粉及类似制品	10	80	0						-Scouring pastes and powders and other scouring preparations
3405.9000	-其他	10	80	0	8.5	0				-Other
34.06	**各种蜡烛及类似品：**									**Candles，tapers and the like：**
3406.0000	各种蜡烛及类似品	10	130	0			0			Candles，tapers and the like

税则号列 Tariff Item	商品名称	最惠国税率(%) M. F. N.	普通税率(%) Gen.	协定税率(%) Conventional 东盟 ASEAN	亚太 APTA	香港 H. K.	澳门 Macao	台湾 Taiwan	出口税率(%) Export	Article Description
34.07	**塑型用膏，包括供儿童娱乐用的在内；通称为“牙科用蜡”或“牙科造形膏”的制品，成套、零售包装或制成片状、马蹄形、条状及类似形状的；以熟石膏（煅烧石膏或硫酸钙）为基本成分的牙科用其他制品：**									**Modelling pastes, including those put up for children's amusement; preparations known as “dental wax” or as “dental impression compounds”, put up in sets, in packings for retail sale or in plates, horseshoe shapes, sticks or similar forms; other preparations for use in dentistry, with a basis of plaster (of calcined gypsum or calcium sulphate):**
3407.0010	---牙科用蜡及造型膏	6.5	30	0						---Preparations of a kind known as “dental wax” or as “dental impression compounds”
3407.0020	---以熟石膏为基本成分的牙科用其他制品	6.5	40	0						---Other preparations for use in dentistry, with a basis of plaster
3407.0090	---其他	10	100	0						---Other

第三十五章
蛋白类物质；改性淀粉；胶；酶

注释：

一、本章不包括：

（一）酵母（税目21.02）；

（二）第三十章的血份（非治病、防病用的血清白蛋白除外）、药品及其他产品；

（三）预鞣用酶制剂（税目32.02）；

（四）第三十四章的加酶的浸透剂、洗涤剂及其他产品；

（五）硬化蛋白（税目39.13）；或

（六）印刷工业用的明胶产品（第四十九章）。

二、税目35.05所称"糊精"，是指淀粉的降解产品，其还原糖含量以右旋糖的干重量计不超过10%。

如果还原糖含量超过10%，应归入税目17.02。

Chapter 35
Albuminoidal substances; modified starches; glues; enzymes

Chapter Notes:

1. This Chapter does not cover:

(a) Yeasts (heading 21.02);

(b) Blood fractions (other than blood albumin not prepared for therapeutic or prophylactic uses), medicaments or other products of Chapter 30;

(c) Enzymatic preparations for pre-tanning (heading 32.02);

(d) Enzymatic soaking or washing preparations or other products of Chapter 34;

(e) Hardened proteins (heading 39.13); or

(f) Gelatin products of the printing industry (Chapter 49).

2. For the purposes of heading 35.05, the term "dextrins" means starch degradation products with a reducing sugar content, expressed as dextrose on the dry substance, not exceeding 10%.

Such products with a reducing sugar content exceeding 10% fall in heading 17.02.

税则号列 Tariff Item	商品名称	最惠国税率(%) M.F.N.	普通税率(%) Gen.	协定税率(%) Conventional 东盟 ASEAN	亚太 APTA	香港 H.K.	澳门 Macao	台湾 Taiwan	出口税率(%) Export	Article Description
35.01	**酪蛋白、酪蛋白酸盐及其他酪蛋白衍生物；酪蛋白胶：**									**Casein, caseinates and other casein derivatives; casein glues:**
3501.1000	-酪蛋白	10	35	0						-Casein
3501.9000	-其他	10	35	0						-Other
35.02	**白蛋白（包括按重量计干质成分的乳清蛋白含量超过80%的两种或两种以上的乳清蛋白浓缩物）、白蛋白盐及其他白蛋白衍生物：**									**Albumins (including concentrates of two or more whey proteins, containing by weight more than 80% whey proteins, calculated on the dry matter), albuminates and other albumin derivatives:**
	-卵清蛋白：									-Egg albumin:
3502.1100	--干的	10	80	0						--Dried
3502.1900	--其他	10	80	0						--Other
3502.2000	-乳白蛋白，包括两种或两种以上的乳清蛋白浓缩物	10	35	0						-Milk albumin, including concentrates of two or more whey proteins
3502.9000	-其他	10	35	0		0				-Other

税则号列 Tariff Item	商品名称	最惠国税率(%) M. F. N.	普通税率(%) Gen.	协定税率(%) Conventional 东盟 ASEAN	亚太 APTA	香港 H. K.	澳门 Macao	台湾 Taiwan	出口税率(%) Export	Article Description
35.03	**明胶(包括长方形、正方形明胶薄片,不论是否表面加工或着色)及其衍生物;鱼鳔胶;其他动物胶,但不包括税目35.01的酪蛋白胶:**									**Gelatin (including gelatin in rectangular (including square) sheets, whether or not surface-worked or coloured) and gelatin derivatives; isinglass; other glues of animal origin, excluding casein glues of heading 35.01:**
3503.0010	---明胶及其衍生物	12	35	0						---Gelatin and gelatin derivatives
3503.0090	---其他	12	50	0						---Other
35.04	**蛋白胨及其衍生物;其他税号未列名的蛋白质及其衍生物;皮粉,不论是否加入铬矾:**									**Peptones and their derivatives; other protein substances and their derivatives, not elsewhere specified or included; hide powder, whether or not chromed:**
3504.0010	---蛋白胨	3	11	0			0			---Peptones
3504.0090	---其他	8	35	0			0			---Other
35.05	**糊精及其他改性淀粉(例如,预凝化淀粉或酯化淀粉);以淀粉、糊精或其他改性淀粉为基本成分的胶:**									**Dextrins and other modified starches (for example, pregelatinized or esterified starches); glues based on starches, or on dextrins or other modified starches:**
3505.1000	-糊精及其他改性淀粉	12	50	0		0	0			-Dextrins and other modified starches
3505.2000	-胶	20	50	0						-Glues
35.06	**其他税号未列名的调制胶及其他调制黏合剂;适于作胶或黏合剂用的产品,零售包装每件净重不超过1千克:**									**Prepared glues and other prepared adhesives, not elsewhere specified or included; products suitable for use as glues or adhesives, put up for retail sale as glues or adhesives, not exceeding a net weight of 1kg:**
3506.1000	-适于作胶或黏合剂用的产品,零售包装每件净重不超过1千克	10	90	0	9.2	0		0		-Products suitable for use as glues or adhesives, put up for retail sale as glues or adhesives, not exceeding a net weight, of 1kg
	-其他:									-Other:
	--以橡胶或税目39.01至39.13的聚合物为基本成分的黏合剂:									--Adhesives based on polymers of headings 39.01 to 39.13 or on rubber:
3506.9110	---以聚酰胺为基本成分的	10	90	0	7	0	0	0		---Based on polyamide
3506.9120	---以环氧树脂为基本成分的	10	90	0	7	0	0	0		---Based on epoxy resin
3506.9190	---其他	10	90	0	7	0	0	0		---Other
3506.9900	--其他	10	90	0	8.6	0	0	0		--Other

税则号列 Tariff Item	商品名称	最惠国税率(%) M. F. N.	普通税率(%) Gen.	协定税率(%) Conventional 东盟 ASEAN	亚太 APTA	香港 H. K.	澳门 Macao	台湾 Taiwan	出口税率(%) Export	Article Description
35.07	**酶；其他税号未列名的酶制品：**									**Enzymes; prepared enzymes not elsewhere specified or included:**
3507.1000	-粗制凝乳酶及其浓缩物	6	30	0						-Rennet and concentrates thereof
	-其他：									-Other:
3507.9010	---碱性蛋白酶	6	30	0						---Basic proteinase
3507.9020	---碱性脂肪酶	6	30	0						---Basic lipase
3507.9090	---其他	6	30	0			0			---Other

第三十六章
炸药；烟火制品；火柴；引火合金；易燃材料制品

Chapter 36
Explosives; pyrotechnic products; matches; pyrophoric alloys; certain combustible preparations

注释：

一、本章不包括单独的已有化学定义的化合物，但下列注释二（一）、（二）所述物品除外。

二、税目36.06所称“易燃材料制品”，只适用于：

（一）聚乙醛、六亚甲基四胺（六甲撑四胺）及类似物质，已制成片、棒或类似形状作燃料用的；以酒精为基本成分的固体或半固体燃料及类似的配制燃料；

（二）直接灌注香烟打火机及类似打火器用的液体燃料或液化气体燃料，其包装容器的容积不超过300立方厘米；以及

（三）树脂火炬、引火物及类似品。

Chapter Notes:

1. This Chapter does not cover separate chemically defined compounds other than those described in Note 2 (a) or (b) below.

2. The expression “articles of combustible materials” in heading 36.06 applies only to:

(a) Metaldehyde, hexamethylenetetramine and similar substances, put up in forms (for example, tablets, sticks or similar forms) for use as fuels; fuels with a basis of alcohol, and similar prepared fuels, in solid or semi-solid form;

(b) Liquid or liquefied-gas fuels in containers of a kind used for filling or refilling cigarette or similar lighters and of a capacity not exceeding $300cm^3$; and

(c) Resin torches, firelighters and the like.

税则号列 Tariff Item	商品名称	最惠国税率(%) M. F. N.	普通税率(%) Gen.	协定税率(%) Conventional 东盟 ASEAN	亚太 APTA	香港 H. K.	澳门 Macao	台湾 Taiwan	出口税率(%) Export	Article Description
36.01	**发射药：**									**Propellent powders:**
3601.0000	发射药	9	50	0						Propellent powders
36.02	**配制炸药，但发射药除外：**									**Prepared explosives, other than propellent powders:**
3602.0010	---硝铵炸药	9	50	0						---Based on ammonals nitrate
3602.0090	---其他	9	50	0						---Other
36.03	**安全导火索；导爆索；火帽或雷管；引爆器；电雷管：**									**Safety fuses; detonating fuses; percussion or detonating caps; igniters; electric detonators:**
3603.0000	安全导火索；导爆索；火帽或雷管；引爆器；电雷管	9	50	0						Safety fuses; detonating fuses; percussion or detonating caps; igniters; electric detonators
36.04	**烟花、爆竹、信号弹、降雨火箭、浓雾信号弹及其他烟火制品：**									**Fireworks, signalling flares, rain rockets, fog signals and other pyrotechnicarticles:**
3604.1000	-烟花、爆竹	6	130	0						-Fireworks
3604.9000	-其他	6	100	0						-Other
36.05	**火柴，但税目36.04的烟火制品除外：**									**Matches, other than pyrotechnic articles of heading 36.04:**
3605.0000	火柴，但税目36.04的烟火制品除外	6	100	0						Matches, other than pyrotechnic articles of heading 36.04

税则号列 Tariff Item	商品名称	最惠国税率(%)	普通税率(%)	协定税率(%) Conventional					出口税率(%)	Article Description
		M. F. N.	Gen.	东盟 ASEAN	亚太 APTA	香港 H. K.	澳门 Macao	台湾 Taiwan	Export	
36.06	**各种形状的铈铁及其他引火合金；本章注释二所述的易燃材料制品：**									**Ferro-cerium and other pyrophoric alloys in all forms; articles of combustible materials as specified in Note 2 to this Chapter:**
3606.1000	-直接灌注香烟打火机及类似打火器用的液体燃料或液化气体燃料，其包装容器的容积不超过300立方厘米	10	80	0		0				-Liquid or liquefied-gas fuels in containers of a kind used for filling or refilling cigarette or similar lighters and of a capacity not exceeding $300cm^3$
	-其他：									-Other:
	---铈铁及其他引火合金：									---Ferro-cerium and other pyrophoricalloys:
3606.9011	----已切成形可直接使用	9	80	0						----Cut to shape, for immediate use
3606.9019	----其他	9	50	0						----Other
3606.9090	---其他	9	80	0						---Other

第三十七章
照相及电影用品

Chapter 37
Photographic or cinematographic goods

注释：

一、本章不包括废碎料。

二、本章所称“摄影”，是指光或其他射线作用于感光面上直接或间接形成可见影像的过程。

Chapter Notes:

1. This Chapter does not cover waste or scrap.

2. In this Chapter the word “photographic” relates to the process by which visible images are formed, directly or indirectly, by the action of light or other forms of radiation on photosensitive surfaces.

税则号列 Tariff Item	商品名称	最惠国税率(%) M. F. N.	普通税率(%) Gen.	协定税率(%) Conventional 东盟 ASEAN	亚太 APTA	香港 H. K.	澳门 Macao	台湾 Taiwan	出口税率(%) Export	Article Description
37.01	**未曝光的摄影感光硬片及平面软片，用纸、纸板及纺织物以外任何材料制成；未曝光的一次成像感光平片，不论是否分装：**									**Photographic plates and film in the flat, sensitized, unexposed, of any material other than paper, paperboard or textiles; instant print film in the flat, sensitized, unexposed, whether or not in packs:**
3701.1000	-X 光用	20	40	5						-For X-ray
3701.2000	-一次成像平片	5	40	0						-Instant print film
	-其他硬片及软片，任何一边超过 255 毫米：									-Other plates and film, with any side exceeding 255mm:
	---照相制版用：									---For preparing printing plates or cylinders:
3701.3021	----激光照排片	5/2.5	50	5			0			----Laser phototypesetting film
3701.3022	----PS 版	5/2.5	50	5			0			----Precoated sensitized plate
3701.3024	----CTP 版	5/2.5	50	0			0			----CTP plate
3701.3025	----柔性印刷版	5/2.5	50				0			----Flexographic printing plates
3701.3029	----其他	5/2.5	50	5			0			----Other
3701.3090	---其他	10/5	70	0						---Other
	-其他：									-Other:
3701.9100	--彩色摄影用	22	70	0						--For colour photography (polychrome)
	--其他：									--Other:
3701.9920	---照相制版用	7.5/6.3	40	0						---For preparing printing plates or cylinders
3701.9990	---其他	18.8/15.6	70	0						---Other
37.02	**成卷的未曝光摄影感光胶片，用纸、纸板及纺织物以外任何材料制成；未曝光的一次成像感光卷片：**									**Photographic film in rolls, sensitized, unexposed, of any material other than paper, paperboard or textiles; instant print film in rolls, sensitized, unexposed:**
3702.1000	-X 光用	10	40	5						-For X-ray

税则号列 Tariff Item	商品名称	最惠国税率(%) M. F. N.	普通税率(%) Gen.	协定税率(%) Conventional 东盟 ASEAN	亚太 APTA	香港 H. K.	澳门 Macao	台湾 Taiwan	出口税率(%) Export	Article Description
	-无齿孔的其他胶片，宽度不超过105毫米：									-Other film, without perforations, of a width not exceeding 105mm：
	--彩色摄影用：									--For colour photography (polychrome)：
3702.3110	----一次成像卷片	5	40	0						---Instant print film
3702.3190	---其他	T6	T6	0						---Other
	--其他涂卤化银乳液的：									--Other, with silver halide emulsion：
3702.3210	----一次成像卷片	5	40	0						---Instant print film
3702.3220	---照相制版用	T6	T6	0						---For preparing printing plates or cylinders
3702.3290	---其他	T6	T6	0						---Other
	--其他：									--Other：
3702.3920	---照相制版用	T6	T6	0						---For preparing printing plates or cylinders
3702.3990	---其他	T6	T6	0						---Other
	-无齿孔的其他胶片，宽度超过105毫米：									-Other film, without perforations, of a width exceeding 105mm：
3702.4100	--彩色摄影用，宽度超过610毫米，长度超过200米	T6	T6							--Of a width exceeding 610mm and of a length exceeding 200m, for colour photography (polychrome)
	--非彩色摄影用，宽度超过610毫米，长度超过200米：									--Of a width exceeding 610mm and of a length exceeding 200m, other than for colour photography：
	---照相制版用：									---For preparing printing plates or cylinders：
3702.4221	----印刷电路板制造用光致抗蚀干膜	T6	T6	0						----Wide anticorrosive photographic plate for printed circuit processing
3702.4229	----其他	T6	T6	0						----Other
	---其他：									---Other：
3702.4292	----红色或红外激光胶片	T6	T6	0						----Red or infrared laser film
3702.4299	----其他	T6	T6	0						----Other
	--宽度超过610毫米，长度不超过200米：									--Of a width exceeding 610mm and of a length not exceeding 200m：
	---照相制版用：									---For preparing printing plates or cylinders：
3702.4321	----激光照排片	10	104/m²	0						----Laser phototypesetting film
3702.4329	----其他	T6	T6	0						----Other
3702.4390	---其他	T6	T6	0						---Other

税则号列 Tariff Item	商品名称	最惠国税率(%) M. F. N.	普通税率(%) Gen.	协定税率(%) Conventional 东盟 ASEAN	亚太 APTA	香港 H. K.	澳门 Macao	台湾 Taiwan	出口税率(%) Export	Article Description
	--宽度超过105毫米，但不超过610毫米：									--Of a width exceeding 105mm but not exceeding 610mm:
	---照相制版用：									---For preparing printing plates or cylinders:
3702.4421	----激光照排片	T6	T6	0						----Laser phototypesetting film
3702.4422	----印刷电路板制造用光致抗蚀干膜	T6	T6	0						----Narrow anticorrosive photographic plate for printed circuit processing
3702.4429	----其他	T6	T6	0						----Other
3702.4490	---其他	T6	T6	0						---Other
	-彩色摄影用的其他胶片：									-Other film, for colour photography (pylychrome):
3702.5200	--宽度不超过16毫米	T6	T6	0						--Of a width not exceeding 16mm
3702.5300	--幻灯片用，宽度超过16毫米，但不超过35毫米，长度不超过30米	T6	T6	0		0				--Of a width exceeding 16mm but not exceeding 35mm and of a length not exceeding 30m, for slides
	--非幻灯片用，宽度超过16毫米，但不超过35毫米，长度不超过30米：									--Of a width exceeding 16mm but not exceeding 35mm and of a length not exceeding 30m, other than for slides:
3702.5410	---宽度为35毫米，长度不超过2米	T6	T6	5		0				---Of a width 35mm and of a length not exceeding 2m
3702.5490	---其他	T6	T6	5		0				---Other
	--宽度超过16毫米，但不超过35毫米，长度超过30米：									--Of a width exceeding 16mm but not exceeding 35mm and of a length exceeding 30m:
3702.5520	---电影胶片	T6	T6	5						---Cinematographic film
3702.5590	---其他	T6	T6	5						---Other
	--宽度超过35毫米：									--Of a width exceeding 35mm:
3702.5620	---电影胶片	T6	T6	0						---Cinematographic film
3702.5690	---其他	T6	T6	0						---Other
	-其他：									-Other:
3702.9600	--宽度不超过35毫米，长度不超过30米	T6	T6	5						--Of a width not exceeding 35mm and of a length not exceeding 30m
3702.9700	--宽度不超过35毫米，长度超过30米	T6	T6	5						--Of a width not exceeding 35mm and of a length exceeding 30m
3702.9800	--宽度超过35毫米	T6	T6	0						--Of a width exceeding 35mm
37.03	**未曝光的摄影感光纸、纸板及纺织物：**									**Photographic paper, paperboard and textiles, sensitized, unexposed:**
	-成卷，宽度超过610毫米：									-In rolls of a width exceeding 610mm:

税则号列 Tariff Item	商品名称	最惠国税率(%) M. F. N.	普通税率(%) Gen.	协定税率(%) Conventional 东盟 ASEAN	亚太 APTA	香港 H. K.	澳门 Macao	台湾 Taiwan	出口税率(%) Export	Article Description
3703.1010	---感光纸及纸板	18	100	5						---Photographic paper and paperboard
3703.1090	---其他	18	70	5						---Other
	-其他，彩色摄影用：									-Other, for colour photography (polychrome)：
3703.2010	---感光纸及纸板	35	100	5		0				---Photographic paper and paperboard
3703.2090	---其他	18	70	5		0				---Other
	-其他：									-Other：
3703.9010	---感光纸及纸板	35	100	5						---Photographic paper and paperboard
3703.9090	---其他	18	70	5						---Other
37.04	**已曝光未冲洗的摄影硬片、软片、纸、纸板及纺织物：**									**Photographic plates, film, paper, paperboard and textiles, exposed but not developed：**
3704.0010	---电影胶片	6.5	30	0						---Cinematographic film
3704.0090	---其他	18	70	0						---Other
37.05	**已曝光已冲洗的摄影硬片及软片，但电影胶片除外：**									**Photographic plates and film, exposed and developed, other than cinematographic film：**
3705.0010	---教学专用幻灯片	0	0							---Lantern slides, for educational use only
	---缩微胶片：									---Microfilms：
3705.0021	----书籍、报刊的	0	0							----For printed books and newspapers
3705.0029	----其他	2/1	14	0						----Other
3705.0090	---其他	9/4.5	70	0						---Other
37.06	**已曝光已冲洗的电影胶片，不论是否配有声道或仅有声道：**									**Cinematographic film, exposed and developed, whether or not incorporating sound track or consisting only of sound track：**
	-宽度在35毫米及以上：									-Of a width of 35mm or more：
3706.1010	---教学专用	0	0							---For educational use only
3706.1090	---其他	5	14	0		0				---Other
	-其他：									-Other：
3706.9010	---教学专用	0	0							---For educational use only
3706.9090	---其他	4	14	0		0				---Other
37.07	**摄影用化学制剂（不包括上光漆、胶水、黏合剂及类似制剂）；摄影用未混合产品，定量包装或零售包装可立即使用的：**									**Chemical preparations for photographic uses (other than varnishes, glues, adhesives and similar preparations); unmixed products for photographic uses, put up in measured portions or put up for retail sale in a form ready for use：**

税则号列 Tariff Item	商品名称	最惠国税率(%) M. F. N.	普通税率(%) Gen.	协定税率(%) Conventional					出口税率(%) Export	Article Description
				东盟 ASEAN	亚太 APTA	香港 H. K.	澳门 Macao	台湾 Taiwan		
3707.1000	-感光乳液	8	35	0			0			-Sensitizing emulsions
	-其他：									-Other:
3707.9010	---冲洗照相胶卷及相片用	12/10	100	0		0				---For use in developing photographic film and photographs
3707.9020	---复印机用	7.5/6.3	45	0		0	0			---For use in photo-copying apparatus
3707.9090	---其他	6/5	35	0		0	0			---Other

第三十八章 杂项化学产品

注释：

一、本章不包括：

（一）单独的已有化学定义的元素及化合物，但下列各项除外：

1. 人造石墨（税目38.01）；
2. 制成税目38.08所述的形状或包装的杀虫剂、杀鼠剂、杀菌剂、除草剂、抗萌剂、植物生长调节剂、消毒剂及类似产品；
3. 灭火器的装配药及已装药的灭火弹（税目38.13）；
4. 下列注释二所规定的检定参照物；
5. 下列注释三（一）及三（三）所规定的产品。

（二）化学品与食品或其他营养物质的混合物，配制食品用的（一般归入税目21.06）。

（三）含有金属、砷及其混合物，并符合第二十六章注释三（一）或三（二）的规定的矿渣、矿灰和残渣（包括淤渣，但下水道淤泥除外）（税目26.20）。

（四）药品（税目30.03及30.04）。

（五）用于提取贱金属或生产贱金属化合物的废催化剂（税目26.20），主要用于回收贵金属的废催化剂（税目71.12），或某种形状（例如，精细粉末或纱网状）的金属或金属合金催化剂（第十四类或第十五类）。

二、（一）税目38.22所称的“检定参照物”，是指附有证书的参照物，该证书标明了参照物属性的指标、确定这些指标的方法以及与每一指标相关的确定度，这些参照物用于分析、校准和比较。

（二）除第二十八和二十九章的产品外，检定参照物在本目录中应优先归入税目38.22。

Chapter 38 Miscellaneous chemical products

Chapter Notes:

1. This Chapter does not cover:

(a) Separate chemically defined elements or compounds with the exception of the following:

(i) Artificial graphite (heading 38.01);

(ii) Insecticides, rodenticides, fungicides, herbicides, anti-sprouting products and plant-growth regulators, disinfectants and similar products, put up as described in heading 38.08;

(iii) Products put up as charges for fire-extinguishers or put up in fire-extinguishing grenades (heading 38.13);

(iv) Certified reference materials specified in Note 2 below;

(v) Products specified in Note 3 (a) or 3 (c) below.

(b) Mixtures of chemicals with foodstuffs or other substances with nutritive value, of a kind used in the preparation of human foodstuffs (generally heading 21.06).

(c) Slag, ash and residues (including sludges, other than sewage sludge), containing metals, arsenic or their mixtures and meeting the requirements of Note 3 (a) or 3 (b) to Chapter 26 (heading 26.20).

(d) Medicaments (heading 30.03 or 30.04); or

(e) Spent catalysts of a kind used for the extraction of base metals or for the manufacture of chemical compounds of base metals (heading 26.20), spent catalysts of a kind used principally for the recovery of precious metal (heading 71.12) or catalysts consisting of metals or metal alloys in the form of, for example, finely divided powder or woven gauze (Section XIV or XV).

2. (a) For the purpose of heading 38.22, the expression “certified reference materials” means reference materials which are accompanied by a certificate which indicates the values of the certified properties, the methods used to determine these values and the degree of certainty associated with each value and which are suitable for analytical, calibrating or referencing purposes.

(b) With the exception of the products of Chapter 28 or 29, for the classification of certified reference materials, heading 38.22 shall take precedence over any other heading in the Nomenclature.

三、税目38.24包括不归入本协调制度其他税号的下列货品：

（一）每颗重量不小于2.5克的氧化镁、碱金属或碱土金属卤化物制成的培养晶体（光学元件除外）；

（二）杂醇油；骨焦油；

（三）零售包装的除墨剂；

（四）零售包装的蜡纸改正液、其他改正液及改正带（税目96.12的产品除外）；以及

（五）可熔性陶瓷测温器（例如，塞格测温锥）。

3. Heading 38.24 includes the following goods which are not to be classified in any other heading of the Nomenclature:

(a) Cultured crystals (other than optical elements) weighing not less than 2.5g each, of magnesium oxide or of the halides of the alkali or alkaline-earth metals;

(b) Fusel oil; Dippel's oil;

(c) Ink removers put up in packings for retail sale;

(d) Stencil correctors, other correcting fluids and correction tapes (other than those of heading 96.12), put up in packings for retail sale; and

(e) Ceramic firing testers, fusible (for example, Seger cones).

四、本目录所称“城市垃圾”，是指从家庭、宾馆、餐厅、医院、商店、办公室等收集来的废物，马路和人行道的垃圾，以及建筑垃圾或拆建垃圾。城市垃圾通常含有大量各种各样的材料，例如，塑料、橡胶、木材、纸张、纺织品、玻璃、金属、食物、破烂家具和其他已损坏或被丢弃的物品。但“城市垃圾”不包括：

（一）已从垃圾中分拣出来的单独的材料或物品，例如，废的塑料、橡胶、木材、纸张、纺织品、玻璃、金属和电池的废品，这些材料或物品应归入本目录中适当税号；

（二）工业废物；

（三）第三十章注释四（十）所规定的废药物；或

（四）本章注释六（一）所规定的医疗废物。

4. Throughout the Nomenclature, "municipal waste" means waste of a kind collected from households, hotels, restaurants, hospitals, shops, offices, etc., road and pavement sweepings, as well as construction and demolition waste. Municipal waste generally contains a large variety of materials such as plastics, rubber, wood, paper, textiles, glass, metals, food materials, broken furniture and other damaged or discarded articles. The term "municipal waste", however, does not cover:

(a) Individual materials or articles segregated from the waste, such as wastes of plastics, rubber, wood, paper, textiles, glass or metals and spent batteries which fall in their appropriate headings of the Nomenclature;

(b) Industrial waste;

(c) Waste pharmaceuticals, as defined in Note 4 (k) to Chapter 30; or

(d) Clinical waste, as defined in Note 6 (a) below.

五、税目38.25所称“下水道淤泥”，是指经城市污水处理厂处理的淤泥，包括预处理的废料、刷洗污垢和性质不稳定的淤泥。但适合作为肥料用的性质稳定的淤泥除外（第三十一章）。

5. For the purposes of heading 38.25, "sewage sludge" means sludge arising from urban effluent treatment plant and includes pre-treatment waste, scourings and unstabilised sludge. Stabilised sludge when suitable for use as fertiliser is excluded (Chapter 31).

六、税目38.25所称的“其他废物”适用于：

（一）医疗废物，即医学研究、诊断、治疗，以及其他内科、外科、牙科或兽医治疗所产生的被污染的废物，通常含有病菌和药物，需作专门处理（例如，脏的敷料、用过的手套及注射器）；

6. For the purposes of heading 38.25, the expression "other wastes" applies to:

(a) Clinical waste, that is, contaminated waste arising from medical research, diagnosis, treatment or other medical, surgical, dental or veterinary procedures, which often contain pathogens and pharmaceutical substances and require special disposal procedures (for example, soiled dressings, used gloves and used syringes);

(二) 废有机溶剂;

(三) 废的金属酸洗液、液压油、制动油及防冻液;以及

(四) 化学工业及相关工业的其他废物。

但不包括主要含有石油及从沥青矿物提取的油类的废油(税目27.10)。

(b) Waste organic solvents;

(c) Wastes of metal pickling liquors, hydraulic fluids, brake fluids and anti-freezing fluids; and

(d) Other wastes from chemical or allied industries.

The expression "other wastes" does not, however, cover wastes which contain mainly petroleum oils or oils obtained from bituminous minerals (heading 27.10).

七、税目38.26所称的"生物柴油",是指从动植物油脂(不论是否使用过)得到的用作燃料的脂肪酸单烷基酯。

7. For the purposes of heading 38.26, the term "biodiesel" means mono-alkyl esters of fatty acids of a kind used as a fuel, derived from animal or vegetable fats and oils whether or not used.

子目注释:

一、子目3808.52及3808.59仅包括税目38.08的货品,含有一种或多种下列物质:甲草胺(ISO)、涕灭威(ISO)、艾氏剂(ISO)、谷硫磷(ISO)、乐杀螨(ISO)、毒杀芬(ISO)、敌菌丹(ISO)、氯丹(ISO)、杀虫脒(ISO)、乙酯杀螨醇(ISO)、滴滴涕(ISO,INN)[1,1,1-三氯-2,2-双(4-氯苯基)乙烷]、狄氏剂(ISO,INN)、4,6-二硝基邻甲酚[二硝酚(ISO)]及其盐、地乐酚(ISO)及其盐或酯、硫丹(ISO)、1,2-二溴乙烷(ISO)、1,2-二氯乙烷(ISO)、氟乙酰胺(ISO)、七氯(ISO)、六氯苯(ISO)、1,2,3,4,5,6-六氯环己烷[六六六(ISO)],包括林丹(ISO,INN)、汞化合物、甲胺磷(ISO)、久效磷(ISO)、环氧乙烷(氧化乙烯)、对硫磷(ISO)、甲基对硫磷(ISO)、五溴二苯醚及八溴二苯醚、五氯苯酚(ISO)及其盐或酯、全氟辛基磺酸及其盐、全氟辛基磺胺、全氟辛基磺酰氯、磷胺(ISO)、2,4,5-涕(ISO)(2,4,5-三氯苯氧基乙酸)及其盐或酯、三丁基锡化合物。

子目3808.59还包括含有苯菌灵(ISO)、克百威(ISO)及福美双(ISO)混合物的粉状制剂。

Subheading Notes:

1. Subheadings 3808.52 and 3808.59 cover only goods of heading 38.08, containing one or more of the following substances: alachlor (ISO); aldicarb (ISO); aldrin (ISO); azinphos-methyl (ISO); binapacryl (ISO); camphechlor (ISO) (toxaphene); captafol (ISO); chlordane (ISO); chlordimeform (ISO); chlorobenzilate (ISO); DDT (ISO) (clofenotane (INN), 1, 1, 1-trichloro-2, 2-bis (p-chlorophenyl) ethane); dieldrin (ISO, INN); 4, 6- dinitro-o-cresol (DNOC (ISO)) or its salts; dinoseb (ISO), its salts or itsesters; endosulfan (ISO); ethylene dibromide (ISO) (1, 2-dibromoethane); ethylene dichloride (ISO) (1,2-dichloroethane); fluoroacetamide (ISO); heptachlor (ISO); hexachlorobenzene (ISO); 1, 2, 3, 4, 5, 6- hexachlorocyclohexane (HCH (ISO)), including lindane (ISO, INN); mercury compounds; methamidophos (ISO); monocrotophos (ISO); oxirane (ethylene oxide); parathion (ISO); parathion-methyl (ISO) (methyl- parathion); penta- and octabromodiphenyl ethers; pentachlorophenol (ISO), its salts or its esters; perfluorooctane sulphonic acid and its salts; perfluorooctane sulphonamides; perfluorooctane sulphonyl fluoride; phosphamidon (ISO); 2, 4,5-T (ISO) (2,4,5-trichlorophenoxyacetic acid), its salts or its esters; tributyltin compounds.

Subheading 3808.59 also covers dustable powder formulations containing a mixture of benomyl (ISO), carbofuran (ISO) and thiram (ISO).

二、子目3808.61至3808.69仅包括税目38.08项下含有下列物质的货品:α-氯氰菊酯(ISO)、恶虫威(ISO)、联苯菊酯(ISO)、虫螨腈(ISO)、氟氯氰菊酯(ISO)、溴氰菊酯(INN,ISO)、醚菊酯(INN)、杀螟硫磷(ISO)、高效氯氟氰菊酯

2. Subheadings 3808.61 to 3808.69 cover only goods of heading 38.08, containing alpha-cypermethrin (ISO), bendiocarb (ISO), bifenthrin (ISO), chlorfenapyr (ISO), cyfluthrin (ISO), deltamethrin (INN, ISO), etofenprox (INN), fenitrothion (ISO), lambda-cyha-

（ISO）、马拉硫磷（ISO）、甲基嘧啶磷（ISO）、或残杀威（ISO）。

lothrin (ISO), malathion (ISO), pirimiphos-methyl (ISO) or propoxur (ISO).

三、子目3824.81至3824.88仅包括含有下列一种或多种物质的混合物及制品：环氧乙烷（氧化乙烯）、多溴联苯（PBBs）、多氯联苯（PCBs）、多氯三联苯（PCTs）、三（2,3-二溴丙基）磷酸酯、艾氏剂（ISO）、毒杀芬（ISO）、氯丹（ISO）、十氯酮（ISO）、滴滴涕（ISO，INN）[1,1,1-三氯-2,2-双(4-氯苯基）乙烷]、狄氏剂（ISO，INN）、硫丹（ISO）、异狄氏剂（ISO）、七氯（ISO）、灭蚁灵（ISO）、1,2,3,4,5,6-六氯环己烷[六六六（ISO）]，包括林丹（ISO，INN）、五氯苯（ISO）、六氯苯（ISO）、全氟辛基磺酸及其盐、全氟辛基磺胺、全氟辛基磺酰氯，或四、五、六、七或八溴联苯醚。

3. Subheadings 3824.81 to 3824.88 cover only mixtures and preparations containing one or more of the following substances : oxirane (ethylene oxide), polybrominated biphenyls (PBBs), polychlorinated biphenyls (PCBs), polychlorinated terphenyls (PCTs), tris (2, 3-dibromopropyl) phosphate, aldrin (ISO), camphechlor (ISO) (toxaphene), chlordane (ISO), chlordecone (ISO), DDT (ISO) (clofenotane (INN), 1,1,1-trichloro-2,2- bis (p-chlorophenyl) ethane), dieldrin (ISO, INN), endosulfan (ISO), endrin (ISO), heptachlor (ISO), mirex (ISO), 1,2,3,4,5,6-hexachlorocyclohexane [HCH (ISO)], including lindane (ISO, INN), pentachlorobenzene (ISO), hexachlorobenzene (ISO), perfluorooctane sulphonic acid, its salts, perfluorooctane sulphonamides, perfluorooctane sulphonyl flouride or tetra-, penta-, hexa-, hepta- or octabromodiphenyl ethers.

四、子目3825.41和3825.49所称“废有机溶剂”，是指主要含有有机溶剂的废物，不适合再作原产品使用，不论其是否用于回收溶剂。

4. For the purposes of subheadings 3825.41 and 3825.49, “waste organic solvents” are wastes containing mainly organic solvents, not fit for further use as presented as primary products, whether or not intended for recovery of the solvents.

税则号列 Tariff Item	商品名称	最惠国税率(%) M.F.N.	普通税率(%) Gen.	协定税率(%) Conventional					出口税率(%) Export	Article Description
				东盟 ASEAN	亚太 APTA	香港 H.K.	澳门 Macao	台湾 Taiwan		
38.01	**人造石墨；胶态或半胶态石墨；以石墨或其他碳为基本成分的糊状、块状、板状制品或其他半制品：**									**Artificial graphite; colloidal or semicolloidal graphite; preparations based on graphite or other carbon in the form of pastes, blocks, plates or other semi-manufactures:**
3801.1000	-人造石墨	6.5	30	0		0				-Artificial graphite
3801.2000	-胶态或半胶态石墨	6.5	30	0						-Colloidal or semi-colloidal graphite
3801.3000	-电极用碳糊及炉衬用的类似糊	6.5	35	0						-Carbonaceous pastes for electrodes and similar pastes for furnace linings
	-其他：									-Other:
3801.9010	---表面处理的球化石墨	6.5	35	0						---Spheroidized graphite by Surface treatment
3801.9090	---其他	6.5	35	0						---Other
38.02	**活性炭；活性天然矿产品；动物炭黑，包括废动物炭黑：**									**Activated carbon; activated natural mineral products; animal black, including spent animal black:**

税则号列 Tariff Item	商品名称	最惠国税率(%) M. F. N.	普通税率(%) Gen.	协定税率(%) Conventional 东盟 ASEAN	亚太 APTA	香港 H. K.	澳门 Macao	台湾 Taiwan	出口税率(%) Export	Article Description
	-活性炭：									-Activated carbon：
3802.1010	---木质的	6.5	20	0	5.5					---Wood based
3802.1090	---其他	6.5	20	0	5.5					---Other
3802.9000	-其他	10	45	0						-Other
38.03	**妥尔油，不论是否精炼：**									**Tall oil, whether or not refined:**
3803.0000	妥尔油，不论是否精炼	6.5	35	0						Tall oil, whether or not refined
38.04	**木浆残余碱液，不论是否浓缩、脱糖或经化学处理，包括木素磺酸盐，但不包括税目38.03的妥尔油：**									**Residual lyes from the manufacture of wood pulp, whether or not concentrated, desugared or chemically treated, including lignin sulphonates, but excluding tall oil of heading 38.03:**
3804.0000	木浆残余碱液，不论是否浓缩、脱糖或经化学处理，包括木素磺酸盐，但不包括税目38.03的妥尔油	6.5	35	0						Residual lyes from the manufacture of wood pulp, whether or not concentrated, desugared or chemically treated, including lignin sulphonates, but excluding tall oil of heading 38.03
38.05	**脂松节油、木松节油和硫酸盐松节油及其他萜烯油，用蒸馏或其他方法从针叶木制得；粗制二聚戊烯；亚硫酸盐松节油及其他粗制对异丙基苯甲烷；以α萜品醇为基本成分的松油：**									**Gum, wood or sulphate turpentine and othe terpenic oils produced by the distillation or other treatment of coniferous woods; crude dipentene; sulphite turpentine and other crude paracymene; pine oil containing alpha terpineol as the main constituent:**
3805.1000	-脂松节油、木松节油和硫酸盐松节油	6.5	50	0						-Gum, wood or sulphate turpentine oils
	-其他：									-Other:
3805.9010	---松油	6.5	50	0						---Pine oil
3805.9090	---其他	6.5	50	0						---Other
38.06	**松香和树脂酸及其衍生物；松香精及松香油；再熔胶：**									**Rosin and resin acids, and derivatives thereof; rosin spirit and rosin oils; rungums:**
	-松香及树脂酸：									-Rosinand resin acids:
3806.1010	---松香	10	70	0			0			---Rosin
3806.1020	---树脂酸	10	70	0			0			---Resin acides
	-松香盐、树脂酸盐及松香或树脂酸衍生物的盐，但松香加合物的盐除外：									-Salts of rosin, of resin acids or of derivatives of rosin or resin acids, other than salts of rosin adducts:
3806.2010	---松香盐及树脂酸盐	6.5	40	0			0			---Salts of rosin, of resin acids
3806.2090	---其他	6.5	40	0			0			---Other
3806.3000	-酯胶	6.5	50	0			0			-Ester gums

税则号列 Tariff Item	商品名称	最惠国税率(%) M. F. N.	普通税率(%) Gen.	协定税率(%) Conventional 东盟 ASEAN	 亚太 APTA	 香港 H. K.	 澳门 Macao	 台湾 Taiwan	出口税率(%) Export	Article Description
3806.9000	-其他	6.5	40	0			0			-Other
38.07	**木焦油；精制木焦油；木杂酚油；粗木精；植物沥青；以松香、树脂酸或植物沥青为基本成分的啤酒桶沥青及类似制品：**									**Wood tar; wood tar oils; wood creosote; wood naphtha; vegetable pitch; brewers'pitch and similar preparations based on rosin, resin acids or on vegetable pitch:**
3807.0000	木焦油；精制木焦油；木杂酚油；粗木精；植物沥青；以松香、树脂酸或植物沥青为基本成分的啤酒桶沥青及类似制品	6.5	35	0						Wood tar; wood tar oils; wood creosote; wood naphtha; vegetable pitch; brewers'pitch and similar preparations based on rosin, resin acids or on vegetable pitch
38.08	**杀虫剂、杀鼠剂、杀菌剂、除草剂、抗萌剂、植物生长调节剂、消毒剂及类似产品，零售形状、零售包装或制成制剂及成品(例如，经硫磺处理的带子、杀虫灯芯、蜡烛及捕蝇纸)：**									**Insecticides, rodenticides, fungicides, herbicides, anti-sprouting products and plantgrowth regulators, disinfectants and similar products, put up in forms or packings for retail sale or as preparations or articles (for example, sulphur-treated bands, wicks and candles, and fly-papers):**
	-本章子目注释一所列货品：									-Goods specified in Subheading Note 1 to this Chapter:
3808.5200	--DDT (ISO) [滴滴涕(INN)],每包净重不超过300克	9	35	0		0				--DDT (ISO) (clofenotane (INN)), in packings of a net weight content not exceeding 300 g
	--其他：									--Other:
3808.5910	---零售包装的	9	35	0		0				---Put up for retail sale
3808.5990	---其他	5	11	0		0				---Other
	-本章子目注释二所列货品：									-Goods specified in Subheading Note 2 to this Chapter:
3808.6100	--每包净重不超过300克	10	35	0	7	0	0			--In packings of a net weight content not exceeding 300 g
3808.6200	每包净重超过300克，但不超过7.5千克	10	35	0	7	0	0			--In packings of a net weight content exceeding 300 g but not exceeding 7.5 kg
3808.6900	--其他	6	11	0	4.2	0	0			--Other
	-其他：									-Other:
	--杀虫剂：									--Insecticides:
	---零售包装：									---Put up for retail sale:
3808.9111	----蚊香	10	80	0	0		0			----Mosquito smudges
3808.9112	----生物杀虫剂	10	35	0	7	0	0			----Biopesticide
3808.9119	----其他	10	35	0	7	0	0			----Other

税则号列 Tariff Item	商品名称	最惠国税率(%) M. F. N.	普通税率(%) Gen.	协定税率(%) Conventional 东盟 ASEAN	 亚太 APTA	 香港 H. K.	 澳门 Macao	 台湾 Taiwan	出口税率(%) Export	Article Description
3808.9190	---其他	6	11	0	4.2	0	0			---Other
	--杀菌剂:									--Fungicides:
3808.9210	---零售包装	9	35	0		0	0			---Put up for retail sale
3808.9290	---其他	6	11	0						---Other
	--除草剂、抗萌剂及植物生长调节剂:									--Herbicides, anti-sprouting products and plant-growth regulators:
	---除草剂:									---Herbicides:
3808.9311	----零售包装	9	35	0						----Put up for retail sale
3808.9319	----其他	5	11	0	4.5					----Other
	---其他:									---Other:
3808.9391	----零售包装	9	35	0	8.3					----Put up for retail sale
3808.9399	----其他	6	14	0	5.5					----Other
3808.9400	--消毒剂	9	35	0		0	0			--Disinfectants
	--其他:									--Other:
3808.9910	---零售包装	9	35	0		0				---Put up for retail sale
3808.9990	---其他	9	14	0			0			---Other
38.09	**纺织、造纸、制革及类似工业用的其他税号未列名的整理剂、染料加速着色或固色助剂及其他产品和制剂(例如,修整剂及媒染剂):**									**Finishing agents, dye carriers to accelerate the dyeing or fixing of dye-stuffs and other products and preparations (for example, dressings and mordants), of a kind used in the textile, paper, leather or like industries, not elsewhere specified or included:**
3809.1000	-以淀粉物质为基本成分	10	35	0						-With a basis of amylaceous substances
	-其他:									-Other:
3809.9100	--纺织工业及类似工业用	6.5	35	0	6	0				--Of a kind used in the textile or like industries
3809.9200	--造纸工业及类似工业用	6.5	35	0		0				--Of a kind used in the paper or like industries
3809.9300	--制革工业及类似工业用	6.5	35	0		0				--Of a kind used in the leather or like industries
38.10	**金属表面酸洗剂;焊接用的焊剂及其他辅助剂;金属及其他材料制成的焊粉或焊膏;作焊条芯子或焊条涂料用的制品:**									**Pickling preparations for metal surfaces; fluxes and other auxiliary preparations for soldering, brazing or welding; soldering, brazing or welding powders and pastes consisting of metal and other materials; preparations of a kind used as cores or coatings for welding electrodes or rods:**

税则号列 Tariff Item	商品名称	最惠国税率(%) M. F. N.	普通税率(%) Gen.	协定税率(%) Conventional 东盟 ASEAN	亚太 APTA	香港 H. K.	澳门 Macao	台湾 Taiwan	出口税率(%) Export	Article Description
3810.1000	-金属表面酸洗剂；金属及其他材料制成的焊粉或焊膏	6.5	35	0	6	0	0			-Pickling preparations for metal surfaces; soldering, brazing or welding powders and pastes consisting of metal and other materials
3810.9000	-其他	6.5	35	0						-Other
38.11	**抗震剂、抗氧剂、防胶剂、黏度改良剂、防腐蚀制剂及其他配制添加剂，用于矿物油（包括汽油）或与矿物油同样用途的其他液体：**									**Anti-knock preparations, oxidation inhibitors, gum inhibitors, viscosity improvers, anti-corrosive preparations and other prepared additives, for mineral oils (including gasoline) or for other liquids used for the same purposes as mineral oils:**
	-抗震剂：									-Anti-knock preparations:
3811.1100	--以铅化合物为基本成分	6.5	35	0						--Based on lead compounds
3811.1900	--其他	6.5	35	0						--Other
	-润滑油添加剂：									-Additives for lubricating oils:
3811.2100	--含有石油或从沥青矿物提取的油类	6.5	35	0						--Containing petroleum oils or oils obtained from bituminous minerals
3811.2900	--其他	6.5	35	0	5.5		0			--Other
3811.9000	-其他	6.5	35	0		0	0			-Other
38.12	**配制的橡胶促进剂；其他税号未列名的橡胶或塑料用复合增塑剂；橡胶或塑料用抗氧制剂及其他复合稳定剂：**									**Prepared rubber accelerators; compounds plasticizers for rubber or plastics, not elsewhere specified or included; anti-oxidizing preparations and other compound stabilizers for rubber or plastics:**
3812.1000	-配制的橡胶促进剂	0	20	0						-Prepared rubber accelerators
3812.2000	-橡胶或塑料用复合增塑剂	6.5	35	0						-Compound plasticizers for rubber or plastics
	-橡胶或塑料用抗氧制剂及其他复合稳定剂：									-Anti-oxidizing preparations and other compound stabilizers for rubber or plastics:
3812.3100	--2,2,4-三甲基-1,2-二氢化喹啉（TMQ）低聚体混合物	6	20	0		0				--Mixtures of oligomers of 2,2,4-trimethyl-1,2-dihydroquinoline (TMQ)
	--其他：									--Other:
3812.3910	---其他橡胶防老剂	6	20	0		0				---Other rubber antioxidants
3812.3990	---其他	6.5	35	0	4.6	0				---Other
38.13	**灭火器的装配药；已装药的灭火弹：**									**Preparations and charges for fire-extinguishers; charged fire-extinguishing grenades:**

税则号列 Tariff Item	商品名称	最惠国税率(%) M. F. N.	普通税率(%) Gen.	协定税率(%) Conventional 东盟 ASEAN	亚太 APTA	香港 H. K.	澳门 Macao	台湾 Taiwan	出口税率(%) Export	Article Description
3813.0010	---灭火器的装配药	6.5	35	0						---Preparations and charges for fire-extinguishers
3813.0020	---已装药的灭火弹	10	70	0						---Charged fire-extinguishing grenades
38.14	**其他税号未列名的有机复合溶剂及稀释剂；除漆剂：**									**Organic composite solvents and thinners, not elsewhere specified or included; prepared paint or varnish removers:**
3814.0000	其他税号未列名的有机复合溶剂及稀释剂；除漆剂	10	50	0	9	0	0			Organic composite solvents and thinners, not elsewhere specified or included; prepared paint or varnish removers
38.15	**其他税号未列名的反应引发剂、反应促进剂、催化剂：**									**Reaction initiators, reaction accelerators and catalytic preparations, not elsewhere specified or included:**
	-载体催化剂：									-Supported catalysts:
3815.1100	--以镍及其化合物为活性物的	6.5	35	0						--With nickel or nickel compounds as the active substance
3815.1200	--以贵金属及其化合物为活性物的	6.5	35	0		0				--With precious metal or precious metal compounds as the active substance
3815.1900	--其他	6.5	35	0	4.6					--Other
3815.9000	-其他	6.5	35	0	6		0			-Other
38.16	**耐火的水泥、灰泥、混凝土及类似耐火混合制品，但税目38.01的产品除外：**									**Refractory cements, mortars, concretes and similar compositions, other than products of heading 38.01:**
3816.0000	耐火的水泥、灰泥、混凝土及类似耐火混合制品，但税目38.01的产品除外	6.5	35	0						Refractory cements, mortars, concretes and similar compositions, other than products of heading 38.01
38.17	**混合烷基苯及混合烷基萘，但税目27.07及29.02的货品除外：**									**Mixed alkylbenzentes and mixed alkylnaphthalenes, other than those of heading 27.07 or 29.02:**
3817.0000	混合烷基苯及混合烷基萘，但税目27.07及29.02的货品除外	6.5	35	0				0		Mixed alkylbenzenes and alkylnaphthalenes , other than those of heading 27.07 or 29.02
38.18	**经掺杂用于电子工业的化学元素，已切成圆片、薄片或类似形状；经掺杂用于电子工业的化合物：**									**Chemical elements doped for use in electronics, in the form of discs, wafers or similar forms; chemical compouds doped for use in electronics:**

税则号列 Tariff Item	商品名称	最惠国税率(%) M. F. N.	普通税率(%) Gen.	协定税率(%) Conventional 东盟 ASEAN	亚太 APTA	香港 H. K.	澳门 Macao	台湾 Taiwan	出口税率(%) Export	Article Description
	---直径在7.5厘米及以上的单晶硅切片：									---Monocrystalline sillicon, in the form of discs, wafers or similar form, 7.5cm or more in diameter:
3818.0011	----直径在15.24厘米及以下的	0	11							----Diameter not exceeding 15.24cm
3818.0019	----其他	0	11							----Other
3818.0090	---其他	0	17							---Other
38.19	**闸用液压油及其他液压传动用液体，不含石油或从沥青矿物提取的油类，或者按重量计石油或从沥青矿物提取的油类含量低于70%：**									**Hydraulic brake fluids and other prepared liquids for hydraulic transmission, not containing or containing less than 70% by weight of petroleum oils or oils obtained from bituminous minerals:**
3819.0000	闸用液压油及其他液压传动用液体，不含石油或从沥青矿物提取的油类，或者按重量计石油或从沥青矿物提取的油类含量低于70%	6.5	35	0			0			Huydraulic brake fluids and other prepared liquids for hydraulic transmission, not containing or containing less than 70% by weight of petroleum oils or oils obtaines from bituminous minerals
38.20	**防冻剂及解冻剂：**									**Anti-freezing preparations and prepared de-icing fluids:**
3820.0000	防冻剂及解冻剂	10	35	0			0			Anti-freezing preparations and prepared de-icing fluids
38.21	**制成的供微生物（包括病毒及类似品）或植物、人体、动物细胞生长或维持用的培养基：**									**Prepared culture media for the development or maintenance of micro-organisms (including viruses and the like) or of plant, human or animal cells:**
3821.0000	制成的供微生物（包括病毒及类似品）或植物、人体、动物细胞生长或维持用的培养基	3	11	0		0				Prepared culture media for the development or maintenance of micro-organisms (including viruses and the like) or of plant, human or animal cells
38.22	**附于衬背上的诊断或实验用试剂及不论是否附于衬背上的诊断或实验用配制试剂，但税目30.02及30.06的货品除外；检定参照物：**									**Diagnostic or laboratory reagents on a backing and prepared diagnostic or laboratory reagents whether or not on a backing, other than those of heading 30.02 or 30.06; certified reference materials:**

税则号列 Tariff Item	商品名称	最惠国税率(%) M. F. N.	普通税率(%) Gen.	协定税率(%) Conventional 东盟 ASEAN	 亚太 APTA	 香港 H. K.	 澳门 Macao	 台湾 Taiwan	出口税率(%) Export	Article Description
3822.0010	---附于衬背上的	4	35	0		0				---On a backing
3822.0090	---其他	5	35	0		0				---Other
38.23	**工业用单羧脂肪酸；精炼所得的酸性油；工业用脂肪醇：**									**Industrial monocarboxylic fatty acids; acid oils from refining; industrial fatty alcohols:**
	-工业用单羧脂肪酸；精炼所得的酸性油：									-Industrial monocarboxylic fatty acids; acid oils from refining:
3823.1100	--硬脂酸	16	50	0						--Stearic acid
3823.1200	--油酸	16	50	0		0				--Oleic acid
3823.1300	--妥尔油脂肪酸	16	50	0						--Tall oil fatty acids
3823.1900	--其他	16	50	0		0	0			--Other
3823.7000	-工业用脂肪醇	13	50	0						-Industrial fatty alcohols
38.24	**铸模及铸芯用黏合剂；其他税号未列名的化学工业及其相关工业的化学产品及配制品（包括由天然产品混合组成的）：**									**Prepared binders for foundry moulds or cores; chemical products and preparations of the chemical or allied industries (including those consisting of mixtures of natural products), not elsewhere specified or included:**
3824.1000	-铸模及铸芯用黏合剂	6.5	35	0						-Prepared binders for foundry moulds or cores
3824.3000	-自身混合或与金属黏合剂混合的未烧结金属碳化物	6.5	35	0						-Non-agglomerated metal carbides mixed together or with metallic binders
	-水泥、灰泥及混凝土用添加剂：									-Prepared additives for cements, mortars or concretes:
3824.4010	---高效减水剂	6.5	35	0		0				---High efficiency water reducing agent
3824.4090	---其他	6.5	35	0		0				---Other
3824.5000	-非耐火的灰泥及混凝土	6.5	35	0		0	0			-Non-refractory mortars and concretes
3824.6000	-子目 2905.44 以外的山梨醇	14	40	0						-Sorbitol other than that of subheading 2905.44
	-含有甲烷、乙烷或丙烷的卤化衍生物的混合物：									-Mixtures containing halogenated derivatives of methane, ethane or propane:

税则号列 Tariff Item	商品名称	最惠国税率 (%) M. F. N.	普通税率 (%) Gen.	协定税率 (%) Conventional 东盟 ASEAN	亚太 APTA	香港 H. K.	澳门 Macao	台湾 Taiwan	出口税率 (%) Export	Article Description
3824.7100	--含全氯氟烃（CFCs）的，不论是否含氢氯氟烃（HCFCs）、全氟烃（PFCs）或氢氟烃（HFCs）	6.5	35	0		0	0			--Containing chlorofluorocarbons (CFCs), whether or not containing hydrochlorofluorocarbons (HCFCs), perfluorocarbons (PFCs) or hydrofluorocarbons (HFCs)
3824.7200	--含溴氯二氟甲烷、溴三氟甲烷或二溴四氟乙烷的	6.5	35	0						--Containing bromochlorodifluoromethane, bromotrifluoromethane or dibromotetrafluoroethanes
3824.7300	--含氢溴氟烃（HBFCs）的	6.5	35	0		0	0			--Containing hydrobromofluorocarbons (HBFCs)
3824.7400	--含氢氯氟烃（HCFCs）的，不论是否含全氟烃（PFCs）或氢氟烃（HFCs），但不含全氯氟烃（CFCs）	6.5	35	0		0	0			--Containing hydrochlorofluorocarbons (HCFCs), whether or not containing perfluorocarbons (PFCs) or hydrofluorocarbons (HFCs), but not containing chlorofluorocarbons (CFCs)
3824.7500	--含四氯化碳的	6.5	35	0	6	0	0			--Containing carbon tetrachloride
3824.7600	--含1,1,1-三氯乙烷（甲基氯仿）的	6.5	35	0	6	0	0			--Containing 1,1,1-trichloroethane (methyl chloroform)
3824.7700	--含溴化甲烷（甲基溴）或溴氯甲烷的	6.5	35	0		0	0			--Containing bromomethane (methyl bromide) or bromochloro methane
3824.7800	--含全氟烃（PFCs）或氢氟烃（HFCs）的，但不含全氯氟烃（CFCs）或氢氯氟烃（HCFCs）的	6.5	35	0	6	0	0			--Containing perfluorocarbons (PFCs) or hydrofluorocarbons (HFCs), but not containing chlorofluorocarbons (CFCs) or hydrochlorofluorocarbons (HCFCs)
3824.7900	--其他	6.5	35	0		0	0			--Other
	-本章子目注释三所列货品：									-Goods specified in Subheading Note 3 to this Chapter:
3824.8100	--含环氧乙烷（氧化乙烯）的	6.5	35	0	6	0	0			--Containing oxirane (ethylene oxide)
3824.8200	--含多氯联苯（PCBs）、多氯三联苯（PCTs）或多溴联苯（PBBs）的	6.5	35	0	6	0	0			--Containing polychlorinated biphenyls (PCBs), polychlorinated terphenyls (PCTs) or polybrominated biphenyls (PBBs)
3824.8300	--含三（2,3-二溴丙基）磷酸酯的	6.5	35	0	6	0	0			--Containing tris (2,3-dibromopropyl) phosphate

税则号列 Tariff Item	商品名称	最惠国税率(%) M. F. N.	普通税率(%) Gen.	协定税率(%) Conventional 东盟 ASEAN	亚太 APTA	香港 H. K.	澳门 Macao	台湾 Taiwan	出口税率(%) Export	Article Description
3824.8400	--含艾氏剂(ISO)、毒杀芬(ISO)、氯丹(ISO)、十氯酮(ISO)、DDT(ISO)[滴滴涕(INN)、1,1,1-三氯-2,2-双(4-氯苯基)乙烷]、狄氏剂(ISO,INN)、硫丹(ISO)、异狄氏剂(ISO)、七氯(ISO)或灭蚁灵(ISO)的	6.5	35	0	6	0	0			--Containing aldrin (ISO), camphechlor (ISO) (toxaphene), chlordane (ISO), chlordecone (ISO), DDT (ISO) (clofenotane (INN), 1,1,1-trichloro-2, 2-bis (p-chlorophenyl) ethane), dieldrin (ISO, INN), endosulfan (ISO), endrin (ISO), heptachlor (ISO) or mirex (ISO)
3824.8500	--含1,2,3,4,5,6-六氯环己烷[六六六(ISO)],包括林丹(ISO,INN)的	6.5	35	0	6	0	0			--Containing 1,2,3,4,5,6-hexachlorocyclohexane (HCH (ISO)), including lindane (ISO, INN)
3824.8600	--含五氯苯(ISO)或六氯苯(ISO)的	6.5	35	0	6	0	0			--Containing pentachlorobenzene (ISO) or hexachlorobenzene (ISO)
3824.8700	--含全氟辛基磺酸及其盐,全氟辛基磺胺或全氟辛基磺酰氯的	6.5	35	0	6	0	0			--Containing perfluorooctane sulphonic acid, its salts, perfluorooctane sulphonamides, or perfluorooctane sulphonyl fluoride
3824.8800	--含四、五、六、七或八溴联苯醚的	6.5	35	0	6	0	0			--Containing tetra-, penta-, hexa-hepta-or octabromodiphenyl ethers
	-其他:									-Other:
3824.9100	--主要由(5-乙基-2-甲基-2氧代-1,3,2-二氧磷杂环己-5-基)甲基膦酸二甲酯和双[(5-乙基-2-甲基-2氧代-1,3,2-二氧磷杂环己-5-基)甲基]甲基膦酸酯(阻燃剂FRC-1)组成的混合物及制品	6.5	35	0	6	0	0			--Mixtures and preparations consisting mainly of (5-ethyl-2-methyl-2-oxido-1, 3, 2-dioxaphosphinan-5-yl) methyl methyl methylphosphonate and bis ((5-ethyl-2-methyl-2-oxido-1, 3, 2-dioxaphosphinan-5-yl) methyl) methylphosphonate
	--其他:									--Other:
3824.9910	---杂醇油	6.5	40	0	5.5					---Fusel oil
3824.9920	---除墨剂、蜡纸改正液及类似品	9	80	0	8.3					---Ink-removers, stencil correctors and the like
3824.9930	---增炭剂	6.5	35	0						---Carburetant
	---其他:									---Other:
3824.9991	----按重量计含滑石50%以上的混合物	6.5	35	0	6	0	0			----Mixtures containing more than 50% by weight of talc

税则号列 Tariff Item	商品名称	最惠国税率(%) M. F. N.	普通税率(%) Gen.	协定税率(%) Conventional					出口税率(%) Export	Article Description
				东盟 ASEAN	亚太 APTA	香港 H. K.	澳门 Macao	台湾 Taiwan		
3824.9992	----按重量计含氧化镁70%以上的混合物	6.5	35	0	6	0	0			----Mixtures containing more than 70% by weight of magnesium oxide
3824.9993	----表面包覆钴化物的氢氧化镍（掺杂碳）	6.5	35	0	6	0	0			----Nickelous hydroxide (doped carbon) covered on the face side with cobalt compound
3824.9999	----其他	6.5	35	0	6	0	0			----Other
38.25	**其他税号未列名的化学工业及其相关工业的副产品；城市垃圾；下水道淤泥；本章注释六所规定的其他废物：**									**Residual products of the chemical or allied industries, not elsewhere specified or included; municipal waste; sewage sludge; other wastes specified in Note 6 to this Chapter:**
3825.1000	-城市垃圾	6.5	35	0						-Municipal waste
3825.2000	-下水道淤泥	6.5	35	0						-Sewage sludge
3825.3000	-医疗废物	6.5	35	0						-Clinical waste
	-废有机溶剂：									-Waste organic solvents:
3825.4100	--卤化物的	6.5	35	0						--Halogenated
3825.4900	--其他	6.5	35	0						--Other
3825.5000	-废的金属酸液、液压油、制动油及防冻液	6.5	35	0						-Wastes of metal pickling liquors, hydraulic fluids, brake fluids and antifreeze fluids
	-其他化学工业及相关工业的废物：									-Other wastes from chemical or allied industries:
3825.6100	--主要含有有机成分的	6.5	35	0						--Mainly containing organic constituents
3825.6900	--其他	6.5	35	0						--Other
3825.9000	-其他	6.5	35	0		0				-Other
38.26	**生物柴油及其混合物，不含或含有按重量计低于70%的石油或从沥青矿物提取的油类：**									**Biodiesel and mixtures thereof, not containing or containing less than 70% by weight of petroleum oils or oils obtained from bituminous minerals:**
3826.0000	生物柴油及其混合物，不含或含有按重量计低于70%的石油或从沥青矿物提取的油类	6.5	35	0	6	0	0			Biodiesel and mixtures thereof, not containing or containing less than 70% by weight of petroleum oils or oils obtained from bituminous minerals

第 七 类
塑料及其制品；橡胶及其制品

SECTION Ⅶ
PLASTICS AND ARTICLES THEREOF; RUBBER AND ARTICLES THEREOF

注释：

一、由两种或两种以上单独成分配套的货品，其部分或全部成分属于本类范围以内，混合后则构成第六类或第七类的货品，应按混合后产品归入相应的税号，但其组成成分必须同时符合下列条件：

(一) 其包装形式足以表明这些成分不需经过改装就可以一起使用的；

(二) 一起报验的；以及

(三) 这些成分的属性及相互比例足以表明是相互配用的。

二、除税目 39.18 或 39.19 的货品外，印有花纹、文字、图画的塑料、橡胶及其制品，如果所印花纹、字画作为其主要用途，应归入第四十九章。

Section Notes:

1. Goods put up in sets consisting of two or more separate constituents, some or all of which fall in this Section and are intended to be mixed together to obtain a product of Section VI or VII, are to be classified in the heading appropriate to that product, provided that the constituents are:
   (a) having regard to the manner in which they are put up, clearly identifiable as being intended to be used together without first being repacked;
   (b) presented together; and
   (c) identifiable, whether by their nature or by the relative proportions in which they are present, as being complementary one to another.

2. Except for the goods of heading 39.18 or 39.19, plastics, rubber, and articles thereof, printed with motifs, characters or pictorial representations, which are not merely incidental to the primary use of the goods, fall in Chapter 49.

第三十九章
塑料及其制品

Chapter 39
Plastics and articles thereof

注释：

一、本协调制度所称“塑料”，是指税目 39.01 至 39.14 的材料，这些材料能够在聚合时或聚合后在外力（一般是热力和压力，必要时加入溶剂或增塑剂）作用下通过模制、浇铸、挤压、滚轧或其他工序制成一定的形状，成形后除去外力，其形状仍保持不变。

本协调制度所称“塑料”，还应包括钢纸，但不包括第十一类的纺织材料。

二、本章不包括：

(一) 税目 27.10 或 34.03 的润滑剂；

(二) 税目 27.12 或 34.04 的蜡；

Chapter Notes:

1. Throughout the Nomenclature the expression “plastics” means those materials of headings 39.01 to 39.14 which are or have been capable, either at the moment of polymerisation or at some subsequent stage, of being formed under external influence (usually heat and pressure, if necessary with a solvent or plasticiser) by moulding, casting, extruding, rolling or other process into shapes which are retained on the removal of the external influence.

   Throughout the Nomenclature any reference to “plastics” also includes vulcanised fibre. The expression, however, does not apply to materials regarded as textile materials of Section XI.

2. This Chapter does not cover:
   (a) Lubricating preparations of heading 27.10 or 34.03;
   (b) Waxes of heading 27.12 or 34.04;

（三）单独的已有化学定义的有机化合物（第二十九章）；

（四）肝素及其盐（税目30.01）；

（五）税目39.01至39.13所列的任何产品溶于挥发性有机溶剂的溶液（胶棉除外），但溶剂的重量必须超过溶液重量的50%（税目32.08）；税目32.12的压印箔；

（六）有机表面活性剂或税目34.02的制剂；

（七）再熔胶及酯胶（税目38.06）；

（八）矿物油（包括汽油）或与矿物油用途相同的其他液体用的配制添加剂（税目38.11）；

（九）以第三十九章的聚乙二醇、聚硅氧烷或其他聚合物为基本成分配制的液压用液体（税目38.19）；

（十）附于塑料衬背上的诊断或实验用试剂（税目38.22）；

（十一）第四十章规定的合成橡胶及其制品；

（十二）鞍具及挽具（税目42.01）；税目42.02的衣箱、提箱、手提包及其他容器；

（十三）第四十六章的缏条、编结品及其他制品；

（十四）税目48.14的壁纸；

（十五）第十一类的货品（纺织原料及纺织制品）；

（十六）第十二类的物品（例如，鞋靴、帽类、雨伞、阳伞、手杖、鞭子、马鞭及其零件）；

（十七）税目71.17的仿首饰；

（十八）第十六类的物品（机器、机械器具或电气器具）；

（十九）第十七类的航空器零件及车辆零件；

（二十）第九十章的物品（例如，光学元件、眼镜架及绘图仪器）；

（二十一）第九十一章的物品（例如，钟壳及表壳）；

（二十二）第九十二章的物品（例如，乐器及其零件）；

（二十三）第九十四章的物品（例如，家具、灯具、照明装置、灯箱及活动房屋）；

（二十四）第九十五章的物品（例如，玩具、游戏品及运动用品）；或

（二十五）第九十六章的物品（例如，刷子、纽扣、拉链、梳子、烟斗的嘴及柄、香烟嘴及

(c) Separate chemically defined organic compounds (Chapter 29);

(d) Heparin or its salts (heading 30.01);

(e) Solutions (other than collodions) consisting of any of the products specified in headings 39.01 to 39.13 in volatile organic solvents when the weight of the solvent exceeds 50% of the weight of the solution (heading 32.08); stamping foils of heading 32.12;

(f) Organic surface-active agents or preparations of heading 34.02;

(g) Run gums or ester gums (heading 38.06);

(h) Prepared additives for mineral oils (including gasoline) or for other liquids used for the same purposes as mineral oils (heading 38.11);

(ij) Prepared hydraulic fluids based on polyglycols, silicones or other polymers of Chapter 39 (heading 38.19);

(k) Diagnostic or laboratory reagents on a backing of plastics (heading 38.22);

(l) Synthetic rubber, as defined for the purposes of Chapter 40, or articles thereof;

(m) Saddlery or harness (heading 42.01) or trunks, suitcases, handbags or other containers of heading 42.02;

(n) Plaits, wickerwork or other articles of Chapter 46;

(o) Wall coverings of heading 48.14;

(p) Goods of Section XI (textiles and textile articles);

(q) Articles of Section XII (for example, footwear, headgear, umbrellas, sun umbrellas, walking-sticks, whips, riding-crops or parts thereof);

(r) Imitation jewellery of heading 71.17;

(s) Articles of Section XVI (machines and mechanical or electrical appliances);

(t) Parts of aircraft or vehicles of Section XVII;

(u) Articles of Chapter 90 (for example, optical elements, spectacle frames, drawing instruments);

(v) Articles of Chapter 91 (for example, clock or watch cases);

(w) Articles of Chapter 92 (for example, musical instruments or parts thereof);

(x) Articles of Chapter 94 (for example, furniture, lamps and lighting fittings, illuminated signs, prefabricated buildings);

(y) Articles of Chapter 95 (for example, toys, games, sports requisites); or

(z) Articles of Chapter 96 (for example, brushes, buttons, slide fasteners, combs, mouthpieces or

类似品、保温瓶的零件及类似品、钢笔、活动铅笔、独脚架、双脚架、三角架及类似品)。

stems for smoking pipes, cigarette-holders or the like, parts of vacuum flasks or the like, pens, propelling pencils, and monopods, bipods, tripods and similar articles).

三、税目 39.01 至 39.11 仅适用于化学合成的下列货品:

(一)采用减压蒸馏法,在压力转换为 1013 毫巴下的温度 300℃时,以体积计馏出量小于 60%的液体合成聚烯烃(税目 39.01 及 39.02);

(二)非高度聚合的苯并呋喃一茚树脂(税目 39.11);

(三)平均至少有五个单体单元的其他合成聚合物;

(四)聚硅氧烷(税目 39.10);

(五)甲阶酚醛树脂(税目 39.09)及其他预聚物。

3. Headings 39.01 to 39.11 apply only to goods of a kind produced by chemical synthesis, falling in the following categories:

(a) Liquid synthetic polyolefins of which less than 60% by volume distils at 300℃, after conversion to 1013 milibars when a reduced-pressure distillation method is used (headings 39.01 and 39.02);

(b) Resins, not highly polymerised, of the coumarone-indene type (heading 39.11);

(c) Other synthetic polymers with an average of at least 5 monomer units;

(d) Silicones (heading 39.10);

(e) Resols (heading 39.09) and other prepolymers.

四、所称"共聚物",包括在整个聚合物中按重量计没有一种单体单元的含量在 95%及以上的各种聚合物。

在本章中,除条文另有规定的以外,共聚物(包括共缩聚物、共加聚物,嵌段共聚物及接枝共聚物)及聚合物混合体应按聚合物中重量最大的那种共聚单体单元所构成的聚合物归入相应税号。在本注释中,归入同一税号的聚合物的共聚单体单元应作为一种单体单元对待。

如果没有任何一种共聚单体单元重量为最大,共聚物或聚合物混合体应按号列顺序归入其可归入的最末一个税号。

4. The expression "copolymers" covers all polymers in which no single monomer unit contributes 95% or more by weight to the total polymer content.

For the purposes of this Chapter, except where the context otherwise requires, copolymers (including co-polycondensates, co-polyaddition products, block copolymers and graft copolymers) and polymer blends are to be classified in the heading covering polymers of that comonomer unit which predominates by weight over every other single comonomer unit. For the purposes of this Note, constituent comonomer units of polymers falling in the same heading shall be taken together.

If no single comonomer unit predominates, copolymers or polymer blends, as the case may be, are to be classified in the heading which occurs last in numerical order among those which equally merit consideration.

五、化学改性聚合物,即聚合物主链上的支链通过化学反应发生了变化的聚合物,应按未改性的聚合物的相应税号归类。本规定不适用于接枝共聚物。

5. Chemically modified polymers, that is those in which only appendages to the main polymer chain have been changed by chemical reaction, are to be classified in the heading appropriate to the unmodified polymer. This provision does not apply to graft copolymers.

六、税目 39.01 至 39.14 所称"初级形状",只限于下列各种形状:

(一)液状及糊状,包括分散体(乳浊液及悬浮液)及溶液;

(二)不规则形状的块,团、粉(包括压型粉)、颗

6. In headings 39.01 to 39.14, the expression "primary forms" applies only to the following forms:

(a) Liquids and pastes, including dispersions (emulsions and suspensions) and solutions;

(b) Blocks of irregular shape, lumps, powders (in-

粒、粉片及类似的散装形状。

cluding moulding powders), granules, flakes and similar bulk forms.

七、税目39.15不适用于已制成初级形状的单一的热塑材料废碎料及下脚料（税目39.01至39.14）。

7. Heading 39.15 does not apply to waste, parings and scrap of a single thermoplastic material, transformed into primary forms (headings 39.01 to 39.14).

八、税目39.17所称“管子”，是指通常用于输送或供给气体或液体的空心制品或半制品（例如，肋纹浇花软管、多孔管），还包括香肠用肠衣及其他扁平管。除肠衣及扁平管外，内截面如果不呈圆形、椭圆形、矩形（其长度不超过宽度的1.5倍）或正几何形，则不能视为管子，而应作为异型材。

8. For the purposes of heading 39.17, the expression "tubes, pipes and hoses" means hollow products, whether semi-manufactures or finished products, of a kind generally used for conveying, conducting or distributing gases or liquids (for example, ribbed garden hose, perforated tubes). This expression also includes sausage casings and other lay-flat tubing. However, except for the last-mentioned, those having an internal cross-section other than round, oval, rectangular (in which the length does not exceed 1.5 times the width) or in the shape of a regular polygon are not to be regarded as tubes, pipes and hoses but as profile shapes.

九、税目39.18所称“塑料糊墙品”，适用于墙壁或天花板装饰用的宽度不小于45厘米的成卷产品，这类产品是将塑料牢固地附着在除纸张以外任何材料的衬背上，并且在塑料面起纹、压花、着色、印制图案或用其他方法装饰。

9. For the purposes of heading 39.18, the expression "wall or ceiling coverings of plastics" applies to products in rolls, of a width not less than 45cm, suitable for wall or ceiling decoration, consisting of plastics fixed permanently on a backing of any material other than paper, the layer of plastics (on the face side) being grained, embossed, coloured, design-printed or otherwise decorated.

十、税目39.20及39.21所称“板、片、膜、箔、扁条”，只适用于未切割或仅切割成矩形（包括正方形）（含切割后即可供使用的），但未经进一步加工的板、片、膜、箔、扁条（第五十四章的物品除外）及正几何形块，不论是否经过印制或其他表面加工。

10. In headings 39.20 and 39.21, the expression "plates, sheets, film, foil and strip" applies only to plates, sheets, film, foil and strip (other than those of Chapter 54) and to blocks of regular geometric shape, whether or not printed or otherwise surface worked, uncut or cut into rectangles (including squares) but not further worked (even if when so cut they become articles ready for use).

十一、税目39.25只适用于第二分章以前各税号未包括的下列物品：

（一）容积超过300升的囤、柜（包括化粪池）、罐、桶及类似容器；

（二）用于地板、墙壁、隔墙、天花板或屋顶等方面的结构件；

（三）槽管及其附件；

（四）门、窗及其框架和门槛；

11. Heading 39.25 applies only to the following articles, not being products covered by any of the earlier headings of sub Chapter II.

(a) Reservoirs, tanks (including septic tanks), vats and similar containers, of a capacity exceeding 300L;

(b) Structural elements used, for example, in floors, walls or partitions, ceilings or roofs;

(c) Gutters and fittings thereof;

(d) Doors, windows and their frames and thresholds for doors;

（五）阳台、栏杆、栅栏、栅门及类似品；

（六）窗板、百叶窗（包括威尼斯式百叶窗）或类似品及其零件、附件；

（七）商店、工棚、仓库等用的拼装式固定大形货架；

（八）建筑用的特色（例如，凹槽、圆顶及鸽棚式）装饰件；以及

（九）固定装于门窗、楼梯、墙壁或建筑物其他部位的附件及架座，例如，球形把手、拉手、挂钩、托架、毛巾架、开关板及其他护板。

(e) Balconies, balustrades, fencing, gates and similar barriers;

(f) Shutters, blinds (including Venetian blinds) and similar articles and parts and fittings thereof;

(g) Large-scale shelving for assembly and permanent installation, for example, in shops, workshops, warehouses;

(h) Ornamental architectural features, for example, flutings, cupolas, dovecotes; and

(ij) Fittings and mountings intended for permanent installation in or on doors, windows, staircases, walls or other parts of buildings, for example, knobs, handles, hooks, brackets, towel rails, switch-plates and other protective plates.

子目注释：

一、属于本章任一税号项下的聚合物（包括共聚物）及化学改性聚合物应按下列规则归类：

（一）在同级子目中有一个“其他”子目的：

1. 子目所列聚合物名称冠有“聚（多）”的（例如，聚乙烯及聚酰胺-6,6），是指列名的该种聚合物单体单元含量在整个聚合物中按重量计必须占95%及以上。

2. 子目3901.30、3901.40、3903.20、3903.30及3904.30所列的共聚物，如果该种共聚单体单元含量在整个聚合物中按重量计占95%及以上，应归入上述子目。

3. 化学改性聚合物如未在其他子目具体列名，应归入列明为“其他”的子目内。

4. 不符合上述1、2、3款规定的聚合物，应按聚合物中重量最大的那种单体单元（与其他各种单一的共聚单体单元相比）所构成的聚合物归入该级其他相应子目。为此，归入同一子目的聚合物单体单元应作为一种单体单元对待。只有在同级子目中的聚合物共聚单体单元才可以进行比较。

Subheading Notes:

1. Within any one heading of this Chapter, polymers (including copolymers) and chemically modified polymers are to be classified according to the following provisions:

(a) Where there is a subheading named "Other" in the same series:

(i) The designation in a subheading of a polymer by the prefix "poly" (for example, polyethylene and polyamide-6, 6) means that the constituent monomer unit or monomer units of the named polymer taken together must contribute 95% or more by weight of the total polymer content.

(ii) The copolymers named in subheadings 3901.30, 3901.40, 3903.20, 3903.30 and 3904.30 are to be classified in those subheadings, provided that the comonomer units of the named copolymers contribute 95% or more by weight of the total polymer content.

(iii) Chemically modified polymers are to be classified in the subheading named "Other", provided that the chemically modified polymers are not more specifically covered by another subheading.

(iv) Polymers not meeting (i), (ii) or (iii) above, are to be classified in the subheading, among the remaining subheadings in the series, covering polymers of that monomer unit which predominates by weight over every other single comonomer unit. For this purpose, constituent monomer units of polymers falling in the same subheading shall be taken together.

Only the constituent comonomer units of the polymers in the series of subheadings under consideration are to be compared.

（二）在同级子目中没有“其他”子目的：

(b) Where there is no subheading named “Other” in the same series:

1. 聚合物应按聚合物中重量最大的那种单体单元（与其他各种单一的共聚单体单元相比）所构成的聚合物归入该级相应子目。为此，归入同一子目的聚合物单体单元应作为一种单体单元对待。只有在同级子目中的聚合物共聚单体单元才可以进行比较。

(i) Polymers are to be classified in the subheading covering polymers of that monomer unit which predominates by weight over every other single comonomer unit. For this purpose, constituent monomer units of polymers falling in the same subheading shall be taken together. Only the constituent comonomer units of the polymers in the series under consideration are to be compared.

2. 化学改性聚合物应按相应的未改性聚合物的子目归类。

(ii) Chemically modified polymers are to be classified in the subheading appropriate to the unmodified polymer.

聚合物混合体应按单体单元比例相等、种类相同的聚合物归入相应子目。

Polymer blends are to be classified in the same subheading as polymers of the same monomer units in the same proportions.

二、子目 3920.43 所称“增塑剂”，包括“次级增塑剂”。

2. For the purposes of subheading 3920.43, the term “plasticisers” includes secondary plasticisers.

税则号列 Tariff Item	商品名称	最惠国税率(%) M. F. N.	普通税率(%) Gen.	协定税率(%) Conventional 东盟 ASEAN	亚太 APTA	香港 H. K.	澳门 Macao	台湾 Taiwan	出口税率(%) Export	Article Description
	第一分章 初级形状									Ⅰ. PRIMARY FORMS
39.01	初级形状的乙烯聚合物：									**Polymers of ethylene, in primary forms:**
3901.1000	-聚乙烯，比重小于0.94	6.5	45		6	0	0			-Polyethylene having a specific gravity of less than 0.94
3901.2000	-聚乙烯，比重在0.94及以上	6.5	45		6	0	0			Polyethylene having a specific gravity of 0.94 or more
3901.3000	-乙烯-乙酸乙烯酯共聚物	6.5	45	0	6	0				-Ethylene-vinyl acetate copolymers
	-乙烯-α-烯烃共聚物，比重小于0.94：									-Ethylene-alpha-olefin copolymers, having a specific gravity of less than 0.94:
3901.4010	---乙烯-丙烯共聚物（乙丙橡胶）	6.5	45	0						---Ethylene-propylene copolymers
3901.4020	---线型低密度聚乙烯	6.5	45	0						---Linearity low density polyethylene
3901.4090	---其他	6.5	45	0	6.3	0	0			---Other
	-其他：									-Other:
3901.9010	---乙烯-丙烯共聚物（乙丙橡胶）	6.5	45	0						---Ethylene-propylene copolymers

税则号列 Tariff Item	商品名称	最惠国税率(%) M. F. N.	普通税率(%) Gen.	协定税率(%) Conventional 东盟 ASEAN	亚太 APTA	香港 H. K.	澳门 Macao	台湾 Taiwan	出口税率(%) Export	Article Description
3901.9090	---其他	6.5	45	0	6.3	0	0			---Other
39.02	**初级形状的丙烯或其他烯烃聚合物：**									**Polymers of propylene or of other olefins, in primary forms:**
3902.1000	-聚丙烯	6.5	45	0		0	0			-Polypropylene
3902.2000	-聚异丁烯	6.5	45	0						-Polyisobutylene
	-丙烯共聚物：									-Propylene copolymers:
3902.3010	---乙烯-丙烯共聚物（乙丙橡胶）	6.5	45	0	6	0		0		---Ethylene-propylene copolymers
3902.3090	---其他	6.5	45	0	6	0				---Other
3902.9000	-其他	6.5	45	0				0		-Other
39.03	**初级形状的苯乙烯聚合物：**									**Polymers of styrene, in primary forms:**
	-聚苯乙烯：									-Polystyrene:
3903.1100	--可发性的	6.5	45	0	6					--Expansible
	--其他：									--Other:
3903.1910	---改性的	6.5	45	0	6	0				---Modified
3903.1990	---其他	6.5	45	0	6	0				---Other
3903.2000	-苯乙烯-丙烯腈（SAN）共聚物	12	45	0				0		-Styrene-acrylonitrile (SAN) copolymers
	-丙烯腈-丁二烯-苯乙烯（ABS）共聚物：									-Acrylonitrile-butadiene-styrene (ABS) copolymers:
3903.3010	---改性的	6.5	45	0	6	0	0			---Modified
3903.3090	---其他	6.5	45	0	6	0	0			---Other
3903.9000	-其他	6.5	45	0	6	0		0		-Other
39.04	**初级形状的氯乙烯或其他卤化烯烃聚合物：**									**Polymers of vinyl chloride or of other halogenated olefins, in primary forms:**
	-聚氯乙烯，未掺其他物质：									-Poly (vinyl chloride), not mixed with any other substances:
3904.1010	---糊树脂	6.5	45	0	6					---Paste resins
3904.1090	---其他	6.5	45	0	6					---Other
	-其他聚氯乙烯：									-Other poly (vinyl chloride):
3904.2100	--未塑化	6.5	45	0		0				--Non-plasticized
3904.2200	--已塑化	6.5	45	0		0				--Plasticized
3904.3000	-氯乙烯-乙酸乙烯酯共聚物	9	45	0	8.6					-Vinyl chloride-vinyl acetate copolymers
3904.4000	-其他氯乙烯共聚物	12	45	0	11.4					-Other vinyl chloride copolymers
3904.5000	-偏二氯乙烯聚合物	6.5	45	0						-Vinylidene chloride polymers
	-氟聚合物：									-Fluoro-polymers:
3904.6100	--聚四氟乙烯	10	45	0						--Polytetrafluoroethylene
3904.6900	--其他	6.5	45	0						--Other
3904.9000	-其他	10	45	0						-Other

税则号列 Tariff Item	商品名称	最惠国税率(%) M. F. N.	普通税率(%) Gen.	协定税率(%) Conventional 东盟 ASEAN	亚太 APTA	香港 H. K.	澳门 Macao	台湾 Taiwan	出口税率(%) Export	Article Description
39.05	**初级形状的乙酸乙烯酯或其他乙烯酯聚合物；初级形状的其他乙烯基聚合物：**									**Polymers of vinyl acetate or of other vinyl esters, in primary forms; other vinyl polymers in primary forms:**
	-聚乙酸乙烯酯：									-Poly (vinyl acetate):
3905.1200	--水分散体	10	45	0						--In aqueous dispersion
3905.1900	--其他	10	45	0						--Other
	-乙酸乙烯酯共聚物：									-Vinyl acetate copolymers:
3905.2100	--水分散体	10	45	0				0		--In aqueous dispersion
3905.2900	--其他	10	45	0						--Other
3905.3000	-聚乙烯醇，不论是否含有未水解的乙酸酯基	14	45	0				0		-Poly (vinyl alcohol), whether or not containing unhydrolyzed acetate groups
	-其他：									-Other:
3905.9100	--共聚物	10	45	0						--Copolymers
3905.9900	--其他	10	45	0		0				--Other
39.06	**初级形状的丙烯酸聚合物：**									**Acrylic polymers in primary forms:**
3906.1000	-聚甲基丙烯酸甲酯	6.5	45	0	6	0		0		-Poly (methyl methacrylate)
	-其他：									-Other:
3906.9010	---聚丙烯酰胺	6.5	45	0	6	0		0		---Polyacrylamide
3906.9090	---其他	6.5	45	0	6	0		0		---Other
39.07	**初级形状的聚缩醛、其他聚醚及环氧树脂；初级形状的聚碳酸酯、醇酸树脂、聚烯丙基酯及其他聚酯：**									**Polyacetals, other polyethers and epoxide resins, in primary forms; polycarbonates, alkyd resins, polyallyl esters and other polyesters, in primary forms:**
	-聚缩醛：									-Polyacetals:
3907.1010	---聚甲醛	6.5	45	0	6	0		0		---Polyoxymethylene (POM)
3907.1090	---其他	6.5	45	0	6	0				---Other
	-其他聚醚：									-Other polyethers:
3907.2010	---聚四亚甲基醚二醇	6.5	45	0	6			0		---Polytetramethylene ether glycol (PTMEG)
3907.2090	---其他	6.5	45	0	6					---Other
3907.3000	-环氧树脂	6.5	45	0	6	0		0		-Epoxide resins
3907.4000	-聚碳酸酯	6.5	45	0	6.1	0		0		-Polycarbonates
3907.5000	-醇酸树脂	10	45	0	9.5			0		-Alkyd resins
	-聚对苯二甲酸乙二酯：									-Poly (ethylene terephthalate):
	--粘数在78毫升/克或以上：									--Having a viscosity number of 78 ml/g or higher:
3907.6110	---切片	6.5	45	5						---In the form of slices or chips
3907.6190	---其他	6.5	45	0			0			---Other
	--其他：									--Other:

税则号列 Tariff Item	商品名称	最惠国税率(%) M. F. N.	普通税率(%) Gen.	协定税率(%) Conventional 东盟 ASEAN	亚太 APTA	香港 H. K.	澳门 Macao	台湾 Taiwan	出口税率(%) Export	Article Description
3907.6910	---切片	6.5	45	5		0	0			---In the form of slices or chips
3907.6990	---其他	6.5	45	0			0			---Other
3907.7000	-聚乳酸	6.5	45	0	6.2	0	0			-Poly (lactic acid)
	-其他聚酯：									-Other polyesters:
3907.9100	--不饱和	6.5	45	0				0		--Unsaturated
	--其他：									--Other:
3907.9910	---聚对苯二甲酸丁二酯	6.5	45	0	6.2	0	0			---PBT (Polybutylene terephthalate)
	---其他：									---Other:
3907.9991	----聚对苯二甲酸-己二酸-丁二醇酯	6.5	45	0	6.2	0	0	0		----Poly (butyleneadipate-co-terephthalate) (PBAT)
3907.9999	----其他	6.5	45	0	6.2	0	0	0		----Other
39.08	**初级形状的聚酰胺：**									**Polyamides in primary forms:**
	-聚酰胺-6、-11、-12、-6，6、-6，9、-6，10或-6，12：									-Polyamide-6, -11, -12, -6,6, -6,9, -6,10 or -6,12:
	---切片：									---In the form of slices or chips:
3908.1011	----聚酰胺-6，6切片	6.5	45	0		0				----Of polyamide -6,6
3908.1012	----聚酰胺-6切片	6.5	45	0		0				----Of polyamide -6
3908.1019	----其他	6.5	45	0		0				----Other
3908.1090	---其他	6.5	45	0		0				---Other
	-其他：									-Other:
3908.9010	---芳香族聚酰胺及其共聚物	10	45	0		0				---Aromatic polyamides and copolymers thereof
3908.9020	---半芳香族聚酰胺及其共聚物	10	45	0		0				---Semi-aromatic polyamides and copolymers thereof
3908.9090	---其他	10	45	0		0				---Other
39.09	**初级形状的氨基树脂、酚醛树脂及聚氨酯类：**									**Amino-resins, phenolic resins and polyurethanes, in primary forms:**
3909.1000	-尿素树脂；硫尿树脂	6.5	45	0	6.1			0		-Urea resins; thiourea resins
3909.2000	-蜜胺树脂	6.5	45	0	6.1			0		-Melamine resins
	-其他氨基树脂：									-Other amino-resins:
3909.3100	--聚（亚甲基苯基异氰酸酯）（粗MDI、聚合MDI）	6.5	35	0	6	0				--Poly (methylene phenyl isocyanate) (crude MDI, polymeric MDI)
3909.3900	--其他	6.5	45	0				0		--Other
3909.4000	-酚醛树脂	6.5	45	0	6.1			0		-Phenolic resins
3909.5000	-聚氨基甲酸酯	6.5	45	0	6	0	0	0		-Polyurethanes
39.10	**初级形状的聚硅氧烷：**									**Silicones in primary forms:**
3910.0000	初级形状的聚硅氧烷	6.5	45	0	6.1	0		0		Silicones in primary forms

税则号列 Tariff Item	商品名称	最惠国税率(%) M. F. N.	普通税率(%) Gen.	协定税率(%) Conventional 东盟 ASEAN	亚太 APTA	香港 H. K.	澳门 Macao	台湾 Taiwan	出口税率(%) Export	Article Description
39.11	**初级形状的石油树脂、苯并呋喃一茚树脂、多萜树脂、多硫化物、聚砜及本章注释三所规定的其他税号未列名产品：**									**Petroleum resins, eonmarone-indene resins, polyterpenes, polysulphides, polysulphones and other products specified in Note 3 to this Chapter, not elsewhere specified or included, in primary forms:**
3911.1000	-石油树脂、苯并呋喃树脂、茚树脂、苯并呋喃一茚树脂及多萜树脂	6.5	45	0	6.1			0		-Petroleum resins, coumarone, indene or coumarone-indene resins and polyterpenes
3911.9000	-其他	6.5	45	0						-Other
39.12	**初级形状的其他税号未列名的纤维素及其化学衍生物：**									**Cellulose and its chemical derivatives, not elsewhere specified or included, in primary forms:**
	-乙酸纤维素：									-Cellulose acetates:
3912.1100	--未塑化	6.5	40	0						--Non-plasticized
3912.1200	--已塑化	6.5	40	0						--Plasticized
3912.2000	-硝酸纤维素（包括胶棉）	6.5	45	0						-Cellulose nitrates (including collodions)
	-纤维素醚：									-Cellulose ethers:
3912.3100	--羧甲基纤维素及其盐	6.5	45	0						--Carboxymethylcellulose and its salts
3912.3900	--其他	6.5	45	0						--Other
3912.9000	-其他	6.5	45	0		0				-Other
39.13	**初级形状的其他税号未列名的天然聚合物（例如，藻酸）及改性天然聚合物（例如，硬化蛋白、天然橡胶的化学衍生物）：**									**Natural polymers (for example, alginic acid) and modified natural polymers (for example, hardened proteins, chemical derivatives of natural rubber), not elsewhere specified or included, in primary forms:**
3913.1000	-藻酸及其盐和酯	10	45	0						-Alginic acid, its salts and esters
3913.9000	-其他	6.5	50	0						-Other
39.14	**初级形状的离子交换剂，以税目39.01至39.13的聚合物为基本成分的：**									**Ion-exchangers based on polymers of headings 39.01 to 39.13, in primary forms:**
3914.0000	初级形状的离子交换剂，以税目39.01至39.13的聚合物为基本成分的	6.5	45	0						Ion-exchangers based on polymers of headings 39.01 to 39.13, in primary forms
	第二分章 废碎料及下脚料；半制品；制成品									**Ⅱ. WASTE, PARINGS AND SCRAP; SEMI-MANUFACTURES; ARTICLES**
39.15	**塑料的废碎料及下脚料：**									**Waste, parings and scrap, of plastics:**

税则号列 Tariff Item	商品名称	最惠国税率(%) M. F. N.	普通税率(%) Gen.	协定税率(%) Conventional 东盟 ASEAN	亚太 APTA	香港 H. K.	澳门 Macao	台湾 Taiwan	出口税率(%) Export	Article Description
3915.1000	-乙烯聚合物的	6.5	50	0		0	0			-Of polymers of ethylene
3915.2000	-苯乙烯聚合物的	6.5	50	0		0	0			-Of polymers of styrene
3915.3000	-氯乙烯聚合物的	6.5	50	0		0	0			-Of polymers of vinyl chloride
	-其他塑料的：									-Of other plastics:
3915.9010	---聚对苯二甲酸乙二酯的	6.5	50	0		0	0			---Of pdyethylene glycol terephthalate
3915.9090	---其他	6.5	50	0		0	0			---Other
39.16	**塑料制的单丝（截面直径超过1毫米）、条、杆、型材及异型材，不论是否经表面加工，但未经其他加工：**									**Monofilament of which any cross-sectional dimension exceeds 1mm, rods, sticks and profile shapes, whether or not surfaceworked but not otherwise worked, of plastics:**
3916.1000	-乙烯聚合物制	10	45	0						-Of polymers of ethylene
	-氯乙烯聚合物制：									-Of polymers of vinyl chloride:
3916.2010	---异型材	10	45	0	7					---Sections
3916.2090	---其他	10	45	0	7					---Other
	-其他塑料制：									-Of other plastics:
3916.9010	---聚酰胺制	10	45	0		0				---Of polyamides
3916.9090	---其他	10	45	0						---Other
39.17	**塑料制的管子及其附件（例如，接头、肘管、法兰）：**									**Tubes, pipes and hoses, and fittings therefor (for example, joints, elbows, flanges), of plastics:**
3917.1000	-硬化蛋白或纤维素材料制的人造肠衣（香肠用肠衣）	10	50	0						-Artificial guts (sausage casings) of hardened protein or of cellulosic materials
	-硬管：									-Tubes, pipes and hoses, rigid:
3917.2100	--乙烯聚合物制	10	45	0						--Of polymers of ethylene
3917.2200	--丙烯聚合物制	10	45	0						--Of polymers of propylene
3917.2300	--氯乙烯聚合物制	10	45	0		0				--Of polymers of vinyl chloride
3917.2900	--其他塑料制	10	45	0						--Of other plastics
	-其他管：									-Other tubes, pipes and hoses:
3917.3100	--软管，爆破压力不低于27.6兆帕斯卡	10	45	0	7	0				--Flexible tubes, pipes and hoses, having a minimum burst pressure of 27.6MPa
3917.3200	--其他未装有附件的管子，未经加强也未与其他材料合制	6.5	45	0	4.6					--Other, not reinforced or otherwise combined with other materials, without fittings
3917.3300	--其他装有附件的管子，未经加强也未与其他材料合制	6.5	45	0	4.6					--Other, not reinforced or otherwise combined with other materials, with fittings
3917.3900	--其他	6.5	45	0	4.5					--Other
3917.4000	-管子附件	10	45	0	7					-Fittings

税则号列 Tariff Item	商品名称	最惠国税率(%) M. F. N.	普通税率(%) Gen.	协定税率(%) Conventional 东盟 ASEAN	亚太 APTA	香港 H. K.	澳门 Macao	台湾 Taiwan	出口税率(%) Export	Article Description
39.18	**块状或成卷的塑料铺地制品，不论是否胶粘；本章注释九所规定的塑料糊墙品：**									**Floor coverings of plastics, whether or not self-adhesive, in rolls or in the form of tiles; wall or ceiling coverings of plastics, as defined in Note 9 to this Chapter:**
	-氯乙烯聚合物制：									-Of polymers of vinyl chloride:
3918.1010	---糊墙品	10	45	0						---Wall or ceiling coverings
3918.1090	---其他	10	45	0						---Other
	-其他塑料制：									-Of other plastics:
3918.9010	---糊墙品	10	45	0		0				---Wall or ceiling coverings
3918.9090	---其他	10	45	0		0				---Other
39.19	**自粘的塑料板、片、膜、箔、带、扁条及其他扁平形状材料，不论是否成卷：**									**Self-adhesive plates, sheets, film, foil, tape, strip and other flat shapes, of plastics, whether or not in rolls:**
	-成卷，宽度不超过20厘米：									-In rolls of a width not exceeding 20cm:
3919.1010	---丙烯酸树脂类为基本成分	6.5	45	0						---Based on acrylic resin
	---其他：									---Other:
3919.1091	----胶囊型反光膜	6.5	45	0						----Encapsulant reflective film
3919.1099	----其他	6.5	45	0				0		----Other
	-其他：									-Other:
3919.9010	---胶囊型反光膜	6.5	45	0	4.6	0				---Encapsulant reflective film
3919.9090	---其他	6.5	45	0	4.6	0		0		---Other
39.20	**其他非泡沫塑料的板、片、膜、箔及扁条，未用其他材料强化、层压、支撑或用类似方法合制：**									**Other plates, sheets, film, foil and strip, of plastics, non-cellular and not reinforced, laminated, supported or similarly combined with other materials:**
	-乙烯聚合物制：									-Of polymers of ethylene:
3920.1010	---乙烯聚合物制电池隔膜	6.5	45	0	4.6	0				---Battery separator, of polymers of ethylene
3920.1090	---其他	6.5	45	0	4.6	0	0	0		---Other
	-丙烯聚合物制：									-Of polymers of propylene:
3920.2010	---丙烯聚合物制电池隔膜	6.5	45	0		0				---Battery separator, of polymers of propylene
3920.2090	---其他	6.5	45	0		0	0	0		---Other
3920.3000	-苯乙烯聚合物制	6.5	45	0	4.6	0		0		-Of polymers of styrene
	-氯乙烯聚合物制：									-Of polymers of vinyl chloride:
3920.4300	--按重量计增塑剂含量不小于6%	6.5	45	0	4.5	0		0		--Containing by weight not less than 6% of plasticisers
3920.4900	--其他	6.5	45	0	4.5	0	0	0		--Other

税则号列 Tariff Item	商品名称	最惠国税率(%) M. F. N.	普通税率(%) Gen.	协定税率(%) Conventional 东盟 ASEAN	亚太 APTA	香港 H. K.	澳门 Macao	台湾 Taiwan	出口税率(%) Export	Article Description
	-丙烯酸聚合物制：									-Of acrylic polymers:
3920.5100	--聚甲基丙烯酸甲酯制	6.5	45	0	4.6			0		--Of poly (methyl methacrylate)
3920.5900	--其他	6.5	45	0						--Other
	-聚碳酸酯、醇酸树脂、聚烯丙酯或其他聚酯制：									-Of polycarbonates, alkyd resins, polyallyl esters or other polyesters:
3920.6100	--聚碳酸酯制	6.5	45	0	4.6			0		--Of polycarbonates
3920.6200	--聚对苯二甲酸乙二酯制	6.5	45	0	4.6	0	0	0		--Of poly (ethylene terephthalate)
3920.6300	--不饱和聚酯制	10	45	0						--Of unsaturated polyesters
3920.6900	--其他聚酯制	10	45	0	9			0		--Of other polyesters
	-纤维素及其化学衍生物制：									-Of cellulose or its chemical derivatives:
3920.7100	--再生纤维素制	6.5	45	0						--Of regenerated cellulose
3920.7300	--乙酸纤维素制	6.5	45	0		0				--Of cellulose acetate
3920.7900	--其他纤维素衍生物制	10	45	0						--Of other cellulose derivatives
	-其他塑料制：									-Of other plastics:
3920.9100	--聚乙烯醇缩丁醛制	6.5	45	0						--Of poly (vinyl butyral)
3920.9200	--聚酰胺制	10	45	0						--Of polyamides
3920.9300	--氨基树脂制	6.5	45	0						--Of amino-resins
3920.9400	--酚醛树脂制	10	45	0	7					--Of phenolic resins
	--其他塑料制：									--Of other plastics:
3920.9910	---聚四氟乙烯制	6.5	45	0						---Of polytetrafluoroethylene
3920.9990	---其他塑料制	6.5	45	0		0		0		---Of other plastics
39.21	**其他塑料板、片、膜、箔、扁条：**									**Other plates, sheets, film, foil and strip, of plastics:**
	-泡沫塑料的：									-Cellular:
3921.1100	--苯乙烯聚合物制	10	45	0	9					--Of polymers of styrene
	--氯乙烯聚合物制：									--Of polymers of vinyl chloride:
3921.1210	---人造革及合成革	9	70	0		0		0		---Combined with textile fabrics
3921.1290	---其他	6.5	45	0		0				---Other
	--氨酯聚合物制：									--Of polyurethanes:
3921.1310	---人造革及合成革	9	70	0	6.3	0		0		---Combined with textile fabrics
3921.1390	---其他	6.5	45	0	4.6	0				---Other
3921.1400	--再生纤维素制	10	45	0						--Of regenerated cellulose
	--其他塑料制：									--Of other plastics:
3921.1910	---人造革及合成革	9	45	0	6.3					---Combined with textile fabrics
3921.1990	---其他	6.5	45	0	4.6			0		---Other
	-其他：									-Other:
3921.9020	---聚乙烯嵌有玻璃纤维的板、片	6.5	45	0	4.6	0				---Plates, sheets of polyethylene with glass fibres

税则号列 Tariff Item	商品名称	最惠国税率(%) M. F. N.	普通税率(%) Gen.	协定税率(%) Conventional					出口税率(%) Export	Article Description
				东盟 ASEAN	亚太 APTA	香港 H. K.	澳门 Macao	台湾 Taiwan		
3921.9030	---聚异丁烯为基本成分的附有人造毛毡的板、片、卷材	6.5	45	0	4.6	0				---Plates, sheets, coils of polyisobutylene with man-made felt
3921.9090	---其他	6.5	45	0	4.6	0		0		---Other
39.22	**塑料浴缸、淋浴盘、洗涤槽、盥洗盆、坐浴盆、便盆、马桶座圈及盖、抽水箱及类似卫生洁具：**									**Baths, shower-baths, sinks, washbasins, bidets, lavatory pans, seats and covers, flushing cisterns and similar sanitary ware, of plastics:**
3922.1000	-浴缸、淋浴盘、洗涤槽及盥洗盆	10	80	0			0			-Baths, shower-baths, sinks and wash-basins
3922.2000	-马桶座圈及盖	10	80	0			0			-Lavatory seats and covers
3922.9000	-其他	10	80	0						-Other
39.23	**供运输或包装货物用的塑料制品；塑料制的塞子、盖子及类似品：**									**Articles for the conveyance or packing of goods, of plastics; stoppers, lids, caps and other closures, of plastics:**
3923.1000	-盒、箱（包括板条箱）及类似品	10	80	0	7	0	0	0		-Boxes, cases, crates and similar articles
	-袋及包（包括锥形的）：									-Sacks and bags(including cones):
3923.2100	--乙烯聚合物制	10	80	0		0	0			--Of polymers of ethylene
3923.2900	--其他塑料制	10	80	0		0	0			--Of other plastics
3923.3000	-坛、瓶及类似品	6.5	80	0		0				-Carboys, bottles, flasks and similar articles
3923.4000	-卷轴、纡子、筒管及类似品	10	35	0	7					-Spools, cops, bobbins and similar supports
3923.5000	-塞子、盖子及类似品	10	80	0		0		0		-Stoppers, lids, caps and other closures
3923.9000	-其他	10	80	0	7	0	0	0		-Other
39.24	**塑料制的餐具、厨房用具、其他家庭用具及卫生或盥洗用具：**									**Tableware, kitchenware, other household articles and hygienic or toilet articles, of plastics:**
3924.1000	-餐具及厨房用具	10	80	0		0	0			-Tableware and kitchenware
3924.9000	-其他	10	80	0		0	0			-Other
39.25	**其他税号未列名的建筑用塑料制品：**									**Builders' ware of plastics, not elsewhere specified or included:**
3925.1000	-囤、柜、罐、桶及类似容器，容积超过300升	10	80	0						-Reservoirs, tanks, vats and similar containers, of a capacity exceeding 300L
3925.2000	-门、窗及其框架、门槛	10	80	0	7					-Doors, windows and their frames and thresholds for doors
3925.3000	-窗板、百叶窗（包括威尼斯式百叶窗）或类似制品及其零件	10	80	0						-Shutters, blinds (including Venetian blinds) and similar articles and parts thereof
3925.9000	-其他	10	80	0		0				-Other

税则号列 Tariff Item	商品名称	最惠国税率(%) M. F. N.	普通税率(%) Gen.	协定税率(%) Conventional 东盟 ASEAN	亚太 APTA	香港 H. K.	澳门 Macao	台湾 Taiwan	出口税率(%) Export	Article Description
39.26	**其他塑料制品及税目39.01至39.14所列其他材料的制品：**									**Other articles of plastics and articles of other materials of headings 39.01 to 39.14:**
3926.1000	-办公室或学校用品	10	80	0						-Office or school supplies
	-衣服及衣着附件（包括分指手套、连指手套及露指手套）：									-Articles of apparel and clothing accessories (including gloves, mittens and mitts):
	---手套（包括分指手套、连指手套及露指手套）：									---Gloves (including mittens and mitts):
3926.2011	----聚氯乙烯制	10	90	0		0				----Of poly (vinyl chloride)
3926.2019	----其他	10	90	0		0				----Other
3926.2090	---其他	10	90	0		0				---Other
3926.3000	-家具、车厢或类似品的附件	10	80	0						-Fittings for furniture, coachwork or the like
3926.4000	-小雕塑品及其他装饰品	10	100	0	8.3					-Statuettes and other ornamental articles
	-其他：									-Other:
3926.9010	---机器及仪器用零件	10	35	0	9	0	0	0		---Of a kind for used in machines or instruments
3926.9090	---其他	10	80	0	9.2	0	0	0		---Other

第四十章
橡胶及其制品

注释：

一、除条文另有规定的以外，本协调制度所称“橡胶”，是指不论是否硫化或硬化的下列产品：天然橡胶、巴拉塔胶、古塔波胶、银胶菊胶、糖胶树胶及类似的天然树胶、合成橡胶、从油类中提取的油膏，以及上述物品的再生品。

二、本章不包括：

（一）第十一类的货品（纺织原料及纺织制品）；

（二）第六十四章的鞋靴及其零件；

（三）第六十五章的帽类及其零件（包括游泳帽）；

（四）第十六类的硬质橡胶制的机械器具、电气器具及其零件（包括各种电气用品）；

（五）第九十章、第九十二章、第九十四章或第九十六章的物品；或

（六）第九十五章的物品（运动用分指手套、连指手套及露指手套及税目 40.11 至 40.13 的制品除外）。

三、税目 40.01 至 40.03 及 40.05 所称“初级形状”，只限于下列形状：

（一）液状及糊状，包括胶乳（不论是否预硫化）及其他分散体和溶液；

（二）不规则形状的块，团、包、粉、粒、碎屑及类似的散装形状。

四、本章注释一和税目 40.02 所称“合成橡胶”，适用于：

（一）不饱和合成物质，即用硫磺硫化能使其不可逆地变为非热塑物质，这种物质能在温度18℃～29℃之间被拉长到其原长度的 3 倍而不致断裂，拉长到原长度的 2 倍时，在 5 分钟内能回复到不超过原长度的 1.5 倍。为了进行上述试验，可以加入交联所需的硫化活化剂或促进剂；也允许含有注释五（二）2 及 3 所述的物质。但不能加入非交联所需的物质，例如，增量剂、增塑剂及填料。

Chapter 40
Rubber and articles thereof

Chapter Notes:

1. Except where the context otherwise requires, throughout the Nomenclature the expression “rubber” means the following products, whether or not vulcanised or hard: natural rubber, balata, gutta-percha, guayule, chicle and similar natural gums, synthetic rubber, factice derived from oils, and such substances reclaimed.

2. This Chapter does not cover:
   (a) Goods of Section XI (textiles and textile articles);
   (b) Footwear or parts thereof of Chapter 64;
   (c) Headgear or parts thereof (including bathing caps) of Chapter 65;
   (d) Mechanical or electrical appliances or parts thereof of Section XVI (including electrical goods of all kinds), of hard rubber;
   (e) Articles of Chapter 90, 92, 94 or 96; or
   (f) Articles of Chapter 95 (other than sports gloves, mittens and mitts and articles of headings 40.11 to 40.13).

3. In headings 40.01 to 40.03 and 40.05, the expression “primary forms” applies only to the following forms:
   (a) Liquids and pastes (including latex, whether or not pre-vulcanised, and other dispersions and solutions);
   (b) Blocks of irregular shape, lumps, bales, powders, granules, crumbs and similar bulk forms.

4. In Note 1 to this Chapter and in heading 40.02, the expression “synthetic rubber” applies to:
   (a) Unsaturated synthetic substances which can be irreversibly transformed by vulcanisation with sulphur into non-thermoplastic substances which, at a temperature between 18℃ and 29℃, will not break on being extended to three times their original length and will return, after being extended to twice their original length, within a period of five minutes, to a length not greater than one and a half times their original length. For the purposes of this test, substances necessary for the cross-linking, such as vulcanising activators or accelerators, may be added; the presence of substances as provided for by Note 5

(b) (ii) and (iii) is also permitted. However, the presence of any substances not necessary for the cross-linking, such as extenders, plasticisers and fillers, is not permitted.

（二）聚硫橡胶（TM）。

(b) Thioplasts (TM); and

（三）与塑料接枝共聚或混合而改性的天然橡胶、解聚天然橡胶，以及不饱和合成物质与饱和合成高聚物的混合物，但这些产品必须符合以上（一）款关于硫化、延伸及回复的要求。

(c) Natural rubber modified by grafting or mixing with plastics, depolymerised natural rubber, mixtures of unsaturated synthetic substances with saturated synthetic high polymers provided that all the above-mentioned products comply with the requirements concerning vulcanisation, elongation and recovery in (a) above.

五、（一）税目 40.01 及 40.02 不适用于任何凝结前或凝结后与下列物质相混合的橡胶或橡胶混合物：

1. 硫化剂、促进剂、防焦剂或活性剂（为制造预硫胶乳所加入的除外）；

2. 颜料或其他着色料，但仅为易于识别而加入的除外；

3. 增塑剂或增量剂（用油增量的橡胶中所加的矿物油除外）、填料、增强剂、有机溶剂或其他物质，但以下（二）款所述的除外。

（二）含有下列物质的橡胶或橡胶混合物，只要仍具有原料的基本特性，应归入税目 40.01 或 40.02：

1. 乳化剂或防粘剂；
2. 少量的乳化剂分解产品；
3. 微量的下列物质：热敏剂（一般为制造热敏胶乳用）、阳离子表面活性剂（一般为制造阳性胶乳用）、抗氧剂、凝固剂、碎裂剂、抗冻剂、胶溶剂、保存剂、稳定剂、黏度控制剂或类似的特殊用途添加剂。

5. (a) Headings 40.01 and 40.02 do not apply to any rubber or mixture of rubbers which has been compounded, before or after coagulation, with:

(i) vulcanising agents, accelerators, retarders or activators (other than those added for the preparation of pre-vulcanised rubber latex);

(ii) pigments or other colouring matter, other than those added solely for the purpose of identification;

(iii) plasticisers or extenders (except mineral oil in the case of oil-extended rubber), fillers, reinforcing agents, organic solvents or any other substances, except those permitted under (b);

(b) The presence of the following substances in any rubber or mixture of rubbers shall not affect its classification in heading 40.01 or 40.02, as the case may be, provided that such rubber or mixture of rubbers retains its essential character as a raw material:

(i) emulsifiers or anti-tack agents;
(ii) small amounts of breakdown products of emulsifiers;
(iii) very small amounts of the following: heat-sensitive agents (generally for obtaining thermosensitive rubber latexes), cationic surface-active agents (generally for obtaining electropositive rubber latexes), antioxidants, coagulants, crumbling agents, freeze-resisting agents, peptisers, preservatives, stabilisers, viscosity-control agents, or similar special-purpose additives.

六、税目 40.04 所称“废碎料及下脚料”，是指在橡胶或橡胶制品生产或加工过程中由于切割、磨损或其他原因明显不能按橡胶或橡胶制品使用的废橡胶及

6. For the purposes of heading 40.04, the expression “waste, parings and scrap” means rubber waste, parings and scrap from the manufacture or working of

下脚料。

rubber and rubber goods definitely not usable as such because of cutting-up, wear or other reasons.

七、全部用硫化橡胶制成的线，其任一截面的尺寸超过5毫米的，应作为带、杆或型材及异型材归入税目40.08。

7. Thread wholly of vulcanised rubber, of which any cross-sectional dimension exceeds 5mm, is to be classified as strip, rods or profile shapes, of heading 40.08.

八、税目40.10包括用橡胶浸渍、涂布、包覆或层压的织物制成的或用橡胶浸渍、涂布、包覆或套裹的纱线或绳制成的传动带、输送带。

8. Heading 40.10 includes conveyor or transmission belts or belting of textile fabric impregnated, coated, covered or laminated with rubber or made from textile yarn or cord impregnated, coated, covered or sheathed with rubber.

九、税目40.01、40.02、40.03、40.05及40.08所称"板""片""带"，仅指未切割或只简单切割成矩形（包括正方形）的板、片、带及正几何形块，不论是否具有成品的特征，也不论是否经过印制或其他表面加工，但未切割成其他形状或进一步加工。

9. In headings 40.01, 40.02, 40.03, 40.05 and 40.08, the expressions "plates" "sheets" and "strip" apply only to plates, sheets and strip and to blocks of regular geometric shape, uncut or simply cut to rectangular (including square) shape, whether or not having the character of articles and whether or not printed or otherwise surface-worked, but not otherwise cut to shape or further worked.

税目40.08所称"杆"或"型材及异型材"，仅指不论是否切割成一定长度或表面加工，但未经进一步加工的该类产品。

In heading 40.08 the expressions "rods" and "profile shapes" apply only to such products, whether or not cut to length or surface-worked but not otherwise worked.

税则号列 Tariff Item	商品名称	最惠国税率(%) M.F.N.	普通税率(%) Gen.	协定税率(%) Conventional 东盟 ASEAN	亚太 APTA	香港 H.K.	澳门 Macao	台湾 Taiwan	出口税率(%) Export	Article Description
40.01	**天然橡胶、巴拉塔胶、古塔波胶、银胶菊胶、糖胶树胶及类似的天然树胶，初级形状或板、片、带：**									**Natural rubber, balata, gutta-percha, guayule, chicle and similar natural gums, in primary forms or in plates, sheets or strip:**
4001.1000	-天然胶乳，不论是否预硫化	20	40							-Natural rubber latex, whether or not prevulcanized
	-其他形状的天然橡胶：									-Natural rubber in other forms:
4001.2100	--烟胶片	20	40		17					--Smoked sheets
4001.2200	--技术分类天然橡胶（TSNR）	20	40							--Technically specified natural rubber (TSNR)
4001.2900	--其他	20	40		17					--Other
4001.3000	-巴拉塔胶、古塔波胶、银胶菊胶、糖胶树胶及类似的天然树胶	20	40	0						-Balata, gutta-percha, guayule, chicle and similar natural gums

税则号列 Tariff Item	商品名称	最惠国税率(%) M. F. N.	普通税率(%) Gen.	协定税率（%）Conventional					出口税率(%) Export	Article Description
				东盟 ASEAN	亚太 APTA	香港 H. K.	澳门 Macao	台湾 Taiwan		
40. 02	合成橡胶及从油类提取的油膏，初级形状或板、片、带；税目 40. 01 所列产品与本税号所列产品的混合物，初级形状或板、片、带：									Synthetic rubber and factice derivedfrom oils, in primary forms or in plates, sheets or strip; mixtures of any products of heading 40. 01 with any product of this heading, in primary forms or in plates, sheets or strip:
	-丁苯橡胶（SBR）；羧基丁苯橡胶（XSBR）：									-Styrene-butadiene rubber （SBR）; carboxylated styrene-butadiene rubber（XSBR）:
	--胶乳：									--Latex:
4002. 1110	---羧基丁苯橡胶	7. 5	14	0		0				---Carboxylated styrene-butadiene rubber（XSBR）
4002. 1190	---其他	7. 5	14	0		0				---Other
	--其他：									--Other:
	---初级形状的：									---In primary forms:
4002. 1911	----未经任何加工的丁苯橡胶（溶聚的除外）	7. 5	14	0		0				----SBR, not worked （other than SSBR）
4002. 1912	----充油丁苯橡胶（溶聚的除外）	7. 5	14	0		0				----SBR, oil-fitted （other than SSBR）
4002. 1913	----热塑丁苯橡胶	7. 5	14	0		0				----SBR, thermo-plasticated
4002. 1914	----充油热塑丁苯橡胶	7. 5	14	0		0				----SBR, oil-filled and thermo-plasticated
4002. 1915	----未经任何加工的溶聚丁苯橡胶	7. 5	14	0		0				----Solution polymerized styrene-butadiene rubber （SS-BR）, not worked
4002. 1916	----充油溶聚丁苯橡胶	7. 5	14	0		0				----SSBR, oil-fitted
4002. 1919	----其他	7. 5	14	5		0				----Other
4002. 1990	---其他	7. 5	35	0	7. 1	0				---Other
	-丁二烯橡胶（BR）：									-Butadiene rubber（BR）:
4002. 2010	---初级形状的	7. 5	14	0						---In primary forms
4002. 2090	---其他	7. 5	35	0	7					---Other
	-异丁烯-异戊二烯（丁基）橡胶（IIR）；卤代丁基橡胶（CIIR 或 BIIR）：									-Isobutene-isoprene（butyl）rubber （IIR）; halo-isobutene-isoprene rubber（CIIR or BIIR）:
	--异丁烯-异戊二烯（丁基）橡胶（IIR）：									--Isobutene-isoprene （butyl） rubber（IIR）:
4002. 3110	---初级形状的	6	14	0	5. 6					---In primary forms
4002. 3190	---其他	7. 5	35	0	7. 1					---Other
	--其他：									--Other:
4002. 3910	---初级形状的	7. 5	14	0						---In pimary forms
4002. 3990	---其他	7. 5	35	0	7. 1					---Other
	-氯丁二烯（氯丁）橡胶（CR）：									-Chloroprene （ehlorobutadiene） rubber（CR）:
4002. 4100	--胶乳	7. 5	14	0	7. 1					--Latex

税则号列 Tariff Item	商品名称	最惠国税率（%） M. F. N.	普通税率（%） Gen.	协定税率（%） Conventional 东盟 ASEAN	亚太 APTA	香港 H. K.	澳门 Macao	台湾 Taiwan	出口税率（%） Export	Article Description
	--其他：									--Other：
4002.4910	---初级形状的	7.5	14	0						---In primary forms
4002.4990	---其他	7.5	35	0	7.1					---Other
	-丁腈橡胶（NBR）：									-Acrylonitrile-butadient rubber（NBR）：
4002.5100	--胶乳	7.5	14	0	7.1					--Latex
	--其他：									--Other：
4002.5910	---初级形状的	7.5	14	0						---In primary forms
4002.5990	---其他	7.5	35	0						---Other
	-异戊二烯橡胶（IR）：									-Isoprene rubber（IR）：
4002.6010	---初级形状的	3	14	0						---In primary forms
4002.6090	---其他	5	35	0	4.5					---Other
	-乙丙非共轭二烯橡胶（EPDM）：									-Ethylene-propylene-non-conjugated diene rubber（EPDM）：
4002.7010	---初级形状的	7.5	14	0						---In primary forms
4002.7090	---其他	7.5	35	0	7.1					---Other
4002.8000	-税目40.01所列产品与本税号所列产品的混合物	7.5	35	0						-Mixtures of any product of heading 40.01 with any product of this heading
	-其他：									-Other：
4002.9100	--胶乳	7.5	14	0						--Latex
	--其他：									--Other：
	---其他合成橡胶：									---Other synthetic rubber：
4002.9911	----初级形状的	7.5	14	0		0		0		----In primary forms
4002.9919	----其他	7.5	35	0		0				----Other
4002.9990	---其他	4	14	0						---Other
40.03	**再生橡胶，初级形状或板、片、带：**									**Reclaimed rubber in primary forms or in plates，sheets or strip：**
4003.0000	再生橡胶，初级形状或板、片、带	8	30	0		0				Reclaimed rubber in primary forms or in plates，sheets or strip
40.04	**橡胶（硬质橡胶除外）的废碎料、下脚料及其粉、粒：**									**Waste，parings and scrap of rubber（other than hard rubber）and powders and granules obtained therefrom：**
4004.0000	橡胶（硬质橡胶除外）的废碎料、下脚料及其粉、粒	8	30	0	7.6					Waste，parings and scrap of rubber（other than hard rubber）and powders and granules obtained therefrom
40.05	**未硫化的复合橡胶，初级形状或板、片、带：**									**Compounded rubber，unvulcanized，in primary forms or in plates，sheets or strip：**
4005.1000	-与炭黑或硅石混合	8	35	0			0			-Compounded with carbon black or silica

税则号列 Tariff Item	商品名称	最惠国税率(%) M. F. N.	普通税率(%) Gen.	协定税率(%) Conventional 东盟 ASEAN	亚太 APTA	香港 H. K.	澳门 Macao	台湾 Taiwan	出口税率(%) Export	Article Description
4005.2000	-溶液；子目 4005.10 以外的分散体	8	35	0						-Solutions; dispersions other than those of sub-heading 4005.10
	-其他：									-Other:
4005.9100	--板、片、带	8	35	0						--Plates, sheets and strip
4005.9900	--其他	8	35	0		0				--Other
40.06	**其他形状（例如，杆、管或型材及异型材）的未硫化橡胶及未硫化橡胶制品（例如，盘、环）：**									**Other forms (for example, rods, tubes and profile shapes) and articles (for example, discs and rings), or unvulcanized rubber:**
4006.1000	-轮胎翻新用胎面补料胎条	8	35	0						-Camel-back strips for retreading rubber tyres
	-其他：									-Other:
4006.9010	---其他形状的未硫化橡胶	8	35	0						---Other forms of unvulcanized rubber
4006.9020	---未硫化橡胶制品	14	80	0						---Articles of unvulcanized rubber
40.07	**硫化橡胶线及绳：**									**Vulcanized rubber thread and cord:**
4007.0000	硫化橡胶线及绳	14	80	0		0				Vulcanized rubber thread and cord
40.08	**硫化橡胶（硬质橡胶除外）制的板、片、带、杆或型材及异型材：**									**Plates, sheets, strip, rods and profile shapes, of vulcanized rubber other than hard rubber:**
	-海绵橡胶制：									-Of cellular rubber:
4008.1100	--板、片、带	8	35	0						--Plates, sheets and strip
4008.1900	--其他	8	35	0						--Other
	-非海绵橡胶制：									-Of non-cellular rubber:
4008.2100	--板、片、带	8	35	0						--Plates, sheets and strip
4008.2900	--其他	8	35	0						--Other
40.09	**硫化橡胶（硬质橡胶除外）制的管子，不论是否装有附件（例如，接头、肘管、法兰）：**									**Tubes, pipes and hoses, of vulcanized rubber other than hard rubber, witn or without their fittings (for example, joints, elbows, flanges):**
	-未经加强或未与其他材料合制：									-Not reinforced or otherwise combined with other materials:
4009.1100	--未装有附件	10.5	40	0						--Without fittings
4009.1200	--装有附件	10	40	0						--With fittings
	-用金属加强或只与金属合制：									-Reinforced or otherwise combined only with metal:
4009.2100	--未装有附件	10.5	40	0						--Without fittings
4009.2200	--装有附件	10	40	0						--With fittings

税则号列 Tariff Item	商品名称	最惠国税率(%) M. F. N.	普通税率(%) Gen.	协定税率(%) Conventional 东盟 ASEAN	亚太 APTA	香港 H. K.	澳门 Macao	台湾 Taiwan	出口税率(%) Export	Article Description
	-用纺织材料加强或只与纺织材料合制：									-Reinforced or otherwise combined only with textile materials：
4009.3100	--未装有附件	10.5	40	0						--Without fittings
4009.3200	--装有附件	10	40	0						--With fittings
	-用其他材料加强或与其他材料合制：									-Reinforced or otherwise combined with other materials：
4009.4100	--未装有附件	10.5	40	0						--Without fittings
4009.4200	--装有附件	10	40	0						--With fittings
40.10	**硫化橡胶制的传动带或输送带及带料：**									**Conveyor or transmission belts or belting, of vulcanized rubber：**
	-输送带及带料：									-Conveyor belts or belting：
4010.1100	--仅用金属加强的	10	35	0		0				--Reinforced only with metal
4010.1200	--仅用纺织材料加强的	10	35	0						--Reinforced only with textile materials
4010.1900	--其他	10	35	0						--Other
	-传动带及带料：									-Transmission belts or belting：
4010.3100	--梯形截面的环形传动带（三角带），V形肋状的，外周长超过60厘米，但不超过180厘米	8	35	0						--Endless transmission belts of trapezoidal cross-section (V-belts), V-ribbed, of an outside circumference exceeding 60cm but not exceeding 180cm
4010.3200	--梯形截面的环形传动带（三角带），外周长超过60厘米，但不超过180厘米，V形肋状的除外	8	35	0						--Endless transmission belts of trapezoidal cross-section (V-belts), other than V-ribbed, of an outside circumference exceeding 60cm but not exceeding 180cm
4010.3300	--梯形截面的环形传动带（三角带），V形肋状的，外周长超过180厘米，但不超过240厘米	8	35	0						--Endless transmission belts of trapezoidal cross-section (V-belts), V-ribbed, of an outside circumference exceeding 180cm but not exceeding 240cm
4010.3400	--梯形截面的环形传动带（三角带），外周长超过180厘米，但不超过240厘米，V形肋状的除外	8	35	0						--Endless transmission belts of trapezoidal cross-section (V-belts), other than V-ribbed, of an outside circumference exceeding 180cm but not exceeding 240cm
4010.3500	--环形同步带，外周长超过60厘米，但不超过150厘米	10	35	0						--Endless synchronous belts, of an outside circumference exceeding 60cm but not exceeding 150cm

税则号列 Tariff Item	商品名称	最惠国税率(%) M. F. N.	普通税率(%) Gen.	协定税率(%) Conventional 东盟 ASEAN	亚太 APTA	香港 H. K.	澳门 Macao	台湾 Taiwan	出口税率(%) Export	Article Description
4010.3600	--环形同步带，外周长超过150厘米，但不超过198厘米	10	35	0						--Endless synchronous belts, of an outside circumference exceeding 150cm but not exceeding 198cm
4010.3900	--其他	8	35	0	7.6					--Other
40.11	**新的充气橡胶轮胎：**									**New pneumatic tyres, of rubber:**
4011.1000	-机动小客车（包括旅行小客车及赛车）用	10	50	0	9.4			0		-Of a kind used on motor cars (including station wagons and racing cars)
4011.2000	-客运机动车辆或货运机动车辆用	10	50	0	9.4			0		-Of a kind used on buses or lorries
4011.3000	-航空器用	1	11	0						-Of a kind used on aircraft
4011.4000	-摩托车用	15	80	0				0		-Of a kind used on motorcycles
4011.5000	-自行车用	20	80	0				0		-Of a kind used on bicycles
	-农业或林业车辆及机器用：									-Of a kind used on agricultural or forestry vehicles and machines:
4011.7010	---人字形胎面或类似胎面	17.5	50	0				0		---Having a "herring-bone" or similar tread
4011.7090	---其他	25	50	0				0		---Other
	-建筑业、采矿业或工业搬运车辆及机器用：									-Of a kind used on construction, mining or industrial handling:
	---人字形胎面或类似胎面：									---Having a "herring-bone" or similar tread:
4011.8011	----辋圈尺寸不超过61厘米	17.5	50	0						----Rim size not exceeding 61cm
4011.8012	----辋圈尺寸超过61厘米	17.5	50	0						----Rim size exceeding 61cm
	---其他：									---Other:
4011.8091	----辋圈尺寸不超过61厘米	25	50	0						----Rim size not exceeding 61cm
4011.8092	----辋圈尺寸超过61厘米	25	50	0						----Rim size exceeding 61cm
	-其他：									-Other:
4011.9010	---人字形胎面或类似胎面的	17.5	50	0				0		---Having a "herring-bone" or similar tread
4011.9090	---其他	25	50	0						---Other
40.12	**翻新的或旧的充气橡胶轮胎；实心或半实心橡胶轮胎、橡胶胎面及橡胶轮胎衬带：**									**Retreaded or used pneumatic tyres of rubber; solid or cushion tyres, tyre treads and tyre flaps, of rubber:**
	-翻新轮胎：									-Retreaded tyres:
4012.1100	--机动小客车（包括旅行小客车及赛车）用	20	50	0						--Of a kind used on motor cars, (including station wagons and racing cars)

税则号列 Tariff Item	商品名称	最惠国税率(%) M. F. N.	普通税率(%) Gen.	协定税率(%) Conventional 东盟 ASEAN	亚太 APTA	香港 H. K.	澳门 Macao	台湾 Taiwan	出口税率(%) Export	Article Description
4012.1200	--机动大客车或货运机动车辆用	20	50	0		0				--Of a kind used on buses or lorries
4012.1300	--航空器用	20	50	0		0				--Of a kind used on aircraft
4012.1900	--其他	20	50	0						--Other
	-旧的充气轮胎：									-Used pneumatic tyres：
4012.2010	---汽车用	25	50	0		0				---Of a kind used on motor cars，buses or lorries
4012.2090	---其他	25	80	0		0				---Other
	-其他：									-Other：
4012.9010	---航空器用	3	11	0						---Of a kind used on aircraft
4012.9020	---汽车用	22	50	0						---Of a kind used on motor cars，buses or lorries
4012.9090	---其他	22	50	0						---Other
40.13	**橡胶内胎：**									**Inner tubes，of rubber：**
4013.1000	-机动小客车（包括旅行小客车及赛车）、客运、机动车辆或货运机动车辆用	15	50	0	13					-Of a kind used on motor cars（including staton wagons and racing cars），buses or lorries
4013.2000	-自行车用	15	80	0						-Of a kind used on bicycles
	-其他：									-Other：
4013.9010	---航空器用	3	11	0						---Of a kind used on aircraft
4013.9090	---其他	15	50	0						---Other
40.14	**硫化橡胶（硬质橡胶除外）制的卫生及医疗用品(包括奶嘴)，不论是否装有硬质橡胶制的附件：**									**Hygienic or pharmaceutical articles（including teats），of vulcanized rubber other than hard rubber，with or without fittings of hard rubber：**
4014.1000	-避孕套	0	0							-Sheath contraceptives
4014.9000	-其他	17.5	50	0			0			-Other
40.15	**硫化橡胶（硬质橡胶除外）制的衣着用品及附件(包括分指手套、连指手套及露指手套)：**									**Articles of apparel and clothing accessories （including gloves，mittens and mitts），for all purposes，of vulcanized rubber other than hard rubber：**
	-分指手套、连指手套及露指手套：									-Gloves，mittens and mitts：
4015.1100	--外科用	8	30	0						--Surgical
4015.1900	--其他	18	80	0						--Other
	-其他：									-Other：
4015.9010	---医疗用	8	30	0						---For medical purpose
4015.9090	---其他	15	90	0						---Other
40.16	**硫化橡胶（硬质橡胶除外）的其他制品：**									**Other articles of vulcanized rubber other than hard rubber：**
	-海绵橡胶制：									-Of cellular rubber：
4016.1010	---机器及仪器用零件	8	30	0						---Of a kind used in machines or instruments

税则号列 Tariff Item	商品名称	最惠国税率(%) M. F. N.	普通税率(%) Gen.	协定税率(%) Conventional 东盟 ASEAN	亚太 APTA	香港 H. K.	澳门 Macao	台湾 Taiwan	出口税率(%) Export	Article Description
4016.1090	---其他	15	80	0						---Other
	-其他：									-Other：
4016.9100	--铺地制品及门垫	18	80	0		0				--Floor coverings and mats
4016.9200	--橡皮擦	18	80	0						--Erasers
	--垫片、垫圈及其他密封垫：									--Gaskets, washers and other seals：
4016.9310	---机器及仪器用	8	30	0		0				---Of a kind used in machines or instruments
4016.9390	---其他	15	80	0		0				---Other
4016.9400	--船舶或码头的碰垫，不论是否可充气	18	80	0						--Boat or dock fenders, whether or not inflatable
4016.9500	--其他可充气制品	18	80	0			0			--Other inflatable articles
	--其他：									--Other：
4016.9910	---机器及仪器用零件	8	30	0	7.6		0			---Of a kind used in machines or instruments
4016.9990	---其他	10	80	0	9.5		0			---Other
40.17	**各种形状的硬质橡胶（例如，纯硬质胶），包括废碎料；硬质橡胶制品：**									**Hard rubber (for example, ebonite) in all forms, including waste and scrap; articles of hard rubber:**
4017.0010	---各种形状的硬质橡胶，包括废碎料	8	35	0			0			---Hard rubber in all forms, including waste and scrap
4017.0020	---硬质橡胶制品	15	90	0			0			---Articles of hard rubber

第八类
生皮、皮革、毛皮及其制品；鞍具及挽具；旅行用品、手提包及类似容器；动物肠线（蚕胶丝除外）制品

SECTION Ⅷ
RAW HIDES AND SKINS, LEATHER, FURSKINS AND ARTICLES THEREOF; SADDLERY AND HARNESS; TRAVEL GOODS, HANDBAGS AND SIMILAR CONTAINERS; ARTICLES OF ANIMAL GUT (OTHER THAN SILK-WORM GUT)

第四十一章
生皮（毛皮除外）及皮革

Chapter 41
Raw hides and skins (other than furskins) and leather

注释：

一、本章不包括：

（一）生皮的边角废料（税目 05.11）。

（二）税目 05.05 或 67.01 的带羽毛或羽绒的整张或部分鸟皮。

（三）带毛生皮或已鞣的带毛皮张（第四十三章）；但下列动物的带毛生皮应归入第四十一章：牛（包括水牛）、马、绵羊及羔羊（不包括阿斯特拉罕、喀拉科尔、波斯羔羊或类似羔羊、印度、中国或蒙古羔羊）、山羊或小山羊（不包括也门、蒙古或西藏的山羊及小山羊）、猪（包括野猪）、小羚羊、瞪羚、骆驼（包括单峰骆驼）、驯鹿、麋、鹿、狍或狗。

二、（一）税目 41.04 至 41.06 不包括经逆鞣（包括预鞣）加工的皮（酌情归入税目 41.01 至 41.03）。

（二）税目 41.04 至 41.06 所称“坯革”，包括在干燥前经复鞣、染色或加油（加脂）的皮。

三、本协调制度所称“再生皮革”，仅指税目 41.15 的皮革。

Chapter Notes:

1. This Chapter does not cover:
   (a) Parings or similar waste, of raw hides or skins (heading 05.11).
   (b) Birdskins or parts of birdskins, with their feathers or down, of heading 05.05 or 67.01; or
   (c) Hides or skins, with the hair or wool on, raw, tanned or dressed (Chapter 43); the following are, however, to be classified in Chapter 41, namely, raw hides and skins with the hair or wool on, of bovine animals (including buffalo), of equine animals, of sheep or lambs (except Astrakhan, Broadtail, Caracul, Persian or similar lambs, Indian, Chinese, Mongolian or Tibetan lambs), of goats or kids (except Yemen, Mongolian or Tibetan goats and kids), of swine (including peccary), of chamois, of gazelle of camels (including dromedaries), of reindeer, of elk, of deer, of roebucks or of dogs.

2. (a) Headings 41.04 to 41.06 do not cover hides and skins which have undergone a tanning (including pre-tanning) process which is reversible (headings 41.01 to 41.03, as the case may be).
   (b) For the purposes of headings 41.04 to 41.06, the term "crust" includes hides and skins that have been retanned, coloured or fat-liquored (stuffed) prior to drying.

3. Throughout the Nomenclature the expression "composition leather" means only substances of the kind referred to in heading 41.15.

税则号列 Tariff Item	商品名称	最惠国税率(%) M. F. N.	普通税率(%) Gen.	协定税率(%) Conventional 东盟 ASEAN	 亚太 APTA	 香港 H. K.	 澳门 Macao	 台湾 Taiwan	出口税率(%) Export	Article Description
41.01	**生牛皮(包括水牛皮)、生马科动物皮(鲜的、盐腌的、干的、石灰浸渍的、浸酸的或以其他方法保藏,但未鞣制、未经羊皮纸化处理或进一步加工的),不论是否去毛或剖层:**									**Raw hides and skins of bovine (including buffalo) or equine animals (fresh, or salted, dried, limed, pickled or otherwise preserved, but not tanned, parchment-dressed or further prepared), whether or not dehaired or split:**
	-未剖层的整张皮,简单干燥的每张重量不超过8千克,干盐腌的不超过10千克,鲜的、湿盐腌的或以其他方法保藏的不超过16千克:									-Whole hides and skins, unsplit, of a weight per skin not exceeding 8kg when simply dried, 10kg when dry-salted, or 16kg when fresh, wet-salted or otherwise preserved:
	---牛皮:									---Of bovine animals:
4101.2011	----经逆鞣处理的	8	17	0	6	0				----Have undergone a reversible tanning process
4101.2019	----其他	5	17	0		0				----Other
4101.2020	---马科动物皮	5	30	0		0				---Of equine animals
	-整张皮,重量超过16千克:									-Whole hides and skins, of a weight exceeding 16kg:
	---牛皮:									---Of bovine animals:
4101.5011	----经逆鞣处理的	8.4	17	0	7					----Have undergone a reversible tanning process
4101.5019	----其他	5	17	0						----Other
4101.5020	---马科动物皮	5	30	0						---Of equine animals
	-其他,包括整张或半张的背皮及腹皮:									-Other, including butts, bends and bollies:
	---牛皮:									---Of bovine animals:
4101.9011	----经逆鞣处理的	8.4	17	0	7					----Have undergone a reversible tanning process
4101.9019	----其他	5	17	0						----Other
4101.9020	---马科动物皮	5	30	0						---Of equine animals
41.02	**绵羊或羔羊生皮(鲜的、盐腌的、干的、石灰浸渍的、浸酸的或经其他方法保藏,但未鞣制、未经羊皮纸化处理或进一步加工的),不论是否带毛或剖层,但本章注释一(三)所述不包括的生皮除外:**									**Raw skins of sheep or lambs (fresh, or salted, dried, limed, pickled or otherwise preserved, but not tanned, parchment-dressed or further prepared), whether or not with wool on or split, other than those excluded by Note 1 (c) to this chapter:**
4102.1000	-带毛	7	30	0						-With wool on
	-不带毛:									-Without wool on:
	--浸酸的:									--Pickled:
4102.2110	---经逆鞣处理的	14	30	0						---Have undergone a reversible tanning process

税则号列 Tariff Item	商品名称	最惠国税率(%) M. F. N.	普通税率(%) Gen.	协定税率(%) Conventional 东盟 ASEAN	亚太 APTA	香港 H. K.	澳门 Macao	台湾 Taiwan	出口税率(%) Export	Article Description
4102.2190	---其他	9	30	0	8					---Other
	--其他：									--Other:
4102.2910	---经逆鞣处理的	14	30	0						---Have undergone a reversible tanning process
4102.2990	---其他	7	30	0	6					---Other
41.03	**其他生皮(鲜的、盐腌的、干的、石灰浸腌的、浸酸的或以其他方法保藏,但未鞣制、未经羊皮纸化处理或进一步加工的),不论是否去毛或剖层,但本章注释一(二)或(三)所述不包括的生皮除外：**									**Other raw hides and skins (fresh, or salted, dried, limed, pickled or otherwise preserved, but not tanned, parchment-dressed or further prepared), whether or not dehaired or split, other than those excluded by Note 1 (b) or 1 (c) to this Chapter:**
4103.2000	-爬行动物皮	9	30	0						-Of reptiles
4103.3000	-猪皮	9	30	0						-Of swine
	-其他：									-Other:
	---山羊板皮：									---Of goats:
4103.9011	经逆鞣处理的	14	35	0					20	----Have undergone a reversible tanning process
4103.9019	----其他	9	35	0					20	----Other
	---其他山羊或小山羊皮：									---Other, of goats or kids:
4103.9021	----经逆鞣处理的	14	35	0						----Have undergone a reversible tanning process
4103.9029	----其他	9	35	0						----Other
4103.9090	---其他	9	35	0		0				---Other
41.04	**经鞣制的不带毛牛皮（包括水牛皮）、马科动物皮及其坯革，不论是否剖层，但未经进一步加工：**									**Tanned or crust hides and skins of bovine (including buffalo) or equineanimals, without hair on, whether or not spilt, but not further prepared:**
	-湿革（包括蓝湿皮）：									-In the wet state (including wet-blue):
	--全粒面未剖层革；粒面剖层革：									--Full grains, unsplit; grain splits:
	---牛皮：									---Of bovine animals:
4104.1111	----蓝湿的	6	17	0	3.5					----Wet-blue
4104.1119	----其他	6.7	35	0	4	0				----Other
4104.1120	---马科动物皮	5	35	0	2.5	0				---Of equine animals
	--其他：									--Other:
	---牛皮：									---Of bovine animals:
4104.1911	----蓝湿的	6	17	0	3					----Wet-blue
4104.1919	----其他	7	35	0	3.5	0				----Other
4104.1920	---马科动物皮	5.7	35	0	3.5	0				---Of equine animals
	-干革（坯革）：									-In the dry state (crust):
4104.4100	--全粒面未剖层革；粒面剖层革	5	35	0	3.5	0				--Full grain, unsplit; grain splits

税则号列 Tariff Item	商 品 名 称	最惠国税率(%) M. F. N.	普通税率(%) Gen.	协定税率(%) Conventional 东盟 ASEAN	 亚太 APTA	 香港 H. K.	 澳门 Macao	 台湾 Taiwan	出口税率(%) Export	Article Description
	--其他:									--Other:
4104.4910	---机器带用牛、马皮革	5	20	0	3.5					---For machinery belting
4104.4990	---其他	7	35	0	4.9	0				---Other
41.05	**经鞣制的不带毛绵羊或羔羊皮革及其坯革，不论是否剖层，但未经进一步加工:**									**Tanned or crust skins of sheep or lambs, without wool on, whether or not split, but not further prepared:**
	-湿革(包括蓝湿皮):									-In the wet state (including wet-blue):
4105.1010	---蓝湿的	14	50	0	7					---Wet -blue
4105.1090	---其他	10	50	0	5					---Other
4105.3000	-干革(坯革)	8	50	0	5.6					-In the dry state (crust)
41.06	**经鞣制的其他不带毛动物皮革及其坯革，不论是否剖层，但未经进一步加工:**									**Tanned or crust hides and skins of other animals, without wool or hair on, whether or not split, but not further prepared:**
	-山羊或小山羊的:									-Of goats or kids:
4106.2100	--湿革(包括蓝湿皮)	14	50	0	12					--In the wet state (including wet-blue)
4106.2200	--干革(坯革)	14	50	0	9.8					--In the dry state (crust)
	-猪的:									-Of swine:
	--湿革(包括蓝湿皮):									--In the wet state (including wet-blue):
4106.3110	---蓝湿的	14	50	0						---Wet-blue
4106.3190	---其他	14	50	0						---Other
4106.3200	--干革(坯革)	14	50	0						--In the dry state (crust)
4106.4000	-爬行动物的	14	50	0						-Of reptiles
	-其他:									-Other:
4106.9100	--湿革(包括蓝湿皮)	14	50	0						--In the wet state (including wet-blue)
4106.9200	--干革(坯革)	14	50	0						--In the dry state (crust)
41.07	**经鞣制或半硝处理后进一步加工的不带毛的牛皮革(包括水牛皮革)及马科动物皮革，包括羊皮纸化处理的皮革，不论是否剖层，但税目41.14的皮革除外:**									**Leather further prepared after tanning or crusting, including parchment-dressed leather, of bovine (including buffalo) or equine animals, without hair on, whether or not split, other than leather of heading 41.14:**
	-整张的:									-Whole hides and skins:
	--全粒面未剖层革:									--Full grains, unsplit:
4107.1110	---牛皮	6.5	50	0		0				---Of bovine animals
4107.1120	---马科动物皮	5	50	0		0				---Of equine animals
	--粒面剖层革:									--Grain splits:
4107.1210	---牛皮	6.5	50	0		0				---Of bovine animals
4107.1220	---马科动物皮	5	50	0		0				---Of equine animals
	--其他:									--Other:

税则号列 Tariff Item	商品名称	最惠国税率(%) M. F. N.	普通税率(%) Gen.	协定税率(%) Conventional 东盟 ASEAN	亚太 APTA	香港 H. K.	澳门 Macao	台湾 Taiwan	出口税率(%) Export	Article Description
4107.1910	---机器带用	5	50	0						---For machinery belting
4107.1990	---其他	7	50	0		0				---Other
	-其他，包括半张的：									-Other, including sides:
4107.9100	--全粒面未剖层革	5	50	0						--Full grains, unsplit
4107.9200	--粒面剖层革	5	50	0						--Grain splits
	--其他：									--Other:
4107.9910	---机器带用	5	50	0						---For machinery belting
4107.9990	---其他	7	50	0		0				---Other
41.12	**经鞣制或半硝处理后进一步加工的不带毛的绵羊或羔羊皮革，包括羊皮纸化处理的，不论是否剖层，但税目41.14的皮革除外：**									**Leather further prepared after tanning or crusting, including parchment-dressed leather, of sheep or lamb, without wool on, whether or not split, other than leather of heading 41.14:**
4112.0000	经鞣制或半硝处理后进一步加工的不带毛的绵羊或羔羊皮革，包括羊皮纸化处理的，不论是否剖层，但税目41.14的皮革除外	8	50	0	5.6	0				Leather further prepared after tanning or crusting, including parchment -dressed leather, of sheep or lamb, without wool on, whether or not split, other than leather of heading 41.14
41.13	**经鞣制或半硝处理后进一步加工的不带毛的其他动物皮革，包括羊皮纸化处理的，不论是否剖层，但税目41.14的皮革除外：**									**Leather further prepared after tanning or crusting, including parchment-dressed leather, of other animals, without wool or hair on, whether or not split, other than leather of heading 41.14:**
4113.1000	-山羊或小山羊皮的	14	50	0	9.8	0				-Of goats or kids
4113.2000	-猪皮的	14	50	0		0				-Of swine
4113.3000	-爬行动物皮的	14	50	0						-Of reptiles
4113.9000	-其他	14	50	0						-Other
41.14	**油鞣皮革（包括结合鞣制的油鞣皮革）；漆皮及层压漆皮；镀金属皮革：**									**Chamois (including combination chamois) leather; patent leather and patent laminated leather; metallised leather:**
4114.1000	-油鞣皮革（包括结合鞣制的油鞣皮革）	14	50	0						-Chamois (including combination chamois) leather
4114.2000	-漆皮及层压漆皮；镀金属皮革	10	50	0	9					-Patent leather and patent laminated leather; metallised leather
41.15	**以皮革或皮革纤维为基本成分的再生皮革，成块、成张或成条的，不论是否成卷；皮革或再生皮革的边角废料，不适宜作皮革制品用；皮革粉末：**									**Composition leather with a basis of leather or leather fibre, in slabs, sheets or strip, whether or not in rolls; parings and other waste of leather or of composition leather, not suitable for the manufacture of leather articles; leather dust, powder and flour:**

税则号列 Tariff Item	商品名称	最惠国税率(%) M. F. N.	普通税率(%) Gen.	协定税率(%) Conventional 东盟 ASEAN	亚太 APTA	香港 H. K.	澳门 Macao	台湾 Taiwan	出口税率(%) Export	Article Description
4115.1000	-以皮革或皮革纤维为基本成分的再生皮革，成块、成张或成条，不论是否成卷	14	50	0						-Composition leather with a basis of leather or leather fibre, in slabs, sheets or strip, whether or not in rolls
4115.2000	-皮革或再生皮革的边角废料，不适宜作皮革制品用；皮革粉末	14	50	0						-Parings and other waste of leather or of composition leather, not suitable for the manufacture of leather articles; leather dust, powder and flour

第四十二章
皮革制品；鞍具及挽具；旅行用品、手提包及类似容器；动物肠线（蚕胶丝除外）制品

注释：

一、本章所称的“皮革”包括油鞣皮革（含结合鞣制的油鞣皮革）、漆皮、层压漆皮和镀金属皮革。

二、本章不包括：

（一）外科用无菌肠线或类似的无菌缝合材料（税目 30.06）；

（二）以毛皮或人造毛皮衬里或作面（仅饰边的除外）的衣服及衣着附件（分指手套、连指手套及露指手套除外）（税目 43.03 或 43.04）；

（三）网线袋及类似品（税目 56.08）；

（四）第六十四章的物品；

（五）第六十五章的帽类及其零件；

（六）税目 66.02 的鞭子、马鞭或其他物品；

（七）袖扣、手镯或其他仿首饰（税目 71.17）；

（八）单独报验的挽具附件或装饰物，例如，马镫、马嚼子、马铃铛及类似品、带扣（一般归入第十五类）；

（九）弦线、鼓面皮或类似品及其他乐器零件（税目 92.09）；

（十）第九十四章的物品（例如，家具，灯具及照明装置）；

（十一）第九十五章的物品（例如，玩具、游戏品及运动用品）；或

（十二）税目 96.06 的纽扣、揿扣、纽扣芯或这些物品的其他零件、纽扣坯。

三、（一）除上述注释二所规定的以外，税目 42.02 也不包括：

1. 非供长期使用的带把手塑料薄膜袋，不论是否印制（税目 39.23）；

2. 编结材料制品（税目 46.02）。

（二）税目 42.02 及 42.03 的制品，如果装有用贵金属、包贵金属、天然或养殖珍珠、宝石或半宝石（天然、合成或再造）制的零件，即使这些零件不是仅作为小配件或小饰物的，

Chapter 42
Articles of leather; saddlery and harness; travel goods, handbags and similar containers; articles of animal gut (other than silk-worm gut)

Chapter Notes:

1. For the purposes of this Chapter, the term "leather" includes chamois (including combination chamois) leather, patent leather, patent laminated leather and metallised leather.

2. This Chapter does not cover:

(a) Sterile surgical catgut or similar sterile suture materials (heading 30.06);

(b) Articles of apparel or clothing accessories (except gloves, mittens and mitts), lined with furskin or artificial fur or to which furskin or artificial fur is attached on the outside except as mere trimming (heading 43.03 or 43.04);

(c) Made up articles of netting (heading 56.08);

(d) Articles of Chapter 64;

(e) Headgear or parts thereof of Chapter 65;

(f) Whips, riding-crops or other articles of heading 66.02;

(g) Cuff-links, bracelets or other imitation jewellery (heading 71.17);

(h) Fittings or trimmings for harness, such as stirrups, bits, horse brasses and buckles, separately presented (generally Section XV);

(ij) Strings, skins for drums or the like, or other parts of musical instruments (heading 92.09);

(k) Articles of Chapter 94 (for example, furniture, lamps and lighting fittings);

(l) Articles of Chapter 95 (for example, toys, games, sports requisites); or

(m) Buttons, press-fasteners, snap-fasteners, press-studs, button moulds or other parts of these articles, button blanks, of heading 96.06.

3. (a) In addition to the provisions of Note 2 above, heading 42.02 does not cover:

(i) Bags made of sheeting of plastics, whether or not printed, with handles, not designed for prolonged use (heading 39.23);

(ii) Articles of plaiting materials (heading 46.02).

(b) Articles of headings 42.02 and 42.03 which have parts of precious metal or metal clad with precious metal, of natural or cultured pearls, of precious or semi-precious stones (natural,

只要其未构成物品的基本特征，仍应归入上述税号。但如果这些零件已构成物品的基本特征，则应归入第七十一章。

synthetic or reconstructed) remain classified in those headings even if such parts constitute more than minor fittings or minor ornamentation, provided that these parts do not give the articles their essential character. If, on the other hand, the parts give the articles their essential character, the articles are to be classified in Chapter 71.

四、税目42.03所称“衣服及衣着附件”，主要适用于分指手套、连指手套及露指手套（包括运动手套及防护手套）、围裙及其他防护用衣着、裤吊带、腰带、子弹带及腕带，但不包括表带（税目91.13）。

4. For the purposes of heading 42.03, the expression “articles of apparel and clothing accessories” applies, inter alia, to gloves, mittens and mitts (including those for sport or for protection), aprons and other protective clothing, braces, belts, bandoliers and wrist straps, but excluding watch straps (heading 91.13).

税则号列 Tariff Item	商品名称	最惠国税率(%) M. F. N.	普通税率(%) Gen.	协定税率（%）Conventional 东盟 ASEAN	亚太 APTA	香港 H. K.	澳门 Macao	台湾 Taiwan	出口税率(%) Export	Article Description
42.01	**各种材料制成的鞍具及挽具（包括缰绳、挽绳、护膝垫、口套、鞍褥、马褡裢、狗外套及类似品），适合各种动物用：**									**Saddlery and harness for any animal (including traces, leads, knee pads, muzzles, saddle cloths, saddle bags, dog coats and the like), of any material:**
4201.0000	各种材料制成的鞍具及挽具（包括缰绳、挽绳、护膝垫、口套、鞍褥、马褡裢、狗外套及类似品），适合各种动物用	20	100	0	12		0			Saddlery and harness for any animal (including traces, leads, knee pads, muzzles, saddle cloths, saddle bags, dog coats and the like), of any material
42.02	**衣箱、提箱、小手袋、公文箱、公文包、书包、眼镜盒、望远镜盒、照相机套、乐器盒、枪套及类似容器；旅行包、食品或饮料保温包、化妆包、帆布包、手提包、购物袋、钱夹、钱包、地图盒、烟盒、烟袋、工具包、运动包、瓶盒、首饰盒、粉盒、刀叉餐具盒及类似容器，用皮革或再生皮革、塑料片、纺织材料、钢纸或纸板制成，或者全部或主要用上述材料或纸包覆制成：**									**Trunks, suit-cases, vanity-cases, executive cases, brief-cases, school satchels, spectacle cases, birocular cases, camera cases, musical instrument cases, gun cases, holsters and similar containers; travelling-bags, insulated food or beverages bags, toilet bags, ruck-sacks, handbags, shopping-bags, wallets, purses, map-cases, cigarett-cases, tobacco-pouches, tool bags, sports bags, bottle-cases, jewellery boxes, powder-boxes, cutlery cases and similar containers, of leather or of composition leather, of sheeting of plastics, of textile materials, of vulcanized fibre or of paperboard, or wholly or mainly covered with such materials or with paper:**

税则号列 Tariff Item	商品名称	最惠国税率(%) M. F. N.	普通税率(%) Gen.	协定税率(%) Conventional 东盟 ASEAN	 亚太 APTA	 香港 H. K.	 澳门 Macao	 台湾 Taiwan	出口税率(%) Export	Article Description
	-衣箱、提箱、小手袋、公文箱、公文包、书包及类似容器：									-Trunks, suit-cases, vanity-cases, executive-cases, briefcases, school satchels and similar containers:
	--以皮革或再生皮革作面：									--With outer surface of leather or of composition leather:
4202.1110	---衣箱	15	100	0						---Trunks
4202.1190	---其他	10	100	0						---Other
	--以塑料或纺织材料作面：									--With outer surface of plastics or of textile materials:
4202.1210	---衣箱	20	100	0	17			0		---Trunks
4202.1290	---其他	20	100	0	17		0	0		---Other
4202.1900	--其他	20	100	0				0		--Other
	-手提包，不论是否有背带，包括无把手的：									-Handbags, whether or not with shoulder strap, including those without handle:
4202.2100	--以皮革或再生皮革作面	10	100	0	6.9	0	0			--With outer surface of leather or of composition leather
4202.2200	--以塑料片或纺织材料作面	10	100	0	8.2		0	0		--With outer surface of plastic sheeting or of textile materials
4202.2900	--其他	20	100	0	14		0			--Other
	-通常置于口袋或手提包内的物品：									-Articles of a kind normally carried in the pocket or in the handbag:
4202.3100	--以皮革或再生皮革作面	10	100	0	6.9		0			--With outer surface of leather or of composition leather
4202.3200	--以塑料片或纺织材料作面	20	100	0	14		0			--With outer surface of plastic sheeting or of textile materials
4202.3900	--其他	20	100	0	14		0			--Other
	-其他：									-Other:
4202.9100	--以皮革或再生皮革作面	10	100	0	8.5		0			--With outer surface of leather or of composition leather
4202.9200	--以塑料片或纺织材料作面	10	100	0	8.5	0	0			--With outer surface of plastic sheeting or of textile materials
4202.9900	--其他	20	100	0			0			--Other
42.03	**皮革或再生皮革制的衣服及衣着附件：**									**Articles of apparel and clothing accessories, of leather or of composition leather:**
4203.1000	-衣服	10	100	0		0	0			-Articles of apparel
	-手套，包括连指或露指的：									-Gloves, mittens and mitts:
4203.2100	--专供运动用	20	100	0	14	0	0			--Specially designed for use in sports
	--其他：									--Other:
4203.2910	---劳保手套	20	100	0		0	0			---Working gloves
4203.2990	---其他	20	100	0		0	0			---Other

税则号列 Tariff Item	商 品 名 称	最惠国税率(%) M. F. N.	普通税率(%) Gen.	协定税率(%) Conventional 东盟 ASEAN	 亚太 APTA	 香港 H. K.	 澳门 Macao	 台湾 Taiwan	出口税率(%) Export	Article Description
	-腰带及子弹带:									-Belts and bandoliers:
4203.3010	---腰带	10	100	0		0	0			---Belts
4203.3020	---子弹带	10	100	0		0				---bandoliers
4203.4000	-其他衣着附件	20	100	0		0	0			-Other clothing accessories
42.05	**皮革或再生皮革的其他制品:**									**Other articles of leather or of composition leather:**
4205.0010	---坐具套	12	100	0		0				---Cover of seat
4205.0020	---机器、机械器具或其他专门技术用途的	8	35	0						---Of a kind used in machinery or mechanical appliances or for other technical uses
4205.0090	---其他	12	100	0		0				---Other
42.06	**肠线(蚕胶丝除外)、肠膜、膀胱或筋腱制品:**									**Articles of gut (other than silkwormgut), of goldbeater's skin, of bladders or of tendons:**
4206.0000	肠线(蚕胶丝除外)、肠膜、膀胱或筋腱制品	20	90	0						Articles of gut (other than silkwormgut), of goldbeater's skin, of bladders or of tendons

第四十三章
毛皮、人造毛皮及其制品

注释：

一、本协调制度所称“毛皮”，是指已鞣的各种动物的带毛毛皮，但不包括税目 43.01 的生毛皮。

二、本章不包括：

（一）带羽毛或羽绒的整张或部分鸟皮（税目 05.05 或 67.01）；

（二）第四十一章的带毛生皮［参见该章注释一（三）］；

（三）用皮革与毛皮或用皮革与人造毛皮制成的分指手套、连指手套及露指手套（税目 42.03）；

（四）第六十四章的物品；

（五）第六十五章的帽件及其零件；或

（六）第九十五章的物品（例如，玩具、游戏品及运动用品）。

三、税目 43.03 包括加有其他材料缝合的毛皮和毛皮部分品，以及缝合成衣服、衣服部分品、衣着附件或其他制品的毛皮和毛皮部分品。

四、以毛皮或人造毛皮衬里或作面（仅饰边的除外）的衣服及衣着附件（不包括注释二所述的货品），应分别归入税目 43.03 或 43.04，但毛皮或人造毛皮仅作为装饰的除外。

五、本协调制度所称“人造毛皮”，是指以毛、发或其他纤维粘附或缝合于皮革、织物或其他材料之上而构成的仿毛皮，但不包括以机织或针织方法制得的仿毛皮（一般应归入税目 58.01 或 60.01）。

Chapter 43
Furskins and artificial fur; manufactures thereof

Chapter Notes:

1. Throughout the Nomenclature references to “furskins”, other than to raw furskins of heading 43.01, apply to hides or skins of all animals which have been tanned or dressed with the hair or wool on.

2. This Chapter does not cover:

(a) Birdskins or parts of birdskins, with their feathers or down (heading 05.05 or 67.01);

(b) Raw hides or skins, with the hair or wool on, of Chapter 41 (see Note 1 (c) to that Chapter);

(c) Gloves, mittens and mitts, consisting of leather and furskin or of leather and artificial fur (heading 42.03);

(d) Articles of Chapter 64;

(e) Headgear or parts thereof of Chapter 65; or

(f) Articles of Chapter 95 (for example, toys, games, sports requisites).

3. Heading 43.03 includes furskins and parts thereof, assembled with the addition of other materials, and furskins and parts thereof, sewn together in the form of garments or parts or accessories of garments or in the form of other articles.

4. Articles of apparel and clothing accessories (except those excluded by Note 2) lined with furskin or artificial fur or to which furskin or artificial fur is attached on the outside except as mere trimming are to be classified in heading 43.03 or 43.04 as the case may be.

5. Throughout the Nomenclature the expression “artificial fur” means any imitation of furskin consisting of wool, hair or other fibres gummed or sewn on to leather, woven fabric or other materials, but does not include imitation furskins obtained by weaving or knitting (generally, heading 58.01 or 60.01).

税则号列 Tariff Item	商品名称	最惠国税率(%) M. F. N.	普通税率(%) Gen.	协定税率(%) Conventional					出口税率(%) Export	Article Description
				东盟 ASEAN	亚太 APTA	香港 H. K.	澳门 Macao	台湾 Taiwan		
43. 01	**生毛皮（包括适合加工皮货用的头、尾、爪及其他块、片），但税目 41. 01、41. 02 或 41. 03 的生皮除外：**									**Raw furskins (including heads, tails, paws and other pieces or cuttings, suitable for furriers'use), other than raw hides and skins of heading 41. 01, 41. 02 or 41. 03:**
4301. 1000	-整张水貂皮，不论是否带头、尾或爪	15	100	0		0				-Of mink, whole, with or without head, tail or paws
4301. 3000	-下列羔羊的整张毛皮，不论是否带头、尾或爪：阿斯特拉罕、喀拉科尔、波斯羔羊及类似羔羊、印度、中国或蒙古羔羊	20	90	0		0				-Of lamb, the following: Astrakhan, Broadtail, Caracul, Persian and similar lamb, Indian, Chinese, Mongolian or Tibetan lamb, whole, with or without head, tail or paws
4301. 6000	-整张狐皮，不论是否带头、尾或爪	20	100	0		0				-Of fox, whole, with or without head, tail or paws
	-整张的其他毛皮，不论是否带头、尾或爪：									-Other furskins, whole, with or without head, tall or paws:
4301. 8010	---整张兔皮，不论是否带头、尾或爪	20	90	0		0				---Of rabbit or hare, whole, with or without head, tail or paws
4301. 8090	---其他	20	90	0		0				---Other
	-适合加工皮货用的头、尾、爪及其他块、片：									-Heads, tails, paws and other pieces or cuttings, suitable for furriers' use:
4301. 9010	---黄鼠狼尾	20	50	0		0				---Weasel tails
4301. 9090	---其他	20	90	0		0				---Other
43. 02	**未缝制或已缝制（不加其他材料）的已鞣毛皮（包括头、尾、爪及其他块、片），但税目 43. 03 的货品除外：**									**Tanned or dressed furskins (including heads, tails, paws and other pieces or cuttings), unassembled, or assembled (without the addition of other materials) other than those of heading 43. 03:**
	-未缝制的整张毛皮，不论是否带头、尾或爪：									-Whole skins, with or without head, tail or paws, not assembled:
4302. 1100	--水貂皮	12	130	0		0				--Of mink
	--其他：									--Other:
4302. 1910	---灰鼠皮、白鼬皮、其他貂皮、狐皮、水獭皮、旱獭皮及猞猁皮	10	130	0		0				---Of grey squirrel, ermine, other marten, fox, otter, marmot and lynx
4302. 1920	---兔皮	10	100	0		0				---Of rabbit or hare

税则号列 Tariff Item	商品名称	最惠国税率(%) M. F. N.	普通税率(%) Gen.	协定税率(%) Conventional 东盟 ASEAN	亚太 APTA	香港 H. K.	澳门 Macao	台湾 Taiwan	出口税率(%) Export	Article Description
4302.1930	---下列羔羊皮：阿斯特拉罕、喀拉科尔、波斯羔羊及类似羔羊、印度、中国或蒙古羔羊	20	100	0		0				---Of lamb, the following: Astrakhan, Broadtail, Caracul, Persian and similar lamb, Indian, Chinese, Mongolian or Tibetan lamb
4302.1990	---其他	10	100	0		0				---Other
4302.2000	-未缝制的头、尾、爪及其他块、片	20	100	0		0				-Heads, tails, paws and other pieces or cuttings, not assembled
	-已缝制的整张毛皮及其块、片：									-Whole skins and pieces or cuttings thereof, assembled:
4302.3010	---灰鼠、白鼬、貂、狐、水獭、旱獭及猞猁的整张毛皮及其块、片	20	130	0		0				---Of grey squirrel, ermine, other marten, fox, otter, marmot and lynx
4302.3090	---其他	20	100	0		0				---Other
43.03	**毛皮制的衣服、衣着附件及其他物品：**									**Articles of apparel, clothing accessories and other articles of furskin:**
	-衣服及衣着附件：									-Articles of apparel and clothing accessories:
4303.1010	---毛皮衣服	23	150	0		0				---Articles of appare
4303.1020	---毛皮衣着附件	18	150	0		0				---Clothing accessories
4303.9000	-其他	18	150	0		0				-Other
43.04	**人造毛皮及其制品：**									**Artifieial fur and articles thereof:**
4304.0010	---人造毛皮	18	130	0		0				---Artificial fur
4304.0020	---人造毛皮制品	18	150	0		0				---Articles of artificial fur

第　九　类
木及木制品；木炭；软木及软木制品；稻草、秸秆、针茅或其他编结材料制品；篮筐及柳条编结品

SECTION Ⅸ
WOOD AND ARTICLES OF WOOD; WOOD CHARCOAL; CORK AND ARTICLES OF CORK; MANUFACTURES OF STRAW, OF ESPARTO OR OF OTHER PLAITING MATERIALS; BASKETWARE AND WICKERWORK

第四十四章
木及木制品；木炭

注释：

一、本章不包括：

（一）主要作香料、药料、杀虫、杀菌或类似用途的木片、刨花、碎木、木粒或木粉（税目12.11）；

（二）竹或主要作编结用的其他木质材料，呈原木状，不论是否经劈开、纵锯或切段（税目14.01）；

（三）主要作染料或鞣料用的木片、刨花、木粒或木粉（税目14.04）；

（四）活性炭（税目38.02）；

（五）税目42.02的物品；

（六）第四十六章的货品；

（七）第六十四章的鞋靴及其零件；

（八）第六十六章的货品（例如，伞、手杖及其零件）；

（九）税目68.08的货品；

（十）税目71.17的仿首饰；

（十一）第十六类或第十七类的货品（例如，机器零件，机器及器具的箱、罩、壳，车辆部件）；

（十二）第十八类的货品（例如，钟壳、乐器及其零件）；

（十三）火器的零件（税目93.05）；

（十四）第九十四章的物品（例如，家具、灯具及照明装置、活动房屋）；

（十五）第九十五章的物品（例如，玩具、游戏品及运动用品）；

Chapter 44
Wood and articles of wood; wood charcoal

Chapter Notes:

1. This Chapter does not cover:

(a) Wood, in chips, in shavings, crushed, ground or powdered, of a kind used primarily in perfumery, in pharmacy, or for insecticidal, fungicidal or similar purposes (heading 12.11);

(b) Bamboos or other materials of a woody nature of a kind used primarily for plaiting, in the rough, whether or not split, sawn lengthwise or cut to length (heading 14.01);

(c) Wood, in chips, in shavings, ground or powdered, of a kind used primarily in dyeing or in tanning (heading 14.04);

(d) Activated charcoal (heading 38.02);

(e) Articles of heading 42.02;

(f) Goods of Chapter 46;

(g) Footwear or parts thereof of Chapter 64;

(h) Goods of Chapter 66 (for example, umbrellas and walking-sticks and parts thereof);

(ij) Goods of heading 68.08;

(k) Imitation jewellery of heading 71.17;

(l) Goods of Section XVI or Section XVII (for example, machine parts, cases, covers, cabinets for machines and apparatus and wheelwrights' wares);

(m) Goods of Section XVIII (for example, clock cases and musical instruments and parts thereof);

(n) Parts of firearms (heading 93.05);

(o) Articles of Chapter 94 (for example, furniture, lamps and lighting fittings, prefabricated buildings);

(p) Articles of Chapter 95 (for example, toys, games, sports requisites);

（十六）第九十六章的物品（例如，烟斗及其零件、纽扣、铅笔、独脚架、双脚架、三脚架及类似品），但税目96.03所列物品的木身及木柄除外；或

（q） Articles of Chapter 96 (for example, smoking pipes and parts thereof, buttons, pencils, and monopods, bipods, tripods and similar articles) excluding bodies and handles, of wood, for articles of heading 96.03; or

（十七）第九十七章的物品（例如，艺术品）。

（r） Articles of Chapter 97 (for example, works of art).

二、本章所称“强化木”，是指经过化学或物理方法处理（对于多层黏合木材，其处理应超出一般黏合需要），从而增加了密度或硬度并改善了机械强度、抗化学或抗电性能的木材。

2. In this Chapter, the expression “densified wood” means wood which has been subjected to chemical or physical treatment (being, in the case of layers bonded together, treatment in excess of that needed to ensure a good bond), and which has thereby acquired increased density or hardness together with improved mechanical strength or resistance to chemical or electrical agencies.

三、税目44.14至44.21适用于碎料板或类似木质材料板、纤维板、层压板或强化木的制品。

3. Headings 44.14 to 44.21 apply to articles of the respective descriptions of particle board or similar board, fibreboard, laminated wood or densified wood as they apply to such articles of wood.

四、税目44.10、44.11或44.12的产品，可以加工成税目44.09所述的各种形状，也可以加工成弯曲、瓦楞、多孔或其他形状（正方形或矩形除外），以及经其他任何加工，但未具有其他税号所列制品的特性。

4. Products of heading 44.10, 44.11 or 44.12 may be worked to form the shapes provided for in respect of the goods of heading 44.09, curved, corrugated, perforated, cut or formed to shapes other than square or rectangular or submitted to any other operation provided it does not give them the character of articles of other headings.

五、税目44.17不包括装有第八十二章注释一所述材料制成的刀片、工作刃、工作面或其他工作部件的工具。

5. Heading 44.17 does not apply to tools in which the blade, working edge, working surface or other working part is formed by any of the materials specified in Note 1 to Chapter 82.

六、除上述注释一及其他条文另有规定的以外，本章税号中所称“木”，也包括竹及其他木质材料。

6. Subject to Note 1 above and except where the context otherwise requires, any reference to “wood” in a heading of this Chapter applies also to bamboos and other materials of a woody nature.

子目注释：

Subheading Notes:

一、子目4401.31所称“木屑棒”是指由木材加工业、家具制造业及其他木材加工活动中产生的副产品（例如，刨花、锯末及碎木片）直接压制而成或加入按重量计不超过3%的黏合剂后黏聚而成的产品。此类产品呈圆柱状，其直径不超过25毫米，长度不超过100毫米。

1. For the purposes of Subheading 4401.31, the expression “wood pellets” means by-products such as cutter shavings, sawdust or chips, of the mechanical wood processing industry, furniture-making industry or other wood transformation activities, which have been agglomerated either directly by compression or by the addition of a binder in a proportion not exceeding 3% by weight. Such pellets are cylindrical, with a diameter not exceeding 25mm and a length not exceeding 100mm.

税则号列 Tariff Item	商品名称	最惠国税率(%) M. F. N.	普通税率(%) Gen.	协定税率(%) Conventional 东盟 ASEAN	亚太 APTA	香港 H. K.	澳门 Macao	台湾 Taiwan	出口税率(%) Export	Article Description
44.01	**薪柴（圆木段、块、枝、成捆或类似形状）；木片或木粒；锯末、木废料及碎片，不论是否粘结成圆木段、块、片或类似形状：**									**Fuel wood, in logs, in billets, in twigs, in faggots or in similar forms; wood in chips or particles; sawdust and wood waste and scrap, whether or not agglomerated in logs, briquettes, pellets or similar forms:**
	-薪柴（圆木段、块、枝、成捆或类似形状）：									-Fuel wood, in logs, in billets, in twigs, in faggots or in similar forms:
4401.1100	--针叶木	0	70							--Coniferous
4401.1200	--非针叶木	0	70							--Non-coniferous
	-木片或木粒：									-Wood in chips or particles:
4401.2100	--针叶木	0	8							--Coniferous
4401.2200	--非针叶木	0	8							--Non-coniferous
	-锯末、木废料及碎片，粘结成圆木段、块、片或类似形状：									-Sawdust and wood waste and scrap, agglomerated in logs, briquettes, pellets or similar :
4401.3100	--木屑棒	0	8							--Wood pellets
4401.3900	--其他	0	8							--Other
4401.4000	-锯末、木废料及碎片，未粘结的	0	8							-Sawdust and wood waste and scrap, whether or not agglomerated in logs, briquettes, pellets or similar
44.02	**木炭（包括果壳炭及果核炭），不论是否结块：**									**Wood charcoal (including shell or nut charcoal), whether or not agglomerated:**
4402.1000	-竹的	10.5	70	0						-Of bamboo
4402.9000	-其他	10.5	70	0						-Other
44.03	**原木，不论是否去皮、去边材或粗锯成方：**									**Wood in the rough, whether or not stripped of bark or sapwood, or roughly squared:**
	-用油漆、着色剂、杂酚油或其他防腐剂处理：									-Treated with paint, stains, creosote or other preservatives:
4403.1100	--针叶木	0	8							--Coniferous
4403.1200	--非针叶木	0	8							--Non-coniferous
	-其他，针叶木：									-Other, coniferous:
	--松木，截面尺寸在15厘米及以上：									--Of pine (*Pinus spp.*), of which any cross-sectional dimension is 15 cm or more:
4403.2110	---红松和樟子松	0	8							---Korean pine and Mongolian scotch pine
4403.2120	---辐射松	0	8							---Radiata pine

税则号列 Tariff Item	商品名称	最惠国税率(%) M. F. N.	普通税率(%) Gen.	协定税率(%) Conventional 东盟 ASEAN	亚太 APTA	香港 H. K.	澳门 Macao	台湾 Taiwan	出口税率(%) Export	Article Description
4403.2130	---落叶松	0	8							---Larch
4403.2140	---花旗松	0	8							---Douglas fir
4403.2190	---其他	0	8							---Other
	--其他松木：									--Of pine (*Pinus spp.*), other:
4403.2210	---红松和樟子松	0	8							---Korean pine and Mongolian scotch pine
4403.2220	---辐射松	0	8							---Radiata pine
4403.2230	---落叶松	0	8							---Larch
4403.2240	---花旗松	0	8							---Douglas fir
4403.2290	---其他	0	8							---Other
4403.2300	--冷杉和云杉，截面尺寸在15厘米及以上	0	8							--Of fir (*Abies spp.*) and spruce (*Picea spp.*), of which any cross-sectional dimension is 15 cm or more
4403.2400	--其他冷杉和云杉	0	8							--Of fir (*Abies spp.*) and spruce (*Picea spp.*), other
4403.2500	--其他，截面尺寸在15厘米及以上	0	8							--Other, of which any cross-sectional dimension is 15 cm or more
4403.2600	--其他	0	8							--Other
	-其他，热带木：									-Other, of tropical wood :
4403.4100	--深红色红柳桉木、浅红色红柳桉木及巴栲红柳桉木	0	8							--Dark Red Meranti, Light Red Meranti and Meranti Bakau
	--其他：									--Other:
4403.4910	---柚木	0	35							---Teak
4403.4920	---奥克曼（奥克榄）	0	35							---Okoume (Aukoumed Klaineana)
4403.4930	---龙脑香木（克隆）	0	35							---*Dipterocarpus spp.* (Keruing)
4403.4940	---山樟（香木）	0	35							---Kapur (*Dryobalanops spp.*)
4403.4950	---印加木（波罗格）	0	35							---*Intsia spp.* (Mengaris)
4403.4960	---大干巴豆（门格里斯或康派斯）	0	35							---*Koompassia spp.* (Mengaris or Kempas)
4403.4970	---异翅香木	0	35							---*Anisopter spp.*
4403.4980	---红木	0	35							---Of rosewood
4403.4990	---其他	0	8							---Other
	-其他：									-Other:
4403.9100	--栎木（橡木）	0	8							--Of oak (*Quercus spp.*)
4403.9300	--水青冈木（山毛榉木），截面尺寸在15厘米及以上	0	8							--Of beech (*Fagus spp.*), of which any cross-sectional dimension is 15cm or more
4403.9400	--其他水青冈木（山毛榉木）	0	8							--Of beech (*Fagus spp.*), other
4403.9500	--桦木，截面尺寸在15厘米及以上	0	8							--Of birch (*Betula spp.*), of which any cross-sectional dimension is 15cm or more
4403.9600	--其他桦木	0	8							--Of birch (*Betula spp.*), other

税则号列 Tariff Item	商品名称	最惠国税率(%) M. F. N.	普通税率(%) Gen.	协定税率(%) Conventional 东盟 ASEAN	亚太 APTA	香港 H. K.	澳门 Macao	台湾 Taiwan	出口税率(%) Export	Article Description
4403.9700	--杨木	0	8							--Of poplar and aspen (*Populus spp.*)
4403.9800	--桉木	0	8							--Of eucalyptus (Eucalyptus spp.)
	--其他：									--Other：
4403.9930	---红木，但税号4403.4980所列热带红木除外	0	35							---Of rosewood, other than tropical wood of Subheading 4403.4980
4403.9940	---泡桐木	0	8							---Of Kiri (*Paulownia*)
4403.9950	---水曲柳	0	8							---Ash
4403.9960	---北美硬阔叶木	0	8							---North American hard wood
4403.9980	---未列名的温带非针叶木	0	8							---Temperate non-coniferous not specified
4403.9990	---其他	0	8							---Other
44.04	**箍木；木劈条；已削尖但未经纵锯的木桩；粗加修整但未经车圆、弯曲或其他方式加工的木棒，适合制手杖、伞柄、工具把柄及类似品；木片条及类似品：**									**Hoopwood; split poles; piles, pickets and stakes of wood, pointed but not sawn lengthwise; wooden sticks, roughly trimmed but not turned, bentor otherwise worked, suitable for the manufacture of walking-sticks, umbrellas, tool handles or the like; chipwood and the like:**
4404.1000	-针叶木的	8	50	0						-Coniferous
4404.2000	-非针叶木的	8	50	0						-Non-coniferous
44.05	**木丝；木粉：**									**Wood wool; wood flour:**
4405.0000	木丝；木粉	8	40	0						Wood wool; wood flour
44.06	**铁道及电车道枕木：**									**Railway or tramway sleepers (*crossties*) of wood:**
	-未浸渍：									-Not impregnated:
4406.1100	--针叶木	0	14							--Coniferous
4406.1200	--非针叶木	0	14							--Non-coniferous
	-其他：									-Other:
4406.9100	--针叶木	0	14							--Coniferous
4406.9200	--非针叶木	0	14							--Non-coniferous
44.07	**经纵锯、纵切、刨切或旋切的木材，不论是否刨平、砂光或端部接合，厚度超过6毫米：**									**Wood sawn or chipped lengthwise, sliced or peeled, whether or not planed, sanded or end-jointed, of a thickness exceeding 6mm:**
	-针叶木：									-Coniferous:
	--松木：									--Of pine (*Pinus spp.*):
4407.1110	---红松和樟子松	0	14							---Korean pine and Mongolian scotch pine
4407.1120	---辐射松	0	14							---Rediata pine

税则号列 Tariff Item	商品名称	最惠国税率(%) M. F. N.	普通税率(%) Gen.	协定税率(%) Conventional 东盟 ASEAN	亚太 APTA	香港 H. K.	澳门 Macao	台湾 Taiwan	出口税率(%) Export	Article Description
4407.1130	---花旗松	0	14							---Douglas fir
4407.1190	---其他	0	14							---Other
4407.1200	--冷杉及云杉	0	14							--Of fir (*Abies spp.*) and spruce (*Picea spp.*)
4407.1900	--其他	0	14							--Other
	-热带木：									-Of tropical wood :
4407.2100	--美洲桃花心木	0	14							--Mahogany (*Swietenia spp.*)
4407.2200	--苏里南肉豆蔻木、细孔绿心樟及美洲轻木	0	14							--Virola, Imbuia and Balsa
4407.2500	--深红色红柳桉木、浅红色红柳桉木及巴栲红柳桉木	0	14							--Dark Red Meranti, Light Red Metanti and Meranti Bakau
4407.2600	--白柳桉木、白色红柳桉木、白色柳桉木、黄色红柳桉木及阿兰木	0	14							--White Lauan, White Meranti, White Seraya, Yellow Meranti and Alan
4407.2700	--沙比利	0	40							--Sapelli
4407.2800	--伊罗科木	0	14							--Iroko
	--其他：									--Other:
4407.2910	---柚木	0	40							---Teak
4407.2920	---非洲桃花心木	0	40							---Acajou
4407.2930	---波罗格	0	40							---Merbau
4407.2940	---红木	0	40							---Of rosewood
4407.2990	---其他	0	14							---Other
	-其他：									-Other:
4407.9100	--栎木（橡木）	0	14							--Of oak (*Ouercus spp.*)
4407.9200	--水青冈木（山毛榉木）	0	14							--Of beech (*Fagus spp.*)
4407.9300	--槭木（枫木）	0	14							--Of maple (*Acer spp.*)
4407.9400	--樱桃木	0	14							--Of cherry (*Prunus spp.*)
4407.9500	--白蜡木	0	14							--Of ash (*Fraxinus spp.*)
4407.9600	--桦木	0	14							--Of birch (*Betula spp.*)
4407.9700	--杨木	0	14							--Of poplar and aspen (*Populus spp.*)
	--其他：									--Other:
4407.9910	---红木，但税号4407.2940所列热带红木除外	0	40							---Of rosewood, other than tropical wood of Subheading 4407.2940
4407.9920	---泡桐木	0	14							---Of Paulownia
4407.9930	---北美硬阔叶木	0	14							---North American hard wood
4407.9980	---其他温带非针叶木	0	14							---Other temperate non-coniferous wood
4407.9990	---其他	0	14							---Other

税则号列 Tariff Item	商品名称	最惠国税率(%) M. F. N.	普通税率(%) Gen.	协定税率(%) Conventional 东盟 ASEAN	亚太 APTA	香港 H. K.	澳门 Macao	台湾 Taiwan	出口税率(%) Export	Article Description
44.08	**饰面用单板（包括刨切积层木获得的单板）、制胶合板或类似多层板用单板以及其他经纵锯、刨切或旋切的木材，不论是否刨平、砂光、拼接或端部接合，厚度不超过6毫米：**									**Sheets for veneering (including those obtained by slicing laminated wood), for plywood or for similar laminated wood and other wood, sawn lengthwise, sliced or peeled, whether or not planed, sanded, spliced or end-jointed, of a thickness not exceeding 6mm:**
	-针叶木：									-Coniferous:
	---饰面用单板：									---Veneer sheets:
4408.1011	----用胶合板等多层板制的	8	40	5						----Of laminated plywood
4408.1019	----其他	4	40	0						----Other
4408.1020	---制胶合板用单板	4	17	0						---Sheets for plywood
4408.1090	---其他	4	30	0						---Other
	-热带木：									-Of tropical wood:
	--深红色红柳桉木、浅红色红柳桉木及巴栲红柳桉木：									--Dark Red Meranti, Light Red Meranti and Meranti Bakau:
	---饰面用单板：									---Veneer sheets:
4408.3111	----用胶合板等多层板制的	10	40	5						----Of laminated plywood
4408.3119	----其他	4	40	0						----Other
4408.3120	---制胶合板用单板	4	17	0						---Sheets for plywood
4408.3190	---其他	4	30	0						---Other
	--其他：									--Other:
	---饰面用单板：									---Veneer sheets:
4408.3911	----用胶合板等多层板制的	10	40	5						----Of laminated plywood
4408.3919	----其他	4	40	0						----Other
4408.3920	---制胶合板用单板	4	17	0						---Sheets for plywood
4408.3990	---其他	4	30	0						---Other
	-其他：									-Other:
	---饰面用单板：									---Veneer sheets:
4408.9011	----用胶合板等多层板制的	4	40							----Of laminated plywood
4408.9012	----温带非针叶木制	3	40	0						----Of temperate non-coniferous wood
4408.9013	----竹制	4	40							----Of bamboo
4408.9019	----其他	3	40	0						----Other
	---胶合板用单板：									---Sheets for plywood:
4408.9021	----温带非针叶木制	3	17	0						----Of temperate non-coniferous wood
4408.9029	----其他	3	17	0						----Other

税则号列 Tariff Item	商品名称	最惠国税率(%) M. F. N.	普通税率(%) Gen.	协定税率(%) Conventional 东盟 ASEAN	亚太 APTA	香港 H. K.	澳门 Macao	台湾 Taiwan	出口税率(%) Export	Article Description
	---其他:									---Other:
4408.9091	----温带非针叶木制	3	30	0						----Of temperate non-coniferous wood
4408.9099	----其他	3	30	0						----Other
44.09	**任何一边、端或面制成连续形状(舌榫、槽榫、半槽榫、斜角、V形接头、珠榫、缘饰、刨圆及类似形状)的木材(包括未装拼的拼花地板用板条及缘板),不论其任意一边或面是否刨平、砂光或端部接合:**									**Wood (including strips and friezes for parquet flooring, not assembled) continuously shaped (tongues, grooved, rebated, chamfered, V-jointed, beaded, moulded, rounded or the like) along any of its "edges, ends or faces, whether or not planed, sanded or end-jointed":**
	针叶木:									-Coniferous:
4409.1010	---地板条(块)	7.5	50	0						---Floor board strips
4409.1090	---其他	7.5	50	0						---Other
	-非针叶木:									-Non-coniferous:
	--竹的:									--Of bamboo:
4409.2110	---地板条(块)	4	50	0						---Floor board strips
4409.2190	---其他	4	50	0						---Other
	--热带木的:									--Of tropical wood:
4409.2210	---地板条(块)	4	50	0						---Floor board strips
4409.2290	---其他	4	50	0						---Other
	--其他:									--Other:
4409.2910	---地板条(块)	4	50	0						---Floor board strips
4409.2990	---其他	4	50	0						---Other
44.10	**碎料板、定向刨花板(OSB)及类似板(例如,华夫板),木或其他木质材料制,不论是否用树脂或其他有机黏合剂黏合:**									**Particle board, oriented strand board (OSB) and similar board (for example, waferboard) of wood or other ligneous materials, whether or not agglomerated with resins or other organic binding substances:**
	-木制:									-Of wood:
4410.1100	--碎料板	4	40							--Particle board
4410.1200	--定向刨花板	4	40							--Oriented strand board (OSB)
4410.1900	--其他	4	40							--Other
	-其他:									-Other:
	---碎料板:									---Particle board:
4410.9011	----麦稻秸秆制	7.5	40							----Of wheat or rice straw
4410.9019	----其他	7.5	40							----Other
4410.9090	---其他	7.5	40							---Other

税则号列 Tariff Item	商品名称	最惠国税率(%) M. F. N.	普通税率(%) Gen.	协定税率(%) Conventional 东盟 ASEAN	亚太 APTA	香港 H. K.	澳门 Macao	台湾 Taiwan	出口税率(%) Export	Article Description
44.11	**木纤维板或其他木质材料纤维板，不论是否用树脂或其他有机黏合剂黏合：**									**Fibreboard of wood or other ligneous materials, whether or not bonded with resins or other organic substances:**
	-中密度纤维板：									-Medium density fibreboard (MDF):
	--厚度不超过5毫米：									--Of a thickness not exceeding 5mm:
	---密度超过每立方厘米0.8克：									---Of a density exceeding 0.8g/cm³:
4411.1211	----未经机械加工或盖面的	4	40							----Not mechanically worked or surface covered
4411.1219	----其他	7.5	40							----Other
	---密度超过每立方厘米0.5克，但未超过每立方厘米0.8克：									---Of a density exceeding 0.5g/cm³ but not exceeding 0.8g/cm³:
4411.1221	----辐射松制的	4	40							----Of radiata pine
4411.1229	----其他	4	40							----Other
	---其他：									---Other:
4411.1291	----未经机械加工或盖面的	7.5	40	5						----Not mechanically worked or surface covered
4411.1299	----其他	4	40							----Other
	--厚度超过5毫米但未超过9毫米：									--Of a thickness exceeding 5mm but not exceeding 9mm:
	---密度超过每立方厘米0.8克：									---Of a density exceeding 0.8g/cm³:
4411.1311	----未经机械加工或盖面的	4	40							----Not mechanically worked or surface covered
4411.1319	----其他	7.5	40							----Other
	---密度超过每立方厘米0.5克，但未超过每立方厘米0.8克：									---Of a density exceeding 0.5g/cm³ but not exceeding 0.8g/cm³:
4411.1321	----辐射松制的	4	40							----Of radiata pine
4411.1329	----其他	4	40							----Other
	---其他：									---Other:
4411.1391	----未经机械加工或盖面的	7.5	40	5						----Not mechanically worked or surface covered
4411.1399	----其他	4	40							----Other
	--厚度超过9毫米：									--Of a thickness exceeding 9mm:
	---密度超过每立方厘米0.8克：									---Of a density exceeding 0.8g/cm³:

税则号列 Tariff Item	商品名称	最惠国税率(%) M. F. N.	普通税率(%) Gen.	协定税率(%) Conventional 东盟 ASEAN	亚太 APTA	香港 H. K.	澳门 Macao	台湾 Taiwan	出口税率(%) Export	Article Description
4411.1411	----未经机械加工或盖面的	4	40							----Not mechanically worked or surface covered
4411.1419	----其他	7.5	40							----Other
	---密度超过每立方厘米0.5克，但未超过每立方厘米0.8克：									---Of a density exceeding 0.5g/cm³ but not exceeding 0.8g/cm³：
4411.1421	----辐射松制的	4	40							----Of radiata pine
4411.1429	----其他	4	40							----Other
	---其他：									---Other：
4411.1491	----未经机械加工或盖面的	7.5	40	5						----Not mechanically worked or surface covered
4411.1499	----其他	4	40							----Other
	-其他：									-Other：
	--密度超过每立方厘米0.8克：									--Of a density exceeding 0.8g/cm³：
4411.9210	---未经机械加工或盖面的	4	40							---Not mechanically worked or surface covered
4411.9290	---其他	7.5	40							---Other
	--密度超过每立方厘米0.5克，但未超过每立方厘米0.8克：									--Of a density exceeding 0.5g/cm³ but not exceeding 0.8g/cm³：
4411.9310	---辐射松制的	4	40							---Of radiata pine
4411.9390	---其他	4	40							---Other
	--密度未超过每立方厘米0.5克：									--Of a density not exceeding 0.5g/cm³：
4411.9410	---密度超过每立方厘米0.35克，但未超过每立方厘米0.5克	7.5	40	5						---Of a density exceeding 0.35g/cm³ but not exceeding 0.5g/cm³
	---密度未超过每立方厘米0.35克：									---Of a density not exceeding 0.35g/cm³：
4411.9421	----未经机械加工或盖面的	7.5	40							----Not mechanically worked or surface covered
4411.9429	----其他	4	40							----Other
44.12	**胶合板、单板饰面板及类似的多层板：**									**Plywood, veneered panels and similar laminated wood：**
	-竹制的：									-Of bamboo：
	---仅由薄板制的胶合板，每层厚度不超过6毫米：									---Plywood consisting solely of sheets of wood, each ply not exceeding 6mm thickness：
4412.1011	----至少有一表层是热带木	12	30	5						----With at least one outer ply of tropical wood
4412.1019	----其他	4	30							----Other
4412.1020	---其他，至少有一表层是非针叶木	10	30	5						---Other, with at least one outer ply of non-coniferous wood
	---其他：									---Other：

税则号列 Tariff Item	商品名称	最惠国税率(%) M. F. N.	普通税率(%) Gen.	协定税率(%) Conventional 东盟 ASEAN	亚太 APTA	香港 H. K.	澳门 Macao	台湾 Taiwan	出口税率(%) Export	Article Description
4412.1091	----至少有一层是热带木	8	30							----With at least one outer ply of tropical wood
4412.1092	----至少含有一层木碎料板	10	30							----Containing at least one layer of particle board
4412.1099	----其他	4	30	0						----Other
	-其他仅由薄木板制的胶合板(竹制除外),每层厚度不超过6毫米:									-Other plywood, consisting solely of sheets of wood (other than bamboo), each ply not exceeding 6mm thickness:
4412.3100	--至少有一表层是热带木	12	30	5						--With at least one outer ply of tropical wood
4412.3300	--其他,至少有一表层是下列非针叶木:桤木、白蜡木、水青冈木(山毛榉木)、桦木、樱桃木、栗木、榆木、桉木、山核桃、七叶树、椴木、槭木、栎木(橡木)、悬铃木、杨木、刺槐木、鹅掌楸或核桃木	4	30							--Other, with at least one outer ply Of non-coniferous wood Of the species alder (*Alnus spp.*), ash (*Fraxinus spp.*), beech (*Fagus spp.*), birch (*Betula spp.*), cherry (*Prunus spp.*), chestnut (*Castanea spp.*), elm (*Ulmus spp.*), eucalyptus (*eucalyptus spp.*)
	--其他,至少有一表层为子目4412.33未具体列名的非针叶木:									--Other, with at least one outer ply of non-coniferous wood not specified under subheading 4412.33:
4412.3410	---其他,至少有一表层是温带非针叶木(税号4412.3300的非针叶木除外)	4	30							---With at least one outer ply of temperate non-coniferous wood (other than non-coniferous wood of subheading 4412.33)
4412.3490	---其他	4	30							---Other
4412.3900	--其他,上下表层均为针叶木	4	30	0						--Other, with both outer plies of coniferous wood
	-其他:									-Other:
	--木块芯胶合板,侧板条芯胶合板及板条芯胶合板:									--Blockboard, laminboard and battenboard:
4412.9410	---至少有一表层是非针叶木	10	30	5						---With at least one outer ply of non-coniferous wood
	---其他:									---Other:
4412.9491	----至少有一层是热带木	8	30							----With at least one outer ply of tropical wood
4412.9492	----其他,至少含有一层木碎料板	10	30							----Other, containing at least one layer of particle board
4412.9499	----其他	4	30	0						----Other
	--其他:									--Other:

税则号列 Tariff Item	商品名称	最惠国税率(%) M. F. N.	普通税率(%) Gen.	协定税率(%) Conventional 东盟 ASEAN	亚太 APTA	香港 H. K.	澳门 Macao	台湾 Taiwan	出口税率(%) Export	Article Description
4412.9910	---至少有一表层是非针叶木	10	30	5						---With at least one outer ply of non-coniferous wood
	---其他：									---Other:
4412.9991	----至少有一层是热带木	8	30							----With at least one outer ply of tropical wood
4412.9992	----其他，至少含有一层木碎料板	10	30							----Other, containing at least one layer of particle board
4412.9999	----其他	4	30	0						----Other
44.13	**强化木，成块、板、条或异型的：**									**Densified wood, in blocks, plates, strips or profile shapes:**
4413.0000	强化木，成块、板、条或异型的	6	20	0						Densified wood, in blocks, plates, strips or profile shapes
44.14	**木制的画框、相框、镜框及类似品：**									**Wooden frames for paintings, photographs, mirrors or similar objects:**
4414.0010	---辐射松制的	20	100							---Of radiata pine
4414.0090	---其他	20	100							---Other
44.15	**包装木箱、木盒、板条箱、圆桶及类似的包装容器；木制电缆卷筒；木托板、箱形托盘及其他装载用木板；木制的托盘护框：**									**Packing cases, boxes, crates, drums and similar packings, of wood; cabledrums of wood; pallets, box pallets and other load boards, of wood; pallet collars of wood:**
4415.1000	-箱、盒、板条箱、圆桶及类似的包装容器；电缆卷筒	7.5	80	0						-Cases, boxes, crates, drums and similar packing; cable-drums
	-木托板、箱形托盘及其他装载用木板；木制的托盘护框：									-Pallets, box pallets and other load boards; pallet collars:
4415.2010	---辐射松制的	7.5	80	5						---of radiata pine
4415.2090	---其他	7.5	80	5						---Other
44.16	**木制大桶、琵琶桶、盆和其他木制箍桶及其零件，包括桶板：**									**Casks, barrels, vats, tubs and other coopers' products and parts thereof, of wood, including staves:**
4416.0010	---辐射松制的	16	80							---Of radiata pine
4416.0090	---其他	16	80							---Other
44.17	**木制的工具、工具支架、工具柄、扫帚及刷子的身及柄；木制鞋靴楦及楦头：**									**Tools, tool bodies, tool handles, broom or brush bodies and handles, of wood; boot or shoe lasts and trees, of wood:**
4417.0010	---辐射松制的	16	80							---Of radiata pine
4417.0090	---其他	16	80							---Other

税则号列 Tariff Item	商品名称	最惠国税率(%) M. F. N.	普通税率(%) Gen.	协定税率(%) Conventional 东盟 ASEAN	亚太 APTA	香港 H. K.	澳门 Macao	台湾 Taiwan	出口税率(%) Export	Article Description
44.18	**建筑用木工制品，包括蜂窝结构木镶板、已装拼的地板、木瓦及盖屋板：**									**Builders' joinery and carpentry of wood, including cellular wood panels, assembled flooring panels, shingles and shakes:**
	-窗、法兰西式（落地）窗及其框架：									-Windows, French-windows and their frames:
4418.1010	---辐射松制的	4	70							---Of radiata pine
4418.1090	---其他	4	70				0			---Other
4418.2000	-门及其框架和门槛	4	70	0			0			-Doors and their frames and thresholds
4418.4000	-水泥构件的模板	4	70	0						-Shuttering for concrete constructional work
4418.5000	-木瓦及盖屋板	7.5	70	0						-Shingles and shakes
4418.6000	-柱和梁	4	70	0						-Posts and beams
	-已装拼的地板：									-Assembled flooring panels:
	--竹的或至少顶层（耐磨层）是竹的：									--Of bamboo or with at least the top layer (wear layer) of bamboo:
4418.7310	---马赛克地板用	4	70	0						---For mosaic floors
4418.7320	---其他，竹制多层的	4	70	0						---Other, multilayer of bamboo
4418.7390	---其他	4	70	0						---Other
4418.7400	--其他，马赛克地板用	4	70	0						--Other, for mosaic floors
4418.7500	--其他，多层的	4	70	0						--Other, multilayer
4418.7900	--其他	4	70	0						--Other
	-其他：									-Other:
4418.9100	--竹的	4	70	0						--Of bamboo
4418.9900	--其他	4	70	0						--Other
44.19	**木制餐具及厨房用具：**									**Tableware and kitchenware, of wood:**
	-竹的：									-Of bamboo:
4419.1100	--切面包板、砧板及类似板	0	100							--Bread boards, chopping boards and similar boards
	--筷子：									--Chopsticks:
4419.1210	----一次性筷子	0	100							---One-time chopsticks
4419.1290	---其他	0	100							---Other
4419.1900	--其他	0	100							--Other
	-其他：									-Other:
4419.9010	----一次性筷子	0	100							---One-time chopsticks
4419.9090	---其他	0	100							---Other

税则号列 Tariff Item	商品名称	最惠国税率(%) M. F. N.	普通税率(%) Gen.	协定税率(%) Conventional					出口税率(%) Export	Article Description
				东盟 ASEAN	亚太 APTA	香港 H. K.	澳门 Macao	台湾 Taiwan		
44.20	**镶嵌木(包括细工镶嵌木);装珠宝或刀具用的木制盒子和小匣子及类似品;木制小雕像及其他装饰品;第九十四章以外的木制家具:**									**Wood marquetry and inlaid wood; caskets and cases for jewellery or cutlery, and similar articles, of wood; statuettes and other ornaments, of wood; wooden articles or furniture not falling in Chapter 94:**
	-木制小雕像及其他装饰品:									-Statuettes and other ornaments, of wood:
	---木刻及竹刻:									---Wood or bamboo carvings:
4420.1011	----木刻	0	100							----Wood carvings
4420.1012	----竹刻	0	100							----Bamboo carvings
4420.1020	---木扇	0	100							---Wooden fans
4420.1090	---其他	0	100							---Other
	-其他:									-Other:
4420.9010	---镶嵌木	0	45							---Wood marquetry and inlaid wood
4420.9090	---其他	0	100							---Other
44.21	**其他木制品:**									**Other articles of wood:**
4421.1000	-衣架	0	90							-Clothes hangers
	-其他:									-Other:
	--竹的:									--Of bamboo:
4421.9110	---圆签、圆棒、冰果棒、压舌片及类似一次性制品	0	35							---Circle sticks, circle bars, popsicle sticks, spatula and the like
4421.9190	---其他	0	35							---Other
	--其他:									--Other:
4421.9910	---木制圆签、圆棒、冰果棒、压舌片及类似一次性制品	0	35							---Of wood , circle sticks, circle bars, popsicle sticks, spatula and the like
4421.9990	---其他	0	35							---Other

第四十五章
软木及软木制品

Chapter 45
Cork and articles of cork

注释：

本章不包括：

一、第六十四章的鞋靴及其零件；

二、第六十五章的帽类及其零件；或

三、第九十五章的物品（例如，玩具、游戏品及运动用品）。

Chapter Notes:

This Chapter does not cover:

1. Footwear or parts of footwear of Chapter 64;
2. Headgear or parts of headgear of Chapter 65; or
3. Articles of Chapter 95 (for example, toys, games, sports requisites).

税则号列 Tariff Item	商品名称	最惠国税率(%) M. F. N.	普通税率(%) Gen.	协定税率(%) Conventional 东盟 ASEAN	亚太 APTA	香港 H. K.	澳门 Macao	台湾 Taiwan	出口税率(%) Export	Article Description
45.01	**未加工或简单加工的天然软木；软木废料；碎的、粒状的或粉状的软木：**									**Natural cork, raw or simply prepared; waste cork; crushed, granulated or ground cork:**
4501.1000	-未加工或简单加工的天然软木	6	17	0						-Natrual cork, raw or simply prepared
	-其他：									-Other:
4501.9010	---软木废料	0	17							---Waste cork
4501.9020	---碎的、粒状的或粉状的软木（软木碎、软木粒或软木粉）	0	17							---Crushed, granulated or ground cork
45.02	**天然软木，除去表皮或粗切成方形，或成长方块、正方块、板、片或条状(包括作塞子用的方块坯料)：**									**Natural cork, debarked or roughly squared, or in rectangular (including square) blocks, plates, sheets or strip (including sharp-edged blanks for corks or stoppers):**
4502.0000	天然软木，除去表皮或粗切成方形，或成长方块、正方块、板、片或条状(包括作塞子用的方块坯料)	8	30	0						Natural cork, debarked or roughly squared, or in rectangular (including square) blocks, plates, sheets or strip, (including sharp-edged blanks for corks or stoppers)
45.03	**天然软木制品：**									**Articles of natural cork:**
4503.1000	-塞子	8	50	0						-Corks and stoppers
4503.9000	-其他	10.5	50	0						-Other
45.04	**压制软木（不论是否使用黏合剂压成）及其制品：**									**Agglomerated cork (with or without a binding substance) and articles of agglomerated cork:**
4504.1000	-块、板、片及条；任何形状的砖、瓦；实心圆柱体，包括圆片	8.4	30	0						-Blocks, plates, sheets and strip; tiles of any shape; solid cylinders, including discs
4504.9000	-其他	0	50							-Other

第四十六章
稻草、秸秆、针茅或其他编结材料制品；篮筐及柳条编结品

注释：

一、本章所称“编结材料”，是指其状态或形状适于编结、交织或类似加工的材料，包括稻草、秸秆、柳条、竹、藤、灯芯草、芦苇、木片条、其他植物材料扁条（例如，树皮条、狭叶、酒椰叶纤维或其他从阔叶获取的条）、未纺的天然纺织纤维、塑料单丝及扁条、纸带，但不包括皮革、再生皮革、毡呢或无纺织物的扁条、人发、马毛、纺织粗纱或纱线以及第五十四章的单丝和扁条。

二、本章不包括：

（一）税目 48.14 的壁纸；

（二）不论是否编结而成的线、绳、索、缆（税目 56.07）；

（三）第六十四章和第六十五章的鞋靴、帽类及其零件；

（四）编结而成的车辆或车身（第八十七章）；或

（五）第九十四章的物品（例如，家具、灯具及照明装置）。

三、税目 46.01 所称“平行连结的成片编结材料、缏条或类似的编结材料产品”，是指编结材料、缏条及类似的编结材料产品平行排列连结成片的制品，其连结材料不论是否为纺制的纺织材料。

Chapter 46
Manufactures of straw, of esparto or of other plaiting materials; basketware and wickerwork

Chapter Notes:

1. In this Chapter the expression “plaiting materials” means materials in a state or form suitable for plaiting, interlacing or similar processes; it includes straw, osier or willow, bamboos, rattans, rushes, reeds, strips of wood, strips of other vegetable material (for example, strips of bark, narrow leaves and raffia or other strips obtained from broad leaves), unspun natural textile fibres, monofilament and strip and the like of plastics and strips of paper, but not strips of leather or composition leather or of felt or nonwovens, human hair, horsehair, textile rovings or yarns, or monofilament and strip and the like of Chapter 54.

2. This Chapter does not cover:

   (a) Wall coverings of heading 48.14;

   (b) Twine, cordage, ropes or cables, plaited or not (heading 56.07);

   (c) Footwear or headgear or parts thereof of Chapter 64 or 65;

   (d) Vehicles or bodies for vehicles of basketware (Chapter 87); or

   (e) Articles of Chapter 94 (for example, furniture, lamps and lighting fittings).

3. For the purposes of heading 46.01, the expression “plaiting materials, plaits and similar products of plaiting materials, bound together in parallel strands” means plaiting materials, plaits and similar products of plaiting materials, placed side by side and bound together, in the form of sheets, whether or not the binding materials are of spun textile materials.

税则号列 Tariff Item	商品名称	最惠国税率(%) M. F. N.	普通税率(%) Gen.	协定税率(%) Conventional 东盟 ASEAN	亚太 APTA	香港 H. K.	澳门 Macao	台湾 Taiwan	出口税率(%) Export	Article Description
46.01	用编结材料编成的缏条及类似产品，不论是否缝合成宽条；平行连结或编织的成片编结材料、缏条或类似的编结材料产品，不论是否制成品（例如，席子、席料、帘子）：									Plaits and similar products of plaiting materials, whether or not assembled into strips; plaiting materials, plaits and similar products of plaiting materials, bound together in parallel strands or woven, in sheet form, whether or not being finished articles (for example, mats, matting, screens):
	-植物材料制的席子、席料及帘子：									-Mats, matting and screens of vegetable materials:
4601.2100	--竹制的	9	90	0			0			--Of bamboo
4601.2200	--藤制的	9	100	0			0			--Of rattan
	--其他：									--Other:
	---草制的：									---Of grass or straw:
4601.2911	----灯心草属材料制的	9	90	0			0			----Of rushes
4601.2919	----其他	9	90	0						----Other
	---芦苇制的：									---Of reeds:
4601.2921	----苇帘	9	90	0						----Screens of reeds
4601.2929	----其他	9	90	0						----Other
4601.2990	---其他	9	90	0						---Other
	-其他：									-Other:
	--竹制的：									--Of bamboo:
4601.9210	---缏条及类似产品，不论是否缝合成宽条	9	100	0			0			---Plaits and similar products of plaiting meterials, whether or not assembled into strips
4601.9290	---其他	9	90	0			0			---Other
	--藤制的：									--Of rattan:
4601.9310	---缏条及类似产品，不论是否缝合成宽条	9	100	0			0			---Plaits and similar products of plaiting meterials, whether or not assembled into strips
4601.9390	---其他	9	90	0			0			---Other
	--其他植物材料制的：									--Of other vegetable materials:
	---稻草制的：									---Of straw:
4601.9411	----缏条（绳）	10	90	0						----Plaits
4601.9419	----其他	10	90	0						----Other
	---其他：									---Other:
4601.9491	----缏条及类似产品，不论是否缝合成宽条	9	100	0						----Plaits and similar products of plaiting meterials, whether or not assembled into strips
4601.9499	----其他	9	90	0						----Other
	--其他：									--Other:
4601.9910	---缏条及类似产品，不论是否缝合成宽条	9	90	0						---Plaits and similar products of plaiting materials, whether or not assembled into strips
4601.9990	---其他	9	90	0						---Other

税则号列 Tariff Item	商品名称	最惠国税率(%) M. F. N.	普通税率(%) Gen.	协定税率(%) Conventional 东盟 ASEAN	亚太 APTA	香港 H. K.	澳门 Macao	台湾 Taiwan	出口税率(%) Export	Article Description
46.02	**用编结材料直接编成或用税目46.01所列货品制成的篮筐、柳条编结品及其他制品；丝瓜络制品：**									**Basketwork, wickerwork and other articles, made directly to shape from plaiting materials or made up from goods of heading 46.01; articles of loofah:**
	-植物材料制：									-Of vegetable materials:
4602.1100	--竹制的	9	100	0						--Of bamboo
4602.1200	--藤制的	9	100	0						--Of rattan
	--其他：									--Other:
4602.1910	---草制的	9	100	0						---Of grass or straw
4602.1920	---玉米皮制的	9	100	0						---Of maize-shuck
4602.1930	---柳条制的	9	100	0						---Of osier
4602.1990	---其他	9	100	0						---Other
4602.9000	-其他	9	100	0	8		0			-Other

第　十　类
木浆及其他纤维状纤维素浆；回收（废碎）纸或纸板；纸、纸板及其制品

SECTION X
PULP OF WOOD OR OF OTHER FIBROUS CELLULOSIC MATERIAL; RECOVERED (WASTE AND SCRAP) PAPER OR PAPERBOARD; PAPER AND PAPERBOARD AND ARTICLES THEREOF

第四十七章
木浆及其他纤维状纤维素浆；回收（废碎）纸或纸板

Chapter 47
Pulp of wood or of other fibrous cellulosic material; recovered (waste and scrap) paper or paperboard

注释：

税目47.02所称"化学木浆，溶解级"，是指温度在20℃时浸入含18%氢氧化钠的苛性碱溶液内，一小时后，按重量计含有92%及以上的不溶级分的碱木浆或硫酸盐木浆，或者含有88%及以上的不溶级分的亚硫酸盐木浆。对于亚硫酸盐木浆，按重量计灰分含量不得超过0.15%。

Chapter Note:

For the purposes of heading 47.02, the expression "chemical wood pulp, dissolving grades" means chemical wood pulp having by weight an insoluble fraction of 92% or more for soda or sulphate wood pulp or of 88% or more for sulphite wood pulp after one hour in a caustic soda solution containing 18% sodium hydroxide (NaOH) at 20℃, and for sulphite wood pulp an ash content that does not exceed 0.15% by weight.

税则号列 Tariff Item	商品名称	最惠国税率(%) M.F.N.	普通税率(%) Gen.	协定税率(%) Conventional					出口税率(%) Export	Article Description
				东盟 ASEAN	亚太 APTA	香港 H.K.	澳门 Macao	台湾 Taiwan		
47.01	机械木浆：									**Mechanical wood pulp:**
4701.0000	机械木浆	0	8							Mechanical wood pulp
47.02	化学木浆，溶解级：									**Chemical wood pulp, dissolving grades:**
4702.0000	化学木浆，溶解级	0	8							Chemical wood pulp, dissolving grades
47.03	碱木浆或硫酸盐木浆，但溶解级的除外：									**Chemical wood pulp, soda or sulphate, other than dissolving grades:**
	-未漂白：									-Unbleached:
4703.1100	--针叶木的	0	8							--Coniferous
4703.1900	--非针叶木的	0	8							--Non-coniferous
	-半漂白或漂白：									-Semi-bleached or bleached:
4703.2100	--针叶木的	0	8							--Coniferous
4703.2900	--非针叶木的	0	8							--Non-coniferous
47.04	亚硫酸盐木浆，但溶解级的除外：									**Chemical wood pulp, sulphite, other than dissolving grades:**
	-未漂白：									-Unbleached:
4704.1100	--针叶木的	0	8							--Coniferous
4704.1900	--非针叶木的	0	8							--Non-coniferous

税则号列 Tariff Item	商品名称	最惠国税率(%) M. F. N.	普通税率(%) Gen.	协定税率(%) Conventional 东盟 ASEAN	亚太 APTA	香港 H. K.	澳门 Macao	台湾 Taiwan	出口税率(%) Export	Article Description
	-半漂白或漂白：									-Semi-bleached or bleached：
4704.2100	--针叶木的	0	8							--Coniferous
4704.2900	--非针叶木的	0	8							--Non-coniferous
47.05	**用机械与化学联合制浆法制得的木浆：**									**Wood pulp obtained by a combination of mechanical and chemical pulping processes：**
4705.0000	用机械与化学联合制浆法制得的木浆	0	8							Wood pulp obtained by a combination of mechanical and chemical pulping processes
47.06	**从回收（废碎）纸或纸板提取的纤维浆或其他纤维状纤维素浆：**									**Pulps of fibres derived from recovered (waste and scrap) paper or paperboard or of other fibrous cellulosic material：**
4706.1000	-棉短绒纸浆	0	8							-Cotton linters pulp
4706.2000	-从回收（废碎）纸或纸板提取的纤维浆	0	8							Pulps of fibres derived from recovered (waste and scrap) paper or paperboard
4706.3000	-其他，竹浆	0	8							-Other，of bamboo
	-其他：									-Other：
4706.9100	--机械浆	0	8							--Mechanical
4706.9200	--化学浆	0	8							--Chemical
4706.9300	--用机械和化学联合法制得的浆	0	8							--Obtained by a combination of mechanical and chemical processes
47.07	**回收（废碎）纸或纸板：**									**Recovered (waste and scrap) paper or paperboard：**
4707.1000	-未漂白的牛皮纸或纸板及瓦楞纸或纸板	0	8							-Unbleached kraft paper or paperboard or of corrugated paper or paperboard
4707.2000	-主要由漂白化学木浆制成未经本体染色的其他纸和纸板	0	8							-Other paper or paperboard made mainly of bleached chemical pulp，not coloured in the mass
4707.3000	-主要由机械浆制成的纸或纸板（例如，报纸、杂志及类似印刷品）	0	8							-Paper or paperboard made mainly of mechanical pulp (for example，newspapers，journals and similar printed matter)
4707.9000	-其他，包括未分选的废碎品	0	8							-Other，including unsorted waste and scrap

第四十八章
纸及纸板；纸浆、纸或纸板制品

注释：

一、除条文另有规定外，本章所称“纸”包括纸板（不考虑其厚度或每平方米重量）。

二、本章不包括：

（一）第三十章的物品；

（二）税目32.12的压印箔；

（三）香纸及用化妆品浸渍或涂布的纸（第三十三章）；

（四）用肥皂或洗涤剂浸渍、覆盖或涂布的纸或纤维素絮纸（税目34.01）和用光洁剂、擦光膏及类似制剂浸渍、覆盖或涂布的纸或纤维素絮纸（税目34.05）；

（五）税目37.01至37.04的感光纸或感光纸板；

（六）用诊断或实验用试剂浸渍的纸（税目38.22）；

（七）第三十九章的用纸强化的层压塑料板，用塑料覆盖或涂布的单层纸或纸板（塑料部分占总厚度的一半以上），以及上述材料的制品，但税目48.14的壁纸除外；

（八）税目42.02的物品（例如，旅行用品）；

（九）第四十六章的物品（编结材料制品）；

（十）纸纱线或纸纱线纺织物（第十一类）；

（十一）第六十四章或第六十五章的物品；

（十二）税目68.05的砂纸或税目68.14的用纸或纸板衬底的云母（但涂布云母粉的纸及纸板归入本章）；

（十三）用纸或纸板衬底的金属箔（通常归入第十四类或第十五类）；

（十四）税目92.09的制品；

（十五）第九十五章的物品（例如，玩具、游戏品及运动用品）；或

（十六）第九十六章的物品［例如，纽扣，卫生巾（护垫）及止血塞、婴儿尿布及尿布衬里］。

Chapter 48
Paper and paperboard; articles of paper pulp, of paper or of paperboard

Chapter Notes:

1. For the purposes of this Chapter, except where the context otherwise requires, a reference to “paper” includes references to paperboard (irrespective of thickness or weight per square meter).

2. This Chapter does not cover:

(a) Articles of Chapter 30;

(b) Stamping foils of heading 32.12;

(c) Perfumed papers or papers impregnated or coated with cosmetics (Chapter 33);

(d) Paper or cellulose wadding impregnated, coated or covered with soap or detergent (heading 34.01), or with polishes, creams or similar preparations (heading 34.05);

(e) Sensitised paper or paperboard of headings 37.01 to 37.04;

(f) Paper impregnated with diagnostic or laboratory reagents (heading 38.22);

(g) Paper-reinforced stratified sheeting of plastics, or one layer of paper or paperboard coated or covered with a layer of plastics (the latter constituting more than half the total thickness), or articles of such materials, other than wall coverings of heading 48.14 (Chapter 39);

(h) Articles of heading 42.02 (for example, travel goods);

(ij) Articles of Chapter 46 (manufactures of plaiting material);

(k) Paper yarn or textile articles of paper yarn (Section XI);

(l) Articles of Chapter 64 or Chapter 65;

(m) Abrasive paper or paperboard (heading 68.05) or paper-backed or paperboard-backed mica (heading 68.14) (paper and paperboard coated with mica powder are, however, to be classified in this Chapter);

(n) Metal foil backed with paper or paperboard (generally to be classified in section XIV or XV);

(o) Articles of heading 92.09;

(p) Articles of Chapter 95 (for example, toys, games, sports requisites); or

(q) Articles of Chapter 96 (for example, buttons, sanitary towels (pads) and tampons, napkins (diapers) and napkin liners for babies).

三、除注释七另有规定的以外，税目48.01至48.05包括经研光、高度研光、釉光或类似处理、仿水印、表面施胶的纸及纸板；同时还包括用各种方法本体着色或染成斑纹的纸、纸板、纤维素絮纸及纤维素纤维网纸。除税目48.03另有规定的以外，上述税号不适用于经过其他方法加工的纸、纸板、纤维素絮纸或纤维素纤维网纸。

3. Subject to the provisions of Note 7, headings 48.01 to 48.05 include paper and paperboard which have been subjected to calendering, super-calendering, glazing or similar finishing, false water-marking or surface sizing, and also paper, paperboard, cellulose wadding and webs of cellulose fibres, coloured or marbled throughout the mass by any method. Except where heading 48.03 otherwise requires, these headings do not apply to paper, paperboard, cellulose wadding or webs of cellulose fibres which have been otherwise processed.

四、本章所称“新闻纸”，是指所含用机械或化学一机械方法制得的木纤维不少于全部纤维重量的50%的未经涂布的报刊用纸，未施胶或微施胶，每面粗糙度［帕克印刷表面粗糙度（1兆帕）］超过2.5微米，每平方米重量不小于40克，但不超过65克，并且仅适用于下列规格的纸：

（一）成条或成卷，宽度超过28厘米；或

（二）成张矩形（包括正方形），一边超过28厘米，另一边超过15厘米（以未折叠计）。

4. In this Chapter the expression “newsprint” means uncoated paper of a kind used for the printing of newspapers, of which not less than 50% by weight of the total fibre content consists of wood fibres obtained by a mechanical or chemi-mechanical process, unsized or very lightly sized, having a surface roughness Parker Print Surf (1 MPa) on each side exceeding 2.5 micrometres (microns), weighing not less than $40g/m^2$ and not more than $65g/m^2$, and apply only to paper:

(a) in strips or rolls of a width exceeding 28 cm; or

(b) in rectangular (including square) sheets with one side exceeding 28cm and the other side exceeding 15cm in the unfolded state.

五、税目48.02所称“书写、印刷或类似用途的纸及纸板”“未打孔的穿孔卡片和穿孔纸带纸”，是指主要用漂白纸浆或用机械或化学一机械方法制得的纸浆制成的纸及纸板，并且符合下列任一标准：

每平方米重量不超过150克的纸或纸板：

（一）用机械或化学一机械方法制得的纤维含量在10%及以上，并且

1. 每平方米重量不超过80克；或

2. 本体着色；

（二）灰分含量在8%以上，并且

1. 每平方米重量不超过80克；或

2. 本体着色；

（三）灰分含量在3%以上，亮度在60%及以上；或

（四）灰分含量在3%以上，但不超过8%，亮度低于60%，耐破指数等于或小于2.5千帕斯卡·平方米/克；或

（五）灰分含量在3%及以下，亮度在60%及以上，

5. For the purposes of heading 48.02, the expressions “paper and paperboard, of a kind used for writing, printing or other graphic purposes” and “non perforated punch-cards and punch tape paper” mean paper and paperboard made mainly from bleached pulp or from pulp obtained by a mechanical or chemi-mechanical process and satisfying any of the following criteria:

For paper or paperboard weighing not more than $150g/m^2$:

(a) containing 10% or more of fibres obtained by a mechanical or chemi-mechanical process, and

(i) weighing not more than $80g/m^2$, or

(ii) coloured throughout the mass; or

(b) containing more than 8% ash, and

(i) weighing not more than $80g/m^2$, or

(ii) coloured throughout the mass; or

(c) containing more than 3% ash and having a brightness of 60% or more; or

(d) containing more than 3% but not more than 8% ash, having a brightness less than 60%, and a burst index equal to or less than $2.5kPam^2/g$; or

(e) containing 3% ash or less, having a brightness

耐破指数等于或小于2.5千帕斯卡·平方米/克。

每平方米重量超过150克的纸或纸板：

（一）本体着色；或

（二）亮度在60%及以上，并且

1. 厚度在225微米及以下；或

2. 厚度在225微米以上，但不超过508微米，灰分含量在3%以上；或

（三）亮度低于60%，厚度不超过254微米，灰分含量在8%以上。

税目48.02不包括滤纸及纸板（含茶袋纸）或毡纸及纸板。

of 60% or more and a burst index equal to or less than 2.5kPam^2/g.

For paper or paperboard weighing more than 150g/m^2:

(a) coloured throughout the mass; or

(b) having a brightness of 60% or more, and

(i) a caliper of 225 micrometre (micron) or less, or

(ii) a caliper of more than 225 micrometre (micron) but not more than 508 micrometre (micron) and an ash content of more than 3%; or

(c) having a brightness of less than 60%, a caliper of 254micrometre (micron) or less and an ash content of more than 8%.

Heading 48.02 does not, however, cover filter paper or paperboard (including tea-bag paper) or felt paper or paperboard.

六、本章所称"牛皮纸及纸板"，是指所含用硫酸盐法或烧碱法制得的纤维不少于全部纤维重量的80%的纸及纸板。

6. In this Chapter "kraft paper and paperboard" means paper and paperboard of which not less than 80% by weight of the total fibre content consists of fibres obtained by the chemical sulphate or soda processes.

七、除税号条文另有规定的以外，符合税目48.01至48.11中两个或两个以上税号所规定的纸、纸板、纤维素絮纸及纤维素纤维网纸，应按号列顺序归入有关税号中的最末一个税号。

7. Except where the terms of the headings otherwise require, paper, paperboard, cellulose wadding and webs of cellulose fibres answering to a description in two or more of the headings 48.01 to 48.11 are to be classified under that one of such headings which occurs last in numerical order in the Nomenclature.

八、税目48.03至48.09仅适用于下列规格的纸、纸板、纤维素絮纸及纤维素纤维网纸：

（一）成条或成卷，宽度超过36厘米；或

（二）成张矩形（包括正方形），一边超过36厘米，另一边超过15厘米（以未折叠计）。

8. Headings 48.03 to 48.09 apply only to paper, paperboard, cellulose wadding and webs of cellulose fibres:

(a) in strips or rolls of a width exceeding 36cm; or

(b) in rectangular (including square) sheets with one side exceeding 36cm and the other side exceeding 15cm in the unfolded state.

九、税目48.14所称"壁纸及类似品"，仅限于：

（一）适合作墙壁或天花板装饰用的成卷纸张，宽度不小于45厘米，但不超过160厘米：

1. 起纹、压花、染面、印有图案或经其他装饰的（例如，植绒），不论是否用透明的防护塑料涂布或覆盖；

2. 表面饰有木粒或草粒而凹凸不平的；

9. For the purposes of heading 48.14, the expression "wallpaper and similar wall coverings" applies only to:

(a) Paper in rolls, of a width of not less than 45cm and not more than 160cm, suitable for wall or ceiling decoration:

(i) Grained, embossed, surface-coloured, design-printed or otherwise surface-decorated (for example, with textile flock), whether or not coated or covered with transparent protective plastics;

(ii) With an uneven surface resulting from the

3. 表面用塑料涂布或覆盖并起纹、压花、染面、印有图案或经其他装饰的；或

4. 表面用不论是否平行连结或编织的编结材料覆盖的。

（二）适于装饰墙壁或天花板用的经上述加工的纸边及纸条，不论是否成卷。

（三）由几幅拼成的壁纸，成卷或成张，贴到墙上可组成印刷的风景画或图案。

既可作铺地制品，也可作壁纸的以纸或纸板为底的产品，应归入税目 48.23。

incorporation of particles of wood, straw, etc. ;

(iii) Coated or covered on the face side with plastics, the layer of plastics being grained, embossed, coloured, design-printed or otherwise decorated; or

(iv) Covered on the face side with plaiting material, whether or not bound together in parallel strands or woven.

(b) Borders and friezes, of paper, treated as above, whether or not in rolls, suitable for wall or ceiling decoration.

(c) Wall coverings of paper made up of several panels, in rolls or sheets, printed so as to make up a scene, design or motif when applied to a wall.

Products on a base of paper or paperboard, suitable for use both as floor coverings and as wall coverings, are to be classified in heading 48.23.

十、税目 48.20 不包括切成一定尺寸的活页纸张或卡片，不论是否印制、压花、打孔。

10. Heading 48.20 does not cover loose sheets or cards, cut to size, whether or not printed, embossed or perforated.

十一、税目 48.23 主要适用于提花机或类似机器用的穿孔纸或卡片，以及纸花边。

11. Heading 48.23 applies, inter alia, to perforated paper or paperboard cards for Jacquard or similar machines and paper lace.

十二、除税目 48.14 及 48.21 的货品外，印有图案、文字或图画的纸、纸板、纤维素絮纸及其制品，如果所印图案、文字或图画作为其主要用途，应归入第四十九章。

12. Except for the goods of heading 48.14 or 48.21, paper, paperboard, cellulose wadding and articles thereof, printed with motifs, characters or pictorial representations, which are not merely incidental to the primary use of the goods, fall in Chapter 49.

子目注释：

一、子目 4804.11 及 4804.19 所称“牛皮衬纸”，是指所含用硫酸盐法或烧碱法制得的木纤维不少于全部纤维重量的80%的成卷机器整饰或上光纸及纸板，每平方米重量超过115克，并且最低缪伦耐破度符合下表所示（其他重量的耐破度可参照下表换算）：

Subheading Notes:

1. For the purposes of subheadings 4804.11 and 4804.19, "kraftliner" means machine-finished or machine-glazed paper and paperboard, of which not less than 80% by weight of the total fibre content consists of wood fibres obtained by the chemical sulphate or soda processes, in rolls, weighing more than $115 g/m^2$ and having a minimum Mullen bursting strength as indicated in the following table or the linearly interpolated or extrapolated equivalent for any other weight.

重量（克/平方米）	最低耐破度（千帕斯卡）
115	393
125	417
200	637
300	824
400	961

Weight (g/m²)	Minimum Mullen bursting strength (kPa)
115	393
125	417
200	637
300	824
400	961

二、子目 4804.21 及 4804.29 所称“袋用牛皮纸”，是指所含用硫酸盐法或烧碱法制得的木纤维不少于全部纤维重量的 80%的成卷机器上光纸，每平方米重量不少于 60 克，但不超过 115 克，并且符合下列一种规格：

（一）缪伦耐破指数不小于 3.7 千帕斯卡·平方米/克，并且横向伸长率大于 4.5%，纵向伸长率大于 2%；

（二）至少能达到下表所示的最小撕裂度和抗张强度（其他重量的可参照下表换算）：

重量（克/平方米）	最小撕裂度（毫牛顿）		最小抗张强度（千牛顿/米）	
	纵向	纵向加横向	横向	纵向加横向
60	700	1510	1.9	6
70	830	1790	2.3	7.2
80	965	2070	2.8	8.3
100	1230	2635	3.7	10.6
115	1425	3060	4.4	12.3

三、子目 4805.11 所称“半化学的瓦楞纸”，是指所含用机械和化学联合法制得的未漂白硬木纤维不少于全部纤维重量的 65%的成卷纸张，并且在温度为 23℃和相对湿度为 50%时，经过 30 分钟的瓦楞芯纸平压强度测定（CMT30），抗压强度超过 1.8 牛顿/克/平方米。

四、子目 4805.12 包括主要用机械和化学联合法制得的草浆制成的成卷纸张，每平方米重量在 130 克及以上，并且在温度为 23℃和相对湿度为 50%时，经过 30 分钟的瓦楞芯纸平压强度测定（CMT30），

2. For the purposes of subheadings 4804.21 and 4804.29, “sack kraft paper” means machine-finished paper, of which not less than 80% by weight of the total fibre content consists of fibres obtained by the chemical sulphate or soda processes, in rolls, weighing not less than 60g/m² but not more than 115g/m² and meeting one of the following sets of specifications:

(a) Having a Mullen burst index of not less than 3.7kPa · m²/g and a stretch factor of more than 4.5% in the cross direction and of more than 2% in the machine direction.

(b) Having minima for tear and tensile as indicated in the following table or the linearly interpolated equivalent for any other weight:

Weight (g/m²)	Minimum tear (mN)		Minimum tensile (kN/m)	
	Machine direction	Machine direction plus cross direction	Cross direction	Machine direction plus cross direction
60	700	1510	1.9	6
70	830	1790	2.3	7.2
80	965	2070	2.8	8.3
100	1230	2635	3.7	10.6
115	1425	3060	4.4	12.3

3. For the purposes of subheading 4805.11, “semi-chemical fluting paper” means paper, in rolls, of which not less than 65% by weight of the total fibre content consists of unbleached hardwood fibres obtained by a combination of mechanical and chemical pulping processes, and having a CMT 30 (Corrugated Medium Test with 30minutes of conditioning) crush resistance exceeding 1.8N/g/m² at 50% relative humidity, at 23℃.

4. Subheading 4805.12 cover paper, in rolls, made mainly of straw pulp obtained by a combination of mechanical and chemical processes, weighing 130g/m² or more, and having a CMT 30 (Corrugated Medium Test with 30

抗压强度超过1.4牛顿/克/平方米。

minutes of conditioning) crush resistance exceeding 1.4N/g/m² at 50% relative humidity, at 23℃.

五、子目4805.24和4805.25包括全部或主要由回收（废碎）纸或纸板制得的纸浆制成的纸和纸板。强韧箱纸板也可以有一面用染色纸或漂白或未漂白的非再生浆制得的纸做表层。这些产品缪伦耐破指数不小于2千帕斯卡·平方米/克。

5. Subheading 4805.24 and 4805.25 cover paper and paperboard made wholly or mainly of pulp of recovered (waste and scrap) paper or paperboard. Testliner may also have a surface layer of dyed paper or of paper made of bleached or unbleached non-recovered pulp. These products have a Mullen burst index of not less than 2kPa·m²/g.

六、子目4805.30所称"亚硫酸盐包装纸"，是指所含用亚硫酸盐法制得的木纤维超过全部纤维重量的40%的机器砑光纸，灰分含量不超过8%，并且缪伦耐破指数不小于1.47千帕卡·平方米/克。

6. For the purposes of subheading 4805.30, "sulphite wrapping paper" means machine-glazed paper, of which more than 40% by weight of the total fibre content consists of wood fibres obtained by the chemical sulphite process, having an ash content not exceeding 8% and having a Mullen burst index of not less than 1.47kPa·m²/g.

七、子目4810.22所称"轻质涂布纸"，是指双面涂布纸，其每平方米总重量不超过72克，每面每平方米的涂层重量不超过15克，原纸中所含用机械方法制得的木纤维不少于全部纤维重量的50%。

7. For the purposes of subheading 4810.22, "light-weight coated paper" means paper, coated on both sides, of a total weight not exceeding 72g/m², with a coating weight not exceeding 15g/m² per side, on a base of which not less than 50% by weight of the total fibre content consists of wood fibres obtained by a mechanical process.

税则号列 Tariff Item	商品名称	最惠国税率(%) M.F.N.	普通税率(%) Gen.	协定税率(%) Conventional 东盟 ASEAN	亚太 APTA	香港 H.K.	澳门 Macao	台湾 Taiwan	出口税率(%) Export	Article Description
48.01	**成卷或成张的新闻纸：**									**Newsprint, in rolls or sheets:**
4801.0010	---成卷的	5	30							---In rolls
4801.0090	---其他	5	30							---Other
48.02	**书写、印刷或类似用途的未经涂布的纸及纸板、未打孔的穿孔卡片及穿孔纸带纸、成卷或成张矩形(包括正方形)，任何尺寸，但税目48.01或48.03的纸除外；手工制纸及纸板：**									**Uncoated paper and paperboard, of a kind used for writing, printing or other graphic purposes, and non perforated punch-cards and punch tape paper, in rolls or rectangular (including square) sheets, of any size, other than paper of heading 48.01 or 48.03; hand-made paper and paper-board:**
	-手工制纸及纸板：									-Hand-made paper and paper-board:
4802.1010	---宣纸	7.5	70	5						---Xuan paper
4802.1090	---其他	7.5	70	5						---Other

税则号列 Tariff Item	商品名称	最惠国税率(%) M. F. N.	普通税率(%) Gen.	协定税率(%) Conventional 东盟 ASEAN	亚太 APTA	香港 H. K.	澳门 Macao	台湾 Taiwan	出口税率(%) Export	Article Description
	-光敏、热敏、电敏纸及纸板的原纸和原纸板：									-Paper and paperboard of a kind used as a base for photo-sensitive, heat-sensitive or electro-sensitive paper or paperboard:
4802.2010	---照相原纸	7.5	40			0				---Photo paper base
4802.2090	---其他	7.5	40	5		0				---Other
4802.4000	-壁纸原纸	7.5	40			0				-Wallpaper base
	-其他纸及纸板，不含用机械或化学一机械方法制得的纤维或所含前述纤维不超过全部纤维重量的10%：									-Other paper and paperboard, not containing fibres obtained by a mechanical or chemi-mechanical process or of which not more than 10% by weight of the total fibre content consists of such fibres:
4802.5400	--每平方米重量小于40克	7.5	30			0				--Weighing less than 40g/m²
4802.5500	--每平方米重量在40克及以上，但不超过150克，成卷	5	30			0				--Weighing 40g/m² or more but not more than 150g/m², in rolls
4802.5600	--每平方米重量在40克及以上，但不超过150克，一边不超过435毫米，另一边不超过297毫米（以未折叠计）成张的	5	30			0				--Weighing 40g/m² or more but not more than 150g/m², in sheets with one side not exceeding 435mm and the other side not exceeding 297mm in the unfolded state
4802.5700	--其他，每平方米重量在40克及以上，但不超过150克	5	30			0				--Other, weighing 40g/m² or more but not more than 150g/m²
4802.5800	--每平方米重量超过150克	5	30			0				--Weighing more than 150g/m²
	-其他纸及纸板，所含用机械或化学—机械方法制得的纤维超过全部纤维重量的10%：									-Other paper and paperboard, of which more than 10% by weight of the total fibre content consists of fibres obtained by a mechanical or chemi-mechanical process:
4802.6100	--成卷的	5	30			0				--In rolls
4802.6200	--成张的，一边不超过435毫米，另一边不超过297毫米（以未折叠计）	5	30			0				--In sheets with one side not exceeding 435mm and the other side not exceeding 297mm in the unfolded state
4802.6900	--其他	5	30			0				--Other
48.03	**卫生纸、面巾纸、餐巾纸以及家庭或卫生用的类似纸、纤维素絮纸和纤维素纤维网纸，不论是否起纹、压花、打孔、染面、饰面或印花，成卷或成张的：**									**Toilet or facial tissue stock, towel or napkin stock and similar paper of a kind used for household or sanitary purposes, cellulose wadding and webs of cellulose fibres, whether or not creped, crinkled, embossed, perforated, surface-coloured, surface-decorated or printed, in rolls or sheets:**

税则号列 Tariff Item	商品名称	最惠国税率(%) M. F. N.	普通税率(%) Gen.	协定税率(%) Conventional 东盟 ASEAN	亚太 APTA	香港 H. K.	澳门 Macao	台湾 Taiwan	出口税率(%) Export	Article Description
4803.0000	卫生纸、面巾纸、餐巾纸以及家庭或卫生用的类似纸、纤维素絮纸和纤维素纤维网纸，不论是否起纹、压花、打孔、染面、饰面或印花，成卷或成张的	7.5	40							Toilet or facial tissue stock, towel or napkin stock and similar paper of a kind used for household or sanitary purposes, cellulose wadding and webs of cellulose fibres, whether or not creped, crinkled, embossed, perforated, surface-coloured, surface-decorated or printed, in rolls or sheets
48.04	**成卷或成张的未经涂布的牛皮纸及纸板，但不包括税目48.02或48.03的货品：**									**Uncoated kraft paper and paperboard, in rolls or sheets, other than that of heading 48.02 or 48.03:**
	-牛皮挂面纸：									-Kraftliner:
4804.1100	--未漂白	5	30							--Unbleached
4804.1900	--其他	5	30							--Other
	-袋用牛皮纸：									-Sack kraft paper:
4804.2100	--未漂白	5	30							--Unbleached
4804.2900	--其他	5	30							--Other
	-其他牛皮纸及纸板，每平方米重量不超过150克：									-Other kraft paper and paperboard weighing 150g/m² or less:
4804.3100	--未漂白	2	30							--Unbleached
4804.3900	--其他	2	30							--Other
	-其他牛皮纸及纸板，每平方米重量超过150克，但小于225克：									-Other kraft paper and paperboard weighing more than 150g/m² but less than 225g/m²:
4804.4100	--未漂白	2	30							--Unbleached
4804.4200	--本体均匀漂白，所含用化学方法制得的木纤维超过全部纤维重量的95%	5	30							--Bleached uniformly throughout the mass and of which more than 95% by weight of the total fibre content consists of wood fibres obtained by a chemical process
4804.4900	--其他	2	30							--Other
	-其他牛皮纸及纸板，每平方米重量在225克及以上：									-Other kraft paper and paperboard weighing 225g/m² or more:
4804.5100	--未漂白	2	30							--Unbleached
4804.5200	--本体均匀漂白，所含用化学方法制得的木纤维超过全部纤维重量的95%	5	30							--Bleached uniformly throughout the mass and of which more than 95% by weight of the total fibre content consists of wood fibres obtained by a chemical process
4804.5900	--其他	2	30							--Other

税则号列 Tariff Item	商 品 名 称	最惠国税率(%) M. F. N.	普通税率(%) Gen.	协定税率(%) Conventional 东盟 ASEAN	亚太 APTA	香港 H. K.	澳门 Macao	台湾 Taiwan	出口税率(%) Export	Article Description
48. 05	**成卷或成张的其他未经涂布的纸及纸板，加工程度不超过本章注释三所列范围：**									**Other uncoated paper and paperboard, in rolls or sheets, not further worked or processed than as specified in Note 3 to this Chapter:**
	-瓦楞原纸：									-Fluting paper:
4805. 1100	--半化学的瓦楞原纸	7. 5	30			0				--Semi-chemical fluting paper
4805. 1200	--草浆瓦楞原纸	7. 5	30			0				--Straw fluting paper
4805. 1900	--其他	7. 5	30	5		0				--Other
	-强韧箱纸板（再生挂面纸板）：									-Testliner(recycled liner board):
4805. 2400	--每平方米重量在 150 克及以下	7. 5	30			0				--Weighing 150g/m² or less
4805. 2500	--每平方米重量超过 150 克	7. 5	30			0				--Weighing more than 150g/m²
4805. 3000	-亚硫酸盐包装纸	7. 5	30							-Sulphite wrapping paper
4805. 4000	-滤纸及纸板	7. 5	30							-Filter paper and paperboard
4805. 5000	-毡纸及纸板	7. 5	30							-Felt paper and paperboard
	-其他：									-Other:
	--每平方米重量在 150 克及以下：									--Weighing 150g/m² or less:
4805. 9110	---电解电容器原纸	7. 5	30	5		0				---Paper base for electrolytic capacitor
4805. 9190	---其他	7. 5	30	5		0				---Other
4805. 9200	--每平方米重量超过 150 克，但小于 225 克	7. 5	30							--Weighing more than 150g/m² but less than 225g/m²
4805. 9300	--每平方米重量在 225 克及以上	7. 5	30			0				--Weighing 225g/m² or more
48. 06	**成卷或成张的植物羊皮纸、防油纸、描图纸、半透明纸及其他高光泽透明或半透明纸：**									**Vegetable parchment, greaseproof papers, tracing papers and glassine and other glazed transparent or translucent papers, in rolls or sheets:**
4806. 1000	-植物羊皮纸	7. 5	40	5						-Vegetable parchment
4806. 2000	-防油纸	7. 5	40	5						-Greaseproof papers
4806. 3000	-描图纸	7. 5	40	5						-Tracing papers
4806. 4000	-高光泽透明或半透明纸	7. 5	40	5						-Glassine and other glazed transparent or translucent papers
48. 07	**成卷或成张的复合纸及纸板（用黏合剂黏合各层纸或纸板制成），未经表面涂布或未浸渍，不论内层是否有加强材料：**									**Composite paper and paperboard (made by sticking fiat layers of paper or paperboard together with an adhesive), not surface-coated or impregnated, whether or not internally reinforced, in rolls or sheets:**

税则号列 Tariff Item	商品名称	最惠国税率(%) M. F. N.	普通税率(%) Gen.	协定税率(%) Conventional 东盟 ASEAN	亚太 APTA	香港 H. K.	澳门 Macao	台湾 Taiwan	出口税率(%) Export	Article Description
4807.0000	成卷或成张的复合纸及纸板（用黏合剂黏合各层纸或纸板制成），未经表面涂布或未浸渍，不论内层是否有加强材料	7.5	40							Composite paper and paperboard (made by sticking flat layers of paper or paperboard together with an adhesive), not surface-coated or impregnated, whether or not internally reinforced, in rolls or sheets
48.08	**成卷或成张的瓦楞纸及纸板（不论是否与平面纸胶合）、皱纹纸及纸板、压纹纸及纸板、穿孔纸及纸板，但税目48.03的纸除外：**									**Paper and paperboard, corrugated (with or without glued flat surface sheets), creped, crinkled, embossed or perforated, in rolls or sheets, other than paper of the kind described in heading 48.03:**
4808.1000	-瓦楞纸及纸板，不论是否穿孔	7.5	30							-Corrugated paper and paperboard, whether or not perforated
4808.4000	-皱纹牛皮纸，不论是否压花或穿孔	7.5	40							-Kraft paper, creped or crinkled, whether or not embossed or perforated
4808.9000	-其他	7.5	40							-Other
48.09	**复写纸、自印复写纸及其他拷贝或转印纸（包括涂布或浸渍的油印蜡纸或胶印版纸），不论是否印制，成卷或成张的：**									**Carbon paper, self-copy paper and other copying or transfer papers (including coated or impregnated paper for duplicator stencils or offset plates), whether or not printed, in rolls or sheets:**
4809.2000	-自印复写纸	7.5	40							-Self-copy paper
4809.9000	-其他	7.5	40							-Other
48.10	**成卷或成张矩形（包括正方形）的任何尺寸的单面或双面涂布高岭土或其他无机物质（不论是否加黏合剂）的纸及纸板，但未涂布其他涂料，不论是否染面、饰面或印花：**									**Paper and paperboard, coated on one or both sides with kaolin (China clay) or other inorganic substances, with or without a binder, and with no other coating, whether or not surface-coloured, surface-decorated or printed, in rolls or rectangular (including square) sheets, of any size:**
	-书写、印刷或类似用途的纸及纸板，不含用机械或化学—机械方法制得的纤维或所含前述纤维不超过全部纤维重量的10%：									-Paper and paperboard of a kind used for writing, printing or other graphic purposes, not containing fibres obtained by a mechanical or chemi-mechanical process or of which not more than 10% by weight of the total fibre content consists of such fibres:

税则号列 Tariff Item	商品名称	最惠国税率(%) M. F. N.	普通税率(%) Gen.	协定税率(%) Conventional 东盟 ASEAN	亚太 APTA	香港 H. K.	澳门 Macao	台湾 Taiwan	出口税率(%) Export	Article Description
4810.1300	--成卷的	5	40			0				--In rolls
4810.1400	--成张的，一边不超过435毫米，另一边不超过297毫米（以未折叠计）	5	40			0				--In sheets with one side not exceeding 435mm and the other side not exceeding 297mm in the unfolded state
4810.1900	--其他	5	40			0				--Other
	-书写、印刷或类似用途的纸及纸板，所含用机械或化学一机械方法制得的纤维超过全部纤维重量的10%：									-Paper and paperboard of a kind used for writing, printing or other graphic purposes, of which more than 10% by weight of the total fibre content consists of fibres obtained by a mechanical or chemi-mechanical process:
4810.2200	--轻质涂布纸	5	40							--Light-weight coated paper
4810.2900	--其他	5	40			0				--Other
	-牛皮纸及纸板，但书写、印刷或类似用途的除外：									-Kraft paper and paperboard, other than that of a kind used for writing, printing or other graphic purposes:
4810.3100	--本体均匀漂白，所含用化学方法制得的木纤维超过全部纤维重量的95%，每平方米重量不超过150克	5	40			0	0			--Bleached uniformly throughout the mass and of which more than 95% by weight of the total fibre content consists of wood fibres obtained by a chemical process, and weighing 150g/m² or less
4810.3200	--本体均匀漂白，所含用化学方法制得的木纤维超过全部纤维重量的95%，每平方米重量超过150克	5	40			0	0			--Bleached uniformly throughout the mass and of which more than 95% by weight of the total fibre content consists of wood fibres obtained by a chemical process, and weighing more than 150g/m²
4810.3900	--其他	5	40			0	0			--Other
	-其他纸及纸板：									-Other paper and paperboard:
4810.9200	--多层的	5	40			0	0			--Multiply
4810.9900	--其他	7.5	40	5		0	0			--Other

税则号列 Tariff Item	商品名称	最惠国税率（%）M. F. N.	普通税率（%）Gen.	协定税率（%）Conventional 东盟 ASEAN	亚太 APTA	香港 H. K.	澳门 Macao	台湾 Taiwan	出口税率（%）Export	Article Description
48.11	**成卷或成张矩形（包括正方形）的任何尺寸的经涂布、浸渍、覆盖、染面、饰面或印花的纸、纸板、纤维素絮纸及纤维素纤维网纸，但税目 48.03、48.09 或 48.10 的货品除外：**									**Paper, paperboard, cellulose wadding and webs of cellulose fibres, coated, impregnated, covered, surface coloured, surface-decorated or printed, in rolls or rectangular (including square) sheets, of any size, other than goods of the kind described in heading 48.03, 48.09 or 48.10:**
4811.1000	-焦油纸及纸板、沥青纸及纸板	7.5	40	5		0	0			-Tarred, bituminised or asphalted paper and paperboard
	-胶粘纸及纸板：									-Gummed or adhesive paper and paperboard:
4811.4100	--自粘的	7.5	40	5		0	0			--Self-adhesive
4811.4900	--其他	7.5	40	5		0	0			--Other
	-用塑料（不包括黏合剂）涂布、浸渍或覆盖的纸及纸板：									-Paper and paperboard coated, impregnated or covered with plastics (excluding adhesives):
	--漂白的，每平方米重量超过 150 克：									--Bleached, weighing more than 150g/m^2:
4811.5110	---彩色相纸用双面涂塑纸	7.5	40	5		0	0			---Paper coated on both sides with plastics for colour photography
	---其他：									---Other:
4811.5191	----纸塑铝复合材料	7.5	40	5		0	0			----Aluminium-plastic composite paper and paperboard
4811.5199	----其他	7.5	40			0	0			----Other
	--其他：									--Other:
4811.5910	---绝缘纸及纸板	7.5	30	5		0	0			---Insulating paper and paperboard
	---其他：									---Other:
4811.5991	----镀铝的	7.5	40	5		0	0			----Aluminium plated
4811.5999	----其他	7.5	40	5		0	0			----Other
	-用蜡、石蜡、硬脂精、油或甘油涂布、浸渍、覆盖的纸及纸板：									-Paper and paperboard, coated, impregnated or covered with wax, paraffin wax, stearin, oil or glycerol:
4811.6010	---绝缘纸及纸板	7.5	30	5		0	0			---Insulating paper and paperboard
4811.6090	---其他	7.5	40	5		0	0			---Other
4811.9000	-其他纸、纸板、纤维素絮纸及纤维素纤维网纸	7.5	40	5		0	0			-Other paper, paperboard, cellulose wadding and webs of cellulose fibres
48.12	**纸浆制的滤块、滤板及滤片：**									**Filter blocks, slabs and plates, of paper pulp:**

税则号列 Tariff Item	商品名称	最惠国税率(%) M. F. N.	普通税率(%) Gen.	协定税率(%) Conventional 东盟 ASEAN	亚太 APTA	香港 H. K.	澳门 Macao	台湾 Taiwan	出口税率(%) Export	Article Description
4812.0000	纸浆制的滤块、滤板及滤片	7.5	40							Filter blocks, slabs and plates, of paper pulp
48.13	**卷烟纸，不论是否切成一定尺寸、成小本或管状：**									**Cigarette paper, whether or not cut to size or in the form of booklets or tubes:**
4813.1000	-成小本或管状	7.5	100							-In the form of booklets or tubes
4813.2000	-宽度不超过5厘米成卷的	7.5	100							-In rolls of a width not exceeding 5cm
4813.9000	-其他	7.5	100							-Other
48.14	**壁纸及类似品；窗用透明纸：**									**Wallpaper and similar wall coverings; window transparencies of paper:**
4814.2000	-用塑料涂面或盖面的壁纸及类似品，起纹、压花、着色、印刷图案或经其他装饰	7.5	50	5						-Wallpaper and similar wall coverings, consisting of paper coated or covered, on the face side, with a grained, embossed, coloured, design-printed or otherwise decorated layer of plastics
4814.9000	-其他	7.5	50	5						-Other
48.16	**复写纸、自印复写纸及其他拷贝或转印纸（不包括税目48.09的纸）、油印蜡纸或胶印版纸，不论是否盒装：**									**Carbon paper, self-copy paper and other copying or transfer papers (other than those of heading 48.09), duplicator stencils and offset plates, of paper, whether or not put up in boxes:**
4816.2000	-自印复写纸	7.5	70							-Self-copy paper
	-其他：									-Other:
4816.9010	---热敏转印纸	7.5	40							---Heat transfer paper
4816.9090	---其他	7.5	70							---Other
48.17	**纸或纸板制的信封、封缄信片、素色明信片及通信卡片；纸或纸板制的盒子、袋子及夹子，内装各种纸制文具：**									**Envelopes, letter cards, plain postcards and correspondence cards, of paper or paperboard; boxes, pouches, wallets and writing compendiums, of paper or paperhoard, containing an assortment of paper stationery:**
4817.1000	-信封	7.5	80	5						-Envelopes
4817.2000	-封缄信片、素色明信片及通信卡片	7.5	80	5						-Letter cards, plain postcards and correspondence cards
4817.3000	-纸或纸板制的盒子、袋子及夹子，内装各种纸制文具	7.5	80	5						-Boxes, pouches, wallets and writing compendiums, of paper or paperboard, containing an assortment of paper stationery

税则号列 Tariff Item	商品名称	最惠国税率(%) M. F. N.	普通税率(%) Gen.	协定税率(%) Conventional					出口税率(%) Export	Article Description
				东盟 ASEAN	亚太 APTA	香港 H. K.	澳门 Macao	台湾 Taiwan		
48.18	**卫生纸及类似纸、家庭或卫生用纤维素絮纸及纤维素纤维网纸，成卷宽度不超过36厘米或切成一定尺寸或形状的；纸浆、纸、纤维素絮纸或纤维素纤维网纸制的手帕、面巾、台布、餐巾、床单及类似的家庭、卫生或医院用品、衣服及衣着附件：**									**Toilet paper and similar paper, cellulose wadding or webs of cellulose fibres, of a kind used for household or sanitary purposes, in rolls of a width not exceeding 36cm, or cut to size or shape; handkerchiefs, cleansing tissues, towels, tablecloths, serviettes, napkins for babies, tampons, bed sheets and similar household, sanitary or hospital articles, articles of apparel and clothing accessories, of paper pulp, paper, cellulose wadding or webs of cellulose fibres:**
4818.1000	-卫生纸	7.5	80							-Toilet paper
4818.2000	-纸手帕及纸面巾	7.5	90							-Handkerchiefs, cleansing or facial tissues and towels
4818.3000	-纸台布及纸餐巾	7.5	90	5						-Tablecloths and serviettes
4818.5000	-衣服及衣着附件	7.5	90	0						-Articles of apparel and clothing accessories
4818.9000	-其他	7.5	90							-Other
48.19	**纸、纸板、纤维素絮纸或纤维素纤维网纸制的箱、盒、匣、袋及其他包装容器；纸或纸板制的卷宗盒、信件盘及类似品，供办公室、商店及类似场所使用的：**									**Cartons, boxes, cases, bags and other packing containers, of paper, paperboard, cellulose wadding or webs of cellulose fibres; box files, letter trays and similar articles, of paper or paperboard of a kind used in offices, shops or the like:**
4819.1000	瓦楞纸或纸板制的箱、盒、匣	5	80			0	0			-Cartons, boxes and cases, of corrugated paper or paperboard
4819.2000	-非瓦楞纸或纸板制的可折叠箱、盒、匣	5	80			0	0			-Folding cartons, boxes and cases, of noncorrugated paper or paperboard
4819.3000	-底宽40厘米及以上的纸袋	7.5	80	0						-Sacks and bags, having a base of a width of 40cm or more
4819.4000	-其他纸袋，包括锥形袋	7.5	80	5						-Other sacks and bags, including cones
4819.5000	-其他包装容器，包括唱片套	7.5	80	5						-Other packing containers, including record sleeves
4819.6000	-办公室、商店及类似场所使用的卷宗盒、信件盘、存储盒及类似品	7.5	80	5						-Box files, letter trays, storage boxes and similar articles, of a kind used in offices, shops or the like

税则号列 Tariff Item	商品名称	最惠国税率(%) M. F. N.	普通税率(%) Gen.	协定税率(%) Conventional 东盟 ASEAN	亚太 APTA	香港 H. K.	澳门 Macao	台湾 Taiwan	出口税率(%) Export	Article Description
48.20	纸或纸板制的登记本、账本、笔记本、订货本、收据本、信笺本、记事本、日记本及类似品、练习本、吸墨纸本、活动封面(活页及非活页)、文件夹、卷宗皮、多联商业表格纸、页间夹有复写纸的本及其他文具用品；纸或纸板制的样品簿、粘贴簿及书籍封面：									**Registers, account books, note books, order books, receipt books, letter pads, memorandum pads, diaries and similar articles, exercise books, blotting-pads, binders (loose-leaf or other), folders, file covers, manifold business forms, interleaved carbon sets and other articles of stationery, of paper or paperboard; albums for samples or for collections and book covers, of paper or paperboard:**
4820.1000	-登记本、账本、笔记本、订货本、收据本、信笺本、记事本、日记本及类似品	7.5	80	5						-Registers, account books, note nooks, order books, receipt books, letter pads, memorandum pads, diaries and similar articles
4820.2000	-练习本	7.5	80	5						-Exercise books
4820.3000	-活动封面（书籍封面除外）、文件夹及卷宗皮	7.5	80	5						-Binders (other than book covers), folders and file covers
4820.4000	-多联商业表格纸、页间夹有复写纸的本	7.5	80	0						-Manifold business forms and interleaved carbon sets
4820.5000	-样品簿及粘贴簿	7.5	80	5						-Albums for samples or for collections
4820.9000	-其他	7.5	80	5						-Other
48.21	纸或纸板制的各种标签，不论是否印制：									**Paper or paperboard labels of all kinds, whether or not printed:**
4821.1000	-印制	7.5	50	5		0	0			-Printed
4821.9000	-其他	7.5	50	5						-Other
48.22	纸浆、纸或纸板（不论是否穿孔或硬化）制的筒管、卷轴、纡子及类似品：									**Bobbins, spools, cops and similar supports of paper pulp, paper or paperboard (whether or not perforated or hardened):**
4822.1000	-纺织纱线用	7.5	35	5						-Of a kind used for winding textile yarn
4822.9000	-其他	7.5	70	5						-Other
48.23	切成一定尺寸或形状的其他纸、纸板、纤维素絮纸及纤维素纤维网纸；纸浆、纸、纸板、纤维素絮纸及纤维素纤维网纸制的其他物品：									**Other paper, paperboard, cellulose wadding and webs of cellulose fibres, cut to size or shape; other articles of paper pulp, paper, paperboard, cellulose wadding or webs of cellulose fibres:**
4823.2000	-滤纸及纸板	7.5	30							-Filter paper and paperboard

税则号列 Tariff Item	商品名称	最惠国税率(%) M. F. N.	普通税率(%) Gen.	协定税率(%) Conventional 东盟 ASEAN	亚太 APTA	香港 H. K.	澳门 Macao	台湾 Taiwan	出口税率(%) Export	Article Description
4823.4000	-已印制的自动记录器用打印纸卷、纸张及纸盘	7.5	30	5						-Rolls, sheets and dials, printed for self-recording apparatus
	-纸或纸板制的盘、碟、盆、杯及类似品：									-Trays, dishes, plates, cups and the like, of paper or paper-board:
4823.6100	--竹浆纸制	7.5	90	0						--Of bamboo
	--其他：									--Other:
4823.6910	---非木植物浆制	7.5	90	0						---Of vegetable pulp, other than wood pulp
4823.6990	---其他	7.5	90	0						---Other
4823.7000	-压制或模制纸浆制品	7.5	90	5						-Moulded or pressed articles of paper pulp
	-其他：									-Other:
4823.9010	---以纸或纸板为底制成的铺地制品	7.5	90	5						---Floor coverings on a base of paper or of paperboard, whether or not cut to size
4823.9020	---神纸及类似用品	7.5	180	0						---Joss paper and the like
4823.9030	---纸扇	7.5	90	0						---Paper fans
4823.9090	---其他	6.2	90			0	0			---Other

第四十九章
书籍、报纸、印刷图画及其他印刷品；手稿、打字稿及设计图纸

注释：

一、本章不包括：

（一）透明基的照相负片或正片（第三十七章）；

（二）立体地图、设计图表或地球仪、天体仪，不论是否印刷（税目 90.23）；

（三）第九十五章的扑克牌或其他物品；或

（四）雕版画、印刷画、石印画的原本（税目 97.02），税目 97.04 的邮票、印花税票、纪念封、首日封、邮政信笺及类似品，以及第九十七章的超过 100 年的古物或其他物品。

二、第四十九章所称“印刷”，也包括用胶版复印机、油印机印制，在自动数据处理设备控制下打印绘制，压印、冲印、感光复印、热敏复印或打字。

三、用纸以外材料装订成册的报纸、杂志和期刊，以及一期以上装订在同一封面里的成套报纸、杂志和期刊，应归入税目 49.01，不论是否有广告材料。

四、税目 49.01 还包括：

（一）附有说明文字，每页编有号数以便装订成一册或几册的整集印刷复制品，例如，美术作品、绘画；

（二）随同成册书籍的图画附刊；以及

（三）供装订书籍或小册子用的散页、集页或书帖形式的印刷品，已构成一部作品的全部或部分。

但没有说明文字的印刷图画或图解，不论是否散页或书帖形式，应归入税目 49.11。

五、除本章注释三另有规定的以外，税目 49.01 不包括主要做广告用的出版物（例如，小册子、散页印刷品、商业目录、同业公会出版的年鉴、旅游宣传

Chapter 49
Printed books, newspapers, pictures and other products of the printing industry; manuscripts, typescripts and plans

Chapter Notes:

1. This Chapter does not cover:

(a) Photographic negatives or positives on transparent bases (Chapter 37);

(b) Maps, plans or globes, in relief, whether or not printed (heading 90.23);

(c) Playing cards or other goods of Chapter 95; or

(d) Original engravings, prints or lithographs (heading 97.02), postage or revenue stamps, stamp-postmarks, first-day covers, postal stationery or the like of heading 97.04, antiques of an age exceeding one hundred years or other articles of Chapter 97.

2. For the purposes of Chapter 49, the term “printed” also means reproduced by means of a duplicating machine, produced under the control of an automatic data processing machine, embossed, photographed, photocopied, thermocopied or typewritten.

3. Newspapers, journals and periodicals which are bound otherwise than in paper, and sets of newspapers, journals or periodicals comprising more than one number under a single cover are to be classified in heading 49.01, whether or not containing advertising material.

4. Heading 49.01 also covers:

(a) A collection of printed reproductions of, for example, works of art or drawings, with a relative text, put up with numbered pages in a form suitable for binding into one or more volumes;

(b) A pictorial supplement accompanying, and subsidiary to, a bound volume; and

(c) Printed parts of books or booklets, in the form of assembled or separate sheets or signatures, constituting the whole or a part of a complete work and designed for binding.

However, printed pictures or illustrations not bearing a text, whether in the form of signatures or separate sheets, fall in heading 49.11.

5. Subject to Note 3 to this Chapter, heading 49.01 does not cover publications which are essentially devoted to advertising (for example, brochures, pamphlets, leaf-

品），这类出版物应归入税目49.11。

lets, trade catalogues, year books published by trade associations, tourist propaganda). Such publications are to be classified in heading 49.11.

六、税目49.03所称“儿童图画书”，是指以图画为主、文字为辅，供儿童阅览的书籍。

6. For the purposes of heading 49.03, the expression “children's picture books” means books for children in which the pictures form the principal interest and the text is subsidiary.

税则号列 Tariff Item	商品名称	最惠国税率(%) M. F. N.	普通税率(%) Gen.	协定税率(%) Conventional 东盟 ASEAN	亚太 APTA	香港 H. K.	澳门 Macao	台湾 Taiwan	出口税率(%) Export	Article Description
49.01	**书籍、小册子、散页印刷品及类似印刷品，不论是否单张：**									**Printed books, brochures, leaflets and similar printed matter, whether or not in single sheets:**
4901.1000	-单张的，不论是否折叠	0	0							-In single sheets, whether or not folded
	-其他：									-Other:
4901.9100	--字典或百科全书及其连续出版的分册	0	0							--Dictionaries and encyclopaedias, and serial instalments thereof
4901.9900	--其他	0	0							--Other
49.02	**报纸、杂志及期刊，不论有无插图或广告材料：**									**Newspapers, journals and periodicals, whether or not illustrated or containing advertising material:**
4902.1000	-每周至少出版四次	0	0							-Appearing at least four times a week
4902.9000	-其他	0	0							-Other
49.03	**儿童图画书、绘画或涂色书：**									**Children's picture, drawing or colouring books:**
4903.0000	儿童图画书、绘画或涂色书	0	0							Children's picture, drawing or colouring books
49.04	**乐谱原稿或印本，不论是否装订或印有插图：**									**Music, printed or in manuscript, whether or not bound or illustrated:**
4904.0000	乐谱原稿或印本，不论是否装订或印有插图	0	0							Music, printed or in manuscript, whether or not bound or illustrated
49.05	**各种印刷的地图、水道图及类似图表，包括地图册、挂图、地形图及地球仪、天体仪：**									**Maps and hydrographic or similar charts of all kinds, including atlases, wall maps, topographical plans and globes, printed:**
4905.1000	-地球仪、天体仪	0	0							-Globes
	-其他：									-Other:
4905.9100	--成册的	0	0							--In book form
4905.9900	--其他	0	0							--Other

税则号列 Tariff Item	商品名称	最惠国税率(%) M. F. N.	普通税率(%) Gen.	协定税率(%) Conventional 东盟 ASEAN	亚太 APTA	香港 H. K.	澳门 Macao	台湾 Taiwan	出口税率(%) Export	Article Description
49.06	**手绘的建筑、工程、工业、商业、地形或类似用途的设计图纸原稿；手稿；用感光纸照相复印或用复写纸誊写的上述物品复制件：**									**Plans and drawings for architectural, engineering, industrial, commercial, topographical or similar purposes, being originals drawn by hand; hand-written text; photographic reproductions on sensitized paper and carbon copies of the foregoing:**
4906.0000	手绘的建筑、工程、工业、商业、地形或类似用途的设计图纸原稿；手稿；用感光纸照相复印或用复写纸誊写的上述物品复制件	0	0							Plans and drawings for architectural, engineering, industrial, commercial topographical or similar purposes, being originals drawn by hand; hand-written text; photographic reqroduetions on sensitized paper and carbon copies of the foregoing
49.07	**在承认或将承认其面值的国家流通或新发行并且未经使用的邮票、印花税票及类似票证；印有邮票或印花税票的纸品；钞票；空白支票；股票、债券及类似所有权凭证：**									**Unused postage, revenue or similar stamps of current or new issue in the country in which they have, or will have, a recognised face value; stamp-impressed paper; banknotes; cheque forms; stock, share or bond certificates and similar documents of title:**
4907.0010	---邮票	7.5	50	5						---Postage
4907.0020	---钞票	0	50							---Banknotes
4907.0030	---证券凭证	0	50							---Documents of title
4907.0090	---其他	7.5	50	5						---Other
49.08	**转印贴花纸（移画印花法用图案纸）：**									**Transfers (decalcomanias):**
4908.1000	-釉转印贴花纸（移画印花法用图案纸）	7.5	50	5			0			-Transfers (decalcomanias), vitrifiable
4908.9000	-其他	7.5	50	5		0	0			-Other
49.09	**印刷或有图画的明信片；印有个人问候、祝贺、通告的卡片，不论是否有图画、带信封或饰边：**									**Printed or illustrated postcards; printed cards bearing personal greetings, messages or announcements, whether or not illustrated, with or without envelopes or trimmings:**
4909.0010	---印刷或有图画的明信片	7.5	50	5						---Printed or illustrated postcards
4909.0090	---其他	7.5	50	5						---Other
49.10	**印刷的各种日历，包括日历芯：**									**Calendars of any kind, printed, including calendar blocks:**

税则号列 Tariff Item	商品名称	最惠国税率(%) M. F. N.	普通税率(%) Gen.	协定税率(%) Conventional 东盟 ASEAN	亚太 APTA	香港 H. K.	澳门 Macao	台湾 Taiwan	出口税率(%) Export	Article Description
4910.0000	印刷的各种日历，包括日历芯	7.5	50	5			0			Calendars of any kind, printed, including calendar blocks
49.11	**其他印刷品，包括印刷的图片及照片：**									**Other printed matter, including printed pictures and photographs:**
	-商业广告品、商品目录及类似印刷品：									-Trade advertising material, commercial catalogues and the like:
4911.1010	---无商业价值的	0	0							---No commercial value
4911.1090	---其他	7.5	50	5		0	0			---Other
	-其他：									-Other:
4911.9100	--图片、设计图样及照片	7.5	50	5			0			--Pictures, designs and photographs
	--其他：									--Other:
4911.9910	---纸质的	7.5	50	5		0	0			---Of paper
4911.9990	---其他	7.5	50	5		0	0			---Other

第十一类 纺织原料及纺织制品

注释：

一、本类不包括：

（一）制刷用的动物鬃、毛（税目 05.02）；马毛及废马毛（税目 05.11）；

（二）人发及人发制品（税目 05.01、67.03 或 67.04），但通常用于榨油机或类似机器的滤布除外（税目 59.11）；

（三）第十四章的棉短绒或其他植物材料；

（四）税目 25.24 的石棉、税目 68.12 或 68.13 的石棉制品或其他产品；

（五）税目 30.05 或 30.06 的物品；税目 33.06 的用于清洁牙缝的纱线（牙线），单独零售包装的；

（六）税目 37.01 至 37.04 的感光布；

（七）截面尺寸超过 1 毫米的塑料单丝和表面宽度超过 5 毫米的塑料扁条及类似品（例如，人造草）（第三十九章），以及上述单丝或扁条的缏条、织物、篮筐或柳条编结品（第四十六章）；

（八）第三十九章的用塑料浸渍、涂布、包覆或层压的机织物、针织物或钩编织物、毡呢或无纺织物及其制品；

（九）第四十章的用橡胶浸渍、涂布、包覆或层压的机织物、针织物或钩编织物、毡呢或无纺织物及其制品；

（十）带毛皮张（第四十一章或第四十三章）、税目 43.03 或 43.04 的毛皮制品、人造毛皮及其制品；

（十一）税目 42.01 或 42.02 的用纺织材料制成的物品；

（十二）第四十八章的产品或物品（例如，纤维素絮纸）；

（十三）第六十四章的鞋靴及其零件、护腿、裹腿及类似品；

（十四）第六十五章的发网、其他帽类及其零件；

（十五）第六十七章的货品；

（十六）涂有研磨料的纺织材料（税目 68.05）以及税目 68.15 的碳纤维及其制品；

SECTION XI TEXTILES AND TEXTILE ARTICLES

Section Notes:

1. This Section does not cover:

(a) Animal brush-making bristles or hair (heading 05.02); horsehair or horsehair waste (heading 05.11);

(b) Human hair or articles of human hair (heading 05.01, 67.03 or 67.04), except straining cloth of a kind commonly used in oil presses or the like (heading 59.11);

(c) Cotton linters or other vegetable materials of Chapter 14;

(d) Asbestos of heading 25.24 or articles of asbestos or other products of heading 68.12 or 68.13;

(e) Articles of heading 30.05 or 30.06; yarn used to clean between the teeth (dental floss), in individual retail packages, of heading 33.06;

(f) Sensitised textiles of headings 37.01 to 37.04;

(g) Monofilament of which any cross-sectional dimension exceeds 1mm or strip or the like (for example, artificial straw) of an apparent width exceeding 5mm, of plastics (Chapter 39), or plaits or fabrics or other basketware or wickerwork of such monofilament or strip (Chapter 46);

(h) Woven, knitted or crocheted fabrics, felt or nonwovens, impregnated, coated, covered or laminated with plastics, or articles thereof, of Chapter 39;

(ij) Woven, knitted or crocheted fabrics, felt or nonwovens, impregnated, coated, covered or laminated with rubber, or articles thereof, of Chapter 40;

(k) Hides or skins with their hair or wool on (Chapter 41 or 43) or articles of furskin, artificial fur or articles thereof, of heading 43.03 or 43.04;

(l) Articles of textile materials of heading 42.01 or 42.02;

(m) Products or articles of Chapter 48 (for example, cellulose wadding);

(n) Footwear or parts of footwear, gaiters or leggings or similar articles of Chapter 64;

(o) Hair-nets or other headgear or parts thereof of Chapter 65;

(p) Goods of Chapter 67;

(q) Abrasive-coated textile material (heading 68.05) and also carbon fibres or articles of carbon fibres of heading 68.15；

（十七）玻璃纤维及其制品，但可见底布的玻璃线刺绣品除外（第七十章）；

(r) Glass fibres or articles of glass fibres, other than embroidery with glass thread on a visible ground of fabric (Chapter 70)；

（十八）第九十四章的物品（例如，家具、寝具、灯具及照明装置）；

(s) Articles of Chapter 94 (for example, furniture, bedding, lamps and lighting fittings)；

（十九）第九十五章的物品（例如，玩具、游戏品、运动用品及网具）；

(t) Articles of Chapter 95 (for example, toys, games, sports requisites and nets)；

（二十）第九十六章的物品［例如，刷子、旅行用成套缝纫用具、拉链、打字机色带、卫生巾（护垫）及止血塞、婴儿尿布及尿布衬里］；或

(u) Articles of Chapter 96 (for example, brushes, travel sets for sewing, slide fasteners, typewriter ribbons, sanitary towels (pads) and tampons, napkins (diapers) and napkin liners for babies)；or

（二十一）第九十七章的物品。

(v) Articles of Chapter 97.

二、（一）可归入第五十章至第五十五章及税目58.09或59.02的由两种或两种以上纺织材料混合制成的货品，应按其中重量最大的那种纺织材料归类。

当没有一种纺织材料重量较大时，应按可归入的有关税号中最后一个税号所列的纺织材料归类。

2. (a) Goods classifiable in Chapters 50 to 55 or of heading 58.09 or in heading 58.09 or 59.02 and of a mixture of two or more textile materials are to be classified as if consisting wholly of that one textile material which predominates by weight over any other single textile material.

When no one textile material predominates by weight, the goods are to be classified as if consisting wholly of that one textile material which is covered by the heading which occurs last in numerical order among those which equally merit consideration.

（二）应用上述规定时：

1. 马毛粗松螺旋花线（税目51.10）和含金属纱线（税目56.05）均应作为一种单一的纺织材料，其重量应为它们在纱线中的合计重量；在机织物的归类中，金属线应作为一种纺织材料；

2. 在选择合适的税号时，应首先确定章，然后再确定该章的有关税号，至于不归入该章的其他材料可不予考虑；

3. 当归入第五十四章及第五十五章的货品与其他章的货品进行比较时，应将这两章作为一个单一的章对待；

4. 同一章或同一税号所列各种不同的纺织材料应作为单一的纺织材料对待。

(b) For the purposes of the above rule：

(i) Gimped horsehair yarn (heading 51.10) and metallised yarn (heading 56.05) are to be treated as a single textile material the weight of which is to be taken as the aggregate of the weights of its components; for the classification of woven fabrics, metal thread is to be regarded as a textile material；

(ii) The choice of appropriate heading shall be effected by determining first the Chapter and then the applicable heading within that Chapter, disregarding any materials not classified in that Chapter；

(iii) When both Chapters 54 and 55 are involved with any other Chapter, Chapters 54 and 55 are to be treated as a single Chapter；

(iv) Where a Chapter or a heading refers to goods of different textile materials, such materials are to be treated as a single textile material.

（三）上述（一）、（二）两款规定亦适用于以下注

(c) The provisions of paragraphs (a) and (b) above

释三、四、五或六所述纱线。

apply also to the yarns referred to in Note 3, 4, 5 or 6 below.

三、(一)本类的纱线(单纱、多股纱线或缆线)除下列(二)款另有规定的以外,凡符合以下规格的应作为"线、绳、索、缆":

1. 丝或绢丝纱线,细度在20000分特以上。
2. 化学纤维纱线(包括第五十四章的用两根及以上单丝纺成的纱线),细度在10000分特以上。
3. 大麻或亚麻纱线:
   (1)加光或上光的,细度在1429分特及以上;或
   (2)未加光或上光的,细度在20000分特以上。
4. 三股或三股以上的椰壳纤维纱线。
5. 其他植物纤维纱线,细度在20000分特以上。
6. 用金属线加强的纱线。

(二)下列各项不按上述(一)款规定办理:

1. 羊毛或其他动物毛纱线及纸纱线,但用金属线加强的纱线除外;
2. 第五十五章的化学纤维长丝丝束以及第五十四章的未加捻或捻度每米少于5转的复丝纱线;
3. 税目50.06的蚕胶丝及第五十四章的单丝;
4. 税目56.05的含金属纱线;但用金属线加强的纱线按上述(一)款6项规定办理;以及
5. 税目56.06的绳绒线、粗松螺旋花线及纵行起圈纱线。

3. (a) For the purposes of this Section, and subject to the exceptions in paragraph (b) below, yarns (single, multiple (folded) or cabled) of the following descriptions are to be treated as "twine, cordage, ropes and cables":

(i) Of silk or waste silk, measuring more than 20000 decitex.

(ii) Of man-made fibres (including yarn of two or more monofilaments of Chapter 54), measuring more than 10000 decitex.

(iii) Of true hemp or flax:

i) Polished or glazed, measuring 1429 decitex or more; or

ii) Not polished or glazed, measuring more than 20000 decitex.

(iv) Of coir, consisting of three or more plies;

(v) Of other vegetable fibres, measuring more than 20000 decitex; or

(vi) Reinforced with metal thread.

(b) Exceptions:

(i) Yarn of wool or other animal hair and paper yarn, other than yarn reinforced with metal thread;

(ii) Man-made filament tow of Chapter 55 and multifilament yarn without twist or with a twist of less than 5 turns per metre of Chapter 54;

(iii) Silk worm gut of heading 50.06, and monofilaments of Chapter 54;

(iv) Metallised yarn of heading 56.05; yarn reinforced with metal thread is subject to paragraph (a) (vi) above; and

(v) Chenille yarn, gimped yarn and loop wale-yarn of heading 56.06.

四、(一)除下列(二)款另有规定的以外,第五十章、第五十一章、第五十二章、第五十四章和第五十五章所称"供零售用"纱线,是指以下列方式包装的纱线(单纱、多股纱线或缆线):

1. 绕于纸板、线轴、纱管或类似芯子上,其重量(含线芯)符合下列规定:
   (1)丝、绢丝或化学纤维长丝纱线,不超过85克;或
   (2)其他纱线,不超过125克。
2. 绕成团、绞或束,其重量符合下列规定:

4. (a) For the purposes of Chapters 50, 51, 52, 54 and 55, the expression "put up for retail sale" in relation to yarn means, subject to the exceptions in paragraph (b) below, yarn (single, multiple (folded) or cabled) put up:

(i) On cards, reels, tubes or similar supports, of a weight (including support) not exceeding:

i) 85g in the case of silk, waste silk or man-made filaments; or

ii) 125g in other cases.

(ii) In balls, hanks or skeins of a weight not

（1）细度在3000分特以下的化学纤维长丝纱线，丝或绢丝纱线，不超过85克；
（2）细度在2000分特以下的任何其他纱线，不超过125克；或
（3）其他纱线，不超过500克。
3. 绕成绞或束，每绞或每束中有若干用线分开的小绞或小束，每小绞或小束的重量相等，并且符合下列规定：
（1）丝、绢丝或化学纤维长丝纱线，不超过85克；或
（2）其他纱线，不超过125克。
（二）下列各项不按上述（一）款规定办理：
1. 各种纺织材料制的单纱，但下列两种除外：
（1）未漂白的羊毛或动物细毛单纱；以及
（2）漂白、染色或印色的羊毛或动物细毛单纱，细度在5000分特以上。
2. 未漂白的多股纱线或缆线：
（1）丝或绢丝制的，不论何种包装；或
（2）除羊毛或动物细毛外其他纺织材料制，成绞或成束的。
3. 漂白、染色或印色丝或绢丝制的多股纱线或缆线，细度在133分特及以下。
4. 任何纺织材料制的单纱、多股纱线或缆线：
（1）交叉绕成绞或束的；或
（2）绕于纱芯上或以其他方式卷绕，明显用于纺织工业的（例如，绕于纱管、加捻管、纬纱管、锥形筒管或锭子上的或者绕成蚕茧状以供绣花机使用的纱线）。

exceeding:
i) 85g in the case of man-made filament yarn of less than 3000 decitex, silk or silk waste;
ii) 125g in the case of all other yarns of less than 2000 decitex; or
iii) 500g in other cases.
(iii) In hanks or skeins comprising several smaller hanks or skeins separated by dividing threads which render them independent one of the other, each of uniform weight not exceeding:
i) 85g in the case of silk, waste silk or man-made filaments; or
ii) 125g in other cases.
(b) Exceptions:
(i) Single yarn of any textile material, except:
i) Single yarn of wool or fine animal hair, unbleached; and
ii) Single yarn of wool or fine animal hair, bleached, dyed or printed, measuring more than 5000 decitex.
(ii) Multiple (folded) or cabled yarn, unbleached:
i) Of silk or waste silk, however put up; or
ii) Of other textile material except wool or fine animal hair, in hanks or skeins.
(iii) Multiple (folded) or cabled yarn of silk or waste silk, bleached, dyed or printed, measuring 133 decitex or less; and
(iv) Single, multiple (folded) or cabled yarn of any textile material:
i) In cross-reeled hanks or skeins; or
ii) Put up on supports or in some other manner indicating its use in the textile industry (for example, on cops, twisting mill tubes, pirns, conical bobbins or spindles, or reeled in the form of cocoons for embroidery looms).

五、税目52.04、54.01及55.08所称“缝纫线”，是指下列多股纱线或缆线：
（一）绕于芯子（例如，线轴、纱管）上，重量（包括纱芯）不超过1000克；
（二）作为缝纫线上过浆的；以及
（三）终捻为反手（Z）捻的。

5. For the purposes of headings 52.04, 54.01 and 55.08, the expression “sewing thread” means multiple (folded) or cabled yarn:
(a) Put up on supports (for example, reels, tubes) of a weight (including support) not exceeding 1000g;
(b) Dressed for use as sewing thread; and
(c) With a final “Z” twist.

六、本类所称“高强力纱”，是指断裂强度大于下列标准的纱线：

尼龙、其他聚酰胺或聚酯制的单纱 60 厘牛顿/特克斯；

尼龙、其他聚酰胺或聚酯制的多股纱线或缆线 53 厘牛顿/特克斯；

粘胶纤维制的单纱、多股纱线或缆线 27 厘牛顿/特克斯。

6. For the purposes of this Section, the expression “high tenacity yarn” means yarn having a tenacity, expressed in cN/tex (centinewton per tex), greater than the following:

Single yarn of nylon or other polyamides, or of polyesters 60cN/tex;

Multiple (folded) or cabled yarn of nylon or other polyamides, or of polyesters 53cN/tex;

Single, multiple (folded) or cabled yarn of viscose rayon 27cN/tex.

七、本类所称“制成的”，是指：

（一）裁剪成除正方形或长方形以外的其他形状的；

（二）呈制成状态，无需缝纫或其他进一步加工（或仅需剪断分隔联线）即可使用的（例如，某些抹布、毛巾、台布、方披巾、毯子）；

（三）裁剪成一定尺寸，至少有一边为带有可见的锥形或压平形的热封边，其余各边经本注释其他各项所述加工，但不包括为防止剪边脱纱而用热切法或其他简单方法处理的织物；

（四）已缝边或滚边，或者在任一边带有结制的流苏，但不包括为防止剪边脱纱而锁边或用其他简单方法处理的织物；

（五）裁剪成一定尺寸并经抽纱加工的；

（六）缝合、胶合或用其他方法拼合而成的（将两段或两段以上同样料子的织物首尾连接而成的匹头，以及由两层或两层以上的织物，不论中间有无胎料，层叠而成的匹头除外）；

（七）针织或钩编成一定形状，不论报验时是单件还是以若干件相连成幅的。

7. For the purposes of this Section, the expression “made up” means:

(a) Cut otherwise than into squares or rectangles;

(b) Produced in the finished state, ready for use (or merely needing separation by cutting dividing threads) without sewing or other working (for example, certain dusters, towels, table cloths, scarf squares, blankets);

(c) Cut to size and with at least one heat-sealed edge with a visibly tapered or compressed border and the other edges treated as described in any other subparagraph of this Note, but excluding fabrics the cut edges of which have been prevented from unravelling by hot cutting or by other simple means;

(d) Hemmed or with rolled edges, or with a knotted fringe at any of the edges, but excluding fabrics the cut edges of which have been prevented from unravelling by whipping or by other simple means;

(e) Cut to size and having undergone a process of drawn thread work;

(f) Assembled by sewing, gumming or otherwise (other than piece goods consisting of two or more lengths of identical material joined end to end and piece goods composed of two or more textiles assembled in layers, whether or not padded);

(g) Knitted or crocheted to shape, whether presented as separate items or in the form of a number of items in the length.

八、对于第五十章至第六十章：

（一）第五十章至第五十五章和第六十章，以及除条文另有规定以外的第五十六章至第五十九章，不适用于上述注释七所规定的制成货品；以及

（二）第五十章至第五十五章及第六十章不包括第五十六章至第五十九章的货品。

8. For the purposes of Chapters 50 to 60:

(a) Chapters 50 to 55 and 60 and, except where the context otherwise requires, Chapters 56 to 59 do not apply to goods made up within the meaning of Note 7 above; and

(b) Chapters 50 to 55 and 60 do not apply to goods of Chapters 56 to 59.

九、第五十章至第五十五章的机织物包括由若干层平行纱线以锐角或直角相互层叠，在纱线交叉点用黏合剂或以热黏合法黏合而成的织物。

9. The woven fabrics of Chapters 50 to 55 include fabrics consisting of layers of parallel textile yarns superimposed on each other at acute or right angles. These layers are bonded at the intersections of the yarns by an adhesive or by thermal bonding.

十、以纺织材料和橡胶线制成的弹性产品归入本类。

10. Elastic products consisting of textile materials combined with rubber threads are classified in this Section.

十一、本类所称“浸渍”，包括“浸泡”。

11. For the purposes of this Section, the expression “impregnated” includes “dipped” .

十二、本类所称“聚酰胺”，包括“芳族聚酰胺”。

12. For the purposes of this Section, the expression “polyamides” includes “aramids” .

十三、本类及本协调制度所称“弹性纱线”，是指合成纤维纺织材料制成的长丝纱线（包括单丝），但变形纱线除外。这些纱线可拉伸至原长的三倍而不断裂，并可在拉伸至原长两倍后五分钟内回复到不超过原长度一倍半。

13. For the purposes of this Section and, where applicable, throughout the Nomenclature, the expression “elastomeric yarn” means filament yarn, including monofilament, of synthetic textile material, other than textured yarn, which does not break on being extended to three times its original length and which returns, after being extended to twice its original length, within a period of five minutes, to a length not greater than one and a half times its original length.

十四、除条文另有规定的以外，各种服装即使成套包装供零售用，也应按各自税号分别归类。本注释所称“纺织服装”，是指税目61.01至61.14及税目62.01至62.11所列的各种服装。

14. Unless the context otherwise requires, textile garments of different headings are to be classified in their own headings even if put up in sets for retail sale. For the purposes of this Note, the expression “textile garments” means garments of headings 61.01 to 61.14 and headings 62.01 to 62.11.

子目注释：

Subheading Notes:

一、本类及本协调制度所用有关名词解释如下：

1. In this Section and, where applicable, throughout the Nomenclature, the following expressions have the meanings hereby assigned to them:

（一）未漂白纱线

1. 带有纤维自然色泽并且未经漂染（不论是否整体染色）或印色的纱线；或

2. 从回收纤维制得，色泽未定的纱线（本色纱）。

这种纱线可用无色浆料或易褪色染料（可轻易地用肥皂洗去）处理，如果是化学纤维纱线，则整体用消光剂（例如，二氧化钛）进行处理。

(a) Unbleached yarn which:

(i) has the natural colour of its constituent fibres and has not been bleached, dyed (whether or not in the mass) or printed; or

(ii) is of indeterminate colour (“grey yarn”), manufactured from garnetted stock.

Such yarn may have been treated with a colourless dressing or fugitive dye (which disappears after simple washing with soap) and, in the case of man-made fibres, treated in the mass with delustring agents (for example, titanium dioxide).

（二）漂白纱线	(b) Bleached yarn which:
1. 经漂白加工、用漂白纤维制得或经染白（除条文另有规定的以外）（不论是否整体染色）及用白浆料处理的纱线；	(i) has undergone a bleaching process, is made of bleached fibres or, unless the context otherwise requires, has been dyed white (whether or not in the mass) or treated with a white dressing;
2. 用未漂白纤维和漂白纤维混纺制得的纱线；或	(ii) consists of a mixture of unbleached and bleached fibres; or
3. 用未漂白纱和漂白纱纺成多股纱线或缆线。	(iii) is multiple (folded) or cabled and consists of unbleached and bleached yarns.
（三）着色（染色或印色）纱线	(c) Coloured (dyed or printed) yarn which:
1. 染成彩色（不论是否整体染色，但白色或易褪色除外）或印色的纱线，以及用染色或印色纤维纺制的纱线；	(i) is dyed (whether or not in the mass) other than white or in a fugitive colour, or printed, or made from dyed or printed fibres;
2. 用各色染色纤维混合纺制或用未漂白或漂白纤维与着色纤维混合制得的纱线（夹色纱或混色纱），以及用一种或几种颜色间隔印色而获得点纹印迹的纱线；	(ii) consists of a mixture of dyed fibres of different colours or of a mixture of unbleached or bleached fibres with coloured fibres (marl or mixture yarns), or is printed in one or more colours at intervals to give the impression of dots;
3. 用已经印色的纱条或粗纱纺制的纱线；或	(iii) is obtained from slivers or rovings which have been printed; or
4. 用未漂白纱和漂白纱与着色纱纺成的多股纱线或缆线。	(iv) is multiple (folded) or cabled and consists of unbleached or bleached yarn and coloured yarn.
上述定义在必要的地方稍作修改后，可适用于第五十四章的单丝、扁条或类似产品。	The above definitions also apply, mutatis mutandis, to monofilament and to strip or the like of Chapter 54.
（四）未漂白机织物	(d) Unbleached woven fabric
用未漂白纱线织成后未经漂白、染色或印花的机织物。这类织物可用无色浆料或易褪色染料处理。	Woven fabric made from unbleached yarn and which has not been bleached, dyed or printed. Such fabric may have been treated with a colourless dressing or a fugitive dye.
（五）漂白机织物	(e) Bleached woven fabric
	Woven fabric which:
1. 经漂白、染白或用白浆料处理（除条文另有规定的以外）的成匹机织物；	(i) has been bleached or, unless the context otherwise requires, dyed white or treated with a white dressing, in the piece;
2. 用漂白纱线织成的机织物；或	(ii) consists of bleached yarn; or
3. 用未漂白纱线和漂白纱线织成的机织物。	(iii) consists of unbleached and bleached yarns.
（六）染色机织物	(f) Dyed woven fabric
	Woven fabric which:
1. 除条文另有规定的以外，染成白色以外的其他单一颜色或用白色以外的其他有色整理剂处理的成匹机织物；或	(i) is dyed a single uniform colour other than white (unless the context otherwise requires) or has been treated with a coloured finish other than white (unless the context otherwise requires), in the piece; or
2. 以单一颜色的着色纱线织成的机织物。	(ii) consists of coloured yarn of a single uniform colour.
（七）色织机织物	(g) Woven fabric of yarns of different colours

除印花机织物以外的下列机织物：

1. 用各种不同颜色纱线或同一颜色不同深浅（纤维的自然色彩除外）纱线织成的机织物；

2. 用未漂白或漂白纱线与着色纱线织成的机织物；或

3. 用夹色纱线或混色纱线织成的机织物。不论何种情况，布边或布头的纱线均可忽略不计。

（八）印花机织物

成匹印花的机织物，不论是否用各色纱线织成。用刷子或喷枪、经转印纸转印、植绒或蜡防印花等方法印成花纹图案的机织物亦可视为印花机织物。

上述各类纱线或织物如经丝光工艺处理并不影响其归类。

上述第（四）至（八）项的定义在必要的地方稍加修改后，可适用于针织或钩编织物。

（九）平纹组织

每根纬纱在并排的经纱间上下交错而过，而每根经纱也在并排的纬纱间上下交错而过的织物组织。

二、（一）含有两种或两种以上纺织材料的第五十六章至第六十三章的产品，应根据本类注释二对第五十章至第五十五章或税目 58.09 的此类纺织材料产品归类的规定来确定归类。

（二）运用本条规定时：

1. 应酌情考虑按归类总规则第三条来确定归类；

2. 对由底布和绒面或毛圈面构成的纺织品，在归类时可不考虑底布的属性；

3. 对税目 58.10 的刺绣品及其制品，归类时应只考虑底布的属性，但不见底布的刺绣品及其制品应根据绣线的属性确定归类。

Woven fabric (other than printed woven fabric) which:

(i) consists of yarns of different colours or yarns of different shades of the same colour (other than the natural colour of the constituent fibres);

(ii) consists of unbleached or bleached yarn and coloured yarn; or

(iii) consists of marl or mixture yarns. (In all cases, the yarn used in selvedges and piece ends is not taken into consideration.)

(h) Printed woven fabric

Woven fabric which has been printed in the piece, whether or not made from yarns of different colours. (The following are also regarded as printed woven fabrics: woven fabrics bearing designs made, for example, with a brush or spray gun, by means of transfer paper, by flocking or by the batik process.)

The process of mercerisation does not affect the classification of yarns or fabrics within the above categories.

The definitions at (d) to (h) above apply, mutatis mutandis, to knitted or crocheted fabrics.

(ij) Plain weave

A fabric construction in which each yarn of the weft passes alternately over and under successive yarns of the warp and each yarn of the warp passes alternately over and under successive yarns of the weft.

2. (a) Products of Chapters 56 to 63 containing two or more textile materials are to be regarded as consisting wholly of that textile material which would be selected under Note 2 to this Section for the classification of a product of Chapters 50 to 55 consisting of the same textile materials.

(b) For the application of this rule:

(i) where appropriate, only the part which determines the classification under Interpretative Rule 3 shall be taken into account;

(ii) in the case of textile products consisting of a ground fabric and a pile or looped surface no account shall be taken of the ground fabric;

(iii) in the case of embroidery of heading 58.10 and goods thereof, only the ground fabric shall be taken into account. However, embroidery without visible ground, and goods thereof, shall be classified with reference to the embroidering threads alone.

第五十章 蚕丝

Chapter 50 Silk

税则号列 Tariff Item	商品名称	最惠国税率(%) M. F. N.	普通税率(%) Gen.	协定税率(%) Conventional					出口税率(%) Export	Article Description
				东盟 ASEAN	亚太 APTA	香港 H. K.	澳门 Macao	台湾 Taiwan		
50.01	**适于缫丝的蚕茧:**									**Silk-worm cocoons suitable for reeling:**
5001.0010	---适于缫丝的桑蚕茧	6	70	0						---Bombyx mori cocoons (Mulberry feeding silk-worm cocoons)
5001.0090	---其他	6	70	0						---Other
50.02	**生丝(未加捻):**									**Raw silk (not thrown):**
	---桑蚕丝:									---Steam filature silk:
5002.0011	----厂丝	9	80	0						----Plant reeled (filature silk)
5002.0012	----土丝	9	80	0						----Home reeled
5002.0013	----双宫丝	9	80	0						----Doupion
5002.0019	----其他	9	80	0						----Other
5002.0020	---柞蚕丝	9	80	0						---Tussah silk
5002.0090	---其他	9	80	0						---Other
50.03	**废丝(包括不适于缫丝的蚕茧、废纱及回收纤维):**									**Silk waste (including cocoons unsuitable for reeling, yarn waste and garnetted stock):**
	---未梳:									---Not carded or combed:
5003.0011	----下茧、茧衣、长吐、滞头	9	70	0						----Spoiledcocoon, cocoon outer floss, frison, frigon
5003.0012	----回收纤维	9	70	0						----Garnetted stock
5003.0019	----其他	9	70	0						----Othe
	---其他:									---Other:
5003.0091	----绵球	9	70	0						----Silk top
5003.0099	----其他	9	70	0						----Other
50.04	**丝纱线(绢纺纱线除外),非供零售用:**									**Silk yarn (other than yarn spun from silk waste) not put up for retail sale:**
5004.0000	丝纱线(绢纺纱线除外),非供零售用	6	90	0			0			Silk yarn (other than yarn spun from silk waste) not put up for retail sale
50.05	**绢纺纱线,非供零售用:**									**Yarn spun from silk waste, not put up for retail sale:**
5005.0010	---紬丝纱线	6	90	0			0			---Spun from noil
5005.0090	---其他	6	90	0			0			---Other
50.06	**丝纱线及绢纺纱线,供零售用;蚕胶丝:**									**Silk yarn and yarn spun from silk waste, put up for retail sale; silk-worm gut:**
5006.0000	丝纱线及绢纺纱线,供零售用;蚕胶丝	6	100	0			0			Silk yarn and yarn spun from silk waste, put up for retail sale; silk-worm gut

税则号列 Tariff Item	商品名称	最惠国税率(%) M. F. N.	普通税率(%) Gen.	协定税率(%) Conventional 东盟 ASEAN	亚太 APTA	香港 H. K.	澳门 Macao	台湾 Taiwan	出口税率(%) Export	Article Description
50.07	丝或绢丝机织物：									Woven fabrics of silk or of silk waste：
	-紬丝机织物：									-Fabrics of noil silk：
5007.1010	---未漂白（包括未练白或练白）或漂白	10	130	0						---Unbleaded (unscoured or scoured) or bleached
5007.1090	---其他	10	130	0						---Other
	-其他机织物，按重量计丝或绢丝（紬丝除外）含量在85%及以上：									-Other fabrics, containing 85% or more by weight of silk or of silk waste other than noil silk：
	---桑蚕丝机织物：									---Of Bombyx mori silk：
5007.2011	----未漂白（包括未练白或练白）或漂白	10	130	0	9					----Unbleached (unscoured or scoured) or bleached
5007.2019	----其他	10	130	0	9	0				----Other
	---柞蚕丝机织物：									---Of tussah silk：
5007.2021	未漂白（包括未练白或练白）或漂白	10	130	0	9					----Unbleaded (unscoured or scoured) or bleached
5007.2029	----其他	10	130	0	9					----Other
	---绢丝机织物：									---Of silk waste other than noil silk：
5007.2031	----未漂白（包括未练白或练白）或漂白	10	130	0	9					----Unbleached (unscoured or scoured) or bleached
5007.2039	----其他	10	130	0	9					----Other
5007.2090	---其他	10	130	0	9					---Of other silk
	-其他机织物：									-Other fabrics：
5007.9010	---未漂白（包括未练白或练白）或漂白	10	130	0	8.5					---Unbleached (unscoured or scoured) or bleached
5007.9090	---其他	10	130	0	8.5					---Other

第五十一章
羊毛、动物细毛或粗毛；马毛纱线及其机织物

Chapter 51
Wool, fine or coarse animal hair; horsehair yarn and woven fabric

注释：

本协调制度所称：

一、"羊毛"，是指绵羊或羔羊身上长的天然纤维。

二、"动物细毛"，是指下列动物的毛：羊驼、美洲驼、驼马、骆驼（包括单峰骆驼）、牦牛、安哥拉山羊、西藏山羊、克什米尔山羊及类似山羊（普通山羊除外）、家兔（包括安哥拉兔）、野兔、海狸、河狸鼠或麝鼠。

三、"动物粗毛"，是指以上未提及的其他动物的毛，但不包括制刷用鬃、毛（税目05.02）以及马毛（税目05.11）。

Chapter Notes:

Throughout the Nomenclature:

1. "Wool" means the natural fibre grown by sheep or lambs.

2. "Fine animal hair" means the hair of alpaca, llama, vicuna, camel (including dromedary), yak, Angora, Tibetan, Kashmir or similar goats (but not common goats), rabbit (including Angora rabbit), hare, beaver, nutria or musk-rat.

3. "Coarse animal hair" means the hair of animals not mentioned above, excluding brush-making hair and bristles (heading 05.02) and horsehair (heading 05.11).

税则号列 Tariff Item	商品名称	最惠国税率(%) M. F. N.	普通税率(%) Gen.	协定税率(%) Conventional 东盟 ASEAN	亚太 APTA	香港 H. K.	澳门 Macao	台湾 Taiwan	出口税率(%) Export	Article Description
51.01	**未梳的羊毛：**									**Wool, not carded or combed:**
	-含脂羊毛，包括剪前水洗毛：									-Greasy, including fleece-washed wool:
5101.1100	--剪羊毛	T3	T3	5						--Shorn wool
5101.1900	--其他	T3	T3	5						--Other
	-脱脂羊毛，未碳化：									-Degreased, not carbonized:
5101.2100	--剪羊毛	T3	T3	5						--Shorn wool
5101.2900	--其他	T3	T3	5						--Other
5101.3000	-碳化羊毛	T3	T3	5			0			-Carbonized
51.02	**未梳的动物细毛或粗毛：**									**Fine or coarse animal hair, not carded or combed:**
	-细毛：									-Fine animal hair:
5102.1100	--克什米尔山羊的	9	45	0						--Of kashmir (cashmere) goats
	--其他：									--Other:
5102.1910	---兔毛	9	50	0						---Of rabbit and hare
5102.1920	---其他山羊绒	9	45	0						---Of other goats
5102.1930	---骆驼毛、骆驼绒	9	45	0						---Of camel
5102.1990	---其他	9	45	0						---Other
5102.2000	-粗毛	9	50	0						-Coarse animal hair
51.03	**羊毛或动物细毛或粗毛的废料，包括废纱线，但不包括回收纤维：**									**Waste of wool or of fine or coarse animal hair, including yarn waste but excluding garnetted stock:**
	-羊毛或动物细毛的落毛：									-Noils of wool or of fine animal hair:
5103.1010	---羊毛落毛	T3	T3	5						---Of wool
5103.1090	---其他	9	50	0						---Other

税则号列 Tariff Item	商品名称	最惠国税率(%) M. F. N.	普通税率(%) Gen.	协定税率(%) Conventional 东盟 ASEAN	亚太 APTA	香港 H. K.	澳门 Macao	台湾 Taiwan	出口税率(%) Export	Article Description
	-羊毛或动物细毛的其他废料:									-Other waste of wool or of fine animal hair:
5103.2010	---羊毛废料	13.5	20	0						---Of wool
5103.2090	---其他	9	50	0						---Other
5103.3000	-动物粗毛废料	9	50	0						-Waste of coarse animal hair
51.04	**羊毛或动物细毛或粗毛的回收纤维:**									**Garnetted stock of wool or of fine or coarse animal hair:**
5104.0010	---羊毛的回收纤维	15	20	0						---Of wool
5104.0090	---其他	5	50	0						---Other
51.05	**已梳的羊毛及动物细毛或粗毛(包括精梳片毛):**									**Wool and fine or coarse animal hair, carded or combed (including combed wool in fragments):**
5105.1000	-粗梳羊毛	T3	T3							-Carded woo
	-羊毛条及其他精梳羊毛:									-Wool tops and other combed wool:
5105.2100	--精梳片毛	T3	T3							--Combed wool in fragments
5105.2900	--其他	T3	T3							--Other
	-已梳动物细毛:									-Fine animal hair, carded or combed:
5105.3100	--克什米尔山羊的	5	50	0						--Of kashmir (cashmere) goats
	--其他:									--Other:
5105.3910	---兔毛	5	70	0						---Of rabbit or hare
	---其他山羊绒:									---Of other goats:
5105.3921	----无毛山羊绒	5	50	0						----Dehaired goats wool
5105.3929	----其他	5	50	0						----Other
5105.3990	---其他	5	50	0						---Other
5105.4000	-已梳动物粗毛	5	50	0						-Coarse animal hair, carded or combed
51.06	**粗梳羊毛纱线,非供零售用:**									**Yarn of carded wool, not put up for retailsale:**
5106.1000	-按重量计羊毛含量在85%及以上	5	70	0		0	0			-Containing 85% or more by weight of wool
5106.2000	-按重量计羊毛含量在85%以下	5	70	0		0	0			-Containing less than 85% by weight of wool
51.07	**精梳羊毛纱线,非供零售用:**									**Yarn of combed wool, not put up for retail sale:**
5107.1000	-按重量计羊毛含量在85%及以上	5	70	0	2.5	0	0			-Containing 85% or more by weight of wool
5107.2000	-按重量计羊毛含量在85%以下	5	70	0			0			-Containing less than 85% by weight of wool
51.08	**动物细毛(粗梳或精梳)纱线,非供零售用:**									**Yarn of fine animal hair (carded or combed), not put up for retail sale:**
	-粗梳:									-Carded:
	---按重量计动物细毛含量在85%及以上的:									---Containing 85% or more by weight of fine animal hair:

税则号列 Tariff Item	商品名称	最惠国税率(%) M. F. N.	普通税率(%) Gen.	协定税率(%) Conventional 东盟 ASEAN	亚太 APTA	香港 H. K.	澳门 Macao	台湾 Taiwan	出口税率(%) Export	Article Description
5108.1011	----山羊绒的	5	70	0	4.3		0			----Of goats
5108.1019	----其他	5	70	0	4.3		0			----Other
5108.1090	---其他	5	70	0	4.3		0			---Other
	-精梳:									-Combed:
	---按重量计动物细毛含量在85%及以上的:									---Containing 85% or more by weight of fine animal hair:
5108.2011	----山羊绒的	5	70	0			0			----Of goats
5108.2019	----其他	5	70	0			0			----Other
5108.2090	---其他	5	70	0			0			---Other
51.09	**羊毛或动物细毛的纱线,供零售用:**									**Yarn of wool or of fine animal hair, put up for retail sale:**
	-按重量计羊毛或动物细毛含量在85%及以上:									-Containing 85% or more by weight of wool or of fine animal hair:
	---动物细毛:									---Of fine animal hair:
5109.1011	----山羊绒的	6	80	0						----Of goats
5109.1019	----其他	6	80	0			0			----Other
5109.1090	---其他	6	80	0			0			---Other
	-其他:									-Other:
	---动物细毛:									---Of fine animal hair:
5109.9011	----山羊绒的	6	80	0			0			----Of goats
5109.9019	----其他	6	80	0			0			----Other
5109.9090	---其他	6	80	0			0			---Other
51.10	**动物粗毛或马毛的纱线(包括马毛粗松螺旋花线),不论是否供零售用:**									**Yarn of coarse animal hair or of horsehair (including gimped horsehair yarn), whether or not put up for retail sale:**
5110.0000	动物粗毛或马毛的纱线(包括马毛粗松螺旋花线),不论是否供零售用	6	70	0			0			Yarn of coarse animal hair or of horse hair (including gimped horsehair yarn), whether or not put up for retail sale
51.11	**粗梳羊毛或粗梳动物细毛的机织物:**									**Woven fabrics of carded wool or of carded fine animal hair:**
	-按重量计羊毛或动物细毛含量在85%及以上:									-Containing 85% or more by weight of wool or of fine animal hair:
	--每平方米重量不超过300克:									--Of a weight not exceeding 300g/m^2:
	---动物细毛的:									---Of fine animal hair:
5111.1111	----山羊绒的	10	130	0	8.5					----Of goats
5111.1119	----其他	10	130	0	8.5					----Other
5111.1190	---其他	10	130	0	8.5		0			---Other
	--其他:									--Other:
	---动物细毛的:									---Of fine animal hair:
5111.1911	----山羊绒的	10	130	0	8.5					----Of goats
5111.1919	----其他	10	130	0	8.5					----Other

税则号列 Tariff Item	商品名称	最惠国税率(%) M. F. N.	普通税率(%) Gen.	协定税率(%) Conventional 东盟 ASEAN	亚太 APTA	香港 H. K.	澳门 Macao	台湾 Taiwan	出口税率(%) Export	Article Description
5111.1990	---其他	10	130	0	8.5					---Other
5111.2000	-其他，主要或仅与化学纤维长丝混纺	10	130	0						-Other，mixed mainly or solely with manmade filaments
5111.3000	-其他，主要或仅与化学纤维短纤混纺	10	130	0	8.5					-Other，mixed mainly or solely with manmade staple fibres
5111.9000	-其他	10	130	0						-Other
51.12	**精梳羊毛或精梳动物细毛的机织物：**									**Woven fabrics of combed wool or of combed fine animal hair：**
	-按重量计羊毛或动物细毛含量在85%及以上：									-Containing 85% or more by weight of wool or of fine animal hair：
5112.1100	--每平方米重量不超过200克	10	130	0	5	0	0			--Of a weight not exceeding 200g/m^2
5112.1900	--其他	10	130	0	5	0	0			--Other
5112.2000	其他，主要或仅与化学纤维长丝混纺	10	130	0			0			-Other，mixed mainly or solely with manmade filaments
5112.3000	-其他，主要或仅与化学纤维短纤混纺	10	130	0			0			-Other，mixed mainly or solely with manmade staple fibres
5112.9000	-其他	10	130	0			0			-Other
51.13	**动物粗毛或马毛的机织物：**									**Woven fabrics of coarse animal hair or of horsehair：**
5113.0000	动物粗毛或马毛的机织物	10	130	0			0			Woven fabrics of coarse animal hair or of horsehair

第五十二章 棉 花

Chapter 52 Cotton

子目注释：

子目 5209.42 及 5211.42 所称“粗斜纹布（劳动布）”，是指用不同颜色的纱线织成的三线或四线斜纹织物，包括破斜纹组织的织物，这种织物以经纱为面，经纱染成一种相同的颜色，纬纱未漂白或经漂白、染成灰色或比经纱稍浅的颜色。

Subheading Note:

For the purposes of subheadings 5209.42 and 5211.42, the expression “denim” means fabrics of yarns of different colours, of 3-thread or 4-thread twill, including broken twill, warp faced, the warp yarns of which are of one and the same colour and the weft yarns of which are unbleached, bleached, dyed grey or coloured a lighter shade of the colour of the warp yarns.

税则号列 Tariff Item	商品名称	最惠国税率(%) M. F. N.	普通税率(%) Gen.	协定税率(%) Conventional					出口税率(%) Export	Article Description
				东盟 ASEAN	亚太 APTA	香港 H. K.	澳门 Macao	台湾 Taiwan		
52.01	**未梳的棉花：**									**Cotton, not carded or combed:**
5201.0000	未梳的棉花	T3	T3	5						Cotton, not carded or combed
52.02	**废棉（包括废棉纱线及回收纤维）：**									**Cotton waste (including yarn waste and garnetted stock):**
5202.1000	-废棉纱线（包括废棉线）	10	30	0						-Yarn waste (including thread waste)
	-其他：									-Other:
5202.9100	--回收纤维	10	30	0		0				--Garnetted stock
5202.9900	--其他	10	30	0						--Other
52.03	**已梳的棉花：**									**Cotton, carded or combed:**
5203.0000	已梳的棉花	T3	T3							Cotton, carded or combed
52.04	**棉制缝纫线，不论是否供零售用：**									**Cotton sewing thread, whether or not put up for retail sale:**
	-非供零售用：									-Not put up for retail sale:
5204.1100	--按重量计含棉量在 85% 及以上	5	40	0			0			--Containing 85% or more by weight of cotton
5204.1900	--其他	5	40	0			0			--Other
5204.2000	-供零售用	5	50	0			0			-Put up for retail sale
52.05	**棉纱线（缝纫线除外），按重量计含棉量在 85% 及以上，非供零售用：**									**Cotton yarn (other than sewing thread), containing 85% or more by weight of cotton, not put up for retail sale:**
	-未精梳纤维纺制的单纱：									-Single yarn, of uncombed fibres:
5205.1100	--细度在 714.29 分特及以上（不超过 14 公支）	5	40	0	3.5	0	0	0		--Measuring 714.29 decitex or more (not exceeding 14 metric number)
5205.1200	--细度在 714.29 分特以下，但不细于 232.56 分特（超过 14 公支，但不超过 43 公支）	5	40	0	3.5	0		0		--Measuring less than 714.29 decitex but not less than 232.56 decitex (exceeding 14 metric number but not exceeding 43 metric number)

税则号列 Tariff Item	商品名称	最惠国税率(%) M. F. N.	普通税率(%) Gen.	协定税率(%) Conventional 东盟 ASEAN	亚太 APTA	香港 H. K.	澳门 Macao	台湾 Taiwan	出口税率(%) Export	Article Description
5205.1300	--细度在 232.56 分特以下，但不细于 192.31 分特（超过 43 公支，但不超过 52 公支）	5	40	0	3.5	0				--Measuring less than 232.56 decitex but not less than 192.31 decitex (exceeding 43 metric number but not exceeding 52 metric number)
5205.1400	--细度在 192.31 分特以下，但不细于 125 分特（超过 52 公支，但不超过 80 公支）	5	40	0	3.5	0				--Measuring less than 192.31 decitex but not less than 125 decitex (exceeding 52 metric number but not exceeding 80 metric number)
5205.1500	--细度在 125 分特以下（超过 80 公支）	5	40	0	3.5					--Measuring less than 125 decitex (exceeding 80 metric number)
	-精梳纤维纺制的单纱：									-Single yarn, of combed fibres:
5205.2100	--细度在 714.29 分特及以上（不超过 14 公支）	5	40	0	3.5	0				--Measuring 714.29 decitex or more (not exceeding 14 metric number)
5205.2200	--细度在 714.29 分特以下，但不细于 232.56 分特（超过 14 公支，但不超过 43 公支）	5	40	0	3.5	0				--Measuring less than 714.29 decitex but not less than 232.56 decitex (exceeding 14 metric number but not exceeding 43 metric number)
5205.2300	--细度在 232.56 分特以下，但不细于 192.31 分特（超过 43 公支，但不超过 52 公支）	5	40	0	3.5	0				--Measuring less than 232.56 decitex but not less than 192.31 decitex (exceeding 43 metric number but not exceeding 52 metric number)
5205.2400	--细度在 192.31 分特以下，但不细于 125 分特（超过 52 公支，但不超过 80 公支）	5	40	0	3.5	0				--Measuring less than 192.31 decitex but not less than 125 decitex (exceeding 52 metric number but not exceeding 80 metric number)
5205.2600	--细度在 125 分特以下，但不细于 106.38 分特（超过 80 公支，但不超过 94 公支）	5	40	0		0				--Measuring less than 125 decitex but not less than 106.38 decitex (exceeding 80 metric number but not exceeding 94 metric number)
5205.2700	--细度在 106.38 分特以下，但不细于 83.33 分特（超过 94 公支，但不超过 120 公支）	5	40	0		0				--Measuring less than 106.38 decitex but not less than 83.33 decitex (exceeding 94 metric number but not exceeding 120 metric number)
5205.2800	--细度在 83.33 分特以下（超过 120 公支）	5	40	0		0				--Measuring less than 83.33 decitex (exceeding 120 metric number)

税则号列 Tariff Item	商 品 名 称	最惠国税率(%) M. F. N.	普通税率(%) Gen.	协定税率（%）Conventional 东盟 ASEAN	亚太 APTA	香港 H. K.	澳门 Macao	台湾 Taiwan	出口税率(%) Export	Article Description
	-未精梳纤维纺制的多股纱线或缆线：									-Multiple (folded) or cabled yarn, of uncombed fibres:
5205.3100	--每根单纱细度在714.29分特及以上（每根单纱不超过14公支）	5	40	0	4.5	0	0			--Measuring per single yarn 714.29 decitex or more (not exceeding 14 metric number per single yarn)
5205.3200	--每根单纱细度在714.29分特以下，但不细于232.56分特（每根单纱超过14公支，但不超过43公支）	5	40	0	3.5	0	0			--Measuring per single yarn less than 714.29 decitex but not less than 232.56 decitex (exceeding 14 metric number but not exceeding 43 metric number per single yarn)
5205.3300	--每根单纱细度在232.56分特以下，但不细于192.31分特（每根单纱超过43公支，但不超过52公支）	5	40	0		0	0			--Measuring per single yarn less than 232.56 decitex but not less than 192.31 decitex (exceeding 43 metric number but not exceeding 52 metric number per single yarn)
5205.3400	--每根单纱细度在192.31分特以下，但不细于125分特（每根单纱超过52公支，但不超过80公支）	5	40	0		0	0			--Measuring per single yarn less than 192.31 decitex but not less than 125 decitex (exceeding 52 metric number but not exceeding 80 metric number per single yarn)
5205.3500	--每根单纱细度在125分特以下（每根单纱超过80公支）	5	40	0			0			--Measuring per single yarn less than 125 decitex (exceeding 80metric number per single yarn)
	-精梳纤维纺制的多股纱线或缆线：	5	40	0			0			-Multiple (folded) or cabled yarn, of combed fibres:
5205.4100	--每根单纱细度在714.29分特及以上（每根单纱不超过14公支）	5	40	0	4.5	0	0			--Measuring per single yarn 714.29 decitex or more (not exceeding 14 metric number per single yarn)
5205.4200	--每根单纱细度在714.29分特以下，但不细于232.56分特（每根单纱超过14公支，但不超过43公支）	5	40		3.5	0	0			--Measuring per single yarn less than 714.29 decitex but not less than 232.56 decitex (exceeding 14 metric number but not exceeding 43 metric number per single yarn)
5205.4300	--每根单纱细度在232.56分特以下，但不细于192.31分特（每根单纱超过43公支，但不超过52公支）	5	40	0		0	0			--Measuring per singleyarn less than 232.56 decitex but not less than 192.31 decitex (exceeding 43 metric number but not exceeding 52 metric number per single yarn)

税则号列 Tariff Item	商品名称	最惠国税率(%) M. F. N.	普通税率(%) Gen.	协定税率(%) Conventional 东盟 ASEAN	亚太 APTA	香港 H. K.	澳门 Macao	台湾 Taiwan	出口税率(%) Export	Article Description
5205.4400	--每根单纱细度在192.31分特以下，但不细于125分特（每根单纱超过52公支，但不超过80公支）	5	40	0		0	0			--Measuring per single yarn less than 192.31 decitex but not less than 125 decitex (exceeding 52 metric number but not exceeding 80 metric number per single yarn)
5205.4600	--每根单纱细度在125分特以下，但不细于106.38分特（每根单纱超过80公支，但不超过94公支）	5	40	0	4.5	0	0			--Measuring per single yarn less than 125 decitex but not less than 106.38 decitex (exceeding 80 metric number but not exceeding 94 metric number per single yarn)
5205.4700	--每根单纱细度在106.38分特以下，但不细于83.33分特（每根单纱超过94公支，但不超过120公支）	5	40	0	4.5	0	0			--Measuring per singleyarn less than 106.38 decitex but not less than 83.33 decitex (exceeding 94 metric number but not exceeding 120 metric number per single yarn)
5205.4800	--每根单纱细度在83.33分特以下（每根单纱超过120公支）	5	40	0	4.5	0	0			--Measuring per single yarn less than 83.33 decitex (exceeding 120 metric number per single yarn)
52.06	**棉纱线（缝纫线除外），按重量计含棉量在85%以下，非供零售用：**									**Cotton yarn (other than sewing thread), containing less than 85% by weight of cotton, not put up for retail sale:**
	-未精梳纤维纺制的单纱：									-Single yarn, of uncombed fibres:
5206.1100	--细度在714.29分特及以上（不超过14公支）	5	40	0	3.5	0	0			--Measuring 714.29 decitex or more (not exceeding 14 metric number)
5206.1200	--细度在714.29分特以下，但不细于232.56分特（超过14公支，但不超过43公支）	5	40	0	3.5	0	0	0		--Measuring less than 714.29 decitex but not less than 232.56 decitex (exceeding 14 metric number but not exceeding 43 metric number)
5206.1300	--细度在232.56分特以下，但不细于192.31分特（超过43公支，但不超过52公支）	5	40	0		0	0			--Measuring less than 232.56 decitex but not less than 192.31 decitex (exceeding 43 metric number but not exceeding 52 metric number)
5206.1400	--细度在192.31分特以下，但不细于125分特（超过52公支，但不超过80公支）	5	40	0		0	0			--Measuring less than 192.31 decitex but not less than 125 decitex (exceeding 52 metric number but not exceeding 80 metric number)

税则号列 Tariff Item	商品名称	最惠国税率(%) M. F. N.	普通税率(%) Gen.	协定税率(%) Conventional					出口税率(%) Export	Article Description
				东盟 ASEAN	亚太 APTA	香港 H. K.	澳门 Macao	台湾 Taiwan		
5206.1500	--细度在125分特以下(超过80公支)	5	40	0	3.5	0	0			--Measuring less than 125 decitex (exceeding 80 metric number)
	-精梳纤维纺制的单纱:									-Single yarn, of combed fibres:
5206.2100	--细度在714.29分特及以上(不超过14公支)	5	40	0	4.5	0	0			--Measuring 714.29 decitex or more (not exceeding 14 metric number)
5206.2200	--细度在714.29分特以下,但不细于232.56分特(超过14公支,但不超过43公支)	5	40	0		0	0	0		--Measuring less than 714.29 decitex but not less than 232.56 decitex (exceeding 14 metric number but not exceeding 43 metric number)
5206.2300	--细度在232.56分特以下,但不细于192.31分特(超过43公支,但不超过52公支)	5	40	0		0	0			--Measuring less than 232.56 decitex but not less than 192.31 decitex (exceeding 43 metric number but not exceeding 52 metric number)
5206.2400	--细度在192.31分特以下,但不细于125分特(超过52公支,但不超过80公支)	5	40	0		0	0	0		--Measuring less than 192.31 decitex but not less than 125 decitex (exceeding 52 metric number but not exceeding 80 metric number)
5206.2500	--细度在125分特以下(超过80公支)	5	40	0		0	0			--Measuring less than 125 decitex (exceeding 80 metric number)
	-未精梳纤维纺制的多股纱线或缆线:									-Multiple (folded) or cabled yarn, of uncombed fibres:
5206.3100	--每根单纱细度在714.29分特及以上,(每根单纱不超过14公支)	5	40	0		0	0			--Measuring per single yarn 714.29 decitex or more (not exceeding 14 metric number per single yarn)
5206.3200	--每根单纱细度在714.29分特以下,但不细于232.56分特(每根单纱超过14公支,但不超过43公支)	5	40	0		0	0			--Measuring per single yarn less than 714.29 decitex but not less than 232.56 decitex (exceeding 14 metric number but not exceeding 43 metric number per single yarn)
5206.3300	--每根单纱细度在232.56分特以下,但不细于192.31分特(每根单纱超过43公支,但不超过52公支)	5	40	0		0	0			--Measuring per single yarn less than 232.56 decitex but not less than 192.31 decitex (exceeding 43 metric number but not exceeding 52 metric number per single yarn)

税则号列 Tariff Item	商品名称	最惠国税率(%) M. F. N.	普通税率(%) Gen.	协定税率(%) Conventional 东盟 ASEAN	亚太 APTA	香港 H. K.	澳门 Macao	台湾 Taiwan	出口税率(%) Export	Article Description
5206.3400	--每根单纱细度在192.31分特以下，但不细于125分特（每根单纱超过52公支，但不超过80公支）	5	40	0		0	0			--Measuring per single yarn less than 192.31 decitex but not less than 125 decitex (exceeding 52 metric number but not exceeding 80 metric number per single yarn)
5206.3500	--每根单纱细度在125分特以下（每根单纱超过80公支）	5	40	0		0	0			--Measuring per single yarn less than 125 decitex (exceeding 80 metric number per single yarn)
	-精梳纤维纺制的多股纱线或缆线：									-Multiple (folded) or cabled yarn, of combed fibres:
5206.4100	--每根单纱细度在714.29分特及以上（每根单纱不超过14公支）	5	40	0		0	0			--Measuring per single yarn 714.29 decitex or more (not exceeding 14 metric number per single yarn)
5206.4200	--每根单纱细度在714.29分特以下，但不细于232.56分特（每根单纱超过14公支，但不超过43公支）	5	40	0		0	0			--Measuring per single yarn less than 714.29 deeitex but not less than 232.56 decitex (exceeding 14 metric number but not exceeding 43 metric number per single yarn)
5206.4300	--每根单纱细度在232.56分特以下，但不细于192.31分特（每根单纱超过43公支，但不超过52公支）	5	40	0		0	0			--Measuring per single yarn less than 232.56 decitex but not less then 192.31 decitex (exceeding 43 metric number but not exceeding 52 metric number per single yarn)
5206.4400	--每根单纱细度在192.31分特以下，但不细于125分特（每根单纱超过52公支，但不超过80公支）	5	40	0		0	0			--Measuring per single yarn less than 192.31 decitex but not less than 125 decitex (exceeding 52 metric number but not exceeding 80 metric number per single yarn)
5206.4500	--每根单纱细度在125分特以下（每根单纱超过80公支）	5	40	0		0	0			--Measuring per single yarn less than 125 decitex (exceeding 80 metric number per single yarn)
52.07	**棉纱线（缝纫线除外），供零售用：**									**Cotton yarn (other than sewing thread) put up for retail sale:**
5207.1000	-按重量计含棉量在85%及以上	6	50	0	5		0			-Containing 85% or more by weight of cotton
5207.9000	-其他	6	50	0			0			-Other
52.08	**棉机织物，按重量计含棉量在85%及以上，每平方米重量不超过200克：**									**Woven fabrics of cotton, containing 85% or more by weight of cotton, weighing not more than 200g/m²:**
	-未漂白：									-Unbleached:

税则号列 Tariff Item	商品名称	最惠国税率(%) M. F. N.	普通税率(%) Gen.	协定税率(%) Conventional					出口税率(%) Export	Article Description
				东盟 ASEAN	亚太 APTA	香港 H. K.	澳门 Macao	台湾 Taiwan		
5208.1100	--平纹机织物，每平方米重量不超过100克	10	70	0		0				--Plain weave, weighing not more than 100g/m²
5208.1200	--平纹机织物，每平方米重量超过100克	10	70	0		0				--Plain weave, weighing more than 100g/m²
5208.1300	--三线或四线斜纹机织物，包括双面斜纹机织物	10	70	0	8.5	0				--3-thread or 4-thread twill, including cross twill
5208.1900	--其他机织物	10	70	0		0				--Other fabrics
	-漂白：									-Bleached:
5208.2100	--平纹机织物，每平方米重量不超过100克	10	70	0		0				--Plain weave, weighing not more than 100g/m²
5208.2200	--平纹机织物，每平方米重量超过100克	10	70	0		0				--Plain weave, weighing more than 100g/m²
5208.2300	--三线或四线斜纹机织物，包括双面斜纹机织物	12	70	0		0				--3-thread or 4-thread twill, including cross twill
5208.2900	--其他机织物	10	70	0		0				--Other fabrics
	-染色：									-Dyed:
5208.3100	--平纹机织物，每平方米重量不超过100克	10	70	0		0		0		--Plain weave, weighing not more than 100g/m²
5208.3200	--平纹机织物，每平方米重量超过100克	10	70	0	8.5	0		0		--Plain weave, weighing more than 100g/m²
5208.3300	--三线或四线斜纹机织物，包括双面斜纹机织物	10	70	0	8.5	0				--3-thread or 4-thread twill, including cross twill
5208.3900	--其他机织物	10	70	0	8.5	0		0		--Other fabrics
	-色织：									-Of yarns of different colours:
5208.4100	--平纹机织物，每平方米重量不超过100克	10	70	0		0				--Plain weave, weighing not more than 100g/m²
5208.4200	--平纹机织物，每平方米重量超过100克	10	70	0	7	0		0		--Plain weave, weighing more than 100g/m²
5208.4300	--三线或四线斜纹机织物，包括双面斜纹机织物	10	70	0		0				--3-thread or 4-thread twill, including cross twill
5208.4900	--其他机织物	10	70	0	9	0				--Other fabrics
	-印花：									-Printed:
5208.5100	--平纹机织物，每平方米重量不超过100克	10	70	0		0				--Plain weave, weighing not more than 100g/m²
5208.5200	--平纹机织物，每平方米重量超过100克	10	70	0	8.5	0				--Plain weave, weighing more than 100g/m²
	--其他机织物：									--Other fabrics:
5208.5910	---三线或四线斜纹机织物，包括双面斜纹机织物	10	70	0		0				---3-thread or 4-thread twill, including cross twill
5208.5990	---其他	10	70	0	8.5			0		---Other
52.09	**棉机织物，按重量计含棉量在85%及以上，每平方米重量超过200克：**									**Woven fabrics of cotton, containing 85% or more by weight of cotton, weighing more than 200g/m²:**
	-未漂白：									-Unbleached:
5209.1100	--平纹机织物	10	70	5		0				--Plain weave

税则号列 Tariff Item	商品名称	最惠国税率(%) M. F. N.	普通税率(%) Gen.	协定税率(%) Conventional 东盟 ASEAN	亚太 APTA	香港 H. K.	澳门 Macao	台湾 Taiwan	出口税率(%) Export	Article Description
5209.1200	--三线或四线斜纹机织物，包括双面斜纹机织物	10	70	0	7	0				--3-thread or 4-thread twill, including cross twill
5209.1900	--其他机织物	10	70	0		0				--Other fabrics
	-漂白：									-Bleached:
5209.2100	--平纹机织物	12	70	0		0				--Plain weave
5209.2200	--三线或四线斜纹机织物，包括双面斜纹机织物	12	70	0		0				--3-thread or 4-thread twill, including cross twill
5209.2900	--其他机织物	12	70	0		0				--Other fabrics
	-染色：									-Dyed:
5209.3100	--平纹机织物	10	70	0	8.5	0		0		--Plain weave
5209.3200	--三线或四线斜纹机织物，包括双面斜纹机织物	10	70	0	8.5	0		0		--3-thread or 4-thread twill, including cross twill
5209.3900	--其他机织物	10	70	0	8.5	0		0		--Other fabrics
	-色织：									-Of yarns of different colours:
5209.4100	--平纹机织物	10	70	0		0		0		--Plain weave
5209.4200	--粗斜纹布（劳动布）	10	70	0	8.5	0	0	0		--Denim
5209.4300	--其他三线或四线斜纹机织物，包括双面斜纹机织物	10	70	0	9.3	0				--Other fabrics of 3-thread or 4-thread twill, including cross twill
5209.4900	--其他机织物	10	70	0		0				--Other fabrics
	-印花：									-Printed:
5209.5100	--平纹机织物	10	70	0	9.3	0				--Plain weave
5209.5200	--三线或四线斜纹机织物，包括双面斜纹机织物	10	70	0		0				--3-thread or 4-thread twill, including cross twill
5209.5900	--其他机织物	10	70	0	8.5	0				--Other fabrics
52.10	**棉机织物，按重量计含棉量在85%以下，主要或仅与化学纤维混纺，每平方米重量不超过200克：**									**Woven fabrics of cotton, containing less than 85% by weight of cotton, mixed mainly or solely with manmade fibres, weighing not more than 200g/m²:**
	-未漂白：									-Unbleached:
5210.1100	--平纹机织物	12	90	0	10.2	0				--Plain weave
	--其他机织物：									--Other fabrics:
5210.1910	---三线或四线斜纹机织物，包括双面斜纹机织物	12	90	0		0				---3-thread or 4-thread twill, including cross twill
5210.1990	---其他	12	90	0		0				---Other
	-漂白：									-Bleached:
5210.2100	--平纹机织物	14	90	0		0				--Plain weave
	--其他机织物：									--Other fabrics:
5210.2910	---三线或四线斜纹机织物，包括双面斜纹机织物	14	90	0		0				---3-thread or 4-thread twill, including cross twill
5210.2990	---其他	14	90	0						---Other
	-染色：									-Dyed:
5210.3100	--平纹机织物	10	90	0	8.5	0		0		--Plain weave

税则号列 Tariff Item	商品名称	最惠国税率(%) M. F. N.	普通税率(%) Gen.	协定税率(%) Conventional 东盟 ASEAN	亚太 APTA	香港 H. K.	澳门 Macao	台湾 Taiwan	出口税率(%) Export	Article Description
5210.3200	--三线或四线斜纹机织物，包括双面斜纹机织物	10	90	0	8.5	0				--3-thread or 4-thread twill, including cross twill
5210.3900	--其他机织物	10	90	0	8.5	0		0		--Other fabrics
	-色织：									-Of yarns of different colours:
5210.4100	--平纹机织物	10	90	0		0		0		--Plain weave
	--其他机织物：									--Other fabrics:
5210.4910	---三线或四线斜纹机织物，包括双面斜纹机织物	10	90	0		0				---3-thread or 4-thread twill, including cross twill
5210.4990	---其他	10	90	0		0		0		---Other
	-印花：									-Printed:
5210.5100	--平纹机织物	10	90	0						--Plain weave
	--其他机织物：									--Other fabrics:
5210.5910	---三线或四线斜纹机织物，包括双面斜纹机织物	10	90	0						---3-thread or 4-thread twill, including cross twill
5210.5990	---其他	10	90	0						---Other
52.11	**棉机织物，按重量计含棉量在85%以下，主要或仅与化学纤维混纺，每平方米重量超过200克：**									**Woven fabrics of cotton, containing less than 85% by weight of cotton, mixed mainly or solely with man-made fibres, weighing more than 200g/m²:**
	-未漂白：									-Unbleached:
5211.1100	--平纹机织物	12	90	0		0				--Plain weave
5211.1200	--三线或四线斜纹机织物，包括双面斜纹机织物	12	90	0		0				--3-thread or 4-thread twill, including cross twill
5211.1900	--其他机织物	12	90	0		0				--Other fabrics
5211.2000	-漂白	14	90	0		0				-Bleached
	-染色：									-Dyed:
5211.3100	--平纹机织物	10	90	0	8.5	0				--Plain weave
5211.3200	--三线或四线斜纹机织物，包括双面斜纹机织物	10	90	0	8.5	0				--3-thread or 4-thread twill, including cross twill
5211.3900	--其他机织物	10	90	0	8.5	0		0		--Other fabrics
	-色织：									-Of yarns of different colours:
5211.4100	--平纹机织物	10	90	0		0				--Plainweave
5211.4200	--粗斜纹布（劳动布）	10	90	0		0				--Denim
5211.4300	--其他三线或四线斜纹机织物，包括双面斜纹机织物	10	90	0		0				--Other fabrics of 3-thread or 4-thread twill, including cross twill
5211.4900	--其他机织物	10	90	0						--Other fabrics
	-印花：									-Printed:
5211.5100	--平纹机织物	10	90	0						--Plain weave
5211.5200	--三线或四线斜纹机织物，包括双面斜纹机织物	10	90	0						--3-thread or 4-thread twill, including cross twill
5211.5900	--其他机织物	10	90	0	8.5					--Other fabrics
52.12	**其他棉机织物：**									**Other woven fabrics of cotton:**

税则号列 Tariff Item	商品名称	最惠国税率(%) M. F. N.	普通税率(%) Gen.	协定税率(%) Conventional 东盟 ASEAN	亚太 APTA	香港 H. K.	澳门 Macao	台湾 Taiwan	出口税率(%) Export	Article Description
	-每平方米重量不超过200克：									-Weighing not more than $200g/m^2$:
5212.1100	--未漂白	12	80	0		0				--Unbleached
5212.1200	--漂白	14	80	0		0				--Bleached
5212.1300	--染色	10	80	0		0				--Dyed
5212.1400	--色织	10	80	0						--Of yarns of different colours
5212.1500	--印花	10	80	0						--Printed
	-每平方米重量超过200克：									-Weighing more than $200g/m^2$:
5212.2100	--未漂白	12	80	0		0				--Unbleached
5212.2200	--漂白	14	80	0		0				--Bleached
5212.2300	--染色	10	80	0		0				--Dyed
5212.2400	--色织	10	80	0						--Of yarns of different colours
5212.2500	--印花	10	80	0						--Printed

第五十三章
其他植物纺织纤维；纸纱线及其机织物

Chapter 53
Other vegetable textile fibres; paper yarn and woven fabrics of paper yarn

税则号列 Tariff Item	商品名称	最惠国税率(%) M. F. N.	普通税率(%) Gen.	协定税率(%) Conventional 东盟 ASEAN	亚太 APTA	香港 H. K.	澳门 Macao	台湾 Taiwan	出口税率(%) Export	Article Description
53.01	**亚麻，生的或经加工但未纺制的；亚麻短纤及废麻(包括废麻纱线及回收纤维)：**									**Flax, raw or processed but not spun; flax tow and waste (including yarn waste and garnetted stock):**
5301.1000	-生的或经沤制的亚麻	6	30	0						-Flax, raw or retted
	-破开、打成、栉梳或经其他加工但未纺制的亚麻：									-Flax, broken, scutched, hackled or otherwise processed, but not spun:
5301.2100	--破开的或打成的	6	30	0						--Broken or scutched
5301.2900	--其他	6	30	0						--Other
5301.3000	-亚麻短纤及废麻	6	30	0						-Flax tow and waste
53.02	**大麻，生的或经加工但未纺制的；大麻短纤及废麻(包括废麻纱线及回收纤维)：**									**True hemp (*Cannabis sativa L*), raw or processed but not spun; tow and waste of true hemp (including yarn waste and garnetted stock):**
5302.1000	-生的或经沤制的大麻	6	30	0						-True hemp, raw or retted
5302.9000	-其他	6	30	0						-Other
53.03	**黄麻及其他纺织用韧皮纤维(不包括亚麻、大麻及苎麻)，生的或经加工但未纺制的；上述纤维的短纤及废麻(包括废纱线及回收纤维)：**									**Jute and other textile bast fibres (excluding flax, true hemp and ramie), raw or processed but not spun; tow and waste of these fibres (including yarn waste and garnetted stock):**
5303.1000	-生的或经沤制的黄麻及其他纺织用韧皮纤维	5	20	0						-Jute and other textile bast fibres, raw or retted
5303.9000	-其他	5	30	0						-Other
53.05	**椰壳纤维、蕉麻(马尼拉麻)、苎麻及其他税号未列名的纺织用植物纤维，生的或经加工但未纺制的；上述纤维的短纤、落麻及废料(包括废纱线及回收纤维)：**									**Coconut, abaca (Manila hemp or *Musatextilis Nee*), ramie and other vegetable textile fibres, not elsewhere specified or included, raw or processed but not spun; tow, noils and waste of these fibres (including yarn waste and garnetted stock):**
	---苎麻：									---Remie:
5305.0011	----生的	5	30	0						----Raw
5305.0012	----经加工但未纺制的	5	30	0						----Processed but not spun
5305.0013	----短纤及废料	5	30	0						----Tow and waste
5305.0019	----其他	5	20	0						----Other
5305.0020	---蕉麻	3	20	0						---Of abaca

税则号列 Tariff Item	商品名称	最惠国税率(%) M. F. N.	普通税率(%) Gen.	协定税率(%) Conventional 东盟 ASEAN	亚太 APTA	香港 H. K.	澳门 Macao	台湾 Taiwan	出口税率(%) Export	Article Description
	---其他：									---Other：
5305.0091	----西沙尔麻及其他纺织用龙舌兰类纤维	5	30	0						----Sisal and other textile fibres of the genus Agave，raw
5305.0092	----椰壳纤维	5	30	0	4					----Of coconut (coir)
5305.0099	----其他	5	30	0						----Other
53.06	**亚麻纱线：**									**Flax yarn：**
5306.1000	-单纱	6	50	0		0	0			-Single
5306.2000	-多股纱线或缆线	10	50	0		0	0			-Multiple (folded) or cabled
53.07	**黄麻纱线或税目53.03的其他纺织用韧皮纤维纱线：**									**Yarn of jute or of other textile bast fibres of heading 53.03：**
5307.1000	-单纱	6	35	0			0			-Single
5307.2000	-多股纱线或缆线	6	35	0			0			-Multiple (folded) or cabled
53.08	**其他植物纺织纤维纱线；纸纱线：**									**Yarn of other vegetable textile fibres; paper yarn：**
5308.1000	-椰壳纤维纱线	6	45	0			0			-Coir yarn
5308.2000	-大麻纱线	6	45	0			0			-True hemp yarn
	-其他：									-Other：
	---苎麻纱线：									---Ramie yarn：
5308.9011	----按重量计苎麻含量在85%及以上的未漂白或漂白纱线	6	50	0			0			----Containing 85% or more by weight of ramie，unbleached or bleached yarn
5308.9012	----按重量计苎麻含量在85%及以上的色纱线	6	50	0			0			----Containing 85% or more by weight of ramie，coloured yarn
5308.9013	----按重量计苎麻含量在85%以下的未漂白或漂白纱线	6	50	0			0			----Containing less than 85% by weight of ramie，unbleached or bleached yarn
5308.9014	----按重量计苎麻含量在85%以下的色纱线	6	50	0			0			----Containing less than 85% by weight of coloured yarn
	---其他：									---Other：
5308.9091	----纸纱线	6	70	0			0			----Paper yarn
5308.9099	----其他	6	45	0			0			----Other
53.09	**亚麻机织物：**									**Woven fabrics of flax：**
	-按重量计亚麻含量在85%及以上：									-Containing 85% or more by weight of flax：
	--未漂白或漂白：									--Unbleached or bleached：
5309.1110	---未漂白	10	80	0						---Unbleached
5309.1120	---漂白	10	80	0						---Bleached
5309.1900	--其他	10	80	0	9.3	0				--Other
	-按重量计亚麻含量在85%以下：									-Containing less than 85% by weight of flax：
	--未漂白或漂白：									--Unbleached or bleached：
5309.2110	---未漂白	10	80	0			0			---Unbleached
5309.2120	---漂白	10	80	0			0			---Bleached
5309.2900	--其他	10	80	0	8.5	0	0			--Other

税则号列 Tariff Item	商品名称	最惠国税率(%) M. F. N.	普通税率(%) Gen.	协定税率(%) Conventional 东盟 ASEAN	亚太 APTA	香港 H. K.	澳门 Macao	台湾 Taiwan	出口税率(%) Export	Article Description
53.10	**黄麻或税目53.03的其他纺织用韧皮纤维机织物：**									**Woven fabrics of jute or of other textilebast fibres of heading 53.03:**
5310.1000	-未漂白	10	40	0						-Unbleached
5310.9000	-其他	10	40	0						-Other
53.11	**其他纺织用植物纤维机织物；纸纱线机织物：**									**Woven fabrics of other vegetable textile fibres; woven fabrics of paper yarn:**
	---苎麻的：									---Of ramie:
5311.0012	----按重量计苎麻含量在85%及以上的未漂白机织物	10	80	0			0			----Containing 85% or more by weight of ramie, unbleached woven fabrics
5311.0013	----按重量计苎麻含量在85%及以上的其他机织物	12	80	0			0			----Containing 85% or more by weight of ramie, other woven fabrics
5311.0014	----按重量计苎麻含量在85%以下的未漂白机织物	10	80	0						----Containing less than 85% by weight of ramie, unbleached woven fabrics
5311.0015	----按重量计苎麻含量在85%以下的其他机织物	12	80	0			0			----Containing less than 85% by weight of ramie, other woven fabrics
5311.0020	---纸纱线的	10	90	0						---Of paper yarn
5311.0030	---大麻的	10	50	0	9.3					---Of true hemp
5311.0090	---其他	10	50	0	9.3					---Other

第五十四章
化学纤维长丝；化学纤维纺织材料制扁条及类似品

Chapter 54
Man-made filaments; strip and the like of man-made textile materials

注释：

一、本协调制度所称"化学纤维"，是指通过下列任一方法加工制得的有机聚合物的短纤或长丝：

（一）将有机单体物质加以聚合而制成的聚合物，例如，聚酰胺、聚酯、聚烯烃、聚氨基甲酸酯；或通过上述加工得到的聚合物经化学改性制得（例如，聚乙酸乙烯酯水解制得的聚乙烯醇）；或

（二）将天然有机聚合物（例如，纤维素）溶解或化学处理制成聚合物，例如，铜铵纤维或粘胶纤维；或将天然有机聚合物（例如，纤维素、酪蛋白及其他蛋白质或藻酸）经化学改性制成聚合物，例如，醋酸纤维素纤维或藻酸盐纤维。

对于化学纤维，所称"合成"，是指（一）款所述的纤维；所称"人造"，是指（二）款所述的纤维。税目54.04或54.05的扁条及类似品不视作化学纤维。

对于纺织材料，所称"化学纤维""合成纤维"及"人造纤维"，其含义应与上述解释相同。

二、税目54.02及54.03不适用于第五十五章的合成纤维或人造纤维的长丝丝束。

Chapter Notes:

1. Throughout the Nomenclature, the term "man-made fibres" means staple fibres and filaments of organic polymers produced by manufacturing processes, either:

(a) By polymerisation of organic monomers to produce polymers such as polyamides, polyesters, polyolefins or polyurethanes, or by chemical modification of polymers produced by this process (for example, poly (vinyl alcohol) prepared by the hydrolysis of poly (vinyl acetate)); or

(b) By dissolution or chemical treatment of natural organic polymers (for example, cellulose) to produce polymers such as cuprammonium rayon (cupro) or viscose rayon, or by chemical modification of natural organic polymers (for example, cellulose, casein and other proteins, or alginic acid), to produce polymers such as cellulose acetate or alginates.

The terms "synthetic" and "artificial", used in relation to fibres, mean: synthetic: fibres as defined at (a); artificial: fibres as defined at (b). Strip and the like of heading 54.04 or 54.05 are not considered to be man-made fibres.

The terms "man-made" "synthetic" and "artificial" shall have the same meanings when used in relation to "textile materials".

2. Headings 54.02 and 54.03 do not apply to synthetic or artificial filament tow of Chapter 55.

税则号列 Tariff Item	商品名称	最惠国税率(%) M.F.N.	普通税率(%) Gen.	协定税率(%) Conventional 东盟 ASEAN	亚太 APTA	香港 H.K.	澳门 Macao	台湾 Taiwan	出口税率(%) Export	Article Description
54.01	**化学纤维长丝纺制的缝纫线，不论是否供零售用：**									**Sewing thread of man-made filaments, whether or not put up for retail sale:**
	-合成纤维长丝纺制：									-Of synthetic filaments:
5401.1010	---非供零售用	5	70	0		0	0	0		---Not put up for retail sale
5401.1020	---供零售用	5	90	0						---Put up for retail sale
	-人造纤维长丝纺制：									-Of artificial filaments:
5401.2010	---非供零售用	5	35	0						---Not put up for retail sale
5401.2020	---供零售用	5	90	0						---Put up for retail sale

税则号列 Tariff Item	商品名称	最惠国税率(%) M. F. N.	普通税率(%) Gen.	协定税率(%) Conventional					出口税率(%) Export	Article Description
				东盟 ASEAN	亚太 APTA	香港 H. K.	澳门 Macao	台湾 Taiwan		
54.02	**合成纤维长丝纱线（缝纫线除外），非供零售用，包括细度在67分特以下的合成纤维单丝：**									**Synthetic filament yarn (other than sewing thread), not put up for retail sale, including synthetic monofilament of less than 67 decitex:**
	-尼龙或其他聚酰胺纺制的高强力纱，不论是否经变形加工：									-High tenacity yarn of nylon or other polyamides, whether or not through texturing processing:
	--芳香族聚酰胺纺制：									--Of aramids:
5402.1110	---聚间苯二甲酰间苯二胺纺制	5	70	0			0			---Of polyisophthaloyl metaphenylene diamine
5402.1120	---聚对苯二甲酰对苯二胺纺制	5	70	0			0			---Of poly-p-phenylene terephthamide
5402.1190	---其他	5	70	0			0			---Other
	--其他：									--Other:
5402.1910	---聚酰胺-6（尼龙-6）纺制的	5	70	0			0			---Of nylon-6
5402.1920	---聚酰胺-6,6(尼龙-6,6)纺制的	5	70	0			0			---Of nylon-6,6
5402.1990	---其他	5	70	0			0			---Other
5402.2000	-聚酯高强力纱，不论是否经变形加工	5	70	0			0	0		-High tenacity yarn of nylon or other polyamides, whether or not through texturing processing
	-变形纱线：									-Textured yarn:
	--尼龙或其他聚酰胺纺制，每根单纱细度不超过50特：									--Of nylon or other polyamides, measuring per single yarn not more than 50 tex:
	---弹力丝：									---Elastic filament:
5402.3111	----聚酰胺-6（尼龙-6）纺制	5	80	0		0	0			----Of nylon-6
5402.3112	----聚酰胺-6,6(尼龙-6,6)纺制	5	80	0		0	0			----Of nylon-6,6
5402.3113	----芳香族聚酰胺纺制	5	80	0		0	0			----Of aramides
5402.3119	----其他	5	80	0		0	0			----Other
5402.3190	---其他	5	70	0		0	0			---Other
	--尼龙或其他聚酰胺纺制，每根单纱细度超过50特：									--Of nylon or other polyamides, measuring per single yarn more than 50 tex:
	---弹力丝：									---Elastic filament:
5402.3211	----聚酰胺-6(尼龙-6)纺制	5	80	0		0	0			----Of nylon-6
5402.3212	----聚酰胺-6,6(尼龙-6,6)纺制	5	80	0		0	0			----Of nylon-6,6

税则号列 Tariff Item	商品名称	最惠国税率(%) M. F. N.	普通税率(%) Gen.	协定税率(%) Conventional 东盟 ASEAN	亚太 APTA	香港 H. K.	澳门 Macao	台湾 Taiwan	出口税率(%) Export	Article Description
5402.3213	----芳香族聚酰胺纺制	5	80	0		0	0			----Of aramides
5402.3219	----其他	5	80	0		0	0			----Other
5402.3290	---其他	5	70	0	4.5	0	0			---Other
	--聚酯纺制：									--Of polyesters：
5402.3310	---弹力丝	5	90	0			0	0		---Elastic filament
5402.3390	---其他	5	70				0			---Other
5402.3400	--聚丙烯纺制	5	70	0			0			--Of polypropylene
5402.3900	--其他	5	70	0			0			--Other
	-其他单纱，未加捻或捻度每米不超过50转：									-Other yarn，single，untwisted or with a twist not exceeding 50 turns per metre：
	--弹性纱线：									--Elastomeric：
5402.4410	---氨纶纱线	5	70	0			0			---Of polyurethane
5402.4490	---其他	5	70	0	4.7	0	0			---Other
	--其他，尼龙或其他聚酰胺纱线：									--Other，of nylon or other polyamides：
5402.4510	---聚酰胺6（尼龙6）纺制的	5	70	0	4.7		0			---Of nylon-6
5402.4520	---聚酰胺-6,6(尼龙-6,6)纺制的	5	70	0	4.7		0			---Of nylon-6,6
5402.4530	---芳香族聚酰胺纺制的	5	70	0	4.7		0			---Of aramides
5402.4590	---其他	5	70	0	4.7		0			---Other
5402.4600	--其他，部分定向聚酯纱线	5	70				0			--Other，of polyesters，partially oriented
5402.4700	--其他，聚酯纱线	5	70		4.7		0			--Other，of polyesters
5402.4800	--其他，聚丙烯纱线	5	70	0			0			--Other，of polypropylene
	--其他：									--Other：
5402.4910	---断裂强度大于等于22cN/dtex，且初始模量大于等于750cN/dtex的聚乙烯纱线	5	70	0			0			---Of polyethylene（having an breaking strength of 22cN/dtex or more and initial modulus of 750cN/dtex or more）
5402.4990	---其他	5	70	0			0			---Other
	-其他单纱，捻度每米超过50转：									-Other，yarn，single，with a twist exceeding 50 turns per metre：
	--尼龙或其他聚酰胺纱线：									--Of nylon or other polyamides：
5402.5110	---聚酰胺-6（尼龙-6）制	5	70				0			---Of nylon-6
5402.5120	---聚酰胺-6,6(尼龙-6,6)制	5	70	0			0			---Of nylon-6,6
5402.5130	---芳香族聚酰胺制	5	70	0			0			---Of aramides
5402.5190	---其他	5	70	0			0			---Other
5402.5200	--聚酯纱线	5	70		4.3		0			--Of polyesters
5402.5300	--聚丙烯纱线	5	70	0			0			--Of polypropylene
	--其他：									--Other：

税则号列 Tariff Item	商品名称	最惠国税率(%) M. F. N.	普通税率(%) Gen.	协定税率(%) Conventional 东盟 ASEAN	亚太 APTA	香港 H. K.	澳门 Macao	台湾 Taiwan	出口税率(%) Export	Article Description
5402.5920	---断裂强度大于等于22cN/dtex，且初始模量大于等于750cN/dtex的聚乙烯纱线	5	70	0			0			---Of polyethylene, of which breaking strength≥22cN/dtex and initial modulus ≥750cN/dtex
5402.5990	---其他	5	70	0			0			---Other
	-其他纱线（多股纱线或缆线）：									-Other yarn, multiple (folded) or cabled:
	--尼龙或其他聚酰胺纺制：									--Of nylon or other polyamides:
5402.6110	---聚酰胺-6(尼龙-6)制	5	70	0			0			---Of nylon-6
5402.6120	---聚酰胺-6,6(尼龙-6,6)制	5	70	0			0			---Of nylon-6,6
5402.6130	---芳香族聚酰胺制	5	70	0			0			---Of aramides
5402.6190	---其他	5	70	0			0			---Other
5402.6200	--聚酯纺制	5	70	0			0	0		--Of polyesters
5402.6300	--聚丙烯纺制	5	70	0			0			--Of polypropylene
	--其他：									--Other:
5402.6920	---氨纶纱线	5	70	0			0			---Of polyurethane
5402.6990	---其他	5	70	0			0			---Other
54.03	**人造纤维长丝纱线（缝纫线除外），非供零售用，包括细度在67分特以下的人造纤维单丝：**									**Artificial filament yarn (other than sewing thread), not put up for retail sale, including artificial monofilament of less than 67 decitex:**
5403.1000	-粘胶纤维纺制的高强力纱	5	35	0			0			-High tenacity yarn of viscose rayon
	-其他单纱：									-Other yarn, single:
	--粘胶纤维纺制，未加捻或捻度每米不超过120转：									--Of viscose rayon, untwisted or with a twist not exceeding 120 turns per metre:
5403.3110	---竹制	5	35	0			0			---Of bamboo
5403.3190	---其他	5	35	0			0			---Other
	--粘胶纤维纺制，捻度每米超过120转：									--Of viscose rayon, with a twist exceeding 120 turns per metre:
5403.3210	---竹制	5	35	0			0			---Of bamboo
5403.3290	---其他	5	35	0			0			---Other
	--醋酸纤维纺制：									--Of cellulose acetate:
5403.3310	---二醋酸纤维纺制	5	40	0			0			---Of cellulose diacetate
5403.3390	---其他	5	35	0			0			---Other
5403.3900	--其他	5	35	0			0			--Other
	-其他纱线（多股纱线或缆线）：									-Other, yarn, multiple (folded) or cabled:
5403.4100	--粘胶纤维纺制	5	35	0			0			--Of viscose rayon

税则号列 Tariff Item	商　品　名　称	最惠国税率(%) M. F. N.	普通税率(%) Gen.	协定税率（%）Conventional 东盟 ASEAN	亚太 APTA	香港 H. K.	澳门 Macao	台湾 Taiwan	出口税率(%) Export	Article Description
5403.4200	--醋酸纤维纺制	5	35	0			0			--Of cellulose acetate
5403.4900	--其他	5	35	0			0			--Other
54.04	**截面尺寸不超过1毫米，细度在67分特及以上的合成纤维单丝；表观宽度不超过5毫米的合成纤维纺织材料制扁条及类似品（例如，人造草）：**									**Synthetic monofilament of 67 decitex or more and of which no cross-sectional dimension exceeding 1mm; strip and the like (for example, artificial straw) of synthetic textile materials of an apparent width not exceeding 5mm:**
	-单丝：									-Monofilament:
5404.1100	--弹性单丝	5	80	0		0				--Elastomeric
5404.1200	--其他，聚丙烯单丝	5	80	0		0				--Other, of polypropylene
5404.1900	--其他	5	80	0		0				--Other
5404.9000	-其他	5	80	0			0			-Other
54.05	**截面尺寸不超过1毫米，细度在67分特及以上的人造纤维单丝；表观宽度不超过5毫米的人造纤维纺织材料制扁条及类似品（例如，人造草）：**									**Artificial monofilament of 67 decitex or more and of which no cross-sectional dimension exceeds 1mm; strip and the like (for example, artificial straw) of artificial textile materials of an apparent width not exceeding 5mm:**
5405.0000	截面尺寸不超过1毫米，细度在67分特及以上的人造纤维单丝；表观宽度不超过5毫米的人造纤维纺织材料制扁条及类似品（例如，人造草）	5	80	0			0			Artificial monofilament of 67 decitex or more and of which no cross-sectional dimension exceeds 1mm; strip and the like (for example, artificial straw) of artificial textile materials of an apparent width not exceeding 5mm
54.06	**化学纤维长丝纱线（缝纫线除外），供零售用：**									**Man-made filament yarn (other than sewing thread), put up for retail sale:**
5406.0010	---合成纤维长丝纱线	5	90	0			0			---Synthetic filament yarn
5406.0020	---人造纤维长丝纱线	5	90	0			0			---Artificial filament yarn
54.07	**合成纤维长丝纱线的机织物，包括税目54.04所列材料的机织物：**									**Wove fabrics of synthetic filament yarn, including woven fabrics obtained from materials of heading 54.04:**
	-尼龙或其他聚酰胺高强力纱、聚酯高强力纱纺制的机织物：									-Woven fabrics obtained from high tenacity yarn of nylon or other polyamides or of polyesters:

税则号列 Tariff Item	商品名称	最惠国税率（%）M. F. N.	普通税率（%）Gen.	协定税率（%）Conventional 东盟 ASEAN	亚太 APTA	香港 H. K.	澳门 Macao	台湾 Taiwan	出口税率（%）Export	Article Description
5407.1010	---尼龙或其他聚酰胺高强力纱纺制	10	130	0		0		0		---Of nylon or other polyamides
5407.1020	---聚酯高强力纱纺制	10	130	0				0		---Of polyesters
5407.2000	-扁条及类似品的机织物	10	130	0						-Woven fabrics obtained from strip or the like
5407.3000	-第十一类注释九所列的机织物	10	130	0						-Fabrics specified in Note 9 to Section Ⅺ
	-其他机织物，按重量计尼龙或其他聚酰胺长丝含量在85%及以上：									-Other woven fabrics, containing 85% or more by weight of filaments of nylon or other polyamides:
5407.4100	--未漂白或漂白	10	130	0		0		0		--Unbleached or bleached
5407.4200	--染色	10	130	0	9.5	0	0	0		--Dyed
5407.4300	--色织	10	130	0	7	0		0		--Of yarns of different colours
5407.4400	--印花	10	130	0						--Printed
	-其他机织物，按重量计聚酯变形长丝含量在85%及以上：									-Other woven fabrics, containing 85% or more by weight of textured polyester filaments:
5407.5100	--未漂白或漂白	10	130	0	7			0		--Unbleached or bleached
5407.5200	--染色	10	130	0	9.5	0		0		--Dyed
5407.5300	--色织	10	130	0				0		--Of yarns of different colours
5407.5400	--印花	10	130	0				0		--Printed
	-其他机织物，按重量计聚酯长丝含量在85%及以上：									-Other woven fabrics, containing 85% or more by weight of polyester filaments:
5407.6100	--按重量计聚酯非变形长丝含量在85%及以上	10	130	0	9.5	0	0	0		--Containing 85% or more by weight of non-textured polyester filaments
5407.6900	--其他	10	130	0	9.5			0		--Other
	-其他机织物，按重量计其他合成纤维长丝含量在85%及以上：									-Other woven fabrics, containing 85% or more by weight of synthetic filaments:
5407.7100	--未漂白或漂白	10	130	0	8.8	0		0		--Unbleached or bleached
5407.7200	--染色	10	130	0	9.5	0		0		--Dyed
5407.7300	--色织	10	130	0						--Of yarns of different colours
5407.7400	--印花	10	130	0	9.5					--Printed
	-其他机织物，按重量计其他合成纤维长丝含量在85%以下，主要或仅与棉混纺：									-Other woven fabrics, containing less than 85% by weight of synthetic filaments, mixed mainly or solely with cotton:
5407.8100	--未漂白或漂白	10	130	0		0				--Unbleached or bleached
5407.8200	--染色	10	130	0		0		0		--Dyed
5407.8300	--色织	10	130	0				0		--Of yarns of different colours
5407.8400	--印花	10	130	0						--Printed
	-其他机织物：									-Other woven fabrics:
5407.9100	--未漂白或漂白	10	130	0		0				--Unbleached or bleached

税则号列 Tariff Item	商品名称	最惠国税率(%) M. F. N.	普通税率(%) Gen.	协定税率(%) Conventional 东盟 ASEAN	亚太 APTA	香港 H. K.	澳门 Macao	台湾 Taiwan	出口税率(%) Export	Article Description
5407.9200	--染色	10	130	0		0		0		--Dyed
5407.9300	--色织	10	130	0				0		--Of yarns of different colours
5407.9400	--印花	10	130	0						--Printed
54.08	**人造纤维长丝纱线的机织物，包括税目54.05所列材料的机织物：**									**Woven fabrics of artificial filament yarn, including woven fabrics obtained from materials of heading 54.05:**
5408.1000	-粘胶纤维高强力纱的机织物	10	130	0						-Woven fabrics obtained from high tenacity yarn of viscose rayon
	-其他机织物，按重量计人造纤维长丝、扁条或类似品含量在85%及以上：									-Other woven fabrics, containing 85% or more by weight of artificial filament or strip or the like:
	--未漂白或漂白：									--Unbleached or bleached:
5408.2110	---粘胶纤维制	12	130	0						---Of yarns of viscose rayon
5408.2120	---醋纤纤维制	12	130	0						---Of yarns of cellulose acetate
5408.2190	---其他	12	130	0						---Other
	--染色：									--Dyed:
5408.2210	---粘胶纤维制	10	130	0		0				---Of yarns of viscose rayon
5408.2220	---醋纤纤维制	10	130	0		0		0		---Of yarns of cellulose acetate
5408.2290	---其他	10	130	0		0		0		---Other
	--色织：									--Of yarns of different colours:
5408.2310	---粘胶纤维制	10	130	0						---Of yarns of viscose rayon
5408.2320	---醋纤纤维制	10	130	0						---Of yarns of cellulose acetate
5408.2390	---其他	10	130	0				0		---Other
	--印花：									--Printed:
5408.2410	---粘胶纤维制	10	130	0		0				---Of yarns of viscose rayon
5408.2420	---醋纤纤维制	10	130	0		0				---Of yarns of cellulose acetate
5408.2490	---其他	10	130	0		0				---Other
	-其他机织物：									-Other woven fabrics:
5408.3100	--未漂白或漂白	10	130	0						--Unbleached or bleached
5408.3200	--染色	10	130	0	9.5			0		--Dyed
5408.3300	--色织	10	130	0						--Of yarns of different colours
5408.3400	--印花	10	130	0						--Printed

第五十五章 化学纤维短纤

Chapter 55 Man-made staple fibres

注释：

税目55.01和55.02仅适用于每根与丝束长度相等的平行化学纤维长丝丝束。前述丝束应同时符合下列规格：

一、丝束长度超过2米；

二、捻度每米少于5转；

三、每根长丝细度在67分特以下；

四、合成纤维长丝丝束，须经拉伸处理，即本身不能被拉伸至超过本身长度的一倍；

五、丝束总细度大于20000分特。

丝束长度不超过2米的归入税目55.03或55.04。

Chapter Note:

Headings 55.01 and 55.02 apply only to man-made filament tow, consisting of parallel filaments of a uniform length equal to the length of the tow, meeting the following specifications:

1. Length of tow exceeding 2m;
2. Twist less than 5 turns per metre;
3. Measuring per filament less than 67 decitex;
4. Synthetic filament tow only: the tow must be drawn, that is to say, be incapable of being stretched by more than 100% of its length;
5. Total measurement of tow more than 20000 decitex.

Tow of a length not exceeding 2m is to be classified in heading 55.03 or 55.04.

税则号列 Tariff Item	商品名称	最惠国税率(%) M. F. N.	普通税率(%) Gen.	协定税率(%) Conventional 东盟 ASEAN	亚太 APTA	香港 H. K.	澳门 Macao	台湾 Taiwan	出口税率(%) Export	Article Description
55.01	合成纤维长丝丝束：									**Synthetic filament tow:**
5501.1000	-尼龙或其他聚酰胺制	5	70	0						-Of nylon or other polyamides
5501.2000	-聚酯制	5	70							-Of polyesters
5501.3000	-聚丙烯腈或变性聚丙烯腈制	5	35		4.5					-Acrylic or modacrylic
5501.4000	-聚丙烯制	5	70	0		0				-Of polypropylene
5501.9000	-其他	5	70	0		0				-Other
55.02	人造纤维长丝丝束：									**Artificial filament tow:**
	-醋酸纤维丝束：									-Cellulose acetate filament tow:
5502.1010	---二醋酸纤维丝束	3	40	0	2.1					---Cellulose diacetate filament tow
5502.1090	---其他	5	35	0	3.5					---Other
5502.9000	-其他	5	35	0	3.5					-Other
55.03	合成纤维短纤，未梳或未经其他纺前加工：									**Synthetic staple fibres, not carded, combed or otherwise processed for spinning:**
	-尼龙或其他聚酰胺制：									-Of nylon or other polyamides:
	--芳族聚酰胺纺制：									--Of aromatic polyamides:
5503.1110	---聚间苯二甲酰间苯二胺纺制	5	70	0						---Of polyisophthaloyl metaphenylene diamine
5503.1120	---聚对苯二甲酰对苯二胺纺制	5	70	0						---Of poly-p-phenylene terephthamide
5503.1190	---其他	5	70	0						---Other
5503.1900	--其他	5	70	0						--Other
5503.2000	-聚酯制	5	70		4.5					-Of polyesters
5503.3000	-聚丙烯腈或变性聚丙烯腈制	5	35		4.5					-Acrylic or modacrylie

税则号列 Tariff Item	商品名称	最惠国税率(%) M. F. N.	普通税率(%) Gen.	协定税率(%) Conventional 东盟 ASEAN	亚太 APTA	香港 H. K.	澳门 Macao	台湾 Taiwan	出口税率(%) Export	Article Description
5503.4000	-聚丙烯制	5	70	0						-Of polypropylene
	-其他：									-Other:
5503.9010	---聚苯硫醚制	5	70	0				0		---Of polyphenylene sulfide
5503.9090	---其他	5	70	0				0		---Other
55.04	**人造纤维短纤，未梳或未经其他纺前加工：**									**Artificial staple fibres, not carded, combed or otherwise processed for spinning:**
	-粘胶纤维制：									-Of viscose rayon:
5504.1010	---竹制	5	35	0						---Of bamboo
	---木制：									---Of wood:
5504.1021	----阻燃的	5	35	0						----Flame resistant
5504.1029	----其他	5	35	0						----Other
5504.1090	---其他	5	35	0						---Other
5504.9000	-其他	5	35	0				0		-Other
55.05	**化学纤维废料（包括落绵、废纱及回收纤维）：**									**Waste (including noils, yarn waste and garnetted stock) of man-made fibres:**
5505.1000	-合成纤维的	5	70	0						-Of synthetic fibres
5505.2000	-人造纤维的	5	70	0		0				-Of artificial fibres
55.06	**合成纤维短纤，已梳或经其他纺前加工：**									**Synthetic staple fibres, carded, combed or otherwise processed for spinning:**
	-尼龙或其他聚酰胺制：									-Of aromatic polyamides:
	---芳香族聚酰胺纺制：									---Of nylon or other polyamides:
5506.1011	----聚间苯二甲酰间苯二胺纺制	5	70	0						----Of polyisophthaloyl metaphenylene diamine
5506.1012	----聚对苯二甲酰对苯二胺纺制	5	70	0						----Of poly-p-phenylene terephthamide
5506.1019	----其他	5	70	0						----Other
5506.1090	---其他	5	70	0						---Other
5506.2000	-聚酯制	5	70		4.5					-Of polyesters
5506.3000	-聚丙烯腈或变性聚丙烯腈制	5	35		4.5					-Acrylic or modacrylic
5506.4000	-聚丙烯制	5	70	0						-Of polypropylene
	-其他：									-Other:
5506.9010	---聚苯硫醚制	5	70	0						---Of polyphenylene sulfide
5506.9090	---其他	5	70	0						---Other
55.07	**人造纤维短纤，已梳或经其他纺前加工：**									**Artificial staple fibres, carded, combed or otherwise processed for spinning:**
5507.0000	人造纤维短纤，已梳或经其他纺前加工	5	35	0						Artificial staple fibres, carded, combed or otherwise processed for spinning

税则号列 Tariff Item	商品名称	最惠国税率(%) M. F. N.	普通税率(%) Gen.	协定税率(%) Conventional 东盟 ASEAN	亚太 APTA	香港 H. K.	澳门 Macao	台湾 Taiwan	出口税率(%) Export	Article Description
55.08	**化学纤维短纤纺制的缝纫线，不论是否供零售用：**									**Sewing thread of man-made staple fibres, whether or not put up for retail sale:**
5508.1000	-合成纤维短纤纺制	5	90	0	4.5	0	0			-Of synthetic staple fibres
5508.2000	-人造纤维短纤纺制	5	70	0						-Of artificial staple fibres
55.09	**合成纤维短纤纺制的纱线(缝纫线除外)，非供零售用：**									**Yarn (other than sewing thread) of synthetic staple fibres, not put up for retail sale:**
	-按重量计尼龙或其他聚酰胺短纤含量在85%及以上：									-Containing 85% or more by weight of staple fibres of nylon or other polyamides:
5509.1100	--单纱	5	90	0		0	0			--Single yarn
5509.1200	--多股纱线或缆线	5	90	0		0	0			--Multiple (folded) or cabled yarn
	-按重量计聚酯短纤含量在85%及以上：									-Containing 85% or more by weight of polyester staple fibres:
5509.2100	--单纱	5	90	0		0	0			--Single yarn
5509.2200	--多股纱线或缆线	5	90	0		0	0			--Multiple (folded) or cabled yarn
	-按重量计聚丙烯腈或变性聚丙烯腈短纤含量在85%及以上：									-Containing 85% or more by weight of acrylic or modacrylic staple fibres:
5509.3100	--单纱	5	90	0		0	0			--Single yarn
5509.3200	--多股纱线或缆线	5	90	0	4.8	0	0	0		--Multiple (folded) or cabled yarn
	-其他纱线，按重量计合成纤维短纤含量在85%及以上：									-Other yarn, containing 85% or more by weight of synthetic staple fibres:
5509.4100	--单纱	5	90	0		0	0			--Single yarn
5509.4200	--多股纱线或缆线	5	90	0		0	0			--Multiple (folded) or cabled yarn
	-其他聚酯短纤纺制的纱线：									-Other yarn, of polyester staple fibres:
5509.5100	--主要或仅与人造纤维短纤混纺	5	90	0		0	0			--Mixed mainly or solely with artificial staple fibres
5509.5200	--主要或仅与羊毛或动物细毛混纺	5	90	0		0	0			--Mixed mainly or solely with wool or fine animal hair
5509.5300	--主要或仅与棉混纺	5	90	0	3.5	0	0	0		--Mixed mainly or solely with cotton
5509.5900	--其他	5	90	0		0	0			--Other
	-其他聚丙烯腈或变性聚丙烯腈短纤纺制的纱线：									-Other yarn, of acrylic or modacrylic staple fibres:
5509.6100	--主要或仅与羊毛或动物细毛混纺	5	90	0		0	0			--Mixed mainly or solely with wool or fine animal hair
5509.6200	--主要或仅与棉混纺	5	90	0	4.8	0	0			--Mixed mainly or solely with cotton
5509.6900	--其他	5	90	0		0	0			--Other
	-其他纱线：									-Other yarn:

税则号列 Tariff Item	商品名称	最惠国税率（%） M. F. N.	普通税率（%） Gen.	协定税率（%）Conventional 东盟 ASEAN	亚太 APTA	香港 H. K.	澳门 Macao	台湾 Taiwan	出口税率（%） Export	Article Description
5509.9100	--主要或仅与羊毛或动物细毛混纺	5	90	0		0	0			--Mixed mainly or solely with wool or fine animal hair
5509.9200	--主要或仅与棉混纺	5	90	0		0	0	0		--Mixed mainly or solely with cotton
5509.9900	--其他	5	90	0		0	0			--Other
55.10	**人造纤维短纤纺制的纱线（缝纫线除外），非供零售用：**									**Yarn (other than sewing thread) of artificial staple fibres, not put up for retail sale:**
	-按重量计人造纤维短纤含量在 85%及以上：									-Containing 85% or more by weight of artificial staple fibres:
5510.1100	--单纱	5	70	0	4.5	0	0	0		--Single yarn
5510.1200	--多股纱线或缆线	5	70	0		0	0	0		--Multiple(folded)or cabled yarn
5510.2000	-其他纱线，主要或仅与羊毛或动物细毛混纺	5	70	0		0	0			-Other yarn, mixed mainly or solely with wool or fine animal hair
5510.3000	-其他纱线，主要或仅与棉混纺	5	70	0	3.5	0	0	0		-Other yarn, mixed mainly or solely with cotton
5510.9000	-其他	5	70	0	4.5	0	0			-Other yarn
55.11	**化学纤维短纤纺制的纱线（缝纫线除外），供零售用：**									**Yarn (other than sewing thread) of man-made staple fibres, put up for retail sale:**
5511.1000	-按重量计合成纤维短纤含量在 85%及以上	5	90	0						-Of synthetic staple fibres, containing 85% or more by weight of such fibres
5511.2000	-按重量计合成纤维短纤含量在 85%以下	5	90	0						-Of synthetic staple fibres, containing less than 85% by weight of such fibres
5511.3000	-人造纤维短纤纺制	5	90	0						-Of artificial staple fibres
55.12	**合成纤维短纤纺制的机织物，按重量计合成纤维短纤含量在 85%及以上：**									**Woven fabrics of synthetic staple fibres, containing 85% or more by weight of synthetic staple fibres:**
	-按重量计聚酯短纤含量在 85%及以上：									-Containing 85% or more by weight of polyester staple fibres:
5512.1100	--未漂白或漂白	15	130	0	10.5			0		--Unbleached or bleached
5512.1900	--其他	10	130	0		0		0		--Other
	-按重量计聚丙烯腈或变性聚丙烯腈短纤含量在 85%及以上：									-Containing 85% or more by weight of acrylic or modacrylic staple fibres:
5512.2100	--未漂白或漂白	13	130	0						--Unbleached or bleached
5512.2900	--其他	10	130	0	9.3					--Other
	-其他：									-Other:
5512.9100	--未漂白或漂白	18	130	0						--Unbleached or bleached
5512.9900	--其他	10	130	0		0	0	0		--Other

税则号列 Tariff Item	商品名称	最惠国税率(%) M. F. N.	普通税率(%) Gen.	协定税率(%) Conventional 东盟 ASEAN	亚太 APTA	香港 H. K.	澳门 Macao	台湾 Taiwan	出口税率(%) Export	Article Description
55.13	合成纤维短纤纺制的机织物，按重量计合成纤维短纤含量在85%以下，主要或仅与棉混纺，每平方米重量不超过170克：									**Woven fabrics of synthetic staple fibres, containing less than 85% by weight of such fibres, mixed mainly or solely with cotton, of a weight not exceeding 170g/m²:**
	-未漂白或漂白：									-Unbleached or bleached:
	--聚酯短纤纺制的平纹机织物：									--Of polyester staple fibres, plain weave:
5513.1110	---未漂白	16	130	0		0				---Unbleached
5513.1120	---漂白	15	130	0		0				---Bleached
	--聚酯短纤纺制的三线或四线斜纹机织物，包括双面斜纹机织物：									--3-thread or 4-thread twill, including cross twill, of polyester staple fibres:
5513.1210	---未漂白	16	130	0		0				---Unbleached
5513.1220	---漂白	18	130	0		0				---Bleached
	--其他聚酯短纤纺制的机织物：									--Other woven fabrics of polyester staple fibres:
5513.1310	---未漂白	16	130	0						---Unbleached
5513.1320	---漂白	18	130	0						---Bleached
5513.1900	--其他机织物	18	130	0						--Other woven fabrics
	-染色：									-Dyed:
5513.2100	--聚酯短纤纺制的平纹机织物	10	130	0	9.1	0	0	0		--Of polyester staple fibres, plain weave
	--其他聚酯短纤纺制的机织物：									--Other woven fabrics of polyester staple fibres:
5513.2310	---聚酯短纤纺制的三线或四线斜纹机织物，包括双面斜纹机织物	10	130	0		0				---3-thread or 4-thread twill, including cross twill, of polyester staple fibres
5513.2390	---其他	10	130	0						---Other
5513.2900	--其他机织物	10	130	0						--Other woven fabrics
	-色织：									-Of yarns of different colours:
5513.3100	--聚酯短纤纺制的平纹机织物	10	130	0		0				--Of polyester staple fibres, plain weave
	--其他机织物：									--Other woven fabrics:
5513.3910	---聚酯短纤纺制的三线或四线斜纹机织物，包括双面斜纹机织物	10	130	0	8.8	0				---3-thread or 4-thread twill, including cross twill, of polyester staple fibres
5513.3920	---其他聚酯短纤纺制的机织物	10	130	0		0				---Other woven fabrics of polyester staple fibres
5513.3990	---其他	10	130	0						---Other
	-印花：									-Printed:
5513.4100	--聚酯短纤纺制的平纹机织物	10	130	0						--Of polyester staple fibres, plain weave
	--其他机织物：									--Other woven fabrics:

税则号列 Tariff Item	商品名称	最惠国税率(%) M. F. N.	普通税率(%) Gen.	协定税率(%) Conventional 东盟 ASEAN	亚太 APTA	香港 H. K.	澳门 Macao	台湾 Taiwan	出口税率(%) Export	Article Description
5513.4910	---聚酯短纤纺制的三线或四线斜纹机织物，包括双面斜纹机织物	10	130	0						---3-thread or 4-thread twill, including cross twill, of polyester staple fibres
5513.4920	---其他聚酯短纤纺制的机织物	10	130	0						---Other woven fabrics of polyester staple fibres
5513.4990	---其他	10	130	0						---Other
55.14	**合成纤维短纤纺制的机织物，按重量计合成纤维短纤含量在85%以下，主要或仅与棉混纺，每平方米重量超过170克：**									**Woven fabrics of synthetic staple fibres, containing less than 85% by weight of such fibres, mixed mainly or solely with cotton, of a weight exceeding 170g/m²:**
	-未漂白或漂白：									-Unbleached or bleached:
	--聚酯短纤纺制的平纹机织物：									--Of polyester staple fibres, plain weave:
5514.1110	---未漂白	16	130	0	14.4					---Unbleached
5514.1120	---漂白	18	130	0						---Bleached
	--聚酯短纤纺制的三线或四线斜纹机织物，包括双面斜纹机织物：									--3-thread or 4-thread twill, including cross twill, of polyester staple fibres:
5514.1210	---未漂白	16	130	0		0				---Unbleached
5514.1220	---漂白	18	130	0		0				---Bleached
	--其他机织物：									--Other woven fabrics:
	---聚酯短纤纺制的机织物：									---Woven fabrics of polyester staple fibres:
5514.1911	----未漂白	16	130	0						----Unbleached
5514.1912	----漂白	18	130	0						----Bleached
5514.1990	---其他	16	130	0	15.2					---Other
	-染色：									-Dyed:
5514.2100	--聚酯短纤纺制的平纹机织物	10	130	0		0				--Of polyester staple fibres, plain weave
5514.2200	--聚酯短纤纺制的三线或四线斜纹机织物，包括双面斜纹机织物	10	130	0		0				--3-thread or 4-thread twill, including cross twill, of polyester staple fibres
5514.2300	--其他聚酯短纤纺制的机织物	10	130	0						--Other woven fabrics of polyester staple fibres
5514.2900	--其他机织物	10	130	0						--Other woven fabrics
	-色织：									-Of yarns of different colours:
5514.3010	---聚酯短纤纺制的平纹机织物	10	130	0		0				---Of polyester staple fibres, plain weave
5514.3020	---聚酯短纤纺制的三线或四线斜纹机织物，包括双面斜纹机织物	10	130	0		0				---3-thread or 4-thread twill, including cross twill, of polyester staple fibres
5514.3030	---其他聚酯短纤纺制的机织物	10	130	0						---Other woven fabrics of polyester staple fibres
5514.3090	---其他机织物	10	130	0						---Other woven fabrics
	-印花：									-Printed:

税则号列 Tariff Item	商品名称	最惠国税率(%) M. F. N.	普通税率(%) Gen.	协定税率(%) Conventional 东盟 ASEAN	亚太 APTA	香港 H. K.	澳门 Macao	台湾 Taiwan	出口税率(%) Export	Article Description
5514.4100	--聚酯短纤纺制的平纹机织物	10	130	0						--Of polyester staple fibres, plain weave
5514.4200	--聚酯短纤纺制的三线或四线斜纹机织物，包括双面斜纹机织物	10	130	0						--3-thread or 4-thread twill, including cross twill, of polyester staple fibres
5514.4300	--其他聚酯短纤纺制的机织物	10	130	0						--Other woven fabrics of polyester staple fibres
5514.4900	--其他机织物	10	130	0						--Other woven fabrics
55.15	**合成纤维短纤纺制的其他机织物：**									**Other woven fabrics of synthetic staple fibres:**
	-聚酯短纤纺制：									-Of polyester staple fibres:
5515.1100	--主要或仅与粘胶纤维短纤混纺	10	130	0	8.8			0		--Mixed mainly or solely with viscose rayon staple fibres
5515.1200	--主要或仅与化学纤维长丝混纺	10	130	0	9			0		--Mixed mainly or solely with man-made filaments
5515.1300	--主要或仅与羊毛或动物细毛混纺	10	130	0						--Mixed mainly or solely with wool or fine animal hair
5515.1900	--其他	10	130	0	9					--Other
	-聚丙烯腈或变性聚丙烯腈短纤纺制：									-Of acrylic or modacrylic staple fibres:
5515.2100	--主要或仅与化学纤维长丝混纺	10	130	0						--Mixed mainly or solely with man-made filaments
5515.2200	--主要或仅与羊毛或动物细毛混纺	12	130	0						--Mixed mainly or solely with wool or fine animal hair
5515.2900	--其他	10	130	0						--Other
	-其他机织物：									-Other woven fabrics:
5515.9100	--主要或仅与化学纤维长丝混纺	10	130	0						--Mixed mainly or solely with man-made filaments
5515.9900	--其他	10	130	0	9					--Other
55.16	**人造纤维短纤纺制的机织物：**									**Woven fabrics of artificial staple fibres:**
	-按重量计人造纤维短纤含量在85%及以上：									-Containing 85% or more by weight of artificial staple fibres:
5516.1100	--未漂白或漂白	12	130	0		0				--Unbleached or bleached
5516.1200	--染色	10	130	0		0		0		--Dyed
5516.1300	--色织	10	130	0		0				--Of yarns of different colours
5516.1400	--印花	10	130	0		0				--Printed
	-按重量计人造纤维短纤含量在85%以下，主要或仅与化学纤维长丝混纺：									-Containing less than 85% by weight of artificial staple fibres, mixed mainly or solely with man-made filaments:
5516.2100	--未漂白或漂白	12	130	0		0				--Unbleached or bleached
5516.2200	--染色	10	130	0	9.5	0		0		--Dyed
5516.2300	--色织	10	130	0		0				--Of yarns of different colours
5516.2400	--印花	10	130	0		0				--Printed

税则号列 Tariff Item	商品名称	最惠国税率(%) M. F. N.	普通税率(%) Gen.	协定税率(%) Conventional 东盟 ASEAN	亚太 APTA	香港 H. K.	澳门 Macao	台湾 Taiwan	出口税率(%) Export	Article Description
	-按重量计人造纤维短纤含量在85%以下，主要或仅与羊毛或动物细毛混纺：									-Containing less than 85% by weight of artificial staple fibres, mixed mainly or solely with wool or fine animal hair：
5516.3100	--未漂白或漂白	12	130	0		0				--Unbleached or bleached
5516.3200	--染色	10	130	0		0				--Dyed
5516.3300	--色织	10	130	0		0				--Of yarns of different colours
5516.3400	--印花	10	130	0		0				--Printed
	-按重量计人造纤维短纤含量在85%以下，主要或仅与棉混纺：									-Containing less than 85% by weight of artificial staple fibres, mixed mainly or solely with cotton：
5516.4100	--未漂白或漂白	12	130	0		0				--Unbleached or bleached
5516.4200	--染色	12	130	0		0				--Dyed
5516.4300	--色织	10	130	0		0				--Of yarns of different colours
5516.4400	--印花	10	130	0		0				--Printed
	-其他：									-Other：
5516.9100	--未漂白或漂白	12	130	0		0				--Unbleached or bleached
5516.9200	--染色	10	130	0		0				--Dyed
5516.9300	--色织	10	130	0		0				--Of yarns of different colours
5516.9400	--印花	10	130	0	9.4	0				--Printed

第五十六章
絮胎、毡呢及无纺织物；特种纱线；线、绳、索、缆及其制品

注释：

一、本章不包括：

(一) 用各种物质或制剂（例如，第三十三章的香水或化妆品、税目34.01的肥皂或洗涤剂、税目34.05的光洁剂及类似制剂、税目38.09的织物柔软剂）浸渍、涂布、包覆的絮胎、毡呢或无纺织物，其中的纺织材料仅作为承载介质；

(二) 税目58.11的纺织产品；

(三) 以毡呢或无纺织物为底的砂布及类似品（税目68.05）；

(四) 以毡呢或无纺织物为底的黏聚或复制云母（税目68.14）；

(五) 以毡呢或无纺织物为底的金属箔（通常归入第十四类或第十五类）；或

(六) 税目96.19的卫生巾（护垫）及止血塞、婴儿尿布及尿布衬里和类似品。

二、所称"毡呢"，包括针刺机制毡呢以及纤维本身通过缝编工序增强了抱合力的纺织纤维网状织物。

三、税目56.02及56.03分别包括用各种性质（紧密结构或泡沫状）的塑料或橡胶浸渍、涂布、包覆或层压的毡呢及无纺织物。

税目56.03还包括用塑料或橡胶作黏合材料的无纺织物。

但税目56.02及56.03不包括：

(一) 用塑料或橡胶浸渍、涂布、包覆或层压，按重量计纺织材料含量在50%及以下的毡呢或者完全嵌入塑料或橡胶之内的毡呢（第三十九章或第四十章）；

(二) 完全嵌入塑料或橡胶之内的无纺织物，以及用肉眼可辨别出两面都用塑料或橡胶涂布、包覆的无纺织物，涂布或包覆所引起的颜色变化可不予考虑（第三十九章或第四十章）；或

(三) 与毡呢或无纺织物混制的泡沫塑料或海绵橡

Chapter 56
Wadding, felt and nonwovens; special yarns; twine, cordage, ropes and cables and articles thereof

Chapter Notes:

1. This Chapter does not cover:

(a) Wadding, felt or nonwovens, impregnated, coated or covered with substances or preparations (for example, perfumes or cosmetics of Chapter 33, soaps or detergents of heading 34.01, polishes, creams or similar preparations of heading 34.05, fabric softeners of heading 38.09) where the textile material is present merely as a carrying medium;

(b) Textile products of heading 58.11;

(c) Natural or artificial abrasive powder or grain, on a backing of felt or nonwovens (heading 68.05);

(d) Agglomerated or reconstituted mica, on a backing of felt or nonwovens (heading 68.14);

(e) Metal foil on a backing of felt or nonwovens (generally Section XIV or XV); or

(f) Sanitary towels (pads) and tampons, napkins and napkin liners for babies and similar articles of heading 96.19.

2. The term "felt" includes needleloom felt and fabrics consisting of a web of textile fibres the cohesion of which has been enhanced by a stitch-bonding process using fibres from the web itself.

3. Headings 56.02 and 56.03 cover respectively felt and nonwovens, impregnated, coated, covered or laminated with plastics or rubber whatever the nature of these materials (compact or cellular).

Heading 56.03 also includes nonwovens in which plastics or rubber forms the bonding substance.

Headings 56.02 and 56.03 do not, however, cover:

(a) Felt impregnated, coated, covered or laminated with plastics or rubber, containing 50% or less by weight of textile material or felt completely embedded in plastics or rubber (Chapter 39 or 40);

(b) Nonwovens, either completely embedded in plastics or rubber, or entirely coated or covered on both sides with such materials, provided that such coating or covering can be seen with the naked eye with no account being taken of any resulting change of colour (Chapter 39 or 40); or

(c) Plates, sheets or strip of cellular plastics or cellu-

胶板、片或扁条，纺织材料仅在其中起增强作用（第三十九章或第四十章）。

lar rubber combined with felt or nonwovens, where the textile material is present merely for reinforcing purposes (Chapter 39 or 40).

四、税目56.04不包括用肉眼无法辨别出是否经过浸渍、涂布或包覆的纺织纱线或税目54.04或54.05的扁条及类似品（通常归入第五十章至第五十五章）；运用本条规定，可不考虑浸渍、涂布或包覆所引起的颜色变化。

4. Heading 56.04 does not cover textile yarn, or strip or the like of heading 54.04 or 54.05, in which the impregnation, coating or covering cannot be seen with the naked eye (usually Chapters 50 to 55); for the purpose of this provision, no account should be taken of any resulting change of colour.

税则号列 Tariff Item	商品名称	最惠国税率(%) M. F. N.	普通税率(%) Gen.	协定税率(%) Conventional 东盟 ASEAN	亚太 APTA	香港 H. K.	澳门 Macao	台湾 Taiwan	出口税率(%) Export	Article Description
56.01	**纺织材料絮胎及其制品；长度不超过5毫米的纺织纤维（纤维屑）、纤维粉末及球结：**									**Wadding of textile materials and articles thereof; textile fibres, not exceeding 5mm in length (flock), textile dust and mill neps:**
	-纺织材料制的絮胎及其制品：									-Wadding of textile materials and articles thereof:
5601.2100	--棉制	10	50	0		0	0			--Of cotton
	--化学纤维制：									--Of man-made fibres:
5601.2210	---卷烟滤嘴	12	100	0						---Cigarette filter tips
5601.2290	---其他	12	100	0				0		---Other
5601.2900	--其他	10	90	0						--Other
5601.3000	-纤维屑、纤维粉末及球结	10	100	0						-Textile flock and dust and mill neps
56.02	**毡呢，不论是否浸渍、涂布、包覆或层压：**									**Felt, whether or not impregnated, coated, covered or laminated:**
5602.1000	-针刺机制毡呢及纤维缝编织物	10	100	0						-Needleloom felt and stitch-bonded fibre fabrics
	-其他毡呢，未浸渍、涂布、包覆或层压：									-Other felt, not impregnated, coated, covered or laminated:
5602.2100	--羊毛或动物细毛制	10	100	0						--Of wool or fine animal hair
5602.2900	--其他纺织材料制	10	100	0						--Of other textile materials
5602.9000	-其他	10	100	0						-Other
56.03	**无纺织物，不论是否浸渍、涂布、包覆或层压：**									**Nonwovens, whether or not impregnated, coated, covered or laminated:**
	-化学纤维长丝制：									-Of man-made filaments:
	--每平方米重量不超过25克：									--Weighing not more than $25g/m^2$:
5603.1110	---经浸渍、涂布、包覆或层压	10	70	0	8.5			0		---Impregnated, coated, covered or laminated
5603.1190	---其他	10	130	0	8.5					---Other
	--每平方米重量超过25克，但不超过70克：									--Weighing more than $25g/m^2$ but not more than $70g/m^2$:

税则号列 Tariff Item	商品名称	最惠国税率(%) M. F. N.	普通税率(%) Gen.	协定税率(%) Conventional					出口税率(%) Export	Article Description
				东盟 ASEAN	亚太 APTA	香港 H. K.	澳门 Macao	台湾 Taiwan		
5603.1210	---经浸渍、涂布、包覆或层压	10	70	0	8.5	0	0			---Impregnated, coated, covered or laminated
5603.1290	---其他	10	130	0		0	0	0		---Other
	--每平方米重量超过70克，但不超过150克：									--Weighing more than 70g/m² but not more than 150g/m²:
5603.1310	---经浸渍、涂布、包覆或层压	10	70	0	8.5		0	0		---Impregnated, coated, covered or laminated
5603.1390	---其他	10	130	0			0	0		---Other
	--每平方米重量超过150克：									--Weighing more than 150g/m²:
5603.1410	---经浸渍、涂布、包覆或层压	10	70	0	8.5			0		---Impregnated, coated, covered or laminated
5603.1490	---其他	10	130	0	7			0		---Other
	-其他：									-Other:
	--每平方米重量不超过25克：									--Weighing not more than 25g/m²:
5603.9110	---经浸渍、涂布、包覆或层压	10	70	0	8.5					---Impregnated, coated, covered or laminated
5603.9190	---其他	10	85	0	8.5					---Other
	--每平方米重量超过25克，但不超过70克：									--Weighing more than 25g/m² but not more than 70g/m²:
5603.9210	---经浸渍、涂布、包覆或层压	10	70	0	8.5	0	0			---Impregnated, coated, covered or laminated
5603.9290	---其他	10	85	0	9.3	0	0	0		---Other
	--每平方米重量超过70克，但不超过150克：									--Weighing more than 70g/m² but not more than 150g/m²:
5603.9310	---经浸渍、涂布、包覆或层压	10	70	0	8.5	0	0			---Impregnated, coated, covered or laminated
5603.9390	---其他	10	85	0	9.3	0	0	0		---Other
	--每平方米重量超过150克：									--Weighing more than 150g/m²:
5603.9410	---经浸渍、涂布、包覆或层压	10	70	0	8.5	0		0		---Impregnated, coated, covered or laminated
5603.9490	---其他	10	85	0	9.3	0		0		---Other
56.04	**用纺织材料包覆的橡胶线及绳；用橡胶或塑料浸渍、涂布、包覆或套裹的纺织纱线及税目54.04或54.05的扁条及类似品：**									**Rubber thread and cord, textile covered; textile yarn, and strip and the like of heading 54.04 or 54.05, impregnated, coated, co-vered or sheathed with rubber or plastics:**
5604.1000	-用纺织材料包覆的橡胶线及绳	5	80	0			0			-Rubber thread and cord, textile covered
5604.9000	-其他	5	80	0			0			-Other

税则号列 Tariff Item	商品名称	最惠国税率(%) M. F. N.	普通税率(%) Gen.	协定税率(%) Conventional					出口税率(%) Export	Article Description
				东盟 ASEAN	亚太 APTA	香港 H. K.	澳门 Macao	台湾 Taiwan		
56.05	**含金属纱线，不论是否螺旋花线，由纺织纱线或税目54.04或54.05的扁条及类似品与金属线、扁条或粉末混合制得或用金属包覆制得：**									**Metallized yarn, whether or not gimped , being textile yarn, or strip or the like of heading 54.04 or 54.05, combined with metal in the form of thread, strip or powder or covered with metal:**
5605.0000	含金属纱线，不论是否螺旋花线，由纺织纱线或税目54.04或54.05的扁条及类似品与金属线、扁条或粉末混合制得或用金属包覆制得	5	70	0			0			Metallized yarn, whether or not gimped, being textile yarn, or strip or the like of heading 54.04 or 54.05, combined with metal in the form of thread, strip or powder or covered with metal
56.06	**粗松螺旋花线，税目54.04或54.05的扁条及类似品制的螺旋花线（税目56.05的货品及马毛粗松螺旋花线除外）；绳绒线（包括植绒绳绒线）；纵行起圈纱线：**									**Gimped yarn , and strip and the like of heading 54.04 or 54.05, gimped (other than those of heading 56.05 and gimped horsehair yarn); chenille yarn (including flock chenille yarn); loopwale yarn:**
5606.0000	粗松螺旋花线，税目54.04或54.05的扁条及类似品制的螺旋花线（税目56.05的货品及马毛粗松螺旋花线除外）；绳绒线（包括植绒绳绒线）；纵行起圈纱线	5	70	0			0			Gimped yarn, and strip and the like of heading 54.04 or 54.05, gimped (other than those of heading 56.05 and gimped horsehair yarn); chenille yarn (including flock chenille yarn); loopwale yarn
56.07	**线、绳、索、缆，不论是否编织或编结而成，也不论是否用橡胶或塑料浸渍、涂布、包覆或套裹：**									**Twine, cordage, rope sand cables, whether or not plaited or braided and whether or not impregnated, coated, covered or sheathed with rubber or plastics:**
	-西沙尔麻或其他纺织用龙舌兰类纤维纺制：									-Of sisal or other textile fibres of the genus Agave:
5607.2100	--包扎用绳	5	50	0			0			--Binder or baler twine
5607.2900	--其他	5	50	0			0			--Other
	-聚乙烯或聚丙烯纺制：									-Of polyethylene or polypropylene:
5607.4100	--包扎用绳	5	100	0			0			--Binder or baler twine
5607.4900	--其他	5	100	0			0			--Other
5607.5000	-其他合成纤维纺制	5	100	0			0	0		-Of other synthetic fibres
	-其他：									-Other:
5607.9010	---蕉麻（马尼拉麻）或其他硬质（叶）纤维纺制	5	50	0			0			---Of abaca (Manila hemp or *Muse textilis Nee*) or other hard (leaf) fibres
5607.9090	---其他	5	100	0			0			---Other

税则号列 Tariff Item	商品名称	最惠国税率(%) M. F. N.	普通税率(%) Gen.	协定税率(%) Conventional					出口税率(%) Export	Article Description
				东盟 ASEAN	亚太 APTA	香港 H. K.	澳门 Macao	台湾 Taiwan		
56.08	**线、绳或索结制的网料；纺织材料制成的渔网及其他网：**									**Knotted netting of twine, cordage or rope; made up fishing nets and other made up nets, of textile materials:**
	-化学纤维材料制：									-Of man-made textile materials:
5608.1100	--制成的渔网	10	50	0						--Made up fishing nets
5608.1900	--其他	12	100	0				0		--Other
5608.9000	-其他	10	100	0		0				-Other
56.09	**用纱线、税目 54.04 或 54.05 的扁条及类似品或线、绳、索、缆制成的其他税号未列名物品：**									**Articles of yarn, strip or the like of heading 54.04 or 54.05, twine, cordage, rope or cables, not elsewhere specified or included:**
5609.0000	用纱线、税目 54.04 或 54.05 的扁条及类似品或线、绳、索、缆制成的其他税号未列名物品	10	100	0						Articles of yarn, strip or the like of heading 54.04 or 54.05, twine, cordage, rope or cables, not elsewhere specified or included

第五十七章
地毯及纺织材料的其他铺地制品

Chapter 57
Carpets and other textile floor coverings

注释：

一、本章所称“地毯及纺织材料的其他铺地制品”，是指使用时以纺织材料作面的铺地制品，也包括具有纺织材料铺地制品特征但作其他用途的物品。

二、本章不包括铺地制品衬垫。

Chapter Notes:

1. For the purposes of this Chapter, the term “carpets and other textile floor coverings” means floor coverings in which textile materials serve as the exposed surface of the article when in use and includes articles having the characteristics of textile floor coverings but intended for use for other purposes.

2. This Chapter does not cover floor covering underlays.

税则号列 Tariff Item	商品名称	最惠国税率(%) M. F. N.	普通税率(%) Gen.	协定税率(%) Conventional 东盟 ASEAN	亚太 APTA	香港 H. K.	澳门 Macao	台湾 Taiwan	出口税率(%) Export	Article Description
57.01	**结织栽绒地毯及纺织材料的其他结织栽绒铺地制品，不论是否制成的：**									**Carpets and other textile floor coverings knotted, whether or not made up:**
5701.1000	-羊毛或动物细毛制	14	130	0						-Of wool or fine animal hair
	-其他纺织材料制：									-Of other textile materials:
5701.9010	---化学纤维制	16	130	0						---Of man-made textile materials
5701.9020	---丝制	14	100	0						---Of silk
5701.9090	---其他	14	100	0						---Other
57.02	**机织地毯及纺织材料的其他机织铺地制品，未簇绒或未植绒，不论是否制成的，包括“开来姆”“苏麦克”“卡拉马尼”及类似的手织地毯：**									**Carpets and other textile floor coverings, woven, not tufted or flocked, whether or not made up, including “Kelem” “Schumacks” “Karamanie” and similar hand-woven rugs:**
5702.1000	-“开来姆”“苏麦克”“卡拉马尼”及类似的手织地毯	14	130	0						-“Kelem” “Schumacks” “Karamanie” and similar handwoven rugs
5702.2000	-椰壳纤维制的铺地制品	14	100	0						-Floor coverings of coconut fibres (coir)
	-其他起绒结构的铺地制品，未制成的：									-Other, of pile construction, not made up:
5702.3100	--羊毛或动物细毛制	10	130	0						--Of wool or fine animal hair
5702.3200	--化学纤维制	16	130	0						--Of man-made textile materials
5702.3900	--其他纺织材料制	14	130	0						--Of other textile materials
	-其他起绒结构的铺地制品，制成的：									-Other, of pile construction, made up:
5702.4100	--羊毛或动物细毛制	10	130	0		0				--Of wool or fine animal hair
5702.4200	--化学纤维制	10	130	0		0				--Of man-made textile materials
5702.4900	--其他纺织材料制	14	100	0	9.3					--Of other textile materials
	-其他非起绒结构的铺地制品，未制成的：									-Other, not of pile construction, not made up:
5702.5010	---羊毛或动物细毛制	14	130	0						---Of wool or fine animal hair
5702.5020	---化学纤维制	16	130	0						---Of man-made textile materials

税则号列 Tariff Item	商品名称	最惠国税率(%) M. F. N.	普通税率(%) Gen.	协定税率(%) Conventional 东盟 ASEAN	亚太 APTA	香港 H. K.	澳门 Macao	台湾 Taiwan	出口税率(%) Export	Article Description
5702.5090	---其他纺织材料制	14	100	0						---Of other textile materials
	-其他非起绒结构的铺地制品，制成的：									-Other, not of pile construction, made up:
5702.9100	--羊毛或动物细毛制	14	130	0						--Of wool or fine animal hair
5702.9200	--化学纤维制	16	130	0						--Of man-made textile materials
5702.9900	--其他纺织材料制	14	100	0						--Of other textile materials
57.03	**簇绒地毯及纺织材料的其他簇绒铺地制品，不论是否制成的：**									**Carpets and other textile floor coverings, tufted, whether or not made up:**
5703.1000	-羊毛或动物细毛制	14	130	0						-Of wool or fine animal hair
5703.2000	-尼龙或其他聚酰胺制	10	130	0						-Of nylon or other polyamides
5703.3000	-其他化学纤维制	10	130	0						-Of other man-made textile materials
5703.9000	-其他纺织材料制	14	100	0						-Of other textile materials
57.04	**毡呢地毯及纺织材料的其他毡呢铺地制品，未簇绒或未植绒，不论是否制成的：**									**Carpets and other textile floor coverings, of felt, not tufted or flocked, whether or not made up:**
5704.1000	-最大表面面积不超过0.3平方米	14	130	0						-Tiles, having a maximum surface area of 0.3m^2
5704.2000	-最大表面面积超过0.3平方米但不超过1平方米	10	130	0						-Tiles, having a maximum surface area more then 0.3m^2 but not more thern 1m^2
5704.9000	-其他	10	130	0						-Other
57.05	**其他地毯及纺织材料的其他铺地制品，不论是否制成的：**									**Other carpets and other textile floor coverings, whether or not made up:**
5705.0010	---羊毛或动物细毛制	14	130	0						---Of wool or fine animal hair
5705.0020	---化学纤维制	10	130	0						---Of man-made textile materials
5705.0090	---其他	14	100	0						---Other

第五十八章
特种机织物；簇绒织物；花边；装饰毯；装饰带；刺绣品

注释：

一、本章不适用于经浸渍、涂布、包覆或层压的第五十九章注释一所述的纺织物或第五十九章的其他货品。

二、税目 58.01 也包括因未将浮纱割断而使表面无竖绒的纬起绒织物。

三、税目 58.03 所称“纱罗”，是指经线全部或部分由地经纱和绞经纱构成的织物，其中绞经纱绕地经纱半圈、一圈或几圈而形成圈状，纬纱从圈中穿过。

四、税目 58.04 不适用于税目 56.08 的线、绳、索结制的网状织物。

五、税目 58.06 所称“狭幅机织物”，是指：

（一）幅宽不超过 30 厘米的机织物，不论是否织成或从宽幅料剪成，但两侧必须有织成的、胶粘的或用其他方法制成的布边；

（二）压平宽度不超过 30 厘米的圆筒机织物；以及

（三）折边的斜裁滚条布，其未折边时的宽度不超过 30 厘米。

流苏状的狭幅机织物归入税目 58.08。

六、税目 58.10 所称“刺绣品”，除了一般纺织材料绣线绣制的刺绣品外，还包括在可见底布上用金属线或玻璃线刺绣的刺绣品，也包括用珠片、饰珠、纺织材料或其他材料制的装饰用花纹图案所缝绣的贴花织物。该税号不包括手工针绣嵌花装饰毯（税目 58.05）。

七、除税目 58.09 的产品外，本章还包括金属线制的用于衣着、装饰及类似用途的物品。

Chapter 58
Special woven fabrics; tufted textile fabrics; lace; tapestries; trimmings; embroidery

Chapter Notes:

1. This Chapter does not apply to textile fabrics referred to in Note 1 to Chapter 59, impregnated, coated, covered or laminated, or to other goods of Chapter 59.

2. Heading 58.01 also includes woven weft pile fabrics which have not yet had the floats cut, at which stage they have no pile standing up.

3. For the purposes of heading 58.03, "gauze" means a fabric with a warp composed wholly or in part of standing or ground threads and crossing or doup threads which cross the standing or ground threads making a half turn, a complete turn or more to form loops through which weft threads pass.

4. Heading 58.04 does not apply to knotted net fabrics of twine, cordage or rope, of heading 56.08.

5. For the purposes of heading 58.06, the expression "narrow woven fabrics" means:

(a) Woven fabrics of a width not exceeding 30cm, whether woven as such or cut from wider pieces, provided with selvedges (woven, gummed or otherwise made) on both edges;

(b) Tubular woven fabrics of a flattened width not exceeding 30cm; and

(c) Bias binding with folded edges, of a width when unfolded not exceeding 30cm.

Narrow woven fabrics with woven fringes are to be classified in heading 58.08.

6. In heading 58.10, the expression "embroidery" means, inter alia, embroidery with metal or glass thread on a visible ground of textile fabric, and sewn applique work of sequins, beads or ornamental motifs of textile or other materials. The heading does not apply to needlework tapestry (heading 58.05).

7. In addition to the products of heading 58.09, this Chapter also includes articles made of metal thread and of a kind used in apparel, as furnishing fabrics or for similar purposes.

税则号列 Tariff Item	商品名称	最惠国税率(%) M. F. N.	普通税率(%) Gen.	协定税率(%) Conventional 东盟 ASEAN	亚太 APTA	香港 H. K.	澳门 Macao	台湾 Taiwan	出口税率(%) Export	Article Description
58.01	**起绒机织物及绳绒织物，但税目58.02或58.06的织物除外：**									**Woven pile fabrics and chenille fabrics, other than fabrics of heading 58.02 or 58.06:**
5801.1000	-羊毛或动物细毛制	10	130	0						-Of wool or fine animal hair
	-棉制：									-Of cotton:
5801.2100	--不割绒的纬起绒织物	12	70	0						--Uncut weft pile fabrics
5801.2200	--割绒的灯芯绒	10	70	0		0		0		--Cut corduroy
5801.2300	--其他纬起绒织物	10	70	0						--Other weft pile fabrics
5801.2600	--绳绒织物	10	70	0						--Chenille fabrics
	--经起绒织物：									--Warp pile fabrics:
5801.2710	---不割绒的（棱纹绸）	10	70	0						---Uncut (èpinglè)
5801.2720	---割绒的	10	70	0		0				---Cut
	-化学纤维制：									-Of man-made fibres:
5801.3100	--不割绒的纬起绒织物	10	130	0						--Uncut weft pile fabrics
5801.3200	--割绒的灯芯绒	10	130	0						--Cut corduroy
5801.3300	--其他纬起绒织物	10	130	0				0		--Other weft pile fabrics
5801.3600	--绳绒织物	10	130	0						--Chenille fabrics
	--经起绒织物：									--Warp pile fabrics:
5801.3710	---不割绒的（棱纹绸）	10	130	0						---Uncut (èpinglè)
5801.3720	---割绒的	10	130	0						---Cut
	-其他纺织材料制：									-Of other textile materials:
5801.9010	---丝及绢丝制	10	130	0						---Of silk or silk waste
5801.9090	---其他	10	80	0						---Other
58.02	**毛巾织物及类似的毛圈机织物，但税目58.06的狭幅织物除外；簇绒织物，但税目57.03的产品除外：**									**Terry towelling and similar woven terry fabrics, other than narrow fabrics of heading 58.06; tufted textile fabrics, other than products of heading 57.03:**
	-棉制毛巾织物及类似毛圈机织物：									-Terry towelling and similar woven terry fabrics, of cotton:
5802.1100	--未漂白	12	70	0			0			--Unbleached
5802.1900	--其他	10	70	0			0			--Other
	-其他纺织材料制的毛巾织物及类似的毛圈机织物：									-Terry towelling and similar woven terry fabrics, of other textile materials:
5802.2010	---丝及绢丝制	12	130	0			0			---Of silk or silk waste
5802.2020	---羊毛或动物细毛制	12	130	0			0			---Of wool or fine animal hair
5802.2030	---化学纤维制	14	130	0			0			---Of man-made fibres
5802.2090	---其他	12	80	0			0			---Other
	-簇绒织物：									-Tufted textile fabrics:
5802.3010	---丝及绢丝制	10	130	0						---Of silk or silk waste
5802.3020	---羊毛或动物细毛制	10	130	0						---Of wool or fine animal hair
5802.3030	---棉或麻制	10	70	0						---Of cotton or bast fibres
5802.3040	---化学纤维制	10	130	0						---Of man-made fibres
5802.3090	---其他纺织材料制	10	80	0						---Of other textile materials

税则号列 Tariff Item	商品名称	最惠国税率(%) M. F. N.	普通税率(%) Gen.	协定税率(%) Conventional 东盟 ASEAN	 亚太 APTA	 香港 H. K.	 澳门 Macao	 台湾 Taiwan	出口税率(%) Export	Article Description
58.03	**纱罗，但税目58.06的狭幅织物除外：**									**Gauze, other than narrow fabrics of heading 58.06:**
5803.0010	---棉制	10	70	0						---Of cotton
5803.0020	---丝及绢丝制	10	130	0						---Of silk or silk waste
5803.0030	---化学纤维制	10	130	0						---Of man-made fibres
5803.0090	---其他纺织材料制	10	80	0						---Of other textile materials
58.04	**网眼薄纱及其他网眼织物，但不包括机织物、针织物或钩编织物；成卷、成条或成小块图案的花边，但税目60.02至60.06的织物除外：**									**Tulles and other net fabrics, not including woven, knitted or crocheted fabrics; lace in the piece, in strips or in motifs, other than fabrics of headings 60.02 to 60.06:**
	-网眼薄纱及其他网眼织物：									-Tulles and other net fabrics:
5804.1010	---丝及绢丝制	10	130	0	7					---Of silk or silk waste
5804.1020	---棉制	10	70	0	7					---Of cotton
5804.1030	---化学纤维制	12	130	0	8.4			0		---Of man-made fibres
5804.1090	---其他纺织材料制	10	90	0	7			0		---Of other textile materials
	-机制花边：									-Mechanically made lace:
5804.2100	--化学纤维制	10	130	0		0	0	0		--Of man-made fibres
	--其他纺织材料制：									--Of other textile materials:
5804.2910	---丝及绢丝制	10	130	0						---Of silk or silk waste
5804.2920	---棉制	10	70	0						---Of cotton
5804.2990	---其他	10	90	0						---Other
5804.3000	-手工制花边	10	100	0						-Hand-made lace
58.05	**"哥白林""弗朗德""奥步生""波威"及类似式样的手织装饰毯，以及手工针绣嵌花装饰毯（例如，小针脚或十字绣），不论是否制成的：**									**Hand-woven tapestries of the type Gobelins, Flanders, Aubusson, Beauvais and the like, and needle-worked tapestries (for example, petit point, cross stitch), whether or not made up:**
5805.0010	---手工针绣嵌花装饰毯	12	130	0						---Needle-worked tapestries
5805.0090	---其他	12	130	0						---Other
58.06	**狭幅机织物，但税目58.07的货品除外；用黏合剂黏合制成的有经纱而无纬纱的狭幅织物（包扎匹头用带）：**									**Narrow woven fabrics, other than goods of heading 58.07; narrow fabrics consisting of warp without weft assembled by means of an adhesive (bolducs):**
	-起绒机织物（包括毛巾织物及类似的毛圈织物）及绳绒织物：									-Woven pile fabrics (including terry towelling and similar terry fabris) and chenille fabrics:
5806.1010	---棉或麻制	10	70	0						---Of cotton or bast fibres
5806.1090	---其他纺织材料制	10	80	0	9.1			0		---Of other textile materials
5806.2000	-按重量计弹性纱线或橡胶线含量在5%及以上的其他机织物	10	100	0		0	0	0		-Other woven fabrics, containing by weight 5% or more of elastomeric yarn or rubber thread

税则号列 Tariff Item	商品名称	最惠国税率(%) M. F. N.	普通税率(%) Gen.	协定税率(%) Conventional 东盟 ASEAN	亚太 APTA	香港 H. K.	澳门 Macao	台湾 Taiwan	出口税率(%) Export	Article Description
	-其他机织物：									-Other woven fabrics：
5806.3100	--棉制	10	70	0						--Of cotton
5806.3200	--化学纤维制	10	130	0	7		0	0		--Of man-made fibres
	--其他纺织材料制：									--Of other textile materials：
5806.3910	---丝及绢丝制	10	130	0						---Of silk or silk waste
5806.3920	---羊毛或动物细毛制	10	130	0						---Of wool or fine animal hair
5806.3990	---其他	10	80	0						---Other
	-用黏合剂黏合制成的有经纱而无纬纱的织物(包扎匹头用带)：									-Fabrics consisting of warp without weft assembled by means of an adhesive (bolducs)：
5806.4010	---棉或麻制	10	70	0						---Of cotton or bast fibres
5806.4090	---其他纺织材料制	10	80	0						---Of other textile materials
58.07	**非绣制的纺织材料制标签、徽章及类似品，成匹、成条或裁成一定形状或尺寸：**									**Labels, badges and similar articles of textile materials, in the piece, in strips or cut to shape or size, not embroidered:**
5807.1000	-机织	10	100	0	8.5	0	0	0		-Woven
5807.9000	-其他	10	100	0						-Other
58.08	**成匹的编带；非绣制的成匹装饰带，但针织或钩编的除外；流苏、绒球及类似品：**									**Braids in the piece; ornamental trimmings in the piece, without embroidery, other than knitted or crocheted; tassels, pompons and similar articles:**
5808.1000	-成匹的编带	10	100	0			0			-Braids in the piece
5808.9000	-其他	10	100	0			0			-Other
58.09	**其他税号未列名的金属线机织物及税目56.05所列含金属纱线的机织物，用于衣着、装饰及类似用途：**									**Woven fabrics of metal thread and woven fabrics of metallized yarn of heading 56.05, of a kind used in apparel, as furni-shing fabrics or for similar purposes, not elsewhere specified or included:**
5809.0010	---与棉混制	10	90	0						---Combined with cotton
5809.0020	---与化学纤维混制	10	130	0						---Combined with man-made fibres
5809.0090	---其他	10	100	0						---Other
58.10	**成匹、成条或成小块图案的刺绣品：**									**Embroidery in the piece, in strips or in motifs:**
5810.1000	-不见底布的刺绣品	10	130	0						-Embroidery without visible ground
	-其他刺绣品：									-Other embroidery：
5810.9100	--棉制	10	130	0						--Of cotton
5810.9200	--化学纤维制	10	130	0				0		--Of man-made fibres
5810.9900	--其他纺织材料制	10	130	0						--Of other textile materials

税则号列 Tariff Item	商品名称	最惠国税率(%) M. F. N.	普通税率(%) Gen.	协定税率(%) Conventional 东盟 ASEAN	亚太 APTA	香港 H. K.	澳门 Macao	台湾 Taiwan	出口税率(%) Export	Article Description
58.11	**用一层或几层纺织材料与胎料经绗缝或其他方法组合制成的被褥状纺织品，但税目58.10的刺绣品除外：**									**Quilted textile products in the piece, composed of one or more layers of textile materials assembled with padding by stitching or otherwise, other than embroidery of heading 58.10:**
5811.0010	---丝及绢丝制	10	130	0						---Of silk or silk waste
5811.0020	---羊毛或动物细毛制	10	130	0						---Of wool or fine animal hair
5811.0030	---棉制	10	80	0						---Of cotton
5811.0040	---化学纤维制	12	130	0						---Of man-made fibres
5811.0090	---其他纺织材料制	10	90	0						---Of other textile materials

第五十九章
浸渍、涂布、包覆或层压的纺织物；工业用纺织制品

注释：

一、除条文另有规定的以外，本章所称“纺织物”，仅适用于第五十章至第五十五章、税目 58.03 及 58.06 的机织物、税目 58.08 的成匹编带和装饰带及税目 60.02 至 60.06 的针织物或钩编织物。

二、税目 59.03 适用于：

（一）用塑料浸渍、涂布、包覆或层压的纺织物，不论每平方米重量多少以及塑料的性质如何（紧密结构或泡沫状的），但下列各项除外：

1. 用肉眼无法辨别出是否经过浸渍、涂布、包覆或层压的织物（通常归入第五十章至第五十五章、第五十八章或第六十章），但由于浸渍、涂布、包覆或层压所引起的颜色变化可不予考虑；

2. 温度在 15℃～30℃时，用手工将其绕于直径 7 毫米的圆柱体上会发生断裂的产品（通常归入第三十九章）；

3. 纺织物完全嵌入塑料内或在其两面均用塑料完全包覆或涂布，而这种包覆或涂布用肉眼是能够辨别出的产品（但由于包覆或涂布所引起的颜色变化可不予考虑）（第三十九章）；

4. 用塑料部分涂布或包覆并由此而形成图案的织物（通常归入第五十章至第五十五章、第五十八章或第六十章）；

5. 与纺织物混制而其中纺织物仅起增强作用的泡沫塑料板、片或带（第三十九章）；或

6. 税目 58.11 的纺织品。

Chapter 59
Impregnated, coated, covered or laminated textile fabrics; textile articles of a kind suitable for industrial use

Chapter Notes:

1. Except where the context otherwise requires, for the purposes of this Chapter the expression "textile fabrics" applies only to the woven fabrics of Chapters 50 to 55 and headings 58.03 and 58.06, the braids and ornamental trimmings in the piece of heading 58.08 and the knitted or crocheted fabrics of headings 60.02 to 60.06.

2. Heading 59.03 applies to:

(a) Textile fabrics, impregnated, coated, covered or laminated with plastics, whatever the weight per square metre and whatever the nature of the plastic material (compact or cellular), other than:

(i) Fabrics in which the impregnation, coating or covering cannot be seen with the naked eye (usually Chapters 50 to 55, 58 or 60); for the purpose of this provision, no account should be taken of any resulting change of colour;

(ii) Products which cannot, without fracturing, be bent manually around a cylinder of a diameter of 7mm, at a temperature between 15℃ and 30℃ (usually Chapter 39);

(iii) Products in which the textile fabric is either completely embedded in plastics or entirely coated or covered on both sides with such material, provided that such coating or covering can be seen with the naked eye with no account being taken of any resulting change of colour (Chapter 39);

(iv) Fabrics partially coated or partially covered with plastics and bearing designs resulting from these treatments (usually Chapters 50 to 55, 58 or 60);

(v) Plates, sheets or strip of cellular plastics, combined with textile fabric, where the textile fabric is present merely for reinforcing purposes (Chapter 39); or

(vi) Textile products of heading 58.11.

（二）由税目56.04的用塑料浸渍、涂布、包覆或套裹的纱线、扁条或类似品制成的织物。

(b) Fabrics made from yarn, strip or the like, impregnated, coated, covered or sheathed with plastics, of heading 56.04.

三、税目59.05所称"糊墙织物"，是指以纺织材料作面，固定在一衬背上或在背面进行处理（浸渍或涂布以便于裱糊），适于装饰墙壁或天花板，且宽度不小于45厘米的成卷产品。

3. For the purposes of heading 59.05, the expression "textile wall coverings" applies to products in rolls, of a width of not less than 45cm, suitable for wall or ceiling decoration, consisting of a textile surface which has been fixed on a backing or has been treated on the back (impregnated or coated to permit pasting).

但本税号不适用于以纺织纤维屑或粉末直接粘于纸上（税目48.14）或布底上（通常归入税目59.07）的糊墙物品。

This heading does not, however, apply to wall coverings consisting of textile flock or dust fixed directly on a backing of paper (heading 48.14) or on a textile backing (generally heading 59.07).

四、税目59.06所称"用橡胶处理的纺织物"是指：

4. For the purposes of heading 59.06, the expression "rubberised textile fabrics" means:

（一）用橡胶浸渍、涂布、包覆或层压的纺织物：

1. 每平方米重量不超过1500克；或
2. 每平方米重量超过1500克，按重量计纺织材料含量在50%以上；

(a) Textile fabrics impregnated, coated, covered or laminated with rubber:

(i) Weighing not more than $1500g/m^2$; or

(ii) Weighing more than $1500g/m^2$ and containing more than 50% by weight of textile material;

（二）由税目56.04的用橡胶浸渍、涂布、包覆或套裹的纱线、扁条或类似品制成的织物；以及

(b) Fabrics made from yarn, strip or the like, impregnated, coated, covered or sheathed with rubber, of heading 56.04; and

（三）平行纺织纱线经橡胶黏合的织物，不论每平方米重量多少。

(c) Fabrics composed of parallel textile yarns agglomerated with rubber, irrespective of their weight per square metre.

但本税号不包括与纺织物混制而其中纺织物仅起增强作用的海绵橡胶板、片或带（第四十章），也不包括税目58.11的纺织品。

This heading does not, however, apply to plates, sheets or strips of cellular rubber, combined with textile fabric, where the textile fabric is present merely for reinforcing purposes (Chapter 40), or textile products of heading 58.11.

五、税目59.07不适用于：

5. Heading 59.07 does not apply to:

（一）用肉眼无法辨别出是否经过浸渍、涂布或包覆的织物（通常归入第五十章至第五十五章、第五十八章或第六十章），但由于浸渍、涂布或包覆所引起的颜色变化可不予考虑；

(a) Fabrics in which the impregnation, coating or covering cannot be seen with the naked eye (usually Chapters 50 to 55, 58 or 60); for the purpose of this provision, no account should be taken of any resulting change of colour;

（二）绘有图画的织物（作为舞台、摄影布景或类似品的已绘制的画布除外）；

(b) Fabrics painted with designs (other than painted canvas being theatrical scenery, studio back-cloths or the like);

（三）用短绒、粉末、软木粉或类似品部分覆面并由此而形成图案的织物，但仿绒织物仍归入

(c) Fabrics partially covered with flock, dust, powdered cork or the like and bearing designs resul-

本税号；

ting from these treatments; however, imitation pile fabrics remain classified in this heading;

（四）以淀粉或类似物质为基本成分的普通浆料上浆整理的织物；

（d）Fabrics starched with normal dressings having a basis of amylaceous or similar substances;

（五）以纺织物为底的木饰面板（税目 44.08）；

（e）Wood veneered on a backing of textile fabrics (heading 44.08);

（六）以纺织物为底的砂布及类似品（税目 68.05）；

（f）Natural or artificial abrasive powder or grain, on a backing of textile fabrics (heading 68.05);

（七）以纺织物为底的黏聚或复制云母片（税目 68.14）；或

（g）Agglomerated or reconstituted mica, on a backing of textile fabrics (heading 68.14); or

（八）以纺织物为底的金属箔（通常归入第十四类或第十五类）。

（h）Metal foil on a backing of textile fabrics (generally Section XIV or XV).

六、税目 59.10 不适用于：

（一）厚度小于 3 毫米的纺织材料制传动带料或输送带料；或

（二）用橡胶浸渍、涂布、包覆或层压的织物制成的或用橡胶浸渍、涂布、包覆或套裹的纱线或绳制成的传动带料及输送带料（税目 40.10）。

6. Heading 59.10 does not apply to:

（a）Transmission or conveyor belting, of textile material, of a thickness of less than 3mm; or

（b）Transmission or conveyor belts or belting of textile fabric impregnated, coated, covered or laminated with rubber or made from textile yarn or cord impregnated, coated, covered or sheathed with rubber (heading 40.10).

七、税目 59.11 适用于下列不能归入第十一类其他税号的货品：

（一）下列成匹的、裁成一定长度或仅裁成矩形（包括正方形）的纺织产品（具有税目 59.08 至 59.10 所列产品特征的产品除外）：

1. 用橡胶、皮革或其他材料涂布、包覆或层压的作针布用的纺织物、毡呢及毡呢衬里机织物，以及其他专门技术用途的类似织物，包括用橡胶浸渍的用于包覆纺锤（织轴）的狭幅丝绒织物；

2. 筛布；

3. 用于榨油机器或类似机器的纺织材料制或人发制滤布；

4. 用多股经纱或纬纱平织而成的纺织物，不论是否毡化、浸渍或涂布，通常用于机械或其他专门技术用途；

5. 专门技术用途的增强纺织物；

7. Heading 59.11 applies to the following goods, which do not fall in any other heading of Section XI:

（a）Textile products in the piece, cut to length or simply cut to rectangular (including square) shape (other than those having the character of the products of headings 59.08 to 59.10), the following only:

（i）Textile fabrics, felt and felt-lined woven fabrics, coated, covered or laminated with rubber, leather or other material, of a kind used for card clothing, and similar fabrics of a kind used for other technical purposes, including narrow fabrics made of velvet impregnated with rubber, for covering weaving spindles (weaving beams);

（ii）Bolting cloth;

（iii）Straining cloth of a kind used in oil presses or the like, of textile material or of human hair;

（iv）Flat woven textile fabrics with multiple warp or weft, whether or not felted, impregnated or coated, of a kind used in machinery or for other technical purposes;

（v）Textile fabrics reinforced with metal, of a kind used for technical purposes;

6. 工业上用作填塞或润滑材料的线绳、编带及类似品，不论是否涂布、浸渍或用金属加强。

(vi) Cords, braids and the like, whether or not coated, impregnated or reinforced with metal, of a kind used in industry as packing or lubricating materials.

(二) 专门技术用途的纺织制品（税目 59.08 至 59.10 的货品除外），例如，造纸机器或类似机器（如制浆机或制石棉水泥的机器）用的环状或装有连接装置的纺织物或毡呢、密封垫、垫圈、抛光盘及其他机器零件。

(b) Textile articles (other than those of headings 59.08 to 59.10) of a kind used for technical purposes, for example, textile fabrics and felts, endless or fitted with linking devices, of a kind used in paper-making or similar machines (for example, for pulp or asbestos-cement), gaskets, washers, polishing discs and other machinery parts.

税则号列 Tariff Item	商品名称	最惠国税率(%) M. F. N.	普通税率(%) Gen.	协定税率(%) Conventional 东盟 ASEAN	亚太 APTA	香港 H. K.	澳门 Macao	台湾 Taiwan	出口税率(%) Export	Article Description
59.01	**用胶或淀粉物质涂布的纺织物，作书籍封面及类似用途的；描图布；制成的油画布；作帽里的硬衬布及类似硬挺纺织物：**									**Textile fabrics coated with gum or amylaceous substances, of a kind used for the outer covers of books or the like; tracing cloth; prepared painting canvas; buckram and similar stiffened textile fabrics of a kind used for hat foundations:**
	-用胶或淀粉物质涂布的纺织物，作书籍封面及类似用途的：									-Textile fabrics coated with gum or amylaceous substances, of a kind used for the outer covers of books or the like:
5901.1010	---棉或麻制	10	80	0						---Of cotton or bast fibres
5901.1020	---化学纤维制	10	130	0						---Of man-made fibres
5901.1090	---其他	10	100	0						---Other
	-其他：									-Other:
5901.9010	---制成的油画布	10	50	0						---Prepared painting canvas
	---其他：									---Other:
5901.9091	----棉或麻制	10	80	0						----Of cotton or bast fibres
5901.9092	----化学纤维制	10	130	0						----Of man-made fibres
5901.9099	----其他	10	100	0						----Other
59.02	**尼龙或其他聚酰胺、聚酯或粘胶纤维高强力纱制的帘子布：**									**Tyre cord fabric of high tenacity yarn of nylon or other polyamides polyesters or viscose rayon:**
	-尼龙或其他聚酰胺制：									-Of nylon or other polyamides:
5902.1010	---聚酰胺-6（尼龙-6）制	10	40	0	9					---Of polyamide-6 (nylon-6)
5902.1020	---聚酰胺-6,6（尼龙-6,6）制	10	40	0	9					---Of polyamide-6,6 (nylon-6,6)
5902.1090	---其他	10	40	0	9					---Other
5902.2000	-聚酯制	10	40	0	9					-Of polyesters

税则号列 Tariff Item	商品名称	最惠国税率(%) M. F. N.	普通税率(%) Gen.	协定税率(%) Conventional 东盟 ASEAN	亚太 APTA	香港 H. K.	澳门 Macao	台湾 Taiwan	出口税率(%) Export	Article Description
5902.9000	-其他	10	40	0						-Other
59.03	**用塑料浸渍、涂布、包覆或层压的纺织物，但税目59.02的货品除外：**									**Textile fabrics impregnated, coated, covered or laminated with plastics, other than those of heading 59.02:**
	-用聚氯乙烯浸渍、涂布包覆或层压的：									-With poly (vinyl chloride):
5903.1010	---绝缘布或带	10	40	0	8.5					---Insulating cloth or tape
5903.1020	---人造革	10	70	0	8.5	0		0		---Imitation leather
5903.1090	---其他	10	90	0	8.5	0		0		---Other
	-用聚氨基甲酸酯浸渍、涂布、包覆或层压的：									-With polyurethane:
5903.2010	---绝缘布或带	10	40	0	8.5					---Insulating cloth or tape
5903.2020	---人造革	10	70	0	8.5			0		---Imitation leather
5903.2090	---其他	10	90	0	8.5	0		0		---Other
	-其他：									-Other:
5903.9010	---绝缘布或带	10	40	0	8.5					---Insulating cloth or tape
5903.9020	---人造革	10	70	0	8.5			0		---Imitation leather
5903.9090	---其他	10	90	0	8.5	0		0		---Other
59.04	**列诺伦（亚麻油地毡），不论是否剪切成形；以织物为底布经涂布或覆面的铺地制品，不论是否剪切成形：**									**Linoleum, whether or not cut to shape; floor coverings consisting of a coating or covering applied on a textile backing, whether or not cut to shape:**
5904.1000	-列诺伦（亚麻油地毡）	14	90	0						-Linoleum
5904.9000	-其他	14	90	0						-Other
59.05	**糊墙织物：**									**Textile wall coverings:**
5905.0000	糊墙织物	10	80	0						Textile wall coverings
59.06	**用橡胶处理的纺织物，但税目59.02的货品除外：**									**Rubberized textile fabrics, other than those of heading 59.02:**
	-宽度不超过20厘米的胶粘带：									-Adhesive tape of a width not exceeding 20cm:
5906.1010	---绝缘带	10	40	0						---Insulating tape
5906.1090	---其他	10	100	0						---Other
	-其他：									-Other:
5906.9100	--针织或钩编的	10	130	0				0		--Knitted or crocheted
	--其他：									--Other:
5906.9910	---绝缘布或带	10	40	0						---Insulating cloth or tape
5906.9990	---其他	10	100	0				0		---Other

税则号列 Tariff Item	商品名称	最惠国税率(%) M. F. N.	普通税率(%) Gen.	协定税率(%) Conventional 东盟 ASEAN	亚太 APTA	香港 H. K.	澳门 Macao	台湾 Taiwan	出口税率(%) Export	Article Description
59.07	**用其他材料浸渍、涂布或包覆的纺织物；作舞台、摄影布景或类似用途的已绘制画布：**									**Textile fabrics otherwise impregnated, coated or covered; painted canvas being theatrical scenery, studio backcloths or the like:**
5907.0010	---绝缘布或带	10	40	0	8.5					---Insulating cloth or tape
5907.0020	---已绘制画布	10	50	0	8.5	0				---Painted canvas
5907.0090	---其他	10	100	0	8.5					---Other
59.08	**用纺织材料机织、编结或针织而成的灯芯、炉芯、打火机芯、烛芯或类似品；煤气灯纱筒及纱罩，不论是否浸渍：**									**Textile wicks, woven, platied or knitted, for lamps, stoves, lighters, candles or the like; incandescent gas mantles and tubular knitted gas mantle fabric therefor, whether or not impregnated:**
5908.0000	用纺织材料机织、编结或针织而成的灯芯、炉芯、打火机芯、烛芯或类似品；煤气灯纱筒及纱罩，不论是否浸渍	10	70	0						Textile wicks, woven, plaited or knitted, for lamps, stoves, lighters, candles or the like; incandescent gas mantles and tubular knitted gas mantle fabric therefor, whether or not impregnated
59.09	**纺织材料制的水龙软管及类似的管子，不论有无其他材料作衬里、护套或附件：**									**Textile hosepiping and similar textile tubing, with or without lining, armour or accessories of other materials:**
5909.0000	纺织材料制的水龙软管及类似的管子，不论有无其他材料作衬里、护套或附件	8	35	0			0			Textile hosepiping and similar textile tubing, with or without lining, armour or accessories of other materials
59.10	**纺织材料制的传动带或输送带及带料，不论是否用塑料浸渍、涂布、包覆或层压，也不论是否用金属或其他材料加强：**									**Transmission or conveyor belts or belting, of textile material, whether or not impregnated, coated, covered or laminated with plastics, or reinforced with metal or other material:**
5910.0000	纺织材料制的传动带或输送带及带料，不论是否用塑料浸渍、涂布、包覆或层压，也不论是否用金属或其他材料加强	8	35	0				0		Transmission or conveyor belts or belting, of textile material, whether or not impregnated, coated, covered or laminated with plastics, or reinforced with metal or other material
59.11	**本章注释七所规定的作专门技术用途的纺织产品及制品：**									**Textile products and articles, for technical uses, specified in Note 7 to this Chapter:**

税则号列 Tariff Item	商品名称	最惠国税率(%) M. F. N.	普通税率(%) Gen.	协定税率(%) Conventional 东盟 ASEAN	亚太 APTA	香港 H. K.	澳门 Macao	台湾 Taiwan	出口税率(%) Export	Article Description
	-用橡胶、皮革或其他材料涂布、包覆或层压的作针布用的纺织物、毡呢及毡呢衬里机织物，以及作专门技术用途的类似织物，包括用橡胶浸渍的、用于包覆纺锤（织轴）的狭幅丝绒织物：									-Textile fabrics, felt and felt-lined woven fabrics, coated, covered or laminated with rubber, leather or other material, of a kind used for card clothing, and similar fabrics of a kind used for other technical purposes, including narrow fabrics made of velvet impregnated with rubber, for covering weaving spindles (weaving beams):
5911.1010	---用橡胶浸渍的、用于包覆纺锤（织轴）的狭幅丝绒织物	8	75	0	7.2					---Narrow fabrics made of velvet impregnated with rubber, for covering weaving spindles (weaving beams)
5911.1090	---其他	8	35	0						---Other
5911.2000	-筛布，不论是否制成的	8	35	0						-Bolting cloth, whether or not made up
	-环状或装有连接装置的纺织物及毡呢，用于造纸机器或类似机器（例如，制浆机或制石棉水泥的机器）：									-Textile fabrics and felts, endless or fitted with linking devices, of a kind used in paper-making or similar machines (for example, for pulp or asbestos-cement):
5911.3100	--每平方米重量在650克以下	8	35	0						--Weighing less than 650g/m²
5911.3200	--每平方米重量在650克及以上	8	35	0						--Weighing 650g/m² or more
5911.4000	-用于榨油机器或类似机器的滤布，包括人发制滤布	8	35	0						-Straining cloth of a kind used in oil presses or the like, including that of human hair
5911.9000	-其他	8	35	0						-Other

第六十章
针织物及钩编织物

Chapter 60
Knitted or crocheted fabrics

注释：

一、本章不包括：

（一）税目58.04的钩编花边；

（二）税目58.07的针织或钩编的标签、徽章及类似品；或

（三）第五十九章的经浸渍、涂布、包覆或层压的针织物及钩编织物。但经浸渍、涂布、包覆或层压的起绒针织物及起绒钩编织物仍归入税目60.01。

二、本章还包括用金属线制的用于衣着、装饰或类似用途的织物。

三、本协调制度所称"针织物"，包括由纺织纱线用链式针法构成的缝编织物。

子目注释：

一、子目6005.35包括由聚乙烯单丝或涤纶复丝制成的织物，重量不小于30克/平方米，但不超过55克/平方米，网眼尺寸不小于20孔/平方厘米，但不超过100孔/平方厘米，并且用α—氯氰菊酯（ISO）、虫螨腈（ISO）、溴氰菊酯（INN，ISO）、高效氯氟氰菊酯（ISO）、除虫菊酯（ISO）或甲基嘧啶磷（ISO）浸渍或涂层。

Chapter Notes:

1. This Chapter does not cover:

(a) Crochet lace of heading 58.04;

(b) Labels, badges or similar articles, knitted or crocheted, of heading 58.07; or

(c) Knitted or crocheted fabrics, impregnated, coated, covered or laminated, of Chapter 59. However, knitted or crocheted pile fabrics, impregnated, coated, covered or laminated, remain classified in heading 60.01.

2. This Chapter also includes fabrics made of metal thread and of a kind used in apparel, as furnishing fabrics or for similar purposes.

3. Throughout the Nomenclature any reference to "knitted" goods includes a reference to stitch-bonded goods in which the chain stitches are formed of textile yarn.

Subheading Note:

1. Subheading 6005.35 covers fabrics of polyethylene monofilament or of polyester multifilament, weighing not less than $30g/m^2$ and not more than $55g/m^2$, having a mesh size of not less than 20 $holes/cm^2$ and not more than 100 $holes/cm^2$, and impregnated or coated with alpha-cypermethrin (ISO), chlorfenapyr (ISO), deltamethrin (INN, ISO), lambda-cyhalothrin (ISO), permethrin (ISO) or pirimiphos-methyl (ISO).

税则号列 Tariff Item	商品名称	最惠国税率(%) M.F.N.	普通税率(%) Gen.	协定税率(%) Conventional					出口税率(%) Export	Article Description
				东盟 ASEAN	亚太 APTA	香港 H.K.	澳门 Macao	台湾 Taiwan		
60.01	**针织或钩编的起绒织物，包括"长毛绒"织物及毛圈织物：**									**Pile fabrics, including "long pile" fabrics and terry fabrics, knitted or crocheted:**
6001.1000	-"长毛绒"织物	10	130	0	8.5					-"Long pile" fabrics
	-毛圈绒头织物：									-Looped pile fabrics:
6001.2100	--棉制	10	70	0	8.5					--Of cotton
6001.2200	--化学纤维制	10	130	0	8.5					--Of man-made fibres
6001.2900	--其他纺织材料制	12	130	0						--Of other textile materials
	-其他：									-Other:
6001.9100	--棉制	10	70	0	7					--Of cotton
6001.9200	--化学纤维制	10	130	0	8.5	0	0	0		--Of man-made fibres
6001.9900	--其他纺织材料制	12	130	0						--Of other textile materials

税则号列 Tariff Item	商品名称	最惠国税率(%) M. F. N.	普通税率(%) Gen.	协定税率(%) Conventional 东盟 ASEAN	亚太 APTA	香港 H. K.	澳门 Macao	台湾 Taiwan	出口税率(%) Export	Article Description
60.02	**宽度不超过30厘米，按重量计弹性纱线或橡胶线含量在5%及以上的针织物或钩编织物，但税目60.01的货品除外：**									**Knitted or crocheted fabrics of a width not exceeding 30cm, containing by weight 5% or more of elastomeric yarn or rubber thread, other than those of heading 60.01:**
	-按重量计弹性纱线含量在5%及以上，但不含橡胶线：									-Containing by weight 5% or more of elastomeric yarn but not containing rubber thread:
6002.4010	---棉制	10	70	0	8.5					---Of cotton
6002.4020	---丝及绢丝制	10	130	0	8.5					---Of silk or silk waste
6002.4030	---合成纤维制	10	130	0						---Of synthetic fibres
6002.4040	---人造纤维制	10	130	0						---Of artificial fibres
6002.4090	---其他	10	130	0	7					---Other
	-其他：									-Other:
6002.9010	---棉制	10	70	0	8.5					---Of cotton
6002.9020	---丝及绢丝制	10	130	0	8.5					---Of silk or silk waste
6002.9030	---合成纤维制	10	130	0	5					---Of synthetic fibres
6002.9040	---人造纤维制	10	130	0	5					---Of artificial fibres
6002.9090	---其他	10	130	0	8.5					---Other
60.03	**宽度不超过30厘米的针织或钩编织物，但税目60.01或60.02的货品除外：**									**Knitted or crocheted fabrics of a width not exceeding 30cm, other than those of heading 60.01 or 60.02:**
6003.1000	-羊毛或动物细毛制	10	130	0						-Of wool or fine animal hair
6003.2000	-棉制	10	70	0						-Of cotton
6003.3000	-合成纤维制	10	130	0	9.4					-Of synthetic fibres
6003.4000	-人造纤维制	10	130	0	9.4					-Of artificial fibres
6003.9000	-其他	10	130	0						-Other
60.04	**宽度超过30厘米，按重量计弹性纱线或橡胶线含量在5%及以上的针织物或钩编织物，但税目60.01的货品除外：**									**Knitted or crocheted fabrics of a width exceeding 30cm, containing by weight 5% or more elastomeric yarn or rubber thread, other than those of heading 60.01:**
	-按重量计弹性纱线含量在5%及以上，但不含橡胶线：									-Containing by weight 5% or more of elastomeric yarn but not containing rubber thread:
6004.1010	---棉制	10	70	0	7	0				---Of cotton
6004.1020	---丝及绢丝制	10	130	0	8.5					---Of silk or silk waste
6004.1030	---合成纤维制	10	130	0		0	0	0		---Of synthetic fibres
6004.1040	---人造纤维制	10	130	0		0	0			---Of artificial fibres
6004.1090	---其他	10	130	0	8.5	0	0	0		---Other
	-其他：									-Other:
6004.9010	---棉制	10	70	0	8.5	0				---Of cotton
6004.9020	---丝及绢丝制	10	130	0	8.5					---Of silk or silk waste
6004.9030	---合成纤维制	10	130	0		0	0	0		---Of synthetic fibres

税则号列 Tariff Item	商品名称	最惠国税率(%) M. F. N.	普通税率(%) Gen.	协定税率(%) Conventional 东盟 ASEAN	亚太 APTA	香港 H. K.	澳门 Macao	台湾 Taiwan	出口税率(%) Export	Article Description
6004.9040	---人造纤维制	10	130	0		0	0			---Of artificial fibres
6004.9090	---其他	10	130	0	7	0	0	0		---Other
60.05	**经编针织物（包括由镶边针织机织成的），但税目60.01至60.04的货品除外：**									**Warp knit fabrics (including those made on galloon knitting machines), other than those of headings 60.01 to 60.04:**
	-棉制：									-Of cotton:
6005.2100	--未漂白或漂白	10	70	0		0				--Unbleached or bleached
6005.2200	--染色	10	70	0		0				--Dyed
6005.2300	--色织	10	70	0		0				--Of yarns of different colours
6005.2400	--印花	10	70	0		0				--Printed
	-合成纤维制：									-Of synthetic fibres:
6005.3500	--本章子目注释一所列织物	10	130	0	8.5			0		--Fabrics specified in Subheading Note 1 to this Chapter
6005.3600	--其他，未漂白或漂白	10	130	0	8.5			0		--Other, unbleached or bleached
6005.3700	--其他，染色	10	130	0	8.5			0		--Other, dyed
6005.3800	--其他，色织	10	130	0	8.5					--Other, of yarns of different colours
6005.3900	--其他，印花	10	130	0	8.5					--Other, printed
	-人造纤维制：									-Of artificial fibres:
6005.4100	--未漂白或漂白	10	130	0	8.5					--Unbleached or bleached
6005.4200	--染色	10	130	0	8.5					--Dyed
6005.4300	--色织	10	130	0	8.5					--Of yarns of different colours
6005.4400	--印花	10	130	0	8.5					--Printed
	-其他：									-Other:
6005.9010	---羊毛或动物细毛制	12	130	0						---Of wool or fine animal hair
6005.9090	---其他	12	130	0						---Of other textile materials
60.06	**其他针织或钩编织物：**									**Other knitted or crocheted fabrics:**
6006.1000	-羊毛或动物细毛制	12	130	0						-Of wool or fine animal hair
	-棉制：									-Of cotton:
6006.2100	--未漂白或漂白	10	70	0	7	0	0			--Unbleached or bleached
6006.2200	--染色	10	70	0	8.5	0	0			--Dyed
6006.2300	--色织	10	70	0	7	0	0			--Of yarns of different colours
6006.2400	--印花	10	70	0	8.5	0	0	0		--Printed
	-合成纤维制：									-Of synthetic fibres:
6006.3100	--未漂白或漂白	10	130	0	8.5	0	0	0		--Unbleached or bleached
6006.3200	--染色	10	130	0	8.5	0	0	0		--Dyed
6006.3300	--色织	10	130	0	8.5	0	0	0		--Of yarns of different colours
6006.3400	--印花	10	130	0	8.5	0	0	0		--Printed
	-人造纤维制：									-Of artificial fibres:
6006.4100	--未漂白或漂白	10	130	0	8.5	0	0			--Unbleached or bleached
6006.4200	--染色	10	130	0	8.5	0	0	0		--Dyed
6006.4300	--色织	10	130	0	8.5	0	0			--Of yarns of different colours
6006.4400	--印花	10	130	0	8.5	0	0			--Printed
6006.9000	-其他	12	130	0	10.2					-Other

第六十一章
针织或钩编的服装及衣着附件

注释：

一、本章仅适用于制成的针织品或钩编织品。

二、本章不包括：

（一）税目 62.12 的货品；

（二）税目 63.09 的旧衣着或其他旧物品；或

（三）矫形器具、外科手术带、疝气带及类似品（税目 90.21）。

三、税目 61.03 及 61.04 所称：

（一）"西服套装"，是指面料用相同的织物制成的两件套或三件套的下列成套服装：

一件人体上半身穿着的外套或短上衣，除袖子外，其面料应由四片或四片以上组成；也可附带一件马甲（西服背心），这件马甲（西服背心）的前片面料应与套装其他各件的面料相同，后片面料则应与外套或短上衣的衬里料相同；以及

一件人体下半身穿着的服装，即不带背带或护胸的长裤、马裤、短裤（游泳裤除外）、裙子或裙裤。

西服套装各件面料质地、颜色及构成必须相同，其款式也必须相同，尺寸大小还须相互般配，但可以用不同织物滚边（在缝口上缝入长条织物）。

如果数件人体下半身穿着的服装同时报验（例如，两条长裤、长裤与短裤、裙子或裙裤与长裤），构成西服套装下装的应是一条长裤，而对于女式西服套装，应是裙子或裙裤，其他服装应分别归类。

所称"西服套装"，包括不论是否完全符合上述条件的下列配套服装：

1. 常礼服，由一件后襟下垂并下端开圆弧形

Chapter 61
Articles of apparel and clothing accessories，knitted or crocheted

Chapter Notes：

1. This Chapter applies only to made up knitted or crocheted articles.

2. This Chapter does not cover：

（a） Goods of heading 62.12；

（b） Worn clothing or other worn articles of heading 63.09；or

（c） Orthopaedic appliances，surgical belts，trusses or the like（heading 90.21）.

3. For the purposes of headings 61.03 and 61.04：

（a） The term "suit" means a set of garments composed of two or three pieces made up，in respect of their outer surface，in identical fabric and comprising：

One suit coat or jacket the outer shell of which，exclusive of sleeves，consists of four or more panels，designed to cover the upper part of the body，possibly with a tailored waistcoat in addition whose front is made from the same fabric as the outer surface of the other components of the set and whose back is made from the same fabric as the lining of the suit coat or jacket；and

One garment designed to cover the lower part of the body and consisting of trousers，breeches or shorts（other than swimwear），a skirt or a divided skirt，having neither braces nor bibs.

All of the components of a "suit" must be of the same fabric construction，colour and composition；they must also be of the same style and of corresponding or compatible size. However，these components may have piping（a strip of fabric sewn into the seam）in a different fabric.

If several separate components to cover the lower part of the body are presented together（for example，two pairs of trousers or trousers and shorts，or a skirt or divided skirt and trousers），the constituent lower part shall be one pair of trousers or，in the case of women's or girls' suits，the skirt or divided skirt，the other garments being considered separately.

The term "suit" includes the following sets of garments，whether or not they fulfil all the above conditions：

（i） Morning dress，comprising a plain jacket

叉的素色短上衣和一条条纹长裤组成；

(cutaway) with rounded tails hanging well down at the back and striped trousers;

2. 晚礼服（燕尾服），一般用黑色织物制成，上衣前襟较短且不闭合，背后有燕尾；

(ii) Evening dress (tailcoat), generally made of black fabric, the jacket of which is relatively short at the front, does not close and has narrow skirts cut in at the hips and hanging down behind;

3. 无燕尾套装夜礼服，其中上衣款式与普通上衣相似（可以更为显露衬衣前胸），但有光滑丝质或仿丝质的翻领。

(iii) Dinner jacket suits, in which the jacket is similar in style to an ordinary jacket (though perhaps revealing more of the shirt front), but has shiny silk or imitation silk lapels.

（二）"便服套装"，是指面料相同并作零售包装的下列成套服装（西服套装及税目61.07、61.08或61.09的物品除外）：

(b) The term "ensemble" means a set of garments (other than suits and articles of heading 61.07, 61.08 or 61.09), composed of several pieces made up in identical fabric, put up for retail sale, and comprising:

一件人体上半身穿着的服装，但套头衫及背心除外，因为套头衫可在两件套服装中作为内衣，背心也可作为内衣；以及

One garment designed to cover the upper part of the body, with the exception of pullovers which may form a second upper garment in the sole context of twin sets, and of waistcoats which may also form a second upper garment; and

一件或两件不同的人体下半身穿着的服装，即长裤、护胸背带工装裤、马裤、短裤（游泳裤除外）、裙子或裙裤。

One or two different garments, designed to cover the lower part of the body and consisting of trousers, bib and brace overalls, breeches, shorts (other than swimwear), a skirt or a divided skirt.

便服套装各件面料质地、款式、颜色及构成必须相同；尺寸大小也须相互般配。所称"便服套装"，不包括税目61.12的运动服及滑雪服。

All of the components of an ensemble must be of the same fabric construction, style, colour and composition; they also must be of corresponding or compatible size. The term "ensemble" does not apply to track suits or ski suits, of heading 61.12.

四、税目61.05及61.06不包括在腰围以下有口袋的服装、带有罗纹腰带及以其他方式收紧下摆的服装或其织物至少在10厘米×10厘米的面积内沿各方向的直线长度上平均每厘米少于10针的服装。税目61.05不包括无袖服装。

4. Headings 61.05 and 61.06 do not cover garments with pockets below the waist, with a ribbed waistband or other means of tightening at the bottom of the garment, or garments having an average of less than 10 stitches per linear centimetre in each direction counted on an area measuring at least 10cm × 10cm. Heading 61.05 does not cover sleeveless garments.

五、税目61.09不包括带有束带、罗纹腰带或其他方式收紧下摆的服装。

5. Heading 61.09 does not cover garments with a drawstring, ribbed waistband or other means of tightening at the bottom of the garment.

六、对于税目61.11：

（一）所称"婴儿服装及衣着附件"，是指用于身高不超过86厘米幼儿的服装；

6. For the purposes of heading 61.11:

(a) The expression "babies' garments and clothing accessories" means articles for young children of a body height not exceeding 86cm;

（二）既可归入税目61.11，也可归入本章其他税号的物品，应归入税目61.11。

(b) Articles which are, prima facie, classifiable both in heading 61.11 and in other headings of this Chapter are to be classified in heading 61.11.

七、税目61.12所称“滑雪服”，是指从整个外观和织物质地来看，主要在滑雪（速度滑雪或高山滑雪）时穿着的下列服装或成套服装：

（一）“滑雪连身服”，即上下身连在一起的单件服装；除袖子和领子外，滑雪连身服可有口袋或脚带；或

（二）“滑雪套装”，即由两件或三件构成一套并作零售包装的下列服装：

一件用一条拉链扣合的带风帽的厚夹克、防风衣、防风短上衣或类似的服装，可以附带一件背心（滑雪背心）；以及

一条不论是否过腰的长裤、一条马裤或一条护胸背带工装裤。

“滑雪套装”也可由一件类似以上（一）款所述的连身服和一件可套在连身服外面的有胎料背心组成。

“滑雪套装”各件颜色可以不同，但面料质地、款式及构成必须相同；尺寸大小也须相互般配。

7. For the purposes of heading 61.12, “ski suits” means garments or sets of garments which, by their general appearance and texture, are identifiable as intended to be worn principally for skiing (cross-country or alpine). They consist either of:

(a) A “ski overall”, that is, a one-piece garment designed to cover the upper and the lower parts of the body; in addition to sleeves and a collar the ski overall may have pockets or footstraps; or

(b) A “ski ensemble”, that is, a set of garments composed of two or three pieces, put up for retail sale and comprising:

one garment such as an anorak, wind-cheater, wind-jacket or similar article, closed by a slide fastener (zipper), possibly with a waistcoat in addition; and

one pair of trousers whether or not extending above waist-level, one pair of breeches or one bib and brace overall.

The “ski ensemble” may also consist of an overall similar to the one mentioned in paragraph (a) above and a type of padded, sleeveless jacket worn over the overall.

All the components of a “ski ensemble” must be made up in a fabric of the same texture, style and composition whether or not of the same colour; they also must be of corresponding or compatible size.

八、既可归入税目61.13，也可归入本章其他税号的服装，除税目61.11所列的仍归入该税号外，其余的应一律归入税目61.13。

8. Garments which are, prima facie, classifiable both in heading 61.13 and in other headings of this Chapter, excluding heading 61.11, are to be classified in heading 61.13.

九、本章的服装，凡门襟为左压右的，应视为男式；右压左的，应视为女式。但本规定不适用于其式样已明显为男式或女式的服装。

无法区别是男式还是女式的服装，应按女式服装归入有关税号。

9. Garments of this Chapter designed for left over right closure at the front shall be regarded as men's or boys' garments, and those designed for right over left closure at the front as women's or girls' garments. These provisions do not apply where the cut of the garment clearly indicates that it is designed for one or other of the sexes.

Garments which cannot be identified as either men's or boys' garments or as women's or girls' garments are to be classified in the headings covering women's or girls' garments.

十、本章物品可用金属线制成。

10. Articles of this Chapter may be made of metal thread.

税则号列 Tariff Item	商品名称	最惠国税率(%) M. F. N.	普通税率(%) Gen.	协定税率(%) Conventional 东盟 ASEAN	亚太 APTA	香港 H. K.	澳门 Macao	台湾 Taiwan	出口税率(%) Export	Article Description
61.01	**针织或钩编的男式大衣、短大衣、斗篷、短斗篷、带风帽的防寒短上衣(包括滑雪短上衣)、防风衣、防风短上衣及类似品,但税目61.03的货品除外:**									**Men's or boys' overcoats, car-coats, capes, cloaks, anoraks (including ski-jackets), wind-cheaters, wind-jackets and similar articles, knitted or crocheted, other than those of heading 61.03:**
6101.2000	-棉制	17.5	90	0	14	0	0			-Of cotton
6101.3000	-化学纤维制	17.5	130	0	12.3	0	0			-Of man-made fibres
	-其他纺织材料制:									-Of other textile materials:
6101.9010	---羊毛或动物细毛制	25	130	0	18	0	0			---Of wool or fine animal hair
6101.9090	---其他纺织材料制	17.5	130	0	12.3	0	0			---Of other textile materials
61.02	**针织或钩编的女式大衣、短大衣、斗篷、短斗篷、带风帽的防寒短上衣(包括滑雪短上衣)、防风衣、防风短上衣及类似品,但税目61.04的货品除外:**									**Women's or girls' overcoats, car-coats, capes, cloaks, anoraks (including ski-jackets), wind-cheaters, wind-jackets and similar articles, knitted or crocheted, other than those of heading 61.04:**
6102.1000	-羊毛或动物细毛制	25	130	0	18	0	0			-Of wool or fine animal hair
6102.2000	-棉制	17.5	90	0	14	0	0			-Of cotton
6102.3000	-化学纤维制	17.5	130	0	12.3	0	0			-Of man-made fibres
6102.9000	-其他纺织材料制	20	130	0	13.8	0	0			-Of other textile materials
61.03	**针织或钩编的男式西服套装、便服套装、上衣、长裤、护胸背带工装裤、马裤及短裤(游泳裤除外):**									**Men's or boys' suits, ensembles, jackets, blazers, trousers, bib and brace overalls, breeches and shorts (other than swimwear), knitted or crocheted:**
	-西服套装:									-Suits:
6103.1010	---羊毛或动物细毛制	25	130	0	18	0	0			---Of wool or fine animal hair
6103.1020	---合成纤维制	25	130	0	18	0	0			---Of synthetic fibres
6103.1090	---其他纺织材料制	17.5	130	0	12.3	0	0			---Of other textile materials
	-便服套装:									-Ensembles:
6103.2200	--棉制	20	90	0	14.8	0	0			--Of cotton
6103.2300	--合成纤维制	25	130	0	18	0	0			--Of synthetic fibres
	--其他纺织材料制:									--Of other textile materials:
6103.2910	---羊毛或动物细毛制	25	130	0	18	0	0			---Of wool or fine animal hair
6103.2990	---其他纺织材料制	25	130	0	18		0			---Of other textile materials
	-上衣:									-Jackets and blazers:
6103.3100	--羊毛或动物细毛制	16	130	0	11.7	0	0			--Of wool or fine animal hair
6103.3200	--棉制	16	90	0	12	0	0			--Of cotton
6103.3300	--合成纤维制	19	130	0	13.6	0	0			--Of synthetic fibres

税则号列 Tariff Item	商品名称	最惠国税率(%) M. F. N.	普通税率(%) Gen.	协定税率(%) Conventional 东盟 ASEAN	亚太 APTA	香港 H. K.	澳门 Macao	台湾 Taiwan	出口税率(%) Export	Article Description
6103.3900	--其他纺织材料制	16	130	0	11.7	0	0			--Of other textile materials
	-长裤、护胸背带工装裤、马裤及短裤：									-Trousers, bib and brace overalls, breeches and shorts:
6103.4100	--羊毛或动物细毛制	16	130	0	11.7	0	0			--Of wool or fine animal hair
6103.4200	--棉制	16	90	0	13.6	0	0			--Of cotton
6103.4300	--合成纤维制	17.5	130	0	12.3	0	0			--Of synthetic fibres
6103.4900	--其他纺织材料制	16	130	0	11.7	0	0			--Of other textile materials
61.04	**针织或钩编的女式西服套装、便服套装、上衣、连衣裙、裙子、裙裤、长裤、护胸背带工装裤、马裤及短裤（游泳服除外）：**									**Women's or girls' suits, ensembles, jackets, blazers, dresses, skirts, divided skirts, trousers, bib and brace overalls, breeches and shorts (other than swimwear), knitted or crocheted:**
	-西服套装：									-Suits:
6104.1300	--合成纤维制	25	130	0	18	0	0			--Of synthetic fibres
	--其他纺织材料制：									--Of other textile materials:
6104.1910	---羊毛或动物细毛制	17.5	130	0	12.3	0	0			---Of wool or fine animal hair
6104.1920	---棉制	17.5	90	0	14	0	0			---Of cotton
6104.1990	---其他	17.5	130	0	12.3	0	0			---Other
	-便服套装：									-Ensembles:
6104.2200	--棉制	17.5	90	0	14	0	0			--Of cotton
6104.2300	--合成纤维制	25	130	0	18	0	0			--Of synthetic fibres
	--其他纺织材料制：									--Of other textile materials:
6104.2910	---羊毛或动物细毛制	17.5	130	0	12.3	0	0			---Of wool or fine animal hair
6104.2990	---其他	15	130	0	10.4	0	0			---Other
	-上衣：									-Jackets and blazers:
6104.3100	--羊毛或动物细毛制	16	130	0	11.7	0	0			--Of wool or fine animal hair
6104.3200	--棉制	16	90	0	13.6	0	0			--Of cotton
6104.3300	--合成纤维制	19	130	0	13.6	0	0			--Of synthetic fibres
6104.3900	--其他纺织材料制	16	130	0	11.7	0	0			--Of other textile materials
	-连衣裙：									-Dresses:
6104.4100	--羊毛或动物细毛制	16	130	0	11.7	0	0			--Of wool or fine animal hair
6104.4200	--棉制	16	90	0	13.6	0	0			--Of cotton
6104.4300	--合成纤维制	17.5	130	0	12.3	0	0			--Of synthetic fibres
6104.4400	--人造纤维制	16	130	0	11.7	0	0			--Of artificial fibres
6104.4900	--其他纺织材料制	16	130	0	11.7	0	0			--Of other textile materials
	-裙子及裙裤：									-Skirts and divided skirts:
6104.5100	--羊毛或动物细毛制	14	130	0	10.8	0	0			--Of wool or fine animal hair
6104.5200	--棉制	14	90	0	10.3	0	0			--Of cotton
6104.5300	--合成纤维制	16	130	0	11.7	0	0			--Of synthetic fibres
6104.5900	--其他纺织材料制	14	130	0	10.8	0	0			--Of other textile materials
	-长裤、护胸背带工装裤、马裤及短裤：									-Trousers, bib and brace overalls, breeches and shorts:
6104.6100	--羊毛或动物细毛制	16	130	0	11.7	0	0			--Of wool or fine animal hair
6104.6200	--棉制	16	90	0	13.6	0	0			--Of cotton

税则号列 Tariff Item	商品名称	最惠国税率(%) M. F. N.	普通税率(%) Gen.	协定税率(%) Conventional					出口税率(%) Export	Article Description
				东盟 ASEAN	亚太 APTA	香港 H. K.	澳门 Macao	台湾 Taiwan		
6104.6300	--合成纤维制	17.5	130	0	12.3	0	0			--Of synthetic fibres
6104.6900	--其他纺织材料制	16	130	0	12	0	0			--Of other textile materials
61.05	**针织或钩编的男衬衫：**									**Men's or boys' shirts, knitted or crocheted:**
6105.1000	-棉制	16	90	0	13.6	0	0	0		-Of cotton
6105.2000	-化学纤维制	17.5	130	0	12.3	0	0			-Of man-made fibres
6105.9000	-其他纺织材料制	16	130	0	11.7	0	0			-Of other textile materials
61.06	**针织或钩编的女衬衫：**									**Women's or girls' blouses, shirts and shirtblouses, knitted or crocheted:**
6106.1000	-棉制	16	90	0	13.6	0	0			-Of cotton
6106.2000	-化学纤维制	17.5	130	0	12.3	0	0			-Of man-made fibres
6106.9000	-其他纺织材料制	16	130	0	11.7	0	0	0		-Of other textile materials
61.07	**针织或钩编的男式内裤、三角裤、长睡衣、睡衣裤、浴衣、晨衣及类似品：**									**Men's or boys' underpants, briefs, night-shirts, pyjamas, bathrobes, dressing gowns and similar articles, knitted or crocheted:**
	-内裤及三角裤：									-Underpants and briefs:
6107.1100	--棉制	14	90	0		0	0			--Of cotton
6107.1200	--化学纤维制	16	130	0	10.9	0	0			--Of man-made fibres
	--其他纺织材料制：									--Of other textile materials:
6107.1910	---丝及绢丝制	14	130	0	9.3	0	0			---Of silk or silk waste
6107.1990	---其他	14	130	0	9.3	0	0			---Other
	-长睡衣及睡衣裤：									-Nightshirts and pyjamas:
6107.2100	--棉制	14	90	0		0	0			--Of cotton
6107.2200	--化学纤维制	16	130	0	10.9	0	0			--Of man-made fibres
	--其他纺织材料制：									--Of other textile materials:
6107.2910	---丝及绢丝制	14	130	0	9.3	0	0			---Of silk or silk waste
6107.2990	---其他	14	130	0	9.3	0	0			---Other
	-其他：									-Other:
6107.9100	--棉制	14	90	0		0	0			--Of cotton
	--其他纺织材料制：									--Of other textile materials:
6107.9910	---化学纤维制	16	130	0	10.9	0	0			---Of man-made fibres
6107.9990	---其他	14	130	0	9.3					---Other
61.08	**针织或钩编的女式长衬裙、衬裙、三角裤、短衬裤、睡衣、睡衣裤、浴衣、晨衣及类似品：**									**Women's or girls' slips, petticoats, briefs, panties, nightdresses, pyjamas, nèligès, bathrobes, dressing gowns and similar articles, knitted or crocheted:**
	-长衬裙及衬裙：									-Slips and petticoats:
6108.1100	--化学纤维制	16	130	0	10.9	0	0			--Of man-made fibres
	--其他纺织材料制：									--Of other textile materials:
6108.1910	---棉制	14	90	0		0	0			---Of cotton
6108.1920	---丝及绢丝制	14	130	0		0	0			---Of silk or silk waste
6108.1990	---其他	14	130	0	9.3	0	0			---Other

税则号列 Tariff Item	商品名称	最惠国税率(%) M. F. N.	普通税率(%) Gen.	协定税率(%) Conventional					出口税率(%) Export	Article Description
				东盟 ASEAN	亚太 APTA	香港 H. K.	澳门 Macao	台湾 Taiwan		
	-三角裤及短衬裤：									-Briefs and panties:
6108.2100	--棉制	14	90	0		0	0			--Of cotton
6108.2200	--化学纤维制	16	130	0	10.9	0	0			--Of man-made fibres
	--其他纺织材料制：									--Of other textile materials:
6108.2910	---丝及绢丝制	14	130	0	9.3	0	0			---Of silk or silk waste
6108.2990	---其他	14	130	0	9.3	0	0			---Other
	-睡衣及睡衣裤：									-Nightdresses and pyjamas:
6108.3100	--棉制	14	90	0		0	0			--Of cotton
6108.3200	--化学纤维制	16	130	0	10.9	0	0			--Of man-made fibres
	--其他纺织材料制：									--Of other textile materials:
6108.3910	---丝及绢丝制	14	130	0	9.3	0	0			---Of silk or silk waste
6108.3990	---其他	14	130	0	9.3	0	0			---Other
	-其他：									-Other:
6108.9100	--棉制	14	90	0		0	0			--Of cotton
6108.9200	--化学纤维制	16	130	0	10.9	0	0			--Of man-made fibres
6108.9900	--其他纺织材料制	14	130	0	9.3	0	0			--Of other textile materials
61.09	**针织或钩编的T恤衫、汗衫及其他背心：**									**T-shirts, singlets and other vests, knitted or crocheted:**
6109.1000	-棉制	14	90	0	9.4	0	0			-Of cotton
	-其他纺织材料制：									-Of other textile materials:
6109.9010	---丝及绢丝制	14	130	0	9.3	0	0			---Of silk or silk waste
6109.9090	---其他	14	130	0	9.3	0	0			---Other
61.10	**针织或钩编的套头衫、开襟衫、背心及类似品：**									**Jerseys, pullovers, cardigans, waistcoats and similar articles, knitted or crocheted:**
	-羊毛或动物细毛制：									-Of wool or fine animal hair:
6110.1100	--羊毛制	14	130	0	9.3	0	0	0		--Of wool
6110.1200	--克什米尔山羊细毛制	14	130	0	9.3	0	0			--Of kashmir (cashmere) goats
	--其他：									--Other:
6110.1910	---其他山羊细毛制	14	130	0	9.3	0	0			---Of other goats
6110.1920	---兔毛制	14	130	0	9.3	0	0			---Of rabbit and hare
6110.1990	---其他	14	130	0	9.3	0	0			---Other
6110.2000	-棉制	14	90	0	11	0	0	0		-Of cotton
6110.3000	-化学纤维制	16	130	0	10.9	0	0	0		-Of man-made fibres
	-其他纺织材料制：									-Of other textile materials:
6110.9010	---丝及绢丝制	14	130	0	9.3	0	0			---Of silk or silk waste
6110.9090	---其他	14	130	0	9.3	0	0			---Other
61.11	**针织或钩编的婴儿服装及衣着附件：**									**Babies' garments and clothing accessories, knitted or crocheted:**
6111.2000	-棉制	14	90	0		0	0			-Of cotton
6111.3000	-合成纤维制	16	130	0	10.9	0	0			-Of synthetic fibres
	-其他纺织材料制：									-Of other textile materials:
6111.9010	---羊毛或动物细毛制	14	130	0	9.3	0	0			---Of wool or fine animal hair
6111.9090	---其他	14	130	0	9.3	0	0			---Other
61.12	**针织或钩编的运动服、滑雪服及游泳服：**									**Track suits, ski suits and swimwear, knitted or crocheted:**

税则号列 Tariff Item	商品名称	最惠国税率(%) M. F. N.	普通税率(%) Gen.	协定税率(%) Conventional 东盟 ASEAN	亚太 APTA	香港 H. K.	澳门 Macao	台湾 Taiwan	出口税率(%) Export	Article Description
	-运动服：									-track suits：
6112.1100	--棉制	16	90	0	13.6	0	0			--Of cotton
6112.1200	--合成纤维制	17.5	130	0	12.3	0	0			--Of synthetic fibres
6112.1900	--其他纺织材料制	16	130	0	11.7	0	0			--Of other textile materials
	-滑雪服：									-Ski suits：
6112.2010	---棉制	16	90	0	13.6					---Of cotton
6112.2090	---其他	19	130	0	13.6					---Other
	-男式游泳服：									-Men's or boys' swimwear：
6112.3100	--合成纤维制	17.5	130	0	12.3	0	0			--Of synthetic fibres
6112.3900	--其他纺织材料制	16	130	0	11.7	0	0			--Of other textile materials
	-女式游泳服：									-Women's or girls' swimwear：
6112.4100	--合成纤维制	17.5	130	0	12.3	0	0	0		--Of synthetic fibres
6112.4900	--其他纺织材料制	16	130	0	11.7	0	0			--Of other textile materials
61.13	**用税目59.03、59.06或59.07的针织物或钩编织物制成的服装：**									**Garments, made up of knitted or crocheted fabrics of heading 59.03, 59.06 or 59.07：**
6113.0000	用税目59.03、59.06或59.07的针织物或钩编织物制成的服装	16	130	0	11.7	0	0			Garments, made up of knitted or crocheted fabrics of heading 59.03, 59.06 or 59.07
61.14	**针织或钩编的其他服装：**									**Other garments, knitted or crocheted：**
6114.2000	-棉制	16	90	0		0	0			-Of cotton
6114.3000	-化学纤维制	17.5	130	0		0	0			-Of man-made fibres
	-其他纺织材料制：									-Of other textile materials：
6114.9010	---羊毛或动物细毛制	16	130	0		0	0			---Of wool or fine animal hair
6114.9090	---其他	16	130	0		0	0			---Other
61.15	**针织或钩编的连裤袜、紧身裤袜、长筒袜、短袜及其他袜类，包括渐紧压袜类（例如，用以治疗静脉曲张的长筒袜）和无外绱鞋底的鞋类：**									**Panty hose, tights, stockings, socks and other hosiery, including graduated compression hosiery (for example, stockings for varicose veins) and footwear without applied soles, knitted or crocheted：**
6115.1000	-渐紧压袜类（例如，用以治疗静脉曲张的长筒袜）	16	130	0	9.3	0	0			-Graduated compression hosiery (for example, stockings for varicose veins)
	-其他连裤袜及紧身裤袜：									-Other panty hose and tights：
6115.2100	--每根单丝细度在67分特以下的合成纤维制	16	130	0	14.4	0	0			--Of synthetic fibres, measuring per single yarn less than 67 decitex
6115.2200	--每根单丝细度在67分特及以上的合成纤维制	16	130	0	10.9		0	0		--Of synthetic fibres, measuring per single yarn 67 decitex or more
	--其他纺织材料制：									--Of other textile materials：
6115.2910	---棉制	14	90	0			0			---Of cotton

税则号列 Tariff Item	商品名称	最惠国税率(%) M. F. N.	普通税率(%) Gen.	协定税率(%) Conventional 东盟 ASEAN	亚太 APTA	香港 H. K.	澳门 Macao	台湾 Taiwan	出口税率(%) Export	Article Description
6115.2990	---其他	14	130	0	9.3		0	0		---Other
6115.3000	-其他女式长筒袜或中筒袜，每根单丝细度在67分特以下	14	130	0	9.3					-Other women's full-length or knee-length hosiery, measuring per single yarn less than 67 decitex
	-其他：									-Other:
6115.9400	--羊毛或动物细毛制	14	130	0		0	0			--Of wool or fine animal hair
6115.9500	--棉制	14	90	0		0	0			--Of cotton
6115.9600	--合成纤维制	16	130	0	10.9	0	0			--Of synthetic fibres
6115.9900	--其他纺织材料制	14	130	0	9.3	0	0	0		--Of other textile materials
61.16	**针织或钩编的分指手套、连指手套及露指手套：**									**Gloves, mittens and mitts, knitted or crocheted:**
6116.1000	-用塑料或橡胶浸渍、涂布或包覆的	14	130	0		0	0			-Impregnated, coated or covered with plastics or rubber
	-其他：									-Other:
6116.9100	--羊毛或动物细毛制	14	130	0		0	0			--Of wool of fine animal hair
6116.9200	--棉制	14	130	0		0	0			--Of cotton
6116.9300	--合成纤维制	16	130	0	10.9	0	0			--Of synthetic fibres
6116.9900	--其他纺织材料制	14	130	0	9.3	0	0			--Of other textile materials
61.17	**其他制成的针织或钩编的衣着附件；服装或衣着附件的针织或钩编的零件：**									**Other made up clothing accessories, knitted or crocheted; knitted or crocheted parts of garments or of clothing accessories:**
	-披巾、头巾、围巾、披纱、面纱及类似品：									-Shawls, scarves, mufflers, mantillas, veils and the like:
	---动物细毛制：									---Of fine animal hair:
6117.1011	----山羊绒制	14	130	0	9.3	0	0			----Of goats
6117.1019	----其他	14	130	0	9.3	0	0			----Other
6117.1020	---羊毛制	14	130	0	9.3	0	0			---Of wool
6117.1090	---其他	14	130	0	9.3	0	0			---Other
	-其他附件：									-Other accessories:
6117.8010	---领带及领结	14	130	0	9.3	0	0	0		---Ties, bow ties and cravats
6117.8090	---其他	14	130	0	9.3	0	0	0		---Other accessories
6117.9000	-零件	14	130	0	7	0	0	0		-Parts

第六十二章
非针织或非钩编的服装及衣着附件

注释：

一、本章仅适用于除絮胎以外任何纺织物的制成品，但不适用于针织品或钩编织品（税目62.12的除外）。

二、本章不包括：

（一）税目63.09的旧衣着或其他旧物品；或

（二）矫形器具、外科手术带、疝气带及类似品（税目90.21）。

三、税目62.03及62.04所称：

（一）"西服套装"，是指面料用完全相同织物制成的两件套或三件套的下列成套服装：

一件人体上半身穿着的外套或短上衣，除袖子外，应由四片或四片以上面料组成；也可附带一件马甲（西服背心），这件马甲（西服背心）的前片面料应与套装其他各件的面料相同，后片面料则应与外套或短上衣的衬里料相同；以及

一件人体下半身穿着的服装，即不带背带或护胸的长裤、马裤、短裤（游泳裤除外）、裙子或裙裤。

西服套装各件面料质地、颜色及构成必须完全相同，其款式、尺寸大小也须相互般配。但套装的各件可以有不同织物的滚边（缝入夹缝中的成条织物）。

如果数件人体下半身穿着的服装同时报验（例如，两条长裤、长裤与短裤、裙子或裙裤与长裤），构成西服套装下装的应是一条长裤，而对于女式西服套装，应是裙子或裙裤，其他服装应分别归类。

所称"西服套装"，包括不论是否完全符合上述条件的下列配套服装：

Chapter 62
Articles of apparel and clothing accessories, not knitted or crocheted

Chapter Notes:

1. This Chapter applies only to made up articles of any textile fabric other than wadding, excluding knitted or crocheted articles (other than those of heading 62.12).

2. This Chapter does not cover:

(a) Worn clothing or other worn articles of heading 63.09; or

(b) Orthopaedic appliances, surgical belts, trusses or the like (heading 90.21).

3. For the purposes of headings 62.03 and 62.04:

(a) The term "suit" means a set of garments composed of two or three pieces made up, in respect of their outer surface, in identical fabric and comprising:

One suit coat or jacket the outer shell of which, exclusive of sleeves, consists of four or more panels, designed to cover the upper part of the body, possibly with a tailored waistcoat in addition whose front is made from the same fabric as the outer surface of the other components of the set and whose back is made from the same fabric as the lining of the suit coat or jacket; and

One garment designed to cover the lower part of the body and consisting of trousers, breeches or shorts (other than swimwear), a skirt or a divided skirt, having neither braces nor bibs.

All of the components of a "suit" must be of the same fabric construction, colour and composition, they must also be of the same style and of corresponding or compatible size. However, these components may have piping (a strip of fabric sewn into the seam) in a different fabric.

If several separate components to cover the lower part of the body are presented together (for example, two pairs of trousers or trousers and shorts, or a skirt or divided skirt and trousers), the constituent lower part shall be one pair of trousers or, in the case of women's or girls' suits, the skirt or divided skirt, the other garments being considered separately.

The term "suit" includes the following sets of garments, whether or not they fulfil all the above conditions:

1. 常礼服，由一件后襟下垂并下端开圆弧形叉的素色短上衣和一条条纹长裤组成；

2. 晚礼服（燕尾服），一般用黑色织物制成，上衣前襟较短且不闭合，背后有燕尾；

3. 无燕尾套装夜礼服，其中上衣款式与普通上衣相似（可以更为显露衬衣前胸），但有光滑丝质或仿丝质的翻领。

（二）“便服套装”，是指面料相同并作零售包装的下列成套服装（西服套装及税目 62.07 或 62.08 的物品除外）：

一件人体上半身穿着的服装，但背心除外，因为背心可作为内衣；以及

一件或两件不同的人体下半身穿着的服装，即长裤、护胸背带工装裤、马裤、短裤（游泳裤除外）、裙子或裙裤。

便服套装各件面料质地、款式、颜色及构成必须相同；尺寸大小也须相互般配。所称“便服套装”，不包括税目 62.11 的运动服及滑雪服。

四、对于税目 62.09：

（一）所称“婴儿服装及衣着附件”，是指用于身高不超过 86 厘米幼儿的服装；

（二）既可归入税目 62.09，也可归入本章其他税号的物品，应归入税目 62.09。

五、既可归入税目 62.10，也可归入本章其他税号的服装，除税目 62.09 所列的仍归入该税号外，其余的应一律归入税目 62.10。

六、税目 62.11 所称“滑雪服”，是指从整个外观和织物质地来看，主要在滑雪（速度滑雪和高山滑雪）时穿着的下列服装或成套服装：

(i) Morning dress, comprising a plain jacket (cutaway) with rounded tails hanging well down at the back and striped trousers;

(ii) Evening dress (tailcoat), generally made of black fabric, the jacket of which is relatively short at the front, does not close and has narrow skirts cut in at the hips and hanging down behind;

(iii) Dinner jacket suits, in which the jacket is similar in style to an ordinary jacket (though perhaps revealing more of the shirt front), but has shiny silk or imitation silk lapels.

(b) The term “ensemble” means a set of garments (other than suits and articles of heading 62.07 or 62.08) composed of several pieces made up in identical fabric, put up for retail sale, and comprising:

One garment designed to cover the upper part of the body, with the exception of waistcoats which may also form a second upper garment; and

One or two different garments, designed to cover the lower part of the body and consisting of trousers, bib and brace overalls, breeches, shorts (other than swimwear), a skirt or a divided skirt.

All of the components of an ensemble must be of the same fabric construction, style, colour and composition; they also must be of corresponding or compatible size. The term “ensemble” does not apply to track suits or ski suits, of heading 62.11.

4. For the purposes of heading 62.09:

(a) The expression “babies' garments and clothing accessories” means articles for young children of a body height not exceeding 86cm;

(b) Articles which are, prima facie, classifiable both in heading 62.09 and in other headings of this Chapter are to be classified in heading 62.09.

5. Garments which are, prima facie, classifiable both in heading 62.10 and in other headings of this Chapter, excluding heading 62.09, are to be classified in heading 62.10.

6. For the purposes of heading 62.11, “ski suits” means garments or sets of garments which, by their general appearance and texture, are identifiable as intended to be

worn principally for skiing (cross-country or alpine). They consist either of:

（一）“滑雪连身服”，即上下身连在一起的单件服装；除袖子和领子外，滑雪连身服可有口袋或脚带；或

(a) A "ski overall", that is, a one-piece garment designed to cover the upper and the lower parts of the body; in addition to sleeves and a collar the ski overall may have pockets or footstraps; or

（二）“滑雪套装”，即由两件或三件构成一套并作零售包装的下列服装：

(b) A "ski ensemble", that is, a set of garments composed of two or three pieces, put up for retail sale and comprising:

一件用一条拉链扣合的带风帽的厚夹克、防风衣、防风短上衣或类似的服装，可以附带一件背心（滑雪背心）；以及

One garment such as an anorak, wind-cheater, wind-jacket or similar article, closed by a slide fastener (zipper), possibly with a waistcoat in addition; and

一条不论是否过腰的长裤、一条马裤或一条护胸背带工装裤。

One pair of trousers whether or not extending above waist-level, one pair of breeches or one bib and brace overall.

“滑雪套装”也可由一件类似以上（一）款所述的连身服和一件可套在连身服外面的有胎料背心组成。

The "ski ensemble" may also consist of an overall similar to the one mentioned in paragraph (a) above and a type of padded, sleeveless jacket worn over the overall.

“滑雪套装”各件颜色可以不同，但面料质地、款式及构成必须相同；尺寸大小也须相互般配。

All the components of a "ski ensemble" must be made up in a fabric of the same texture, style and composition whether or not of the same colour; they also must be of corresponding or compatible size.

七、正方形或近似正方形的围巾及围巾式样的物品，如果每边均不超过60厘米，应作为手帕归类（税目62.13）。任何一边超过60厘米的手帕，应归入税目62.14。

7. Scarves and articles of the scarf type, square or approximately square, of which no side exceeds 60cm, are to be classified as handkerchiefs (heading 62.13). Handkerchiefs of which any side exceeds 60cm are to be classified in heading 62.14.

八、本章的服装，凡门襟为左压右的，应视为男式；右压左的，应视为女式。但本规定不适用于其式样已明显为男式或女式的服装。

8. Garments of this Chapter designed for left over right closure at the front shall be regarded as men's or boys' garments, and those designed for right over left closure at the front as women's or girls' garments. These provisions do not apply where the cut of the garment clearly indicates that it is designed for one or other of the sexes.

无法区别是男式还是女式的服装，应按女式服装归入有关税号。

Garments which cannot be identified as either men's or boys' garments or as women's or girls' garments are to be classified in the headings covering women's or girls' garments.

九、本章物品可用金属线制成。

9. Articles of this Chapter may be made of metal thread.

税则号列 Tariff Item	商品名称	最惠国税率(%) M. F. N.	普通税率(%) Gen.	协定税率(%) Conventional 东盟 ASEAN	亚太 APTA	香港 H. K.	澳门 Macao	台湾 Taiwan	出口税率(%) Export	Article Description
62.01	**男式大衣、短大衣、斗篷、短斗篷、带风帽的防寒短上衣（包括滑雪短上衣）、防风衣、防风短上衣及类似品，但税目62.03的货品除外：**									**Men's or boys' overcoats, car-coats, capes, cloaks, anoraks (including ski-jackets), wind-cheaters, wind-jackets and similar articles, other than those of heading 62.03:**
	-大衣、雨衣、短大衣、斗篷、短斗篷及类似品：									-Overcoats, raincoats, car-coats, capes, cloaks and similar articles:
6201.1100	--羊毛或动物细毛制	16	130	0	11.7	0	0			--Of wool or fine animal hair
	--棉制：									--Of cotton:
6201.1210	---羽绒服	16	90	0		0	0			---Padded with feathers or down
6201.1290	---其他	16	90	0		0	0			---Other
	--化学纤维制：									--Of man-made fibres:
6201.1310	---羽绒服	17.5	130	0	12.3	0	0			---Padded with feathers or down
6201.1390	---其他	17.5	130	0	12.3	0	0			---Other
6201.1900	--其他纺织材料制	16	100	0	11.7	0	0			--Of other textile materials
	-其他：									-Other:
6201.9100	--羊毛或动物细毛制	16	130	0	11.7	0	0			--Of wool or fine animal hair
	--棉制：									--Of cotton:
6201.9210	---羽绒服	16	90	0		0	0			---Padded with feathers or down
6201.9290	---其他	16	90	0		0	0			---Other
	--化学纤维制：									--Of man-made fibres:
6201.9310	---羽绒服	17.5	130	0	12.3	0	0			---Padded with feathers or down
6201.9390	---其他	17.5	130	0	12.3	0	0			---Other
6201.9900	--其他纺织材料制	16	100	0	11.7	0	0			--Of other textile materials
62.02	**女式大衣、短大衣、斗篷、短斗篷、带风帽的防寒短上衣（包括滑雪短上衣）、防风衣、防风短上衣及类似品，但税目62.04的货品除外：**									**Women's or girls' overcoats, car-coats, capes, cloaks, anoraks (including ski-jackets), wind-cheaters, wind-jackets and similar articles, other than those of heading 62.04:**
	-大衣、雨衣、短大衣、斗篷、短斗篷及类似品：									-Overcoats, raincoats, car-coats, capes, cloaks and similar articles:
6202.1100	--羊毛或动物细毛制	16	130	0	11.7	0	0			--Of wool or fine animal hair
	--棉制：									--Of cotton:
6202.1210	---羽绒服	16	90	0		0	0			---Padded with feathers or down
6202.1290	---其他	16	90	0		0	0			---Other
	--化学纤维制：									--Of man-made fibres:
6202.1310	---羽绒服	19	130	0	13.6	0	0			---Padded with feathers or down
6202.1390	---其他	19	130	0	13.6	0	0			---Other
6202.1900	--其他纺织材料制	16	100	0	11.7	0	0			--Of other textile materials
	-其他：									-Other:

税则号列 Tariff Item	商品名称	最惠国税率(%) M. F. N.	普通税率(%) Gen.	协定税率(%) Conventional 东盟 ASEAN	亚太 APTA	香港 H. K.	澳门 Macao	台湾 Taiwan	出口税率(%) Export	Article Description
6202.9100	--羊毛或动物细毛制	16	130	0	11.7	0	0			--Of wool or fine animal hair
	--棉制：									--Of cotton:
6202.9210	---羽绒服	16	90	0		0	0			---Padded with feathers or down
6202.9290	---其他	16	90	0		0	0			---Other
	--化学纤维制：									--Of man-made fibres:
6202.9310	---羽绒服	17.5	130	0	12.3	0	0			---Padded with feathers or down
6202.9390	---其他	17.5	130	0	12.3	0	0			---Other
6202.9900	--其他纺织材料制	16	100	0	11.7	0	0			--Of other textile materials
62.03	**男式西服套装、便服套装、上衣、长裤、护胸背带工装裤、马裤及短裤(游泳裤除外)：**									**Men's or boys' suits, ensembles, jackets, blazers, trousers, bib and brace overalls, breeches and shorts (other than swimwear):**
	-西服套装：									-Suits:
6203.1100	--羊毛或动物细毛制	17.5	130	0	12.3	0	0			--Of wool or fine animal hair
6203.1200	--合成纤维制	17.5	130	0	12.3	0	0			--Of synthetic fibres
	--其他纺织材料制：									--Of other textile materials:
6203.1910	---丝及绢丝制	17.5	100	0	12.3	0	0			---Of silk or silk waste
6203.1990	---其他	17.5	100	0	12.3	0	0			---Other
	-便服套装：									-Ensembles:
6203.2200	--棉制	17.5	90	0		0	0			--Of cotton
6203.2300	--合成纤维制	17.5	130	0	12.3	0	0			--Of synthetic fibres
	--其他纺织材料制：									--Of other textile materials:
6203.2910	---丝及绢丝制	17.5	130	0	12.3		0			---Of silk or silk waste
6203.2920	---羊毛或动物细毛制	17.5	130	0	12.3	0	0			---Of wool or fine animal hair
6203.2990	---其他	17.5	100	0	12.3	0	0			---Other
	-上衣：									-Jackets and blazers:
6203.3100	--羊毛或动物细毛制	16	130	0	11.7	0	0			--Of wool or fine animal hair
6203.3200	--棉制	16	90	0	14.4	0	0			--Of cotton
6203.3300	--合成纤维制	17.5	130	0	12.3	0	0			--Of synthetic fibres
	--其他纺织材料制：									--Of other textile materials:
6203.3910	---丝及绢丝制	16	130	0	11.7	0	0			---Of silk or silk waste
6203.3990	---其他	16	100	0	11.7	0	0			---Other
	-长裤、护胸背带工装裤、马裤及短裤：									-Trousers, bib and brace overalls, breeches and shorts:
6203.4100	--羊毛或动物细毛制	16	130	0	11.7	0	0			--Of wool or fine animal hair
	--棉制：									--Of cotton:
6203.4210	---阿拉伯裤	16	90	0	12.9	0	0			---Arabian trousers
6203.4290	---其他	16	90	0	12.9	0	0			---Other
	--合成纤维制：									--Of synthetic fibres:
6203.4310	---阿拉伯裤	17.5	130	0	13.1	0	0			---Arabian trousers
6203.4390	---其他	17.5	130	0	13.1	0	0			---Other
	--其他纺织材料制：									--Of other textile materials:
6203.4910	---阿拉伯裤	16	100	0	11.7	0	0			---Arabian trousers
6203.4990	---其他	16	100	0	11.7	0	0			---Other

税则号列 Tariff Item	商品名称	最惠国税率(%) M. F. N.	普通税率(%) Gen.	协定税率(%) Conventional 东盟 ASEAN	亚太 APTA	香港 H. K.	澳门 Macao	台湾 Taiwan	出口税率(%) Export	Article Description
62.04	女式西服套装、便服套装、上衣、连衣裙、裙子、裙裤、长裤、护胸背带工装裤、马裤及短裤(游泳服除外)：									**Women's or girls' suits, ensembles, jackets, blazers, dresses, skirts, divided skirts, trousers, bib and brace overalls, breeches and shorts (other than swimwear):**
	-西服套装：									-Suits:
6204.1100	--羊毛或动物细毛制	17.5	130	0	12.3	0	0			--Of wool or fine animal hair
6204.1200	--棉制	17.5	90	0		0	0			--Of cotton
6204.1300	--合成纤维制	17.5	130	0	12.3	0	0			--Of synthetic fibres
	--其他纺织材料制：									--Of other textile materials:
6204.1910	---丝及绢丝制	17.5	100	0	12.3	0	0			---Of silk or silk waste
6204.1990	---其他	17.5	100	0	12.3	0	0			---Other
	-便服套装：									-Ensembles:
6204.2100	--羊毛或动物细毛制	17.5	130	0	12.3	0	0			--Of wool or fine animal hair
6204.2200	--棉制	17.5	90	0		0	0			--Of cotton
6204.2300	--合成纤维制	20	130	0	13.8	0	0			--Of synthetic fibres
	--其他纺织材料制：									--Of other textile materials:
6204.2910	---丝及绢丝制	20	130	0	13.8		0			---Of silk or silk waste
6204.2990	---其他	14	100	0	9.9	0	0			---Other
	-上衣：									-Jackets and blazers:
6204.3100	--羊毛或动物细毛制	16	130	0	11.7	0	0			--Of wool or fine animal hair
6204.3200	--棉制	16	90	0		0	0			--Of cotton
6204.3300	--合成纤维制	17.5	130	0	12.3	0	0			--Of synthetic fibres
	--其他纺织材料制：									--Of other textile materials:
6204.3910	---丝及绢丝制	16	130	0	11.7	0	0			---Of silk or silk waste
6204.3990	---其他	16	100	0	11.7	0	0			---Other
	-连衣裙：									-Dresses:
6204.4100	--羊毛或动物细毛制	16	130	0	11.7	0	0			--Of wool or fine animal hair
6204.4200	--棉制	16	90	0		0	0			--Of cotton
6204.4300	--合成纤维制	17.5	130	0	12.3	0	0			--Of synthetic fibres
6204.4400	--人造纤维制	16	130	0	11.7	0	0			--Of artificial fibres
	--其他纺织材料制：									--Of other textile materials:
6204.4910	---丝及绢丝制	16	130	0	11.7	0	0			---Of silk or silk waste
6204.4990	---其他	16	100	0	11.7	0	0			---Other
	-裙子及裙裤：									-Skirts and divided skirts:
6204.5100	--羊毛或动物细毛制	14	130	0	9.3	0	0			--Of wool or fine animal hair
6204.5200	--棉制	14	90	0		0	0			--Of cotton
6204.5300	--合成纤维制	16	130	0	11.7	0	0			--Of synthetic fibres
	--其他纺织材料制：									--Of other textile materials:
6204.5910	---丝及绢丝制	14	130	0	9.3	0	0			---Of silk or silk waste
6204.5990	---其他	14	100	0	9.3	0	0			---Other
	-长裤、护胸背带工装裤、马裤及短裤：									-Trousers, bib and brace overalls, breeches and shorts:
6204.6100	--羊毛或动物细毛制	16	130	0	11.7	0	0			--Of wool or fine animal hair
6204.6200	--棉制	16	90	0	14.4	0	0			--Of cotton
6204.6300	--合成纤维制	17.5	130	0	12.3	0	0			--Of synthetic fibres

税则号列 Tariff Item	商品名称	最惠国税率(%) M. F. N.	普通税率(%) Gen.	协定税率(%) Conventional 东盟 ASEAN	亚太 APTA	香港 H. K.	澳门 Macao	台湾 Taiwan	出口税率(%) Export	Article Description
6204.6900	--其他纺织材料制	16	100	0	12	0	0			--Of other textile materials
62.05	**男衬衫：**									**Men's or boys' shirts:**
6205.2000	-棉制	16	90	0	8	0	0			-Of cotton
6205.3000	-化学纤维制	16	130	0	11.7	0	0			-Of man-made fibres
	-其他纺织材料制：									-Of other textile materials:
6205.9010	---丝及绢丝制	16	130	0	11.7	0	0			---Of silk or silk waste
6205.9020	---羊毛或动物细毛制	16	100	0	11.7	0	0			---Of wool or fine animal hair
6205.9090	---其他	16	100	0	11.7	0	0			---Other
62.06	**女衬衫：**									**Women's or girl's blouses, shirts and shirtblouses:**
6206.1000	-丝及绢丝制	16	130	0	11.7	0	0			-Of silk or silk waste
6206.2000	-羊毛或动物细毛制	16	130	0	11.7	0	0			-Of wool or fine animal hair
6206.3000	-棉制	16	90	0	13.6	0	0			-Of cotton
6206.4000	-化学纤维制	17.5	130	0	12.3	0	0			-Of man-made fibres
6206.9000	-其他纺织材料制	16	100	0	11.7	0	0			-Of other textile materials
62.07	**男式背心及其他内衣、内裤、三角裤、长睡衣、睡衣裤、浴衣、晨衣及类似品：**									**Men's or boys' singlets and other vests, underpants, briefs, nightshirts, pyjamas, bathrobes, dressing gowns and similar articles:**
	-内裤及三角裤：									-Underpants and briefs:
6207.1100	--棉制	14	90	0	10.3	0	0			--Of cotton
	--其他纺织材料制：									--Of other textile materials:
6207.1910	---丝及绢丝制	14	130	0		0	0			---Of silk or silk waste
6207.1920	---化学纤维制	16	130	0		0	0			---Of man-made fibres
6207.1990	---其他	14	100	0		0	0			---Other
	-长睡衣及睡衣裤：									-Nightshirts and pyjamas:
6207.2100	--棉制	14	90	0		0	0			--Of cotton
6207.2200	--化学纤维制	16	130	0		0	0			--Of man-made fibres
	--其他纺织材料制：									--Of other textile materials:
6207.2910	---丝及绢丝制	14	130	0						---Of silk or silk waste
6207.2990	---其他	14	100	0						---Other
	-其他：									-Other:
6207.9100	--棉制	14	90	0		0	0			--Of cotton
	--其他纺织材料制：									--Of other textile materials:
6207.9910	---丝及绢丝制	14	130	0	12.6	0	0			---Of silk or silk waste
6207.9920	---化学纤维制	16	130	0		0	0			---Of man-made fibres
6207.9990	---其他	14	100	0	12.6	0	0			---Other
62.08	**女式背心及其他内衣、长衬裙、衬裙、三角裤、短衬裤、睡衣、睡衣裤、浴衣、晨衣及类似品：**									**Women's or girls' singlets and other vests, slips, petticoats, briefs, panties, nightdresses, pyjamas, nègligès, bathrobes, dressing gowns and similar articles:**
	-长衬裙及衬裙：									-Slips and petticoats:
6208.1100	--化学纤维制	16	130	0		0	0			--Of man-made fibres
	--其他纺织材料制：									--Of other textile materials:

税则号列 Tariff Item	商品名称	最惠国税率(%) M. F. N.	普通税率(%) Gen.	协定税率(%) Conventional 东盟 ASEAN	亚太 APTA	香港 H. K.	澳门 Macao	台湾 Taiwan	出口税率(%) Export	Article Description
6208.1910	---丝及绢丝制	14	130	0		0	0			---Of silk or silk waste
6208.1920	---棉制	14	90	0		0	0			---Of cotton
6208.1990	---其他	14	100	0		0	0			---Other
	-睡衣及睡衣裤：									-Nightdresses and pyjamas：
6208.2100	--棉制	14	90	0	10.3	0	0			--Of cotton
6208.2200	--化学纤维制	16	130	0		0	0			--Of man-made fibres
	--其他纺织材料制：									--Of other textile materials：
6208.2910	---丝及绢丝制	14	130	0		0	0			---Of silk or silk waste
6208.2990	---其他	14	100	0		0	0			---Other
	-其他：									-Other：
6208.9100	--棉制	14	90	0		0	0			--Of cotton
6208.9200	--化学纤维制	16	130	0		0	0	0		--Of man-made fibres
	--其他纺织材料制：									--Of other textile materials：
6208.9910	---丝及绢丝制	14	130	0	12.6	0	0			---Of silk or silk waste
6208.9990	---其他	14	100	0	12.6	0	0			---Other
62.09	**婴儿服装及衣着附件：**									**Babies' garments and clothing accessories：**
6209.2000	-棉制	14	90	0		0	0			-Of cotton
6209.3000	-合成纤维制	16	130	0		0	0			-Of synthetic fibres
	-其他纺织材料制：									-Of other textile materials：
6209.9010	---羊毛或动物细毛制	14	130	0		0	0			---Of wool or fine animal hair
6209.9090	---其他纺织材料制	14	100	0		0	0			---Of other textile materials
62.10	**用税目56.02、56.03、59.03、59.06或59.07的织物制成的服装：**									**Garments, made up of fabrics of heading 56.02, 56.03, 59.03, 59.06 or 59.07：**
	-用税目56.02或56.03的织物制成的服装：									-Of fabrics of heading 56.02 or 56.03：
6210.1010	---羊毛或动物细毛制	16	130	0	11.7	0	0			---Of wool or fine animal hair
6210.1020	---棉或麻制	16	90	0		0	0			---Of cotton or bast fibres
6210.1030	---化学纤维制	17.5	130	0	12.3	0	0			---Of man-made fibres
6210.1090	---其他纺织材料制	16	100	0		0	0			---Of other textile materials
6210.2000	-子目6201.11至6201.19所列类型的其他服装	16	100	0	11.7	0	0			-Other garments, of the type described in subheadings 6201.11 to 6201.19
6210.3000	-子目6202.11至6202.19所列类型的其他服装	16	100	0	11.7	0	0			-Other garments, of the type described in subheadings 6202.11 to 6202.19
6210.4000	-其他男式服装	16	100	0	11.7	0	0			-Other men's or boys' garments
6210.5000	-其他女式服装	16	100	0	11.7	0	0			-Other women's or girl's garments
62.11	**运动服、滑雪服及游泳服；其他服装：**									**Track suits, ski suits and swimwear; other garments：**
	-游泳服：									-Swimwear：
6211.1100	--男式	16	130	0	11.7	0	0			--Men's or boys'
6211.1200	--女式	16	130	0	11.7	0	0			--Women's or girls'
	-滑雪服：									-Ski suits：

税则号列 Tariff Item	商品名称	最惠国税率(%) M. F. N.	普通税率(%) Gen.	协定税率(%) Conventional 东盟 ASEAN	亚太 APTA	香港 H. K.	澳门 Macao	台湾 Taiwan	出口税率(%) Export	Article Description
6211.2010	---棉制	16	90	0		0	0			---Of cotton
6211.2090	---其他纺织材料制	19	130	0	13.6	0	0			---Of other textile materials
	-其他男式服装：									-Other garments, men's or boys'：
	--棉制：									--Of cotton：
6211.3210	---阿拉伯袍	16	90	0		0	0			---Arabian robes
6211.3220	---运动服	16	90	0		0	0			---Track suits
6211.3290	---其他	16	90	0		0	0			---Other
	--化学纤维制：									--Of man-made fibres：
6211.3310	---阿拉伯袍	17.5	130	0	12.3	0	0			---Arabian robes
6211.3320	---运动服	18	130	0	12.3	0	0			---Track suits
6211.3390	---其他	17.5	130	0	12.3	0	0			---Other
	--其他纺织材料制：									--Of other textile materials：
6211.3910	---丝及绢丝制	16	130	0	11.7	0	0			---Of silk or silk waste
6211.3920	---羊毛或动物细毛制	16	130	0	11.7	0	0			---Of wool or fine animal hair
6211.3990	---其他	16	100	0	11.7	0	0			---Other
	-其他女式服装：									-Other garments, women's or girls'：
	--棉制：									--Of cotton：
6211.4210	---运动服	16	90	0		0	0			---Track suits
6211.4290	---其他	16	90	0		0	0			---Other
	--化学纤维制：									-- Of man-made fibres：
6211.4310	---运动服	17.5	130	0	12.3	0	0			---Track suits
6211.4390	---其他	17.5	130	0	12.3	0	0			---Other
	--其他纺织材料制：									--Of other textile materials：
6211.4910	---丝及绢丝制	16	130	0	11.7	0	0			---Of silk or silk waste
6211.4990	---其他	16	100	0	11.7	0	0			---Other
62.12	**胸罩、束腰带、紧身胸衣、吊裤带、吊袜带、束袜带和类似品及其零件，不论是否针织或钩编的：**									**Brassières, girdles, corsets, braces, suspenders, garters and similar articles and parts thereof, whether or not knitted or crocheted：**
	-胸罩：									-Brassières：
6212.1010	---化学纤维制	16	130	0	14.4	0	0	0		---Of man-made fibres
6212.1090	---其他纺织材料制	14	100	0	12.6	0	0	0		---Of other textile materials
	-束腰带及腹带：									-Girdles and panty-girdles：
6212.2010	---化学纤维制	16	130	0		0	0	0		---Of man-made fibres
6212.2090	---其他纺织材料制	14	100	0		0	0	0		---Of other textile materials
	-束腰胸衣：									-Corselettes：
6212.3010	---化学纤维制	16	130	0		0	0			---Of man-made fibres
6212.3090	---其他纺织材料制	14	100	0		0	0			---Of other textile materials
	-其他：									-Other：
6212.9010	---化学纤维制	16	130	0	14.4	0	0	0		---Of man-made fibres
6212.9090	---其他纺织材料制	14	130	0	12.6	0	0	0		---Of other textile materials
62.13	**手帕：**									**Handkerchiefs：**
	-棉制：									-Of cotton：

税则号列 Tariff Item	商品名称	最惠国税率(%) M. F. N.	普通税率(%) Gen.	协定税率(%) Conventional 东盟 ASEAN	亚太 APTA	香港 H. K.	澳门 Macao	台湾 Taiwan	出口税率(%) Export	Article Description
6213.2010	---刺绣的	14	90	0		0	0			---Embroidered
6213.2090	---其他	14	90	0		0	0			---Other
	-其他纺织材料制：									-Of other textile materials:
6213.9020	---刺绣的	14	100	0			0			---Embroidered
6213.9090	---其他	14	100	0		0	0			---Other
62.14	**披巾、领巾、围巾、披纱、面纱及类似品：**									**Shawls, scarves, mufflers, mantillas, veils and the like:**
6214.1000	-丝或绢丝制	14	130	0		0	0			-Of silk or silk waste
	-羊毛或动物细毛制：									-Of wool or fine animal hair:
6214.2010	---羊毛制	14	130	0		0	0			---Of wool
6214.2020	---山羊绒制	14	130	0		0	0			---Of goats
6214.2090	---其他	14	130	0		0	0			---Other
6214.3000	-合成纤维制	16	130	0		0	0			-Of synthetic fibres
6214.4000	-人造纤维制	14	130	0		0	0			-Of artificial fibres
6214.9000	-其他纺织材料制	14	100	0		0	0			-Of other textile materials
62.15	**领带及领结：**									**Ties, bow ties and cravats:**
6215.1000	-丝或绢丝制	14	130	0		0	0			-Of silk or silk waste
6215.2000	-化学纤维制	16	130	0	14.4	0	0			-Of man-made fibres
6215.9000	-其他纺织材料制	14	100	0		0	0			-Of other textile materials
62.16	**分指手套、连指手套及露指手套：**									**Gloves, mittens and mitts:**
6216.0000	分指手套、连指手套及露指手套	14	100	0		0	0			Gloves, mittens and mitts
62.17	**其他制成的衣着附件；服装或衣着附件的零件，但税目62.12的货品除外：**									**Other made up clothing accessories; parts of garments or of clothing accessories, other than those of heading 62.12:**
	-附件：									-Accessories:
6217.1010	---袜子及袜套	14	130	0	12.2		0	0		---Stocking, socks and socketes
6217.1020	---和服腰带	14	100	0	12.2	0	0	0		---Kimono belts
6217.1090	---其他	14	100	0	12.2	0	0	0		---Other
6217.9000	-零件	14	100	0	12.6	0	0	0		-Parts

第六十三章
其他纺织制成品；成套物品；旧衣着及旧纺织品；碎织物

注释：

一、第一分章仅适用于各种纺织物制成的物品。

二、第一分章不包括：

（一）第五十六章至第六十二章的货品；或

（二）税目 63.09 的旧衣着或其他旧物品。

三、税目 63.09 仅适用于下列货品：

（一）纺织材料制品：

1. 衣着和衣着附件及其零件；

2. 毯子及旅行毯；

3. 床上、餐桌、盥洗及厨房用的织物制品；

4. 装饰用织物制品，但税目 57.01 至 57.05 的地毯及税目 58.05 的装饰毯除外。

（二）用石棉以外其他任何材料制成的鞋帽类。

上述物品只有同时符合下列两个条件才能归入本税号：

1. 必须明显看得出穿用过；以及

2. 必须以散装、捆装、袋装或类似的大包装形式报验。

子目注释：

一、子目 6304.20 包括用 α-氯氰菊酯（ISO）、虫螨腈（ISO）、溴氰菊酯（INN，ISO）、高效氯氟氰菊酯（ISO）、除虫菊酯（ISO）或甲基嘧啶磷（ISO）浸渍或涂层的经编针织物制品。

Chapter 63
Other made up textile articles; sets; worn clothing and worn textile articles; rags

Chapter Notes:

1. Sub-Chapter I applies only to made up articles, of any textile fabric.

2. Sub-Chapter I does not cover:

(a) Goods of Chapters 56 to 62; or

(b) Worn clothing or other worn articles of heading 63.09.

3. Heading 63.09 applies only to the following goods:

(a) Articles of textile materials:

(i) Clothing and clothing accessories, and parts thereof;

(ii) Blankets and travelling rugs;

(iii) Bed linen, table linen, toilet linen and kitchen linen;

(iv) Furnishing articles, other than carpets of headings 57.01 to 57.05 and tapestries of heading 58.05.

(b) Footwear and headgear of any material other than asbestos.

In order to be classified in this heading, the articles mentioned above must comply with both of the following requirements:

(i) They must show signs of appreciable wear; and

(ii) They must be presented in bulk or in bales, sacks or similar packings.

Subheading Note:

1. Subheading 6304.20 covers articles made from fabrics, impregnated or coated with alpha-cypermethrin (ISO), chlorfenapyr (ISO), deltamethrin (INN, ISO), lambda-cyhalothrin (ISO), permethrin (ISO) or pirimiphos-methyl (ISO).

税则号列 Tariff Item	商品名称	最惠国税率 (%) M. F. N.	普通税率 (%) Gen.	协定税率 (%) Conventional					出口税率 (%) Export	Article Description
				东盟 ASEAN	亚太 APTA	香港 H. K.	澳门 Macao	台湾 Taiwan		
	第一分章 其他纺织制成品									Ⅰ. OTHER MADE UP TEXTILE ARTICLES
63.01	毯子及旅行毯：									Blankets and travelling rugs:
6301.1000	-电暖毯	16	100	0						-Electric blankets

税则号列 Tariff Item	商　品　名　称	最惠国税率(%) M. F. N.	普通税率(%) Gen.	协定税率(%) Conventional 东盟 ASEAN	亚太 APTA	香港 H. K.	澳门 Macao	台湾 Taiwan	出口税率(%) Export	Article Description
6301.2000	-羊毛或动物细毛制的毯子（电暖毯除外）及旅行毯	16	130	0			0			-Blankets (other than electric blankets) and travelling rugs, of wool or of fine animal hair
6301.3000	-棉制的毯子（电暖毯除外）及旅行毯	16	90	0			0			-Blankets (other than electric blankets) and travelling rugs, of cotton
6301.4000	-合成纤维制的毯子（电暖毯除外）及旅行毯	17.5	130	0			0			-Blankets (other than electric blankets) and travelling rugs, of synthetic fibres
6301.9000	-其他毯子及旅行毯	16	90	0			0	0		-Other blankets and travelling rugs
63.02	**床上、餐桌、盥洗及厨房用的织物制品：**									**Bed linen, table linen, toilet linen and kitchen linen:**
	-针织或钩编的床上用织物制品：									-Bed linen, knitted or crocheted:
6302.1010	---棉制	14	90	0						---Of cotton
6302.1090	---其他纺织材料制	14	130	0						---Of other textile materials
	-其他印花的床上用织物制品：									-Other bed linen, printed:
	--棉制：									--Of cotton:
6302.2110	---床单	14	90	0						---Bed sheets
6302.2190	---其他	14	90	0						---Other
	--化学纤维制：									--Of man-made fibres:
6302.2210	---床单	16	130	0						---Bed sheets
6302.2290	---其他	16	130	0						---Other
	--其他纺织材料制：									--Of other textile materials:
6302.2910	---丝及绢丝制	14	130	0						---Of silk or silk waste
6302.2920	---麻制	14	90	0						---Of bast fibres
6302.2990	---其他	14	100	0						---Other
	-其他床上用织物制品：									-Other bed linen:
	--棉制：									--Of cotton:
6302.3110	---刺绣的	14	90	0						---Embroidered
	---其他：									---Other:
6302.3191	----床单	14	90	0						----Bed sheets
6302.3192	----毛巾被	14	90	0						----Towelling coverlets
6302.3199	----其他	14	90	0						----Other
	--化学纤维制：									--Of man-made fibres:
6302.3210	---刺绣的	16	130	0						---Embroidered
6302.3290	---其他	16	130	0						---Other
	--其他纺织材料制：									--Of other textile materials:
6302.3910	---丝及绢丝制	14	130	0						---Of silk or silk waste
	---麻制：									---Of bast fibres:
6302.3921	----刺绣的	14	90	0						----Embroidered
6302.3929	----其他	14	90	0						----Other
	---其他：									---Other:

税则号列 Tariff Item	商品名称	最惠国税率(%) M. F. N.	普通税率(%) Gen.	协定税率(%) Conventional 东盟 ASEAN	亚太 APTA	香港 H. K.	澳门 Macao	台湾 Taiwan	出口税率(%) Export	Article Description
6302.3991	----刺绣的	14	100	0						----Embroidered
6302.3999	----其他	14	100	0						----Other
	-针织或钩编的餐桌用织物制品：									-Table linen, knitted or crocheted:
6302.4010	---手工制	14	100	0						---Hand-worked
6302.4090	---其他	14	100	0						---Other
	-其他餐桌用织物制品：									-Other table linen:
	--棉制：									--Of cotton:
6302.5110	---刺绣的	14	90	0		0	0			---Embroidered
6302.5190	---其他	14	90	0		0	0			---Other
	--化学纤维制：									--Of man-made fibres:
6302.5310	---刺绣的	14	130	0						---Embroidered
6302.5390	---其他	16	130	0						---Other
	--其他纺织材料制：									--Of other textile materials:
	---亚麻制：									---Of flax:
6302.5911	----刺绣的	14	90	0						----Embroidered
6302.5919	其他	14	90	0						----Other
6302.5990	---其他	14	100	0						---Other
	-盥洗及厨房用棉制毛巾织物或类似的毛圈织物的制品：									-Toilet linen and kitchen linen, of terry towelling or similar terry fabrics, of cotton:
6302.6010	---浴巾	14	90	0				0		---Bath towels
6302.6090	---其他	14	90	0				0		---Other
	-其他：									-Other:
6302.9100	--棉制	14	90	0						--Of cotton
6302.9300	--化学纤维制	16	130	0		0	0			--Of man-made fibres
	--其他纺织材料制：									--Of other textile materials:
6302.9910	---亚麻制	14	90	0						---Of flax
6302.9990	---其他	14	100	0						---Other
63.03	**窗帘（包括帷帘）及帐幔；帘帷或床帷：**									**Curtains (including drapes) and interior blinds; curtain or bed valances:**
	-针织或钩编的：									-Knitted or crocheted:
	--合成纤维制：									--Of synthetic fibres:
6303.1210	---针织的	16	130	0						---Knitted
6303.1220	---钩编的	16	130	0						---Crocheted
	其他纺织材料制：									--Of other textile materials:
	---棉制：									---Of cotton:
6303.1931	----针织的	14	90	0						----Knitted
6303.1932	----钩编的	14	90	0						----Crocheted
	---其他纺织材料制：									---Of other textile materials:
6303.1991	----针织的	14	130	0						----Knitted
6303.1992	----钩编的	14	130	0						----Crocheted
	-其他：									-Other:
6303.9100	--棉制	14	90	0						--Of cotton
6303.9200	--合成纤维制	16	130	0		0	0			--Of synthetic fibres

税则号列 Tariff Item	商品名称	最惠国税率(%) M. F. N.	普通税率(%) Gen.	协定税率(%) Conventional					出口税率(%) Export	Article Description
				东盟 ASEAN	亚太 APTA	香港 H. K.	澳门 Macao	台湾 Taiwan		
6303.9900	--其他纺织材料制	14	100	0						--Of other textile materials
63.04	**其他装饰用织物制品，但税目94.04的货品除外：**									**Other furnishing articles, excluding those of heading 94.04:**
	-床罩：									-Bedspreads:
	--针织或钩编的：									--Knitted or crocheted:
	---针织的：									---Knitted:
6304.1121	----手工制	14	100	0			0			----Hand-worked
6304.1129	----其他	14	100	0			0			----Other
	---钩编的：									---Crocheted:
6304.1131	----手工制	14	100	0						----Hand-worked
6304.1139	----其他	14	100	0						----Other
	--其他：									--Other:
6304.1910	---丝及绢丝制	14	130	0						---Of silk or silk waste
	---棉或麻制：									---Of cotton or bast fibres:
6304.1921	----刺绣的	14	90	0						----Embroidered
6304.1929	----其他	14	90	0						----Other
	---化学纤维制：									---Of man-made fibres:
6304.1931	----刺绣的	16	130	0						----Embroidered
6304.1939	----其他	16	130	0						----Other
	---其他纺织材料制：									---Of other textile materials:
6304.1991	----刺绣的	14	100	0						----Embroidered
6304.1999	----其他	14	100	0						----Other
	-本章子目注释一所列的经编针织物制蚊帐：									-Mosquito net specified in Subheading Note 1 to this Chapter:
6304.2010	---手工制	14	100	0						---Hand-worked
6304.2090	---其他	14	100	0			0			---Other
	-其他：									-Other:
	--针织或钩编的：									--Knitted or crocheted:
	---针织的：									---Knitted:
6304.9121	----手工制	14	100	0						----Hand-worked
6304.9129	----其他	14	100	0			0			----Other
	---钩编的：									---Crocheted:
6304.9131	----手工制	14	100	0						----Hand-worked
6304.9139	----其他	14	100	0						----Other
	--非针织或非钩编的，棉制：									--Not knitted or crocheted, of cotton:
6304.9210	---刺绣的	14	90	0						---Embroidered
6304.9290	---其他	14	90	0						---Other
	--非针织或非钩编的，合成纤维制：									--Not knitted or crocheted, of synthetic fibres:
6304.9310	---刺绣的	16	130	0						---Embroidered
6304.9390	---其他	16	130	0						---Other
	--非针织或非钩编的，其他纺织材料制：									--Not knitted or crocheted, of other textile materials:
6304.9910	---丝及绢丝制	14	130	0						---Of silk or silk waste
	---麻制：									---Of bast fibres:

税则号列 Tariff Item	商品名称	最惠国税率(%) M. F. N.	普通税率(%) Gen.	协定税率（%）Conventional					出口税率(%) Export	Article Description
				东盟 ASEAN	亚太 APTA	香港 H. K.	澳门 Macao	台湾 Taiwan		
6304.9921	----刺绣的	14	90	0						----Embroidered
6304.9929	----其他	14	90	0						----Other
6304.9990	---其他	14	100	0						---Other
63.05	**货物包装用袋：**									**Sacks and bags, of a kind used for the packing of goods:**
6305.1000	-黄麻或税目53.03的其他韧皮纺织纤维制	10	40	0						-Of jute or of other textile bast fibres of heading 53.03
6305.2000	-棉制	16	90	0						-Of cotton
	-化学纤维材料制：									-Of man-made textile materials:
6305.3200	--散装货物储运软袋	16	100	0						--Flexible intermediate bulk containers
6305.3300	--其他，聚乙烯、聚丙烯扁条或类似材料制	16	100	0	13.6					--Other, of polyethylene or poly-propylene strip or the like
6305.3900	--其他	16	100	0						--Other
6305.9000	-其他纺织材料制	14	90	0						-Of other textile materials
63.06	**油苫布、天篷及遮阳篷；帐篷；风帆；野营用品：**									**Tarpaulins, awnings and sunblinds; tents; sails for boats, sailboards or landcraft; camping goods:**
	-油苫布、天篷及遮阳篷：									-Tarpaulins, awnings and sunblinds:
6306.1200	--合成纤维制	16	130	0						--Of synthetic fibres
	--其他纺织材料制：									--Of other textile materials:
6306.1910	---麻制	14	80	0						---Of bast fibres
6306.1920	---棉制	14	80	0						---Of cotton
6306.1990	---其他	14	100	0						---Other
	-帐篷：									-Tents:
6306.2200	--合成纤维制	16	130	0						--Of synthetic fibres
	--其他纺织材料制：									--Of other textile materials:
6306.2910	---棉制	14	80	0						---Of cotton
6306.2990	---其他	14	100	0						---Other
	-风帆：									-Sails:
6306.3010	---合成纤维制	16	130	0		0	0			---Of synthetic fibres
6306.3090	---其他纺织材料制	14	100	0						---Of other textile materials
	-充气褥垫：									-Pneumatic mattresses:
6306.4010	---棉制	14	80	0						---Of cotton
6306.4020	---化学纤维制	16	130	0						---Of man-made fibres
6306.4090	---其他	14	100	0						---Other
	-其他：									-Other:
6306.9010	---棉制	14	80	0						---Of cotton

税则号列 Tariff Item	商品名称	最惠国税率(%) M. F. N.	普通税率(%) Gen.	协定税率(%) Conventional 东盟 ASEAN	亚太 APTA	香港 H. K.	澳门 Macao	台湾 Taiwan	出口税率(%) Export	Article Description
6306.9020	---麻制	14	80	0						---Of bast fibres
6306.9030	---化学纤维制	16	130	0						---Of man-made fibres
6306.9090	---其他	14	100	0						---Other
63.07	**其他制成品，包括服装裁剪样：**									**Other made up articles, including dress patterns:**
6307.1000	-擦地布、擦碗布、抹布及类似擦拭用布	14	130	0	11.9			0		-Floor-cloths, dish-cloths, dusters and similar cleaning cloths
6307.2000	-救生衣及安全带	14	70	0						-Life-jackets and life-belts
6307.9000	-其他	14	100	0		0	0			-Other
	第二分章 成套物品									**Ⅱ. SETS**
63.08	**由机织物及纱线构成的零售包装成套物品，不论是否带附件，用以制作小地毯、装饰毯、绣花台布、餐巾或类似的纺织物品：**									**Sets consisting of woven fabric and yarn, whether or not with accessories, for making up into rugs, tapestries, embroidered table cloths or serviettes, or similar textile articles, put up in packings for retail sale:**
6308.0000	由机织物及纱线构成的零售包装成套物品，不论是否带附件，用以制作小地毯、装饰毯、绣花台布、餐巾或类似的纺织物品	14	130	0						Sets consisting of woven fabric and yarn, whether or not with accessories, for making up into rugs, tapestries, embroidered table cloths or serviettes, or similar textile articles, put up in packings for retail sale
	第三分章 旧衣着及旧纺织品；碎织物									**Ⅲ. WORN CLOTHING AND WORN TEXTILE ARTICLES; RAGS**
63.09	**旧衣物：**									**Worn clothing and other worn articles:**
6309.0000	旧衣物	14	130	0						Worn clothing and other worn articles
63.10	**新或旧的破、碎织物，线、绳、索、缆的废、碎料以及线、绳、索、缆或纺织材料的破旧制品：**									**Used or new rags, scrap twine, cordage, rope and cables and worn out articles of twine, cordage, rope or cables, of textile materials:**
6310.1000	-经分拣的	14	50	0						-Sorted
6310.9000	-其他	14	50	0						-Other

第十二类
鞋、帽、伞、杖、鞭及其零件；已加工的羽毛及其制品；人造花；人发制品

SECTION XII
FOOTWEAR, HEADGEAR, UMBRELLAS, SUN UMBRELLAS, WALKING-STICKS, SEAT-STICKS, WHIPS, RIDING-CROPS AND PARTS THEREOF; PREPARED FEATHERS AND ARTICLES MADE THEREWITH; ARTIFICIAL FLOWERS; ARTICLES OF HUMAN HAIR

第六十四章
鞋靴、护腿和类似品及其零件

注释：

一、本章不包括：

（一）易损材料（例如，纸、塑料薄膜）制的无外绱鞋底的一次性鞋靴罩或套。这些产品应按其构成材料归类；

（二）纺织材料制的鞋靴，没有用粘、缝或其他方法将外底固定或安装在鞋面上的（第十一类）；

（三）税目63.09的旧鞋靴；

（四）石棉制品（税目68.12）；

（五）矫形鞋靴或其他矫形器具及其零件（税目90.21）；或

（六）玩具鞋及装有冰刀或轮子的滑冰鞋；护胫或类似的运动防护服装（第九十五章）。

二、税目64.06所称"零件"，不包括鞋钉、护鞋铁掌、鞋眼、鞋钩、鞋扣、饰物、编带、鞋带、绒球或其他装饰带（应分别归入相应税号）及税目96.06的纽扣或其他货品。

三、本章所称：

（一）"橡胶"及"塑料"，包括能用肉眼辨出其外表有一层橡胶或塑料的机织物或其他纺织产品；运用本款时，橡胶或塑料仅引起颜色变化的不计在内，以及

（二）"皮革"，是指税目41.07及41.12至41.14的货品。

Chapter 64
Footwear, gaiters and the like; parts of such articles

Chapter Notes:

1. This Chapter does not cover:

(a) Disposable foot or shoe coverings of flimsy material (for example, paper, sheeting of plastics) without applied soles. These products are classified according to their constituent material;

(b) Footwear of textile material, without an outer sole glued, sewn or otherwise affixed or applied to the upper (Section XI);

(c) Worn footwear of heading 63.09;

(d) Articles of asbestos (heading 68.12);

(e) Orthopaedic footwear or other orthopaedic appliances, or parts thereof (heading 90.21); or

(f) Toy footwear or skating boots with ice or roller skates attached; shin-guards or similar protective sportswear (Chapter 95).

2. For the purposes of heading 64.06, the term "parts" does not include pegs, protectors, eyelets, hooks, buckles, ornaments, braid, laces, pompons or other trimmings (which are to be classified in their appropriate headings) or buttons or other goods of heading 96.06.

3. For the purposes of this Chapter:

(a) The terms "rubber" and "plastics" include woven fabrics or other textile products with an external layer of rubber or plastics being visible to the naked eye; for the purpose of this provision, no account should be taken of any resulting change of colour; and

(b) The term "leather" refers to the goods of headings 41.07 and 41.12 to 41.14.

四、除本章注释三另有规定的以外：

（一）鞋面的材料应以占表面面积最大的那种材料为准，计算表面面积可不考虑附件及加固件，例如，护踝、裹边、饰物、扣子、拉襻、鞋眼或类似附属件；

（二）外底的主要材料应以与地面接触最广的那种材料为准，计算接触面时可不考虑鞋底钉、铁掌或类似附属件。

4. Subject to Note 3 to this Chapter：

(a) The material of the upper shall be taken to be the constituent material having the greatest external surface area, no account being taken of accessories or reinforcements such as ankle patches, edging, ornamentation, buckles, tabs, eyelet stays or similar attachments;

(b) The constituent material of the outer sole shall be taken to be the material having the greatest surface area in contact with the ground, no account being taken of accessories or reinforcements such as spikes, bars, nails, protectors or similar attachments.

子目注释：

子目 6402.12、6402.19、6403.12、6403.19 及 6404.11 所称“运动鞋靴”，仅适用于：

一、带有或可装鞋底钉、止滑柱、夹钳、马蹄掌或类似品的体育专用鞋靴；

二、滑冰靴、滑雪靴及越野滑雪用鞋靴、滑雪板靴、角力靴、拳击靴及赛车鞋。

Subheading Notes：

For the purposes of subheadings 6402.12, 6402.19, 6403.12, 6403.19 and 6404.11, the expression “sports footwear” applies only to：

1. Footwear which is designed for a sporting activity and has, or has provision for the attachment of, spikes, sprigs, stops, clips, bars or the like;

2. Skating boots, ski-boots and cross-country ski footwear, snowboard boots, wrestling boots, boxing boots and cycling shoes.

税则号列 Tariff Item	商品名称	最惠国税率(%) M.F.N.	普通税率(%) Gen.	协定税率(%) Conventional 东盟 ASEAN	亚太 APTA	香港 H.K.	澳门 Macao	台湾 Taiwan	出口税率(%) Export	Article Description
64.01	**橡胶或塑料制外底及鞋面的防水鞋靴，其鞋面不是用缝、铆、钉、旋、塞或类似方法固定在鞋底上的：**									**Waterproof footwear with outer soles and uppers of rubber or of plastics, the uppers of which are neither fixed to the sole nor assembled by stitching, riveting, nailing, screwing, plugging or similar processes：**
	-装有金属防护鞋头的鞋靴：									-Footwear incorporating a protective metal toe-cap：
6401.1010	---橡胶制鞋面的	24	100	0	12					---With uppers of rubber
6401.1090	---塑料制鞋面的	24	100	0	12					---With uppers of plastics
	-其他鞋靴：									-Other footwear：
	--中、短筒靴（过踝但未到膝）：									--Covering the ankle but not covering the knee：
6401.9210	---橡胶制鞋面的	24	100	0	12					---With uppers of rubber
6401.9290	---塑料制鞋面的	24	100	0	12					---With uppers of plastics
6401.9900	--其他	24	100	0	12					--Other
64.02	**橡胶或塑料制外底及鞋面的其他鞋靴：**									**Other footwear with outer soles and uppers of rubber or plastics：**
	-运动鞋靴：									-Sports footwear：

税则号列 Tariff Item	商品名称	最惠国税率(%) M. F. N.	普通税率(%) Gen.	协定税率(%) Conventional 东盟 ASEAN	亚太 APTA	香港 H. K.	澳门 Macao	台湾 Taiwan	出口税率(%) Export	Article Description
6402.1200	--滑雪靴、越野滑雪鞋靴及滑雪板靴	10	100	0	5					--Ski-boots, cross-country ski footwear and snowboard boots
6402.1900	--其他	24	100	0	12					--Other
6402.2000	-用栓塞方法将鞋面条带装配在鞋底上的鞋	24	100	0	12					-Footwear with upper straps or thongs assembled to the soles by means of plugs
	-其他鞋靴：									-Other footwear:
6402.9100	--短筒靴（过踝）	24	100	0	12		0			--Covering the ankle
	--其他：									--Other:
6402.9910	---橡胶制鞋面的	24	100	0	12		0			---With uppers of rubber
	---塑料制鞋面的：									---With uppers of plastics:
6402.9921	----以机织物或其他纺织材料作衬底的	24	100	0	12		0			----On a base of woven fabric or other textile materials
6402.9929	其他	24	100	0	12		0			----other
64.03	**橡胶、塑料、皮革或再生皮革制外底，皮革制鞋面的鞋靴：**									**Footwear with outer soles of rubber, plastics, leather or composition leather and uppers of leather:**
	-运动鞋靴：									-Sports footwear:
6403.1200	--滑雪靴、越野滑雪鞋靴及滑雪板靴	24	100	0						--Ski-boots, cross-country ski footwear and snowboard boots
6403.1900	--其他	15	100	0			0			--Other
6403.2000	-皮革制外底，由交叉于脚背并绕大脚趾的皮革条带构成鞋面的鞋	24	100	0			0			-Footwear with outer soles of leather, and uppers which consist of leather straps across the instep and around the big toe
6403.4000	-装有金属防护鞋头的其他鞋靴	24	100	0						-Other footwear, incorporating a protective metal toe-cap
	-皮革制外底的其他鞋靴：									-Other footwear with outer soles of leather:
	--短筒靴（过踝）：									--Covering the ankle:
	---过脚踝但低于小腿的短筒靴，按内底长度分类：									---Covering the ankle but not covering the calf, by length of inner soles:
6403.5111	----小于24厘米的	10	100	0			0			----Less than 24cm
6403.5119	----其他	10	100	0						----Other
	其他，按内底长度分类：									---Other, by length of inner soles:
6403.5191	----小于24厘米的	10	100	0						----Less than 24cm
6403.5199	----其他	10	100	0						----Other
6403.5900	--其他	10	100	0			0			--Other
	-其他鞋靴：									-Other footwear:
	--短筒靴（过踝）：									--Covering the ankle:

税则号列 Tariff Item	商品名称	最惠国税率(%) M. F. N.	普通税率(%) Gen.	协定税率(%) Conventional 东盟 ASEAN	亚太 APTA	香港 H. K.	澳门 Macao	台湾 Taiwan	出口税率(%) Export	Article Description
	---过脚踝但低于小腿的短筒靴，按内底长度分类：									---Covering the ankle but not covering the calf, by length of inner soles:
6403.9111	----小于24厘米的	10	100	0			0			----Less than 24cm
6403.9119	----其他	10	100	0			0			----Other
	---其他，按内底长度分类：									---Other, by length of inner soles:
6403.9191	----小于24厘米的	10	100	0			0			----Less than 24cm
6403.9199	----其他	10	100	0			0			----Other
6403.9900	--其他	10	100	0	8.5		0			--Other
64.04	**橡胶、塑料、皮革或再生皮革制外底，用纺织材料制鞋面的鞋靴：**									**Footwear with outer soles of rubber, plastics, leather or composition leather and uppers of textile materials:**
	-橡胶或塑料制外底的鞋靴：									-Footwear with outer soles of rubber or plastics:
6404.1100	--运动鞋靴；网球鞋、篮球鞋、体操鞋、训练鞋及类似鞋	24	100	0	12		0			--Sports footwear; tennis shoes, basketball shoes, gym shoes, training shoes and the like
	--其他：									--Other:
6404.1910	---拖鞋	24	100	0	12		0			---Slippers
6404.1990	---其他	24	100	0	12		0			---Other
	-皮革或再生皮革制外底的鞋靴：									-Footwear with outer soles of leather or composition leather:
6404.2010	---拖鞋	24	100	0	12					---Slippers
6404.2090	---其他	24	100	0	12					---Other
64.05	**其他鞋靴：**									**Other footwear:**
	-皮革或再生皮革制鞋面的：									-With uppers of leather or composition leather:
6405.1010	---橡胶、塑料、皮革及再生皮革制外底的	24	100	0	12					---With outer soles of rubber, plastics, leather or composition leather
6405.1090	---其他材料制外底的	24	100	0	12					---Other
6405.2000	-纺织材料制鞋面的	22	100	0	11					-With uppers of textile materials
	-其他：									-Other:
6405.9010	---橡胶、塑料、皮革及再生皮革制外底的	15	100	0	10.5					---With outer soles of rubber, plastics, leather or composition leather
6405.9090	---其他材料制外底的	15	100	0	10.5					---Other

税则号列 Tariff Item	商品名称	最惠国税率(%) M. F. N.	普通税率(%) Gen.	协定税率(%) Conventional 东盟 ASEAN	亚太 APTA	香港 H. K.	澳门 Macao	台湾 Taiwan	出口税率(%) Export	Article Description
64.06	**鞋靴零件(包括鞋面,不论是否带有除外底以外的其他鞋底);活动式鞋内底、跟垫及类似品;护腿、裹腿和类似品及其零件:**									**Parts of footwear (including uppers whether or not attached to soles other than outer soles); removable in-soles, heel cushions and similar articles; gaiters, leggings and similar articles, and parts thereof:**
6406.1000	-鞋面及其零件,但硬衬除外	15	90	0	13.2			0		-Uppers and parts thereof, other than stiffeners
	-橡胶或塑料制的外底及鞋跟:									-Outer soles and heels, of rubber or plastics:
6406.2010	---橡胶制的	15	90	0				0		---Of rubber
6406.2020	---塑料制的	15	90	0						---Of plastics
	-其他:									-Other:
6406.9010	---木制	15	90	0	10.5					---Of wood
	---其他材料制:									---Of other materials:
6406.9091	----活动式鞋内底、跟垫及类似品	15	90	0	10.5	0	0	0		----Re-movable in-soles, heel cushions and similar articles
6406.9092	----护腿、裹腿和类似品及其零件	15	90	0	10.5	0	0	0		----Gaiters, leggings and similar articles, and parts thereof
6406.9099	----其他	15	90	0	10.5	0	0	0		----Other

第六十五章 帽类及其零件

Chapter 65 Headgear and parts thereof

注释：

一、本章不包括：

（一）税目63.09的旧帽类；

（二）石棉制帽类（税目68.12）；或

（三）第九十五章的玩偶帽、其他玩具帽或狂欢节用品。

二、税目65.02不包括缝制的帽坯，但仅将条带缝成螺旋形的除外。

Chapter Notes:

1. This Chapter does not cover:

(a) Worn headgear of heading 63.09;

(b) Asbestos headgear (heading 68.12); or

(c) "Dolls" hats, other toy hats or carnival articles of Chapter 95.

2. Heading 65.02 does not cover hat-shapes made by sewing other than those obtained simply by sewing strips in spirals.

税则号列 Tariff Item	商品名称	最惠国税率（%）M. F. N.	普通税率（%）Gen.	协定税率（%）Conventional 东盟 ASEAN	亚太 APTA	香港 H. K.	澳门 Macao	台湾 Taiwan	出口税率（%）Export	Article Description
65.01	**毡呢制的帽坯、帽身及帽兜，未楦制成形，也未加帽边；毡呢制的圆帽片及制帽用的毡呢筒（包括裁开的毡呢筒）：**									**Hat-forms, hat bodies and hoods of felt, neither blocked to shape nor with made brims; plateaux and manchons (including slit manchons), of felt:**
6501.0000	毡呢制的帽坯、帽身及帽兜，未楦制成形，也未加帽边；毡呢制的圆帽片及制帽用的毡呢筒（包括裁开的毡呢筒）	22	100	0						Hat-forms, hat bodies and hoods of felt, neither blocked to shape nor with made brims; plateaux and manchons (including slit manchons), of felt
65.02	**编结的帽坯或用任何材料的条带拼制而成的帽坯，未楦制成形，也未加帽边、衬里或装饰物：**									**Hat-shapes, plaited or made by assembling strips of any material, neither blocked to shape, nor with made brims, nor lined, nor trimmed:**
6502.0000	编结的帽坯或用任何材料的条带拼制而成的帽坯，未楦制成形，也未加帽边、衬里或装饰物	20	100	0						Hat-shapes, plaited or made by assembling strips of any material, neither blocked to shape, nor with made brims, nor lined, nor trimmed
65.04	**编结帽或用任何材料的条带拼制而成的帽类，不论有无衬里或装饰物：**									**Hats and other headgear, plaited or made by assembling strips of any material, whether or not lined or trimmed:**
6504.0000	编结帽或用任何材料的条带拼制而成的帽类，不论有无衬里或装饰物	20	130	0						Hats and other headgear, plaited or made by assembling strips of any material, whether or not lined or trimmed

税则号列 Tariff Item	商品名称	最惠国税率（%）M. F. N.	普通税率（%）Gen.	协定税率（%）Conventional					出口税率（%）Export	Article Description
				东盟 ASEAN	亚太 APTA	香港 H. K.	澳门 Macao	台湾 Taiwan		
65.05	**针织或钩编的帽类，用成匹的花边、毡呢或其他纺织物（条带除外）制成的帽类，不论有无衬里或装饰物；任何材料制的发网，不论有无衬里或装饰物：**									**Hats and other headgear, knitted or crocheted, or made up from lace, felt or other textile fabric, in the piece (by not in strips), whether or not lined or trimmed; hair-nets of any material, whether or not lined or trimmed:**
6505.0010	---发网	10	130	0						---Hair-nets
6505.0020	---钩编的帽类	20	130	0	19					---Hats and other headgear, knitted or crocheted
	---其他：									---Other:
6505.0091	----用税目65.01的帽身、帽兜或圆帽片制成的毡呢帽类，无论有无衬里或装饰物	22	130	0						----Felt hats and other felt headgear, made from the hat bodies, hoods or plateaux of heading 65.01, whether or not lined or trimmed
6505.0099	----其他	20	130	0	19		0			----Other
65.06	**其他帽类，不论有无衬里或装饰物：**									**Other headgear, whether or not lined or trimmed:**
6506.1000	-安全帽	10	100	0						-Safety headgear
	-其他：									-Other:
6506.9100	--橡胶或塑料制	10	100	0						--Of rubber or of plastics
	--其他材料制：									--Of other materials:
6506.9910	---皮革制	10	130	0						---Of leather
6506.9920	---毛皮制	10	130	0		0				---Of furskin
6506.9990	---其他	24	100	0						---Other
65.07	**帽圈、帽衬、帽套、帽帮、帽骨架、帽舌及帽颏带：**									**Head-bands, linings, covers, hat foundations, hat frames, peaks and chinstraps, for headgear:**
6507.0000	帽圈、帽衬、帽套、帽帮、帽骨架、帽舌及帽颏带	24	100	0			0			Head-bands, linings, covers, hat foundations, hat frames, peaks and chinstraps, for headgear

第六十六章
雨伞、阳伞、手杖、鞭子、马鞭及其零件

Chapter 66
Umbrellas, sun umbrellas, walking-sticks, seat-sticks, whips, riding-crops and parts thereof

注释：

一、本章不包括：

（一）丈量用杖及类似品（税目 90.17）；

（二）火器手杖、刀剑手杖、灌铅手杖及类似品（第九十三章）；或

（三）第九十五章的货品（例如，玩具雨伞、玩具阳伞）。

二、税目 66.03 不包括纺织材料制的零件、附件及装饰品或者任何材料制的罩套、流苏、鞭梢、伞套及类似品。此类货品即使与税目 66.01 或 66.02 的物品一同报验，只要未装配在一起，则不应视为上述税号所列物品的组成零件，而应分别归入各有关税号。

Chapter Notes:

1. This Chapter does not cover:

(a) Measure walking-sticks or the like (heading 90.17);

(b) Firearm-sticks, sword-sticks, loaded walking-sticks or the like (Chapter 93); or

(c) Goods of Chapter 95 (for example, toy umbrellas, toy sun umbrellas).

2. Heading 66.03 does not cover parts, trimmings or accessories of textile material, or covers, tassels, thongs, umbrella cases or the like, of any material. Such goods presented with, but not fitted to, articles of heading 66.01 or 66.02 are to be classified separately and are not to be treated as forming part of those articles.

税则号列 Tariff Item	商品名称	最惠国税率(%) M.F.N.	普通税率(%) Gen.	协定税率(%) Conventional 东盟 ASEAN	亚太 APTA	香港 H.K.	澳门 Macao	台湾 Taiwan	出口税率(%) Export	Article Description
66.01	**雨伞及阳伞（包括手杖伞、庭园用伞及类似伞）：**									**Umbrellas and sun umbrellas (including walking-stick umbrellas, garden umbrellas and similar umbrellas):**
6601.1000	-庭园用伞及类似伞	14	130	0						-Garden or similar umbrellas
	-其他：									-Other:
6601.9100	--折叠伞	10	130	0						--Having a telescopic shaft
6601.9900	--其他	10	130	0						--Other
66.02	**手杖、带座手杖、鞭子、马鞭及类似品：**									**Walking-sticks, seat-sticks, whips, ridingcrops and the like:**
6602.0000	手杖、带座手杖、鞭子、马鞭及类似品	10	130	0						Walking-sticks, seat-sticks, whips, ridingcrops and the like
66.03	**税目 66.01 或 66.02 所列物品的零件及装饰品：**									**Parts, trimmings and accessories of articles of heading 66.01 or 66.02:**
6603.2000	-伞骨，包括装在伞柄上的伞骨	14	130	0						-Umbrella frames, including frames mounted on shafts (sticks)
6603.9000	-其他	14	130	0						-Other

第六十七章
已加工羽毛、羽绒及其制品；人造花；人发制品

Chapter 67
Prepared feathers and down and articles made of feathers or of down; artificial flowers; articles of human hair

注释：

一、本章不包括：

（一）人发制滤布（税目 59.11）；

（二）花边、刺绣品或其他纺织物制成的花卉图案（第十一类）；

（三）鞋靴（第六十四章）；

（四）帽类及发网（第六十五章）；

（五）玩具、运动用品或狂欢节用品（第九十五章）；或

（六）羽毛掸帚、粉扑及人发制的筛子（第九十六章）。

二、税目 67.01 不包括：

（一）羽毛或羽绒仅在其中作为填充料的物品（例如，税目 94.04 的寝具）；

（二）羽毛或羽绒仅作为饰物或填充料的衣服或衣着附件；或

（三）税目 67.02 的人造花、叶及其部分品，以及它们的制成品。

三、税目 67.02 不包括：

（一）玻璃制品（第七十章）；或

（二）用陶器、石料、金属、木料或其他材料经模铸、锻造、雕刻、冲压或其他方法整件制成形的人造花、叶或果实，用捆扎、胶粘及类似方法以外的其他方法将部分品组合而成的上述制品。

Chapter Notes:

1. This Chapter does not cover:

(a) Straining cloth of human hair (heading 59.11);

(b) Floral motifs of lace, of embroidery or other textile fabric (Section XI);

(c) Footwear (Chapter 64);

(d) Headgear or hair-nets (Chapter 65);

(e) Toys, sports requisites or carnival articles (Chapter 95); or

(f) Feather dusters, powder-puffs or hair sieves (Chapter 96).

2. Heading 67.01 does not cover:

(a) Articles in which feathers or down constitute only filling or padding (for example, bedding of heading 94.04);

(b) Articles of apparel or clothing accessories in which feathers or down constitute no more than mere trimming or padding; or

(c) Artificial flowers or foliage or parts thereof or made up articles of heading 67.02.

3. Heading 67.02 does not cover:

(a) Articles of glass (Chapter 70); or

(b) Artificial flowers, foliage or fruit of pottery, stone, metal, wood or other materials, obtained in one piece by moulding, forging, carving, stamping or other process, or consisting of parts assembled otherwise than by binding, gluing, fitting into one another or similar methods.

税则号列 Tariff Item	商品名称	最惠国税率(%) M. F. N.	普通税率(%) Gen.	协定税率(%) Conventional 东盟 ASEAN	亚太 APTA	香港 H. K.	澳门 Macao	台湾 Taiwan	出口税率(%) Export	Article Description
67.01	带羽毛或羽绒的鸟皮及鸟体其他部分、羽毛，部分羽毛、羽绒及其制品（税目 05.05 的货品和经加工的羽管及羽轴除外）：									Skins and other parts of birds with their feathers or down, feathers, parts of feathers, down and articles thereof (other than goods of heading 05.05 and worked quills and scapes):

税则号列 Tariff Item	商　品　名　称	最惠国税率(%) M. F. N.	普通税率(%) Gen.	协定税率（%）Conventional 东盟 ASEAN	亚太 APTA	香港 H. K.	澳门 Macao	台湾 Taiwan	出口税率(%) Export	Article Description
6701.0000	带羽毛或羽绒的鸟皮及鸟体其他部分、羽毛，部分羽毛、羽绒及其制品（税目05.05的货品和经加工的羽管及羽轴除外）	20	130	0			0			Skins and other parts of birds with their feathers or down, feathers, parts of feathers, down and articles thereof (other than goods of heading 05.05 and worked quills and scapes)
67.02	**人造花、叶、果实及其零件；用人造花、叶或果实制成的物品：**									**Artificial flowers, foliage and fruit and parts thereof; articles made of artificial flowers, foliage or fruit:**
6702.1000	-塑料制	20	130	0						-Of plastics
	-其他材料制：									-Of other materials:
6702.9010	---羽毛制	20	130	0						---Of feathers or down
6702.9020	---丝及绢丝制	24	130	0						---Of silk or silk waste
6702.9030	---化学纤维制	24	130	0						---Of man-made fibres
6702.9090	---其他	20	130	0						---Other
67.03	**经梳理、稀疏、脱色或其他方法加工的人发；作假发及类似品用的羊毛、其他动物毛或其他纺织材料：**									**Human hair, dressed, thinned, bleached or otherwise worked; wool or other animal hair or other textile materials, prepared for use in making wigs or the like:**
6703.0000	经梳理、稀疏、脱色或其他方法加工的人发；作假发及类似品用的羊毛、其他动物毛或其他纺织材料	20	100	0	18					Human hair, dressed, thinned, bleached or otherwise worked; wool or other animal hair or other textile materials, prepared for use in making wigs or the like
67.04	**人发、动物毛或纺织材料制的假发、假胡须、假眉毛、假睫毛及类似品；其他税号未列名的人发制品：**									**Wigs, false beards, eyebrows and eyelashes, switches and the like, of human or animal hair or of textile materials; articles of human hair not elsewhere specified or included:**
	-合成纤维纺织材料制：									-Of synthetic textile materials:
6704.1100	--整头假发	25	130	0						--Complete wigs
6704.1900	--其他	25	130	0			0			--Other
6704.2000	-人发制	15	130	0			0			-Of human hair
6704.9000	-其他材料制	25	130	0			0			-Of other materials

第十三类
石料、石膏、水泥、石棉、云母及类似材料的制品；陶瓷产品；玻璃及其制品

SECTION XIII
ARTICLES OF STONE, PLASTER, CEMENT, ASBESTOS, MICA OR SIMILAR MATERIALS; CERAMIC PRODUCTS; GLASS AND GLASSWARE

第六十八章
石料、石膏、水泥、石棉、云母及类似材料的制品

注释：

一、本章不包括：

（一）第二十五章的货品；

（二）税目 48.10 或 48.11 的经涂布、浸渍或覆盖的纸及纸板（例如，用云母粉或石墨涂布的纸及纸板、沥青纸及纸板）；

（三）第五十六章或第五十九章的经涂布、浸渍或包覆的纺织物（例如，用云母粉、沥青涂布或包覆的织物）；

（四）第七十一章的物品；

（五）第八十二章的工具及其零件；

（六）税目 84.42 的印刷用石板；

（七）绝缘子（税目 85.46）或绝缘材料制的零件（税目 85.47）；

（八）牙科用磨锉（税目 90.18）；

（九）第九十一章的物品（例如，钟及钟壳）；

（十）第九十四章的物品（例如，家具、灯具及照明装置、活动房屋）；

（十一）第九十五章的物品（例如，玩具、游戏品及运动用品）；

（十二）用第九十六章注释二（二）所述材料制成的税目 96.02 的物品或税目 96.06 的物品（例如，纽扣）、税目 96.09 的物品（例如，石笔）、税目 96.10 的物品（例如，绘画石板）或税目 96.20 的物品（独脚架、双脚架、三脚架及类似品）；或

Chapter 68
Articles of stone, plaster, cement, asbestos, mica or similar materials

Chapter Notes:

1. This Chapter does not cover:

(a) Goods of Chapter 25;

(b) Coated, impregnated or covered paper and paperboard of heading 48.10 or 48.11 (for example, paper and paperboard coated with mica powder or graphite, bituminised or asphalted paper and paperboard);

(c) Coated, impregnated or covered textile fabric of Chapter 56 or 59 (for example, fabric coated or covered with mica powder, bituminised or asphalted fabric);

(d) Articles of Chapter 71;

(e) Tools or parts of tools, of Chapter 82;

(f) Lithographic stones of heading 84.42;

(g) Electrical insulators (heading 85.46) or fittings of insulating material of heading 85.47;

(h) Dental burrs (heading 90.18);

(ij) Articles of Chapter 91 (for example, clocks and clock cases);

(k) Articles of Chapter 94 (for example, furniture, lamps and lighting fittings, prefabricated buildings);

(l) Articles of Chapter 95 (for example, toys, games and sports requisites);

(m) Articles of heading 96.02, if made of materials specified in Note 2 (b) to Chapter 96, or of heading 96.06 (for example, buttons), of heading 96.09 (for example, slate pencils), heading 96.10 (for example, drawing slates) or of heading 96.20 (monopods, bipods, tripods and similar articles); or

（十三）第九十七章的物品（例如，艺术品）。

二、税目 68.02 所称“已加工的碑石或建筑用石”，不仅适用于已加工的税目 25.15、25.16 的各种石料，也适用于所有经类似加工的其他天然石料（例如，石英岩、燧石、白云石及冻石），但不适用于板岩。

(n) Articles of Chapter 97 (for example, works of art).

2. In heading 68.02 the expression “worked monumental or building stone” applies not only to the varieties of stone referred to in heading 25.15 or 25.16 but also to all other natural stone (for example, quartzite, flint, dolomite and steatite) similarly worked; it does not, however, apply to slate.

税则号列 Tariff Item	商品名称	最惠国税率(%) M. F. N.	普通税率(%) Gen.	协定税率(%) Conventional 东盟 ASEAN	亚太 APTA	香港 H. K.	澳门 Macao	台湾 Taiwan	出口税率(%) Export	Article Description
68.01	**天然石料（不包括板岩）制的长方砌石、路缘石、扁平石：**									**Setts, curbstones and flagstones, of natural stone (except slate):**
6801.0000	天然石料（不包括板岩）制的长方砌石、路缘石、扁平石	12	70	0			0			Setts, curbstones and flagstones, of natural stone (except slate)
68.02	**已加工的碑石或建筑用石（不包括板岩）及其制品，但税目 68.01 的货品除外；天然石料（包括板岩）制的镶嵌石（马赛克）及类似品，不论是否有衬背；天然石料（包括板岩）制的人工染色石粒、石片及石粉：**									**Worked monumental or building stone (except slate) and articles thereof, other than goods of heading 68.01; mosaic cubes and the like, of natural stone (including slate), whether or not on a backing; artificially co-loured granules, chippings and powder, of natural stone (inclu-ding slate):**
	-砖、瓦、方块及类似品，不论是否为矩形（包括正方形），其最大表面积以可置入边长小于 7 厘米的方格为限；人工染色的石粒、石片及石粉：									-Tiles, cubes and similar articles, whether or not rectangular (including square), the largest surface area of which is capable of being enclosed in a square the side of which is less than 7cm; artificially coloured granules, chippings and powder:
6802.1010	---大理石	24	90	0	19.2	0	0			---Marble
6802.1090	---其他	20	90	0	16	0	0			---Other
	-简单切削或锯开并具有一个平面的其他碑石或建筑用石及其制品：									-Other monumental or building stone and articles thereof, simply cut or sawn, with a flat or even surface:
	--大理石、石灰华及蜡石：									--Marble, travertine and alabaster:
6802.2110	---大理石	10	90	0			0			---Marble
6802.2120	---石灰华	24	90	0			0			---Travertine

税则号列 Tariff Item	商品名称	最惠国税率(%) M. F. N.	普通税率(%) Gen.	协定税率(%) Conventional 东盟 ASEAN	亚太 APTA	香港 H. K.	澳门 Macao	台湾 Taiwan	出口税率(%) Export	Article Description
6802.2190	---其他	24	90	0						---Other
6802.2300	--花岗岩	10	90	0	9.2		0			--Granite
	--其他石：									--Other stone:
6802.2910	---其他石灰石	24	90	0			0			---Other calcareous stone
6802.2990	---其他	15	90	0			0			---Other
	-其他：									-Other:
	--大理石、石灰华及蜡石：									--Marble, travertine and alabaster:
6802.9110	---石刻	24	90	0			0			---Carvings
6802.9190	---其他	10	90	0		0	0			---Other
	--其他石灰石：									--Other calcareous stone:
6802.9210	---石刻	24	90	0			0			---Carvings
6802.9290	---其他	10	90	0		0	0			---Other
	--花岗岩：									--Granite:
	---石刻：									---Carvings:
6802.9311	----墓碑石	24	90	0			0			----Gravestone
6802.9319	----其他	24	90	0		0	0			----Other
6802.9390	---其他	10	90	0	9.2		0			---Other
	--其他石：									--Other stone:
6802.9910	---石刻	24	90	0			0			---Carvings
6802.9990	---其他	24	90	0		0	0			---Other
68.03	**已加工的板岩及板岩或黏聚板岩的制品：**									**Worked slate and articles of slate or of agglomerated slate:**
6803.0010	---板岩制	20	80	0			0			---Of slate
6803.0090	---其他	20	80	0						---Other
68.04	**未装支架的石磨、石碾、砂轮和类似品及其零件，用于研磨、磨刃、抛光、整形或切割，以及手用磨石、手用抛光石及其零件，用天然石料、黏聚的天然磨料、人造磨料或陶瓷制成，不论是否装有由其他材料制成的零件：**									**Millstones, grindstones, grinding wheels and the like, without frameworks, for grinding, sharpening, polishing, trueing or cutting, hand sharpening or polishing stones, and parts thereof, of natural stone, of agglomerated natural or artificial abrasives, or of ceramics, with or without parts of other materials:**
6804.1000	-碾磨或磨浆用石磨、石碾	8	40	0						-Millstones and grindstones for milling, grinding or pulping
	-其他石磨、石碾、砂轮及类似品：									-Other millstones, grindstones, grinding wheels and the like:
	--黏聚合成或天然金刚石制：									--Of agglomerated synthetic or natural diamond:
6804.2110	---砂轮	8	17	0		0				---Grinding wheels
6804.2190	---其他	8	17	0		0				---Other

税则号列 Tariff Item	商品名称	最惠国税率(%) M. F. N.	普通税率(%) Gen.	协定税率(%) Conventional 东盟 ASEAN	亚太 APTA	香港 H. K.	澳门 Macao	台湾 Taiwan	出口税率(%) Export	Article Description
	--其他黏聚磨料制或陶瓷制：									--Of other agglomerated abrasives or of ceramics:
6804.2210	---砂轮	8	17	0		0				---Grinding wheels
6804.2290	---其他	8	40	0		0				---Other
	--天然石料制：									--Of natural stone:
6804.2310	---砂轮	8	17	0						---Grinding wheels
6804.2390	---其他	8	40	0						---Other
	-手用磨石及手用抛光石：									-Hand sharpening or polishing stones:
6804.3010	---琢磨油石	8	17	0	6.4					---Oilstones
6804.3090	---其他	8	40	0	6.4					---Other
68.05	**砂布、砂纸及以其他材料为底的类似品，不论是否裁切、缝合或用其他方法加工成形：**									**Natural or artificial abrasive powder or grain, on a base of textile material, of paper, of paperboard or of other materials, whether or not cut to shape or sewn or otherwise made up:**
6805.1000	-砂布	8	40	0						-On a base of woven textile fabric only
6805.2000	-砂纸	8	40	0						-On a base of paper or paperboard only
6805.3000	-其他	8	40	0						-On a base of other materials
68.06	**矿渣棉、岩石棉及类似的矿质棉；页状蛭石、膨胀黏土、泡沫矿渣及类似的膨胀矿物材料；具有隔热、隔音或吸音性能的矿物材料的混合物及制品，但税目 68.11、68.12 或第六十九章的货品除外：**									**Slag wool, rock wool and similar mineral wools; exfoliated vermiculite, expanded clays, foamed slag and similar expanded mineral materials; mixtures and articles of heat-insulating, soundinsulating or soundabsorbing mineral materials, other than those of heading 68.11 or 68.12 or of Chapter 69:**
	-矿渣棉、岩石棉及类似的矿质棉（包括其相互混合物），块状、成片或成卷：									-Slag wool, rock wool and similar mineral wools (including intermixtures thereof), in bulk, sheets or rolls:
6806.1010	---硅酸铝纤维及其制品	10.5	40	0						---Alumino-silicate fibre and articles of alumino-silicate fibre
6806.1090	---其他	10.5	40	0						---Other

税则号列 Tariff Item	商品名称	最惠国税率(%) M. F. N.	普通税率(%) Gen.	协定税率(%) Conventional 东盟 ASEAN	亚太 APTA	香港 H. K.	澳门 Macao	台湾 Taiwan	出口税率(%) Export	Article Description
6806.2000	-页状蛭石、膨胀黏土、泡沫矿渣及类似的膨胀矿物材料（包括其相互混合物）	10.5	40	0						-Exfoliated vermiculite, expanded clays, foamed slag and similar expanded mineral materials (including intermixtures thereof)
6806.9000	-其他	10	50	0						-Other
68.07	**沥青或类似原料（例如，石油沥青或煤焦油沥青）的制品：**									**Articles of asphalt or of similarmaterial (for example, petroleum bitumen or coal tar pitch):**
6807.1000	-成卷	12	50	0						-In rolls
6807.9000	-其他	12	50	0	9.6					-Other
68.08	**镶板、平板、瓦、砖及类似品，用水泥、石膏及其他矿物黏合材料黏合植物纤维、稻草、刨花、木片屑、木粉、锯末或木废料制成：**									**Panels, boards, tiles, blocks and similar articles of vegetable fibre, of straw or of shavings, chips, particles, sawdust or other waste, of wood, agglomerated with cement, plaster or other mineral binders:**
6808.0000	镶板、平板、瓦、砖及类似品，用水泥、石膏及其他矿物黏合材料黏合植物纤维、稻草、刨花、木片屑、木粉、锯末或木废料制成	10.5	40	0						Panels, boards, tiles, blocks and similar articles of vegetable fibre, of straw or of shavings, chips, particles, sawdust or other waste, of wood, agglomerated with cement, plaster or other mineral binders
68.09	**石膏制品及以石膏为基本成分的混合材料制品：**									**Articles of plaster or of compositions based on plaster:**
	-未经装饰的板、片、砖、瓦及类似品：									-Boards, sheets, panels, tiles and similar articles, not ornamented:
6809.1100	--仅用纸、纸板贴面或加强的	28	100	0						--Faced or reinforced with paper or paper board only
6809.1900	--其他	25	100	0			0			--Other
6809.9000	-其他制品	25	100	0						-Other articles
68.10	**水泥、混凝土或人造石制品，不论是否加强：**									**Articles of cement, of concrete or of artificial stone, whether or not reinforced:**
	-砖、瓦、扁平石及类似品：									-Tiles, flagstones, bricks and similar articles:
6810.1100	--建筑用砖及石砌块	10.5	40	0	8.4	0				--Building blocks and bricks
	--其他：									--Other:
6810.1910	---人造石制	10.5	70	0	8.4		0			---Of artificial stone
6810.1990	---其他	10.5	70	0	8.4					---Other
	-其他制品：									-Other articles:

税则号列 Tariff Item	商品名称	最惠国税率(%) M. F. N.	普通税率(%) Gen.	协定税率(%) Conventional 东盟 ASEAN	亚太 APTA	香港 H. K.	澳门 Macao	台湾 Taiwan	出口税率(%) Export	Article Description
	--建筑或土木工程用的预制结构件：									--Prefabricated structural components for building or civil engineering:
6810.9110	---钢筋混凝土和预应力混凝土管、杆、板、桩等	10.5	40	0		0				---Reinforced concrete and prestressed concrete tubes, pipes, rods, plates, piles and similar articles
6810.9190	---其他	10.5	40	0		0	0			---Other
	--其他：									--Other:
6810.9910	---铁道用水泥枕	8	14	0						---Railway sleepers of concrete
6810.9990	---其他	10.5	70	0						---Other
68.11	**石棉水泥、纤维素水泥或类似材料的制品：**									**Articles of asbestos-cement, of cellulose fibre-cement or the like:**
	-含石棉的：									-Containing asbestos:
6811.4010	---瓦楞板	5	40	0						---Corrugated sheets
6811.4020	---其他片、板、砖、瓦及类似制品	10.5	40	0						---Other sheets, panels, tiles and similar articles
6811.4030	---管子及管子附件	8	40	0						---Tubes, pipes and tube or pipe fittings
6811.4090	---其他制品	8.4	40	0						---Other articles
	-不含石棉的：									-Not containing asbestos:
6811.8100	--瓦楞板	5	40	0						--Corrugated sheets
6811.8200	--其他片、板、砖、瓦及类似制品	10.5	40	0						--Other sheets, panels, tiles and similar articles
	--其他制品：									--Other articles:
6811.8910	---管子及管子附件	8	40	0						---Tubes, pipes and tube or pipe fittings
6811.8990	---其他	8.4	40	0						---Other
68.12	**已加工的石棉纤维；以石棉为基本成分或以石棉和碳酸镁为基本成分的混合物；上述混合物或石棉的制品（例如，纱线、机织物、服装、帽类、鞋靴、衬垫），不论是否加强，但税目68.11或68.13的货品除外：**									**Fabricated asbestos fibres; mixtures with a basis of asbestos or with a basis of asbestos and magnesium carbonate; articles of such mixtures or of asbestos (for example, thread, woven fabric, clothing, headgear, footwear, gaskets), whether or not reinforced, other than goods of heading 68.11 or 68.13:**
6812.8000	-青石棉的	10.5	40	0						-Of crocidolite
	-其他：									-Other:
6812.9100	--服装、衣着附件、帽类及鞋靴	10.5	40	0						--Clothing, clothing accessories, footwear and headgear
6812.9200	--纸、麻丝板及毡子	10.5	40	0						--Paper, millboard and felt
6812.9300	--成片或成卷的压缩石棉纤维接合材料	10.5	40	0						--Compressed asbestos fibre jointing, in sheets or rolls
6812.9900	--其他	10	40	0						--Other

税则号列 Tariff Item	商品名称	最惠国税率(%) M. F. N.	普通税率(%) Gen.	协定税率(%) Conventional 东盟 ASEAN	亚太 APTA	香港 H. K.	澳门 Macao	台湾 Taiwan	出口税率(%) Export	Article Description
68.13	**以石棉、其他矿物质或纤维素为基本成分的未装配摩擦材料及其制品(例如,片、卷、带、盘、圈、垫及扇形),适于作制动器、离合器及类似品,不论是否与织物或其他材料结合而成:**									**Friction material and articles thereof (for example, sheets, rolls, strips, segments, discs, washers, pads), not mounted, for brakes, for clutches or the like, with a basis of asbestos, of other mineral substances or of cellulose, whether or not combined with textile or other materials:**
	-含石棉的:									-Containing asbestos:
6813.2010	---闸衬、闸垫	10	40	0						---Brake linings and pads
6813.2090	---其他	12	40	0						---Other
	-不含石棉的:									-Not containing asbestos:
6813.8100	--闸衬、闸垫	10	40	0						--Brake linings and pads
6813.8900	--其他	12	40	0						--Other
68.14	**已加工的云母及其制品,包括黏聚或复制的云母,不论是否附于纸、纸板或其他材料上:**									**Worked mica and articles of mica, including agglomerated or reconstituted mica, whether or not on a support of paper, paperboard or other materials:**
6814.1000	-黏聚或复制云母制的板、片、带,不论是否附于其他材料上	10.5	35	0						-Plates, sheets and strips of agglomerated or reconstituted mica, whether or not on a support
6814.9000	-其他	10.5	35	0						-Other
68.15	**其他税号未列名的石制品及其他矿物制品(包括碳纤维及其制品和泥煤制品):**									**Articles of stone or of other mineral substances (including carbon fibres, articles of carbon fibres and articles of peat), not elsewhere specified or included:**
6815.1000	-非电器用的石墨或其他碳精制品	15	70	0						-Non-electrical articles of graphite or other carbon
6815.2000	-泥煤制品	15	70	0						-Articles of peat
	-其他制品:									-Other articles:
6815.9100	--含有菱镁矿、白云石或铬铁矿的	15	70	0						--Containing magnesite, dolomite or chromite
	--其他:									--Other:
6815.9920	---碳纤维	17.5	70	0						---Carbon fibres
	---碳纤维制品:									---Articles of carbon fibres:
6815.9931	----碳布	17.5	70	0						----Carbon fabric
6815.9932	----碳纤维预浸料	17.5	70	0						----Pre-preg material of carbon fibres
6815.9939	----其他	17.5	70	0						----Other
6815.9940	---玄武岩纤维及其制品	17.5	70	0						---Basalt fiber and articles thereof
6815.9990	---其他	17.5	70	0						---Other

第六十九章
陶瓷产品

注释：

一、本章仅适用于成形后经过烧制的陶瓷产品。税目 69.04 至 69.14 仅适用于不能归入税目 69.01 至 69.03 的产品。

二、本章不包括：

(一) 税目 28.44 的产品；
(二) 税目 68.04 的物品；
(三) 第七十一章的物品（例如，仿首饰）；
(四) 税目 81.13 的金属陶瓷；
(五) 第八十二章的物品；
(六) 绝缘子（税目 85.46）或绝缘材料制的零件（税目 85.47）；
(七) 假牙（税目 90.21）；
(八) 第九十一章的物品（例如，钟及钟壳）；
(九) 第九十四章的物品（例如，家具、灯具及照明装置、活动房屋）；
(十) 第九十五章的物品（例如，玩具、游戏品及运动用品）；
(十一) 税目 96.06 的物品（例如，纽扣）或税目 96.14 的物品（例如，烟斗）；或
(十二) 第九十七章的物品（例如，艺术品）。

Chapter 69
Ceramic products

Chapter Notes:

1. This Chapter applies only to ceramic products which have been fired after shaping. Headings 69.04 to 69.14 apply only to such products other than those classifiable in headings 69.01 to 69.03.

2. This Chapter does not cover:

(a) Products of heading 28.44;
(b) Articles of heading 68.04;
(c) Articles of Chapter 71 (for example, imitation jewellery);
(d) Cermets of heading 81.13;
(e) Articles of Chapter 82;
(f) Electrical insulators (heading 85.46) or fittings of insulating material of heading 85.47;
(g) Artificial teeth (heading 90.21);
(h) Articles of Chapter 91 (for example, clocks and clock cases);
(ij) Articles of Chapter 94 (for example, furniture, lamps and lighting fittings, prefabricated buildings);
(k) Articles of Chapter 95 (for example, toys, games and sports requisites);
(l) Articles of heading 96.06 (for example, buttons) or of heading 96.14 (for example, smoking pipes); or
(m) Articles of Chapter 97 (for example, works of art).

税则号列 Tariff Item	商品名称	最惠国税率(%) M. F. N.	普通税率(%) Gen.	协定税率(%) Conventional 东盟 ASEAN	亚太 APTA	香港 H. K.	澳门 Macao	台湾 Taiwan	出口税率(%) Export	Article Description
	第一分章 硅化石粉或类似硅土及耐火材料制品									I. GOODS OF SILICEOUS FOSSIL MEALS OR OF SIMILAR SILICEOUS EARTHS, AND REFRACTORY GOODS
69.01	硅质化石粉（例如，各种硅藻土）或类似硅土制的砖、块、瓦及其他陶瓷制品：									Bricks, blocks, tiles and other ceramic goods of siliceous fossil meals (for example, kieselguhr, tripolite or diatomite) or of similar siliceous earths:

税则号列 Tariff Item	商品名称	最惠国税率(%) M. F. N.	普通税率(%) Gen.	协定税率(%) Conventional 东盟 ASEAN	亚太 APTA	香港 H. K.	澳门 Macao	台湾 Taiwan	出口税率(%) Export	Article Description
6901.0000	硅质化石粉（例如，各种硅藻土）或类似硅土制的砖、块、瓦及其他陶瓷制品	8	50	0	6.4					Bricks, blocks, tiles and other ceramic goods of siliceous fossil meals (for example, kieselguhr, tripolite or diatomite) or of similar siliceous earths
69.02	**耐火砖、块、瓦及类似耐火陶瓷建材制品，但硅质化石粉及类似硅土制的除外：**									**Refractory bricks, blocks, tiles and similar refractory ceramic constructional goods, other than those of siliceous fossil meals or similar siliceous earths:**
6902.1000	-单独或同时含有按重量计超过50%的镁、钙或铬（分别以氧化镁、氧化钙及三氧化二铬的含量计）	8	30	0						-Containing by weight, singly or together, more than 50% of the elements Mg, Ca or Cr, expressed as MgO, CaO or Cr_2O_3
6902.2000	-含有按重量计超过50%的三氧化二铝、二氧化硅或其混合物或化合物	8	30	0						-Containing by weight more than 50% of alumina (Al_2O_3), of silica (SiO_2) or of a mixture or compound of these products
6902.9000	-其他	8	30	0						-Other
69.03	**其他耐火陶瓷制品（例如，甑、坩埚、马弗罩、喷管、栓塞、支架、烤钵、管子、护套及棒条），但硅质化石粉及类似硅土制的除外：**									**Other refractory, ceramic goods (for example, retorts, crucibles, muffles, nozzles, plugs, supports, cupels, tubes, pipes, sheaths and rods), other than those of siliceous fossil meals or of similar siliceous earthes:**
6903.1000	-含有按重量计超过50%的石墨、其他碳或其混合物	8	20	0						-Containing by weight more than 50% of graphite or other carbon or of a mixture of these products
6903.2000	-含有按重量计超过50%的三氧化二铝或三氧化二铝和二氧化硅的混合物或化合物	8	20	0						-Containing by weight more than 50% of alumina (Al_2O_3) or of a mixture of compound of alumina and of silica (SiO_2)
6903.9000	-其他	8	20	0						-Other
	第二分章 其他陶瓷产品									**Ⅱ. OTHER CERAMIC PRODUCTS**
69.04	**陶瓷制建筑用砖、铺地砖、支撑或填充用砖及类似品：**									**Ceramic building bricks, flooring blocks, support or filler tiles and the like:**
6904.1000	-建筑用砖	15	90	0						-Building bricks
6904.9000	-其他	24.5	90	0						-Other
69.05	**屋顶瓦、烟囱罩、通风帽、烟囱衬壁、建筑装饰物及其他建筑用陶瓷制品：**									**Roofing tiles, chimney-pots, cowls, chimney liners, architectural ornaments and other ceramic constructional goods:**

税则号列 Tariff Item	商品名称	最惠国税率(%) M. F. N.	普通税率(%) Gen.	协定税率(%) Conventional 东盟 ASEAN	亚太 APTA	香港 H. K.	澳门 Macao	台湾 Taiwan	出口税率(%) Export	Article Description
6905.1000	-屋顶瓦	24.5	90	0						-Roofing tiles
6905.9000	-其他	24.5	90	0						-Other
69.06	**陶瓷套管、导管、槽管及管子附件：**									**Ceramic pipes, conduits, guttering and pipe fittings:**
6906.0000	陶瓷套管、导管、槽管及管子附件	15	90	0						Ceramic pipes, conduits, guttering and pipe fittings
69.07	**陶瓷贴面砖、铺面砖，包括炉面砖及墙面砖；陶瓷镶嵌砖（马赛克）及其类似品，不论是否有衬背；饰面陶瓷：**									**Ceramic flags and paving, hearth or wall tiles; ceramic mosaic cubes and the like, whether or not on a backing; finishing ceramic:**
	-贴面砖、铺面砖，包括炉面砖及墙面砖，但子目 6907.30 和 6907.40 所列商品除外：									-Ceramic flags and paving, hearth or wall tiles, other than that of subheading No. 6907.30 or 6907.40:
	--按重量计吸水率不超过 0.5%：									--Of water absorption coefficient by weight not exceeding 0.5%:
6907.2110	---不论是否矩形，其最大表面积以可置入边长小于 7 厘米的方格为限	17	100	0	10.4					---Tiles, cubes and similar articles, whether or not rectangular, the largest surface area of which is capable of being enclosed in a square the side of which is less than 7cm
6907.2190	---其他	12	100	0						---Other
	--按重量计吸水率超过 0.5%，但不超过 10%：									--Of water absorption coefficient by weight exceeding 0.5% but not exceeding 10%:
6907.2210	---不论是否矩形，其最大表面积以可置入边长小于 7 厘米的方格为限	17	100	0	10.4					---Tiles, cubes and similar articles, whether or not rectangular, the largest surface area of which is capable of being enclosed in a square the side of which is less than 7cm
6907.2290	---其他	12	100	0						---Other
	--按重量计吸水率超过 10%：									--Of water absorption coefficient by weight exceeding 10%:
6907.2310	---不论是否矩形，其最大表面积以可置入边长小于 7 厘米的方格为限	17	100	0	10.4					---Tiles, cubes and similar articles, whether or not rectangular, the largest surface area of which is capable of being enclosed in a square the side of which is less than 7cm
6907.2390	---其他	12	100	0						---Other

税则号列 Tariff Item	商品名称	最惠国税率(%) M. F. N.	普通税率(%) Gen.	协定税率(%) Conventional 东盟 ASEAN	亚太 APTA	香港 H. K.	澳门 Macao	台湾 Taiwan	出口税率(%) Export	Article Description
	-镶嵌砖（马赛克）及其类似品，但子目6907.40的货品除外：									-Mosaic cubes and the like, other than those of subheading No. 6907.40:
6907.3010	---不论是否矩形，其最大表面积以可置入边长小于7厘米的方格为限	17	100	0	10.4					---Tiles, cubes and similar articles, whether or not rectangular, the largest surface area of which is capable of being enclosed in a square the side of which is less than 7cm
6907.3090	---其他	12	100	0						---Other
	-饰面陶瓷：									-Finishing ceramic:
6907.4010	---不论是否矩形，其最大表面积以可置入边长小于7厘米的方格为限	17	100	0	10.4					---Tiles, cubes and similar articles, whether or not rectangular, the largest surface area of which is capable of being enclosed in a square the side of which is less than 7cm
6907.4090	---其他	12	100	0						---Other
69.09	**实验室、化学或其他专门技术用途的陶瓷器；农业用陶瓷槽、缸及类似容器；通常供运输及盛装货物用的陶瓷罐、坛及类似品：**									**Ceramic wares for laboratory, chemical or other technical uses; ceramic troughs, tubs and similar receptacles of a kind used in agriculture; ceramic pots, jars and similar articles of a kind used for the conveyance or packing of goods:**
	-实验室、化学或其他专门技术用途的陶瓷器：									-Ceramic wares for laboratory, chemical or other technical uses:
6909.1100	--瓷制	8	30	0						--Of porcelain or china
6909.1200	--莫氏硬度为9或以上的物品	8	30	0						--Articles having a hardness equivalent to 9 or more on the Mohs scale
6909.1900	--其他	8	30	0						--Other
6909.9000	-其他	21	90	0						-Other
69.10	**陶瓷洗涤槽、脸盆、脸盆座、浴缸、坐浴盆、抽水马桶、水箱、小便池及类似的固定卫生设备：**									**Ceramic sinks, wash basins, wash basin pedestals, baths, bidets, water closet pans, flushing cisterns, urinals and similar sanitary fixtures:**
6910.1000	-瓷制	10	100	0	9					-Of porcelain or china
6910.9000	-其他	10	100	0						-Other
69.11	**瓷餐具、厨房器具及其他家用或盥洗用瓷器：**									**Tableware, kitchenware, other household articles and toilet articles, of porcelain or china:**
	-餐具及厨房器具：									-Tableware and kitchenware:

税则号列 Tariff Item	商 品 名 称	最惠国税率(%) M. F. N.	普通税率(%) Gen.	协定税率（%）Conventional 东盟 ASEAN	亚太 APTA	香港 H. K.	澳门 Macao	台湾 Taiwan	出口税率(%) Export	Article Description
	---餐具：									---Tableware：
6911.1011	----骨瓷	12	100	0	10					----Bone china
6911.1019	----其他	12	100	0	10					----Other
	---厨房器具：									---Kitchenware：
6911.1021	----刀具	15	100	0	12.5					----Knives and the like
6911.1029	----其他	15	100	0	12.5					----Other
6911.9000	-其他	24.5	100	0	20					-Other
69.12	**陶餐具、厨房器具及其他家用或盥洗用陶器：**									**Ceramic tableware, kitchenware, other household articles and toilet articles, other than of procelain or china：**
6912.0010	---餐具	15	100	0						---Tableware
6912.0090	---其他	15	100	0						---Other
69.13	**塑像及其他装饰用陶瓷制品：**									**Statuettes and other ornamental ceramic articles：**
6913.1000	-瓷制	15	100	0						-Of porcelain or china
6913.9000	-其他	15	100	0						-Other
69.14	**其他陶瓷制品：**									**Other ceramic articles：**
6914.1000	-瓷制	24.5	100	0						-Of porcelain or china
6914.9000	-其他	10	100	0						-Other

第七十章 玻璃及其制品

Chapter 70 Glass and glassware

注释：

一、本章不包括：

（一）税目32.07的货品（例如，珐琅和釉料、搪瓷玻璃料及其他玻璃粉、粒或粉片）；

（二）第七十一章的物品（例如，仿首饰）；

（三）税目85.44的光缆、税目85.46的绝缘子或税目85.47所列绝缘材料制的零件；

（四）光导纤维、经光学加工的光学元件、注射用针管、假眼、温度计、气压计、液体比重计或第九十章的其他物品；

（五）有永久固定电光源的灯具及照明装置、灯箱标志或铭牌和类似品及其零件（税目94.05）；

（六）玩具、游戏品、运动用品、圣诞树装饰品及第九十五章的其他物品（供玩偶或第九十五章其他物品用的无机械装置的玻璃假眼除外）；或

（七）纽扣、保温瓶、香水喷雾器和类似的喷雾器及第九十六章的其他物品。

二、对于税目70.03、70.04及70.05：

（一）玻璃在退火前的各种处理都不视为“已加工”；

（二）玻璃切割成一定形状并不影响其作为板片归类；

（三）所称“吸收、反射或非反射层”，是指极薄的金属或化合物（例如，金属氧化物）镀层，该镀层可以吸收红外线等光线或可以提高玻璃的反射性能，同时仍然使玻璃具有一定程度的透明性或半透明性；或者该镀层可以防止光线在玻璃表面的反射。

三、税目70.06所述产品，不论是否具有制成品的特性仍归入该税号。

四、税目70.19所称“玻璃棉”，是指：

（一）按重量计二氧化硅的含量在60%及以上的矿

Chapter Notes:

1. This Chapter does not cover:

(a) Goods of heading 32.07 (for example, vitrifiable enamels and glazes, glass frit, other glass in the form of powder, granules or flakes);

(b) Articles of Chapter 71 (for example, imitation jewellery);

(c) Optical fibre cables of heading 85.44, electrical insulators (heading 85.46) or fittings of insulating material of heading 85.47;

(d) Optical fibres, optically worked optical elements, hypodermic syringes, artificial eyes, thermometers, barometers, hydrometers or other articles of Chapter 90;

(e) Lamps or lighting fittings, illuminated signs, illuminated name-plates or the like, having a permanently fixed light source, or parts thereof of heading 94.05;

(f) Toys, games, sports requisites, Christmas tree ornaments or other articles of Chapter 95 (excluding glass eyes without mechanisms for dolls or for other articles of Chapter 95); or

(g) Buttons, fitted vacuum flasks, scent or similar sprays or other articles of Chapter 96.

2. For the purposes of headings 70.03, 70.04 and 70.05:

(a) Glass is not regarded as "worked" by reason of any process it has undergone before annealing;

(b) Cutting to shape does not affect the classification of glass in sheets;

(c) The expression "absorbent, reflecting or non-reflecting layer" means a microscopically thin coating of metal or of a chemical compound (for example, metal oxide) which absorbs, for example, infra red light or improves the reflecting qualities of the glass while still allowing it to retain a degree of transparency or translucency; or which prevents light from being reflected on the surface of the glass.

3. The products referred to in heading 70.06 remain classified in that heading whether or not they have the character of articles.

4. For the purposes of heading 70.19, the expression "glass wool" means:

(a) Mineral wools with a silica (SiO_2) content not

质棉；

（二）按重量计二氧化硅的含量在60%以下，但碱性氧化物（氧化钾或氧化钠）的含量在5%以上或氧化硼的含量在2%以上的矿质棉。

不符合上述规定的矿质棉归入税目68.06。

less than 60% by weight;

(b) Mineral wools with a silica (SiO_2) content less than 60% but with an alkaline oxide (K_2O or Na_2O) content exceeding 5% by weight or a boric oxide (B_2O_3) content exceeding 2% by weight.

Mineral wools which do not comply with the above specifications fall in heading 68.06.

五、本协调制度所称“玻璃”，包括熔融石英及其他熔融硅石。

5. Throughout the Nomenclature, the expression “glass” includes fused quartz and other fused silica.

子目注释：

子目7013.22、7013.33、7013.41及7013.91所称“铅晶质玻璃”，仅指按重量计氧化铅含量不低于24%的玻璃。

Subheading Note:

For the purposes of subheadings 7013.22、7013.33、7013.41 and 7013.91, the expression “lead crystal” means only glass having a minimum lead monoxide (PbO) content by weight of 24%.

税则号列 Tariff Item	商品名称	最惠国税率(%) M. F. N.	普通税率(%) Gen.	协定税率(%) Conventional 东盟 ASEAN	亚太 APTA	香港 H. K.	澳门 Macao	台湾 Taiwan	出口税率(%) Export	Article Description
70.01	**碎玻璃及废玻璃；玻璃块料：**									**Cullet and other waste and scrap of glass; glass in the mass:**
7001.0000	碎玻璃及废玻璃；玻璃块料	12	50	0						Cullet and other waste and scrap of glass; glass in the mass
70.02	**未加工的玻璃球、棒及管(税目70.18的微型玻璃球除外)：**									**Glass in balls (other than microspheres of heading 70.18), rods or tubes, unworked:**
7002.1000	-玻璃球	12	50	0						-Balls
	-玻璃棒：									-Rods:
7002.2010	---光导纤维预制棒	6	50	0						---Preformed bars for drawing optical fibre
7002.2090	---其他	12	50	0						---Other
	-玻璃管：									-Tubes:
	--熔融石英或其他熔融硅石制：									--Of fused quartz or other fused silica:
7002.3110	---光导纤维用波导级石英玻璃管	5	17	0						---Waveguide quartz tubes for optical fibres use
7002.3190	---其他	14	50	0						---Other
7002.3200	--温度在0℃至300℃时线膨胀系数不超过5×10^{-6}/开尔文的其他玻璃制	12	50	0						--Of other glass having a linear coefficient of expansion not exceeding 5×10^{-6} per Kelvin within a temperature range of 0℃ to 300℃
7002.3900	--其他	12	50	0						--Other

税则号列 Tariff Item	商品名称	最惠国税率(%) M. F. N.	普通税率(%) Gen.	协定税率(%) Conventional 东盟 ASEAN	亚太 APTA	香港 H. K.	澳门 Macao	台湾 Taiwan	出口税率(%) Export	Article Description
70.03	**铸制或轧制玻璃板、片或型材及异型材，不论是否有吸收、反射或非反射层，但未经其他加工：**									**Cast glass and rolled glass, in sheets or profiles, whether or not having an absorbent, reflecting or non-reflecting layer:**
	-非夹丝玻璃板、片：									-Non-wired sheets:
7003.1200	--整块着色、不透明、镶色或具有吸收、反射或非反射层的	15	50	0						--Coloured throughout the mass (body tinted), opacified, flashed or having an absorbent, reflecting or non-reflecting layer
7003.1900	--其他	17.5	50	0				0		--Other
7003.2000	-夹丝玻璃板、片	15	50	0						-Wired sheets
7003.3000	-型材及异型材	15	50	0						-Profiles
70.04	**拉制或吹制玻璃板、片，不论是否有吸收、反射或非反射层，但未经其他加工：**									**Drawn glass and blown glass, in sheets, whether or not having an absorbent, reflecting or non-reflecting layer, but not otherwise worked:**
7004.2000	-整块着色、不透明、镶色或具有吸收、反射或非反射层的	17.5	50	0						-Glass, coloured throughout the mass (body tinted), opacified, flashed or having an absorbent, reflecting or non-reflecting layer
7004.9000	-其他玻璃	17.5	50	0						-Other glass
70.05	**浮法玻璃板、片及表面研磨或抛光玻璃板、片，不论是否有吸收、反射或非反射层，但未经其他加工：**									**Float glass and surface ground or polished glass, in sheets, whether or not having an absorbent, reflecting or non-reflecting layer, but not otherwise worked:**
7005.1000	-具有吸收、反射或非反射层的非夹丝玻璃	15	50	0						-Non-wired glass, having an absorbent, reflecting or non-reflecting layer
	-其他非夹丝玻璃：									-Other non-wired glass:
7005.2100	--整块着色、不透明、镶色或仅表面研磨的	15	50	0						--Coloured throughout the mass (body tinted), opacified, flashed or merely surface ground
7005.2900	--其他	15	50	0						--Other
7005.3000	-夹丝玻璃	17.5	50	0						-Wired glass
70.06	**经弯曲、磨边、镂刻、钻孔、涂珐琅或其他加工的税目70.03、70.04或70.05的玻璃，但未用其他材料镶框或装配：**									**Glass of heading 70.03, 70.04 or 70.05, bent, edge-worked, engraved, drilled, enamelled or otherwise worked, but not framed or fitted with other materials:**

税则号列 Tariff Item	商品名称	最惠国税率(%) M. F. N.	普通税率(%) Gen.	协定税率(%) Conventional 东盟 ASEAN	亚太 APTA	香港 H. K.	澳门 Macao	台湾 Taiwan	出口税率(%) Export	Article Description
7006.0000	经弯曲、磨边、镂刻、钻孔、涂珐琅或其他加工的税目70.03、70.04或70.05的玻璃，但未用其他材料镶框或装配	15	50	0				0		Glass of heading 70.03, 70.04 or 70.05, bent, edge-worked, engraved, drilled, enamelled or otherwise worked, but not framed or fitted with other materials
70.07	**钢化或层压玻璃制的安全玻璃：**									**Safety glass, consisting of toughened (tempered) or laminated glass:**
	-钢化安全玻璃：									-Toughened (tempered) safety glass:
	--规格及形状适于安装在车辆、航空器、航天器及船舶上：									--Of size and shape suitable for incorporation in vehicles, aircraft, spacecraft or vessels:
7007.1110	---航空器、航天器及船舶用	2	11	0		0				---For aircraft, spacecraft or vessels
7007.1190	---其他	10	50	0		0				---Other
7007.1900	--其他	14	50	0						--Other
	-层压安全玻璃：									-Laminated safety glass:
	--规格及形状适于安装在车辆、航空器、航天器及船舶上：									--Of size and shape suitable for incorporation in vehicles, aircraft, spacecraft or vessels:
7007.2110	---航空器、航天器及船舶用	2	11	0						---for aircraft, spacecraft or vessels
7007.2190	---其他	20	50	0						---Other
7007.2900	--其他	14	50	0						--Other
70.08	**多层隔温、隔音玻璃组件：**									**Multiple-walled insulating units of glass:**
7008.0010	---中空或真空隔温、隔音玻璃	14	50	0						---Sealed or vacuum insulating glass
7008.0090	---其他	14	50	0			0			---Other
70.09	**玻璃镜（包括后视镜），不论是否镶框：**									**Glass mirrors, whether or not framed, including rear-view mirrors:**
7009.1000	-车辆后视镜	10	100	0				0		-Rear-view mirrors for vehicles
	-其他：									-Other:
7009.9100	--未镶框	21	70	0						--Unframed
7009.9200	--已镶框	12	100	0	10.8					--Framed

税则号列 Tariff Item	商品名称	最惠国税率(%) M.F.N.	普通税率(%) Gen.	协定税率(%) Conventional 东盟 ASEAN	亚太 APTA	香港 H.K.	澳门 Macao	台湾 Taiwan	出口税率(%) Export	Article Description
70.10	**玻璃制的坛、瓶、缸、罐、安瓿及其他容器，用于运输或盛装货物；玻璃制保藏罐；玻璃塞、盖及类似的封口器：**									**Carboys, bottles, flasks, jars, pots, phials, ampoules and other containers, of glass, of a kind used for the conveyance or packing of goods; preserving jars of glass; stoppers, lids and other closures, of glass:**
7010.1000	-安瓿	14	50	0						-Ampoules
7010.2000	-塞、盖及类似的封口器	14	50	0						-Stoppers, lids and other closures
	-其他：									-Other:
7010.9010	---超过1升	14	50	0						---Exceeding 1L
7010.9020	---超过0.33升，但不超过1升	14	50	0						---Exceeding 0.33L but not exceeding 1L
7010.9030	---超过0.15升，但不超过0.33升	14	50	0						---Exceeding 0.15L but not exceeding 0.33L
7010.9090	---不超过0.15升	14	50	0						---Not exceeding 0.15L
70.11	**制灯泡、阴极射线管及类似品用的未封口玻璃外壳（包括玻璃泡及管）及其玻璃零件，但未装有配件：**									**Glass envelopes (including bulbs and tubes), open, and glass parts thereof, without fittings, for electric lamps, cathode-ray tubes or the like:**
7011.1000	-电灯用	21	80	0						-For electric lighting
	-阴极射线管用：									-For cathode-ray tubes:
7011.2010	---显像管玻壳及其零件	10	35	0	7					---Glass envelopes for kinescope and glass parts thereof
7011.2090	---其他	10	35	0	7					---Other
	-其他：									-Other:
7011.9010	---电子管用（阴极射线管用的除外）	8	35	0						---For electronic tubes and valves (other than cathode ray tubes)
7011.9090	---其他	21	80	0						---Other
70.13	**玻璃器，供餐桌、厨房、盥洗室、办公室、室内装饰或类似用途（税目70.10或70.18的货品除外）：**									**Glassware of a kind used for table, kitchen, toilet, office, indoor decoration or similar purposes (other than that of heading 70.10 or 70.18):**
7013.1000	-玻璃陶瓷制	24.5	100	0						-Of glass-ceramics
	-高脚杯，但玻璃陶瓷制的除外：									-Stemware drinking glasses, other than of glass-ceramics:
7013.2200	--铅晶质玻璃制	24.5	100	0						--Of lead crystal
7013.2800	--其他	8	100	0						--Other

税则号列 Tariff Item	商品名称	最惠国税率(%) M. F. N.	普通税率(%) Gen.	协定税率(%) Conventional 东盟 ASEAN	亚太 APTA	香港 H. K.	澳门 Macao	台湾 Taiwan	出口税率(%) Export	Article Description
	-其他杯子，但玻璃陶瓷制的除外：									-Other drinking glasses, other than of glass ceramics:
7013.3300	--铅晶质玻璃制	24.5	100	0						--Of lead crystal
7013.3700	--其他	8	100	0						--Other
	-餐桌或厨房用玻璃器皿(不包括杯子)，但玻璃陶瓷制的除外：									-Glassware of a kind used for table (other than drinking glasses) or kitchen purposes, other than of glass-ceramics:
7013.4100	--铅晶质玻璃制	24.5	100	0						--Of lead crystal
7013.4200	--温度在0℃至300℃时线膨胀系数不超过5×10^{-6}/开尔文的其他玻璃制	10	100	0						--Of glass having a linear coefficient of expansion not exceeding 5×10^{-6} per Kelvin within a temperature range of 0℃ to 300℃
7013.4900	--其他	10	100	0						--Other
	-其他玻璃器：									-Other glassware:
7013.9100	--铅晶质玻璃制	10	100	0						--Of lead crystal
7013.9900	--其他	10	100	0						--Other
70.14	**未经光学加工的信号玻璃器及玻璃制光学元件(税目70.15的货品除外)：**									**Signalling glassware and optical elements of glass (other than those of heading 70.15), not optically worked:**
7014.0010	---光学仪器用光学元件毛坯	10	40	0			0			---Blanks of optical elements, for optical instruments
7014.0090	---其他	17.5	80	0						---Other
70.15	**钟表玻璃及类似玻璃、视力矫正或非视力矫正眼镜用玻璃，呈弧面、弯曲、凹形或类似形状但未经光学加工的；制造上述玻璃用的凹面圆形及扇形玻璃：**									**Clock or watch glasses and similar glasses, glasses for non-corrective or corrective spectacles, curved, bent, hollowed or the like, not optically worked; hollow glass spheres and their segments, for the manufacture of such glasses:**
	-视力矫正眼镜用玻璃：									-Glasses for corrective spectacles:
7015.1010	---变色镜片坯件	21	80	0						---Blanks for photochromic spectacles
7015.1090	---其他	17.5	70	0						---Other
	-其他：									-Other:
7015.9010	---钟表玻璃	17.5	70	0						---Clock and watch glasses
7015.9020	---平光变色镜片坯件	18	80	0						---Blanks for plane photochromic spectacles
7015.9090	---其他	12	80	0						---Other

税则号列 Tariff Item	商品名称	最惠国税率(%) M. F. N.	普通税率(%) Gen.	协定税率(%) Conventional 东盟 ASEAN	亚太 APTA	香港 H. K.	澳门 Macao	台湾 Taiwan	出口税率(%) Export	Article Description
70.16	**建筑用压制或模制的铺面用玻璃块、砖、片、瓦及其他制品，不论是否夹丝；供镶嵌或类似装饰用的玻璃马赛克及其他小件玻璃品，不论是否有衬背；花饰铅条窗玻璃及类似品；多孔或泡沫玻璃块、板、片及类似品：**									**Paving blocks, slabs, bricks, squares, tiles and other articles of pressed or moulded glass, whether or not wired, of a kind used for building or construction purposes; glass cubes and other glass smallwares, whether or not on a backing, for mosaics or similar decorative purposes; leaded lights and the like; multicellular or foam glass in blocks, panels, plates, shells or similar forms:**
7016.1000	-供镶嵌或类似装饰用的玻璃马赛克及其他小件玻璃品，不论是否有衬背	22	100	0						-Glass cubes and other glass smallwares, whether or not on a backing, for mosaics or similar decorative purposes
	-其他：									-Other:
7016.9010	---花饰铅条窗玻璃及类似品	24	90	0						---Leaded lights and the like
7016.9090	---其他	18	90	0						---Other
70.17	**实验室、卫生及配药用的玻璃器，不论有无刻度或标量：**									**Laboratory, hygienic or pharmaceutical glassware, whether or not graduated or calibrated:**
7017.1000	-熔融石英或其他熔融硅石制	0	30							-Of fused quartz or other fused silica
7017.2000	-温度在0℃至300℃时线膨胀系数不超过5×10^{-6}/开尔文的其他玻璃制	8	30	0						-Of other glass having a linear coefficient of expansion not exceeding 5×10^{-6} per Kelvin within a temperature range of 0℃ to 300℃
7017.9000	-其他	8	30	0						-Other
70.18	**玻璃珠、仿珍珠、仿宝石或仿半宝石和类似小件玻璃品及其制品，但仿首饰除外；玻璃假眼，但医用假眼除外；灯工方法制作的玻璃塑像及其他玻璃装饰品，但仿首饰除外；直径不超过1毫米的微型玻璃球：**									**Glass beads, imitation pearls, imitation precious or semi-precious stones and similar glass smallwares, and articles thereof other than imitation jewellery; glass eyes other than prosthetic articles; statuettes and other ornaments of lampworked glass, other than imitation jewellery; glass microspheres not exceeding 1mm in diameter:**
7018.1000	-玻璃珠、仿珍珠、仿宝石或仿半宝石及类似小件玻璃品	10	100	0						-Glass beads, imitation pearls, imitation precious or semi-precious stones and similar glass smallwares

税则号列 Tariff Item	商 品 名 称	最惠国税率(%) M. F. N.	普通税率(%) Gen.	协定税率(%) Conventional					出口税率(%) Export	Article Description
				东盟 ASEAN	亚太 APTA	香港 H. K.	澳门 Macao	台湾 Taiwan		
7018.2000	-直径不超过1毫米的微型玻璃球	20	100	0						-Glass microspheres not exceeding 1mm in diameter
7018.9000	-其他	20	100	0						-Other
70.19	**玻璃纤维(包括玻璃棉)及其制品(例如,玻璃纤维纱线及其织物):**									**Glass fibres (including glass wool) and articles thereof (for example, yarn, woven fabrics):**
	-梳条、粗纱、纱线及短切纤维:									-Slivers, rovings, yarn and chopped strands:
7019.1100	--长度不超过50毫米的短切纤维	12	50	0				0		--Chopped strands, of a length of not more than 50mm
7019.1200	--粗纱	12	50	0						--Rovings
7019.1900	--其他	10	50	0			0	0		--Other
	-薄片(巴厘纱)、纤维网、席、垫、板及类似无纺产品:									-Thin sheets (voiles), webs, mats, mattresses, boards and similar nonwoven products:
7019.3100	--席	5	40	0						--Mats
7019.3200	--薄片(巴厘纱)	14	40	0						--Thin sheets (voiles)
	--其他:									--Other:
7019.3910	---垫	10.5	40	0				0		---Mattresses
7019.3990	---其他	10.5	40	0				0		---Other
7019.4000	-粗纱机织物	12	40	0						-Woven fabrics of rovings
	-其他机织物:									-Other woven fabrics:
7019.5100	--宽度不超过30厘米的	12	40	0		0				--Of a width not exceeding 30cm
7019.5200	--宽度超过30厘米的长丝平纹织物,每平方米重量不超过250克,单根纱线细度不超过136特克斯	12	40	0		0	0			--Of a width exceeding 30cm, plain weave, weighing less than 250g/m², of filaments measuring per single yarn not more than 136 tex
7019.5900	--其他	12	40	0	8.4	0	0			--Other
	-其他:									-Other:
7019.9010	---玻璃棉及其制品	7	40	0			0			---Glass wool and articles thereof
	---玻璃纤维布浸胶制品:									---Impregnated glass fabrics:
7019.9021	----每平方米重量小于450克	7	40	0			0			----Weighing less than 450g/㎡
7019.9029	----其他	7	40	0			0			----Other
7019.9090	---其他	7	40	0			0			---Other
70.20	**其他玻璃制品:**									**Other articles of glass:**
	---工业用:									---For technical use:
7020.0011	----导电玻璃	10.5	40	0		0				----Conductivity glass
7020.0012	----绝缘子用玻璃伞盘	10.5	40	0	9.5					----Glass umbrella for insulator
7020.0013	----熔融石英或其他熔融硅石制	10.5	40	0	8.9					----Of fused quartz or other fused silica
7020.0019	----其他	10.5	40	0	8.9					----Other
	---其他:									---Other:

税则号列 Tariff Item	商品名称	最惠国税率 (%) M. F. N.	普通税率 (%) Gen.	协定税率 (%) Conventional 东盟 ASEAN	亚太 APTA	香港 H. K.	澳门 Macao	台湾 Taiwan	出口税率 (%) Export	Article Description
7020.0091	----保温瓶或其他保温容器用的玻璃胆	21	100	0		0				----Glass inners for vacuum flasks or for other vacuum vessels
7020.0099	----其他	15	100	0	12.8	0				----Other

第十四类
天然或养殖珍珠、宝石或半宝石、贵金属、包贵金属及其制品；仿首饰；硬币

SECTION XIV
NATURAL OR CULTURED PEARLS, PRECIOUS OR SEMI-PRECIOUS STONES, PRECIOUS METALS, METALS CLAD WITH PRECIOUS METAL, AND ARTICLES THEREOF; IMITATION JEWELLERY; COIN

第七十一章
天然或养殖珍珠、宝石或半宝石、贵金属、包贵金属及其制品；仿首饰；硬币

Chapter 71
Natural or cultured pearls, precious or semi-precious stones, precious metals, metals clad with precious metal, and articles thereof; imitation jewellery; coin

注释：

一、除第六类注释一（一）及下列各款另有规定的以外，凡制品的全部或部分由下列物品构成，均应归入本章：

（一）天然或养殖珍珠、宝石或半宝石（天然、合成或再造）；或

（二）贵金属或包贵金属。

二、（一）税目 71.13、71.14 及 71.15 不包括带有贵金属或包贵金属制的小零件或小装饰品（例如，交织字母、套、圈、套环）的制品，上述注释一（二）也不适用于这类制品①；

（二）税目 71.16 不包括含有贵金属或包贵金属（仅作为小零件或小装饰品的除外）的制品。

三、本章不包括：

（一）贵金属汞齐及胶态贵金属（税目 28.43）；

（二）第三十章的外科用无菌缝合材料、牙科填料或其他货品；

Chapter Notes:

1. Subject to Note 1 (a) to Section VI and except as provided below, all articles consisting wholly or partly:

(a) Of natural or cultured pearls or of precious or semi-precious stones (natural, synthetic or reconstructed); or

(b) Of precious metal or of metal clad with precious metal, are to be classified in this Chapter.

2. (a) Headings 71.13, 71.14 and 71.15 do not cover articles in which precious metal or metal clad with precious metal is present as minor constituents only, such as minor fittings or minor ornamentation (for example, monograms, ferrules and rims), and Note 1 (b) of the foregoing Note does not apply to such articles①;

(b) Heading 71.16 does not cover articles containing precious metal or metal clad with precious metal (other than as minor constituents).

3. This Chapter does not cover:

(a) Amalgams of precious metal, or colloidal precious metal (heading 28.43);

(b) Sterile surgical suture materials, dental fillings or other goods of Chapter 30;

---

① 在本章注释中划有黑线的条文属选择性规定。
The underlined portion of this Note constitutes an optional text.

（三）第三十二章的货品（例如，光瓷釉）；

（四）载体催化剂（税目38.15）；

（五）第四十二章注释三（二）所述的税目42.02或42.03的物品；

（六）税目43.03或43.04的物品；

（七）第十一类的货品（纺织原料及纺织制品）；

（八）第六十四章或第六十五章的鞋靴、帽类及其他物品；

（九）第六十六章的伞、手杖及其他物品；

（十）税目68.04或68.05及第八十二章含有宝石或半宝石（天然或合成）粉末的研磨材料制品；第八十二章装有宝石或半宝石（天然、合成或再造）工作部件的器具；第十六类的机器、机械器具、电气设备及其零件。然而，完全以宝石或半宝石（天然、合成或再造）制成的物品及其零件，除未安装的唱针用已加工蓝宝石或钻石外（税目85.22），其余仍应归入本章；

（十一）第九十章、第九十一章或第九十二章的物品（科学仪器、钟表及乐器）；

（十二）武器及其零件（第九十三章）；

（十三）第九十五章注释二所述物品；

（十四）根据第九十六章注释四应归入该章的物品；或

（十五）雕塑品原件（税目97.03）、收藏品（税目97.05）或超过100年的古物（税目97.06），但天然或养殖珍珠、宝石及半宝石除外。

(c) Goods of Chapter 32 (for example, lustres);

(d) Supported catalysts (heading 38.15);

(e) Articles of heading 42.02 or 42.03 referred to in Note 3 (b) to Chapter 42;

(f) Articles of heading 43.03 or 43.04;

(g) Goods of Section XI (textiles and textile articles);

(h) Footwear, headgear or other articles of Chapter 64 or 65;

(ij) Umbrellas, walking-sticks or other articles of Chapter 66;

(k) Abrasive goods of heading 68.04 or 68.05 or Chapter 82, containing dust or powder of precious or semi-precious stones (natural or synthetic); articles of Chapter 82 with a working part of precious or semi-precious stones (natural, synthetic or reconstructed); machinery, mechanical appliances or electrical goods, or parts thereof, of Section XVI. However, articles and parts thereof, wholly of precious or semi-precious stones (natural, synthetic or reconstructed) remain classified in this Chapter, except unmounted worked sapphires and diamonds for styli (heading 85.22);

(l) Articles of Chapter 90, 91 or 92 (scientific instruments, clocks and watches, musical instruments);

(m) Arms or parts thereof (Chapter 93);

(n) Articles covered by Note 2 to Chapter 95;

(o) Articles classified in Chapter 96 by virtue of Note 4 to that Chapter; or

(p) Original sculptures or statuary (heading 97.03), collectors' pieces (heading 97.05) or antiques of an age exceeding one hundred years (heading 97.06), other than natural or cultured pearls or precious or semi-precious stones.

四、（一）所称“贵金属”，是指银、金及铂。

（二）所称“铂”，是指铂、铱、锇、钯、铑及钌。

（三）所称“宝石或半宝石”，不包括第九十六章注释二（二）所述任何物质。

4. (a) The expression "precious metal" means silver, gold and platinum.

(b) The expression "platinum" means platinum, iridium, osmium, palladium, rhodium and ruthenium.

(c) The expression "precious or semi-precious stones" does not include any of the substances specified in Note 2 (b) to Chapter 96.

五、含有贵金属的合金（包括烧结及化合的），只要其中任何一种贵金属的含量达到合金重量的2%，即

5. For the purposes of this Chapter, any alloy (including a sintered mixture and an inter-metallic compound)

应视为本章的贵金属合金。贵金属合金应按下列规则归类：

（一）按重量计含铂量在2%及以上的合金，应视为铂合金；

（二）按重量计含金量在2%及以上，但不含铂或按重量计含铂量在2%以下的合金，应视为金合金；

（三）按重量计含银量在2%及以上的其他合金，应视为银合金。

六、除条文另有规定的以外，本协调制度所称贵金属应包括上述注释五所规定的贵金属合金，但不包括包贵金属或表面镀以贵金属的贱金属及非金属。

七、本协调制度所称“包贵金属”，是指以贱金属为底料，在其一面或多面用焊接、熔接、热轧或类似机械方法覆盖一层贵金属的材料。除条文另有规定的以外，也包括镶嵌贵金属的贱金属。

八、除第六类注释一（一）另有规定的以外，凡符合税目71.12规定的货品，应归入该税号而不归入本协调制度的其他税号。

九、税目71.13所称“首饰”，是指：

（一）个人用小饰物（例如，戒指、手镯、项圈、饰针、耳环、表链、表链饰物、垂饰、领带别针、袖扣、饰扣、宗教性或其他勋章及徽章）；以及

（二）通常放置在衣袋、手提包或佩戴在身上的个人用品（例如，雪茄盒或烟盒、鼻烟盒、口香糖盒或药丸盒、粉盒、链袋、念珠）。

这些物品可以和下列物品组合或镶嵌：例如，天然或养殖珍珠、宝石或半宝石、合成或再造的宝

containing precious metal is to be treated as an alloy of precious metal if any one precious metal constitutes as much as 2%, by weight, of the alloy. Alloys of precious metal are to be classified according to the following rules:

(a) An alloy containing 2% or more, by weight, of platinum is to be treated as an alloy of platinum;

(b) An alloy containing 2% or more, by weight, of gold but no platinum, or less than 2%, by weight, of platinum, is to be treated as an alloy of gold;

(c) Other alloys containing 2% or more, by weight, of silver are to be treated as alloys of silver.

6. Except where the context otherwise requires, any reference in the Nomenclature to precious metal or to any particular precious metal includes a reference to alloys treated as alloys of precious metal or of the particular metal in accordance with the rules in Note 5 above, but not to metal clad with precious metal or to base metal or non-metals plated with precious metal.

7. Throughout the Nomenclature the expression "metal clad with precious metal" means material made with a base of metal upon one or more surfaces of which there is affixed by soldering, brazing, welding, hot-rolling or similar mechanical means a covering of precious metal. Except where the context otherwise requires, the expression also covers base metal inlaid with precious metal.

8. Subject to Note 1 (a) to Section VI, goods answering to a description in heading 71.12 are to be classified in that heading and in no other heading of the Nomenclature.

9. For the purposes of heading 71.13, the expression "articles of jewellery" means:

(a) Any small objects of personal adornment (for example, rings, bracelets, necklaces, brooches, ear-rings, watch-chains, fobs, pendants, tie-pins, cuff-links, dress-studs, religious or other medals and insignia); and

(b) Articles of personal use of a kind normally carried in the pocket, in the handbag or on the person (for example, cigar or cigarette cases, snuff boxes, cachou or pill boxes, powderboxes, chain purses or prayer beads).

These articles may be combined or set, for example, with natural or cultured pearls, precious or semi-pre-

石或半宝石、玳瑁壳、珍珠母、兽牙、天然或再生琥珀、黑玉或珊瑚。

cious stones, synthetic or reconstructed precious or semi-precious stones, tortoise shell, mother-of-pearl, ivory, natural or reconstituted amber, jet or coral.

十、税目71.14所称“金银器”，包括装饰品、餐具、梳妆用具、吸烟用具及类似的家庭、办公室或宗教用的其他物品。

10. For the purposes of heading 71.14, the expression “articles of goldsmiths' or silversmiths' wares” includes such articles as ornaments, tableware, toilet-ware, smokers' requisites and other articles of household, office or religious use.

十一、税目71.17所称“仿首饰”，是指不含天然或养殖珍珠、宝石或半宝石（天然、合成或再造）及贵金属或包贵金属（仅作为镀层或小零件、小装饰品的除外）的上述注释九（一）所述的首饰（不包括税目96.06的纽扣及其他物品或税目96.15的梳子、发夹及类似品）。

11. For the purposes of heading 71.17, the expression “imitation jewellery” means articles of jewellery within the meaning of Note 9 (a) above (but not including buttons or other articles of heading 96.06, or dress-combs, hair-slides or the like, or hairpins, of heading 96.15), not incorporating natural or cultured pearls, precious or semi-precious stones (natural, synthetic or reconstructed) nor (except as plating or as minor constituents) precious metal or metal clad with precious metal.

子目注释：

一、子目7106.10、7108.11、7110.11、7110.21、7110.31及7110.41所称“粉末”，是指按重量计90%及以上可从网眼孔径为0.5毫米的筛子通过的产品。

二、子目7110.11及7110.19所称“铂”，可不受本章注释四（二）的规定约束，不包括铱、锇、钯、铑及钌。

三、对于税目71.10项下的子目所列合金的归类，按其所含铂、钯、铑、铱、锇或钌中重量最大的一种金属归类。

Subheading Notes:

1. For the purposes of subheadings 7106.10, 7108.11, 7110.11, 7110.21, 7110.31 and 7110.41, the expressions “powder” and “in powder form” mean products of which 90% or more by weight passes through a sieve having a mesh aperture of 0.5mm.

2. Notwithstanding the provisions of Chapter Note 4 (b), for the purposes of subheadings 7110.11 and 7110.19, the expression “platinum” does not include iridium, osmium, palladium, rhodium or ruthenium.

3. For the classification of alloys in the subheadings of heading 71.10, each alloy is to be classified with that metal, platinum, palladium, rhodium, iridium, osmium or ruthenium which predominates by weight over each other of these metals.

税则号列 Tariff Item	商品名称	最惠国税率(%) M. F. N.	普通税率(%) Gen.	协定税率(%) Conventional 东盟 ASEAN	 亚太 APTA	 香港 H. K.	 澳门 Macao	 台湾 Taiwan	出口税率(%) Export	Article Description
	第一分章　天然或养殖珍珠、宝石或半宝石									Ⅰ. NATURAL OR CULTURED PEARLS AND PRECIOUS OR SEMI-PRECIOUS STONES
71.01	天然或养殖珍珠，不论是否加工或分级，但未成串或镶嵌；天然或养殖珍珠，为便于运输而暂穿成串：									**Pearls, natural or cultured, whether or not worked or graded but not strung, mounted or set; ungraded pearls, natural or cultured, temporarily strung for convenience of transport:**
	-天然珍珠：									-Natural pearls:
	---未分级：									---Ungraded:
7101.1011	----黑珍珠	21	100	0						----Tahitian pearls
7101.1019	----其他	21	100	0						----Other
	---其他：									---Other:
7101.1091	----黑珍珠	21	130	0						----Tahitian pearls
7101.1099	----其他	21	130	0						----Other
	-养殖珍珠：									-Cultured pearls:
	--未加工：									--Unworked:
7101.2110	---未分级	21	100	0						---Ungraded
7101.2190	---其他	21	130	0						---Other
	--已加工：									--Worked:
7101.2210	---未分级	21	100	0						---Ungraded
7101.2290	---其他	21	130	0						---Other
71.02	钻石，不论是否加工，但未镶嵌：									**Diamonds, whether or not worked, but not mounted or set:**
7102.1000	-未分级	3	14	0						-Unsorted
	-工业用：									-Industrial:
7102.2100	--未加工或经简单锯开、劈开或粗磨	0	14							--Unworked or simply sawn, cleaved or bruted
7102.2900	--其他	0	14							--Other
	-非工业用：									-Non-industrial:
7102.3100	--未加工或经简单锯开、劈开或粗磨	3	14	0		0	0			--Unworked or simply sawn, cleaved or bruted
7102.3900	--其他	8	35	0	0		0			--Other
71.03	宝石（钻石除外）或半宝石，不论是否加工或分级，但未成串或镶嵌；未分级的宝石（钻石除外）或半宝石，为便于运输而暂穿成串：									**Precious stones (other than diamonds) and semi-precious stones, whether or not worked or graded but not strung, mounted or set; ungraded precious stones (other than diamonds) and semi-precious stones, temporarily strung for convenience of transport:**
7103.1000	-未加工或经简单锯开或粗制成形	3	14	0	2.8		0			-Unworked or simply sawn or roughly shaped

税则号列 Tariff Item	商品名称	最惠国税率(%) M. F. N.	普通税率(%) Gen.	协定税率(%) Conventional 东盟 ASEAN	亚太 APTA	香港 H. K.	澳门 Macao	台湾 Taiwan	出口税率(%) Export	Article Description
	-经其他加工：									-Otherwise worked：
7103.9100	--红宝石、蓝宝石、祖母绿	8	35	0	4		0			--Rubies, sapphires and emeralds
	--其他：									--Other：
7103.9910	---翡翠	8	35	0	4		0			---Jadeite
7103.9920	---水晶	8	35	0	4		0			---Crystal
7103.9930	---碧玺	8	35	0	4		0			---Tourmaline
7103.9940	---软玉	8	35	0	4		0			---Nephrite
7103.9990	---其他	8	35	0	4		0			---Other
71.04	**合成或再造的宝石或半宝石，不论是否加工或分级，但未成串或镶嵌的；未分级的合成或再造的宝石或半宝石，为便于运输而暂穿成串：**									**Synthetic or reconstructed precious or semiprecious stones, whether or not worked or graded but not strung, mounted or set; ungraded synthetic or reconstructed precious or semi-precious stones, temporarily strung for convenience of transport:**
7104.1000	-压电石英	6	14	0						-Piezo-electric quartz
	-其他，未加工或经简单锯开或粗制成形：									-Other, unworked or simply sawn or roughly shaped：
7104.2010	---钻石	0	14							---Diamonds
7104.2090	---其他	0	14			0				---Other
	-其他：									-Other：
	---工业用：									---For technical use：
7104.9011	----钻石	6	14	0						----Diamonds
7104.9012	----蓝宝石	6	14	0		0				----Sapphires
7104.9019	----其他	6	14	0						----Other
	---其他：									---Other：
7104.9091	----钻石	8	35	0						----Diamonds
7104.9099	----其他	8	35	0						----Other
71.05	**天然或合成的宝石或半宝石的粉末：**									**Dust and powder of natural or synthetic precious or semi-precious stones:**
	-钻石的：									-Of diamonds：
7105.1010	---天然的	0	17							---Natural
7105.1020	---人工合成的	0	17							---Synthetic
7105.9000	-其他	0	17							-Other
	第二分章　贵金属及包贵金属									**Ⅱ. PRECIOUS METALS AND METALS CLAD WITH PRECIOUS METAL**
71.06	**银（包括镀金、镀铂的银），未锻造、半制成或粉末状：**									**Silver (including silver plated with gold or platinum), unwrought or in semi-manufactured forms, or in powder form:**
	-银粉：									-Powder：
	---非片状粉末：									---Not Flake：

税则号列 Tariff Item	商品名称	最惠国税率(%) M. F. N.	普通税率(%) Gen.	协定税率(%) Conventional 东盟 ASEAN	亚太 APTA	香港 H. K.	澳门 Macao	台湾 Taiwan	出口税率(%) Export	Article Description
7106.1011	----平均粒径小于3微米	0	0							----Average diameter less than 3μm
7106.1019	----其他	0	0							----Other
	---片状粉末：									---Flake：
7106.1021	----平均粒径小于10微米	0	0							----Average diameter less than 10μm
7106.1029	----其他	0	0							----Other
	-其他：									-Other：
	--未锻造：									--Unwrought：
7106.9110	---纯度达99.99%及以上	0	0							---Of a purity of 99.99% or more
7106.9190	---其他	0	0							---Other
	--半制成：									--Semi-manufactured：
7106.9210	---纯度达99.99%及以上	0	50							---Of a purity of 99.99% or more
7106.9290	---其他	0	50							---Other
71.07	**以贱金属为底的包银材料：**									**Base metals clad with silver, not further worked than semi-manufactured：**
7107.0000	以贱金属为底的包银材料	10.5	50	0						Base metals clad with silver, not further worked than semi-manufactured
71.08	**金(包括镀铂的金)，未锻造、半制成或粉末状：**									**Gold (including gold plated with platinum) unwrought or in semi-manufactured forms, or in powder form：**
	-非货币用：									-Non-monetary：
7108.1100	--金粉	0	0							--Powder
7108.1200	--其他未锻造形状	0	0							--Other unwrought forms
7108.1300	--其他半制成形状	0	50							--Other semi-manufactured forms
7108.2000	-货币用	0	0							-Monetary
71.09	**以贱金属或银为底的包金材料：**									**Base metals or silver, clad with gold, not further worked than semi-manufactured：**
7109.0000	以贱金属或银为底的包金材料	10.5	50	0						Base metals or silver, clad with gold, not further worked than semi-manufactured
71.10	**铂，未锻造、半制成或粉末状：**									**Platinum, unwrought or in semi-manufactured forms, or in powder form：**
	-铂：									-Platinum：
7110.1100	--未锻造或粉末状	0	0							--Unwrought or in powder form
	--其他：									--Other：
7110.1910	---板、片	0	0							---Plates and sheets
7110.1990	---其他	3	11	0		0				---Other

税则号列 Tariff Item	商品名称	最惠国税率(%) M. F. N.	普通税率(%) Gen.	协定税率(%) Conventional 东盟 ASEAN	亚太 APTA	香港 H. K.	澳门 Macao	台湾 Taiwan	出口税率(%) Export	Article Description
	-钯:									-Palladium:
7110.2100	--未锻造或粉末状	0	10							--Unwrought or in powder form
	--其他:									--Other:
7110.2910	---板、片	0	0							---Plates and sheets
7110.2990	---其他	3	11	0		0				---Other
	-铑:									-Rhodium:
7110.3100	--未锻造或粉末状	0	0							--Unwrought or in powder form
	--其他:									--Other:
7110.3910	---板、片	0	0							---Plates and sheets
7110.3990	---其他	3	11	0						---Other
	-铱、锇及钌:									-Iridium, osmium and ruthenium:
7110.4100	--未锻造或粉末状	0	0							--Unwrought or in powder form
	--其他:									--Other:
7110.4910	---板、片	0	0							---Plates and sheets
7110.4990	---其他	3	11	0						---Other
71.11	**以贱金属、银或金为底的包铂材料:**									**Base metals, silver or gold, clad with platinum, not further worked than semi-manufactured:**
7111.0000	以贱金属、银或金为底的包铂材料	3	11	0						Base metals, silver or gold, clad with platinum, not further worked than semi-manufactured
71.12	**贵金属或包贵金属的废碎料;含有贵金属或贵金属化合物的其他废碎料,主要用于回收贵金属:**									**Waste and scrap of precious metal or of metal clad with precious metal; other waste and scrap containing precious metal or precious metal compounds, of a kind used principally for the recovery of precious metal:**
	-含有贵金属或金属化合物的灰:									-Ash containing precious metal or precious metal compounds:
7112.3010	---含有银或银化合物的	8	50	0						---Of silver or silver compounds
7112.3090	---其他	6	50	0						---Other
	-其他:									-Other:
	--金及包金的废碎料,但含有其他贵金属的除外:									--Of gold, including metal clad with gold but excluding sweepings containing other precious metals:
7112.9110	---金及包金的废碎料	0	0							---Of gold or gold compounds
7112.9120	---含有金或金化合物的废碎料	6	35	0						---Waste and scrap with gold or gold compounds
	--铂及包铂的废碎料,但含有其他贵金属的除外:									--Of platinum, including metal clad with platinum but excluding sweepings containing other precious metals:

税则号列 Tariff Item	商品名称	最惠国税率(%) M. F. N.	普通税率(%) Gen.	协定税率(%) Conventional 东盟 ASEAN	亚太 APTA	香港 H. K.	澳门 Macao	台湾 Taiwan	出口税率(%) Export	Article Description
7112.9210	---铂及包铂的废碎料	0	0							---Of platinum
7112.9220	---含有铂或铂化合物的废碎料	6	35	0						---Wasted and scrap with platinum
	--其他：									--Other:
7112.9910	---含有银或银化合物的废碎料	8	35	0						---Waste and scrap with silver or silver compounds
7112.9920	---含有其他贵金属或贵金属化合物的废碎料	6	35	0						---Waste and scrap with other precious metals
7112.9990	---其他	0	50							---Other
	第三分章　珠宝首饰、金银器及其他制品									**Ⅲ. JEWELLERY, GOLDSMITHS' AND SILVERSMITHS' WARES AND OTHER ARTICLES**
71.13	**贵金属或包贵金属制的首饰及其零件：**									**Articles of jewellery and parts thereof, of precious metal or of metal clad with precious metal:**
	-贵金属制，不论是否包、镀贵金属：									-Of precious metal whether or not plated or clad with precious metal:
	--银制，不论是否包、镀其他贵金属：									--Of silver, whether or not plated or clad with other precious metal:
7113.1110	---镶嵌钻石的	20	130	0	16.5	0	0			---Diamond mounted or set
7113.1190	---其他	20	130	0	16.5	0	0			---Other
	--其他贵金属制，不论是否包、镀贵金属：									--Of other precious metal, whether or not plated or clad with predious metal:
	---金制：									---Of gold:
7113.1911	----镶嵌钻石的	20	130	0	14	0	0			----Diamond mounted
7113.1919	----其他	20	130	0	16	0	0			----Other
	---铂制：									---Of platinum:
7113.1921	----镶嵌钻石的	35	130	0	28	0	0			----Diamond mounted
7113.1929	----其他	35	130	0	28	0	0			----Other
	---其他：									---Other:
7113.1991	----镶嵌钻石的	35	130	0	28	0	0			----Diamond mounted or set
7113.1999	----其他	35	130	0	28	0	0			----Other
	-以贱金属为底的包贵金属制：									-Of base metal clad with precious metal:
7113.2010	---镶嵌钻石的	35	130	0	30	0	0			---Diamond mounted or set
7113.2090	---其他	35	130	0	30	0	0			---Other
71.14	**贵金属或包贵金属制的金银器及其零件：**									**Articles of goldsmiths' or silversmiths' wares and parts thereof, of precious metal or of metal clad with precious metal:**

税则号列 Tariff Item	商品名称	最惠国税率(%) M. F. N.	普通税率(%) Gen.	协定税率(%) Conventional 东盟 ASEAN	亚太 APTA	香港 H. K.	澳门 Macao	台湾 Taiwan	出口税率(%) Export	Article Description
	-贵金属制，不论是否包、镀贵金属：									-Of precious metal whether or not plated or clad with precious metal:
7114.1100	--银制，不论是否包、镀其他贵金属	35	100	0		0	0			--Of silver, whether or not plated or clad with other precious metal
7114.1900	--其他贵金属制，不论是否包、镀贵金属	35	100	0		0	0			--Of other precious metal, whether or not plated or clad with precious metal
7114.2000	-以贱金属为底的包贵金属制	35	100	0		0	0			-Of base metal clad with precious metal
71.15	**贵金属或包贵金属的其他制品：**									**Other articles of precious metal or of metal clad with precious metal:**
7115.1000	-金属丝布或格栅形状的铂催化剂	3	11	0		0				-Catalysts in the form of wire cloth or grill, of platinum
	-其他：									-Other:
7115.9010	---工业或实验室用	3	11	0		0	0			---For technical or laboratory use
7115.9090	---其他	35	100	0		0	0			---Other
71.16	**用天然或养殖珍珠、宝石或半宝石（天然、合成或再造）制成的物品：**									**Articles of natural or cultured pearls, precious or semi-precious stones (natural, synthetic or reconstructed):**
7116.1000	-天然或养殖珍珠制	35	130	0		0	0			-Of natural or cultured pearls
7116.2000	-宝石或半宝石（天然、合成或再造）制	35	130	0		0	0			-Of precious or semi-precious stones (natural, synthetic or reconstructed)
71.17	**仿首饰：**									**Imitation jewellery:**
	-贱金属制，不论是否镀贵金属：									-Of base metal, whether or not plated with precious metal:
7117.1100	--袖扣、饰扣	35	130	0		0	0			--Cuff-links and studs
7117.1900	--其他	17	130	0	15.3	0	0			--Other
7117.9000	-其他	35	130	0	30	0	0			-Other
71.18	**硬币：**									**Coin:**
7118.1000	-非法定货币的硬币（金币除外）	0	0							-Coin (other than gold coin), not being legal tender
7118.9000	-其他	0	0							-Other

第十五类 贱金属及其制品

SECTION XV BASE METALS AND ARTICLES OF BASE METAL

注释：

一、本类不包括：

（一）以金属粉末为基本成分的调制油漆、油墨或其他产品（税目 32.07 至 32.10、32.12、32.13 或 32.15）；

（二）铈铁或其他引火合金（税目 36.06）；

（三）税目 65.06 或 65.07 的帽类及其零件；

（四）税目 66.03 的伞骨及其他物品；

（五）第七十一章的货品（例如，贵金属合金、以贱金属为底的包贵金属、仿首饰）；

（六）第十六类的物品（机器、机械器具及电气设备）；

（七）已装配的铁道或电车道轨道（税目 86.08）或第十七类的其他物品（车辆、船舶、航空器）；

（八）第十八类的仪器及器具，包括钟表发条；

（九）做弹药用的铅弹（税目 93.06）或第十九类的其他物品（武器、弹药）；

（十）第九十四章的物品（例如，家具、弹簧床垫，灯具及照明装置、发光标志、活动房屋）；

（十一）第九十五章的物品（例如，玩具、游戏品及运动用品）；

（十二）手用筛子、纽扣、钢笔、铅笔套、钢笔尖、独脚架、双脚架、三脚架及类似品或第九十六章的其他物品（杂项制品）；或

（十三）第九十七章的物品（例如，艺术品）。

二、本协调制度所称“通用零件”，是指：

（一）税目 73.07、73.12、73.15、73.17 或 73.18 的物品及其他贱金属制的类似品；

（二）贱金属制的弹簧及弹簧片，但钟表发条（税目 91.14）除外；以及

Section Notes:

1. This Section does not cover:

(a) Prepared paints, inks or other products with a basis of metallic flakes or powder (headings 32.07 to 32.10, 32.12, 32.13 or 32.15);

(b) Ferro-cerium or other pyrophoric alloys (heading 36.06);

(c) Headgear or parts thereof of heading 65.06 or 65.07;

(d) Umbrella frames or other articles of heading 66.03;

(e) Goods of Chapter 71 (for example, precious metal alloys, base metal clad with precious metal, imitation jewellery);

(f) Articles of Section XVI (machinery, mechanical appliances and electrical goods);

(g) Assembled railway or tramway track (heading 86.08) or other articles of Section XVII (vehicles, ships and boats, aircraft);

(h) Instruments or apparatus of Section XVIII, including clock or watch springs;

(ij) Lead shot prepared for ammunition (heading 93.06) or other articles of Section XIX (arms and ammunition);

(k) Articles of Chapter 94 (for example, furniture, mattress supports, lamps and lighting fittings, illuminated signs, prefabricated buildings);

(l) Articles of Chapter 95 (for example, toys, games, sports requisites);

(m) Hand sieves, buttons, pens, pencil-holders, pen nibs, monopods, bipods, tripods and similar articles or other articles of Chapter 96 (miscellaneous manufactured articles); or

(n) Articles of Chapter 97 (for example, works of art).

2. Throughout the Nomenclature, the expression "parts of general use" means:

(a) Articles of heading 73.07, 73.12, 73.15, 73.17 or 73.18 and similar articles of other base metals;

(b) Springs and leaves for springs, of base metal, other than clock or watch springs (heading

（三）税目83.01、83.02、83.08、83.10的物品及税目83.06的贱金属制的框架及镜子。

第七十三章至第七十六章（税目73.15除外）及第七十八章至第八十二章所列货品的零件，不包括上述的通用零件。

除上段及第八十三章注释一另有规定的以外，第七十二章至第七十六章及第七十八章至第八十一章不包括第八十二章、第八十三章的物品。

91.14)；and

(c) Articles of headings 83.01，83.02，83.08，83.10 and frames and mirrors，of base metal，of heading 83.06.

In Chapters 73 to 76 and 78 to 82 (but not in heading 73.15) references to parts of goods do not include references to parts of general use as defined above.

Subject to the preceding paragraph and to Note 1 to Chapter 83，the articles of Chapter 82 or 83 are excluded from Chapters 72 to 76 and 78 to 81.

三、本协调制度所称"贱金属"是指：铁及钢、铜、镍、铝、铅、锌、锡、钨、钼、钽、镁、钴、铋、镉、钛、锆、锑、锰、铍、铬、锗、钒、镓、铪、铟、铌（钶）、铼及铊。

3. Throughout the Nomenclature，the expression "base metals" means：iron and steel，copper，nickel，aluminium，lead，zinc，tin，tungsten (wolfram)，molybdenum，tantalum，magnesium，cobalt，bismuth，cadmium，titanium，zirconium，antimony，manganese，beryllium，chromium，germanium，vanadium，gallium，hafnium，indium，niobium (columbium)，rhenium and thallium.

四、本协调制度所称"金属陶瓷"，是指金属与陶瓷成分以极细微粒不均匀结合而成的产品。"金属陶瓷"包括硬质合金（金属碳化物与金属烧结而成）。

4. Throughout the Nomenclature，the term "cermets" means products containing a microscopic heterogeneous combination of a metallic component and a ceramic component. The term "cermets" includes sintered metal carbides (metal carbides sintered with a metal).

五、合金的归类规则（第七十二章、第七十四章所规定的铁合金及母合金除外）：

（一）贱金属的合金按其所含重量最大的金属归类；

（二）由本类的贱金属和非本类的元素构成的合金，如果所含贱金属的总重量等于或超过所含其他元素的总重量，应作为本类贱金属合金归类；

（三）本类所称"合金"，包括金属粉末的烧结混合物、熔化而得的不均匀紧密混合物（金属陶瓷除外）及金属间化合物。

5. Classification of alloys (other than ferro-alloys and master alloys as defined in Chapters 72 and 74)：

(a) An alloy of base metals is to be classified as an alloy of the metal which predominates by weight over each of the other metals；

(b) An alloy composed of base metals of this Section and of elements not falling within this Section is to be treated as an alloy of base metals of this Section if the total weight of such metals equals or exceeds the total weight of the other elements present；

(c) In this Section the term "alloys" includes sintered mixtures of metal powders，heterogeneous intimate mixtures obtained by melting (other than cermets) and intermetallic compounds.

六、除条文另有规定的以外，本协调制度所称的贱金属包括贱金属合金，这类合金应按上述注释五的规则进行归类。

6. Unless the context otherwise requires，any reference in the Nomenclature to a base metal includes a reference to alloys which，by virtue of Note 5 above，are to be classified as alloys of that metal.

七、复合材料制品的归类规则：

除各税号另有规定的以外，贱金属制品（包括根据

7. Classification of composite articles：

Except where the headings otherwise require，articles

"归类总规则"作为贱金属制品的混合材料制品）如果含有两种或两种以上贱金属的，按其所含重量最大的贱金属的制品归类。

为此：

（一）钢、铁或不同种类的钢铁，均视为一种金属；

（二）按照注释五的规定作为某一种金属归类的合金，应视为一种金属；以及

（三）税目 81.13 的金属陶瓷，应视为一种贱金属。

八、本类所用有关名词解释如下：

（一）废碎料

在金属生产或机械加工中产生的废料及碎屑以及因破裂、切断、磨损及其他原因而明显不能作为原物使用的金属货品。

（二）粉末

按重量计 90%及以上可从网眼孔径为 1 毫米的筛子通过的产品。

of base metal (including articles of mixed materials treated as articles of base metal under the Interpretative Rules) containing two or more base metals are to be treated as articles of the base metal predominating by weight over each of the other metals.

For this purpose:

(a) Iron and steel, or different kinds of iron or steel, are regarded as one and the same metal;

(b) An alloy is regarded as being entirely composed of that metal as an alloy of which, by virtue of Note 5, it is classified; and

(c) A cermet of heading 81.13 is regarded as a single base metal.

8. In this Section, the following expressions have the meanings hereby assigned to them:

(a) Waste and scrap

Metal waste and scrap from the manufacture or mechanical working of metals, and metal goods definitely not usable as such because of breakage, cutting-up, wear or other reasons.

(b) Powders

Products of which 90% or more by weight passes through a sieve having a mesh aperture of 1mm.

第七十二章
钢 铁

注释：

一、本章所述有关名词解释如下［本条注释（四）、（五）、（六）适用于本协调制度其他各章］：

（一）生铁

无实用可锻性的铁碳合金，按重量计含碳量在 2%以上并可含有一种或几种下列含量范围的其他元素：

铬不超过 10%；
锰不超过 6%；
磷不超过 3%；
硅不超过 8%；
其他元素合计不超过 10%。

（二）镜铁

按重量计含锰量在 6%以上，但不超过 30%的铁碳合金，其他方面符合上述（一）款所列标准。

（三）铁合金

Chapter 72
Iron and steel

Chapter Notes:

1. In this Chapter and, in the case of Notes (d), (e) and (f) throughout the Nomenclature, the following expressions have the meanings hereby assigned to them:

(a) Pig iron

Iron-carbon alloys not usefully malleable, containing more than 2% by weight of carbon and which may contain by weight one or more other elements within the following limits:

not more than 10% of chromium;
not more than 6% of manganese;
not more than 3% of phosphorus;
not more than 8% of silicon;
a total of not more than 10% of other elements.

(b) Spiegeleisen

Iron-carbon alloys containing by weight more than 6% but not more than 30% of manganese and otherwise conforming to the specification at (a) above.

(c) Ferro-alloys

锭、块、团或类似初级形状、连续铸造而形成的各种形状及颗粒、粉末状的合金，不论是否烧结，通常用于其他合金生产过程中的添加剂或在黑色金属冶炼中作除氧剂、脱硫剂及类似用途，一般无实用可锻性，按重量计铁元素含量在4%及以上并含有下列一种或几种元素：

铬超过10%；
锰超过30%；
磷超过3%；
硅超过8%；
除碳以外的其他元素，合计超过10%，但最高含铜量不得超过10%。

（四）钢

除税目72.03以外的黑色金属材料（某些铸造而成的种类除外），具有实用可锻性，按重量计含碳量在2%及以下，但铬钢可具有较高的含碳量。

（五）不锈钢

按重量计含碳量在1.2%及以下，含铬量在10.5%及以上的合金钢，不论是否含有其他元素。

（六）其他合金钢

不符合以上不锈钢定义的钢，含有一种或几种按重量计符合下列含量比例的元素：

铝0.3%及以上；
硼0.0008%及以上；
铬0.3%及以上；
钴0.3%及以上；
铜0.4%及以上；
铅0.4%及以上；
锰1.65%及以上；
钼0.08%及以上；
镍0.3%及以上；
铌0.06%及以上；
硅0.6%及以上；
钛0.05%及以上；
钨0.3%及以上；
钒0.1%及以上；
锆0.05%及以上；
其他元素（硫、磷、碳及氮除外）单项含量在0.1%及以上。

Alloys in ingots, blocks, lumps or similar primary forms, in forms obtained by continuous casting and also in granular or powder forms, whether or not agglomerated, commonly used as an additive in the manufacture of other alloys or as de-oxidants, de-sulphurising agents or for similar uses in ferrous metallurgy and generally not usefully malleable, containing by weight 4% or more of the element iron and one or more of the following:

more than 10% of chromium;
more than 30% of manganese;
more than 3% of phosphorus;
more than 8% of silicon;
a total of more than 10% of other elements, excluding carbon, subject to a maximum content of 10% in the case of copper.

(d) Steel

Ferrous materials other than those of heading 72.03 which (with the exception of certain types produced in the form of castings) are usefully malleable and which contain by weight 2% or less of carbon. However, chromium steels may contain higher proportions of carbon.

(e) Stainless steel

Alloy steels containing, by weight, 1.2% or less of carbon and 10.5% or more of chromium, with or without other elements.

(f) Other alloy steel

Steels not complying with the definition of stainless steel and containing by weight one or more of the following elements in the proportion shown:

0.3% or more of aluminium;
0.0008% or more of boron;
0.3% or more of chromium;
0.3% or more of cobalt;
0.4% or more of copper;
0.4% or more of lead;
1.65% or more of manganese;
0.08% or more of molybdenum;
0.3% or more of nickel;
0.06% or more of niobium;
0.6% or more of silicon;
0.05% or more of titanium;
0.3% or more of tungsten (wolfram);
0.1% or more of vanadium;
0.05% or more of zirconium;
0.1% or more of other elements (except sulphur, phosphorus, carbon and nitrogen) taken

separately.

（七）供再熔的碎料钢铁锭

粗铸成形无缩孔或冒口的锭块产品，表面有明显瑕疵，化学成分不同于生铁、镜铁及铁合金。

(g) Remelting scrap ingots of iron or steel

Products roughly cast in the form of ingots without feeder-heads or hot tops, or of pigs, having obvious surface faults and not complying with the chemical composition of pig iron, spiegeleisen or ferro-alloys.

（八）颗粒

按重量计不到90%可从网眼孔径为1毫米的筛子通过，而90%及以上可从网眼孔径为5毫米的筛子通过的产品。

(h) Granules

Products of which less than 90% by weight passes through a sieve with a mesh aperture of 1mm and of which 90% or more by weight passes through a sieve with a mesh aperture of 5mm.

（九）半制成品

连续铸造的实心产品，不论是否初步热轧；其他实心产品，除经初步热轧或锻造粗制成形以外未经进一步加工，包括角材、型材及异型材的坯件。

本类产品不包括成卷的产品。

(ij) Semi-finished products

Continuous cast products of solid section, whether or not subjected to primary hot-rolling; and other products of solid section, which have not been further worked than subjected to primary hot-rolling or roughly shaped by forging, including blanks for angles, shapes or sections.

These products are not presented in coils.

（十）平板轧材

截面为矩形（正方形除外）并且不符合以上第（九）款所述定义的下列形状实心轧制产品：

1. 层叠的卷材；或

2. 平直形状，其厚度如果在4.75毫米以下，则宽度至少是厚度的十倍；其厚度如果在4.75毫米及以上，其宽度应超过150毫米，并且至少应为厚度的两倍。

平板轧材包括直接轧制而成并有凸起式样（例如，凹槽、肋条形、格槽、珠粒、菱形）的产品以及穿孔、抛光或制成瓦楞形的产品，但不具有其他税号所列制品或产品的特征。

各种规格的平板轧材（矩形或正方形除外），但不具有其他税号所列制品或产品的特征，都应作为宽度为600毫米及以上的产品归类。

(k) Flat-rolled products

Rolled products of solid rectangular (other than square) cross-section, which do not conform to the definition at (i) above in the form of:

(i) Coils of successively superimposed layers, or

(ii) Straight lengths, which if of a thickness less than 4.75mm are of a width measuring at least ten times the thickness or if of a thickness of 4.75mm or more are of a width which exceeds 150mm and measures at least twice the thickness.

Flat-rolled products include those with patterns in relief derived directly from rolling (for example, grooves, ribs, chequers, tears, buttons, lozenges) and those which have been perforated, corrugated or polished, provided that they do not thereby assume the character of articles or products of other headings.

Flat-rolled products of a shape other than rectangular or square, of any size, are to be classified as products of a width of 600mm or more, provided that they do not assume the character of articles or products of other headings.

（十一）不规则盘绕的热轧条、杆

经热轧不规则盘绕的实心产品，其截面为圆形、扇形、椭圆形、矩形（包括正方

(l) Bars and rods, hot-rolled, in irregularly wound coils

Hot-rolled products in irregularly wound coils, which have a solid cross-section in the shape of

形)、三角形或其他外凸多边形(包括"扁圆形"及"变形矩形",即相对两边为弧拱形,另外两边为等长平行直线形)。这类产品可带有在轧制过程中产生的凹痕、凸缘、槽沟或其他变形(钢筋)。

circles, segments of circles, ovals, rectangles (including squares), triangles or other convex polygons (including "flattened circles" and "modified rectangles", of which two opposite sides are convex arcs, the other two sides being straight, of equal length and parallel). These products may have indentations, ribs, grooves or other deformations produced during the rolling process (reinforcing bars and rods).

(十二) 其他条、杆

不符合上述(九)、(十)、(十一)款或"丝"定义的实心产品,其全长截面均为圆形、扇形、椭圆形、矩形(包括正方形)、三角形或其他外凸多边形(包括"扁圆形"及"变形矩形",即相对两边为弧拱形,另外两边为等长平行直线形)。这些产品可以:

1. 带有在轧制过程中产生的凹痕、凸缘、槽沟或其他变形(钢筋);

2. 轧制后扭曲的。

(m) Other bars and rods

Products which do not conform to any of the definitions at (ij), (k) or (l) above or to the definition of wire, which have a uniform solid cross-section along their whole length in the shape of circles, segments of circles, ovals, rectangles (including squares), triangles or other convex polygons (including "flattened circles" and "modified rectangles", of which two opposite sides are convex arcs, the other two sides being straight, of equal length and parallel). These products may:

(i) Have indentations, ribs, grooves or other deformations produced during the rolling process (reinforcing bars and rods);

(ii) Be twisted after rolling.

(十三) 角材、型材及异型材

不符合上述(九)、(十)、(十一)、(十二)款或"丝"定义,但其全长截面均为同样形状的实心产品。

第七十二章不包括税目73.01或73.02的产品。

(n) Angles, shapes and sections

Products having a uniform solid cross-section along their whole length which do not conform to any of the definitions at (ij), (k), (l) or (m) above or to the definition of wire.

Chapter 72 does not include products of heading 73.01 or 73.02.

(十四) 丝

不符合平板轧材定义但全长截面均为同样形状的盘卷冷成形实心产品。

(o) Wire

Cold-formed products in coils, of any uniform solid cross-section along their whole length, which do not conform to the definition of flat-rolled products.

(十五) 空心钻钢

适合钻探用的各种截面的空心条、杆,其最大外形尺寸超过15毫米但不超过52毫米,最大内孔尺寸不超过最大外形尺寸的二分之一。不符合本定义的钢铁空心条、杆应归入税目73.04。

(p) Hollow drill bars and rods

Hollow bars and rods of any cross-section, suitable for drills, of which the greatest external dimension of the cross-section exceeds 15mm but does not exceed 52mm, and of which the greatest internal dimension does not exceed one half of the greatest external dimension. Hollow bars and rods of iron or steel not conforming to this definition are to be classified in heading 73.04.

二、用一种黑色金属包覆不同种类的黑色金属,应按其中重量最大的材料归类。

2. Ferrous metals clad with another ferrous metal are to be classified as products of the ferrous metal predominating by weight.

三、用电解沉积法、压铸法或烧结法所得的钢铁产品，应按其形状、成分及外观归入本章类似热轧产品的相应税号。

3. Iron or steel products obtained by electrolytic deposition, by pressure casting or by sintering are to be classified, according to their form, their composition and their appearance, in the headings of this Chapter appropriate to similar hot-rolled products.

子目注释：

一、本章所用有关名词解释如下：

（一）合金生铁

按重量计含有一种或几种下列比例的元素的生铁：

铬0.2%以上；

铜0.3%以上；

镍0.3%以上；

0.1%以上的任何下列元素：铝、钼、钛、钨、钒。

（二）非合金易切削钢

按重量计含有一种或几种下列比例的元素的非合金钢：

硫0.08%及以上；

铅0.1%及以上；

硒0.05%以上；

碲0.01%以上；

铋0.05%以上。

（三）硅电钢

按重量计含硅量至少为0.6%但不超过6%，含碳量不超过0.08%的合金钢。这类钢还可含有按重量计不超过1%的铝，但所含其他元素的比例并不使其具有其他合金钢的特性。

（四）高速钢

不论是否含有其他元素，但至少含有按重量计合计含量在7%及以上的钼、钨、钒中两种元素的合金钢，按重量计其含碳量在0.6%及以上，含铬量在3%～6%。

（五）硅锰钢

按重量计同时含有下列元素的合金钢：

碳不超过0.7%；

锰0.5%及以上，但不超过1.9%；以及

硅0.6%及以上，但不超过2.3%。但所含其他元素的比例并不使其具有其他合金钢的特性。

Subheading Notes:

1. In this Chapter the following expressions have the meanings hereby assigned to them:

(a) Alloy pig iron

Pig iron containing, by weight, one or more of the following elements in the specified proportions:

more than 0.2% of chromium;

more than 0.3% of copper;

more than 0.3% of nickel;

more than 0.1% of any of the following elements: aluminium, molybdenum, titanium, tungsten (wolfram), vanadium.

(b) Non-alloy free-cutting steel

Non-alloy steel containing, by weight, one or more of the following elements in the specified proportions:

0.08% or more of sulphur;

0.1% or more of lead;

more than 0.05% of selenium;

more than 0.01% of tellurium;

more than 0.05% of bismuth.

(c) Silicon-electrical steel

Alloy steels containing by weight at least 0.6% but not more than 6% of silicon and not more than 0.08% of carbon. They may also contain by weight not more than 1% of aluminium but no other element in a proportion that would give the steel the characteristics of another alloy steel.

(d) High speed steel

Alloy steels containing, with or without other elements, at least two of the three elements molybdenum, tungsten and vanadium with a combined content by weight of 7% or more, 0.6% or more of carbon and 3% to 6% of chromium.

(e) Silico-manganese steel

Alloy steels containing by weight:

not more than 0.7% of carbon;

0.5% or more but not more than 1.9% of manganese; and

0.6% or more but not more than 2.3% of silicon, but no other element in a proportion that would give the steel the characteristics of another alloy steel.

二、税目72.02项下的子目所列铁合金，归类：

对于只有一种元素超出本章注释一（三）规定的最低百分比的铁合金，应作为二元合金归入相应的子目。以此类推，如果有两种或三种合金元素超出了最低百分比的，则可分别作为三元或四元合金。

在运用本规定时，本章注释一（三）所述的未列名的“其他元素”，按重量计单项含量必须超过10%。

2. For the classification of ferro-alloys in the subheadings of heading 72.02 the following rule should be observed:

A ferro-alloy is considered as binary and classified under the relevant subheading (if it exists) if only one of the alloy elements exceeds the minimum percentage laid down in Chapter Note 1 (c); by analogy, it is considered respectively as ternary or quaternary if two or three alloy elements exceed the minimum percentage.

For the application of this rule the unspecified “other elements” referred to in Chapter Note 1 (c) must each exceed 10% by weight.

税则号列 Tariff Item	商品名称	最惠国税率(%) M. F. N.	普通税率(%) Gen.	协定税率(%) Conventional 东盟 ASEAN	亚太 APTA	香港 H. K.	澳门 Macao	台湾 Taiwan	出口税率(%) Export	Article Description
	第一分章 原料；粒状及粉状产品									I. PRIMARY MATERIALS; PRODUCTS IN GRANULAR OR POWDER FORM
72.01	生铁及镜铁，锭、块或其他初级形状：									Pig iron and spiegeleisen in ingots, blocks or other primary forms:
7201.1000	-非合金生铁，按重量计含磷量在0.5%及以下	1	8	0					20	-Non-alloy pig iron containing by weight 0.5% or less of phosphorus
7201.2000	-非合金生铁，按重量计含磷量在0.5%以上	1	8	0					20	-Non-alloy pig iron containing by weight more than 0.5% of phosphorus
7201.5000	-合金生铁；镜铁	1	8	0					20	-Alloy pig iron; spiegeleisen
72.02	铁合金：									Ferro-alloys:
	-锰铁：									-Ferro-manganese:
7202.1100	--按重量计含碳量在2%以上	2	11	0					20	--Containing by weight more than 2% of carbon
7202.1900	--其他	2	11	0					20	--Other
	-硅铁：									-Ferro-silicon:
7202.2100	--按重量计含硅量在55%以上	2	11	0					25	--Containing by weight more than 55% of silicon
7202.2900	--其他	2	11	0					25	--Other
7202.3000	-硅锰铁	2	11	0					20	-Ferro-silicon-manganese
	-铬铁：									-Ferro-chromium:
7202.4100	--按重量计含碳量在4%以上	2	8	0					40	--Containing by weight more than 4% of carbon
7202.4900	--其他	2	8	0					40	--Other
7202.5000	-硅铬铁	2	11	0						-Ferro-silicon-chromium
7202.6000	-镍铁	2	11	0						-Ferro-nickel
7202.7000	-钼铁	2	11	0						-Ferro-molybdenum
	-钨铁及硅钨铁：									-Ferro-tungsten and ferro-silicon-tungsten:

税则号列 Tariff Item	商品名称	最惠国税率(%) M. F. N.	普通税率(%) Gen.	协定税率(%) Conventional 东盟 ASEAN	亚太 APTA	香港 H. K.	澳门 Macao	台湾 Taiwan	出口税率(%) Export	Article Description
7202.8010	---钨铁	2	11	0						---Ferro-tungsten
7202.8020	---硅钨铁	2	11	0						---Ferro-silicon-tungsten
	-其他：									-Other：
7202.9100	--钛铁及硅钛铁	2	11	0						--Ferro-titanium and ferro-silicon-titanium
	--钒铁：									--Ferro-vanadium：
7202.9210	---按重量计含钒量在75%及以上	9	30	0						---Containing by weight more than 75% of vanadium
7202.9290	---其他	9	30	0						---Other
7202.9300	--铌铁	2	11	0						--Ferro-niobium
	--其他：									--Other：
	---钕铁硼合金：									---Nd-Fe-B alloy：
7202.9911	----速凝永磁片	2	11	0						----Rapidly solidified permanent magnetic sheet
7202.9912	----磁粉	2	11	0						----Magnetic powder
7202.9919	----其他	2	11	0						----Other
	---其他：									---Other：
7202.9991	----按重量计稀土元素总含量在10%以上的	2	11	0						----Containing by weight more than 10% of rare-earth
7202.9999	----其他	2	11	0						----Other
72.03	**直接从铁矿还原所得的铁产品及其他海绵铁产品，块、团、团粒及类似形状；按重量计纯度在99.94%及以上的铁，块、团、团粒及类似形状：**									**Ferrous products obtained by direct reduction of iron ore and other spongy ferrous products, in lumps, pellets or similar forms; iron having a minimum purity by weight of 99.94%, in lumps, pellets or similar forms:**
7203.1000	-直接从铁矿还原所得的铁产品	2	8	0						-Ferrous products obtained by direct reduction of iron ore
7203.9000	-其他	2	8	0						-Other
72.04	**钢铁废碎料；供再熔的碎料钢铁锭：**									**Ferrous waste and scrap; remelting scrap ingots of iron steel:**
7204.1000	-铸铁废碎料	2	8	0					40	-Waste and scrap of cast iron
	-合金钢废碎料：									-Waste and scrap of alloy steel：
7204.2100	--不锈钢废碎料	0	8						40	--Of stainless steel
7204.2900	--其他	0	8						40	--Other
7204.3000	-镀锡钢铁废碎料	2	8	0					40	-Waste and scrap of tinned iron or steel
	-其他废碎料：									-Other waste and scrap：
7204.4100	--车、刨、铣、磨、锯、锉、剪、冲加工过程中产生的废料，不论是否成捆	2	8	0					40	--Turnings, shavings, chips, milling waste, sawdust, filings, trimmings and stampings, whether or not in bundles
7204.4900	--其他	0	8						40	--Other
7204.5000	-供再熔的碎料钢铁锭	0	8						40	-Remelting scrap ingots
72.05	**生铁、镜铁及钢铁的颗粒和粉末：**									**Granules and powders, of pig iron, spiegeleisen, iron or steel:**

税则号列 Tariff Item	商品名称	最惠国税率(%) M. F. N.	普通税率(%) Gen.	协定税率(%) Conventional 东盟 ASEAN	亚太 APTA	香港 H. K.	澳门 Macao	台湾 Taiwan	出口税率(%) Export	Article Description
7205.1000	-颗粒	2	30	0						-Granules
	-粉末：									-Powders：
7205.2100	--合金钢的	2	17	0		0				--Of alloy steel
7205.2900	--其他	2	17	0						--Other
	第二分章 铁及非合金钢									**Ⅱ. IRON AND NON-ALLOY STEEL**
72.06	**铁及非合金钢，锭状或其他初级形状（税目72.03的铁除外）：**									**Iron and non-alloy steel in ingots or other primary forms (excluding iron of heading 72.03)：**
7206.1000	-锭状	2	11	0						-Ingots
7206.9000	-其他	2	11	0						-Other
72.07	**铁及非合金钢的半制成品：**									**Semi-finished products of iron or non-alloy steel：**
	-按重量计含碳量在0.25%以下：									-Containing by weight less than 0.25% of carbon：
7207.1100	--矩形（包括正方形）截面，宽度小于厚度的两倍	2	11	0						--Of rectangular (including square) cross-section, the width measuring less than twice the thickness
7207.1200	--其他矩形（正方形除外）截面的	2	11	0						--Other, of rectangular (other than square) cross-section
7207.1900	--其他	2	11	0						--Other
7207.2000	-按重量计含碳量在0.25%及以上	2	11	0						-Containing by weight 0.25% or more of carbon
72.08	**宽度在600毫米及以上的铁或非合金钢平板轧材，经热轧，但未经包覆、镀层或涂层：**									**Flat-rolled products of iron or non-alloy steel of a width of 600mm or more, hot-rolled, not clad, plated or coated：**
7208.1000	-除热轧外未经进一步加工的卷材，已轧压花纹	5	14	0						-In coils, not further worked than hot-rolled, with patterns in relief
	-其他经酸洗的卷材，除热轧外未经进一步加工：									-Other, in coils, not further worked than hot-rolled, pickled：
7208.2500	--厚度在4.75毫米及以上	5	14	0						--Of a thickness of 4.75mm or more
	--厚度在3毫米及以上，但小于4.75毫米：									--Of a thickness of 3mm or more but less than 4.75mm：
7208.2610	---屈服强度大于355牛顿/平方毫米	5	14	0						---Of a yield strength exceeding 355N/mm^2
7208.2690	---其他	5	14	0						---Other
	--厚度小于3毫米：									--Of a thickness of less than 3mm：

税则号列 Tariff Item	商品名称	最惠国税率 (%) M. F. N.	普通税率 (%) Gen.	协定税率 (%) Conventional 东盟 ASEAN	亚太 APTA	香港 H. K.	澳门 Macao	台湾 Taiwan	出口税率 (%) Export	Article Description
7208.2710	---厚度小于1.5毫米	5	14	0						---Of a thickness of less than 1.5mm
7208.2790	---其他	5	14	0				0		---Other
	-其他卷材，除热轧外未经进一步加工：									-Other, in coils, not further worked than hot-rolled:
7208.3600	--厚度超过10毫米	6	14	0						--Of a thickness exceeding 10mm
7208.3700	--厚度在4.75毫米及以上，但不超过10毫米	5	14	0						--Of a thickness of 4.75mm or more but not exceeding 10mm
	--厚度在3毫米及以上，但小于4.75毫米：									--Of a thickness of 3mm or more but less than 4.75mm:
7208.3810	---屈服强度大于355牛顿/平方毫米	5	14	0						---Of a yield strength exceeding 355N/mm^2
7208.3890	---其他	5	14	0				0		---Other
	--厚度小于3毫米：									--Of a thickness of less than 3mm:
7208.3910	---厚度小于1.5毫米	3	14	0						---Of a thickness of less than 1.5mm
7208.3990	---其他	3	14	0				0		---Other
7208.4000	-已轧压花纹的非卷材，除热轧外未经进一步加工	6	17	0						-Not in coils, not further worked than hot-rolled, with patterns in relief
	-其他非卷材，除热轧外未经进一步加工：									-Other, not in coils, not further worked than hot-rolled:
	--厚度超过10毫米：									--Of a thickness exceeding 10mm:
7208.5110	---厚度超过50毫米	6	17	0						---Of a thickness exceeding 50mm
7208.5120	---厚度在20毫米以上，但不超过50毫米	6	17	0						---Of a thickness exceeding 20mm but not exceeding 50mm
7208.5190	---其他	6	17	0						---Other
7208.5200	--厚度在4.75毫米及以上，但不超过10毫米	6	17	0						--Of a thickness of 4.75mm or more but not exceeding 10mm
	--厚度在3毫米及以上，但小于4.75毫米：									--Of a thickness of 3mm or more but less than 4.75mm:
7208.5310	---屈服强度大于355牛顿/平方毫米	6	17	0	5.1					---Of a yield strength exceeding 355N/mm^2
7208.5390	---其他	6	17	0	5.1					---Other
	--厚度小于3毫米：									--Of a thickness of less than 3mm:
7208.5410	---厚度小于1.5毫米	6	17	0	5.1					---Of a thickness of less than 1.5mm
7208.5490	---其他	6	17	0	5.1					---Other
7208.9000	-其他	6	17	0						-Other
72.09	**宽度在600毫米及以上的铁或非合金钢平板轧材，经冷轧，但未经包覆、镀层或涂层：**									**Flat-rolled products of iron or non-alloy steel, of a width of 600mm or more, cold-rolled (cold-reduced), not clad, plated or coated:**

税则号列 Tariff Item	商品名称	最惠国税率(%) M. F. N.	普通税率(%) Gen.	协定税率(%) Conventional					出口税率(%) Export	Article Description
				东盟 ASEAN	亚太 APTA	香港 H. K.	澳门 Macao	台湾 Taiwan		
	-卷材，除冷轧外未经进一步加工：									-In coils, not further worked than cold-rolled (cold-reduced):
	--厚度在3毫米及以上：									--Of a thickness of 3mm or more:
7209.1510	---屈服强度大于355牛顿/平方毫米	6	17	0						---Of a yield strength exceeding 355N/mm^2
7209.1590	---其他	6	17	0						---Other
	--厚度超过1毫米，但小于3毫米：									--Of a thickness exceeding 1mm but less than 3mm:
7209.1610	---屈服强度大于275牛顿/平方毫米	6	17	0	4.2					---Of a yield strength exceeding 275N/mm^2
7209.1690	---其他	6	17	0	4.2			0		---Other
	--厚度在0.5毫米及以上，但不超过1毫米：									--Of a thickness of 0.5mm or more but not exceeding 1mm:
7209.1710	---屈服强度大于275牛顿/平方毫米	3	17	0	2.1					---Of a yield strength exceeding 275N/mm^2
7209.1790	---其他	3	17	0	2.1			0		---Other
	--厚度小于0.5毫米：									--Of a thickness of less than 0.5mm:
7209.1810	---厚度小于0.3毫米	6	17	0	4.2					---Of a thickness less than 0.3mm
7209.1890	---其他	6	17	0	4.2			0		---Other
	-非卷材，除冷轧外未经进一步加工：									-Not in coils, not further worked than cold-rolled (cold-reduced):
7209.2500	--厚度在3毫米及以上	6	17	0						--Of a thickness of 3mm or more
7209.2600	--厚度超过1毫米，但小于3毫米	6	17	0						--Of a thickness exceeding 1mm but less than 3mm
7209.2700	--厚度在0.5毫米及以上，但不超过1毫米	6	17	0	4.2					--Of a thickness of 0.5mm or more but not exceeding 1mm
7209.2800	--厚度小于0.5毫米	6	17	0						--Of a thickness of less than 0.5mm
7209.9000	-其他	6	17	0	4.2					-Other
72.10	**宽度在600毫米及以上的铁或非合金钢平板轧材，经包覆、镀层或涂层：**									**Flat-rolled products of iron or non-alloy steel, of a width of 600mm or more, clad, plated or coated:**
	-镀或涂锡的：									-Plated or coated with tin:
7210.1100	--厚度在0.5毫米及以上	10	20	0						--Of a thickness of 0.5mm or more
7210.1200	--厚度小于0.5毫米	5	20	0						--Of a thickness of less than 0.5mm
7210.2000	-镀或涂铅的，包括镀铅锡钢板	4	20	0						-Plated or coated with lead, including terneplate
7210.3000	-电镀锌的	8	20	0				0		-Electrolytically plated or coated with zinc
	-用其他方法镀或涂锌的：									-Otherwise plated or coated with zinc:
7210.4100	--瓦楞形	8	20	0						--Corrugated
7210.4900	--其他	4	20	0				0		--Other

税则号列 Tariff Item	商品名称	最惠国税率(%) M.F.N.	普通税率(%) Gen.	协定税率(%) Conventional 东盟 ASEAN	亚太 APTA	香港 H.K.	澳门 Macao	台湾 Taiwan	出口税率(%) Export	Article Description
7210.5000	-镀或涂氧化铬或铬及氧化铬的	8	20	0						-Plated or coated with chromium oxides or with chromium and chromium oxides
	-镀或涂铝的：									-Plated or coated with aluminium：
7210.6100	--镀或涂铝锌合金的	8	20	0						--Plated or coated with aluminium-zinc alloys
7210.6900	--其他	8	20	0						--Other
	-涂漆或涂塑的：									-Painted, varnished or coated with plastics：
7210.7010	---厚度小于1.5毫米	4	20	0		0				---Of a thickness of less than 1.5mm
7210.7090	---其他	4	20	0		0				---Other
7210.9000	-其他	8	20	0						-Other
72.11	**宽度小于600毫米的铁或非合金钢平板轧材，但未经包覆、镀层或涂层：**									**Flat-rolled products of iron or non-alloy steel, of a width of less than 600mm, not clad, plated or coated：**
	-除热轧外未经进一步加工：									-Not further worked than hot-rolled：
7211.1300	--经四面轧制或在闭合匣内轧制的非卷材，宽度超过150毫米，厚度不小于4毫米，未轧压花纹	6	30	0						--Rolled on four faces or in a closed box pass, of a width exceeding 150mm and a thickness of not less than 4mm, not in coils and without patterns in relief
7211.1400	--其他，厚度在4.75毫米及以上	6	30	0						--Other, of a thickness of 4.75mm or more
7211.1900	--其他	6	30	0						--Other
	-除冷轧外未经进一步加工：									-Not further worked than cold-rolled (cold-reduced)：
7211.2300	--按重量计含碳量低于0.25%	6	30	0						--Containing by weight less than 0.25% of carbon
7211.2900	--其他	6	30	0						--Other
7211.9000	-其他	6	30	0						-Other
72.12	**宽度小于600毫米的铁或非合金钢平板轧材，经包覆、镀层或涂层：**									**Flat-rolled products of iron or non-alloy steel, of a width of less than 600mm, clad, plated or coated：**
7212.1000	-镀或涂锡的	5	20	0						-Plated or coated with tin
7212.2000	-电镀锌的	8	20	0						-Electrolytically plated or coated with zinc
7212.3000	-用其他方法镀或涂锌的	8	20	0						-Otherwise plated or coated with zinc
7212.4000	-涂漆或涂塑的	4	20	0		0				-Painted, varnished or coated with plastics
7212.5000	-镀或涂其他材料的	8	20	0						-Otherwise plated or coated
7212.6000	-经包覆的	8	20	0						-Clad

税则号列 Tariff Item	商品名称	最惠国税率(%) M. F. N.	普通税率(%) Gen.	协定税率(%) Conventional					出口税率(%) Export	Article Description
				东盟 ASEAN	亚太 APTA	香港 H. K.	澳门 Macao	台湾 Taiwan		
72.13	**不规则盘卷的铁及非合金钢的热轧条、杆：**									**Bars and rods, hot-rolled, in irregularly wound coils, of iron or non-alloy steel:**
7213.1000	-带有轧制过程中产生的凹痕、凸缘、槽沟及其他变形的	3	20	0						-Containing indentations, ribs, grooves or other deformations produced during the rolling process
7213.2000	-其他，易切削钢制	3	20	0						-Other, of free-cutting steel
	-其他：									-Other:
7213.9100	--直径小于14毫米圆形截面的	5	20	0	4.3					--Of circular cross-section measuring less than 14mm in diameter
7213.9900	--其他	5	20	0						--Other
72.14	**铁或非合金钢的其他条、杆，除锻造、热轧、热拉拔或热挤压外未经进一步加工，包括轧制后扭曲的：**									**Other bars and rods of iron or non-alloy steel, not further worked than forged, hot rolled, hot-drawn or hot-extruded, but including those twisted after rolling:**
7214.1000	锻造的	7	10	0						-Forged
7214.2000	-带有轧制过程中产生的凹痕、凸缘、槽沟或其他变形以及轧制后扭曲的	3	20	0	0	0				-Containing indentations, ribs, grooves or other deformations produced during the rolling process or twisted after rolling
7214.3000	-其他，易切削钢制	7	20	0						-Other, of free-cutting steel
	-其他：									-Other:
7214.9100	--矩形（正方形除外）截面的	3	20	0						--Of rectangular cross section (other than square)
7214.9900	--其他	3	20	0						--Other
72.15	**铁及非合金钢的其他条、杆：**									**Other bars and rods of iron or non-alloy steel:**
7215.1000	易切削钢制，除冷成形或冷加工外未经进一步加工	7	20	0						-Of free-cutting steel, not further worked than cold-formed or cold-finished
7215.5000	-其他，除冷成形或冷加工外未经进一步加工	7	20	0						-Other not further worked than cold-formed or cold-finished
7215.9000	-其他	3	20	0						-Other
72.16	**铁或非合金钢的角材、型材及异型材：**									**Angles, shapes and sections of iron or non-alloy steel:**
	-槽钢、工字钢及H形钢，除热轧、热拉拔或热挤压外未经进一步加工，截面高度低于80毫米：									-U, I or H sections, not further worked than hot-rolled, hot-drawn or extruded, of a height of less than 80mm:
7216.1010	---H形钢	3	14	0						---H sections
7216.1020	---工字钢	3	14	0						---I sections
7216.1090	---其他	3	14	0						---Other

税则号列 Tariff Item	商品名称	最惠国税率(%) M. F. N.	普通税率(%) Gen.	协定税率(%) Conventional 东盟 ASEAN	亚太 APTA	香港 H. K.	澳门 Macao	台湾 Taiwan	出口税率(%) Export	Article Description
	-角钢及丁字钢，除热轧、热拉拔或热挤压外未经进一步加工，截面高度低于 80 毫米：									-L or T sections, not further workedthan hot-rolled, hot-drawn or extruded, of a height of less than 80mm:
7216.2100	--角钢	6	17	0						--L sections
7216.2200	--丁字钢	6	14	0						--T sections
	-槽钢、工字钢及 H 形钢，除热轧、热拉拔或热挤压外未经进一步加工，截面高度在 80 毫米及以上：									-U, I or H sections, not further worked than hot-rolled, hot-drawn or extruded of a height of 80mm or more:
7216.3100	--槽钢	6	14	0						--U sections
	--工字钢：									--I sections:
7216.3210	---截面高度在 200 毫米以上	6	14	0						---Of a height exceeding 200mm
7216.3290	---其他	6	14	0						---Other
	--H 形钢：									--H sections:
	---截面高度在 200 毫米以上：									---Of a height exceeding 200mm:
7216.3311	----截面高度在 800 毫米以上	6	14	0						----Of a height exceeding 800mm
7216.3319	----其他	6	14	0						----Other
7216.3390	---其他	6	14	0						---Other
	-角钢及丁字钢，除热轧、热拉拔或热挤压外未经进一步加工，截面高度在 80 毫米及以上：									-L or T sections, not further worked than hot-rolled, hot-drawn or extruded, of a height of 80mm or more:
7216.4010	---角钢	3	17	0						---L sections
7216.4020	---丁字钢	3	14	0						---T sections
	-其他角材、型材及异型材，除热轧、热拉拔或热挤压外未经进一步加工：									-Other angles, shapes and sections, not further worked than hot-rolled, hot-drawn or extruded:
7216.5010	---乙字钢	6	14	0						---Z sections
7216.5020	---球扁钢	3	20	0						---Bulb flat steel
7216.5090	---其他	3	20	0						---Other
	-角材、型材及异型材，除冷成形或冷加工外未经进一步加工：									-Angles, shapes and sections, not further worked than cold-formed or cold-finished:
7216.6100	--平板轧材制的	3	20	0						--Obtained from flat-rolled products
7216.6900	--其他	3	20	0						--Other
	-其他：									-Other:
7216.9100	--平板轧材经冷成形或冷加工制的	3	20	0						--Cold-formed or cold-finished from flatrolled products

税则号列 Tariff Item	商品名称	最惠国税率(%) M. F. N.	普通税率(%) Gen.	协定税率(%) Conventional					出口税率(%) Export	Article Description
				东盟 ASEAN	亚太 APTA	香港 H. K.	澳门 Macao	台湾 Taiwan		
7216.9900	--其他	3	20	0						--Other
72.17	**铁丝或非合金钢丝：**									**Wire of iron or non-alloy steel:**
7217.1000	-未经镀或涂层，不论是否抛光	8	40	0				0		-Not plated or coated, whether or not polished
7217.2000	-镀或涂锌的	8	40	0						-Plated or coated with zinc
	-镀或涂其他贱金属的：									-Plated or coated with other base metals:
7217.3010	---镀或涂铜的	8	40	0	6.4					---Plated or coated with copper
7217.3090	---其他	8	40	0	6.4					---Other
7217.9000	-其他	8	40	0		0				-Other
	第三分章 不锈钢									Ⅲ. STAINLESS STEEL
72.18	**不锈钢，锭状或其他初级形状；不锈钢半制成品：**									**Stainless steel in ingots or other peimary forms; semi-finished products of stainless steel:**
7218.1000	-锭状及其他初级形状	2	11	0						-Ingots and other primary forms
	-其他：									-Other:
7218.9100	--矩形（正方形除外）截面的	2	11	0						--Of rectangular (other than square) crosssection
7218.9900	--其他	2	11	0						--Other
72.19	**不锈钢平板轧材，宽度在600毫米及以上：**									**Flat-rolled products of stainless steel, of a width of 600mm or more:**
	-除热轧外未经进一步加工的卷材：									-Not further worked than hot-rolled, in coils:
7219.1100	--厚度超过10毫米	4	14	0						--Of a thickness exceeding 10mm
7219.1200	--厚度在4.75毫米及以上，但不超过10毫米	4	14	0				0		--Of a thickness of 4.75mm or more but not exceeding 10mm
	--厚度在3毫米及以上，但小于4.75毫米：									--Of a thickness of 3mm or more but less than 4.75mm:
	---未经酸洗的：									---Not acid picked:
7219.1312	----按重量计含锰量在5.5%及以上的铬锰系不锈钢	4	14	0						----Containing more than 5.5% by weight of manganese of Ferro chromium manganese steel
7219.1319	----其他	4	14	0				0		----Other
	---经酸洗的：									---Acid pickled:
7219.1322	----按重量计含锰量在5.5%及以上的铬锰系不锈钢	4	14	0						----Containing more than 5.5% by weight of manganese of Ferro-chromium-manganese steel
7219.1329	----其他	4	14	0				0		----Other
	--厚度小于3毫米的：									--Of a thickness of less than 3mm:
	---未经酸洗的：									---Not acid pickled:

税则号列 Tariff Item	商品名称	最惠国税率(%) M. F. N.	普通税率(%) Gen.	协定税率(%) Conventional 东盟 ASEAN	亚太 APTA	香港 H. K.	澳门 Macao	台湾 Taiwan	出口税率(%) Export	Article Description
7219.1412	----按重量计含锰量在5.5%及以上的铬锰系不锈钢	4	14	0						----Containing more than 5.5% by weight of manganese of Ferro-chromium-manganese steel
7219.1419	----其他	4	14	0						----Other
	---经酸洗的：									---Acid pickled：
7219.1422	----按重量计含锰量在5.5%及以上的铬锰系不锈钢	4	14	0						----Containing more than 5.5% by weight of manganese of Ferro-chromium-manganese steel
7219.1429	----其他	4	14	0						----Other
	-除热轧外未经进一步加工的非卷材：									-Not further worked than hot-rolled, not in coils：
7219.2100	--厚度超过10毫米	10	40	0	9.3	0				--Of a thickness exceeding 10mm
7219.2200	--厚度在4.75毫米及以上，但不超过10毫米	10	40	0	9.3	0				--Of a thickness of 4.75mm or more but not exceeding 10mm
7219.2300	--厚度在3毫米及以上，但小于4.75毫米	10	40	0	9.3			0		--Of a thickness of 3mm or more but less than 4.75mm
	--厚度小于3毫米：									--Of a thickness of less than 3mm：
7219.2410	---厚度超过1毫米但小于3毫米	10	40	0	9.3			0		---Of a thickness exceeding 1mm but less than 3mm
7219.2420	---厚度在0.5毫米及以上，但不超过1毫米	10	40	0	9.3					---Of a thickness of 0.5mm or more but not exceeding 1mm
7219.2430	---厚度小于0.5毫米	10	40	0	9.3					---Of a thickness of less than 0.5mm
	-除冷轧外未经进一步加工：									-Not further worked than than cold-rolled (cold-reduced)：
7219.3100	--厚度在4.75毫米及以上	10	40	0				0		--Of a thickness of 4.75mm or more
7219.3200	--厚度在3毫米及以上，但小于4.75毫米	10	40	0				0		--Of a thickness of 3mm or more but less than 4.75mm
	--厚度超过1毫米，但小于3毫米：									--Of a thickness exceeding 1mm but less than 3mm：
7219.3310	---按重量计含锰量在5.5%及以上的铬锰系不锈钢	10	40	0		0		0		---Of chromium-manganese stainless steel, containing by weight 5.5% of manganese or more
7219.3390	---其他	10	40	0		0		0		---Other
7219.3400	--厚度在0.5毫米及以上，但不超过1毫米	10	40	0		0		0		--Of a thickness of 0.5mm or more but not exceeding 1mm
7219.3500	--厚度小于0.5毫米	10	40	0		0		0		--Of a thickness of less than 0.5mm
7219.9000	-其他	10	40	0				0		-Other
72.20	**不锈钢平板轧材，宽度小于600毫米：**									**Flat-rolled products stainless steel, of a width of less than 600mm：**

税则号列 Tariff Item	商品名称	最惠国税率(%) M. F. N.	普通税率(%) Gen.	协定税率(%) Conventional 东盟 ASEAN	亚太 APTA	香港 H. K.	澳门 Macao	台湾 Taiwan	出口税率(%) Export	Article Description
	-除热轧外未经进一步加工：									-Not further worked than hot-rolled：
7220.1100	--厚度在4.75毫米及以上	10	20	0		0				--Of a thickness of 4.75mm or more
7220.1200	--厚度小于4.75毫米	10	20	0						--Of a thickness of less than 4.75mm
	-除冷轧外未经进一步加工：									-Not further worked than cold-rolled (cold-reduced)：
7220.2020	---厚度在0.35毫米及以下	10	20	0						---Of a thickness of 0.35mm or less
7220.2030	---厚度在0.35毫米以上但小于3毫米	10	20	0						---Of a thickness of more than 0.35mm but less than 3mm
7220.2040	---厚度在3毫米及以上	10	20	0						---Other
7220.9000	-其他	10	20	0				0		-Other
72.21	**不规则盘卷的不锈钢热轧条、杆：**									**Bars and rods, hot-rolled, in irregularly wound coils, of stainless steel：**
7221.0000	不规则盘卷的不锈钢热轧条、杆	10	20	0	8					Bars and rods, hot-rolled, in irregularly wound coils, of stainless steel
72.22	**不锈钢其他条、杆；不锈钢角材、型材及异型材：**									**Other bars and rods of stainless steel; angles, shapes and sections of stainless steel：**
	-条、杆，除热轧、热拉拔或热挤压外未经进一步加工：									-Bars and rods, not further worked than hot-rolled, hot-drawn or extruded：
7222.1100	--圆形截面的	10	40	0	9					--Of circular cross-section
7222.1900	--其他	10	40	0	9					--Other
7222.2000	-条、杆，除冷成形或冷加工外未经进一步加工	10	40	0						-Bars and rods, not further worked than cold-formed or cold-finished
7222.3000	-其他条、杆	10	40	0	8.9					-Other bars and rods
7222.4000	-角材、型材及异型材	10	17	0						-Angles, shapes and sections
72.23	**不锈钢丝：**									**Wire of stainless steel：**
7223.0000	不锈钢丝	10	20	0		0				Wire of stainless steel
	第四分章 其他合金钢；合金钢或非合金钢制的空心钻钢									**Ⅳ. OTHER ALLOY STEEL; HOLLOW DRILL BARS AND RODS, OF ALLOY OR NON-ALLOY STEEL**
72.24	**其他合金钢，锭状或其他初级形状；其他合金钢制的半制成品：**									**Other alloy steel in ingots or otherprimary forms; semi-finished products of other alloy steel：**
7224.1000	-锭状及其他初级形状	2	11	0						-Ingots and other primary forms
	-其他：									-Other：

税则号列 Tariff Item	商品名称	最惠国税率(%) M. F. N.	普通税率(%) Gen.	协定税率(%) Conventional					出口税率(%) Export	Article Description
				东盟 ASEAN	亚太 APTA	香港 H. K.	澳门 Macao	台湾 Taiwan		
7224.9010	---单件重量在10吨及以上的粗铸锻件坯	2	11	0						---Raw casting forging stocks, individual piece weight of 10t or more
7224.9090	---其他	2	11	0						---Other
72.25	**其他合金钢平板轧材，宽度在600毫米及以上：**									**Flat-rolled products of other alloy steel, of a width of 600mm or more:**
	-硅电钢制：									-Of silicon-electrical steel:
7225.1100	--取向性硅电钢	3	20	0	2.1					--Grain-oriented
7225.1900	--其他	6	20	0				0		--Other
7225.3000	-其他卷材，除热轧外未经进一步加工	3	14	0						-Other, not further worked than hot-rolled, in coils
	-其他非卷材，除热轧外未经进一步加工：									-Other, not further worked than hot-rolled, not in coils:
7225.4010	---工具钢	3	17	0						---Of tool steels
	---其他：									---Other:
7225.4091	----含硼合金钢	3	17	0						----Of boron-containing alloy steel
7225.4099	----其他	3	17	0						----Other
7225.5000	-其他，除冷轧外未经进一步加工	3	17	0						-Other, not further worked than cold-rolled (cold-reduced)
	-其他：									-Other:
7225.9100	--电镀或涂锌的	7	17	0						--Electrolytically plated or coated with zinc
7225.9200	--用其他方法镀或涂锌的	7	17	0						--Otherwise plated or coated with zinc
	--其他：									--Other:
7225.9910	---高速钢制	3	17	0						---Of high speed steel
7225.9990	---其他	7	17	0						---Other
72.26	**其他合金钢平板轧材，宽度小于600毫米：**									**Flat-rolled products of other alloy steel, of a width of less than 600mm:**
	-硅电钢制：									-Of silicon-electrical steel:
7226.1100	--取向性硅电钢	3	20	0						--Grain-oriented
7226.1900	--其他	3	20	0						--Other
7226.2000	-高速钢制	3	20	0						-Of high speed steel
	-其他：									-Other:
	--除热轧外未经进一步加工：									--Not further worked than hot-rolled:
7226.9110	---工具钢	3	20	0						---Of tool steels
	---其他：									---Other:

税则号列 Tariff Item	商品名称	最惠国税率(%) M. F. N.	普通税率(%) Gen.	协定税率(%) Conventional 东盟 ASEAN	亚太 APTA	香港 H. K.	澳门 Macao	台湾 Taiwan	出口税率(%) Export	Article Description
7226.9191	----含硼合金钢	3	20	0						----Of boron-containing alloy steel
7226.9199	----其他	3	20	0						----Other
7226.9200	--除冷轧外未经进一步加工	3	20	0						--Not further worked than cold-rolled (cold-reduced)
	--其他：									--Other：
7226.9910	---电镀锌的	7	20	0						---Electrolytically plated or coated with zinc
7226.9920	---用其他方法镀或涂锌的	7	20	0						---Otherwise plated or coated with zinc
7226.9990	---其他	7	20	0						---Other
72.27	**不规则盘卷的其他合金钢热轧条、杆：**									**Bars and rods, hot-rolled, in irregularly wound coils, of other alloy steel：**
7227.1000	-高速钢制	3	20	0						-Of high speed steel
7227.2000	-硅锰钢制	6	20	0						-Of silico-manganese steel
	-其他：									-Other：
7227.9010	---含硼合金钢制	3	20	0						---Of boron-containing alloy steel
7227.9090	---其他	3	20	0						---Other
72.28	**其他合金钢条、杆；其他合金钢角材、型材及异型材；合金钢或非合金钢制的空心钻钢：**									**Other bars and rods of other alloy steel; angles, shapes and sections, of other alloy steel; hollow drill bars and rods, of alloy or non-alloy steel：**
7228.1000	-高速钢条、杆	3	20	0						-Bars and rods, of high speed steel
7228.2000	-硅锰钢条、杆	6	20	0						-Bars and rods, of silico-manganese steel
	-其他条、杆，除热轧、热拉拔或热挤压外未经进一步加工：									-Other bars and rods, not further worked than hot-rolled, hot-drawn or extruded：
7228.3010	---含硼合金钢制	3	20	0						---Of boron-containing alloy steel
7228.3090	---其他	3	20	0						---Other
7228.4000	-其他条、杆，除锻造外未经进一步加工	3	20	0						-Other bars and rods, not further worked than forged
7228.5000	-其他条、杆，除冷成形或冷加工外未经进一步加工	3	20	0						-Other bars and rods, not further worked than cold-formed of cold-finished
7228.6000	-其他条、杆	3	20	0						-Other bars and rods
	-角材、型材及异型材：									-Angles, shapes and sections：
7228.7010	---履带板型钢	6	17	0						---Shapes of crawler tread
7228.7090	---其他	6	17	0						---Other

税则号列 Tariff Item	商品名称	最惠国税率(%) M. F. N.	普通税率(%) Gen.	协定税率(%) Conventional 东盟 ASEAN	亚太 APTA	香港 H. K.	澳门 Macao	台湾 Taiwan	出口税率(%) Export	Article Description
7228.8000	-空心钻钢	7	35	0						-Hollow drill bars and rods
72.29	**其他合金钢丝:**									**Wire of other alloy steel:**
7229.2000	-硅锰钢制	7	20	0						-Of silico-manganese steel
	-其他:									-Other:
7229.9010	---高速钢制	3	20	0						---Of high speed steel
7229.9090	---其他	7	20	0						---Other

第七十三章
钢铁制品

Chapter 73
Articles of iron or steel

注释：

一、本章所称“铸铁”，适用于经铸造而得的产品，按重量计其铁元素含量超过其他元素单项含量并与第七十二章注释一（四）所述的钢的化学成分不同。

二、本章所称“丝”，是指热或冷成形的任何截面形状的产品，但其截面尺寸均不超过16毫米。

Chapter Notes:

1. In this Chapter the expression “cast iron” applies to products obtained by casting in which iron predominates by weight over each of the other elements and which do not comply with the chemical composition of steel as defined in Note 1 (d) to Chapter 72.

2. In this Chapter the word “wire” means hot or cold-formed products of any cross-sectional shape, of which no cross-sectional dimension exceeds 16mm.

税则号列 Tariff Item	商品名称	最惠国税率(%) M. F. N.	普通税率(%) Gen.	协定税率(%) Conventional 东盟 ASEAN	亚太 APTA	香港 H. K.	澳门 Macao	台湾 Taiwan	出口税率(%) Export	Article Description
73.01	**钢铁板桩，不论是否钻孔、打眼或组装；焊接的钢铁角材、型材及异型材：**									**Sheet piling of iron or steel, whether or not drilled, punched or made from assembled elements; welded angles, shapes and sections, of iron or steel:**
7301.1000	-钢铁板桩	7	20	0	6.3					-Sheet piling
7301.2000	-角材、型材及异型材	7	30	0						-Angles, shapes and sections
73.02	**铁道及电车道铺轨用钢铁材料（钢轨、护轨、齿轨、道岔尖轨、辙叉、尖轨拉杆及其他岔道段体、轨枕、鱼尾板、轨座、轨座楔、钢轨垫板、钢轨夹、底板、固定板及其他专门用于连接或加固路轨的材料）：**									**Railway or tramway track construction material of iron or steel, the following: rails, check-rails and rack rails, switch blades, crossing frogs, point rods and other crossing pieces, sleepers (cross-ties), fishplates, chairs, chair wedges, sole plates (base plates), rail clips, bedplates, ties and other material specialized for jointing or fixing rails:**
7302.1000	-钢轨	0	14	0						-Rails
7302.3000	-道岔尖轨、辙叉、尖轨拉杆及其他岔道段体	8	17	0						-Switch blades, crossing frogs, point rods and other crossing pieces
7302.4000	-鱼尾板及钢轨垫板	7	17	0						-Fish-plates and sole plates
	-其他：									-Other:
7302.9010	---轨枕	6	14	0	5.1					---Sleepers (cross-ties)
7302.9090	---其他	7	17	0	6					---Other
73.03	**铸铁管及空心异型材：**									**Tubes, pipes and hollow profiles, of cast iron:**
7303.0010	---内径在500毫米及以上的圆形截面管	4	40	0						---Tubes and pipes of circular cross-section, of the internal diameter of 500mm or more

税则号列 Tariff Item	商品名称	最惠国税率(%) M.F.N.	普通税率(%) Gen.	协定税率(%) Conventional 东盟 ASEAN	亚太 APTA	香港 H.K.	澳门 Macao	台湾 Taiwan	出口税率(%) Export	Article Description
7303.0090	---其他	4	40	0						---Other
73.04	**无缝钢铁管及空心异型材(铸铁的除外)：**									**Tubes, pipes and hollow profiles, seamless, of iron (other than cast iron) or steel:**
	-石油或天然气管道管：									-Line pipe of a kind used for oil or gas pipelines:
	--不锈钢制：									--Of stainless steel:
7304.1110	---外径大于等于215.9毫米，但不超过406.4毫米	5	17	0						---Having an outside diameter of 215.9mm or more but not exceeding 406.4mm
7304.1120	---外径超过114.3毫米，但小于215.9毫米	5	17	0						---Having an outside diameter exceeding 114.3mm but less than 215.9mm
7304.1130	---外径不超过114.3毫米	5	17	0						---Having an outside diament not exceeding 114.3mm
7304.1190	---其他	5	17	0						---Other
	--其他：									--Other:
7304.1910	---外径大于等于215.9毫米，但不超过406.4毫米	5	17	0						---Having an outside diameter of 215.9mm or more but not exceeding 406.4mm
7304.1920	---外径超过114.3毫米，但小于215.9毫米	5	17	0						---Having an outside diameter exceeding 114.3mm but less than 215.9mm
7304.1930	---外径不超过114.3毫米	5	17	0						---Having an outside diament not exceeding 114.3mm
7304.1990	---其他	5	17	0						---Other
	-钻探石油及天然气用的套管、导管及钻管：									-Casing, tubing and drill pipe, of a kind used in drilling for oil or gas:
	--不锈钢制钻管：									--Drill pipe of stainless steel:
7304.2210	---外径不超过168.3毫米	4	17	0						---Having an outside diameter not exceeding 168.3mm
7304.2290	---其他	4	17	0						---Other
	--其他钻管：									--Other drill pipe:
7304.2310	---外径不超过168.3毫米	4	17	0						---Having an outside diameter not exceeding 168.3mm
7304.2390	---其他	4	17	0						---Other
7304.2400	--其他不锈钢管	4	17	0	2					--Other, of stainless steel
	--其他：									--Other:
7304.2910	---屈服强度小于552兆帕的	4	17	0	2					---Having an yield strength less than 552MPa
7304.2920	---屈服强度大于等于552兆帕，但小于758兆帕的	4	17	0	2					---Having an yield strength of 552MPa or more but less than 758MPa

税则号列 Tariff Item	商品名称	最惠国税率(%) M. F. N.	普通税率(%) Gen.	协定税率(%) Conventional 东盟 ASEAN	 亚太 APTA	 香港 H. K.	 澳门 Macao	 台湾 Taiwan	出口税率(%) Export	Article Description
7304.2930	---屈服强度大于等于758兆帕的	4	17	0	2					---Having an yield strength of 758MPa or more
	-铁或非合金钢的其他圆形截面管：									-Other, of circular cross-section, of iron or non-alloysteel:
	--冷拔或冷轧的：									--Cold-drawn or cold-rolled (cold-reduced):
7304.3110	---锅炉管	4	17	0						---Boiler tubes and pipes
7304.3120	---地质钻管、套管	8	17	0						---Geologicalcasing and drill pipes
7304.3190	---其他	4	17	0						---Other
	--其他：									--Other:
7304.3910	---锅炉管	4	17	0		0				---Boiler tubes and pipes
7304.3920	---地质钻管、套管	5	17	0		0				---Geological casinganddrill pipes
7304.3990	---其他	4	17	0		0				---Other
	-不锈钢的其他圆形截面管：									-Other, of circular cross-section, of stainless steel:
	--冷拔或冷轧的：									--Cold-drawn or cold-rolled (cold-reduced):
7304.4110	---锅炉管	10	17	0						---Boiler tubes and pipes
7304.4190	---其他	10	40	0						---Other
	--其他：									--Other:
7304.4910	---锅炉管	10	17	0						---Boiler tubes and pipes
7304.4990	---其他	10	40	0						---Other
	-其他合金钢的其他圆形截面管：									-Other, of circular cross-section, of other alloy steel:
	--冷拔或冷轧的：									--Cold-drawn or cold-rolled (cold-reduced):
7304.5110	---锅炉管	4	17	0						---Boiler tubes and pipes
7304.5120	---地质钻管、套管	4	17	0						---Geological casing and drill pipes
7304.5190	---其他	4	17	0						---Other
	--其他：									--Other:
7304.5910	---锅炉管	4	17	0						---Boiler tubes and pipes
7304.5920	---地质钻管、套管	4	17	0						---Geological casing and drill pipes
7304.5990	---其他	4	17	0						---Other
7304.9000	-其他	4	17	0						-Other
73.05	**其他圆形截面钢铁管（例如，焊、铆及用类似方法接合的管），外径超过406.4毫米：**									**Other tubes and pipes (for example, welded, riveted or similarly closed), having circular cross-sections, the external diameter of which exceeds 406.4mm, of iron or steel:**

税则号列 Tariff Item	商品名称	最惠国税率(%) M. F. N.	普通税率(%) Gen.	协定税率(%) Conventional 东盟 ASEAN	亚太 APTA	香港 H. K.	澳门 Macao	台湾 Taiwan	出口税率(%) Export	Article Description
	-石油或天然气管道管：									-Line pipe of a kind used for oil or gas pipelines：
7305.1100	--纵向埋弧焊接的	7	17	0						--Longitudinally submerged arc welded
7305.1200	--其他纵向焊接的	3	17	0						--Other，longitudinally welded
7305.1900	--其他	7	17	0						--Other
7305.2000	-钻探石油或天然气用套管	7	17	0						-Casing of a kind used in drilling for oil or gas
	-其他焊接的：									-Other，welded：
7305.3100	--纵向焊接的	6	30	0						--Longitudinally welded
7305.3900	--其他	6	30	0						--Other
7305.9000	-其他	6	30	0						-Other
73.06	**其他钢铁管及空心异型材(例如，辊缝、焊、铆及类似方法接合的)：**									**Other tubes，pipes and hollow profiles（for example，open seam or welded，riveted or similarly closed），of iron or steel：**
	-石油及天然气管道管：									-Line pipe of a kind used for oil or gas pipelines：
7306.1100	--不锈钢焊缝管	7	17	0						--Welded，of stainless steel
7306.1900	--其他	7	17	0						--Other
	-钻探石油及天然气用的套管及导管：									-Casing and tubing of a kind used in drilling for oil or gas：
7306.2100	--不锈钢焊缝管	3	17	0						--Welded，of stainless steel
7306.2900	--其他	3	17	0						--Other
	-铁或非合金钢的其他圆形截面焊缝管：									-Other，welded，of circular cross-section，of iron or non-alloy steel：
	---外径不超过10毫米的：									---Having an outside diameter not exceeding 10mm：
7306.3011	----壁厚在0.7毫米及以下	3	30	0						----Having a wall thickness of 0.7mm or less
7306.3019	----其他	3	30	0						----Other
7306.3090	---其他	3	30	0						---Other
7306.4000	-不锈钢的其他圆形截面焊缝管	6	30	0						-Other，welded，of circular cross-section，of stainless steel
7306.5000	-其他合金钢的圆形截面焊缝管	3	30	0						-Other，welded，of circular cross-section，of other alloy steel
	-非圆形截面的其他焊缝管：									-Other，welded，of non-circular cross-section：
7306.6100	--矩形或正方形截面的	3	30	0						--Of square or rectangular cross-section

税则号列 Tariff Item	商品名称	最惠国税率(%) M. F. N.	普通税率(%) Gen.	协定税率(%) Conventional 东盟 ASEAN	亚太 APTA	香港 H. K.	澳门 Macao	台湾 Taiwan	出口税率(%) Export	Article Description
7306.6900	--其他非圆形截面的	3	30	0						--Of other non-circular cross-section
7306.9000	-其他	6	30	0						-Other
73.07	**钢铁管子附件（例如，接头、肘管、管套）：**									**Tube or pipe fittings (for example, couplings, elbows, sleeves), of iron or steel:**
	-铸件：									-Cast fittings:
7307.1100	--无可锻性铸铁制	5	20	0						--Of non-malleable cast iron
7307.1900	--其他	8	20	0						--Other
	-其他，不锈钢制：									-Other, of stainless steel:
7307.2100	--法兰	8.4	20	0	6.7					--Flanges
7307.2200	--螺纹肘管、弯管及管套	8.4	20	0		0				--Threaded elbows, bends and sleeves
7307.2300	--对焊件	8.4	20	0						--Butt welding fittings
7307.2900	--其他	8.4	20	0		0				--Other
	-其他：									-Other:
7307.9100	--法兰	7	20	0						--Flanges
7307.9200	--螺纹肘管、弯管及管套	4	20	0						--Threaded elbows, bends and sleeves
7307.9300	--对焊件	7	20	0						--Butt welding fittings
7307.9900	--其他	4	20	0						--Other
73.08	**钢铁结构体（税目94.06的活动房屋除外）及其部件（例如，桥梁及桥梁体段、闸门、塔楼、格构杆、屋顶、屋顶框架、门窗及其框架、门槛、百叶窗、栏杆、支柱及立柱）；上述结构体用的已加工钢铁板、杆、角材、型材、异型材、管子及类似品：**									**Structures (excluding prefabricated buildings of heading 94.06) and parts of structures (for example, bridges and bridge-sections, lock-gates, towers, lattice masts, roofs, roofing frameworks, doors and windows and their frames and thresholds for doors, shutters, balustrades, pillars and columns), of iron or steel; plates, rods, angles, shapes, sections, tubes and the like, prepared for use in structures, of iron or steel:**
7308.1000	-桥梁及桥梁体段	8	30	0						-Bridges and bridge-sections
7308.2000	-塔楼及格构杆	8.4	30	0						-Towers and lattice masts
7308.3000	-门窗及其框架、门槛	10	50	0		0	0			-Doors, windows and their frames and thresholds for doors
7308.4000	-脚手架、模板或坑道支撑用的支柱及类似设备	8.4	30	0						-Equipment for scaffolding, shuttering, propping or pit-propping
7308.9000	-其他	4	30	0		0				-Other

税则号列 Tariff Item	商品名称	最惠国税率(%) M. F. N.	普通税率(%) Gen.	协定税率(%) Conventional 东盟 ASEAN	亚太 APTA	香港 H. K.	澳门 Macao	台湾 Taiwan	出口税率(%) Export	Article Description
73.09	**盛装物料用的钢铁囤、柜、罐、桶及类似容器(装压缩气体或液化气体的除外),容积超过300升,不论是否衬里或隔热,但无机械或热力装置:**									**Reservoirs, tanks, vats and similar containers for any material (other than compressed or liquefied gas), of iron or steel, of a capacity exceeding 300L, whether or not lined or heat-insulated, but not fitted with mechanical or thermal equipment:**
7309.0000	盛装物料用的钢铁囤、柜、罐、桶及类似容器(装压缩气体或液化气体的除外),容积超过300升,不论是否衬里或隔热,但无机械或热力装置	10.5	35	0						Reservoirs, tanks, vats and similar containers for any material (other than compressed or liquefied gas), of iron or steel, of a capacity exceeding 300L, whether or not lined or heat-insulated, but not fitted with mechanical or thermal equipment
73.10	**盛装物料用的钢铁柜、桶、罐、听、盒及类似容器(装压缩气体或液化气体的除外),容积不超过300升,不论是否衬里或隔热,但无机械或热力装置:**									**Tanks, casks, drums, cans, boxes and similar containers, for any material (other than compressed or liquefied gas), of iron or steel, of a capacity not exceeding 300L, whether or not lined or heat-insulated, but not fitted with mechanical or thermal equipment:**
7310.1000	-容积在50升及以上	10.5	40	0		0				-Of a capacity of 50L or more
	-容积在50升以下:									-Of a capacity of less than 50L:
	--焊边或卷边接合的罐:									--Cans which are to be closed by soldering or crimping:
7310.2110	---易拉罐及罐体	17.5	70	0		0				---Tear tab ends and bodies
7310.2190	---其他	17.5	70	0		0				---Other
	--其他:									--Other:
7310.2910	---易拉罐及罐体	17.5	70	0		0				---Tear tab ends and bodies
7310.2990	---其他	17.5	70	0		0				---Other
73.11	**装压缩气体或液化气体用的钢铁容器:**									**Containers for compressed or liquefied gas, of iron or steel:**
7311.0010	---零售包装用	17.5	70	0		0				---For retail packing
7311.0090	---其他	8	17	0		0				---Other
73.12	**非绝缘的钢铁绞股线、绳、缆、编带、吊索及类似品:**									**Stranded wire, ropes, cables, plaited bands, slings and the like, of iron or steel, not electrically insulated:**
7312.1000	-绞股线、绳、缆	4	20	0						-Stranded wire, ropes and cables
7312.9000	-其他	4	20	0						-Other

税则号列 Tariff Item	商品名称	最惠国税率(%) M. F. N.	普通税率(%) Gen.	协定税率(%) Conventional 东盟 ASEAN	亚太 APTA	香港 H. K.	澳门 Macao	台湾 Taiwan	出口税率(%) Export	Article Description
73.13	**带刺钢铁丝；围篱用的钢铁绞带或单股扁丝（不论是否带刺）及松绞的双股丝：**									**Barbed wire of iron or steel; twisted hoop or single flat wire, barbed or not, and loosely twisted double wire, of a kind used for fencing, of iron or steel:**
7313.0000	带刺钢铁丝；围篱用的钢铁绞带或单股扁丝（不论是否带刺）及松绞的双股丝	7	70	0	6.3					Barbed wire of iron or steel; twisted hoop or single flat wire, barbed or not, and loosely twisted double wire, of a kind used for fencing, of iron or steel
73.14	**钢铁丝制的布（包括环形带）、网、篱、格栅；网眼钢铁板：**									**Cloth (including endless bands), grill, netting and fencing, of iron or steel wire; expanded metal of iron or steel:**
	-机织品：									-Woven cloth:
7314.1200	--不锈钢制的机器用环形带	12	20	0						--Endless bands for machinery, of stainless steel
7314.1400	--不锈钢制的其他机织品	12	20	0						--Other woven cloth, of stainless steel
7314.1900	--其他	7	20	0						--Other
7314.2000	-交点焊接的网、篱及格栅，其丝的最大截面尺寸在3毫米及以上，网眼尺寸在100平方厘米及以上	7	70	0		0				-Grill, netting and fencing, welded at the intersection, of wire with a maximum cross-sectional dimension of 3mm or more and having a mesh size of $100cm^2$ or more
	-其他交点焊接的网、篱及格栅：									-Other grill, netting and fencing, weld ed at the intersection:
7314.3100	--镀或涂锌的	7	70	0		0				--Plated or coated with zinc
7314.3900	--其他	7	70	0		0				--Other
	-其他网、篱及格栅：									-Other grill, netting and fencing:
7314.4100	--镀或涂锌的	8	20	0	6					--Plated or coated with zinc
7314.4200	--涂塑的	8	20	0						--Coated whith plastics
7314.4900	--其他	8	20	0						--Other
7314.5000	-网眼钢铁板	8	70	0		0				-Expanded metal
73.15	**钢铁链及其零件：**									**Chain and parts thereof, of iron or steel:**
	-铰接链及其零件：									-Articulated link chain and parts thereof:
	--滚子链：									--Roller chain:
7315.1110	---自行车用	12	80	0		0				---For bicycles
7315.1120	---摩托车用	12	80	0		0				---For motorcycles
7315.1190	---其他	12	80	0		0				---Other

税则号列 Tariff Item	商品名称	最惠国税率(%) M. F. N.	普通税率(%) Gen.	协定税率(%) Conventional 东盟 ASEAN	亚太 APTA	香港 H. K.	澳门 Macao	台湾 Taiwan	出口税率(%) Export	Article Description
7315.1200	--其他链	12	80	0						--Other chain
7315.1900	--零件	12	80	0						--Parts
7315.2000	-防滑链	12	80	0						-Skid chain
	-其他链：									-Other chain：
7315.8100	--日字环节链	12	80	0						--Stud-link
7315.8200	--其他焊接链	12	80	0						--Other，welded link
7315.8900	--其他	12	80	0						--Other
7315.9000	-其他零件	10	80	0						-Other parts
73.16	**钢铁锚、多爪锚及其零件：**									**Anchors，grapnels and parts thereof，of iron or steel：**
7316.0000	钢铁锚、多爪锚及其零件	10	40	0						Anchors，grapnels and parts thereof，of iron or steel
73.17	**钢铁制的钉、平头钉、图钉、波纹钉、U形钉（税目83.05的货品除外）及类似品，不论钉头是否用其他材料制成，但不包括铜头钉：**									**Nails，tacks，drawing pins，corrugated nails，staples（other than those of heading 83.05）and similar articles，of iron or steel，whether or not with heads of other material，but excluding such articles with heads of copper：**
7317.0000	钢铁制的钉、平头钉、图钉、波纹钉、U形钉（税目83.05的货品除外）及类似品，不论钉头是否用其他材料制成，但不包括铜头钉	10	80	0						Nails，tacks，drawing pins，corrugated nails，staples（other than those of heading 83.05）and similar articles，of iron or steel，whether or not with heads of other material，but excluding such articles with heads of copper
73.18	**钢铁制的螺钉、螺栓、螺母、方头螺钉、钩头螺钉、铆钉、销、开尾销、垫圈（包括弹簧垫圈）及类似品：**									**Screws，bolts，nuts，coach screws，screw hooks，rivets，cotters，cotterpins，washers（including spring washers）and similar articles，of iron of steel：**
	-螺纹制品：									-Threaded articles：
7318.1100	--方头螺钉	10	80	0						--Coach screws
7318.1200	--其他木螺钉	10	80	0						--Other wood screws
7318.1300	--钩头螺钉及环头螺钉	10	80	0						--Screw hooks and screw rings
7318.1400	--自攻螺丝	10	80	0						--self-tapping screws
	--其他螺钉及螺栓，不论是否带有螺母或垫圈：									--Other screws and bolts，whether or not with their nuts or washers：
7318.1510	---抗拉强度在800兆帕及以上的	8	80	0	4	0				---Tensile strength≥800MPa
7318.1590	---其他	8	80	0	4	0				---other
7318.1600	--螺母	8	80	0						--Nuts

税则号列 Tariff Item	商　品　名　称	最惠国税率(%) M. F. N.	普通税率(%) Gen.	协定税率(%) Conventional 东盟 ASEAN	亚太 APTA	香港 H. K.	澳门 Macao	台湾 Taiwan	出口税率(%) Export	Article Description
7318.1900	--其他	5	80	0						--Other
	-无螺纹制品：									-Non-threaded articles：
7318.2100	--弹簧垫圈及其他防松垫圈	10	80	0		0				--Spring washers and other lock washers
7318.2200	--其他垫圈	10	80	0						--Other washers
7318.2300	--铆钉	10	80	0		0				--Rivets
7318.2400	--销及开尾销	10	80	0						--Cotters and cotter-pins
7318.2900	--其他	10	80	0						--Other
73.19	**钢铁制的手工缝针、编织针、引针、钩针、刺绣穿孔锥及类似制品；其他税号未列名的钢铁制安全别针及其他别针：**									**Sewing needles, knitting needles, bod-kins, crochet hooks, embroi-dery stilettos and similar articles, for use in the hand, of iron or steel; safety pins and other pins of iron or steel, not elsewhere specified or included:**
	-安全别针及其他别针：									-Safety pins and other pins：
7319.4010	---安全别针	10	90	0			0			---Safety pins
7319.4090	---其他	10	90	0						---Other
7319.9000	-其他	10	80	0						-Other
73.20	**钢铁制弹簧及弹簧片：**									**Springs and leaves for springs, of iron or steel:**
	-片簧及簧片：									-Leaf-springs and leaves thereof：
7320.1010	---铁道车辆用	6	14	0						---For railway locomotives and rollingstock
7320.1020	---汽车用	10	14	0						---For motor vehicles
7320.1090	---其他	10	50	0						---Other
	-螺旋弹簧：									-Helical springs：
7320.2010	---铁道车辆用	6	14	0						---For railway locomotives and rollingstock
7320.2090	其他	10	50	0	8.5					---Other
	-其他：									-Other：
7320.9010	---铁道车辆用	6	14	0						---For railway locomotives and rollingstock
7320.9090	---其他	12	50	0						---Other
73.21	**非电热的钢铁制家用炉、灶（包括附有集中供暖用的热水锅的炉）、烤肉架、烤炉、煤气灶、加热板和类似非电热的家用器具及其零件：**									**Stoves, ranges, grates, cookers (including those with subsidiary boilers for central heating), bar-becues, braziers, gas-rings, plate warmers and similar non-electric domestic appliances, and parts thereof, of iron or steel:**
	-炊事器具及加热板：									-Cooking appliances and plate warmers：

税则号列 Tariff Item	商品名称	最惠国税率(%) M. F. N.	普通税率(%) Gen.	协定税率(%) Conventional 东盟 ASEAN	 亚太 APTA	 香港 H. K.	 澳门 Macao	 台湾 Taiwan	出口税率(%) Export	Article Description
7321.1100	--使用气体燃料或可使用气体燃料及其他燃料的	15	80	0						--For gas fuel or for both gas and other fuels
	--使用液体燃料的：									--For liquid fuel：
7321.1210	---煤油炉	21	80	0						---Kerosene cooking stoves
7321.1290	---其他	21	80	0						---Other
7321.1900	--其他，包括使用固体燃料的	21	80	0						--Other，including appliances for solid fuel
	-其他器具：									-Other appliances：
7321.8100	--使用气体燃料或可使用气体燃料及其他燃料的	23	80	0	13.8					--For gas fuel or for both gas and other fuels
7321.8200	--使用液体燃料的	21	80	0						--For liquid fuel
7321.8900	--其他，包括使用固体燃料的	21	80	0						--Other，including appliances for solid fuel
7321.9000	-零件	12	80	0	9.6					-Parts
73.22	**非电热的钢铁制集中供暖用散热器及其零件；非电热的钢铁制空气加热器、暖气分布器（包括可分布新鲜空气或调节空气的）及其零件，装有电动风扇或鼓风机：**									**Radiators for central heating，not electrically heated，and parts thereof，of iron or steel；air heaters and hot air distributors (including distributors which can also distribute fresh or con-ditioned air)，not electrically heat-ed，incorporating a motor-dirven fan or blower，and parts thereof，of iron or steel：**
	-散热器及其零件：									-Radiators and parts thereof：
7322.1100	--铸铁制	21	80	0						--Of cast iron
7322.1900	--其他	21	80	0						--Other
7322.9000	-其他	20	80	0						-Other
73.23	**餐桌、厨房或其他家用钢铁器具及其零件；钢铁丝绒；钢铁制擦锅器、洗刷擦光用的块垫、手套及类似品：**									**Table，kitchen or other household articles and parts thereof，of iron or steel；iron or steel wool；pot scourers and scouring or polishing pads，gloves and the like，of iron or steel：**
7323.1000	-钢铁丝绒；擦锅器及洗刷擦光用的块垫、手套及类似品	14	80	0						-Iron or steel wool；pot scourers and scouring or polishing pads，gloves and the like
	-其他：									-Other：
7323.9100	--铸铁制，未搪瓷	20	80	0						--Of cast iron，not enamelled
7323.9200	--铸铁制，已搪瓷	20	100	0						--Of cast iron，enamelled
7323.9300	--不锈钢制	12	80	0	8.4	0	0			--Of stainless steel
	--钢铁（铸铁除外）制，已搪瓷：									--Of iron (other than cast iron) or steel，enamelled：
7323.9410	---面盆	20	100	0						---Basin

税则号列 Tariff Item	商　品　名　称	最惠国税率(%) M. F. N.	普通税率(%) Gen.	协定税率（%）Conventional 东盟 ASEAN	 亚太 APTA	 香港 H. K.	 澳门 Macao	 台湾 Taiwan	出口税率(%) Export	Article Description
7323.9420	---烧锅	20	100	0						---Casserole
7323.9490	---其他	20	100	0						---Other
7323.9900	--其他	20	80	0						--Other
73.24	**钢铁制卫生器具及其零件：**									**Sanitary ware and parts thereof, of iron or steel:**
7324.1000	-不锈钢制洗涤槽及脸盆	18	80	0		0				-Sinks and wash basins, of stainless steel
	-浴缸：									-Baths:
7324.2100	--铸铁制，不论是否搪瓷	10	100	0						--Of cast iron, whether or not enamelled
7324.2900	--其他	30	100	0						--Other
7324.9000	-其他，包括零件	25	100	0						-Other, including parts
73.25	**其他钢铁铸造制品：**									**Other cast articles of iron or steel:**
	-无可锻性铸铁制：									-Of non-malleable cast iron:
7325.1010	---工业用	7	40	0						---For technical use
7325.1090	---其他	20	90	0						---Other
	-其他：									-Other:
7325.9100	--研磨机用的研磨球及类似品	10.5	40	0						--Grinding balls and similar articles for mills
	--其他：									--Other:
7325.9910	---工业用	10.5	40	0	8.9					---For technical use
7325.9990	---其他	20	90	0	12					---Other
73.26	**其他钢铁制品：**									**Other articles of iron or steel:**
	-经锻造或冲压，但未经进一步加工：									-Forged or stamped, but not further worked:
7326.1100	--研磨机用的研磨球及类似品	10.5	40	0						--Grinding balls and similar articles for mills
	--其他：									--Other:
7326.1910	---工业用	10.5	40	0						---For technical use
7326.1990	---其他	20	90	0						---Other
	-钢铁丝制品：									-Articles of iron or steel wire:
7326.2010	---工业用	10	40	0	5					---For technical use
7326.2090	---其他	18	90	0	12.6					---Other
	-其他：									-Other:
	---工业用：									---For technical use:
7326.9011	----钢铁纤维及其制品	10.5	40	0	8.9	0				----Steel fibres and articles thereof
7326.9019	----其他	10.5	40	0	8.9	0				----Other
7326.9090	---其他	8	90	0	6.8	0				---Other

第七十四章 铜及其制品

注释：

本章所用有关名词解释如下：

一、精炼铜

按重量计含铜量至少为99.85%的金属；或

按重量计含铜量至少为97.5%，但其他各种元素的含量不超过下表中规定的限量的金属：

其他元素表

元　素		所含重量百分比
Ag	银	0.25
As	砷	0.5
Cd	镉	1.3
Cr	铬	1.4
Mg	镁	0.8
Pb	铅	1.5
S	硫	0.7
Sn	锡	0.8
Te	碲	0.8
Zn	锌	1
Zr	锆	0.3
其他元素①，每种		0.3

①其他元素，例如，铝、铍、钴、铁、锰、镍、硅。

二、铜合金

除未精炼铜以外的金属物质，按重量计含铜量大于其他元素单项含量，但：

（一）按重量计至少有一种其他元素的含量超过上表中规定的限量；或

（二）按重量计其他元素的总含量超过2.5%。

三、铜母合金

含有其他元素，但按重量计含铜量超过10%的合金，该合金无实用可锻性，通常用作生产其他合金的添加剂或冶炼有色金属的脱氧剂、脱硫剂及类似用途。但按重量计含磷量超过15%的磷化铜（磷铜）归入税目28.53。

Chapter 74 Copper and articles thereof

Chapter Notes:

In this Chapter the following expressions have the meanings hereby assigned to them:

1. Refined copper

Metal containing at least 99.85% by weight of copper; or

Metal containing at least 97.5% by weight of copper, provided that the content by weight of any other element does not exceed the limit specified in the following table:

TABLE-Other elements

Element		Limiting content % by weight
Ag	Silver	0.25
As	Arsenic	0.5
Cd	Cadmium	1.3
Cr	Chromium	1.4
Mg	Magnesium	0.8
Pb	Lead	1.5
S	Sulphur	0.7
Sn	Tin	0.8
Te	Tellurium	0.8
Zn	Zinc	1
Zr	Zirconium	0.3
Other elements①, each		0.3

①Other elements are, for example, Al, Be, Co, Fe, Mn, Ni, Si.

2. Copper alloys

Metallic substances other than unrefined copper in which copper predominates by weight over each of the other elements, provided that:

(a) the content by weight of at least one of the other elements is greater than the limit specified in the foregoing table; or

(b) the total content by weight of such other elements exceeds 2.5%.

3. Master alloys

Alloys containing with other elements more than 10% by weight of copper, not usefully malleable and commonly used as an additive in the manufacture of other alloys or as de-oxidants, de-sulphurising agents or for similar uses in the metallurgy of non-ferrous metals. However, copper phosphide (phosphor copper) containing more than 15% by weight of phosphorus falls in heading 28.53.

四、条、杆

轧、挤、拔或锻制的实心产品，非成卷的，其全长截面均为圆形、椭圆形、矩形（包括正方形）、等边三角形或规则外凸多边形（包括相对两边为弧拱形，另外两边为等长平行直线的“扁圆形”及“变形矩形”）。对于矩形（包括正方形）、三角形或多边形截面的产品，其全长边角可经磨圆。矩形（包括“变形矩形”）截面的产品，其厚度应大于宽度的1/10。所述条、杆也包括同样形状及尺寸的铸造或烧结产品。该产品在铸造或烧结后再经加工（简单剪修或去氧化皮的除外），但不具有其他税号所列制品或产品的特征。

4. Bars and rods

Rolled, extruded, drawn or forged products, not in coils, which have a uniform solid cross-section along their whole length in the shape of circles, ovals, rectangles (including squares), equilateral triangles or regular convex polygons (including "flattened circles" and "modified rectangles", of which two opposite sides are convex arcs, the other two sides being straight, of equal length and parallel). Products with a rectangular (including square), triangular or polygonal cross-section may have corners rounded along their whole length. The thickness of such products which have a rectangular (including "modified rectangular") cross-section exceeds one-tenth of the width. The expression also covers cast or sintered products, of the same forms and dimensions, which have been subsequently worked after production (otherwise than by simple trimming or de-scaling), provided that they have not thereby assumed the character of articles or products of other headings.

线锭及坯段，已具锥形尾端或经其他简单加工以便送入机器制成盘条或管子等的，仍应作为未锻轧铜归入税目74.03。

Wire-bars and billets with their ends tapered or otherwise worked simply to facilitate their entry into machines for converting them into, for example, drawing stock (wire-rod) or tubes, are however to be taken to be unwrought copper of heading 74.03.

五、型材及异型材

轧、挤、拔、锻制的产品或其他成型产品，不论是否成卷，其全长截面相同，但与条、杆、丝、板、片、带、箔、管的定义不相符合。同时也包括同样形状的铸造或烧结产品。该产品在铸造或烧结后再经加工（简单剪修或去氧化皮的除外），但不具有其他税号所列制品或产品的特征。

5. Profiles

Rolled, extruded, drawn, forged or formed products, coiled or not, of a uniform cross-section along their whole length, which do not conform to any of the definitions of bars, rods, wire, plates, sheets, strip, foil, tubes or pipes. The expression also covers cast or sintered products, of the same forms, which have been subsequently worked after production (otherwise than by simple trimming or de-scaling), provided that they have not thereby assumed the character of articles or products of other headings.

六、丝

盘卷的轧、挤或拔制实心产品，其全长截面均为圆形、椭圆形、矩形（包括正方形）、等边三角形或规则外凸多边形（包括相对两边为弧拱形，另外两边为等长平行直线的“扁圆形”及“变形矩形”）。对于矩形（包括正方形）、三角形或多边形截面的产品，其全长边角可经磨圆。矩形（包括“变形矩形”）截面的产品，其厚度应大于宽度的1/10。

6. Wire

Rolled, extruded or drawn products, in coils, which have a uniform solid cross-section along their whole length in the shape of circles, ovals, rectangles (including squares), equilateral triangles or regular convex polygons (including "flattened circles" and "modified rectangles", of which two opposite sides are convex arcs, the other two sides being straight, of equal length and parallel). Products with a rectangular (including square), triangular or polygonal cross-section may have corners rounded along their whole length. The thickness of such products which have a rectangular (including "modified rectangular") cross-section exceeds one-tenth of the width.

七、板、片、带、箔

成卷或非成卷的平面产品（税目74.03的未锻轧产品除外），截面均为厚度相同的实心矩形（不包括正方形），不论边角是否磨圆（包括相对两边为弧拱形，另外两边为等长平行直线的"变形矩形"），并且符合以下规格：

（一）矩形（包括正方形）的，厚度不超过宽度的1/10；

（二）矩形或正方形以外形状的，任何尺寸，但不具有其他税号所列制品或产品的特征。

税目74.09及74.10还适用于具有花样（例如，凹槽、肋条形、格槽、珠粒及菱形）的板、片、带、箔以及穿孔、抛光、涂层或制成瓦楞形的这类产品，但不具有其他税号所列制品或产品的特征。

7. Plates, sheets, strip and foil

Flat-surfaced products (other than the unwrought products of heading 74.03), coiled or not, of solid rectangular (other than square) cross-section with or without rounded corners (including "modified rectangles" of which two opposite sides are convex arcs, the other two sides being straight, of equal length and parallel) of a uniform thickness, which are:

(a) Of rectangular (including square) shape with a thickness not exceeding one-tenth of the width;

(b) Of a shape other than rectangular or square, of any size, provided that they do not assume the character of articles or products of other headings.

Headings 74.09 and 74.10 apply, inter alia, to plates, sheets, strip and foil with patterns (for example, grooves, ribs, chequers, tears, buttons, lozenges) and to such products which have been perforated, corrugated, polished or coated, provided that they do not thereby assume the character of articles or products of other headings.

八、管

全长截面及管壁厚度相同并只有一个闭合空间的空心产品，成卷或非成卷的，其截面为圆形、椭圆形、矩形（包括正方形）、等边三角形或规则外凸多边形。对于截面为矩形（包括正方形）、等边三角形或规则外凸多边形的产品，不论全长边角是否磨圆，只要其内外截面为同一圆心并为同样形状及同一轴向，也可视为管子。上述截面的管子可经抛光、涂层、弯曲、攻丝、钻孔、缩腰、胀口、成锥形或装法兰、颈圈或套环。

8. Tubes and pipes

Hollow products, coiled or not, which have a uniform cross-section with only one enclosed void along their whole length in the shape of circles, ovals, rectangles (including squares), equilateral triangles or regular convex polygons, and which have a uniform wall thickness. Products with a rectangular (including square), equilateral triangular or regular convex polygonal cross-section, which may have corners rounded along their whole length, are also to be taken to be tubes and pipes provided the inner and outer cross-sections are concentric and have the same form and orientation. Tubes and pipes of the foregoing cross-sections may be polished, coated, bent, threaded, drilled, waisted, expanded, cone-shaped or fitted with flanges, collars or rings.

子目注释：

本章所用有关名词解释如下：

一、铜锌合金（黄铜）

铜与锌的合金，不论是否含有其他元素。含有其他元素时：

（一）按重量计含锌量应大于其他各种元素的单项含量；

Subheading Note:

In this Chapter the following expressions have the meanings hereby assigned to them:

1. Copper-zinc base alloys (brasses)

Alloys of copper and zinc, with or without other elements. When other elements are present:

(a) zinc predominates by weight over each of such other elements;

（二）按重量计含镍量应低于5%［参见铜镍锌合金（德银）］；以及

（三）按重量计含锡量应低于3%［参见铜锡合金（青铜）］。

(b) any nickel content by weight is less than 5% (see copper-nickel-zinc alloys (nickel silvers)); and

(c) any tin content by weight is less than 3% (see copper-tin alloys (bronzes)).

二、铜锡合金（青铜）

铜与锡的合金，不论是否含有其他元素。含有其他元素时，按重量计含锡量应大于其他各种元素的单项含量。当按重量计含锡量在3%及以上时，锌的含量可大于锡的含量，但必须小于10%。

2. Copper-tin base alloys (bronzes)

Alloys of copper and tin, with or without other elements. When other elements are present, tin predominates by weight over each of such other elements, except that when the tin content is 3% or more the zinc content by weight may exceed that of tin but must be less than 10%.

三、铜镍锌合金（德银）

铜、镍、锌的合金，不论是否含有其他元素，按重量计含镍量在5%及以上［参见铜锌合金（黄铜）］。

3. Copper-nickel-zinc base alloys (nickel silvers)

Alloys of copper, nickel and zinc, with or without other elements. The nickel content is 5% or more by weight (see copper-zinc alloys (brasses)).

四、铜镍合金

铜与镍的合金，不论是否含有其他元素，但按重量计含锌量不得大于1%。含有其他元素时，按重量计含镍量应大于其他各种元素的单项含量。

4. Copper-nickel base alloys

Alloys of copper and nickel, with or without other elements but in any case containing by weight not more than 1% of zinc. When other elements are present, nickel predominates by weight over each of such other elements.

税则号列 Tariff Item	商品名称	最惠国税率(%) M. F. N.	普通税率(%) Gen.	协定税率(%) Conventional 东盟 ASEAN	亚太 APTA	香港 H. K.	澳门 Macao	台湾 Taiwan	出口税率(%) Export	Article Description
74.01	**铜锍；沉积铜（泥铜）：**									**Copper mattes; cement copper (precipitated copper):**
7401.0000	铜锍；沉积铜（泥铜）	2	11	0						Copper mattes; cement copper (precipitated copper)
74.02	**未精炼铜；电解精炼用的铜阳极：**									**Unrefined copper; copper anodes for electrolytic refining:**
7402.0000	未精炼铜；电解精炼用的铜阳极	2	11	0					30	Unrefined copper; copper anodes for electrolytic refining
74.03	**未锻轧的精炼铜及铜合金：**									**Refined copper and copper alloys, unwrought:**
	-精炼铜：									-Refined copper:
	--阴极及阴极型材：									--Cathodes and sections of cathodes:
	---阴极：									---Cathodes:
7403.1111	----按重量计铜含量超过99.9935%的	2	11	0					30	----Containing at least 99.9935% by weight of copper

税则号列 Tariff Item	商品名称	最惠国税率(%) M.F.N.	普通税率(%) Gen.	协定税率(%) Conventional					出口税率(%) Export	Article Description
				东盟 ASEAN	亚太 APTA	香港 H.K.	澳门 Macao	台湾 Taiwan		
7403.1119	----其他	2	11	0					30	----Other
7403.1190	---阴极型材	2	11	0					30	---Sections of cathodes
7403.1200	--线锭	2	11	0					30	--Wire-bars
7403.1300	--坯段	2	11	0					30	--Billets
7403.1900	--其他	2	11	0					30	--Other
	-铜合金：									-Copper alloys：
7403.2100	--铜锌合金（黄铜）	1	14	0			0		30	--Copper-zinc base alloys (brass)
7403.2200	--铜锡合金（青铜）	1	17	0					30	--Copper-tin base alloys (bronze)
7403.2900	--其他铜合金（税目74.05的铜母合金除外）	1	17	0					30	--Other copper alloys other than master alloys of (heading 74.05)
74.04	**铜废碎料：**									**Copper waste and scrap：**
7404.0000	铜废碎料	1.5	11	0		0			30	Copper waste and scrap
74.05	**铜母合金：**									**Master alloys of copper：**
7405.0000	铜母合金	4	17	0		0				Master alloys of copper
74.06	**铜粉及片状粉末：**									**Copper powders and flakes：**
	-非片状粉末：									-Powders of non-lamellar structure：
7406.1010	---精炼铜制	3	14	0						---Of refined copper
7406.1020	---铜镍合金（白铜）或铜镍锌合金（德银）制	6	40	0						---Of copper-nickel base alloys (cupronickel) or copper-nickel-zinc ase alloys (nickel silver)
7406.1030	---铜锌合金（黄铜）制	6	30	0						---Of copper-zinc base alloys (brass)
7406.1040	---铜锡合金（青铜）制	6	30	0						---Of copper-tin base alloys (bronze)
7406.1090	---其他铜合金制	6	30	0						---Other
	-片状粉末：									-Powders of lamellar structure; flakes：
7406.2010	---精炼铜制	4	14	0						---Of refined copper
7406.2020	---铜镍合金（白铜）或铜镍锌合金（德银）制	6	40	0						---Of copper-nickel base alloys (cupronickel) or copper-nickel-zinc base alloys (nickel silver)
7406.2090	---其他铜合金制	6	30	0						---Other
74.07	**铜条、杆、型材及异型材：**									**Copper bars, rods and profiles：**
	-精炼铜制：									-Of refined copper：
7407.1010	---铬锆铜制	4	14	0				0	30	---Of chromium zirconium copper
7407.1090	---其他	4	14	0				0	30	---Other
	-铜合金制：									-Of copper alloys：
	--铜锌合金（黄铜）：									--Of copper-zinc base alloys (brass)：

税则号列 Tariff Item	商 品 名 称	最惠国税率(%) M. F. N.	普通税率(%) Gen.	协定税率(%) Conventional					出口税率(%) Export	Article Description
				东盟 ASEAN	亚太 APTA	香港 H. K.	澳门 Macao	台湾 Taiwan		
	---铜条、杆：									---Copper bars and rods:
7407.2111	----直线度不大于0.5毫米/米	7	20	0			0	0	30	----Straightness≤0.5mm/m
7407.2119	----其他	7	20	0			0	0	30	----Other
7407.2190	---其他	7	20	0			0	0	30	---Other
7407.2900	--其他	7	20	0				0	30	--Other
74.08	**铜丝：**									**Copper wire:**
	-精炼铜制：									-Of refined copper:
7408.1100	--最大截面尺寸超过6毫米	4	14	0	2.8			0	30	--Of which the maximum cross-sectional dimension exceeds 6mm
7408.1900	--其他	4	14	0	3.4	0		0	30	--Other
	-铜合金制：									-Of copper alloys:
7408.2100	--铜锌合金（黄铜）	7	20	0				0	30	--Of copper-zinc base alloys (brass)
	--铜镍合金（白铜）或铜镍锌合金（德银）：									--Of copper-nickel base alloys (cupronickel) or copper-nickel-zinc base alloys (nickel silver):
7408.2210	---铜镍锌铅合金（加铅德银）	8	40	0					30	---Of copper-nickel-zinc-lead base alloys (leaded nickel silver)
7408.2290	---其他	8	40	0					30	---Other
7408.2900	--其他	7	20	0					30	--Other
74.09	**铜板、片及带，厚度超过0.15毫米：**									**Copper plates, sheets and strip, of a thickness exceeding 0.15mm:**
	-精炼铜制：									-Of refined copper:
	--盘卷的：									--In coils:
7409.1110	---含氧量不超过10PPM的	4	14	0					30	---Containing oxygen not exceeding 10PPM
7409.1190	---其他	4	14	0					30	---Other
7409.1900	--其他	4	14	0				0	30	--Other
	-铜锌合金（黄铜）制：									-Of copper-zinc base alloys (brass):
7409.2100	--盘卷的	7	20	0		0		0	30	--In coils
7409.2900	--其他	7	20	0		0		0	30	--Other
	-铜锡合金（青铜）制：									-Of copper-tin base alloys (bronze):
7409.3100	--盘卷的	7	20	0				0	30	--In coils
7409.3900	--其他	7	20	0				0	30	--Other
7409.4000	-铜镍合金（白铜）或铜镍锌合金（德银）制	7	40	0				0	30	-Of copper-nickel base alloys (cupronickel) or copper-nickel-zinc base alloys (nickel silver)
7409.9000	-其他铜合金制	7	20	0		0		0	30	-Of other copper alloys

税则号列 Tariff Item	商品名称	最惠国税率(%) M. F. N.	普通税率(%) Gen.	协定税率(%) Conventional					出口税率(%) Export	Article Description
				东盟 ASEAN	亚太 APTA	香港 H. K.	澳门 Macao	台湾 Taiwan		
74. 10	铜箔（不论是否印花或用纸、纸板、塑料或类似材料衬背），厚度（衬背除外）不超过**0. 15**毫米：									**Copper foil (whether or not printed or backed with paper, paperboard, plastics or similar backing materials) of a thickness (excluding any backing) not exceeding 0. 15mm:**
	-无衬背：									-Not backed:
7410. 1100	--精炼铜制	4	14	0	2. 8	0		0		--Of refined copper
	--铜合金制：									--Of copper alloys:
7410. 1210	---铜镍合金（白铜）或铜镍锌合金（德银）	7	40	0				0		---Of copper-nickel base alloys (cupronickel) or copper-nickel-zinc base alloys (nickel silver)
7410. 1290	---其他	7	20	0				0		---Other
	-有衬背：									-Backed:
	--精炼铜制：									--Of refined copper:
7410. 2110	---印制电路用覆铜板	4	14	0	3. 4	0	0	0		---Copper-clad board used to print circuit
7410. 2190	---其他	4	14	0	3. 4	0	0	0		---Other
	--铜合金制：									--Of copper alloys:
7410. 2210	---铜镍合金（白铜）或铜镍锌合金（德银）	7	40	0						---Of copper-nickel base alloys (cupronickel) or copper-nickel-zin cbase alloys (nickel silver)
7410. 2290	---其他	7	20	0						---Other
74. 11	铜管：									**Copper tubes and pipes:**
	-精炼铜制：									-Of refined copper:
	---外径不超过25毫米的：									---Having an outside diameter not exceeding 25mm:
7411. 1011	----带有螺纹或翅片的	4	14	0	2. 8					----Threaded or with fins
7411. 1019	----其他	4	14	0	2. 8					----Other
7411. 1020	---外径超过70毫米的	4	14	0	2. 8					---Having an outside diameter exceeding 70mm
7411. 1090	---其他	4	14	0	2. 8					---Other
	-铜合金制：									-Of copper alloys:
	--铜锌合金（黄铜）：									--Of copper-zinc base alloys (brass):
7411. 2110	---盘卷的	7	20	0		0				---In coils
7411. 2190	---其他	7	20	0		0				---Other
7411. 2200	--铜镍合金（白铜）或铜镍锌合金（德银）	7	40	0						--Of copper-nickel base alloys (cupronickel) or copper-nickel-zinc base alloys (nickel silver)
7411. 2900	--其他	7	20	0						--Other
74. 12	铜制管子附件（例如，接头、肘管、管套）：									**Copper tube or pipe fittings (for example, couplings, elbows, sleeves):**

税则号列 Tariff Item	商品名称	最惠国税率(%) M. F. N.	普通税率(%) Gen.	协定税率(%) Conventional 东盟 ASEAN	亚太 APTA	香港 H. K.	澳门 Macao	台湾 Taiwan	出口税率(%) Export	Article Description
7412.1000	-精炼铜制	4	14	0						-Of refined copper
	-铜合金制：									-Of copper alloys:
7412.2010	---铜镍合金（白铜）或铜镍锌合金（德银）	7	40	0	6					---Of copper-nickel base alloys (cupronickel) or copper-nickel-zinc base alloys (nickel silver)
7412.2090	---其他	7	20	0	6					---Other
74.13	**非绝缘的铜丝绞股线、缆、编带及类似品：**									**Stranded wire, cables, plaited bands and the like, of copper, not electrically insulated:**
7413.0000	非绝缘的铜丝绞股线、缆、编带及类似品	5	14	0						Stranded wire, cables plaited bands and the like, of copper, not electrically insulated
74.15	**铜制或钢铁制带铜头的钉、平头钉、图钉、U形钉（税目83.05的货品除外）及类似品；铜制螺钉、螺栓、螺母、钩头螺钉、铆钉、销、开尾销、垫圈（包括弹簧垫圈）及类似品：**									**Nails, tacks, drawing pins, staples (other than those of heading 83.05) and similar articles, of copper or of iron or steel with heads of copper; screws, bolts, nuts, screw hooks, rivets, cotters, cotter-pins, washers (including spring washers) and similar articles, of copper:**
7415.1000	-钉、平头钉、图钉、U形钉及类似品	8	80	0						-Nails and tacks, drawing pins, staples and similar articles
	-其他无螺纹制品：									-Other articles, not threaded:
7415.2100	--垫圈（包括弹簧垫圈）	10	80	0		0				--Washers (including spring washers)
7415.2900	--其他	10	80	0		0				--Other
	-其他螺纹制品：									-Other threaded articles:
	--螺钉；螺栓及螺母：									--Screws; bolts and nuts:
7415.3310	---木螺钉	8	80	0		0				---Screws for wood
7415.3390	---其他	8	80	0		0				---Other
7415.3900	--其他	10	80	0		0				--Other
74.18	**餐桌、厨房或其他家用铜制器具及其零件；铜制刷锅器、洗刷擦光用的块垫、手套及类似品；铜制卫生器具及其零件：**									**Table, kitchen or other household articles and parts thereof, of copper; potscourers and scouring or polishing pads, gloves and the like, of copper; sanitary ware and parts thereof, of copper:**
	-餐桌、厨房或其他家用器具及其零件；擦锅器及洗刷擦光用的块垫、手套及类似品：									-Table, kitchen or other household articles and parts thereof; pot scourers and scouring or polishing pads, gloves and the like:

税则号列 Tariff Item	商品名称	最惠国税率(%) M. F. N.	普通税率(%) Gen.	协定税率(%) Conventional 东盟 ASEAN	亚太 APTA	香港 H. K.	澳门 Macao	台湾 Taiwan	出口税率(%) Export	Article Description
7418.1010	---擦锅器及洗刷擦光用的块垫、手套及类似品	18	80	0						---Pot scourers and scouring or polishing pads, gloves and the like
7418.1020	---非电热的铜制家用烹饪器具及其他零件	20	80	0						---Cooking apparatus of a kind used for domestic purposes, non-electric, and parts thereof, of copper
7418.1090	---其他	18	80	0						---Other
7418.2000	-卫生器具及其零件	18	80	0						-Sanitary ware and parts thereof
74.19	**其他铜制品：**									**Other articles of copper:**
7419.1000	-链条及其零件	14	80	0		0				-Chain and parts thereof
	-其他：									-Other:
	--铸造、模压、冲压或锻造，但未经进一步加工的：									--Cast, moulded, stamped or forged, but not further worked:
7419.9110	---工业用	10	40	0						---For technical use
7419.9190	---其他	20	80	0						---Other
	--其他：									--Other:
7419.9920	---铜弹簧	10	40	0						---Copper springs
7419.9930	---铜丝制的布（包括环形带）	7	80	0						---Cloth (including endless hands), of copper wire
7419.9940	---铜丝制的网、格栅，网眼铜板	8	20	0						---Grill and netting, of copper wire; expanded metal, of copper
7419.9950	---非电热的铜制家用供暖器具及其零件	20	80	0						---Heating apparatus of a kind used for domestic purposes, non-electric, and parts thereof, of copper
	---其他：									---Other:
7419.9991	----工业用	10	40	0	8.5					----For technical use
7419.9999	----其他	20	80	0	17					----Other

第七十五章
镍及其制品

注释：

本章所用有关名词解释如下：

一、条、杆

轧、挤、拔或锻制的实心产品，非成卷的，其全长截面均为圆形、椭圆形、矩形（包括正方形）、等边三角形或规则外凸多边形（包括相对两边为弧拱形，另外两边为等长平行直线的“扁圆形”及“变形矩形”）。对于矩形（包括正方形）、三角形或多边形截面的产品，其全长边角可经磨圆。矩形（包括“变形矩形”）截面的产品，其厚度应大于宽度的1/10。所述条、杆也包括同样形状及尺寸的铸造或烧结产品。该产品在铸造或烧结后再经加工（简单剪修或去氧化皮的除外），但不具有其他税号所列制品或产品的特征。

二、型材及异型材

轧、挤、拔、锻制的产品或其他成型产品，不论是否成卷，其全长截面相同，但与条、杆、丝、板、片、带、箔、管的定义不相符合。同时也包括同样形状的铸造或烧结产品。该产品在铸造或烧结后再经加工（简单剪修或去氧化皮的除外），但不具有其他税号所列制品或产品的特征。

三、丝

盘卷的轧、挤或拔制实心产品，其全长截面均为圆形、椭圆形、矩形（包括正方形）、等边三角形或规则外凸多边形（包括相对两边为弧拱形，另外两边为等长平行直线的“扁圆形”及“变形矩形”）。对于矩形（包括正方形）、三角形或多边形截面的产品，其全长边角可经磨圆。矩形（包括“变形矩形”）截面的产品，其厚度应大于宽度的1/10。

Chapter 75
Nickel and articles thereof

Chapter Notes:

In this Chapter the following expressions have the meanings hereby assigned to them:

1. Bars and rods

Rolled, extruded, drawn or forged products, not in coils, which have a uniform solid cross-section along their whole length in the shape of circles, ovals, rectangles (including squares), equilateral triangles or regular convex polygons (including “flattened circles” and “modified rectangles”, of which two opposite sides are convex arcs, the other two sides being straight, of equal length and parallel). Products with a rectangular (including square), triangular or polygonal cross-section may have corners rounded along their whole length. The thickness of such products which have a rectangular (including “modified rectangular”) cross-section exceeds one-tenth of the width. The expression also covers cast or sintered products, of the same forms and dimensions, which have been subsequently worked after production (otherwise than by simple trimming or de-scaling), provided that they have not thereby assumed the character of articles or products of other headings.

2. Profiles

Rolled, extruded, drawn, forged or formed products, coiled or not, of a uniform cross-section along their whole length, which do not conform to any of the definitions of bars, rods, wire, plates, sheets, strip, foil, tubes or pipes. The expression also covers cast or sintered products, of the same forms, which have been subsequently worked after production (otherwise than by simple trimming or de-scaling), provided that they have not thereby assumed the character of articles or products of other headings.

3. Wire

Rolled, extruded or drawn products, in coils, which have a uniform solid cross-section along their whole length in the shape of circles, ovals, rectangles (including squares), equilateral triangles or regular convex polygons (including “flattened circles” and “modified rectangles”, of which two opposite sides are convex arcs, the other two sides being straight, of equal length and parallel). Products with a rectangular (including square), triangular or polygonal cross-section may have corners rounded along their whole length.

The thickness of such products which have a rectangular (including "modified rectangular") cross-section exceeds one-tenth of the width.

四、板、片、带、箔

成卷或非成卷的平面产品（税目75.02的未锻轧产品除外），截面均为厚度相同的实心矩形（不包括正方形），不论边角是否磨圆（包括相对两边为弧拱形，另外两边为等长平行直线的“变形矩形”），并且符合以下规格：

（一）矩形（包括正方形）的，厚度不超过宽度的1/10；

（二）矩形或正方形以外形状的，任何尺寸，但不具有其他税号所列制品或产品的特征。

税目75.06还适用于具有花样（例如，凹槽、肋条形、格槽、珠粒及菱形）的板、片、带、箔以及穿孔、抛光、涂层或制成瓦楞形的这类产品，但不具有其他税号所列制品或产品的特征。

4. Plates, sheets, strip and foil

Flat-surfaced products (other than the unwrought products of heading 75.02), coiled or not, of solid rectangular (other than square) cross-section with or without rounded corners (including "modified rectangles" of which two opposite sides are convex arcs, the other two sides being straight, of equal length and parallel) of a uniform thickness, which are:

(a) Of rectangular (including square) shape with a thickness not exceeding one-tenth of the width;

(b) Of a shape other than rectangular or square, of any size, provided that they do not assume the character of articles or products of other headings.

Heading 75.06 applies, inter alia, to plates, sheets, strip and foil with patterns (for example, grooves, ribs, chequers, tears, buttons, lozenges) and to such products which have been perforated, corrugated, polished or coated, provided that they do not thereby assume the character of articles or products of other headings.

五、管

全长截面及管壁厚度相同并只有一个闭合空间的空心产品，成卷或非成卷的，其截面为圆形、椭圆形、矩形（包括正方形）、等边三角形或规则外凸多边形。对于截面为矩形（包括正方形）、等边三角形或规则外凸多边形的产品，不论全长边角是否磨圆，只要其内外截面为同一圆心并为同样形状及同一轴向，也可视为管子。上述截面的管子可经抛光、涂层、弯曲、攻丝、钻孔、缩腰、胀口、成锥形或装法兰、颈圈或套环。

5. Tubes and pipes

Hollow products, coiled or not, which have a uniform cross-section with only one enclosed void along their whole length in the shape of circles, ovals, rectangles (including squares), equilateral triangles or regular convex polygons, and which have a uniform wall thickness. Products with a rectangular (including square), equilateral triangular, or regular convex polygonal cross-section, which may have corners rounded along their whole length, are also to be considered as tubes and pipes provided the inner and outer cross-sections are concentric and have the same form and orientation. Tubes and pipes of the foregoing cross-sections may be polished, coated, bent, threaded, drilled, waisted, expanded, cone-shaped or fitted with flanges, collars or rings.

子目注释：

一、本章所用有关名词解释如下：

（一）非合金镍

按重量计镍及钴的含量至少为99%的金属，但：

1. 按重量计含钴量不超过1.5%；以及

Subheading Notes:

1. In this Chapter the following expressions have the meanings hereby assigned to them:

(a) Nickel, not alloyed

Metal containing by weight at least 99% of nickel plus cobalt, provided that:

(i) the cobalt content by weight does not ex-

2. 按重量计其他各种元素的含量不超过下表中规定的限量：

ceed 1.5%；and

(ii) the content by weight of any other element does not exceed the limit specified in the following table：

其他元素表

元 素	所含重量百分比
Fe 铁	0.5
O 氧	0.4
其他元素，每种	0.3

TABLE-Other elements

Element	Limiting content % by weight
Fe Iron	0.5
O Oxygen	0.4
Other elements，each	0.3

（二）镍合金

按重量计含镍量大于其他元素单项含量的金属物质，但：

1. 按重量计含钴量超过1.5%；

2. 按重量计至少有一种其他元素的含量超过上表中规定的限量；或

3. 除镍及钴以外，按重量计其他元素的总含量超过1%。

(b) Nickel alloys

Metallic substances in which nickel predominates by weight over each of the other elements provided that：

(i) the content by weight of cobalt exceeds 1.5%；

(ii) the content by weight of at least one of the other elements is greater than the limit specified in the foregoing table；or

(iii) the total content by weight of elements other than nickel plus cobalt exceeds 1%.

二、子目7508.10所称"丝"，不受本章注释三的限制，仅适用于截面尺寸不超过6毫米的任何截面形状的产品，不论是否盘卷。

2. Notwithstanding the provisions of Chapter Note 3，for the purposes of subheading 7508.10 the term "wire" applies only to products，whether or not in coils，of any cross-sectional shape，of which no cross-sectional dimension exceeds 6mm.

税则号列 Tariff Item	商品名称	最惠国税率(%) M.F.N.	普通税率(%) Gen.	协定税率(%) Conventional 东盟 ASEAN	亚太 APTA	香港 H.K.	澳门 Macao	台湾 Taiwan	出口税率(%) Export	Article Description
75.01	**镍锍、氧化镍烧结物及镍冶炼的其他中间产品：**									**Nickel mattes，nickel oxide sinters and other intermediate products of nickel metallurgy：**
7501.1000	-镍锍	3	11	0						-Nickel mattes
	-氧化镍烧结物及镍冶炼的其他中间产品：									-Nickel oxide sinters and other intermediate products of nickel metallurgy：
7501.2010	---镍湿法冶炼中间品	3	11	0						---Intermediate products of nickel metallurgy by wet process
7501.2090	---其他	3	11	0						---Other
75.02	**未锻轧镍：**									**Unwrought nickel：**
	-非合金镍：									-Nickel，not alloyed：
7502.1010	---按重量计镍、钴总量在99.99%及以上的，但钴含量不超过0.005%	3	11	0					40	---Containing 99.99% or more by total weight of nickel and cobalt，but containing cobalt not exceeding 0.005%
7502.1090	---其他	3	11	0					40	---Other

税则号列 Tariff Item	商品名称	最惠国税率(%) M. F. N.	普通税率(%) Gen.	协定税率(%) Conventional 东盟 ASEAN	亚太 APTA	香港 H. K.	澳门 Macao	台湾 Taiwan	出口税率(%) Export	Article Description
7502.2000	-镍合金	3	11	0					40	-Nickel, alloys
75.03	**镍废碎料:**									**Nickel waste and scrap:**
7503.0000	镍废碎料	1.5	11	0						Nickel waste and scrap
75.04	**镍粉及片状粉末:**									**Nickel powders and flakes:**
7504.0010	---非合金镍粉及片状粉末	4	17	0						---Nickel powders and flakes, not alloyed
7504.0020	---合金镍粉及片状粉末	4	17	0						---Nickel powders and flakes, alloys
75.05	**镍条、杆、型材及异型材或丝:**									**Nickel bars, rods, profiles and wire:**
	-条、杆、型材及异型材:									-Bars, rods and profiles:
7505.1100	--非合金镍制	6	14	0						--Of nickel, not alloyed
7505.1200	--镍合金制	6	14	0						--Of nickel alloys
	-丝:									-Wire:
7505.2100	--非合金镍制	6	17	0						--Of nickel, not alloyed
7505.2200	--镍合金制	6	17	0						--Of nickel alloys
75.06	**镍板、片、带、箔:**									**Nickel plates, sheets, strip and foil:**
7506.1000	-非合金镍制	6	14	0						-Of nickel, not alloyed
7506.2000	-镍合金制	6	14	0		0				-Of nickel alloys
75.07	**镍管及管子附件(例如,接头、肘管、管套):**									**Nickel tubes, pipes and tube or pipe fittings (for example, couplings, elbows, sleeves):**
	-镍管:									-Tubes and pipes:
7507.1100	--非合金镍制	6	17	0						--Of nickel, not alloyed
7507.1200	--镍合金制	6	17	0						--Of nickel alloys
7507.2000	-管子附件	6	17	0						-Tube or pipe fittings
75.08	**其他镍制品:**									**Other articles of nickel:**
	-镍丝布、网及格栅:									-Cloth, grill and netting, of nickel wire:
7508.1010	---镍丝布	6	20	0						---Wire cloth
7508.1080	---其他工业用镍制品	6	40	0						---Other articles of nickel, for technical use
7508.1090	---其他	6	70	0						---Other
	-其他:									-Other:
7508.9010	---电镀用镍阳极	4	14	0					40	---Electroplating anodes
7508.9080	---其他工业用镍制品	6	40	0						---Other articles of nickel, for technical use
7508.9090	---其他	6	70	0						---Other

第七十六章 铝及其制品

Chapter76 Aluminium and articles thereof

注释：

本章所用有关名词解释如下：

一、条、杆

轧、挤、拔或锻制的实心产品，非成卷的，其全长截面均为圆形、椭圆形、矩形（包括正方形）、等边三角形或规则外凸多边形（包括相对两边为弧拱形，另外两边为等长平行直线的“扁圆形”及“变形矩形”）。对于矩形（包括正方形）、三角形或多边形截面的产品，其全长边角可经磨圆。矩形（包括“变形矩形”）截面的产品，其厚度应大于宽度的1/10。所述条、杆也包括同样形状及尺寸的铸造或烧结产品。该产品在铸造或烧结后再经加工（简单剪修或去氧化皮的除外），但不具有其他税号所列制品或产品的特征。

二、型材及异型材

轧、挤、拔、锻制的产品或其他成型产品，不论是否成卷，其全长截面相同，但与条、杆、丝、板、片、带、箔、管的定义不相符合。同时也包括同样形状的铸造或烧结产品。该产品在铸造或烧结后再经加工（简单剪修或去氧化皮的除外），但不具有其他税号所列制品或产品的特征。

三、丝

盘卷的轧、挤或拔制实心产品，其全长截面均为圆形、椭圆形、矩形（包括正方形）、等边三角形或规则外凸多边形（包括相对两边为弧拱形，另外两边为等长平行直线的“扁圆形”及“变形矩形”）。对于矩形（包括正方形）、三角形或多边形截面的产品，其全长边角可经磨圆。矩形（包括“变形矩形”）截面的产品，其厚度应大于宽度的1/10。

Chapter Notes:

In this Chapter the following expressions have the meanings hereby assigned to them:

1. Bars and rods

Rolled, extruded, drawn or forged products, not in coils, which have a uniform solid cross-section along their whole length in the shape of circles, ovals, rectangles (including squares), equilateral triangles or regular convex polygons (including "flattened circles" and "modified rectangles", of which two opposite sides are convex arcs, the other two sides being straight, of equal length and parallel). Products with a rectangular (including square), triangular or polygonal cross-section may have corners rounded along their whole length. The thickness of such products which have a rectangular (including "modified rectangular") cross-section exceeds one-tenth of the width. The expression also covers cast or sintered products, of the same forms and dimensions, which have been subsequently worked after production (otherwise than by simple trimming or de-scaling), provided that they have not thereby assumed the character of articles or products of other headings.

2. Profiles

Rolled, extruded, drawn, forged or formed products, coiled or not, of a uniform cross-section along their whole length, which do not conform to any of the definitions of bars, rods, wire, plates, sheets, strip, foil, tubes or pipes. The expression also covers cast or sintered products, of the same forms, which have been subsequently worked after production (otherwise than by simple trimming or de-scaling), provided that they have not thereby assumed the character of articles or products of other headings.

3. Wire

Rolled, extruded or drawn products, in coils, which have a uniform solid cross-section along their whole length in the shape of circles, ovals, rectangles (including squares), equilateral triangles or regular convex polygons (including "flattened circles" and "modified rectangles", of which two opposite sides are convex arcs, the other two sides being straight, of equal length and parallel). Products with a rectangular (including square), triangular or polygonal cross-section may have corners rounded along their whole length. The thickness of such products which have a rectangular (including "modified rectangular") cross-section exceeds one-tenth of the width.

四、板、片、带、箔

成卷或非成卷的平面产品（税目 76.01 的未锻轧产品除外），截面均为厚度相同的实心矩形（不包括正方形），不论边角是否磨圆（包括相对两边为弧拱形，另外两边为等长平行直线的“变形矩形”），并且符合以下规格：

（一）矩形（包括正方形）的，厚度不超过宽度的 1/10；

（二）矩形或正方形以外形状的，任何尺寸，但不具有其他税号所列制品或产品的特征。

税目 76.06 和 76.07 还适用于具有花样（例如，凹槽、肋条形、格槽、珠粒及菱形）的板、片、带、箔以及穿孔、抛光、涂层或制成瓦楞形的这类产品，但不具有其他税号所列制品或产品的特征。

4. Plates, sheets, strip and foil

Flat-surfaced products (other than the unwrought products of heading 76.01), coiled or not, of solid rectangular (other than square) cross-section with or without rounded corners (including "modified rectangles" of which two opposite sides are convex arcs, the other two sides being straight, of equal length and parallel) of a uniform thickness, which are:

(a) Of rectangular (including square) shape with a thickness not exceeding one-tenth of the width,

(b) Of a shape other than rectangular or square, of any size, provided that they do not assume the character of articles or products of other headings.

Headings 76.06 and 76.07 apply, inter alia, to plates, sheets, strip and foil with patterns (for example, grooves, ribs, chequers, tears, buttons, lozenges) and to such products which have been perforated, corrugated, polished or coated, provided that they do not thereby assume the character of articles or products of other headings.

五、管

全长截面及管壁厚度相同并只有一个闭合空间的空心产品，成卷或非成卷的，其截面为圆形、椭圆形、矩形（包括正方形）、等边三角形或规则外凸多边形。对于截面为矩形（包括正方形）、等边三角形或规则外凸多边形的产品，不论全长边角是否磨圆，只要其内外截面为同一圆心并为同样形状及同一轴向，也可视为管子。上述截面的管子可经抛光、涂层、弯曲、攻丝、钻孔、缩腰、胀口、成锥形或装法兰、颈圈或套环。

5. Tubes and pipes

Hollow products, coiled or not, which have a uniform cross-section with only one enclosed void along their whole length in the shape of circles, ovals, rectangles (including squares), equilateral triangles or regular convex polygons, and which have a uniform wall thickness. Products with a rectangular (including square), equilateral triangular or regular convex polygonal cross-section, which may have corners rounded along their whole length, are also to be considered as tubes and pipes provided the inner and outer cross-sections are concentric and have the same form and orientation. Tubes and pipes of the foregoing cross-sections may be polished, coated, bent, threaded, drilled, waisted, expanded, cone-shaped or fitted with flanges, collars or rings.

子目注释：

一、本章所用有关名词解释如下：

（一）非合金铝

按重量计含铝量至少为99%的金属，但其他各种元素的含量不超过下表中规定的限量：

其他元素表

元　素	所含重量百分比
Fe+Si（铁+硅）	1
其他元素①，每种	0.1②

①其他元素，例如，铬、铜、镁、锰、镍、锌。

②含铜成分可大于0.1%，但不得大于0.2%，且铬和锰的含量均不得超过0.05%。

（二）铝合金

按重量计含铝量大于其他元素单项含量的金属物质，但：

1. 按重量计至少有一种其他元素或铁加硅的含量大于上表中规定的限量；或

2. 按重量计其他元素的总含量超过1%。

二、子目7616.91所称“丝”，不受本章注释三的限制，仅适用于截面尺寸不超过6毫米的任何截面形状的产品，不论是否盘卷。

Subheading Notes:

1. In this Chapter the following expressions have the meanings hereby assigned to them:

(a) Aluminium, not alloyed

Metal containing by weight at least 99% of aluminium, provided that the content by weight of any other element does not exceed the limit specified in the following table:

TABLE-Other elements

Element	Limiting content % by weight
Fe+Si (iron plus silicon)	1
Other elements①, each	0.1②

① Other elements are, for example, Cr, Cu, Mg, Mn, Ni, Zn.

② Copper is permitted in a proportion greater than 0.1% but not more than 0.2%, provided that neither the chromium nor manganese content exceeds 0.05%.

(b) Aluminium alloys

Metallic substances in which aluminium predominates by weight over each of the other elements, provided that:

(i) the content by weight of at least one of the other elements or of iron plus silicon taken together is greater than the limit specified in the foregoing table; or

(ii) the total content by weight of such other elements exceeds 1%.

2. Notwithstanding the provisions of Chapter Note 3, for the purposes of subheading 7616.91 the term "wire" applies only to products, whether or not in coils, of any cross-sectional shape, of which no cross-sectional dimension exceeds 6mm.

税则号列 Tariff Item	商品名称	最惠国税率(%) M.F.N.	普通税率(%) Gen.	协定税率(%) Conventional 东盟 ASEAN	亚太 APTA	香港 H.K.	澳门 Macao	台湾 Taiwan	出口税率(%) Export	Article Description
76.01	**未锻轧铝：**									**Unwrought aluminium:**
	-非合金铝：									-Aluminium, not alloyed:
7601.1010	---按重量计含铝量在99.95%及以上	5	14	0		0			30	---Containing by weight 99.95% or more of aluminium
7601.1090	---其他	5	14	0		0			30	---Other
7601.2000	-铝合金	7	14	0	6		0		30	-Aluminium alloys
76.02	**铝废碎料：**									**Aluminium waste and scrap:**
7602.0000	铝废碎料	1.5	14	0		0			30	Aluminium waste and scrap
76.03	**铝粉及片状粉末：**									**Aluminium powders and flakes:**
7603.1000	-非片状粉末	6	30	0						-Powders of non-lamellar structure

税则号列 Tariff Item	商品名称	最惠国税率(%) M. F. N.	普通税率(%) Gen.	协定税率(%) Conventional 东盟 ASEAN	亚太 APTA	香港 H. K.	澳门 Macao	台湾 Taiwan	出口税率(%) Export	Article Description
7603.2000	-片状粉末	7	30	0						-Powders of lamellar structure; flakes
76.04	**铝条、杆、型材及异型材：**									**Aluminium bars, rods and profiles:**
	-非合金铝制：									-Of aluminium, not alloyed:
7604.1010	---铝条、杆	5	30	0					20	---Bars and rods
7604.1090	---其他	5	30	0					20	---Other
	-铝合金制：									-Of aluminium alloys:
7604.2100	--空心异型材	5	30	0					20	--Hollow profiles
	--其他：									--Other:
7604.2910	---铝合金条、杆	5	30	0	3.5				20	---Bars and rods
7604.2990	---其他	5	30	0	3.5				20	---Other
76.05	**铝丝：**									**Aluminium wire:**
	-非合金铝制：									-Of aluminium, not alloyed:
7605.1100	--最大截面尺寸超过7毫米	8	17	0					20	--Of which the maximum cross-sectional dimension exceeding 7mm
7605.1900	--其他	8	17	0	6.8	0			20	--Other
	-铝合金制：									-Of aluminium alloys:
7605.2100	--最大截面尺寸超过7毫米	8	17	0					20	--Of which the maximum cross-sectional dimension exceeding 7mm
7605.2900	--其他	8	17	0					20	--Other
76.06	**铝板、片及带，厚度超过0.2毫米：**									**Aluminium plates, sheets and strip, of a thickness exceeding 0.2mm:**
	-矩形（包括正方形）：									-Rectangular (including square):
	--非合金铝制：									--Of aluminium, not alloyed:
	---厚度在0.30毫米及以上，但不超过0.36毫米：									---Of a thickness of 0.30mm or more but not exceeding 0.36mm:
7606.1121	----铝塑复合的	6	50	0	4.2				20	----Aluminium-plastic composite
7606.1129	----其他	6	50	0	4.2				20	----Other
	---其他：									---Other:
7606.1191	----铝塑复合的	6	30	0	4.2	0		0	20	----Aluminium-plastic composite
7606.1199	----其他	6	30	0	4.2	0		0	20	----Other
	--铝合金制：									--Of aluminium alloys:
7606.1220	---厚度小于0.28毫米	6	30	0	4.2	0		0	20	---Of a thickness less than 0.28mm
7606.1230	---厚度在0.28毫米及以上，但不超过0.35毫米	6	30	0	4.2	0		0	20	---Of a thickness of 0.28mm or more but not exceeding 0.35mm

税则号列 Tariff Item	商品名称	最惠国税率(%) M. F. N.	普通税率(%) Gen.	协定税率(%) Conventional 东盟 ASEAN	亚太 APTA	香港 H. K.	澳门 Macao	台湾 Taiwan	出口税率(%) Export	Article Description
	---厚度在0.35毫米以上，但不超过4毫米：									---Of a thickness more than 0.35mm but not exceeding 4mm：
7606.1251	----铝塑复合的	6	50	0	4.2	0			20	----Aluminium -plastic composite
7606.1259	----其他	6	50	0	4.2	0			20	----Other
7606.1290	---其他	6	50	0	4.2	0			20	---Other
	-其他：									-Other：
7606.9100	--非合金铝制	6	30	0		0		0	20	--Of aluminium，not alloyed
7606.9200	--铝合金制	10	30	0		0		0	20	--Of aluminium alloys
76.07	**铝箔（不论是否印花或用纸、纸板、塑料或类似材料衬背），厚度（衬背除外）不超过0.2毫米：**									**Aluminium foil (whether or not printed or backed with paper, paperboard, plastics or similar backing materials) of a thickness (excluding any backing) not exceeding 0.2mm：**
	-无衬背：									-Not backed：
	--轧制后未经进一步加工的：									--Rolled but not further worked：
7607.1110	---厚度不超过0.007毫米	6	35	0	5.7					---Of a thickness not exceeding 0.007mm
7607.1120	---厚度大于0.007毫米，但不超过0.01毫米	6	35	0	5.7					---Of a thickness exceeding 0.007mm but not exceeding 0.01mm
7607.1190	---其他	6	35	0	5.7			0		---Other
7607.1900	--其他	6	35	0	5.1			0		--Other
7607.2000	-有衬背	6	35	0		0		0		-Backed
76.08	**铝管：**									**Aluminium tubes and pipes：**
7608.1000	-非合金铝制	8	30	0						-Of aluminium，not alloyed
	-铝合金制：									-Of aluminium alloys：
7608.2010	---外径不超过10厘米的	8	30	0						---Having an outside diameter not exceeding 10cm
	---其他：									---Other：
7608.2091	----壁厚不超过25毫米	8	30	0						----Having a wall thickness not exceeding 25mm
7608.2099	----其他	8	30	0						----Other
76.09	**铝制管子附件（例如，接头、肘管、管套）：**									**Aluminium tube or pipe fittings (for example, couplings, elbows, sleeves)：**
7609.0000	铝制管子附件（例如，接头、肘管、管套）	8	35	0						Aluminium tube or pipe fittings (for example, couplings, elbows, sleeves)

税则号列 Tariff Item	商品名称	最惠国税率(%) M. F. N.	普通税率(%) Gen.	协定税率(%) Conventional 东盟 ASEAN	亚太 APTA	香港 H. K.	澳门 Macao	台湾 Taiwan	出口税率(%) Export	Article Description
76.10	**铝制结构体（税目94.06的活动房屋除外）及其部件（例如，桥梁及桥梁体段、塔、格构杆、屋顶、屋顶框架、门窗及其框架、门槛、栏杆、支柱及立柱）；上述结构体用的已加工铝板、杆、型材、异型材、管子及类似品：**									**Aluminium structures（excluding prefabricated buildings of heading 94.06）and parts of structures（for example, bridges and bridge-sections, towers, lattice masts, roofs, roofing frame-works, doors and windows and their frames and thresholds for doors, balustrades, pillars and columns）; aluminium plates, rods profiles, tubes and the like, prepared for use in structures:**
7610.1000	-门窗及其框架、门槛	25	80	0		0				-Doors, windows and their frames and thresholds for doors
7610.9000	-其他	6	50	0						-Other
76.11	**盛装物料用的铝制囤、柜、罐、桶及类似容器(装压缩气体或液化气体的除外)，容积超过300升，不论是否衬里或隔热，但无机械或热力装置：**									**Aluminium reservoirs, tanks, vats and similar containers, for any material（other than compressed or liquefied gas）, of a capacity exceeding 300 L, whether or not lined or heat-insulated , but not fitted with mechanical or thermal equipment:**
7611.0000	盛装物料用的铝制囤、柜、罐、桶及类似容器(装压缩气体或液化气体的除外)，容积超过300升，不论是否衬里或隔热，但无机械或热力装置	12	35	0						Aluminium reservoirs, tanks, vats and similar containers, for any material（other than compressed or liquefied gas）, of a capacity exceeding 300L, whether ornot lined or heat-insulated , but not fitted with mechanical or thermal equipment
76.12	**盛装物料用的铝制桶、罐、听、盒及类似容器，包括软管容器及硬管容器(装压缩气体或液化气体的除外)，容积不超过300升，不论是否衬里或隔热，但无机械或热力装置：**									**Aluminium casks, drums, cans, boxes and similar containers（including rigid or collapsible tubular containers）, for any material（other than compressed or liquefied gas）, of a capacity not exceeding 300L, whether or not lined or heat-insulated , but not fitted with mechanical or thermal equipment:**
7612.1000	-软管容器	12	50	0						-Collapsible tubular containers
	-其他：									-Other:

税则号列 Tariff Item	商品名称	最惠国税率(%) M. F. N.	普通税率(%) Gen.	协定税率(%) Conventional					出口税率(%) Export	Article Description
				东盟 ASEAN	亚太 APTA	香港 H. K.	澳门 Macao	台湾 Taiwan		
7612.9010	---易拉罐及罐体	30	100	0						---Tear tab ends and bodies thereof
7612.9090	---其他	12	70	0						---Other
76.13	**装压缩气体或液化气体用的铝制容器：**									**Aluminium containers for compressed or liquefied gas：**
7613.0010	---零售包装用	12	70	0						---For retail packing
7613.0090	---其他	6	17	0						---Other
76.14	**非绝缘的铝制绞股线、缆、编带及类似品：**									**Stranded wire，cables，plaited bands and the like，of aluminium，not electrically insulated：**
7614.1000	-带钢芯的	6	20	0						-With steel core
7614.9000	-其他	6	20	0						-Other
76.15	**餐桌、厨房或其他家用铝制器具及其零件；铝制擦锅器、洗刷擦光用的块垫、手套及类似品；铝制卫生器具及其零件：**									**Table，kitchen or other household articles and parts thereof，of aluminium；pot scourers and scouring or polishing pads，gloves and the like，of aluminium；sanitary ware and parts thereof，of aluminium：**
	-餐桌、厨房或其他家用器具及其零件；擦锅器及洗刷擦光用的块垫、手套及类似品：									-Table，kitchen or other household articles and parts thereof；pot scourers and scouring or polishing pads，gloves and the like：
7615.1010	---擦锅器、洗刷、擦光用的块垫、手套及类似品	18	90	0						---Pot scourers and scouring or polishing pads，gloves and the like
7615.1090	---其他	15	90	0						---Other
7615.2000	-卫生器具及其零件	18	90	0						-Sanitary ware and parts thereof
76.16	**其他铝制品：**									**Other articles of aluminium：**
7616.1000	-钉、平头钉、U形钉（税目83.05的货品除外）、螺钉、螺栓、螺母、钩头螺钉、铆钉、销、开尾销、垫圈及类似品	10	40	0	8.5	0				-Nails，tacks，staples（other than those of heading 83.05），screws，bolts，nuts，screw hooks，rivets，cotters，cotter-pins，washers and similar articles
	-其他：									-Other：
7616.9100	--铝丝制的布、网、篱及格栅	10	40	0						--Cloth，grill，netting and fencing，of aluminium wire
	--其他：									--Other：
7616.9910	---工业用	10	40	0	8.5					---For technical use
7616.9990	---其他	15	40	0	12.8					---Other

第七十八章 铅及其制品

Chapter78 Lead and articles thereof

注释：

本章所用有关名词解释如下：

一、条、杆

轧、挤、拔或锻制的实心产品，非成卷的，其全长截面均为圆形、椭圆形、矩形（包括正方形）、等边三角形或规则外凸多边形（包括相对两边为弧拱形，另外两边为等长平行直线的“扁圆形”及“变形矩形”）。对于矩形（包括正方形）、三角形或多边形截面的产品，其全长边角可经磨圆。矩形（包括“变形矩形”）截面的产品，其厚度应大于宽度的1/10。所述条、杆也包括同样形状及尺寸的铸造或烧结产品。该产品在铸造或烧结后再经加工（简单剪修或去氧化皮的除外），但不具有其他税号所列制品或产品的特征。

二、型材及异型材

轧、挤、拔、锻制的产品或其他成型产品，不论是否成卷，其全长截面相同，但与条、杆、丝、板、片、带、箔、管的定义不相符合。同时也包括同样形状的铸造或烧结产品。该产品在铸造或烧结后再经加工（简单剪修或去氧化皮的除外），但不具有其他税号所列制品或产品的特征。

三、丝

盘卷的轧、挤或拔制实心产品，其全长截面均为圆形、椭圆形、矩形（包括正方形）、等边三角形或规则外凸多边形（包括相对两边为弧拱形，另外两边为等长平行直线的“扁圆形”及“变形矩形”）。对于矩形（包括正方形）、三角形或多边形截面的产品，其全长边角可经磨圆。矩形（包括“变形矩形”）截面的产品，其厚度应大于宽度的1/10。

Chapter Notes:

In this Chapter the following expressions have the meanings hereby assigned to them:

1. Bars and rods

Rolled, extruded, drawn or forged products, not in coils, which have a uniform solid cross-section along their whole length in the shape of circles, ovals, rectangles (including squares), equilateral triangles or regular convex polygons (including “flattened circles” and “modified rectangles”, of which two opposite sides are convex arcs, the other two sides being straight, of equal length and parallel). Products with a rectangular (including square), triangular or polygonal cross-section may have corners rounded along their whole length. The thickness of such products which have a rectangular (including “modified rectangular”) cross-section exceeds one-tenth of the width. The expression also covers cast or sintered products, of the same forms and dimensions, which have been subsequently worked after production (otherwise than by simple trimming or de-scaling), provided that they have not thereby assumed the character of articles or products of other headings.

2. Profiles

Rolled, extruded, drawn, forged or formed products, coiled or not, of a uniform cross-section along their whole length, which do not conform to any of the definitions of bars, rods, wire, plates, sheets, strip, foil, tubes or pipes. The expression also covers cast or sintered products, of the same forms, which have been subsequently worked after production (otherwise than by simple trimming or de-scaling), provided that they have not thereby assumed the character of articles or products of other headings.

3. Wire

Rolled, extruded or drawn products, in coils, which have a uniform solid cross-section along their whole length in the shape of circles, ovals, rectangles (including squares), equilateral triangles or regular convex polygons (including “flattened circles” and “modified rectangles”, of which two opposite sides are convex arcs, the other two sides being straight, of equal length and parallel). Products with a rectangular (including square), triangular or polygonal cross-section may have corners rounded along their whole length.

The thickness of such products which have a rectangular (including "modified rectangular") cross-section exceeds one-tenth of the width.

四、板、片、带、箔

成卷或非成卷的平面产品（税目78.01的未锻轧产品除外），截面均为厚度相同的实心矩形（不包括正方形），不论边角是否磨圆（包括相对两边为弧拱形，另外两边为等长平行直线的“变形矩形”）。并且符合以下规格：

（一）矩形（包括正方形）的，厚度不超过宽度的1/10；

（二）矩形或正方形以外形状的，任何尺寸，但不具有其他税号所列制品或产品的特征。

税目78.04还适用于具有花样（例如，凹槽、肋条形、格槽、珠粒及菱形）的板、片、带、箔以及穿孔、抛光、涂层或制成瓦楞形的这类产品，但不具有其他税号所列制品或产品的特征。

4. Plates, sheets, strip and foil

Flat-surfaced products (other than the unwrought products of heading 78.01), coiled or not, of solid rectangular (other than square) cross-section with or without rounded corners (including "modified rectangles" of which two opposite sides are convex arcs, the other two sides being straight, of equal length and parallel) of a uniform thickness, which are:

(a) Of rectangular (including square) shape with a thickness not exceeding one-tenth of the width;

(b) Of a shape other than rectangular or square, of any size, provided that they do not assume the character of articles or products of other headings.

Heading 78.04 applies, inter alia, to plates, sheets, strip and foil with patterns (for example, grooves, ribs, chequers, tears, buttons, lozenges) and to such products which have been perforated, corrugated, polished or coated, provided that they do not thereby assume the character of articles or products of other headings.

五、管

全长截面及管壁厚度相同并只有一个闭合空间的实心产品，成卷或非成卷的，其截面为圆形、椭圆形、矩形（包括正方形）、等边三角形或规则外凸多边形。对于截面为矩形（包括正方形）、等边三角形或规则外凸多边形的产品，不论全长边角是否磨圆，只要其内外截面为同一圆心并为同样形状及同一轴向，也可视为管子。上述截面的管子可经抛光、涂层、弯曲、攻丝、钻孔、缩腰、胀口、成锥形或装法兰、颈圈或套环。

5. Tubes and pipes

Hollow products, coiled or not, which have a uniform cross-section with only one enclosed void along their whole length in the shape of circles, ovals, rectangles (including squares), equilateral triangles or regular convex polygons, and which have a uniform wall thickness. Products with a rectangular (including square), equilateral triangular or regular convex polygonal cross-section, which may have corners rounded along their whole length, are also to be considered as tubes and pipes provided the inner and outer cross-sections are concentric and have the same form and orientation. Tubes and pipes of the foregoing cross-sections may be polished, coated, bent, threaded, drilled, waisted, expanded, cone-shaped or fitted with flanges, collars or rings.

子目注释：

本章所称“精炼铅”，是指：

按重量计含铅量至少为99.9%的金属，但其他各种元素的含量不超过下表中规定的限量：

Subheading Note:

In this Chapter the expression "refined lead" means:

Metal containing by weight at least 99.9% of lead, provided that the content by weight of any other element does not exceed the limit specified in the following table:

其他元素表

元　　素		所含重量百分比
Ag	银	0.02
As	砷	0.005
Bi	铋	0.05
Ca	钙	0.002
Cd	镉	0.002
Cu	铜	0.08
Fe	铁	0.002
S	硫	0.002
Sb	锑	0.005
Sn	锡	0.005
Zn	锌	0.002
其他（例如碲），每种		0.001

TABLE—Other elements

Element		Limiting conten % by weight
Ag	Silver	0.02
As	Arsenic	0.005
Bi	Bismuth	0.05
Ca	Calcium	0.002
Cd	Cadmium	0.002
Cu	Copper	0.08
Fe	Iron	0.002
S	Sulphur	0.002
Sb	Antimony	0.005
Sn	Tin	0.005
Zn	Zinc	0.002
Other (for example Te), each		0.001

税则号列 Tariff Item	商品名称	最惠国税率（%）M. F. N.	普通税率（%）Gen.	协定税率（%）Conventional 东盟 ASEAN	亚太 APTA	香港 H. K.	澳门 Macao	台湾 Taiwan	出口税率（%）Export	Article Description
78.01	**未锻轧铅：**									**Unwrought lead:**
7801.1000	-精炼铅	3	20	0						-Refined lead
	-其他：									-Other:
7801.9100	--按重量计所含其他元素是以锑为主的	3	20	0						--Containing by weight antimony as the principal other element
7801.9900	--其他	3	20	0						--Other
78.02	**铅废碎料：**									**Lead waste and scrap:**
7802.0000	铅废碎料	1.5	10	0						Lead waste and scrap
78.04	**铅板、片、带、箔；铅粉及片状粉末：**									**Lead plates sheets, strip and foil; lead powders and flakes:**
	-板、片、带、箔：									-Plates, sheets, strip and foil:
7804.1100	--片、带及厚度（衬背除外）不超过0.2毫米的箔	6	30	0						--Sheets, strip and foil of a thickness (excluding any backing) not exceeding 0.2mm
7804.1900	--其他	6	30	0						--Other
7804.2000	-粉末及片状粉末	6	35	0						-Powders and flakes
78.06	**其他铅制品：**									**Other articles of lead:**
7806.0010	---铅条、杆、型材及异型材或丝	6	30	0						---Lead bars, rods, profiles and wire
7806.0090	---其他	6	40	0						---Other

第七十九章 锌及其制品

Chapter79 Zinc and articles thereof

注释：

本章所用名词解释如下：

一、条、杆

轧、挤、拔或锻制的实心产品，非成卷的，其全长截面均为圆形、椭圆形、矩形（包括正方形）、等边三角形或规则外凸多边形（包括相对两边弧拱形，另外两边为等长平行直线的“扁圆形”及“变形矩形”）。对于矩形（包括正方形）、三角形或多边形截面的产品，其全长边角可经磨圆。矩形（包括“变形矩形”）截面的产品，其厚度应大于宽度的1/10。所述条、杆也包括同样形状及尺寸的铸造或烧结产品。该产品在铸造或烧结后再经加工（简单剪修或去氧化皮的除外），但不具有其他税号所列制品或产品的特征。

二、型材及异型材

轧、挤、拔、锻制的产品或其他成型产品，不论是否成卷，其全长截面相同，但与条、杆、丝、板、片、带、箔、管的定义不相符合。同时也包括同样形状的铸造或烧结产品。该产品在铸造或烧结后再经加工（简单剪修或去氧化皮的除外），但不具有其他税号所列制品或产品的特征。

三、丝

盘卷的轧、挤或拔制实心产品，其全长截面均为圆形、椭圆形、矩形（包括正方形）、等边三角形或规则外凸多边形（包括相对两边为弧拱形，另外两边为等长平行直线的“扁圆形”及“变形矩形”）。对于矩形（包括正方形）、三角形或多边形截面的产品，其全长边角可经磨圆。矩形（包括“变形矩形”）截面的产品，其厚度应大于宽度的1/10。

Chapter Notes:

In this Chapter the following expressions have the meanings hereby assigned to them:

1. Bars and rods

Rolled, extruded, drawn or forged products, not in coils, which have a uniform solid cross-section along their whole length in the shape of circles, ovals, rectangles (including squares), equilateral triangles or regular convex polygons (including “flattened circles” and “modified rectangles”, of which two opposite sides are convex arcs, the other two sides being straight, of equal length and parallel). Products with a rectangular (including square), triangular or polygonal cross-section may have corners rounded along their whole length. The thickness of such products which have a rectangular (including “modified rectangular”) cross-section exceeds one-tenth of the width. The expression also covers cast or sintered products, of the same forms and dimensions, which have been subsequently worked after production (otherwise than by simple trimming or de-scaling), provided that they have not thereby assumed the character of articles or products of other headings.

2. Profiles

Rolled, extruded, drawn, forged or formed products, coiled or not, of a uniform cross-section along their whole length, which do not conform to any of the definitions of bars, rods, wire, plates, sheets, strip, foil, tubes or pipes. The expression also covers cast or sintered products, of the same forms, which have been subsequently worked after production (otherwise than by simple trimming or de-scaling), provided that they have not thereby assumed the character of articles or products of other headings.

3. Wire

Rolled, extruded or drawn products, in coils, which have a uniform solid cross-section along their whole length in the shape of circles, ovals, rectangles (including squares), equilateral triangles or regular convex polygons (including “flattened circles” and “modified rectangles”, of which two opposite sides are convex arcs, the other two sides being straight, of equal length and parallel). Products with a rectangular (including square), triangular or polygonal cross-section may have corners rounded along their whole length. The thickness of such products which have a rectangular (including "modified rectangular") cross-section exceeds one-tenth of the width.

四、板、片、带、箔

成卷或非成卷的平面产品（税目 79.01 的未锻轧产品除外），截面均为厚度相同的实心矩形（不包括正方形），不论边角是否磨圆（包括相对两边为弧拱形，另外两边为等长平行直线的"变形矩形"）。并且符合以下规格：

（一）矩形（包括正方形）的，厚度不超过宽度的 1/10；

（二）矩形或正方形以外形状的，任何尺寸，但不具有其他税号所列制品或产品的特征。

税目 79.05 还适用于具有花样（例如，凹槽、肋条形、格槽、珠粒及菱形）的板、片、带、箔以及穿孔、抛光、涂层或制成瓦楞形的这类产品，但不具有其他税号所列制品或产品的特征。

4. Plates, sheets, strip and foil

Flat-surfaced products (other than the unwrought products of heading 79.01), coiled or not, of solid rectangular (other than square) cross-section with or without rounded corners (including "modified rectangles" of which two opposite sides are convex arcs, the other two sides being straight, of equal length and parallel) of a uniform thickness, which are:

(a) Of rectangular (including square) shape with a thickness not exceeding one-tenth of the width;

(b) Of a shape other than rectangular or square, of any size, provided that they do not assume the character of articles or products of other headings.

Heading 79.05 applies, inter alia, to plates, sheets, strip and foil with patterns (for example, grooves, ribs, chequers, tears, buttons, lozenges) and to such products which have been perforated, corrugated, polished or coated, provided that they do not thereby assume the character of articles or products of other headings.

五、管

全长截面及管壁厚度相同并只有一个闭合空间的空心产品，成卷或非成卷的，其截面为圆形、椭圆形、矩形（包括正方形）、等边三角形或规则外凸多边形。对于截面为矩形（包括正方形）、等边三角形或规则外凸多边形的产品，不论全长边角是否磨圆，只要其内外截面为同一圆心并为同样形状及同一轴向，也可视为管子。上述截面的管子可经抛光、涂层、弯曲、攻丝、钻孔、缩腰、胀口、成锥形或装法兰、颈圈或套环。

5. Tubes and pipes

Hollow products, coiled or not, which have a uniform cross-section with only one enclosed void along their whole length in the shape of circles, ovals, rectangles (including squares), equilateral triangles or regular convex polygons, and which have a uniform wall thickness. Products with a rectangular (including square), equilateral triangular or regular convex polygonal cross-section, which may have corners rounded along their whole length, are also to be considered as tubes and pipes provided the inner and outer cross-sections are concentric and have the same form and orientation. Tubes and pipes of the foregoing cross-sections may be polished, coated, bent, threaded, drilled, waisted, expanded, cone-shaped or fitted with flanges, collars or rings.

子目注释：

本章所用有关名词解释如下：

一、非合金锌

按重量计含锌量至少为 97.5%的金属。

Subheading Notes:

In this Chapter the following expressions have the meanings hereby assigned to them:

1. Zinc, not alloyed

Metal containing by weight at least 97.5% of zinc.

二、锌合金

按重量计含锌量大于其他元素单项含量的金属物质，但按重量计其他元素的总含量超过2.5%。

2. Zinc alloys

Metallic substances in which zinc predominates by weight over each of the other elements, provided that the total content by weight of such other elements exceeds 2.5%.

三、锌末

冷凝锌雾所得的锌末。该产品由球形微粒组成，比锌粉更为精细，按重量计至少80%的微粒可以通过孔径为63微米的筛子，而且必须含有按重量计至少为85%的金属锌。

3. Zinc dust

Dust obtained by condensation of zinc vapour, consisting of spherical particles which are finer than zinc powders. At least 80% by weight of the particles pass through a sieve with 63 micrometre (microns) mesh. It must contain at least 85% by weight of metallic zinc.

税则号列 Tariff Item	商品名称	最惠国税率(%) M. F. N.	普通税率(%) Gen.	协定税率(%) Conventional 东盟 ASEAN	亚太 APTA	香港 H. K.	澳门 Macao	台湾 Taiwan	出口税率(%) Export	Article Description
79.01	**未锻轧锌：**									**Unwrought zinc:**
	-非合金锌：									-Zinc, not alloyed:
	--按重量计含锌量在99.99%及以上：									--Containing by weight 99.99% or more of zinc:
7901.1110	---按重量计含锌量在99.995%及以上	3	20	0					20	---Containing by weight 99.995% or more of zinc
7901.1190	---其他	3	20	0					20	---Other
7901.1200	--按重量计含锌量低于99.99%	3	20	0					20	--Containing by weight less than 99.99% of zinc
7901.2000	-锌合金	3	20	0		0			20	-Zinc alloys
79.02	**锌废碎料：**									**Zinc waste and scrap:**
7902.0000	锌废碎料	1.5	20	0						Zinc waste and scrap
79.03	**锌末、锌粉及片状粉末：**									**Zinc dust, powders and flakes:**
7903.1000	-锌末	6	20	0						-Zinc dust
7903.9000	-其他	6	20	0						-Other
79.04	**锌条、杆、型材及异型材或丝：**									**Zinc bars, rods, profiles and wire.**
7904.0000	锌条、杆、型材及异型材或丝	6	30	0						Zinc bars, rods, profiles and wire
79.05	**锌板、片、带、箔：**									**Zinc plates, sheets, strip and foil:**
7905.0000	锌板、片、带、箔	6	30	0						Zinc plates, sheets, strip and foil
79.07	**其他锌制品：**									**Other articles of zinc:**
7907.0020	---锌管及锌制管子附件(例如，接头、肘管、管套)	6	30	0						---Zinc tubes, pipes and tube or pipe fittings (for example, couplings, elbows, sleeves)
7907.0030	---电池壳体坯料	6	40	0						---Cellpacking blanks (zinc biscuits)
7907.0090	---其他	6	40	0						---Other

第八十章 锡及其制品

Chapter80 Tin and articles thereof

注释：

本章所用有关名词解释如下：

一、条、杆

轧、挤、拔或锻制的实心产品，非成卷的，其全长截面均为圆形、椭圆形、矩形（包括正方形）、等边三角形或规则外凸多边形（包括相对两边为弧拱形，另外两边为等长平行直线的“扁圆形”及“变形矩形”）。对于矩形（包括正方形）、三角形或多边形截面的产品，其全长边角可经磨圆。矩形（包括“变形矩形”）截面的产品，其厚度应大于宽度的1/10。所述条、杆也包括同样形状及尺寸的铸造或烧结产品。该产品在铸造或烧结后再经加工（简单剪修或去氧化皮的除外），但不具有其他税号所列制品或产品的特征。

二、型材及异型材

轧、挤、拔、锻制的产品或其他成型产品，不论是否成卷，其全长截面相同，但与条、杆、丝、板、片、带、箔、管的定义不相符合。同时也包括同样形状的铸造或烧结产品。该产品在铸造或烧结后再经加工（简单剪修或去氧化皮的除外），但不具有其他税号所列制品或产品的特征。

三、丝

盘卷的轧、挤或拔制实心产品，其全长截面均为圆形、椭圆形、矩形（包括正方形）、等边三角形或规则外凸多边形（包括相对两边为弧拱形，另外两边为等长平行直线的“扁圆形”及“变形矩形”）。对于矩形（包括正方形）、三角形或多边形截面的产品，其全长边角可经磨圆。矩形（包括“变形矩形”）截面的产品，其厚度应大于宽度的1/10。

Chapter Notes:

In this Chapter the following expressions have the meanings hereby assigned to them:

1. Bars and rods

Rolled, extruded, drawn or forged products, not in coils, which have a uniform solid cross-section along their whole length in the shape of circles, ovals, rectangles (including squares), equilateral triangles or regular convex polygons (including “flattened circles” and “modified rectangles”, of which two opposite sides are convex arcs, the other two sides being straight, of equal length and parallel). Products with a rectangular (including square), triangular or polygonal cross-section may have corners rounded along their whole length. The thickness of such products which have a rectangular (including “modified rectangular”) cross-section exceeds one-tenth of the width. The expression also covers cast or sintered products, of the same forms and dimensions, which have been subsequently worked after production (otherwise than by simple trimming or de-scaling), provided that they have not thereby assumed the character of articles or products of other headings.

2. Profiles

Rolled, extruded, drawn, forged or formed products, coiled or not, of a uniform cross-section along their whole length, which do not conform to any of the definitions of bars, rods, wire, plates, sheets, strip, foil, tubes or pipes. The expression also covers cast or sintered products, of the same forms, which have been subsequently worked after production (otherwise than by simple trimming or de-scaling), provided that they have not thereby assumed the character of articles or products of other headings.

3. Wire

Rolled, extruded or drawn products, in coils, which have a uniform solid cross-section along their whole length in the shape of circles, ovals, rectangles (including squares), equilateral triangles or regular convex polygons (including “flattened circles” and “modified rectangles”, of which two opposite sides are convex arcs, the other two sides being straight, of equal length and parallel). Products with a rectangular (including square), triangular or polygonal cross-section may have corners rounded along their whole length. The thickness of such products which have a rectangular（including "modified rectangular"）cross-section exceeds one-tenth of the width.

四、板、片、带、箔

成卷或非成卷的平面产品（税目80.01的未锻轧产品除外），截面均为厚度相同的实心矩形（不包括正方形），不论边角是否磨圆（包括相对两边为弧拱形，另外两边为等长平行直线的"变形矩形"），并且符合以下规格：

（一）矩形（包括正方形）的，厚度不超过宽度的1/10；

（二）矩形或正方形以外形状的，任何尺寸，但不具有其他税号所列制品或产品的特征。

4. Plates, sheets, strip and foil

Flat-surfaced products（other than the unwrought products of heading 80.01）, coiled or not, of solid rectangular（other than square）cross-section with or without rounded corners（including "modified rectangles" of which two opposite sides are convex arcs, the other two sides being straight, of equal length and parallel）of a uniform thickness, which are:

(a) Of rectangular（including square）shape with a thickness not exceeding one-tenth of the width;

(b) Of a shape other than rectangular or square, of any size, provided that they do not assume the character of articles or products of other headings.

五、管

全长截面及管壁厚度相同并只有一个闭合空间的空心产品，成卷或非成卷的，其截面为圆形、椭圆形、矩形（包括正方形）、等边三角形或规则外凸多边形。对于截面为矩形（包括正方形）、等边三角形或规则外凸多边形的产品，不论全长边角是否磨圆，只要其内外截面为同一圆心并为同样形状及同一轴向，也可视为管子。上述截面的管子可经抛光、涂层、弯曲、攻丝、钻孔、缩腰、胀口、成锥形或装法兰、颈圈或套环。

5. Tubes and pipes

Hollow products, coiled or not, which have a uniform cross-section with only one enclosed void along their whole length in the shape of circles, ovals, rectangles（including squares）, equilateral triangles or regular convex polygons, and which have a uniform wall thickness. Products with a rectangular（including square）, equilateral triangular or regular convex polygonal cross-section, which may have corners rounded along their whole length, are also to be considered as tubes and pipes provided the inner and outer cross-sections are concentric and have the same form and orientation. Tubes and pipes of the foregoing cross-sections may be polished, coated, bent, threaded, drilled, waisted, expanded, cone-shaped or fitted with flanges, collars or rings.

子目注释：

本章所用有关名词解释如下：

一、非合金锡

按重量计含锡量至少为99%的金属，但含铋量或含铜量不超过下表中规定的限量：

其他元素表

元　　素		所含重量百分比
Bi	铋	0.1
Cu	铜	0.4

Subheading Notes:

In this Chapter the following expressions have the meanings hereby assigned to them:

1. Tin, not alloyed

Metal containing by weight at least 99% of tin, provided that the content by weight of any bismuth or copper is less than the limit specified in the following table:

TABLE-Other elements

Element		Limiting content % by weight
Bi	Bismuth	0.1
Cu	Copper	0.4

二、锡合金

按重量计含锡量大于其他元素单项含量的金属物质，但：

（一）按重量计其他元素的总含量超过1%；或

（二）按重量计含铋量或含铜量应等于或大于上表中规定的限量。

2. Tin alloys

Metallic substances in which tin predominates by weight over each of the other elements, provided that:

(a) the total content by weight of such other elements exceeds 1%; or

(b) the content by weight of either bismuth or copper is equal to or greater than the limit specified in the foregoing table.

税则号列 Tariff Item	商品名称	最惠国税率(%) M. F. N.	普通税率(%) Gen.	协定税率（%）Conventional 东盟 ASEAN	亚太 APTA	香港 H. K.	澳门 Macao	台湾 Taiwan	出口税率(%) Export	Article Description
80. 01	**未锻轧锡：**									**Unwrought tin:**
8001. 1000	-非合金锡	3	20	0		0				-Tin, not alloyed
	-锡合金：									-Tin alloys:
8001. 2010	---锡基巴毕脱合金	3	20	0		0				---Babbitt metal
	---焊锡：									---solder:
8001. 2021	----按重量计含铅量在0.1%以下的	3	30	0		0	0			----Containing by weight less than 0. 1% of lead
8001. 2029	----其他	3	30	0		0	0			----Other
8001. 2090	---其他	3	30	0		0				---Other
80. 02	**锡废碎料：**									**Tin waste and scrap:**
8002. 0000	锡废碎料	1.5	30	0		0				Tin waste and scrap
80. 03	**锡条、杆、型材及异型材或丝：**									**Tin bars, rods, profiles and wire:**
8003. 0000	锡条、杆、型材及异型材或丝	8	40	0		0				Tin bars, rods, profiles and wire
80. 07	**其他锡制品：**									**Other articles of tin:**
8007. 0020	---锡板、片及带，厚度超过0.2毫米	8	40	0						---Tin plates, sheets and strip, of a thickness exceeding 0. 2mm
8007. 0030	---锡箔（不论是否印花或用纸、纸板、塑料或类似材料衬背），厚度（衬背除外）不超过0.2毫米；锡粉及片状粉末	8	40	0						---Tin foil (whether or not printed or backed with paper, paperboard, plastics or similar backing materials), of a thickness (excluding any backing) not exceeding 0. 2mm; tin powders and flakes
8007. 0040	---锡管及管子附件（例如，接头、肘管、管套）	8	45	0						---Tin tubes, pipes and tube or pipe fittings (for example, couplings, elbows, sleeves)
8007. 0090	---其他	8	80	0		0				---Other

第八十一章
其他贱金属、金属陶瓷及其制品

Chapter 81
Other base metals, cermets, articles thereof

子目注释：

第七十四章注释中有关“条、杆”“型材及异型材”“丝”及“板、片、带、箔”的规定也适用于本章。

Subheading Note:

Notes to Chapter 74, defining “bars and rods” “profiles” “wire” and “plates, sheets, strip and foil” applies, mutatis mutandis, to this Chapter.

税则号列 Tariff Item	商品名称	最惠国税率(%) M. F. N.	普通税率(%) Gen.	协定税率(%) Conventional 东盟 ASEAN	亚太 APTA	香港 H. K.	澳门 Macao	台湾 Taiwan	出口税率(%) Export	Article Description
81.01	**钨及其制品，包括废碎料：**									**Tungsten (wolfram) and articles thereof, including waste and scrap:**
8101.1000	-粉末	6	20	0						-Powders
	-其他：									-Other:
8101.9400	--未锻轧钨，包括简单烧结而成的条、杆	3	20	0						--Unwrought tungsten, including bars and rods obtained simply by sintering
8101.9600	--丝	8	20	0						--Wire
8101.9700	--废碎料	3	20	0						--Waste and scrap
	--其他：									--Other:
8101.9910	---条、杆，但简单烧结而成的除外；型材及异型材，板、片、带、箔	5	30	0						---Bars and rods, other than those obtained simply by sintering, profiles, plates, sheets, strip and foil
8101.9990	---其他	8	70	0						---Other
81.02	**钼及其制品，包括废碎料：**									**Molybdenum and articles thereof, including waste and scrap:**
8102.1000	-粉末	6	20	0						-Powders
	-其他：									-Other:
8102.9400	--未锻轧钼，包括简单烧结而成的条、杆	3	20	0						--Unwrought molybdenum, including bars and rods obtained simply by sintering
8102.9500	--条、杆，但简单烧结而成的除外；型材及异型材、板、片、带、箔	8	30	0						--Bars and rods, other than those obtained simply by sintering, profiles, plates, sheets, strip and foil
8102.9600	--丝	8	20	0						--Wire
8102.9700	--废碎料	3	20	0						--Waste and scrap
8102.9900	--其他	8	70	0						--Other
81.03	**钽及其制品，包括废碎料：**									**Tantalum and articles thereof, including waste and scrap:**
	-未锻轧钽，包括简单烧结而成的条、杆、粉末：									-Unwrought tantalum, including bars and rods obtained simply by sintering; powders:
	---钽粉：									---Powders:

税则号列 Tariff Item	商品名称	最惠国税率 (%) M. F. N.	普通税率 (%) Gen.	协定税率 (%) Conventional 东盟 ASEAN	亚太 APTA	香港 H. K.	澳门 Macao	台湾 Taiwan	出口税率 (%) Export	Article Description
8103.2011	----松装密度小于2.2克/立方厘米的	6	14	0						----Loose density less than 2.2g/cm³
8103.2019	----其他	6	14	0						----Other
8103.2090	---其他	6	14	0						---Other
8103.3000	-废碎料	6	14	0						-Waste and scrap
	-其他：									-Other:
	---钽丝：									---Wire of tantalum:
8103.9011	----直径小于0.5毫米	8	30	0						----Less than 0.5mm in diameter
8103.9019	----其他	8	30	0						----Other
8103.9090	---其他	8	30	0						---Other
81.04	**镁及其制品，包括废碎料：**									**Magnesium and articles thereof, including waste and scrap:**
	-未锻轧镁：									-Unwrought magnesium:
8104.1100	--按重量计含镁量至少为99.8%	6	20	0	4.2					--Containing at least 99.8% by weight of magnesium
8104.1900	--其他	6	20	0						--Other
8104.2000	-废碎料	1.5	20	0						-Waste and scrap
8104.3000	-锉屑、车屑及颗粒，已按规格分级的；粉末	8	30	0						-Raspings, turnings and granules, graded according to size; powders
	-其他：									-Other:
8104.9010	---锻轧镁	8	30	0						---Wrought magnesium
8104.9020	---镁制品	8.4	70	0						---Magnesium articles
81.05	**钴锍及其他冶炼钴时所得的中间产品；钴及其制品，包括废碎料：**									**Cobalt mattes and other intermediate products of cobalt metallurgy; cobalt and articles thereof, including waste and scrap:**
	-钴锍及其他冶炼钴时所得的中间产品；未锻轧钴；粉末：									-Cobalt mattes and other intermediate products of cobalt metallurgy; unwrought cobalt; powders:
8105.2010	---钴湿法冶炼中间品	4	14	0						---Intermediate products of cobalt metallurgy by wet process
8105.2020	---未锻轧钴	4	14	0						---Unwrought cobalt
8105.2090	---其他	4	14	0						---Other
8105.3000	-废碎料	4	14	0						-Waste and scrap
8105.9000	-其他	8	30	0						-Other
81.06	**铋及其制品，包括废碎料：**									**Bismuth and articles thereof, including waste and scrap:**
8106.0010	---未锻轧铋；废碎料；粉末	3	20	0						---Unwrought bismuth; waste and scrap; powders
8106.0090	---其他	8	30	0						---Other
81.07	**镉及其制品，包括废碎料：**									**Cadmium and articles thereof, including waste and scrap:**
8107.2000	-未锻轧镉；粉末	3	14	0						-Unwrought cadmium; powders

税则号列 Tariff Item	商品名称	最惠国税率(%) M. F. N.	普通税率(%) Gen.	协定税率(%) Conventional 东盟 ASEAN	亚太 APTA	香港 H. K.	澳门 Macao	台湾 Taiwan	出口税率(%) Export	Article Description
8107.3000	-废碎料	3	14	0						-Waste and scrap
8107.9000	-其他	8	30	0						-Other
81.08	**钛及其制品，包括废碎料：**									**Titanium and articles thereof, including waste and scrap:**
	-未锻轧钛；粉末：									-Unwrougth titanium; powder:
	---未锻轧钛：									---Unwrought titanium:
8108.2021	----海绵钛	3	14	0						----Sponge titanium
8108.2029	----其他	3	14	0						----Other
8108.2030	---粉末	3	14	0						---Powders
8108.3000	-废碎料	3	14	0						-Waste and scrap
	-其他：									-Other:
8108.9010	---条、杆、型材及异型材	8	30	0						---Bars, rods, shapes and sections
8108.9020	---丝	8	30	0						---Wire
	---板、片、带、箔：									---Plates, sheets, strap, foil:
8108.9031	----厚度不超过0.8毫米	8	30	0						----Of a thickness not more than 0.8mm
8108.9032	----厚度超过0.8毫米	8	30	0						----Of a thickness more than 0.8mm
8108.9040	---管	8	30	0						---Tubes or pipes
8108.9090	---其他	8	30	0						---Other
81.09	**锆及其制品，包括废碎料：**									**Zirconium and articles thereof, including waste and scrap:**
8109.2000	-未锻轧锆；粉末	3	20	0						-Unwrought zirconium; powders
8109.3000	-废碎料	3	20	0						-Waste and scrap
8109.9000	-其他	8	30	0						-Other
81.10	**锑及其制品，包括废碎料：**									**Antimony and articles thereof, including waste and scrap:**
	-未锻轧锑；粉末：									-Unwrought antimony; powders:
8110.1010	---未锻轧锑	3	30	0					20	---Unwrought antimony
8110.1020	---粉末	3	30	0					20	powders
8110.2000	-废碎料	3	30	0					20	-Antimony waste and scrap
8110.9000	-其他	8	40	0						Other
81.11	**锰及其制品，包括废碎料：**									**Manganese and articles thereof, including waste and scrap:**
8111.0010	未锻轧锰，废碎料，粉末	3	20	0						---Unwrought manganese; waste and scrap; powders
8111.0090	---其他	8	30	0						Other
81.12	**铍、铬、锗、钒、镓、铪、铟、铼、铌、铊及其制品，包括废碎料：**									**Beryllium, chromium, germanium, vanadium, gallium, hafnium, indium, niobium (columbium), rhenium and thallium, and articles of these metals, including waste and scrap:**
	-铍：									-Beryllium:
8112.1200	--未锻轧铍；粉末	3	30	0						--Unwrought; powders

税则号列 Tariff Item	商品名称	最惠国税率(%) M. F. N.	普通税率(%) Gen.	协定税率(%) Conventional 东盟 ASEAN	亚太 APTA	香港 H. K.	澳门 Macao	台湾 Taiwan	出口税率(%) Export	Article Description
8112.1300	--废碎料	3	30	0						--Waste and scrap
8112.1900	--其他	8	30	0						--Other
	-铬：									-Chromium：
8112.2100	--未锻轧铬；粉末	3	20	0						--Unwrought；powders
8112.2200	--废碎料	3	20	0						--Waste and scrap
8112.2900	--其他	3	20	0						--Other
	-铊：									-Thallium：
8112.5100	--未锻轧铊；粉末	3	20	0						--Unwrought；powders
8112.5200	--废碎料	3	20	0						--Waste and scrap
8112.5900	--其他	8	30	0						--Other
	-其他：									-Other：
	--未锻轧；废碎料；粉末：									--Unwrought；waste and scrap；powders：
8112.9210	---锗	3	20	0						---Germanium
8112.9220	---钒	3	20	0						---Vanadium
8112.9230	---铟	3	20	0						---Indium
8112.9240	---铌	3	20	0						---Niobium
8112.9290	---其他	3	20	0						---Other
	--其他：									--Other：
8112.9910	---锗	3	20	0						---Germanium
8112.9920	---钒	3	20	0						---Vanadium
8112.9930	---铟	8	20	0						---Indium
8112.9940	---铌	8	20	0						---Niobium
8112.9990	---其他	8	30	0						---Other
81.13	**金属陶瓷及其制品，包括废碎料：**									**Cermets and articles thereof，including waste and scrap：**
8113.0010	---颗粒；粉末	8.4	30	0				0		---Granules，powders
8113.0090	---其他	8.4	30	0				0		---Other

第八十二章
贱金属工具、器具、利口器、餐匙、餐叉及其零件

Chapter 82
Tools, implements, cutlery, spoons and forks, of base metal; parts thereof of base metal

注释：

一、除喷灯、轻便锻炉、带支架的砂轮、修指甲和修脚用器具及税目 82.09 的货品外，本章仅包括带有用下列材料制成的刀片、工作刃、工作面或其他工作部件的物品：

（一）贱金属；

（二）硬质合金或金属陶瓷；

（三）装于贱金属、硬质合金或金属陶瓷底座上的宝石或半宝石（天然、合成或再造）；或

（四）附于贱金属底座上的磨料，当附上磨料后，所具有的切齿、沟、槽或类似结构仍保持其特性及功能。

二、本章所列物品的贱金属零件，应与该制品归入同一税号，但具体列名的零件及手工工具的工具夹具（税目 84.66）除外。第十五类注释二所述的通用零件，均不归入本章。

电动剃须刀及电动毛发推剪的刀头、刀片应归入税目 85.10。

三、由税目 82.11 的一把或多把刀具与税目 82.15 至少数量相同的物品构成的成套货品应归入税目 82.15。

Chapter Notes:

1. Apart from blow lamps, portable forges, grinding wheels with frameworks, manicure or pedicure sets, and goods of heading 82.09, this Chapter covers only articles with a blade, working edge, working surface or other working part of:

(a) Base metal;

(b) Metal carbides or cermets;

(c) Precious or semi-precious stones (natural, synthetic or reconstructed) on a support of base metal, metal carbide or cermet; or

(d) Abrasive materials on a support of base metal, provided that the articles have cutting teeth, flutes, grooves, or the like, of base metal, which retain their identity and function after the application of the abrasive.

2. Parts of base metal of the articles of this Chapter are to be classified with the articles of which they are parts, except parts separately specified as such and tool-holders for hand tools (heading 84.66). However, parts of general use as defined in Note 2 to Section XV are in all cases excluded from this Chapter.

Heads, blades and cutting plates for electric shavers and electric hair clippers are to be classified in heading 85.10.

3. Sets consisting of one or more knives of heading 82.11 and at least an equal number of articles of heading 82.15 are to be classified in heading 82.15.

税则号列 Tariff Item	商品名称	最惠国税率(%) M. F. N.	普通税率(%) Gen.	协定税率(%) Conventional 东盟 ASEAN	亚太 APTA	香港 H. K.	澳门 Macao	台湾 Taiwan	出口税率(%) Export	Article Description
82.01	锹、铲、镐、锄、叉及耙；斧子、钩刀及类似砍伐工具；各种修枝用剪刀；镰刀、秣刀、树篱剪、伐木楔子及其他农业、园艺或林业用手工工具：									Hand tools, the following: spades, shovels, mattocks, picks, hoes, forks and rakes; axes, bill hooks and similar hewing tools; secateurs and prundrs of any kind; scythes, hay knives, hedge shears, timber wedges and other tools of a kind used in agriculture, horticulture or forestry:
8201.1000	-锹及铲	8	50	0						-Spades and shovels

税则号列 Tariff Item	商品名称	最惠国税率（%） M. F. N.	普通税率（%） Gen.	协定税率（%）Conventional 东盟 ASEAN	亚太 APTA	香港 H. K.	澳门 Macao	台湾 Taiwan	出口税率（%） Export	Article Description
8201.3000	-镐、锄及耙	8	50	0						-Mattocks, picks, hoes and rakes
8201.4000	-斧子、钩刀及类似砍伐工具	8	50	0						-Axes, bill hooks and similar hewing tools
8201.5000	-修枝剪及类似的单手操作剪刀（包括家禽剪）	8	50	0						-Secateurs and similar one-handed pruners and shears (including poultry shears)
8201.6000	-树篱剪、双手修枝剪及类似的双手操作剪刀	8	50	0						-Hedge shears, two-handed pruning shears and similar two-handed shears
	-用于农业、园艺或林业的其他手工工具：									-Other hand tools of a kind used in agriculture, horticulture or forestry:
8201.9010	---叉	8	50	0						---Forks
8201.9090	---其他	8	50	0						---Other
82.02	**手工锯；各种锯的锯片（包括切条、切槽或无齿锯片）：**									**Hand saws; blades for saws of all kinds (including slitting, slotting or toothless saw blades):**
8202.1000	-手工锯	8.4	50	0						-Hand saws
	-带锯片：									-Band saw blades:
8202.2010	---双金属带锯条	8	20	0						---Bimetal band saw blades
8202.2090	---其他	8	20	0						---Other
	-圆锯片（包括切条或切槽锯片）：									-Circular saw blades (including slitting or slotting saw blades):
8202.3100	--带有钢制工作部件	8	20	0						--With working part of steel
	--其他，包括部件：									--Other, including parts:
8202.3910	---带有天然或合成金刚石、立方氮化硼制的工作部件	8	20	0		0				---With working part of natural or synthetic diamonds or cubic boron nitride
8202.3990	---其他	8	20	0		0				---Other
8202.4000	-链锯片	8	20	0						-Chain saw blades
	-其他锯片：									-Other saw blades:
	--直锯片，加工金属用：									--Straight saw blades, for working metal:
8202.9110	---机械锯用	8	20	0	7					---For sawing machines
8202.9190	---其他	8	50	0						---Other
	--其他：									--Other:
8202.9910	---机械锯用	8.4	20	0						---For sawing machines
8202.9990	---其他	10.5	50	0						---Other
82.03	**钢锉、木锉、钳子（包括剪钳）、镊子、白铁剪、切管器、螺栓切头器、打孔冲子及类似手工工具：**									**Files, rasps, pliers (including cutting pliers), pincers, tweezers, metal cutting shears, pipe-cutters, bolt croppers, perforating punches and similar hand tools:**
8203.1000	-钢锉、木锉及类似工具	10.5	50	0						-Files, rasps and similar tools

税则号列 Tariff Item	商品名称	最惠国税率(%) M. F. N.	普通税率(%) Gen.	协定税率(%) Conventional					出口税率(%) Export	Article Description
				东盟 ASEAN	亚太 APTA	香港 H. K.	澳门 Macao	台湾 Taiwan		
8203.2000	-钳子（包括剪钳）、镊子及类似工具	10.5	50	0			0	0		-Pliers (including cutting pliers), pincers, tweezers and similar tools
8203.3000	-白铁剪及类似工具	10.5	50	0						-Metal cutting shears and similar tools
8203.4000	-切管器、螺栓切头器、打孔冲子及类似工具	10.5	50	0						-Pipe-cutters, bolt croppers, perforating punches and similar tools
82.04	**手动扳手及扳钳（包括转矩扳手，但不包括丝锥扳手）；可互换的扳手套筒，不论是否带手柄：**									**Hand-operated spanners and wrenches (including torque meter wrenches but not including tap wrenches); interchangeable spanner sockets, with or without handles:**
	-手动扳手及扳钳：									-Hand-operated spanners and wrenches:
8204.1100	--固定的	10.5	50	0						--Non-adjustable
8204.1200	--可调的	10	50	0				0		--Adjustable
8204.2000	-可互换的扳手套筒，不论是否带手柄	10	50	0						-Interchangeable spanner sockets, with or without handles
82.05	**其他税号未列名的手工工具（包括玻璃刀）；喷灯；台钳、夹钳及类似品，但作为机床或水射流切割机附件或零件的除外；砧；轻便锻炉；带支架的手摇或脚踏砂轮：**									**Hand tools (including glaziers diamonds), not elsewhere specified or included; blow lamps; vices, clamps and the like, other than accessories for and parts of, machine-tools or water-jet cutting machines; anvils; portable forges; hand or pedal operated grin:**
8205.1000	-钻孔或攻丝工具	10	50	0						-Drilling, threading or tapping tools
8205.2000	-锤子	10	50	0				0		-Hammers and sledge hammers
8205.3000	-木工用刨子、凿子及类似切削工具	10.5	30	0						-Planes, chisels, gouges and similar cutting tools for working wood
8205.4000	-螺丝刀	10.5	50	0				0		-Screwdrivers
	-其他手工工具（包括玻璃刀）：									-Other hand tools (including glaziers' diamonds):
8205.5100	--家用工具	10.5	50	0						--Household tools
8205.5900	--其他	10	50	0	8.5			0		--Other
8205.6000	-喷灯	10	50	0						-Blow lamps
8205.7000	-台钳、夹钳及类似品	10.5	50	0						-Vices, clamps and the like
8205.9000	-其他，包括由本税目项下两个或多个子目所列物品组成的成套货品	10.5	50	0						-Other, including sets of articles of two or more Subheadings of this heading

税则号列 Tariff Item	商品名称	最惠国税率(%) M. F. N.	普通税率(%) Gen.	协定税率(%) Conventional 东盟 ASEAN	亚太 APTA	香港 H. K.	澳门 Macao	台湾 Taiwan	出口税率(%) Export	Article Description
82. 06	**由税目82. 02至82. 05中两个或多个税号所列工具组成的零售包装成套货品：**									**Tools of two or more of the headings 82. 02 to 82. 05, put up in sets for retail sale:**
8206. 0000	由税目82. 02至82. 05中两个或多个税号所列工具组成的零售包装成套货品	10. 5	50	0						Tools of two or more of the headings 82. 02 to 82. 05, put up in sets for retail sale
82. 07	**手工工具（不论是否有动力装置）及机床（例如，锻压、冲压、攻丝、钻孔、镗孔、铰孔及铣削、车削或上螺丝用的机器）的可互换工具，包括金属拉拔或挤压用模以及凿岩或钻探工具：**									**Interchangeable tools for hand tools, whether or not power-operated, or for machine-tools (for example, for pressing, stamping, punching, tapping, threading, drilling, boring, broaching, milling, turning or screw driv-ing), including dies for drawing or extruding metal, and rock drilling or earth boring tools:**
	-凿岩或钻探工具：									-Rock drilling or earth boring tools:
8207. 1300	--带有金属陶瓷制的工作部件	8	20	0						--With working part of cermets
	--其他，包括部件：									--Other, including parts:
8207. 1910	---带有天然或合成金刚石、立方氮化硼制的工作部件	8	20	0						---With working part of natural or synthetic diamonds or cubic boron nitride
8207. 1990	---其他	8	20	0						---Other
	-金属拉拔或挤压用模：									-Dies for drawing or extruding metal:
8207. 2010	---带有天然或合成金刚石、立方氮化硼制的工作部件	8	20	0				0		---With working part of natural or synthetic diamonds or cubic boron nitride
8207. 2090	---其他	8	20	0				0		---Other
8207. 3000	-锻压或冲压工具	8	20	0	6. 8	0		0		-Tools for pressing, stamping or punching
8207. 4000	-攻丝工具	8	20	0				0		-Tools for tapping or threading
	-钻孔工具，但凿岩及钻探用的除外：									-Tools for drilling, other than for rock drilling:
8207. 5010	---带有天然或合成金刚石、立方氮化硼制的工作部件	8	20	0		0		0		---With working part of natural or synthetic diamonds or cubic boron nitride
8207. 5090	---其他	8	20	0		0		0		---Other
	-镗孔或铰孔工具：									-Tools for boring or broaching:
8207. 6010	---带有天然或合成金刚石、立方氮化硼制的工作部件	8	20	0				0		---With working part of natural or synthetic diamonds or cubic boronnitride

税则号列 Tariff Item	商品名称	最惠国税率(%) M. F. N.	普通税率(%) Gen.	协定税率(%) Conventional 东盟 ASEAN	 亚太 APTA	 香港 H. K.	 澳门 Macao	 台湾 Taiwan	出口税率(%) Export	Article Description
8207.6090	---其他	8	20	0						---Other
	-铣削工具：									-Tools for milling:
8207.7010	---带有天然或合成金刚石、立方氮化硼制的工作部件	8	20	0		0		0		---With working part of natural or synthetic diamonds or cubic boronnitride
8207.7090	---其他	8	20	0		0		0		---Other
	-车削工具：									-Tools for turning:
8207.8010	---带有天然或合成金刚石、立方氮化硼制的工作部件	8	20	0	6.8			0		---With working part of natural or synthetic diamonds or cubic boronnitride
8207.8090	---其他	8	20	0	6.8			0		---Other
	-其他可互换工具：									-Other interchangeable tools:
8207.9010	---带有天然或合成金刚石、立方氮化硼制的工作部件	8	20	0	6.8	0		0		---with working part of natural or synthetic diamonds or cubic boron nitride
8207.9090	---其他	8	20	0	6.8	0		0		---Other
82.08	**机器或机械器具的刀及刀片：**									**Knives and cutting blades, for machines or for mechanical appliances:**
	-金属加工用：									-For metal working:
	---硬质合金制的：									---Of metal carbides:
8208.1011	----经镀或涂层的	8	20	0		0				----Plated or coated
8208.1019	----其他	8	20	0		0				----Other
8208.1090	---其他	8	20	0		0				---Other
8208.2000	-木器加工用	8	20	0				0		-For wood working
8208.3000	-厨房器具或食品工业机器用	8	20	0						-For kitchen appliances or for machines used by the food industry
8208.4000	-农业、园艺或林业机器用	8	20	0				0		-For agricultural, horticultural or forestry machines
8208.9000	-其他	8	20	0	7.2			0		-Other
82.09	**未装配的工具用金属陶瓷板、杆、刀头及类似品：**									**Plates, sticks, tips and the like for tools, unmounted, of cermets:**
8209.0010	---板	8	20	0	7.2					---Plates
	---条、杆：									---Bars, sticks:
8209.0021	----晶粒度小于0.8微米的	8	20	0	7.2					----Grain size<0.8μm
8209.0029	----其他	8	20	0	7.2					----Other
8209.0030	---刀头	8	20	0	7.2					---Tips
8209.0090	---其他	8	20	0	7.2					---Other

税则号列 Tariff Item	商品名称	最惠国税率(%) M. F. N.	普通税率(%) Gen.	协定税率(%) Conventional 东盟 ASEAN	亚太 APTA	香港 H. K.	澳门 Macao	台湾 Taiwan	出口税率(%) Export	Article Description
82.10	**用于加工或调制食品或饮料的手动机械器具，重量不超过10千克：**									**Hand-operated mechanical appliances, weighing 10kg or less, used in the preparation, conditioning or serving of food or drink:**
8210.0000	用于加工或调制食品或饮料的手动机械器具，重量不超过10千克	18	80	0	16.2		0			Hand-operated mechanical appliances, weighing 10kg or less, used in the preparation, conditioning or serving of food or drink
82.11	**有刃口的刀及其刀片，不论是否有锯齿（包括整枝刀），但税目82.08的刀除外：**									**Knives with cutting blades, serrated or not (including pruning knives), other than knives of heading 82.08, and blades therefor:**
8211.1000	-成套货品	18	80	0						-Sets of assorted articles
	-其他：									-Other:
8211.9100	--刃面固定的餐刀	18	80	0						--Table knives having fixed blades
8211.9200	--刃面固定的其他刀	12	80	0						--Other knives having fixed blades
8211.9300	--刃面不固定的刀	18	80	0						--Knives having other than fixed blades
8211.9400	--刀片	14	80	0						--Blades
8211.9500	--贱金属制的刀柄	12	80	0						--Handles of base metal
82.12	**剃刀及其刀片（包括未分开的刀片条）：**									**Razors and razor blades (including razor blade blanks in strips):**
8212.1000	-剃刀	12	80	0						-Razors
8212.2000	-安全刀片，包括未分开的刀片条	14	80	0						-Safety razor blades, including razor blade blanks in strips
8212.9000	-其他零件	12	80	0						-Other parts
82.13	**剪刀、裁缝剪刀及类似品、剪刀片：**									**Scissors, tailors' shears and similar shears, and blades therefor:**
8213.0000	剪刀、裁缝剪刀及类似品、剪刀片	12	80	0	10.8					Scissors, tailors'shears and similar shears, and blades therefor
82.14	**其他利口器（例如，理发推剪、屠刀、砍骨刀、切肉刀、切菜刀、裁纸刀）；修指甲及修脚用具（包括指甲锉）：**									**Other articles of cutlery (for example, hair clippers, butchers'or kitchen cleavers, choppers and mincing knives, paper knives); manicure or pedicure sets and instruments (including nail files):**
8214.1000	-裁纸刀、开信刀、改错刀、铅笔刀及其刀片	12	80	0	10.8					-Paper knives, letter openers, erasing knives, pencil sharpeners and blades therefor

税则号列 Tariff Item	商品名称	最惠国税率(%) M. F. N.	普通税率(%) Gen.	协定税率(%) Conventional					出口税率(%) Export	Article Description
				东盟 ASEAN	亚太 APTA	香港 H. K.	澳门 Macao	台湾 Taiwan		
8214.2000	-修指甲及修脚用具（包括指甲锉）	18	90	0	16.2					-Manicure or pedicure sets and instruments (including nail files)
8214.9000	-其他	18	80	0						-Other
82.15	**餐匙、餐叉、长柄勺、漏勺、糕点夹、鱼刀、黄油刀、糖块夹及类似的厨房或餐桌用具：**									**Spoons, forks, ladles, skimmers, cakeserv-ers, fish-knives, butter-knives, sugar tongs and similar kitchen or tableware:**
8215.1000	-成套货品，至少其中一件物品是镀贵金属的	18	80	0						-Sets of assorted articles containing at least one article plated with precious metal
8215.2000	-其他成套货品	18	80	0						-Other sets of assorted articles
	-其他：									-Other:
8215.9100	--镀贵金属的	18	80	0						--Plated with precious metal
8215.9900	--其他	18	80	0		0				--Other

第八十三章 贱金属杂项制品

Chapter 83 Miscellaneous articles of base metal

注释：

一、在本章，贱金属零件应与制品一同归类。但税目73.12、73.15、73.17、73.18及73.20的钢铁制品或其他贱金属（第七十四章至第七十六章及第七十八章至第八十一章）制的类似物品不应视为本章制品的零件。

二、税目83.02所称“脚轮”，是指直径（对于有胎的，连胎计算在内，下同）不超过75毫米的或直径虽超过75毫米，但所装轮或胎的宽度必须小于30毫米的脚轮。

Chapter Notes:

1. For the purposes of this Chapter, parts of base metal are to be classified with their parent articles. However, articles of iron or steel of heading 73.12, 73.15, 73.17, 73.18 or 73.20, or similar articles of other base metal (Chapters 74 to 76 and 78 to 81) are not to be taken as parts of articles of this Chapter.

2. For the purposes of heading 83.02, the word “castors” means those having a diameter (including, where appropriate, tyres) not exceeding 75mm, or those having a diameter (including, where appropriate, tyres) exceeding 75mm provided that the width of the wheel or tyre fitted thereto is less than 30mm.

税则号列 Tariff Item	商品名称	最惠国税率(%) M. F. N.	普通税率(%) Gen.	协定税率(%) Conventional 东盟 ASEAN	亚太 APTA	香港 H. K.	澳门 Macao	台湾 Taiwan	出口税率(%) Export	Article Description
83.01	贱金属制的锁（钥匙锁、数码锁及电动锁）；贱金属制带锁的扣环及扣环框架；上述锁的贱金属制钥匙：									**Padlocks and locks (key, combination or electrically operated), of base metal; clasps and frames with clasps, incorporating locks, of base metal; keysfor any of the foregoing articles, of base metal:**
8301.1000	-挂锁	14	80	0						-Padlocks
	-机动车用锁：									-Locks of a kind used for motor vehicles:
8301.2010	---中央控制门锁	10	80	5						---Central control door lock
8301.2090	---其他	10	80	5						---Other
8301.3000	-家具用锁	14	80	0						-Locks of a kind used for furniture
8301.4000	-其他锁	14	80	0						-Other locks
8301.5000	-带锁的扣环及扣环框架	14	80	0		0				-Clasps and frames with clasps, incorporating locks
8301.6000	-零件	12	80	0						-Parts
8301.7000	-钥匙	10	80	0						-Keys presented separately
83.02	用于家具、门窗、楼梯、百叶窗、车厢、鞍具、衣箱、盒子及类似品的贱金属附件及架座；贱金属制帽架、帽钩、托架及类似品；用贱金属做支架的小脚轮；贱金属制的自动闭门器：									**Base metal mountings, fittings and similar articles suitable for furniture, doors, staircases, windows, blinds, coachwork, saddlery, trunks, chests, caskets, or the like; base metal hat-racks, hat-pegs, brackets and similar fixtures; castors with mountings of base metal; automatic door closers of base metal:**

税则号列 Tariff Item	商品名称	最惠国税率(%) M. F. N.	普通税率(%) Gen.	协定税率(%) Conventional					出口税率(%) Export	Article Description
				东盟 ASEAN	亚太 APTA	香港 H. K.	澳门 Macao	台湾 Taiwan		
8302.1000	-铰链(折叶)	10	80	0		0				-Hinges
8302.2000	-小脚轮	12	80	0						-Castors
8302.3000	-机动车辆用的其他附件及架座	10	80	0						-Other mountings, fittings and similar ticles suitable for motor vehicles
	-其他附件及架座:									-Other mountings, fittings and similar articles:
8302.4100	--建筑用	14	80	0						--Suitable for buildings
8302.4200	--其他,家具用	12	80	0						--Other, suitable for furniture
8302.4900	--其他	12	80	0						--Other
8302.5000	-帽架、帽钩、托架及类似品	14	80	0						-Hat-racks, hat-pegs, brackets and similar fixtures
8302.6000	-自动闭门器	12	80	0						-Automatic door closets
83.03	**装甲或加强的贱金属制保险箱、保险柜及保险库的门和带锁保险储存橱、钱箱、契约箱及类似品:**									**Armoured or reinforced safes, strongboxes and doors and safe deposit lockers for strong-rooms, cash or deed boxes and the like, of base metal:**
8303.0000	装甲或加强的贱金属制保险箱、保险柜及保险库的门和带锁保险储存橱、钱箱、契约箱及类似品	14	50	0						Armoured or reinforced safes, strong boxes and doors and safe deposit lockers for strong-rooms, cash or deed boxes and the like, of base metal
83.04	**贱金属制的档案柜、卡片索引柜、文件盘、文件篮、笔盘、公章架及类似的办公用具,但税目94.03的办公室家具除外:**									**Filing cabinets, card-index cabinets, paper trays, paper rests, pen trays, office-stamp stands and similar office or desk equipment, of base metal, other than office furniture of heading 94.03:**
8304.0000	贱金属制的档案柜、卡片索引柜、文件盘、文件篮、笔盘、公章架及类似的办公用具,但税目94.03的办公室家具除外	10.5	80	0		0				Filing cabinets, card-index cabinets, paper trays, paper rests, pen trays, office-stamp stands and similar office or desk equipment, of base metal, other than office furniture of heading 94.03
83.05	**活页夹、卷宗夹的贱金属附件,贱金属制的信夹、信角、文件夹、索引标签及类似的办公用品;贱金属制的成条订书钉(例如,供办公室、室内装饰或包装用):**									**Fittings for loose-leaf binders or files, letter clips, letter corners, paper clips, indexing tags and similar office articles, of base metal; staples in strips (for example, for offices, upholstery, packaging), of base metal:**
8305.1000	-活页夹或卷宗夹的附件	10.5	80	0						-Fittings for loose-leaf binders of files
8305.2000	-成条订书钉	10.5	80	0						-Staples in strips

税则号列 Tariff Item	商品名称	最惠国税率(%) M. F. N.	普通税率(%) Gen.	协定税率(%) Conventional					出口税率(%) Export	Article Description
				东盟 ASEAN	亚太 APTA	香港 H. K.	澳门 Macao	台湾 Taiwan		
8305.9000	-其他，包括零件	10.5	80	0		0				-Other, including parts
83.06	**非电动的贱金属铃、钟、锣及类似品；贱金属雕塑像及其他装饰品；贱金属相框或画框及类似框架；贱金属镜子：**									**Bells, gongs and the like, non-electric, of base metal; statuettes and other ornaments, of base metal; photograph, picture or similar frames, of base metal; mirrors of base metal:**
8306.1000	-铃、钟、锣及类似品	8	80	0						-Bells, gongs and the like
	-雕塑像及其他装饰品：									-Statuettes and other ornaments:
8306.2100	--镀贵金属的	8	100	0						--Plated with precious metal
	--其他：									--Other:
8306.2910	---景泰蓝的	8	100	0						---Cloisonne
8306.2990	---其他	8	100	0						---Other
8306.3000	-相框、画框及类似框架；镜子	8	100	0						-Photograph, picture or similar frames; mirrors
83.07	**贱金属软管，不论是否有附件：**									**Flexible tubing of base metal, with or without fittings:**
8307.1000	-钢铁制	8.4	35	0						-Of iron or steel
8307.9000	-其他贱金属制	8.4	35	0		0				-Of other base metal
83.08	**贱金属制的扣、钩、环、眼及类似品，用于衣着或衣着附件、鞋靴、珠宝首饰、手表、书籍、天篷、皮革制品、旅行用品或马具或其他制成品；贱金属制的管形铆钉及开口铆钉；贱金属制的珠子及亮晶片：**									**Clasps, frames with clasps, buckles, buckle-clasps, hooks, eyes, eyelets and the like, of base metal, of a kind used for clothing and clothing accessories, footwear, jewellry, wrist watches, books, awnings, leather goods, travel goods, or saddlery or for other:**
8308.1000	-钩、环及眼	10.5	80	0		0				-Hooks, eyes and eyelets
8308.2000	-管形铆钉及开口铆钉	10.5	80	0		0				-Tubular or bifurcated rivets
8308.9000	-其他，包括零件	10.5	80	0		0				-Other, including parts
83.09	**贱金属制的塞子、盖子(包括冠形瓶塞、螺口盖及倒水塞)、瓶帽、螺口塞、塞子帽、封志及其他包装用附件：**									**Stoppers, caps and lids (including crown corks, screw caps and pouring stoppers), capsules for bottles, threaded bungs, bung covers, seals and other packing accessories, of base metal:**
8309.1000	-冠形瓶塞	18	90	0		0				-Crown corks
8309.9000	-其他	12	80	0		0				-Other
83.10	**贱金属制的标志牌、铭牌、地名牌及类似品、号码、字母及类似标志，但税目94.05的货品除外：**									**Sign-plates, name-plates, address plates and similar plates, numbers, letters and other symbols, of base metal, excluding those of heading 94.05:**

税则号列 Tariff Item	商品名称	最惠国税率(%) M. F. N.	普通税率(%) Gen.	协定税率(%) Conventional 东盟 ASEAN	亚太 APTA	香港 H. K.	澳门 Macao	台湾 Taiwan	出口税率(%) Export	Article Description
8310.0000	贱金属制的标志牌、铭牌、地名牌及类似品、号码、字母及类似标志，但税目94.05的货品除外	18	80	0						Sign-plates, name-plates, address-plates and similar plates, numbers, letters and other symbols, of base metal, excluding those of heading 94.05
83.11	**贱金属或硬质合金制的丝、条、管、板、电极及类似品，以焊剂涂面或以焊剂为芯，用于焊接或沉积金属、硬质合金；贱金属粉黏聚而成的丝或条，供金属喷镀用：**									**Wire, rods, tubes, plates, electrodes and similar products, of base metal or of metal carbides, coated or cored with flux material, of a kind used for soldering, brazing, welding or deposition of metal or of metal carbides; wire and rods, of agglomerated base-metal powder, used for metal spraying:**
8311.1000	-以焊剂涂面的贱金属制电极，电弧焊用	8	30	0		0				-Coated electrodes of base metal, for electric arc-welding
8311.2000	以焊剂为芯的贱金属制焊丝，电弧焊用	8	30	0		0				-Cored wire of base metal, for electric arcwelding
8311.3000	-以焊剂涂面或以焊剂为芯的贱金属条或丝，钎焊或气焊用	8	30	0		0				-Coated rods and cored wire, of base metal, for soldering, brazing or welding by flame
8311.9000	-其他	8	30	0	5.6	0				-Other

第十六类
机器、机械器具、电气设备及其零件；录音机及放声机、电视图像、声音的录制和重放设备及其零件、附件

SECTION XVI
MACHINERY AND MECHANICAL APPLIANCES; ELECTRICAL EQUIPMENT; PARTS THEREOF; SOUND RECORDERS AND REPRODUCERS, TELEVISION IMAGE AND SOUND RECORDERS AND REPRODUCERS, AND PARTS AND ACCESSORIES OF SUCH ARTICLES

注释：

一、本类不包括：

（一）第三十九章的塑料或税目40.10的硫化橡胶制的传动带、输送带；除硬质橡胶以外的硫化橡胶制的机器、机械器具、电气器具或其他专门技术用途的物品（税目40.16）；

（二）机器、机械器具或其他专门技术用途的皮革、再生皮革（税目42.05）或毛皮（税目43.03）的制品；

（三）各种材料（例如，第三十九章、第四十章、第四十四章、第四十八章及第十五类的材料）制的筒管、卷轴、纡子、锥形筒管、芯子、线轴及类似品；

（四）提花机及类似机器用的穿孔卡片（例如，归入第三十九章、第四十八章或第十五类的）；

（五）纺织材料制的传动带、输送带及其带料（税目59.10）或专门技术用途的其他纺织材料制品（税目59.11）；

（六）税目71.02至71.04的宝石或半宝石（天然、合成或再造）或税目71.16的完全以宝石或半宝石制成的物品，但已加工未装配的唱针用蓝宝石和钻石除外（税目85.22）；

（七）第十五类注释二所规定的贱金属制通用零件（第十五类）及塑料制的类似品（第三十九章）；

（八）钻管（税目73.04）；

（九）金属丝、带制的环形带（第十五类）；

（十）第八十二章或第八十三章的物品；

（十一）第十七类的物品；

（十二）第九十章的物品；

（十三）第九十一章的钟、表及其他物品；

（十四）税目82.07的可互换工具及作为机器零件

Section Notes:

1. This Section does not cover:

(a) Transmission or conveyor belts or belting, of plastics of Chapter 39, or of vulcanised rubber (heading 40.10), or other articles of a kind used in machinery or mechanical or electrical appliances or for other technical uses, of vulcanised rubber other than hard rubber (heading 40.16);

(b) Articles of leather or of composition leather (heading 42.05) or of furskin (heading 43.03), of a kind used in machinery or mechanical appliances or for other technical uses;

(c) Bobbins, spools, cops, cones, cores, reels or similar supports, of any material (for example, Chapter 39, 40, 44 or 48 or Section XV);

(d) Perforated cards for Jacquard or similar machines (for example, Chapter 39 or 48 or Section XV);

(e) Transmission or conveyor belts or belting of textile material (heading 59.10) or other articles of textile material for technical uses (heading 59.11);

(f) Precious or semi-precious stones (natural, synthetic or reconstructed) of headings 71.02 to 71.04, or articles wholly of such stones of heading 71.16, except unmounted worked sapphires and diamonds for styli (heading 85.22);

(g) Parts of general use, as defined in Note 2 to Section XV, of base metal (Section XV), or similar goods of plastics (Chapter 39);

(h) Drill pipe (heading 73.04);

(ij) Endless belts of metal wire or strip (Section XV);

(k) Articles of Chapter 82 or 83;

(l) Articles of Section XVII;

(m) Articles of Chapter 90;

(n) Clocks, watches or other articles of Chapter 91;

(o) Interchangeable tools of heading 82.07 or bru-

的刷子（税目96.03）；类似的可互换工具应按其构成工作部件的材料归类（例如，归入第四十章、第四十二章、第四十三章、第四十五章、第五十九章或税目68.04、69.09）；

（十五）第九十五章的物品；或

（十六）打字机色带或类似色带，不论是否带轴或装盒（应按其材料属性归类；如已上油或经其他方法处理能着色的，应归入税目96.12），或税目96.20的独脚架、双脚架、三脚架及类似品。

shes of a kind used as parts of machines (heading 96.03); similar interchangeable tools are to be classified according to the constituent material of their working part (for example, in Chapter 40, 42, 43, 45 or 59 or heading 68.04 or 69.09);

(p) Articles of Chapter 95; or

(q) Typewriter or similar ribbons, whether or not on spools or in cartridges (classified according to their constituent material, or in heading 96.12 if inked or otherwise prepared for giving impressions), or monopods, bipods, tripods and similar articles, of heading 96.20.

二、除本类注释一、第八十四章注释一及第八十五章注释一另有规定的以外，机器零件（不属于税目84.84、85.44、85.45、85.46或85.47所列物品的零件）应按下列规定归类：

（一）凡在第八十四章、第八十五章的税号（税目84.09、84.31、84.48、84.66、84.73、84.87、85.03、85.22、85.29、85.38及85.48除外）列名的货品，均应归入该两章的相应税号；

（二）专用于或主要用于某一种机器或同一税号的多种机器（包括税目84.79或85.43的机器）的其他零件，应与该种机器一并归类，或酌情归入税目84.09、84.31、84.48、84.66、84.73、85.03、85.22、85.29或85.38。但能同时主要用于税目85.17和85.25至85.28所列机器的零件，应归入税目85.17；

（三）所有其他零件应酌情归入税目84.09、84.31、84.48、84.66、84.73、85.03、85.22、85.29或85.38，如不能归入上述税号，则应归入税目84.87或85.48。

2. Subject to Note 1 to this Section, Note 1 to Chapter 84 and Note 1 to Chapter 85, parts of machines (not being parts of the articles of heading 84.84, 85.44, 85.45, 85.46 or 85.47) are to be classified according to the following rules:

(a) Parts which are goods included in any of the headings of Chapters 84 or 85 (other than headings 84.09, 84.31, 84.48, 84.66, 84.73, 84.87, 85.03, 85.22, 85.29, 85.38 and 85.48) are in all cases to be classified in their respective headings;

(b) Other parts, if suitable for use solely or principally with a particular kind of machine, or with a number of machines of the same heading (including a machine of heading 84.79 or 85.43) are to be classified with the machines of that kind or in heading 84.09, 84.31, 84.48, 84.66, 84.73, 85.03, 85.22, 85.29 or 85.38 as appropriate. However, parts which are equally suitable for use principally with the goods of headings 85.17 and 85.25 to 85.28 are to be classified in heading 85.17;

(c) All other parts are to be classified in heading 84.09, 84.31, 84.48, 84.66, 84.73, 85.03, 85.22, 85.29 or 85.38 as appropriate or, failing that, in heading 84.87 or 85.48.

三、由两部及两部以上机器装配在一起形成的组合式机器，或具有两种及两种以上互补或交替功能的机器，除条文另有规定的以外，应按具有主要功能的机器归类。

3. Unless the context otherwise requires, composite machines consisting of two or more machines fitted together to form a whole and other machines designed for the purpose of performing two or more complementary or alternative functions are to be classified as if consisting only of that component or as being that machine which performs the principal function.

四、由不同独立部件（不论是否分开或由管道、传动装置、电缆或其他装置连接）组成的机器（包括

4. Where a machine (including a combination of machines) consists of individual components (whether

机组)，如果组合后明显具有一种第八十四章或第八十五章某个税号所列功能，则全部机器应按其功能归入有关税号。

separate or interconnected by piping, by transmission devices, by electric cables or by other devices) intended to contribute together to a clearly defined function covered by one of the headings in Chapter 84 or Chapter 85, then the whole falls to be classified in the heading appropriate to that function.

五、上述各注释所称“机器”，是指第八十四章或第八十五章各税号所列的各种机器、设备、装置及器具。

5. For the purposes of these Notes, the expression “machine” means any machine, machinery, plant, equipment, apparatus or appliance cited in the headings of Chapter 84 or 85.

第八十四章
核反应堆、锅炉、机器、机械器具及其零件

注释：

一、本章不包括：

(一) 第六十八章的石磨、石碾及其他物品；

(二) 陶瓷材料制的机器或器具(例如，泵)及供任何材料制的机器或器具用的陶瓷零件(第六十九章)；

(三) 实验室用玻璃器(税目70.17)；玻璃制的机器、器具或其他专门技术用途的物品及其零件(税目70.19或70.20)；

(四) 税目73.21或73.22的物品或其他贱金属制的类似物品(第七十四章至第七十六章或第七十八章至第八十一章)；

(五) 税目85.08的真空吸尘器；

(六) 税目85.09的家用电动器具；税目85.25的数字照相机；

(七) 第十七类物品用的散热器；或

(八) 非机动的手工操作地板清扫器(税目96.03)。

二、除第十六类注释三及本章注释九另有规定以外，如果某种机器或器具既符合税目84.01至84.24中一个或几个税号的规定，或符合税目84.86的规定，又符合税目84.25至84.80中一个或几个税号的规定，则应酌情归入税目84.01至84.24中的相应税号或税目84.86，而不归入税目84.25至84.80中的有关税号。

但税目84.19不包括：

(一) 催芽装置、孵卵器或育雏器(税目84.36)；

(二) 谷物调湿机(税目84.37)；

Chapter 84
Nuclear reactors, boilers, machinery and mechanical appliances; parts thereof

Chapter Notes:

1. This Chapter does not cover:

(a) Millstones, grindstones or other articles of Chapter 68;

(b) Machinery or appliances (for example, pumps) of ceramic material and ceramic parts of machinery or appliances of any material (Chapter 69);

(c) Laboratory glassware (heading 70.17); machinery, appliances or other articles for technical uses or parts thereof, of glass (heading 70.19 or 70.20);

(d) Articles of heading 73.21 or 73.22 or similar articles of other base metals (Chapters 74 to 76 or 78 to 81);

(e) Vacuum cleaners of heading 85.08;

(f) Electro-mechanical domestic appliance of heading 85.09; digital cameras of heading 85.25;

(g) Radiators for the articles of Section XVII; or

(h) Hand-operated mechanical floor sweepers, not motorised (heading 96.03).

2. Subject to the operation of Note 3 to Section XVI and subject to Note 9 to this Chapter, a machine or appliance which answers to a description in one or more of the headings 84.01 to 84.24, or heading 84.86 and at the same time to a description in one or other of the headings 84.25 to 84.80 is to be classified under the appropriate heading of the former group or under heading 84.86, as the case may be, and not the latter group.

Heading 84.19 does not, however, cover:

(a) Germination plant, incubators or brooders (heading 84.36);

(b) Grain dampening machines (heading 84.37);

（三）萃取糖汁的浸提装置（税目84.38）；

（四）纱线、织物及纺织制品的热处理机器（税目84.51）；或

（五）温度变化（即使必不可少）仅作为辅助功能的机器、设备或实验室设备。

税目84.22不包括：

（一）缝合袋子或类似品用的缝纫机（税目84.52）；或

（二）税目84.72的办公室用机器。

税目84.24不包括：

（一）喷墨印刷（打印）机器（税目84.43）；或

（二）水射流切割机（税目84.56）。

三、如果用于加工各种材料的某种机床既符合税目84.56的规定，又符合税目84.57、84.58、84.59、84.60、84.61、84.64或84.65的规定，则应归入税目84.56。

四、税目84.57仅适用于可以完成下列不同形式机械操作的金属加工机床，但车床（包括车削中心）除外：

（一）按照机械加工程序从刀具库中自动更换刀具（加工中心）；

（二）同时或顺序地自动使用不同的动力头对固定不动的工件进行加工（单工位组合机床）；或

（三）自动将工件送向不同的动力头（多工位组合机床）。

五、（一）税目84.71所称“自动数据处理设备”，是指具有以下功能的机器：

1. 存储处理程序及执行程序直接需要的起码的数据；

2. 按照用户的要求随意编辑程序；

3. 按照用户指令进行算术计算；以及

4. 在运行过程中，可不需人为干预而通过逻辑判断，执行一个处理程序，这个处理程

(c) Diffusing apparatus for sugar juice extraction (heading 84.38);

(d) Machinery for the heat-treatment of textile yarns, fabrics or made up textile articles (heading 84.51); or

(e) Machinery, plant or laboratory equipment, designed for a mechanical operation, in which a change of temperature, even if necessary, is subsidiary.

Heading 84.22 does not cover:

(a) Sewing machines for closing bags or similar containers (heading 84.52); or

(b) Office machinery of heading 84.72.

Heading 84.24 does not cover:

(a) Ink-jet printing machines (heading 84.43); or

(b) Water-jet cutting machines (heading 84.56).

3. A machine-tool for working any material which answers to a description in heading 84.56 and at the same time to a description in heading 84.57, 84.58, 84.59, 84.60, 84.61, 84.64 or 84.65 is to be classified in heading 84.56.

4. Heading 84.57 applies only to machine-tools for working metal, other than lathes (including turning centres), which can carry out different types of machining operations either:

(a) by automatic tool change from a magazine or the like in conformity with a machining programme (machining centres);

(b) by the automatic use, simultaneously or sequentially, of different unit heads working on a fixed position workpiece (unit construction machines, single station); or

(c) by the automatic transfer of the workpiece to different unit heads (multi-station transfer machines).

5. (a) For the purposes of heading 84.71, the expression "automatic data processing machines" means machines capable of:

(i) Storing the processing program or programs and at least the data immediately necessary for the execution of the program;

(ii) Being freely programmed in accordance with the requirements of the user;

(iii) Performing arithmetical computations specified by the user; and

(iv) Executing, without human intervention, a processing program which requires them to

序可改变计算机指令的执行。

modify their execution, by logical decision during the processing run.

（二）自动数据处理设备可以是一套由若干单独部件所组成的系统。

(b) Automatic data processing machines may be in the form of systems consisting of a variable number of separate units.

（三）除本条注释（四）及（五）另有规定的以外，一个部件如果符合下列所有规定，即可视为自动数据处理系统的一部分：

1. 专用于或主要用于自动数据处理系统；

2. 可以直接或通过一个或几个其他部件同中央处理器相连接；以及

3. 能够以本系统所使用的方式（代码或信号）接收或传送数据。

(c) Subject to paragraphs (d) and (e) below, a unit is to be regarded as being part of an automatic data processing system if it meets all of the following conditions:

(i) It is of a kind solely or principally used in an automatic data processing system;

(ii) It is connectable to the central processing unit either directly or through one or more other units; and

(iii) It is able to accept or deliver data in a form (codes or signals) which can be used by the system.

自动数据处理设备的部件如果单独报验，应归入税目84.71。

Separately presented units of an automatic data processing machine are to be classified in heading 84.71.

但是，键盘、X－Y坐标输入装置及盘（片）式存储部件，只要符合上述注释（三）2及（三）3所列的规定，应一律作为税目84.71的部件归类。

However, keyboards, X-Y co-ordinate input devices and disk storage units which satisfy the conditions of paragraphs (c) (ii) and (c) (iii) above, are in all cases to be classified as units of heading 84.71.

（四）税目84.71不包括单独报验的下述设备，即使它们符合上述注释五（三）的所有规定：

1. 打印机、复印机、传真机，不论是否组合式；

2. 发送或接收声音、图像或其他数据的设备，包括有线或无线网络（例如，局域网或广域网）通信设备；

3. 扬声器及传声器（麦克风）；

4. 电视摄像机、数字照相机及视频摄录一体机；

5. 监视器及投影机，未装有电视接收装置。

(d) Heading 84.71 does not cover the following when presented separately, even if they meet all of the conditions set forth in Note 5 (c) above:

(i) Printers, copying machines, facsimile machines, whether or not combined;

(ii) Apparatus for the transmission or reception of voice, images or other data, including apparatus for communication in a wired or wireless network (such as a local or wide area network);

(iii) Loudspeakers and microphones;

(iv) Television cameras, digital cameras and video camera recorders;

(v) Monitors and projectors, not incorporating television reception apparatus.

（五）装有自动数据处理设备或与自动数据处理设备连接使用，但却从事数据处理以外的某项专门功能的机器，应按其功能归入相应的税号，对于无法按功能归类的，应归入未列名税号。

(e) Machines incorporating or working in conjunction with an automatic data processing machine and performing a specific function other than data processing are to be classified in the headings appropriate to their respective functions or, failing that, in residual headings.

六、税目84.82还包括最大直径及最小直径与标称直径相差均不超过1%或0.05毫米（以相差数值较小的为准）的抛光钢珠，其他钢珠归入税目73.26。

6. Heading 84.82 applies, inter alia, to polished steel balls, the maximum and minimum diameters of which do not differ from the nominal diameter by more than

1% or by more than 0.05mm, whichever is less. Other steel balls are to be classified in heading 73.26.

七、具有一种以上用途的机器在归类时，其主要用途可作为唯一的用途对待。

除本章注释二、第十六类注释三另有规定的以外，凡任何税号都未列明其主要用途的机器，以及没有哪一种用途是主要用途的机器，均应归入税目84.79。税目84.79还包括将金属丝、纺织纱线或其他各种材料以及它们的混合材料制成绳、缆的机器（例如，捻股机、绞扭机、制缆机）。

7. A machine which is used for more than one purpose is, for the purposes of classification, to be treated as if its principal purpose were its sole purpose.

Subject to Note 2 to this Chapter and Note 3 to Section XVI, a machine the principal purpose of which is not described in any heading or for which no one purpose is the principal purpose is, unless the context otherwise requires, to be classified in heading 84.79. Heading 84.79 also covers machines for making rope or cable (for example, stranding, twisting or cabling machines) from metal wire, textile yarn or any other material or from a combination of such materials.

八、税目84.70所称"袖珍式"，仅适用于外形尺寸不超过170毫米×100毫米×45毫米的机器。

8. For the purposes of heading 84.70, the term "pocket-size" applies only to machines the dimensions of which do not exceed 170mm×100mm×45mm.

九、（一）第八十五章注释九（一）及（二）也同样适用于本条注释及税目84.86中所称的"半导体器件"及"集成电路"。但本条注释及税目84.86所称"半导体器件"，也包括光敏半导体器件及发光二极管（LED）。

9. (a) Notes 9 (a) and 9 (b) to Chapter 85 also apply with respect to the expressions "semiconductor devices" and "electronic integrated circuits", respectively, as used in this Note and in heading 84.86. However, for the purposes of this Note and of heading 84.86, the expression "semiconductor devices" also covers photosensitive semiconductor devices and light-emitting diodes (LED).

（二）本条注释及税目84.86所称"平板显示器的制造"，包括将各层基片制造成一层平板，但不包括玻璃的制造或将印刷电路板或其他电子元件装配在平板上。所称"平板显示"不包括阴极射线管技术。

(b) For the purposes of this Note and of heading 84.86, the expression "manufacture of flat panel displays" covers the fabrication of substrates into a flat panel. It does not cover the manufacture of glass or the assembly of printed circuit boards or other electronic components onto the flat panel. The expression "flat panel display" does not cover cathode-ray tube technology.

（三）税目84.86也包括专用于或主要用于下列用途的机器及装置：

1. 制造或修补掩膜版及刻线；

2. 组装半导体器件或集成电路；

3. 升降、搬运、装卸单晶柱、晶圆、半导体器件、集成电路及平板显示器。

(c) Heading 84.86 also includes machines and apparatus solely or principally of a kind used for:

(i) the manufacture or repair of masks and reticles;

(ii) assembling semiconductor devices or electronic integrated circuits;

(iii) lifting, handling, loading or unloading of boules, wafers, semiconductor devices, electronic integrated circuits and flat panel displays.

（四）除第十六类注释一及第八十四章注释一另有规定的以外，符合税目84.86规定的设备及

(d) Subject to Note 1 to Section XVI and Note 1 to Chapter 84, machines and apparatus answering

装置，应归入该税号而不归入本协调制度的其他税号。

to the description in heading 84.86 are to be classified in that heading and in no other heading of the Nomenclature.

子目注释：

一、子目 8465.20 所称“加工中心”，仅适用于加工木材、软木、骨、硬质橡胶、硬质塑料或类似硬质材料的加工机床。这些设备可根据机械加工程序，从刀具库或类似装置中自动更换刀具，以完成不同形式的机械加工。

二、子目 8471.49 所称“系统”，是指各部件符合第八十四章注释五（三）所列条件，并且至少由一个中央处理部件、一个输入部件（例如，键盘或扫描器）及一个输出部件（例如，视频显示器或打印机）组成的自动数据处理设备。

三、子目 8481.20 所称“油压或气压传动阀”，是指在液压或气压系统中专用于传递“流体动力”的阀门，其能源以加压流体（液体或气体）的形式供给。这些阀门可以具有各种形式（例如减压阀、止回阀）。子目 8481.20 优先于税目 84.81 的所有其他子目。

四、子目 8482.40 仅包括滚柱直径相同，最大不超过 5 毫米，且长度至少是直径三倍的圆滚柱轴承，滚柱的两端可以磨圆。

Subheading Notes:

1. For the purposes of subheading 8465.20, the term “machining centres” applies only to machine-tools for working wood, cork, bone, hard rubber, hard plastics or similar hard materials, which can carry out different types of machining operations by automatic tool change from a magazine or the like in conformity with a machining programme.

2. For the purposes of subheading 8471.49, the term “systems” means automatic data processing machines whose units satisfy the conditions laid down in Note 5 (c) to Chapter 84 and which comprise at least a central processing unit, one input unit (for example, a keyboard or a scanner), and one output unit (for example, a visual display unit or a printer).

3. For the purposes of subheading 8481.20, the expression “valves for oleohydraulic or pneumatic transmissions” means valves which are used specifically in the transmission of “fluid power” in a hydraulic or pneumatic system, where the energy source is supplied in the form of pressurised fluids (liquid or gas). These valves may be of any type (for example, pressure-reducing type, check type). Subheading 8481.20 takes precedence over all other subheadings of heading 84.81.

4. Subheading 8482.40 applies only to bearings with cylindrical rollers of a uniform diameter not exceeding 5mm and having a length which is at least three times the diameter. The ends of the rollers may be rounded.

税则号列 Tariff Item	商品名称	最惠国税率 (%) M.F.N.	普通税率 (%) Gen.	协定税率 (%) Conventional 东盟 ASEAN	亚太 APTA	香港 H.K.	澳门 Macao	台湾 Taiwan	出口税率 (%) Export	Article Description
84.01	核反应堆；核反应堆的未辐照燃料元件（释热元件）；同位素分离机器及装置：									**Nuclear reactors; fuel elements (cartridges), non-irradiated, for nuclear reactors; machinery and apparatus for isotopic separation:**
8401.1000	-核反应堆	2	8	0						-Nuclear reactors
8401.2000	-同位素分离机器、装置及其零件	1	8	0						-Machinery and apparatus for isotopic separation, and parts thereof

税则号列 Tariff Item	商品名称	最惠国税率(%) M. F. N.	普通税率(%) Gen.	协定税率(%) Conventional 东盟 ASEAN	亚太 APTA	香港 H. K.	澳门 Macao	台湾 Taiwan	出口税率(%) Export	Article Description
	-未辐照燃料元件(释热元件):									-Fuel elements (cartridges), non-irradiated:
8401.3010	---未辐照燃料元件	2	8	0						---Fuel elements, non-irradiated
8401.3090	---未辐照燃料元件的零件	1	8	0						---Parts for fuel elements non-irradiated
	-核反应堆零件:									-Parts of nuclear reactors:
8401.4010	---未辐照相关组件	1	8	0						---Non-irradiated Associated Assembly
8401.4020	---堆内构件	1	8	0						---Reactor internals
8401.4090	---其他	1	8	0						---Other
84.02	**蒸汽锅炉(能产生低压水蒸气的集中供暖用的热水锅炉除外);过热水锅炉:**									**Steam or other vapour generating boilers (other than central heating hot water boilers capable also of producting low pressure steam); super-heated water boilers:**
	-蒸汽锅炉:									-Steam or other vapour generating boilers:
	--蒸发量超过45吨/时的水管锅炉:									--Watertube boilers with a steam production exceeding 45t per hour:
8402.1110	---蒸发量在900吨/时及以上的发电用锅炉	3	11	0	2.5					---Boilers for generating electricity with a steam production 900t or more per hour
8402.1190	---其他	14	35	0	13.3					---Other
8402.1200	--蒸发量不超过45吨/时的水管锅炉	5	35	0	3.9					--Watertube boilers with a steam production not exceeding 45t per hour
8402.1900	--其他蒸汽锅炉,包括混合式锅炉	5	35	0						--Other vapour generating boilers, including hybrid boilers
8402.2000	-过热水锅炉	16	35	0						-Super-heated water boilers
8402.9000	-零件	2	11	0						-Parts
84.03	**集中供暖用的热水锅炉,但税目84.02的货品除外:**									**Central heating boilers other than those of heading 84.02:**
	-锅炉:									-Boilers:
8403.1010	---家用型	10	80	0	9.5					---Household type
8403.1090	---其他	10	80	0	9.5					---Other
8403.9000	-零件	6	80	0						-Parts
84.04	**税目84.02或84.03所列锅炉的辅助设备(例如,节热器、过热器、除灰器、气体回收器);水蒸气或其他蒸汽动力装置的冷凝器:**									**Auxiliary plant for use with boilers of heading 84.02 or 84.03 (for example, economizers, super-heaters, soot removers, gas recoverers); condensers for steam or other vapour power units:**

税则号列 Tariff Item	商品名称	最惠国税率(%) M. F. N.	普通税率(%) Gen.	协定税率(%) Conventional 东盟 ASEAN	亚太 APTA	香港 H. K.	澳门 Macao	台湾 Taiwan	出口税率(%) Export	Article Description
	-税目 84.02 或 84.03 所列锅炉的辅助设备：									-Auxiliary plant for use with boilers of heading 84.02 or 84.03:
8404.1010	---税目 84.02 所列锅炉的辅助设备	7	35	0	3.5					---For use with boilers of heading 84.02
8404.1020	---税目 84.03 所列锅炉的辅助设备	10	80	0	5					---For use with boilers of heading 84.03
8404.2000	-水蒸气或其他蒸汽动力装置的冷凝器	14	35	0						-Condensers for steam or other vapour power units
	-零件：									-Parts:
8404.9010	---税号 8404.1020 所列设备的零件	10	80	0	0					---Of the auxiliary plant of subheading 8404.1020
8404.9090	---其他	7	35	0	0					---Other
84.05	**煤气发生器，不论有无净化器；乙炔发生器及类似的水解气体发生器，不论有无净化器：**									**Producer gas or water gas generators, with or without their purifiers; acetylene gas generators and similar water process gas generators, with or without their purifiers:**
8405.1000	-煤气发生器，不论有无净化器；乙炔发生器及类似的水解气体发生器，不论有无净化器	14	30	0						-Producer gas or water gas generators, with or without their purifiers; acetylene gas generators and similar water process gas generators, with or without their purifiers
8405.9000	-零件	8	30	0						-Parts
84.06	**汽轮机：**									**Steam turbines and other vapour turbines:**
8406.1000	-船舶动力用汽轮机	5	35	0						-Turbines for marine propulsion
	-其他汽轮机：									-Other turbines:
	--输出功率超过 40 兆瓦的：									--Of an output exceeding 40MW:
8406.8110	---输出功率不超过 100 兆瓦的	5	35	0						---Of an output not exceeding 100MW
8406.8120	---输出功率超过 100 兆瓦，但不超过 350 兆瓦的	5	35	0						---Of an output exceeding 100MW but not exceeding 350MW
8406.8130	---输出功率超过 350 兆瓦的	6	11	0						---Of an output exceeding 350MW
8406.8200	--输出功率不超过 40 兆瓦的	5	35	0						--Of an output not exceeding 40MW
8406.9000	-零件	2	11	0						-Parts
84.07	**点燃往复式或旋转式活塞内燃发动机：**									**Spark-ignition reciprocating or rotary internal combustion piston engines:**

税则号列 Tariff Item	商品名称	最惠国税率(%) M. F. N.	普通税率(%) Gen.	协定税率(%) Conventional 东盟 ASEAN	亚太 APTA	香港 H. K.	澳门 Macao	台湾 Taiwan	出口税率(%) Export	Article Description
	-航空器发动机：									-Aircraft engines：
8407.1010	---输出功率不超过298千瓦	2	11	0						---Of an output not exceeding 298kW
8407.1020	---输出功率超过298千瓦	2	11	0						---Of an output exceeding 298kW
	-船舶发动机：									-Marine propulsion engines：
8407.2100	--舷外发动机	8	35	0						--Outboard motors
8407.2900	--其他	8	20	0						--Other
	-用于第八十七章所列车辆的往复式活塞发动机：									-Reciprocating piston engines of a kind used for the propulsion of vehicles of Chapter 87：
8407.3100	--气缸容量（排气量）不超过50毫升	10	35	0						--Of a cylinder capacity not exceeding 50cc
8407.3200	--气缸容量（排气量）超过50毫升，但不超过250毫升	10	35	0						--Of a cylinder capacity exceeding 50cc but not exceeding 250cc
8407.3300	--气缸容量（排气量）超过250毫升，但不超过1000毫升	10	70	0		0				--Of a cylinder capacity exceeding 250cc but not exceeding 1000cc
	--气缸容量（排气量）超过1000毫升：									--Of a cylinder capacity exceeding 1000cc：
8407.3410	---气缸容量（排气量）超过1000毫升，但不超过3000毫升	10	70	5	7	0				---Of a cylinder capacity exceeding 1000cc but not exceeding 3000cc
8407.3420	---气缸容量（排气量）超过3000毫升	10	35	5	7	0				---Of a cylinder capacity exceeding 3000cc
	-其他发动机：									-Other engines：
8407.9010	---沼气发动机	12	35	0						---Firedamp engines
8407.9090	---其他	18	35	0						---Other
84.08	**压燃式活塞内燃发动机（柴油或半柴油发动机）：**									**Compression-ignition internal combustion piston engines (diesel or semidiesel engines)：**
8408.1000	-船舶发动机	5	11	0	2.5					-Marine propulsion engines
	-用于第八十七章所列车辆的发动机：									-Engines of a kind used for the propulsion of vehicles of Chapter 87：
8408.2010	---输出功率在132.39千瓦（180马力）及以上	9	14	5	6.3	0				---Of an output of 132.39kW (180hp) or more
8408.2090	---其他	25	35	5	17.5					---Other
	-其他发动机：									-Other engines：
8408.9010	---机车发动机	6	11	0	5.4					---Locomotive engines
	---其他：									---Other：
8408.9091	----输出功率不超过14千瓦	5	35	0	4.5					----Of an output not exceeding 14kW

税则号列 Tariff Item	商品名称	最惠国税率(%) M. F. N.	普通税率(%) Gen.	协定税率(%) Conventional 东盟 ASEAN	亚太 APTA	香港 H. K.	澳门 Macao	台湾 Taiwan	出口税率(%) Export	Article Description
8408.9092	----输出功率超过14千瓦，但小于132.39千瓦(180马力)	8.4	35	0	7.6					----Of an output exceeding 14kW but not exceeding 132.39kW(180hp)
8408.9093	----输出功率在132.39千瓦(180马力)及以上	5	14	0	4.5					----Of an output of 132.39kW (180hp) or more
84.09	**专用于或主要用于税目84.07或84.08所列发动机的零件：**									**Parts suitable for use solely or principally with the engines of heading 84.07 or 84.08:**
8409.1000	-航空器发动机用	2	11	0						-For aircraft engines
	-其他：									-Other:
	--专用于或主要用于点燃式活塞内燃发动机的：									--Suitable for use solely or principally with spark-ignition internal combustion piston engines:
8409.9110	---船舶发动机用	6	17	0	4.2					---For marine propulsion engines
	---其他：									---Other:
8409.9191	----电控燃油喷射装置	5	35	0	3.5					----Electric fuel injection devices
8409.9199	----其他	5	35	0	3.5					----Other
	--其他：									--Other:
8409.9910	---船舶发动机用	5	11	0	4.5					---For marine propulsion engines
8409.9920	---机车发动机用	2	11	0	1.5					---For locomotive engines
	---其他：									---Other:
8409.9991	----输出功率在132.39千瓦(180马力)及以上的发动机用	2	11	0	1.5					----For engines with an output of 132.39kW (180hp) or more
8409.9999	----其他	8.4	35	0	8					----Other
84.10	**水轮机、水轮及其调节器：**									**Hydraulic turbines, water wheels, and regulators therefor:**
	-水轮机及水轮：									-Hydraulic turbines and water wheels:
8410.1100	--功率不超过1000千瓦	10	35	0						--Of a power not exceeding 1000kW
8410.1200	--功率超过1000千瓦，但不超过10000千瓦	10	35	0						--Of a power exceeding 1000kW but not exceeding 10000kW
	--功率超过10000千瓦：									--Of a power exceeding 10000kW:
8410.1310	---功率超过30000千瓦的冲击式水轮机及水轮	10	35	0						---Impulse hydraulic turbines and water wheels of a power exceeding 30000kW
8410.1320	---功率超过35000千瓦的贯流式水轮机及水轮	10	35	0						---Radial hydraulic turbines and water wheels of a power exceeding 35000kW
8410.1330	---功率超过200000千瓦的水泵水轮机及水轮	10	35	0						---Pumping hydraulic turbines and water wheels of a power exceeding 200000kW
8410.1390	---其他	10	35	0						---Other

税则号列 Tariff Item	商品名称	最惠国税率(%) M. F. N.	普通税率(%) Gen.	协定税率(%) Conventional 东盟 ASEAN	亚太 APTA	香港 H. K.	澳门 Macao	台湾 Taiwan	出口税率(%) Export	Article Description
	-零件，包括调节器：									-Parts, including regulators:
8410.9010	---调节器	6	35	0						---Regulators
8410.9090	---其他	6	35	0						---Other
84.11	**涡轮喷气发动机，涡轮螺桨发动机及其他燃气轮机：**									**Turbo-jets, turbo-propellers and other gas turbines:**
	-涡轮喷气发动机：									-Turbo-jets:
	--推力不超过25千牛顿：									--Of a thrust not exceeding 25kN:
8411.1110	---涡轮风扇发动机	1	11	0						---Turbofan engines
8411.1190	---其他	1	11	0						---Other
	--推力超过25千牛顿：									--Of a thrust exceeding 25kN:
8411.1210	---涡轮风扇发动机	1	11	0	0					---Turbofan engines
8411.1290	---其他	1	11	0	0.5					---Other
	-涡轮螺桨发动机：									-Turbo-propellers:
8411.2100	--功率不超过1100千瓦	2	11	0						--Of a power not exceeding 1100kW
	--功率超过1100千瓦：									--Of a power exceeding 1100kW:
8411.2210	---功率超过1100千瓦，但不超过2238千瓦	2	11	0						---Of a power exceeding 1100kW but not exceeding 2238kW
8411.2220	---功率超过2238千瓦，但不超过3730千瓦	2	11	0						---Of a power exceeding 2238kW but not exceeding 3730kW
8411.2230	---功率超过3730千瓦	2	11	0						---Of a power exceeding 3730kW
	-其他燃气轮机：									-Other gas turbines:
8411.8100	--功率不超过5000千瓦	15	35	0						--Of a power not exceeding 5000kW
8411.8200	--功率超过5000千瓦	3	35	0						--Of a power exceeding 5000kW
	-零件：									-Parts:
8411.9100	--涡轮喷气发动机或涡轮螺桨发动机用	1	11	0						--Of turbo-jets or turbo-propellers
	--其他：									--Other:
8411.9910	---涡轮轴发动机用	5	35	0						---Of turboshaft engines
8411.9990	---其他	5	35	0						---Other
84.12	**其他发动机及动力装置：**									**Other engines and motors:**
	-喷气发动机，但涡轮喷气发动机除外：									-Jet engines other than turbo-jets:
8412.1010	---航空器及航天器用	3	11	0						---For aircraft or spacecraft
8412.1090	---其他	10	35	0						---Other
	-液压动力装置：									-Hydraulic power engines and motors:
8412.2100	--直线作用（液压缸）的	12	35	0		0		0		--Linear acting (cylinders)
	--其他：									--Other:

税则号列 Tariff Item	商品名称	最惠国税率(%) M. F. N.	普通税率(%) Gen.	协定税率(%) Conventional 东盟 ASEAN	亚太 APTA	香港 H. K.	澳门 Macao	台湾 Taiwan	出口税率(%) Export	Article Description
8412. 2910	---液压马达	10	35	0						---Hydraulic motors
8412. 2990	---其他	14	35	0						---Other
	-气压动力装置：									-Pneumatic power engines and motors：
8412. 3100	--直线作用（气压缸）的	14	35	0	13. 3			0		--Linear acting（cylinders）
8412. 3900	--其他	14	35	0						--Other
8412. 8000	-其他	10	35	0						-Other
	-零件：									-Parts：
8412. 9010	---税号 8412. 1010 所列机器的零件	2	11	0						---For machines of subheading 8412. 1010
8412. 9090	---其他	8	35	0						---Other
84. 13	**液体泵，不论是否装有计量装置；液体提升机：**									**Pumps for liquids，whether or not fitted with a measuring device；liquid elevators：**
	-装有或可装计量装置的泵：									-Pumps fitted or designed to be fitted with a measuring device：
8413. 1100	--分装燃料或润滑油的泵，用于加油站或车库	10	30	0						--Pumps for dispensing fuel or lubricants，of the type used in filling-stations or in garages
8413. 1900	--其他	10	30	0						--Other
8413. 2000	-手泵，但子目 8413. 11 或 8413. 19 的货品除外	10	30	0						-Hand pumps，other than those of subheading 8413. 11， or 8413. 19
	-活塞式内燃发动机用的燃油泵、润滑油泵或冷却剂泵：									-Fuel，lubricating or cooling medium pumps for internal combustion piston engines：
	---燃油泵：									---Fuel pumps：
8413. 3021	----输出功率在 132. 39 千瓦（180 马力）及以上的发动机用燃油泵	3	30	0	2. 5					----Fuel pumps for enginesof an output of 132. 39kW（180hp） or more
8413. 3029	----其他	3	30	0						----Other
8413. 3030	---润滑油泵	3	30	0						---Lubricating oil pumps
8413. 3090	---其他	3	30	0	2. 5					---Other
8413. 4000	-混凝土泵	8	30	0		0				-Concrete pumps
	-其他往复式排液泵：									-Other reciprocating positive displacement pumps：
8413. 5010	---气动式	10	40	0						---Pneumatic
8413. 5020	---电动式	10	40	0		0				---Electric
	---液压式：									---Hydraulic：
8413. 5031	----柱塞泵	10	40	0						----Plunger pumps
8413. 5039	----其他	10	40	0						----Other
8413. 5090	---其他	10	40	0						---Other

税则号列 Tariff Item	商品名称	最惠国税率(%) M. F. N.	普通税率(%) Gen.	协定税率(%) Conventional					出口税率(%) Export	Article Description
				东盟 ASEAN	亚太 APTA	香港 H. K.	澳门 Macao	台湾 Taiwan		
	-其他回转式排液泵：									-Other rotary positive displacement pumps：
	---齿轮泵：									---Gear pumps：
8413.6021	----电动式	10	40	0						----Electric
8413.6022	----液压式	10	40	0						----Hydraulic
8413.6029	----其他	10	40	0						----Other
	---叶片泵：									---Vane pumps：
8413.6031	----电动式	10	40	0						----Electric
8413.6032	----液压式	10	40	0						----Hydraulic
8413.6039	----其他	10	40	0						----Other
8413.6040	---螺杆泵	10	40	0						---Helicoidal pumps (screw pumps)
8413.6050	---径向柱塞泵	10	40	0						---Radial plunger pumps
8413.6060	---轴向柱塞泵	10	40	0						---Axial plunger pumps
8413.6090	---其他	10	40	0						---Other
	-其他离心泵：									-Other centrifugal pumps：
8413.7010	---转速在10000转/分及以上	8	40	0	7.6					---Rotational speed no less than 10000r/min
	---其他：									---Other：
8413.7091	----电动潜油泵及潜水电泵	10	40	0						----Electric submersible oil pumps and electric submersible pumps
8413.7099	----其他	8	40	0	7.6	0				----Other
	-其他泵；液体提升机：									-Other pumps；liquid elevators：
8413.8100	--泵	8	40	0	4			0		--Pumps
8413.8200	--液体提升机	8	30	0						--Liquid elevators
	-零件：									-Parts：
8413.9100	--泵用	5	30	0	2.5	0		0		--Of pumps
8413.9200	--液体提升机用	6	30	0						--Of liquid elevators
84.14	**空气泵或真空泵、空气及其他气体压缩机、风机、风扇；装有风扇的通风罩或循环气罩，不论是否装有过滤器：**									**Air or vacuum pumps，air or other gas compressors and fans；ventilating or recycling hoods incorporating a fan，whether or not fitted with filters：**
8414.1000	-真空泵	8	30	0				0		-Vacuum pumps
8414.2000	-手动或脚踏式空气泵	8	30	0						-Hand-or foot-operated pumps
	-用于制冷设备的压缩机：									-Compressors of a kind used in refrigerating equipment：
	---电动机驱动的压缩机：									---Driven by a motor：
8414.3011	----冷藏箱或冷冻箱用，电动机额定功率不超过0.4千瓦	8	80	0	5.9	0				----For refrigerators or freezers，of a motor power not exceeding 0.4kW

税则号列 Tariff Item	商品名称	最惠国税率(%) M. F. N.	普通税率(%) Gen.	协定税率(%) Conventional 东盟 ASEAN	亚太 APTA	香港 H. K.	澳门 Macao	台湾 Taiwan	出口税率(%) Export	Article Description
8414.3012	----冷藏箱或冷冻箱用，电动机额定功率超过0.4千瓦，但不超过5千瓦	10	80	0	8.5	0				----For refrigerators or freezers, of a motor power exceeding 0.4kW but not exceeding 5kW
8414.3013	----空气调节器用，电动机额定功率超过0.4千瓦，但不超过5千瓦	10	80	0	8.5	0		0		----For air conditioning machines, of a motor power exceeding 0.4kW but not exceeding 5kW
8414.3014	----空气调节器用，电动机额定功率超过5千瓦	10	80	0	8.5	0		0		----For air conditioning machines, of a motor power exceeding 5kW
8414.3015	----冷冻或冷藏设备用，电动机额定功率超过5千瓦	10	30	0	9.2	0				----For refrigerators or freezers, of a motor power exceeding 5kW
8414.3019	----其他	10	30	0	9	0				----Other
8414.3090	---非电动机驱动的压缩机	9	80	0	8.1	0				---Driven by a non-motor
8414.4000	-装在拖车底盘上的空气压缩机	8	30	0		0				-Air compressors mounted on a wheeled chassis for towing
	-风机、风扇：									-Fans:
	--台扇、落地扇、壁扇、换气扇或吊扇，包括风机，本身装有一个输出功率不超过125瓦的电动机：									--Table, floor, wall, window, ceiling or roof fans, with a self-contained electric motor of an output not exceeding 125W:
8414.5110	---吊扇	20	130	0						---Ceiling or roof fans
8414.5120	---换气扇	20	130	0				0		---Window fans
8414.5130	---具有旋转导风轮的风扇	12	130	0						---Repeating front louver fan
	---其他：									---Other:
8414.5191	----台扇	10	130	0						----Table fans
8414.5192	----落地扇	10	130	0						----Floor fans
8414.5193	----壁扇	10	130	0						----Wall fans
8414.5199	----其他	10	130	0				0		----Other
	--其他：									--Other:
8414.5910	---吊扇	8	30	0	7.2					---Ceiling or roof fans
8414.5920	---换气扇	8	30	0	7.2					---Window fans
8414.5930	---离心通风机	10	30	0	9.5		0			---Centrifugal ventilation fans
8414.5990	---其他	8	30	0	7.2			0		---Other
	-罩的平面最大边长不超过120厘米的通风罩或循环气罩：									-Hoods having a maximum horizontal side not exceeding 120cm:
8414.6010	---抽油烟机	10	130	0						---Range hoods
8414.6090	---其他	10	130	0						---Other

税则号列 Tariff Item	商品名称	最惠国税率(%) M. F. N.	普通税率(%) Gen.	协定税率(%) Conventional 东盟 ASEAN	亚太 APTA	香港 H. K.	澳门 Macao	台湾 Taiwan	出口税率(%) Export	Article Description
	-其他：									-Other：
8414.8010	---燃气轮机用的自由活塞式发生器	8	50	0	5.6					---Free piston generators for gas turbines
8414.8020	---二氧化碳压缩机	7	30	0	4.9					---CO_2 compressors
8414.8030	---发动机用增压器	7	30	0	4.9					---Superchargers for engines
8414.8040	---空气及其他气体压缩机	7	30	0	4.9	0		0		---Air or other gas compressors
8414.8090	---其他	7	30	0	4.9	0		0		---Other
	-零件：									-Parts：
	---税号8414.3011至8414.3014及8414.3090所列机器的零件：									---Of the machines of subheadings 8414.3011 to 8414.3014 and 8414. 3090：
8414.9011	----压缩机进、排气阀片	8	80	0	7.2					----In take valve leaf or discharge valve leaf
8414.9019	----其他	8	80	0	7.2			0		----Other
8414.9020	---税号8414.5110至8414.5199及8414.6000所列机器的零件	12	130	0	11.4			0		---Of the machines of subheadings 8414.5110 to 8414.5199 or 8414.6000
8414.9090	---其他	7	30	0	6.5	0		0		---Other
84.15	**空气调节器，装有电扇及调温、调湿装置，包括不能单独调湿的空调器：**									**Air conditioning machines, comprising a motor-driven fan and elements for changing the temperature and humidity, including those machines in which the humidity cannot be separately regulated：**
	-窗式、壁式、置于天花板或地板上的，独立的或分体的：									-Of a kind designed to be fixed to a window, wall, ceiling or floor, self-contained or "split-system"：
8415.1010	---独立式	15	130	0	13.5					Self contained
	---分体式：									---Split-systerm：
8415.1021	----制冷量不超过4000大卡/时	15	130	0	13.5					----Of a refrigerating effect not exceeding 4000 Cal per hour
8415.1022	----制冷量超过4000大卡/时	15	90	0	13.5					----Of a refrigerating effect exceeding 4000 Cal per hour
8415.2000	-机动车辆上供人使用的	20	110	5		0				-Of a kind used for persons, in motor vehicles
	-其他：									-Other：
	--装有制冷装置及一个冷热循环换向阀的（可逆式热泵）：									--Incorporating a refrigerating unit and a valve for reversal of the cooling/heat cycle (reversible heat pumps)：
8415.8110	---制冷量不超过4000大卡/时	15	130	0						---Of a refrigerating effect not exceeding 4000 Cal per hour

税则号列 Tariff Item	商品名称	最惠国税率(%) M. F. N.	普通税率(%) Gen.	协定税率(%) Conventional 东盟 ASEAN	亚太 APTA	香港 H. K.	澳门 Macao	台湾 Taiwan	出口税率(%) Export	Article Description
8415.8120	---制冷量超过4000大卡/时	20	90	0						---Of a refrigerating effect exceeding 4000 Cal per hour
	--其他，装有制冷装置的：									--Other, incorporating a refrigerating unit:
8415.8210	---制冷量不超过4000大卡/时	15	130	0						---Of a refrigerating effect not exceeding 4000 Cal per hour
8415.8220	---制冷量超过4000大卡/时	20	90	0						---Of a refrigerating effect exceeding 4000 Cal per hour
8415.8300	--未装有制冷装置的	10	90	0						--Not incorporating a refrigerating unit
	-零件：									-Parts:
8415.9010	---税号8415.1010、8415.1021、8415.8110及8415.8210所列设备的零件	10	130	0	8	0				---Of the machines of subheadings 8415.1010, 8415.1021, 8415.8110 and 8415.8210
8415.9090	---其他	10	90	0	8	0		0		---Other
84.16	**使用液体燃料、粉状固体燃料或气体燃料的炉用燃烧器；机械加煤机，包括其机械炉算、机械出灰器及类似装置：**									**Furnace burners for liquid fuel, for pulverzied solid fuel or for gas; mechanical stokers, including their mechanical grates, mechanical ash dischargers and similar appliances:**
8416.1000	-使用液体燃料的炉用燃烧器	10	35	0	9.5					-Furnace burners for liquid fuel
	-其他炉用燃烧器，包括复式燃烧器：									-Other furnace burners, including combination burners:
	---气体的：									---For gas:
8416.2011	----使用天然气的	10.5	35	0						----Of using natural gas
8416.2019	----其他	10.5	35	0						----Other
8416.2090	---其他	10.5	35	0						---Other
8416.3000	-机械加煤机，包括其机械炉算、机械出灰器及类似装置	8.4	35	0						-Mechanical stokers, including their mechanical grates, mechanical ash dischargers and similar appliances
8416.9000	-零件	6	35	0						-Parts
84.17	**非电热的工业或实验室用炉及烘箱，包括焚烧炉：**									**Industrial or laboratory furnaces and ovens, including incinerators, non-electric:**
8417.1000	-矿砂、黄铁矿或金属的焙烧、熔化或其他热处理用炉及烘箱	10	35	0						-Furnaces and ovens for the roasting, melting or other heat-treatment of ores, pyrites or of metals
8417.2000	-面包房用烤炉及烘箱，包括做饼干用的	10	35	0						-Bakery ovens, including biscuit ovens
	-其他：									-Other:

税则号列 Tariff Item	商品名称	最惠国税率(%) M. F. N.	普通税率(%) Gen.	协定税率(%) Conventional 东盟 ASEAN	亚太 APTA	香港 H. K.	澳门 Macao	台湾 Taiwan	出口税率(%) Export	Article Description
8417.8010	---炼焦炉	10	35	0						---Coke ovens
8417.8020	---放射性废物焚烧炉	5	35	0						---Burn furnaces for radioactive waste
8417.8030	---水泥回转窑	10	35	0						---Cement rotary kilns
8417.8040	---石灰石分解炉	10	35	0						---Limestone decomposition furnace
8417.8050	---垃圾焚烧炉	10	35	0				0		---Incinerators for waste
8417.8090	---其他	10	35	0				0		---Other
	-零件：									-Parts：
8417.9010	---海绵铁回转窑用	7	35	0						---For sponge iron rotary kiln
8417.9020	---炼焦炉用	7	35	0						---For coke ovens
8417.9090	---其他	7	35	0						---Other
84.18	**电气或非电气的冷藏箱、冷冻箱及其他制冷设备；热泵，但税目84.15的空气调节器除外：**									**Refrigerators, freezers and other refrigerating or freezing equipment, electric or other; heat pumps other than air conditioning machines of heading 84.15：**
	-冷藏－冷冻组合机，各自装有单独外门的：									-Combined refrigerator-freezers, fitted with separate external doors：
8418.1010	---容积超过500升	10	100	0						---Of a capacity exceeding 500L
8418.1020	---容积超过200升，但不超过500升	15	130	0						---Of a capacity exceeding 200L, not exceeding 500L
8418.1030	---容积不超过200升	15	130	0						---Of a capacity not exceeding 200L
	-家用型冷藏箱：									-Refrigerators, household type：
	--压缩式：									--Compression-type：
8418.2110	---容积超过150升	10	130	0						---Of a capacity exceeding 150L
8418.2120	---容积超过50升，但不超过150升	10	130	0	9					---Of a capacity exceeding 50L, not exceeding 150L
8418.2130	---容积不超过50升	10	130	0	0					---Of a capacity not exceeding 50L
	--其他：									--Other：
8418.2910	---半导体制冷式	30	130	0						---Semiconductor freezing type
8418.2920	---电气吸收式	15	130	0						---Absorption-type, electrical
8418.2990	---其他	30	130	0						---Other
	-柜式冷冻箱，容积不超过800升：									-Freezers of the chest type, not exceeding 800L capacity：
8418.3010	---制冷温度在－40℃及以下	9	50	0			0			---Of a refrigerating temperature of －40℃ or lower
	---制冷温度在－40℃以上：									---Of a refrigerating temperature higher than －40℃：
8418.3021	----容积超过500升	23	100	0			0			----Of a capacity exceeding 500L
8418.3029	----其他	30	130	0			0			----Other

税则号列 Tariff Item	商品名称	最惠国税率(%) M. F. N.	普通税率(%) Gen.	协定税率(%) Conventional 东盟 ASEAN	 亚太 APTA	 香港 H. K.	 澳门 Macao	 台湾 Taiwan	出口税率(%) Export	Article Description
	-立式冷冻箱，容积不超过900升：									-Freezers of the upright type, not exceeding 900L capacity:
8418.4010	---制冷温度在－40℃及以下	9	50	0			0			---Of a refrigerating temperature of －40℃ or lower
	---制冷温度在－40℃以上：									---Of a refrigerating temperature higher than －40℃:
8418.4021	----容积超过500升	15	100	0			0			----Of a capacity exceeding 500L
8418.4029	----其他	30	130	0			0			----Other
8418.5000	-装有冷藏或冷冻装置的其他设备（柜、箱、展示台、陈列箱及类似品）用于存储及展示	10	100	0		0	0			-Other furniture (chests, cabinets, display counters, show-cases and the like) for storage and display, incorporating refrigerating or freezing equipment
	-其他制冷设备；热泵：									-Other refrigerating or freezing equipment; heat pumps:
	--热泵，税目84.15的空气调节器除外：									--Heat pumps other than air conditioning machines of heading 84.15:
8418.6120	---压缩式	10	90	0	7					---Compression-type
8418.6190	---其他	15	130	0	7		0			---Other
	--其他：									--Other:
8418.6920	---制冷机组	10	90	0	7		0			---Refrigerating units
8418.6990	---其他	10	130	0	7		0			---Other
	-零件：									-Parts:
8418.9100	--冷藏或冷冻设备专用的特制家具	18	130	0	17.1					--Furniture designed to receive refrigerating or freezing equipment
	--其他：									--Other:
8418.9910	---制冷机组及热泵用	10	90	0						---Of refrigerating units and heat pumps
	---其他：									---Other:
8418.9991	----制冷温度在－40℃及以下的冷冻设备用	9.5	50	0			0			----Of freezing equipment of a refrigerating temperature of －40℃ or lower
8418.9992	----制冷温度在－40℃以上，但容积超过500升的冷藏或冷冻设备用	10	100	0			0			----Of refrigerating or freezing equipment of a refrigerating temperature higher than －40℃ and a capacity exceeding 500L
8418.9999	----其他	10	130	0			0			----Other

税则号列 Tariff Item	商品名称	最惠国税率(%) M. F. N.	普通税率(%) Gen.	协定税率(%) Conventional 东盟 ASEAN	亚太 APTA	香港 H. K.	澳门 Macao	台湾 Taiwan	出口税率(%) Export	Article Description
84.19	利用温度变化处理材料的机器、装置及类似的实验室设备，例如，加热、烹煮、烘炒、蒸馏、精馏、消毒、灭菌、汽蒸、干燥、蒸发、气化、冷凝、冷却的机器设备，不论是否电热的（不包括税目85.14的炉、烘箱及其他设备），但家用的除外；非电热的快速热水器或贮备式热水器：									Machinery, plant or laboratory equipment, whether or not electrically heated (excluding furnaces, ovens and other equipment of heading 85.14), for the treatment of materials by a process involving a change of temperaturesuch as heating, cooking, roasting, distilling, rectifying, sterilizing, pasteurizing, steaming, drying, evaporating, vaporizing, condensing or cooling, other than machinery or plant of a kind used for domestic purposes; instantaneous or storage water heaters, non-electric:
	-非电热的快速热水器或贮备式热水器：									-Instantaneous or storage water heaters, non-electric:
8419.1100	--燃气快速热水器	35	100	0						--Instantaneous gas water heaters
	--其他：									--Other:
8419.1910	---太阳能热水器	35	100	0				0		---Solar water heaters
8419.1990	---其他	35	100	0				0		---Other
8419.2000	-医用或实验室用消毒器具	4	30	0						-Medical, surgical or laboratory sterilizers
	-干燥器：									-Dryers:
8419.3100	--农产品干燥用	8	30	0						--For agricultural products
8419.3200	--木材、纸浆、纸或纸板干燥用	9	30	0				0		--For wood, paper pulp, paper or paperboard
	--其他：									--Other:
8419.3910	---微空气流动陶瓷坯件干燥器	9	30	0	4.5					---Breeze pottery blanks dryers
8419.3990	---其他	9	30	0	4.5			0		---Other
	-蒸馏或精馏设备：									-Distilling or rectifying plant:
8419.4010	---提净塔	10	30	0						---Stripping towers
8419.4020	---精馏塔	10	30	0						---Rectifying towers
8419.4090	---其他	10	30	0						---Other
8419.5000	-热交换装置	10	30	0	9.5	0		0		-Heat exchange units
	-液化空气或其他气体的机器：									-Machinery for liquefying air or other gases:
	---制氧机：									---Oxygen producers:
8419.6011	----制氧量在15000立方米/小时及以上	12	30	0		0				----Oxygen preparation volume no less than 15000m³/h
8419.6019	----其他	13	30	0		0				----Other
8419.6090	---其他	10	30	0		0				---Other

税则号列 Tariff Item	商品名称	最惠国税率(%) M. F. N.	普通税率(%) Gen.	协定税率(%) Conventional 东盟 ASEAN	亚太 APTA	香港 H. K.	澳门 Macao	台湾 Taiwan	出口税率(%) Export	Article Description
	-其他机器设备：									-Other machinery, plant and equipment:
8419.8100	--加工热饮料或烹调、加热食品用	10	30	0			0			--For making hot drinks or for cooking or heating food
	--其他：									--Other:
8419.8910	---加氢反应器	0	30							---Hydroformer vessels
8419.8990	---其他	0	30							---Other
	-零件：									-Parts:
8419.9010	---热水器用	0	100							---Of water heaters
8419.9090	---其他	4	30	0		0		0		---Other
84.20	**研光机或其他滚压机器及其滚筒，但加工金属或玻璃用的除外：**									**Calendering or other rolling machines, other than for metals or glass, and cylinders therefor:**
8420.1000	-研光机或其他滚压机器	8.4	30	0				0		-Calendering or other rolling machines
	-零件：									-Parts:
8420.9100	--滚筒	8	30	0						--Cylinders
8420.9900	--其他	8	30	0						--Other
84.21	**离心机，包括离心干燥机；液体或气体的过滤、净化机器及装置：**									**Centrifuges, including centrifugal dryers; filtering or purifying machinery and apparatus, for liquids or gases:**
	-离心机，包括离心干燥机：									-Centrifuges, including centrifugal dryers:
8421.1100	--奶油分离器	8.4	30	0						--Cream separators
	--干衣机：									--Clothes-dryers:
8421.1210	---干衣量不超过10千克	17.5	70	0						---Of a dry linen capacity not exceeding 10kg
8421.1290	---其他	8	30	0						---Other
	--其他：									--Other:
8421.1910	---脱水机	10	30	0						---Dewaterers
8421.1920	---固液分离机	10	30	0						---Solid-liquor separators
8421.1990	---其他	10	30	0						---Other
	-液体的过滤、净化机器及装置：									-Filtering or purifying machinery and apparatus for liquids:
	--过滤或净化水用：									--For filtering or purifying water:
8421.2110	---家用型	25	63	0	17.5	0	0			---Of the household type
	---其他：									---Other:
8421.2191	----船舶压载水处理设备	5	50	0	3.5	0	0	0		----Ship ballast water treatment equipments
8421.2199	----其他	5	50	0	3.5	0	0	0		----Other
8421.2200	--过滤或净化饮料(水除外)用	12	40	0			0			--For filtering or purifying beverages other than water

税则号列 Tariff Item	商品名称	最惠国税率(%) M. F. N.	普通税率(%) Gen.	协定税率(%) Conventional 东盟 ASEAN	亚太 APTA	香港 H. K.	澳门 Macao	台湾 Taiwan	出口税率(%) Export	Article Description
8421.2300	--内燃发动机的滤油器	10	40	0		0				--Oil or petrol-filters for internal combustion engines
	--其他：									--Other：
8421.2910	---压滤机	5	40	0	3.5	0				---Press filters
8421.2990	---其他	5	40	0	3.5	0		0		---Other
	-气体的过滤、净化机器及装置：									-Filtering or purifying machinery and apparatus for gases：
8421.3100	--内燃发动机的进气过滤器	10	40	0		0				--Intake air filters for internal combustion engines
	--其他：									--Other：
8421.3910	---家用型	15	100	0	10.5	0		0		---Of the household type
	---工业用除尘器：									---Dust collectors for industry uses：
8421.3921	----静电除尘器	5	40	0	3.5	0		0		----Electrostatic
8421.3922	----袋式除尘器	5	40	0	3.5	0				----Baghoused
8421.3923	----旋风式除尘器	5	40	0	3.5	0		0		----Cyclone
8421.3924	----电袋复合除尘器	5	40	0	3.5	0		0		----Bag filter electrostatic
8421.3929	----其他	5	40	0	3.5	0	0	0		----Other
8421.3930	---内燃发动机排气过滤及净化装置	5	40	0	3.5	0				---Exhaust air filtering or purifying apparatus for internal combustion engines
8421.3940	---烟气脱硫装置	5	40	0	3.5	0		0		---Flue gas desulfurization apparatus
8421.3950	---烟气脱硝装置	5	40	0	3.5	0		0		---Flue gas denitration apparatus
8421.3990	---其他	5	40	0	3.5	0	0	0		---Other
	-零件：									-Parts：
	--离心机用，包括离心干燥机用：									--Of centrifuges, including centrifugaldryers：
8421.9110	---干衣量不超过10千克的干衣机用	0	70							---Of clothes-dryers of a dry linen capacity not exceeding 10kg
8421.9190	---其他	0	30							---Other
	--其他：									--Other：
8421.9910	---家用型过滤、净化装置用	10	100	0	9	0				---Of household-type filtering or purifying machines
8421.9990	---其他	5	40	0	4.5	0		0		---Other

税则号列 Tariff Item	商品名称	最惠国税率(%) M. F. N.	普通税率(%) Gen.	协定税率(%) Conventional 东盟 ASEAN	亚太 APTA	香港 H. K.	澳门 Macao	台湾 Taiwan	出口税率(%) Export	Article Description
84.22	**洗碟机；瓶子及其他容器的洗涤或干燥机器；瓶、罐、箱、袋或其他容器装填、封口、密封、贴标签的机器；瓶、罐、管、筒或类似容器的包封机器；其他包装或打包机器（包括热缩包装机器）；饮料充气机：**									**Dish washing machines; machinery for cleaning or drying bottles or other containers; machinery for filling, closing, sealing or labelling bottles, cans, boxes, bags or other containers; machinery for capsuling booties, jars, tubes and similar containers; other packing or wrapping machinery (including heat-shrink wrapping machinery); machinery for aerating beverages:**
	-洗碟机：									-Dish washing machines:
8422.1100	--家用型	10	90	0						--Of the household type
8422.1900	--其他	14	90	0						--Other
8422.2000	-瓶子或其他容器的洗涤或干燥机器	10	35	0			0			-Machinery for cleaning or drying bottles or other containers
	-瓶、罐、箱、袋或其他容器的装填、封口、密封、贴标签的机器；瓶、罐、管、筒或类似容器的包封机器；饮料充气机：									-Machinery for filling, closing, sealing, or labelling bottles, cans, boxes, bags or other containers; machinery for capsuling bottles, jars, tubes and similar containers; machinery for aerating beverages:
8422.3010	---饮料及液体食品灌装设备	12	45	0	8.4	0				---Bottling or canning machinery for beverages or liquid food
	---水泥包装机：									---Machinery for packing cement:
8422.3021	----全自动灌包机	12	45	0	8.4	0				----Automatic filling and sacking machines
8422.3029	----其他	12	45	0	8.4	0				----Other
8422.3030	---其他包装机	10	35	0	7	0				---Other packing machines
8422.3090	---其他	10	35	0	7	0				---Other
8422.4000	-其他包装或打包机器（包括热缩包装机器）	10	35	0	9.5	0				-Other packing or wrapping machinery (including heat-shrink wrapping machinery)
	-零件：									-Parts:
8422.9010	---洗碟机用	10.5	90	0						---Of dish washing machines
8422.9020	---饮料及液体食品灌装设备用	8.5	45	0						---Of bottling or canning machinery for beverages or liquid food
8422.9090	---其他	8.5	35	0		0				---Other

税则号列 Tariff Item	商品名称	最惠国税率(%) M. F. N.	普通税率(%) Gen.	协定税率(%) Conventional 东盟 ASEAN	亚太 APTA	香港 H. K.	澳门 Macao	台湾 Taiwan	出口税率(%) Export	Article Description
84.23	**衡器(感量为50毫克或更精密的天平除外),包括计数或检验用的衡器;衡器用的各种砝码、秤砣:**									**Weighing machinery (excluding balances of a sensitivity of 50mg or better), including weight operated counting or checking machines; weighing machine weights of all kinds:**
8423.1000	-体重计,包括婴儿秤;家用秤	10.5	80	0			0			-Personal weighing machines, including baby scales; household scales
	-输送带上连续称货的秤:									-Scales for continuous weighing of goods on conveyors:
8423.2010	---电子皮带秤	5/2.5	80	0						---Electronic belt weighing machines
8423.2090	---其他	10	80	0						---Other
	-恒定秤、物料定量装袋或装容器用的秤,包括库秤:									-Constant weight scales and scales for discharging a predetermined weight of material into a bag or container, including hopper scales:
8423.3010	---定量包装秤	10.5	80	0						---Rationed packing scales
8423.3020	---定量分选秤	10.5	80	0						---Rationed sorting scales
8423.3030	---配料秤	10.5	80	0						---Proporating scales
8423.3090	---其他	10.5	80	0						---Other
	-其他衡器:									-Other weighing machinery:
	--最大称量不超过30千克:									--Having a maximum weighing capacity not exceeding 30kg:
8423.8110	---计价秤	5.3/2.6	80	0						---Account balances
8423.8120	---弹簧秤	10.5	80	0						---Spring balances
8423.8190	---其他	10.5	80	0						---Other
	--最大称量超过30千克,但不超过5000千克:									--Having a maximum weighing capacity exceeding 30kg but not exceeding 5000kg:
8423.8210	---地中衡	10.5	80	0						---Weighbridges
8423.8290	---其他	10.5	80	0						---Other
	--其他:									--Other:
8423.8910	---地中衡	10	80	0						---Weighbridges
8423.8920	---轨道衡	10	80	0						---Track scales
8423.8930	---吊秤	10	80	0						---Hanging scales
8423.8990	---其他	10	80	0						---Other
8423.9000	-衡器用的各种砝码、秤砣;衡器的零件	10	80	0						-Weighing machine weights of all kinds; parts of weighing machinery

税则号列 Tariff Item	商品名称	最惠国税率(%) M. F. N.	普通税率(%) Gen.	协定税率(%) Conventional 东盟 ASEAN	亚太 APTA	香港 H. K.	澳门 Macao	台湾 Taiwan	出口税率(%) Export	Article Description
84.24	**液体或粉末的喷射、散布或喷雾的机械器具(不论是否手工操作);灭火器,不论是否装药;喷枪及类似器具;喷汽机、喷砂机及类似的喷射机器:**									**Mechanical appliances (whether or not hand-operated) for projecting, dispersing or spraying liquidsor powders; fire extinguishers, whether or not charged; spray guns and similar appliances; steam or sand blasting machines and similar jet projecting machines:**
8424.1000	-灭火器,不论是否装药	8.4	70	0						-Fire extinguishers, whether or not charged
8424.2000	-喷枪及类似器具	8.4	40	0	8					-Spray guns and similar appliances
8424.3000	-喷汽机、喷砂机及类似的喷射机器	8.4	40	0				0		-Steam or sand blasting machines and similar jet projecting machines
	-农业或园艺用喷雾器:									-Agricultural or horticultural sprayers :
8424.4100	--便携式喷雾器	8	30	0	7.6	0				--Portable sprayers
8424.4900	--其他	8	30	0	7.6	0				--Other
	-其他器具:									-Other appliances:
8424.8200	--农业或园艺用	8	30	0	7.6	0				--Agricultural or horticultural
	--其他:									--Other:
8424.8910	---家用型	0	80							---Of the household type
8424.8920	---喷涂机器人	0	30							---Spray painting robots
	---其他:									---Other:
8424.8991	----船用洗舱机	0	30							----Marine cabinet washer
8424.8999	----其他	0	30							----Other
	-零件:									-Parts:
8424.9010	---税号 8424.1000 所列器具的零件	0	70							---Of the apparatus of subheading 8424.1000
8424.9020	---税号 8424.8910 所列器具的零件	0	80							---Of the apparatus of subheading 8424.8910
8424.9090	---其他	0	30							---Other
84.25	**滑车及提升机,但倒卸式提升机除外;卷扬机及绞盘;千斤顶:**									**Pulley tackle and hoists other than skip hoists; winches and capstans; jacks:**
	-滑车及提升机,但倒卸式提升机及提升车辆用的提升机除外:									-Pulley tackle and hoists other than skip hoists or hoists of a kind used for raising vehicles:
8425.1100	--电动的	6	30	0						--Powered by electric motor
8425.1900	--其他	5	30	0						--Other
	-卷扬机;绞盘:									-Winches; capstans:
	--电动的:									--Powered by electric motor:

税则号列 Tariff Item	商品名称	最惠国税率(%) M. F. N.	普通税率(%) Gen.	协定税率(%) Conventional 东盟 ASEAN	亚太 APTA	香港 H. K.	澳门 Macao	台湾 Taiwan	出口税率(%) Export	Article Description
8425.3110	---矿井口卷扬装置；专为井下使用设计的卷扬机	10	30	0						---Pit-head winding gear; winches specially designed for use underground
8425.3190	---其他	5	30	0						---Other
	--其他：									--Other:
8425.3910	---矿井口卷扬装置；专为井下使用设计的卷扬机	10	30	0						---Pit-head winding gear; winches specially designed for use underground
8425.3990	---其他	5	30	0		0				---Other
	-千斤顶；提升车辆用的提升机：									-Jacks; hoists of a kind used for raising vehicles:
8425.4100	--车库中使用的固定千斤顶系统	3	30	0	2.5					--Built-in jacking systems of a type used in garages
	--其他液压千斤顶及提升机：									--Other jacks and hoists, hydraulic:
8425.4210	---液压千斤顶	3	30	0						---Hydraulic jacks
8425.4290	---其他	5	30	0						---Other
	--其他：									--Other:
8425.4910	---其他千斤顶	5	30	0						---Other jacks
8425.4990	---其他	10	30	0						---Other
84.26	**船用桅杆式起重机；起重机，包括缆式起重机；移动式吊运架、跨运车及装有起重机的工作车：**									**Ships derricks; cranes, including cable cranes; mobile lifting frames, straddle carriers and works trucks fitted with a crane:**
	-高架移动式起重机、桁架桥式起重机、龙门起重机、桥式起重机、移动式吊运架及跨运车：									-Overhead travelling cranes, transporter cranes, gantry cranes, bridge cranes, mobile lifting frames and straddle carriers:
	--固定支架的高架移动式起重机：									--Overhead travelling cranes on fixed support:
8426.1120	---通用桥式起重机	8	30	0						---Bridge cranes, all purpose
8426.1190	---其他	8	30	0						---Other
8426.1200	--带胶轮的移动式吊运架及跨运车	6	30	0						--Mobile lifting frames on tyres and straddle carriers
	--其他：									--Other:
8426.1910	---装船机	5	30	0	2.5					---Ship loading cranes
	---卸船机：									---Ship unloading cranes:
8426.1921	----抓斗式	5	30	0	3.5					----Grab ship unloading cranes
8426.1929	----其他	5	30	0	3.5					----Other
8426.1930	---龙门式起重机	10	30	0	7					---Gantry cranes
	---装卸桥：									---Loading and unloading bridges:
8426.1941	----门式装卸桥	10	30	0	7					----Frame loading and unloading bridges
8426.1942	----集装箱装卸桥	10	30	0	7					----Container loading and unloading bridges

税则号列 Tariff Item	商品名称	最惠国税率(%) M. F. N.	普通税率(%) Gen.	协定税率(%)Conventional 东盟 ASEAN	亚太 APTA	香港 H. K.	澳门 Macao	台湾 Taiwan	出口税率(%) Export	Article Description
8426.1943	----其他动臂式装卸桥	10	30	0	7					----Derrick loading and unloading bridges
8426.1949	----其他	10	30	0	7					----Other
8426.1990	---其他	10	30	0	7					---Other
8426.2000	-塔式起重机	10	30	0						-Tower cranes
8426.3000	-门座式起重机及座式旋臂起重机	6	30	0						-Portal or pedestal jib cranes
	-其他自推进机械：									-Other machinery, self-propelled:
	--带胶轮的：									--On tyres:
8426.4110	---轮胎式起重机	5	30	0						---Wheel-mounted cranes
8426.4190	---其他	5	30	0						---Other
	--其他：									--Other:
8426.4910	---履带式起重机	8	30	0		0				---Crawler cranes
8426.4990	---其他	13	30	0		0				---Other
	-其他机械：									-Other machinery:
8426.9100	--供装于公路车辆的	10	30	0						--Designed for mounting on road vehicles
8426.9900	--其他	6	30	0						--Other
84.27	**叉车；其他装有升降或搬运装置的工作车：**									**Fork-lift trucks; other works trucks fitted with lifting or handing equipment:**
	-电动机推进的机动车：									-Self-propelled trucks powered by an electric motor:
8427.1010	---有轨巷道堆垛机	9	30	0						---Track alleyway stackers
8427.1020	---无轨巷道堆垛机	9	30	0						---Trackless alleyway stackers
8427.1090	---其他	9	30	0						---Other
	-其他机动车：									-Other self-propelled trucks:
8427.2010	---集装箱叉车	9	30	0	8.6					---Fork-lift trucks cranes
8427.2090	---其他	9	30	0	8.6					---Other
8427.9000	-其他车	9	30	0						-Other trucks
84.28	**其他升降、搬运、装卸机械（例如，升降机、自动梯、输送机、缆车）：**									**Other lifting, handling, loading or unloading machinery (for example, lifts, escalators, conveyors, teleferics):**
	-升降机及倒卸式起重机：									-Lifts and skip hoists:
8428.1010	---载客电梯	8	30	0	5.6	0	0			---Designed for the transport of persons
8428.1090	---其他	6	30	0	4.2	0	0	0		---Other
8428.2000	-气压升降机及输送机	5	30	0						-Pneumatic elevators and conveyors
	-其他用于连续运送货物或材料的升降机及输送机：									-Other continuous-action elevators and conveyors, for goods or materials:
8428.3100	--地下专用的	5	30	0						--Specially designed for underground use
8428.3200	--其他，斗式	5	30	0		0				--Other, bucket type

税则号列 Tariff Item	商品名称	最惠国税率(%) M. F. N.	普通税率(%) Gen.	协定税率(%) Conventional 东盟 ASEAN	亚太 APTA	香港 H. K.	澳门 Macao	台湾 Taiwan	出口税率(%) Export	Article Description
8428.3300	--其他，带式	5	30	0	4.3	0		0		--Other, belt type
	--其他：									--Other:
8428.3910	---链式	5	30	0	3.5	0		0		---Chain type
8428.3920	---辊式	5	30	0	3.5	0		0		---Roller type
8428.3990	---其他	5	30	0	3.5	0		0		---Other
8428.4000	-自动梯及自动人行道	5	30	0						-Escalators and moving walkways
	-缆车、座式升降机、滑雪拉索；索道用牵引装置：									-Teleferics, chair-lifts, ski-draglines; traction mechanisms for funiculars:
8428.6010	---货运架空索道	8	30	0						---Cargo aerial cableways
	---客运架空索道：									---Passanger aerial cableways:
8428.6021	----单线循环式	8	30	0						----Monocable endless
8428.6029	----其他	8	30	0						----Other
8428.6090	---其他	8	30	0						---Other
	-其他机械：									-Other machinery:
8428.9010	---矿车推动机、铁道机车或货车的转车台、货车倾卸装置及类似的铁道货车搬运装置	10	30	0						---Mine wagon pushers, locmotive or wagon traversers, wagon tippers and similar railway wagon handing equipment
8428.9020	---机械式停车设备	5	30	0		0				---Mechanical parking equipment
	---其他装卸机械：									---Other loading or unloading machinery:
8428.9031	----堆取料机械	5	30	0		0		0		----Stacker-reclaimers
8428.9039	----其他	5	30	0		0		0		----Other
8428.9040	---搬运机器人	5	30	0		0		0		---Transfer robots
8428.9090	---其他	5	30	0		0		0		---Other
84.29	**机动推土机、侧铲推土机、筑路机、平地机、铲运机、机械铲、挖掘机、机铲装载机、捣固机械及压路机：**									**Self-peopelled bulldozers, angledozers, graders, levellers, scrapers, mechanical shovels, excavators, shovel loaders, tamping machines and road rollers:**
	-推土机及侧铲推土机：									-Bulldozers and angledozers:
	--履带式：									--Track laying:
8429.1110	---发动机输出功率超过235.36千瓦（320马力）的	7	17	0						---With an engine of an output exceeding 235.36kW(320hp)
8429.1190	---其他	7	30	0						---Other
	--其他：									--Other:
8429.1910	---发动机输出功率超过235.36千瓦（320马力）的	7	17	0						---With an engine of an output exceeding 235.36kW(320hp)
8429.1990	---其他	7	30	0						---Other
	-筑路机及平地机：									-Graders and levellers:

税则号列 Tariff Item	商品名称	最惠国税率(%) M. F. N.	普通税率(%) Gen.	协定税率(%) Conventional 东盟 ASEAN	亚太 APTA	香港 H. K.	澳门 Macao	台湾 Taiwan	出口税率(%) Export	Article Description
8429.2010	---发动机输出功率超过235.36千瓦（320马力）的	5	17	0						---With an engine of an output exceeding 235.36kW(320hp)
8429.2090	---其他	5	30	0						---Other
	-铲运机：									-Scrapers:
8429.3010	---斗容量超过10立方米的	3	17	0						---Having a capacity of shovel exceeding 10m^3
8429.3090	---其他	5	30	0						---Other
	-捣固机械及压路机：									-Tamping machines and road rollers:
	---机动压路机：									---Self-propelled road rollers:
8429.4011	----机重18吨及以上的振动压路机	7	20	0						----Vibration type, of a deadweight of 18t or more
8429.4019	----其他	8	40	0						----Other
8429.4090	---其他	6	30	0						---Other
	-机械铲、挖掘机及机铲装载机：									-Mechanical shovels, excavators and shovel loaders:
8429.5100	--前铲装载机	5	30	0						--Front-end shovel loaders
	--上部结构可旋转360度的机械：									--Machinery with a 360° revolving superstructure:
	---挖掘机：									---Excavators:
8429.5211	----轮胎式	8	30	0	7.2					----Tyre-mounted
8429.5212	----履带式	8	30	0		0				----Track-mounted
8429.5219	----其他	8	30	0	7.2					----Other
8429.5290	---其他	8	30	0	7.2					---Other
8429.5900	--其他	8	30	0						--Other
84.30	**泥土、矿物或矿石的运送、平整、铲运、挖掘、捣固、压实、开采或钻探机械；打桩机及拔桩机；扫雪机及吹雪机：**									**Other moving, grading, levelling, scraping, excavating, tamping, compacting, extracting or boring machinery, for earth, minerals or ores; piledrivers and pile-extractors; snow-ploughs and snow-blowers:**
8430.1000	-打桩机及拔桩机	10	30	0						-Pile-drivers and pile-extractors
8430.2000	-扫雪机及吹雪机	10	30	0						-Snow-ploughs and snow-blowers
	-采（截）煤机、凿岩机及隧道掘进机：									-Coal or rock cutters and tunnelling machinery:
	--自推进的：									--Self-propelle:
8430.3110	---采（截）煤机	10	30	0						---Coal cutters
8430.3120	---凿岩机	10	30	0						---Rock cutters
8430.3130	---隧道掘进机	10	30	0						---tunnelling machinery
8430.3900	--其他	6	30	0						--Other

税则号列 Tariff Item	商品名称	最惠国税率(%) M. F. N.	普通税率(%) Gen.	协定税率(%) Conventional 东盟 ASEAN	亚太 APTA	香港 H. K.	澳门 Macao	台湾 Taiwan	出口税率(%) Export	Article Description
	-其他钻探或凿井机械：									-Other boring or sinking machinery：
	--自推进的：									--Self-propelled：
	---石油及天然气钻探机：									---Oil and natural gas drilling machinery：
8430.4111	----钻探深度在6000米及以上的	5	11	0		0				----Of drilling depth of 6000m or more
8430.4119	----其他	5	17	0		0				----Other
	---其他钻探机：									---Other drilling machinery：
8430.4121	----钻探深度在6000米及以上的	5	11	0		0				----Of drilling depth of 6000m or more
8430.4122	----钻探深度在6000米以下的履带式自推进钻机	5	17	0		0				----Crawler boring machinery of drilling depth not exceeding 6000m
8430.4129	----钻探深度在6000米以下的其他钻探机	5	17	0		0				Other boring machinery of drilling depth exceeding 6000m
8430.4190	---其他	5	30	0		0				---Other
8430.4900	--其他	5	30	0						--Other
	-其他自推进机械：									-Other machinery, self-propelled：
8430.5010	---其他采油机械	3	17	0						---For oil production
8430.5020	---矿用电铲	7	30	0						---Mining power shovels
	---采矿钻机：									---Mining drills：
8430.5031	----牙轮直径380毫米及以上	5	30	0						----Gear wheel diameter more than 380mm
8430.5039	----其他	5	30	0						----Other
8430.5090	---其他	5	30	0						---Other
	-其他非自推进机械：									-Other machinery, not self-propelled：
8430.6100	--捣固或压实机械	6	30	0						--Tamping or compacting machinery
	其他：									--Other：
	工程钻机：									---Engineering drills：
8430.6911	----钻筒直径3米及以上	6	30	0						----Boring casing diameter more than 3m
8430.6919	----其他	6	30	0						Other
8430.6920	---铲运机	6	30	0						---Scrapers
8430.6990	其他	6	30	0						---Other
84.31	**专用于或主要用于税目84.25至84.30所列机械的零件：**									**Parts suitable for use solely or principally with the machinery of headings 84.25 to 84.30：**
8431.1000	-税目84.25所列机械的零件	3	30	0						-Of machinery of heading 84.25
	-税目84.27所列机械的零件：									-Of machinery of heading 84.27：

税则号列 Tariff Item	商品名称	最惠国税率(%) M. F. N.	普通税率(%) Gen.	协定税率(%) Conventional 东盟 ASEAN	亚太 APTA	香港 H. K.	澳门 Macao	台湾 Taiwan	出口税率(%) Export	Article Description
8431.2010	---装有差速器的驱动桥及其零件，不论是否装有其他传动部件	6	30	0	5.4					---Drive-axles with differential and parts thereof, whether or not provided with other transmission components
8431.2090	---其他	6	30	0	5.4					---Other
	-税目84.28所列机械的零件：									-Of machinery of heading 84.28:
8431.3100	--升降机、倒卸式起重机或自动梯的零件	3	30	0						--Of lifts, skip hoists or escalators
8431.3900	--其他	5	30	0	2.5	0				--Other
	-税目84.26、84.29或84.30所列机械的零件：									-Of machinery of heading 84.26, 84.29 or 84.30:
8431.4100	--戽斗、铲斗、抓斗及夹斗	6	17	0	5.4					--Buckets, shovels, grabs and grips
8431.4200	--推土机或侧铲推土机用铲	6	17	0						--Bulldozer or angledozer blades
	--子目8430.41或8430.49所列钻探或凿井机械的零件：									--Parts of boring or sinking machinery of subheading 8430.41 or 8430.49:
8431.4310	---石油或天然气钻探机用	4	11	0	2.8	0				---Of oil and natural gas drilling machinery
8431.4320	---其他钻探机用	4	11	0	2.8	0				---Of other drilling machinery
8431.4390	---其他	5	17	0	3.5	0				---Of sinking machinery
	--其他：									--Other:
8431.4920	---装有差速器的驱动桥及其零件，不论是否装有其他传动部件	5	17	0	4.5	0				---Drive-axles with differential and parts thereof, whether or not provided with other transmission components
	---其他：									---Other:
8431.4991	----矿用电铲用	5	17	0	4.5	0				----For mining power shovels
8431.4999	----其他	5	17	0	4.5	0				----Other
84.32	**农业、园艺及林业用整地或耕作机械；草坪及运动场地滚压机：**									**Agricultural, horticultural or forestry machinery for soil preparationor cultivation; lawn or sports-ground rollers:**
8432.1000	-犁	5	30	0						-Ploughs
	-耙、松土机、中耕机、除草机及耕耘机：									-Harrows, scarifiers, cultivators, weeders and hoes:
8432.2100	--圆盘耙	5	30	0						--Disc harrows
8432.2900	--其他	4	30	0						--Other
	-播种机、种植机及移植机：									-Seeders, planters and transplanters:
	--免耕直接播种机、种植机及移植机：									--No-till direct seeders, planters and transplanters:
	---免耕直接播种机：									---No-till direct seeders:
8432.3111	----谷物播种机	4	30	0	3.5					----Seeders for grain

税则号列 Tariff Item	商品名称	最惠国税率(%) M. F. N.	普通税率(%) Gen.	协定税率(%) Conventional 东盟 ASEAN	亚太 APTA	香港 H. K.	澳门 Macao	台湾 Taiwan	出口税率(%) Export	Article Description
8432.3119	----其他	4	30	0	3.5					----Other
	---免耕直接种植机：									---No-till direct planters:
8432.3121	----马铃薯种植机	4	30	0	3.5					----Planters for potato
8432.3129	----其他	4	30	0	3.5					----Other
	---免耕直接移植机（栽植机）：									---No-till direct transplanters:
8432.3131	----水稻插秧机	4	30	0	3.5					----Tansplanters for rice
8432.3139	----其他	4	30	0	3.5					----Other
	--其他：									--Other:
	---播种机：									---Seeders :
8432.3911	----谷物播种机	4	30	0	3.5					----Seeders for grain
8432.3919	----其他	4	30	0	3.5					----Other
	---种植机：									---Planters:
8432.3921	----马铃薯种植机	4	30	0	3.5					----Planters for potato
8432.3929	----其他	4	30	0	3.5					Other
	---移植机（栽植机）：									---Transplanters:
8432.3931	----水稻插秧机	4	30	0	3.5					----Tansplanters for rice
8432.3939	----其他	4	30	0	3.5					----Other
	-施肥机：									-Manure spreaders and fertilizer distributors:
8432.4100	--粪肥施肥机	4	30	0						--Manure spreaders
8432.4200	--化肥施肥机	4	30	0						--Fertilizer distributors
	-其他机械：									-Other machinery:
8432.8010	---草坪及运动场地滚压机	7	40	0						---Lawn or sports-ground rollers
8432.8090	---其他	4	30	0						---Other
8432.9000	-零件	4	17	0						-Parts
84.33	**收割机、脱粒机，包括草料打包机；割草机；蛋类、水果或其他农产品的清洁、分选、分级机器，但税目84.37的机器除外：**									**Harvesting or threshing machinery, including straw or fodder balers; grass or hay mowers; machines for cleaning, sorting or grading eggs, fruit or other agricultural produce, other than machinery of heading 84.37:**
	-草坪、公园或运动场地用的割草机：									-Mowers for lawns, parks or sports grounds:
8433.1100	--机动的，切割装置在同一水平面上旋转的	6	30	0						--Powered, with the cutting device rotating in a horizontal plane
8433.1900	--其他	6	30	0						--Other
8433.2000	-其他割草机，包括牵引装置用的刀具杆	4	30	0						-Other mowers, including cutter bars for tractor mounting
8433.3000	-其他干草切割、翻晒机器	5	30	0						-Other haymaking machinery
8433.4000	-草料打包机，包括收集打包机	5	30	0						-Straw or fodder balers, including pickup balers

税则号列 Tariff Item	商品名称	最惠国税率(%) M. F. N.	普通税率(%) Gen.	协定税率(%) Conventional 东盟 ASEAN	亚太 APTA	香港 H. K.	澳门 Macao	台湾 Taiwan	出口税率(%) Export	Article Description
	-其他收割机；脱粒机：									-Other harvesting machinery; threshing machinery:
8433.5100	--联合收割机	8	17	0	7.6					--Combine harvester-threshers
8433.5200	--其他脱粒机	8	30	0						--Other threshing machinery
8433.5300	--根茎或块茎收获机	8	30	0						--Root or tuber harvesting machines
	--其他：									--Other:
8433.5910	---甘蔗收获机	8	30	0						---Sugarcane harvesters
8433.5920	---棉花采摘机	8	30	0						---Cotton picker
8433.5990	---其他	8	30	0						---Other
	-蛋类、水果或其他农产品的清洁、分选、分级机器：									-Machines for cleaning, sorting or grading eggs, fruit or other agricultural produce:
8433.6010	---蛋类清洁、分选、分级机器	5	30	0						---Machines for cleaning, sorting or grading eggs
8433.6090	---其他	5	30	0						---Other
	-零件：									-Parts:
8433.9010	---联合收割机用	5	11	0						---Of combine harvester-threshers
8433.9090	---其他	3	17	0						---Other
84.34	**挤奶机及乳品加工机器：**									**Milking machines and dairy machinery:**
8434.1000	-挤奶机	10	20	0						-Milking machines
8434.2000	-乳品加工机器	6	30	0						-Dairy machinery
8434.9000	-零件	5	17	0						-Parts
84.35	**制酒、制果汁或制类似饮料用的压榨机、轧碎机及类似机器：**									**Presses, crushers and similar machinery used in the manufacture of wine, cider, fruit juices or similar beverages:**
8435.1000	-机器	10	30	0			0			-Machinery
8435.9000	-零件	6	30	0						-Parts
84.36	**农业、园艺、林业、家禽饲养业或养蜂业用的其他机器，包括装有机械或热力装置的催芽设备；家禽孵卵器及育雏器：**									**Other agricultural, horticultural, forestry, poultry-keeping or bee-keepingmachinery, including germination plant fitted with mechanical or thermal equipment; poultry incubators and brooders:**
8436.1000	-动物饲料配制机	7	30	0						-Machinery for preparing animal feeding stuffs
	-家禽饲养用的机器；家禽孵卵器及育雏器：									-Poultry-keeping machinery; poultry incubators and brooders:
8436.2100	--家禽孵卵器及育雏器	5	30	0						--Poultry incubators and brooders
8436.2900	--其他	10	30	0						--Other
8436.8000	-其他机器	10	30	0						-Other machinery
	-零件：									-Parts:

税则号列 Tariff Item	商品名称	最惠国税率(%) M. F. N.	普通税率(%) Gen.	协定税率(%) Conventional 东盟 ASEAN	亚太 APTA	香港 H. K.	澳门 Macao	台湾 Taiwan	出口税率(%) Export	Article Description
8436.9100	--家禽饲养用机器的零件或家禽孵卵器及育雏器的零件	6	17	0						--Of poultry-keeping machinery or poultry incubators and brooders
8436.9900	--其他	6	17	0						--Other
84.37	**种子、谷物或干豆的清洁、分选或分级机器；谷物磨粉业加工机器或谷物、干豆加工机器，但农业用机器除外：**									**Machines for cleaning, sorting or grading seed, grain or dried leguminous vegetables; machinery used in the milling industry or for the working of cereals or dried leguminous vegetables, other than farm-type machinery:**
	-种子、谷物或干豆的清洁、分选或分级机器：									-Machines for cleaning, sorting or grading seed, grain or dried leguminous vegetables:
8437.1010	光学色差颗粒选别机(色选机)	10	30	0						---Color sorters
8437.1090	---其他	10	30	0						---Other
8437.8000	-其他机器	10	30	0	8.5					-Other machinery
8437.9000	-零件	6	30	0						-Parts
84.38	**本章其他税号未列名的食品、饮料工业用的生产或加工机器，但提取、加工动物油脂或植物固定油脂的机器除外：**									**Machinery, not specified or included elsewhere in this chapter, for the industrial preparation or manufacture of food or drink, other than machinery for the extraction or preparation of animal or fixed vegetable fats or oils:**
8438.1000	-糕点加工机器及生产通心粉、面条或类似产品的机器	7	30	0						-Bakery machinery and machinery for the manufacture of macaroni, spaghetti or similar products
8438.2000	-生产糖果、可可粉、巧克力的机器	8	30	0						-Machinery for the manufacture of confectionery, cocoa or chocolate
8438.3000	-制糖机器	10	30	0						-Machinery for sugar manufacture
8438.4000	-酿酒机器	7	30	0						-Brewery machinery
8438.5000	-肉类或家禽加工机器	7	30	0						-Machinery for the preparation of meat or poultry
8438.6000	-水果、坚果或蔬菜加工机器	10	30	0						-Machinery for the preparation of fruits, nuts or vegetables
8438.8000	-其他机器	8.5	30	0	8.1			0		-Other machinery
8438.9000	-零件	5	30	0						-Parts

税则号列 Tariff Item	商品名称	最惠国税率(%) M. F. N.	普通税率(%) Gen.	协定税率(%) Conventional					出口税率(%) Export	Article Description
				东盟 ASEAN	亚太 APTA	香港 H. K.	澳门 Macao	台湾 Taiwan		
84.39	**纤维素纸浆、纸及纸板的制造或整理机器：**									**Machinery for making pulp of fibrous cellulosic material or for making or finishing paper or paperboard:**
8439.1000	-制造纤维素纸浆的机器	8.4	30	0						-Machinery for making pulp of fibrous cellulosic material
8439.2000	-纸或纸板的抄造机器	8.4	30	0				0		-Machinery for making paper or paper board
8439.3000	-纸或纸板的整理机器	8.4	30	0				0		-Machinery for finishing paper or paper board
	-零件：									-Parts:
8439.9100	--制造纤维素纸浆的机器用	6	30	0						--Of machinery for making pulp of fibrous cellulosic material
8439.9900	--其他	6	30	0	3					--Other
84.40	**书本装订机器，包括锁线订书机：**									**Book-binding machinery, including booksewing machines:**
	-机器：									-Machinery:
8440.1010	---锁线装订机	10	35	0						---Sewing bookbinders
8440.1020	---胶订机	12	35	0						---Glueing bookbinders
8440.1090	---其他	12	35	0						---Other
8440.9000	-零件	8	35	0						-Parts
84.41	**其他制造纸浆制品、纸制品或纸板制品的机器，包括各种切纸机：**									**Other machinery for making up paper pulp, paper or paperboard, including cutting machines of all kinds:**
8441.1000	-切纸机	12	50	0				0		-Cutting machines
8441.2000	-制造包、袋或信封的机器	12	30	0	11.4					-Machines for making bags, sacks or envelopes
	-制造箱、盒、管、桶或类似容器的机器，但模制成型机器除外：									-Machines for making cartons, boxes, cases, tubes, drums or similar containers, other than by moulding:
8441.3010	---制造纸塑铝复合罐的生产设备	13.5	30	0	12.8					---Machines for paper, plastic and aluminium composite can manufacture
8441.3090	---其他	13.5	30	0	12.8					---Other
8441.4000	-纸浆、纸或纸板制品模制成型机器	12	30	0						-Machines for moulding articles in paper pulp, paper or paperboard
	-其他机器：									-Other machinery:

税则号列 Tariff Item	商品名称	最惠国税率(%) M. F. N.	普通税率(%) Gen.	协定税率(%) Conventional 东盟 ASEAN	亚太 APTA	香港 H. K.	澳门 Macao	台湾 Taiwan	出口税率(%) Export	Article Description
8441.8010	---制造纸塑铝软包装的生产设备	12	30	0	11.4					---Machines for paper plastic and aluminium flexible packaging manufacture
8441.8090	---其他	12	30	0	11.4			0		---Other
	-零件：									-Parts：
8441.9010	---切纸机用	8	50	0						---Of cutting machines
8441.9090	---其他	8.4	30	0						---Other
84.42	**制印刷版（片）、滚筒及其他印刷部件用的机器、器具及设备（税目84.56至84.65的机器除外）；印刷用版（片）、滚筒及其他印刷部件；制成供印刷用（例如刨平、压纹或抛光）的板（片）、滚筒及石板：**									**Machinery, apparatus and equipment (other than the machine-tools of headings 84.56 to 84.65) for preparing or making plates, cylinders or other printing components; plates, cylinders and other printing components; plates, cylinders and lithographic stones, prepared for printing purposes (for example, planed, grained or polished):**
	-机器、器具及设备：									-Machinery, apparatus and equiment：
8442.3010	---铸字机	4.5/2.3	35	0						---Type casters
	---制版机器、器具及设备：									---Other machinery, apparatus and equipment for typesetting：
8442.3021	----计算机直接制版设备	4.5/2.3	35	0						----Machines for preparing CTP plates
8442.3029	----其他	4.5/2.3	35	0						----Other
8442.3090	---其他	4.5/2.3	35	0						---Other
8442.4000	-上述机器，器具及设备的零件	3.5/1.8	35	0						-Parts of the foregoing machinery, apparatus or equipment
8442.5000	-印刷用版、滚筒及其他印刷部件；制成供印刷用（例如，刨平、压纹或抛光）的板、滚筒及石板	3.5/1.8	35	0		0				-Plates, cylinders and other printing components; plates, cylinders and lithographic stones, prepared for printing purposes (for example, planed, grained or polished)

税则号列 Tariff Item	商品名称	最惠国税率(%) M. F. N.	普通税率(%) Gen.	协定税率(%) Conventional 东盟 ASEAN	亚太 APTA	香港 H. K.	澳门 Macao	台湾 Taiwan	出口税率(%) Export	Article Description
84.43	用税目 **84.42** 的印刷用版(片)、滚筒及其他印刷部件进行印刷的机器；其他印刷（打印）机、复印机及传真机，不论是否组合式；上述机器的零件及附件：									**Printing machinery used for printing by means of plates, cylinders and other printing components of heading 84.42; other printers, copying machines and facsimile machines, whether or not combined; parts and accessories thereof:**
	-用税目 84.42 的印刷用版（片）、滚筒及其他印刷部件进行印刷的机器：									-Printing machinery used for printing by means of plates, cylinders and other printing components of heading 84.42:
8443.1100	--卷取进料式胶印机	10	35	0	7					--Offset printing machinery, reel-fed
8443.1200	--办公室用片取进料式胶印机（以未折叠计，片尺寸一边长不超过 22 厘米，另一边长不超过 36 厘米）	12	35	0						--Offset printing machinery, sheet-fed, office type (using sheets with one side not exceeding 22cm and the other side not exceeding 36cm in the unfolded state)
	--其他胶印机：									--Other offset printing machinery:
	---平张纸进料式：									---Sheet fed:
8443.1311	----单色机	10	35	0	7					----Single color
8443.1312	----双色机	10	35	0	7					----Two colors
8443.1313	----四色机	10	35	0	7					----Four colors
8443.1319	----其他	10	35	0	7					----Other
8443.1390	---其他	10	35	0	7					---Other
8443.1400	--卷取进料式凸版印刷机，但不包括苯胺印刷机	12	35	0		0				--Letterpress printing machinery, reel fed, excluding flexographic printing
8443.1500	--除卷取进料式以外的凸版印刷机，但不包括苯胺印刷机	12	35	0						--Letterpress printing machinery, other than reel fed, excluding flexographic printing
8443.1600	--苯胺印刷机	10	35	0						--Flexographic printing machinery
8443.1700	--凹版印刷机	18	35	0	16.2					--Gravure printing machinery
	--其他：									--Other:
	---网式印刷机：									---Screen printing machinery:
8443.1921	----圆网印刷机	10	35	0	9					----Cylinder screen press
8443.1922	----平网印刷机	10	35	0	9			0		----Platen screen press
8443.1929	----其他	10	35	0	9			0		----Other
8443.1980	---其他	8	35	0	7.2	0		0		---Other

税则号列 Tariff Item	商 品 名 称	最惠国税率(%) M. F. N.	普通税率(%) Gen.	协定税率(%) Conventional 东盟 ASEAN	亚太 APTA	香港 H. K.	澳门 Macao	台湾 Taiwan	出口税率(%) Export	Article Description
	-其他印刷（打印）机、复印机及传真机，不论是否组合式：									-Other printers, copying machines and facsimile machines, whether or not combined:
	--具有打印、复印或传真中两种及以上功能的机器，可与自动数据处理设备或网络连接：									--Machines which perform two or more of the functions of printing, copying or facsimile transmission, capable of connecting to an automatic data processing machine or to a network:
8443.3110	---静电感光式	6.7/5	70	0						---Electrostatic photosensitive-type
8443.3190	---其他	0	17							---Other
	--其他，可与自动数据处理设备或网络连接：									--Other, capable of connecting to an automatic data processing machine or to a network:
	---专用于税目84.71所列设备的打印机：									---Printers, of a kind solely used in the machines of heading 84.71:
8443.3211	----针式打印机	0	14							----Stylus printers
8443.3212	----激光打印机	0	14							----Laser printers
8443.3213	----喷墨打印机	0	14							----Ink-jet printers
8443.3214	----热敏打印机	0	14							----Thermal printers
8443.3219	----其他	0	14							----Other
	---数字式印刷设备：									---Digital printing machines:
8443.3221	----喷墨印刷机	5.3/4	30	0						----Ink-jet printing machines
8443.3222	----静电照相印刷机（激光印刷机）	5.3/4	35	0	6					----Electrostatic photographic printing machines (laser printing machines)
8443.3229	----其他	5.3/4	30	0	6					----Other
8443.3290	其他	0	17							---Other
	--其他：									--Other:
	---静电感光复印设备：									---Electrostatic photo-copying apparatus:
8443.3911	----将原件直接复印的（直接法）	0	70							----Operating by reproducing the original image directly onto the copy (direct process)
8443.3912	----将原件通过中间体转印的（间接法）	7.5/6.3	70	0						----Operating by reproducing the original image via an intermediate onto the copy (indirect process)
	---其他感光复印设备：									---Other photocopying apparatus:

税则号列 Tariff Item	商品名称	最惠国税率(%) M. F. N.	普通税率(%) Gen.	协定税率(%) Conventional 东盟 ASEAN	亚太 APTA	香港 H. K.	澳门 Macao	台湾 Taiwan	出口税率(%) Export	Article Description
8443.3921	----带有光学系统的	0	70							----Incorporating an optical system
8443.3922	----接触式的	16.5/13.8	70	0						----of the contact type
8443.3923	----热敏复印设备	16.5/13.8	70	0						----Thermo-copying apparatus
8443.3924	----热升华复印设备	16.5/13.8	70	0						----Thermo-sublime copying apparatus
	---数字式印刷设备：									---Digital printing machines：
8443.3931	----喷墨印刷机	6/5	30	0						----Ink-jet printing machines
8443.3932	----静电照相印刷机（激光印刷机）	6/5	35	0	6.3					----Electrostatic photographic printing machines (laser printing machines)
8443.3939	----其他	6/5	30	0	6.3					----Other
8443.3990	---其他	0	30							---Other
	-零件及附件：									-Parts and accessories：
	--用税目84.42的印刷用版、滚筒及其他印刷部件进行印刷的机器零件及附件：									--Parts and accessories of printing machinery used for printing by means of plates, cylinders and other printing components of heading 84.42：
	---印刷用辅助机器：									---Machines for uses ancillary to printing：
8443.9111	----卷筒料给料机	8/6	35	0						----Web feeder
8443.9119	----其他	8/6	35	0						----Other
8443.9190	---其他	4/3	20	0						---Other
	--其他：									--Other：
8443.9910	---数字印刷设备用辅助机器	8/6	35	0						---Machines for uses ancillary to digital printing machines
	---数字印刷设备的零件：									---Parts of digital printing machines：
8443.9921	----热敏打印头	4/3	20	0						----Thermal print heads
8443.9929	----其他	4/3	20	0						----Other
8443.9990	---其他	0	35							---Other
84.44	**化学纺织纤维挤压、拉伸、变形或切割机器：**									**Machines for extruding, drawing, texturing or cutting man-made textile materials.**
8444.0010	---合成纤维长丝纺丝机	10	30	0	7			0		---Synthetic filaments spinning jets
8444.0020	---合成纤维短纤纺丝机	10	30	0	7					---Synthetic staple fibres spinning jets
8444.0030	---人造纤维纺丝机	10	30	0	7					---Artificial fibres spinning jets
8444.0040	---化学纤维变形机	10	30	0	7					---Man-made filaments crimping machinery

税则号列 Tariff Item	商品名称	最惠国税率(%) M. F. N.	普通税率(%) Gen.	协定税率(%) Conventional 东盟 ASEAN	亚太 APTA	香港 H. K.	澳门 Macao	台湾 Taiwan	出口税率(%) Export	Article Description
8444.0050	---化学纤维切断机	10	30	0	7					---Man-made filaments cutting machinery
8444.0090	---其他	10	30	0	7					---Other
84.45	**纺织纤维的预处理机器；纺纱机、并线机、加捻机及其他生产纺织纱线的机器；摇纱机、络纱机（包括卷纬机）及处理税目84.46或84.47所列机器用的纺织纱线的机器：**									**Machines for preparing textile fibres; spinning, doubling or twisting machines and other machinery for producing textile yarns; textile reeling or winding (including weft-winding) machines and machinesfor preparing textile yarns for use on the machines of heading 84.46 or 84.47:**
	-纺织纤维的预处理机器：									-Machines for preparing textile fibres:
	--梳理机：									--Carding machines:
	---棉纤维型：									---For cotton type fibres:
8445.1111	清梳联合机	10	30	0	9					Blowing carding Machinery
8445.1112	----自动抓棉机	10	30	0	9					----Bale Plucker
8445.1113	----梳棉机	10	30	0	9					----Card or Carding Machine
8445.1119	----其他	10	30	0	9					----Other
8445.1120	---毛纤维型	10	30	0	9					---For wool type fibres
8445.1190	---其他	10	30	0	9					---Other
	--精梳机：									--Combing machines:
8445.1210	---棉精梳机	10	30	0						---Cotton Comber
8445.1220	---毛精梳机	10	30	0						---Worsted Comber
8445.1290	---其他	10	30	0						---Other
	--拉伸机或粗纱机：									--Drawing or roving machines:
8445.1310	---拉伸机	10	30	0						---Drawing machines
	---粗纱机：									---Roving machines:
8445.1321	----棉纺粗纱机	10	30	0						----Cotton Roving Frames
8445.1322	----毛纺粗纱机	10	30	0						----Worsted Roving Machines
8445.1329	----其他	10	30	0						----Other
8445.1900	--其他	10	30	0	9					--Other
	-纺纱机：									-Textile spinning machines:
	自由端纺纱机：									---Open-end spinner:
8445.2031	----转杯纺纱机	10	30	0	9					----Rotor Spinning Machine
8445.2032	----喷气纺纱机	10	30	0						----Jet spinner
8445.2039	----其他	10	30	0						----Other
	---环锭细纱机：									---Ring spinning frames:
8445.2041	----棉细纱机	10.5	40	0	9.5					----Cotton Ring Spinning Frame
8445.2042	----毛细纱机	10	40	0						----Worsted Ring Spinning Frame
8445.2049	----其他	10	40	0						----Other

税则号列 Tariff Item	商品名称	最惠国税率(%) M. F. N.	普通税率(%) Gen.	协定税率(%) Conventional 东盟 ASEAN	亚太 APTA	香港 H. K.	澳门 Macao	台湾 Taiwan	出口税率(%) Export	Article Description
8445.2090	---其他	10	30	0	9					---Other
8445.3000	-并线机或加捻机	10	30	0	9					-Textile doubling or twisting machines
	-络纱机（包括卷纬机）或摇纱机：									-Textile winding (including weft-winding) or reeling machines:
8445.4010	---自动络筒机	10	30	0	9					---Automatic bobbin winders
8445.4090	---其他	10	30	0	9					---Other
	-其他：									-Other:
8445.9010	---整经机	10	30	0	9					---Warping machines
8445.9020	---浆纱机	10	30	0	9					---Sizing machines
8445.9090	---其他	10	30	0	9					---Other
84.46	织机：									**Weaving machines (looms):**
8446.1000	-所织织物宽度不超过30厘米的织机	8	30	0	7.2					-For weaving fabrics of a width not exceeding 30cm
	-所织织物宽度超过30厘米的梭织机：									-For weaving fabrics of widthexceeding 30cm, shuttle type:
	--动力织机：									--Power looms:
8446.2110	---地毯织机	12	35	0	10.8					---For making carpets or rugs
8446.2190	---其他	10	30	0	9					---Other
8446.2900	--其他	10	30	0						--Other
	-所织织物宽度超过30厘米的无梭织机：									-For weaving fabrics of a with exceeding 30cm, shuttleless type:
8446.3020	---剑杆织机	8	30	0	6.8					---Rapier looms
8446.3030	---片梭织机	8	30	0	5.6					---Carrier looms
8446.3040	---喷水织机	8	30	0	6.8			0		---Water jet looms
8446.3050	---喷气织机	8	30	0	6.8					---Air jet looms
8446.3090	---其他	8	30	0	6.8					---Other
84.47	**针织机、缝编机及制粗松螺旋花线、网眼薄纱、花边、刺绣品、装饰带、编织带或网的机器及簇绒机：**									**Knitting machines, stitch-bonding machines and machines for making gimped yarn, tulle lace, embroidery, trimmings, braid or net and machines for tufting:**
	-圆型针织机：									-Circular knitting machines:
8447.1100	--圆筒直径不超过165毫米	8	30	0	7			0		--With cylinder diameter not exceeding 165mm
8447.1200	--圆筒直径超过165毫米	8	30	0				0		--With cylinder diameter exceeding 165mm
	-平型针织机；缝编机：									-Flat knitting machines; stitch-bonding machines:
	---经编机：									---Warp knitting machines:
8447.2011	----特里科经编机	8	30	0	6.8					----Tricot machines
8447.2012	----拉舍尔经编机	8	30	0	6.8					----Rashel machines
8447.2019	----其他	8	30	0	6.8					----Other
8447.2020	---平型纬编机	8	30	0	6.8			0		---Flat weft knitting machines
8447.2030	---缝编机	8	30	0	6.8					---Stitch-bonding machines

税则号列 Tariff Item	商品名称	最惠国税率(%) M. F. N.	普通税率(%) Gen.	协定税率(%) Conventional 东盟 ASEAN	亚太 APTA	香港 H. K.	澳门 Macao	台湾 Taiwan	出口税率(%) Export	Article Description
	-其他：									-Other:
	---簇绒机：									---Tufting machines:
8447.9011	----地毯织机	7	35	0	4.9					----For making carpets or rugs
8447.9019	----其他	8	30	0	5.6					----Other
8447.9020	---绣花机	8	30	0	6.8					---Embroidery machines
8447.9090	---其他	10	30	0	5					---Other
84.48	**税目84.44、84.45、84.46或84.47所列机器的辅助机器（例如，多臂机、提花机、自停装置及换梭装置）；专用于或主要用于税目84.44、84.45、84.46或84.47所列机器的零件、附件（例如，锭子、锭壳、钢丝针布、梳、喷丝头、梭子、综丝、综框、针织机用针）：**									**Auxiliary machinery for use with machines of heading 84.44, 84.45, 84.46 or 84.47 (for example, dobbies, Jacquards, automatic stop motions, shuttle changing mechanisms); partsand accessories suitable for use solely or principally with the machines of this heading or of heading 84.44, 84.45, 84.46 or 84.47 (for example, spindles and spindle flyers, card clothing, combs, extruding nipples, shuttles, healds and heald-frames, hosiery needles):**
	-税目84.44、84.45、84.46或84.47所列机器的辅助机器：									-Auxiliary machinery for machines of heading 84.44, 84.45, 84.46 or 84.47:
8448.1100	--多臂机或提花机及其所用的卡片缩小、复制、穿孔或汇编机器	8	20	0						--Dobbies and Jacquards; card reducing, copying, punching or assembling machines for use there with
8448.1900	--其他	8	20	0						--Other
	-税目84.44所列机器及其辅助机器的零件、附件：									-Parts and accessories of machines of heading 84.44 or of their auxiliary machinery:
8448.2020	---喷丝头或喷丝板	6	14	0						---Extruding nipples or spinnerets
8448.2090	---其他	6	17	0						---Other
	-税目84.45所列机器及其辅助机器的零件、附件：									-Parts and accessories of machines of heading 84.45 or of their auxiliary machinery:
8448.3100	--钢丝针布	6	17	0						--Card clothing
8448.3200	--纺织纤维预处理机器的零件、附件，但钢丝针布除外	6	17	0						--Of machines for preparing textile fibres, other than card clothing
	--锭子、锭壳、纺丝环、钢丝圈：									--Spindles, spindle flyers, spinning rings and ring travellers:
8448.3310	---络筒锭	6	17	0						---Winding spindle
8448.3390	---其他	6	17	0						---Other

税则号列 Tariff Item	商 品 名 称	最惠国税率 (%) M. F. N.	普通税率 (%) Gen.	协定税率（%）Conventional 东盟 ASEAN	亚太 APTA	香港 H. K.	澳门 Macao	台湾 Taiwan	出口税率 (%) Export	Article Description
	--其他：									--Other：
8448.3910	---气流杯	6	14	0						---Open-end rotors
8448.3920	---电子清纱器	6	17	0						---Electronic yarn clearers
8448.3930	---空气捻接器	6	17	0						---Air twisting devices
8448.3940	---环定细纱机紧密纺装置	6	17	0						---Compact set of ring spinning frames
8448.3990	---其他	6	17	0						---Other
	-织机及其辅助机器的零件、附件：									-Parts and accessories of weaving machines（looms）or of their auxiliary machinery：
8448.4200	--织机用筘、综丝及综框	6	50	0						--Reeds for looms，healds and heald-frames
	--其他：									--Other：
8448.4910	---接、投梭箱	6	17	0						---Catching and throwing shuttle boxes
8448.4920	---引纬、送经装置	6	17	0						---Weft insertion and let-off motions
8448.4930	---梭子	6	50	0						---Shuttles
8448.4990	---其他	6	17	0						---Other
	-税目 84.47 所列机器及其辅助机器的零件、附件：									-Parts and accessories of machines of heading 84.47 or of their auxiliary machinery：
	--沉降片、织针及其他成圈机件：									--Sinkers，needles and other articles used in forming stitches：
8448.5120	---针织机用 28 号以下的弹簧针、钩针及复合针	6	50	0						---Barbered needles，crotchet hooks and complex needles for knitting machines，smaler than gauge No. 28
8448.5190	---其他	6	17	0						---Other
8448.5900	--其他	6	17	0		0		0		--Other
84.49	**成匹、成形的毡呢或无纺织物制造或整理机器，包括制毡呢帽机器；帽模：**									**Machinery for the manufacture or finishing of felt or nonwovens in the piece or in shapes，including machinery for making felt hats；blocks for making hats：**
8449.0010	---针刺机	8	30	0						---Machinery for stitch
8449.0020	---水刺设备	8	30	0						---Spunlaced Equipment
8449.0090	---其他	8	30	0						---Other
84.50	**家用型或洗衣房用洗衣机，包括洗涤干燥两用机：**									**Household or laundry-type washing machines，including machines which both wash and dry：**

税则号列 Tariff Item	商品名称	最惠国税率(%) M. F. N.	普通税率(%) Gen.	协定税率(%) Conventional 东盟 ASEAN	亚太 APTA	香港 H. K.	澳门 Macao	台湾 Taiwan	出口税率(%) Export	Article Description
	-干衣量不超过10千克的洗衣机:									-Machines, each of a dry linen capacity not exceeding 10kg:
	--全自动的:									--Fully-automatic machines:
8450.1110	---波轮式	10	130	0	8.7					---Of the continuously rotating impeller
8450.1120	---滚筒式	10	130	0	8.7					---Of the drum type
8450.1190	---其他	10	130	0	8.7					---Other
8450.1200	--其他机器,装有离心甩干机	30	130	0	24.9					--Other machines, with built-in centrifugal drier
8450.1900	--其他	30	130	0						--Other
	-干衣量超过10千克的洗衣机:									-Machines, each of a dry linen capacity exceeding 10kg:
	---全自动的:									---Fully-automatic machines:
8450.2011	----波轮式	10	80	0						----Of the continuously rotating impeller
8450.2012	----滚筒式	10	80	0						----Of the drum type
8450.2019	----其他	10	80	0						----Other
8450.2090	---其他	10	80	0						---Other
	-零件:									-Parts:
8450.9010	---干衣量不超过10千克的洗衣机用	5	130	0	4.2					---Of the machines of subheadings 8450.1110 to 8450.1900
8450.9090	---其他	16	80	0	14.4					---Other
84.51	**纱线、织物及纺织制品的洗涤、清洁、绞拧、干燥、熨烫、挤压(包括熔压)、漂白、染色、上浆、整理、涂布或浸渍机器(税目84.50的机器除外);列诺伦(亚麻油地毡)及类似铺地制品的布基或其他底布的浆料涂布机器;纺织物的卷绕、退绕、折叠、剪切或剪齿边机器:**									**Machinery (other than machines of heading 84.50) for washing, cleaning, wringing, drying, ironing, pressing (including fusing presses), bleaching, dyeing, dressing, finishing, coating or impregnating textile yarns, fabrics or made up textile articles and machines for applying the paste to the base fabric or other support used in the manufacture of floor coverings such as linoleum; machines for reeling, unreeling, folding, cutting or pinking textile fabrics:**
8451.1000	-干洗机	21	80	0	16					-Dry-cleaning machines
	-干燥机:									-Drying machines:
8451.2100	--干衣量不超过10千克	15	80	0	13.5					--Each of a dry linen capacity not exceeding 10kg
8451.2900	--其他	8	30	0	7.2					--Other

税则号列 Tariff Item	商品名称	最惠国税率(%) M. F. N.	普通税率(%) Gen.	协定税率(%) Conventional 东盟 ASEAN	亚太 APTA	香港 H. K.	澳门 Macao	台湾 Taiwan	出口税率(%) Export	Article Description
8451.3000	-熨烫机及挤压机（包括熔压机）	8	30	0	7.2					-Ironing machines and presses (including fusing presses)
8451.4000	-洗涤、漂白或染色机器	8.4	20	0	7	0	0	0		-Washing, bleaching or dyeing machines
8451.5000	-纺织物的卷绕、退绕、折叠、剪切或剪齿边机器	8	20	0	7.2			0		-Machines for reeling, unreeling, folding, cutting or pinking textile fabrics
8451.8000	-其他机器	12	30	0	10.8	0		0		-Other machinery
8451.9000	-零件	8	20	0	7.2					-Parts
84.52	**缝纫机，但税目84.40的锁线订书机除外；缝纫机专用的特制家具、底座及罩盖；缝纫机针：**									**Sewing machines, other than book-sewing machines of heading 84.40; furniture, bases and covers specially designed for sewing machines; sewing machine needles:**
	-家用型缝纫机：									-Sewing machines of household type:
8452.1010	---多功能家用缝纫机	21	80	0	17					---Multifunctional sewing machines of household type
	---其他：									---Other:
8452.1091	----手动式	21	80	0	17					----Hand operated
8452.1099	----其他	21	80	0	17					----Other
	-其他缝纫机：									-Other sewing machines:
	--自动的：									--Automatic units:
8452.2110	---平缝机	12	40	0	10.7					---Flatseam
8452.2120	---包缝机	12	40	0	10.7			0		---Overlock machine
8452.2130	---绷缝机	12	40	0	10.7			0		---Interlock machine
8452.2190	---其他	12	40	0	10.7			0		---Other
8452.2900	--其他	12	40	0	10.8	0				--Other
8452.3000	-缝纫机针	14	100	0	12.6					-Sewing machine needles
	-缝纫机专用的特制家具、底座和罩盖及其零件；缝纫机的其他零件：									-Furniture, bases and covers for sewing machines and parts thereof; other parts of sewing machines:
	---家用型缝纫机用：									---Of sewing machines of the household type:
8452.9011	----旋梭	14	80	0	9.8					----Rotating shuttles
8452.9019	----其他	14	80	0	9.8					----Other
	---其他：									---Other:
8452.9091	----旋梭	14	80	0	9.8					----Rotating shuttles
8452.9092	----缝纫机专用的特制家具、底座和罩盖及其零件	14	100	0						----Furniture, bases and covers for sewing machines and parts thereof

税则号列 Tariff Item	商品名称	最惠国税率(%) M. F. N.	普通税率(%) Gen.	协定税率(%) Conventional 东盟 ASEAN	亚太 APTA	香港 H. K.	澳门 Macao	台湾 Taiwan	出口税率(%) Export	Article Description
8452.9099	----其他	14	80	0	9.8			0		----Other
84.53	**生皮、皮革的处理、鞣制或加工机器，鞋靴、毛皮及其他皮革制品的制作或修理机器，但缝纫机除外：**									**Machinery for preparing, tanning or working hides, skins or leather or for making or repairing footwear or other articles of hides, skins or leather, other than sewing machines:**
8453.1000	-生皮、皮革的处理、鞣制或加工机器	8.4	30	0	8					-Machinery for preparing, tanning or working hides, skins or leather
8453.2000	-鞋靴制作或修理机器	8.4	30	0	8					-Machinery for making or repairing footwear
8453.8000	-其他机器	8.4	30	0						-Other machinery
8453.9000	-零件	8	30	0						-Parts
84.54	**金属冶炼及铸造用的转炉、浇包、锭模及铸造机：**									**Converters, ladles, ingot moulds and casting machines, of a kind used in metallurgy or in metal foundries:**
8454.1000	-转炉	8.4	35	0						-Converters
	-锭模及浇包：									-Ingot moulds and ladles:
8454.2010	---炉外精炼设备	8.4	35	0						---Fining equipments, outside of converters
8454.2090	---其他	8.4	35	0						---Other
	-铸造机：									-Casting machines:
8454.3010	---冷室压铸机	12	35	0	11.4					---Cold chamber die-casting machines
	---钢坯连铸机：									---Ingot continuous casting machines:
8454.3021	----方坯连铸机	10	35	0	9.5					----Ingot block
8454.3022	----板坯连铸机	12	35	0	11.4					----Ingot slab
8454.3029	----其他	12	35	0	11.4					----Other
8454.3090	---其他	12	35	0	11.4					---Other
	-零件：									-Parts:
8454.9010	---炉外精炼设备用	8	20	0						---For the fining equipments outside of converters
	---钢坯连铸机用：									---For ingot continuous casting machines:
8454.9021	----结晶器	8	20	0						----Crystallizers
8454.9022	----振动装置	8	20	0						----Vibrating devices
8454.9029	----其他	8	20	0						----Other
8454.9090	---其他	8	20	0						---Other
84.55	**金属轧机及其轧辊：**									**Metal-rolling mills and rolls therefor:**
	-轧管机：									-Tube mills:
8455.1010	---热轧管机	12	35	0	8.4					---Tube mills, for hot-rolled

税则号列 Tariff Item	商品名称	最惠国税率(%) M. F. N.	普通税率(%) Gen.	协定税率(%) Conventional 东盟 ASEAN	亚太 APTA	香港 H. K.	澳门 Macao	台湾 Taiwan	出口税率(%) Export	Article Description
8455.1020	---冷轧管机	12	35	0	8.4					---Tube mills, for cold-rolled
8455.1030	---定减径轧管机	12	35	0	8.4					---Fixed and reduced tube mills
8455.1090	---其他	12	35	0	8.4					---Other
	-其他轧机：									-Other rolling mills:
	--热轧机或冷热联合轧机：									--Hot or combination hot and cold:
8455.2110	---板材热轧机	15	35	0	10.5					---Sheet mills, hot-rolled
8455.2120	---型钢轧机	15	35	0	10.5					---Rolled-steel section mills
8455.2130	---线材轧机	15	35	0	10.5					---Wire mills
8455.2190	---其他	15	35	0	10.5					---Other
	--冷轧机：									--Cold:
8455.2210	---板材冷轧机	10	35	0						---Sheet mills
8455.2290	---其他	15	35	0						---Other
8455.3000	-轧机用轧辊	8.4	20	0						-Rolls for rolling mills
8455.9000	-其他零件	8	20	0	4					-Other parts
84.56	**用激光、其他光、光子束、超声波、放电、电化学法、电子束、离子束或等离子弧处理各种材料的加工机床；水射流切割机：**									**Machine-tools for working any material by removal of material, by laser or other light or photon beam, ultrasonic, electro-discharge, electro-chemical, electron beam, ionic-beam or or plasma arc processes; water-jet cutting machines:**
	-用激光、其他光或光子束处理的：									-Operated by laser or other light or photon beam processes:
8456.1100	--用激光处理的	0	30							--Operated by laser processes
8456.1200	--用其他光或光子束处理的	0	30							--Operated by other light or photon beam processes
8456.2000	-用超声波处理的	10	30	0						-Operated by ultrasonic processes
	-用放电处理的：									-Operated by electro-discharge processes:
8456.3010	---数控的	9.7	30	0						---Numerically controlled
8456.3090	---其他	10	30	0						---Other
	-用等离子弧处理的：									-Operated by plasma arc processes:
8456.4010	---等离子切割机	0	30							---Cutting machines of plasmaarc
8456.4090	---其他	0	30							---Other
8456.5000	-水射流切割机	0	30							-Water-jet cutting machines
8456.9000	-其他	0	30							-Other
84.57	**加工金属的加工中心、单工位组合机床及多工位组合机床：**									**Machining centres, unit construction machines (single station) and multistation transfer machines, for working metal:**
	-加工中心：									-Machining centres:
8457.1010	---立式	9.7	20	0	6.8					---Vertical

税则号列 Tariff Item	商品名称	最惠国税率(%) M. F. N.	普通税率(%) Gen.	协定税率(%) Conventional 东盟 ASEAN	亚太 APTA	香港 H. K.	澳门 Macao	台湾 Taiwan	出口税率(%) Export	Article Description
8457.1020	---卧式	9.7	20	0	8.8					---Horizontal
8457.1030	---龙门式	9.7	20	0	6.8					---Plano
	---其他：									---Other:
8457.1091	----铣车复合	9.7	20	0	6.8					----Mill-Turn centres
8457.1099	----其他	9.7	20	0	6.8					----Other
8457.2000	-单工位组合机床	8	20	0						-Unit construction machines (single station)
8457.3000	-多工位组合机床	5	20	0						-Multi-station transfer machines
84.58	**切削金属的车床（包括车削中心）：**									**Lathes (including turning centres) for removing metal:**
	-卧式车床：									-Horizontal lathes:
8458.1100	--数控的	9.7	20	0		0		0		--Numerically controlled
8458.1900	--其他	12	50	0		0				--Other
	-其他车床：									-Other lathes:
	--数控的：									--Numerically controlled:
8458.9110	---立式	5	20	0				0		---Vertical
8458.9120	---其他	5	20	0				0		---Other
8458.9900	--其他	12	50	0						--Other
84.59	**切削金属的钻床、镗床、铣床、攻丝机床（包括直线移动式动力头机床），但税目84.58的车床（包括车削中心）除外：**									**Machine-tools (including way-type unit head machines) for drilling, boring, milling, threading or tapping by removing metal, other than lathes (including turning centres) of heading No. 84.58:**
8459.1000	-直线移动式动力头机床	15	50	0						-Way-type unit head machines
	-其他钻床：									-Other drilling machines:
8459.2100	--数控的	9.7	20	0				0		--Numerically controlled
8459.2900	--其他	15	50	0						--Other
	-其他镗铣机床：									-Other boring-milling machines:
8459.3100	--数控的	9.7	20	0						--Numerically controlled
8459.3900	--其他	10	50	0						--Other
	-其他镗床：									-Other boring machines:
8459.4100	--数控的	9.7	20	0						--Numerically controlled
8459.4900	--其他	15	50	0						--Other
	-升降台式铣床：									-Milling machines, knee-type:
8459.5100	--数控的	9.7	20	0						--Numerically controlled
8459.5900	--其他	15	50	0						--Other
	-其他铣床：									-Other milling machines:
	--数控的：									--Numerically controlled:
8459.6110	---龙门铣床	5	20	0						---Planomilling machines
8459.6190	---其他	5	20	0						---Other
	--其他：									--Other:
8459.6910	---龙门铣床	12	50	0	10					---Planomilling machines
8459.6990	---其他	12	50	0	11					---Other

税则号列 Tariff Item	商品名称	最惠国税率(%) M. F. N.	普通税率(%) Gen.	协定税率(%) Conventional					出口税率(%) Export	Article Description
				东盟 ASEAN	亚太 APTA	香港 H. K.	澳门 Macao	台湾 Taiwan		
8459.7000	-其他攻丝机床	12	50	0						-Other threading or tapping machines
84.60	**用磨石、磨料或抛光材料对金属或金属陶瓷进行去毛刺、刃磨、磨削、珩磨、研磨、抛光或其他精加工的机床，但税目84.61的切齿机、齿轮磨床或齿轮精加工机床除外：**									**Machine-tools for deburring, sharpenling, grinding, honing, lapping, polishing or otherwise finishing metal or cermets by means of grinding stones, abrasives or polishing products, other than gear cutting, gear grinding or gear finishing machines of heading 84.61:**
	-平面磨床：									-Flat-surface grinding machines:
	--数控的：									--Numerically controlled:
8460.1210	---在任一坐标的定位精度至少是0.01毫米	9.7	20	0				0		---The positioning in any one axis can be set up to an accuracy of at least 0.01mm
8460.1290	---其他	15	50	0						---Other
	--其他：									--Other:
8460.1910	---在任一坐标的定位精度至少是0.01毫米	15	20	0						---The positioning in any one axis can be set up to an accuracy of at least 0.01mm
8460.1990	---其他	15	50	0						---Other
	-其他磨床：									-Other grinding machines:
	--数控无心磨床：									--Centreless grinding machines, numerically controlled:
8460.2210	---在任一坐标的定位精度至少是0.01毫米	9.7	20	0						---The positioning in any one axis can be set up to an accuracy of at least 0.01mm
8460.2290	---其他	15	50	0						---Other
	--数控外圆磨床：									--Other cylindrical grinding machines, numerically controlled:
	---在任一坐标的定位精度至少是0.01毫米：									---The Positioning in any one axis can be set up to an accuracy of at least 0.01mm:
8460.2311	----曲轴磨床	9.7	20	0						----Crank shaft grinding machines
8460.2319	----其他	9.7	20	0						----Other
8460.2390	---其他	15	50	0						---Other
	--其他，数控的：									--Other, numerically controlled:
	---在任一坐标的定位精度至少是0.01毫米：									---The positioning in any one axis can be set up to an accuracy of at least 0.01mm:
8460.2411	----内圆磨床	9.7	20	0						----Internal grinding machines
8460.2419	----其他	9.7	20	0						----Other
8460.2490	---其他	15	50	0						---Other
	--其他：									--Other:

税则号列 Tariff Item	商品名称	最惠国税率(%) M. F. N.	普通税率(%) Gen.	协定税率(%) Conventional 东盟 ASEAN	亚太 APTA	香港 H. K.	澳门 Macao	台湾 Taiwan	出口税率(%) Export	Article Description
	---在任一坐标的定位精度至少是0.01毫米：									---The positioning in any one axis can be set up to an accuracy of at least 0.01mm：
8460.2911	----外圆磨床	15	50	0		0				----Cylindrical grinding machines
8460.2912	----内圆磨床	15	50	0						----Internal grinding machines
8460.2913	----轧辊磨床	13	50	0						----Grinding machines of roll
8460.2919	----其他	13	50	0						----Other
8460.2990	---其他	13	50	0						---Other
	-刃磨（工具或刀具）机床：									-Sharpening（tool or cutter grinding）machines：
8460.3100	--数控的	9.7	20	0						--Numerically controlled
8460.3900	--其他	15	50	0		0				--Other
	-珩磨或研磨机床：									-Honing or lapping machines：
8460.4010	---珩磨	13	50	0						---Honing
8460.4020	---研磨	13	50	0				0		---Lapping
	-其他：									-Other：
8460.9010	---砂轮机	15	50	0				0		---Grinding wheel machines
8460.9020	---抛光机床	15	50	0				0		---Polishing machines
8460.9090	---其他	15	50	0						---Other
84.61	**切削金属或金属陶瓷的刨床、牛头刨床、插床、拉床、切齿机、齿轮磨床或齿轮精加工机床、锯床、切断机及其他税号未列名的切削机床：**									**Machine-tools for planing, shaping, slotting, broaching, gear cutting, gear grinding or gear finishing, sawing, cutting-off and other machine-tools, working by removing metal or cermets, not elsewhere specified or included:**
	-牛头刨床或插床：									-Shaping or slotting machines：
8461.2010	---牛头刨床	15	50	0						---Shaping machines
8461.2020	---插床	15	50	0				0		---Slotting machines
8461.3000	-拉床	12	50	0				0		-Broaching machines
	-切齿机、齿轮磨床或齿轮精加工机床：									-Gear cutting, gear grinding or gear finishing machines：
	---数控的：									---Numerically controlled：
8461.4011	----齿轮磨床	9.7	20	0						----Gear grinding machines
8461.4019	----其他	9.7	20	0						----Other
8461.4090	---其他	15	50	0						---Other
8461.5000	-锯床或切断机	12	50	0				0		-Sawing or cutting-off machines
	-其他：									-Other：
	---刨床：									---Planing machines：
8461.9011	----龙门刨床	15	50	0				0		----Double-column（open-side）planing machines
8461.9019	----其他	15	50	0				0		----Other
8461.9090	---其他	12	50	0						---Other

税则号列 Tariff Item	商品名称	最惠国税率(%) M. F. N.	普通税率(%) Gen.	协定税率(%) Conventional 东盟 ASEAN	亚太 APTA	香港 H. K.	澳门 Macao	台湾 Taiwan	出口税率(%) Export	Article Description
84.62	**加工金属的锻造（包括模锻）或冲压机床；加工金属的弯曲、折叠、矫直、矫平、剪切、冲孔或开槽机床；其他加工金属或硬质合金的压力机：**									**Machine-tools (including presses) for working metal by forging, hammering or die-stamping; machine-tools (including presses) for working metal by bending, folding, straightening, flattening, shearing, punching or notching; presses for working metal or metal carbides, not specified above:**
	-锻造（包括模锻）或冲压机床及锻锤：									-Forging or die-stamping machines (including presses) and hammers:
8462.1010	---数控的	9.7	20	0	6.8			0		---Numerically controlled
8462.1090	---其他	12	50	0	8.4			0		---Other
	-弯曲、折叠、矫直或矫平机床：									-Bending, folding, straightening or flattening machines (including presses):
	--数控的：									--Numerically controlled:
8462.2110	---矫直机	9.7	20	0						---Straightening machines
8462.2190	---其他	9.7	20	0						---Other
	--其他：									--Other:
8462.2910	---矫直机	10	50	0						---Straightening machines
8462.2990	---其他	10	50	0						---Other
	-剪切机床，但冲剪两用机除外：									-Shearing machines (including presses), other than combined punching and shearing machines:
	--数控的：									--Numerically controlled:
8462.3110	---板带纵剪机	7	20	0						---Shearing lengthwise
8462.3120	---板带横剪机	7	20	0						---Shearing transverse
8462.3190	---其他	7	20	0						---Other
	--其他：									--Other:
8462.3910	---板带纵剪机	10	50	0	9.5					---Shearing lengthwise
8462.3920	---板带横剪机	10	50	0	9.5					---Shearing transverse
8462.3990	---其他	10	50	0	9.5					---Other
	-冲孔或开槽机床，包括冲剪两用机：									-Punching or notching machines (including presses), including combined punching and shearing machines:
	--数控的：									--Numerically controlled:
	---冲床：									---Punch press:

税则号列 Tariff Item	商品名称	最惠国税率(%) M. F. N.	普通税率(%) Gen.	协定税率(%) Conventional 东盟 ASEAN	亚太 APTA	香港 H. K.	澳门 Macao	台湾 Taiwan	出口税率(%) Export	Article Description
8462.4111	----自动模式数控步冲压力机	9.7	20	0						----CNC automatic tool change punch press
8462.4119	----其他	9.7	20	0						----Other
8462.4190	---其他	9.7	20	0						---Other
8462.4900	--其他	10	50	0				0		--Other
	-其他：									-Other：
	--液压压力机：									--Hydraulic presses：
8462.9110	---金属型材挤压机	10	50	0	9.2					---Metal section squeezing machine
8462.9190	---其他	10	50	0	9.2					---Other
	--其他：									--Other：
8462.9910	---机械压力机	10	50	0	9.5			0		---Mechanical presses
8462.9990	---其他	10	50	0	9.5					---Other
84.63	**金属或金属陶瓷的其他非切削加工机床：**									**Other machine-tools for working metal or cermets, without removing material：**
	-杆、管、型材、异型材、丝及类似品的拉拔机：									-Draw-benches for bars, tubes, profiles, wire or the like：
	---冷拔管机：									---Cold-drawing tube benches：
8463.1011	----拉拔力为300吨及以下	10	50	0						----With drawing force not more than 300t
8463.1019	----其他	10	50	0				0		----Other
8463.1020	---拔丝机	10	50	0						---Wiredrawing machines
8463.1090	---其他	10	50	0						---Other
8463.2000	-螺纹滚轧机	15	50	0						-Thread rolling machines
8463.3000	-金属丝加工机	10	50	0						-Machines for working wire
8463.9000	-其他	10	50	0						-Other
84.64	**石料、陶瓷、混凝土、石棉水泥或类似矿物材料的加工机床、玻璃冷加工机床：**									**Machine-tools for working stone, ceramics, concrete, asbestos-cement or like mineral materials or for cold working glass：**
	-锯床：									-Sawing machines：
8464.1010	---圆盘锯	0	30							---Of disk saw
8464.1020	---钢丝锯	0	30							---Of scroll saw
8464.1090	---其他	0	30							---Other
	-研磨或抛光机床：									-Grinding or polishing machines：
8464.2010	---玻璃研磨或抛光机床	0	30							---Machines for grinding or polishing glass or glassware
8464.2090	---其他	0	30							---Other
	-其他：									-Other：
	---玻璃的其他冷加工机床：									---Other machines for cold-working glass or glassware：

税则号列 Tariff Item	商品名称	最惠国税率(%) M. F. N.	普通税率(%) Gen.	协定税率(%) Conventional					出口税率(%) Export	Article Description
				东盟 ASEAN	亚太 APTA	香港 H. K.	澳门 Macao	台湾 Taiwan		
8464.9011	----切割机	0	30							----Cutting-off machines
8464.9012	----刻花机	0	30							----Carving machines
8464.9019	----其他	0	30							----Other
8464.9090	---其他	0	30							---Other
84.65	**木材、软木、骨、硬质橡胶、硬质塑料或类似硬质材料的加工机床(包括用打钉或打U形钉、胶黏或其他方法组合前述材料的机器):**									**Machine-tools (including machines for nailing, stapling, glueing or otherwise assembling) for working wood, cork, bone, hard rubber, hard plastics or similar hard materials:**
8465.1000	-不需更换工具即可进行不同机械加工的机器	10	30	0		0				-Machines which can carry out different types of machining operations without tool change between such operations
8465.2000	-加工中心	10	30	0		0				-Machining centres
	-其他:									-Other:
8465.9100	--锯床	10	30	0		0				--Sawing machines
8465.9200	--刨、铣或切削成形机器	10	30	0		0				--Planing, milling or moulding (by cutting) machines
8465.9300	--研磨、砂磨或抛光机器	10	30	0		0				--Grinding, sanding or polishing machines
8465.9400	--弯曲或装配机器	10	30	0						--Bending or assembling machines
8465.9500	--钻孔或凿榫机器	10	30	0		0				--Drilling or mortising machines
8465.9600	--剖开、切片或刮削机器	10	30	0						--Splitting, slicing or paring machines
8465.9900	--其他	10	30	0		0				--Other
84.66	**专用于或主要用于税目84.56至84.65所列机器的零件、附件,包括工件或工具的夹具、自启板牙切头、分度头及其他专用于机器的附件;各种手提工具的工具夹具:**									**Parts and accessories suitable for use solely or principally with the machines of headings 84.56 to 84.65, including work or tool holders, self-opening dieheads, dividing heads and other special attachments for ma-chine-tools; tool holders for any type of tool for working in the hand:**
8466.1000	-工具夹具及自启板牙切头	7	17	0						-Tool holders and self-opening dieheads
8466.2000	-工件夹具	7	17	0	4.9			0		-Work holders
8466.3000	-分度头及其他专用于机器的附件	7	17	0						-Dividing heads and other special attachments for machines
	-其他:									-Other:
8466.9100	--税目84.64所列机器用	0	17							--For machines of heading 84.64
8466.9200	--税目84.65所列机器用	6	17	0		0				--For machines of heading 84.65

税则号列 Tariff Item	商品名称	最惠国税率(%) M. F. N.	普通税率(%) Gen.	协定税率(%) Conventional 东盟 ASEAN	亚太 APTA	香港 H. K.	澳门 Macao	台湾 Taiwan	出口税率(%) Export	Article Description
	--税目84.56至84.61所列机器用:									--For machines of headings 84.56 to 84.61:
8466.9310	---刀库及自动换刀装置	0	17							---Tool magazine and tool change device
8466.9390	---其他	0	17							---Other
8466.9400	--税目84.62或84.63所列机器用	6	17	0				0		--For machines of heading 84.62 or 84.63
84.67	**手提式风动或液压工具及本身装有电动或非电动动力装置的手提式工具:**									**Tools for working in the hand, pneumatic and hydraulic and with self-contained electric or non-electric motor:**
	-风动的:									-Pneumatic:
8467.1100	--旋转式(包括旋转冲击式的)	8	30	0						--Rotary type (including combined rotarypercussion)
8467.1900	--其他	8	30	0						--Other
	-本身装有电动动力装置的:									-With self-contained electric motor:
8467.2100	--各种钻	10	30	0	9	0				--Drills of all kinds
	--锯:									--Saws:
8467.2210	---链锯	10	30	0	9	0				---Chain saws
8467.2290	---其他	10	30	0	9	0				---Other
	--其他:									--Other:
8467.2910	---砂磨工具(包括磨光机、砂光机、砂轮机等)	10	30	0	8	0				---Grinding tools (including burnisher, belt sander, wheel-sander)
8467.2920	---电刨	10	30	0	8	0				---Planings
8467.2990	---其他	10	30	0	8	0				---Other
	-其他工具:									-Other tools:
8467.8100	--链锯	8	30	0						--Chain saws
8467.8900	--其他	8	30	0						--Other
	-零件:									-Parts:
	--链锯用:									--Of chain saws:
8467.9110	---电动的	6	30	0	4.8	0				---With self-contained electric motor
8467.9190	---其他	6	30	0						---Other
8467.9200	--风动工具用	6	30	0						--Of pneumatic tools
	--其他:									--Other:
8467.9910	---电动工具用	10	30	0	9	0				---With self-contained electric motor
8467.9990	---其他	6	30	0						---Other

税则号列 Tariff Item	商品名称	最惠国税率(%) M. F. N.	普通税率(%) Gen.	协定税率(%) Conventional 东盟 ASEAN	亚太 APTA	香港 H. K.	澳门 Macao	台湾 Taiwan	出口税率(%) Export	Article Description
84.68	**焊接机器及装置，不论是否兼有切割功能，但税目85.15的货品除外；气体加温表面回火机器及装置：**									**Machinery and apparatus for soldering, brazing or welding, whether or not capable of cutting, other than those of heading 85.15; gas-operated surface tempering machines and appliances:**
8468.1000	-手提喷焊器	12	30	0						-Hand-held blow pipes
8468.2000	-其他气体焊接或表面回火机器及装置	12	30	0						-Other gas-operated machinery and apparatus
8468.8000	-其他机器及装置	12	30	0						-Other machinery and apparatus
8468.9000	-零件	7	30	0						-Parts
84.70	**计算机器及具有计算功能的袖珍式数据记录、重现及显示机器；装有计算装置的会计计算机、邮资盖戳机、售票机及类似机器；现金出纳机：**									**Calculating machines and pocket-size data recording, reproducing and displaying machines with calculating functions; accounting machines, postage-franking machines, ticket-is-suing machines and similar machines, incorporating a calculating device; cash registers:**
8470.1000	-不需外接电源的电子计算器及具有计算功能的袖珍式数据记录、重现及显示机器	0	80							-Electronic calculators capable of operation without an external source of electric power and pocket-size data recording, reproducing and displaying machines with calculating functions
	-其他电子计算器：									-Other electronic calculating machines:
8470.2100	--装有打印装置的	0	80							--Incorporating a printing device
8470.2900	--其他	0	80							--Other
8470.3000	-其他计算机器	0	40							-Other calculating machines
	-现金出纳机：									-Cash registers:
8470.5010	---销售点终端出纳机	0	40							---Terminal registers for market
8470.5090	---其他	0	40							---Other
8470.9000	-其他	0	40							-Other
84.71	**自动数据处理设备及其部件；其他税号未列名的磁性或光学阅读机、将数据以代码形式转录到数据记录媒体的机器及处理这些数据的机器：**									**Automatic data processing machines and units thereof; magnetic or optical readers, machines for transcribing, data onto data media in coded form and machines for processing such data, not elsewhere specified or included:**

税则号列 Tariff Item	商品名称	最惠国税率(%) M. F. N.	普通税率(%) Gen.	协定税率(%) Conventional 东盟 ASEAN	亚太 APTA	香港 H. K.	澳门 Macao	台湾 Taiwan	出口税率(%) Export	Article Description
	-重量不超过10千克的便携自动数据处理设备，至少由一个中央处理部件、一个键盘及一个显示器组成：									-Portable automatic data processing machines, weighing not more than 10kg, consisting of at least a central processing unit, a keyboard and a display:
8471.3010	---平板电脑	0	70							---Tablet computers
8471.3090	---其他	0	70							---Other
	-其他自动数据处理设备：									-Other automatic data processing machines:
	--同一机壳内至少有一个中央处理部件及一个输入和输出部件，不论是否组合式：									--Comprising in the same housing at least a central processing unit and an input and output unit, whether or not combined:
8471.4110	---巨型机、大型机及中型机	0	14							---Huge computers; mainframes and medium computers
8471.4120	---小型机	0	14							---Mini-computers
8471.4140	---微型机	0	70							---Microprocessings
8471.4190	---其他	0	70							---Other
	--其他，以系统形式进口或出口的：									--Other, presented in the form of systems:
8471.4910	---巨型机、大型机及中型机	0	29							---Huge computers; mainframes and medium computers
8471.4920	---小型机	0	29							---Mini-computers
8471.4940	---微型机	0	70							---Microprocessings
	---其他：									---Other:
8471.4991	----分散型工业过程控制设备	0	70							----Processing machines for the distributed control system
8471.4999	----其他	0	70							----Other
	-子目8471.41或8471.49所列以外的处理部件，不论是否在同一机壳内有一个或两个下列部件：存储部件、输入部件、输出部件：									-Processing units other than those of subheading 8471.41 or 8471.49, whether or not containing in the same housing one or two of the following types of unit: storage units, input units, output units:
8471.5010	---巨型机、大型机及中型机的	0	14							---Huge computers; mainframes and medium computers
8471.5020	---小型机的	0	14							---Mini-computers
8471.5040	---微型机的	0	70							---Microprocessings
8471.5090	---其他	0	70							---Other
	-输入或输出部件，不论是否在同一机壳内有存储部件：									-Input or output units, whether or not containing storage units in the same housing:

税则号列 Tariff Item	商品名称	最惠国税率(%) M. F. N.	普通税率(%) Gen.	协定税率(%) Conventional 东盟 ASEAN	亚太 APTA	香港 H. K.	澳门 Macao	台湾 Taiwan	出口税率(%) Export	Article Description
8471.6040	---巨型机、大型机、中型机及小型机用终端	0	14							---Terminating machines for the huge computers, mainframes, medium computers and mini-computers
8471.6050	---扫描仪	0	14							---Scanner
8471.6060	---数字化仪	0	14							---Digitizer
	---键盘、鼠标器：									---Keyboards, mouses:
8471.6071	----键盘	0	40							----Keyboards
8471.6072	----鼠标器	0	40							----Mouses
8471.6090	---其他	0	14							---Other
	-存储部件：									-Storage units:
8471.7010	---硬盘驱动器	0	14							---Rigid disk drivers
8471.7020	---软盘驱动器	0	14							---Floppy disk drivers
8471.7030	---光盘驱动器	0	14							---CD drivers
8471.7090	---其他	0	14							---Other
8471.8000	-自动数据处理设备的其他部件	0	40							-Other units of automatic data processing machines
8471.9000	-其他	0	40							-Other
84.72	**其他办公室用机器（例如，胶版复印机、油印机、地址印写机、自动付钞机、硬币分类、计数及包装机、削铅笔机、打洞机或订书机）：**									**Other office machines (for example, hectograph or stencil duplicating machines, addressing machines, automatic banknote dispensers, coin-sorting machines, coincounting or wrapping machines, pencil-sharpening machines, perforating or stapling machines):**
8472.1000	-胶版复印机、油印机	7/3.5	40	0						-Hectograph or stencil duplicating machines
	-信件分类或折叠机或信件装封机、信件开封或闭封机、粘贴或盖销邮票机：									-Machines for sorting or folding mail or for inserting mail in envelopes or bands, machines for opening, closing or sealing mail and machines for affixing or cancelling postage stamps:
8472.3010	---邮政信件分拣及封装设备	10	40	0						---Machines for sorting or banding mail
8472.3090	---其他	14	40	0						---Other
	-其他：									-Other:
8472.9010	---自动柜员机	0	40							---Automated teller
	---装订用机器：									---Stapling machines:
8472.9021	----打洞机	0	40							----Perforator
8472.9022	----订书机	0	40							----Stapler
8472.9029	----其他	0	40							----Other
8472.9030	---碎纸机	0	40							---Paper shrudders

税则号列 Tariff Item	商品名称	最惠国税率(%) M. F. N.	普通税率(%) Gen.	协定税率(%) Conventional 东盟 ASEAN	亚太 APTA	香港 H. K.	澳门 Macao	台湾 Taiwan	出口税率(%) Export	Article Description
8472.9040	---地址印写机及地址铭牌压印机	7/3.5	40	0						---Addressing machines and address plate embossing machines
8472.9050	---文字处理机	0	40							---Word-processing machines
8472.9060	---打字机,但税目84.43的打印机除外	12	40	0						---Typewriters other than printers of heading No. 84.43
8472.9090	---其他	0	40							---Other
84.73	**专用于或主要用于税目84.70至84.72所列机器的零件、附件(罩套、提箱及类似品除外):**									**Parts and accessories (other than covers, carrying cases and the like) suitable for use solely or principally with machines of headings No. 84.70 to 84.72:**
	-税目84.70所列机器的零件、附件:									-Parts and accessories of the machines of heading 84.70:
8473.2100	--子目8470.10、8470.21或8470.29所列电子计算器的零件、附件	0	50							--Of the electronic calculating machines of subheading 8470.10, 8470.21 or 8470.29
8473.2900	--其他	0	35							--Other
	-税目84.71所列机器的零件、附件:									-Parts and accessories of the machines of heading 84.71:
8473.3010	---税号8471.4110、8471.4120、8471.4910、8471.4920、8471.5010、8471.5020、8471.6090、8471.7010、8471.7020、8471.7030及8471.7090所列机器及装置的零件、附件	0	14							---Of the machines of subheading 8471.4110, 8471.4120, 8471.4910, 8471.4920, 8471.5010, 8471.5020, 8471.6090, 8471.7010, 8471.7020, 8471.7030 and 8471.7090
8473.3090	---其他	0	40							---Other
	-税目84.72所列机器的零件、附件:									-Parts and accessories of the machines of heading 84.72:
8473.4010	---自动柜员机用出钞器和循环出钞器	5.3/2.6	35	0						---Banknote dispensers and recyclers of automated tellers
8473.4020	---税号8472.9050、8472.9060所列机器的零件、附件	4/2	35	0						---Parts and accessories of the subheadings No. 8472.9050, 8472.9060
8473.4090	---其他	5.3/2.6	35	0						---Other
8473.5000	-同样适用于税目84.70至84.72中两个或两个以上税号所列机器的零件、附件	0	35							-Parts and accessories equally suitable for use with machines of two or more of the headings No. 84.70 to 84.72

税则号列 Tariff Item	商品名称	最惠国税率(%) M. F. N.	普通税率(%) Gen.	协定税率(%) Conventional 东盟 ASEAN	亚太 APTA	香港 H. K.	澳门 Macao	台湾 Taiwan	出口税率(%) Export	Article Description
84.74	**泥土、石料、矿石或其他固体（包括粉状、浆状）矿物质的分类、筛选、分离、洗涤、破碎、磨粉、混合或搅拌机器；固体矿物燃料、陶瓷坯泥、未硬化水泥、石膏材料或其他粉状、浆状矿产品的黏聚或成型机器；铸造用砂模的成型机器：**									**Machinery for sorting, screening, separating, washing, crushing, grinding, mixing or kneading earth, stone, ores or other mineral substances, in solid (including powder or paste) form; machinery for agglomerating, shaping or moulding solid mineral fuels, ceramic paste, unhardened cements, plastering materials or other mineral products in powder or paste form; machines for forming foundry moulds of sand:**
8474.1000	-分类、筛选、分离或洗涤机器	5	30	0						-Sorting, screening, separating or washing machines
	-破碎或磨粉机器：									-Crushing or grinding machines:
8474.2010	---齿辊式	5	30	0						---Toothing roller type
8474.2020	---球磨式	5	30	0						---Em-Peters type
8474.2090	---其他	5	30	0						---Other
	-混合或搅拌机器：									-Mixing or kneading machines:
8474.3100	--混凝土或砂浆混合机器	7	30	0						--Concrete or mortar mixers
8474.3200	--矿物与沥青的混合机器	7	30	0						--Machines for mixing mineral substances with bitumen
8474.3900	--其他	5	30	0						--Other
	-其他机器：									-Other machinery:
8474.8010	---辊压成型机	5	30	0	4.5					---Rolling forming machines
8474.8020	---模压成型机	5	30	0	4.5					---Moulding forming machines
8474.8090	---其他	5	30	0	4.5					---Other
8474.9000	-零件	5	30	0						-Parts
84.75	**白炽灯泡、灯管、放电灯管、电子管、闪光灯泡及类似品的封装机器；玻璃或玻璃制品的制造或热加工机器：**									**Machines for assembling electric or electronic lamps, tubes or valves or flashbulbs, in glass envelopes; machines for manufacturing or hot working glass or glassware:**
8475.1000	-白炽灯泡、灯管、放电灯管、电子管、闪光灯泡及类似品的封装机器	8	30	0						-Machines for assembling electric or electronic lamps, tubes or valves or flashbulbs, in glass envelopes
	-玻璃或玻璃制品的制造或热加工机器：									-Machines for manufacturing or hot working glass or glassware:
8475.2100	--制造光导纤维及其预制棒的机器	7.5/6.3	30	0						--Machines for making optical fibres and preforms thereof
	--其他：									--Other:
	---玻璃的热加工设备：									---Equipments for hot working glass or glasswares:

税则号列 Tariff Item	商品名称	最惠国税率(%) M. F. N.	普通税率(%) Gen.	协定税率(%) Conventional 东盟 ASEAN	亚太 APTA	香港 H. K.	澳门 Macao	台湾 Taiwan	出口税率(%) Export	Article Description
8475.2911	----连续式玻璃热弯炉	10	30	0						----Continuous hot bending furnaces
8475.2912	----玻璃纤维拉丝机（光纤拉丝机除外）	10	30	0						----Fiber glass winder (excluding Opticaefiber winder)
8475.2919	----其他	10	30	0						----Other
8475.2990	---其他	10	30	0						---Other
8475.9000	-零件	8	30	0						-Parts
84.76	**自动售货机（例如，出售邮票、香烟、食品或饮料的机器），包括钱币兑换机：**									**Automatic goods-vending machines (for example, postage stamp, cigarette, food or beverage machines), including money-changing machines:**
	-饮料自动销售机：									-Automatic beverage-vending machines:
8476.2100	--装有加热或制冷装置的	14	50	0						--Incorporating heating or refrigerating devices
8476.2900	--其他	15	50	0						--Other
	-其他机器：									-Other machines:
8476.8100	--装有加热或制冷装置的	14	50	0						--Incorporating heating or refrigerating devices
8476.8900	--其他	15	50	0						--Other
8476.9000	-零件	10	50	0						-Parts
84.77	**本章其他税号未列名的橡胶或塑料及其产品的加工机器：**									**Machinery for working rubber or plastics or for the manufacture of products from these materials, not specified or included elsewhere in this Chapter:**
	-注射机：									-Injection-moulding machines:
8477.1010	---注塑机	0	45							---For working plastics
8477.1090	---其他	0	30							---Other
	-挤出机：									-Extruders:
8477.2010	---塑料造粒机	5	30	0	4.5	0		0		---Plastic pelletizers
8477.2090	---其他	5	30	0	4.5	0		0		---Other
	-吹塑机：									-Blow moulding machines:
8477.3010	---挤出吹塑机	5	30	0		0				---Extrusion blow moulding machines
8477.3020	---注射吹塑机	5	30	0		0				---Injection blow moulding machines
8477.3090	---其他	5	30	0		0				---Other
	-真空模塑机器及其他热成型机器：									-Vacuum moulding machines and other thermoforming machines:
8477.4010	---塑料中空成型机	5	30	0	4.5			0		---Plastics brideg-die-forming machines
8477.4020	---塑料压延成型机	5	30	0	4.5			0		---Plastics calender-forming machines

税则号列 Tariff Item	商品名称	最惠国税率(%) M. F. N.	普通税率(%) Gen.	协定税率(%) Conventional 东盟 ASEAN	亚太 APTA	香港 H. K.	澳门 Macao	台湾 Taiwan	出口税率(%) Export	Article Description
8477.4090	---其他	5	30	0	4.5			0		---Other
	-其他模塑或成型机器：									-Other machinery for moulding or otherwise forming:
8477.5100	--用于充气轮胎模塑或翻新的机器及内胎模塑或用其他方法成型的机器	5	30	0						--For moulding or retreading pneumatic tyres or for moulding or otherwise forming inner tubes
	--其他：									--Other:
8477.5910	---三维打印机（3D打印机）	5	30	0	3.5	0		0		---3D printers
8477.5990	---其他	5	30	0	3.5	0		0		---Other
8477.8000	-其他机器	5	30	0	4.5	0		0		-Other machinery
8477.9000	-零件	0	30							-Parts
84.78	**本章其他税号未列名的烟草加工及制作机器：**									**Machinery for preparing or making up tobacco, not specified or included elsewhere in this Chapter:**
8478.1000	-机器	5	30	0	2.5					-Machinery
8478.9000	-零件	10	30	0						-Parts
84.79	**本章其他税号未列名的具有独立功能的机器及机械器具：**									**Machines and mechanical appliances having individual functions, not specified or included elsewhere in this Chapter:**
	-公共工程用机器：									-Machinery for public works, building or the like:
	---摊铺机：									---Spreading machines:
8479.1021	----沥青混凝土摊铺机	8	30	0	5.6					----Machines for spreading bituminous concrete
8479.1022	----稳定土摊铺机	8	30	0	5.6					----Stabilizer spreading machines
8479.1029	----其他	8	30	0	5.6					----Other
8479.1090	---其他	8	30	0	5.6					---Other
8479.2000	-提取、加工动物油脂或植物固定油脂的机器	10	30	0						-Machinery for the extraction or preparation of animal or fixed vegetable fats or oils
8479.3000	-木碎料板或木纤维板的挤压机及其他木材或软木处理机	10	30	0						-Presses for the manufacture of particle board or fibre building board of wood or other ligneous materials and other machinery for treating wood or cork
8479.4000	-绳或缆的制造机器	7	30	0						-Rope or cable-making machines
	-未列名的工业机器人：									-Industrial robots, not elsewhere specified or included:
8479.5010	---多功能工业机器人	0	20							---Industrial robots for multiple uses
8479.5090	---其他	0	30							---Other
8479.6000	-蒸发式空气冷却器	10	30	0	9					-Evaporative air coolers

税则号列 Tariff Item	商品名称	最惠国税率(%) M. F. N.	普通税率(%) Gen.	协定税率(%) Conventional 东盟 ASEAN	 亚太 APTA	 香港 H. K.	 澳门 Macao	 台湾 Taiwan	出口税率(%) Export	Article Description
	-旅客登机（船）桥：									-Passenger boarding bridges：
8479.7100	--用于机场的	0	30							--Of a kind used in airports
8479.7900	--其他	0	30							--Other
	-其他机器及机械器具：									-Other machines and mechanical appliances：
	--处理金属的机械，包括线圈绕线机：									--For treating metal, including electric wire coil-winders：
8479.8110	---绕线机	9.5	30	0	9	0		0		---Filament winding machines
8479.8190	---其他	9.5	30	0	9	0		0		---Other
8479.8200	--混合、搅拌、轧碎、研磨、筛选、均化或乳化机器	7	30	0	4.9			0		--Mixing, kneading, crushing, grinding, screening, sifting, homogenizing, emulsifying or stirring machines
	--其他：									--Other：
8479.8910	---船舶用舵机及陀螺稳定器	0	14							---Steering and rudder equipment or gyroscopic stabilizers for ships
8479.8920	---空气增湿器及减湿器	0	70							---Air humidifiers or dehumidifiers
8479.8940	---邮政用包裹、印刷品分拣设备	0	30							---Bundle and printed matter sortingmachines used in post offices
8479.8950	---放射性废物压实机	0	30							---Presses for radioactive waste material
	---在印刷电路板上装配元器件的机器：									---Machines for assemblying elements on printed circuit boards：
8479.8961	----自动插件机	0	30							----Automatic plug-in machines
8479.8962	----自动贴片机	0	30							----Automatic coreslice adhering machines
8479.8969	----其他	0	30							----Other
	---其他：									---Other：
8479.8992	----自动化立体仓储设备	0	30							----Three-dimensional automatic warehouse equipment
8479.8999	----其他	0	30							----Other
	-零件：									-Parts：
8479.9010	---船舶用舵机及陀螺稳定器用	0	14							---Of the machines of subheading 8479.8910
8479.9020	---空气增湿器及减湿器用	0	70							---Of the machines of subheading 8479.8920
8479.9090	---其他	0	20							---Other

税则号列 Tariff Item	商品名称	最惠国税率(%) M. F. N.	普通税率(%) Gen.	协定税率(%) Conventional 东盟 ASEAN	 亚太 APTA	 香港 H. K.	 澳门 Macao	 台湾 Taiwan	出口税率(%) Export	Article Description
84.80	**金属铸造用型箱；型模底板；阳模；金属用型模(锭模除外)、硬质合金、玻璃、矿物材料、橡胶或塑料用型模：**									**Moulding boxes for metal foundry; mould bases; moulding patterns; moulds for metal (other than ingot moulds), metal carbides, glass, mineral materials, rubber or plastics:**
8480.1000	-金属铸造用型箱	10	20	0						-Moulding boxes for metal foundry
8480.2000	-型模底板	8	20	0						-Mould bases
8480.3000	-阳模	10	20	0						-Moulding patterns
	-金属、硬质合金用型模：									-Moulds for metal or metal carbides:
	--注模或压模：									--Injection or compression types:
8480.4110	---压铸模	8	20	0	5.6	0		0		---Pressure-casting moulds
8480.4120	---粉末冶金用压模	8	20	0	5.6	0		0		---Moulds for powder metallurgy
8480.4190	---其他	8	20	0	5.6	0		0		---Other
8480.4900	--其他	8	20	0	5.6					--Other
8480.5000	-玻璃用型模	8.4	20	0						-Moulds for glass
8480.6000	-矿物材料用型模	8.4	20	0						-Moulds for mineral materials
	-塑料或橡胶用型模：									-Moulds for rubber or plastics:
	--注模或压模：									--Injection or compression types:
8480.7110	---硫化轮胎用囊式型模	0	20							---"Bladder" moulds for vulcanising tyres
8480.7190	---其他	0	20							---Other
8480.7900	--其他	5	20	0	3.5	0		0		--Other
84.81	**用于管道、锅炉、罐、桶或类似品的龙头、旋塞、阀门及类似装置，包括减压阀及恒温控制阀：**									**Taps, cocks, valves and similar appliances for pipes, boilershells, tanks, vats or the like, including pressure-reducing valves and thermostatically controlled valves:**
8481.1000	-减压阀	5	30	0						-Pressure-reducing valves
	-油压或气压传动阀：									-Valves for oleohydraulic or pneumatic transmissions:
8481.2010	---油压的	5	30	0				0		---For oleohydraulic transmissions
8481.2020	---气压的	5	30	0						---For pneumatic transmissions
8481.3000	-止回阀	5	30	0				0		-Check (nonreturn) valves
8481.4000	-安全阀或溢流阀	5	30	0				0		-Safety or relief valves
	-其他器具：									-Other appliances:
	---换向阀：									---Directional control valves:
8481.8021	----电磁式	7	30	0	4.9	0		0		----Electromagnetic
8481.8029	----其他	7	30	0	4.9	0		0		----Other
	---流量阀：									---Flow control valves:
8481.8031	----电子膨胀阀	7	30	0	4.9	0		0		----Electronic expansion valves

税则号列 Tariff Item	商品名称	最惠国税率(%) M. F. N.	普通税率(%) Gen.	协定税率(%) Conventional 东盟 ASEAN	亚太 APTA	香港 H. K.	澳门 Macao	台湾 Taiwan	出口税率(%) Export	Article Description
8481.8039	----其他	7	30	0	4.9	0		0		----Other
8481.8040	---其他阀门	7	30	0	4.9	0		0		---Other valves
8481.8090	---其他	5	50	0		0				---Other
	-零件:									-Parts:
8481.9010	---阀门用	8	30	0				0		---Of valves
8481.9090	---其他	8	50	0				0		---Other
84.82	**滚动轴承:**									**Ball or roller bearings:**
	-滚珠轴承:									-Ball bearings:
8482.1010	---调心球轴承	8	20	0	7.6	0				---Self-aligning ball bearing
8482.1020	---深沟球轴承	8	20	0	7.6	0				---Deep groove ball bearing
8482.1030	---角接触轴承	8	20	0	7.6	0				---Angular contact bearing
8482.1040	---推力球轴承	8	20	0	7.6	0				---Thrust ball bearing
8482.1090	---其他	8	20	0	7.6	0				---Other
8482.2000	-锥形滚子轴承，包括锥形滚子组件	8	20	0						-Tapered roller bearings, including cone and tapered roller assemblies
8482.3000	-鼓形滚子轴承	8	20	0						-Spherical roller bearings
8482.4000	-滚针轴承	8	20	0				0		-Needle roller bearings
8482.5000	-其他圆柱形滚子轴承	8	20	0						-Other cylindrical roller bearings
8482.8000	-其他，包括球、柱混合轴承	8	20	0	5.6					-Other, including combined ball/roller bearings
	-零件:									-Parts:
8482.9100	--滚珠、滚针及滚柱	8	20	0						--Balls, needles and rollers
8482.9900	--其他	6	20	0				0		--Other
84.83	**传动轴(包括凸轮轴及曲柄轴)及曲柄；轴承座及滑动轴承；齿轮及齿轮传动装置；滚珠或滚子螺杆传动装置；齿轮箱及其他变速装置，包括扭矩变换器；飞轮及滑轮，包括滑轮组；离合器及联轴器(包括万向节):**									**Transmission shafts (including cam shafts and crand shafts) and cranks; bearing housings and plain shaft bearings; gears and gearing; ball or roller screws; gear boxes and other speed changers, including torque converters; flywheels and pulleys, including pulley blocks; clutches and shaft couplings (including universal joints):**
	-传动轴(包括凸轮轴及曲柄轴)及曲柄:									-Transmission shafts (including cam shafts and crank shafts) and cranks:
	---船舶用传动轴:									---Transmission shafts for ships:
8483.1011	----柴油机曲轴	6	14	0	5.1	0	0			----Crank shafts of diesel engine
8483.1019	----其他	6	14	0	5.1	0	0			----Other
8483.1090	---其他	6	30	0	5.4	0	0			---Other

税则号列 Tariff Item	商品名称	最惠国税率(%) M. F. N.	普通税率(%) Gen.	协定税率(%) Conventional 东盟 ASEAN	亚太 APTA	香港 H. K.	澳门 Macao	台湾 Taiwan	出口税率(%) Export	Article Description
8483.2000	-装有滚珠或滚子轴承的轴承座	6	30	0			0			-Bearing housings, incorporating ball or roller bearings
8483.3000	-未装有滚珠或滚子轴承的轴承座；滑动轴承	6	30	0			0			-Bearing housings, not incorporating ball or roller bearings; plain shaft bearings
	-齿轮及齿轮传动装置，但单独进口或出口的带齿的轮、链轮及其他传动元件除外；滚珠或滚子螺杆传动装置；齿轮箱及其他变速装置，包括扭矩变换器：									-Gears and gearing, other than toothed wheels, chain sprockets and other transmission elements presented separately; ball or roller screws; gear boxes and other speed changers, including torque converters:
8483.4010	---滚子螺杆传动装置	8	30	0	5.6	0	0	0		---Roller Screws
8483.4020	---行星齿轮减速器	8	30	0	5.6	0	0			---Planet decelerators
8483.4090	---其他	8	30	0	5.6	0	0	0		---Other
8483.5000	-飞轮及滑轮，包括滑轮组	8	30	0			0			-Flywheels and pulleys, including pulley blocks
8483.6000	-离合器及联轴器（包括万向节）	8	30	0			0			-Clutches and shaft couplings (including universal joints)
8483.9000	-单独报验的带齿的轮、链轮及其他传动元件；零件	8	30	0		0	0	0		-Toothed wheels, chain sprockets and other transmission elements presented separately; parts
84.84	**密封垫或类似接合衬垫，用金属片与其他材料制成或用双层或多层金属片制成；成套或各种不同材料的密封垫或类似接合衬垫，装于袋、套或类似包装内；机械密封件：**									**Gaskets and similar joints of metal sheeting combined with other material or of two or more layers of metal; sets or assortments of gaskets and similar joints, dissimilar in composition, put up in pouches, envelopes or similar packings; mechanical seals:**
8484.1000	-密封垫或类似接合衬垫，用金属片与其他材料制成或用双层或多层金属片制成	8	30	0				0		-Gaskets and similar joints of metal sheeting combined with other material or of two or more layers of metal
8484.2000	-机械密封件	8	30	0						-Mechanical seals
8484.9000	-其他	8	30	0						-Other

税则号列 Tariff Item	商品名称	最惠国税率(%) M. F. N.	普通税率(%) Gen.	协定税率(%) Conventional 东盟 ASEAN	亚太 APTA	香港 H. K.	澳门 Macao	台湾 Taiwan	出口税率(%) Export	Article Description
84.86	**专用于或主要用于制造半导体单晶柱或晶圆、半导体器件、集成电路或平板显示器的机器及装置；本章注释九（三）规定的机器及装置；零件及附件：**									**Machines and apparatus of a kind used solely or principally for the manufacture of semiconductor boules or wafers, semiconductor devices, electronic integrated circuits or flat panel displays; machines and apparatus specified in Note 9 (c) to this chapter; parts and accessories:**
	-制造单晶柱或晶圆用的机器及装置：									-Machines and apparatus for the manufacture of boules or wafers:
8486.1010	---利用温度变化处理单晶硅的机器及装置	0	30							---Machines and apparatus for the treatment of monocrystalline silicon by a process involving a change of temperature
8486.1020	---研磨设备	0	30							---Grinding machines
8486.1030	---切割设备	0	30							---Sawing machines
8486.1040	---化学机械抛光设备(CMP)	0	30							---Chemical Mechanical Polishers (CMP)
8486.1090	---其他	0	30							---Other
	-制造半导体器件或集成电路用的机器及装置：									-Machines and apparatus for the manufacture of semiconductor devices or of electronic integrated circuits:
8486.2010	---氧化、扩散、退火及其他热处理设备	0	30							---Oxidation, diffusion, annealing and other heat treatment equipment
	---薄膜沉积设备：									---Film deposition equipment:
8486.2021	----化学气相沉积装置(CVD)	0	30							----Chemical Vapour Deposition (CVD) equipment
8486.2022	----物理气相沉积装置(PVD)	0	30							----Physical Vapour Deposition (PVD) equipment
8486.2029	----其他	0	30							----Other
	---将电路图投影或绘制到感光半导体材料上的装置：									---Apparatus for the projection or drawing of circuit patterns on sensitized semiconductor materials:
8486.2031	----分步重复光刻机（步进光刻机）	0	100							----Step and repeat aligneraw
8486.2039	----其他	0	100							----Other
	---刻蚀及剥离设备：									---Etching and stripping equipment:
8486.2041	----等离子体干法刻蚀机	0	30							----Dry plasma etching
8486.2049	----其他	0	30							----Other
8486.2050	---离子注入机	0	11							---Ion implanters
8486.2090	---其他	0	30							---Other

税则号列 Tariff Item	商品名称	最惠国税率(%) M. F. N.	普通税率(%) Gen.	协定税率(%) Conventional 东盟 ASEAN	亚太 APTA	香港 H. K.	澳门 Macao	台湾 Taiwan	出口税率(%) Export	Article Description
	-制造平板显示器用的机器及装置：									-Machines and apparatus for the manufacture of flat panel displays：
8486.3010	---扩散、氧化、退火及其他热处理设备	0	30							---Oxidation, diffusion, annealing and other heat treatment equipment
	---薄膜沉积设备：									---Film deposition equipment：
8486.3021	----化学气相沉积设备(CVD)	0	30							----Chemical Vapour Deposition (CVD) equipment
8486.3022	----物理气相沉积设备(PVD)	0	30							----Physical Vapour Deposition (PVD) equipment
8486.3029	----其他	0	30							----Other
	---将电路图投影或绘制到感光半导体材料上的装置：									---Apparatus for the projection or drawing of circuit patterns on sensitized semiconductor materials：
8486.3031	----分布重复光刻机	0	100							----Step and repeat alignersw
8486.3039	----其他	0	100							----Other
	---湿法蚀刻、显影、剥离、清洗装置：									---Apparatus for wet etching, developing, stripping or cleaning：
8486.3041	----超声波清洗装置	6.7/5	30	0						----Ultrasonic apparatus for cleaning
8486.3049	----其他	0	30							----Other
8486.3090	---其他	0	30							---Other
	-本章注释九(三)规定的机器及装置：									-Machines and apparatus specified in Note 9 (c) to this Chapter：
8486.4010	---主要用于或专用于制作和修复掩膜版(mask)或投影掩膜版(reticle)的装置	0	30							---Apparatus solely or principally of a kind used for the manufacture or repair of masks and reticles
	---主要用于或专用于装配与封装半导体器件或集成电路的设备：									---Machines solely or principally of a kind used for assembling or encapsulating semiconductor devices or electronic integrated circuits：
8486.4021	----塑封机	3.3/2.5	30	0	3.8					----Plastics encapsulating machines
8486.4022	----引线键合装置	5.3/4	30	0	6.3	0				----Wire bonders
8486.4029	----其他	0	17							----Other

税则号列 Tariff Item	商品名称	最惠国税率(%) M. F. N.	普通税率(%) Gen.	协定税率(%) Conventional 东盟 ASEAN	亚太 APTA	香港 H. K.	澳门 Macao	台湾 Taiwan	出口税率(%) Export	Article Description
	---主要用于或专用于升降、装卸、搬运单晶柱、晶圆、半导体器件、集成电路或平板显示器的装置：									---Apparatus solely or principally of a kind used for lifting, handling, loading or unloading of boules, wafers, semiconductor devices, electronic integrated circuits and flat panel displays:
8486.4031	----集成电路工厂专用的自动搬运机器人	0	20							----Automated material handling machines solely or principally of a kind used in the electronic integrated circuits factories
8486.4039	----其他	3.3/2.5	30	0	3.5					----Other
	-零件及附件：									-Parts and accessories:
8486.9010	---升降、搬运、装卸机器用（自动搬运设备用除外）	2.5/1.3	30	0	2.5					---Of machines for lifting, handling, loading or unloading (other than automated material handling machines)
8486.9020	---引线键合装置用	3/1.5	30	0	4.3					---Of wire bonders
	---其他：									---Other:
8486.9091	----带背板的溅射靶材组件	0	17							----Componets of sputtering target material with backing
8486.9099	----其他	0	17							----Other
84.87	**本章其他税号未列名的机器零件，不具有电气接插件、绝缘体、线圈、触点或其他电气器材特征的：**									**Machinery parts, not containing electrical connectors, insulators, coils, contacts or other electrical features, not specified or included elsewhere in this Chapter:**
8487.1000	-船用推进器及桨叶	6	14	0						-Ships' or boats' propellers and blades therefor
8487.9000	-其他	8	30	0		0		0		-Other

第八十五章
电机、电气设备及其零件；录音机及放声机、电视图像、声音的录制和重放设备及其零件、附件

注释：

一、本章不包括：

（一）电暖的毯子、褥子、足套及类似品，电暖的衣服、靴、鞋、耳套或其他供人穿戴的电暖物品；

（二）税目70.11的玻璃制品；

（三）税目84.86的机器及装置；

（四）用于医疗、外科、牙科或兽医的真空设备（税目90.18）；或

（五）第九十四章的电热家具。

二、税目85.01至85.04不适用于税目85.11、85.12、85.40、85.41或85.42的货品。

但金属槽汞弧整流器仍归入税目85.04。

三、税目85.07所称“蓄电池”，包括与其一同报验的辅助元件，这些辅助元件具有储电、供电功能，或保护蓄电池免遭损坏，例如，电路连接器、温控装置（例如，热敏电阻）及电路保护装置，也可包括蓄电池的部分保护外壳。

四、税目85.09仅包括通常供家用的下列电动器具：

（一）任何重量的地板打蜡机、食品研磨机及食品搅拌器、水果或蔬菜的榨汁器；

（二）重量不超过20千克的其他机器。

但该税目不适用于风机、风扇或装有风扇的通风罩及循环气罩（不论是否装有过滤器）（税目84.14）、离心干衣机（税目84.21）、洗碟机（税目84.22）、家用洗衣机（税目84.50）、滚筒式或其他形式的熨烫机器（税目84.20或84.51）、缝纫机（税目84.52）、电剪子（税目84.67）或电热器具（税目85.16）。

Chapter 85
Electrical machinery and equipment and parts thereof; sound recorders and reproducers, television image and sound recorders and reproducers, and parts and accessories of such articles

Chapter Notes:

1. This Chapter does not cover:

(a) Electrically warmed blankets, bed pads, foot-muffs or the like; electrically warmed clothing, footwear or ear pads or other electrically warmed articles worn on or about the person;

(b) Articles of glass of heading 70.11;

(c) Machines and apparatus of heading 84.86;

(d) Vacuum apparatus of a kind used in medical, surgical, dental or veterinary sciences (heading 90.18); or

(e) Electrically heated furniture of Chapter 94.

2. Headings 85.01 to 85.04 do not apply to goods described in heading 85.11, 85.12, 85.40, 85.41 or 85.42.

However, metal tank mercury arc rectifiers remain classified in heading 85.04.

3. For the purposes of heading 85.07, the expression "electric accumulators" includes those presented with ancillary components which contribute to the accumulator's function of storing and supplying energy or protect it from damage, such as electrical connectors, temperature control devices (e.g., thermistors) and circuit protection devices. They may also include a portion of the protective housing of the goods in which they are to be used.

4. Heading 85.09 covers only the following electro-mechanical machines of the kind commonly used for domestic purposes:

(a) Floor polishers, food grinders and mixers, and fruit or vegetable juice extractors, of any weight;

(b) Other machines provided the weight of such machines does not exceed 20kg.

The heading does not, however, apply to fans or ventilating or recycling hoods incorporating a fan, whether or not fitted with filters (heading 84.14), centrifugal clothes-dryers (heading 84.21), dish washing machines (heading 84.22), household washing machines (heading 84.50), roller or other ironing machines (heading 84.20 or 84.51), sewing machines (heading 84.52), electric scissors (heading 84.67) or to electrothermic appliances (heading 85.16).

五、税目85.23所称：

（一）"固态、非易失性存储器件"（例如，"闪存卡"或"电子闪存卡"），是指带有接口的存储器件，其在同一壳体内包含一个或多个闪存（FLASH E²PROM），以集成电路的形式装配在一块印刷电路板上。它们可以包括一个集成电路形式的控制器及多个分立无源元件，例如，电容器及电阻器。

（二）所称"智能卡"，是指装有一个或多个集成电路［微处理器、随机存取存储器（RAM）或只读存储器（ROM）］芯片的卡。这些卡可带有触点、磁条或嵌入式天线，但不包含任何其他有源或无源电路元件。

5. For the purposes of heading 85.23:

(a) "Solid-state non-volatile storage devices" (for example, "flash memory cards" or "flash electronic storage cards") are storage devices with a connecting socket, comprising in the same housing one or more flash memories (for example, FLASH E²PROM) in the form of integrated circuits mounted on a printed circuit board. They may include a controller in the form of an integrated circuit and discrete passive components, such as capacitors and resistors;

(b) The term "smart cards" means cards which have embedded in them one or more electronic integrated circuits (a microprocessor, random access memory (RAM) or read-only memory (ROM)) in the form of chips. These cards may contain contacts, a magnetic stripe or an embedded antenna but do not contain any other active or passive circuit elements.

六、税目85.34所称"印刷电路"，是指采用各种印制方法（例如，压印、覆镀、腐蚀）或采用"膜电路"工艺，将导线、接点或其他印制元件（例如，电感器、电阻器、电容器）按预定的图形单独或互相连接地印制在绝缘基片上的电路，但能够产生、整流、调制或放大电信号的元件（例如，半导体元件）除外。

所称"印刷电路"，不包括装有非印制元件的电路，也不包括单个的分立式电阻器、电容器及电感器。但印刷电路可配有非经印刷的连接元件。

用同样工艺制得的无源元件及有源元件组成的薄膜电路或厚膜电路应归入税目85.42。

6. For the purposes of heading 85.34 "printed circuits" are circuits obtained by forming on an insulating base, by any printing process (for example, embossing, plating-up, etching) or by the "film circuit" technique, conductor elements, contacts or other printed components (for example, inductances, resistors, capacitors) alone or interconnected according to a pre-established pattern, other than elements which can produce, rectify, modulate or amplify an electrical signal (for example, semiconductor elements).

The expression "printed circuits" does not cover circuits combined with elements other than those obtained during the printing process, nor does it cover individual, discrete resistors, capacitors or inductances. Printed circuits may, however, be fitted with non-printed connecting elements.

Thin-or-thick-film circuits comprising passive and active elements obtained during the same technological process are to be classified in heading 85.42.

七、税目85.36所称"光导纤维、光导纤维束或光缆用连接器"，是指在有线数字通讯设备中，简单机械地把光纤端部相连成一线的连接器。它们不具备诸如对信号进行放大、再生或修正等其他功能。

7. For the purpose of heading 85.36, "connectors for optical fibres, optical fibre bundles or cables" means connectors that simply mechanically align optical fibres end to end in a digital line system. They perform no other functions, such as the amplification, regeneration or modification of a signal.

八、税目85.37不包括电视接收机或其他电气设备用的无绳红外遥控器（税目85.43）。

8. Heading 85.37 does not include cordless infrared devices for the remote control of television receivers or other electrical equipment (heading 85.43).

九、税目85.41及85.42所称：

9. For the purposes of headings 85.41 and 85.42:

（一）“二极管、晶体管及类似的半导体器件”，是指那些依靠外加电场引起电阻率的变化而进行工作的半导体器件。

本注释所述物品在归类时，即使本协调制度其他税号涉及上述物品，尤其是物品的功能，仍应优先考虑归入税目 85.41 及 85.42，但涉及税目 85.23 的情况除外。

（二）“集成电路”，是指：

1. 单片集成电路，即电路元件（二极管、晶体管、电阻器、电容器、电感器等）主要整体制作在一片半导体材料或化合物半导体材料（例如，掺杂硅、砷化镓、硅锗或磷化铟）基片的表面，并不可分割地连接在一起的电路。

2. 混合集成电路，即通过薄膜或厚膜工艺制得的无源元件（电阻器、电容器、电感器等）和通过半导体工艺制得的有源元件（二极管、晶体管、单片集成电路等）用互连或连接线实际上不可分割地组合在同一绝缘基片（玻璃、陶瓷等）上的电路。这种电路也可包括分立元件。

3. 多芯片集成电路是由两个或多个单片集成电路实际上不可分割地组合在一片或多片绝缘基片上构成的电路，不论是否带有引线框架，但不带有其他有源或无源的电路元件。

4. 多元件集成电路（MCOs），由一个或多个单片、混合或多芯片集成电路以及下列至少一个元件组成：硅基传感器、执行器、振荡器、谐振器或其组件所构成的组合体，或者具有税目 85.32、85.33、85.41 所列商品功能的元件，或税目 85.04 的电感器。其像集成电路一样实际上不可分割地组合成一体，作为一种元件，通过引脚、引线、焊球、底面触点、凸点或导电压点进行连接，组装到印刷电路板（PCB）或其他载体上。

(a) “Diodes, transistors and similar semiconductor devices” are semiconductor devices the operation of which depends on variations in resistivity on the application of an electric field;

For the classification of the articles defined in this Note, headings 85.41 and 85.42 shall take precedence over any other headings in the Nomenclature, except in the case of heading 85.23, which might cover them by reference to, in particular, their function.

(b) “Electronic integrated circuits” are:

(i) Monolithic integrated circuits in which the circuit elements (diodes, transistors, resistors, capacitors, inductances, etc.) are created in the mass (essentially) and on the surface of a semiconductor or compound semiconductor material (for example, doped silicon, gallium arsenide, silicon germanium, indium phosphide) and are inseparably associated;

(ii) Hybrid integrated circuits in which passive elements (resistors, capacitors, inductances, etc.), obtained by thin-or-thick-film technology, and active elements (diodes, transistors, monolithic integrated circuits, etc.), obtained by semiconductor technology, are combined to all intents and purposes indivisibly, by interconnections or interconnecting cables, on a single insulating substrate (glass, ceramic, etc.). These circuits may also include discrete components;

(iii) Multichip integrated circuits consisting of two or more interconnected monolithic integrated circuits combined to all intents and purposes indivisibly, whether or not on one or more insulating substrates, with or without leadframes, but with no other active or passive circuit elements.

(iv) Multi-component integrated circuits (MCOs), a combination of one or more monolithic, hybrid, or multi-chip integrated circuits with at least one of the following components: silicon-based sensors, actuators, oscillators, resonators or combinations thereof, or components performing the functions of articles classifiable under heading 85.32, 85.33, 85.41, or inductors classifiable under heading 85.04, formed to all intents and purposes indivisibly into a single body like an integrated circuit, as a component of a kind used for assembly onto a printed circuit board (PCB) or other carrier, through the connecting of pins, leads, balls, lands, bumps, or pads.

在本定义中：

(1)“元件”可以是分立的，独立制造后组装到多元件（MCO）的其余部分上，或者集成到其他元件内。

(2)“硅基”是指在硅基片上制造，或由硅材料制造而成，或者制造在集成电路裸片上。

(3) ①硅基传感器是由在半导体材料内部或表面制作的微电子或机械结构组成，具有探测物理量和化学量并将其转换成电信号（因电特性变化或机械结构位移而产生）的功能。“物理量或化学量”与现实世界的现象相关，例如压力、声波、加速度、振动、运动、方向、张力、磁场强度、电场强度、光、放射性、湿度、流量和化学浓度等。

②硅基执行器是由在半导体材料内部或表面制作的微电子或机械结构组成，具有将电信号转换成物理运动的功能。

③硅基谐振器是由在半导体材料内部或表面制作的微电子或机械结构组成，具有按预先设定的频率产生机械或电振荡的功能，频率取决于响应外部输入的结构的物理参数。

④硅基振荡器是有源器件，由在半导体材料内部或表面制作的微电子或机械结构组成，具有按预先设定的频率产生机械或电振荡的功能，频率取决

For the purpose of this definition:

i) “Components” may be discrete, manufactured independently then assembled onto the rest of the MCO, or integrated into other components.

ii) “Silicon based” means built on a silicon substrate, or made of silicon materials, or manufactured onto integrated circuit die.

iii) a) “Silicon based sensors” consist of microelectronic or mechanical structures that are created in the mass or on the surface of a semiconductor and that have the function of detecting physical or chemical quantities and transducing these into electric signals, caused by resulting variations in electric properties or displacement of a mechanical structure. “Physical or chemical quantities” relates to real world phenomena, such as pressure, acoustic waves, acceleration, vibration, movement, orientation, strain, magnetic field strength, electric field strength, light, radioactivity, humidity, flow, chemicals concentration, etc.

b) “Silicon based actuators” consist of microelectronic and mechanical structures that are created in the mass or on the surface of a semiconductor and that have the function of converting electrical signals into physical movement.

c) “Silicon based resonators” are components that consist of microelectronic or mechanical structures that are created in the mass or on the surface of a semiconductor and have the function of generating a mechanical or electrical oscillation of a predefined frequency that depends on the physical geometry of these structures in response to an external input.

d) “Silicon based oscillators” are active components that consist of microelectronic or mechanical structures that are created in the mass or on the

于这些结构的物理参数。

surface of a semiconductor and that have the function of generating a mechanical or electrical oscillation of a predefined frequency that depends on the physical geometry of these structures.

十、税目 85.48 所称“废原电池、废原电池组及废蓄电池”，是指因破损、拆解、耗尽或其他原因而不能再使用，也不能再充电的电池。

10. For the purposes of heading 85.48, “spent primary cells, spent primary batteries and spent electric accumulators” are those which are neither usable as such because of breakage, cutting-up, wear or other reasons, nor capable of being recharged.

子目注释：

子目 8527.12 仅包括有内置放大器但无内置扬声器的盒式磁带放声机，它不需外接电源即能工作，且外形尺寸不超过 170 毫米×100 毫米×45 毫米。

Subheading Note:

Subheading 8527.12 covers only cassette-players with built-in amplifier, without built-in loudspeaker, capable of operating without an external source of electric power and the dimensions of which do not exceed 170mm × 100mm × 45mm.

税则号列 Tariff Item	商品名称	最惠国税率 (%) M. F. N.	普通税率 (%) Gen.	协定税率 (%) Conventional					出口税率 (%) Export	Article Description
				东盟 ASEAN	亚太 APTA	香港 H. K.	澳门 Macao	台湾 Taiwan		
85.01	**电动机及发电机（不包括发电机组）：**									**Electric motors and generators (excluding generating sets):**
	-输出功率不超过 37.5 瓦的电动机：									-Motors of an output not exceeding 37.5W:
8501.1010	---玩具用	24.5	80	0	23.3	0		0		---For use in toys
	---其他：									---Other:
8501.1091	----微电机，机座尺寸在 20 毫米及以上，但不超过 39 毫米	9	70	0	8.6	0				----Micromotors with a housing size of 20mm or more but not exceeding 39mm
8501.1099	----其他	9	35	0	8.6	0		0		----Other
8501.2000	-交直流两用电动机，输出功率超过 37.5 瓦	12	35	0						-Universal AC/DC motors of an output exceeding 37.5W
	-其他直流电动机；直流发电机：									-Other DC motors; DC generators:
8501.3100	--输出功率不超过 750 瓦	12	35	0	11	0	0	0		--Of an output not exceeding 750W
8501.3200	--输出功率超过 750 瓦，但不超过 75 千瓦	10	35	0						--Of an output exceeding 750W but not exceeding 75kW
8501.3300	--输出功率超过 75 千瓦，但不超过 375 千瓦	5	35	0						--Of an output exceeding 75kW but not exceeding 375kW
8501.3400	--输出功率超过 375 千瓦	12	35	0						--Of an output exceeding 375kW
8501.4000	-其他单相交流电动机	12	35	0						-Other AC motors, single-phase
	-其他多相交流电动机：									-Other AC motors, multi-phase:
8501.5100	--输出功率不超过 750 瓦	5	35	0						--Of an output not exceeding 750W

税则号列 Tariff Item	商品名称	最惠国税率(%) M. F. N.	普通税率(%) Gen.	协定税率(%) Conventional 东盟 ASEAN	亚太 APTA	香港 H. K.	澳门 Macao	台湾 Taiwan	出口税率(%) Export	Article Description
8501.5200	--输出功率超过750瓦，但不超过75千瓦	10	35	0						--Of an output exceeding 750W but not exceeding 75kW
8501.5300	--输出功率超过75千瓦	12	35	0	11.4					--Of an output exceeding 75kW
	-交流发电机：									-AC generators (alternators):
8501.6100	--输出功率不超过75千伏安	5	30	0						--Of an output not exceeding 75kVA
8501.6200	--输出功率超过75千伏安，但不超过375千伏安	12	30	0						--Of an output exceeding 75kVA but not exceeding 375kVA
8501.6300	--输出功率超过375千伏安，但不超过750千伏安	12	30	0						--Of an output exceeding 375kVA but not exceeding 750kVA
	--输出功率超过750千伏安：									--Of an output exceeding 750kVA:
8501.6410	---输出功率超过750千伏安，但不超过350兆伏安	10	30	0						---Of an output exceeding 750kVA but not exceeding 350MVA
8501.6420	---输出功率超过350兆伏安，但不超过665兆伏安	5.8	14	0						---Of an output exceeding 350MVA but not exceeding 665MVA
8501.6430	---输出功率超过665兆伏安	6	11	0						---Of an output exceeding 665MVA
85.02	**发电机组及旋转式变流机：**									**Electric generating sets and rotary converters:**
	-装有压燃式活塞内燃发动机（柴油或半柴油发动机）的发电机组：									-Generating sets with compression-ignition internal combustion piston engines (diesel or semi-diesel engines):
8502.1100	--输出功率不超过75千伏安	10	45	0		0				--Of an output not exceeding 75kVA
8502.1200	--输出功率超过75千伏安，但不超过375千伏安	10	45	0		0				--Of an output exceeding 75 kVA but not exceeding 375kVA
	--输出功率超过375千伏安：									--Of an output exceeding 375kVA:
8502.1310	---输出功率超过375千伏安，但不超过2兆伏安	10	45	0	7	0				---Of an output exceeding 375kVA but not exceeding 2MVA
8502.1320	---输出功率超过2兆伏安	10	30	0	7	0				---Of an output exceeding 2MVA
8502.2000	-装有点燃式活塞内燃发动机的发电机组	10	45	0						-Generating sets with spark-ignition internal combustion piston engines
	-其他发电机组：									-Other generating sets:
8502.3100	--风力驱动的	8	30	0						--Wind-powered
8502.3900	--其他	10	30	0						--Other

税则号列 Tariff Item	商品名称	最惠国税率(%) M. F. N.	普通税率(%) Gen.	协定税率(%) Conventional 东盟 ASEAN	亚太 APTA	香港 H. K.	澳门 Macao	台湾 Taiwan	出口税率(%) Export	Article Description
8502.4000	-旋转式变流机	10	30	0						-Electric rotary converters
85.03	**专用于或主要用于税目85.01或85.02所列机器的零件：**									**Parts suitable for use solely or principally with the machines of heading 85.01 or 85.02:**
8503.0010	---税号8501.1010及8501.1091所列电动机用	12	70	0	11.4	0		0		---Of the motors of subheading 8501.1010 or 8501.1091
8503.0020	---税号8501.6420及8501.6430所列发电机用	3	11	0	2.5	0				---Of the generators of subheading 8501.6420 or 8501.6430
8503.0030	---税号8502.3100所列发电机组用	3	30	0	2.5	0				---Of the generating sets of subheading 8502.3100
8503.0090	---其他	8	30	0	7.6	0		0		---Other
85.04	**变压器、静止式变流器（例如，整流器）及电感器：**									**Electrical transformers, static converters (for example, rectifiers) and inductors:**
	-放电灯或放电管用镇流器：									-Ballasts for discharge lamps or tubes:
8504.1010	---电子镇流器	10	35	0			0			---Electronic ballats
8504.1090	---其他	10	35	0			0			---Other
	-液体介质变压器：									-Liquid dielectric transformers:
8504.2100	--额定容量不超过650千伏安	10.5	50	0						--Having a power handling capacity not exceeding 650kVA
8504.2200	--额定容量超过650千伏安，但不超过10兆伏安	12.6	50	0						--Having a power handling capacity exceeding 650kVA but not exceeding 10MVA
	--额定容量超过10兆伏安：									--having a power handling capacity exceeding 10MVA:
	---额定容量超过10兆伏安，但小于400兆伏安：									---Having a power handling capacity exceeding 10MVA but less than 400MVA:
8504.2311	----额定容量超过10兆伏安，但小于220兆伏安	10	50	0	7					----Having a power handing capacity exceeding 10MVA but less than 220MVA
8504.2312	----额定容量在220兆伏安及以上，但小于330兆伏安	10	50	0	7					----Having a power handling capacity exceeding 220MVA but less than 330MVA
8504.2313	----额定容量在330兆伏安及以上，但小于400兆伏安	10	50	0	7					----Having a power handling capacity exceeding 330MVA but less than 400MVA
	---额定容量在400兆伏安及以上：									---Having a power handling capacity of 400MVA or more:
8504.2321	----额定容量在400兆伏安及以上，但小于500兆伏安	6	11	0	4.2					----Having a power handling capacity exceeding 400MVA but less than 500MVA

税则号列 Tariff Item	商品名称	最惠国税率(%) M. F. N.	普通税率(%) Gen.	协定税率(%) Conventional 东盟 ASEAN	亚太 APTA	香港 H. K.	澳门 Macao	台湾 Taiwan	出口税率(%) Export	Article Description
8504.2329	----其他	6	11	0	4.2					----Other
	-其他变压器：									-Other transformers:
	--额定容量不超过1千伏安：									--Having a power handling capacity not exceeding 1kVA:
8504.3110	---互感器	5	50	0	4.3		0	0		---Mutual inductor
8504.3190	---其他	5	50	0	4.3	0	0	0		---Other
	--额定容量超过1千伏安，但不超过16千伏安：									--Having a power handling capacity exceeding 1kVA but not exceeding 16kVA:
8504.3210	---互感器	5	50	0			0			---Mutual inductor
8504.3290	---其他	5	50	0			0			---Other
	--额定容量超过16千伏安，但不超过500千伏安：									--Having a power handling capacity exceeding 16kVA but not exceeding 500kVA:
8504.3310	---互感器	5	50	0			0			---Mutual inductor
8504.3390	---其他	5	50	0			0			---Other
	--额定容量超过500千伏安：									--Having a power handling capacity exceeding 500kVA:
8504.3410	---互感器	14	50	0			0			---Mutual inductor
8504.3490	---其他	14	50	0			0			---Other
	-静止式变流器：									-Static converters:
	---稳压电源：									---Voltage-stabilized suppliers:
8504.4013	----税目84.71所列机器用	0	40							----Of the machines of heading 84.71
8504.4014	----其他直流稳压电源，功率小于1千瓦，精度低于万分之一	4.7/3.5	80	0	5.6					----Other DC voltage-stabilized suppliers, of a power of less than 1kW and an accuracy of not better than 0.0001
8504.4015	----其他交流稳压电源，功率小于10千瓦，精度低于千分之一	0	80							----Other AC voltage-stabilized suppliers, of a power of less than 10kW and an accuracy of not better than 0.001
8504.4019	----其他	0	50							----Other
8504.4020	---不间断供电电源	6.7/5	50	0	7.1	0				---Uninterrupted power suppliers
8504.4030	---逆变器	6.7/5	30	0		0	0			---Inverter
	---其他：									---Other:
8504.4091	----具有变流功能的半导体模块	6.7	30	0		0	0			----Semiconductor modules with converting function
8504.4099	----其他	6.7	30	0		0	0			----Other
8504.5000	-其他电感器	0	35							-Other inductors
	-零件：									-Parts:
	---变压器用：									---Of transformers:
8504.9011	----税号8504.2321，8504.2329所列变压器用	3.3/2.5	11	0	3.8	0				----Of the transformers of subheading 8504.2321, 8504.2329

税则号列 Tariff Item	商品名称	最惠国税率(%) M. F. N.	普通税率(%) Gen.	协定税率(%) Conventional 东盟 ASEAN	亚太 APTA	香港 H. K.	澳门 Macao	台湾 Taiwan	出口税率(%) Export	Article Description
8504.9019	----其他	5.3/4	50	0	4.5	0		0		----Other
8504.9020	---稳压电源及不间断供电电源用	5.3/4	50	0	5.6	0	0	0		---Of voltage-stabilized suppliers and uninterrupted power suppliers
8504.9090	---其他	5.3/4	30	0	5.6	0	0	0		---Other
85.05	**电磁铁；永磁铁及磁化后准备制永磁铁的物品；电磁铁或永磁铁卡盘、夹具及类似的工件夹具；电磁联轴节、离合器及制动器；电磁起重吸盘：**									**Electro-magnets; permanent magnets and articles intended to become permanent magnets after magnetization; electro-magnetic or permanent magnet chucks, clamps and similar holding devices; electro-magnetic couplings, clutches and brakes; electro-magnetic lifting heads:**
	-永磁铁及磁化后准备制永磁铁的物品：									-Permanent magnets and articles intended to become permanent magnets after magnetization:
	--金属的：									--Of metal:
8505.1110	---稀土的	7	20	0				0		---Of rare-earth metals
8505.1190	---其他	7	20	0		0		0		---Other
8505.1900	--其他	7	20	0	6.7	0				--Other
8505.2000	-电磁联轴节、离合器及制动器	8	20	0	7.6					-Electro-magnetic couplings, clutches and brakes
	-其他，包括零件：									-Other, including parts:
8505.9010	---电磁起重吸盘	8	20	0						---Electro-magnetic lifting heads
8505.9090	---其他	8	20	0	7.6					---Other
85.06	**原电池及原电池组：**									**Primary cells and primary batteries:**
	-二氧化锰的：									-Manganese dioxide:
	---碱性锌锰的：									---Alkaline zinc-manganese dioxide:
8506.1011	----扣式	20	80	0		0				----Button shape
8506.1012	----圆柱形	20	80	0		0				----Cylindrical shape
8506.1019	----其他	20	80	0		0				----Other
8506.1090	---其他	20	80	0		0				---Other
8506.3000	-氧化汞的	14	40	0						-Mercuric oxide
8506.4000	-氧化银的	14	40	0						-Silver oxide
8506.5000	-锂的	14	40	0						-Lithium
8506.6000	-锌空气的	14	40	0						-Air-zinc
8506.8000	-其他原电池及原电池组	14	40	0		0				-Other primary cells and primary batteries
	-零件：									-Parts:
8506.9010	---子目8506.10所列电池用	14	80	0						---Of the cells of subheading 8506.10
8506.9090	---其他	10	40	0						---Other

税则号列 Tariff Item	商品名称	最惠国税率(%) M. F. N.	普通税率(%) Gen.	协定税率(%) Conventional 东盟 ASEAN	 亚太 APTA	 香港 H. K.	 澳门 Macao	 台湾 Taiwan	出口税率(%) Export	Article Description
85.07	**蓄电池，包括隔板，不论是否矩形（包括正方形）：**									**Electric accumulators, including separators therefor, whether or not rectangular (including square):**
8507.1000	-铅酸蓄电池，用于启动活塞式发动机	10	90	0	6.9		0			-Lead-acid, of a kind used for starting piston engines
8507.2000	-其他铅酸蓄电池	10	90	0	6.9		0			-Other lead-acid accumulators
8507.3000	-镍镉蓄电池	10	40	0	8	0				-Nickel-cadmium
8507.4000	-镍铁蓄电池	12	40	0	9.6					-Nickel-iron
8507.5000	-镍氢蓄电池	12	40	0	9.6	0				-Nickel-metal hydride
8507.6000	-锂离子蓄电池	12	40	0	9.6	0		0		-Lithium-ion
	-其他蓄电池：									-Other accumulators:
8507.8030	---全钒液流电池	12	40	0	9	0				---Vanadium redox flow batteries
8507.8090	---其他	12	40	0	9	0				---Other
	-零件：									-Parts:
8507.9010	---铅酸蓄电池用	10	90	0		0				---Of lead-acid accumulators
8507.9090	---其他	8	40	0		0				---Other
85.08	**真空吸尘器：**									**Vacuum cleaners:**
	-电动的：									-With self-contained electric motor:
8508.1100	--功率不超过1500瓦，且带有容积不超过20升的集尘袋或其他集尘容器	10	130	0	8.2	0		0		--Of a power not exceeding 1500W and having a dust bag or other receptacle capacity not exceeding 20L
8508.1900	--其他	0	30							--Other
8508.6000	-其他真空吸尘器	0	30							-Other vacuum cleaners
	-零件：									-Parts:
8508.7010	---税号8508.1100所列吸尘器用	12	100	0		0				---of the cleaners of subheading 8508.1100
8508.7090	---其他	0	20							---Other
85.09	**家用电动器具，税目85.08的真空吸尘器除外：**									**Electro-mechanical domestic appliances, with selfcontained electric motor, other than vacuum cleaners of heading 85.08:**
	-食品研磨机及搅拌器；水果或蔬菜的榨汁机：									-Food grinders and mixers; fruit or vegetable juice extractors:
8509.4010	---水果或蔬菜的榨汁机	10	100	0			0			---Fruit or vegetable juice extractors
8509.4090	---其他	10	100	0				0		---Other
	-其他器具：									-Other appliances:
8509.8010	---地板打蜡机	30	100	0						---Floor polishers
8509.8020	---厨房废物处理器	20	100	0						---Kitchen waste disposers
8509.8090	---其他	30	100	0						---Other

税则号列 Tariff Item	商品名称	最惠国税率(%) M. F. N.	普通税率(%) Gen.	协定税率(%) Conventional 东盟 ASEAN	亚太 APTA	香港 H. K.	澳门 Macao	台湾 Taiwan	出口税率(%) Export	Article Description
8509.9000	-零件	12	100	0		0				-Parts
85.10	**电动剃须刀、电动毛发推剪及电动脱毛器：**									**Shavers, hair clippers and hair-removing appliances, with self-contained electric motor:**
8510.1000	-剃须刀	30	100	0						-Shavers
8510.2000	-毛发推剪	30	100	0		0				-Hair clippers
8510.3000	-脱毛器	20	100	0			0			-Hair-removing appliances
8510.9000	-零件	24.5	100	0						-Parts
85.11	**点燃式或压燃式内燃发动机用的电点火及电启动装置（例如，点火磁电机、永磁直流发电机、点火线圈、火花塞、电热塞及启动电机）；附属于上述内燃发动机的发电机（例如，直流发电机、交流发电机）及断流器：**									**Electrical ignition or starting equipment of a kind used for spark-ignition or compression-ignition internal combustion engines (for example, ignition magnetos, magnetodynamos, ignition coils, sparking plugs and glow plugs, starter motors); generators (for example, dynamos, alternators) and cutouts of a kind used in conjunction with such engines:**
8511.1000	-火花塞	10	30	0						-Sparking plugs
	-点火磁电机；永磁直流发电机；磁飞轮：									-Ignition magnetos; magneto-dynamos; magnetic flywheels:
8511.2010	---机车、航空器及船舶用	5	11	0						---For locomotives, aircraft or ships
8511.2090	---其他	10	30	0						---Other
	-分电器；点火线圈：									-Distributors; ignition coils:
8511.3010	---机车、航空器及船舶用	5	11	0						---For locomotives, aircraft or ships
8511.3090	---其他	8.4	30	0						---Other
	-启动电机及两用启动发电机：									-Starter motors and dual purpose starter generators:
8511.4010	---机车、航空器及船舶用	5	11	0						---For locomotives, aircraft or ships
	---其他：									---Other:
8511.4091	----输出功率在132.39千瓦（180马力）及以上的发动机用启动电机	8.4	30	0						----Starter motors for engines of an output of 132.39kW (180hp) or more
8511.4099	----其他	8.4	30	0						----Other
	-其他发电机：									-Other generators:
8511.5010	---机车、航空器及船舶用	5	11	0						---For locomotives, aircraft or ships
8511.5090	---其他	8.4	30	0						---Other

税则号列 Tariff Item	商品名称	最惠国税率(%) M. F. N.	普通税率(%) Gen.	协定税率(%) Conventional 东盟 ASEAN	亚太 APTA	香港 H. K.	澳门 Macao	台湾 Taiwan	出口税率(%) Export	Article Description
8511.8000	-其他装置	8.4	30	0						-Other equipment
	-零件:									-Parts:
8511.9010	---本税目所列供机车、航空器及船舶用的各种装置零件	4.5	11	0						---Of the equipment of heading 85.11 used for locomotives, aircraft or ships
8511.9090	---其他	5	30	0						---Other
85.12	**自行车或机动车辆用的电气照明或信号装置(税目85.39的物品除外)、风挡刮水器、除霜器及去雾器:**									**Electrical lighting or signalling equipment (excluding articles of heading 85.39), windscreen wipers, defrosters and demisters, of a kind used for cycles or motor vehicles:**
8512.1000	-自行车用照明或视觉信号装置	10.5	45	0						-Lighting or visual signalling equipment of a kind used on bicycles
	-其他照明或视觉信号装置:									-Other lighting or visual signalling equipment:
8512.2010	---机动车辆用照明装置	10	45	5				0		---Lighting equipment of a kind used for motor vehicles
8512.2090	---其他	10	45	5						---Other
	-音响信号装置:									-Sound signalling equipment:
	---机动车辆用:									---For motor vehicles:
8512.3011	----喇叭、蜂鸣器	10	45	5	8.5					----Loudspeaker, buzzers
8512.3012	----防盗报警器	10	40	0	9					----Burglar alarm
8512.3019	----其他	10	45	5	8.5					----Other
8512.3090	---其他	10	45	5	8.5					---Other
8512.4000	-风挡刮水器、除霜器及去雾器	10	45	5						-Windscreen wipers, defrosters and demisters
8512.9000	-零件	8	45	0				0		-Parts
85.13	**自供能源(例如,使用干电池、蓄电池、永磁发电机)的手提式电灯,但税目85.12的照明装置除外:**									**Portable electric lamps designed to function by their own source of energy (for example, dry batteries, accumulators, magnetos), other than lighting equipment of heading 85.12:**
	-灯:									-Lamps:
8513.1010	---手电筒	15	100	0	13.2		0			---Portable electric torches designed to function by dry batteries
8513.1090	---其他	17.5	70	0			0			---Other
	-零件:									-Parts:
8513.9010	---税号8513.1010手电筒用	14	100	0		0	0			---Of the torches of subheading 8513.1010

税则号列 Tariff Item	商品名称	最惠国税率(%) M. F. N.	普通税率(%) Gen.	协定税率(%) Conventional 东盟 ASEAN	亚太 APTA	香港 H. K.	澳门 Macao	台湾 Taiwan	出口税率(%) Export	Article Description
8513.9090	---其他	14	70	0		0	0			---Other
85.14	工业或实验室用电炉及电烘箱（包括通过感应或介质损耗工作的）；工业或实验室用其他通过感应或介质损耗对材料进行热处理的设备：									**Industrial or laboratory electric furnaces and ovens (including those functioning by induction or dielectric loss); other industrial or laboratory equipment for the heat treatment of materials by induction or dielectric loss:**
	-电阻加热的炉及烘箱：									-Resistance heated furnaces and ovens:
8514.1010	---可控气氛热处理炉	0	30							---Furnaces for heat treatment, atmosphere controllable
8514.1090	---其他	0	30							---Other
8514.2000	-通过感应或介质损耗工作的炉及烘箱	0	30							-Furnaces and ovens functioning by induction or dielectric loss
8514.3000	-其他炉及烘箱	0	30							-Other furnaces and ovens
8514.4000	-其他通过感应或介质损耗对材料进行热处理的设备	10	30	0						-Other equipment for the heat treatment of materials by induction or dielectric loss
	-零件：									-Parts:
8514.9010	---炼钢电炉用	8	30	0						---Of steel making electric furnaces
8514.9090	---其他	0	30							---Other
85.15	电气（包括电热气体）、激光、其他光、光子束、超声波、电子束、磁脉冲或等离子弧焊接机器及装置，不论是否兼有切割功能；用于热喷金属或金属陶瓷的电气机器及装置：									**Electric (including electrically heated gas), laser or other light or photon beam, ultrasonic, electron beam, magnetic pulse or plasma arc soldering, brazing or welding machines and apparatus, whether or not capable of cutting; electric machines and apparatus for hot spraying of metals or cermets:**
	-钎焊机器及装置：									-Brazing or soldering machines and apparatus:
8515.1100	--烙铁及焊枪	10	30	0						--Soldering irons and guns
8515.1900	--其他	10	30	0						--Other
	-电阻焊接机器及装置：									-Machines and apparatus for resistance welding of metals:
	--全自动或半自动的：									--Fully or partly automatic:
8515.2120	---机器人	10	30	0		0				---Robots
	---其他：									---Other:
8515.2191	----直缝焊管机	10	30	0		0				----Aligning tube welding machines

税则号列 Tariff Item	商品名称	最惠国税率(%) M. F. N.	普通税率(%) Gen.	协定税率(%) Conventional 东盟 ASEAN	亚太 APTA	香港 H. K.	澳门 Macao	台湾 Taiwan	出口税率(%) Export	Article Description
8515.2199	----其他	10	30	0		0				----Other
8515.2900	--其他	10	30	0	9.5					--Other
	-电弧（包括等离子弧）焊接机器及装置：									-Machines and apparatus for (including plasma arc) welding of metals：
	--全自动或半自动的：									--Fully or partly automatic：
8515.3120	---机器人	10	30	5						---Robots
	---其他：									---Other：
8515.3191	----螺旋焊管机	10	30	0						----Spiralling tube welding machines
8515.3199	----其他	10	30							----Other
8515.3900	--其他	10	30	0						--Other
	-其他机器及装置：									-Other machines and apparatus：
8515.8010	---激光焊接机器人	8	30	0	7.6	0		0		---Laser welding robots
8515.8090	---其他	8	30	0	7.6	0		0		---Other
8515.9000	-零件	6	30	0	5.7	0				-Parts
85.16	**电热的快速热水器、储存式热水器、浸入式液体加热器；电气空间加热器及土壤加热器；电热的理发器具（例如，电吹风机、电卷发器、电热发钳）及干手器；电熨斗；其他家用电热器具；加热电阻器，但税目85.45的货品除外：**									**Electric instantaneous or storage water heaters and immersion heaters; electric space heating apparatus and soil heating apparatus; electro-thermichair-dressing apparatus (for example, hair dryers, hair curlers, curling tong heaters) and hand dryers; electric smoothing irons; other electro-thermic appliances of a kind used for domestic purposes; electric heating resistors, other than those of heading 85.45：**
	-电热的快速热水器、储存式热水器、浸入式液体加热器：									-Electric instantaneous or storage waterheaters and immersion heaters：
8516.1010	---储存式电热水器	10	100	0						---Electric storage waterheaters
8516.1020	---即热式电热水器	10	100	0						---Electric instantaneous waterheaters
8516.1090	---其他	10	100	0						---Other
	-电气空间加热器及土壤加热器：									-Electric space heating apparatus and electric soil heating apparatus：
8516.2100	--储存式散热器	35	100	0			0	0		--Storage heating radiators
	--其他：									--Other：
8516.2910	---土壤加热器	10	40	0		0	0			---Electric soil heating apparatus
8516.2920	---辐射式空间加热器	10	100	0		0	0			---Radiant space heating apparatus

税则号列 Tariff Item	商品名称	最惠国税率(%) M. F. N.	普通税率(%) Gen.	协定税率(%) Conventional 东盟 ASEAN	 亚太 APTA	 香港 H. K.	 澳门 Macao	 台湾 Taiwan	出口税率(%) Export	Article Description
	---对流式空间加热器：									---Convection space heating apparatus：
8516.2931	----风扇式	10	100	0		0	0			----Fan type
8516.2932	----充液式	10	100	0		0	0			----Oil-filled type
8516.2939	----其他	10	100	0		0	0			----Other
8516.2990	---其他	10	100	0		0	0			---Other
	-电热的理发器具及干手器：									-Electro-thermic hair-dressing or hand-drying apparatus：
8516.3100	--吹风机	10	100	0			0			--Hair dryers
8516.3200	--其他理发器具	35	100	0			0			--Other hair-dressing apparatus
8516.3300	--干手器	35	100	0			0			--Hand-drying apparatus
8516.4000	-电熨斗	35	100	0			0	0		-Electric smoothing irons
8516.5000	-微波炉	15	130	0	13.5					-Microwave ovens
	-其他炉；电锅、电热板、加热环、烧烤炉及烘烤器：									-Other ovens；cookers，cooking plates，boiling rings，grillers and roasters：
8516.6010	---电磁炉	15	130	0			0			---Electromagnetic ovens
8516.6030	---电饭锅	15	130	0			0	0		---Electric rice cookers
8516.6040	---电炒锅	15	130	0			0			---Electric frying pans
8516.6050	---电烤箱	15	130	0			0	0		---Roaster oven
8516.6090	---其他	15	130	0			0			---Other
	-其他电热器具：									-Other electro-thermic appliances：
	--咖啡壶或茶壶：									--Coffee or tea makers：
8516.7110	---滴液式咖啡机	32	130	0			0			---Drip coffee makers
8516.7120	---蒸馏渗滤式咖啡机	32	130	0			0			---Steam espresso makers
8516.7130	---泵压式咖啡机	32	130	0			0			---Pump espresso makers
8516.7190	---其他	32	130	0			0			---Other
	--烤面包器：									--Toasters：
8516.7210	---家用自动面包机	32	130	0			0	0		---Household automated bread makers
8516.7220	---片式烤面包机（多士炉）	32	130	0			0			---Slice pop-up toasters
8516.7290	---其他	32	130	0			0			---Other
	--其他：									--Other：
8516.7910	---电热饮水机	32	100	0			0			---Electro-thermic water dispensers
8516.7990	---其他	32	100	0		0	0			---Other
8516.8000	-加热电阻器	10	40	0						-Electric heating resistors
	-零件：									-Parts：

税则号列 Tariff Item	商品名称	最惠国税率(%) M. F. N.	普通税率(%) Gen.	协定税率(%) Conventional 东盟 ASEAN	亚太 APTA	香港 H. K.	澳门 Macao	台湾 Taiwan	出口税率(%) Export	Article Description
8516.9010	---土壤加热器及加热电阻器用	8	40	0		0				---Of apparatus of subheading 8516. 2910 or 8516. 8000
8516.9090	---其他	12	100	0		0				---Other
85.17	**电话机，包括用于蜂窝网络或其他无线网络的电话机；其他发送或接收声音、图像或其他数据用的设备，包括有线或无线网络（例如，局域网或广域网）的通信设备，税目84.43、85.25、85.27或85.28的发送或接收设备除外：**									**Telephone sets, including telephones for cellular networks or for other wireless networks; other apparatus for the transmission or reception of voice, images or other data, including apparatus for communication in a wired or wireless network (such as a local or wide area network), other than transmission or reception apparatus of heading 84.43, 85.25, 85.27 or 85.28:**
	-电话机，包括蜂窝网络或其他无线网络用电话机：									-Telephone sets, including telephones for cellular networks or for other wireless networks:
8517.1100	--无绳电话机	0	30							--Line telephone sets with cordless handsets
	--用于蜂窝网络或其他无线网络的电话机：									--Telephones for cellular networks or for other wireless networks:
8517.1210	---手持（包括车载）式无线电话机	0	20							---Wireless telephone handsets (including installed in the vehicle)
8517.1220	---对讲机	0	17							---Walkie-talkie
8517.1290	---其他	0	14							---Other
8517.1800	--其他	0	30							--Other
	-其他发送或接收声音、图像或其他数据用的设备，包括有线或无线网络（例如，局域网或广域网）的通信设备：									-Other apparatus for transmission or reception of voice, images or other data, including apparatus for communication in a wired or wireless network (such as a local or wide area network):
	--基站：									--Base stations:
8517.6110	---移动通信基站	0	14							---Mobile communication base stations
8517.6190	---其他	0	14							---Other

税则号列 Tariff Item	商品名称	最惠国税率(%) M. F. N.	普通税率(%) Gen.	协定税率(%) Conventional 东盟 ASEAN	亚太 APTA	香港 H. K.	澳门 Macao	台湾 Taiwan	出口税率(%) Export	Article Description
	--接收、转换并且发送或再生声音、图像或其他数据用的设备，包括交换及路由设备：									--Machines for the reception, conversion and transmission or regeneration of voice, images or other data, including switching and routing apparatus:
	---数字式程控电话或电报交换机：									---Digital program-controlled telephonic or telegraphic switching apparatus:
8517.6211	----局用电话交换机；长途电话交换机；电报交换机	0	17							----Public telephonic switching apparatus; toll telephonic switching apparatus; telegraphic switching apparatus
8517.6212	----移动通信交换机	0	40							----Mobile communication switching system
8517.6219	----其他电话交换机	0	40							----Other telephonic switching apparatus
	---光通讯设备：									---Optical communication equipments:
8517.6221	----光端机及脉冲编码调制设备（PCM）	0	17							----Optical line terminal equipments and pulse code modulation equipments
8517.6222	----波分复用光传输设备	0	30							----Optical transmission equipments for wave-division multiplexing
8517.6229	----其他	0	30							----Other
	---其他有线数字通信设备：									---Other telecommunication apparatus for digital line system:
8517.6231	----通信网络时钟同步设备	0	30							----Communication network synchronizing equipments
8517.6232	----以太网络交换机	0	30							----Ethernet exchangers
8517.6233	----IP 电话信号转换设备	0	30							----IP telephone signal converters
8517.6234	----调制解调器	0	30							----Modem
8517.6235	----集线器	0	40							----Hubs
8517.6236	----路由器	0	40							----Routers
8517.6237	----有线网络接口卡	0	30							----Wired network interface cards
8517.6239	----其他	0	30							----Other
	---其他：									---Other:
8517.6292	----无线网络接口卡	0	14							----Wireless network interface cards
8517.6293	----无线接入固定台	0	14							----Fixed wireless access station
8517.6294	----无线耳机	0	14							----Wireless headphones
8517.6299	----其他	0	14							----Other
	--其他：									--Other:

税则号列 Tariff Item	商品名称	最惠国税率(%) M. F. N.	普通税率(%) Gen.	协定税率(%) Conventional 东盟 ASEAN	亚太 APTA	香港 H. K.	澳门 Macao	台湾 Taiwan	出口税率(%) Export	Article Description
8517.6910	---其他无线设备	6	14	0						---Other equipments in a wireless network
8517.6990	---其他有线设备	0	30							---Other equipments in a wired network
	-零件：									-Parts:
8517.7010	---数字式程控电话或电报交换机用	0	14							---Of digital program-controlled telephonic or telegraphic switching apparatus
8517.7020	---光端机及脉冲编码调制设备（PCM）用	0	4							---Of optical line terminal equipments and pulse code modulation equipments
8517.7030	---手持式无线电话机用（天线除外）	0	17							---Of wireless telephone handsets (other than aerials)
8517.7040	---对讲机用（天线除外）	4/2	20	0	5.6	0				---Of walkie-talkie (other than aerials)
8517.7060	---光通信设备的激光收发模块	0	30							---Laser transmitting and receiving unit of optical communication equipments
8517.7070	---税目85.17所列设备用天线及其零件	1	20	0						---Aerials and parts thereof of heading 85.17
8517.7090	---其他	0	20							---Other
85.18	**传声器（麦克风）及其座架；扬声器，不论是否装成音箱；耳机、耳塞机，不论是否装有传声器，由传声器及一个或多个扬声器组成的组合机；音频扩大器；电气扩音机组：**									**Microphones and stands therefor; loudspeakers, whether or not mounted in their enclosures; headphones, earphones, whether or not combined with a microphone, and sets consisting of a microphone and one or more loudspeakers; audio-frequency electric amplifiers; electric sound amplifier sets:**
8518.1000	-传声器（麦克风）及其座架	5	40	0		0		0		-Microphones and stands therefor
	-扬声器，不论是否装成音箱：									-Loudspeakers, whether or not mounted in their enclosures:
8518.2100	--单喇叭音箱	5/2.5	40	0		0				--Single loudspeakers, mounted in their enclosures
8518.2200	--多喇叭音箱	5/2.5	40	0		0				--Multiple loudspeakers, mounted in the same enclosure
8518.2900	--其他	0	40							--Other
8518.3000	耳机、耳塞机，不论是否装有传声器，由传声器及一个或多个扬声器组成的组合机	0	40							-Headphones and earphones, whether or not combined with a microphone, and sets consisting of a microphone and one or more loudspeakers

税则号列 Tariff Item	商品名称	最惠国税率(%) M. F. N.	普通税率(%) Gen.	协定税率(%) Conventional 东盟 ASEAN	亚太 APTA	香港 H. K.	澳门 Macao	台湾 Taiwan	出口税率(%) Export	Article Description
8518.4000	-音频扩大器	6	40	0		0		0		-Audio-frequency electric amplifiers
8518.5000	-电气扩音机组	5/2.5	40	0						-Electric sound amplifier sets
8518.9000	-零件	5.3	40	0		0		0		-Parts
85.19	**声音录制或重放设备：**									**Sound recording or reproducing apparatus:**
8519.2000	-用硬币、钞票、银行卡、代币或其他支付方式使其工作的设备	20	80	0	16.4					-Apparatus operated by coins, banknotes, bank cards, tokens or by other means of payment
8519.3000	-转盘（唱机唱盘）	30	130	0						-Turntables (record-decks)
8519.5000	-电话应答机	0	80							-Telephone answering machines
	-其他设备：									-Other apparatus:
	--使用磁性、光学或半导体媒体的：									--Using magnetic, optical or semiconductor media:
	---使用磁性媒体的：									---Using magnetic media:
8519.8111	----未装有声音录制装置的盒式磁带型声音重放装置，编辑节目用放声机除外	8.5/4.3	130	0						----Cassette-type sound reproducing apparatus, not incorporating a sound recording device, other than transcribing machines
8519.8112	----装有声音重放装置的盒式磁带型录音机	15/7.5	130	0						----Cassette-type recorders, incorporating sound reproducing apparatus
8519.8119	----其他	10/5	80	0	12.3					----Other
	---使用光学媒体的：									---Using optical media:
8519.8121	----激光唱机，未装有声音录制装置	15/7.5	80	0	19.5					----Compact disc players, not incorporating a sound recording device
8519.8129	----其他	10/5	80	0	12.3					----Other
	---使用半导体媒体的：									---Using semiconductor media:
8519.8131	----装有声音重放装置的闪速存储器型声音录制设备	10/5	80	0						----Flash memory type recorders, incorporating sound reproducing apparatus
8519.8139	----其他	10/5	80	0	12.3					----Other
	--其他：									--Other:
8519.8910	---不带录制装置的其他唱机，不论是否带有扬声器	15/7.5	130	0						---Other record-players, not incorporating a sound recording device, with or without loudspeakers
8519.8990	---其他声音录制或重放设备	10/5	80	0	12.3					---Other sound recording or reproducing apparatus
85.21	**视频信号录制或重放设备，不论是否装有高频调谐器：**									**Video recording or reproducing apparatus, whether or not incorporating a video tuner:**

税则号列 Tariff Item	商品名称	最惠国税率(%) M. F. N.	普通税率(%) Gen.	协定税率(%) Conventional 东盟 ASEAN	亚太 APTA	香港 H. K.	澳门 Macao	台湾 Taiwan	出口税率(%) Export	Article Description
	-磁带型：									-Magnetic tape-type：
	---录像机：									---Video tape recorders：
8521.1011	----广播级	①	T6	0	②					----Broadcast quality
8521.1019	----其他	③	T6	0	18.3					----Other
8521.1020	---放像机	④	T6	0	⑤					---Video tape reproducers
	-其他：									-Other：
	---激光视盘机：									---Laser video compact disk player：
8521.9011	----视频高密光盘(VCD)播放机	10/5	130	0	12					----Video Compact Disc player
8521.9012	----数字化视频光盘(DVD)播放机	10/5	130	0	12					----Digital Video Disc player
8521.9019	----其他	10/5	130	0	12					----Other
8521.9090	---其他	10/5	130	0	12	0				---Other
85.22	**专用于或主要用于税目85.19或85.21所列设备的零件、附件：**									**Parts and accessories suitable for use solely or principally with the apparatus of headings 85.19 or 85.21：**
8522.1000	-拾音头	35	130	0		0				-Pick-up cartridges
	-其他：									-Other：
8522.9010	---转盘或唱机用	18.8/15.6	130	0	20	0				---Of turntables (record decks) or record-players
	---盒式磁带录音机或放声机用：									---Of cassette magnetic tape recorders or reproducers：
8522.9021	----走带机构(机芯)，不论是否装有磁头	18.8/15.6	100	0	19.7	0				----Transport mechanisms, whether or not incorporating a magnetic head

①15%与T6的复合税从低执行/7.5%与T6的复合税从低执行。

15% or T6 COMPOUND duty, take the lower from the two; 7.5% or T6 COMPOUND duty, take the lower from the two.

②每台完税价格低于或等于2000美元，执行单一从价税，税率为16%；每台完税价格高于2000美元，每台征收从量税，税额1581元，加上3%的从价税。

If the Duty Paying Value (DPV) of each product is less than or equal to USD2000, it should be imposed an Ad Valorem duty of 16%; If the DPV is higher than USD2000, it should be imposed a compound duty, i. e. a specific duty of CNY1581 plus an Ad Valorem duty of 3% for each one.

③15%与T6的复合税从低执行/7.5%与T6的复合税从低执行。

15% or T6 COMPOUND duty, take the lower from the two; 7.5% or T6 COMPOUND duty, take the lower from the two.

④15%与T6的复合税从低执行/7.5%与T6的复合税从低执行。

15% or T6 COMPOUND duty, take the lower from the two; 7.5% or T6 COMPOUND duty, take the lower from the two.

⑤每台完税价格低于或等于2000美元，执行单一从价税，税率为18%；每台完税价格高于2000美元，每台征收从量税，税额1824元，加上3%的从价税。

If the DPV of each product is less than or equal to USD2000, it should be imposed an Ad Valorem duty of 18%; If the DPV is higher than USD2000, it should be imposed a compund duty, i. e. a specific duty of CNY2430 plus an Ad Valorem duty of 3% for each one.

税则号列 Tariff Item	商品名称	最惠国税率(%) M. F. N.	普通税率(%) Gen.	协定税率(%) Conventional 东盟 ASEAN	亚太 APTA	香港 H. K.	澳门 Macao	台湾 Taiwan	出口税率(%) Export	Article Description
8522.9022	----磁头	18.8/15.6	100	0	19.7	0				----Magnetic heads
8522.9023	----磁头零件	15/12.5	100	0	15.8	0				----Parts of magnetic heads
8522.9029	----其他	22.5/18.8	100	0	23.6	0				----Other
	---视频信号录制或重放设备用：									---Of video recording or reproducing apparatus:
8522.9031	----激光视盘机的机芯	22.5/18.8	100	0	21	0				----Movements for Laser video compact disk player
8522.9039	----其他	22.5/18.8	100	0	21	0				----Other
	---其他：									---Other:
8522.9091	----车载音频转播器或发射器	15/12.5	80	0	16	0				----Tone converters or transmission apparatus of a kind used for vehicles
8522.9099	----其他	15/12.5	80	0	16	0				----Other
85.23	**录制声音或其他信息用的圆盘、磁带、固态非易失性数据存储器件、“智能卡”及其他媒体，不论是否已录制，包括供复制圆盘用的母片及母带，但不包括第三十七章的产品：**									**Discs, tapes, solid-state non-volatile storage devices, smart cards and other media for the recording of sound or of other phenomena, whether or not recorded, including matrices and masters for the production of discs, but excluding products of chapter 37:**
	-磁性媒体：									-Magnetic media:
	--磁条卡：									--Cards incorporating a magnetic stripe:
8523.2110	---未录制	8.8/4.4	70	0		0	0			---Unrecorded
8523.2120	---已录制	7.5/3.8	130	0		0	0			---Recorded
	--其他：									--Other:
	---磁盘：									---Magnetic discs:
8523.2911	----未录制	0	14							----Unrecorded
8523.2919	----其他	0	14							----Other
	---磁带：									---Magnetic tapes:
8523.2921	----未录制的宽度不超过4毫米的磁带	0	130							----Of a width not exceeding 4mm, unrecorded
8523.2922	----未录制的宽度超过4毫米，但不超过6.5毫米的磁带	0	130							----Of a width exceeding 4mm but not exceeding 6.5mm, unrecorded
8523.2923	----未录制的宽度超过6.5毫米的磁带	0	20							----Of a width exceeding 6.5mm, unrecorded
8523.2928	----重放声音或图像信息的磁带	5/2.5	130	0		0				----For reproducing sound or image phenomena
8523.2929	----已录制的其他磁带	0	14							----Other recorded magnetic tapes

税则号列 Tariff Item	商　品　名　称	最惠国税率(%) M. F. N.	普通税率(%) Gen.	协定税率(%) Conventional 东盟 ASEAN	 亚太 APTA	 香港 H. K.	 澳门 Macao	 台湾 Taiwan	出口税率(%) Export	Article Description
8523.2990	---其他	0	14							---Other
	-光学媒体：									-Optical media：
8523.4100	--未录制	0	14							--Unrecorded
	--其他：									--Other：
8523.4910	---仅用于重放声音信息的	5/2.5	130	0		0	0			---For reproducing sound only
8523.4920	---用于重放声音、图像以外信息的，税目84.71所列机器用	0	14							---For reproducing phenomena other than sound or image, for the machines of heading 84.71
8523.4990	---其他	0	14							---Other
	-半导体媒体：									-Semiconductor medium：
	--固态非易失性存储器件(闪速存储器)：									--Solid-state non-volatile storage devices：
8523.5110	---未录制	0	70							---Unrecorded
8523.5120	---已录制	0	14							---Recorded
	--“智能卡”：									--“Smart cards”：
8523.5210	---未录制	0	21							---Unrecorded
8523.5290	---其他	0	21							---Other
	--其他：									--Other：
8523.5910	---未录制	0	70							---Unrecorded
8523.5920	---已录制	0	14							---Recorded
	-其他：									-Other：
	---唱片：									---Gramophone records：
8523.8011	----已录制	7.5/3.8	130	0			0			----Recorded
8523.8019	----其他	0	70							----Other
	---税目84.71所列机器用：									---For the machines of heading 84.71：
8523.8021	----未录制	0	14							----Unrecorded
8523.8029	----其他	0	14							----Other
	---其他：									---Other：
8523.8091	----未录制	0	14							----Unrecorded
8523.8099	----其他	0	14							----Other
85.25	**无线电广播、电视发送设备，不论是否装有接收装置或声音的录制、重放装置；电视摄像机、数字照相机及视频摄录一体机：**									**Transmission apparatus for radio-broadcasting or television, whether or not incorporating reception apparatus or sound recording or reproducing apparatus; television cameras, digital cameras and video camera recorders：**
8525.5000	-发送设备	0	30							-Transmission apparatus
	-装有接收装置的发送设备：									-Transmission apparatus incorporating reception apparatus：
8525.6010	---卫星地面站设备	0	14							---Satellite earth station

税则号列 Tariff Item	商品名称	最惠国税率(%) M. F. N.	普通税率(%) Gen.	协定税率(%) Conventional 东盟 ASEAN	亚太 APTA	香港 H. K.	澳门 Macao	台湾 Taiwan	出口税率(%) Export	Article Description
8525.6090	---其他	0	30							---Other
	-电视摄像机、数字照相机及视频摄录一体机：									-Television cameras, digital cameras and video camera recorders:
	---电视摄像机：									---Television cameras:
8525.8011	----特种用途的	6.7/5	17	0	7.5					----For special purposes
8525.8012	----非特种用途的广播级	①	T6	0	24.8					----Broadcast quality, not for special purposes
8525.8013	----非特种用途的其他类型	②	T6	0	24.8	0	0	0		----Other, not for special purposes
	---数字照相机：									---Digital cameras:
8525.8021	----特种用途的	0	17							----For special purposes
8525.8022	----非特种用途的单镜头反光型	0	T6							----Single lens reflex, not for special purposes
8525.8025	----非特种用途的，其他可换镜头的	0	T6							----Other changeable lens, not for special purposes
8525.8029	----非特种用途的其他类型	0	T6							----Other, not for special purposes
	---视频摄录一体机：									---Video camera recorders:
8525.8031	----特种用途的	0	17							----For special purposes
8525.8032	----非特种用途的广播级	0	T6							----Broadcast quality, not for special purposes
8525.8033	----非特种用途的家用型	0	130							----Household-type, not for special purposes
8525.8039	----非特种用途的其他类型	0	T6							----Other, not for special purposes
85.26	**雷达设备、无线电导航设备及无线电遥控设备：**									**Radar apparatus, radio navigational aid apparatus and radio remote control apparatus:**
	-雷达设备：									-Radar apparatus:
8526.1010	---导航用	1/0.5	8	0						---For navigational aid
8526.1090	---其他	2.5/1.3	14	0						---Other
	-其他：									-Other:
	--无线电导航设备：									--Radio navigational aid apparatus:
8526.9110	---机动车辆用	1/0.5	8	0						---For motor vehicles
8526.9190	---其他	1/0.5	8	0						---Other
8526.9200	--无线电遥控设备	3.3/2.5	14	0						--Radio remote control apparatus

①23.3%与 T6 的复合税从低执行/17.5%与 T6 的复合税从低执行。

23.3% or T6 COMPOUND duty, take the lower from the two; 17.5% or T6 COMPOUND duty, take the lower from the two.

②23.3%与 T6 的复合税从低执行/17.5%与 T6 的复合税从低执行。

23.3% or T6 COMPOUND duty, take the lower from the two; 17.5% or T6 COMPOUND duty, take the lower from the two.

税则号列 Tariff Item	商品名称	最惠国税率(%) M. F. N.	普通税率(%) Gen.	协定税率(%) Conventional 东盟 ASEAN	亚太 APTA	香港 H. K.	澳门 Macao	台湾 Taiwan	出口税率(%) Export	Article Description
85.27	**无线电广播接收设备，不论是否与声音的录制、重放装置或时钟组合在同一机壳内：**									**Reception apparatus for radio-broadcasting, whether or not combined, in the same housing, with sound recording or reproducing apparatus or a clock:**
	-不需外接电源的无线电收音机：									-Radio-broadcast receivers capable of operating without an external source of power:
8527.1200	--袖珍盒式磁带收放机	10/5	130	0						--Pocket-size radio cassette-players
8527.1300	--其他收录（放）音组合机	7.5/3.8	130	0						--Other apparatus combined with sound recording or reproducing apparatus
8527.1900	--其他	7.5/3.8	130	0						--Other
	-需外接电源的汽车用无线电收音机：									-Radio-broadcast receivers not capable of operating without an external source of power, of a kind used in motor vehicles:
8527.2100	--收录（放）音组合机	15	130	0						--Combined with sound recording or reproducing apparatus
8527.2900	--其他	7.5/3.8	130	0						--Other
	-其他：									-Other:
8527.9100	--收录（放）音组合机	7.5/3.8	130	0						--Combined with sound recording or reproducing apparatus
8527.9200	--带时钟的收音机	7.5/3.8	130	0						--Not combined with sound recording or reproducing apparatus but combined with a clock
8527.9900	--其他	15/7.5	130	0						--Other
85.28	**监视器及投影机，未装电视接收装置；电视接收装置，不论是否装有无线电收音装置或声音、图像的录制或重放装置：**									**Monitors and projectors, not incorporating television reception apparatus; reception apparatus for television, whether or not incorporating radio-broadcast receivers or sound or video recording or reproducing apparatus:**
	-阴极射线管监视器：									-Cathode-ray tube monitors:
8528.4200	--可直接连接且设计用于税目84.71的自动数据处理设备的	0	40							--Capable of directly connecting to and designed for use with an automatic data processing machine of heading 84.71
	--其他：									--Other:
8528.4910	---彩色的	15/7.5	130	0	19.5		0			---Colour
8528.4990	---单色的	9.5/4.8	100	0	11.4		0			---Monochrome
	-其他监视器：									-Other monitors:

税则号列 Tariff Item	商品名称	最惠国税率(%) M. F. N.	普通税率(%) Gen.	协定税率(%) Conventional 东盟 ASEAN	亚太 APTA	香港 H. K.	澳门 Macao	台湾 Taiwan	出口税率(%) Export	Article Description
	--可直接连接且设计用于税目84.71的自动数据处理设备的：									--Capable of directly connecting to and designed for use with an automatic data processing machine of heading 84.71：
	---液晶的：									---Of LCD：
8528.5211	----专用于或主要用于税目84.71的自动数据处理系统的	0	40							----Of a kind solely or principally used in an automatic data processing system of heading 84.71
8528.5212	----其他，彩色的	30	130	0	26	0	0			----Other，colour
8528.5219	----其他，单色的	19	100	0	15.2	0	0			----Other，monochrome
	---其他：									---Other：
8528.5291	----专用于或主要用于税目84.71的自动数据处理系统的，彩色的	0	40							----Of a kind solely or principally used in an automatic data processing system of heading 84.71，colour
8528.5292	----其他，彩色的	30	130	0	26	0	0			----Other，colour
8528.5299	----其他，单色的	19	100	0	15.2	0	0			----Other，monochrome
	--其他：									--Other：
8528.5910	---彩色的	30	130	0	26	0	0			---Colour
8528.5990	---单色的	19	100	0	15.2	0	0			---Monochrome
	-投影机：									-Projectors：
	--可直接连接且设计用于税目84.71的自动数据处理设备的：									--Capable of directly connecting to and designed for use with an automatic data processing machine of heading 84.71：
8528.6210	---专用于或主要用于税目84.71的自动数据处理系统的	0	14							---Of a kind solely or principally used in an automatic data processing system of heading 84.71
8528.6220	---其他，彩色的	30	130	0	25.5	0	0			---Other，colour
8528.6290	---其他，单色的	15	100	0			0			---Other，monochrome
	--其他：									--Other：
8528.6910	---彩色的	30	130	0	25.5	0	0			---Colour
8528.6990	---单色的	15	100	0			0			---Monochrome
	-电视接收装置，不论是否装有无线电收音装置或声音、图像的录制或重放装置：									-Reception apparatus for television，whether or not incorporating radio-broadcast receivers or sound or video recording or reproducing apparatus：
	--在设计上不带有视频显示器或屏幕的：									--Not designed to incorporate a video display or screen：
8528.7110	---彩色卫星电视接收机	20/15	130		24					---Colour satellite television receivers
8528.7180	---其他彩色的	20/15	130	0	21					---Other，colour

税则号列 Tariff Item	商品名称	最惠国税率(%) M. F. N.	普通税率(%) Gen.	协定税率(%) Conventional 东盟 ASEAN	亚太 APTA	香港 H. K.	澳门 Macao	台湾 Taiwan	出口税率(%) Export	Article Description
8528.7190	---单色的	10/7.5	100	0			0			---Monochrome
	--其他，彩色的：									--Other, colour:
	---阴极射线显像管的：									---Of CRT:
8528.7211	----模拟电视接收机	30	130		21					----Analogue
8528.7212	----数字电视接收机	30	130		21					----Digital
8528.7219	----其他	30	130		21					----Other
	---液晶显示器的：									---Of LCD:
8528.7221	----模拟电视接收机	30	130	5	21		0			----Analogue
8528.7222	----数字电视接收机	30	130	5	21					----Digital
8528.7229	----其他	30	130	5	21		0			----Other
	---等离子显示器的：									---Of plasma:
8528.7231	----模拟电视接收机	30	130	5	21		0			----Analogue
8528.7232	----数字电视接收机	30	130	5	21					----Digital
8528.7239	----其他	30	130	5	21		0			----Other
	---其他：									---Other:
8528.7291	----模拟电视接收机	30	130	5	21					----Analogue
8528.7292	----数字电视接收机	30	130	5	21					----Digital
8528.7299	----其他	30	130	5	21					----Other
8528.7300	--其他，单色的	15	100	0			0			--Other, monochrome
85.29	**专用于或主要用于税目85.25至85.28所列装置或设备的零件：**									**Parts suitable for use solely or principally with the apparatus of headings 85.25 to 85.28:**
	-各种天线或天线反射器及其零件：									-Aerials and aerial reflectors of all kinds; parts suitable for use therewith:
8529.1010	---雷达设备及无线电导航设备用	0.8/0.4	8	0		0				---For radar apparatus and radio navigational aid apparatus
8529.1020	---无线电收音机及其组合机、电视接收机用	0	90							---For radio-broadcast receivers and their combinations, television receivers
8529.1090	---其他	1/0.5	20	0						---Other
	-其他：									-Other:
8529.9010	---电视发送、差转设备及卫星电视地面接收转播设备用	0	30							---Of television transmission or translation apparatus, satellite television ground receiving and relaying apparatus
	---电视摄像机、视频摄录一体机及数字照相机用：									---Of television cameras, video camera recorders and digital cameras:
8529.9041	----特种用途的	8/6.7	17	0	6.8	0				----Of special purposes
8529.9042	----非特种用途的取像模块	12/10	100	0	10.8	0		0		----Camera modules without special purposes
8529.9049	----其他	12/10	100	0	10.8	0		0		----Other
8529.9050	---雷达设备及无线电导航设备用	1.5/1.3	8	0	1.4					---Of radar apparatus and radio navigational aid apparatus

税则号列 Tariff Item	商品名称	最惠国税率(%) M. F. N.	普通税率(%) Gen.	协定税率(%) Conventional 东盟 ASEAN	亚太 APTA	香港 H. K.	澳门 Macao	台湾 Taiwan	出口税率(%) Export	Article Description
8529.9060	---无线电收音机及其组合机用	15/12.5	130	0	12	0				---Of radio-broadcast receivers and their combinations
	---电视接收机用（高频调谐器除外）：									---Of television receivers (Other than H. F. turners):
8529.9081	----彩色电视接收机用（等离子显像组件及其零件、有机发光二极管显示屏除外）	15	80	0	12					----Of color television receivers (other than plasma display modules or parts thereof, Organic light emitting diode (OLED) screens)
8529.9082	----等离子显像组件及其零件	15/12.5	80	0	12					----Plasma display modules and part thereof
8529.9083	----有机发光二极管显示屏	15	80	0	12					----Organic light emitting diode (OLED) screens
8529.9089	----其他	0	50							----Other
8529.9090	---其他	0	57							---Other
85.30	**铁道、电车道、道路或内河航道、停车场、港口或机场用的电气信号、安全或交通管理设备（税目86.08的货品除外）：**									**Electrical signalling, safety or traffic control equipment for railways, tramways, roads, inland waterways, parking facilities, port installations or airfields (other than those of heading 86.08):**
8530.1000	-铁道或电车道用的设备	10	20	0						-Equipment for railways or tramways
8530.8000	-其他设备	8	20	0						-Other equipment
8530.9000	-零件	8	20	0						-Parts
85.31	**电气音响或视觉信号装置（例如，电铃、电笛、显示板、防盗或防火报警器），但税目85.12或85.30的货品除外：**									**Electric sound or visual signalling apparatus (for example, bells, sirens, indicator panels, burglar or fire alarms), other than those of heading 85.12 or 85.30:**
8531.1000	-防盗或防火报警器及类似装置	10	40	0		0				-Burglar or fire alarms and similar apparatus
8531.2000	-装有液晶装置（LCD）或发光二极管（LED）的显示板	0	70							-Indicator panels incorporating liquid crystal devices (LCD) or light emitting diodes (LED)
	-其他装置：									-Other apparatus:
8531.8010	---蜂鸣器	15	70	0		0				---Buzzers
8531.8090	---其他	7.5/6.3	70	0		0				---Other
	-零件：									-Parts:
8531.9010	---防盗或防火报警器及类似装置用	0	40							---Of burglar or fire alarms and similar apparatus
8531.9090	---其他	0	70							---Other
85.32	**固定、可变或可调（微调）电容器：**									**Electrical capacitors, fixed, variable or adjustable (pre-set):**

税则号列 Tariff Item	商品名称	最惠国税率(%) M. F. N.	普通税率(%) Gen.	协定税率(%) Conventional 东盟 ASEAN	亚太 APTA	香港 H. K.	澳门 Macao	台湾 Taiwan	出口税率(%) Export	Article Description
8532.1000	-固定电容器，用于50/60赫兹电路，其额定无功功率不低于0.5千瓦(电力电容器)	0	20							-Fixed capacitors designed for use in 50/60Hz circuits and having a reactive power handling capacity of not less than 0.5kVar (power capacitors)
	-其他固定电容器：									-Other fixed capacitors:
	--钽电容器：									--Tantalum:
8532.2110	---片式	0	35							---Laminate
8532.2190	---其他	0	35							---Other
	--铝电解电容器：									--Aluminium electrolytic:
8532.2210	---片式	0	35							---Laminate
8532.2290	---其他	0	35							---Other
8532.2300	--单层瓷介电容器	0	35							--Ceramic dielectric, single layer
	--多层瓷介电容器：									--Ceramic dielectric, multilayer:
8532.2410	---片式	0	35							---Laminate
8532.2490	---其他	0	35							---Other
	--纸介质或塑料介质电容器：									--Dielectric of paper or plastics:
8532.2510	---片式	0	35							---Laminate
8532.2590	---其他	0	35							---Other
8532.2900	--其他	0	35							--Other
8532.3000	-可变或可调(微调)电容器	0	35							-Variable or adjustable (pre-set) capacitors
	-零件：									-Parts:
8532.9010	---税号8532.1000所列电容器用	0	20							---Of the capacitors of subheading 8532.1000
8532.9090	---其他	0	35							---Other
85.33	**电阻器(包括变阻器及电位器)，但加热电阻器除外：**									**Electrical resistors (including rheostats and potentiometers), other than heating resistors:**
8533.1000	-固定碳质电阻器，合成或薄膜式	0	50							-Fixed carbon resistors, composition or film types
	-其他固定电阻器：									-Other fixed resistors:
	--额定功率不超过20瓦：									--For a power handling capacity not exceeding 20W:
8533.2110	---片式	0	50							---Laminate
8533.2190	---其他	0	50							---Other
8533.2900	--其他	0	50							--Other
	-线绕可变电阻器，包括变阻器及电位器：									-Wirewound variable resistors, including rheostats and potentiometers:
8533.3100	--额定功率不超过20瓦	0	50							--For a power handling capacity not exceeding 20W
8533.3900	--其他	0	50							--Other
8533.4000	-其他可变电阻器，包括变阻器及电位器	0	50							-Other variable resistors, including rheostats and potentiometers
8533.9000	-零件	0	50							-Parts
85.34	**印刷电路：**									**Printed circuits:**

税则号列 Tariff Item	商品名称	最惠国税率(%) M. F. N.	普通税率(%) Gen.	协定税率(%) Conventional 东盟 ASEAN	亚太 APTA	香港 H. K.	澳门 Macao	台湾 Taiwan	出口税率(%) Export	Article Description
8534.0010	---4层以上的	0	35							---Of more than 4 layers
8534.0090	---其他	0	50							---Other
85.35	**电路的开关、保护或连接用的电气装置（例如，开关、熔断器、避雷器、电压限幅器、电涌抑制器、插头及其他连接器、接线盒），用于电压超过1000伏的线路：**									**Electrical apparatus for switching or protecting electrical circuits, or for making connections to or in electrical circuits (for example, switches, fuses, lightning arresters, voltage limiters, surge suppressors, plugs and other connectors, junction boxes), for a voltage exceeding 1000V:**
8535.1000	-熔断器	14	50	0						-Fuses
	-自动断路器：									-Automatic circuit breakers:
8535.2100	--用于电压低于72.5千伏的线路	14	50	0						--For a voltage of less than 72.5kV
	--其他：									--Other:
8535.2910	---用于电压在72.5千伏及以上，但不高于220千伏的线路	10	50	0						---For a voltage of 72.5kV or more, but not exeeding 220kV
8535.2920	---用于电压高于220千伏，但不高于750千伏的线路	10	50	0						--- For a voltage exceeding 220kV, but not exeeding 750kV
8535.2990	---其他	10	50	0						---Other
	-隔离开关及断续开关：									-Isolating switches and make-and-break switches:
8535.3010	---用于电压在72.5千伏及以上，但不高于220千伏的线路	10	50	0						---For a voltage of 72.5kV or more, but not exeeding 220kV
8535.3020	---用于电压高于220千伏，但不高于750千伏的线路	10	50	0						--- For a voltage exceeding 220kV , but not exeeding 750kV
8535.3090	---其他	10	50	0						---Other
8535.4000	-避雷器、电压限幅器及电涌抑制器	18	50	0		0				-Lightning arresters, voltage limiters and surge suppressors
8535.9000	-其他	10	50	0	9.5	0				-Other
85.36	**电路的开关、保护或连接用的电器装置（例如，开关、继电器、熔断器、电涌抑制器、插头、插座、灯座及其他连接器、接线盒），用于电压不超过1000伏的线路；光导纤维、光导纤维束或光缆用连接器：**									**Electrical apparatus for switching or protecting electrical circuits, or for making connections to or in electrical circuits (for example, switches, relays, fuses, surge suppressors, plugs, sockets, lamp-holders and other connectors, junction boxes), for a voltage not exceeding 1000 volts; connectors for optical fibres, optical fibre bundles or cables:**

税则号列 Tariff Item	商　品　名　称	最惠国税率(%) M. F. N.	普通税率(%) Gen.	协定税率(%) Conventional 东盟 ASEAN	亚太 APTA	香港 H. K.	澳门 Macao	台湾 Taiwan	出口税率(%) Export	Article Description
8536.1000	-熔断器	10	50	0		0		0		-Fuses
8536.2000	-自动断路器	9	50	0		0				-Automatic circuit breakers
8536.3000	-其他电路保护装置	6/4.5	50	0		0				-Other apparatus for protecting electrical circuits
	-继电器：									-Relays：
	--用于电压不超过60伏的线路：									--For a voltage not exceeding 60V：
8536.4110	---用于电压不超过36伏的线路	10	50	0						---For a voltage not exceeding 36V
8536.4190	---其他	10	50	0						---Other
8536.4900	--其他	10	50	0		0				--Other
8536.5000	-其他开关	0	50							-Other switches
	-灯座、插头及插座：									-Lamp-holders, plugs and sockets：
8536.6100	--灯座	10	50	0						--Lamp-holders
8536.6900	--其他	0	50							--Other
8536.7000	-光导纤维、光导纤维束或光缆用连接器	8	30	0		0	0			-Connectors for optical fibres, optical fibre bundles or cables
	-其他装置：									-Other apparatus：
	---接插件：									---Connectors：
8536.9011	----工作电压不超过36伏的	0	50							----For a voltage not exceeding 36V
8536.9019	----其他	0	50							----Other
8536.9090	---其他	0	50							---Other
85.37	**用于电气控制或电力分配的盘、板、台、柜及其他基座，装有两个或多个税目85.35或85.36所列的装置，包括装有第九十章所列的仪器或装置，以及数控装置，但税日85.17的交换机除外：**									**Boards, panels, consoles, desks, cabinets and other bases, equipped with two or more apparatus of heading 85.35 or 85.36, for electric control or the distribution of electricity, including those incorporating instruments or apparatus ofChapter 90, and numerical control apparatus, other than switching apparatus of heading 85.17：**
	-用于电压不超过1000伏的线路：									-For a voltage not exceeding 1000V：
	---数控装置：									---Numerical control panels：
8537.1011	----可编程序控制器	5	14	0	2.5	0		0		----Programmable logic controller (PLC)
8537.1019	----其他	5	14	0	2.5	0		0		----Other
8537.1090	---其他	8.4	50	0	4.2	0	0			---Other
	-用于电压超过1000伏的线路：									-For a voltage exceeding 1000V：

税则号列 Tariff Item	商品名称	最惠国税率(%) M. F. N.	普通税率(%) Gen.	协定税率(%) Conventional 东盟 ASEAN	亚太 APTA	香港 H. K.	澳门 Macao	台湾 Taiwan	出口税率(%) Export	Article Description
8537.2010	---全封闭组合式高压开关装置，用于电压在500千伏及以上的线路	8.4	30	0	4.2					---Gas insulated switch gear, for a voltage of 500kV or more
8537.2090	---其他	8.4	50	0	4.2	0				---Other
85.38	**专用于或主要用于税目85.35、85.36或85.37所列装置的零件：**									**Parts suitable for use solely or principally with the apparatus of heading 85.35, 85.36 or 85.37:**
	-税目85.37所列货品用的盘、板、台、柜及其他基座，但未装有关装置：									-Boards, panels, consoles, desks, cabinets and other bases for the goods of heading 85.37, not equipped with their apparatus:
8538.1010	---税号8537.2010所列货品用	5.6/4.2	50	0	4.2					---For the goods of subheading 8537.2010
8538.1090	---其他	4.7/3.5	50	0	3.5					---Other
8538.9000	-其他	7	50	0		0		0		-Other
85.39	**白炽灯泡、放电灯管，包括封闭式聚光灯及紫外线灯管或红外线灯泡；弧光灯；发光二极管（LED）灯泡（管）：**									**Electric filament or discharge lamps, including sealed beam lamp units and ultra-violet or infra-red lamps; arclamps; light-emitting diode (LED) lamps:**
8539.1000	-封闭式聚光灯	10	45	0						-Sealed beam lamp units
	-其他白炽灯泡，但不包括紫外线灯管或红外线灯泡：									-Other filament lamps, excluding ultraviolet or infra-red lamps:
	--卤钨灯：									--Tungsten halogen:
8539.2110	---科研、医疗专用	8	20	0						---For scientific or medical us-es only
8539.2120	---火车、航空器及船舶用	8	20	0						---For locomotives and rolling-stock, aircraft or ships
8539.2130	---机动车辆用	10	45	0						---For motor vehicles
8539.2190	---其他	10.5	70	0						---Other
	--其他灯，功率不超过200瓦，但额定电压超过100伏：									--Other, of a power not exceeding 200W and for a voltage exceeding 100V:
8539.2210	---科研、医疗专用	10.5	20	0						---For scientific or medical uses only
8539.2290	---其他	5	70	0						---Other
	--其他：									--Other:
8539.2910	---科研、医疗专用	5	20	0						---For scientific or medical uses only
8539.2920	---火车、航空器及船舶用	10.5	20	0						---For locomotives and roiling-stock, aircraft or ships

税则号列 Tariff Item	商品名称	最惠国税率(%) M. F. N.	普通税率(%) Gen.	协定税率(%) Conventional					出口税率(%) Export	Article Description
				东盟 ASEAN	亚太 APTA	香港 H. K.	澳门 Macao	台湾 Taiwan		
8539.2930	---机动车辆用	5	45	0						---For motor vehicles
	---其他：									---Other:
8539.2991	----12伏及以下的	12	70	0		0				----Of a voltage 12V or less
8539.2999	----其他	12	70	0						----Other
	-放电灯管，但紫外线灯管除外：									-Discharge lamps, other than ultra-violet lamps:
	--热阴极荧光灯：									--Fluorescent, hot cathode:
8539.3110	---科研、医疗专用	8	20	0						---For scientific or medical uses only
8539.3120	---火车、航空器及船舶用	8	20	0						---For locomotives and rolling-stock, aircraft or ships
	---其他：									---Other:
8539.3191	----紧凑型	8	70	0						----Compact type
8539.3199	----其他	8	70	0						----Other
	--汞或钠蒸汽灯；金属卤化物灯：									--Mercury or sodium vapour lamps; metal halide lamps:
8539.3230	---钠蒸汽灯	8	20	0						---Sodium vapour lamps
8539.3240	---汞蒸汽灯	8	20	0						---Mercury vapour lamps
8539.3290	---其他	8	70	0						---Other
	--其他：									--Other:
8539.3910	---科研、医疗专用	8	20	0						---For scientific or medical uses only
8539.3920	---火车、航空器及船舶用	8	20	0						---For locomotives and rolling-stock, aircraft or ships
8539.3990	---其他	8	70	0			0	0		---Other
	-紫外线灯管或红外线灯泡；弧光灯：									-Ultra-violet or infra-red lamps; arc-lamps:
8539.4100	--弧光灯	8	20	0						--Arc-lamps
8539.4900	--其他	8	20	0						--Other
8539.5000	-发光二极管（LED）灯泡（管）	10	80	0		0	0			-Light-emitting diode (LED) lamps
8539.9000	零件	8	20	0				0		Parts
85.40	**热电子管、冷阴极管或光阴极管（例如，真空管或充气管、汞弧整流管、阴极射线管、电视摄像管）：**									**Thermionic, cold cathode or photocathode valves and tubes (for example, vacuum or vapour or gas filled valves and tubes, mercury arc rectifying valves and tubes, cathode-ray tubes, television camera tubes):**
	-阴极射线电视显像管，包括视频监视器用阴极射线管：									-Cathode-ray television picture tubes, including video monitor cathode-ray tubes:
8540.1100	--彩色的	12	40	0						--Colour
8540.1200	--单色的	15	40	0						--Monochrome

税则号列 Tariff Item	商品名称	最惠国税率(%) M. F. N.	普通税率(%) Gen.	协定税率(%) Conventional 东盟 ASEAN	亚太 APTA	香港 H. K.	澳门 Macao	台湾 Taiwan	出口税率(%) Export	Article Description
	-电视摄像管；变像管及图像增强管；其他光阴极管：									-Television camera tubes；image converters and intensifiers；other photocathode tubes：
8540.2010	---电视摄像管	12	35	0						---Television camera tubes
8540.2090	---其他	8	17	0						---Other
	-单色的数据/图形显示管；彩色的数据/图形显示管，屏幕荧光点间距小于0.4毫米：									-Data/graphic display tubes，monochrome；data/graphic displaytubes，colour，with a phosphor dot screen pitch smaller than 0.4mm：
8540.4010	---彩色的数据/图形显示管，屏幕荧光点间距小于0.4毫米	8	17	0		0				---Data/graphic displaytubes，colour，with a phosphor dot screen pitch smaller than 0.4mm
8540.4020	---单色的数据/图形显示管	8	17	0						---Data/graphic display tubes，monochrome
	-其他阴极射线管：									-Other cathode-ray tubes：
8540.6010	---雷达显示管	6	14	0						---Radar display tubes
8540.6090	---其他	8	17	0						---Other
	-微波管（例如，磁控管、速调管、行波管、返波管），但不包括栅控管：									-Microwave tubes（for example，magnetrons，klystrons，travelling wave tubes，carcinotrons），excluding gridcontrolled tubes：
8540.7100	--磁控管	8	17	0						--Magnetrons
	--其他：									--Other：
8540.7910	---速调管	8	17	0						---Klystrons
8540.7990	---其他	8	17	0						---Other
	-其他管：									-Other valves and tubes：
8540.8100	--接收管或放大管	8	17	0						--Receiver or amplifier valves and tubes
8540.8900	--其他	8	17	0				0		--Other
	-零件：									-Parts：
	--阴极射线管用：									--Of cathode-ray tubes：
8540.9110	---电视显像管用	6	40	0						---Of television picture tubes
8540.9120	---雷达显示管用	5	14	0						---Of radar display tubes
8540.9190	---其他	8	17	0						---Other
	--其他：									--Other：
8540.9910	---电视摄像管用	8	35	0						---Of television camera tubes
8540.9990	---其他	8	17	0						---Other

税则号列 Tariff Item	商品名称	最惠国税率(%) M. F. N.	普通税率(%) Gen.	协定税率(%) Conventional 东盟 ASEAN	亚太 APTA	香港 H. K.	澳门 Macao	台湾 Taiwan	出口税率(%) Export	Article Description
85.41	**二极管、晶体管及类似的半导体器件；光敏半导体器件，包括不论是否装在组件内或组装成块的光电池；发光二极管；已装配的压电晶体：**									**Diodes, transistors and similar semiconductor devices; photosensitive semiconductor devices, including photovoltaic cells whether or not assembled in modules or made up into panels; light emitting diodes; mounted piezoelectric crystals:**
8541.1000	-二极管，但光敏二极管或发光二极管除外	0	30							-Diodes, other than photosensitive or light emitting diodes
	-晶体管，但光敏晶体管除外：									-Transistors, other than photosensitive transistors:
8541.2100	--耗散功率小于1瓦的	0	30							--With a dissipation rate of less than 1W
8541.2900	--其他	0	30							--Other
8541.3000	-半导体开关元件、两端交流开关元件及三端双向可控硅开关元件，但光敏器件除外	0	30							-Thyristors, diacs and triacs, other than photosensitive devices
	-光敏半导体器件，包括不论是否装在组件内或组装成块的光电池；发光二极管：									-Photosensitive semiconductor devices, including photovoltaic cells whether or not assembled in modules or made up into panels; light emitting diodes:
8541.4010	---发光二极管	0	30							---Light emitting diodes
8541.4020	---太阳能电池	0	30							---Solar cells
8541.4090	---其他	0	30							---Other
8541.5000	-其他半导体器件	0	30							-Other semiconductor devices
8541.6000	-已装配的压电晶体	0	30							-Mounted piezo-electrie crystals
8541.9000	-零件	0	30							-Parts
85.42	**集成电路：**									**Electronic integrated circuits:**
	-集成电路：									-Electronic integrated circuits:
	--处理器及控制器，不论是否带有存储器、转换器、逻辑电路、放大器、时钟及时序电路或其他电路：									--Processors and controllers, whether or not combined with memories, converters, logic circuits, amplifiers, clock and timing circuits, or other circuits:
	---多元件集成电路：									---Multi-component integrated circuits:
8542.3111	----具有变流功能的半导体模块	6.7	30	0		0	0			----Semiconductor modules with converting function
8542.3119	----其他	2.5/1.9	46	0	2.4	0				----Other

税则号列 Tariff Item	商品名称	最惠国税率(%) M. F. N.	普通税率(%) Gen.	协定税率(%) Conventional 东盟 ASEAN	亚太 APTA	香港 H. K.	澳门 Macao	台湾 Taiwan	出口税率(%) Export	Article Description
8542.3190	---其他	0	24							---Other
	--存储器:									--Memories:
8542.3210	---多元件集成电路	2.7/2.1	45	0	2.6	0				---Multi-component integrated circuits
8542.3290	---其他	0	24							---Other
	--放大器:									--Amplifiers:
8542.3310	---多元件集成电路	2.7/2.1	45	0	2.6	0				---Multi-component integrated circuits
8542.3390	---其他	0	24							---Other
	--其他:									--Other:
8542.3910	---多元件集成电路	2.7/2.1	45	0	2.6	0				---Multi-component integrated circuits
8542.3990	---其他	0	24							---Other
8542.9000	-零件	0	30							-Parts
85.43	**本章其他税号未列名的具有独立功能的电气设备及装置:**									**Electrical machines and apparatus, having individual functions, not specified or included elsewhere in this Chapter:**
8543.1000	-粒子加速器	5	11	0						-Particle accelerators
	-信号发生器:									-Signal generators:
8543.2010	---输出信号频率在1500兆赫兹以下的通用信号发生器	11.3/9.4	80	0				0		---Universal signal generators, with a frequency range of less than 1500MHz
8543.2090	---其他	6/5	20	0				0		---Other
8543.3000	-电镀、电解或电泳设备及装置	0	35							-Machines and apparatus for electroplating, electrolysis or electrophoresis
	-其他设备及装置:									-Other machines and apparatus:
8543.7091	----金属、矿藏探测器	0	17							----Metal or mine detectors
8543.7092	----高、中频放大器	0	17							----High or intermediate frequency amplifiers
8543.7093	----电篱网激发器	10	35	0						----Electric fence energizers
8543.7099	----其他	0	35							----Other
	-零件:									-Parts:
8543.9010	---粒子加速器用	0	11							---Of particle accelerators
	---信号发生器用:									---Of signal generators:
8543.9021	----输出信号频率在1500兆赫兹以下的通用信号发生器用	0	80							----Of the generators of subheading 8543.2010
8543.9029	----其他	0	20							----Other
8543.9030	---金属、矿藏探测器用	0	17							---Of metal or mine detectors
8543.9040	---高、中频放大器用	0	17							---Of high or intermediate frequency amplifiers
8543.9090	---其他	0	35							---Other

税则号列 Tariff Item	商品名称	最惠国税率(%) M. F. N.	普通税率(%) Gen.	协定税率(%) Conventional 东盟 ASEAN	亚太 APTA	香港 H. K.	澳门 Macao	台湾 Taiwan	出口税率(%) Export	Article Description
85.44	**绝缘(包括漆包或阳极化处理)电线、电缆(包括同轴电缆)及其他绝缘电导体,不论是否有接头;由每根被覆光纤组成的光缆,不论是否与电导体装配或装有接头:**									**Insulated (including enamelled or anodized) wire, cable (including co-axial cable) and other insulated electric conductors, whether or not fitted with connectors; optical fibre cables, made up of individually sheathed fibres, whether or not assembled with electric conductors or fitted with connectors:**
	-绕组电线:									-Winding wire:
8544.1100	--铜制	10	70	0	7	0	0	0		--Of copper
8544.1900	--其他	20	70	0						--Other
8544.2000	-同轴电缆及其他同轴电导体	10	20	0	9			0		-Co-axial cable and other co-axial electric conductors
	-车辆、航空器、船舶用点火布线组及其他布线组:									-Ignition wiring sets and other wiring sets of a kind used in vehicles, aircraft or ships:
8544.3020	---机动车辆用	10	20	5						---For motor vehicles
8544.3090	---其他	5	70							---Other
	-其他电导体,额定电压不超过1000伏:									-Other electric conductors, for a voltage not exceeding 1000V:
	--有接头:									--Fitted with connectors:
	---额定电压不超过80伏:									---For a voltage not exceeding 80V:
8544.4211	----电缆	0	20							----Electric cable
8544.4219	----其他	0	70							----Other
	---额定电压超过80伏,但不超过1000伏:									---For a voltage exceeding 80V but not exceeding 1000V:
8544.4221	----电缆	0	20							----Electric cable
8544.4229	----其他	0	70							----Other
	--其他:									--Other:
	---额定电压不超过80伏:									---For a voltage not exceeding 80V:
8544.4911	----电缆	0	20							----Electric cable
8544.4919	----其他	0	70							----Other
	---额定电压超过80伏,但不超过1000伏:									---For a voltage exceeding 80V but not exceeding 1000V:
8544.4921	----电缆	6	20	0	4.2	0				----Electric cable
8544.4929	----其他	12	70	0	8.4	0	0	0		----Other
	-其他电导体,额定电压超过1000伏:									-Other electric conductors, for a voltage exceeding 1000V:
	---电缆:									---Electric cable:

税则号列 Tariff Item	商品名称	最惠国税率(%) M. F. N.	普通税率(%) Gen.	协定税率(%) Conventional 东盟 ASEAN	亚太 APTA	香港 H. K.	澳门 Macao	台湾 Taiwan	出口税率(%) Export	Article Description
8544.6012	----额定电压不超过35千伏	10	50	0	8.9	0				----For a voltage not exceeding 35kV
8544.6013	----额定电压超过35千伏，但不超过110千伏	8.4	20	0	8	0				----For a voltage exceeding 35kV but not exceeding 110kV
8544.6014	----额定电压超过110千伏，但不超过220千伏	8.4	20	0	8	0				----For a voltage exceeding 110kV but not exceeding 220kV
8544.6019	----其他	8.4	20	0	8	0				----Other
8544.6090	---其他	21	70	0	20	0				---Other
8544.7000	-光缆	0	20							-Optical fibre cables
85.45	**碳电极、碳刷、灯碳棒、电池碳棒及电气设备用的其他石墨或碳精制品，不论是否带金属：**									**Carbon electrodes, carbon brushes, lamp carbons, battery carbons and other articles of graphite or other carbon, with or without metal, of a kind used for electrical purposes:**
	-碳电极：									-Electrodes:
8545.1100	--炉用	8	35	0						--Of a kind used for furnaces
8545.1900	--其他	10.5	35	0						--Other
8545.2000	-碳刷	10.5	35	0						-Brushes
8545.9000	-其他	10.5	35	0						-Other
85.46	**各种材料制的绝缘子：**									**Electrical insulators of any material:**
8546.1000	-玻璃制	10.5	35	0						-Of glass
	-陶瓷制：									-Of ceramics:
8546.2010	---输变电线路绝缘瓷套管	6	35	0						---Power transmission and converting ceramic bushings
8546.2090	---其他	12	35	0						---Other
8546.9000	-其他	10	35	0						-Other
85.47	**电气机器、器具或设备用的绝缘零件，除了为装配需要而在模制时装入的小金属零件（例如，螺纹孔）以外，全部用绝缘材料制成，但税目85.46的绝缘子除外；内衬绝缘材料的贱金属制线路导管及其接头：**									**Insulating fittings for electrical machines, appliances or equipment, being fittings wholly of insulating material apart from any minor components of metal (for example, threaded sockets) incorporated during moulding solely for purposes of assembly, other than insulators of heading 85.46; electrical conduit tubing and joints therefor, of base metal lined with insulating material:**
8547.1000	-陶瓷制绝缘零件	8	35	0		0				-Insulating fittings of ceramics
8547.2000	-塑料制绝缘零件	8	35	0		0				-Insulating fittings of plastics

税则号列 Tariff Item	商品名称	最惠国税率(%) M. F. N.	普通税率(%) Gen.	协定税率(%) Conventional 东盟 ASEAN	亚太 APTA	香港 H. K.	澳门 Macao	台湾 Taiwan	出口税率(%) Export	Article Description
	-其他：									-Other：
8547.9010	---内衬绝缘材料的贱金属制线路导管及其接头	10	50	0						---Electrical conduit tubing and joints therefor, of base metal lined with insulating material
8547.9090	---其他	8	35	0						---Other
85.48	**原电池、原电池组及蓄电池的废碎料；废原电池、废原电池组及废蓄电池；机器或设备的本章其他税号未列名的电气零件：**									**Waste and scrap of primary cells, primary batteries and electric accumulators; spent primary cells, spent primary batteries and spent electric accumulators; electrical parts of machinery or apparatus, not specified or included elsewhere in this Chapter:**
8548.1000	-原电池、原电池组及蓄电池的废碎料；废原电池、废原电池组及废蓄电池	8	36	0						-Waste and scrap of primary cells, primary batteries and electric accumulators; spent primary cells, spent primary batteries and spent electric accumulators
8548.9000	-其他	12	40	0						-Other

第十七类 车辆、航空器、船舶及有关运输设备

SECTION XVII VEHICLES, AIRCRAFT, VESSELS AND ASSOCIATED TRANSPORT EQUIPMENT

注释：

一、本类不包括税目 95.03 或 95.08 的物品以及税目 95.06 的长雪撬、平底雪撬及类似品。

二、本类所称“零件”及“零件、附件”，不适用于下列货品，不论其是否确定为供本类货品使用：

（一）各种材料制的接头、垫圈或类似品（按其构成材料归类或归入税目 84.84）或硫化橡胶（硬质橡胶除外）的其他制品（税目 40.16）；

（二）第十五类注释二所规定的贱金属制通用零件（第十五类）或塑料制的类似品（第三十九章）；

（三）第八十二章的物品（工具）；

（四）税目 83.06 的物品；

（五）税目 84.01 至 84.79 的机器或装置及其零件，但供本类所列货品使用的散热器除外；税目 84.81 或 84.82 的物品及税目 84.83 的物品（这些物品是构成发动机或其他动力装置所必需的）；

（六）电机或电气设备（第八十五章）；

（七）第九十章的物品；

（八）第九十一章的物品；

（九）武器（第九十三章）；

（十）税目 94.05 的灯具或照明装置；或

（十一）作为车辆零件的刷子（税目 96.03）。

三、第八十六章至第八十八章所称“零件”或“附件”，不适用于那些非专用于或非主要用于这几章所列物品的零件、附件。同时符合这几章内两个或两个以上税号规定的零件、附件，应按其主要用途归入相应的税号。

四、在本类中：

（一）既可在道路上，又可在轨道上行驶的特殊构造的车辆，应归入第八十七章的相应税号；

（二）水陆两用的机动车辆，应归入第八十七章的

Section Notes:

1. This Section does not cover articles of heading 95.03 or 95.08, or bobsleighs, toboggans or the like of heading 95.06.

2. The expressions "parts" and "parts and accessories" do not apply to the following articles, whether or not they are identifiable as for the goods of this Section:

(a) Joints, washers or the like of any material (classified according to their constituent material or in heading 84.84) or other articles of vulcanised rubber other than hard rubber (heading 40.16);

(b) Parts of general use, as defined in Note 2 to Section XV, of base metal (Section XV), or similar goods of plastics (Chapter 39);

(c) Articles of Chapter 82 (tools);

(d) Articles of heading 83.06;

(e) Machines or apparatus of headings 84.01 to 84.79, or parts thereof, other than the radiators for the articles of this Section; articles of heading 84.81 or 84.82 or provided they constitute integral parts of engines or motors, articles of heading 84.83;

(f) Electrical machinery or equipment (Chapter 85);

(g) Articles of Chapter 90;

(h) Articles of Chapter 91;

(ij) Arms (Chapter 93);

(k) Lamps or lighting fittings of heading 94.05; or

(l) Brushes of a kind used as parts of vehicles (heading 96.03).

3. References in Chapters 86 to 88 to "parts" or "accessories" do not apply to parts or accessories which are not suitable for use solely or principally with the articles of those Chapters. A part or accessory which answers to a description in two or more of the headings of those Chapters is to be classified under that heading which corresponds to the principal use of that part or accessory.

4. For the purposes of this Section:

(a) Vehicles specially constructed to travel on both road and rail are classified under the appropriate heading of Chapter 87;

(b) Amphibious motor vehicles are classified under

相应税号；

（三）可兼作地面车辆使用的特殊构造的航空器，应归入第八十八章的相应税号。

the appropriate heading of Chapter 87;

(c) Aircraft specially constructed so that they can also be used as road vehicles are classified under the appropriate heading of Chapter 88.

五、气垫运输工具应按本类最相似的运输工具归类，其规定如下：

（一）在导轨上运行的（气垫火车），归入第八十六章；

（二）在陆地行驶或水陆两用的，归入第八十七章；

（三）在水上航行的，不论能否在海滩或浮码头登陆及能否在冰上行驶，一律归入第八十九章。

气垫运输工具的零件、附件，应按照上述规定，与最相类似的运输工具的零件、附件一并归类。

气垫火车的导轨固定装置及附件应与铁道轨道固定装置及附件一并归类。气垫火车运行系统的信号、安全或交通管理设备应与铁路的信号、安全或交通管理设备一并归类。

5. Air-cushion vehicles are to be classified within this Section with the vehicles to which they are most akin as follows:

(a) In Chapter 86 if designed to travel on a guide-track (hovertrains);

(b) In Chapter 87 if designed to travel over land or over both land and water;

(c) In Chapter 89 if designed to travel over water, whether or not able to land on beaches or landing-stages or also able to travel over ice.

Parts and accessories of air-cushion vehicles are to be classified in the same way as those of vehicles of the heading in which the air-cushion vehicles are classified under the above provisions.

Hovertrain track fixtures and fittings are to be classified as railway track fixtures and fittings, and signalling, safety or traffic control equipment for hovertrain transport systems as signalling, safety or traffic control equipment for railways.

第八十六章
铁道及电车道机车、车辆及其零件；铁道及电车道轨道固定装置及其零件、附件；各种机械（包括电动机械）交通信号设备

Chapter 86
Railway or trainway locomotives, rolling-stock and parts thereof; railway or trainway track fixtures and fittings and parts thereof; mechanical (including electro-mechanical) traffic signalling equipment of all kinds

注释：

一、本章不包括：

（一）木制或混凝土制的铁道或电车道轨枕及气垫火车用的混凝土导轨（税目 44.06 或 68.10）；

（二）税目 73.02 的铁道及电车道铺轨用钢铁材料；或

（三）税目 85.30 的电气信号、安全或交通管理设备。

二、税目 86.07 主要适用于：

（一）轴、轮、行走机构、金属轮箍、轮圈、毂及轮子的其他零件；

（二）车架、底架、转向架；

Chapter Notes:

1. This Chapter does not cover:

(a) Railway or trainway sleepers of wood or of concrete, or concrete guide-track sections for hovertrains (heading 44.06 or 68.10);

(b) Railway or trainway track construction material of iron or steel of heading 73.02; or

(c) Electrical signalling, safety or traffic control equipment of heading 85.30.

2. Heading 86.07 applies, inter alia, to:

(a) Axles, wheels, wheel sets (running gear), metal tyres, hoops and hubs and other parts of wheels;

(b) Frames, underframes, bogies and bissel-bogies;

（三）轴箱；制动装置；

（四）车辆缓冲器；钩或其他联结器及车厢走廊联结装置；

（五）车身。

三、除上述注释一另有规定的以外，税目86.08包括：

（一）已装配的轨道、转车台、站台缓冲器、量载规；

（二）铁道及电车道、道路、内河航道、停车场、港口或机场用的臂板信号机、机械信号盘、平交道口控制器、信号及道岔控制器及其他机械（包括电动机械）信号、安全或交通管理设备，不论是否装有电力照明装置。

(c) Axle boxes; brake gear;

(d) Buffers for rolling-stock; hooks and other coupling gear and corridor connections;

(e) Coachwork.

3. Subject to the provisions of Note 1 above, heading 86.08 applies, inter alia, to:

(a) Assembled track, turntables, platform buffers, loading gauges;

(b) Semaphores, mechanical signal discs, level crossing control gear, signal and point controls, and other mechanical (including electro-mechanical) signalling, safety or traffic control equipment, whether or not fitted for electric lighting, for railways, tramways, roads, inland waterways, parking facilities, port installations or airfields.

税则号列 Tariff Item	商品名称	最惠国税率(%) M.F.N.	普通税率(%) Gen.	协定税率(%) Conventional 东盟 ASEAN	亚太 APTA	香港 H.K.	澳门 Macao	台湾 Taiwan	出口税率(%) Export	Article Description
86.01	**铁道电力机车，由外部电力或蓄电池驱动：**									**Rail locomotives powered from an external source of electricity or by electric accumulators:**
	-由外部电力驱动：									-Powered from an external source of electricity:
	---直流电机驱动的：									---Drived by DC motors:
8601.1011	----微型机控制的	3	11	0						----Controlled by microprocessings
8601.1019	----其他	3	11	0						----Other
8601.1020	---交流电机驱动的	3	11	0						---Drived by AC motors
8601.1090	---其他	3	11	0						---Other
8601.2000	-由蓄电池驱动	3	11	0						-Powered by electric accumulators
86.02	**其他铁道机车；机车煤水车：**									**Other rail locomotives; locomotive tenders:**
	-柴油电力机车：									-Diesel-electric locomotives:
8602.1010	---微型机控制的	3	11	0						---Controled by microprocessings
8602.1090	---其他	3	11	0						---Other
8602.9000	-其他	3	11	0						-Other
86.03	**铁道及电车道用的机动客车、货车、敞车，但税目86.04的货品除外：**									**Self-propelled railway or trainway coaches, vans and trucks, other than those of heading 86.04:**
8603.1000	-由外部电力驱动	3	11	0						-powered frow an external source of electricity
8603.9000	-其他	3	11	0						-Other

税则号列 Tariff Item	商品名称	最惠国税率(%) M. F. N.	普通税率(%) Gen.	协定税率(%) Conventional 东盟 ASEAN	亚太 APTA	香港 H. K.	澳门 Macao	台湾 Taiwan	出口税率(%) Export	Article Description
86.04	**铁道及电车道用的维修或服务车，不论是否机动(例如，工场车、起重机车、道碴捣固车、轨道校正车、检验车及查道车)：**									**Railway or trainway maintenance or service vehicles, whether or not self-propelled (for example, workshops, cranes, ballast tampers, tracklin-ers, testing coaches and track inspection vehicles):**
	---检验车及查道车：									---Testing coaches and track inspection vehicles:
8604.0011	----隧道限界检查车	3	14	0						----Inspection vehicles for tunnel clearance
8604.0012	----钢轨在线打磨列车	3	14	0						----Sanding vehicles for on-line rails
8604.0019	----其他	5	14	0						----Other
	---其他：									---Other:
8604.0091	----电气化接触网架线机(轨行式)	5	20	0						----Installing vehicles for suspension of contact wire (running on rails)
8604.0099	----其他	7	20	0						----Other
86.05	**铁道及电车道用的非机动客车；行李车、邮政车和其他铁道及电车道用的非机动特殊用途车辆(税目86.04的货品除外)：**									**Railway or trainway passenger coaches, not self-propelled; luggage vans, post office coaches and other special purpose railway or trainway coaches, not self-propelled (excluding those of heading 86.04):**
8605.0010	---铁道客车	5	14	0						---Railway passenger coaches
8605.0090	---其他	5	14	0						---Other
86.06	**铁道及电车道用的非机动有篷及无篷货车：**									**Railway or trainway goods vans and wagons, not self-propelled:**
8606.1000	-油罐货车及类似车	5	14	0						-Tank wagons and the like
8606.3000	-自卸货车，但税号8606.1000的货品除外	5	14	0						-Self-discharging wans and wagons, other than those of subheading 8606.1000
	-其他：									-Other:
8606.9100	--带篷及封闭的	5	14	0						--Covered and closed
8606.9200	--敞篷的，厢壁固定且高度超过60厘米	5	14	0						--Open, with non-removable sides of a height exceeding 60cm
8606.9900	--其他	5	14	0						--Other
86.07	**铁道及电车道机车或其他车辆的零件：**									**Parts of railway or trainway locomotives or rolling-stock:**
	-转向架、轴、轮及其零件：									-Bogies, bissel-bogies, axles and wheels, and parts thereof:
8607.1100	--驾驶转向架	3	11	0						--Driving bogies and bissel-bogies
8607.1200	--其他转向架	3	11	0						--Other bogies and bissel-bogies

税则号列 Tariff Item	商品名称	最惠国税率（%）M. F. N.	普通税率（%）Gen.	协定税率（%）Conventional 东盟 ASEAN	亚太 APTA	香港 H. K.	澳门 Macao	台湾 Taiwan	出口税率（%）Export	Article Description
	--其他，包括零件：									--Other, including parts:
8607.1910	---轴	3	11	0						---Axles
8607.1990	---其他	3	11	0						---Other
	-制动装置及其零件：									-Brakes and parts thereof:
8607.2100	--空气制动器及其零件	3	11	0						--Air brakes and parts thereof
8607.2900	--其他	3	11	0						--Other
8607.3000	-钩、其他联结器、缓冲器及其零件	3	11	0						-Hooks and other coupling devices, buffers, and parts there of
	-其他：									-Other:
8607.9100	--机车用	3	11	0						--Of locomotives
8607.9900	--其他	3	11	0						--Other
86.08	**铁道及电车道轨道固定装置及附件；供铁道、电车道、道路、内河航道、停车场、港口或机场用的机械（包括电动机械）信号、安全或交通管理设备；上述货品的零件：**									**Railway or trainway track fixtures and fittings; mechanical (including electro-mechanical) signalling, safety or traffic control equipment for railways, trainways, roads, inland waterways, parking facilities, port installations or airfields; parts of the foregoing:**
8608.0010	---轨道自动计轴设备	3	20	0						---Rail automatic axle counting equipments
8608.0090	---其他	4	20	0						---Other
86.09	**集装箱（包括运输液体的集装箱），经特殊设计、装备适用于各种运输方式：**									**Containers (including containers for the transport of fluids) specially designed and equipped for carriage by one or more modes of transport:**
	---20英尺的：									---Of 20 feet:
8609.0011	----保温式	10.5	35	0						----Insulated
8609.0012	----罐式	10.5	35	0						----Tank type
8609.0019	----其他	10.5	35	0						----Other
	---40英尺的：									---Of 40 feet:
8609.0021	----保温式	10.5	35	0						----Insulated
8609.0022	----罐式	10.5	35	0						----Tank type
8609.0029	----其他	10.5	35	0						----Other
8609.0030	---45、48、53英尺的	10.5	35	0						---Of 45, 48, 53 feet
8609.0090	---其他	10.5	35	0						---Other

第八十七章
车辆及其零件、附件，但铁道及电车道车辆除外

Chapter 87
Vehicles other than railway or trainway rolling-stock, and parts and accessories thereof

注释：

一、本章不包括仅可在钢轨上运行的铁道及电车道车辆。

二、本章所称"牵引车、拖拉机"，是指主要为牵引或推动其他车辆、器具或重物的车辆。除了上述主要用途以外，不论其是否还具有装运工具、种子、肥料或其他货品的辅助装置。

用于安装在税目 87.01 的牵引车或拖拉机上，作为可替换设备的机器或作业工具，即使与牵引车或拖拉机一同报验，不论其是否已安装在车（机）上，仍应归入其各自相应的税号。

三、装有驾驶室的机动车辆底盘，应归入税目 87.02 至 87.04，而不归入税目 87.06。

四、税目 87.12 包括所有儿童两轮车。其他儿童脚踏车归入税目 95.03。

Chapter Notes:

1. This Chapter does not cover railway or trainway rolling-stock designed solely for running on rails.

2. For the purposes of this Chapter, "tractors" means vehicles constructed essentially for hauling or pushing another vehicle, appliance or load, whether or not they contain subsidiary provision for the transport, in connection with the main use of the tractor, of tools, seeds, fertilisers or other goods.

   Machines and working tools designed for fitting to tractors of heading 87.01 as interchangeable equipment remain classified in their respective headings even if presented with the tractor, and whether or not mounted on it.

3. Motor chassis fitted with cabs fall in headings 87.02 to 87.04, and not in heading 87.06.

4. Heading 87.12 includes all children's bicycles. Other children's cycles fall in heading 95.03.

税则号列 Tariff Item	商品名称	最惠国税率(%) M. F. N.	普通税率(%) Gen.	协定税率(%) Conventional 东盟 ASEAN	亚太 APTA	香港 H. K.	澳门 Macao	台湾 Taiwan	出口税率(%) Export	Article Description
87.01	**牵引车、拖拉机（税目 87.09 的牵引车除外）：**									**Tractors (other than tractors of heading 87.09):**
8701.1000	-单轴拖拉机	9	20	0						-Single axle tractors
8701.2000	-半挂车用的公路牵引车	6	20	5						-Road tractors for semi-trailers
8701.3000	-履带式牵引车、拖拉机	6	20	0						-Track-laying tractors
	-其他，其发动机功率：									-Other, of an engine power:
	--不超过 18 千瓦：									--Not exceeding 18kW:
8701.9110	---拖拉机	8	20	0						---Tractors
8701.9190	---其他	8	20	0						---Other
	--超过 18 千瓦，但不超过 37 千瓦：									--Exceeding 18kW, but not exceeding 37kW:
8701.9210	---拖拉机	8	20	0						---Tractors
8701.9290	---其他	8	20	0						---Other
	--超过 37 千瓦，但不超过 75 千瓦：									--Exceeding 37kW, but not exceeding 75kW:
8701.9310	---拖拉机	8	20	0						---Tractors
8701.9390	---其他	8	20	0						---Other
	--超过 75 千瓦，但不超过 130 千瓦：									--Exceeding 75kW, but not exceeding 130kW:
8701.9410	---拖拉机	8	20	0						---Tractors

税则号列 Tariff Item	商品名称	最惠国税率(%) M. F. N.	普通税率(%) Gen.	协定税率(%) Conventional 东盟 ASEAN	亚太 APTA	香港 H. K.	澳门 Macao	台湾 Taiwan	出口税率(%) Export	Article Description
8701.9490	---其他	8	20	0						---Other
	--超过130千瓦：									--Exceeding 130kW：
8701.9510	---拖拉机	8	20	0						---Tractors
8701.9590	---其他	8	20	0						---Other
87.02	**客运机动车辆，10座及以上（包括驾驶座）：**									**Motor vehicles for the transport of ten or more persons, including the driver：**
	-仅装有压燃式活塞内燃发动机（柴油或半柴油式）的车辆：									-With only compression-ignition internal combustion piston engine (diesel or semidiesel)：
8702.1020	---机坪客车	4	90	0						---Buses for transport passengers at airport
	---其他：									---Other：
8702.1091	----30座及以上	25	90							----With 30 seats or more
8702.1092	----20座及以上，但不超过29座	25	230							----With 20 seats or more, but not exceeding 29 seats
8702.1093	----10座及以上，但不超过19座	25	230							----With 10 seats or more, but not exceeding 19 seats
	-同时装有压燃式活塞内燃发动机（柴油或半柴油发动机）及驱动电动机的车辆：									-With both compression-ignition internal combustion piston engine (diesel or semi-diesel) and electric motor as motors for propulsion：
8702.2010	---机坪客车	4	90	0						---Buses for transport passengers at airport
	---其他：									---Other：
8702.2091	----30座及以上（大型客车）	25	90							----With 30 seats or more
8702.2092	----20座及以上，但不超过29座	25	230							----With 20 seats or more, but not exceeding 29 seats
8702.2093	----10座及以上，但不超过19座	25	230							----With 10 seats or more, but not exceeding 19 seats
	-同时装有点燃往复式活塞内燃发动机及驱动电动机的车辆：									-With both spark-ignition internal combustion reciprocating piston engine and electric motor as motors for propulsion：
8702.3010	---30座及以上（大型客车）	25	90	5						---With 30 seats or more
8702.3020	---20座及以上，但不超过29座	25	230	5						---With 20 seats or more, but not exceeding 29 seats
8702.3030	---10座及以上，但不超过19座	25	230	5						---With 10 seats or more, but not exceeding 19 seats
	-仅装有驱动电动机的车辆：									-With only electric motor for propulsion：
8702.4010	---30座及以上（大型客车）	25	90	5						---With 30 seats or more

税则号列 Tariff Item	商品名称	最惠国税率(%) M. F. N.	普通税率(%) Gen.	协定税率(%) Conventional 东盟 ASEAN	亚太 APTA	香港 H. K.	澳门 Macao	台湾 Taiwan	出口税率(%) Export	Article Description
8702.4020	---20座及以上，但不超过29座	25	230	5						---With 20 seats or more, but not exceeding 29 seats
8702.4030	---10座及以上，但不超过19座	25	230	5						---With 10 seats or more, but not exceeding 19 seats
	-其他：									-Other:
8702.9010	---30座及以上（大型客车）	25	90	5						---With 30 seats or more
8702.9020	---20座及以上，但不超过29座	25	230	5						---With 20 seats or more, but not exceeding 29 seats
8702.9030	---10座及以上，但不超过19座	25	230	5						---With 10 seats or more, but not exceeding 19 seats
87.03	**主要用于载人的机动车辆（税目87.02的货品除外），包括旅行小客车及赛车：**									**Motor cars and other motor vehicles principally designed for the transport of persons (other than those of heading 87.02), including station wagons and racing cars:**
	-雪地行走专用车；高尔夫球车及类似车辆：									-Vehicles specially designed for travelling on snow; golf cars and similar vehicles:
	---高尔夫球车及类似车辆：									---golf cars and similar vehicles:
8703.1011	----全地形车	25	150	0						----All terrain vehicles
8703.1019	----其他	25	150	0						----Other
8703.1090	---其他	25	150	0						---Other
	-装有点燃往复式活塞内燃发动机的其他车辆：									-Other vehicles, with spark-ignition internal combustion reciprocating piston engine:
	--气缸容量（排气量）不超过1000毫升：									--Of a cylinder capacity not exceeding 1000cc:
8703.2130	---小轿车	25	230		22.5					---Saloon cars
8703.2140	---越野车（4轮驱动）	25	230		22.5					---Cross-country cars (4WD)
8703.2150	---9座及以下的小客车	25	230		22.5					---Station wagons (with 9 seats or less)
8703.2190	---其他	25	230		22.5					---Other
	--气缸容量（排气量）超过1000毫升，但不超过1500毫升：									--Of a cylinder capacity exceeding 1000cc but not exceeding 1500cc:
8703.2230	---小轿车	25	230		22.5					---Saloon cars
8703.2240	---越野车（4轮驱动）	25	230		22.5					---Cross-country cars (4WD)
8703.2250	---9座及以下的小客车	25	230		22.5					---Station wagons (with 9 seats or less)
8703.2290	---其他	25	230		22.5					---Other
	--气缸容量（排气量）超过1500毫升，但不超过3000毫升：									--Of a cylinder capacity exceeding 1500cc but not exceeding 3000cc:

税则号列 Tariff Item	商 品 名 称	最惠国税率(%) M. F. N.	普通税率(%) Gen.	协定税率（%）Conventional 东盟 ASEAN	亚太 APTA	香港 H. K.	澳门 Macao	台湾 Taiwan	出口税率(%) Export	Article Description
	---气缸容量（排气量）超过1500毫升，但不超过2000毫升：									---Of a cylinder capacity exceeding 1500cc but not exceeding 2000cc：
8703.2341	----小轿车	25	230		22.5					----Saloon cars
8703.2342	----越野车（4轮驱动）	25	230		22.5					----Cross-country cars (4WD)
8703.2343	----9座及以下的小客车	25	230		22.5					----Station wagons (with 9 seats or less)
8703.2349	----其他	25	230		22.5					----Other
	---气缸容量（排气量）超过2000毫升，但不超过2500毫升：									---Of a cylinder capacity exceeding 2000cc but not exceeding 2500cc：
8703.2351	----小轿车	25	270		22.5					----Saloon cars
8703.2352	----越野车（4轮驱动）	25	270		22.5					----Cross-country cars (4WD)
8703.2353	----9座及以下的小客车	25	270		22.5					----Station wagons (with 9 seats or less)
8703.2359	----其他	25	270		22.5					----Other
	---气缸容量（排气量）超过2500毫升，但不超过3000毫升：									---Of a cylinder capacity exceeding 2500cc but not exceeding 3000cc：
8703.2361	----小轿车	25	270		22.5					----Saloon cars
8703.2362	----越野车（4轮驱动）	25	270	0	22.5					----Cross-country cars (4WD)
8703.2363	----9座及以下的小客车	25	270	0	22.5					----Station wagons (with 9 seats or less)
8703.2369	----其他	25	270	0	22.5					----Other
	--气缸容量（排气量）超过3000毫升：									--Of a cylinder capacity exceeding 3000cc：
	---气缸容量（排气量）超过3000毫升，但不超过4000毫升：									---Of a cylinder capacity exceeding 3000cc, but not exceeding 4000cc：
8703.2411	----小轿车	25	270		22.5					----Saloon cars
8703.2412	----越野车（4轮驱动）	25	270		22.5					----Cross-country cars (4WD)
8703.2413	----9座及以下的小客车	25	270		22.5					----Station wagons (with 9 seats or less)
8703.2419	----其他	25	270		22.5					----Other
	---气缸容量（排气量）超过4000毫升：									---Of a cylinder capacity exceeding 4000cc：
8703.2421	----小轿车	25	270		22.5					----Saloon cars
8703.2422	----越野车（4轮驱动）	25	270		22.5					----Cross-country cars (4WD)
8703.2423	----9座及以下的小客车	25	270		22.5					----Station wagons (with 9 seats or less)
8703.2429	----其他	25	270		22.5					----Other
	-仅装有压燃式活塞内燃发动机（柴油或半柴油发动机）的其他车辆：									-Other vehicles, with only compression-ignition internal combustion piston engine (diesel or semi-diesel)：

税则号列 Tariff Item	商品名称	最惠国税率(%) M. F. N.	普通税率(%) Gen.	协定税率(%) Conventional 东盟 ASEAN	亚太 APTA	香港 H. K.	澳门 Macao	台湾 Taiwan	出口税率(%) Export	Article Description
	--气缸容量（排气量）不超过1500毫升：									--Of a cylinder capacity not exceeding 1500cc：
	---气缸容量（排气量）不超过1000毫升：									---Of a cylinder capacity not exceeding 1000cc：
8703.3111	----小轿车	25	230							----Saloon cars
8703.3119	----其他	25	230	0						----Other
	---气缸容量（排气量）超过1000毫升，但不超过1500毫升：									---Of a cylinder capacity exceeding 1500cc but not exceeding 2500cc：
8703.3121	----小轿车	25	230							----Saloon cars
8703.3122	----越野车（4轮驱动）	25	230							----Cross-country cars（4WD）
8703.3123	----9座及以下的小客车	25	230							----Station wagons（with 9 seats or less）
8703.3129	----其他	25	230	0						----Other
	--气缸容量（排气量）超过1500毫升，但不超过2500毫升：									--Of a cylinder capacity exceeding 1500cc but not exceeding 2500cc：
	---气缸容量（排气量）超过1500毫升，但不超过2000毫升：									---Of a cylinder capacity exceeding 1500cc but not exceeding 2000cc：
8703.3211	----小轿车	25	230		22.5					----Saloon cars
8703.3212	----越野车（4轮驱动）	25	230		22.5					----Cross-country cars（4WD）
8703.3213	----9座及以下的小客车	25	230		22.5					----Station wagons（with 9 seats or less）
8703.3219	----其他	25	230		22.5					----Other
	---气缸容量（排气量）超过2000毫升，但不超过2500毫升：									---Of a cylinder capacity exceeding 2000cc but not exceeding 2500cc：
8703.3221	----小轿车	25	230		22.5					----Saloon cars
8703.3222	----越野车（4轮驱动）	25	230		22.5					----Cross-country cars（4WD）
8703.3223	----9座及以下的小客车	25	230		22.5					----Station wagons（with 9 seats or less）
8703.3229	----其他	25	230		22.5					----Other
	--气缸容量（排气量）超过2500毫升：									--Of a cylinder capacity exceeding 2500cc：
	---气缸容量（排气量）超过2500毫升，但不超过3000毫升：									---Of a cylinder capacity exceeding 2500cc, but not exceeding 3000cc：
8703.3311	----小轿车	25	270	0	22.5					----Saloon cars
8703.3312	----越野车（4轮驱动）	25	270	0	22.5					----Cross-country cars（4WD）
8703.3313	----9座及以下的小客车	25	270	0	22.5					----Station wagons（with 9 seats or less）
8703.3319	----其他	25	270	0	22.5					----Other

税则号列 Tariff Item	商品名称	最惠国税率(%) M. F. N.	普通税率(%) Gen.	协定税率(%) Conventional 东盟 ASEAN	亚太 APTA	香港 H. K.	澳门 Macao	台湾 Taiwan	出口税率(%) Export	Article Description
	---气缸容量（排气量）超过3000毫升，但不超过4000毫升：									---Of a cylinder capacity exceeding 3000cc，but not exceeding 4000cc：
8703.3321	----小轿车	25	270	0	22.5					----Saloon cars
8703.3322	----越野车（4轮驱动）	25	270	0	22.5					----Cross-country cars（4WD）
8703.3323	----9座及以下的小客车	25	270	0	22.5					----Station wagons（with 9 seats or less）
8703.3329	----其他	25	270	0	22.5					----Other
	---气缸容量（排气量）超过4000毫升：									---Of a cylinder capacity exceeding 4000cc：
8703.3361	----小轿车	25	270	0	22.5					----Saloon cars
8703.3362	----越野车（4轮驱动）	25	270	0	22.5					----Cross-country cars（4WD）
8703.3363	----9座及以下的小客车	25	270	0	22.5					----Station wagons（with 9 seats or less）
8703.3369	----其他	25	270	0	22.5					----Other
	-同时装有点燃往复式活塞内燃发动机及驱动电动机的其他车辆，可通过接插外部电源进行充电的除外：									-Other vehicles，with both spark-ignition internal combustion reciprocating piston engine and electric motor as motors for propulsion，other than those capable of being charged by plugging to external source of electric power：
	---气缸容量（排气量）不超过1000毫升：									---Of a cylinder capacity not exceeding 1000cc：
8703.4011	----小轿车	25	230		22.5					----Saloon cars
8703.4012	----越野车（4轮驱动）	25	230		22.5					----Cross-country cars（4WD）
8703.4013	----9座及以下的小客车	25	230		22.5					----Station wagons（with 9 seats or less）
8703.4019	----其他	25	230		22.5					----Other
	---气缸容量（排气量）超过1000毫升，但不超过1500毫升：									---Of a cylinder capacity exceeding 1000cc，but not exceeding 1500cc：
8703.4021	----小轿车	25	230		22.5					----Saloon cars
8703.4022	----越野车（4轮驱动）	25	230		22.5					----Cross-country cars（4WD）
8703.4023	----9座及以下的小客车	25	230		22.5					----Station wagons（with 9 seats or less）
8703.4029	----其他	25	230		22.5					----Other
	---气缸容量（排气量）超过1500毫升，但不超过2000毫升：									---Of a cylinder capacity exceeding 1500cc，but not exceeding 2000cc：
8703.4031	----小轿车	25	230		22.5					----Saloon cars
8703.4032	----越野车（4轮驱动）	25	230		22.5					----Cross-country cars（4WD）
8703.4033	----9座及以下的小客车	25	230		22.5					----Station wagons（with 9 seats or less）
8703.4039	----其他	25	230		22.5					----Other

税则号列 Tariff Item	商 品 名 称	最惠国税率（%） M. F. N.	普通税率（%） Gen.	协定税率（%）Conventional 东盟 ASEAN	亚太 APTA	香港 H. K.	澳门 Macao	台湾 Taiwan	出口税率（%） Export	Article Description
	---气缸容量（排气量）超过 2000 毫升，但不超过 2500 毫升：									---Of a cylinder capacity exceeding 2000cc, but not exceeding 2500cc:
8703.4041	----小轿车	25	230		22.5					----Saloon cars
8703.4042	----越野车（4 轮驱动）	25	230		22.5					----Cross-country cars (4WD)
8703.4043	----9 座及以下的小客车	25	230		22.5					----Station wagons (with 9 seats or less)
8703.4049	----其他	25	230		22.5					----Other
	---气缸容量（排气量）超过 2500 毫升，但不超过 3000 毫升：									---Of a cylinder capacity exceeding 2500cc, but not exceeding 3000cc:
8703.4051	----小轿车	25	270		22.5					----Saloon cars
8703.4052	----越野车（4 轮驱动）	25	270	0	22.5					----Cross-country cars (4WD)
8703.4053	----9 座及以下的小客车	25	270	0	22.5					----Station wagons (with 9 seats or less)
8703.4059	----其他	25	270	0	22.5					----Other
	---气缸容量（排气量）超过 3000 毫升，但不超过 4000 毫升：									---Of a cylinder capacity exceeding 3000cc, but not exceeding 4000cc:
8703.4061	----小轿车	25	270		22.5					----Saloon cars
8703.4062	----越野车（4 轮驱动）	25	270		22.5					----Cross-country cars (4WD)
8703.4063	----9 座及以下的小客车	25	270		22.5					----Station wagons (with 9 seats or less)
8703.4069	----其他	25	270		22.5					----Other
	---气缸容量（排气量）超过 4000 毫升：									---Of a cylinder capacity exceeding 4000cc:
8703.4071	----小轿车	25	270		22.5					----Saloon cars
8703.4072	----越野车（4 轮驱动）	25	270		22.5					----Cross-country cars (4WD)
8703.4073	----9 座及以下的小客车	25	270		22.5					----Station wagons (with 9 seats or less)
8703.4079	----其他	25	270		22.5					----Other
8703.4090	---其他	25	270	0	22.5					---Other
	-同时装有压燃式活塞内燃发动机（柴油或半柴油发动机）及驱动电动机的其他车辆，可通过接插外部电源进行充电的除外：									-Other vehicles, with both compression-ignition internal combustion piston engine (diesel or semi-diesel) and electric motor as motors for propulsion, other than those capable of being charged by plugging to external source of electric power:
	---气缸容量（排气量）不超过 1000 毫升：									---Of a cylinder capacity not exceeding 1000cc:
8703.5011	----小轿车	25	230							----Saloon cars
8703.5019	----其他	25	230	0						----Other

税则号列 Tariff Item	商品名称	最惠国税率(%) M. F. N.	普通税率(%) Gen.	协定税率(%) Conventional 东盟 ASEAN	亚太 APTA	香港 H. K.	澳门 Macao	台湾 Taiwan	出口税率(%) Export	Article Description
	---气缸容量（排气量）超过1000毫升，但不超过1500毫升：									---Of a cylinder capacity exceeding 1000cc，but not exceeding 1500cc：
8703.5021	----小轿车	25	230							----Saloon cars
8703.5022	----越野车（4轮驱动）	25	230							----Cross-country cars（4WD）
8703.5023	----9座及以下的小客车	25	230							----Station wagons（with 9 seats or less）
8703.5029	----其他	25	230	0						----Other
	---气缸容量（排气量）超过1500毫升，但不超过2000毫升：									---Of a cylinder capacity exceeding 1500cc，but not exceeding 2000cc：
8703.5031	----小轿车	25	230		22.5					----Saloon cars
8703.5032	----越野车（4轮驱动）	25	230		22.5					----Cross-country cars（4WD）
8703.5033	----9座及以下的小客车	25	230		22.5					----Station wagons（with 9 seats or less）
8703.5039	----其他	25	230		22.5					----Other
	---气缸容量（排气量）超过2000毫升，但不超过2500毫升：									---Of a cylinder capacity exceeding 2000cc，but not exceeding 2500cc：
8703.5041	----小轿车	25	230		22.5					----Saloon cars
8703.5042	----越野车（4轮驱动）	25	230		22.5					----Cross-country cars（4WD）
8703.5043	----9座及以下的小客车	25	230		22.5					----Station wagons（with 9 seats or less）
8703.5049	----其他	25	230		22.5					----Other
	---气缸容量（排气量）超过2500毫升，但不超过3000毫升：									---Of a cylinder capacity exceeding 2500cc，but not exceeding 3000cc：
8703.5051	----小轿车	25	270	0	22.5					----Saloon cars
8703.5052	----越野车（4轮驱动）	25	270	0	22.5					----Cross-country cars（4WD）
8703.5053	----9座及以下的小客车	25	270	0	22.5					----Station wagons（with 9 seats or less）
8703.5059	----其他	25	270	0	22.5					----Other
	---气缸容量（排气量）超过3000毫升，但不超过4000毫升：									---Of a cylinder capacity exceeding 3000cc，but not exceeding 4000cc：
8703.5061	----小轿车	25	270	0	22.5					----Saloon cars
8703.5062	----越野车（4轮驱动）	25	270	0	22.5					----Cross-country cars（4WD）
8703.5063	----9座及以下的小客车	25	270	0	22.5					----Station wagons（with 9 seats or less）
8703.5069	----其他	25	270	0	22.5					----Other
	---气缸容量（排气量）超过4000毫升：									---Of a cylinder capacity exceeding 4000cc：
8703.5071	----小轿车	25	270	0	22.5					----Saloon cars
8703.5072	----越野车（4轮驱动）	25	270	0	22.5					----Cross-country cars（4WD）
8703.5073	----9座及以下的小客车	25	270	0	22.5					----Station wagons（with 9 seats or less）

税则号列 Tariff Item	商品名称	最惠国税率(%) M. F. N.	普通税率(%) Gen.	协定税率(%) Conventional 东盟 ASEAN	亚太 APTA	香港 H. K.	澳门 Macao	台湾 Taiwan	出口税率(%) Export	Article Description
8703.5079	----其他	25	270	0	22.5					----Other
8703.5090	---其他	25	270	0	22.5					---Other
8703.6000	-同时装有点燃往复式活塞内燃发动机及驱动电动机、可通过接插外部电源进行充电的其他车辆	25	270		22.5					-Other vehicles, with both spark-ignition internal combustion reciprocating piston engine and electric motor as motors for propulsion, capable of being charged by plugging to external source of electric power
8703.7000	-同时装有压燃活塞内燃发动机(柴油或半柴油发动机)及驱动电动机、可通过接插外部电源进行充电的其他车辆	25	270	0	22.5					-Other vehicles, with both compression-ignition internal combustion piston engine (diesel or semi-diesel) and electric motor as motors for propulsion, capable of being charged by plugging to external source of electric power
8703.8000	-仅装有驱动电动机的其他车辆	25	270	0	22.5					-Other vehicles, with only electric motor for propulsion
8703.9000	-其他	25	270	0	22.5					-Other
87.04	**货运机动车辆:**									**Motor vehicles for the transport of goods:**
	-非公路用自卸车:									-Dumpers designed for off-highway use:
8704.1030	---电动轮货运自卸车	6	20	0						---Electromobile dumpers for the transport of goods
8704.1090	---其他	6	20	0						---Other
	-装有压燃式活塞内燃发动机(柴油或半柴油发动机)的其他货车:									-Other, with compression-ignition internal combustion piston engine (diesel or semidiesesl):
8704.2100	--车辆总重量不超过5吨	25	70							--G. v. w. not exceeding 5 tons
	--车辆总重量超过5吨,但不超过20吨:									--G. v. w. exceeding 5 tons but not exceeding 20 tons:
8704.2230	---车辆总重量超过5吨,但小于14吨	20	70	5	18					---G. v. w. exceeding 5 tons but not exceeding 14 tons
8704.2240	---车辆总重量在14吨及以上,但不超过20吨	20	40	5	18					---G. v. w. of 14 tons or more but not exceeding 20 tons
8704.2300	--车辆总重量超过20吨	15	40	5						--G. v. w. exceeding 20 tons
	-装有点燃式活塞内燃发动机的其他货车:									-Other, with spark-ignition internal combustion piston engine:
8704.3100	--车辆总重量不超过5吨	25	70	5						--G. v. w. not exceeding 5 tons
	--车辆总重量超过5吨:									--G. v. w. exceeding 5 tons:

税则号列 Tariff Item	商品名称	最惠国税率(%) M. F. N.	普通税率(%) Gen.	协定税率(%) Conventional 东盟 ASEAN	亚太 APTA	香港 H. K.	澳门 Macao	台湾 Taiwan	出口税率(%) Export	Article Description
8704.3230	---车辆总重量超过5吨，但不超过8吨	20	70	5						---G. v. w. exceeding 5 tons, but not exceeding 8 tons
8704.3240	---车辆总重量超过8吨	20	70	5						---G. v. w. exceeding 8 tons
8704.9000	-其他	25	70	0						-Other
87.05	**特殊用途的机动车辆（例如，抢修车、起重车、救火车、混凝土搅拌车、道路清洁车、喷洒车、流动工场车及流动放射线检查车），但主要用于载人或运货的车辆除外：**									**Special purpose motor vehicles, other than those principally designed for the transport of persons or goods (for example, breakdown lorries, crane lorries, fire fighting vehicles, concrete mixer lorries, road sweeper lorries, spraying lorries, mobile workshops, mobile radiological units):**
	-起重车：									-Crane lorries:
	---全路面起重车：									---All-road crane lorries:
8705.1021	----最大起重重量不超过50吨	15	30	0						----Of maxium lifting capacity not more than 50 tons
8705.1022	----最大起重重量超过50吨，但不超过100吨	10	30	0						----Of a maxium lifting capacity exceeding 50 tons but not exceeding 100 tons
8705.1023	----最大起重重量超过100吨	10	30	0						----Of a maxium lifting capacity exceeding 100 tons
	---其他：									---Other:
8705.1091	----最大起重重量不超过50吨	15	30	0						----Of maxium lifting capacity not more than 50 tons
8705.1092	----最大起重重量超过50吨，但不超过100吨	10	30	0						----Of a maxium lifting capacity exceeding 50 tons but not exceeding 100 tons
8705.1093	----最大起重重量超过100吨	10	30	0						----Of a maxium lifting capacity exceeding 100 tons
8705.2000	-钻探车	12	17	0						-Mobile drilling derricks
	-救火车：									-Fire fighting vehicles:
8705.3010	---装有云梯的救火车	3	8	0						---Mounted with scaling ladder
8705.3090	---其他	3	8	0						---Other
8705.4000	-混凝土搅拌车	15	35	0	13.5					-Concrete mixer lorries
	-其他：									-Other:
8705.9010	---无线电通信车	9	35	0	8.1					---Radio communication vans
8705.9020	---放射线检查车	9	14	0	8.1					---Mobile radiological units
8705.9030	---环境监测车	12	20	0	10.8					---Mobile environmental monitoring units
8705.9040	---医疗车	12	30	0	10.8					---Mobile clinics
	---电源车：									---Mobile electric generator sets:
8705.9051	----航空电源车（频率为400赫兹）	12	30	0	10.8					----Airplane charging vehicles (frequency 400Hz)
8705.9059	----其他	12	30	0	10.8					----Other

税则号列 Tariff Item	商品名称	最惠国税率(%) M. F. N.	普通税率(%) Gen.	协定税率(%) Conventional 东盟 ASEAN	亚太 APTA	香港 H. K.	澳门 Macao	台湾 Taiwan	出口税率(%) Export	Article Description
8705.9060	---飞机加油车、调温车、除冰车	12	35	0	10.8					---Mobile vehicles for aircraft refuelling, air-conditioning or deicing
8705.9070	---道路(包括跑道)扫雪车	12	35	0	10.8					---Snow sweep vehicles for cleaning streets or airfield runways
8705.9080	---石油测井车、压裂车、混沙车	12	35	0	10.8					---Petroleum well logging trucks, fracturing unit trucks and mixing sand trucks
	---其他:									---Other:
8705.9091	----混凝土泵车	12	35	0	10.8					----Concrete pump lorries
8705.9099	----其他	12	35	0	10.8					----Other
87.06	**装有发动机的机动车辆底盘,税目87.01至87.05所列车辆用:**									**Chassis fitted with engines, for the motor vehicles of headings 87.01 to 87.05:**
8706.0010	---非公路用自卸车底盘	8	14	0						---For the vehicles of subheading 8704.1030 or 8704.1090
	---货车底盘:									---For the vehicles of subheadings 8704.2100 to 8704.9000:
8706.0021	----车辆总重量在14吨及以上的	10	30	5						----For vehicles g. v. w of 14 tons or more
8706.0022	----车辆总重量在14吨以下的	10	45	5						----For vehicles g. v. w less than 14 tons
8706.0030	---大型客车底盘	20	70	0		0				---For passenger motor vehicles with 30 seats or more
8706.0040	---汽车起重机底盘	20	100	0						---For crane lorries
8706.0090	---其他	10	100	0		0				---Other
87.07	**机动车辆的车身(包括驾驶室),税目87.01至87.05所列车辆用:**									**Bodies (including cabs), for the motor vehicles of headings 87.01 to 87.05:**
8707.1000	税目87.03所列车辆用	10	100	0						For the vehicles of heading 87.03
	-其他:									-Other:
8707.9010	---税号8702.1092、8702.1093、8702.9020及8702.9030所列车辆用	10	70	0	9					---For the vehicles of subheadings8702.1092, 8702.1093, 8702.9020 or 8702.9030
8707.9090	---其他	10	70	0	9					---Other
87.08	**机动车辆的零件、附件,税目87.01至87.05所列车辆用:**									**Parts and accessories of the motor vehicles of headings 87.01 to 87.05:**
8708.1000	-缓冲器(保险杠)及其零件	10	100	0	9.6			0		-Bumpers and parts thereof
	-车身(包括驾驶室)的其他零件、附件:									-Other parts and accessories of bodies (including cabs):
8708.2100	--座椅安全带	10	100	0			0			--Safety seat belts

税则号列 Tariff Item	商品名称	最惠国税率（%）M. F. N.	普通税率（%）Gen.	协定税率（%）Conventional 东盟 ASEAN	亚太 APTA	香港 H. K.	澳门 Macao	台湾 Taiwan	出口税率（%）Export	Article Description
	--其他：									--Other：
8708.2930	---车窗玻璃升降器	10	100	5	9	0		0		---Windowpane raiser
	---天窗：									---Sunroofs：
8708.2941	----电动的	10	100	0	9	0		0		----Electric
8708.2942	----手动的	10	100	0	9	0		0		----Hand-operated
	---其他车身覆盖件：									---Other covered parts of bodies：
8708.2951	----侧围	10	100	0	9			0		----Side appearance of bodies
8708.2952	----车门	10	100	0	9			0		----Doors
8708.2953	----发动机罩盖	10	100	0	9			0		----Bonnets
8708.2954	----前围	10	100	0	9			0		----Frontal appearance of bodies
8708.2955	----行李箱盖（或背门）	10	100	0	9			0		----Rear compartment covers (or rear door)
8708.2956	----后围	10	100	0	9			0		----Rear appearance of bodies
8708.2957	----翼子板（或叶子板）	10	100	0	9			0		----Running-boards
8708.2959	----其他	10	100	0	9			0		----Other
8708.2990	---其他	10	100	0	9			0		---Other
	-制动器、助力制动器及其零件：									-Brakes and servo-brakes；parts thereof：
8708.3010	---装在蹄片上的制动摩擦片	10	100	0						---Mounted brake linings
	---防抱死制动系统（ABS）：									---Anti-slid brake system：
8708.3021	----税目 87.01、税号 8704.1030 及 8704.1090 所列车辆用	6	11	0	5.4					----Of the vehicles of heading 87.01 and subheadings 8704.1030 and 8704.1090
8708.3029	----其他	10	100	5	9					----Other
	---其他：									---Other：
8708.3091	----税目 87.01 所列车辆用	6	14	0	5.4					----Of the vehicles of heading 87.01
8708.3092	----税号 8702.1091 及 8702.9010 所列车辆用	10	70	5	9					----Of the vehicles of subheadings 8702.1091 and 8702.9010
8708.3093	----税号 8704.1030 及 8704.1090 所列车辆用	6	11	0	5.4					----Of the vehicles of subheadings 8704.1030 and 8704.1090
8708.3094	----税号 8704.2100、8704.2230、8704.3100 及 8704.3230 所列车辆用	10	45	5	9					----Of the vehicles of subheadings 8704.2100，8704.2230，8704.3100 and 8704.3230
8708.3095	----税号 8704.2240、8704.2300 及 8704.3240 所列车辆用	10	30	0	9					----Of the vehicles of subheadings 8704.2240，8704.2300 and 8704.3240
8708.3096	----税目 87.05 所列车辆用	10	100	0	9					----Of the vehicles of heading 87.05

税则号列 Tariff Item	商品名称	最惠国税率(%) M. F. N.	普通税率(%) Gen.	协定税率(%) Conventional 东盟 ASEAN	亚太 APTA	香港 H. K.	澳门 Macao	台湾 Taiwan	出口税率(%) Export	Article Description
8708.3099	----其他车辆用	10	100	5	9					----Other
	-变速箱及其零件：									-Gear boxes and parts thereof:
8708.4010	---税目87.01所列车辆用	6	14	0				0		---Of the vehicles of heading 87.01
8708.4020	---税号8702.1091及8702.9010所列车辆用	10	70	5				0		---Of the vehicles of subheadings 8702.1091 and 8702.9010
8708.4030	---税号8704.1030及8704.1090所列车辆用	6	11	0				0		---Of the vehicles of subheadings 8704.1030 and 8704.1090
8708.4040	---税号8704.2100、8704.2230、8704.3100及8704.3230所列车辆用	10	45	5				0		---Of the vehicles of subheadings 8704.2100, 8704.2230, 8704.3100 and 8704.3230
8708.4050	---税号8704.2240、8704.2300及8704.3240所列车辆用	10	30	5				0		---Of the vehicles of subheadings 8704.2240, 8704.2300 and 8704.3240
8708.4060	---税目87.05所列车辆用	10	100	0				0		---Of the vehicles of heading 87.05
	---其他：									---Other:
8708.4091	----小轿车用自动换挡变速箱及其零件	10	100	5						----Automatic gearshift for saloon cars and parts thereof
8708.4099	----其他	10	100	0				0		----Other
	-装有差速器的驱动桥及其零件，不论是否装有其他传动部件；非驱动桥及其零件：									-Drive-axles with differential, whether or not provided with other transmission components, and non-driving axles; parts thereof:
	---装有差速器的驱动桥及其零件，不论是否装有其他传动部件：									---Drive-axles with differential and parts thereof, whether or not provided with other transmission components:
8708.5071	----税目87.01所列车辆用	6	14	0	5.4					----Of the vehicles of heading 87.01
8708.5072	----税号8702.1091及8702.9010所列车辆用	10	70	5	9					----Of the vehicles of subheadings 8702.1091 and 8702.9010
8708.5073	----税号8704.1030及8704.1090所列车辆用	6	11	0	5.4					----Of the vehicles of subheadings 8704.1030 and 8704.1090
8708.5074	----税号8704.2100、8704.2230、8704.3100及8704.3230所列车辆用	10	45	5	9					----Of the vehicles of subheadings 8704.2100, 8704.2230, 8704.3100 and 8704.3230
8708.5075	----税号8704.2240、8704.2300及8704.3240所列车辆用	10	30	5	9					----Of the vehicles of subheadings 8704.2240, 8704.2300 and 8704.3240

税则号列 Tariff Item	商品名称	最惠国税率（%）M. F. N.	普通税率（%）Gen.	协定税率（%）Conventional 东盟 ASEAN	亚太 APTA	香港 H. K.	澳门 Macao	台湾 Taiwan	出口税率（%）Export	Article Description
8708.5076	----税目 87.05 所列车辆用	10	100	0	9					----Of the vehicles of heading 87.05
8708.5079	----其他	10	100	5	9					----Other
	---非驱动桥及其零件：									---Non-driving axles and parts thereof:
8708.5081	----税目 87.01 所列车辆用	6	14	0						----Of the vehicles of heading 87.01
8708.5082	----税号 8702.1091 及 8702.9010 所列车辆用	15	70	0						----Of the vehicles of subheadings 8702.1091 and 8702.9010
8708.5083	----税号 8704.1030 及 8704.1090 所列车辆用	6	11	0						----Of the vehicles of subheadings 8704.1030 and 8704.1090
8708.5084	----税号 8704.2100、8704.2230、8704.3100 及 8704.3230 所列车辆用	10	45	0						----Of the vehicles of subheadings 8704.2100, 8704.2230, 8704.3100 and 8704.3230
8708.5085	----税号 8704.2240、8704.2300 及 8704.3240 所列车辆用	10	30	0						----Of the vehicles of subheadings 8704.2240, 8704.2300 and 8704.3240
8708.5086	----税目 87.05 所列车辆用	10	100	0						----Of the vehicles of heading 87.05
8708.5089	----其他	10	100	0						----Other
	-车轮及其零件、附件：									-Road wheels and parts and accessories thereof:
8708.7010	---税目 87.01 所列车辆用	6	14	0				0		---Of the vehicles of heading 87.01
8708.7020	---税号 8702.1091 及 8702.9010 所列车辆用	10	70	0				0		---Of the vehicles of subheadings 8702.1091 and 8702.9010
8708.7030	---税号 8704.1030 及 8704.1090 所列车辆用	6	11	0				0		---Of the vehicles of subheadings 8704.1030 and 8704.1090
8708.7040	---税号 8704.2100、8704.2230、8704.3100 及 8704.3230 所列车辆用	10	45	0				0		---Of the vehicles of subheadings 8704.2100, 8704.2230, 8704.3100 and 8704.3230
8708.7050	---税号 8704.2240、8704.2300 及 8704.3240 所列车辆用	10	30	0				0		---Of the vehicles of subheadings 8704.2240, 8704.2300 and 8704.3240
8708.7060	---税目 87.05 所列车辆用	10	100	0				0		---Of the vehicles of heading 87.05
	---其他：									---Other:
8708.7091	----铝合金制的	10	100	0				0		----Of aluminium alloys
8708.7099	----其他	10	100	0				0		----Other
	-悬挂系统及其零件（包括减震器）：									-Suspension systems and parts thereof (including shock-absorbers):

税则号列 Tariff Item	商品名称	最惠国税率(%) M. F. N.	普通税率(%) Gen.	协定税率(%) Conventional 东盟 ASEAN	亚太 APTA	香港 H. K.	澳门 Macao	台湾 Taiwan	出口税率(%) Export	Article Description
8708.8010	---税目 87.03 所列车辆用	10	100	0	9					---Of the vehicles of heading 87.03
8708.8090	---其他	10	100	0	9					---Other
	-其他零件、附件：									-Other parts and accessories:
	--散热器及其零件：									--Radiators and parts thereof:
8708.9110	---水箱散热器	10	100	0						---Water tank radiators
8708.9120	---机油冷却器	10	100	0						---Oil coolers
8708.9190	---其他	10	100	0						---Other
8708.9200	--消声器（消音器）、排气管及其零件	10	100	0						--Silencers (mufflers) and exhaust pipes; parts thereof
	--离合器及其零件：									--Clutches and parts thereof:
8708.9310	---税目 87.01 所列车辆用	6	14	0						---Of the vehicles of heading 87.01
8708.9320	---税号 8702.1091 及 8702.9010 所列车辆用	10	70	0						---Of the vehicles of subheadings 8702.1091 and 8702.9010
8708.9330	---税号 8704.1030 及 8704.1090 所列车辆用	6	11	0						---Of the vehicles of subheadings 8704.1030 and 8704.1090
8708.9340	---税号 8704.2100、8704.2230、8704.3100 及 8704.3230 所列车辆用	10	45	0						---Of the vehicles of subheadings 8704.2100, 8704.2230, 8704.3100 and 8704.3230
8708.9350	---税号 8704.2240、8704.2300 及 8704.3240 所列车辆用	10	30	0						---Of the vehicles of subheadings 8704.2240, 8704.2300 and 8704.3240
8708.9360	---税目 87.05 所列车辆用	10	100	0						---Of the vehicles of heading 87.05
8708.9390	---其他	10	100	0						---Other
	--转向盘、转向柱、转向器及其零件：									--Steering wheels, steering columns and steering boxes; parts thereof:
8708.9410	---税目 87.01 所列车辆用	6	14	0						---Of the vehicles of heading 87.01
8708.9420	---税号 8702.1091 及 8702.9010 所列车辆用	10	70	0						---Of the vehicles of subheadings 8702.1091 and 8702.9010
8708.9430	---税号 8704.1030 及 8704.1090 所列车辆用	6	11	0						---Of the vehicles of subheadings 8704.1030 and 8704.1090
8708.9440	---税号 8704.2100、8704.2230、8704.3100 及 8704.3230 所列车辆用	10	45	0						---Of the vehicles of subheadings 8704.2100, 8704.2230, 8704.3100 and 8704.3230
8708.9450	---税号 8704.2240、8704.2300 及 8704.3240 所列车辆用	10	30	0						---Of the vehicles of subheadings 8704.2240, 8704.2300 and 8704.3240

税则号列 Tariff Item	商品名称	最惠国税率(%) M. F. N.	普通税率(%) Gen.	协定税率(%) Conventional 东盟 ASEAN	亚太 APTA	香港 H. K.	澳门 Macao	台湾 Taiwan	出口税率(%) Export	Article Description
8708.9460	---税目 87.05 所列车辆用转向器	10	100	0						---Of the vehicles of heading 87.05
8708.9490	---其他	10	100	0						---Other
8708.9500	--带充气系统的安全气囊及其零件	10	100	5	9	0				--Safety airbags with inflater system; parts thereof
	--其他：									--Other：
8708.9910	---税目 87.01 所列车辆用	6	14	0						---Of the vehicles of heading 87.01
	---税号 8702.1091 及 8702.9010 所列车辆用：									---Of the vehicles of subheadings 8702.1091 and 8702.9010：
8708.9921	----车架	25	70	0						----Frames
8708.9929	----其他	25	70	0						----Other
	---税号 8704.1030 及 8704.1090 所列车辆用：									---Of the vehicles of subheadings 8704.1030 and 8704.1090：
8708.9931	----车架	6	11	0						----Frames
8708.9939	----其他	6	11	0						----Other
	---税号 8704.2100、8704.2230、8704.3100 及 8704.3230 所列车辆用：									---Of the vehicles of subheadings 8704.2100, 8704.2230, 8704.3100 and 8704.3230：
8708.9941	----车架	25	45	0						----Frames
8708.9949	----其他	25	45	0						----Other
	---税号 8704.2240、8704.2300 及 8704.3240 所列车辆用：									---Of the vehicles of subheadings 8704.2240, 8704.2300 and 8704.3240：
8708.9951	----车架	10	30	0						----Frames
8708.9959	----其他	10	30	0						----Other
8708.9960	---税目 87.05 所列车辆用	15	100	0						---Of the vehicles of heading 87.05
	---其他：									---Other：
8708.9991	----车架	10	100	0				0		----Frames
8708.9992	----传动轴	10	100	0				0		----Transmission shafts
8708.9999	----其他	10	100	0				0		----Other
87.09	**短距离运输货物的机动车辆，未装有提升或搬运设备，用于工厂、仓库、码头或机场；火车站台上用的牵引车；上述车辆的零件：**									**Works trucks, self-propelled, not fitted with lifting or handling equipment, of the type used in factories, warehouses, dock areas or airports for short distance transport of goods; tractors of the type used on railway station platforms; parts of the foregoing vehicles:**
	-车辆：									-Vehicles：

税则号列 Tariff Item	商品名称	最惠国税率(%) M. F. N.	普通税率(%) Gen.	协定税率(%) Conventional 东盟 ASEAN	亚太 APTA	香港 H. K.	澳门 Macao	台湾 Taiwan	出口税率(%) Export	Article Description
	--电动的：									--Electrical：
8709.1110	---牵引车	10	30	0						---Tractors
8709.1190	---其他	10	30	0						---Other
	--其他：									--Other：
8709.1910	---牵引车	10.5	30	0						---Tractors
8709.1990	---其他	10.5	30	0						---Other
8709.9000	-零件	8.4	17	0						-Parts
87.10	**坦克及其他机动装甲战斗车辆，不论是否装有武器；上述车辆的零件：**									**Tanks and other armoured fighting vehicles, motorized, whether or not fitted with weapons, and parts of such vehicles：**
8710.0010	---整车	15	100	0						---Assembled
8710.0090	---零件	15	100	0						---Parts and accessories
87.11	**摩托车（包括机器脚踏两用车）及装有辅助发动机的脚踏车，不论有无边车；边车：**									**Motorcycles (including mopeds) and cycles fitted with an auxiliary motor, with or without side-cars; side-cars：**
8711.1000	-装有往复式活塞内燃发动机，气缸容量（排气量）不超过50毫升	45	150	0						-With reciprocating internal combustion piston engine of a cylinder capacity not exceeding 50cc
	-装有往复式活塞内燃发动机，气缸容量（排气量）超过50毫升，但不超过250毫升：									-With reciprocating internal combustion piston engine of a cylinder capacity exceeding 50cc but not exceeding 250cc：
8711.2010	---气缸容量超过50毫升，但不超过100毫升	45	150	0						---Of a cylinder capacity exceeding 50cc but not exceeding 100cc
8711.2020	---气缸容量超过100毫升，但不超过125毫升	45	150	0						---Of a cylinder capacity exceeding 100cc but not exceeding 125cc
8711.2030	---气缸容量超过125毫升，但不超过150毫升	45	150	0						---Of a cylinder capacity exceeding 125cc but not exceeding 150cc
8711.2040	---气缸容量超过150毫升，但不超过200毫升	45	150	0						---Of a cylinder capacity exceeding 150cc but not exceeding 200cc
8711.2050	---气缸容量超过200毫升，但不超过250毫升	45	150	0						---Of a cylinder capacity exceeding 200cc but not exceeding 250cc
	-装有往复式活塞内燃发动机，气缸容量（排气量）超过250毫升，但不超过500毫升：									-With reciprocating internal combustion piston engine of a cylinder capacity exceeding 250cc but not exceeding 500cc：

税则号列 Tariff Item	商品名称	最惠国税率(%) M. F. N.	普通税率(%) Gen.	协定税率（%）Conventional 东盟 ASEAN	 亚太 APTA	 香港 H. K.	 澳门 Macao	 台湾 Taiwan	出口税率(%) Export	Article Description
8711.3010	---气缸容量超过250毫升，但不超过400毫升	45	150	0	32.8					---Of a cylinder capacity exceeding 250cc but not exceeding 400cc
8711.3020	---气缸容量超过400毫升，但不超过500毫升	45	150	0	32.8					---Of a cylinder capacity exceeding 400cc but not exceeding 500cc
8711.4000	-装有往复式活塞内燃发动机，气缸容量（排气量）超过500毫升，但不超过800毫升	40	150	0						-With reciprocating internal combustion piston engine of a cylinder capacity exceeding 500cc but not exceeding 800cc
8711.5000	-装有往复式活塞内燃发动机，气缸容量（排气量）超过800毫升	30	150	0						-With reciprocating internal combustion piston engine of a cylinder capacity exceeding 800cc
8711.6000	-装有驱动电动机的	45	150	0						-With electric motor for propulsion
8711.9000	-其他	45	150	0						-Other
87.12	**自行车及其他非机动脚踏车（包括运货三轮脚踏车）：**									**Bicycles and other cycles (including delivery tricycles), not motorized:**
8712.0020	---竞赛型自行车	13	130	0	9.1			0		---Racing bicycle
8712.0030	---山地自行车	13	130	0	9.1			0		---Mountain bicycle
	---越野自行车：									---Cross-country bicycles:
8712.0041	----16、18及20英寸	13	130	0	9.1			0		----16″, 18″or 20″
8712.0049	----其他	13	130	0	9.1			0		----Other
	---其他自行车：									---Other bicycles:
8712.0081	----16英寸及以下	13	130	0	9.1		0	0		----Not larger than 16″
8712.0089	----其他	13	130	0	9.1		0	0		----Other
8712.0090	---其他	23	130	0	16.1		0	0		---Other
87.13	**残疾人用车，不论是否机动或其他机械驱动：**									**Carriages for disabled persons, whether or not motorized or otherwise mechanically propelled:**
8713.1000	-非机械驱动	6	20	0						-Not mechanically propelled
8713.9000	-其他	4	20	0						-Other
87.14	**零件、附件，税目87.11至87.13所列车辆用：**									**Parts and accessoris of vehicles of headings 87.11 to 87.13:**
8714.1000	-摩托车（包括机器脚踏两用车）用	30	100	0						-Of motorcycles (including mopeds)
8714.2000	-残疾人车辆用	5	17	0						-Of carriages for disabled persons
	-其他：									-Other:
8714.9100	--车架、轮叉及其零件	12	80	0				0		--Frames and forks, and parts thereof
	--轮圈及辐条：									--Wheel rims and spokes:
8714.9210	---轮圈	12	80	0				0		---Wheel rims
8714.9290	---辐条	12	80	0				0		---Spokes

税则号列 Tariff Item	商品名称	最惠国税率(%) M. F. N.	普通税率(%) Gen.	协定税率(%) Conventional 东盟 ASEAN	亚太 APTA	香港 H. K.	澳门 Macao	台湾 Taiwan	出口税率(%) Export	Article Description
	--轮毂(倒轮制动毂及毂闸除外);飞轮、链轮:									--Hubs, other than coaster braking hubs and hub brakes; and freewheel, sprocket wheels:
8714.9310	---轮毂	12	80	0				0		---Hubs
8714.9320	---飞轮	12	80	0				0		---Free wheel
8714.9390	---其他	12	80	0				0		---Other
8714.9400	--制动器(包括倒轮制动毂及毂闸)及其零件	12	80	0				0		--Brakes, including coaster braking hubs and hub brakes, and parts thereof
8714.9500	--鞍座	12	80	0				0		--Saddles
	--脚蹬、曲柄链轮及其零件:									--Pedals and crank-gear, and parts thereof:
8714.9610	---脚蹬及其零件	12	80	0				0		---Pedals and parts thereof
8714.9620	---曲柄链轮及其零件	12	80	0				0		---Crank-gear and parts thereof
8714.9900	--其他	12	80	0	8.4			0		--Other
87.15	**婴孩车及其零件:**									**Baby carriages and parts thereof:**
8715.0000	婴孩车及其零件	20	80	0			0			Baby carriages and parts thereof
87.16	**挂车及半挂车或其他非机械驱动车辆及其零件:**									**Trailers and semi-trailers; other vehicles, not mechanically propelled; parts thereof:**
8716.1000	-供居住或野营用厢式挂车及半挂车	10	35	0						-Trailers and semi-trailers of the caravan type, for housing or camping
8716.2000	-农用自装或自卸式挂车及半挂车	10	35	0						-Self-loading or self-unloading trailers and semi-trailers for agricultural purposes
	-其他货运挂车及半挂车:									-Other trailers and semi-trailers for the transport of goods:
	--罐式挂车及半挂车:									--Tanker trailers and tanker semi-trailers:
8716.3110	---油罐挂车及半挂车	10	20	0						---Oil tanker trailers and semi-trailers
8716.3190	---其他	10	35	0						---Other
	--其他:									--Other:
8716.3910	---货柜挂车及半挂车	10	20	0						---Van trailers and semi-trailers
8716.3990	---其他	10	35	0						---Other
8716.4000	-其他挂车及半挂车	10	35	0						-Other trailers and semi-trailers
8716.8000	-其他车辆	10	80	0			0			-Other vehicles
8716.9000	-零件	10	35	0						-Parts

第八十八章
航空器、航天器及其零件

Chapter 88
Aircraft, spacecraft and parts thereof

子目注释：

税号8802.11至8802.40所称“空载重量”，是指航空器在正常飞行状态下，除去机组人员、燃料及非永久性安装设备后的重量。

Subheading Note:

For the purposes of subheadings 8802.11 to 8802.40, the expression “unladen weight” means the weight of the machine in normal flying order, excluding the weight of the crew and of fuel and equipment other than permanently fitted items of equipment.

税则号列 Tariff Item	商品名称	最惠国税率(%) M.F.N.	普通税率(%) Gen.	协定税率(%) Conventional 东盟 ASEAN	亚太 APTA	香港 H.K.	澳门 Macao	台湾 Taiwan	出口税率(%) Export	Article Description
88.01	**气球及飞艇；滑翔机、悬挂滑翔机及其他无动力航空器：**									**Balloons and dirigibles; gliders, hang gliders and other non-powered aircraft:**
8801.0010	---滑翔机及悬挂滑翔机	3	11	0						---Gliders and hang gliders
8801.0090	---其他	3	11	0						---Other
88.02	**其他航空器（例如，直升机、飞机）；航天器（包括卫星）及其运载工具、亚轨道运载工具：**									**Other aircraft (for example, helicopters, aeroplanes); spacecraft (including satellites) and suborbital and spacecraft launch vehicles:**
	-直升机：									-Helicopters:
8802.1100	--空载重量不超过2000千克	2	11	0						--Of an unladen weight not exceeding 2000kg
	--空载重量超过2000千克：									--Of an unladen weight exceeding 2000kg:
8802.1210	---空载重量超过2000千克，但不超过7000千克	2	11	0						---Of an unladen weight exceeding 2000kg but not exceeding 7000kg
8802.1220	---空载重量超过7000千克	2	11	0						---Of an unladen weight exceeding 7000kg
8802.2000	-飞机及其他航空器，空载重量不超过2000千克	5	11	0						-Aeroplanes and other aircraft, of an unladen weight not exceeding 2000kg
8802.3000	-飞机及其他航空器，空载重量超过2000千克，但不超过15000千克	4	11	0						-Aeroplanes and other aircraft, of an unladen weight exceeding 2000kg but not exceeding 15000kg
	-飞机及其他航空器，空载重量超过15000千克：									-Aeroplanes and other aircraft, of an unladen weight exceeding 15000kg:
8802.4010	---空载重量超过15000千克，但不超过45000千克	5	11	0	3.5					---Of an unladen weight exceeding 15000kg but not exceeding 45000kg
8802.4020	---空载重量超过45000千克	1	11	0	0.7					---Of an unladen weight exceeding 45000kg

税则号列 Tariff Item	商品名称	最惠国税率(%) M. F. N.	普通税率(%) Gen.	协定税率(%) Conventional 东盟 ASEAN	亚太 APTA	香港 H. K.	澳门 Macao	台湾 Taiwan	出口税率(%) Export	Article Description
8802.6000	-航天器（包括卫星）及其运载工具、亚轨道运载工具	2	11	0						-Spacecraft (including satellites) and suborbital and spacecraft launch vehicles
88.03	**税目88.01或88.02所列货品的零件：**									**Parts of goods of heading 88.01 or 88.02:**
8803.1000	-推进器、水平旋翼及其零件	1	11	0						-Propellers and rotors and parts thereof
8803.2000	-起落架及其零件	1	11	0						-Under-carriages and parts thereof
8803.3000	-飞机及直升机的其他零件	1	11	0						-Other parts of aeroplanes or helicopters
8803.9000	-其他	0	11							-Other
88.04	**降落伞（包括可操纵降落伞及滑翔伞）、旋翼降落伞及其零件、附件：**									**Parachutes (including dirigible parachutes and paragliders) and rotoehutes; parts thereof and accessories thereto:**
8804.0000	降落伞（包括可操纵降落伞及滑翔伞）、旋翼降落伞及其零件、附件	2	11	0						Parachutes (including dirigible parachutes and paragliders) and rotochutes; parts thereof and accessories thereto
88.05	**航空器的发射装置、甲板停机装置或类似装置和地面飞行训练器及其零件：**									**Aircraft launching gear; deck-arrestor or similar gear; ground flying trainers; parts of the foregoing articles:**
8805.1000	-航空器的发射装置及其零件；甲板停机装置或类似装置及其零件	1.5	11	0						-Aircraft launching gear and parts thereof; deck-arrestor or similar gear and parts thereof
	-地面飞行训练器及其零件：									-Ground flying trainers and parts thereof:
8805.2100	--空战模拟器及其零件	0.8/0.4	11	0						--Air combat simulators and parts thereof
8805.2900	--其他	0.8/0.4	11	0						--Other

第八十九章 船舶及浮动结构体

Chapter 89 Ships, boats and floating structures

注释：

已装配、未装配或已拆卸的船体、未完工或不完整的船舶，以及未装配或已拆卸的完整船舶，如果不具有某种船舶的基本特征，应归入税目89.06。

Chapter Note:

A hull, an unfinished or incomplete vessel, assembled, unassembled or disassembled, or a complete vessel unassembled or disassembled, is to be classified in heading 89.06 if it does not have the essential character of a vessel of a particular kind.

税则号列 Tariff Item	商品名称	最惠国税率(%) M. F. N.	普通税率(%) Gen.	协定税率(%) Conventional 东盟 ASEAN	亚太 APTA	香港 H. K.	澳门 Macao	台湾 Taiwan	出口税率(%) Export	Article Description
89.01	**巡航船、游览船、渡船、货船、驳船及类似的客运或货运船舶：**									**Cruise ships, excursion boats, ferryboats, cargo ships, barges and similar vessels for the transport of persons or goods:**
	-巡航船、游览船及主要用于客运的类似船舶；各式渡船：									-Cruise ships, excursion boats and similar vessels principally designed for the transport of persons; ferryboats of all kinds:
8901.1010	---机动船舶	5	14	0		0				---Motor vessels
8901.1090	---非机动船舶	8	30	0						---Other
	-液货船：									-Tankers:
	---成品油船：									---Finished oil tankers:
8901.2011	----载重量不超过10万吨	9	14	5						----Loading not exceeding 100000t
8901.2012	----载重量超过10万吨，但不超过30万吨	9	14	5						----Loading exceeding 100000t, but not exceeding 300000t
8901.2013	----载重量超过30万吨	6	14	5						----Loading exceeding 300000t
	---原油船：									---Crude oil tankers:
8901.2021	----载重量不超过15万吨	9	14	5						----Loading not exceeding 150000t
8901.2022	----载重量超过15万吨，但不超过30万吨	9	14	5						----Loading exceeding 150000t, but not exceeding 300000t
8901.2023	----载重量超过30万吨	6	14	5						----Loading exceeding 300000t
	---液化石油气船：									---Liquified petroleum gas carriers:
8901.2031	----容积在20000立方米及以下	9	14	5						----Volume with 20000m^3 or less
8901.2032	----容积在20000立方米以上	6	14	5						----Volume more than 20000m^3
	---液化天然气船：									---Liquified natural gas carriers:
8901.2041	----容积在20000立方米及以下	9	14	5						----Volume with 20000m^3 or less
8901.2042	----容积在20000立方米以上	6	14	5						----Volume more than 20000m^3

税则号列 Tariff Item	商品名称	最惠国税率(%) M. F. N.	普通税率(%) Gen.	协定税率(%) Conventional					出口税率(%) Export	Article Description
				东盟 ASEAN	亚太 APTA	香港 H. K.	澳门 Macao	台湾 Taiwan		
8901.2090	---其他	9	14	5						---Other
8901.3000	-冷藏船，但子目8901.20的船舶除外	9	14	0						-Refrigerated vessels, other than those of subheading 8901.20
	-其他货运船舶及其他客货兼运船舶：									-Other vessels for the transport of goods and other vessels for the transport of both persons and goods:
	---机动集装箱船：									---Motor container vessels:
8901.9021	----可载标准集装箱在6000箱及以下	9	14	5						----Capable loading standard containers with 6000 or less
8901.9022	----可载标准集装箱在6000箱以上	6	14	5						----Capable loading standard containers more than 6000
	---机动滚装船：									---Motor Ro-Ro carriers:
8901.9031	----载重量在2万吨及以下	9	14	5						----Loading with 20000t or less
8901.9032	----载重量在2万吨以上	6	14	5						----Loading more than 20000t
	---机动散货船：									---Motor bulk carriers:
8901.9041	----载重量不超过15万吨	9	14	5						----Loading not exceeding 150000t
8901.9042	----载重量超过15万吨，但不超过30万吨	9	14	5						----Loading exceeding 150000t, not exceeding 300000t
8901.9043	----载重量超过30万吨	9	14	5						----Loading exceeding 300000t
8901.9050	---机动多用途船	9	14	5						---Multi-purposes motor vessels
8901.9080	---其他，机动的	9	14	0						---Other motor vessels
8901.9090	---非机动的	8	30	0						---Other non-motor vessels
89.02	**捕鱼船；加工船及其他加工保藏鱼类产品的船舶：**									**Fishing vessels; factory ships and other vessels for processing or preserving fishery products:**
8902.0010	---机动船舶	7	14	0						---Motor vessels
8902.0090	---非机动船舶	8	30	0						---Other
89.03	**娱乐或运动用快艇及其他船舶；划艇及轻舟：**									**Yachts and other vessels for pleasure or sports; rowing boats and canoes:**
8903.1000	-充气的	10	30	0						-Inflatable
	-其他：									-Other:
8903.9100	--帆船，不论是否装有辅助发动机	8	30	0						--Sailboats, with or without auxiliary motor
8903.9200	--汽艇，但装有舷外发动机的除外	10.5	30	0		0				--Motorboats, other than outboard motorboats
8903.9900	--其他	10	30	0						--Other
89.04	**拖轮及顶推船：**									**Tugs and pusher craft:**
8904.0000	拖轮及顶推船	9	14	0						Tugs and pusher craft

税则号列 Tariff Item	商品名称	最惠国税率(%) M. F. N.	普通税率(%) Gen.	协定税率(%) Conventional 东盟 ASEAN	亚太 APTA	香港 H. K.	澳门 Macao	台湾 Taiwan	出口税率(%) Export	Article Description
89.05	**灯船、消防船、挖泥船、起重船及其他不以航行为主要功能的船舶；浮船坞；浮动或潜水式钻探或生产平台：**									**Light-vessels, fire-floats, dredgers, floating cranes, and other vessels the navigability of which is subsidiary to their main function; floating docks; floating or submersible drilling or production platforms:**
8905.1000	-挖泥船	3	11	0						-Dredgers
8905.2000	-浮动或潜水式钻探或生产平台	6	11	0						-Floating or submersible drilling or production platforms
	-其他：									-Other:
8905.9010	---浮船坞	8	30	5						---Floating docks
8905.9090	---其他	3	11	0						---Other
89.06	**其他船舶，包括军舰及救生船，但划艇除外：**									**Other vessels, including warships and lifeboats other than rowing boats:**
8906.1000	-军舰	5	14	0						-Warships
	-其他：									-Other:
8906.9010	---机动船舶	5	14	0						---Motor vessels
8906.9020	---非机动船舶	8	30	0						---Not-motorized vessels
8906.9030	---未制成或不完整的船舶，包括船舶分段	8	30	0						---Unfinished or incomplete vessels, including segments of vessels
89.07	**其他浮动结构体（例如，筏、柜、潜水箱、浮码头、浮筒及航标）：**									**Other floating structures (for example, rafts, tanks, coffer-dams, landingstages, buoys and beacons):**
8907.1000	-充气筏	8	30	0						-Inflatable rafts
8907.9000	-其他	8	30	0						-Other
89.08	**供拆卸的船舶及其他浮动结构体：**									**Vessels and other floating structures for breaking up:**
8908.0000	供拆卸的船舶及其他浮动结构体	3	11	0						Vessels and other floating structures for breaking up

第十八类 光学、照相、电影、计量、检验、医疗或外科用仪器及设备、精密仪器及设备；钟表；乐器；上述物品的零件、附件

SECTION XVIII OPTICAL, PHOTOGRAPHIC, CINEMATOGRAPHIC, MEASURING, CHECKING, PRECISION, MEDICAL OR SURGICAL INSTRUMENTS AND APPARATUS; CLOCKS AND WATCHES; MUSICAL INSTRUMENTS; PARTS AND ACCESSORIES THEREOF

第九十章 光学、照相、电影、计量、检验、医疗或外科用仪器及设备、精密仪器及设备；上述物品的零件、附件

Chapter 90 Optical, photographic, cinematographic, measuring, checking, precision, medical or surgical instruments and apparatus; parts and accessories thereof

注释：

一、本章不包括：

（一）机器、设备或其他专门技术用途的硫化橡胶（硬质橡胶除外）制品（税目 40.16）、皮革或再生皮革制品（税目 42.05）或纺织材料制品（税目 59.11）；

（二）纺织材料制的承托带及其他承托物品，其承托器官的作用仅依靠自身的弹性（例如，孕妇用的承托带，用于胸部、腹部、关节或肌肉的承托绷带）（第十一类）；

（三）税目 69.03 的耐火材料制品；税目 69.09 的实验室、化学或其他专门技术用途的陶瓷器；

（四）税目 70.09 的未经光学加工的玻璃镜及税目 83.06 或第七十一章的非光学元件的贱金属或贵金属制的镜子；

（五）税目 70.07、70.08、70.11、70.14、70.15 或 70.17 的货品；

（六）第十五类注释二所规定的贱金属制通用零件（第十五类）或塑料制的类似品（第三十九章）；

（七）税目 84.13 的装有计量装置的泵；计数和检验用的衡器或单独报验的天平砝码（税目 84.23）；升降、起重及搬运机械（税目 84.25

Chapter Notes:

1. This Chapter does not cover:

(a) Articles of a kind used in machines, appliances or for other technical uses, of vulcanised rubber other than hard rubber (heading 40.16), of leather or of composition leather (heading 42.05) or of textile material (heading 59.11);

(b) Supporting belts or other support articles of textile material, whose intended effect on the organ to be supported or held derives solely from their elasticity (for example, maternity belts, thoracic support bandages, abdominal support bandages, supports for joints or muscles) (Section XI);

(c) Refractory goods of heading 69.03; ceramic wares for laboratory, chemical or other technical uses, of heading 69.09;

(d) Glass mirrors, not optically worked, of heading 70.09, or mirrors of base metal or of precious metal, not being optical elements (heading 83.06 or Chapter 71);

(e) Goods of heading 70.07, 70.08, 70.11, 70.14, 70.15 or 70.17;

(f) Parts of general use, as defined in Note 2 to Section XV, of base metal (Section XV) or similar goods of plastics (Chapter 39);

(g) Pumps incorporating measuring devices, of heading 84.13; weight-operated counting or checking machinery, or separately presented weights for

至 84.28)；纸张或纸板的各种切割机器（税目 84.41)；税目 84.66 的用于机床或水射流切割机上调整工件或工具的附件，包括具有读度用的光学装置的附件（例如“光学”分度头)，但其本身主要是光学仪器的除外（例如校直望远镜)；计算机器（税目 84.70)；税目 84.81 的阀门及其他装置；税目 84.86 的机器及装置（包括将电路图投影或绘制到感光半导体材料上的装置)；

balances (heading 84.23); lifting or handling machinery (headings 84.25 to 84.28); paper or paperboard cutting machines of all kinds (heading 84.41); fittings for adjusting work or tools on machine-tools or water-jet cutting machines fittings for adjusting work or tools on machine-tools, of heading 84.66, including fittings with optical devices for reading the scale (for example, "optical" dividing heads) but not those which are in themselves essentially optical instruments (for example, alignment telescopes); calculating machines (heading 84.70); valves or other appliances of heading 84.81; machines and apparatus (including apparatus for the projection or drawing of circuit patterns on sensitised semiconductor materials) of heading 84.86;

（八）自行车或机动车辆用探照灯或聚光灯（税目 85.12)；税目 85.13 的手提式电灯；电影录音机、还音机及转录机（税目 85.19)；拾音头或录音头（税目 85.22)；电视摄像机、数字照相机及视频摄录一体机（税目 85.25)；雷达设备、无线电导航设备或无线电遥控设备（税目 85.26)；光导纤维、光导纤维束或光缆用连接器（税目 85.36)；税目 85.37 的数字控制装置；税目 85.39 的封闭式聚光灯；税目 85.44 的光缆；

(h) Searchlights or spotlights of a kind used for cycles or motor vehicles (heading 85.12); portable electric lamps of heading 85.13; cinematographic sound recording, reproducing or re-recording apparatus (heading 85.19); sound-heads (heading 85.22); television cameras, digital cameras and video camera recorders (heading 85.25); radar apparatus, radio navigational aid apparatus or radio remote control apparatus (heading 85.26); connectors for optical fibres, optical fibre bundles or cables (heading 85.36); numerical control apparatus of heading 85.37; sealed beam lamp units of heading 85.39; optical fibre cables of heading 85.44;

（九）税目 94.05 的探照灯及聚光灯；

（十）第九十五章的物品；

（十一）税目 96.20 的独脚架、双脚架、三脚架及类似品；

（十二）容量的计量器具（按其构成的材料归类)；或

（十三）卷轴、线轴及类似芯子（按其构成材料归类，例如，归入税目 39.23 或第十五类)。

(ij) Searchlights or spotlights of heading 94.05;

(k) Articles of Chapter 95;

(l) Monopods, bipods, tripods and similar articles, of heading 96.20;

(m) Capacity measures, which are to be classified according to their constituent material; or

(n) Spools, reels or similar supports (which are to be classified according to their constituent material, for example, in heading 39.23 or Section XV).

二、除上述注释一另有规定的以外，本章各税号所列机器、设备、仪器或器具的零件、附件，应按下列规定归类：

（一）凡零件、附件本身已构成本章或第八十四章、第八十五章或第九十一章各税号（税目 84.87、85.48 或 90.33 除外）所包括的货品，

2. Subject to Note 1 above, parts and accessories for machines, apparatus, instruments or articles of this Chapter are to be classified according to the following rules:

(a) Parts and accessories which are goods included in any of the headings of this Chapter or of Chapter 84, 85 or 91 (other than heading 84.87, 85.48

应一律归入其相应的税号；

or 90.33) are in all cases to be classified in their respective headings;

（二）其他零件、附件，如果专用于或主要用于某种或同一税号项下的多种机器、仪器或器具（包括税目90.10、90.13或90.31的机器、仪器或器具），应归入相应机器、仪器或器具的税号；

(b) Other parts and accessories, if suitable for use solely or principally with a particular kind of machine, instrument or apparatus, or with a number of machines, instruments or apparatus of the same heading (including a machine, instrument or apparatus of heading 90.10, 90.13 or 90.31) are to be classified with the machines, instruments or apparatus of that kind;

（三）所有其他零件、附件均应归入税目90.33。

(c) All other parts and accessories are to be classified in heading 90.33.

三、第十六类注释三及四的规定也适用于本章。

3. The provisions of Notes 3 and 4 to Section XVI apply also to this Chapter.

四、税目90.05不包括武器用望远镜瞄准具、潜艇或坦克上的潜望镜式望远镜及本章或第十六类的机器、设备、仪器或器具用的望远镜；这类望远镜瞄准具及望远镜应归入税目90.13。

4. Heading 90.05 does not apply to telescopic sights for fitting to arms, periscopic telescopes for fitting to submarines or tanks, or to telescopes for machines, appliances, instruments or apparatus of this Chapter or Section XVI; such telescopic sights and telescopes are to be classified in heading 90.13.

五、计量或检验用的光学仪器、器具或机器，如果既可归入税目90.13，又可归入税目90.31，则应归入税目90.31。

5. Measuring or checking optical instruments, appliances or machines which, but for this Note, could be classified both in heading 90.13 and in heading 90.31 are to be classified in heading 90.31.

六、税目90.21所称“矫形器具”，是指下列用途的器具：

预防或矫正躯体畸变；或

生病、手术或受伤后人体部位的支撑或固定。

矫形器具包括用于矫正畸形的鞋及特种鞋垫，但需符合下列任一条件：

（一）定制的；

（二）成批生产的，单独报验，且不成双的，设计为左右两脚同样适用。

6. For the purpose of heading 90.21, the expression "orthopaedic appliances" means appliances for:

Preventing or correcting bodily deformities; or

Supporting or holding parts of the body following an illness, operation or injury.

Orthopaedic appliances include footwear and special insoles designed to correct orthopaedic conditions, provided that they are either (1) made to measure or (2) mass-produced presented singly and not in pairs and designed to fit either foot equally.

七、税目90.32仅适用于：

（一）液体或气体的流量、液位、压力或其他变化量的自动控制仪器及装置或温度自动控制装置，不论其是否依靠要被自动控制的因素所发生的不同的电现象来进行工作的，它们将要被自控的因素调到并保持在一设定值上，通过持续或定期测量实际值来保持稳定，修正任何偏差；以及

7. Heading 90.32 applies only to:

(a) Instruments and apparatus for automatically controlling the flow, level, pressure or other variables of liquids or gases, or for automatically controlling temperature, whether or not their operation depends on an electrical phenomenon which varies according to the factor to be automatically controlled; which are designed to bring this factor to, and maintain it at a desired value, stabilized against disturbances, by constantly or periodically measuring its actual value; and

（二）电量自动调节器及自动控制非电量的仪器或装置，依靠要被控制的因素所发生的不同的电现象进行工作的，它们将要被控制的因素调到并保持在一设定值上，通过持续或定期测量实际值来保持稳定，修正任何偏差。

(b) Automatic regulators of electrical quantities, and instruments or apparatus for automatically controlling non-electrical quantities the operation of which depends on an electrical phenomenon varying according to the factor to be controlled, which are designed to bring this factor to, and maintain it at a desired value, stabilized against disturbances, by constantly or periodically measuring its actual value.

税则号列 Tariff Item	商品名称	最惠国税率(%) M. F. N.	普通税率(%) Gen.	协定税率(%) Conventional					出口税率(%) Export	Article Description
				东盟 ASEAN	亚太 APTA	香港 H. K.	澳门 Macao	台湾 Taiwan		
90.01	**光导纤维及光导纤维束；光缆，但税目85.44的货品除外；偏振材料制的片及板；未装配的各种材料制透镜（包括隐形眼镜片）、棱镜、反射镜及其他光学元件，但未经光学加工的玻璃制上述元件除外：**									**Optical fibres and optical fibre bundles; optical fibre cables, other than those of heading 85.44; sheets and plates of polarizing material; lenses (including contact lenses), prisms, mirrors and other optical elements, of any material, unmounted, other than such elements of glass not optically worked:**
9001.1000	-光导纤维、光导纤维束及光缆	5	20	0	4.5	0				-Optical fibres, optical fibre bundles and cables
9001.2000	-偏振材料制的片及板	5.3/4	20	0	6.3	0				-Sheets and plates of polarizing material
9001.3000	-隐形眼镜片	10	70	0		0				-Contact lenses
	-玻璃制眼镜片：									-Spectacle lenses of glass:
9001.4010	---变色镜片	20	90	0		0				---Photochromic
	---其他：									---Other:
9001.4091	----太阳镜片	20	90	0		0				----For sunglasses
9001.4099	----其他	20	70	0		0				----Other
	-其他材料制眼镜片：									-Spectacle lenses of other materials:
9001.5010	---变色镜片	20	90	0		0				---Photochromic
	---其他：									---Other:
9001.5091	----太阳镜片	20	90	0		0				----For sunglasses
9001.5099	----其他	20	70	0		0				----Other
	-其他：									-Other:
9001.9010	---彩色滤光片	6/5	20	0	6.7	0				---Color filters
9001.9090	---其他	6/5	20	0	6.7	0				---Other
90.02	**已装配的各种材料制透镜、棱镜、反射镜及其他光学元件，作为仪器或装置的零件、配件，但未经光学加工的玻璃制上述元件除外：**									**Lenses, prisms, mirrors and other optical elements, of any material, mounted, being parts of or fittings for instruments or apparatus, other than such elements of glass not optically worked:**

税则号列 Tariff Item	商品名称	最惠国税率(%) M. F. N.	普通税率(%) Gen.	协定税率(%) Conventional 东盟 ASEAN	亚太 APTA	香港 H. K.	澳门 Macao	台湾 Taiwan	出口税率(%) Export	Article Description
	-物镜：									-Objective lenses:
	--照相机、投影仪、照片放大机及缩片机用：									--For cameras, projectors or photographic enlargers or reducers:
9002.1110	---税号 9006.1010 至 9006.3000 所列照相机用	8	14	0						---For the photographic cameras of subheadings No. 9006.1010 to 9006.3000
9002.1120	---缩微阅读机用	8	14	0						---For microfilm, microfiche or other microform readers
	---其他照相机用：									---For other cameras:
9002.1131	----单反相机镜头	15	80	0						----Lens for single lens reflex cameras
9002.1139	----其他	15	80	0						----Other
9002.1190	---其他	15	80	0				0		---Other
	--其他：									--Other:
9002.1910	---摄影机或放映机用	11.3/9.4	40	0						---For cinematographic cameras or projectors
9002.1990	---其他	11.3/9.4	50	0		0		0		---Other
	-滤色镜：									-Filters:
9002.2010	---照相机用	11.3/9.4	80	0	12.5					---For cameras
9002.2090	---其他	11.3/9.4	40	0	12.5					---Other
	-其他：									-Other:
9002.9010	---照相机用	11.3/9.4	80	0		0		0		---For cameras
9002.9090	---其他	11.3/9.4	40	0		0		0		---Other
90.03	**眼镜架及其零件：**									**Frames and mountings for spectacles, goggles or the like, and parts thereof:**
	-眼镜架：									-Frames and mountings:
9003.1100	--塑料制	18	70	0		0	0			--Of plastics
	--其他材料制：									--Of other materials:
9003.1910	---金属材料制	10	70	0		0	0			---of metal materials
9003.1920	---天然材料制	10	70	0		0	0			---of natural materials
9003.1990	---其他	10	70	0		0	0			---Other
9003.9000	-零件	10	70	0		0				-Parts
90.04	**矫正视力、保护眼睛或其他用途的眼镜、挡风镜及类似品：**									**Spectacles, goggles and the like, corrective, protective or other:**
9004.1000	-太阳镜	20	100	0		0	0			-Sunglasses
	-其他：									-Other:
9004.9010	---变色镜	16	100	0		0	0			---Photochromic spectacles
9004.9090	---其他	20	90	0		0	0			---Other

税则号列 Tariff Item	商　品　名　称	最惠国税率（%）M. F. N.	普通税率（%）Gen.	协定税率（%）Conventional					出口税率（%）Export	Article Description
				东盟 ASEAN	亚太 APTA	香港 H. K.	澳门 Macao	台湾 Taiwan		
90. 05	**双筒望远镜、单筒望远镜、其他光学望远镜及其座架；其他天文仪器及其座架，但不包括射电天文仪器：**									**Binoculars, monoculars, other optical telescopes, and mountings therefor; other astronomical instruments and mountings therefor, but not including instruments for radio-astronomy:**
9005. 1000	-双筒望远镜	15	50	0						-Binoculars
	-其他仪器：									-Other instruments:
9005. 8010	---天文望远镜及其他天文仪器	3	8	0						---Astronomical telescopes and other astronomical instruments
9005. 8090	---其他	12	50	0			0			---Other
	-零件、附件（包括座架）：									-Parts and accessories (including mountings):
9005. 9010	---天文望远镜及其他天文仪器用	2	8	0						---Of instruments of subheading 9005. 8010
9005. 9090	---其他	8	30	0						---Other
90. 06	**照相机（电影摄影机除外）；照相闪光灯装置及闪光灯泡，但税目 85. 39 的放电灯泡除外：**									**Photographic (other than cinematographic) cameras; photographic flashlight apparatus and flashbulbs, other than discharge lamps of heading 85. 39:**
9006. 3000	-水下、航空测量或体内器官检查用的特种照相机；法庭或犯罪学用的比较照相机	9	17	0						-Cameras specially designed for under-water use, for aerial survey or for medical or surgical examination of internal organs; comparison cameras for forensic or criminological purposes
9006. 4000	-一次成像照相机	5	70	0						-Instant print cameras
	-其他照相机：									-Other cameras:
9006. 5100	--通过镜头取景［单镜头反光式（SLR）］，使用胶片宽度不超过 35 毫米	25	100	0						--With a through-the-lens viewfinder (single lens reflex (SLR)), for roll film of a width not exceeding 35mm
	--其他，使用胶片宽度小于 35 毫米：									--Other, for roll film of a width less than 35mm:
9006. 5210	---缩微照相机，使用缩微胶卷、胶片或其他缩微品的	9	17	0						---Cameras of a kind used for recording documents on microfilm, microfiche or other microforms
9006. 5290	---其他	25	100	0						---Other
9006. 5300	--其他，使用胶片宽度为 35 毫米	20	100	0						--Other, for roll film of a width of 35mm
	--其他：									--Other:

税则号列 Tariff Item	商品名称	最惠国税率(%) M. F. N.	普通税率(%) Gen.	协定税率(%) Conventional 东盟 ASEAN	亚太 APTA	香港 H. K.	澳门 Macao	台湾 Taiwan	出口税率(%) Export	Article Description
9006.5910	---激光照相排版设备	9	35	0						---Laser photo typesetting equipments
	---制版照相机:									---Cameras of a kind used for preparing printing plates or cylinders:
9006.5921	----电子分色机	12	20	0						----Electronic colour scanners
9006.5929	----其他	10	20	0						----Other
9006.5990	---其他	25	100	0						---Other
	-照相闪光灯装置及闪光灯泡:									-Photographic flashlight apparatus and flashbulbs:
9006.6100	--放电式(电子式)闪光灯装置	18	80	0						--Discharge lamp (electronic) flashlight apparatus
	--其他:									--Other:
9006.6910	---闪光灯泡	18	80	0						---Flashbulbs
9006.6990	---其他	18	80	0						---Other
	-零件、附件:									-Parts and accessories:
	--照相机用:									--For cameras:
9006.9110	---税号9006.3000、9006.5921、9006.5929所列照相机用	8	17	0	5.6	0				---For cameras of subheadings No. 9006.3000, 9006.5921 and 9006.5929
9006.9120	---一次成像照相机用	5	100	0	3.5	0				---For instant print cameras
	---其他:									---Other:
9006.9191	----自动调焦组件	10	100	0	7	0				----Automatic focal setting units
9006.9192	----快门组件	10	100	0	7	0				----Shutter units
9006.9199	----其他	10	100	0	7	0				----Other
9006.9900	--其他	12	80	0						--Other
90.07	**电影摄影机、放映机,不论是否带有声音的录制或重放装置:**									**Cinematographic cameras and projectors, whether or not incorporating sound recording or reproducing apparatus:**
	-摄影机:									-Cameras:
9007.1010	---高速摄影机	14	40	0						---High speed cameras
9007.1090	---其他	14	40	0						---Other
	-放映机:									-Projectors:
9007.2010	---数字式	14	40	0		0				---Digital
9007.2090	---其他	14	40	0						---Other
	-零件、附件:									-Parts and accessories:
9007.9100	--摄影机用	8.4	40	0						--For cameras
9007.9200	--放映机用	8.4	40	0						--For projectors
90.08	**影像投影仪,但电影用除外;照片(电影片除外)放大机及缩片机:**									**Image projectors, other than cinematographic; photographic (other than cinematographic) enlargers and reducers:**
	-投影仪、放大机及缩片机:									-Projectors, enlargers and reducers:
9008.5010	---幻灯机	14	40	0						---Slide projectors

税则号列 Tariff Item	商品名称	最惠国税率(%) M. F. N.	普通税率(%) Gen.	协定税率(%) Conventional 东盟 ASEAN	亚太 APTA	香港 H. K.	澳门 Macao	台湾 Taiwan	出口税率(%) Export	Article Description
9008.5020	---缩微胶卷、缩微胶片或其他缩微品的阅读机，不论是否可以进行复制	10	17	0						---Microfilm，microfiche or other microform readers，whether or not capable of producing copies
	---其他影像投影仪：									---Other image projectors：
9008.5031	----正射投影仪	18	40	0						----Orthographical projectors
9008.5039	----其他	18	40	0						----Other
9008.5040	---照片（电影片除外）放大机及缩片机	20	80	0						---Photographic（other than cinematographic）enlargers and reducers
	-零件、附件：									-Parts and accessories：
9008.9010	---缩微阅读机用	8	17	0						---Of microfilm，microfiche or other microform readers
9008.9020	---照片放大机及缩片机用	14	80	0						---Of photographic enlargers and reducers
9008.9090	---其他	14	40	0						---Other
90.10	**本章其他税号未列名的照相（包括电影）洗印用装置及设备；负片显示器；银幕及其他投影屏幕：**									**Apparatus and equipment for photographic（including cinematographic）laboratories，not specified or included elsewhere in this Chapter；negatoscopes；projection screens：**
	-照相（包括电影）胶卷或成卷感光纸的自动显影装置及设备或将已冲洗胶卷自动曝光到成卷感光纸上的装置及设备：									-Apparatus and equipment for automatically developing photographic（including cinematographic）film or paper in rolls or for automatically exposing developed film to rolls of photographic paper：
9010.1010	---电影用	14	40	0		0				---Of a kind used in cinematographic film
9010.1020	---特种照相用	8.4	20	0		0				---Of a kind used in special photographic film or paper
	---其他：									---Other：
9010.1091	----彩色胶卷用	25	100	0		0				----For the colour photographic film in rolls
9010.1099	----其他	15	100	0		0				----Other
	-照相（包括电影）洗印用其他装置及设备；负片显示器：									-Other apparatus and equipment for photographic（including cinematographic）laboratories；negatoscope：
9010.5010	---负片显示器	7/3.5	50	0						---Negatoscopes
	---其他：									---Other：
9010.5021	----电影用	7/3.5	40	0						----Of a kind used in cinematographic film

税则号列 Tariff Item	商品名称	最惠国税率(%) M. F. N.	普通税率(%) Gen.	协定税率(%) Conventional 东盟 ASEAN	亚太 APTA	香港 H. K.	澳门 Macao	台湾 Taiwan	出口税率(%) Export	Article Description
9010.5022	----特种照相用	4.2/2.1	20	0						----Of a kind used in special photographic film or paper
9010.5029	----其他	8.5/4.3	100	0						----Other
9010.6000	-银幕及其他投影屏幕	9.3/7	50	0						-Projection screens
	-零件、附件：									-Parts and accessories:
9010.9010	---电影用	0	40							---Of a kind used in cinematographic film
9010.9020	---特种照相用	0	20							---Of a kind used in special photographic film or paper
9010.9090	---其他	0	100							---Other
90.11	**复式光学显微镜，包括用于显微照相、显微电影摄影及显微投影的：**									**Compound optical microscopes, including those for photomicrography, cinephotomicrography or microprojection:**
9011.1000	-立体显微镜	0	14							-Stereoscopic microscopes
9011.2000	-显微照相、显微电影摄影及显微投影用的其他显微镜	0	14							-Other microscopes, for photomicro graphy, cinephotomicrography or microprojection
9011.8000	-其他显微镜	4.7/3.5	14	0						-Other microscopes
9011.9000	-零件、附件	0	14							-Parts and accessories
90.12	**显微镜，但光学显微镜除外；衍射设备：**									**Microscopes other than optical microscopes; diffraction apparatus:**
9012.1000	-显微镜，但光学显微镜除外；衍射设备	0	14							-Microscopes other than optical microscopes; and diffraction apparatus
9012.9000	-零件、附件	0	14							-Parts and accessories
90.13	**其他税号未列名的液晶装置；激光器，但激光二极管除外；本章其他税号未列名的光学仪器及器具：**									**Liquid crystal devices not constituting articles provided for more specifically in other headings; lasers, other than laser diodes; other optical appliances and instruments, not specified or included elsewhere in this Chapter:**
9013.1000	-武器用望远镜瞄准具；潜望镜式望远镜；作为本章或第十六类的机器、设备、仪器或器具部件的望远镜	8	14	0						-Telescopic sights for fitting to arms; periscopes; telescopes designed to form parts of machines, appliances, instruments or apparatus of this Chapter or Section XVI
9013.2000	-激光器，但激光二极管除外	4/3	11	0			0			-Lasers, other than laser diodes
	-其他装置、仪器及器具：									-Other devices, appliances and instruments:
9013.8010	---放大镜	12	50	0	8.4	0	0			---Hand magnifying glasses
9013.8020	---光学门眼	12	50	0	8.4					--- “Door eyes”

税则号列 Tariff Item	商品名称	最惠国税率(%) M. F. N.	普通税率(%) Gen.	协定税率(%) Conventional 东盟 ASEAN	亚太 APTA	香港 H. K.	澳门 Macao	台湾 Taiwan	出口税率(%) Export	Article Description
9013.8030	---液晶显示板	5	50	0		0	0			---Liquid crystal display panel
9013.8090	---其他	5	17	0		0	0			---Other
	-零件、附件：									-Parts and accessories:
9013.9010	---税号 9013.1000 及 9013.2000 所列货品用	6	11	0		0	0			---For goods of subheadings 9013.1000 and 9013.2000
9013.9020	---子目 9013.8030 所列货品用	4.2/2.1	17	0		0	0			---For goods of subheading 9013.8030
9013.9090	---其他	4.2/2.1	17	0		0	0			---Other
90.14	**定向罗盘；其他导航仪器及装置：**									**Direction finding compasses; other navigational instruments and appliances:**
9014.1000	-定向罗盘	1/0.5	8	0						-Direction finding compasses
	-航空或航天导航仪器及装置（罗盘除外）：									-Instruments and appliances for aeronautical or space navigation (other than compasses):
9014.2010	---自动驾驶仪	1/0.5	8	0						---Automatic pilots
9014.2090	---其他	1/0.5	8	0						---Other
9014.8000	-其他仪器及装置	1/0.5	8	0						-Other instruments and appliances
	-零件、附件：									-Parts and accessories:
9014.9010	---自动驾驶仪用	0.8/0.4	8	0						---For automatic pilots
9014.9090	---其他	0.8/0.4	8	0						---Other
90.15	**大地测量（包括摄影测量）、水道测量、海洋、水文、气象或地球物理用仪器及装置，不包括罗盘；测距仪：**									**Surveying (including photogrammetrical surveying), hydrographic, oceanographic, hydrological, meteorological or geophysical instruments and appliances, excluding compasses; rangefinders:**
9015.1000	-测距仪	6/4.5	14	0						-Rangefinders
9015.2000	-经纬仪及视距仪	6/4.5	14	0						-Theodolites and tachymeters (tacheometers)
9015.3000	-水平仪	9	14	0						-Levels
9015.4000	-摄影测量用仪器及装置	6/4.5	14	0						-Photogrammetrical surveying instruments and appliances
9015.8000	-其他仪器及装置	3.3/2.5	14	0	3.5					-Other instruments and appliances
9015.9000	-零件、附件	3.3/2.5	14	0						-Parts and accessories
90.16	**感量为 50 毫克或更精密的天平，不论是否带有砝码：**									**Balances of a sensitivity of 50mg or better, with or without weights:**
9016.0010	---感量为 0.1 毫克或更精密的天平	9	14	0						---Of a sensitivity of 0.1mg or better
9016.0090	---其他	10.5	30	0						---Other

税则号列 Tariff Item	商品名称	最惠国税率(%) M. F. N.	普通税率(%) Gen.	协定税率(%) Conventional 东盟 ASEAN	亚太 APTA	香港 H. K.	澳门 Macao	台湾 Taiwan	出口税率(%) Export	Article Description
90.17	**绘图、划线或数学计算仪器及器具（例如，绘图机、比例缩放仪、分度规、绘图工具、计算尺及盘式计算器）；本章其他税号未列名的手用测量长度的器具（例如，量尺、量带、千分尺及卡尺）：**									**Drawing, marking-out or mathematical calculating instruments (for example, drafting machines, pantographs protractors, drawing sets, slide rules, disc calculators); instruments for measuring length, for use in the hand (for example, measuring rods and tapes, micrometers, callipers), not specified or included elsewhere in this Chapter:**
9017.1000	-绘图台及绘图机，不论是否自动	8	20	0						-Drafting tables and machines, whether or not automatic
9017.2000	-其他绘图、划线或数学计算器具	0	70							-Other drawing, marking-out or mathematical calculating instruments
9017.3000	-千分尺、卡尺及量规	8	20	0						-Micrometers, callipers and gauges
9017.8000	-其他仪器及器具	8	20	0						-Other instruments
9017.9000	-零件、附件	0	20							-Parts and accessories
90.18	**医疗、外科、牙科或兽医用仪器及器具，包括闪烁扫描装置、其他电气医疗装置及视力检查仪器：**									**Instruments and appliances used in medical, surgical, dental or veterinary sciences, including scintigraphic appatatus, other electro-medical apparatus and sight-testing instruments:**
	-电气诊断装置（包括功能检查或生理参数检查用装置）：									-Electro-diagnostic apparatus (including apparatus for functional exploratory examination or for checking physiological parameters):
9018.1100	--心电图记录仪	2.5/1.3	17	0						--Electro-cardiographs
	--超声波扫描装置：									--Ultrasonic scanning apparatus:
9018.1210	---B型超声波诊断仪	5.3/4.4	35	0	6					---B-ultrasonic diagnostic equipment
	---其他：									---Other:
9018.1291	----彩色超声波诊断仪	3.8/3.1	17	0	3.9					----Chromoscope ultrasonic diagnostic equipment
9018.1299	----其他	3.8/3.1	17	0	3.9					----Other
	--核磁共振成像装置：									--Magnetic resonance imaging apparatus:
9018.1310	---成套装置	4	17	0		0				---Complete equipments
9018.1390	---零件	4	17	0		0				---Parts
9018.1400	--闪烁摄影装置	5	17	0						--Scintigraphic apparatus
	--其他：									--Other:
9018.1930	---病员监护仪	2.7/2	17	0	2.9					---Patient monitors

税则号列 Tariff Item	商品名称	最惠国税率(%) M. F. N.	普通税率(%) Gen.	协定税率(%) Conventional 东盟 ASEAN	亚太 APTA	香港 H. K.	澳门 Macao	台湾 Taiwan	出口税率(%) Export	Article Description
	---听力诊断装置：									---Hearing diagnostic apparatus：
9018.1941	----听力计	2.7/2	17	0	2.9					----Andiometers
9018.1949	----其他	2.7/2	17	0	2.9					----Other
9018.1990	---其他	2.7/2	17	0	2.9					---Other
9018.2000	-紫外线及红外线装置	2/1	17	0						-Ultra-violet or infra-red ray apparatus
	-注射器、针、导管、插管及类似品：									-Syringes, needles, catheters, cannulae and the like：
9018.3100	--注射器，不论是否装有针头	8	50	0	7.6					--Syringes, with or without needles
	--管状金属针头及缝合用针：									--Tubular metal needles and needles for sutures：
9018.3210	---管状金属针头	8	50	0	7					---Tubular metal needles
9018.3220	---缝合用针	4	17	0	3.5					---Needles for sutures
9018.3900	--其他	4	17	0						--Other
	-牙科用其他仪器及器具：									-Other instruments and appliances, used in dental sciences：
9018.4100	--牙钻机，不论是否与其他牙科设备组装在同一底座上	4	17	0						--Dental drill engines, whether or not combined on a single base with other dental equipment
	--其他：									--Other：
9018.4910	---装有牙科设备的牙科用椅	4	17	0						---Dentists' chairs incorporating dental equipment
9018.4990	---其他	4	17	0						---Other
9018.5000	-眼科用其他仪器及器具	2.7/2	17	0	2.9					-Other ophthalmic instruments and appliances
	-其他仪器及器具：									-Other instruments and appliances：
9018.9010	---听诊器	4	17	0	3.5	0				---Stethoscopes
9018.9020	---血压测量仪器及器具	4	17	0	3.5	0	0			---Sphygmomanometers and appliances
9018.9030	---内窥镜	2.7/2	17	0	2.9	0				---Endoscopes
9018.9040	---肾脏透析设备（人工肾）	2.7/2	17	0	2.9	0				---Artificial kidney (dialysis) apparatus
9018.9050	---透热疗法设备	2.7/2	17	0	2.9	0	0			---Diathermy apparatus
9018.9060	---输血设备	2.7/2	17	0	2.9	0				---Blood transfusion apparatus
9018.9070	---麻醉设备	4	17	0	3.5	0				---Anaesthetic apparatus and instruments
	---其他：									---Other：
9018.9091	----宫内节育器	4	17	0	2	0				----Intrauterine contraceptive device
9018.9099	----其他	4	17	0	3.5	0	0			----Other

税则号列 Tariff Item	商品名称	最惠国税率(%) M. F. N.	普通税率(%) Gen.	协定税率(%) Conventional 东盟 ASEAN	亚太 APTA	香港 H. K.	澳门 Macao	台湾 Taiwan	出口税率(%) Export	Article Description
90.19	**机械疗法器具；按摩器具；心理功能测验装置；臭氧治疗器；氧气治疗器、喷雾治疗器、人工呼吸器及其他治疗用呼吸器具：**									**Mechano-therapy appliances; massage apparatus; psychological aptitudetesting apparatus; ozone therapy, oxygen therapy, aerosol therapy, artificial respiration or other therapeutic respiration apparatus:**
	-机械疗法器具；按摩器具；心理功能测验装置：									-Mechano-therapy appliances; massage apparatus; psychological aptitudetesting apparatus:
9019.1010	---按摩器具	15	40	0		0	0			---Massage apparatus
9019.1090	---其他	4	30	0		0				---Other
9019.2000	-臭氧治疗器、氧气治疗器、喷雾治疗器、人工呼吸器及其他治疗用呼吸器具	4	17	0			0			-Ozone therapy, oxygen therapy, aerosol therapy, artificial respiration or other therapeutic respiration apparatus
90.20	**其他呼吸器具及防毒面具，但不包括既无机械零件又无可互换过滤器的防护面具：**									**Other breathing appliances and gas masks, excluding protective masks having neither mechanical parts nor replaceable filters:**
9020.0000	其他呼吸器具及防毒面具，但不包括既无机械零件又无可互换过滤器的防护面具	8	30	0		0	0			Other breathing appliances and gas masks, excluding protective masks having neither mechanical parts nor replaceable filters
90.21	**矫形器具，包括支具、外科手术带、疝气带；夹板及其他骨折用具；人造的人体部分；助听器及为弥补生理缺陷或残疾而穿戴、携带或植入人体内的其他器具：**									**Orthopaedic appliances, including crutches, surgical belts and trusses; splints and other fracture appliances; artificial parts of the body; hearing aids and other appliances which are worn or carried, or implanted in the body, to compensate for a defect or disability:**
9021.1000	-矫形或骨折用器具	4	17	0						Orthopaedic or fracture appliances
	-假牙及牙齿固定件：									-Artificial teeth and dental fittings:
9021.2100	--假牙	4	17	0		0				--Artificial teeth
9021.2900	--其他	4	17	0			0			--Other
	-其他人造的人体部分：									-Other artificial parts of the body:
9021.3100	--人造关节	4	17	0		0		0		--Artificial joints
9021.3900	--其他	4	17	0						--Other
9021.4000	-助听器，不包括零件、附件	4	17	0		0	0			-Hearing aids, excluding parts and accessories

税则号列 Tariff Item	商品名称	最惠国税率(%) M. F. N.	普通税率(%) Gen.	协定税率(%) Conventional 东盟 ASEAN	亚太 APTA	香港 H. K.	澳门 Macao	台湾 Taiwan	出口税率(%) Export	Article Description
9021.5000	-心脏起搏器，不包括零件、附件	2.7/2	7	0						-Pacemakers for stimulating heart muscles, excluding parts and accessories
	-其他：									-Other:
	---支架：									---Stents:
9021.9011	----血管支架	2.7/2	17	0						----Stents in blood vessel
9021.9019	----其他	2.7/2	17	0						----Other
9021.9090	---其他	2.7/2	17	0						---Other
90.22	**X射线或α射线、β射线、γ射线的应用设备，不论是否用于医疗、外科、牙科或兽医，包括射线照相及射线治疗设备，X射线管及其他X射线发生器、高压发生器、控制板及控制台、荧光屏、检查或治疗用的桌、椅及类似品：**									**Apparatus based on the use of X-rays or of alpha, beta or gamma radiations, whether or not for medical, surgical, dental or veterinary uses, including radiography or radiotherapy apparatus, X-ray tubes and other X-ray generators, high tension generators, control panels and desks, screens, examination or treatment tables, chairs and the like:**
	-X射线的应用设备，不论是否用于医疗、外科、牙科或兽医，包括射线照相或射线治疗设备：									-Apparatus based on the use of X-rays, whether or not for medical, surgical, dental or veterinary uses, including radiography or radiotherapy apparatus:
9022.1200	--X射线断层检查仪	4/3.3	11	0	2.8					--Computed tomography apparatus
9022.1300	--其他，牙科用	2/1	11	0						--Other, for dental uses
9022.1400	--其他，医疗、外科或兽医用	2.7/2	11	0						--Other, for medical, surgical or veterinary uses
	--其他：									--For other uses:
9022.1910	---低剂量X射线安全检查设备	2.7/2	11	0						---Low dosage X-ray security inspecting equipment
9022.1920	---X射线无损探伤检测仪	2.7/2	11	0		0				---X-ray nondestructive inspection apparatus
9022.1990	---其他	2.7/2	11	0		0				---Other
	-α射线、β射线、γ射线的应用设备，不论是否用于医疗、外科、牙科或兽医，包括射线照相或射线治疗设备：									-Apparatus based on the use of alpha, beta or gamma radiations, whether or not for medical, surgical, dental or veterinary uses, including radiography or radiotherapy apparatus:
9022.2100	--医疗、外科、牙科或兽医用	2/1	11	0						--For medical, surgical, dental or veterinary uses
	--其他：									--For other uses:

税则号列 Tariff Item	商品名称	最惠国税率(%) M. F. N.	普通税率(%) Gen.	协定税率(%) Conventional 东盟 ASEAN	亚太 APTA	香港 H. K.	澳门 Macao	台湾 Taiwan	出口税率(%) Export	Article Description
9022.2910	---γ射线无损探伤检测仪	4/3	11	0						---Gamma ray nondestructive inspection apparatus
9022.2990	---其他	4/3	11	0						---For other uses
9022.3000	-X射线管	1.3/1	11	0						-X-ray tubes
	-其他，包括零件、附件：									-Other, including parts and accessories:
9022.9010	---X射线影像增强器	3/1.5	11	0						---X-ray intensifiers
9022.9090	---其他	6	11	0						---Other
90.23	**专供示范（例如，教学或展览）而无其他用途的仪器、装置及模型：**									**Instruments, apparatus and models, designed for demonstrational purposes (for example, in education or exhibitions), unsuitable for other uses:**
9023.0010	---教习头	3.5/1.8	20	0						---Training mannequin
9023.0090	---其他	3.5/1.8	20	0						---Other
90.24	**各种材料（例如，金属、木材、纺织材料、纸张、塑料）的硬度、强度、压缩性、弹性或其他机械性能的试验机器及器具：**									**Machines and appliances for testing the hardness, strength, compressibility, elasticity or other mechanical properties of materials (for example, metals, wood, textiles, paper, plastics):**
	-金属材料的试验用机器及器具：									-Machines and appliances for testing metals:
9024.1010	---电子万能试验机	4.7/3.5	20	0	5.4					---Electric multitesting machines
9024.1020	---硬度计	4.7/3.5	20	0	5.4					---Machines and applinances for testing hardness
9024.1090	---其他	4.7/3.5	20	0	5.4					---Other
9024.8000	-其他机器及器具	3.8/3.1	20	0						-Other machines and appliances
9024.9000	-零件、附件	4/3	20	0						-Parts and accessories
90.25	**记录式或非记录式的液体比重计及类似的浮子式仪器、温度计、高温计、气压计、湿度计、干湿球湿度计及其组合装置：**									**Hydrometers and similar floating instruments, thermometers and pyrometers, barometers, hygrometers and psychrometers, recording or not, and any combination of these instruments:**
	-温度计及高温计，未与其他仪器组合：									-Thermometers and pyrometers, not combined with other instruments:
9025.1100	--液体温度计，可直接读数	4	40	0			0			--Liquid-filled, for direct reading
	--其他：									--Other:
9025.1910	---工业用	5.6/4.2	20	0	6.7					---For technical use
9025.1990	---其他	5.6/4.2	80	0	6.7		0			---Other

税则号列 Tariff Item	商品名称	最惠国税率(%) M. F. N.	普通税率(%) Gen.	协定税率(%) Conventional 东盟 ASEAN	亚太 APTA	香港 H. K.	澳门 Macao	台湾 Taiwan	出口税率(%) Export	Article Description
9025.8000	-其他仪器	11	30	0						-Other instruments
9025.9000	-零件、附件	5.3/4	20	0	6.3					-Parts and accessories
90.26	**液体或气体的流量、液位、压力或其他变化量的测量或检验仪器及装置(例如,流量计、液位计、压力表、热量计),但不包括税目90.14、90.15、90.28或90.32的仪器及装置:**									**Instruments and apparatus for measuring or checking the flow, level, pressure or other variables of liquids or gases (for example, flow meters, level gauges, manometers, heat meters), excluding instruments and apparatus of heading 90.14, 90.15, 90.28 or 90.32:**
9026.1000	-测量、检验液体流量或液位的仪器及装置	0	17							-For measuring or checking the flow or level of liquids
	-测量、检验压力的仪器及装置:									-For measuring or checking pressure:
9026.2010	---压力/差压变送器	0	17							---Pressure/differential pressure transmitters
9026.2090	---其他	0	17							---Other
	-其他仪器及装置:									-Other instruments or apparatus:
9026.8010	---测量气体流量的仪器及装置	0	17							---Instruments or apparatus for measuring the flow of gases
9026.8090	---其他	0	17							---Other
9026.9000	-零件、附件	0	17							-Parts and accessories
90.27	**理化分析仪器及装置(例如,偏振仪、折光仪、分光仪、气体或烟雾分析仪);测量或检验黏性、多孔性、膨胀性、表面张力及类似性能的仪器及装置;测量或检验热量、声量或光量的仪器及装置(包括曝光表);检镜切片机:**									**Instruments and apparatus for physical or chemical analysis (for example, polarimeters, refractometers, spectrometers, gas or smoke analysis apparatus); instruments and apparatus for measuring or checking viscosity, porosity, expansion, surface tension or the like; instruments and apparatus for measuring or checking quantities of heat, sound or light (including exposure meters); microtomes:**
9027.1000	-气体或烟雾分析仪	5.3/4.4	17	0		0				-Gas or smoke analysis apparatus
	-色谱仪和电泳仪:									-Chromatographs and electrophoresis instruments:
	---色谱仪:									---Chromatographs instruments:
9027.2011	----气相色谱仪	0	17							----Gas chromatographs instruments
9027.2012	----液相色谱仪	0	17							----Liquid chromatographs instruments

税则号列 Tariff Item	商品名称	最惠国税率(%) M. F. N.	普通税率(%) Gen.	协定税率(%) Conventional 东盟 ASEAN	亚太 APTA	香港 H. K.	澳门 Macao	台湾 Taiwan	出口税率(%) Export	Article Description
9027.2019	----其他	0	17							----Other
9027.2020	---电泳仪	0	17							---Electrophoresis instruments
9027.3000	-使用光学射线（紫外线、可见光、红外线）的分光仪、分光光度计及摄谱仪	0	17							-Spectrometers, spectrophotometers and spectrographs using optical radiations (UV, visible, IR)
9027.5000	使用光学射线（紫外线、可见光、红外线）的其他仪器及装置	0	17							-Other instruments and apparatus using optical radiations (UV, visible, IR)
	-其他仪器及装置：									-Other instruments and apparatus:
	---质谱仪：									---Mass spectrograph:
9027.8011	----集成电路生产用氦质谱检漏台	0	17							----Integrated circuit belium spectra leak detectors
9027.8012	----质谱联用仪	0	17							----Mass spectrometers combined with other instruments
9027.8019	----其他	0	17							----Other
	---其他：									Other:
9027.8091	----曝光表	9.3/7	70	0						----Exposure meters
9027.8099	----其他	0	17							----Other
9027.9000	-检镜切片机；零件、附件	0	17							-Microtomes; parts and accessories
90.28	**生产或供应气体、液体及电力用的计量仪表，包括它们的校准仪表：**									**Gas, liquid or electricity supply or production meters, including calibrating meters thereof:**
	-气量计：									-Gas meters:
9028.1010	---煤气表	10	30	0						---Coal gas meters
9028.1090	---其他	10	30	0						---Other
	-液量计：									-Liquid meters:
9028.2010	---水表	10	30	0						---Water meters
9028.2090	---其他	10	30	0						---Other
	-电量计：									-Electricity meters:
	---电度表：									---Watt-hour meter:
9028.3011	----单相感应式	5/2.5	30	0		0				----Single-phase induction types
9028.3012	----三相感应式	5/2.5	30	0		0				----Three-phase induction types
9028.3013	----单相电子式（静止式）	5/2.5	30	0		0				----Single-phase electronic types (Static)
9028.3014	----三相电子式（静止式）	5/2.5	30	0		0				----Three-phase electronic types (Static)
9028.3019	----其他	5/2.5	30	0		0				----Other
9028.3090	---其他	5/2.5	30	0		0				---Other
	-零件、附件：									-Parts and accessories:
9028.9010	---工业用	4.2/2.1	30	0						---For technical use
9028.9090	---其他	4.2/2.1	50	0						---Other

税则号列 Tariff Item	商品名称	最惠国税率(%) M. F. N.	普通税率(%) Gen.	协定税率(%) Conventional 东盟 ASEAN	亚太 APTA	香港 H. K.	澳门 Macao	台湾 Taiwan	出口税率(%) Export	Article Description
90.29	**转数计、产量计数器、车费计、里程计、步数计及类似仪表；速度计及转速表，税目 90.14 及 90.15 的仪表除外；频闪观测仪：**									**Revolution counters, production counters, taximeters, mileometers, pedometers and the like; speed indicators and tachometers, other than those of headings90.14 and 90.15;stroboscopes:**
	-转数计、产量计数器、车费计、里程计、步数计及类似仪表：									-Revolution counters, production counters, taximeters, mileometers, pedometers and the like:
9029.1010	---转数计	15	50	0						---Revolution counters
9029.1020	---车费计、里程计	15	35	0						---Taximeters and mileometers
9029.1090	---其他	15	35	0						---Other
	-速度计及转速表，频闪观测仪：									-Speed indicators and tachometers; stroboscopes:
9029.2010	---车辆用速度计	10	35	0						---Speed indicators for motor vehicles
9029.2090	---其他	10	35	0						---Other
9029.9000	-零件、附件	6	35	0						-Parts and accessories
90.30	**示波器、频谱分析仪及其他用于电量测量或检验的仪器和装置，但不包括税目 90.28 的各种仪表；α射线、β射线、γ射线、X射线、宇宙射线或其他离子射线的测量或检验仪器及装置：**									**Oscilloscopes, spectrum analysers and other instruments and apparatus for measuring or checking electrical quantities, excluding meters of heading 90.28; instruments and apparatus for measuring or detecting alpha, beta, gamma, X-ray, cosmic or other ionizing radiations:**
9030.1000	-离子射线的测量或检验仪器及装置	3.3/2.5	20	0						-Instruments and apparatus for measuring or detecting ionizing radiations
	-示波器：									-Oscilloscopes and oscillographs:
9030.2010	---测试频率在 300 兆赫兹以下的通用示波器	4/2	80	0						---For general use, of test frequency less than 300MHz
9030.2090	---其他	2.5/1.3	20	0						---Other
	-检测电压、电流、电阻或功率的其他仪器及装置：									-Other instruments and apparatus, for measuring or checking voltage, current, resistance or power:
	--万用表，不带记录装置：									--Multimeters without a recording device:
9030.3110	---量程在五位半及以下的数字万用表	7.5/3.8	130	0			0			---Digital, of measuring range of 5.5 or less
9030.3190	---其他	2.5/1.3	20	0						---Other
9030.3200	--万用表，带记录装置	5.3/4	20	0						--Multimeters with a recording device

税则号列 Tariff Item	商品名称	最惠国税率(%) M. F. N.	普通税率(%) Gen.	协定税率(%) Conventional 东盟 ASEAN	亚太 APTA	香港 H. K.	澳门 Macao	台湾 Taiwan	出口税率(%) Export	Article Description
	--其他，不带记录装置：									--Other, without a recording device:
9030.3310	---量程在五位半及以下的数字电流表、电压表	11.3/9.4	130	0		0				---Digital ammeters or voltmeters, of measuring range of 5.5 or less
9030.3320	---电阻测试仪	14	80	0		0				---Resistance measuring instruments
9030.3390	---其他	6.8/5.6	20	0		0				---Other
9030.3900	--其他，带记录装置	5.3/4	20	0						--Other, with a recording device
	-通讯专用的其他仪器及装置（例如，串音测试器、增益测量仪、失真度表、噪声计）：									-Other instruments and apparatus, specially designed for telecommunications (for example, cross-talk meters, gain measuring instruments, distortion factor meters, psophometers):
9030.4010	---测试频率在12.4吉赫兹以下的数字式频率计	0	80							---Digital frequency meters, of test frequency less than 12.4 GHz
9030.4090	---其他	0	20							---Other
	-其他仪器及装置：									-Other instruments and apparatus:
9030.8200	--测试或检验半导体晶片或器件用	0	20							--For measuring or checking semiconductor wafers or devices
	--其他，带记录装置：									--Other, with a recording device:
9030.8410	---电感及电容测试仪	6.7/5	80	0						---For measuring inductances or capacitances
9030.8490	---其他	5.3/4	20	0						---Other
	--其他：									--Other:
9030.8910	---电感及电容测试仪	9.3/7	80	0						---For measuring inductances or capacitances
9030.8990	---其他	5.3/4	20	0						---Other
9030.9000	-零件、附件	4.7	17	0		0				-Parts and accessories
90.31	**本章其他税号未列名的测量或检验仪器、器具及机器；轮廓投影仪：**									**Measuring or checking instruments, appliances and machines, not specified or included elsewhere in this Chapter; profile projectors:**
9031.1000	-机械零件平衡试验机	4.7/3.5	17	0	5.4					-Machines for balancing mechanical parts
9031.2000	-试验台	7	17	0						-Test benches
	-其他光学仪器及器具：									-Other optical instruments and appliances:

税则号列 Tariff Item	商 品 名 称	最惠国税率(%) M. F. N.	普通税率(%) Gen.	协定税率(%) Conventional 东盟 ASEAN	亚太 APTA	香港 H. K.	澳门 Macao	台湾 Taiwan	出口税率(%) Export	Article Description
9031.4100	--制造半导体器件时检验半导体晶片、器件或检测光掩模或光栅用	0	17							--For inspecting semiconductor wafers or devices or for inspecting photomasks or reticles used in manufacturing semiconductor devices
	--其他：									--Other：
9031.4910	---轮廓投影仪	6.7/5	20	0						---Profile projectors
9031.4920	---光栅测量装置	0	17							---Optical grating measuring device
9031.4990	---其他	0	17							---Other
	-其他仪器、器具及机器：									-Other instruments, appliances and machines：
9031.8010	---光纤通信及光纤性能测试仪	5	17	0	4	0				---Optical telecommunication and optical fibre performance testing instruments
9031.8020	---坐标测量仪	5	17	0		0				---Coordinate measuring machine
	---无损探伤检测仪器（射线探伤仪除外）：									---Apparatus for examinations, without damaging structure (other than apparatus for radiological examinations)：
9031.8031	----超声波探伤检测仪	5	17	0	4	0				----Apparatus for ultrasonic examinations
9031.8032	----磁粉探伤检测仪	5	17	0	4	0				----Apparatus for magnetic examinations
9031.8033	----涡流探伤检测仪	5	17	0	4	0				----Apparatus for eddy examinations
9031.8039	----其他	5	17	0	4	0				----Other
9031.8090	---其他	5	17	0	4	0		0		---Other
9031.9000	-零件、附件	0	17							-Parts and accessories
90.32	**自动调节或控制仪器及装置：**									**Automatic regulating or controlling instruments and apparatus:**
9032.1000	-恒温器	7	17	0		0				-Thermostats
9032.2000	-恒压器	4.7/3.5	17	0		0				-Manostats
	-其他仪器及装置：									-Other instruments and apparatus：
9032.8100	--液压或气压的	4.7/3.5	17	0	5.4	0				--Hydraulic or pneumatic
	--其他：									--Other：
	---列车自动控制系统（ATC）车载设备：									---Devices of Automatic Train Control System (ATC), installed on trains：
9032.8911	----列车自动防护系统（ATP）车载设备	7	17	0		0				----Devices of Automatic Train Protection System (ATP), installed on trains

税则号列 Tariff Item	商品名称	最惠国税率(%) M. F. N.	普通税率(%) Gen.	协定税率(%) Conventional 东盟 ASEAN	亚太 APTA	香港 H. K.	澳门 Macao	台湾 Taiwan	出口税率(%) Export	Article Description
9032.8912	----列车自动运行系统(ATO)车载设备	7	17	0		0				----Devices of Automatic Train Operation System (ATO), installed on trains
9032.8919	----其他	7	17	0		0				----Other
9032.8990	---其他	7	17	0		0				---Other
9032.9000	-零件、附件	5	17	0						-Parts and accessories
90.33	**第九十章所列机器、器具、仪器或装置用的本章其他税目未列名的零件、附件：**									**Parts and accessories (not specified or included elsewhere in this Chapter) for machines, appliances, instruments or apparatus of Chapter 90:**
9033.0000	第九十章所列机器、器具、仪器或装置用的本章其他税目未列名的零件、附件	6	17	0						Parts and accessories (not specified or included elsewhere in this Chapter) for machines, appliances, instruments or apparatus of Chapter 90

第九十一章 钟表及其零件

Chapter 91 Clocks and watches and parts thereof

注释：

一、本章不包括：

（一）钟表玻璃及钟锤（按其构成材料归类）；

（二）表链（根据不同情况，归入税目 71.13 或 71.17）；

（三）第十五类注释二所规定的贱金属制通用零件（第十五类）、塑料制的类似品（第三十九章）及贵金属或包贵金属制的类似品（一般归入税目 71.15），但钟、表发条则应作为钟、表的零件归类（税目 91.14）；

（四）轴承滚珠（根据不同情况，归入税目 73.26 或 84.82）；

（五）税目 84.12 的物品，不需擒纵器可以工作的；

（六）滚珠轴承（税目 84.82）；或

（七）第八十五章的物品，本身未组装在或未与其他零件组装在钟、表机芯内，也未组装成专用于或主要用于钟、表机芯零件的（第八十五章）。

二、税目 91.01 仅包括表壳完全以贵金属或包贵金属制的表，以及用贵金属或包贵金属与税目 71.01 至 71.04 的天然、养殖珍珠或宝石、半宝石（天然、合成或再造）合制的表。用贱金属上镶嵌贵金属制成表壳的表应归入税目 91.02。

三、本章所称"表芯"，是指由摆轮及游丝、石英晶体或其他能确定时间间隔的装置来进行调节的机构，并带有显示器或可装机械指示器的系统。表芯的厚度不超过 12 毫米，长、宽或直径不超过 50 毫米。

四、除注释一另有规定的以外，钟、表的机芯及其他零件，既适用于钟或表，又适用于其他物品（例如，精密仪器）的，均应归入本章。

Chapter Notes:

1. This Chapter does not cover:

(a) Clock or watch glasses or weights (classified according to their constituent material);

(b) Watch chains (heading 71.13 or 71.17, as the case may be);

(c) Parts of general use defined in Note 2 to Section XV, of base metal (Section XV), or similar goods of plastics (Chapter 39) or of precious metal or metal clad with precious metal (generally heading 71.15); clock or watch springs are, however, to be classified as clock or watch parts (heading 91.14);

(d) Bearing balls (heading 73.26 or 84.82, as the case may be);

(e) Articles of heading 84.12 constructed to work without an escapement;

(f) Ball bearings (heading 84.82); or

(g) Articles of Chapter 85, not yet assembled together or with other components into watch or clock movements or into articles suitable for use solely or principally as parts of such movements (Chapter 85).

2. Heading 91.01 covers only watches with case wholly of precious metal or of metal clad with precious metal, or of the same materials combined with natural or cultured pearls, or precious or semi-precious stones (natural, synthetic or reconstructed) of headings 71.01 to 71.04. Watches with case of base metal inlaid with precious metal fall in heading 91.02.

3. For the purposes of this Chapter, the expression "watch movements" means devices regulated by a balance-wheel and hairspring, quartz crystal or any other system capable of determining intervals of time, with a display or a system to which a mechanical display can be incorporated. Such watch movements shall not exceed 12mm in thickness and 50mm in width, length or diameter.

4. Except as provided in Note 1, movements and other parts suitable for use both in clocks or watches and in other articles (for example, precision instruments) are to be classified in this Chapter.

税则号列 Tariff Item	商品名称	最惠国税率(%) M. F. N.	普通税率(%) Gen.	协定税率(%) Conventional 东盟 ASEAN	亚太 APTA	香港 H. K.	澳门 Macao	台湾 Taiwan	出口税率(%) Export	Article Description
91.01	**手表、怀表及其他表，包括秒表，表壳用贵金属或包贵金属制成的：**									**Wrist-watches, pocket-watches and other watches, including stop-watches, with case of precious metal or of metal clad with precious metal:**
	-电力驱动的手表，不论是否附有秒表装置：									-Wrist-watches, electrically operated whether or not incorporating a stop-watch facility:
9101.1100	--仅有机械指示器的	11	100	0	9.9					--With mechanical display only
	--其他：									--Other:
9101.1910	---仅有光电显示器的	16	100	0						---With optoelectronic display only
9101.1990	---其他	15	100	0						---Other
	-其他手表，不论是否附有秒表装置：									-Other wrist-watches, whether or not incorporating a stop-watch facility:
9101.2100	--自动上弦的	11	80	0						--Automatic winding
9101.2900	--其他	15	80	0						--Other
	-其他：									-Other:
9101.9100	--电力驱动的	15	100	0						--Electrically operated
9101.9900	--其他	20	80	0						--Other
91.02	**手表、怀表及其他表，包括秒表，但税目91.01的货品除外：**									**Wrist-watches, pocket-watches and other watches, including stop-watches, other than those of heading 91.01:**
	-电力驱动的手表，不论是否附有秒表装置：									-Wrist-watches, electrically operated, whether or not incorporating a stop-watch facility:
9102.1100	--仅有机械指示器的	12.5	100	0	11.1	0	0			--With mechanical display only
9102.1200	--仅有光电显示器的	23	100	0		0	0			--With optoelectronic display only
9102.1900	--其他	15	100	0						--Other
	-其他手表，不论是否装有秒表装置：									-Other wrist-watches, whether or not incorporating a stop-watch facility:
9102.2100	--自动上弦的	11	80	0		0	0			--Automatic winding
9102.2900	--其他	15	80	0		0	0			--Other
	-其他：									-Other:
9102.9100	--电力驱动的	15	100	0						--Electrically operated
9102.9900	--其他	20	80	0						--Other
91.03	**以表芯装成的钟，但不包括税目91.04的钟：**									**Clocks with watch movements, excluding clocks of heading 91.04:**
9103.1000	-电力驱动的	23	100	0		0	0			-Electrically operated
9103.9000	-其他	20	100	0						-Other

税则号列 Tariff Item	商品名称	最惠国税率 (%) M. F. N.	普通税率 (%) Gen.	协定税率 (%) Conventional 东盟 ASEAN	亚太 APTA	香港 H. K.	澳门 Macao	台湾 Taiwan	出口税率 (%) Export	Article Description
91.04	**仪表板钟及车辆、航空器、航天器或船舶用的类似钟：**									**Instrument panel clocks and clocks of a similar type for vehicles, aircraft, spacecraft or vessels:**
9104.0000	仪表板钟及车辆、航空器、航天器或船舶用的类似钟	10	100	0						Instrument panel clocks and clocks of a similar type for vehicles, aircraft, spacecraft or vessels
91.05	**其他钟：**									**Other clocks:**
	-闹钟：									-Alarm clocks:
9105.1100	--电力驱动的	23	100	0		0	0			--Electrically operated
9105.1900	--其他	20	100	0						--Other
	-挂钟：									-Wall clocks:
9105.2100	--电力驱动的	23	100	0						--Electrically operated
9105.2900	--其他	20	100	0						--Other
	-其他：									-Other:
	--电力驱动的：									--Electrically operated:
9105.9110	---天文钟	3	8	0						---Astronomical chronometer
9105.9190	---其他	23	100	0						---Other
9105.9900	--其他	16	100	0						--Other
91.06	**时间记录器以及测量、记录或指示时间间隔的装置，装有钟、表机芯或同步电动机的（例如，考勤钟、时刻记录器）：**									**Time of day recording apparatus and apparatus for measuring, recording or otherwise indicating intervals of time, with clock or watch movement or with synchronous motor (for example, time-registers, time-recorders):**
9106.1000	-考勤钟、时刻记录器	16	50	0						-Time-registers, time-recorders
9106.9000	-其他	16	50	0						-Other
91.07	**装有钟、表机芯或同步电动机的定时开关：**									**Time switches with clock or watch movement or with synchronous motor:**
9107.0000	装有钟、表机芯或同步电动机的定时开关	12	50	0						Time switches with clock or watch movement or with synchronous motor
91.08	**已组装的完整表芯：**									**Watch movements, complete and assembled:**
	-电力驱动的：									-Electrically operated:
9108.1100	--仅有机械指示器或有可装机械指示器的装置的	16	80	0		0	0			--With mechanical display only or with a device to which a mechanical display can be incorporated
9108.1200	--仅有光电显示器的	16	80	0		0	0			--With optoelectronic display only
9108.1900	--其他	16	80	0	12	0	0			--Other
9108.2000	-自动上弦的	16	80	0						-Automatic winding
	-其他：									-Other:

税则号列 Tariff Item	商品名称	最惠国税率(%) M. F. N.	普通税率(%) Gen.	协定税率(%) Conventional 东盟 ASEAN	亚太 APTA	香港 H. K.	澳门 Macao	台湾 Taiwan	出口税率(%) Export	Article Description
9108.9010	---表面尺寸在33.8毫米及以下	16	80	0						---Measuring 33.8mm or less
9108.9090	---其他	16	80	0		0	0			---Other
91.09	**已组装的完整钟芯：**									**Clock movements, complete and assembled:**
9109.1000	-电力驱动的	16	100	0						-Electrically operated
9109.9000	-其他	16	100	0						-Other
91.10	**未组装或部分组装的完整钟、表机芯（机芯套装件）；已组装的不完整钟、表机芯；未组装的不完整钟、表机芯：**									**Complete watch or clock movements, unassembled or partly assembled (movement sets); incomplete watch or clock movements, assembled; rough watch or clock movements:**
	-表的：									-Of watches:
9110.1100	--未组装或部分组装的完整机芯（机芯套装件）	16	80	0						--Complete movements, unassembled or partly assembled (movement sets)
9110.1200	已组装的不完整机芯	16	70	0						Incomplete movements, assembled
9110.1900	--未组装的不完整机芯	16	70	0						--Rough movements
	-其他：									-Other:
9110.9010	---未组装或部分组装的完整机芯	16	100	0						---Complete movements, unassembled or partly assembled
9110.9090	---其他	16	80	0						---Other
91.11	**表壳及其零件：**									**Watch cases and parts thereof:**
9111.1000	-贵金属表壳或包贵金属表壳	14	80	0						-Cases of precious metal or of metal clad with precious metal
9111.2000	-贱金属表壳，不论是否镀金或镀银	14	80	0	10	0	0			-Cases of base metal, whether or not gold-plated or silver-plated
9111.8000	-其他表壳	14	80	0						-Other cases
9111.9000	-零件	14	80	0						-Parts
91.12	**钟壳和本章所列其他货品的类似外壳及其零件：**									**Clock cases and cases of a similar type for other goods of this Chapter, and parts thereof:**
9112.2000	-壳	14	80	0						-Cases
9112.9000	-零件	12	80	0						-Parts
91.13	**表带及其零件：**									**Watch straps, watch bands and watch bracelets, and parts thereof:**
9113.1000	-贵金属或包贵金属制	20	130	0						-Of precious metal or of metal clad with precious metal
9113.2000	-贱金属制，不论是否镀金或镀银	14	100	0		0	0			-Of base metal, whether or not gold-plated or silver-plated
9113.9000	-其他	14	100	0		0	0			-Other
91.14	**钟、表的其他零件：**									**Other clock or watch parts:**

税则号列 Tariff Item	商品名称	最惠国税率(%) M. F. N.	普通税率(%) Gen.	协定税率(%) Conventional 东盟 ASEAN	亚太 APTA	香港 H. K.	澳门 Macao	台湾 Taiwan	出口税率(%) Export	Article Description
9114.1000	-发条，包括游丝	14	50	0						-Springs, including hairsprings
9114.3000	-钟面或表面	14	50	0						-Dials
9114.4000	-夹板及横担（过桥）	14	50	0						-Plates and bridges
	-其他：									-Other:
9114.9010	---宝石轴承	14	50	0						---Jewel bearings
9114.9090	---其他	14	70	0		0	0			---Other

第九十二章
乐器及其零件、附件

注释：

一、本章不包括：

（一）第十五类注释二所规定的贱金属制通用零件（第十五类）或塑料制的类似品（第三十九章）；

（二）第八十五章或第九十章的传声器、扩大器、扬声器、耳机、开关、频闪观测仪及其他附属仪器、器具或设备，虽用于本章物品但未与该物品组成一体或安装在同一机壳内；

（三）玩具乐器或器具（税目 95.03）；

（四）清洁乐器用的刷子（税目 96.03），独脚架、双脚架、三脚架及类似品（税目 96.20）；或

（五）收藏品或古物（税目 97.05 或 97.06）。

二、用于演奏税目 92.02、92.06 所列乐器的弓、槌及类似品，如果与该乐器一同报验，数量合理，用途明确，应归入有关乐器的相应税号。

税目 92.09 的卡片、盘或卷，即使与乐器一同报验，也不视为该乐器的组成部分，而应作为单独报验的物品对待。

Chapter 92
Musical instruments; parts and accessories of such articles

Chapter Notes:

1. This Chapter does not cover:

(a) Parts of general use, as defined in Note 2 to Section XV, of base metal (Section XV), or similar goods of plastics (Chapter 39);

(b) Microphones, amplifiers, loud-speakers, headphones, switches, stroboscopes or other accessory instruments, apparatus or equipment of Chapter 85 or 90, for use with but not incorporated in or housed in the same cabinet as instruments of this Chapter;

(c) Toy instruments or apparatus (heading 95.03);

(d) Brushes for cleaning musical instruments (heading 96.03), or monopods, bipods, tripods and similar articles (heading 96.20); or

(e) Collectors' pieces or antiques (heading 97.05 or 97.06).

2. Bows and sticks and similar devices used in playing the musical instruments of headings 92.02 and 92.06 presented with such instruments in numbers normal thereto and clearly intended for use therewith, are to be classified in the same heading as the relative instruments.

Cards, discs and rolls of heading 92.09 presented with an instrument are to be treated as separate articles and not as forming a part of such instrument.

税则号列 Tariff Item	商品名称	最惠国税率 (%) M. F. N.	普通税率 (%) Gen.	协定税率（%）Conventional 东盟 ASEAN	亚太 APTA	香港 H. K.	澳门 Macao	台湾 Taiwan	出口税率 (%) Export	Article Description
92.01	**钢琴，包括自动钢琴；拨弦古钢琴及其他键盘弦乐器：**									**Pianos, including automatic pianos; harpsichords and other key board stringed instruments:**
9201.1000	-竖式钢琴	17.5	70	0			0			-Upright pianos
9201.2000	-大钢琴	17.5	70	0						-Grand pianos
9201.9000	-其他	17.5	70	0						-Other
92.02	**其他弦乐器（例如，吉他、小提琴、竖琴）：**									**Other string musical instruments (for example, guitars, violins, harps):**
9202.1000	-弓弦乐器	17.5	70	0						-Played with a bow
9202.9000	-其他	17.5	70	0						-Other

税则号列 Tariff Item	商品名称	最惠国税率(%) M. F. N.	普通税率(%) Gen.	协定税率(%) Conventional 东盟 ASEAN	亚太 APTA	香港 H. K.	澳门 Macao	台湾 Taiwan	出口税率(%) Export	Article Description
92.05	**管乐器(例如,键盘管风琴、手风琴、单簧管、小号、风笛),但游艺场风琴及手摇风琴除外:**									**Wind musical instruments (for example, keyboard pipe organs, accordions, clarinets, trumpets, bagpipes), other than fairground organs and mechanical street organs:**
9205.1000	-铜管乐器	17.5	70	0						-Brass-wind instruments
	-其他:									-Other:
9205.9010	---键盘管风琴;簧风琴及类似的游离金属簧片键盘乐器	20	80	0						---Keyboard pipe organs; harmoniums and similar keyboard instruments with free metal reeds
9205.9020	---手风琴及类似乐器	21	80	0						---Accordions and similar instruments
9205.9030	---口琴	21	80	0						---Mouth organs
9205.9090	---其他	17.5	70	0						---Other
92.06	**打击乐器(例如,鼓、木琴、钹、响板、响葫芦):**									**Percussion musical instruments (for example, drums, xylophones, cymbals, castanets, maracas):**
9206.0000	打击乐器(例如,鼓、木琴、钹、响板、响葫芦)	17.5	70	0						Percussion musical instruments (for example, drums, xylophones, cymbals, castanets, maracas)
92.07	**通过电产生或扩大声音的乐器(例如,电风琴、电吉他、电手风琴):**									**Musical instruments, the sound of which is produced or must be amplified electrically (for example, organs, guitars, accordions):**
9207.1000	-键盘乐器,但手风琴除外	30	100	0						-Keyboard instruments, other than accordions
9207.9000	-其他	30	100	0						-Other
92.08	**百音盒、游艺场风琴、手摇风琴、机械鸣禽、乐锯及本章其他税号未列名的其他乐器;各种媒诱音响器、哨子、号角、口吹音响信号器:**									**Musical boxes, fairground organs, mechanical street organs, mechanical singing birds, musical saws and other musical instruments not falling within any other heading of this Chapter; decoy calls of all kinds; whistles, call horns and other mouth-blown sound signalling instruments:**
9208.1000	-百音盒	22	80	0						-Musical boxes
9208.9000	-其他	22	80	0						-Other

税则号列 Tariff Item	商品名称	最惠国税率(%) M. F. N.	普通税率(%) Gen.	协定税率(%) Conventional 东盟 ASEAN	亚太 APTA	香港 H. K.	澳门 Macao	台湾 Taiwan	出口税率(%) Export	Article Description
92.09	乐器的零件(例如，百音盒的机械装置)、附件(例如，机械乐器用的卡片、盘及带卷)，节拍器、音叉及各种定音管：									**Parts (for example, mechanisms for musical boxes) and accessories (for example, cards, discs and rolls for mechanical instruments) of musical instruments; metronomes, tuning forks and pitch pipes of all kinds:**
9209.3000	-乐器用的弦	17.5	70	0						-Musical instrument strings
	-其他：									-Other:
9209.9100	--钢琴的零件、附件	17.5	70	0						--Parts and accessories for pianos
9209.9200	--税目92.02所列乐器的零件、附件	17.5	70	0						--Parts and accessories for the musical instruments of heading 92.02
9209.9400	--税目92.07所列乐器的零件、附件	17.5	70	0						--Parts and accessories for the musical instruments of heading 92.07
	--其他：									--Other:
9209.9910	---节拍器、音叉及定音管	17.5	70	0						---Metronomes, tuning forks and pitch pipes
9209.9920	---百音盒的机械装置	17.5	70	0						---Mechanisms for musical boxes
9209.9990	---其他	17.5	70	0						---Other

第十九类
武器、弹药及其零件、附件

SECTION XIX
ARMS AND AMMUNITION; PARTS AND ACCESSORIES THEREOF

第九十三章
武器、弹药及其零件、附件

Chapter 93
Arms and ammunition; parts and accessories thereof

注释：

一、本章不包括：

（一）第三十六章的货品（例如，火帽、雷管、信号弹）；

（二）第十五类注释二所规定的贱金属制通用零件（第十五类）或塑料制的类似品（第三十九章）；

（三）装甲战斗车辆（税目87.10）；

（四）武器用的望远镜瞄准具及其他光学装置（第九十章），但安装在武器上或与武器一同报验以备安装在该武器上的除外；

（五）弓、箭、钝头击剑或玩具（第九十五章）；或

（六）收藏品或古物（税目97.05或97.06）。

二、税目93.06所称"零件"，不包括税目85.26的无线电设备及雷达设备。

Chapter Notes:

1. This Chapter does not cover:

(a) Goods of Chapter 36 (for example, percussion caps, detonators, signalling flares);

(b) Parts of general use, as defined in Note 2 to Section XV, of base metal (Section XV), or similar goods of plastics (Chapter 39);

(c) Armoured fighting vehicles (heading 87.10);

(d) Telescopic sights and other optical devices suitable for use with arms, unless mounted on a firearm or presented with the firearm on which they are designed to be mounted (Chapter 90);

(e) Bows, arrows, fencing foils or toys (Chapter 95); or

(f) Collectors' pieces or antiques (heading 97.05 or 97.06).

2. In heading 93.06, the reference to "parts thereof" does not include radio or radar apparatus of heading 85.26.

税则号列 Tariff Item	商品名称	最惠国税率(%) M.F.N.	普通税率(%) Gen.	协定税率(%) Conventional 东盟 ASEAN	亚太 APTA	香港 H.K.	澳门 Macao	台湾 Taiwan	出口税率(%) Export	Article Description
93.01	**军用武器，但左轮手枪、其他手枪及税目93.07的兵器除外：**									**Military weapons, other than revolvers, pistols and the arms of heading 93.07:**
	-火炮武器（例如，榴弹炮及追击炮）：									-Artillery weapons(for example, howitzers and mortars):
9301.1010	---自推进的	13	80	0						---Self-propelled
9301.1090	---其他	13	80	0						---Other
9301.2000	-火箭发射装置；火焰喷射器；手榴弹发射器；鱼雷发射管及类似发射装置	13	80	0						-Rocket launchers; flame-throwers; grenade launchers; torpedo tubes and similar projectors
9301.9000	-其他	13	80	0						-Other

税则号列 Tariff Item	商品名称	最惠国税率(%) M. F. N.	普通税率(%) Gen.	协定税率(%) Conventional 东盟 ASEAN	亚太 APTA	香港 H. K.	澳门 Macao	台湾 Taiwan	出口税率(%) Export	Article Description
93.02	**左轮手枪及其他手枪，但税目93.03或93.04的货品除外：**									**Revolvers and pistols, other than those of heading 93.03 or 93.04:**
9302.0000	左轮手枪及其他手枪，但税目93.03或93.04的货品除外	13	80	0						Revolvers and pistols, other than those of heading 93.03 or 93.04
93.03	**靠爆炸药发射的其他火器及类似装置（例如，运动用猎枪及步枪、前装枪、维利式信号枪及其他专为发射信号弹的装置、发射空包弹的左轮手枪和其他手枪、弩枪式无痛捕杀器、抛缆枪）：**									**Other firearms and similar devices which operate by the firing of an explosive charge (for example, sporting shotguns and rifles, muzzle-loading firearms, Very pistols and other devices designed to project only signal flares, pistols and revolvers for firing blank ammunition, captive-bolt humane killers, line throwing guns):**
9303.1000	-前装枪	13	80	0						-Muzzle-loading firearms
9303.2000	-其他运动、狩猎或打靶用猎枪，包括组合式滑膛来复枪	13	80	0						-Other sporting, hunting or target shooting shotguns, including combination shotgun rifles
9303.3000	-其他运动、狩猎或打靶用步枪	13	80	0						-Other sporting, hunting or target shooting rifles
9303.9000	-其他	13	80	0						-Other
93.04	**其他武器（例如，弹簧枪、气枪、气手枪、警棍），但不包括税目93.07的货品：**									**Other arms (for example, spring, air or gas guns and pistols, truncheons), excluding those of heading 93.07:**
9304.0000	其他武器（例如，弹簧枪、气枪、气手枪、警棍），但不包括税目93.07的货品	13	80	0						Other arms (for example, spring, air or gas guns and pistols, truncheons), excluding those of heading 93.07
93.05	**税目93.01至93.04所列物品的零件、附件：**									**Parts and accessories of articles of headings 93.01 to 93.04:**
9305.1000	-左轮手枪或其他手枪用	13	80	0						-Of revolvers or pistols
9305.2000	-税目93.03的猎枪或步枪用	13	80	0						-Of shotguns or rifles of heading 93.03
	-其他：									-Other:
9305.9100	--税目93.01的军用武器用	13	80	0						--Of military weapons of heading 93.01
9305.9900	--其他	13	80	0						--Other

税则号列 Tariff Item	商品名称	最惠国税率 (%) M. F. N.	普通税率 (%) Gen.	协定税率 (%) Conventional 东盟 ASEAN	亚太 APTA	香港 H. K.	澳门 Macao	台湾 Taiwan	出口税率 (%) Export	Article Description
93.06	炸弹、手榴弹、鱼雷、地雷、水雷、导弹及类似武器及其零件；子弹、其他弹药和射弹及其零件，包括弹丸及弹垫：									**Bombs, grenades, torpedoes, mines, missiles, and similar munitions of war and parts thereof; cartridges and other ammunition and projectiles and parts thereof, including shot and cartridge wads:**
	-猎枪子弹及其零件；气枪弹丸：									-Shotgun cartridges and parts thereof; air gun pellets:
9306.2100	--猎枪子弹	13	80	0						--Cartridges
9306.2900	--其他	13	80	0						--Other
	-其他子弹及其零件：									-Other cartridges and parts thereof:
9306.3080	---铆接机或类似工具用及弩枪式无痛捕杀器用子弹及其零件	13	80	0						---Cartridges for riveting or similar tools or for captive-bolt humane killers and parts thereof
9306.3090	---其他	13	80	0						---Other
9306.9000	-其他	13	80	0						-Other
93.07	剑、短弯刀、刺刀、长矛和类似的武器及其零件；刀鞘、剑鞘：									**Swords, cutlasses, bayonets, lances and similar arms and parts thereof; scabbards and sheaths therefor:**
9307.0010	---军用	13	80	0						---For military use
9307.0090	---其他	13	80	0						---Other

第二十类
杂项制品

SECTION XX
MISCELLANEOUS MANUFACTURED ARTICLES

第九十四章
家具；寝具、褥垫、弹簧床垫、软坐垫及类似的填充制品；未列名灯具及照明装置；发光标志、发光铭牌及类似品；活动房屋

Chapter 94
Furniture; bedding, mattresses, mattress supports, cushions and similar stuffed furnishings; lamps and lighting fittings, not elsewhere specified or included; illuminated signs, illuminated name-plates and the like; prefabricated buildings

注释：

一、本章不包括：

（一）第三十九章、第四十章或第六十三章的充气或充水的褥垫、枕头及坐垫；

（二）落地镜［例如，税目 70.09 的试衣镜（旋转镜）］；

（三）第七十一章的物品；

（四）第十五类注释二所规定的贱金属制通用零件（第十五类）、塑料制的类似品（第三十九章）或税目 83.03 的保险箱；

（五）冷藏或冷冻设备专用的特制家具（税目 84.18）；缝纫机专用的特制家具（税目 84.52）；

（六）第八十五章的灯具及照明装置；

（七）税目 85.18、85.19、85.21 或税目 85.25 至 85.28 所列装置专用的特制家具（应分别归入税目 85.18、85.22 或 85.29）；

（八）税目 87.14 的物品；

（九）装有税目 90.18 所列牙科用器具或漱口盂的牙科用椅（税目 90.18）；

（十）第九十一章的物品（例如钟及钟壳）；

（十一）玩具家具、玩具灯或玩具照明装置（税目 95.03），台球桌或其他供游戏用的特制家具（税目 95.04）、魔术用的特制家具或中国灯笼及类似的装饰品（电气彩灯串除外）（税目 95.05）；或

（十二）独脚架、双脚架、三脚架及类似品（税目 96.20）。

Chapter Notes:

1. This Chapter does not cover:

(a) Pneumatic or water mattresses, pillows or cushions, of Chapter 39, 40 or 63;

(b) Mirrors designed for placing on the floor or ground (for example, cheval-glasses (swing-mirrors)) of heading 70.09;

(c) Articles of Chapter 71;

(d) Parts of general use as defined in Note 2 to Section XV, of base metal (Section XV), or similar goods of plastics (Chapter 39), or safes of heading 83.03;

(e) Furniture specially designed as parts of refrigerating or freezing equipment of heading 84.18; furniture specially designed for sewing machines (heading 84.52);

(f) Lamps or lighting fittings of Chapter 85;

(g) Furniture specially designed as parts of apparatus of heading 85.18 (heading 85.18), of headings 85.19 or 85.21 (heading 85.22) or of headings 85.25 to 85.28 (heading 85.29);

(h) Articles of heading 87.14;

(ij) Dentists' chairs incorporating dental appliances of heading 90.18 or dentists' spittoons (heading 90.18);

(k) Articles of Chapter 91 (for example, clocks and clock cases);

(l) Toy furniture or toy lamps or lighting fittings (heading 95.03), billiard tables or other furniture specially constructed for games (heading 95.04), furniture for conjuring tricks or decorations (other than electric garlands) such as Chinese lanterns (heading 95.05); or

(m) Monopods, bipods, tripods and similar articles (heading 96.20).

二、税目94.01至94.03的物品（零件除外），只适用于落地式的物品。

对下列物品，即使是悬挂的、固定在墙壁上的或叠摞的，仍归入上述各税号：

（一）碗橱、书柜、其他架式家具（包括与将其固定于墙上的支撑物一同报验的单层搁架）及组合家具；

（二）坐具及床。

三、（一）税目94.01至94.03所列货品的零件，不包括玻璃（包括镜子）、大理石或其他石料以及第六十八章及第六十九章所列任何其他材料的片、块（不论是否切割成形，但未与其他零件组装）。

（二）税目94.04的货品，如果单独报验，不能作为税目94.01、94.02或94.03所列货品的零件归类。

四、税目94.06所称"活动房屋"，是指在工厂制成成品或制成部件并一同报验，供以后在有关地点上组装的房屋，例如，工地用房、办公室、学校、店铺、工作棚、车房或类似的建筑物。

2. The articles (other than parts) referred to in headings 94.01 to 94.03 are to be classified in those headings only if they are designed for placing on the floor or ground.

The following are, however, to be classified in the above-mentioned headings even if they are designed to be hung, to be fixed to the wall or to stand one on the other:

(a) Cupboards, bookcases, other shelved furniture (including single shelves presented with supports for fixing them to the wall) and unit furniture;

(b) Seats and beds.

3. (a) In headings 94.01 to 94.03 references to parts of goods do not include references to sheets or slabs (whether or not cut to shape but not combined with other parts) of glass (including mirrors), marble or other stone or of any other material referred to in Chapter 68 and 69.

(b) Goods described in heading 94.04, presented separately, are not to be classified in heading 94.01, 94.02 or 94.03 as parts of goods.

4. For the purpose of heading 94.06, the expression "prefabricated buildings" means buildings which are finished in the factory or put up as elements, presented together, to be assembled on site, such as housing or worksite accommodation, offices, schools, shops, sheds, garages or similar buildings.

税则号列 Tariff Item	商品名称	最惠国税率(%) M.F.N.	普通税率(%) Gen.	协定税率(%) Conventional 东盟 ASEAN	亚太 APTA	香港 H.K.	澳门 Macao	台湾 Taiwan	出口税率(%) Export	Article Description
94.01	**坐具（包括能做床用的两用椅，但税目94.02的货品除外）及其零件：**									**Seats (other than those of heading 94.02, whether or not convertible into beds), and parts thereof:**
9401.1000	-飞机用坐具	0	100							-Seats of a kind used for aircraft
	-机动车辆用坐具：									-Seats of a kind used for motor vehicles:
9401.2010	---皮革或再生皮革面的	10	100	5			0			---With outer surface of leather or composition leather
9401.2090	---其他	10	100	5			0			---Other
9401.3000	-可调高度的转动坐具	0	100							-Swivel seats with variable height adjustment
	-能做床用的两用椅，但庭园坐具或野营设备除外：									-Seats other than garden seats or camping equipment, convertible into beds:

税则号列 Tariff Item	商品名称	最惠国税率(%) M. F. N.	普通税率(%) Gen.	协定税率(%) Conventional 东盟 ASEAN	亚太 APTA	香港 H. K.	澳门 Macao	台湾 Taiwan	出口税率(%) Export	Article Description
9401.4010	---皮革或再生皮革面的	0	100							---With outer surface of leather or composition leather
9401.4090	---其他	0	100							---Other
	-藤、柳条、竹及类似材料制的坐具：									-Seats of cane, osier, bamboo or similar materials:
9401.5200	--竹制的	0	100							--Of bamboo
9401.5300	--藤制的	0	100							--Of rattan
9401.5900	--其他	0	100							--Other
	-木框架的其他坐具：									-Other seats, with wooden frames:
	--装软垫的：									--Upholstered:
9401.6110	---皮革或再生皮革面的	0	100							---With outer surface of leather or composition leather
9401.6190	---其他	0	100							---Other
9401.6900	--其他	0	100							--Other
	-金属框架的其他坐具：									-Other seats, with metal frames:
	--装软垫的：									--Upholstered:
9401.7110	---皮革或再生皮革面的	0	100							---With outer surface of leather or composition leather
9401.7190	---其他	0	100							---Other
9401.7900	--其他	0	100							--Other
	-其他坐具：									-Other seats:
9401.8010	---石制的	0	100							---Of stone
9401.8090	---其他	0	100							---Other
	-零件：									-Parts:
	---机动车辆用：									---Of the motor vehicles:
9401.9011	----座椅调角器	10	100	5		0				----Seat angle regulating devices
9401.9019	----其他	0	100							----Other
9401.9090	---其他	0	100							---Other
94.02	**医疗、外科、牙科或兽医用家具（例如，手术台、检查台、带机械装置的病床、牙科用椅）；有旋转、倾斜、升降装置的理发用椅及类似椅；上述物品的零件：**									**Medical, surgical, dental or veterinary furniture (for example, operating tables, examination tables, hospital beds with mechanical fittings, dentists' chairs); barber-s'chairs and similar chairs, having rotating as well as both reclining and elevating movements; parts of the foregoing articles:**
	-牙科、理发及类似用途的椅及其零件：									-Dentists', barbers' or similar chairs and parts thereof:
9402.1010	---理发用椅及其零件	0	100							---Barbers' chairs and parts thereof
9402.1090	---其他	0	30							---Other
9402.9000	-其他	0	30							-Other
94.03	**其他家具及其零件：**									**Other furniture and parts thereof:**
9403.1000	-办公室用金属家具	0	100							-Metal furniture of a kind used in offices

税则号列 Tariff Item	商品名称	最惠国税率(%) M. F. N.	普通税率(%) Gen.	协定税率(%) Conventional					出口税率(%) Export	Article Description
				东盟 ASEAN	亚太 APTA	香港 H. K.	澳门 Macao	台湾 Taiwan		
9403.2000	-其他金属家具	0	100							-Other metal furniture
9403.3000	-办公室用木家具	0	100							-Wooden furniture of a kind used in offices
9403.4000	-厨房用木家具	0	100							-Wooden furniture of a kind used in the kitchen
	-卧室用木家具：									-Wooden furniture of a kind used in the bedroom：
9403.5010	---红木制	0	100							---Of rose wood
	---其他：									---Other：
9403.5091	----天然漆（大漆）漆木家具	0	100							----Lacquered wooden furniture
9403.5099	----其他	0	100							----Other
	-其他木家具：									-Other wooden furniture：
9403.6010	---红木制	0	100							---Of rose wood
	---其他：									---Other：
9403.6091	----天然漆（大漆）漆木家具	0	100							----Lacquered wooden furniture
9403.6099	----其他	0	100							----Other
9403.7000	-塑料家具	0	100							-Furniture of plastics
	-其他材料制的家具，包括藤、柳条、竹或类似材料制的：									-Furniture of other materials, including cane, osier, bamboo or similar materials：
9403.8200	--竹制的	0	100							--Of bamboo
9403.8300	--藤制的	0	100							--Of rattan
	--其他：									--Other：
9403.8910	---柳条及类似材料制的	0	100							---Of osier or similar materials
9403.8920	---石制的	0	100							---Of stone
9403.8990	---其他	0	100							---Other
9403.9000	-零件	0	100							-Parts
94.04	**弹簧床垫；寝具及类似用品，装有弹簧、内部用任何材料填充、衬垫或用海绵橡胶、泡沫塑料制成，不论是否包面（例如，褥垫、棉被、羽绒被、靠垫、坐垫及枕头）：**									**Mattress supports; articles of bedding and similar furniture (for example, mattresses, quilts, eiderdowns, cushions, pouffes and pillows) fitted with springs or stuffed or internally fitted with any material or of cellular rubber or plastics, whether or not covered：**
9404.1000	-弹簧床垫	20	100	0						-Mattress supports
	-褥垫：									-Mattresses：
9404.2100	--海绵橡胶或泡沫塑料制，不论是否包面	20	100	0		0	0			--Of cellular rubber or plastics, whether or not covered
9404.2900	--其他材料制	20	100	0	14	0	0			--Of other materials
	-睡袋：									-Sleeping bags：
9404.3010	---羽毛或羽绒填充的	20	130	0			0			---Stuffed with feathers or down

税则号列 Tariff Item	商品名称	最惠国税率(%) M. F. N.	普通税率(%) Gen.	协定税率(%) Conventional 东盟 ASEAN	亚太 APTA	香港 H. K.	澳门 Macao	台湾 Taiwan	出口税率(%) Export	Article Description
9404.3090	---其他	20	100	0			0			---Other
	-其他：									-Other:
9404.9010	---羽毛或羽绒填充的	20	130	0		0	0			---Stuffed with feathers or down
9404.9020	---兽毛填充的	20	130	0		0	0			---Stuffed with animal hair
9404.9030	---丝棉填充的	20	130	0		0	0			---Stuffed with silk wadding
9404.9040	---化纤棉填充的	20	130	0		0	0			---Stuffed with man-made fibres
9404.9090	---其他	20	130	0		0	0			---Other
94.05	**其他税号未列名的灯具及照明装置，包括探照灯、聚光灯及其零件；装有固定光源的发光标志、发光铭牌及类似品，以及其他税号未列名的这些货品的零件：**									**Lamps and lighting fittings including searchlights and spotlights and parts thereof, not elsewhere specified or included; illuminated signs, illuminated name-plates and the like, having a permanently fixed light source, and parts thereof not elsewhere specified or included:**
9405.1000	-枝形吊灯及天花板或墙壁上的其他电气照明装置，但不包括公共露天场所或街道上的电气照明装置	10	80	0						-Chandeliers and other electric ceiling or wall lighting fittings, excluding those of a kind used for lighting public open spaces or thorough-fares
9405.2000	-电气的台灯、床头灯或落地灯	20	80	0						-Electric table, desk, bedside or floorstanding lamps
9405.3000	-圣诞树用的成套灯具	16	100	0						-Lighting sets of a kind used for Christmas trees
	-其他电灯及照明装置：									-Other electric lamps and lighting fittings:
9405.4010	---探照灯	17.5	70	0			0			---Searchlights
9405.4020	---聚光灯	17.5	70	0			0			---Spotlights
9405.4090	---其他	10	80	0		0	0			---Other
9405.5000	-非电气的灯具及照明装置	20	80	0						-Non-electrical lamps and lighting fittings
9405.6000	-发光标志、发光铭牌及类似品	20	80	0		0	0			-Illuminated signs, illuminated nameplates and the like
	-零件：									-Parts:
9405.9100	--玻璃制	20	70	0						--Of glass
9405.9200	--塑料制	20	70	0			0			--Of plastics
9405.9900	--其他	20	70	0			0			--Other
94.06	**活动房屋：**									**Prefabricated buildings:**
9406.1000	-木制的	10	70	0	7		0			-Of wood
9406.9000	-其他	10	70	0	7		0			-Other

第九十五章 玩具、游戏品、运动用品及其零件、附件

注释：

一、本章不包括：

（一）蜡烛（税目34.06）；

（二）税目36.04的烟花、爆竹或其他烟火制品；

（三）已切成一定长度但未制成钓鱼线的纱线、单丝、绳、肠线及类似品（第三十九章、税目42.06或第十一类）；

（四）税目42.02、43.03或43.04的运动用袋或其他容器；

（五）第六十一章或第六十二章的纺织品制的化装舞会服装；第六十一章或第六十二章的纺织品制的运动服装或特殊衣着（例如击剑服或足球守门员球衣），无论是否附带保护配件（例如肘部、膝部或腹股沟部位的保护垫或填充物）；

（六）第六十三章的纺织品制的旗帜及帆板或滑行车用帆；

（七）第六十四章的运动鞋靴（装有冰刀或滑轮的溜冰鞋除外）或第六十五章的运动用帽；

（八）手杖、鞭子、马鞭或类似品（税目66.02）及其零件（税目66.03）；

（九）税目70.18的未装配的玩偶或其他玩具用的玻璃假眼；

（十）第十五类注释二所规定的贱金属制通用零件（第十五类）或塑料制的类似货品（第三十九章）；

（十一）税目83.06的铃、钟、锣及类似品；

（十二）液体泵（税目84.13）、液体或气体的过滤、净化机器及装置（税目84.21）、电动机（税目85.01）、变压器（税目85.04）；录制声音或其他信息用的圆盘、磁带、固态非易失性数据存储器件、“智能卡”及其他媒体，不论是否已录制（税目85.23）；无线电遥控设备（税目85.26）或无绳红外线遥控器件（税目85.43）；

（十三）第十七类的运动用车辆（长雪橇、平底雪橇及类似品除外）；

（十四）儿童两轮车（税目87.12）；

Chapter 95 Toys, games and sports requisites; parts and accessories thereof

Chapter Notes:

1. This Chapter does not cover:

(a) Candles (heading 34.06);

(b) Fireworks or other pyrotechnic articles of heading 36.04;

(c) Yarns, monofilament, cords or gut or the like for fishing, cut to length but not made up into fishing lines, of Chapter 39, heading 42.06 or Section XI;

(d) Sports bags or other containers of heading 42.02, 43.03 or 43.04;

(e) Fancy dress of textiles, of Chapter 61 or 62; sports clothing and special articles of apparel of textiles, of Chapter 61 or 62, whether or not incorporating incidentally protective components such as pads or padding in the elbow, knee or groin areas (for example, fencing clothing or soccer goalkeeper jerseys);

(f) Textile flags or bunting, or sails for boats, sailboards or land craft, of Chapter 63;

(g) Sports footwear (other than skating boots with ice or roller skates attached) of Chapter 64, or sports headgear of Chapter 65;

(h) Walking-sticks, whips, riding-crops or the like (heading 66.02), or parts thereof (heading 66.03);

(ij) Unmounted glass eyes for dolls or other toys, of heading 70.18;

(k) Parts of general use, as defined in Note 2 to Section XV, of base metal (Section XV), or similar goods of plastics (Chapter 39);

(l) Bells, gongs or the like of heading 83.06;

(m) Pumps for liquids (heading 84.13), filtering or purifying machinery and apparatus for liquids or gases (heading 84.21), electric motors (heading 85.01), electric transformers (heading 85.04), discs, tapes, solid-state non-volatile storage devices, “smart cards” and other media for the recording of sound or of other phenomena, whether or not recorded (heading 85.23), radio remote control apparatus (heading 85.26) or cordless infrared remote control devices (heading 85.43);

(n) Sports vehicles (other than bobsleighs, toboggans and the like) of Section XVII;

(o) Children's bicycles (heading 87.12);

（十五）运动用船艇，例如，轻舟、赛艇（第八十九章）及其桨、橹和类似品（木制的归入第四十四章）；

（十六）运动及户外游戏用的眼镜、护目镜及类似品（税目90.04）；

（十七）媒诱音响器及哨子（税目92.08）；

（十八）第九十三章的武器及其他物品；

（十九）各种电气彩灯串（税目94.05）；

（二十）独脚架、双脚架、三脚架及类似品（税目96.20）；

（二十一）球拍线、帐篷或类似的野营用品、分指手套、连指手套及露指手套（按其构成材料归类）；或

（二十二）餐具、厨房用具、盥洗用品、地毯及纺织材料制的其他铺地制品、服装、床上、餐桌、盥洗及厨房用的织物制品及具有实用功能的类似货品（按其构成材料归类）。

(p) Sports craft such as canoes and skiffs (Chapter 89), or their means of propulsion (Chapter 44 for such articles made of wood);

(q) Spectacles, goggles or the like, for sports or outdoor games (heading 90.04);

(r) Decoy calls or whistles (heading 92.08);

(s) Arms or other articles of Chapter 93;

(t) Electric garlands of all kinds (heading 94.05);

(u) Monopods, bipods, tripods and similar articles (heading 96.20);

(v) Racket strings, tents or other camping goods, or gloves, mittens and mitts (classified according to their constituent material); or

(w) Tableware, kitchenware, toilet articles, carpets and other textile floor coverings, apparel, bed linen, table linen, toilet linen, kitchen linen and similar articles having a utilitarian function (classified according to their constituent material).

二、本章包括天然或养殖珍珠、宝石或半宝石（天然、合成或再造）、贵金属或包贵金属只作为小零件的物品。

2. This Chapter includes articles in which natural or cultured pearls, precious or semi-precious stones (natural, synthetic or reconstructed), precious metal or metal clad with precious metal constitute only minor constituents.

三、除上述注释一另有规定的以外，凡专用于或主要用于本章各税号所列物品的零件、附件，应与有关物品一并归类。

3. Subject to Note 1 above, parts and accessories which are suitable for use solely or principally with articles of this Chapter are to be classified with those articles.

四、除上述注释一另有规定的以外，税目95.03主要适用于该税号所列的物品与一项或多项其他货品组合而成的物品，只要这些物品为零售包装，且组合后具有玩具的基本特征。这些组合物品不能视为归类总规则三（二）所指的成套货品，如果单独报验，应归入其他税号。

4. Subject to the provisions of Note 1 above, heading 95.03 applies, inter alia, to articles of this heading combined with one or more items, which cannot be considered as sets under the terms of General Interpretative Rule 3 (b), and which, if presented separately, would be classified in other headings, provided the articles are put up together for retail sale and the combinations have the essential character of toys.

五、税目95.03不包括因其设计、形状或构成材料可确认为专供动物使用的物品，例如，“宠物玩具”（归入其适当税号）。

5. Heading 95.03 does not cover articles which, on account of their design, shape or constituent material, are identifiable as intended exclusively for animals, for example, “pet toys” (classification in their own appropriate heading).

子目注释：

子目9504.50包括：

（一）在电视机、监视器或其他外部屏幕或表面上重放图像的视频游戏控制器；或

Subheading Notes:

Subheading 9504.50 covers:

(a) Video game consoles from which the image is reproduced on a television receiver, a monitor or other external screen or surface; or

（二）自带显示屏的视频游戏设备，不论是否便携式。

本子目不包括用硬币、钞票、银行卡、代币或任何其他支付方式使其工作的视频游戏控制器或设备（子目 9504.30）。

(b) Video game machines having a selfcontained video screen, whether or not portable.

This subheading does not cover video game consoles or machines operated by coins, banknotes, bank cards, tokens or by any other means of payment (subheading 9504.30).

税则号列 Tariff Item	商品名称	最惠国税率(%) M. F. N.	普通税率(%) Gen.	协定税率(%) Conventional					出口税率(%) Export	Article Description
				东盟 ASEAN	亚太 APTA	香港 H. K.	澳门 Macao	台湾 Taiwan		
95.03	**三轮车、踏板车、踏板汽车和类似的带轮玩具；玩偶车；玩偶；其他玩具；缩小（按比例缩小）的模型及类似的娱乐用模型，不论是否活动；各种智力玩具：**									**Tricycles, scooters, pedal cars and similar wheeled toys; dolls' carriages; dolls; other toys; reduced-size ("scale") models and similar recreational models, working or not; puzzles of all kinds:**
9503.0010	---三轮车、踏板车、踏板汽车和类似的带轮玩具；玩偶车	0	80							---Tricycles, scooters, pedal cars and similar wheeled toys; dolls' carriages
	---玩偶，不论是否着装；玩具动物：									---Dolls, whether or not dressed; Toy representing animals or non-human creatures:
9503.0021	----动物	0	80							----Animals
9503.0029	----其他	0	80							----Other
9503.0060	---智力玩具	0	80							---Puzzles
	---其他玩具：									---Other toys:
9503.0083	----带动力装置的玩具及模型	0	80							----Toys and models, incorporating a motor
9503.0089	----其他	0	80							----Other
9503.0090	---零件、附件	0	80							---Parts and accessories
95.04	**视频游戏控制器及设备、游艺场所、桌上或室内游戏用品，包括弹球机、台球、娱乐专用桌及保龄球自动球道设备：**									**Video game consoles and machines, articles for funfair, table or parlour games, including pintables, billiards, special tables for casino games and automatic bowling alley equipment:**
9504.2000	-各种台球用品及附件	0	80							-Articles and accessories for billiards of all kinds
	-用硬币、钞票、银行卡、代币或任何其他支付方式使其工作的其他游戏用品，但保龄球自动球道设备除外：									-Other games, operated by coins, banknotes, bank cards, tokens or by any other means of payment, other than automatic bowling alley equipment:
9504.3010	---电子游戏机	0	130							---Video games
9504.3090	---其他	0	80							---Other
9504.4000	-扑克牌	0	80							-Playing cards

税则号列 Tariff Item	商品名称	最惠国税率(%) M.F.N.	普通税率(%) Gen.	协定税率(%) Conventional 东盟 ASEAN	亚太 APTA	香港 H.K.	澳门 Macao	台湾 Taiwan	出口税率(%) Export	Article Description
	-视频游戏控制器及设备，但子目 9504.30 的货品除外：									-Video game consoles and machines, other than those of subheading 9504.30:
	---与电视接收机配套使用的：									---Of a kind used with a television receiver:
9504.5011	----零件及附件	0	130							----Parts and accessories
9504.5019	----其他	0	130							----Other
	---其他：									---Other:
9504.5091	----零件及附件	0	130							----Parts and accessories
9504.5099	----其他	0	130							----Other
	-其他：									-Other:
9504.9010	---其他电子游戏机	0	130							---Other video games
	---保龄球自动球道设备及器具：									---Automatic bowling alley equipments and appliances:
9504.9021	----保龄球自动分瓶机	0	80							----Automatic bowling pin distributing machines
9504.9022	----保龄球	0	80							----Bowling balls
9504.9023	----保龄球瓶	0	80							----Bowling pins
9504.9029	----其他	0	80							----Other
9504.9030	---中国象棋、国际象棋、跳棋等棋类用品	0	80							---Chess and other board games, including Chinese chess, international chessChinese cherkers and draughts
9504.9040	---麻将及类似桌上游戏用品	0	80							---Mahjong and similiar table games
9504.9090	---其他	0	80							---Other
95.05	**节日（包括狂欢节）用品或其他娱乐用品，包括魔术道具及嬉戏品：**									**Festive, carnival or other entertainment articles, including conjuring tricks and novelty jokes:**
9505.1000	-圣诞节用品	0	100							-Articles for Christmas festivities
9505.9000	-其他	0	100							-Other
95.06	**一般的体育活动、体操、竞技及其他运动（包括乒乓球运动）或户外游戏用的本章其他税号未列名用品及设备；游泳池或戏水池：**									**Articles and equipment for general physical exercise, gymnastics, athletics, other sports (including table-tennis) or outdoor games, not specified or included elsewhere in this Chapter; swimming pools and paddling pools:**
	-滑雪屐及其他滑雪用具：									-Snow-skis and other snow-ski equipment:
9506.1100	--滑雪屐	14	50	0						--Skis
9506.1200	--滑雪屐扣件（滑雪屐带）	14	50	0						--Ski-fastenings (ski-bindings)
9506.1900	--其他	14	50	0						--Other

税则号列 Tariff Item	商品名称	最惠国税率(%) M. F. N.	普通税率(%) Gen.	协定税率(%) Conventional 东盟 ASEAN	亚太 APTA	香港 H. K.	澳门 Macao	台湾 Taiwan	出口税率(%) Export	Article Description
	-滑水板、冲浪板、帆板及其他水上运动用具：									-Water-skis, surf-boards, sail-boards and other water-sport equipment:
9506.2100	--帆板	12	50	0						--Sailboards
9506.2900	--其他	14	50	0		0	0			--Other
	-高尔夫球棍及其他高尔夫球用具：									-Golf clubs and other golf equipment:
9506.3100	--棍，全套	14	50	0						--Clubs, complete
9506.3200	--球	12	50	0						--Balls
9506.3900	--其他	14	50	0				0		--Other
	-乒乓球运动用品及器械：									-Articles and equipment for table-tennis:
9506.4010	---乒乓球	12	50	0						---Table-tennis balls
9506.4090	---其他	14	50	0						---Other
	-网球拍、羽毛球拍或类似的球拍，不论是否装弦：									-Tennis, badminton or similar rackets, whether or not strung:
9506.5100	--草地网球拍，不论是否装弦	14	50	0						--Lawn-tennis rackets, whether or not strung
9506.5900	--其他	14	50	0						--Other
	-球，但高尔夫球及乒乓球除外：									-Balls, other than golf balls and table-tennis balls:
9506.6100	--草地网球	12	50	0						--Lawn-tennis balls
	--可充气的球：									--Inflatable:
9506.6210	---篮球、足球、排球	12	50	0						---Basketballs, footballs or volleyballs
9506.6290	---其他	12	50	0						---Other
9506.6900	--其他	12	50	0						--Other
	-溜冰鞋及旱冰鞋，包括装有冰刀的溜冰靴：									-Ice skates and roller skates, including skating boots with skates attached:
9506.7010	---溜冰鞋	14	50	0	12					---Ice skates
9506.7020	---旱冰鞋	14	50	0	12					---Roller skates
	-其他：									-Other:
	--一般的体育活动、体操或竞技用品及设备：									--Articles and equipment for general physical exercise, gymnastics or athletics:
	---健身及康复器械：									---Equipment for exercise and recovery:
9506.9111	----跑步机	12	50	0		0		0		----Running machines
9506.9119	----其他	12	50	0		0	0	0		----Other
9506.9120	---滑板	12	50	0		0	0			---Skateboards
9506.9190	---其他	12	50	0		0	0			---Other
9506.9900	--其他	12	50	0		0	0			--Other

税则号列 Tariff Item	商品名称	最惠国税率(%) M. F. N.	普通税率(%) Gen.	协定税率(%) Conventional 东盟 ASEAN	亚太 APTA	香港 H. K.	澳门 Macao	台湾 Taiwan	出口税率(%) Export	Article Description
95.07	**钓鱼竿、钓鱼钩及其他钓鱼用品；捞鱼网、捕蝶网及类似网；囮子“鸟”(税目92.08或97.05的货品除外)以及类似的狩猎用品：**									**Fishing rods, fish-hooks and other linefishing tackle; fish landing nets, butterfly nets and similar nets; decoy “birds” (other than those of heading 92.08 or 97.05) and similar hunting or shooting requisites:**
9507.1000	-钓鱼竿	21	80	0						-Fishing rods
9507.2000	-钓鱼钩，不论有无系钩丝	21	80	0						-Fish-hooks, whether or not snelled
9507.3000	-钓线轮	21	80	0						-Fishing reels
9507.9000	-其他	21	80	0	18.9					-Other
95.08	**旋转木马、秋千、射击用靶及其他游乐场的娱乐设备；流动马戏团及流动动物园；流动剧团：**									**Roundabouts, swings, shooting galleries and other fairground amusements; travelling circuses and travelling menageries; travelling theatres:**
9508.1000	-流动马戏团及流动动物园	15	100	0						-Travelling circuses and travelling menageries
9508.9000	-其他	15	100	0						-Other

第九十六章
杂项制品

注释：

一、本章不包括：

（一）化妆盥洗用笔（第三十三章）；

（二）第六十六章的制品（例如，伞或手杖的零件）；

（三）仿首饰（税目 71.17）；

（四）第十五类注释二所规定的贱金属制通用零件（第十五类）或塑料制的类似品（第三十九章）；

（五）第八十二章的利口器及其他物品，其柄或其他零件是雕刻或模塑材料制的，但税目 96.01 或 96.02 适用于单独报验的上述物品的柄或其他零件；

（六）第九十章的物品，例如，眼镜架（税目 90.03）、数学绘图笔（税目 90.17）、各种牙科、医疗、外科或兽医专用刷子（税目 90.18）；

（七）第九十一章的物品（例如，钟壳或表壳）；

（八）乐器及其零件、附件（第九十二章）；

（九）第九十三章的物品（武器及其零件）；

（十）第九十四章的物品（例如，家具、灯具及照明装置）；

（十一）第九十五章的物品（玩具、游戏品、运动用品）；或

（十二）艺术品、收藏品及古物（第九十七章）。

二、税目 96.02 所称“植物质或矿物质雕刻材料”，是指：

（一）用于雕刻的硬种子、硬果核、硬果壳、坚果及类似植物材料（例如，象牙果及棕榈子）；

（二）琥珀、海泡石、黏聚琥珀、黏聚海泡石、黑玉及其矿物代用品。

三、税目 96.03 所称“制帚、制刷用成束、成簇的材料”，仅指未装配的成束、成簇的兽毛、植物纤维或其他材料。这些成束、成簇的材料无需分开即可安装在帚、刷之上，或只需经过简单加工（例如，将顶端修剪成形）即可安装的。

Chapter 96
Miscellaneous manufactured articles

Chapter Notes:

1. This Chapter does not cover:

(a) Pencils for cosmetic or toilet uses (Chapter 33);

(b) Articles of Chapter 66 (for example, parts of umbrellas or walking-sticks);

(c) Imitation jewellery (heading 71.17);

(d) Parts of general use, as defined in Note 2 to Section XV, of base metal (Section XV), or similar goods of plastics (Chapter 39);

(e) Cutlery or other articles of Chapter 82 with handles or other parts of carving or moulding materials; heading 96.01 or 96.02 applies, however, to separately presented handles or other parts of such articles;

(f) Articles of Chapter 90 (for example, spectacle flames (heading 90.03), mathematical drawing pens (heading 90.17), brushes of a kind specialised for use in dentistry or for medical, surgical or veterinary purposes (heading 90.18));

(g) Articles of Chapter 91 (for example, clock or watch cases);

(h) Musical instruments or parts or accessories thereof (Chapter 92);

(ij) Articles of Chapter 93 (arms and pars thereof);

(k) Articles of Chapter 94 (for example, furniture, lamps and lighting fittings);

(l) Articles of Chapter 95 (toys, games, sports requisites); or

(m) Works of art, collectors' pieces or antiques (Chapter 97) .

2. In heading 96.02 the expression "vegetable or mineral carving material" means:

(a) Hard seeds, pips, hulls and nuts and similar vegetable materials of a kind used for carving (for example, corozo and dom);

(b) Amber, meerschaum, agglomerated amber and agglomerated meerschaum, jet and mineral substitutes for jet.

3. In heading 96.03 the expression "prepared knots and tufts for broom or brush making" applies only to unmounted knots and tufts of animal hair, vegetable fibre or other material, which are ready for incorporation without division in brooms or brushes, or which require only such further minor processes as trimming to shape at the top, to render them ready for such incorporation.

四、除税目96.01至96.06或96.15的货品以外，本章的物品还包括全部或部分用贵金属、包贵金属、天然或养殖珍珠、宝石或半宝石（天然、合成或再造）制成的物品。而且，税目96.01至96.06及96.15包括天然或养殖珍珠、宝石或半宝石（天然、合成或再造）、贵金属或包贵金属只作为小零件的物品。

4. Articles of this Chapter, other than those of headings 96.01 to 96.06 or 96.15, remain classified in the Chapter whether or not composed wholly or partly of precious metal or metal clad with precious metal, of natural or cultured pearls, or precious or semi-precious stones (natural, synthetic or reconstructed). However, headings 96.01 to 96.06 and 96.15 include articles in which natural or cultured pearls, precious or semi-precious stones (natural, synthetic or reconstructed), precious metal or metal clad with precious metal constitute only minor constituents.

税则号列 Tariff Item	商品名称	最惠国税率(%) M. F. N.	普通税率(%) Gen.	协定税率(%) Conventional 东盟 ASEAN	亚太 APTA	香港 H. K.	澳门 Macao	台湾 Taiwan	出口税率(%) Export	Article Description
96.01	已加工的兽牙、骨、玳瑁壳、角、鹿角、珊瑚、珍珠母及其他动物质雕刻材料及其制品（包括模塑制品）：									**Worked ivory, bone, tortoise-shell, horn, antlers, coral, mother-of-pearl and other animal carving material and articles of these materials (including articles obtained by moulding):**
9601.1000	-已加工的兽牙及其制品	20	100	0						-Worked ivory and articles of ivory
9601.9000	-其他	20	100	0						-Other
96.02	已加工的植物质或矿物质雕刻材料及其制品；蜡、硬脂、天然树胶、天然树脂或塑型膏制成的模塑或雕刻制品以及其他税号未列名的模塑或雕刻制品；已加工的未硬化明胶（税目35.03的明胶除外）及未硬化明胶制品：									**Worked vegetable or mineral carving material and articles of these materials; moulded or carved articles of wax, of stearin, of natural gums or natural resins or of modelling pastes, and other moulded or carved articles, not elsewhere specified or included; worked, unhardened gelatin (except gelatin of heading 35.03) and articles of unhardened gelatin:**
9602.0010	---装药用胶囊	10.5	40	0						---Pharmaceutical capsules
9602.0090	---其他	25	100	0						---Other
96.03	帚、刷（包括作为机器、器具、车辆零件的刷）、非机动的手工操作地板清扫器、拖把及毛掸；供制帚、刷用的成束或成簇的材料；油漆块垫及滚筒；橡皮扫帚（橡皮辊除外）：									**Brooms, brushes (including brushes constituting parts of machines, appliances or vehicles), hand operated mechanical floor sweepers, not motorized, mops and feather dusters; prepared knots and tufts for broom or brush making; paint pads and rollers; squeegees (other than roller squeegees):**

税则号列 Tariff Item	商品名称	最惠国税率(%) M. F. N.	普通税率(%) Gen.	协定税率(%) Conventional 东盟 ASEAN	亚太 APTA	香港 H. K.	澳门 Macao	台湾 Taiwan	出口税率(%) Export	Article Description
9603.1000	-用枝条或其他植物材料捆扎而成的帚及刷，不论是否有把	25	100	0			0			-Brooms and brushes, consisting of twigs or other vegetable materials bound together, with or without handles
	-牙刷、剃须刷、发刷、指甲刷、睫毛刷及其他人体化妆用刷，包括作为器具零件的上述刷：									-Tooth brushes, shaving brushes, hair brushes, nail brushes, eyelash brushes and other toilet brushes for use on the person, including such brushes constituting parts of appliances:
9603.2100	--牙刷，包括齿板刷	25	100	0		0	0			--Tooth brushes, including ventalplate brushes
9603.2900	--其他	15	100	0	13.5		0			--Other
	-画笔、毛笔及化妆用的类似笔：									-Artists' brushes, writing brushes and similar brushes for the application of cosmetics:
9603.3010	---画笔	25	100	0	15					---Artists' brushes
9603.3020	---毛笔	20	100	0	18					---Writing brushes
9603.3090	---其他	25	100	0	22.5					---Other
	-油漆刷、涂料刷、清漆刷及类似的刷（子目9603.30的货品除外）；油漆块垫及滚筒：									-Paint, distemper, varnish or similar brushes (other thanbrushes of subheading 9603.30); paint pads and rollers:
	---漆刷及类似刷：									---Paint, distemper, varnish or similar brushes:
9603.4011	----猪鬃制	20	100	0						----Of pigs', hogs' or boars' bristle
9603.4019	----其他	23	100	0						----Other
9603.4020	---油漆块垫及滚筒	23	100	0						---Paint pads and rollers
	-作为机器、器具、车辆零件的刷：									-Other brushes constituting parts of machines, appliances or vehicles:
	---金属丝刷：									---Brushes of metal wire:
9603.5011	----作为机器、器具零件的刷	14	50	0						----Constituting parts of machines or appliances
9603.5019	----其他	14	50	0						----Other
	---其他：									---Other:
9603.5091	----作为机器、器具零件的刷	14	50	0						----Constituting parts of machines or appliances
9603.5099	----其他	14	100	0						----Other
	-其他：									-Other:
9603.9010	---羽毛掸	21	130	0	18.9					---Feather dusters
9603.9090	---其他	15	100	0						---Other
96.04	**手用粗筛、细筛：**									**Hand sieves and hand riddles:**
9604.0000	手用粗筛、细筛	21	100	0						Hand sieves and hand riddles

税则号列 Tariff Item	商品名称	最惠国税率(%) M. F. N.	普通税率(%) Gen.	协定税率(%) Conventional 东盟 ASEAN	亚太 APTA	香港 H. K.	澳门 Macao	台湾 Taiwan	出口税率(%) Export	Article Description
96.05	**个人梳妆、缝纫或清洁鞋靴、衣服用的成套旅行用具:**									**Travel sets for personal toilet, sewing or shoe or clothes cleaning:**
9605.0000	个人梳妆、缝纫或清洁鞋靴、衣服用的成套旅行用具	15	100	0						Travel sets for personal toilet, sewing or shoe or clothes cleaning
96.06	**纽扣、揿扣、纽扣芯及纽扣和揿扣的其他零件;纽扣坯:**									**Buttons, press-fasteners, snap-fasteners and press-studs, button moulds and other parts of these articles; button blanks:**
9606.1000	-揿扣及其零件	21	100	0						-Press-fasteners, snap-fasteners and press-studs and parts thereof
	-纽扣:									-Buttons:
9606.2100	--塑料制,未用纺织材料包裹	21	100	0				0		--Of plastics, not covered with textile material
9606.2200	--贱金属制,未用纺织材料包裹	15	100	0		0	0	0		--Of base metal, not covered with textile material
9606.2900	--其他	15	100	0		0				--Other
9606.3000	-纽扣芯及纽扣的其他零件;纽扣坯	15	100	0		0				-Button moulds and other parts of buttons; button blanks
96.07	**拉链及其零件:**									**Slide fasteners and parts thereof:**
	-拉链:									-Slide fasteners:
9607.1100	--装有贱金属制咪牙齿的	21	130	0		0	0			--Fitted with chain scoops of base metal
9607.1900	--其他	21	130	0	14.7	0	0			--Other
9607.2000	-零件	21	130	0						-Parts
96.08	**圆珠笔;毡尖和其他渗水式笔尖笔及唛头笔;自来水笔、铁笔型自来水笔及其他钢笔;蜡纸铁笔;活动铅笔;钢笔杆、铅笔套及类似的笔套;上述物品的零件(包括帽、夹),但税目 96.09 的货品除外:**									**Ball point pens; felt tipped and other porous-tipped pens and markers; fountain pens, stylograph pens and other pens, duplicating stylos; propelling or sliding pencils; pen-holders, pencil-holders and similar holders; parts (including caps and clips) of the foregoing articles, other than those of heading 96.09:**
9608.1000	-圆珠笔	15	80	0	13.5		0			-Ball point pens
9608.2000	-毡尖和其他渗水式笔尖笔及唛头笔	21	80	0			0			-Felt tipped and other porous-tipped pens and markers
	-自来水笔、铁笔型自来水笔及其他钢笔:									-Fountain pens, stylograph pens and other pens:
9608.3010	---墨汁画笔	21	80	0			0			---Indian ink drawing pens

税则号列 Tariff Item	商品名称	最惠国税率(%) M. F. N.	普通税率(%) Gen.	协定税率(%) Conventional 东盟 ASEAN	亚太 APTA	香港 H. K.	澳门 Macao	台湾 Taiwan	出口税率(%) Export	Article Description
9608.3020	---自来水笔	21	80	0			0			---Fountain pens
9608.3090	---其他	21	80	0			0			---Other
9608.4000	-活动铅笔	21	80	0			0			-Propelling or sliding pencils
9608.5000	-由上述两个或多个子目所列物品组成的成套货品	21	80	0			0			-Sets of articles from two or more of the foregoing sub-headings
9608.6000	-圆珠笔芯，由圆珠笔头和墨芯构成	21	80	0		0	0			-Refills for ball point pens, comprising the ball point and ink-reservoir
	-其他：									-Other:
9608.9100	--钢笔头及笔尖粒	12	70	0		0	0			--Pen nibs and nib points
	--其他：									--Other:
9608.9910	---机器、仪器用笔	17.5	40	0		0	0			---Of a kind used on machines or instruments
9608.9920	---蜡纸铁笔；钢笔杆、铅笔杆及类似的笔杆	21	80	0		0	0			---Duplicating stylos; pen-holders, pencil-holders and similar holders
9608.9990	---其他	21	80	0		0	0			---Other
96.09	**铅笔（税目96.08的铅笔除外）、颜色铅笔、铅笔芯、蜡笔、图画碳笔、书写或绘画用粉笔及裁缝划粉：**									**Pencils (other than pencils of heading 96.08), crayons, pencil leads, pastels, drawing charcoals, writing or drawing chalks and tailors' chalks:**
	-铅笔及颜色铅笔：									-Pencils and crayons, with leads encased in a rigid sheath:
9609.1010	---铅笔	21	80	0						---Pencils
9609.1020	---颜色铅笔	21	80	0						---Crayons
9609.2000	-铅笔芯，黑的或其他颜色的	21	80	0						-Pencil leads, black or coloured
9609.9000	-其他	15	80	0						-Other
96.10	**具有书写或绘画面的石板、黑板及类似板，不论是否镶框：**									**Slates and boards, with writing or drawing surfaces, whether or not framed:**
9610.0000	具有书写或绘画面的石板、黑板及类似板，不论是否镶框	15	80	0						Slates and boards, with writing or drawing surfces, whether or not tramed
96.11	**手用日期戳、封缄戳、编号戳及类似印戳（包括标签压印器）；手工操作的排字盘及带有排字盘的手印器：**									**Date, sealing or numbering stamps, and the like (including devices for printing or embossing labels), designed for operating in the hand; hand-operated composing sticks and hand printing sets incorporating such composing sticks:**

税则号列 Tariff Item	商品名称	最惠国税率(%) M. F. N.	普通税率(%) Gen.	协定税率(%) Conventional 东盟 ASEAN	亚太 APTA	香港 H. K.	澳门 Macao	台湾 Taiwan	出口税率(%) Export	Article Description
9611.0000	手用日期戳、封缄戳、编号戳及类似印戳（包括标签压印器）；手工操作的排字盘及带有排字盘的手印器	21	80	0						Date, sealing or numbering stamps, and the like (including devices for printing or embossing labels), designed for operating in the hand; hand-operated composing sticks and hand printing sets incorporating such composing sticks
96.12	**打字机色带或类似色带，已上油或经其他方法处理能着色的，不论是否装轴或装盒；印台，不论是否已加印油或带盒子：**									**Typewriter or similar ribbons, inked or otherwise prepared for giving impressions, whether or not on spools or in cartridges; ink-pads, whether or not inked, with or without boxes:**
9612.1000	-色带	10.5	35	0			0			-Inked ribbons
9612.2000	-印台	25	100	0						-Ink-pads
96.13	**香烟打火机和其他打火器（不论是机械的，还是电气的）及其零件，但打火石及打火机芯除外：**									**Cigarette lighters and other lighters, whether or not mechanical or electrical, and parts thereof other than flints and wicks:**
9613.1000	-袖珍气体打火机，一次性的	25	130	0						-Pocket lighters, gas fuelled, non refillable
9613.2000	-袖珍气体打火机，可充气的	25	130	0						-Pocket lighters, gas fuelled, refillable
9613.8000	-其他打火器	25	130	0						-Other lighters
9613.9000	-零件	25	130	0						-Parts
96.14	**烟斗（包括烟斗头）和烟嘴及其零件：**									**Smoking pipes (including pipe bowls) and cigar or cigarette holders, and parts thereof:**
9614.0010	---烟斗及烟斗头	25	130	0						---Pipes and pipe bowls
9614.0090	---其他	25	130	0						---Other
96.15	**梳子、发夹及类似品；发卡、卷发夹、卷发器或类似品及其零件，但税目85.16的货品除外：**									**Combs, hair-slides and the like; hair-pins, curling pins, curling grips, haircurlers and the like, other than those of heading 85.16, and parts thereof:**
	-梳子、发夹及类似品：									-Combs, hair-slides and the like:
9615.1100	--硬质橡胶或塑料制	18	130	0	16.2					--Of hard rubber or plastics
9615.1900	--其他	18	130	0						--Other
9615.9000	-其他	18	130	0	16.2					-Other

税则号列 Tariff Item	商品名称	最惠国税率(%) M. F. N.	普通税率(%) Gen.	协定税率(%) Conventional 东盟 ASEAN	亚太 APTA	香港 H. K.	澳门 Macao	台湾 Taiwan	出口税率(%) Export	Article Description
96.16	**香水喷雾器或类似的化妆用喷雾器及其座架、喷头；粉扑及粉拍，施敷脂粉或化妆品用：**									**Scent sprays and similar toilet sprays, and mounts and heads thereof; powder puffs and pads for the application of cosmetics or toilet preparations:**
9616.1000	-香水喷雾器或类似的化妆用喷雾器及其座架、喷头	18	130	0	16.2					-Scent sprays and similar toilet sprays, and mounts and heads thereof
9616.2000	-粉扑及粉拍，施敷脂粉或化妆品用	18	130	0	16.2					-Powder puffs and pads for the application of cosmetics or toilet preparations
96.17	**带壳的保温瓶和其他真空容器及其零件，但玻璃瓶胆除外：**									**Vacuum flasks and other vacuum vessels, complete with cases; parts therof other than glass inners:**
	---保温瓶：									---Vacuum flasks:
9617.0011	----玻璃内胆制	24	130	0		0	0			----Of glass internal liner
9617.0019	----其他	24	130	0		0	0			----Other
9617.0090	---其他	18	130	0		0	0			---Other
96.18	**裁缝用人体模型及其他人体活动模型；橱窗装饰用的自动模型及其他活动陈列品：**									**Tailors' dummies and other lay figures; automata and other animated displays used for shop window dressing:**
9618.0000	裁缝用人体模型及其他人体活动模型；橱窗装饰用的自动模型及其他活动陈列品	21	80	0						Tailors' dummies and other lay figures; automata and other animated displays used for shop window dressing
96.19	**任何材料制的卫生巾（护垫）及止血塞、婴儿尿布及尿布衬里和类似品：**									**Sanitary towels (pads) and tampons, napkins and napkin liners for babies and similar articles, of any material:**
	---尿裤及尿布：									---Diapers and napkins:
9619.0011	----供婴儿使用的	7.5	80	0		0	0	0		----For babies
9619.0019	----其他	7.5	80	0		0	0	0		----Other
9619.0020	---卫生巾（护垫）及止血塞	10	80	0		0	0	0		---Sanitary towels (pads) and tampons
9619.0090	---其他	14	130	0	9.3	0	0	0		---0ther
96.20	**独脚架、双脚架、三脚架及类似品：**									**Monopods, bipods, tripods and similar articles:**
9620.0000	独脚架、双脚架、三脚架及类似品	9	80							Monopods, bipods, tripods and similar articles

第二十一类
艺术品、收藏品及古物

SECTION XXI
WORKS OF ART, COLLECTORS' PIECES AND ANTIQUES

第九十七章
艺术品、收藏品及古物

Chapter 97
Works of art, collectors' pieces and antiques

注释：

一、本章不包括：

（一）税目49.07的未经使用的邮票、印花税票、邮政信笺（印有邮票的纸品）及类似的票证；

（二）作舞台、摄影的布景及类似用途的已绘制画布（税目59.07），但可归入税目97.06的除外；或

（三）天然或养殖珍珠、宝石或半宝石（税目71.01至71.03）。

二、税目97.02所称“雕版画、印制画、石印画的原本”，是指以艺术家完全手工制作的单块或数块印版直接印制出来的黑白或彩色原本，不论艺术家使用何种方法或材料，但不包括使用机器或照相制版方法制作的。

三、税目97.03不适用于成批生产的复制品及具有商业性质的传统手工艺品，即使这些物品是艺术家设计或创造的。

四、（一）除上述注释一至三另有规定的以外，可归入本章各税号的物品，均应归入本章的相应税号而不归入本协调制度的其他税号；

（二）税目97.06不适用于可以归入本章其他各税号的物品。

五、已装框的油画、粉画及其他绘画、版画、拼贴画及类似装饰板，如果框架的种类及价值与作品相称，应与作品一并归类。如果框架的种类及价值与作品不相称，应分别归类。

Chapter Notes:

1. This Chapter does not cover:

(a) Unused postage or revenue stamps, postal stationery (stamped paper) or the like, of heading 49.07;

(b) Theatrical scenery, studio back-cloths or the like, of painted canvas (heading 59.07) except if they may be classified in heading 97.06; or

(c) Pearls, natural or cultured, or precious or semi-precious stones (headings 71.01 to 71.03).

2. For the purposes of heading 97.02, the expression "original engravings, prints and lithographs" means impressions produced directly, in black and white or in colour, of one or of several plates wholly executed by hand by the artist, irrespective of the process or of the material employed by him, but not including any mechanical or photomechanical process.

3. Heading 97.03 does not apply to mass-produced reproductions or works of conventional craftsmanship of a commercial character, even if these articles are designed or created by artists.

4. (a) Subject to Notes 1 to 3 above, articles of this Chapter are to be classified in this Chapter and not in any other Chapter of the Nomenclature.

(b) Heading 97.06 does not apply to articles of the preceding headings of this Chapter.

5. Frames around paintings, drawings, pastels, collages or similar decorative plaques, engravings, prints or lithographs are to be classified with those articles, provided they are of a kind and of a value normal to those articles. Frames which are not of a kind or of a value normal to the articles referred to in this Note are to be classified separately.

税则号列 Tariff Item	商品名称	最惠国税率(%) M. F. N.	普通税率(%) Gen.	协定税率(%) Conventional					出口税率(%) Export	Article Description
				东盟 ASEAN	亚太 APTA	香港 H. K.	澳门 Macao	台湾 Taiwan		
97.01	**油画、粉画及其他手绘画，但带有手工绘制及手工描饰的制品或税目 49.06 的图纸除外；拼贴画及类似装饰板：**									**Paintings, drawings and pastels, executed entirely by hand, other than drawings of heading 49.06 and other than hand-painted or hand-decorated manufactured articles; collages and similar decorative plaques:**
	-油画、粉画及其他手绘画：									-Paintings, drawings and pastels:
	---原件：									---The orginals:
9701.1011	----唐卡	12	50	0						----Thangkas
9701.1019	----其他	12	50	0						----Other
9701.1020	---复制品	14	50	0						---Reproductions
9701.9000	-其他	14	50	0						-Other
97.02	**雕版画、印制画、石印画的原本：**									**Original engravings, prints and lithographs:**
9702.0000	雕版画、印制画、石印画的原本	12	50	0						Original engravings, prints and lithographs
97.03	**各种材料制的雕塑品原件：**									**Original sculptures and statuary, in any material:**
9703.0000	各种材料制的雕塑品原件	12	50	0						Original sculptures and statuary, in any material
97.04	**使用过或未使用过的邮票、印花税票、邮戳印记、首日封、邮政信笺（印有邮票的纸品）及类似品，但税目 49.07 的货品除外：**									**Postage or revenue stamps, stamp-post-marks, first-day covers, postal stationery (stamped paper), and the like, used or unused, other than those of heading 49.07:**
9704.0010	---邮票	8	50	0		0	0			---Postage
9704.0090	---其他	14	50	0		0	0			---Other
97.05	**具有动物学、植物学、矿物学、解剖学、历史学、考古学、古生物学、人种学或钱币学意义的收集品及珍藏品：**									**Collections and collectors' pieces of zoological, botanical, mineralogical, anatomical, historical, archaeological, palaeontological, ethnographic or numismatic interest:**
9705.0000	具有动物学、植物学、矿物学、解剖学、历史学、考古学、古生物学、人种学或钱币学意义的收集品及珍藏品	0	0							Collections and collectors' pieces of zoological, botanical, mineralogical, anatomical, historical, archaeolohical, palaeontological, ethnographic or numismatic interest

税则号列 Tariff Item	商 品 名 称	最惠国税率(%) M. F. N.	普通税率(%) Gen.	协定税率(%) Conventional 东盟 ASEAN	亚太 APTA	香港 H. K.	澳门 Macao	台湾 Taiwan	出口税率(%) Export	Article Description
97.06	**超过100年的古物:**									**Antiques of an age exceeding one hundred years:**
9706.0000	超过100年的古物	0	0							Antiques of an age exceeding one hundred years

附　表

Appendix

附表 1　中国—巴基斯坦、智利、新加坡、新西兰、秘鲁、哥斯达黎加、瑞士、冰岛、澳大利亚、韩国、格鲁吉亚自由贸易协定税目税率表

Table 1　The Conventional Tariff Rates for China-Pakistan, China-Chile, China-Singapore, China-New Zealand, China-Peru, China-Costa Rica, China-Switzerland, China-Iceland, China-Australia, China-Korea, China-Georgia FTA

税则号列 Tariff Item	商品名称（简称）① Article Description	最惠国税率（%）M. F. N.	协定税率（%）Conventional										
			巴基斯坦 Pakistan	智利 Chile	新加坡 Singapore	新西兰 New Zealand	秘鲁 Peru	哥斯达黎加 Costa Rica	瑞士 Switzerland	冰岛 Iceland	澳大利亚 Australia	韩国 Korea	格鲁吉亚 Georgia
01012900	其他马	10	5	0		0	1	0	0	0	2	6	0
01013090	其他驴	10	5	0		0	1	0	0	0	2	6	0
01019000	骡	10	5	0		0	1	0	0	0	2	6	0
01022900	其他家牛	10	5	0		0	1	0	0	0	2	6	0
01023900	其他水牛	10	5	0		0	1	0	0	0	2	6	0
01029090	其他牛	10	5	0		0	1	0	0	0	2	6	0
01039110	重量<10 千克的猪	10	5	0		0	0	0	0	0	2	6	0
01039120	重量在 10 千克～50 千克的猪，包括 10 千克	10	5	0		0	0	0	0	0	2	6	0
01039200	重量≥50 千克的猪	10	5	0		0	0	0	0	0	2	6	0
01041090	其他绵羊	10	5	0		0	0	0	0	0	2	6	0
01042090	其他山羊	10	5	0		0	0	0	0	0	2	6	0
01051190	重量≤185 克的其他鸡	10	5	0		0	1	0	0	0	2	6	0
01051290	重量≤185 克的其他火鸡	10	5	0		0	1	0	0	0	2	6	0
01051390	重量≤185 克的其他鸭	10	5	0		0	0	0	0	0	2	6	0
01051490	重量≤185 克的其他鹅	10	5	0		0	0	0	0	0	2	6	0
01051590	重量≤185 克的其他珍珠鸡	10	5	0		0	0	0	0	0	2	6	0
01059490	重量>185 克的其他鸡	10	5	0		0	0	0	0	0	2	6	0
01059991	重量>185 克的非改良种用鸭	10	5	0		0	0	0	0	0	2	6	0
01059992	重量>185 克的非改良种用鹅	10	5	0		0	0	0	0	0	2	6	0
01059993	重量>185 克的非改良种用珍珠鸡	10	5	0		0	0	0	0	0	2	6	0
01059994	重量>185 克的非改良种用火鸡	10	5	0		0	0	0	0	0	2	6	0
01061190	其他灵长目动物	10	5	0		0	0	0	0	0	2	6	0
01061211	改良种用鲸、海豚及鼠海豚；海牛及儒艮	10	5	0		0	0	0	0	0	2	2	0

①附表 1 中的“商品名称”栏目内容仅供参考，具体范围以上述附表税号在《中华人民共和国进出口税则》中对应的商品范围为准。附表 2、附表 4、附表 5、附表 6 同此。

Table1 “Article Description” column is for reference only, the specific traiff lines to “*Import and Export Tarilt of the People's Republic of China*” is the range of commodities shall prevail. Table2, Table4, Table5, Table6 as above.

税则号列 Tariff Item	商品名称（简称） Article Description	最惠国税率（%） M. F. N.	协定税率（%） Conventional										
			巴基斯坦 Pakistan	智利 Chile	新加坡 Singapore	新西兰 New Zealand	秘鲁 Peru	哥斯达黎加 Costa Rica	瑞士 Switzerland	冰岛 Iceland	澳大利亚 Australia	韩国 Korea	格鲁吉亚 Georgia
01061219	其他鲸、海豚及鼠海豚；海牛及儒艮	10	5	0		0	0	0	0	0	2	6	0
01061229	其他海豹、海狮及海象	10	5	0		0	1	0	0	0	2	6	0
01061390	其他骆驼及其他骆驼科动物	10	5	0		0	1	0	0	0	2	6	0
01061490	其他家兔及野兔	10	5	0		0	1	0	0	0	2	6	0
01061990	其他哺乳动物	10	5	0		0	1	0	0	0	2	6	0
01062020	食用爬行动物	10	5	0		0	0	0	0	0	2	6	0
01062090	其他爬行动物	10	5	0		0	0	0	0	0	2	6	0
01063190	其他猛禽	10	5	0		0	0	0	0	0	2	6	0
01063290	其他鹦形目鸟	10	5	0		0	0	0	0	0	2	6	0
01063390	其他鸵鸟；鸸鹋	10	5	0		0	0	0	0	0	2	6	0
01063921	乳鸽	10	5	0		0	0	0	0	0	2	6	0
01063923	野鸭	10	5	0		0	0	0	0	0	2	6	0
01063929	其他食用鸟	10	5	0		0	0	0	0	0	2	6	0
01063990	其他鸟	10	5	0		0	0	0	0	0	2	6	0
01064190	其他蜂	10	5	0		0	1	0	0	0	2	2	0
01064990	其他昆虫	10	5	0		0	1	0	0	0	2	2	0
01069090	其他动物	10	5	0		0	1	0	0	0	2	6	0
02011000	整头及半头鲜、冷牛肉	20		0		0	8	9.3	10	0	12	14.6	16
02012000	鲜、冷的带骨牛肉	12	6	0		0	5.6	5.6	6	0	7.2	8.8	9.6
02013000	鲜、冷的去骨牛肉	12	6	0		0	5.6	5.6	6	0	7.2	8.8	9.6
02021000	冻的整头及半头牛肉	25		0		0	10	0	12.5	0	15	20	
02022000	冻的带骨牛肉	12	6	0		0	5.6	0	6	0	7.2	8.8	
02023000	冻的去骨牛肉	12	6	0		0	5.6	0	6	0	7.2	8.8	
02031110	鲜、冷的整头及半头乳猪肉	20		0		0	2	0	10	0	4	14.6	0
02031190	其他鲜、冷的整头及半头猪肉	20		0		0	0	0	10	0	4	14.6	0
02031200	鲜、冷的带骨猪前腿、后腿及其肉块	20		0		0	2	0	10	0	4	14.6	0
02031900	其他鲜、冷猪肉	20		0		0	0	0	10	0	4	14.6	0
02032110	冻的整头及半头乳猪肉	12	6	0		0	1.2	0	6	0	2.4	7.2	0
02032190	其他冻的整头及半头猪肉	12	6	0		0	1.2	0	6	0	2.4	7.2	9.6
02032200	冻的带骨猪前腿、后腿及其肉块	12	6	0		0	0	0	6	0	2.4	7.2	9.6
02032900	其他冻猪肉	12	6	0		0	4.8	0	6	0	2.4	7.2	9.6
02041000	鲜或冷的整头及半头羔羊	15	12	0		0	6	7	7.5	0	8.3	9	12
02042100	鲜或冷的整头及半头绵羊肉	23		0		0	9.2	10.7	11.5	0	12.8	18.4	18.4
02042200	鲜或冷的带骨绵羊肉	15	12	0		0	6	7	7.5	0	8.3	9	12
02042300	鲜或冷的去骨绵羊肉	15	12	0		0	3.8	7	7.5	0	8.3	9	12

税则号列 Tariff Item	商品名称（简称） Article Description	最惠国税率（%） M. F. N.	协定税率（%）Conventional										
			巴基斯坦 Pakistan	智利 Chile	新加坡 Singapore	新西兰 New Zealand	秘鲁 Peru	哥斯达黎加 Costa Rica	瑞士 Switzerland	冰岛 Iceland	澳大利亚 Australia	韩国 Korea	格鲁吉亚 Georgia
02043000	冻的整头及半头羔羊	15	12	0		0	7.1	7	7.5	0	8.3	9	12
02044100	冻的整头及半头绵羊肉	23		0		0	10.8	10.7	11.5	0	12.8	18.4	18.4
02044200	冻的其他带骨绵羊肉	12	6	0		0	5.6	5.6	6	0	6.7	7.2	9.6
02044300	冻的其他去骨绵羊肉	15	12	0		0	7.1	7	7.5	0	8.3	9	12
02045000	鲜、冷、冻的山羊肉	20		0		0	5	9.3	10	0	11.1	14.6	16
02050000	鲜、冷、冻的马、驴、骡肉	20		0		0	2	0	10	0	4	14.6	0
02061000	鲜、冷的牛杂碎	12	6	0		0	3	0	6	0	2.4	7.2	9.6
02062100	冻牛舌	12	6	0		0	1.2	0	6	0	2.4	7.2	9.6
02062200	冻牛肝	12	6	0		0	0	0	6	0	2.4	7.2	9.6
02062900	其他冻牛杂碎	12	6	0		0	1.2	0	6	0	6	7.2	9.6
02063000	鲜、冷的猪杂碎	20		0		0	2	0	10	0	4	14.6	16
02064100	冻猪肝	20		0		0	2	0	10	0	4	14.6	16
02064900	其他冻猪杂碎	12	6	0		0	1.2	0	6	0	2.4	7.2	9.6
02068000	鲜、冷的羊、马、驴、骡杂碎	20		0		0	5	0	10	0	12	14.6	16
02069000	冻的羊、马、驴、骡杂碎	18	14.4	0		0	8.5	0	9	0	9	13.2	14.4
02071100	整只，鲜或冷的鸡	20		0		0	0	0	10	0	4	14.6	0
02071200	整只，冻的鸡	1.3元/千克		0		0	2	0	10	0	4	0.9元/千克	0
02071311	鲜或冷的带骨鸡块	20		0		0	0	0	10	0	4	14.6	0
02071319	鲜或冷的其他鸡块	20		0		0	0	0	10	0	4	14.6	0
02071321	鲜或冷的鸡翼（不包括翼尖）	20		0		0	0	0	10	0	4	14.6	16
02071329	鲜或冷的其他鸡杂碎	20		0		0	0	0	10	0	4	14.6	16
02071411	冻的带骨鸡块	0.6元/千克	0.3元/千克	0		0	0	0	0	0	2	0.3元/千克	0
02071419	冻的其他鸡块	0.7元/千克	0.35元/千克	0		0	1	0	0	0	2	0.4元/千克	0
02071421	冻的鸡翼（不包括翼尖）	0.8元/千克	0.4元/千克	0		0	0	0	0	0	2	0.4元/千克	8
02071422	鲜、冷、冻的鸡爪	1元/千克	0.25元/千克	0		0	1	0	0	0	2	0.3元/千克	8
02071429	冻的其他鸡杂碎	0.5元/千克	0.25元/千克	0		0	1	0	0	0	2	0.3元/千克	8
02072400	整只，鲜或冷的火鸡	20		0		0	0	0	10	0	4	14.6	0
02072500	整只，冻的火鸡	20		0		0	2	0	10	0	4	14.6	0
02072600	鲜或冷的火鸡块及杂碎	20		0		0	0	0	10	0	4	14.6	0
02072700	冻的火鸡块及杂碎	10	5	0		0	1	0	0	0	2	6	0
02074100	鲜或冷的整只鸭	20		0		0	2	0	10	0	4	14.6	0
02074200	冻的整只鸭	20		0		0	2	0	10	0	4	14.6	0
02074300	鲜或冷的鸭肥肝	20		0		0	2	0	10	0	4	14.6	0
02074400	鲜或冷的其他鸭	20		0		0	2	0	10	0	4	14.6	0

税则号列 Tariff Item	商品名称（简称） Article Description	最惠国税率（%） M. F. N.	协定税率（%） Conventional										
			巴基斯坦 Pakistan	智利 Chile	新加坡 Singapore	新西兰 New Zealand	秘鲁 Peru	哥斯达黎加 Costa Rica	瑞士 Switzerland	冰岛 Iceland	澳大利亚 Australia	韩国 Korea	格鲁吉亚 Georgia
02074500	冻的其他鸭	20		0		0	2	0	10	0	4	16	0
02075100	鲜或冷的整只鹅	20		0		0	2	0	10	0	4	14.6	0
02075200	冻的整只鹅	20		0		0	2	0	10	0	4	14.6	0
02075300	鲜或冷的鹅肥肝	20		0		0	2	0	10	0	4	14.6	0
02075400	鲜或冷的其他鹅	20		0		0	2	0	10	0	4	14.6	0
02075500	冻的其他鹅	20		0		0	2	0	10	0	4	14.6	0
02076000	鲜、冷、冻的珍珠鸡	20		0		0	2	0	10	0	4	14.6	0
02081010	鲜或冷藏的家兔肉或野兔，不包括兔头	20		0		0	2	0	10	0	4	14.6	0
02081020	冻的家兔或野兔，不包括兔头	20		0		0	2	0	10	0	4	14.6	0
02081090	鲜、冷、冻的家兔及野兔食用杂碎	20		0		0	2	0	10	0	4	14.6	0
02083000	鲜、冷、冻的灵长目动物的肉及其食用杂碎	23		0		0	2.3	0	11.5	0	4.6	13.8	0
02084000	鲜、冷、冻的鲸、海豚及鼠海豚；鲜、冷、冻的海牛及儒艮；鲜、冷、冻的海豹、海狮及海象	23		0		0	2.3	0	11.5	0	4.6	13.8	0
02085000	鲜、冷、冻的爬行动物的肉及其食用杂碎	23		0		0	2.3	0	11.5	0	4.6	13.8	0
02086000	鲜、冷、冻的骆驼及其他骆驼科动物	23		0		0	2.3	0	11.5	0	4.6	13.8	0
02089010	鲜、冷、冻的乳鸽肉及其食用杂碎	20		0		0	2	0	10	0	4	14.6	0
02089090	其他鲜、冷、冻的肉及食用杂碎	23		0		0	2.3	0	11.5	0	4.6	18.4	18.4
02091000	未炼制猪脂肪	20		0		0	2	0	10	0	4	14.6	0
02099000	未炼制家禽脂肪	20		0		0	2	0	10	0	4	14.6	0
02101110	干、熏、盐制的带骨猪腿	25		0		0	0	0		0	5	20	0
02101190	干、熏、盐制的带骨猪腿肉块	25		0		0	0	0		0	5	20	0
02101200	干、熏、盐制的猪腹肉	25		0		0	0	0		0	5	20	0
02101900	干、熏、盐制的其他猪肉	25		0		0	2.5	0		0	5	20	0
02102000	干、熏、盐制的牛肉	25		0		0	2.5	0	0	0	15	20	0
02109100	干、熏、盐制的灵长目动物的肉及食用杂碎	25		0		0	2.5	0	12.5	0	5	15	0
02109200	鲸、海豚及鼠海豚的；海牛及儒艮的；海豹、海狮及海象的肉及食用杂碎	25		0		0	2.5	0	12.5	0	5	15	0
02109300	干、熏、盐制的爬行动物的肉及食用杂碎	25		0		0	2.5	0	12.5	0	5	15	0
02109900	干、熏、盐制的其他肉及食用杂碎	25		0		0	2.5	0	12.5	0	5	20	0

税则号列 Tariff Item	商品名称（简称） Article Description	最惠国税率（%） M. F. N.	协定税率（%）Conventional										
			巴基斯坦 Pakistan	智利 Chile	新加坡 Singapore	新西兰 New Zealand	秘鲁 Peru	哥斯达黎加 Costa Rica	瑞士 Switzerland	冰岛 Iceland	澳大利亚 Australia	韩国 Korea	格鲁吉亚 Georgia
03011100	淡水观赏鱼	17.5	14	0		0	0	3.5	8.8	0	3.5	12.8	0
03011900	其他观赏鱼	17.5	14	0		0	0	3.5	8.8	0	3.5	12.8	0
03019190	其他活鳟鱼	10.5	5	0		0	0	2.1	5.2	0	2.1	6.3	0
03019290	其他活鳗鱼	10	5	0		0	0	2	0	0	2	6	0
03019390	其他鲤科鱼	10.5	5	0		0	0	2.1	5.2	0	2.1	6.3	0
03019491	大西洋蓝鳍金枪鱼	10.5	5	0		0	0	2.1	5.2	0	2.1	6.3	0
03019492	太平洋蓝鳍金枪鱼	10.5	5	0		0	1	2.1	5.2	0	2.1	6.3	0
03019590	其他活南方蓝鳍金枪鱼	10.5	5	0		0	0	2.1	5.2	0	2.1	6.3	0
03019991	活罗非鱼	10.5	5	0		0	1	2.1	5.2	0	2.1	6.3	0
03019992	活鲀	10.5	5	0		0	0	2.1	5.2	0	2.1	6.3	0
03019993	其他鲤科鱼	10.5	5	0		0	0	2.1	5.2	0	2.1	6.3	0
03019999	其他活鱼	10.5	5	0		0	1	2.1	5.2	0	2.1	6.3	0
03021100	鲜、冷鳟鱼	12	6	0		0	1.2	2.4	6	0	2.4	7.2	0
03021300	鲜、冷大麻哈鱼	10	5	0		0	1	2	0	0	2	6	0
03021410	鲜、冷大西洋鲑鱼	10	5	0		0	1	2	0	0	2	6	0
03021420	鲜、冷多瑙哲罗鱼	10	5	0		0	1	2	0	0	2	6	0
03021900	其他鲜、冷鲑鱼	12	5	0		0	0	2.4	6	0	2.4	7.2	0
03022100	鲜、冷庸鲽鱼	12	5	0		0	0	2.4	6	0	2.4	7.2	0
03022200	鲜、冷鲽鱼	12	5	0		0	0	2.4	6	0	2.4	7.2	0
03022300	鲜、冷鳎鱼	12	5	0		0	0	2.4	6	0	2.4	7.2	0
03022400	鲜、冷大菱鲆	12	5	0		0	1.2	2.4	6	0	2.4	7.2	0
03022900	其他鲜、冷比目鱼	12	5	0		0	1.2	2.4	6	0	2.4	7.2	0
03023100	鲜、冷长鳍金枪鱼	12	5	0		0	1.2	2.4	6	0	2.4	7.2	0
03023200	鲜、冷黄鳍金枪鱼	12	5	0		0	0	2.4	6	0	2.4	7.2	0
03023300	鲜、冷鲣鱼或狐鲣	12	5	0		0	0	2.4	6	0	2.4	7.2	0
03023400	鲜、冷大眼金枪鱼	12	6	0		0	0	2.4	6	0	2.4	7.2	0
03023510	鲜、冷大西洋蓝鳍金枪鱼	12	6	0		0	0	2.4	6	0	2.4	7.2	0
03023520	鲜、冷太平洋蓝鳍金枪鱼	12	5	0		0	0	2.4	6	0	2.4	7.2	0
03023600	鲜、冷南方蓝鳍金枪鱼	12	6	0		0	0	2.4	6	0	2.4	7.2	0
03023900	其他鲜、冷金枪鱼	12	5	0		0	0	2.4	6	0	2.4	7.2	0
03024100	鲜、冷鲱鱼（大西洋鲱鱼、太平洋鲱鱼）	12	5	0		0	0	2.4	6	0	2.4	7.2	0
03024200	鲜、冷鳀鱼	12	5	0		0	0	2.4	6	0	2.4	7.2	0
03024300	鲜、冷沙丁鱼（沙丁鱼、沙瑙鱼属）、小沙丁鱼属、黍鲱或西鲱	12	5	0		0	0	2.4	6	0	2.4	7.2	0
03024400	鲜、冷鲭鱼	12	5	0		0	0	2.4	6	0	2.4	7.2	0
03024500	鲜、冷对称竹荚鱼、新西兰竹荚鱼及竹荚鱼	12	5	0		0	0	2.4	6	0	2.4	7.2	0
03024600	鲜、冷军曹鱼	12	5	0		0	0	2.4	6	0	2.4	7.2	0
03024700	鲜、冷剑鱼	12	5	0		0	0	2.4	6	0	2.4	7.2	0

税则号列 Tariff Item	商品名称（简称） Article Description	最惠国税率（%） M. F. N.	协定税率（%）Conventional										
			巴基斯坦 Pakistan	智利 Chile	新加坡 Singapore	新西兰 New Zealand	秘鲁 Peru	哥斯达黎加 Costa Rica	瑞士 Switzerland	冰岛 Iceland	澳大利亚 Australia	韩国 Korea	格鲁吉亚 Georgia
03024900	鲜、冷印度鲭（羽鳃鲐属）、马鲛鱼（马鲛属）、鲹属、银鲳（鲳属）、秋刀鱼、圆鲹（圆鲹属）、毛鳞鱼、鲔鱼、狐鲣（狐鲣属）、枪鱼、旗鱼、四鳍旗鱼（旗鱼科）	12	5	0		0	0	2.4	6	0	2.4	7.2	0
03025100	鲜、冷鳕鱼（大西洋鳕鱼、格陵兰鳕鱼、太平洋鳕鱼）	12	5	0		0	0	2.4	6	0	2.4	7.2	0
03025200	鲜、冷黑线鳕鱼	12	5	0		0	0	2.4	6	0	2.4	7.2	0
03025300	鲜、冷绿青鳕鱼	12	5	0		0	0	2.4	6	0	2.4	7.2	0
03025400	鲜、冷狗鳕鱼	12	5	0		0	0	2.4	6	0	2.4	7.2	0
03025500	鲜、冷狭鳕鱼	12	5	0		0	0	2.4	6	0	2.4	7.2	0
03025600	鲜、冷蓝鳕鱼	12	5	0		0	0	2.4	6	0	2.4	7.2	0
03025900	鲜、冷其他鳕科鱼	12	5	0		0	0	2.4	6	0	2.4	7.2	0
03027100	鲜、冷罗非鱼	12	6	0		0	1.2	2.4	6	0	2.4	7.2	0
03027200	鲜、冷鲶鱼	12	5	0		0	0	2.4	6	0	2.4	7.2	0
03027300	鲜、冷鲤科鱼	12	5	0		0	0	2.4	6	0	2.4	7.2	0
03027400	鲜、冷鳗鱼	12	5	0		0	0	2.4	6	0	2.4	7.2	0
03027900	鲜、冷尼罗河鲈鱼及黑鱼	12	5	0		0	0	2.4	6	0	2.4	7.2	0
03028100	鲜、冷角鲨及其他鲨鱼	12	5	0		0	1.2	2.4	6	0	2.4	7.2	0
03028200	鲜、冷魟鱼及鳐鱼	12	5	0		0	0	2.4	6	0	2.4	7.2	0
03028300	鲜、冷南极犬牙鱼	12	5	0		0	0	2.4	6	0	2.4	7.2	0
03028400	鲜、冷尖吻鲈鱼	12	5	0		0	0	2.4	6	0	2.4	7.2	0
03028500	鲜、冷菱羊鲷	12	5	0		0	0	2.4	6	0	2.4	7.2	0
03028910	鲜、冷带鱼	12	8	0		0	1.2	2.4	6	0	2.4	7.2	0
03028920	鲜、冷黄鱼	12	5	0		0	1.2	2.4	6	0	2.4	7.2	0
03028930	鲜、冷鲳鱼	12	5	0		0	1.2	2.4	6	0	2.4	7.2	0
03028940	鲜、冷鲀	12	5	0		0	1.2	2.4	6	0	2.4	7.2	0
03028990	鲜、冷其他鱼	12	5	0		0	0	2.4	6	0	2.4	7.2	0
03029100	鲜、冷鱼肝、鱼卵及鱼精	12	6	0		0	0	2.4	6	0	2.4	7.2	0
03029200	鲜、冷鲨鱼翅	12	5	0		0	1.2	2.4	6	0	2.4	7.2	0
03029900	鲜、冷其他鱼鳍、鱼头、鱼尾、鱼鳔及其他可食用鱼杂碎	10	5	0		0	1	2	0	0	2	6	0
03031100	冻红大麻哈鱼	10	5	0		0	1	2	0	0	2	6	0
03031200	冻其他大麻哈鱼	10	5	0		0	1	2	0	0	2	6	0
03031300	冻大西洋鲑鱼及多瑙哲罗鱼	10	5	0		0	1	2	0	0	2	6	0
03031400	冻鳟鱼	12	6	0		0	1.2	2.4	6	0	2.4	7.2	0
03031900	冻其他鲑科鱼	10	5	0		0	0	2	0	0	2	6	0
03032300	冻罗非鱼	10	5	0		0	1	2	0	0	2	6	0

税则号列 Tariff Item	商品名称（简称） Article Description	最惠国税率(%) M. F. N.	协定税率（%）Conventional										
			巴基斯坦 Pakistan	智利 Chile	新加坡 Singapore	新西兰 New Zealand	秘鲁 Peru	哥斯达黎加 Costa Rica	瑞士 Switzerland	冰岛 Iceland	澳大利亚 Australia	韩国 Korea	格鲁吉亚 Georgia
03032400	冻鲶鱼	10	5	0		0	0	2	0	0	2	2	0
03032500	冻鲤科鱼	10	5	0		0	0	2	0	0	2	2	0
03032600	冻鳗鱼	12	8	0		0	1.2	2.4	6	0	2.4	7.2	0
03032900	冻尼罗河鲈鱼及黑鱼	10	5	0		0	0	2	0	0	2	2	0
03033110	冻格陵兰庸鲽鱼	10	5	0		0	0	2	0	0	2	6	0
03033190	冻庸鲽鱼	10	5	0		0	0	2	0	1.7	2	6	0
03033200	冻鲽鱼	12	8	0		0	0	2.4	6	2	2.4	7.2	0
03033300	冻鳎鱼	12	8	0		0	0	2.4	6	0	2.4	7.2	0
03033400	冻大菱鲆	10	8	0		0	1	2	0	0	2	6	0
03033900	其他冻比目鱼	10	8	0		0	1	2	0	1.7	2	6	0
03034100	冻长鳍金枪鱼	12	5	0		0	0	2.4	6	0	2.4	7.2	0
03034200	冻黄鳍金枪鱼	12	5	0		0	0	2.4	6	0	2.4	7.2	0
03034300	冻鲣鱼或狐鲣	12	5	0		0	0	2.4	6	0	2.4	9.6	0
03034400	冻大眼金枪鱼	12	6	0		0	0	2.4	6	0	2.4	7.2	0
03034510	冻大西洋蓝鳍金枪鱼	12	6	0		0	0	2.4	6	0	2.4	7.2	0
03034520	冻太平洋蓝鳍金枪鱼	12	5	0		0	0	2.4	6	0	2.4	7.2	0
03034600	冻南方蓝鳍金枪鱼	12	6	0		0	0	2.4	6	0	2.4	7.2	0
03034900	其他冻金枪鱼	12	5	0		0	0	2.4	6	0	2.4	7.2	0
03035100	冻鲱鱼（大西洋鲱鱼、太平洋鲱鱼）	10	5	0		0	0	2	0	0	2	6	0
03035300	冻沙丁鱼、小沙丁鱼属、黍鲱或西鲱	12	5	0		0	1.2	2.4	6	0	2.4	7.2	0
03035400	冻鲭鱼	10	6.7	0		0	0	2	0	0	2	6	0
03035500	冻对称竹荚鱼、新西兰竹荚鱼及竹荚鱼	10	5	0		0	0	2	0	0	2	2	0
03035600	冻军曹鱼	10	5	0		0	0	2	0	0	2	2	0
03035700	冻剑鱼	10	5	0		0	0	2	0	0	2	6	0
03035900	冻印度鲭（羽鳃鲐属）、马鲛鱼（马鲛属）、鲹属、银鲳（鲳属）、秋刀鱼、圆鲹（圆鲹属）、毛鳞鱼、鲔鱼、狐鲣（狐鲣属）、枪鱼 、旗鱼、四鳍旗鱼(旗鱼科）	10	5	0		0	0	2	0	0	2	7.3	0
03036300	冻鳕鱼（大西洋鳕鱼、格陵兰鳕鱼、太平洋鳕鱼）	10	5	0		0	0	2	0	1.7	2	6	0
03036400	冻黑线鳕鱼	12	5	0		0	0	2.4	6	2	2.4	7.2	0
03036500	冻绿青鳕鱼	12	5	0		0	0	2.4	6	0	2.4	7.2	0
03036600	冻狗鳕鱼	12	6	0		0	1.2	2.4	6	0	2.4	7.2	0
03036700	冻狭鳕鱼	10	5	0		0	0	2	0	0	2	6	0
03036800	冻蓝鳕鱼	10	5	0		0	0	2	0	0	2	2	0
03036900	其他冻鳕鱼	10	5	0		0	0	2	0	0	2	2	0
03038100	冻角鲨及其他鲨鱼	12	9	0		0	1.2	2.4	6	0	2.4	7.2	0

税则号列 Tariff Item	商品名称（简称） Article Description	最惠国税率(%) M. F. N.	协定税率（%）Conventional										
			巴基斯坦 Pakistan	智利 Chile	新加坡 Singapore	新西兰 New Zealand	秘鲁 Peru	哥斯达黎加 Costa Rica	瑞士 Switzerland	冰岛 Iceland	澳大利亚 Australia	韩国 Korea	格鲁吉亚 Georgia
03038200	冻魟鱼及鳐鱼	10	5	0		0	0	2	0	0	2	2	0
03038300	冻南极犬牙鱼	10	5	0		0	0	2	0	0	2	6	0
03038400	冻尖吻鲈鱼	12	5	0		0	0	2.4	6	0	2.4	7.2	0
03038910	冻带鱼	10	5	0		0	1	2	0	5.5	2	6	0
03038920	冻黄鱼	10	5	0		0	1	2	0	0	2	6	0
03038930	冻鲳鱼	10	5	0		0	1	2	0	0	2	6	0
03038990	其他冻鱼	10	5	0		0	0	2	0	0	2	7.3	0
03039100	冻鱼肝、鱼卵及鱼精	10	5	0		0		2	0	1.7	2	6	0
03039200	冻鲨鱼翅	12	9	0		0	1.2	2.4	6	0	2.4	7.2	0
03039900	冻的其他鱼鳍、鱼头、鱼尾、鱼鳔及其他可食用鱼杂碎	10	5	0		0	1	2	0	0	2	6	0
03043100	鲜、冷罗非鱼片	12	5	0		0	1.2	0	6	0	2.4	7.2	0
03043200	鲜、冷鲶鱼片	12	5	0		0	1.2	0	6	0	2.4	7.2	0
03043300	鲜、冷尼罗河鲈鱼片	12	5	0		0	1.2	0	6	0	2.4	7.2	0
03043900	鲜、冷鲤科鱼、鳗鱼、黑鱼片	12	5	0		0	1.2	0	6	0	2.4	7.2	0
03044100	鲜、冷大麻哈鱼片	12	5	0		0	1.2	0	6	0	2.4	7.2	0
03044200	鲜、冷鳟鱼片	12	5	0		0	1.2	0	6	0	2.4	7.2	0
03044300	鲜、冷比目鱼片	12	5	0		0	1.2	0	6	0	2.4	7.2	0
03044400	鲜、冷犀鳕科等鳕科鱼片	12	5	0		0	1.2	0	6	0	2.4	7.2	0
03044500	鲜、冷剑鱼片	12	5	0		0	0	0	6	0	2.4	7.2	0
03044600	鲜、冷南极犬牙鱼片	12	5	0		0	0	0	6	0	2.4	7.2	0
03044700	鲜、冷角鲨及其他鲨鱼片	12	5	0		0	1.2	0	6	0	2.4	7.2	0
03044800	鲜、冷魟鱼及鳐鱼片	12	5	0		0	1.2	0	6	0	2.4	7.2	0
03044900	鲜、冷其他鱼片	12	5	0		0	1.2	0	6	0	2.4	7.2	0
03045100	鲜、冷罗非鱼等鱼的肉	12	5	0		0	1.2	0	6	0	2.4	7.2	0
03045200	鲜、冷鲑科鱼肉	12	5	0		0	1.2	0	6	0	2.4	7.2	0
03045300	鲜、冷犀鳕科等鳕科鱼肉	12	5	0		0	1.2	0	6	0	2.4	7.2	0
03045400	鲜、冷剑鱼肉	12	5	0		0	0	0	6	0	2.4	7.2	0
03045500	鲜、冷南极犬牙鱼肉	12	5	0		0	0	0	6	0	2.4	7.2	0
03045600	鲜、冷角鲨及其他鲨鱼肉	12	5	0		0	1.2	0	6	0	2.4	7.2	0
03045700	鲜、冷魟鱼及鳐鱼肉	12	5	0		0	1.2	0	6	0	2.4	7.2	0
03045900	鲜、冷其他鱼肉	12	5	0		0	1.2	0	6	0	2.4	7.2	0
03046100	冻罗非鱼等鱼的鱼片	10	5	0		0	0	0	0	0	2	6	0
03046211	冻斑点叉尾鮰鱼片	10	5	0		0	0	0	0	0	2	6	0
03046219	冻其他叉尾鮰鱼片	10	5	0		0	0	0	0	0	2	6	0
03046290	冻其他鲶鱼片	10	5	0		0	0	0	0	0	2	6	0
03046300	冻尼罗河鲈鱼片	10	5	0		0	0	0	0	0	2	6	0
03046900	冻鲤科鱼、鳗鱼、黑鱼片	10	5	0		0	0	0	0	0	2	6	0
03047100	鳕鱼（大西洋鳕鱼、格陵兰鳕鱼、太平洋鳕鱼）	10	5	0		0	0	0	0	0	2	6	0

税则号列 Tariff Item	商品名称（简称） Article Description	最惠国税率 (%) M. F. N.	协定税率（%）Conventional 巴基斯坦 Paki-stan	智利 Chile	新加坡 Singa-pore	新西兰 New Zealand	秘鲁 Peru	哥斯达黎加 Costa Rica	瑞士 Switze-rland	冰岛 Iceland	澳大利亚 Austr-alia	韩国 Korea	格鲁吉亚 Georgia
03047200	冻黑线鳕鱼片	10	5	0		0	0	0	0	0	2	6	0
03047300	冻绿青鳕鱼片	10	5	0		0	0	0	0	0	2	6	0
03047400	冻狗鳕鱼片	10	5	0		0	0	0	0	0	2	6	0
03047500	冻狭鳕鱼片	10	5	0		0	0	0	0	0	2	6	0
03047900	冻其他鳕鱼片	10	5	0		0	0	0	0	0	2	6	0
03048100	冻大麻哈鱼、大西洋鲑鱼及多瑙哲罗鱼片	10	5	0		0	0	0	0	0	2	6	0
03048200	冻鳟鱼片	10	5	0		0	0	0	0	0	2	6	0
03048300	冻比目鱼片	10	5	0		0	0	0	0	0	2	6	0
03048400	冻剑鱼片	10	5	0		0	0	0	0	0	2	6	0
03048500	冻南极犬牙鱼片	10	5	0		0	0	0	0	0	2	6	0
03048600	冻鲱鱼片	10	5	0		0	0	0	0	0	2	6	0
03048700	冻金枪鱼、鲣鱼或狐鲣（鲣）片	10	5	0		0	0	0	0	0	2	6	0
03048800	冻角鲨、其他鲨鱼、魟鱼及鳐鱼片	10	5	0		0	0	0	0	0	2	6	0
03048900	冻其他鱼片	10	5	0		0	0	0	0	0	2	6	0
03049100	冻剑鱼肉	10	5	0		0	0	0	0	0	2	6	0
03049200	冻南极犬牙鱼肉	10	5	0		0	0	0	0	0	2	6	0
03049300	冻罗非鱼等鱼的肉	10	5	0		0	0	0	0	0	2	6	0
03049400	冻狭鳕鱼肉	10	5	0		0	0	0	0	0	2	6	0
03049500	冻犀鳕科等鳕科鱼肉	10	5	0		0	0	0	0	0	2	6	0
03049600	冻角鲨及其他鲨鱼肉	10	5	0		0	0	0	0	0	2	6	0
03049700	冻魟鱼及鳐鱼肉	10	5	0		0	0	0	0	0	2	6	0
03049900	其他冻鱼肉	10	5	0		0	0	0	0	0	2	6	0
03051000	供人食用的鱼粉及团粒	10	5	0		0	0	0	0	0	2	6	0
03052000	干、熏、盐制的鱼肝及鱼卵	10	5	0		0		2		0	2	6	0
03053100	干、盐腌的罗非鱼等鱼的鱼片	10	5	0		0	1	0		0	2	6	0
03053200	干、盐腌的犀鳕科等鳕科鱼片	10	5	0		0	1	0		0	2	6	0
03053900	干、盐腌的其他鱼片	10	5	0		0	1	0		0	2	6	0
03054110	熏大西洋鲑鱼，食用杂碎除外	14	7	0		0	0	0		0	2.8	8.4	0
03054120	大麻哈鱼及多瑙哲罗鱼	14	11.2	0		0	0	0		0	2.8	8.4	0
03054200	熏鲱鱼，食用杂碎除外	16	12.8	0		0	0	0		0	3.2	11.7	0
03054300	熏鳟鱼，食用杂碎除外	14	11.2	0		0	1.4	0		0	2.8	8.4	0
03054400	熏罗非鱼等鱼，食用杂碎除外	14	11.2	0		0	1.4	0		0	2.8	8.4	0
03054900	熏其他鱼，食用杂碎除外	14	11.2	0		0	1.4	0		0	2.8	8.4	0
03055100	干鳕鱼（大西洋鳕鱼、格陵兰鳕鱼、太平洋鳕鱼）	16	12.8	0		0	0	0	8	0	3.2	11.7	0

税则号列 Tariff Item	商品名称（简称） Article Description	最惠国税率（%） M. F. N.	协定税率（%） Conventional										
			巴基斯坦 Pakistan	智利 Chile	新加坡 Singapore	新西兰 New Zealand	秘鲁 Peru	哥斯达黎加 Costa Rica	瑞士 Switzerland	冰岛 Iceland	澳大利亚 Australia	韩国 Korea	格鲁吉亚 Georgia
03055200	干罗非鱼、鲶鱼、鲤科鱼、鳗鱼、尼罗河鲈鱼（尼罗尖吻鲈）及黑鱼	16		0		0	1.6	3.2	8	0	3.2	11.7	0
03055300	干犀鳕科、多丝真鳕科、鳕科、长尾鳕科、黑鳕科、无须鳕科、深海鳕科及南极鳕科鱼，鳕鱼（大西洋鳕鱼、格陵兰鳕鱼、太平洋鳕鱼）除外	16		0		0	1.6	3.2	8	0	3.2	11.7	0
03055400	干鲱鱼（大西洋鲱鱼、太平洋鲱鱼）、鳀鱼（鳀属）、沙丁鱼（沙丁鱼、沙瑙鱼属）、小沙丁鱼属、黍鲱或西鲱、鲭鱼［大西洋鲭、澳洲鲭（鲐）、日本鲭（鲐）］、印度鲭（羽鳃鲐属）、马鲛鱼（马鲛属）、对称竹荚鱼、新西兰竹荚鱼及竹荚鱼（竹荚鱼属）、鲹鱼（鲹属）、军曹鱼、银鲳（鲳属）、秋刀鱼、圆鲹（圆鲹属）、多春鱼（毛鳞鱼）、剑鱼、鲔鱼、狐鲣（狐鲣属）、枪鱼、旗鱼、四鳍旗鱼（旗鱼科）	16		0		0	1.6	3.2	8	0	3.2	11.7	0
03055910	干海马、干海龙	2	0	0		0	0	0	0	0	0	0	0
03055990	干其他鱼，食用杂碎除外	16		0		0	1.6	3.2	8	0	3.2	11.7	0
03056100	盐腌及盐渍的鲱鱼，食用杂碎除外	16	8	0		0	0	0	8	0	3.2	11.7	0
03056200	鳕鱼（大西洋鳕鱼、格陵兰鳕鱼、太平洋鳕鱼）	16	8	0		0	0	0	8	0	3.2	11.7	0
03056300	盐腌及盐渍的鳀鱼，食用杂碎除外	16	8	0		0	1.6	0	8	0	3.2	11.7	0
03056400	盐腌及盐渍的罗非鱼等鱼，食用杂碎除外	16	12.8	0		0	1.6	0	8	0	3.2	11.7	0
03056910	盐腌及盐渍的带鱼，食用杂碎除外	16	12.8	0		0	1.6	0	8	0	3.2	11.7	0
03056920	盐腌及盐渍的黄鱼，食用杂碎除外	16	12.8	0		0	1.6	0	8	0	3.2	11.7	0
03056930	盐腌及盐渍的鲳鱼，食用杂碎除外	16	12.8	0		0	1.6	0	8	0	3.2	11.7	0
03056990	盐腌及盐渍的其他鱼，食用杂碎除外	16	12.8	0		0	1.6	0	8	0	3.2	11.7	0
03057100	鲨鱼翅	15		0		0	1.5	3	7.5	0			0

税则号列 Tariff Item	商品名称（简称） Article Description	最惠国税率（%） M. F. N.	协定税率（%）Conventional										
			巴基斯坦 Pakistan	智利 Chile	新加坡 Singapore	新西兰 New Zealand	秘鲁 Peru	哥斯达黎加 Costa Rica	瑞士 Switzerland	冰岛 Iceland	澳大利亚 Australia	韩国 Korea	格鲁吉亚 Georgia
03057200	鱼头、鱼尾、鱼鳔	16	12.8	0		0	0	0		0	3.2	11.7	0
03057900	其他可食用杂碎	16	12.8	0		0	0	0		0	3.2	11.7	0
03061100	岩礁虾和其他龙虾（真龙虾属、龙虾属、岩龙虾属）	10	5	0		0	0	0	0	0	2	6	0
03061200	螯龙虾（螯龙虾属）	10	5	0		0	0	0	0	0	2	6	0
03061410	冻梭子蟹	10	5	0		0	1	0	0	0	2	6	0
03061490	其他冻蟹	10	5	0		0	1	0	0	0	2	7.3	0
03061500	冻挪威海螯虾	16	12.8	0		0	1.6	0	8	0	3.2	11.7	0
03061611	冻冷水小虾虾仁	8	0	0		0	0	0	0	0	1.6	1.6	0
03061612	冻北方长额虾虾仁	5	0	0		0	0	0	0	0	0	0	0
03061619	冻其他冷水小虾	5	0	0		0	0	0	0	0.8	0	0	0
03061621	冻冷水对虾虾仁	8	0	0		0	0	0	0	0	1.6	1.6	0
03061629	冻其他冷水对虾	5	0	0		0	0	0	0	0	0	0	0
03061711	冻小虾虾仁	8	0	0		0	0	0	0	0	1.6	1.6	0
03061719	冻其他小虾	5	0	0		0	0	0	0	0.8	0	0	0
03061721	冻对虾虾仁	8	0	0		0	0	0	0	0	1.6	1.6	0
03061729	冻其他对虾	5	0	0		0	0	0	0	0	0	0	0
03061911	冻淡水小龙虾仁	16	12.8	0		0	0	0	8	0	3.2	11.7	0
03061919	冻带壳淡水小龙虾	16	12.8	0		0	0	0	8	0	3.2	11.7	0
03061990	其他冻甲壳动物	16	12.8	0		0	1.6	0	8	0	3.2	11.7	0
03063190	活、鲜、冷的其他岩礁虾和其他龙虾（真龙虾属、龙虾属、岩龙虾属）	15		0		0	0	0	7.5	0	3	9	0
03063290	活、鲜、冷的其他螯龙虾（螯龙虾属）	15	12	0		0	0	0	7.5	0	3	9	0
03063391	活、鲜、冷的中华绒毛蟹（大闸蟹）	14	7	0		0	0	0	7	0	2.8	8.4	0
03063392	活、鲜、冷的梭子蟹	14	11.2	0		0	1.4	0	7	0	2.8	8.4	0
03063399	活、鲜、冷的其他蟹	14		0		0	1.4	0	7	0	2.8	8.4	0
03063490	活、鲜、冷的其他挪威海螯虾	14	11.2	0		0	0	0	7	0	2.8	8.4	0
03063520	活、鲜、冷的冷水对虾	15	12	0		0	0	0	7.5	0	3	9	0
03063590	活、鲜、冷的其他冷水小虾及对虾	12	6	0		0	0	0	6	0	2.4	7.2	0
03063620	活、鲜、冷的对虾	15	12	0		0	0	0	7.5	0	3	9	0
03063690	活、鲜、冷的其他小虾及对虾	12	6	0		0	0	0	6	0	2.4	7.2	0
03063990	其他带壳或去壳的活、鲜、冷的甲壳动物	14	11.2	0		0	0	0	7	0	2.8	8.4	0
03069100	其他的岩礁虾和其他龙虾（真龙虾属、龙虾属、岩龙虾属）	15		0		0	0	0	7.5	0	3	9	0

税则号列 Tariff Item	商品名称（简称） Article Description	最惠国税率（%） M. F. N.	协定税率（%） Conventional										
			巴基斯坦 Pakistan	智利 Chile	新加坡 Singapore	新西兰 New Zealand	秘鲁 Peru	哥斯达黎加 Costa Rica	瑞士 Switzerland	冰岛 Iceland	澳大利亚 Australia	韩国 Korea	格鲁吉亚 Georgia
03069200	其他螯龙虾	15	12	0		0	0	0	7.5	0	3	9	0
03069310	其他中华绒螯蟹	14	7	0		0	0	0	7	0	2.8	8.4	0
03069320	其他梭子蟹	14	11.2	0		0	1.4	0	7	0	2.8	8.4	0
03069390	其他蟹	14		0		0	1.4	0	7	0	2.8	8.4	0
03069400	其他挪威海螯虾	14	11.2	0		0	0	0	7	0	2.8	8.4	0
03069510	其他冷水小虾及对虾	12	6	0		0	0	0	6	0	2.4	7.2	0
03069590	其他小虾及对虾	12	6	0		0	0	0	6	0	2.4	7.2	0
03069900	其他，包括适合供人食用的甲壳动物的细粉、粗粉及团粒	14	11.2	0		0	0	0	7	0	2.8	8.4	0
03071190	活、鲜或冷的其他牡蛎（蚝）	14	11.2	0		0	1.4	0	7	0	2.8	8.4	0
03071200	冻牡蛎（蚝）	14	11.2	0		0	1.4	0	7	0	2.8	8.4	0
03071900	其他牡蛎（蚝）	14	11.2	0		0	1.4	0	7	0	2.8	8.4	0
03072190	其他活、鲜、冷扇贝	14	11.2	0		0	1.4	0	7	0	2.8	8.4	0
03072200	冻扇贝	14	11.2	0		0	0	0	7	0	2.8	8.4	0
03072900	其他扇贝	14	11.2	0		0	0	0	7	0	2.8	8.4	0
03073190	其他活、鲜、冷贻贝	14	11.2	0		0	0	0	7	0	2.8	8.4	0
03073200	冻贻贝	14	7	0		0	1.4	0	7	0	2.8	8.4	0
03073900	其他干、盐制的贻贝	14	7	0		0	1.4	0	7	0	2.8	8.4	0
03074291	活、鲜或冷墨鱼（乌贼属、巨粒僧头乌贼、耳乌贼属）及鱿鱼（柔鱼属、枪乌贼属、双柔鱼属、拟乌贼属）	12	6	0		0	1.2	0	6	0	2.4	7.2	0
03074299	其他活、鲜或冷墨鱼及鱿鱼	14	11.2	0		0	1.4	0	7	0	2.8	8.4	0
03074310	冻墨鱼（乌贼属、巨粒僧头乌贼、耳乌贼属）及鱿鱼（柔鱼属、枪乌贼属、双柔鱼属、拟乌贼属）	12	10	0		0	1.2	0	6	0	2.4	9.6	0
03074390	其他冻墨鱼及鱿鱼	10		0		0	1	0	0	0	2	8	0
03074910	其他墨鱼（乌贼属、巨粒僧头乌贼、耳乌贼属）及鱿鱼（柔鱼属、枪乌贼属、双柔鱼属、拟乌贼属）	12	10	0		0	1.2	0	6	0	2.4	9.6	0
03074990	其他墨鱼及鱿鱼	10		0		0	1	0	0	0	2	8	0
03075100	活、鲜、冷章鱼	17	13.6	0		0	1.7	0	8.5	0	3.4	12.4	0
03075200	冻章鱼	17	13.6	0		0	1.7	0	8.5	0	3.4	12.4	0
03075900	其他干、盐制的章鱼	17	13.6	0		0	1.7	0	8.5	0	3.4	12.4	0
03076090	其他蜗牛及螺，海螺除外	14	11.2	0		0	0	0	7	0	2.8	8.4	0
03077191	活、鲜或冷的蛤	14	11.2	0		0	0	0	7	0	2.8	8.4	0

税则号列 Tariff Item	商品名称（简称） Article Description	最惠国税率(%) M. F. N.	协定税率（%）Conventional										
			巴基斯坦 Pakistan	智利 Chile	新加坡 Singapore	新西兰 New Zealand	秘鲁 Peru	哥斯达黎加 Costa Rica	瑞士 Switzerland	冰岛 Iceland	澳大利亚 Australia	韩国 Korea	格鲁吉亚 Georgia
03077199	活、鲜或冷的乌蛤及舟贝	14	11.2	0		0	1.4	0	7	0	2.8	8.4	0
03077200	冻的蛤、乌蛤及舟贝	10		0		0		0	0	0	2	6	0
03077900	干、盐腌或盐渍的蛤、乌蛤及舟贝	10		0		0	1	0	0	0	2	7.3	0
03078190	活、鲜或冷的其他鲍鱼	14	11.2	0		0	1.4	0	7	0	2.8	8.4	0
03078290	活、鲜或冷的其他凤螺	14	11.2	0		0	1.4	0	7	0	2.8	8.4	0
03078300	冻鲍鱼	10	5	0		0		0	0	0	2	6	0
03078400	冻凤螺	10		0		0	1	0	0	0	2	8	0
03078700	干、盐腌或盐渍的鲍鱼	10	5	0		0		0	0	0	2	6	0
03078800	干、盐腌或盐渍的凤螺	10		0		0	1	0	0	0	2	8	0
03079190	活、鲜或冷的其他软体动物	14	11.2	0		0	1.4	0	7	0	2.8	8.4	0
03079200	冻的软体动物	10		0		0	1	0	0	0	2	8	0
03079900	干、盐腌或盐渍的软体动物	10		0		0	1	0	0	0	2	8	0
03081190	活、鲜或冷的其他海参	14	11.2	0		0	1.4	0	7	0	2.8	8.4	0
03081200	冻海参	10		0		0	1	0	0	1.7	2	6	0
03081900	干、盐腌或盐渍的海参	10		0		0	1	0	0	1.7	2	6	0
03082190	活、鲜或冷的其他海胆	14	11.2	0		0	1.4	0	7	0	2.8	8.4	0
03082200	冻海胆	10		0		0	1	0	0	0	2	7.3	0
03082900	干、盐腌或盐渍的海胆	10		0		0	1	0	0	0	2	7.3	0
03083019	活、鲜或冷的其他海蜇	14	11.2	0		0	1.4	0	7	0	2.8	8.4	0
03083090	冻、干、盐腌或盐渍的海蜇	10		0		0	1	0	0	0	2	7.3	0
03089012	活、鲜或冷的其他沙蚕	14	11.2	0		0	1.4	0	7	0	2.8	8.4	0
03089019	活、鲜或冷的其他水生无脊椎动物	14	11.2	0		0	1.4	0	7	0	2.8	8.4	0
03089090	冻、干、盐腌或盐渍的其他水生无脊椎动物	10		0		0	1	0	0	0	2	7.3	0
04011000	脂肪含量≤1%的未浓缩及未加糖的乳及奶油	15	12	0		0	1.5	7	7.5	0	9		12
04012000	脂肪含量在1%～6%且未浓缩及未加糖的乳及奶油	15	12	0		0	1.5	7	7.5	0	9		12
04014000	按重量计6%＜脂肪含量≤10%的未浓缩及未加糖或其他甜物质的乳及奶油	15	12	0		0	1.5	7	7.5	0	9		12
04015000	按重量计脂肪含量＞10%的未浓缩及未加糖或其他甜物质的乳及奶油	15	12	0		0	1.5	7	7.5	0	9		12
04021000	脂肪含量≤1.5%的固状乳及奶油	10	5	0		0.8	4.7	4.7	0	0	6.7		8

税则号列 Tariff Item	商品名称（简称） Article Description	最惠国税率(%) M. F. N.	协定税率（%）Conventional										
			巴基斯坦 Paki-stan	智利 Chile	新加坡 Singa-pore	新西兰 New Zealand	秘鲁 Peru	哥斯达黎加 Costa Rica	瑞士 Switze-rland	冰岛 Iceland	澳大利亚 Austr-alia	韩国 Korea	格鲁吉亚 Georgia
04022100	脂肪量＞1.5%的未加糖固状乳及奶油	10	7	0		0.8	4.7	4.7		0	6.7		8
04022900	脂肪量＞1.5%的加糖固状乳及奶油	10	5	0		0.8	4.7	4.7	0	0	6.7		8
04029100	浓缩但未加糖的非固状乳及奶油	10	5	0		0.8	1	4.7		0	6.7		8
04029900	浓缩并已加糖的非固状乳及奶油	10	5	0		0	4.7	4.7		0	6.7		8
04031000	酸乳	10	5	0		0	1	4.7	5.8	0	6		8
04039000	酪乳及其他发酵或酸化的乳及奶油	20		0		0	2	9.3		0	12		16
04041000	乳清及改性乳清	6	5	0		0	0	2.8		0	1.2	4.4	4.8
04049000	其他税号未列名的含天然乳的产品	20		0		0	2	9.3		0	12	14.6	16
04051000	黄油	10	5	0		0	1	4.7	0	0	6	7.3	8
04052000	乳酱	10	5	0		0	0	4.7	0	0	2	7.3	8
04059000	其他从乳中提取的脂和油	10	5	0		0	1	4.7		0	6	7.3	8
04061000	鲜乳酪（未熟化或未固化的）	12	6	0		0	1.2	5.6	7.4	0	7.2	8.8	9.6
04062000	各种磨碎或粉化的乳酪	12	6	0		0	4.8	5.6	7.4	0	7.2	8.8	9.6
04063000	经加工的乳酪，但磨碎或粉化的除外	12	6	0		0	4.8	5.6	7.4	0	7.2	8.8	9.6
04064000	蓝纹乳酪和娄地青霉生产的带有纹理的其他乳酪	15	12	0		0	1.5	7		0	3	11	12
04069000	其他乳酪	12	6	0		0	1.2	5.6	7.4	0	7.2	8.8	9.6
04072100	鲜鸡蛋	20		0		0	2	0	10	0	4	14.6	0
04072900	其他鲜禽蛋	20		0		0	2	0	10	0	4	14.6	0
04079010	咸蛋	20		0		0	0	0	10	0	4	14.6	0
04079020	皮蛋	20		0		0	0	0	10	0	4	14.6	0
04079090	其他蛋	20		0		0	0	0	10	0	4	14.6	0
04081100	干蛋黄	20		0		0	2	0	10	0	4	14.6	0
04081900	其他蛋黄	20		0		0	2	0	10	0	4	14.6	0
04089100	干的其他去壳禽蛋	20		0		0	2	0	10	0	4	14.6	0
04089900	其他去壳禽蛋	20		0		0	2	0	10	0	4	14.6	0
04090000	天然蜂蜜	15	12	0		0	1.5	0	7.5	0	3	11	0
04100010	燕窝	25		0		0	2.5	0	12.5	0	5	15	0
04100041	鲜蜂王浆	15	12	0		0	1.5	0	7.5	0	3	9	0
04100042	鲜蜂王浆粉	15	12	0		0	1.5	0	7.5	0	3	9	0
04100043	蜂花粉	20		0		0	2	0	10	0	4	14.6	0
04100049	其他蜂产品	20		0		0	2	0	10	0	4	14.6	0
04100090	其他税号未列名的食用动物产品	20		0		0	2	0	10	0	4	14.6	0
05010000	未经加工的人发；废人发	15	12	0		0	1.5	0	7.5	0	3	9	0

税则号列 Tariff Item	商品名称（简称） Article Description	最惠国税率（%） M. F. N.	协定税率（%） Conventional										
			巴基斯坦 Pakistan	智利 Chile	新加坡 Singapore	新西兰 New Zealand	秘鲁 Peru	哥斯达黎加 Costa Rica	瑞士 Switzerland	冰岛 Iceland	澳大利亚 Australia	韩国 Korea	格鲁吉亚 Georgia
05021010	猪鬃	20		0		0	2	0	10	0	4	14.6	0
05021020	猪毛	20		0		0	2	0	10	0	4	14.6	0
05021030	猪鬃或猪毛的废料	20		0		0	2	0	10	0	4	14.6	0
05029011	山羊毛	20		0		0	2	0	10	0	4	14.6	0
05029012	黄鼠狼尾毛	20		0		0	2	0	10	0	4	14.6	0
05029019	獾毛及其他制刷用兽毛	20		0		0	2	0	10	0	4	14.6	0
05029020	獾毛及其他制刷用兽毛的废料	20		0		0	2	0	10	0	4	14.6	0
05040011	整个或切块的盐渍猪肠衣（猪大肠头除外）	20	10	0		0	2	0	0	0	4	14.6	0
05040012	整个或切块的盐渍绵羊肠衣	18	9	0		0	1.8	0	9	0	3.6	13.2	0
05040013	整个或切块的盐渍山羊肠衣	18	9	0		0	1.8	0	9	0	3.6	13.2	0
05040014	整个或切块的盐渍猪大肠头	20	10	0		0	2	0	10	0	4	14.6	0
05040019	整个或切块的其他动物肠衣	18	9	0		0	1.8	0	9	0	3.6	13.2	0
05040021	冷和冻的鸡肫	1.3元/千克	0.65元/千克	0		0	2	0	10	0	4	0.9元/千克	0
05040029	鲜、冷、冻、干、盐制的其他动物胃	20	10	0		0	2	0	10	0	4	14.6	0
05040090	鲜、冷、冻、干、盐制的其他动物肠、膀胱、胃	20	10	0		0	2	0	0	0	4	14.6	0
05051000	填充用羽毛；羽绒	10	5	0		0	0	0	0	0	2	6	0
05059010	羽毛或不完整羽毛的粉末及废料	10	5	0		0	0	0	0	0	2	6	0
05059090	其他羽毛、羽绒，带有羽毛、羽绒的鸟皮及鸟体其他部分	10	5	0		0	0	0	0	0	2	6	0
05061000	经酸处理的骨胶原及骨	12	6	0		0	0	0	6	0	2.4	7.2	0
05069011	含牛羊成分的骨粉及骨废料	12	6	0		0	1.2	0	6	0	2.4	7.2	0
05069019	骨粉及骨废料	12	6	0		0	1.2	0	6	0	2.4	7.2	0
05069090	其他骨及角柱	12	6	0		0	1.2	2.4	6	0	2.4	7.2	0
05071000	兽牙；兽牙粉末及废料	10	5	0		0	0	0	0	0	2	6	0
05079010	羚羊角及其粉末和废料	3	0	0		0	0	0	0	0	0	0	0
05079020	鹿茸及其粉末	11	5	0		0	0	0	5.5	0	2.2	6.6	0
05079090	龟壳、鲸须、鲸须毛、鹿角及其他角	10	5	0		0	0	0	0	0	2	6	0
05080010	珊瑚及水产品壳、骨的粉末及废料	12		0		0	1.2	0	6	0	2.4	7.2	0
05080090	珊瑚及介、贝、棘皮动物的壳、骨	12	6	0		0	1.2	0	6	0	2.4	7.2	0

税则号列 Tariff Item	商品名称（简称） Article Description	最惠国税率（%） M. F. N.	协定税率（%）Conventional										
			巴基斯坦 Pakistan	智利 Chile	新加坡 Singapore	新西兰 New Zealand	秘鲁 Peru	哥斯达黎加 Costa Rica	瑞士 Switzerland	冰岛 Iceland	澳大利亚 Australia	韩国 Korea	格鲁吉亚 Georgia
05100010	黄药	3	0	0		0	0	0	0	0	0	0	0
05100020	龙涎香、海狸香、灵猫香	7	5	0		0	0	0	0	0	1.4	0	0
05100030	麝香	7	5	0		0	0	0	0	0	1.4	0	0
05100040	斑蝥	7	5	0		0	0	0	0	0	1.4	0	0
05100090	胆汁，配药用腺体及其他动物产品	6	5	0		0	0	0	0	0	1.2	0	0
05119111	受精鱼卵	12	6	0		0	0	0	6	0	2.4	2.4	0
05119119	其他鱼产品	12		0		0	1.2	0	6	6.5	2.4	7.2	0
05119190	其他未列名水产品；第三章的死动物	12	6	0		0	1.2	0	6	0	2.4	7.2	0
05119940	马毛及废马毛，不论是否制成有或无衬垫的毛片	15	12	0		0	1.5	0	7.5	0	3	9	0
05119990	其他税号未列名的动物产品；不适合供人食用的第一章的死动物	12	6	0		0	1.2	0	6	0	2.4	7.2	0
06011010	休眠的番红花球茎	4	0	0		0	0	0	0	0	0	0	0
06011029	其他百合球茎	5	0	0		0	0	0	0	0	0	0	0
06011099	其他休眠的鳞茎、块茎、块根等	5	0	0		0	0	0	0	0	0	0	0
06012000	生长或开花的鳞茎等及菊苣植物	15	7.5	0		0	1.5	0	7.5	0	3	9	0
06022090	其他食用水果及坚果树及灌木	10	5	0		0	1	0	0	0	2	6	0
06023090	其他杜鹃	15	12	0		0	1.5	0	7.5	0	3	9	0
06024090	其他玫瑰	15	12	0		0	1.5	0	7.5	0	3	9	0
06029092	兰花	10	5	0		0	1	0	0	0	2	6	0
06029093	菊花	10	5	0		0	1	0	0	0	2	6	0
06029094	百合	10	5	0		0	1	0	0	0	2	6	0
06029095	康乃馨	10	5	0		0	1	0	0	0	2	6	0
06029099	其他非种用活植物	10	5	0		0	1	0	0	0	2	6	0
06031100	鲜玫瑰	10	5	0		0	0	0	0	0	2	6	0
06031200	鲜康乃馨	10	5	0		0	0	0	0	0	2	6	0
06031300	鲜兰花	10	5	0		0	0	0	0	0	2	6	0
06031400	鲜菊花	10	5	0		0	0	0	0	0	2	6	0
06031500	鲜百合花	10	5	0		0	0	0	0	0	2	6	0
06031900	其他鲜花	10	5	0		0	0	0	0	0	2	6	0
06039000	干的及经过染色等加工的插花及花蕾	23	11.5	0		0	2.3	0	11.5	0	4.6	18.4	0
06042010	鲜苔藓及地衣	23		0		0	2.3	0	11.5	0	4.6	13.8	0
06042090	鲜植物枝、叶等	10	5	0		0	1	0	0	0	2	6	0
06049010	其他苔藓及地衣	23		0		0	2.3	0	11.5	0	4.6	13.8	0
06049090	其他植物枝、叶等	10	5	0		0	0	0	0	0	2	6	0
07011000	种用马铃薯	13	6.5	0		0	0	0	6.5		2.6	7.8	0

税则号列 Tariff Item	商品名称（简称） Article Description	最惠国税率（%） M. F. N.	协定税率（%） Conventional										
			巴基斯坦 Pakistan	智利 Chile	新加坡 Singapore	新西兰 New Zealand	秘鲁 Peru	哥斯达黎加 Costa Rica	瑞士 Switzerland	冰岛 Iceland	澳大利亚 Australia	韩国 Korea	格鲁吉亚 Georgia
07019000	其他鲜或冷的马铃薯	13	5	0		0	0	0	6.5	0	2.6	7.8	0
07020000	鲜或冷藏的番茄	13	6.5	0		0	0	0	6.5	0	2.6	7.8	0
07031010	鲜或冷的洋葱	13	5	0		0	0	0	6.5	0	2.6	7.8	0
07031020	鲜或冷的青葱	13	5	0		0	0	0	6.5	0	2.6	7.8	0
07032010	鲜或冷藏的大蒜头	13	0	0		0	0	0	6.5	0	2.6	7.8	0
07032020	鲜或冷藏的大蒜蒜薹及蒜苗（青蒜）	13	0	0		0	0	0	6.5	0	2.6	7.8	0
07032090	其他鲜或冷藏的大蒜	13	0	0		0	0	0	6.5	0	2.6	7.8	0
07039010	鲜或冷的韭葱	13	6.5	0		0	0	0	6.5	0	2.6	7.8	0
07039020	鲜或冷的大葱	13	6.5	0		0	0	0	6.5	0	2.6	7.8	0
07039090	鲜或冷的其他葱属蔬菜	13	6.5	0		0	0	0	6.5	0	2.6	7.8	0
07041000	鲜或冷的菜花及硬花甘蓝	10	5	0		0	0	0	0		2	6	0
07042000	鲜或冷的抱子甘蓝	13	6.5	0		0	0	0	6.5	0	2.6	7.8	0
07049010	卷心菜	13	6.5	0		0	0	0	6.5	0	2.6	7.8	0
07049020	西兰花	13	6.5	0		0	0	0	6.5	0	2.6	7.8	0
07049090	鲜或冷的其他食用芥菜类蔬菜	13	6.5	0		0	0	0	6.5	0	2.6	7.8	0
07051100	鲜或冷的结球莴苣（包心生菜）	10	0	0		0	0	0	0	0	2	6	0
07051900	鲜或冷的其他莴苣	10	0	0		0	0	0	0	0	2	6	0
07052100	鲜或冷的维特罗夫菊苣	13	0	0		0	0	0	6.5	0	2.6	7.8	0
07052900	鲜或冷的其他菊苣	13	0	0		0	0	0	6.5	0	2.6	7.8	0
07061000	鲜或冷的胡萝卜及萝卜	13	6.5	0		0	0	0	6.5		2.6	7.8	0
07069000	鲜或冷的小萝卜及类似食用根茎	13	6.5	0		0	0	0	6.5	0	2.6	7.8	0
07070000	鲜或冷的黄瓜及小黄瓜	13	5	0		0	0	0	6.5	0	2.6	7.8	0
07081000	鲜或冷的豌豆	13	0	0		0	0	0	6.5	0	2.6	7.8	0
07082000	鲜或冷的豇豆及菜豆	13	0	0		0	0	0	6.5	0	2.6	7.8	0
07089000	鲜或冷的其他豆类蔬菜	13	0	0		0	0	0	6.5	0	2.6	7.8	0
07092000	鲜或冷的芦笋	13	0	0		0	0	0	6.5	0	2.6	7.8	0
07093000	鲜或冷的茄子	13	0	0		0	0	0	6.5	0	2.6	7.8	0
07094000	鲜或冷的芹菜，但块根芹除外	10	0	0		0	0	0	0	0	2	6	0
07095100	鲜或冷的其他伞菌属蘑菇	13	0	0		0	0	0	6.5	0	2.6	7.8	0
07095910	鲜或冷的松茸	13	0	0		0	0	0	6.5	0	2.6	7.8	0
07095920	鲜或冷的香菇	13	0	0		0	0	0	6.5	0	2.6	7.8	0
07095930	鲜或冷的金针菇	13	0	0		0	0	0	6.5	0	2.6	7.8	0
07095940	鲜或冷的草菇	13	0	0		0	0	0	6.5	0	2.6	7.8	0
07095950	鲜或冷的口蘑	13	0	0		0	0	0	6.5	0	2.6	7.8	0
07095960	鲜或冷的块菌	13	0	0		0	0	0	6.5	0	2.6	7.8	0
07095990	鲜或冷的其他蘑菇	13	0	0		0	0	0	6.5	0	2.6	7.8	0
07096000	鲜或冷的辣椒，包括甜椒	13	0	0		0	0	0	6.5	0	2.6	7.8	0

税则号列 Tariff Item	商品名称（简称） Article Description	最惠国税率（%） M. F. N.	协定税率（%）Conventional										
			巴基斯坦 Paki-stan	智利 Chile	新加坡 Singa-pore	新西兰 New Zealand	秘鲁 Peru	哥斯达黎加 Costa Rica	瑞士 Switze-rland	冰岛 Iceland	澳大利亚 Austr-alia	韩国 Korea	格鲁吉亚 Georgia
07097000	鲜或冷的菠菜	13	0	0		0	0	0	6.5	0	2.6	7.8	0
07099100	鲜或冷藏的洋蓟	13	0	0		0	0	0	6.5	0	2.6	7.8	0
07099200	鲜或冷藏的油橄榄	13	0	0		0	0	0	6.5	0	2.6	7.8	0
07099300	鲜或冷藏的南瓜、笋瓜及瓠瓜	13	0	0		0	0	0	6.5	0	2.6	7.8	0
07099910	鲜或冷藏的竹笋	13	0	0		0	0	0	6.5	0	2.6	7.8	0
07099990	鲜或冷藏的其他蔬菜	13	0	0		0	0	0	6.5	0	2.6	7.8	0
07101000	冷冻马铃薯	13	6.5	0		0	0	0	6.5	0	2.6	7.8	0
07102100	冷冻豌豆	13	6.5	0		0	0	0	6.5	0	2.6	7.8	0
07102210	红小豆（赤豆）	13	6.5	0		0	0	0	6.5	0	2.6	7.8	0
07102290	其他冷冻豇豆及菜豆	13	6.5	0		0	0	0	6.5	0	2.6	7.8	0
07102900	冷冻其他豆类蔬菜	13	6.5	0		0	0	0	6.5	0	2.6	7.8	0
07103000	冷冻菠菜	13	6.5	0		0	0	0	6.5	0	2.6	7.8	0
07104000	冷冻甜玉米	10	5	0		0	0	0	0	0	2	6	0
07108010	冷冻松茸	13	6.5	0		0	0	0	6.5	0	2.6	7.8	0
07108020	冻其他蒜薹及蒜苗（青蒜）	13	6.5	0		0	0	0	6.5	0	2.6	7.8	0
07108030	冻蒜头	13	6.5	0		0	0	0	6.5	0	2.6	7.8	0
07108040	冻牛肝菌	13	6.5	0		0	0	0	6.5	0	2.6	7.8	0
07108090	冷冻未列名蔬菜	13	6.5	0		0	0	0	6.5	0	2.6	7.8	0
07109000	冷冻什锦蔬菜	10	5	0		0	0	0	0	0	2	6	0
07112000	暂时保藏的油橄榄	13	0	0		0	0	0	6.5	0	2.6	7.8	0
07114000	暂时保藏的黄瓜及小黄瓜	13	0	0		0	0	0	6.5	0	2.6	7.8	0
07115112	盐水小白蘑菇	13	0	0		0	0	0	6.5	0	2.6	7.8	0
07115119	盐水其他伞菌属蘑菇	13	0	0		0	0	0	6.5	0	2.6	7.8	0
07115190	其他伞菌属蘑菇	13	0	0		0	0	0	6.5	0	2.6	7.8	0
07115911	盐水松茸	13	0	0		0	0	0	6.5	0	2.6	7.8	0
07115919	盐水其他蘑菇及菌块	13	0	0		0	0	0	6.5	0	2.6	7.8	0
07115990	暂时保藏的其他蘑菇及菌块	13	0	0		0	0	0	6.5	0	2.6	7.8	0
07119031	盐水竹笋	13	0	0		0	0	0	6.5	0	2.6	7.8	0
07119034	盐水大蒜	13	0	0		0	0	0	6.5	0	2.6	7.8	0
07119039	盐水其他蔬菜；什锦蔬菜	13	0	0		0	0	0	6.5	0	2.6	7.8	0
07119090	暂时保藏的其他蔬菜；什锦蔬菜	13	0	0		0	0	0	6.5	0	2.6	7.8	0
07122000	干制洋葱	13	6.5	0		0	0	0	6.5	0	2.6	7.8	0
07123100	干伞菌属蘑菇	13	5	0		0	0	0	6.5	0	2.6	7.8	0
07123200	干木耳	13	6.5	0		0	0	0	6.5	0	2.6	7.8	0
07123300	干银耳	13	6.5	0		0	0	0	6.5	0	2.6	7.8	0
07123910	干香菇	13	5	0		0	0	0	6.5	0	2.6	7.8	0
07123920	干金针菇	13	5	0		0	0	0	6.5	0	2.6	7.8	0
07123950	干牛肝菌	13	5	0		0	0	0	6.5	0	2.6	7.8	0

税则号列 Tariff Item	商品名称（简称） Article Description	最惠国税率（%） M. F. N.	协定税率（%）Conventional										
			巴基斯坦 Pakistan	智利 Chile	新加坡 Singapore	新西兰 New Zealand	秘鲁 Peru	哥斯达黎加 Costa Rica	瑞士 Switzerland	冰岛 Iceland	澳大利亚 Australia	韩国 Korea	格鲁吉亚 Georgia
07123991	干羊肚菌	13	9	0		0	0	0	6.5	0	2.6	7.8	0
07123999	其他干制蘑菇及块菌	13	9	0		0	0	0	6.5	0	2.6	7.8	0
07129010	笋干丝	13	6.5	0		0	0	0	6.5	0	2.6	7.8	0
07129020	紫萁（薇菜干）	13	6.5	0		0	0	0	6.5	0	2.6	7.8	0
07129030	干金针菜（黄花菜）	13	6.5	0		0	0	0	6.5	0	2.6	7.8	0
07129040	蕨菜干	13	6.5	0		0	0	0	6.5	0	2.6	7.8	0
07129050	干制的大蒜	13	6.5	0		0	0	0	6.5	0	2.6	7.8	0
07129091	干制的辣根	13	6.5	0		0	0	0	6.5	0	2.6	7.8	0
07129099	干制的其他蔬菜及什锦蔬菜	13	6.5	0		0	0	0	6.5	0	2.6	7.8	0
07131090	其他干豌豆	5	0	0		0	0	0	0	0	0	0	0
07132090	其他干鹰嘴豆	7	5	0		0	0	0	0	0	1.4	0	0
07133190	其他干绿豆	3	0	0		0	0	0	0	0	0	0	0
07133290	其他红小豆（赤豆）	3	0	0		0	0	0	0	0	0	0	0
07133390	其他干芸豆	7.5	5	0		0	0	0	0	0	1.5	0	0
07133400	干巴姆巴拉豆	7	0	0		0	0	0	0	0	1.4	0	0
07133500	干牛豆	7	0	0		0	0	0	0	0	1.4	0	0
07133900	干豇豆及菜豆	7	0	0		0	0	0	0	0	1.4	0	0
07134090	其他干扁豆	7	5	0		0	0	0	0	0	1.4	0	0
07135090	其他干蚕豆	7	5	0		0	0	0	0	0	1.4	0	0
07136090	其他干木豆	7	5	0		0	0	0	0	0	1.4	0	0
07139090	其他干豆	7	5	0		0	0	0	0	0	1.4	0	0
07141010	鲜木薯	10	5	0		0	0	0	0	0	2	2	0
07141020	干木薯	5	0	0		0	0	0	0	0	0	0	0
07141030	冷或冻的木薯	10	5	0		0	0	0	0	0	2	6	0
07142019	其他鲜甘薯	13	5	0		0	0	0	6.5	0	2.6	7.8	0
07142020	干甘薯	13	5	0		0	0	0	6.5	0	2.6	7.8	0
07142030	冷或冻的甘薯	13	5	0		0	0	0	6.5	0	2.6	7.8	0
07143000	山药	13	5	0		0	0	0	6.5	0	2.6	7.8	0
07144000	芋头	13	5	0		0	0	0	6.5	0	2.6	7.8	0
07145000	箭叶黄体芋	13	5	0		0	0	0	6.5	0	2.6	7.8	0
07149010	鲜、干或冷、冻的荸荠	13	5	0		0	0	0	6.5	0	2.6	7.8	0
07149029	其他藕	13	5	0		0	0	0	6.5	0	2.6	7.8	0
07149090	含有高淀粉或菊粉的其他类似根茎	13	5	0		0	0	0	6.5	0	2.6	7.8	0
08011100	干的椰子	12	5	0		0	0	5.6	6	0	2.4	2.4	0
08011200	未去内壳的鲜椰子	12	5	0		0	0	5.6	6	0	2.4	2.4	0
08011990	其他鲜椰子	12	5	0		0	0	5.6	6	0	2.4	2.4	0
08012100	鲜或干的未去壳巴西果	10	5	0		0	0	4.7	0	0	2	2	0
08012200	鲜或干的去壳巴西果	10	5	0		0	0	4.7	0	0	2	2	0
08013100	鲜或干的未去壳腰果	20		0		0	2	9.3	10	0	4	12	0
08013200	鲜或干的去壳腰果	10	5	0		0	0	4.7	0	0	2	6	0

税则号列 Tariff Item	商品名称（简称） Article Description	最惠国税率（%） M. F. N.	协定税率（%）Conventional										
			巴基斯坦 Pakistan	智利 Chile	新加坡 Singapore	新西兰 New Zealand	秘鲁 Peru	哥斯达黎加 Costa Rica	瑞士 Switzerland	冰岛 Iceland	澳大利亚 Australia	韩国 Korea	格鲁吉亚 Georgia
08021100	鲜或干的扁桃核	24		0		0	2.4	11.2	12	0	4.8	14.4	0
08021200	鲜或干的扁桃仁	10	5	0		0	1	4.7	0	0	2	6	0
08022100	鲜或干的未去壳榛子	25		0		0	2.5	11.7	12.5	0	5	20	0
08022200	鲜或干的去壳榛子	10	5	0		0	0	4.7	0	0	2	6	0
08023100	鲜或干的未去壳核桃	25		0		0	2.5	11.7	12.5	0	5	20	0
08023200	鲜或干的去壳核桃	20		0		0	2	9.3	10	0	4	14.6	0
08024110	未去壳板栗	25		0		0	2.5	11.7	12.5	0	5		0
08024190	未去壳其他栗子	25		0		0	2.5	11.7	12.5	0	5	20	0
08024210	去壳板栗	25		0		0	2.5	11.7	12.5	0	5	20	0
08024290	去壳其他栗子	25		0		0	2.5	11.7	12.5	0	5	20	0
08025100	未去壳阿月浑子果	10	5	0		0	0	4.7	0	0	2	6	0
08025200	去壳阿月浑子果	10	5	0		0	0	4.7	0	0	2	6	0
08026190	未去壳其他马卡达姆坚果	24		0		0	2.4	11.2	12	0	4.8	14.4	0
08026200	去壳马卡达姆坚果	24		0		0	2.4	11.2	12	0	4.8	14.4	0
08027000	可乐果	24		0		0	2.4	11.2	12	0	4.8	19.2	0
08028000	槟榔果	10	5	0		0	0	4.7	0	0	2	6	0
08029020	鲜或干的白果	25		0		0	2.5	11.7	12.5	0	5	20	0
08029030	鲜或干的松子仁	25		0		0	2.5	11.7	12.5	0	5	20	0
08029090	其他鲜或干坚果	24		0		0	2.4	11.2	12	0	4.8	19.2	0
08031000	鲜或干的芭蕉	10	5	0		0	1	4.7	0	0	2	6	0
08039000	鲜或干的其他香蕉	10	5	0		0	1	4.7	0	0	2	6	0
08041000	鲜或干的椰枣	15	0	0		0	1.5	7	7.5	0	3	9	0
08042000	鲜或干的无花果	30	0	0		0	3	14	18.6	0	6	24	0
08043000	鲜或干菠萝	12	0	0		0	0	5.6	6	0	2.4	7.2	0
08044000	鲜或干鳄梨	25	0	0		0	0	11.7	12.5	0	5	20	0
08045010	鲜或干番石榴	15	0	0		0	1.5	7	7.5	0	3	9	0
08045020	鲜或干芒果	15	0	0		0	0	7	7.5	0	3	9	0
08045030	鲜或干山竹果	15	0	0		0	0	7	7.5	0	3	9	0
08051000	鲜或干橙	11	0	0		0	0	5.1	5.5	0	6.1	6.6	0
08052110	鲜或干蕉柑	12	0	0		0	1.2	5.6	6	0	6.7	7.2	0
08052190	鲜或干其他柑橘	12	0	0		0	0	5.6	6	0	6.7	7.2	0
08052200	鲜或干克里曼丁橘	12	0	0		0	0	5.6	6	0	6.7	7.2	0
08052900	其他鲜或干的韦尔金橘及杂交柑橘	12	0	0		0	0	5.6	6	0	6.7	7.2	0
08054000	鲜或干的葡萄柚，包括柚	12	0	0		0	1.2	5.6	6	0	6.7	7.2	0
08055000	鲜或干的柠檬及酸橙	11	0	0		0	0	5.1	5.5	0	6.1	6.6	0
08059000	其他鲜或干的柑橘属水果	30	0	0		0	0	14	18.6	0	16.7	24	0
08061000	鲜葡萄	13	6.5	0		0	0	0	6.5	0	2.6	7.8	0
08062000	葡萄干	10	5	0		0	1	0	0	0	2	6	0
08071100	鲜西瓜	25	12.5	0		0	2.5	0	12.5	0	5	20	0
08071910	鲜哈密瓜	12	5	0		0	0	0	6	0	2.4	7.2	0
08071920	鲜罗马甜瓜及加勒比甜瓜	12	5	0		0	1.2	0	6	0	2.4	7.2	0

税则号列 Tariff Item	商品名称（简称） Article Description	最惠国税率（%） M. F. N.	协定税率（%）Conventional										
			巴基斯坦 Pakistan	智利 Chile	新加坡 Singapore	新西兰 New Zealand	秘鲁 Peru	哥斯达黎加 Costa Rica	瑞士 Switzerland	冰岛 Iceland	澳大利亚 Australia	韩国 Korea	格鲁吉亚 Georgia
08071990	其他鲜甜瓜	12	5	0		0	1.2	2.4	6	0	2.4	7.2	0
08072000	鲜木瓜	25		0		0	2.5	0	12.5	0	5	15	0
08081000	鲜苹果	10	5	0		0	1	0	0	0	2	6	0
08083010	鲜鸭梨及雪梨	12	5	0		0	1.2	0	6	0	2.4	7.2	0
08083020	鲜香梨	12	5	0		0	1.2	0	6	0	2.4	7.2	0
08083090	其他鲜梨	10	5	0		0	1	0	0	0	2	6	0
08084000	鲜榅桲	16	12.8	0		0	1.6	0	8	0	3.2	11.7	0
08091000	鲜杏	25		0		0	2.5	0	12.5	0	5	20	0
08092100	鲜欧洲酸樱桃	10	5	0		0	1	0	0	0	2	6	0
08092900	其他鲜樱桃	10	5	0		0	1	0	0	0	2	6	0
08093000	鲜桃，包括鲜油桃	10	5	0		0	1	0	0	0	2	6	0
08094000	鲜梅及李	10	5	0		0	1	0	0	0	2	6	0
08101000	鲜草莓	14		0		0	0	0	7	0	2.8	8.4	0
08102000	鲜的木莓、黑莓、桑葚及罗甘莓	25		0		0	2.5	0	12.5	0	5	20	0
08103000	鲜黑、白或红的穗醋栗（加仑子）及醋栗	25		0		0	2.5	0	12.5	0	5	20	0
08104000	鲜蔓越橘及越橘	30		0		0	0	0	18.6	0	6	24	0
08105000	鲜猕猴桃	20	16	0		0	2	0	10	0	4	14.6	0
08106000	鲜榴莲	20		0		0	2	0	10	0	4	12	0
08107000	鲜柿子	20	16	0		0	0	0	10	0	4	14.6	0
08109010	鲜荔枝	30	20	0		0	3	0	18.6	0	6	24	0
08109030	鲜龙眼	12	6	0		0	0	0	6	0	2.4	7.2	0
08109040	鲜红毛丹	20		0		0	2	0	10	0	4	12	0
08109050	鲜蕃荔枝	20		0		0	0	0	10	0	4	12	0
08109060	鲜杨桃	20		0		0	0	0	10	0	4	14.6	0
08109070	莲雾	20	16	0		0	2	0	10	0	4	12	0
08109080	火龙果	20	16	0		0	2	0	10	0	4	12	0
08109090	其他鲜果	20	16	0		0	0	0	10	0	4	14.6	0
08111000	冷冻草莓	30		0		0	3	0		0	6	24	0
08112000	冷冻其他浆果	30		0		0	3	0		0	6	24	0
08119010	未去壳的冷冻栗子	30		0		0	3	0		0	6	24	0
08119090	其他冷冻水果及坚果	30		0		0	3	0		0	6	24	0
08121000	暂时保藏的樱桃	30		0		0	3	0		0	6	24	0
08129000	暂时保藏的其他水果及坚果	25		0		0	2.7	0	12.5	0	5	20	0
08131000	杏干	25		0		0	2.5	0	12.5	0	5	20	0
08132000	梅干及李干	25		0		0	2.5	0	12.5	0	5	20	0
08133000	苹果干	25		0		0	2.5	0	12.5	0	5	20	0
08134010	龙眼干、肉	20		0		0	2	0	10	0	4	12	0
08134020	柿饼	25		0		0	2.5	0	12.5	0	5	20	0
08134030	干红枣	25		0		0	2.5	0	12.5	0	5	20	0

税则号列 Tariff Item	商品名称（简称） Article Description	最惠国税率(%) M. F. N.	协定税率（%）Conventional										
			巴基斯坦 Pakistan	智利 Chile	新加坡 Singapore	新西兰 New Zealand	秘鲁 Peru	哥斯达黎加 Costa Rica	瑞士 Switzerland	冰岛 Iceland	澳大利亚 Australia	韩国 Korea	格鲁吉亚 Georgia
08134040	荔枝干	25		0		0	2.5	0	12.5	0	5	15	0
08134090	其他干果	25		0		0	2.5	0	12.5	0	5	20	0
08135000	第八章的什锦坚果或干果	18	14.4	0		0	1.8	0	9	0	3.6	13.2	0
08140000	柑橘属水果或甜瓜的果皮	25		0		0	2.5	0	12.5	0	5	20	0
09011100	未浸除咖啡碱的未焙炒咖啡	8		0		0		1.6	0	0	1.6	1.6	
09011200	已浸除咖啡碱的未焙炒咖啡	8		0		0			0	0	1.6	1.6	
09012100	未浸除咖啡碱的已焙炒咖啡	15		0		0		3	10.5	0	3	9	
09012200	已浸除咖啡碱的已焙炒咖啡	15	12	0		0			7.5	0	3	9	
09019010	咖啡豆荚及咖啡豆皮	10	5	0	0	0	0	0	0	0	2	6	
09019020	含咖啡的咖啡代用品	30		0	0	0				0	6	24	
09021010	每件净重≤3 千克的花茶	15	7.5	0	0	0	1.5	0	7.5	0	3	9	0
09021090	每件净重≤3 千克的其他绿茶	15	7.5	0	0	0	1.5	0	7.5	0	3	9	0
09022010	每件净重>3 千克的花茶	15	7.5	0	0	0	1.5	0	7.5	0	3	9	0
09022090	每件净重>3 千克的其他绿茶	15	7.5	0	0	0	1.5	0	7.5	0	3	9	0
09023010	每件净重≤3 千克的乌龙茶	15	7.5	0	0	0	1.5	0	7.5	0	3	9	0
09023020	每件净重≤3 千克的普洱茶	15	7.5	0	0	0	1.5	0	7.5	0	3	9	0
09023090	每件净重≤3 千克的其他发酵、半发酵红茶	15	7.5	0	0	0	1.5	0	7.5	0	3	9	0
09024010	每件净重>3 千克的乌龙茶	15	7.5	0	0	0	1.5	0	7.5	0	3	9	0
09024020	每件净重>3 千克的普洱茶	15	7.5	0	0	0	1.5	0	7.5	0	3	9	0
09024090	每件净重>3 千克的其他红茶（已发酵）及半发酵茶	15	7.5	0	0	0	1.5	0	7.5	0	3	9	0
09030000	马黛茶	10	5	0	0	0	0	0	0	0	2	6	0
09041100	未磨胡椒	20		0		0	2	0	10	0	4	14.6	0
09041200	已磨胡椒	20	10	0		0	2	0	10	0	4	14.6	0
09042100	未磨干辣椒	20	10	0	0	0	0	0	10	0	4	14.6	0
09042200	已磨辣椒	20	10	0	0	0	0	0	10	0	4	14.6	0
09051000	未磨香子兰豆	15	12	0	0	0	1.5	0	7.5	0	3	9	0
09052000	已磨香子兰豆	15	12	0	0	0	1.5	0	7.5	0	3	9	0
09061100	未磨锡兰肉桂	5	0	0		0	0	0	0	0	0	0	0
09061900	其他未磨的肉桂及肉桂花	5	0	0		0	0	0	0	0	0	0	0
09062000	已磨肉桂及肉桂花	15	12	0	0	0	1.5	0	7.5	0	3	9	0

税则号列 Tariff Item	商品名称（简称） Article Description	最惠国税率（%） M. F. N.	协定税率（%） Conventional										
			巴基斯坦 Pakistan	智利 Chile	新加坡 Singapore	新西兰 New Zealand	秘鲁 Peru	哥斯达黎加 Costa Rica	瑞士 Switzerland	冰岛 Iceland	澳大利亚 Australia	韩国 Korea	格鲁吉亚 Georgia
09071000	未磨丁香	3	0	0		0	0	0	0	0	0	0	0
09072000	已磨丁香	3	0	0		0	0	0	0	0	0	0	0
09081100	未磨肉豆蔻	8	5	0		0	0	0	0	0	1.6	1.6	0
09081200	已磨肉豆蔻	8	5	0		0	0	0	0	0	1.6	1.6	0
09082100	未磨肉豆蔻衣	8	5	0		0	0	0	0	0	1.6	1.6	0
09082200	已磨肉豆蔻衣	8	5	0		0	0	0	0	0	1.6	1.6	0
09083100	未磨豆蔻	3	0	0		0	0	0	0	0	0	0	0
09083200	已磨豆蔻	3	0	0		0	0	0	0	0	0	0	0
09092100	未磨芫荽子	15	12	0	0	0	1.5	0	7.5	0	3	9	0
09092200	已磨芫荽子	15	12	0	0	0	1.5	0	7.5	0	3	9	0
09093100	未磨枯茗子	15	7.5	0	0	0	1.5	0	7.5	0	3	9	0
09093200	已磨枯茗子	15	7.5	0	0	0	1.5	0	7.5	0	3	9	0
09096110	未磨八角茴香	20		0	0	0	2	0	10	0	4	14.6	0
09096190	未磨其他茴香	15	12	0	0	0	1.5	0	7.5	0	3	9	0
09096210	已磨八角茴香	20		0	0	0	2	0	10	0	4	14.6	0
09096290	已磨其他茴香	15	12	0	0	0	1.5	0	7.5	0	3	9	0
09101100	未磨姜	15	7.5	0	0	0	1.5	0	7.5	0	3	9	0
09101200	已磨姜	15	7.5	0	0	0	1.5	0	7.5	0	3	9	0
09102000	番红花	2	0	0		0	0	0	0	0	0	0	0
09103000	姜黄	15	7.5	0	0	0	1.5	0	7.5	0	3	9	0
09109100	混合调味香料	15	7.5	0	0	0	1.5	0	7.5	0	3	9	0
09109900	其他调味香料	15	12	0	0	0	1.5	0	7.5	0	3	9	0
10029000	其他黑麦	3	0	0		0	0	0	0	0	0	0	2.4
10039000	其他大麦	3	0	0		0	0	0	0	0	0	0	2.4
10049000	其他燕麦	2	0	0		0	0	0	0	0	0	0	1.6
10079000	其他高粱	2	0	0		0	0	0	0	0	0	0	1.6
10081000	荞麦	2	0	0		0	0	0	0	0	0	0	1.6
10082100	种用谷子	2	0	0		0	0	0	0	0	0	0	0
10082900	其他谷子	2	0	0		0	0	0	0	0	0	0	1.6
10083000	加那利草子	3	0	0		0	0	0	0	0	0	0	0
10084090	其他直长马唐	3	0	0		0	0	0	0	0	0	0	0
10085090	其他昆诺阿藜	3	0	0		0	0	0	0	0	0	0	0
10086090	其他黑小麦	3	0	0		0	0	0	0	0	0	0	0
10089090	其他谷物	3	0	0		0	0	0	0	0	0	0	2.4
11029090	其他谷物细粉	5	0	0		0	0	0	0	0	0	0	4
11031910	燕麦粗粒及粗粉	5	0	0		0	0	0	0	0	0	0	4
11031990	其他谷物粗粒及粗粉	5	0	0		0	0	0	0	0	0	0	4
11032090	其他谷物团粒	20		0	0	0	2	0	10	0	4	14.6	
11041200	滚压或制片的燕麦	20		0	0	0	2	0	10	0	4	14.6	
11041910	滚压或制片的大麦	20		0	0	0	2	0	10	0	4	14.6	
11041990	滚压或制片的其他谷物	20		0	0	0	2	0	10	0	4	14.6	
11042200	经其他加工的燕麦	20		0	0	0	2	0	10	0	4	14.6	

税则号列 Tariff Item	商品名称（简称） Article Description	最惠国税率(%) M. F. N.	协定税率（%）Conventional										
			巴基斯坦 Pakistan	智利 Chile	新加坡 Singapore	新西兰 New Zealand	秘鲁 Peru	哥斯达黎加 Costa Rica	瑞士 Switzerland	冰岛 Iceland	澳大利亚 Australia	韩国 Korea	格鲁吉亚 Georgia
11042910	经其他加工的大麦	65		0	0	0	6.5	0			13		
11042990	经其他加工的其他谷物	20		0	0	0	2	0	10	0	4	14.6	
11043000	整粒或经加工的谷物胚芽	20		0	0	0	2	0	10	0	4	14.6	0
11051000	马铃薯细粉、粗粉及粉末	15	12	0	0	0	0	0	7.5	0	3	9	
11052000	马铃薯粉片、颗粒及团粒	15	12	0	0	0	1.5	0	7.5	0	3	9	
11061000	干豆细粉、粗粉及粉末	10		0	0	0	0	0	0	0	2	6	0
11062000	用税目07.14的西谷茎髓、植物根茎、块茎制成的细粉、粗粉、粉末	20		0	0	0	0	0	10	0	4	14.6	0
11063000	水果及坚果的细粉、粗粉及粉末	20	10	0	0	0	2	0	10	0	4	14.6	0
11071000	未焙制麦芽	10	5	0	0	0	1	0	0	0	2	6	0
11072000	已焙制麦芽	10	5	0	0	0	1	0	0	0	2	6	0
11081100	小麦淀粉	20		0	0	0	2	0	10	0	4	14.6	
11081200	玉米淀粉	20		0	0	0	0	0	10	0	4	14.6	
11081300	马铃薯淀粉	15	12	0	0	0	1.5	0	7.5	0	3	9	
11081400	木薯淀粉	10	5	0	0	0	0	0	0	0	2	6	
11081900	其他淀粉	20		0	0	0	2	0	10	0	4	14.6	
11082000	菊粉	20		0	0	0	2	0	10	0	4	12	0
11090000	面筋，不论是否干制	18	14.4	0	0	0	1.8	0	9	0	3.6	13.2	0
12019010	黄大豆	3	0	0		0	0	0	0	0		0	
12019020	黑大豆	3	0	0		0	0	0	0	0		0	
12019030	青大豆	3	0	0		0	0	0	0	0		0	
12019090	其他大豆	3	0	0		0	0	0	0	0		0	
12024100	去壳花生	15	12	0	0	0	1.5	0	7.5	0	3	9	
12024200	未去壳花生	15	12	0	0	0	1.5	0	7.5	0	3	9	
12030000	干椰子肉	15	7.5	0	0	0	1.5	0	7.5	0	3	9	0
12040000	亚麻子	15	12	0	0	0	1.5	0	7.5	0	3	9	
12051090	其他低芥子酸油菜子	9	0	0		0	0	0	0	0		1.8	
12059090	其他油菜子	9	0	0		0	0	0	0	0		1.8	
12060090	其他葵花子	15	12	0	0	0	1.5	0	7.5	0	3	9	
12071090	其他棕榈果及棕榈仁	10	5	0	0	0	0	0	0	0	2	6	0
12072900	其他棉子	15	12	0	0	0	1.5	0	7.5	0	3	9	
12073090	其他蓖麻子	15		0	0	0	1.5	0	7.5	0	3	9	
12074090	其他芝麻	10	9	0	0	0	0	0	0	0	2	6	
12075090	其他芥子	15	12	0	0	0	1.5	0	7.5	0	3	9	0
12076090	其他红花子	20		0	0	0	2	0	10	0	4	14.6	0
12077091	黑瓜子	20		0	0	0	2	0	10	0	4	14.6	0
12077092	红瓜子	20		0	0	0	2	0	10	0	4	14.6	0
12077099	其他瓜子	30		0		0	3	0		0	6	24	0
12079100	罂粟子	20		0	0	0	2	0	10	0	4	14.6	0
12079991	牛油树果	20		0	0	0	2	0	10	0	4	14.6	0

税则号列 Tariff Item	商品名称（简称） Article Description	最惠国税率（%） M. F. N.	协定税率（%）Conventional										
			巴基斯坦 Pakistan	智利 Chile	新加坡 Singapore	新西兰 New Zealand	秘鲁 Peru	哥斯达黎加 Costa Rica	瑞士 Switzerland	冰岛 Iceland	澳大利亚 Australia	韩国 Korea	格鲁吉亚 Georgia
12079999	其他含油子仁及果实	10	5	0	0	0	1	0	0	0	2	6	
12081000	大豆粉	9	5	0		0	0	0	0	0	1.8	1.8	7.2
12089000	其他含油子仁或果实的细粉及粗粉	15	12	0	0	0	1.5	0	7.5	0	3	9	
12101000	未研磨也未制成团粒的啤酒花	20		0	0	0	2	0	10	0	4	14.6	0
12102000	已研磨或制成团粒的啤酒花；蛇麻腺	10	5	0	0	0	0	0	0	0	2	6	0
12112010	鲜、冷、冻或干的西洋参	7.5	5	0	0	0	0	0	0	0	1.5	0	0
12112020	鲜、冷、冻或干的野山参（西洋参除外）	20	16	0	0	0	2	0	10	0	4	14.6	0
12112091	其他鲜人参	20		0	0	0	2	0	10	0	4	14.6	0
12112099	其他冷、冻或干的人参	20		0	0	0	2	0	10	0	4		0
12113000	鲜、冷、冻或干的古柯叶	9	5	0		0	0	0	0	0	1.8	1.8	0
12114000	鲜、冷、冻或干的罂粟秆	9	5	0		0	0	0	0	0	1.8	1.8	0
12115000	鲜、冷、冻或干的麻黄	9	4.5	0		0	0	0	0	0	1.8	1.8	0
12119011	鲜、冷、冻或干的当归	6	0	0		0	0	0	0	0	1.2	0	0
12119012	鲜、冷、冻或干的三七（田七）	6	0	0		0	0	0	0	0	1.2	0	0
12119013	鲜、冷、冻或干的党参	6	0	0		0	0	0	0	0	1.2	0	0
12119014	鲜、冷、冻或干的黄连	6	0	0		0	0	0	0	0	1.2	0	0
12119015	鲜、冷、冻或干的菊花	6	0	0		0	0	0	0	0	1.2	0	0
12119016	鲜、冷、冻或干的冬虫夏草	6	0	0		0	0	0	0	0	1.2	0	0
12119017	鲜、冷、冻或干的贝母	6	0	0		0	0	0	0	0	1.2	0	0
12119018	鲜、冷、冻或干的川芎	6	0	0		0	0	0	0	0	1.2	0	0
12119019	鲜、冷、冻或干的半夏	6	0	0		0	0	0	0	0	1.2	0	0
12119021	鲜、冷、冻或干的白芍	6	0	0		0	0	0	0	0	1.2	0	0
12119022	鲜、冷、冻或干的大麻	6	0	0		0	0	0	0	0	1.2	0	0
12119023	鲜、冷、冻或干的黄芪	6	0	0		0	0	0	0	0	1.2	0	0
12119024	鲜、冷、冻或干的大黄、籽黄	6	0	0		0	0	0	0	0	1.2	0	0
12119025	鲜、冷、冻或干的白术	6	0	0		0	0	0	0	0	1.2	0	0
12119026	鲜、冷、冻或干的地黄	6	0	0		0	0	0	0	0	1.2	0	0
12119027	鲜、冷、冻或干的槐米	6	0	0		0	0	0	0	0	1.2	0	0
12119028	鲜、冷、冻或干的杜仲	6	0	0		0	0	0	0	0	1.2	0	0
12119029	鲜、冷、冻或干的茯苓	6	0	0		0	0	0	0	0	1.2	0	0
12119031	鲜、冷、冻或干的枸杞	6	0	0		0	0	0	0	0	1.2	0	0
12119032	鲜、冷、冻或干的大海子	6	0	0		0	0	0	0	0	1.2	0	0
12119033	鲜、冷、冻或干的沉香	3	0	0		0	0	0	0	0	0	0	0
12119034	鲜、冷、冻或干的沙参	6	0	0		0	0	0	0	0	1.2	0	0
12119035	鲜、冷、冻或干的青蒿	6	5	0		0	0	0	0	0	1.2	0	0
12119036	鲜、冷、冻或干的甘草	6	5	0		0	0	0	0	0	1.2	0	4.8

税则号列 Tariff Item	商品名称（简称） Article Description	最惠国税率（%） M. F. N.	协定税率（%）Conventional										
			巴基斯坦 Pakistan	智利 Chile	新加坡 Singapore	新西兰 New Zealand	秘鲁 Peru	哥斯达黎加 Costa Rica	瑞士 Switzerland	冰岛 Iceland	澳大利亚 Australia	韩国 Korea	格鲁吉亚 Georgia
12119037	鲜、冷、冻或干的黄芩	6	0	0		0	0	0	0	0	1.2	0	0
12119038	鲜、冷、冻或干的椴树（欧椴）花及叶	6	0	0		0	0	0	0	0	1.2	0	0
12119039	其他主要用作药料的鲜、冷、冻或干的植物	6	0	0		0	0	0	0	0	1.2	0	0
12119050	鲜、冷、冻或干的主要用作香料的植物	8	0	0		0	0	0	0	0	1.6	1.6	0
12119091	鲜、冷、冻或干的鱼藤根、除虫菊	3	0	0		0	0	0	0	0	0	0	0
12119099	其他鲜、冷、冻或干的杀虫、杀菌用植物	9	4.5	0		0	0	0	0	0	1.8	1.8	0
12122110	适合供人食用的海带	20	10	0	0	0	2	0	10	0	4	14.6	0
12122120	适合供人食用的发菜	20	10	0	0	0	2	0	10	0	4	14.6	0
12122131	适合供人食用的干裙带菜	15	7.5	0	0	0	3.8	0	7.5	0	3	9	0
12122132	适合供人食用的鲜裙带菜	15	7.5	0	0	0	3.8	0	7.5	0	3	9	0
12122139	适合供人食用的其他裙带菜	15	7.5	0	0	0	3.8	0	7.5	0	3	9	0
12122141	适合供人食用的干紫菜	15	7.5	0	0	0	3.8	0	7.5	0	3	9	0
12122142	适合供人食用的鲜紫菜	15	7.5	0	0	0	3.8	0	7.5	0	3	9	0
12122149	适合供人食用的其他紫菜	15	7.5	0	0	0	3.8	0	7.5	0	3	9	0
12122161	适合供人食用的干麒麟菜	15	7.5	0		0	3.8	0	7.5	0	3	9	0
12122169	适合供人食用的其他麒麟菜	15	7.5	0		0	3.8	0	7.5	0	3	9	0
12122171	适合供人食用的干江蓠	15	7.5	0		0	3.8	0	7.5	0	3	9	0
12122179	适合供人食用的其他江蓠	15	7.5	0		0	3.8	0	7.5	0	3	9	0
12122190	其他适合供人食用的海草及其他藻类	15	7.5	0	0	0	3.8	0	7.5	0	3	9	0
12122910	马尾藻	15	7.5	0	0	0	3.8	0	7.5	0	3	3	0
12122990	其他不适合供人食用的海草及其他藻类	15	7.5	0	0	0	3.8	0	7.5	0	3	3	0
12129100	鲜、冷、冻或干的甜菜	20		0	0	0	2	0	10	0	4	14.6	0
12129200	刺槐豆	20	10	0	0	0	2	0	10	0	4	14.6	0
12129300	甘蔗	20		0		0	2	0	10	0	4	12	0
12129400	菊苣根	20		0		0	3	0		0	4	14.6	0
12129911	主要供人食用的苦杏仁	20		0	0	0	2	0	10	0	4	14.6	0
12129912	主要供人食用的甜杏仁	20		0	0	0	2	0	10	0	4	14.6	0
12129919	主要供人食用的桃（包括油桃）、梅或李的核及核仁	20		0	0	0	2	0	10	0	4	14.6	0
12129993	鲜、冷、冻或干的白瓜子	20		0	0	0	2	0	10	0	4	14.6	0
12129994	鲜、冷、冻或干的莲子	20		0	0	0	2	0	10	0	4	14.6	0
12129996	甜叶菊叶	30		0	0	0	3	0		0	6		0

税则号列 Tariff Item	商品名称（简称） Article Description	最惠国税率(%) M. F. N.	协定税率（%）Conventional										
			巴基斯坦 Pakistan	智利 Chile	新加坡 Singapore	新西兰 New Zealand	秘鲁 Peru	哥斯达黎加 Costa Rica	瑞士 Switzerland	冰岛 Iceland	澳大利亚 Australia	韩国 Korea	格鲁吉亚 Georgia
12129999	鲜、冷、冻或干的其他主要供人食用的其他税号未列明的果核、果仁及植物产品	30		0	0	0	3	0		0	6		0
12130000	未经处理的谷类植物茎、秆及谷壳	12	6	0	0	0	0	0	6	0	2.4	7.2	0
12141000	紫苜蓿粗粉及团粒	5	0	0		0	0	0	0	0	0	0	0
12149000	芜菁甘蓝、饲料甜菜等其他植物饲料	9	5	0		0	0	0	0	0	1.8	1.8	0
13012000	阿拉伯胶	15	0	0	0	0	0	0	7.5	0	3	9	0
13019010	胶黄耆树胶	15	0	0	0	0	0	0	7.5	0	3	9	0
13019020	乳香、没药及血竭	3	0	0		0	0	0	0	0	0	0	0
13019030	阿魏	3	0	0		0	0	0	0	0	0	0	0
13019040	松脂	15	0	0	0	0	0	0	7.5	0	3	9	0
13019090	其他天然树胶、树脂	15	0	0	0	0	0	0	7.5	0	3	9	0
13021200	甘草液汁及浸膏	6	5	0		0	0	0	0	0	1.2	0	0
13021300	啤酒花液汁及浸膏	10	5	0	0	0	0	0	0	0	2	6	0
13021400	麻黄液汁及浸膏	20	15	0	0	0	2	0	0	0	4	14.6	0
13021910	生漆	20		0	0	0	2	0	10	0	4	14.6	0
13021920	印楝素	3	0	0		0	0	0	0	0	0	0	0
13021930	除虫菊或含鱼藤酮植物根茎的液汁及浸膏	3	0	0		0	0	0	0	0	0	0	0
13021940	银杏的液汁及浸膏	20	15	0	0	0	2	0	0	0	4	14.6	0
13021990	其他植物液汁及浸膏	20	15	0	0	0	2	0	0	0	4	14.6	0
13022000	果胶、果胶酸盐及果胶酸酯	20		0	0	0	2	0	10	0	4	14.6	0
13023100	琼脂	10	5	0	0	0	1	0	0	0	2	6	0
13023200	刺槐豆、刺槐豆子或瓜尔豆制得的胶液及增稠剂	15	0	0	0	0	1.5	0	7.5	0	3	9	0
13023911	卡拉胶	15	12	0	0	0	1.5	0	7.5	0	3	9	0
13023912	褐藻胶	15	12	0	0	0	1.5	0	7.5	0	3	9	0
13023919	其他海草及藻类制品	15	12	0	0	0	7.1	0	7.5	0	3	9	0
13023990	其他植物胶液及增稠剂	15	12	0	0	0	3.8	0	7.5	0	3	9	0
14011000	竹	10	5	0	0	0	0	0	0	0	2	6	0
14012000	藤	10	5	0	0	0	0	0	0	0	2	6	0
14019010	谷类植物的茎、秆（麦秸除外）	10	5	0	0	0	1	0	0	0	2	6	0
14019020	芦苇	10	5	0	0	0	0	0	0	0	2	6	0
14019031	蔺草	10	5	0	0	0	0	0	0	0	2	6	0
14019039	灯芯草属的其他主要作编结用的植物材料	10	5	0	0	0	0	0	0	0	2	6	0
14019090	未列名主要用作编结用的植物材料	10	5	0	0	0	1	0	0	0	2	6	0

税则号列 Tariff Item	商品名称（简称） Article Description	最惠国税率（%） M. F. N.	协定税率（%） Conventional										
			巴基斯坦 Pakistan	智利 Chile	新加坡 Singapore	新西兰 New Zealand	秘鲁 Peru	哥斯达黎加 Costa Rica	瑞士 Switzerland	冰岛 Iceland	澳大利亚 Australia	韩国 Korea	格鲁吉亚 Georgia
14042000	棉短绒	4	0	0		0	0	0	0	0	0	0	0
14049010	主要供染料或鞣料用的植物原料	5	0	0		0	1.2	0	0	0	0	0	0
14049090	其他植物产品	15		0	0	0	0	0	7.5	0	3	9	0
15011000	猪油	10		0	0	0	0	0	0	0	2	6	0
15012000	其他猪脂肪	10		0	0	0	0	0	0	0	2	6	0
15019000	家禽脂肪	10		0	0	0	0	0	0	0	2	6	0
15021000	牛、羊油脂	8	0	0		0	0	0	0	0	1.6	1.6	0
15029000	其他牛、羊脂肪	8	0	0		0	0	0	0	0	1.6	1.6	0
15030000	未经制作的猪油硬脂、油硬脂等	10		0	0	0	0	0	0	0	2	6	0
15041000	鱼肝油及其分离品	12		0	0	0	0	0	6	0	2.4	7.2	0
15042000	其他鱼油、脂及其分离品	12		0	0	0	0	0	7.4	0	2.4	7.2	0
15043000	海生哺乳动物的油、脂及其分离品	14.4		0	0	0	0	0	7.2	0	2.9	8.6	0
15050000	羊毛脂及羊毛脂肪物质	20		0	0	0	2	0	10	0	4	14.6	0
15060000	其他动物油、脂及其分离品	20		0	0	0	2	0	10	0	4	14.6	0
15081000	初榨花生油的分离品	10			0								
15089000	精制的花生油及其分离品	10			0								
15091000	初榨油橄榄油及其分离品	10		0	0	0	1	0	0	0		6	
15099000	精制的油橄榄油及其分离品	10		0	0	0	0	0	0	0		6	
15100000	其他橄榄油及其分离品	10		0	0	0	0	0	0	0		6	
15122100	初榨棉子油的分离品	10			0								
15122900	精制的棉子油及其分离品	10			0								
15131100	初榨椰子油的分离品	9	4.5	0		0	0	0	0	0		1.8	
15131900	椰子油及其分离品	9	4.5	0		0	0	0	0	0		1.8	
15132100	初榨棕榈仁油或巴巴苏棕榈果油及其分离品	9		0		0	0	0	0	0		1.8	
15132900	精制的棕榈仁油或巴巴苏棕榈果油及其分离品	9		0		0	0	0	0	0		1.8	
15151100	初榨亚麻子油及其分离品	15		0	0	0	1.5	0	7.5	0		9	
15151900	精制的亚麻子油及其分离品	15		0	0	0	1.5	0	7.5	0		9	
15152100	初榨玉米油的分离品	10			0								
15152900	精制的玉米油及其分离品	10			0								
15153000	蓖麻油及其分离品	10		0	0	0	0	0	0	0	2	6	
15155000	芝麻油及其分离品	12		0	0	0	0	0	6	0	2.4	7.2	
15159010	希蒙得木油及其分离品	20		0	0	0		0	10	0	4	14.6	
15159020	印楝油及其分离品	20		0	0	0		0	10	0	4	14.6	
15159030	桐油及其分离品	20		0	0	0		0	10	0	4	14.6	

税则号列 Tariff Item	商品名称（简称） Article Description	最惠国税率（%） M. F. N.	协定税率（%）Conventional										
			巴基斯坦 Pakistan	智利 Chile	新加坡 Singapore	新西兰 New Zealand	秘鲁 Peru	哥斯达黎加 Costa Rica	瑞士 Switzerland	冰岛 Iceland	澳大利亚 Australia	韩国 Korea	格鲁吉亚 Georgia
15159090	其他固定植物油、脂及其分离品	20		0	0	0		0	10	0	4		
15161000	氢化、酯化或反油酸化动物油、脂及其分离品，但未进一步加工的	5		0		0	0	0	0	0	0	0	0
15162000	氢化、酯化或反油酸化植物油、脂及其分离品，但未进一步加工的	25		0		0	2.5	0		0	5		
15171000	人造黄油，非液态	30		0	0	0		0			6		
15179010	起酥油	25		0		0	2.5	0	12.5	0	5		
15179090	混合制成的食用油脂或制品	25		0		0	2.5	0	15.5	0			
15180000	化学改性的动、植物油、脂及其制品；其他税号未列名的非食用油、脂或制品	10		0	0	0	1	0	0	0		8	
15200000	粗甘油，甘油水及甘油碱液	20		0	0	0	2	0	10	0	4	14.6	0
15211000	植物蜡	20		0	0	0	2	0	10	0	4	14.6	0
15219010	蜂蜡	20		0	0	0	2	0	10	0	4	14.6	0
15219090	其他虫蜡及鲸蜡	20		0	0	0	2	0	10	0	4	14.6	0
15220000	油鞣回收脂；加工处理油脂及动、植物蜡所剩残渣	20		0	0	0	2	0	10	0	4	14.6	0
16010010	用天然肠衣做外包装的香肠及类似产品	15	12	0	0	0	1.5	0	7.5	0	3	9	0
16010020	其他香肠及类似产品	15	12	0	0	0	1.5	0	7.5	0	3	9	0
16010030	用香肠制成的食品	15	12	0	0	0	1.5	0	7.5	0	3	9	0
16021000	肉或食用杂碎的均化食品	15	12	0	0	0	1.5	0	7.5	0	3	9	0
16022000	制作或保藏的动物肝	15	12	0	0	0	1.5	0	7.5	0	3	9	0
16023100	制作或保藏的火鸡肉及杂碎	15	12	0	0	0	1.5	0	7.5	0	3	9	0
16023210	鸡罐头	15	12	0	0	0	1.5	0	7.5	0	3	9	0
16023291	鸡胸肉	15	12	0	0	0	1.5	0	7.5	0	3	9	0
16023292	鸡腿肉	15	12	0	0	0	1.5	0	7.5	0	3	9	0
16023299	其他鸡肉	15	12	0	0	0	1.5	0	7.5	0	3	9	0
16023910	其他税目01.05所列家禽肉及杂碎的罐头	15	12	0	0	0	1.5	0	7.5	0	3	9	0
16023991	鸭肉	15	12	0	0	0	1.5	0	7.5	0	3	9	0
16023999	经制作或保藏的其他税目01.05所列家禽肉及杂碎	15	12	0	0	0	1.5	0	7.5	0	3	9	0
16024100	制作或保藏的猪后腿及其肉块	15	12	0	0	0	1.5	0	7.5	0	3	9	0

税则号列 Tariff Item	商品名称（简称） Article Description	最惠国税率(%) M. F. N.	协定税率（%）Conventional										
			巴基斯坦 Pakistan	智利 Chile	新加坡 Singapore	新西兰 New Zealand	秘鲁 Peru	哥斯达黎加 Costa Rica	瑞士 Switzerland	冰岛 Iceland	澳大利亚 Australia	韩国 Korea	格鲁吉亚 Georgia
16024200	制作或保藏的猪前腿及其肉块	15	12	0	0	0	1.5	0	7.5	0	3	9	0
16024910	其他猪肉及杂碎的罐头	15	12	0	0	0	1.5	0	7.5	0	3	9	0
16024990	制作或保藏的其他猪肉、杂碎及血	15	12	0	0	0	1.5	0	7.5	0	3	9	0
16025010	牛肉及牛杂碎罐头	12	6	0	0	0	1.2	0	6	0	2.4	7.2	0
16025090	其他制作或保藏的牛肉、杂碎及血	12	6	0	0	0	1.2	0	6	0	2.4	7.2	0
16029010	其他肉及杂碎罐头	15	12	0	0	0	1.5	0	7.5	0	3	9	0
16029090	经制作或保藏的其他肉、杂碎及血	15	12	0	0	0	1.5	0	7.5	0	3	9	0
16030000	肉及水产品的精、汁	23		0	0	0	2.3	0	11.5	0	4.6	18.4	0
16041110	制作或保藏的大西洋鲑鱼，整条或切块，但未绞碎	12	6	0	0	0		0		0	2.4	7.2	0
16041190	制作或保藏的其他鲑鱼，整条或切块，但未绞碎	12	6	0	0	0		0		0	2.4	7.2	0
16041200	制作或保藏的鲱鱼，整条或切块，但未绞碎	12	6	0	0	0	0	0	6	0	2.4	7.2	0
16041300	制作或保藏的沙丁鱼、小沙丁鱼属、黍鲱或西鲱	5	0	0		0	0	0	0	0	0	0	0
16041400	制作或保藏的金枪鱼、鲣鱼及狐鲣	5	0	0		0	0	0	0	0	0	0	0
16041500	制作或保藏的鲭鱼，整条或切块，但未绞碎	12	6	0	0	0	0	0	6	0	2.4	7.2	0
16041600	制作保藏的醍鱼（Anchovies），整条或切块，但未绞碎	12	6	0	0	0	0	0	6	0	2.4	7.2	0
16041700	制作或保藏的鳗鱼	12	5	0	0	0		0	6	0	2.4	7.2	0
16041800	制作或保藏的鲨鱼翅，整条或切块，但未绞碎	12	5	0	0	0		0	6	0	2.4	7.2	0
16041920	制作或保藏的罗非鱼，整条或切块，但未绞碎	12	6	0	0	0		0	6	0	2.4	7.2	0
16041931	制作或保藏的斑点叉尾鮰鱼	12	5	0	0	0		0	6	0	2.4	7.2	0
16041939	制作或保藏的其他叉尾鮰鱼	12	5	0	0	0		0	6	0	2.4	7.2	0
16041990	制作或保藏的其他鱼，整条或切块，但未绞碎	12	5	0	0	0		0	6	0	2.4	7.2	0
16042011	鱼翅罐头	12	5	0	0	0	1.2	0	6	0			0
16042019	其他制作或保藏的鱼罐头	12	5	0	0	0	1.2	0	6	0	2.4	7.2	0
16042091	鱼翅	12	5	0	0	0	1.2	0	6	0			0
16042099	其他制作或保藏的鱼	12	5	0	0	0	1.2	0	6	0	2.4	7.2	0
16043100	鲟鱼子酱	12	6	0	0	0	0	0	6	0	2.4	7.2	0

税则号列 Tariff Item	商品名称（简称） Article Description	最惠国税率（%） M. F. N.	协定税率（%）Conventional										
			巴基斯坦 Pakistan	智利 Chile	新加坡 Singapore	新西兰 New Zealand	秘鲁 Peru	哥斯达黎加 Costa Rica	瑞士 Switzerland	冰岛 Iceland	澳大利亚 Australia	韩国 Korea	格鲁吉亚 Georgia
16043200	鲟鱼子酱代用品	12	6	0	0	0	0	0	6	0	2.4	7.2	0
16051000	制作或保藏的蟹	5	0	0		0	0	0	0	0	0	0	0
16052100	制作或保藏的非密封包装小虾及对虾	5	0	0		0	0	0	0	0	0	0	0
16052900	制作或保藏的其他小虾及对虾	5	0	0		0	0	0	0	0	0	0	0
16053000	制作或保藏的龙虾	5	0	0		0	0	0	0	0	0	0	0
16054011	制作或保藏的淡水小龙虾仁	5	0	0		0	0	0	0	0	0	0	0
16054019	制作或保藏的带壳淡水小龙虾	5	0	0		0	0	0	0	0	0	0	0
16054090	制作或保藏的其他甲壳动物	5	0	0		0	0	0	0	0	0	0	0
16055100	制作或保藏的牡蛎	5	0	0		0	0	0	0	0	0	0	0
16055200	制作或保藏的扇贝	5	0	0		0	0	0	0	0	0	0	0
16055300	制作或保藏的贻贝	5	0	0		0	0	0	0	0	0	0	0
16055400	制作或保藏的墨鱼及鱿鱼	5	0	0		0	0	0	0	0	0	0	0
16055500	制作或保藏的章鱼	5	0	0		0	0	0	0	0	0	0	0
16055610	制作或保藏的蛤	5	0	0		0		0	0	0	0	0	0
16055620	制作或保藏的鸟蛤及舟贝	5	0	0		0	0	0	0	0	0	0	0
16055700	制作或保藏的鲍鱼	5	0	0		0	0	0	0	0	0	0	0
16055800	制作或保藏的蜗牛及螺	5	0	0		0	0	0	0	0	0	0	0
16055900	制作或保藏的其他软体动物	5	0	0		0	0	0	0	0	0	0	0
16056100	制作或保藏的海参	5	0	0		0	0	0	0	0	0	0	0
16056200	制作或保藏的海胆	5	0	0		0	0	0	0	0	0	0	0
16056300	制作或保藏的海蜇	15	12	0	0	0		0	7.5	0	3	9	0
16056900	制作或保藏的其他水生无脊椎动物	5	0	0		0	0	0	0	0	0	0	0
17021100	无水乳糖，按重量计含量＞99％	10	5	0	0	0	0	0	0		2	6	0
17021900	其他乳糖及乳糖浆	10	5	0	0	0	0	0	0		2	6	0
17022000	槭糖及槭糖浆	30		0	0	0	3	0			6	24	
17023000	低果糖含量的葡萄糖及糖浆	30		0	0	0	3	0			6		
17024000	中果糖含量的葡萄糖及糖浆	30		0	0	0	3	0			6		
17025000	化学纯果糖	30		0	0	0	3	0		0	6		
17026000	其他果糖及糖浆	30		0	0	0	3	0		0	6		
17029000	其他固体糖；人造蜜；焦糖	30		0	0	0	14.1	0	18.6	0	6		
17031000	甘蔗糖蜜	8	5	0		0	0	0	0	0	1.6	1.6	0
17039000	其他糖蜜	8	5	0		0	0	0	0	0	1.6	1.6	0

税则号列 Tariff Item	商品名称（简称） Article Description	最惠国税率(%) M. F. N.	协定税率（%）Conventional										
			巴基斯坦 Pakistan	智利 Chile	新加坡 Singapore	新西兰 New Zealand	秘鲁 Peru	哥斯达黎加 Costa Rica	瑞士 Switzerland	冰岛 Iceland	澳大利亚 Australia	韩国 Korea	格鲁吉亚 Georgia
17041000	口香糖，不论是否裹糖	12	5	0	0	0	5.6	0	6	0	2.4		0
17049000	其他不含可可的糖食	10	8.2	0	0	0	1	0	0	0	2	8	0
18010000	生或焙炒的整颗或破碎的可可豆	8	5	0		0	0	0	0	0	1.6	1.6	0
18020000	可可荚、壳、皮及废料	10	5	0	0	0	0	0	0	0	2	6	0
18031000	未脱脂可可膏	10	5	0		0	0	0	0	0	2	6	0
18032000	全脱脂或部分脱脂的可可膏	10	5	0		0	0	0	0	0	2	6	0
18040000	可可油，可可脂	22		0		0	2.2	0	11	0	4.4	17.6	0
18050000	未加糖或其他甜物质的可可粉	15	12	0		0	1.5	0	7.5	0	3	9	0
18061000	含糖或其他甜物质的可可粉	10	5	0		0	1	0	0	0	2	6	0
18062000	每件净重＞2 千克的含可可食品	10	5	0	0	0	1	0	0	0	2	6	0
18063100	其他夹心块状或条状的含可可食品	8	5	0		0	0	0	0	0	1.6	5.8	0
18063200	其他不夹心块状或条状含可可食品	10	5	0	0	0	1	0	0	0	2	7.3	0
18069000	其他巧克力及含可可的食品	8	5	0		0	0	0	4	0	1.6	5.8	0
19011010	配方奶粉	15	12	0	0	0	1.5	0	7.5	0	3		
19011090	其他供婴幼儿食用的零售包装食品	15	12	0	0	0	1.5	0	7.5	0	3		
19012000	供焙烘面包糕点用的调制品及面团	25		0	0	0	2.5	0	12.5	0	5	20	20
19019000	其他麦精制的其他税号未列名食品	10	5	0	0	0	1	0	0	0	2	7.3	8
19021100	未包馅或未制作的含蛋生面食	15	12	0	0	0	1.5	0	7.5		3	9	0
19021900	其他未包馅或未制作的生面食	15	12	0	0	0	1.5	0	7.5		3	11	12
19022000	包馅面食	15	12	0	0	0	1.5	0		0	3	11	12
19023010	米粉干	15	12	0	0	0	1.5	0	7.5	0	3	9	0
19023020	粉丝	15	12	0	0	0	1.5	0	7.5	0	3	9	0
19023030	即食或快熟面条	15	7.5	0	0	0	1.5	0	7.5	0	3	12	12
19023090	其他面食	15	7.5	0	0	0	1.5	0		0	3	11	12
19024000	古斯古斯面食	25		0	0	0	2.5	0	12.5	0	5	20	20
19030000	珍粉及淀粉制成的珍粉代用品	15	12	0	0	0	1.5	0	7.5	0	3	9	12
19041000	谷物或谷物产品经膨化或烘炒制的食品	25		0	0	0	2.5	0	14.6	0	5	20	0
19042000	未烘炒谷物片制成的食品	30		0	0	0	12	0	0	0	6	24	0
19043000	碾碎的干小麦	30		0	0	0	12	0		0	6	24	24

税则号列 Tariff Item	商品名称（简称） Article Description	最惠国税率（%） M. F. N.	协定税率（%） Conventional										
			巴基斯坦 Pakistan	智利 Chile	新加坡 Singapore	新西兰 New Zealand	秘鲁 Peru	哥斯达黎加 Costa Rica	瑞士 Switzerland	冰岛 Iceland	澳大利亚 Australia	韩国 Korea	格鲁吉亚 Georgia
19049000	其他谷物制品	30		0	0	0	7.5	0	0	0	6	24	24
19051000	黑麦脆面包片	20		0	0	0	2	0	10	0	4	14.6	0
19052000	姜饼及类似品	20		0	0	0	2	0	10	0	4	14.6	0
19053100	甜饼干	15	12.4	0	0	0	1.5	0	8.8	0	3	11	0
19053200	华夫饼干及圣餐饼	15	7.5	0	0	0	1.5	0	0	0	3	11	0
19054000	面包干、吐司及类似的烤面包	20		0	0	0	2	0	10		4	14.6	0
19059000	其他面包、糕点、饼干及其焙烘糕饼	20	16	0	0	0	2	0	10	0	4	16	16
20011000	用醋或醋酸制作的黄瓜及小黄瓜	25		0	0	0	2.5	0	12.5	0	5	20	0
20019010	用醋制作的大蒜	25		0	0	0	2.5	0	12.5	0	5	20	0
20019090	用醋制作的其他果、菜及食用植物	25		0	0	0	2.5	0	12.5	0	5	20	0
20021010	非用醋制作的整个或切片番茄罐头	19		0	0	0	1.9	0	9.5	0	3.8	13.9	0
20021090	非用醋制作的其他整个或切片番茄	25		0	0	0	2.5	0	12.5	0	5	20	0
20029011	重量≤5 千克的番茄酱罐头	20		0	0	0	0	0	10	0	4	14.6	0
20029019	重量>5 千克的番茄酱罐头	20		0	0	0	0	0	10	0	4	12	0
20029090	非用醋制作的绞碎番茄	18	14.4	0	0	0	0	0	9	0	3.6	13.2	0
20031011	伞菌属小白蘑菇罐头	25		0	0	0	2.5	0	12.5	0	5	15	0
20031019	其他非用醋制作的伞菌属蘑菇罐头	25		0	0	0	2.5	0	12.5	0	5	15	0
20031090	非用醋制作的其他伞菌属蘑菇	25		0	0	0	2.5	0	12.5	0	5	15	0
20039010	其他蘑菇及块菌罐头	25		0	0	0	2.5	0	12.5	0	5	15	0
20039090	其他蘑菇及块菌	25		0	0	0	2.5	0	12.5	0	5	15	0
20041000	非用醋制作的冷冻马铃薯	13	6.5	0	0	0	1.3	0	6.5		2.6	7.8	0
20049000	非用醋制作的其他冷冻蔬菜	25		0	0	0	2.5	0	12.5	0	5	15	0
20051000	非用醋制作的未冷冻均化蔬菜	25		0	0	0	2.5	0	12.5	0	5	15	0
20052000	非用醋制作的未冷冻马铃薯	15	12	0	0	0	1.5	0	7.5		3	9	0
20054000	非用醋制作的未冷冻豌豆	25		0	0	0	2.5	0	12.5	0	5	15	0
20055111	非用醋或醋酸制作或保藏的未冷冻的赤豆馅罐头	25		0	0	0	2.5	0	12.5	0	5	15	0
20055119	非用醋或醋酸制作或保藏的未冷冻的其他脱荚豇豆及菜豆罐头	25		0	0	0	2.5	0	12.5	0	5	20	0

税则号列 Tariff Item	商品名称（简称） Article Description	最惠国税率（%） M. F. N.	协定税率（%） Conventional										
			巴基斯坦 Pakistan	智利 Chile	新加坡 Singapore	新西兰 New Zealand	秘鲁 Peru	哥斯达黎加 Costa Rica	瑞士 Switzerland	冰岛 Iceland	澳大利亚 Australia	韩国 Korea	格鲁吉亚 Georgia
20055191	非用醋或醋酸制作或保藏的未冷冻的赤豆馅，不包括罐头	25		0	0	0	2.5	0	12.5	0	5	15	0
20055199	非用醋或醋酸制作或保藏的未冷冻的其他脱荚豇豆及菜豆	25		0	0	0	2.5	0	12.5		5	20	0
20055910	非用醋制作的其他豇豆及菜豆罐头	25		0	0	0	2.5	0	12.5		5	15	0
20055990	非用醋制作的其他豇豆及菜豆	25		0	0	0	2.5	0	12.5		5	15	0
20056010	非用醋制作的芦笋罐头	25		0	0	0	2.5	0	12.5		5	15	0
20056090	非用醋制作的其他芦笋	25		0	0	0	2.5	0	12.5	0	5	15	0
20057000	非用醋制作的未冷冻油橄榄	10	5	0	0	0	1	0	0	0	2	6	0
20058000	非用醋制作的未冷冻甜玉米	10	5	0	0	0	0	0	0	0	2	6	0
20059110	非用醋制作或保藏的竹笋罐头	25		0	0	0	2.5	0	12.5	0	5	15	0
20059190	非用醋制作或保藏的未冷冻的其他竹笋	25		0	0	0	2.5	0	12.5	0	5	15	0
20059920	蚕豆罐头	25		0	0	0	2.5	0	12.5	0	5	15	0
20059940	榨菜	25		0	0	0	2.5	0	12.5	0	5	15	0
20059950	咸蕨菜	25		0	0	0	2.5	0	12.5	0	5	15	0
20059960	咸荞头	25		0	0	0	2.5	0	12.5	0	5	15	0
20059991	其他蔬菜及什锦蔬菜罐头	25		0	0	0	0	0	12.5	0	5	20	0
20059999	非用醋制作的其他蔬菜及什锦蔬菜	25		0	0	0	0	0	15.5	0	5	20	0
20060010	蜜枣	30		0	0	0	3	0		0	6	24	0
20060020	糖渍制橄榄	30		0	0	0	14.1	0		0	6	24	0
20060090	其他糖渍蔬菜、水果、坚果、果皮	30		0	0	0	14.1	0	0	0	6	24	0
20071000	烹煮制成的果子均化食品	30		0	0	0	14.1	0	0	0	6	24	0
20079100	烹煮制成的柑橘属水果	30		0	0	0	3	0	0	0	6	24	0
20079910	烹煮制成的其他果酱、果冻罐头	5	0	0		0	0.5	0	0	0	0	0	0
20079990	烹煮制成的其他果酱、果冻	5	0	0		0	0.5	2.3	0	0	0	0	0
20081110	花生米罐头	30		0	0	0		0		0	6	24	0
20081120	烘焙花生	30		0	0	0		0		0	6	24	0
20081130	花生酱	30		0	0	0		0		0	6	24	0
20081190	其他非用醋制作的花生	30		0	0	0		0		0	6	24	0
20081910	核桃仁罐头	20	10	0	0	0	2	0	10	0	4	14.6	0
20081920	其他果仁罐头	13	5	0	0	0	1.3	0	6.5	0	2.6	7.8	0

税则号列 Tariff Item	商品名称（简称） Article Description	最惠国税率（%） M. F. N.	协定税率（%） Conventional										
			巴基斯坦 Pakistan	智利 Chile	新加坡 Singapore	新西兰 New Zealand	秘鲁 Peru	哥斯达黎加 Costa Rica	瑞士 Switzerland	冰岛 Iceland	澳大利亚 Australia	韩国 Korea	格鲁吉亚 Georgia
20081991	栗仁	10	5	0	0	0	1	0	6.2	0	2	6	0
20081992	用其他方法制作或保藏的芝麻	10	5	0	0	0	0	0	0	0	2	6	0
20081999	其他坚果及子仁	10	5	0	0	0	1	0	0	0	2	6	0
20082010	菠萝罐头	15		0		0	1.5	7	7.5	0	3	9	0
20082090	非用醋制作的其他菠萝	15		0		0	1.5	7	7.5	0	3	9	0
20083010	柑橘属水果罐头	20		0	0	0	0	9.3	10	0	4	14.6	0
20083090	非用醋制作的其他柑橘属水果	20		0	0	0	0	0	10	0	4	16	0
20084010	梨罐头	20		0	0	0	2	0	10	0	4	14.6	0
20084090	非用醋制作的其他梨	20		0	0	0	2	0	10	0	4	14.6	0
20085000	非用醋制作的杏	20		0	0	0	2	0	10	0	4	14.6	0
20086010	用其他方法制作或保藏的樱桃罐头	20		0	0	0	2	0	10	0	4	14.6	0
20086090	用其他方法制作或保藏的其他樱桃	20		0	0	0	2	0	10	0	4	14.6	0
20087010	桃罐头	10	5	0	0	0	1	0	0	0	2	6	0
20087090	非用醋制作的其他桃	20		0	0	0	2	0	10	0	4	14.6	0
20088000	非用醋制作的草莓	15	12	0	0	0	1.5	0	7.5	0	3	9	0
20089100	非用醋制作的棕榈芯	5	0	0		0	0	0	0	0	0	0	0
20089300	用其他方法制作或保藏的蔓越橘	15	12	0	0	0	1.5	0	0	0	3	9	0
20089700	用其他方法制作或保藏的什锦果实	10	5	0	0	0	1	0	0	0	2	6	0
20089910	荔枝罐头	20		0	0	0	2	0	10	0	4	14.6	0
20089920	龙眼罐头	15		0		0	1.5	0	7.5	0	3	9	0
20089931	调味紫菜	15		0	0	0	1.5	0	7.5	0	3	12	0
20089932	盐渍海带	15	12	0		0	1.5	0	7.5	0	3	9	0
20089933	盐渍裙带菜	15	12	0		0	1.5	0	7.5	0	3	9	0
20089934	烤紫菜	15	12	0		0	1.5	0	7.5	0	3	9	0
20089939	其他海草及藻类制品	15	12	0		0	1.5	0	7.5	0	3	9	0
20089940	清水荸荠（马蹄）罐头	25		0	0	0	2.5	0	12.5	0	5	15	0
20089990	未列名制作或保藏的水果、坚果	15	12	0	0	0	1.5	0	0	0	3	9	0
20091100	冷冻的橙汁	7.5	5	0		0	0.8	0	0	0	3.8	1.5	0
20091200	非冷冻的，白利糖度值≤20的橙汁	30		0	0	0	3		0	0	15	24	0
20091900	其他橙汁	30		0	0	0	3			0	15	24	0
20092100	白利糖度值≤20的葡萄柚（包括柚）汁	15	12	0	0	0	0	0	7.5	0	3	9	0
20092900	其他葡萄柚（包括柚）汁	15	12	0	0	0	0	0	7.5	0	3	9	0
20093110	白利糖度值≤20的柠檬汁	18	14.4	0	0	0	1.8	0	9	0	3.6	13.2	0

税则号列 Tariff Item	商品名称（简称） Article Description	最惠国税率（%） M. F. N.	协定税率（%）Conventional										
			巴基斯坦 Pakistan	智利 Chile	新加坡 Singapore	新西兰 New Zealand	秘鲁 Peru	哥斯达黎加 Costa Rica	瑞士 Switzerland	冰岛 Iceland	澳大利亚 Australia	韩国 Korea	格鲁吉亚 Georgia
20093190	其他未混合的白利糖度值≤20 的柑橘属水果汁	18	14.4	0	0	0	1.8	0	9	0	3.6	13.2	0
20093910	白利糖度值＞20 的柠檬汁	18	14.4	0	0	0	0	0	9	0	3.6	13.2	0
20093990	其他未混合的柑橘属水果汁，白利糖度值≤20	18	14.4	0	0	0	0	0	9	0	3.6	13.2	0
20094100	白利糖度值≤20 的菠萝汁	10		0		0	0	0	0	0	2	6	0
20094900	其他菠萝汁	10		0		0	0	0	0	0	2	6	0
20095000	番茄汁	30		0	0	0	3	0		0	6	24	0
20096100	白利糖度值≤30 的葡萄汁，包括酿酒葡萄汁	20		0	0	0	5	0	10	0	4	14.6	0
20096900	葡萄汁，包括酿酒葡萄汁	20		0	0	0	5	0	10	0	4	14.6	0
20097100	白利糖度值≤20 的苹果汁	20		0	0	0	0	0	10	0	4	14.6	0
20097900	其他苹果汁	20		0	0	0	2	0	10	0	4	14.6	0
20098100	蔓越橘汁	20	10	0	0	0	2	0	10	0	4	14.6	0
20098912	芒果汁	20	16	0	0	0	2	0	10	0	4	14.6	0
20098913	西番莲果汁	20	16	0	0	0	2	0	10	0	4	14.6	0
20098914	番石榴果汁	20	16	0	0	0	2	0	10	0	4	14.6	0
20098915	梨汁	20	10	0	0	0	2	0	10	0	4	14.6	0
20098919	其他未混合的水果汁	20	10	0	0	0	2	0	10	0	4	14.6	0
20098920	其他未混合的蔬菜汁	20	10	0	0	0	2	0	10	0	4	14.6	0
20099010	混合水果汁	20	16	0	0	0	0	0	10	0	4	14.6	0
20099090	混合蔬菜汁、水果与蔬菜的混合汁	20		0	0	0	0	0	10	0	4	14.6	0
21011100	咖啡浓缩精汁	17	13.6	0	0	0		0		0	3.4	12.4	0
21011200	以咖啡浓缩精汁或咖啡为基本成分的制品	30		0	0	0		0		0	6	24	0
21012000	茶、马黛茶浓缩精汁及其制品	32	16	0	0	0	3.2	0	0	0	6.4		0
21013000	烘焙咖啡代用品及其浓缩精汁	32		0	0	0		0			6.4	25.6	0
21021000	活性酵母	25		0	0	0	2.5	0	0	0	5	20	0
21022000	非活性酵母；已死的其他单细胞微生物	25		0	0	0	2.5	0	0	0	5	20	0
21023000	发酵粉	25		0	0	0	2.5	0		0	5	20	0
21031000	酱油	28		0	0	0	2.8	0	14	0	5.6	22.4	0
21032000	番茄沙司及其他番茄调味汁	15	12	0	0	0	1.5	0	7.5		3	9	0
21033000	芥子粉及其调味品	15	12	0	0	0	1.5	0	7.5		3	9	0
21039010	味精	21	18.2	0	0	0	2.1	0	10.5	0	4.2	16.8	0

税则号列 Tariff Item	商品名称（简称） Article Description	最惠国税率 (%) M. F. N.	协定税率（%）Conventional										
			巴基斯坦 Paki-stan	智利 Chile	新加坡 Singa-pore	新西兰 New Zealand	秘鲁 Peru	哥斯达黎加 Costa Rica	瑞士 Switze-rland	冰岛 Iceland	澳大利亚 Austr-alia	韩国 Korea	格鲁吉亚 Georgia
21039020	别特油（Aromatic bitters）	21		0	0	0	9.9	0	10.5	0	4.2	16.8	0
21039090	其他调味品	21	18.4	0	0	0	5.2	0	12.2	0	4.2	16.8	0
21041000	汤料及其制品	15	12	0	0	0	1.5	0	7.5	0	3	9	0
21042000	均化混合食品	32		0	0	0	3.2	0			6.4	25.6	0
21050000	冰淇淋及其他冰制食品不论是否含可可	19		0	0	0	1.9	0	0	0	3.8		0
21061000	浓缩蛋白质及人造蛋白物质	10	5	0	0	0	1	0	0	0	2	6	0
21069010	制造碳酸饮料的浓缩物	35		0	0	0	3.5	0		0	7	28	0
21069020	制造饮料用的复合酒精制品	20		0	0	0	2	0	10	0	4	14.6	0
21069030	蜂王浆制剂	3	0	0		0	0	0	0	0	0	0	0
21069040	椰子汁	10	9	0		0	1	0	0	0	2	6	0
21069050	海豹油胶囊	20	18.4	0	0	0	2	0	11.7	0	4	18.7	0
21069090	其他税号未列名的食品	20	18.4	0	0	0	2	0	11.7	0	4	18.7	
22011010	未加糖及未加味的矿泉水	20		0	0	0	2	0	10	0	4	16	0
22011020	未加糖及未加味的汽水	20		0	0	0	2	0	10	0	4	14.6	0
22019011	已包装的天然水	10	5	0	0	0	0	0	0	0	2	6	0
22019019	未包装的天然水	10	5	0	0	0	0	0	0	0	2	6	0
22019090	其他水、冰及雪	10	5	0	0	0	0	0	0	0	2	6	0
22021000	加味、加糖或其他甜物质的水	20		0	0	0	2	0	10	0	4	16	0
22029100	无醇啤酒	35	29.5	0	0	0	3.5	0	20.4	0	7	28	0
22029900	其他无酒精饮料	35	29.5	0	0	0	3.5	0	20.4	0	7	28	0
22041000	葡萄汽酒	14	11.2	0	0	0	1.4	0	7	0	2.8	8.4	0
22042100	小包装的鲜葡萄酿造的酒	14	11.2	0	0	0	5.6	0	7	0	2.8	8.4	0
22042200	装入2升以上但不超过10升容器的鲜葡萄酿造的酒	20		0	0	0	8	0	10	0	4	14.6	0
22042900	其他包装的鲜葡萄酿造的酒	20		0	0	0	8	0	10	0	4	14.6	0
22043000	其他酿酒葡萄汁	30		0	0	0	7.5	0		0	6	24	24
22051000	小包装的味美思酒及类似酒	65		0	0	0	16.2	0			13	52	0
22059000	其他包装的味美思酒及类似酒	65		0	0	0	16.2	0			13	52	0
22060010	黄酒	40		0	0	0	4.4	0		0	8	32	0
22060090	其他发酵饮料	40		0	0	0	4.4	0		0	8	32	0
22071000	浓度≥80%的未改性乙醇	40	0	0	0	0	4	0		0	8	32	0
22072000	任何浓度的改性乙醇及其他酒精	30	0	0	0	0	0	0		0	6	24	0
22082000	蒸馏葡萄酒制得的烈性酒	10	5	0	0	0	1	0	0	0	2	6	0
22083000	威士忌酒	10	5	0	0	0	1	0	0	0	2	6	0

税则号列 Tariff Item	商品名称（简称） Article Description	最惠国税率（%） M. F. N.	协定税率（%）Conventional										
			巴基斯坦 Pakistan	智利 Chile	新加坡 Singapore	新西兰 New Zealand	秘鲁 Peru	哥斯达黎加 Costa Rica	瑞士 Switzerland	冰岛 Iceland	澳大利亚 Australia	韩国 Korea	格鲁吉亚 Georgia
22084000	朗姆酒及蒸馏已发酵甘蔗产品制得的其他烈性酒	10	5	0	0	0	0	0	0	0	2	6	8
22085000	杜松子酒	10	5	0	0	0	0	0	0		2	6	8
22086000	伏特加酒	10	5	0	0	0	0	0	0		2	6	0
22087000	利口酒及柯迪尔酒	10	5	0	0	0	1	0	0	0	2	6	0
22089010	龙舌兰酒	10	5	0	0	0	0	0	0	0	2	6	8
22089020	白酒	10	5	0	0	0	1	0	0	0	2	6	8
22089090	其他蒸馏酒及酒精饮料	10	5	0	0	0	1	0	0	0	2	8	0
22090000	醋及醋酸制得的醋代用品	20		0	0	0	2	0	10	0	4	14.6	0
23011011	含牛羊成分的肉骨粉	2	0	0		0	0	0	0	0	0	0	0
23011019	其他动物的肉骨粉	2	0	0		0	0	0	0	0	0	0	0
23011020	油渣	5	0	0		0	0	0	0	0	0	0	0
23011090	其他不适于供人食用的肉渣粉	5	0	0		0	0	0	0	0	0	0	0
23012010	饲料用鱼粉	2	0	0		0	0	0.4	0	0	0	0	0
23012090	其他不适于供人食用的水产品渣粉	5	0	0		0	0	0	0	0	0	0	0
23021000	玉米糠、麸及其他残渣	5	0	0		0	0	0	0	0	0	0	4
23023000	小麦糠、麸及其他残渣	3	0	0		0	0	0	0	0	0	0	2.4
23024000	其他谷物糠、麸及其他残渣	5	0	0		0	0	0	0	0	0	0	4
23025000	豆类植物糠、麸及其他残渣	5	0	0		0	0	0	0	0	0	0	4
23031000	制造淀粉过程中的残渣及类似品	5	0	0		0	0	0	0	0	0	0	4
23032000	甜菜渣、甘蔗渣及制糖过程中的其他残渣	5	0	0		0	0	0	0	0	0	0	4
23033000	酿造及蒸馏过程中的糟粕及残渣	5	0	0		0	0	0	0	0	0	0	4
23040010	提炼豆油所得的油渣饼（豆饼）	5	0	0		0	0	0	0	0	1	0	4
23040090	提炼豆油所得的其他固体残渣	5	0	0		0	0	0	0	0	1	0	4
23050000	花生饼及类似油渣	5	0	0		0	0	0	0	0	1	0	4
23061000	棉子油渣饼及固体残渣	5	0	0		0	0	0	0	0	0	0	4
23062000	亚麻子油渣饼及固体残渣	5	0	0		0	0	0	0	0	0	0	4
23063000	葵花子油渣饼及固体残渣	5	0	0		0	0	0	0	0	1	0	4
23064100	低芥子酸的油菜子油渣饼及固体残渣	5	0	0		0	0	0	0	0	1	0	4
23064900	油菜子油渣饼及固体残渣	5	0	0		0	0	0	0	0	1	0	4
23065000	椰子或干椰肉油渣饼及固体残渣	5	0	0		0	0	0	0	0	0	0	0

税则号列 Tariff Item	商品名称（简称） Article Description	最惠国税率（%） M. F. N.	协定税率（%） Conventional										
			巴基斯坦 Paki-stan	智利 Chile	新加坡 Singa-pore	新西兰 New Zealand	秘鲁 Peru	哥斯达黎加 Costa Rica	瑞士 Switze-rland	冰岛 Iceland	澳大利亚 Austr-alia	韩国 Korea	格鲁吉亚 Georgia
23066000	油棕果或油棕仁油渣饼及固体残渣	5	0	0		0	0	0	0	0	1	0	0
23069000	其他油渣饼及固体残渣	5	0	0		0	0	0	0	0	1	0	4
23070000	葡萄酒渣、粗酒石	5	0	0		0	0	0	0	0	0	0	0
23080000	动物饲料用其他植物产品	5	0	0		0	0	0	0	0	0	0	0
23091010	零售包装的狗食或猫食罐头	15	12	0	0	0	1.5	0	7.5	0	3	9	0
23091090	零售包装的其他狗食或猫食	15	12	0	0	0	1.5	0	7.5	0	3	9	0
23099010	制成的饲料添加剂	5	0	0		0	0.5	0	0	0	0	0	0
23099090	其他配制的动物饲料	6.5	0	0		0	0.6	0	0	0	1.3	3.9	0
24011010	未去梗的烤烟	10	9.4	0		0							
24011090	其他未去梗的烟草	10		0		0							
24012010	部分或全部去梗的烤烟	10		0		0							
24012090	部分或全部去梗的其他烟草	10		0		0							
24013000	烟草废料	10		0		0	1						
24021000	烟草制的雪茄烟	25		0		0							
24022000	烟草制的卷烟	25		0		0							
24029000	烟草代用品制的雪茄烟及卷烟	25		0		0							
24031100	第二十四章子目注释所述的水烟料	57	50	0		0							
24031900	其他供吸用的烟草	57	50	0		0							
24039100	“均化”或“再造”烟草	57		0		0							
24039900	其他烟草及烟草代用品的制品；烟草精汁	57		0		0							
25010020	纯氯化钠	3	0	0		0	0	0	0	0	0	0	0
25020000	未焙烧的黄铁矿	3	0	0		0	0	0	0	0	0	0	0
25030000	硫磺，但升华硫磺、沉淀硫磺及胶态硫磺除外	3	0	0		0	0	0	0	0	0	0	0
25041010	鳞片状天然石墨	3	0	0		0	0	0	1.5	0	0	0	0
25041091	球化石墨	3	0	0		0	0	0	0	0	0	0	0
25041099	其他粉末状天然石墨	3	0	0		0	0	0	0	0	0	0	0
25049000	其他天然石墨	3	0	0		0	0	0	0	0	0	0	0
25051000	硅砂及石英砂，不论是否着色	3	0	0		0	0	0	0	0	0	0.6	0
25059000	其他天然砂，不论是否着色	3	0	0		0	0	0	0	0	0	0	0
25061000	石英	3	0	0		0	0	0	0	0	0	0	0
25062000	石英岩，不论是否切割成矩形板、块	3	0	0		0	0	0	0	0	0	0	0
25070010	不论是否煅烧的高岭土	3	0	0		0	0	0	0	0	0	0	0

税则号列 Tariff Item	商品名称（简称） Article Description	最惠国税率(%) M. F. N.	协定税率（%）Conventional										
			巴基斯坦 Paki-stan	智利 Chile	新加坡 Singa-pore	新西兰 New Zealand	秘鲁 Peru	哥斯达黎加 Costa Rica	瑞士 Switze-rland	冰岛 Iceland	澳大利亚 Austr-alia	韩国 Korea	格鲁吉亚 Georgia
25070090	不论是否煅烧的类似土	3	0	0		0	0	0	0	0	0	0	0
25081000	膨润土，不论是否煅烧	3	0	0		0	0	0	0	0	0	0	0
25083000	耐火黏土，不论是否煅烧	3	0	0		0	0	0	0	0	0	0	0
25084000	其他黏土，不论是否煅烧	3	0	0		0	0	0	0	0	0	0	0
25085000	红柱石，蓝晶石及硅线石，不论是否煅烧	3	0	0		0	0	0	0	0	0	0	0
25086000	富铝红柱石	3	0	0		0	0	0	0	0	0	0	0
25087000	火泥及第纳斯土	3	0	0		0	0	0	1.5	0	0	0	0
25090000	白垩	3	0	0		0	0	0	0	0	0	0	0
25101010	未碾磨磷灰石	3	0	0		0	0	0	0	0	0	0	0
25101090	未碾磨天然磷酸钙、天然磷酸铝钙及磷酸盐白垩，磷灰石除外	3	0	0		0	0	0	0	0	0	0	0
25102010	已碾磨磷灰石	3	0	0		0	0	0	0	0	0	0	0
25102090	已碾磨天然磷酸钙、天然磷酸铝钙及磷酸盐白垩，磷灰石除外	3	0	0		0	0	0	0	0	0	0	0
25111000	天然硫酸钡（重晶石）	3	0	0		0	0	0	0	0	0	0	0
25112000	天然碳酸钡（毒重石），不论是否煅烧	3	0	0		0	0	0	0	0	0	0	0
25120010	硅藻土	3	0	0		0	0	0	0	0	0	0	0
25120090	其他硅质化石粗粉及类似的硅质土	3	0	0		0	0	0	0	0	0	0	0
25131000	浮石	3	0	0		0	0	0	0	0	0	0	0
25132000	刚玉岩、天然刚玉砂、天然石榴石及其他天然磨料	3	0	0		0	0	0	0	0	0	0	0
25140000	板岩，不论是否粗加修整或切割成矩形板、块	3	0	0		0	0	0	0	0	0	0	0
25151100	原状或粗加修整大理石及石灰华	4	0	0		0	0	0	0	0	0	0	0
25151200	矩形大理石及石灰华	4	0	0		0	0	0	0	0	0	0	0
25152000	其他石灰质碑用或建筑用石；蜡石，不论是否粗加修整或切割成矩形板、块	3	0	0		0	0	0	0	0	0	0	2.4
25161100	原状或粗加修整的花岗岩	4	0	0		0	0	0	0	0	0	0	0
25161200	矩形或正方形的花岗岩	4	0	0		0	0	0	0	0	0	0	0
25162000	砂岩，不论是否粗加修整或切割成矩形板、块	3	0	0		0	0	0	0	0	0	0	0
25169000	其他碑用或建筑用石，不论是否粗加修整或切割成矩形板、块	3	0	0		0	0	0	0	0	0	0	0

税则号列 Tariff Item	商品名称（简称） Article Description	最惠国税率（%） M. F. N.	协定税率（%）Conventional										
			巴基斯坦 Pakistan	智利 Chile	新加坡 Singapore	新西兰 New Zealand	秘鲁 Peru	哥斯达黎加 Costa Rica	瑞士 Switzerland	冰岛 Iceland	澳大利亚 Australia	韩国 Korea	格鲁吉亚 Georgia
25171000	通常做混凝土粒料、铺路、铁道路基或其他路基用的卵石、砾石及碎石，圆石子及燧石，不论是否热处理	4	0	0		0	0	0	0	0	0	0	0
25172000	矿渣、浮渣及类似的工业残渣	3	0	0		0	0	0	0	0	0	0	0
25173000	沥青碎石	3	0	0		0	0	0	0	0	0	0	0
25174100	大理石碎粒、碎屑及粉末，不论是否热处理	3	0	0		0	0	0	0	0	0	0	0
25174900	税目25.15及26.16所列各种石料的碎粒、碎屑及粉末，大理石的除外，不论是否热处理	3	0	0		0	0	0	0	0	0	0	0
25181000	未煅烧或烧结的白云石，不论是否粗加修整或切割成矩形板、块	3	0	0		0	0	0	0	0	0	0	0
25182000	已煅烧或烧结的白云石，不论是否粗加修整或切割成矩形板、块	3	0	0		0	0	0	0	0	0	0	0
25183000	夯混白云石	3	0	0		0	0	0	0	0	0	0	0
25191000	天然碳酸镁（菱镁矿）	3	0	0		0	0	0	0	0	0	0	0
25199010	熔凝镁氧矿	3	0	0		0	0	0	0	0	0	0	0
25199020	烧结镁氧矿（重烧镁）	3	0	0		0	0	0	0	0	0	0	0
25199030	碱烧镁（轻烧镁）	3	0	0		0	0	0	0	0	0	0	0
25199091	化学纯氧化镁	3	0	0		0	0	0	0	0	0	0	0
25199099	非纯氧化镁	3	0	0		0	0	0	0	0	0	0	0
25201000	生石膏；硬石膏	5	0	0		0	0	0	0	0	0	0	4
25202010	牙科用熟石膏，不论是否着色及带有少量促凝剂或缓凝剂	6	0	0		0	0	0	0	0	0	1	0
25202090	其他熟石膏，不论是否着色及带有少量促凝剂或缓凝剂	5	0	0		0	0	0	0	0	0	3	0
25210000	石灰石助熔剂；通常用于制造石灰或水泥的石灰石及其他钙质石	5	0	0		0	0	0	0	0.8	0	0	0
25221000	生石灰	5	0	0		0	0	0	0	0	0	0	0
25222000	熟石灰	5	0	0		0	0	0	0	0	0	0	0
25223000	水硬石灰	5	0	0		0	0	0	0	0	0	1	0
25231000	水泥熟料，不论是否着色	8	5	0		0	0	0	0	0	1.6	1.6	0
25232100	白水泥，不论是否人工着色	6	0	0		0	0	0	0	0	1.2	0	0

税则号列 Tariff Item	商品名称（简称） Article Description	最惠国税率（%） M. F. N.	协定税率（%）Conventional 巴基斯坦 Pakistan	智利 Chile	新加坡 Singapore	新西兰 New Zealand	秘鲁 Peru	哥斯达黎加 Costa Rica	瑞士 Switzerland	冰岛 Iceland	澳大利亚 Australia	韩国 Korea	格鲁吉亚 Georgia
25232900	其他硅酸盐水泥，不论是否着色	8	5	0		0	0	0	0	0	1.6	1.6	0
25233000	矾土水泥，不论是否着色	6	5	0		0	0	0	0	0	1.2	0	0
25239000	其他水凝水泥，不论是否着色	8	5	0		0	0	0	0	0	1.6	1.6	0
25241000	青石棉	5	0	0		0	0	0	0	0	0	1	0
25249010	其他长纤维石棉	5	0	0		0	0	0	0	0	0	1	0
25249090	其他石棉	5	0	0		0	0	0	0	0	0	1	0
25251000	原状云母及劈开的云母片	5	0	0		0	0	0	0	0	0	0	0
25252000	云母粉	5	0	0		0	0	0	0	0	0	0	0
25253000	云母废料	5	0	0		0	0	0	0	0	0	1	0
25261010	未破碎及未研粉的天然冻石，不论是否粗加修整或切割成矩形板、块	3	0	0		0	0	0	0	0	0	0	0
25261020	未破碎及未研粉的滑石，不论是否粗加修整或切割成矩形板、块	3	0	0		0	0	0	0	0	0	0	0
25262010	已破碎或已研粉的天然冻石	3	0	0		0	0	0	0	0	0	0	0
25262020	已破碎或已研粉的天然滑石	3	0	0		0	0	0	0	0	0	0.6	0
25280010	天然硼砂及其精矿，不论是否煅烧	3	0	0		0	0	0	0	0	0	0	0
25280090	硼酸盐（硼砂除外），不论是否煅烧；天然粗硼酸，含硼酸干重≤85%	5	0	0		0	0.5	0	0	0	0	0	0
25291000	长石	3	0	0		0	0	0	0	0	0	0	0
25292100	按重量计氟化钙含量≤97%的萤石	3	0	0		0	0	0	0	0	0	0	0
25292200	按重量计氟化钙含量＞97%的萤石	3	0	0		0	0	0	0	0	0	0	0
25293000	白榴石；霞石及霞石正长岩	5	0	0		0	0	0	0	0	0	1	0
25301010	未膨胀的绿泥石	5	0	0		0	0	0	0	0	0	1	0
25301020	未膨胀的蛭石及珍珠岩	5	0	0		0	0	0	0	0	0	0	0
25302000	硫镁矾矿及泻盐矿（天然硫酸镁）	3	0	0		0	0	0	0	0	0	0	0
25309010	矿物性药材	3	0	0		0	0	0	0	0	0	0	0
25309091	硅灰石	3	0	0		0	0	0	0	0	0	0	0
25309099	其他矿产品	3	0	0		0	0	0	0	0	0	0	0
26179010	朱砂（辰砂）	3	0	0		0	0	0	0	0	0	0	0
26180010	冶炼钢铁产生的锰渣	4	0	0		0	0	0	0	0	0	0	0

税则号列 Tariff Item	商品名称（简称） Article Description	最惠国税率（%） M. F. N.	协定税率（%） Conventional										
			巴基斯坦 Pakistan	智利 Chile	新加坡 Singapore	新西兰 New Zealand	秘鲁 Peru	哥斯达黎加 Costa Rica	瑞士 Switzerland	冰岛 Iceland	澳大利亚 Australia	韩国 Korea	格鲁吉亚 Georgia
26180090	冶炼钢铁产生的其他粒状熔渣（熔渣砂）	4	0	0		0	0	0	0	0	0	0	0
26190000	冶炼钢铁产生的熔渣、浮渣、氧化皮及其他废料	4	0	0		0	0	0	0	0	0	0	0
26201100	含硬锌的矿灰及残渣	4	0	0		0	0	0	0	0	0	0	0
26201900	含其他锌的矿灰及残渣	4	0	0		0	0	0	0	0	0	0	0
26202100	含铅汽油的淤渣及含铅抗震化合物的淤渣	4	0	0		0	0	0	0	0	0	0	0
26202900	其他主要含铅的矿灰及残渣	4	0	0		0	0	0	0	0	0	0	0
26203000	主要含铜的矿灰及残渣	4	0	0		0	0	0	0	0	0	0	0
26204000	主要含铝的矿灰及残渣	4	0	0		0	0	0	0	0	0	0	0
26206000	含砷、汞、铊及其混合物，用于提取或生产砷、汞、铊及其化合物的矿灰及残渣	4	0	0		0	0	0	0	0	0	0	0
26209100	含锑、铍、镉、铬及其混合物的矿灰及残渣	4	0	0		0	0	0	0	0	0	0	0
26209910	主要含钨的矿灰及残渣	4	0	0		0	0	0	0	0	0	0	0
26209990	含其他金属及化合物的矿灰及残渣	4	0	0		0	0	0	0	0	0	0	0
26211000	焚化城市垃圾所产生的灰、渣	4	0	0		0	0	0	0	0	0		0
26219000	其他矿渣及矿灰	4	0	0		0	0	0	0	0	0	0	0
27011100	未制成型的无烟煤，不论是否粉化	3	0	0		0	0	0	0	0	0	0	0
27011210	未制成型的炼焦烟煤，不论是否粉化	3	0	0		0	0	0	0	0	0	0	0
27011290	未制成型的其他烟煤，不论是否粉化	6	5	0		0	0	0	0	0	0	0	0
27011900	未制成型的其他煤，不论是否粉化	5	0	0		0	0	0	0	0	0	0	0
27012000	煤砖、煤球及类似用煤制固体燃料	5	0	0		0	0	0	0	0	0	0	0
27021000	褐煤	3	0	0		0	0	0	0	0	0	0	0
27022000	制成型的褐煤	3	0	0		0	0	0	0	0	0	0	0
27030000	泥煤（包括肥料用泥煤），不论是否成型	5	0	0		0	0	0	0	0	0	0	0
27040010	煤制焦炭及半焦炭，不论是否成型	5	0	0		0	0	0	0	0	0	0	0
27040090	甑炭	5	0	0		0	0	0	0	0	0	0	0
27050000	煤气、水煤气、炉煤气及类似气体，石油气及其他烃类气除外	5	0	0		0	0	0	0	0	0	0	0

税则号列 Tariff Item	商品名称（简称） Article Description	最惠国税率(%) M. F. N.	协定税率（%）Conventional										
			巴基斯坦 Pakistan	智利 Chile	新加坡 Singapore	新西兰 New Zealand	秘鲁 Peru	哥斯达黎加 Costa Rica	瑞士 Switzerland	冰岛 Iceland	澳大利亚 Australia	韩国 Korea	格鲁吉亚 Georgia
27060000	从煤、褐煤或泥煤蒸馏所得的焦油及矿物焦油，不论是否脱水或部分蒸馏，包括再造焦油	6	5			0	0	0	0	0	1.2	0	0
27071000	粗苯	6	5	0		0	0	0	0	0	1.2	4.4	0
27072000	粗甲苯	6	5	0		0	0	0	0	0	1.2	1.2	0
27073000	粗二甲苯	6	5	0		0	0	0	0	0	1.2	4.4	0
27074000	萘	7	5	0		0	0	0	0	0	1.4	5.1	0
27075000	其他芳烃混合物，温度在250℃时蒸馏出的芳烃含量以体积计（包括损耗）在65%及以上（以美国标准实验法D86为准）	7	5	0		0	0	0	0	0	1.4	5.1	0
27079100	杂酚油	7	5	0		0	0	0	0	0	1.4	4.2	0
27079910	酚	7	5	0		0	0	0	0	0	1.4	1.4	0
27079990	蒸馏煤焦油所得的其他产品；芳族成分重量超过非芳族成分的类似产品	7	5	0		0	0	0	0	0	1.4	5.1	0
27081000	从煤焦油或其他矿物焦油所得的沥青	7	5	0		0	0	0	0	0	1.4	1.4	0
27082000	从煤焦油或其他矿物焦油所得的沥青焦	6	5	0		0	0	0	0	0	1.2	3.6	0
27101210	车用汽油及航空汽油	5	0	0	0	0		0	0	0	0	3.6	0
27101220	石脑油	6	0	0	0	0		0	0	0	1.2	4.4	0
27101230	橡胶溶剂油、油漆溶剂油、抽提溶剂油	6		0		0		0	0	0	1.2	4.4	0
27101291	壬烯	9		0		0		0	0	0	1.8	6.6	7.2
27101299	其他轻油馏分产品	9		0		0		0	0	0	1.8	6.6	7.2
27101911	航空煤油	9	5	0	0	0	0	0	0	0	1.8	0	0
27101912	灯用煤油	9		0		0	0.9	0	0	0	1.8	6.6	7.2
27101919	其他煤油馏分产品	6	5	0	0	0	0	0	0	0	1.2	0	0
27101922	5～7号燃料油	6	5	0	0	0	0	0	0	0	1.2	1.2	0
27101923	柴油	6		0		0	0.6	0	0	0	1.2	4.4	0
27101929	其他柴油及其他燃料油	6	5	0	0	0	0.6	0	0	0	1.2	4.4	0
27101991	润滑油	6	0	0		0	0	0	0	0	1.2	4.4	0
27101992	润滑脂	6	0	0		0	0	0	0	0	1.2	4.4	0
27101993	润滑油基础油	6	5	0		0	0	0	0	0	1.2	4.4	0
27101994	液体石蜡和重质液体石蜡	6	0	0		0	0	0	0	0	1.2	0	0
27101999	其他重油及重油制品	6	5	0		0	0	0	0	0	1.2	4.8	0
27102000	石油及从沥青矿物提取的油类以及以上述油为基本成分（按重量计不低于70%）的其他税目未列名制品，含有生物柴油，但废油除外	6	0	0	0	0	5	0	0	0	1.2	4.4	0

税则号列 Tariff Item	商品名称（简称） Article Description	最惠国税率（%） M. F. N.	协定税率（%）Conventional										
			巴基斯坦 Pakistan	智利 Chile	新加坡 Singapore	新西兰 New Zealand	秘鲁 Peru	哥斯达黎加 Costa Rica	瑞士 Switzerland	冰岛 Iceland	澳大利亚 Australia	韩国 Korea	格鲁吉亚 Georgia
27109100	含多氯联苯（PCBs）、多氯三联苯（PCTs）或多溴联苯（PBBs）的废油	6	5	0		0	0	0	0	0	1.2		0
27109900	其他废油	6	5	0		0	0	0	0	0	1.2	1.2	0
27111200	液化丙烷	5	0	0		0	0	0	0	0	0	1	0
27111310	直接灌注香烟打火机及类似打火器用，其包装容器的容积超过300立方厘米的液化丁烷	11	5	0	0	0	0	0	5.5	0	2.2	6.6	0
27111390	其他液化丁烷	5	0	0		0	0.5	0	0	0	0	3	0
27111400	液化的乙烯、丙烯、丁烯及丁二烯	5	0	0		0	0	0	0	0	0	3.6	0
27111910	直接灌注香烟打火机及类似打火器用，其包装容器的容积超过300立方厘米的其他液化燃料	10	5	0		0	0	0	0	0	2	6	0
27111990	其他液化石油气及烃类气	3	0	0		0	0.3	0	0	0	0	0.6	0
27112900	其他气态石油气及烃类气	6	5	0		0	0	0	0	0	1.2	1.2	0
27121000	凡士林	8	5	0		0	0	0	0	0	1.6	1.6	0
27122000	石蜡，不论是否着色，按重量计含油小于0.75%	8	5	0		0	0	0	0	0	1.6	4.8	0
27129010	微晶石蜡，不论是否着色	8	5	0		0	0	0	0	0	1.6	4.8	0
27129090	其他矿物蜡及用合成或其他方法制得的类似产品，不论是否着色	8	5	0		0	0	0	0	0	1.6	4.8	0
27131110	硫的重量百分比小于3%的未煅烧石油焦	3	0	0		0	0	0	0	0	0	2.2	0
27131190	未煅烧石油焦	3	0	0		0	0	0	0	0	0	2.2	0
27131210	硫的重量百分比小于0.8%的已煅烧石油焦	3	0	0		0	0	0	0	0	0	2.2	0
27131290	已煅烧石油焦	3	0	0		0	0	0	0	0	0	2.2	0
27132000	石油沥青	8	5	0		0	0	0	0	0	1.6	5.8	0
27139000	其他石油或从沥青矿物提取油类的残渣	6	5	0		0	0	0	0	0	1.2	1.2	0
27141000	沥青页岩、油页岩及焦油砂	6	5	0		0	0	0	0	0	1.2	1.2	0
27149010	天然沥青（地沥青）	8	5	0		0	0	0	0	0	1.6	5.8	0
27149090	沥青岩	3	0	0		0	0	0	0	0	0	0	0
27150000	以天然沥青（地沥青）、石油沥青、矿物焦油或矿物焦油沥青为基本成分的沥青混合物	8	5	0		0	0	0	0	0	1.6	4.8	0
28011000	氯	5.5	5	0		0	0	0	0	0	0	1.1	0
28012000	碘	5.5	5			0		0	0	0	0	1.1	0

税则号列 Tariff Item	商品名称（简称） Article Description	最惠国税率（%） M. F. N.	协定税率（%） Conventional										
			巴基斯坦 Pakistan	智利 Chile	新加坡 Singapore	新西兰 New Zealand	秘鲁 Peru	哥斯达黎加 Costa Rica	瑞士 Switzerland	冰岛 Iceland	澳大利亚 Australia	韩国 Korea	格鲁吉亚 Georgia
28013010	氟	5.5	0	0		0	0	0	0	0	0	1.1	0
28013020	溴	5.5	0	0		0	0	0	0	0	0	0	0
28020000	升华、沉淀、胶态硫磺	5.5	0	0		0	0	0	0	0	0	1.1	0
28030000	碳（碳黑及其他税号未列名的其他形状的碳）	5.5	0	0		0	0	0	0		0	4	0
28041000	氢	5.5	0	0		0	0	0	0	0	0	3.3	0
28042100	氩	5.5	5	0		0	0	0	0	0	0	1.1	0
28042900	其他稀有气体	5.5	5	0		0	0	0	0	0	0	1.1	0
28043000	氮	5.5	5	0		0	0	0	0	0	0	1.1	0
28044000	氧	5.5	5	0		0	0	0	0	0	0	1.1	0
28045000	硼、碲	5.5	0	0		0	0	0	0	0	0	0	0
28046117	电子工业用直径≥30厘米的单晶硅棒	4	0	0		0	0	0	0	0	0	0	0
28046119	电子工业用7.5厘米≤直径<30厘米的单晶硅棒	4	0	0		0	0	0	0	0	0		0
28046120	电子工业用直径<7.5厘米的单晶硅棒	4	0	0		0	0	0	0	0	0	0	0
28046190	其他含硅量≥99.99%的硅	4	0	0		0	0	0	0	0	0	2.9	0
28046900	其他含硅量<99.99%的硅	4	0	0		0	0	0	0	0	0	0.8	0
28047010	黄磷（白磷）	5.5	0	0		0	0	0	0	0	0	1.1	0
28047090	其他磷	5.5	0	0		0	0	0	0	0	0	3.3	0
28048000	砷	5.5	0	0		0	0	0	0	0	0	1.1	0
28049010	经掺杂用于电子工业的硒晶体棒	4	0	0		0	0.4	0	0	0	0	0	0
28049090	其他硒	5.5	0	0		0	2.7	0	0	0	0	0	0
28051100	钠	5.5	0	0		0	0	0	0	0	0	0	0
28051200	钙	5.5	0	0		0	0	0	0	0	0	0	0
28051910	锂	5.5	0	0		0	0	0	0	0	0	0	0
28051990	其他碱金属及碱土金属	5.5	0	0		0	0	0	0	0	0	0	0
28053011	钕	5.5	0	0		0	0	0	0	0	0	0	0
28053012	镝	5.5	0	0		0	0	0	0	0	0	0	0
28053013	铽	5.5	0	0		0	0	0	0	0	0	0	0
28053014	镧	5.5	0	0		0	0	0	0	0	0	0	0
28053015	铈	5.5	0	0		0	0	0	0	0	0	0	0
28053016	镨	5.5	0	0		0	0	0	0	0	0	0	0
28053017	钇	5.5	0	0		0	0	0	0	0	0	0	0
28053019	其他未相互混合或熔合的稀土金属、钪及钇	5.5	0	0		0	0	0	0	0	0	0	0
28053021	已相互混合或熔合的稀土金属、钪及钇，电池级	5.5	0	0		0	0	0	0	0	0	0	0

税则号列 Tariff Item	商品名称（简称） Article Description	最惠国税率（%） M. F. N.	协定税率（%） Conventional										
			巴基斯坦 Pakistan	智利 Chile	新加坡 Singapore	新西兰 New Zealand	秘鲁 Peru	哥斯达黎加 Costa Rica	瑞士 Switzerland	冰岛 Iceland	澳大利亚 Australia	韩国 Korea	格鲁吉亚 Georgia
28053029	其他已相互混合或熔合的稀土金属、钪及钇	5.5	0	0		0	0	0	0	0	0	0	0
28054000	汞	5.5	0	0		0	0	0	0	0	0	1.1	0
28061000	氯化氢（盐酸）	5.5	5	0		0	0	0	0	0	0	1.1	0
28062000	氯磺酸	5.5	0	0		0	0	0	0	0	0	1.1	0
28070000	硫酸、发烟硫酸	5.5	5	0		0	0	0	0	0	0	1.1	0
28080000	硝酸及磺硝酸	5.5	5	0		0	0	0	0	0	0	1.1	0
28091000	五氧化二磷	1	0	0		0	0	0	0	0	0	0	0
28092011	食品级磷酸	1	0	0		0	0	0	0	0	0	0	0
28092019	其他磷酸及偏磷酸、焦磷酸	1	0	0		0	0	0	0	0	0	0.6	0
28092090	其他多磷酸	5.5	5	0		0	0	0	0	0	0	1.1	0
28100010	硼的氧化物	5.5	0	0		0	0.6	0	0	0	0	1.1	0
28100020	硼酸	5.5	0	0		0	0.6	0	0	0	0	1.1	0
28111110	电子级氢氟酸	5.5	0	0		0	0	0	0	0	0	1.1	0
28111190	氟化氢（氢氟酸）	5.5	0	0		0	0	0	0	0	0	1.1	0
28111200	氢氰酸	5.5	0	0		0	0	0	0	0	0	1.1	0
28111920	硒化氢	5.5	5	0		0	0	0	0	0	0	3.3	0
28111990	其他无机酸	5.5	5	0		0	0	0	0	0	0	3.3	0
28112100	二氧化碳	5.5	5	0		0	0	0	0	0	0	1.1	0
28112210	硅胶	5.5	5	0		0	0	0	0	0	0	1.1	0
28112290	其他二氧化硅	5.5	5	0		0	0	0	0	0	0	1.1	0
28112900	其他非金属无机氧化物	5.5	5	0		0	0	0	0	0	0	1.1	0
28121100	碳酰二氯（光气）	5.5	0	0		0	0	0	0	0	0	1.1	0
28121200	氧氯化磷（磷酰氯；三氯氧磷）	5.5	5	0		0	0	0	0	0	0	1.1	0
28121300	三氯化磷	5.5	0	0		0	0	0	0	0	0	1.1	0
28121400	五氯化磷	5.5	0	0		0	0	0	0	0	0	1.1	0
28121500	一氯化硫（氯化硫）	5.5	0	0		0	0	0	0	0	0	1.1	0
28121600	二氯化硫	5.5	0	0		0	0	0	0	0	0	1.1	0
28121700	亚硫酰氯	5.5	0	0		0	0	0	0	0	0	1.1	0
28121900	其他非金属氯化物及氯氧化物	5.5	0	0		0	0	0	0	0	0	1.1	0
28129011	三氟化氮	5.5	0	0		0	0	0	0	0	0	4	0
28129019	其他氟化物及氟氧化物	5.5	0	0		0	0	0	0	0	0	1.1	4.4
28129090	其他非金属卤化物及卤氧化物	5.5	0	0		0	0	0	0	0	0	3.3	0
28131000	二硫化碳	5.5	0	0		0	0	0	0	0	0	1.1	0
28139000	其他非金属硫化物，商品三硫化二磷	5.5	0	0		0	0	0	0	0	0	1.1	0
28141000	氨	5.5	0	0		0	0	0	0	0	0	1.1	0
28142000	氨水	5.5	0	0		0	0	0	0	0	0	0	0

税则号列 Tariff Item	商品名称（简称） Article Description	最惠国税率（%） M. F. N.	协定税率（%）Conventional										
			巴基斯坦 Pakistan	智利 Chile	新加坡 Singapore	新西兰 New Zealand	秘鲁 Peru	哥斯达黎加 Costa Rica	瑞士 Switzerland	冰岛 Iceland	澳大利亚 Australia	韩国 Korea	格鲁吉亚 Georgia
28151100	固体氢氧化钠	10	7	0		0	0	0	0	0	2	6	0
28151200	氢氧化钠水溶液及液体烧碱	8	5.6	0		0	0	0	0	0	1.6	4.8	0
28152000	氢氧化钾（苛性钾）	5.5	5	0		0	0	0	0	0	0	1.1	0
28153000	过氧化钠及过氧化钾	5.5	0	0		0	0	0	0	0	0	1.1	0
28161000	氢氧化镁及过氧化镁	5.5	5	0		0	0	0	0	0	0	3.3	0
28164000	锶或钡的氧化物、氢氧化物及过氧化物	5.5	5	0		0	0	0	0	0	0	0	0
28170010	氧化锌	5.5	0	0		0	0	0	0	0	0	1.1	0
28170090	过氧化锌	5.5	0	0		0	0.6	0	0	0	0	1.1	0
28181010	棕刚玉	5.5	0	0		0	0	0	0	0	0	3.3	0
28181090	其他人造刚玉，不论是否已有化学定义	5.5	0	0		0	0	0	0	0	0	1.1	0
28182000	氧化铝，但人造刚玉除外	8	5	0	0	0	0	0	0	0	0	1.6	0
28183000	氢氧化铝	5.5	0	0		0	0	0	0	0	0	1.1	0
28191000	三氧化铬	5.5	0	0		0	0	0	0	0	0	3.3	0
28199000	其他铬的氧化物及氢氧化物	5.5	0	0		0	0	0	0	0	0	1.1	0
28201000	二氧化锰	5.5	0	0		0	0	0	0	0	0	1.1	0
28209000	其他锰的氧化物	5.5	0	0		0	0	0	0	0	0	1.1	0
28211000	铁的氧化物及氢氧化物	5.5	0	0		0	0	0	0	0	0	4	0
28212000	土色料	5.5	0	0		0	0	0	0	0	0	3.3	0
28220010	四氧化三钴	5.5	0	0		0	0	0	0	0	0	0	0
28220090	其他钴的氧化物及氢氧化物；商品氧化钴	5.5	0	0		0	0	0	0	0	0	1.1	0
28230000	钛的氧化物	5.5	0	0		0	0	0	0	0	0	1.1	0
28241000	一氧化铅（铅黄、黄丹）	5.5	0	0		0	0	0	0	0	0	1.1	0
28249010	铅丹及铅橙	5.5	0	0		0	0	0	0	0	0	1.1	0
28249090	其他铅的氧化物	5.5	0	0		0	0	0	0	0	0	1.1	0
28251010	水合肼	5.5	0	0		0	0	0	0	0	0	3.3	0
28251020	硫酸羟胺	5.5	5	0		0	0	0	0	0	0	3.3	0
28251090	其他肼、胲及其无机盐	5.5	5	0		0	0	0	0	0	0	1.1	0
28252010	氢氧化锂	5.5	0	0		0	0	0	0	0	0	1.1	0
28252090	锂的氧化物	5.5	0	0		0	0	0	0	0	0	1.1	0
28253010	五氧化二钒	5.5	0	0		0	0	0	0	0	0	3.3	0
28253090	其他钒的氧化物及氢氧化物	5.5	0	0		0	0	0	0	0	0	1.1	0
28254000	镍的氧化物及氢氧化物	5.5	0	0		0	0	0	0	0	0	1.1	0
28255000	铜的氧化物及氢氧化物	5.5	0	0		0	0	0	0	0	0	1.1	0
28256000	锗的氧化物及二氧化锆	5.5	0	0		0	0	0	0	0	0	1.1	0
28257000	钼的氧化物及氢氧化物	5.5	0	0		0		0	0	0	0	1.1	0
28258000	锑的氧化物	5.5	0	0		0	0	0	0	0	0	1.1	0

税则号列 Tariff Item	商品名称（简称） Article Description	最惠国税率（%） M. F. N.	协定税率（%） Conventional										
			巴基斯坦 Pakistan	智利 Chile	新加坡 Singapore	新西兰 New Zealand	秘鲁 Peru	哥斯达黎加 Costa Rica	瑞士 Switzerland	冰岛 Iceland	澳大利亚 Australia	韩国 Korea	格鲁吉亚 Georgia
28259011	钨酸	5.5	0	0		0	0	0	0	0	0	1.1	0
28259012	三氧化钨	5.5	0	0		0	0	0	0	0	0	1.1	0
28259019	其他钨的氧化物及氢氧化物	5.5	0	0		0	0	0	0	0	0	1.1	0
28259021	三氧化二铋	5.5	0	0		0	0	0	0	0	0	1.1	0
28259029	其他铋的氧化物及氢氧化物	5.5	0	0		0	0	0	0	0	0	1.1	0
28259031	二氧化锡	5.5	0	0		0	0	0	0	0	0	1.1	0
28259039	其他锡的氧化物及氢氧化物	5.5	0	0		0	0	0	0	0	0	1.1	0
28259041	一氧化铌	5.5	0	0		0	0	0	0	0	0	1.1	0
28259049	其他铌的氧化物及氢氧化物	5.5	0	0		0	0	0	0	0	0	1.1	0
28259090	其他无机碱；其他金属的氧化物及氢氧化物及过氧化物	5.5	0	0		0	0	0	0	0	0	1.1	0
28261210	无水氟化铝	5.5	0	0		0	0	0	0	0	0	1.1	0
28261290	其他氟化铝	5.5	0	0		0	0	0	0	0	0	1.1	0
28261910	铵的氟化物	5.5	0	0		0	0	0	0	0	0	1.1	0
28261920	钠的氟化物	5.5	0	0		0	0	0	0	0	0	1.1	0
28261990	其他氟化物	5.5	5	0		0	0	0	0	0	0	1.1	0
28263000	六氟铝酸钠（人造冰晶石）	5.5	0	0		0	0	0	0	0	0	1.1	0
28269010	氟硅酸盐	5.5	5	0		0	0	0	0	0	0	3.3	0
28269020	六氟磷酸锂	5.5	5	0		0	0	0	0	0	0	4	0
28269090	氟铝酸盐及其他氟络盐	5.5	5	0		0	0	0	0	0	0	4	0
28271010	肥料用氯化铵	4	0	0		0	0	0	0	0	0	0	3.2
28271090	非肥料用氯化铵	5.5	5	0		0	0	0	0	0	0	1.1	0
28272000	氯化钙	5.5	5	0		0	0	0	0	0	0	1.1	0
28273100	氯化镁	5.5	5	0		0	0	0	0	0	0	3.3	0
28273200	氯化铝	5.5	5	0		0	0	0	0	0	0	1.1	0
28273500	氯化镍	5.5	5	0		0	0	0	0	0	0	1.1	0
28273910	氯化锂	5.5	0	0		0		0	0	0	0	1.1	0
28273920	氯化钡	5.5	0	0		0		0		0	0	1.1	0
28273930	氯化钴	5.5	0	0		0	0	0	0	0	0	1.1	0
28273990	其他未列名氯化物	5.5	0	0		0		0	0	0	0	1.1	0
28274100	铜的氯氧化物及氢氧基氯化物	5.5	0	0		0	0.6	0	0	0	0	1.1	0
28274910	锆的氯氧化物及氢氧基氯化物	5.5	5	0		0	0	0	0	0	0	1.1	0
28274990	其他氯氧化物及氢氧基氯化物	5.5	5	0		0	0	0	0	0	0	1.1	0
28275100	溴化钠及溴化钾	5.5	0	0		0	0	0	0	0	0	1.1	0

税则号列 Tariff Item	商品名称（简称） Article Description	最惠国税率(%) M. F. N.	协定税率（%）Conventional										
			巴基斯坦 Paki-stan	智利 Chile	新加坡 Singa-pore	新西兰 New Zealand	秘鲁 Peru	哥斯达黎加 Costa Rica	瑞士 Switze-rland	冰岛 Iceland	澳大利亚 Austr-alia	韩国 Korea	格鲁吉亚 Georgia
28275900	其他溴化物及溴氧化物	5.5	5	0		0	0	0	0	0	0	3.3	0
28276000	碘化物及碘氧化物	5.5	5	0		0		0	0	0	0	1.1	0
28281000	商品次氯酸钙及其他钙的次氯酸盐	12	5	0	0	0	0	0	6	0	2.4	7.2	0
28289000	次氯酸盐；亚氯酸盐及次溴酸盐	5.5	5	0		0	0	0	0	0	0	1.1	0
28291100	氯酸钠	12	6	0	0	0	0	0	6	0	2.4	7.2	0
28291910	氯酸钾（洋硝）	5.5	0	0		0	0	0	0	0	0	1.1	0
28291990	其他氯酸盐	5.5	0	0		0	0	0	0	0	0	1.1	0
28299000	高氯酸盐；溴酸盐及过溴酸盐；碘酸盐及高碘酸盐	5.5	5	0		0	0	0	0	0	0	1.1	0
28301010	硫化钠	5.5	5	0		0	0	0	0	0	0	1.1	0
28301090	其他钠的硫化物	5.5	0	0		0	0	0	0	0	0	1.1	0
28309020	硫化锑	5.5	0	0		0	0	0	0	0	0	1.1	0
28309030	硫化钴	5.5	0	0		0	0	0	0	0	0	3.3	0
28309090	其他硫化物、多硫化物	5.5	5	0		0	0	0	0	0	0	1.1	0
28311010	钠的连二亚硫酸盐	5.5	5	0		0	0	0	0	0	0	1.1	0
28311020	钠的次硫酸盐	5.5	5	0		0	0	0	0	0	0	1.1	0
28319000	其他连二亚硫酸盐及次硫酸盐	5.5	5	0		0	0	0	0	0	0	1.1	0
28321000	钠的亚硫酸盐	5.5	5	0		0	0	0	0	0	0	1.1	0
28322000	其他亚硫酸盐	5.5	0	0		0	0	0	0	0	0	1.1	0
28323000	硫代硫酸盐	5.5	5	0		0	0	0	0	0	0	1.1	0
28331100	硫酸钠	5.5	5	0		0	0	0	2.8	0	0	0	0
28331900	钠的其他硫酸盐	5.5	5	0		0	0	0	0	0	0	1.1	0
28332100	硫酸镁	5.5	5	0		0	0	0	0	0	0	1.1	0
28332200	硫酸铝	5.5	5	0		0	0	0	0	0	0	1.1	0
28332400	镍的硫酸盐	5.5	5	0		0	0	0	0	0	0	1.1	0
28332500	铜的硫酸盐	5.5	5	0		0	0	0	0	0	0	1.1	0
28332700	硫酸钡	5.5	5	0		0	0	0	0	0	0	3.3	0
28332910	硫酸亚铁	5.5	5	0		0	0	0	0	0	0	1.1	0
28332920	铬的硫酸盐	5.5	0	0		0	0	0	0	0	0	1.1	0
28332930	硫酸锌	5.5	5	0		0	0	0	0	0	0	3.3	0
28332990	其他硫酸盐	5.5	5	0		0	0	0	2.8	0	0	1.1	0
28333010	钾铝矾	5.5	0	0		0	0	0	0	0	0	3.3	0
28333090	其他矾	5.5	0	0		0	0	0	0	0	0	3.3	0
28334000	过硫酸盐	5.5	5	0		0	0	0	0	0	0	3.3	0
28341000	亚硝酸盐	5.5	5	0		0	0	0	0	0	0	1.1	0
28342110	肥料用硝酸钾	4	0	0		0	0	0	0	0	0	0	
28342190	非肥料用硝酸钾	5.5	5	0		0	0	0	0	0	0	1.1	0
28342910	硝酸钴	5.5	0	0		0	0	0	0	0	0	1.1	0
28342990	其他硝酸盐	5.5	5	0		0	0	0	0	0	0	1.1	0

税则号列 Tariff Item	商品名称（简称） Article Description	最惠国税率（%） M. F. N.	协定税率（%）Conventional										
			巴基斯坦 Pakistan	智利 Chile	新加坡 Singapore	新西兰 New Zealand	秘鲁 Peru	哥斯达黎加 Costa Rica	瑞士 Switzerland	冰岛 Iceland	澳大利亚 Australia	韩国 Korea	格鲁吉亚 Georgia
28351000	次磷酸盐及亚磷酸盐	5.5	5	0		0	0	0	0	0	0	1.1	0
28352200	磷酸一钠及磷酸二钠	5.5	5	0		0	0	0	0	0	0	3.3	0
28352400	钾的磷酸盐	5.5	5	0		0	0	0	0	0	0	1.1	0
28352510	饲料级的正磷酸氢钙（磷酸二钙）	5.5	5	0		0	0	0	0	0	0	1.1	0
28352520	食品级的正磷酸氢钙（磷酸二钙）	5.5	5	0		0	0	0	0	0	0	1.1	0
28352590	其他正磷酸氢钙（磷酸二钙）	5.5	5	0		0	0	0	3.4	0	0	1.1	0
28352600	其他磷酸钙	5.5	5	0		0	0	0	0	0	0	3.3	0
28352910	磷酸三钠	5.5	5	0		0	0	0	0	0	0	1.1	0
28352990	其他磷酸盐	5.5	5	0		0	0	0	0	0	0	3.3	0
28353110	食品级的三磷酸钠（三聚磷酸钠）	5.5	5	0		0	0	0	0	0	0	1.1	0
28353190	其他三磷酸钠（三聚磷酸钠）	5.5	5	0		0	0	0	0	0	0	3.3	0
28353911	食品级的六偏磷酸钠	5.5	5	0		0	0	0	0	0	0	1.1	0
28353919	其他六偏磷酸钠	5.5	5	0		0	0	0	0	0	0	3.3	0
28353990	其他多磷酸盐	5.5	5	0		0	0	0	0		0	1.1	0
28362000	碳酸钠（纯碱）	5.5	5	0		0	0	0	0	0	0	1.1	0
28363000	碳酸氢钠（小苏打）	5.5	5	0		0	0	0	0	0	0	3.3	0
28364000	钾的碳酸盐	5.5	5	0		0	0	0	0	0	0	1.1	0
28365000	碳酸钙	5.5	5	0		0	0	0	0	0	0	1.1	0
28366000	碳酸钡	5.5	5	0		0	0	0	0	0	0	0	0
28369100	锂的碳酸盐	5.5	5	0		0		0	0	0	0	1.1	0
28369200	锶的碳酸盐	5.5	5	0		0	0	0	0	0	0	0	0
28369910	碳酸镁	5.5	5	0		0	0	0	0	0	0	3.3	0
28369930	碳酸钴	5.5	5	0		0	0	0	0	0	0	0	0
28369940	商品碳酸铵及其他铵的碳酸盐	5.5	0	0		0	0	0	0	0	0	1.1	0
28369950	碳酸锆	5.5	5	0		0	0	0	0	0	0	1.1	0
28369990	其他碳酸盐；过碳酸盐	5.5	5	0		0	0	0	0	0	0	1.1	0
28371110	氰化钠	5.5	0	0		0	0	0	0	0	0	4	0
28371120	氧氰化钠	5.5	0	0		0	0	0	0	0	0	1.1	0
28371910	氰化钾	5.5	0	0		0	0	0	0	0	0	1.1	0
28371990	其他氰化物及氧氰化物	5.5	0	0		0	0	0	0	0	0	4	0
28372000	氰络合物	5.5	0	0		0	0	0	0	0	0	1.1	0
28391100	偏硅酸钠	5.5	5	0		0	0	0	0	0	0	3.3	0
28391910	硅酸钠	5.5	5	0		0	0	0	0	0	0	3.3	0
28391990	其他钠的硅酸盐；商品硅酸钠	5.5	5	0		0	0	0	0	0	0	3.3	0
28399000	其他硅酸盐；商品碱金属硅酸盐	5.5	5	0		0	0	0	2.8	0	0	1.1	0

税则号列 Tariff Item	商品名称（简称） Article Description	最惠国税率（%） M. F. N.	协定税率（%）Conventional										
			巴基斯坦 Pakistan	智利 Chile	新加坡 Singapore	新西兰 New Zealand	秘鲁 Peru	哥斯达黎加 Costa Rica	瑞士 Switzerland	冰岛 Iceland	澳大利亚 Australia	韩国 Korea	格鲁吉亚 Georgia
28401100	无水四硼酸钠	5.5	0	0		0	0	0	0	0	0	0	0
28401900	其他四硼酸钠	5.5	0	0		0	0	0	0	0	0	0	0
28402000	其他硼酸盐	5.5	0	0		0	0	0	0	0	0	3.3	0
28403000	过硼酸盐	5.5	0	0		0	0	0	0	0	0	1.1	0
28413000	重铬酸钠	5.5	0	0		0	0	0	0	0	0	1.1	0
28415000	其他铬酸盐及重铬酸盐；过铬酸盐	5.5	5	0		0	0	0	0	0	0	1.1	0
28416100	高锰酸钾	5.5	5	0		0	0	0	0	0	0	1.1	0
28416910	锰酸锂	5.5	0	0		0	0	0	0	0	0	1.1	0
28416990	其他亚锰酸盐、锰酸盐及高锰酸盐	5.5	0	0		0	0	0	0	0	0	1.1	0
28417010	钼酸铵	5.5	5	0		0	0	0	0	0	0	0	0
28417090	其他钼酸盐	5.5	5	0		0	0	0	0	0	0	1.1	0
28418010	仲钨酸铵	5.5	0	0		0	0	0	0	0	0	1.1	0
28418020	钨酸钠	5.5	0	0		0	0	0	0	0	0	1.1	0
28418030	钨酸钙	5.5	0	0		0	0	0	0	0	0	1.1	0
28418040	偏钨酸铵	5.5	0	0		0	0	0	0	0	0	1.1	0
28418090	其他钨酸盐	5.5	0	0		0	0	0	0	0	0	0	0
28419000	其他金属酸盐及过金属酸盐	5.5	5	0		0	0	0	0	0	0	3.3	0
28421000	硅酸复盐及硅酸络盐（包括不论是否已有化学定义的硅铝酸盐）	5.5	5	0		0	0	0	3.4	0	0	1.1	0
28429011	硫氰酸钠	5.5	5	0		0	0	0	0	0	0	1.1	0
28429019	其他雷酸盐、氰酸盐及硫氰酸盐	5.5	5	0		0	0	0	0	0	0	1.1	0
28429020	碲化镉	5.5	5	0		0	0	0	0	0	0	1.1	0
28429030	锂镍钴锰氧化物	5.5	5	0		0	0	0	0	0	0	1.1	0
28429040	磷酸铁锂	5.5	5	0		0	0	0	0	0	0	3.3	0
28429050	硒酸盐及亚硒酸盐	5.5	5	0		0	0	0	0	0	0	1.1	0
28429060	锂镍钴铝氧化物	5.5	5	0		0	0	0	0	0	0	1.1	0
28429090	其他无机酸盐及过氧酸盐，叠氮化物除外	5.5	5	0		0	0	0	0	0	0	1.1	0
28431000	胶态贵金属	5.5	0	0		0	0	0	0	0	0	1.1	0
28432100	硝酸银	5.5	0	0		0	0	0	0	0	0	1.1	0
28432900	其他银化合物，不论是否已有化学定义	5.5	0	0		0	0	0	0	0	0	1.1	0
28433000	金化合物，不论是否已有化学定义	5.5	0	0		0	0	0	0	0	0	1.1	0
28439000	其他贵金属化合物，不论是否已有化学定义；贵金属汞齐	5.5	5	0		0	0	0		0	0	1.1	0

税则号列 Tariff Item	商品名称（简称） Article Description	最惠国税率（%） M. F. N.	协定税率（%） Conventional										
			巴基斯坦 Pakistan	智利 Chile	新加坡 Singapore	新西兰 New Zealand	秘鲁 Peru	哥斯达黎加 Costa Rica	瑞士 Switzerland	冰岛 Iceland	澳大利亚 Australia	韩国 Korea	格鲁吉亚 Georgia
28441000	天然铀及其化合物（包括其合金、分散体、陶瓷产品及混合物）	5.5	0	0		0	0	0	0	0	0	1.1	0
28442000	U235浓缩铀、钚及它们的化合物（包括其合金、分散体、陶瓷产品及混合物）	5.5	0	0		0	0	0	0	0	0	1.1	0
28443000	U235贫化铀、钍及它们的化合物（包括其合金、分散体、陶瓷产品及混合物）	5.5	0	0		0	0	0	0	0	0	1.1	0
28444010	镭及镭盐（包括其合金、分散体、陶瓷产品及混合物）	4	0	0		0	0	0	0	0	0	0	0
28444020	放射性钴及放射性钴盐（包括其合金、分散体、陶瓷产品及混合物）	4	0	0		0	0	0	0	0	0	0	0
28444090	其他放射性元素同位素及其化合物（包括其合金、分散体、陶瓷产品及混合物）；放射性残渣	5.5	0	0		0	0	0	0	0	0	1.1	0
28445000	核反应堆已耗尽的燃料元件	5.5	0	0		0	0	0	0	0	0	1.1	0
28451000	重水（氧化氘）	5.5	0	0		0	0	0	0	0	0	1.1	0
28459000	其他同位素及其化合物，不论是否已有化学定义	5.5	0	0		0	0	0	0	0	0	1.1	0
28461010	氧化铈	5.5	0	0		0	0	0	0	0	0	0	0
28461020	氢氧化铈	5.5	0	0		0	0	0	0	0	0	0	0
28461030	碳酸铈	5.5	0	0		0	0	0	0	0	0	0	0
28461090	铈的其他化合物	5.5	0	0		0	0	0	0	0	0	0	0
28469011	氧化钇	5.5	0	0		0	0	0	0	0	0	0	0
28469012	氧化镧	5.5	0	0		0	0	0	0	0	0	0	0
28469013	氧化钕	5.5	0	0		0	0	0	0	0	0	0	0
28469014	氧化铕	5.5	0	0		0	0	0	0	0	0	0	0
28469015	氧化镝	5.5	0	0		0	0	0	0	0	0	0	0
28469016	氧化铽	5.5	0	0		0	0	0	0	0	0	0	0
28469017	氧化镨	5.5	0	0		0	0	0	0	0	0	0	0
28469019	其他氧化稀土	5.5	0	0		0	0	0	0	0	0	0	0
28469021	氯化铽	5.5	0	0		0	0	0	0	0	0	0	0
28469022	氯化镝	5.5	0	0		0	0	0	0	0	0	0	0
28469023	氯化镧	5.5	0	0		0	0	0	0	0	0	0	0
28469024	氯化钕	5.5	0	0		0	0	0	0	0	0	0	0
28469025	氯化镨	5.5	0	0		0	0	0	0	0	0	0	0

税则号列 Tariff Item	商品名称（简称） Article Description	最惠国税率(%) M. F. N.	协定税率（%）Conventional										
			巴基斯坦 Pakistan	智利 Chile	新加坡 Singapore	新西兰 New Zealand	秘鲁 Peru	哥斯达黎加 Costa Rica	瑞士 Switzerland	冰岛 Iceland	澳大利亚 Australia	韩国 Korea	格鲁吉亚 Georgia
28469026	氯化钇	5.5	0	0		0	0	0	0	0	0	0	0
28469028	混合氯化稀土	5.5	0	0		0	0	0	0	0	0	0	0
28469029	未混合氯化稀土	5.5	0	0		0	0	0	0	0	0	0	0
28469031	氟化铽	5.5	0	0		0	0	0	0	0	0	0	0
28469032	氟化镝	5.5	0	0		0	0	0	0	0	0	0	0
28469033	氟化镧	5.5	0	0		0	0	0	0	0	0	0	0
28469034	氟化钕	5.5	0	0		0	0	0	0	0	0	0	0
28469035	氟化镨	5.5	0	0		0	0	0	0	0	0	0	0
28469036	氟化钇	5.5	0	0		0	0	0	0	0	0	0	0
28469039	其他氟化稀土	5.5	0	0		0	0	0	0	0	0	0	0
28469041	碳酸镧	5.5	0	0		0	0	0	0	0	0	0	0
28469042	碳酸铽	5.5	0	0		0	0	0	0	0	0	0	0
28469043	碳酸镝	5.5	0	0		0	0	0	0	0	0	0	0
28469044	碳酸钕	5.5	0	0		0	0	0	0	0	0	0	0
28469045	碳酸镨	5.5	0	0		0	0	0	0	0	0	0	0
28469046	碳酸钇	5.5	0	0		0	0	0	0	0	0	0	0
28469048	混合碳酸稀土	5.5	0	0		0	0	0	0	0	0	0	0
28469049	未混合碳酸稀土	5.5	0	0		0	0	0	0	0	0	0	0
28469091	镧的其他化合物	5.5	0	0		0	0	0	0	0	0	0	0
28469092	钕的其他化合物	5.5	0	0		0	0	0	0	0	0	0	0
28469093	铽的其他化合物	5.5	0	0		0	0	0	0	0	0	0	0
28469094	镝的其他化合物	5.5	0	0		0	0	0	0	0	0	0	0
28469095	镨的其他化合物	5.5	0	0		0	0	0	0	0	0	0	0
28469096	钇的其他化合物	5.5	0	0		0	0	0	0	0	0	0	0
28469099	稀土金属、钇、钪的其他化合物	5.5	0	0		0	0	0	0	0	0	0	0
28470000	过氧化氢（不论是否用尿素固化）	5.5	5	0		0	0	0	0	0	0	4	0
28491000	碳化钙，不论是否已有化学定义	5.5	0	0		0	0	0	0	0	0	1.1	0
28492000	碳化硅，不论是否已有化学定义	5.5	5	0		0	0	0	0	0	0	3.3	0
28499010	碳化硼，不论是否已有化学定义	5.5	0	0		0	0	0	0	0	0	1.1	0
28499020	碳化钨，不论是否已有化学定义	5.5	0	0		0	0	0	0	0	0	1.1	0
28499090	其他碳化物，不论是否已有化学定义	5.5	0	0		0	0	0	0	0	0	1.1	0
28500011	氮化锰	5.5	0	0		0	0	0	0	0	0	1.1	0
28500012	氮化硼	5.5	0	0		0	0	0	0	0	0	1.1	0
28500019	其他氮化物	5.5	0	0		0	0	0	0	0	0	1.1	0

税则号列 Tariff Item	商品名称（简称） Article Description	最惠国税率（%） M. F. N.	协定税率（%）Conventional										
			巴基斯坦 Paki-stan	智利 Chile	新加坡 Singa-pore	新西兰 New Zealand	秘鲁 Peru	哥斯达黎加 Costa Rica	瑞士 Switze-rland	冰岛 Iceland	澳大利亚 Austr-alia	韩国 Korea	格鲁吉亚 Georgia
28500090	氢化物、迭氮化物、硅化物及硼化物，不论是否已有化学定义，但可归入税目28.49的碳化物除外	5.5	0	0		0	0	0	0	0	0	4	0
28521000	汞的有机或无机化合物，汞齐除外	5.5	0	0		0	0	0	0	0	0	1.1	0
28529000	无化学定义的汞化合物	5.5	5	0		0	0	0	0	0	0	1.1	0
28531000	氯化氰	5.5	0	0		0	0	0	0	0	0	1.1	0
28539010	饮用蒸馏水	5.5	0	0		0	0	0	0	0	0	1.1	0
28539030	镍钴锰氢氧化物	6.5	5	0		0	0	0	0	0	1.3	1.3	0
28539040	磷化物，不论是否已有化学定义，但不包括磷铁	5.5	0	0		0	0	0	0	0	0	3.3	0
28539050	镍钴铝氢氧化物	5.5	5	0		0	0	0	0	0	0	1.1	0
28539090	其他无机化合物、液态空气、压缩空气，汞齐，但贵金属汞齐除外	5.5	5	0		0	0	0	0	0	0	1.1	0
29011000	饱和无环烃	2	0	0		0	0	0	0	0	0	0	0
29012100	乙烯	2	0	0		0	0	0	0	0	0	1.2	0
29012200	丙烯	2	0	0		0	0	0	0	0	0	1.2	0
29012310	1-丁烯	2	0	0		0	0	0	0	0	0	1.2	0
29012320	2-丁烯	2	0	0		0	0	0	0	0	0	0	0
29012330	2-甲基丙稀	2	0	0		0	0	0	0	0	0	0	0
29012410	1,3-丁二烯	2	0	0		0	0	0	0	0	0	1.2	0
29012420	异戊二烯	2	0	0		0	0	0	0	0	0	1.4	0
29012910	异戊烯	2	0	0		0	0	0	0	0	0	0	0
29012920	乙炔	2	0	0		0	0	0	0	0	0	0	0
29012990	其他不饱和无环烃	2	0	0		0	0	0	0	0.3	0	1.2	0
29021100	环已烷	2	0	0		0	0	0	0	0	0	0	0
29021910	蒎烯	2	0	0		0	0	0	0	0.3	0	0	0
29021920	4-烷基-4'-烷基双环已烷	2	0	0		0	0	0	0	0.3	0	0	0
29021990	其他环烷烃，环烯及环萜烯	2	0	0		0	0	0	0	0.3	0	0	0
29022000	苯	2	0	0		0	0	0	0	0	0	1.4	0
29023000	甲苯	2	0	0		0	0	0	0	0	0	1.4	0
29024100	邻二甲苯	2	0	0		0	0	0	0	0	0	1.2	1.6
29024200	间二甲苯	2	0	0		0	0	0	0	0	0	0	1.6
29024300	对二甲苯	2	0	0		0	0	0	1	0	0		
29024400	混合二甲苯异构体	2	0	0		0	0	0	0	0	0	0	1.6
29025000	苯乙烯	2	0	0		0	0	0	1	0	0	1.6	0
29026000	乙苯	2	0	0		0	0	0	0	0	0	1.2	0
29027000	异丙基苯	2	0	0		0	0	0	0	0	0	0	0
29029010	四氢萘	2	0	0		0	0	0	0	0	0	0	0

税则号列 Tariff Item	商品名称（简称） Article Description	最惠国税率（%） M. F. N.	协定税率（%） Conventional										
			巴基斯坦 Pakistan	智利 Chile	新加坡 Singapore	新西兰 New Zealand	秘鲁 Peru	哥斯达黎加 Costa Rica	瑞士 Switzerland	冰岛 Iceland	澳大利亚 Australia	韩国 Korea	格鲁吉亚 Georgia
29029020	精萘	2	0	0		0	0	0	0	0	0	1.4	0
29029030	十二烷基苯	2	0	0		0	0	0	0	0	0		0
29029040	4-（4'-烷基环己基）环己基乙烯	2	0	0		0	0	0	0	0	0	0	0
29029050	1-烷基-4-（4-烷烯基-1，1'-双环己基）苯	2	0	0		0	0	0	0	0	0	0	0
29029090	其他芳香烃	2	0	0		0	0	0	0	0	0	0	0
29031100	一氯甲烷及氯乙烷	5.5	0	0		0	0	0	0	0	0	1.1	0
29031200	二氯甲烷	8	5	0		0	0	0	0	0	1.6	5.8	0
29031300	氯仿（三氯甲烷）	10	5	0		0	0	0	0	0	2	6	0
29031400	四氯化碳	8	5	0		0	0	0	0	0	1.6	1.6	0
29031500	1,2-二氯乙烷（ISO）	5.5		0		0		0	0	0	0	1.1	0
29031910	1,1,1-三氯乙烷（甲基氯仿）	8	5	0		0	0	0	0	0	1.6	1.6	0
29031990	其他无环烃的饱和氯化衍生物	5.5	5	0		0	0	0	0	0	0	3.3	0
29032100	氯乙烯	5.5	0	0		0	0	0	0	0	0	0	0
29032200	三氯乙烯	8	5	0		0	0	0	0	0	1.6	5.8	0
29032300	四氯乙烯	5.5	0	0		0	0	0	0	0	0	1.1	0
29032910	3-氯-1-丙稀（氯丙稀）	5.5	0	0		0	0	0	0	0	0	1.1	0
29032990	其他无环烃的不饱和氯化衍生物	5.5	0	0		0	0	0	0	0	0	1.1	0
29033100	1,2-二溴乙烷（ISO）	5.5	5	0		0	0	0	0	0	0	1.1	0
29033910	全氟异丁烯（八氟异丁烯）	5.5	0	0		0	0	0	0	0	0	1.1	0
29033990	其他无环烃的氟化、溴化或碘化衍生物	5.5	5	0		0	0	0	0	0	0	1.1	0
29037100	一氯二氟甲烷	5.5	5	0		0	0	0	0	0	0	1.1	0
29037200	二氯三氟乙烷	5.5	5	0		0	0	0	0	0	0	1.1	0
29037300	二氯一氟乙烷	5.5	5	0		0	0	0	0	0	0	1.1	0
29037400	一氯二氟乙烷	5.5	5	0		0	0	0	0	0	0	1.1	0
29037500	二氯五氟丙烷	5.5	5	0		0	0	0	0	0	0	1.1	0
29037600	溴氯二氟甲烷、溴三氟甲烷及二溴四氟乙烷	5.5	0	0		0	0	0	0	0	0	1.1	0
29037710	三氯氟甲烷	5.5	5	0		0	0	0	0	0	0	1.1	0
29037720	其他仅含氟和氯的甲烷、乙烷及丙烷的全卤化物	5.5	0	0		0	0	0	0	0	0	1.1	0
29037790	其他仅含氟氯的无环烃全卤化衍生物	5.5	5	0		0	0	0	0	0	0	3.3	0
29037800	其他无环烃全卤化衍生物	5.5	0	0		0	0	0	0	0	0	1.1	0
29037910	其他仅含氟和氯的甲烷、乙烷及丙烷的卤化衍生物	5.5	5	0		0	0	0	0	0	0	1.1	0

税则号列 Tariff Item	商品名称（简称） Article Description	最惠国税率（%） M. F. N.	协定税率（%） Conventional										
			巴基斯坦 Pakistan	智利 Chile	新加坡 Singapore	新西兰 New Zealand	秘鲁 Peru	哥斯达黎加 Costa Rica	瑞士 Switzerland	冰岛 Iceland	澳大利亚 Australia	韩国 Korea	格鲁吉亚 Georgia
29037990	其他含有两种或两种以上不同卤素的无环烃卤化衍生物	5.5	0	0		0	0	0	0	0	0	1.1	0
29038100	1,2,3,4,5,6-六氯环己烷［六六六（ISO）］，包括林丹（ISO，INN）	5.5	0	0		0	0	0	0	0	0	1.1	0
29038200	艾氏剂（ISO）、氯丹（ISO）及七氯（ISO）	5.5	0	0		0	0	0	0	0	0	1.1	0
29038300	灭蚁灵（ISO）	5.5	0	0		0	0	0	0	0	0	1.1	0
29038900	其他环烷烃或环烯烃等卤化衍生物	5.5	0	0		0	0	0	0	0	0	1.1	0
29039110	邻二氯苯	5.5	0	0		0	0	0	0	0	0	3.3	0
29039190	氯苯及对二氯苯	5.5	5	0		0	0	0	0	0	0	1.1	0
29039200	六氯苯（ISO）及滴滴涕（ISO，INN）	5.5	0	0		0	0	0	0	0	0	1.1	0
29039300	五氯苯（ISO）	5.5	5	0		0	0	0	0	0	0	1.1	0
29039400	六溴联苯	5.5	5	0		0	0	0	0	0	0	1.1	0
29039910	对氯甲苯	5.5	0	0		0	0	0	0	0	0	1.1	0
29039920	3,4-二氯三氟甲苯	5.5	0	0		0	0	0	0	0	0	1.1	0
29039930	4-（4'-烷基苯基）-1-（4'-烷基苯基）-2-氟苯	5.5	5	0		0	0	0	0	0	0	1.1	0
29039990	其他芳烃卤化衍生物	5.5	5	0		0	0	0	0	0	0	1.1	0
29041000	仅含磺基的衍生物及其盐和乙酯	5.5	5	0		0	0	0	0	0	0	1.1	0
29042010	硝基苯	5.5	0	0		0	0	0	0	0	0	1.1	0
29042020	硝基甲苯	5.5	0	0		0	0	0	0	0	0	1.1	0
29042030	二硝基甲苯	5.5	0	0		0	0	0	0	0	0	1.1	0
29042040	三硝基甲苯（TNT）	5.5	0	0		0	0	0	0	0	0	1.1	0
29042090	其他仅含硝基或亚硝基衍生物	5.5	5	0		0	0	0	0	0	0	1.1	0
29043100	全氟辛基磺酸	5.5	5	0		0	0	0	0	0	0	1.1	0
29043200	全氟辛基磺酸铵	5.5	5	0		0	0	0	0	0	0	1.1	0
29043300	全氟辛基磺酸锂	5.5	5	0		0	0	0	0	0	0	1.1	0
29043400	全氟辛基磺酸钾	5.5	5	0		0	0	0	0	0	0	1.1	0
29043500	其他全氟辛基磺酸盐	5.5	5	0		0	0	0	0	0	0	1.1	0
29043600	全氟辛基磺酰氟	5.5	5	0		0	0	0	0	0	0	1.1	0
29049100	三氯硝基甲烷（氯化苦；硝基氯仿）	5.5	0	0		0	0	0	0	0	0	1.1	0
29049900	其他烃的磺化、硝化、亚硝化衍生物，不论是否卤化	5.5	5	0		0	0	0	0	0	0	1.1	0
29051100	甲醇	5.5	0	0		0		0	0	0	0		0
29051210	丙醇	5.5	0	0		0	0	0	0	0	0	4	0

税则号列 Tariff Item	商品名称（简称） Article Description	最惠国税率（%） M. F. N.	协定税率（%）Conventional										
			巴基斯坦 Pakistan	智利 Chile	新加坡 Singapore	新西兰 New Zealand	秘鲁 Peru	哥斯达黎加 Costa Rica	瑞士 Switzerland	冰岛 Iceland	澳大利亚 Australia	韩国 Korea	格鲁吉亚 Georgia
29051220	异丙醇	5.5	0	0		0	0	0	0	0	0	4	0
29051300	正丁醇	5.5	0	0		0	0	0	0	0	0	4	0
29051410	异丁醇	5.5	0	0		0	0	0	0	0	0	4	0
29051420	仲丁醇	5.5	0	0		0	0	0	0	0	0	4	0
29051430	叔丁醇	5.5	0	0		0	0	0	0	0	0	4	0
29051610	正辛醇	5.5	5	0		0		0	0	0	0		0
29051690	其他辛醇	5.5	5	0		0		0	0	0	0		0
29051700	十二醇、十六醇及十八醇	7	5	0		0	0	0	0	0	1.4	5.1	0
29051910	3,3-二甲基丁-2-醇（频哪基醇）	5.5	0	0		0	0	0	0	0	0	1.1	0
29051990	其他饱和一元醇	5.5	5	0		0	0	0	2.8	0	0	1.1	0
29052210	香叶醇、橙花醇	5.5	0	0		0	0	0	0	0	0	1.1	0
29052220	香茅醇	5.5	5	0		0	0	0	0	0	0	1.1	0
29052230	芳樟醇	5.5	5	0		0	0	0		0	0	1.1	0
29052290	其他无环萜烯醇	5.5	5	0		0	0	0	3.4	0	0	1.1	0
29052900	其他不饱和一元醇（无环萜烯醇除外）	5.5	5	0		0	0	0	0	0	0	1.1	0
29053100	1,2-乙二醇	5.5		0		0		0		0	0		
29053200	丙二醇	5.5	5	0		0	0	0	0	0	0	3.3	0
29053910	2,5-二甲基己二醇	4	0	0		0	0	0	0	0	0	0	0
29053990	其他二元醇	5.5	5	0		0	0	0	0	0	0		0
29054100	三羟甲基丙烷	5.5	0	0		0	0	0	0	0	0	1.1	0
29054200	季戊四醇	5.5	5	0		0	0	0	0	0	0	3.3	0
29054300	甘露糖醇	8	5	0		0	0	0	0	0	1.6	1.6	0
29054400	山梨醇	14	11.2	0	0	0	0	0	7	0	2.8	8.4	0
29054500	丙三醇（甘油）	14	7	0	0	0	0	0	7	0	2.8	8.4	0
29054910	木糖醇	5.5	5	0		0	0	0	0	0	0	1.1	0
29054990	其他多元醇	5.5	5	0		0	0	0	0	0	0	1.1	0
29055100	乙氯维诺	5.5	0	0		0	0	0	0	0	0	1.1	0
29055900	无环醇的卤化、磺化、硝化或亚硝化的衍生物（乙氯维诺除外）	5.5	5	0		0	0	0	0	0	0	3.3	0
29061100	薄荷醇	5	0	0		0	0	0	0	0	0	1	0
29061200	环己醇、甲基环己醇、二甲基环己醇	5.5	5	0		0	0	0	0	0	0	1.1	0
29061310	固醇	5.5	0	0		0	0	0	0	0	0	3.3	0
29061320	肌醇	5.5	5	0		0	0	0	0	0	0	1.1	0
29061910	萜品醇	5.5	5	0		0	0	0	0	0	0	1.1	0
29061990	其他环烷醇、环烯醇及环萜烯醇	5.5	5	0		0	0	0		0	0	1.1	0
29062100	苄醇	5	0	0		0	0	0	0	0	0	1	0
29062910	2-苯基乙醇	5.5	5	0		0	0	0	0	0	0	1.1	0

税则号列 Tariff Item	商品名称（简称） Article Description	最惠国税率（%） M. F. N.	协定税率（%） Conventional										
			巴基斯坦 Pakistan	智利 Chile	新加坡 Singapore	新西兰 New Zealand	秘鲁 Peru	哥斯达黎加 Costa Rica	瑞士 Switzerland	冰岛 Iceland	澳大利亚 Australia	韩国 Korea	格鲁吉亚 Georgia
29062990	其他芳香醇及它们的衍生物	5.5	5	0		0	0	0	3.4	0	0	3.3	0
29071110	苯酚	5.5	0	0		0	0	0	0	0	0		0
29071190	苯酚的盐	5.5	0	0		0	0	0	2.8	0	0		0
29071211	间甲酚	5.5	0	0		0	0	0	0	0	0	1.1	0
29071212	邻甲酚	5.5	0	0		0	0	0	0	0	0	1.1	0
29071219	其他甲酚（对甲酚）	5.5	5	0		0	0	0	0	0	0	3.3	0
29071290	甲酚的盐	5.5	0	0		0	0	0	0	0	0	1.1	0
29071310	壬基酚	5.5	0	0		0	0	0	0	0	0		0
29071390	辛基酚及其异构体的盐和壬基酚盐	5.5	0	0		0	0	0	0	0	0	4	0
29071510	β-萘酚（2-萘酚）	5.5	0	0		0	0	0	0	0	0	1.1	0
29071590	其他萘酚及其盐	5.5	5	0		0	0	0	0	0	0	1.1	0
29071910	邻仲丁基酚、邻异丙基酚	4	0	0		0	0	0	2	0	0	0	0
29071990	其他一元酚	5.5	5	0		0	0	0	2.8	0	0	1.1	0
29072100	间苯二酚及其盐	5.5	5	0		0	0	0	0	0	0	3.3	0
29072210	对苯二酚	5.5	5	0		0	0	0	0	0	0	1.1	0
29072290	对苯二酚的盐	5.5	0	0		0	0	0	0	0	0	1.1	0
29072300	4,4'-异亚丙基联苯酚（双酚A）及其盐	5.5	5	0		0	0	0	0	0	0		0
29072910	邻苯二酚	4	0	0		0	0	0	0	0	0		0
29072990	其他多元酚；酚醇	5.5	5	0		0	0	0	0	0	0	4	0
29081100	五氯苯酚（ISO）	5.5	5	0		0	0	0	0	0	0	1.1	0
29081910	对氯苯酚	4	0	0		0	0	0	0	0	0	0	0
29081990	其他仅含卤素取代基的酚及酚醇衍生物及其盐	5.5	5	0		0	0	0	0	0	0	1.1	0
29089100	地乐酚（ISO）及其盐	5.5	5	0		0	0	0	0	0	0	1.1	0
29089200	4,6-二硝基邻甲酚［二硝酚（ISO）］及其盐	5.5	5	0		0	0	0	0	0	0	1.1	0
29089910	对硝基酚、对硝基酚钠	5.5	0	0		0	0	0	0	0	0	1.1	0
29089990	其他酚及酚醇的卤化、磺化、硝化或亚硝化的等衍生物	5.5	5	0		0	0	0	0	0	0	3.3	0
29091100	乙醚	5.5	0	0		0	0	0	0	0	0	1.1	0
29091910	甲醚	5.5	5	0		0		0	0	0	0	4	0
29091990	其他无环醚及其卤化、磺化、硝化或亚硝化衍生物	5.5	5	0		0		0	0	0	0	4	0
29092000	环烷醚、环烯醚或环萜烯醚及其卤化、磺化、硝化或亚硝化衍生物	5.5	0	0		0	0	0	0	0	0	1.1	0
29093010	1-烷氧基-4-（4-乙烯基环己基）-2,3-二氟苯	5.5	5	0		0	0	0	0	0	0	1.1	0

税则号列 Tariff Item	商品名称（简称） Article Description	最惠国税率（%） M. F. N.	协定税率（%）Conventional										
			巴基斯坦 Pakistan	智利 Chile	新加坡 Singapore	新西兰 New Zealand	秘鲁 Peru	哥斯达黎加 Costa Rica	瑞士 Switzerland	冰岛 Iceland	澳大利亚 Australia	韩国 Korea	格鲁吉亚 Georgia
29093020	4-（4-烷氧基苯基）-4'-烷烯基-1,1'-双环己烷及其氟代衍生物	5.5	5	0		0	0	0	0	0	0	1.1	0
29093090	其他芳香醚及其卤化、磺化、硝化或亚硝化衍生物	5.5	5	0		0	0	0	0	0	0	1.1	0
29094100	2,2'-氧联二乙醇（二甘醇）	5.5	0	0		0		0	0	0	0	0	0
29094300	乙二醇或二甘醇的单丁醚	5.5	5	0		0	0	0	0	0	0	0	0
29094400	乙二醇或二甘醇的其他单烷基醚	5.5	5	0		0	0	0	0	0	0	4	0
29094910	间苯氧基苄醇	4	0	0		0	0	0	0	0	0	0	0
29094990	其他醚醇及其卤化、磺化、硝化或亚硝化的衍生物	5.5	5	0		0	0	0	0	0	0	4	0
29095000	醚酚、醚醇酚及其卤化、磺化、硝化或亚硝化的衍生物	5.5	5	0		0	0	0	0		0	4	0
29096000	过氧化醇、过氧化醚、过氧化酮及其卤化、磺化、硝化或亚硝化的衍生物	5.5	5	0		0	0	0	0	0	0	4	0
29101000	环氧乙烷（氧化乙烯）	5.5	0	0		0	0	0	0	0	0	4	0
29102000	甲基环氧乙烷（氧化丙烯）	5.5	0	0		0	0	0	0	0	0	4	0
29103000	1-氯-2,3-环氧丙烷（表氯醇）	5.5	5	0		0	0	0	0	0	0	3.3	0
29104000	狄氏剂（ISO，INN）	5.5	5	0		0	0	0	0	0	0	1.1	0
29105000	异狄氏剂（ISO）	5.5	5	0		0	0	0	3.4	0	0	1.1	0
29109000	三节环环氧化物，环氧醇（酚、醚）及其卤化、磺化、硝化或亚硝化的衍生物	5.5	5	0		0	0	0	3.4	0	0	1.1	0
29110000	缩醛、半缩醛，不论是否含有其他含氧基，及其卤化、磺化、硝化或亚硝化的衍生物	5.5	5	0		0	0	0	3.4	0	0	3.3	0
29121100	甲醛	5.5	0	0		0	0	0	0		0	1.1	0
29121200	乙醛	5.5	0	0		0	0	0	0		0	1.1	0
29121900	其他无环醛（不含其他含氧基）	5.5	5	0		0	0	0	2.8	0	0	4	0
29122100	苯甲醛	5.5	5	0		0	0	0	0		0	1.1	0
29122910	铃兰醛（对叔丁基-α-甲基-氧化肉桂醛）	5.5	5	0		0	0	0	0		0	1.1	0
29122990	其他环醛（不含其他含氧基）	5.5	5	0		0	0	0	3.4	0	0	1.1	0

税则号列 Tariff Item	商品名称（简称） Article Description	最惠国税率（%） M. F. N.	协定税率（%） Conventional										
			巴基斯坦 Pakistan	智利 Chile	新加坡 Singapore	新西兰 New Zealand	秘鲁 Peru	哥斯达黎加 Costa Rica	瑞士 Switzerland	冰岛 Iceland	澳大利亚 Australia	韩国 Korea	格鲁吉亚 Georgia
29124100	香草醛（3-甲氧基-4-羟基苯甲醛）	5.5	5	0		0	0	0	0	0	0	1.1	0
29124200	乙基香草醛	5.5	5	0		0	0	0	0	0	0	1.1	0
29124910	醛醇	5.5	5	0		0	0	0	0	0	0	1.1	0
29124990	其他醛醚、醛酚、其他含氧基的醛	5.5	5	0		0	0	0	0	0	0	1.1	0
29125000	环聚醛	5.5	0	0		0	0	0		0	0	4	0
29126000	多聚甲醛	5.5	5	0		0	0	0	0	0	0	4	0
29130000	税目 29.12 所列产品的卤化、磺化、硝化或亚硝化的衍生物	5.5	5	0		0	0	0	0	0	0	1.1	0
29141100	丙酮	5.5	0	0		0	0	0	0	0	0		0
29141200	丁酮	5.5	0	0		0	0	0	0	0	0		0
29141300	4-甲基-2-戊酮	5.5	0	0		0	0	0	0	0	0	4	0
29141900	其他不含其他含氧基的无环酮	5.5	5	0		0	0	0	0	0	0	4	0
29142200	环己酮及甲基环己酮	5.5	0	0		0	0	0	0	0	0	4	0
29142300	芷香酮及甲基芷香酮	5.5	0	0		0	0	0		0	0	1.1	0
29142910	樟脑	5.5	5	0		0	0	0	0	0	0	1.1	0
29142990	其他不含含氧基环烷酮、环烯酮或环萜烯酮	5.5	5	0		0	0	0		0	0	3.3	0
29143100	苯丙酮（苯基丙-2-酮）	5.5	0	0		0	0	0	0	0	0	1.1	0
29143910	苯乙酮	4	0	0		0	0	0	0	0	0	0	0
29143990	其他不含其他含氧基的芳香酮	5.5	5	0		0	0	0	2.8	0	0	1.1	0
29144000	酮醇及酮醛	5.5	5	0		0	0	0	2.8	0	0	1.1	0
29145011	覆盆子酮	5.5	0	0		0	0	0	0	0	0	1.1	0
29145019	其他酮酚	5.5	5	0		0	0	0	2.8	0	0	1.1	0
29145020	2-羟基-4-甲氧基二苯甲酮	5.5	5	0		0	0	0	0	0	0	1.1	0
29145090	酮酚及含其他含氧基酮	5.5	5	0		0	0	0	0	0	0	3.3	0
29146100	蒽醌	5.5	5	0		0	0	0	0	0	0	3.3	0
29146200	辅酶 Q10	5.5	0	0		0	0	0	0	0	0	3.3	0
29146900	其他醌，不论是否含有其他含氧基，及其卤化、磺化、硝化或亚硝化衍生物	5.5	0	0		0	0	0	0	0	0	3.3	0
29147100	十氯酮（ISO）	5.5	5	0		0	0	0		0	0	3.3	0
29147900	其他酮及醌的卤化、磺化、硝化或亚硝化的衍生物	5.5	5	0		0	0	0		0	0	3.3	0
29151100	甲酸	5.5	5	0		0	0	0	0	0	0	3.3	0
29151200	甲酸盐	5.5	5	0		0	0	0	0	0	0	3.3	0
29151300	甲酸酯	5.5	5	0		0	0	0	0	0	0	1.1	0
29152111	食品级冰乙酸	5.5	5	0		0	0	0	0	0	0	0	0

税则号列 Tariff Item	商品名称（简称） Article Description	最惠国税率（%） M. F. N.	协定税率（%） Conventional										
			巴基斯坦 Pakistan	智利 Chile	新加坡 Singapore	新西兰 New Zealand	秘鲁 Peru	哥斯达黎加 Costa Rica	瑞士 Switzerland	冰岛 Iceland	澳大利亚 Australia	韩国 Korea	格鲁吉亚 Georgia
29152119	其他冰乙酸（冰醋酸）	5.5	5	0		0	0	0	0	0	0	0	0
29152190	其他乙酸	5.5	5	0		0	0	0	0	0	0	1.1	0
29152400	乙酸酐	5.5	0	0		0	0	0	0	0	0	1.1	0
29152910	乙酸钠	5.5	5	0		0	0	0	0	0	0	1.1	0
29152990	其他乙酸盐	5.5	5	0		0	0	0	0	0	0	3.3	0
29153100	乙酸乙酯	5.5	5	0		0	0	0	0	0	0	1.1	0
29153200	乙酸乙烯酯	5.5	5	0		0	0	0	0	0	0	0	0
29153300	乙酸正丁酯	5.5	0	0		0	0	0	0	0	0	4	0
29153600	地乐酚（ISO）乙酸酯	5.5	5	0		0	0	0	0	0	0	1.1	0
29153900	其他乙酸酯	5.5	5	0		0	0	0	2.8	0	0	4	0
29154000	一、二、三氯代乙酸及其盐和酯	5.5	5	0		0	0	0	0	0	0	1.1	0
29155010	丙酸	5.5	5	0		0	0	0	0	0	0	1.1	0
29155090	丙酸盐和酯	5.5	5	0		0	0	0	0	0	0	4	0
29156000	丁酸、戊酸及其盐和酯	5.5	5	0		0	0	0	0	0	0	3.3	0
29157010	硬脂酸	7	5	0		0	0	0	0	0	1.4	1.4	0
29157090	棕榈酸及其盐和酯、硬脂酸盐、酯	5.5	5	0		0	0	0	0	0	0	4	0
29159000	其他饱和无环一元羧酸及其酸酐	5.5	5	0		0	0	0	2.8	0	0	1.1	0
29161100	丙烯酸及其盐	6.5		0		0	0	0	0	0	1.3	4.7	0
29161210	丙烯酸甲酯	6.5	5	0	0	0	0	0	4	0	1.3	4.7	0
29161220	丙烯酸乙酯	6.5	5	0	0	0	0	0	0	0	1.3	4.7	0
29161230	丙烯酸丁酯	6.5	5	0	0	0	0	0	0	0	1.3		0
29161240	丙烯酸异辛酯	6.5	5	0	0	0	0	0	0	0	1.3	4.7	0
29161290	其他丙烯酸酯	6.5	5	0	0	0	0	0	0	0	1.3		0
29161300	甲基丙烯酸及其盐	6.5	5	0		0	0	0	0	0	1.3	0	0
29161400	甲基丙烯酸酯	6.5	5	0		0	0	0	0	0	1.3	0	0
29161500	油酸、亚油酸或亚麻酸及其盐和酯	6.5	5	0		0	0	0	0	0	1.3	4.7	0
29161600	乐杀螨（ISO）	6.5	5	0		0	0	0	0	0	1.3	1.3	0
29161900	其他不饱和无环一元羧酸（包括其酸酐、酰卤化物、过氧化物和过氧酸及它们的衍生物）	6.5	5	0		0	0	0		0	1.3	1.3	0
29162010	DV 菊酸甲酯、二溴菊酸	4	0	0		0	0	0	0	0	0	0	0
29162090	其他（环烷、环烯、环萜烯）一元羧酸（包括其酸酐、酰卤化物、过氧化物和过氧酸及它们的衍生物）	6.5	5	0		0	0	0	4	0	1.3	1.3	0
29163100	苯甲酸及其盐和酯	6.5	5	0		0	0	0		0	1.3	3.9	0
29163200	过氧化苯甲酰及苯甲酰氯	6.5	5	0		0	0	0	0	0	1.3	3.9	0

税则号列 Tariff Item	商品名称（简称） Article Description	最惠国税率（%） M. F. N.	协定税率（%）Conventional										
			巴基斯坦 Pakistan	智利 Chile	新加坡 Singapore	新西兰 New Zealand	秘鲁 Peru	哥斯达黎加 Costa Rica	瑞士 Switzerland	冰岛 Iceland	澳大利亚 Australia	韩国 Korea	格鲁吉亚 Georgia
29163400	苯乙酸及其盐	6.5	5	0		0	0	0		0	1.3	1.3	0
29163910	邻甲基苯甲酸	6.5	5	0		0	0	0	0	0	1.3	1.3	0
29163920	布洛芬	6.5	5	0		0	0	0	0	0	1.3	1.3	0
29163930	2-（3-碘-4-乙基苯基）-2-甲基丙酸	6.5	5	0		0	0	0	4	0	1.3	1.3	0
29163990	其他芳香一元羧酸（包括其酸酐、酰卤化物、过氧化物和过氧酸及它们的衍生物）	6.5	5	0		0	0	0	4	0	1.3	1.3	0
29171110	草酸	6.5	5	0		0	0	0	0	0	1.3	3.9	0
29171120	草酸钴	9	5	0		0	0	0	0	0	1.8	1.8	0
29171190	其他草酸盐和酯	6.5	5	0		0	0	0	0	0	1.3	3.9	0
29171200	己二酸及其盐和酯	6.5	5	0		0	0	0	0	0	1.3		0
29171310	癸二酸及其盐和酯	6.5	5	0		0	0	0	0	0	1.3	4.7	0
29171390	壬二酸及其盐和酯	6.5	5	0		0	0	0	0	0	1.3	1.3	0
29171400	马来酐	6.5	5	0		0	0	0	0	0	1.3	3.9	0
29171900	其他无环多元羧酸（包括其酸酐、酰卤化物、过氧化物和过氧酸及它们的衍生物）	6.5	5	0		0	0	0	0	0	1.3	1.3	0
29172010	四氢苯酐	4	0	0		0	0	0	0	0	0	2.9	0
29172090	其他（环烷、环烯、环萜烯）多元羧酸（包括其酸酐、酰卤化物、过氧化物和过氧酸及它们的衍生物）	6.5	5	0		0	0	0	0	0	1.3	4.7	0
29173200	邻苯二甲酸二辛酯	6.5	5	0		0	0	0	0	0	1.3		0
29173300	邻苯二甲酸二壬酯，邻苯二甲酸二癸酯	6.5	5	0		0	0	0	0	0	1.3	0	0
29173410	邻苯二甲酸二丁酯	6.5	5	0		0	0	0	0	0	1.3	3.9	0
29173490	其他邻苯二甲酸酯	6.5	5	0		0	0	0	0	0	1.3	0	0
29173500	邻苯二甲酸酐（苯酐）	6.5	5	0		0	0	0	0	0	1.3		0
29173611	精对苯二甲酸	6.5	6	0	0	0		0	4	0	1.3		
29173619	其他对苯二甲酸	6.5	6	0	0	0	0	0	4	0	1.3		5.2
29173690	对苯二甲酸盐	6.5	5	0		0	0	0	0	0	1.3		0
29173700	对苯二甲酸二甲酯	6.5	5	0		0	0	0	0	0	1.3	4.7	0
29173910	间苯二甲酸	6.5	5	0		0	0	0	0	0	1.3		0
29173990	其他芳香多元羧酸（包括其酸酐、酰卤化物、过氧化物和过氧酸及它们的衍生物）	6.5	5	0		0	0	0	0	0	1.3	4.7	0
29181100	乳酸及其盐和酯	6.5	5	0		0	0	0	0	0	1.3	3.9	0
29181200	酒石酸	6.5	5	0		0	0	0	0	0	1.3	1.3	0

税则号列 Tariff Item	商品名称（简称） Article Description	最惠国税率（%） M. F. N.	协定税率（%）Conventional										
			巴基斯坦 Pakistan	智利 Chile	新加坡 Singapore	新西兰 New Zealand	秘鲁 Peru	哥斯达黎加 Costa Rica	瑞士 Switzerland	冰岛 Iceland	澳大利亚 Australia	韩国 Korea	格鲁吉亚 Georgia
29181300	酒石酸盐及酒石酸酯	6.5	5	0		0	0	0	0	0	1.3	1.3	0
29181400	柠檬酸	6.5	5	0		0	0	0	0	0	1.3	3.9	0
29181500	柠檬酸盐及柠檬酸酯	6.5	5	0		0	0	0	0	0	1.3	1.3	0
29181600	葡糖酸及其盐和酯	6.5	5	0		0	0	0	0	0	1.3	1.3	0
29181700	2,2-二苯基-2-羟基乙酸（二苯基乙醇酸）	6.5	5	0		0	0	0	0	0	1.3	1.3	0
29181800	乙酯杀螨醇（ISO）	6.5	5	0		0	0	0	0	0	1.3	1.3	0
29181900	其他含醇基但不含其他含氧基的羧酸（包括其酸酐、酰卤化物、过氧化物和过氧酸及它们的衍生物）	6.5	5	0		0	0	0	0	0	1.3	1.3	0
29182110	水杨酸、水杨酸钠	6.5	5	0		0	0	0	4	0	1.3	3.9	0
29182190	其他水杨酸盐	6.5	5	0		0	0	0	0	0	1.3	1.3	0
29182210	邻乙酰水杨酸（阿司匹林）	6	5	0		0	0	0	0	0	1.2	1.2	0
29182290	邻乙酰水杨酸盐和酯	6.5	5	0		0	0	0	0	0	1.3	1.3	0
29182300	水杨酸其他酯及其盐	6.5	5	0		0	0	0		0	1.3	1.3	0
29182900	其他含酚基但不含其他含氧基的羧酸及其酸酐（酰卤化物、过氧化物、过氧酸及它们的衍生物）	6.5	5	0		0	0	0	0	0	1.3	4.7	0
29183000	含醛基或酮基但不含其他含氧基的羧酸及其酸酐（酰卤化物、过氧化物、过氧酸及它们的衍生物）	6.5	5	0		0	0	0	4	0	1.3	1.3	0
29189100	2,4,5-涕（ISO）（2,4,5-三氯苯氧基乙酸）及其盐或酯	6.5	5	0		0	0	0	0	0	1.3	1.3	0
29189900	其他含其他附加含氧基的羧酸及其酸酐（酰卤化物、过氧化物、过氧酸及它们的衍生物）	6.5	5	0		0	0	0	4	0	1.3	1.3	0
29191000	三（2,3-二溴丙基）磷酸酯	6.5	5	0		0	0	0	0	0	1.3	1.3	0
29199000	其他磷酸酯及其盐（包括乳磷酸盐），以及它们的卤化、磺化、硝化或亚硝化的衍生物	6.5	5	0		0	0	0	0	0	1.3	1.3	0
29201100	对硫磷（ISO）及甲基对硫磷（ISO）	6.5	5	0		0	0	0	0	0	1.3	1.3	0
29201900	其他硫代磷酸酯及其盐，以及它们的卤化、磺化、硝化或亚硝化的衍生物	6.5	5	0		0	0	0	0	0	1.3	1.3	0

税则号列 Tariff Item	商品名称（简称） Article Description	最惠国税率（%） M. F. N.	协定税率（%） Conventional										
			巴基斯坦 Pakistan	智利 Chile	新加坡 Singapore	新西兰 New Zealand	秘鲁 Peru	哥斯达黎加 Costa Rica	瑞士 Switzerland	冰岛 Iceland	澳大利亚 Australia	韩国 Korea	格鲁吉亚 Georgia
29202100	亚磷酸二甲酯	6.5	5	0		0	0	0	0	0	1.3	1.3	0
29202200	亚磷酸二乙酯	6.5	5	0		0	0	0	0	0	1.3	1.3	0
29202300	亚磷酸三甲酯	6.5	5	0		0	0	0	0	0	1.3	1.3	0
29202400	亚磷酸三乙酯	6.5	5	0		0	0	0	0	0	1.3	1.3	0
29202910	其他亚磷酸酯	6.5	5	0		0	0	0	0	0	1.3	1.3	0
29202990	其他亚磷酸酯及其盐以及它们的卤化、磺化、硝化或亚硝化衍生物	6.5	5	0		0	0	0	0	0	1.3	1.3	0
29203000	硫丹（ISO）	6.5	5	0		0	0	0	0	0	1.3	1.3	0
29209000	其他无机酸酯（不包括卤化氢的酯）以及其盐，及它们的卤化、磺化、硝化或亚硝化的衍生物	6.5	5	0		0	0	0	0	0	1.3	1.3	0
29211100	甲胺、二甲胺或三甲胺及其盐	6.5	5	0		0	0	0	0	0	1.3	1.3	0
29211200	2-（N，N-二甲基氨基）氯乙烷盐酸盐	6.5	5	0		0	0	0	0	0	1.3	1.3	0
29211300	2-（N，N-二乙基氨基）氯乙烷盐酸盐	6.5	5	0		0	0	0	0	0	1.3	1.3	0
29211400	2-（N，N-二异丙基氨基）氯乙烷盐酸盐	6.5	5	0		0	0	0	0	0	1.3	1.3	0
29211910	二正丙胺	4	0	0		0	0	0	0	0	0	0	0
29211920	异丙胺	6.5	5	0		0	0	0	0	0	1.3	0	0
29211930	N，N-二（2-氯乙基）乙胺	6.5	5	0		0	0	0	0	0	1.3	1.3	0
29211940	N，N-二（2-氯乙基）甲胺	6.5	5	0		0	0	0	0	0	1.3	1.3	0
29211950	三（2-氯乙基）胺	6.5	5	0		0	0	0	0	0	1.3	1.3	0
29211960	二烷氨基乙基-2-氯及其质子化盐	6.5	5	0		0	0	0	0	0	1.3	1.3	0
29211990	其他无环单胺及其衍生物，及它们的盐	6.5	5	0		0	0	0	0	0	1.3	1.3	0
29212110	乙二胺	6.5	5	0		0	0	0	0	0	1.3	4.7	0
29212190	乙二胺盐	6.5	5	0		0	0	0	4	0	1.3	3.9	0
29212210	已二酸已二胺盐（尼龙6,6盐）	6.5	5	0		0	0	0	0	0	1.3	1.3	0
29212290	六亚甲基二胺及其他盐	6.5	5	0		0	0	0	0	0	1.3	3.9	0
29212900	其他无环多胺及其衍生物，以及它们的盐	6.5	5	0		0	0	0	0	0	1.3	3.9	0
29213000	环（烷、烯、萜烯）单胺或多胺及衍生物，以及它们的盐	6.5	5	0		0	0	0	0	0	1.3	1.3	0
29214110	苯胺	6.5	5	0		0	0	0	0	0	1.3	1.3	0

税则号列 Tariff Item	商品名称（简称） Article Description	最惠国税率(%) M. F. N.	协定税率（%）Conventional										
			巴基斯坦 Pakistan	智利 Chile	新加坡 Singapore	新西兰 New Zealand	秘鲁 Peru	哥斯达黎加 Costa Rica	瑞士 Switzerland	冰岛 Iceland	澳大利亚 Australia	韩国 Korea	格鲁吉亚 Georgia
29214190	苯胺盐	6.5	5	0		0	0	0		0	1.3	1.3	0
29214200	苯胺衍生物及其盐	6.5	5	0		0	0	0		0	1.3	3.9	0
29214300	甲苯胺及其衍生物，以及它们的盐	6.5	5	0		0	0	0	0	0	1.3	4.7	0
29214400	二苯胺及其衍生物，以及它们的盐	6.5	5	0		0	0	0		0	1.3	3.9	0
29214500	1-萘胺、2-萘胺及其衍生物及盐	6.5	5	0		0	0	0		0	1.3	1.3	0
29214600	安非他明、苄非他明、右苯丙胺、乙非他明、芬坎法明、利非他明、左苯丙胺、美芬雷司、芬特明，以及它们的盐	6.5	5	0		0	0	0	0	0	1.3	1.3	0
29214910	对异丙基苯胺	4	0	0		0	0	0	0	0	0	0	0
29214920	二甲基苯胺	6.5	5	0		0	0	0	0	0	1.3	3.9	0
29214930	2,6-甲基乙基苯胺	4	0	0		0	0	0	0	0	0	0	0
29214940	2,6-二乙基苯胺	6.5	5	0		0	0	0		0	1.3	1.3	0
29214990	其他芳香单胺及衍生物及它们的盐	6.5	5	0		0	0	0		0	1.3	1.3	0
29215110	邻苯二胺	4	0	0		0	0	0	0	0	0	0	0
29215190	间一、对一苯二胺、二氨基甲苯及其衍生物及它们的盐	6.5	5	0		0	0	0	0	0	1.3	1.3	0
29215900	其他芳香多胺及衍生物及它们的盐	6.5	5	0		0	0	0		0	1.3	3.9	0
29221100	单乙醇胺及其盐	6.5	5	0		0	0	0	0	0	1.3		0
29221200	二乙醇胺及其盐	6.5	5	0		0	0	0	0	0	1.3		0
29221400	右丙氧吩及其盐	6.5	5	0		0	0	0	0	0	1.3	1.3	0
29221500	三乙醇胺	6.5	5	0		0	0	0	0	0	1.3	4.7	0
29221600	全氟辛基磺酸二乙醇铵	6.5	5	0		0	0	0	0	0	1.3	1.3	0
29221700	甲基二乙醇胺和乙基二乙醇胺	6.5	5	0		0	0	0	0	0	1.3	1.3	0
29221800	2-（N，N-二异丙基氨基）乙醇	6.5	5	0		0	0	0	0	0	1.3	1.3	0
29221910	乙胺丁醇	6.5	5	0		0	0	0	0	0	1.3	1.3	0
29221921	二甲氨基乙醇及其质子化盐	6.5	5	0		0	0	0	0	0	1.3	1.3	0
29221922	二乙氨基乙醇及其质子化盐	6.5	5	0		0	0	0	0	0	1.3	1.3	0
29221929	其他二烷氨基乙-2-醇及其质子化	6.5	5	0		0	0	0	0	0	1.3	1.3	0
29221930	乙基二乙醇胺	6.5	5	0		0	0	0	0	0	1.3	1.3	0
29221940	甲基二乙醇胺	6.5	5	0		0	0	0	0	0	1.3	1.3	0

税则号列 Tariff Item	商品名称（简称） Article Description	最惠国税率（%） M. F. N.	协定税率（%）Conventional										
			巴基斯坦 Pakistan	智利 Chile	新加坡 Singapore	新西兰 New Zealand	秘鲁 Peru	哥斯达黎加 Costa Rica	瑞士 Switzerland	冰岛 Iceland	澳大利亚 Australia	韩国 Korea	格鲁吉亚 Georgia
29221950	本芴醇	6.5	5	0		0	0	0	0	0	1.3	1.3	0
29221990	其他氨基醇及其醚、酯和它们的盐（但含有一种以上含氧基的除外）	6.5	5	0		0	0	0	0	0	1.3	1.3	0
29222100	氨基羟基萘磺酸及其盐	6.5	5	0		0	0	0	0	0	1.3	3.9	0
29222910	茴香胺、二茴香胺、氨基苯乙醚及其盐	6.5	5	0		0	0	0	0	0	1.3	3.9	0
29222990	其他氨基（萘酚、酚）及醚、酯、盐（但含有一种以上含氧基的除外）	6.5	5	0		0	0	0	0	0	1.3	1.3	0
29223100	安非拉酮、美沙酮和去甲美沙酮以及它们的盐	6.5	5	0		0	0	0	0	0	1.3	1.3	0
29223910	4-甲基甲卡西酮	6.5	5	0		0	0	0	0	0	1.3	1.3	0
29223920	安非他酮及其盐	6.5	5	0		0	0	0	0	0	1.3	1.3	0
29223990	其他氨基醛、氨基酮、氨基醌及其盐（但含有一种以上含氧基的除外）	6.5	5	0		0	0	0	0	0	1.3	1.3	0
29224110	赖氨酸	5	0	0		0	0	0	0	0	0	3.6	0
29224190	赖氨酸酯和赖氨酸盐	6	5	0		0	0	0	0	0	1.2	1.2	0
29224210	谷氨酸	10	5	0	0	0	0	0	0	0	2	6	0
29224220	谷氨酸钠	10	5	0	0	0	0	0	0	0	2	6	0
29224290	其他谷氨酸盐	6.5	5	0		0	0	0	0	0	1.3	1.3	0
29224310	邻氨基苯甲酸（氨茴酸）	6.5	5	0		0	0	0	0	0	1.3	1.3	0
29224390	邻氨基苯甲酸（氨茴酸）盐	6.5	5	0		0	0	0	0	0	1.3	1.3	0
29224400	替利定及其盐	6.5	5	0		0	0	0	0	0	1.3	1.3	0
29224911	氨甲环酸	6.5	5	0		0	0	0	0	0	1.3	4.7	0
29224919	其他氨基酸	6.5	5	0		0	0	0	0	0	1.3	4.7	0
29224991	普鲁卡因	6	5	0		0	0	0	0	0	1.2	1.2	0
29224999	其他氨基酸及其酯及它们的盐（但含有一种以上含氧基的除外）	6.5	5	0		0	0	0	0	0	1.3	1.3	0
29225010	对羟基苯甘氨酸及其邓甲盐	6.5	5	0		0	0	0	0	0	1.3	1.3	0
29225020	莱克多巴胺和盐酸莱克多巴胺	6.5	5	0		0	0	0	0	0	1.3	4.7	0
29225090	其他氨基醇酚、氨基酸酚及其他含氧基氨基化合物	6.5	5	0		0	0	0	0	0	1.3	3.9	0
29231000	胆碱及其盐	6.5	5	0		0	0	0	0	0	1.3	1.3	0
29232000	卵磷脂及其他磷氨基类脂	6.5	5	0		0	0	0	0	0	1.3	3.9	0
29233000	全氟辛基磺酸四乙基铵	6.5	5	0		0	0	0	0	0	1.3	1.3	0
29234000	全氟辛基磺酸二癸基二甲基铵	6.5	5	0		0	0	0	0	0	1.3	1.3	0

税则号列 Tariff Item	商品名称（简称） Article Description	最惠国税率(%) M. F. N.	协定税率（%）Conventional										
			巴基斯坦 Pakistan	智利 Chile	新加坡 Singapore	新西兰 New Zealand	秘鲁 Peru	哥斯达黎加 Costa Rica	瑞士 Switzerland	冰岛 Iceland	澳大利亚 Australia	韩国 Korea	格鲁吉亚 Georgia
29239000	其他季铵盐及季铵碱	6.5	5	0		0	0	0	0	0	1.3	1.3	0
29241100	甲丙氨酯	6.5	5	0		0	0	0	0	0	1.3	1.3	0
29241200	氯乙酰胺（ISO）、久效磷（ISO）及磷胺（ISO）	6.5	5	0		0	0	0	0	0	1.3	1.3	0
29241910	二甲基甲酰胺	6.5	5	0		0	0	0	0	0	1.3	0	0
29241990	其他无环酰胺及其衍生物，以及它们的盐	6.5	5	0		0	0	0	0	0	1.3	4.7	0
29242100	酰脲及其衍生物，以及它们的盐	6.5	5	0		0	0	0	0	0	1.3	1.3	0
29242300	2-乙酰氨基苯甲酸（N-乙酰邻氨基苯甲酸）及其盐	6.5	5	0		0	0	0		0	1.3	1.3	0
29242400	炔己蚁胺	6.5	5	0		0	0	0	0	0	1.3	1.3	0
29242500	甲草胺（ISO）	6.5	5	0		0	0	0	3.2	0	1.3	1.3	0
29242910	对乙酰氨基苯乙醚（非那西丁）	6	5	0		0	0	0	0	0	1.2	1.2	0
29242920	对乙酰氨基酚（扑热息痛）	6	5	0		0	0	0	0	0	1.2	1.2	0
29242930	阿斯巴甜	6.5	5	0		0	0	0	3.2	0	1.3	1.3	0
29242990	其他环酰胺（包括环氨基甲酸酯）	6.5	5	0		0	0	0	3.2	0	1.3	1.3	0
29251100	糖精及其盐	9	5	0		0	0	0	0	0	1.8	5.4	
29251200	格鲁米特	6.5	5	0		0	0	0	0	0	1.3	1.3	0
29251900	其他酰亚胺及其衍生物、盐	6.5	5	0		0	0	0	4	0	1.3	1.3	0
29252100	杀虫脒	6.5	5	0		0	0	0	0	0	1.3	1.3	0
29252900	其他亚胺及其衍生物以及它们的盐	6.5	5	0		0	0	0	0	0	1.3	1.3	0
29261000	丙烯腈	6.5		0		0	0	0	0	0	1.3		
29262000	1-氰基胍（双氰胺）	6.5	5	0		0	0	0	0	0	1.3	3.9	0
29263000	芬普雷司及其盐；美沙酮中间体（4-氰基-2-二甲氨基-4,4-二苯基丁烷）	6.5	5	0		0	0	0	0	0	1.3	1.3	0
29264000	α-苯基乙酰基乙腈	6.5	5	0		0	0	0	3.2	0	1.3	1.3	0
29269010	对氯氰苄	4	0	0		0	0	0	0	0	0	0	0
29269020	间苯二甲腈	6.5	5	0		0	0	0	0	0	1.3	1.3	0
29269090	其他腈基化合物	6.5	5	0		0	0	0	3.2	0	1.3	1.3	0
29270000	重氮化合物、偶氮化合物及氧化偶氮化合物	6.5	5	0		0	0	0	0	0	1.3	1.3	0
29280000	肼（联氨）及胲（羟胺）的有机衍生物	6.5	5	0		0	0	0	0	0	1.3	3.9	0
29291010	2,4 和 2,6 甲苯二异氰酸酯混合物（甲苯二异氰酸酯 TDI）	6.5	5	0		0	0	0	0	0	1.3	4.7	0

税则号列 Tariff Item	商品名称（简称） Article Description	最惠国税率（%） M. F. N.	协定税率（%） Conventional										
			巴基斯坦 Paki-stan	智利 Chile	新加坡 Singa-pore	新西兰 New Zealand	秘鲁 Peru	哥斯达黎加 Costa Rica	瑞士 Switze-rland	冰岛 Iceland	澳大利亚 Austr-alia	韩国 Korea	格鲁吉亚 Georgia
29291020	二甲苯二异氰酸酯（TO-DI）	6.5	5	0		0	0	0		0	1.3	1.3	0
29291030	二苯基甲烷二异氰酸酯（纯 MDI）	6.5	5	0		0	0	0	3.2	0	1.3		0
29291040	六亚甲基二异氰酸酯	6.5	5	0		0	0	0	0	0	1.3	3.9	0
29291090	其他异氰酸酯	6.5	5	0		0	0	0	0	0	1.3	1.3	0
29299010	环已基氨基磺酸钠（甜蜜素）	9	5	0		0	0	0	0	0	1.8	1.8	0
29299020	二烷（甲、乙、正丙或异丙）氨基膦酰二卤	6.5	5	0		0	0	0	0	0	1.3	1.3	0
29299030	二烷氨基膦酸二烷酯	6.5	5	0		0	0	0	0	0	1.3	1.3	0
29299040	乙酰甲胺磷	6.5	5	0		0	0	0	0	0	1.3	1.3	0
29299090	其他含氮基化合物	6.5	5	0		0	0	0	0	0	1.3	4.7	0
29302000	其他硫代氨基甲酸盐（或酯）	6.5	5	0		0	0	0	0	0	1.3	1.3	0
29303000	（一硫化、二硫化、三硫化）二烃氨基硫羰	6.5	5	0		0	0	0	0	0	1.3	1.3	0
29304000	甲硫氨酸（蛋氨酸）	6.5	5	0		0	0	0	0	0	1.3	1.3	0
29306000	2-（N，N-二乙基氨基）乙硫醇	6.5	5	0		0	0	0	0	0	1.3	1.3	0
29307000	二（2-羟乙基）硫醚［硫二甘醇（INN）］	6.5	5	0		0	0	0	0	0	1.3	1.3	0
29308000	涕灭威（ISO）、敌菌丹（ISO）及甲胺磷（ISO）	6.5	5	0		0	0	0	0	0	1.3	1.3	0
29309010	双巯丙氨酸（胱氨酸）	6.5	5	0		0	0	0	0	0	1.3	1.3	0
29309020	二硫代碳酸酯（或盐）［黄原酸酯（或盐）］	6.5	5	0		0	0	0	0	0	1.3	1.3	0
29309090	其他有机硫化合物	6.5	5	0		0	0	0	0	0	1.3	1.3	0
29311000	四甲基铅及四乙基铅	6.5	5	0		0	0	0	0	0	1.3	1.3	0
29312000	三丁基锡化合物	6.5	5	0		0	0	0	0	0	1.3	1.3	0
29313100	甲基膦酸二甲酯	6.5	5	0		0	0	0	0	0	1.3	1.3	0
29313200	丙基膦酸二甲酯	6.5	5	0		0	0	0	0	0	1.3	1.3	0
29313300	乙基膦酸二乙酯	6.5	5	0		0	0	0	0	0	1.3	1.3	0
29313400	3-（三羟基硅烷基）丙基甲基膦酸钠	6.5	5	0		0	0	0	0	0	1.3	1.3	0
29313500	1-丙基磷酸环酐	6.5	5	0		0	0	0	0	0	1.3	1.3	0
29313600	（5-乙基-2-甲基-2-氧代-1，3，2-二氧磷杂环已-5-基）甲基膦酸二甲酯	6.5	5	0		0	0	0	0	0	1.3	1.3	0
29313700	双［（5-乙基-2-甲基-2-氧代-1,3,2-二氧磷杂环已-5-基）甲基］甲基膦酸酯（阻燃剂 FRC-1）	6.5	5	0		0	0	0	0	0	1.3	1.3	0

税则号列 Tariff Item	商品名称（简称） Article Description	最惠国税率（%） M. F. N.	协定税率（%）Conventional										
			巴基斯坦 Pakistan	智利 Chile	新加坡 Singapore	新西兰 New Zealand	秘鲁 Peru	哥斯达黎加 Costa Rica	瑞士 Switzerland	冰岛 Iceland	澳大利亚 Australia	韩国 Korea	格鲁吉亚 Georgia
29313800	甲基膦酸和脒基尿素（1：1)生成的盐	6.5	5	0		0	0	0	0	0	1.3	1.3	0
29313910	双甘膦	6.5	5	0		0	0	0	0	0	1.3	1.3	0
29313990	其他有机磷衍生物	6.5	5	0		0	0	0	0	0	1.3	1.3	0
29319000	其他有机—无机化合物	6.5	5	0		0	0	0	0	0	1.3	1.3	0
29321100	四氢呋喃	6	5	0		0	0	0	0	0	1.2	0	0
29321200	2-糠醛	6	5	0		0	0	0	0	0	1.2	1.2	0
29321300	糠醇及四氢糠醇	6	5	0		0	0	0	0	0	1.2	1.2	0
29321400	三氯蔗糖	6.5	5	0		0	0	0		0	1.3	1.3	0
29321900	其他结构上有非稠合呋喃环化合物（不论是否氢化）	6.5	5	0		0	0	0		0	1.3	1.3	0
29322010	香豆素、甲基香豆素及乙基香豆素	6.5	5	0		0	0	0	0	0	1.3	1.3	0
29322090	其他内酯	6.5	5	0		0	0	0	3.2	0	1.3	1.3	0
29329100	4-丙烯基-1,2-亚甲二氧基苯	6.5	5	0		0	0	0	0	0	1.3	1.3	0
29329200	1-（1，3-苯并二恶茂-5-基）丙-2-酮	6.5	5	0		0	0	0	0	0	1.3	1.3	0
29329300	3,4-亚甲二氧基苯甲醛（胡椒醛）	6.5	5	0		0	0	0	0	0	1.3	1.3	0
29329400	4-烯丙基-1,2-亚甲二氧基苯（黄樟脑）	6.5	5	0		0	0	0	0	0	1.3	1.3	0
29329500	四氢大麻酚（所有异构体）	6.5	5	0		0	0	0	0	0	1.3	1.3	0
29329910	7-羟基苯并呋喃（呋喃酚）	4	0	0		0	0	0	0	0	0	2.9	0
29329920	联苯双酯	6.5	5	0		0	0	0	0	0	1.3	1.3	0
29329930	蒿甲醚	6.5	5	0		0	0	0	3.2	0	1.3	1.3	0
29329990	其他仅含氧杂原子的杂环化合物	6.5	5	0		0	0	0	3.2	0	1.3	1.3	0
29331100	二甲基苯基吡唑酮（安替比林）及其衍生物	6.5	5	0		0	0	0	0	0	1.3	1.3	0
29331920	安乃近	6	5	0		0	0	0	0	0	1.2	1.2	0
29331990	其他结构上有非稠合吡唑环化合物（不论是否氢化）	6.5	5	0		0	0	0	0	0	1.3	1.3	0
29332100	乙内酰脲及其衍生物	6.5	5	0		0	0	0	0	0	1.3	1.3	0
29332900	其他结构上有非稠合咪唑环化合物（不论是否氢化）	6.5	5	0		0	0	0	4	0	1.3	3.9	0
29333100	吡啶及其盐	6	5	0		0	0	0	0	0	1.2	0	0
29333210	哌啶（六氢吡啶）	4	0	0		0	0	0	0	0	0	0	0

税则号列 Tariff Item	商品名称（简称） Article Description	最惠国税率（%） M. F. N.	协定税率（%）Conventional										
			巴基斯坦 Paki-stan	智利 Chile	新加坡 Singa-pore	新西兰 New Zealand	秘鲁 Peru	哥斯达黎加 Costa Rica	瑞士 Switze-rland	冰岛 Iceland	澳大利亚 Austr-alia	韩国 Korea	格鲁吉亚 Georgia
29333220	哌啶（六氢吡啶）盐	6.5	5	0		0	0	0	0	0	1.3	1.3	0
29333300	阿芬太尼、阿尼利定、氰苯双哌酰胺、溴西泮、地芬诺新、地芬诺酯、地匹哌酮、芬太尼、凯托米酮、哌醋甲酯、喷他左辛、哌替啶、哌替啶中间体A、苯环利定、苯哌利定、哌苯甲醇、哌氰米特、丙吡兰和三甲利定，以及它们的盐	6.5	5	0		0	0	0	0	0	1.3	4.7	0
29333910	二苯乙醇酸-3-奎宁环脂	6.5	5	0		0	0	0	0	0	1.3	1.3	0
29333920	奎宁环-3-醇	6.5	5	0		0	0	0	0	0	1.3	1.3	0
29333990	其他结构上有非稠合吡啶环化合物（不论是否氢化）	6.5	5	0		0	0	0	3.2	0	1.3	1.3	0
29334100	左非诺及其盐	6.5	5	0		0	0	0	0	0	1.3	1.3	0
29334900	其他含喹琳或异喹啉环系的化合物（但未经进一步稠合）	6.5	5	0		0	0	0	0	0	1.3	1.3	0
29335200	丙二酰脲（巴比土酸）及其盐	6.5	5	0		0	0	0	0	0	1.3	1.3	0
29335300	阿洛巴比妥、异戊巴比妥、巴比妥、布他比妥、正丁巴比妥、环己巴比妥、甲苯巴比妥、戊巴比妥、苯巴比妥、仲丁巴比妥、司可巴比妥和乙烯比妥，以及它们的盐	6.5	5	0		0	0	0	0	0	1.3	1.3	0
29335400	其他丙二酰脲的衍生物，以及它们的盐	6.5	5	0		0	0	0	0	0	1.3	1.3	0
29335500	氯普唑仑、甲氯喹酮等，以及它们的盐	6.5	5	0		0	0	0	0	0	1.3	1.3	0
29335910	胞嘧啶	6.5	0	0		0	0	0	0	0	1.3	1.3	0
29335920	环丙氟哌酸	6.5	5	0		0	0	0	0	0	1.3	1.3	0
29335990	其他结构上有嘧啶环或哌嗪环的化合物（不论是否氢化）	6.5	0	0		0	0	0	3.2	0	1.3	1.3	0
29336100	三聚氰胺（蜜胺）	6.5	5	0		0	0	0	0	0	1.3	1.3	0
29336910	三聚氰氯	6	5	0		0	0	0	0	0	1.2	1.2	0
29336921	二氯异氰脲酸	6.5	5	0		0	0	0	0	0	1.3	1.3	0
29336922	三氯异氰脲酸	6.5	5	0		0	0	0	0	0	1.3	1.3	0
29336929	其他异氰脲酸氯化衍生物	6.5	5	0		0	0	0	0	0	1.3	1.3	0

税则号列 Tariff Item	商品名称（简称） Article Description	最惠国税率（%） M. F. N.	协定税率（%）Conventional										
			巴基斯坦 Pakistan	智利 Chile	新加坡 Singapore	新西兰 New Zealand	秘鲁 Peru	哥斯达黎加 Costa Rica	瑞士 Switzerland	冰岛 Iceland	澳大利亚 Australia	韩国 Korea	格鲁吉亚 Georgia
29336990	其他结构上含非稠合三嗪环化合物（不论是否氢化）	6.5	5	0		0	0	0	0	0	1.3	3.9	0
29337100	6-己内酰胺	9		0		0		0	0	0	1.8		7.2
29337200	氯巴占和甲乙哌酮	9	5	0		0	0	0	0	0	1.8	1.8	7.2
29337900	其他内酰胺	9	5	0		0	0	0		0	1.8	1.8	0
29339100	阿普唑仑、卡马西泮等，以及它们的盐	6.5	5	0		0	0	0	0	0	1.3	1.3	0
29339200	甲基谷硫磷（ISO）	6.5	5	0		0	0	0	4	0	1.3	1.3	0
29339900	其他仅含氮杂原子的杂环化合物	6.5	5	0		0	0	0	4	0	1.3	1.3	0
29341010	三苯甲基氨噻肟酸	6.5	5	0		0	0	0	0	0	1.3	4.7	0
29341090	结构上含有非稠合噻唑环的化合物（不论是否氢化）	6.5	5	0		0	0	0	0	0	1.3	4.7	0
29342000	含一个苯并噻唑环系的化合物（但未经进一步稠合，不论是否氢化）	6.5	5	0		0	0	0	0	0	1.3	3.9	0
29343000	含一个吩噻嗪环系的化合物（但未经进一步稠合，不论是否氢化）	6.5	5	0		0	0	0	0	0	1.3	1.3	0
29349100	阿米雷司、溴替唑仑、氯噻西泮等，以及它们的盐	6.5	5	0		0	0	0	0	0	1.3	1.3	0
29349910	磺内酯及磺内酰胺	6.5	5	0		0	0	0	0	0	1.3	1.3	0
29349920	呋喃唑酮	6	5	0		0	0	0		0	1.2	1.2	0
29349930	核酸及其盐	6.5	5	0		0	0	0	0	0	1.3	1.3	0
29349940	奈韦拉平、依发韦仑、利托那韦及它们的盐	6.5	5	0		0	0	0	0	0	1.3	1.3	0
29349950	克拉维酸及其盐	6.5	5	0		0	0	0	0	0	1.3	1.3	0
29349960	7-苯乙酰氨基-3-氯甲基-4-头孢烷酸对甲氧基苄酯、7-氨基头孢烷酸、7-氨基脱乙酰氧基头孢烷酸	6	0	0		0	0	0	0	0	1.2	1.2	0
29349990	其他杂环化合物	6.5	5	0		0	0	0	0	0	1.3	1.3	0
29351000	N-甲基全氟辛基磺酰胺	6.5	5	0		0	0	0	4	0	1.3	1.3	0
29352000	N-乙基全氟辛基磺酰胺	6.5	5	0		0	0	0	4	0	1.3	1.3	0
29353000	N-乙基-N-（2-羟乙基）全氟辛基磺酰胺	6.5	5	0		0	0	0	4	0	1.3	1.3	0
29354000	N-（2-羟乙基）-N-甲基全氟辛基磺酰胺	6.5	5	0		0	0	0	4	0	1.3	1.3	0
29355000	其他全氟辛基磺酰胺	6.5	5	0		0	0	0	4	0	1.3	1.3	0
29359000	其他磺（酰）胺	6.5	5	0		0	0	0	4	0	1.3	1.3	0

税则号列 Tariff Item	商品名称（简称） Article Description	最惠国税率（%） M. F. N.	协定税率（%） Conventional										
			巴基斯坦 Pakistan	智利 Chile	新加坡 Singapore	新西兰 New Zealand	秘鲁 Peru	哥斯达黎加 Costa Rica	瑞士 Switzerland	冰岛 Iceland	澳大利亚 Australia	韩国 Korea	格鲁吉亚 Georgia
29362100	未混合的维生素 A 及其衍生物	4	0	0		0	0	0	2.5	0	0	0	0
29362200	未混合的维生素 B_1 及其衍生物	4	0	0		0	0	0	0	0	0	0	0
29362300	未混合的维生素 B_2 及其衍生物	4	0	0		0	0	0	0	0	0	0.8	0
29362400	未混合的 D 或 DL-泛酸及其衍生物	4	0	0		0	0	0	0	0	0	0	0
29362500	未混合的维生素 B_6 及其衍生物	4	0	0		0	0	0	0	0	0	0	0
29362600	未混合的维生素 B_{12} 及其衍生物	4	0	0		0	0	0	2	0	0	0	0
29362700	未混合的维生素 C 及其衍生物	4	0	0		0	0	0	0	0	0	0	0
29362800	未混合的维生素 E 及其衍生物	4	0	0		0	0	0	2	0	0	0	0
29362900	其他未混合的维生素及其衍生物	4	0	0		0	0	0	2	0	0	0	0
29369010	维生素 AD_3	4	0	0		0	0	0	0	0	0	0	0
29369090	其他维生素原、混合维生素及其衍生物	4	0	0		0	0	0	0	0	0	0	0
29371100	生长激素及其衍生物和类似结构物	4	0	0		0	0	0	0	0	0	0	0
29371210	重组人胰岛素及其盐	4	0	0		0	0	0	0	0	0	0	0
29371290	其他胰岛素及其盐	4	0	0		0	0	0	0	0	0	0	0
29371900	其他多肽激素、蛋白激素、糖蛋白激素及其衍生物和类似结构物	4	0	0		0	0	0	2	0	0	0	0
29372100	可的松，氢化可的松及脱氢可的松及脱氢皮质（甾）醇	4	0	0		0	0	0	0	0	0	0	0
29372210	地塞米松	4	0	0		0	0	0	0	0	0	0	0
29372290	其他皮质（甾）激素的卤化衍生物	4	0	0		0	0	0	0	0	0	0	0
29372311	孕马结合雌激素	4	0	0		0	0	0	0	0	0	0	0
29372310	其他动物源的雌（甾）激素和孕激素	4	0	0		0	0	0	0	0	0	0	0
29372390	其他皮质甾类激素的卤化衍生物	4	0	0		0	0	0	0	0	0	0	0
29372900	其他甾族激素及其衍生物和类似结构物	4	0	0		0	0	0	0	0	0	0	0
29375000	前列腺素、血栓烷和白细胞三烯及其衍生物和结构类似物	4	0	0		0	0	0	0	0	0	0.8	0

税则号列 Tariff Item	商品名称（简称） Article Description	最惠国税率（%） M. F. N.	协定税率（%） Conventional										
			巴基斯坦 Pakistan	智利 Chile	新加坡 Singapore	新西兰 New Zealand	秘鲁 Peru	哥斯达黎加 Costa Rica	瑞士 Switzerland	冰岛 Iceland	澳大利亚 Australia	韩国 Korea	格鲁吉亚 Georgia
29379000	其他天然或合成再制的激素及其衍生物和结构类似物，包括主要用作激素的改性链多肽	4	0	0		0	0	0	0	0	0	0	0
29381000	芸香苷及其衍生物	6.5	5	0		0	0	0	0	0	1.3	1.3	0
29389010	齐多夫定、拉米夫定、司他夫定、地达诺新及它们的盐	6.5	5	0		0	0	0	0	0	1.3	1.3	0
29389090	其他天然或合成再制的苷及其盐、醚、酯和其他衍生物	6.5	5	0		0	0	0	0	0	1.3	1.3	0
29391100	罂粟秆浓缩物、丁丙诺啡、可待因等，以及它们的盐	4	0	0		0	0	0	0	0	0	0	0
29391900	其他鸦片碱及其衍生物，以及它们的盐	4	0	0		0	0	0	0	0	0	0	0
29392000	其他金鸡纳生物碱及其衍生物，以及它们的盐	4	0	0		0	0	0	0	0	0	0	0
29393000	咖啡因及其盐	4	0	0		0	0	0	0	0	0	0	0
29394100	麻黄碱及其盐	4	0	0		0	0	0	0	0	0	0	0
29394200	假麻黄碱及其盐	4	0	0		0	0	0	0	0	0	0	0
29394300	d-去甲麻黄碱（INN）及其盐	4	0	0		0	0	0	0	0	0	0	0
29394400	去甲麻黄碱及其盐	4	0	0		0	0	0	0	0	0	0	0
29394900	其他麻黄碱类及其盐	4	0	0		0	0	0	0	0	0	0	0
29395100	芬乙茶碱（INN）及其盐	4	0	0		0	0	0	0	0	0	0	0
29395900	其他茶碱和氨茶碱及其衍生物，以及它们的盐	4	0	0		0	0	0	0	0	0	0	0
29396100	麦角新碱及其盐	4	0	0		0	0	0	0	0	0	0	0
29396200	麦角胺及其盐	4	0	0		0	0	0	0	0	0	0	0
29396300	麦角酸及其盐	4	0	0		0	0	0	0	0	0	0	0
29396900	其他麦角生物碱及其衍生物，以及它们的盐	4	0	0		0	0	0	2	0	0	0	0
29397110	可卡因及其盐	4	0	0		0	0	0	0	0	0	0	0
29397190	芽子碱、左甲苯丙胺、去氧麻黄碱、去氧麻黄碱外消旋体，它们的盐、酯及其他衍生物；可卡因的酯及其他衍生物	4	0	0		0	0	0	0	0	0	0	0
29397910	烟碱及其盐	4	0	0		0	0	0	0	0	0	0	0
29397920	番木鳖碱（士的年）及其盐	4	0	0		0	0	0	0	0	0	0	0

税则号列 Tariff Item	商品名称（简称） Article Description	最惠国税率(%) M. F. N.	协定税率（%）Conventional										
			巴基斯坦 Pakistan	智利 Chile	新加坡 Singapore	新西兰 New Zealand	秘鲁 Peru	哥斯达黎加 Costa Rica	瑞士 Switzerland	冰岛 Iceland	澳大利亚 Australia	韩国 Korea	格鲁吉亚 Georgia
29397990	其他天然或合成再制的生物碱及其盐、醚、酯和其他衍生物	4	0	0		0	0	0	2	0	0	0	0
29398000	其他生物碱	4	0	0		0	0	0	2	0	0	0	0
29400010	木糖	6	5	0		0	0	0	0	0	1.2	3.6	
29400090	其他化学纯糖	6	5	0		0	0	0	0	0	1.2	3.6	
29411011	氨苄青霉素	6	0	0		0	0	0	0	0	1.2	1.2	0
29411012	氨苄青霉素三水酸	6	0	0		0	0	0	0	0	1.2	1.2	0
29411019	其他氨苄青霉素盐	6	0	0		0	0	0	0	0	1.2	1.2	0
29411091	羟氨苄青霉素	4	0	0		0	0	0	0	0	0	0	0
29411092	羟氨苄青霉素三水酸	4	0	0		0	0	0	0	0	0	0	0
29411093	6-氨基青霉烷酸（6APA）	4	0	0		0	0	0	0	0	0	0	0
29411094	青霉素V	4	0	0		0	0	0	0	0	0	0	0
29411095	磺苄青霉素	4	0	0		0	0	0	0	0	0	0	0
29411096	邻氯青霉素	4	0	0		0	0	0	0	0	0	0	0
29411099	其他青霉素及其衍生物，以及它们的盐	4	0	0		0	0	0	0	0	0	0	0
29412000	链霉素及其衍生物，以及它们的盐	4	0	0		0	0	0	0	0	0	0	0
29413011	四环素	4	0	0		0	0	0	0	0	0	0	0
29413012	四环素盐	4	0	0		0	0	0	0	0	0	0	0
29413020	四环素衍生物及其盐	4	0	0		0	0	0	0	0	0	0	0
29414000	氯霉素及其衍生物，以及它们的盐	4	0	0		0	0	0	0	0	0	0	0
29415000	红霉素及其衍生物，以及它们的盐	4	0	0		0	0	0	0	0	0	0	0
29419010	庆大霉素及其衍生物，以及它们的盐	4	0	0		0	0	0	0	0	0	0	0
29419020	卡那霉素及其衍生物，以及它们的盐	4	0	0		0	0	0	0	0	0	0	0
29419030	利福平及其衍生物，以及它们的盐	4	0	0		0	0	0	0	0	0	0	0
29419040	林可霉素及其衍生物，以及它们的盐	4	0	0		0	0	0	0	0	0	0	0
29419052	头孢氨苄及其盐	6	0	0		0	0	0	0	0	1.2	1.2	0
29419053	头孢唑啉及其盐	6	0	0		0	0	0	0	0	1.2	1.2	0
29419054	头孢拉啶及其盐	6	0	0		0	0	0	0	0	1.2	1.2	0
29419055	头孢三嗪（头孢曲松）及其盐	6	0	0		0	0	0	3.7	0	1.2	1.2	0
29419056	头孢哌酮及其盐	6	0	0		0	0	0	0	0	1.2	1.2	0
29419057	头孢噻肟及其盐	6	0	0		0	0	0	0	0	1.2	1.2	0
29419058	头孢克罗及其盐	6	0	0		0	0	0	0	0	1.2	1.2	0

税则号列 Tariff Item	商品名称（简称） Article Description	最惠国税率（%） M. F. N.	协定税率（%） Conventional										
			巴基斯坦 Pakistan	智利 Chile	新加坡 Singapore	新西兰 New Zealand	秘鲁 Peru	哥斯达黎加 Costa Rica	瑞士 Switzerland	冰岛 Iceland	澳大利亚 Australia	韩国 Korea	格鲁吉亚 Georgia
29419059	其他头孢菌素及其衍生物，以及它们的盐	6	0	0		0	0	0	0	0	1.2	3.6	0
29419060	麦迪霉素及其衍生物，以及它们的盐	6	0	0		0	0	0	0	0	1.2	1.2	0
29419070	乙酰螺旋霉素及其衍生物，以及它们的盐	4	0	0		0	0	0	0	0	0	0	0
29419090	其他抗菌素	6	0	0		0	0	0	0	0	1.2	1.2	0
29420000	其他有机化合物	6.5	5	0		0	0	0	0	0	1.3	1.3	0
30012000	腺体、其他器官及其分泌物提取物	3	0	0		0	0	0	0	0	0	0	0
30019010	肝素及其盐	3	0	0		0	0	0	0	0	0	0	0
30019090	其他未列名的人体或动物制品（供治疗或预防疾病用）	3	0	0		0	0	0	0	0	0	0	0
30021100	疟疾诊断试剂盒	3	0	0		0	0	0	1.9	0	0	0	0
30021200	抗血清及其他血份	3	0	0		0	0	0	1.9	0	0	0	0
30021300	非混合的免疫制品，未配定剂量或制成零售包装	3	0	0		0	0	0	1.9	0	0	0	0
30021400	混合的免疫制品，未配定剂量或制成零售包装	3	0	0		0	0	0	1.9	0	0	0	0
30021500	免疫制品，已配定剂量或制成零售包装	3	0	0		0	0	0	1.9	0	0	0	0
30021900	抗血清、其他血份及免疫制品（不论是否修饰或通过生物工艺加工制得）	3	0	0		0	0	0	1.9	0	0	0	0
30022000	人用疫苗	3	0	0		0	0	0	1.5	0	0	0	0
30023000	兽用疫苗	3	0	0		0	0	0	0	0	0	0	0
30029010	石房蛤毒素	3	0	0		0	0	0	0	0	0	0	0
30029020	蓖麻毒素	3	0	0		0	0	0	0	0	0	0	0
30029030	细菌及病毒	3	0	0		0	0	0	1.5	0	0	0	0
30029040	遗传物质和基因修饰生物体	3	0	0		0	0	0	0	0	0	0	0
30029090	人血；治病、防病或诊断用动物血制品；其他毒素、培养微生物（不包括酵母）及类似产品	3	0	0		0	0	0	0	0	0	0	0
30031011	含有氨苄青霉素的混合药品（两种或两种以上成分混合而成的，治病或防病用，未配定剂量或非零售包装）	6	0	0		0	0	0	0	0	1.2	1.2	0
30031012	含有羟氨苄青霉素的混合药品（两种或两种以上成分混合而成的，治病或防病用，未配定剂量或非零售包装）	6	0	0		0	0	0	0	0	1.2	1.2	0

税则号列 Tariff Item	商品名称（简称） Article Description	最惠国税率（%） M. F. N.	协定税率（%） Conventional										
			巴基斯坦 Pakistan	智利 Chile	新加坡 Singapore	新西兰 New Zealand	秘鲁 Peru	哥斯达黎加 Costa Rica	瑞士 Switzerland	冰岛 Iceland	澳大利亚 Australia	韩国 Korea	格鲁吉亚 Georgia
30031013	含有青霉素V的混合药品（两种或两种以上成分混合而成的，治病或防病用，未配定剂量或非零售包装）	6	0	0		0	0	0	0	0	1.2	1.2	0
30031019	含有其他青霉素及具有青霉烷酸结构的青霉素衍生物的混合药品（两种或两种以上成分混合而成的，治病或防病用，未配定剂量或非零售包装）	6	0	0		0	0	0	0	0	1.2	1.2	0
30031090	含有链霉素的混合药品（两种或两种以上成分混合而成的，治病或防病用，未配定剂量或非零售包装）	6	0	0		0	0	0	0	0	1.2	1.2	0
30032011	含有头孢噻肟的混合药品（两种或两种以上成分混合而成的，治病或防病用，未配定剂量或非零售包装）	6	0	0		0	0	0	0	0	1.2	1.2	0
30032012	含有头孢他啶的混合药品（两种或两种以上成分混合而成的，治病或防病用，未配定剂量或非零售包装）	6	0	0		0	0	0	0	0	1.2	1.2	0
30032013	含有头孢西丁的混合药品（两种或两种以上成分混合而成的，治病或防病用，未配定剂量或非零售包装）	6	0	0		0	0	0	0	0	1.2	1.2	0
30032014	含有头孢替唑的混合药品（两种或两种以上成分混合而成的，治病或防病用，未配定剂量或非零售包装）	6	0	0		0	0	0	0	0	1.2	1.2	0
30032015	含有头孢克罗的混合药品（两种或两种以上成分混合而成的，治病或防病用，未配定剂量或非零售包装）	6	0	0		0	0	0	0	0	1.2	1.2	0
30032016	含有头孢呋辛的混合药品（两种或两种以上成分混合而成的，治病或防病用，未配定剂量或非零售包装）	6	0	0		0	0	0	0	0	1.2	1.2	0

税则号列 Tariff Item	商品名称（简称） Article Description	最惠国税率（%） M. F. N.	协定税率（%） Conventional										
			巴基斯坦 Pakistan	智利 Chile	新加坡 Singapore	新西兰 New Zealand	秘鲁 Peru	哥斯达黎加 Costa Rica	瑞士 Switzerland	冰岛 Iceland	澳大利亚 Australia	韩国 Korea	格鲁吉亚 Georgia
30032017	含有头孢三嗪（头孢曲松）的混合药品（两种或两种以上成分混合而成的，治病或防病用，未配定剂量或非零售包装）	6	0	0		0	0	0	0	0	1.2	1.2	0
30032018	含有头孢哌酮的混合药品（两种或两种以上成分混合而成的，治病或防病用，未配定剂量或非零售包装）	6	0	0		0	0	0	0	0	1.2	1.2	0
30032019	含有其他头孢菌素的混合药品（两种或两种以上成分混合而成的，治病或防病用，未配定剂量或非零售包装）	6	0	0		0	0	0	0	0	1.2	1.2	0
30032090	其他含有其他抗菌素的混合药品（两种或两种以上成分混合而成的，治病或防病用，未配定剂量或非零售包装）	6	0	0		0	0	0	0	0	1.2	1.2	0
30033100	含有胰岛素，但不含抗菌素的混合药品（两种或两种以上成分混合而成的，治病或防病用，未配定剂量或非零售包装）	5	0	0		0	0	0	0	0	0	1	0
30033900	含激素（胰岛素除外）或税目 29.37 的其他产品，但不含抗菌素的混合药品（两种或两种以上成分混合而成的，治病或防病用，未配定剂量或非零售包装）	6	0	0		0	0	0	0	0	1.2	1.2	0
30034100	含有麻黄碱及其盐	5	0	0		0	0	0	0	0	0	1	0
30034200	含有伪麻黄碱（INN）及其盐	5	0	0		0	0	0	0	0	0	1	0
30034300	含有去甲麻黄碱及其盐	5	0	0		0	0	0	0	0	0	1	0
30034900	含生物碱及其衍生物（奎宁或其盐除外），但不含抗菌素及税目 29.37 的激素或其他产品的混合药品（两种或两种以上成分混合而成的，治病或防病用，未配定剂量或非零售包装）	5	0	0		0	0	0	0	0	0	1	0

税则号列 Tariff Item	商品名称（简称） Article Description	最惠国税率（%） M. F. N.	协定税率（%） Conventional										
			巴基斯坦 Pakistan	智利 Chile	新加坡 Singapore	新西兰 New Zealand	秘鲁 Peru	哥斯达黎加 Costa Rica	瑞士 Switzerland	冰岛 Iceland	澳大利亚 Australia	韩国 Korea	格鲁吉亚 Georgia
30036010	含有青蒿素及其衍生物药品	5	0	0		0	0	0	0	0	0	1	0
30036090	其他含有第三十章子目注释二所列抗疟疾活性成分的药品	5	0	0		0	0	0	3.1	0	0	1	0
30039000	含其他成分混合药品（两种或两种以上成分混合而成的，治病或防病用，未配定剂量或非零售包装）	5	0	0		0	0	0	3.1	0	0	1	0
30041011	氨苄青霉素制剂（混合，治病或防病用，已配定剂量或制成零售包装）	6	0	0		0	0	0	0	0	1.2	1.2	0
30041012	羟氨苄青霉素制剂（两种或两种以上成分混合而成的，治病或防病用，已配定剂量或制成零售包装）	6	0	0		0	0	0	0	0	1.2	1.2	0
30041013	青霉素V制剂（两种或两种以上成分混合而成的，治病或防病用，已配定剂量或制成零售包装）	6	0	0		0	0	0	0	0	1.2	1.2	0
30041019	其他青霉素制剂（混合或非混合，治病或防病用，已配定剂量或制成零售包装）	6	0	0		0	0	0	0	0	1.2	1.2	0
30041090	含有其他青霉素及具有青霉烷酸结构的青霉素衍生物或链霉素及其衍生物的药品（混合或非混合，治病或防病用，已配定剂量或制成零售包装）	6	0	0		0	0	0	0	0	1.2	1.2	0
30042011	头孢噻肟制剂（混合或非混合，治病或防病用，已配定剂量或制成零售包装）	6	0	0		0	0	0	0	0	1.2	1.2	0
30042012	头孢他啶制剂（混合或非混合，治病或防病用，已配定剂量或制成零售包装）	6	0	0		0	0	0	0	0	1.2	1.2	0
30042013	头孢西丁制剂（混合或非混合，治病或防病用，已配定剂量或制成零售包装）	6	0	0		0	0	0	0	0	1.2	1.2	0

税则号列 Tariff Item	商品名称（简称） Article Description	最惠国税率（%） M. F. N.	协定税率（%） Conventional										
			巴基斯坦 Pakistan	智利 Chile	新加坡 Singapore	新西兰 New Zealand	秘鲁 Peru	哥斯达黎加 Costa Rica	瑞士 Switzerland	冰岛 Iceland	澳大利亚 Australia	韩国 Korea	格鲁吉亚 Georgia
30042014	头孢替唑制剂（混合或非混合，治病或防病用，已配定剂量或制成零售包装）	6	0	0		0	0	0	0	0	1.2	1.2	0
30042015	头孢克罗制剂（混合或非混合，治病或防病用，已配定剂量或制成零售包装）	6	0	0		0	0	0	0	0	1.2	1.2	0
30042016	头孢呋辛制剂（混合或非混合，治病或防病用，已配定剂量或制成零售包装）	6	0	0		0	0	0	0	0	1.2	1.2	0
30042017	头孢三嗪（头孢曲松）制剂（混合或非混合，治病或防病用，已配定剂量或制成零售包装）	6	0	0		0	0	0	0	0	1.2	1.2	0
30042018	头孢哌酮制剂（混合或非混合，治病或防病用，已配定剂量或制成零售包装）	6	0	0		0	0	0	0	0	1.2	1.2	0
30042019	含有其他头孢菌素制剂（混合或非混合，治病或防病用，已配定剂量或制成零售包装）	6	0	0		0	0	0	0	0	1.2	3.6	0
30042090	含有其他抗菌素的药品（混合或非混合，治病或防病用，已配定剂量或制成零售包装）	6	0	0		0	0	0	3	0	1.2	1.2	0
30043110	含有重组人胰岛素，但不含抗菌素的药品（混合或非混合，治病或防病用，已配定剂量或零售包装）	5	0	0		0	0	0	0	0	0	1	0
30043190	含有其他胰岛素，但不含抗菌素的药品（混合或非混合，治病或防病用，已配定剂量或零售包装）	5	0	0		0	0	0	0	0	0	1	0
30043200	含肾上腺皮混合或非混合质激素，但不含抗菌素的药品（治病或防病用，已配定剂量或零售包装）	5	0	0		0	0	0	0	0	0	1	0
30043900	含有税目29.37其他产品，但不含抗菌素的药品（混合或非混合，治病或防病用，已配定剂量或零售包装）	5	0	0		0	0	0	2.5	0	0	1	0

税则号列 Tariff Item	商品名称（简称） Article Description	最惠国税率(%) M. F. N.	协定税率（%）Conventional										
			巴基斯坦 Pakistan	智利 Chile	新加坡 Singapore	新西兰 New Zealand	秘鲁 Peru	哥斯达黎加 Costa Rica	瑞士 Switzerland	冰岛 Iceland	澳大利亚 Australia	韩国 Korea	格鲁吉亚 Georgia
30044100	含有麻黄碱及其盐	5	0	0		0	0	0	0	0	0	1	0
30044200	含有伪麻黄碱（INN）及其盐	5	0	0		0	0	0	0	0	0	1	0
30044300	含有去甲麻黄碱及其盐	5	0	0		0	0	0	0	0	0	1	0
30044900	含有其他生物碱及其衍生物，但不含抗菌素及税目29.37的产品的药品（混合或非混合，治病或防病用，已配定剂量或零售包装）	5	0	0		0	0	0	0	0	0	1	0
30045000	含有维生素或税目29.36其他产品的其他药品（混合或非混合，治病或防病用，已配定剂量或零售包装）	6	0	0		0	0	0	0	0	1.2	1.2	0
30046010	含有青蒿素及其衍生物的中成药	4	0	0		0	0	0	0	0	0	0	0
30046090	其他含有第三十章子目注释二所列抗疟疾活性成分的药品	4	0	0		0	0	0	2	0	0	0	0
30049010	含有磺胺类的药品（两种或两种以上成分混合而成的，治病或防病用，已配定剂量或零售包装）	6	0	0		0	0	0	0	0	1.2	1.2	0
30049020	含联苯双酯的药品（混合或非混合，治病或防病用，已配定剂量或零售包装）	4	0	0		0	0	0	0	0	0	0	0
30049051	中药酒（混合或非混合，治病或防病用，已配定剂量或零售包装）	3	0	0		0	0	0	0	0	0	0	0
30049052	片仔癀（混合或非混合，治病或防病用，已配定剂量或零售包装）	3	0	0		0	0	0	0	0	0	0	0
30049053	白药（混合或非混合，治病或防病用，已配定剂量或零售包装）	3	0	0		0	0	0	0	0	0	0	0
30049054	清凉油（混合或非混合，治病或防病用，已配定剂量或零售包装）	3	0	0		0	0	0	0	0	0	0	0
30049055	安宫牛黄丸	3	0	0		0	0	0	0	0	0	0	0
30049059	其他中式成药（混合或非混合，治病或防病用，已配定剂量或零售包装）	3	0	0		0	0	0	0	0	0	0	0

税则号列 Tariff Item	商品名称（简称） Article Description	最惠国税率（%） M. F. N.	协定税率（%）Conventional										
			巴基斯坦 Pakistan	智利 Chile	新加坡 Singapore	新西兰 New Zealand	秘鲁 Peru	哥斯达黎加 Costa Rica	瑞士 Switzerland	冰岛 Iceland	澳大利亚 Australia	韩国 Korea	格鲁吉亚 Georgia
30049090	其他药品（混合或非混合，治病或防病用，已配定剂量或零售包装）	4	0	0		0	0	0	2	0	0	0	0
30051010	橡皮膏（经过药物浸涂或制成零售包装供医疗、外科、牙科或兽医用）	5	0	0		0	0	0	0	0	0	1	0
30051090	其他胶粘敷料及有胶粘涂层的物品（经过药物浸涂或制成零售包装供医疗、外科、牙科或兽医用）	5	0	0		0	0	0	0		0	1	0
30059010	药棉、纱布、绷带（经过药物浸涂或制成零售包装供医疗、外科、牙科或兽医用）	5	0	0		0	0	0	0	0	0	1	0
30059090	其他医用软填料及类似物品（经过药物浸涂或制成零售包装供医疗、外科、牙科或兽医用）	5	0	0		0	0	0	0		0	1	0
30061000	无菌外科肠线；无菌昆布、无菌黏合胶布、无菌吸收性止血材料、外科或牙科用无菌抗粘连阻隔材料及类似无菌材料	5	0	0		0	0	0	0	0	0	1	0
30062000	血型试剂	3	0	0		0	0	0	1.5	0	0	0	0
30063000	X光检查造影剂；诊断试剂	4	0	0		0	0	0	0	0	0	0	0
30064000	牙科粘固剂及其他牙科填料（包括骨骼粘固剂）	5	0	0		0	0	0	0	0	0	3	0
30065000	急救药箱、药包	5	0	0		0	0	0	0	0	0	1	0
30067000	专用于人类或作兽药用的凝胶制品，作为外科手术或体检时躯体部位的润滑剂，或者作为躯体和医疗器械之间的耦合剂	6.5	5	0		0	0	0	0	0	1.3	1.3	0
30069100	可确定用于造口术的用具	10	9.2	0	0	0	0	0	0	0	2	6	0
30069200	废药物	5	0	0		0	0	0	0	0	0	1	0
31010011	未经化学处理的鸟粪	3	0	0		0	0	0	0	0	0	0	0
31010019	未经化学处理的其他动植物肥料	6.5	5	0		0	0	0	0	0	1.3	1.3	0
31010090	动植物产品经混合或化学处理的制成的肥料	4	0	0		0	0	0	0	0	0	2.9	0
31021000	尿素（不论是否水溶液）	50	40										
31022100	硫酸铵	4	0	0		0	0	0	0	0	0	0	0

税则号列 Tariff Item	商品名称（简称） Article Description	最惠国税率（%） M. F. N.	协定税率（%）Conventional										
			巴基斯坦 Pakistan	智利 Chile	新加坡 Singapore	新西兰 New Zealand	秘鲁 Peru	哥斯达黎加 Costa Rica	瑞士 Switzerland	冰岛 Iceland	澳大利亚 Australia	韩国 Korea	格鲁吉亚 Georgia
31022900	硫酸铵和硝酸铵的复盐及混合物	4	0	0		0	0	0	0	0	0	0	0
31023000	硝酸铵（不论是否水溶液）	4	0	0		0	0	0	0	0	0	0	0
31024000	硝酸铵与碳酸钙或其他无肥效无机物的混合物	4	0	0		0	0	0	0	0	0	0	0
31025000	硝酸钠	4	0	0		0	0	0	0	0	0	0	0
31026000	硝酸钙和硝酸铵的复盐及混合物	4	0	0		0	0	0	0	0	0	0	0
31028000	尿素及硝酸铵混合物的水溶液或氨水溶液	4	0	0		0	0	0	0	0	0	0	3.2
31029010	氰氨化钙	4	0	0		0	0	0	0	0	0	0	0
31029090	其他矿物氮肥及化学氮肥，包括上述子目未列名的混合物	4	0	0		0	0	0	0	0	0	0	0
31031110	重过磷酸钙	4	0	0		0	0	0	0	0	0	0	0
31031190	其他含五氧化二磷35%以上的过磷酸钙	4	0	0		0	0	0	0	0	0	0	0
31031900	其他过磷酸钙	4	0	0		0	0	0	0	0	0	0	0
31039000	其他矿物磷肥或化学磷肥	4	0	0		0	0	0	0	0	0	0	3.2
31042020	纯氯化钾	3	0	0		0	0	0	0	0	0	0	0
31042090	其他氯化钾	3	0	0		0	0	0	0	0	0	0	0
31043000	硫酸钾	3	0	0		0	0	0	0	0	0	2.2	0
31049010	光卤石、钾盐及其他天然粗钾盐	3	0	0		0	0	0	0	0	0	0	0
31049090	其他矿物钾肥及化学钾肥	3	0	0		0	0	0	0	0	0	0	
31051000	制成片状及类似形状或每包毛重≤10千克的第三十一章各货品	4	0	0		0	0	0	0	0	0	0	0
31054000	磷酸二氢铵及磷酸二氢铵与磷酸氢二铵的混合物	4	0	0		0	0	0	0	0	0	0	0
31055100	含有硝酸盐及磷酸盐的肥料	4	0	0		0	0	0	0	0	0	0	3.2
31055900	其他含氮、磷两种肥效元素的矿物肥料或化学肥料	4	0	0		0	0	0	0	0	0	0	3.2
31056000	含磷、钾两种元素的肥料	4	0	0		0	0	0	0	0	0	0	3.2
31059010	有机无机复混肥	4	0	0		0	0	0	0	0	0	0	3.2
31059090	其他肥料	4	0	0		0	0	0	0	0	0	0	3.2
32011000	坚木浸膏	5	0	0		0	0	0	0	0	0	1	0
32012000	荆树皮浸膏	6.5	5	0		0	0	0	0	0	1.3	1.3	0
32019010	其他植物鞣料浸膏	6.5	5	0		0	0	0	0	0	1.3	1.3	0
32019090	鞣酸及其盐、醚、酯和其他衍生物	6.5	5	0		0	0	0	0	0	1.3	1.3	0

税则号列 Tariff Item	商品名称（简称） Article Description	最惠国税率（%） M. F. N.	协定税率（%）Conventional										
			巴基斯坦 Pakistan	智利 Chile	新加坡 Singapore	新西兰 New Zealand	秘鲁 Peru	哥斯达黎加 Costa Rica	瑞士 Switzerland	冰岛 Iceland	澳大利亚 Australia	韩国 Korea	格鲁吉亚 Georgia
32021000	有机合成鞣料	6.5	5	0		0	0	0	0	0	1.3	1.3	0
32029000	无机鞣料；鞣料制剂等，不论是否含有天然鞣料；预鞣用酶制剂	6.5	5	0		0	0	0	0	0	1.3	1.3	0
32030011	天然靛蓝及以其为基本成分的制品，包括染料浸膏（不论是否已有化学定义）	6.5	5	0		0	3.2	0	0	0	1.3	1.3	0
32030019	其他植物质着色料及以其为基本成分的制品，包括染料浸膏（不论是否已有化学定义）；第三十二章注释三所述的以植物质着色料为基本成分的制品	6.5	5	0		0	3.2	0	0	0	1.3	1.3	0
32030020	动物质着色料及以其为基本成分的制品，包括染料浸膏（不论是否已有化学定义，但动物炭黑除外）；第三十二章注释三所述的以动物质着色料为基本成分的制品	6.5	5	0		0	3.2	0	0	0	1.3	1.3	0
32041100	分散染料及以其为基本成分的制品（不论是否已有化学定义）	6.5	0	0		0	0	0		0	1.3	1.3	0
32041200	酸性染料（不论是否预金属络合）及以其为基本成分的制品（不论是否已有化学定义）；媒染染料及以其为基本成分的制品（不论是否已有化学定义）	6.5	0	0		0	0	0	4	0	1.3	0	0
32041300	碱性染料及以其为基本成分的制品（不论是否已有化学定义）	6.5	0	0		0	0	0	0	0	1.3	1.3	0
32041400	直接染料及以其为基本成分的制品（不论是否已有化学定义）	6.5	0	0		0	0	0	3.2	0	1.3	0	0
32041510	合成靛蓝（还原靛蓝）（不论是否已有化学定义）	6.5	0	0		0	0	0	0	0	1.3	3.9	0
32041590	其他瓮染料（包括颜料用的）及以其为基本成分的制品（不论是否已有化学定义）	6.5	0	0		0	0	0	0	0	1.3	3.9	0
32041600	活性染料及以其为基本成分的制品（不论是否已有化学定义）	6.5	0	0		0	0	0	4	0	1.3	0	0

税则号列 Tariff Item	商品名称（简称） Article Description	最惠国税率(%) M. F. N.	协定税率（%）Conventional										
			巴基斯坦 Pakistan	智利 Chile	新加坡 Singapore	新西兰 New Zealand	秘鲁 Peru	哥斯达黎加 Costa Rica	瑞士 Switzerland	冰岛 Iceland	澳大利亚 Australia	韩国 Korea	格鲁吉亚 Georgia
32041700	颜料及以其为基本成分的制品（不论是否已有化学定义）	6.5	0	0		0	0	0	3.2	0	1.3	0	0
32041911	硫化黑（硫化青）及以其为基本成分的制品（不论是否已有化学定义）	6.5	0	0		0	0	0	0	0	1.3	3.9	0
32041919	其他硫化染料及以其为基本成分的制品（不论是否已有化学定义）	6.5	0	0		0	0	0	0	0	1.3	3.9	0
32041990	由子目3204.11～3204.19中两个或多个子目所列着色料组成的混合物，（不论是否已有化学定义）	6.5	0	0		0	0	0		0	1.3	0	0
32042000	用作荧光增白剂的有机合成产品（不论是否已有化学定义）	6.5	0	0		0	0	0	4	0	1.3	0	0
32049010	生物染色剂及染料指示剂（不论是否已有化学定义）	6.5	0	0		0	0	0	3.2	0	1.3	1.3	0
32049020	胡萝卜素及类胡萝卜素	6.5	0	0		0	0	0	0	0	1.3	1.3	0
32049090	其他用作发光体的有机合成产品（不论是否已有化学定义）	6.5	0	0		0	0	0	0	0	1.3	1.3	0
32050000	色淀及第三十二章注释三所述的以色淀为基本成分的制品	6.5	5	0		0	0	0	0	0	1.3	4.7	0
32061110	钛白粉	6.5	5	0		0	0	0	0	0	1.3	0	0
32061190	干量计二氧化钛≥80%的颜料及制品，钛白粉除外	6.5	5	0		0	0	0	0	0	1.3	1.3	0
32061900	二氧化钛为基料的颜料及制品，干量计二氧化钛<80%	10	5	0	0	0	0	0	0	0	2	6	0
32062000	铬化合物为基本成分的颜料及制品	6.5	5	0		0	0	0	0	0	1.3	1.3	0
32064100	群青及以其为基本成分的制品	6.5	5	0		0	0	0	0	0	1.3	1.3	0
32064210	锌钡白	6.5	5	0		0	0	0	0	0	1.3	1.3	0
32064290	其他以硫化锌为基本成分的颜料和制品	6.5	5	0		0	0	0	0	0	1.3	3.9	0
32064911	以钒酸铋为基本成分的颜料及制品	6.5	0	0		0	0	0	0	0	1.3	3.9	0
32064919	其他以铋化合物为基本成分的颜料及制品	6.5	0	0		0	0	0	0	0	1.3	3.9	0
32064990	其他着色料及其他制品	6.5	0	0		0	0	0	0	0	1.3	3.9	0

税则号列 Tariff Item	商品名称（简称） Article Description	最惠国税率（%） M. F. N.	协定税率（%）Conventional										
			巴基斯坦 Pakistan	智利 Chile	新加坡 Singapore	新西兰 New Zealand	秘鲁 Peru	哥斯达黎加 Costa Rica	瑞士 Switzerland	冰岛 Iceland	澳大利亚 Australia	韩国 Korea	格鲁吉亚 Georgia
32065000	用作发光体的无机产品，不论是否已有化学定义	6.5	5	0		0	0	0	0	0	1.3	3.9	0
32071000	调制颜料、遮光剂、着色剂及类似制品（用于陶瓷、搪瓷及玻璃工业）	5	0	0		0	0	0	0	0	0	3	0
32072000	珐琅和釉料、釉底料及类似制品（用于陶瓷、搪瓷及玻璃工业）	5	0	0		0	0	0	0	0	0	3.6	0
32073000	光瓷釉及类似制品（用于陶瓷、搪瓷及玻璃工业）	5	0	0		0	0	0	0	0	0	1	0
32074000	呈粉、粒状搪瓷玻璃料及其他玻璃	5	0	0		0	0	0	0	0	0	1	0
32081000	分散或溶于非水介质的聚酯油漆及清漆等	10	5	0	0	0	1	0	0	0	2	8	0
32082010	分散或溶于非水介质的丙烯酸聚合物油漆及清漆	10	5	0	0	0	1	0	0	0	2	8	0
32082020	分散或溶于非水介质的乙烯聚合物油漆及清漆	10	5	0		0	1	0	0	0	2	6	0
32089010	分散或溶于非水介质的聚胺酯类油漆及清漆	10	5	0	0	0	1	0	0	0	2	6	0
32089090	分散或溶于非水介质其他油漆、清漆溶液	10	5	0		0	1	0	5	0	2	8	0
32091000	分散或溶于水介质的丙烯酸聚合物或乙烯聚合物油漆及清漆	10	5	0	0	0	1	0	0	0	2	6	0
32099010	以环氧树脂为基本成分的溶于水介质其他聚合物油漆及清漆	10	5	0	0	0	0	0	0	0	2	8	0
32099020	以氟树脂为基本成分的溶于水介质其他聚合物油漆及清漆	10	5	0	0	0	0	0	0	0	2	6	0
32099090	溶于水介质其他聚合物油漆及清漆	10	5	0	0	0	0	0	5	0	2	8	0
32100000	其他油漆及清漆（包括瓷漆、大漆及水浆涂料）；皮革用水性颜料	10	5	0	0	0	1	0	0	0	2	2	0
32110000	配制的催干剂	10	5	0	0	0	0	0	5	0	2	7.3	0
32121000	压印箔	15	12	0	0	0	1.5	0	7.5	0	3	9	0
32129000	制漆用颜料（分散于非水介质中呈液状或浆状的）及零售形状或零售包装的染料、色料	10	5	0	0	0	0	0	0	0	2	6	0
32131000	成套的颜料（艺术家、学生和广告美工用的）	10	5	0		0	1	0	0	0	2	6	0

税则号列 Tariff Item	商品名称（简称） Article Description	最惠国税率（%） M. F. N.	协定税率（%） Conventional										
			巴基斯坦 Pakistan	智利 Chile	新加坡 Singapore	新西兰 New Zealand	秘鲁 Peru	哥斯达黎加 Costa Rica	瑞士 Switzerland	冰岛 Iceland	澳大利亚 Australia	韩国 Korea	格鲁吉亚 Georgia
32139000	非成套颜料、调色料及类似品（艺术家、学生和广告美工用的，片状、管装、罐装、瓶装、扁盒装等类似形状或包装的）	10	5	0		0	0	0	0	0	2	6	0
32141010	半导体器件封装材料	9	5	0		0	0	0	0	0	1.8		7.2
32141090	其他安装玻璃用油灰、接缝用油灰、树脂胶泥、嵌缝胶及其他类似胶粘剂；漆工用填料	9	5	0		0	0	0	4.5	0	1.8	1.8	0
32149000	非耐火涂面制剂，涂门面、内墙、地板、天花板等用	9	5	0		0	0	0	0	0	1.8	6.6	0
32151100	黑色印刷油墨（不论是否固体或浓缩）	6.5	0	0		0	0	0	0	0	1.3	1.3	0
32151900	其他印刷油墨（不论是否固体或浓缩），黑色印刷油墨除外	6.5	0	0		0	0	0	3.2	0	1.3	3.9	0
32159010	书写墨水（不论是否固体或浓缩）	6.5	5	0		0	0	0	0	0	1.3	1.3	0
32159020	水性喷墨墨水	10	5	0	0	0	0	0	5	0	2	2	0
32159090	绘图墨水及其他墨类（不论是否固体或浓缩）	10	5	0	0	0	0	0	5	0	2	2	0
33011200	橙油（包括浸膏及净油）	20		0	0	0	2	0	11.7	0	4	14.6	16
33011300	柠檬油（包括浸膏及净油）	20		0	0	0	0	0	0	0	4	14.6	0
33011910	白柠檬油（酸橙油）（包括浸膏及净油）	20		0	0	0	0	0	10	0	4	14.6	0
33011990	其他柑橘属果实的精油（包括浸膏及净油）	20		0	0	0	0	0	10	0	4	14.6	0
33012400	胡椒薄荷油（包括浸膏及净油）	20		0	0	0	2	0	10	0	4	14.6	0
33012500	其他薄荷油（包括浸膏及净油）	15	12	0	0	0	1.5	0	7.5	0	3	9	0
33012910	樟脑油（包括浸膏及净油）	20		0	0	0	2	0	10	0	4	14.6	0
33012920	香茅油（包括浸膏及净油）	15	12	0	0	0	1.5	0	7.5	0	3	9	0
33012930	茴香油（包括浸膏及净油）	20		0	0	0	2	0	10	0	4	14.6	0
33012940	桂油（包括浸膏及净油）	20		0	0	0	2	0	10	0	4	14.6	0
33012950	山苍子油（包括浸膏及净油）	20		0	0	0	2	0	10	0	4	14.6	0

税则号列 Tariff Item	商品名称（简称） Article Description	最惠国税率 (%) M. F. N.	协定税率（%） Conventional										
			巴基斯坦 Pakistan	智利 Chile	新加坡 Singapore	新西兰 New Zealand	秘鲁 Peru	哥斯达黎加 Costa Rica	瑞士 Switzerland	冰岛 Iceland	澳大利亚 Australia	韩国 Korea	格鲁吉亚 Georgia
33012960	桉叶油（包括浸膏及净油）	20		0	0	0	2	0	10	0	4	14.6	0
33012991	老鹳草油（香叶油）（包括浸膏及净油）	20		0	0	0	2	0	10	0	4	14.6	0
33012999	其他非柑橘属果实的精油（包括浸膏及净油）	15	12	0	0	0	0	0	7.5	0	3	11	0
33013010	鸢尾凝脂	20		0	0	0	2	0	10	0	4	14.6	0
33013090	其他香膏	20		0	0	0	2	0	10	0	4	14.6	0
33019010	提取的油树脂	20	18	0	0	0	0	0	10	0	4	14.6	0
33019020	柑橘属果实的精油脱萜所得的萜烯副产品	20	18	0	0	0	0	0	10	0	4	14.6	0
33019090	用花香吸取法或浸渍法制成的含浓缩精油的脂肪、固定油、蜡及类似品；精油脱萜所得的萜烯副产品（柑橘属果实的除外）；精油水溶液及水馏液	20	18	0	0	0	0	0	10	0	4	14.6	0
33021010	生产饮料用的混合香料，以及以香料为基本成分的制品，按容量计酒精浓度≤0.5%	15	7.5	0	0	0	1.5	0	7.5	0	3	9	12
33021090	其他食品或饮料工业用混合香料，以及以香料为基本成分的制品	15	12	0	0	0	1.5	0	7.5	0	3	9	0
33029000	其他工业用混合香料及以香料为基本成分的混合物和制品	10	5	0	0	0	1	0	0	0	2	6	0
33030000	香水及花露水	10	5	0	0	0	0	0	0	0	2		0
33041000	唇用化妆品	10	5	0	0	0	0	0	0	0	2		0
33042000	眼用化妆品	10	5	0	0	0	0	0	0	0	2		0
33043000	指（趾）甲化妆品	15	12	0	0	0	1.5	0	7.5	0	3		0
33049100	香粉，不论是否压紧	10	5	0	0	0	0	0	0	0	2		8
33049900	其他美容品或化妆品及护肤品	6.5	5.2	0	0	0	0	0	0	1.1	1.3	5.4	0
33051000	洗发剂（香波）	6.5	5	0	0	0	0	0	0		1.3	4.6	0
33052000	烫发剂	15	12	0	0	0	1.5	0	7.5	0	3		0
33053000	定型剂	15	12	0	0	0	1.5	0	7.5	0	3		0
33059000	其他护发品	10	5	0	0	0	0	0	0		2	7.2	0
33061010	牙膏	10	5	0	0	0	0	0	0	0	2	6	0
33061090	其他洁齿品	10	5	0	0	0	0	0	0	0	2	6	0
33062000	牙线	10	5	0		0	0	0	0	0	2	6	0
33069010	漱口剂	10	5	0	0	0	0	0	0	0	2	6	0
33069090	其他口腔及牙齿清洁剂	10	5	0	0	0	0	0	0	0	2	6	0

税则号列 Tariff Item	商品名称（简称） Article Description	最惠国税率（%） M. F. N.	协定税率（%） Conventional										
			巴基斯坦 Pakistan	智利 Chile	新加坡 Singapore	新西兰 New Zealand	秘鲁 Peru	哥斯达黎加 Costa Rica	瑞士 Switzerland	冰岛 Iceland	澳大利亚 Australia	韩国 Korea	格鲁吉亚 Georgia
33071000	剃须用制剂	10	5	0	0	0	0	0	0	0	2		0
33072000	人体除臭剂及止汗剂	10	5	0	0	0	0	0	0	0	2		0
33073000	香浴盐及其他沐浴用制剂	10	5	0	0	0	0	0	0	0	2	7.2	0
33074100	神香及其他通过燃烧散发香气的制品	10	5	0	0	0	0	0	0	0	2	6	0
33074900	室内除臭制品	10	5	0	0	0	0	0	0	0	2	6	0
33079000	脱毛剂、其他税号未列名的芳香料制品及化妆盥洗品	9	5	0		0	0	0	0	0	1.8	6.4	0
34011100	盥洗用肥皂及有机表面活性产品，条状、块状或模制形状的，以及用肥皂或洗涤剂浸渍、涂面或包覆的纸、絮胎、毡呢及无纺织物	10	8.3	0	0	0	0	0	0	0	2	6	0
34011910	洗衣皂	10	5	0	0	0	0	0	0	0	2		0
34011990	其他用肥皂及有机表面活性产品，条状、块状或模制形状的，以及用肥皂或洗涤剂浸渍、涂面或包覆的纸、絮胎、毡呢及无纺织物	15	12	0		0	1.5	0	7.5	0	3	9	0
34012000	其他形状的肥皂	15	7.5	0		0	1.5	0	7.5	0	3	9	0
34013000	洁肤用的有机表面活性产品及制品，液状或膏状并制成零售包装的，不论是否含有肥皂	10	5	0	0	0	0	0	0	0	2	6	0
34021100	阴离子型有机表面活性剂	6.5	5	0		0	0	0	0	0	1.3	4.6	0
34021200	阳离子型有机表面活性剂	6.5	5	0		0	0	0	0	0	1.3	4.6	0
34021300	非离子型有机表面活性剂	6.5	5	0		0	0	0	3.2	0	1.3	4.7	0
34021900	其他有机表面活性剂	6.5	5	0		0	0	0	0	0	1.3	4.6	0
34022010	零售包装的合成洗涤粉	10	5	0	0	0	0	0	0	0	2	7.2	0
34022090	零售包装有机表面活性剂制品（合成洗涤粉除外）	10	5	0	0	0	0	0	0	0	2	7.2	0
34029000	非零售包装有机表面活性剂制品、洗涤剂及清洁剂	9	5	0	0	0	0	0	4.5	0	1.8	1.8	7.2
34031100	用于纺织材料、皮革、毛皮或其他材料油脂处理的制剂（含有石油或从沥青矿物提取的油类且按重量计＜70%）	10	5	0	0	0	0	0	0	0	2	6	0
34031900	润滑剂（含有石油或从沥青矿物提取的油类且按重量计＜70%）	10	5	0	0	0	0	0	0	0	2	2	0

税则号列 Tariff Item	商品名称（简称） Article Description	最惠国税率（%） M. F. N.	协定税率（%） Conventional										
			巴基斯坦 Pakistan	智利 Chile	新加坡 Singapore	新西兰 New Zealand	秘鲁 Peru	哥斯达黎加 Costa Rica	瑞士 Switzerland	冰岛 Iceland	澳大利亚 Australia	韩国 Korea	格鲁吉亚 Georgia
34039100	用于纺织材料、皮革、毛皮或其他材料油脂处理的制剂（不含有石油或从沥青矿物提取的油类）	10	5	0	0	0	1	0	0	0	2	2	0
34039900	润滑剂（不含有石油或从沥青矿物提取的油类）	10	5	0	0	0	1	0	5	0	2	2	0
34042000	聚乙二醇蜡	10	5	0		0	0	0	0	0	2		0
34049000	其他人造蜡及调制蜡	10	5	0		0	1	0	0	0	2	2	0
34051000	鞋靴或皮革用的上光剂及类似制品	10	5	0	0	0	1	0	0	0	2	6	0
34052000	保养木制品的上光剂及类似制品	10	5	0	0	0	1	0	0	0	2	6	0
34053000	车身用的上光剂及类似制品	10	5	0	0	0	1	0	0	0	2	6	0
34054000	擦洗膏、去污粉及类似制品	10	5	0		0	0	0	0	0	2	6	0
34059000	玻璃或金属用的光洁剂	10	5	0	0	0	1	0	0	0	2	2	0
34060000	各种蜡烛及类似品	10	5	0	0	0	0	0	0	0	2	6	0
34070010	牙科用蜡及造型膏	6.5	5	0		0	0	0	3.2	0	1.3	3.9	0
34070020	以熟石膏为成分的牙科用其他制品	6.5	5	0		0	0	0	0	0	1.3	1.3	0
34070090	塑型用膏	10	5	0		0	0	0	0	0	2	6	0
35011000	酪蛋白	10	5	0	0	0	0	0	0	0	2	6	0
35019000	酪蛋白衍生物；酪蛋白胶	10	5	0		0	1	0	0	0	2	6	0
35021100	干的卵清蛋白	10	5	0		0	0	0	0	0	2	6	0
35021900	其他卵清蛋白	10	5	0		0	0	0	0	0	2	6	0
35022000	乳白蛋白，包括两种或两种以上的乳清蛋白浓缩物	10	5	0		0	0	0	0	0	2	6	0
35029000	其他白蛋白及白蛋白盐及其衍生物	10	5	0		0	1	0	0	0	2	6	0
35030010	明胶及其衍生物	12	6	0	0	0	0	0	6	0	2.4	7.2	0
35030090	鱼胶；其他动物胶	12	6	0	0	0	0	0	6	0	2.4	7.2	0
35040010	蛋白胨	3	0	0		0	0	0	0	0	0	0	0
35040090	其他税号未列名蛋白质及其衍生物，皮粉	8	5	0		0	0	0	0	0	1.6	1.6	0
35051000	糊精及其他改性淀粉	12	6	0	0	0	1.2	0	6	0	2.4	7.2	0
35052000	以淀粉、糊精或其他改性淀粉为基本成分的胶	20		0	0	0	2	0	10	0	4	14.6	0
35061000	适于作胶或黏合剂的产品，零售包装每件净重≤1千克	10	5	0	0	0	1	0	5		2	2	0
35069110	以聚酰胺为基本成分的黏合剂	10	5	0	0	0	1	0	0	0	2	7.3	0

税则号列 Tariff Item	商品名称（简称） Article Description	最惠国税率（%） M. F. N.	协定税率（%）Conventional										
			巴基斯坦 Pakistan	智利 Chile	新加坡 Singapore	新西兰 New Zealand	秘鲁 Peru	哥斯达黎加 Costa Rica	瑞士 Switzerland	冰岛 Iceland	澳大利亚 Australia	韩国 Korea	格鲁吉亚 Georgia
35069120	以环氧树脂为基本成分的黏合剂	10	5	0	0	0	1	0	5	0	2	8	0
35069190	以其他橡胶或塑料为基本成分的黏合剂	10	5	0	0	0	1	0	5	0	2	6	8
35069900	其他调制胶、黏合剂	10	5	0	0	0	1	0	5	0	2	8	0
35071000	粗制凝乳酶及其浓缩物	6	5	0		0	0	0	0	0	1.2	1.2	0
35079010	碱性蛋白酶	6	5	0		0	0	0	0	0	1.2	3.6	0
35079020	碱性脂肪酶	6	5	0		0	0	0	0	0	1.2	3.6	0
35079090	其他酶及未列名的酶制品	6	5	0		0	0	0	0	0	1.2	1.2	0
36010000	发射药	9	5	0		0	0	0	0	0	1.8	1.8	0
36020010	硝铵炸药，但发射药除外	9	5	0		0	0	0	0	0	1.8	1.8	0
36020090	其他配制炸药，但发射药除外	9	5	0		0	0	0	0	0	1.8	1.8	0
36030000	安全导火索、导爆索；火帽或雷管；引爆器；电雷管	9	5	0		0	0	0	0	0	1.8	1.8	0
36041000	烟花、爆竹	6	5	0		0	0	0	0	0	1.2	1.2	0
36049000	信号弹、降雨火箭、浓雾信号弹及其他烟火制品	6	5	0		0	0	0	0	0	1.2	1.2	0
36050000	火柴，但税目36.04的烟火制品除外	6	5	0		0	0	0	0	0	1.2	1.2	0
36061000	灌注打火机等用的液体或液化气体燃料，其包装容器的容积≤300立方厘米	10	5	0		0	0	0	0	0	2	6	0
36069011	已切成形可直接使用的铈铁及其他引火合金	9	5	0		0	0	0	0	0	1.8	1.8	0
36069019	未切成形不可直接使用的铈铁及其他引火合金	9	5	0		0	0	0	0	0	1.8	1.8	0
36069090	其他易燃材料制品	9	5	0		0	0	0	0	0	1.8	1.8	0
37011000	未曝光的X光感光硬片及平面软片，用纸、纸板及纺织物以外任何材料制成	20		0		0	2	0	10	0	4	16.8	0
37012000	未曝光的一次成像感光平片，用纸、纸板及纺织物以外任何材料制成	5	0	0		0	0	0	3.1	0	0	3	0
37013021	激光照排片（任何一边超过255毫米），用纸、纸板及纺织物以外任何材料制成	5		0		0	0	0	5	0	2	2.2元/平方米	0
37013022	PS版（预涂感光版）（任何一边超过255毫米），用纸、纸板及纺织物以外任何材料制成	5		0		0	0	0	0	0	2	4.8元/平方米	0

税则号列 Tariff Item	商品名称（简称） Article Description	最惠国税率（%） M. F. N.	协定税率（%） Conventional										
			巴基斯坦 Pakistan	智利 Chile	新加坡 Singapore	新西兰 New Zealand	秘鲁 Peru	哥斯达黎加 Costa Rica	瑞士 Switzerland	冰岛 Iceland	澳大利亚 Australia	韩国 Korea	格鲁吉亚 Georgia
37013024	CTP 版	5	5	0		0	0	0	0	0	2	4.8 元/平方米	0
37013025	柔性印刷版	5		0		0	0	0	5	0	2	9 元/平方米	0
37013029	其他未曝光照相制版用感光硬片及软片（任何一边超过 255 毫米），用纸、纸板及纺织物以外任何材料制成	5		0		0	0	0	5	0	2	3 元/平方米	0
37013090	未曝光其他用途的感光硬片及软片（任何一边超过 255 毫米），用纸、纸板及纺织物以外任何材料制成	10		0	0	0	2	0	10	0	4	14.6	0
37019100	彩色摄影用未曝光彩色硬片及平面软片，用纸、纸板及纺织物以外任何材料制成，任何一边≤ 255 毫米	22		0	0	0	2.2	0	11	0	4.4		0
37019920	照相制版用其他未曝光软片及硬片，用纸、纸板及纺织物以外任何材料制成，任何一边≤ 255 毫米	7.5	5	0		0	1	0	0	0	2	6	0
37019990	其他用未曝光软片及硬片，用纸、纸板及纺织物以外任何材料制成，任何一边≤ 255 毫米	18.8		0	0	0	2.5	0	12.5	0	5		0
37021000	成卷的未曝光的 X 光感光胶片，用纸、纸板及纺织物以外任何材料制成	10		0		0	0	0	0	0	2	7.3	0
37023110	彩色摄影用未曝光一次成像感光卷片，宽度≤105 毫米，用纸、纸板及纺织物以外任何材料制成	5	0	0		0	0	0	0	0	0	1	0
37023190	彩色摄影用未曝光无齿孔彩色胶卷，宽度≤105 毫米，用纸、纸板及纺织物以外任何材料制成	56 元/平方米		0	0	0	4	0		0	8		0
37023210	照相制版用未曝光涂卤化银液无齿孔一次成像感光卷片，宽度≤105 毫米，用纸、纸板及纺织物以外任何材料制成	5	0	0		0	0	0	0	0	0	1	0

税则号列 Tariff Item	商品名称（简称） Article Description	最惠国税率（%） M. F. N.	协定税率（%） Conventional										
			巴基斯坦 Pakistan	智利 Chile	新加坡 Singapore	新西兰 New Zealand	秘鲁 Peru	哥斯达黎加 Costa Rica	瑞士 Switzerland	冰岛 Iceland	澳大利亚 Australia	韩国 Korea	格鲁吉亚 Georgia
37023220	照相制版用未曝光涂卤化银液无齿孔胶卷，宽度≤105毫米，用纸、纸板及纺织物以外任何材料制成	4.5元/平方米	2.25元/平方米	0		0	0	0	0	0	2	2.7元/平方米	0
37023290	其他未曝光涂卤化银液无齿孔胶卷，宽度≤105毫米，用纸、纸板及纺织物以外任何材料制成	21元/平方米		0	0	0	2.2	0	11	0	4.4	16.8元/平方米	0
37023920	照相制版用未曝光未涂卤化银无齿孔感光胶卷，宽度≤105毫米，用纸、纸板及纺织物以外任何材料制成	12元/平方米	6元/平方米	0		0	0	0	0	0	2	7.2元/平方米	0
37023990	其他未曝光未涂卤化银无齿孔感光胶卷，宽度≤105毫米，用纸、纸板及纺织物以外任何材料制成	24元/平方米		0	0	0	2.2	0	11	0	4.4	19.2元/平方米	0
37024100	彩色摄影用未曝光无齿孔彩色胶卷，宽度＞610毫米，长度＞200米，用纸、纸板及纺织物以外任何材料制成	7.1元/平方米		0		0	1.6	0	8	0	3.2		0
37024221	印刷电路板制造用未曝光光致抗蚀干膜，宽度＞610毫米，长度＞200米，用纸、纸板及纺织物以外任何材料制成	0.6元/平方米	0.3元/平方米	0	0	0	0	0	0	0	2		0
37024229	照相制版用其他未曝光无齿孔胶卷，宽度＞610毫米，长度＞200米，用纸、纸板及纺织物以外任何材料制成	1.6元/平方米	0.8元/平方米	0		0	0	0	0	0	2	0.9元/平方米	0
37024292	红色或红外激光胶片	2.4元/平方米		0	0	0	1.6	0	8	0	3.2	1.4元/平方米	0
37024299	其他未曝光无齿孔宽长胶卷	7元/平方米		0	0	0	1.6	0	8	0	3.2	4.2元/平方米	0
37024321	照相制版用未曝光无齿孔激光照排片，宽度＞610毫米，长度≤200米，用纸、纸板及纺织物以外任何材料制成	10	0.9元/平方米	0		0	0	0	0	0	2	1元/平方米	0

税则号列 Tariff Item	商品名称（简称） Article Description	最惠国税率（%） M. F. N.	协定税率（%） Conventional										
			巴基斯坦 Pakistan	智利 Chile	新加坡 Singapore	新西兰 New Zealand	秘鲁 Peru	哥斯达黎加 Costa Rica	瑞士 Switzerland	冰岛 Iceland	澳大利亚 Australia	韩国 Korea	格鲁吉亚 Georgia
37024329	其他照相制版用未曝光无齿孔胶卷，宽度＞610毫米，长度≤200米，用纸、纸板及纺织物以外任何材料制成	3.7元/平方米	1.85元/平方米	0		0	0	0	0	0	2	2.2元/平方米	0
37024390	其他用未曝光无齿孔胶卷，宽度610毫米，长度≤200米，用纸、纸板及纺织物以外任何材料制成	17元/平方米		0	0	0	2	0	10	0	4	12.4元/平方米	0
37024421	照相制版用无齿孔未曝光激光照排片，105毫米＜宽度≤610毫米，用纸、纸板及纺织物以外任何材料制成	2元/平方米	1元/平方米	0		0	0	0	0	0	2	1.2元/平方米	0
37024422	印刷电路板制造用未曝光光致抗蚀干膜，105毫米＜宽度≤610毫米，用纸、纸板及纺织物以外任何材料制成	5元/平方米	0.45元/平方米	0		0	0	0	0	0	2		0
37024429	其他照相制版用无齿孔未曝光胶卷，105毫米＜宽度≤610毫米，用纸、纸板及纺织物以外任何材料制成	2.9元/平方米	1.45元/平方米	0		0	0	0	0	0	2	1.7元/平方米	0
37024490	其他用无齿孔未曝光胶卷，105毫米＜宽度≤610毫米，用纸、纸板及纺织物以外任何材料制成	27元/平方米		0	0	0	2	0	10	0	4	19.8元/平方米	0
37025200	彩色摄影用未曝光彩色胶卷，宽度≤16毫米	95元/平方米		0	0	0	4.7	0		0	9.4		0
37025300	幻灯片用未曝光彩色摄影胶卷，16毫米＜宽度≤35毫米，长度＜30米，用纸、纸板及纺织物以外任何材料制成	128元/平方米		0	0	0	4.7	0		0	9.4		0
37025410	非幻灯片用未曝光彩色胶卷，宽度35毫米，长度≤2米，用纸、纸板及纺织物以外任何材料制成	18元/平方米		0		0	1.8	0	9	0	3.6	16.1元/平方米	0
37025490	非幻灯片用彩色摄影用未曝光彩色胶卷，16毫米＜宽度＜35毫米，2米＜长度≤30米，用纸、纸板及纺织物以外任何材料制成	24元/平方米		0		0	1.8	0	9	0	3.6	17.6元/平方米	0

税则号列 Tariff Item	商品名称（简称） Article Description	最惠国税率（%） M. F. N.	协定税率（%）Conventional										
			巴基斯坦 Pakistan	智利 Chile	新加坡 Singapore	新西兰 New Zealand	秘鲁 Peru	哥斯达黎加 Costa Rica	瑞士 Switzerland	冰岛 Iceland	澳大利亚 Australia	韩国 Korea	格鲁吉亚 Georgia
37025520	未曝光的彩色电影胶片，16毫米＜宽度≤35毫米，长度＞30米，用纸、纸板及纺织物以外任何材料制成	9元/平方米		0		0	2.6	0		0	5.2		0
37025590	未曝光彩色摄影用胶卷，16毫米＜宽度≤35毫米，长度＞30米，用纸、纸板及纺织物以外任何材料制成，电影胶片除外	27元/平方米		0		0		0		0	8		0
37025620	未曝光的彩色电影胶片，宽度＞35毫米，用纸、纸板及纺织物以外任何材料制成	13元/平方米		0	0	0	2.4	0	12	0	4.8	10.4元/平方米	0
37025690	未曝光的彩色摄影用胶卷，宽度＞35毫米，用纸、纸板及纺织物以外任何材料制成，电影胶片除外	74元/平方米		0	0	0	4	0		0	8		0
37029600	未曝光的非彩色胶卷，宽度≤35毫米，长度≤30米，用纸、纸板及纺织物以外任何材料制成	21元/平方米		0		0	2	0	10	0	4	15.4元/平方米	0
37029700	未曝光的非彩色胶卷，宽度≤35毫米，长度＞30米，用纸、纸板及纺织物以外任何材料制成	9元/平方米	9元/平方米	0		0	1.8	0	9	0	3.6	6.6元/平方米	0
37029800	未曝光的非彩色胶卷，宽度＞35毫米，用纸、纸板及纺织物以外任何材料制成	10元/平方米	8元/平方米	0	0	0	1.8	0	9	0	3.6	6元/平方米	0
37031010	成卷未曝光的感光纸及纸板，宽度＞610毫米	18		0		0	1.8	0	9	0	3.6	13.2	0
37031090	成卷未曝光的感光布，宽度＞610毫米	18		0		0	1.8	0	9	0	3.6	13.2	0
37032010	未曝光的彩色摄影用感光纸及纸板，非成卷或宽度≤610毫米	35		0		0		0		0	7		0
37032090	未曝光的彩色摄影用感光布，非成卷或宽度≤610毫米	18		0		0	1.8	0	9	0	3.6	13.2	0
37039010	未曝光的非彩色摄影用感光纸及纸板，非成卷或宽度≤610毫米	35		0		0		0		0	7		0

税则号列 Tariff Item	商品名称（简称） Article Description	最惠国税率（%） M. F. N.	协定税率（%）Conventional										
			巴基斯坦 Pakistan	智利 Chile	新加坡 Singapore	新西兰 New Zealand	秘鲁 Peru	哥斯达黎加 Costa Rica	瑞士 Switzerland	冰岛 Iceland	澳大利亚 Australia	韩国 Korea	格鲁吉亚 Georgia
37039090	未曝光的非彩色摄影用感光布，非成卷或宽度≤610毫米	18		0		0	1.8	0	9	0	3.6	13.2	0
37040010	已曝光未冲洗的电影胶片	6.5	5	0		0	0	0	0	0	1.3	1.3	0
37040090	已曝光未冲洗的摄影硬片、软片、纸、纸板及纺织物，电影胶片除外	18	14.4	0	0	0	1.8	0	9	0	3.6	10.8	0
37050029	已曝光已冲洗的缩微胶片，书籍、报刊用除外	2	0	0		0	0	0	0	0	0	0	0
37050090	已曝光已冲洗的其他摄影硬片及软片	9	14.4	0	0	0	1.8	0	9	0	3.6	10.8	0
37061090	已曝光已冲洗的电影胶片，宽度≥35毫米，不论是否配有声道或仅有声道，教学专用除外	5	0	0		0	0	0	0	0	0	3.6	0
37069090	已曝光已冲洗的电影胶片，宽度＜35毫米，不论是否配有声道或仅有声道，教学专用除外	4	0	0		0	0	0	0	0	0	0	0
37071000	摄影用感光乳液	8	5	0		0	0	0	4	0	1.6	5.8	0
37079010	冲洗胶卷及相片用化学制剂或摄影用未混合品（定量包装或零售包装可立即使用的）	12	12.8	0	0	0	1.6	0	8	0	3.2	11.7	0
37079020	复印机用化学制剂或摄影用未混合品（定量包装或零售包装可立即使用的）	7.5	5	0	0	0	1	0	0	0	2	6	0
37079090	其他摄影用化学制剂或摄影用未混合品（定量包装或零售包装可立即使用的）	6	5	0		0	0	0	4	0	1.6	4.8	0
38011000	人造石墨	6.5	5	0		0	0	0	3.2	0	1.3	3.9	0
38012000	胶态或半胶态石墨	6.5	5	0		0	0	0	0	0	1.3	4.7	0
38013000	电极用碳糊及炉衬用的类似糊	6.5	5	0		0	0	0	3.2	0	1.3	1.3	0
38019010	表面处理的球化石墨	6.5	5	0		0	0	0	0	0	1.3	1.3	0
38019090	其他石墨	6.5	5	0		0	0	0	0	0	1.3	1.3	0
38021010	木质活性碳	6.5	5	0		0	0	0	0	0	1.3	1.3	0
38021090	其他活性碳	6.5	5	0		0	0	0	0	0	1.3	1.3	0
38029000	活性天然矿产品；动物炭黑（包括废动物炭黑）	10	5	0	0	0	1	0	0	0	2	6	0
38030000	妥尔油，不论是否精炼	6.5	5	0		0	0	0	0	0	1.3	1.3	0

税则号列 Tariff Item	商品名称（简称） Article Description	最惠国税率（%） M. F. N.	协定税率（%）Conventional										
			巴基斯坦 Pakistan	智利 Chile	新加坡 Singapore	新西兰 New Zealand	秘鲁 Peru	哥斯达黎加 Costa Rica	瑞士 Switzerland	冰岛 Iceland	澳大利亚 Australia	韩国 Korea	格鲁吉亚 Georgia
38040000	木浆残余碱液，不论是否浓缩、脱糖或经化学处理，包括木素磺酸盐，但不包括税目38.03的妥尔油	6.5	5	0		0	0	0	0	0	1.3	3.9	0
38051000	脂松节油、木松节油和硫酸松节油	6.5	5	0		0	0	0	0	0	1.3	1.3	0
38059010	以α萜品醇为基本成分的松油，用蒸馏或其他方法从针叶木制得	6.5	5	0		0	0	0	0	0	1.3	1.3	0
38059090	粗制二聚戊烯；亚硫酸盐松节油及其他粗制对异丙基苯甲烷；其他萜烯油，用蒸馏或其他方法从针叶木制得	6.5	5	0		0	0	0	0	0	1.3	1.3	0
38061010	松香	10	5	0	0	0	0	0	0	0	2	6	0
38061020	树脂酸	10	5	0		0	0	0	0	0	2	6	0
38062010	松香盐及树脂酸盐	6.5	5	0		0	0	0	0	0	1.3	1.3	0
38062090	松香或树脂酸衍生物的盐，但松香加合物的盐除外	6.5	5	0		0	0	0	0	0	1.3	1.3	0
38063000	酯胶	6.5	5	0		0	0	0	0	0	1.3	1.3	0
38069000	其他松香和树脂酸的衍生物；松香精及松香油；再熔胶	6.5	5	0		0	0	0	0	0	1.3	1.3	0
38070000	木焦油；精制木焦油；木杂酚油；粗木精；植物沥青；以松香、树脂酸或植物沥青为基本成分的啤酒桶沥青及类似制品	6.5	5	0		0	0	0	0	0	1.3	1.3	0
38085200	DDT（ISO）［滴滴涕（INN）］，每包净重不超过300克	9	5	0		0	0	0	0	0	1.8	1.8	0
38085910	零售包装的第三十八章注释一所列货物	9	5	0		0	0	0	0	0	1.8	1.8	0
38085990	非零售包装的第三十八章注释一所列货物	5		0		0	0	0	0	0	0	1	0
38086100	每包净重不超过300克的第三十八章注释二所列货品	10	5	0		0	0	0	0	0	2	6	0
38086200	每包净重超过300克，但不超过7.5千克的第三十八章注释二所列货品	10	5	0		0	0	0	0	0	2	6	0
38086900	其他第三十八章注释二所列货品	6	0	0		0	0	0	3	0	1.2	1.2	0

税则号列 Tariff Item	商品名称（简称） Article Description	最惠国税率（%） M. F. N.	协定税率（%）Conventional										
			巴基斯坦 Pakistan	智利 Chile	新加坡 Singapore	新西兰 New Zealand	秘鲁 Peru	哥斯达黎加 Costa Rica	瑞士 Switzerland	冰岛 Iceland	澳大利亚 Australia	韩国 Korea	格鲁吉亚 Georgia
38089111	蚊香	10	0	0		0	0	0	0	0	2	2	0
38089112	生物杀虫剂	10	5	0		0	0	0	0	0	2	6	0
38089119	零售包装杀虫剂	10	5	0		0	0	0	0	0	2	6	0
38089190	非零售包装杀虫剂	6	0	0		0	0	0	3	0	1.2	1.2	0
38089210	零售包装的杀菌剂	9	5	0		0	0	0	4.5	0	1.8	1.8	0
38089290	非零售包装的杀菌剂	6	5	0		0	0	0	3	0	1.2	1.2	0
38089311	零售包装的除草剂	9	5	0		0	0	0	0	0	1.8	1.8	0
38089319	非零售包装的除草剂	5	0	0		0	0	0	2.5	0	0	1	0
38089391	零售包装的抗萌剂及植物生长调节剂	9	5	0		0	0	0	0	0	1.8	1.8	0
38089399	非零售包装的抗萌剂及植物生长调节剂	6	5	0		0	0	0	0	0	1.2	1.2	0
38089400	消毒剂	9	5	0		0	0	0	4.5	0	1.8	1.8	7.2
38089910	零售包装的杀鼠剂及其他类似产品	9	5	0		0	0	0	0	0	1.8	1.8	0
38089990	非零售包装的杀鼠剂及其他类似产品	9	5	0		0	0	0	0	0	1.8	1.8	0
38091000	以淀粉物质为基本成分，纺织、造纸、制革及类似工业用的其他税号未列名的整理剂、染料加速着色或固色助剂及其他产品和制剂	10	0	0	0	0	0	0	0	0	2	6	0
38099100	纺织工业及类似工业用其他税号未列名整理剂、染料加速着色剂或固色助剂及其他产品和制剂	6.5	0	0		0	0	0	3.2	0	1.3	1.3	0
38099200	造纸工业用其他税号未列名整理剂、染料加速着色剂或固色助剂及其他产品和制剂	6.5	0	0		0	0	0	0	0	1.3	3.9	0
38099300	制革工业用其他税号未列名整理剂、染料加速着色剂或固色助剂及其他产品和制剂	6.5	0	0		0	0	0	0	0	1.3	1.3	0
38101000	金属表面酸洗剂；金属及其他材料制成的焊粉或焊膏	6.5	5	0		0	0	0	0	0	1.3	4.7	0
38109000	焊接用的焊剂及其他辅助剂；作焊条芯子或焊条涂料用的制品	6.5	5	0		0	0	0	0	0	1.3	4.7	0
38111100	以铅化合物为基本成分的抗震剂，用于矿物油或与矿物油同样用途的其他液体	6.5	5	0		0	0	0	0	0	1.3	1.3	0

税则号列 Tariff Item	商品名称（简称） Article Description	最惠国税率（%） M. F. N.	协定税率（%）Conventional										
			巴基斯坦 Pakistan	智利 Chile	新加坡 Singapore	新西兰 New Zealand	秘鲁 Peru	哥斯达黎加 Costa Rica	瑞士 Switzerland	冰岛 Iceland	澳大利亚 Australia	韩国 Korea	格鲁吉亚 Georgia
38111900	抗震剂（以铅化合物为基本成分的除外），用于矿物油或与矿物油同样用途的其他液体	6.5	5	0		0	0	0	0	0	1.3	1.3	0
38112100	含有石油或从沥青矿物提取的油类的润滑油添加剂	6.5	5	0		0	0	0	0	0	1.3	1.3	0
38112900	不含石油或从沥青矿物提取的油类的润滑油添加剂	6.5	5	0		0	0	0	0	0	1.3	3.9	0
38119000	抗氧剂、防胶剂、黏度改良剂、防腐剂配制添加剂，用于矿物油或与矿物油同样用途的其他液体	6.5	5	0		0	0	0	0	0	1.3	1.3	5.2
38121000	配制的橡胶促进剂	6	5	0		0	0	0	0	0	1.2	4.4	0
38122000	橡胶或塑料用复合增塑剂	6.5	5	0		0	0	0	0	0	1.3	4.7	0
38123100	2,2,4-三甲基-1,2-二氢化喹啉（TMQ）低聚体混合物	6	5	0		0	0	0	0	0	1.2	4.4	0
38123910	橡胶的防老剂	6	5	0		0	0	0	0	0	1.2	4.4	0
38123990	其他橡胶、塑料用抗氧剂及其他稳定剂	6.5	0	0		0	0	0	3.2	0	1.3	1.3	0
38130010	灭火器的装配药	6.5	5	0		0	0	0	0	0	1.3	3.9	0
38130020	已装药的灭火弹	10	5	0		0	0	0	0	0	2	6	0
38140000	其他税号未列名的有机复合溶剂及稀释剂；除漆剂	10	5	0	0	0	1	0	5	0	2	8	0
38151100	以镍及其化合物为活性物的载体催化剂	6.5	5	0		0	0	0	0	0	1.3	3.9	0
38151200	以贵金属及其化合物为活性物的载体催化剂	6.5	5	0		0	0	0	0	0	1.3	3.9	0
38151900	其他载体催化剂	6.5	0	0		0	0	0	0	0	1.3	1.3	0
38159000	其他未列名的反应引发剂、促进剂	6.5	5	0		0	0	0	3.2	0	1.3	1.3	0
38160000	耐火水泥、灰泥、混凝土及类似耐火材料，但税目38.01的产品除外	6.5	5	0		0	0	0	0	0	1.3	1.3	0
38170000	混合烷基苯及混合烷基萘，但税目27.07及29.02的产品除外	6.5	5	0		0	0	0	0	0	1.3	4.7	0
38190000	闸用液压油及其他液压传动用液体，不含石油或从沥青矿物提取的油类，或者按重量计石油或从沥青矿物提取的油类含量低于70%	6.5	5	0		0	0	0	0	0	1.3	1.3	0
38200000	防冻剂及解冻剂	10	5	0	0	0	0	0	0	0	2	6	0

税则号列 Tariff Item	商品名称（简称） Article Description	最惠国税率（%） M. F. N.	协定税率（%）Conventional										
			巴基斯坦 Pakistan	智利 Chile	新加坡 Singapore	新西兰 New Zealand	秘鲁 Peru	哥斯达黎加 Costa Rica	瑞士 Switzerland	冰岛 Iceland	澳大利亚 Australia	韩国 Korea	格鲁吉亚 Georgia
38210000	制成的微生物培养基	3	0	0		0	0	0	0	0	0	0.6	0
38220010	附于衬背上的诊断或实验用试剂，但税目 32.02、32.06 的货品除外	4	0	0		0	0	0	0	0.7	0	0.8	0
38220090	无论是否附于衬背上的诊断或实验用配制试剂，但税目 32.02、32.06 的货品除外	5	0	0		0	0	0	0	0.8	0	1	0
38231100	硬脂酸	16	12.8	0		0	1.6	0	8		3.2	11.7	0
38231200	油酸	16	12.8	0	0	0	1.6	0	8		3.2	11.7	0
38231300	妥尔油脂肪酸	16	12.8	0	0	0	1.6	0	8	0	3.2	11.7	0
38231900	其他工业用单羧脂肪酸；精炼所得的酸性油	16	12.8	0	0	0	1.6	0	8	0	3.2	11.7	0
38237000	工业用脂肪醇	13	6.5	0	0	0	0	0	6.5	0	2.6	9.5	0
38241000	铸模及铸芯用黏合剂	6.5	5	0		0	0	0	0	0	1.3	3.9	0
38243000	自身混合或与金属黏合剂混合的未烧结金属碳化物	6.5	5	0		0	0	0	0	0	1.3	1.3	0
38244010	高效减水剂	6.5	5	0		0	0	0	0	0	1.3	4.7	0
38244090	其他水泥、灰泥及混凝土用添加剂	6.5	5	0		0	0	0	0	0	1.3	1.3	0
38245000	非耐火的灰泥及混凝土	6.5	5	0		0	0	0	0	0	1.3	1.3	0
38246000	子目 2905.44 以外的山梨醇	14	11.2	0	0	0	0	0	7	0	2.8	8.4	0
38247100	含全氯氟烃的，不论是否含氢氯氟烃、全氟烃或氢氟烃的含有甲烷、乙烷、丙烷卤化衍生物混合物	6.5	5	0		0	0	0	0	0	1.3	1.3	0
38247200	含溴氯二氟甲烷、溴三氟甲烷或二溴四氟乙烷的含有甲烷、乙烷、丙烷卤化衍生物混合物	6.5	5	0		0	0	0	0	0	1.3	1.3	0
38247300	含氢溴氟烃的含有甲烷、乙烷、丙烷卤化衍生物混合物	6.5	5	0		0	0	0	0	0	1.3	1.3	0
38247400	含氢氯氟烃的，不论是否含全氟烃或氢氟烃，但不含全氯氟烃的含有甲烷、乙烷、丙烷卤化衍生物混合物	6.5	5	0		0	0	0	0	0	1.3	1.3	0
38247500	含四氯化碳的含有甲烷、乙烷、丙烷卤化衍生物混合物	6.5	5	0		0	0	0	0	0	1.3	1.3	0

税则号列 Tariff Item	商品名称（简称） Article Description	最惠国税率（%） M. F. N.	协定税率（%） Conventional										
			巴基斯坦 Paki-stan	智利 Chile	新加坡 Singa-pore	新西兰 New Zealand	秘鲁 Peru	哥斯达黎加 Costa Rica	瑞士 Switze-rland	冰岛 Iceland	澳大利亚 Austr-alia	韩国 Korea	格鲁吉亚 Georgia
38247600	含1,1,1-三氯乙烷（甲基氯仿）的含有甲烷、乙烷、丙烷卤化衍生物混合物	6.5	5	0		0	0	0	0	0	1.3	1.3	0
38247700	含溴化甲烷（甲基溴）或溴氯甲烷的含有甲烷、乙烷、丙烷卤化衍生物混合物	6.5	5	0		0	0	0	0	0	1.3	1.3	0
38247800	含全氟烃或氢氟烃的，但不含全氯氟烃或氢氯氟烃的含有甲烷、乙烷、丙烷卤化衍生物混合物	6.5	5	0		0	0	0	0	0	1.3	1.3	0
38247900	其他含有甲烷、乙烷、丙烷卤化衍生物的混合物	6.5	5	0		0	0	0	0	0	1.3	1.3	0
38248100	含环氧乙烷的混合物及制品	6.5	5	0		0	0	0	0	0	1.3	1.3	0
38248200	含多氯联苯、多氯三联苯或多溴联苯的混合物及制品	6.5	5	0		0	0	0	0	0	1.3	1.3	0
38248300	含三（2，3-二溴丙基）磷酸酯的混合物及制品	6.5	5	0		0	0	0	0	0	1.3	1.3	0
38248400	含艾氏剂（ISO）、毒杀芬（ISO）、氯丹（ISO）、十氯酮（ISO）、DDT（ISO）［滴滴涕（INN）、1,1,1-三氯-2,2-双（4-氯苯基）乙烷］、狄氏剂（ISO，INN）、硫丹（ISO）、异狄氏剂（ISO）、七氯（ISO）或灭蚁灵（ISO）的第三十八章子目注释三所列货品	6.5	5	0		0	0	0		0	1.3	4.7	0
38248500	含1,2,3,4,5,6-六氯环己烷［六六六（ISO）］，包括林丹（ISO，INN）的第三十八章子目注释三所列货品	6.5	5	0		0	0	0		0	1.3	4.7	0
38248600	含五氯苯（ISO）或六氯苯（ISO）的第三十八章子目注释三所列货品	6.5	5	0		0	0	0		0	1.3	4.7	0
38248700	含全氟辛基磺酸及其盐，全氟辛基磺胺或全氟辛基磺酰氯的第三十八章子目注释三所列货品	6.5	5	0		0	0	0		0	1.3	4.7	0

税则号列 Tariff Item	商品名称（简称） Article Description	最惠国税率（%） M. F. N.	协定税率（%）Conventional										
			巴基斯坦 Pakistan	智利 Chile	新加坡 Singapore	新西兰 New Zealand	秘鲁 Peru	哥斯达黎加 Costa Rica	瑞士 Switzerland	冰岛 Iceland	澳大利亚 Australia	韩国 Korea	格鲁吉亚 Georgia
38248800	含四、五、六、七或八溴联苯醚的第三十八章子目注释三所列货品	6.5	5	0		0	0	0		0	1.3	4.7	0
38249100	主要由（5-乙基-2-甲基-2氧代-1,3,2-二氧磷杂环己-5-基）甲基膦酸二甲酯和双[（5-乙基-2-甲基-2氧代-1,3,2-二氧磷杂环己-5-基）甲基]甲基膦酸酯（阻燃剂FRC-1）组成的混合物及制品	6.5	5	0		0	0	0		0	1.3	4.7	0
38249910	杂醇油	6.5	5	0		0	0	0	0	0	1.3	3.9	0
38249920	除墨剂、蜡纸改正液及类似品	9	5	0	0	0	0	0	0	0	1.8	1.8	0
38249930	增炭剂	6.5	5	0		0	0	0	0	0	1.3	1.3	0
38249991	含滑石50%以上的混合物	6.5	5	0		0	0	0	0	0	1.3	1.3	0
38249992	按重量计含氧化镁70%以上的混合物	6.5	5	0		0	0	0	0	0	1.3	1.3	0
38249993	表层包覆钴化合物的氢氧化镍（掺杂炭）	6.5	5	0		0		0		0	1.3	4.7	0
38249999	其他税目未列名的化学工业及其相关工业的化学产品及配制品	6.5	5	0		0	0	0		0	1.3	4.7	0
38251000	城市垃圾	6.5	5	0		0	0	0	0	0	1.3	1.3	0
38252000	下水道淤泥	6.5	5	0		0	0	0	0	0	1.3	1.3	0
38253000	医疗废物	6.5	5	0		0	0	0	0	0	1.3	1.3	0
38254100	含卤化物的废有机溶剂	6.5	5	0		0	0	0	0	0	1.3	1.3	0
38254900	其他废有机溶剂	6.5	5	0		0	0	0	0	0	1.3	1.3	0
38255000	废的金属酸洗液、液压油、制动油及防冻液	6.5	5	0	0	0	0	0	0	0	1.3	1.3	0
38256100	主要含有机成分的化工及相关工业废物	6.5	5	0		0	0	0	0	0	1.3	1.3	0
38256900	其他税目未列名的化工及相关工业废物	6.5	5	0		0	0	0	0	0	1.3	1.3	0
38259000	其他税目未列名的化学工业及相关工业的副产品	6.5	5	0		0	0	0	0	0	1.3	1.3	0
38260000	生物柴油及其混合物，不含或含有按重量计低于70%的石油或从沥青矿物提取的油类	6.5	5	0		0	0	0		0	1.3	4.7	0
39011000	初级形状比重＜0.94的聚乙烯	6.5	6	0		0		0	4	0	1.3	6	

税则号列 Tariff Item	商品名称（简称） Article Description	最惠国税率（%） M. F. N.	协定税率（%）Conventional										
			巴基斯坦 Pakistan	智利 Chile	新加坡 Singapore	新西兰 New Zealand	秘鲁 Peru	哥斯达黎加 Costa Rica	瑞士 Switzerland	冰岛 Iceland	澳大利亚 Australia	韩国 Korea	格鲁吉亚 Georgia
39012000	初级形状比重≥0.94的聚乙烯	6.5	6	0		0		0	4	0	1.3	6	
39013000	初级形状乙烯—乙酸乙烯酯共聚物	6.5	5	0		0	0	0	0	0	1.3	6	
39014010	乙烯—丙烯共聚物（乙丙橡胶）	6.5	5	0	0	0	0	0	0	0	1.3	4.7	0
39014020	线型低密度聚乙烯	6.5	5	0	0	0		0		0	1.3		
39014090	其他乙烯-α-烯烃共聚物，比重小于0.94	6.5	5	0	0	0	0	0	0	0	1.3	4.6	0
39019010	初级形状的乙烯丙烯共聚物（乙丙橡胶，乙烯单体单元的含量大于丙烯单体单元）	6.5	5	0	0	0	0	0	0	0	1.3	4.7	0
39019090	其他初级形状的乙烯聚合物	6.5	5	0	0	0	0	0	0	0	1.3	4.6	0
39021000	初级形状的聚丙烯	6.5	5	0	0	0		0	4	0	1.3		
39022000	初级形状的聚异丁烯	6.5	5	0		0	0	0	0	0	1.3		0
39023010	初级形状的乙烯丙烯共聚物（乙丙橡胶丙烯单体单元的含量大于乙烯单体单元）	6.5	5	0	0	0	0	0	0	0	1.3	4.7	0
39023090	初级形状的其他丙烯共聚物	6.5	5	0	0	0	0	0	0	0	1.3	6	
39029000	其他初级形状的烯烃聚合物	6.5	5	0	0	0	0	0	0	0	1.3		0
39031100	初级形状的可发性聚苯乙烯	6.5	5	0	0	0	0	0	0	0	1.3	6	5.2
39031910	初级形状的改性非可发性聚苯乙烯	6.5	5	0	0	0	0	0	0	0	1.3	5.2	
39031990	初级形状的其他聚苯乙烯	6.5	5	0	0	0	0	0	0	0	1.3	5.2	
39032000	初级形状苯乙烯—丙烯腈共聚物	12	6	0	0	0	0	0	6	0	2.4	10	0
39033010	初级形状的改性丙烯腈—丁二烯 苯乙烯共聚物	6.5	5	0	0	0	0	0	4	0	1.3	5.2	
39033090	其他丙烯腈—丁二烯—苯乙烯共聚物	6.5	5	0	0	0	0	0	3.2	0	1.3	5.2	
39039000	初级形状的其他苯乙烯聚合物	6.5	5	0	0	0	0	0	0	0	1.3	4.7	0
39041010	聚氯乙烯糊树脂	6.5	6	0	0	0	0	0	0	0	1.3	5.2	5.2
39041090	其他初级形状的纯聚氯乙烯	6.5	6	0	0	0	0	0	0	0	1.3	4.6	
39042100	初级形状未塑化的聚氯乙烯	6.5	5	0	0	0	0	0	0	0	1.3	5.2	5.2

税则号列 Tariff Item	商品名称（简称） Article Description	最惠国税率（%） M. F. N.	协定税率（%）Conventional										
			巴基斯坦 Pakistan	智利 Chile	新加坡 Singapore	新西兰 New Zealand	秘鲁 Peru	哥斯达黎加 Costa Rica	瑞士 Switzerland	冰岛 Iceland	澳大利亚 Australia	韩国 Korea	格鲁吉亚 Georgia
39042200	初级形状已塑化的聚氯乙烯	6.5		0	0	0	0	0	0	0	1.3	5.2	
39043000	氯乙烯—乙酸乙烯酯共聚物	9	5	0		0	0	0	0	0	1.8	6.6	0
39044000	初级形状的其他氯乙烯共聚物	12	6	0	0	0	1.2	0	6	0	2.4	8.8	0
39045000	初级形状的偏二氯乙烯聚合物	6.5	5	0		0	0	0	0	0	1.3	1.3	0
39046100	初级形状的聚四氟乙烯	10	5	0	0	0	0	0	0	0	2	6	0
39046900	初级形状的其他氟聚合物	6.5	5	0		0	0	0	0	0	1.3	1.3	0
39049000	初级形状的其他卤化烯烃聚合物	10	5	0		0	0	0	0	0	2	7.3	0
39051200	聚乙酸乙烯酯的水分散体	10		0	0	0	1	0	0	0	2	7.3	0
39051900	其他初级形状聚乙酸乙烯酯	10	5	0		0	0	0	0	0	2	7.3	0
39052100	乙酸乙烯酯共聚物的水分散体	10	5	0	0	0	0	0	0	0	2	7.3	0
39052900	其他初级形状的乙酸乙烯酯共聚物	10	5	0	0	0	0	0		0	2	7.3	0
39053000	初级形状的聚乙烯醇（不论是否含有未水解的乙酸酯基）	14	11.2	0	0	0	0	0	7	0	2.8	8.4	0
39059100	其他乙烯酯或乙烯基的共聚物	10	5	0		0	0	0	0	0	2	7.3	0
39059900	其他乙烯酯或乙烯基的聚合物	10		0		0	1	0	0	0	2	7.3	0
39061000	初级形状的聚甲基丙烯酸甲酯	6.5	5	0		0	0	0	0	0	1.3	6	5.2
39069010	聚丙稀酰胺	6.5	5	0		0	0	0	0	0	1.3	6	0
39069090	其他初级形状的丙烯酸聚合物	6.5	5	0		0	0	0	3.2	0	1.3	3.9	0
39071010	初级形状的聚甲醛	6.5	5	0	0	0	0	0	0	0	1.3	4.7	0
39071090	其他初级形状的聚缩醛	6.5	5	0	0	0	0	0	0	0	1.3	1.3	0
39072010	聚四亚甲基醚二醇	6.5	5	0	0	0	0	0	0	0	1.3	0	0
39072090	其他初级形状的聚醚	6.5	5	0	0	0	0	0	3.2	0	1.3	4.7	0
39073000	初级形状的环氧树脂	6.5	5	0	0	0	0	0	4	0	1.3	4.7	0
39074000	初级形状的聚碳酸酯	6.5	5	0		0	0	0	3.2	0	1.3	4.7	0
39075000	初级形状的醇酸树脂	10	5	0	0	0	1	0	0	0	2	6	0
39076110	高黏度聚对苯二甲酸乙二酯切片	6.5		0		0	0	0	0	0	1.3	5.2	5.2
39076190	其他黏数在78毫升/克或以上的聚对苯二甲酸乙二酯	6.5		0		0	0	0	0	0	1.3	4.7	0

税则号列 Tariff Item	商品名称（简称） Article Description	最惠国税率（%） M. F. N.	协定税率（%） Conventional										
			巴基斯坦 Pakistan	智利 Chile	新加坡 Singapore	新西兰 New Zealand	秘鲁 Peru	哥斯达黎加 Costa Rica	瑞士 Switzerland	冰岛 Iceland	澳大利亚 Australia	韩国 Korea	格鲁吉亚 Georgia
39076910	其他聚对苯二甲酸乙二酯切片	6.5		0		0	0	0	0	0	1.3	5.2	
39076990	其他初级形状聚对苯二甲酸乙二酯	6.5		0		0	0	0	0	0	1.3	4.7	0
39077000	聚乳酸	6.5	5	0		0	0	0	0	0	1.3	1.3	0
39079100	初级形状的不饱和聚酯	6.5	5	0	0	0	0	0	0	0	1.3	3.9	0
39079910	聚对苯二甲酸丁二酯	6.5	5	0		0	0	0	0	0	1.3	4.7	
39079991	聚对苯二甲酸—己二酸—丁二醇酯	6.5	5	0		0	0	0	0	0	1.3	0	0
39079999	其他聚酯	6.5	5	0		0	0	0	0	0	1.3	0	0
39081011	聚酰胺-6,6切片	6.5	5	0	0	0	0	0	3.2	0	1.3		
39081012	聚酰胺-6切片	6.5	5	0	0	0	0	0	4	0	1.3		
39081019	初级形状聚酰胺切片	6.5	5	0	0	0	0	0	4	0	1.3		
39081090	其他初级形状的聚酰胺	6.5	5	0		0	0	0	3.2	0	1.3		
39089010	芳香族聚酰胺及其共聚物	10	5	0	0	0	0	0		0	2		
39089020	半芳香族聚酰胺及其共聚物	10	5	0	0	0	0	0		0	2		
39089090	初级形状的其他聚酰胺	10	5	0	0	0	0	0		0	2		
39091000	初级形状的尿素树脂及硫尿树脂	6.5	5	0		0	0	0	0	0	1.3	0	0
39092000	初级形状的蜜胺树脂	6.5	5	0		0	0	0	0	0	1.3	0	0
39093100	聚合MDI	6.5	5	0	0	0	0	0	0	0	1.3	4.7	0
39093900	其他初级形状的其他氨基树脂	6.5	5	0	0	0	0	0	0	0	1.3	0	0
39094000	初级形状的酚醛树脂	6.5	5	0		0	0	0	0	0	1.3	3.9	0
39095000	初级形状的聚亚氨酯	6.5	5	0	0	0	0	0	0	0	1.3	0	0
39100000	初级形状的聚硅氧烷	6.5	5	0		0	0	0	0	0	1.3	3.9	0
39111000	初级形状的石油树脂、苯并呋喃—茚树脂、多萜树脂	6.5	5	0		0	0	0	0	0	1.3	4.7	0
39119000	其他初级形状的多硫化物、聚砜及第三十九章注释三所规定的其他税号未列名新产品	6.5	5	0		0	0	0	0	0	1.3	1.3	0
39121100	初级形状的未塑化醋酸纤维素	6.5	5	0		0	0	0	0	0	1.3	3.9	0
39121200	初级形状的已塑化醋酸纤维素	6.5	5	0		0	0	0	0	0	1.3	1.3	0
39122000	初级形状的硝酸纤维素	6.5	5	0		0	0	0	0	0	1.3	1.3	0
39123100	初级形状的羧甲基纤维素及其盐	6.5	5	0		0	0	0	0	0	1.3	1.3	0
39123900	初级形状的其他纤维素醚	6.5	5	0		0	0	0	0	0	1.3	1.3	0

税则号列 Tariff Item	商品名称（简称） Article Description	最惠国税率（%） M. F. N.	协定税率（%） Conventional										
			巴基斯坦 Pakistan	智利 Chile	新加坡 Singapore	新西兰 New Zealand	秘鲁 Peru	哥斯达黎加 Costa Rica	瑞士 Switzerland	冰岛 Iceland	澳大利亚 Australia	韩国 Korea	格鲁吉亚 Georgia
39129000	初级形状的其他未列名的纤维素（包括化学衍生物）	6.5	5	0		0	0	0	0	0	1.3	1.3	0
39131000	初级形状的藻酸及盐和酯	10	5	0	0	0		0	0	0	2	6	0
39139000	初级形状的其他未列名天然聚合物（包括改性天然聚合物）	6.5	5	0		0	0	0	0	1.1	1.3	1.3	5.2
39140000	初级形状的离子交换剂	6.5	5	0		0	0	0	0		1.3	1.3	0
39151000	乙烯聚合物的废碎料及下脚料	6.5	5	0	0	0	0	0	0	0	1.3	4.7	0
39152000	苯乙烯聚合物的废碎料及下脚料	6.5	5	0	0	0	0	0	0	0	1.3	4.7	0
39153000	氯乙烯聚合物的废碎料及下脚料	6.5	5	0	0	0	0	0	0	0	1.3	4.7	0
39159010	聚对苯二甲酸乙二酯的塑料废碎料及下脚料	6.5	5	0	0	0	0	0	3.2	0	1.3	4.7	0
39159090	其他塑料的废碎料及下脚料	6.5	5	0	0	0	0	0	3.2	0	1.3	4.7	0
39161000	乙烯聚合物制单丝、条、杆及型材	10	5	0	0	0	1	0	0	0	2	6	0
39162010	聚氯乙烯异型材	10	5	0		0	0	0	0	0	2	6	0
39162090	氯乙烯聚合物制单丝、条、杆及型材	10	5	0		0	0	0	0	0	2	6	0
39169010	聚酰胺制的单丝、条、杆及型材	10	5	0	0		0	0	0	0	2	6	0
39169090	其他塑料制单丝、条、杆及型材	10	5	0	0	0	0	0	0	0	2	6	0
39171000	硬化蛋白或纤维素材料制人造肠衣	10	5	0		0	0	0	0	0	2	6	0
39172100	乙烯聚合物制的硬管	10	5	0	0	0	1	0	0	0	2	6	0
39172200	丙烯聚合物制的硬管	10	5	0		0	0	0	0	0	2	6	0
39172300	氯乙烯聚合物制的硬管	10	5	0	0	0	1	0	0	0	2	6	0
39172900	其他塑料制的硬管	10	5	0	0	0	0	0	5	0	2	6	0
39173100	塑料制的软管	10	5	0	0	0	0	0	0	0	2	2	0
39173200	其他未装有附件的塑料制管子	6.5	0	0		0	0	0	3.2	0	1.3	1.3	0
39173300	其他装有附件的塑料管子	6.5	0	0		0	0	0	0	0	1.3	1.3	0
39173900	塑料制的其他管子	6.5	4.5	0	0	0	0	0	0	0	1.3	4.7	0
39174000	塑料制的管子附件	10	5	0	0	0	1	0	5	0	2	2	0
39181010	氯乙烯聚合物制糊墙品	10	5	0		0	1	0	0	0	2	6	0
39181090	氯乙烯聚合物制的铺地制品	10	5	0		0	1	0	5	0	2		0
39189010	其他塑料制的糊墙品	10	5	0		0	0	0	0	0	2	6	0
39189090	其他塑料制的铺地制品	10	5	0		0	0	0	0	0	2	6	0

税则号列 Tariff Item	商品名称（简称） Article Description	最惠国税率（%） M. F. N.	协定税率（%）Conventional										
			巴基斯坦 Pakistan	智利 Chile	新加坡 Singapore	新西兰 New Zealand	秘鲁 Peru	哥斯达黎加 Costa Rica	瑞士 Switzerland	冰岛 Iceland	澳大利亚 Australia	韩国 Korea	格鲁吉亚 Georgia
39191010	丙烯酸树脂为基本成分的成卷胶粘板片条等，宽度≤20厘米	6.5	5	0		0	0	0	0	0	1.3	1.3	0
39191091	宽度≤20厘米成卷的胶囊型反光膜	6.5	5	0		0	0	0	0	0	1.3	1.3	0
39191099	其他材料制的，宽度≤20厘米的其他成卷塑料胶粘板片等	6.5	5	0		0	0	0	3.2	0	1.3		0
39199010	其他胶囊型反光膜	6.5	0	0		0	0	0	0	0	1.3	4.7	0
39199090	其他自粘塑料板、片、膜等材料	6.5	0	0		0	0	0	0	0	1.3	4.7	0
39201010	乙烯聚合物制电池隔膜	6.5	0	0		0	0	0	0	0	1.3	3.9	0
39201090	其他乙烯聚合物制板、片、带	6.5	0	0		0	0	0	3.2	0	1.3	4.7	0
39202010	丙烯聚合物制电池隔膜	6.5	5	0		0	0	0	0	0	1.3		0
39202090	其他丙烯聚合物制板、片、带	6.5	5	0		0	0	0	3.2	0	1.3	3.9	0
39203000	非泡沫聚苯乙烯板、片、膜、箔及扁条	6.5	0	0		0	0	0	0	0	1.3	3.9	0
39204300	按重量计增塑剂含量≥6%的聚氯乙烯板、片、膜、箔及扁条	6.5	4.5	0	0	0	0	0	0	0	1.3	3.9	0
39204900	按重量计增塑剂含量小于6%的聚氯乙烯板、片、膜、箔及扁条	6.5	4.5	0		0	0	0	3.2	0	1.3	4.7	0
39205100	聚甲基丙烯酸甲酯板、片、膜、箔及扁条	6.5	0	0		0	0	0	0	0	1.3	3.9	0
39205900	其他丙烯酸聚合物板、片、膜、箔及扁条	6.5	5	0		0	0	0	0	0	1.3	4.7	0
39206100	聚碳酸酯制板、片、膜、箔及扁条	6.5	0	0		0	0	0	0	0	1.3	4.7	0
39206200	聚对苯二甲酸乙二酯板、片、膜、箔扁条	6.5	0	0		0	0	0	0	0	1.3	4.7	0
39206300	不饱和聚酯板、片、膜、箔及扁条	10	5	0		0	0	0	0	0	2	6	0
39206900	其他聚酯板、片、膜、箔及扁条	10	5	0	0	0	1	0	0	0	2	8	0
39207100	再生纤维素制板、片、膜、箔及扁条	6.5	5	0		0	0	0	0	0	1.3	3.9	0
39207300	醋酸纤维素制板、片、膜、箔及扁条	6.5	5	0		0	0	0	0	0	1.3	1.3	0
39207900	纤维素衍生物制板、片、膜、箔及扁条	10	5	0		0	0	0	0	0	2	6	0

税则号列 Tariff Item	商品名称（简称） Article Description	最惠国税率（%） M. F. N.	协定税率（%）Conventional										
			巴基斯坦 Pakistan	智利 Chile	新加坡 Singapore	新西兰 New Zealand	秘鲁 Peru	哥斯达黎加 Costa Rica	瑞士 Switzerland	冰岛 Iceland	澳大利亚 Australia	韩国 Korea	格鲁吉亚 Georgia
39209100	聚乙烯醇缩丁醛板、片、膜、箔及扁条	6.5	5	0		0	0	0	0	0	1.3	4.7	0
39209200	聚酰胺板、片、膜、箔及扁条	10	5	0	0	0	0	0	0	0	2	2	0
39209300	氨基树脂板、片、膜、箔及扁条	6.5	5	0		0	0	0	0	0	1.3	1.3	0
39209400	酚醛树脂板、片、膜、箔及扁条	10	5	0	0	0	0	0	0	0	2	6	0
39209910	聚四氟乙烯制的非泡沫塑料板片	6.5	5	0		0	0	0	0	0	1.3	4.7	0
39209990	其他塑料制的非泡沫塑料板片	6.5	5	0		0	0	0	0	0	1.3	3.9	0
39211100	泡沫聚苯乙烯板、片、带、箔及扁条	10	5	0		0	0	0	0	0	2	6	0
39211210	泡沫聚氯乙烯人造革及合成革	9	5	0	0	0	0	0	0	0	1.8	6.6	0
39211290	泡沫聚氯乙烯板、片、带、箔及扁条	6.5	5	0		0	0	0	3.2	0	1.3	1.3	0
39211310	泡沫聚氨酯制人造革及合成革	9	5	0	0	0	0	0	0	0	1.8	6.6	0
39211390	泡沫聚氨酯板、片、带、箔及扁条	6.5	0	0		0	0	0	0	0	1.3	3.9	0
39211400	泡沫再生纤维素板、片、膜、箔及扁条	10	5	0		0	0	0	0	0	2	6	0
39211910	其他泡沫塑料制人造革及合成革	9	5	0		0	0	0	0	0	1.8	6.6	0
39211990	其他泡沫塑料板、片、膜、箔及扁条	6.5	0	0		0	0	0	3.2	0	1.3	4.7	0
39219020	嵌有玻璃纤维的聚乙烯板、片	6.5	0	0		0	0	0	3.2	0	1.3	1.3	0
39219030	聚异丁烯为基本成分的附有人造毛毡的板、片、卷材	6.5	0	0		0	0	0	0	0	1.3	3.9	0
39219090	未列名塑料板、片、膜、箔及扁条	6.5	0	0		0	0	0	3.2	0	1.3	4.7	0
39221000	塑料浴缸、淋浴盘及盥洗盆	10	5	0		0	0	0	0	0	2	6	0
39222000	塑料马桶坐圈及盖	10	5	0		0	1	0	0	0	2	6	0
39229000	塑料便盆、抽水箱等类似卫生洁具	10	5	0		0	0	0	0	0	2	6	0
39231000	塑料制盒、箱及类似品	10	5	0	0	0	1	0	0	0	2	8	0
39232100	乙烯聚合物制袋及包	10	5	0	0	0	1	0	0	0	2	2	0
39232900	其他塑料制的袋及包	10	5	0	0	0	1	0	0	0	2	7.3	0
39233000	塑料制坛、瓶及类似品	6.5	5	0	0	0	0	0	0	0	1.3	4.7	0

税则号列 Tariff Item	商品名称（简称） Article Description	最惠国税率（%） M. F. N.	协定税率（%） Conventional										
			巴基斯坦 Pakistan	智利 Chile	新加坡 Singapore	新西兰 New Zealand	秘鲁 Peru	哥斯达黎加 Costa Rica	瑞士 Switzerland	冰岛 Iceland	澳大利亚 Australia	韩国 Korea	格鲁吉亚 Georgia
39234000	塑料制卷轴、纡子、筒管及类似品	10	5	0	0	0	0	0	0	0	2	7.3	0
39235000	塑料制塞子、盖子及类似品	10	5	0	0	0	1	0	5	0	2	6	0
39239000	供运输或包装货物用其他塑料制品	10	5	0	0	0	1	0	0	0	2	8	0
39241000	塑料制餐具及厨房用具	10	5	0	0	0	1	0	0	0	2	7.3	0
39249000	塑料制其他家庭用具及卫生或盥洗用具	10	5	0	0	0	1	0	0	0	2	6	0
39251000	塑料制囤、柜、罐、桶及类似容器	10	5	0		0	1	0	0	0	2	6	0
39252000	塑料制门、窗及其框架、门槛	10	5	0		0	1	0	0	0	2	6	0
39253000	塑料制窗板、百叶窗及类似制品	10	5	0		0	0	0	0	0	2	6	0
39259000	其他未列名的建筑用塑料制品	10	5	0		0	1	0	6.2	0	2	6	0
39261000	办公室或学校用塑料制品	10	5	0	0	0	0	0	0	0	2	6	0
39262011	聚氯乙稀制手套（包括分指手套、连指手套及露指手套）	10		0	0	0	0	0	0	0	2	6	0
39262019	其他手套（包括分指手套、连指手套及露指手套）	10		0	0	0	0	0	0	0	2	6	0
39262090	其他塑料制衣服及衣着附件	10		0	0	0	0	0	0	0	2	6	0
39263000	塑料制家具、车厢及类似品的附件	10	5	0	0	0	1	0	0	0	2	7.3	0
39264000	塑料制小雕塑品及其他装饰品	10	5	0		0	0	0	0	0	2	6	0
39269010	塑料制机器及仪器用零件	10	5	0	0	0	1	0	5	0	2	6	0
39269090	其他塑料制品	10	9.2	0	0	0	1	0	5	0	2	6	0
40011000	天然胶乳	20		0		0		0	10	0	4	14.6	
40012100	天然橡胶烟胶片	20	17	0		0		0	10	0	4	14.6	
40012200	技术分类天然橡胶（TSNR）	20		0		0		0	10	0	4		
40012900	其他初级形状的天然橡胶	20	17	0		0		0	10	0	4		
40013000	巴拉塔胶、古塔波胶、银胶菊胶、糖胶树胶及类似的天然树胶	20		0	0	0	2	0	10	0	4	14.6	0
40021110	羧基丁苯橡胶胶乳	7.5	5	0		0	0	0	0	0	1.5	5.5	0
40021190	丁苯橡胶胶乳	7.5	5	0		0	0	0	0	0	1.5	5.5	0
40021911	未经任何加工的丁苯橡胶（溶聚的除外）	7.5	5	0		0	0	0	0	0	1.5	5.5	0

税则号列 Tariff Item	商品名称（简称） Article Description	最惠国税率（%） M. F. N.	协定税率（%） Conventional										
			巴基斯坦 Pakistan	智利 Chile	新加坡 Singapore	新西兰 New Zealand	秘鲁 Peru	哥斯达黎加 Costa Rica	瑞士 Switzerland	冰岛 Iceland	澳大利亚 Australia	韩国 Korea	格鲁吉亚 Georgia
40021912	充油丁苯橡胶（溶聚的除外）	7.5	5	0		0	0	0	0	0	1.5	5.5	0
40021913	初级形状的热塑丁苯橡胶	7.5	5	0		0	0	0	0	0	1.5	5.5	0
40021914	初级形状的充油热塑丁苯橡胶	7.5	5	0		0	0	0	0	0	1.5	5.5	0
40021915	未经任何加工的溶聚丁苯橡胶	7.5	5	0		0	0	0	0	0	1.5	5.5	0
40021916	充油溶聚丁苯橡胶	7.5	5	0		0	0	0	0	0	1.5	5.5	0
40021919	初级形状的其他丁苯橡胶及羧基丁苯橡胶	7.5	5	0		0	0	0	0	0	1.5	5.5	0
40021990	丁苯橡胶及羧基丁苯橡胶板、片、带	7.5	5	0		0	0	0	0	0	1.5	5.5	0
40022010	初级形状的丁二烯橡胶	7.5	5	0		0	0	0	0	0	1.5	5.5	0
40022090	丁二烯橡胶板、片、带	7.5	5	0		0	0	0	0	0	1.5	5.5	0
40023110	初级形状的异丁烯－异戊二烯橡胶	6	5	0		0	0	0	0	0	1.2	4.4	0
40023190	异丁烯－异戊二烯橡胶板、片、带	7.5	5	0		0	0	0	0	0	1.5	5.5	0
40023910	初级形状的其他卤代丁基橡胶	7.5	5	0		0	0	0	0	0	1.5	5.5	0
40023990	卤代丁基橡胶板、片、带	7.5	5	0		0	0	0	0	0	1.5	5.5	0
40024100	氯丁二烯橡胶胶乳	7.5	5	0		0	0	0	0	0	1.5	1.5	0
40024910	初级形状的氯丁二烯橡胶	7.5	5	0		0	0	0	0	0	1.5		0
40024990	氯丁二烯橡胶板、片、带	7.5	5	0		0	0	0	0	0	1.5	5.5	0
40025100	丁腈橡胶胶乳	7.5	5	0		0	0	0	0	0	1.5	5.5	0
40025910	初级形状的丁腈橡胶	7.5	5	0		0	0	0	0	0	1.5	5.5	0
40025990	丁腈橡胶板、片、带	7.5	5	0		0	0	0	0	0	1.5	5.5	0
40026010	初级形状的异戊二烯橡胶	3	0	0		0	0	0	0	0	0	2.2	0
40026090	异戊二烯橡胶板、片、带	5	0	0		0	0	0	0	0	0	3.6	0
40027010	初级形状的乙丙非共轭二烯橡胶	7.5	5	0		0	0	0	0	0	1.5	5.5	0
40027090	乙丙非共轭二烯橡胶板、片、带	7.5	5	0		0	0	0	0	0	1.5	5.5	0
40028000	天然橡胶与合成橡胶的混合物	7.5	5	0		0	0	0	0	0	1.5	5.5	0
40029100	其他未列名的合成橡胶胶乳	7.5	5	0		0	0	0	0	0	1.5	5.5	0
40029911	其他初级形状的合成橡胶	7.5	5	0		0	0	0	0	0	1.5	5.5	0
40029919	其他合成橡胶板、片、带	7.5	5	0		0	0	0	0	0	1.5	5.5	0
40029990	从油类提取的油膏	4	0	0		0	0	0	0	0	0	0	0
40030000	初级形状或板、片、带状再生橡胶	8	5	0		0	0	0	0	0	1.6	5.8	0
40040000	橡胶（硬质橡胶除外）废碎料及下脚料及其粉、粒	8	5	0		0	0	0	0	0	1.6	1.6	0

税则号列 Tariff Item	商品名称（简称） Article Description	最惠国税率（%） M. F. N.	协定税率（%）Conventional										
			巴基斯坦 Pakistan	智利 Chile	新加坡 Singapore	新西兰 New Zealand	秘鲁 Peru	哥斯达黎加 Costa Rica	瑞士 Switzerland	冰岛 Iceland	澳大利亚 Australia	韩国 Korea	格鲁吉亚 Georgia
40051000	与碳黑等混合的未硫化复合橡胶	8	5	0		0	0	0	0	0	1.6	5.8	
40052000	未硫化的复合橡胶溶液及分散体	8	5	0		0	0	0	0	0	1.6	5.8	
40059100	其他未硫化的复合橡胶板、片、带	8	5	0		0	0	0	0	0	1.6	1.6	
40059900	其他未硫化的初级形状复合橡胶	8	5	0		0	0	0	0	0	1.6	5.8	
40061000	未硫化轮胎翻新用胎面补料胎条	8	5	0		0	0	0	0	0	1.6	1.6	0
40069010	未硫化橡胶的杆、管或型材及异型材	8	5	0		0	0	0	0	0	1.6	4.8	0
40069020	未硫化橡胶制品	14	11.2	0	0	0	0	0	7	0	2.8	8.4	0
40070000	硫化橡胶线及绳	14	11.2	0	0	0	0	0	7	0	2.8	8.4	0
40081100	海绵硫化橡胶制的板、片及带	8	5	0		0	0	0	0	0	1.6	5.8	0
40081900	海绵硫化橡胶制型材、异型材及杆	8	5	0		0	0	0	0	0	1.6	1.6	0
40082100	非海绵硫化橡胶制板、片及带	8	5	0		0	0	0	0	0	1.6	1.6	0
40082900	非海绵硫化橡胶型材、异型材及杆	8	5	0		0	0	0	0	0	1.6	1.6	0
40091100	未加强或未与其他材料合制硫化橡胶管，未装有附件	10.5	5	0	0	0	0	0	5.2	0	2.1	6.3	0
40091200	未加强或未与其他材料合制硫化橡胶管，装有附件	10	5	0		0	0	0	0	0	2	6	0
40092100	用金属加强或只与金属合制的硫化橡胶管，未装有附件	10.5	5	0	0	0	1	0	5.2	0	2.1	6.3	0
40092200	用金属加强或只与金属合制的硫化橡胶管，装有附件	10	5	0	0	0	0	0	0	0	2	6	0
40093100	用纺织材料加强或只与纺织材料合制硫化橡胶管，未装有附件	10.5	5	0	0	0	1	0	5.2	0	2.1	8.4	0
40093200	用纺织材料加强或只与纺织材料合制硫化橡胶管，装有附件	10	5	0		0	0	0	0	0	2	6	8
40094100	用其他材料加强或与其他材料合制硫化橡胶管，未装有附件	10.5	5	0	0	0	1	0	5.2	0	2.1	6.3	0

税则号列 Tariff Item	商品名称（简称） Article Description	最惠国税率（%） M. F. N.	协定税率（%） Conventional										
			巴基斯坦 Pakistan	智利 Chile	新加坡 Singapore	新西兰 New Zealand	秘鲁 Peru	哥斯达黎加 Costa Rica	瑞士 Switzerland	冰岛 Iceland	澳大利亚 Australia	韩国 Korea	格鲁吉亚 Georgia
40094200	用其他材料加强或与其他材料合制硫化橡胶管，装有附件	10	5	0	0	0	1	0	0	0	2	6	0
40101100	金属加强的硫化橡胶输送带及带料	10	5	0		0	1	0	5.8	0	2	6	0
40101200	纺织材料加强的硫化橡胶输送带及带料	10	5	0		0	1	0	0	0	2	6	0
40101900	其他硫化橡胶制的输送带及带料	10	5	0		0	1	0	0	0	2	6	0
40103100	梯形截面的环形传动带（三角带），V形肋状的，60厘米＜外周长≤180厘米	8	5	0		0	0	0	0	0	1.6	1.6	0
40103200	梯形截面的环形传动带（三角带），V形肋状的除外，60厘米≤外周长≤180厘米	8	5	0		0	0	0	0	0	1.6	1.6	0
40103300	180厘米＜外周长≤240厘米的三角带，V形肋状的	8	5	0		0	0	0	0	0	1.6	1.6	0
40103400	180厘米＜外周长≤240厘米的三角带，V形肋状的除外	8	5	0		0	0	0	0	0	1.6	1.6	0
40103500	60厘米＜外周长≤150厘米的环形同步带	10	5	0	0	0	0	0	0	0	2	6	0
40103600	150厘米＜外周长≤198厘米的环形同步带	10	5	0		0	0	0	0	0	2	6	0
40103900	其他硫化橡胶制的传动带及带料	8	5	0		0	0	0	0	0	1.6	1.6	0
40111000	机动小客车用新的充气橡胶轮胎	10	5	0	0	0		0	0	0	2	7.3	0
40112000	客或货运车用新的充气橡胶轮胎	10	5	0	0	0	1	0	0	0	2	7.3	0
40113000	航空器用新的充气橡胶轮胎	1	0	0		0	0	0	0	0	0	0	0
40114000	摩托车用新的充气橡胶轮胎	15	12	0	0	0	1.5	0	7.5	0	3	11	0
40115000	自行车用新的充气橡胶轮胎	20		0	0	0	2	0	10	0	4	14.6	0
40117010	农业或林业车辆及机器用人字形胎面或类似胎面的新充气橡胶轮胎	17.5	14	0	0	0	1.8	0	8.8	0	3.5	10.5	0

税则号列 Tariff Item	商品名称（简称） Article Description	最惠国税率（%） M. F. N.	协定税率（%）Conventional										
			巴基斯坦 Pakistan	智利 Chile	新加坡 Singapore	新西兰 New Zealand	秘鲁 Peru	哥斯达黎加 Costa Rica	瑞士 Switzerland	冰岛 Iceland	澳大利亚 Australia	韩国 Korea	格鲁吉亚 Georgia
40117090	农业或林业车辆及机器用非人字形胎面或类似胎面的新充气橡胶轮胎	25		0	0	0		0		0	5	20	0
40118011	辋圈尺寸≤61厘米的建筑或工业搬运车辆及机器用人字形胎面或类似胎面的新充气橡胶轮胎	17.5	14	0	0	0	1.8	0	8.8	0	3.5	10.5	0
40118012	辋圈＞61厘米建筑或工业搬运车辆及机器用人字形胎面或类似胎面的新充气橡胶轮胎	17.5	14	0	0	0	1.8	0	8.8	0	3.5	10.5	0
40118091	辋圈尺寸≤61厘米的建筑或工业搬运车辆及机器用非人字形胎面或类似胎面的新充气橡胶轮胎	25		0	0	0		0		0	5	20	0
40118092	辋圈＞61厘米建筑或工业搬运车辆及机器用非人字形胎面或类似胎面的新充气橡胶轮胎	25		0	0	0		0		0	5	20	0
40119010	其他人字形胎面或类似胎面的新充气橡胶轮胎	17.5	14	0	0	0	1.8	0	8.8	0	3.5	10.5	0
40119090	其他新的充气橡胶轮胎	25		0	0	0		0		0	5	20	0
40121100	机动小客车（包括旅行小客车及赛车）用翻新轮胎	20		0	0	0	2	0	10	0	4	14.6	0
40121200	机动大客车或货运机动车用翻新轮胎	20		0	0	0	2	0	10	0	4	14.6	0
40121300	航空器用翻新轮胎	20		0	0	0	2	0	10	0	4	14.6	0
40121900	其他翻新轮胎	20		0	0	0	2	0	10	0	4	14.6	0
40122010	汽车用旧的充气橡胶轮胎	25		0	0	0		0		0	5	20	0
40122090	其他用途旧的充气橡胶轮胎	25		0	0	0		0		0	5	20	0
40129010	航空器用实心或半实心橡胶轮胎	3	0	0		0	0	0	0	0	0	0	0
40129020	汽车用实心或半实心橡胶轮胎	22		0	0	0	2.2	0	11	0	4.4	17.6	0
40129090	其他用实心或半实心橡胶轮胎	22		0	0	0	2.2	0	11	0	4.4	17.6	0
40131000	汽车用橡胶内胎	15	7.5	0	0	0	1.5	0	7.5	0	3	11	0
40132000	自行车用橡胶内胎	15	12	0	0	0	1.5	0	7.5	0	3	9	0
40139010	航空器用橡胶内胎	3	0	0		0	0	0	0	0	0	0	0
40139090	其他用橡胶内胎	15	12	0	0	0	1.5	0	7.5	0	3	9	0
40149000	硫化橡胶制其他卫生及医疗用品	17.5	14	0	0	0	1.8	0	8.8	0	3.5	10.5	0
40151100	硫化橡胶制外科用手套	8	5	0		0	0	0	0	0	1.6	1.6	0

税则号列 Tariff Item	商品名称（简称） Article Description	最惠国税率（%） M. F. N.	协定税率（%） Conventional										
			巴基斯坦 Pakistan	智利 Chile	新加坡 Singapore	新西兰 New Zealand	秘鲁 Peru	哥斯达黎加 Costa Rica	瑞士 Switzerland	冰岛 Iceland	澳大利亚 Australia	韩国 Korea	格鲁吉亚 Georgia
40151900	硫化橡胶制其他手套	18		0	0	0	1.8	0	9	0	3.6	10.8	0
40159010	医疗用硫化橡胶衣着用品及附件	8	5	0		0	0	0	0		1.6	1.6	0
40159090	其他硫化橡胶制衣着用品及附件	15		0	0	0	1.5	0	7.5	0	3	9	0
40161010	硫化海绵橡胶制机器及仪器用零件	8	5	0		0	0	0	0	0	1.6	5.8	0
40161090	硫化海绵橡胶制其他制品	15	12	0	0	0	1.5	0	7.5	0	3	9	0
40169100	硫化橡胶制铺地制品及门垫	18		0	0	0	1.8	0	9	0	3.6	10.8	0
40169200	硫化橡胶制橡皮擦	18		0		0	1.8	0	9	0	3.6	10.8	0
40169310	硫化橡胶制机器、仪器用垫片、垫圈及其他密封垫	8	5	0		0	0	0	4	0	1.6	1.6	6.4
40169390	硫化橡胶制其他用垫片、垫圈及其他密封垫	15		0	0	0	1.5	0	7.5	0	3	3	0
40169400	硫化橡胶制船舶或码头的碰垫	18		0	0	0	1.8	0	9	0	3.6	10.8	0
40169500	硫化橡胶制其他可充气制品	18		0	0	0	1.8	0	9	0	3.6	10.8	0
40169910	硫化橡胶制机器及仪器用其他零件	8	5	0		0	0	0	4	0	1.6	5.8	6.4
40169990	其他未列名硫化橡胶制品	10	5	0	0	0	1	0	5	0	2	6	8
40170010	各种形状的硬质橡胶（包括废碎料）	8	5	0		0	0	0	0	0	1.6	4.8	0
40170020	硬质橡胶制品	15	12	0	0	0	1.5	0	7.5	0	3	9	0
41012011	规定重量范围内的未剖层整张生牛皮，经逆鞣处理的	8	5	0		0	0	0	0	0	4	1.6	0
41012019	规定重量范围内的未剖层整张生牛皮，经逆鞣处理的除外	5	0	0		0	0	0	0	0	2.5	0	0
41012020	规定重量范围内的未剖层整张生马科动物皮	5	0	0		0	0	1	0	0	0	0	0
41015011	经逆鞣处理的重量＞16千克的整张生牛皮	8.4	5	0		0	0	0	0	0	4.2	1.6	0
41015019	重量＞16千克的整张生牛皮，经逆鞣处理的除外	5	0	0		0	0	0	0	0	2.5	0	0
41015020	重量＞16千克的整张生马科动物皮	5	0	0		0	0	1	0	0	1	0	0
41019011	其他（包括整张或半张的背皮及腹皮）经逆鞣处理的生牛皮	8.4	5	0		0	0	0	0	0	4.2	1.6	0

税则号列 Tariff Item	商品名称（简称） Article Description	最惠国税率（%） M. F. N.	协定税率（%）Conventional										
			巴基斯坦 Pakistan	智利 Chile	新加坡 Singapore	新西兰 New Zealand	秘鲁 Peru	哥斯达黎加 Costa Rica	瑞士 Switzerland	冰岛 Iceland	澳大利亚 Australia	韩国 Korea	格鲁吉亚 Georgia
41019019	其他（包括整张或半张的背皮及腹皮）生牛皮，经逆鞣处理的除外	5	0	0		0	0	0	0	0	2.5	0	0
41019020	其他（包括整张或半张的背皮及腹皮）生马科动物皮	5	0	0		0	0	1	0	0	1	0	0
41021000	带毛的绵羊或羔羊生皮	7	5	0		0		1.4	0	0	1.4	0	0
41022110	浸酸的不带毛绵羊或羔羊生皮，经逆鞣处理的	14	11.2	0	0	0		2.8	7	0	7	8.4	0
41022190	浸酸的不带毛绵羊或羔羊生皮，经逆鞣处理的除外	9	5	0		0	0	1.8	0	0	4.5	1.8	0
41022910	其他不带毛的绵羊或羔羊生皮，经逆鞣处理的	14	7	0	0	0	0	2.8	7	0	7	8.4	0
41022990	其他不带毛的绵羊或羔羊生皮，经逆鞣处理的除外	7	5	0		0	0	1.4	0	0	3.5	0	0
41032000	爬行动物的生皮	9	5	0		0	0	1.8	0	0	4.5	1.8	0
41033000	生猪皮	9	5	0		0	0	1.8	0	0	1.8	1.8	0
41039011	经逆鞣处理的山羊板皮	14	7	0	0	0	0	2.8	7	0	7	8.4	0
41039019	山羊板皮，经逆鞣处理的除外	9	5	0		0	0	1.8	0	0	3	1.8	0
41039021	经逆鞣处理的其他山羊或小山羊皮	14	7	0	0	0	0	2.8	7	0	7	8.4	0
41039029	其他山羊或小山羊皮，经逆鞣处理的除外	9	5	0		0	0	1.8	0	0	3	1.8	0
41039090	其他生皮	9	5	0		0	0	1.8	0	0	1.8	1.8	0
41041111	全粒面未剖层或粒面剖层蓝湿牛皮	7	0	0		0	0	1.4	0	0	1.4	1.4	0
41041119	其他全粒面未剖层或粒面剖层湿牛皮革	8	0	0		0	0	1.6	0	0	1.6	1.6	0
41041120	全粒面未剖层或粒面剖层马科动物皮	5	0	0		0	0	1	0	0	0	1	0
41041911	其他蓝湿牛皮	6	3	0		0	0	1.4	0	0	1.2	1.2	0
41041919	其他湿牛皮革	7	0	0		0	0	1.4	0	0	1.4	1.4	0
41041920	其他湿马科动物皮	7	0	0		0	0	1.4	0	0	1.4	1.4	0
41044100	全粒面未剖层或粒面剖层干革（坯革）	5	0	0		0	0	1	0	0	0	1	0
41044910	其他机器带用干革（坯革）	5	0	0		0	0	1	0	0	0	1	0
41044990	其他干革（坯革）	7	4.9	0		0	0	1.4	0	0	1.4	5.1	0
41051010	蓝湿绵羊或羔羊皮	14	5	0	0	0		2.8	7	0	2.8	8.4	0
41051090	其他他绵羊或羔羊湿皮革	10	5	0		0	0	2	0	0	2	6	0
41053000	绵羊或羔羊干革（坯革）	8	5.6	0		0	0	1.6	0	0	1.6	4.8	0
41062100	山羊或小山羊皮湿革	14	12	0	0	0	0	2.8	7	0	2.8	8.4	0

税则号列 Tariff Item	商品名称（简称） Article Description	最惠国税率（%） M. F. N.	协定税率（%） Conventional										
			巴基斯坦 Pakistan	智利 Chile	新加坡 Singapore	新西兰 New Zealand	秘鲁 Peru	哥斯达黎加 Costa Rica	瑞士 Switzerland	冰岛 Iceland	澳大利亚 Australia	韩国 Korea	格鲁吉亚 Georgia
41062200	山羊或小山羊皮干革（坯革）	14	9.8	0	0	0		2.8	7	0	2.8	8.4	0
41063110	蓝湿猪皮	14	11.2	0	0	0	0	2.8	7	0	2.8	8.4	0
41063190	其他猪皮湿革	14	7	0	0	0	0	2.8	7	0	2.8	8.4	0
41063200	猪皮干革（坯革）	14	11.2	0	0	0	0	2.8	7	0	2.8	8.4	0
41064000	爬行动物皮革	14	7	0	0	0	0	2.8	7	0	2.8	8.4	0
41069100	其他未列名动物皮湿革（包括蓝湿皮革）	14	11.2	0	0	0	0	2.8	7	0	2.8	8.4	0
41069200	其他未列名动物皮干革（坯革）	14	11.2	0	0	0	0	2.8	7	0	2.8	8.4	0
41071110	已鞣全粒面未剖层整张牛皮革	8		0		0	8	1.6	0	0	1.6	5.8	0
41071120	已鞣全粒面未剖层整张马科动物皮	5	0	0		0	0	1	0	0	0	1	0
41071210	已鞣粒面剖层整张牛皮革	8		0		0	8	1.6	0	0	1.6	4.8	0
41071220	已鞣粒面剖层整张马科动物皮	5	0	0		0	0	1	0	0	0	1	0
41071910	已鞣机器带用整张牛马皮革	5	0	0		0	0	1	0	0	0	3	0
41071990	其他已鞣整张牛马皮革	7		0		0		1.4	0	0	1.4	1.4	0
41079100	已鞣全粒面未剖层非整张牛马皮革	5	0	0		0	0	1	0	0	0	3	0
41079200	已鞣粒面剖层非整张牛马皮革	5		0		0	0	1	0	0	0	3.6	0
41079910	已鞣机器带用非整张牛马皮革	5	0	0		0	0	1	0	0	0	1	0
41079990	其他已鞣非整张牛马皮革	7		0		0	0	1.4	0	0	1.4	5.1	0
41120000	已鞣进一步加工的不带毛绵羊或羔羊皮革	8	5.6	0		0	0	1.6	0	0	1.6	5.8	0
41131000	已鞣进一步加工的不带毛山羊或小山羊皮革	14	9.8	0	0	0		2.8	7		2.8	8.4	0
41132000	已鞣进一步加工的不带毛猪皮革	14		0	0	0	0	2.8	7	0	2.8	8.4	0
41133000	已鞣进一步加工的不带毛爬行动物皮革	14	11.2	0	0	0	0	2.8	7		2.8	8.4	0
41139000	其他已鞣进一步加工的不带毛动物皮革	14		0	0	0	0	2.8	7	2.3	2.8	8.4	0
41141000	油鞣皮革	14		0	0	0	1.4	2.8	7	0	2.8	8.4	0
41142000	漆皮及层压漆皮；镀金属皮革	10	9	0	0	0		2	0	0	2	8	0
41151000	以皮革或皮革纤维为基本成分的再生皮革，成块、成张或成条，不论是否成卷	14		0	0	0		2.8	7	0	2.8	8.4	0

税则号列 Tariff Item	商品名称（简称） Article Description	最惠国税率（%） M. F. N.	协定税率（%） Conventional										
			巴基斯坦 Pakistan	智利 Chile	新加坡 Singapore	新西兰 New Zealand	秘鲁 Peru	哥斯达黎加 Costa Rica	瑞士 Switzerland	冰岛 Iceland	澳大利亚 Australia	韩国 Korea	格鲁吉亚 Georgia
41152000	皮革或再生皮革边角料；皮革粉末	14		0	0	0	0	2.8	7	0	2.8	8.4	0
42010000	各种材料制成的鞍具及挽具，适合各种动物用	20	10	0	0	0	2	0	10	0	4	14.6	0
42021110	以皮革、再生皮革作面的衣箱	15	12	0	0	0	1.5	0	7.5	0	3	9	0
42021190	以皮革、再生皮革作面的箱包	10	5	0		0	0	0	5	0	2	6	0
42021210	以塑料或纺织材料作面的衣箱	20	16	0	0	0	2	0	10	0	4	14.6	0
42021290	塑料或纺织材料作面的其他箱包	20	16	0	0	0	2	0	10	0	4	12	0
42021900	其他材料制箱包	20		0	0	0	2	0	10	0	4	14.6	0
42022100	以皮革、再生皮革作面的手提包	10	5	0		0	1	0	5	0	2	6	0
42022200	以塑料片或纺织材料作面的手提包	10	5	0	0	0	1	0	5	0	2	6	0
42022900	以钢纸或纸板作面的手提包	20	14	0	0	0	2	0	10	0	4	14.6	0
42023100	以皮革、再生皮革作面的钱包等物品	10	5	0		0	0	0	5	0	2	6	0
42023200	以塑料或纺织品作面的钱包等物品	20	14	0	0	0	2	0	10	0	4	12	0
42023900	以钢纸或纸板作面的钱包等物品	20	14	0	0	0	2	0	10	0	4	14.6	0
42029100	皮革、再生皮革作面的其他容器	10	5	0		0	0	0	5	0	2	6	0
42029200	以塑料或纺织材料作面的其他容器	10	5	0	0	0	1	0	0	0	2	6	0
42029900	以钢纸或纸板作面的其他容器	20		0	0	0	2	0	12.4	0	4	14.6	0
42031000	皮革或再生皮革制的衣服	10	0	0		0	1	0	0	0	2	2	0
42032100	皮革或再生皮革制的专供运动用手套	20	0	0	0	0	2	0	10		4	14.6	0
42032910	皮革或再生皮革制的劳保手套	20	0	0	0	0	2	0	10		4	14.6	0
42032990	皮革或再生皮革制的其他手套	20	0	0	0	0	2	0	10		4	14.6	0
42033010	皮革或再生皮革制的腰带	10	0	0		0	1	0	0	0	2	6	0
42033020	皮革或再生皮革制的腰带及子弹带	10	0	0		0	1	0	0	0	2	6	0
42034000	皮革或再生皮革制的其他衣着附件	20	0	0	0	0	2	0	10		4	14.6	0

税则号列 Tariff Item	商品名称（简称） Article Description	最惠国税率（%） M. F. N.	协定税率（%） Conventional										
			巴基斯坦 Pakistan	智利 Chile	新加坡 Singapore	新西兰 New Zealand	秘鲁 Peru	哥斯达黎加 Costa Rica	瑞士 Switzerland	冰岛 Iceland	澳大利亚 Australia	韩国 Korea	格鲁吉亚 Georgia
42050010	皮革或再生皮革制的坐具套	12	6	0	0	0	0	0	6	0	2.4		0
42050020	机器、机械器具或其他专门技术用途的皮革或再生皮革制品	8	5	0		0	0	0	5	0	1.6	4.8	0
42050090	皮革或再生皮革的其他制品	12	6	0	0	0	1.2	0	6	0	2.4	8.8	0
42060000	肠线、肠膜、膀胱或筋腱制品	20		0	0	0	2	0	10	0	4	14.6	0
43011000	整张生水貂皮	15	12	0	0	0	1.5	0	7.5	0	3	9	0
43013000	阿斯特拉罕等羔羊的整张生毛皮，不论是否带头、尾或爪	20		0	0	0	2	0	10	0	4	14.6	0
43016000	整张生狐皮	20		0	0	0	2	0	10	0	4	14.6	0
43018010	整张生兔皮	20		0	0	0	2	0	10	0	4	14.6	0
43018090	整张其他生毛皮	20		0	0	0	2	0	10	0	4	14.6	0
43019010	黄鼠狼尾	20		0	0	0	2	0	10	0	4	14.6	0
43019090	适合加工皮货用的其他未鞣头、尾、爪	20		0	0	0	2	0	10	0	4	14.6	0
43021100	已鞣未缝制的整张水貂皮	12	6	0	0	0	0	0	6	0	2.4	7.2	0
43021910	已鞣未缝制的贵重毛皮（貂皮、狐皮、水獭及旱獭等）	10	5	0		0	0	0	0	0	2	6	0
43021920	已鞣未缝制的整张兔皮	10	5	0		0	0	0	0	0	2	6	0
43021930	已鞣未缝制阿斯特拉罕等羔羊皮，不论是否带头、尾或爪	20		0	0	0	2	0	10		4	14.6	0
43021990	已鞣未缝制的其他毛皮	10		0		0	0	0	0	0	2	6	0
43022000	已鞣未缝制的头、尾、爪及其他块片	20		0	0	0	2	0	10	0	4	14.6	0
43023010	已鞣已缝制的贵重毛皮及其块、片	20		0	0	0	2	0	10	0	4	14.6	0
43023090	已鞣已缝制的其他整张毛皮及块片	20		0	0	0	2	0	10		4	14.6	0
43031010	毛皮衣服	23		0	0	0	2.3	0	11.5		4.6	18.4	0
43031020	毛皮衣着附件	18		0	0	0	1.8	0	9		3.6	10.8	0
43039000	毛皮制其他物品	18	14.4	0	0	0	0	0	9		3.6	10.8	0
43040010	人造毛皮	18		0	0	0	1.8	0	9		3.6	10.8	0
43040020	人造毛皮制品	18	14.4	0	0	0	1.8	0	9		3.6	10.8	0
44021000	竹炭	10.5	5	0	0	0	0	0	5.2	0	2.1	6.3	
44029000	木炭	10.5	5	0	0	0	0	0	5.2	0	2.1	6.3	

税则号列 Tariff Item	商品名称（简称） Article Description	最惠国税率（%） M. F. N.	协定税率（%）Conventional										
			巴基斯坦 Pakistan	智利 Chile	新加坡 Singapore	新西兰 New Zealand	秘鲁 Peru	哥斯达黎加 Costa Rica	瑞士 Switzerland	冰岛 Iceland	澳大利亚 Australia	韩国 Korea	格鲁吉亚 Georgia
44041000	针叶木的箍木、木劈条、木桩、木棒及类似品，木片条	8	5	0	0	0	0	0	0	0	1.6	1.6	
44042000	非针叶木箍木、木劈条、木桩、木棒及类似品，木片条	8	5	0	0	0	0	0	0	0	1.6	1.6	
44050000	木丝及木粉	8	5	0	0	0	0	0	0	0	1.6	1.6	
44081011	用胶合板等多层板制的饰面用针叶木薄板，不论是否刨平、砂光或指榫结合，厚度不超过6毫米	8		0		0	0	0	0	0	1.6	5.8	
44081019	饰面用针叶木薄板，不论是否刨平、砂光或指榫结合，厚度不超过6毫米，用胶合板等多层板制的除外	4	0	0	0	0	0	0	0	0	0	0	
44081020	制胶合板用针叶木薄板，不论是否刨平、砂光或指榫结合，厚度不超过6毫米	4	0	0	0	0	0	0	0	0	0	0	
44081090	其他针叶木薄板材，不论是否刨平、砂光或指榫结合，厚度不超过6毫米	4	0	0	0	0	0	0	0	0	0	0	
44083111	用胶合板等多层板制的深红色红柳桉木、浅红色红柳桉木及巴栲红柳桉木制的饰面用薄板，不论是否刨平、砂光或指榫结合，厚度不超过6毫米	10		0		0	0	0	0	0	2	7.3	
44083119	深红色红柳桉木、浅红色红柳桉木及巴栲红柳桉木制的饰面用薄板，不论是否刨平、砂光或指榫结合，厚度不超过6毫米，用胶合板等多层板制的除外	4	0	0	0	0	0	0	0	0	0	0	
44083120	深红色红柳桉木、浅红色红柳桉木及巴栲红柳桉木制的胶合板用薄板，不论是否刨平、砂光或指榫结合，厚度不超过6毫米	4	0	0	0	0	0	0	0	0	0	0	
44083190	深红色红柳桉木、浅红色红柳桉木及巴栲红柳桉木制的其他薄板，不论是否刨平、砂光或指榫结合，厚度不超过6毫米	4	0	0	0	0	0	0	0	0	0	0	

税则号列 Tariff Item	商品名称（简称） Article Description	最惠国税率（%） M. F. N.	协定税率（%）Conventional										
			巴基斯坦 Pakistan	智利 Chile	新加坡 Singapore	新西兰 New Zealand	秘鲁 Peru	哥斯达黎加 Costa Rica	瑞士 Switzerland	冰岛 Iceland	澳大利亚 Australia	韩国 Korea	格鲁吉亚 Georgia
44083911	用胶合板等多层板制的其他列名的热带木制的饰面用薄板，不论是否刨平、砂光或指榫结合，厚度不超过6毫米	10		0		0	0	0	0	0	2	7.3	
44083919	其他列名的热带木制的饰面用薄板，不论是否刨平、砂光或指榫结合，厚度不超过6毫米，用胶合板等多层板制的除外	4	0	0	0	0	0	0	0	0	0	0	
44083920	其他列名热带木制的胶合板用薄板，不论是否刨平、砂光或指榫结合，厚度不超过6毫米	4	0	0	0	0	0	0	0	0	0	0	
44083990	其他列名的热带木制的其他薄板材，不论是否刨平、砂光或指榫结合，厚度不超过6毫米	4	0	0	0	0	0	0	0	0	0	0	
44089011	用胶合板等多层板制的其他木制饰面用薄板，不论是否刨平、砂光或指榫结合，厚度不超过6毫米	4		0		0	0	0	0	0	0	2.9	
44089012	温带非针叶木制饰面用单板，不论是否刨平、砂光或指榫结合，厚度不超过6毫米	3	0	0	0	0	0	0	0	0	0	0	
44089013	竹制饰面用单板，不论是否刨平、砂光或指榫结合，厚度不超过6毫米	4		0		0	0	0	0	0	0	2.9	
44089019	其他木制饰面用薄板，不论是否刨平、砂光或指榫结合，厚度不超过6毫米，用胶合板等多层板制的除外	3	0	0	0	0	0	0	0	0	0	0.6	
44089021	其他温带非针叶木制胶合板用单板，不论是否刨平、砂光或指榫结合，厚度不超过6毫米	3	0	0	0	0	0	0	0	0	0	0	
44089029	其他木制胶合板用单板，不论是否刨平、砂光或指榫结合，厚度不超过6毫米	3	0	0	0	0	0	0	0	0	0	0	

税则号列 Tariff Item	商品名称（简称） Article Description	最惠国税率（%） M. F. N.	协定税率（%）Conventional										
			巴基斯坦 Pakistan	智利 Chile	新加坡 Singapore	新西兰 New Zealand	秘鲁 Peru	哥斯达黎加 Costa Rica	瑞士 Switzerland	冰岛 Iceland	澳大利亚 Australia	韩国 Korea	格鲁吉亚 Georgia
44089091	其他温带非针叶木制木材，不论是否刨平、砂光或指榫结合，厚度不超过6毫米	3	0	0	0	0	0	0	0	0	0	0	
44089099	其他木材，不论是否刨平、砂光或指榫结合，厚度不超过6毫米	3	0	0	0	0	0	0	0	0	0	0	
44091010	针叶木地板条（块）	7.5	5	0	0	0	0	0	0	0	1.5	4.5	
44091090	其他一边或面制成连续形状的针叶木材，不论是否刨平、砂光或指榫结合	7.5	5	0	0	0	0	0	0	0	1.5	1.5	
44092110	竹制地板条（块）	4	0	0	0	0	0	0	0	0	0	0	
44092190	其他一边或面制成连续形状的竹材，不论是否刨平、砂光或指榫结合	4	0	0	0	0	0	0	0	0	0	0	0
44092210	热带木地板条（块）	4	0	0	0	0	0	0	0	0	0	0	
44092290	其他一边或面制成连续形状的热带木材，不论是否刨平、砂光或指榫结合	4	0	0	0	0	0	0	0	0	0	0	
44092910	其他非针叶木地板条	4	0	0	0	0	0	0	0	0	0	0	
44092990	其他一边或面制成连续形状的其他非针叶木材，不论是否刨平、砂光或指榫结合	4	0	0	0	0	0	0	0	0	0	0	
44101100	木制碎料板	4				0			0				
44101200	木制定向刨花板	4				0			0				
44101900	木制其他材料板	4				0			0				
44111211	厚度不超过5毫米的中密度木纤维板，密度超过每立方厘米0.8克，未经机械加工或盖面的	4				0			0			2.9	
44111219	厚度不超过5毫米的中密度木纤维板，密度超过每立方厘米0.8克，经机械加工或盖面的	7.5				0			0			1.5	
44111221	辐射松制的厚度不超过5毫米的中密度木纤维板，密度超过每立方厘米0.5克，但未超过每立方厘米0.8克	4				0			0		0	2.9	
44111229	其他厚度不超过5毫米的中密度木纤维板，密度超过每立方厘米0.5克，但未超过每立方厘米0.8克	4				0			0			2.9	

税则号列 Tariff Item	商品名称（简称） Article Description	最惠国税率（%） M. F. N.	协定税率（%） Conventional										
			巴基斯坦 Pakistan	智利 Chile	新加坡 Singapore	新西兰 New Zealand	秘鲁 Peru	哥斯达黎加 Costa Rica	瑞士 Switzerland	冰岛 Iceland	澳大利亚 Australia	韩国 Korea	格鲁吉亚 Georgia
44111291	厚度不超过5毫米的其他中密度木纤维板，未经机械加工或盖面的	7.5				0			0			5.5	
44111299	厚度不超过5毫米的其他中密度木纤维板，经机械加工或盖面的	4				0			0			2.9	
44111311	厚度超过5毫米，但未超过9毫米的中密度木纤维板，密度超过每立方厘米0.8克，未经机械加工或盖面的	4				0			0				
44111319	厚度超过5毫米，但未超过9毫米的中密度木纤维板，密度超过每立方厘米0.8克，经机械加工或盖面的	7.5				4.6			4.6				
44111321	辐射松制的厚度超过5毫米，但未超过9毫米的中密度木纤维板，密度超过每立方厘米0.5克，但未超过每立方厘米0.8克	4				0			0		0		
44111329	其他厚度超过5毫米，但未超过9毫米的中密度木纤维板，密度超过每立方厘米0.5克，但未超过每立方厘米0.8克	4				0			0				
44111391	厚度超过5毫米，但未超过9毫米的其他中密度木纤维板，未经机械加工或盖面的	7.5				0			0				
44111399	厚度超过5毫米，但未超过9毫米的其他中密度木纤维板，经机械加工或盖面的	4				0			0			2.9	
44111411	厚度超过9毫米的中密度木纤维板，密度超过每立方厘米0.8克，未经机械加工或盖面的	4				0			0			2.9	
44111419	厚度超过9毫米的中密度木纤维板，密度超过每立方厘米0.8克，经机械加工或盖面的	7.5				4.6			4.6			5.5	

税则号列 Tariff Item	商品名称（简称） Article Description	最惠国税率（%） M. F. N.	协定税率（%）Conventional										
			巴基斯坦 Paki-stan	智利 Chile	新加坡 Singa-pore	新西兰 New Zealand	秘鲁 Peru	哥斯达黎加 Costa Rica	瑞士 Switze-rland	冰岛 Iceland	澳大利亚 Austr-alia	韩国 Korea	格鲁吉亚 Georgia
44111421	辐射松制的厚度超过9毫米的中密度木纤维板，密度超过每立方厘米0.5克，但未超过每立方厘米0.8克	4				0			0		0	2.9	
44111429	其他厚度超过9毫米的中密度木纤维板，密度超过每立方厘米0.5克，但未超过每立方厘米0.8克	4				0			0			2.9	
44111491	厚度超过9毫米的其他中密度木纤维板，未经机械加工或盖面的	7.5				0			0			5.5	
44111499	厚度超过9毫米的其他中密度木纤维板，经机械加工或盖面的	4				0			0			2.9	
44119210	其他木纤维板，密度超过每立方厘米0.8克，未经机械加工或盖面的	4				0			0			2.9	
44119290	其他木纤维板，密度超过每立方厘米0.8克，经机械加工或盖面的	7.5				0			0			5.5	
44119310	辐射松制的其他木纤维板，密度超过每立方厘米0.5克，但未超过每立方厘米0.8克	4				0			0		0		
44119390	其他木纤维板，密度超过每立方厘米0.5克，但未超过每立方厘米0.8克	4				0			0				
44119410	其他木纤维板，密度超过每立方厘米0.35克，但未超过每立方厘米0.5克	7.5				0			0			5.5	
44119421	其他木纤维板，密度未超过每立方厘米0.35，未经机械加工或盖面的	7.5				0			0			5.5	
44119429	其他木纤维板，密度未超过每立方厘米0.35，经机械加工或盖面的	4				0			0			2.9	
44121011	至少有一表层为热带木的竹胶合板	12		0		0	0	0	6	0	2.4	8.8	
44121019	其他仅由薄板制竹胶合板	4				0			0			2.9	
44121020	竹面多层板	10	5			0	0	0	0		2	7.3	
44121091	至少一层为热带木的竹面多层板	8				0			0			5.8	

税则号列 Tariff Item	商品名称（简称） Article Description	最惠国税率（%） M. F. N.	协定税率（%） Conventional										
			巴基斯坦 Pakistan	智利 Chile	新加坡 Singapore	新西兰 New Zealand	秘鲁 Peru	哥斯达黎加 Costa Rica	瑞士 Switzerland	冰岛 Iceland	澳大利亚 Australia	韩国 Korea	格鲁吉亚 Georgia
44121092	至少一层为木碎板的竹面多层板	10				0			0			7.3	
44121099	其他竹面多层板	4	0	0	0	0	0	0	0	0	0	0	
44123100	其他至少有一表层为热带木薄板制的胶合板	12		0		0	0	0	6	0	2.4	8.8	
44123300	其他至少有一表层是下列非针叶木：桤木、白蜡木、水青冈木（山毛榉木）、桦木、樱桃木、栗木、榆木、桉木、山核桃、七叶树、椴木、槭木、栎木（橡木）、悬铃木、杨木、刺槐木、鹅掌楸或核桃木薄板制的胶合板	4				0			0			2.9	
44123410	其他至少有一表层是温带非针叶木（税号4412.3300的非针叶木除外）薄板制的胶合板	4				0			0			2.9	
44123490	其他至少有一表层为税号4412.3300和4412.3410未具体列名的非针叶木薄板制的胶合板	4				0			0			2.9	
44123900	其他上下表层均为针叶木薄板制的胶合板	4	0	0	0	0	0	0	0	0	0	0	
44129410	木块芯胶合板，侧板条芯胶合板及板条芯胶合板，至少有一表层是非针叶木	10	5			0			0			7.3	
44129491	木块芯胶合板，侧板条芯胶合板及板条芯胶合板，至少有一层是热带木	8				0			0			5.8	
44129492	木块芯胶合板，侧板条芯胶合板及板条芯胶合板，至少含有一层木碎料	10				0			0			7.3	
44129499	其他木块芯胶合板，侧板条芯胶合板及板条芯胶合板	4	0	0	0	0	0	0	0	0	0	0	
44129910	至少有一表层是非针叶木的其他木面多层板	10	5			0			0			7.3	
44129991	至少有一层是热带木的其他木面多层板	8				0			0			5.8	
44129992	至少含有一层木碎料板的其他木面多层板	10				0			0			7.3	
44129999	其他木面多层板	4	0	0	0	0	0	0	0	0	0	0	
44130000	强化木	6	5	0	0	0	0	0	0	0	1.2	3.6	

税则号列 Tariff Item	商品名称（简称） Article Description	最惠国税率(%) M. F. N.	协定税率（%）Conventional										
			巴基斯坦 Pakistan	智利 Chile	新加坡 Singapore	新西兰 New Zealand	秘鲁 Peru	哥斯达黎加 Costa Rica	瑞士 Switzerland	冰岛 Iceland	澳大利亚 Australia	韩国 Korea	格鲁吉亚 Georgia
44140010	辐射松制的画框、相框、镜框及类似品	20				0					4		
44151000	木箱及类似的包装容器；电缆卷筒	7.5	5	0	0	0	0	0	0	0	1.5	4.5	
44152010	辐射松制的木托板、箱形托盘及其他装载用木板；辐射松制制的托盘护框	7.5				0					1.5		
44160010	辐射松制的大桶、琵琶桶、盆和其他辐射松制箍桶及其零件，包括桶板	16				0					3.2		
44170010	辐射松制的工具、工具支架、工具柄、扫帚及刷子的身及柄；辐射松制鞋靴楦及楦头	16				0					3.2		
44181010	辐射松制的窗、法兰西式（落地）窗及其框架	4				0					0		
44182000	木门及其框架和门槛	4	0	0	0	0	0	0	0	0	0	0	
44184000	水泥构件的木模板	4	0	0		0	0	0	0	0	0	0	
44185000	木瓦及盖屋板	7.5	5	0		0	0	0	0	0	1.5	1.5	
44186000	柱和梁	4	0	0	0	0	0	0	0	0	0	0	
44187310	已拼装的马赛克竹地板	4	0	0	0	0	0	0	0	0	0	0	
44187320	其他竹制已拼装的多层地板	4	0	0	0	0	0	0	0	0	0	0	
44187390	其他竹制已拼装的地板	4	0	0	0	0	0	0	0	0	0	0	
44187400	其他已拼装的马赛克地板	4	0	0	0	0	0	0	0	0	0	0	
44187500	其他已拼装的多层地板	4	0	0	0	0	0	0	0	0	0	0	0
44187900	其他已拼装的地板	4	0	0	0	0	0	0	0	0	0	0	
44189100	竹制建筑用制品	4	0	0	0	0	0	0	0	0	0	0	
44189900	其他建筑用木工制品	4	0	0	0	0	0	0	0	0	0	0	
45011000	未加工或简单加工的天然软木	6	5	0		0	0	0	0	0	1.2	0	
45020000	除去表皮或粗切成方形或成块、板、片或条状的天然软木	8	5	0		0	0	0	0	0	1.6	1.6	
45031000	天然软木塞子	8	5	0		0	0	0	0	0	1.6	1.6	
45039000	其他天然软木制品	10.5	5	0	0	0	0	0	5.2	0	2.1	6.3	
45041000	块、板、片及条状压制软木；任何形状的砖、瓦；实心圆柱体，包括原片	8.4	5	0		0	0	0	0	0	1.7	5	
46012100	竹制的席子、席料、帘子	9	5	0		0	0	0	0	0	1.8	1.8	0
46012200	藤制的席子、席料及帘子	9	5	0		0	0	0	0	0	1.8	1.8	0
46012911	蔺草制的席子、席料及帘子	9	5	0		0	0	0	0	0	1.8	1.8	0

税则号列 Tariff Item	商品名称（简称） Article Description	最惠国税率（%） M. F. N.	协定税率（%）Conventional										
			巴基斯坦 Pakistan	智利 Chile	新加坡 Singapore	新西兰 New Zealand	秘鲁 Peru	哥斯达黎加 Costa Rica	瑞士 Switzerland	冰岛 Iceland	澳大利亚 Australia	韩国 Korea	格鲁吉亚 Georgia
46012919	其他草制的席子、席料及帘子	9	5	0		0	0	0	0	0	1.8	1.8	0
46012921	苇帘	9	5	0		0	0	0	0	0	1.8	1.8	0
46012929	芦苇制的席子、席料	9	5	0		0	0	0	0	0	1.8	1.8	0
46012990	其他植物材料制席子、席料及帘子	9	5	0		0	0	0	0	0	1.8	1.8	0
46019210	竹缏条及类似产品，不论是否缝合成宽条	9	5	0		0	0	0	0	0	1.8	1.8	0
46019290	其他竹编结产品	9	5	0		0	0	0	0	0	1.8	1.8	0
46019310	藤缏条及类似产品，不论是否缝合成宽条	9	5	0		0	0	0	0	0	1.8	1.8	0
46019390	其他藤编结产品	9	5	0		0		0	0	0	1.8	1.8	0
46019411	稻草制的鞭条（绳）	10	5	0		0	0	0	0	0	2	6	0
46019419	稻草制的其他编结材料产品	10	5	0		0	0	0	0	0	2	6	0
46019491	其他植物编结材料的缏条及类似产品，不论是否缝合成宽条	9	5	0		0	0	0	0	0	1.8	1.8	0
46019499	其他植物编结材料产品	9	5	0		0	0	0	0	0	1.8	1.8	0
46019910	其他非植物编结材料的缏条及类似产品，不论是否缝合成宽条	9	5	0		0	0	0	0	0	1.8	1.8	0
46019990	其他非植物编结材料产品	9	5	0		0	0	0	0	0	1.8	5.4	0
46021100	竹编制的篮筐及其他制品	9	5	0		0	0	0	0	0	1.8	1.8	0
46021200	藤编制的篮筐及其他制品	9	5	0		0		0	0	0	1.8	1.8	0
46021910	草编制的篮筐及其他制品	9	5	0		0	0	0	0	0	1.8	1.8	0
46021920	玉米皮编制的篮筐及其他制品	9	5	0		0	0	0	0	0	1.8	1.8	0
46021930	柳条编制的篮筐及其他制品	9	5	0		0	0	0	0	0	1.8	1.8	0
46021990	其他植物材料编制篮筐及其他制品	9	5	0		0		0	0	0	1.8	1.8	0
46029000	其他编结材料制品及其他制品	9	5	0		0	0	0	0	0	1.8	1.8	0
48081000	瓦楞纸及纸板	7.5				4.6			4.6				
48185000	纸制衣服及衣着附件	7.5	5	0		0	0	0	0	0	1.5	1.5	
48193000	底宽≥40 厘米的纸袋	7.5	5	0	0	0	0	0	0	0	1.5	1.5	
48204000	多联商业表格纸、页间夹有复写纸的本	7.5	5	0		0	0	0	0	0	1.5	4.5	
48236100	竹浆纸、纸板制的盘、碟、盆、杯及类似品	7.5	5	0		0	0	0	0	0	1.5	1.5	
48236910	非木植物浆制	7.5	5	0		0	0	0	0	0	1.5	4.5	
48236990	其他纸或纸板制的盘、碟、盆、杯及类似品	7.5	5	0		0	0	0	0	0	1.5	4.5	

税则号列 Tariff Item	商品名称（简称） Article Description	最惠国税率（%） M. F. N.	协定税率（%）Conventional										
			巴基斯坦 Pakistan	智利 Chile	新加坡 Singapore	新西兰 New Zealand	秘鲁 Peru	哥斯达黎加 Costa Rica	瑞士 Switzerland	冰岛 Iceland	澳大利亚 Australia	韩国 Korea	格鲁吉亚 Georgia
48239010	以纸或纸板为底制成的铺地制品	7.5				0			0			5.5	
48239020	神纸及类似用品	7.5	5	0		0	0	0	0	0	1.5	1.5	
48239030	纸扇	7.5	5	0		0	0	0	0	0	1.5	1.5	
48239090	其他纸及纸制品	7.5					7.5						
49070010	指运国流通新发行未使用的邮票	7.5				0			0			5.5	
49070090	指运国流通新发行未使用的印花税票及类似票证；印有邮票或印花税票的纸品；空白支票	7.5				0			0			5.5	
49081000	釉转印贴花纸	7.5				0			0			5.5	
49089000	其他转印贴花纸	7.5				0			0			5.5	
49090010	印刷或有图画的明信片	7.5				0			0			5.5	
49090090	其他致贺或通告卡片	7.5				0			0			5.5	
49100000	印刷的各种日历，包括日历芯	7.5				3.8			3.8			5.5	
49111090	其他商业广告品及类似印刷品	7.5				3.8			3.8			5.5	
49119100	印刷的图片、设计图样及照片	7.5				0			0			5.5	
49119910	纸质的其他印刷品	7.5				4.6			4.6	0		5.5	
49119990	其他印刷品	7.5				4.6			4.6	0		5.5	
50010010	适于缫丝的桑蚕茧	6	5	0		0	0	0	0	0	1.2	0	0
50010090	适于缫丝的其他蚕茧	6	5	0		0	0	0	0	0	1.2	0	0
50020011	厂丝	9	5	0		0	0	0	0	0	1.8	1.8	0
50020012	土丝	9	5	0		0	0	0	0	0	1.8	1.8	0
50020013	双宫丝	9	5	0		0	0	0	0	0	1.8	1.8	0
50020019	其他未加捻桑蚕丝	9	5	0		0	0	0	0	0	1.8	1.8	0
50020020	未加捻柞蚕丝	9	5	0		0	0	0	0	0	1.8	1.8	0
50020090	未加捻其他生丝	9	5	0		0	0	0	0	0	1.8	1.8	0
50030011	下茧、茧衣、长吐、滞头	9	5	0		0	0	0	0	0	1.8	1.8	0
50030012	回收纤维	9	5	0		0	0	0	0	0	1.8	1.8	0
50030019	其他	9	5	0		0	0	0	0	0	1.8	1.8	0
50030091	绵球	9	5	0		0	0	0	0	0	1.8	1.8	0
50030099	其他	9	5	0		0	0	0	0	0	1.8	1.8	0
50040000	非供零售用丝纱线	6	5	0		0	0	0	0	0	1.2	0	0
50050010	非供零售用紬丝纱线	6	5	0		0	0	0	0	0	1.2	0	0
50050090	非供零售用其他绢纺纱线	6	5	0		0	0	0	0	0	1.2	0	0
50060000	零售用丝纱线、绢纺纱线；蚕胶丝	6	5	0		0	0	0	0	0	1.2	0	0
50071010	未漂白或漂白的紬丝机织物	10	5	0		0	0	0	0	0	2	2	0

税则号列 Tariff Item	商品名称（简称） Article Description	最惠国税率（%） M. F. N.	协定税率（%）Conventional										
			巴基斯坦 Pakistan	智利 Chile	新加坡 Singapore	新西兰 New Zealand	秘鲁 Peru	哥斯达黎加 Costa Rica	瑞士 Switzerland	冰岛 Iceland	澳大利亚 Australia	韩国 Korea	格鲁吉亚 Georgia
50071090	其他紬丝机织物	10	5	0		0	0	0	0	0	2	2	0
50072011	未漂白或漂白的纯桑蚕丝机织物	10	5	0		0	0	0	0	0	2	2	0
50072019	其他纯桑蚕丝机织物	10	5	0		0	0	0	0	0	2	7.3	0
50072021	未漂白或漂白的纯柞蚕丝机织物	10	5	0		0	0	0	0	0	2	2	0
50072029	其他纯柞蚕丝机织物	10	5	0		0	0	0	0	0	2	2	0
50072031	未漂白或漂白的纯绢丝机织物	10	5	0		0	0	0	0	0	2	2	0
50072039	其他纯绢丝机织物	10	5	0		0	0	0	0	0	2	2	0
50072090	其他纯丝机织物	10	5	0		0	0	0	0	0	2	2	0
50079010	未漂白或漂白其他丝机织物	10	5	0		0	0	0	0	0	2	2	0
50079090	其他丝机织物	10	5	0		0	1	0	0	0	2	2	0
51021100	未梳克什米尔山羊毛	9	5	0		0	0	0	0	0	1.8	1.8	0
51021910	未梳兔毛	9	5	0		0	0	0	0	0	1.8	1.8	0
51021920	未梳其他山羊绒	9	5	0		0	0	0	0	0	1.8	1.8	0
51021930	未梳骆驼毛、骆驼绒	9	5	0		0	0	0	0	0	1.8	1.8	0
51021990	未梳的其他动物细毛	9	5	0		0	0	0	0	0	1.8	1.8	0
51022000	未梳的动物粗毛	9	5	0		0	0	0	0	0	1.8	1.8	0
51031090	其他动物细毛落毛	9	5	0		0	0	0	0	0	1.8	1.8	0
51032010	羊毛废料	13.5	6.8	0	0	0	1.4	0	6.8	0	2.7	8.1	0
51032090	其他动物细毛废料	9	5	0		0	0	0	0	0	1.8	1.8	0
51033000	动物粗毛废料	9	5	0		0	0	0	0	0	1.8	1.8	0
51040010	羊毛回收纤维	15	12	0	0	0	1.5	0	7.5	0	3	9	0
51040090	其他动物细毛或粗毛的回收纤维	5	0	0		0	0	0	0	0	0	0	0
51053100	已梳克什米尔山羊毛	5	0	0		0	0	0	0	0	0	0	0
51053910	已梳兔毛	5	0	0		0		0	0	0	0	0	0
51053921	已梳无毛山羊绒	5	0	0		0		0	0	0	0	0	0
51053929	其他已梳山羊绒	5	0	0		0		0	0	0	0	0	0
51053990	其他已梳动物细毛	5	0	0		0		0	0	0	0	0	0
51054000	已梳动物粗毛	5	0	0		0		0	0	0	0	0	0
51061000	非供零售用粗梳纯羊毛纱线	5	0	0		0	0	0	0	0	0	0	0
51062000	非供零售用粗梳混纺羊毛纱线	5	0	0		0	0	0	0	0	0	0	0
51071000	非供零售用精梳纯羊毛纱线	5	0	0		0	0	0	0		0	0	0
51072000	非供零售用精梳混纺羊毛纱线	5	0	0		0	0	0	0	0	0	0	0

税则号列 Tariff Item	商品名称（简称） Article Description	最惠国税率（%） M. F. N.	协定税率（%）Conventional										
			巴基斯坦 Paki-stan	智利 Chile	新加坡 Singa-pore	新西兰 New Zealand	秘鲁 Peru	哥斯达黎加 Costa Rica	瑞士 Switze-rland	冰岛 Iceland	澳大利亚 Austr-alia	韩国 Korea	格鲁吉亚 Georgia
51081011	按重量计山羊绒的含量在85%及以上的非供零售用的粗梳纱线	5	0	0		0	0	0	0	0	0	0	0
51081019	按重量计其他动物细毛含量在85%及以上的非供零售用的粗梳纱线	5	0	0		0	0	0	0	0	0	0	0
51081090	按重量计动物细毛含量在85%以下的非供零售用的粗梳纱线	5	0	0		0	0	0	0	0	0	0	0
51082011	按重量计山羊绒含量在85%及以上的非供零售用的精梳纱线	5	0	0		0		0	0	0	0	0	0
51082019	按重量计其他动物细毛含量在85%及以上的非供零售用的精梳纱线	5	0	0		0		0	0	0	0	0	0
51082090	按重量计动物细毛含量在85%以下的非供零售用的精梳纱线	5	0	0		0		0	0	0	0	0	0
51091011	按重量计山羊绒含量在85%及以上的供零售用的纱线	6	5	0		0	0	0	0	0	1.2	0	0
51091019	按重量计其他动物细毛含量在85%及以上的供零售用的纱线	6	5	0		0	0	0	0	0	1.2	0	0
51091090	按重量计羊毛含量在85%及以上的供零售用的纱线	6	5	0		0	0	0	0	0	1.2	0	0
51099011	供零售用的其他山羊绒纱线	6	5	0		0		0	0	0	1.2	0	0
51099019	供零售用的其他动物细毛纱线	6	5	0		0		0	0	0	1.2	0	0
51099090	供零售用的羊毛纱线	6	5	0		0		0	0	0	1.2	0	0
51100000	动物粗毛或马毛的纱线	6	5	0		0	0	0	0	0	1.2	0	0
51111111	按重量计山羊绒含量在85%及以上，每平方米重量不超过300克的山羊绒机织物	10	5	0	0	0	0	0	0	0	2	2	0
51111119	按重量计其他动物细毛含量在85%及以上，每平方米重量不超过300克的其他动物细毛机织物	10	5	0	0	0	0	0	0	0	2	2	0
51111190	按重量计羊毛含量在85%及以上，每平方米重量不超过300克的羊毛机织物	10	5	0	0	0	1	0	0	0	2	2	0

税则号列 Tariff Item	商品名称（简称） Article Description	最惠国税率(%) M. F. N.	协定税率（%）Conventional 巴基斯坦 Pakistan	智利 Chile	新加坡 Singapore	新西兰 New Zealand	秘鲁 Peru	哥斯达黎加 Costa Rica	瑞士 Switzerland	冰岛 Iceland	澳大利亚 Australia	韩国 Korea	格鲁吉亚 Georgia
51111911	按重量计山羊绒含量在85%及以上，每平方米重量超过300克的山羊绒的机织物	10	5	0	0	0	0	0	0	0	2	2	0
51111919	按重量计其他动物细毛含量在85%及以上，每平方米超过300克的其他动物细毛机织物	10	5	0	0	0	0	0	0	0	2	2	0
51111990	按重量计羊毛含量在85%及以上，每平方米超过300克的羊毛机织物	10	5	0	0	0	1	0	0	0	2	2	0
51112000	与化纤长丝混纺粗梳毛布	10	5	0	0	0	0	0	0	0	2	2	0
51113000	与化纤短纤混纺粗梳毛布	10	5	0	0	0	0	0	0	0	2	2	0
51119000	与其他纤维混纺的粗梳毛布	10	5	0	0	0	0	0	0		2	2	0
51121100	重量≤200克/平方米精梳全毛布	10	5	0	0	0	1	0	0	0	2	2	0
51121900	重量＞200克/平方米精梳全毛布	10	5	0	0	0	1	0	0	0	2	2	0
51122000	与化纤长丝混纺精梳毛布	10	5	0	0	0	0	0	0	0	2	2	0
51123000	与化纤短纤混纺精梳毛布	10	5	0	0	0	0	0	0	0	2	2	0
51129000	与其他纤维混纺精梳毛布	10	5	0	0	0	1	0	0	0	2	2	0
51130000	动物粗毛或马毛机织物	10	5	0	0	0	0	0	0	0	2	2	0
52021000	废棉纱线	10		0	0	0	1	0	0	0	2	6	
52029100	棉的回收纤维	10		0	0	0	0	0	0	0	2	2	
52029900	其他废棉	10		0	0	0		0	0	0	2	6	
52041100	非供零售用全棉缝纫线	5		0		0	0	0	0	0	0	0	0
52041900	非供零售用其他棉缝纫线	5		0		0	0	0	0	0	0	0	0
52042000	零售用棉制缝纫线	5		0		0	0	0	0	0	0	0	0
52051100	非零售粗梳粗支纯棉单纱	5	3.5	0		0	0	0	0	0	2.8	3.6	4
52051200	非零售粗梳中支纯棉单纱	5	3.5	0		0	0	0	0	0	2.8	3.6	4
52051300	非零售粗梳细支纯棉单纱	5	3.5	0		0	0	0	0	0	2.8	3.6	4
52051400	非零售粗梳较细支纯棉单纱	5	3.5	0		0	0	0	0	0	2.8	3.8	4
52051500	非零售粗梳特细支纯棉单纱	5	3.5	0		0	0	0	0	0	2.8	3.6	4
52052100	非零售精梳粗支纯棉单纱	5	3.5	0		0	0	0	0	0	2.8	3.6	4
52052200	非零售精梳中支纯棉单纱	5	3.5	0		0	0	0	0	0	2.8	3.6	4
52052300	非零售精梳细支纯棉单纱	5	3.5	0		0	0	0	0	0	2.8	3	4
52052400	非零售精梳较细支纯棉单纱	5	3.5	0		0	0	0	0	0	2.8	3	4
52052600	非零售精梳较特细支纯棉单纱	5		0		0	0	0	0	0	2.8	3.6	4

税则号列 Tariff Item	商品名称（简称） Article Description	最惠国税率（%） M. F. N.	协定税率（%） Conventional										
			巴基斯坦 Pakistan	智利 Chile	新加坡 Singapore	新西兰 New Zealand	秘鲁 Peru	哥斯达黎加 Costa Rica	瑞士 Switzerland	冰岛 Iceland	澳大利亚 Australia	韩国 Korea	格鲁吉亚 Georgia
52052700	非零售精梳特细支纯棉单纱	5		0		0	0	0	0	0	2.8	3.6	4
52052800	非零售精梳超细支纯棉单纱	5		0		0	0	0	0	0	2.8	3.6	4
52053100	非零售粗梳粗支纯棉多股纱	5	4.5	0		0		0	0	0	2.8	3.6	4
52053200	非零售粗梳中支纯棉多股纱	5	3.5	0		0	0	0	0	0	2.8	3.6	4
52053300	非零售粗梳细支纯棉多股纱	5		0		0	0	0	0	0	2.8	3.6	4
52053400	非零售粗梳较细支纯棉多股纱	5		0		0	0	0	0	0	2.8	3.6	4
52053500	非零售粗梳特细支纯棉多股纱	5		0		0	0	0	0	0	2.8	3.6	4
52054100	非零售精梳粗支纯棉多股纱	5	4.5	0		0		0	0	0	2.8	3.6	4
52054200	非零售精梳中支纯棉多股纱	5	3.5	0		0	0	0	0	0	2.8	3.8	4
52054300	非零售精梳细支纯棉多股纱	5		0		0		0	0	0	2.8	3.6	4
52054400	非零售精梳较细支纯棉多股纱	5		0		0	0	0	0	0	2.8	3.6	4
52054600	非零售精梳较特细支纯棉多股纱	5	4.5	0		0	0	0	0	0	2.8	3.6	4
52054700	非零售精梳特细支纯棉多股纱	5	4.5	0		0	0	0	0	0	2.8	3.6	4
52054800	非零售精梳超细支纯棉多股纱	5	4.5	0		0	0	0	0	0	2.8	3.6	4
52061100	非零售粗梳粗支混纺棉单纱	5	3.5	0		0		0	0	0	2.8	3.6	4
52061200	非零售粗梳中支混纺棉单纱	5	3.5	0		0	0	0	0	0	2.8	3.6	4
52061300	非零售粗梳细支混纺棉单纱	5		0		0	0	0	0	0	2.8	3.6	4
52061400	非零售粗梳较细支混纺棉单纱	5		0		0	0	0	0	0	2.8	3.6	4
52061500	非零售粗梳特细支混纺棉单纱	5	3.5	0		0	0	0	0	0	2.8	3.6	4
52062100	非零售精梳粗支混纺棉单纱	5	4.5	0		0	0	0	0	0	2.8	3.6	4
52062200	非零售精梳中支混纺棉单纱	5		0		0	0	0	0	0	2.8	3.6	4
52062300	非零售精梳细支混纺棉单纱	5		0		0	0	0	0	0	2.8	3.6	4

税则号列 Tariff Item	商品名称（简称） Article Description	最惠国税率（%） M. F. N.	协定税率（%） Conventional										
			巴基斯坦 Pakistan	智利 Chile	新加坡 Singapore	新西兰 New Zealand	秘鲁 Peru	哥斯达黎加 Costa Rica	瑞士 Switzerland	冰岛 Iceland	澳大利亚 Australia	韩国 Korea	格鲁吉亚 Georgia
52062400	非零售精梳较细支混纺棉单纱	5		0		0	0	0	0	0	2.8	3.6	4
52062500	非零售精梳特细支混纺棉单纱	5		0		0	0	0	0	0	2.8	3.6	4
52063100	非零售粗梳粗支混纺棉多股纱	5		0		0	0	0	0	0	2.8	3.6	4
52063200	非零售粗梳中支混纺棉多股纱	5		0		0	0	0	0	0	2.8	3.6	4
52063300	非零售粗梳细支混纺棉多股纱	5		0		0	0	0	0	0	2.8	3.6	4
52063400	非零售粗梳较细混纺棉多股纱	5		0		0	0	0	0	0	2.8	3.6	4
52063500	非零售粗梳特细混纺棉多股纱	5		0		0	0	0	0	0	2.8	3.6	4
52064100	非零售精梳粗支混纺棉多股纱	5		0		0	0	0	0	0	2.8	3.6	4
52064200	非零售精梳中支混纺棉多股纱	5		0		0	0	0	0	0	2.8	3.6	4
52064300	非零售精梳细支混纺棉多股纱	5		0		0	0	0	0	0	2.8	3.6	4
52064400	非零售精梳较细混纺棉多股纱	5		0		0	0	0	0	0	2.8	3.6	4
52064500	非零售精梳特细混纺棉多股纱	5		0		0	0	0	0	0	2.8	3.6	4
52071000	供零售用纯棉纱线	6	5	0		0	0	0	0	0	1.2	0	0
52079000	供零售用混纺棉纱线	6	5	0		0	0	0	0	0	1.2	0	0
52081100	未漂白轻质全棉平纹布	10	0	0		0	0	0	0	0	2	2	0
52081200	未漂白较轻质全棉平纹布	10	0	0	0	0	0	0	0	0	2	2	0
52081300	未漂白轻质全棉三、四线斜纹布	10	0	0		0	0	0	0	0	2	6	0
52081900	未漂白轻质其他全棉机织物	10	0	0	0	0	0	0	0	0	2	2	0
52082100	漂白的轻质全棉平纹布	10	0	0		0	0	0	0	0	2	2	0
52082200	漂白的较轻质全棉平纹布	10	0	0	0	0	0	0	0	0	2	2	0
52082300	漂白的轻质全棉三、四线斜纹布	12	0	0	0	0	0	0	7.4	0	2.4	2.4	0
52082900	漂白的轻质其他全棉机织物	10	0	0		0	0	0	0	0	2	2	0
52083100	染色的轻质全棉平纹布	10	0	0		0	0	0	0	0	2	2	0
52083200	染色的较轻质全棉平纹布	10	0	0	0	0	0	0	0	0	2	2	0
52083300	染色的轻质全棉三、四线斜纹布	10	0	0		0	0	0	0	0	2	2	0
52083900	染色的轻质其他全棉机织物	10	0	0	0	0	0	0	0	0	2	2	0

税则号列 Tariff Item	商品名称（简称） Article Description	最惠国税率（%） M. F. N.	协定税率（%）Conventional										
			巴基斯坦 Paki-stan	智利 Chile	新加坡 Singa-pore	新西兰 New Zealand	秘鲁 Peru	哥斯达黎加 Costa Rica	瑞士 Switze-rland	冰岛 Iceland	澳大利亚 Austr-alia	韩国 Korea	格鲁吉亚 Georgia
52084100	色织的轻质全棉平纹布	10	0	0	0	0	0	0	5	0	2	2	0
52084200	色织的较轻质全棉平纹布	10	0	0	0	0	0	0	5	0	2	2	0
52084300	色织的轻质全棉三、四线斜纹布	10	0	0		0	0	0	5	0	2	2	0
52084900	色织的轻质其他全棉机织物	10	0	0	0	0	0	0	0	0	2	2	0
52085100	印花的轻全棉平纹布	10	0	0		0	0	0	0	0	2	2	0
52085200	印花的较轻全棉平纹布	10	0	0	0	0	0	0	0	0	2	8	0
52085910	印花的轻质全棉三、四线斜纹布	10	0	0		0	0	0	0	0	2	2	0
52085990	印花的轻质其他全棉机织物	10	0	0		0	0	0	0	0	2	2	0
52091100	未漂白重质全棉平纹布	10	0	0		0		0	0	0	2	8	0
52091200	未漂白重质全棉三、四线斜纹布	10	0	0	0	0	0	0	0	0	2	2	0
52091900	未漂白重质其他全棉机织物	10	0	0	0	0	0	0	0	0	2	2	0
52092100	漂白的重质全棉平纹布	12	0	0	0	0	0	0	6	0	2.4	2.4	0
52092200	漂白的重质全棉三、四线斜纹布	12	0	0	0	0	0	0	6	0	2.4	2.4	0
52092900	漂白的重质其他全棉机织物	12	0	0	0	0	0	0	6	0	2.4	2.4	0
52093100	染色的重质全棉平纹布	10	0	0	0	0	0	0	0	0	2	2	0
52093200	染色的重质全棉三、四线斜纹布	10	0	0	0	0	0	0	0	0	2	2	0
52093900	染色的重质其他全棉机织物	10	0	0	0	0	0	0	0	0	2	2	0
52094100	色织的重质全棉平纹布	10	0	0	0	0	0	0	0	0	2	2	0
52094200	色织的重质全棉粗斜纹布（劳动布）	10	0	0	0	0	0	0	0	0	2	2	0
52094300	其他三线或四线斜纹机织物，包括双面斜纹机织物	10	0	0		0	0	0	0	0	2	2	0
52094900	色织的重质其他全棉机织物	10	0	0	0	0	0	0	0	0	2	7.3	0
52095100	印花的重质全棉平纹布	10	0	0	0	0	0	0	0	0	2	2	0
52095200	印花的重质全棉三、四线斜纹布	10	0	0		0	0	0	0	0	2	2	0
52095900	印花的重质其他全棉机织物	10	0	0		0	0	0	0	0	2	2	0
52101100	与化纤混纺未漂白轻质平纹棉布	12	0	0	0	0	0	0	6	0	2.4	2.4	0
52101910	化纤混纺未漂白轻质三线或四线斜纹棉布	12	0	0	0	0	0	0	6	0	2.4	2.4	0

税则号列 Tariff Item	商品名称（简称） Article Description	最惠国税率（%） M. F. N.	协定税率（%）Conventional										
			巴基斯坦 Pakistan	智利 Chile	新加坡 Singapore	新西兰 New Zealand	秘鲁 Peru	哥斯达黎加 Costa Rica	瑞士 Switzerland	冰岛 Iceland	澳大利亚 Australia	韩国 Korea	格鲁吉亚 Georgia
52101990	与化纤混纺未漂白轻质其他棉布	12	0	0	0	0	0	0	6	0	2.4	2.4	0
52102100	与化纤混纺漂白的轻质平纹棉布	14	0	0	0	0	0	0	7	0	2.8	8.4	0
52102910	化纤混纺漂白的轻质三线或四线斜纹棉布	14	0	0	0	0	0	0	7	0	2.8	8.4	0
52102990	与化纤混纺漂白的轻质其他棉布	14	0	0	0	0	0	0	7	0	2.8	8.4	0
52103100	与化纤混纺染色的轻质平纹棉布	10	0	0	0	0	0	0	0	0	2	8	0
52103200	化纤混纺染色的轻质三线或四线斜纹棉布	10	0	0	0	0	0	0	0	0	2	2	0
52103900	与化纤混纺染色的轻质其他棉布	10	0	0	0	0	1	0	0	0	2	7.3	0
52104100	与化纤混纺色织的轻质平纹棉布	10	0	0	0	0	0	0	0	0	2	2	0
52104910	化纤混纺色织的轻质三线或四线斜纹棉布	10	0	0	0	0	0	0	0	0	2	2	0
52104990	与化纤混纺色织的轻质其他棉布	10	0	0	0	0	0	0	0	0	2	2	0
52105100	与化纤混纺印花的轻质平纹棉布	10	0	0	0	0	0	0	0	0	2	2	0
52105910	化纤混纺印花的轻质三线或四线斜纹棉布	10	0	0		0	0	0	0	0	2	2	0
52105990	与化纤混纺印花的轻质其他棉布	10	0	0		0	0	0	0	0	2	2	0
52111100	与化纤混纺未漂白重质平纹棉布	12	0	0	0	0	0	0	6	0	2.4	8.8	0
52111200	化纤混纺未漂白重质三线或四线斜纹棉布	12	0	0	0	0	0	0	6	0	2.4	2.4	0
52111900	与化纤混纺未漂白重质其他棉布	12	0	0	0	0	0	0	6	0	2.4	2.4	0
52112000	与化纤混纺漂白的重质其他棉布	14	0	0	0	0	0	0	7	0	2.8	8.4	0
52113100	与化纤混纺染色的重质平纹棉布	10	0	0	0	0	0	0	0	0	2	8.8	0
52113200	化纤混纺染色的重质三线或四线斜纹棉布	10	0	0	0	0	0	0	0	0	2	2	0
52113900	与化纤混纺染色的重质其他棉布	10	0	0	0	0	1	0	0	0	2	7.3	0
52114100	与化纤混纺色织的重质平纹棉布	10	0	0		0	0	0	0	0	2	2	0
52114200	与化纤混纺色织的重质粗斜纹棉布	10	0	0	0	0	0	0	0	0	2	2	0

税则号列 Tariff Item	商品名称（简称） Article Description	最惠国税率(%) M. F. N.	协定税率（%）Conventional										
			巴基斯坦 Pakistan	智利 Chile	新加坡 Singapore	新西兰 New Zealand	秘鲁 Peru	哥斯达黎加 Costa Rica	瑞士 Switzerland	冰岛 Iceland	澳大利亚 Australia	韩国 Korea	格鲁吉亚 Georgia
52114300	其他三线或四线斜纹机织物，包括双面斜纹机织物	10	0	0		0	0	0	0	0	2	2	0
52114900	与化纤混纺色织的重质其他棉布	10	0	0	0	0	0	0	0	0	2	7.3	0
52115100	与化纤混纺印花的重质平纹棉布	10	0	0		0	0	0	0	0	2	2	0
52115200	化纤混纺印花的重质三线或四线斜纹棉布	10	0	0		0	0	0	0	0	2	2	0
52115900	与化纤混纺印花的重质其他棉布	10	0	0		0	0	0	0	0	2	2	0
52121100	未漂白的其他混纺轻质棉布	12	0	0	0	0	0	0	6	0	2.4	2.4	0
52121200	漂白的其他混纺轻质棉布	14	0	0	0	0	0	0	7	0	2.8	8.4	0
52121300	染色的其他混纺轻质棉布	10	0	0		0	0	0	0	0	2	2	0
52121400	色织的其他混纺轻质棉布	10	0	0		0	0	0	0	0	2	2	0
52121500	印花的其他混纺轻质棉布	10	0	0		0	0	0	0	0	2	2	0
52122100	未漂白的其他混纺重质棉布	12	0	0	0	0	0	0	6	0	2.4	2.4	0
52122200	漂白的其他混纺重质棉布	14	0	0	0	0	0	0	7	0	2.8	8.4	0
52122300	染色的其他混纺重质棉布	10	0	0		0	0	0	0	0	2	2	0
52122400	色织的其他混纺重质棉布	10	0	0		0	0	0	0	0	2	2	0
52122500	印花的其他混纺重质棉布	10	0	0		0	0	0	0	0	2	2	0
53011000	生的或沤制的亚麻	6	5	0		0	0	0	0	0	1.2	0	0
53012100	破开或打成的亚麻	6	5	0		0	0	0	0	0	1.2	0	0
53012900	栉梳或经其他加工未纺制的亚麻	6	5	0		0	0	0	0	0	1.2	0	0
53013000	亚麻短纤及废麻	6	5	0		0	0	0	0	0	1.2	0	0
53021000	生的或沤制的大麻	6	5	0		0	0	0	0	0	1.2	0	0
53029000	经加工、未纺的大麻、大麻短纤及废麻	6	5	0		0	0	0	0	0	1.2	0	0
53031000	生或沤制黄麻，其他纺织用韧皮纤维	5	0	0		0	0	0	0	0	0	0	0
53039000	经加工、未纺的黄麻及其他纺织用韧皮纤维	5	0	0		0	0	0	0	0	0	0	0
53050011	生的苎麻	5	0	0		0	0	0	0	0	0	0	0
53050012	经加工、未纺制的苎麻	5	0	0		0	0	0	0	0	0	0	0
53050013	苎麻的短纤及废麻	5	0	0		0	0	0	0	0	0	0	0
53050019	其他苎麻	5	0	0		0	0	0	0	0	0	0	0
53050020	经加工、未纺制的蕉麻及蕉麻废料	3	0	0		0	0	0	0	0	0	0	0
53050091	经加工、未纺的西沙尔麻及其他龙舌兰类纤维	5	0	0		0	0	0	0	0	0	0	0
53050092	加工、未纺的椰壳纤维及椰壳纤维废料	5	0	0		0	0	0	0	0	0	0	0

税则号列 Tariff Item	商品名称（简称） Article Description	最惠国税率（%） M. F. N.	协定税率（%）Conventional										
			巴基斯坦 Pakistan	智利 Chile	新加坡 Singapore	新西兰 New Zealand	秘鲁 Peru	哥斯达黎加 Costa Rica	瑞士 Switzerland	冰岛 Iceland	澳大利亚 Australia	韩国 Korea	格鲁吉亚 Georgia
53050099	经加工的其他未列名纺织用植物纤维及其废麻	5	0	0		0	0	0	0	0	0	0	0
53061000	亚麻单纱	6	5	0		0	0	0	0	0	1.2	0	0
53062000	亚麻多股纱线或缆线	10	5	0		0	0	0	0	0	2	2	0
53071000	黄麻及其他纺织用韧皮纤维单纱	6	5	0		0	0	0	0	0	1.2	0	0
53072000	黄麻及其他纺织用韧皮纤维多股纱或缆线	6	5	0		0	0	0	0	0	1.2	0	0
53081000	椰壳纤维纱线	6	5	0		0	0	0	0	0	1.2	0	0
53082000	大麻纱线	6	5	0		0	0	0	0	0	1.2	0	0
53089011	未漂白或漂白的全苎麻纱线	6	5	0		0	0	0	0	0	1.2	0	0
53089012	全苎麻色纱线	6	5	0		0	0	0	0	0	1.2	0	0
53089013	未漂白或漂白的混纺苎麻纱线	6	5	0		0	0	0	0	0	1.2	0	0
53089014	混纺苎麻色纱线	6	5	0		0	0	0	0	0	1.2	0	0
53089091	纸纱线	6	5	0		0	0	0	0	0	1.2	0	0
53089099	其他植物纺织纤维纱线	6	5	0		0	0	0	0	0	1.2	0	0
53091110	未漂白全亚麻机织物	10	0	0		0	0	0	0	0	2	2	0
53091120	漂白的全亚麻机织物	10	0	0		0	0	0	0	0	2	2	0
53091900	其他全亚麻机织物	10	0	0		0	0	0	0	0	2	2	0
53092110	未漂白的混纺亚麻机织物	10	0	0		0	0	0	0	0	2	2	0
53092120	漂白的混纺亚麻机织物	10	0	0		0	0	0	0	0	2	2	0
53092900	其他混纺亚麻机织物	10	0	0		0	0	0	0	0	2	2	0
53101000	未漂白黄麻或其他韧皮纤维织物	10	5	0		0	0	0	0	0	2	2	0
53109000	其他黄麻机织物或韧皮纤维织物	10	5	0		0	0	0	0	0	2	2	0
53110012	未漂白全苎麻机织物	10	5	0		0	0	0	0	0	2	2	0
53110013	其他全苎麻机织物	12	6	0	0	0	0	0	6	0	2.4	2.4	0
53110014	未漂白混纺苎麻机织物	10	5	0		0	0	0	0	0	2	2	0
53110015	其他混纺苎麻机织物	12	6	0	0	0	0	0	6	0	2.4	2.4	0
53110020	纸纱线机织物	10	5	0		0	0	0	0	0	2	2	0
53110030	大麻的机织物	10	5	0		0	0	0	0	0	2	2	0
53110090	其他纺织用植物纤维机织物	10	5	0		0	0	0	0	0	2	2	0
54011010	非供零售用合成纤维长丝缝纫线	5	0	0		0	0	0	0	0	0	3.6	0
54011020	供零售用合成纤维长丝缝纫线	5	0	0		0	0	0	0	0	0	0	0
54012010	非供零售用人纤长丝缝纫线	5	0	0		0	0	0	0	0	0	0	0
54012020	供零售用人纤长丝缝纫线	5	0	0		0	0	0	0	0	0	0	0

税则号列 Tariff Item	商品名称（简称） Article Description	最惠国税率(%) M. F. N.	协定税率（%）Conventional										
			巴基斯坦 Pakistan	智利 Chile	新加坡 Singapore	新西兰 New Zealand	秘鲁 Peru	哥斯达黎加 Costa Rica	瑞士 Switzerland	冰岛 Iceland	澳大利亚 Australia	韩国 Korea	格鲁吉亚 Georgia
54021110	非零售用聚间苯二甲酰间苯二胺纺制的长丝高强力纱	5	0	0		0	0	0	0	0	0	3.6	0
54021120	非零售用聚对苯二甲酰对苯二胺纺制的长丝高强力纱	5	0	0		0	0	0	0	0	0	3.6	0
54021190	非零售用其他芳香族聚酰胺纺制的长丝高强力纱	5	0	0		0	0	0	0	0	0	3.6	0
54021910	非零售用聚酰胺－6纺制的长丝高强力纱	5	0	0		0	0	0	0	0	0		0
54021920	非零售用聚酰胺－6,6纺制的长丝高强力纱	5	0	0		0	0	0	0	0	0		0
54021990	非零售用其他尼龙长丝高强纱	5	0	0		0	0	0	0	0	0	3.6	0
54022000	非零售聚酯长丝高强力纱	5	0	0		0	0	0	0	0	0	3.6	0
54023111	非零售用聚酰胺－6纺制的细弹力丝	5	0	0		0	0	0	0	0	0		0
54023112	非零售用聚酰胺－6,6纺制的细弹力丝	5	0	0		0	0	0	0	0	0		0
54023113	非零售用芳香族聚酰胺纺制的细弹力丝	5	0	0		0	0	0	0	0	0		0
54023119	非零售其他细尼龙弹力丝	5	0	0		0	0	0	0	0	0	3.6	0
54023190	非零售其他细尼龙变形纱线	5	0	0		0	0	0	0	0	0	3.6	0
54023211	非零售用聚酰胺－6纺制的粗弹力丝	5	0	0		0	0	0	0	0	0		0
54023212	非零售用聚酰胺－6,6纺制的粗弹力丝	5	0	0		0	0	0	0	0	0		0
54023213	非零售用芳香族聚酰胺纺制的粗弹力丝	5	0	0		0	0	0	0	0	0	3.6	0
54023219	非零售其他粗尼龙弹力丝	5	0	0		0	0	0	0	0	0		0
54023290	非零售其他粗尼龙变形纱线	5	0	0		0	0	0	0	0	0	3.6	0
54023310	非零售聚酯弹力丝	5	0	0		0	0	0	0	0	0	0	0
54023390	非零售其他聚酯变形纱线	5	0	0		0	0	0	0	0	0	3	0
54023400	非零售用聚丙烯变形纱线	5	0	0		0	0	0	0	0	0	3	0
54023900	非零售其他合成纤维长丝变形纱线	5	0	0		0	0	0	0	0	0	3	0
54024410	弹性氨纶纱线，未加捻或捻度每米不超过50转	5	0	0		0	0	0	0	0	0		0
54024490	其他弹性纱线，未加捻或捻度每米不超过50转	5	0	0		0	0	0	0	0	0	0	0

税则号列 Tariff Item	商品名称（简称） Article Description	最惠国税率(%) M. F. N.	协定税率（%）Conventional										
			巴基斯坦 Pakistan	智利 Chile	新加坡 Singapore	新西兰 New Zealand	秘鲁 Peru	哥斯达黎加 Costa Rica	瑞士 Switzerland	冰岛 Iceland	澳大利亚 Australia	韩国 Korea	格鲁吉亚 Georgia
54024510	聚酰胺－6纺制的其他单纱，未加捻或捻度每米不超过50转	5	0	0		0	0	0	0	0	0	3.6	0
54024520	聚酰胺－6,6纺制的其他单纱，未加捻或捻度每米不超过50转	5	0	0		0	0	0	0	0	0	3.6	0
54024530	芳香族聚酰胺纺制的其他单纱，未加捻或捻度每米不超过50转	5	0	0		0	0	0	0	0	0	3.6	0
54024590	其他尼龙或聚酰胺纱线纺制的，未加捻或捻度每米不超过50转的单纱	5	0	0		0	0	0	0	0	0	3.6	0
54024600	其他部分定向聚酯纱线，未加捻或捻度每米不超过50转	5	0	0		0	0	0	0	0	0	3	0
54024700	其他聚酯纱线，未加捻或捻度每米不超过50转	5	0	0		0	0	0	2.5	0	0	3.6	0
54024800	其他聚丙烯纱线，未加捻或捻度每米不超过50转	5	0	0		0	0	0	0	0	0	0	0
54024910	断裂强度大于等于22cN/dtex，且初始模量大于等于750cN/dtex的聚乙烯纱线	5	0	0		0	0	0	0	0	0		0
54024990	其他纱线，未加捻或捻度每米不超过50转	5	0	0		0	0	0	0	0	0		0
54025110	非零售用聚酰胺－6纺制的加捻单纱	5	0	0		0	0	0	0	0	0		0
54025120	非零售用聚酰胺－6,6纺制的加捻单纱	5	0	0		0	0	0	0	0	0		0
54025130	非零售用芳香族聚酰胺纺制的加捻单纱	5	0	0		0	0	0	0	0	0	3.6	0
54025190	非零售用其他尼龙加捻单纱	5	0	0		0	0	0	0	0	0	3.6	0
54025200	非零售加捻的其他聚酯加捻单纱	5	0	0		0	0	0	0	0	0	3	0
54025300	非零售用聚丙烯加捻单纱	5	0	0		0	0	0	0	0	0	0	0
54025920	断裂强度大于等于22cN/dtex，且初始模量大于等于750cN/dtex的聚乙烯纱线	5	0	0		0	0	0	0	0	0	0	0
54025990	非零售加捻的其他合成纤维长丝单纱	5	0	0		0	0	0	0	0	0	0	0
54026110	非零售用聚己内酰胺（尼龙－6）制多股纱线	5	0	0		0	0	0	0	0	0	3.6	0

税则号列 Tariff Item	商品名称（简称） Article Description	最惠国税率（%） M. F. N.	协定税率（%） Conventional										
			巴基斯坦 Pakistan	智利 Chile	新加坡 Singapore	新西兰 New Zealand	秘鲁 Peru	哥斯达黎加 Costa Rica	瑞士 Switzerland	冰岛 Iceland	澳大利亚 Australia	韩国 Korea	格鲁吉亚 Georgia
54026120	非零售用聚酰胺－6，6 制多股纱线	5	0	0		0	0	0	0	0	0	3.6	0
54026130	非零售用芳香族聚酰胺制多股纱线	5	0	0		0	0	0	0	0	0	3.6	0
54026190	非零售用其他尼龙制多股纱线	5	0	0		0	0	0	0	0	0	1	0
54026200	非零售聚酯多股纱线	5	0	0		0	0	0	0	0	0	1	0
54026300	非零售用聚丙烯多股纱线	5	0	0		0	0	0	0	0	0	3.6	0
54026920	非零售用氨纶多股纱线	5	0	0		0	0	0	0	0	0		0
54026990	非零售其他合成纤维长丝多股纱线	5	0	0		0	0	0	0	0	0	3	0
54031000	非零售粘胶纤维高强力纱	5	0	0		0	0	0	0	0	0	0	0
54033110	竹制非零售未捻的粘胶纤维单纱	5	0	0		0	0	0	0	0	0	0	0
54033190	其他非零售未捻的粘胶纤维单纱	5	0	0		0	0	0	0	0	0	0	0
54033210	竹制非零售加捻的粘胶纤维单纱	5	0	0		0	0	0	0	0	0	0	0
54033290	其他非零售加捻的粘胶纤维单纱	5	0	0		0	0	0	0	0	0	0	0
54033310	非零售二醋酸纤维单纱	5	0	0		0	0	0	0	0	0	0	0
54033390	非零售其他醋酸纤维单纱	5	0	0		0	0	0	0	0	0	0	0
54033900	非零售其他人造纤维长丝单纱	5	0	0		0	0	0	0	0	0	0	0
54034100	非零售粘胶长丝多股纱线或缆线	5	0	0		0	0	0	0	0	0	0	0
54034200	非零售醋酸长丝多股纱线或缆线	5	0	0		0	0	0	0	0	0	0	0
54034900	非零售其他人造纤维长丝多股纱或缆线	5	0	0		0	0	0	0	0	0	0	0
54041100	细度≥67 分特，截面尺寸≤1 毫米的弹性单丝	5	0	0		0	0	0	0	0	0	3.6	0
54041200	细度≥67 分特，截面尺寸≤1 毫米的的聚丙烯单丝	5	0	0		0	0	0	0	0	0	0	0
54041900	细度≥67 分特，截面尺寸≤1 毫米的其他合成纤维单丝	5	0	0		0	0	0	0	0	0	3	0
54049000	其他宽≤5 毫米合成纺织材料制扁条及类似品	5	0	0		0	0	0	0	0	0	3	0
54050000	细度≥67 分特，截面尺寸≤1 毫米人造纤维单丝；宽≤5 毫米扁条及类似品	5	0	0		0	0	0	0	0	0	0	0

税则号列 Tariff Item	商品名称（简称） Article Description	最惠国税率(%) M. F. N.	协定税率（%）Conventional										
			巴基斯坦 Pakistan	智利 Chile	新加坡 Singapore	新西兰 New Zealand	秘鲁 Peru	哥斯达黎加 Costa Rica	瑞士 Switzerland	冰岛 Iceland	澳大利亚 Australia	韩国 Korea	格鲁吉亚 Georgia
54060010	供零售用合成纤维长丝纱线	5	0	0		0	0	0	0	0	0	0	0
54060020	供零售用人造纤维长丝纱线	5	0	0		0	0	0	0	0	0	0	0
54071010	尼龙或其他聚酰胺高强力纱制机织物	10	0	0	0	0	0	0	0	0	2	2	0
54071020	聚酯高强力纱制机织物	10	0	0	0	0	0	0	0	0	2	2	0
54072000	合成纤维扁条及类似品的机织物	10	0	0	0	0	0	0	0	0	2	8	0
54073000	多层平行纱线相互层叠并黏合机织物	10	0	0	0	0	0	0	0	0	2	2	0
54074100	未漂白或漂白的纯尼龙布	10	0	0	0	0	0	0	0	0	2	2	0
54074200	染色的纯尼龙布	10	0	0	0	0	0	0	0	0	2	8	0
54074300	色织的纯尼龙布	10	0	0	0	0	0	0	0	0	2	2	0
54074400	印花的纯尼龙布	10	0	0	0	0	0	0	0	0	2	8	0
54075100	未漂白或漂白纯聚酯变形长丝布	10	0	0	0	0	0	0	0	0	2	2	0
54075200	染色的纯聚酯变形长丝布	10	0	0	0	0	0	0	0	0	2	8	0
54075300	色织的纯聚酯变形长丝布	10	0	0	0	0	0	0	0	0	2	2	0
54075400	印花的纯聚酯变形长丝布	10	0	0	0	0	0	0	0	0	2	7.3	0
54076100	其他纯聚酯非变形长丝布	10	0	0	0	0	0	0	0	0	2	8	0
54076900	其他纯聚酯长丝布	10	0	0	0	0	0	0	0	0	2	8	0
54077100	未漂白或漂白其他纯合成纤维长丝布	10	0	0	0	0	0	0	0	0	2	2	0
54077200	染色的其他纯合成纤维长丝布	10	0	0	0	0	0	0	0	0	2	8	0
54077300	色织的其他纯合成纤维长丝布	10	0	0	0	0	0	0	0	0	2	8	0
54077400	印花的其他纯合成纤维长丝布	10	0	0	0	0	0	0	0	0	2	2	0
54078100	未漂白或漂白的与棉混纺合成纤维长丝布	10	0	0	0	0	0	0	0	0	2	2	0
54078200	染色的与棉混纺合成纤维长丝布	10	0	0	0	0	0	0	0	0	2	8	0
54078300	色织的与棉混纺合成纤维长丝布	10	0	0	0	0	0	0	0	0	2	2	0
54078400	印花的与棉混纺合成纤维长丝布	10	0	0	0	0	0	0	0	0	2	2	0
54079100	未漂白或漂白的其他混纺合成纤维长丝布	10	0	0	0	0	0	0	0	0	2	8	0
54079200	染色的其他混纺合成纤维长丝布	10	0	0	0	0	0	0	0	0	2	8	0
54079300	色织的其他混纺合成纤维长丝布	10	0	0	0	0	0	0	0	0	2	2	0

税则号列 Tariff Item	商品名称（简称） Article Description	最惠国税率（%） M. F. N.	协定税率（%） Conventional										
			巴基斯坦 Pakistan	智利 Chile	新加坡 Singapore	新西兰 New Zealand	秘鲁 Peru	哥斯达黎加 Costa Rica	瑞士 Switzerland	冰岛 Iceland	澳大利亚 Australia	韩国 Korea	格鲁吉亚 Georgia
54079400	印花的其他混纺合成纤维长丝布	10	0	0	0	0	0	0	0	0	2	2	0
54081000	粘胶长丝高强力纱的机织物	10	0	0	0	0	0	0	0	0	2	2	0
54082110	粘胶长丝制未漂白或漂白的机织物	12	0	0	0	0	0	0	6	0	2.4	2.4	0
54082120	醋酸长丝制未漂白或漂白的机织物	12	0	0	0	0	0	0	6	0	2.4	9.6	0
54082190	其他人造长丝制未漂白或漂白的机织物	12	0	0	0	0	0	0	6	0	2.4	2.4	0
54082210	纯粘胶长丝制染色机织物	10	0	0	0	0	0	0	0	0	2	2	0
54082220	纯醋酸长丝制染色机织物	10	0	0	0	0	0	0	0	0	2	2	0
54082290	纯其他人造长丝制染色机织物	10	0	0	0	0	0	0	0	0	2	2	0
54082310	纯粘胶长丝制色织机织物	10	0	0	0	0	0	0	0	0	2	2	0
54082320	纯醋酸长丝制色织机织物	10	0	0	0	0	0	0	0	0	2	2	0
54082390	纯其他人造长丝制色织机织物	10	0	0	0	0	0	0	0	0	2	2	0
54082410	纯粘胶长丝制印花机织物	10	0	0	0	0	0	0	0	0	2	2	0
54082420	纯醋酸长丝制印花机织物	10	0	0	0	0	0	0	0	0	2	2	0
54082490	纯其他人造长丝制印花机织物	10	0	0	0	0	0	0	0	0	2	2	0
54083100	未漂白或漂白人造纤维长丝混纺布	10	0	0	0	0	0	0	0	0	2	2	0
54083200	染色的人纤长丝混纺布	10	0	0	0	0	0	0	0	0	2	7.3	0
54083300	色织的人纤长丝混纺布	10	0	0	0	0	0	0	0	0	2	2	0
54083400	印花的人纤长丝混纺布	10	0	0	0	0	0	0	0	0	2	2	0
55011000	尼龙或其他聚酰胺长丝丝束	5	0	0		0	0	0	0	0	0	0	0
55012000	聚酯长丝丝束	5	0	0		0	0	0	0	0	0	3	0
55013000	聚丙烯腈长丝丝束	5	0	0		0		0	0	0	0	3.6	0
55014000	聚丙烯长丝丝束	5	0	0		0	0	0	0	0	0	0	0
55019000	其他合成纤维长丝丝束	5	0	0		0	0	0	0	0	0	3	0
55021010	二醋酸纤维丝束	3	0	0		0	0	0	0	0	0	0	0
55021090	其他醋酸纤维	5	0	0		0	0	0	0	0	0	3.6	0
55029000	其他人造纤维长丝丝束	5	0	0		0	0	0	0	0	0	3.6	0
55031110	未梳的聚间苯二甲酰间苯二胺纺制的合成纤维短纤	5	0	0		0	0	0	0	0	0		0
55031120	未梳的聚对苯二甲酰对苯二胺纺制的合成纤维短纤	5	0	0		0	0	0	0	0	0		0
55031190	未梳的其他芳香聚酰胺纺制的合成纤维短纤	5	0	0		0	0	0	2.5	0	0		0
55031900	未梳的尼龙或其他聚酰胺合成纤维短纤	5	0	0		0	0	0	2.5	0	0	3	0

税则号列 Tariff Item	商品名称（简称） Article Description	最惠国税率（%） M. F. N.	协定税率（%）Conventional										
			巴基斯坦 Pakistan	智利 Chile	新加坡 Singapore	新西兰 New Zealand	秘鲁 Peru	哥斯达黎加 Costa Rica	瑞士 Switzerland	冰岛 Iceland	澳大利亚 Australia	韩国 Korea	格鲁吉亚 Georgia
55032000	未梳的聚酯合成纤维短纤	5	0	0		0	0	0	0	0	0	3.6	0
55033000	未梳的聚丙烯腈合成纤维短纤	5	0	0		0	0	0	0	0	0	3	0
55034000	未梳的聚丙烯合成纤维短纤	5	0	0		0	0	0	0	0	0	3	0
55039010	聚苯硫醚制未梳的纤维短纤	5	0	0		0	0	0	0	0	0	3	0
55039090	未梳的其他合成纤维短纤	5	0	0		0	0	0	0	0	0	0	0
55041010	竹制未梳的粘胶纤维短纤	5	0	0		0	0	0	0	0	0	0	0
55041021	木制未梳的阻燃的粘胶纤维短纤	5	0	0		0	0	0	0	0	0	3	0
55041029	其他木制未梳的粘胶纤维短纤	5	0	0		0	0	0	0	0	0	3	0
55041090	其他未梳的粘胶纤维短纤	5	0	0		0	0	0	0	0	0	3	0
55049000	未梳的其他人造纤维短纤	5	0	0		0	0	0	0	0	0	0	0
55051000	合成纤维废料	5	0	0		0	0	0	0	0	0	3	0
55052000	人造纤维废料	5	0	0		0	0	0	0	0	0	3	0
55061011	已梳的聚间苯二甲酰间苯二胺纤维短纤	5	0	0		0	0	0	0	0	0		0
55061012	已梳的聚对苯二甲酰对苯二胺纤维短纤	5	0	0		0	0	0	0	0	0		0
55061019	已梳的其他芳香族聚酰胺纤维短纤	5	0	0		0	0	0	0	0	0	3.6	0
55061090	已梳的尼龙或其他聚酰胺纤维短纤	5	0	0		0	0	0	0	0	0	1	0
55062000	已梳的聚酯纤维短纤	5	4.5	0		0	0	0	0	0	0	3	0
55063000	已梳的聚丙烯腈及其变性纤维短纤	5	4.5	0		0	0	0	0	0	0	3	0
55064000	聚丙烯制已梳的纤维短纤	5	0	0		0	0	0	0	0	0	3.6	0
55069010	聚苯硫醚制已梳的纤维短纤	5	0	0		0	0	0	0	0	0	3.6	0
55069090	已梳的其他合成纤维短纤	5	0	0		0	0	0	0	0	0	3.6	0
55070000	已梳的人造纤维短纤	5	0	0		0	0	0	0	0	0	0	0
55081000	合成纤维短纤纺制的缝纫线	5	0	0		0	0	0	0	0	0	0	0
55082000	人造纤维短纤纺制的缝纫线	5	0	0		0	0	0	0	0	0	0	0
55091100	非零售纯尼龙短纤单纱	5	0	0		0	0	0	0	0	0	0	0
55091200	非零售纯尼龙短纤多股纱线	5	0	0		0	0	0	0	0	0	0	0
55092100	非零售纯聚酯短纤单纱	5	0	0		0	0	0	0	0	0	0	0
55092200	非零售纯聚酯短纤多股纱线	5	0	0		0	0	0	0	0	0	0	0

税则号列 Tariff Item	商品名称（简称） Article Description	最惠国税率（%） M. F. N.	协定税率（%）Conventional										
			巴基斯坦 Pakistan	智利 Chile	新加坡 Singapore	新西兰 New Zealand	秘鲁 Peru	哥斯达黎加 Costa Rica	瑞士 Switzerland	冰岛 Iceland	澳大利亚 Australia	韩国 Korea	格鲁吉亚 Georgia
55093100	非零售纯聚丙烯腈短纤单纱	5	0	0		0	0	0	0	0	0	0	0
55093200	非零售纯聚丙烯腈短纤多股纱线	5	0	0		0	0	0	0	0	0	0	0
55094100	非零售纯其他合成纤维短纤单纱	5	0	0		0	0	0	0	0	0	0	0
55094200	非零售纯其他合成纤维短纤多股纱线	5	0	0		0	0	0	0	0	0	3	0
55095100	非零售与人造纤维短纤混纺聚酯短纤纱	5	0	0		0	0	0	0	0	0	3	0
55095200	非零售与毛混纺聚酯短纤纱线	5	0	0		0	0	0	0	0	0	0	0
55095300	非零售与棉混纺聚酯短纤纱线	5	0	0		0	0	0	0	0	0	0	0
55095900	非零售其他混纺聚酯短纤纱线	5	0	0		0	0	0	0	0	0	0	0
55096100	非零售与毛混纺腈纶短纤纱线	5	0	0		0	0	0	0	0	0	0	0
55096200	非零售与棉混纺腈纶短纤纱线	5	0	0		0	0	0	0	0	0	0	0
55096900	非零售与其他混纺腈纶短纤纱线	5	0	0		0	0	0	0	0	0	0	0
55099100	非零售与毛混纺其他合成纤维短纤纱线	5	0	0		0	0	0	0		0	1	0
55099200	非零售与棉混纺其他合成纤维短纤纱线	5	0	0		0	0	0	0	0	0	0	0
55099900	非零售与其他混纺合成纤维短纤纱线	5	0	0		0	0	0	0	0	0	0	0
55101100	非零售纯人造纤维短纤单纱	5	0	0		0	0	0	0	0	0	3.6	0
55101200	非零售纯人造纤维短纤多股纱线	5	0	0		0	0	0	0	0	0	3.6	0
55102000	非零售与毛混纺人造纤维短纤纱线	5	0	0		0	0	0	0	0	0	0	0
55103000	非零售与棉混纺人造纤维短纤纱线	5	0	0		0	0	0	0	0	0	0	0
55109000	非零售与其他混纺人造纤维短纤纱线	5	0	0		0	0	0	0	0	0	3	0
55111000	零售用纯合成纤维短纤纱线	5	0	0		0	0	0	0	0	0	0	0
55112000	零售用混纺合成纤维短纤纱线	5	0	0		0	0	0	0	0	0	0	0
55113000	零售用人造纤维短纤纱线	5	0	0		0	0	0	0	0	0	0	0
55121100	未漂或漂白的纯聚酯布	15	0	0	0	0	1.8	0	7.5	0	3	9	0

税则号列 Tariff Item	商品名称（简称） Article Description	最惠国税率（%） M. F. N.	协定税率（%）Conventional 巴基斯坦 Pakistan	智利 Chile	新加坡 Singapore	新西兰 New Zealand	秘鲁 Peru	哥斯达黎加 Costa Rica	瑞士 Switzerland	冰岛 Iceland	澳大利亚 Australia	韩国 Korea	格鲁吉亚 Georgia
55121900	其他纯聚酯布	10	0	0	0	0	1	0	0	0	2	8	0
55122100	未漂白或漂白的纯腈纶布	13	0	0	0	0	0	0	6.5	0	2.6	7.8	0
55122900	其他纯腈纶布	10	0	0	0	0	0	0	0	0	2	2	0
55129100	未漂白或漂白的纯其他合成纤维布	18	0	0	0	0	1.8	0	9	0	3.6	10.8	0
55129900	其他纯合成纤维布	10	0	0	0	0	0	0	0	0	2	7.3	0
55131110	与棉混纺未漂白的轻质聚酯平纹布	16	0	0	0	0	1.6	0	8	0	3.2	9.6	0
55131120	与棉混纺漂白的轻质聚酯平纹布	15	0	0	0	0	1.5	0	7.5	0	3	9	0
55131210	与棉混纺未漂白的轻质聚酯斜纹布	16	0	0	0	0	1.6	0	8	0	3.2	9.6	0
55131220	与棉混纺漂白的轻质聚酯斜纹布	18	0	0	0	0	1.8	0	9	0	3.6	10.8	0
55131310	与棉混纺未漂白的其他轻质聚酯布	16	0	0	0	0	1.6	0	8	0	3.2	9.6	0
55131320	与棉混纺漂白的其他轻质聚酯布	18	0	0	0	0	1.8	0	9	0	3.6	10.8	0
55131900	与棉混纺未漂白或漂白的轻质其他合成纤维布	18	0	0	0	0	1.8	0	9	0	3.6	10.8	0
55132100	与棉混纺染色的轻质聚酯平纹布	10	0	0	0	0	0	0	0	0	2	2	0
55132310	与棉混纺染色的轻质聚酯斜纹布	10	0	0	0	0	0	0	0	0	2	2	0
55132390	与棉混纺染色的其他轻质聚酯布	10	0	0	0	0	0	0	0	0	2	6	0
55132900	与棉混纺染色的轻质其他合成纤维布	10	0	0	0	0	0	0	0	0	2	2	0
55133100	与棉混纺色织的轻质聚酯平纹布	10	0	0	0	0	0	0	0	0	2	2	0
55133910	与棉混纺色织的轻质聚酯斜纹布	10	0	0	0	0	0	0	0	0	2	2	0
55133920	与棉混纺色织的其他轻质聚酯布	10	0	0	0	0	0	0	0	0	2	2	0
55133990	与棉混纺色织的轻质其他合成纤维布	10	0	0	0	0	0	0	0	0	2	2	0
55134100	与棉混纺印花的轻质聚酯平纹布	10	0	0	0	0	0	0	0	0	2	2	0
55134910	与棉混纺印花的轻质聚酯斜纹布	10	0	0	0	0	0	0	0	0	2	2	0
55134920	与棉混纺印花的其他轻质聚酯布	10	0	0	0	0	0	0	0	0	2	2	0
55134990	与棉混纺印花的轻质其他合成纤维布	10	0	0	0	0	0	0	0	0	2	2	0

税则号列 Tariff Item	商品名称（简称） Article Description	最惠国税率(%) M. F. N.	协定税率（%）Conventional										
			巴基斯坦 Pakistan	智利 Chile	新加坡 Singapore	新西兰 New Zealand	秘鲁 Peru	哥斯达黎加 Costa Rica	瑞士 Switzerland	冰岛 Iceland	澳大利亚 Australia	韩国 Korea	格鲁吉亚 Georgia
55141110	与棉混纺未漂白的重质聚酯平纹布	16	0	0	0	0	1.6	0	8	0	3.2	9.6	0
55141120	与棉混纺漂白的重质聚酯平纹布	18	0	0	0	0	1.8	0	9	0	3.6	10.8	0
55141210	与棉混纺未漂白的重质聚酯斜纹布	16	0	0	0	0	1.6	0	8	0	3.2	9.6	0
55141220	与棉混纺漂白的重质聚酯斜纹布	18	0	0	0	0	1.8	0	9	0	3.6	10.8	0
55141911	与棉混纺未漂白的重质其他聚酯布	16	0	0	0	0	1.6	0	8	0	3.2	9.6	0
55141912	与棉混纺漂白的重质其他聚酯布	18	0	0	0	0	1.8	0	9	0	3.6	10.8	0
55141990	与棉混纺未漂白或漂白的重质其他合成纤维布	16	0	0	0	0	1.6	0	8	0	3.2	9.6	0
55142100	与棉混纺染色的重质聚酯平纹布	10	0	0	0	0	0	0	0	0	2	2	0
55142200	与棉混纺染色的重质聚酯斜纹布	10	0	0	0	0	0	0	0	0	2	2	0
55142300	与棉混纺染色的其他重质聚酯布	10	0	0	0	0	0	0	0	0	2	2	0
55142900	与棉混纺染色的重质其他合成维纤布	10	0	0	0	0	0	0	0	0	2	2	0
55143010	与棉混纺色织的重质聚酯平纹布	10	0	0	0	0	0	0	0	0	2	2	0
55143020	与棉混纺色织的重质聚酯斜纹布	10	0	0	0	0	0	0	0	0	2	2	0
55143030	与棉混纺色织的其他重质聚酯布	10	0	0	0	0	0	0	0	0	2	2	0
55143090	与棉混纺色织的重质其他合成纤维布	10	0	0	0	0	0	0	0	0	2	2	0
55144100	与棉混纺印花的重质聚酯平纹布	10	0	0	0	0	0	0	0	0	2	2	0
55144200	与棉混纺印花的重质聚酯斜纹布	10	0	0	0	0	0	0	0	0	2	2	0
55144300	与棉混纺印花的其他重质聚酯布	10	0	0	0	0	0	0	0	0	2	2	0
55144900	与棉混纺印花的重质其他合成纤维布	10	0	0	0	0	0	0	0	0	2	2	0
55151100	与粘胶纤维短纤混纺的聚酯布	10	0	0	0	0	0	0	0	0	2	2	0
55151200	与化纤长丝混纺的聚酯布	10	0	0	0	0	0	0	0	0	2	2	0
55151300	与毛混纺的聚酯布	10	0	0	0	0	0	0	0	0	2	2	0
55151900	与其他纤维混纺的聚酯布	10	0	0	0	0	0	0	0	0	2	2	0
55152100	与化纤长丝混纺的腈纶布	10	0	0	0	0	0	0	0	0	2	2	0

税则号列 Tariff Item	商品名称（简称） Article Description	最惠国税率(%) M. F. N.	协定税率（%）Conventional										
			巴基斯坦 Paki-stan	智利 Chile	新加坡 Singa-pore	新西兰 New Zealand	秘鲁 Peru	哥斯达黎加 Costa Rica	瑞士 Switze-rland	冰岛 Iceland	澳大利亚 Austr-alia	韩国 Korea	格鲁吉亚 Georgia
55152200	与毛混纺的腈纶布	12	0	0	0	0	0	0	6	0	2.4	2.4	0
55152900	与其他纤维混纺的腈纶布	10	0	0	0	0	0	0	0	0	2	2	0
55159100	与化纤长丝混纺的其他合成纤维短纤布	10	0	0	0	0	0	0	0	0	2	2	0
55159900	与其他纤维混纺的其他合成纤维短纤布	10	0	0	0	0	0	0	0	0	2	2	0
55161100	未漂白或漂白的纯人造纤维短纤布	12	0	0	0	0	0	0	6	0	2.4	2.4	0
55161200	染色的纯人造纤维短纤布	10	0	0	0	0	0	0	0	0	2	2	0
55161300	色织的纯人造纤维短纤布	10	0	0	0	0	0	0	0	0	2	2	0
55161400	印花的纯人造纤维短纤布	10	0	0	0	0	0	0	0	0	2	2	0
55162100	与化纤长丝混纺未漂白或漂白的人造纤维布	12	0	0	0	0	0	0	6	0	2.4	2.4	0
55162200	与化纤长丝混纺的染色人造纤维布	10	0	0	0	0	0	0	0	0	2	7.3	0
55162300	与化纤长丝混纺的色织人造纤维布	10	0	0	0	0	0	0	0	0	2	2	0
55162400	与化纤长丝混纺的印花人造纤维布	10	0	0	0	0	0	0	0	0	2	2	0
55163100	与毛混纺的未漂白或漂白人造纤维布	12	0	0	0	0	0	0	6	0	2.4	2.4	0
55163200	与毛混纺的染色人造纤维布	10	0	0	0	0	0	0	0	0	2	2	0
55163300	与毛混纺的色织人造纤维布	10	0	0	0	0	0	0	0	0	2	2	0
55163400	与毛混纺的印花人造纤维布	10	0	0	0	0	0	0	0	0	2	2	0
55164100	与棉混纺的未漂白或漂白人造纤维布	12	0	0	0	0	0	0	6	0	2.4	2.4	0
55164200	与棉混纺的染色人造纤维布	12	0	0	0	0	0	0	6	0	2.4	2.4	0
55164300	与棉混纺的色织人造纤维布	10	0	0	0	0	0	0	0	0	2	2	0
55164400	与棉混纺的印花人造纤维布	10	0	0	0	0	0	0	0	0	2	2	0
55169100	与其他纤维混纺未漂白或漂白的人造纤维布	12	0	0	0	0	0	0	6	0	2.4	2.4	0
55169200	与其他纤维混纺的染色人造纤维布	10	0	0	0	0	0	0	0	0	2	7.3	0
55169300	与其他纤维混纺的色织人造纤维布	10	0	0	0	0	0	0	0	0	2	2	0
55169400	与其他纤维混纺的印花人造纤维布	10	0	0	0	0	0	0	0	0	2	2	0

税则号列 Tariff Item	商品名称（简称） Article Description	最惠国税率（%） M. F. N.	协定税率（%）Conventional										
			巴基斯坦 Pakistan	智利 Chile	新加坡 Singapore	新西兰 New Zealand	秘鲁 Peru	哥斯达黎加 Costa Rica	瑞士 Switzerland	冰岛 Iceland	澳大利亚 Australia	韩国 Korea	格鲁吉亚 Georgia
56012100	棉制的絮胎及其他絮胎制品	10	5	0	0	0	0	0	0	0	2	2	0
56012210	化学纤维制的卷烟滤嘴	12	6	0	0	0	0	0	6	0			
56012290	化学纤维制的絮胎及其他絮胎制品	12		0	0	0	0	0	6	0	2.4	8.8	0
56012900	其他材料制絮胎及其他絮胎制品	10	5	0	0	0	0	0	0	0	2	2	0
56013000	纺织纤维屑、纤维粉末及球结	10	5	0	0	0	0	0	0	0	2	2	0
56021000	针刺机制毡呢及纤维缝编织物	10	5	0	0	0	0	0	0	0	2	2	0
56022100	未浸、涂的毛制其他毡呢	10	5	0	0	0	0	0	0	0	2	2	0
56022900	未浸、涂的其他纺织材料制其他毡呢	10	5	0	0	0	0	0	0	0	2	2	0
56029000	经浸、涂、包覆或层压的其他毡呢	10	5	0	0	0	0	0	0	0	2	2	0
56031110	每平方米重≤25 克经浸渍化纤长丝无纺织物	10	0	0	0	0	0	0	0	0	2	2	0
56031190	每平方米重≤25 克的其他化纤长丝无纺织物	10	0	0	0	0	0	0	0	0	2	6	0
56031210	25 克 <每平方米重≤70 克浸渍化纤长丝无纺织物	10	0	0	0	0	0	0	0	0	2	7.3	0
56031290	25 克 <每平方米重≤70 克其他化纤长丝无纺织物	10	0	0	0	0	0	0	0	0	2	2	0
56031310	70 克<每平方米重≤150 克浸渍化纤长丝无纺织物	10	0	0	0	0	0	0	0	0	2	2	0
56031390	70 克 <每平方米重≤150 克其他化纤长丝无纺织物	10	0	0	0	0	0	0	0	0	2	2	0
56031410	每平方米重>150 克经浸渍化纤长丝无纺织物	10	0	0	0	0	0	0	0	0	2	7.3	0
56031490	每平方米重>150 克的其他化纤长丝无纺织物	10	0	0	0	0	0	0	0	0	2	2	0
56039110	每平方米重≤25 克经浸渍其他无纺织物	10	0	0	0	0	0	0	0	0	2	6	0
56039190	每平方米重≤25 克的其他无纺织物	10	0	0	0	0	0	0	0	0	2	6	0
56039210	25 克 <每平方米重≤70 克浸渍其他无纺织物	10	0	0	0	0	0	0	0	0	2	6	0
56039290	25 克 <每平方米重≤70 克其他无纺织物	10	0	0		0	0	0	0	0	2	2	0
56039310	70 克 <每平方米重≤150 克浸渍其他无纺织物	10	0	0	0	0	0	0	0	0	2	6	0
56039390	70 克 <每平方米重≤150 克的其他无纺织物	10	0	0	0	0	0	0	0	0	2	2	0

税则号列 Tariff Item	商品名称（简称） Article Description	最惠国税率(%) M. F. N.	协定税率（%）Conventional										
			巴基斯坦 Pakistan	智利 Chile	新加坡 Singapore	新西兰 New Zealand	秘鲁 Peru	哥斯达黎加 Costa Rica	瑞士 Switzerland	冰岛 Iceland	澳大利亚 Australia	韩国 Korea	格鲁吉亚 Georgia
56039410	每平方米重＞150 克经浸渍其他无纺织物	10	0	0	0	0	0	0	0	0	2	2	0
56039490	每平方米重＞150 克的其他无纺织物	10	0	0	0	0	0	0	0	0	2	7.3	0
56041000	用纺织材料包覆的橡胶线及绳	5	0	0		0	0	0	0	0	0	1	0
56049000	用橡、塑浸渍涂布的其他纺织纱线	5	0	0		0	0	0	0	0	0	3	0
56050000	含金属纱线	5	0	0		0	0	0	0	0	0	0	0
56060000	绳绒线及粗松螺旋花线	5	0	0		0	0	0	0	0	0	0	0
56072100	剑麻或其他龙舌兰纤维制包扎用绳	5	0	0		0	0	0	0	0	0	0	0
56072900	剑麻或龙舌兰纤维制其他线绳、索、缆	5	0	0		0	0	0	0	0	0	0	0
56074100	聚乙烯或聚丙烯制包扎用绳	5	0	0		0	0	0	0	0	0	0	0
56074900	聚乙烯或聚丙烯制线、绳、索、缆	5	0	0		0	0	0	0	0	0	0	0
56075000	其他合纤制线、绳、索、缆	5	0	0		0	0	0	0	0	0	0	0
56079010	蕉麻或硬质纤维制线、绳、索、缆	5	0	0		0	0	0	0	0	0	0	0
56079090	其他纺织材料制线、绳、索、缆	5	0	0		0	0	0	0	0	0	0	0
56081100	化纤材料制成的渔网	10	5	0		0	1	0	0	0	2	2	0
56081900	化纤材料制成的其他网	12	6	0	0	0	0	0	6	0	2.4	2.4	0
56089000	其他纤维制成的渔网及其他网	10	5	0		0	0	0	0	0	2	2	0
56090000	用纱线、扁条、绳、索、缆制其他物品	10	5	0		0	0	0	0	0	2	2	0
57011000	羊毛结织栽绒地毯及其他铺地制品	14		0	0	0	0	0	7	0	2.8	8.4	0
57019010	化纤结织栽绒地毯及其他铺地制品	16	12.8	0	0	0	1.6	0	8	0	3.2	9.6	0
57019020	丝制结织栽绒地毯及铺地制品	14	7	0	0	0	0	0	7	0	2.8	8.4	0
57019090	其他材料结织栽绒地毯及铺地制品	14	7	0	0	0	0	0	7	0	2.8	8.4	0
57021000	“开来姆”等手织地毯	14	0	0	0	0	0	0	7	0	2.8	8.4	0
57022000	椰壳纤维制的铺地制品	14	0	0	0	0	0	0	7	0	2.8	8.4	0
57023100	未制成的毛制起绒地毯及铺地制品	10	0	0	0	0	0	0	5	0	2	2	0
57023200	未制成的化纤起绒地毯及铺地制品	16	0	0	0	0	1.6	0	8	0	3.2	9.6	0

税则号列 Tariff Item	商品名称（简称） Article Description	最惠国税率(%) M. F. N.	协定税率（%）Conventional										
			巴基斯坦 Pakistan	智利 Chile	新加坡 Singapore	新西兰 New Zealand	秘鲁 Peru	哥斯达黎加 Costa Rica	瑞士 Switzerland	冰岛 Iceland	澳大利亚 Australia	韩国 Korea	格鲁吉亚 Georgia
57023900	未制成其他纺织材料起绒铺地制品	14	0	0	0	0	0	0	7	0	2.8	8.4	0
57024100	制成的毛制起绒地毯及铺地制品	10	0	0	0	0	0	0	0	0	2	2	0
57024200	制成的化纤起绒地毯及铺地制品	10	0	0	0	0	0	0	0	0	2	2	0
57024900	制成的其他纺织材料起绒铺地制品	14	0	0	0	0	0	0	7	0	2.8	8.4	0
57025010	未制成毛制非起绒地毯及铺地制品	14	0	0	0	0	0	0	7	0	2.8	8.4	0
57025020	未制成化纤非起绒地毯及铺地制品	16	0	0	0	0	1.6	0	8	0	3.2	9.6	0
57025090	未制成其他纺织材料非起绒地毯及铺地制品	14	0	0	0	0	0	0	7	0	2.8	8.4	0
57029100	制成的毛制非起绒地毯及铺地制品	14	0	0	0	0	0	0	7	0	2.8	8.4	0
57029200	制成的化纤非起绒地毯及铺地制品	16	0	0	0	0	1.6	0	8	0	3.2	9.6	0
57029900	制成的其他纺织材料非起绒地毯及铺地制品	14	0	0	0	0	0	0	7	0	2.8	8.4	0
57031000	毛制簇绒地毯及其他簇绒铺地制品	14		0	0	0	0	0	7	0	2.8	8.4	0
57032000	尼龙簇绒地毯及其他簇绒铺地制品	10	5	0	0	0	0	0	0	0	2	8	0
57033000	化纤簇绒地毯及其他簇绒铺地制品	10		0	0	0	0	0	0	0	2	2	0
57039000	其他纺织材料簇绒地毯及其他簇绒铺地制品	14	11.2	0	0	0	0	0	7	0	2.8	8.4	0
57041000	小块毡呢地毯及其他毡呢铺地制品	14	7	0	0	0	0	0	7	0	2.8	8.4	0
57042000	中块毡呢地毯及其他毡呢铺地制品	10	5	0	0	0	0	0	0	0	2	2	0
57049000	大块毡呢地毯及其他毡呢铺地制品	10	5	0	0	0	0	0	0	0	2	2	0
57050010	毛制其他地毯及其他铺地制品	14	11.2	0	0	0	0	0	7	0	2.8	8.4	0
57050020	化纤制其他地毯及其他铺地制品	10	5	0	0	0	0	0	0	0	2	2	0
57050090	其他纺织材料制其他地毯及铺地制品	14	11.2	0	0	0	0	0	7	0	2.8	8.4	0
58011000	毛制起绒机织物及绳绒织物	10	0	0	0	0	0	0	0	0	2	2	0
58012100	不割绒的棉制纬起绒织物	12	0	0	0	0	0	0	6	0	2.4	2.4	0
58012200	割绒的棉制灯芯绒	10	0	0		0	0	0	0	0	2	2	0

税则号列 Tariff Item	商品名称（简称） Article Description	最惠国税率(%) M. F. N.	协定税率（%）Conventional										
			巴基斯坦 Pakistan	智利 Chile	新加坡 Singapore	新西兰 New Zealand	秘鲁 Peru	哥斯达黎加 Costa Rica	瑞士 Switzerland	冰岛 Iceland	澳大利亚 Australia	韩国 Korea	格鲁吉亚 Georgia
58012300	其他棉制纬起绒织物	10	0	0		0	0	0	0	0	2	6	0
58012600	棉制绳绒织物	10	0	0		0	0	0	0	0	2	2	0
58012710	棉制的不割绒的经起绒织物（棱纹绸）	10	0	0		0	0	0	0	0	2	2	0
58012720	棉制的割绒的经起绒织物	10	0	0		0	0	0	0	0	2	2	0
58013100	不割绒的化纤制纬起绒织物	10	0	0	0	0	0	0	0	0	2	7.3	0
58013200	割绒的化纤制灯芯绒	10	0	0	0	0	0	0	0	0	2	2	0
58013300	其他化纤纬起绒织物	10	0	0	0	0	0	0	0	0	2	2	0
58013600	化纤绳绒织物	10	0	0	0	0	0	0	0	0	2	2	0
58013710	化学纤维制的不割绒的经起绒织物（棱纹绸）	10	0	0	0	0	0	0	0	0	2	2	0
58013720	化学纤维制的割绒的经起绒织物	10	0	0	0	0	0	0	0	0	2	2	0
58019010	丝及绢丝制起绒机织物及绳绒织物	10	0	0	0	0	0	0	0	0	2	2	0
58019090	其他材料制起绒机织物及绳绒织物	10	0	0	0	0	0	0	0	0	2	2	0
58021100	未漂白棉毛巾织物及类似毛圈机织物	12	0	0	0	0	0	0	6	0	2.4	2.4	0
58021900	其他棉毛巾织物及类似毛圈机织物	10	0	0		0	0	0	0	0	2	2	0
58022010	丝及绢丝毛巾织物及类似毛圈机织物	12	0	0	0	0	0	0	6	0	2.4	2.4	0
58022020	羊毛等毛巾织物及类似毛圈机织物	12	0	0	0	0	0	0	6	0	2.4	2.4	0
58022030	化纤毛巾织物及类似毛圈机织物	14	0	0	0	0	0	0	7	0	2.8	8.4	0
58022090	其他纺织材料毛巾织物及类似毛圈织物	12	0	0	0	0	0	0	6	0	2.4	2.4	0
58023010	丝及绢丝制簇绒织物	10	0	0	0	0	0	0	0	0	2	2	0
58023020	羊毛或动物细毛制簇绒织物	10	0	0	0	0	0	0	0	0	2	2	0
58023030	棉或麻制簇绒织物	10	0	0		0	0	0	0	0	2	2	0
58023040	化学纤维制簇绒织物	10	0	0	0	0	1	0	0	0	2	2	0
58023090	其他纺织材料制簇绒织物	10	0	0	0	0	0	0	0	0	2	2	0
58030010	棉制纱罗	10	5	0		0	0	0	0	0	2	2	0
58030020	丝及绢丝制纱罗	10	5	0	0	0	0	0	0	0	2	2	0
58030030	化学纤维制纱罗	10	5	0	0	0	0	0	0	0	2	2	0
58030090	其他纺织材料制纱罗	10	5	0	0	0	0	0	0	0	2	2	0
58041010	丝及绢丝网眼薄纱及其他网眼织物	10	5	0	0	0	0	0	0	0	2	2	0
58041020	棉制网眼薄纱及其他网眼织物	10	5	0		0	0	0	6.2	0	2	2	0

税则号列 Tariff Item	商品名称（简称） Article Description	最惠国税率（%） M. F. N.	协定税率（%）Conventional										
			巴基斯坦 Pakistan	智利 Chile	新加坡 Singapore	新西兰 New Zealand	秘鲁 Peru	哥斯达黎加 Costa Rica	瑞士 Switzerland	冰岛 Iceland	澳大利亚 Australia	韩国 Korea	格鲁吉亚 Georgia
58041030	化纤制网眼薄纱及其他网眼织物	12	5	0	0	0	0	0	6	0	2.4	9.6	0
58041090	其他纺织材料网眼薄纱及其他网眼织物	10	5	0	0	0	0	0	0	0	2	2	0
58042100	化纤机制花边	10	5	0	0	0	0	0	0	0	2	2	0
58042910	丝及绢丝机制花边	10	5	0	0	0	0	0	0	0	2	2	0
58042920	棉机制花边	10	5	0		0	0	0	0	0	2	2	0
58042990	其他纺织材料制机制花边	10	5	0	0	0	0	0	0	0	2	2	0
58043000	手工制花边	10	5	0	0	0	0	0	0	0	2	2	0
58050010	手工针绣嵌花装饰毯	12	6	0	0	0	0	0	6	0	2.4	2.4	0
58050090	“哥白林”等手织装饰毯	12	6	0	0	0	0	0	6	0	2.4	2.4	0
58061010	棉或麻狭幅起绒机织物及绳绒织物	10	5	0		0	0	0	0	0	2	2	0
58061090	其他材料狭幅起绒织物及绳绒织物	10	5	0	0	0	0	0	0	0	2	2	0
58062000	含弹性纱线≥5%的狭幅织物	10	5	0	0	0	0	0	0	0	2	2	0
58063100	棉制其他狭幅机织物	10	5	0		0	0	0	0	0	2	2	0
58063200	化纤制其他狭幅机织物	10	5	0	0	0	0	0	0	0	2	2	0
58063910	丝及绢丝制其他狭幅机织物	10	5	0	0	0	0	0	0	0	2	2	0
58063920	毛制其他狭幅机织物	10	5	0	0	0	0	0	0	0	2	2	0
58063990	其他材料制其他狭幅机织物	10	5	0	0	0	0	0	0	0	2	2	0
58064010	棉或麻黏合有经纱无纬纱狭幅织物	10	5	0		0	0	0	0	0	2	2	0
58064090	其他材料黏合有经纱无纬纱狭幅织物	10	5	0	0	0	0	0	0	0	2	2	0
58071000	机织非绣制纺织材料标签、徽章等	10	8.5	0	0	0	1	0	0	0	2	2	0
58079000	非机织非绣制纺织材料标签徽章等	10	5	0	0	0	0	0	0	0	2	2	0
58081000	成匹的编带	10		0	0	0	0	0	0	0	2	2	0
58089000	非绣制成匹装饰带、流苏、绒球	10	5	0	0	0	0	0	0	0	2	2	0
58090010	与棉混制金属线布及含金属纱线布	10	5	0	0	0	0	0	0	0	2	2	0
58090020	与化纤混制金属线布及含金属纱布	10	5	0	0	0	0	0	0	0	2	2	0
58090090	其他金属线布及含金属纱线布	10	5	0	0	0	0	0	0	0	2	2	0
58101000	不见底布的刺绣品	10	5	0	0	0	0	0	0	0	2	2	0
58109100	棉制见底布的刺绣品	10		0	0	0	1	0	0	0	2	2	0

税则号列 Tariff Item	商品名称（简称） Article Description	最惠国税率(%) M. F. N.	协定税率（%）Conventional										
			巴基斯坦 Paki-stan	智利 Chile	新加坡 Singa-pore	新西兰 New Zealand	秘鲁 Peru	哥斯达黎加 Costa Rica	瑞士 Switze-rland	冰岛 Iceland	澳大利亚 Austr-alia	韩国 Korea	格鲁吉亚 Georgia
58109200	化学纤维制见底布刺绣品	10	5	0	0	0	0	0	0	0	2	7.3	0
58109900	其他纺织材料制见底布刺绣品	10	5	0	0	0	0	0	0	0	2	2	0
58110010	丝及绢丝制绗缝被褥状纺织品	10	0	0	0	0	0	0	0	0	2	2	0
58110020	羊毛或动物细毛制绗缝被褥状纺织品	10	0	0	0	0	0	0	0	0	2	2	0
58110030	棉制绗缝被褥状纺织品	10	0	0		0	0	0	0	0	2	2	0
58110040	化学纤维制绗缝被褥状纺织品	12	0	0	0	0	0	0	6	0	2.4	9.6	0
58110090	其他纺织材料制绗缝被褥状纺织品	10	0	0	0	0	0	0	0	0	2	2	0
59011010	用胶或淀粉涂布的棉或麻纺织物	10	5	0	0	0	0	0	0	0	2	6	0
59011020	用胶或淀粉涂布的化纤纺织物	10	5	0	0	0	0	0	0	0	2	2	0
59011090	用胶或淀粉涂布的其他纤维纺织物	10	5	0	0	0	0	0	0	0	2	2	0
59019010	制成的油画布	10	5	0		0	0	0	0	0	2	2	0
59019091	棉或麻制描图布、帽里硬衬布等	10	5	0		0	0	0	0	0	2	2	0
59019092	化纤制描图布、帽里硬衬布等	10	5	0		0	0	0	0	0	2	2	0
59019099	其他纺织纤维制描图布、帽里硬衬布等	10	5	0		0	0	0	0	0	2	2	0
59021010	聚酰胺－6（尼龙－6）制的帘子布	10	5	0	0	0	0	0	0	0	2	7.2	0
59021020	聚酰胺－6,6（尼龙－6,6）制的帘子布	10	5	0	0	0	0	0	0	0	2	7.2	0
59021090	其他尼龙等高强力纱制的帘子布	10	5	0	0	0	0	0	0	0	2	6	0
59022000	聚酯高强力纱制的帘子布	10	5	0	0	0	0	0	0	0	2	8	0
59029000	粘胶纤维高强力纱制帘子布	10	5	0		0	0	0	5	0	2	2	0
59031010	用聚氯乙烯浸、涂的绝缘布或带	10	5	0		0	0	0	0	0	2	2	0
59031020	用聚氯乙烯浸、涂的人造革	10	5	0	0	0	0	0	0	0	2	8	0
59031090	用聚氯乙烯浸、涂的其他纺织物	10	5	0	0	0	0	0	0	0	2	8	0
59032010	用聚氨基甲酸酯浸、涂的绝缘布或带	10	5	0		0	0	0	0	0	2	2	0
59032020	用聚氨基甲酸酯浸、涂的人造革	10	5	0	0	0	0	0	0	0	2	8	0

税则号列 Tariff Item	商品名称（简称） Article Description	最惠国税率(%) M. F. N.	协定税率（%）Conventional										
			巴基斯坦 Pakistan	智利 Chile	新加坡 Singapore	新西兰 New Zealand	秘鲁 Peru	哥斯达黎加 Costa Rica	瑞士 Switzerland	冰岛 Iceland	澳大利亚 Australia	韩国 Korea	格鲁吉亚 Georgia
59032090	用聚氨基甲酸酯浸、涂的其他纺织物	10	8.5	0	0	0	0	0	0	0	2	8	0
59039010	用其他塑料浸、涂的绝缘布或带	10	5	0		0	0	0	5	0	2	2	0
59039020	用其他塑料浸、涂的人造革	10	5	0	0	0	0	0	0	0	2	7.3	0
59039090	用其他塑料浸、涂的其他纺织物	10	8.5	0	0	0	0	0	0	0	2	8	0
59041000	列诺伦（亚麻油地毡）	14	11.2	0	0	0	0	0	7	0	2.8	8.4	0
59049000	以织物为底涂布的铺地品	14	7	0	0	0	0	0	7	0	2.8	8.4	0
59050000	糊墙织物	10	5	0	0	0	0	0	0	0	2	2	0
59061010	用橡胶处理宽≤20 厘米纺织绝缘胶粘带	10	5	0		0	0	0	0	0	2	2	0
59061090	用橡胶处理宽≤20 厘米其他纺丝胶粘带	10	5	0	0	0	0	0	0		2	2	0
59069100	用橡胶处理的针织或钩编的纺织物	10	5	0	0	0	0	0	0	0	2	2	0
59069910	用橡胶处理宽其他绝缘布或带	10	5	0		0	0	0	0	0	2	2	0
59069990	用橡胶处理的其他纺织物	10	5	0	0	0	0	0	0	0	2	2	0
59070010	用其他材料浸、涂的绝缘布或带	10	5	0		0	0	0	5	0	2	2	0
59070020	用其他材料浸、涂的已绘制画布	10	5	0		0	0	0	0	0	2	2	0
59070090	用其他材料浸、涂的其他纺织物	10	5	0	0	0	0	0	0	0	2	8	0
59080000	纺织材料制灯芯、炉芯等和煤气灯纱筒及纱罩	10	5	0		0	0	0	0	0	2	2	0
59090000	纺织材料制水龙软管及类似管子	8	5	0		0	0	0	0	0	1.6	1.6	0
59100000	纺织材料制的传动带或输送带及带料	8	5	0		0	0	0	0	0	1.6	1.6	0
59111010	包覆纺锤用浸胶的起绒狭幅织物	8	5	0		0	0	0	0	0	1.6	1.6	0
59111090	其他涂胶等针布及专门技术用途的纺织物起绒狭幅织物	8	5	0		0	0	0	0	0	1.6	1.6	0
59112000	筛布	8	5	0		0	0	0	0	0	1.6	1.6	0
59113100	造纸等机器用轻的环状或有连接装置的布或毡呢	8	5	0		0	0	0	0	0	1.6	1.6	0
59113200	造纸等机器用重的环状或有连接装置的布或毡呢	8	5	0		0	0	0	4	0	1.6	1.6	0
59114000	用于榨油机器或类似机器的滤布	8	5	0		0	0	0	0	0	1.6	1.6	6.4

税则号列 Tariff Item	商品名称（简称） Article Description	最惠国税率（%） M. F. N.	协定税率（%）Conventional 巴基斯坦 Paki-stan	智利 Chile	新加坡 Singa-pore	新西兰 New Zealand	秘鲁 Peru	哥斯达黎加 Costa Rica	瑞士 Switze-rland	冰岛 Iceland	澳大利亚 Austr-alia	韩国 Korea	格鲁吉亚 Georgia
59119000	其他专门技术用途纺织产品及制品	8	5	0		0	0	0	0	0	1.6		0
60011000	针织或钩编的长毛绒织物	10	0	0	0	0	0	0	0	0	2	7.3	0
60012100	棉制针织或钩编的毛圈绒头织物	10	0	0		0	0	0	0	0	2	2	0
60012200	化纤制针织或钩编毛圈绒头织物	10	0	0	0	0	0	0	0	0	2	2	0
60012900	其他材料制针织或钩编毛圈绒头布	12	0	0	0	0	0	0	6	0	2.4	2.4	0
60019100	棉制针织或钩编起绒织物	10	0	0		0	0	0	0	0	2	2	0
60019200	化纤制针织或钩编起绒织物	10	0	0	0	0	0	0	0	0	2	8	0
60019900	其他纤维制针织或钩编起绒织物	12	0	0	0	0	0	0	6	0	2.4	2.4	0
60024010	宽≤30厘米，弹性纱线≥5%棉针织、钩编织物	10	0	0		0	0	0	0	0	2	2	0
60024020	宽≤30厘米，弹性纱线≥5%丝及绢丝制针织、钩编织物	10	0	0	0	0	0	0	0	0	2	2	0
60024030	宽≤30厘米，弹性纱线≥5%合成纤维制针织、钩编织物	10	0	0	0	0	0	0	0	0	2	2	0
60024040	宽≤30厘米，弹性纱线≥5%人造纤维制针织、钩编织物	10	0	0	0	0	0	0	0	0	2	2	0
60024090	宽≤30厘米，弹性纱线≥5%其他纺织材料针织、钩编织物	10	0	0	0	0	0	0	0	0	2	2	0
60029010	宽≤30厘米含橡胶线的棉针织、钩编织物	10	0	0		0	0	0	0	0	2	2	0
60029020	宽≤30厘米含橡胶线的丝及绢丝制针织、钩编织物	10	0	0	0	0	0	0	0	0	2	2	0
60029030	宽≤30厘米含橡胶线的合成纤维制针织、钩编织物	10	0	0	0	0	0	0	0	0	2	7.3	0
60029040	宽≤30厘米含橡胶线的人造纤维制针织、钩编织物	10	0	0	0	0	0	0	0	0	2	2	0
60029090	宽≤30厘米含橡胶线的其他纺织材料针织、钩编织物	10	0	0	0	0	0	0	0	0	2	2	0

税则号列 Tariff Item	商品名称（简称） Article Description	最惠国税率（%） M. F. N.	协定税率（%）Conventional										
			巴基斯坦 Pakistan	智利 Chile	新加坡 Singapore	新西兰 New Zealand	秘鲁 Peru	哥斯达黎加 Costa Rica	瑞士 Switzerland	冰岛 Iceland	澳大利亚 Australia	韩国 Korea	格鲁吉亚 Georgia
60031000	宽≤30厘米羊毛或动物细毛制的针织、钩编织物	10	0	0	0	0	0	0	0	0	2	2	0
60032000	宽≤30厘米其他棉制的针织、钩编织物	10	0	0		0	0	0	0	0	2	2	0
60033000	宽≤30厘米合成纤维制的针织、钩编织物	10	0	0	0	0	0	0	0	0	2	2	0
60034000	宽≤30厘米人造纤维制的针织、钩编织物	10	0	0	0	0	0	0	0	0	2	2	0
60039000	宽≤30厘米其他针织、钩编织物	10	0	0	0	0	0	0	0	0	2	2	0
60041010	宽＞30厘米，弹性纱线≥5%棉针织、钩编织物	10	0	0	0	0	0	0	0	0	2	2	0
60041020	宽＞30厘米，弹性纱线≥5%丝及绢丝制针织、钩编织物	10	0	0	0	0	0	0	0	0	2	2	0
60041030	宽＞30厘米，弹性纱线≥5%合成纤维制针织、钩编织物	10	0	0	0	0	0	0	0	0	2	8	0
60041040	宽＞30厘米，弹性纱线≥5%人造纤维制针织、钩编织物	10	0	0	0	0	0	0	0	0	2	7.3	0
60041090	宽＞30厘米，弹性纱线≥5%其他纺织材料针织、钩编织物	10	0	0	0	0	0	0	0	0	2	2	0
60049010	宽＞30厘米含橡胶线的棉针织、钩编织物	10	0	0		0	0	0	0	0	2	2	0
60049020	宽＞30厘米含橡胶线的丝及绢丝制针织、钩编织物	10	0	0	0	0	0	0	0	0	2	2	0
60049030	宽＞30厘米含橡胶线的合成纤维制针织、钩编织物	10	0	0	0	0	0	0	0	0	2	8	0
60049040	宽＞30厘米含橡胶线的人造纤维制针织、钩编织物	10	0	0	0	0	0	0	0	0	2	2	0
60049090	宽＞30厘米含橡胶线的其他纺织材料针织、钩编织物	10	0	0	0	0	0	0	0	0	2	2	0
60052100	未漂白或漂白棉制的其他经编织物	10	0	0		0	0	0	0	0	2	2	0
60052200	染色棉制的其他经编织物	10	0	0		0	0	0	0	0	2	2	0
60052300	色织棉制的其他经编织物	10	0	0		0	0	0	0	0	2	2	0
60052400	印花棉制的其他经编织物	10	0	0		0	0	0	0	0	2	2	0

税则号列 Tariff Item	商品名称（简称） Article Description	最惠国税率(%) M. F. N.	协定税率（%）Conventional										
			巴基斯坦 Pakistan	智利 Chile	新加坡 Singapore	新西兰 New Zealand	秘鲁 Peru	哥斯达黎加 Costa Rica	瑞士 Switzerland	冰岛 Iceland	澳大利亚 Australia	韩国 Korea	格鲁吉亚 Georgia
60053500	第六十章子目注释一所列用于抗疟网的合成纤维制的经编织物	10	0	0	0	0	0	0	0	0	2	2	0
60053600	其他未漂白或漂白合成纤维制的经编织物(ex6005.3100)	10	0	0	0	0	0	0	0	0	2	2	0
60053700	其他染色合成纤维制的经编织物（ex6005.3200)	10	0	0	0	0	0	0	0	0	2	8	0
60053800	其他色织合成纤维制的其他经编织物(ex6005.3300)	10	0	0	0	0	0	0	0	0	2	2	0
60053900	其他印花合成纤维制的其他经编织物	10	0	0	0	0	0	0	0	0	2	2	0
60054100	未漂白或漂白人造纤维制的其他经编织物	10	0	0	0	0	0	0	0	0	2	2	0
60054200	染色人造纤维制的其他经编织物	10	0	0	0	0	0	0	0	0	2	2	0
60054300	色织人造纤维制的其他经编织物	10	0	0	0	0	0	0	0	0	2	2	0
60054400	印花人造纤维制的其他经编织物	10	0	0	0	0	0	0	0	0	2	2	0
60059010	羊毛或动物细毛制的其他经编织物	12	0	0	0	0	0	0	6	0	2.4	2.4	0
60059090	其他纺织材料经编织物	12	0	0	0	0	0	0	6	0	2.4	2.4	0
60061000	羊毛或动物细毛制的其他针织、钩编织物	12	0	0	0	0	0	0	6	0	2.4	2.4	0
60062100	未漂白或漂白棉制的其他针织、钩编织物	10	0	0		0	0	0	0	0	2	7.3	0
60062200	染色棉制的其他针织、钩编织物	10	0	0	0	0	0	0	0	0	2	2	0
60062300	色织棉制的其他针织、钩编织物	10	0	0	0	0	0	0	0	0	2	2	0
60062400	印花棉制的其他针织、钩编织物	10	0	0		0	0	0	0	0	2	2	0
60063100	未漂白或漂白合成纤维制的其他针织、钩编织物	10	0	0	0	0	0	0	0	0	2	2	0
60063200	染色合成纤维制的其他针织、钩编织物	10	0	0	0	0	0	0	0	0	2	8	0
60063300	色织合成纤维制的其他针织、钩编织物	10	0	0	0	0	0	0	0	0	2	8	0
60063400	印花合成纤维制的其他针织、钩编织物	10	0	0	0	0	0	0	0	0	2	8	0
60064100	未漂白或漂白人造纤维制的其他针织、钩编织物	10	0	0	0	0	0	0	0	0	2	2	0

税则号列 Tariff Item	商品名称（简称） Article Description	最惠国税率（%） M. F. N.	协定税率（%） Conventional										
			巴基斯坦 Pakistan	智利 Chile	新加坡 Singapore	新西兰 New Zealand	秘鲁 Peru	哥斯达黎加 Costa Rica	瑞士 Switzerland	冰岛 Iceland	澳大利亚 Australia	韩国 Korea	格鲁吉亚 Georgia
60064200	染色人造纤维制的其他针织、钩编织物	10	0	0	0	0	0	0	0	0	2	7.3	0
60064300	色织人造纤维制的其他针织、钩编织物	10	0	0	0	0	0	0	0	0	2	2	0
60064400	印花人造纤维制的其他针织、钩编织物	10	0	0	0	0	0	0	0	0	2	2	0
60069000	未列名针织、钩编织物	12	0	0	0	0	0	0	6	0	2.4	2.4	0
61012000	棉制针织或钩编男式大衣、防风衣	17.5	14	0	0	0	1.8	0	8.8	0	3.5	10.5	0
61013000	化纤制针织或钩编男式大衣等	17.5	8.8	0	0	0	1.8	0	8.8	0	3.5	10.5	0
61019010	毛制针织或钩编男式大衣、防风衣	25	18	0	0	0	2.5	0	12.5	0	5	20	0
61019090	其他纺织材料制针织或钩编男式大衣、防风衣	17.5	8.8	0	0	0	1.8	0	8.8	0	3.5	10.5	0
61021000	毛制针织或钩编女式大衣、防风衣	25	18	0	0	0	2.5	0	12.5	0	5	20	0
61022000	棉制针织或钩编女式大衣、防风衣	17.5	14	0	0	0		0	8.8	0	3.5	10.5	0
61023000	化纤制针织或钩编女式大衣等	17.5	8.8	0	0	0	1.8	0	8.8	0	3.5	10.5	0
61029000	其他纺织材料制针织或钩编女式大衣、防风衣	20	10	0	0	0	2	0	10	0	4	14.6	0
61031010	毛制针织或钩编男式西服套装	25	18	0	0	0	2.5	0	12.5	0	5	20	0
61031020	合纤制针织或钩编男式西服套装	25	18	0	0	0	2.5	0	12.5	0	5	20	0
61031090	其他纺织材料制针织或钩编男式西服套装	17.5	8.8	0	0	0	1.8	0	8.8	0	3.5	10.5	0
61032200	棉制针织或钩编男式便服套装	20	14.8	0	0	0	2	0	10	0	4	14.6	0
61032300	合纤制针织或钩编男式便服套装	25	18	0	0	0	2.5	0	12.5	0	5	20	0
61032910	毛制针织或钩编男式便服套装	25	18	0	0	0	2.5	0	12.5	0	5	20	0
61032990	其他纺织材料制针织或钩编男式便服套装	25	18	0	0	0	2.5	0	12.5	0	5	20	0
61033100	毛制针织或钩编男式上衣	16	8	0	0	0	1.6	0	8	0	3.2	9.6	0
61033200	棉制针织或钩编男式上衣	16	8	0	0	0	1.6	0	8	0	3.2	9.6	0
61033300	合纤制针织或钩编男式上衣	19	9.5	0	0	0	1.9	0	9.5	0	3.8	11.4	0
61033900	其他纺织材料制针织或钩编男式上衣	16	8	0	0	0	1.6	0	8	0	3.2	9.6	0

税则号列 Tariff Item	商品名称（简称） Article Description	最惠国税率（%） M. F. N.	协定税率（%）Conventional										
			巴基斯坦 Pakistan	智利 Chile	新加坡 Singapore	新西兰 New Zealand	秘鲁 Peru	哥斯达黎加 Costa Rica	瑞士 Switzerland	冰岛 Iceland	澳大利亚 Australia	韩国 Korea	格鲁吉亚 Georgia
61034100	毛制针织或钩编男长裤、工装裤等	16	8	0	0	0	1.6	0	8	0	3.2	9.6	0
61034200	棉制针织或钩编男长裤、工装裤等	16	8	0	0	0	1.6	0	8	0	3.2	9.6	0
61034300	合纤制针织或钩编男长裤等	17.5	8.8	0	0	0	1.8	0	8.8	0	3.5	10.5	0
61034900	其他纺织材料制针织或钩编男长裤等	16	8	0	0	0	1.6	0	8	0	3.2	9.6	0
61041300	合纤制针织或钩编女西服套装	25	18	0	0	0	2.5	0	12.5	0	5	20	0
61041910	毛制针织或钩编女式西服套装	17.5	8.8	0	0	0	1.8	0	8.8	0	3.5	10.5	0
61041920	棉制针织或钩编女式西服套装	17.5	14	0	0	0	1.8	0	8.8	0	3.5	10.5	0
61041990	其他纺织材料制针织或钩编女式西服套装	17.5	8.8	0	0	0	1.8	0	8.8	0	3.5	10.5	0
61042200	棉制针织或钩编女式便服套装	17.5	14	0	0	0	1.8	0	8.8	0	3.5	10.5	0
61042300	合纤制针织或钩编女便服套装	25	18	0	0	0	2.5	0	12.5	0	5	20	0
61042910	毛制针织或钩编女式便服套装	17.5	8.8	0	0	0	1.8	0	8.8	0	3.5	10.5	0
61042990	其他纺织材料制针织或钩编女式便服套装	15	7.5	0	0	0	1.5	0	7.5	0	3	9	0
61043100	毛制针织女式上衣	16	8	0	0	0	1.6	0	8	0	3.2	9.6	0
61043200	棉制针织女式上衣	16	13.6	0	0	0	1.6	0	8	0	3.2	9.6	0
61043300	合纤制针织女上衣	19	9.5	0	0	0	1.9	0	9.5	0	3.8	11.4	0
61043900	其他纺织材料制针织女上衣	16	8	0	0	0	1.6	0	8	0	3.2	9.6	0
61044100	毛制针织或钩编连衣裙	16	8	0	0	0	1.6	0	8	0	3.2	9.6	0
61044200	棉制针织或钩编连衣裙	16	8	0	0	0	1.6	0	8	0	3.2	9.6	0
61044300	合纤制针织或钩编连衣裙	17.5	8.8	0	0	0	1.8	0	8.8	0	3.5	10.5	0
61044400	人纤制针织或钩编连衣裙	16	8	0	0	0	1.6	0	8	0	3.2	9.6	0
61044900	其他纺织材料制针织或钩编连衣裙	16	8	0	0	0	1.6	0	8	0	3.2	9.6	0
61045100	毛制针织或钩编裙子及裙裤	14	7	0	0	0	0	0	7	0	2.8	8.4	0
61045200	棉制针织裙子及裙裤	14	7	0	0	0	0	0	7	0	2.8	8.4	0
61045300	合纤制针织或钩编裙子及裙裤	16	8	0	0	0	1.6	0	8	0	3.2	9.6	0
61045900	其他纺织材料制针织或钩编裙子及裙裤	14	7	0	0	0	0	0	7	0	2.8	8.4	0
61046100	毛制针织或钩编女长裤、工装裤等	16	8	0	0	0	1.6	0	8	0	3.2	9.6	0

税则号列 Tariff Item	商品名称（简称） Article Description	最惠国税率（%） M. F. N.	协定税率（%）Conventional										
			巴基斯坦 Pakistan	智利 Chile	新加坡 Singapore	新西兰 New Zealand	秘鲁 Peru	哥斯达黎加 Costa Rica	瑞士 Switzerland	冰岛 Iceland	澳大利亚 Australia	韩国 Korea	格鲁吉亚 Georgia
61046200	棉制针织或钩编女长裤、工装裤等	16	8	0	0	0	1.6	0	8	0	3.2	9.6	0
61046300	合纤制针织或钩编女长裤等	17.5	8.8	0	0	0	1.8	0	8.8	0	3.5	10.5	0
61046900	其他纺织材料制针织或钩编女长裤等	16	8	0	0	0	1.6	0	8	0	3.2	9.6	0
61051000	棉制针织或钩编男衬衫	16	13.6	0	0	0		0	8	0	3.2	9.6	0
61052000	化纤制针织或钩编男衬衫	17.5	8.8	0	0	0	1.8	0	8.8	0	3.5	10.5	0
61059000	其他纺织材料制针织或钩编男衬衫	16	8	0	0	0	1.6	0	8	0	3.2	9.6	0
61061000	棉制针织或钩编女衬衫	16	8	0	0	0	1.6	0	8	0	3.2	9.6	0
61062000	化纤制针织或钩编女衬衫	17.5	8.8	0	0	0	1.8	0	8.8	0	3.5	10.5	0
61069000	其他纺织材料制针织或钩编女衬衫	16	8	0	0	0	1.6	0	8	0	3.2	9.6	0
61071100	棉制针织或钩编男内裤及三角裤	14	11.2	0	0	0	1.4	0	7	0	2.8	8.4	0
61071200	化纤制针织或钩编男内裤及三角裤	16	8	0	0	0	1.6	0	8	0	3.2	9.6	0
61071910	丝及绢丝制针织或钩编男内裤及三角裤	14	7	0	0	0	0	0	7	0	2.8	8.4	0
61071990	其他纺织材料制针织或钩编男内裤及三角裤	14	7	0	0	0	0	0	7	0	2.8	8.4	0
61072100	棉制针织或钩编男长睡衣及睡衣裤	14	11.2	0	0	0		0	7	0	2.8	8.4	0
61072200	化纤制针织或钩编男睡衣裤	16	8	0	0	0	1.6	0	8	0	3.2	9.6	0
61072910	丝及绢丝制针织或钩编男长睡衣及睡衣裤	14	7	0	0	0	0	0	7	0	2.8	8.4	0
61072990	其他纺织材料制针织或钩编男长睡衣及睡衣裤	14	7	0	0	0	0	0	7	0	2.8	8.4	0
61079100	棉制针织或钩编男浴衣、晨衣	14	7	0	0	0	0	0	7	0	2.8	8.4	0
61079910	化纤制针织或钩编男浴衣、晨衣	16	8	0	0	0	1.6	0	8	0	3.2	9.6	0
61079990	其他纺织材料制针织或钩编男浴衣、晨衣	14	7	0	0	0	0	0	7	0	2.8	8.4	0
61081100	化纤制针织或钩编长衬裙及衬裙	16	8	0	0	0	1.6	0	8	0	3.2	9.6	0
61081910	棉制针织或钩编女式长衬裙及衬裙	14	7	0	0	0	0	0	7	0	2.8	8.4	0
61081920	丝及绢丝制针织或钩编女式长衬裙及衬裙	14	7	0	0	0	0	0	7	0	2.8	8.4	0
61081990	其他纺织材料制针织或钩编女式长衬裙及衬裙	14	7	0	0	0	0	0	7	0	2.8	8.4	0

税则号列 Tariff Item	商品名称（简称） Article Description	最惠国税率（%） M. F. N.	协定税率（%） Conventional										
			巴基斯坦 Pakistan	智利 Chile	新加坡 Singapore	新西兰 New Zealand	秘鲁 Peru	哥斯达黎加 Costa Rica	瑞士 Switzerland	冰岛 Iceland	澳大利亚 Australia	韩国 Korea	格鲁吉亚 Georgia
61082100	棉制针织或钩编女三角裤及短衬裤	14	11.2	0	0	0	0	0	7	0	2.8	8.4	0
61082200	化纤制针织或钩编女三角裤及短衬裤	16	8	0	0	0	1.6	0	8	0	3.2	9.6	0
61082910	丝及绢丝制针织或钩编女三角裤及短衬裤	14	7	0	0	0	0	0	7	0	2.8	8.4	0
61082990	其他纺织材料制针织或钩编女三角裤及短衬裤	14	7	0	0	0	0	0	7	0	2.8	8.4	0
61083100	棉制针织或钩编女睡衣及睡衣裤	14	11.2	0	0	0	1.4	0	7	0	2.8	8.4	0
61083200	化纤制针织或钩编女睡衣及睡衣裤	16	8	0	0	0	1.6	0	8	0	3.2	9.6	0
61083910	丝及绢丝制针织或钩编女睡衣及睡衣裤	14	7	0	0	0	0	0	7	0	2.8	8.4	0
61083990	其他纺织材料制针织或钩编女睡衣及睡衣裤	14	7	0	0	0	0	0	7	0	2.8	8.4	0
61089100	棉制针织或钩编女浴衣、晨衣	14	11.2	0	0	0	1.4	0	7	0	2.8	8.4	0
61089200	化纤制针织或钩编女浴衣、晨衣	16	8	0	0	0	1.6	0	8	0	3.2	9.6	0
61089900	其他纺织材料制针织或钩编女浴衣、晨衣	14	7	0	0	0	0	0	7	0	2.8	8.4	0
61091000	棉制针织或钩编T恤衫、汗衫等	14	9.4	0	0	0	1.4	0	7	0	2.8	2.8	0
61099010	丝及绢丝制针织或钩编T恤衫、汗衫等	14	7	0	0	0	0	0	7	0	2.8	8.4	0
61099090	其他纺织材料制针织或钩编T恤衫、汗衫等	14	9.3	0	0	0	1.4	0	7	0	2.8	8.4	0
61101100	羊毛制针织或钩编套头衫等	14	0	0	0	0	1.4	0	7	0	2.8	2.8	0
61101200	克什米尔山羊细毛制针织或钩编套头衫等	14	0	0	0	0	0	0	7	0	2.8	8.4	0
61101910	其他山羊细毛制针织或钩编套头衫等	14	0	0	0	0	0	0	7	0	2.8	8.4	0
61101920	兔毛制针织或钩编套头衫等	14	0	0	0	0	0	0	7	0	2.8	8.4	0
61101990	其他毛制针织或钩编套头衫等	14	0	0	0	0	1.4	0	7	0	2.8	8.4	0
61102000	棉制针织或钩编套头衫等	14	0	0	0	0	1.4	0	7	0	2.8	8.4	0
61103000	化纤制针织或钩编套头衫等	16	0	0	0	0	1.6	0	8	0	3.2	11.7	0
61109010	丝及绢丝制针织或钩编套头衫等	14	0	0	0	0	0	0	7	0	2.8	8.4	0

税则号列 Tariff Item	商品名称（简称） Article Description	最惠国税率(%) M. F. N.	协定税率（%）Conventional										
			巴基斯坦 Pakistan	智利 Chile	新加坡 Singapore	新西兰 New Zealand	秘鲁 Peru	哥斯达黎加 Costa Rica	瑞士 Switzerland	冰岛 Iceland	澳大利亚 Australia	韩国 Korea	格鲁吉亚 Georgia
61109090	其他纺织材料制针织或钩编套头衫等	14	0	0	0	0	1.4	0	7	0	2.8	8.4	0
61112000	棉制针织或钩编婴儿服装及附件	14	11.2	0	0	0	0	0	7	0	2.8	8.4	0
61113000	合纤制针织婴儿服装及附件	16	8	0	0	0	1.6	0	8	0	3.2	9.6	0
61119010	毛制针织或钩编婴儿服装及附件	14	7	0	0	0	0	0	7	0	2.8	8.4	0
61119090	其他纺织材料制针织或钩编婴儿服装及附件	14	7	0	0	0	1.4	0	7	0	2.8	8.4	0
61121100	棉制针织或钩编运动服	16	8	0	0	0	1.6	0	8	0	3.2	9.6	0
61121200	合纤制针织或钩编运动服	17.5	8.8	0	0	0	1.8	0	8.8	0	3.5	10.5	0
61121900	其他纺织材料制针织或钩编运动服	16	8	0	0	0	1.6	0	8	0	3.2	9.6	0
61122010	棉制针织或钩编滑雪服	16	8	0	0	0	1.6	0	8	0	3.2	9.6	0
61122090	其他纺织材料制针织或钩编滑雪服	19	9.5	0	0	0	1.9	0	9.5	0	3.8	11.4	0
61123100	合纤制针织或钩编男式游泳服	17.5	8.8	0	0	0	1.8	0	8.8	0	3.5	10.5	0
61123900	其他纺织材料制针织或钩编男式游泳服	16	8	0	0	0	1.6	0	8	0	3.2	9.6	0
61124100	合纤制针织或钩编女式游泳服	17.5	8.8	0	0	0	1.8	0	8.8	0	3.5	10.5	0
61124900	其他纺织材料制针织或钩编女式游泳服	16	8	0	0	0	1.6	0	8	0	3.2	9.6	0
61130000	涂层经处理针织或钩编织物制服装	16	8	0	0	0	1.6	0	8	0	3.2	9.6	0
61142000	棉制针织或钩编的其他服装	16	12.8	0	0	0		0	8	0	3.2	9.6	0
61143000	化纤制针织或钩编的其他服装	17.5	14	0	0	0	1.8	0	8.8	0	3.5	10.5	0
61149010	毛制针织或钩编的其他服装	16	12.8	0	0	0	1.6	0	8	0	3.2	9.6	0
61149090	其他纺织材料制针织或钩编的其他服装	16	12.8	0	0	0	1.6	0	8	0	3.2	9.6	0
61151000	渐紧压袜类连裤袜	16	8	0	0	0	1.6	0	9.9	0	3.2	9.6	0
61152100	单丝<67分特合纤制连裤袜等	16	12.8	0	0	0	1.6	0	8	0	3.2	9.6	0
61152200	单丝≥67分特合纤制连裤袜等	16	8	0	0	0	1.6	0	8	0	3.2	9.6	0
61152910	棉制针织或钩编连裤袜及紧身裤袜	14	11.2	0	0	0	0	0	7	0	2.8	8.4	0
61152990	其他纺织材料制针织连裤袜及紧身裤袜	14	7	0	0	0	0	0	7	0	2.8	8.4	0

税则号列 Tariff Item	商品名称（简称） Article Description	最惠国税率（%） M. F. N.	协定税率（%）Conventional										
			巴基斯坦 Pakistan	智利 Chile	新加坡 Singapore	新西兰 New Zealand	秘鲁 Peru	哥斯达黎加 Costa Rica	瑞士 Switzerland	冰岛 Iceland	澳大利亚 Australia	韩国 Korea	格鲁吉亚 Georgia
61153000	单丝＜67 分特制针织或钩编女统袜	14	7	0	0	0	0	0	7	0	2.8	8.4	0
61159400	毛制针织或钩编短袜及其他袜类	14	11.2	0	0	0	0	0	7	0	2.8	8.4	0
61159500	棉制针织或钩编短袜及其他袜类	14	11.2	0	0	0	1.4	0	7	0	2.8	8.4	0
61159600	合纤制针织或钩编短袜及其他袜类	16	8	0	0	0	1.6	0	8	0	3.2	9.6	0
61159900	其他纺织材料制针织或钩编短袜及其他袜类	14	7	0	0	0	0	0	7	0	2.8	8.4	0
61161000	塑料或橡胶浸渍的针织或钩织手套	14		0	0	0	0	0	7	0	2.8	8.4	0
61169100	毛制其他针织或钩编手套	14	7	0	0	0	0	0	7	0	2.8	8.4	0
61169200	棉制其他针织或钩编手套	14		0	0	0	0	0	7	0	2.8	8.4	0
61169300	合纤制其他针织或钩编手套	16	8	0	0	0	1.6	0	8	0	3.2	9.6	0
61169900	其他纺织材料制针织或钩编手套	14	9.3	0	0	0	1.4	0	7	0	2.8	8.4	0
61171011	山羊绒制披巾、头巾、围巾、披纱、面纱及类似品	14	0	0	0	0	1.4	0	7	0	2.8	8.4	0
61171019	其他动物细毛制披巾、头巾、围巾、披纱、面纱及类似品	14	0	0	0	0	1.4	0	7	0	2.8	8.4	0
61171020	羊毛制披巾、头巾、围巾、披纱、面纱及类似品	14	0	0	0	0	1.4	0	7	0	2.8	8.4	0
61171090	其他制的披巾、头巾、围巾、披纱、面纱及类似品	14	0	0	0	0	1.4	0	7	0	2.8	8.4	0
61178010	针织或钩编领带及领结	14	0	0	0	0	0	0	7	0	2.8	8.4	0
61178090	针织或钩编其他衣着附件	14	0	0	0	0	1.4	0	7	0	2.8	8.4	0
61179000	其他针织或钩编衣着零件	14	0	0	0	0	0	0	7	0	2.8	8.4	0
62011100	毛制男式大衣、斗篷及类似品	16	8	0	0	0	1.6	0	8	0	3.2	9.6	0
62011210	棉制男式羽绒服	16	12.8	0	0	0	1.6	0	8	0	3.2	9.6	0
62011290	棉制男式大衣、斗篷及类似品	16	12.8	0	0	0	1.6	0	8	0	3.2	9.6	0
62011310	化纤制男式羽绒服	17.5	8.8	0	0	0	1.8	0	8.8	0	3.5	10.5	
62011390	化纤制男式大衣、斗篷及类似品	17.5	8.8	0	0	0	1.8	0	8.8	0	3.5	10.5	0
62011900	其他纺织材料制男式大衣、斗篷及类似品	16	8	0	0	0	1.6	0	8	0	3.2	9.6	0
62019100	毛制男式带风帽防寒短上衣、防风衣	16	8	0	0	0	1.6	0	8	0	3.2	9.6	0
62019210	棉制男式其他羽绒服	16	12.8	0	0	0	1.6	0	8	0	3.2	9.6	0

税则号列 Tariff Item	商品名称（简称） Article Description	最惠国税率（%） M. F. N.	协定税率（%）Conventional										
			巴基斯坦 Pakistan	智利 Chile	新加坡 Singapore	新西兰 New Zealand	秘鲁 Peru	哥斯达黎加 Costa Rica	瑞士 Switzerland	冰岛 Iceland	澳大利亚 Australia	韩国 Korea	格鲁吉亚 Georgia
62019290	棉制男式带风帽防寒短上衣、防风衣	16	12.8	0	0	0	1.6	0	8	0	3.2	9.6	0
62019310	化纤制男式其他羽绒服	17.5	8.8	0	0	0	1.8	0	8.8	0	3.5	10.5	0
62019390	化纤制男式防寒短上衣、防风衣	17.5	8.8	0	0	0	1.8	0	8.8	0	3.5	10.5	0
62019900	其他纺织材料制男式防寒短上衣、防风衣	16	8	0	0	0	1.6	0	8	0	3.2	9.6	0
62021100	毛制女式大衣、斗篷及类似品等	16	8	0	0	0	1.6	0	8	0	3.2	9.6	0
62021210	棉制女式羽绒服	16	12.8	0	0	0	1.6	0	8	0	3.2	9.6	0
62021290	棉制女式大衣、斗篷及类似品等	16	12.8	0	0	0	1.6	0	8	0	3.2	9.6	0
62021310	化纤制女式羽绒服	19	9.5	0	0	0	1.9	0	9.5	0	3.8	11.4	0
62021390	化纤制女式大衣、斗篷及类似品	19	9.5	0	0	0	1.9	0	9.5	0	3.8	11.4	0
62021900	其他纺织材料制女式大衣、斗篷及类似品	16	8	0	0	0	1.6	0	8	0	3.2	9.6	0
62029100	毛制女式带风帽防寒短上衣、防风衣	16	8	0	0	0	1.6	0	8	0	3.2	9.6	0
62029210	棉制女式其他羽绒服	16	12.8	0	0	0	1.6	0	8	0	3.2	9.6	
62029290	棉制女式带风帽防寒短上衣、防风衣	16	12.8	0	0	0	1.6	0	8	0	3.2	9.6	0
62029310	化纤制女式其他羽绒服	17.5	8.8	0	0	0	1.8	0	8.8	0	3.5	10.5	
62029390	化纤制女式防风衣等	17.5	8.8	0	0	0	1.8	0	8.8	0	3.5	10.5	0
62029900	其他纺织材料制防风衣、防风短上衣等	16	8	0	0	0	1.6	0	8	0	3.2	9.6	0
62031100	毛制男式西服套装	17.5	8.8	0	0	0	1.8	0	0	0	3.5	10.5	0
62031200	合纤制男式西服套装	17.5	8.8	0	0	0	1.8	0	8.8	0	3.5	10.5	0
62031910	丝及绢丝制男式西服套装	17.5	8.8	0	0	0	1.8	0	8.8	0	3.5	10.5	0
62031990	其他纺织材料制男式西服套装	17.5	8.8	0	0	0	1.8	0	10.8	0	3.5	10.5	0
62032200	棉制男式便服套装	17.5	14	0	0	0	1.8	0	8.8	0	3.5	10.5	0
62032300	合纤制男式便服套装	17.5	8.8	0	0	0	1.8	0	8.8	0	3.5	10.5	0
62032910	丝及绢丝制男式便服套装	17.5	8.8	0	0	0	1.8	0	8.8	0	3.5	10.5	0
62032920	毛制男式便服套装	17.5	8.8	0	0	0	1.8	0	8.8	0	3.5	10.5	0
62032990	其他纺织材料制男式便服套装	17.5	8.8	0	0	0	1.8	0	8.8	0	3.5	10.5	0
62033100	毛制男式上衣	16	8	0	0	0	1.6	0	8	0	3.2	9.6	0
62033200	棉制男式上衣	16	12.8	0	0	0	1.6	0	8	0	3.2	9.6	0
62033300	合纤制男式上衣	17.5	8.8	0	0	0	1.8	0	8.8	0	3.5	3.5	0
62033910	丝及绢丝制男式上衣	16	8	0	0	0	1.6	0	8	0	3.2	9.6	0
62033990	其他纺织材料制男式上衣	16	8	0	0	0	1.6	0	8	0	3.2	9.6	0
62034100	毛制男式长裤、工装裤等	16	8	0	0	0	1.6	0	0	0	3.2	9.6	0

税则号列 Tariff Item	商品名称（简称） Article Description	最惠国税率 (%) M. F. N.	协定税率（%）Conventional										
			巴基斯坦 Pakistan	智利 Chile	新加坡 Singapore	新西兰 New Zealand	秘鲁 Peru	哥斯达黎加 Costa Rica	瑞士 Switzerland	冰岛 Iceland	澳大利亚 Australia	韩国 Korea	格鲁吉亚 Georgia
62034210	棉制男式阿拉伯裤	16	8	0	0	0	1.6	0	8	0	3.2	9.6	0
62034290	棉制男式长裤、工装裤等	16	8	0	0	0	1.6	0	8	0	3.2	9.6	0
62034310	合成纤维制男式阿拉伯裤	17.5	8.8	0	0	0	1.8	0	8.8	0	3.5	10.5	0
62034390	合纤制男式长裤、工装裤等	17.5	8.8	0	0	0	1.8	0	8.8	0	3.5	10.5	0
62034910	其他纺织材料制男式阿拉伯裤	16	8	0	0	0	1.6	0	8	0	3.2	9.6	0
62034990	其他纺织材料制男童裤、工装裤	16	8	0	0	0	1.6	0	8	0	3.2	9.6	0
62041100	毛制女式西服套装	17.5	8.8	0	0	0	1.8	0	8.8	0	3.5	10.5	0
62041200	棉制女式西服套装	17.5	14	0	0	0	1.8	0	8.8	0	3.5	10.5	0
62041300	合纤制女式西服套装	17.5	8.8	0	0	0	1.8	0	8.8	0	3.5	10.5	0
62041910	丝及绢丝制女式西服套装	17.5	8.8	0	0	0	1.8	0	8.8	0	3.5	10.5	0
62041990	其他纺织材料制女式西服套装	17.5	8.8	0	0	0	1.8	0	8.8	0	3.5	10.5	0
62042100	毛制女式便服套装	17.5	8.8	0	0	0	1.8	0	8.8	0	3.5	10.5	0
62042200	棉制女式便服套装	17.5	14	0	0	0	1.8	0	8.8	0	3.5	10.5	0
62042300	合纤制女式便服套装	20	10	0	0	0	2	0	10	0	4	14.6	0
62042910	丝及绢丝制女式便服套装	20	10	0	0	0	2	0	10	0	4	14.6	0
62042990	其他纺织材料制女式便服套装	14	7	0	0	0	0	0	7	0	2.8	8.4	0
62043100	毛制女式上衣	16	8	0	0	0	1.6	0	8	0	3.2	9.6	0
62043200	棉制女式上衣	16	12.8	0	0	0	1.6	0	8	0	3.2	9.6	0
62043300	合纤制女式上衣	17.5	8.8	0	0	0	1.8	0	8.8	0	3.5	12.8	0
62043910	丝及绢丝制女式上衣	16	8	0	0	0	1.6	0	8	0	3.2	9.6	0
62043990	其他纺织材料制女式上衣	16	8	0	0	0	1.6	0	8	0	3.2	9.6	0
62044100	毛制连衣裙	16	8	0	0	0	1.6	0	8	0	3.2	9.6	0
62044200	棉制连衣裙	16	12.8	0	0	0	1.6	0	8	0	3.2	9.6	0
62044300	合纤制女式连衣裙	17.5	8.8	0	0	0	1.8	0	8.8	0	3.5	12.8	0
62044400	人纤制女式连衣裙	16	8	0	0	0	1.6	0	8	0	3.2	9.6	0
62044910	丝及绢丝制连衣裙	16	8	0	0	0	1.6	0	8	0	3.2	9.6	0
62044990	其他纺织材料制连衣裙	16	8	0	0	0	1.6	0	8	0	3.2	9.6	0
62045100	毛制裙子及裙裤	14	7	0	0	0	0	0	7	0	2.8	8.4	0
62045200	棉制裙子及裙裤	14	11.2	0	0	0	0	0	7	0	2.8	8.4	0
62045300	合纤制裙子及裙裤	16	8	0	0	0	1.6	0	8	0	3.2	9.6	0
62045910	丝及绢丝制裙子及裙裤	14	7	0	0	0	0	0	7	0	2.8	8.4	0
62045990	其他纺织材料制裙子及裙裤	14	7	0	0	0	1.4	0	7	0	2.8	8.4	0
62046100	毛制女式长裤、工装裤等	16	8	0	0	0	1.6	0	8	0	3.2	9.6	0
62046200	棉制女式长裤、工装裤等	16	12.8	0	0	0	1.6	0	8	0	3.2	3.2	0
62046300	合纤制女式长裤、工装裤等	17.5	8.8	0	0	0	1.8	0	8.8	0	3.5	10.5	0

税则号列 Tariff Item	商品名称（简称） Article Description	最惠国税率（%） M. F. N.	协定税率（%） Conventional										
			巴基斯坦 Pakistan	智利 Chile	新加坡 Singapore	新西兰 New Zealand	秘鲁 Peru	哥斯达黎加 Costa Rica	瑞士 Switzerland	冰岛 Iceland	澳大利亚 Australia	韩国 Korea	格鲁吉亚 Georgia
62046900	其他纺织材料制女式长裤、工装裤等	16	8	0	0	0	1.6	0	8	0	3.2	9.6	0
62052000	棉制男衬衫	16	8	0	0	0	1.6	0	8	0	3.2	9.6	0
62053000	化纤制男衬衫	16	8	0	0	0	1.6	0	8	0	3.2	9.6	0
62059010	丝及绢丝制男衬衫	16	8	0	0	0	1.6	0	8	0	3.2	9.6	0
62059020	毛制男衬衫	16	8	0	0	0	1.6	0	8	0	3.2	9.6	0
62059090	其他纺织材料制男衬衫	16	8	0	0	0	1.6	0	8	0	3.2	9.6	0
62061000	丝及绢丝制女式衬衫	16	8	0	0	0	1.6	0	8	0	3.2	9.6	0
62062000	毛制女衬衫	16	8	0	0	0	1.6	0	8	0	3.2	9.6	0
62063000	棉制女衬衫	16	8	0	0	0	1.6	0	8	0	3.2	9.6	0
62064000	化纤制女衬衫	17.5	8.8	0	0	0	1.8	0	8.8	0	3.5	10.5	0
62069000	其他纺织材料制女衬衫	16	8	0	0	0	1.6	0	8	0	3.2	9.6	0
62071100	棉制男式内裤及三角裤	14	7	0	0	0	1.4	0	7	0	2.8	8.4	0
62071910	丝制男式内裤及三角裤	14	7	0	0	0	0	0	7	0	2.8	8.4	0
62071920	化纤制男式内裤及三角裤	16	12.8	0	0	0	1.6	0	8	0	3.2	9.6	0
62071990	其他纺织材料制男式内裤及三角裤	14	7	0	0	0	0	0	7	0	2.8	8.4	0
62072100	棉制男式长睡衣及睡衣裤	14	11.2	0	0	0	0	0	7	0	2.8	8.4	0
62072200	化纤制男式长睡衣及睡衣裤	16	12.8	0	0	0	1.6	0	8	0	3.2	9.6	0
62072910	丝及绢丝制男式长睡衣及睡衣裤	14	7	0	0	0	0	0	7	0	2.8	8.4	0
62072990	其他纺织材料制男式长睡衣及睡衣裤	14	7	0	0	0	0	0	7	0	2.8	8.4	0
62079100	棉制男式浴衣、晨衣及类似品	14	11.2	0	0	0	0	0	7	0	2.8	8.4	0
62079910	丝及绢丝制男浴衣、晨衣及类似品	14	7	0	0	0	0	0	7	0	2.8	8.4	0
62079920	化纤制男浴衣、晨衣及类似品	16	12.8	0	0	0	1.6	0	8	0	3.2	9.6	0
62079990	其他纺织材料制男浴衣、晨衣及类似品	14	7	0	0	0	0	0	7	0	2.8	8.4	0
62081100	化纤制长衬裙及衬裙	16	12.8	0	0	0	1.6	0	8	0	3.2	9.6	0
62081910	丝及绢丝制长衬裙及衬裙	14	7	0	0	0	0	0	7	0	2.8	8.4	0
62081920	棉制长衬裙及衬裙	14	7	0	0	0	0	0	7	0	2.8	8.4	0
62081990	其他纺织材料制长衬裙及衬裙	14	7	0	0	0	0	0	7	0	2.8	8.4	0
62082100	棉制女式睡衣及睡衣裤	14	7	0	0	0	0	0	7	0	2.8	8.4	0
62082200	化纤制女式睡衣及睡衣裤	16	12.8	0	0	0	1.6	0	8	0	3.2	9.6	0
62082910	丝及绢丝制女式睡衣及睡衣裤	14	7	0	0	0	0	0	7	0	2.8	8.4	0
62082990	其他纺织材料制女式睡衣及睡衣裤	14	7	0	0	0	0	0	7	0	2.8	8.4	0

税则号列 Tariff Item	商品名称（简称） Article Description	最惠国税率（%） M. F. N.	协定税率（%）Conventional										
			巴基斯坦 Pakistan	智利 Chile	新加坡 Singapore	新西兰 New Zealand	秘鲁 Peru	哥斯达黎加 Costa Rica	瑞士 Switzerland	冰岛 Iceland	澳大利亚 Australia	韩国 Korea	格鲁吉亚 Georgia
62089100	棉制女式背心、内衣、浴衣及类似品	14	11.2	0	0	0	1.4	0	7	0	2.8	8.4	0
62089200	化纤制女式背心、内衣及类似品	16	12.8	0	0	0	1.6	0	8	0	3.2	9.6	0
62089910	丝制女式背心、内衣及类似品	14	7	0	0	0	0	0	7	0	2.8	8.4	0
62089990	其他纺织材料制女式背心、内衣及类似品	14	7	0	0	0	0	0	7	0	2.8	8.4	0
62092000	棉制婴儿服装及衣着附件	14	7	0	0	0	0	0	7	0	2.8	8.4	0
62093000	合纤制婴儿服装及衣着附件	16	12.8	0	0	0	1.6	0	8	0	3.2	9.6	0
62099010	毛制婴儿服装及衣着附件	14	7	0	0	0	0	0	7	0	2.8	8.4	0
62099090	其他纺织材料制婴儿服装及衣着附件	14	7	0	0	0	0	0	7	0	2.8	8.4	0
62101010	毛制毡呢或无纺织物服装	16	8	0	0	0	1.6	0	8	0	3.2	9.6	0
62101020	棉或麻制毡呢或无纺织物服装	16	12.8	0	0	0	1.6	0	8	0	3.2	9.6	0
62101030	化纤制毡呢或无纺织物服装	17.5	8.8	0	0	0	1.8	0	8.8	0	3.5	10.5	0
62101090	其他纺织材料制毡呢或无纺织物服装	16	12.8	0	0	0	1.6	0	8	0	3.2	9.6	0
62102000	用塑料、橡胶等处理的织物制男大衣等	16	8	0	0	0	1.6	0	8	0	3.2	9.6	0
62103000	用塑料、橡胶等处理的织物制女大衣等	16	8	0	0	0	1.6	0	8	0	3.2	9.6	0
62104000	用塑料、橡胶等处理的织物制的其他男式服装	16	8	0	0	0	1.6	0	8	0	3.2	9.6	0
62105000	用塑料、橡胶等处理的织物制的其他女式服装	16	8	0	0	0	1.6	0	8	0	3.2	9.6	0
62111100	男式游泳服	16	8	0	0	0	1.6	0	8	0	3.2	9.6	0
62111200	女式游泳服	16	8	0	0	0	1.6	0	8	0	3.2	9.6	0
62112010	棉制滑雪服	16	12.8	0	0	0	1.6	0	8	0	3.2	9.6	0
62112090	其他纺织材料制滑雪服	19	9.5	0	0	0	1.9	0	9.5	0	3.8	11.4	0
62113210	棉制男式阿拉伯袍	16	12.8	0	0	0	1.6	0	8	0	3.2	9.6	0
62113220	棉制男式运动服	16		0	0	0	1.6	0	8	0	3.2	9.6	0
62113290	棉制其他男式服装	16		0	0	0	1.6	0	8	0	3.2	9.6	0
62113310	化纤制男式阿拉伯袍	17.5	8.8	0	0	0	1.8	0	8.8	0	3.5	10.5	0
62113320	化纤制男式运动服	18	12.3	0	0	0	1.8	0	9	0	3.6	10.8	0
62113390	化纤制其他男式服装	17.5	12.3	0	0	0	1.8	0	8.8	0	3.5	10.5	0
62113910	丝及绢丝制男式运动服及其他服装	16	8	0	0	0	1.6	0	8	0	3.2	9.6	0
62113920	毛制男式运动服及其他服装	16	8	0	0	0	1.6	0	8	0	3.2	9.6	0

税则号列 Tariff Item	商品名称（简称） Article Description	最惠国税率（%） M. F. N.	协定税率（%）Conventional										
			巴基斯坦 Pakistan	智利 Chile	新加坡 Singapore	新西兰 New Zealand	秘鲁 Peru	哥斯达黎加 Costa Rica	瑞士 Switzerland	冰岛 Iceland	澳大利亚 Australia	韩国 Korea	格鲁吉亚 Georgia
62113990	其他纺织材料制男式运动服及其他服装	16	8	0	0	0	1.6	0	8	0	3.2	9.6	0
62114210	棉制女式运动服	16	12.8	0	0	0	1.6	0	8	0	3.2	9.6	0
62114290	棉制其他女式服装	16	12.8	0	0	0	1.6	0	8	0	3.2	9.6	0
62114310	化纤制女式运动服	17.5	8.8	0	0	0	1.8	0	8.8	0	3.5	10.5	0
62114390	化纤制其他女式服装	17.5	8.8	0	0	0	1.8	0	8.8	0	3.5	10.5	0
62114910	丝及绢丝制女式运动服及其他服装	16	8	0	0	0	1.6	0	8	0	3.2	9.6	0
62114990	其他纺织材料制女式运动服及其他服装	16	8	0	0	0	1.6	0	8	0	3.2	9.6	0
62121010	化纤制胸罩	16	12.8	0	0	0	1.6	0	8	0	3.2	9.6	0
62121090	其他纺织材料制胸罩	14	7	0	0	0	0	0	7	0	2.8	8.4	0
62122010	化纤制束腰带及腹带	16	12.8	0	0	0	1.6	0	8	0	3.2	9.6	0
62122090	其他纺织材料制束腰带及腹带	14	11.2	0	0	0	0	0	7	0	2.8	8.4	0
62123010	化纤制紧身胸衣	16	12.8	0	0	0	1.6	0	8	0	3.2	9.6	0
62123090	其他纺织材料制紧身胸衣	14	7	0	0	0	0	0	7	0	2.8	8.4	0
62129010	化纤制吊裤带、吊袜带等	16	12.8	0	0	0	1.6	0	8	0	3.2	9.6	0
62129090	其他纺织材料制吊裤带、吊袜带等	14	7	0	0	0	0	0	7	0	2.8	8.4	0
62132010	棉制刺绣手帕	14	7	0	0	0	0	0	7	0	2.8	8.4	0
62132090	其他棉制手帕	14	11.2	0	0	0	0	0	7	0	2.8	8.4	0
62139020	其他纺织材料制刺绣手帕	14	7	0	0	0	0	0	7	0	2.8	8.4	0
62139090	其他纺织材料制手帕	14	7	0	0	0	0	0	7	0	2.8	8.4	0
62141000	丝制披巾、头巾、围巾及类似品	14	11.2	0	0	0	0	0	7	0	2.8	8.4	0
62142010	羊毛制披巾、领巾、围巾、披纱、面纱及类似品	14	11.2	0	0	0	1.4	0	7	0	2.8	8.4	0
62142020	山羊绒制披巾、领巾、围巾、披纱、面纱及类似品	14	11.2	0	0	0	1.4	0	7	0	2.8	8.4	0
62142090	其他动物细毛制披巾、领巾、围巾、披纱、面纱及类似品	14	11.2	0	0	0	1.4	0	7	0	2.8	8.4	0
62143000	合纤制披巾、头巾及类似品	16	12.8	0	0	0	1.6	0	8	0	3.2	9.6	0
62144000	人纤制披巾、头巾及类似品	14	11.2	0	0	0	0	0	7	0	2.8	8.4	0
62149000	其他纺织材料制披巾、头巾及类似品	14	11.2	0	0	0	0	0	7	0	2.8	8.4	0
62151000	丝及绢丝制领带及领结	14	11.2	0	0	0	0	0	7	0	2.8	8.4	0
62152000	化纤制领带及领结	16	12.8	0	0	0	1.6	0	8	0	3.2	9.6	0
62159000	其他纺织材料制领带及领结	14	7	0	0	0	0	0	7	0	2.8	8.4	0

税则号列 Tariff Item	商品名称（简称） Article Description	最惠国税率（%） M. F. N.	协定税率（%）Conventional										
			巴基斯坦 Pakistan	智利 Chile	新加坡 Singapore	新西兰 New Zealand	秘鲁 Peru	哥斯达黎加 Costa Rica	瑞士 Switzerland	冰岛 Iceland	澳大利亚 Australia	韩国 Korea	格鲁吉亚 Georgia
62160000	非针织非钩编手套	14		0	0	0	0	0	7	0	2.8	8.4	0
62171010	非针织非钩编袜子及袜套	14	7	0	0	0	0	0	7	0	2.8	8.4	0
62171020	非针织非钩编和服腰带	14	7	0	0	0	0	0	7	0	2.8	8.4	0
62171090	非针织非钩编服装或衣着附件	14	12.2	0	0	0	0	0	7	0	2.8	8.4	0
62179000	非针织非钩编服装或衣着零件	14	12.6	0	0	0	0	0	7	0	2.8	10.2	0
63011000	电暖毯	16	12.8	0	0	0	1.6	0	8	0	3.2	9.6	0
63012000	毛制毯子及旅行毯	16	12.8	0	0	0	1.6	0	8	0	3.2	9.6	0
63013000	棉制毯子及旅行毯	16	12.8	0	0	0	1.6	0	8	0	3.2	9.6	0
63014000	合纤制毯子及旅行毯	17.5	14	0	0	0	1.8	0	8.8	0	3.5	10.5	0
63019000	其他纺织材料制毯子及旅行毯	16	12.8	0	0	0	1.6	0	8	0	3.2	9.6	0
63021010	棉制针织或钩编的床上用织物制品	14	0	0	0	0	0	0	7	0	2.8	8.4	0
63021090	其他纺织材料制针织或钩编的床上用织物制品	14	0	0	0	0	0	0	7	0	2.8	8.4	0
63022110	棉制印花床单	14	0	0	0	0	0	0	8.7	0	2.8	8.4	0
63022190	棉制印花床上用织物制品	14	0	0	0	0	0	0	7	0	2.8	8.4	0
63022210	化纤制印花床单	16	0	0	0	0	1.6	0	8	0	3.2	9.6	0
63022290	化纤制印花床上用织物制品	16	0	0	0	0	1.6	0	8	0	3.2	9.6	0
63022910	丝及绢丝制印花床上用织物制品	14	0	0	0	0	0	0	7	0	2.8	8.4	0
63022920	麻制印花床上用织物制品	14	0	0	0	0	0	0	7	0	2.8	8.4	0
63022990	其他纺织材料制印花床上用织物制品	14	0	0	0	0	0	0	7	0	2.8	8.4	0
63023110	棉制刺绣其他床上用织物制品	14	0	0	0	0	0	0	7	0	2.8	8.4	0
63023191	棉制其他床单	14	0	0	0	0	0	0	7	0	2.8	8.4	0
63023192	棉制其他毛巾被	14	0	0	0	0	0	0	7	0	2.8	8.4	0
63023199	棉制其他床上用织物制品	14	0	0	0	0	0	0	7	0	2.8	8.4	0
63023210	化纤制刺绣其他床上用织物制品	16	0	0	0	0	1.6	0	8	0	3.2	9.6	0
63023290	化纤制其他床上用织物制品	16	0	0	0	0	1.6	0	8	0	3.2	9.6	0
63023910	丝及绢丝制其他床上用织物制品	14	0	0	0	0	0	0	7	0	2.8	8.4	0
63023921	麻制刺绣的其他床上用织物制品	14	0	0	0	0	0	0	7	0	2.8	8.4	0
63023929	麻制其他床上用织物制品	14	0	0	0	0	0	0	7	0	2.8	8.4	0
63023991	其他纺织材料制刺绣床上用织物制品	14	0	0	0	0	0	0	7	0	2.8	8.4	0

税则号列 Tariff Item	商品名称（简称） Article Description	最惠国税率（%） M. F. N.	协定税率（%）Conventional										
			巴基斯坦 Pakistan	智利 Chile	新加坡 Singapore	新西兰 New Zealand	秘鲁 Peru	哥斯达黎加 Costa Rica	瑞士 Switzerland	冰岛 Iceland	澳大利亚 Australia	韩国 Korea	格鲁吉亚 Georgia
63023999	其他纺织材料制其他床上用织物制品	14	0	0	0	0	0	0	7	0	2.8	8.4	0
63024010	手工针织或钩编的餐桌用织物制品	14	0	0	0	0	0	0	7	0	2.8	8.4	0
63024090	其他针织或钩编的餐桌用织物制品	14	0	0	0	0	0	0	7	0	2.8	8.4	0
63025110	棉制刺绣其他餐桌用织物制品	14	0	0	0	0	0	0	7	0	2.8	8.4	0
63025190	棉制其他餐桌用织物制品	14	0	0	0	0	0	0	7	0	2.8	8.4	0
63025310	化纤制刺绣其他餐桌织物制品	14	0	0	0	0	0	0	7	0	2.8	8.4	0
63025390	化纤制其他餐桌用织物制品	16	0	0	0	0	1.6	0	8	0	3.2	9.6	0
63025911	亚麻制刺绣其他餐桌用织物制品	14	0	0	0	0	0	0	7	0	2.8	8.4	0
63025919	亚麻制其他餐桌用织物制品	14	0	0	0	0	0	0	7	0	2.8	8.4	0
63025990	其他纺织材料制餐桌用织物制品	14	0	0	0	0	0	0	7	0	2.8	8.4	0
63026010	棉制浴巾	14	0	0	0	0	0	0	7	0	2.8	8.4	0
63026090	棉制盥洗及厨房用毛巾织物	14	0	0	0	0	0	0	7	0	2.8	8.4	0
63029100	棉制其他盥洗及厨房织物制品	14	0	0	0	0	0	0	7	0	2.8	8.4	0
63029300	化纤制其他盥洗及厨房织物制品	16	0	0	0	0	1.6	0	8	0	3.2	9.6	0
63029910	亚麻制其他盥洗及厨房织物制品	14	0	0	0	0	0	0	7	0	2.8	8.4	0
63029990	其他材料制其他盥洗及厨房织物	14	0	0	0	0	0	0	7	0	2.8	8.4	0
63031210	合纤制针织的窗帘等	16	0	0	0	0	1.6	0	8	0	3.2	9.6	0
63031220	合纤制钩编的窗帘等	16	0	0	0	0	1.6	0	8	0	3.2	9.6	0
63031931	棉制针织的窗帘等	14	0	0	0	0	0	0	7	0	2.8	8.4	0
63031932	棉制钩编的窗帘等	14	0	0	0	0	0	0	7	0	2.8	8.4	0
63031991	其他纺织材料制针织的窗帘等	14	0	0	0	0	0	0	7	0	2.8	8.4	0
63031992	其他纺织材料制钩编的窗帘等	14	0	0	0	0	0	0	7	0	2.8	8.4	0
63039100	棉制非针织非钩编窗帘等	14	0	0	0	0	0	0	7	0	2.8	8.4	0
63039200	合纤制非针织非钩编窗帘等	16	0	0	0	0	1.6	0	8	0	3.2	9.6	0
63039900	其他纺织材料制非针织非钩编窗帘等	14	0	0	0	0	0	0	7	0	2.8	8.4	0
63041121	手工针织床罩	14	7	0	0	0	0	0	7	0	2.8	8.4	0

税则号列 Tariff Item	商品名称（简称） Article Description	最惠国税率（%） M. F. N.	协定税率（%）Conventional										
			巴基斯坦 Pakistan	智利 Chile	新加坡 Singapore	新西兰 New Zealand	秘鲁 Peru	哥斯达黎加 Costa Rica	瑞士 Switzerland	冰岛 Iceland	澳大利亚 Australia	韩国 Korea	格鲁吉亚 Georgia
63041129	非手工针织床罩	14	7	0	0	0	0	0	7	0	2.8	8.4	0
63041131	手工钩编床罩	14	7	0	0	0	0	0	7	0	2.8	8.4	0
63041139	非手工钩编床罩	14	7	0	0	0	0	0	7	0	2.8	8.4	0
63041910	丝及绢丝制非针织非钩编床罩	14	7	0	0	0	0	0	7	0	2.8	8.4	0
63041921	棉或麻制非针织非钩编刺绣床罩	14	7	0	0	0	0	0	7	0	2.8	8.4	0
63041929	棉或麻制其他非针织非钩编床罩	14		0	0	0	0	0	7	0	2.8	8.4	0
63041931	化纤制非针织非钩编刺绣床罩	16	12.8	0	0	0	1.6	0	8	0	3.2	9.6	0
63041939	化纤制其他非针织非钩编床罩	16	12.8	0	0	0	1.6	0	8	0	3.2	9.6	0
63041991	其他纺织材料制非针织非钩编刺绣床罩	14	7	0	0	0	0	0	7	0	2.8	8.4	0
63041999	其他材料制其他非针织非钩编床罩	14	7	0	0	0	0	0	7	0	2.8	8.4	0
63042010	抗疟手工经编针织蚊帐	14	7	0	0	0	0	0	7	0	2.8	8.4	0
63042090	抗疟非手工精编针织蚊帐	14	7	0	0	0	0	0	7	0	2.8	8.4	0
63049121	手工针织的其他装饰制品	14	7	0	0	0	0	0	7	0	2.8	8.4	0
63049129	非手工针织的其他装饰制品	14	7	0	0	0	0	0	7	0	2.8	8.4	0
63049131	手工钩编的其他装饰制品	14	11.2	0	0	0	0	0	7	0	2.8	8.4	0
63049139	非手工钩编的其他装饰制品	14	7	0	0	0	0	0	7	0	2.8	8.4	0
63049210	棉制非针织非钩编的其他刺绣装饰制品	14	7	0	0	0	0	0	7	0	2.8	8.4	0
63049290	棉制非针织或钩编的其他装饰制品	14	11.2	0	0	0	0	0	7	0	2.8	8.4	0
63049310	合纤制非针织非钩编其他刺绣装饰制品	16	12.8	0	0	0	1.6	0	8	0	3.2	9.6	0
63049390	合纤制其他非针织非钩编装饰制品	16	12.8	0	0	0	1.6	0	8	0	3.2	9.6	0
63049910	丝制非针织非钩编的装饰制品	14	7	0	0	0	0	0	7	0	2.8	8.4	0
63049921	麻制非针织非钩编的其他刺绣装饰制品	14	7	0	0	0	0	0	7	0	2.8	8.4	0
63049929	麻制其他非针织非钩编的装饰制品	14	7	0	0	0	0	0	7	0	2.8	8.4	0
63049990	其他纺织材料制非针织非钩编装饰制品	14	7	0	0	0	0	0	7	0	2.8	8.4	0
63051000	黄麻或其他韧皮纤维制货物包装袋	10	5	0		0	0	0	0	0	2	2	0
63052000	棉制货物包装袋	16	12.8	0	0	0	1.6	0	8	0	3.2	9.6	0

税则号列 Tariff Item	商品名称（简称） Article Description	最惠国税率（%） M. F. N.	协定税率（%） Conventional										
			巴基斯坦 Pakistan	智利 Chile	新加坡 Singapore	新西兰 New Zealand	秘鲁 Peru	哥斯达黎加 Costa Rica	瑞士 Switzerland	冰岛 Iceland	澳大利亚 Australia	韩国 Korea	格鲁吉亚 Georgia
63053200	化纤制的散装货物储运软袋	16	12.8	0	0	0	1.6	0	8	0	3.2	9.6	0
63053300	聚乙烯或聚丙烯扁条制其他货物包装袋	16	8	0	0	0	1.6	0	8	0	3.2	9.6	0
63053900	其他化纤制货物包装袋	16	12.8	0	0	0	1.6	0	8	0	3.2	9.6	0
63059000	其他纺织材料制货物包装袋	14	11.2	0	0	0	0	0	7	0	2.8	8.4	0
63061200	合纤制油苫布、天篷及遮阳篷	16	0	0	0	0	1.6	0	8	0	3.2	9.6	0
63061910	麻制油苫布、天篷及遮阳篷	14	0	0	0	0	0	0	7	0	2.8	8.4	0
63061920	棉制油苫布、天篷及遮阳篷	14	0	0	0	0	0	0	7	0	2.8	8.4	0
63061990	其他纺织材料制油苫布、天篷及遮阳篷	14	0	0	0	0	0	0	7	0	2.8	8.4	0
63062200	合纤制帐篷	16	0	0	0	0	1.6	0	8	0	3.2	9.6	0
63062910	棉制帐篷	14	0	0	0	0	0	0	7	0	2.8	8.4	0
63062990	其他纺织材料制帐篷	14	0	0	0	0	0	0	7	0	2.8	8.4	0
63063010	合纤制风帆	16	0	0	0	0	1.6	0	8	0	3.2	9.6	0
63063090	其他纺织材料制风帆	14	0	0	0	0	0	0	7	0	2.8	8.4	0
63064010	棉制充气褥垫	14	0	0	0	0	0	0	7	0	2.8	8.4	0
63064020	化纤制充气褥垫	16	0	0	0	0	1.6	0	8	0	3.2	9.6	0
63064090	其他纺织材料制充气褥垫	14	0	0	0	0	0	0	7	0	2.8	8.4	0
63069010	棉制其他野营用品	14	0	0	0	0	0	0	7	0	2.8	8.4	0
63069020	麻制其他野营用品	14	0	0	0	0	0	0	7	0	2.8	8.4	0
63069030	化学纤维制其他野营用品	16	0	0	0	0	1.6	0	8	0	3.2	9.6	0
63069090	其他野营用品	14	0	0	0	0	0	0	7	0	2.8	8.4	0
63071000	擦地布、擦碗布等	14	7	0	0	0	0	0	7	0	2.8	8.4	0
63072000	救生衣及安全带	14	11.2	0	0	0	0	0	7	0	2.8	8.4	0
63079000	其他纺织材料制成品	14	11.2	0	0	0	0	0	7	0	2.8	10.2	0
63080000	零售包装成套物品	14	7	0	0	0	0	0	7	0	2.8	8.4	0
63090000	旧衣物	14	7	0	0	0	0	0	7	0	2.8	8.4	0
63101000	经分拣的纺织材料制碎织物等	14	11.2	0	0	0	0	0	7	0	2.8	8.4	0
63109000	纺织材料制其他碎织物等	14		0	0	0	0	0	7	0	2.8	8.4	0
64011010	橡胶制鞋面的装金属护头的塑料、橡胶制防水鞋靴	24	12	0	0	0	2.4	0	12	0	4.8	19.2	0
64011090	塑料制鞋面的装金属护头的塑料、橡胶制防水鞋靴	24	12	0	0	0	2.4	0	12	0	4.8	19.2	0
64019210	橡胶制鞋面的橡胶、塑料底及面的中、短统防水靴	24	12	0	0	0	2.4	0	12	0	4.8	19.2	0

税则号列 Tariff Item	商品名称（简称） Article Description	最惠国税率（%） M. F. N.	协定税率（%）Conventional										
			巴基斯坦 Pakistan	智利 Chile	新加坡 Singapore	新西兰 New Zealand	秘鲁 Peru	哥斯达黎加 Costa Rica	瑞士 Switzerland	冰岛 Iceland	澳大利亚 Australia	韩国 Korea	格鲁吉亚 Georgia
64019290	塑料制鞋面的橡胶、塑料底及面的中、短统防水靴	24	12	0	0	0	2.4	0	12	0	4.8	19.2	0
64019900	其他橡胶、塑料制外底及鞋面防水靴	24	12	0	0	0	2.4	0	12	0	4.8	19.2	0
64021200	橡胶、塑料底及面的滑雪靴	10	5	0		0	0	0	0	0	2	6	0
64021900	橡胶、塑料制底及面的其他运动靴	24	12	0	0	0	2.4	0	12	0	4.8	19.2	0
64022000	橡胶、塑料的将鞋面条带栓塞在鞋底上的鞋	24	12	0	0	0	2.4	0	12	0	4.8	19.2	0
64029100	其他橡胶、塑料短统靴（过踝）	24	12	0	0	0	2.4	0	12	0	4.8	19.2	0
64029910	橡胶制鞋面的其他橡胶、塑料鞋靴	24	12	0	0	0	2.4	0	12	0	4.8	19.2	0
64029921	以机织物或其他纺织材料作衬底的	24	12	0	0	0	2.4	0	12	0	4.8	19.2	0
64029929	塑料制鞋面的其他橡胶、塑料鞋靴	24	12	0	0	0	2.4	0	12	0	4.8	19.2	19.2
64031200	皮革制鞋面的滑雪靴	24		0	0	0	2.4	0	12	0	4.8	19.2	0
64031900	皮革制鞋面的其他运动鞋靴	15	12	0	0	0	1.5	0	7.5	0	3	9	0
64032000	皮革条带为鞋面的皮底鞋	24		0	0	0	2.4	0	12	0	4.8	19.2	0
64034000	装有金属护鞋头的其他皮革面鞋靴	24		0	0	0	2.4	0	12	0	4.8	19.2	0
64035111	低于小腿的内底长度＜24厘米的皮革制外底皮革面的短统靴（过踝）	10	5	0		0	0	0	0	0	2	6	0
64035119	低于小腿的内底长度≥24厘米的皮革制外底皮革面的短统靴（过踝）	10	5	0		0	0	0	0	0	2	6	0
64035191	其他内底长度＜24厘米的皮革制外底的皮革面短统靴（过踝）	10	5	0		0	0	0	0	0	2	6	0
64035199	其他内底长度≥24厘米的皮革制外底皮革面短统靴（过踝）	10	5	0		0	0	0	0	0	2	6	0
64035900	皮革制外底的皮革面其他鞋靴	10	5	0		0	1	0	5	0	2	6	0
64039111	其他低于小腿的内底长度＜24厘米的皮革面的短统靴（过踝）	10	5	0	0	0	0	0	5	0	2	6	0
64039119	其他低于小腿的内底长度≥24厘米的皮革面的短统靴（过踝）	10	5	0	0	0	0	0	0	0	2	6	0

税则号列 Tariff Item	商品名称（简称） Article Description	最惠国税率（%） M. F. N.	协定税率（%） Conventional										
			巴基斯坦 Pakistan	智利 Chile	新加坡 Singapore	新西兰 New Zealand	秘鲁 Peru	哥斯达黎加 Costa Rica	瑞士 Switzerland	冰岛 Iceland	澳大利亚 Australia	韩国 Korea	格鲁吉亚 Georgia
64039191	其他内底长度＜24 厘米的皮革面短统靴（过踝）	10	5	0	0	0	0	0	0	0	2	6	0
64039199	其他内底长度≥24 厘米的皮革面短统靴（过踝）	10	5	0	0	0	0	0	0	0	2	6	0
64039900	皮革制面的其他鞋靴	10	5	0	0	0	0	0	5	0	2	6	0
64041100	纺织材料制鞋面的运动鞋靴	24	12	0	0	0	2.4	0	12	0	4.8	19.2	0
64041910	橡胶或塑料制外底的拖鞋	24	12	0	0	0	2.4	0	12	0	4.8	19.2	0
64041990	纺织材料制鞋面胶底的其他鞋靴	24	12	0	0	0	2.4	0	12	0	4.8	19.2	0
64042010	皮革或再生皮革制外底的拖鞋	24	12	0	0	0	2.4	0	12	0	4.8	19.2	0
64042090	纺织材料制鞋面皮革底的其他鞋靴	24	12	0	0	0	2.4	0	12	0	4.8	19.2	0
64051010	橡胶、塑料、皮革及再生皮革制外底的皮革或再生皮革制面的其他鞋靴	24	12	0	0	0	2.4	0	12	0	4.8	19.2	0
64051090	其他材料制外底的皮革或再生皮革制面的其他鞋靴	24	12	0	0	0	2.4	0	12	0	4.8	19.2	0
64052000	纺织材料制面的其他鞋靴	22	11	0	0	0	2.2	0	11	0	4.4	17.6	0
64059010	橡胶、塑料、皮革及再生皮革制外底的其他材料制面的鞋靴	15	7.5	0	0	0	1.5	0	7.5	0	3	9	0
64059090	其他材料制外底的其他材料制面的鞋靴	15	7.5	0	0	0	1.5	0	7.5	0	3	9	0
64061000	鞋面及其零件，硬衬除外	15	7.5	0	0	0	1.5	0	7.5	0	3	12	0
64062010	橡胶制的外底及鞋跟	15	12	0	0	0	1.5	0	7.5	0	3	9	0
64062020	塑料制的外底及鞋跟	15	12	0	0	0	1.5	0	7.5	0	3	9	0
64069010	木制鞋靴零件，活动式鞋内底等	15	7.5	0	0	0	1.5	0	7.5	0	3	9	0
64069091	活动式鞋内底、跟垫及类似品	15	7.5	0	0	0	1.5	0	7.5	0	3	12	0
64069092	护腿、裹腿和类似品及其零件	15	7.5	0	0	0	1.5	0	7.5	0	3	12	0
64069099	其他鞋靴零件（包括鞋面，不论是否带有除外底以外的其他鞋底）；活动式鞋内底、跟垫及类似品；护腿、裹腿和类似品及其零件	15	7.5	0	0	0	1.5	0	7.5	0	3	12	0
65010000	毡呢制帽坯及圆帽片	22		0	0	0	2.2	0	11	0	4.4	17.6	0
65020000	编结或用条带拼制的帽坯	20		0	0	0	2	0	10	0	4	14.6	0
65040000	编结或用条带拼制成的帽类	20		0	0	0	2	0	10	0	4	14.6	0

税则号列 Tariff Item	商品名称（简称） Article Description	最惠国税率（%） M. F. N.	协定税率（%）Conventional										
			巴基斯坦 Pakistan	智利 Chile	新加坡 Singapore	新西兰 New Zealand	秘鲁 Peru	哥斯达黎加 Costa Rica	瑞士 Switzerland	冰岛 Iceland	澳大利亚 Australia	韩国 Korea	格鲁吉亚 Georgia
65050010	发网	10	5	0		0	0	0	0	0	2	6	0
65050020	钩编的帽类	20	19	0	0	0	2	0	10	0	4	14.6	0
65050091	成品毡呢帽类	22		0	0	0	2.2	0	11	0	4.4	17.6	0
65050099	针织或成匹织物制成的帽类	20	19	0	0	0	2	0	10	0	4	12	0
65061000	安全帽	10	5	0		0	0	0	0	0	2	6	0
65069100	橡胶或塑料制帽类	10	5	0		0	0	0	0	0	2	6	0
65069910	皮革制帽类	10	5	0		0	0	0	0	0	2	6	0
65069920	毛皮制帽类	10	5	0		0	0	0	0	0	2	6	0
65069990	其他材料制的未列名帽类	24		0	0	0	2.4	0	12	0	4.8	19.2	0
65070000	帽类附件	24		0	0	0	2.4	0	12	0	4.8	19.2	0
66011000	庭园用伞及类似品	14	7	0	0	0	0	0	7	0	2.8	8.4	0
66019100	折叠伞	10	5	0		0	0	0	0	0	2	6	0
66019900	其他伞	10	5	0		0	0	0	0	0	2	6	0
66020000	手杖、带座手杖、鞭子及类似品	10	5	0		0	0	0	0	0	2	6	0
66032000	伞骨	14	11.2	0	0	0	0	0	7	0	2.8	8.4	0
66039000	伞、手杖及鞭子的其他零件及饰品	14	11.2	0	0	0	0	0	7	0	2.8	8.4	0
67010000	已加工羽毛、羽绒及其制品	20		0	0	0	2	0	10	0	4	14.6	0
67021000	塑料制花、叶、果实及其制品	20		0	0	0	2	0	10	0	4	14.6	0
67029010	羽毛制花、叶、果实及其制品	20		0	0	0	2	0	10	0	4	14.6	0
67029020	丝或绢丝制花、叶、果实及其制品	24		0	0	0	2.4	0	12	0	4.8	19.2	0
67029030	化学纤维制花、叶、果实及其制品	24		0	0	0	2.4	0	12	0	4.8	19.2	0
67029090	其他材料制花、叶、果实及其制品	20		0	0	0	2	0	10	0	4	14.6	0
67030000	经梳理、稀疏等方法加工的人发及假发材料	20	18	0	0	0	2	0	10	0	4	12	0
67041100	合成纺织材料制整头假发	25		0	0	0	2.5	0	15.5	0	5	20	0
67041900	合成纺织材料制其他假发、须等	25		0	0	0	2.5	0	15.5	0	5	20	0
67042000	人发制假发、须、眉及类似品	15	12	0	0	0	1.5	0	7.5	0	3	9	0
67049000	其他材料制假发、须眉及类似品	25		0	0	0	2.5	0	15.5	0	5	20	0
68010000	长方砌石、路缘石、扁平石	12	6	0	0	0	0	0	6	0	2.4	7.2	0
68021010	大理石制砖、瓦、方块及类似品	24	0	0	0	0	0	0	12	0	4.8	19.2	0

税则号列 Tariff Item	商品名称（简称） Article Description	最惠国税率（%） M. F. N.	协定税率（%） Conventional										
			巴基斯坦 Pakistan	智利 Chile	新加坡 Singapore	新西兰 New Zealand	秘鲁 Peru	哥斯达黎加 Costa Rica	瑞士 Switzerland	冰岛 Iceland	澳大利亚 Australia	韩国 Korea	格鲁吉亚 Georgia
68021090	其他石料制砖瓦、方块及类似品	20	0	0	0	0	0	0	10	0	4	14.6	0
68022110	具有一个平面的大理石及制品	10	0	0		0	0	0	0	0	2	6	0
68022120	石灰华	24	0	0	0	0	0	0	12	0	4.8	19.2	0
68022190	具有一个平面石灰华及蜡石及制品	24	0	0	0	0	0	0	12	0	4.8	19.2	0
68022300	具有一个平面的花岗岩及制品	10	0	0		0	0	0	0	0	2	6	0
68022910	具有一个平面的其他石灰石及制品	24	0	0	0	0	2.4	0	12	0	4.8	19.2	0
68022990	具有一个平面的其他石及制品	15	0	0	0	0	1.5	0	7.5	0	3	9	0
68029110	大理石、石灰华及蜡石制石刻	24	0	0	0	0	0	0	12	0	4.8	19.2	0
68029190	其他大理石、石灰华及蜡石及制品	10	0	0		0	0	0	0	0	2	6	0
68029210	其他石灰石制石刻	24	0	0	0	0	2.4	0	12	0	4.8	19.2	0
68029290	其他加工形式石灰石制品	10	0	0		0	1	0	0	0	2	6	0
68029311	花岗岩制墓碑石	24	0	0	0	0	2.4	0	12	0	4.8	19.2	0
68029319	其他花岗岩制石刻	24	0	0	0	0	2.4	0	12	0	4.8	19.2	0
68029390	其他加工形式花岗岩制品	10	0	0		0	0	0	0	0	2	6	0
68029910	其他石制成的石刻	24	0	0	0	0	0	0	12	0	4.8	19.2	0
68029990	其他石及制品	24	0	0	0	0	0	0	12	0	4.8	19.2	0
68030010	板岩制品	20		0	0	0	2	0	10	0	4	14.6	0
68030090	已加工板岩及板岩或黏聚板岩制品	20		0	0	0	2	0	10	0	4	14.6	0
68041000	碾磨或磨浆用石磨、石碾	8	5	0		0	0	0	0	0	1.6	1.6	0
68042110	黏聚合成或天然金刚石制砂轮	8	5	0		0	0	0	4	0	1.6	4.8	0
68042190	金刚石制石磨、石碾及砂轮	8	5	0		0	0	0	4	0	1.6	4.8	0
68042210	其他砂轮	8	5	0		0	0	0	4	0	1.6	1.6	0
68042290	其他石磨、石碾及类似品	8	5	0		0	0	0	0	0	1.6	1.6	0
68042310	天然石料制的砂轮	8	5	0		0	0	0	0	0	1.6	1.6	0
68042390	天然石料制其他石磨、石碾等	8	5	0		0	0	0	0	0	1.6	4.8	0
68043010	手用琢磨油石	8	5	0		0	0	0	0	0	1.6	1.6	0
68043090	手用其他磨石及抛光石	8	5	0		0	0	0	0	0	1.6	4.8	0
68051000	砂布	8	5	0		0	0	0	4	0	1.6	5.8	0
68052000	砂纸	8	5	0		0	0	0	4	0	1.6	4.8	0
68053000	其他材料为底的天然或人造研磨料	8	5	0		0	0	0	0	0	1.6	4.8	0

税则号列 Tariff Item	商品名称（简称） Article Description	最惠国税率(%) M. F. N.	协定税率（%）Conventional										
			巴基斯坦 Pakistan	智利 Chile	新加坡 Singapore	新西兰 New Zealand	秘鲁 Peru	哥斯达黎加 Costa Rica	瑞士 Switzerland	冰岛 Iceland	澳大利亚 Australia	韩国 Korea	格鲁吉亚 Georgia
68061010	硅酸铝纤维及其制品	10.5	5	0	0	0	0	0	5.2	0	2.1	6.3	0
68061090	其他矿渣棉、岩石棉及类似的矿质棉（包括其相互混合物），块状、成片或成卷	10.5	5	0	0	0	0	0	5.2	0	2.1	6.3	0
68062000	页状硅石、膨胀黏土、泡沫矿渣	10.5	5	0	0	0	0	0	5.2	0	2.1	6.3	0
68069000	其他矿物材料的混合物及制品	10	5	0		0	0	0	0	0	2	7.3	0
68071000	成卷的沥青或类似原料的制品	12	6	0	0	0	0	0	6	0	2.4	7.2	0
68079000	其他形状的沥青或类似原料的制品	12	5	0	0	0	0	0	6	0	2.4	7.2	0
68080000	镶板、平板、瓦、砖及类似品	10.5	5	0	0	0	0	0	5.2	0	2.1	6.3	0
68091100	纸贴面未饰的石膏板、片、砖、瓦及类似品	28		0	0	0	2.8	0	14	0	5.6		0
68091900	以其他材料贴面加强的未饰石膏板	25		0	0	0	2.5	0		0	5	20	0
68099000	其他石膏制品	25		0	0	0	2.5	0		0	5	20	0
68101100	水泥制建筑用砖及石砌块	10.5	5	0	0	0	0	0	5.2	0	2.1	6.3	0
68101910	人造石制砖、瓦、扁平石及类似品	10.5	5	0	0	0	0	0	5.2	0	2.1	6.3	0
68101990	水泥制其他砖、瓦、扁平石	10.5	5	0	0	0	0	0	5.2	0	2.1	6.3	0
68109110	钢筋混凝土和预应力混凝土管、杆、板、桩等	10.5	5	0	0	0	0	0	5.2	0	2.1	6.3	0
68109190	其他水泥制建筑或土木工程用预制构件	10.5	5	0	0	0	0	0	5.2	0	2.1	6.3	0
68109910	铁道用水泥枕	8	5	0		0	0	0	0	0	1.6	1.6	0
68109990	水泥、混凝土或人造石制其他制品	10.5	5	0	0	0	0	0	5.2	0	2.1	6.3	0
68114010	含石棉的瓦楞板	5	0	0		0	0	0	0	0	0	1	0
68114020	含石棉的片、板、砖、瓦及类似品	10.5	5	0	0	0	0	0	5.2	0	2.1	6.3	0
68114030	含石棉的管子及管子配件	8	5	0		0	0	0	0	0	1.6	1.6	0
68114090	含石棉的其他制品	8.4	5	0		0	0	0	0	0	1.7	5	0
68118100	不含石棉的瓦楞板	5	0	0		0	0	0	0	0	0	1	0
68118200	不含石棉的片、板、砖、瓦及类似品	10.5	5	0	0	0	0	0	6.5	0	2.1	6.3	0
68118910	不含石棉的管子及管子配件	8	5	0		0	0	0	0	0	1.6	1.6	0
68118990	不含石棉的其他制品	8.4	5	0		0	0	0	0	0	1.7	1.6	0

税则号列 Tariff Item	商品名称（简称） Article Description	最惠国税率（%） M. F. N.	协定税率（%）Conventional										
			巴基斯坦 Pakistan	智利 Chile	新加坡 Singapore	新西兰 New Zealand	秘鲁 Peru	哥斯达黎加 Costa Rica	瑞士 Switzerland	冰岛 Iceland	澳大利亚 Australia	韩国 Korea	格鲁吉亚 Georgia
68128000	青石棉或青石棉混合物制品	10.5	5	0	0	0	0	0	5.2	0	2.1	6.3	0
68129100	其他石棉或石棉混合物制的服装	10.5	5	0	0	0	0	0	5.2	0	2.1	6.3	0
68129200	其他石棉或石棉混合物制的纸、麻丝板	10.5	5	0	0	0	0	0	5.2	0	2.1	6.3	0
68129300	其他成片成卷的压缩石棉纤维接合材料	10.5	5	0	0	0	0	0	5.2	0	2.1	6.3	0
68129900	其他石棉或石棉混合物制品	10	5	0		0	0	0	0	0	2	6	0
68132010	含石棉的闸衬、闸垫	10	5	0		0	0	0	0	0	2	6	0
68132090	含石棉的磨擦料及其他用于制动等用途制品	12	6	0	0	0	0	0	6	0	2.4	7.2	0
68138100	不含石棉的闸衬、闸垫	10	5	0		0	0	0	0	0	2	6	0
68138900	不含石棉的磨擦料及其他用于制动等用途制品	12	6	0	0	0	0	0	6	0	2.4	7.2	0
68141000	黏聚或复制云母制的板、片、带	10.5	5	0	0	0	0	0	0	0	2.1	6.3	0
68149000	其他已加工的云母及其制品	10.5	5	0	0	0	0	0	5.2	0	2.1	6.3	0
68151000	非电器用的石墨或其他碳精制品	15	12	0	0	0	1.5	0	7.5	0	3		0
68152000	泥煤制品	15	12	0	0	0	1.5	0	7.5	0	3	9	0
68159100	含菱镁矿、白云石或铬铁矿的制品	15	12	0	0	0	1.5	0	7.5	0	3	9	0
68159920	碳纤维	17.5		0	0	0	1.8	0	8.8	0	3.5		0
68159931	碳布	17.5		0	0	0	1.8	0	8.8	0	3.5		0
68159932	碳纤维预浸料	17.5		0	0	0	1.8	0	8.8	0	3.5		0
68159939	其他碳纤维制品	17.5		0	0	0	1.8	0	8.8	0	3.5		0
68159940	玄武岩纤维及其制品	17.5		0	0	0	1.8	0	8.8	0	3.5	10.5	0
68159990	其他未列名石制品及矿物制品	17.5		0	0	0	1.8	0	8.8	0	3.5	10.5	0
69010000	硅质化石粉或类似硅土制的砖、瓦	8	5	0		0	0	0	0	0	1.6	1.6	0
69021000	含>50%镁、钙、铬耐火砖及类似品	8	5	0		0	0	0	0	0	1.6	1.6	0
69022000	含>50%氧化铝、硅耐火砖及类似品	8	5	0		0	0	0	4	0	1.6	1.6	0
69029000	其他耐火砖及耐火陶瓷建材制品	8	5	0		0	0	0	0	0	1.6	4.8	0
69031000	含>50%石墨其他耐火陶瓷制品	8	5	0		0	0	0	0	0	1.6	4.8	0
69032000	含>50%氧化铝其他耐火陶瓷制品	8	5	0		0	0	0	0	0	1.6	1.6	0

税则号列 Tariff Item	商品名称（简称） Article Description	最惠国税率（%） M. F. N.	协定税率（%） Conventional										
			巴基斯坦 Pakistan	智利 Chile	新加坡 Singapore	新西兰 New Zealand	秘鲁 Peru	哥斯达黎加 Costa Rica	瑞士 Switzerland	冰岛 Iceland	澳大利亚 Australia	韩国 Korea	格鲁吉亚 Georgia
69039000	其他耐火陶瓷制品	8	5	0		0	0	0	0	0	1.6	1.6	0
69041000	陶瓷制建筑用砖	15	12	0	0	0	1.5	0	7.5	0	3	9	0
69049000	陶瓷制铺地砖、支撑或填充用砖	24.5		0	0	0	2.4	0	12.3	0	4.9	19.6	0
69051000	陶瓷制屋顶瓦	24.5		0	0	0	2.4	0	12.3	0	4.9	19.6	0
69059000	其他建筑用陶瓷制品	24.5		0	0	0	2.4	0	12.3	0	4.9	19.6	0
69060000	陶瓷套管、导管、槽管及管子配件	15	12	0	0	0	1.5	0	7.5	0	3	9	0
69072110	小尺寸贴面砖、铺面砖，按重量计吸水率不超过0.5%，不论是否矩形，可置入边长小于7厘米的方格	17	5	0	0	0	0	0	6	0	2.4	7.2	0
69072190	大尺寸贴面砖、铺面砖，按重量计吸水率不超过0.5%，不论是否矩形，无法置入边长小于7厘米的方格	12	6	0	0	0	0	0	6	0	2.4	7.2	0
69072210	小尺寸贴面砖、铺面砖，按重量计吸水率超过0.5%但不超过10%，不论是否矩形，可置入边长小于7厘米的方格	17	5	0	0	0	0	0	6	0	2.4	7.2	0
69072290	大尺寸贴面砖、铺面砖，按重量计吸水率超过0.5%但不超过10%，不论是否矩形，无法置入边长小于7厘米的方格	12	6	0	0	0	0	0	6	0	2.4	7.2	0
69072310	小尺寸贴面砖、铺面砖，按重量计吸水率超过10%，不论是否矩形，可置入边长小于7厘米的方格	17	5	0	0	0	0	0	6	0	2.4	7.2	0
69072390	大尺寸贴面砖、铺面砖，按重量计吸水率超过10%，不论是否矩形，无法置入边长小于7厘米的方格	12	6	0	0	0	0	0	6	0	2.4	7.2	0
69073010	小尺寸镶嵌砖（马赛克）及其类似品，不论是否矩形，可置入边长小于7厘米的方格	17	5	0	0	0	0	0	6	0	2.4	7.2	0

税则号列 Tariff Item	商品名称（简称） Article Description	最惠国税率（%） M. F. N.	协定税率（%）Conventional										
			巴基斯坦 Pakistan	智利 Chile	新加坡 Singapore	新西兰 New Zealand	秘鲁 Peru	哥斯达黎加 Costa Rica	瑞士 Switzerland	冰岛 Iceland	澳大利亚 Australia	韩国 Korea	格鲁吉亚 Georgia
69073090	大尺寸镶嵌砖（马赛克）及其类似品，不论是否矩形，无法置入边长小于7厘米的方格	12	6	0	0	0	0	0	6	0	2.4	7.2	0
69074010	小尺寸饰面陶瓷，不论是否矩形，可置入边长小于7厘米的方格	17	5	0	0	0	0	0	6	0	2.4	7.2	0
69074090	大尺寸饰面陶瓷，不论是否矩形，无法置入边长小于7厘米的方格	12	6	0	0	0	0	0	6	0	2.4	7.2	0
69091100	实验室、化学或其他技术用瓷器	8	5	0		0	0	0	0	0	1.6	1.6	0
69091200	莫氏硬度≥9的技术用陶瓷器	8	5	0		0	0	0	0	0	1.6	1.6	0
69091900	其他实验室、化学用陶瓷器	8	5	0		0	0	0	0	0	1.6	1.6	0
69099000	农业用、运输或盛装货物用陶瓷容器	21		0	0	0	2.1	0	10.5	0	4.2	16.8	0
69101000	瓷制脸盆、浴缸及类似卫生器具	10	5	0	0	0	0	0	0	0	2	6	0
69109000	陶制脸盆、浴缸及类似卫生器具	10	5	0	0	0	0	0	0	0	2	6	0
69111011	骨瓷餐具	12	5	0	0	0	0	0	6	0	2.4	7.2	0
69111019	其他餐具	12	5	0	0	0	0	0	6	0	2.4	7.2	0
69111021	刀具	15	7.5	0	0	0	1.5	0	7.5	0	3	9	0
69111029	其他厨房器具	15	7.5	0	0	0	1.5	0	7.5	0	3	9	0
69119000	其他家用或盥洗用瓷器	24.5	20	0	0	0	2.4	0	12.3	0	4.9	19.6	0
69120010	陶餐具	15	12	0	0	0	1.5	0	7.5	0	3	9	0
69120090	陶制厨房器具	15	12	0	0	0	1.5	0	7.5	0	3	9	0
69131000	瓷塑像及其他装饰用瓷制品	15	12	0	0	0	1.5	0	7.5	0	3	9	0
69139000	陶塑像及其他装饰用陶制品	15	12	0	0	0	1.5	0	7.5	0	3	9	0
69141000	其他瓷制品	24.5		0	0	0	2.4	0	12.3	0	4.9	19.6	0
69149000	其他陶制品	10	5	0	0	0	0	0	5	0	2	7.3	0
70010000	废碎玻璃及玻璃块料	12	6	0	0	0	0	0	6	0	2.4	7.2	0
70021000	未加工的玻璃球	12	6	0	0	0	0	0	6	0	2.4	7.2	0
70022010	光导纤维预制棒	6	5	0		0	0	0	0	0	1.2	1.2	0
70022090	其他未加工的玻璃棒	12	6	0	0	0	0	0	6	0	2.4	7.2	0
70023110	光导纤维用波导级石英玻璃管	5	0	0		0	0	0	0	0	0	1	0
70023190	熔融石英或熔融硅石制其他玻璃管	14	11.2	0	0	0	0	0	7	0	2.8	8.4	0

税则号列 Tariff Item	商品名称（简称） Article Description	最惠国税率（%） M. F. N.	协定税率（%） Conventional										
			巴基斯坦 Pakistan	智利 Chile	新加坡 Singapore	新西兰 New Zealand	秘鲁 Peru	哥斯达黎加 Costa Rica	瑞士 Switzerland	冰岛 Iceland	澳大利亚 Australia	韩国 Korea	格鲁吉亚 Georgia
70023200	其他未加工的玻璃管	12	6	0	0	0	0	0	6	0	2.4	7.2	0
70023900	未列名、未加工的玻璃管	12	6	0	0	0	0	0	6	0	2.4	7.2	0
70031200	铸、轧制着色的非夹丝玻璃板、片	15	12	0	0	0	1.5	0	7.5	0	3	9	0
70031900	铸、轧制的其他非夹丝玻璃板、片	17.5	14	0	0	0	1.8	0	8.8	0	3.5	10.5	0
70032000	铸、轧制的夹丝玻璃板、片	15	12	0	0	0	1.5	0	7.5	0	3	9	0
70033000	铸、轧制的玻璃型材及异型材	15	12	0	0	0	1.5	0	7.5	0	3	9	0
70042000	拉、吹制的着色玻璃板、片	17.5	14	0	0	0	1.8	0	8.8	0	3.5	10.5	0
70049000	拉、吹制的其他玻璃板、片	17.5	14	0	0	0	1.8	0	8.8	0	3.5	14	0
70051000	有吸收层非夹丝浮法或抛光玻璃板	15	12	0	0	0	1.5	0	7.5	0	3	9	0
70052100	其他着色非夹丝浮法玻璃板、片	15	12	0	0	0	1.5	0	7.5	0	3	9	0
70052900	其他非夹丝浮法玻璃板、片	15	12	0	0	0	1.5	0	7.5	0	3	9	0
70053000	夹丝浮法玻璃板、片	17.5	14	0	0	0	1.8	0	8.8	0	3.5	10.5	0
70060000	经其他加工税目 70.03～70.05 的玻璃	15	12	0	0	0	1.5	0	7.5	0	3	11	0
70071110	航空航天器及船舶用钢化安全玻璃	2	0	0		0	0	0	0	0	0	0	0
70071190	车辆用钢化安全玻璃	10	5	0		0	0	0	0	0	2	7.3	0
70071900	其他钢化安全玻璃	14	11.2	0	0	0	0	0	7	0	2.8	8.4	0
70072110	航空航天器及船舶用层压安全玻璃	2	0	0		0	0	0	0	0	0	0	0
70072190	车辆用层压安全玻璃	20		0	0	0	2	0	10	0	4	16	0
70072900	其他层压安全玻璃	14	11.2	0	0	0	0	0	7	0	2.8	8.4	0
70080010	中空或真空隔温、隔音玻璃	14	11.2	0	0	0	0	0	7	0	2.8	8.4	0
70080090	其他多层隔温、隔音玻璃组件	14	11.2	0	0	0	0	0	7	0	2.8	8.4	0
70091000	车辆后视镜	10	5	0	0	0	0	0	0	0	2	8	0
70099100	其他未镶框玻璃镜（包括后视镜）	21		0	0	0	2.1	0	10.5	0	4.2	16.8	0
70099200	其他镶框玻璃镜（包括后视镜）	12	5	0	0	0	0	0	6	0	2.4	7.2	0
70101000	玻璃安瓿	14	11.2	0	0	0	0	0	7	0	2.8	8.4	0
70102000	玻璃制的塞、盖及类似封口器	14	11.2	0	0	0	0	0	7	0	2.8	8.4	0

税则号列 Tariff Item	商品名称（简称） Article Description	最惠国税率（%） M. F. N.	协定税率（%）Conventional										
			巴基斯坦 Pakistan	智利 Chile	新加坡 Singapore	新西兰 New Zealand	秘鲁 Peru	哥斯达黎加 Costa Rica	瑞士 Switzerland	冰岛 Iceland	澳大利亚 Australia	韩国 Korea	格鲁吉亚 Georgia
70109010	装运货物或保藏用的玻璃大容器	14	11.2	0	0	0	0	0	7	0	2.8	8.4	0
70109020	装运货物或保藏用的玻璃中容器	14	11.2	0	0	0	0	0	7	0	2.8	8.4	0
70109030	装运货物或保藏用的玻璃小容器	14	11.2	0	0	0	0	0	7	0	2.8	8.4	0
70109090	装运货物或保藏用的玻璃特小容器	14	11.2	0	0	0	0	0	7	0	2.8	8.4	0
70111000	电灯用未封口玻璃外壳及玻璃零件	21		0	0	0	2.1	0	10.5	0	4.2	16.8	0
70112010	显象管玻壳及其零件	10	5	0		0	0	0	0	0	2	6	0
70112090	阴极射线管用玻壳及零件	10	5	0		0	0	0	0	0	2		0
70119010	电子管未封口玻璃外壳及玻璃零件	8	5	0		0	0	0	0	0	1.6	1.6	0
70119090	其他类似品用未封口玻璃外壳零件	21		0	0	0	2.1	0	10.5	0	4.2	16.8	0
70131000	玻璃陶瓷制玻璃器皿	24.5		0	0	0	2.4	0	12.3	0	4.9	19.6	0
70132200	铅晶质高脚杯	24.5		0	0	0	2.4	0	12.3	0	4.9	19.6	0
70132800	其他高脚杯	8	5	0	0	0	0	0	0	0	1.6	1.6	0
70133300	其他铅晶质玻璃杯	24.5		0	0	0	2.4	0	12.3	0	4.9	19.6	0
70133700	其他玻璃杯	8	5	0	0	0	0	0	0	0	1.6	1.6	0
70134100	铅晶质玻璃制餐桌、厨房用器皿	24.5		0	0	0	2.4	0	12.3	0	4.9	19.6	0
70134200	低膨胀系数玻璃制餐桌厨房用器皿	10	5	0	0	0	0	0	0	0	2	6	0
70134900	其他玻璃制餐桌、厨房用器皿	10	5	0	0	0	0	0	0	0	2	6	0
70139100	其他铅晶质玻璃器皿	10	5	0	0	0	0	0	0	0	2	6	0
70139900	其他玻璃器皿	10	5	0	0	0	0	0	0	0	2	6	0
70140010	光学仪器用光学元件毛坯	10	5	0	0	0	0	0	0	0	2	2	0
70140090	其他未经光学加工的信号玻璃器	17.5	14	0	0	0	1.8	0	8.8	0	3.5	10.5	0
70151010	视力矫正眼镜用变色镜片坯件	21		0	0	0	2.1	0	10.5	0	4.2	15.4	0
70151090	其他视力矫正眼镜用镜片坯件	17.5	14	0	0	0	1.8	0	8.8	0	3.5	10.5	0
70159010	钟表玻璃	17.5	14	0	0	0	1.8	0	8.8	0	3.5	10.5	0
70159020	平光变色镜片坯件	18	14.4	0	0	0	1.8	0	9	0	3.6	10.8	0
70159090	税目70.15的其他未经光学加工玻璃	12	6	0	0	0	0	0	7.4	0	2.4	7.2	0
70161000	供镶嵌或装饰用玻璃马赛克	22		0	0	0	2.2	0	11	0	4.4	17.6	0
70169010	花饰铅条窗玻璃及类似品	24		0	0	0	2.4	0	12	0	4.8	19.2	0

税则号列 Tariff Item	商品名称（简称） Article Description	最惠国税率(%) M. F. N.	协定税率（%）Conventional										
			巴基斯坦 Pakistan	智利 Chile	新加坡 Singapore	新西兰 New Zealand	秘鲁 Peru	哥斯达黎加 Costa Rica	瑞士 Switzerland	冰岛 Iceland	澳大利亚 Australia	韩国 Korea	格鲁吉亚 Georgia
70169090	建筑用压制或模制铺面玻璃块、砖	18		0	0	0	1.8	0	9	0	3.6	10.8	0
70172000	其他玻璃制实验室等用玻璃器	8	5	0		0	0	0	5	0	1.6	1.6	6.4
70179000	其他实验室、卫生及配药用玻璃器	8	5	0		0	0	0	0	0	1.6	4.8	0
70181000	玻璃珠、仿珍珠及类似小件玻璃品	10	5	0	0	0	0	0	0	0	2	2	0
70182000	直径≤1毫米的玻璃珠	20		0	0	0	2	0	10	0	4	14.6	0
70189000	玻璃假眼；灯工方法制的玻璃塑像及玻璃饰品	20		0	0	0	2	0	10	0	4	14.6	0
70191100	长度≤50毫米的短切玻璃纤维	12	6	0	0	0	0	0	6	0	2.4	7.2	0
70191200	玻璃纤维粗纱	12	6	0	0	0	0	0	6	0	2.4		0
70191900	玻璃纤维、梳条、纱线	10	5	0		0	0	0	0	0	2	6	0
70193100	玻璃纤维（包括玻璃棉）制的席	5	0	0		0	0	0	0	0	0	1	0
70193200	玻璃纤维（包括玻璃棉）制的薄片	14	11.2	0	0	0	0	0	7	0	2.8	8.4	0
70193910	垫	10.5	5	0	0	0	0	0	5.2	0	2.1	6.3	0
70193990	玻璃纤维（包括玻璃棉）及其制品	10.5	5	0	0	0	0	0	5.2	0	2.1	6.3	0
70194000	玻璃纤维粗纱机织物	12	6	0	0	0	0	0	6	0	2.4	7.2	0
70195100	宽度≤30毫米的玻璃纤维机织物	12	6	0	0	0	0	0	6	0	2.4	7.2	0
70195200	每平方米重≤250克的玻璃长丝平纹织物	12	6	0	0	0	0	0	6	0	2.4		0
70195900	其他玻璃纤维机织物	12	5	0	0	0	0	0	6	0	2.4	8.6	0
70199010	玻璃棉及其制品	7	5	0		0	0	0	0	0	1.4	5.1	0
70199021	每平方米重<450克的玻璃纤维布浸胶制品	7	5	0		0	0	0	0	0	1.4	5.1	0
70199029	其他玻璃纤维布浸胶制品	7	5	0		0	0	0	0	0	1.4	5.1	0
70199090	其他玻璃纤维及其制品	7	5	0		0	0	0	0	0	1.4	5.1	0
70200011	导电玻璃	10.5	5	0	0	0	0	0	5.2	0	2.1		0
70200012	绝缘子用玻璃伞盘	10.5	5	0	0	0	0	0	5.2	0	2.1	6.3	0
70200013	熔融石英或其他熔融硅石制	10.5	5	0	0	0	0	0	5.2	0	2.1	2.1	0
70200019	其他工业用玻璃制品	10.5	5	0	0	0	0	0	5.2	0	2.1	2.1	0
70200091	保温瓶或其他保温器用玻璃胆	21		0	0	0	2.1	0	10.5	0	4.2	15.4	0
70200099	其他非工业用玻璃制品	15	7.5	0	0	0	1.5	0	7.5	0	3	9	0
71011011	未分级的天然黑珍珠	21		0	0	0	2.1	0	10.5	0	4.2	15.4	0
71011019	其他未分级的天然珍珠	21		0	0	0	2.1	0	10.5	0	4.2	15.4	0

税则号列 Tariff Item	商品名称（简称） Article Description	最惠国税率（%） M. F. N.	协定税率（%） Conventional										
			巴基斯坦 Pakistan	智利 Chile	新加坡 Singapore	新西兰 New Zealand	秘鲁 Peru	哥斯达黎加 Costa Rica	瑞士 Switzerland	冰岛 Iceland	澳大利亚 Australia	韩国 Korea	格鲁吉亚 Georgia
71011091	其他天然黑珍珠	21		0	0	0	2.1	0	10.5	0	4.2	15.4	0
71011099	其他天然珍珠	21		0	0	0	2.1	0	10.5	0	4.2	15.4	0
71012110	未分级、未加工的养殖珍珠	21		0	0	0	2.1	0	10.5	0	4.2	15.4	0
71012190	其他未加工的养殖珍珠	21		0	0	0	2.1	0	10.5	0	4.2	15.4	0
71012210	未分级、已加工的养殖珍珠	21		0	0	0	2.1	0	10.5	0	4.2	16.8	0
71012290	其他已加工的养殖珍珠	21		0	0	0	2.1	0	10.5	0	4.2	16.8	0
71021000	未分级钻石	3	0	0		0	0	0	0	0	0	0	0
71023100	未加工或简单加工非工业用钻石	3	0	0		0	0	0	1.5	0	0	0	0
71023900	其他非工业用钻石	8	0	0		0	0	0	4	0	1.6	1.6	0
71031000	未加工宝石或半宝石	3	0	0		0	0	0	0	0	0	0.6	2.4
71039100	经其他加工的红宝石、蓝宝石、祖母绿	8	0	0		0	0	0	4	0	1.6	1.6	0
71039910	经其他加工的翡翠	8	0	0		0	0	0	0	0	1.6	1.6	0
71039920	水晶	8	0	0		0	0	0	4	0	1.6	4.8	0
71039930	碧玺	8	0	0		0	0	0	4	0	1.6	4.8	0
71039940	软玉	8	0	0		0	0	0	4	0	1.6	4.8	0
71039990	经其他加工的其他宝石或半宝石	8	0	0		0	0	0	4	0	1.6	4.8	0
71041000	压电石英	6	5	0		0	0	0	0	0	1.2		0
71049011	其他工业用合成或再造的钻石	6	5	0		0	0	0	0	0	1.2	1.2	0
71049012	工业用蓝宝石	6	5	0		0	0	0	0	0	1.2	1.2	0
71049019	其他工业用合成或再造的其他宝石或半宝石	6	5	0		0	0	0	0	0	1.2	3.6	0
71049091	其他非工业用合成钻石	8	5	0		0	0	0	0	0	1.6	1.6	0
71049099	其他非工业用合成其他宝石或半宝石	8	5	0		0	0	0	0	0	1.6	1.6	0
71070000	以贱金属为底的包银材料	10.5	5	0	0	0	0	0	5.2	0	2.1	6.3	0
71090000	以贱金属或银为底的包金材料	10.5	5	0	0	0	0	0	5.2	0	2.1	6.3	0
71101990	其他半制成铂	3	0	0		0	0	0	0	0	0	0	0
71102990	其他半制成钯	3	0	0		0	0	0	0	0	0	0	0
71103990	其他半制成铑	3	0	0		0	0	0	0	0	0	0	0
71104990	其他半制成铱、锇、钌	3	0	0		0	0	0	0	0	0	0	0
71110000	以贱金属、银或金为底的包铂材料	3	0	0		0	0	0	0	0	0	0	0
71123010	含银或银化合物的灰	8	5	0		0	0	0	0	0	1.6	1.6	0
71123090	其他含贵金属或贵金属化合物的灰	6	5	0		0	0	0	0	0	1.2	1.2	0

税则号列 Tariff Item	商品名称（简称） Article Description	最惠国税率(%) M. F. N.	协定税率（%）Conventional										
			巴基斯坦 Pakistan	智利 Chile	新加坡 Singapore	新西兰 New Zealand	秘鲁 Peru	哥斯达黎加 Costa Rica	瑞士 Switzerland	冰岛 Iceland	澳大利亚 Australia	韩国 Korea	格鲁吉亚 Georgia
71129120	其他含金或金化合物的废碎料	6	5	0		0	0	0	0	0	1.2	1.2	0
71129220	其他含铂或铂化合物的废碎料	6	5	0		0	0	0	0	0	1.2	0	0
71129910	含银及银化合物的废碎料	8	5	0		0	0	0	0	0	1.6	1.6	0
71129920	含有其他贵金属或贵金属化合物的废碎料	6	5	0		0	0	0	0	0	1.2	1.2	0
71131110	镶嵌钻石的银首饰及其零件	20	16	0	0	0	2	0	12.4	0	4	14.6	0
71131190	其他银首饰及其零件	20	16	0	0	0	2	0	0	0	4	14.6	0
71131911	镶嵌钻石的黄金制首饰及其零件	20	14	0	0	0	2	0	11.7	0	4	14.6	0
71131919	其他黄金制首饰及其零件	20	16	0	0	0	2	0	0	0	4	12	0
71131921	镶嵌钻石的铂制首饰及其零件	35	28	0	0	0	3.5	0		0	7		0
71131929	其他铂制首饰及其零件	35	28	0	0	0	3.5	0	0	0	7		0
71131991	镶嵌钻石的其他贵金属制首饰及其零件	35	28	0	0	0	3.5	0		0	7		0
71131999	其他贵金属制首饰及其零件	35	28	0	0	0	3.5	0	0	0	7		0
71132010	镶嵌钻石的以贱金属为底的包贵金属制首饰	35	30	0	0	0	3.5	0	21.7		7		0
71132090	其他以贱金属为底的包贵金属制首饰	35	30	0	0	0	3.5	0		0	7		0
71141100	银器及零件	35		0	0	0	0	0	0	0	7		0
71141900	其他贵金属制金银器及零件	35		0	0	0	3.5	0	20.4	0	7		0
71142000	以贱金属为底的包贵金属制金银器	35		0	0	0	3.5	0	21.7	0	7		0
71151000	金属丝布或格栅状的铂催化剂	3	0	0		0	0	0	0	0	0	0	0
71159010	工业或实验室用贵或包贵金属制品	3	0	0		0	0	0	0	0	0	0	0
71159090	其他用途的贵或包贵金属制品	35		0	0	0	3.5	0		0	7		0
71161000	天然或养殖珍珠制品	35		0	0	0	3.5	0	17.5	0	7		0
71162000	宝石或半宝石制品	35		0	0	0	3.5	0	0	0	7		0
71171100	贱金属制袖扣、饰扣	35		0	0	0	3.5	0	21.7	0	7		0
71171900	其他贱金属制仿首饰	17	13.6	0	0	0	1.7	0	8.5	0	3.4	10.2	0
71179000	未列名材料制仿首饰	35	30	0	0	0	3.5	0			7	25.2	0
72011000	非合金生铁，含磷量≤0.5%	1	0	0		0	0	0	0	0	0	0	0
72012000	非合金生铁，含磷量>0.5%	1	0	0		0	0	0	0	0	0	0	0

税则号列 Tariff Item	商品名称（简称） Article Description	最惠国税率（％） M. F. N.	协定税率（％）Conventional										
			巴基斯坦 Pakistan	智利 Chile	新加坡 Singapore	新西兰 New Zealand	秘鲁 Peru	哥斯达黎加 Costa Rica	瑞士 Switzerland	冰岛 Iceland	澳大利亚 Australia	韩国 Korea	格鲁吉亚 Georgia
72015000	合金生铁、镜铁	1	0	0		0	0	0	0	0	0	0	0
72021100	锰铁，含碳量＞2％	2	0	0		0	0	0	0	0	0	0	0
72021900	锰铁，含碳量≤2％	2	0	0		0	0	0	0	0	0	0	0
72022100	硅铁，含硅量＞55％	2	0	0		0	0	0	0	0	0	0	0
72022900	硅铁，含硅量≤55％	2	0	0		0	0	0	0	0	0	0	0
72023000	硅锰铁	2	0	0		0	0	0	0	0	0	0	0
72024100	铬铁，含碳量＞4％	2	0	0		0	0	0	0	0	0	0	0
72024900	铬铁，含碳量≤4％	2	0	0		0	0	0	0	0	0	0	0
72025000	硅铬铁	2	0	0		0	0	0	0	0	0	0	0
72026000	镍铁	2	0	0		0	0	0	0	0	0	0	0
72027000	钼铁	2	0	0		0	0	0	0	0	0	0	0
72028010	钨铁	2	0	0		0	0	0	0	0	0	0	0
72028020	硅钨铁	2	0	0		0	0	0	0	0	0	0	0
72029100	钛铁及硅钛铁	2	0	0		0	0	0	0	0	0	0	0
72029210	按重量计含钒量在75％及以上的钒铁	9	5	0		0	0	0	0	0	1.8	1.8	0
72029290	其他钒铁	9	5	0		0	0	0	0	0	1.8	1.8	0
72029300	铌铁	2	0	0		0	0	0	0	0	0	0	0
72029911	钕铁硼速凝永磁片	2	0	0		0	0	0	0	0	0	0	0
72029912	钕铁硼磁粉	2	0	0		0	0	0	0	0	0	0	0
72029919	其他钕铁硼合金	2	0	0		0	0	0	0	0	0	0	0
72029991	按重量计稀土元素总含量在10％以上的其他铁合金	2	0	0		0	0	0	0	0	0	0	0
72029999	其他铁合金	2	0	0		0	0	0	0	0	0	0	0
72031000	直接从铁矿还原的铁产品	2	0	0		0	0	0	0	0	0	0	0
72039000	其他海绵铁，产品纯度＞99.94％	2	0	0		0	0	0	0	0	0	0	0
72041000	铸铁废碎料	2	0	0		0	0	0	0	0	0	0	0
72043000	镀锡钢铁废碎料	2	0	0		0	0	0	0	0	0	0	0
72044100	机械加工中产生的废料	2	0	0		0	0	0	0	0	0	1.2	0
72051000	生铁、镜铁及钢铁颗粒	2	0	0		0	0	0	0	0	0	0	0
72052100	合金钢粉末	2	0	0		0	0	0	0	0	0	0	0
72052900	生铁、镜铁及其他钢铁粉末	2	0	0		0	0	0	0	0	0	1.2	0
72061000	铁及非合金钢锭	2	0	0		0	0	0	0	0	0	0	0
72069000	其他初级形状的铁及非合金钢	2	0	0		0	0	0	0	0	0	0	0
72071100	宽度＜厚度两倍的矩形截面钢坯，C＜0.25％	2	0	0		0	0	0	0	0	0	0	0
72071200	其他矩形截面钢坯，C＜0.25％	2	0	0		0	0	0	0	0	0	0	0

税则号列 Tariff Item	商品名称（简称） Article Description	最惠国税率（%） M. F. N.	协定税率（%）Conventional										
			巴基斯坦 Pakistan	智利 Chile	新加坡 Singapore	新西兰 New Zealand	秘鲁 Peru	哥斯达黎加 Costa Rica	瑞士 Switzerland	冰岛 Iceland	澳大利亚 Australia	韩国 Korea	格鲁吉亚 Georgia
72071900	其他含碳量＜0.25％的钢坯	2	0	0		0	0	0	0	0	0	1.4	0
72072000	含碳量≥0.25％的钢坯	2	0	0		0	0	0	0	0	0	0	0
72081000	轧压花纹的热轧卷材	5	0	0		0	0	0	0	0	0	3	0
72082500	厚度≥4.75毫米其他经酸洗的热轧卷材	5	0	0		0	0	0	0	0	0		0
72082610	屈服强度＞355牛顿/平方毫米，3毫米≤厚度＜4.75毫米其他经酸洗热轧卷材	5	0	0		0	0	0	0	0	0		0
72082690	其他3毫米≤厚度＜4.75毫米其他经酸洗热轧卷材	5	0	0		0	0	0	0	0	0		0
72082710	厚度＜1.5毫米的其他经酸洗的热轧卷材	5	0	0		0	0	0	0	0	0	3.6	0
72082790	其他厚度＜3毫米的其他经酸洗的热轧卷材	5	0	0		0	0	0	0	0	0		0
72083600	厚度＞10毫米的其他热轧卷材	6	5	0		0	0	0	0	0	1.2	3.6	0
72083700	4.75毫米≤厚度≤10毫米的其他热轧卷材	5	0	0		0	0	0	0	0	0	3	0
72083810	屈服强度＞355牛顿/平方毫米，3毫米≤厚度＜4.75毫米的其他卷材	5	0	0		0	0	0	0	0	0	3	0
72083890	其他3毫米≤厚度＜4.75毫米的其他卷材	5	0	0		0	0	0	0	0	0	3	0
72083910	厚度＜1.5毫米的其他热轧卷材	3	0	0		0	0	0	0	0	0	1.8	0
72083990	其他厚度＜3毫米的其他热轧卷材	3	0	0		0	0	0	0	0	0	1.8	0
72084000	轧有凸起花纹的热轧非卷材	6	5	0		0	0	0	0	0	1.2	3.6	0
72085110	厚度＞50毫米的其他热轧非卷材	6	5	0		0	0	0	0	0	1.2	4.4	0
72085120	20毫米＜厚度≤50毫米的其他热轧非卷材	6	5	0		0	0	0	0	0	1.2	4.4	0
72085190	其他厚度＞10毫米的其他热轧非卷材	6	5	0		0	0	0	0	0	1.2	3.6	0
72085200	4.75毫米≤厚度≤10毫米的热轧非卷材	6	5	0		0	0	0	0	0	1.2	3.6	0
72085310	屈服强度＞355牛顿/平方毫米，3毫米≤厚度＜4.75毫米的热轧非卷材	6	0	0		0	0	0	0	0	1.2	3.6	0
72085390	其他3毫米≤厚度＜4.75毫米的热轧非卷材	6	0	0		0	0	0	0	0	1.2	3.6	0

税则号列 Tariff Item	商品名称（简称） Article Description	最惠国税率（%） M. F. N.	协定税率（%）Conventional										
			巴基斯坦 Pakistan	智利 Chile	新加坡 Singapore	新西兰 New Zealand	秘鲁 Peru	哥斯达黎加 Costa Rica	瑞士 Switzerland	冰岛 Iceland	澳大利亚 Australia	韩国 Korea	格鲁吉亚 Georgia
72085410	厚度＜1.5毫米的热轧非卷材	6	0	0		0	0	0	0	0	1.2	1.2	0
72085490	其他厚度＜3毫米的热轧非卷材	6	0	0		0	0	0	0	0	1.2	4.4	0
72089000	其他热轧铁或非合金钢宽平板轧材	6	5	0		0	0	0	0	0	1.2		0
72091510	屈服强度＞355牛顿/平方毫米，厚度≥3毫米的冷轧卷材	6	5	0		0	0	0	0	0	1.2	3.6	0
72091590	其他厚度≥3毫米的冷轧卷材	6	5	0		0	0	0	0	0	1.2	3.6	0
72091610	屈服强度＞275牛顿/平方毫米，1毫米＜厚度＜3毫米的冷轧卷材	6	0	0		0	0	0	0	0	1.2	3.6	0
72091690	其他1毫米＜厚度＜3毫米的冷轧卷材	6	0	0		0	0	0	0	0	1.2	4.5	0
72091710	屈服强度＞275牛顿/平方毫米，0.5毫米≤厚度≤1毫米的冷轧卷材	3	0	0		0	0	0	0	0	0	2.2	0
72091790	其他0.5毫米≤厚度≤1毫米的冷轧卷材	3	0	0		0	0	0	0	0	0	1.8	0
72091810	厚度＜0.3毫米的冷轧卷材	6	0	0		0	0	0	0	0	1.2	4.5	0
72091890	其他厚度＜0.5毫米的冷轧卷材	6	0	0		0	0	0	0	0	1.2	4.5	0
72092500	厚度≥3毫米的冷轧非卷材	6	5	0		0	0	0	0	0	1.2	3.6	0
72092600	1毫米＜厚度＜3毫米的冷轧非卷材	6	5	0		0	0	0	0	0	1.2		0
72092700	0.5毫米≤厚度≤1毫米的冷轧非卷材	6	0	0		0	0	0	0	0	1.2	4.5	0
72092800	厚度＜0.5毫米的冷轧非卷材	0	5	0		0	0	0	0	0	1.2		0
72099000	其他冷轧铁或非合金钢宽平板轧材	6	0	0		0	0	0	0	0	1.2	3.6	0
72101100	镀锡的铁或非合金钢厚宽平板轧材	10	5	0	0	0	0	0	0	0	2	6	0
72101200	镀锡的铁或非合金钢薄宽平板轧材	5	0	0		0	0	0	0	0	0		0
72102000	镀铅的铁或非合金钢宽平板轧材	4	0	0		0	0	0	0	0	0	0.8	0
72103000	电镀锌的铁或非合金钢宽板材	8	5	0		0	0	0	0	0	1.6		0

税则号列 Tariff Item	商品名称（简称） Article Description	最惠国税率（%） M. F. N.	协定税率（%）Conventional										
			巴基斯坦 Pakistan	智利 Chile	新加坡 Singapore	新西兰 New Zealand	秘鲁 Peru	哥斯达黎加 Costa Rica	瑞士 Switzerland	冰岛 Iceland	澳大利亚 Australia	韩国 Korea	格鲁吉亚 Georgia
72104100	镀锌的瓦楞形铁或非合金钢宽板材	8	5	0		0	0	0	0	0	1.6	1.6	0
72104900	镀锌的其他形铁或非合金钢宽板材	4	0	0		0	0	0	0	0	0		0
72105000	镀氧化铬的铁或非合金钢宽板材	8	5	0		0	0	0	0	0	1.6	4.8	0
72106100	镀或涂铝锌合金的铁宽平板轧材	8	5	0		0	0	0	0	0	1.6		0
72106900	其他镀或涂铝的铁宽平板轧材	8	5	0		0	0	0	0	0	1.6		0
72107010	厚度小于1.5毫米涂漆或涂塑的宽度在600毫米及以上的铁或非合金钢平板轧材，经包覆、镀层或涂层	4	0	0		0	0	0	0	0	0	2.9	0
72107090	其他涂漆或涂塑的宽度在600毫米及以上的铁或非合金钢平板轧材，经包覆、镀层或涂层	4	0	0		0	0	0	0	0	0	2.9	0
72109000	涂镀其他材料铁或非合金钢宽板材	8	5	0		0	0	0	0	0	1.6	5.8	0
72111300	未轧花纹的四面轧制的热轧非卷材	6	5	0		0	0	0	0	0	1.2	3.6	0
72111400	厚度≥4.75毫米的其他热轧板材	6	5	0		0	0	0	0	0	1.2	3.6	0
72111900	其他热轧铁或非合金钢窄板材	6	5	0		0	0	0	0	0	1.2	4.4	0
72112300	冷轧含炭量＜0.25%的板材	6	5	0		0	0	0	0	0	1.2	4.4	0
72112900	冷轧其他铁或非合金钢窄板材	6	5	0		0	0	0	0	0	1.2	4.4	0
72119000	冷轧的铁或非合金钢其他窄板材	6	5	0		0	0	0	0	0	1.2	3.6	0
72121000	镀或涂锡的铁或非合金钢窄板材	5	0	0		0	0	0	0	0	0	3	0
72122000	电镀锌的铁或非合金钢窄板材	8	5	0		0	0	0	0	0	1.6	5.8	0
72123000	其他镀或涂锌的铁窄板材	8	5	0		0	0	0	0	0	1.6	4.8	0
72124000	涂漆或涂塑的铁或非合金钢窄板材	4	0	0		0	0	0	0	0	0	2.9	0
72125000	涂镀其他材料铁或非合金钢窄板材	8	5	0		0	0	0	0	0	1.6	5.8	0
72126000	经包覆的铁或非合金钢窄板材	8	5	0		0	0	0	0	0	1.6	4.8	0

税则号列 Tariff Item	商品名称（简称） Article Description	最惠国税率（%） M. F. N.	协定税率（%）Conventional										
			巴基斯坦 Pakistan	智利 Chile	新加坡 Singapore	新西兰 New Zealand	秘鲁 Peru	哥斯达黎加 Costa Rica	瑞士 Switzerland	冰岛 Iceland	澳大利亚 Australia	韩国 Korea	格鲁吉亚 Georgia
72131000	带有轧制花纹的热轧盘条	3	0	0		0	0	0	0	0	0	0.6	0
72132000	其他易切削钢制热轧盘条	3	0	0		0	0	0	0	0	0	2.2	0
72139100	直径＜14 毫米圆截面的其他热轧盘条	5	0	0		0	0	0	0	0	0	3	0
72139900	其他热轧盘条	5	0	0		0	0	0	0	0	0	3.6	0
72141000	锻造的铁或非合金钢条、杆	7	5	0		0	0	0	0	0	1.4	4.2	0
72142000	热加工带有轧制花纹的条、杆	3	0	0		0	0	0	0	0	0	0	0
72143000	热加工易切削钢的条、杆	7	5	0		0	0	0	0	0	1.4	4.2	0
72149100	热加工其他矩形截面的条、杆	3	0	0		0	0	0	0	0	0	0	0
72149900	热加工其他条、杆	3	0	0		0	0	0	0	0	0	0.6	0
72151000	冷加工其他易切削钢制条、杆	7	5	0		0	0	0	3.5	0	1.4	4.2	0
72155000	冷加工或冷成形的其他条、杆	7	5	0		0	0	0	0	0	1.4	5.1	0
72159000	铁及非合金钢的其他条、杆	3	0	0		0	0	0	0	0	0	0.6	0
72161010	截面高度＜80 毫米的 H 形钢	3	0	0		0	0	0	0	0	0	0	0
72161020	截面高度低于 80 毫米的工字钢	3	0	0		0	0	0	0	0	0	0	0
72161090	截面高度＜80 毫米的 U 形钢	3	0	0		0	0	0	0	0	0	0	0
72162100	热加工截面高度＜80 毫米的角钢	6	5	0		0	0	0	0	0	1.2	3.6	0
72162200	热加工截面高度＜80 毫米的丁字钢	6	5	0		0	0	0	0	0	1.2	1.2	0
72163100	热加工截面高度≥80 毫米的槽型钢	6	5	0		0	0	0	0	0	1.2	3.6	0
72163210	截面高度在 200 毫米以上的工字钢	6	5	0		0	0	0	0	0	1.2	3.6	0
72163290	热加工截面高度≥80 毫米的工字形钢	6	5	0		0	0	0	0	0	1.2	3.6	0
72163311	截面高度在 800 毫米以上的 H 形钢	6	5	0		0	0	0	0	0	1.2	1.2	0
72163319	截面高度≥200 毫米的 H 形钢	6	5	0		0	0	0	0	0	1.2	4.4	0
72163390	其他截面高度≥80 毫米的 H 形钢	6	5	0		0	0	0	0	0	1.2	3.6	0
72164010	热加工截面高度≥80 毫米的角钢	3	0	0		0	0	0	0	0	0	0	0

税则号列 Tariff Item	商品名称（简称） Article Description	最惠国税率(%) M. F. N.	协定税率（%）Conventional										
			巴基斯坦 Pakistan	智利 Chile	新加坡 Singapore	新西兰 New Zealand	秘鲁 Peru	哥斯达黎加 Costa Rica	瑞士 Switzerland	冰岛 Iceland	澳大利亚 Australia	韩国 Korea	格鲁吉亚 Georgia
72164020	热加工截面高度≥80毫米的丁字钢	3	0	0		0	0	0	0	0	0	0	0
72165010	热加工乙字钢	6	5	0		0	0	0	0	0	1.2	1.2	0
72165020	热加工球扁钢	3	0	0		0	0	0	0	0	0	0	0
72165090	热加工其他角材、型材及异型材	3	0	0		0	0	0	0	0	0	0.6	0
72166100	冷加工板材制的角材、型材及异型材	3	0	0		0	0	0	0	0	0	0	0
72166900	冷加工其他角材、型材及异型材	3	0	0		0	0	0	0	0	0	0.6	0
72169100	冷加工其他板材制角材、型材及异型材	3	0	0		0	0	0	0	0	0	0	0
72169900	其他角材、型材及异型材	3	0	0		0	0	0	0	0	0	0	0
72171000	未镀或涂层的铁或非合金钢丝	8	5	0		0	0	0	0	0	1.6		0
72172000	镀或涂锌的铁或非合金钢丝	8	5	0		0	0	0	0	0	1.6	4.8	0
72173010	镀或涂铜的铁丝和非合金钢丝	8	5	0		0	0	0	0	0	1.6	6.7	0
72173090	镀或涂其他贱金属的铁丝和非合金钢丝	8	5	0		0	0	0	0	0	1.6	5.8	0
72179000	其他铁丝或非合金钢丝	8	5	0		0	0	0	0	0	1.6	4.8	0
72181000	不锈钢锭及其他初级形状产品	2	0	0		0	0	0	0	0	0	0.4	0
72189100	矩形截面的不锈钢半制成品	2	0	0		0	0	0	0	0	0	0.4	0
72189900	其他不锈钢半制成品	2	0	0		0	0	0	0	0	0	0.4	0
72191100	厚度＞10毫米热轧不锈钢卷板	4	0	0		0	0	0	0	0	0	0.8	0
72191200	4.75毫米≤厚度≤10毫米热轧不锈钢卷板	4	0	0		0	0	0	0	0	0	2.4	0
72191312	按重量计含锰量在5.5%及以上的未经酸洗3毫米≤厚度＜4.75毫米铬锰系不锈钢	4	0	0		0	0	0	0	0	0	0.8	0
72191319	厚度在3毫米及以上，但小于4.75毫米的未径酸洗的其他不锈钢卷板	4	0	0		0	0	0	0	0	0	2.4	0
72191322	按重量计含锰量在5.5%及以上的经酸洗3毫米≤厚度＜4.75毫米铬锰系不锈钢	4	0	0		0	0	0	0	0	0	0.8	0

税则号列 Tariff Item	商品名称（简称） Article Description	最惠国税率(%) M. F. N.	协定税率（%） Conventional										
			巴基斯坦 Pakistan	智利 Chile	新加坡 Singapore	新西兰 New Zealand	秘鲁 Peru	哥斯达黎加 Costa Rica	瑞士 Switzerland	冰岛 Iceland	澳大利亚 Australia	韩国 Korea	格鲁吉亚 Georgia
72191329	厚度在3毫米及以上，但小于4.75毫米的经酸洗的其他不锈钢卷板	4	0	0		0	0	0	0	0	0	2.4	0
72191412	按重量计含锰量在5.5%及以上的未经酸洗厚度小于3毫米的铬锰系不锈钢	4	0	0		0	0	0	0	0	0	0	0
72191419	厚度在3毫米以下的未径酸洗的其他不锈钢卷板	4	0	0		0	0	0	0	0	0	0.8	0
72191422	按重量计含锰量在5.5%及以上的经酸洗厚度小于3毫米的铬锰系不锈钢	4	0	0		0	0	0	0	0	0	0	0
72191429	厚度在3毫米以下的经酸洗的其他不锈钢卷板	4	0	0		0	0	0	0	0	0	0.8	0
72192100	厚度＞10毫米热轧不锈钢平板	10	5	0	0	0	0	0	0	0	2	7.3	0
72192200	4.75毫米≤厚度≤10毫米热轧不锈钢平板	10	5	0	0	0	1	0	0	0	2	8	0
72192300	3毫米≤厚度＜4.75毫米热轧不锈钢平板	10	5	0	0	0	0	0	0	0	2	7.3	0
72192410	1毫米＜厚度＜3毫米热轧不锈钢平板	10	5	0	0	0	0	0	0	0	2	7.3	0
72192420	0.5毫米≤厚度≤1毫米热轧不锈钢平板	10	5	0	0	0	0	0	0	0	2	8	0
72192430	厚度＜0.5毫米热轧不锈钢平板	10	5	0	0	0	0	0	0	0	2	7.3	0
72193100	厚度≥4.75毫米冷轧不锈钢板	10	5	0	0	0	1	0	0	0	2	6	0
72193200	3毫米≤厚度＜4.75毫米冷轧不锈钢板材	10	5	0	0	0	1	0	0	0	2	6	0
72193310	1毫米＜厚度＜3毫米冷轧按重量计含锰量在5.5%及以上的铬锰系不锈钢板材	10	5	0	0	0	1	0	0	0	2	6	0
72193390	其他1毫米＜厚度＜3毫米冷轧不锈钢板材	10	5	0	0	0	1	0	0	0	2	7.3	0
72193400	0.5毫米≤厚度≤1毫米冷轧不锈钢板材	10	5	0	0	0	1	0	0	0	2	8	0
72193500	厚度＜0.5毫米冷轧不锈钢板材	10	5	0	0	0	1	0	0	0	2	8	0
72199000	其他不锈钢冷轧板材	10	5	0	0	0	0	0	0	0	2	6	0
72201100	热轧不锈钢带材厚度≥4.75毫米	10	5	0	0	0	0	0	0	0	2		0
72201200	热轧不锈钢带材厚度＜4.75毫米	10	5	0	0	0	0	0	0	0	2	6	0

税则号列 Tariff Item	商品名称（简称） Article Description	最惠国税率(%) M. F. N.	协定税率（%）Conventional										
			巴基斯坦 Pakistan	智利 Chile	新加坡 Singapore	新西兰 New Zealand	秘鲁 Peru	哥斯达黎加 Costa Rica	瑞士 Switzerland	冰岛 Iceland	澳大利亚 Australia	韩国 Korea	格鲁吉亚 Georgia
72202020	厚度在 0.35 毫米及以下的冷轧不锈钢带材	10	5	0	0	0	0	0	0	0	2	7.3	0
72202030	厚度在 0.35 毫米以上但小于 3 毫米的冷轧不锈钢带材	10	5	0	0	0	0	0	0	0	2	7.3	0
72202040	厚度在 3 毫米及以上的冷轧不锈钢带材	10	5	0	0	0	0	0	0	0	2	6	0
72209000	其他不锈钢带材	10	5	0	0	0	0	0	0	0	2	6	0
72210000	不锈钢热轧条、杆	10	5	0	0	0	0	0	0	0	2	8.4	0
72221100	热加工的圆形截面不锈钢条、杆	10	5	0	0	0	0	0	0	0	2	9.2	0
72221900	热加工其他截面形状不锈钢条、杆	10	5	0	0	0	0	0	0	0	2	9.2	0
72222000	冷成形或冷加工的不锈钢条、杆	10	5	0	0	0	0	0	0	0	2		0
72223000	其他不锈钢条、杆	10	5	0	0	0	0	0	0	0	2	9.2	0
72224000	不锈钢角材、型材及异型材	10	5	0	0	0	0	0	0	0	2		0
72230000	不锈钢丝	10	5	0	0	0	0	0	0	0	2		0
72241000	其他合金钢锭及其他初级形状	2	0	0		0	0	0	0	0	0	0	0
72249010	单重≥10 吨的粗铸锻件坯	2	0	0		0	0	0	0	0	0	0	0
72249090	其他合金钢坯	2	0	0		0	0	0	0	0	0	0	0
72251100	取向性硅电钢宽板	3	0	0		0	0	0	0	0	0	2.2	0
72251900	其他硅电钢宽板	6	5	0		0	0	0	0	0	1.2		0
72253000	宽度≥600 毫米热轧其他合金钢卷材	3	0	0		0	0	0	0	0	0		0
72254010	工具钢	3	0	0		0	0	0	0	0	0	0.6	0
72254091	含硼合金钢	3	0	0		0	0	0	0	0	0	0.6	0
72254099	其他非卷材，除热轧外未经进一步加工	3	0	0		0	0	0	0	0	0	0.6	0
72255000	宽度≥600 毫米冷轧其他合金钢板材	3	0	0		0	0	0	0	0	0		0
72259100	电镀锌的其他合金钢宽平板轧材	7	5	0		0	0	0	0	0	1.4	4.2	0
72259200	其他镀或涂锌的其他合金钢宽板材	7	5	0		0	0	0	0	0	1.4	5.1	0
72259910	宽度≥600 毫米的高速钢平板轧材	3	0	0		0	0	0	0	0	0	0.6	0
72259990	宽度≥600 毫米的其他合金钢平板轧材	7	5	0		0	0	0	0	0	1.4	4.2	0
72261100	取向性硅电钢窄板	3	0	0		0	0	0	0	0	0		0
72261900	其他硅电钢窄板	3	0	0		0	0	0	0	0	0		0

税则号列 Tariff Item	商品名称（简称） Article Description	最惠国税率(%) M. F. N.	协定税率（%）Conventional										
			巴基斯坦 Pakistan	智利 Chile	新加坡 Singapore	新西兰 New Zealand	秘鲁 Peru	哥斯达黎加 Costa Rica	瑞士 Switzerland	冰岛 Iceland	澳大利亚 Australia	韩国 Korea	格鲁吉亚 Georgia
72262000	宽度＜600 毫米的高速钢平板轧材	3	0	0		0	0	0	0	0	0	1.8	0
72269110	工具钢	3	0	0		0	0	0	0	0	0	1.8	0
72269191	含硼合金钢	3	0	0		0	0	0	0	0	0	1.8	0
72269199	其他除热轧外未经进一步加工的合金钢平板轧材，宽度小于 600 毫米	3	0	0		0	0	0	0	0	0	1.8	0
72269200	宽度＜600 毫米冷轧其他合金钢板材	3	0	0		0	0	0	0	0	0	2.2	0
72269910	电镀锌的其他合金钢窄平板轧材	7	5	0		0	0	0	0	0	1.4	4.2	0
72269920	其他镀或涂锌的其他合金钢窄板材	7	5	0		0	0	0	0	0	1.4	4.2	0
72269990	宽度＜600 毫米的其他合金板材	7	5	0		0	0	0	0	0	1.4	4.2	0
72271000	高速钢的热轧盘条	3	0	0		0	0	0	0	0	0	0	0
72272000	硅锰钢的热轧盘条	6	5	0		0	0	0	0	0	1.2	4.4	0
72279010	含硼合金钢制不规则盘卷的其他合金钢热轧条、杆	3	0	0		0	0	0	0	0	0	0	0
72279090	其他不规则盘卷的其他合金钢热轧条、杆	3	0	0		0	0	0	0	0	0	0	0
72281000	其他高速钢的条、杆	3	0	0		0	0	0	0	0	0	1.8	0
72282000	其他硅锰钢的条、杆	6	5	0		0	0	0	0	0	1.2	3.6	0
72283010	含硼合金钢制其他条、杆，除热轧、热拉拔或热挤压外未经进一步加工	3	0	0		0	0	0	0	0	0	1.8	0
72283090	其他条、杆，除热轧、热拉拔或热挤压外未经进一步加工	3	0	0		0	0	0	0	0	0	1.8	0
72284000	其他合金钢锻造条、杆	3	0	0		0	0	0	0	0	0	1.8	0
72285000	其他合金钢冷成形或冷加工条、杆	3	0	0		0	0	0	0	0	0	1.8	0
72286000	其他合金钢条、杆	3	0	0		0	0	0	0	0	0	1.8	0
72287010	履带板型钢	6	5	0		0	0	0	0	0	1.2	1.2	0
72287090	其他合金钢角材、型材及异型材	6	5	0		0	0	0	0	0	1.2	3.6	0
72288000	其他合金钢空心钻钢	7	5	0		0	0	0	0	0	1.4	1.4	0
72292000	硅锰钢丝	7	5	0		0	0	0	0	0	1.4	5.1	0
72299010	高速钢丝	3	0	0		0	0	0	0	0	0	1.8	0
72299090	其他合金钢丝	7	5	0		0	0	0	0	0	1.4		0
73011000	钢铁板桩	7	5	0		0	0	0	0	0	1.4	4.2	0
73012000	焊接的钢铁角材、型材及异型材	7	5	0		0	0	0	0	0	1.4	4.2	0

税则号列 Tariff Item	商品名称（简称） Article Description	最惠国税率（%） M. F. N.	协定税率（%）Conventional										
			巴基斯坦 Pakistan	智利 Chile	新加坡 Singapore	新西兰 New Zealand	秘鲁 Peru	哥斯达黎加 Costa Rica	瑞士 Switzerland	冰岛 Iceland	澳大利亚 Australia	韩国 Korea	格鲁吉亚 Georgia
73021000	钢轨	6	5	0		0	0	0	0	0	1.2	3.6	0
73023000	道岔尖轨、辙叉、尖轨拉杆	8	5	0		0	0	0	0	0	1.6	1.6	0
73024000	钢铁制鱼尾板、钢轨垫板	7	5	0		0	0	0	0	0	1.4	4.2	0
73029010	钢铁轨枕	6	0	0		0	0	0	0	0	1.2	1.2	0
73029090	其他铁道电车道铺轨用钢铁材料	7	5	0		0	0	0	3.5	0	1.4	1.4	0
73030010	内径＞500 毫米的铸铁圆型截面管	4	0	0		0	0	0	0	0	0	0	0
73030090	其他铸铁管及空心异型材	4	0	0		0	0	0	0	0	0	0.8	0
73041110	外径大于等于 215.9 毫米，但不超过 406.4 毫米的不锈钢制石油或天然气套管	5	0	0		0	0	0	0	0	0	3	0
73041120	外径大于 114.3 毫米，但小于 215.9 毫米的不锈钢制石油或天然气套管	5	0	0		0	0	0	0	0	0	3	0
73041130	外径不超过 114.3 毫米的不锈钢制石油或天然气套管	5	0	0		0	0	0	0	0	0	3	0
73041190	其他不锈钢制石油或天然气套管	5	0	0		0	0	0	0	0	0	1	0
73041910	外径大于等于 215.9 毫米，但不超过 406.4 毫米的非不锈钢制石油或天然气套管	5	0	0		0	0	0	0	0	0	3	0
73041920	外径大于 114.3 毫米，但小于 215.9 毫米的非不锈钢制石油或天然气套管	5	0	0		0	0	0	0	0	0	3	0
73041930	外径不超过 114.3 毫米的非不锈钢制石油或天然气套管	5	0	0		0	0	0	0	0	0	3	0
73041990	其他非不锈钢制石油或天然气套管	5	0	0		0	0	0	0	0	0	1	0
73042210	外径不超过 168.3 毫米的不锈钢制钻管	4	0	0		0	0	0	0	0	0	0	0
73042290	其他不锈钢制钻管	4	0	0		0	0	0	0	0	0	0	0
73042310	外径不超过 168.3 毫米的非不锈钢制钻管	4	0	0		0	0	0	0	0	0	0	0
73042390	其他非不锈钢制钻管	4	0	0		0	0	0	0	0	0	0	0
73042400	其他不锈钢制钻探石油用天然气套管、导管	4	0	0		0	0	0	0	0	0	0	0

税则号列 Tariff Item	商品名称（简称） Article Description	最惠国税率（%） M. F. N.	协定税率（%）Conventional										
			巴基斯坦 Pakistan	智利 Chile	新加坡 Singapore	新西兰 New Zealand	秘鲁 Peru	哥斯达黎加 Costa Rica	瑞士 Switzerland	冰岛 Iceland	澳大利亚 Australia	韩国 Korea	格鲁吉亚 Georgia
73042910	屈服强度小于552兆帕的钻探石油及天然气用的套管、导管及钻管	4	0	0		0	0	0	0	0	0	0	0
73042920	屈服强度大于等于552兆帕，但小于758兆帕的钻探石油及天然气用的套管、导管及钻管	4	0	0		0	0	0	0	0	0	0	0
73042930	屈服强度大于等于758兆帕的钻探石油及天然气用的套管、导管及钻管	4	0	0		0	0	0	0	0	0	0	0
73043110	冷轧的钢铁制无缝锅炉管	4	0	0		0	0	0	0	0	0	0	0
73043120	冷轧的铁制无缝地质钻管、套管	8	5	0		0	0	0	0	0	1.6	1.6	0
73043190	其他冷轧的铁制无缝圆形截面管	4	0	0		0	0	0	0	0	0	0.8	0
73043910	非冷轧的铁制无缝锅炉管	4	0	0		0	0	0	0	0	0	0	0
73043920	非冷轧的铁制无缝地质钻管套管	5	0	0		0	0	0	0	0	0	1	0
73043990	非冷轧的铁制其他无缝管	4	0	0		0	0	0	0	0	0	2.4	0
73044110	冷轧的不锈钢制无缝锅炉管	10	5	0	0	0	0	0	0	0	2	6	0
73044190	冷轧的不锈钢制的其他无缝管	10	5	0	0	0	0	0	0	0	2	8	0
73044910	非冷轧的不锈钢制无缝锅炉管	10	5	0	0	0	0	0	0	0	2	6	0
73044990	非冷轧的不锈钢制其他无缝管	10	5	0	0	0	0	0	0	0	2	6	0
73045110	冷轧的其他合金钢无缝锅炉管	4	0	0		0	0	0	0	0	0	0	0
73045120	冷轧的其他合金钢无缝地质钻套管	4	0	0		0	0	0	0	0	0	0	0
73045190	冷轧的其他合金钢制其他无缝管	4	0	0		0	0	0	0	0	0	0	0
73045910	非冷轧其他合金钢无缝锅炉管	4	0	0		0	0	0	0	0	0	0	0
73045920	非冷轧其他合金钢无缝地质钻套管	4	0	0		0	0	0	0	0	0	0	0
73045990	非冷轧其他合金钢制无缝圆形截面	4	0	0		0	0	0	0	0	0	0.8	0
73049000	未列名无缝钢铁管及空心异型材	4	0	0		0	0	0	0	0	0	0.8	0
73051100	纵向埋弧焊接石油、天然气粗钢管	7	5	0		0	0	0	0	0	1.4	5.1	0

税则号列 Tariff Item	商品名称（简称） Article Description	最惠国税率（%） M. F. N.	协定税率（%） Conventional									
			巴基斯坦 Pakistan	智利 Chile	新加坡 Singapore	新西兰 New Zealand	秘鲁 Peru	哥斯达黎加 Costa Rica	瑞士 Switzerland	冰岛 Iceland	澳大利亚 Australia	韩国 Korea	格鲁吉亚 Georgia
73051200	其他纵向焊接石油、天然气粗钢管	3	0	0		0	0	0	0	0	0	0.6	0
73051900	其他石油、天然气粗钢管	7	5	0		0	0	0	0	0	1.4	1.4	0
73052000	其他钻探石油、天然气用粗套管	7	5	0		0	0	0	0	0	1.4	1.4	0
73053100	纵向焊接的其他粗钢铁管	6	5	0		0	0	0	0	0	1.2	4.4	0
73053900	其他方法焊接其他粗钢铁管	6	5	0		0	0	0	0	0	1.2	4.4	0
73059000	未列名圆形截面粗钢铁管	6	5	0		0	0	0	0	0	1.2	1.2	0
73061100	不锈钢焊缝石油、天然气管道管	7	5	0		0	0	0	0	0	1.4	4.2	0
73061900	其他石油、天然气管道管	7	5	0		0	0	0	0	0	1.4	5.1	0
73062100	不锈钢焊缝钻探石油天然气用套、导管	3	0	0		0	0	0	0	0	0	0	0
73062900	其他钻探石油天然气用套、导管	3	0	0		0	0	0	0	0	0	0	0
73063011	壁厚在0.7毫米及以下的外径不超过10毫米的其他铁或非合金刚圆形截面焊缝管	3	0	0		0	0	0	0	0	0	0.6	0
73063019	壁厚在0.7毫米以上外径不超过10毫米的其他铁或非合金刚圆形截面焊缝管	3	0	0		0	0	0	0	0	0	2.2	0
73063090	外径超过10毫米的其他铁或非合金刚圆形截面焊缝管	3	0	0		0	0	0	0	0	0	2.2	0
73064000	不锈钢其他圆形截面细焊缝管	6	5	0		0	0	0	0	0	1.2		0
73065000	其他合金钢的圆形截面细焊缝管	3	0	0		0	0	0	0	0	0	2.2	0
73066100	矩形或正方形截面的其他焊缝管	3	0	0		0	0	0	0	0	0	0.6	0
73066900	其他非圆形截面的其他焊缝管	3	0	0		0	0	0	0	0	0	2.2	0
73069000	未列名其他钢铁管及空心异型材	6	5	0		0	0	0	0	0	1.2		0
73071100	无可锻性铸铁制管子附件	5	0	0		0	0	0	0	0	0	1	0
73071900	可锻性铸铁及铸钢管子附件	8	5	0		0	0	0	4	0	1.6	1.6	0
73072100	不锈钢制法兰	8.4	5	0		0	0	0	0	0	1.7	1.6	0
73072200	不锈钢制螺纹肘管、弯管、管套	8.4	5	0		0	0	0	0	0	1.7	1.6	0
73072300	不锈钢制对焊件	8.4	5	0		0	0	0	0	0	1.7	1.6	0

税则号列 Tariff Item	商品名称（简称） Article Description	最惠国税率（%） M. F. N.	协定税率（%） Conventional										
			巴基斯坦 Pakistan	智利 Chile	新加坡 Singapore	新西兰 New Zealand	秘鲁 Peru	哥斯达黎加 Costa Rica	瑞士 Switzerland	冰岛 Iceland	澳大利亚 Australia	韩国 Korea	格鲁吉亚 Georgia
73072900	不锈钢制其他管子附件	8.4	5	0		0	0	0	4.2	0	1.7		0
73079100	未列名钢铁制法兰	7	5	0		0	0	0	0	0	1.4	5.1	0
73079200	未列名钢铁制螺纹肘管、弯管、管套	4	0	0		0	0	0	0	0	0	0.8	0
73079300	未列名钢铁制对焊件	7	5	0		0	0	0	0	0	1.4	1.4	0
73079900	未列名钢铁制其他管子附件	4	0	0		0	0	0	0	0	0	0.8	0
73081000	钢铁制桥梁及桥梁体段	8	0	0		0	0	0	0	0	1.6	1.6	0
73082000	钢铁制塔楼及格构杆	8.4	0	0		0	0	0	0	0	1.7	5	0
73083000	钢铁制门窗及其框架、门槛	10	0	0	0	0	0	0	0	0	2	6	0
73084000	钢铁制脚手架模板坑凳用支柱及类	8.4	0	0		0	0	0	0	0	1.7	1.6	0
73089000	其他钢铁结构体及部件	4	0	0		0	0	0	0	0	0	0.8	0
73090000	容积＞300升钢铁制盛物容器	10.5	5	0	0	0	1	0	5.2	0	2.1	6.3	0
73101000	容积50～300升钢铁制盛物容器	10.5	5	0	0	0	1	0	5.2	0	2.1	8.4	0
73102110	易拉罐及罐体	17.5	14	0	0	0	1.8	0	8.8	0	3.5	10.5	0
73102190	其他容积在50升以下焊边或卷边接合的罐	17.5	14	0	0	0	1.8	0	8.8	0	3.5	10.5	0
73102910	易拉罐及罐体	17.5	14	0	0	0	1.8	0	10.2	0	3.5	10.5	0
73102990	其他盛装物料用的钢铁柜、桶、罐、听、盒及类似容器（装压缩气体或液化气体的除外），容积不超过300升，不论是否衬里或隔热，但无机械或热力装置	17.5	14	0	0	0	1.8	0	10.2	0	3.5	10.5	0
73110010	装压缩或液化气的钢铁容器	17.5	14	0	0	0	1.8	0	8.8	0	3.5	10.5	0
73110090	其他装压缩或液化气的容器	8	5	0		0	0	0	0	0	1.6	5.8	0
73121000	非绝缘的钢铁绞股线、绳、缆	4	0	0		0	0	0	0	0	0	0.8	0
73129000	非绝缘钢铁编带、吊索及类似品	4	0	0		0	0	0	0	0	0	0.8	0
73130000	带刺钢铁丝、围篱用钢铁绞带	7	5	0		0	0	0	0	0	1.4	1.4	0
73141200	不锈钢制的机器用环形带	12	6	0	0	0	0	0	7.4	0	2.4	7.2	0
73141400	不锈钢制的机织品	12	6	0	0	0	0	0	0	0	2.4	7.2	0
73141900	其他钢铁丝制机织品	7	3.5	0		0	0	0		0	1.4	1.4	0
73142000	交点焊接的粗钢铁丝网、篱及格栅	7	5	0		0	0	0	0	0	1.4	1.4	0

税则号列 Tariff Item	商品名称（简称） Article Description	最惠国税率(%) M. F. N.	协定税率（%）Conventional										
			巴基斯坦 Paki-stan	智利 Chile	新加坡 Singa-pore	新西兰 New Zealand	秘鲁 Peru	哥斯达黎加 Costa Rica	瑞士 Switze-rland	冰岛 Iceland	澳大利亚 Austr-alia	韩国 Korea	格鲁吉亚 Georgia
73143100	交点焊接的镀或涂锌细钢铁丝网	7	5	0		0	0	0	0	0	1.4	1.4	0
73143900	交点焊接的其他细钢铁丝网、篱	7	5	0		0	0	0	0	0	1.4	4.2	0
73144100	其他镀锌的钢铁丝网、篱及格栅	8	5	0		0	0	0	0	0	1.6	1.6	0
73144200	其他涂塑的钢铁丝网、篱及格栅	8	5	0		0	0	0	4	0	1.6	4.8	0
73144900	其他钢铁丝网、篱及格栅	8	5	0		0	0	0	4	0	1.6	1.6	0
73145000	网眼钢铁板	8	5	0		0	0	0	0	0	1.6	1.6	0
73151110	自行车滚子链	12	6	0	0	0	0	0	6	0	2.4	7.2	0
73151120	摩托车滚子链	12	6	0	0	0	0	0	6	0	2.4	8.8	0
73151190	其他滚子链	12	6	0	0	0	0	0	6	0	2.4	7.2	0
73151200	其他铰接链	12	6	0	0	0	0	0	6	0	2.4	9.6	0
73151900	铰接链零件	12	6	0	0	0	0	0	6	0	2.4	7.2	0
73152000	防滑链	12	6	0	0	0	0	0	6	0	2.4	7.2	0
73158100	日字环节链	12	6	0	0	0	0	0	6	0	2.4	7.2	0
73158200	其他焊接链	12	6	0	0	0	0	0	6	0	2.4	7.2	0
73158900	未列名链	12	6	0	0	0	1.2	0	6	0	2.4	7.2	0
73159000	非铰接链零件	10	5	0		0	0	0	0	0	2	6	0
73160000	钢铁锚、多爪锚及其零件	10	5	0		0	0	0	0	0	2	6	0
73170000	铁钉、图钉、平头钉及类似品	10	5	0		0	1	0	0	0	2	6	0
73181100	方头螺钉	10	5	0		0	1	0	0	0	2		0
73181200	其他木螺钉	10	5	0		0	1	0	0	0	2	6	0
73181300	钩头螺钉及环头螺钉	10	5	0		0	0	0	0	0	2		0
73181400	自攻螺钉	10	5	0	0	0	1	0	5	0	2		0
73181510	抗拉强度在800兆帕及以上的螺钉及螺栓，不论是否带有螺母或垫圈	8	0	0		0	0	0	4	0	1.6	5.8	0
73181590	其他螺钉及螺栓	8	0	0		0	0	0	4	0	1.6	5.8	0
73181600	螺母	8	5	0		0	0	0	4	0	1.6		0
73181900	未列名螺纹制品	5	0	0		0	0	0	0	0	0	1	0
73182100	弹簧垫圈及其他防松垫圈	10	5	0	0	0	0	0	0	0	2		0
73182200	其他垫圈	10	5	0	0	0	1	0	0	0	2		8
73182300	铆钉	10	5	0	0	0	0	0	0	0	2		0
73182400	销及开尾销	10	5	0	0	0	0	0	5	0	2	8	8
73182900	其他无螺纹紧固件	10	5	0	0	0	0	0	0	0	2		0
73194010	安全别针	10	5	0		0	0	0	0	0	2	6	0
73194090	其他别针	10	5	0		0	0	0	0	0	2	6	0
73199000	未列名钢铁制针及类似品	10	5	0		0	1	0	5	0	2		0
73201010	铁道车辆用片簧及簧片	6	5	0		0	0	0	0	0	1.2	1.2	0

税则号列 Tariff Item	商品名称（简称） Article Description	最惠国税率（%） M. F. N.	协定税率（%） Conventional										
			巴基斯坦 Pakistan	智利 Chile	新加坡 Singapore	新西兰 New Zealand	秘鲁 Peru	哥斯达黎加 Costa Rica	瑞士 Switzerland	冰岛 Iceland	澳大利亚 Australia	韩国 Korea	格鲁吉亚 Georgia
73201020	汽车用片簧及簧片	10	5	0		0	0	0	0	0	2	8	0
73201090	其他片簧及簧片	10	5	0	0	0	0	0	5	0	2		0
73202010	铁道车辆用螺旋弹簧	6	5	0		0	0	0	0	0	1.2	1.2	0
73202090	其他螺旋弹簧	10	5	0	0	0	0	0	5	0	2	8	8
73209010	铁道车辆用其他弹簧	6	5	0		0	0	0	0	0	1.2	1.2	0
73209090	其他弹簧	12	6	0	0	0	0	0	6	0	2.4		0
73211100	可使用气体燃料的家用炉灶	15	12	0	0	0	1.5	0	7.5	0	3	9	0
73211210	煤油炉	21		0	0	0	2.1	0	10.5	0	4.2	16.8	0
73211290	其他使用液体燃料的家用炉灶	21		0	0	0	2.1	0	10.5	0	4.2	16.8	0
73211900	其他炊事用具及加热板	21		0	0	0	2.1	0	10.5	0	4.2	16.8	0
73218100	可使用气体燃料的其他家用器具	23	11.5	0	0	0	2.3	0	11.5	0	4.6	18.4	0
73218200	使用液体燃料的其他家用器具	21		0	0	0	2.1	0	10.5	0	4.2	16.8	0
73218900	其他非电热家用器具	21		0	0	0	2.1	0	10.5	0	4.2	16.8	0
73219000	非电热家用器具零件	12	5	0	0	0	1.2	0	6	0	2.4	7.2	0
73221100	非电热铸铁制集中供暖用散热器	21		0	0	0	2.1	0	10.5	0	4.2	16.8	0
73221900	非电热钢制集中供暖用散热器	21		0	0	0	2.1	0	10.5	0	4.2	16.8	0
73229000	非电热空气加热器、暖气分布器	20		0	0	0	2	0	10	0	4	14.6	0
73231000	钢铁丝绒、擦锅器、洗擦用块垫等	14	11.2	0	0	0	1.4	0	7	0	2.8	8.4	0
73239100	餐桌、厨房等家用铸铁制器具	20		0	0	0	2	0	10	0	4	14.6	0
73239200	餐桌、厨房等家用铸铁制搪瓷器	20		0	0	0	2	0	10	0	4	14.6	0
73239300	餐桌、厨房等家用不锈钢器具	12	5	0	0	0	0	0	6	0	2.4	7.2	0
73239410	钢铁制搪瓷面盆	20		0	0	0	2	0	10	0	4	14.6	0
73239420	钢铁制搪瓷烧锅	20		0	0	0	2	0	10	0	4	14.6	0
73239490	其他餐桌、厨房等家用钢铁制搪瓷器	20		0	0	0	2	0	10	0	4	14.6	0
73239900	其他餐桌、厨房等用钢铁器具	20		0	0	0	2	0	10	0	4	14.6	0
73241000	不锈钢制洗涤槽及脸盆	18		0	0	0	1.8	0	9	0	3.6	10.8	0
73242100	铸铁制浴缸	10	5	0	0	0	1	0	0	0	2	6	0
73242900	其他钢铁制浴缸	30		0	0	0	3	0	15	0	6	24	0
73249000	其他钢铁制卫生器具及零件	25		0	0	0	2.5	0	12.5	0	5	20	0

税则号列 Tariff Item	商品名称（简称） Article Description	最惠国税率（%） M. F. N.	协定税率（%）Conventional										
			巴基斯坦 Pakistan	智利 Chile	新加坡 Singapore	新西兰 New Zealand	秘鲁 Peru	哥斯达黎加 Costa Rica	瑞士 Switzerland	冰岛 Iceland	澳大利亚 Australia	韩国 Korea	格鲁吉亚 Georgia
73251010	工业用无可锻性制品	7	5	0		0	0	0	0		1.4	5.1	0
73251090	其他无可锻性铸铁制品	20		0	0	0	2	0	10	0	4	14.6	0
73259100	可锻性铸铁及铸钢研磨机的研磨球	10.5	5	0	0	0	1	0	5.2	0	2.1	6.3	0
73259910	工业用未列名可锻性铸铁制品	10.5	5	0	0	0	1	0	5.2	0	2.1	6.3	0
73259990	非工业用未列名可锻性铸铁制品	20	10	0	0	0	2	0	10	0	4	14.6	0
73261100	钢铁制研磨机用研磨球及类似品	10.5	5	0	0	0	1	0	5.2	0	2.1	6.3	0
73261910	工业用未列名钢铁制品	10.5	5	0	0	0	1	0	5.2	0	2.1		0
73261990	非工业用未列名钢铁制品	20		0	0	0	2	0	10	0	4	12	0
73262010	工业用钢铁丝制品	10	5	0		0	0	0	0	0	2	6	0
73262090	非工业用钢铁丝制品	18	9	0	0	0	1.8	0	9	0	3.6	10.8	0
73269011	钢铁纤维及其制品	10.5	5	0	0	0	1	0	5.2	0	2.1	6.3	0
73269019	其他工业用钢铁制品	10.5	5	0	0	0	1	0	5.2	0	2.1	6.3	0
73269090	其他非工业用钢铁制品	8	5	0	0	0	0	0	4	0	1.6	1.6	0
74010000	铜锍、沉积铜（泥铜）	2	0	0		0	0	0	0	0	0	0	0
74020000	未精炼铜、电解精炼用铜阳极	2	0	0		0		0	0	0	0	0	1.6
74031111	按重量计铜含量超过99.9935%的阴极精炼铜	2	0	0		0	0	0	0	0	0	0	0
74031119	其他阴极精炼铜	2	0	0		0	0	0	0	0	0	0	0
74031190	精炼铜阴极型材	2	0	0		0	0	0	0	0	0	0	0
74031200	精炼铜的线锭	2	0	0		0	0	0	1	0	0	0	0
74031300	精炼铜的坯段	2	0	0		0	0	0	0	0	0	0	1.6
74031900	其他未锻轧的精炼铜	2	0	0		0	0	0	0	0	0	0	1.6
74032100	未锻轧的铜锌合金（黄铜）	1	0	0		0	0	0	0	0	0	0	0.8
74032200	未锻轧的铜锡合金（青铜）	1	0	0		0	0	0	0	0	0	0	0
74032900	未锻轧的其他铜合金	1	0	0		0	0	0	0	0	0	0	0
74040000	铜废碎料	1.5	0	0		0		0	0	0	0	0	1.2
74050000	铜母合金	4	0	0		0	0	0	0	0	0	0	0
74061010	精炼铜制非片状粉末	3	0	0		0	0	0	0	0	0	0	0
74061020	白铜或德银制非片状粉末	6	5	0		0	0	0	0	0	1.2	1.2	0
74061030	铜锌合金（黄铜）制非片状铜粉粉末	6	5	0		0	0	0	0	0	1.2	3.6	0
74061040	铜锡合金（青铜）制非片状铜粉粉末	6	5	0		0	0	0	0	0	1.2	1.2	0
74061090	其他铜合金制非片状粉末	6	5	0		0	0	0	0	0	1.2	1.2	0
74062010	精炼铜制片状粉末	4	0	0		0	0	0	0	0	0	0	0
74062020	白铜或德银制片状粉末	6	5	0		0	0	0	0	0	1.2	1.2	0

税则号列 Tariff Item	商品名称（简称） Article Description	最惠国税率(%) M. F. N.	协定税率（%）Conventional										
			巴基斯坦 Pakistan	智利 Chile	新加坡 Singapore	新西兰 New Zealand	秘鲁 Peru	哥斯达黎加 Costa Rica	瑞士 Switzerland	冰岛 Iceland	澳大利亚 Australia	韩国 Korea	格鲁吉亚 Georgia
74062090	其他铜合金制片状粉末	6	5	0		0	0	0	0	0	1.2	1.2	0
74071010	铬锆铜制条、杆及型材及异型材	4	0	0		0	0	0	0	0	0	0	0
74071090	其他精炼铜条、杆及型材及异型材	4	0	0		0	0	0	0	0	0	0	0
74072111	直线度不大于0.5毫米/米铜锌合金条、杆	7	5	0		0	0	0	3.5	0	1.4		0
74072119	其他铜锌合金条、杆	7	5	0		0	0	0	3.5	0	1.4		0
74072190	其他黄铜条、杆及型材及异型材	7	5	0		0	0	0	3.5	0	1.4		0
74072900	其他铜合金条杆、型材及异型材	7	5	0		0	0	0	3.5	0	1.4	0	0
74081100	最大截面尺寸＞6毫米的精炼铜丝	4	0	0		0	0.4	0	0	0	0	0	0
74081900	截面尺寸≤6毫米的精炼铜丝	4	0	0		0	0	0	0	0	0	0	0
74082100	黄铜丝	7	5	0		0	0	0	0	0	1.4	5.1	0
74082210	铜镍锌铅合金（加铅德银）丝	8	5	0		0	0	0	0	0	1.6	1.6	0
74082290	其他白铜丝或德银（铜镍锌合金）丝	8	5	0		0	0	0	0	0	1.6	1.6	0
74082900	其他铜合金丝	7	5	0		0	0	0	0	0	1.4	4.2	0
74091110	含氧量不超过10PPM，厚度超过0.15毫米的盘卷精炼铜板、片、带	4	0	0		0	0	0	0	0	0	0.8	0
74091190	厚度超过0.15毫米的其他盘卷精炼铜板、片、带	4	0	0		0	0	0	0	0	0	0.8	0
74091900	其他精炼铜板、片、带	4	0	0		0	0	0	0	0	0	0	0
74092100	成卷的黄铜板、片、带	7	5	0		0	0	0	3.5	0	1.4	5.1	0
74092900	其他黄铜板、片、带	7	5	0		0	0	0	0	0	1.4	5.1	0
74093100	成卷的青铜板、片、带	7	5	0		0	0	0	0	0	1.4	4.2	0
74093900	其他青铜板、片、带	7	5	0		0	0	0	0	0	1.4	0	0
74094000	白铜或德银制板、片、带	7	5	0		0	0	0	0	0	1.4	0	0
74099000	其他铜合金板、片、带	7	5	0		0	0	0	0	0	1.4	4.2	0
74101100	无衬背的精炼铜箔	4	0	0		0	0	0	0	0	0	0	0
74101210	无衬背的白铜或德银铜箔	7	5	0		0	0	0	0	0	1.4	0	0
74101290	无衬背的其他铜合金箔	7	5	0		0	0	0	0	0	1.4	0	0
74102110	印刷电路用覆铜板	4	0	0		0	0	0	0	0	0	0	0
74102190	有衬背的其他精炼铜箔	4	0	0		0	0	0	0	0	0	0	0
74102210	有衬背的白铜或德银铜箔	7	5	0		0	0	0	0	0	1.4	1.4	0
74102290	有衬背的其他铜合金箔	7	5	0		0	0	0	0	0	1.4	1.4	0

税则号列 Tariff Item	商品名称（简称） Article Description	最惠国税率(%) M. F. N.	协定税率（%）Conventional										
			巴基斯坦 Pakistan	智利 Chile	新加坡 Singapore	新西兰 New Zealand	秘鲁 Peru	哥斯达黎加 Costa Rica	瑞士 Switzerland	冰岛 Iceland	澳大利亚 Australia	韩国 Korea	格鲁吉亚 Georgia
74111011	外径小于等于25毫米的带有内（外）螺纹或翅片的精炼铜管	4	0	0		0	0	0	0	0	0	0.8	0
74111019	外径小于等于25毫米的其他精炼铜管	4	0	0		0	0	0	0	0	0	0.8	0
74111020	外径超过70毫米的精炼铜管	4	0	0		0	0	0	0	0	0	0	0
74111090	其他精炼铜管	4	0	0		0	0	0	2	0	0	0	0
74112110	盘卷黄铜管	7	5	0		0	0	0	0	0	1.4	1.4	0
74112190	铜锌合金（黄铜）管	7	5	0		0	0	0	0	0	1.4	5.1	0
74112200	白铜或德银管	7	5	0		0	0	0	0	0	1.4	1.4	0
74112900	其他铜合金管	7	5	0		0	0	0	0	0	1.4	1.4	0
74121000	精炼铜管子附件	4	0	0		0	0	0	2	0	0	0.8	0
74122010	白铜或德银管子配件	7	5	0		0	0	0	3.5	0	1.4	1.4	5.6
74122090	其他铜合金管子配件	7	5	0		0	0	0	0	0	1.4	1.4	0
74130000	非绝缘的铜丝绞股线、缆、编带等	5	0	0		0	0	0	0	0	0	3.6	0
74151000	铜钉、平头钉、图钉U形钉及类似品	8	5	0		0	0	0	0	0	1.6	1.6	0
74152100	铜垫圈（包括弹簧垫圈）	10	5	0	0	0	0	0	0	0	2	6	0
74152900	铜制其他无螺纹制品	10	5	0	0	0	0	0	0	0	2	6	0
74153310	铜制木螺钉	8	5	0		0	0	0	0	0	1.6	1.6	0
74153390	铜制其他螺钉、螺栓、螺母	8	5	0		0	0	0	0	0	1.6	1.6	0
74153900	其他铜制螺纹制品	10	5	0		0	0	0	0	0	2	6	0
74181010	擦锅器及洗刷擦光用的块垫、手套	18	14.4	0	0	0	1.8	0	9	0	3.6	10.8	0
74181020	非电热的铜制家用烹饪、供暖器具	20		0	0	0	2	0	10	0	4	14.6	0
74181090	餐桌、厨房等家用铜制器具及其零件	18	14.4	0	0	0	1.8	0	9	0	3.6	10.8	0
74182000	铜制卫生器具及其零件	18		0	0	0	1.8	0	9	0	3.6	10.8	0
74191000	铜链条及其零件	14	11.2	0	0	0	0	0	7	0	2.8	8.4	0
74199110	工业用铸造、模压、冲压其他铜制品	10	5	0	0	0	0	0	0	1.7	2	2	0
74199190	非工业用铸造、模压、冲压铜制品	20		0	0	0	2	0	10	0	4	14.6	0
74199920	铜弹簧	10	5	0		0	0	0	5	0	2	6	0
74199930	铜丝制的布（包括环形带）	7	5.6	0		0	0	0	0	0	1.4	1.4	0
74199940	铜丝制的网、格栅、网眼和铜板	8	6.4	0		0	0	0	0	0	1.6	4.8	0

税则号列 Tariff Item	商品名称（简称） Article Description	最惠国税率（%） M. F. N.	协定税率（%） Conventional										
			巴基斯坦 Pakistan	智利 Chile	新加坡 Singapore	新西兰 New Zealand	秘鲁 Peru	哥斯达黎加 Costa Rica	瑞士 Switzerland	冰岛 Iceland	澳大利亚 Australia	韩国 Korea	格鲁吉亚 Georgia
74199950	非电热的铜制家用供暖器及其零件	20		0	0	0	2	0	10	0	4	14.6	0
74199991	工业用其他铜制品	10	5	0	0	0	0	0	5		2	2	0
74199999	非工业用其他铜制品	20	16	0	0	0	2	0	10	0	4	16	0
75011000	镍锍	3	0	0		0	0	0	0	0	0	0	0
75012010	镍湿法冶炼中间品	3	0	0		0	0	0	0	0	0	0	0
75012090	氧化镍烧结物、镍的其他中间产品	3	0	0		0	0	0	0	0	0	0	0
75021010	按重量计镍、钴总量在99.99%及以上的，但钴含量不超过0.005%的非合金镍	3	0	0		0	0	0	0	0	0	0	0
75021090	其他非合金镍	3	0	0		0	0	0	0	0	0	0	0
75022000	未锻轧镍合金	3	0	0		0	0	0	0	0	0	0.6	0
75030000	镍废碎料	1.5	0	0		0	0	0	0	0	0	0	0
75040010	非合金镍粉及片状粉末	4	0	0		0	0	0	0	0	0	0	0
75040020	合金镍粉及片状粉末	4	0	0		0	0	0	0	0	0	0	0
75051100	纯镍条、杆、型材及异型材	6	5	0		0	0	0	0	0	1.2	3.6	0
75051200	合金镍条、杆、型材及异型材	6	5	0		0	0	0	0	0	1.2	3.6	0
75052100	纯镍丝	6	5	0		0	0	0	3	0	1.2	1.2	0
75052200	镍合金丝	6	5	0		0	0	0	0	0	1.2	1.2	0
75061000	纯镍板、片、带、箔	6	5	0		0	0	0	0	0	1.2	3.6	0
75062000	镍合金板、片、带、箔	6	5	0		0	0	0	0	0	1.2	1.2	0
75071100	纯镍管	6	5	0		0	0	0	3.7	0	1.2	1.2	0
75071200	镍合金管	6	5	0		0	0	0	0	0	1.2	3.6	0
75072000	镍及镍合金管子附件	6	5	0		0	0	0	0	0	1.2	1.2	0
75081010	镍丝制的布	6	5	0		0	0	0	0	0	1.2	1.2	0
75081080	工业用镍丝制的网及格栅	6	5	0		0	0	0	0	0	1.2	1.2	0
75081090	其他镍丝制的网及格栅	6	5	0		0	0	0	0	0	1.2	1.2	0
75089010	电镀用镍阳极	4	0	0		0	0	0	0	0	0	0.8	0
75089080	其他工业用镍制品	6	5	0		0	0	0	0	0	1.2	1.2	0
75089090	其他非工业用镍制品	6	5	0		0	0	0	0	0	1.2	1.2	0
76011010	按重量计含铝量在99.95%及以上的未锻轧非铝合金	5	0	0		0	0	0	0	0	0	3	0
76011090	其他非锻轧非铝合金	5	0	0		0	0	0	0	0	0	0	0
76012000	未锻轧铝合金	7	5	0		0	0	0	0	0	1.4	1.4	0
76020000	铝废碎料	1.5	0	0		0		0	0	0	0	0	1.2
76031000	非片状铝粉	6	5	0		0	0	0	0	0	1.2	1.2	0
76032000	片状铝粉末	7	5	0		0	0	0	0	0	1.4	1.4	0
76041010	非合金铝条、杆	5	0	0		0	0	0	0	0	0	1	0

税则号列 Tariff Item	商品名称（简称） Article Description	最惠国税率（%） M. F. N.	协定税率（%）Conventional										
			巴基斯坦 Pakistan	智利 Chile	新加坡 Singapore	新西兰 New Zealand	秘鲁 Peru	哥斯达黎加 Costa Rica	瑞士 Switzerland	冰岛 Iceland	澳大利亚 Australia	韩国 Korea	格鲁吉亚 Georgia
76041090	非合金铝型材及异型材	5	0	0		0	0	0	0	0	0	3.6	0
76042100	铝合金制空心异型材	5	0	0		0	0	0	0	0	0	3.6	0
76042910	铝合金条、杆	5	0	0		0	0	0	0	0	0	3.6	0
76042990	铝合金型材及异型材	5	0	0		0	0	0	0	0	0	1	0
76051100	纯铝制的粗丝	8	5	0		0	0	0	0	0	1.6	1.6	0
76051900	纯铝制的细丝	8	5	0		0	0	0	0	0	1.6	1.6	0
76052100	铝合金制的粗丝	8	5	0		0	0	0	0	0	1.6	1.6	0
76052900	铝合金制的细丝	8	5	0		0	0	0	0	0	1.6	1.6	0
76061121	0.3毫米≤厚度＜0.36毫米的非合金铝与塑料复合的矩形板、片、带	6	0	0		0	0	0	0	0	1.2	1.2	0
76061129	其他0.3毫米≤厚度＜0.36毫米的非合金铝制矩形铝板、片、带	6	0	0		0	0	0	0	0	1.2	4.4	0
76061191	其他非合金铝与塑料复合的矩形板、片、带	6	0	0		0	0	0	0	0	1.2	0	0
76061199	纯铝制矩形的其他板、片及带	6	0	0		0	0	0	0	0	1.2	3.6	0
76061220	厚度＜0.28毫米的铝合金制矩形铝板、片、带	6	0	0		0	0	0	0	0	1.2	4.4	0
76061230	0.28毫米≤厚度≤0.35毫米的铝合金制矩形铝板、片、带	6	0	0		0	0	0	0	0	1.2	4.4	0
76061251	0.35毫米＜厚度≤0.4毫米的铝合金与塑料复合的矩形板、片、带	6	0	0		0	0	0	3	0	1.2	3.6	0
76061259	其他0.35毫米＜厚度≤0.4毫米的铝合金制矩形铝板、片、带	6	0	0		0	0	0	3	0	1.2	4.4	0
76061290	厚度＞0.4毫米的铝合金制矩形铝板、片、带	6	0	0		0	0	0	3	0	1.2	1.2	0
76069100	纯铝制非矩形的板、片及带	6	5	0		0	0	0	0	0	1.2	4.4	0
76069200	铝合金制非矩形的板、片及带	10	5	0	0	0	0	0	0	0	2	7.3	0
76071110	厚度不超过0.007毫米的无衬背铝箔	6	5	0		0	0	0	3	0	1.2	4.4	0
76071120	厚度大于0.007毫米，但不超过0.01毫米的无衬背铝箔	6	5	0		0	0	0	0	0	1.2	1.2	0
76071190	轧制后未进一步加工的无衬背铝箔	6	5	0		0	0	0	0		1.2	0	0
76071900	其他无衬背铝箔	6	5	0		0	0	0	0		1.2	3.6	0
76072000	有衬背铝箔	6	5	0		0	0	0	3		1.2	4.4	0

税则号列 Tariff Item	商品名称（简称） Article Description	最惠国税率(%) M. F. N.	协定税率（%）Conventional										
			巴基斯坦 Pakistan	智利 Chile	新加坡 Singapore	新西兰 New Zealand	秘鲁 Peru	哥斯达黎加 Costa Rica	瑞士 Switzerland	冰岛 Iceland	澳大利亚 Australia	韩国 Korea	格鲁吉亚 Georgia
76081000	纯铝管	8	5	0		0	0	0	0	0	1.6	5.8	0
76082010	外径不超过10厘米的铝合金管	8	5	0		0	0	0	0	0	1.6	5.8	0
76082091	外径超过10厘米，壁厚不超过25毫米铝合金管	8	5	0		0	0	0	0	0	1.6	1.6	0
76082099	其他铝合金管	8	5	0		0	0	0	0	0	1.6	1.6	0
76090000	铝制管子附件	8	5	0		0	0	0	0	0	1.6	4.8	0
76101000	铝制门窗及其框架、门槛	25		0	0	0	2.5	0	12.5	0	5	20	0
76109000	其他铝制结构体及其部件	6	5	0		0	0	0	0	0	1.2	1.2	0
76110000	容积＞300升的铝制囤、罐等容器	12	6	0	0	0	0	0	6	0	2.4	7.2	0
76121000	铝制软管容器	12	6	0	0	0	1.2	0	6	0	2.4	7.2	0
76129010	铝制易拉罐及罐体	30		0	0	0	3	0	15	0	6		0
76129090	容积≤300升的铝制囤、罐等容器	12	6	0	0	0	1.2	0	6	0	2.4	7.2	0
76130010	零售包装装压缩、液化气体铝容器	12	6	0	0	0	0	0	7.4	0	2.4	7.2	0
76130090	非零售装装压缩、液化气体铝容器	6	5	0		0	0	0	0	0	1.2	1.2	0
76141000	带钢芯的铝制绞股线、缆、编带	6	5			0	0	0	0	0	1.2	1.2	0
76149000	不带钢芯的铝制绞股线、缆、编带	6	5	0		0	0	0	0	0	1.2	1.2	0
76151010	擦锅器及洗刷擦光用的块垫、手套	18	14.4	0	0	0	1.8	0	9	0	3.6	10.8	0
76151090	餐桌、厨房等家用铝制器具及其零件	15	12	0	0	0	1.5	0	7.5	0	3	12	0
76152000	铝制卫生器具及其零件	18	14.4	0	0	0	1.8	0	9	0	3.6	10.8	0
76161000	铝钉、螺钉、螺母、垫圈等紧固件	10	5	0	0	0	0	0	0	0	2	6	0
76169100	铝丝制的布、网、篱及格栅	10		0	0	0	0	0	0	0	2	6	0
76169910	其他工业用铝制品	10	5	0	0	0	1	0	5	0	2	8	0
76169990	其他非工业用铝制品	15	7.5	0	0	0	1.5	0	7.5	0	3	9	0
78011000	未锻轧精炼铅	3	0	0		0	0	0	0	0	0	0.6	0
78019100	未锻轧铅锑合金	3	0	0		0	0	0	0	0	0	0	2.4
78019900	未锻轧的其他铅合金	3	0	0		0	0	0	0	0	0	0.6	0
78020000	铅废碎料	1.5	0	0		0	0	0	0	0	0	0	0
78041100	铅片、带及厚度≤0.2毫米的箔	6	5	0		0	0	0	0	0	1.2	1.2	0
78041900	铅及铅合金板、厚度＞0.2毫米的箔	6	5	0		0	0	0	0	0	1.2	1.2	0

税则号列 Tariff Item	商品名称（简称） Article Description	最惠国税率（%） M. F. N.	协定税率（%） Conventional										
			巴基斯坦 Pakistan	智利 Chile	新加坡 Singapore	新西兰 New Zealand	秘鲁 Peru	哥斯达黎加 Costa Rica	瑞士 Switzerland	冰岛 Iceland	澳大利亚 Australia	韩国 Korea	格鲁吉亚 Georgia
78042000	铅及铅合金粉末、片状粉末	6	5	0		0	0	0	0	0	1.2	1.2	0
78060010	铅及铅合金条、杆、丝、型材	6	5	0		0	0	0	0	0	1.2	3.6	0
78060090	其他铅制品	6	5	0		0	0	0	0	0	1.2	1.2	0
79011110	按重量计含锌量在99.995%及以上的未锻轧锌	3	0	0		0	0	0	0	0	0	0	0
79011190	含锌量不小于99.99%，并小于99.995%的未锻轧锌	3	0	0		0	0	0	0	0	0	0	0
79011200	含锌量＜99.99%的未锻轧锌	3	0	0		0	0	0	0	0	0	0.6	0
79012000	未锻轧锌合金	3	0	0		0	0	0	0	0	0	0	0
79020000	锌废碎料	1.5	0	0		0	0	0	0	0	0	0	0
79031000	锌末	6	5	0		0	0	0	0	0	1.2	3.6	0
79039000	锌粉及片状粉末	6	5	0		0	0	0	3	0	1.2	3.6	0
79040000	锌及锌合金条、杆、型材、丝	6	5	0		0	0	0	0	0	1.2	4.4	0
79050000	锌板、片、带、箔	6	5	0		0	0	0	0	0	1.2	1.2	0
79070020	锌管及锌制管子附件	6	5	0		0	0	0	0	0	1.2	1.2	0
79070030	电池壳体坯料（锌饼）	6	5	0		0	2.9	0	0	0	1.2	1.2	0
79070090	其他非工业用锌制品	6	5	0		0	0	0	0	0	1.2	1.2	0
80011000	未锻轧非合金锡	3	0	0		0	0	0	0	0	0	0.6	0
80012010	锡基巴毕脱合金	3	0	0		0	0	0	0	0	0	0	0
80012021	按重量计含铅量在0.1%以下的焊锡	3	0	0		0	0	0	0	0	0	0.6	0
80012029	其他焊锡	3	0	0		0	0	0	0	0	0	0.6	0
80012090	其他锡合金	3	0	0		0	0	0	0	0	0	0.6	0
80020000	锡废碎料	1.5	0	0		0	0	0	0	0	0	0	0
80030000	锡及锡合金条、杆、型材、丝	8	5	0		0	0	0	0	0	1.6	4.8	0
80070020	锡及锡合金板、片及带，厚度＞0.2毫米	8	5	0		0	0	0	0	0	1.6	1.6	0
80070030	锡箔、锡粉及片状粉末	8	5	0		0	0	0	0	0	1.6	1.6	0
80070040	锡及锡合金管、管子附件	8	5	0		0	0	0	4	0	1.6	1.6	0
80070090	其他锡制品	8	6.4	0		0	0	0	0	0	1.6	5.8	0
81011000	钨粉	6	5	0		0	0	0	0	0	1.2	1.2	0
81019400	未锻轧钨	3	0	0		0	0	0	1.5	0	0	0	0
81019600	钨丝	8	5	0		0	0	0	0	0	1.6	1.6	0
81019700	钨废碎料	3	0	0		0	0	0	0	0	0	0	0
81019910	锻轧钨条、杆、型材；废碎料	5	0	0		0	0	0	0	0	0	1	0

税则号列 Tariff Item	商品名称（简称） Article Description	最惠国税率（%） M. F. N.	协定税率（%） Conventional										
			巴基斯坦 Pakistan	智利 Chile	新加坡 Singapore	新西兰 New Zealand	秘鲁 Peru	哥斯达黎加 Costa Rica	瑞士 Switzerland	冰岛 Iceland	澳大利亚 Australia	韩国 Korea	格鲁吉亚 Georgia
81019990	其他钨制品	8	5	0		0	0	0	0	0	1.6	1.6	0
81021000	钼粉	6	5	0		0	0	0	0	0	1.2	1.2	0
81029400	未锻轧钼、钼废碎料	3	0	0		0	0	0	0	0	0	0	0
81029500	锻轧钼条杆、型材、板、片、带箔	8	5	0		0	0	0	0	0	1.6	4.8	0
81029600	钼丝	8	5	0		0	0	0	0	0	1.6	1.6	0
81029700	钼废碎料	3	0	0		0	0	0	0	0	0	0	0
81029900	钼制品	8	5	0		0	0	0	0	0	1.6	1.6	0
81032011	松装密度小于 2.2 克/立方厘米的钽粉	6	5	0		0	0	0	0	0	1.2	1.2	0
81032019	松装密度大于等于 2.2 克/立方厘米的钽粉	6	5	0		0	0	0	0	0	1.2	1.2	0
81032090	未锻轧钽	6	5	0		0	0	0	0	0	1.2	1.2	0
81033000	钽废碎料	6	5	0		0	0	0	0	0	1.2	0	0
81039011	直径<0.5 毫米的钽丝	8	5	0		0	0	0	0	0	1.6	1.6	0
81039019	直径≥0.5 毫米的钽丝	8	5	0		0	0	0	0	0	1.6	1.6	0
81039090	其他锻轧钽及其制品	8	5	0		0	0	0	0	0	1.6	1.6	0
81041100	含镁量≥99.8%的未锻轧镁	6	0	0		0	0	0	0	0	1.2	0	0
81041900	其他未锻轧的镁及镁合金	6	5	0		0	0	0	0	0	1.2	1.2	0
81042000	镁废碎料	1.5	0	0		0	0	0	0	0	0	0	0
81043000	已分级的镁锉屑、车屑、颗粒；粉末	8	5	0		0	0	0	0	0	1.6	1.6	0
81049010	锻轧镁	8	5	0		0	0	0	0	0	1.6	1.6	0
81049020	镁制品	8.4	5	0		0	0	0	0	0	1.7	1.6	0
81052010	钴湿法冶炼中间品	4	0	0		0	0	0	0	0	0	0	0
81052020	未锻轧钴	4	0	0		0	0	0	0	0	0	0	0
81052090	钴锍及其他钴冶炼时所得的中间产品，粉末	4	0	0		0	0	0	0	0	0	0	0
81053000	钴锍废碎料	4	0	0		0	0	0	0	0	0	0	0
81059000	其他钴及制品	8	5	0		0	0	0	0	0	1.6	4.8	0
81060010	未锻轧铋、废碎料、粉末	3	0	0		0	0	0	0	0	0	0	0
81060090	其他铋及铋制品	8	5	0		0	0	0	0	0	1.6	4.8	0
81072000	未锻轧镉、粉末	3	0	0		0		0	0	0	0	0.6	0
81073000	镉废碎料	3	0	0		0	0	0	0	0	0	0	0
81079000	其他镉及镉制品	8	5	0		0	0	0	0	0	1.6	1.6	0
81082021	海绵钛	3	0	0		0	0	0	0	0	0	0	0
81082029	其他未锻轧钛	3	0	0		0	0	0	0	0	0	0.6	0
81082030	钛粉末	3	0	0		0	0	0	0	0	0	0	0
81083000	钛废碎料	3	0	0		0	0	0	0	0	0	0	0
81089010	钛条、杆、型材及异型材	8	5	0		0	0	0	0	0	1.6	4.8	0
81089020	钛丝	8	5	0		0	0	0	0	0	1.6	1.6	0

税则号列 Tariff Item	商品名称（简称） Article Description	最惠国税率 (%) M. F. N.	协定税率（%）Conventional										
			巴基斯坦 Pakistan	智利 Chile	新加坡 Singapore	新西兰 New Zealand	秘鲁 Peru	哥斯达黎加 Costa Rica	瑞士 Switzerland	冰岛 Iceland	澳大利亚 Australia	韩国 Korea	格鲁吉亚 Georgia
81089031	厚度≤0.8毫米钛板、片、带、箔	8	5	0		0	0	0	0	0	1.6	1.6	0
81089032	厚度＞0.8毫米钛板、片、带、箔	8	5	0		0	0	0	0	0	1.6	1.6	0
81089040	钛管	8	5	0		0	0	0	0	0	1.6	4.8	0
81089090	其他钛及钛制品	8	5	0		0	0	0	0	0	1.6	1.6	6.4
81092000	未锻轧锆、粉末	3	0	0		0	0	0	0	0	0	0.6	0
81093000	锆废碎料	3	0	0		0	0	0	0	0	0	0	0
81099000	锻轧锆及锆制品	8	5	0		0	0	0	0	0	1.6	4.8	0
81101010	未锻轧锑	3	0	0		0	0	0	0	0	0	0	0
81101020	锑粉末	3	0	0		0	0	0	0	0	0	0	0
81102000	锑废碎料	3	0	0		0	0	0	0	0	0	0	0
81109000	其他锑及锑制品	8	5	0		0	0	0	0	0	1.6	1.6	0
81110010	未锻轧锰、锰废碎料、粉末	3	0	0		0	0	0	0	0	0	0	0
81110090	其他锰及制品	8	5	0		0	0	0	0	0	1.6	1.6	0
81121200	未锻轧铍、粉末	3	0	0		0	0	0	0	0	0	0	0
81121300	铍废碎料	3	0	0		0	0	0	0	0	0	0	0
81121900	其他铍及其制品	8	5	0		0	0	0	0	0	1.6	1.6	0
81122100	未锻轧铬、粉末	3	0	0		0	0	0	0	0	0	0.6	0
81122200	铬废碎料	3	0	0		0	0	0	0	0	0	0	0
81122900	其他铬制品	3	0	0		0	0	0	0	0	0	0	2.4
81125100	未锻轧铊、粉末	3	0	0		0	0	0	0	0	0	0	0
81125200	铊废碎料	3	0	0		0	0	0	0	0	0	0	0
81125900	其他铊制品	8	5	0		0	0	0	0	0	1.6	1.6	0
81129210	未锻轧锗	3	0	0		0	0	0	0	0	0	0	0
81129220	未锻轧钒	3	0	0		0	0	0	0	0	0	0	0
81129230	未锻轧铟、铟废碎料、粉末	3	0	0		0	0	0	0	0	0	0	0
81129240	未锻轧铌、铌废碎料、粉末	3	0	0		0	0	0	0	0	0	0	0
81129290	未锻轧的未列名贱金属及其制品	3	0	0		0	0	0	0	0	0	0	0
81129910	锗及其制品	3	0	0		0	0	0	0	0	0	0	0
81129920	钒及其制品	3	0	0		0	0	0	0	0	0	0	0
81129930	锻扎铟及其制品	8	5	0		0	0	0	0	0	1.6	1.6	0
81129940	锻扎铌及其制品	8	5	0		0	0	0	0	0	1.6	1.6	0
81129990	锻轧的未列名贱金属及其制品	8	0	0		0	0	0	0	0	1.6	1.6	0
81130010	金属陶瓷颗粒、粉末	8.4	5	0		0	0	0	0	0	1.7		0
81130090	其他金属陶瓷及其制品，包括废碎料	8.4	5	0		0	0	0	0	0	1.7		0
82011000	锹及铲	8	5	0		0	0	0	0	0	1.6	1.6	0

税则号列 Tariff Item	商品名称（简称） Article Description	最惠国税率（%） M. F. N.	协定税率（%）Conventional										
			巴基斯坦 Pakistan	智利 Chile	新加坡 Singapore	新西兰 New Zealand	秘鲁 Peru	哥斯达黎加 Costa Rica	瑞士 Switzerland	冰岛 Iceland	澳大利亚 Australia	韩国 Korea	格鲁吉亚 Georgia
82013000	镐、锄、耙	8	5	0		0	0	0	0	0	1.6	1.6	0
82014000	斧子、钩刀及类似砍伐工具	8	5	0		0	0	0	0	0	1.6	1.6	0
82015000	修枝剪等单手操作农用剪	8	5	0		0	0	0	0	0	1.6	1.6	0
82016000	修枝等双手操作农用剪	8	5	0		0	0	0	0	0	1.6	1.6	0
82019010	农用叉	8	5	0		0	0	0	0	0	1.6	1.6	0
82019090	其他农业、园艺、林业用手工工具	8	5	0		0	0	0	0	0	1.6	4.8	0
82021000	手工锯	8.4	5	0		0	0	0	0	0	1.7	5	0
82022010	双金属带锯条	8	5	0		0	0	0	4	0	1.6	4.8	0
82022090	其他带锯片手工锯	8	5	0		0	0	0	4	0	1.6	4.8	0
82023100	带有钢制工作部件的圆锯片	8	5	0		0	0	0	0	0	1.6	4.8	0
82023910	带有天然或合成金刚石、立方氮化硼制工作部件的圆锯片	8	5	0		0	0	0	0	0	1.6	1.6	0
82023990	其他圆锯片，包括部件	8	5	0		0	0	0	0	0	1.6	1.6	0
82024000	链锯片	8	5	0		0	0	0	4	0	1.6	1.6	0
82029110	加工金属用的机械锯的直锯片	8	5	0		0	0	0	4	0	1.6	4.8	0
82029190	加工金属用的非机械锯的直锯片	8	5	0		0	0	0	4	0	1.6	1.6	0
82029910	机械锯用的其他锯片	8.4	5	0		0	0	0	4.2	0	1.7	5	0
82029990	非机械锯用的其他锯片	10.5	5	0	0	0	0	0	5.2	0	2.1	6.3	0
82031000	钢锉、木锉及类似工具	10.5	5	0	0	0	0	0	5.2	0	2.1	6.3	0
82032000	钳子、镊子及类似工具	10.5		0	0	0	0	0	5.2	0	2.1	6.3	0
82033000	白铁剪及类似工具	10.5	5	0	0	0	0	0	5.2	0	2.1	6.3	0
82034000	切管器、螺栓切头器、打孔冲子等	10.5	5	0	0	0	0	0	5.2	0	2.1	6.3	0
82041100	固定式的手动扳手及板钳	10.5	5	0	0	0	0	0	5.2	0	2.1	6.3	0
82041200	可调式的手动扳手及板钳	10	5	0		0	0	0	0	0	2	6	0
82042000	可互换的扳手套筒	10	5	0		0	0	0	0	0	2	6	0
82051000	手工钻孔或攻丝工具	10	5	0		0	0	0	0	0	2	6	0
82052000	手工锤子	10	5	0		0	0	0	0	0	2	6	0
82053000	木工用刨子、凿子及类似切削工具	10.5	5	0	0	0	0	0	5.2	0	2.1	6.3	0
82054000	手工螺丝刀	10.5	5	0	0	0	0	0	5.2	0	2.1	6.3	0
82055100	其他家用手工工具	10.5	5	0	0	0	0	0	5.2	0	2.1	6.3	0
82055900	其他手工工具	10	5	0		0	0	0	5	0	2	6	0
82056000	喷灯	10	5	0		0	0	0	5	0	2	6	0
82057000	台钳、夹钳及类似品	10.5	5	0	0	0	0	0	6.5	0	2.1	6.3	0
82059000	成套手工工具	10.5	5	0	0	0	0	0	5.2	0	2.1	6.3	0

税则号列 Tariff Item	商品名称（简称） Article Description	最惠国税率（%） M. F. N.	协定税率（%） Conventional										
			巴基斯坦 Pakistan	智利 Chile	新加坡 Singapore	新西兰 New Zealand	秘鲁 Peru	哥斯达黎加 Costa Rica	瑞士 Switzerland	冰岛 Iceland	澳大利亚 Australia	韩国 Korea	格鲁吉亚 Georgia
82060000	成套工具组成的零售包装货品	10.5	5	0	0	0	0	0	6.1	0	2.1	6.3	0
82071300	带金属陶瓷工作部件的凿岩工具	8	5	0		0	0	0	0	0	1.6	1.6	0
82071910	带超硬材料部件的凿岩或钻探工具	8	5	0		0	0	0	0	0	1.6	1.6	0
82071990	带其他材料工作部件的凿岩工具	8	5	0		0	0	0	0	0	1.6	4.8	0
82072010	带超硬部件的金属拉拔或挤压用模	8	5	0		0	0	0	0	0	1.6	1.6	0
82072090	其他金属拉拔或挤压用模	8	5	0		0	0	0	4	0	1.6	1.6	0
82073000	锻压或冲压工具	8	5	0		0	0	0	0	0	1.6	5.8	0
82074000	攻丝工具	8	5	0		0	0	0	0	0	1.6		0
82075010	带超硬材料部件的钻孔工具	8	5	0		0	0	0	0	0	1.6		0
82075090	带其他材料工作部件的钻孔工具	8	5	0		0	0	0	0	0	1.6		0
82076010	带超硬材料部件的镗孔或铰孔工具	8	5	0		0	0	0	0	0	1.6		0
82076090	其他镗孔或铰孔工具	8	5	0		0	0	0	0	0	1.6	5.8	0
82077010	带有天然或合成金刚石、立方氮化硼制的工作部件的铣削工具	8	5	0		0	0	0	0	0	1.6		0
82077090	其他铣削工具	8	5	0		0	0	0	0	0	1.6		0
82078010	带有天然或合成金刚石、立方氮化硼制的车削工具	8	5	0		0	0	0	0	0	1.6	5.7	0
82078090	其他车削工具	8	5	0		0	0	0	0	0	1.6	5.7	0
82079010	带超硬材料部件的其他可互换工具	8	5	0		0	0	0	0	0	1.6	5.7	0
82079090	其他可互换工具	8	5	0		0	0	0	4	0	1.6	5.7	0
82081011	经镀或涂层的硬质合金制的金工机械用刀及刀片	8	5	0		0	0	0	4	0	1.6	5.8	0
82081019	其他硬质合金制的金工机械用刀及刀片	8	5	0		0	0	0	4	0	1.6	5.8	0
82081090	其他金工机械用刀及刀片	8	5	0		0	0	0	4	0	1.6	5.8	0
82082000	木工机械用刀及刀片	8	5	0		0	0	0	0	0	1.6	1.6	0
82083000	厨房或食品加工机器用刀及刀片	8	5	0		0	0	0	0	0	1.6	4.8	0
82084000	农、林业机器用刀及刀片	8	5	0		0	0	0	4	0	1.6	1.6	0
82089000	其他机器或机械器具用刀及刀片	8	5	0		0	0	0	4	0	1.6	1.6	0
82090010	未装配的工具用金属陶瓷板	8	5	0		0	0	0	0	0	1.6	4.8	0

税则号列 Tariff Item	商品名称（简称） Article Description	最惠国税率（%） M. F. N.	协定税率（%）Conventional										
			巴基斯坦 Pakistan	智利 Chile	新加坡 Singapore	新西兰 New Zealand	秘鲁 Peru	哥斯达黎加 Costa Rica	瑞士 Switzerland	冰岛 Iceland	澳大利亚 Australia	韩国 Korea	格鲁吉亚 Georgia
82090021	晶粒度小于0.8微米的金属陶瓷条、杆	8	5	0		0	0	0	4	0	1.6	1.6	0
82090029	其他未装配的工具用金属陶瓷条、杆	8	5	0		0	0	0	4	0	1.6	1.6	0
82090030	未装配的工具用金属陶瓷刀头	8	5	0		0	0	0	0	0	1.6	5.8	0
82090090	其他未装配的工具用金属陶瓷类似品	8	5	0		0	0	0	0	0	1.6	1.6	0
82100000	加工调制食品、饮料用手动机械	18	14.4	0	0	0	1.8	0	9	0	3.6	10.8	0
82111000	以刀为主的成套货品	18	0	0	0	0	1.8	0	9	0	3.6	10.8	0
82119100	刃面固定的餐刀	18	0	0	0	0	1.8	0	9	0	3.6	10.8	0
82119200	刃面固定的其他刀	12	0	0	0	0	0	0	7	0	2.4	7.2	0
82119300	可换刃面刀	18	0	0	0	0	1.8	0	0	0	3.6	10.8	0
82119400	税目82.11所列刀的刀片	14	0	0	0	0	0	0	7	0	2.8	8.4	0
82119500	贱金属制的刀柄	12	0	0	0	0	0	0	7.4	0	2.4	7.2	0
82121000	剃刀	12	0	0	0	0	0	0	6	0	2.4	7.2	0
82122000	安全剃刀片	14	0	0	0	0	0	0	7	0	2.8	8.4	0
82129000	剃刀零件	12	0	0	0	0	0	0	6	0	2.4	7.2	0
82130000	剪刀、裁缝剪刀及类似品、剪刀片	12	0	0	0	0	0	0	6	0	2.4	7.2	0
82141000	裁纸刀、信刀、铅笔刀及刀片	12	5	0	0	0	0	0	6	0	2.4	7.2	0
82142000	修指甲及修脚用具（包括指甲锉）	18	16.2	0	0	0	1.8	0	9	0	3.6	10.8	0
82149000	理发推子、切菜刀等其他利口器	18		0	0	0	1.8	0	9	0	3.6	10.8	0
82151000	成套含镀贵金属制厨房或餐桌用具	18	0	0	0	0	1.8	0	9	0	3.6	10.8	0
82152000	成套的其他厨房或餐桌用具	18	0	0	0	0	1.8	0	9	0	3.6	10.8	0
82159100	非成套镀贵金属制厨房或餐桌用具	18	0	0	0	0	1.8	0	9	0	3.6	10.8	0
82159900	其他非成套的厨房或餐桌用具	18	0	0	0	0	1.8	0	9	0	3.6	10.8	0
83011000	挂锁	14	11.2	0	0	0	0	0	7	0	2.8	8.4	0
83012010	机动车用中央控制门锁	10		0		0	0	0	0	0	2	8	0
83012090	其他机动车用锁	10		0		0	0	0	0	0	2	8	0
83013000	家具用锁	14	11.2	0	0	0	0	0	7	0	2.8	8.4	0
83014000	其他锁	14	11.2	0	0	0	0	0	7	0	2.8	8.4	0
83015000	带锁的扣环及扣环框架	14	11.2	0	0	0	0	0	7	0	2.8	8.4	0
83016000	锁零件	12	6	0	0	0	0	0	6	0	2.4	7.2	0
83017000	钥匙	10	5	0		0	0	0	0	0	2	7.3	0

税则号列 Tariff Item	商品名称（简称） Article Description	最惠国税率（%） M. F. N.	协定税率（%）Conventional										
			巴基斯坦 Paki-stan	智利 Chile	新加坡 Singa-pore	新西兰 New Zealand	秘鲁 Peru	哥斯达黎加 Costa Rica	瑞士 Switze-rland	冰岛 Iceland	澳大利亚 Austr-alia	韩国 Korea	格鲁吉亚 Georgia
83021000	铰链（折叶）	10	5	0		0	0	0	0	0	2	2	0
83022000	用贱金属支架的小脚轮	12	6	0	0	0	0	0	6	0	2.4	7.2	0
83023000	机动车辆用贱金属附件及架座	10	5	0		0	0	0	0	0	2	7.3	0
83024100	建筑用贱金属配件及架座	14	11.2	0	0	0	0	0	7	0	2.8	8.4	0
83024200	家具用贱金属配件及架座	12	6	0	0	0	0	0	6	0	2.4	7.2	0
83024900	其他用贱金属配件及架座	12	6	0	0	0	0	0	6	0	2.4	7.2	0
83025000	帽架、帽钩、托架及类似品	14	11.2	0	0	0	0	0	7	0	2.8	8.4	0
83026000	自动闭门器	12	6	0	0	0	0	0	6	0	2.4	7.2	0
83030000	保险箱、柜、保险库的门	14	11.2	0	0	0	0	0	7	0	2.8	8.4	0
83040000	贱金属档案柜、文件箱等办公用具	10.5	5	0	0	0	0	0	5.2	0	2.1	6.3	0
83051000	活页夹或宗卷夹的附件	10.5	5	0	0	0	0	0	5.2	0	2.1	6.3	0
83052000	成条订书钉	10.5	5	0	0	0	0	0	5.2	0	2.1	6.3	0
83059000	信夹、信角、文件夹等办公用品	10.5	5	0	0	0	0	0	5.2	0	2.1	6.3	0
83061000	非电动铃、钟、锣及其类似品	8	5	0		0	0	0	0	0	1.6	4.8	0
83062100	镀贵金属的雕塑像及其他装饰品	8	5	0		0	0	0	0	0	1.6	1.6	0
83062910	景泰蓝雕塑像及其他装饰品	8	5	0		0	0	0	0	0	1.6	1.6	0
83062990	其他雕塑像及其他装饰品	8	5	0	0	0	0	0	0	0	1.6	4.8	0
83063000	相框、画框及类似框架、镜子	8	5	0		0	0	0	0	0	1.6	4.8	0
83071000	钢铁制软管，可有配件	8.4	5	0		0	0	0	4.2	0	1.7	5	0
83079000	其他贱金属软管，可有配件	8.4	5	0		0	0	0	0	0	1.7	5	0
83081000	贱金属制钩、环及眼	10.5	5	0	0	0	0	0	5.2	0	2.1	8.4	0
83082000	贱金属制管形铆钉及开口铆钉	10.5	5	0	0	0	0	0	5.2	0	2.1	6.3	0
83089000	贱金属制珠子及亮晶片	10.5	5	0	0	0	0	0	5.2	0	2.1	8.4	0
83091000	贱金属制冠形瓶塞	18	14.4	0	0	0	0	0	9	0	3.6	10.8	0
83099000	盖子、瓶帽、螺口塞、封志等包装用配件	12	6	0	0	0	0	0	6	0	2.4	7.2	0
83100000	标志牌、铭牌、号码、字母等标志	18		0	0	0	1.8	0	9	0	3.6	10.8	0
83111000	焊剂涂面的贱金属电极、电弧焊用	8	5	0		0	0	0	0	0	1.6	1.6	0
83112000	以焊剂为芯的贱金属制焊丝	8	5	0		0	0	0	0	0	1.6	5.8	0
83113000	以焊剂涂面或作芯的贱金属条或丝	8	5	0		0	0	0	0	0	1.6		0

税则号列 Tariff Item	商品名称（简称） Article Description	最惠国税率（%） M. F. N.	协定税率（%）Conventional										
			巴基斯坦 Pakistan	智利 Chile	新加坡 Singapore	新西兰 New Zealand	秘鲁 Peru	哥斯达黎加 Costa Rica	瑞士 Switzerland	冰岛 Iceland	澳大利亚 Australia	韩国 Korea	格鲁吉亚 Georgia
83119000	贱金属黏聚成的丝或条	8	5	0		0	0	0	0	0	1.6	1.6	0
84011000	核反应堆	2	0	0		0	0	0	0	0	0	0	0
84012000	同位素分离机器及装置及其零件	1	0	0		0	0	0	0	0	0	0	0
84013010	未辐照燃料元件（释热元件）	2	0	0		0	0	0	0	0	0	0	0
84013090	未辐照燃料元件的零件	1	0	0		0	0	0	0	0	0	0	0
84014010	未辐照相关组件	1	0	0		0	0	0	0	0	0	0	0
84014020	堆内构件	1	0	0		0	0	0	0	0	0	0	0
84014090	其他核反应堆零件	1	0	0		0	0	0	0	0	0	0	0
84021110	蒸发量≥900 吨/时发电锅炉	3	0	0		0	0	0	0	0	0	0	0
84021190	900 吨/时＞蒸发量＞45 吨/时的发电锅炉	14	7	0	0	0	0	0	7	0	2.8	8.4	0
84021200	蒸发量≤45 吨/时水管锅炉	5	0	0		0	0	0	0	0	0	3.6	0
84021900	其他蒸汽锅炉	5	0	0		0	0	0	0	0	0	3.6	0
84022000	过热水锅炉	16	12.8	0	0	0	1.6	0	8	0	3.2	9.6	0
84029000	蒸汽锅炉及过热水锅炉的零件	2	0	0		0	0	0	0	0	0	0	0
84031010	家用型集中供暖用热水锅炉	10	5	0		0	0	0	0	0	2	6	0
84031090	其他集中供暖用的热水锅炉	10	5	0		0	0	0	0	0	2	6	0
84039000	集中供暖用热水锅炉的零件	6	5	0		0	0	0	0	0	1.2	3.6	0
84041010	蒸汽锅炉、过热水锅炉的辅助设备	7	0	0		0	0	0	3.5	0	1.4	1.4	0
84041020	集中供暖用热水锅炉的辅助设备	10	5	0		0	0	0	0	0	2	6	0
84042000	水及其他蒸汽动力装置的冷凝器	14	11.2	0	0	0	0	0	7	0	2.8	8.4	0
84049010	集中供暖热水锅炉辅助设备的零件	10	0	0		0	0	0	0	0	2	2	0
84049090	其他辅助设备用零件	7	0	0		0	0	0	0	0	1.4	0	0
84051000	煤气、乙炔及类似水解气体发生器	14	11.2	0	0	0	0	0	7	0	2.8	11.2	0
84059000	煤气、乙炔等气体发生器的零件	8	5	0		0	0	0	0	0	1.6	1.6	0
84061000	船舶动力用汽轮机	5	0	0		0	0	0	0	0	0	3	0
84068110	40 兆瓦＜输出功率≤100 兆瓦的汽轮机	5	0	0		0	0	0	0	0	0	1	0
84068120	100 兆瓦＜输出功率≤350 兆瓦的汽轮机	5	0	0		0	0	0	0	0	0	1	0

税则号列 Tariff Item	商品名称（简称） Article Description	最惠国税率（%） M. F. N.	协定税率（%） Conventional										
			巴基斯坦 Paki-stan	智利 Chile	新加坡 Singa-pore	新西兰 New Zealand	秘鲁 Peru	哥斯达黎加 Costa Rica	瑞士 Switze-rland	冰岛 Iceland	澳大利亚 Austr-alia	韩国 Korea	格鲁吉亚 Georgia
84068130	输出功率＞350 兆瓦的汽轮机	6	5	0		0	0	0	0	0	1.2	1.2	0
84068200	输出功率≤40 兆瓦的汽轮机	5	0	0		0	0	0	3.1	0	0	1	0
84069000	汽轮机用的零件	2	0	0		0	0	0	1	0	0	0	0
84071010	输出功率≤298 千瓦航空器点燃式发动机	2	0	0		0	0	0	0	0	0	0	0
84071020	输出功率＞298 千瓦航空器点燃式发动机	2	0	0		0		0	0	0	0	0	0
84072100	船舶用舷外点燃式发动机	8	5	0		0	0	0	0	0	1.6		0
84072900	船舶用其他未列名点燃式发动机	8	5	0		0	0	0	0	0	1.6		0
84073100	排气量≤50 毫升往复式活塞发动机	10	5	0		0	0	0	0	0	2	8	0
84073200	50 毫升＜排气量≤250 毫升往复式活塞发动机	10	5	0		0	0	0	0	0	2	8	0
84073300	250 毫米＜排气量≤1000 毫升往复式活塞发动机	10	8	0	0	0	0	0	0	0	2	8	0
84073410	1000 毫米＜排气量≤3000 毫升往复式活塞发动机	10	7	0		0		0	0	0	2	8	0
84073420	排气量＞3000 毫升往复式活塞发动机	10	7	0		0		0	0	0	2	8	0
84079010	沼气发动机	12	6	0	0	0	0	0	6	0	2.4	7.2	0
84079090	其他点燃往复或旋转式内燃发动机	18		0	0	0	1.8	0	9	0	3.6	13.2	0
84081000	船舶用压燃式内燃发动机	5	0	0	0	0	0	0	0	0	0	3	0
84082010	输出功率≥132.39 千瓦车用柴油发动机	9	6.3	0		0	0	0	0	0	1.8	6.6	0
84082090	输出功率＜132.39 千瓦车用柴油发动机	25	17.5	0		0		0		0	5	20	0
84089010	机车用柴油发动机	6	0	0		0	0	0	0	0	1.2	1.2	0
84089091	功率≤14 千瓦其他用柴油发动机	5	0	0		0	0	0	0	0	0	3.6	0
84089092	14 千瓦＜功率＜132.39 千瓦其他柴油发动机	8.4	5	0		0	0	0	0	0	1.7	6.1	0
84089093	功率≥132.39 千瓦其他用柴油发动机	5	0	0		0	0	0	0	0	0	3.6	0
84091000	航空器发动机用零件	2	0	0		0	0	0	0	0	0	0	0
84099110	船舶用点燃式发动机专用零件	6	0	0		0	0	0	0	0	1.2	4.3	0
84099191	电控燃油喷射装置	5	0	0	0	0	0	0	0	0	0	3.6	0
84099199	其他点燃式活塞内燃发动机用零件	5	0	0	0	0	0	0	2.5	0	0	3	0

税则号列 Tariff Item	商品名称（简称） Article Description	最惠国税率（%） M. F. N.	协定税率（%） Conventional										
			巴基斯坦 Pakistan	智利 Chile	新加坡 Singapore	新西兰 New Zealand	秘鲁 Peru	哥斯达黎加 Costa Rica	瑞士 Switzerland	冰岛 Iceland	澳大利亚 Australia	韩国 Korea	格鲁吉亚 Georgia
84099910	其他船舶发动机专用零件	5	0	0	0	0	0	0	2.5	0	0	3.6	0
84099920	其他机车发动机专用零件	2	0	0		0	0	0	0	0	0	0	1.6
84099991	功率≥132.39千瓦发动机的专用零件	2	0	0		0	0	0	0	0	0	1.2	0
84099999	其他未列名发动机的专用零件	8.4	5	0	0	0	0	0	0	0	1.7	6.1	0
84101100	功率≤1000千瓦的水轮机及水轮	10	5	0		0	0	0	0	0	2	6	0
84101200	1000千瓦<功率≤1万千瓦的水轮机及水轮	10	5	0	0	0	0	0	0	0	2	6	0
84101310	功率>3万千瓦的冲击式水轮机及水轮	10	5	0	0	0	0	0	0	0	2	6	0
84101320	功率>3.5万千瓦的贯流水轮机及水轮	10	5	0	0	0	0	0	0	0	2	6	0
84101330	功率>20万千瓦的水泵式水轮机及水轮	10	5	0		0	0	0	0	0	2	6	0
84101390	其他功率>1万千瓦的水轮机及水轮	10	5	0		0	0	0	0	0	2	6	0
84109010	水轮机及水轮的调节器	6	5	0		0	0	0	0	0	1.2	1.2	0
84109090	水轮机及水轮的其他零件	6	5	0		0	0	0	0	0	1.2	3.6	0
84111110	推力≤25千牛顿的涡轮风扇发动机	1	0	0		0	0	0	0	0	0	0	0
84111190	推力≤25千牛顿的其他的涡轮喷气发动机	1	0	0		0	0	0	0	0	0	0	0
84111210	推力>25千牛顿的涡轮风扇发动机	1	0	0		0	0	0	0	0	0	0	0
84111290	推力>25千牛顿的其他涡轮喷气发动机	1	0	0		0	0	0	0	0	0	0	0
84112100	功率≤1100千瓦的涡轮螺桨发动机	2	0	0		0	0	0	0	0	0	0	0
84112210	1100千瓦<功率≤2238千瓦涡轮螺桨发动机	2	0	0		0	0	0	0	0	0	0	0
84112220	2238千瓦<功率≤3730千瓦涡轮螺桨发动机	2	0	0		0	0	0	0	0	0	0	0
84112230	功率>3730千瓦涡轮螺桨发动机	2	0	0		0	0	0	0	0	0	0	0
84118100	功率≤5000千瓦的其他燃气轮机	15	12	0	0	0	1.5	0	7.5	0	3	9	0
84118200	功率>5000千瓦的其他燃气轮机	3	0	0		0	0	0	0	0	0	0	0
84119100	涡轮喷气或涡轮螺桨发动机用零件	1	0	0		0	0	0	0	0	0	0	0
84119910	涡轮轴发动机用零件	5	0	0		0	0	0	0	0	0	0	0
84119990	其他燃气轮机用零件	5	0	0		0	0	0	0	0	0	3	0

税则号列 Tariff Item	商品名称（简称） Article Description	最惠国税率（%） M. F. N.	协定税率（%）Conventional										
			巴基斯坦 Pakistan	智利 Chile	新加坡 Singapore	新西兰 New Zealand	秘鲁 Peru	哥斯达黎加 Costa Rica	瑞士 Switzerland	冰岛 Iceland	澳大利亚 Australia	韩国 Korea	格鲁吉亚 Georgia
84121010	航空、航天器用喷气发动机	3	0	0		0	0	0	0	0	0	0	0
84121090	非航空、航天器用喷气发动机	10	5	0		0	0	0	0	0	2	6	0
84122100	直线作用的液压动力装置（液压缸）	12	6	0	0	0	1.2	0	6	0	2.4	9.6	0
84122910	液压马达	10	5	0	0	0	0	0	5	0	2	8	0
84122990	其他液压动力装置	14	11.2	0	0	0	0	0	7	0	2.8	10.2	0
84123100	直线作用的气压动力装置（气压缸）	14	7	0	0	0	0	0	0	0	2.8	2.8	0
84123900	其他气压动力装置	14	11.2	0	0	0	0	0	0	0	2.8	8.4	0
84128000	其他发动机及动力装置	10	5	0		0	0	0	0	0	2	6	0
84129010	航空、航天器用喷气发动机的零件	2	0	0		0	0	0	0	0	0	0	0
84129090	其他发动机及动力装置的零件	8	5	0		0	0	0	0	0	1.6	5.8	0
84131100	分装燃料或润滑油的泵	10	5	0	0	0	0	0	0	0	2	6	0
84131900	其他装有或可装计量装置的泵	10	5	0	0	0	0	0	5	0	2	8	0
84132000	手泵	10	5	0	0	0	0	0	0	0	2	6	0
84133021	输出功率在 132.39 千瓦（180 马力）及以上的发动机用燃油泵	3	0	0		0	0	0	0	0	0	0.6	0
84133029	其他燃油泵	3	0	0		0	0	0	0	0	0	0.6	0
84133030	润滑油泵	3	0	0		0	0	0	0	0	0	0.6	0
84133090	其他燃油泵、润滑油泵或冷却剂泵	3	0	0		0	0	0	0	0	0	0.6	0
84134000	混凝土泵	8	5	0		0	0	0	0	0	1.6	4.8	0
84135010	气动式往复式排液泵	10	5	0	0	0	0	0	0	0	2	7.3	0
84135020	电动式往复式排液泵	10	5	0	0	0	0	0	5.8	0	2	6	0
84135031	往复式柱塞泵	10	5	0	0	0	0	0	0	0	2	8	0
84135039	其他液压式往复泵	10	5	0	0	0	0	0	0	0	2	7.3	0
84135090	其他往复式排液泵	10	5	0	0	0	1	0	0	0	2	8	0
84136021	电动式齿轮回转泵	10	5	0	0	0	0	0	0		2	8	8
84136022	液压式齿轮回转泵	10	5	0		0	0	0	0	0	2	7.3	0
84136029	其他齿轮回转泵	10	5	0		0	0	0	0	0	2	6	0
84136031	电动式叶片回转泵	10	5	0		0	0	0	0	0	2	6	0
84136032	液压式叶片回转泵	10	5	0		0	0	0	0	0	2	8	0
84136039	其他叶片回转泵	10	5	0		0	0	0	0	0	2	8	0
84136040	螺杆回转泵	10	5	0		0	0	0	0	0	2	8	0
84136050	径向柱塞泵	10	5	0		0	0	0	0	0	2	8	0
84136060	轴向柱塞泵	10	5	0		0	0	0	0	0	2	7.3	0
84136090	其他回转式排液泵	10	5	0	0	0	0	0	5	0	2	7.3	0

税则号列 Tariff Item	商品名称（简称） Article Description	最惠国税率（%） M. F. N.	协定税率（%） Conventional										
			巴基斯坦 Pakistan	智利 Chile	新加坡 Singapore	新西兰 New Zealand	秘鲁 Peru	哥斯达黎加 Costa Rica	瑞士 Switzerland	冰岛 Iceland	澳大利亚 Australia	韩国 Korea	格鲁吉亚 Georgia
84137010	转速≥10000转/分离心泵	8	5	0		0	0	0	0	0	1.6	1.6	0
84137091	电动潜油泵及潜水电泵	10	5	0	0	0	0	0	0	0	2	6	0
84137099	其他离心泵	8	5	0		0	0	0	4	0	1.6	1.6	0
84138100	其他液体泵	8	0	0		0	0	0	4	0	1.6	1.6	0
84138200	液体提升机	8	5	0		0	0	0	5	0	1.6	4.8	0
84139100	液体泵用零件	5	0	0		0	0	0	2.5	0	0	0	0
84139200	液体提升机用零件	6	5	0		0	0	0	0	0	1.2	1.2	0
84141000	真空泵	8	5	0		0	0	0	4	0	1.6	4.8	0
84142000	手动或脚踏式泵	8	5	0		0	0	0	0	0	1.6	1.6	0
84143011	功率≤0.4千瓦的冷藏、冷冻箱用压缩机	8	5	0	0	0	0	0	0	0	1.6	5.8	0
84143012	0.41千瓦<功率≤5千瓦的冷藏、冷冻箱用压缩机	10	5	0	0	0	1	0	0	0	2	8	0
84143013	0.4千瓦<功率≤5千瓦的空气调节器用压缩机	10	5	0	0	0	1	0	0	0	2	2	0
84143014	功率>5千瓦的空气调节器用压缩机	10	5	0	0	0	1	0	0	0	2	6	0
84143015	冷藏或冷冻设备用，电动机额定功率超过5千瓦的电动机驱动压缩机	10	5	0		0	1	0	0	0	2	6	0
84143019	其他制冷设备用压缩机	10	5	0	0	0	1	0	0	0	2	8	0
84143090	非电机驱动的压缩机	9	5	0	0	0	0	0	0	0	1.8	6.6	7.2
84144000	装在拖车底盘上的空气压缩机	8	5	0		0	0	0	0	0	1.6	4.8	0
84145110	功率≤125瓦的吊扇	20		0	0	0	2	0	10	0	4	14.6	0
84145120	功率≤125瓦的换气扇	20		0	0	0	2	0	10	0	4	14.6	0
84145130	功率≤125瓦，有旋转导风轮的风扇	12	6	0	0	0	0	0	6	0	2.4	7.2	0
84145191	功率≤125瓦的台扇	10	5	0		0	0	0	0	0	2	6	0
84145192	功率≤125瓦的落地扇	10	5	0		0	0	0	0	0	2	6	0
84145193	功率≤125瓦的壁扇	10	5	0		0	0	0	0	0	2	6	0
84145199	功率≤125瓦其他风扇、风机	10	5	0	0	0	0	0	0	0	2	6	0
84145910	其他吊扇	8	5	0		0	0	0	0	0	1.6	1.6	0
84145920	其他换气扇	8	5	0		0	0	0	0	0	1.6	1.6	0
84145930	离心通风机	10	5	0	0	0	1	0	0	0	2	2	0
84145990	其他扇，风机	8	5	0		0	0	0	4	0	1.6	1.6	0
84146010	抽油烟机	10	5	0		0	0	0	0	0	2	6	0
84146090	罩最大边长≤120厘米的通风罩或循环气罩	10	5	0	0	0	0	0	0	0	2	6	0
84148010	燃气轮机用的自由活塞式发电机	8	5	0		0	0	0	0	0	1.6	1.6	0

税则号列 Tariff Item	商品名称（简称） Article Description	最惠国税率（%） M. F. N.	协定税率（%）Conventional										
			巴基斯坦 Pakistan	智利 Chile	新加坡 Singapore	新西兰 New Zealand	秘鲁 Peru	哥斯达黎加 Costa Rica	瑞士 Switzerland	冰岛 Iceland	澳大利亚 Australia	韩国 Korea	格鲁吉亚 Georgia
84148020	二氧化碳压缩机	7	0	0		0	0	0	0	0	1.4	4.2	0
84148030	发动机用增压器	7	0	0		0		0		0	1.4	5.1	0
84148040	空气及其他气体压缩机	7	0	0		0	0	0	4.3	0	1.4	0	0
84148090	其他气体压缩机及通风罩或循环气罩	7	0	0		0	0	0	4.3	0	1.4	0	5.6
84149011	用于制冷设备的压缩机进、排气阀片	8	5	0		0	0	0	0	0	1.6	1.6	0
84149019	其他用于制冷设备的压缩机零件	8	5	0		0	0	0	4	0	1.6	0	0
84149020	风机、风扇、通风罩及循环气罩零件	12	6	0	0	0	1.2	0	6	0	2.4	7.2	0
84149090	税目84.14其他所列机器零件	7	5	0		0	0	0	4.3	0	1.4	0	0
84151010	独立窗式或壁式空气调节器	15	7.5	0	0	0	1.5	0	7.5	0	3	9	0
84151021	分体式制冷量制冷量≤4千大卡/时窗式或壁式空气调节器	15	7.5	0	0	0	1.5	0	7.5	0	3	9	0
84151022	分体式制冷量制冷量＞4千大卡/时窗式或壁式空气调节器	15	7.5	0	0	0	1.5	0	7.5	0	3	9	0
84152000	机动车辆上供人使用的空气调节器	20		0		0		0	10	0	4	16	0
84158110	制冷量≤4千大卡/时热泵式空调器	15	12	0	0	0	1.5	0	7.5	0	3	9	0
84158120	制冷量＞4千大卡/时热泵式空调器	20		0	0	0	2	0	10	0	4	16	0
84158210	制冷量≤4千大卡/时的其他空调器	15	12	0	0	0	1.5	0	7.5	0	3		0
84158220	制冷量＞4千大卡/时的其他空调器	20		0	0	0	2	0	10	0	4		0
84158300	未装有制冷装置的空调器	10	5	0	0	0	0	0	0	0	2	6	0
84159010	制冷量≤4千大卡/时等空调的零件	10	5	0	0	0	0	0	0	0	2	6	0
84159090	制冷量＞4千大卡/时等空调的零件	10	5	0	0	0	0	0	0	0	2	6	0
84161000	使用液体燃料的炉用燃烧器	10	5	0	0	0	0	0	0	0	2	6	0
84162011	使用天然气的燃烧器	10.5	5	0	0	0	0	0	5.2	0	2.1	6.3	0
84162019	其他使用气体燃料的炉用燃烧器	10.5	5	0	0	0	0	0	5.2	0	2.1	6.3	0
84162090	使用粉状固体燃料的炉用燃烧器	10.5	5	0	0	0	0	0	0	0	2.1	6.3	0
84163000	机械加煤机及类似装置	8.4	5	0		0	0	0	0	0	1.7	1.6	0

税则号列 Tariff Item	商品名称（简称） Article Description	最惠国税率（%） M. F. N.	协定税率（%） Conventional										
			巴基斯坦 Pakistan	智利 Chile	新加坡 Singapore	新西兰 New Zealand	秘鲁 Peru	哥斯达黎加 Costa Rica	瑞士 Switzerland	冰岛 Iceland	澳大利亚 Australia	韩国 Korea	格鲁吉亚 Georgia
84169000	炉用燃烧器、机械加煤机等的零件	6	5	0		0	0	0	0	0	1.2	1.2	0
84171000	矿砂、金属的热处理用炉及烤箱	10	5	0	0	0	0	0	0	0	2	6	0
84172000	面包房用烘箱，包括做饼干用的烘箱	10	5	0		0	0	0	0	0	2	6	0
84178010	炼焦炉	10	5	0		0	0	0	0	0	2	6	0
84178020	放射性废物焚烧炉	5	0	0		0	0	0	0	0	0	1	0
84178030	水泥回转窑	10	5	0	0	0	0	0	0	0	2	6	0
84178040	石灰石分解炉	10	5	0		0	0	0	0	0	2	6	0
84178050	垃圾焚烧炉	10	5	0	0	0	0	0	5.8	0	2	8	0
84178090	其他非电热的工业用炉及烘箱	10	5	0	0	0	0	0	5.8	0	2	8	0
84179010	海绵铁回转窑的零件	7	5	0		0	0	0	0	0	1.4	1.4	0
84179020	炼焦炉的零件	7	5	0		0	0	0	0	0	1.4	1.4	0
84179090	其他非电热工业用炉及烘箱的零件	7	5	0		0	0	0	3.5	0	1.4	1.4	0
84181010	容积＞500升冷藏－冷冻组合机	10	5	0	0	0	1	0	0	0	2	8	0
84181020	200升＜容积≤500升冷藏－冷冻组合机	15	12	0	0	0	1.5	0	7.5	0	3	9	0
84181030	容积≤200升冷藏－冷冻组合机	15	12	0	0	0	1.5	0	7.5	0	3		0
84182110	容积＞150升压缩式家用型冷藏箱	10	5	0	0	0	0	0	0	0	2	6	0
84182120	50升＜容积≤150升压缩式家用型冷藏箱	10	5	0	0	0	0	0	0	0	2	6	0
84182130	容积≤50升压缩式家用型冷藏箱	10	5	0	0	0	0	0	0	0	2	6	0
84182910	半导体制冷式家用型冷藏箱	30		0	0	0	3	0	15	0	6		0
84182920	电气吸收式家用型冷藏箱	15	12	0	0	0	1.5	0	7.5	0	3	9	0
84182990	其他家用型冷藏箱	30		0	0	0	3	0	15	0	6		0
84183010	制冷温度≤－40℃，容积≤800升柜式冷冻箱	9	5	0		0	0	0	0	0	1.8		0
84183021	制冷温度＞－40℃，容积500～800升柜式冷冻箱	23		0	0	0	2.3	0	11.5	0	4.6	18.4	0
84183029	制冷温度＞－40℃，容积≤500升柜式冷冻箱	30		0	0	0	3	0	18.6	0	6		0
84184010	制冷温度≤－40℃，容积≤900升立式冷冻箱	9	5	0		0	0	0	0	0	1.8		0
84184021	制冷温度＞－40℃，容积500～900升立式冷冻箱	15	12	0	0	0	1.5	0	7.5	0	3		0

税则号列 Tariff Item	商品名称（简称） Article Description	最惠国税率（%） M. F. N.	协定税率（%） Conventional										
			巴基斯坦 Pakistan	智利 Chile	新加坡 Singapore	新西兰 New Zealand	秘鲁 Peru	哥斯达黎加 Costa Rica	瑞士 Switzerland	冰岛 Iceland	澳大利亚 Australia	韩国 Korea	格鲁吉亚 Georgia
84184029	制冷温度＞－40℃，容积≤500 升立式冷冻箱	30		0	0	0	3	0		0	6		0
84185000	其他装有冷藏或冷冻装置的柜、箱、展示台	10	5	0	0	0	1	0	0	0	2	6	0
84186120	压缩式热泵，税目 84.15 的空气调节器除外	10	5	0	0	0	0	0	0	0	2	6	0
84186190	其他热泵，税目 84.15 的空气调节器除外	15	7	0	0	0	1.5	0	7.5	0	3	9	0
84186920	其他制冷机组	10	5	0	0	0	0	0	0	0	2	6	0
84186990	其他制冷设备	10	5	0	0	0	1	0	5	0	2	6	0
84189100	冷藏或冷冻设备用特制家具零件	18	14.4	0	0	0	1.8	0	9	0	3.6	10.8	0
84189910	制冷机组及热泵用零件	10	5	0	0	0	1	0	0	0	2	6	0
84189991	制冷温度≤－40℃冷冻设备零件	9.5	5	0		0	0	0	0	0	1.9	1.9	0
84189992	制冷温度＞－40℃，容积＞500 升冷藏设备零件	10	5	0		0	1	0	0	0	2	6	0
84189999	税目 84.18 其他制冷设备用零件	10	5	0	0	0	1	0	0	0	2	6	0
84191100	燃气快速热水器	35		0	0	0	3.5	0	21.7	0	7	28	0
84191910	太阳能热水器	35		0	0	0	3.5	0	17.5	0	7		0
84191990	其他非电热的快速或贮备式热水器	35		0	0	0	3.5	0	21.7	0	7		0
84192000	医用或实验室用消毒器具	4	0	0		0	0	0	0	0	0	0	0
84193100	农产品干燥器	8	5	0		0	0	0	0	0	1.6	4.8	0
84193200	木材、纸浆、纸或纸板用干燥器	9	5	0		0	0	0	0	0	1.8	1.8	0
84193910	微空气流动陶瓷坯件干燥器	9	4.5	0		0	0	0	0	0	1.8	1.8	0
84193990	其他用途的干燥器	9	4.5	0		0	0	0	0	0	1.8	5.4	7.2
84194010	提净塔	10	5	0	0	0	0	0	0	0	2	6	0
84194020	精馏塔	10	5	0	0	0	0	0	0	0	2	6	0
84194090	其他蒸馏或精馏设备	10	5	0	0	0	0	0	0	0	2	6	0
84195000	热交换装置	10	5	0	0	0	1	0	5.8	0	2	2	0
84196011	制氧量≥15000 立方米/小时制氧机	12	6	0	0	0	0	0	6	0	2.4	7.2	0
84196019	制氧量＜15000 立方米/小时制氧机	13	6.5	0	0	0	0	0	6.5	0	2.6	7.8	0
84196090	其他液化空气或其他气体的机器	10	5	0	0	0	0	0	0	0	2	6	0
84198100	加工热饮料，烹调、加热食品的机器	10	5	0	0	0	1	0	0	0	2	6	0
84199090	税目 84.19 的其他机器设备用零件	4	0	0		0	0	0	0	0	0	0	0

税则号列 Tariff Item	商品名称（简称） Article Description	最惠国税率（%） M. F. N.	协定税率（%） Conventional										
			巴基斯坦 Pakistan	智利 Chile	新加坡 Singapore	新西兰 New Zealand	秘鲁 Peru	哥斯达黎加 Costa Rica	瑞士 Switzerland	冰岛 Iceland	澳大利亚 Australia	韩国 Korea	格鲁吉亚 Georgia
84201000	砑光机或其他滚压机器	8.4	5	0		0	0	0	0	0	1.7	1.6	0
84209100	砑光机或其他滚压机器的滚筒	8	5	0		0	0	0	0	0	1.6	1.6	0
84209900	砑光机或其他滚压机的未列名零件	8	5	0		0	0	0	0	0	1.6	1.6	0
84211100	奶油分离器	8.4	5	0		0	0	0	0	0	1.7	1.6	0
84211210	干衣量≤10 千克的离心干衣机	17.5	14	0	0	0	1.8	0	8.8	0	3.5	10.5	0
84211290	干衣量＞10 千克的离心干衣机	8	5	0		0	0	0	0	0	1.6	4.8	0
84211910	脱水机	10	5	0		0	0	0	0	0	2	6	0
84211920	固液分离机	10	5	0	0	0	0	0	0	0	2	6	0
84211990	其他离心机	10	5	0	0	0	0	0	5	0	2	6	0
84212110	家用型过滤或净化水的机器及装置	25	17.5	0	0	0	2.5	0	15.5	0	5	20	0
84212191	船舶压载水处理设备	5	0	0		0	0	0	0	0	0	3.6	0
84212199	其他过滤或净化水的装置	5	0	0		0	0	0	0	0	0	3.6	0
84212200	过滤或净化饮料的机器及装置	12	6	0	0	0	0	0	0	0	2.4	7.2	9.6
84212300	内燃发动机的燃油过滤器	10	5	0	0	0	1	0	0	0	2	6	0
84212910	其他压滤机	5	0	0		0	0	0	0	0	0	3	0
84212990	其他液体的过滤、净化机器及装置	5	0	0		0	0	0	2.5	0	0	0	0
84213100	内燃发动机的进气过滤器	10	5	0		0	1	0	0	0	2	8	0
84213910	家用型气体过滤、净化机器及装置	15	7.5	0	0	0	1.5	0	7.5	0	3	10.8	0
84213921	工业用静电除尘器	5	0	0		0	0	0	0	0	0	0	0
84213922	工业用袋式除尘器	5	0	0		0	0	0	0	0	0	1	0
84213923	工业用旋风式除尘器	5	0	0		0	0	0	0	0	0	0	0
84213924	电袋复合除尘器	5	0	0		0	0	0	0	0	0	3.6	0
84213929	工业用其他除尘器	5	0	0		0	0	0	0	0	0	3.6	0
84213930	内燃发动机排气过滤或净化装置	5	0	0		0	0	0	0	0	0	3.6	0
84213940	烟气脱硫装置	5	0	0		0	0	0	0	0	0	0	0
84213950	烟气脱硝装置	5	0	0		0	0	0	0	0	0	0	0
84213990	其他气体的过滤、净化机器及装置	5	0	0		0	0	0	0	0	0	3	0
84219910	家用型过滤、净化装置用零件	10	5	0	0	0	1	0	0	0	2	6	0
84219990	其他过滤、净化装置用零件	5	0	0		0	0	0	0	0	0	0	0
84221100	家用型洗碟机	10	5	0		0	0	0	0	0	2		0
84221900	非家用型洗碟机	14	11.2	0	0	0	0	0	0	0	2.8	8.4	0

税则号列 Tariff Item	商品名称（简称） Article Description	最惠国税率（%） M. F. N.	协定税率（%） Conventional										
			巴基斯坦 Paki-stan	智利 Chile	新加坡 Singa-pore	新西兰 New Zealand	秘鲁 Peru	哥斯达黎加 Costa Rica	瑞士 Switze-rland	冰岛 Iceland	澳大利亚 Austr-alia	韩国 Korea	格鲁吉亚 Georgia
84222000	瓶子及其他容器的洗涤或干燥机器	10	5	0	0	0	1	0	0	0	2	6	0
84223010	饮料及液体食品瓶装或罐装设备	12	5	0	0	0	0	0	6	0	2.4	7.2	0
84223021	水泥全自动灌包机	12	5	0	0	0	1.2	0	6	0	2.4	7.2	0
84223029	其他水泥包装机	12	5	0	0	0	1.2	0	6	0	2.4	7.2	0
84223030	其他包装机	10	5	0	0	0	1	0	0	0	2	2	0
84223090	其他装填密封等包封机器	10	5	0	0	0	1	0	0	0	2	2	0
84224000	其他包装或打包机器	10	5	0	0	0	1	0	0	0	2	6	0
84229010	洗碟机用零件	10.5	5	0	0	0	1	0	5.2	0	2.1	6.3	0
84229020	饮料及液体食品瓶装或灌装设备用零件	8.5	5	0		0	0	0	0	0	1.7	5.1	6.8
84229090	税目 84.22 其他未列名机器零件	8.5	5	0		0	0	0	4.3		1.7	1.7	0
84231000	体重计、婴儿秤及家用秤	10.5	5	0	0	0	0	0	5.2	0	2.1	6.3	0
84232010	电子皮带秤	5	5	0		0	0	0	0	0	2	6	0
84232090	其他输送带上连续称货的秤	10	5	0		0	0	0	0	0	2	6	0
84233010	定量包装秤	10.5	5	0	0	0	0	0	5.2	0	2.1	6.3	0
84233020	定量分选秤	10.5	5	0	0	0	0	0	5.2	0	2.1	6.3	0
84233030	配料秤	10.5	5	0	0	0	0	0	5.2	0	2.1	6.3	0
84233090	其他恒定秤、物料定量装袋或容器用秤	10.5	5	0	0	0	0	0	5.2	0	2.1	6.3	0
84238110	最大称量≤30 千克的计价秤	5.3	5	0	0	0	0	0	5.2	0	2.1	6.3	0
84238120	最大称量≤30 千克的弹簧秤	10.5	5	0	0	0	0	0	5.2	0	2.1	6.3	0
84238190	最大称量≤30 千克的其他衡器	10.5	5	0	0	0	0	0	7.3	0	2.1	6.3	0
84238210	30 千克＜最大称量≤5000 千克的地中衡	10.5	5	0	0	0	0	0	5.2	0	2.1	6.3	0
84238290	30 千克＜最大称量≤5000 千克的其他衡器	10.5	5	0	0	0	0	0	0	0	2.1	6.3	0
84238910	其他地中衡	10	5	0		0	1	0	0	0	2	6	0
84238920	其他轨道衡	10	5	0		0	1	0	0	0	2	6	0
84238930	其他吊秤	10	5	0		0	1	0	0	0	2	6	0
84238990	其他衡器	10	5	0		0	1	0	0	0	2	6	0
84239000	衡器用的各种砝码、秤砣及其零件	10	5	0	0	0	0	0	5	0	2	6	0
84241000	灭火器	8.4	5	0		0	0	0	0	0	1.7	6.1	0
84242000	喷枪及类似器具	8.4	5	0		0	0	0	0	0	1.7	1.6	0
84243000	喷汽机、喷砂机及类似喷射机	8.4	5	0		0	0	0	4.2	0	1.7	5	0

税则号列 Tariff Item	商品名称（简称） Article Description	最惠国税率（%） M. F. N.	协定税率（%）Conventional										
			巴基斯坦 Paki-stan	智利 Chile	新加坡 Singa-pore	新西兰 New Zealand	秘鲁 Peru	哥斯达黎加 Costa Rica	瑞士 Switze-rland	冰岛 Iceland	澳大利亚 Austr-alia	韩国 Korea	格鲁吉亚 Georgia
84244100	农业或园艺用便携式喷雾器	8	5	0		0	0	0	0	0	1.6	1.6	0
84244900	其他农业或园艺用喷雾器	8	5	0		0	0	0	0	0	1.6	1.6	0
84248200	其他农业或园艺用液体或粉末的喷射、散布机械器具	8	5	0		0	0	0	0	0	1.6	1.6	0
84251100	电动滑车及提升机	6	5	0		0	0	0	0	0	1.2	4.4	0
84251900	非电动滑车及提升机	5	0	0		0	0	0	0	0	0	3	0
84253110	矿井口电动卷扬装置；专为井下使用设计的电动卷扬机	10	5	0		0	0	0	0	0	2	6	0
84253190	其他电动卷扬机及绞盘	5	0	0		0	0	0	0	0	0	3.6	0
84253910	其他矿井口卷扬装置；其他专为井下使用设计的卷扬机	10	5	0		0	0	0	0	0	2	6	0
84253990	其他非电动卷扬机及绞盘	5	0	0		0	0	0	0	0	0	3.6	0
84254100	车库中使用的固定千斤顶系统	3	0	0		0	0	0	0	0	0	0	0
84254210	其他液压千斤顶	3	0	0		0	0	0	0	0	0	0.6	0
84254290	提升车辆用液压提升机	5	0	0		0	0	0	0	0	0	3.6	0
84254910	其他千斤顶	5	0	0		0	0	0	0	0	0	3	0
84254990	其他提升车辆用提升机	10	5	0		0	1	0	0	0	2	6	0
84261120	通用桥式起重机	8	5	0		0	0	0	0	0	1.6	5.8	0
84261190	其他固定支架的高架移动式起重机	8	5	0		0	0	0	0	0	1.6	5.8	0
84261200	胶轮移动式吊运架及跨运车	6	5	0		0	0	0	0	0	1.2	4.4	0
84261910	装船机	5	0	0		0	0	0	0	0	0	3.6	0
84261921	抓斗式卸船机	5	0	0		0	0	0	0	0	0	3.6	0
84261929	其他卸船机	5	0	0		0	0	0	0	0	0	3.6	0
84261930	龙门式起重机	10	5	0		0	0	0	0	0	2	7.3	0
84261941	门式装卸桥	10	5	0		0	0	0	0	0	2	7.3	0
84261942	集装箱装卸桥	10	5	0		0	0	0	0	0	2	7.3	0
84261943	其他动臂式装卸桥	10	5	0		0	0	0	0	0	2	8	0
84261949	其他装卸桥	10	5	0		0	0	0	0	0	2	7.3	0
84261990	其他高架移动式起重机等	10	5	0	0	0	0	0	0	0	2	8	0
84262000	塔式起重机	10	5	0		0	0	0	0	0	2	8	0
84263000	门座式起重机及座式旋臂起重机	6	5	0		0	0	0	0	0	1.2	4.4	0
84264110	轮胎式起重机	5	0	0		0	0	0	0	0	0	3.6	0
84264190	其他带胶轮的自推进起重机	5	0	0		0	0	0	0	0	0	3.6	0
84264910	履带式起重机	8	5	0		0	0	0	0	0	1.6	5.8	0

税则号列 Tariff Item	商品名称（简称） Article Description	最惠国税率(%) M. F. N.	协定税率（%）Conventional										
			巴基斯坦 Pakistan	智利 Chile	新加坡 Singapore	新西兰 New Zealand	秘鲁 Peru	哥斯达黎加 Costa Rica	瑞士 Switzerland	冰岛 Iceland	澳大利亚 Australia	韩国 Korea	格鲁吉亚 Georgia
84264990	其他不带胶轮的自推进起重机	13	6.5	0	0	0	1.3	0	6.5	0	2.6	9.5	0
84269100	供装于公路车辆的其他起重机	10	5	0		0	0	0	0	0	2	8	0
84269900	其他起重设备	6	5	0		0	0	0	0	0	1.2	4.4	0
84271010	有轨巷道堆垛机	9	5	0		0	0	0	0	0	1.8	1.8	0
84271020	无轨巷道堆垛机	9	5	0		0	0	0	0	0	1.8	6.6	0
84271090	其他电动机推进的叉车及可升降工作车	9	5	0		0	0	0	0	0	1.8	1.8	0
84272010	集装箱叉车	9	5	0		0	0	0	0	0	1.8	1.8	0
84272090	其他机动叉车及有类似装置工作车	9	5	0		0	0	0	0	0	1.8	1.8	0
84279000	其他叉车及可升降的工作车	9	5	0		0	0	0	0	0	1.8	1.8	0
84281010	载客电梯	8	5	0	0	0	0	0	4	0	1.6	4.8	0
84281090	其他升降机及倒卸式起重机	6	0	0		0	0	0	0	0	1.2	0	0
84282000	气压升降机及输送机	5	0	0		0	0	0	0	0	0	3.6	0
84283100	地下连续运货或材料升降、输送机	5	0	0		0	0	0	0	0	0	1	0
84283200	其他斗式连续运货升降、输送机	5	0	0		0	0	0		0	0	3	0
84283300	其他带式连续运货升降、输送机	5	0	0		0	0	0	0	0	0	3.6	0
84283910	链式连续运送货物的升降机及输送机	5	0	0		0	0	0	0	0	0	3.6	0
84283920	辊式连续运送货物的升降机及输送机	5	0	0		0	0	0	0	0	0	3	0
84283990	其他未列名连续运货升降、输送机	5	0	0		0	0	0	3.1	0	0	0	0
84284000	自动梯及自动人行道	5	0	0		0	0	0	0	0	0	1	0
84286010	货运架空索道	8	5	0		0	0	0	0	0	1.6	1.6	0
84286021	单线循环式客运架空索道	8	5	0		0	0	0	0	0	1.6	1.6	0
84286029	其他客运架空索道	8	5	0		0	0	0	0	0	1.6	1.6	0
84286090	其他缆车、座式升降机用牵引装置	8	5	0		0	0	0	0	0	1.6	4.8	0
84289010	矿车推动机、铁道机车等的转车台	10	5	0		0	0	0	0	0	2	6	0
84289020	机械式停车设备	5	0	0		0	0	0	0	0	0	3	0
84289031	堆取料机械	5	0	0		0	0	0	2.5	0	0	3.6	0
84289039	其他装卸机械	5	0	0		0	0	0	2.5	0	0	3.6	0
84289040	搬运机器人	5	0	0		0	0	0	2.5	0	0	3.6	0

税则号列 Tariff Item	商品名称（简称） Article Description	最惠国税率（%） M. F. N.	协定税率（%） Conventional										
			巴基斯坦 Pakistan	智利 Chile	新加坡 Singapore	新西兰 New Zealand	秘鲁 Peru	哥斯达黎加 Costa Rica	瑞士 Switzerland	冰岛 Iceland	澳大利亚 Australia	韩国 Korea	格鲁吉亚 Georgia
84289090	其他升降、搬运、装卸机械	5	0	0		0	0	0	2.5	0	0	3.6	0
84291110	功率＞235.36千瓦的履带式推土机	7	5	0		0	0	0	0	0	1.4	1.4	0
84291190	功率≤235.36千瓦的履带式推土机	7	5	0		0	0	0	0	0	1.4	1.4	0
84291910	功率＞235.36千瓦的其他推土机	7	5	0		0	0	0	0	0	1.4	1.4	0
84291990	功率≤235.36千瓦的其他推土机	7	5	0		0	0	0	0	0	1.4	1.4	0
84292010	功率＞235.36千瓦的筑路机及平地机	5	0	0		0	0	0	0	0	0	1	0
84292090	其他筑路机及平地机	5	0	0		0	0	0	0	0	0	1	0
84293010	斗容量＞10立方米的铲运机	3	0	0		0	0	0	0	0	0	0	0
84293090	斗容量≤10立方米的铲运机	5	0	0		0	0	0	0	0	0	1	0
84294011	机重≥18吨的震动式压路机	7	5	0		0	0	0	0	0	1.4	1.4	0
84294019	其他机动压路机	8	5	0		0	0	0	0	0	1.6	1.6	0
84294090	其他未列名捣固机械及压路机	6	5	0		0	0	0	0	0	1.2	1.2	0
84295100	前铲装载机	5	0	0		0	0	0	0	0	0	3	0
84295211	轮胎式挖掘机	8	5	0		0	0	0	0	0	1.6	7.3	0
84295212	履带式挖掘机	8	5	0		0	0	0	0	0	1.6		0
84295219	其他挖掘机	8	5	0		0	0	0	0	0	1.6	5.7	0
84295290	其他上部结构可转360度的挖掘机类似机械	8	5	0		0	0	0	0	0	1.6	5.7	0
84295900	其他机械铲、挖掘机及机铲装载机	8	5	0		0	0	0	0	0	1.6	1.6	0
84301000	打桩机及拔桩机	10	5	0		0	0	0	0	0	2	6	0
84302000	扫雪机及吹雪机	10	5	0		0	0	0	0	0	2	6	0
84303110	采（截）煤机	10	5	0	0	0	1	0	0	0	2	6	0
84303120	凿岩机	10	5	0	0	0	1	0	0	0	2	6	0
84303130	隧道掘进机	10	5	0	0	0	1	0	0	0	2	6	0
84303900	其他非自推进截煤机、采石机及掘进机	6	5	0		0	0	0	0	0	1.2	3.6	0
84304111	钻探深度≥6000米的自推进石油钻探机	5	0	0		0	0	0	0	0	0	1	0
84304119	其他自推进石油及天然气钻探机	5	0	0		0	0	0	0	0	0	1	0
84304121	钻探深度≥6000米的其他钻探机	5	0	0		0	0	0	0	0	0	1	0

税则号列 Tariff Item	商品名称（简称） Article Description	最惠国税率（%） M. F. N.	协定税率（%）Conventional										
			巴基斯坦 Paki-stan	智利 Chile	新加坡 Singa-pore	新西兰 New Zealand	秘鲁 Peru	哥斯达黎加 Costa Rica	瑞士 Switze-rland	冰岛 Iceland	澳大利亚 Austr-alia	韩国 Korea	格鲁吉亚 Georgia
84304122	钻探深度＜6000 米履带式自推进钻机	5	0	0		0	0	0	0	0	0	3	0
84304129	钻探深度＜6000 米的其他自推进钻机	5	0	0		0	0	0	0	0	0	1	0
84304190	其他自推进的凿井机械	5	0	0		0	0	0	0	0	0	1	0
84304900	非自推进的钻探或凿井机械	5	0	0		0	0	0	0	0	0	3	0
84305010	其他自推进采油机械	3	0	0		0	0	0	0	0	0	0	0
84305020	矿用电铲	7	5	0		0	0	0	0	0	1.4	1.4	0
84305031	牙轮直径≥380 毫米的采矿牙轮钻机	5	0	0		0	0	0	0	0	0	1	0
84305039	牙轮直径＜380 毫米的采矿牙轮钻机	5	0	0		0	0	0	0	0	0	1	0
84305090	其他自推进未列名机械	5	0	0		0	0	0	0	0	0	3.6	0
84306100	非自推进捣固或压实机械	6	5	0		0	0	0	0	0	1.2	1.2	0
84306911	钻筒直径＞3 米的工程钻机	6	5	0		0	0	0	0	0	1.2	1.2	0
84306919	钻筒直径≤3 米的工程钻机	6	5	0		0	0	0	0	0	1.2	3.6	0
84306920	非自推进铲运机	6	5	0		0	0	0	0	0	1.2	1.2	0
84306990	其他非自推进未列名机械	6	5	0		0	0	0	0	0	1.2	1.2	0
84311000	滑车、绞盘、千斤顶等机械用零件	3	0	0		0	0	0	0	0	0	0.6	0
84312010	税目 84.27 所列机械的装有差速器的驱动桥及其零件，不论是否装有其他传动部件	6	0	0		0	0	0	0	0	1.2	4.4	0
84312090	其他税目 84.27 所列机械的零件	6	0	0		0	0	0	0	0	1.2	4.4	0
84313100	升降机、倒卸式起重机或自动梯的零件	3	0	0		0	0	0	0	0	0	0	0
84313900	税目 84.28 所列其他机械的零件	5	0	0		0	0	0	0	0	0	3.6	0
84314100	戽斗、铲斗、抓斗及夹斗	6	0	0		0	0	0	0	0	1.2	3.6	0
84314200	推土机或侧铲推土机用铲	6	5	0		0	0	0	0	0	1.2	1.2	0
84314310	石油或天然气钻探机用零件	4	0	0		0	0	0	0	0	0	0.8	0
84314320	其他钻探机用零件	4	0	0		0	0	0	0	0	0	0	0
84314390	其他凿井机用零件	5	0	0		0	0	0	0	0	0	3	0
84314920	税目 84.26、84.29 或 84.30 所列机械的装有差速器的驱动桥及其零件，不论是否装有其他传动部件	5	0	0		0	0	0	0	0	0	3.6	0

税则号列 Tariff Item	商品名称（简称） Article Description	最惠国税率（%） M. F. N.	协定税率（%） Conventional										
			巴基斯坦 Pakistan	智利 Chile	新加坡 Singapore	新西兰 New Zealand	秘鲁 Peru	哥斯达黎加 Costa Rica	瑞士 Switzerland	冰岛 Iceland	澳大利亚 Australia	韩国 Korea	格鲁吉亚 Georgia
84314991	矿用电铲用零件	5	0	0		0	0	0	0	0	0	3	0
84314999	其他税目 84.26、84.29 或 84.30 所列机械的零件	5	0	0		0	0	0	0	0	0	3.6	0
84321000	犁	5	0	0		0	0	0	0	0	0	3	0
84322100	圆盘耙	5	0	0		0	0	0	0	0	0	1	0
84322900	其他耙、松土机等耕作机械	4	0	0		0	0	0	0	0	0	0	0
84323111	免耕谷物播种机	4	0	0		0	0	0	0	0	0	0	0
84323119	其他免耕直接播种机	4	0	0		0	0	0	0	0	0	2.4	0
84323121	免耕块茎种植机	4	0	0		0	0	0	0	0	0	0	0
84323129	其他免耕直接种植机	4	0	0		0	0	0	0	0	0	0	0
84323131	免耕水稻插秧机	4	0	0		0	0	0	0	0	0	0.8	0
84323139	其他免耕直接移植机	4	0	0		0	0	0	0	0	0	2.9	0
84323911	其他谷物播种机	4	0	0		0	0	0	0	0	0	0	0
84323919	其他播种机	4	0	0		0	0	0	0	0	0	2.4	0
84323921	其他马铃薯种植机	4	0	0		0	0	0	0	0	0	0	0
84323929	其他种植机	4	0	0		0	0	0	0	0	0	0	0
84323931	其他水稻插秧机	4	0	0		0	0	0	0	0	0	0.8	0
84323939	其他移植机	4	0	0		0	0	0	0	0	0	2.9	0
84324100	粪肥施肥机	4	0	0		0	0	0	0	0	0	0	0
84324200	化肥施肥机	4	0	0		0	0	0	0	0	0	0	0
84328010	草坪及运动场地滚压机	7	5	0		0	0	0	0	0	1.4	5.1	0
84328090	其他未列名整地或耕作机械	4	0	0		0	0	0	0	0	0	0	0
84329000	整地或耕作机械、滚压机零件	4	0	0		0	0	0	0	0	0	0.8	0
84331100	机动旋转式割草机	6	5	0		0	0	0	0	0	1.2	1.2	0
84331900	草坪、公园等用其他割草机	6	5	0		0	0	0	0	0	1.2	1.2	0
84332000	其他割草机	4	0	0		0	0	0	0	0	0	0	0
84333000	其他干草切割、翻晒机器	5	0	0		0	0	0	0	0	0	1	0
84334000	草料打包机	5	0	0		0	0	0	0	0	0	3.6	0
84335100	联合收割机	8	5	0		0	0	0	0	0	1.6	5.8	0
84335200	其他脱粒机	8	5	0		0	0	0	0	0	1.6	1.6	0
84335300	根茎或块茎收获机	8	5	0		0	0	0	0	0	1.6	4.8	0
84335910	甘蔗收割机	8	5	0		0	0	0	0	0	1.6	1.6	0
84335920	棉花采摘机	8	5	0		0	0	0	0	0	1.6	1.6	0
84335990	其他收割机	8	5	0		0	0	0	0	0	1.6	1.6	0
84336010	蛋类清洁、分选、分级机器	5	0	0		0	0	0	0	0	0	3	0
84336090	水果或其他农产品的清洁、分选、分级机器	5	0	0		0	0	0	0	0	0	3	0

税则号列 Tariff Item	商品名称（简称） Article Description	最惠国税率（%） M. F. N.	协定税率（%） Conventional										
			巴基斯坦 Pakistan	智利 Chile	新加坡 Singapore	新西兰 New Zealand	秘鲁 Peru	哥斯达黎加 Costa Rica	瑞士 Switzerland	冰岛 Iceland	澳大利亚 Australia	韩国 Korea	格鲁吉亚 Georgia
84339010	联合收割机用零件	5	0	0		0	0	0	0	0	0	3.6	0
84339090	税目 84.33 所列其他机械零件	3	0	0		0	0	0	0	0	0	0	0
84341000	挤奶机	10	5	0		0		0	0	0	2	6	0
84342000	乳品加工机器	6	5	0		0	0	0	0	0	1.2	0	0
84349000	挤奶机及乳品加工机器用零件	5	0	0		0	0	0	0	0	0	1	0
84351000	制酒、果汁等的压榨、轧碎机	10	5	0		0	0	0	0	0	2	6	0
84359000	制酒、果汁等压榨、轧碎机零件	6	5	0		0	0	0	0	0	1.2	1.2	0
84361000	动物饲料配制机	7	5	0		0	0	0	4.3	0	1.4	5.1	0
84362100	家禽孵卵器及育雏器	5	0	0		0	0	0	0	0	0	3.6	0
84362900	家禽饲养用机器	10	5	0		0	0	0	0	0	2	8	0
84368000	农业、林业、园艺等用的其他机器	10	5	0		0	0	0	0	0	2	6	0
84369100	家禽饲养机、孵卵器及育雏器零件	6	5	0		0	0	0	0	0	1.2	4.4	0
84369900	税目 84.36 所列其他机器的零件	6	5	0		0	0	0	3.7	0	1.2	3.6	0
84371010	光学色差谷物颗粒选别机（色选机）	10	5	0		0	0	0	0	0	2	6	0
84371090	其他种子、谷物或干豆的清洁、分选或分级机	10	5	0		0	0	0	0	0	2	8	0
84378000	谷物磨粉业加工机器	10	5	0		0	0	0	0	0	2	8	0
84379000	税目 84.37 所列机械的零件	6	5	0		0	0	0	3	0	1.2	3.6	0
84381000	糕点、通心粉、意大利面条的生产加工机器	7	5	0		0	0	0	3.5	0	1.4	5.1	0
84382000	生产甜食、可可粉、巧克力的机器	8	5	0		0	0	0	0	0	1.6	1.6	0
84383000	制糖机器	10	5	0		0	0	0		0	2	6	0
84384000	酿酒机器	7	5	0		0	0	0	0	0	1.4	4.2	0
84385000	肉类或家禽加工机器	7	5	0		0	0	0	0	0	1.4	4.2	0
84386000	水果、坚果或蔬菜加工机器	10	5	0	0	0	1	0	0	0	2	6	0
84388000	第八十四章其他未列名食品等加工机器	8.5	5	0		0	0	0	4.3	0	1.7	1.7	0
84389000	食品、饮料工业用机器的零件	5	0	0		0	0	0	0	0	0	1	0
84391000	制造纤维素纸浆的机器	8.4	5	0		0	0	0	0	0	1.7	5	0
84392000	纸或纸板的抄造机器	8.4	5	0		0	0	0	4.2	0	1.7	1.6	0
84393000	纸或纸板的休整机器	8.4	5	0		0	0	0	0	0	1.7	1.6	0

税则号列 Tariff Item	商品名称（简称） Article Description	最惠国税率（%） M. F. N.	协定税率（%） Conventional										
			巴基斯坦 Pakistan	智利 Chile	新加坡 Singapore	新西兰 New Zealand	秘鲁 Peru	哥斯达黎加 Costa Rica	瑞士 Switzerland	冰岛 Iceland	澳大利亚 Australia	韩国 Korea	格鲁吉亚 Georgia
84399100	制造纤维素纸浆的机器零件	6	5	0		0	0	0	0	0	1.2	4.4	0
84399900	制造或整理纸及纸板的机器零件	6	0	0		0	0	0	3	0	1.2	4.4	0
84401010	锁线装订机	10	5	0		0	0	0	0	0	2	6	0
84401020	胶订机	12	6	0	0	0	0	0	0	0	2.4	7.2	0
84401090	其他书本装订机器	12	6	0	0	0	0	0	0	0	2.4	7.2	0
84409000	书本装订机器的零件	8	5	0		0	0	0	4	0	1.6	1.6	0
84411000	切纸机	12	6	0	0	0	0	0		0	2.4	7.2	0
84412000	制造包、袋或信封的机器	12	6	0	0	0	1.2	0	6	0	2.4	7.2	0
84413010	纸塑铝复合罐生产设备	13.5	6.8	0	0	0	1.4	0	6.8	0	2.7	8.1	0
84413090	其他制造箱、盒、桶及类似容器的机器	13.5	6.8	0	0	0	1.4	0	6.8	0	2.7	10.8	0
84414000	纸浆、纸或纸板制品模制成型机器	12	6	0	0	0	0	0	6	0	2.4	9.6	0
84418010	制造纸塑铝软包装的生产设备	12	6	0	0	0	0	0	6	0	2.4	7.2	0
84418090	其他制造纸浆制品、纸制品的机器	12	6	0	0	0	0	0	6	0	2.4	7.2	0
84419010	切纸机零件	8	5	0		0	0	0	0	0	1.6	4.8	0
84419090	其他制造纸浆、纸制品的机器零件	8.4	5	0		0	0	0		0	1.7	1.6	0
84423010	铸字机	4.5	5	0		0	0	0	0	0	1.8	1.8	0
84423021	计算机直接制版设备	4.5	5	0		0	0	0	4.5	0	1.8	1.8	0
84423029	去制版机器、器具及设备	4.5	5	0		0	0	0	0	0	1.8	6.6	0
84423090	其他铸字、制版用机器、器具及设备	4.5	5	0		0	0	0	0	0	1.8	6.6	0
84424000	铸字、排字、制版机器的零件	3.5	5	0		0	0	0	0	0	1.4	0	0
84425000	活字、印刷用版、片及其他部件	3.5	5	0		0	0	0	0	0	1.4	1.4	0
84431100	卷取进料式胶印机	10	5	0		0	1	0	0	0	2	6	0
84431200	办公室用片取进料式胶印机	12	6	0	0	0	0	0	6	0	2.4	7.2	0
84431311	平张纸进料式单色胶印机	10	5	0		0	0	0	0	0	2	6	0
84431312	平张纸进料式双色胶印机	10	5	0		0	0	0	0	0	2	6	0
84431313	平张纸进料式四色胶印机	10	5	0		0	0	0	0	0	2	6	0
84431319	平张纸进料式其他胶印机	10	5	0		0	0	0	0	0	2	6	0
84431390	其他胶印机	10	5	0		0	0	0	0	0	2	6	0
84431400	卷取进料式凸版印刷机	12	6	0	0	0	0	0	6	0	2.4		0
84431500	其他凸版印刷机	12	6	0	0	0	0	0	6	0	2.4		0
84431600	苯胺印刷机	10	5	0		0	0	0	0	0	2		0
84431700	照相凹版印刷机	18	14.4	0	0	0	1.8	0	9	0	3.6	12.9	0

税则号列 Tariff Item	商品名称（简称） Article Description	最惠国税率（%） M. F. N.	协定税率（%）Conventional										
			巴基斯坦 Pakistan	智利 Chile	新加坡 Singapore	新西兰 New Zealand	秘鲁 Peru	哥斯达黎加 Costa Rica	瑞士 Switzerland	冰岛 Iceland	澳大利亚 Australia	韩国 Korea	格鲁吉亚 Georgia
84431921	圆网印刷机	10	5	0		0	0	0	0	0	2	6	0
84431922	平网印刷机	10	5	0		0	0	0	5	0	2	7.3	0
84431929	其他网式印刷机	10	5	0	0	0	0	0	0	0	2	6	0
84431980	其他印刷机	8	5	0		0	0	0	0	0	1.6	1.6	0
84433110	静电感光式多功能机	6.7	5	0	0	0	0	0	0	0	2		0
84433221	可以网络连接的喷墨印刷机	5.3	5	0	0	0	0	0	0	0	1.6	4.8	0
84433222	可以网络连接的静电照相印刷机（激光印刷机）	5.3	5	0		0	0	0	0	0	1.6	5.8	0
84433229	可以网络连接的其他数字印刷设备	5.3	5	0		0	0	0	0	0	1.6	4.8	0
84433912	间接法静电感光复印设备	7.5	5	0	0	0	0	0	0	0	2		0
84433922	接触式感光复印设备	16.5		0	0	0	2	0	10	0	4	4	0
84433923	热敏复印设备	16.5		0	0	0	2	0	10	0	4	4	0
84433924	热升华复印设备	16.5		0	0	0	2	0	10	0	4	4	0
84433931	其他独立的喷墨印刷机	6	5	0	0	0	0	0	0	0	1.6	1.6	0
84433932	其他独立的静电照相印刷机（激光印刷机）	6	5	0		0	0	0	0	0	1.6	1.6	0
84433939	其他独立的数字印刷设备	6	5	0	0	0	0	0	0	0	1.6	4.8	0
84439111	卷筒料给料机	8	6	0	0	0	0	0	6	0	2.4	7.2	0
84439119	其他传统印刷机用辅助机器	8	6	0	0	0	0	0	0	0	2.4	7.2	0
84439190	传统印刷机用零件及附件	4	5	0		0	0	0	3	0	1.2	3.6	0
84439910	数字印刷设备用辅助机器	8	6	0	0	0	0	0	0	0	2.4	7.2	0
84439921	热敏打印头	4	5	0		0	0	0	0	0	1.2	3.6	0
84439929	数字印刷设备的其他零件	4	5	0		0	0	0	0	0	1.2	3.6	0
84440010	合成纤维长丝纺丝机	10	5	0		0	0	0		0	2	2	0
84440020	合成纤维短丝纺丝机	10	5	0		0	0	0	0	0	2	6	0
84440030	人造纤维纺丝机	10	5	0		0	0	0	0	0	2	6	0
84440040	化学纤维变形机	10	5	0		0	0	0	5	0	2	6	0
84440050	化学纤维切断机	10	5	0		0	0	0	5	0	2	6	0
84440090	其他化学纤维挤压、拉伸、变形或切割机器	10	5	0		0	0	0	5	0	2	6	0
84451111	棉纤维清梳联合机	10	5	0		0	0	0	0	0	2	6	0
84451112	棉纤维自动抓棉机	10	5	0		0	0	0		0	2	6	0
84451113	棉纤维梳棉机	10	5	0		0	0	0	5	0	2	6	0
84451119	其他棉纤维梳理机	10	5	0		0	0	0	0	0	2	6	0
84451120	毛纤维梳理机	10	5	0		0	0	0	0	0	2	6	0
84451190	其他纺织纤维梳理机	10	5	0		0	0	0	0	0	2		0
84451210	棉纺织纤维精梳机	10	5	0		0	0	0		0	2	6	0
84451220	毛纺织纤维精梳机	10	5	0		0	0	0	0	0	2	6	0
84451290	其他纺织纤维精梳机	10	5	0		0	0	0	0	0	2	6	0
84451310	拉伸机	10	5	0		0	0	0	0	0	2	6	0

税则号列 Tariff Item	商品名称（简称） Article Description	最惠国税率（%） M. F. N.	协定税率（%）Conventional										
			巴基斯坦 Pakistan	智利 Chile	新加坡 Singapore	新西兰 New Zealand	秘鲁 Peru	哥斯达黎加 Costa Rica	瑞士 Switzerland	冰岛 Iceland	澳大利亚 Australia	韩国 Korea	格鲁吉亚 Georgia
84451321	棉纺粗纱机	10	5	0		0	0	0		0	2	6	0
84451322	毛纺粗纱机	10	5	0		0	0	0	0	0	2	6	0
84451329	其他粗纱机	10	5	0		0	0	0	0	0	2	6	0
84451900	纺织纤维的其他预处理机器	10	5	0		0	1	0		0	2		0
84452031	转杯纺纱机	10	5	0		0	0	0	0	0	2	6	0
84452032	喷气纺纱机	10	5	0		0	0	0		0	2	6	0
84452039	其他自由端纺纱机	10	5	0		0	0	0	0	0	2	6	0
84452041	棉环锭细纱机	10.5	5	0	0	0	0	0	5.2	0	2.1	6.3	0
84452042	毛环锭细纱机	10	5	0		0	0	0	0	0	2	6	0
84452049	其他环锭细纱机	10	5	0		0	0	0	0	0	2	6	0
84452090	其他纺纱机	10	5	0		0	0	0		0	2	6	0
84453000	并线机或加捻机	10	5	0		0	0	0	0	0	2	6	0
84454010	自动络筒机	10	5	0		0	1	0	0	0	2	8	0
84454090	其他络纱机（包括卷纬机）或摇纱机	10	5	0		0	1	0	0	0	2	7.2	0
84459010	整经机	10	5	0		0	0	0		0	2	6	0
84459020	浆纱机	10	5	0		0	0	0		0	2	6	0
84459090	其他生产及处理纺织纱线的机器	10	5	0		0	0	0	5	0	2	7.2	0
84461000	所织织物宽度≤30厘米的织机	8	5	0		0	0	0	4	0	1.6	4.8	0
84462110	所织织物宽度＞30厘米的梭织动力地毯织机	12	5	0	0	0	1.2	0	6	0	2.4	7.2	0
84462190	所织织物宽度＞30厘米的其他梭织动力织机	10	5	0	0	0	1	0		0	2	6	0
84462900	所织织物宽度＞30厘米的梭织非动力织机	10	5	0		0	1	0	0	0	2	6	0
84463020	所织织物宽度＞30厘米的剑杆织机	8	5	0		0	0	0	4	0	1.6	4.8	0
84463030	所织织物宽度＞30厘米的片梭织机	8	5	0		0	0	0		0	1.6	1.6	0
84463040	所织织物宽度＞30厘米的喷水织机	8	5	0		0	0	0	0	0	1.6	1.6	0
84463050	所织织物宽度＞30厘米的喷气织机	8	5	0		0	0	0	0	0	1.6	5.8	0
84463090	所织织物宽度＞30厘米的其他无梭织机	8	5	0		0	0	0	0	0	1.6	1.6	0
84471100	圆筒直径≤165毫米的圆型针织机	8	5	0		0	0	0	0	0	1.6	1.6	0
84471200	圆筒直径＞165毫米的圆型针织机	8	5	0		0	0	0	0	0	1.6	1.6	0
84472011	特里科经编机	8	5	0		0	0	0	0	0	1.6	1.6	0

税则号列 Tariff Item	商品名称（简称） Article Description	最惠国税率（%） M. F. N.	协定税率（%）Conventional 巴基斯坦 Pakistan	智利 Chile	新加坡 Singapore	新西兰 New Zealand	秘鲁 Peru	哥斯达黎加 Costa Rica	瑞士 Switzerland	冰岛 Iceland	澳大利亚 Australia	韩国 Korea	格鲁吉亚 Georgia
84472012	拉舍尔经编机	8	5	0		0	0	0	0	0	1.6	4.8	0
84472019	其他经编机	8	5	0		0	0	0	0	0	1.6	4.8	0
84472020	平型纬编机	8	5	0		0	0	0	4	0	1.6	1.6	0
84472030	缝编机	8	5	0		0	0	0	0	0	1.6	1.6	0
84479011	地毯织机	7	0	0		0	0	0	0	0	1.4	1.4	0
84479019	其他簇绒机	8	5	0		0	0	0	0	0	1.6	1.6	0
84479020	绣花机	8	5	0		0	0	0		0	1.6	4.8	0
84479090	税目 84.47 其他未列名机器	10	5	0		0	0	0		0	2	6	0
84481100	多臂机或提花机	8	5	0		0	0	0	0	0	1.6	4.8	0
84481900	税目 84.44 至 84.47 所列的其他辅助机器	8	5	0		0	0	0	4	0	1.6	4.8	0
84482020	喷丝头或喷丝板	6	5	0		0	0	0	3	0	1.2	3.6	0
84482090	纤维挤压机及其辅助机器的其他零件、附件	6	5	0		0	0	0	3	0	1.2	4.4	0
84483100	钢丝针布	6	5	0		0	0	0	4	0	1.2	3.6	0
84483200	纺织纤维预处理机器的其他零件、附件	6	5	0		0	0	0	3	0	1.2	4.4	0
84483310	络筒锭	6	5	0		0	0	0	0	0	1.2	1.2	0
84483390	其他锭子、锭壳、纺丝环、钢丝圈	6	5	0		0	0	0	3	0	1.2	3.6	0
84483910	气流杯	6	5	0		0	0	0	0	0	1.2	1.2	0
84483920	电子清纱器	6	5	0		0	0	0	4	0	1.2	1.2	0
84483930	空气捻接器	6	5	0		0	0	0	0	0	1.2	1.2	0
84483940	环锭细纱机紧密纺装置	6	5	0		0	0	0	3.7	0	1.2	0	0
84483990	税目 84.45 所列机器的其他零件、附件	6	5	0		0	0	0	4	0	1.2	4.4	0
84484200	织机用筘、综丝及综框	6	5	0		0	0	0	3	0	1.2	4.4	0
84484910	接、投梭箱	6	5	0		0	0	0	3	0	1.2	1.2	0
84484920	引纬、送经装置	6	5	0		0	0	0	3	0	1.2	3.6	0
84484930	梭子	6	5	0		0	0	0	0	0	1.2	1.2	0
84484990	织机及其辅助机器用其他零件、附件	6	5	0		0	0	0	3	0	1.2	4.4	0
84485120	针织机用 28 号以下的弹簧针、钩针及复合针	6	5	0		0	0	0	0	0	1.2	3.6	0
84485190	沉降片、其他织针及成圈机件	6	5	0		0	0	0	0	0	1.2	4.4	0
84485900	税目 84.47 机器用的其他零件、附件	6	5	0		0	0	0	3	0	1.2	0	0
84490010	针刺机	8	5	0		0	0	0	0	0	1.6	4.8	0
84490020	水刺设备	8	5	0		0	0	0	0	0	1.6	1.6	0
84490090	其他毡呢或无纺织物制造或整理机器；帽模	8	5	0		0	0	0	0	0	1.6	5.8	0

税则号列 Tariff Item	商品名称（简称） Article Description	最惠国税率（%） M. F. N.	协定税率（%） Conventional										
			巴基斯坦 Pakistan	智利 Chile	新加坡 Singapore	新西兰 New Zealand	秘鲁 Peru	哥斯达黎加 Costa Rica	瑞士 Switzerland	冰岛 Iceland	澳大利亚 Australia	韩国 Korea	格鲁吉亚 Georgia
84501110	干衣量≤10 千克的波轮式全自动洗衣机	10	5	0	0	0	0	0	0	0	2	6	0
84501120	干衣量≤10 千克的滚筒式全自动洗衣机	10	5	0	0	0	0	0	0	0	2	7.2	0
84501190	干衣量≤10 千克的其他全自动洗衣机	10	5	0	0	0	0	0	0	0	2		0
84501200	干衣量≤10 千克装有离心甩干机的非全自动洗衣机	30	24.9	0	0	0	3	0	18.6	0	6		0
84501900	干衣量≤10 千克的其他洗衣机	30		0	0	0	3	0	18.6	0	6		0
84502011	干衣量＞10 千克的波轮式全自动洗衣机	10	5	0		0	0	0	0	0	2		0
84502012	干衣量＞10 千克的滚筒式全自动洗衣机	10	5	0		0	0	0	0	0	2		0
84502019	其他全自动洗衣机	10	5	0		0	0	0	0	0	2		0
84502090	其他干衣量＞10 千克的洗衣机	10	5	0		0	0	0	0	0	2		0
84509010	干衣量≤10 千克的洗衣机零件	5	0	0		0	0	0	0	0	0	3.6	0
84509090	干衣量＞10 千克的洗衣机零件	16	12.8	0	0	0	1.6	0	8	0	3.2	9.6	12.8
84511000	干洗机	21	16	0	0	0	2.1	0	10.5	0	4.2	15.4	0
84512100	干衣量≤10 千克的干燥机	15	7.5	0	0	0	1.5	0	7.5	0	3	9	0
84512900	干衣量＞10 千克的干燥机	8	5	0		0	0	0	0	0	1.6	4.8	0
84513000	熨烫机及挤压机（包括熔压机）	8	5	0	0	0	0	0	0	0	1.6	4.8	0
84514000	洗涤、漂白或染色机器	8.4	5	0		0	0	0	0	0	1.7	1.6	0
84515000	纺织物卷绕、退绕、折叠、剪切或剪齿边机器	8	5	0		0	0	0	0	0	1.6	1.6	0
84518000	税目 84.51 所列其他未列名的机器	12	5	0	0	0	1.2	0		0	2.4	9.6	0
84519000	税目 84.51 所列机器的零件	8	5	0		0	0	0	0	0	1.6	4.8	0
84521010	多功能家用缝纫机	21	16.8	0	0	0	2.1	0	10.5	0	4.2	15.4	0
84521091	手动式家用型缝纫机	21	16.8	0	0	0	2.1	0	10.5	0	4.2	15.4	0
84521099	其他家用型缝纫机	21	16.8	0	0	0	2.1	0	10.5	0	4.2	15.4	0
84522110	非家用自动平缝机	12	5	0	0	0	0	0	6	0	2.4	7.2	0
84522120	非家用自动包缝机	12	5	0	0	0	0	0	6	0	2.4	7.2	0
84522130	非家用自动绷缝机	12	5	0	0	0	0	0	6	0	2.4	7.2	0
84522190	其他非家用自动缝纫机	12	5	0	0	0	0	0	6	0	2.4	7.2	0
84522900	其他非家用非自动缝纫机	12	5	0	0	0	0	0	6	0	2.4	7.2	0

税则号列 Tariff Item	商品名称（简称） Article Description	最惠国税率（%） M. F. N.	协定税率（%）Conventional										
			巴基斯坦 Pakistan	智利 Chile	新加坡 Singapore	新西兰 New Zealand	秘鲁 Peru	哥斯达黎加 Costa Rica	瑞士 Switzerland	冰岛 Iceland	澳大利亚 Australia	韩国 Korea	格鲁吉亚 Georgia
84523000	缝纫机针	14	7	0	0	0	0	0	7	0	2.8	8.4	0
84529011	家用型缝纫机用旋梭	14	7	0	0	0	0	0	7	0	2.8	8.4	0
84529019	家用型缝纫机用其他零件	14	7	0	0	0	0	0	7	0	2.8	8.4	0
84529091	其他缝纫机用旋梭	14	7	0	0	0	0	0	7	0	2.8	8.4	0
84529092	其他缝纫机专用的特制家具、底座、罩盖及其零件	14	11.2	0	0	0	0	0	7	0	2.8	8.4	0
84529099	其他缝纫机用其他零件	14	7	0	0	0	0	0	7	0	2.8	8.4	0
84531000	生皮、皮革的处理、鞣制或加工机器	8.4	5	0		0	0	0	0	0	1.7	5	0
84532000	鞋靴制作或修理机器	8.4	5	0		0	0	0	0	0	1.7	5	0
84538000	毛皮及其他皮革的制作或修理机器	8.4	5	0		0	0	0	0	0	1.7	5	0
84539000	税目 84.53 所列机器的零件	8	5	0		0	0	0	0	0	1.6	4.8	0
84541000	金属冶炼及铸造用转炉	8.4	5	0		0	0	0	0	0	1.7	1.6	0
84542010	炉外精炼设备	8.4	5	0		0	0	0	0	0	1.7	1.6	0
84542090	其他金属冶炼及铸造用锭模及浇包	8.4	5	0		0	0	0		0	1.7	5	0
84543010	冷室压铸机	12	6	0	0	0	0	0	6	0	2.4	7.2	0
84543021	方坯连铸机	10	5	0		0	0	0	5	0	2	6	0
84543022	板坯连铸机	12	6	0	0	0	0	0	6	0	2.4	7.2	0
84543029	其他钢坯连铸机	12	6	0	0	0	0	0	6	0	2.4	7.2	0
84543090	其他金属冶炼及铸造用铸造机	12	6	0	0	0	0	0	6	0	2.4	9.6	0
84549010	炉外精炼设备用零件	8	5	0		0	0	0	0	0	1.6	4.8	0
84549021	结晶器	8	5	0		0	0	0	0	0	1.6	1.6	0
84549022	振动装置	8	5	0		0	0	0	0	0	1.6	1.6	0
84549029	其他钢坯连铸机用零件	8	5	0		0	0	0	4	0	1.6	4.8	0
84549090	其他冶炼等用转炉及铸造机的零件	8	5	0		0	0	0	4	0	1.6	1.6	0
84551010	热轧管机	12	5	0	0	0	0	0	6	0	2.4	7.2	0
84551020	冷轧管机	12	5	0	0	0	0	0	6	0	2.4	7.2	0
84551030	定、减径轧管机	12	5	0	0	0	0	0	6	0	2.4	7.2	0
84551090	其他金属轧管机	12	5	0	0	0	0	0	6	0	2.4	7.2	0
84552110	板材热轧机	15	7.5	0	0	0	1.5	0	7.5	0	3	9	0
84552120	型钢轧机	15	7.5	0	0	0	1.5	0	7.5	0	3	9	0
84552130	线材轧机	15	7.5	0	0	0	1.5	0	7.5	0	3	9	0
84552190	其他金属热轧或冷热联合轧机	15	7.5	0	0	0	1.5	0	7.5	0	3	9	0
84552210	板材冷轧机	10	5	0		0	0	0	0	0	2	6	0
84552290	其他金属冷轧机	15	12	0	0	0	1.5	0	7.5	0	3	9	0
84553000	金属轧机用轧辊	8.4	5	0		0	0	0	0	0	1.7	1.6	0
84559000	金属轧机的其他零件	8	0	0		0	0	0	0	0	1.6	1.6	0

税则号列 Tariff Item	商品名称（简称） Article Description	最惠国税率(%) M. F. N.	协定税率（%）Conventional										
			巴基斯坦 Pakistan	智利 Chile	新加坡 Singapore	新西兰 New Zealand	秘鲁 Peru	哥斯达黎加 Costa Rica	瑞士 Switzerland	冰岛 Iceland	澳大利亚 Australia	韩国 Korea	格鲁吉亚 Georgia
84562000	用超声波处理各种材料的加工机床	10	5	0	0	0	0	0		0	2		8
84563010	数控的用放电处理各种材料的加工机床	9.7	5	0		0	0	0		0	1.9		
84563090	非数控的用放电处理各种材料的加工机床	10	5	0	0	0	0	0	0	0	2		8
84571010	立式加工中心	9.7	5	0		0	0	0		0	1.9	7.3	
84571020	卧式加工中心	9.7	5	0		0	0	0		0	1.9	7.3	
84571030	龙门式加工中心	9.7	5	0		0	0	0	0	0	1.9	7.3	
84571091	铣车复合加工中心	9.7	5	0		0	0	0		0	1.9	7.3	
84571099	其他加工中心	9.7	5	0		0	0	0		0	1.9	7.3	
84572000	加工金属的单工位组合机床	8	5	0		0	0	0	0	0	1.6	6.4	
84573000	加工金属的多工位组合机床	5	0	0		0	0	0		0	0		
84581100	切削金属的数控卧式车床	9.7	5	0		0	0	0	6	0	1.9		7.8
84581900	切削金属的非数控卧式车床	12	6	0	0	0	0	0	6	0	2.4	9.6	9.6
84589110	立式数控机床	5	0	0		0	0	0	0	0	0		0
84589120	其他数控机床	5	0	0		0	0	0	0	0	0		0
84589900	切削金属的其他车床	12	6	0	0	0	0	0	6	0	2.4	9.6	9.6
84591000	切削金属的直线移动式动力头钻床	15	12	0	0	0	1.5	0	7.5	0	3	12	12
84592100	切削金属的数控钻床	9.7	5	0		0	0	0	0	0	1.9		7.8
84592900	切削金属的其他钻床	15	12	0	0	0	1.5	0	7.5	0	3	12	12
84593100	切削金属的数控镗铣机床	9.7	5	0		0	0	0	4.9	0	1.9		
84593900	切削金属的其他镗铣机床	10	5	0		0	0	0	0	0	2		
84594100	切削金属的数控镗床	9.7	5	0		0	0	0	0	0	1.9		
84594900	切削金属的其他镗床	15	12	0	0	0	1.5	0	7.5	0	3		12
84595100	切削金属的升降台式数控铣床	9.7	5	0		0	0	0		0	1.9		
84595900	切削金属的其他升降台式铣床	15	12	0	0	0	1.5	0	7.5	0	3		12
84596110	切削金属的数控龙门铣床	5	0	0		0	0	0	0	0	0		
84596190	切削金属的其他数控铣床	5	0	0		0	0	0	0	0	0		
84596910	切削金属的非数控龙门铣床	12	5	0	0	0	0	0	6	0	2.4		9.6
84596990	切削金属的其他铣床	12	6	0	0	0	0	0	6	0	2.4	11.2	9.6
84597000	切削金属的其他攻丝机床	12	6	0	0	0	0	0		0	2.4		9.6
84601210	在任一坐标的定位精度至少是0.01毫米的数控平面磨床	9.7	5	0		0	0	0	0	0	1.9		
84601290	其他数控平面磨床	15	12	0	0	0	1.5	0	7.5	0	3	12	12

税则号列 Tariff Item	商品名称（简称） Article Description	最惠国税率(%) M. F. N.	协定税率（%）Conventional										
			巴基斯坦 Pakistan	智利 Chile	新加坡 Singapore	新西兰 New Zealand	秘鲁 Peru	哥斯达黎加 Costa Rica	瑞士 Switzerland	冰岛 Iceland	澳大利亚 Australia	韩国 Korea	格鲁吉亚 Georgia
84601910	在任一坐标的定位精度至少是 0.01 毫米（税号 8460.1900）的其他平面磨床	15	12	0	0	0	1.5	0	7.5	0	3		12
84601990	其他平面磨床	15	12	0	0	0	1.5	0	7.5	0	3	12	12
84602210	在任一坐标的定位精度至少是 0.01 毫米的数控无心磨床	9.7	5	0		0	0	0	6	0	1.9		
84602290	其他数控无心磨床	15	12	0	0	0	1.5	0	7.5	0	3	12	12
84602311	在任一坐标的定位精度至少是 0.01 毫米的曲轴磨床	9.7	5	0		0	0	0		0	1.9		
84602319	在任一坐标的定位精度至少是 0.01 毫米的其他数控外圆磨床	9.7	5	0		0	0	0		0	1.9		
84602390	其他数控外圆磨床	15	12	0	0	0	1.5	0	7.5	0	3	12	12
84602411	在任一坐标的定位精度至少是 0.01 毫米的内圆磨床	9.7	5	0		0	0	0		0	1.9		
84602419	在任一坐标的定位精度至少是 0.01 毫米的其他数控磨床	9.7	5	0		0	0	0	6	0	1.9		
84602490	其他数控磨床	15	12	0	0	0	1.5	0	7.5	0	3	12	12
84602911	在任一坐标的定位精度至少是 0.01 毫米的其他外圆磨床	15	12	0	0	0	1.5	0	7.5	0	3		
84602912	其他内圆磨床，在任一坐标的定位精度至少是 0.01 毫米的	15	12	0	0	0	1.5	0	7.5	0	3		
84602913	其他轧辊磨床，在任一坐标的定位精度至少是 0.01 毫米的	13	6.5	0	0	0	0	0	6.5	0	2.6		10.4
84602919	其他磨床，在任一坐标的定位精度至少是 0.01 毫米的	13	6.5	0	0	0	0	0		0	2.6		
84602990	其他磨床	13	6.5	0	0	0	0	0		0	2.6		
84603100	数控刃磨（工具或刀具）机床	9.7	5	0		0	0	0		0	1.9		
84603900	其他刃磨（工具或刀具）机床	15	12	0	0	0	1.5	0		0	3		12
84604010	珩磨机床	13	6.5	0	0	0	0	0	6.5	0	2.6		10.4
84604020	研磨机床	13	6.5	0	0	0	0	0	6.5	0	2.6		0
84609010	砂轮机	15	12	0	0	0	1.5	0	7.5	0	3	9	0
84609020	抛光机床	15	12	0	0	0	1.5	0	7.5	0	3	3	0

税则号列 Tariff Item	商品名称（简称） Article Description	最惠国税率（%） M. F. N.	协定税率（%） Conventional										
			巴基斯坦 Pakistan	智利 Chile	新加坡 Singapore	新西兰 New Zealand	秘鲁 Peru	哥斯达黎加 Costa Rica	瑞士 Switzerland	冰岛 Iceland	澳大利亚 Australia	韩国 Korea	格鲁吉亚 Georgia
84609090	其他磨削等精加工机床	15	12	0	0	0	1.5	0	7.5	0	3	12	12
84612010	牛头刨床	15	12	0	0	0	1.5	0	7.5	0	3	9	0
84612020	插床	15	12	0	0	0	1.5	0	7.5	0	3	9	0
84613000	拉床	12	6	0	0	0	0	0	6	0	2.4	7.2	0
84614011	齿轮磨床	9.7	5	0		0	0	0		0	1.9		
84614019	其他数控的切齿机、齿轮磨床或齿轮精加工机床	9.7	5	0		0	0	0		0	1.9		
84614090	非数控切齿机、齿轮磨床齿轮精加工机床	15	12	0	0	0	1.5	0		0	3		12
84615000	锯床或切断机	12	6	0	0	0	0	0	6	0	2.4		0
84619011	龙门（单臂）刨床	15	12	0	0	0	1.5	0	7.5	0	3	9	0
84619019	其他刨床	15	12	0	0	0	1.5	0	0	0	3	9	0
84619090	税目84.61的未列名机床	12	6	0	0	0	0	0	6	0	2.4	9.6	9.6
84621010	数控锻造或冲压机床（含夹具）及锻锤	9.7	5	0		0	0	0	4.9	0	1.9	7.3	
84621090	非数控锻造或冲压机床（含夹具）及锻锤	12	5	0	0	0	1.2	0	6	0	2.4	9.1	0
84622110	数控矫直机（含夹具）	9.7	5	0		0	0	0	4.9	0	1.9		
84622190	数控的其他弯曲、折叠、矫直或矫平机床（含夹具）	9.7	5	0		0	0	0	4.9	0	1.9		
84622910	非数控矫直机（含夹具）	10	5	0		0	1	0	6.2	0	2		8
84622990	非数控的其他弯曲、折叠、矫直或矫平机床（含夹具）	10	5	0	0	0	1	0	0	0	2		8
84623110	数控的板带纵剪机（含夹具）	7	5	0		0	0	0	0	0	1.4		
84623120	数控的板带横剪机（含夹具）	7	5	0		0	0	0	0	0	1.4		
84623190	数控的其他剪切机床（含夹具）	7	5	0		0	0	0	0	0	1.4		
84623910	非数控板带纵剪机（含夹具）	10	5	0		0	0	0	0	0	2		8
84623920	非数控板带横剪机（含夹具）	10	5	0		0	0	0	0	0	2		8
84623990	其他剪切机床（含夹具）	10	5	0		0	0	0	0	0	2		0
84624111	自动换模式数控步冲压力机（含夹具）	9.7	5	0		0	0	0	4.9	0	1.9		
84624119	其他数控冲床（含夹具）	9.7	5	0		0	0	0	0	0	1.9		
84624190	其他数控冲孔、开槽机、冲剪两用机（含夹具）	9.7	5	0		0	0	0	0	0	1.9		
84624900	非数控冲孔、开槽机、冲剪两用机（含夹具）	10	5	0	0	0	0	0	0	0	2		0
84629110	金属型材挤压机	10	5	0		0	0	0	0	0	2	9.3	8

税则号列 Tariff Item	商品名称（简称） Article Description	最惠国税率(%) M. F. N.	协定税率（%）Conventional										
			巴基斯坦 Pakistan	智利 Chile	新加坡 Singapore	新西兰 New Zealand	秘鲁 Peru	哥斯达黎加 Costa Rica	瑞士 Switzerland	冰岛 Iceland	澳大利亚 Australia	韩国 Korea	格鲁吉亚 Georgia
84629190	其他液压压力机	10	5	0	0	0	0	0	5	0	2	9.3	8
84629910	其他机械压力机	10	5	0	0	0	0	0	0	0	2	9.3	0
84629990	税目84.62的未列名机床	10	5	0	0	0	0	0	0	0	2	9.3	8
84631011	拉拔力为300吨及以下的冷拔管机	10	5	0		0	0	0	0	0	2	8	8
84631019	其他冷拔管机	10	5	0	0	0	0	0	0	0	2		0
84631020	拔丝机	10	5	0		0	0	0	0	0	2		8
84631090	其他金属杆、管、型材及类似品的拉拔机	10	5	0		0	0	0	0	0	2		8
84632000	金属或金属陶瓷的螺纹滚轧机	15	12	0	0	0	1.5	0	7.5	0	3		12
84633000	金属丝加工机	10	5	0		0	0	0	0	0	2		8
84639000	其他非切削加工机床	10	5	0		0	1	0	5	0	2		8
84651000	不需变换工具即可进行加工的机床	10	5	0	0	0	1	0	0	0	2	8	0
84652000	加工中心	10		0	0	0	1	0	0	0	2	8	0
84659100	加工木材等材料的锯床	10	5	0		0	1	0	0	0	2	8	0
84659200	加工木材等材料的刨、铣或切削机器	10	5	0	0	0	0	0	0	0	2	8	0
84659300	加工木材等材料的研磨或抛光机器	10	5	0		0	0	0	0	0	2	8	0
84659400	加工木材等材料的弯曲或装配机器	10	5	0	0	0	0	0	0	0	2	8	0
84659500	加工木材等材料的钻孔或凿榫机器	10	5	0	0	0	0	0	5	0	2	8	0
84659600	加工木材等材料的剖、切或刮削机器	10	5	0	0	0	0	0	0	0	2	8	0
84659900	加工木材等材料的其他机床	10	5	0	0	0	1	0	0	0	2	8	0
84661000	工具夹具及自启板牙切头	7	5	0		0	0	0	3.5	0	1.4	5.1	0
84662000	工件夹具	7	0	0		0	0	0	3.5	0	1.4	4.2	0
84663000	分度头及其他专用于机床的附件	7	5	0		0	0	0	3.5	0	1.4	5.1	0
84669200	税目84.65所列机器用的零件、附件	6	5	0		0	0	0	0	0	1.2	4.4	0
84669400	税目84.62～84.63机器用其他零件、附件	6	5	0		0	0	0	3	0	1.2	0	0
84671100	旋转式手提风动工具	8	5	0		0	0	0	0	0	1.6	5.8	0
84671900	其他手提式风动工具	8	5	0		0	0	0	0	0	1.6	1.6	0
84672100	电动钻	10	5	0	0	0	1	0	0	0	2	6	0
84672210	电动链锯	10	5	0		0	1	0	0	0	2	6	0
84672290	其他电动锯	10	5	0	0	0	1	0	0	0	2	6	0
84672910	电动砂磨工具	10	5	0	0	0	1	0	6.2	0	2	6	0

税则号列 Tariff Item	商品名称（简称） Article Description	最惠国税率（%） M. F. N.	协定税率（%）Conventional										
			巴基斯坦 Pakistan	智利 Chile	新加坡 Singapore	新西兰 New Zealand	秘鲁 Peru	哥斯达黎加 Costa Rica	瑞士 Switzerland	冰岛 Iceland	澳大利亚 Australia	韩国 Korea	格鲁吉亚 Georgia
84672920	电刨	10	5	0		0	1	0	0	0	2	6	0
84672990	其他电动工具	10	5	0	0	0	1	0	0	0	2	6	0
84678100	手提式液压或其他动力链锯	8	5	0		0	0	0	0	0	1.6	1.6	0
84678900	其他手提式液压或其他动力工具	8	5	0		0	0	0	0	0	1.6	5.8	0
84679110	电动链锯用零件	6	0	0		0	0	0	0	0	1.2	1.2	0
84679190	其他链锯用零件	6	5	0		0	0	0	3	0	1.2	1.2	0
84679200	风动工具零件	6	5	0		0	0	0	0		1.2	1.2	0
84679910	其他手提式电动工具用零件	10	5	0	0	0	0	0	5	0	2	6	0
84679990	其他手提式工具用零件	6	5	0		0	0	0	0	0	1.2	3.6	0
84681000	手提喷焊器	12	6	0	0	0	0	0	6	0	2.4	7.2	0
84682000	其他气体焊或表面回火机器及装置	12	6	0	0	0	0	0	0	0	2.4	7.2	0
84688000	其他焊接机器及装置	12	6	0	0	0	0	0	6	0	2.4		0
84689000	焊接机器用零件	7	5	0		0	0	0	0	0	1.4	1.4	0
84721000	胶版复印机、油印机	7	11.2	0	0	0	0	0	7	0	2.8	8.4	0
84723010	邮政信件分拣及封装设备	10	5	0		0	0	0		0	2	6	0
84723090	其他信件分类、折叠、信封装封机等机器	14	7	0	0	0	0	0	0	0	2.8	8.4	0
84729040	地址印写机及地址铭牌压印机	7	11.2	0	0	0	0	0	7	0	2.8	8.4	0
84729060	打字机，但税目 84.43 的打印机除外	12	6	0	0	0	0	0	6	0	2.4		0
84734010	自动柜员机用出钞器和循环出钞机	5.3	5	0	0	0	0	0	5.2	0	2.1	8.4	0
84734020	税号 8472.9050、8472.9060 所列机器的零件、附件	4	5	0		0	0	0	0	0	1.6	5.8	0
84734090	税目 84.72 所列其他办公室用机器零件、附件	5.3	5	0	0	0	0	0	5.2	0	2.1	6.3	0
84741000	固体矿物的分类、筛选、分离或洗涤机器	5	0	0		0	0	0	0	0	0	3	0
84742010	齿辊式破碎及磨粉机器	5	0	0		0	0	0	0	0	0	3	0
84742020	球磨式破碎及磨粉机器	5	0	0		0	0	0	0	0	0	3.6	0
84742090	其他破碎及磨粉机器	5	0	0		0	0	0	0	0	0	3	0
84743100	混凝土或砂浆混合机器	7	5	0		0	0	0	0	0	1.4	4.2	0
84743200	矿物与沥青的混合机器	7	5	0		0	0	0		0	1.4	4.2	0
84743900	其他混合或搅拌机器	5	0	0		0	0	0	3.1	0	0	3	0
84748010	固体矿物的辊压成型机	5	0	0		0	0	0	0	0	0	3	0
84748020	模压成型机	5	0	0		0	0	0	0	0	0	3.6	0

税则号列 Tariff Item	商品名称（简称） Article Description	最惠国税率（%） M. F. N.	协定税率（%） Conventional										
			巴基斯坦 Paki-stan	智利 Chile	新加坡 Singa-pore	新西兰 New Zealand	秘鲁 Peru	哥斯达黎加 Costa Rica	瑞士 Switze-rland	冰岛 Iceland	澳大利亚 Austr-alia	韩国 Korea	格鲁吉亚 Georgia
84748090	税目 84.74 所列的其他机器	5	0	0		0	0	0	0	0	0	3	0
84749000	税目 84.74 所列机器的零件	5	0	0		0	0	0	2.5	0	0	3	0
84751000	白炽灯泡、灯管等的封装机	8	5	0		0	0	0	0	0	1.6	4.8	0
84752100	制造光导纤维及其预制棒的机器	7.5	5	0	0	0	0	0	0	0	2	6	0
84752911	连续式玻璃热弯炉	10	5	0		0	0	0	0	0	2	6	0
84752912	玻璃纤维拉丝机（光纤拉丝机除外）	10	5	0		0	0	0	0	0	2	6	0
84752919	其他玻璃热加工设备	10	5	0	0	0	0	0	0	0	2	6	0
84752990	其他玻璃及其制品的制造或热加工机器	10	5	0		0	0	0	0	0	2	6	0
84759000	税目 84.75 所列机器的零件	8	5	0		0	0	0	0	0	1.6	4.8	0
84762100	装有加热或制冷装置的饮料自动销售机	14	11.2	0	0	0	0	0	7	0	2.8	8.4	0
84762900	其他饮料自动销售机	15	12	0	0	0	1.5	0	7.5	0	3	9	0
84768100	装有加热或制冷装置的自动售货机	14	7	0	0	0	0	0	7	0	2.8	8.4	0
84768900	其他自动售货机	15	12	0	0	0	1.5	0	0	0	3	9	0
84769000	税目 84.76 所列机器的零件	10	5	0		0	0	0	0	0	2	6	0
84772010	塑料造粒机	5	0	0		0	0	0	0	0	0	0	0
84772090	其他加工橡胶或塑料的挤出机	5	0	0		0	0	0	3.1	0	0	0	0
84773010	挤出吹塑机	5	0	0		0	0	0	0	0	0	3	0
84773020	注射吹塑机	5	0	0		0	0	0	0	0	0	1	0
84773090	其他吹塑机	5	0	0		0	0	0	0	0	0	3	0
84774010	塑料中空成型机	5	0	0		0	0	0	0	0	0	0	0
84774020	塑料压延成型机	5	0	0		0	0	0	2.5	0	0	0	0
84774090	其他真空模塑及热成型机器	5	0	0		0	0	0	3.1	0	0	0	0
84775100	用于充气轮胎或内胎模塑或翻新的机器	5	0	0		0	0	0	0	0	0	3	0
84775910	三维打印机（3D 打印机）	5	0	0		0	0	0	0	0	0	3.6	0
84775990	其他模塑或成型机器	5	0	0		0	0	0	0	0	0	3.6	0
84778000	其他橡胶或塑料加工机器	5	0	0		0	0	0	3.1	0	0	0	0
84781000	其他未列名的烟草加工及制作机器	5	0	0		0	0	0	0	0			
84789000	烟草加工及制作机器用的零件	10	5	0		0	0	0	0	0			
84791021	沥青混凝土摊铺机	8	5	0		0	0	0	0	0	1.6	1.6	0

税则号列 Tariff Item	商品名称（简称） Article Description	最惠国税率（%） M. F. N.	协定税率（%） Conventional										
			巴基斯坦 Pakistan	智利 Chile	新加坡 Singapore	新西兰 New Zealand	秘鲁 Peru	哥斯达黎加 Costa Rica	瑞士 Switzerland	冰岛 Iceland	澳大利亚 Australia	韩国 Korea	格鲁吉亚 Georgia
84791022	稳定土摊铺机	8	5	0		0	0	0	0	0	1.6	1.6	0
84791029	其他摊铺机	8	5	0		0	0	0	0	0	1.6	1.6	0
84791090	其他公共工程用的机器	8	5	0		0	0	0	0	0	1.6	4.8	0
84792000	提取加工动物或植物油脂的机器	10	5	0	0	0	0	0	0	0	2	6	0
84793000	木碎料板或木纤维板的挤压机	10	5	0		0	0	0	0	0	2	6	0
84794000	绳或缆的制造机器	7	5	0		0	0	0	0	0	1.4	1.4	0
84796000	蒸发式空气冷却器	10	5	0		0	0	0	0	0	2	6	0
84798110	绕线机	9.5	5	0		0	0	0	4.8	0	1.9	5.7	0
84798190	其他处理金属的机械	9.5	5	0		0	0	0	4.8	0	1.9	5.7	0
84798200	其他混合、揉捏、轧碎、研磨、筛选、均化、乳化或搅拌机器	7	0	0		0	0	0		0	1.4	0	0
84801000	金属铸造用型箱	10	5	0		0	0	0	0	0	2	6	0
84802000	型模底板	8	5	0		0	0	0	0	0	1.6	4.8	0
84803000	阳模	10	5	0	0	0	0	0	0	0	2	6	0
84804110	压铸模	8	5	0		0	0	0	0	0	1.6	5.8	0
84804120	粉末冶金用压模	8	5	0		0	0	0	0	0	1.6	5.8	0
84804190	其他金属、硬质合金用注模或压模	8	5	0		0	0	0	0	0	1.6	5.8	0
84804900	金属、硬质合金用其他型模	8	5	0		0	0	0	0	0	1.6	5.8	0
84805000	玻璃用型模	8.4	5	0		0	0	0	0	0	1.7	6.1	0
84806000	矿物材料用型模	8.4	5	0		0	0	0	0	0	1.7	5	0
84807900	塑料或橡胶用其他型模	5	0	0		0	0	0	0		0	0	0
84811000	减压阀	5	0	0		0	0	0	2.5	0	0	3.6	0
84812010	油压传动阀	5	0	0		0	0	0	2.5	0	0	3.6	0
84812020	气压传动阀	5	0	0		0	0	0	2.5	0	0	3.6	4
84813000	止回阀	5	0	0		0	0	0	2.5	0	0	3.6	0
84814000	安全阀或溢流阀	5	0	0		0	0	0	0	0	0	3.6	0
84818021	电磁换向阀	7	0	0		0	0	0	3.5	0	1.4	5.1	5.6
84818029	其他换向阀	7	0	0		0	0	0	3.5	0	1.4	5.1	0
84818031	电子膨胀阀	7	0	0		0	0	0	0	0	1.4	5.1	0
84818039	其他流量阀	7	0	0		0	0	0	3.5	0	1.4	5.1	0
84818040	其他阀门	7	0	0		0	0	0	3.5	0	1.4	0	0
84818090	未列名龙头、旋塞及类似装置	5	0	0		0	0	0	0	0	0	1	0
84819010	阀门用零件	8	5	0		0	0	0	4	0	1.6	0	0
84819090	龙头、旋塞及类似装置的零件	8	5	0		0	0	0	0	0	1.6	1.6	0
84821010	调心球轴承	8	5	0	0	0	0	0	0	0	1.6	1.6	6.4
84821020	深沟球轴承	8	5	0	0	0	0	0	0	0	1.6	1.6	0

税则号列 Tariff Item	商品名称（简称） Article Description	最惠国税率（%） M. F. N.	协定税率（%）Conventional										
			巴基斯坦 Pakistan	智利 Chile	新加坡 Singapore	新西兰 New Zealand	秘鲁 Peru	哥斯达黎加 Costa Rica	瑞士 Switzerland	冰岛 Iceland	澳大利亚 Australia	韩国 Korea	格鲁吉亚 Georgia
84821030	角接触轴承	8	5	0	0	0	0	0	0	0	1.6	1.6	0
84821040	推力球轴承	8	5	0	0	0	0	0	0	0	1.6	1.6	0
84821090	其他滚珠轴承	8	5	0	0	0	0	0	4	0	1.6	1.6	0
84822000	锥形滚子轴承	8	5	0		0	0	0	0	0	1.6	1.6	0
84823000	鼓形滚子轴承	8	5	0		0	0	0	0	0	1.6	1.6	0
84824000	滚针轴承	8	5	0		0	0	0	0		1.6	1.6	0
84825000	其他圆柱形滚子轴承	8	5	0	0	0	0	0	4	0	1.6	5.8	0
84828000	其他滚动轴承及球、柱混合轴承	8	5	0		0	0	0	4	0	1.6	5.8	0
84829100	滚珠、滚针及滚柱	8	5	0		0	0	0	0	0	1.6	1.6	0
84829900	滚动轴承的其他零件	6	5	0		0	0	0	3	0	1.2	0	0
84831011	船舶用柴油机曲轴	6	5	0		0	0	0	0	0	1.2	4.3	0
84831019	其他船舶用传动轴	6	5	0		0	0	0	0	0	1.2	4.4	0
84831090	其他传动轴及曲柄	6	5	0		0	0	0	3	0	1.2	4.4	0
84832000	装有滚珠或滚子轴承的轴承座	6	5	0		0	0	0	3	0	1.2	1.2	0
84833000	未装滚珠或滚子轴承的轴承座	6	5	0		0	0	0	3	0	1.2	1.2	0
84834010	滚子螺杆传动装置	8	5	0		0	0	0	4	0	1.6	1.6	0
84834020	行星齿轮减速器	8	5	0		0	0	0	4	0	1.6	5.7	0
84834090	其他齿轮及齿轮传动装置	8	5	0		0	0	0	4	0	1.6	5.8	6.4
84835000	飞轮、滑轮及滑轮组	8	5	0		0	0	0	4	0	1.6	4.8	0
84836000	离合器及联轴器（包括万向节）	8	5	0		0	0	0	4	0	1.6	5.8	0
84839000	单独报验的带齿的轮及其他传动元件；零件	8	5	0		0	0	0	4	0	1.6	1.6	0
84841000	金属片密封垫或类似接合衬垫	8	5	0		0	0	0	4	0	1.6	5.8	0
84842000	机械密封件	8	5	0		0	0	0	4	0	1.6	5.8	0
84849000	其他材料制密封垫及类似接合衬垫	8	5	0		0	0	0	0	0	1.6	5.8	0
84863041	制造平板显示器用的超声波清洗装置	6.7	5	0	0	0	0	0	0	0	2		0
84864021	专用于装配与封装半导体器件或集成电路的塑封机	3.3	0	0		0	0	0	0	0	0	4.6	0
84864022	专用于装配与封装半导体器件或集成电路的引线键合设备	5.3	5	0		0	0	0	4	0	1.6		0
84864039	其他集成电路或液晶显示屏工厂专用升降、装卸及搬运装置	3.3	0	0		0	0	0	0	0	0	3.8	0

税则号列 Tariff Item	商品名称（简称） Article Description	最惠国税率（%） M. F. N.	协定税率（%）Conventional										
			巴基斯坦 Pakistan	智利 Chile	新加坡 Singapore	新西兰 New Zealand	秘鲁 Peru	哥斯达黎加 Costa Rica	瑞士 Switzerland	冰岛 Iceland	澳大利亚 Australia	韩国 Korea	格鲁吉亚 Georgia
84869010	升降、搬运、装卸机器用零件及附件（自动搬运设备用除外）	2.5	0	0		0	0	0	0	0	0	1	0
84869020	引线键合装置用零件及附件	3	5	0		0	0	0	0	0	1.2	1.2	0
84871000	船或小艇用推进器及桨叶	6	5	0		0	0	0	0	0	1.2	4.4	0
84879000	第八十四章其他税号未列名机器零件	8	5	0		0	0	0	4	0	1.6	4.8	0
85011010	输出功率≤37.5瓦玩具电动机	24.5	23.3	0	0	0	2.4	0	12.3	0	4.9	19.6	0
85011091	机座20毫米≤直径＜39毫米微电机	9	5	0	0	0	0	0	4.5	0	1.8	6.6	0
85011099	其他输出功率≤37.5瓦微电机	9	5	0	0	0	0	0	4.5	0	1.8	6.6	0
85012000	输出功率＞37.5瓦交直流两用电动机	12	6	0	0	0	1.2	0	6	0	2.4	7.2	0
85013100	输出功率≤750瓦直流电动机、发电机	12	6	0	0	0	0	0	0	0	2.4	8.6	0
85013200	750瓦＜输出功率≤75千瓦直流电动机、发电机	10	5	0	0	0	0	0	0	0	2	6	0
85013300	75千瓦＜输出功率≤375千瓦直流电动机、发电机	5	0	0		0	0	0	0	0	0	1	0
85013400	输出功率＞375千瓦直流电动机、发电机	12	6	0	0	0	0	0	6	0	2.4	9.6	0
85014000	单相交流电动机	12	6	0	0	0	1.2	0	6	0	2.4	8.8	0
85015100	输出功率≤750瓦多相交流电动机	5	0	0		0	0	0	0	0	0		4
85015200	750瓦＜输出功率≤75千瓦多相交流电动机	10	5	0	0	0	0	0	5	0	2	8	0
85015300	输出功率＞75千瓦多相交流电动机	12	6	0	0	0	0	0	6	0	2.4	8.8	0
85016100	输出功率≤75千伏安交流发电机	5	0	0		0	0	0	0	0	0	3	0
85016200	75千伏安＜输出功率≤375千伏安交流发电机	12	6	0	0	0	1.2	0	6	0	2.4	9.6	0
85016300	375千伏安＜输出功率≤750千伏安交流发电机	12	6	0	0	0	1.2	0	6	0	2.4	9.6	0
85016410	750千伏安＜输出功率＜350兆伏安交流发电机	10	5	0	0	0	1	0	0	0	2	8	0
85016420	350千伏安≤输出功率＜665兆伏安交流发电机	5.8	5	0		0	0	0	0	0	1.2	1.1	0
85016430	输出功率≥665兆伏安交流发电机	6	5	0		0	0	0	0	0	1.2	1.2	0

税则号列 Tariff Item	商品名称（简称） Article Description	最惠国税率（%） M. F. N.	协定税率（%）Conventional										
			巴基斯坦 Paki-stan	智利 Chile	新加坡 Singa-pore	新西兰 New Zealand	秘鲁 Peru	哥斯达黎加 Costa Rica	瑞士 Switze-rland	冰岛 Iceland	澳大利亚 Austr-alia	韩国 Korea	格鲁吉亚 Georgia
85021100	输出功率≤75 千伏安柴油发电机组	10	5	0	0	0	0	0	0	0	2	6	0
85021200	75 千伏安＜输出功率≤375 千伏安柴油发电机组	10	5	0	0	0	1	0	0	0	2	7.3	0
85021310	375 千伏安＜输出功率≤2 兆伏安柴油发电机组	10	5	0	0	0	0	0	0	0	2	8	0
85021320	输出功率＞2 兆伏安柴油发电机组	10	5	0	0	0	0	0	0	0	2	8	0
85022000	装有点燃式活塞发动机的发电机组	10	5	0	0	0	0	0	0	0	2	6	0
85023100	风力驱动的发电机组	8	5	0		0	0	0	0	0	1.6	5.8	0
85023900	其他发电机组	10	5	0		0	0	0	0	0	2	7.3	0
85024000	旋转式变流机	10	5	0		0	0	0	0	0	2	6	0
85030010	玩具用电动机、微电机零件	12	6	0	0	0	1.2	0	6	0	2.4	8.6	0
85030020	输出功率＞350 兆伏安交流发电机零件	3	0	0		0	0	0	1.5	0	0	0	0
85030030	风力驱动发电机组的零件	3	0	0		0	0	0	0	0	0	0	0
85030090	其他电动机及发电机（组）零件	8	5	0		0	0	0	4		1.6	1.6	0
85041010	电子镇流器	10	5	0	0	0	1	0	0	0	2	6	0
85041090	其他放电灯或放电管用镇流器	10	5	0		0	1	0	0	0	2	6	0
85042100	额定容量≤650 千伏安的液体介质变压器	10.5	5	0	0	0	1	0	5.2	0	2.1	6.3	0
85042200	650 千伏安＜额定容量≤10 兆伏安的液体介质变压器	12.6	6.3	0	0	0	1.3	0	6.3	0	2.5	7.5	0
85042311	10 兆伏安＜额定容量≤220 兆伏安的液体变压器	10	5	0		0	0	0		0	2	7.3	0
85042312	220 兆伏安≤额定容量＜330 兆伏安的液体变压器	10	5	0		0	0	0	0	0	2	6	0
85042313	330 兆伏安≤额定容量＜400 兆伏安的液体变压器	10	5	0		0	0	0	0	0	2	6	0
85042321	400 兆伏安≤液体变压器额定容量＜500 兆伏安	6	0	0		0	0	0	0	0	1.2	1.2	0
85042329	其他额定容量≥500 兆伏安的液体变压器	6	0	0		0	0	0	0	0	1.2	1.2	0
85043110	额定容量≤1 千伏安的互感器	5	0	0		0	0	0	0	0	0	0	0
85043190	额定容量≤1 千伏安的其他变压器	5	0	0	0	0	0	0	0	0	0	0	0
85043210	1 千伏安＜额定容量≤16 千伏安的互感器	5	0	0		0	0	0	0	0	0	3.6	0

税则号列 Tariff Item	商品名称（简称） Article Description	最惠国税率（%） M. F. N.	协定税率（%） Conventional										
			巴基斯坦 Pakistan	智利 Chile	新加坡 Singapore	新西兰 New Zealand	秘鲁 Peru	哥斯达黎加 Costa Rica	瑞士 Switzerland	冰岛 Iceland	澳大利亚 Australia	韩国 Korea	格鲁吉亚 Georgia
85043290	1千伏安＜额定容量≤16千伏安的其他变压器	5	0	0		0	0	0	0	0	0	1	0
85043310	额定容量超过16千伏安，但不超过500千伏安的互感器	5	0	0		0	0	0	0	0	0	3.6	0
85043390	其他额定容量超过16千伏安，但不超过500千伏安的变压器、静止式变流器（例如，整流器）及电感器	5	0	0		0	0	0	0	0	0	3.6	0
85043410	额定容量超过500千伏安互感器	14	11.2	0	0	0	0	0	0	0	2.8	10.2	0
85043490	其他额定容量超过500千伏安的变压器、静止式变流器（例如，整流器）及电感器	14	11.2	0	0	0	0	0	0	0	2.8	10.2	0
85044014	功率＜1千瓦高精度直流稳压电源	4.7	5	0		0	0	0	3.5	0	1.4	5.1	0
85044020	不间断供电电源（UPS）	6.7	5	0	0	0	0	0		0	2	7.3	0
85044030	逆变器	6.7	5	0	0	0	1	0	5	0	2	7.3	0
85044091	具有变流功能的半导体模块	6.7	5	0	0	0	1	0	5	0	2	2	8
85044099	其他未列名静止式变流器	6.7	5	0	0	0	1	0	5	0	2	7.3	0
85049011	额定容量＞400千伏安液体介质变压器零件	3.3	0	0		0	0	0	2.5	0	0	3.6	0
85049019	其他变压器零件	5.3	3.8	0		0	0	0	4	0	1.6	5.8	0
85049020	稳压电源及不间断供电电源零件	5.3	5	0		0	0	0	4	0	1.6	5.8	6.4
85049090	其他静止式变流器及电感器零件	5.3	5	0		0	0	0	4	0	1.6	5.8	0
85051110	稀土的永磁铁及磁化后准备制永磁铁的物品	7	5	0		0	0	0	0	0	1.4	0	5.6
85051190	其他金属的永磁铁及磁化后准备制永磁铁的物品	7	5	0		0	0	0	0	0	1.4	0	0
85051900	非金属永磁体	7	5	0		0	0	0	0	0	1.4	4.2	0
85052000	电磁联轴节、离合器及制动器	8	5	0		0	0	0	0	0	1.6	5.8	0
85059010	电磁起重吸盘	8	5	0		0	0	0	0	0	1.6	1.6	0
85059090	电磁夹具等及税目85.02的零件	8	5	0		0	0	0	4	0	1.6	1.6	0
85061011	扣式碱性锌锰电池	20		0	0	0	2	0	10	0	4	16	0
85061012	圆柱形碱性锌锰电池	20		0	0	0	2	0	10	0	4	16	0
85061019	其他碱性锌锰电池	20		0	0	0	2	0	10	0	4		0

税则号列 Tariff Item	商品名称（简称） Article Description	最惠国税率（%） M. F. N.	协定税率（%） Conventional										
			巴基斯坦 Pakistan	智利 Chile	新加坡 Singapore	新西兰 New Zealand	秘鲁 Peru	哥斯达黎加 Costa Rica	瑞士 Switzerland	冰岛 Iceland	澳大利亚 Australia	韩国 Korea	格鲁吉亚 Georgia
85061090	二氧化锰的原电池及原电池组	20		0	0	0	2	0	10	0	4	16	0
85063000	氧化汞的原电池及原电池组	14	11.2	0	0	0	0	0	7	0	2.8	8.4	0
85064000	氧化银的原电池及原电池组	14	11.2	0	0	0	0	0	7	0	2.8	8.4	0
85065000	锂的原电池及原电池组	14	11.2	0	0	0	0	0	7	0	2.8		0
85066000	锌空气的原电池及原电池组	14	11.2	0	0	0	0	0		0	2.8	8.4	0
85068000	其他原电池及原电池组	14	11.2	0	0	0	0	0	7	0	2.8	8.4	0
85069010	二氧化锰原电池或原电池组的零件	14	11.2	0	0	0	0	0	7	0	2.8		0
85069090	其他原电池组或原电池组的零件	10	5	0	0	0	0	0	0	0	2	8	0
85071000	启动活塞式发动机用铅酸蓄电池	10	5	0	0	0	1	0	0	0	2	8	0
85072000	其他铅酸蓄电池	10	5	0	0	0	0	0	0	0	2	6	0
85073000	镍镉蓄电池	10	5	0	0	0	0	0	0	0	2	6	0
85074000	镍铁蓄电池	12	5	0	0	0	0	0	6	0	2.4	7.2	0
85075000	镍氢蓄电池	12	5	0	0	0	0	0	6	0	2.4	7.2	0
85076000	锂离子蓄电池	12	5	0	0	0	0	0	6	0	2.4	10	0
85078030	全钒液流电池	12	5	0	0	0	0	0	6	0	2.4	7.2	0
85078090	其他蓄电池	12	5	0	0	0	0	0	6	0	2.4	7.2	0
85079010	铅酸蓄电池零件	10	5	0		0	0	0	0	0	2	6	0
85079090	其他蓄电池零件	8	5	0		0	0	0	0	0	1.6	5.8	0
85081100	功率不超过1500瓦，且带有容积不超过20升的集尘袋或其他集尘容器的电动真空吸尘器	10	5	0	0	0	0	0	0	0	2	6	0
85087010	税号8508.1100所列电动真空吸尘器用零件	12	6	0	0	0	0	0	6	0	2.4	7.2	0
85094010	水果或蔬菜榨汁机	10	5	0	0	0	0	0	0	0	2	8	0
85094090	食品研磨机及搅拌器	10	5	0	0	0	0	0	0	0	2	6	0
85098010	地板打蜡机	30		0	0	0	3	0	18.6	0	6		0
85098020	厨房废物处理器	20		0	0	0	2	0	10	0	4	16	0
85098090	其他家用电动器具	30		0	0	0	3	0		0	6		0
85099000	家用电动器具的零件	12	6	0	0	0	0	0	6	0	2.4	7.2	0
85101000	电动剃须刀	30		0	0	0	3	0	18.6		6		0
85102000	电动毛发推剪	30		0	0	0	3	0	18.6	0	6		0
85103000	电动脱毛器	20		0	0	0	2	0	10	0	4	14.6	0
85109000	税目85.10所列货品的零件	24.5		0	0	0	2.4	0	12.3	0	4.9	19.6	0
85111000	火花塞	10	5	0	0	0	1	0	0	0	2	6	0

税则号列 Tariff Item	商品名称（简称） Article Description	最惠国税率（%） M. F. N.	协定税率（%）Conventional										
			巴基斯坦 Pakistan	智利 Chile	新加坡 Singapore	新西兰 New Zealand	秘鲁 Peru	哥斯达黎加 Costa Rica	瑞士 Switzerland	冰岛 Iceland	澳大利亚 Australia	韩国 Korea	格鲁吉亚 Georgia
85112010	机车、航空器及船舶用点火磁电机、永磁直流发电机、磁飞轮	5	0	0		0	0	0	0	0	0	1	0
85112090	其他点火磁电机及磁飞轮	10	5	0		0	0	0	0	0	2	6	0
85113010	机车、航空器及船舶用分电器及点火线圈	5	0	0		0	0	0	0	0	0	1	0
85113090	其他用途用分电器及点火线圈	8.4	5	0		0	0	0	0	0	1.7	6.1	0
85114010	机车等用启动电机及两用启动发电机	5	0	0		0	0	0	0	0	0	3	0
85114091	输出功率≥132.39 千瓦启动电机	8.4	5	0		0	0	0	0	0	1.7	5	0
85114099	其他用途的启动电机	8.4	5	0		0	0	0	0	0	1.7	6.1	0
85115010	其他机车、航空器及船舶用发电机	5	0	0		0	0	0	0	0	0	3	0
85115090	其他附属于内燃发动机的发电机	8.4	5	0		0	0	0	0	0	1.7		0
85118000	发动机用电点火及启动的其他装置	8.4	5	0		0	0	0	0	0	1.7	5	0
85119010	机车、船、航空器用电点火、启动装置零件	4.5	0	0		0	0	0	0	0	0		0
85119090	其他用电点火、启动装置的零件	5	0	0		0	0	0	0	0	0	3	0
85121000	自行车用照明或视觉信号装置	10.5	5	0	0	0	0	0	5.2	0	2.1	6.3	0
85122010	机动车辆用照明装置	10		0		0	0	0	0	0	2	8	0
85122090	其他机动车用照明或视觉信号装置	10		0		0	0	0	0	0	2	8	0
85123011	机动车辆用喇叭及蜂鸣器	10	8.5	0		0	0	0	0	0	2	7.3	0
85123012	防盗报警器	10	5	0		0	0	0	0	0	2	7.3	0
85123019	其他机动车辆用音响信号装置	10	8.5	0		0	0	0	0	0	2	7.3	0
85123090	其他车辆用音响信号装置	10	8.5	0		0	0	0	0	0	2		0
85124000	车辆风挡刮水器、除霜器及去雾器	10		0		0	0	0	0	0	2		0
85129000	税目 85.12 所列装置的零件	8	5	0		0	0	0	0	0	1.6	4.8	0
85131010	手电筒	15	7.5	0	0	0	1.5	0	7.5	0	3	9	0
85131090	其他自供能源手提式电灯	17.5	14	0	0	0	1.8	0	8.8	0	3.5	10.5	0
85139010	手电筒零件	14	11.2	0	0	0	0	0	7	0	2.8	8.4	0
85139090	其他自供能源手提式电灯零件	14	11.2	0	0	0	0	0	7	0	2.8	8.4	0
85144000	其他通过感应或介质损耗工作的加热设备	10	5	0	0	0	0	0	0	0	2	2	0

税则号列 Tariff Item	商品名称（简称） Article Description	最惠国税率（%） M. F. N.	协定税率（%） Conventional										
			巴基斯坦 Pakistan	智利 Chile	新加坡 Singapore	新西兰 New Zealand	秘鲁 Peru	哥斯达黎加 Costa Rica	瑞士 Switzerland	冰岛 Iceland	澳大利亚 Australia	韩国 Korea	格鲁吉亚 Georgia
85149010	炼钢电炉用零件	8	5	0		0	0	0	0	0	1.6	1.6	0
85151100	钎焊机器及装置用烙铁及焊枪	10	5	0	0	0	0	0	0	0	2	6	0
85151900	其他钎焊机器及装置	10	5	0	0	0	0	0	6.7	0	2		0
85152120	电阻焊接机器人	10	5	0	0	0	0	0		0	2	8	0
85152191	直缝焊管机	10	5	0		0	0	0	0	0	2	8	0
85152199	其他全自动或半自动电阻焊接机器及装置	10	5	0	0	0	0	0		0	2	8	0
85152900	其他电阻焊接机器及装置	10	5	0	0	0	0	0	0	0	2	8	0
85153120	电弧（包括等离子弧）焊接机器人	10		0		0	0	0	0	0	2	8	0
85153191	螺旋焊管机	10	5	0		0	0	0	0	0	2	6	0
85153199	其他全自动或半自动的电弧（包括等离子弧）焊接机器及装置	10		0		0	0	0	0	0	2	8	0
85153900	其他电弧焊接机器及装置	10	5	0		0	0	0	0	0	2	6	0
85158010	激光焊接机器人	8	5	0		0	0	0	5.3	0	1.6	1.6	0
85158090	其他机器及装置	8	5	0		0	0	0	5.3	0	1.6	1.6	0
85159000	电气等焊接机器及装置零件	6	5	0		0	0	0	3	0	1.2	1.2	0
85161010	储存式电热水器	10	5	0	0	0	0	0	0	0	2	6	0
85161020	即热式电热水器	10	5	0	0	0	0	0	0	0	2	6	0
85161090	其他电热的快速热水器及浸入式液体加热器	10	5	0	0	0	0	0	0	0	2		0
85162100	电气储存式散热器	35		0	0	0	3.5	0	21.7	0	7		0
85162910	电气土壤加热器	10	5	0		0	0	0	0	0	2	6	0
85162920	辐射式空间加热器	10	5	0	0	0	0	0	0	0	2	6	0
85162931	风扇式对流式空间加热器	10	5	0	0	0	0	0	0	0	2	6	0
85162932	充液式对流式空间加热器	10	5	0	0	0	0	0	0	0	2	6	0
85162939	其他对流式空间加热器	10	5	0	0	0	0	0	0	0	2	6	0
85162990	电气空间加热器	10	5	0	0	0	0	0	0	0	2	6	0
85163100	电吹风机	10	5	0	0	0	0	0	5	0	2	6	0
85163200	其他电热理发器具	35		0	0	0	3.5	0	21.7	0	7	28	0
85163300	电热干手器	35		0	0	0	3.5	0	21.7	0	7		0
85164000	电熨斗	35		0	0	0	3.5	0	17.5	0	7		0
85165000	微波炉	15	7.5	0	0	0	1.5	0	7.5	0	3	9	0
85166010	电磁炉	15	12	0	0	0	1.5	0	7.5	0	3	9	0
85166030	电饭锅	15	12	0	0	0	1.5	0	7.5	0	3	9	0
85166040	电炒锅	15	12	0	0	0	1.5	0	7.5	0	3	9	0
85166050	电烤箱	15	12	0		0	1.5	0	7.5	0	3	9	0
85166090	其他电热炉	15	12	0	0	0	1.5	0	7.5	0	3	9	0
85167110	滴液式咖啡机	32		0	0	0	3.2	0	0		6.4		0
85167120	蒸馏渗滤式咖啡机	32		0	0	0	3.2	0	0		6.4		0

税则号列 Tariff Item	商品名称（简称） Article Description	最惠国税率（%） M. F. N.	协定税率（%）Conventional										
			巴基斯坦 Pakistan	智利 Chile	新加坡 Singapore	新西兰 New Zealand	秘鲁 Peru	哥斯达黎加 Costa Rica	瑞士 Switzerland	冰岛 Iceland	澳大利亚 Australia	韩国 Korea	格鲁吉亚 Georgia
85167130	泵压式咖啡机	32		0	0	0	3.2	0	0	0	6.4		0
85167190	其他电热咖啡机或茶壶	32		0	0	0	3.2	0	0	0	6.4		0
85167210	家用自动面包机	32		0	0	0	3.2	0	19.8		6.4		0
85167220	片式烤面包机（多士炉）	32		0	0	0	3.2	0	19.8		6.4		0
85167290	电热烤面包器	32		0	0	0	3.2	0	19.8		6.4		0
85167910	电热饮水机	32		0	0	0	3.2	0	16		6.4		0
85167990	其他电热器具	32		0	0	0	3.2	0			6.4		0
85168000	加热电阻器	10	5	0	0	0	0	0	5	0	2	6	0
85169010	土壤加热器及加热电阻器零件	8	5	0		0	0	0	0	0	1.6	4.8	0
85169090	税目 85.16 所列货品的其他零件	12	6	0	0	0	0	0	0	0	2.4	7.2	0
85176910	其他无线设备	6	0	0		0	0	0	0	0	1.8	1.8	0
85177040	对讲机零件（天线除外）	4	5	0		0	0	0	0	0	1.6	4.8	0
85177070	税目 85.17 所列设备用天线及其零件	1	0	0		0	0	0	0	0	0	0.4	0
85181000	传声器（麦克风）及其座架	5	5	0	0	0	0	0	0	0	2	2	0
85182100	单喇叭音箱	5	5	0	0	0	0	0	0	0	2	6	0
85182200	多喇叭音箱	5	5	0	0	0	1	0	0	0	2	6	0
85184000	音频扩大器	6	6	0	0	0	1.2	0	0	0	2.4	7.2	0
85185000	电气扩音机组	5	5	0	0	0	0	0	0	0	2	8	0
85189000	税目 85.18 所列货品的零件	5.3	5	0	0	0	0	0	5.2	0	2.1	8.8	8.4
85192000	用硬币、钞票、银行卡、代币使其工作的声音录放设备	20	16.4	0	0	0	2	0	10	0	4	14.6	0
85193000	转盘（唱机唱盘）	30		0	0	0	3	0	18.6	0	6		0
85198111	不带录音功能的盒式磁带型声音重放装置，编辑节目用放声机除外	8.5	13.6	0	0	0	1.7	0	8.5	0	3.4	10.2	0
85198112	装有声音重放装置的盒式磁带型录音机	15		0	0	0	3	0	18.6	0	6	24	0
85198119	其他使用磁性媒体的声音录放机	10	16.4	0	0	0	2	0	10	0	4	14.6	0
85198121	不带录音功能的激光唱机	15	19.5	0	0	0	3	0	18.6	0	6	24	0
85198129	使用光学媒体的其他声音录放装置	10	12	0	0	0	2	0	10	0	4	14.6	0
85198131	闪速存储器型声音录放机	10		0	0	0	2	0	10	0	4	16	0
85198139	使用半导体媒体的其他声音录放装置	10	16.4	0	0	0	2	0	10	0	4	14.6	0
85198910	不带录制装置的其他唱机，不论是否带有扬声器	15		0	0	0	3	0	18.6	0	6	24	0

税则号列 Tariff Item	商品名称（简称） Article Description	最惠国税率（%） M. F. N.	协定税率（%）Conventional										
			巴基斯坦 Paki-stan	智利 Chile	新加坡 Singa-pore	新西兰 New Zealand	秘鲁 Peru	哥斯达黎加 Costa Rica	瑞士 Switze-rland	冰岛 Iceland	澳大利亚 Austr-alia	韩国 Korea	格鲁吉亚 Georgia
85198990	其他声音录制或重放设备	10	12	0	0	0	2	0	10	0	4	14.6	0
85211011	广播级录像机	①	②	0	0	0	3	0	18.6	0	6	③	0
85211019	其他磁带录像机	④	⑤	0	0	0	3	0	18.6	0	6	⑥	0
85211020	磁带放像机	⑦	⑧	0	0	0	3	0	18.6	0	6	⑨	0
85219011	视频高密光盘机 VCD	10	12	0	0	0	2	0	10	0	4	14.6	0
85219012	数字化视频光盘机 DVD	10	12	0	0	0	2	0	10	0	4	16	0
85219019	其他激光视盘放像机	10	12	0	0	0	2	0	10	0	4	14.6	0
85219090	其他视频信号录制或重放设备	10	12	0	0	0	2	0	10	0	4	16	0
85221000	拾音头	35		0	0	0	3.5	0	21.7	0	7		0
85229010	转盘或唱机用零件、附件	18.8	17.5	0	0	0	2.5	0	15.5	0	5	18.3	0
85229021	录音机走带机构（机芯）	18.8	19.7	0	0	0	2.5	0	15.5	0	5	18.3	0
85229022	磁头	18.8	19.7	0	0	0	2.5	0	15.5	0	5	18	0
85229023	磁头零件	15	15.8	0	0	0	2	0	10	0	4	14.6	0
85229029	盒式磁带录音机或放声机其他零件	22.5	23.6	0	0	0	3	0	18.6	0	6	21.6	0
85229031	激光视盘机的机芯	22.5	18.4	0	0	0	3	0	18.6	0	6	21.6	0
85229039	其他视频信号录放设备的零件附件	22.5	18.4	0	0	0	3	0		0	6	21.6	0
85229091	车载音频转播器或发射器	15	14	0	0	0	2	0	10	0	4	14.6	0
85229099	声音录制或重放设备用其他零件	15	14	0	0	0	2	0	10	0	4	14.6	0
85232110	未录制的磁条卡	8.8	14	0	0	0	1.8	0	8.8	0	3.5	10.5	0
85232120	已录制的磁条卡	7.5	12	0	0	0	1.5	0	7.5	0	3	9	0
85232928	用于重放声音或图像信息的磁带	5	5	0	0	0	0	0	0	0	2	7.3	0
85234910	仅用于重放声音、信息的光学媒体	5	5	0		0	0	0	0	0	2	6	
85238011	已录制的唱片	7.5	12	0	0	0	1.5	0	7.5	0	3	9	0
85258011	特种用途电视摄像机	6.7	5	0	0	0	0	0	0	0	2		0
85258012	非特种用途的广播级电视摄像机	⑩	⑪	0	0	0	3.5	0	23.3	0	7		0

①15.0%与“完税价格不高于 2000 美元/台：30%；完税价格高于 2000 美元/台：3%，加 3283 元/台”从低执行。

②完税价格不高于 2000 美元/台：12%；完税价格高于 2000 美元/台：3%，加 1098 元。

③价格≤2000 美元/台：24%；价格>2000 美元/台：2.4%，加 3499.2 元/台。

④15.0%与“完税价格不高于 2000 美元/台：30%；完税价格高于 2000 美元/台：3%，加 3283 元/台”从低执行。

⑤完税价格不高于 2000 美元/台：18.4%；完税价格高于 2000 美元/台：3%，加 1879 元。

⑥价格≤2000 美元/台：24%；价格>2000 美元/台：2.4%，加 3499.2 元/台。

⑦15.0%与“完税价格不高于 2000 美元/台：30%；完税价格高于 2000 美元/台：3%，加 3283 元/台”从低执行。

⑧完税价格不高于 2000 美元/台：13.5%；完税价格高于 2000 美元/台：3%，加 1281 元。

⑨价格≤2000 美元/台：24%；价格>2000 美元/台：2.4%，加 3499.2 元/台。

⑩23.3%与“完税价格不高于 5000 美元/台，35%；完税价格高于 5000 美元/台：3%，加 9728 元/台”从低执行。

⑪完税价格不高于 5000 美元/台：24.9%；完税价格高于 5000 美元/台：3%，加 1095 元。

税则号列 Tariff Item	商品名称（简称） Article Description	最惠国税率（%） M. F. N.	协定税率（%） Conventional										
			巴基斯坦 Pakistan	智利 Chile	新加坡 Singapore	新西兰 New Zealand	秘鲁 Peru	哥斯达黎加 Costa Rica	瑞士 Switzerland	冰岛 Iceland	澳大利亚 Australia	韩国 Korea	格鲁吉亚 Georgia
85258013	非特种用途的其他电视摄像机	①	②	0	0	0	3.5	0	24.5	0	7	③	0
85261010	导航用雷达设备	1	0	0		0	0	0	0	0	0	1.4	0
85261090	其他雷达设备	2.5	0	0		0	0	0	0	0	0	3.6	0
85269110	机动车辆用	1	0	0		0	0	0	0	0	0	0	0
85269190	其他无线电导航设备	1	0	0		0	0	0	1	0	0	1.2	0
85269200	无线电遥控设备	3.3	0	0		0	0	0	0	0	0	3	0
85271200	不需外接电源袖珍盒式磁带收放机	10		0	0	0	2	0	10	0	4	14.6	0
85271300	不需外接电源收录（放）音组合机	7.5	12	0	0	0	1.5	0	7.5	0	3	9	0
85271900	不需外接电源无线电收音机	7.5	12	0	0	0	1.5	0	7.5	0	3	11	0
85272100	需外接电源汽车收录（放）音组合机	15	12	0	0	0	1.5	0	7.5	0	3	11	0
85272900	需外接电源汽车用无线电收音机	7.5	12	0	0	0	1.5	0	7.5	0	3	11	0
85279100	其他收录（放）音组合机	7.5	12	0	0	0	1.5	0	7.5	0	3	9	0
85279200	带时钟的收音机	7.5	12	0	0	0	1.5	0	7.5	0	3	9	0
85279900	其他收音机	15		0	0	0	2.7	0	16.7	0	5.4	21.6	0
85284910	其他彩色阴极射线管监视器	15	19.5	0	0	0	3	0	15	0	6	24	0
85284990	单色的阴极射线管监视器	9.5	11.36	0	0	0	1.9	0	9.5	0	3.8	11.4	0
85285212	其他彩色液晶监视器，可直接连接且设计用于税目84.71的自动数据处理设备的	30	26	0	0	0	3			0	6	21.6	0
85285219	其他单色液晶监视器，可直接连接且设计用于税目04.71的自动数据处理设备的	19	15.2	0	0	0	1.9	0	9.5	0	3.8		0
85285292	其他彩色监视器	30	26	0	0	0	3			0	6	21.6	0
85285299	其他单色监视器	19	15.2	0	0	0	1.9	0	9.5	0	3.8		0
85285910	其他彩色监视器	30	26	0	0	0	3			0	6	21.6	0
85285990	单色的其他监视器	19	15.2	0	0	0	1.9	0	9.5	0	3.8		0
85286220	其他投影机，彩色的	30	25.5	0	0	0	3	0		0	6	21.6	0
85286290	其他投影机，单色的	15	12	0	0	0	1.5	0	7.5	0	3		0
85286910	其他彩色投影机	30	25.5	0	0	0	3	0		0	6	21.6	0
85286990	单色的其他投影机	15	12	0	0	0	1.5	0	7.5	0	3		0

①23.3%与“完税价格不高于5000美元/台，35%；完税价格高于5000美元/台：3%，加9728元/台”从低执行。

②完税价格不高于5000美元/台：24.9%；完税价格高于5000美元/台：3%，加1095元。

③价格≤5000美元/台：28%；价格>5000美元/台：2.4%，加10368元/台。

税则号列 Tariff Item	商品名称（简称） Article Description	最惠国税率（%） M. F. N.	协定税率（%） Conventional										
			巴基斯坦 Pakistan	智利 Chile	新加坡 Singapore	新西兰 New Zealand	秘鲁 Peru	哥斯达黎加 Costa Rica	瑞士 Switzerland	冰岛 Iceland	澳大利亚 Australia	韩国 Korea	格鲁吉亚 Georgia
85287110	不带显示屏的彩色卫星电视接收机	20	20	0		0	30	0		0	6		0
85287180	不带显示屏的其他彩色电视接收机	20	17.5	0	0	0	30	0		0	6		
85287190	单色的不带视频显示器的电视接收机	10	12	0	0	0	1.5	0	7.5	0	3	9	0
85287211	其他彩色模拟电视接收机，带阴极射线显像管的	30	21	0		0		0	18.6	0	6		
85287212	其他彩色数字电视接收机，带阴极射线显像管的	30	21	0		0		0	18.6	0	22		
85287219	其他彩色电视接收机，带阴极射线显像管的	30	21	0		0		0	18.6	0	6		
85287221	其他彩色模拟电视接收机，带液晶显示器的	30	21	0		0				0	6		
85287222	其他彩色数字电视接收机，带液晶显示器的	30	21	0		0				0	22	22.8	
85287229	其他彩色电视接收机，带液晶显示器的	30	21	0		0				0	6		
85287231	其他彩色模拟电视接收机，带等离子显示器的	30	21	0		0				0	6		
85287232	其他彩色数字电视接收机，带等离子显示器的	30	21	0		0				0	22		
85287239	其他彩色电视接收机，带等离子显示器的	30	21	0		0				0	6	22.8	
85287291	其他彩色模拟电视接收机	30	21	0		0	3	0		0	6		
85287292	其他彩色数字电视接收机	30	21	0		0				0	22		
85287299	其他彩色电视接收机	30	21	0		0		0		0	6		
85287300	其他单色的电视接收装置	15	12	0	0	0	1.5	0	7.5	0	3	9	0
85291010	雷达及无线电导航设备天线及零件	0.8	0	0		0	0	0	0	0	0	0.9	0
85291090	其他无线电设备天线及其零件	1	0	0		0	0	0	0	0	0	0	0
85299041	特种用途电视摄像机、视频摄录一体机、数字照相机零件	8	5	0		0	0	0	0	0	1.6	5.7	0
85299042	非特种用途的取像模块	12	5	0	0	0	1.2	0	6	0	2.4	7.2	0
85299049	其他电视摄像机、视频摄录一体机、数字照相机零件	12	5	0	0	0	0	0	6	0	2.4	8.8	0
85299050	雷达设备及无线电导航设备零件	1.5	0	0		0	0	0	0	0	0	0.9	0
85299060	无线电收音机及其组合机的其他零件	15	7.5	0	0	0	1.5	0	7.5	0	3	9	0

税则号列 Tariff Item	商品名称（简称） Article Description	最惠国税率（%） M. F. N.	协定税率（%） Conventional										
			巴基斯坦 Pakistan	智利 Chile	新加坡 Singapore	新西兰 New Zealand	秘鲁 Peru	哥斯达黎加 Costa Rica	瑞士 Switzerland	冰岛 Iceland	澳大利亚 Australia	韩国 Korea	格鲁吉亚 Georgia
85299081	彩色电视接收机用（等离子显像组件及其零件及有机发光二极管显示屏除外）	15	7.5	0	0	0	1.5		7.5	0	3		
85299082	等离子显像组件及其零件	15	7.5	0		0			7.5	0	3	12.6	0
85299083	有机发光二极管显示屏	15	7.5	0	0	0	1.5		7.5	0			
85301000	铁道或电车道用电气信号、安全或交通管理设备	10	5	0		0	0	0	0	0	2	6	0
85308000	其他用电气信号、安全或交通管理设备	8	5	0		0	0	0	0	0	1.6	4.8	0
85309000	税目85.30所列设备的零件	8	5	0		0	0	0	0	0	1.6	4.8	0
85311000	防盗或防火报警器及类似装置	10	5	0	0	0	0	0	0	0	2	6	0
85318010	蜂鸣器	15	12	0	0	0	1.5	0	7.5	0	3	9	0
85318090	其他电气音响或视觉信号装置	7.5	5	0	0	0	0	0	0	0	2	6	0
85351000	电路熔断器（电压＞1000伏）	14	11.2	0	0	0	0	0	7	0	2.8	8.4	0
85352100	电压＜72.5千伏自动断路器	14	11.2	0	0	0	0	0	0	0	2.8	8.4	0
85352910	用于电压在72.5千伏及以上，但不高于220千伏的线路的自动断路器	10	5	0		0	0	0	0	0	2	8.4	0
85352920	用于电压高于220千伏，但不高于750千伏的线路的自动断路器	10	5	0		0	0	0	0	0	2	8.4	0
85352990	其他电压≥72.5千伏自动断路器	10	5	0		0	0	0	0	0	2	6	0
85353010	用于电压在72.5千伏及以上，但不高于220千伏的线路的隔离开关及断续开关	10	5	0		0	0	0	5.8	0	2	6	0
85353020	用于电压高于220千伏，但不高于750千伏的线路的隔离开关及断续开关	10	5	0		0	0	0	5.8	0	2	6	0
85353090	其他隔离开关及断续开关	10	5	0		0	0	0	5.8	0	2	6	0
85354000	避雷器、电压限幅器及电涌抑制器	18		0	0	0	1.8	0	9	0	3.6	10.8	0
85359000	其他＞1000伏电路开关等电气装置	10	5	0	0	0	1	0	5	0	2	8	0
85361000	熔断器（电压≤1000伏）	10	5	0	0	0	0	0	5	0	2		0
85362000	电压≤1000伏自动断路器	9	5	0		0	0	0	4.5	0	1.8	1.8	0

税则号列 Tariff Item	商品名称（简称） Article Description	最惠国税率（%） M. F. N.	协定税率（%）Conventional										
			巴基斯坦 Pakistan	智利 Chile	新加坡 Singapore	新西兰 New Zealand	秘鲁 Peru	哥斯达黎加 Costa Rica	瑞士 Switzerland	冰岛 Iceland	澳大利亚 Australia	韩国 Korea	格鲁吉亚 Georgia
85363000	电压≤1000 伏其他电路保护装置	6	5	0		0	0	0	0	0	1.8	6.6	0
85364110	用于电压不超过 36 伏线路的继电器	10	5	0	0	0	0	0	0	0	2	7.3	8
85364190	用于电压超过 36 伏，但不超过 60 伏线路的继电器	10	5	0	0	0	0	0	0	0	2	8	0
85364900	电压＞60 伏的继电器	10	5	0	0	0	1	0	0	0	2	7.3	0
85366100	电压≤1000 伏的灯座	10	5	0	0	0	0	0	0	0	2	7.3	0
85367000	光导纤维、光导纤维束或光缆用连接器	8	5	0		0	0	0	4	0	1.6		0
85371011	可编程序控制器	5	0	0		0	0	0	2.5	0	0	3	0
85371019	其他数控装置	5	0	0		0	0	0	3.1	0	0	3	0
85371090	其他电力控制或分配的装置	8.4	0	0		0	0	0	5.2	0	1.7	6.1	0
85372010	电压≥500 千伏高压开关装置	8.4	0	0		0	0	0	4.9	0	1.7	6.1	0
85372090	其他电力控制或分配装置	8.4	0	0		0	0	0	0	0	1.7	6.1	0
85381010	税号 8537.2010 所列装置的零件	5.6	0	0		0	0	0	0	0	1.7	5	0
85381090	税目 85.37 货品用的其他盘、板等	4.7	0	0		0	0	0	3.5	0	1.4	4.2	0
85389000	税目 85.35、85.36 或 85.37 装置的零件	7	5	0		0	0	0	4.7	0	1.4	0	0
85391000	封闭式聚光灯	10	5	0		0	0	0	0	0	2	6	0
85392110	科研、医疗专用卤钨灯	8	5	0		0	0	0	0	0	1.6	1.6	0
85392120	火车、航空器及船舶用卤钨灯	8	5	0		0	0	0	0	0	1.6	4.8	0
85392130	机动车辆用卤钨灯	10	5	0		0	0	0	0	0	2	8	0
85392190	其他卤钨灯	10.5		0	0	0	0	0	5.2	0	2.1	6.3	0
85392210	科研、医疗用功率≤200 瓦白炽灯泡	10.5	5	0	0	0	0	0	5.2	0	2.1		0
85392290	其他用功率≤200 瓦白炽灯泡	5	0	0		0	0	0	0	0	0	1	0
85392910	科研、医疗专用其他白炽灯泡	5	0	0		0	0	0	0	0	0	1	0
85392920	火车、航空及船舶用其他白炽灯泡	10.5	5	0	0	0	0	0	5.2	0	2.1	6.3	0
85392930	机动车辆用其他白炽灯泡	5	0	0		0	0	0	0	0	0	3.6	0
85392991	电压≤12 伏未列名的白炽灯泡	12	6	0	0	0	0	0	6	0	2.4	7.2	0
85392999	其他未列名的白炽灯泡	12	6	0	0	0	0	0	6	0	2.4	7.2	0
85393110	科研及医疗专用热阴极荧光灯	8	5	0		0	0	0	0	0	1.6		0

税则号列 Tariff Item	商品名称（简称） Article Description	最惠国税率（%） M. F. N.	协定税率（%）Conventional										
			巴基斯坦 Pakistan	智利 Chile	新加坡 Singapore	新西兰 New Zealand	秘鲁 Peru	哥斯达黎加 Costa Rica	瑞士 Switzerland	冰岛 Iceland	澳大利亚 Australia	韩国 Korea	格鲁吉亚 Georgia
85393120	火车、航空器及船舶用热阴极荧光灯	8	5	0		0	0	0	0	0	1.6		0
85393191	紧凑型荧光灯	8	5	0		0	0	0	0	0	1.6	1.6	0
85393199	其他热阴极荧光灯	8	5	0		0	0	0	0	0	1.6	1.6	0
85393230	钠蒸气灯	8	5	0		0	0	0	0	0	1.6	4.8	0
85393240	汞蒸气灯	8	5	0		0	0	0	0	0	1.6	4.8	0
85393290	金属卤化物灯	8	5	0		0	0	0	0	0	1.6	1.6	0
85393910	科研、医疗专用其他放电灯	8	5	0		0	0	0	0	0	1.6		0
85393920	火车、航空器及船舶用其他放电灯	8	5	0		0	0	0	0	0	1.6		0
85393990	其他用途的其他放电灯管	8	5	0		0	0	0	0	0	1.6	5.8	0
85394100	弧光灯	8	5	0		0	0	0	0	0	1.6		0
85394900	紫外线或红外线灯	8	5	0		0	0	0	0	0	1.6		0
85395000	发光二极管（LED）灯泡（管）	10	5	0	0	0	0	0	0	0	2	2	0
85399000	税目85.39所列货品的零件	8	5	0		0	0	0	0	0	1.6		0
85401100	彩色阴极射线电视显像管	12	6	0	0	0	0	0	6	0	2.4	8.8	0
85401200	黑白或单色阴极射线电视显像管	15	12	0	0	0	1.5	0	7.5	0	3	9	0
85402010	电视摄像管	12	6	0	0	0	0	0	6	0	2.4	7.2	0
85402090	变像管、图像增强管及光阴极管	8	5	0		0	0	0	0	0	1.6	1.6	0
85404010	彩色的数据/图形显示管，屏幕荧光点间距小于0.4毫米	8	5	0		0	0	0	0	0	1.6	1.6	0
85404020	单色的数据/图形显示管	8	5	0		0	0	0	0	0	1.6	1.6	0
85406010	雷达显示管	6	5	0		0	0	0	0	0	1.2	1.2	0
85406090	其他阴极射线管	8	5	0		0	0	0	0	0	1.6	1.6	0
85407100	磁控管	8	5	0		0	0	0	0	0	1.6	5.8	0
85407910	调速管	8	5	0		0	0	0	0	0	1.6	1.6	0
85407990	其他微波管	8	5	0		0	0	0	0	0	1.6	1.6	0
85408100	接收管或放大管	8	5	0		0	0	0	0	0	1.6		0
85408900	其他电子管	8	5	0		0	0	0	0	0	1.6	1.6	0
85409110	电视显像管零件	6	5	0		0	0	0	0	0	1.2	1.2	0
85409120	雷达显示管零件	5	0	0		0	0	0	0	0	0	1	0
85409190	其他阴极射线管零件	8	5	0		0	0	0	0	0	1.6		0
85409910	电视摄像管零件	8	5	0		0	0	0	0	0	1.6	1.6	0
85409990	其他热电子管及冷阴极管零件	8	5	0		0	0	0	0	0	1.6		0
85423111	多元件集成电路，具有变流功能的半导体模块	6.7	5	0	0	0	1	0	5	0	2	2	8

税则号列 Tariff Item	商品名称（简称） Article Description	最惠国税率(%) M. F. N.	协定税率（%）Conventional										
			巴基斯坦 Pakistan	智利 Chile	新加坡 Singapore	新西兰 New Zealand	秘鲁 Peru	哥斯达黎加 Costa Rica	瑞士 Switzerland	冰岛 Iceland	澳大利亚 Australia	韩国 Korea	格鲁吉亚 Georgia
85423119	其他多元件集成电路处理器及控制器，不论是否带有存储器、转换器、逻辑电路、放大器、时钟及时序电路或其他电路	2.5	2.1	0	0	0	0	0	0	0	2	6	0
85423210	多元件集成电路存储器	2.7	2.1	0	0	0	0	0	0	0	2	6	0
85423310	多元件集成电路放大器	2.7	2.1	0	0	0	0	0	0	0	2	6	0
85423910	其他多元件集成电路	2.7	2.1	0	0	0	0	0	0	0	2	6	0
85431000	其他粒子加速器	5	0	0		0	0	0	0	0	0	3	0
85432010	输出信号频率＜1500 米赫兹的通用信号发生器	11.3	12	0	0	0	1.5	0	7.5	0	3		0
85432090	输出信号频率≥1500 米赫兹的通用信号发生器	6	5	0		0	0	0	0	0	1.6	1.6	0
85437093	电篱网激发器	10	5	0	0	0	0	0	0	0	2	6	0
85441100	铜制绕组电线	10	5	0	0	0	0	0	5	0	2	7.3	0
85441900	其他绕组电线	20		0	0	0	2	0	10	0	4	16	0
85442000	同轴电缆及其他同轴电导体	10	5	0	0	0	1	0	6.7	0	2	6	0
85443020	机动车辆用点火布线组及其他布线组	10		0		0	0	0	0	0	2	7.3	0
85443090	车辆用点火布线组	5		0		0	0	0	0	0	0	3.6	0
85444921	1000 伏≥耐压＞80 伏无接头电缆	6	0	0		0	0	0	3	0	1.2	4.3	0
85444929	1000 伏≥耐压＞80 伏无接头电导体	12	5	0	0	0	0	0	6	0	2.4	2.4	0
85446012	额定电压不超过 35 千伏的电缆	10	5	0	0	0	0	0	5	0	2	6	0
85446013	额定电压超过 35 千伏，但不超过 110 千伏的电缆	8.4	5	0		0	0	0	0	0	1.7	5	0
85446014	额定电压超过 110 千伏，但不超过 220 千伏的电缆	8.4	5	0		0	0	0	0	0	1.7	1.6	0
85446019	其他额定电压超过 1000 伏的电缆	8.4	5	0		0	0	0		0	1.7	6	0
85446090	耐压＞1 千伏的其他电导体	21	20	0	0	0	2.1	0	0	0	4.2	16.8	0
85451100	炉用碳电极	8	5	0		0	0	0	0	0	1.6	4.8	0
85451900	其他碳电极	10.5	5	0	0	0	0	0	5.2	0	2.1	6.3	0
85452000	碳刷	10.5	5	0	0	0	0	0	5.2	0	2.1	6.3	0
85459000	灯碳棒、电池碳棒及其他石墨制品	10.5	5	0	0	0	0	0	5.2	0	2.1	6.3	0
85461000	玻璃制绝缘子	10.5	5	0	0	0	0	0	5.2	0	2.1	6.3	0
85462010	输变电线路绝缘瓷套管	6	5	0		0	0	0	3	0	1.2	3.6	0
85462090	其他陶瓷制绝缘子	12	6	0	0	0	1.2	0	6	0	2.4	7.2	0

税则号列 Tariff Item	商品名称（简称） Article Description	最惠国税率（%） M. F. N.	协定税率（%）Conventional										
			巴基斯坦 Pakistan	智利 Chile	新加坡 Singapore	新西兰 New Zealand	秘鲁 Peru	哥斯达黎加 Costa Rica	瑞士 Switzerland	冰岛 Iceland	澳大利亚 Australia	韩国 Korea	格鲁吉亚 Georgia
85469000	其他材料制绝缘子	10	5	0	0	0	0	0	5	0	2	6	0
85471000	陶瓷制绝缘零件	8	5	0		0	0	0	4	0	1.6	5.8	0
85472000	塑料制绝缘零件	8	5	0		0	0	0	4	0	1.6	5.8	6.4
85479010	内衬绝缘材料的贱金属导管及其接头	10	5	0	0	0	0	0	0	0	2	6	0
85479090	其他材料制绝缘配件	8	5	0		0	0	0	0	0	1.6	1.6	0
85481000	电池废碎料及废电池	8	5	0		0	0	0	0	0	1.6	1.6	0
85489000	第八十五章其他未列名的电气零件	12	6	0	0	0	0	0	6	0	2.4	9.6	0
86011011	微机控制的外部直流电动铁道机车	3	0	0		0	0	0	0	0	0	0	0
86011019	由外部直流电驱动的其他铁道机车	3	0	0		0	0	0	0	0	0	0	0
86011020	由外部交流电驱动的铁道机车	3	0	0		0	0	0	0	0	0	0	0
86011090	由其他外部电力驱动的铁道机车	3	0	0		0	0	0	0	0	0	0	0
86012000	由蓄电池驱动的铁道电力机车	3	0	0		0	0	0	0	0	0	0	0
86021010	微机控制的柴油电力铁道机车	3	0	0		0	0	0	0	0	0	0	0
86021090	其他柴油电力铁道机车	3	0	0		0	0	0	0	0	0	0	0
86029000	其他铁道机车及机车煤水车	3	0	0		0	0	0	0	0	0	0	0
86031000	由外电力驱动铁道及电车道用机动客车、货车、敞车	3	0	0		0	0	0	0	0	0	0	0
86039000	其他铁道及电车道用机动客车、货车、敞车	3	0	0		0	0	0	0	0	0	0	0
86040011	隧道限界检查车	3	0	0		0	0	0	0	0	0	0	0
86040012	钢轨在线打磨列车	3	0	0		0	0	0	0	0	0	0	0
86040019	铁道及电车道用其他检验车及查道车	5	0	0		0	0	0	0	0	0	1	0
86040091	电气化接触网架线机（轨行式）	5	0	0		0	0	0	0	0	0	1	0
86040099	铁道及电车道用其他维修或服务车	7	5	0		0	0	0	0	0	1.4	1.4	0
86050010	铁道及电车道用非机动客车	5	0	0		0	0	0	0	0	0	1	0
86050090	铁道及电车道用其他非机动客车	5	0	0		0	0	0	0	0	0	1	0
86061000	铁道及电车道用非机动油罐货车及类似车	5	0	0		0	0	0	0	0	0	1	0

税则号列 Tariff Item	商品名称（简称） Article Description	最惠国税率（%） M. F. N.	协定税率（%）Conventional										
			巴基斯坦 Pakistan	智利 Chile	新加坡 Singapore	新西兰 New Zealand	秘鲁 Peru	哥斯达黎加 Costa Rica	瑞士 Switzerland	冰岛 Iceland	澳大利亚 Australia	韩国 Korea	格鲁吉亚 Georgia
86063000	铁道及电车道用非机动自卸货车	5	0	0		0	0	0	0	0	0	1	0
86069100	铁道及电车道用非机动带篷及封闭货车	5	0	0		0	0	0	0	0	0	1	0
86069200	铁道及电车道用非机动厢高＞60厘米敞篷货车	5	0	0		0	0	0	0	0	0	1	0
86069900	税目86.06所列其他未列名非机动车	5	0	0		0	0	0	0	0	0	1	0
86071100	铁道及电车道机车的驾驶转向架	3	0	0		0	0	0	0	0	0	0	0
86071200	铁道及电车道机车非驾驶转向架	3	0	0		0	0	0	0	0	0	0	0
86071910	铁道及电车道机车用车轴	3	0	0		0	0	0	0	0	0	0	0
86071990	转向轮及其零件	3	0	0		0	0	0	0	0	0	0	0
86072100	铁道及电车道机车用空气制动器及其零件	3	0	0		0	0	0	0	0	0	0	0
86072900	铁道及电车道机车用非空气制动器	3	0	0		0	0	0	0	0	0	0	0
86073000	铁道及电车道机车用钩、联结器、缓冲器及其零件	3	0	0		0	0	0	0	0	0	0	0
86079100	铁道及电车道机车用其他零件	3	0	0		0	0	0	0	0	0	0.6	0
86079900	铁道及电车道非机车用其他零件	3	0	0		0	0	0	1.5	0	0	0	0
86080010	轨道自动计轴设备	3	0	0		0	0	0	0	0	0	0	0
86080090	铁道及电车道轨道固定装置及附件	4	0	0		0	0	0	0	0	0	0	0
86090011	20英尺保温式集装箱	10.5	5	0	0	0	0	0	5.2	0	2.1	6.3	0
86090012	20英尺罐式集装箱	10.5	5	0	0	0	0	0	5.2	0	2.1	6.3	0
86090019	20英尺其他集装箱	10.5	5	0	0	0	0	0	5.2	0	2.1	6.3	0
86090021	40英尺保温式集装箱	10.5	5	0	0	0	0	0	5.2	0	2.1	6.3	0
86090022	40英尺罐式集装箱	10.5	5	0	0	0	0	0	5.2	0	2.1	6.3	0
86090029	40英尺其他集装箱	10.5	5	0	0	0	0	0	5.2	0	2.1	6.3	0
86090030	45、48及53英尺的集装箱	10.5	5	0	0	0	0	0	5.2	0	2.1	6.3	0
86090090	其他集装箱	10.5	5	0	0	0	0	0	5.2	0	2.1	6.3	0
87011000	手扶拖拉机	9	5	0		0	0	0	0	0	1.8	5.4	0
87012000	半挂车用的公路牵引车	6		0		0		0	0	0	1.2	4.4	0
87013000	履带式牵引车及拖拉机	6	5	0		0	0	0	0	0	1.2	1.2	0
87019110	发动机功率不超过18千瓦的拖拉机	8	5	0		0	0	0	0	0	1.6	1.6	0
87019190	发动机功率不超过18千瓦的其他车辆	8	5	0		0	0	0	0	0	1.6	1.6	0

税则号列 Tariff Item	商品名称（简称） Article Description	最惠国税率（%） M. F. N.	协定税率（%） Conventional										
			巴基斯坦 Pakistan	智利 Chile	新加坡 Singapore	新西兰 New Zealand	秘鲁 Peru	哥斯达黎加 Costa Rica	瑞士 Switzerland	冰岛 Iceland	澳大利亚 Australia	韩国 Korea	格鲁吉亚 Georgia
87019210	超过 18 千瓦，但不超过 37 千瓦拖拉机	8	5	0		0	0	0	0	0	1.6	1.6	0
87019290	超过 18 千瓦，但不超过 37 千瓦的其他车辆	8	5	0		0	0	0	0	0	1.6	1.6	0
87019310	超过 37 千瓦，但不超过 75 千瓦拖拉机	8	5	0		0	0	0	0	0	1.6	1.6	0
87019390	超过 37 千瓦，但不超过 75 千瓦其他车辆	8	5	0		0	0	0	0	0	1.6	1.6	0
87019410	超过 75 千瓦，但不超过 130 千瓦拖拉机	8	5	0		0	0	0	0	0	1.6	1.6	0
87019490	超过 75 千瓦，但不超过 130 千瓦的其他车辆	8	5	0		0	0	0	0	0	1.6	1.6	0
87019510	超过 130 千瓦拖拉机	8	5	0		0	0	0	0	0	1.6	1.6	0
87019590	超过 130 千瓦的其他车辆	8	5	0		0	0	0	0	0	1.6	1.6	0
87021020	机坪客车	4	0	0		0	0	0	0	0	0	2.9	0
87021091	30 座及以上大型客车（柴油型）	25		0		0		0		0	5	20	0
87021092	20 座及以上但不超过 29 座的客车	25		0		0		0		0	5	20	0
87021093	10 座及以上但不超过 19 座的客车	25		0		0		0		0	5	20	0
87022010	同时装有压燃式活塞内燃发动机（柴油或半柴油发动机）及驱动电动机的机坪客车	4	0	0		0	0	0	0	0	0	2.9	0
87022091	同时装有压燃式活塞内燃发动机（柴油或半柴油发动机）及驱动电动机的其他 30 座及以上大型客车	25		0		0		0		0	5	20	0
87022092	同时装有压燃式活塞内燃发动机（柴油或半柴油发动机）及驱动电动机的 20 座及以上，但不超过 29 座客车	25		0		0		0		0	5	20	0
87022093	同时装有压燃往复式活塞内燃发动机及驱动电动机的车辆 10 座及以上，但不超过 19 座的客车	25		0		0		0		0	5	20	0
87023010	同时装有点燃往复式活塞内燃发动机及驱动电动机的 30 座及以上（大型客车）	25		0		0		0		0	5	20	0

税则号列 Tariff Item	商品名称（简称） Article Description	最惠国税率（%） M. F. N.	协定税率（%）Conventional 巴基斯坦 Pakistan	智利 Chile	新加坡 Singapore	新西兰 New Zealand	秘鲁 Peru	哥斯达黎加 Costa Rica	瑞士 Switzerland	冰岛 Iceland	澳大利亚 Australia	韩国 Korea	格鲁吉亚 Georgia
87023020	同时装有点燃往复式活塞内燃发动机及驱动电动机的20座及以上，但不超过29座客车	25		0		0		0		0	5	20	0
87023030	同时装有点燃往复式活塞内燃发动机及驱动电动机的10座及以上，但不超过19座的客车	25		0		0	2.5	0		0	5	20	0
87024010	仅装有驱动电动机的30座及以上大型客车	25		0		0		0		0	5	20	0
87024020	仅装有驱动电动机的20座及以上，但不超过29座客车	25		0		0		0		0	5	20	0
87024030	仅装有驱动电动机的10座及以上，但不超过19座的客车	25		0		0	2.5	0		0	5	20	0
87029010	30座及以上的大型客车（非柴油型）	25		0		0		0		0	5	20	0
87029020	20座及以上，但不超过29座的客车（非柴油型）	25		0		0		0		0	5	20	0
87029030	10座及以上，但不超过19座的客车（非柴油型）	25		0		0	2.5	0		0	5	20	0
87031011	全地形车	25		0	0	0	2.5	0		0	5	20	0
87031019	其他高尔夫球车及类似车辆	25		0	0	0	2.5	0		0	5		0
87031090	雪地行走专用车	25		0	0	0	2.5	0		0	5		0
87032130	排气量≤1000毫升的小轿车	25	22.5	0		0		0		0	5		
87032140	排气量≤1000毫升的越野车（4轮驱动）	25	22.5	0		0		0		0	5		
87032150	排气量≤1000毫升的9座的小客车	25	22.5	0		0		0		0	5		
87032190	排气量≤1000毫升的其他车辆	25	22.5	0		0		0		0	5		
87032230	1升＜排气量≤1.5升的小轿车	25	22.5	0		0		0		0	5	23	
87032240	1升＜排气量≤1.5升的越野车	25	22.5	0		0		0		0	5		
87032250	1升＜排气量≤1.5升，不超过9座的小客车	25	22.5	0		0		0		0	5		
87032290	1升＜排气量≤1.5升的其他车辆	25	22.5	0		0		0		0	5		
87032341	1.5升＜排气量≤2升的小轿车	25	22.5	0		0		0		0	15	23	

税则号列 Tariff Item	商品名称（简称） Article Description	最惠国税率（%） M. F. N.	协定税率（%）Conventional										
			巴基斯坦 Pakistan	智利 Chile	新加坡 Singapore	新西兰 New Zealand	秘鲁 Peru	哥斯达黎加 Costa Rica	瑞士 Switzerland	冰岛 Iceland	澳大利亚 Australia	韩国 Korea	格鲁吉亚 Georgia
87032342	1.5升＜排气量≤2升的越野车	25	22.5	0		0		0		0	15	23	
87032343	1.5升＜排气量≤2升，不超过9座的小客车	25	22.5	0		0		0		0	15	23	
87032349	1.5升＜排气量≤2升的其他车辆	25	22.5	0		0		0		0	15		
87032351	2升＜排气量≤2.5升的小轿车	25	22.5	0		0		0		0	15	23	
87032352	2升＜排气量≤2.5升的越野车	25	22.5	0		0		0		0	15	23	
87032353	2升＜排气量≤2.5升，不超过9座的小客车	25	22.5	0		0		0		0	15	23	
87032359	2升＜排气量≤2.5升的其他车辆	25	22.5	0		0		0		0	15		
87032361	2.5升＜排气量≤3升的小轿车	25	22.5	0		0		0		0	15	23	
87032362	2.5升＜排气量≤3升的越野车	25	22.5	0	0	0		0		0	15		
87032363	2.5升＜排气量≤3升，不超过9座的小客车	25	22.5	0	0	0		0		0	15	23	
87032369	2.5升＜排气量≤3升的其他车辆	25	22.5	0	0	0		0		0	15		
87032411	3升＜排气量≤4升的小轿车	25	22.5	0		0		0		0	15	23	
87032412	3升＜排气量≤4升的越野车	25	22.5	0		0		0		0	15	23	
87032413	3升＜排气量≤4升，不超过9座的小客车	25	22.5	0		0		0		0	15		
87032419	3升＜排气量≤4升的其他车辆	25	22.5	0		0		0		0	15		
87032421	排气量＞4升的小轿车	25	22.5	0		0		0		0	15	23	
87032422	排气量＞4升的越野车	25	22.5	0		0		0		0	15		
87032423	排气量＞4升，不超过9座的小客车	25	22.5	0		0		0		0	15		
87032429	排气量＞4升的其他车辆	25	22.5	0		0		0		0	15		
87033111	排气量≤1升的柴油型小轿车	25		0		0		0		0	15		0
87033119	排气量≤1升的柴油型其他车辆	25		0	0	0	2.5	0		0	15		0
87033121	1升＜排气量≤1.5升的柴油型小轿车	25		0		0		0		0	15		0
87033122	1升＜排气量≤1.5升的柴油型越野车	25		0		0		0		0	15		0

税则号列 Tariff Item	商品名称（简称） Article Description	最惠国税率（%） M. F. N.	协定税率（%）Conventional										
			巴基斯坦 Pakistan	智利 Chile	新加坡 Singapore	新西兰 New Zealand	秘鲁 Peru	哥斯达黎加 Costa Rica	瑞士 Switzerland	冰岛 Iceland	澳大利亚 Australia	韩国 Korea	格鲁吉亚 Georgia
87033123	1升＜排气量≤1.5升，不超过9座的柴油型小客车	25		0		0		0		0	15		0
87033129	1升＜排气量≤1.5升的柴油型其他车辆	25		0	0	0	2.5	0		0	15		0
87033211	1.5升＜排气量≤2升的柴油型小轿车	25	22.5	0		0		0		0	15		0
87033212	1.5升＜排气量≤2升的柴油型越野车	25	22.5	0		0		0		0	15	23	0
87033213	1.5升＜排气量≤2升，不超过9座的柴油型小客车	25	22.5	0		0		0		0	15	23	0
87033219	1.5升＜排气量≤2升的柴油型其他车辆	25	22.5	0		0		0		0	15		0
87033221	2升＜排气量≤2.5升的柴油型小轿车	25	22.5	0		0		0		0	15		0
87033222	2升＜排气量≤2.5升的柴油型越野车	25	22.5	0		0		0		0	15		0
87033223	2升＜排气量≤2.5升，不超过9座的柴油型小客车	25	22.5	0		0		0		0	15	23	0
87033229	2升＜排气量≤2.5升的柴油型其他车辆	25	22.5	0		0		0		0	15		0
87033311	2.5升＜排气量≤3升的柴油型小轿车	25	22.5	0	0	0		0		0	15		0
87033312	2.5升＜排气量≤3升的柴油型越野车	25	22.5	0	0	0		0		0	15	23	0
87033313	2.5升＜排气量≤3升，不超过9座的柴油型小客车	25	22.5	0	0	0		0		0	15		0
87033319	2.5升＜排气量≤3升的柴油型其他车辆	25	22.5	0	0	0		0		0	15		0
87033321	3升＜排气量≤4升的柴油型小轿车	25	22.5	0	0	0		0		0	15		0
87033322	3升＜排气量≤4升的柴油型越野车	25	22.5	0	0	0		0		0	15		0
87033323	3升＜排气量≤4升，不超过9座的柴油型小客车	25	22.5	0	0	0		0		0	15		0
87033329	3升＜排气量≤4升的柴油型其他车辆	25	22.5	0	0	0		0		0	15		0
87033361	排气量＞4升的柴油型小轿车	25	22.5	0	0	0		0		0	5		0
87033362	排气量＞4升的柴油型越野车	25	22.5	0	0	0		0		0	5		0

税则号列 Tariff Item	商品名称（简称） Article Description	最惠国税率（%） M. F. N.	协定税率（%） Conventional										
			巴基斯坦 Pakistan	智利 Chile	新加坡 Singapore	新西兰 New Zealand	秘鲁 Peru	哥斯达黎加 Costa Rica	瑞士 Switzerland	冰岛 Iceland	澳大利亚 Australia	韩国 Korea	格鲁吉亚 Georgia
87033363	排气量＞4 升，不超过 9 座的柴油型小客车	25	22.5	0	0	0		0		0	5		0
87033369	排气量＞4 升的柴油型其他车辆	25	22.5	0	0	0		0		0	5		0
87034011	同时装有点燃往复式活塞内燃发动机及驱动电动机的其他车辆，可通过接插外部电源进行充电的除外气缸容量（排气量）不超过 1000 毫升小轿车	25	22.5	0		0		0		0	5		
87034012	同时装有点燃往复式活塞内燃发动机及驱动电动机的其他车辆，可通过接插外部电源进行充电的除外气缸容量（排气量）不超过 1000 毫升越野车（4 轮驱动）	25	22.5	0		0		0		0	5		
87034013	同时装有点燃往复式活塞内燃发动机及驱动电动机的其他车辆，可通过接插外部电源进行充电的除外气缸容量（排气量）不超过 1000 毫升 9 座及以下的小客车	25	22.5	0		0		0		0	5		
87034019	同时装有点燃往复式活塞内燃发动机及驱动电动机的其他车辆，可通过接插外部电源进行充电的除外气缸容量（排气量）不超过 1000 毫升其他车辆	25	22.5	0		0		0		0	5		
87034021	同时装有点燃往复式活塞内燃发动机及驱动电动机的其他车辆，可通过接插外部电源进行充电的除外气缸容量（排气量）超过 1000 毫升，但不超过 1500 毫升小轿车	25	22.5	0		0		0		0	5	23	
87034022	同时装有点燃往复式活塞内燃发动机及驱动电动机的其他车辆，可通过接插外部电源进行充电的除外气缸容量（排气量）超过 1000 毫升，但不超过 1500 毫升越野车（4 轮驱动）	25	22.5	0		0		0		0	5		

税则号列 Tariff Item	商品名称（简称） Article Description	最惠国税率（%） M. F. N.	协定税率（%） Conventional										
			巴基斯坦 Paki-stan	智利 Chile	新加坡 Singa-pore	新西兰 New Zealand	秘鲁 Peru	哥斯达黎加 Costa Rica	瑞士 Switze-rland	冰岛 Iceland	澳大利亚 Austr-alia	韩国 Korea	格鲁吉亚 Georgia
87034023	同时装有点燃往复式活塞内燃发动机及驱动电动机的其他车辆，可通过接插外部电源进行充电的除外气缸容量（排气量）超过1000毫升，但不超过1500毫升9座及以下的小客车	25	22.5	0		0		0		0	5		
87034029	同时装有点燃往复式活塞内燃发动机及驱动电动机的其他车辆，可通过接插外部电源进行充电的除外气缸容量（排气量）超过1000毫升，但不超过1500毫升其他车辆	25	22.5	0		0		0		0	5		
87034031	同时装有点燃往复式活塞内燃发动机及驱动电动机的其他车辆，可通过接插外部电源进行充电的除外气缸容量（排气量）超过1000毫升，但不超过1500毫升气缸容量（排气量）小轿车	25	22.5	0		0		0		0	15	23	
87034032	同时装有点燃往复式活塞内燃发动机及驱动电动机的其他车辆，可通过接插外部电源进行充电的除外气缸容量（排气量）超过1000毫升，但不超过1500毫升气缸容量（排气量）越野车（4轮驱动）	25	22.5	0		0		0		0	15	23	
87034033	同时装有点燃往复式活塞内燃发动机及驱动电动机的其他车辆，可通过接插外部电源进行充电的除外气缸容量（排气量）超过1000毫升，但不超过1500毫升气缸容量（排气量）9座及以下的小客车	25	22.5	0		0		0		0	15	23	
87034039	同时装有点燃往复式活塞内燃发动机及驱动电动机的其他车辆，可通过接插外部电源进行充电的除外气缸容量（排气量）超过1000毫升，但不超过1500毫升气缸容量（排气量）其他车辆	25	22.5	0		0		0		0	15		

税则号列 Tariff Item	商品名称（简称） Article Description	最惠国税率（%） M. F. N.	协定税率（%） Conventional										
			巴基斯坦 Paki-stan	智利 Chile	新加坡 Singa-pore	新西兰 New Zealand	秘鲁 Peru	哥斯达黎加 Costa Rica	瑞士 Switze-rland	冰岛 Iceland	澳大利亚 Austr-alia	韩国 Korea	格鲁吉亚 Georgia
87034041	同时装有点燃往复式活塞内燃发动机及驱动电动机的其他车辆，可通过接插外部电源进行充电的除外气缸容量（排气量）超过2000毫升，但不超过2500毫升小轿车	25	22.5	0		0		0		0	15	23	
87034042	同时装有点燃往复式活塞内燃发动机及驱动电动机的其他车辆，可通过接插外部电源进行充电的除外气缸容量（排气量）超过2000毫升，但不超过2500毫升越野车（4轮驱动）	25	22.5	0		0		0		0	15	23	
87034043	同时装有点燃往复式活塞内燃发动机及驱动电动机的其他车辆，可通过接插外部电源进行充电的除外气缸容量（排气量）超过2000毫升，但不超过2500毫升9座及以下的小客车	25	22.5	0		0		0		0	15	23	
87034049	同时装有点燃往复式活塞内燃发动机及驱动电动机的其他车辆，可通过接插外部电源进行充电的除外气缸容量（排气量）超过2000毫升，但不超过2500毫升其他车辆	25	22.5	0		0		0		0	15		
87034051	同时装有点燃往复式活塞内燃发动机及驱动电动机的其他车辆，可通过接插外部电源进行充电的除外气缸容量（排气量）超过2500毫升，但不超过3000毫升小轿车	25	22.5	0		0		0		0	15	23	
87034052	同时装有点燃往复式活塞内燃发动机及驱动电动机的其他车辆，可通过接插外部电源进行充电的除外气缸容量（排气量）超过2500毫升，但不超过3000毫升越野车（4轮驱动）	25	22.5	0	0	0		0		0	15		

税则号列 Tariff Item	商品名称（简称） Article Description	最惠国税率（%） M. F. N.	协定税率（%）Conventional										
			巴基斯坦 Pakistan	智利 Chile	新加坡 Singapore	新西兰 New Zealand	秘鲁 Peru	哥斯达黎加 Costa Rica	瑞士 Switzerland	冰岛 Iceland	澳大利亚 Australia	韩国 Korea	格鲁吉亚 Georgia
87034053	同时装有点燃往复式活塞内燃发动机及驱动电动机的其他车辆，可通过接插外部电源进行充电的除外气缸容量（排气量）超过2500毫升，但不超过3000毫升9座及以下的小客车	25	22.5	0	0	0		0		0	15	23	
87034059	同时装有点燃往复式活塞内燃发动机及驱动电动机的其他车辆，可通过接插外部电源进行充电的除外气缸容量（排气量）超过2500毫升，但不超过3000毫升其他车辆	25	22.5	0	0	0		0		0	15		
87034061	同时装有点燃往复式活塞内燃发动机及驱动电动机的其他车辆，可通过接插外部电源进行充电的除外气缸容量（排气量）超过3000毫升，但不超过4000毫升小轿车	25	22.5	0		0		0		0	15	23	
87034062	同时装有点燃往复式活塞内燃发动机及驱动电动机的其他车辆，可通过接插外部电源进行充电的除外气缸容量（排气量）超过3000毫升，但不超过4000毫升越野车（4轮驱动）	25	22.5	0		0		0		0	15	23	
87034063	同时装有点燃往复式活塞内燃发动机及驱动电动机的其他车辆，可通过接插外部电源进行充电的除外气缸容量（排气量）超过3000毫升，但不超过4000毫升9座及以下的小客车	25	22.5	0		0		0		0	15		
87034069	同时装有点燃往复式活塞内燃发动机及驱动电动机的其他车辆，可通过接插外部电源进行充电的除外气缸容量（排气量）超过3000毫升，但不超过4000毫升其他车辆	25	22.5	0		0		0		0	15		

税则号列 Tariff Item	商品名称（简称） Article Description	最惠国税率（%） M. F. N.	协定税率（%）Conventional										
			巴基斯坦 Pakistan	智利 Chile	新加坡 Singapore	新西兰 New Zealand	秘鲁 Peru	哥斯达黎加 Costa Rica	瑞士 Switzerland	冰岛 Iceland	澳大利亚 Australia	韩国 Korea	格鲁吉亚 Georgia
87034071	同时装有点燃往复式活塞内燃发动机及驱动电动机的其他车辆，可通过接插外部电源进行充电的除外气缸容量（排气量）超过4000毫升小轿车	25	22.5	0		0		0		0	15	23	
87034072	同时装有点燃往复式活塞内燃发动机及驱动电动机的其他车辆，可通过接插外部电源进行充电的除外气缸容量（排气量）超过4000毫升越野车（4轮驱动）	25	22.5	0		0		0		0	15		
87034073	同时装有点燃往复式活塞内燃发动机及驱动电动机的其他车辆，可通过接插外部电源进行充电的除外气缸容量（排气量）超过4000毫升9座及以下的小客车	25	22.5	0		0		0		0	15		
87034079	同时装有点燃往复式活塞内燃发动机及驱动电动机的其他车辆，可通过接插外部电源进行充电的除外气缸容量（排气量）超过4000毫升其他车辆	25	22.5	0		0		0		0	15		
87034090	同时装有点燃往复式活塞内燃发动机及驱动电动机的其他车辆，可通过接插外部电源进行充电的除外其他车辆	25	22.5	0	0	0	2.5	0		0	5	23	20
87035011	同时装有压燃式活塞内燃发动机（柴油或半柴油发动机）及驱动电动机的其他车辆，可通过接插外部电源进行充电的除外气缸容量（排气量）不超过1000毫升小轿车	25		0		0		0		0	15		0
87035019	同时装有压燃式活塞内燃发动机（柴油或半柴油发动机）及驱动电动机的其他车辆，可通过接插外部电源进行充电的除外气缸容量（排气量）不超过1000毫升其他车辆	25		0	0	0	2.5	0		0	15		0

税则号列 Tariff Item	商品名称（简称） Article Description	最惠国税率（%） M. F. N.	协定税率（%） Conventional										
			巴基斯坦 Pakistan	智利 Chile	新加坡 Singapore	新西兰 New Zealand	秘鲁 Peru	哥斯达黎加 Costa Rica	瑞士 Switzerland	冰岛 Iceland	澳大利亚 Australia	韩国 Korea	格鲁吉亚 Georgia
87035021	同时装有压燃式活塞内燃发动机（柴油或半柴油发动机）及驱动电动机的其他车辆，可通过接插外部电源进行充电的除外气缸容量（排气量）超过1000毫升，不超过1500毫升的小轿车	25		0		0		0		0	15		0
87035022	同时装有压燃式活塞内燃发动机（柴油或半柴油发动机）及驱动电动机的其他车辆，可通过接插外部电源进行充电的除外气缸容量（排气量）超过1000毫升，不超过1500毫升的越野车（4轮驱动）	25		0		0		0		0	15		0
87035023	同时装有压燃式活塞内燃发动机（柴油或半柴油发动机）及驱动电动机的其他车辆，可通过接插外部电源进行充电的除外气缸容量（排气量）超过1000毫升，不超过1500毫升的9座及以下的小客车	25		0		0		0		0	15		0
87035029	同时装有压燃式活塞内燃发动机（柴油或半柴油发动机）及驱动电动机的其他车辆，可通过接插外部电源进行充电的除外气缸容量（排气量）超过1000毫升，不超过1500毫升的其他车辆	25		0	0	0	2.5	0		0	15		0
87035031	同时装有压燃式活塞内燃发动机（柴油或半柴油发动机）及驱动电动机的其他车辆，可通过接插外部电源进行充电的除外气缸容量（排气量）超过1500毫升，但不超过2000毫升小轿车	25	22.5	0		0		0		0	15		0

税则号列 Tariff Item	商品名称（简称） Article Description	最惠国税率(%) M. F. N.	协定税率（%）Conventional										
			巴基斯坦 Pakistan	智利 Chile	新加坡 Singapore	新西兰 New Zealand	秘鲁 Peru	哥斯达黎加 Costa Rica	瑞士 Switzerland	冰岛 Iceland	澳大利亚 Australia	韩国 Korea	格鲁吉亚 Georgia
87035032	同时装有压燃式活塞内燃发动机（柴油或半柴油发动机）及驱动电动机的其他车辆，可通过接插外部电源进行充电的除外气缸容量（排气量）超过1500毫升，但不超过2000毫升越野车（4轮驱动）	25	22.5	0		0		0		0	15	23	0
87035033	同时装有压燃式活塞内燃发动机（柴油或半柴油发动机）及驱动电动机的其他车辆，可通过接插外部电源进行充电的除外气缸容量（排气量）超过1500毫升，但不超过2000毫升9座及以下的小客车	25	22.5	0		0		0		0	15	23	0
87035039	同时装有压燃式活塞内燃发动机（柴油或半柴油发动机）及驱动电动机的其他车辆，可通过接插外部电源进行充电的除外气缸容量（排气量）超过1500毫升，但不超过2000毫升9座及以下的其他车辆	25	22.5	0		0		0		0	15		0
87035041	同时装有压燃式活塞内燃发动机（柴油或半柴油发动机）及驱动电动机的其他车辆，可通过接插外部电源进行充电的除外气缸容量（排气量）超过2000毫升，但不超过2500毫升小轿车	25	22.5	0		0		0		0	15		0
87035042	同时装有压燃式活塞内燃发动机（柴油或半柴油发动机）及驱动电动机的其他车辆，可通过接插外部电源进行充电的除外气缸容量（排气量）超过2000毫升，但不超过2500毫升越野车（4轮驱动）	25	22.5	0		0		0		0	15		0

税则号列 Tariff Item	商品名称（简称） Article Description	最惠国税率(%) M. F. N.	协定税率（%）Conventional										
			巴基斯坦 Pakistan	智利 Chile	新加坡 Singapore	新西兰 New Zealand	秘鲁 Peru	哥斯达黎加 Costa Rica	瑞士 Switzerland	冰岛 Iceland	澳大利亚 Australia	韩国 Korea	格鲁吉亚 Georgia
87035043	同时装有压燃式活塞内燃发动机（柴油或半柴油发动机）及驱动电动机的其他车辆，可通过接插外部电源进行充电的除外气缸容量（排气量）超过2000毫升，但不超过2500毫升9座及以下的小客车	25	22.5	0		0		0		0	15	23	0
87035049	同时装有压燃式活塞内燃发动机（柴油或半柴油发动机）及驱动电动机的其他车辆，可通过接插外部电源进行充电的除外气缸容量（排气量）超过2000毫升，但不超过2500毫升其他车辆	25	22.5	0		0		0		0	15		0
87035051	同时装有压燃式活塞内燃发动机（柴油或半柴油发动机）及驱动电动机的其他车辆，可通过接插外部电源进行充电的除外气缸容量（排气量）超过2500毫升，但不超过3000毫升小轿车	25	22.5	0	0	0		0		0	15		0
87035052	同时装有压燃式活塞内燃发动机（柴油或半柴油发动机）及驱动电动机的其他车辆，可通过接插外部电源进行充电的除外气缸容量（排气量）超过2500毫升，但不超过3000毫升越野车（4轮驱动）	25	22.5	0	0	0		0		0	15	23	0
87035053	同时装有压燃式活塞内燃发动机（柴油或半柴油发动机）及驱动电动机的其他车辆，可通过接插外部电源进行充电的除外气缸容量（排气量）超过2500毫升，但不超过3000毫升9座及以下的小客车	25	22.5	0	0	0		0		0	15		0

税则号列 Tariff Item	商品名称（简称） Article Description	最惠国税率（%） M. F. N.	协定税率（%）Conventional										
			巴基斯坦 Pakistan	智利 Chile	新加坡 Singapore	新西兰 New Zealand	秘鲁 Peru	哥斯达黎加 Costa Rica	瑞士 Switzerland	冰岛 Iceland	澳大利亚 Australia	韩国 Korea	格鲁吉亚 Georgia
87035059	同时装有压燃式活塞内燃发动机（柴油或半柴油发动机）及驱动电动机的其他车辆，可通过接插外部电源进行充电的除外气缸容量（排气量）超过 2500 毫升，但不超过 3000 毫升其他车辆	25	22.5	0	0	0		0		0	15		0
87035061	同时装有压燃式活塞内燃发动机（柴油或半柴油发动机）及驱动电动机的其他车辆，可通过接插外部电源进行充电的除外气缸容量（排气量）超过 3000 毫升，但不超过 4000 毫升小轿车	25	22.5	0	0	0		0		0	15		0
87035062	同时装有压燃式活塞内燃发动机（柴油或半柴油发动机）及驱动电动机的其他车辆，可通过接插外部电源进行充电的除外气缸容量（排气量）超过 3000 毫升，但不超过 4000 毫升越野车（4 轮驱动）	25	22.5	0	0	0		0		0	15		0
87035063	同时装有压燃式活塞内燃发动机（柴油或半柴油发动机）及驱动电动机的其他车辆，可通过接插外部电源进行充电的除外气缸容量（排气量）超过 3000 毫升，但不超过 4000 毫升 9 座及以下的小客车	25	22.5	0	0	0		0		0	15		0
87035069	同时装有压燃式活塞内燃发动机（柴油或半柴油发动机）及驱动电动机的其他车辆，可通过接插外部电源进行充电的除外气缸容量（排气量）超过 3000 毫升，但不超过 4000 毫升 9 座及以下的其他车辆	25	22.5	0	0	0		0		0	15		0

税则号列 Tariff Item	商品名称（简称） Article Description	最惠国税率(%) M. F. N.	协定税率（%）Conventional										
			巴基斯坦 Pakistan	智利 Chile	新加坡 Singapore	新西兰 New Zealand	秘鲁 Peru	哥斯达黎加 Costa Rica	瑞士 Switzerland	冰岛 Iceland	澳大利亚 Australia	韩国 Korea	格鲁吉亚 Georgia
87035071	同时装有压燃式活塞内燃发动机（柴油或半柴油发动机）及驱动电动机的其他车辆，可通过接插外部电源进行充电的除外气缸容量（排气量）超过4000毫升小轿车	25	22.5	0	0	0		0		0	5		0
87035072	同时装有压燃式活塞内燃发动机（柴油或半柴油发动机）及驱动电动机的其他车辆，可通过接插外部电源进行充电的除外气缸容量（排气量）超过4000毫升越野车（4轮驱动）	25	22.5	0	0	0		0		0	5		0
87035073	同时装有压燃式活塞内燃发动机（柴油或半柴油发动机）及驱动电动机的其他车辆，可通过接插外部电源进行充电的除外气缸容量（排气量）超过4000毫升9座及以下的小客车	25	22.5	0	0	0		0		0	5		0
87035079	同时装有压燃式活塞内燃发动机（柴油或半柴油发动机）及驱动电动机的其他车辆，可通过接插外部电源进行充电的除外气缸容量（排气量）超过4000毫升其他车辆	25	22.5	0	0	0		0		0	5		0
87035090	同时装有压燃式活塞内燃发动机（柴油或半柴油发动机）及驱动电动机的其他车辆，可通过接插外部电源进行充电的除外其他车辆	25	22.5	0	0	0	2.5	0		0	5	23	20
87036000	同时装有点燃往复式活塞内燃发动机及驱动电动机、可通过接插外部电源进行充电的其他车辆	25	22.5	0		0		0		0	5		
87037000	同时装有压燃往复式活塞内燃发动机及驱动电动机、可通过接插外部电源进行充电的其他车辆	25	22.5	0	0	0	2.5	0		0	5	23	20

税则号列 Tariff Item	商品名称（简称） Article Description	最惠国税率（%） M. F. N.	协定税率（%） Conventional										
			巴基斯坦 Pakistan	智利 Chile	新加坡 Singapore	新西兰 New Zealand	秘鲁 Peru	哥斯达黎加 Costa Rica	瑞士 Switzerland	冰岛 Iceland	澳大利亚 Australia	韩国 Korea	格鲁吉亚 Georgia
87038000	仅装驱动电动机的其他车辆	25	22.5	0	0	0	2.5	0		0	5	23	20
87039000	其他车辆	25	22.5	0	0	0	2.5	0		0	5	23	20
87041030	非公路用电动轮货运自卸车	6	5	0		0	0	0	0	0	1.2	1.2	0
87041090	其他非公路用货运自卸车	6	5	0		0	0	0	0	0	1.2	1.2	0
87042100	柴油型其他小型货车	25		0		0		0		0	5	20	0
87042230	柴油型其他中型货车	20	18	0		0	2	0	10	0	4	14.6	0
87042240	柴油型其他重型货车	20	18	0		0	2	0	10	0	4	14.6	0
87042300	柴油型的其他超重型货车	15		0		0		0	7.5	0	3	11	0
87043100	汽油型车辆总重量≤5 吨的其他货车	25		0		0		0		0	5	20	0
87043230	汽油型 5 吨＜车辆总重量≤8 吨的其他货车	20		0		0	2	0	10	0	4	14.6	0
87043240	汽油型车辆总重量＞8 吨的其他货车	20		0		0	2	0	10	0	4	14.6	0
87049000	装有其他发动机的货车	25		0	0	0	2.5	0		0	5	20	0
87051021	最大起重重量≤50 吨的全路面汽车起重车	15	12	0	0	0	1.5	0	7.5	0	3	11	0
87051022	50 吨＜最大起重重量≤100 吨的全路面汽车起重车	10	5	0	0	0	0	0	0	0	2	7.3	0
87051023	最大起重重量＞100 吨的全路面汽车起重车	10	5	0	0	0	0	0	0	0	2	7.3	0
87051091	最大起重重量≤50 吨的其他汽车起重车	15	12	0	0	0	1.5	0	7.5	0	3	11	0
87051092	50 吨＜最大起重重量≤100 吨的其他汽车起重车	10	5	0	0	0	0	0	0	0	2	7.3	0
87051093	最大起重重量＞100 吨的其他汽车起重车	10	5	0	0	0	0	0	0	0	2	7.3	0
87052000	机动钻探车	12	6	0	0	0	0	0	6	0	2.4	8.8	0
87053010	装有云梯的救火车	3	0	0		0	0	0	0	0	0	2.2	0
87053090	其他机动救火车	3	0	0		0	0	0	0	0	0	2.2	0
87054000	机动混凝土搅拌车	15	7.5	0	0	0	1.5	0	7.5	0	3	11	0
87059010	无线电通信车	9	5	0	0	0	0	0	0	0	1.8	6.6	0
87059020	机动放射线检查车	9	5	0		0	0	0	0	0	1.8	6.6	0
87059030	机动环境监测车	12	5	0	0	0	0	0	6	0	2.4	8.8	0
87059040	机动医疗车	12	5	0		0	0	0	6	0	2.4	9.6	0
87059051	航空电源车（频率为 400 赫兹）	12	5	0	0	0	0	0	6	0	2.4	8.8	0
87059059	其他机动电源车	12	5	0	0	0	0	0	6	0	2.4	8.8	0
87059060	飞机加油车、调温车、除冰车	12	5	0	0	0	0	0	6	0	2.4	8.8	0

税则号列 Tariff Item	商品名称（简称） Article Description	最惠国税率（%） M. F. N.	协定税率（%）Conventional										
			巴基斯坦 Pakistan	智利 Chile	新加坡 Singapore	新西兰 New Zealand	秘鲁 Peru	哥斯达黎加 Costa Rica	瑞士 Switzerland	冰岛 Iceland	澳大利亚 Australia	韩国 Korea	格鲁吉亚 Georgia
87059070	道路（包括跑道）扫雪车	12	5	0	0	0	0	0	6	0	2.4	8.8	0
87059080	石油测井车、压裂车及混沙车	12	5	0	0	0	0	0	6	0	2.4	8.8	0
87059091	混凝土泵车	12	5	0	0	0	0	0	6	0	2.4	8.8	0
87059099	其他特殊用途的机动车辆	12	5	0	0	0	0	0	6	0	2.4	8.8	0
87060010	非公路用货运自卸车底盘	8	5	0		0	0	0	0	0	1.6	5.8	0
87060021	车辆总重量≥14 吨的货车底盘	10		0		0		0	0	0	2	7.3	0
87060022	车辆总重量＜14 吨的货车底盘	10		0		0	0	0	0	0	2	7.3	0
87060030	大型客车底盘	20		0	0	0		0	10	0	4	14.6	0
87060040	汽车起重机底盘	20		0	0	0	2	0	10	0	4	14.6	0
87060090	其他机动车辆底盘	10		0	0	0	0	0	0	0	2	7.3	0
87071000	税目 87.03 所列车辆用车身（含驾驶室）	10		0	0	0	0	0	0	0	2	7.3	0
87079010	税号 8702.1092、8702.1093、8702.9020 及 8702.9030 所列车辆用车身	10	5	0	0	0	0	0	0	0	2	7.3	0
87079090	其他车辆用车身（含驾驶室）	10	5	0	0	0	0	0	0	0	2	7.3	0
87081000	缓冲器（保险杠）及其零件	10	5	0	0	0	0	0	0	0	2	8	0
87082100	座椅安全带	10	5	0	0	0	0	0	0	0	2	7.3	0
87082930	车窗玻璃升降器	10	9	0		0	0	0	0	0	2	7.3	8
87082941	汽车电动天窗	10	5	0	0	0	0	0	0	0	2	9.2	0
87082942	汽车手动天窗	10	5	0	0	0	0	0	0	0	2	7.3	0
87082951	侧围	10	5	0	0	0	0	0	0	0	2	8	0
87082952	车门	10	5	0	0	0	0	0	0	0	2	8	0
87082953	发动机罩盖	10	5	0	0	0	0	0	0	0	2	8	0
87082954	前围	10	5	0	0	0	0	0	0	0	2	8	0
87082955	行李箱盖（或背门）	10	5	0	0	0	0	0	0	0	2	8	0
87082956	后围	10	5	0	0	0	0	0	0	0	2	8	0
87082957	翼子板（或叶子板）	10	5	0	0	0	0	0	0	0	2	8	0
87082959	车身的其他覆盖件	10	5	0	0	0	0	0	0	0	2	8	0
87082990	车身的未列名零部件	10	5	0	0	0	0	0	5	0	2	9.2	0
87083010	装在蹄片上的制动摩擦片	10	5	0	0	0	1	0	0	0	2	6	0
87083021	牵引车、拖拉机及非公路自卸车用防抱死制动系统（ABS）	6	0	0		0	0	0	0	0	1.2	4.4	0
87083029	其他车辆用防抱死制动系统（ABS）	10	9	0		0	0	0	0	0	2	9.2	0

税则号列 Tariff Item	商品名称（简称） Article Description	最惠国税率（%） M. F. N.	协定税率（%）Conventional										
			巴基斯坦 Pakistan	智利 Chile	新加坡 Singapore	新西兰 New Zealand	秘鲁 Peru	哥斯达黎加 Costa Rica	瑞士 Switzerland	冰岛 Iceland	澳大利亚 Australia	韩国 Korea	格鲁吉亚 Georgia
87083091	牵引车、拖拉机用制动器及其零件	6	0	0		0	0	0	0	0	1.2	4.4	0
87083092	大型客车用制动器及其零件	10	9	0		0	0	0	0	0	2	8	0
87083093	非公路自卸车用制动器及其零件	6	0	0		0	0	0	0	0	1.2	4.4	0
87083094	柴、汽油轻型货车用制动器及零件	10	9	0		0	0	0	0	0	2	8	0
87083095	柴油型重型货车用制动器及其零件	10	5	0	0	0	0	0	0	0	2	6	0
87083096	特种车用制动器及其零件	10	5	0	0	0	0	0	0	0	2	7.3	0
87083099	其他未列名机动车辆用制动器及零件	10	9	0		0	0	0	5	0	2	8	0
87084010	牵引车、拖拉机用变速箱及零件	6	5	0		0	0	0	0	0	1.2		0
87084020	大型客车用变速箱及零件	10		0		0		0	0	0	2		0
87084030	非公路自卸车用变速箱及零件	6	5	0		0		0	0	0	1.2	5	0
87084040	柴、汽油轻型货车用变速箱及零件	10		0		0		0	0	0	2		0
87084050	其他柴油型重型货车用变速箱及零件	10		0		0		0	0	0	2		0
87084060	特种车用变速箱及零件	10	5	0	0	0	0	0	0	0	2		0
87084091	自动换挡变速箱及零件	10		0		0		0	0	0	2	8.4	0
87084099	未列名机动车辆用变速箱及零件	10		0	0	0		0	0	0	2		0
87085071	牵引车、拖拉机用驱动桥及零件	6	0	0		0	0	0	0	0	1.2	4.4	0
87085072	其他大型客车用驱动桥及零件	10	9	0		0	0	0	0	0	2	9.2	0
87085073	非公路自卸车用驱动桥及零件	6	0	0		0	0	0	0	0	1.2	4.4	0
87085074	柴、汽油型轻型货车用驱动桥及零件	10	9	0		0	0	0	0	0	2	8	0
87085075	其他柴油型重型货车用驱动桥及零件	10	9	0		0	0	0	0	0	2	8	0
87085076	特种车用驱动桥及零件	10	5	0	0	0	0	0	0	0	2	7.3	0
87085079	未列名机动车辆用驱动桥及零件	10	9	0		0	0	0	6.7	0	2	9.2	0
87085081	牵引车、拖拉机用非驱动桥及零件	6	5	0		0	0	0	0	0	1.2	4.4	0
87085082	座位≥30 客车用非驱动桥及零件	15	9.7	0	0	0	1.5	0	7.5	0	3	12	0

税则号列 Tariff Item	商品名称（简称） Article Description	最惠国税率（%） M. F. N.	协定税率（%）Conventional										
			巴基斯坦 Pakistan	智利 Chile	新加坡 Singapore	新西兰 New Zealand	秘鲁 Peru	哥斯达黎加 Costa Rica	瑞士 Switzerland	冰岛 Iceland	澳大利亚 Australia	韩国 Korea	格鲁吉亚 Georgia
87085083	非公路自卸车用非驱动桥及零件	6	5	0		0	0	0	0	0	1.2	4.4	0
87085084	柴、汽油轻货车用非驱动桥及零件	10	5	0	0	0	0	0	0	0	2	7.3	0
87085085	柴油重型货车用非驱动桥及零件	10	5	0	0	0	0	0	0	0	2	7.3	0
87085086	特种车用非驱动桥及其零件	10	5	0	0	0	0	0	0	0	2	7.3	0
87085089	未列名机动车辆用非驱动桥及零件	10	5	0	0	0	0	0	0	0	2		0
87087010	牵引车及拖拉机用车轮及其零件、附件	6	5	0		0	0	0	0	0	1.2	4.4	0
87087020	大型客车用车轮及其零件、附件	10	5	0	0	0	0	0	0	0	2	7.3	0
87087030	非公路货运自卸车用车轮及其零件	6	5	0		0	0	0	0	0	1.2	4.4	0
87087040	中小型货车用车轮及其零件	10	5	0	0	0	0	0	0	0	2	6	0
87087050	大型货车用车轮及其零件	10	5	0	0	0	0	0	0	0	2	7.3	0
87087060	特种车用车轮及其零件	10	5	0	0	0	0	0	0	0	2	7.3	0
87087091	铝合金制的车轮及其零件、附件	10	5	0	0	0	0	0	0	0	2		0
87087099	其他车轮及其零件、附件	10	5	0	0	0	0	0	0	0	2		0
87088010	税目87.03所列车辆用的悬挂减震器及零件	10	5	0	0	0	0	0	0	0	2	6	0
87088090	机动车辆用的其他悬挂减震器及零件	10	5	0	0	0	0	0	0	0	2	6	0
87089110	水箱散热器	10	5	0	0	0	0	0	0	0	2	7.3	0
87089120	机油冷却器	10	5	0	0	0	0	0	0	0	2	7.3	0
87089190	其他散热器及其零件	10	5	0	0	0	0	0	0	0	2	7.3	0
87089200	机动车辆的消声器及排气管及其零件	10	5	0	0	0	0	0	0	0	2		0
87089310	牵引车、拖拉机用离合器及其零件	6	5	0		0	0	0	0	0	1.2	4.4	0
87089320	座位≥30客车用离合器及其零件	10	5	0	0	0	0	0	0	0	2	8	0
87089330	非公路自卸车用离合器及其零件	6	5	0		0	0	0	0	0	1.2	4.4	0
87089340	柴、汽油轻型货车用离合器及零件	10	5	0	0	0	0	0	0	0	2	7.3	0
87089350	总重≥14吨柴油货车离合器及零件	10	5	0	0	0	0	0	0	0	2	8	0
87089360	特种车用的离合器及其零件	10	5	0	0	0	0	0	0	0	2	8	0

税则号列 Tariff Item	商品名称（简称） Article Description	最惠国税率（%） M. F. N.	协定税率（%） Conventional										
			巴基斯坦 Pakistan	智利 Chile	新加坡 Singapore	新西兰 New Zealand	秘鲁 Peru	哥斯达黎加 Costa Rica	瑞士 Switzerland	冰岛 Iceland	澳大利亚 Australia	韩国 Korea	格鲁吉亚 Georgia
87089390	未列名机动车辆用离合器及其零件	10	5	0	0	0	0	0	0	0	2		0
87089410	牵引车、拖拉机用转向盘、转向柱及转向器及零件	6	5	0		0	0	0	0	0	1.2	4.4	0
87089420	大型客车用转向盘、转向柱及转向器及零件	10	5	0	0	0	0	0	0	0	2	7.3	0
87089430	非公路自卸车用转向盘、转向柱及转向器及零件	6	5	0		0	0	0	0	0	1.2	4.4	0
87089440	柴、汽油轻货车用转向盘、转向柱及转向器及零件	10	5	0	0	0	0	0	0	0	2	7.3	0
87089450	柴油型重型货车用转向盘、转向柱及转向器及零件	10	5	0	0	0	0	0	0	0	2	7.3	0
87089460	特种车用转向盘、转向柱及转向器及零件	10	5	0	0	0	0	0	0	0	2	7.3	0
87089490	未列名机动车辆用转向盘、转向柱及转向器及零件	10	5	0	0	0	0	0	6.7	0	2		0
87089500	机动车辆的安全气囊装置	10	9	0		0		0	0	0	2	9.2	0
87089910	牵引车及拖拉机用其他零件、附件	6	5	0		0	0	0	0	0	1.2	3.6	0
87089921	税号 8702.1091 及 8702.9010 所列车辆用车架	25		0	0	0	2.5	0		0	5	20	0
87089929	大型客车用其他零件、附件	25		0	0	0	2.5	0		0	5	20	0
87089931	税号 8704.1030 及 8704.1090 所列车辆用车架	6	5	0		0	0	0	0	0	1.2	4.4	0
87089939	非公路货运自卸车用其他零件、附件	6	5	0		0	0	0	0	0	1.2	4.4	0
87089941	税号 8704.2100、8704.2230、8704.3100 及 8704.3230 所列车辆用车架	25		0	0	0	2.5	0		0	5	20	0
87089949	中小型货车用其他零件、附件	25		0	0	0	2.5	0		0	5	20	0
87089951	税号 8704.2240、8704.2300 及 8704.3240 所列车辆用车架	10	5	0	0	0	0	0	0	0	2	7.3	0
87089959	总重≥14 吨货车用其他零件、附件	10	5	0	0	0	0	0	0	0	2	7.3	0

税则号列 Tariff Item	商品名称（简称） Article Description	最惠国税率(%) M. F. N.	协定税率（%）Conventional										
			巴基斯坦 Pakistan	智利 Chile	新加坡 Singapore	新西兰 New Zealand	秘鲁 Peru	哥斯达黎加 Costa Rica	瑞士 Switzerland	冰岛 Iceland	澳大利亚 Australia	韩国 Korea	格鲁吉亚 Georgia
87089960	特种车用其他零件、附件	15	12	0	0	0	1.5	0	7.5	0	3	9	0
87089991	其他税号所列车辆用车架	10	5	0	0	0	0	0	0	0	2	7.3	0
87089992	汽车传动轴	10	5	0	0	0	0	0	0	0	2	7.3	0
87089999	机动车辆用未列名零件、附件	10	5	0	0	0	0	0	0	0	2	7.3	0
87091110	短距离运输货物电动牵引车	10	5	0	0	0	0	0	0	0	2	6	0
87091190	其他电动短矩离运货车	10	5	0	0	0	0	0	0	0	2	6	0
87091910	短距离运输货物其他牵引车	10.5	5	0	0	0	0	0	5.2	0	2.1	7.7	0
87091990	其他非电动短矩离运货车	10.5	5	0	0	0	0	0	5.2	0	2.1	7.7	0
87099000	短距离运货车及站台牵引车用零件	8.4	5	0		0	0	0	0	0	1.7	5	0
87100010	坦克及其他机动装甲战斗车辆	15	12	0	0	0	1.5	0	7.5	0	3	9	0
87100090	坦克及其他机动装甲战斗车辆零件	15	12	0	0	0	1.5	0	7.5	0	3	9	0
87111000	汽油型微马力摩托车及脚踏两用车	45		0	0	0	4.5	0	27.9	0	9	36	0
87112010	装有往复式活塞发动机，气缸容量超过 50 毫升，但不超过 100 毫升的汽油型小马力摩托车及脚踏两用车	45		0	0	0	4.5	0	27.9	0	9	36	0
87112020	装有往复式活塞发动机，气缸容量超过 100 毫升，但不超过 125 毫升的汽油型小马力摩托车及脚踏两用车	45		0	0	0	4.5	0	27.9	0	9	36	0
87112030	装有往复式活塞发动机，气缸容量超过 125 毫升，但不超过 150 毫升的汽油型小马力摩托车及脚踏两用车	45		0	0	0	4.5	0	27.9	0	9	36	0
87112040	装有往复式活塞发动机，气缸容量超过 150 毫升，但不超过 200 毫升的汽油型小马力摩托车及脚踏两用车	45		0	0	0		0	27.9	0	9	36	0
87112050	装有往复式活塞发动机，气缸容量超过 200 毫升，但不超过 250 毫升的汽油型小马力摩托车及脚踏两用车	45		0	0	0		0	27.9	0	9	36	0

税则号列 Tariff Item	商品名称（简称） Article Description	最惠国税率（%） M. F. N.	协定税率（%） Conventional										
			巴基斯坦 Pakistan	智利 Chile	新加坡 Singapore	新西兰 New Zealand	秘鲁 Peru	哥斯达黎加 Costa Rica	瑞士 Switzerland	冰岛 Iceland	澳大利亚 Australia	韩国 Korea	格鲁吉亚 Georgia
87113010	汽油型中小马力摩托车及脚踏两用车	45	32.8	0	0	0		0		0	9	36	0
87113020	汽油型中大马力摩托车及脚踏两用车	45	32.8	0	0	0		0		0	9	36	0
87114000	汽油型大马力摩托车及脚踏两用车	40		0	0	0		0		0	8	32	0
87115000	汽油型超大马力摩托车及类似车	30		0	0	0		0		0	6	24	0
87116000	装有驱动电动机的其他摩托车（包括机器脚踏两用车）及装有辅助发动机的脚踏车，不论有无边车；边车	45		0	0	0		0		0	9		0
87119000	其他摩托车（包括机器脚踏两用车）及装有辅助发动机的脚踏车，不论有无边车	45		0	0	0		0		0	9		0
87120020	竞赛型自行车	13	5	0	0	0	0	0	6.5	0	2.6	7.8	0
87120030	山地自行车	13	5	0	0	0	0	0	6.5	0	2.6	7.8	0
87120041	16、18、20 英寸自行车	13	5	0	0	0	0	0	6.5	0	2.6	7.8	0
87120049	其他越野自行车	13	5	0	0	0	0	0	6.5	0	2.6	7.8	0
87120081	16 英寸及以上的未列名自行车	13	5	0	0	0	0	0	6.5	0	2.6	7.8	0
87120089	其他未列名自行车	13	5	0	0	0	0	0	6.5	0	2.6	7.8	0
87120090	其他非机动脚踏车	23	16.1	0	0	0	2.3	0	11.5	0	4.6		0
87131000	非机械驱动的残疾人用车	6	5	0		0	0	0	0	0	1.2	1.2	0
87139000	其他机动残疾人用车	4	0	0		0	0	0	0	0	0	2.4	0
87141000	摩托车及机动脚踏两用车用零件、附件	30		0	0	0	3	0		0	6	24	0
87142000	残疾人车辆用零件、附件	5	0	0		0	0	0	0	0	0	1	0
87149100	非机动脚踏车车架、轮叉及其零件	12	6	0	0	0	0	0	0	0	2.4	7.2	0
87149210	轮圈	12	6	0	0	0	0	0	6	0	2.4	7.2	0
87149290	辐条	12	6	0	0	0	0	0	6	0	2.4	7.2	0
87149310	非机动脚踏车的轮毂	12	6	0	0	0	0	0	6	0	2.4	7.2	0
87149320	飞轮	12	6	0	0	0	0	0	6	0	2.4	7.2	0
87149390	其他非机动脚踏车的飞轮	12	6	0	0	0	0	0	6	0	2.4	7.2	0
87149400	非机动脚踏车的制动器及其零件	12	6	0	0	0	0	0	6	0	2.4	7.2	0
87149500	非机动脚踏车的鞍座	12	6	0	0	0	0	0	6	0	2.4	7.2	0
87149610	非机动脚踏车脚蹬及其零件	12	6	0	0	0	0	0	6	0	2.4	7.2	0

税则号列 Tariff Item	商品名称（简称） Article Description	最惠国税率 (%) M. F. N.	协定税率（%）Conventional										
			巴基斯坦 Pakistan	智利 Chile	新加坡 Singapore	新西兰 New Zealand	秘鲁 Peru	哥斯达黎加 Costa Rica	瑞士 Switzerland	冰岛 Iceland	澳大利亚 Australia	韩国 Korea	格鲁吉亚 Georgia
87149620	非机动脚踏车曲柄、链轮及其零件	12	6	0	0	0	0	0	6	0	2.4	7.2	0
87149900	非机动脚踏车的其他零件、附件	12	5	0	0	0	0	0	6	0	2.4	7.2	0
87150000	婴孩车及其零件	20		0	0	0	2	0	10	0	4	14.6	0
87161000	供居住或野营用厢式挂车及半挂车	10	5	0	0	0	0	0	0	0	2	7.3	0
87162000	农用自装或自卸式挂车及半挂车	10	5	0		0	0	0	0	0	2	7.3	0
87163110	油罐挂车及半挂车	10	5	0	0	0	0	0	0	0	2	7.3	0
87163190	其他罐式挂车及半挂车	10	5	0		0	0	0	0	0	2	6	0
87163910	货柜挂车及半挂车	10	5	0		0	0	0	0	0	2	6	0
87163990	其他货运挂车及半挂车	10	5	0		0	0	0	0	0	2	6	0
87164000	其他未列名挂车及半挂车	10	5	0		0	0	0	0	0	2	6	0
87168000	其他未列名非机械驱动车辆	10	5	0	0	0	0	0	0	0	2	6	0
87169000	挂车、半挂车及非机动车用零件	10	5	0	0	0	0	0	0	0	2	6	0
88010010	滑翔机及悬挂滑翔机	3	0	0		0	0	0	0	0	0	0	0
88010090	气球、飞艇及其他无动力航空器	3	0	0		0	0	0	0	0	0	0	0
88021100	空载重量≤2吨的直升机	2	0	0		0	0	0	0	0	0	0	0
88021210	2吨＜空载重量≤7吨的直升机	2	0	0		0	0	0	0	0	0	0	0
88021220	空载重量＞7吨的直升机	2	0	0		0	0	0	0	0	0	0	0
88022000	小型飞机及其他航空器	5	0	0		0	0	0	0	0	0	3	0
88023000	中型飞机及其他航空器	4	0	0		0	0	0	0	0	0	0	0
88024010	大型飞机及其他航空器	5	0	0		0	0	0	0	0	0	0	0
88024020	特大型飞机及其他航空器	1	0	0		0	0	0	0	0	0	0	0
88026000	航天器（包括卫星）及其运载工具	2	0	0		0	0	0	0	0	0	0	0
88031000	飞机等用推进器、水平旋翼及零件	1	0	0		0	0	0	0	0	0	0	0
88032000	飞机等用起落架及其零件	1	0	0		0	0	0	0	0	0	0	0
88033000	飞机及直升机的其他零件	1	0	0		0	0	0	0	0	0	0	0
88040000	降落伞及其零件、附件	2	0	0		0	0	0	0	0	0	0	0
88051000	航空器的发射装置及其零件等	1.5	0	0		0	0	0	0	0	0	0	0
88052100	空战模拟器及其零件	0.8	0	0		0	0	0	0	0	0	0	0
88052900	其他地面飞行训练器及其零件	0.8	0	0		0	0	0	0	0	0	0	0
89011010	机动巡航船、游览船及各式渡船	5	0	0	0	0	0	0	0	0	0	3.6	0

税则号列 Tariff Item	商品名称（简称） Article Description	最惠国税率(%) M. F. N.	协定税率（%）Conventional										
			巴基斯坦 Pakistan	智利 Chile	新加坡 Singapore	新西兰 New Zealand	秘鲁 Peru	哥斯达黎加 Costa Rica	瑞士 Switzerland	冰岛 Iceland	澳大利亚 Australia	韩国 Korea	格鲁吉亚 Georgia
89011090	非机动巡航船、游览船及各式渡船	8	5	0		0	0	0	0	0	1.6	5.8	0
89012011	载重≤10 万吨的成品油船	9		0		0	0	0	0	0	1.8	6.6	0
89012012	10 万吨＜载重≤30 万吨的成品油船	9		0		0	0	0	0	0	1.8	6.6	0
89012013	载重＞30 万吨的成品油船	6		0		0	0	0	0	0	1.2	4.4	0
89012021	载重≤15 万吨的原油船	9		0		0	0	0	0	0	1.8	6.6	0
89012022	15 万吨＜载重≤30 万吨的原油船	9		0		0	0	0	0	0	1.8	6.6	0
89012023	载重＞30 万吨的原油船	6		0		0	0	0	0	0	1.2	4.4	0
89012031	容积≤20000 立方米的液化石油气船	9		0		0	0	0	0	0	1.8	6.6	0
89012032	容积＞20000 立方米的液化石油气船	6		0		0	0	0	0	0	1.2	4.4	0
89012041	容积≤20000 立方米的液化天然气船	9		0		0	0	0	0	0	1.8	6.6	0
89012042	容积＞20000 立方米的液化天然气船	6		0		0	0	0	0	0	1.2	4.4	0
89012090	其他液货船	9		0		0	0	0	0	0	1.8	6.6	0
89013000	冷藏船	9	5	0	0	0	0	0	0	0	1.8	6.6	0
89019021	可载标准集装箱≤6000 箱的机动集装箱船	9		0		0	0	0	0	0	1.8	6.6	0
89019022	可载标准集装箱＞6000 箱的机动集装箱船	6		0		0	0	0	0	0	1.2	4.4	0
89019031	载重≤2 万吨的机动滚装船	9		0		0	0	0	0	0	1.8	6.6	0
89019032	载重＞2 万吨的机动滚装船	6		0		0	0	0	0	0	1.2	4.4	0
89019041	载重≤15 万吨的机动散货船	9		0		0	0	0	0	0	1.8	6.6	0
89019042	15 万吨＜载重≤30 万吨的机动散货船	9		0		0	0	0	0	0	1.8	6.6	0
89019043	载重＞30 万吨的机动散货船	9		0		0	0	0	0	0	1.8	6.6	0
89019050	机动多用途船	9		0		0	0	0	0	0	1.8	6.6	0
89019080	其他机动货运船舶	9	5	0	0	0	0	0	0	0	1.8	6.6	0
89019090	非机动货运船舶及客货兼运船舶	8	5	0	0	0	0	0	0	0	1.6	5.8	0
89020010	机动捕鱼船	7	5	0	0	0	0	0	0	0	1.4	5.1	0
89020090	非机动捕鱼船	8	5	0		0	0	0	0	0	1.6	5.8	0
89031000	充气的娱乐或运动用快艇	10	5	0		0	0	0	0	0	2	7.3	0

税则号列 Tariff Item	商品名称（简称） Article Description	最惠国税率(%) M. F. N.	协定税率（%）Conventional										
			巴基斯坦 Pakistan	智利 Chile	新加坡 Singapore	新西兰 New Zealand	秘鲁 Peru	哥斯达黎加 Costa Rica	瑞士 Switzerland	冰岛 Iceland	澳大利亚 Australia	韩国 Korea	格鲁吉亚 Georgia
89039100	帆船	8	5	0		0	0	0	0	0	1.6	5.8	0
89039200	汽艇	10.5	5	0	0	0	1	0	5.2	0	2.1	7.7	0
89039900	娱乐或运动用其他船舶或快艇	10	5	0		0	0	0	0	0	2		0
89040000	拖轮及顶推船	9	5	0	0	0	0	0	0	0	1.8	6.6	0
89051000	挖泥船	3	0	0		0	0	0	0	0	0	2.2	0
89052000	浮动或潜水式钻探或生产平台	6	5	0		0	0	0	0	0	1.2	4.4	0
89059010	浮船坞	8		0		0	0	0	0	0	1.6	5.8	0
89059090	其他不以航行为主要功能的船舶	3	0	0		0	0	0	0	0	0	2.2	0
89061000	军舰	5	0	0		0	0	0	0	0	0	3.6	0
89069010	其他未列名的机动船舶	5	0	0		0	0	0	0	0	0		0
89069020	非机动船舶	8	5	0		0	0	0	0	0	1.6	5.8	0
89069030	未制成或不完整的船舶，包括船舶分段	8	5	0		0	0	0	0	0	1.6	5.8	0
89071000	充气筏	8	5	0		0	0	0	0	0	1.6	5.8	0
89079000	其他浮动结构体	8	5	0		0	0	0	0	0	1.6	5.8	0
89080000	供拆卸的船舶及其他浮动结构体	3	0	0		0	0	0	0	0	0	2.2	0
90011000	光导纤维束及光缆	5	0	0		0	0	0	0	0	0	4.6	0
90012000	偏振材料制的片及板	5.3	5	0		0	0	0	0	0	1.6	4.8	0
90013000	隐形眼镜片	10	5	0	0	0	0	0	0	0	2	8	0
90014010	玻璃制变色镜片	20		0	0	0	2	0	10	0	4	14.6	0
90014091	玻璃制太阳镜片	20		0	0	0	2	0	10	0	4	14.6	0
90014099	玻璃制其他眼镜片	20		0	0	0	2	0	10	0	4	14.6	0
90015010	非玻璃材料制变色镜片	20		0	0	0	2	0	10	0	4	14.6	0
90015091	非玻璃材料制太阳镜片	20		0	0	0	2	0	10	0	4	14.6	0
90015099	非玻璃材料制其他眼镜片	20		0	0	0	2	0	10	0	4	12	0
90019010	彩色滤光片	6	5	0		0	0	0	0	0	1.6	5.8	0
90019090	其他光学元件	6	5	0		0	0	0	4	0	1.6	4.8	0
90021110	特殊用途照相机用物镜	8	5	0		0	0	0	0	0	1.6	1.6	0
90021120	缩微阅读机用物镜	8	5	0		0	0	0	0	0	1.6	1.6	0
90021131	单反相机镜头	15	12	0	0	0	1.5	0	7.5	0	3		0
90021139	其他照相机用镜头	15	12	0	0	0	1.5	0	7.5	0	3	9	0
90021190	其他照相机、投影仪等用物镜	15	12	0	0	0	1.5	0	7.5	0	3	11	0
90021910	摄影机或放映机用物镜	11.3	12	0	0	0	1.5	0	7.5	0	3	9	0
90021990	税目 90.02 未列名的其他物镜	11.3	12	0	0	0	1.5	0	7.5	0	3	11	0
90022010	照相机用滤色镜	11.3	12	0	0	0	1.5	0	7.5	0	3	11	0

税则号列 Tariff Item	商品名称（简称） Article Description	最惠国税率（%） M. F. N.	协定税率（%）Conventional										
			巴基斯坦 Pakistan	智利 Chile	新加坡 Singapore	新西兰 New Zealand	秘鲁 Peru	哥斯达黎加 Costa Rica	瑞士 Switzerland	冰岛 Iceland	澳大利亚 Australia	韩国 Korea	格鲁吉亚 Georgia
90022090	其他光学仪器或装置滤色镜	11.3	12	0	0	0	1.5	0	7.5	0	3	11	0
90029010	照相机用未列名光学元件	11.3	12	0	0	0	1.5	0	7.5	0	3	11	0
90029090	其他光学仪器用未列名光学元件	11.3	12	0	0	0	1.5	0	7.5	0	3	11	0
90031100	塑料制眼镜架	18		0	0	0	1.8	0	9	0	3.6	10.8	0
90031910	金属材料制眼镜架	10	5	0		0	0	0	0	0	2	6	0
90031920	天然材料制眼镜架	10	5	0		0	0	0	0	0	2	6	0
90031990	其他眼镜架	10	5	0		0	0	0	0	0	2	6	0
90039000	眼镜架零件	10	5	0		0	0	0	0	0	2	6	0
90041000	太阳镜	20		0	0	0	2	0	10	0	4	14.6	0
90049010	变色镜	16	12.8	0	0	0	1.6	0	8	0	3.2	9.6	0
90049090	其他眼镜	20		0	0	0	2	0	10	0	4	12	0
90051000	双筒望远镜	15	12	0	0	0	1.5	0	7.5	0	3	9	0
90058010	天文望远镜及其他天文仪器	3	0	0		0	0	0	0	0	0	0	0
90058090	其他光学望远镜	12	6	0	0	0	0	0	6	0	2.4	7.2	0
90059010	天文望远镜及其他天文仪器用零件	2	0	0		0	0	0	0	0	0	0	0
90059090	其他望远镜零件、附件	8	5	0		0	0	0	0	0	1.6	1.6	0
90063000	特种用途的照相机	9	5	0		0	0	0	0	0	1.8		0
90064000	一次成像照相机	5	0	0		0	0	0	0	0	0	3	0
90065100	通过镜头取景的照相机	25		0	0	0		0	15.5	0	5	20	0
90065210	缩微照相机	9	5	0		0	0	0	0	0	1.8	1.8	0
90065290	使用胶片宽＜35毫米的其他照相机	25		0	0	0		0	15.5		5	20	0
90065300	其他照相机	20		0	0	0	2	0	10	0	4	14.6	0
90065910	激光照排设备	9	5	0	0	0	0	0	0	0	1.8	6.6	0
90065921	电子分色机	12	6	0	0	0	0	0	6	0	2.4	7.2	0
90065929	其他制版照相机	10	5	0		0	0	0	0	0	2	6	0
90065990	其他照相机	25		0	0	0		0		0	5	20	0
90066100	放电式（电子式）闪光灯装置	18		0	0	0	1.8	0	9	0	3.6	10.8	0
90066910	闪光灯泡、方形闪光灯及类似品	18	14.4	0	0	0	1.8	0	9	0	3.6	14.4	0
90066990	其他照相闪光灯装置	18	14.4	0	0	0	1.8	0	9	0	3.6	10.8	0
90069110	税号9006.3000、9006.5921、9006.5929所列照相机用零件、附件	8	5	0		0	0	0	0	0	1.6	4.8	0
90069120	一次成像照相机的零件、附件	5	0	0		0	0	0	0	0	0	1	0
90069191	照相机自动调焦组件	10	5	0	0	0	0	0	0	0	2	6	0

税则号列 Tariff Item	商品名称（简称） Article Description	最惠国税率（%） M. F. N.	协定税率（%）Conventional										
			巴基斯坦 Pakistan	智利 Chile	新加坡 Singapore	新西兰 New Zealand	秘鲁 Peru	哥斯达黎加 Costa Rica	瑞士 Switzerland	冰岛 Iceland	澳大利亚 Australia	韩国 Korea	格鲁吉亚 Georgia
90069192	其他照相机的快门组件	10	5	0	0	0	0	0	0	0	2	6	0
90069199	其他照相机的其他零件、附件	10	5	0	0	0	0	0	0	0	2	6	0
90069900	照相闪光灯装置及闪光灯泡的零件	12	6	0	0	0	0	0	6	0	2.4	7.2	0
90071010	高速摄影机	14	7	0	0	0	0	0	7	0	2.8	8.4	0
90071090	其他摄影机	14	11.2	0	0	0	0	0	7	0	2.8	8.4	0
90072010	数字式放映机	14	11.2	0	0	0	0	0	7	0	2.8	8.4	0
90072090	放映机	14	11.2	0	0	0	0	0	7	0	2.8	8.4	0
90079100	电影摄影机用零件、附件	8.4	5	0		0	0	0	0	0	1.7	5	0
90079200	电影放映机用零件、附件	8.4	5	0		0	0	0	0	0	1.7	1.6	0
90085010	幻灯机	14	7	0	0	0	0	0	7	0	2.8	8.4	0
90085020	缩微胶卷、缩微胶片或其他缩微品的阅读机，不论是否可以进行复制	10	5	0		0	0	0	0	0	2	6	0
90085031	正射投影仪	18		0	0	0	1.8	0	9	0	3.6		0
90085039	其他影像投影仪	18		0	0	0	1.8	0	9	0	3.6		0
90085040	照片（电影片除外）放大机及缩片机	20		0	0	0	2	0	10	0	4	14.6	0
90089010	缩微阅读机的零件、附件	8	5	0		0	0	0	0	0	1.6	1.6	0
90089020	照片放大机及缩片机的零件、附件	14	7	0	0	0	0	0	7	0	2.8	8.4	0
90089090	其他影像投影仪的零件、附件	14	11.2	0	0	0	0	0	7	0	2.8	8.4	0
90101010	电影用胶卷的自动显影装置及设备	14	7	0	0	0	0	0	7	0	2.8	8.4	0
90101020	特种照相胶卷自动显影装置及设备	8.4	5	0		0	0	0	0	0	1.7	1.6	0
90101091	彩色胶卷用自动显影及设备	25		0	0	0	2.5	0	15.5	0	5	20	0
90101099	其他胶卷的自动显影装置及设备	15	12	0	0	0	1.5	0	7.5	0	3	12	0
90105010	负片显示器	7	7	0	0	0	0	0	7	0	2.8	8.4	0
90105021	电影用的洗印装置	7	11.2	0	0	0	0	0	7	0	2.8	8.4	0
90105022	特种照相用的洗印装置	4.2	5	0		0	0	0	0	0	1.7	5	0
90105029	其他照相用的洗印装置	8.5	13.6	0	0	0	1.7	0	8.5	0	3.4	10.2	0
90106000	银幕及其他投影屏幕	9.3	11.2	0	0	0	0	0	7	0	2.8	8.4	0
90118000	其他显微镜	4.7	5	0		0	0	0	3.5	0	1.4	4.2	0
90131000	武器用望远镜瞄准具及其他望远镜	8	5	0		0	0	0	0	0	1.6	1.6	0
90132000	激光器	4	5	0		0	0	0	3	0	1.2	3.6	0
90138010	放大镜	12	5	0	0	0	0	0	6	0	2.4	7.2	0

税则号列 Tariff Item	商品名称（简称） Article Description	最惠国税率（%） M. F. N.	协定税率（%） Conventional										
			巴基斯坦 Pakistan	智利 Chile	新加坡 Singapore	新西兰 New Zealand	秘鲁 Peru	哥斯达黎加 Costa Rica	瑞士 Switzerland	冰岛 Iceland	澳大利亚 Australia	韩国 Korea	格鲁吉亚 Georgia
90138020	光学门眼	12	5	0	0	0	0	0	6	0	2.4	7.2	0
90138030	液晶显示板	5	0	0		0				0	3.7	5	
90138090	其他液晶装置及光学仪器	5	0	0		0	0	0	0	0	0		
90139010	激光器及望远镜等装置的零件、附件	6	5	0		0	0	0	0	0	1.2	3.6	0
90139020	税号 9013.8030 所列货品用零件、附件	4.2	5	0		0	0	0	0	0	1.6	5.8	0
90139090	税目 90.13 所列其他货品的零件、附件	4.2	5	0		0	0	0	0	0	1.6	8	
90141000	定向罗盘	1	0	0		0	0	0	0	0	0	1.4	0
90142010	自动驾驶仪	1	0	0		0	0	0	0	0	0	1.4	0
90142090	其他航空或航天导航仪器及装置（罗盘除外）	1	0	0		0	0	0	0	0	0	0	0
90148000	其他导航仪器及装置	1	0	0		0	0	0	0	0	0	0.4	0
90149010	自动驾驶仪用零件、附件	0.8	0	0		0	0	0	0	0	0	0	0
90149090	其他导航仪器及设备用零件、附件	0.8	0	0		0	0	0	0	0	0	0	0
90151000	测距仪	6	5	0		0	0	0	5.2	0	1.8	5.4	0
90152000	经纬仪及视距仪	6	5	0		0	0	0	0	0	1.8	1.8	0
90153000	水平仪	9	5	0		0	0	0	0	0	1.8	5.4	0
90154000	摄影测量用仪器及装置	6	5	0		0	0	0	0	0	1.8	1.8	0
90158000	其他大地测量仪器及装置	3.3	0	0		0	0	0		0	0	3	0
90159000	大地测量仪器及装置的零件、附件	3.3	0	0		0	0	0	0	0	0	3	0
90160010	感量为 0.1 毫克或更精密的天平	9	5	0		0	0	0		0	1.8	5.4	0
90160090	0.1 毫克＜感量≤50 毫克的天平	10.5	5	0	0	0	0	0	0	0	2.1	6.3	0
90171000	绘图台及绘图机，不论是否自动	8	5	0		0	0	0	0	0	1.6	4.8	0
90173000	千分尺、卡尺及量规	8	5	0		0	0	0	4	0	1.6	4.8	0
90178000	其他手用测量长度的器具	8	5	0		0	0	0	4	0	1.6	1.6	0
90181100	心电图记录仪	2.5	0	0		0	0	0	0	0	0	1	0
90181210	B 型超声波诊断仪	5.3	0	0		0	0	0	0	1.2	1.4	5.1	0
90181291	彩色超声波诊断仪	3.8	0	0		0	0	0	0	0	0	4.6	0
90181299	其他超声扫描装置	3.8	0	0		0	0	0	0	0	0	4.6	0
90181310	核磁共振成像成套装置	4	0	0		0	0	0	0	0	0	2.9	0
90181390	其他核磁共振成像装置	4	0	0		0	0	0	0	0	0	2.9	0
90181400	闪烁摄影装置	5	0	0		0	0	0	0	0	0	3.6	0
90181930	病员监护仪	2.7	0	0		0	0	0	0	0	0	0.8	0
90181941	听力计	2.7	0	0		0	0	0	0	0	0	0	0
90181949	其他听力诊断装置	2.7	0	0		0	0	0	0	0	0		0

税则号列 Tariff Item	商品名称（简称） Article Description	最惠国税率（%） M. F. N.	协定税率（%）Conventional										
			巴基斯坦 Pakistan	智利 Chile	新加坡 Singapore	新西兰 New Zealand	秘鲁 Peru	哥斯达黎加 Costa Rica	瑞士 Switzerland	冰岛 Iceland	澳大利亚 Australia	韩国 Korea	格鲁吉亚 Georgia
90181990	其他电气诊断装置	2.7	0	0		0	0	0	0	0	0	0	0
90182000	紫外线及红外线装置	2	0	0		0	0	0	0	0	0	0.8	0
90183100	注射器	8	0	0		0	0	0	4	0	1.6	4.8	0
90183210	管状金属针头	8	0	0		0	0	0	0	0	1.6	4.8	6.4
90183220	缝合用针	4	0	0		0	0	0	0	0	0	0	0
90183900	导管、插管及类似品	4	0	0		0	0	0	2	0.7	0	0.8	0
90184100	牙钻机	4	0	0		0	0	0	0	0	0	0	0
90184910	装有牙科设备的牙科用椅	4	0	0		0	0	0	2	0	0	2.4	0
90184990	牙科用其他仪器及器具	4	0	0		0	0	0	2	0	0	0.8	0
90185000	眼科用其他仪器及器具	2.7	0	0		0	0	0	2	0	0	2.8	0
90189010	听诊器	4	0	0		0	0	0	0	0	0	0	0
90189020	血压测量仪器及器具	4	0	0		0	0	0	0	0	0	0	0
90189030	内窥镜	2.7	0	0		0	0	0	0	0	0	0	0
90189040	肾脏透析设备（人工肾）	2.7	0	0		0	0	0	0	0	0	0	0
90189050	透热疗法设备	2.7	0	0		0	0	0	0	0	0	0	0
90189060	输血设备	2.7	0	0		0	0	0	2	0	0	0	0
90189070	麻醉设备	4	0	0		0	0	0	0	0	0	0.8	0
90189091	宫内节育器	4	0	0		0	0	0	0	0	0	0	0
90189099	税目 90.18 未列名的医疗或兽医用仪器及器具	4	0	0		0	0	0	2	0	0	0.8	0
90191010	按摩器具	15	12	0	0	0	1.5	0	7.5	0	3	9	0
90191090	机械疗法器具及心理功能测验装置	4	0	0		0	0	0	2	0.7	0	0.8	0
90192000	臭氧治疗器及氧气治疗器等器具	4	0	0		0	0	0	2	0	0	2.9	0
90200000	其他呼吸器具及防毒面具	8	5	0		0	0	0	0	0	1.6	4.8	0
90211000	矫形或骨折用器具	4	0	0		0	0	0	2.5	0	0	2.9	0
90212100	假牙	4	0	0		0	0	0	0	0	0	0	0
90212900	牙齿固定件	4	0	0		0	0	0	2	0	0	0.8	0
90213100	人造关节	4	0	0		0	0	0	2	0	0	0	0
90213900	其他人造的人体部分	4	0	0		0	0	0	0	0	0	2.4	0
90214000	助听器，不包括零件、附件	4	0	0		0	0	0	2	0	0	0	0
90215000	心脏起搏器，不包括零件、附件	2.7	0	0		0	0	0	2	0	0	0	0
90219011	血管支架	2.7	0	0		0	0	0	2	0	0	0	0
90219019	其他支架	2.7	0	0		0	0	0	2	0	0	2.4	0
90219090	其他税目 90.21 中未列名的矫形器具	2.7	0	0		0	0	0	2	0.7	0	0.8	0
90221200	X 射线断层检查仪	4	0	0		0	0	0	0	0	0	2.9	0

税则号列 Tariff Item	商品名称（简称） Article Description	最惠国税率（%） M. F. N.	协定税率（%）Conventional										
			巴基斯坦 Pakistan	智利 Chile	新加坡 Singapore	新西兰 New Zealand	秘鲁 Peru	哥斯达黎加 Costa Rica	瑞士 Switzerland	冰岛 Iceland	澳大利亚 Australia	韩国 Korea	格鲁吉亚 Georgia
90221300	其他牙科用 X 射线应用设备	2	0	0		0	0	0	0	0	0	0.8	0
90221400	其他医疗或兽医用 X 射线应用设备	2.7	0	0		0	0	0	0	0	0	0.8	0
90221910	低剂量 X 射线安全检查设备	2.7	0	0		0	0	0	0	0	0	2.9	0
90221920	X 射线无损探伤检测仪	2.7	0	0		0	0	0	2	0	0		0
90221990	其他非医疗用 X 射线设备	2.7	0	0		0	0	0	2	0	0		0
90222100	医疗用 α、β 及 γ 射线设备	2	0	0		0	0	0	0	0	0	0	0
90222910	γ 射线无损探伤检测仪	4	5	0		0	0	0	0	0	1.2	1.2	0
90222990	其他非医疗用 α、β、γ 射线设备	4	5	0		0	0	0	0	0	1.2	1.2	0
90223000	X 射线管	1.3	0	0		0	0	0	0	0	0	1.2	0
90229010	X 射线影像增强器	3	5	0		0	0	0	0	0	1.2	4.4	0
90229090	税目 90.22 所列其他设备及零件	6	5	0		0	0	0	3	1	1.2	4.4	0
90230010	教习头	3.5	5	0		0	0	0	3.5	0	1.4	1.4	0
90230090	其他专供示范（例如教学或展览）而无其他用途的仪器、装置及模型	3.5	5	0		0	0	0	3.5	0	1.4	1.4	0
90241010	电子万能试验机	4.7	5	0		0	0	0	0	0	1.4	4.2	0
90241020	硬度计	4.7	5	0		0	0	0	3.5	0	1.4	4.2	0
90241090	其他金属材料的试验用机器及器具	4.7	5	0		0	0	0	0	0	1.4	5	0
90248000	非金属材料的试验用机器及器具	3.8	0	0		0	0	0	0	0	0	3.6	0
90249000	各种材料的试验用机器零件、附件	4	5	0		0	0	0	3	0	1.2		0
90251100	可直接读数的液体温度计	4	0	0		0	0	0	0	0	0	0	0
90251910	非液体的工业用温度计及高温计	5.6	5	0		0	0	0	0	0	1.7	1.6	0
90251990	非液体的其他温度计及高温计	5.6	5	0		0	0	0	0	0	1.7	1.6	0
90258000	其他温度计、比重计及湿度计等仪器	11	5	0	0	0	1.1	0	5.5	0	2.2	8.8	0
90259000	比重计及温度计等类似仪器的零件	5.3	5	0		0	0	0	4	0	1.6	1.6	0
90271000	气体或烟雾分析仪	5.3	5	0		0	0	0	3.5	0	1.4	5.1	0
90278091	曝光表	9.3	11.2	0	0	0	0	0	7	0	2.8	8.4	0
90281010	煤气表	10	5	0		0	0	0	0	0	2	6	0
90281090	其他气量计	10	5	0	0	0	0	0	0	0	2	6	0

税则号列 Tariff Item	商品名称（简称） Article Description	最惠国税率(%) M. F. N.	协定税率（%）Conventional										
			巴基斯坦 Pakistan	智利 Chile	新加坡 Singapore	新西兰 New Zealand	秘鲁 Peru	哥斯达黎加 Costa Rica	瑞士 Switzerland	冰岛 Iceland	澳大利亚 Australia	韩国 Korea	格鲁吉亚 Georgia
90282010	水表	10	5	0	0	0	0	0	0	0	2	6	0
90282090	其他液量计	10	5	0	0	0	1	0	0	0	2		0
90283011	单相感应式电度表	5	5	0		0	0	0	0	0	2	6	0
90283012	三相感应式电度表	5	5	0		0	0	0	0	0	2	6	0
90283013	单相电子式（静止式）电度表	5	5	0		0	0	0	0	0	2	6	0
90283014	三相电子式（静止式）电度表	5	5	0		0	0	0		0	2	6	0
90283019	其他电度表	5	5	0		0	0	0	0	0	2	8	0
90283090	其他电量计	5	5	0	0	0	0	0	0	0	2	6	0
90289010	工业用计量仪表零件、附件	4.2	5	0		0	0	0	0	0	1.7	5	0
90289090	非工业用计量仪表零件、附件	4.2	5	0		0	0	0	0	0	1.7	1.6	0
90291010	转数计	15	12	0	0	0	1.5	0	10	0	3	9	0
90291020	车费计及里程计	15	12	0	0	0	1.5	0	7.5	0	3		0
90291090	产量计数器及步数计及类似仪表	15	12	0	0	0	1.5	0	7.5	0	3		0
90292010	车辆用速度计	10	5	0		0	0	0	0	0	2	8	0
90292090	其他速度计及转速表、频闪观测仪	10	5	0		0	0	0	0	0	2	6	0
90299000	转数计、车费计及类似仪表零件	6	5	0		0	0	0	3	0	1.2		0
90301000	离子射线的测量或检验仪器及装置	3.3	0	0		0	0	0	0	0	0		0
90302010	测试频率＜300 兆赫的通用示波器	4	5	0	0	0	0	0	0	0	1.6	4.8	0
90302090	其他阴极射线示波器	2.5	0	0		0	0	0	0	0	0	3	0
90303110	量程≤五位半的数字万用表，不带记录装置	7.5	12	0	0	0	1.5	0	7.5	0	3	9	0
90303190	其他不带记录装置的万用表	2.5	0	0		0	0	0	0	0	0	3.6	0
90303200	带记录装置的万用表	5.3	5	0		0	0	0	0	0	1.6	4.8	0
90303310	量程≤五位半的数字电流表、电压表，不带记录装置	11.3	12	0	0	0	1.5	0	7.5	0	3	9	0
90303320	不带记录装置的电阻测试仪	14	11.2	0	0	0	0	0	7	0	2.8		0
90303390	检测电压、电流及功率的其他仪器，不带记录装置	6.8	5	0		0	0	0	4.5	0	1.8		0
90303900	检测电压、电流、电阻或功率的其他仪器，带记录装置	5.3	5	0		0	0	0	4	0	1.6		0

税则号列 Tariff Item	商品名称（简称） Article Description	最惠国税率（%） M. F. N.	协定税率（%）Conventional										
			巴基斯坦 Pakistan	智利 Chile	新加坡 Singapore	新西兰 New Zealand	秘鲁 Peru	哥斯达黎加 Costa Rica	瑞士 Switzerland	冰岛 Iceland	澳大利亚 Australia	韩国 Korea	格鲁吉亚 Georgia
90308410	电感及电容测试仪	6.7	5	0	0	0	0	0	0	0	2		0
90308490	其他电量的测量或检验仪器及装置	5.3	5	0		0	0	0	4	0	1.6	5.8	0
90308910	其他电感及电容测试仪	9.3	11.2	0	0	0	0	0	7	0	2.8		0
90308990	其他电量的测量或检验仪器及装置	5.3	5	0		0	0	0	0	0	1.6		6.4
90309000	税目 90.30 所属货品的零件及附件	4.7	5	0		0	0	0	3.5	0	1.4	4.2	0
90311000	机械零件平衡试验机	4.7	5	0		0	0	0	0	0	1.4	1.4	0
90312000	试验台	7	5	0		0	0	0	4.3	0	1.4	5.1	0
90314910	轮廓投影仪	6.7	5	0		0	0	0	0	0	2	7.3	0
90318010	光纤通信及光纤性能测试仪	5	0	0		0	0	0	0	0	0	3.6	0
90318020	坐标测量仪	5	0	0		0	0	0	0	0	0	3.6	0
90318031	超声波探伤检测仪	5	0	0		0	0	0	0	0	0	3.6	0
90318032	磁粉探伤检测仪	5	0	0		0	0	0	0	0	0	3.6	0
90318033	涡流探伤检测仪	5	0	0		0	0	0	0	0	0	3.6	0
90318039	其他无损探伤检测仪器（射线探伤仪除外）	5	0	0		0	0	0	0	0	0		0
90318090	未列名测量、检验仪器器具及机器	5	0	0		0	0	0	3.1		0	3	4
90321000	恒温器	7	5	0		0	0	0	3.5	0	1.4	1.4	0
90322000	恒压器	4.7	5	0		0	0	0	0	0	1.4	4.2	0
90328100	液压或气压的其他仪器及装置	4.7	5	0		0	0	0	3.5	0	1.4	5	0
90328911	列车自动防护系统（ATP）车载设备	7	5	0		0	0	0		0	1.4	5.1	0
90328912	列车自动运行系统（ATO）车载设备	7	5	0		0	0	0		0	1.4	5.1	0
90328919	其他列车自动控制系统（ATC）车载设备	7	5	0		0	0	0		0	1.4	5.1	0
90328990	非液压或气压的其他自动调节或控制仪器及装置	7	5	0		0	0	0		0	1.4	5.1	0
90329000	自动调节或控制仪器零件、附件	5	0	0		0	0	0	2.5	0	0	3.6	0
90330000	第九十章未列名零件、附件	6	5	0		0	0	0	3	0	1.2	1.2	0
91011100	机械指示式的贵金属电子手表	11	5	0	0	0	0	0	6.8	0	2.2	6.6	0
91011910	光电显示式的贵金属电子手表	16	12.8	0	0	0	1.6	0	8	0	3.2	9.6	0
91011990	其他贵金属电子手表	15	12	0	0	0	1.5	0	9.3	0	3	9	0

税则号列 Tariff Item	商品名称（简称） Article Description	最惠国税率（%） M. F. N.	协定税率（%）Conventional										
			巴基斯坦 Pakistan	智利 Chile	新加坡 Singapore	新西兰 New Zealand	秘鲁 Peru	哥斯达黎加 Costa Rica	瑞士 Switzerland	冰岛 Iceland	澳大利亚 Australia	韩国 Korea	格鲁吉亚 Georgia
91012100	自动上弦的贵金属机械手表	11	5	0	0	0	0	0	6.8	0	2.2	6.6	0
91012900	非自动上弦的贵金属机械手表	15	12	0	0	0	1.5	0	9.3	0	3	9	0
91019100	贵金属电子怀表及其他电子表	15	12	0	0	0	1.5	0	7.5	0	3	9	0
91019900	贵金属机械怀表及其他机械表	20		0	0	0	2	0	12.4	0	4	14.6	0
91021100	机械指示式的其他电子手表	12.5	6.2	0	0	0	0	0	7.8	0	2.5	7.5	0
91021200	光电显示式的其他电子手表	23		0	0	0	2.3	0	11.5	0	4.6	18.4	0
91021900	其他电子手表	15	12	0	0	0	1.5	0	7.5	0	3	9	0
91022100	其他自动上弦的机械手表	11	5	0	0	0	0	0	6.8	0	2.2	6.6	0
91022900	其他非自动上弦的机械手表	15	12	0	0	0	1.5	0	9.3	0	3	9	0
91029100	电力驱动的电子怀表及其他电子表	15	12	0	0	0	1.5	0	9.3	0	3	9	0
91029900	其他机械怀表、秒表及其他表	20		0	0	0	2	0	12.4	0	4	14.6	0
91031000	以表芯装成的电子钟	23		0	0	0	2.3	0	14.3	0	4.6	18.4	0
91039000	以表芯装成的机械钟	20		0	0	0	2	0	12.4	0	4	14.6	0
91040000	仪表、板钟及车辆、船舶等用的类似钟	10	5	0		0	0	0	0	0	2	6	0
91051100	电子闹钟	23		0	0	0	2.3	0	14.3	0	4.6	18.4	0
91051900	机械闹钟	20		0	0	0	2	0	10	0	4	14.6	0
91052100	电子挂钟	23		0	0	0	2.3	0	11.5	0	4.6	18.4	0
91052900	机械挂钟	20		0	0	0	2	0	10	0	4	14.6	0
91059110	电子天文钟	3	0	0		0	0	0	1.5	0	0	0	0
91059190	其他电子钟	23		0	0	0	2.3	0	11.5	0	4.6	18.4	0
91059900	其他机械钟	16	12.8	0	0	0	1.6	0	9.9	0	3.2	9.6	0
91061000	考勤钟及时刻记录器	16	12.8	0	0	0	1.6	0	8	0	3.2	9.6	0
91069000	其他时间记录器及其他类似装置	16	12.8	0	0	0	1.6	0	9.9	0	3.2	9.6	0
91070000	定时开关	12	6	0	0	0	0	0	6	0	2.4	7.2	9.6
91081100	已组装的机械指示式完整电子表芯	16	12.8	0	0	0	1.6	0	8	0	3.2	9.6	0
91081200	已组装的光电显示式完整电子表芯	16	12.8	0	0	0	1.6	0	9.9	0	3.2	9.6	0
91081900	其他已组装的完整电子表芯	16	8	0	0	0	1.6	0	9.9	0	3.2	9.6	0
91082000	已组装的自动上弦完整表芯	16	12.8	0	0	0	1.6	0	9.9	0	3.2	9.6	0

税则号列 Tariff Item	商品名称（简称） Article Description	最惠国税率（%） M. F. N.	协定税率（%） Conventional										
			巴基斯坦 Pakistan	智利 Chile	新加坡 Singapore	新西兰 New Zealand	秘鲁 Peru	哥斯达黎加 Costa Rica	瑞士 Switzerland	冰岛 Iceland	澳大利亚 Australia	韩国 Korea	格鲁吉亚 Georgia
91089010	已组装表面≤33.8毫米机械完整表芯	16	12.8	0	0	0	1.6	0	9.9	0	3.2	9.6	0
91089090	其他已组装完整机械表芯	16	12.8	0	0	0	1.6	0	9.9	0	3.2	9.6	0
91091000	已组装的完整电子钟芯	16	12.8	0	0	0	1.6	0	8	0	3.2	9.6	0
91099000	已组装的完整机械钟芯	16	12.8	0	0	0	1.6	0	8	0	3.2	9.6	0
91101100	未组装的完整表机芯	16	12.8	0	0	0	1.6	0	9.9	0	3.2	9.6	0
91101200	已组装的不完整表机芯	16	12.8	0	0	0	1.6	0	8	0	3.2	9.6	0
91101900	未组装的不完整表机芯	16	12.8	0	0	0	1.6	0	8	0	3.2	9.6	0
91109010	未组装的完整钟机芯	16	12.8	0	0	0	1.6	0	8	0	3.2	9.6	0
91109090	不完整钟机芯	16	12.8	0	0	0	1.6	0	8	0	3.2	9.6	0
91111000	贵金属或包贵金属制的表壳	14	11.2	0	0	0	0	0	8.7	0	2.8	8.4	0
91112000	贱金属制的表壳	14	7	0	0	0	0	0	7	0	2.8	8.4	0
91118000	非金属制的表壳	14	11.2	0	0	0	0	0	7	0	2.8	8.4	0
91119000	表壳的零件	14	11.2	0	0	0	0	0	7	0	2.8	8.4	0
91122000	钟壳	14	11.2	0	0	0	0	0	7	0	2.8	8.4	0
91129000	钟壳零件	12	6	0	0	0	0	0	6	0	2.4	7.2	0
91131000	贵金属或包贵金属制的表带及零件	20		0	0	0	2	0		0	4	14.6	0
91132000	贱金属制的表带及其零件	14	11.2	0	0	0	0	0	7	0	2.8	8.4	0
91139000	非金属制的表带及其零件	14	11.2	0	0	0	0	0	7	0	2.8	8.4	0
91141000	钟及表的发条	14	7	0	0	0	0	0	7	0	2.8	8.4	0
91143000	钟面或表面	14	11.2	0	0	0	0	0	8.7	0	2.8	8.4	0
91144000	钟及表的夹板及横担（过桥）	14	11.2	0	0	0	0	0	7	0	2.8	8.4	0
91149010	钟及表的宝石轴承	14	7	0	0	0	0	0	7	0	2.8	8.4	0
91149090	钟及表的其他零件	14	11.2	0	0	0	0	0	8.7	0	2.8	8.4	0
92011000	竖式钢琴	17.5	14	0	0	0	1.8	0	8.8	0	3.5	10.5	0
92012000	大钢琴	17.5	14	0	0	0	1.8	0	8.8	0	3.5	10.5	0
92019000	其他钢琴	17.5	14	0	0	0	1.8	0	8.8	0	3.5	10.5	0
92021000	弓弦乐器	17.5	14	0	0	0	1.8	0	8.8	0	3.5	3.5	0
92029000	其他弦乐器	17.5	14	0	0	0	1.8	0	8.8	0	3.5	10.5	0
92051000	铜管乐器	17.5	14	0	0	0	1.8	0	8.8	0	3.5	3.5	0
92059010	键盘管风琴、簧风琴及类似乐器	20		0	0	0	2	0	10	0	4	14.6	0
92059020	手风琴及类似乐器	21		0	0	0	2.1	0	10.5	0	4.2	15.4	0
92059030	口琴	21		0	0	0	2.1	0	10.5	0	4.2	15.4	0
92059090	其他管乐器，但游艺场风琴和手摇风琴除外	17.5	14	0	0	0	1.8	0	8.8	0	3.5	3.5	0
92060000	打击乐器	17.5	14	0	0	0	0	0	8.8	0	3.5	10.5	0
92071000	通过电产生或扩大声音的键盘乐器	30		0	0	0	3	0	18.6	0	6		0

税则号列 Tariff Item	商品名称（简称） Article Description	最惠国税率(%) M. F. N.	协定税率（%）Conventional										
			巴基斯坦 Pakistan	智利 Chile	新加坡 Singapore	新西兰 New Zealand	秘鲁 Peru	哥斯达黎加 Costa Rica	瑞士 Switzerland	冰岛 Iceland	澳大利亚 Australia	韩国 Korea	格鲁吉亚 Georgia
92079000	其他通过电产生或扩大声音的乐器	30		0	0	0	3	0	18.6	0	6		0
92081000	百音盒	22		0	0	0	2.2	0	11	0	4.4	17.6	0
92089000	第九十二章未列名的其他乐器	22		0	0	0	2.2	0	11	0	4.4	17.6	0
92093000	乐器用的弦	17.5	14	0	0	0	1.8	0	8.8	0	3.5	10.5	0
92099100	钢琴的零件、附件	17.5	14	0	0	0	1.8	0	8.8	0	3.5	10.5	0
92099200	税目92.02所列乐器的零件、附件	17.5	14	0	0	0	1.8	0	8.8	0	3.5	10.5	0
92099400	税目92.07所列乐器的零件、附件	17.5	14	0	0	0	1.8	0	8.8	0	3.5	12.8	0
92099910	节拍器、音叉及定音管	17.5	14	0	0	0	1.8	0	8.8	0	3.5	10.5	0
92099920	百音盒的机械装置	17.5	14	0	0	0	1.8	0	8.8	0	3.5	10.5	0
92099990	第九十二章其他编号未列名的乐器零件	17.5	14	0	0	0	1.8	0	8.8	0	3.5	10.5	0
93011010	自动推进的火炮武器	13	6.5	0	0	0	0	0	6.5	0	2.6	7.8	0
93011090	其他火炮武器	13	6.5	0	0	0	0	0	6.5	0	2.6	7.8	0
93012000	火箭发射装置及火焰喷射器等	13	6.5	0	0	0	0	0	6.5	0	2.6	7.8	0
93019000	其他军用武器	13	6.5	0	0	0	0	0	6.5	0	2.6	7.8	0
93020000	左轮手枪及其他手枪	13	6.5	0	0	0	0	0	6.5	0	2.6	7.8	0
93031000	前装枪	13	6.5	0	0	0	0	0	6.5	0	2.6	7.8	0
93032000	其他运动、狩猎或打靶用滑膛枪	13	6.5	0	0	0	0	0	8.1	0	2.6	7.8	0
93033000	其他运动、狩猎或打靶用步枪	13	6.5	0	0	0	0	0	6.5	0	2.6	7.8	0
93039000	其他火器及类似装置	13	6.5	0	0	0	0	0	6.5	0	2.6	7.8	0
93040000	其他武器（如弹簧枪、气枪及警棍等）	13	6.5	0	0	0	0	0		0	2.6	7.8	0
93051000	左轮手枪或其他手枪的零件及附件	13	6.5	0	0	0	0	0	6.5	0	2.6	7.8	0
93052000	猎枪或步枪用零件及附件	13	6.5	0	0	0	0	0	6.5	0	2.6	7.8	0
93059100	军用武器的零件、附件	13	6.5	0	0	0	0	0	6.5	0	2.6	7.8	0
93059900	其他武器的零件、附件	13	6.5	0	0	0	0	0	6.5	0	2.6	7.8	0
93062100	猎枪弹	13	6.5	0	0	0	0	0	6.5	0	2.6	7.8	0
93062900	猎枪弹的零件及气枪弹丸	13	6.5	0	0	0	0	0	6.5	0	2.6	7.8	0
93063080	接机或类似工具用子弹及其零件	13	6.5	0	0	0	0	0	6.5	0	2.6	7.8	0
93063090	其他子弹及其零件	13	6.5	0	0	0	0	0	6.5	0	2.6	7.8	0
93069000	其他弹药和射弹及其零件	13	6.5	0	0	0	0	0	6.5	0	2.6	7.8	0
93070010	军用剑、短弯刀、刺刀、长矛和类似的武器及其零件；军用刀鞘、剑鞘	13	6.5	0	0	0	0	0	6.5	0	2.6	7.8	0

税则号列 Tariff Item	商品名称（简称） Article Description	最惠国税率（%） M. F. N.	协定税率（%） Conventional										
			巴基斯坦 Pakistan	智利 Chile	新加坡 Singapore	新西兰 New Zealand	秘鲁 Peru	哥斯达黎加 Costa Rica	瑞士 Switzerland	冰岛 Iceland	澳大利亚 Australia	韩国 Korea	格鲁吉亚 Georgia
93070090	其他剑、短弯刀、刺刀、长矛和类似的武器及其零件；其他刀鞘、剑鞘	13	6.5	0	0	0	0	0	6.5	0	2.6	7.8	0
94012010	皮革或再生皮革面的机动车辆用坐具	10		0		0	0	0	0	0	2	8	0
94012090	机动车辆用坐具	10		0		0	0	0	0	0	2	7.3	0
94019011	机动车辆的座椅调角器	10		0		0	1	0	0	0	2		0
94041000	弹簧床垫	20		0	0	0	2	0	10	0	4	14.6	0
94042100	海绵橡胶或泡沫塑料制褥垫	20		0	0	0	2	0	10	0	4	14.6	0
94042900	其他材料制褥垫	20	14	0	0	0	2	0	10	0	4	14.6	0
94043010	羽毛或羽绒填充的睡袋	20		0	0	0	2	0	10	0	4	14.6	0
94043090	其他睡袋	20		0	0	0	2	0	10	0	4	14.6	0
94049010	羽绒或羽毛填充的寝具及类似品	20		0	0	0	2	0	10	0	4	14.6	0
94049020	兽毛填充的寝具及类似品	20		0	0	0	2	0	10	0	4	14.6	0
94049030	丝棉填充的寝具及类似品	20		0	0	0	2	0	10	0	4	14.6	0
94049040	化纤棉填充的寝具及类似品	20		0	0	0	2	0	10	0	4	14.6	0
94049090	其他材料制的寝具及类似品	20		0	0	0	2	0	10	0	4	14.6	0
94051000	枝形吊灯	10	5	0		0	0	0	0	0	2	6	0
94052000	电气台灯、床头灯及落地灯	20		0	0	0	2	0	10	0	4	16	0
94053000	圣诞树用的成套灯具	16	12.8	0	0	0	1.6	0	8	0	3.2	9.6	0
94054010	探照灯	17.5	14	0	0	0	1.8	0	8.8	0	3.5	10.5	0
94054020	聚光灯	17.5	14	0	0	0	1.8	0	8.8	0	3.5	10.5	0
94054090	其他电灯及照明装置	10	5	0	0	0	0	0	0	0	2	2	0
94055000	非电气灯具及照明装置	20		0	0	0	2	0	10	0	4	16	0
94056000	发光标志、发光铭牌及类似品	20		0	0	0	2	0	10	0	4	14.6	0
94059100	税目94.05所列物品的玻璃制零件	20		0	0	0	2	0	10	0	4	16	0
94059200	税目94.05所列物品的塑料制零件	20		0	0	0	2	0	10	0	4	14.6	0
94059900	税目94.05所列物品其他材料制零件	20		0	0	0	2	0	10	0	4	14.6	0
94061000	木制活动房屋	10	5	0	0	0	1	0	0	0	2	6	0
94069000	其他活动房屋	10	5	0	0	0	1	0	0	0	2	6	0
95061100	滑雪屐	14	0	0	0	0	0	0	7		2.8	8.4	0
95061200	滑雪屐扣件（滑雪屐带）	14	0	0	0	0	0	0	7	0	2.8	8.4	0
95061900	其他滑雪用具	14	0	0	0	0	0	0	7	0	2.8	8.4	0

税则号列 Tariff Item	商品名称（简称） Article Description	最惠国税率（%） M. F. N.	协定税率（%）Conventional										
			巴基斯坦 Pakistan	智利 Chile	新加坡 Singapore	新西兰 New Zealand	秘鲁 Peru	哥斯达黎加 Costa Rica	瑞士 Switzerland	冰岛 Iceland	澳大利亚 Australia	韩国 Korea	格鲁吉亚 Georgia
95062100	帆板	12	0	0	0	0	0	0	6	0	2.4	7.2	0
95062900	其他水上运动用具	14	0	0	0	0	0	0	7	0	2.8	8.4	0
95063100	完整的高尔夫球棍	14	0	0	0	0	0	0	7	0	2.8	8.4	0
95063200	高尔夫球	12	0	0	0	0	0	0	6	0	2.4	7.2	0
95063900	其他高尔夫球用具	14	0	0	0	0	0	0	7	0	2.8	8.4	0
95064010	乒乓球	12	0	0	0	0	0	0	6	0	2.4	7.2	0
95064090	其他乒乓球运动用品及器械	14	0	0	0	0	0	0	7	0	2.8	8.4	0
95065100	草地网球拍	14	0	0	0	0	0	0	7	0	2.8	8.4	0
95065900	其他网球拍、羽毛球拍或类似球拍	14	0	0	0	0	0	0	7	0	2.8	8.4	0
95066100	草地网球	12	0	0	0	0	0	0	6	0	2.4	7.2	0
95066210	篮球、足球及排球	12	0	0	0	0	0	0	6	0	2.4	7.2	0
95066290	其他可充气的球	12	0	0	0	0	0	0	6	0	2.4	7.2	0
95066900	其他球	12	0	0	0	0	0	0	6	0	2.4	7.2	0
95067010	溜冰鞋	14	0	0	0	0	0	0	7	0	2.8	8.4	0
95067020	旱冰鞋	14	0	0	0	0	0	0	7	0	2.8	8.4	0
95069111	跑步机	12	0	0	0	0	0	0	6	0	2.4	7.2	0
95069119	其他健身及康复器械	12	0	0	0	0	0	0	6	0	2.4	7.2	0
95069120	滑板	12	0	0	0	0	0	0	6	0	2.4	7.2	0
95069190	一般的体育活动、体操或竞技用品	12	0	0	0	0	0	0	6	0	2.4	7.2	0
95069900	其他未列名的第九十五章用品及设备	12	0	0	0	0	0	0	0	0	2.4	7.2	0
95071000	钓鱼竿	21		0	0	0	2.1	0	10.5		4.2		0
95072000	钓鱼钩	21		0	0	0	2.1	0	10.5		4.2	16.8	0
95073000	钓线轮	21		0	0	0	2.1	0	10.5		4.2	16.8	0
95079000	其他钓鱼用品	21	18.9	0	0	0	2.1	0	10.5	0	4.2	16.8	0
95081000	流动马戏团及流动动物园	15	12	0	0	0	1.5	0	7.5	0	3	9	0
95089000	其他旋转木马、秋千等游乐场娱乐设备	15	12	0	0	0	1.5	0	7.5	0	3	9	0
96011000	已加工的兽牙及其制品	20		0	0	0	2	0	10	0	4	14.6	0
96019000	其他已加工动物质雕刻料及其制品	20		0	0	0	2	0	10	0	4	14.6	0
96020010	装药用胶囊	10.5	5	0	0	0	0	0	5.2	0	2.1	6.3	0
96020090	已加工植物或矿物质雕刻料及制品	25		0	0	0	2.5	0	12.5	0	5	20	0
96031000	用枝条或其他植物材料捆扎成的帚	25		0	0	0	2.5	0	12.5	0	5	20	0
96032100	牙刷，包括齿板刷	25		0	0	0	2.5	0	12.5	0	5	20	0
96032900	剃须刷、发刷、睫毛刷等人体化妆用刷	15	7.5	0	0	0	1.5	0	7.5	0	3	9	0

税则号列 Tariff Item	商品名称（简称） Article Description	最惠国税率(%) M. F. N.	协定税率（%）Conventional										
			巴基斯坦 Pakistan	智利 Chile	新加坡 Singapore	新西兰 New Zealand	秘鲁 Peru	哥斯达黎加 Costa Rica	瑞士 Switzerland	冰岛 Iceland	澳大利亚 Australia	韩国 Korea	格鲁吉亚 Georgia
96033010	画笔	25	15	0	0	0	2.5	0	12.5	0	5	20	0
96033020	毛笔	20	18	0	0	0	2	0	10	0	4	14.6	0
96033090	化妆用的类似笔	25	22.5	0	0	0	2.5	0	12.5	0	5	20	0
96034011	猪鬃制漆刷及类似刷	20		0	0	0	2	0	10	0	4	14.6	0
96034019	其他材料制漆刷及类似刷	23		0	0	0	2.3	0	11.5	0	4.6	18.4	0
96034020	油漆块垫及滚筒	23		0	0	0	2.3	0	11.5	0	4.6	18.4	0
96035011	作为机器、器具零件的金属丝刷	14	11.2	0	0	0	0	0	7	0	2.8	8.4	0
96035019	作为车辆零件的金属丝刷	14	7	0	0	0	0	0	8.7	0	2.8	8.4	0
96035091	作为机器、器具零件的其他刷	14	11.2	0	0	0	0	0	7	0	2.8	8.4	0
96035099	作为车辆零件的其他刷	14	7	0	0	0	0	0	7	0	2.8	8.4	0
96039010	羽毛掸	21	18.9	0	0	0	2.1	0	10.5	0	4.2	15.4	0
96039090	其他帚、刷、拖把及其他毛掸	15		0	0	0	1.5	0	7.5	0	3	9	0
96040000	手用粗筛、细筛	21		0	0	0	2.1	0	10.5	0	4.2	16.8	0
96050000	个人梳妆、缝纫等用成套旅行用品	15	12	0	0	0	1.5	0	7.5	0	3	9	0
96061000	揿扣及其零件	21		0	0	0	2.1	0	10.5	0	4.2	16.8	0
96062100	塑料制纽扣，未用纺织材料包裹	21		0	0	0	2.1	0	10.5	0	4.2	16.8	0
96062200	贱金属制，未用纺织材料包裹的纽扣	15	12	0	0	0	1.5	0	7.5	0	3	9	0
96062900	其他纽扣	15	12	0	0	0	1.5	0	7.5	0	3	9	0
96063000	纽扣芯及纽扣的其他零件	15	12	0	0	0	1.5	0	7.5	0	3	9	0
96071100	装有贱金属齿的拉链	21		0	0	0	2.1	0	10.5	0	4.2	16.8	0
96071900	其他拉链	21	14.7	0	0	0	2.1	0	10.5	0	4.2	16.8	0
96072000	拉链零件	21		0	0	0	2.1	0	10.5	0	4.2	16.8	0
96081000	圆珠笔	15	7.5	0	0	0	1.5	0	7.5	0	3	9	0
96082000	毡尖和其他渗水式笔尖笔及唛头笔	21		0	0	0	2.1	0	10.5	0	4.2	16.8	0
96083010	墨汁画笔	21		0	0	0	2.1	0	10.5	0	4.2	15.4	0
96083020	自来水笔	21		0	0	0	2.1	0	10.5	0	4.2	16.8	0
96083090	其他钢笔	21		0	0	0	2.1	0	10.5	0	4.2	16.8	0
96084000	活动铅笔	21		0	0	0	2.1	0	10.5	0	4.2	16.8	0
96085000	含有两种及以上笔的成套货品	21		0	0	0	2.1	0	10.5	0	4.2	16.8	0
96086000	圆珠笔芯	21		0	0	0	2.1	0	10.5	0	4.2	16.8	0
96089100	钢笔头及笔尖粒	12	6	0	0	0	0	0	6	0	2.4	7.2	0
96089910	机器、仪器用笔	17.5	14	0	0	0	1.8	0	8.8	0	3.5	10.5	0
96089920	蜡纸铁笔、钢笔杆、铅笔杆等	21		0	0	0	2.1	0	10.5	0	4.2	16.8	0

税则号列 Tariff Item	商品名称（简称） Article Description	最惠国税率(%) M. F. N.	协定税率（%）Conventional										
			巴基斯坦 Paki-stan	智利 Chile	新加坡 Singa-pore	新西兰 New Zealand	秘鲁 Peru	哥斯达黎加 Costa Rica	瑞士 Switze-rland	冰岛 Iceland	澳大利亚 Austr-alia	韩国 Korea	格鲁吉亚 Georgia
96089990	其他笔零件	21		0	0	0	2.1	0	0	0	4.2	16.8	0
96091010	铅笔	21		0	0	0	2.1	0	10.5	0	4.2	16.8	0
96091020	颜色铅笔	21		0	0	0	2.1	0	10.5	0	4.2	16.8	0
96092000	黑的或其他颜色的铅笔芯	21		0	0	0	2.1	0	10.5	0	4.2	16.8	0
96099000	蜡笔、图画碳笔、书写或绘画用粉笔	15	12	0	0	0	1.5	0	7.5	0	3	9	0
96100000	具有书写或绘画面的石板、黑板	15	12	0	0	0	1.5	0	7.5	0	3	9	0
96110000	手用日期戳、封缄戳、编号戳及类似印戳	21		0	0	0	2.1	0	10.5	0	4.2	16.8	0
96121000	打字机色带或类似色带	10.5	5	0	0	0	0	0	5.2	0	2.1	7.7	0
96122000	印台	25		0	0	0	2.5	0	12.5	0	5	20	0
96131000	一次性袖珍气体打火机	25		0	0	0	2.5	0	12.5	0	5	20	0
96132000	可充气袖珍气体打火机	25		0	0	0	2.5	0	12.5	0	5	20	0
96138000	其他打火器	25		0	0	0	2.5	0	12.5	0	5	20	0
96139000	打火机及打火器零件	25		0	0	0	2.5	0	12.5	0	5	20	0
96140010	烟斗及烟斗头	25		0	0	0	2.5	0	12.5	0	5		0
96140090	烟嘴及其零件	25		0	0	0	2.5	0	12.5	0	5		0
96151100	硬质橡胶或塑料制梳子、发夹及类似品	18	14.4	0	0	0	1.8	0	9	0	3.6	10.8	0
96151900	其他材料制梳子、发夹及类似品	18		0	0	0	1.8	0	9	0	3.6	10.8	0
96159000	其他发夹、卷发器等及其零件	18	14.4	0	0	0	1.8	0	9	0	3.6	10.8	0
96161000	香水喷雾器或类似的化妆用喷雾器	18	14.4	0	0	0	1.8	0	9	0	3.6	10.8	0
96162000	施敷脂粉或化妆品用粉扑及粉拍	18	14.4	0	0	0	1.8	0	9	0	3.6	10.8	0
96170011	玻璃内胆制保温瓶	24		0	0	0	2.4	0	12	0	4.8	19.2	0
96170019	其他保温瓶	24		0	0	0	2.4	0	12	0	4.8	19.2	0
96170090	其他真空容器及零件	18		0	0	0	1.8	0	9	0	3.6	10.8	0
96180000	裁缝用人体模型及其他人体模型	21		0	0	0	2.1	0	10.5	0	4.2	16.8	0
96190011	婴儿尿布及尿裤	7.5		0		0					1.5		0
96190019	其他尿布及尿裤	7.5		0		0					1.5		0
96190020	卫生巾（护垫）及止血塞	10	7.5	0		0	0	0	0	0	2	6	0
96190090	任何材料制的卫生巾或尿布的类似品	14	7.5	0	0	0	1.6	0	9.8	0	2.8	8.4	0
96200000	独脚架、双脚架、三脚架及类似品	9					0	0	0	0	0	0	0
97011011	唐卡	12	6	0	0	0	1.2	0	6	0	2.4	7.2	0

税则号列 Tariff Item	商品名称（简称） Article Description	最惠国税率（%） M. F. N.	协定税率（%）Conventional										
			巴基斯坦 Paki-stan	智利 Chile	新加坡 Singa-pore	新西兰 New Zealand	秘鲁 Peru	哥斯达黎加 Costa Rica	瑞士 Switze-rland	冰岛 Iceland	澳大利亚 Austr-alia	韩国 Korea	格鲁吉亚 Georgia
97011019	其他手绘油画、粉画及其他画	12	6	0	0	0	1.2	0	6	0	2.4	7.2	0
97011020	手绘油画、粉画及其他画的复制品	14	11.2	0	0	0	0	0	7	0	2.8	8.4	0
97019000	拼贴画及类似装饰板	14	11.2	0	0	0	0	0	7	0	2.8	8.4	0
97020000	雕版画、印制画、石印画的原本	12	6	0	0	0	1.2	0	6	0	2.4	7.2	0
97030000	各种材料制的雕塑品原件	12	6	0	0	0	0	0	6	0	2.4	7.2	0
97040010	使用或未使用的邮票	8	5	0		0	0	0	0	0	1.6	1.6	0
97040090	其他使用或未使用的印花税票及类似票证	14	7	0	0	0	0	0	7	0	2.8	8.4	11.2

附表 2　进口商品特惠税率表
Table 2　The Special Preferential Tariff Rates on Import Goods

税则号列 Tariff Item	商品名称（简称） Article Description	最惠国税率（%）M. F. N.	特惠税率（%）The Special Preferential Tariff Rates						
			亚太2国[①]	东盟			37国[②]	3国[③]	1国[④]
				缅甸 Myanmar	老挝 Laos	柬埔寨 Cambodia			
01012100	改良种用马	0					0	0	0
01012900	其他马	10					0	0	0
01013010	改良种用驴	0					0	0	0
01013090	其他驴	10					0	0	0
01019000	骡	10					0	0	0
01022100	改良种用家牛	0					0	0	0
01022900	其他家牛	10		0	0	0	0	0	0
01023100	改良种用水牛	0					0	0	0
01023900	其他水牛	10		0	0	0	0	0	0
01029010	改良种用其他牛	0					0	0	0
01029090	其他牛	10		0	0	0	0	0	0
01031000	改良种用猪	0					0	0	0
01039110	重量<10 千克的猪	10		0		0	0	0	0
01039120	重量在 10～50 千克的猪，包括 10 千克	10		0		0	0	0	0
01039200	重量≥50 千克的猪	10		0	0	0	0	0	0
01041010	改良种用的绵羊	0					0	0	0
01041090	其他绵羊	10					0	0	0
01042010	改良种用的山羊	0					0	0	0
01042090	其他山羊	10					0	0	0

①适用税率的国家：孟加拉人民共和国、老挝人民民主共和国（共 2 国）。

The tariff rates are applicable to the People's Republic of Bangladesh，the Lao People's Democratic Republic.

②适用税率的国家：埃塞俄比亚联邦民主共和国、布隆迪共和国、赤道几内亚共和国、刚果民主共和国、吉布提共和国、几内亚共和国、几内亚比绍共和国、莱索托王国、马达加斯加共和国、马拉维共和国、马里共和国、莫桑比克共和国、南苏丹共和国、塞拉利昂共和国、塞内加尔共和国、苏丹共和国、索马里联邦共和国、坦桑尼亚联合共和国、乌干达共和国、乍得共和国、中非共和国、阿富汗伊斯兰共和国、也门共和国、瓦努阿图共和国、科摩罗联盟、毛里塔尼亚伊斯兰共和国、多哥共和国、利比里亚共和国、卢旺达共和国、安哥拉共和国、赞比亚共和国、尼泊尔联邦民主共和国、尼日尔共和国、厄立特里亚国、柬埔寨王国、冈比亚共和国、圣多美和普林西比民主共和国（共 37 国）。

The tariff rates are applicable to the Federal Democratic Republic of Ethiopia，the Republic of Burundi，the Republic of Equatorial Guinea，the Democratic Republic of Congo，the Republic of Djibouti，the Republic of Guinea，the Republic of Guinea-Bissau，the Kingdom of Lesotho，the Republic of Madagascar，the Republic of Malawi，the Republic of Mali，the Republic of Mozambique，the Republic of South Sudan，the Republic of Sierra Leone，the Republic of Senegal，the Republic of the Sudan，the Federal Republic of Somalia，the United Republic of Tanzania，the Republic of Uganda，the Republic of Chad，the Central African Republic，the Islamic Republic of Afghanistan，the Republic of Yemen，the Republic of Vanuatu，the Union of Comoros，the Islamic Republic of Mauritania，the Republic of Togo，the Republic of Liberia，the Republic of Rwanda，the Republic of Angola，the Republic of Zambia，the Federal Democratic Republic of Nepal，the Republic of Niger，the State of Eritrea，the Kingdom of Cambodia，the Republic of the Gambia，the Democratic Republic of Sao Tome and Principe.

③适用税率的国家：贝宁共和国、东帝汶民主共和国、缅甸联邦共和国（共 3 国）。

The tariff rates are applicable to the Republic of of Benin，the Democratic Republic of Timor-Leste，the Republic of the Union of Myanmar.

④适用税率的国家：孟加拉人民共和国（共 1 国）。

The tariff rates are applicable to the People's Republic of Bangladesh.

税则号列 Tariff Item	商品名称（简称） Article Description	最惠国税率（%） M. F. N.	特惠税率（%）The Special Preferential Tariff Rates						
			亚太2国	东盟			37国	3国	1国
				缅甸 Myanmar	老挝 Laos	柬埔寨 Cambodia			
01051110	重量≤185克的改良种用鸡	0					0	0	0
01051190	重量≤185克的其他鸡	10		0	0		0	0	0
01051210	重量≤185克的改良种用火鸡	0					0	0	0
01051290	重量≤185克的其他火鸡	10					0	0	0
01051310	重量≤185克的改良种用鸭	0					0	0	0
01051390	重量≤185克的其他鸭	10			0		0	0	0
01051410	重量≤185克的改良种用鹅	0					0	0	0
01051490	重量≤185克的其他鹅	10			0		0	0	0
01051510	重量≤185克的改良种用珍珠鸡	0					0	0	0
01051590	重量≤185克的其他珍珠鸡	10			0		0	0	0
01059410	重量>185克的改良种用鸡	0					0	0	0
01059490	重量>185克的其他鸡	10					0	0	0
01059910	重量>185克的其他改良种用家禽	0					0	0	0
01059991	重量>185克的非改良种用鸭	10					0	0	0
01059992	重量>185克的非改良种用鹅	10					0	0	0
01059993	重量>185克的非改良种用珍珠鸡	10					0	0	0
01059994	重量>185克的非改良种用火鸡	10					0	0	0
01061110	改良种用灵长目动物	0					0	0	0
01061190	其他灵长目动物	10					0	0	0
01061211	改良种用鲸、海豚及鼠海豚；海牛及儒艮	10					0	0	0
01061219	其他鲸、海豚及鼠海豚；海牛及儒艮	10					0	0	0
01061221	改良种用海豹、海狮及海象	0					0	0	0
01061229	其他海豹、海狮及海象	10					0	0	0
01061310	改良种用骆驼及其他骆驼科动物	0					0	0	0
01061390	其他骆驼及其他骆驼科动物	10					0	0	0
01061410	改良种用家兔及野兔	0					0	0	0
01061490	其他家兔及野兔	10					0	0	0
01061910	改良种用哺乳动物	0					0	0	0
01061990	其他哺乳动物	10					0	0	0
01062011	改良种用鳄鱼苗	0					0	0	0
01062019	其他改良种用爬行动物	0					0	0	0
01062020	食用爬行动物	10		0			0	0	0
01062090	其他爬行动物	10					0	0	0
01063110	改良种用猛禽	0					0	0	0
01063190	其他猛禽	10					0	0	0
01063210	改良种用鹦形目鸟	0					0	0	0
01063290	其他鹦形目鸟	10					0	0	0
01063310	改良种用鸵鸟、鸸鹋	0					0	0	0
01063390	其他鸵鸟、鸸鹋	10					0	0	0
01063910	其他改良种用鸟	0					0	0	0
01063921	乳鸽	10		0			0	0	0
01063923	野鸭	10		0			0	0	0
01063929	其他食用鸟	10		0			0	0	0
01063990	其他鸟	10					0	0	0
01064110	改良种用蜂	0					0	0	0

税则号列 Tariff Item	商品名称（简称） Article Description	最惠国税率（%） M. F. N.	特惠税率（%） The Special Preferential Tariff Rates						
			亚太2国	东盟			37国	3国	1国
				缅甸 Myanmar	老挝 Laos	柬埔寨 Cambodia			
01064190	其他蜂	10					0	0	0
01064910	改良种用其他昆虫	0					0	0	0
01064990	其他昆虫	10					0	0	0
01069011	改良种用蛙苗	0					0	0	0
01069019	其他改良种用动物	0					0	0	0
01069090	其他动物	10					0	0	0
02011000	整头及半头鲜、冷的牛肉	20			0	0	0	0	0
02012000	鲜、冷的带骨牛肉	12			0	0	0	0	0
02013000	鲜、冷的去骨牛肉	12				0	0	0	0
02021000	冻的整头及半头牛肉	25			0	0	0	0	0
02022000	冻的带骨牛肉	12			0	0	0	0	0
02023000	冻的去骨牛肉	12				0	0	0	0
02031110	鲜、冷的整头及半头乳猪肉	20			0	0	0	0	0
02031190	其他鲜、冷的整头及半头猪肉	20			0	0	0	0	0
02031200	鲜、冷的带骨猪前腿、后腿及其肉块	20			0	0	0	0	0
02031900	其他鲜、冷猪肉	20			0	0	0	0	0
02032110	冻整头及半头乳猪肉	12			0	0	0	0	0
02032190	其他冻整头及半头猪肉	12			0	0	0	0	0
02032200	冻的带骨猪前腿、后腿及其肉块	12			0	0	0	0	0
02032900	其他冻猪肉	12				0	0	0	0
02041000	鲜或冷的整头及半头羔羊	15					0	0	
02042100	鲜或冷的整头及半头绵羊肉	23					0	0	
02042200	鲜或冷的带骨绵羊肉	15					0	0	
02042300	鲜或冷的去骨绵羊肉	15					0	0	
02043000	冻的整头及半头羔羊	15					0	0	
02044100	冻的整头及半头绵羊肉	23					0	0	
02044200	冻的其他带骨绵羊肉	12					0	0	
02044300	冻的其他去骨绵羊肉	15					0	0	
02045000	鲜、冷、冻的山羊肉	20					0	0	
02050000	鲜、冷、冻的马、驴、骡肉	20					0	0	
02061000	鲜、冷的牛杂碎	12			0	0	0	0	0
02062100	冻牛舌	12			0	0	0	0	0
02062200	冻牛肝	12			0	0	0	0	0
02062900	其他冻牛杂碎	12			0	0	0	0	0
02063000	鲜、冷的猪杂碎	20		0	0	0	0	0	0
02064100	冻猪肝	20			0	0	0	0	0
02064900	其他冻猪杂碎	12			0	0	0	0	0
02068000	鲜、冷的羊、马、驴、骡杂碎	20				0	0	0	0
02069000	冻的羊、马、驴、骡杂碎	18				0	0	0	0
02071100	整只，鲜或冷的鸡	20		0	0	0	0	0	0
02071200	整只，冻的鸡	1.3元/千克		0	0	0	0	0	0
02071311	鲜或冷的带骨鸡块	20		0	0	0	0	0	0
02071319	鲜或冷的其他鸡块	20		0	0	0	0	0	0
02071321	鲜或冷的鸡翼（不包括翼尖）	20		0	0	0	0	0	0

税则号列 Tariff Item	商品名称（简称） Article Description	最惠国税率(%) M. F. N.	特惠税率（%） The Special Preferential Tariff Rates						
			亚太2国	东盟 缅甸 Myanmar	东盟 老挝 Laos	东盟 柬埔寨 Cambodia	37国	3国	1国
02071329	鲜或冷的其他鸡杂碎	20		0	0	0	0	0	0
02071411	冻的带骨鸡块	0.6元/千克		0	0	0	0	0	0
02071419	冻的其他鸡块	0.7元/千克		0	0	0	0	0	0
02071421	冻的鸡翼（不包括翼尖）	0.8元/千克		0	0	0	0	0	0
02071422	鲜、冷、冻的鸡爪	1元/千克		0	0	0	0	0	0
02071429	冻的其他鸡杂碎	0.5元/千克		0	0	0	0	0	0
02072400	整只，鲜或冷的火鸡	20			0		0	0	0
02072500	整只，冻的火鸡	20			0		0	0	0
02072600	鲜或冷的火鸡块及杂碎	20			0		0	0	0
02072700	冻的火鸡块及杂碎	10			0		0	0	0
02074100	鲜或冷的整只鸭	20		0	0	0	0	0	0
02074200	冻的整只鸭	20		0	0	0	0	0	0
02074300	鲜或冷的鸭肥肝	20			0	0	0	0	0
02074400	鲜或冷的其他鸭	20		0	0	0	0	0	0
02074500	冻的其他鸭	20		0	0	0	0	0	0
02075100	鲜或冷的整只鹅	20		0	0	0	0	0	0
02075200	冻的整只鹅	20		0	0	0	0	0	0
02075300	鲜或冷的鹅肥肝	20			0	0	0	0	0
02075400	鲜或冷的其他鹅	20		0	0	0	0	0	0
02075500	冻的其他鹅	20		0	0	0	0	0	0
02076000	鲜、冷、冻的珍珠鸡	20			0	0	0	0	0
02081010	鲜或冷藏的家兔肉或野兔，不包括兔头	20					0	0	
02081020	冻的家兔或野兔，不包括兔头	20					0	0	
02081090	鲜、冷、冻的家兔及野兔食用杂碎	20					0	0	
02083000	鲜、冷、冻的灵长目动物的肉及其食用杂碎	23					0	0	
02084000	鲜、冷、冻的鲸、海豚及鼠海豚；鲜、冷、冻的海牛及儒艮；鲜、冷、冻的海豹、海狮及海象	23					0	0	
02085000	鲜、冷、冻的爬行动物的肉及其食用杂碎	23					0	0	
02086000	鲜、冷、冻的骆驼及其他骆驼科动物	23					0	0	
02089010	鲜、冷、冻的乳鸽肉及其食用杂碎	20					0	0	
02089090	其他鲜、冷、冻的肉及食用杂碎	23					0	0	
02091000	未炼制猪脂肪	20					0	0	
02099000	未炼制家禽脂肪	20					0	0	
02101110	干、熏、盐制的带骨猪腿	25			0	0	0	0	0
02101190	干、熏、盐制的带骨猪腿肉块	25			0	0	0	0	0
02101200	干、熏、盐制的猪腹肉	25			0	0	0	0	0
02101900	干、熏、盐制的其他猪肉	25		0		0	0	0	0
02102000	干、熏、盐制的牛肉	25			0	0	0	0	0
02109100	干、熏、盐制的灵长目动物肉及食用杂碎	25			0	0	0	0	0

税则号列 Tariff Item	商品名称（简称） Article Description	最惠国税率(%) M. F. N.	特惠税率（%）The Special Preferential Tariff Rates						
			亚太2国	东盟			37国	3国	1国
				缅甸 Myanmar	老挝 Laos	柬埔寨 Cambodia			
02109200	鲸、海豚及鼠海豚的；海牛及儒艮的；海豹、海狮及海象的肉及食用杂碎	25			0	0	0	0	0
02109300	干、熏、盐制的爬行动物肉及食用杂碎	25			0	0	0	0	0
02109900	干、熏、盐制的其他肉及食用杂碎	25			0	0	0	0	0
03011100	淡水观赏鱼	17.5					0	0	0
03011900	其他观赏鱼	17.5					0	0	0
03019110	鳟鱼苗	0					0	0	0
03019190	其他活鳟鱼	10.5					0	0	0
03019210	鳗鱼苗	0					0	0	0
03019290	其他活鳗鱼	10		0		0	0	0	0
03019310	鲤科鱼鱼苗	0					0	0	0
03019390	其他鲤科鱼	10.5		0		0	0	0	0
03019410	大西洋及太平洋蓝鳍金枪鱼鱼苗	0					0	0	0
03019491	大西洋蓝鳍金枪鱼	10.5		0		0	0	0	0
03019492	太平洋蓝鳍金枪鱼	10.5		0		0	0	0	0
03019510	南方蓝鳍金枪鱼鱼苗	0					0	0	0
03019590	其他活南方蓝鳍金枪鱼	10.5		0		0	0	0	0
03019911	鲈鱼鱼苗	0					0	0	0
03019912	鲟鱼鱼苗	0					0	0	0
03019919	其他鱼苗	0					0	0	0
03019991	活罗非鱼	10.5		0		0	0	0	0
03019992	活鲀	10.5		0		0	0	0	0
03019993	其他鲤科鱼	10.5		0		0	0	0	0
03019999	其他活鱼	10.5		0		0	0	0	0
03021100	鲜、冷鳟鱼	12					0	0	0
03021300	鲜、冷大麻哈鱼	10					0	0	0
03021410	鲜、冷大西洋鲑鱼	10					0	0	0
03021420	鲜、冷多瑙哲罗鱼	10					0	0	0
03021900	其他鲜、冷鲑鱼	12					0	0	0
03022100	鲜、冷庸鲽鱼	12					0	0	0
03022200	鲜、冷鲽鱼	12					0	0	0
03022300	鲜、冷鳎鱼	12					0	0	0
03022400	鲜、冷大菱鲆	12				0	0	0	0
03022900	其他鲜、冷比目鱼	12				0	0	0	0
03023100	鲜、冷长鳍金枪鱼	12				0	0	0	0
03023200	鲜、冷黄鳍金枪鱼	12					0	0	0
03023300	鲜、冷鲣鱼或狐鲣	12					0	0	0
03023400	鲜、冷大眼金枪鱼	12		0		0	0	0	0
03023510	鲜、冷大西洋蓝鳍金枪鱼	12		0		0	0	0	0
03023520	鲜、冷太平洋蓝鳍金枪鱼	12		0		0	0	0	0
03023600	鲜、冷南方蓝鳍金枪鱼	12		0		0	0	0	0
03023900	其他鲜、冷金枪鱼	12		0		0	0	0	0
03024100	鲜、冷鲱鱼（大西洋鲱鱼、太平洋鲱鱼）	12					0	0	0
03024200	鲜、冷鳀鱼	12		0		0	0	0	0

税则号列 Tariff Item	商品名称（简称） Article Description	最惠国税率（%） M. F. N.	特惠税率（%） The Special Preferential Tariff Rates						
			亚太2国	东盟 缅甸 Myanmar	东盟 老挝 Laos	东盟 柬埔寨 Cambodia	37国	3国	1国
03024300	鲜、冷沙丁鱼（沙丁鱼、沙瑙鱼属）、小沙丁鱼属、黍鲱或西鲱	12					0	0	0
03024400	鲜、冷鲭鱼	12					0	0	0
03024500	鲜、冷对称竹荚鱼、新西兰竹荚鱼及竹荚鱼	12		0		0	0	0	0
03024600	鲜、冷军曹鱼	12		0		0	0	0	0
03024700	鲜、冷剑鱼	12					0	0	0
03024900	鲜、冷印度鲭（羽鳃鲐属）、马鲛鱼（马鲛属）、鲹属、银鲳（鲳属）、秋刀鱼、圆鲹（圆鲹属）、毛鳞鱼、鲔鱼、狐鲣（狐鲣属）、枪鱼、旗鱼、四鳍旗鱼(旗鱼科)	12		0		0	0	0	0
03025100	鲜、冷鳕鱼（大西洋鳕鱼、格陵兰鳕鱼、太平洋鳕鱼）	12					0	0	0
03025200	鲜、冷黑线鳕鱼	12					0	0	0
03025300	鲜、冷绿青鳕鱼	12					0	0	0
03025400	鲜、冷狗鳕鱼	12		0		0	0	0	0
03025500	鲜、冷狭鳕鱼	12		0		0	0	0	0
03025600	鲜、冷蓝鳕鱼	12		0		0	0	0	0
03025900	鲜、冷其他鳕科鱼	12		0		0	0	0	0
03027100	鲜、冷罗非鱼	12		0		0	0	0	0
03027200	鲜、冷鲶鱼	12		0		0	0	0	0
03027300	鲜、冷鲤科鱼	12		0		0	0	0	0
03027400	鲜、冷鳗鱼	12		0			0	0	0
03027900	鲜、冷尼罗河鲈鱼及黑鱼	12		0		0	0	0	0
03028100	鲜、冷角鲨及其他鲨鱼	12					0	0	0
03028200	鲜、冷魟鱼及鳐鱼	12		0		0	0	0	0
03028300	鲜、冷南极犬牙鱼	12		0		0	0	0	0
03028400	鲜、冷尖吻鲈鱼	12		0		0	0	0	0
03028500	鲜、冷菱羊鲷	12		0		0	0	0	0
03028910	鲜、冷带鱼	12					0	0	0
03028920	鲜、冷黄鱼	12					0	0	0
03028930	鲜、冷鲳鱼	12					0	0	0
03028940	鲜、冷鲀	12		0		0	0	0	0
03028990	鲜、冷其他鱼	12		0		0	0	0	0
03029100	鲜、冷鱼肝、鱼卵及鱼精	12				0	0	0	0
03029200	鲜、冷鲨鱼翅	12					0	0	0
03029900	鲜、冷其他鱼鳍、鱼头、鱼尾、鱼鳔及其他可食用鱼杂碎	10					0	0	0
03031100	冻红大麻哈鱼	10				0	0	0	0
03031200	冻其他大麻哈鱼	10				0	0	0	0
03031300	冻大西洋鲑鱼及多瑙哲罗鱼	10					0	0	0
03031400	冻鳟鱼	12					0	0	0
03031900	冻其他鲑科鱼	10					0	0	0
03032300	冻罗非鱼	10	0	0		0	0	0	0
03032400	冻鲶鱼	10	0	0		0	0	0	0
03032500	冻鲤科鱼	10	0	0		0	0	0	0

税则号列 Tariff Item	商品名称（简称） Article Description	最惠国税率（%） M. F. N.	特惠税率（%） The Special Preferential Tariff Rates 亚太2国	东盟 缅甸 Myanmar	东盟 老挝 Laos	东盟 柬埔寨 Cambodia	37国	3国	1国
03032600	冻鳗鱼	12					0	0	0
03032900	冻尼罗河鲈鱼及黑鱼	10	0	0		0	0	0	0
03033110	冻格陵兰庸鲽鱼	10					0	0	0
03033190	冻庸鲽鱼	10					0	0	0
03033200	冻鲽鱼	12					0	0	0
03033300	冻鳎鱼	12					0	0	0
03033400	冻大菱鲆	10					0	0	0
03033900	其他冻比目鱼	10					0	0	0
03034100	冻长鳍金枪鱼	12					0	0	0
03034200	冻黄鳍金枪鱼	12					0	0	0
03034300	冻鲣鱼或狐鲣	12					0	0	0
03034400	冻大眼金枪鱼	12		0		0	0	0	0
03034510	冻大西洋蓝鳍金枪鱼	12		0		0	0	0	0
03034520	冻太平洋蓝鳍金枪鱼	12		0		0	0	0	0
03034600	冻南方蓝鳍金枪鱼	12		0		0	0	0	0
03034900	其他冻金枪鱼	12		0		0	0	0	0
03035100	冻鲱鱼（大西洋鲱鱼、太平洋鲱鱼）	10					0	0	0
03035300	冻沙丁鱼、小沙丁鱼属、黍鲱或西鲱	12					0	0	0
03035400	冻鲭鱼	10					0	0	0
03035500	冻对称竹荚鱼、新西兰竹荚鱼及竹荚鱼	10	0	0		0	0	0	0
03035600	冻军曹鱼	10	0	0		0	0	0	0
03035700	冻剑鱼	10	0				0	0	0
03035900	冻印度鲭（羽鳃鲐属）、马鲛鱼（马鲛属）、鲹属、银鲳（鲳属）、秋刀鱼、圆鲹（圆鲹属）、毛鳞鱼、鲔鱼、狐鲣（狐鲣属）、枪鱼 、旗鱼、四鳍旗鱼（旗鱼科）	10	0	0		0	0	0	0
03036300	冻鳕鱼（大西洋鳕鱼、格陵兰鳕鱼、太平洋鳕鱼）	10					0	0	0
03036400	冻黑线鳕鱼	12					0	0	0
03036500	冻绿青鳕鱼	12					0	0	0
03036600	冻狗鳕鱼	12					0	0	0
03036700	冻狭鳕鱼	10	0	0		0	0	0	0
03036800	冻蓝鳕鱼	10	0	0		0	0	0	0
03036900	其他冻鳕鱼	10	0	0		0	0	0	0
03038100	冻角鲨及其他鲨鱼	12					0	0	0
03038200	冻魟鱼及鳐鱼	10	0	0		0	0	0	0
03038300	冻南极犬牙鱼	10	0	0		0	0	0	0
03038400	冻尖吻鲈鱼	12					0	0	0
03038910	冻带鱼	10	0	0		0	0	0	0
03038920	冻黄鱼	10	0	0		0	0	0	0
03038930	冻鲳鱼	10	0	0		0	0	0	0
03038990	其他冻鱼	10	0	0		0	0	0	0
03039100	冻鱼肝、鱼卵及鱼精	10					0	0	0
03039200	冻鲨鱼翅	12					0	0	0
03039900	冻的其他鱼鳍、鱼头、鱼尾、鱼鳔及其他可食用鱼杂碎	10				0	0	0	0

税则号列 Tariff Item	商品名称（简称） Article Description	最惠国税率（%） M. F. N.	特惠税率（%）The Special Preferential Tariff Rates 亚太2国	东盟 缅甸 Myanmar	东盟 老挝 Laos	东盟 柬埔寨 Cambodia	37国	3国	1国
03043100	鲜、冷罗非鱼片	12		0			0	0	0
03043200	鲜、冷鲶鱼片	12		0			0	0	0
03043300	鲜、冷尼罗河鲈鱼片	12		0			0	0	0
03043900	鲜、冷鲤科鱼、鳗鱼、黑鱼片	12		0			0	0	0
03044100	鲜、冷大麻哈鱼片	12		0			0	0	0
03044200	鲜、冷鳟鱼片	12		0			0	0	0
03044300	鲜、冷比目鱼片	12		0			0	0	0
03044400	鲜、冷犀鳕科等鳕科鱼片	12		0			0	0	0
03044500	鲜、冷剑鱼片	12		0			0	0	0
03044600	鲜、冷南极犬牙鱼片	12		0			0	0	0
03044700	鲜、冷角鲨及其他鲨鱼片	12		0			0	0	0
03044800	鲜、冷魟鱼及鳐鱼片	12		0			0	0	0
03044900	鲜、冷其他鱼片	12		0			0	0	0
03045100	鲜、冷罗非鱼等鱼鱼肉	12		0			0	0	0
03045200	鲜、冷鲑科鱼肉	12		0			0	0	0
03045300	鲜、冷犀鳕科等鳕科鱼肉	12		0			0	0	0
03045400	鲜、冷剑鱼肉	12		0			0	0	0
03045500	鲜、冷南极犬牙鱼肉	12		0			0	0	0
03045600	鲜、冷角鲨及其他鲨鱼肉	12		0			0	0	0
03045700	鲜、冷魟鱼及鳐鱼肉	12		0			0	0	0
03045900	鲜、冷其他鱼肉	12		0			0	0	0
03046100	冻罗非鱼等鱼鱼片	10		0		0	0	0	0
03046211	冻斑点叉尾鮰鱼片	10					0	0	0
03046219	冻其他叉尾鮰鱼片	10					0	0	0
03046290	冻其他鲶鱼片	10		0		0	0	0	0
03046300	冻尼罗河鲈鱼片	10		0		0	0	0	0
03046900	冻鲤科鱼、鳗鱼、黑鱼片	10		0		0	0	0	0
03047100	鳕鱼（大西洋鳕鱼、格陵兰鳕鱼、太平洋鳕鱼）	10		0		0	0	0	0
03047200	冻黑线鳕鱼片	10		0		0	0	0	0
03047300	冻绿青鳕鱼片	10		0		0	0	0	0
03047400	冻狗鳕鱼片	10		0		0	0	0	0
03047500	冻狭鳕鱼片	10		0		0	0	0	0
03047900	冻其他鳕鱼片	10		0		0	0	0	0
03048100	冻大麻哈鱼、大西洋鲑鱼及多瑙哲罗鱼片	10		0		0	0	0	0
03048200	冻鳟鱼片	10		0		0	0	0	0
03048300	冻比目鱼片	10		0		0	0	0	0
03048400	冻剑鱼片	10		0		0	0	0	0
03048500	冻南极犬牙鱼片	10		0		0	0	0	0
03048600	冻鲱鱼片	10		0		0	0	0	0
03048700	冻金枪鱼、鲣鱼或狐鲣（鲣）片	10		0		0	0	0	0
03048800	冻角鲨、其他鲨鱼、魟鱼及鳐鱼片	10		0		0	0	0	0
03048900	冻其他鱼片	10		0		0	0	0	0
03049100	冻的剑鱼肉	10	0	0			0	0	0
03049200	冻的南极犬牙鱼肉	10	0	0			0	0	0
03049300	冻罗非鱼等鱼鱼肉	10	0	0			0	0	0

税则号列 Tariff Item	商品名称（简称） Article Description	最惠国税率（%） M. F. N.	特惠税率（%）The Special Preferential Tariff Rates						
			亚太2国	东盟			37国	3国	1国
				缅甸 Myanmar	老挝 Laos	柬埔寨 Cambodia			
03049400	冻狭鳕鱼肉	10	0	0			0	0	0
03049500	冻犀鳕科等鳕科鱼肉	10	0	0			0	0	0
03049600	冻角鲨及其他鲨鱼肉	10	0	0			0	0	0
03049700	冻魟鱼及鳐鱼肉	10	0	0			0	0	0
03049900	其他冻鱼肉	10	0	0			0	0	0
03051000	供人食用的鱼粉及团粒	10					0	0	0
03052000	干、熏、盐制的鱼肝及鱼卵	10					0	0	0
03053100	干、盐腌罗非鱼等鱼的鱼片	10	0	0			0	0	0
03053200	干、盐腌犀鳕科等鳕科的鱼片	10	0	0			0	0	0
03053900	干、盐腌其他鱼片	10	0	0			0	0	0
03054110	熏大西洋鲑鱼，食用杂碎除外	14					0	0	
03054120	熏鲱鱼，食用杂碎除外	14					0	0	
03054200	熏鲱鱼，食用杂碎除外	16					0	0	
03054300	熏鳟鱼，食用杂碎除外	14	0	0			0	0	0
03054400	熏罗非鱼等鱼，食用杂碎除外	14	0	0			0	0	0
03054900	熏其他鱼，食用杂碎除外	14	0	0			0	0	0
03055100	干鳕鱼（大西洋鳕鱼、格陵兰鳕鱼、太平洋鳕鱼）	16					0	0	
03055200	干罗非鱼、鲶鱼、鲤科鱼、鳗鱼、尼罗河鲈鱼（尼罗尖吻鲈）及黑鱼	16	0	0			0	0	0
03055300	干犀鳕科、多丝真鳕科、鳕科、长尾鳕科、黑鳕科、无须鳕科、深海鳕科及南极鳕科鱼，鳕鱼（大西洋鳕鱼、格陵兰鳕鱼、太平洋鳕鱼）除外	16	0	0			0	0	0
03055400	干鲱鱼（大西洋鲱鱼、太平洋鲱鱼）、鳀鱼（鳀属）、沙丁鱼（沙丁鱼、沙瑙鱼属）、小沙丁鱼属、黍鲱或西鲱、鲭鱼［大西洋鲭、澳洲鲭（鲐）、日本鲭（鲐）］、印度鲭（羽鳃鲐属）、马鲛鱼（马鲛属）、对称竹荚鱼、新西兰竹荚鱼及竹荚鱼（竹荚鱼属）、鲹鱼（鲹属）、军曹鱼、银鲳（鲳属）、秋刀鱼、圆鲹（圆鲹属）、多春鱼（毛鳞鱼）、剑鱼、鲔鱼、狐鲣（狐鲣属）、枪鱼、旗鱼、四鳍旗鱼（旗鱼科）	16	0	0			0	0	0
03055910	干海马、干海龙	2	0	0		0	0	0	0
03055990	干其他鱼，食用杂碎除外	16	0	0			0	0	0
03056100	盐腌及盐渍的鲱鱼，食用杂碎除外	16					0	0	
03056200	鳕鱼（大西洋鳕鱼、格陵兰鳕鱼、太平洋鳕鱼）	16					0	0	0
03056300	盐腌及盐渍的鳀鱼，食用杂碎除外	16					0	0	
03056400	盐腌及盐渍的罗非鱼等鱼，食用杂碎除外	16	0	0			0	0	0
03056910	盐腌及盐渍的带鱼，食用杂碎除外	16	0	0			0	0	0
03056920	盐腌及盐渍的黄鱼，食用杂碎除外	16	0	0			0	0	0
03056930	盐腌及盐渍的鲳鱼，食用杂碎除外	16	0	0			0	0	0
03056990	盐腌及盐渍的其他鱼，食用杂碎除外	16	0	0			0	0	0
03057100	鲨鱼翅	15	0	0		0	0	0	0
03057200	鱼头、鱼尾、鱼鳔	16					0	0	
03057900	其他可食用杂碎	16					0	0	
03061100	岩礁虾和其他龙虾（真龙虾属、龙虾属、岩龙虾属）	10		0		0	0	0	0
03061200	螯龙虾（螯龙虾属）	10				0	0	0	0

税则号列 Tariff Item	商 品 名 称（简称） Article Description	最惠国税率（%） M. F. N.	特惠税率（%）The Special Preferential Tariff Rates						
			亚太2国	东盟 缅甸 Myanmar	东盟 老挝 Laos	东盟 柬埔寨 Cambodia	37 国	3 国	1 国
03061410	冻梭子蟹	10	0	0		0	0	0	0
03061490	其他冻蟹	10	0	0		0	0	0	0
03061500	冻挪威海螯虾	16				0	0	0	0
03061611	冻冷水小虾虾仁	8		0		0	0	0	0
03061612	冻北方长额虾虾仁	5		0		0	0	0	0
03061619	冻其他冷水小虾	5		0		0	0	0	0
03061621	冻冷水对虾虾仁	8		0		0	0	0	0
03061629	冻其他冷水对虾	5		0		0	0	0	0
03061711	冻小虾虾仁	8		0		0	0	0	0
03061719	冻其他小虾	5		0		0	0	0	0
03061721	冻对虾虾仁	8		0		0	0	0	0
03061729	冻其他对虾	5		0		0	0	0	0
03061911	冻淡水小龙虾仁	16				0	0	0	0
03061919	冻带壳淡水小龙虾	16				0	0	0	0
03061990	其他冻甲壳动物	16				0	0	0	0
03063110	活、鲜、冷的岩礁虾和其他龙虾（真龙虾属、龙虾属、岩龙虾属）种苗	0					0	0	0
03063190	活、鲜、冷的其他岩礁虾和其他龙虾（真龙虾属、龙虾属、岩龙虾属）	15		0		0	0	0	0
03063210	活、鲜、冷的螯龙虾（螯龙虾属）种苗	0					0	0	0
03063290	活、鲜、冷的其他螯龙虾（螯龙虾属）	15		0		0	0	0	0
03063310	活、鲜、冷的蟹种苗	0					0	0	0
03063391	活、鲜、冷的中华绒毛蟹（大闸蟹）	14				0	0	0	0
03063392	活、鲜、冷的梭子蟹	14				0	0	0	0
03063399	活、鲜、冷的其他蟹	14				0	0	0	0
03063410	活、鲜、冷的挪威海螯虾种苗	0					0	0	0
03063490	活、鲜、冷的其他挪威海螯虾	14		0		0	0	0	0
03063510	活、鲜、冷的冷水小虾及对虾种苗	0					0	0	0
03063520	活、鲜、冷的冷水对虾	15		0		0	0	0	0
03063590	活、鲜、冷的其他冷水小虾及对虾	12		0		0	0	0	0
03063610	活、鲜、冷的其他小虾及对虾种苗	0					0	0	0
03063620	活、鲜、冷的对虾	15		0		0	0	0	0
03063690	活、鲜、冷的其他小虾及对虾	12		0		0	0	0	0
03063910	活、鲜、冷的其他食用甲壳动物种苗	0					0	0	0
03063990	其他带壳或去壳的活、鲜、冷的甲壳动物	14		0		0	0	0	0
03069100	其他的岩礁虾和其他龙虾（真龙虾属、龙虾属、岩龙虾属）	15		0		0	0	0	0
03069200	其他螯龙虾	15		0		0	0	0	0
03069310	其他中华绒螯蟹	14				0	0	0	0
03069320	其他梭子蟹	14				0	0	0	0
03069390	其他蟹	14				0	0	0	0
03069400	其他挪威海螯虾	14		0		0	0	0	0
03069510	其他冷水小虾及对虾	12		0		0	0	0	0
03069590	其他小虾及对虾	12		0		0	0	0	0

税则号列 Tariff Item	商品名称（简称） Article Description	最惠国税率(%) M. F. N.	特惠税率（%）The Special Preferential Tariff Rates						
			亚太2国	东盟			37国	3国	1国
				缅甸 Myanmar	老挝 Laos	柬埔寨 Cambodia			
03069900	其他，包括适合供人食用的甲壳动物的细粉、粗粉及团粒	14		0		0	0	0	0
03071110	活、鲜或冷的牡蛎（蚝）种苗	0					0	0	0
03071190	活、鲜或冷的其他牡蛎（蚝）	14		0			0	0	0
03071200	冻牡蛎（蚝）	14		0			0	0	0
03071900	其他牡蛎（蚝）	14		0			0	0	0
03072110	扇贝（包括海扇）种苗	0					0	0	0
03072190	其他活、鲜、冷的扇贝	14		0			0	0	0
03072200	冻扇贝	14		0			0	0	0
03072900	其他扇贝	14		0			0	0	0
03073110	贻贝种苗	0					0	0	0
03073190	其他活、鲜、冷贻贝	14		0		0	0	0	0
03073200	冻贻贝	14		0		0	0	0	0
03073900	其他干、盐制的贻贝	14		0		0	0	0	0
03074210	活、鲜或冷的墨鱼及鱿鱼种苗	0					0	0	0
03074291	活、鲜或冷的墨鱼（乌贼属、巨粒僧头乌贼、耳乌贼属）及鱿鱼（柔鱼属、枪乌贼属、双柔鱼属、拟乌贼属）	12		0		0	0	0	0
03074299	其他活、鲜或冷的墨鱼及鱿鱼	14		0		0	0	0	0
03074310	冻墨鱼（乌贼属、巨粒僧头乌贼、耳乌贼属）及鱿鱼(柔鱼属、枪乌贼属、双柔鱼属、拟乌贼属）	12		0		0	0	0	0
03074390	其他冻墨鱼及鱿鱼	10		0		0	0	0	0
03074910	其他墨鱼（乌贼属、巨粒僧头乌贼、耳乌贼属）及鱿鱼（柔鱼属、枪乌贼属、双柔鱼属、拟乌贼属）	12		0		0	0	0	0
03074990	其他墨鱼及鱿鱼	10		0		0	0	0	0
03075100	活、鲜、冷的章鱼	17					0	0	
03075200	冻章鱼	17					0	0	0
03075900	其他干、盐制的章鱼	17					0	0	0
03076010	蜗牛及螺的种苗，海螺种苗除外	0					0	0	0
03076090	其他蜗牛及螺，海螺除外	14				0	0	0	0
03077110	活、鲜或冷的蛤、鸟蛤及舟贝种苗	0					0	0	0
03077191	活、鲜或冷的蛤	14					0	0	
03077199	活、鲜或冷的鸟蛤及舟贝	14		0		0	0	0	0
03077200	冻的蛤、鸟蛤及舟贝	10					0	0	0
03077900	干、盐腌或盐渍的蛤、鸟蛤及舟贝	10		0		0	0	0	0
03078110	活、鲜或冷的鲍鱼种苗	0					0	0	0
03078190	活、鲜或冷的其他鲍鱼	14		0		0	0	0	0
03078210	活、鲜或冷的凤螺种苗	0					0	0	0
03078290	活、鲜或冷的其他凤螺	14		0		0	0	0	0
03078300	冻鲍鱼	10		0		0	0	0	0
03078400	冻凤螺	10		0		0	0	0	0
03078700	干、盐腌或盐渍的鲍鱼	10		0		0	0	0	0
03078800	干、盐腌或盐渍的凤螺	10		0		0	0	0	0
03079110	活、鲜或冷的其他软体动物种苗	0					0	0	0
03079190	活、鲜或冷的其他软体动物	14		0		0	0	0	0

税则号列 Tariff Item	商品名称（简称） Article Description	最惠国税率（%） M. F. N.	特惠税率（%） The Special Preferential Tariff Rates						
			亚太2国	东盟			37国	3国	1国
				缅甸 Myanmar	老挝 Laos	柬埔寨 Cambodia			
03079200	冻的软体动物	10		0		0	0	0	0
03079900	干、盐腌或盐渍的软体动物	10		0		0	0	0	0
03081110	活、鲜或冷的海参种苗	0					0	0	0
03081190	活、鲜或冷的其他海参	14		0		0	0	0	0
03081200	冻海参	10		0		0	0	0	0
03081900	干、盐腌或盐渍的海参	10		0		0	0	0	0
03082110	活、鲜或冷的海胆种苗	0					0	0	0
03082190	活、鲜或冷的其他海胆	14		0		0	0	0	0
03082200	冻海胆	10		0		0	0	0	0
03082900	干、盐腌或盐渍的海胆	10		0		0	0	0	0
03083011	活、鲜或冷的海蜇种苗	0					0	0	0
03083019	活、鲜或冷的其他海蜇	14		0		0	0	0	0
03083090	冻、干、盐腌或盐渍的海蜇	10		0		0	0	0	0
03089011	活、鲜或冷的其他水生无脊椎动物种苗	0					0	0	0
03089012	活、鲜或冷的其他沙蚕	14		0		0	0	0	0
03089019	活、鲜或冷的其他水生无脊椎动物	14		0		0	0	0	0
03089090	冻、干、盐腌或盐渍的其他水生无脊椎动物	10		0		0	0	0	0
04011000	脂肪含量未超1%未浓缩及未加糖的乳及奶油	15					0	0	0
04012000	脂肪含量在1%～6%未浓缩及未加糖的乳及奶油	15					0	0	0
04014000	按重量计脂肪含量超过6%，但不超过10%的未浓缩及未加糖或其他甜物质的乳及奶油	15					0	0	0
04015000	按重量计脂肪含量超过10%的未浓缩及未加糖或其他甜物质的乳及奶油	15					0	0	0
04021000	脂肪含量≤1.5%固状乳及奶油	10					0	0	0
04022100	脂肪量>1.5%未加糖固状乳及奶油	10					0	0	0
04022900	脂肪量>1.5%的加糖固状乳及奶油	10					0	0	0
04029100	浓缩但未加糖的非固状乳及奶油	10					0	0	0
04029900	浓缩并已加糖的非固状乳及奶油	10					0	0	0
04031000	酸乳	10					0	0	0
04039000	酪乳及其他发酵或酸化的乳及奶油	20					0	0	
04041000	乳清及改性乳清	6					0	0	
04049000	其他编号未列名的含天然乳的产品	20					0	0	
04051000	黄油	10					0	0	0
04052000	乳酱	10					0	0	0
04059000	其他从乳中提取的脂和油	10					0	0	0
04061000	鲜乳酪（未熟化或未固化的）	12					0	0	0
04062000	各种磨碎或粉化的乳酪	12					0		
04063000	经加工的乳酪，但磨碎或粉化的除外	12					0	0	
04064000	蓝纹乳酪和娄地青霉生产的带有纹理的其他乳酪	15					0	0	
04069000	其他乳酪	12					0	0	0
04071100	种用鸡蛋	0					0	0	0
04071900	种用其他禽蛋	0					0	0	0
04072100	鲜鸡蛋	20		0		0	0	0	0
04072900	其他鲜禽蛋	20		0		0	0	0	0
04079010	咸蛋	20		0			0	0	0

税则号列 Tariff Item	商品名称(简称) Article Description	最惠国税率(%) M. F. N.	特惠税率(%) The Special Preferential Tariff Rates						
			亚太2国	东盟 缅甸 Myanmar	东盟 老挝 Laos	东盟 柬埔寨 Cambodia	37国	3国	1国
04079020	皮蛋	20					0	0	
04079090	其他蛋	20					0	0	
04081100	干蛋黄	20					0	0	
04081900	其他蛋黄	20					0	0	
04089100	干的其他去壳禽蛋	20					0	0	
04089900	其他去壳禽蛋	20					0	0	
04090000	天然蜂蜜	15			0	0	0	0	0
04100010	燕窝	25		0		0	0	0	0
04100041	鲜蜂王浆	15					0	0	
04100042	鲜蜂王浆粉	15					0	0	
04100043	蜂花粉	20					0	0	
04100049	其他蜂产品	20					0	0	
04100090	其他编号未列名的食用动物产品	20		0			0	0	0
05010000	未经加工的人发、废人发	15					0	0	
05021010	猪鬃	20					0	0	
05021020	猪毛	20					0	0	
05021030	猪鬃或猪毛的废料	20					0	0	
05029011	山羊毛	20					0	0	
05029012	黄鼠狼尾毛	20					0	0	
05029019	獾毛及其他制刷用兽毛	20					0	0	
05029020	獾毛及其他制刷用兽毛的废料	20					0	0	
05040011	整个或切块的盐渍猪肠衣(猪大肠头除外)	20					0	0	
05040012	整个或切块的盐渍绵羊肠衣	18					0	0	
05040013	整个或切块的盐渍山羊肠衣	18					0	0	
05040014	整个或切块的盐渍猪大肠头	20					0	0	
05040019	整个或切块的其他动物肠衣	18					0	0	
05040021	冷和冻的鸡肫	1.3元/千克					0	0	
05040029	鲜、冷、冻、干、盐制的其他动物胃	20					0	0	0
05040090	鲜、冷、冻、干、盐制的其他动物肠、膀胱、胃	20					0	0	
05051000	填充用羽毛、羽绒	10					0	0	0
05059010	羽毛或不完整羽毛的粉末及废料	10					0	0	0
05059090	其他羽毛、羽绒,带有羽毛、羽绒的鸟皮及鸟体其他部分	10					0	0	0
05061000	经酸处理的骨胶原及骨	12			0		0	0	0
05069011	含牛羊成分的骨粉及骨废料	12			0		0	0	0
05069019	骨粉及骨废料	12			0		0	0	0
05069090	其他骨及角柱	12			0		0	0	0
05071000	兽牙、兽牙粉末及废料	10					0	0	0
05079010	羚羊角及其粉末和废料	3					0	0	0
05079020	鹿茸及其粉末	11					0	0	0
05079090	龟壳、鲸须、鲸须毛、鹿角及其他角	10					0	0	0
05080010	珊瑚及水产品壳、骨的粉末及废料	12					0	0	0
05080090	珊瑚及介、贝、棘皮动物的壳、骨	12					0	0	0
05100010	黄药	3					0	0	0

税则号列 Tariff Item	商 品 名 称（简称） Article Description	最惠国税率（%）M. F. N.	特惠税率（%）The Special Preferential Tariff Rates						
			亚太2国	东盟			37国	3国	1国
				缅甸 Myanmar	老挝 Laos	柬埔寨 Cambodia			
05100020	龙涎香、海狸香、灵猫香	7					0	0	
05100030	麝香	7					0	0	
05100040	斑蝥	7					0	0	0
05100090	胆汁，配药用腺体及其他动物产品	6					0	0	0
05111000	牛的精液	0					0	0	0
05119111	受精鱼卵	12					0	0	0
05119119	其他鱼产品	12					0	0	0
05119190	其他未列名水产品；第三章的死动物	12					0	0	0
05119910	动物精液（牛的精液除外）	0					0	0	0
05119920	动物胚胎	0					0	0	0
05119930	蚕种	0					0	0	0
05119940	马毛及废马毛，不论是否制成有或无衬垫的毛片	15					0	0	
05119990	其他编号未列名的动物产品；不适合供人食用的第一章的死动物	12					0	0	0
06011010	休眠的番红花球茎	4			0		0	0	0
06011021	种用百合球茎	0					0	0	0
06011029	其他百合球茎	5			0		0	0	0
06011091	种用休眠的鳞茎、块茎、块根等	0					0	0	0
06011099	其他休眠的鳞茎、块茎、块根等	5			0		0	0	0
06012000	生长或开花的鳞茎等及菊苣植物	15					0	0	
06021000	无根插枝及接穗	0					0	0	0
06022010	食用水果及坚果树的种用苗木	0					0	0	0
06022090	其他食用水果及坚果树及灌木	10					0	0	0
06023010	种用杜鹃	0					0	0	0
06023090	其他杜鹃	15					0	0	
06024010	种用玫瑰	0					0	0	0
06024090	其他玫瑰	15					0	0	
06029010	蘑菇菌丝	0					0	0	0
06029091	其他种用苗木	0					0	0	0
06029092	兰花	10					0	0	0
06029093	菊花	10					0	0	0
06029094	百合	10					0	0	0
06029095	康乃馨	10					0	0	0
06029099	其他非种用活植物	10					0	0	0
06031100	鲜玫瑰	10			0		0	0	0
06031200	鲜康乃馨	10			0		0	0	0
06031300	鲜兰花	10			0		0	0	0
06031400	鲜菊花	10			0		0	0	0
06031500	鲜百合花	10			0		0	0	0
06031900	其他鲜花	10			0		0	0	0
06039000	干的及经过染色等加工的插花及花蕾	23			0		0	0	0
06042010	鲜苔藓及地衣	23					0	0	
06042090	鲜植物枝、叶等	10					0	0	0
06049010	其他苔藓及地衣	23					0	0	
06049090	其他植物枝、叶等	10					0	0	0

税则号列 Tariff Item	商品名称（简称） Article Description	最惠国税率（%） M. F. N.	特惠税率（%）The Special Preferential Tariff Rates 亚太2国	东盟 缅甸 Myanmar	 老挝 Laos	 柬埔寨 Cambodia	37国	3国	1国
07011000	种用马铃薯	13					0	0	0
07019000	其他鲜或冷的马铃薯	13				0	0	0	0
07020000	鲜或冷藏的番茄	13					0	0	0
07031010	鲜或冷的洋葱	13		0		0	0	0	0
07031020	鲜或冷的青葱	13		0		0	0	0	0
07032010	鲜或冷藏的大蒜头	13					0	0	
07032020	鲜或冷藏的大蒜薹及蒜苗（青蒜）	13					0	0	
07032090	其他鲜或冷藏的大蒜	13					0	0	
07039010	鲜或冷的韭葱	13				0	0	0	0
07039020	鲜或冷的大葱	13				0	0	0	0
07039090	鲜或冷的其他葱属蔬菜	13				0	0	0	0
07041000	鲜或冷的菜花及硬花甘蓝	10					0	0	0
07042000	鲜或冷的抱子甘蓝	13					0	0	
07049010	卷心菜	13			0		0	0	0
07049020	西兰花	13			0		0	0	0
07049090	鲜或冷的其他食用芥菜类蔬菜	13			0		0	0	0
07051100	鲜或冷的结球莴苣（包心生菜）	10					0	0	0
07051900	鲜或冷的其他莴苣	10					0	0	0
07052100	鲜或冷的维特罗夫菊苣	13					0	0	
07052900	鲜或冷的其他菊苣	13					0	0	
07061000	鲜或冷的胡萝卜及萝卜	13					0	0	
07069000	鲜或冷的小萝卜及类似食用根茎	13					0	0	
07070000	鲜或冷的黄瓜及小黄瓜	13				0	0	0	0
07081000	鲜或冷的豌豆	13				0	0	0	0
07082000	鲜或冷的豇豆及菜豆	13			0	0	0	0	0
07089000	鲜或冷的其他豆类蔬菜	13				0	0	0	0
07092000	鲜或冷的芦笋	13					0	0	0
07093000	鲜或冷的茄子	13					0	0	0
07094000	鲜或冷的芹菜，但块根芹除外	10					0	0	0
07095100	鲜或冷的其他伞菌属蘑菇	13				0	0	0	0
07095910	鲜或冷的松茸	13				0	0	0	0
07095920	鲜或冷的香菇	13				0	0	0	0
07095930	鲜或冷的金针菇	13				0	0	0	0
07095940	鲜或冷的草菇	13				0	0	0	0
07095950	鲜或冷的口蘑	13				0	0	0	0
07095960	鲜或冷的块菌	13					0	0	
07095990	鲜或冷的其他蘑菇	13				0	0	0	0
07096000	鲜或冷的辣椒，包括甜椒	13				0	0	0	0
07097000	鲜或冷的菠菜	13					0	0	0
07099100	鲜或冷藏的洋蓟	13				0	0	0	0
07099200	鲜或冷藏的油橄榄	13				0	0	0	0
07099300	鲜或冷藏的南瓜、笋瓜及瓠瓜	13				0	0	0	0
07099910	鲜或冷藏的竹笋	13			0	0	0	0	0
07099990	鲜或冷藏的其他蔬菜	13				0	0	0	0
07101000	冷冻马铃薯	13					0	0	

税则号列 Tariff Item	商品名称（简称） Article Description	最惠国税率（%） M. F. N.	特惠税率（%） The Special Preferential Tariff Rates 亚太2国	东盟 缅甸 Myanmar	东盟 老挝 Laos	东盟 柬埔寨 Cambodia	37国	3国	1国
07102100	冷冻豌豆	13					0	0	
07102210	红小豆（赤豆）	13				0	0	0	0
07102290	其他冷冻豇豆及菜豆	13				0	0	0	0
07102900	冷冻其他豆类蔬菜	13				0	0	0	0
07103000	冷冻菠菜	13					0	0	
07104000	冷冻甜玉米	10					0	0	0
07108010	冷冻松茸	13				0	0	0	0
07108020	冻其他蒜薹及蒜苗（青蒜）	13				0	0	0	0
07108030	冻蒜头	13				0	0	0	0
07108040	冻牛肝菌	13				0	0	0	0
07108090	冷冻未列名蔬菜	13				0	0	0	0
07109000	冷冻什锦蔬菜	10				0	0	0	0
07112000	暂时保藏的油橄榄	13					0	0	
07114000	暂时保藏的黄瓜及小黄瓜	13					0	0	
07115112	盐水小白蘑菇	13					0	0	
07115119	盐水的其他伞菌属蘑菇	13					0	0	
07115190	其他伞菌属蘑菇	13					0	0	
07115911	盐水松茸	13					0	0	
07115919	盐水其他蘑菇及菌块	13					0	0	
07115990	暂时保藏的其他蘑菇及菌块	13					0	0	
07119031	盐水竹笋	13					0	0	
07119034	盐水大蒜	13					0	0	
07119039	盐水其他蔬菜；什锦蔬菜	13					0	0	
07119090	暂时保藏的其他蔬菜；什锦蔬菜	13					0	0	
07122000	干制洋葱	13					0	0	0
07123100	干伞菌属蘑菇	13					0	0	0
07123200	干木耳	13					0	0	
07123300	干银耳	13					0	0	
07123910	干香菇	13					0	0	
07123920	干金针菇	13					0	0	
07123950	干牛肝菌	13					0	0	
07123991	干羊肚菌	13					0	0	
07123999	其他干制蘑菇及块菌	13					0	0	
07129010	笋干丝	13					0	0	0
07129020	紫萁（薇菜干）	13					0	0	
07129030	干金针菜（黄花菜）	13					0	0	
07129040	蕨菜干	13					0	0	
07129050	干制的大蒜	13					0	0	
07129091	干制的辣根	13					0	0	0
07129099	干制的其他蔬菜及什锦蔬菜	13					0	0	0
07131010	种用豌豆	0					0	0	0
07131090	其他干豌豆	5					0	0	0
07132010	种用鹰嘴豆	0					0	0	0
07132090	其他干鹰嘴豆	7					0	0	0
07133110	种用绿豆	0					0	0	0

税则号列 Tariff Item	商品名称（简称） Article Description	最惠国税率（%） M. F. N.	特惠税率（%）The Special Preferential Tariff Rates						
			亚太2国	东盟			37国	3国	1国
				缅甸 Myanmar	老挝 Laos	柬埔寨 Cambodia			
07133190	其他干绿豆	3		0		0	0	0	0
07133210	种用红小豆（赤豆）	0					0	0	0
07133290	其他红小豆（赤豆）	3				0	0	0	0
07133310	种用芸豆	0					0	0	0
07133390	其他干芸豆	7.5				0	0	0	0
07133400	干巴姆巴拉豆	7				0	0	0	0
07133500	干牛豆	7				0	0	0	0
07133900	干豇豆及菜豆	7				0	0	0	0
07134010	种用扁豆	0					0	0	0
07134090	其他干扁豆	7					0	0	0
07135010	种用蚕豆	0					0	0	0
07135090	其他干蚕豆	7					0	0	0
07136010	种用干木豆	0					0	0	0
07136090	其他干木豆	7					0	0	0
07139010	种用干豆	0					0	0	0
07139090	其他干豆	7					0	0	0
07141010	鲜木薯	10			0	0	0	0	0
07141020	干木薯	5			0	0	0	0	0
07141030	冷或冻的木薯	10			0	0	0	0	0
07142011	种用鲜甘薯	0			0	0	0	0	0
07142019	其他鲜甘薯	13			0	0	0	0	0
07142020	干甘薯	13			0	0	0	0	0
07142030	冷或冻的甘薯	13			0	0	0	0	0
07143000	山药	13			0	0	0	0	0
07144000	芋头	13					0	0	
07145000	箭叶黄体芋	13			0	0	0	0	0
07149010	鲜、干或冷、冻的荸荠	13			0	0	0	0	0
07149021	种用藕	0					0	0	0
07149029	其他藕	13			0	0	0	0	0
07149090	含有高淀粉或菊粉的其他类似根茎	13			0	0	0	0	0
08011100	干的椰子	12				0	0	0	0
08011200	未去内壳的鲜椰子	12				0	0	0	0
08011910	种用椰子	0					0	0	0
08011990	其他鲜椰子	12				0	0	0	0
08012100	鲜或干的未去壳巴西果	10					0	0	0
08012200	鲜或干的去壳巴西果	10					0	0	0
08013100	鲜或干的未去壳腰果	20				0	0	0	0
08013200	鲜或干的去壳腰果	10		0		0	0	0	0
08021100	鲜或干的扁桃核	24					0	0	
08021200	鲜或干的扁桃仁	10					0	0	0
08022100	鲜或干的未去壳榛子	25					0	0	
08022200	鲜或干的去壳榛子	10					0	0	0
08023100	鲜或干的未去壳核桃	25					0	0	
08023200	鲜或干的去壳核桃	20					0	0	
08024110	未去壳板栗	25					0	0	

税则号列 Tariff Item	商品名称（简称） Article Description	最惠国税率（%） M. F. N.	特惠税率（%）The Special Preferential Tariff Rates						
			亚太2国	东盟 缅甸 Myanmar	东盟 老挝 Laos	东盟 柬埔寨 Cambodia	37国	3国	1国
08024190	未去壳其他栗子	25					0	0	
08024210	去壳板栗	25					0	0	
08024290	去壳其他栗子	25					0	0	
08025100	未去壳阿月浑子果	10					0	0	
08025200	去壳阿月浑子果	10					0	0	
08026110	未去壳种用马卡达姆坚果	0					0	0	0
08026190	未去壳其他马卡达姆坚果	24					0	0	
08026200	去壳马卡达姆坚果	24					0	0	
08027000	可乐果	24					0	0	
08028000	槟榔果	10					0	0	0
08029020	鲜或干的白果	25					0	0	
08029030	鲜或干的松子仁	25					0	0	
08029090	其他鲜或干坚果	24					0	0	
08031000	鲜或干的芭蕉	10			0	0	0	0	0
08039000	鲜或干的其他香蕉	10			0	0	0	0	0
08041000	鲜或干的椰枣	15					0	0	
08042000	鲜或干的无花果	30					0	0	
08043000	鲜或干菠萝	12				0	0	0	0
08044000	鲜或干鳄梨	25				0	0	0	0
08045010	鲜或干番石榴	15					0	0	
08045020	鲜或干芒果	15					0	0	0
08045030	鲜或干山竹果	15					0	0	
08051000	鲜或干橙	11					0	0	0
08052110	鲜或干蕉柑	12					0	0	
08052190	鲜或干其他柑橘	12					0	0	
08052200	鲜或干克里曼丁橘	12					0	0	
08052900	其他鲜或干的韦尔金橘及杂交柑橘	12					0	0	
08054000	鲜或干的葡萄柚，包括柚	12					0	0	0
08055000	鲜或干的柠檬及酸橙	11					0	0	0
08059000	其他鲜或干的柑橘属水果	30					0	0	
08061000	鲜葡萄	13					0	0	
08062000	葡萄干	10					0	0	
08071100	鲜西瓜	25					0		
08071910	鲜哈密瓜	12					0	0	0
08071920	鲜罗马甜瓜及加勒比甜瓜	12					0	0	0
08071990	其他鲜甜瓜	12					0	0	0
08072000	鲜木瓜	25				0	0	0	0
08081000	鲜苹果	10					0	0	0
08083010	鲜鸭梨及雪梨	12					0	0	
08083020	鲜香梨	12					0	0	
08083090	其他鲜梨	10					0	0	
08084000	鲜榅桲	16					0	0	
08091000	鲜杏	25					0	0	
08092100	鲜欧洲酸樱桃	10					0	0	0
08092900	其他鲜樱桃	10					0	0	0

税则号列 Tariff Item	商品名称（简称） Article Description	最惠国税率（%） M. F. N.	特惠税率（%） The Special Preferential Tariff Rates						
			亚太2国	东盟			37国	3国	1国
				缅甸 Myanmar	老挝 Laos	柬埔寨 Cambodia			
08093000	鲜桃，包括鲜油桃	10					0	0	0
08094000	鲜梅及李	10					0	0	
08101000	鲜草莓	14					0	0	0
08102000	鲜的木莓、黑莓、桑葚及罗甘莓	25					0	0	
08103000	鲜黑、白或红的穗醋栗（加仑子）及醋栗	25					0	0	
08104000	鲜蔓越橘及越橘	30					0		
08105000	鲜猕猴桃	20					0	0	
08106000	鲜榴莲	20				0	0	0	0
08107000	鲜柿子	20					0	0	
08109010	鲜荔枝	30					0	0	
08109030	鲜龙眼	12				0	0	0	0
08109040	鲜红毛丹	20					0	0	
08109050	鲜蕃荔枝	20					0	0	
08109060	鲜杨桃	20					0	0	
08109070	莲雾	20					0	0	
08109080	火龙果	20					0	0	
08109090	其他鲜果	20					0	0	
08111000	冷冻草莓	30					0	0	
08112000	冷冻其他浆果	30					0	0	
08119010	未去壳的冷冻栗子	30					0	0	
08119090	其他冷冻水果及坚果	30					0		
08121000	暂时保藏的樱桃	30					0		
08129000	暂时保藏的其他水果及坚果	25					0	0	
08131000	杏干	25					0	0	
08132000	梅干及李干	25					0	0	
08133000	苹果干	25					0	0	
08134010	龙眼干、肉	20				0	0	0	0
08134020	柿饼	25				0	0	0	0
08134030	干红枣	25				0	0	0	0
08134040	荔枝干	25				0	0	0	0
08134090	其他干果	25				0	0	0	0
08135000	第八章的什锦坚果或干果	18					0	0	
08140000	柑橘属水果或甜瓜的果皮	25					0	0	
09011100	未浸除咖啡碱的未焙炒咖啡	8			0	0	0	0	0
09011200	已浸除咖啡碱的未焙炒咖啡	8			0	0	0	0	0
09012100	未浸除咖啡碱的已焙炒咖啡	15			0	0	0	0	0
09012200	已浸除咖啡碱的已焙炒咖啡	15			0	0	0	0	0
09019010	咖啡豆荚及咖啡豆皮	10			0	0	0	0	0
09019020	含咖啡的咖啡代用品	30			0	0	0	0	0
09021010	每件净重≤3 千克的花茶	15					0	0	
09021090	每件净重≤3 千克的其他绿茶	15					0	0	0
09022010	每件净重＞3 千克的花茶	15					0	0	
09022090	每件净重＞3 千克的其他绿茶	15					0	0	0
09023010	每件净重≤3 千克的乌龙茶	15					0	0	
09023020	每件净重≤3 千克的普洱茶	15					0	0	

税则号列 Tariff Item	商品名称（简称） Article Description	最惠国税率（%） M. F. N.	特惠税率（%）The Special Preferential Tariff Rates						
			亚太2国	东盟			37国	3国	1国
				缅甸 Myanmar	老挝 Laos	柬埔寨 Cambodia			
09023090	每件净重≤3千克的其他发酵、半发酵红茶	15					0	0	0
09024010	每件净重>3千克的乌龙茶	15		0	0	0	0	0	0
09024020	每件净重>3千克的普洱茶	15		0	0	0	0	0	0
09024090	每件净重>3千克的其他红茶（已发酵）及半发酵茶	15		0	0	0	0	0	0
09030000	马黛茶	10					0	0	0
09041100	未磨胡椒	20					0	0	
09041200	已磨胡椒	20					0	0	
09042100	未磨干辣椒	20					0	0	
09042200	已磨辣椒	20					0	0	
09051000	未磨香子兰豆	15					0	0	0
09052000	已磨香子兰豆	15					0	0	0
09061100	未磨锡兰肉桂	5					0	0	0
09061900	其他未磨的肉桂及肉桂花	5					0	0	0
09062000	已磨肉桂及肉桂花	15					0	0	
09071000	未磨丁香	3				0	0	0	0
09072000	已磨丁香	3				0	0	0	0
09081100	未磨肉豆蔻	8			0	0	0	0	0
09081200	已磨肉豆蔻	8			0	0	0	0	0
09082100	未磨肉豆蔻衣	8			0	0	0	0	0
09082200	已磨肉豆蔻衣	8			0	0	0	0	0
09083100	未磨豆蔻	3			0	0	0	0	0
09083200	已磨豆蔻	3			0	0	0	0	0
09092100	未磨芫荽子	15					0	0	
09092200	已磨芫荽子	15					0	0	
09093100	未磨枯茗子	15					0	0	
09093200	已磨枯茗子	15					0	0	
09096110	未磨八角茴香	20					0	0	
09096190	未磨其他茴香	15					0	0	
09096210	已磨八角茴香	20					0	0	
09096290	已磨其他茴香	15					0	0	
09101100	未磨姜	15			0	0	0	0	0
09101200	已磨姜	15			0	0	0	0	0
09102000	番红花	2					0	0	0
09103000	姜黄	15				0	0	0	0
09109100	混合调味香料	15					0	0	0
09109900	其他调味香料	15					0	0	0
10021000	种用黑麦	0					0	0	0
10029000	其他黑麦	3					0	0	0
10031000	种用大麦	0					0	0	0
10039000	其他大麦	3					0	0	0
10041000	种用燕麦	0					0	0	0
10049000	其他燕麦	2					0	0	0
10071000	种用高粱	0					0	0	0
10079000	其他高粱	2					0	0	
10081000	荞麦	2					0	0	0

税则号列 Tariff Item	商品名称（简称） Article Description	最惠国税率（%） M. F. N.	特惠税率（%）The Special Preferential Tariff Rates						
			亚太2国	东盟 缅甸 Myanmar	东盟 老挝 Laos	东盟 柬埔寨 Cambodia	37国	3国	1国
10082100	种用谷子	2			0		0	0	0
10082900	其他谷子	2			0		0	0	0
10083000	加那利草子	2			0		0	0	0
10084010	种用直长马唐	0					0	0	0
10084090	其他直长马唐	3			0		0	0	0
10085010	种用昆诺阿藜	0					0	0	0
10085090	其他昆诺阿藜	3			0		0	0	0
10086010	种用黑小麦	0					0	0	0
10086090	其他黑小麦	3			0		0	0	0
10089010	其他种用谷物	0					0	0	0
10089090	其他谷物	3			0		0	0	0
11029090	其他谷物细粉	5				0	0	0	0
11031910	燕麦粗粒及粗粉	5					0	0	0
11031990	其他谷物粗粒及粗粉	5				0	0	0	0
11032090	其他谷物团粒	20					0	0	
11041200	滚压或制片的燕麦	20					0	0	
11041910	滚压或制片的大麦	20					0	0	
11041990	滚压或制片的其他谷物	20					0	0	
11042200	经其他加工的燕麦	20					0	0	
11042910	经其他加工的大麦	65					0	0	
11042990	经其他加工的其他谷物	20					0	0	
11043000	整粒或经加工的谷物胚芽	20					0	0	
11051000	马铃薯细粉、粗粉及粉末	15					0	0	
11052000	马铃薯粉片、颗粒及团粒	15					0	0	
11061000	干豆细粉、粗粉及粉末	10				0	0	0	0
11062000	用税目07.14的西谷茎髓、植物根茎、块茎制成的细粉、粗粉、粉末	20		0	0	0	0	0	0
11063000	水果及坚果的细粉、粗粉及粉末	20					0	0	
11071000	未焙制麦芽	10					0	0	
11072000	已焙制麦芽	10					0	0	
11081100	小麦淀粉	20					0	0	
11081200	玉米淀粉	20					0	0	
11081300	马铃薯淀粉	15					0	0	
11081400	木薯淀粉	10					0	0	0
11081900	其他淀粉	20					0	0	
11082000	菊粉	20					0	0	
11090000	面筋，不论是否干制	18					0	0	
12011000	种用大豆	0					0	0	0
12019010	黄大豆	3			0	0	0	0	0
12019020	黑大豆	3			0	0	0	0	0
12019030	青大豆	3			0	0	0	0	0
12019090	其他大豆	3					0	0	0
12023000	种用花生	0					0	0	0
12024100	去壳花生	15			0		0	0	0
12024200	未去壳花生	15			0		0	0	0

税则号列 Tariff Item	商品名称（简称） Article Description	最惠国税率（%） M. F. N.	特惠税率（%） The Special Preferential Tariff Rates						
			亚太2国	东盟 缅甸 Myanmar	东盟 老挝 Laos	东盟 柬埔寨 Cambodia	37国	3国	1国
12030000	干椰子肉	15				0	0	0	0
12040000	亚麻子	15					0	0	
12051010	种用的低芥子酸油菜子	0					0	0	0
12051090	其他低芥子酸油菜子	9					0	0	
12059010	其他种用油菜子	0					0	0	0
12059090	其他油菜子	9					0	0	
12060010	种用葵花子	0					0	0	0
12060090	其他葵花子	15					0	0	
12071010	种用棕榈果及棕榈仁	0					0	0	0
12071090	其他棕榈果及棕榈仁	10				0	0	0	0
12072100	种用棉子	0					0	0	0
12072900	其他棉子	15					0	0	
12073010	种用蓖麻子	0					0	0	0
12073090	其他蓖麻子	15		0	0	0	0	0	0
12074010	种用芝麻	0					0	0	0
12074090	其他芝麻	10		0	0	0	0	0	0
12075010	种用芥子	0					0	0	0
12075090	其他芥子	15					0	0	
12076010	种用红花子	0					0	0	0
12076090	其他红花子	20					0	0	
12077010	种用甜瓜子	0					0	0	0
12077091	黑瓜子	20					0	0	
12077092	红瓜子	20					0	0	
12077099	其他瓜子	30					0	0	0
12079100	罂粟子	20					0	0	
12079910	其他种用含油子仁及果实	0					0	0	0
12079991	牛油树果	20		0			0	0	0
12079999	其他含油子仁及果实	10		0	0	0	0	0	0
12081000	大豆粉	9				0	0	0	0
12089000	其他含油子仁或果实的细粉及粗粉	15				0	0	0	0
12091000	糖甜菜子	0					0	0	0
12092100	紫苜蓿子	0					0	0	0
12092200	三叶草子	0					0	0	0
12092300	羊茅子	0					0	0	0
12092400	草地早熟禾子	0					0	0	0
12092500	黑麦草种子	0					0	0	0
12092910	甜菜子，糖甜菜子除外	0					0	0	0
12092990	其他饲料植物种子	0					0	0	0
12093000	草本花卉植物种子	0					0	0	0
12099100	蔬菜种子	0					0	0	0
12099900	其他种植用的种子、果实及孢子	0					0	0	0
12101000	未研磨也未制成团粒的啤酒花	20					0	0	
12102000	已研磨或制成团粒的啤酒花；蛇麻腺	10					0	0	0
12112010	鲜、冷、冻或干的西洋参	7.5					0	0	0
12112020	鲜、冷、冻或干的野山参（西洋参除外）	20					0	0	

税则号列 Tariff Item	商品名称（简称） Article Description	最惠国税率（%） M. F. N.	特惠税率（%） The Special Preferential Tariff Rates						
			亚太2国	东盟			37国	3国	1国
				缅甸 Myanmar	老挝 Laos	柬埔寨 Cambodia			
12112091	其他鲜人参	20					0	0	
12112099	其他冷、冻或干的人参	20					0	0	
12113000	鲜、冷、冻或干的古柯叶	9				0	0	0	0
12114000	鲜、冷、冻或干的罂粟秆	9				0	0	0	0
12115000	鲜、冷、冻或干的麻黄	9				0	0	0	0
12119011	鲜、冷、冻或干的当归	6				0	0	0	0
12119012	鲜、冷、冻或干的三七（田七）	6				0	0	0	0
12119013	鲜、冷、冻或干的党参	6					0	0	0
12119014	鲜、冷、冻或干的黄连	6					0	0	0
12119015	鲜、冷、冻或干的菊花	6				0	0	0	0
12119016	鲜、冷、冻或干的冬虫夏草	6				0	0	0	0
12119017	鲜、冷、冻或干的贝母	6				0	0	0	0
12119018	鲜、冷、冻或干的川芎	6				0	0	0	0
12119019	鲜、冷、冻或干的半夏	6				0	0	0	0
12119021	鲜、冷、冻或干的白芍	6				0	0	0	0
12119022	鲜、冷、冻或干的天麻	6				0	0	0	0
12119023	鲜、冷、冻或干的黄芪	6				0	0	0	0
12119024	鲜、冷、冻或干的大黄、籽黄	6				0	0	0	0
12119025	鲜、冷、冻或干的白术	6				0	0	0	0
12119026	鲜、冷、冻或干的地黄	6				0	0	0	0
12119027	鲜、冷、冻或干的槐米	6				0	0	0	0
12119028	鲜、冷、冻或干的杜仲	6				0	0	0	0
12119029	鲜、冷、冻或干的茯苓	6		0	0	0	0	0	0
12119031	鲜、冷、冻或干的枸杞	6				0	0	0	0
12119032	鲜、冷、冻或干的大海子	6				0	0	0	0
12119033	鲜、冷、冻或干的沉香	3				0	0	0	0
12119034	鲜、冷、冻或干的沙参	6				0	0	0	0
12119035	鲜、冷、冻或干的青蒿	6				0	0	0	0
12119036	鲜、冷、冻或干的甘草	6					0	0	0
12119037	鲜、冷、冻或干的黄芩	6		0	0	0	0	0	0
12119038	鲜、冷、冻或干的椴树（欧椴）花及叶	6		0	0	0	0	0	0
12119039	其他主要用作药料的鲜、冷、冻或干的植物	6		0	0	0	0	0	0
12119050	鲜、冷、冻或干的主要用作香料的植物	8				0	0	0	0
12119091	鲜、冷、冻或干的鱼藤根、除虫菊	3				0	0	0	0
12119099	其他鲜、冷、冻或干的杀虫、杀菌用植物	9				0	0	0	0
12122110	适合供人食用的海带	20					0	0	
12122120	适合供人食用的发菜	20					0	0	
12122131	适合供人食用的干裙带菜	15					0	0	
12122132	适合供人食用的鲜裙带菜	15					0	0	
12122139	适合供人食用的其他裙带菜	15					0	0	
12122141	适合供人食用的干紫菜	15					0	0	
12122142	适合供人食用的鲜紫菜	15					0	0	
12122149	适合供人食用的其他紫菜	15					0	0	
12122161	适合供人食用的干麒麟菜	15					0	0	0
12122169	适合供人食用的其他麒麟菜	15					0	0	

税则号列 Tariff Item	商品名称（简称） Article Description	最惠国税率（%） M. F. N.	特惠税率（%） The Special Preferential Tariff Rates						
			亚太2国	东盟			37国	3国	1国
				缅甸 Myanmar	老挝 Laos	柬埔寨 Cambodia			
12122171	适合供人食用的干江蓠	15					0	0	
12122179	适合供人食用的其他江蓠	15					0	0	
12122190	其他适合供人食用的海草及其他藻类	15					0	0	0
12122910	马尾藻	15					0	0	0
12122990	其他不适合供人食用的海草及其他藻类	15					0	0	0
12129100	鲜、冷、冻或干的甜菜	20					0	0	
12129200	刺槐豆	20					0	0	
12129300	甘蔗	20		0	0	0	0	0	0
12129400	菊苣根	20					0	0	0
12129911	主要供人食用的苦杏仁	20					0	0	
12129912	主要供人食用的甜杏仁	20					0	0	
12129919	主要供人食用的桃（包括油桃）、梅或李的核及核仁	20					0	0	
12129993	鲜、冷、冻或干的白瓜子	20					0	0	
12129994	鲜、冷、冻或干的莲子	20					0	0	
12129996	甜叶菊叶	30					0	0	0
12129999	鲜、冷、冻或干的其他主要供人食用的其他税号未列明的果核、果仁及植物产品	30					0	0	0
12130000	未经处理的谷类植物茎、秆及谷壳	12				0	0	0	0
12141000	紫苜蓿粗粉及团粒	5				0	0	0	0
12149000	芜菁甘蓝、饲料甜菜等其他植物饲料	9				0	0	0	0
13012000	阿拉伯胶	15					0	0	0
13019010	胶黄耆树胶	15					0	0	
13019020	乳香、没药及血竭	3					0	0	0
13019030	阿魏	3					0	0	0
13019040	松脂	15					0	0	0
13019090	其他天然树胶、树脂	15					0	0	0
13021100	鸦片液汁及浸膏	0					0	0	0
13021200	甘草液汁及浸膏	6					0	0	0
13021300	啤酒花液汁及浸膏	10					0	0	0
13021400	麻黄液汁及浸膏	20					0	0	
13021910	生漆	20					0	0	
13021920	印楝素	3					0	0	0
13021930	除虫菊或含鱼藤酮植物根茎的液汁及浸膏	3					0	0	0
13021940	银杏的液汁及浸膏	20					0	0	
13021990	其他植物液汁及浸膏	20					0	0	
13022000	果胶、果胶酸盐及果胶酸酯	20					0	0	
13023100	琼脂	10					0	0	0
13023200	刺槐豆、刺槐豆子或瓜尔豆制得的胶液及增稠剂	15					0	0	
13023911	卡拉胶	15					0	0	
13023912	褐藻胶	15					0	0	
13023919	其他海草及藻类制品	15					0	0	
13023990	其他植物胶液及增稠剂	15					0	0	
14011000	竹	10			0	0	0	0	0
14012000	藤	10			0	0	0	0	0
14019010	谷类植物的茎、秆（麦秸除外）	10				0	0	0	0

税则号列 Tariff Item	商品名称（简称） Article Description	最惠国税率（%） M. F. N.	特惠税率（%）The Special Preferential Tariff Rates						
			亚太2国	东盟			37国	3国	1国
				缅甸 Myanmar	老挝 Laos	柬埔寨 Cambodia			
14019020	芦苇	10				0	0	0	0
14019031	蔺草	10				0	0	0	0
14019039	灯芯草属的其他主要作编结用的植物材料	10				0	0	0	0
14019090	未列名主要用作编结用的植物材料	10				0	0	0	0
14042000	棉短绒	4					0	0	0
14049010	主要供染料或鞣料用的植物原料	5					0	0	0
14049090	其他植物产品	15					0	0	0
15011000	猪油	10					0	0	0
15012000	其他猪脂肪	10					0	0	0
15019000	家禽脂肪	10					0	0	0
15021000	牛、羊油脂	8					0	0	0
15029000	其他牛、羊脂肪	8					0	0	0
15030000	未经制作的猪油硬脂、油硬脂等	10					0	0	0
15041000	鱼肝油及其分离品	12					0	0	
15042000	其他鱼油、脂及其分离品	12					0	0	
15043000	海生哺乳动物的油、脂及其分离品	14.4					0	0	
15050000	羊毛脂及羊毛脂肪物质	20					0	0	
15060000	其他动物油、脂及其分离品	20					0	0	
15091000	初榨油橄榄油及其分离品	10					0	0	
15099000	精制的油橄榄油及其分离品	10					0	0	
15100000	其他橄榄油及其分离品	10					0	0	
15131100	初榨椰子油分离品	9					0	0	
15131900	椰子油及其分离品	9					0	0	0
15132100	初榨棕榈仁油或巴巴苏棕榈果油及其分离品	9					0	0	
15132900	精制的棕榈仁油或巴巴苏棕榈果油及其分离品	9					0	0	
15151100	初榨亚麻子油及其分离品	15					0	0	
15151900	精制的亚麻子油及其分离品	15					0	0	
15152100	初榨玉米油的分离品	10			0	0	0	0	0
15152900	精制的玉米油及其分离品	10			0	0	0	0	0
15153000	蓖麻油及其分离品	10			0	0	0	0	0
15155000	芝麻油及其分离品	12			0	0	0	0	0
15159010	希蒙得木油及其分离品	20				0	0	0	0
15159020	印楝油及其分离品	20					0	0	
15159030	桐油及其分离品	20				0	0	0	0
15159090	其他固定植物油、脂及其分离品	20		0	0	0	0	0	0
15161000	氢化、酯化或反油酸化动物油、脂及其分离品，但未进一步加工的	5					0	0	0
15162000	氢化、酯化或反油酸化植物油、脂及其分离品，但未进一步加工的	25					0	0	
15179010	起酥油	25					0	0	
15179090	混合制成的食用油脂或制品	25					0	0	
15180000	化学改性的动、植物油、脂及其制品；其他税号未列名的非食用油、脂或制品	10					0	0	0
15200000	粗甘油，甘油水及甘油碱液	20					0	0	
15211000	植物蜡	20					0	0	

税则号列 Tariff Item	商品名称（简称） Article Description	最惠国税率（%） M. F. N.	特惠税率（%）The Special Preferential Tariff Rates						
			亚太2国	东盟			37国	3国	1国
				缅甸 Myanmar	老挝 Laos	柬埔寨 Cambodia			
15219010	蜂蜡	20					0	0	
15219090	其他虫蜡及鲸蜡	20					0	0	
15220000	油鞣回收脂；加工处理油脂及动、植物蜡所剩残渣	20					0	0	
16010010	用天然肠衣做外包装的香肠及类似产品	15					0	0	
16010020	其他香肠及类似产品	15					0	0	
16010030	用香肠制成的食品	15					0	0	
16021000	肉或食用杂碎的均化食品	15					0	0	
16022000	制作或保藏的动物肝	15					0	0	
16023100	制作或保藏的火鸡肉及杂碎	15					0	0	
16023210	鸡罐头	15					0	0	
16023291	鸡胸肉	15					0	0	
16023292	鸡腿肉	15					0	0	
16023299	其他鸡肉	15					0	0	
16023910	其他税目01.05所列家禽肉及杂碎的罐头	15					0	0	
16023991	鸭肉	15					0	0	
16023999	经制作或保藏的其他税目01.05所列家禽肉及杂碎	15					0	0	
16024100	制作或保藏的猪后腿及其肉块	15					0	0	
16024200	制作或保藏的猪前腿及其肉块	15					0	0	
16024910	其他猪肉及杂碎的罐头	15					0	0	
16024990	制作或保藏的其他猪肉、杂碎及血	15					0	0	
16025010	牛肉及牛杂碎罐头	12					0	0	
16025090	其他制作或保藏的牛肉、杂碎及血	12					0	0	
16029010	其他肉及杂碎罐头	15					0	0	
16029090	经制作或保藏的其他肉、杂碎及血	15					0	0	
16030000	肉及水产品的精、汁	23					0	0	
16041110	制作或保藏的大西洋鲑鱼，整条或切块，但未绞碎	12					0	0	
16041190	制作或保藏的其他鲑鱼，整条或切块，但未绞碎	12					0	0	
16041200	制作或保藏的鲱鱼，整条或切块，但未绞碎	12					0	0	
16041300	制作或保藏的沙丁鱼、小沙丁鱼属、黍鲱或西鲱	5				0	0	0	0
16041400	制作或保藏的金枪鱼、鲣鱼及狐鲣	5				0	0	0	0
16041500	制作或保藏的鲭鱼，整条或切块，但未绞碎	12					0	0	
16041600	制作保藏的醍鱼（Anchovies），整条或切块，但未绞碎	12					0	0	
16041700	制作或保藏的鳗鱼	12					0	0	0
16041800	制作或保藏的鲨鱼翅，整条或切块，但未绞碎	12					0	0	0
16041920	制作或保藏的罗非鱼，整条或切块，但未绞碎	12					0	0	
16041931	制作或保藏的斑点叉尾鮰鱼	12					0	0	0
16041939	制作或保藏的其他叉尾鮰鱼	12					0	0	0
16041990	制作或保藏的其他鱼，整条或切块，但未绞碎	12					0	0	0
16042011	鱼翅罐头	12					0	0	
16042019	其他制作或保藏的鱼罐头	12					0	0	
16042091	鱼翅	12					0	0	
16042099	其他制作或保藏的鱼	12					0	0	
16043100	鲟鱼子酱	12					0	0	
16043200	鲟鱼子酱代用品	12					0	0	

税则号列 Tariff Item	商品名称（简称） Article Description	最惠国税率（%） M. F. N.	特惠税率（%） The Special Preferential Tariff Rates						
			亚太2国	东盟			37国	3国	1国
				缅甸 Myanmar	老挝 Laos	柬埔寨 Cambodia			
16051000	制作或保藏的蟹	5					0	0	0
16052100	制作或保藏的非密封包装小虾及对虾	5				0	0	0	0
16052900	制作或保藏的其他小虾及对虾	5				0	0	0	0
16053000	制作或保藏的龙虾	5				0	0	0	0
16054011	制作或保藏的淡水小龙虾仁	5				0	0	0	0
16054019	制作或保藏的带壳淡水小龙虾	5				0	0	0	0
16054090	制作或保藏的其他甲壳动物	5				0	0	0	0
16055100	制作或保藏的牡蛎	5					0	0	0
16055200	制作或保藏的扇贝	5					0	0	0
16055300	制作或保藏的贻贝	5					0	0	0
16055400	制作或保藏的墨鱼及鱿鱼	5					0	0	0
16055500	制作或保藏的章鱼	5					0	0	0
16055610	制作或保藏的蛤	5					0	0	0
16055620	制作或保藏的鸟蛤及舟贝	5					0	0	0
16055700	制作或保藏的鲍鱼	5					0	0	0
16055800	制作或保藏的蜗牛及螺	5					0	0	0
16055900	制作或保藏的其他软体动物	5					0	0	0
16056100	制作或保藏的海参	5					0	0	0
16056200	制作或保藏的海胆	5					0	0	0
16056300	制作或保藏的海蜇	15					0	0	0
16056900	制作或保藏的其他水生无脊椎动物	5					0	0	0
17021100	无水乳糖，按重量计含量>99%	10					0	0	0
17021900	其他乳糖及乳糖浆	10					0	0	0
17022000	槭糖及槭糖浆	30					0		
17023000	低果糖含量的葡萄糖及糖浆	30					0		
17024000	中果糖含量的葡萄糖及糖浆	30					0		
17025000	化学纯果糖	30					0		
17026000	其他果糖及糖浆	30					0		
17029000	其他固体糖、人造蜜、焦糖	30					0	0	0
17031000	甘蔗糖蜜	8					0	0	0
17039000	其他糖蜜	8					0	0	0
17041000	口香糖，不论是否裹糖	12					0	0	0
17049000	其他不含可可的糖食	10					0	0	0
18010000	生或焙炒的整颗或破碎的可可豆	8					0	0	0
18020000	可可荚、壳、皮及废料	10					0	0	0
18031000	未脱脂可可膏	10					0	0	
18032000	全脱脂或部分脱脂的可可膏	10					0	0	
18040000	可可油、可可脂	22					0	0	0
18050000	未加糖或其他甜物质的可可粉	15					0	0	
18061000	含糖或其他甜物质的可可粉	10					0	0	
18062000	每件净重>2千克的含可可食品	10					0	0	
18063100	其他夹心块状或条状的含可可食品	8					0	0	0
18063200	其他不夹心块状或条状的含可可食品	10					0	0	
18069000	其他巧克力及含可可的食品	8					0	0	0
19011010	配方奶粉	15					0	0	

税则号列 Tariff Item	商品名称（简称） Article Description	最惠国税率(%) M. F. N.	特惠税率（%）The Special Preferential Tariff Rates						
			亚太2国	东盟			37国	3国	1国
				缅甸 Myanmar	老挝 Laos	柬埔寨 Cambodia			
19011090	其他供婴幼儿食用的零售包装食品	15					0	0	
19012000	供烘焙面包糕点用的调制品及面团	25					0	0	
19019000	其他麦精制的其他税号未列名食品	10					0	0	
19021100	未包馅或未制作的含蛋生面食	15					0	0	0
19021900	其他未包馅或未制作的生面食	15					0	0	0
19022000	包馅面食	15					0	0	0
19023010	米粉干	15					0	0	
19023020	粉丝	15					0	0	
19023030	即食或快熟面条	15					0	0	0
19023090	其他面食	15					0	0	
19024000	古斯古斯面食	25					0	0	
19030000	珍粉及淀粉制成的珍粉代用品	15					0	0	0
19041000	谷物或谷物产品经膨化或烘炒制的食品	25					0	0	
19042000	未烘炒谷物片制成的食品	30					0		
19043000	碾碎的干小麦	30					0		
19049000	其他谷物制品	30					0		
19051000	黑麦脆面包片	20					0	0	
19052000	姜饼及类似品	20					0	0	
19053100	甜饼干	15	7.5				0	0	0
19053200	华夫饼干及圣餐饼	15	7.5				0	0	0
19054000	面包干、吐司及类似的烤面包	20					0	0	
19059000	其他面包、糕点、饼干及其烘焙糕饼	20	10				0	0	
20011000	用醋或醋酸制作的黄瓜及小黄瓜	25					0	0	
20019010	用醋制作的大蒜	25	12.5				0	0	
20019090	用醋制作的其他果、菜及食用植物	25	12.5				0	0	
20021010	非用醋制作的整个或切片番茄罐头	19					0	0	
20021090	非用醋制作的其他整个或切片番茄	25					0	0	
20029011	重量不超过 5 千克的番茄酱罐头	20					0	0	
20029019	重量大于 5 千克的番茄酱罐头	20					0	0	
20029090	非用醋制作的绞碎番茄	18					0	0	
20031011	伞菌属小白蘑菇罐头	25					0	0	
20031019	其他非用醋制作的伞菌属蘑菇罐头	25					0	0	
20031090	非用醋制作的其他伞菌属蘑菇	25					0	0	
20039010	其他蘑菇及块菌罐头	25					0	0	
20039090	其他蘑菇及块菌	25					0	0	
20041000	非用醋制作的冷冻马铃薯	13					0	0	0
20049000	非用醋制作的其他冷冻蔬菜	25					0	0	
20051000	非用醋制作的未冷冻均化蔬菜	25					0	0	
20052000	非用醋制作的未冷冻马铃薯	15					0	0	
20054000	非用醋制作的未冷冻豌豆	25					0	0	
20055111	非用醋或醋酸制作或保藏的未冷冻的赤豆馅罐头	25					0	0	
20055119	非用醋或醋酸制作或保藏的未冷冻的其他脱荚豇豆及菜豆罐头	25					0	0	
20055191	非用醋或醋酸制作或保藏的未冷冻的赤豆馅，不包括罐头	25					0	0	

税则号列 Tariff Item	商品名称(简称) Article Description	最惠国税率(%) M. F. N.	特惠税率(%) The Special Preferential Tariff Rates						
			亚太2国	东盟			37国	3国	1国
				缅甸 Myanmar	老挝 Laos	柬埔寨 Cambodia			
20055199	非用醋或醋酸制作或保藏的未冷冻的其他脱荚豇豆及菜豆	25					0	0	
20055910	非用醋制作的其他豇豆及菜豆罐头	25					0	0	
20055990	非用醋制作的其他豇豆及菜豆	25					0	0	
20056010	非用醋制作的芦笋罐头	25					0	0	
20056090	非用醋制作的其他芦笋	25					0	0	
20057000	非用醋制作的未冷冻油橄榄	10					0	0	
20058000	非用醋制作的未冷冻甜玉米	10					0	0	
20059110	非用醋制作或保藏的竹笋罐头	25					0	0	
20059190	非用醋制作或保藏的未冷冻的其他竹笋	25					0	0	
20059920	蚕豆罐头	25					0	0	
20059940	榨菜	25					0	0	
20059950	咸蕨菜	25					0	0	
20059960	咸荞头	25					0	0	
20059991	其他蔬菜及什锦蔬菜罐头	25					0	0	
20059999	非用醋制作的其他蔬菜及什锦蔬菜	25					0	0	
20060010	蜜枣	30		0			0	0	0
20060020	糖渍制橄榄	30		0			0	0	0
20060090	其他糖渍蔬菜、水果、坚果、果皮	30		0			0	0	0
20071000	烹煮制成的果子均化食品	30					0		
20079100	烹煮制成的柑橘属水果	30		0			0	0	0
20079910	烹煮制成的其他果酱、果冻罐头	5	2.5				0	0	0
20079990	烹煮制成的其他果酱、果冻	5	2.5				0	0	0
20081110	花生米罐头	30					0		
20081120	烘焙花生	30				0	0	0	0
20081130	花生酱	30					0		
20081190	其他非用醋制作的花生	30					0		
20081910	核桃仁罐头	20			0	0	0	0	0
20081920	其他果仁罐头	13			0	0	0	0	0
20081991	栗仁	10			0	0	0	0	0
20081992	用其他方法制作或保藏的芝麻	10					0	0	
20081999	其他坚果及子仁	10			0	0	0	0	0
20082010	菠萝罐头	15			0		0	0	0
20082090	非用醋制作的其他菠萝	15			0		0	0	0
20083010	柑橘属水果罐头	20			0		0	0	0
20083090	非用醋制作的其他柑橘属水果	20			0		0	0	0
20084010	梨罐头	20			0		0	0	0
20084090	非用醋制作的其他梨	20			0		0	0	0
20085000	非用醋制作的杏	20					0	0	
20086010	用其他方法制作或保藏的樱桃罐头	20					0	0	
20086090	用其他方法制作或保藏的其他樱桃	20					0	0	
20087010	桃罐头	10			0		0	0	0
20087090	非用醋制作的其他桃	20			0		0	0	0
20088000	非用醋制作的草莓	15					0	0	
20089100	非用醋制作的棕榈芯	5				0	0	0	0

税则号列 Tariff Item	商品名称（简称） Article Description	最惠国税率（%） M. F. N.	特惠税率（%） The Special Preferential Tariff Rates						
			亚太2国	东盟 缅甸 Myanmar	东盟 老挝 Laos	东盟 柬埔寨 Cambodia	37国	3国	1国
20089300	用其他方法制作或保藏的蔓越橘	15				0	0	0	0
20089700	用其他方法制作或保藏的什锦果实	10				0	0	0	0
20089910	荔枝罐头	20					0	0	
20089920	龙眼罐头	15				0	0	0	0
20089931	调味紫菜	15				0	0	0	0
20089932	盐渍海带	15				0	0	0	0
20089933	盐渍裙带菜	15				0	0	0	0
20089934	烤紫菜	15				0	0	0	0
20089939	其他海草及藻类制品	15				0	0	0	0
20089940	清水荸荠（马蹄）罐头	25					0	0	
20089990	未列名制作或保藏的水果、坚果	15				0	0	0	0
20091100	冷冻的橙汁	7.5			0	0	0	0	0
20091200	非冷冻的，白利糖度值不超过20的橙汁	30			0	0	0	0	0
20091900	其他橙汁	30			0	0	0	0	0
20092100	白利糖度值不超过20的葡萄柚（包括柚）汁	15			0		0	0	0
20092900	其他葡萄柚（包括柚）汁	15			0		0	0	0
20093110	白利糖度值不超过20的柠檬汁	18	9			0	0	0	0
20093190	其他未混合的白利糖度值不超过20的柑橘属水果汁	18	9			0	0	0	0
20093910	白利糖度值超过20的柠檬汁	18	9			0	0	0	0
20093990	其他未混合的柑橘属水果汁，白利糖度值不超过20	18	9			0	0	0	0
20094100	白利糖度值不超过20的菠萝汁	10			0	0	0	0	0
20094900	其他菠萝汁	10			0	0	0	0	0
20095000	番茄汁	30	15		0		0	0	0
20096100	白利糖度值不超过30的的葡萄汁，包括酿酒葡萄汁	20					0	0	
20096900	葡萄汁，包括酿酒葡萄汁	20					0	0	
20097100	白利糖度值不超过20的苹果汁	20					0	0	
20097900	其他苹果汁	20					0	0	
20098100	蔓越橘汁	20		0	0		0	0	0
20098912	芒果汁	20		0	0		0	0	0
20098913	西番莲果汁	20		0	0		0	0	0
20098914	番石榴果汁	20		0	0		0	0	0
20098915	梨汁	20		0	0		0	0	0
20098919	其他未混合的水果汁	20		0	0		0	0	0
20098920	其他未混合蔬菜汁	20		0			0	0	0
20099010	混合水果汁	20	10		0	0	0	0	0
20099090	混合蔬菜汁、水果与蔬菜的混合汁	20	10		0	0	0	0	0
21011100	咖啡浓缩精汁	17					0	0	0
21011200	以咖啡浓缩精汁或咖啡为基本成分的制品	30					0		
21012000	茶、马黛茶浓缩精汁及其制品	32					0	0	
21013000	烘焙咖啡代用品及其浓缩精汁	32					0	0	
21021000	活性酵母	25					0	0	
21022000	非活性酵母；已死的其他单细胞微生物	25					0	0	
21023000	发酵粉	25					0	0	
21031000	酱油	28				0	0	0	0
21032000	番茄沙司及其他番茄调味汁	15				0	0	0	0

税则号列 Tariff Item	商品名称(简称) Article Description	最惠国税率(%) M. F. N.	特惠税率(%) The Special Preferential Tariff Rates						
			亚太2国	东盟			37国	3国	1国
				缅甸 Myanmar	老挝 Laos	柬埔寨 Cambodia			
21033000	芥子粉及其调味品	15				0	0	0	0
21039010	味精	21					0	0	
21039020	别特油(Aromatic bitters)	21					0	0	
21039090	其他调味品	21					0	0	0
21041000	汤料及其制品	15					0	0	
21042000	均化混合食品	32					0	0	
21050000	冰淇淋及其他冰制食品不论是否含可可	19					0	0	
21061000	浓缩蛋白质及人造蛋白物质	10					0	0	
21069010	制造碳酸饮料的浓缩物	35					0	0	
21069020	制造饮料用的复合酒精制品	20					0	0	
21069030	蜂王浆制剂	3			0		0	0	0
21069040	椰子汁	10		0	0		0	0	0
21069050	海豹油胶囊	20					0	0	
21069090	其他税号未列名的食品	20					0	0	
22011010	未加糖及未加味的矿泉水	20					0	0	0
22011020	未加糖及未加味的汽水	20					0	0	0
22019090	其他水、冰及雪	10					0	0	
22021000	加味、加糖或其他甜物质的水	20					0	0	
22029100	无醇啤酒	35					0	0	0
22029900	其他无酒精饮料	35					0	0	0
22030000	麦芽酿造的啤酒	0					0	0	0
22041000	葡萄汽酒	14					0	0	
22042100	小包装的鲜葡萄酿造的酒	14					0	0	
22042200	装入2升以上但不超过10升容器的鲜葡萄酿造的酒	20					0	0	
22042900	其他包装的鲜葡萄酿造的酒	20					0	0	
22060010	黄酒	40					0	0	
22060090	其他发酵饮料	40					0	0	
22071000	浓度≥80%的未改性乙醇	40					0	0	
22072000	任何浓度的改性乙醇及其他酒精	30					0	0	
22082000	蒸馏葡萄酒制得的烈性酒	10					0	0	0
22083000	威士忌酒	10					0	0	0
22084000	朗姆酒及蒸馏已发酵甘蔗产品制得的其他烈性酒	10					0	0	0
22085000	杜松子酒	10					0	0	0
22086000	伏特加酒	10					0	0	0
22087000	利口酒及柯迪尔酒	10					0	0	0
22089010	龙舌兰酒	10					0	0	
22089020	白酒	10					0	0	0
22089090	其他蒸馏酒及酒精饮料	10					0	0	0
22090000	醋及醋酸制得的醋代用品	20					0	0	
23011011	含牛羊成分的肉骨粉	2					0	0	0
23011019	其他动物的肉骨粉	2					0	0	0
23011020	油渣	5					0	0	0
23011090	其他不适于供人食用的肉渣粉	5					0	0	0
23012010	饲料用鱼粉	2					0	0	0
23012090	其他不适于供人食用的水产品渣粉	5					0	0	0

税则号列 Tariff Item	商品名称（简称） Article Description	最惠国税率（%） M. F. N.	特惠税率（%） The Special Preferential Tariff Rates						
			亚太2国	东盟			37国	3国	1国
				缅甸 Myanmar	老挝 Laos	柬埔寨 Cambodia			
23021000	玉米糠、麸及其他残渣	5					0	0	0
23023000	小麦糠、麸及其他残渣	3					0	0	0
23024000	其他谷物糠、麸及其他残渣	5					0	0	0
23025000	豆类植物糠、麸及其他残渣	5					0	0	0
23031000	制造淀粉过程中的残渣及类似品	5					0	0	0
23032000	甜菜渣、甘蔗渣及制糖过程中的其他残渣	5					0	0	0
23033000	酿造及蒸馏过程中的糟粕及残渣	5					0	0	0
23040010	提炼豆油所得的油渣饼（豆饼）	5					0	0	0
23040090	提炼豆油所得的其他固体残渣	5					0	0	0
23050000	花生饼及类似油渣	5					0	0	0
23061000	棉子油渣饼及固体残渣	5					0	0	0
23062000	亚麻子油渣饼及固体残渣	5			0		0	0	0
23063000	葵花子油渣饼及固体残渣	5					0	0	0
23064100	低芥子酸的油菜子油渣饼及固体残渣	5					0	0	
23064900	油菜子油渣饼及固体残渣	5					0	0	
23065000	椰子或干椰肉油渣饼及固体残渣	5				0	0	0	0
23066000	油棕果或油棕仁油渣饼及固体残渣	5				0	0	0	0
23069000	其他油渣饼及固体残渣	5			0		0	0	0
23070000	葡萄酒渣、粗酒石	5					0	0	0
23080000	动物饲料用其他植物产品	5					0	0	
23091010	零售包装的狗食或猫食罐头	15					0	0	
23091090	零售包装的其他狗食或猫食	15					0	0	
23099010	制成的饲料添加剂	5					0	0	0
23099090	其他配制的动物饲料	6.5					0	0	0
24013000	烟草废料	10					0	0	0
25010011	食用盐	0					0	0	0
25010019	其他盐	0					0	0	0
25010020	纯氯化钠	3			0		0	0	0
25010030	海水	0					0	0	0
25020000	未焙烧的黄铁矿	3					0	0	0
25030000	硫磺，但升华硫磺、沉淀硫磺及胶态硫磺除外	3					0	0	
25041010	鳞片状天然石墨	3					0	0	0
25041091	球化石墨	3					0	0	0
25041099	其他粉末状天然石墨	3					0	0	0
25049000	其他天然石墨	3					0	0	0
25051000	硅砂及石英砂，不论是否着色	3					0	0	0
25059000	其他天然砂，不论是否着色	3					0	0	0
25061000	石英	3					0	0	0
25062000	石英岩，不论是否切割成矩形板、块	3					0	0	0
25070010	不论是否煅烧的高岭土	3					0	0	0
25070090	不论是否煅烧的类似土	3					0	0	0
25081000	膨润土，不论是否煅烧	3					0	0	0
25083000	耐火黏土，不论是否煅烧	3					0	0	0
25084000	其他黏土，不论是否煅烧	3					0	0	0
25085000	红柱石，蓝晶石及硅线石，不论是否煅烧	3					0	0	0

税则号列 Tariff Item	商 品 名 称(简称) Article Description	最惠国税率(%) M. F. N.	特惠税率(%) The Special Preferential Tariff Rates						
			亚太2国	东盟			37国	3国	1国
				缅甸 Myanmar	老挝 Laos	柬埔寨 Cambodia			
25086000	富铝红柱石	3					0	0	0
25087000	火泥及第纳斯土	3					0	0	0
25090000	白垩	3					0	0	0
25101010	未碾磨磷灰石	3					0	0	0
25101090	未碾磨天然磷酸钙、天然磷酸铝钙及磷酸盐白垩,磷灰石除外	3					0	0	0
25102010	已碾磨磷灰石	3					0	0	0
25102090	已碾磨天然磷酸钙、天然磷酸铝钙及磷酸盐白垩,磷灰石除外	3					0	0	0
25111000	天然硫酸钡(重晶石)	3					0	0	
25112000	天然碳酸钡(毒重石),不论是否煅烧	3					0	0	
25120010	硅藻土	3					0	0	0
25120090	其他硅质化石粗粉及类似的硅质土	3					0	0	0
25131000	浮石	3					0	0	0
25132000	刚玉岩、天然刚玉砂、天然石榴石及其他天然磨料	3					0	0	0
25140000	板岩,不论是否粗加修整或切割成矩形板块	3					0	0	0
25151100	原状或粗加修整大理石及石灰华	4					0	0	0
25151200	矩形大理石及石灰华	4					0	0	0
25152000	其他石灰质碑用或建筑用石,蜡石,不论是否粗加修整或切割成矩形板块	3					0	0	0
25161100	原状或粗加修整的花岗岩	4					0	0	0
25161200	矩形或正方形的花岗岩	4					0	0	0
25162000	砂岩,不论是否粗加修整或切割成矩形板块	3					0	0	0
25169000	其他碑用或建筑用石,不论是否粗加修整或切割成矩形板块	3					0	0	0
25171000	通常做混凝土粒料、铺路、铁道路基或其他路基用的卵石、砾石及碎石,圆石子及燧石,不论是否热处理	4					0	0	0
25172000	矿渣、浮渣及类似的工业残渣	3					0	0	0
25173000	沥青碎石	3					0	0	0
25174100	大理石碎粒、碎屑及粉末,不论是否热处理	3					0	0	0
25174900	税目 25.15 及 26.16 所列各种石料的碎粒、碎屑及粉末,大理石的除外,不论是否热处理	3					0	0	0
25181000	未煅烧或烧结的白云石,不论是否粗加修整或切割成矩形板块	3					0	0	0
25182000	已煅烧或烧结的白云石,不论是否粗加修整或切割成矩形板块	3					0	0	0
25183000	夯混白云石	3					0	0	0
25191000	天然碳酸镁(菱镁矿)	3					0	0	0
25199010	熔凝镁氧矿	3					0	0	0
25199020	烧结镁氧矿(重烧镁)	3					0	0	0
25199030	碱烧镁(轻烧镁)	3					0	0	0
25199091	化学纯氧化镁	3					0	0	0
25199099	非纯氧化镁	3					0	0	0
25201000	生石膏、硬石膏	5			0		0	0	0

税则号列 Tariff Item	商品名称（简称） Article Description	最惠国税率（%） M. F. N.	特惠税率（%）The Special Preferential Tariff Rates						
			亚太2国	东盟			37国	3国	1国
				缅甸 Myanmar	老挝 Laos	柬埔寨 Cambodia			
25202010	牙科用熟石膏，不论是否着色及带有少量促凝剂或缓凝剂	5			0		0	0	0
25202090	其他熟石膏，不论是否着色及带有少量促凝剂或缓凝剂	5			0		0	0	0
25210000	石灰石助熔剂，通常用于制造石灰或水泥的石灰石及其他钙质石	5					0	0	0
25221000	生石灰	5					0	0	0
25222000	熟石灰	5					0	0	0
25223000	水硬石灰	5					0	0	0
25231000	水泥熟料，不论是否着色	8					0	0	0
25232100	白水泥，不论是否人工着色	6					0	0	0
25232900	其他硅酸盐水泥，不论是否着色	8					0	0	0
25233000	矾土水泥，不论是否着色	6					0	0	0
25239000	其他水凝水泥，不论是否着色	8					0	0	0
25241000	青石棉	5					0	0	
25249010	其他长纤维石棉	5					0	0	
25249090	其他石棉	5					0	0	
25251000	原状云母及劈开的云母片	5					0	0	0
25252000	云母粉	5					0	0	0
25253000	云母废料	5					0	0	0
25261010	未破碎及未研粉的天然冻石，不论是否粗加修整或切割成矩形板块	3					0	0	0
25261020	未破碎及未研粉的滑石，不论是否粗加修整或切割成矩形板块	3					0	0	0
25262010	已破碎或已研粉的天然冻石	3					0	0	0
25262020	已破碎或已研粉的天然滑石	3					0	0	0
25280010	天然硼砂及其精矿，不论是否煅烧	3					0	0	0
25280090	硼酸盐（硼砂除外），不论是否煅烧；天然粗硼酸，含硼酸干重不超85%	5					0	0	0
25291000	长石	3					0	0	0
25292100	按重量计氟化钙含量≤97%的萤石	3					0	0	0
25292200	按重量计氟化钙含量>97%的萤石	3					0	0	0
25293000	白榴石、霞石及霞石正长岩	5					0	0	0
25301010	未膨胀的绿泥石	5					0	0	0
25301020	未膨胀的蛭石及珍珠岩	5					0	0	0
25302000	硫镁矾矿及泻盐矿（天然硫酸镁）	3					0	0	0
25309010	矿物性药材	3					0	0	0
25309020	稀土金属矿	0					0	0	0
25309091	硅灰石	3					0	0	0
25309099	其他矿产品	3					0	0	0
26011110	平均粒径小于0.8毫米的未煅烧铁矿砂及其精矿；但焙烧黄铁矿除外	0					0	0	0
26011120	平均粒径不小于0.8毫米，但不大于6.3毫米的未煅烧铁矿砂及其精矿；但焙烧黄铁矿除外	0					0	0	0

税则号列 Tariff Item	商品名称（简称） Article Description	最惠国税率（%） M. F. N.	特惠税率（%）The Special Preferential Tariff Rates						
			亚太2国	东盟 缅甸 Myanmar	东盟 老挝 Laos	东盟 柬埔寨 Cambodia	37国	3国	1国
26011190	平均粒径大于6.3毫米的未烧结铁矿砂及其精矿；但焙烧黄铁矿除外	0					0	0	0
26011200	已烧结铁矿砂及其精矿	0					0	0	0
26012000	焙烧黄铁矿	0					0	0	0
26020000	锰矿砂及其精矿，包括以干重计含锰量在20%及以上的锰铁砂及其精矿	0					0	0	0
26030000	铜矿砂及其精矿	0					0	0	0
26040000	镍矿砂及其精矿	0					0	0	0
26050000	钴矿砂及其精矿	0					0	0	0
26060000	铝矿砂及其精矿	0					0	0	0
26070000	铅矿砂及其精矿	0					0	0	0
26080000	锌矿砂及其精矿	0					0	0	0
26090000	锡矿砂及其精矿	0					0	0	0
26100000	铬矿砂及其精矿	0					0	0	0
26110000	钨矿砂及其精矿	0					0	0	0
26121000	铀矿砂及其精矿	0					0	0	0
26122000	钍矿砂及其精矿	0					0	0	0
26131000	已焙烧钼矿砂及其精矿	0					0	0	0
26139000	其他钼矿砂及其精矿	0					0	0	0
26140000	钛矿砂及其精矿	0					0	0	0
26151000	锆矿砂及其精矿	0					0	0	0
26159010	水合钽铌原料（钽铌富集物）	0					0	0	0
26159090	其他铌钽钒矿砂及其精矿	0					0	0	0
26161000	银矿砂及其精矿	0					0	0	0
26169000	其他贵金属矿砂及其精矿	0					0	0	0
26171010	生锑（锑精矿，选矿产品）	0					0	0	0
26171090	其他锑矿砂及其精矿	0					0	0	0
26179010	朱砂（辰砂）	3					0	0	0
26179090	其他矿砂及其精矿	0					0	0	0
26180010	冶炼钢铁产生的锰渣	4					0	0	
26180090	冶炼钢铁产生的其他粒状熔渣（熔渣砂）	4					0	0	
26190000	冶炼钢铁产生的熔渣、浮渣、氧化皮及其他废料	4					0	0	
26201100	含硬锌的矿灰及残渣	4					0	0	0
26201900	含其他锌的矿灰及残渣	4					0	0	0
26202100	含铅汽油的淤渣及含铅抗震化合物的淤渣	4					0	0	0
26202900	其他主要含铅的矿灰及残渣	4					0	0	0
26203000	主要含铜的矿灰及残渣	4					0	0	0
26204000	主要含铝的矿灰及残渣	4					0	0	0
26206000	含砷、汞、铊及其混合物，用于提取或生产砷、汞、铊及其化合物的矿灰及残渣	4					0	0	0
26209100	含锑、铍、镉、铬及其混合物的矿灰及残渣	4					0	0	0
26209910	主要含钨的矿灰及残渣	4					0	0	0
26209990	含其他金属及化合物的矿灰及残渣	4					0	0	0
26211000	焚化城市垃圾所产生的灰、渣	4					0	0	0
26219000	其他矿渣及矿灰	4					0	0	0

税则号列 Tariff Item	商品名称（简称） Article Description	最惠国税率（%） M. F. N.	特惠税率（%） The Special Preferential Tariff Rates						
			亚太2国	东盟 缅甸 Myanmar	东盟 老挝 Laos	东盟 柬埔寨 Cambodia	37国	3国	1国
27011100	未制成型的无烟煤，不论是否粉化	3			0		0	0	0
27011210	未制成型的炼焦烟煤，不论是否粉化	3			0		0	0	0
27011290	未制成型的其他烟煤，不论是否粉化	6			0		0	0	0
27011900	未制成型的其他煤，不论是否粉化	5			0		0	0	0
27012000	煤砖、煤球及类似用煤制固体燃料	5			0		0	0	0
27021000	褐煤	3					0	0	0
27022000	制成型的褐煤	3					0	0	0
27030000	泥煤（包括肥料用泥煤），不论是否成型	5					0	0	
27040010	煤制焦炭及半焦炭，不论是否成型	5					0	0	
27040090	甑炭	5					0	0	
27050000	煤气、水煤气、炉煤气及类似气体；石油气及其他烃类气除外	5					0	0	
27060000	从煤、褐煤或泥煤蒸馏所得的焦油及矿物焦油，不论是否脱水或部分蒸馏，包括再造焦油	6					0	0	
27071000	粗苯	6					0	0	0
27072000	粗甲苯	6					0	0	0
27073000	粗二甲苯	6					0	0	0
27074000	萘	7					0	0	0
27075000	其他芳烃混合物，温度在250℃时蒸馏出的芳烃含量以体积计（包括损耗）在65%及以上（以美国标准实验法D86为准）	7					0	0	0
27079100	杂酚油	7					0	0	0
27079910	酚	7					0	0	0
27079990	蒸馏煤焦油所得的其他产品；芳族成分重量超过非芳族成分的类似产品	7					0	0	0
27081000	从煤焦油或其他矿物焦油所得的沥青	7					0	0	
27082000	从煤焦油或其他矿物焦油所得的沥青焦	6					0	0	
27090000	石油原油及从沥青矿物提取的原油	0					0	0	0
27101210	车用汽油及航空汽油	5					0	0	
27101220	石脑油	6					0	0	
27101230	橡胶溶剂油、油漆溶剂油、抽提溶剂油	6					0		
27101291	壬烯	0					0		
27101299	其他轻油馏分产品	9					0		
27101911	航空煤油	9					0	0	
27101912	灯用煤油	9					0		
27101919	其他煤油馏分产品	6					0	0	
27101922	5～7号燃料油	6					0	0	
27101929	其他柴油及其他燃料油	6					0		
27101991	润滑油	6					0	0	0
27101992	润滑脂	6					0	0	
27101993	润滑油基础油	6					0	0	
27101994	液体石蜡和重质液体石蜡	6					0	0	
27101999	其他重油及重油制品	6					0	0	

税则号列 Tariff Item	商品名称（简称） Article Description	最惠国税率（%） M. F. N.	特惠税率（%） The Special Preferential Tariff Rates						
			亚太2国	东盟			37国	3国	1国
				缅甸 Myanmar	老挝 Laos	柬埔寨 Cambodia			
27102000	石油及从沥青矿物提取的油类以及以上述油为基本成分（按重量计不低于70%）的其他税目未列名制品，含有生物柴油，但废油除外	6					0	0	
27109100	含多氯联苯（PCBs）、多氯三联苯（PCTs）或多溴联苯（PBBs）的废油	6					0	0	
27109900	其他废油	6					0	0	
27111100	液化天然气	0					0	0	0
27111200	液化丙烷	5					0	0	
27111310	直接灌注香烟打火机及类似打火器用，其包装容器的容积超过300立方厘米的液化丁烷	11					0	0	
27111390	其他液化丁烷	5					0		
27111400	液化的乙烯、丙烯、丁烯及丁二烯	5					0	0	
27111910	直接灌注香烟打火机及类似打火器用，其包装容器的容积超过300立方厘米的其他液化燃料	10					0	0	
27111990	其他液化石油气及烃类气	3					0		
27112100	气态天然气	0					0	0	0
27112900	其他气态石油气及烃类气	6					0	0	
27121000	凡士林	8					0	0	0
27122000	石蜡，不论是否着色，按重量计含油小于0.75%	8					0	0	0
27129010	微晶石蜡，不论是否着色	8					0	0	0
27129090	其他矿物蜡及用合成或其他方法制得的类似产品，不论是否着色	8					0	0	0
27131110	硫的重量百分比小于3%的未煅烧石油焦	3					0	0	0
27131190	未煅烧石油焦	3					0	0	0
27131210	硫的重量百分比小于0.8%的已煅烧石油焦	3					0	0	0
27131290	已煅烧石油焦	3					0	0	0
27132000	石油沥青	8					0	0	0
27139000	其他石油或从沥青矿物提取油类的残渣	6					0	0	0
27141000	沥青页岩、油页岩及焦油砂	6					0	0	0
27149010	天然沥青（地沥青）	8					0	0	0
27149020	乳化沥青	0					0	0	0
27149090	沥青岩	3					0	0	0
27150000	以天然沥青（地沥青）、石油沥青、矿物焦油或矿物焦油沥青为基本成分的沥青混合物	8					0	0	0
27160000	电力	0					0	0	0
28011000	氯	5.5					0	0	
28012000	碘	5.5					0	0	
28013010	氟	5.5					0	0	
28013020	溴	5.5					0	0	
28020000	升华、沉淀、胶态硫磺	5.5					0	0	
28030000	碳（碳黑及其他税号未列名的其他形状的碳）	5.5					0	0	0
28041000	氢	5.5					0	0	0
28042100	氩	5.5					0	0	0
28042900	其他稀有气体	5.5					0	0	0
28043000	氮	5.5					0	0	0

税则号列 Tariff Item	商品名称（简称） Article Description	最惠国税率（%） M. F. N.	特惠税率（%） The Special Preferential Tariff Rates						
			亚太2国	东盟 缅甸 Myanmar	东盟 老挝 Laos	东盟 柬埔寨 Cambodia	37国	3国	1国
28044000	氧	5.5					0	0	0
28045000	硼、碲	5.5					0	0	0
28046117	电子工业用直径≥30厘米单晶硅棒	4					0	0	0
28046119	电子工业用7.5≤直径<30厘米单晶硅棒	4					0	0	0
28046120	电子工业用直径<7.5厘米单晶硅棒	4					0	0	0
28046190	其他含硅量≥99.99%的硅	4					0	0	0
28046900	其他含硅量<99.99%的硅	4					0	0	0
28047010	黄磷（白磷）	5.5					0	0	0
28047090	其他磷	5.5					0	0	0
28048000	砷	5.5					0	0	0
28049010	经掺杂用于电子工业的硒晶体棒	4					0	0	0
28049090	其他硒	5.5					0	0	
28051100	钠	5.5					0	0	
28051200	钙	5.5					0	0	
28051910	锂	5.5					0	0	
28051990	其他碱金属及碱土金属	5.5					0	0	
28053011	钕	5.5					0	0	
28053012	镝	5.5					0	0	
28053013	铽	5.5					0	0	
28053014	镧	5.5					0	0	
28053015	铈	5.5					0	0	
28053016	镨	5.5					0	0	
28053017	钇	5.5					0	0	
28053019	其他未相互混合或熔合的稀土金属、钪及钇	5.5					0	0	
28053021	已相互混合或熔合的稀土金属、钪及钇，电池级	5.5					0	0	
28053029	其他已相互混合或熔合的稀土金属、钪及钇	5.5					0	0	
28054000	汞	5.5					0	0	
28061000	氯化氢（盐酸）	5.5					0	0	
28062000	氯磺酸	5.5					0	0	
28070000	硫酸及发烟硫酸	5.5					0	0	
28080000	硝酸及磺硝酸	5.5					0	0	
28091000	五氧化二磷	1					0	0	
28092011	食品级磷酸	1					0	0	
28092019	其他磷酸及偏磷酸、焦磷酸	1					0	0	
28092090	其他多磷酸	5.5					0	0	
28100010	硼的氧化物	5.5					0	0	
28100020	硼酸	5.5					0	0	
28111110	电子级氢氟酸	5.5					0	0	0
28111190	其他氟化氢（氢氟酸）	5.5					0	0	0
28111200	氢氰酸	5.5					0	0	0
28111920	硒化氢	5.5					0	0	0
28111990	其他无机酸	5.5					0	0	0
28112100	二氧化碳	5.5					0	0	0
28112210	硅胶	5.5					0	0	0
28112290	其他二氧化硅	5.5					0	0	0

税则号列 Tariff Item	商 品 名 称（简称） Article Description	最惠国税率（%） M. F. N.	特惠税率（%） The Special Preferential Tariff Rates						
			亚太2国	东盟 缅甸 Myanmar	东盟 老挝 Laos	东盟 柬埔寨 Cambodia	37国	3国	1国
28112900	其他非金属无机氧化物	5.5					0	0	0
28121100	碳酰二氯（光气）	5.5					0	0	
28121200	氧氯化磷（磷酰氯、三氯氧磷）	5.5					0	0	
28121300	三氯化磷	5.5					0	0	
28121400	五氯化磷	5.5					0	0	
28121500	一氯化硫（氯化硫）	5.5					0	0	
28121600	二氯化硫	5.5					0	0	
28121700	亚硫酰氯	5.5					0	0	
28121900	其他非金属氯化物及氯氧化物	5.5					0	0	
28129011	三氟化氮	5.5					0	0	
28129019	其他氟化物及氟氧化物	5.5					0	0	
28129090	其他非金属卤化物及卤氧化物	5.5					0	0	
28131000	二硫化碳	5.5					0	0	
28139000	其他非金属硫化物，商品三硫化二磷	5.5					0	0	
28141000	氨	5.5					0	0	0
28142000	氨水	5.5					0	0	0
28151100	固体氢氧化钠	10					0	0	0
28151200	氢氧化钠水溶液及液体烧碱	8					0	0	0
28152000	氢氧化钾（苛性钾）	5.5					0	0	0
28153000	过氧化钠及过氧化钾	5.5					0	0	0
28161000	氢氧化镁及过氧化镁	5.5					0	0	
28164000	锶或钡的氧化物、氢氧化物及过氧化物	5.5					0	0	
28170010	氧化锌	5.5					0	0	0
28170090	过氧化锌	5.5					0	0	0
28181010	棕刚玉	5.5					0	0	0
28181090	其他人造刚玉，不论是否已有化学定义	5.5					0	0	0
28182000	氧化铝；但人造刚玉除外	8					0	0	0
28183000	氢氧化铝	5.5					0	0	0
28191000	三氧化铬	5.5					0	0	0
28199000	其他铬的氧化物及氢氧化物	5.5					0	0	0
28201000	二氧化锰	5.5					0	0	0
28209000	其他锰的氧化物	5.5					0	0	0
28211000	铁的氧化物及氢氧化物	5.5					0	0	0
28212000	土色料	5.5					0	0	0
28220010	四氧化三钴	5.5					0	0	
28220090	其他钴的氧化物及氢氧化物，商品氧化钴	5.5					0	0	
28230000	钛的氧化物	5.5					0	0	
28241000	一氧化铅（铅黄、黄丹）	5.5					0	0	
28249010	铅丹及铅橙	5.5					0	0	
28249090	其他铅的氧化物	5.5					0	0	
28251010	水合肼	5.5					0	0	0
28251020	硫酸羟胺	5.5					0	0	0
28251090	其他肼、胲及其无机盐	5.5					0	0	0
28252010	氢氧化锂	5.5					0	0	0
28252090	锂的氧化物	5.5					0	0	0

税则号列 Tariff Item	商品名称（简称） Article Description	最惠国税率（%） M. F. N.	特惠税率（%）The Special Preferential Tariff Rates						
			亚太2国	东盟			37国	3国	1国
				缅甸 Myanmar	老挝 Laos	柬埔寨 Cambodia			
28253010	五氧化二钒	5.5					0	0	0
28253090	其他钒的氧化物及氢氧化物	5.5					0	0	0
28254000	镍的氧化物及氢氧化物	5.5					0	0	0
28255000	铜的氧化物及氢氧化物	5.5					0	0	0
28256000	锗的氧化物及二氧化锆	5.5					0	0	0
28257000	钼的氧化物及氢氧化物	5.5					0	0	0
28258000	锑的氧化物	5.5					0	0	0
28259011	钨酸	5.5					0	0	0
28259012	三氧化钨	5.5					0	0	0
28259019	其他钨的氧化物及氢氧化物	5.5					0	0	0
28259021	三氧化二铋	5.5					0	0	0
28259029	其他铋的氧化物及氢氧化物	5.5					0	0	0
28259031	二氧化锡	5.5					0	0	0
28259039	其他锡的氧化物及氢氧化物	5.5					0	0	0
28259041	一氧化铌	5.5					0	0	0
28259049	其他铌的氧化物及氢氧化物	5.5					0	0	0
28259090	其他无机碱、其他金属的氧化物及氢氧化物及过氧化物	5.5					0	0	0
28261210	无水氟化铝	5.5					0	0	0
28261290	其他氟化铝	5.5					0	0	0
28261910	铵的氟化物	5.5					0	0	0
28261920	钠的氟化物	5.5					0	0	0
28261990	其他氟化物	5.5					0	0	0
28263000	六氟铝酸钠（人造冰晶石）	5.5					0	0	0
28269010	氟硅酸盐	5.5					0	0	0
28269020	六氟磷酸锂	5.5					0	0	0
28269090	氟铝酸盐及其他氟络盐	5.5					0	0	0
28271010	肥料用氯化铵	4					0	0	0
28271090	非肥料用氯化铵	5.5					0	0	0
28272000	氯化钙	5.5					0	0	0
28273100	氯化镁	5.5					0	0	0
28273200	氯化铝	5.5					0	0	0
28273500	氯化镍	5.5					0	0	0
28273910	氯化锂	5.5					0	0	0
28273920	氯化钡	5.5					0	0	0
28273930	氯化钴	5.5					0	0	0
28273990	其他未列名氯化物	5.5					0	0	0
28274100	铜的氯氧化物及氢氧基氯化物	5.5					0	0	0
28274910	锆的氯氧化物及氢氧基氯化物	5.5					0	0	0
28274990	其他氯氧化物及氢氧基氯化物	5.5					0	0	0
28275100	溴化钠及溴化钾	5.5					0	0	0
28275900	其他溴化物及溴氧化物	5.5					0	0	0
28276000	碘化物及碘氧化物	5.5					0	0	0
28281000	商品次氯酸钙及其他钙的次氯酸盐	12					0	0	
28289000	次氯酸盐、亚氯酸盐及次溴酸盐	5.5					0	0	

税则号列 Tariff Item	商品名称（简称） Article Description	最惠国税率（%） M. F. N.	特惠税率（%） The Special Preferential Tariff Rates						
			亚太2国	东盟 缅甸 Myanmar	东盟 老挝 Laos	东盟 柬埔寨 Cambodia	37国	3国	1国
28291100	氯酸钠	12					0	0	
28291910	氯酸钾（洋硝）	5.5					0	0	
28291990	其他氯酸盐	5.5					0	0	
28299000	高氯酸盐、溴酸盐及过溴酸盐、碘酸盐及高碘酸盐	5.5					0	0	
28301010	硫化钠	5.5					0	0	0
28301090	其他钠的硫化物	5.5					0	0	0
28309020	硫化锑	5.5					0	0	0
28309030	硫化钴	5.5					0	0	0
28309090	其他硫化物、多硫化物	5.5					0	0	0
28311010	钠的连二硫酸盐	5.5					0	0	
28311020	钠的次硫酸盐	5.5					0	0	
28319000	其他连二亚硫酸盐及次硫酸盐	5.5					0	0	
28321000	钠的亚硫酸盐	5.5					0	0	
28322000	其他亚硫酸盐	5.5					0	0	
28323000	硫代硫酸盐	5.5					0	0	
28331100	硫酸钠	5.5					0	0	
28331900	钠的其他硫酸盐	5.5					0	0	
28332100	硫酸镁	5.5					0	0	0
28332200	硫酸铝	5.5					0	0	0
28332400	镍的硫酸盐	5.5					0	0	0
28332500	铜的硫酸盐	5.5					0	0	0
28332700	硫酸钡	5.5					0	0	0
28332910	硫酸亚铁	5.5					0	0	0
28332920	铬的硫酸盐	5.5					0	0	0
28332930	硫酸锌	5.5					0	0	0
28332990	其他硫酸盐	5.5					0	0	0
28333010	钾铝矾	5.5					0	0	0
28333090	其他矾	5.5					0	0	0
28334000	过硫酸盐	5.5					0	0	0
28341000	亚硝酸盐	5.5					0	0	0
28342110	肥料用硝酸钾	4					0	0	0
28342190	非肥料用硝酸钾	5.5					0	0	0
28342910	硝酸钴	5.5					0	0	0
28342990	其他硝酸盐	5.5					0	0	0
28351000	次磷酸盐及亚磷酸盐	5.5					0	0	0
28352200	磷酸一钠及磷酸二钠	5.5					0	0	0
28352400	钾的磷酸盐	5.5					0	0	0
28352510	饲料级的正磷酸氢钙（磷酸二钙）	5.5					0	0	0
28352520	食品级的正磷酸氢钙（磷酸二钙）	5.5					0	0	0
28352590	其他正磷酸氢钙（磷酸二钙）	5.5					0	0	0
28352600	其他磷酸钙	5.5					0	0	0
28352910	磷酸三钠	5.5					0	0	0
28352990	其他磷酸盐	5.5					0	0	0
28353110	食品级的三磷酸钠（三聚磷酸钠）	5.5					0	0	0
28353190	其他三磷酸钠（三聚磷酸钠）	5.5					0	0	0

税则号列 Tariff Item	商品名称（简称） Article Description	最惠国税率（%） M. F. N.	特惠税率（%） The Special Preferential Tariff Rates						
			亚太2国	东盟			37国	3国	1国
				缅甸 Myanmar	老挝 Laos	柬埔寨 Cambodia			
28353911	食品级的六偏磷酸钠	5.5					0	0	0
28353919	其他六偏磷酸钠	5.5					0	0	0
28353990	其他多磷酸盐	5.5					0	0	0
28362000	碳酸钠（纯碱）	5.5					0	0	0
28363000	碳酸氢钠（小苏打）	5.5					0	0	0
28364000	钾的碳酸盐	5.5					0	0	0
28365000	碳酸钙	5.5					0	0	0
28366000	碳酸钡	5.5					0	0	0
28369100	锂的碳酸盐	5.5					0	0	0
28369200	锶的碳酸盐	5.5					0	0	0
28369910	碳酸镁	5.5					0	0	0
28369930	碳酸钴	5.5					0	0	0
28369940	商品碳酸铵及其他铵的碳酸盐	5.5					0	0	0
28369950	碳酸锆	5.5					0	0	0
28369990	其他碳酸盐、过碳酸盐	5.5					0	0	0
28371110	氰化钠	5.5					0	0	
28371120	氧氰化钠	5.5					0	0	
28371910	氰化钾	5.5					0	0	
28371990	其他氰化物及氧氰化物	5.5					0	0	
28372000	氰络合物	5.5					0	0	
28391100	偏硅酸钠	5.5					0	0	
28391910	硅酸钠	5.5					0	0	
28391990	其他钠的硅酸盐，商品硅酸钠	5.5					0	0	
28399000	其他硅酸盐，商品碱金属硅酸盐	5.5					0	0	
28401100	无水四硼酸钠	5.5					0	0	
28401900	其他四硼酸钠	5.5					0	0	
28402000	其他硼酸盐	5.5					0	0	
28403000	过硼酸盐	5.5					0	0	
28413000	重铬酸钠	5.5					0	0	0
28415000	其他铬酸盐及重铬酸盐、过铬酸盐	5.5					0	0	0
28416100	高锰酸钾	5.5					0	0	0
28416910	锰酸锂	5.5					0	0	0
28416990	其他亚锰酸盐、锰酸盐及高锰酸盐	5.5					0	0	0
28417010	钼酸铵	5.5					0	0	0
28417090	其他钼酸盐	5.5					0	0	0
28418010	仲钨酸铵	5.5					0	0	0
28418020	钨酸钠	5.5					0	0	0
28418030	钨酸钙	5.5					0	0	0
28418040	偏钨酸铵	5.5					0	0	0
28418090	其他钨酸盐	5.5					0	0	0
28419000	其他金属酸盐及过金属酸盐	5.5					0	0	0
28421000	硅酸复盐及硅酸络盐（包括不论是否已有化学定义的硅铝酸盐）	5.5					0	0	
28429011	硫氰酸钠	5.5					0	0	
28429019	其他雷酸盐、氰酸盐及硫氰酸盐	5.5					0	0	

税则号列 Tariff Item	商品名称（简称） Article Description	最惠国税率（%） M. F. N.	特惠税率（%） The Special Preferential Tariff Rates 亚太2国	东盟 缅甸 Myanmar	东盟 老挝 Laos	东盟 柬埔寨 Cambodia	37国	3国	1国
28429020	碲化镉	5.5					0	0	
28429030	锂镍钴锰氧化物	5.5					0	0	
28429040	磷酸铁锂	5.5					0	0	
28429050	硒酸盐及亚硒酸盐	5.5					0	0	
28429060	锂镍钴铝氧化物	5.5					0	0	
28429090	其他无机酸盐及过氧酸盐，叠氮化物除外	5.5					0	0	
28431000	胶态贵金属	5.5					0	0	
28432100	硝酸银	5.5					0	0	
28432900	其他银化合物，不论是否已有化学定义	5.5					0	0	
28433000	金化合物，不论是否已有化学定义	5.5					0	0	
28439000	其他贵金属化合物，不论是否已有化学定义；贵金属汞齐	5.5					0	0	
28441000	天然铀及其化合物（包括其合金，分散体，陶瓷产品及混合物）	5.5					0	0	0
28442000	U235浓缩铀、钚及它们的化合物（包括其合金、分散体、陶瓷产品及混合物）	5.5					0	0	0
28443000	U235贫化铀、钍及它们的化合物（包括其合金、分散体、陶瓷产品及混合物）	5.5					0	0	0
28444010	镭及镭盐（包括其合金、分散体、陶瓷产品及混合物）	4					0	0	0
28444020	放射性钴及放射性钴盐（包括其合金、分散体、陶瓷产品及混合物）	4					0	0	0
28444090	其他放射性元素同位素及其化合物（包括其合金、分散体、陶瓷产品及混合物）；放射性残渣	5.5					0	0	0
28445000	核反应堆已耗尽的燃料元件	5.5					0	0	
28451000	重水（氧化氘）	5.5					0	0	
28459000	其他同位素及其化合物，不论是否已有化学定义	5.5					0	0	
28461010	氧化铈	5.5					0	0	
28461020	氢氧化铈	5.5					0	0	
28461030	碳酸铈	5.5					0	0	
28461090	铈的其他化合物	5.5					0	0	
28469011	氧化钇	5.5					0	0	
28469012	氧化镧	5.5					0	0	
28469013	氧化钕	5.5					0	0	
28469014	氧化铕	5.5					0	0	
28469015	氧化镝	5.5					0	0	
28469016	氧化铽	5.5					0	0	
28469017	氧化镨	5.5					0	0	
28469019	其他氧化稀土	5.5					0	0	
28469021	氯化铽	5.5					0	0	
28469022	氯化镝	5.5					0	0	
28469023	氯化镧	5.5					0	0	
28469024	氯化钕	5.5					0	0	
28469025	氯化镨	5.5					0	0	
28469026	氯化钇	5.5					0	0	

税则号列 Tariff Item	商品名称（简称） Article Description	最惠国税率（%） M. F. N.	特惠税率（%）The Special Preferential Tariff Rates						
			亚太2国	东盟			37国	3国	1国
				缅甸 Myanmar	老挝 Laos	柬埔寨 Cambodia			
28469028	混合氯化稀土	5.5					0	0	
28469029	未混合氯化稀土	5.5					0	0	
28469031	氟化铽	5.5					0	0	
28469032	氟化镝	5.5					0	0	
28469033	氟化镧	5.5					0	0	
28469034	氟化钕	5.5					0	0	
28469035	氟化镨	5.5					0	0	
28469036	氟化钇	5.5					0	0	
28469039	其他氟化稀土	5.5					0	0	
28469041	碳酸镧	5.5					0	0	
28469042	碳酸铽	5.5					0	0	
28469043	碳酸镝	5.5					0	0	
28469044	碳酸钕	5.5					0	0	
28469045	碳酸镨	5.5					0	0	
28469046	碳酸钇	5.5					0	0	
28469048	混合碳酸稀土	5.5					0	0	
28469049	未混合碳酸稀土	5.5					0	0	
28469091	镧的其他化合物	5.5					0	0	
28469092	钕的其他化合物	5.5					0	0	
28469093	铽的其他化合物	5.5					0	0	
28469094	镝的其他化合物	5.5					0	0	
28469095	镨的其他化合物	5.5					0	0	
28469096	钇的其他化合物	5.5					0	0	
28469099	稀土金属、钇、钪的其他化合物	5.5					0	0	
28470000	过氧化氢，不论是否用尿素固化	5.5					0	0	
28491000	碳化钙，不论是否已有化学定义	5.5					0	0	
28492000	碳化硅，不论是否已有化学定义	5.5					0	0	
28499010	碳化硼，不论是否已有化学定义	5.5					0	0	
28499020	碳化钨，不论是否已有化学定义	5.5					0	0	
28499090	其他碳化物，不论是否已有化学定义	5.5					0	0	
28500011	氮化锰	5.5					0	0	
28500012	氮化硼	5.5					0	0	
28500019	其他氮化物	5.5					0	0	
28500090	氢化物、迭氮化物、硅化物及硼化物，不论是否已有化学定义，但可归入税目28.49的碳化物除外	5.5					0	0	
28521000	汞的有机或无机化合物，汞齐除外	5.5					0	0	
28529000	无化学定义的汞化合物	5.5					0	0	0
28531000	氯化氰	5.5					0	0	
28539010	饮用蒸馏水	5.5					0	0	
28539030	镍钴锰氢氧化物	6.5					0	0	
28539040	磷化物，不论是否已有化学定义，但不包括磷铁	5.5					0	0	
28539050	镍钴铝氢氧化物	5.5					0	0	
28539090	其他无机化合物、液态空气、压缩空气、汞齐，但贵金属汞齐除外	5.5					0	0	
29011000	饱和无环烃	2					0	0	

税则号列 Tariff Item	商品名称（简称） Article Description	最惠国税率（%）M. F. N.	特惠税率（%）The Special Preferential Tariff Rates 亚太2国	东盟 缅甸 Myanmar	东盟 老挝 Laos	东盟 柬埔寨 Cambodia	37国	3国	1国
29012100	乙烯	2					0	0	
29012200	丙烯	2					0	0	
29012310	1-丁烯	2					0	0	
29012320	2-丁烯	2					0	0	
29012330	2-甲基丙稀	2					0	0	
29012410	1,3-丁二烯	2					0	0	
29012420	异戊二烯	2					0	0	
29012910	异戊烯	2					0	0	
29012920	乙炔	2					0	0	
29012990	其他不饱和无环烃	2					0	0	
29021100	环已烷	2					0	0	
29021910	蒎烯	2					0	0	
29021920	4-烷基-4'-烷基双环已烷	2					0	0	
29021990	其他环烷烃、环烯及环萜烯	2					0	0	
29022000	苯	2					0	0	
29023000	甲苯	2					0	0	
29024100	邻二甲苯	2					0	0	
29024200	间二甲苯	2					0	0	
29024300	对二甲苯	2					0	0	
29024400	混合二甲苯异构体	2					0	0	
29026000	乙苯	2					0	0	
29027000	异丙基苯	2					0	0	
29029010	四氢萘	2					0	0	
29029020	精萘	2					0	0	
29029030	十二烷基苯	2					0	0	
29029040	4-（4'-烷基环已基）环已基乙烯	2					0	0	
29029050	1-烷基-4-（4-烷烯基-1,1'-双环已基）苯	2					0	0	
29029090	其他芳香烃	2					0	0	
29031100	一氯甲烷及氯乙烷	5.5					0	0	
29031200	二氯甲烷	8					0	0	
29031300	氯仿（三氯甲烷）	10					0	0	
29031400	四氯化碳	8					0	0	
29031500	1,2-二氯乙烷（ISO）	5.5					0		
29031910	1,1,1-三氯乙烷（甲基氯仿）	8					0	0	
29031990	其他无环烃的饱和氯化衍生物	5.5					0	0	
29032100	氯乙烯	5.5					0	0	
29032200	三氯乙烯	8					0	0	
29032300	四氯乙烯	5.5					0	0	
29032910	3-氯-1-丙稀（氯丙稀）	5.5					0	0	
29032990	其他无环烃的不饱和氯化衍生物	5.5					0	0	
29033100	1,2-二溴乙烷（ISO）	5.5					0	0	
29033910	全氟异丁烯（八氟异丁烯）	5.5					0	0	
29033990	其他无环烃的氟化、溴化或碘化衍生物	5.5					0	0	
29037100	一氯二氟甲烷	5.5					0	0	
29037200	二氯三氟乙烷	5.5					0	0	

税则号列 Tariff Item	商品名称（简称） Article Description	最惠国税率(%) M. F. N.	特惠税率（%）The Special Preferential Tariff Rates 亚太2国	东盟 缅甸 Myanmar	东盟 老挝 Laos	东盟 柬埔寨 Cambodia	37国	3国	1国
29037300	二氯一氟乙烷	5.5					0	0	
29037400	一氯二氟乙烷	5.5					0	0	
29037500	二氯五氟丙烷	5.5					0	0	
29037600	溴氯二氟甲烷、溴三氟甲烷及二溴四氟乙烷	5.5					0	0	
29037710	三氯氟甲烷	5.5					0	0	
29037720	其他仅含氟和氯的甲烷、乙烷及丙烷的全卤化物	5.5					0	0	
29037790	其他仅含氟氯的无环烃全卤化衍生物	5.5					0	0	
29037800	其他无环烃全卤化衍生物	5.5					0	0	
29037910	其他仅含氟和氯的甲烷、乙烷及丙烷的卤化衍生物	5.5					0	0	
29037990	其他含有两种或两种以上不同卤素的无环烃卤化衍生物	5.5					0	0	
29038100	1,2,3,4,5,6-六氯环已烷［六六六（ISO）］，包括林丹（ISO，INN）	5.5					0	0	
29038200	艾氏剂（ISO）、氯丹（ISO）及七氯（ISO）	5.5					0	0	
29038300	灭蚁灵（ISO）	5.5					0	0	
29038900	其他环烷烃或环烯烃等卤化衍生物	5.5					0	0	
29039110	邻二氯苯	5.5					0	0	
29039190	氯苯及对二氯苯	5.5					0	0	
29039200	六氯苯（ISO）及滴滴涕（ISO，INN）	5.5					0	0	
29039300	五氯苯（ISO）	5.5					0	0	
29039400	六溴联苯	5.5					0	0	
29039910	对氯甲苯	5.5					0	0	
29039920	3,4-二氯三氟甲苯	5.5					0	0	
29039930	4-（4'-烷基苯基）-1-（4'-烷基苯基）-2-氟苯	5.5					0	0	
29039990	其他芳烃卤化衍生物	5.5					0	0	
29041000	仅含磺基的衍生物及其盐和乙酯	5.5					0	0	
29042010	硝基苯	5.5					0	0	
29042020	硝基甲苯	5.5					0	0	
29042030	二硝基甲苯	5.5					0	0	
29042040	三硝基甲苯（TNT）	5.5					0	0	
29042090	其他仅含硝基或亚硝基衍生物	5.5					0	0	
29043100	全氟辛基磺酸	5.5					0	0	
29043200	全氟辛基磺酸铵	5.5					0	0	
29043300	全氟辛基磺酸锂	5.5					0	0	
29043400	全氟辛基磺酸钾	5.5					0	0	
29043500	其他全氟辛基磺酸盐	5.5					0	0	
29043600	全氟辛基磺酰氟	5.5					0	0	
29049100	三氯硝基甲烷（氯化苦、硝基氯仿）	5.5					0	0	
29049900	其他烃的磺化、硝化、亚硝化衍生物，不论是否卤化	5.5					0	0	
29051210	丙醇	5.5					0	0	
29051220	异丙醇	5.5					0	0	
29051300	正丁醇	5.5					0	0	
29051410	异丁醇	5.5					0	0	
29051420	仲丁醇	5.5					0	0	
29051430	叔丁醇	5.5					0	0	

税则号列 Tariff Item	商品名称（简称） Article Description	最惠国税率（%） M. F. N.	特惠税率（%） The Special Preferential Tariff Rates 亚太2国	东盟 缅甸 Myanmar	老挝 Laos	柬埔寨 Cambodia	37国	3国	1国
29051700	十二醇、十六醇及十八醇	7					0	0	
29051910	3,3-二甲基丁-2-醇（频那基醇）	5.5					0	0	
29051990	其他饱和一元醇	5.5					0	0	
29052210	香叶醇、橙花醇	5.5					0	0	
29052220	香茅醇	5.5					0	0	
29052230	芳樟醇	5.5					0	0	
29052290	其他无环萜烯醇	5.5					0	0	
29052900	其他不饱和一元醇（无环萜烯醇除外）	5.5					0	0	
29053200	丙二醇	5.5					0	0	
29053910	2,5-二甲基己二醇	4					0	0	
29053990	其他二元醇	5.5					0	0	
29054100	三羟甲基丙烷	5.5					0	0	
29054200	季戊四醇	5.5					0	0	
29054300	甘露糖醇	8					0	0	0
29054400	山梨醇	14					0	0	
29054500	丙三醇（甘油）	14					0	0	
29054910	木糖醇	5.5					0	0	
29054990	其他多元醇	5.5					0	0	
29055100	乙氯维诺	5.5					0	0	
29055900	无环醇的卤化、磺化、硝化或亚硝化的衍生物（乙氯维诺除外）	5.5					0	0	
29061100	薄荷醇	5					0	0	
29061200	环己醇、甲基环己醇、二甲基环己醇	5.5					0	0	
29061310	固醇	5.5					0	0	
29061320	肌醇	5.5					0	0	
29061910	萜品醇	5.5					0	0	
29061990	其他环烷醇、环烯醇及环萜烯醇	5.5					0	0	
29062100	苄醇	5					0	0	
29062910	2-苯基乙醇	5.5					0	0	
29062990	其他芳香醇及它们的衍生物	5.5					0	0	
29071110	苯酚	5.5					0	0	0
29071190	苯酚的盐	5.5					0	0	0
29071211	间甲酚	5.5					0	0	0
29071212	邻甲酚	5.5					0	0	0
29071219	其他甲酚（对甲酚）	5.5					0	0	0
29071290	甲酚的盐	5.5					0	0	0
29071310	壬基酚	5.5					0	0	0
29071390	辛基酚及其异构体的盐和壬基酚盐	5.5					0	0	0
29071510	β-萘酚（2-萘酚）	5.5					0	0	0
29071590	其他萘酚及其盐	5.5					0	0	0
29071910	邻仲丁基酚、邻异丙基酚	4					0	0	0
29071990	其他一元酚	5.5					0	0	0
29072100	间苯二酚及其盐	5.5					0	0	0
29072210	对苯二酚	5.5					0	0	0
29072290	对苯二酚的盐	5.5					0	0	0

税则号列 Tariff Item	商 品 名 称（简称） Article Description	最惠国税率（%）M. F. N.	特惠税率（%）The Special Preferential Tariff Rates						
			亚太2国	东盟 缅甸 Myanmar	东盟 老挝 Laos	东盟 柬埔寨 Cambodia	37国	3国	1国
29072300	4,4'-异亚丙基联苯酚（双酚A）及其盐	5.5					0	0	0
29072910	邻苯二酚	4					0	0	0
29072990	其他多元酚、酚醇	5.5					0	0	0
29081100	五氯苯酚（ISO）	5.5					0	0	
29081910	对氯苯酚	4					0	0	
29081990	其他仅含卤素取代基的酚及酚醇衍生物及其盐	5.5					0	0	
29089100	地乐酚（ISO）及其盐	5.5					0	0	
29089200	4,6-二硝基邻甲酚〔二硝酚（ISO）〕及其盐	5.5					0	0	
29089910	对硝基酚、对硝基酚钠	5.5					0	0	
29089990	其他酚及酚醇的卤化、磺化、硝化或亚硝化的等衍生物	5.5					0	0	
29091100	乙醚	5.5					0	0	0
29091910	甲醚	5.5					0		
29091990	其他无环醚及其卤化、磺化、硝化或亚硝化衍生物	5.5					0		
29092000	环烷醚、环烯醚或环萜烯醚及其卤化、磺化、硝化或亚硝化衍生物	5.5					0	0	0
29093010	1-烷氧基-4-（4-乙烯基环己基）-2，3-二氟苯	5.5					0	0	0
29093020	4-（4-烷氧基苯基）-4'-烷烯基-1,1'-双环己烷及其氟代衍生物	5.5					0	0	0
29093090	其他芳香醚及其卤化、磺化、硝化或亚硝化衍生物	5.5					0	0	0
29094100	2,2'-氧联二乙醇（二甘醇）	5.5					0		
29094300	乙二醇或二甘醇的单丁醚	5.5					0	0	0
29094400	乙二醇或二甘醇的其他单烷基醚	5.5					0	0	0
29094910	间苯氧基苄醇	4					0	0	0
29094990	其他醚醇及其卤化、磺化、硝化或亚硝化的衍生物	5.5					0	0	0
29095000	醚酚、醚醇酚及其卤化、磺化、硝化或亚硝化的衍生物	5.5					0	0	0
29096000	过氧化醇、过氧化醚、过氧化酮及其卤化、磺化、硝化或亚硝化的衍生物	5.5					0	0	0
29101000	环氧乙烷（氧化乙烯）	5.5					0	0	
29102000	甲基环氧乙烷（氧化丙烯）	5.5					0	0	
29103000	1-氯-2,3-环氧丙烷（表氯醇）	5.5					0	0	
29104000	狄氏剂（ISO，INN）	5.5					0	0	
29105000	异狄氏剂（ISO）	5.5					0	0	
29109000	三节环环氧化物，环氧醇（酚、醚）及其卤化、磺化、硝化或亚硝化的衍生物	5.5					0	0	
29110000	缩醛、半缩醛，不论是否含有其他含氧基，及其卤化、磺化、硝化或亚硝化的衍生物	5.5					0	0	
29121100	甲醛	5.5					0	0	
29121200	乙醛	5.5					0	0	
29121900	其他无环醛（不含其他含氧基）	5.5					0	0	
29122100	苯甲醛	5.5					0	0	
29122910	铃兰醛（对叔丁基-α-甲基-氧化肉桂醛）	5.5					0	0	
29122990	其他环醛（不含其他含氧基）	5.5					0	0	
29124100	香草醛（3-甲氧基-4-羟基苯甲醛）	5.5					0	0	

税则号列 Tariff Item	商品名称（简称）Article Description	最惠国税率（%）M. F. N.	特惠税率（%）The Special Preferential Tariff Rates						
			亚太2国	东盟 缅甸 Myanmar	东盟 老挝 Laos	东盟 柬埔寨 Cambodia	37国	3国	1国
29124200	乙基香草醛	5.5					0	0	
29124910	醛醇	5.5					0	0	
29124990	其他醛醚、醛酚、其他含氧基的醛	5.5					0	0	
29125000	环聚醛	5.5					0	0	
29126000	多聚甲醛	5.5					0	0	
29130000	税目29.12所列产品的卤化、磺化、硝化或亚硝化的衍生物	5.5					0	0	
29141100	丙酮	5.5					0	0	
29141200	丁酮	5.5					0	0	
29141300	4-甲基-2-戊酮	5.5					0	0	
29141900	其他不含其他含氧基的无环酮	5.5					0	0	
29142200	环已酮及甲基环已酮	5.5					0	0	
29142300	芷香酮及甲基芷香酮	5.5					0	0	
29142910	樟脑	5.5					0	0	
29142990	其他不含含氧基环烷酮、环烯酮或环萜烯酮	5.5					0	0	
29143100	苯丙酮（苯基丙-2-酮）	5.5					0	0	
29143910	苯乙酮	4					0	0	
29143990	其他不含其他含氧基的芳香酮	5.5					0	0	
29144000	酮醇及酮醛	5.5					0	0	
29145011	覆盆子酮	5.5					0	0	
29145019	其他酮酚	5.5					0	0	
29145020	2-羟基-4-甲氧基二苯甲酮	5.5					0	0	
29145090	酮酚及含其他含氧基酮	5.5					0	0	
29146100	蒽醌	5.5					0	0	
29146200	辅酶Q10	5.5					0	0	
29146900	其他醌，不论是否含有其他含氧基，及其卤化、磺化、硝化或亚硝化衍生物	5.5					0	0	
29147100	十氯酮（ISO）	5.5					0	0	
29147900	其他酮及醌的卤化、磺化、硝化或亚硝化的衍生物	5.5					0	0	
29151100	甲酸	5.5					0	0	0
29151200	甲酸盐	5.5					0	0	0
29151300	甲酸酯	5.5					0	0	0
29152111	食品级冰乙酸	5.5					0	0	0
29152119	其他冰乙酸（冰醋酸）	5.5					0	0	0
29152190	其他乙酸	5.5					0	0	0
29152400	乙酸酐	5.5					0	0	0
29152910	乙酸钠	5.5					0	0	0
29152990	其他乙酸盐	5.5					0	0	0
29153100	乙酸乙酯	5.5					0	0	0
29153200	乙酸乙烯酯	5.5					0	0	0
29153300	乙酸正丁酯	5.5					0	0	0
29153600	地乐酚（ISO）乙酸酯	5.5					0	0	0
29153900	其他乙酸酯	5.5					0	0	0
29154000	一、二、三氯代乙酸及其盐和酯	5.5					0	0	0
29155010	丙酸	5.5					0	0	0

税则号列 Tariff Item	商品名称（简称） Article Description	最惠国税率（%） M. F. N.	特惠税率（%） The Special Preferential Tariff Rates						
			亚太2国	东盟			37国	3国	1国
				缅甸 Myanmar	老挝 Laos	柬埔寨 Cambodia			
29155090	丙酸盐和酯	5.5					0	0	0
29156000	丁酸、戊酸及其盐和酯	5.5					0	0	0
29157010	硬脂酸	7					0	0	0
29157090	棕榈酸及其盐和酯、硬脂酸盐、酯	5.5					0	0	0
29159000	其他饱和无环一元羧酸及其酸酐	5.5					0	0	0
29161100	丙烯酸及其盐	6.5					0	0	
29161210	丙烯酸甲酯	6.5					0	0	
29161220	丙烯酸乙酯	6.5					0	0	
29161230	丙烯酸丁酯	6.5					0	0	
29161240	丙烯酸异辛酯	6.5					0	0	
29161290	其他丙烯酸酯	6.5					0	0	
29161300	甲基丙烯酸及其盐	6.5					0	0	
29161400	甲基丙烯酸酯	6.5					0	0	
29161500	油酸、亚油酸或亚麻酸及其盐和酯	6.5					0	0	
29161600	乐杀螨（ISO）	6.5					0	0	
29161900	其他不饱和无环一元羧酸（包括其酸酐、酰卤化物、过氧化物、过氧酸及它们的衍生物）	6.5					0	0	
29162010	DV 菊酸甲酯、二溴菊酸	4					0	0	
29162090	其他（环烷、环烯、环萜烯）一元羧酸（包括其酸酐、酰卤化物、过氧化物、过氧酸及它们的衍生物）	6.5					0	0	
29163100	苯甲酸及其盐和酯	6.5					0	0	
29163200	过氧化苯甲酰及苯甲酰氯	6.5					0	0	
29163400	苯乙酸及其盐	6.5					0	0	
29163910	邻甲基苯甲酸	6.5					0	0	
29163920	布洛芬	6.5					0	0	
29163930	2-（3-碘-4-乙基苯基）-2-甲基丙酸	6.5					0	0	
29163990	其他芳香一元羧酸（包括其酸酐，酰卤化物，过氧化物和过氧酸及它们的衍生物）	6.5					0	0	
29171110	草酸	6.5					0	0	
29171120	草酸钴	9					0	0	
29171190	其他草酸盐和酯	6.5					0	0	
29171200	己二酸及其盐和酯	6.5					0	0	
29171310	癸二酸及其盐和酯	6.5					0	0	
29171390	壬二酸及其盐和酯	6.5					0	0	
29171400	马来酐	6.5					0	0	
29171900	其他无环多元羧酸（包括其酸酐、酰卤化物、过氧化物、过氧酸及它们的衍生物）	6.5					0	0	
29172010	四氢苯酐	4					0	0	
29172090	其他（环烷、环烯、环萜烯）多元羧酸（包括其酸酐、酰卤化物、过氧化物、过氧酸及它们的衍生物）	6.5					0	0	
29173200	邻苯二甲酸二辛酯	6.5					0	0	
29173300	邻苯二甲酸二壬酯，邻苯二甲酸二癸酯	6.5					0	0	
29173410	邻苯二甲酸二丁酯	6.5					0	0	
29173490	其他邻苯二甲酸酯	6.5					0	0	
29173500	邻苯二甲酸酐（苯酐）	6.5					0	0	

税则号列 Tariff Item	商品名称（简称） Article Description	最惠国税率（%） M. F. N.	特惠税率（%） The Special Preferential Tariff Rates						
			亚太2国	东盟			37国	3国	1国
				缅甸 Myanmar	老挝 Laos	柬埔寨 Cambodia			
29173611	精对苯二甲酸	6.5					0	0	
29173619	其他对苯二甲酸	6.5					0	0	
29173690	对苯二甲酸盐	6.5					0	0	
29173700	对苯二甲酸二甲酯	6.5					0	0	
29173910	间苯二甲酸	6.5					0	0	
29173990	其他芳香多元羧酸（包括其酸酐、酰卤化物、过氧化物、过氧酸及它们的衍生物）	6.5					0	0	
29181100	乳酸及其盐和酯	6.5					0	0	
29181200	酒石酸	6.5					0	0	
29181300	酒石酸盐及酒石酸酯	6.5					0	0	
29181400	柠檬酸	6.5					0	0	
29181500	柠檬酸盐及柠檬酸酯	6.5					0	0	
29181600	葡糖酸及其盐和酯	6.5					0	0	
29181700	2,2-二苯基-2-羟基乙酸（二苯基乙醇酸）	6.5					0	0	
29181800	乙酯杀螨醇（ISO）	6.5					0	0	
29181900	其他含醇基但不含其他含氧基的羧酸（包括其酸酐、酰卤化物、过氧化物、过氧酸及它们的衍生物）	6.5					0	0	
29182110	水杨酸、水杨酸钠	6.5					0	0	
29182190	其他水杨酸盐	6.5					0	0	
29182210	邻乙酰水杨酸（阿司匹林）	6					0	0	
29182290	邻乙酰水杨酸盐和酯	6.5					0	0	
29182300	水杨酸其他酯及其盐	6.5					0	0	
29182900	其他含酚基但不含其他含氧基羧酸及其酸酐（酰卤化物、过氧化物、过氧酸及它们的衍生物）	6.5					0	0	
29183000	含醛基或酮基不含其他含氧基羧酸及其酸酐（酰卤化物、过氧化物、过氧酸及它们的衍生物）	6.5					0	0	
29189100	2,4,5-滴（ISO）(2,4,5-三氯苯氧基乙酸）及其盐或酯	6.5					0	0	
29189900	其他含其他附加含氧基羧酸及其酸酐（酰卤化物、过氧化物、过氧酸及它们的衍生物）	6.5					0	0	
29191000	三（2,3-二溴丙基）磷酸酯	6.5					0	0	
29199000	其他磷酸酯及其盐（包括乳磷酸盐），及它们的卤化、磺化、硝化或亚硝化的衍生物	6.5					0	0	
29201100	对硫磷（ISO）及甲基对硫磷（ISO）	6.5					0	0	
29201900	其他硫代磷酸酯及其盐和它们的卤化、磺化、硝化或亚硝化的衍生物	6.5					0	0	
29202100	亚磷酸二甲酯	6.5					0	0	
29202200	亚磷酸二乙酯	6.5					0	0	
29202300	亚磷酸三甲酯	6.5					0	0	
29202400	亚磷酸三乙酯	6.5					0	0	
29202910	其他亚磷酸酯	6.5					0	0	
29202990	其他亚磷酸酯及其盐以及它们的卤化、磺化、硝化或亚硝化衍生物	6.5					0	0	
29203000	硫丹（ISO）	6.5					0	0	

税则号列 Tariff Item	商 品 名 称（简称） Article Description	最惠国税率（%） M. F. N.	特惠税率（%） The Special Preferential Tariff Rates						
			亚太2国	东盟 缅甸 Myanmar	东盟 老挝 Laos	东盟 柬埔寨 Cambodia	37国	3国	1国
29209000	其他无机酸酯（不包括卤化氢的酯）及其盐和它们的卤化、磺化、硝化或亚硝化的衍生物	6.5					0	0	
29211100	甲胺、二甲胺或三甲胺及其盐	6.5					0	0	
29211200	2-（N，N-二甲基氨基）氯乙烷盐酸盐	6.5					0	0	
29211300	2-（N，N-二乙基氨基）氯乙烷盐酸盐	6.5					0	0	
29211400	2-（N，N-二异丙基氨基）氯乙烷盐酸盐	6.5					0	0	
29211910	二正丙胺	4					0	0	
29211920	异丙胺	6.5					0	0	
29211930	N，N-二（2-氯乙基）乙胺	6.5					0	0	
29211940	N，N-二（2-氯乙基）甲胺	6.5					0	0	
29211950	三（2-氯乙基）胺	6.5					0	0	
29211960	二烷氨基乙基-2-氯及其质子化盐	6.5					0	0	
29211990	其他无环单胺及其衍生物和它们的盐	6.5					0	0	
29212110	乙二胺	6.5					0	0	
29212190	乙二胺盐	6.5					0	0	
29212210	己二酸己二胺盐（尼龙-66盐）	6.5					0	0	
29212290	六亚甲基二胺及其他盐	6.5					0	0	
29212900	其他无环多胺及其衍生物和它们的盐	6.5					0	0	
29213000	环（烷、烯、萜烯）单胺或多胺及衍生物和它们的盐	6.5					0	0	
29214110	苯胺	6.5					0	0	
29214190	苯胺盐	6.5					0	0	
29214200	苯胺衍生物及其盐	6.5					0	0	
29214300	甲苯胺及其衍生物和它们的盐	6.5					0	0	
29214400	二苯胺及其衍生物和它们的盐	6.5					0	0	
29214500	1-萘胺、2-萘胺及其衍生物及盐	6.5					0	0	
29214600	安非他明、苄非他明、右苯丙胺、乙非他明、芬坎法明、利非他明、左苯丙胺、美芬雷司、芬特明以及它们的盐	6.5					0	0	
29214910	对异丙基苯胺	4					0	0	
29214920	二甲基苯胺	6.5					0	0	
29214930	2,6-甲基乙基苯胺	4					0	0	
29214940	2,6-二乙基苯胺	6.5					0	0	
29214990	其他芳香单胺及衍生物和它们的盐	6.5					0	0	
29215110	邻苯二胺	4					0	0	
29215190	间-、对-苯二胺、二氨基甲苯及其衍生物和它们的盐	6.5					0	0	
29215900	其他芳香多胺及衍生物和它们的盐	6.5					0	0	
29221100	单乙醇胺及其盐	6.5					0	0	
29221200	二乙醇胺及其盐	6.5					0	0	
29221400	右丙氧芬及其盐	6.5					0	0	
29221500	三乙醇胺	6.5					0	0	
29221600	全氟辛基磺酸二乙醇铵	6.5					0	0	
29221700	甲基二乙醇胺和乙基二乙醇胺	6.5					0	0	
29221800	2-（N，N-二异丙基氨基）乙醇	6.5					0	0	
29221910	乙胺丁醇	6.5					0	0	
29221921	二甲氨基乙醇及其质子化盐	6.5					0	0	

税则号列 Tariff Item	商品名称（简称） Article Description	最惠国税率（%） M. F. N.	特惠税率（%） The Special Preferential Tariff Rates 亚太2国	东盟 缅甸 Myanmar	东盟 老挝 Laos	东盟 柬埔寨 Cambodia	37国	3国	1国
29221922	二乙氨基乙醇及其质子化盐	6.5					0	0	
29221929	其他二烷氨基乙-2-醇及其质子化	6.5					0	0	
29221930	乙基二乙醇胺	6.5					0	0	
29221940	甲基二乙醇胺	6.5					0	0	
29221950	本芴醇	6.5					0	0	
29221990	其他氨基醇及其醚、酯和它们的盐（但含有一种以上含氧基的除外）	6.5					0	0	
29222100	氨基羟基萘磺酸及其盐	6.5					0	0	
29222910	茴香胺、二茴香胺、氨基苯乙醚及其盐	6.5					0	0	
29222990	其他氨基（萘酚、酚）及醚、酯、盐（但含有一种以上含氧基的除外）	6.5					0	0	
29223100	安非拉酮、美沙酮、去甲美沙酮和它们的盐	6.5					0	0	
29223910	4-甲基甲卡西酮	6.5					0	0	
29223920	安非他酮及其盐	6.5					0	0	
29223990	其他氨基醛、氨基酮、氨基醌及其盐（但含有一种以上含氧基的除外）	6.5					0	0	
29224110	赖氨酸	5					0	0	
29224190	赖氨酸酯和赖氨酸盐	6					0	0	
29224210	谷氨酸	10					0	0	
29224220	谷氨酸钠	10					0	0	
29224290	其他谷氨酸盐	6.5					0	0	
29224310	邻氨基苯甲酸（氨茴酸）	6.5					0	0	
29224390	邻氨基苯甲酸（氨茴酸）盐	6.5					0	0	
29224400	替利定及其盐	6.5					0	0	
29224911	氨甲环酸	6.5					0	0	
29224919	其他氨基酸	6.5					0	0	
29224991	普鲁卡因	6					0	0	
29224999	其他氨基酸及其酯和它们的盐（但含有一种以上含氧基的除外）	6.5					0	0	
29225010	对羟基苯甘氨酸及其邓甲盐	6.5					0	0	
29225020	莱克多巴胺和盐酸莱克多巴胺	6.5					0	0	
29225090	其他氨基醇酚、氨基酸酚及其他含氧基氨基化合物	6.5					0	0	
29231000	胆碱及其盐	6.5					0	0	
29232000	卵磷脂及其他磷氨基类脂	6.5					0	0	
29233000	全氟辛基磺酸四乙基铵	6.5					0	0	
29234000	全氟辛基磺酸二癸基二甲基铵	6.5					0	0	
29239000	其他季铵盐及季铵碱	6.5					0	0	
29241100	甲丙氨酯	6.5					0	0	
29241200	氯乙酰胺（ISO）、久效磷（ISO）及磷胺（ISO）	6.5					0	0	
29241910	二甲基甲酰胺	6.5					0	0	
29241990	其他无环酰胺及其衍生物和他们的盐	6.5					0	0	
29242100	酰脲及其衍生物和它们的盐	6.5					0	0	
29242300	2-乙酰氨基苯甲酸（N-乙酰邻氨基苯甲酸）及其盐	6.5					0	0	
29242400	炔己蚁胺	6.5					0	0	
29242500	甲草胺（ISO）	6.5					0	0	

税则号列 Tariff Item	商品名称（简称） Article Description	最惠国税率（%） M. F. N.	特惠税率（%） The Special Preferential Tariff Rates						
			亚太2国	东盟			37国	3国	1国
				缅甸 Myanmar	老挝 Laos	柬埔寨 Cambodia			
29242910	对乙酰氨基苯乙醚（非那西丁）	6					0	0	
29242920	对乙酰氨基酚（扑热息痛）	6					0	0	
29242930	阿斯巴甜	6.5					0	0	
29242990	其他环酰胺（包括环氨基甲酸酯）	6.5					0	0	
29251100	糖精及其盐	9					0	0	
29251200	格鲁米特	6.5					0	0	
29251900	其他酰亚胺及其衍生物、盐	6.5					0	0	
29252100	杀虫脒	6.5					0	0	
29252900	其他亚胺及其衍生物和它们的盐	6.5					0	0	
29261000	丙烯腈	6.5					0	0	
29262000	1-氰基胍（双氰胺）	6.5					0	0	
29263000	芬普雷司及其盐；美沙酮中间体（4-氰基-2-二甲氨基-4,4-二苯基丁烷）	6.5					0	0	
29264000	α-苯基乙酰基乙腈	6.5					0	0	
29269010	对氯氰苄	4					0	0	
29269020	间苯二甲腈	6.5					0	0	
29269090	其他腈基化合物	6.5					0	0	
29270000	重氮化合物、偶氮化合物及氧化偶氮化合物	6.5					0	0	
29280000	肼（联氨）及胲（羟胺）的有机衍生物	6.5					0	0	
29291010	2,4和2,6甲苯二异氰酸酯混合物（甲苯二异氰酸酯TDI）	6.5					0	0	
29291020	二甲苯二异氰酸酯（TODI）	6.5					0	0	
29291030	二苯基甲烷二异氰酸酯（纯MDI）	6.5					0	0	
29291040	六亚甲基二异氰酸酯	6.5					0	0	
29291090	其他异氰酸酯	6.5					0	0	
29299010	环已基氨基磺酸钠（甜蜜素）	9					0	0	
29299020	二烷（甲、乙、正丙或异丙）氨基膦酰二卤	6.5					0	0	
29299030	二烷氨基膦酸二烷酯	6.5					0	0	
29299040	乙酰甲胺磷	6.5					0	0	
29299090	其他含氮基化合物	6.5					0	0	
29302000	其他硫代氨基甲酸盐（或酯）	6.5					0	0	
29303000	（一硫化、二硫化、三硫化）二烃氨基硫羰	6.5					0	0	
29304000	甲硫氨酸（蛋氨酸）	6.5					0	0	
29306000	2-（N，N-二乙基氨基）乙硫醇	6.5					0	0	
29307000	二（2-羟乙基）硫醚［硫二甘醇（INN）］	6.5					0	0	
29308000	涕灭威（ISO）、敌菌丹（ISO）及甲胺磷（ISO）	6.5					0	0	
29309010	双巯丙氨酸（胱氨酸）	6.5					0	0	
29309020	二硫代碳酸酯（或盐）［黄原酸酯（或盐）］	6.5					0	0	
29309090	其他有机硫化合物	6.5					0	0	
29311000	四甲基铅及四乙基铅	6.5					0	0	
29312000	三丁基锡化合物	6.5					0	0	
29313100	甲基膦酸二甲酯	6.5					0	0	
29313200	丙基膦酸二甲酯	6.5					0	0	
29313300	乙基膦酸二乙酯	6.5					0	0	
29313400	3-（三羟基硅烷基）丙基甲基膦酸钠	6.5					0	0	

税则号列 Tariff Item	商品名称（简称） Article Description	最惠国税率(%) M. F. N.	特惠税率（%）The Special Preferential Tariff Rates						
			亚太2国	东盟			37国	3国	1国
				缅甸 Myanmar	老挝 Laos	柬埔寨 Cambodia			
29313500	1-丙基磷酸环酐	6.5					0	0	
29313600	(5-乙基-2-甲基-2-氧代-1,3,2-二氧磷杂环己-5-基）甲基膦酸二甲酯	6.5					0	0	
29313700	双［(5-乙基-2-甲基-2-氧代-1,3,2-二氧磷杂环己-5-基）甲基］甲基膦酸酯（阻燃剂 FRC-1)	6.5					0	0	
29313800	甲基膦酸和脒基尿素（1∶1）生成的盐	6.5					0	0	
29313910	双甘膦	6.5					0	0	
29313990	其他有机磷衍生物	6.5					0	0	
29319000	其他有机－无机化合物	6.5					0	0	
29321100	四氢呋喃	6					0	0	
29321200	2-糠醛	6					0	0	
29321300	糠醇及四氢糠醇	6					0	0	
29321400	三氯蔗糖	6.5					0	0	
29321900	其他结构上有非稠合呋喃环化合物（不论是否氢化）	6.5					0	0	
29322010	香豆素、甲基香豆素及乙基香豆素	6.5					0	0	
29322090	其他内酯	6.5					0	0	
29329100	4-丙烯基-1,2-亚甲二氧基苯	6.5					0	0	
29329200	1-（1,3-苯并二恶茂-5-基）丙-2-酮	6.5					0	0	
29329300	3,4-亚甲二氧基苯甲醛（胡椒醛）	6.5					0	0	
29329400	4-烯丙基-1,2-亚甲二氧基苯（黄樟脑）	6.5					0	0	
29329500	四氢大麻酚（所有异构体）	6.5					0	0	
29329910	7-羟基苯并呋喃（呋喃酚）	4					0	0	
29329920	联苯双酯	6.5					0	0	
29329930	蒿甲醚	6.5					0	0	
29329990	其他仅含氧杂原子的杂环化合物	6.5					0	0	
29331100	二甲基苯基吡唑酮（安替比林）及其衍生物	6.5					0	0	
29331920	安乃近	6					0	0	
29331990	其他结构上有非稠合吡唑环化合物（不论是否氢化）	6.5					0	0	
29332100	乙内酰脲及其衍生物	6.5					0	0	
29332900	其他结构上有非稠合咪唑环化合物（不论是否氢化）	6.5					0	0	
29333100	吡啶及其盐	6					0	0	
29333210	哌啶（六氢吡啶）	4					0	0	
29333220	哌啶（六氢吡啶）盐	6.5					0	0	
29333300	阿芬太尼、阿尼利定、氰苯双哌酰胺、溴西泮、地芬诺辛、地芬诺酯、地匹哌酮、芬太尼、凯托米酮、哌醋甲酯、喷他佐辛、哌替啶、哌替啶中间体 A、苯环利定、苯哌利定、哌苯甲醇、哌氰米特、丙吡兰和三甲利定和它们的盐	6.5					0	0	
29333910	二苯乙醇酸-3-奎宁环脂	6.5					0	0	
29333920	奎宁环-3-醇	6.5					0	0	
29333990	其他结构上有非稠合吡啶环化合物（不论是否氢化）	6.5					0	0	
29334100	左啡诺和其盐	6.5					0	0	
29334900	其他含喹琳或异喹啉环系的化合物（但未经进一步稠合）	6.5					0	0	
29335200	丙二酰脲（巴比土酸）及其盐	6.5					0	0	

税则号列 Tariff Item	商品名称（简称） Article Description	最惠国税率（%） M. F. N.	特惠税率（%） The Special Preferential Tariff Rates 亚太 2 国	东盟 缅甸 Myanmar	东盟 老挝 Laos	东盟 柬埔寨 Cambodia	37 国	3 国	1 国
29335300	阿洛巴比妥、异戊巴比妥、巴比妥、布他比妥、正丁巴比妥、环己巴比妥、甲苯巴比妥、戊巴比妥、苯巴比妥、仲丁巴比妥、司可巴比妥和乙烯比妥和它们的盐	6.5					0	0	
29335400	其他丙二酰脲的衍生物以及它们的盐	6.5					0	0	
29335500	氯普唑仑、甲氯喹酮等以及它们的盐	6.5					0	0	
29335910	胞嘧啶	6.5					0	0	
29335920	环丙氟哌酸	6.5					0	0	
29335990	其他结构上有嘧啶环或哌嗪环的化合物（不论是否氢化）	6.5					0	0	
29336100	三聚氰胺（蜜胺）	6.5					0	0	
29336910	三聚氰氯	6					0	0	
29336921	二氯异氰脲酸	6.5					0	0	
29336922	三氯异氰脲酸	6.5					0	0	
29336929	其他异氰脲酸氯化衍生物	6.5					0	0	
29336990	其他结构上含非稠合三嗪环化合物（不论是否氢化）	6.5					0	0	
29337200	氯巴占和甲乙哌酮	9					0	0	
29337900	其他内酰胺	9					0	0	
29339100	阿普唑仑、卡马西泮等以及它们的盐	6.5					0	0	
29339200	甲基谷硫磷（ISO）	6.5					0	0	
29339900	其他仅含氮杂原子的杂环化合物	6.5					0	0	
29341010	三苯甲基氨噻肟酸	6.5					0	0	
29341090	结构上含有非稠合噻唑环的化合物（不论是否氢化）	6.5					0	0	
29342000	含一个苯并噻唑环系的化合物（但未经进一步稠合，不论是否氢化）	6.5					0	0	
29343000	含一个吩噻嗪环系的化合物（但未经进一步稠合，不论是否氢化）	6.5					0	0	
29349100	阿米雷司、溴替唑仑、氯噻西泮等以及它们的盐	6.5					0	0	
29349910	磺内酯及磺内酰胺	6.5					0	0	
29349920	呋喃唑酮	6					0	0	
29349930	核酸及其盐	6.5					0	0	
29349940	奈韦拉平、依发韦仑、利托那韦及它们的盐	6.5					0	0	
29349950	克拉维酸及其盐	6.5					0	0	
29349960	7-苯乙酰氨基-3-氯甲基-4-头孢烷酸对甲氧基苄酯、7-氨基头孢烷酸、7 氨基脱乙酰氧基头孢烷酸	6					0	0	
29349990	其他杂环化合物	6.5					0	0	
29351000	N-甲基全氟辛基磺酰胺	6.5					0	0	
29352000	N-乙基全氟辛基磺酰胺	6.5					0	0	
29353000	N-乙基-N-（2-羟乙基）全氟辛基磺酰胺	6.5					0	0	
29354000	N-（2-羟乙基）-N-甲基全氟辛基磺酰胺	6.5					0	0	
29355000	其他全氟辛基磺酰胺	6.5					0	0	
29359000	其他磺（酰）胺	6.5					0	0	
29362100	未混合的维生素 A 及其衍生物	4					0	0	0
29362200	未混合的维生素 B_1 及其衍生物	4					0	0	0
29362300	未混合的维生素 B_2 及其衍生物	4					0	0	0

税则号列 Tariff Item	商品名称（简称） Article Description	最惠国税率（%） M. F. N.	特惠税率（%） The Special Preferential Tariff Rates						
			亚太2国	东盟 缅甸 Myanmar	东盟 老挝 Laos	东盟 柬埔寨 Cambodia	37国	3国	1国
29362400	未混合的D或DL-泛酸及其衍生物	4					0	0	0
29362500	未混合的维生素 B_6 及其衍生物	4					0	0	0
29362600	未混合的维生素 B_{12} 及其衍生物	4					0	0	0
29362700	未混合的维生素C及其衍生物	4					0	0	0
29362800	未混合的维生素E及其衍生物	4					0	0	0
29362900	其他未混合的维生素及其衍生物	4					0	0	0
29369010	维生素 AD_3	4					0	0	0
29369090	其他维生素原、混合维生素及其衍生物	4					0	0	0
29371100	生长激素及其衍生物和类似结构物	4					0	0	
29371210	重组人胰岛素及其盐	4					0	0	
29371290	其他胰岛素及其盐	4					0	0	
29371900	其他多肽激素、蛋白激素、糖蛋白激素及其衍生物和类似结构物	4					0	0	
29372100	可的松、氢化可的松及脱氢可的松及脱氢皮质（甾）醇	4					0	0	
29372210	地塞米松	4					0	0	
29372290	其他皮质（甾）激素的卤化衍生物	4					0	0	
29372311	孕马结合雌激素	4					0	0	
29372319	其他动物源的雌（甾）激素和孕激素	4					0	0	
29372390	其他皮质甾类激素的卤化衍生物	4					0	0	
29372900	其他甾族激素及其衍生物和类似结构物	4					0	0	
29375000	前列腺素、血栓烷和白细胞三烯及其衍生物和结构类似物	4					0	0	
29379000	其他天然或合成再制的激素及其衍生物和结构类似物，包括主要用作激素的改性链多肽	4					0	0	
29381000	芸香苷及其衍生物	6.5					0	0	
29389010	齐多夫定、拉米夫定、司他夫定、地达诺新及它们的盐	6.5					0	0	
29389090	其他天然或合成再制的苷及其盐、醚、酯和其他衍生物	6.5					0	0	
29391100	罂粟秆浓缩物、丁丙诺啡、可待因等以及它们的盐	4					0	0	0
29391900	其他鸦片碱及其衍生物，以及它们的盐	4					0	0	0
29392000	其他金鸡纳生物碱及其衍生物，以及它们的盐	4					0	0	0
29393000	咖啡因及其盐	4					0	0	0
29394100	麻黄碱及其盐	4					0	0	0
29394200	假麻黄碱及其盐	4					0	0	0
29394300	d-去甲麻黄碱（INN）及其盐	4					0	0	0
29394400	去甲麻黄碱及其盐	4					0	0	0
29394900	其他麻黄碱类及其盐	4					0	0	0
29395100	芬乙茶碱（INN）及其盐	4					0	0	0
29395900	其他茶碱和氨茶碱及其衍生物和它们的盐	4					0	0	0
29396100	麦角新碱及其盐	4					0	0	0
29396200	麦角胺及其盐	4					0	0	0
29396300	麦角酸及其盐	4					0	0	0
29396900	其他麦角生物碱及其衍生物和它们的盐	4					0	0	0

税则号列 Tariff Item	商品名称（简称） Article Description	最惠国税率(%) M. F. N.	特惠税率（%） The Special Preferential Tariff Rates						
			亚太2国	东盟 缅甸 Myanmar	东盟 老挝 Laos	东盟 柬埔寨 Cambodia	37国	3国	1国
29397110	可卡因及其盐	4					0	0	0
29397190	芽子碱、左甲苯丙胺、去氧麻黄碱、去氧麻黄碱外消旋体，它们的盐、酯及其他衍生物；可卡因的酯及其他衍生物	4					0	0	0
29397910	烟碱及其盐	4					0	0	0
29397920	番木鳖碱（士的年）及其盐	4					0	0	0
29397990	其他天然或合成再制的生物碱及其盐、醚、酯和其他衍生物	4					0	0	0
29398000	其他生物碱	4					0	0	0
29400010	木糖	6					0	0	0
29400090	其他化学纯糖	6					0	0	0
29411011	氨苄青霉素	6					0	0	0
29411012	氨苄青霉素三水酸	6					0	0	0
29411019	其他氨苄青霉素盐	6					0	0	0
29411091	羟氨苄青霉素	4					0	0	0
29411092	羟氨苄青霉素三水酸	4					0	0	0
29411093	6-氨基青霉烷酸（6APA）	4					0	0	0
29411094	青霉素V	4					0	0	0
29411095	磺苄青霉素	4					0	0	0
29411096	邻氯青霉素	4					0	0	0
29411099	其他青霉素及其衍生物和它们的盐	4					0	0	0
29412000	链霉素及其衍生物和它们的盐	4					0	0	0
29413011	四环素	4					0	0	0
29413012	四环素盐	4					0	0	0
29413020	四环素衍生物及其盐	4					0	0	0
29414000	氯霉素及其衍生物和它们的盐	4					0	0	0
29415000	红霉素及其衍生物和它们的盐	4					0	0	0
29419010	庆大霉素及其衍生物和它们的盐	4					0	0	0
29419020	卡那霉素及其衍生物和它们的盐	4					0	0	0
29419030	利福平及其衍生物和它们的盐	4					0	0	0
29419040	林可霉素及其衍生物和它们的盐	4					0	0	0
29419052	头孢氨苄及其盐	6					0	0	0
29419053	头孢唑啉及其盐	6					0	0	0
29419054	头孢拉啶及其盐	6					0	0	0
29419055	头孢三嗪（头孢曲松）及其盐	6					0	0	0
29419056	头孢哌酮及其盐	6					0	0	0
29419057	头孢噻肟及其盐	6					0	0	0
29419058	头孢克罗及其盐	6					0	0	0
29419059	其他头孢菌素及其衍生物和它们的盐	6					0	0	0
29419060	麦迪霉素及其衍生物和它们的盐	6					0	0	0
29419070	乙酰螺旋霉素及其衍生物和它们的盐	4					0	0	0
29419090	其他抗菌素	6					0	0	0
29420000	其他有机化合物	6.5					0	0	0
30012000	腺体、其他器官及其分泌物提取物	3					0	0	
30019010	肝素及其盐	3					0	0	

税则号列 Tariff Item	商品名称（简称） Article Description	最惠国税率（%） M. F. N.	特惠税率（%） The Special Preferential Tariff Rates 亚太2国	东盟 缅甸 Myanmar	东盟 老挝 Laos	东盟 柬埔寨 Cambodia	37国	3国	1国
30019090	其他未列名的人体或动物制品（供治疗或预防疾病用）	3					0	0	
30021100	疟疾诊断试剂盒	3					0	0	0
30021200	抗血清及其他血分	3					0	0	0
30021300	非混合的免疫制品，未配定剂量或制成零售包装	3					0	0	0
30021400	混合的免疫制品，未配定剂量或制成零售包装	3					0	0	0
30021500	免疫制品，已配定剂量或制成零售包装	3					0	0	0
30021900	抗血清、其他血分及免疫制品（不论是否修饰通过生物工艺加工制得）	3					0	0	0
30022000	人用疫苗	3					0	0	0
30023000	兽用疫苗	3					0	0	0
30029010	石房蛤毒素	3					0	0	0
30029020	蓖麻毒素	3					0	0	0
30029030	细菌及病毒	3					0	0	0
30029040	遗传物质和基因修饰生物体	3					0	0	0
30029090	人血，治病、防病或诊断用动物血制品，其他毒素、培养微生物（不包括酵母）及类似产品	3					0	0	0
30031011	含有氨苄青霉素的混合药品（两种或两种以上成分混合而成的，治病或防病用，未配定剂量或非零售包装）	6					0	0	0
30031012	含有羟氨苄青霉素的混合药品（两种或两种以上成分混合而成的，治病或防病用，未配定剂量或非零售包装）	6					0	0	0
30031013	含有青霉素V的混合药品（两种或两种以上成分混合而成的，治病或防病用，未配定剂量或非零售包装）	6					0	0	0
30031019	含有其他青霉素及具有青霉烷酸结构的青霉素衍生物的混合药品（两种或两种以上成分混合而成的，治病或防病用，未配定剂量或非零售包装）	6					0	0	0
30031090	含有链霉素的混合药品（两种或两种以上成分混合而成的，治病或防病用，未配定剂量或非零售包装）	6					0	0	0
30032011	含有头孢噻肟的混合药品（两种或两种以上成分混合而成的，治病或防病用，未配定剂量或非零售包装）	6					0	0	0
30032012	含有头孢他啶的混合药品（两种或两种以上成分混合而成的，治病或防病用，未配定剂量或非零售包装）	6					0	0	0
30032013	含有头孢西丁的混合药品（两种或两种以上成分混合而成的，治病或防病用，未配定剂量或非零售包装）	6					0	0	0
30032014	含有头孢替唑的混合药品（两种或两种以上成分混合而成的，治病或防病用，未配定剂量或非零售包装）	6					0	0	0
30032015	含有头孢克罗的混合药品（两种或两种以上成分混合而成的，治病或防病用，未配定剂量或非零售包装）	6					0	0	0
30032016	含有头孢呋辛的混合药品（两种或两种以上成分混合而成的，治病或防病用，未配定剂量或非零售包装）	6					0	0	0

税则号列 Tariff Item	商品名称（简称） Article Description	最惠国税率（%） M. F. N.	特惠税率（%） The Special Preferential Tariff Rates						
			亚太2国	东盟			37国	3国	1国
				缅甸 Myanmar	老挝 Laos	柬埔寨 Cambodia			
30032017	含有头孢三嗪（头孢曲松）的混合药品（两种或两种以上成分混合而成的，治病或防病用，未配定剂量或非零售包装）	6					0	0	0
30032018	含有头孢哌酮的混合药品（两种或两种以上成分混合而成的，治病或防病用，未配定剂量或非零售包装）	6					0	0	0
30032019	含有其他头孢菌素的混合药品（两种或两种以上成分混合而成的，治病或防病用，未配定剂量或非零售包装）	6					0	0	0
30032090	其他含有其他抗菌素的混合药品（两种或两种以上成分混合而成的，治病或防病用，未配定剂量或非零售包装）	6					0	0	0
30033100	含有胰岛素但不含抗菌素的混合药品（两种或两种以上成分混合而成的，治病或防病用，未配定剂量或非零售包装）	5					0	0	0
30033900	含激素（胰岛素除外）或税目 29.37 其他产品，但不含抗菌素的混合药品（两种或两种以上成分混合而成的，治病或防病用，未配定剂量或非零售包装）	6					0	0	0
30034100	含有麻黄碱及其盐	5					0	0	0
30034200	含有伪麻黄碱（INN）及其盐	5					0	0	0
30034300	含有去甲麻黄碱及其盐	5					0	0	0
30034900	含生物碱及其衍生物（奎宁或其盐除外），但不含抗菌素及税目 29.37 的激素或其他产品的混合药品（两种或两种以上成分混合而成的，治病或防病用，未配定剂量或非零售包装）	5					0	0	0
30036010	含有青蒿素及其衍生物药品	5					0	0	0
30036090	其他含有第三十章子目注释二所列抗疟疾活性成分的药品	5					0	0	0
30039000	含其他成分混合药品（两种或两种以上成分混合而成的，治病或防病用，未配定剂量或非零售包装）	5					0	0	0
30041011	氨苄青霉素制剂（混合，治病或防病用，已配定剂量或制成零售包装）	6					0	0	0
30041012	羟氨苄青霉素制剂（两种或两种以上成分混合而成的，治病或防病用，已配定剂量或制成零售包装）	6					0	0	0
30041013	青霉素 V 制剂（两种或两种以上成分混合而成的，治病或防病用，已配定剂量或制成零售包装）	6					0	0	0
30041019	其他青霉素制剂（混合或非混合，治病或防病用，已配定剂量或制成零售包装）	6					0	0	0
30041090	含有其他青霉素及具有青霉烷酸结构的青霉素衍生物或链霉素及其衍生物的药品（混合或非混合，治病或防病用，已配定剂量或制成零售包装）	6					0	0	0
30042011	头孢噻肟制剂（混合或非混合，治病或防病用，已配定剂量或制成零售包装）	6					0	0	0
30042012	头孢他啶制剂（混合或非混合，治病或防病用，已配定剂量或制成零售包装）	6					0	0	0

税则号列 Tariff Item	商品名称（简称） Article Description	最惠国税率（%） M. F. N.	特惠税率（%） The Special Preferential Tariff Rates						
			亚太2国	东盟 缅甸 Myanmar	东盟 老挝 Laos	东盟 柬埔寨 Cambodia	37国	3国	1国
30042013	头孢西丁制剂（混合或非混合，治病或防病用，已配定剂量或制成零售包装）	6					0	0	0
30042014	头孢替唑制剂（混合或非混合，治病或防病用，已配定剂量或制成零售包装）	6					0	0	0
30042015	头孢克罗制剂（混合或非混合，治病或防病用，已配定剂量或制成零售包装）	6					0	0	0
30042016	头孢呋辛制剂（混合或非混合，治病或防病用，已配定剂量或制成零售包装）	6					0	0	0
30042017	头孢三嗪（头孢曲松）制剂（混合或非混合，治病或防病用，已配定剂量或制成零售包装）	6					0	0	0
30042018	头孢哌酮制剂（混合或非混合，治病或防病用，已配定剂量或制成零售包装）	6					0	0	0
30042019	含有其他头孢菌素制剂（混合或非混合，治病或防病用，已配定剂量或制成零售包装）	6					0	0	0
30042090	含有其他抗菌素的药品（混合或非混合，治病或防病用，已配定剂量或制成零售包装）	6					0	0	0
30043110	含有重组人胰岛素但不含抗菌素的药品（混合或非混合，治病或防病用，已配定剂量或零售包装）	5					0	0	0
30043190	含有其他胰岛素但不含抗菌素的药品（混合或非混合，治病或防病用，已配定剂量或零售包装）	5					0	0	0
30043200	含肾上腺皮混合或非混合质激素但不含抗菌素的药品（混合或非混合，治病或防病用，已配定剂量或零售包装）	5					0	0	0
30043900	含有税目29.37其他产品但不含抗菌素的药品（混合或非混合，治病或防病用，已配定剂量或零售包装）	5					0	0	0
30044100	含有麻黄碱及其盐	5					0	0	0
30044200	含有伪麻黄碱（INN）及其盐	5					0	0	0
30044300	含有去甲麻黄碱及其盐	5					0	0	0
30044900	含有其他生物碱及其衍生物，但不含抗菌素及税目29.37的产品的药品（混合或非混合，治病或防病用，已配定剂量或零售包装）	5					0	0	0
30045000	含有维生素或税目29.36其他产品的其他药品（混合或非混合，治病或防病用，已配定剂量或零售包装）	6					0	0	0
30046010	含有青蒿素及其衍生物的中成药	4					0	0	0
30046090	其他含有第三十章子目注释二所列抗疟疾活性成分的药品	4					0	0	
30049010	含有磺胺类的药品（两种或两种以上成分混合而成的，治病或防病用，已配定剂量或零售包装）	6					0	0	0
30049020	含联苯双酯的药品（混合或非混合，治病或防病用，已配定剂量或零售包装）	4					0	0	0
30049051	中药酒（混合或非混合，治病或防病用，已配定剂量或零售包装）	3					0	0	0
30049052	片仔癀（混合或非混合，治病或防病用，已配定剂量或零售包装）	3					0	0	0

税则号列 Tariff Item	商品名称（简称） Article Description	最惠国税率（%） M. F. N.	特惠税率（%） The Special Preferential Tariff Rates						
			亚太2国	东盟			37国	3国	1国
				缅甸 Myanmar	老挝 Laos	柬埔寨 Cambodia			
30049053	白药（混合或非混合，治病或防病用，已配定剂量或零售包装）	3					0	0	0
30049054	清凉油（混合或非混合，治病或防病用，已配定剂量或零售包装）	3					0	0	0
30049055	安宫牛黄丸	3					0	0	0
30049059	其他中式成药（混合或非混合，治病或防病用，已配定剂量或零售包装）	3					0	0	0
30049090	其他药品（混合或非混合，治病或防病用，已配定剂量或零售包装）	4					0	0	
30051010	橡皮膏（经药物浸涂或制定零售包装供医疗、外科、牙科或兽医用）	5					0	0	0
30051090	其他胶粘敷料及有胶粘涂层的物品（经药物浸涂或制定零售包装供医疗、外科、牙科或兽医用）	5					0	0	0
30059010	药棉、纱布、绷带（经药物浸涂或制定零售包装供医疗、外科、牙科或兽医用）	5					0	0	0
30059090	其他医用软填料及类似物品（经药物浸涂或制定零售包装供医疗、外科、牙科或兽医用）	5					0	0	0
30061000	无菌外科肠线，无菌昆布、无菌黏合胶布、无菌吸收性止血材料、外科或牙科用无菌抗黏连阻隔材料及类似无菌材料	5					0	0	0
30062000	血型试剂	3					0	0	0
30063000	X光检查造影剂；诊断试剂	4					0	0	0
30064000	牙科黏固剂及其他牙科填料（包括骨骼黏固剂）	5					0	0	0
30065000	急救药箱、药包	5					0	0	0
30066010	以激素等为基本成分的化学避孕药	0					0	0	0
30066090	其他化学避孕药物	0					0	0	0
30067000	专用于人类或作兽药用的凝胶制品，作为外科手术或体检时躯体部位的润滑剂，或者作为躯体和医疗器械之间的耦合剂	6.5					0	0	0
30069100	可确定用于造口术用具	10					0	0	0
30069200	废药物	5					0	0	0
31010011	未经化学处理的鸟粪	3					0	0	0
31010019	未经化学处理的其他动植物肥料	6.5					0	0	0
31010090	动植物产品经混合或化学处理的制成的肥料	4					0	0	0
31022100	硫酸铵	4					0	0	
31022900	硫酸铵和硝酸铵的复盐及混合物	4					0	0	
31023000	硝酸铵（不论是否为水溶液）	4					0	0	
31024000	硝酸铵与碳酸钙或其他无肥效无机物的混合物	4					0	0	
31025000	硝酸钠	4					0	0	
31026000	硝酸钙和硝酸铵的复盐及混合物	4					0	0	
31028000	尿素及硝酸铵混合物的水溶液或氨水溶液	4					0	0	
31029010	氰氨化钙	4					0	0	
31029090	其他矿物氮肥及化学氮肥，包括上述子目未列名的混合物	4					0	0	
31031110	重过磷酸钙	4					0	0	

税则号列 Tariff Item	商品名称（简称） Article Description	最惠国税率（%） M. F. N.	特惠税率（%） The Special Preferential Tariff Rates 亚太2国	东盟 缅甸 Myanmar	东盟 老挝 Laos	东盟 柬埔寨 Cambodia	37国	3国	1国
31031190	其他含五氧化二磷35%以上的过磷酸钙	4					0	0	
31031900	其他过磷酸钙	4					0	0	
31039000	其他矿物磷肥或化学磷肥	4					0	0	
31042020	纯氯化钾	3					0	0	
31042090	其他氯化钾	3					0	0	
31043000	硫酸钾	3					0	0	
31049010	光卤石、钾盐及其他天然粗钾盐	3					0	0	
31049090	其他矿物钾肥及化学钾肥	3					0	0	
31051000	制成片状及类似形状或每包毛重不超过10千克的第三十一章各货品	4					0	0	
31054000	磷酸二氢铵及磷酸二氢铵与磷酸氢二铵的混合物	4					0	0	
31055100	含有硝酸盐及磷酸盐的肥料	4					0	0	
31055900	其他含氮、磷两种肥效元素的矿物肥料或化学肥料	4					0	0	
31056000	含磷、钾两种元素的肥料	4					0	0	
31059010	有机、无机复混肥	4					0	0	
31059090	其他肥料	4					0	0	
32011000	坚木浸膏	5					0	0	
32012000	荆树皮浸膏	6.5					0	0	
32019010	其他植物鞣料浸膏	6.5					0	0	
32019090	鞣酸及其盐、醚、酯和其他衍生物	6.5					0	0	
32021000	有机合成鞣料	6.5					0	0	
32029000	无机鞣料、鞣料制剂等（不论是否含有天然鞣料）预鞣用酶制剂	6.5					0	0	
32030011	天然靛蓝及以其为基本成分的制品，包括染料浸膏（不论是否已有化学定义）	6.5					0	0	0
32030019	其他植物质着色料及以其为基本成分的制品包括染料浸膏（不论是否已有化学定义）；第三十二章注释三所述的以植物质着色料为基本成分的制品	6.5					0	0	0
32030020	动物质着色料及以其为基本成分的制品包括染料浸膏（不论是否已有化学定义，但动物炭黑除外）；第三十二章注释三所述的以动物质着色料为基本成分的制品	6.5					0	0	0
32041100	分散染料及以其为基本成分的制品（不论是否已有化学定义）	6.5					0	0	0
32041200	酸性染料（不论是否预金属络合）及以其为基本成分的制品（不论是否已有化学定义），媒染染料及以其为基本成分的制品（不论是否已有化学定义）	6.5					0	0	0
32041300	碱性染料及以其为基本成分的制品（不论是否已有化学定义）	6.5					0	0	0
32041400	直接染料及以其为基本成分的制品（不论是否已有化学定义）	6.5					0	0	0
32041510	合成靛蓝（还原靛蓝）（不论是否已有化学定义）	6.5					0	0	0
32041590	其他瓮染料（包括颜料用的）及以其为基本成分的制品（不论是否已有化学定义）	6.5					0	0	0
32041600	活性染料及以其为基本成分的制品（不论是否已有化学定义）	6.5					0	0	0

税则号列 Tariff Item	商品名称（简称） Article Description	最惠国税率（%） M. F. N.	特惠税率（%）The Special Preferential Tariff Rates						
			亚太2国	东盟			37国	3国	1国
				缅甸 Myanmar	老挝 Laos	柬埔寨 Cambodia			
32041700	颜料及以其为基本成分的制品（不论是否已有化学定义）	6.5					0	0	0
32041911	硫化黑（硫化青）及以其为基本成分的制品（不论是否已有化学定义）	6.5					0	0	0
32041919	其他硫化染料及以其为基本成分的制品（不论是否已有化学定义）	6.5					0	0	0
32041990	由子目3204.11至3204.19中两个或多个子目所列着色料组成的混合物（不论是否已有化学定义）	6.5					0	0	0
32042000	用作荧光增白剂的有机合成产品（不论是否已有化学定义）	6.5					0	0	0
32049010	生物染色剂及染料指示剂（不论是否已有化学定义）	6.5					0	0	0
32049020	胡萝卜素及类胡萝卜素	6.5					0	0	0
32049090	其他用作发光体的有机合成产品（不论是否已有化学定义）	6.5					0	0	0
32050000	色淀及第三十二章注释三所述的以色淀为基本成分的制品	6.5					0	0	0
32061110	钛白粉	6.5					0	0	0
32061190	干量计二氧化钛≥80％的颜料及制品，钛白粉除外	6.5					0	0	0
32061900	二氧化钛为基料的颜料及制品，干量计二氧化钛＜80％	10					0	0	0
32062000	铬化合物为基本成分的颜料及制品	6.5					0	0	0
32064100	群青及以其为基本成分的制品	6.5					0	0	0
32064210	锌钡白	6.5					0	0	0
32064290	其他以硫化锌为基本成分的颜料和制品	6.5					0	0	0
32064911	以钒酸铋为基本成分的颜料及制品	6.5					0	0	0
32064919	其他以铋化合物为基本成分的颜料及制品	6.5					0	0	0
32064990	其他着色料及其他制品	6.5					0	0	0
32065000	用作发光体的无机产品，不论是否已有化学定义	6.5					0	0	0
32071000	调制颜料、遮光剂、着色剂及类似制品（用于陶瓷、搪瓷及玻璃工业）	5					0	0	0
32072000	珐琅和釉料、釉底料及类似制品（用于陶瓷、搪瓷及玻璃工业）	5					0	0	0
32073000	光瓷釉及类似制品（用于陶瓷、搪瓷及玻璃工业）	5					0	0	0
32074000	呈粉、粒状搪瓷玻璃料及其他玻璃	5					0	0	0
32081000	分散或溶于非水介质的聚酯油漆及清漆等	10					0	0	0
32082010	分散或溶于非水介质的丙烯酸聚合物油漆及清漆	10					0	0	
32082020	分散或溶于非水介质的乙烯聚合物油漆及清漆	10					0	0	
32089010	分散或溶于非水介质的聚胺酯类油漆及清漆	10					0	0	
32089090	分散或溶于非水介质其他油漆、清漆溶液	10					0	0	
32091000	分散或溶于水介质的丙烯酸聚合物或乙烯聚合物油漆及清漆	10					0	0	0
32099010	以环氧树脂为基本成分的溶于水介质的其他聚合物油漆及清漆	10					0	0	
32099020	以氟树脂为基本成分的溶于水介质的其他聚合物油漆及清漆	10					0	0	

税则号列 Tariff Item	商品名称（简称） Article Description	最惠国税率(%) M. F. N.	特惠税率（%）The Special Preferential Tariff Rates						
			亚太2国	东盟			37国	3国	1国
				缅甸 Myanmar	老挝 Laos	柬埔寨 Cambodia			
32099090	溶于水介质的其他聚合物油漆及清漆	10					0	0	
32100000	其他油漆及清漆（包括瓷漆、大漆及水浆涂料），皮革用水性颜料	10					0	0	0
32110000	配制的催干剂	10					0	0	
32121000	压印箔	15					0	0	
32129000	制漆用颜料（分散于非水介质中呈液状或浆状的）及零售形状或零售包装的染料、色料	10					0	0	
32131000	成套的颜料（艺术家、学生和广告美工用的）	10					0	0	
32139000	非成套颜料、调色料及类似品（艺术家、学生和广告美工用的，片状、管装、罐装、瓶装、扁盒装等类似形状或包装的）	10					0	0	0
32141010	半导体器件封装材料	9					0	0	0
32141090	其他安装玻璃用油灰、接缝用油灰、树脂胶泥、嵌缝胶及其他类似胶粘剂；漆工用填料	9					0	0	0
32149000	非耐火涂面制剂，涂门面、内墙、地板、天花板等用	9					0	0	0
32151100	黑色印刷油墨（不论是否固体或浓缩）	6.5					0	0	0
32151900	其他印刷油墨（不论是否固体或浓缩），黑色印刷油墨除外	6.5					0	0	0
32159010	书写墨水（不论是否固体或浓缩）	6.5					0	0	0
32159020	水性喷墨墨水	10					0	0	0
32159090	绘图墨水及其他墨类（不论是否固体或浓缩）	10					0	0	0
33011200	橙油（包括浸膏及净油）	20					0	0	
33011300	柠檬油（包括浸膏及净油）	20					0	0	0
33011910	白柠檬油（酸橙油）（包括浸膏及净油）	20					0	0	
33011990	其他柑橘属果实的精油（包括浸膏及净油）	20					0	0	
33012400	胡椒薄荷油（包括浸膏及净油）	20					0	0	
33012500	其他薄荷油（包括浸膏及净油）	15					0	0	0
33012910	樟脑油（包括浸膏及净油）	20					0	0	
33012920	香茅油（包括浸膏及净油）	15					0	0	0
33012930	茴香油（包括浸膏及净油）	20					0	0	
33012940	桂油（包括浸膏及净油）	20					0	0	
33012950	山苍子油（包括浸膏及净油）	20					0	0	
33012960	桉叶油（包括浸膏及净油）	20					0	0	
33012991	老鹳草油（香叶油）（包括浸膏及净油）	20					0	0	
33012999	其他非柑橘属果实的精油（包括浸膏及净油）	15					0	0	0
33013010	鸢尾凝脂	20					0	0	
33013090	其他香膏	20					0	0	
33019010	提取的油树脂	20					0	0	
33019020	柑橘属果实的精油脱萜所得的萜烯副产品	20					0	0	
33019090	用花香吸取法或浸渍法制定的含浓缩精油的脂肪、固定油、蜡及类似品，精油脱萜所得的萜烯副产品（柑橘属果实的除外），精油水溶液及水馏液	20					0	0	0
33021010	生产饮料用的混合香料以及以香料为基本成分的制品，按容量计酒精浓度≤0.5%	15					0	0	

税则号列 Tariff Item	商　品　名　称（简称） Article Description	最惠国税率（%） M. F. N.	特惠税率（%） The Special Preferential Tariff Rates						
			亚太2国	东盟			37国	3国	1国
				缅甸 Myanmar	老挝 Laos	柬埔寨 Cambodia			
33021090	其他食品或饮料工业用混合香料以及以香料为基本成分的制品	15					0	0	0
33029000	其他工业用混合香料及以香料为基本成分的混合物和制品	10					0	0	0
33030000	香水及花露水	10					0	0	0
33041000	唇用化妆品	10					0	0	
33042000	眼用化妆品	10					0	0	
33043000	指（趾）甲化妆品	15					0	0	
33049100	香粉，不论是否压紧	10					0	0	
33049900	其他美容品或化妆品及护肤品	6.5					0	0	
33051000	洗发剂（香波）	6.5					0	0	0
33052000	烫发剂	15					0	0	
33053000	定型剂	15					0	0	
33059000	其他护发品	10					0	0	0
33061010	牙膏	10					0	0	0
33061090	其他洁齿品	10					0	0	
33062000	牙线	10					0	0	
33069010	漱口剂	10					0	0	
33069090	其他口腔及牙齿清洁剂	10					0	0	
33071000	剃须用制剂	10					0	0	
33072000	人体除臭剂及止汗剂	10					0	0	
33073000	香浴盐及其他沐浴用制剂	10					0	0	
33074100	神香及其他通过燃烧散发香气的制品	10					0	0	0
33074900	室内除臭制品	10					0	0	0
33079000	脱毛剂、其他税号未列名的芳香料制品及化妆盥洗品	9					0	0	0
34011100	盥洗用肥皂及有机表面活性产品，条状、块状或模制形状的，以及用肥皂或洗涤剂浸渍、涂面或包覆的纸、絮胎、毡呢及无纺织物	10	0				0	0	0
34011910	洗衣皂	10					0	0	0
34011000	其他用肥皂及有机表面活性产品，条状、块状或模制形状的，以及用肥皂或洗涤剂浸渍、涂面或包覆的纸、絮胎、毡呢及无纺织物	15					0	0	
34012000	其他形状的肥皂	15	0				0	0	0
34013000	洁肤用的有机表面活性产品及制品，液状或膏状并制成零售包装的，不论是否含有肥皂	10					0	0	0
34021100	阴离子型有机表面活性剂	6.5					0	0	0
34021200	阳离子型有机表面活性剂	6.5					0	0	0
34021300	非离子型有机表面活性剂	6.5					0	0	0
34021900	其他有机表面活性剂	6.5					0	0	0
34022010	零售包装的合成洗涤粉	10					0	0	
34022090	零售包装有机表面活性剂制品（合成洗涤粉除外）	10					0	0	
34029000	非零售包装有机表面活性剂制品、洗涤剂及清洁剂	9					0	0	0
34031100	用于纺织材料、皮革、毛皮或其他材料油脂处理的制剂（含有石油或从沥青矿物提取的油类且按重量计＜70%）	10					0	0	

税则号列 Tariff Item	商品名称（简称） Article Description	最惠国税率（%） M. F. N.	特惠税率（%）The Special Preferential Tariff Rates						
			亚太2国	东盟			37国	3国	1国
				缅甸 Myanmar	老挝 Laos	柬埔寨 Cambodia			
34031900	润滑剂（含有石油或从沥青矿物提取的油类且按重量计＜70%）	10					0	0	0
34039100	用于纺织材料、皮革、毛皮或其他材料油脂处理的制剂（不含有石油或从沥青矿物提取的油类）	10					0	0	
34039900	润滑剂（不含有石油或从沥青矿物提取的油类）	10					0	0	
34042000	聚乙二醇蜡	10					0	0	
34049000	其他人造蜡及调制蜡	10					0	0	0
34051000	鞋靴或皮革用的上光剂及类似制品	10					0	0	
34052000	保养木制品的上光剂及类似制品	10					0	0	
34053000	车身用的上光剂及类似制品	10					0	0	
34054000	擦洗膏、去污粉及类似制品	10					0	0	
34059000	玻璃或金属用的光洁剂	10					0	0	
34060000	各种蜡烛及类似品	10					0	0	
34070010	牙科用蜡及造型膏	6.5					0	0	0
34070020	以熟石膏为成分的牙科用其他制品	6.5					0	0	0
34070090	塑型用膏	10					0	0	
35011000	酪蛋白	10					0	0	
35019000	酪蛋白衍生物、酪蛋白胶	10					0	0	
35021100	干的卵清蛋白	10					0	0	
35021900	其他卵清蛋白	10					0	0	
35022000	乳白蛋白，包括两种或两种以上的乳清蛋白浓缩物	10					0	0	
35029000	其他白蛋白及白蛋白盐及其衍生物	10					0	0	
35030010	明胶及其衍生物	12					0	0	
35030090	鱼胶、其他动物胶	12					0	0	
35040010	蛋白胨	3					0	0	0
35040090	其他税号未列名的蛋白质及其衍生物，皮粉	8					0	0	0
35051000	糊精及其他改性淀粉	12					0	0	
35052000	以淀粉、糊精或其他改性淀粉为基本成分的胶	20					0	0	
35061000	适于作胶或黏合剂的产品，零售包装每件净重≤1千克	10					0	0	0
35069110	以聚酰胺为基本成分的黏合剂	10					0	0	0
35069120	以环氧树脂为基本成分的黏合剂	10					0	0	0
35069190	以其他橡胶或塑料为基本成分的黏合剂	10					0	0	0
35069900	其他调制胶、黏合剂	10					0	0	0
35071000	粗制凝乳酶及其浓缩物	6					0	0	0
35079010	碱性蛋白酶	6					0	0	0
35079020	碱性脂肪酶	6					0	0	0
35079090	其他酶及未列名的酶制品	6					0	0	0
36010000	发射药	9					0	0	
36020010	硝铵炸药，但发射药除外	9					0	0	
36020090	其他配制炸药，但发射药除外	9					0	0	
36030000	安全导火索、导爆索，火帽或雷管，引爆器，电雷管	9					0	0	0
36041000	烟花、爆竹	6					0	0	
36049000	信号弹、降雨火箭、浓雾信号弹及其他烟火制品	6					0	0	
36050000	火柴，但税目36.04的烟火制品除外	6					0	0	0

税则号列 Tariff Item	商　品　名　称（简称） Article Description	最惠国税率（%） M. F. N.	特惠税率（%）The Special Preferential Tariff Rates 亚太2国	东盟 缅甸 Myanmar	东盟 老挝 Laos	东盟 柬埔寨 Cambodia	37国	3国	1国
36061000	灌注打火机等用的液体或液化气体燃料，其包装容器的容积≤300立方厘米	10					0	0	
36069011	已切成形可直接使用的铈铁及其他引火合金	9					0	0	0
36069019	未切成形不可直接使用的铈铁及其他引火合金	9					0	0	0
36069090	其他易燃材料制品	9					0	0	0
37011000	未曝光的X光感光硬片及平面软片，用纸、纸板及纺织物以外任何材料制成	20					0	0	
37012000	未曝光的一次成像感光平片，用纸、纸板及纺织物以外任何材料制成	5					0	0	0
37013021	激光照排片（任何一边超过255毫米），用纸、纸板及纺织物以外任何材料制成	5					0	0	
37013022	PS版（预涂感光版）（任何一边超过255毫米），用纸、纸板及纺织物以外任何材料制成	5					0	0	
37013024	CTP版	5					0	0	
37013025	柔性印刷版	5					0	0	
37013029	其他未曝光照相制版用感光硬片及软片（任何一边超过255毫米），用纸、纸板及纺织物以外任何材料制成	5					0	0	
37013090	未曝光其他用途的感光硬片及软片（任何一边超过255毫米），用纸、纸板及纺织物以外任何材料制成	10					0	0	
37019100	彩色摄影用未曝光彩色硬片及平面软片，用纸、纸板及纺织物以外任何材料制成，任何一边≤255毫米	22					0	0	
37019920	照相制版用其他未曝光软片及硬片，用纸、纸板及纺织物以外任何材料制成，任何一边≤255毫米	7.5					0	0	
37019990	其他用途未曝光软片及硬片，用纸、纸板及纺织物以外任何材料制成，任何一边≤255毫米	18.8					0	0	
37021000	成卷的未曝光的X光感光胶片，用纸、纸板及纺织物以外任何材料制成	10					0	0	
37023110	彩色摄影用未曝光一次成像感光卷片，宽度≤105毫米，用纸、纸板及纺织物以外任何材料制成	5					0	0	0
37023190	彩色摄影用未曝光无齿孔彩色胶卷，宽度≤105毫米，用纸、纸板及纺织物以外任何材料制成	56元/平方米					0	0	
37023210	照相制版用未曝光涂卤化银液无齿孔一次成像感光卷片，宽度≤105毫米，用纸、纸板及纺织物以外任何材料制成	5					0	0	0
37023220	照相制版用未曝光涂卤化银液无齿孔胶卷，宽度≤105毫米，用纸、纸板及纺织物以外任何材料制成	4.5元/平方米					0		
37023290	其他未曝光涂乳液无齿孔胶卷，宽度≤105毫米，用纸、纸板及纺织物以外任何材料制成	21元/平方米					0		
37023920	照相制版用未曝光未涂卤化银无齿孔感光胶卷，宽度≤105毫米，用纸、纸板及纺织物以外任何材料制成	12元/平方米					0	0	
37023990	其他未曝光未涂卤化银无齿孔感光胶卷，宽度≤105毫米，用纸、纸板及纺织物以外任何材料制成	24元/平方米					0	0	

税则号列 Tariff Item	商品名称（简称） Article Description	最惠国税率（%） M. F. N.	特惠税率（%） The Special Preferential Tariff Rates						
			亚太2国	东盟			37国	3国	1国
				缅甸 Myanmar	老挝 Laos	柬埔寨 Cambodia			
37024100	彩色摄影用未曝光无齿孔彩色胶卷，宽度＞610毫米，长度＞200米，用纸、纸板及纺织物以外任何材料制成	7.1元/平方米					0	0	
37024221	印刷电路板制造用未曝光光致抗蚀干膜，宽度＞610毫米，长度＞200米，用纸、纸板及纺织物以外任何材料制成	0.6元/平方米					0	0	
37024229	照相制版用其他未曝光无齿孔胶卷，宽度＞610毫米，长度＞200米，用纸、纸板及纺织物以外任何材料制成	1.6元/平方米					0	0	
37024292	红色或红外激光胶片	2.4元/平方米					0	0	
37024299	其他未曝光无齿孔宽长胶卷	7元/平方米					0	0	
37024321	照相制版用未曝光无齿孔激光照排片，宽度＞610毫米，长度≤200米，用纸、纸板及纺织物以外任何材料制成	10					0	0	
37024329	其他照相制版用未曝光无齿孔胶卷，宽度＞610毫米，长度≤200米，用纸、纸板及纺织物以外任何材料制成	3.7元/平方米					0	0	
37024390	其他用未曝光无齿孔胶卷，宽度610毫米，长度≤200米，用纸、纸板及纺织物以外任何材料制成	17元/平方米					0	0	
37024421	照相制版用无齿孔未曝光激光照排片，105毫米＜宽度≤610毫米，用纸、纸板及纺织物以外任何材料制成	2元/平方米					0	0	
37024422	印刷电路板制造用未曝光光致抗蚀干膜，105毫米＜宽度≤610毫米，用纸、纸板及纺织物以外任何材料制成	5元/平方米					0	0	
37024429	其他照相制版用无齿孔未曝光胶卷，105毫米＜宽度≤610毫米，用纸、纸板及纺织物以外任何材料制成	2.9元/平方米					0	0	
37024490	其他用无齿孔未曝光胶卷，105毫米＜宽度≤610毫米，用纸、纸板及纺织物以外任何材料制成	27元/平方米					0	0	
37025200	彩色摄影用未曝光彩色胶卷，宽度≤16毫米	95元/平方米					0	0	
37025300	幻灯片用未曝光彩色摄影胶卷，16毫米＜宽度≤35毫米，长度＜30米，用纸、纸板及纺织物以外任何材料制成	128元/平方米					0	0	
37025410	非幻灯片用未曝光彩色胶卷，宽度35毫米，长度≤2米，用纸、纸板及纺织物以外任何材料制成	18元/平方米					0	0	
37025490	非幻灯片用彩色摄影用未曝光彩色胶卷，16毫米＜宽度＜35毫米，2米＜长度≤30米，用纸、纸板及纺织物以外任何材料制成	24元/平方米					0	0	
37025520	未曝光的彩色电影胶片，16毫米＜ 宽度≤35毫米，长度＞30米，用纸、纸板及纺织物以外任何材料制成	9元/平方米					0	0	

税则号列 Tariff Item	商品名称（简称） Article Description	最惠国税率（%） M. F. N.	特惠税率（%） The Special Preferential Tariff Rates						
			亚太2国	东盟			37国	3国	1国
				缅甸 Myanmar	老挝 Laos	柬埔寨 Cambodia			
37025590	未曝光的彩色摄影用胶卷，16毫米＜宽度≤35毫米，长度＞30米，用纸、纸板及纺织物以外任何材料制成，电影胶片除外	27元/平方米					0		
37025620	未曝光的彩色电影胶片，宽度＞35毫米，用纸、纸板及纺织物以外任何材料制成	13元/平方米					0	0	
37025690	未曝光的彩色摄影用胶卷，宽度＞35毫米，用纸、纸板及纺织物以外任何材料制成，电影胶片除外	74元/平方米					0	0	
37029600	未曝光的非彩色胶卷，宽度≤35毫米，长度≤30米，用纸、纸板及纺织物以外任何材料制成	21元/平方米					0	0	
37029700	未曝光的非彩色胶卷，宽度≤35毫米，长度＞30米，用纸、纸板及纺织物以外任何材料制成	9元/平方米					0	0	
37029800	未曝光的非彩色胶卷，宽度＞35毫米，用纸、纸板及纺织物以外任何材料制成	10元/平方米					0	0	
37031010	成卷未曝光的感光纸及纸板，宽度＞610毫米	18					0	0	
37031090	成卷未曝光的感光布，宽度＞610毫米	18					0	0	
37032010	未曝光的彩色摄影用感光纸及纸板，非成卷或宽度≤610毫米	35					0		
37032090	未曝光的彩色摄影用感光布，非成卷或宽度≤610毫米	18					0	0	
37039010	未曝光的非彩色摄影用感光纸及纸板，非成卷或宽度≤610毫米	35					0		
37039090	未曝光的非彩色摄影用感光布，非成卷或宽度≤610毫米	18					0	0	
37040010	已曝光未冲洗的电影胶片	6.5					0	0	
37040090	已曝光未冲洗的摄影硬片、软片、纸、纸板及纺织物，电影胶片除外	18					0	0	
37050010	已曝光已冲洗的教学专用幻灯片	0					0	0	0
37050021	书籍、报刊用的已曝光已冲洗的缩微胶片	0					0	0	0
37050029	已曝光已冲洗的缩微胶片，书籍、报刊用的除外	2					0	0	
37050090	已曝光已冲洗的其他摄影硬片及软片	9					0	0	
37061010	已曝光已冲洗的教学专用电影胶片，宽度≥35毫米，不论是否配有声道或仅有声道	0					0	0	0
37061090	已曝光已冲洗的电影胶片，宽度≥35毫米，不论是否配有声道或仅有声道，教学专用除外	5					0	0	0
37069010	已曝光已冲洗的教学专用电影胶片，宽度＜35毫米，不论是否配有声道或仅有声道	0					0	0	0
37069090	已曝光已冲洗的电影胶片，宽度＜35毫米，不论是否配有声道或仅有声道，教学专用除外	4					0	0	0
37071000	摄影用感光乳液	8					0	0	0
37079010	冲洗胶卷及相片用化学制剂或摄影用未混合品（定量包装或零售包装可立即使用的）	12					0	0	
37079020	复印机用化学制剂或摄影用未混合品（定量包装或零售包装可立即使用的）	7.5					0	0	0
37079090	其他摄影用化学制剂或摄影用未混合品（定量包装或零售包装可立即使用的）	6					0	0	0

税则号列 Tariff Item	商品名称（简称） Article Description	最惠国税率（%） M. F. N.	特惠税率（%）The Special Preferential Tariff Rates						
			亚太2国	东盟			37国	3国	1国
				缅甸 Myanmar	老挝 Laos	柬埔寨 Cambodia			
38011000	人造石墨	6.5					0	0	0
38012000	胶态或半胶态石墨	6.5					0	0	0
38013000	电极用碳糊及炉衬用的类似糊	6.5					0	0	0
38019010	表面处理的球化石墨	6.5					0	0	0
38019090	其他石墨	6.5					0	0	0
38021010	木质活性碳	6.5					0	0	
38021090	其他活性碳	6.5					0	0	
38029000	活性天然矿产品，动物炭黑（包括废动物炭黑）	10					0	0	
38030000	妥尔油，不论是否精炼	6.5					0	0	0
38040000	木浆残余碱液，不论是否浓缩、脱糖或经化学处理，包括木素磺酸盐，但不包括税目38.03的妥尔油	6.5					0	0	
38051000	脂松节油、木松节油和硫酸松节油	6.5					0	0	0
38059010	以α萜品醇为基本成分的松油，用蒸馏或其他方法从针叶木制得	6.5					0	0	0
38059090	粗制二聚戊烯；亚硫酸盐松节油及其他粗制对异丙基苯甲烷；其他萜烯油，用蒸馏或其他方法从针叶木制得	6.5					0	0	0
38061010	松香	10					0	0	
38061020	树脂酸	10					0	0	
38062010	松香盐及树脂酸盐	6.5					0	0	
38062090	松香或树脂酸衍生物的盐，但松香加合物的盐除外	6.5					0	0	
38063000	酯胶	6.5					0	0	
38069000	其他松香和树脂酸的衍生物；松香精及松香油；再熔胶	6.5					0	0	
38070000	木焦油；精制木焦油；木杂酚油；粗木精；植物沥青；以松香、树脂酸或植物沥青为基本成分的啤酒桶沥青及类似制品	6.5					0	0	
38085200	DDT（ISO）［滴滴涕（INN）］，每包净重不超过300克	9					0	0	0
38085910	零售包装的第三十八章注释一所列货物	9					0	0	0
38085990	非零售包装的第三十八章注释一所列货物	5					0	0	0
38086200	每包净重超过300克，但不超过7.5千克的第三十八章注释二所列货品	10					0	0	0
38086900	其他注释二所列货品	6					0	0	0
38089111	蚊香	10					0	0	0
38089112	生物杀虫剂	10					0	0	0
38089119	零售包装杀虫剂	10					0	0	0
38089190	非零售包装杀虫剂	6					0	0	0
38089210	零售包装的杀菌剂	9					0	0	0
38089290	非零售包装的杀菌剂	6					0	0	0
38089311	零售包装的除草剂	9					0	0	0
38089319	非零售包装的除草剂	5					0	0	0
38089391	零售包装抗萌剂及植物生长调节剂	9					0	0	0
38089399	非零售包装的抗萌剂及植物生长调节剂	6					0	0	0
38089400	消毒剂	9					0	0	0

税则号列 Tariff Item	商　品　名　称（简称） Article Description	最惠国税率（%） M. F. N.	特惠税率（%） The Special Preferential Tariff Rates						
			亚太 2 国	东盟			37 国	3 国	1 国
				缅甸 Myanmar	老挝 Laos	柬埔寨 Cambodia			
38089910	零售包装的杀鼠剂及其他类似产品	9					0	0	0
38089990	非零售包装的杀鼠剂及其他类似产品	9					0	0	0
38091000	以淀粉物质为基本成分，纺织、造纸、制革及类似工业用的其他税号未列名的整理剂、染料加速着色或固色助剂及其他产品和制剂	10					0	0	0
38099100	纺织工业及类似工业用其他税号未列名的整理剂、染料加速着色或固色助剂及其他产品和制剂	6.5					0	0	0
38099200	造纸工业用其他税号未列名整理剂、染料加速着色或固色助剂及其他产品和制剂	6.5					0	0	0
38099300	制革工业用其他税号未列名整理剂、染料加速着色或固色助剂及其他产品和制剂	6.5					0	0	0
38101000	金属表面酸洗剂；金属及其他材料制成的焊粉或焊膏	6.5					0	0	0
38109000	焊接用的焊剂及其他辅助剂；作焊条芯子或焊条涂料用的制品	6.5					0	0	0
38111100	以铅化合物为基本成分的抗震剂，用于矿物油或与矿物油同样用途的其他液体	6.5					0	0	
38111900	抗震剂（以铅化合物为基本成分的除外），用于矿物油或与矿物油同样用途的其他液体	6.5					0	0	
38112100	含有石油或从沥青矿物提取的油类的润滑油添加剂	6.5					0	0	
38112900	不含石油或从沥青矿物提取的油类的润滑油添加剂	6.5					0	0	
38119000	抗氧剂、防胶剂、黏度改良剂、防腐剂配制添加剂，用于矿物油或与矿物油同样用途的其他液体	6.5					0	0	
38121000	配制的橡胶促进剂	6					0	0	0
38122000	橡胶或塑料用复合增塑剂	6.5					0	0	0
38123100	2,2,4-三甲基-1,2-二氢化喹啉（TMQ）低聚体混合物	6					0	0	0
38123910	橡胶的防老剂	6					0	0	0
38123990	其他橡胶、塑料用抗氧剂及其他稳定剂	6.5					0	0	0
38130010	灭火器的装配药	6.5					0	0	0
38130020	已装药的灭火弹	10					0	0	0
38140000	其他税号未列名的有机复合溶剂及稀释剂；除漆剂	10					0	0	0
38151100	以镍及其化合物为活性物的载体催化剂	6.5					0	0	0
38151200	以贵金属及其化合物为活性物的载体催化剂	6.5					0	0	0
38151900	其他载体催化剂	6.5					0	0	0
38159000	其他未列名的反应引发剂、促进剂	6.5					0	0	0
38160000	耐火水泥、灰泥、混凝土及类似耐火材料，但税目 38.01 的产品除外	6.5					0	0	
38170000	混合烷基苯及混合烷基萘，但税目 27.07 及 29.02 的产品除外	6.5					0	0	0
38180011	7.5 厘米≤直径≤15.24 厘米的单晶硅切片	0					0	0	0
38180019	经掺杂用于电子工业的，已切成圆片、薄片或类似形状，直径>15.24 厘米的单晶硅片	0					0	0	0
38180090	经掺杂用于电子工业的化学元素，已切成圆片、薄片或类似形状，单晶硅片除外；经掺杂用于电子工业的化合物	0					0	0	0

税则号列 Tariff Item	商品名称（简称） Article Description	最惠国税率（%） M. F. N.	特惠税率（%） The Special Preferential Tariff Rates 亚太2国	东盟 缅甸 Myanmar	东盟 老挝 Laos	东盟 柬埔寨 Cambodia	37国	3国	1国
38190000	闸用液压油及其他液压传动用液体，不含石油或从沥青矿物提取的油类，或者按重量计石油或从沥青矿物提取的油类含量低于70%	6.5					0	0	
38200000	防冻剂及解冻剂	10					0	0	0
38210000	制成的微生物培养基	3					0	0	
38220010	附于衬背上的诊断或实验用试剂，但税目32.02、32.06的货品除外	4					0	0	0
38220090	无论是否附于衬背上的诊断或实验用配制试剂，但税目32.02、32.06的货品除外	5					0	0	0
38231100	硬脂酸	16					0	0	
38231200	油酸	16					0	0	
38231300	妥尔油脂肪酸	16					0	0	
38231900	其他工业用单羧脂肪酸；精炼所得的酸性油	16					0	0	
38237000	工业用脂肪醇	13					0	0	
38241000	铸模及铸芯用黏合剂	6.5					0	0	0
38243000	自身混合或与金属黏合剂混合的未烧结金属碳化物	6.5					0	0	0
38244010	高效减水剂	6.5					0	0	0
38244090	其他水泥、灰泥及混凝土用添加剂	6.5					0	0	0
38245000	非耐火的灰泥及混凝土	6.5					0	0	0
38246000	子目2905.44以外的山梨醇	14					0	0	
38247100	含全氯氟烃的，不论是否含氢氯氟烃、全氟烃或氢氟烃的含有甲烷、乙烷、丙烷卤化衍生物混合物	6.5					0	0	0
38247200	含溴氯二氟甲烷、溴三氟甲烷或二溴四氟乙烷的含有甲烷、乙烷、丙烷卤化衍生物混合物	6.5					0	0	0
38247300	含氢溴氟烃的含有甲烷、乙烷、丙烷卤化衍生物混合物	6.5					0	0	0
38247400	含氢氯氟烃的，不论是否含全氟烃或氢氟烃，但不含全氯氟烃的含有甲烷、乙烷、丙烷卤化衍生物混合物	6.5					0	0	0
38247500	含四氯化碳的含有甲烷、乙烷、丙烷卤化衍生物混合物	6.5					0	0	0
38247600	含1,1,1-三氯乙烷（甲基氯仿）的含有甲烷、乙烷、丙烷卤化衍生物混合物	6.5					0	0	0
38247700	含溴化甲烷（甲基溴）或溴氯甲烷的含有甲烷、乙烷、丙烷卤化衍生物混合物	6.5					0	0	0
38247800	含全氟烃或氢氟烃的，但不含全氯氟烃或氢氯氟烃的含有甲烷、乙烷、丙烷卤化衍生物混合物	6.5					0	0	0
38247900	其他含有甲烷、乙烷、丙烷卤化衍生物的混合物	6.5					0	0	0
38248100	含环氧乙烷的混合物及制品	6.5					0	0	0
38248200	含多氯联苯、多氯三联苯或多溴联苯的混合物及制品	6.5					0	0	0
38248300	含三（2,3-二溴丙基）磷酸酯的混合物及制品	6.5					0	0	0
38248400	含艾氏剂（ISO）、毒杀芬（ISO）、氯丹（ISO）、十氯酮（ISO）、DDT（ISO）［滴滴涕（INN）、1,1,1-三氯-2,2-双（4-氯苯基）乙烷］、狄氏剂（ISO，INN）、硫丹（ISO）、异狄氏剂（ISO）、七氯（ISO）或灭蚁灵（ISO）的第三十八章子目注释三所列货品	6.5					0	0	0

税则号列 Tariff Item	商品名称（简称） Article Description	最惠国税率（%） M. F. N.	特惠税率（%）The Special Preferential Tariff Rates 亚太2国	东盟 缅甸 Myanmar	东盟 老挝 Laos	东盟 柬埔寨 Cambodia	37国	3国	1国
38248500	含1,2,3,4,5,6-六氯环己烷［六六六（ISO）］，包括林丹（ISO，INN）的第三十八章子目注释三所列货品	6.5					0	0	0
38248600	含五氯苯（ISO）或六氯苯（ISO）的第三十八章子目注释三所列货品	6.5					0	0	0
38248700	含全氟辛基磺酸及其盐，全氟辛基磺胺或全氟辛基磺酰氯的第三十八章子目注释三所列货品	6.5					0	0	0
38248800	含四、五、六、七或八溴联苯醚的第三十八章子目注释三所列货品	6.5					0	0	0
38249100	主要由（5-乙基-2-甲基-2氧代-1,3,2-二氧磷杂环己-5-基）甲基膦酸二甲酯和双［（5-乙基-2-甲基-2氧代-1,3,2-二氧磷杂环己-5-基）甲基］甲基膦酸酯（阻燃剂FRC-1）组成的混合物及制品	6.5					0	0	0
38249910	杂醇油	6.5					0	0	0
38249920	除墨剂、蜡纸改正液及类似品	9					0	0	0
38249930	增碳剂	6.5					0	0	0
38249991	含滑石50%以上的混合物	6.5					0	0	0
38249992	按重量计含氧化镁70%以上的混合物	6.5					0	0	0
38249993	表层包覆钴化合物的氢氧化镍（掺杂炭）	6.5					0	0	0
38249999	其他税目未列名的化学工业及其相关工业的化学产品及配制品	6.5					0	0	0
38251000	城市垃圾	6.5					0	0	
38252000	下水道淤泥	6.5					0	0	
38253000	医疗废物	6.5					0	0	
38254100	含卤化物的废有机溶剂	6.5					0	0	
38254900	其他废有机溶剂	6.5					0	0	
38255000	废的金属酸洗液、液压油、制动油及防冻液	6.5					0	0	
38256100	主要含有机成分的化工及相关工业废物	6.5					0	0	
38256900	其他税目未列名的化工及相关工业废物	6.5					0	0	
38259000	其他税目未列名的化学工业及相关工业的副产品	6.5					0	0	
38260000	生物柴油及其混合物，不含或含有按重量计低于70%的石油或从沥青矿物提取的油类	6.5					0	0	0
39013000	初级形状乙烯-乙酸乙烯酯共聚物	6.5					0	0	
39014010	乙烯-丙烯共聚物（乙丙橡胶）	6.5					0	0	
39014020	线型低密度聚乙烯	6.5					0	0	0
39014090	其他乙烯-α-烯烃共聚物，比重小于0.94	6.5					0	0	
39019010	初级形状的乙烯-丙烯共聚物（乙丙橡胶，乙烯单体单元的含量大于丙烯单体单元）	6.5					0	0	
39019090	其他初级形状的乙烯聚合物	6.5					0	0	
39022000	初级形状的聚异丁烯	6.5					0	0	0
39023010	初级形状的乙烯-丙烯共聚物（乙丙橡胶，丙烯单体单元的含量大于乙烯单体单元）	6.5					0	0	0
39023090	初级形状的其他丙烯共聚物	6.5					0	0	0
39029000	其他初级形状的烯烃聚合物	6.5					0	0	0
39031100	初级形状的可发性聚苯乙烯	6.5					0	0	0
39031910	初级形状的改性非可发性聚苯乙烯	6.5					0	0	0

税则号列 Tariff Item	商品名称（简称） Article Description	最惠国税率（%） M. F. N.	特惠税率（%） The Special Preferential Tariff Rates						
			亚太2国	东盟			37国	3国	1国
				缅甸 Myanmar	老挝 Laos	柬埔寨 Cambodia			
39031990	初级形状的其他聚苯乙烯	6.5					0	0	0
39032000	初级形状苯乙烯-丙烯腈共聚物	12					0	0	
39033010	初级形状的改性丙烯腈-丁二烯-苯乙烯共聚物	6.5					0	0	0
39033090	其他丙烯腈-丁二烯-苯乙烯共聚物	6.5					0	0	0
39039000	初级形状的其他苯乙烯聚合物	6.5					0	0	0
39041010	聚氯乙烯糊树脂	6.5					0	0	0
39041090	其他初级形状的纯聚氯乙烯	6.5					0	0	0
39042100	初级形状未塑化的聚氯乙烯	6.5					0	0	0
39042200	初级形状已塑化的聚氯乙烯	6.5					0	0	0
39043000	氯乙烯-乙酸乙烯酯共聚物	9					0	0	0
39044000	初级形状的其他氯乙烯共聚物	12					0	0	
39045000	初级形状的偏二氯乙烯聚合物	6.5					0	0	0
39046100	初级形状的聚四氟乙烯	10					0	0	0
39046900	初级形状的其他氟聚合物	6.5					0	0	0
39049000	初级形状的其他卤化烯烃聚合物	10					0	0	0
39051200	聚乙酸乙烯酯的水分散体	10					0	0	
39051900	其他初级形状聚乙酸乙烯酯	10					0	0	
39052100	乙酸乙烯酯共聚物的水分散体	10					0	0	
39052900	其他初级形状的乙酸乙烯酯共聚物	10					0	0	
39053000	初级形状的聚乙烯醇（不论是否含有未水解的乙酸酯基）	14					0	0	
39059100	其他乙烯酯或乙烯基的共聚物	10					0	0	
39059900	其他乙烯酯或乙烯基的聚合物	10					0	0	
39061000	初级形状的聚甲基丙烯酸甲酯	6.5					0	0	0
39069010	聚丙稀酰胺	6.5					0	0	0
39069090	其他初级形状的丙烯酸聚合物	6.5					0	0	0
39071010	初级形状的聚甲醛	6.5					0	0	0
39071090	其他初级形状的聚缩醛	6.5					0	0	0
39072010	聚四亚甲基醚二醇	6.5					0	0	0
39072090	其他初级形状的聚醚	6.5					0	0	0
39073000	初级形状的环氧树脂	6.5					0	0	0
39074000	初级形状的聚碳酸酯	6.5					0	0	0
39075000	初级形状的醇酸树脂	10					0	0	0
39076110	高黏度聚对苯二甲酸乙二酯切片	6.5					0	0	0
39076190	其他粘数在78毫升/克或以上的聚对苯二甲酸乙二酯	6.5					0	0	0
39076910	其他聚对苯二甲酸乙二酯切片	6.5					0	0	0
39076990	其他初级形状聚对苯二甲酸乙二酯	6.5					0	0	0
39077000	聚乳酸	6.5					0	0	0
39079100	初级形状的不饱和聚酯	6.5					0	0	0
39079910	聚对苯二甲酸丁二酯	6.5					0	0	0
39079991	聚对苯二甲酸－己二酸－丁二醇酯	6.5					0	0	0
39079999	其他聚酯	6.5					0	0	0
39081011	聚酰胺-6,6切片	6.5					0	0	0
39081012	聚酰胺-6切片	6.5					0	0	0
39081019	初级形状的聚酰胺切片	6.5					0	0	0

税则号列 Tariff Item	商品名称（简称） Article Description	最惠国税率（%） M. F. N.	特惠税率（%） The Special Preferential Tariff Rates						
			亚太2国	东盟 缅甸 Myanmar	东盟 老挝 Laos	东盟 柬埔寨 Cambodia	37国	3国	1国
39081090	其他初级形状的聚酰胺	6.5					0	0	0
39089010	芳香族聚酰胺及其共聚物	10					0	0	0
39089020	半芳香族聚酰胺及其共聚物	10					0	0	0
39089090	初级形状的其他聚酰胺	10					0	0	0
39091000	初级形状的尿素树脂及硫尿树脂	6.5					0	0	0
39092000	初级形状的蜜胺树脂	6.5					0	0	0
39093100	聚合 MDI	6.5					0	0	0
39093900	其他初级形状的其他氨基树脂	6.5					0	0	0
39094000	初级形状的酚醛树脂	6.5					0	0	0
39095000	初级形状的聚亚氨酯	6.5					0	0	0
39100000	初级形状的聚硅氧烷	6.5					0	0	0
39111000	初级形状的石油树脂、苯并呋喃-茚树脂、多萜树脂	6.5					0	0	0
39119000	其他初级形状的多硫化物、聚砜及第三十九章注释三所规定的其他税号未列名新产品	6.5					0	0	0
39121100	初级形状的未塑化醋酸纤维素	6.5					0	0	
39121200	初级形状的已塑化醋酸纤维素	6.5					0	0	
39122000	初级形状的硝酸纤维素	6.5					0	0	
39123100	初级形状的羧甲基纤维素及其盐	6.5					0	0	
39123900	初级形状的其他纤维素醚	6.5					0	0	
39129000	初级形状的其他未列名的纤维素（包括化学衍生物）	6.5					0	0	
39131000	初级形状的藻酸及盐和酯	10					0	0	0
39139000	初级形状的其他未列名天然聚合物（包括改性天然聚合物）	6.5					0	0	0
39140000	初级形状的离子交换剂	6.5					0	0	0
39151000	乙烯聚合物的废碎料及下脚料	6.5					0	0	0
39152000	苯乙烯聚合物的废碎料及下脚料	6.5					0	0	0
39153000	氯乙烯聚合物的废碎料及下脚料	6.5					0	0	0
39159010	聚对苯二甲酸乙二酯的塑料废碎料及下脚料	6.5					0	0	0
39159090	其他塑料的废碎料及下脚料	6.5					0	0	0
39161000	乙烯聚合物制单丝、条、杆及型材	10					0	0	
39162010	聚氯乙烯异型材	10					0	0	
39162090	氯乙烯聚合物制单丝、条、杆及型材	10					0	0	
39169010	聚酰胺制的单丝、条、杆及型材	10					0	0	
39169090	其他塑料制单丝、条、杆及型材	10					0	0	
39171000	硬化蛋白或纤维素材料制人造肠衣	10					0	0	
39172100	乙烯聚合物制的硬管	10					0	0	0
39172200	丙烯聚合物制的硬管	10					0	0	0
39172300	氯乙烯聚合物制的硬管	10					0	0	0
39172900	其他塑料制的硬管	10					0	0	0
39173100	塑料制的软管	10					0	0	0
39173200	其他未装有附件的塑料制管子	6.5					0	0	0
39173300	其他装有附件的塑料管子	6.5					0	0	0
39173900	塑料制的其他管子	6.5					0	0	0
39174000	塑料制的管子附件	10					0	0	0
39181010	氯乙烯聚合物制的糊墙品	10					0	0	

税则号列 Tariff Item	商品名称（简称） Article Description	最惠国税率（%） M. F. N.	特惠税率（%） The Special Preferential Tariff Rates						
			亚太2国	东盟 缅甸 Myanmar	东盟 老挝 Laos	东盟 柬埔寨 Cambodia	37国	3国	1国
39181090	氯乙烯聚合物制的铺地制品	10					0	0	
39189010	其他塑料制的糊墙品	10					0	0	
39189090	其他塑料制的铺地制品	10					0	0	
39191010	丙烯酸树脂为基本成分的成卷胶粘板、片、条等，宽度≤20厘米	6.5					0	0	0
39191091	宽度≤20厘米成卷的胶囊型反光膜	6.5					0	0	0
39191099	其他材料制的，宽度≤20厘米的其他成卷塑料胶粘板、片等	6.5					0	0	0
39199010	其他胶囊型反光膜	6.5					0	0	0
39199090	其他自粘塑料板、片、膜等材料	6.5					0	0	0
39201010	乙烯聚合物制电池隔膜	6.5					0	0	0
39201090	其他乙烯聚合物制板、片、带	6.5					0	0	0
39202010	丙烯聚合物制电池隔膜	6.5					0	0	0
39202090	其他丙烯聚合物制板、片、带	6.5					0	0	0
39203000	非泡沫聚苯乙烯板、片、膜、箔及扁条	6.5					0	0	0
39204300	按重量计增塑剂含量不小于6%的聚氯乙烯板、片、膜、箔及扁条	6.5					0	0	0
39204900	按重量计增塑剂含量小于6%的聚氯乙烯板、片、膜、箔及扁条	6.5					0	0	0
39205100	聚甲基丙烯酸甲酯板、片、膜、箔及扁条	6.5					0	0	0
39205900	其他丙烯酸聚合物板、片、膜、箔及扁条	6.5					0	0	0
39206100	聚碳酸酯制板、片、膜、箔及扁条	6.5					0	0	0
39206200	聚对苯二甲酸乙二酯板、片、膜、箔及扁条	6.5					0	0	0
39206300	不饱和聚酯板、片、膜、箔及扁条	10					0	0	0
39206900	其他聚酯板、片、膜、箔及扁条	10					0	0	0
39207100	再生纤维素制板、片、膜、箔及扁条	6.5					0	0	0
39207300	醋酸纤维素制板、片、膜、箔及扁条	6.5					0	0	0
39207900	纤维素衍生物制板、片、膜箔及扁条	10					0	0	0
39209100	聚乙烯醇缩丁醛板、片、膜、箔及扁条	6.5					0	0	0
39209200	聚酰胺板、片、膜、箔及扁条	10					0	0	0
39209300	氨基树脂板、片、膜、箔及扁条	6.5					0	0	0
39209400	酚醛树脂板、片、膜、箔及扁条	10					0	0	0
39209910	聚四氟乙烯制的非泡沫塑料板片	6.5					0	0	0
39209990	其他塑料制的非泡沫塑料板片	6.5					0	0	0
39211100	泡沫聚苯乙烯板、片、带、箔及扁条	10					0	0	0
39211210	泡沫聚氯乙烯人造革及合成革	9					0	0	0
39211290	泡沫聚氯乙烯板、片、带、箔及扁条	6.5					0	0	0
39211310	泡沫聚氨酯制人造革及合成革	9					0	0	0
39211390	泡沫聚氨酯板、片、带、箔及扁条	6.5					0	0	0
39211400	泡沫再生纤维素板、片、膜、箔及扁条	10					0	0	0
39211910	其他泡沫塑料制人造革及合成革	9					0	0	0
39211990	其他泡沫塑料板、片、膜、箔及扁条	6.5					0	0	0
39219020	嵌有玻璃纤维的聚乙烯板、片	6.5					0	0	0
39219030	聚异丁烯为基本成分的附有人造毛毡的板、片、卷材	6.5					0	0	0
39219090	未列名塑料板、片、膜、箔及扁条	6.5					0	0	0

税则号列 Tariff Item	商品名称（简称） Article Description	最惠国税率（%） M. F. N.	特惠税率（%） The Special Preferential Tariff Rates						
			亚太2国	东盟			37国	3国	1国
				缅甸 Myanmar	老挝 Laos	柬埔寨 Cambodia			
39221000	塑料浴缸、淋浴盘及盥洗盆	10			0		0	0	0
39222000	塑料马桶坐圈及盖	10			0		0	0	0
39229000	塑料便盆、抽水箱等类似卫生洁具	10					0	0	0
39231000	塑料制盒、箱及类似品	10					0	0	0
39232100	乙烯聚合物制袋及包	10					0	0	
39232900	其他塑料制袋及包	10					0	0	0
39233000	塑料制坛、瓶及类似品	6.5					0	0	0
39234000	塑料制卷轴、纡子、筒管及类似品	10					0	0	
39235000	塑料制塞子、盖子及类似品	10					0	0	0
39239000	供运输或包装货物用其他塑料制品	10					0	0	
39241000	塑料制餐具及厨房用具	10	0				0	0	0
39249000	塑料制其他家庭用具及卫生或盥洗用具	10					0	0	0
39251000	塑料制囤、柜、罐、桶及类似容器	10					0	0	0
39252000	塑料制门、窗及其框架、门槛	10					0	0	
39253000	塑料制窗板、百叶窗及类似制品	10					0	0	
39259000	其他未列名的建筑用塑料制品	10					0	0	
39261000	办公室或学校用塑料制品	10					0	0	0
39262011	聚氯乙稀制手套（包括分指手套、连指手套及露指手套）	10					0	0	
39262019	其他手套（包括分指手套、连指手套及露指手套）	10					0	0	
39262090	其他塑料制衣服及衣着附件	10					0	0	0
39263000	塑料制家具、车厢及类似品的附件	10					0	0	0
39264000	塑料制小雕塑品及其他装饰品	10					0	0	0
39269010	塑料制机器及仪器用零件	10					0	0	0
39269090	其他塑料制品	10					0	0	0
40013000	巴拉塔胶、古塔波胶、银胶菊胶、糖胶树胶及类似的天然树胶	20					0	0	
40021110	羧基丁苯橡胶胶乳	7.5					0	0	0
40021190	丁苯橡胶胶乳	7.5					0	0	0
40021911	未经任何加工的丁苯橡胶（溶聚的除外）	7.5					0	0	0
40021912	充油丁苯橡胶（溶聚的除外）	7.5					0	0	0
40021913	初级形状的热塑丁苯橡胶	7.5					0	0	0
40021914	初级形状的充油热塑丁苯橡胶	7.5					0	0	0
40021915	未经任何加工的溶聚丁苯橡胶	7.5					0	0	0
40021916	充油溶聚丁苯橡胶	7.5					0	0	0
40021919	初级形状的其他丁苯橡胶及羧基丁苯橡胶	7.5					0	0	0
40021990	丁苯橡胶及羧基丁苯橡胶板、片、带	7.5					0	0	0
40022010	初级形状的丁二烯橡胶	7.5					0	0	0
40022090	丁二烯橡胶板、片、带	7.5					0	0	0
40023110	初级形状的异丁烯-异戊二烯橡胶	6					0	0	0
40023190	异丁烯-异戊二烯橡胶板、片、带	7.5					0	0	0
40023910	初级形状的其他卤代丁基橡胶	7.5					0	0	0
40023990	卤代丁基橡胶板、片、带	7.5					0	0	0
40024100	氯丁二烯橡胶胶乳	7.5					0	0	0
40024910	初级形状的氯丁二烯橡胶	7.5					0	0	0

税则号列 Tariff Item	商品名称（简称） Article Description	最惠国税率（%） M. F. N.	特惠税率（%）The Special Preferential Tariff Rates						
			亚太2国	东盟			37国	3国	1国
				缅甸 Myanmar	老挝 Laos	柬埔寨 Cambodia			
40024990	氯丁二烯橡胶板、片、带	7.5					0	0	0
40025100	丁腈橡胶胶乳	7.5					0	0	0
40025910	初级形状的丁腈橡胶	7.5					0	0	0
40025990	丁腈橡胶板、片、带	7.5					0	0	0
40026010	初级形状的异戊二烯橡胶	3					0	0	0
40026090	异戊二烯橡胶板、片、带	5					0	0	0
40027010	初级形状的乙丙非共轭二烯橡胶	7.5					0	0	0
40027090	乙丙非共轭二烯橡胶板、片、带	7.5					0	0	0
40028000	天然橡胶与合成橡胶的混合物	7.5					0	0	0
40029100	其他未列名的合成橡胶胶乳	7.5					0	0	0
40029911	其他初级形状的合成橡胶	7.5					0	0	0
40029919	其他合成橡胶板、片、带	7.5					0	0	0
40029990	从油类提取的油膏	4					0	0	0
40030000	初级形状或板、片、带状再生橡胶	8					0	0	0
40040000	橡胶（硬质橡胶除外）废碎料及下脚料及其粉、粒	8					0	0	
40051000	与炭黑等混合的未硫化复合橡胶	8					0	0	0
40052000	未硫化的复合橡胶溶液及分散体	8					0	0	0
40059100	其他未硫化的复合橡胶板、片、带	8					0	0	0
40059900	其他未硫化的初级形状复合橡胶	8					0	0	0
40061000	未硫化轮胎翻新用胎面补料胎条	8					0	0	0
40069010	未硫化橡胶的杆、管或型材及异型材	8					0	0	0
40069020	未硫化橡胶制品	14					0	0	
40070000	硫化橡胶线及绳	14					0	0	
40081100	海绵硫化橡胶制板、片及带	8					0	0	0
40081900	海绵硫化橡胶制型材、异型材及杆	8					0	0	0
40082100	非海绵硫化橡胶制板、片及带	8					0	0	0
40082900	非海绵硫化橡胶制型材、异型材及杆	8					0	0	0
40091100	未加强或未与其他材料合制硫化橡胶管，未装有附件	10.5					0	0	
40091200	未加强或未与其他材料合制硫化橡胶管，装有附件	10					0	0	
40092100	用金属加强或只与金属合制的硫化橡胶管，未装有附件	10.5					0	0	
40092200	用金属加强或只与金属合制的硫化橡胶管，装有附件	10					0	0	
40093100	用纺织材料加强或只与纺织材料合制硫化橡胶管，未装有附件	10.5					0	0	
40093200	用纺织材料加强或只与纺织材料合制硫化橡胶管，装有附件	10					0	0	
40094100	用其他材料加强或与其他材料合制硫化橡胶管，未装有附件	10.5					0	0	
40094200	用其他材料加强或与其他材料合制硫化橡胶管，装有附件	10					0	0	
40101100	金属加强的硫化橡胶输送带及带料	10					0	0	
40101200	纺织材料加强的硫化橡胶输送带及带料	10					0	0	
40101900	其他硫化橡胶制的输送带及带料	10					0	0	
40103100	梯形截面的环形传动带（三角带），V形肋状，外周长超过60厘米，但不超过180厘米	8					0	0	0

税则号列 Tariff Item	商品名称（简称） Article Description	最惠国税率（%） M. F. N.	特惠税率（%） The Special Preferential Tariff Rates						
			亚太2国	东盟			37国	3国	1国
				缅甸 Myanmar	老挝 Laos	柬埔寨 Cambodia			
40103200	梯形截面的环形传动带（三角带），V形肋状的除外，外周长超过60厘米，但不超过180厘米	8					0	0	0
40103300	180厘米＜外周长≤240厘米的三角带，V形肋状	8					0	0	0
40103400	180厘米＜外周长≤240厘米的三角带，V形肋状的除外	8					0	0	0
40103500	60厘米＜外周长≤150厘米的环形同步带	10					0	0	
40103600	150厘米＜外周长≤198厘米的环形同步带	10					0	0	
40103900	其他硫化橡胶制的传动带及带料	8					0	0	0
40111000	机动小客车用新的充气橡胶轮胎	10					0	0	0
40112000	客运或货运车用新的充气橡胶轮胎	10					0	0	
40113000	航空器用新的充气橡胶轮胎	1					0	0	0
40114000	摩托车用新的充气橡胶轮胎	15					0	0	
40115000	自行车用新的充气橡胶轮胎	20					0	0	
40117010	农业或林业车辆及机器用人字形胎面或类似胎面的新充气橡胶轮胎	17.5					0	0	
40117090	农业或林业车辆及机器用非人字形胎面或类似胎面的新充气橡胶轮胎	25					0	0	0
40118011	辋圈尺寸≤61厘米的建筑或工业搬运车辆及机器用人字形胎面或类似胎面的新充气橡胶轮胎	17.5					0	0	
40118012	辋圈＞61厘米的建筑或工业搬运车辆及机器用人字形胎面或类似胎面的新充气橡胶轮胎	17.5					0	0	
40118091	辋圈尺寸≤61厘米的建筑或工业搬运车辆及机器用非人字形胎面或类似胎面的新充气橡胶轮胎	25					0		
40118092	辋圈＞61厘米的建筑或工业搬运车辆及机器用非人字形胎面或类似胎面的新充气橡胶轮胎	25					0		
40119010	其他人字形胎面或类似胎面的新充气橡胶轮胎	17.5					0	0	
40119090	其他新的充气橡胶轮胎	25					0		
40121100	机动小客车（包括旅行小客车及赛车）用翻新轮胎	20					0	0	
40121200	机动大客车或货运机动车用翻新轮胎	20					0	0	
40121300	航空器用翻新轮胎	20					0	0	
40121900	其他翻新轮胎	20					0	0	
40129010	航空器用实心或半实心橡胶轮胎	3					0	0	
40129020	汽车用实心或半实心橡胶轮胎	22					0	0	
40129090	其他用实心或半实心橡胶轮胎	22					0	0	
40131000	汽车用橡胶内胎	15					0	0	
40132000	自行车用橡胶内胎	15					0	0	
40139010	航空器用橡胶内胎	3					0	0	0
40139090	其他用橡胶内胎	15					0	0	
40141000	硫化橡胶制避孕套	0					0	0	0
40149000	硫化橡胶制其他卫生及医疗用品	17.5					0	0	
40151100	硫化橡胶制外科用手套	8					0	0	0
40151900	硫化橡胶制其他手套	18					0	0	0
40159010	医疗用硫化橡胶衣着用品及附件	8					0	0	0
40159090	其他硫化橡胶制衣着用品及附件	15					0	0	
40161010	硫化海绵橡胶制机器及仪器用零件	8					0	0	0

税则号列 Tariff Item	商品名称(简称) Article Description	最惠国税率(%) M. F. N.	特惠税率(%) The Special Preferential Tariff Rates						
			亚太2国	东盟			37国	3国	1国
				缅甸 Myanmar	老挝 Laos	柬埔寨 Cambodia			
40161090	硫化海绵橡胶制其他制品	15					0	0	
40169100	硫化橡胶制铺地制品及门垫	18					0	0	
40169200	硫化橡胶制橡皮擦	18					0	0	
40169310	硫化橡胶制机器、仪器用垫片、垫圈及其他密封垫	8					0	0	0
40169390	硫化橡胶制其他用垫片、垫圈、及其他密封垫	15					0	0	0
40169400	硫化橡胶制船舶或码头的碰垫	18					0	0	
40169500	硫化橡胶制其他可充气制品	18					0	0	
40169910	硫化橡胶制机器及仪器用其他零件	8					0	0	0
40169990	其他未列名硫化橡胶制品	10					0	0	0
40170010	各种形状的硬质橡胶(包括废碎料)	8					0	0	
40170020	硬质橡胶制品	15					0	0	
41012011	规定重量范围内的未剖层整张生牛皮,经逆鞣处理	8					0	0	0
41012019	规定重量范围内的未剖层整张生牛皮,经逆鞣处理的除外	5			0	0	0	0	0
41012020	规定重量范围内的未剖层整张生马科动物皮	5			0	0	0	0	0
41015011	经逆鞣处理的重量>16千克的整张生牛皮	8.4					0	0	0
41015019	重量>16千克的整张生牛皮,经逆鞣处理的除外	5			0	0	0	0	0
41015020	重量>16千克的整张生马科动物皮	5			0	0	0	0	0
41019011	其他(包括整张或半张的背皮及腹皮)经逆鞣处理的生牛皮	8.4					0	0	0
41019019	其他(包括整张或半张的背皮及腹皮)生牛皮,经逆鞣处理的除外	5			0	0	0	0	0
41019020	其他(包括整张或半张的背皮及腹皮)生马科动物皮	5			0	0	0	0	0
41021000	带毛的绵羊或羔羊生皮	7					0	0	0
41022110	浸酸的不带毛绵羊或羔羊生皮,经逆鞣处理的	14					0	0	
41022190	浸酸的不带毛绵羊或羔羊生皮,经逆鞣处理的除外	9					0	0	0
41022910	其他不带毛的绵羊或羔羊生皮,经逆鞣处理的	14					0	0	
41022990	其他不带毛的绵羊或羔羊生皮,经逆鞣处理的除外	7					0	0	0
41032000	爬行动物的生皮	9					0	0	0
41033000	生猪皮	9		0			0	0	0
41039011	经逆鞣处理的山羊板皮	14					0	0	
41039019	山羊板皮,经逆鞣处理的除外	9					0	0	0
41039021	经逆鞣处理的其他山羊或小山羊皮	14					0	0	
41039029	其他山羊或小山羊皮,经逆鞣处理的除外	9					0	0	0
41039090	其他生皮	9		0			0	0	0
41041111	全粒面未剖层或粒面剖层蓝湿牛皮	7	1.4				0	0	0
41041119	其他全粒面未剖层或粒面剖层湿牛皮革	8	2				0	0	0
41041120	全粒面未剖层或粒面剖层马科动物皮	5	2				0	0	0
41041911	其他蓝湿牛皮	6	1.4				0	0	0
41041919	其他湿牛皮革	7	1.8				0	0	0
41041920	其他湿马科动物皮	7	2.1				0	0	0
41044100	全粒面未剖层或粒面剖层干革(坯革)	5	2				0	0	0
41044910	其他机器带用干革(坯革)	5	0				0	0	0
41044990	其他干革(坯革)	7	2.1				0	0	0
41051010	蓝湿绵羊或羔羊皮	14	2.1				0	0	0

税则号列 Tariff Item	商品名称（简称） Article Description	最惠国税率（%） M. F. N.	特惠税率（%） The Special Preferential Tariff Rates						
			亚太2国	东盟 缅甸 Myanmar	东盟 老挝 Laos	东盟 柬埔寨 Cambodia	37国	3国	1国
41051090	其他绵羊或羔羊湿皮革	10	2				0	0	0
41053000	绵羊或羔羊干革（坯革）	8	4.8				0	0	0
41062100	山羊或小山羊皮湿革	14	2.1				0	0	0
41062200	山羊或小山羊皮干革（坯革）	14	8.4				0	0	0
41063110	蓝湿猪皮	14	4.2				0	0	
41063190	其他猪皮湿革	14	4.2				0	0	
41063200	猪皮干革（坯革）	14	4.2				0	0	
41064000	爬行动物皮革	14	0				0	0	0
41069100	其他未列名动物皮湿革（包括蓝湿皮革）	14	0				0	0	0
41069200	其他未列名动物皮干革（坯革）	14	0				0	0	0
41071120	已鞣全粒面未剖层整张马科动物皮	5					0	0	0
41071220	已鞣粒面剖层整张马科动物皮	5					0	0	0
41071910	已鞣机器带用整张牛马皮革	5					0	0	0
41079100	已鞣全粒面未剖层非整张牛马皮革	5					0	0	0
41079200	已鞣粒面剖层非整张牛马皮革	5					0	0	0
41079910	已鞣机器带用非整张牛马皮革	5					0	0	0
41079990	其他已鞣非整张牛马皮革	7					0	0	0
41120000	已鞣进一步加工的不带毛绵羊或羔羊皮革	8					0	0	0
41131000	已鞣进一步加工的不带毛山羊或小山羊皮革	14					0	0	0
41132000	已鞣进一步加工的不带毛猪皮革	14					0	0	
41133000	已鞣进一步加工的不带毛爬行动物皮革	14					0	0	0
41139000	其他已鞣进一步加工的不带毛动物皮革	14					0	0	0
41141000	油鞣皮革	14					0	0	
41152000	皮革或再生皮革边角料；皮革粉末	14	4.2				0	0	
42010000	各种材料制成的鞍具及挽具，适合各种动物用	20	8				0	0	0
42021110	以皮革、再生皮革作面的衣箱	15	8.3				0	0	
42021190	以皮革、再生皮革作面的箱包	10	8				0	0	0
42021210	以塑料或纺织材料作面的衣箱	20					0	0	
42021290	塑料或纺织材料作面的其他箱包	20					0	0	0
42021900	其他材料制箱包	20	8				0	0	0
42022100	以皮革、再生皮革作面的手提包	10					0	0	0
42022200	以塑料片或纺织材料作面的手提包	10					0	0	0
42022900	以钢纸或纸板作面的手提包	20	8				0	0	
42023100	以皮革、再生皮革作面的钱包等物品	10					0	0	0
42023200	以塑料或纺织品作面的钱包等物品	20					0	0	0
42023900	以钢纸或纸板作面的钱包等物品	20	8				0	0	
42029100	以皮革、再生皮革作面的其他容器	10					0	0	0
42029200	以塑料或纺织材料作面的其他容器	10					0	0	0
42029900	以钢纸或纸板作面的其他容器	20					0	0	
42031000	皮革或再生皮革制的衣服	10	8				0	0	0
42032100	皮革或再生皮革制专供运动用手套	20					0	0	
42032910	皮革或再生皮革制的劳保手套	20	8				0	0	
42032990	皮革或再生皮革制的其他手套	20	8				0	0	
42033010	皮革或再生皮革制腰带	10	8				0	0	0
42033020	皮革或再生皮革制的腰带及子弹带	10	8				0	0	0

税则号列 Tariff Item	商 品 名 称（简称） Article Description	最惠国税率（%） M. F. N.	特惠税率（%） The Special Preferential Tariff Rates						
			亚太2国	东盟			37国	3国	1国
				缅甸 Myanmar	老挝 Laos	柬埔寨 Cambodia			
42034000	皮革或再生皮革制的其他衣着附件	20	8				0	0	
42050010	皮革或再生皮革制坐具套	12	7.8				0	0	0
42050020	机器、机械器具或其他专门技术用途的皮革或再生皮革制品	8					0	0	0
42050090	皮革或再生皮革的其他制品	12	7.8				0	0	0
42060000	肠线、肠膜、膀胱或筋腱制品	20					0	0	
43011000	整张生水貂皮	15					0	0	
43013000	阿斯特拉罕等羔羊的整张生毛皮，不论是否带头、尾或爪	20					0	0	
43016000	整张生狐皮	20					0	0	
43018010	整张生兔皮	20					0	0	
43018090	整张的其他生毛皮	20					0	0	
43019010	黄鼠狼尾	20					0	0	
43019090	适合加工皮货用的其他未鞣头、尾、爪	20					0	0	
43021100	已鞣未缝制的整张水貂皮	12					0	0	
43021910	已鞣未缝制的贵重毛皮（貂皮、狐皮、水獭及旱獭等）	10					0	0	
43021920	已鞣未缝制的整张兔皮	10					0	0	0
43021930	已鞣未缝制的阿斯特拉罕等羔羊皮，不论是否带头、尾或爪	20					0	0	0
43021990	已鞣未缝制的其他毛皮	10					0	0	0
43022000	已鞣未缝制的头、尾、爪及其他块片	20					0	0	
43023010	已鞣已缝制的贵重毛皮及其块、片	20					0	0	
43023090	已鞣已缝制的其他整张毛皮及块片	20					0	0	
43031010	毛皮衣服	23	10.4				0	0	
43031020	毛皮衣着附件	18	9.9				0	0	
43039000	毛皮制其他物品	18	9.9				0	0	
43040010	人造毛皮	18	10.8				0	0	
43040020	人造毛皮制品	18	10.8				0	0	
44011100	针叶木薪柴	0					0	0	0
44011200	非针叶木薪柴	0					0	0	0
44012100	针叶木木片或木粒	0					0	0	0
44012200	非针叶木木片或木粒	0					0	0	0
44013100	木屑棒	0					0	0	0
44013900	其他锯末、木废料及碎片，黏结成原木段、块、片或类似形状	0					0	0	0
44014000	锯末、木废料及碎片，未黏结的	0					0	0	0
44021000	竹炭	10.5					0	0	
44029000	木炭	10.5					0	0	
44031100	用油漆、着色剂、防腐剂等处理的针叶木原木	0					0	0	0
44031200	用油漆、着色剂、防腐剂等处理的非针叶木原木	0					0	0	0
44032110	红松和樟子松原木，截面尺寸在 15 厘米及以上	0					0	0	0
44032120	辐射松原木，截面尺寸在 15 厘米及以上	0					0	0	0
44032130	落叶松原木，截面尺寸在 15 厘米及以上	0					0	0	0
44032140	花旗松原木，截面尺寸在 15 厘米及以上	0					0	0	0

税则号列 Tariff Item	商品名称（简称） Article Description	最惠国税率（%） M. F. N.	特惠税率（%） The Special Preferential Tariff Rates						
			亚太2国	东盟			37国	3国	1国
				缅甸 Myanmar	老挝 Laos	柬埔寨 Cambodia			
44032190	其他松木原木，截面尺寸在15厘米及以上	0					0	0	0
44032210	红松和樟子松原木，截面尺寸在15厘米以下	0					0	0	0
44032220	辐射松原木，截面尺寸在15厘米以下	0					0	0	0
44032230	落叶松原木，截面尺寸在15厘米以下	0					0	0	0
44032240	花旗松原木，截面尺寸在15厘米以下	0					0	0	0
44032290	其他松木原木，截面尺寸在15厘米以下	0					0	0	0
44032300	冷杉和云杉原木，截面尺寸在15厘米及以上	0					0	0	0
44032400	其他冷杉和云杉原木，截面尺寸在15厘米以下	0					0	0	0
44032500	其他针叶木原木，截面尺寸在15厘米及以上	0					0	0	0
44032600	其他针叶木原木，截面尺寸在15厘米以下	0					0	0	0
44034100	深红色红柳桉木、浅红色红柳桉木及巴栲红柳桉木原木	0					0	0	0
44034910	柚木原木	0					0	0	0
44034920	奥克曼（奥克榄）原木	0					0	0	0
44034930	龙脑香木原木	0					0	0	0
44034940	山樟（香木）原木	0					0	0	0
44034950	印加木（波罗格）原木	0					0	0	0
44034960	大干巴豆（门格里斯或康派斯）原木	0					0	0	0
44034970	异翅香木原木	0					0	0	0
44034980	热带红木原木	0					0	0	0
44034990	其他方法处理的其他热带原木	0					0	0	0
44039100	栎木原木	0					0	0	0
44039300	水青冈木（山毛榉木）原木，截面尺寸在15厘米及以上	0					0	0	0
44039400	其他水青冈木（山毛榉木）原木，截面尺寸在15厘米以下	0					0	0	0
44039500	桦木原木，截面尺寸在15厘米及以上	0					0	0	0
44039600	其他桦木原木，截面尺寸在15厘米以下	0					0	0	0
44039700	杨木原木	0					0	0	0
44039800	桉木原木	0					0	0	0
44039930	其他红木原木，但税号4403.4980所列热带红木原木除外	0					0	0	0
44039940	泡桐木原木	0					0	0	0
44039950	水曲柳原木	0					0	0	0
44039960	北美硬阔叶木原木	0					0	0	0
44039980	其他未列名的温带非针叶原木	0					0	0	0
44039990	其他未列名非针叶原木	0					0	0	0
44041000	针叶木的箍木、木劈条、木桩、木棒及类似品，木片条	8					0	0	
44042000	非针叶木箍木、木劈条、木桩、木棒及类似品，木片条	8					0	0	
44050000	木丝及木粉	8					0	0	0
44061100	未浸渍的针叶木制的铁道及电车道枕木	0					0	0	0
44061200	未浸渍的非针叶木制的铁道及电车道枕木	0					0	0	0
44069100	已浸渍的针叶木制的铁道及电车道枕木	0					0	0	0

税则号列 Tariff Item	商品名称（简称） Article Description	最惠国税率（%） M. F. N.	特惠税率（%）The Special Preferential Tariff Rates 亚太 2 国	东盟 缅甸 Myanmar	老挝 Laos	柬埔寨 Cambodia	37 国	3 国	1 国
44069200	已浸渍的非针叶木制的铁道及电车道枕木	0					0	0	0
44071110	红松和樟子松厚板材，经纵锯、纵切、刨切，不论是否刨平、砂光或指榫结合，厚度超过 6 毫米	0					0	0	0
44071120	辐射松厚板材，经纵锯、纵切、刨切，不论是否刨平、砂光或指榫结合，厚度超过 6 毫米	0					0	0	0
44071130	花旗松厚板材，经纵锯、纵切、刨切，不论是否刨平、砂光或指榫结合，厚度超过 6 毫米	0					0	0	0
44071190	其他松木厚板材，经纵锯、纵切、刨切，不论是否刨平、砂光或指榫结合，厚度超过 6 毫米	0					0	0	0
44071200	冷杉和云杉厚板材，经纵锯、纵切、刨切，不论是否刨平、砂光或指榫结合，厚度超过 6 毫米	0					0	0	0
44071900	其他针叶木厚板材，经纵锯、纵切、刨切，不论是否刨平、砂光或指榫结合，厚度超过 6 毫米	0					0	0	0
44072100	桃花心木板材，经纵锯、纵切、刨切，不论是否刨平、砂光或指榫结合，厚度超过 6 毫米	0					0	0	0
44072200	维罗蔻、细孔绿心樟、轻木板材，经纵锯、纵切、刨切，不论是否刨平、砂光或指榫结合，厚度超过 6 毫米	0					0	0	0
44072500	深红色红柳桉木、浅红色红柳桉木及巴栲红柳桉木板材，经纵锯、纵切、刨切，不论是否刨平、砂光或指榫结合，厚度超过 6 毫米	0					0	0	0
44072600	白柳桉木、白色红柳桉木、白色柳桉木、黄色红柳桉木及阿兰木，经纵锯、纵切、刨切，不论是否刨平、砂光或指榫结合，厚度超过 6 毫米	0					0	0	0
44072700	卡雅楝木板材，经纵锯、纵切、刨切，不论是否刨平、砂光或指榫结合，厚度超过 6 毫米	0					0	0	0
44072800	绿柄桑木板材，经纵锯、纵切、刨切，不论是否刨平、砂光或指榫结合，厚度超过 6 毫米	0					0	0	0
44072910	柚木板材，经纵锯、纵切、刨切，不论是否刨平、砂光或指榫结合，厚度超过 6 毫米	0					0	0	0
44072920	非洲桃花心木板材，经纵锯、纵切、刨切，不论是否刨平、砂光或指榫结合，厚度超过 6 毫米	0					0	0	0
44072930	波罗格板材，经纵锯、纵切、刨切，不论是否刨平、砂光或指榫结合，厚度超过 6 毫米	0					0	0	0
44072940	热带红木板材，经纵锯、纵切、刨切，不论是否刨平、砂光或指榫结合，厚度超过 6 毫米	0					0	0	0
44072990	其他列名的热带木板材，经纵锯、纵切、刨切，不论是否刨平、砂光或指榫结合，厚度超过 6 毫米	0					0	0	0
44079100	栎木板材，经纵锯、纵切、刨切，不论是否刨平、砂光或指榫结合，厚度超过 6 毫米	0					0	0	0
44079200	山毛榉木板材，经纵锯、纵切、刨切，不论是否刨平、砂光或指榫结合，厚度超过 6 毫米	0					0	0	0
44079300	槭木（枫木）板材，经纵锯、纵切、刨切，不论是否刨平、砂光或指榫结合，厚度超过 6 毫米	0					0	0	0

税则号列 Tariff Item	商品名称（简称） Article Description	最惠国税率（%） M. F. N.	特惠税率（%）The Special Preferential Tariff Rates 亚太2国	东盟 缅甸 Myanmar	 老挝 Laos	 柬埔寨 Cambodia	37国	3国	1国
44079400	樱桃木板材，经纵锯、纵切、刨切，不论是否刨平、砂光或指榫结合，厚度超过6毫米	0					0	0	0
44079500	白蜡木板材，经纵锯、纵切、刨切，不论是否刨平、砂光或指榫结合，厚度超过6毫米	0					0	0	0
44079600	桦木板材，经纵锯、纵切、刨切，不论是否刨平、砂光或指榫结合，厚度超过6毫米	0					0	0	0
44079700	杨木板材，经纵锯、纵切、刨切，不论是否刨平、砂光或指榫结合，厚度超过6毫米	0					0	0	0
44079910	其他红木板材，不论是否刨平、砂光或指榫结合，厚度超过6毫米，但税号4407.2940所列热带红木板材除外	0					0	0	0
44079920	泡桐木板材，经纵锯、纵切、刨切，不论是否刨平、砂光或指榫结合，厚度超过6毫米	0					0	0	0
44079930	北美硬阔叶木板材，经纵锯、纵切、刨切，不论是否刨平、砂光或指榫结合，厚度超过6毫米	0					0	0	0
44079980	其他温带非针叶木板材，经纵锯、纵切、刨切，不论是否刨平、砂光或指榫结合，厚度超过6毫米	0					0	0	0
44079990	其他木板材，经纵锯、纵切、刨切，不论是否刨平、砂光或指榫结合，厚度超过6毫米	0					0	0	0
44081011	用胶合板等多层板制的饰面用针叶木薄板，不论是否刨平、砂光或指榫结合，厚度不超过6毫米	8					0		
44081019	饰面用针叶木薄板，不论是否刨平、砂光或指榫结合，厚度不超过6毫米，用胶合板等多层板制的除外	4					0	0	
44081020	制胶合板用针叶木薄板，不论是否刨平、砂光或指榫结合，厚度不超过6毫米	4					0	0	
44081090	其他针叶木薄板材，不论是否刨平、砂光或指榫结合，厚度不超过6毫米	4					0	0	
44083111	用胶合板等多层板制的深红色红柳桉木、浅红色红柳桉木及巴栲红柳桉木制的饰面用薄板，不论是否刨平、砂光或指榫结合，厚度不超过6毫米	10					0		
44083119	深红色红柳桉木、浅红色红柳桉木及巴栲红柳桉木制的饰面用薄板，不论是否刨平、砂光或指榫结合，厚度不超过6毫米，用胶合板等多层板制的除外	4					0	0	
44083120	深红色红柳桉木、浅红色红柳桉木及巴栲红柳桉木制的胶合板用薄板，不论是否刨平、砂光或指榫结合，厚度不超过6毫米	4					0	0	
44083190	深红色红柳桉木、浅红色红柳桉木及巴栲红柳桉木制的其他薄板，不论是否刨平、砂光或指榫结合，厚度不超过6毫米	4					0	0	
44083911	用胶合板等多层板制的其他列名的热带木制的饰面用薄板，不论是否刨平、砂光或指榫结合，厚度不超过6毫米	10					0		
44083919	其他列名的热带木制的饰面用薄板，不论是否刨平、砂光或指榫结合，厚度不超过6毫米，用胶合板等多层板制的除外	4					0	0	

税则号列 Tariff Item	商品名称（简称） Article Description	最惠国税率（%） M. F. N.	特惠税率（%）The Special Preferential Tariff Rates						
			亚太2国	东盟			37国	3国	1国
				缅甸 Myanmar	老挝 Laos	柬埔寨 Cambodia			
44083920	其他列名的热带木制的胶合板用薄板，不论是否刨平、砂光或指榫结合，厚度不超过6毫米	4					0	0	
44083990	其他列名的热带木制的其他薄板材，不论是否刨平、砂光或指榫结合，厚度不超过6毫米	4					0	0	
44089011	用胶合板等多层板制的其他木制饰面用薄板，不论是否刨平、砂光或指榫结合，厚度不超过6毫米	4					0		
44089012	温带非针叶木制饰面用单板，不论是否刨平、砂光或指榫结合，厚度不超过6毫米	3					0	0	
44089013	竹制饰面用单板，不论是否刨平、砂光或指榫结合，厚度不超过6毫米	4					0		
44089019	其他木制饰面用薄板，不论是否刨平、砂光或指榫结合，厚度不超过6毫米，用胶合板等多层板制的除外	3					0	0	
44089021	其他温带非针叶木制胶合板用单板，不论是否刨平、砂光或指榫结合，厚度不超过6毫米	3					0	0	
44089029	其他木制胶合板用单板，不论是否刨平、砂光或指榫结合，厚度不超过6毫米	3					0	0	
44089091	其他温带非针叶木制木材，不论是否刨平、砂光或指榫结合，厚度不超过6毫米	3					0	0	
44089099	其他木材，不论是否刨平、砂光或指榫结合，厚度不超过6毫米	3					0	0	
44091010	针叶木地板条（块）	7.5					0	0	0
44091090	其他一边或面制成连续形状的针叶木材，不论是否刨平、砂光或指榫结合	7.5					0	0	0
44092110	竹制地板条（块）	4					0	0	0
44092190	其他一边或面制成连续形状的竹材，不论是否刨平、砂光或指榫结合	4					0	0	0
44092210	热带木地板条（块）	4					0	0	0
44092290	其他一边或面制成连续形状的热带木材，不论是否刨平、砂光或指榫结合	4					0	0	
44092910	其他非针叶木地板条	4					0	0	0
44092990	其他一边或面制成连续形状的其他非针叶木材，不论是否刨平、砂光或指榫结合	4					0	0	
44111221	辐射松制的厚度不超过5毫米的中密度木纤维板，密度超过每立方厘米0.5克，但未超过每立方厘米0.8克	4					0		
44111321	辐射松制的厚度超过5毫米但未超过9毫米的中密度木纤维板，密度超过每立方厘米0.5克，但未超过每立方厘米0.8克	4					0		
44111421	辐射松制的厚度超过9毫米的中密度木纤维板，密度超过每立方厘米0.5克，但未超过每立方厘米0.8克	4					0		
44119310	辐射松制的其他木纤维板，密度超过每立方厘米0.5克，但未超过每立方厘米0.8克	4					0		
44121011	至少有一表层为热带木的竹胶合板	12					0		
44121020	竹面多层板	10					0		
44121099	其他竹面多层板	4					0	0	0

税则号列 Tariff Item	商品名称（简称） Article Description	最惠国税率（%） M. F. N.	特惠税率（%） The Special Preferential Tariff Rates						
			亚太2国	东盟			37国	3国	1国
				缅甸 Myanmar	老挝 Laos	柬埔寨 Cambodia			
44123100	其他至少有一表层为热带木薄板制的胶合板	12					0		
44123900	其他上下表层均为针叶木薄板制的胶合板	4					0	0	0
44129499	其他木块芯胶合板，侧板条芯胶合板及板条芯胶合板	4					0	0	0
44129999	其他木面多层板	4					0	0	
44130000	强化木	6					0	0	0
44140010	辐射松制的画框、相框、镜框及类似品	20					0		
44151000	木箱及类似的包装容器；电缆卷筒	7.5					0	0	0
44152010	辐射松制的木托板、箱形托盘及其他装载用木板；辐射松制的托盘护框	7.5					0		
44160010	辐射松制的大桶、琵琶桶、盆和其他辐射松制箍桶及其零件，包括桶板	16					0		
44170010	辐射松制的工具、工具支架、工具柄、扫帚及刷子的身及柄；辐射松制鞋靴楦及楦头	16					0		
44181010	辐射松制的窗、法兰西式（落地）窗及其框架	4					0		
44181090	其他木制的窗、法兰西式（落地）窗及其框架	4					0		
44182000	木门及其框架和门槛	4					0	0	0
44184000	水泥构件的木模板	4					0	0	0
44185000	木瓦及盖屋板	7.5					0	0	0
44186000	柱和梁	4					0	0	0
44187310	已拼装的马赛克竹地板	4					0	0	0
44187320	其他竹制已拼装的多层地板	4					0	0	
44187390	其他竹制已拼装的地板	4					0	0	
44187400	其他已拼装的马赛克地板	4					0	0	0
44187500	其他已拼装的多层地板	4					0	0	
44187900	其他已拼装的地板	4					0	0	
44189100	竹制建筑用制品	4					0	0	0
44189900	其他建筑用木工制品	4					0	0	0
44191100	竹制切面包板、砧板及类似板	0					0	0	0
44191210	竹制一次性筷子	0					0	0	0
44191290	其他竹制筷子	0					0	0	0
44191900	其他竹制餐具及厨房用具	0					0	0	0
44199010	木制一次性筷子	0					0	0	0
44199090	其他木制餐具及厨房用具	0					0	0	0
44201011	木刻	0					0	0	0
44201012	竹刻	0					0	0	0
44201020	木扇	0					0	0	0
44201090	其他木制小雕像及其他装饰品	0					0	0	0
44209010	镶嵌木	0					0	0	0
44209090	木盒子及类似品；非落地式木家具	0					0	0	0
44211000	木衣架	0					0	0	0
44219110	竹制圆签、圆棒、冰果棒、压舌片及类似一次性制品	0					0	0	0
44219190	其他未列名的竹制品	0					0	0	0
44219910	木制圆签、圆棒、冰果棒、压舌片及类似一次性制品	0					0	0	0
44219990	其他未列名的木制品	0					0	0	0
45011000	未加工或简单加工的天然软木	6					0	0	

税则号列 Tariff Item	商品名称（简称） Article Description	最惠国税率（%） M. F. N.	特惠税率（%） The Special Preferential Tariff Rates						
			亚太2国	东盟			37国	3国	1国
				缅甸 Myanmar	老挝 Laos	柬埔寨 Cambodia			
45019010	软木废料	0					0	0	0
45019020	软木废料及碎、粒、粉状的软木	0					0	0	0
45020000	除去表皮或粗切成方形或成块、板、片或条状的天然软木	8					0	0	0
45031000	天然软木塞子	8					0	0	0
45039000	其他天然软木制品	10.5					0	0	0
45041000	块、板、片及条状压制软木；任何形状的砖、瓦；实心圆柱体，包括原片	8.4					0	0	0
45049000	其他压制软木及其制品	0					0	0	0
46012100	竹制的席子、席料及帘子	9			0		0	0	0
46012200	藤制的席子、席料及帘子	9			0		0	0	0
46012911	蔺草制的席子、席料及帘子	9			0		0	0	0
46012919	其他草制的席子、席料及帘子	9			0		0	0	0
46012921	苇帘	9			0		0	0	0
46012929	芦苇制的席子、席料	9			0		0	0	0
46012990	其他植物材料制席子、席料及帘子	9			0		0	0	0
46019210	竹缏条及类似产品，不论是否缝合成宽条	9			0		0	0	0
46019290	其他竹编结产品	9					0	0	0
46019310	藤缏条及类似产品，不论是否缝合成宽条	9			0		0	0	0
46019390	其他藤编结产品	9					0		
46019411	稻草制的鞭条（绳）	10					0	0	
46019419	稻草制的其他编结材料产品	10					0	0	
46019491	其他植物编结材料的缏条及类似产品，不论是否缝合成宽条	9			0		0	0	0
46019499	其他植物编结材料产品	9					0	0	0
46019910	其他非植物编结材料的缏条及类似产品，不论是否缝合成宽条	9			0		0	0	0
46019990	其他非植物编结材料产品	9					0	0	
46021100	竹编制的篮筐及其他制品	9				0	0	0	0
46021200	藤编制的篮筐及其他制品	9				0	0	0	0
46021910	草编制的篮筐及其他制品	9				0	0	0	0
46021920	玉米皮编制的篮筐及其他制品	9				0	0	0	0
46021930	柳条编制的篮筐及其他制品	9				0	0	0	0
46021990	其他植物材料编制篮筐及其他制品	9				0	0	0	0
46029000	其他编结材料制品及其他制品	9				0	0	0	0
47010000	机械木浆	0					0	0	0
47020000	化学木浆，溶解级	0					0	0	0
47031100	未漂白针叶木碱木浆或硫酸盐木浆	0					0	0	0
47031900	未漂白非针叶木碱木浆或硫酸盐木浆	0					0	0	0
47032100	漂白针叶木碱木浆或硫酸盐木浆	0					0	0	0
47032900	漂白非针叶木碱木浆或硫酸盐木浆	0					0	0	0
47041100	未漂白的针叶木亚硫酸盐木浆	0					0	0	0
47041900	未漂白的非针叶木亚硫酸盐木浆	0					0	0	0
47042100	漂白的针叶木亚硫酸盐木浆	0					0	0	0
47042900	漂白的非针叶木亚硫酸盐木浆	0					0	0	0

税则号列 Tariff Item	商　品　名　称（简称） Article Description	最惠国税率（%） M. F. N.	特惠税率（%） The Special Preferential Tariff Rates 亚太2国	东盟 缅甸 Myanmar	东盟 老挝 Laos	东盟 柬埔寨 Cambodia	37国	3国	1国
47050000	半化学木浆	0					0	0	0
47061000	棉短绒纸浆	0					0	0	0
47062000	从回收纸或纸板提取的纤维浆	0					0	0	0
47063000	竹浆	0					0	0	0
47069100	其他纤维状纤维素机械浆	0					0	0	0
47069200	其他纤维状纤维素化学浆	0					0	0	0
47069300	用机械和化学联合法制得的浆	0					0	0	0
47071000	未漂白牛皮、瓦楞纸或纸板废碎品	0					0	0	0
47072000	漂白化学木浆制的未经本体染色纸和纸板废碎品	0					0	0	0
47073000	机械木浆制的纸或纸板的废碎品	0					0	0	0
47079000	其他回收纸或纸板	0					0	0	0
48022010	照相原纸	7.5					0		
48022090	光敏、热敏、电敏纸，纸板的原纸、板	7.5					0		
48024000	墙壁纸原纸	7.5					0		
48025400	书写、印刷等用未涂布薄纸及纸板，不含用机械方法制得的纤维或所含前述纤维不超过全部纤维重量的10%	7.5					0		
48025500	其他书写、印刷等用未涂中厚纸（板），不含用机械方法制得的纤维或所含前述纤维不超过全部纤维重量的10%，成卷	5					0		
48025600	书写、印刷等用未涂布中厚纸及纸板，不含用机械方法制得的纤维或所含前述纤维不超过全部纤维重量的10%，成张，一边≤435毫米，另一边≤297毫米	5					0		
48025700	其他书写、印刷等用未涂中厚纸（板），不含用机械方法制得的纤维或所含前述纤维不超过全部纤维重量的10%，其他成张	5					0		
48025800	书写、印刷等用未涂布厚纸及纸板，不含用机械方法制得的纤维或所含前述纤维不超过全部纤维重量的10%	5					0		
48026100	其他成卷的书写、印刷等用未涂布纸及纸板，所含用机械方法制得的纤维超过全部纤维重量的10%	5					0		
48026200	其他成张的书写、印刷等用未涂布纸及纸板，所含用机械方法制得的纤维超过全部纤维重量的10%，一边≤435毫米、另一边≤297毫米（以未折叠计）	5					0		
48026900	其他尺寸成张的书写、印刷等用未涂布纸及纸板，所含用机械方法制得的纤维超过全部纤维重量的10%	5					0		
48051100	半化学的瓦楞纸（瓦楞原纸）	7.5					0		
48051200	草浆瓦楞原纸	7.5					0		
48051900	其他瓦楞原纸	7.5					0		
48052400	薄强韧箱纸板	7.5					0		
48052500	厚强韧箱纸板	7.5					0		
48059110	每平方米重量在150克及以下的电解电容器原纸	7.5					0		
48059190	每平方米重量在150克及以下的薄纸及纸板	7.5					0		
48059300	其他未经涂布厚纸及纸板	7.5					0		

税则号列 Tariff Item	商品名称（简称） Article Description	最惠国税率（%） M. F. N.	特惠税率（%）The Special Preferential Tariff Rates						
			亚太2国	东盟 缅甸 Myanmar	东盟 老挝 Laos	东盟 柬埔寨 Cambodia	37国	3国	1国
48101300	涂无机物书写（印刷）纸（板），不含用机械方法制得的纤维或所含前述纤维不超过全部纤维重量的10%，成卷的	5					0		
48101400	涂无机物书写（印刷）纸（板），不含用机械方法制得的纤维或所含前述纤维不超过全部纤维重量的10%，成张的，一边≤435毫米，另一边≤297毫米（以未折叠计）	5					0		
48101900	其他涂无机物书写（印刷）纸（板），不含用机械方法制得的纤维或所含前述纤维不超过全部纤维重量的10%，成张的	5					0		
48102900	其他涂无机物的书写、印刷纸及纸板，所含用机械方法制得的纤维超过全部纤维重量的10%	5					0		
48103100	涂无机物的薄漂白牛皮纸及纸板，书写、印刷或类似用途的除外	5					0		
48103200	涂无机物的厚漂白牛皮纸及纸板，书写、印刷或类似用途的除外	5					0		
48103900	涂无机物的其他牛皮纸及纸板，书写、印刷或类似用途的除外	5					0		
48109200	其他涂无机物的多层纸及纸板	5					0		
48109900	其他涂无机物的纸及纸板	7.5					0		
48111000	焦油纸及纸板、沥青纸及纸板	7.5					0		
48114100	自黏的胶黏纸及纸板	7.5					0		
48114900	其他胶黏纸及纸板	7.5					0		
48115110	漂白的彩色相纸用双面涂塑厚纸	7.5					0		
48115191	纸塑铝复合材料	7.5					0		
48115199	其他漂白的，每平方米重量超过150克的纸、纸板、纤维素絮纸及纤维素、纤维网纸	7.5					0		
48115910	绝缘纸及纸板	7.5					0		
48115991	镀铝的用塑料涂布、浸渍的其他纸及纸板	7.5					0		
48115999	其他用塑料涂布、浸渍的其他纸及纸板	7.5					0		
48116010	用蜡或油等涂布的绝缘纸及纸板	7.5					0		
48116090	用蜡或油等涂布的其他纸及纸板	7.5					0		
48119000	其他经涂布、浸渍、覆盖的纸及纸板	7.5					0		
48185000	纸制衣服及衣着附件	7.5					0	0	0
48191000	瓦楞纸或纸板制的箱、盒、匣	5					0		
48192000	非瓦楞纸或纸板制可折叠箱、盒、匣	5					0		
48193000	底宽≥40厘米的纸袋	7.5					0	0	0
48204000	多联商业表格纸、页间夹有复写纸的本	7.5					0	0	0
48211000	纸或纸板印制的各种标签	7.5					0		
48236100	竹浆纸、纸板制的盘、碟、盆、杯及类似品	7.5					0	0	0
48236910	非木植物浆制	7.5					0	0	0
48236990	其他纸或纸板制的盘、碟、盆、杯及类似品	7.5					0	0	0
48239020	神纸及类似用品	7.5					0	0	0
48239030	纸扇	7.5					0	0	0
48239090	其他纸及纸制品	7.5					0		

税则号列 Tariff Item	商　品　名　称（简称） Article Description	最惠国税率（%） M. F. N.	特惠税率（%） The Special Preferential Tariff Rates						
			亚太2国	东盟 缅甸 Myanmar	东盟 老挝 Laos	东盟 柬埔寨 Cambodia	37国	3国	1国
49011000	单张的书籍、小册子及类似印刷品	0					0	0	0
49019100	字典、百科全书	0					0	0	0
49019900	其他书籍、小册子及类似的印刷品	0					0	0	0
49021000	每周至少出版四次的报纸、杂志	0					0	0	0
49029000	其他报纸、杂志及期刊	0					0	0	0
49030000	儿童图画书、绘画或涂色书	0					0	0	0
49040000	乐谱原稿或印本	0					0	0	0
49051000	地球仪、天体仪	0					0	0	0
49059100	成册的各种印刷的地图及类似图表	0					0	0	0
49059900	其他各种印刷的地图及类似图表	0					0	0	0
49060000	设计图纸原稿或手稿及其复制件	0					0	0	0
49070010	指运国流通新发行未使用的邮票	7.5					0	0	
49070020	钞票	0					0	0	0
49070030	证券凭证	0					0	0	0
49070090	指运国流通新发行未使用的印花税票及类似票证，印有邮票或印花税票的纸品，空白支票	7.5					0	0	
49081000	釉转印贴花纸	7.5					0	0	
49089000	其他转印贴花纸	7.5					0	0	
49090010	印刷或有图画的明信片	7.5					0	0	
49090090	其他致贺或通告卡片	7.5					0	0	
49100000	印刷的各种日历，包括日历芯	7.5					0	0	0
49111010	无商业价值的广告品及类似印刷品	0					0	0	0
49111090	其他商业广告品及类似印刷品	7.5					0	0	
49119100	印刷的图片、设计图样及照片	7.5					0	0	
49119910	纸质的其他印刷品	7.5					0	0	
49119990	其他印刷品	7.5					0	0	
50010010	适于缫丝的桑蚕茧	6					0	0	0
50010090	适于缫丝的其他蚕茧	6					0	0	0
50020011	厂丝	9					0	0	0
50020012	土丝	9					0	0	0
50020013	双宫丝	9					0	0	0
50020019	其他未加捻桑蚕丝	9					0	0	0
50020020	未加捻柞蚕丝	9					0	0	0
50020090	未加捻其他生丝	9					0	0	0
50030011	下茧、茧衣、长吐、滞头	9					0	0	0
50030012	回收纤维	9					0	0	0
50030019	其他	9					0	0	0
50030091	绵球	9					0	0	0
50030099	其他	9					0	0	0
50040000	非供零售用丝纱线	6					0	0	0
50050010	非供零售用紬丝纱线	6					0	0	0
50050090	非供零售用其他绢纺纱线	6					0	0	0
50060000	零售用丝纱线、绢纺纱线，蚕胶丝	6					0	0	0
50071010	未漂白或漂白的紬丝机织物	10			0		0	0	0
50071090	其他紬丝机织物	10			0		0	0	0

税则号列 Tariff Item	商品名称（简称） Article Description	最惠国税率（%） M. F. N.	特惠税率（%）The Special Preferential Tariff Rates						
			亚太2国	东盟			37国	3国	1国
				缅甸 Myanmar	老挝 Laos	柬埔寨 Cambodia			
50072011	未漂白或漂白的纯桑蚕丝机织物	10			0		0	0	0
50072019	其他纯桑蚕丝机织物	10			0		0	0	0
50072021	未漂白或漂白的纯柞蚕丝机织物	10			0		0	0	0
50072029	其他纯柞蚕丝机织物	10			0		0	0	0
50072031	未漂白或漂白的纯绢丝机织物	10			0		0	0	0
50072039	其他纯绢丝机织物	10			0		0	0	0
50072090	其他纯丝机织物	10			0		0	0	0
50079010	未漂白或漂白其他丝机织物	10			0		0	0	0
50079090	其他丝机织物	10			0		0	0	0
51021100	未梳克什米尔山羊毛	9					0	0	0
51021910	未梳兔毛	9					0	0	0
51021920	未梳其他山羊绒	9					0	0	0
51021930	未梳骆驼毛、骆驼绒	9					0	0	0
51021990	未梳的其他动物细毛	9					0	0	
51022000	未梳的动物粗毛	9					0	0	0
51031090	其他动物细毛落毛	9					0	0	0
51032010	羊毛废料	13.5					0	0	
51032090	其他动物细毛废料	9					0	0	
51033000	动物粗毛废料	9					0	0	0
51040010	羊毛回收纤维	15					0	0	
51040090	其他动物细毛或粗毛的回收纤维	5					0	0	0
51053100	已梳克什米尔山羊毛	5					0	0	0
51053910	已梳兔毛	5					0	0	0
51053921	已梳无毛山羊绒	5					0	0	0
51053929	其他已梳山羊绒	5					0	0	0
51053990	其他已梳动物细毛	5					0	0	
51054000	已梳动物粗毛	5					0	0	0
51061000	非供零售用粗梳纯羊毛纱线	5					0	0	0
51062000	非供零售用粗梳混纺羊毛纱线	5					0	0	0
51071000	非供零售用精梳纯羊毛纱线	5					0	0	0
51072000	非供零售用精梳混纺羊毛纱线	5					0	0	0
51081011	按重量计山羊绒的含量在85%及以上的非供零售用的粗梳纱线	5					0	0	0
51081019	按重量计其他动物细毛含量在85%及以上的非供零售用的粗梳纱线	5					0	0	0
51081000	按重量计动物细毛含量在85%以下的非供零售用的粗梳纱线	5					0	0	0
51082011	按重量计山羊绒含量在85%及以上的非供零售用的精梳纱线	5					0	0	0
51082019	按重量计其他动物细毛含量在85%及以上的非供零售用的精梳纱线	5					0	0	0
51082090	按重量计动物细毛含量在85%以下的非供零售用的精梳纱线	5					0	0	0
51091011	按重量计山羊绒含量在85%及以上的供零售用的纱线	6					0	0	0

税则号列 Tariff Item	商品名称（简称） Article Description	最惠国税率(%) M. F. N.	特惠税率（%）The Special Preferential Tariff Rates						
			亚太2国	东盟			37国	3国	1国
				缅甸 Myanmar	老挝 Laos	柬埔寨 Cambodia			
51091019	按重量计其他动物细毛含量在85%及以上的供零售用的纱线	6					0	0	0
51091090	按重量计羊毛含量在85%及以上的供零售用的纱线	6					0	0	0
51099011	供零售用的其他山羊绒纱线	6					0	0	0
51099019	供零售用的其他动物细毛纱线	6					0	0	0
51099090	供零售用的羊毛纱线	6					0	0	0
51100000	动物粗毛或马毛的纱线	6					0	0	0
51111111	按重量计山羊绒含量在85%及以上，每平方米重量不超过300克的山羊绒机织物	10					0	0	
51111119	按重量计其他动物细毛含量在85%及以上，每平方米重量不超过300克的其他动物细毛机织物	10					0	0	
51111190	按重量计羊毛含量在85%及以上，每平方米重量不超过300克的羊毛机织物	10					0	0	
51111911	按重量计山羊绒含量在85%及以上，每平方米重量超过300克的山羊绒的机织物	10					0	0	
51111919	按重量计其他动物细毛含量在85%及以上，每平方米超过300克的其他动物细毛机织物	10					0	0	
51111990	按重量计羊毛含量在85%及以上，每平方米超过300克的羊毛机织物	10					0	0	
51112000	与化纤长丝混纺的粗梳毛布	10					0	0	
51113000	与化纤短纤混纺的粗梳毛布	10					0	0	
51119000	与其他纤维混纺的粗梳毛布	10					0	0	
51121100	重量≤200克/平方米的精梳全毛布	10					0	0	0
51121900	重量>200克/平方米的精梳全毛布	10		0	0	0	0	0	0
51122000	与化纤长丝混纺的精梳毛布	10					0	0	0
51123000	与化纤短纤混纺的精梳毛布	10					0	0	0
51129000	与其他纤维混纺的精梳毛布	10					0	0	0
51130000	动物粗毛或马毛机织物	10					0	0	0
52021000	废棉纱线	10					0	0	
52029100	棉的回收纤维	10					0	0	0
52041100	非供零售用全棉缝纫线	5			0		0	0	0
52041900	非供零售用其他棉缝纫线	5					0	0	0
52042000	零售用棉制缝纫线	5			0		0	0	0
52051100	非零售粗梳粗支纯棉单纱	5		0	0	0	0	0	0
52051200	非零售粗梳中支纯棉单纱	5		0	0	0	0	0	0
52051300	非零售粗梳细支纯棉单纱	5					0	0	0
52051400	非零售粗梳较细支纯棉单纱	5		0	0		0	0	0
52051500	非零售粗梳特细支纯棉单纱	5					0	0	0
52052100	非零售精梳粗支纯棉单纱	5		0			0	0	0
52052200	非零售精梳中支纯棉单纱	5					0	0	0
52052300	非零售精梳细支纯棉单纱	5					0	0	0
52052400	非零售精梳较细支纯棉单纱	5		0	0		0	0	0
52052600	非零售精梳较特细支纯棉单纱	5					0	0	0
52052700	非零售精梳特细支纯棉单纱	5					0	0	0
52052800	非零售精梳超细支纯棉单纱	5					0	0	0

税则号列 Tariff Item	商品名称（简称） Article Description	最惠国税率（%） M. F. N.	特惠税率（%） The Special Preferential Tariff Rates 亚太2国	东盟 缅甸 Myanmar	东盟 老挝 Laos	东盟 柬埔寨 Cambodia	37国	3国	1国
52053200	非零售粗梳中支纯棉多股纱	5					0	0	0
52053300	非零售粗梳细支纯棉多股纱	5					0	0	0
52053400	非零售粗梳较细支纯棉多股纱	5					0	0	0
52053500	非零售粗梳特细支纯棉多股纱	5					0	0	0
52054100	非零售精梳粗支纯棉多股纱	5					0	0	
52054200	非零售精梳中支纯棉多股纱	5					0	0	0
52054300	非零售精梳细支纯棉多股纱	5					0	0	0
52054400	非零售精梳较细支纯棉多股纱	5					0	0	0
52054600	非零售精梳较特细支纯棉多股纱	5					0	0	0
52054700	非零售精梳特细支纯棉多股纱	5					0	0	0
52054800	非零售精梳超细支纯棉多股纱	5					0	0	0
52061200	非零售粗梳中支混纺棉单纱	5					0	0	
52061300	非零售粗梳细支混纺棉单纱	5					0	0	0
52061400	非零售粗梳较细支混纺棉单纱	5					0	0	0
52061500	非零售粗梳特细支混纺棉单纱	5					0	0	0
52062100	非零售精梳粗支混纺棉单纱	5					0	0	
52062200	非零售精梳中支混纺棉单纱	5					0	0	
52062300	非零售精梳细支混纺棉单纱	5					0	0	0
52062400	非零售精梳较细支混纺棉单纱	5					0	0	0
52062500	非零售精梳特细支混纺棉单纱	5					0	0	0
52063100	非零售粗梳粗支混纺棉多股纱	5					0	0	
52063200	非零售粗梳中支混纺棉多股纱	5					0	0	
52063300	非零售粗梳细支混纺棉多股纱	5					0	0	0
52063400	非零售粗梳较细混纺棉多股纱	5					0	0	0
52063500	非零售粗梳特细混纺棉多股纱	5					0	0	0
52064100	非零售精梳粗支混纺棉多股纱	5					0	0	
52064200	非零售精梳中支混纺棉多股纱	5					0	0	
52064300	非零售精梳细支混纺棉多股纱	5					0	0	0
52064400	非零售精梳较细混纺棉多股纱	5					0	0	0
52064500	非零售精梳特细混纺棉多股纱	5					0	0	0
52071000	供零售用纯棉纱线	6					0	0	
52079000	供零售用混纺棉纱线	6					0	0	0
52081100	未漂白轻质全棉平纹布	10					0	0	
52081200	未漂白较轻质全棉平纹布	10					0	0	
52081300	未漂白轻质全棉三、四线斜纹布	10					0	0	
52081900	未漂白轻质其他全棉机织物	10					0	0	
52082100	漂白的轻质全棉平纹布	10					0	0	
52082200	漂白的较轻质全棉平纹布	10		0	0	0	0	0	0
52082300	漂白的轻质全棉三、四线斜纹布	12					0	0	
52082900	漂白的轻质其他全棉机织物	10					0	0	
52083100	染色的轻质全棉平纹布	10					0	0	0
52083200	染色的较轻质全棉平纹布	10					0	0	0
52083300	染色的轻质全棉三、四线斜纹布	10		0	0	0	0	0	0
52083900	染色的轻质其他全棉机织物	10					0	0	0
52084100	色织的轻质全棉平纹布	10					0	0	

税则号列 Tariff Item	商　品　名　称（简称） Article Description	最惠国税率（%） M. F. N.	特惠税率（%）The Special Preferential Tariff Rates						
			亚太2国	东盟 缅甸 Myanmar	东盟 老挝 Laos	东盟 柬埔寨 Cambodia	37 国	3 国	1 国
52084200	色织的较轻质全棉平纹布	10					0	0	0
52084300	色织的轻质全棉三、四线斜纹布	10					0	0	
52084900	色织的轻质其他全棉机织物	10		0	0	0	0	0	0
52085100	印花的轻全棉平纹布	10					0	0	0
52085200	印花的较轻全棉平纹布	10					0	0	0
52085910	印花的轻质全棉三、四线斜纹布	10					0	0	
52085990	印花的轻质其他全棉机织物	10					0	0	
52091100	未漂白重质全棉平纹布	10					0	0	0
52091200	未漂白重质全棉三、四线斜纹布	10					0	0	
52091900	未漂白重质其他全棉机织物	10					0	0	0
52092100	漂白的重质全棉平纹布	12					0	0	0
52092200	漂白的重质全棉三、四线斜纹布	12					0	0	
52092900	漂白的重质其他全棉机织物	12					0	0	
52093100	染色的重质全棉平纹布	10		0	0	0	0	0	0
52093200	染色的重质全棉三、四线斜纹布	10		0	0	0	0	0	0
52093900	染色的重质其他全棉机织物	10		0	0	0	0	0	0
52094100	色织的重质全棉平纹布	10					0	0	
52094200	色织的重质全棉粗斜纹布（劳动布）	10		0	0	0	0	0	0
52094300	其他三线或四线斜纹机织物，包括双面斜纹机织物	10					0	0	
52094900	色织的重质其他全棉机织物	10					0	0	
52095100	印花的重质全棉平纹布	10					0	0	0
52095200	印花的重质全棉三、四线斜纹布	10					0	0	
52095900	印花的重质其他全棉机织物	10					0	0	0
52101100	与化纤混纺未漂白轻质平纹棉布	12					0	0	0
52101910	与化纤混纺未漂白轻质三、四线斜纹棉布	12					0	0	
52101990	与化纤混纺未漂白轻质其他棉布	12					0	0	0
52102100	与化纤混纺漂白的轻质平纹棉布	14					0	0	0
52102910	与化纤混纺漂白的轻质三线或四线斜纹棉布	14					0	0	
52102990	与化纤混纺漂白的轻质其他棉布	14					0	0	
52103100	与化纤混纺染色的轻质平纹棉布	10					0	0	0
52103200	与化纤混纺染色的轻质三线或四线斜纹棉布	10					0	0	
52103900	与化纤混纺染色的轻质其他棉布	10					0	0	
52104100	与化纤混纺色织的轻质平纹棉布	10					0	0	
52104910	与化纤混纺色织的轻质三线或四线斜纹棉布	10					0	0	
52104990	与化纤混纺色织的轻质其他棉布	10					0	0	0
52105100	与化纤混纺印花的轻质平纹棉布	10					0	0	0
52105910	与化纤混纺印花的轻质三线或四线斜纹棉布	10					0	0	
52105990	与化纤混纺印花的轻质其他棉布	10					0	0	0
52111100	与化纤混纺未漂白重质平纹棉布	12					0	0	0
52111200	与化纤混纺未漂白重质三线或四线斜纹棉布	12					0	0	0
52111900	与化纤混纺未漂白重质其他棉布	12					0	0	0
52112000	与化纤混纺漂白的重质其他棉布	14					0	0	
52113100	与化纤混纺染色的重质平纹棉布	10					0	0	0
52113200	与化纤混纺染色的重质三线或四线斜纹棉布	10					0	0	
52113900	与化纤混纺染色的重质其他棉布	10					0	0	0

税则号列 Tariff Item	商品名称（简称） Article Description	最惠国税率（%） M. F. N.	特惠税率（%） The Special Preferential Tariff Rates						
			亚太2国	东盟			37国	3国	1国
				缅甸 Myanmar	老挝 Laos	柬埔寨 Cambodia			
52114100	与化纤混纺色织的重质平纹棉布	10					0	0	
52114200	与化纤混纺色织的重质粗斜纹棉布	10					0	0	
52114300	其他三线或四线斜纹机织物，包括双面斜纹机织物	10					0	0	
52114900	与化纤混纺色织的重质其他棉布	10					0	0	
52115100	与化纤混纺印花的重质平纹棉布	10					0	0	
52115200	与化纤混纺印花的重质三线或四线斜纹棉布	10					0	0	
52115900	与化纤混纺印花的重质其他棉布	10					0	0	
52121100	未漂白的其他混纺轻质棉布	12					0	0	0
52121200	漂白的其他混纺轻质棉布	14					0	0	
52121300	染色的其他混纺轻质棉布	10					0	0	
52121400	色织的其他混纺轻质棉布	10					0	0	
52121500	印花的其他混纺轻质棉布	10					0	0	
52122100	未漂白的其他混纺重质棉布	12					0	0	0
52122200	漂白的其他混纺重质棉布	14					0	0	
52122300	染色的其他混纺重质棉布	10					0	0	
52122400	色织的其他混纺重质棉布	10					0	0	
52122500	印花的其他混纺重质棉布	10					0	0	0
53011000	生的或沤制的亚麻	6					0	0	0
53012100	破开或打成的亚麻	6					0	0	0
53012900	栉梳或经其他加工未纺制的亚麻	6					0	0	0
53013000	亚麻短纤及废麻	6					0	0	0
53021000	生的或沤制的大麻	6					0	0	0
53029000	经加工、未纺的大麻、大麻短纤及废麻	6					0	0	0
53031000	生的或沤制的黄麻，其他纺织用韧皮纤维	5	0	0	0	0	0	0	0
53039000	经加工、未纺的黄麻及其他纺织用韧皮纤维	5		0	0	0	0	0	0
53050011	生的苎麻	5					0	0	0
53050012	经加工、未纺制的苎麻	5					0	0	0
53050013	苎麻的短纤及废麻	5					0	0	0
53050019	其他苎麻	5					0	0	0
53050020	经加工、未纺制的蕉麻及蕉麻废料	3					0	0	0
53050091	经加工、未纺的西沙尔麻及其他龙舌兰类纤维	5					0	0	0
53050092	经加工、未纺的椰壳纤维及椰壳纤维废料	5		0	0	0	0	0	0
53050099	经加工的其他未列名纺织用植物纤维及其废麻	5					0	0	0
53061000	亚麻单纱	6					0	0	0
53062000	亚麻多股纱线或缆线	10					0	0	0
53071000	黄麻及其他纺织用韧皮纤维单纱	6	3			0	0	0	0
53072000	黄麻及其他纺织用韧皮纤维多股纱或缆线	6	3			0	0	0	0
53081000	椰壳纤维纱线	6					0	0	0
53082000	大麻纱线	6					0	0	0
53089011	未漂白或漂白的全苎麻纱线	6					0	0	0
53089012	全苎麻色纱线	6					0	0	0
53089013	未漂白或漂白的混纺苎麻纱线	6					0	0	0
53089014	混纺苎麻色纱线	6					0	0	0
53089091	纸纱线	6					0	0	0
53089099	其他植物纺织纤维纱线	6					0	0	0

税则号列 Tariff Item	商品名称（简称） Article Description	最惠国税率（%） M. F. N.	特惠税率（%）The Special Preferential Tariff Rates						
			亚太2国	东盟			37国	3国	1国
				缅甸 Myanmar	老挝 Laos	柬埔寨 Cambodia			
53091110	未漂白全亚麻机织物	10					0	0	0
53091120	漂白的全亚麻机织物	10					0	0	0
53091900	其他全亚麻机织物	10					0	0	0
53092110	未漂白的混纺亚麻机织物	10					0	0	0
53092120	漂白的混纺亚麻机织物	10					0	0	0
53092900	其他混纺亚麻机织物	10					0	0	0
53101000	未漂白黄麻或其他韧皮纤维织物	10	5			0	0	0	0
53109000	其他黄麻机织物或韧皮纤维织物	10	5			0	0	0	0
53110012	未漂白全苎麻机织物	10					0	0	0
53110013	其他全苎麻机织物	12					0	0	0
53110014	未漂白混纺苎麻机织物	10					0	0	0
53110015	其他混纺苎麻机织物	12					0	0	
53110020	纸纱线机织物	10					0	0	0
53110030	大麻的机织物	10					0	0	0
53110090	其他纺织用植物纤维机织物	10					0	0	0
54011010	非供零售用合成纤维长丝缝纫线	5					0	0	0
54011020	供零售用合成纤维长丝缝纫线	5					0	0	0
54012010	非零售用人造纤维长丝缝纫线	5					0	0	0
54012020	供零售用人造纤维长丝缝纫线	5					0	0	0
54021110	非零售用聚间苯二甲酰间苯二胺纺制的长丝高强力纱	5					0	0	0
54021120	非零售用聚对苯二甲酰对苯二胺纺制的长丝高强力纱	5					0	0	0
54021190	非零售用其他芳香族聚酰胺纺制的长丝高强力纱	5					0	0	0
54021910	非零售用聚酰胺-6纺制的长丝高强力纱	5					0	0	0
54021920	非零售用聚酰胺-6,6纺制的长丝高强力纱	5					0	0	0
54021990	非零售用其他尼龙长丝高强纱	5					0	0	0
54022000	非零售用聚酯长丝高强力纱	5					0	0	0
54023111	非零售用聚酰胺-6纺制的细弹力丝	5					0	0	0
54023112	非零售用聚酰胺-6,6纺制的细弹力丝	5					0	0	0
54023113	非零售用芳香族聚酰胺纺制的细弹力丝	5					0	0	0
54023119	非零售用其他细尼龙弹力丝	5					0	0	0
54023190	非零售用其他细尼龙变形纱线	5					0	0	0
54023211	非零售用聚酰胺-6纺制的粗弹力丝	5					0	0	0
54023212	非零售用聚酰胺-6,6纺制的粗弹力丝	5					0	0	0
54023213	非零售用芳香族聚酰胺纺制的粗弹力丝	5					0	0	0
54023219	非零售用其他粗尼龙弹力丝	5					0	0	0
54023290	非零售用其他粗尼龙变形纱线	5					0	0	0
54023310	非零售用聚酯弹力丝	5					0	0	0
54023390	非零售用其他聚酯变形纱线	5					0	0	0
54023400	非零售用聚丙烯变形纱线	5					0	0	0
54023900	非零售用其他合成纤维长丝变形纱线	5					0	0	0
54024410	弹性氨纶纱线，未加捻或捻度每米不超过50转	5					0	0	0
54024490	其他弹性纱线，未加捻或捻度每米不超过50转	5					0	0	0
54024510	聚酰胺-6纺制的其他单纱，未加捻或捻度每米不超过50转	5					0	0	0

税则号列 Tariff Item	商品名称(简称) Article Description	最惠国税率(%) M. F. N.	特惠税率(%) The Special Preferential Tariff Rates						
			亚太2国	东盟			37国	3国	1国
				缅甸 Myanmar	老挝 Laos	柬埔寨 Cambodia			
54024520	聚酰胺-6,6纺制的其他单纱，未加捻或捻度每米不超过50转	5					0	0	0
54024530	芳香族聚酰胺纺制的其他单纱，未加捻或捻度每米不超过50转	5					0	0	0
54024590	其他尼龙或聚酰胺纱线纺制的单纱，未加捻或捻度每米不超过50转	5					0	0	0
54024600	其他部分定向聚酯纱线，未加捻或捻度每米不超过50转	5					0	0	0
54024700	其他聚酯纱线，未加捻或捻度每米不超过50转	5					0	0	0
54024800	其他聚丙烯纱线，未加捻或捻度每米不超过50转	5					0	0	0
54024910	断裂强度大于等于22厘牛/分特，且初始模量大于等于750厘牛/分特的聚乙烯纱线	5					0	0	0
54024990	其他纱线，未加捻或捻度每米不超过50转	5					0	0	0
54025110	非零售用聚酰胺-6纺制的加捻单纱	5					0	0	0
54025120	非零售用聚酰胺-6,6纺制的加捻单纱	5					0	0	0
54025130	非零售用芳香族聚酰胺纺制的加捻单纱	5					0	0	0
54025190	非零售用其他尼龙加捻单纱	5					0	0	0
54025200	非零售加捻的其他聚酯加捻单纱	5					0	0	0
54025300	非零售用聚丙烯加捻单纱	5					0	0	0
54025920	断裂强度大于等于22厘牛/分特，且初始模量大于等于750厘牛/分特的聚乙烯纱线	5					0	0	0
54025990	非零售加捻的其他合成纤维长丝单纱	5					0	0	0
54026110	非零售用聚己内酰胺（尼龙-6）制多股纱线	5					0	0	0
54026120	非零售用聚酰胺-6,6制多股纱线	5					0	0	0
54026130	非零售用芳香族聚酰胺制多股纱线	5					0	0	0
54026190	非零售用其他尼龙制多股纱线	5					0	0	0
54026200	非零售用聚酯多股纱线	5					0	0	0
54026300	非零售用聚丙烯多股纱线	5					0	0	0
54026920	非零售用氨纶多股纱线	5					0	0	0
54026990	非零售其他合成纤维长丝多股纱线	5					0	0	0
54031000	非零售粘胶纤维高强力纱	5					0	0	0
54033110	竹制非零售未捻的粘胶纤维单纱	5					0	0	0
54033190	其他非零售未捻的粘胶纤维单纱	5					0	0	0
54033210	竹制非零售加捻的粘胶纤维单纱	5					0	0	0
54033290	其他非零售加捻的粘胶纤维单纱	5					0	0	0
54033310	非零售二醋酸纤维单纱	5					0	0	0
54033390	非零售其他醋酸纤维单纱	5					0	0	0
54033900	非零售其他人造纤维长丝单纱	5					0	0	0
54034100	非零售粘胶长丝多股纱线或缆线	5					0	0	0
54034200	非零售醋酸长丝多股纱线或缆线	5					0	0	0
54034900	非零售其他人造纤维长丝多股纱或缆线	5					0	0	0
54041100	细度≥67分特，≤1毫米的弹性单丝	5					0	0	0
54041200	细度≥67分特，≤1毫米的的聚丙烯单丝	5					0	0	0
54041900	细度≥67分特，≤1毫米的其他合成纤维单丝	5					0	0	0
54049000	其他宽度≤5毫米的合成纺织材料制扁条及类似品	5					0	0	0

税则号列 Tariff Item	商品名称（简称） Article Description	最惠国税率（%） M. F. N.	特惠税率（%）The Special Preferential Tariff Rates						
			亚太2国	东盟			37国	3国	1国
				缅甸 Myanmar	老挝 Laos	柬埔寨 Cambodia			
54050000	细度≥67 分特，≤1 毫米的人造纤维单丝；宽度≤5 毫米的扁条及类似品	5					0	0	0
54060010	供零售用合成纤维长丝纱线	5					0	0	0
54060020	供零售用人造纤维长丝纱线	5					0	0	0
54071010	尼龙或其他聚酰胺高强力纱制机织物	10					0	0	
54071020	聚酯高强力纱制机织物	10					0	0	
54072000	合成纤维扁条及类似品的机织物	10					0	0	
54073000	多层平行纱线相互层叠并黏合机织物	10					0	0	
54074100	未漂白或漂白的纯尼龙布	10					0	0	
54074200	染色的纯尼龙布	10		0	0	0	0	0	0
54074300	色织的纯尼龙布	10					0	0	
54074400	印花的纯尼龙布	10					0	0	
54075100	未漂白或漂白纯聚酯变形长丝布	10					0	0	
54075200	染色的纯聚酯变形长丝布	10		0	0	0	0	0	0
54075300	色织的纯聚酯变形长丝布	10					0	0	
54075400	印花的纯聚酯变形长丝布	10					0	0	
54076100	其他纯聚酯非变形长丝布	10					0	0	0
54076900	其他纯聚酯长丝布	10					0	0	0
54077100	未漂白或漂白其他纯合成纤维长丝布	10					0	0	
54077200	染色的其他纯合成纤维长丝布	10		0	0	0	0	0	0
54077300	色织的其他纯合成纤维长丝布	10					0	0	
54077400	印花的其他纯合成纤维长丝布	10					0	0	
54078100	未漂或漂白的与棉混纺合成纤维长丝布	10					0	0	
54078200	染色的与棉混纺合成纤维长丝布	10					0	0	0
54078300	色织的与棉混纺合成纤维长丝布	10					0	0	
54078400	印花的与棉混纺合成纤维长丝布	10					0	0	
54079100	未漂白或漂白的其他混纺合成纤维长丝布	10					0	0	
54079200	染色的其他混纺合成纤维长丝布	10		0	0	0	0	0	0
54079300	色织的其他混纺合成纤维长丝布	10					0	0	
54079400	印花的其他混纺合成纤维长丝布	10					0	0	
54081000	黏胶长丝高强力纱的机织物	10					0	0	
54082110	黏胶长丝制未漂白或漂白的机织物	12					0	0	
54082120	醋酸长丝制未漂白或漂白的机织物	12					0	0	
54082190	其他人造长丝制未漂白或漂白的机织物	12					0	0	
54082210	纯黏胶长丝制染色机织物	10					0	0	
54082220	纯醋酸长丝制染色机织物	10					0	0	
54082290	纯其他人造长丝制染色机织物	10					0	0	
54082310	纯黏胶长丝制色织机织物	10					0	0	
54082320	纯醋酸长丝制色织机织物	10					0	0	
54082390	纯其他人造长丝制色织机织物	10					0	0	
54082410	纯黏胶长丝制印花机织物	10					0	0	
54082420	纯醋酸长丝制印花机织物	10					0	0	
54082490	纯其他人造长丝制印花机织物	10					0	0	
54083100	未漂白或漂白的人造纤维长丝混纺布	10					0	0	
54083200	染色的人造纤维长丝混纺布	10					0	0	0

税则号列 Tariff Item	商品名称（简称） Article Description	最惠国税率（%） M. F. N.	特惠税率（%） The Special Preferential Tariff Rates						
			亚太2国	东盟			37国	3国	1国
				缅甸 Myanmar	老挝 Laos	柬埔寨 Cambodia			
54083300	色织的人造纤维长丝混纺布	10					0	0	
54083400	印花的人造纤维长丝混纺布	10					0	0	
55011000	尼龙或其他聚酰胺长丝丝束	5					0	0	0
55012000	聚酯长丝丝束	5					0	0	0
55013000	聚丙烯腈长丝丝束	5					0	0	0
55014000	聚丙烯长丝丝束	5					0	0	0
55019000	其他合成纤维长丝丝束	5					0	0	0
55021010	二醋酸纤维丝束	3					0	0	0
55021090	其他醋酸纤维	5					0	0	0
55029000	其他人造纤维长丝丝束	5					0	0	0
55031110	未梳的聚间苯二甲酰间苯二胺纺制的合成纤维短纤	5					0	0	0
55031120	未梳的聚对苯二甲酰对苯二胺纺制的合成纤维短纤	5					0	0	0
55031190	未梳的其他芳香聚酰胺纺制的合成纤维短纤	5					0	0	0
55031900	未梳的尼龙或其他聚酰胺合成纤维短纤	5					0	0	0
55032000	未梳的聚酯合成纤维短纤	5					0	0	0
55033000	未梳的聚丙烯腈合成纤维短纤	5					0	0	0
55034000	未梳的聚丙烯合成纤维短纤	5					0	0	0
55039010	聚苯硫醚制未梳的合成纤维短纤	5					0	0	0
55039090	未梳的其他合成纤维短纤	5					0	0	0
55041010	竹制未梳的黏胶纤维短纤	5					0	0	0
55041021	木制未梳的阻燃的黏胶纤维短纤	5					0	0	0
55041029	其他木制未梳的黏胶纤维短纤	5					0	0	0
55041090	其他未梳的黏胶纤维短纤	5					0	0	0
55049000	未梳的其他人造纤维短纤	5					0	0	0
55051000	合成纤维废料	5					0	0	0
55052000	人造纤维废料	5					0	0	0
55061011	已梳的聚间苯二甲酰间苯二胺纤维短纤	5					0	0	0
55061012	已梳的聚对苯二甲酰对苯二胺纤维短纤	5					0	0	0
55061019	已梳的其他芳香族聚酰胺纤维短纤	5					0	0	0
55061090	已梳的尼龙或其他聚酰胺纤维短纤	5					0	0	0
55062000	已梳的聚酯纤维短纤	5					0	0	0
55063000	已梳的聚丙烯腈及其变性纤维短纤	5					0	0	0
55064000	聚丙烯制已梳的纤维短纤	5					0	0	0
55069010	聚苯硫醚制已梳的纤维短纤	5					0	0	0
55069090	已梳的其他合成纤维短纤	5					0	0	0
55070000	已梳的人造纤维短纤	5					0	0	0
55081000	合成纤维短纤纺制的缝纫线	5					0	0	0
55082000	人造纤维短纤纺制的缝纫线	5					0	0	0
55091100	非零售纯尼龙短纤单纱	5					0	0	0
55091200	非零售纯尼龙短纤多股纱线	5					0	0	0
55092100	非零售纯聚酯短纤单纱	5					0	0	0
55092200	非零售纯聚酯短纤多股纱线	5					0	0	0
55093100	非零售纯聚丙烯腈短纤单纱	5					0	0	0
55093200	非零售纯聚丙烯腈短纤多股纱线	5					0	0	0
55094100	非零售纯其他合成纤维短纤单纱	5					0	0	0

税则号列 Tariff Item	商　品　名　称（简称） Article Description	最惠国税率（%） M. F. N.	特惠税率（%） The Special Preferential Tariff Rates						
			亚太2国	东盟			37国	3国	1国
				缅甸 Myanmar	老挝 Laos	柬埔寨 Cambodia			
55094200	非零售纯其他合成纤维短纤多股纱线	5					0	0	0
55095100	非零售与人造纤维短纤混纺聚酯短纤纱	5					0	0	0
55095200	非零售与毛混纺聚酯短纤纱线	5					0	0	0
55095300	非零售与棉混纺聚酯短纤纱线	5					0	0	0
55095900	非零售与其他混纺聚酯短纤纱线	5					0	0	0
55096100	非零售与毛混纺腈纶短纤纱线	5					0	0	0
55096200	非零售与棉混纺腈纶短纤纱线	5					0	0	0
55096900	非零售与其他混纺腈纶短纤纱线	5					0	0	0
55099100	非零售与毛混纺其他合成纤维短纤纱线	5					0	0	0
55099200	非零售与棉混纺其他合成纤维短纤纱线	5					0	0	0
55099900	非零售与其他混纺合成纤维短纤纱线	5					0	0	0
55101100	非零售纯人造纤维短纤单纱	5					0	0	0
55101200	非零售纯人造纤维短纤多股纱线	5					0	0	0
55102000	非零售与毛混纺人造纤维短纤纱线	5					0	0	0
55103000	非零售与棉混纺人造纤维短纤纱线	5					0	0	0
55109000	非零售与其他混纺人造纤维短纤纱线	5					0	0	0
55111000	零售用纯合成纤维短纤纱线	5					0	0	0
55112000	零售用混纺合成纤维短纤纱线	5					0	0	0
55113000	零售用人造纤维短纤纱线	5					0	0	0
55121100	未漂白或漂白的纯聚酯布	15					0	0	0
55121900	其他纯聚酯布	10					0	0	0
55122100	未漂白或漂白的纯腈纶布	13					0	0	0
55122900	其他纯腈纶布	10					0	0	
55129100	未漂白或漂白的纯其他合成纤维布	18					0	0	
55129900	其他纯合成纤维布	10		0	0	0	0	0	0
55131110	与棉混纺未漂白的轻质聚酯平纹布	16					0	0	
55131120	与棉混纺漂白的轻质聚酯平纹布	15					0	0	
55131210	与棉混纺未漂白的轻质聚酯斜纹布	16					0	0	
55131220	与棉混纺漂白的轻质聚酯斜纹布	18					0	0	
55131310	与棉混纺未漂白的其他轻质聚酯布	16					0	0	
55131320	与棉混纺漂白的其他轻质聚酯布	18					0	0	
55131900	与棉混纺未漂白或漂白的轻质其他合成纤维布	18					0	0	
55132100	与棉混纺染色的轻质聚酯平纹布	10					0	0	
55132310	与棉混纺染色的轻质聚酯斜纹布	10					0	0	
55132390	与棉混纺染色的其他轻质聚酯布	10					0	0	
55132900	与棉混纺染色的轻质其他合成纤维布	10					0	0	0
55133100	与棉混纺色织的轻质聚酯平纹布	10					0	0	
55133910	与棉混纺色织的轻质聚酯斜纹布	10					0	0	
55133920	与棉混纺色织的其他轻质聚酯布	10					0	0	
55133990	与棉混纺色织的轻质其他合成纤维布	10					0	0	
55134100	与棉混纺印花的轻质聚酯平纹布	10		0	0	0	0	0	0
55134910	与棉混纺印花的轻质聚酯斜纹布	10					0	0	
55134920	与棉混纺印花的其他轻质聚酯布	10					0	0	
55134990	与棉混纺印花的轻质其他合成纤维布	10					0	0	
55141110	与棉混纺未漂白的重质聚酯平纹布	16					0	0	

税则号列 Tariff Item	商品名称（简称） Article Description	最惠国税率（%） M. F. N.	特惠税率（%）The Special Preferential Tariff Rates						
			亚太2国	东盟 缅甸 Myanmar	老挝 Laos	柬埔寨 Cambodia	37国	3国	1国
55141120	与棉混纺漂白的重质聚酯平纹布	18					0	0	
55141210	与棉混纺未漂白的重质聚酯斜纹布	16					0	0	
55141220	与棉混纺漂白的重质聚酯斜纹布	18					0	0	
55141911	与棉混纺未漂白的重质其他聚酯布	16					0	0	
55141912	与棉混纺漂白的重质其他聚酯布	18					0	0	
55141990	与棉混纺未漂白或漂白的重质其他合成纤维布	16					0	0	
55142100	与棉混纺染色的重质聚酯平纹布	10					0	0	
55142200	与棉混纺染色的重质聚酯斜纹布	10					0	0	
55142300	与棉混纺染色的其他重质聚酯布	10		0	0	0	0	0	0
55142900	与棉混纺染色的重质其他合成维纤布	10					0	0	0
55143010	与棉混纺色织的重质聚酯平纹布	10					0	0	
55143020	与棉混纺色织的重质聚酯斜纹布	10					0	0	
55143030	与棉混纺色织的其他重质聚酯布	10					0	0	
55143090	与棉混纺色织的重质其他合成纤维布	10					0	0	
55144100	与棉混纺印花的重质聚酯平纹布	10					0	0	
55144200	与棉混纺印花的重质聚酯斜纹布	10					0	0	
55144300	与棉混纺印花的其他重质聚酯布	10					0	0	
55144900	与棉混纺印花的重质其他合成纤维布	10					0	0	
55151100	与粘胶纤维短纤混纺的聚酯布	10					0	0	
55151200	与化纤长丝混纺的聚酯布	10					0	0	
55151300	与毛混纺的聚酯布	10					0	0	
55151900	与其他纤维混纺的聚酯布	10					0	0	
55152100	与化纤长丝混纺的腈纶布	10					0	0	
55152200	与毛混纺的腈纶布	12					0	0	0
55152900	与其他纤维混纺的腈纶布	10					0	0	
55159100	与化纤长丝混纺的其他合成纤维短纤布	10					0	0	
55159900	与其他纤维混纺的其他合成纤维短纤布	10					0	0	
55161100	未漂白或漂白的纯人造纤维短纤布	12					0	0	0
55161200	染色的纯人造纤维短纤布	10					0	0	
55161300	色织的纯人造纤维短纤布	10					0	0	
55161400	印花的纯人造纤维短纤布	10					0	0	
55162100	与化纤长丝混纺未漂白或漂白的人造纤维布	12					0	0	
55162200	与化纤长丝混纺的染色人造纤维布	10					0	0	
55162300	与化纤长丝混纺的色织人造纤维布	10					0	0	
55162400	与化纤长丝混纺的印花人造纤维布	10					0	0	
55163100	与毛混纺的未漂白或漂白的人造纤维布	12					0	0	
55163200	与毛混纺的染色人造纤维布	10					0	0	
55163300	与毛混纺的色织人造纤维布	10					0	0	
55163400	与毛混纺的印花人造纤维布	10					0	0	
55164100	与棉混纺的未漂白或漂白的人造纤维布	12					0	0	
55164200	与棉混纺的染色人造纤维布	12					0	0	
55164300	与棉混纺的色织人造纤维布	10					0	0	
55164400	与棉混纺的印花人造纤维布	10					0	0	
55169100	与其他纤维混纺未漂白或漂白的人造纤维布	12					0	0	
55169200	与其他纤维混纺的染色人造纤维布	10					0	0	0

税则号列 Tariff Item	商品名称（简称） Article Description	最惠国税率（%） M. F. N.	特惠税率（%）The Special Preferential Tariff Rates 亚太2国	东盟 缅甸 Myanmar	东盟 老挝 Laos	东盟 柬埔寨 Cambodia	37 国	3 国	1 国
55169300	与其他纤维混纺的色织人造纤维布	10					0	0	
55169400	与其他纤维混纺的印花人造纤维布	10					0	0	
56012100	棉制的絮胎及其他絮胎制品	10					0	0	
56012210	化学纤维制的卷烟滤嘴	12					0	0	
56012290	化学纤维制的絮胎及其他絮胎制品	12					0	0	0
56012900	其他材料制絮胎及其他絮胎制品	10					0	0	0
56013000	纺织纤维屑、纤维粉末及球结	10					0	0	
56021000	针刺机制毡呢及纤维缝编织物	10					0	0	
56022100	未浸、涂的毛制其他毡呢	10					0	0	
56022900	未浸、涂的其他纺织材料制其他毡呢	10					0	0	
56029000	经浸、涂、包覆或层压的其他毡呢	10					0	0	0
56031110	每平方米重≤25 克经浸渍化纤长丝无纺织物	10		0	0	0	0	0	0
56031190	每平方米重≤25 克的其他化纤长丝无纺织物	10					0	0	
56031210	25 克 <每平方米重≤70 克浸渍化纤长丝无纺织物	10		0	0	0	0	0	0
56031290	25 克 <每平方米重≤70 克其他化纤长丝无纺织物	10					0	0	0
56031310	70 克<每平方米重≤150 克浸渍化纤长丝无纺织物	10					0	0	
56031390	70 克 <每平方米重≤150 克的其他化纤长丝无纺织物	10					0	0	0
56031410	每平方米重>150 克经浸渍化纤长丝无纺织物	10					0	0	
56031490	每平方米重>150 克其他化纤长丝无纺织物	10					0	0	0
56039110	每平方米重≤25 克经浸渍其他无纺织物	10					0	0	
56039190	每平方米重≤25 克的其他无纺织物	10					0	0	
56039210	25 克 <每平方米重≤70 克浸渍其他无纺织物	10					0	0	
56039290	25 克 <每平方米重≤70 克其他无纺织物	10		0	0	0	0	0	0
56039310	70 克 <每平方米重≤150 克浸渍其他无纺织物	10					0	0	
56039390	70 克 <每平方米重≤150 克的其他无纺织物	10					0	0	
56039410	每平方米重>150 克的经浸渍其他无纺织物	10					0	0	
56039490	每平方重米>150 克的其他无纺织物	10		0	0	0	0	0	0
56041000	用纺织材料包覆的橡胶线及绳	5		0	0	0	0	0	0
56049000	用橡胶、塑料浸渍涂布的其他纺织纱线	5					0	0	0
56050000	含金属纱线	5					0	0	0
56060000	绳绒线及粗松螺旋花线	5					0	0	0
56072100	剑麻或其他龙舌兰纤维制包扎用绳	5					0	0	0
56072900	剑麻或龙舌兰纤维制其他线绳索缆	5					0	0	0
56074100	聚乙烯或聚丙烯制包扎用绳	5					0	0	0
56074900	聚乙烯或聚丙烯制线、绳、索、缆	5					0	0	0
56075000	其他合纤制线、绳、索、缆	5					0	0	0
56079010	蕉麻或硬质纤维制线、绳、索、缆	5					0	0	0
56079090	其他纺织材料制线、绳、索、缆	5	2.5	0	0	0	0	0	0
56081100	化纤材料制成的渔网	10					0	0	0
56081900	化纤材料制成的其他网	12					0	0	
56089000	其他纤维制成的渔网及其他网	10					0	0	0
56090000	用纱线、扁条、绳、索、缆制其他物品	10	0				0	0	0
57011000	羊毛结织栽绒地毯及其他铺地制品	14					0	0	0
57019010	化纤结织栽绒地毯及其他铺地制品	16					0	0	0

税则号列 Tariff Item	商品名称(简称) Article Description	最惠国税率(%) M. F. N.	特惠税率(%) The Special Preferential Tariff Rates						
			亚太2国	东盟			37国	3国	1国
				缅甸 Myanmar	老挝 Laos	柬埔寨 Cambodia			
57019020	丝制结织栽绒地毯及铺地制品	14					0	0	
57019090	其他材料结织栽绒地毯及铺地制品	14					0	0	
57021000	“开来姆”等手织地毯	14	0				0	0	0
57022000	椰壳纤维制的铺地制品	14					0	0	
57023100	未制成的毛制起绒地毯及铺地制品	10					0	0	0
57023200	未制成的化纤起绒地毯及铺地制品	16					0	0	
57023900	未制成的其他纺织材料起绒铺地制品	14	0				0	0	0
57024100	制成的毛制起绒地毯及铺地制品	10					0	0	0
57024200	制成的化纤起绒地毯及铺地制品	10					0	0	0
57024900	制成的其他纺织材料起绒铺地制品	14					0	0	
57025010	未制成的毛制非起绒地毯及铺地制品	14					0	0	
57025020	未制成的化纤非起绒地毯及铺地制品	16					0	0	
57025090	未制成的其他纺织材料非起绒地毯及铺地制品	14					0	0	
57029100	制成的毛制非起绒地毯及铺地制品	14					0	0	
57029200	制成的化纤非起绒地毯及铺地制品	16					0	0	
57029900	制成的其他纺织材料非起绒地毯及铺地制品	14					0	0	
57031000	毛制簇绒地毯及其他簇绒铺地制品	14					0	0	0
57032000	尼龙簇绒地毯及其他簇绒铺地制品	10					0	0	0
57033000	化纤簇绒地毯及其他簇绒铺地制品	10					0	0	0
57039000	其他纺织材料簇绒地毯及其他簇绒铺地制品	14	0				0	0	0
57041000	小块毡呢地毯及其他毡呢铺地制品	14					0	0	
57042000	中块毡呢地毯及其他毡呢铺地制品	10					0	0	0
57049000	大块毡呢地毯及其他毡呢铺地制品	10					0	0	0
57050010	毛制其他地毯及其他铺地制品	14	0				0	0	0
57050020	化纤制其他地毯及其他铺地制品	10	0				0	0	0
57050090	其他纺织材料制其他地毯及铺地制品	14	0				0	0	0
58011000	毛制起绒机织物及绳绒织物	10					0	0	0
58012100	不割绒的棉制纬起绒织物	12					0	0	
58012200	割绒的棉制灯芯绒	10					0	0	0
58012300	其他棉制纬起绒织物	10					0	0	0
58012600	棉制绳绒织物	10					0	0	0
58012710	棉制的不割绒的经起绒织物(棱纹绸)	10					0	0	0
58012720	棉制的割绒的经起绒织物	10					0	0	0
58013100	不割绒的化纤制纬起绒织物	10					0	0	0
58013200	割绒的化纤制灯芯绒	10					0	0	0
58013300	其他化纤纬起绒织物	10		0	0	0	0	0	0
58013600	化纤绳绒织物	10					0	0	0
58013710	化学纤维制的不割绒的经起绒织物(棱纹绸)	10					0	0	0
58013720	化学纤维制的割绒的经起绒织物	10					0	0	0
58019010	丝及绢丝制起绒机织物及绳绒织物	10					0	0	0
58019090	其他材料制起绒机织物及绳绒织物	10					0	0	0
58021100	未漂白的棉毛巾织物及类似毛圈机织物	12	0				0	0	0
58021900	其他棉毛巾织物及类似毛圈机织物	10					0	0	0
58022010	丝及绢丝毛巾织物及类似毛圈机织物	12	0				0	0	0
58022020	羊毛等毛巾织物及类似毛圈机织物	12	0				0	0	0

税则号列 Tariff Item	商品名称(简称) Article Description	最惠国税率(%) M. F. N.	特惠税率(%) The Special Preferential Tariff Rates						
			亚太2国	东盟			37国	3国	1国
				缅甸 Myanmar	老挝 Laos	柬埔寨 Cambodia			
58022030	化纤毛巾织物及类似毛圈机织物	14	0				0	0	0
58022090	其他纺织材料毛巾织物及类似毛圈织物	12	0				0	0	0
58023010	丝及绢丝制簇绒织物	10					0	0	0
58023020	羊毛或动物细毛制簇绒织物	10					0	0	0
58023030	棉或麻制簇绒织物	10					0	0	0
58023040	化学纤维制簇绒织物	10					0	0	0
58023090	其他纺织材料制簇绒织物	10					0	0	0
58030010	棉制纱罗	10					0	0	0
58030020	丝及绢丝制纱罗	10					0	0	0
58030030	化学纤维制纱罗	10					0	0	0
58030090	其他纺织材料制纱罗	10					0	0	0
58041010	丝及绢丝网眼薄纱及其他网眼织物	10					0	0	0
58041020	棉制网眼薄纱及其他网眼织物	10					0	0	0
58041030	化纤制网眼薄纱及其他网眼织物	12		0	0	0	0	0	0
58041090	其他纺织材料网眼薄纱及其他网眼织物	10					0	0	0
58042100	化纤机制花边	10					0	0	0
58042910	丝及绢丝机制花边	10					0	0	0
58042920	棉机制花边	10		0	0	0	0	0	0
58042990	其他纺织材料制机制花边	10					0	0	0
58043000	手工制花边	10					0	0	0
58050010	手工针绣嵌花装饰毯	12					0	0	0
58050090	“哥白林”等手织装饰毯	12					0	0	0
58061010	棉或麻狭幅起绒机织物及绳绒织物	10					0	0	0
58061090	其他材料狭幅起绒机织物及绳绒织物	10		0	0	0	0	0	0
58062000	含弹性纱线≥5%的狭幅机织物	10		0	0	0	0	0	0
58063100	棉制其他狭幅机织物	10		0	0	0	0	0	0
58063200	化纤制其他狭幅机织物	10		0	0	0	0	0	0
58063910	丝及绢丝制其他狭幅机织物	10					0	0	0
58063920	毛制其他狭幅机织物	10					0	0	0
58063990	其他材料制其他狭幅机织物	10					0	0	0
58064010	棉或麻黏合有经纱无纬纱狭幅织物	10					0	0	0
58064090	其他材料黏合有经纱无纬纱狭幅织物	10					0	0	0
58071000	机织非绣制纺织材料标签、徽章等	10		0	0	0	0	0	0
58079000	非机织非绣制纺织材料标签徽章等	10					0	0	0
58081000	成匹的编带	10					0	0	0
58089000	非绣制成匹装饰带、流苏、绒球	10		0	0	0	0	0	0
58090010	与棉混制金属线布及含金属纱线布	10					0	0	0
58090020	与化纤混制金属线布及含金属纱布	10					0	0	0
58090090	其他金属线布及含金属纱线布	10					0	0	0
58101000	不见底布的刺绣品	10					0	0	0
58109100	棉制见底布的刺绣品	10					0	0	0
58109200	化学纤维制见底布刺绣品	10					0	0	0
58109900	其他纺织材料制见底布刺绣品	10					0	0	0
58110010	丝及绢丝制绗缝被褥状纺织品	10					0	0	0
58110020	羊毛或动物细毛制绗缝被褥状纺织品	10					0	0	0

税则号列 Tariff Item	商品名称(简称) Article Description	最惠国税率(%) M. F. N.	特惠税率(%) The Special Preferential Tariff Rates						
			亚太2国	东盟			37国	3国	1国
				缅甸 Myanmar	老挝 Laos	柬埔寨 Cambodia			
58110030	棉制绗缝被褥状纺织品	10					0	0	0
58110040	化学纤维制绗缝被褥状纺织品	12					0	0	0
58110090	其他纺织材料制绗缝被褥状纺织品	10					0	0	0
59011010	用胶或淀粉涂布的棉或麻纺织物	10					0	0	0
59011020	用胶或淀粉涂布的化纤纺织物	10					0	0	0
59011090	用胶或淀粉涂布的其他纤维纺织物	10					0	0	0
59019010	制成的油画布	10					0	0	0
59019091	棉或麻制描图布、帽里硬衬布等	10		0	0	0	0	0	0
59019092	化纤制描图布、帽里硬衬布等	10					0	0	0
59019099	其他纺织纤维制描图布、帽里硬衬布等	10					0	0	0
59021010	聚酰胺-6(尼龙-6)制的帘子布	10					0	0	0
59021020	聚酰胺-6,6(尼龙-6,6)制的帘子布	10					0	0	0
59021090	其他尼龙等高强力纱制的帘子布	10					0	0	0
59022000	聚酯高强力纱制的帘子布	10					0	0	0
59029000	黏胶纤维高强力纱制的帘子布	10					0	0	0
59031010	用聚氯乙烯浸、涂的绝缘布或带	10					0	0	0
59031020	用聚氯乙烯浸、涂的人造革	10					0	0	0
59031090	用聚氯乙烯浸、涂的其他纺织物	10					0	0	0
59032010	用聚氨基甲酸酯浸、涂的绝缘布或带	10					0	0	0
59032020	用聚氨基甲酸酯浸、涂的人造革	10					0	0	0
59032090	用聚氨基甲酸酯浸、涂的其他纺织物	10					0	0	0
59039010	用其他塑料浸、涂的绝缘布或带	10					0	0	0
59039020	用其他塑料浸、涂的人造革	10					0	0	0
59039090	用其他塑料浸、涂的其他纺织物	10		0	0	0	0	0	0
59041000	列诺伦(亚麻油地毡)	14					0	0	
59049000	以织物为底涂布的铺地品	14					0	0	
59050000	糊墙织物	10					0	0	0
59061010	用橡胶处理的宽≤20厘米的纺织绝缘胶黏带	10					0	0	0
59061090	用橡胶处理的宽≤20厘米的其他纺丝胶黏带	10					0	0	0
59069100	用橡胶处理的针织或钩编的纺织物	10					0	0	0
59069910	用橡胶处理的其他绝缘布或带	10					0	0	0
59069990	用橡胶处理的其他纺织物	10					0	0	0
59070010	用其他材料浸、涂的绝缘布或带	10					0	0	0
59070020	用其他材料浸、涂的已绘制画布	10					0	0	0
59070090	用其他材料浸、涂的其他纺织物	10					0	0	0
59080000	纺织材料制灯芯、炉芯等和煤气灯纱筒及纱罩	10					0	0	0
59090000	纺织材料制水龙软管及类似管子	8					0	0	0
59100000	纺织材料制的传动带或输送带及带料	8					0	0	0
59111010	包覆纺锤用浸胶的起绒狭幅织物	8					0	0	0
59111090	其他涂胶等针布及专门技术用途的纺织物起绒狭幅织物	8					0	0	0
59112000	筛布	8					0	0	0
59113100	造纸等机器用轻的环状或有连接装置的布或毡呢	8					0	0	0
59113200	造纸等机器用重的环状或有连接装置的布或毡呢	8					0	0	0
59114000	用于榨油机器或类似机器的滤布	8					0	0	0

税则号列 Tariff Item	商品名称（简称） Article Description	最惠国税率（%） M. F. N.	特惠税率（%）The Special Preferential Tariff Rates						
			亚太2国	东盟			37国	3国	1国
				缅甸 Myanmar	老挝 Laos	柬埔寨 Cambodia			
59119000	其他专门技术用途纺织产品及制品	8					0	0	0
60011000	针织或钩编的长毛绒织物	10					0	0	0
60012100	棉制针织或钩编的毛圈绒头织物	10					0	0	0
60012200	化纤制针织或钩编的毛圈绒头织物	10					0	0	0
60012900	其他材料制针织或钩编的毛圈绒头布	12					0	0	
60019100	棉制针织或钩编起绒织物	10					0	0	0
60019200	化纤制针织或钩编起绒织物	10					0	0	0
60019900	其他纤维制针织或钩编起绒织物	12					0	0	
60024010	宽≤30厘米，弹性纱线≥5%的棉制针织、钩编织物	10					0	0	0
60024020	宽≤30厘米，弹性纱线≥5%的丝及绢丝制针织、钩编织物	10					0	0	0
60024030	宽≤30厘米，弹性纱线≥5%的合成纤维制针织、钩编织物	10					0	0	0
60024040	宽≤30厘米，弹性纱线≥5%的人造纤维制针织、钩编织物	10					0	0	0
60024090	宽≤30厘米，弹性纱线≥5%的其他纺织材料针织、钩编织物	10					0	0	0
60029010	宽≤30厘米含橡胶线的棉制针织、钩编织物	10		0	0	0	0	0	0
60029020	宽≤30厘米含橡胶线的丝及绢丝制针织、钩编织物	10					0	0	0
60029030	宽≤30厘米含橡胶线的合成纤维制针织、钩编织物	10		0	0	0	0	0	0
60029040	宽≤30厘米含橡胶线的人造纤维制针织、钩编织物	10					0	0	0
60029090	宽≤30厘米含橡胶线的其他纺织材料针织、钩编织物	10					0	0	0
60031000	宽≤30厘米羊毛或动物细毛制的针织、钩编织物	10					0	0	0
60032000	宽≤30厘米其他棉制的针织、钩编织物	10					0	0	0
60033000	宽≤30厘米合成纤维制的针织、钩编织物	10					0	0	0
60034000	宽≤30厘米人造纤维制的针织、钩编织物	10					0	0	0
60039000	宽≤30厘米的其他针织、钩编织物	10					0	0	0
60041010	宽＞30厘米，弹性纱线≥5%的棉制针织、钩编织物	10		0	0	0	0	0	0
60041020	宽＞30厘米，弹性纱线≥5%的丝及绢丝制针织、钩编织物	10					0	0	0
60041030	宽＞30厘米，弹性纱线≥5%的合成纤维制针织、钩编织物	10					0	0	0
60041040	宽＞30厘米，弹性纱线≥5%的人造纤维制针织、钩编织物	10					0	0	0
60041090	宽＞30厘米，弹性纱线≥5%的其他纺织材料针织、钩编织物	10					0	0	0
60049010	宽＞30厘米含橡胶线的棉制针织、钩编织物	10					0	0	0
60049020	宽＞30厘米含橡胶线的丝及绢丝制针织、钩编织物	10					0	0	0
60049030	宽＞30厘米含橡胶线的合成纤维制针织、钩编织物	10					0	0	0
60049040	宽＞30厘米含橡胶线的人造纤维制针织、钩编织物	10					0	0	0
60049090	宽＞30厘米含橡胶线的其他纺织材料针织、钩编织物	10					0	0	0
60052100	未漂白或漂白棉制的其他经编织物	10					0	0	0
60052200	染色棉制的其他经编织物	10					0	0	0

税则号列 Tariff Item	商 品 名 称（简称） Article Description	最惠国税率（%） M. F. N.	特惠税率（%）The Special Preferential Tariff Rates						
			亚太2国	东盟			37国	3国	1国
				缅甸 Myanmar	老挝 Laos	柬埔寨 Cambodia			
60052300	色织棉制的其他经编织物	10					0	0	0
60052400	印花棉制的其他经编织物	10					0	0	0
60053500	第六十章子目注释一所列用于抗疟网的合成纤维制的经编织物	10					0	0	0
60053600	其他未漂白或漂白合成纤维制的经编织物（ex6005.3100）	10					0	0	0
60053700	其他染色合成纤维制的经编织物（ex6005.3200）	10		0	0	0	0	0	0
60053800	其他色织合成纤维制的其他经编织物（ex6005.3300）	10					0	0	0
60053900	其他印花合成纤维制的其他经编织物	10					0	0	0
60054100	未漂白或漂白人造纤维制的其他经编织物	10					0	0	0
60054200	染色人造纤维制的其他经编织物	10					0	0	0
60054300	色织人造纤维制的其他经编织物	10					0	0	0
60054400	印花人造纤维制的其他经编织物	10					0	0	0
60059010	羊毛或动物细毛制的其他经编织物	12					0	0	
60059090	其他纺织材料经编织物	12					0	0	
60061000	羊毛或动物细毛制的其他针织、钩编织物	12					0	0	
60062100	未漂白或漂白棉制的其他针织、钩编织物	10					0	0	0
60062200	染色棉制的其他针织、钩编织物	10		0	0	0	0	0	0
60062300	色织棉制的其他针织、钩编织物	10		0	0	0	0	0	0
60062400	印花棉制的其他针织、钩编织物	10					0	0	0
60063100	未漂白或漂白合成纤维制的其他针织、钩编织物	10					0	0	0
60063200	染色合成纤维制的其他针织、钩编织物	10					0	0	0
60063300	色织合成纤维制的其他针织、钩编织物	10					0	0	0
60063400	印花合成纤维制的其他针织、钩编织物	10					0	0	0
60064100	未漂白或漂白人造纤维制的其他针织、钩编织物	10					0	0	0
60064200	染色人造纤维制的其他针织、钩编织物	10					0	0	0
60064300	色织人造纤维制的其他针织、钩编织物	10					0	0	0
60064400	印花人造纤维制的其他针织、钩编织物	10					0	0	0
60069000	未列名针织、钩编织物	12					0	0	
61012000	棉制针织或钩编男式大衣、防风衣	17.5					0	0	0
61013000	化纤制针织或钩编男式大衣等	17.5					0	0	0
61019010	毛制针织或钩编男式大衣、防风衣	25					0	0	
61019090	其他纺织材料制针织或钩编男式大衣、防风衣	17.5					0	0	
61021000	毛制针织或钩编女式大衣、防风衣	25					0	0	
61022000	棉制针织或钩编女式大衣、防风衣	17.5					0	0	0
61023000	化纤制针织或钩编女式大衣等	17.5					0	0	0
61029000	其他纺织材料制针织或钩编女式大衣、防风衣	20					0	0	
61031010	毛制针织或钩编男式西服套装	25					0	0	
61031020	合纤制针织或钩编男式西服套装	25					0	0	
61031090	其他纺织材料制针织或钩编男式西服套装	17.5			0		0	0	0
61032200	棉制针织或钩编男式便服套装	20			0		0	0	0
61032300	合纤制针织或钩编男式便服套装	25					0	0	
61032910	毛制针织或钩编男式便服套装	25					0	0	
61032990	其他纺织材料制针织或钩编男式便服套装	25			0		0	0	0
61033100	毛制针织或钩编男式上衣	16					0	0	

税则号列 Tariff Item	商品名称（简称） Article Description	最惠国税率（%）M. F. N.	特惠税率（%）The Special Preferential Tariff Rates						
			亚太2国	东盟			37国	3国	1国
				缅甸 Myanmar	老挝 Laos	柬埔寨 Cambodia			
61033200	棉制针织或钩编男式上衣	16		0	0	0	0	0	0
61033300	合纤制针织或钩编男式上衣	19				0	0	0	0
61033900	其他纺织材料制针织或钩编男式上衣	16			0	0	0	0	0
61034100	毛制针织或钩编男长裤、工装裤等	16	0				0	0	0
61034200	棉制针织或钩编男长裤、工装裤等	16	6.4	0	0	0	0	0	0
61034300	合纤制针织或钩编男长裤等	17.5	0			0	0	0	0
61034900	其他纺织材料制针织或钩编男长裤等	16	0		0	0	0	0	0
61041300	合纤制针织或钩编女式西服套装	25					0	0	
61041910	毛制针织或钩编女式西服套装	17.5					0	0	0
61041920	棉制针织或钩编女式西服套装	17.5			0		0	0	0
61041990	其他纺织材料制针织或钩编女式西服套装	17.5			0		0	0	0
61042200	棉制针织或钩编女式便服套装	17.5			0		0	0	0
61042300	合纤制针织或钩编女式便服套装	25					0	0	
61042910	毛制针织或钩编女式便服套装	17.5					0	0	
61042990	其他纺织材料制针织或钩编女式便服套装	15					0	0	0
61043100	毛制针织女式上衣	16					0	0	0
61043200	棉制针织女式上衣	16		0	0	0	0	0	0
61043300	合纤制针织女上衣	19				0	0	0	0
61043900	其他纺织材料制针织女上衣	16				0	0	0	0
61044100	毛制针织或钩编连衣裙	16					0	0	
61044200	棉制针织或钩编连衣裙	16					0	0	0
61044300	合纤制针织或钩编连衣裙	17.5				0	0	0	0
61044400	人纤制针织或钩编连衣裙	16				0	0	0	0
61044900	其他纺织材料制针织或钩编连衣裙	16				0	0	0	0
61045100	毛制针织或钩编裙子及裙裤	14					0	0	
61045200	棉制针织裙子及裙裤	14					0	0	0
61045300	合纤制针织或钩编裙子及裙裤	16				0	0	0	0
61045900	其他纺织材料制针织或钩编裙子及裙裤	14		0	0	0	0	0	0
61046100	毛制针织或钩编女长裤、工装裤等	16					0	0	0
61046200	棉制针织或钩编女长裤、工装裤等	16	6.4				0	0	0
61046300	合纤制针织或钩编女长裤等	17.5					0	0	0
61046900	其他纺织材料制针织或钩编女长裤等	16	0				0	0	0
61051000	棉制针织或钩编男衬衫	16	11.2	0	0	0	0	0	0
61052000	化纤制针织或钩编男衬衫	17.5	0				0	0	0
61059000	其他纺织材料制针织或钩编男衬衫	16	0				0	0	0
61061000	棉制针织或钩编女衬衫	16	6.4	0	0	0	0	0	0
61062000	化纤制针织或钩编女衬衫	17.5	0				0	0	0
61069000	其他纺织材料制针织或钩编女衬衫	16	0				0	0	0
61071100	棉制针织或钩编男内裤及三角裤	14	5.6	0	0	0	0	0	0
61071200	化纤制针织或钩编男内裤及三角裤	16					0	0	
61071910	丝及绢丝制针织或钩编男内裤及三角裤	14					0	0	
61071990	其他纺织材料制针织或钩编男内裤及三角裤	14					0	0	
61072100	棉制针织或钩编男长睡衣及睡衣裤	14	5.6	0	0	0	0	0	0
61072200	化纤制针织或钩编男睡衣裤	16	0				0	0	0
61072910	丝及绢丝制针织或钩编男长睡衣及睡衣裤	14	0				0	0	0

税则号列 Tariff Item	商品名称（简称） Article Description	最惠国税率(%) M. F. N.	特惠税率（%） The Special Preferential Tariff Rates						
			亚太2国	东盟 缅甸 Myanmar	东盟 老挝 Laos	东盟 柬埔寨 Cambodia	37国	3国	1国
61072990	其他纺织材料制针织或钩编男长睡衣及睡衣裤	14	0	0	0	0	0	0	0
61079100	棉制针织或钩编男浴衣、晨衣	14					0	0	
61079910	化纤制针织或钩编男浴衣、晨衣	16					0	0	
61079990	其他纺织材料制针织或钩编男浴衣、晨衣	14					0	0	
61081100	化纤制针织或钩编长衬裙及衬裙	16					0	0	
61081910	棉制针织或钩编女式长衬裙及衬裙	14					0	0	0
61081920	丝及绢丝制针织或钩编女式长衬裙及衬裙	14					0	0	
61081990	其他纺织材料制针织或钩编女式长衬裙及衬裙	14					0	0	
61082100	棉制针织或钩编女三角裤及短衬裤	14		0	0	0	0	0	0
61082200	化纤制针织或钩编女三角裤及短衬裤	16					0	0	0
61082910	丝及绢丝制针织或钩编女三角裤及短衬裤	14					0	0	
61082990	其他纺织材料制针织或钩编女三角裤及短衬裤	14					0	0	
61083100	棉制针织或钩编女睡衣及睡衣裤	14	5.6	0	0	0	0	0	0
61083200	化纤制针织或钩编女睡衣及睡衣裤	16	0				0	0	0
61083910	丝及绢丝制针织或钩编女睡衣及睡衣裤	14	0				0	0	0
61083990	其他纺织材料制针织或钩编女睡衣及睡衣裤	14	0				0	0	0
61089100	棉制针织或钩编女浴衣、晨衣	14		0	0	0	0	0	0
61089200	化纤制针织或钩编女浴衣、晨衣	16					0	0	0
61089900	其他纺织材料制针织或钩编女浴衣、晨衣	14					0	0	
61091000	棉制针织或钩编T恤衫、汗衫等	14		0	0	0	0	0	0
61099010	丝及绢丝制针织或钩编T恤衫、汗衫等	14	0				0	0	0
61099090	其他纺织材料制针织或钩编T恤衫、汗衫等	14	0	0	0	0	0	0	0
61101100	羊毛制针织或钩编套头衫等	14	0	0	0	0	0	0	0
61101200	克什米尔山羊细毛制针织或钩编套头衫等	14					0	0	0
61101910	其他山羊细毛制针织或钩编套头衫等	14					0	0	0
61101920	兔毛制针织或钩编套头衫等	14					0	0	
61101990	其他毛制针织或钩编套头衫等	14					0	0	0
61102000	棉制针织或钩编套头衫等	14	5.6	0	0	0	0	0	0
61103000	化纤制针织或钩编套头衫等	16	0				0	0	0
61109010	丝及绢丝制针织或钩编套头衫等	14	0				0	0	0
61109090	其他纺织材料制针织或钩编套头衫等	14	0				0	0	0
61112000	棉制针织或钩编婴儿服装及附件	14					0	0	0
61113000	合纤制针织婴儿服装及附件	16					0	0	0
61119010	毛制针织或钩编婴儿服装及附件	14					0	0	0
61119090	其他纺织材料制针织或钩编婴儿服装及附件	14					0	0	
61121100	棉制针织或钩编运动服	16					0	0	
61121200	合纤制针织或钩编运动服	17.5					0	0	0
61121900	其他纺织材料制针织或钩编运动服	16					0	0	
61122010	棉制针织或钩编滑雪服	16					0	0	0
61122090	其他纺织材料制针织或钩编滑雪服	19					0	0	
61123100	合纤制针织或钩编男式游泳服	17.5					0	0	
61123900	其他纺织材料制针织或钩编男式游泳服	16					0	0	
61124100	合纤制针织或钩编女式游泳服	17.5					0	0	
61124900	其他纺织材料制针织或钩编女式游泳服	16					0	0	
61130000	涂层经处理针织或钩编织物制服装	16	0				0	0	0

税则号列 Tariff Item	商 品 名 称（简称） Article Description	最惠国税率（%） M. F. N.	特惠税率（%） The Special Preferential Tariff Rates						
			亚太2国	东盟			37国	3国	1国
				缅甸 Myanmar	老挝 Laos	柬埔寨 Cambodia			
61142000	棉制针织或钩编的其他服装	16	6.4				0	0	0
61143000	化纤制针织或钩编的其他服装	17.5					0	0	0
61149010	毛制针织或钩编的其他服装	16					0	0	
61149090	其他纺织材料制针织或钩编的其他服装	16					0	0	
61151000	渐紧压袜类连裤袜	16					0	0	
61152100	单丝<67分特合纤制连裤袜等	16					0	0	
61152200	单丝≥67分特合纤制连裤袜等	16					0	0	
61152910	棉制针织或钩编连裤袜及紧身裤袜	14					0	0	0
61152990	其他纺织材料制针织连裤袜及紧身裤袜	14					0	0	
61153000	单丝<67分特制针织或钩编女统袜	14	0				0	0	0
61159400	毛制针织或钩编短袜及其他袜类	14					0	0	
61159500	棉制针织或钩编短袜及其他袜类	14					0	0	0
61159600	合纤制针织或钩编短袜及其他袜类	16					0	0	0
61159900	其他纺织材料制针织或钩编短袜及其他袜类	14					0	0	
61161000	塑料或橡胶浸渍的针织或钩织手套	14					0	0	0
61169100	毛制其他针织或钩编手套	14					0	0	0
61169200	棉制其他针织或钩编手套	14					0	0	
61169300	合纤制其他针织或钩编手套	16					0	0	0
61169900	其他纺织材料制针织或钩编手套	14					0	0	0
61171011	山羊绒制披巾、头巾、围巾、披纱、面纱及类似品	14					0	0	0
61171019	其他动物细毛制披巾、头巾、围巾、披纱、面纱及类似品	14					0	0	0
61171020	羊毛制披巾、头巾、围巾、披纱、面纱及类似品	14					0	0	0
61171090	其他制的披巾、头巾、围巾、披纱、面纱及类似品	14					0	0	0
61178010	针织或钩编领带及领结	14					0	0	0
61178090	针织或钩编其他衣着附件	14					0	0	0
61179000	其他针织或钩编衣着零件	14					0	0	0
62011100	毛制男式大衣、斗篷及类似品	16					0	0	0
62011210	棉制男式羽绒服	16					0	0	
62011290	棉制男式大衣、斗篷及类似品	16					0	0	0
62011310	化纤制男式羽绒服	17.5					0	0	0
62011390	化纤制男式大衣、斗篷及类似品	17.5					0	0	0
62011900	其他纺织材料制男式大衣、斗篷及类似品	16					0	0	0
62019100	毛制男式带风帽防寒短上衣、防风衣	16					0	0	0
62019210	棉制男式其他羽绒服	16					0	0	0
62019290	棉制男式带风帽防寒短上衣、防风衣	16		0	0	0	0	0	0
62019310	化纤制男式其他羽绒服	17.5					0	0	0
62019390	化纤制男式防寒短上衣、防风衣	17.5					0	0	0
62019900	其他纺织材料制男式防寒短上衣、防风衣	16		0			0	0	0
62021100	毛制女式大衣、斗篷及类似品等	16					0	0	0
62021210	棉制女式羽绒服	16					0	0	
62021290	棉制女式大衣、斗篷及类似品等	16					0	0	0
62021310	化纤制女式羽绒服	19					0	0	0
62021390	化纤制女式大衣、斗篷及类似品	19					0	0	0
62021900	其他纺织材料制女式大衣、斗篷及类似品	16					0	0	0

税则号列 Tariff Item	商 品 名 称（简称） Article Description	最惠国税率（%）M. F. N.	特惠税率（%） The Special Preferential Tariff Rates						
			亚太2国	东盟 缅甸 Myanmar	东盟 老挝 Laos	东盟 柬埔寨 Cambodia	37国	3国	1国
62029100	毛制女式带风帽防寒短上衣、防风衣	16					0	0	
62029210	棉制女式其他羽绒服	16					0	0	
62029290	棉制女式带风帽防寒短上衣、防风衣	16					0	0	0
62029310	化纤制女式其他羽绒服	17.5					0	0	0
62029390	化纤制女式防风衣等	17.5					0	0	0
62029900	其他纺织材料制防风衣、防风短上衣等	16					0	0	0
62031100	毛制男式西服套装	17.5					0	0	0
62031200	合纤制男式西服套装	17.5					0	0	0
62031910	丝及绢丝制男式西服套装	17.5					0	0	
62031990	其他纺织材料制男式西服套装	17.5					0	0	
62032200	棉制男式便服套装	17.5					0	0	0
62032300	合纤制男式便服套装	17.5					0	0	0
62032910	丝及绢丝制男式便服套装	17.5					0	0	
62032920	毛制男式便服套装	17.5					0	0	
62032990	其他纺织材料制男式便服套装	17.5					0	0	
62033100	毛制男式上衣	16	9.6	0	0	0	0	0	0
62033200	棉制男式上衣	16	11.2	0	0	0	0	0	0
62033300	合纤制男式上衣	17.5					0	0	0
62033910	丝及绢丝制男式上衣	16	9.6				0	0	0
62033990	其他纺织材料制男式上衣	16	9.6				0	0	0
62034100	毛制男式长裤、工装裤等	16	0				0	0	0
62034210	棉制男式阿拉伯裤	16	11.2				0	0	
62034290	棉制男式长裤、工装裤等	16	11.2	0	0	0	0	0	0
62034310	合成纤维制男式阿拉伯裤	17.5					0	0	
62034390	合纤制男式长裤、工装裤等	17.5					0	0	0
62034910	其他纺织材料制男式阿拉伯裤	16	0				0	0	0
62034990	其他纺织材料制男童裤、工装裤	16	0				0	0	0
62041100	毛制女式西服套装	17.5					0	0	
62041200	棉制女式西服套装	17.5					0	0	
62041300	合纤制女式西服套装	17.5					0	0	
62041910	丝及绢丝制女式西服套装	17.5					0	0	
62041990	其他纺织材料制女式西服套装	17.5					0	0	
62042100	毛制女式便服套装	17.5					0	0	
62042200	棉制女式便服套装	17.5					0	0	
62042300	合纤制女式便服套装	20					0	0	
62042910	丝及绢丝制女式便服套装	20					0	0	
62042990	其他纺织材料制女式便服套装	14					0	0	
62043100	毛制女式上衣	16					0	0	0
62043200	棉制女式上衣	16	6.4	0	0	0	0	0	0
62043300	合纤制女式上衣	17.5	0				0	0	0
62043910	丝及绢丝制女式上衣	16	0				0	0	0
62043990	其他纺织材料制女式上衣	16	0				0	0	0
62044100	毛制连衣裙	16					0	0	0
62044200	棉制连衣裙	16		0	0	0	0	0	0
62044300	合纤制女式连衣裙	17.5					0	0	0

税则号列 Tariff Item	商品名称（简称） Article Description	最惠国税率(%) M. F. N.	特惠税率（%） The Special Preferential Tariff Rates						
			亚太2国	东盟			37国	3国	1国
				缅甸 Myanmar	老挝 Laos	柬埔寨 Cambodia			
62044400	人纤制女式连衣裙	16					0	0	0
62044910	丝及绢丝制连衣裙	16					0	0	0
62044990	其他纺织材料制连衣裙	16					0	0	0
62045100	毛制裙子及裙裤	14					0	0	0
62045200	棉制裙子及裙裤	14					0	0	0
62045300	合纤制裙子及裙裤	16					0	0	0
62045910	丝及绢丝制裙子及裙裤	14					0	0	0
62045990	其他纺织材料制裙子及裙裤	14					0	0	0
62046100	毛制女式长裤、工装裤等	16					0	0	0
62046200	棉制女式长裤、工装裤等	16	11.2	0	0	0	0	0	0
62046300	合纤制女式长裤、工装裤等	17.5					0	0	0
62046900	其他纺织材料制女式长裤、工装裤等	16					0	0	0
62052000	棉制男衬衫	16	6.4	0	0	0	0	0	0
62053000	化纤制男衬衫	16	0				0	0	0
62059010	丝及绢丝制男衬衫	16	0				0	0	0
62059020	毛制男衬衫	16	0				0	0	0
62059090	其他纺织材料制男衬衫	16	0				0	0	0
62061000	丝及绢丝制女衬衫	16					0	0	0
62062000	毛制女衬衫	16					0	0	
62063000	棉制女衬衫	16	6.4	0	0	0	0	0	0
62064000	化纤制女衬衫	17.5					0	0	0
62069000	其他纺织材料制女衬衫	16	0				0	0	0
62071100	棉制男式内裤及三角裤	14					0	0	0
62071910	丝制男式内裤及三角裤	14					0	0	
62071920	化纤制男式内裤及三角裤	16					0	0	
62071990	其他纺织材料制男式内裤及三角裤	14					0	0	
62072100	棉制男式长睡衣及睡衣裤	14		0	0	0	0	0	0
62072200	化纤制男式长睡衣及睡衣裤	16					0	0	
62072910	丝及绢丝制男式长睡衣及睡衣裤	14					0	0	
62072990	其他纺织材料制男式长睡衣及睡衣裤	14		0	0	0	0	0	0
62079100	棉制男式浴衣、晨衣及类似品	14					0	0	0
62079910	丝及绢丝制男浴衣、晨衣及类似品	14					0	0	
62079920	化纤制男浴衣、晨衣及类似品	16					0	0	0
62079990	其他纺织材料制男浴衣、晨衣及类似品	14					0	0	0
62081100	化纤制长衬裙及衬裙	16					0	0	
62081910	丝及绢丝制长衬裙及衬裙	14					0	0	
62081920	棉制长衬裙及衬裙	14					0	0	0
62081990	其他纺织材料制长衬裙及衬裙	14					0	0	
62082100	棉制女式睡衣及睡衣裤	14		0	0	0	0	0	0
62082200	化纤制女式睡衣及睡衣裤	16		0	0	0	0	0	0
62082910	丝及绢丝制女式睡衣及睡衣裤	14					0	0	
62082990	其他纺织材料制女式睡衣及睡衣裤	14					0	0	
62089100	棉制女式背心、内衣、浴衣及类似品	14		0	0	0	0	0	0
62089200	化纤制女式背心、内衣及类似品	16		0	0	0	0	0	0
62089910	丝制女式背心、内衣及类似品	14					0	0	

税则号列 Tariff Item	商品名称（简称） Article Description	最惠国税率（%） M. F. N.	特惠税率（%）The Special Preferential Tariff Rates						
			亚太2国	东盟			37国	3国	1国
				缅甸 Myanmar	老挝 Laos	柬埔寨 Cambodia			
62089990	其他纺织材料制女式背心、内衣及类似品	14					0	0	0
62092000	棉制婴儿服装及衣着附件	14					0	0	0
62093000	合纤制婴儿服装及衣着附件	16					0	0	0
62099010	毛制婴儿服装及衣着附件	14					0	0	
62099090	其他纺织材料制婴儿服装及衣着附件	14					0	0	
62101010	毛制毡呢或无纺织物服装	16	0				0	0	0
62101020	棉或麻制毡呢或无纺织物服装	16	6.4				0	0	
62101030	化纤制毡呢或无纺织物服装	17.5	0				0	0	0
62101090	其他纺织材料制毡呢或无纺织物服装	16	0				0	0	0
62102000	用塑料、橡胶等处理的织物制男大衣等	16	0				0	0	0
62103000	用塑料、橡胶等处理的织物制女大衣等	16					0	0	0
62104000	用塑料、橡胶等处理的织物制的其他男式服装	16	0				0	0	0
62105000	用塑料、橡胶等处理的织物制的其他女式服装	16	0				0	0	0
62111100	男式游泳服	16					0	0	
62111200	女式游泳服	16					0	0	0
62112010	棉制滑雪服	16					0	0	0
62112090	其他纺织材料制滑雪服	19					0	0	
62113210	棉制男式阿拉伯袍	16					0	0	
62113220	棉制男式运动服	16					0	0	0
62113290	棉制其他男式服装	16					0	0	0
62113310	化纤制男式阿拉伯袍	17.5					0	0	
62113320	化纤制男式运动服	18					0	0	0
62113390	化纤制其他男式服装	17.5					0	0	0
62113910	丝及绢丝制男式运动服及其他服装	16					0	0	
62113920	毛制男式运动服及其他服装	16					0	0	
62113990	其他纺织材料制男式运动服及其他服装	16					0	0	
62114210	棉制女式运动服	16					0	0	0
62114290	棉制其他女式服装	16					0	0	0
62114310	化纤制女式运动服	17.5					0	0	0
62114390	化纤制其他女式服装	17.5					0	0	0
62114910	丝及绢丝制女式运动服及其他服装	16					0	0	
62114990	其他纺织材料制女式运动服及其他服装	16					0	0	0
62121010	化纤制胸罩	16		0	0	0	0	0	0
62121090	其他纺织材料制胸罩	14					0	0	0
62122010	化纤制束腰带及腹带	16					0	0	
62122090	其他纺织材料制束腰带及腹带	14					0	0	0
62123010	化纤制紧身胸衣	16					0	0	
62123090	其他纺织材料制紧身胸衣	14					0	0	0
62129010	化纤制吊裤带、吊袜带等	16					0	0	
62129090	其他纺织材料制吊裤带、吊袜带等	14					0	0	
62132010	棉制刺绣手帕	14			0		0	0	0
62132090	其他棉制手帕	14			0		0	0	0
62139020	其他纺织材料制刺绣手帕	14			0		0	0	0
62139090	其他纺织材料制手帕	14			0		0	0	0
62141000	丝制披巾、头巾、围巾及类似品	14					0	0	0

税则号列 Tariff Item	商　品　名　称（简称） Article Description	最惠国税率（%） M. F. N.	特惠税率（%）The Special Preferential Tariff Rates						
			亚太 2 国	东盟 缅甸 Myanmar	东盟 老挝 Laos	东盟 柬埔寨 Cambodia	37 国	3 国	1 国
62142010	羊毛制披巾、领巾、围巾、披纱、面纱及类似品	14					0	0	0
62142020	山羊绒制披巾、领巾、围巾、披纱、面纱及类似品	14					0	0	0
62142090	其他动物细毛制披巾、领巾、围巾、披纱、面纱及类似品	14					0	0	0
62143000	合纤制披巾、头巾及类似品	16					0	0	0
62144000	人纤制披巾、头巾及类似品	14					0	0	0
62149000	其他纺织材料制披巾、头巾及类似品	14					0	0	0
62151000	丝及绢丝制领带及领结	14					0	0	0
62152000	化纤制领带及领结	16					0	0	0
62159000	其他纺织材料制领带及领结	14					0	0	0
62160000	非针织非钩编手套	14					0	0	0
62171010	非针织非钩编袜子及袜套	14					0	0	
62171020	非针织非钩编和服腰带	14					0	0	0
62171090	非针织非钩编服装或衣着附件	14		0	0	0	0	0	0
62179000	非针织非钩编服装或衣着零件	14		0	0	0	0	0	0
63011000	电暖毯	16					0	0	
63012000	毛制毯子及旅行毯	16					0	0	0
63013000	棉制毯子及旅行毯	16					0	0	0
63014000	合纤制毯子及旅行毯	17.5					0	0	0
63019000	其他纺织材料制毯子及旅行毯	16					0	0	0
63021010	棉制针织或钩编的床上用织物制品	14					0	0	0
63021090	其他纺织材料制针织或钩编的床上用织物制品	14					0	0	
63022110	棉制印花床单	14					0	0	0
63022190	棉制印花床上用织物制品	14					0	0	0
63022210	化纤制印花床单	16					0	0	0
63022290	化纤制印花床上用织物制品	16					0	0	0
63022910	丝及绢丝制印花床上用织物制品	14					0	0	
63022920	麻制印花床上用织物制品	14					0	0	
63022990	其他纺织材料制印花床上用织物制品	14					0	0	
63023110	棉制刺绣其他床上用织物制品	14					0	0	0
63023191	棉制其他床单	14					0	0	0
63023192	棉制其他毛巾被	14					0	0	
63023199	棉制其他床上用织物制品	14					0	0	0
63023210	化纤制刺绣其他床上用织物制品	16					0	0	0
63023290	化纤制其他床上用织物制品	16					0	0	0
63023910	丝及绢丝制其他床上用织物制品	14					0	0	
63023921	麻制刺绣的其他床上用织物制品	14					0	0	
63023929	麻制其他床上用织物制品	14					0	0	
63023991	其他纺织材料制刺绣床上用织物制品	14					0	0	
63023999	其他纺织材料制其他床上用织物制品	14					0	0	0
63024010	手工针织或钩编的餐桌用织物制品	14					0	0	
63024090	其他针织或钩编的餐桌用织物制品	14					0	0	0
63025110	棉制刺绣其他餐桌用织物制品	14					0	0	
63025190	棉制其他餐桌用织物制品	14					0	0	0
63025310	化纤制刺绣其他餐桌织物制品	14					0	0	

税则号列 Tariff Item	商 品 名 称（简称） Article Description	最惠国税率(%) M. F. N.	特惠税率（%）The Special Preferential Tariff Rates						
			亚太2国	东盟			37国	3国	1国
				缅甸 Myanmar	老挝 Laos	柬埔寨 Cambodia			
63025390	化纤制其他餐桌用织物制品	16					0	0	0
63025911	亚麻制刺绣其他餐桌用织物制品	14					0	0	
63025919	亚麻制其他餐桌用织物制品	14					0	0	
63025990	其他纺织材料制餐桌用织物制品	14					0	0	
63026010	棉制浴巾	14					0	0	0
63026090	棉制盥洗及厨房用毛巾织物	14					0	0	0
63029100	棉制其他盥洗及厨房织物制品	14					0	0	0
63029300	化纤制其他盥洗及厨房织物制品	16					0	0	
63029910	亚麻制其他盥洗及厨房织物制品	14					0	0	
63029990	其他材料制其他盥洗及厨房织物	14					0	0	
63031210	合纤制针织的窗帘等	16					0	0	
63031220	合纤制钩编的窗帘等	16					0	0	
63031931	棉制针织的窗帘等	14					0	0	0
63031932	棉制钩编的窗帘等	14					0	0	
63031991	其他纺织材料制针织的窗帘等	14					0	0	
63031992	其他纺织材料制钩编的窗帘等	14					0	0	
63039100	棉制非针织非钩编窗帘等	14					0	0	0
63039200	合纤制非针织非钩编窗帘等	16					0	0	0
63039900	其他纺织材料制非针织非钩编窗帘等	14					0	0	0
63041121	手工针织床罩	14					0	0	
63041129	非手工针织床罩	14					0	0	
63041131	手工钩编床罩	14					0	0	0
63041139	非手工钩编床罩	14					0	0	0
63041910	丝及绢丝制非针织非钩编床罩	14					0	0	
63041921	棉或麻制非针织非钩编刺绣床罩	14					0	0	
63041929	棉或麻制其他非针织非钩编床罩	14					0	0	0
63041931	化纤制非针织非钩编刺绣床罩	16					0	0	
63041939	化纤制其他非针织非钩编床罩	16					0	0	
63041991	其他纺织材料制非针织非钩编刺绣床罩	14					0	0	
63041999	其他材料制其他非针织非钩编床罩	14					0	0	
63042010	抗疟手工经编针织蚊帐	14					0	0	0
63042090	抗疟非手工精编针织蚊帐	14					0	0	0
63049121	手工针织的其他装饰制品	14					0	0	0
63049129	非手工针织的其他装饰制品	14					0	0	0
63049131	手工钩编的其他装饰制品	14					0	0	
63049139	非手工钩编的其他装饰制品	14					0	0	
63049210	棉制非针织、非钩编的其他刺绣装饰制品	14					0	0	
63049290	棉制非针织或钩编的其他装饰制品	14					0	0	0
63049310	合纤制非针织非钩编其他刺绣装饰制品	16					0	0	
63049390	合纤制其他非针织非钩编装饰制品	16					0	0	0
63049910	丝制非针织非钩编的装饰制品	14					0	0	0
63049921	麻制非针织非钩编的其他刺绣装饰制品	14					0	0	
63049929	麻制其他非针织非钩编的装饰制品	14					0	0	
63049990	其他纺织材料制非针织非钩编装饰制品	14					0	0	0
63051000	黄麻或其他韧皮纤维制货物包装袋	10	0				0	0	0

税则号列 Tariff Item	商　品　名　称（简称） Article Description	最惠国税率（%） M. F. N.	特惠税率（%）The Special Preferential Tariff Rates						
			亚太 2 国	东盟			37 国	3 国	1 国
				缅甸 Myanmar	老挝 Laos	柬埔寨 Cambodia			
63052000	棉制货物包装袋	16					0	0	0
63053200	化纤制的散装货物储运软袋	16					0	0	0
63053300	聚乙烯或聚丙烯扁条制其他货物包装袋	16					0	0	
63053900	其他化纤制货物包装袋	16					0	0	
63059000	其他纺织材料制货物包装袋	14					0	0	0
63061200	合纤制油苫布、天篷及遮阳篷	16					0	0	
63061910	麻制油苫布、天篷及遮阳篷	14					0	0	
63061920	棉制油苫布、天篷及遮阳篷	14					0	0	
63061990	其他纺织材料制油苫布、天篷及遮阳篷	14					0	0	
63062200	合纤制帐篷	16					0	0	0
63062910	棉制帐篷	14					0	0	
63062990	其他纺织材料制帐篷	14					0	0	0
63063010	合纤制风帆	16					0	0	
63063090	其他纺织材料制风帆	14					0	0	
63064010	棉制充气褥垫	14					0	0	
63064020	化纤制充气褥垫	16					0	0	0
63064090	其他纺织材料制充气褥垫	14					0	0	
63069010	棉制其他野营用品	14					0	0	0
63069020	麻制其他野营用品	14					0	0	
63069030	化学纤维制其他野营用品	16					0	0	
63069090	其他野营用品	14					0	0	
63071000	擦地布、擦碗布等	14					0	0	
63072000	救生衣及安全带	14					0	0	0
63079000	其他纺织材料制成品	14		0	0	0	0	0	0
63080000	零售包装成套物品	14					0	0	
63090000	旧衣物	14					0	0	
63101000	经分拣的纺织材料制碎织物等	14					0	0	0
63109000	纺织材料制其他碎织物等	14		0	0	0	0	0	0
64011010	橡胶制鞋面的装金属护头的塑料、橡胶制防水鞋靴	24					0	0	
64011090	塑料制鞋面的装金属护头的塑料、橡胶制防水鞋靴	24					0	0	
64019210	橡胶制鞋面的橡胶、塑料底及面的中、短统防水靴	24					0	0	
64019290	塑料制鞋面的橡胶、塑料底及面的中、短统防水靴	24					0	0	
64019900	其他橡胶、塑料制外底及鞋面防水靴	24					0	0	
64021200	橡胶、塑料底及面的滑雪靴	10					0	0	0
64021900	橡胶、塑料制底及面的其他运动靴	24					0	0	
64022000	橡胶、塑料的将鞋面条带栓塞在鞋底上的鞋	24					0	0	
64029100	其他橡胶、塑料短统靴（过踝）	24					0	0	
64029910	橡胶制鞋面的其他橡胶、塑料鞋靴	24					0	0	0
64029921	以机织物或其他纺织材料作衬底的	24					0	0	0
64029929	塑料制鞋面的其他橡胶、塑料鞋靴	24					0	0	0
64031200	皮革制鞋面的滑雪靴	24				0	0	0	0
64031900	皮革制鞋面的其他运动鞋靴	15				0	0	0	0
64032000	皮革条带为鞋面的皮底鞋	24				0	0	0	0
64034000	装有金属护鞋头的其他皮革面鞋靴	24				0	0	0	0

税则号列 Tariff Item	商品名称（简称） Article Description	最惠国税率（%）M. F. N.	特惠税率（%）The Special Preferential Tariff Rates						
			亚太2国	东盟			37国	3国	1国
				缅甸 Myanmar	老挝 Laos	柬埔寨 Cambodia			
64035111	低于小腿的内底长度＜24厘米的皮革制外底皮革面的短统靴（过踝）	10				0	0	0	0
64035119	低于小腿的内底长度≥24厘米的皮革制外底皮革面的短统靴（过踝）	10				0	0	0	0
64035191	其他内底长度＜24厘米的皮革制外底的皮革面短统靴（过踝）	10				0	0	0	0
64035199	其他内底长度≥24厘米的皮革制外底皮革面短统靴（过踝）	10				0	0	0	0
64035900	皮革制外底的皮革面其他鞋靴	10				0	0	0	0
64039111	其他低于小腿的内底长度＜24厘米的皮革面的短统靴（过踝）	10				0	0	0	0
64039119	其他低于小腿的内底长度≥24厘米的皮革面的短统靴（过踝）	10				0	0	0	0
64039191	其他内底长度＜24厘米的皮革面短统靴（过踝）	10				0	0	0	0
64039199	其他内底长度≥24厘米的皮革面短统靴（过踝）	10				0	0	0	0
64039900	皮革制面的其他鞋靴	10				0	0	0	0
64041100	纺织材料制鞋面的运动鞋靴	24					0	0	
64051010	橡胶、塑料、皮革及再生皮革制外底的皮革或再生皮革制面的其他鞋靴	24					0	0	
64051090	其他材料制外底的皮革或再生皮革制面的其他鞋靴	24					0	0	
64052000	纺织材料制面的其他鞋靴	22					0	0	
64059010	橡胶、塑料、皮革及再生皮革制外底的其他材料制面的鞋靴	15					0	0	
64059090	其他材料制外底的其他材料制面的鞋靴	15					0	0	
64061000	鞋面及其零件，硬衬除外	15					0	0	
64062010	橡胶制的外底及鞋跟	15					0	0	0
64062020	塑料制的外底及鞋跟	15					0	0	0
64069010	木制鞋靴零件、活动式鞋内底等	15					0	0	
64069091	活动式鞋内底、跟垫及类似品	15					0	0	
64069092	护腿、裹腿和类似品及其零件	15					0	0	
64069099	其他鞋靴零件（包括鞋面，不论是否带有除外底以外的其他鞋底）；活动式鞋内底、跟垫及类似品；护腿、裹腿和类似品及其零件	15					0	0	
65010000	毡呢制帽坯及圆帽片	22					0	0	
65020000	编结或用条带拼制的帽坯	20					0	0	
65040000	编结或用条带拼制成的帽类	20					0	0	
65050010	发网	10					0	0	0
65050020	钩编的帽类	20					0	0	0
65050091	成品毡呢帽类	22					0	0	
65050099	针织或成匹织物制成的帽类	20					0	0	0
65061000	安全帽	10					0	0	
65069100	橡胶或塑料制帽类	10					0	0	
65069910	皮革制帽类	10					0	0	
65069920	毛皮制帽类	10					0	0	0
65069990	其他材料制的未列名帽类	24					0	0	0

税则号列 Tariff Item	商　品　名　称（简称） Article Description	最惠国税率（%） M. F. N.	特惠税率（%）The Special Preferential Tariff Rates						
			亚太2国	东盟			37国	3国	1国
				缅甸 Myanmar	老挝 Laos	柬埔寨 Cambodia			
65070000	帽类附件	24					0	0	
66011000	庭园用伞及类似品	14					0	0	
66019100	折叠伞	10					0	0	0
66019900	其他伞	10					0	0	
66020000	手杖、带座手杖、鞭子及类似品	10					0	0	
66032000	伞骨	14					0	0	
66039000	伞、手杖及鞭子的其他零件及饰品	14					0	0	0
67010000	已加工羽毛、羽绒及其制品	20					0	0	
67021000	塑料制花、叶、果实及其制品	20					0	0	
67029010	羽毛制花、叶、果实及其制品	20					0	0	
67029020	丝或绢丝制花、叶、果实及其制品	24					0	0	
67029030	化学纤维制花、叶、果实及其制品	24					0	0	
67029090	其他材料制花、叶、果实及其制品	20					0	0	
67030000	经梳理、稀疏等方法加工的人发及假发材料	20					0	0	
67041100	合成纺织材料制整头假发	25					0	0	0
67041900	合成纺织材料制其他假发、须等	25					0	0	0
67042000	人发制假发、须、眉及类似品	15					0	0	0
67049000	其他材料制假发、须、眉及类似品	25					0	0	0
68010000	长方砌石、路缘石、扁平石	12					0	0	
68021010	大理石制砖、瓦、方块及类似品	24					0	0	0
68021090	其他石料制砖、瓦、方块及类似品	20					0	0	
68022110	具有一个平面的大理石及制品	10					0	0	0
68022120	石灰华	24					0	0	
68022190	具有一个平面的石灰华及蜡石及制品	24					0	0	
68022300	具有一个平面的花岗岩及制品	10					0	0	0
68022910	具有一个平面的其他石灰石及制品	24					0	0	
68022990	具有一个平面的其他石及制品	15					0	0	0
68029110	大理石、石灰华及蜡石制石刻	24					0	0	
68029190	其他大理石、石灰华及蜡石及制品	10					0	0	0
68029210	其他石灰石制石刻	24					0	0	
68029290	其他加工形式石灰石制品	10					0	0	0
68029311	花岗岩制墓碑石	24					0	0	
68029319	其他花岗岩制石刻	24					0	0	
68029390	其他加工形式花岗岩制品	10					0	0	0
68029910	其他石制成的石刻	24					0	0	
68029990	其他石及制品	24					0	0	0
68030010	板岩制品	20					0	0	
68030090	已加工板岩及板岩或黏聚板岩制品	20					0	0	
68041000	碾磨或磨浆用石磨、石碾	8					0	0	0
68042110	黏聚合成或天然金刚石制砂轮	8					0	0	0
68042190	金刚石制石磨、石碾及砂轮	8					0	0	0
68042210	其他砂轮	8					0	0	0
68042290	其他石磨、石碾及类似品	8					0	0	0
68042310	天然石料制的砂轮	8					0	0	0
68042390	天然石料制其他石磨、石碾等	8					0	0	0

税则号列 Tariff Item	商品名称(简称) Article Description	最惠国税率(%) M. F. N.	特惠税率(%) The Special Preferential Tariff Rates						
			亚太2国	东盟			37国	3国	1国
				缅甸 Myanmar	老挝 Laos	柬埔寨 Cambodia			
68043010	手用琢磨油石	8					0	0	0
68043090	手用其他磨石及抛光石	8					0	0	0
68051000	砂布	8					0	0	0
68052000	砂纸	8					0	0	0
68053000	其他材料为底的天然或人造研磨料	8					0	0	0
68061010	硅酸铝纤维及其制品	10.5					0	0	0
68061090	其他矿渣棉、岩石棉及类似的矿质棉(包括其相互混合物),块状、成片或成卷	10.5					0	0	0
68062000	页状硅石、膨胀黏土、泡沫矿渣	10.5					0	0	0
68069000	其他矿物材料的混合物及制品	10					0	0	0
68071000	成卷的沥青或类似原料的制品	12					0	0	
68079000	其他形状的沥青或类似原料的制品	12					0	0	
68080000	镶板、平板、瓦、砖及类似品	10.5					0	0	
68091100	纸贴面未饰的石膏板、片、砖、瓦及类似品	28					0	0	
68091900	以其他材料贴面加强的未饰石膏板	25					0	0	
68099000	其他石膏制品	25					0	0	
68101100	水泥制建筑用砖及石砌块	10.5					0	0	0
68101910	人造石制砖、瓦、扁平石及类似品	10.5					0	0	0
68101990	水泥制其他砖、瓦、扁平石	10.5					0	0	0
68109110	钢筋混凝土和预应力混凝土管、杆、板、桩等	10.5					0	0	0
68109190	其他水泥制建筑或土木工程用预制构件	10.5					0	0	0
68109910	铁道用水泥枕	8					0	0	0
68109990	水泥、混凝土或人造石制其他制品	10.5					0	0	0
68114010	含石棉的瓦楞板	5					0	0	
68114020	含石棉的片、板、砖、瓦及类似品	10.5					0	0	
68114030	含石棉的管子及管子配件	8					0	0	
68114090	含石棉的其他制品	8.4					0	0	
68118100	不含石棉的瓦楞板	5					0	0	
68118200	不含石棉的片、板、砖、瓦及类似品	10.5					0	0	
68118910	不含石棉的管子及管子配件	8					0	0	
68118990	不含石棉的其他制品	8.4					0	0	
68128000	青石棉或青石棉混合物制品	10.5					0	0	0
68129100	其他石棉或石棉混合物制的服装	10.5					0	0	0
68129200	其他石棉或石棉混合物制的纸、麻丝板	10.5					0	0	0
68129300	其他成片成卷的压缩石棉纤维接合材料	10.5					0	0	0
68129900	其他石棉或石棉混合物制品	10					0	0	0
68132010	含石棉的闸衬、闸垫	10					0	0	0
68132090	含石棉的磨擦料及其他用于制动等用途制品	12					0	0	
68138100	不含石棉的闸衬、闸垫	10					0	0	0
68138900	不含石棉的磨擦料及其他用于制动等用途制品	12					0	0	
68141000	黏聚或复制云母制的板、片、带	10.5					0	0	0
68149000	其他已加工的云母及其制品	10.5					0	0	0
68151000	非电器用的石墨或其他碳精制品	15					0	0	0
68152000	泥煤制品	15					0	0	
68159100	含菱镁矿、白云石或铬铁矿的制品	15					0	0	

税则号列 Tariff Item	商　品　名　称（简称） Article Description	最惠国税率（%） M. F. N.	特惠税率（%）The Special Preferential Tariff Rates						
			亚太2国	东盟			37国	3国	1国
				缅甸 Myanmar	老挝 Laos	柬埔寨 Cambodia			
68159920	碳纤维	17.5					0	0	0
68159931	碳布	17.5					0	0	0
68159932	碳纤维预浸料	17.5					0	0	0
68159939	其他碳纤维制品	17.5					0	0	0
68159940	玄武岩纤维及其制品	17.5					0	0	0
68159990	其他未列名石制品及矿物制品	17.5					0	0	0
69010000	硅质化石粉或类似硅土制的砖、瓦	8					0	0	
69021000	含>50%镁、钙、铬的耐火砖及类似品	8					0	0	0
69022000	含>50%氧化铝、硅的耐火砖及类似品	8					0	0	0
69029000	其他耐火砖及耐火陶瓷建材制品	8					0	0	0
69031000	含>50%石墨的其他耐火陶瓷制品	8			0		0	0	0
69032000	含>50%氧化铝的其他耐火陶瓷制品	8			0		0	0	0
69039000	其他耐火陶瓷制品	8			0		0	0	0
69041000	陶瓷制建筑用砖	15					0	0	0
69049000	陶瓷制铺地砖、支撑或填充用砖	24.5					0	0	
69051000	陶瓷制屋顶瓦	24.5					0	0	
69059000	其他建筑用陶瓷制品	24.5					0	0	
69060000	陶瓷套管、导管、槽管及管子配件	15					0	0	
69072110	小尺寸贴面砖、铺面砖，按重量计吸水率不超过0.5%，不论是否矩形，可置入边长小于7厘米的方格	17					0	0	
69072190	大尺寸贴面砖、铺面砖，按重量计吸水率不超过0.5%，不论是否矩形，无法置入边长小于7厘米的方格	12					0	0	
69072210	小尺寸贴面砖、铺面砖，按重量计吸水率超过0.5%但不超过10%，不论是否矩形，可置入边长小于7厘米的方格	17					0	0	
69072290	大尺寸贴面砖、铺面砖，按重量计吸水率超过0.5%但不超过10%，不论是否矩形，无法置入边长小于7厘米的方格	12					0	0	
69072310	小尺寸贴面砖、铺面砖，按重量计吸水率超过10%，不论是否矩形，可置入边长小于7厘米的方格	17					0	0	
69072390	大尺寸贴面砖、铺面砖，按重量计吸水率超过10%，不论是否矩形，无法置入边长小于7厘米的方格	12					0	0	
69073010	小尺寸镶嵌砖（马赛克）及其类似品，不论是否矩形，可置入边长小于7厘米的方格	17					0	0	
69073090	大尺寸镶嵌砖（马赛克）及其类似品，不论是否矩形，无法置入边长小于7厘米的方格	12					0	0	
69074010	小尺寸饰面陶瓷，不论是否矩形，可置入边长小于7厘米的方格	17					0	0	
69074090	大尺寸饰面陶瓷，不论是否矩形，无法置入边长小于7厘米的方格	12					0	0	
69091100	实验室、化学或其他技术用瓷器	8					0	0	0
69091200	莫氏硬度≥9的技术用陶瓷器	8					0	0	0
69091900	其他实验室、化学用陶瓷器	8					0	0	0

税则号列 Tariff Item	商品名称（简称） Article Description	最惠国税率（%） M. F. N.	特惠税率（%）The Special Preferential Tariff Rates						
			亚太2国	东盟			37国	3国	1国
				缅甸 Myanmar	老挝 Laos	柬埔寨 Cambodia			
69099000	农业用、运输或盛装货物用陶瓷容器	21					0	0	
69101000	瓷制脸盆、浴缸及类似卫生器具	10					0	0	0
69109000	陶制脸盆、浴缸及类似卫生器具	10					0	0	0
69111011	骨瓷餐具	12					0	0	0
69111019	其他餐具	12					0	0	0
69111021	刀具	15					0	0	
69111029	其他厨房器具	15					0	0	
69119000	其他家用或盥洗用瓷器	24.5					0	0	
69120010	陶餐具	15					0	0	0
69120090	陶制厨房器具	15					0	0	
69131000	瓷塑像及其他装饰用瓷制品	15					0	0	0
69139000	陶塑像及其他装饰用陶制品	15					0	0	0
69141000	其他瓷制品	24.5					0	0	
69149000	其他陶制品	10					0	0	0
70010000	废碎玻璃及玻璃块料	12					0	0	
70021000	未加工的玻璃球	12					0	0	
70022010	光导纤维预制棒	6					0	0	
70022090	其他未加工的玻璃棒	12					0	0	
70023110	光导纤维用波导级石英玻璃管	5					0	0	
70023190	熔融石英或熔融硅石制其他玻璃管	14					0	0	
70023200	其他未加工的玻璃管	12					0	0	
70023900	未列名、未加工的玻璃管	12					0	0	
70031200	铸、轧制着色的非夹丝玻璃板、片	15					0	0	
70031900	铸、轧制的其他非夹丝玻璃板、片	17.5					0	0	
70032000	铸、轧制的夹丝玻璃板、片	15					0	0	
70033000	铸、轧制的玻璃型材及异型材	15					0	0	
70042000	拉、吹制的着色玻璃板、片	17.5					0	0	0
70049000	拉、吹制的其他玻璃板、片	17.5					0	0	
70051000	有吸收层非夹丝浮法或抛光玻璃板	15					0	0	
70052100	其他着色非夹丝浮法玻璃板、片	15					0	0	
70052900	其他非夹丝浮法玻璃板、片	15					0	0	
70053000	夹丝浮法玻璃板、片	17.5					0	0	
70060000	经其他加工税目70.03～70.05的玻璃	15					0	0	
70071110	航空航天器及船舶用钢化安全玻璃	2					0	0	0
70071190	车辆用钢化安全玻璃	10					0	0	0
70071900	其他钢化安全玻璃	14					0	0	
70072110	航空航天器及船舶用层压安全玻璃	2					0	0	0
70072190	车辆用层压安全玻璃	20					0	0	0
70072900	其他层压安全玻璃	14					0	0	
70080010	中空或真空隔温、隔音玻璃	14					0	0	
70080090	其他多层隔温、隔音玻璃组件	14					0	0	
70091000	车辆后视镜	10					0	0	0
70099100	其他未镶框玻璃镜（包括后视镜）	21					0	0	
70099200	其他镶框玻璃镜（包括后视镜）	12					0	0	0
70101000	玻璃安瓿	14					0	0	

税则号列 Tariff Item	商 品 名 称（简称） Article Description	最惠国税率（%） M. F. N.	特惠税率（%） The Special Preferential Tariff Rates						
			亚太2国	东盟			37 国	3 国	1 国
				缅甸 Myanmar	老挝 Laos	柬埔寨 Cambodia			
70102000	玻璃制的塞、盖及类似封口器	14					0	0	
70109010	装运货物或保藏用的玻璃大容器	14					0	0	
70109020	装运货物或保藏用的玻璃中容器	14					0	0	
70109030	装运货物或保藏用的玻璃小容器	14					0	0	
70109090	装运货物或保藏用的玻璃特小容器	14					0	0	0
70111000	电灯用未封口玻璃外壳及玻璃零件	21					0	0	
70112010	显象管玻壳及其零件	10					0	0	
70112090	阴极射线管用玻壳及零件	10					0	0	
70119010	电子管未封口玻璃外壳及玻璃零件	8					0	0	
70119090	其他类似品用未封口玻璃外壳零件	21					0	0	
70131000	玻璃陶瓷制玻璃器皿	24.5					0	0	0
70132200	铅晶质高脚杯	24.5					0	0	
70132800	其他高脚杯	8					0	0	0
70133300	其他铅晶质玻璃杯	24.5					0	0	
70133700	其他玻璃杯	8					0	0	0
70134100	铅晶质玻璃制餐桌、厨房用器皿	24.5					0	0	
70134200	低膨胀系数玻璃制餐桌、厨房用器皿	10					0	0	0
70134900	其他玻璃制餐桌、厨房用器皿	10					0	0	0
70139100	其他铅晶质玻璃器皿	10					0	0	0
70139900	其他玻璃器皿	10					0	0	0
70140010	光学仪器用光学元件毛坯	10					0	0	0
70140090	其他未经光学加工的信号玻璃器	17.5					0	0	
70151010	视力矫正眼镜用变色镜片坯件	21					0	0	
70151090	其他视力矫正眼镜用镜片坯件	17.5					0	0	
70159010	钟表玻璃	17.5					0	0	
70159020	平光变色镜片坯件	18					0	0	
70159090	税目 70.15 的其他未经光学加工玻璃	12					0	0	0
70161000	供镶嵌或装饰用玻璃马赛克	22					0	0	
70169010	花饰铅条窗玻璃及类似品	24					0	0	
70169090	建筑用压制或模制铺面玻璃块、砖	18					0	0	
70171000	实验室、卫生及配药用玻璃器	0					0	0	0
70172000	其他玻璃制实验室等用玻璃器	8					0	0	0
70179000	其他实验室、卫生及配药用玻璃器	8					0	0	0
70181000	玻璃珠、仿珍珠及类似小件玻璃品	10					0	0	0
70182000	直径≤1 毫米的玻璃珠	20					0	0	
70189000	玻璃假眼，灯工方法制的玻璃塑像及玻璃饰品	20					0	0	
70191100	长度≤50 毫米的短切玻璃纤维	12					0	0	0
70191200	玻璃纤维粗纱	12					0	0	0
70191900	玻璃纤维、梳条、纱线	10					0	0	0
70193100	玻璃纤维（包括玻璃棉）制的席	5					0	0	0
70193200	玻璃纤维（包括玻璃棉）制的薄片	14					0	0	
70193910	垫	10.5					0	0	0
70193990	玻璃纤维（包括玻璃棉）及其制品	10.5					0	0	0
70194000	玻璃纤维粗纱机织物	12					0	0	0
70195100	宽度≤30 毫米的玻璃纤维机织物	12					0	0	0

税则号列 Tariff Item	商品名称（简称） Article Description	最惠国税率(%) M. F. N.	特惠税率（%）The Special Preferential Tariff Rates						
			亚太2国	东盟			37国	3国	1国
				缅甸 Myanmar	老挝 Laos	柬埔寨 Cambodia			
70195200	每平方米重≤250克的玻璃长丝平纹织物	12					0	0	0
70195900	其他玻璃纤维机织物	12					0	0	0
70199010	玻璃棉及其制品	7					0	0	0
70199021	每平方米重<450克的玻璃纤维布浸胶制品	7					0	0	0
70199029	其他玻璃纤维布浸胶制品	7					0	0	0
70199090	其他玻璃纤维及其制品	7					0	0	0
70200011	导电玻璃	10.5					0	0	0
70200012	绝缘子用玻璃伞盘	10.5					0	0	0
70200013	熔融石英或其他熔融硅石制	10.5					0	0	0
70200019	其他工业用玻璃制品	10.5					0	0	0
70200091	保温瓶或其他保温器用玻璃胆	21					0	0	
70200099	其他非工业用玻璃制品	15					0	0	0
71011011	未分级的天然黑珍珠	21					0	0	
71011019	其他未分级的天然珍珠	21					0	0	
71011091	其他天然黑珍珠	21					0	0	
71011099	其他天然珍珠	21					0	0	
71012110	未分级、未加工的养殖珍珠	21					0	0	
71012190	其他未加工的养殖珍珠	21					0	0	
71012210	未分级、已加工的养殖珍珠	21					0	0	
71012290	其他已加工的养殖珍珠	21					0	0	
71021000	未分级钻石	3					0	0	0
71022100	未加工或简单加工的工业用钻石	0					0	0	0
71022900	其他工业用钻石	0					0	0	0
71023100	未加工或简单加工非工业用钻石	3					0	0	0
71023900	其他非工业用钻石	8					0	0	0
71031000	未加工宝石或半宝石	3			0		0	0	0
71039100	经其他加工的红宝石、蓝宝石、祖母绿	8			0		0	0	0
71039910	经其他加工的翡翠	8					0	0	0
71039920	水晶	8					0	0	0
71039930	碧玺	8					0	0	0
71039940	软玉	8					0	0	0
71039990	经其他加工的其他宝石或半宝石	8					0	0	0
71041000	压电石英	6					0	0	0
71042010	未加工合成或再造钻石	0					0	0	0
71042090	未加工合成或再造其他宝石或半宝石	0					0	0	0
71049011	其他工业用合成或再造的钻石	6					0	0	0
71049012	工业用蓝宝石	6					0	0	0
71049019	其他工业用合成或再造的其他宝石或半宝石	6					0	0	0
71049091	其他非工业用合成钻石	8					0	0	0
71049099	其他非工业用合成其他宝石或半宝石	8					0	0	0
71051010	天然钻石	0					0	0	0
71051020	人工合成的钻石	0					0	0	0
71059000	天然或合成宝石或半宝石粉末	0					0	0	0
71061011	平均粒径小于3微米的非片状银粉	0					0	0	0
71061019	平均粒径不小于3微米的非片状银粉	0					0	0	0

税则号列 Tariff Item	商品名称（简称） Article Description	最惠国税率（%） M. F. N.	特惠税率（%） The Special Preferential Tariff Rates						
			亚太2国	东盟			37国	3国	1国
				缅甸 Myanmar	老挝 Laos	柬埔寨 Cambodia			
71061021	平均粒径小于10微米的片状银粉	0					0	0	0
71061029	其他银粉	0					0	0	0
71069110	纯度达99.99%及以上的未锻造银	0					0	0	0
71069190	其他未锻造银	0					0	0	0
71069210	纯度达99.99%及以上的半制成银	0					0	0	0
71069290	其他半制成银	0					0	0	0
71070000	以贱金属为底的包银材料	10.5			0		0	0	0
71081100	非货币用金粉	0					0	0	0
71081200	非货币用未锻造金	0					0	0	0
71081300	非货币用半制成金	0			0		0	0	0
71082000	货币用未锻造金（包括镀铂的金）及金粉	0					0	0	0
71090000	以贱金属或银为底的包金材料	10.5					0	0	0
71101100	未锻造或粉末状铂	0					0	0	0
71101910	板、片状铂	0					0	0	0
71101990	其他半制成铂	3					0	0	0
71102100	未锻造或粉末状钯	0					0	0	0
71102910	板、片状钯	0					0	0	0
71102990	其他半制成钯	3					0	0	0
71103100	未锻造或粉末状铑	0					0	0	0
71103910	板、片状铑	0					0	0	0
71103990	其他半制成铑	3					0	0	0
71104100	未锻造或粉末状铱、锇、钌	0					0	0	0
71104910	板、片状铱、锇、钌	0					0	0	0
71104990	其他半制成铱、锇、钌	3					0	0	0
71110000	以贱金属、银或金为底的包铂材料	3					0	0	
71123010	含银或银化合物的灰	8					0	0	0
71123090	其他含贵金属或贵金属化合物的灰	6					0	0	0
71129110	金及包金的废碎料	0					0	0	0
71129120	其他含金或金化合物的废碎料	6					0	0	0
71129210	铂及包铂的废碎料	0					0	0	0
71129220	其他含铂或铂化合物的废碎料	6					0	0	0
71129910	含银及银化合物的废碎料	8					0	0	0
71129920	含有其他贵金属或贵金属化合物的废碎料	6					0	0	0
71129990	其他贵金属或包贵金属的废碎料	0					0	0	0
71131110	镶嵌钻石的银首饰及其零件	20					0	0	
71131190	其他银首饰及其零件	20					0	0	0
71131911	镶嵌钻石的黄金制首饰及其零件	20					0	0	
71131919	其他黄金制首饰及其零件	20					0	0	
71131921	镶嵌钻石的铂制首饰及其零件	35					0	0	
71131929	其他铂制首饰及其零件	35					0	0	0
71131991	镶嵌钻石的其他贵金属制首饰及其零件	35					0	0	
71131999	其他贵金属制首饰及其零件	35					0	0	0
71132010	镶嵌钻石的以贱金属为底的包贵金属制首饰	35					0	0	
71132090	其他以贱金属为底的包贵金属制首饰	35					0	0	
71141100	银器及零件	35					0	0	0

税则号列 Tariff Item	商品名称（简称） Article Description	最惠国税率（%） M. F. N.	特惠税率（%）The Special Preferential Tariff Rates						
			亚太2国	东盟			37国	3国	1国
				缅甸 Myanmar	老挝 Laos	柬埔寨 Cambodia			
71141900	其他贵金属制金银器及零件	35					0	0	
71142000	以贱金属为底的包贵金属制金银器	35					0	0	0
71151000	金属丝布或格栅状的铂催化剂	3					0	0	0
71159010	工业或实验室用的贵或包贵金属制品	3					0	0	0
71159090	其他用途的贵或包贵金属制品	35					0	0	
71161000	天然或养殖珍珠制品	35					0	0	
71162000	宝石或半宝石制品	35					0	0	0
71171100	贱金属制袖扣、饰扣	35					0	0	
71171900	其他贱金属制仿首饰	17					0	0	0
71179000	未列名材料制仿首饰	35					0	0	0
71181000	非法定货币的硬币（金币除外）	0					0	0	0
71189000	其他硬币	0					0	0	0
72011000	非合金生铁，含磷量≤0.5%	1					0	0	0
72012000	非合金生铁，含磷量>0.5%	1					0	0	0
72015000	合金生铁、镜铁	1					0	0	0
72021100	锰铁，含碳量>2%	2					0	0	0
72021900	锰铁，含碳量≤2%	2					0	0	0
72022100	硅铁，含硅量>55%	2					0	0	0
72022900	硅铁，含硅量≤55%	2					0	0	0
72023000	硅锰铁	2					0	0	0
72024100	铬铁，含碳量>4%	2					0	0	0
72024900	铬铁，含碳量≤4%	2					0	0	0
72025000	硅铬铁	2					0	0	0
72026000	镍铁	2					0	0	0
72027000	钼铁	2					0	0	0
72028010	钨铁	2					0	0	0
72028020	硅钨铁	2					0	0	0
72029100	钛铁及硅钛铁	2					0	0	0
72029210	按重量计含钒量在75%及以上的钒铁	9					0	0	0
72029290	其他钒铁	9					0	0	0
72029300	铌铁	2					0	0	0
72029911	钕铁硼速凝永磁片	2					0	0	0
72029912	钕铁硼磁粉	2					0	0	0
72029919	其他钕铁硼合金	2					0	0	0
72029991	按重量计稀土元素总含量在10%以上的其他铁合金	2					0	0	0
72029999	其他铁合金	2					0	0	0
72031000	直接从铁矿还原的铁产品	2					0	0	
72039000	其他海绵铁，产品纯度>99.94%	2					0	0	
72041000	铸铁废碎料	2					0	0	0
72042100	不锈钢废碎料	0					0	0	0
72042900	其他合金钢废碎料	0					0	0	0
72043000	镀锡钢铁废碎料	2					0	0	0
72044100	机械加工中产生的废料	2					0	0	0
72044900	其他钢铁废碎料	0					0	0	0
72045000	供再熔的碎料钢铁锭	0					0	0	0

税则号列 Tariff Item	商品名称（简称） Article Description	最惠国税率（%） M. F. N.	特惠税率（%）The Special Preferential Tariff Rates						
			亚太2国	东盟			37国	3国	1国
				缅甸 Myanmar	老挝 Laos	柬埔寨 Cambodia			
72051000	生铁、镜铁及钢铁颗粒	2					0	0	0
72052100	合金钢粉末	2					0	0	0
72052900	生铁、镜铁及其他钢铁粉末	2					0	0	0
72061000	铁及非合金钢锭	2					0	0	
72069000	其他初级形状的铁及非合金钢	2					0	0	
72071100	宽度＜厚度两倍的矩形截面钢坯，C＜0.25％	2					0	0	
72071200	其他矩形截面钢坯，C＜0.25％	2					0	0	
72071900	其他含碳量＜0.25％的钢坯	2					0	0	
72072000	含碳量≥0.25％的钢坯	2					0	0	
72081000	轧压花纹的热轧卷材	5					0	0	0
72082500	厚度≥4.75 毫米其他经酸洗的热轧卷材	5					0	0	0
72082610	屈服强度＞355 牛顿/平方毫米，3 毫米≤厚度＜4.75 毫米其他经酸洗热轧卷材	5					0	0	0
72082690	其他 3 毫米≤厚度＜4.75 毫米其他经酸洗热轧卷材	5					0	0	0
72082710	厚度＜1.5 毫米的其他经酸洗的热轧卷材	5					0	0	0
72082790	其他厚度＜3 毫米的其他经酸洗的热轧卷材	5					0	0	0
72083600	厚度＞10 毫米的其他热轧卷材	6					0	0	0
72083700	4.75 毫米≤厚度≤10 毫米的其他热轧卷材	5					0	0	0
72083810	屈服强度＞355 牛顿/平方毫米，3 毫米≤厚度＜4.75 毫米的其他卷材	5					0	0	0
72083890	其他 3 毫米≤厚度＜4.75 毫米的其他卷材	5					0	0	0
72083910	厚度＜1.5 毫米的其他热轧卷材	3					0	0	0
72083990	其他厚度＜3 毫米的其他热轧卷材	3					0	0	0
72084000	轧有凸起花纹的热轧非卷材	6					0	0	0
72085110	厚度＞50 毫米的其他热轧非卷材	6					0	0	0
72085120	20 毫米＜厚度≤50 毫米的其他热轧非卷材	6					0	0	0
72085190	其他厚度＞10 毫米的其他热轧非卷材	6					0	0	0
72085200	4.75 毫米≤厚度≤10 毫米的热轧非卷材	6					0	0	0
72085310	屈服强度＞355 牛顿/平方毫米，3 毫米≤厚度＜4.75 毫米的热轧非卷材	6					0	0	0
72085390	其他 3 毫米≤厚度＜4.75 毫米的热轧非卷材	6					0	0	0
72085410	厚度＜1.5 毫米的热轧非卷材	6					0	0	0
72085490	其他厚度＜3 毫米的热轧非卷材	6					0	0	0
72089000	其他热轧铁或非合金钢宽平板轧材	6					0	0	0
72091510	屈服强度＞355 牛顿/平方毫米，厚度≥3 毫米的冷轧卷材	6					0	0	0
72091590	其他厚度≥3 毫米的冷轧卷材	6					0	0	0
72091610	屈服强度＞275 牛顿/平方毫米，1 毫米＜厚度＜3 毫米的冷轧卷材	6					0	0	0
72091690	其他 1 毫米＜厚度＜3 毫米的冷轧卷材	6					0	0	0
72091710	屈服强度＞275 牛顿/平方毫米，0.5 毫米≤厚度≤1 毫米的冷轧卷材	3					0	0	0
72091790	其他 0.5 毫米≤厚度≤1 毫米的冷轧卷材	3					0	0	0
72091810	厚度＜0.3 毫米的冷轧卷材	6					0	0	0
72091890	其他厚度＜0.5 毫米的冷轧卷材	6					0	0	0

税则号列 Tariff Item	商品名称(简称) Article Description	最惠国税率(%) M. F. N.	特惠税率(%) The Special Preferential Tariff Rates						
			亚太2国	东盟			37国	3国	1国
				缅甸 Myanmar	老挝 Laos	柬埔寨 Cambodia			
72092500	厚度≥3毫米的冷轧非卷材	6					0	0	0
72092600	1毫米<厚度<3毫米的冷轧非卷材	6					0	0	0
72092700	0.5毫米≤厚度≤1毫米的冷轧非卷材	6					0	0	0
72092800	厚度<0.5毫米的冷轧非卷材	6					0	0	0
72099000	其他冷轧铁或非合金钢宽平板轧材	6					0	0	0
72101100	镀锡的铁或非合金钢厚宽平板轧材	10					0	0	0
72101200	镀锡的铁或非合金钢薄宽平板轧材	5					0	0	0
72102000	镀铅的铁或非合金钢宽平板轧材	4					0	0	0
72103000	电镀锌的铁或非合金钢宽板材	8					0	0	0
72104100	镀锌的瓦楞形铁或非合金钢宽板材	8					0	0	0
72104900	镀锌的其他形铁或非合金钢宽板材	4					0	0	0
72105000	镀氧化铬的铁或非合金钢宽板材	8					0	0	0
72106100	镀或涂铝锌合金的铁宽平板轧材	8					0	0	0
72106900	其他镀或涂铝的铁宽平板轧材	8					0	0	0
72107010	厚度小于1.5毫米涂漆或涂塑的宽度在600毫米及以上的铁或非合金钢平板轧材，经包覆、镀层或涂层	4					0	0	0
72107090	其他涂漆或涂塑的宽度在600毫米及以上的铁或非合金钢平板轧材，经包覆、镀层或涂层	4					0	0	0
72109000	涂镀其他材料铁或非合金钢宽板材	8					0	0	0
72111300	未轧花纹的四面轧制的热轧非卷材	6					0	0	0
72111400	厚度≥4.75毫米的其他热轧板材	6					0	0	0
72111900	其他热轧铁或非合金钢窄板材	6					0	0	0
72112300	冷轧含炭量<0.25%的板材	6					0	0	0
72112900	冷轧其他铁或非合金钢窄板材	6					0	0	0
72119000	冷轧的铁或非合金钢其他窄板材	6					0	0	0
72121000	镀或涂锡的铁或非合金钢窄板材	5					0	0	0
72122000	电镀锌的铁或非合金钢窄板材	8					0	0	0
72123000	其他镀或涂锌的铁窄板材	8					0	0	0
72124000	涂漆或涂塑的铁或非合金钢窄板材	4					0	0	0
72125000	涂镀其他材料铁或非合金钢窄板材	8					0	0	0
72126000	经包覆的铁或非合金钢窄板材	8					0	0	0
72131000	带有轧制花纹的热轧盘条	3					0	0	0
72132000	其他易切削钢制热轧盘条	3					0	0	0
72139100	直径<14毫米圆截面的其他热轧盘条	5					0	0	0
72139900	其他热轧盘条	5					0	0	0
72141000	锻造的铁或非合金钢条、杆	7					0	0	0
72142000	热加工带有轧制花纹的条、杆	3					0	0	0
72143000	热加工易切削钢的条、杆	7					0	0	0
72149100	热加工其他矩形截面的条、杆	3					0	0	0
72149900	热加工其他条、杆	3					0	0	0
72151000	冷加工其他易切削钢制条、杆	7					0	0	0
72155000	冷加工或冷成形的其他条、杆	7					0	0	0
72159000	铁及非合金钢的其他条、杆	3					0	0	0
72161010	截面高度<80毫米的H形钢	3					0	0	0
72161020	截面高度低于80毫米的工字钢	3					0	0	0

税则号列 Tariff Item	商品名称（简称） Article Description	最惠国税率（%） M. F. N.	特惠税率（%）The Special Preferential Tariff Rates						
			亚太2国	东盟			37国	3国	1国
				缅甸 Myanmar	老挝 Laos	柬埔寨 Cambodia			
72161090	截面高度＜80 毫米 U 形钢	3					0	0	0
72162100	热加工截面高度＜80 毫米角钢	6					0	0	0
72162200	热加工截面高度＜80 毫米丁字钢	6					0	0	0
72163100	热加工截面高度≥80 毫米槽型钢	6					0	0	0
72163210	截面高度在 200 毫米以上的工字钢	6					0	0	0
72163290	热加工截面高度≥80 毫米工字形钢	6					0	0	0
72163311	截面高度在 800 毫米以上的 H 形钢	6					0	0	0
72163319	截面高度≥200 毫米 H 形钢	6					0	0	0
72163390	其他截面高度≥80 毫米 H 形钢	6					0	0	0
72164010	热加工截面高度≥80 毫米角钢	3					0	0	0
72164020	热加工截面高度≥80 毫米丁字钢	3					0	0	0
72165010	热加工乙字钢	6					0	0	0
72165020	热加工球扁钢	3					0	0	0
72165090	热加工其他角材、型材及异型材	3					0	0	0
72166100	冷加工板材制的角材、型材及异型材	3					0	0	0
72166900	冷加工其他角材、型材及异型材	3					0	0	0
72169100	冷加工其他板材制角材、型材及异型材	3					0	0	0
72169900	其他角材、型材及异型材	3					0	0	0
72171000	未镀或涂层的铁或非合金钢丝	8					0	0	0
72172000	镀或涂锌的铁或非合金钢丝	8					0	0	0
72173010	镀或涂铜的铁丝和非合金钢丝	8					0	0	0
72173090	镀或涂其他贱金属的铁丝和非合金钢丝	8					0	0	0
72179000	其他铁丝或非合金钢丝	8					0	0	0
72181000	不锈钢锭及其他初级形状产品	2					0	0	0
72189100	矩形截面的不锈钢半制成品	2					0	0	0
72189900	其他不锈钢半制成品	2					0	0	0
72191100	厚度＞10 毫米热轧不锈钢卷板	4					0	0	0
72191200	4.75 毫米≤厚度≤10 毫米热轧不锈钢卷板	4					0	0	0
72191312	按重量计含锰量在 5.5%及以上的未经酸洗 3 毫米≤厚度＜4.75 毫米铬锰系不锈钢	4					0	0	0
72191319	3 毫米≤厚度＜4.75 毫米的未径酸洗的其他不锈钢卷板	4					0	0	0
72191322	按重量计含锰量在 5.5%及以上的经酸洗 3 毫米≤厚度＜4.75 毫米铬锰系不锈钢	4					0	0	0
72191329	厚度在 3 毫米及以上，但小于 4.75 毫米的经酸洗的其他不锈钢卷板	4					0	0	0
72191412	按重量计含锰量在 5.5%及以上的未经酸洗厚度＜3 毫米的铬锰系不锈钢	4					0	0	0
72191419	厚度在 3 毫米以下的未径酸洗的其他不锈钢卷板	4					0	0	0
72191422	按重量计含锰量在 5.5%及以上的经酸洗厚度＜3 毫米的铬锰系不锈钢	4					0	0	0
72191429	厚度在 3 毫米以下的经酸洗的其他不锈钢卷板	4					0	0	0
72192100	厚度＞10 毫米热轧不锈钢平板	10					0	0	
72192200	4.75 毫米≤厚度≤10 毫米热轧不锈钢平板	10					0	0	
72192300	3 毫米≤厚度＜4.75 毫米热轧不锈钢平板	10					0	0	

税则号列 Tariff Item	商品名称（简称） Article Description	最惠国税率（%） M. F. N.	特惠税率（%） The Special Preferential Tariff Rates						
			亚太2国	东盟 缅甸 Myanmar	东盟 老挝 Laos	东盟 柬埔寨 Cambodia	37国	3国	1国
72192410	1毫米＜厚度＜3毫米热轧不锈钢平板	10					0	0	
72192420	0.5毫米≤厚度≤1毫米热轧不锈钢平板	10					0	0	
72192430	厚度＜0.5毫米热轧不锈钢平板	10					0	0	
72193100	厚度≥4.75毫米冷轧不锈钢板	10					0	0	
72193200	3毫米≤厚度＜4.75毫米冷轧不锈钢板材	10					0	0	
72193310	1毫米＜厚度＜3毫米冷轧按重量计含锰量在5.5%及以上的铬锰系不锈钢板材	10					0	0	
72193390	其他1毫米＜厚度＜3毫米冷轧不锈钢板材	10					0	0	
72193400	0.5毫米≤厚度≤1毫米冷轧不锈钢板材	10					0	0	
72193500	厚度＜0.5毫米冷轧不锈钢板材	10					0	0	
72199000	其他不锈钢冷轧板材	10					0	0	
72201100	厚度≥4.75毫米的热轧不锈钢带材	10					0	0	
72201200	厚度＜4.75毫米的热轧不锈钢带材	10					0	0	
72202020	厚度≤0.35毫米的冷轧不锈钢带材	10					0	0	
72202030	3毫米＞厚度＞0.35毫米的冷轧不锈钢带材	10					0	0	
72202040	厚度≥3毫米的冷轧不锈钢带材	10					0	0	
72209000	其他不锈钢带材	10					0	0	
72210000	不锈钢热轧条、杆	10					0	0	
72221100	热加工的圆形截面不锈钢条、杆	10					0	0	
72221900	热加工的其他截面形状不锈钢条杆	10					0	0	
72222000	冷成形或冷加工的不锈钢条、杆	10					0	0	
72223000	其他不锈钢条、杆	10					0	0	
72224000	不锈钢角材、型材及异型材	10					0	0	
72230000	不锈钢丝	10					0	0	0
72241000	其他合金钢锭及其他初级形状	2					0	0	0
72249010	单重≥10吨的粗铸锻件坯	2					0	0	0
72249090	其他合金钢坯	2					0	0	0
72251100	取向性硅电钢宽板	3					0	0	0
72251900	其他硅电钢宽板	6					0	0	0
72253000	宽度≥600毫米热轧的其他合金钢卷材	3					0	0	0
72254010	工具钢	3					0	0	0
72254091	含硼合金钢	3					0	0	0
72254099	其他非卷材，除热轧外未经进一步加工	3					0	0	0
72255000	宽度≥600毫米冷轧的其他合金钢板材	3					0	0	0
72259100	电镀锌的其他合金钢宽平板轧材	7					0	0	0
72259200	其他镀或涂锌的合金钢宽板材	7					0	0	0
72259910	宽度≥600毫米的高速钢平板轧材	3					0	0	0
72259990	宽度≥600毫米的其他合金钢平板轧材	7					0	0	0
72261100	取向性硅电钢窄板	3					0	0	0
72261900	其他硅电钢窄板	3					0	0	0
72262000	宽度＜600毫米的高速钢平板轧材	3					0	0	0
72269110	工具钢	3					0	0	0
72269191	含硼合金钢	3					0	0	0
72269199	其他除热轧外未经进一步加工的合金钢平板轧材，宽度＜600毫米	3					0	0	0

税则号列 Tariff Item	商品名称（简称） Article Description	最惠国税率（%） M. F. N.	特惠税率（%） The Special Preferential Tariff Rates 亚太2国	东盟 缅甸 Myanmar	老挝 Laos	柬埔寨 Cambodia	37国	3国	1国
72269200	宽度＜600毫米冷轧其他合金钢板材	3					0	0	0
72269910	电镀锌的其他合金钢窄平板轧材	7					0	0	0
72269920	其他镀或涂锌的其他合金钢窄板材	7					0	0	0
72269990	宽度＜600毫米的其他合金板材	7					0	0	0
72271000	高速钢的热轧盘条	3					0	0	0
72272000	硅锰钢的热轧盘条	6					0	0	0
72279010	含硼合金钢制不规则盘卷的其他合金钢热轧条、杆	3					0	0	0
72279090	其他不规则盘卷的其他合金钢热轧条、杆	3					0	0	0
72281000	其他高速钢的条、杆	3					0	0	0
72282000	其他硅锰钢的条、杆	6					0	0	0
72283010	含硼合金钢制其他条、杆，除热轧、热拉拔或热挤压外未经进一步加工	3					0	0	0
72283090	其他条、杆，除热轧、热拉拔或热挤压外未经进一步加工	3					0	0	0
72284000	其他合金钢锻造条、杆	3					0	0	0
72285000	其他合金钢冷成形或冷加工条、杆	3					0	0	0
72286000	其他合金钢条、杆	3					0	0	0
72287010	履带板型钢	6					0	0	0
72287090	其他合金钢角材、型材及异型材	6					0	0	0
72288000	其他合金钢空心钻钢	7					0	0	0
72292000	硅锰钢丝	7					0	0	
72299010	高速钢丝	3					0	0	
72299090	其他合金钢丝	7					0	0	
73011000	钢铁板桩	7					0	0	0
73012000	焊接的钢铁角材、型材及异型材	7					0	0	0
73021000	钢轨	6					0	0	0
73023000	道岔尖轨、辙叉、尖轨拉杆	8					0	0	0
73024000	钢铁制鱼尾板、钢轨垫板	7					0	0	0
73029010	钢铁轨枕	6					0	0	0
73029090	其他铁道电车道铺轨用钢铁材料	7					0	0	0
73030010	内径大于500毫米的铸铁圆型截面管	4					0	0	0
73030090	其他铸铁管及空心异型材	4					0	0	0
73041110	外径大于等于215.9毫米，但不超过406.4毫米的不锈钢制石油或天然气套管	5					0	0	0
73041120	外径大于114.3毫米，但小于215.9毫米的不锈钢制石油或天然气套管	5					0	0	0
73041130	外径不超过114.3毫米的不锈钢制石油或天然气套管	5					0	0	0
73041190	其他不锈钢制石油或天然气套管	5					0	0	0
73041910	外径大于等于215.9毫米，但不超过406.4毫米的非不锈钢制石油或天然气套管	5					0	0	0
73041920	外径大于114.3毫米，但小于215.9毫米的非不锈钢制石油或天然气套管	5					0	0	0
73041930	外径不超过114.3毫米的非不锈钢制石油或天然气套管	5					0	0	0
73041990	其他非不锈钢制石油或天然气套管	5					0	0	0

税则号列 Tariff Item	商品名称（简称） Article Description	最惠国税率(%) M. F. N.	特惠税率（%）The Special Preferential Tariff Rates 亚太2国	东盟 缅甸 Myanmar	老挝 Laos	柬埔寨 Cambodia	37国	3国	1国
73042210	外径不超过168.3毫米的不锈钢制钻管	4					0	0	0
73042290	其他不锈钢制钻管	4					0	0	0
73042310	外径不超过168.3毫米的非不锈钢制钻管	4					0	0	0
73042390	其他非不锈钢制钻管	4					0	0	0
73042400	其他不锈钢制钻探石油及天然气套管、导管	4					0	0	0
73042910	屈服强度小于552兆帕的钻探石油及天然气用的套管、导管及钻管	4					0	0	0
73042920	屈服强度大于等于552兆帕，但小于758兆帕的钻探石油及天然气用的套管、导管及钻管	4					0	0	0
73042930	屈服强度大于等于758兆帕的钻探石油及天然气用的套管、导管及钻管	4					0	0	0
73043110	冷轧的钢铁制无缝锅炉管	4					0	0	0
73043120	冷轧的铁制无缝地质钻管、套管	8					0	0	0
73043190	其他冷轧的铁制无缝圆形截面管	4					0	0	0
73043910	非冷轧的铁制无缝锅炉管	4					0	0	0
73043920	非冷轧的铁制无缝地质钻管套管	5					0	0	0
73043990	非冷轧的铁制其他无缝管	4					0	0	0
73044110	冷轧的不锈钢制无缝锅炉管	10					0	0	
73044190	冷轧的不锈钢制其他无缝管	10					0	0	
73044910	非冷轧的不锈钢制无缝锅炉管	10					0	0	
73044990	非冷轧的不锈钢制其他无缝管	10					0	0	
73045110	冷轧的其他合金钢无缝锅炉管	4					0	0	0
73045120	冷轧的其他合金钢无缝地质钻套管	4					0	0	0
73045190	冷轧的其他合金钢制其他无缝管	4					0	0	0
73045910	非冷轧的其他合金钢无缝锅炉管	4					0	0	0
73045920	非冷轧的其他合金钢无缝地质钻套管	4					0	0	0
73045990	非冷轧的其他合金钢制无缝圆形截面	4					0	0	0
73049000	未列名无缝钢铁管及空心异型材	4					0	0	0
73051100	纵向埋弧焊接石油、天然气粗钢管	7					0	0	0
73051200	其他纵向焊接石油、天然气粗钢管	3					0	0	0
73051900	其他石油、天然气粗钢管	7					0	0	0
73052000	其他钻探石油、天然气用粗套管	7					0	0	0
73053100	纵向焊接的其他粗钢铁管	6					0	0	0
73053900	其他方法焊接其他粗钢铁管	6					0	0	0
73059000	未列名圆形截面粗钢铁管	6					0	0	0
73061100	不锈钢焊缝石油、天然气管道管	7					0	0	0
73061900	其他石油、天然气管道管	7					0	0	0
73062100	不锈钢焊缝钻探石油、天然气用套、导管	3					0	0	0
73062900	其他钻探石油、天然气用套、导管	3					0	0	0
73063011	壁厚在0.7毫米及以下的外径不超过10毫米的其他铁或非合金刚圆形截面焊缝管	3					0	0	0
73063019	壁厚在0.7毫米以上外径不超过10毫米的其他铁或非合金刚圆形截面焊缝管	3					0	0	0
73063090	外径超过10毫米的其他铁或非合金刚圆形截面焊缝管	3					0	0	0

税则号列 Tariff Item	商品名称（简称） Article Description	最惠国税率（%） M. F. N.	特惠税率（%） The Special Preferential Tariff Rates						
			亚太2国	东盟			37国	3国	1国
				缅甸 Myanmar	老挝 Laos	柬埔寨 Cambodia			
73064000	不锈钢其他圆形截面细焊缝管	6					0	0	0
73065000	其他合金钢的圆形截面细焊缝管	3					0	0	0
73066100	矩形或正方形截面的其他焊缝管	3					0	0	0
73066900	其他非圆形截面的其他焊缝管	3					0	0	0
73069000	未列名其他钢铁管及空心异型材	6					0	0	0
73071100	无可锻性铸铁制管子附件	5					0	0	0
73071900	可锻性铸铁及铸钢管子附件	8					0	0	0
73072100	不锈钢制法兰	8.4					0	0	0
73072200	不锈钢制螺纹肘管、弯管、管套	8.4					0	0	0
73072300	不锈钢制对焊件	8.4					0	0	0
73072900	不锈钢制其他管子附件	8.4					0	0	0
73079100	未列名钢铁制法兰	7					0	0	0
73079200	未列名钢铁制螺纹肘管、弯管、管套	4					0	0	0
73079300	未列名钢铁制对焊件	7					0	0	0
73079900	未列名钢铁制其他管子附件	4					0	0	0
73081000	钢铁制桥梁及桥梁体段	8					0	0	0
73082000	钢铁制塔楼及格构杆	8.4					0	0	0
73083000	钢铁制门窗及其框架、门槛	10					0	0	0
73084000	钢铁制脚手架模板坑凳用支柱及类似品	8.4					0	0	0
73089000	其他钢铁结构体及部件	4					0	0	0
73090000	容积大于300升的钢铁制盛物容器	10.5					0	0	0
73101000	容积50～300升的钢铁制盛物容器	10.5					0	0	0
73102110	易拉罐及罐体	17.5					0	0	
73102190	其他容积在50升以下焊边或卷边接合的罐	17.5					0	0	
73102910	易拉罐及罐体	17.5					0	0	0
73102990	其他盛装物料用的钢铁柜、桶、罐、听、盒及类似容器（装压缩气体或液化气体的除外），容积不超过300升，不论是否衬里或隔热，但无机械或热力装置	17.5					0	0	0
73110010	装压缩或液化气的钢铁容器	17.5					0	0	
73110090	其他装压缩或液化气的容器	8					0	0	
73121000	非绝缘的钢铁绞股线、绳、缆	4					0	0	
73129000	非绝缘钢铁编带、吊索及类似品	4					0	0	0
73130000	带刺钢铁丝，围篱用钢铁绞带	7					0	0	0
73141200	不锈钢制的机器用环形带	12					0	0	0
73141400	不锈钢制的机织品	12					0	0	0
73141900	其他钢铁丝制机织品	7					0	0	0
73142000	交点焊接的粗钢铁丝网，篱及格栅	7					0	0	0
73143100	交点焊接的镀或涂锌细钢铁丝网	7					0	0	0
73143900	交点焊接的其他细钢铁丝网、篱	7					0	0	0
73144100	其他镀锌的钢铁丝网、篱及格栅	8					0	0	0
73144200	其他涂塑的钢铁丝网、篱及格栅	8					0	0	0
73144900	其他钢铁丝网、篱及格栅	8					0	0	0
73145000	网眼钢铁板	8					0	0	0
73151110	自行车滚子链	12					0	0	
73151120	摩托车滚子链	12					0	0	

税则号列 Tariff Item	商品名称（简称） Article Description	最惠国税率（%） M. F. N.	特惠税率（%）The Special Preferential Tariff Rates						
			亚太2国	东盟			37国	3国	1国
				缅甸 Myanmar	老挝 Laos	柬埔寨 Cambodia			
73151190	其他滚子链	12					0	0	
73151200	其他铰接链	12					0	0	
73151900	铰接链零件	12					0	0	
73152000	防滑链	12					0	0	
73158100	日字环节链	12					0	0	
73158200	其他焊接链	12					0	0	0
73158900	未列名链	12					0	0	
73159000	非铰接链零件	10					0	0	
73160000	钢铁锚、多爪锚及其零件	10					0	0	
73170000	铁钉、图钉、平头钉及类似品	10					0	0	
73181100	方头螺钉	10					0	0	
73181200	其他木螺钉	10					0	0	
73181300	钩头螺钉及环头螺钉	10					0	0	
73181400	自攻螺钉	10					0	0	
73181510	抗拉强度在800兆帕及以上的螺钉及螺栓，不论是否带有螺母或垫圈	8					0	0	0
73181590	其他螺钉及螺栓	8					0	0	0
73181600	螺母	8					0	0	0
73181900	未列名螺纹制品	5					0	0	0
73182100	弹簧垫圈及其他防松垫圈	10					0	0	0
73182200	其他垫圈	10					0	0	0
73182300	铆钉	10					0	0	0
73182400	销及开尾销	10					0	0	0
73182900	其他无螺纹紧固件	10					0	0	0
73194010	安全别针	10					0	0	0
73194090	其他别针	10					0	0	
73199000	未列名钢铁制针及类似品	10					0	0	0
73201010	铁道车辆用片簧及簧片	6					0	0	0
73201020	汽车用片簧及簧片	10					0	0	0
73201090	其他片簧及簧片	10					0	0	0
73202010	铁道车辆用螺旋弹簧	6					0	0	0
73202090	其他螺旋弹簧	10					0	0	0
73209010	铁道车辆用其他弹簧	6					0	0	0
73209090	其他弹簧	12					0	0	0
73211100	可使用气体燃料的家用炉灶	15					0	0	
73211210	煤油炉	21					0	0	
73211290	其他使用液体燃料的家用炉灶	21					0	0	
73211900	其他炊事用具及加热板	21					0	0	
73218100	可使用气体燃料的其他家用器具	23					0	0	
73218200	使用液体燃料的其他家用器具	21					0	0	
73218900	其他非电热家用器具	21					0	0	
73219000	非电热家用器具零件	12					0	0	0
73221100	非电热铸铁制集中供暖用散热器	21					0	0	
73221900	非电热钢制集中供暖用散热器	21					0	0	
73229000	非电热空气加热器、暖气分布器	20					0	0	0

税则号列 Tariff Item	商品名称（简称） Article Description	最惠国税率（%） M. F. N.	特惠税率（%） The Special Preferential Tariff Rates						
			亚太2国	东盟 缅甸 Myanmar	东盟 老挝 Laos	东盟 柬埔寨 Cambodia	37国	3国	1国
73231000	钢铁丝绒、擦锅器、洗擦用块垫等	14					0	0	
73239100	餐桌、厨房等家用铸铁制器具	20					0	0	
73239200	餐桌、厨房等家用铸铁制搪瓷器	20					0	0	
73239300	餐桌、厨房等家用不锈钢器具	12					0	0	0
73239410	钢铁制搪瓷面盆	20					0	0	
73239420	钢铁制搪瓷烧锅	20					0	0	
73239490	其他餐桌、厨房等家用钢铁制搪瓷器	20					0	0	
73239900	其他餐桌、厨房等用钢铁器具	20					0	0	
73241000	不锈钢制洗涤槽及脸盆	18					0	0	0
73242100	铸铁制浴缸	10					0	0	
73242900	其他钢铁制浴缸	30					0	0	
73249000	其他钢铁制卫生器具及零件	25					0	0	
73251010	工业用无可锻性制品	7					0	0	0
73251090	其他无可锻性铸铁制品	20					0	0	
73259100	可锻性铸铁及铸钢研磨机的研磨球	10.5					0	0	
73259910	工业用未列名可锻性铸铁制品	10.5					0	0	
73259990	非工业用未列名可锻性铸铁制品	20					0	0	
73261100	钢铁制研磨机用研磨球及类似品	10.5					0	0	
73261910	工业用未列名钢铁制品	10.5					0	0	
73261990	非工业用未列名钢铁制品	20					0	0	
73262010	工业用钢铁丝制品	10					0	0	
73262090	非工业用钢铁丝制品	18					0	0	
73269011	钢铁纤维及其制品	10.5					0	0	0
73269019	其他工业用钢铁制品	10.5					0	0	0
73269090	其他非工业用钢铁制品	8					0	0	0
74010000	铜锍、沉积铜（泥铜）	2			0		0	0	0
74020000	未精炼铜、电解精炼用铜阳极	2					0	0	0
74031111	按重量计铜含量超过99.9935%的阴极精炼铜	2					0	0	0
74031119	其他阴极精炼铜	2					0	0	0
74031190	精炼铜阴极型材	2					0	0	0
74031200	精炼铜的线锭	2					0	0	0
74031300	精炼铜的坯段	2					0	0	0
74031900	其他未锻轧的精炼铜	2					0	0	0
74032100	未锻轧的铜锌合金（黄铜）	1					0	0	0
74032200	未锻轧的铜锡合金（青铜）	1					0	0	0
74032900	未锻轧的其他铜合金	1					0	0	0
74040000	铜废碎料	1.5			0		0	0	0
74050000	铜母合金	4					0	0	
74061010	精炼铜制非片状粉末	3					0	0	0
74061020	白铜或德银制非片状粉末	6					0	0	0
74061030	铜锌合金（黄铜）制非片状铜粉粉末	6					0	0	0
74061040	铜锡合金（青铜）制非片状铜粉粉末	6					0	0	0
74061090	其他铜合金制非片状粉末	6					0	0	0
74062010	精炼铜制片状粉末	4					0	0	0
74062020	白铜或德银制片状粉末	6					0	0	0

税则号列 Tariff Item	商品名称(简称) Article Description	最惠国税率(%) M. F. N.	特惠税率(%) The Special Preferential Tariff Rates						
			亚太2国	东盟			37国	3国	1国
				缅甸 Myanmar	老挝 Laos	柬埔寨 Cambodia			
74062090	其他铜合金制片状粉末	6					0	0	0
74071010	铬锆铜制条、杆及型材及异型材	4					0	0	0
74071090	其他精炼铜条、杆及型材及异型材	4					0	0	0
74072111	直线度不大于0.5毫米/米铜锌合金条、杆	7					0	0	0
74072119	其他铜锌合金条、杆	7					0	0	0
74072190	其他黄铜条、杆及型材及异型材	7					0	0	0
74072900	其他铜合金条杆、型材及异型材	7					0	0	0
74081100	最大截面尺寸>6毫米的精炼铜丝	4					0	0	0
74081900	截面尺寸≤6毫米的精炼铜丝	4					0	0	0
74082100	黄铜丝	7					0	0	0
74082210	铜镍锌铅合金(加铅德银)丝	8					0	0	0
74082290	其他白铜丝或德银(铜镍锌合金)丝	8					0	0	0
74082900	其他铜合金丝	7					0	0	0
74091110	含氧量不超过10PPM,厚度超过0.15毫米的盘卷精炼铜板、片、带	4					0	0	0
74091190	厚度超过0.15毫米的其他盘卷精炼铜板、片、带	4					0	0	0
74091900	其他精炼铜板、片、带	4					0	0	0
74092100	成卷的黄铜板、片、带	7					0	0	0
74092900	其他黄铜板、片、带	7					0	0	0
74093100	成卷的青铜板、片、带	7					0	0	0
74093900	其他青铜板、片、带	7					0	0	0
74094000	白铜或德银制板、片、带	7					0	0	0
74099000	其他铜合金板、片、带	7					0	0	0
74101100	无衬背的精炼铜箔	4					0	0	
74101210	无衬背的白铜或德银铜箔	7					0	0	
74101290	无衬背的其他铜合金箔	7					0	0	
74102110	印刷电路用覆铜板	4					0	0	
74102190	有衬背的其他精炼铜箔	4					0	0	
74102210	有衬背的白铜或德银铜箔	7					0	0	
74102290	有衬背的其他铜合金箔	7					0	0	
74111011	外径小于等于25毫米的带有内(外)螺纹或翅片的精炼铜管	4					0	0	0
74111019	外径小于等于25毫米的其他精炼铜管	4					0	0	0
74111020	外径超过70毫米的精炼铜管	4					0	0	0
74111090	其他精炼铜管	4					0	0	0
74112110	盘卷黄铜管	7					0	0	0
74112190	铜锌合金(黄铜)管	7					0	0	0
74112200	白铜或德银管	7					0	0	0
74112900	其他铜合金管	7					0	0	0
74121000	精炼铜管子附件	4					0	0	0
74122010	白铜或德银管子配件	7					0	0	0
74122090	其他铜合金管子配件	7					0	0	0
74130000	非绝缘的铜丝绞股线、缆、编带等	5					0	0	0
74151000	铜钉、平头钉、图钉U形钉及类似品	8					0	0	0
74152100	铜垫圈(包括弹簧垫圈)	10					0	0	0

税则号列 Tariff Item	商品名称(简称) Article Description	最惠国税率(%) M. F. N.	特惠税率(%) The Special Preferential Tariff Rates						
			亚太2国	东盟			37国	3国	1国
				缅甸 Myanmar	老挝 Laos	柬埔寨 Cambodia			
74152900	铜制其他无螺纹制品	10					0	0	0
74153310	铜制木螺钉	8					0	0	0
74153390	铜制其他螺钉、螺栓、螺母	8					0	0	0
74153900	其他铜制螺纹制品	10					0	0	0
74181010	擦锅器及洗刷擦光用的块垫、手套	18					0	0	0
74181020	非电热的铜制家用烹饪、供暖器具	20					0	0	
74181090	餐桌、厨房等家用铜制器具及其零件	18					0	0	0
74182000	铜制卫生器具及其零件	18					0	0	0
74191000	铜链条及其零件	14					0	0	
74199110	工业用铸造、模压、冲压其他铜制品	10					0	0	0
74199190	非工业用铸造、模压、冲压铜制品	20					0	0	
74199920	铜弹簧	10					0	0	
74199930	铜丝制的布(包括环形带)	7					0	0	0
74199940	铜丝制的网、格栅、网眼和铜板	8					0	0	0
74199950	非电热的铜制家用供暖器及其零件	20					0	0	
74199991	工业用其他铜制品	10					0	0	0
74199999	非工业用其他铜制品	20					0	0	0
75011000	镍锍	3					0	0	0
75012010	镍湿法冶炼中间品	3					0	0	0
75012090	氧化镍烧结物、镍的其他中间产品	3					0	0	0
75021010	按重量计镍、钴总量在99.99%及以上的,但钴含量不超过0.005%的非合金镍	3					0	0	0
75021090	其他非合金镍	3					0	0	0
75022000	未锻轧镍合金	3					0	0	0
75030000	镍废碎料	1.5					0	0	0
75040010	非合金镍粉及片状粉末	4					0	0	
75040020	合金镍粉及片状粉末	4					0	0	
75051100	纯镍条、杆、型材及异型材	6					0	0	0
75051200	合金镍条、杆、型材及异型材	6					0	0	0
75052100	纯镍丝	6					0	0	0
75052200	镍合金丝	6					0	0	0
75061000	纯镍板、片、带、箔	6					0	0	
75062000	镍合金板、片、带、箔	6					0	0	
75071100	纯镍管	6					0	0	
75071200	镍合金管	6					0	0	
75072000	镍及镍合金管子附件	6					0	0	
75081010	镍丝制的布	6					0	0	
75081080	工业用镍丝制的网及格栅	6					0	0	
75081090	其他镍丝制的网及格栅	6					0	0	
75089010	电镀用镍阳极	4					0	0	
75089080	其他工业用镍制品	6					0	0	
75089090	其他非工业用镍制品	6					0	0	
76011010	按重量计含铝量在99.95%及以上的未锻轧非铝合金	5					0	0	0
76011090	其他非锻轧非铝合金	5					0	0	0
76012000	未锻轧铝合金	7					0	0	0

税则号列 Tariff Item	商 品 名 称（简称） Article Description	最惠国税率（%）M. F. N.	特惠税率（%）The Special Preferential Tariff Rates						
			亚太2国	东盟			37国	3国	1国
				缅甸 Myanmar	老挝 Laos	柬埔寨 Cambodia			
76020000	铝废碎料	1.5					0	0	0
76031000	非片状铝粉	6					0	0	0
76032000	片状铝粉末	7					0	0	0
76041010	非合金铝条、杆	5					0	0	0
76041090	非合金铝型材及异型材	5					0	0	0
76042100	铝合金制空心异型材	5					0	0	0
76042910	铝合金条、杆	5					0	0	0
76042990	铝合金型材及异型材	5					0	0	0
76051100	纯铝制的粗丝	8					0	0	
76051900	纯铝制的细丝	8					0	0	
76052100	铝合金制的粗丝	8					0	0	
76052900	铝合金制的细丝	8					0	0	
76061121	0.3毫米≤厚度＜0.36毫米的非合金铝与塑料复合的矩形板、片、带	6					0	0	0
76061129	其他0.3毫米≤厚度＜0.36毫米的非合金铝制矩形铝板、片、带	6					0	0	0
76061191	其他非合金铝与塑料复合的矩形板、片、带	6					0	0	0
76061199	纯铝制矩形的其他板、片及带	6					0	0	0
76061220	厚度＜0.28毫米的铝合金制矩形铝板、片、带	6					0	0	0
76061230	0.28毫米≤厚度≤0.35毫米的铝合金制矩形铝板、片、带	6					0	0	0
76061251	0.35毫米＜厚度≤0.4毫米的铝合金与塑料复合的矩形板、片、带	6					0	0	0
76061259	其他0.35毫米＜厚度≤0.4毫米的铝合金制矩形铝板、片、带	6					0	0	0
76061290	厚度＞0.4毫米的铝合金制矩形铝板、片、带	6					0	0	0
76069100	纯铝制非矩形的板、片、带	6					0	0	0
76069200	铝合金制非矩形的板、片、带	10					0	0	0
76071110	厚度不超过0.007毫米的无衬背铝箔	6					0	0	
76071120	厚度大于0.007毫米，但不超过0.01毫米的无衬背铝箔	6					0	0	
76071190	轧制后未进一步加工的无衬背铝箔	6					0	0	
76071900	其他无衬背铝箔	6					0	0	
76072000	有衬背铝箔	6					0	0	
76081000	纯铝管	8					0	0	0
76082010	外径不超过10厘米的铝合金管	8					0	0	0
76082091	外径超过10厘米，壁厚不超过25毫米铝合金管	8					0	0	0
76082099	其他铝合金管	8					0	0	0
76090000	铝制管子附件	8					0	0	0
76101000	铝制门窗及其框架、门槛	25					0	0	
76109000	其他铝制结构体及其部件	6					0	0	0
76110000	容积＞300升的铝制囤、罐等容器	12					0	0	
76121000	铝制软管容器	12					0	0	0
76129010	铝制易拉罐及罐体	30					0	0	
76129090	容积≤300升的铝制囤、罐等容器	12					0	0	0

税则号列 Tariff Item	商品名称（简称） Article Description	最惠国税率（%） M. F. N.	特惠税率（%） The Special Preferential Tariff Rates						
			亚太2国	东盟 缅甸 Myanmar	东盟 老挝 Laos	东盟 柬埔寨 Cambodia	37国	3国	1国
76130010	零售包装装压缩、液化气体铝容器	12					0	0	
76130090	非零售装装压缩、液化气体铝容器	6					0	0	
76141000	带钢芯的铝制绞股线、缆、编带	6					0	0	0
76149000	不带钢芯的铝制绞股线、缆、编带	6					0	0	0
76151010	擦锅器及洗刷擦光用的块垫、手套	18					0	0	0
76151090	餐桌厨房等家用铝制器具及其零件	15					0	0	0
76152000	铝制卫生器具及其零件	18					0	0	0
76161000	铝钉、螺钉、螺母、垫圈等紧固件	10					0	0	0
76169100	铝丝制的布、网、篱及格栅	10					0	0	0
76169910	其他工业用铝制品	10					0	0	0
76169990	其他非工业用铝制品	15					0	0	0
78011000	未锻轧精炼铅	3					0	0	0
78019100	未锻轧铅锑合金	3					0	0	0
78019900	未锻轧的其他铅合金	3					0	0	0
78020000	铅废碎料	1.5					0	0	
78041100	铅片、带及厚度≤0.2毫米的箔	6					0	0	0
78041900	铅及铅合金板、厚度>0.2毫米的箔	6					0	0	0
78042000	铅及铅合金粉末、片状粉末	6					0	0	0
78060010	铅及铅合金条、杆、丝、型材	6					0	0	0
78060090	其他铅制品	6					0	0	0
79011110	按重量计含锌量在99.995%及以上的未锻轧锌	3					0	0	0
79011190	含锌量不小于99.99%，并小于99.995%的未锻轧锌	3					0	0	0
79011200	含锌量<99.99%的未锻轧锌	3					0	0	0
79012000	未锻轧锌合金	3					0	0	0
79020000	锌废碎料	1.5					0	0	0
79031000	锌末	6					0	0	0
79039000	锌粉及片状粉末	6					0	0	0
79040000	锌及锌合金条、杆、型材、丝	6					0	0	
79050000	锌板、片、带、箔	6					0	0	0
79070020	锌管及锌制管子附件	6					0	0	0
79070030	电池壳体坯料（锌饼）	6					0	0	0
79070090	其他非工业用锌制品	6					0	0	0
80011000	未锻轧非合金锡	3					0	0	0
80012010	锡基巴毕脱合金	3					0	0	0
80012021	按重量计含铅量在0.1%以下的焊锡	3					0	0	0
80012029	其他焊锡	3					0	0	0
80012090	其他锡合金	3					0	0	0
80020000	锡废碎料	1.5					0	0	
80030000	锡及锡合金条、杆、型材、丝	8					0	0	0
80070020	锡及锡合金板、片及带，厚度>0.2毫米	8					0	0	
80070030	锡箔、锡粉及片状粉末	8					0	0	
80070040	锡及锡合金管、管子附件	8					0	0	
80070090	其他锡制品	8					0	0	

税则号列 Tariff Item	商品名称（简称） Article Description	最惠国税率（%） M. F. N.	特惠税率（%） The Special Preferential Tariff Rates						
			亚太2国	东盟 缅甸 Myanmar	东盟 老挝 Laos	东盟 柬埔寨 Cambodia	37国	3国	1国
81011000	钨粉	6					0	0	
81019400	未锻轧钨	3					0	0	
81019600	钨丝	8					0	0	
81019700	钨废碎料	3					0	0	
81019910	锻轧钨条、杆、型材；废碎料	5					0	0	
81019990	其他钨制品	8					0	0	
81021000	钼粉	6					0	0	
81029400	未锻轧钼、钼废碎料	3					0	0	
81029500	锻轧钼条杆、型材、板、片、带、箔	8					0	0	
81029600	钼丝	8					0	0	
81029700	钼废碎料	3					0	0	
81029900	钼制品	8					0	0	
81032011	松装密度小于2.2克/立方厘米的钽粉	6					0	0	
81032019	松装密度大于等于2.2克/立方厘米的钽粉	6					0	0	
81032090	未锻轧钽	6					0	0	
81033000	钽废碎料	6					0	0	
81039011	直径＜0.5毫米的钽丝	8					0	0	
81039019	直径≥0.5毫米的钽丝	8					0	0	
81039090	其他锻轧钽及其制品	8					0	0	
81041100	含镁量≥99.8%的未锻轧镁	6					0	0	
81041900	其他未锻轧的镁及镁合金	6					0	0	
81042000	镁废碎料	1.5					0	0	
81043000	已分级的镁锉屑、车屑、颗粒、粉末	8					0	0	
81049010	锻轧镁	8					0	0	
81049020	镁制品	8.4					0	0	
81052010	钴湿法冶炼中间品	4					0	0	0
81052020	未锻轧钴	4					0	0	0
81052090	钴锍及其他钴冶炼时所得的中间产品、粉末	4					0	0	0
81053000	钴锍废碎料	4					0	0	0
81059000	其他钴及制品	8					0	0	0
81060010	未锻轧铋、废碎料、粉末	3					0	0	
81060090	其他铋及铋制品	8					0	0	
81072000	未锻轧镉、粉末	3					0	0	
81073000	镉废碎料	3					0	0	
81079000	其他镉及镉制品	8					0	0	
81082021	海绵钛	3					0	0	
81082029	其他未锻轧钛	3					0	0	
81082030	钛粉末	3					0	0	
81083000	钛废碎料	3					0	0	
81089010	钛条、杆、型材及异型材	8					0	0	
81089020	钛丝	8					0	0	
81089031	厚度≤0.8毫米钛板、片、带、箔	8					0	0	
81089032	厚度＞0.8毫米钛板、片、带、箔	8					0	0	
81089040	钛管	8					0	0	
81089090	其他钛及钛制品	8					0	0	

税则号列 Tariff Item	商品名称（简称） Article Description	最惠国税率（%） M. F. N.	特惠税率（%） The Special Preferential Tariff Rates						
			亚太2国	东盟			37国	3国	1国
				缅甸 Myanmar	老挝 Laos	柬埔寨 Cambodia			
81092000	未锻轧锆、粉末	3					0	0	
81093000	锆废碎料	3					0	0	
81099000	锻轧锆及锆制品	8					0	0	
81101010	未锻轧锑	3					0	0	
81101020	锑粉末	3					0	0	
81102000	锑废碎料	3					0	0	
81109000	其他锑及锑制品	8					0	0	
81110010	未锻轧锰、锰废碎料、粉末	3					0	0	0
81110090	其他锰及制品	8					0	0	0
81121200	未锻轧铍、粉末	3					0	0	0
81121300	铍废碎料	3					0	0	0
81121900	其他铍及其制品	8					0	0	0
81122100	未锻轧铬、粉末	3					0	0	0
81122200	铬废碎料	3					0	0	0
81122900	其他铬制品	3					0	0	0
81125100	未锻轧铊、粉末	3					0	0	0
81125200	铊废碎料	3					0	0	0
81125900	其他铊制品	8					0	0	0
81129210	未锻轧锗	3					0	0	0
81129220	未锻轧钒	3					0	0	0
81129230	未锻轧铟、铟废碎料、粉末	3					0	0	0
81129240	未锻轧铌、铌废碎料、粉末	3					0	0	0
81129290	未锻轧的未列名贱金属及其制品	3					0	0	0
81129910	锗及其制品	3					0	0	0
81129920	钒及其制品	3					0	0	0
81129930	锻扎铟及其制品	8					0	0	0
81129940	锻扎铌及其制品	8					0	0	0
81129990	锻轧的未列名贱金属及其制品	8					0	0	0
81130010	金属陶瓷颗粒、粉末	8.4					0	0	
81130090	其他金属陶瓷及其制品，包括废碎料	8.4					0	0	
82011000	锹及铲	8					0	0	0
82013000	镐、锄、耙	8					0	0	0
82014000	斧子、钩刀及类似砍伐工具	8					0	0	0
82015000	修枝剪等单手操作农用剪	8					0	0	0
82016000	修枝等双手操作农用剪	8					0	0	0
82019010	农用叉	8					0	0	0
82019090	其他农业、园艺、林业用手工工具	8					0	0	0
82021000	手工锯	8.4					0	0	0
82022010	双金属带锯条	8					0	0	0
82022090	其他带锯片手工锯	8					0	0	0
82023100	带有钢制工作部件的圆锯片	8					0	0	0
82023910	带有天然或合成金刚石、立方氮化硼制工作部件的圆锯片	8					0	0	0
82023990	其他圆锯片，包括部件	8					0	0	0
82024000	链锯片	8					0	0	0

税则号列 Tariff Item	商品名称（简称） Article Description	最惠国税率(%) M. F. N.	特惠税率（%）The Special Preferential Tariff Rates						
			亚太2国	东盟			37 国	3 国	1 国
				缅甸 Myanmar	老挝 Laos	柬埔寨 Cambodia			
82029110	加工金属用的机械锯的直锯片	8					0	0	0
82029190	加工金属用的非机械锯的直锯片	8					0	0	0
82029910	机械锯用的其他锯片	8.4					0	0	0
82029990	非机械锯用的其他锯片	10.5					0	0	
82031000	钢锉、木锉及类似工具	10.5					0	0	0
82032000	钳子、镊子及类似工具	10.5					0	0	
82033000	白铁剪及类似工具	10.5					0	0	
82034000	切管器、螺栓切头器、打孔冲子等	10.5					0	0	
82041100	固定式的手动扳手及板钳	10.5					0	0	0
82041200	可调式的手动扳手及板钳	10					0	0	0
82042000	可互换的扳手套筒	10					0	0	
82051000	手工钻孔或攻丝工具	10					0	0	
82052000	手工锤子	10					0	0	0
82053000	木工用刨子、凿子及类似切削工具	10.5					0	0	
82054000	手工螺丝刀	10.5					0	0	0
82055100	其他家用手工工具	10.5					0	0	
82055900	其他手工工具	10					0	0	
82056000	喷灯	10					0	0	
82057000	台钳、夹钳及类似品	10.5					0	0	
82059000	成套手工工具	10.5					0	0	
82060000	成套工具组成的零售包装货品	10.5					0	0	
82071300	带金属陶瓷工作部件的凿岩工具	8					0	0	0
82071910	带超硬材料部件的凿岩或钻探工具	8					0	0	0
82071990	带其他材料工作部件的凿岩工具	8					0	0	0
82072010	带超硬部件的金属拉拔或挤压用模	8					0	0	0
82072090	其他金属拉拔或挤压用模	8					0	0	0
82073000	锻压或冲压工具	8					0	0	0
82074000	攻丝工具	8					0	0	0
82075010	带超硬材料部件的钻孔工具	8					0	0	0
82075090	带其他材料工作部件的钻孔工具	8					0	0	0
82076010	带超硬材料部件的镗孔或铰孔工具	8					0	0	0
82076090	其他镗孔或铰孔工具	8					0	0	0
82077010	带有天然或合成金刚石、立方氮化硼制的工作部件的铣削工具	8					0	0	0
82077090	其他铣削工具	8					0	0	0
82078010	带有天然或合成金刚石、立方氮化硼制的车削工具	8					0	0	0
82078090	其他车削工具	8					0	0	0
82079010	带超硬材料部件的其他可互换工具	8					0	0	0
82079090	其他可互换工具	8					0	0	0
82081011	经镀或涂层的硬质合金制的金工机械用刀及刀片	8					0	0	
82081019	其他硬质合金制的金工机械用刀及刀片	8					0	0	
82081090	其他金工机械用刀及刀片	8					0	0	
82082000	木工机械用刀及刀片	8					0	0	0
82083000	厨房或食品加工机器用刀及刀片	8					0	0	0
82084000	农、林业机器用刀及刀片	8					0	0	

税则号列 Tariff Item	商品名称（简称） Article Description	最惠国税率(%) M. F. N.	特惠税率（%）The Special Preferential Tariff Rates						
			亚太2国	东盟			37国	3国	1国
				缅甸 Myanmar	老挝 Laos	柬埔寨 Cambodia			
82089000	其他机器或机械器具用刀及刀片	8					0	0	
82090010	未装配的工具用金属陶瓷板	8					0	0	0
82090021	晶粒度小于0.8微米的金属陶瓷条、杆	8					0	0	0
82090029	其他未装配的工具用金属陶瓷条、杆	8					0	0	0
82090030	未装配的工具用金属陶瓷刀头	8					0	0	0
82090090	其他未装配的工具用金属陶瓷类似品	8					0	0	0
82100000	加工调制食品、饮料用手动机械	18					0	0	
82111000	以刀为主的成套货品	18					0	0	
82119100	刃面固定的餐刀	18					0	0	
82119200	刃面固定的其他刀	12					0	0	0
82119300	可换刃面刀	18					0	0	
82119400	税目82.11所列刀的刀片	14					0	0	
82119500	贱金属制的刀柄	12					0	0	0
82121000	剃刀	12					0	0	0
82122000	安全剃刀片	14					0	0	
82129000	剃刀零件	12					0	0	0
82130000	剪刀、裁缝剪刀及类似品、剪刀片	12					0	0	0
82141000	裁纸刀、信刀、铅笔刀及刀片	12					0	0	0
82142000	修指甲及修脚用具（包括指甲锉）	18					0	0	0
82149000	理发推子、切菜刀等其他利口器	18					0	0	
82151000	成套含镀贵金属制厨房或餐桌用具	18					0	0	
82152000	成套的其他厨房或餐桌用具	18					0	0	
82159100	非成套镀贵金属制厨房或餐桌用具	18					0	0	
82159900	其他非成套的厨房或餐桌用具	18					0	0	0
83011000	挂锁	14					0	0	
83012010	机动车用中央控制门锁	10					0	0	0
83012090	其他机动车用锁	10					0	0	0
83013000	家具用锁	14					0	0	0
83014000	其他锁	14					0	0	0
83015000	带锁的扣环及扣环框架	14					0	0	
83016000	锁零件	12					0	0	0
83017000	钥匙	10					0	0	0
83021000	铰链（折叶）	10					0	0	0
83022000	用贱金属支架的小脚轮	12					0	0	0
83023000	机动车辆用贱金属附件及架座	10					0	0	0
83024100	建筑用贱金属配件及架座	14					0	0	
83024200	家具用贱金属配件及架座	12					0	0	0
83024900	其他用贱金属配件及架座	12					0	0	0
83025000	帽架、帽钩、托架及类似品	14					0	0	
83026000	自动闭门器	12					0	0	0
83030000	保险箱、柜、保险库的门	14					0	0	
83040000	贱金属档案柜、文件箱等办公用具	10.5					0	0	0
83051000	活页夹或宗卷夹的附件	10.5					0	0	0
83052000	成条订书钉	10.5					0	0	0
83059000	信夹、信角、文件夹等办公用品	10.5					0	0	0

税则号列 Tariff Item	商品名称（简称） Article Description	最惠国税率（%） M. F. N.	特惠税率（%）The Special Preferential Tariff Rates						
			亚太2国	东盟			37国	3国	1国
				缅甸 Myanmar	老挝 Laos	柬埔寨 Cambodia			
83061000	非电动铃、钟、锣及其类似品	8					0	0	0
83062100	镀贵金属的雕塑像及其他装饰品	8					0	0	0
83062910	景泰蓝雕塑像及其他装饰品	8					0	0	0
83062990	其他雕塑像及其他装饰品	8					0	0	0
83063000	相框、画框及类似框架、镜子	8					0	0	0
83071000	钢铁制软管，可有配件	8.4					0	0	0
83079000	其他贱金属软管，可有配件	8.4					0	0	0
83081000	贱金属制钩、环及眼	10.5					0	0	0
83082000	贱金属制管形铆钉及开口铆钉	10.5					0	0	0
83089000	贱金属制珠子及亮晶片	10.5					0	0	0
83091000	贱金属制冠形瓶塞	18					0	0	
83099000	盖子、瓶帽、螺口塞、封志等包装用配件	12					0	0	0
83100000	标志牌、铭牌、号码、字母等标志	18					0	0	
83111000	焊剂涂面的贱金属电极、电弧焊用	8					0	0	0
83112000	以焊剂为芯的贱金属制焊丝	8					0	0	0
83113000	以焊剂涂面或作芯的贱金属条或丝	8					0	0	0
83119000	贱金属黏聚成的丝或条	8					0	0	0
84011000	核反应堆	2					0	0	
84012000	同位素分离机器及装置及其零件	1					0	0	
84013010	未辐照燃料元件（释热元件）	2					0	0	
84013090	未辐照燃料元件的零件	1					0	0	
84014010	未辐照相关组件	1					0	0	
84014020	堆内构件	1					0	0	
84014090	其他核反应堆零件	1					0	0	
84021110	蒸发量≥900吨/时发电锅炉	3					0	0	
84021190	45吨/时<蒸发量<900吨/时发电锅炉	14					0	0	
84021200	蒸发量≤45吨/时水管锅炉	5					0	0	
84021900	其他蒸汽锅炉	5					0	0	
84022000	过热水锅炉	16					0	0	
84029000	蒸汽锅炉及过热水锅炉的零件	2					0	0	
84031010	家用型集中供暖用热水锅炉	10					0	0	
84031090	其他集中供暖用的热水锅炉	10					0	0	
84039000	集中供暖用热水锅炉的零件	6					0	0	
84041010	蒸汽锅炉、过热水锅炉的辅助设备	7					0	0	
84041020	集中供暖用热水锅炉的辅助设备	10					0	0	
84042000	水及其他蒸汽动力装置的冷凝器	14					0	0	
84049010	集中供暖热水锅炉辅助设备的零件	10					0	0	
84049090	其他辅助设备用零件	7					0	0	
84051000	煤气、乙炔及类似水解气体发生器	14					0	0	
84059000	煤气、乙炔等气体发生器的零件	8					0	0	
84061000	船舶动力用汽轮机	5					0	0	0
84068110	40兆瓦<输出功率≤100兆瓦的汽轮机	5					0	0	0
84068120	100兆瓦<输出功率≤350兆瓦的汽轮机	5					0	0	0
84068130	输出功率>350兆瓦的汽轮机	6					0	0	0
84068200	输出功率≤40兆瓦的汽轮机	5					0	0	0

税则号列 Tariff Item	商品名称（简称） Article Description	最惠国税率（%） M. F. N.	特惠税率（%） The Special Preferential Tariff Rates						
			亚太 2 国	东盟			37 国	3 国	1 国
				缅甸 Myanmar	老挝 Laos	柬埔寨 Cambodia			
84069000	汽轮机用的零件	2					0	0	0
84071010	输出功率≤298 千瓦航空器点燃式发动机	2					0	0	
84071020	输出功率＞298 千瓦航空器点燃式发动机	2					0	0	
84072100	船舶用舷外点燃式发动机	8					0	0	
84072900	船舶用其他未列名点燃式发动机	8					0	0	
84073100	排气量≤50 毫升往复式活塞发动机	10					0	0	
84073200	50 毫升＜排气量≤250 毫升往复式活塞发动机	10					0	0	
84073300	250 毫升＜排气量≤1000 毫升往复式活塞发动机	10					0	0	
84073420	排气量＞3000 毫升往复式活塞发动机	10					0		
84079010	沼气发动机	12					0	0	
84079090	其他点燃往复或旋转式内燃发动机	18					0	0	
84081000	船舶用压燃式内燃发动机	5					0	0	
84082010	输出功率≥132.39 千瓦车用柴油发动机	9					0	0	
84082090	输出功率＜132.39 千瓦车用柴油发动机	25					0		
84089010	机车用柴油发动机	6					0	0	
84089091	功率≤14 千瓦其他用柴油发动机	5					0	0	
84089092	14 千瓦＜功率＜132.39 千瓦其他柴油发动机	8.4					0	0	
84089093	功率≥132.39 千瓦其他用柴油发动机	5					0	0	
84091000	航空器发动机用零件	2					0	0	0
84099110	船舶用点燃式发动机专用零件	6					0	0	0
84099191	电控燃油喷射装置	5					0	0	0
84099199	其他点燃式活塞内燃发动机用零件	5					0	0	0
84099910	其他船舶发动机专用零件	5					0	0	0
84099920	其他机车发动机专用零件	2					0	0	0
84099991	功率≥132.39 千瓦发动机的专用零件	2					0	0	0
84099999	其他未列名发动机的专用零件	8.4					0	0	0
84101100	功率≤1000 千瓦的水轮机及水轮	10					0	0	
84101200	1000 千瓦＜功率≤1 万千瓦的水轮机及水轮	10					0	0	
84101310	功率＞3 万千瓦的冲击式水轮机及水轮	10					0	0	
84101320	功率＞3.5 万千瓦的贯流水轮机及水轮	10					0	0	
84101330	功率＞20 万千瓦的水泵式水轮机及水轮	10					0	0	
84101390	其他功率＞1 万千瓦的水轮机及水轮	10					0	0	
84109010	水轮机及水轮的调节器	6					0	0	
84109090	水轮机及水轮的其他零件	6					0	0	
84111110	推力≤25 千牛顿的涡轮风扇发动机	1					0	0	0
84111190	推力≤25 千牛顿的其他的涡轮喷气发动机	1					0	0	0
84111210	推力＞25 千牛顿的涡轮风扇发动机	1					0	0	0
84111290	推力＞25 千牛顿的其他涡轮喷气发动机	1					0	0	0
84112100	功率≤1100 千瓦的涡轮螺桨发动机	2					0	0	0
84112210	1100 千瓦＜功率≤2238 千瓦涡轮螺桨发动机	2					0	0	0
84112220	2238 千瓦＜功率≤3730 千瓦涡轮螺桨发动机	2					0	0	0
84112230	功率＞3730 千瓦的涡轮螺桨发动机	2					0	0	0
84118100	功率≤5000 千瓦的其他燃气轮机	15					0	0	
84118200	功率＞5000 千瓦的其他燃气轮机	3					0	0	0
84119100	涡轮喷气或涡轮螺桨发动机用零件	1					0	0	0

税则号列 Tariff Item	商 品 名 称（简称） Article Description	最惠国税率（%）M. F. N.	特惠税率（%）The Special Preferential Tariff Rates						
			亚太2国	东盟			37国	3国	1国
				缅甸 Myanmar	老挝 Laos	柬埔寨 Cambodia			
84119910	涡轮轴发动机用零件	5					0	0	0
84119990	其他燃气轮机用零件	5					0	0	0
84121010	航空、航天器用喷气发动机	3					0	0	0
84121090	非航空、航天器用喷气发动机	10					0	0	
84122100	直线作用的液压动力装置（液压缸）	12					0	0	
84122910	液压马达	10					0	0	
84122990	其他液压动力装置	14					0	0	
84123100	直线作用的气压动力装置（气压缸）	14					0	0	
84123900	其他气压动力装置	14					0	0	
84128000	其他发动机及动力装置	10					0	0	
84129010	航空、航天器用喷气发动机的零件	2					0	0	0
84129090	其他发动机及动力装置的零件	8					0	0	0
84131100	分装燃料或润滑油的泵	10					0	0	0
84131900	其他装有或可装计量装置的泵	10					0	0	0
84132000	手泵	10					0	0	0
84133021	输出功率在132.39千瓦（180马力）及以上的发动机用燃油泵	3					0	0	0
84133029	其他燃油泵	3					0	0	0
84133030	润滑油泵	3					0	0	0
84133090	其他燃油泵、润滑油泵或冷却剂泵	3					0	0	0
84134000	混凝土泵	8					0	0	0
84135010	气动式往复式排液泵	10					0	0	0
84135020	电动式往复式排液泵	10					0	0	0
84135031	往复式柱塞泵	10					0	0	0
84135039	其他液压式往复泵	10					0	0	0
84135090	其他往复式排液泵	10					0	0	0
84136021	电动式齿轮回转泵	10					0	0	0
84136022	液压式齿轮回转泵	10					0	0	0
84136029	其他齿轮回转泵	10					0	0	0
84136031	电动式叶片回转泵	10					0	0	0
84136032	液压式叶片回转泵	10					0	0	0
84136039	其他叶片回转泵	10					0	0	0
84136040	螺杆回转泵	10					0	0	0
84136050	径向柱塞泵	10					0	0	0
84136060	轴向柱塞泵	10					0	0	0
84136090	其他回转式排液泵	10					0	0	0
84137010	转速≥10000转/分离心泵	8					0	0	0
84137091	电动潜油泵及潜水电泵	10					0	0	0
84137099	其他离心泵	8					0	0	0
84138100	其他液体泵	8					0	0	0
84138200	液体提升机	8					0	0	0
84139100	液体泵用零件	5					0	0	0
84139200	液体提升机用零件	6					0	0	0
84141000	真空泵	8					0	0	
84142000	手动或脚踏式泵	8					0	0	

税则号列 Tariff Item	商品名称（简称） Article Description	最惠国税率（%） M. F. N.	特惠税率（%）The Special Preferential Tariff Rates						
			亚太2国	东盟			37国	3国	1国
				缅甸 Myanmar	老挝 Laos	柬埔寨 Cambodia			
84143011	功率≤0.4千瓦的冷藏、冷冻箱用压缩机	8					0	0	0
84143012	0.4千瓦＜功率≤5千瓦的冷藏、冷冻箱用压缩机	10					0	0	0
84143013	0.4千瓦＜功率≤5千瓦的空气调节器用压缩机	10					0	0	0
84143014	功率＞5千瓦的空气调节器用压缩机	10					0	0	0
84143015	冷藏或冷冻设备用，电动机额定功率超过5千瓦的电动机驱动压缩机	10					0	0	0
84143019	其他制冷设备用压缩机	10					0	0	0
84143090	非电机驱动的压缩机	9					0	0	0
84144000	装在拖车底盘上的空气压缩机	8					0	0	
84145110	功率≤125瓦的吊扇	20			0		0	0	0
84145120	功率≤125瓦的换气扇	20			0		0	0	0
84145130	功率≤125瓦，有旋转导风轮的风扇	12			0		0	0	0
84145191	功率≤125瓦的台扇	10			0		0	0	0
84145192	功率≤125瓦的落地扇	10			0		0	0	0
84145193	功率≤125瓦的壁扇	10			0		0	0	0
84145199	功率≤125瓦的其他风扇、风机	10			0		0	0	0
84145910	其他吊扇	8					0	0	
84145920	其他换气扇	8					0	0	
84145930	离心通风机	10					0	0	
84145990	其他扇、风机	8					0	0	0
84146010	抽油烟机	10			0		0	0	0
84146090	罩最大边长≤120厘米的通风罩或循环气罩	10			0		0	0	0
84148010	燃气轮机用的自由活塞式发电机	8					0	0	
84148020	二氧化碳压缩机	7					0	0	
84148030	发动机用增压器	7					0		
84148040	空气及其他气体压缩机	7					0	0	
84148090	其他气体压缩机及通风罩或循环气罩	7					0	0	
84149011	用于制冷设备的压缩机进、排气阀片	8			0		0	0	0
84149019	其他用于制冷设备的压缩机零件	8					0	0	
84149020	风机、风扇、通风罩及循环气罩零件	12					0	0	
84149090	税目84.14其他所列机器零件	7					0	0	
84151010	独立窗式或壁式空气调节器	15					0	0	
84151021	分体式制冷量≤4千大卡/时窗式或壁式空气调节器	15					0	0	
84151022	分体式制冷量＞4千大卡/时窗式或壁式空气调节器	15					0	0	
84152000	机动车辆上供人使用的空气调节器	20					0		
84158110	制冷量≤4千大卡/时的热泵式空调器	15					0	0	
84158120	制冷量＞4千大卡/时的热泵式空调器	20					0	0	
84158210	制冷量≤4千大卡/时的其他空调器	15					0	0	
84158220	制冷量＞4千大卡/时的其他空调器	20					0	0	
84158300	未装有制冷装置的空调器	10					0	0	0
84159010	制冷量≤4千大卡/时等空调的零件	10					0	0	0
84159090	制冷量＞4千大卡/时等空调的零件	10					0	0	0
84161000	使用液体燃料的炉用燃烧器	10					0	0	
84162011	使用天然气的燃烧器	10.5					0	0	
84162019	其他使用气体燃料的炉用燃烧器	10.5					0	0	

税则号列 Tariff Item	商品名称（简称） Article Description	最惠国税率（%） M. F. N.	特惠税率（%）The Special Preferential Tariff Rates						
			亚太2国	东盟 缅甸 Myanmar	东盟 老挝 Laos	东盟 柬埔寨 Cambodia	37国	3国	1国
84162090	使用粉状固体燃料的炉用燃烧器	10.5					0	0	
84163000	机械加煤机及类似装置	8.4					0	0	
84169000	炉用燃烧器、机械加煤机等的零件	6					0	0	
84171000	矿砂、金属的热处理用炉及烤箱	10					0	0	
84172000	面包房用烘箱，包括做饼干用的烘箱	10					0	0	
84178010	炼焦炉	10					0	0	
84178020	放射性废物焚烧炉	5					0	0	
84178030	水泥回转窑	10					0	0	
84178040	石灰石分解炉	10					0	0	
84178050	垃圾焚烧炉	10					0	0	
84178090	其他非电热的工业用炉及烘箱	10					0	0	
84179010	海绵铁回转窑的零件	7					0	0	
84179020	炼焦炉的零件	7					0	0	
84179090	其他非电热工业用炉及烘箱的零件	7					0	0	
84181010	容积＞500升的冷藏－冷冻组合机	10					0	0	0
84181020	200升＜容积≤500升的冷藏－冷冻组合机	15					0	0	
84181030	容积≤200升的冷藏－冷冻组合机	15					0	0	
84182110	容积＞150升的压缩式家用型冷藏箱	10					0	0	0
84182120	50升＜容积≤150升的压缩式家用型冷藏箱	10					0	0	0
84182130	容积≤50升的压缩式家用型冷藏箱	10					0	0	0
84182910	半导体制冷式家用型冷藏箱	30					0	0	
84182920	电气吸收式家用型冷藏箱	15					0	0	
84182990	其他家用型冷藏箱	30					0	0	
84183010	制冷温度≤－40℃，容积≤800升柜式冷冻箱	9					0	0	0
84183021	制冷温度＞－40℃，容积500～800升柜式冷冻箱	23					0	0	
84183029	制冷温度＞－40℃，容积≤500升柜式冷冻箱	30					0	0	
84184010	制冷温度≤－40℃，容积≤900升立式冷冻箱	9					0	0	0
84184021	制冷温度＞－40℃，容积500～900升立式冷冻箱	15					0	0	
84184029	制冷温度＞－40℃，容积≤500升立式冷冻箱	30					0	0	
84185000	其他装有冷藏或冷冻装置的柜、箱、展示台	10					0	0	0
84186120	压缩式热泵，税目84.15的空气调节器除外	10					0	0	0
84186190	其他热泵，税目84.15的空气调节器除外	15					0	0	
84186920	其他制冷机组	10					0	0	0
84186990	其他制冷设备	10					0	0	0
84189100	冷藏或冷冻设备用特制家具零件	18					0	0	
84189910	制冷机组及热泵用零件	10					0	0	0
84189991	制冷温度≤－40℃冷冻设备零件	9.5					0	0	0
84189992	制冷温度＞－40℃，容积＞500升冷藏设备零件	10					0	0	0
84189999	税目84.18其他制冷设备用零件	10					0	0	0
84191100	燃气快速热水器	35					0	0	
84191910	太阳能热水器	35					0	0	
84191990	其他非电热的快速或贮备式热水器	35					0	0	
84192000	医用或实验室用消毒器具	4					0	0	
84193100	农产品干燥器	8			0		0	0	0
84193200	木材、纸浆、纸或纸板用干燥器	9			0		0	0	0

税则号列 Tariff Item	商品名称（简称） Article Description	最惠国税率（%） M. F. N.	特惠税率（%）The Special Preferential Tariff Rates						
			亚太2国	东盟			37国	3国	1国
				缅甸 Myanmar	老挝 Laos	柬埔寨 Cambodia			
84193910	微空气流动陶瓷坯件干燥器	9					0	0	
84193990	其他用途的干燥器	9					0	0	
84194010	提净塔	10					0	0	
84194020	精馏塔	10					0	0	
84194090	其他蒸馏或精馏设备	10					0	0	
84195000	热交换装置	10			0		0	0	0
84196011	制氧量≥15000 立方米/小时制氧机	12					0	0	
84196019	制氧量＜15000 立方米/小时制氧机	13					0	0	
84196090	其他液化空气或其他气体的机器	10					0	0	
84198100	加工热饮料、烹调、加热食品的机器	10			0		0	0	0
84198910	加氢反应器	0			0		0	0	0
84198990	其他利用温度变化处理材料的机器	0			0		0	0	0
84199010	热水器用零件	0					0	0	0
84199090	税目 84.19 的其他机器设备用零件	4					0	0	
84201000	砑光机或其他滚压机器	8.4					0	0	0
84209100	砑光机或其他滚压机器的滚筒	8					0	0	0
84209900	砑光机或其他滚压机的未列名零件	8					0	0	0
84211100	奶油分离器	8.4					0	0	
84211210	干衣量≤10 千克的离心干衣机	17.5					0	0	
84211290	干衣量＞10 千克的离心干衣机	8					0	0	
84211910	脱水机	10					0	0	
84211920	固液分离机	10					0	0	
84211990	其他离心机	10					0	0	
84212110	家用型过滤或净化水的机器及装置	25					0	0	
84212191	船舶压载水处理设备	5					0	0	
84212199	其他过滤或净化水的装置	5					0	0	
84212200	过滤或净化饮料的机器及装置	12					0	0	
84212300	内燃发动机的燃油过滤器	10					0	0	
84212910	其他压滤机	5					0	0	
84212990	其他液体的过滤、净化机器及装置	5					0	0	0
84213100	内燃发动机的进气过滤器	10					0	0	
84213910	家用型气体过滤、净化机器及装置	15					0	0	
84213921	工业用静电除尘器	5					0	0	
84213922	工业用袋式除尘器	5					0	0	
84213923	工业用旋风式除尘器	5					0	0	
84213924	电袋复合除尘器	5					0	0	
84213929	工业用其他除尘器	5					0	0	
84213930	内燃发动机排气过滤或净化装置	5					0	0	0
84213940	烟气脱硫装置	5					0	0	0
84213950	烟气脱硝装置	5					0	0	0
84213990	其他气体的过滤、净化机器及装置	5					0	0	0
84219110	干衣量≤10 千克离心干衣机零件	0					0	0	0
84219190	其他离心机用零件	0					0	0	0
84219910	家用型过滤、净化装置用零件	10					0	0	
84219990	其他过滤、净化装置用零件	5					0	0	0

税则号列 Tariff Item	商品名称（简称） Article Description	最惠国税率（%） M. F. N.	特惠税率（%）The Special Preferential Tariff Rates						
			亚太2国	东盟			37国	3国	1国
				缅甸 Myanmar	老挝 Laos	柬埔寨 Cambodia			
84221100	家用型洗碟机	10					0	0	0
84221900	非家用型洗碟机	14					0	0	
84222000	瓶子及其他容器的洗涤或干燥机器	10					0	0	0
84223010	饮料及液体食品瓶装或罐装设备	12					0	0	0
84223021	水泥全自动灌包机	12					0	0	0
84223029	其他水泥包装机	12					0	0	0
84223030	其他包装机	10					0	0	0
84223090	其他装填、密封等包封机器	10					0	0	0
84224000	其他包装或打包机器	10					0	0	0
84229010	洗碟机用零件	10.5					0	0	0
84229020	饮料及液体食品瓶装或灌装设备用零件	8.5					0	0	0
84229090	税目84.22其他未列名机器零件	8.5					0	0	0
84231000	体重计、婴儿秤及家用秤	10.5					0	0	0
84232010	电子皮带秤	5					0	0	0
84232090	其他输送带上连续称货的秤	10					0	0	0
84233010	定量包装秤	10.5					0	0	0
84233020	定量分选秤	10.5					0	0	0
84233030	配料秤	10.5					0	0	0
84233090	其他恒定秤、物料定量装袋或容器用秤	10.5					0	0	0
84238110	最大称量≤30千克的计价秤	5.3					0	0	0
84238120	最大称量≤30千克的弹簧秤	10.5					0	0	0
84238190	最大称量≤30千克的其他衡器	10.5					0	0	0
84238210	30千克<最大称量≤5000千克的地中衡	10.5					0	0	0
84238290	30千克<最大称量≤5000千克的其他衡器	10.5					0	0	0
84238910	其他地中衡	10					0	0	0
84238920	其他轨道衡	10					0	0	0
84238930	其他吊秤	10					0	0	0
84238990	其他衡器	10					0	0	0
84239000	衡器用的各种砝码、秤砣及其零件	10					0	0	0
84241000	灭火器	8.4					0	0	
84242000	喷枪及类似器具	8.4					0	0	
84243000	喷汽机、喷砂机及类似喷射机	8.4					0	0	
84244100	农业或园艺用便携式喷雾器	8					0	0	
84244900	其他农业或园艺用喷雾器	8					0	0	
84248200	其他农业或园艺用液体或粉末的喷射、散布机械器具	8					0	0	
84248910	家用型喷射、喷雾机械器具	0					0	0	0
84248920	喷涂机器人	0					0	0	0
84248991	船用洗舱机	0					0	0	0
84248999	其他液体、粉末喷射机械	0					0	0	0
84249010	灭火器用的零件	0					0	0	0
84249020	家用型喷射、喷雾器具的零件	0					0	0	0
84249090	其他喷雾器具及喷气机等用的零件	0					0	0	0
84251100	电动滑车及提升机	6					0	0	0
84251900	非电动滑车及提升机	5					0	0	0

税则号列 Tariff Item	商　品　名　称（简称） Article Description	最惠国税率（%） M. F. N.	特惠税率（%）The Special Preferential Tariff Rates						
			亚太2国	东盟			37 国	3 国	1 国
				缅甸 Myanmar	老挝 Laos	柬埔寨 Cambodia			
84253110	矿井口电动卷扬装置；专为井下使用设计的电动卷扬机	10					0	0	0
84253190	其他电动卷扬机及绞盘	5					0	0	0
84253910	其他矿井口卷扬装置；其他专为井下使用设计的卷扬机	10					0	0	0
84253990	其他非电动卷扬机及绞盘	5					0	0	0
84254100	车库中使用的固定千斤顶系统	3					0	0	0
84254210	其他液压千斤顶	3					0	0	0
84254290	提升车辆用液压提升机	5					0	0	0
84254910	其他千斤顶	5					0	0	0
84254990	其他提升车辆用提升机	10					0	0	0
84261120	通用桥式起重机	8					0	0	0
84261190	其他固定支架的高架移动式起重机	8					0	0	0
84261200	胶轮移动式吊运架及跨运车	6					0	0	0
84261910	装船机	5					0	0	0
84261921	抓斗式卸船机	5					0	0	0
84261929	其他卸船机	5					0	0	0
84261930	龙门式起重机	10					0	0	0
84261941	门式装卸桥	10					0	0	0
84261942	集装箱装卸桥	10					0	0	0
84261943	其他动臂式装卸桥	10					0	0	0
84261949	其他装卸桥	10					0	0	0
84261990	其他高架移动式起重机等	10					0	0	0
84262000	塔式起重机	10					0	0	0
84263000	门座式起重机及座式旋臂起重机	6					0	0	0
84264110	轮胎式起重机	5					0	0	0
84264190	其他带胶轮的自推进起重机	5					0	0	0
84264910	履带式起重机	8					0	0	0
84264990	其他不带胶轮的自推进起重机	13					0	0	
84269100	供装于公路车辆的其他起重机	10					0	0	0
84269900	其他起重设备	6					0	0	0
84271010	有轨巷道堆垛机	9					0	0	0
84271020	无轨巷道堆垛机	9					0	0	0
84271090	其他电动机推进的叉车及可升降工作车	9					0	0	0
84272010	集装箱叉车	9					0	0	0
84272090	其他机动叉车及有类似装置工作车	9					0	0	0
84279000	其他叉车及可升降的工作车	9					0	0	0
84281010	载客电梯	8					0	0	0
84281090	其他升降机及倒卸式起重机	6					0	0	0
84282000	气压升降机及输送机	5					0	0	0
84283100	地下连续运货或材料升降、输送机	5					0	0	0
84283200	其他斗式连续运货升降、输送机	5					0	0	0
84283300	其他带式连续运货升降、输送机	5					0	0	0

税则号列 Tariff Item	商品名称（简称） Article Description	最惠国税率（%） M. F. N.	特惠税率（%） The Special Preferential Tariff Rates						
			亚太2国	东盟 缅甸 Myanmar	东盟 老挝 Laos	东盟 柬埔寨 Cambodia	37国	3国	1国
84283910	链式连续运送货物的升降机、输送机	5					0	0	0
84283920	辊式连续运送货物的升降机、输送机	5					0	0	0
84283990	其他未列名连续运货升降、输送机	5					0	0	0
84284000	自动梯及自动人行道	5					0	0	0
84286010	货运架空索道	8					0	0	0
84286021	单线循环式客运架空索道	8					0	0	0
84286029	其他客运架空索道	8					0	0	0
84286090	其他缆车、座式升降机用牵引装置	8					0	0	0
84289010	矿车推动机、铁道机车等的转车台	10					0	0	0
84289020	机械式停车设备	5					0	0	0
84289031	堆取料机械	5					0	0	0
84289039	其他装卸机械	5					0	0	0
84289040	搬运机器人	5					0	0	0
84289090	其他升降、搬运、装卸机械	5					0	0	0
84291110	功率＞235.36千瓦的履带式推土机	7					0	0	0
84291190	功率≤235.36千瓦的履带式推土机	7					0	0	0
84291910	功率＞235.36千瓦的其他推土机	7					0	0	0
84291990	功率≤235.36千瓦的其他推土机	7					0	0	0
84292010	功率＞235.36千瓦的筑路机及平地机	5					0	0	0
84292090	其他筑路机及平地机	5					0	0	0
84293010	斗容量＞10立方米的铲运机	3					0	0	0
84293090	斗容量≤10立方米的铲运机	5					0	0	0
84294011	机重≥18吨的震动式压路机	7					0	0	0
84294019	其他机动压路机	8					0	0	0
84294090	其他未列名捣固机械及压路机	6					0	0	0
84295100	前铲装载机	5					0	0	0
84295211	轮胎式挖掘机	8					0	0	0
84295212	履带式挖掘机	8					0	0	0
84295219	其他挖掘机	8					0	0	0
84295290	其他上部结构可转360度的挖掘机类似机械	8					0	0	0
84295900	其他机械铲、挖掘机及机铲装载机	8					0	0	0
84301000	打桩机及拔桩机	10					0	0	0
84302000	扫雪机及吹雪机	10					0	0	0
84303110	采（截）煤机	10					0	0	0
84303120	凿岩机	10					0	0	0
84303130	隧道掘进机	10					0	0	0
84303900	其他非自推进截煤机、采石机及掘进机	6					0	0	0
84304111	钻探深度≥6000米的自推进石油钻探机	5					0	0	0
84304119	其他自推进石油及天然气钻探机	5					0	0	0
84304121	钻探深度≥6000米的其他钻探机	5					0	0	0
84304122	钻探深度＜6000米履带式自推进钻机	5					0	0	0
84304129	钻探深度＜6000米的其他自推进钻机	5					0	0	0
84304190	其他自推进的凿井机械	5					0	0	0
84304900	非自推进的钻探或凿井机械	5					0	0	0
84305010	其他自推进采油机械	3					0	0	0

税则号列 Tariff Item	商　品　名　称（简称） Article Description	最惠国税率（%） M. F. N.	特惠税率（%） The Special Preferential Tariff Rates						
			亚太2国	东盟			37国	3国	1国
				缅甸 Myanmar	老挝 Laos	柬埔寨 Cambodia			
84305020	矿用电铲	7					0	0	0
84305031	牙轮直径≥380毫米的采矿牙轮钻机	5					0	0	0
84305039	牙轮直径<380毫米的采矿牙轮钻机	5					0	0	0
84305090	其他自推进未列名机械	5					0	0	0
84306100	非自推进捣固或压实机械	6					0	0	0
84306911	钻筒直径>3米的工程钻机	6					0	0	0
84306919	钻筒直径≤3米的工程钻机	6					0	0	0
84306920	非自推进铲运机	6					0	0	0
84306990	其他非自推进未列名机械	6					0	0	0
84311000	滑车、绞盘、千斤顶等机械用零件	3					0	0	0
84312010	税目84.27所列机械的装有差速器的驱动桥及其零件，不论是否装有其他传动部件	6					0	0	0
84312090	其他税目84.27所列机械的零件	6					0	0	0
84313100	升降机、倒卸式起重机或自动梯的零件	3					0	0	0
84313900	税目84.28所列其他机械的零件	5					0	0	0
84314100	戽斗、铲斗、抓斗及夹斗	6					0	0	0
84314200	推土机或侧铲推土机用铲	6					0	0	0
84314310	石油或天然气钻探机用零件	4					0	0	0
84314320	其他钻探机用零件	4					0	0	0
84314390	其他凿井机用零件	5					0	0	0
84314920	税目84.26、84.29、84.30所列机械的装有差速器的驱动桥及其零件，不论是否装有其他传动部件	5					0	0	0
84314991	矿用电铲用零件	5					0	0	0
84314999	其他税目84.26、84.29、84.30所列机械的零件	5					0	0	0
84321000	犁	5					0	0	0
84322100	圆盘耙	5					0	0	0
84322900	其他耙、松土机等耕作机械	4					0	0	
84323111	免耕谷物播种机	4					0	0	
84323119	其他免耕直接播种机	4					0	0	
84323121	免耕块茎种植机	4					0	0	
84323129	其他免耕直接种植机	4					0	0	
84323131	免耕水稻插秧机	4					0	0	
84323139	其他免耕直接移植机	4					0	0	
84323911	其他谷物播种机	4					0	0	
84323919	其他播种机	4					0	0	
84323921	其他马铃薯种植机	4					0	0	
84323929	其他种植机	4					0	0	
84323931	其他水稻插秧机	4					0	0	
84323939	其他移植机	4					0	0	
84324100	粪肥施肥机	4					0	0	
84324200	化肥施肥机	4					0	0	
84328010	草坪及运动场地滚压机	7					0	0	
84328090	其他未列名整地或耕作机械	4					0	0	
84329000	整地或耕作机械、滚压机零件	4					0	0	
84331100	机动旋转式割草机	6					0	0	

税则号列 Tariff Item	商品名称(简称) Article Description	最惠国税率(%) M. F. N.	特惠税率(%) The Special Preferential Tariff Rates						
			亚太2国	东盟			37国	3国	1国
				缅甸 Myanmar	老挝 Laos	柬埔寨 Cambodia			
84331900	草坪、公园等用其他割草机	6					0	0	
84332000	其他割草机	4					0	0	
84333000	其他干草切割、翻晒机器	5					0	0	
84334000	草料打包机	5					0	0	
84335100	联合收割机	8					0	0	
84335200	其他脱粒机	8					0	0	
84335300	根茎或块茎收获机	8					0	0	
84335910	甘蔗收割机	8					0	0	
84335920	棉花采摘机	8					0	0	
84335990	其他收割机	8					0	0	
84339010	联合收割机用零件	5					0	0	
84339090	税目84.33所列其他机械零件	3					0	0	0
84341000	挤奶机	10					0	0	
84342000	乳品加工机器	6					0	0	
84349000	挤奶机及乳品加工机器用零件	5					0	0	
84351000	制酒、果汁等的压榨、轧碎机	10					0	0	
84359000	制酒、果汁等压榨、轧碎机零件	6					0	0	
84361000	动物饲料配制机	7					0	0	
84362100	家禽孵卵器及育雏器	5					0	0	
84362900	家禽饲养用机器	10					0	0	
84368000	农、林业、园艺等用的其他机器	10					0	0	
84369100	家禽饲养机、孵卵器及育雏器零件	6					0	0	
84369900	税目84.36所列其他机器的零件	6					0	0	
84371010	光学色差谷物颗粒选别机(色选机)	10					0	0	
84371090	其他种子、谷物或干豆的清洁、分选或分级机	10					0	0	
84378000	谷物磨粉业加工机器	10					0	0	
84379000	税目84.37所列机械的零件	6					0	0	
84381000	糕点、通心粉、意大利面条的生产加工机器	7					0	0	0
84382000	生产甜食、可可粉、巧克力的机器	8					0	0	0
84383000	制糖机器	10					0	0	0
84384000	酿酒机器	7					0	0	0
84385000	肉类或家禽加工机器	7					0	0	0
84386000	水果、坚果或蔬菜加工机器	10					0	0	0
84388000	第八十四章其他未列名食品等加工机器	8.5					0	0	0
84389000	食品、饮料工业用机器的零件	5					0	0	0
84391000	制造纤维素纸浆的机器	8.4					0	0	0
84392000	纸或纸板的抄造机器	8.4					0	0	0
84393000	纸或纸板的休整机器	8.4					0	0	0
84399100	制造纤维素纸浆的机器零件	6					0	0	0
84399900	制造或整理纸及纸板的机器零件	6					0	0	0
84401010	锁线装订机	10					0	0	
84401020	胶订机	12					0	0	
84401090	其他书本装订机器	12					0	0	
84409000	书本装订机器的零件	8					0	0	
84411000	切纸机	12					0	0	0

税则号列 Tariff Item	商品名称（简称） Article Description	最惠国税率（%） M. F. N.	特惠税率（%）The Special Preferential Tariff Rates						
			亚太2国	东盟			37国	3国	1国
				缅甸 Myanmar	老挝 Laos	柬埔寨 Cambodia			
84412000	制造包、袋或信封的机器	12					0	0	0
84413010	纸塑铝复合罐生产设备	13.5					0	0	
84413090	其他制造箱、盒、桶及类似容器的机器	13.5					0	0	
84414000	纸浆、纸或纸板制品模制成型机器	12					0	0	0
84418010	制造纸塑铝软包装的生产设备	12					0	0	0
84418090	其他制造纸浆制品、纸制品的机器	12					0	0	0
84419010	切纸机零件	8					0	0	0
84419090	其他制造纸浆、纸制品的机器零件	8.4					0	0	0
84423010	铸字机	4.5					0	0	0
84423021	计算机直接制版设备	4.5					0	0	0
84423029	去制版机器、器具及设备	4.5					0	0	0
84423090	其他铸字、制版用机器、器具及设备	4.5					0	0	0
84424000	铸字、排字、制版机器的零件	3.5					0	0	0
84425000	活字、印刷用版、片及其他部件	3.5					0	0	0
84431100	卷取进料式胶印机	10					0	0	0
84431200	办公室用片取进料式胶印机	12					0	0	0
84431311	平张纸进料式单色胶印机	10					0	0	0
84431312	平张纸进料式双色胶印机	10					0	0	0
84431313	平张纸进料式四色胶印机	10					0	0	0
84431319	平张纸进料式其他胶印机	10					0	0	0
84431390	其他胶印机	10					0	0	0
84431400	卷取进料式凸版印刷机	12					0	0	0
84431500	其他凸版印刷机	12					0	0	0
84431600	苯胺印刷机	10					0	0	0
84431700	照相凹版印刷机	18					0	0	
84431921	圆网印刷机	10					0	0	0
84431922	平网印刷机	10					0	0	0
84431929	其他网式印刷机	10					0	0	0
84431980	其他印刷机	8					0	0	0
84433110	静电感光式多功能机	6.7					0	0	0
84433190	其他多功能机	0					0	0	0
84433211	针式打印机	0					0	0	0
84433212	激光打印机	0					0	0	0
84433213	喷墨打印机	0					0	0	0
84433214	热敏打印机	0					0	0	0
84433219	其他打印机	0					0	0	0
84433221	可以网络连接的喷墨印刷机	5.3					0	0	0
84433222	可以网络连接的静电照相印刷机（激光印刷机）	5.3					0	0	0
84433229	可以网络连接的其他数字印刷设备	5.3					0	0	0
84433290	其他可与网络连接的传真机或打字机	0					0	0	0
84433911	直接法静电感光复印设备	0					0	0	0
84433912	间接法静电感光复印设备	7.5					0	0	0
84433921	带有光学系统的感光复印设备	0					0	0	0
84433922	接触式感光复印设备	16.5					0	0	
84433923	热敏复印设备	16.5					0	0	

税则号列 Tariff Item	商 品 名 称（简称） Article Description	最惠国税率(%) M. F. N.	特惠税率（%）The Special Preferential Tariff Rates						
			亚太2国	东盟			37国	3国	1国
				缅甸 Myanmar	老挝 Laos	柬埔寨 Cambodia			
84433924	热升华复印设备	16.5					0	0	
84433931	其他独立的喷墨印刷机	6					0	0	0
84433932	其他独立的静电照相印刷机（激光印刷机）	6					0	0	0
84433939	其他独立的数字印刷设备	6					0	0	0
84433990	其他独立的电传打字机	0					0	0	0
84439111	卷筒料给料机	8					0	0	0
84439119	其他传统印刷机用辅助机器	8					0	0	0
84439190	传统印刷机用零件及附件	4					0	0	0
84439910	数字印刷设备用辅助机器	8					0	0	0
84439921	热敏打印头	4					0	0	0
84439929	数字印刷设备的其他零件	4					0	0	0
84439990	其他打印机、复印机、传真机用零件	0					0	0	0
84440010	合成纤维长丝纺丝机	10					0	0	
84440020	合成纤维短丝纺丝机	10					0	0	
84440030	人造纤维纺丝机	10					0	0	
84440040	化学纤维变形机	10					0	0	
84440050	化学纤维切断机	10					0	0	
84440090	其他化学纤维挤压、拉伸、变形或切割机器	10					0	0	
84451111	棉纤维清梳联合机	10					0	0	0
84451112	棉纤维自动抓棉机	10					0	0	0
84451113	棉纤维梳棉机	10					0	0	0
84451119	其他棉纤维梳理机	10					0	0	0
84451120	毛纤维梳理机	10					0	0	0
84451190	其他纺织纤维梳理机	10					0	0	0
84451210	棉纺织纤维精梳机	10					0	0	0
84451220	毛纺织纤维精梳机	10					0	0	0
84451290	其他纺织纤维精梳机	10					0	0	0
84451310	拉伸机	10					0	0	0
84451321	棉纺粗纱机	10					0	0	0
84451322	毛纺粗纱机	10					0	0	0
84451329	其他粗纱机	10					0	0	0
84451900	纺织纤维的其他预处理机器	10					0	0	0
84452031	转杯纺纱机	10					0	0	0
84452032	喷气纺纱机	10					0	0	0
84452039	其他自由端纺纱机	10					0	0	0
84452041	棉环锭细纱机	10.5					0	0	0
84452042	毛环锭细纱机	10					0	0	0
84452049	其他环锭细纱机	10					0	0	0
84452090	其他纺纱机	10					0	0	0
84453000	并线机或加捻机	10					0	0	0
84454010	自动络筒机	10					0	0	0
84454090	其他络纱机（包括卷纬机）或摇纱机	10					0	0	0
84459010	整经机	10					0	0	0
84459020	浆纱机	10					0	0	0
84459090	其他生产及处理纺织纱线的机器	10					0	0	0

税则号列 Tariff Item	商品名称(简称) Article Description	最惠国税率(%) M. F. N.	特惠税率(%) The Special Preferential Tariff Rates						
			亚太2国	东盟			37国	3国	1国
				缅甸 Myanmar	老挝 Laos	柬埔寨 Cambodia			
84461000	所织织物宽度≤30厘米的织机	8					0	0	
84462110	所织织物宽度>30厘米的梭织动力地毯织机	12					0	0	
84462190	所织织物宽度>30厘米的其他梭织动力织机	10					0	0	
84462900	所织织物宽度>30厘米的梭织非动力织机	10					0	0	
84463020	所织织物宽度>30厘米的剑杆织机	8					0	0	
84463030	所织织物宽度>30厘米的片梭织机	8					0	0	
84463040	所织织物宽度>30厘米的喷水织机	8					0	0	
84463050	所织织物宽度>30厘米的喷气织机	8					0	0	
84463090	所织织物宽度>30厘米的其他无梭织机	8					0	0	
84471100	圆筒直径≤165毫米的圆型针织机	8					0	0	0
84471200	圆筒直径>165毫米的圆型针织机	8					0	0	0
84472011	特里科经编机	8					0	0	0
84472012	拉舍尔经编机	8					0	0	0
84472019	其他经编机	8					0	0	0
84472020	平型纬编机	8					0	0	0
84472030	缝编机	8					0	0	0
84479011	地毯织机	7					0	0	0
84479019	其他簇绒机	8					0	0	0
84479020	绣花机	8					0	0	0
84479090	税目84.47其他未列名机器	10					0	0	0
84481100	多臂机或提花机	8					0	0	0
84481900	税目84.44至84.47所列的其他辅助机器	8					0	0	0
84482020	喷丝头或喷丝板	6					0	0	0
84482090	纤维挤压机及其辅助机器的其他零件、附件	6					0	0	0
84483100	钢丝针布	6					0	0	0
84483200	纺织纤维预处理机器的其他零件、附件	6					0	0	0
84483310	络筒锭	6					0	0	0
84483390	其他锭子、锭壳、纺丝环、钢丝圈	6					0	0	0
84483910	气流杯	6					0	0	0
84483920	电子清纱器	6					0	0	0
84483930	空气捻接器	6					0	0	0
84483940	环锭细纱机紧密纺装置	6					0	0	0
84483990	税目84.45所列机器的其他零件、附件	6					0	0	0
84484200	织机用筘、综丝及综框	6					0	0	0
84484910	接、投梭箱	6					0	0	0
84484920	引纬、送经装置	6					0	0	0
84484930	梭子	6					0	0	0
84484990	织机及其辅助机器用其他零件、附件	6					0	0	0
84485120	针织机用28号以下的弹簧针、钩针及复合针	6					0	0	0
84485190	沉降片、其他织针及成圈机件	6					0	0	0
84485900	税目84.47机器用的其他零件、附件	6					0	0	0
84490010	针刺机	8					0	0	
84490020	水刺设备	8					0	0	
84490090	其他毡呢或无纺织物制造或整理机器;帽模	8					0	0	
84501110	干衣量≤10千克的波轮式全自动洗衣机	10					0	0	0

税则号列 Tariff Item	商品名称（简称） Article Description	最惠国税率（%） M. F. N.	特惠税率（%） The Special Preferential Tariff Rates						
			亚太2国	东盟 缅甸 Myanmar	东盟 老挝 Laos	东盟 柬埔寨 Cambodia	37国	3国	1国
84501120	干衣量≤10千克的滚筒式全自动洗衣机	10					0	0	0
84501190	干衣量≤10千克的其他全自动洗衣机	10					0	0	0
84501200	干衣量≤10千克装有离心甩干机的非全自动洗衣机	30					0	0	
84501900	干衣量≤10千克的其他洗衣机	30					0	0	
84502011	干衣量>10千克的波轮式全自动洗衣机	10					0	0	0
84502012	干衣量>10千克的滚筒式全自动洗衣机	10					0	0	0
84502019	其他全自动洗衣机	10					0	0	0
84502090	其他干衣量>10千克的洗衣机	10					0	0	0
84509010	干衣量≤10千克的洗衣机零件	5					0	0	0
84509090	干衣量>10千克的洗衣机零件	16					0	0	
84511000	干洗机	21					0	0	
84512100	干衣量≤10千克的干燥机	15					0	0	
84512900	干衣量>10千克的干燥机	8					0	0	0
84513000	熨烫机及挤压机（包括熔压机）	8					0	0	0
84514000	洗涤、漂白或染色机器	8.4					0	0	0
84515000	纺织物卷绕、退绕、折叠、剪切或剪齿边机器	8					0	0	0
84518000	税目84.51所列其他未列名的机器	12					0	0	0
84519000	税目84.51所列机器的零件	8					0	0	0
84521010	多功能家用缝纫机	21					0	0	
84521091	手动式家用型缝纫机	21					0	0	
84521099	其他家用型缝纫机	21					0	0	
84522110	非家用自动平缝机	12					0	0	0
84522120	非家用自动包缝机	12					0	0	0
84522130	非家用自动绷缝机	12					0	0	0
84522190	其他非家用自动缝纫机	12					0	0	0
84522900	其他非家用非自动缝纫机	12					0	0	0
84523000	缝纫机针	14					0	0	
84529011	家用型缝纫机用旋梭	14					0	0	
84529019	家用型缝纫机用其他零件	14					0	0	
84529091	其他缝纫机用旋梭	14					0	0	0
84529092	其他缝纫机专用的特制家具、底座和罩盖及其零件	14					0	0	
84529099	其他缝纫机用其他零件	14					0	0	0
84531000	生皮、皮革的处理、鞣制或加工机器	8.4					0	0	
84532000	鞋靴制作或修理机器	8.4					0	0	
84538000	毛皮及其他皮革的制作或修理机器	8.4					0	0	
84539000	税目84.53所列机器的零件	8					0	0	
84541000	金属冶炼及铸造用转炉	8.4					0	0	0
84542010	炉外精炼设备	8.4					0	0	0
84542090	其他金属冶炼及铸造用锭模及浇包	8.4					0	0	0
84543010	冷室压铸机	12					0	0	0
84543021	方坯连铸机	10					0	0	0
84543022	板坯连铸机	12					0	0	0
84543029	其他钢坯连铸机	12					0	0	0
84543090	其他金属冶炼及铸造用铸造机	12					0	0	0
84549010	炉外精炼设备用零件	8					0	0	0

税则号列 Tariff Item	商 品 名 称（简称） Article Description	最惠国税率（%） M. F. N.	特惠税率（%）The Special Preferential Tariff Rates						
			亚太2国	东盟			37国	3国	1国
				缅甸 Myanmar	老挝 Laos	柬埔寨 Cambodia			
84549021	结晶器	8					0	0	0
84549022	振动装置	8					0	0	0
84549029	其他钢坯连铸机用零件	8					0	0	0
84549090	其他冶炼等用转炉及铸造机的零件	8					0	0	0
84551010	热轧管机	12					0	0	0
84551020	冷轧管机	12					0	0	0
84551030	定、减径轧管机	12					0	0	0
84551090	其他金属轧管机	12					0	0	0
84552110	板材热轧机	15					0	0	
84552120	型钢轧机	15					0	0	
84552130	线材轧机	15					0	0	
84552190	其他金属热轧或冷热联合轧机	15					0	0	
84552210	板材冷轧机	10					0	0	
84552290	其他金属冷轧机	15					0	0	
84553000	金属轧机用轧辊	8.4					0	0	0
84559000	金属轧机的其他零件	8					0	0	0
84561100	用激光处理的各种材料的加工机床	0					0	0	0
84561200	用其他光或光子束处理各种材料的加工机床	0					0	0	0
84562000	用超声波处理各种材料的加工机床	10					0	0	
84563010	数控的用放电处理各种材料的加工机床	9.7					0	0	
84563090	非数控的用放电处理各种材料的加工机床	10					0	0	
84564010	等离子切割机	0					0	0	0
84564090	其他用等离子弧处理各种材料的加工机床	0					0	0	0
84565000	水射流切割机	0					0	0	0
84569000	其他用电化学法、电子束处理各种材料的机床	0					0	0	0
84571010	立式加工中心	9.7					0	0	
84571020	卧式加工中心	9.7					0	0	
84571030	龙门式加工中心	9.7					0	0	
84571091	铣车复合加工中心	9.7					0	0	
84571099	其他加工中心	9.7					0	0	
84572000	加工金属的单工位组合机床	8					0	0	
84573000	加工金属的多工位组合机床	5					0	0	
84581100	切削金属的数控卧式车床	9.7					0	0	0
84581900	切削金属的非数控卧式车床	12					0	0	0
84589110	立式数控机床	5					0	0	0
84589120	其他数控机床	5					0	0	0
84589900	切削金属的其他车床	12					0	0	0
84591000	切削金属的直线移动式动力头钻床	15					0	0	
84592100	切削金属的数控钻床	9.7					0	0	0
84592900	切削金属的其他钻床	15					0	0	
84593100	切削金属的数控镗铣机床	9.7					0	0	0
84593900	切削金属的其他镗铣机床	10					0	0	0
84594100	切削金属的数控镗床	9.7					0	0	0
84594900	切削金属的其他镗床	15					0	0	
84595100	切削金属的升降台式数控铣床	9.7					0	0	0

税则号列 Tariff Item	商品名称（简称） Article Description	最惠国税率（%） M. F. N.	特惠税率（%） The Special Preferential Tariff Rates 亚太2国	东盟 缅甸 Myanmar	东盟 老挝 Laos	东盟 柬埔寨 Cambodia	37国	3国	1国
84595900	切削金属的其他升降台式铣床	15					0	0	
84596110	切削金属的数控龙门铣床	5					0	0	0
84596190	切削金属的其他数控铣床	5					0	0	0
84596910	切削金属的非数控龙门铣床	12					0	0	0
84596990	切削金属的其他铣床	12					0	0	0
84597000	切削金属的其他攻丝机床	12					0	0	0
84601210	在任一坐标的定位精度至少是0.01毫米的数控平面磨床	9.7					0	0	0
84601290	其他数控平面磨床	15					0	0	
84601910	在任一坐标的定位精度至少是0.01毫米税号8460.1900的其他平面磨床	15					0	0	
84601990	其他平面磨床	15					0	0	
84602210	在任一坐标的定位精度至少是0.01毫米的数控无心磨床	9.7					0	0	0
84602290	其他数控无心磨床	15					0	0	
84602311	在任一坐标的定位精度至少是0.01毫米的曲轴磨床	9.7					0	0	0
84602319	在任一坐标的定位精度至少是0.01毫米的其他数控外圆磨床	9.7					0	0	0
84602390	其他数控外圆磨床	15					0	0	
84602411	在任一坐标的定位精度至少是0.01毫米的内圆磨床	9.7					0	0	0
84602419	在任一坐标的定位精度至少是0.01毫米的其他数控磨床	9.7					0	0	0
84602490	其他数控磨床	15					0	0	
84602911	其他外圆磨床，在任一坐标的定位精度至少是0.01毫米的	15					0	0	
84602912	其他内圆磨床，在任一坐标的定位精度至少是0.01毫米的	15					0	0	
84602913	其他轧辊磨床，在任一坐标的定位精度至少是0.01毫米的	13					0	0	
84602919	其他磨床，在任一坐标的定位精度至少是0.01毫米的	13					0	0	
84602990	其他磨床	13					0	0	
84603100	数控刃磨（工具或刀具）机床	9.7					0	0	0
84603900	其他刃磨（工具或刀具）机床	15					0	0	
84604010	珩磨机床	13					0	0	
84604020	研磨机床	13					0	0	
84609010	砂轮机	15					0	0	
84609020	抛光机床	15					0	0	
84609090	其他磨削等精加工机床	15					0	0	
84612010	牛头刨床	15					0	0	
84612020	插床	15					0	0	
84613000	拉床	12					0	0	
84614011	齿轮磨床	9.7					0	0	0
84614019	其他数控的切齿机、齿轮磨床或齿轮精加工机床	9.7					0	0	0
84614090	非数控切齿机、齿轮磨床或齿轮精加工机床	15					0	0	

税则号列 Tariff Item	商品名称(简称) Article Description	最惠国税率(%) M. F. N.	特惠税率(%) The Special Preferential Tariff Rates						
			亚太2国	东盟			37国	3国	1国
				缅甸 Myanmar	老挝 Laos	柬埔寨 Cambodia			
84615000	锯床或切断机	12					0	0	
84619011	龙门(单臂)刨床	15					0	0	
84619019	其他刨床	15					0	0	
84619090	税目84.61的未列名机床	12					0	0	
84621010	数控锻造或冲压机床(含夹具)及锻锤	9.7					0	0	0
84621090	非数控锻造或冲压机床(含夹具)及锻锤	12					0	0	0
84622110	数控矫直机(含夹具)	9.7					0	0	0
84622190	数控的其他弯曲、折叠、矫直或矫平机床(含夹具)	9.7					0	0	0
84622910	非数控矫直机(含夹具)	10					0	0	0
84622990	非数控的其他弯曲、折叠、矫直或矫平机床(含夹具)	10					0	0	0
84623110	数控的板带纵剪机(含夹具)	7					0	0	0
84623120	数控的板带横剪机(含夹具)	7					0	0	0
84623190	数控的其他剪切机床(含夹具)	7					0	0	0
84623910	非数控板带纵剪机(含夹具)	10					0	0	0
84623920	非数控板带横剪机(含夹具)	10					0	0	0
84623990	其他剪切机床(含夹具)	10					0	0	0
84624111	自动换模式数控步冲压力机(含夹具)	9.7					0	0	0
84624119	其他数控冲床(含夹具)	9.7					0	0	0
84624190	其他数控冲孔、开槽机、冲剪两用机(含夹具)	9.7					0	0	0
84624900	非数控冲孔、开槽机、冲剪两用机(含夹具)	10					0	0	0
84629110	金属型材挤压机	10					0	0	0
84629190	其他液压压力机	10					0	0	0
84629910	其他机械压力机	10					0	0	0
84629990	税目84.62的未列名机床	10					0	0	0
84631011	拉拔力为300吨及其以下的冷拔管机	10					0	0	
84631019	其他冷拔管机	10					0	0	
84631020	拔丝机	10					0	0	
84631090	其他金属杆、管、型材及类似品的拉拔机	10					0	0	
84632000	金属或金属陶瓷的螺纹滚轧机	15					0	0	
84633000	金属丝加工机	10					0	0	
84639000	其他非切削加工机床	10					0	0	
84641010	圆盘锯	0					0	0	0
84641020	钢丝锯	0					0	0	0
84641090	其他加工矿物等材料的锯床	0					0	0	0
84642010	玻璃研磨或抛光机床	0					0	0	0
84642090	其他加工矿物等材料的研磨或抛光机床	0					0	0	0
84649011	切割机	0					0	0	0
84649012	刻花机	0					0	0	0
84649019	玻璃的其他冷加工机床	0					0	0	0
84649090	其他税目84.64的未列名机床	0					0	0	0
84651000	不需变换工具即可进行加工的机床	10					0	0	
84652000	加工中心	10					0	0	
84659100	加工木材等材料的锯床	10					0	0	
84659200	加工木材等材料的刨、铣或切削机器	10					0	0	

税则号列 Tariff Item	商品名称(简称) Article Description	最惠国税率(%) M.F.N.	特惠税率(%) The Special Preferential Tariff Rates						
			亚太2国	东盟			37国	3国	1国
				缅甸 Myanmar	老挝 Laos	柬埔寨 Cambodia			
84659300	加工木材等材料的研磨或抛光机器	10					0	0	
84659400	加工木材等材料的弯曲或装配机器	10					0	0	
84659500	加工木材等材料的钻孔或凿榫机器	10					0	0	
84659600	加工木材等材料的剖、切或刮削机器	10					0	0	
84659900	加工木材等材料的其他机床	10					0	0	
84661000	工具夹具及自启板牙切头	7					0	0	0
84662000	工件夹具	7					0	0	0
84663000	分度头及其他专用于机床的附件	7					0	0	0
84669100	税目84.64所列机器用的零件、附件	0					0	0	0
84669200	税目84.65所列机器用的零件、附件	6					0	0	0
84669310	刀库及自动换刀装置	0					0	0	0
84669390	税目84.56～84.61机器用其他零件、附件	0					0	0	0
84669400	税目84.62～84.63机器用其他零件、附件	6					0	0	0
84671100	旋转式手提风动工具	8					0	0	0
84671900	其他手提式风动工具	8					0	0	0
84672100	电动钻	10					0	0	0
84672210	电动链锯	10					0	0	0
84672290	其他电动锯	10					0	0	0
84672910	电动砂磨工具	10					0	0	0
84672920	电刨	10					0	0	0
84672990	其他电动工具	10					0	0	0
84678100	手提式液压或其他动力链锯	8					0	0	0
84678900	其他手提式液压或其他动力工具	8					0	0	0
84679110	电动链锯用零件	6					0	0	0
84679190	其他链锯用零件	6					0	0	0
84679200	风动工具零件	6					0	0	0
84679910	其他手提式电动工具用零件	10					0	0	0
84679990	其他手提式工具用零件	6					0	0	0
84681000	手提喷焊器	12					0	0	0
84682000	其他气体焊或表面回火机器及装置	12					0	0	0
84688000	其他焊接机器及装置	12					0	0	0
84689000	焊接机器用零件	7					0	0	0
84701000	电子计算器及袖珍式数据录放机器	0					0	0	0
84702100	装有打印装置的电子计算器	0					0	0	0
84702900	其他电子计算器	0					0	0	0
84703000	其他计算机器	0					0	0	0
84705010	销售点终端出纳机	0					0	0	0
84705090	其他现金出纳机	0					0	0	0
84709000	邮资盖戳机、售票机及类似机器	0					0	0	0
84713010	平板电脑	0					0	0	0
84713090	其他重量不超过10千克的便携数字式自动数据处理设备,至少由一个中央处理部件、一个键盘及一个显示器组成的自动数据处理设备及其部件	0					0	0	0
84714110	巨、大、中型计算机	0					0	0	0
84714120	小型机	0					0	0	0

税则号列 Tariff Item	商　品　名　称（简称） Article Description	最惠国税率（%） M. F. N.	特惠税率（%） The Special Preferential Tariff Rates						
			亚太2国	东盟			37国	3国	1国
				缅甸 Myanmar	老挝 Laos	柬埔寨 Cambodia			
84714140	微型机	0					0	0	0
84714190	其他自动数据处理单体机	0					0	0	0
84714910	以系统形式进口的巨、大、中型计算机	0					0	0	0
84714920	以系统形式进口的小型计算机	0					0	0	0
84714940	以系统形式进口的微型机	0					0	0	0
84714991	分散型工业过程控制设备	0					0	0	0
84714999	以系统形式报验的其他计算机	0					0	0	0
84715010	巨、大、中型机处理部件	0					0	0	0
84715020	小型机的处理部件	0					0	0	0
84715040	微型机的处理部件	0					0	0	0
84715090	子目 8471.41、8471.49 以外设备的其他处理部件	0					0	0	0
84716040	巨、大、中及小型计算机用终端	0					0	0	0
84716050	扫描仪	0					0	0	0
84716060	数字化仪	0					0	0	0
84716071	键盘	0					0	0	0
84716072	鼠标器	0					0	0	0
84716090	自动处理设备的其他输入或输出部件	0					0	0	0
84717010	硬盘驱动器	0					0	0	0
84717020	软盘驱动器	0					0	0	0
84717030	光盘驱动器	0					0	0	0
84717090	自动数据处理设备的其他存储部件	0					0	0	0
84718000	其他自动数据处理设备的其他部件	0					0	0	0
84719000	未列名的磁性或光学阅读器及其他数据处理设备	0					0	0	0
84721000	胶版复印机、油印机	7					0	0	
84723010	邮政信件分拣及封装设备	10					0	0	0
84723090	其他信件分类、折叠、信封装封机等机器	14					0	0	
84729010	自动柜员机	0					0	0	0
84729021	打洞机	0					0	0	0
84729022	订书机	0					0	0	0
84729029	其他装订用机器	0					0	0	0
84729030	碎纸机	0					0	0	0
84729040	地址印写机及地址铭牌压印机	7					0	0	
84729050	文字处理机	0					0	0	0
84729060	打字机，但税目 84.43 的打印机除外	12					0	0	
84729090	其他办公室用机器	0					0	0	0
84732100	税目 84.70 所列电子计算器的零件、附件	0					0	0	0
84732900	税目 84.70 所列其他机器的零件、附件	0					0	0	0
84733010	数字式大、中、小型计算机零件、附件	0					0	0	0
84733090	税目 84.71 所列计算机的其他零件、附件	0					0	0	0
84734010	自动柜员机用出钞器和循环出钞机	5.3					0	0	0
84734020	税号 8472.9050、8472.9060 所列机器的零件、附件	4					0	0	0
84734090	税目 84.72 所列其他办公室用机器零件、附件	5.3					0	0	0
84735000	税目 84.69～84.72 中所列机器零件、附件	0					0	0	0
84741000	固体矿物的分类、筛选、分离或洗涤机器	5					0	0	0
84742010	齿辊式破碎及磨粉机器	5					0	0	0

税则号列 Tariff Item	商品名称（简称） Article Description	最惠国税率(%) M. F. N.	特惠税率（%）The Special Preferential Tariff Rates						
			亚太2国	东盟			37国	3国	1国
				缅甸 Myanmar	老挝 Laos	柬埔寨 Cambodia			
84742020	球磨式破碎及磨粉机器	5					0	0	0
84742090	其他破碎及磨粉机器	5					0	0	0
84743100	混凝土或砂浆混合机器	7					0	0	0
84743200	矿物与沥青的混合机器	7					0	0	0
84743900	其他混合或搅拌机器	5					0	0	0
84748010	固体矿物的辊压成型机	5					0	0	0
84748020	模压成型机	5					0	0	0
84748090	税目84.74所列的其他机器	5					0	0	0
84749000	税目84.74所列机器的零件	5					0	0	0
84751000	白炽灯泡、灯管等的封装机	8					0	0	0
84752100	制造光导纤维及其预制棒的机器	7.5					0	0	0
84752911	连续式玻璃热弯炉	10					0	0	0
84752912	玻璃纤维拉丝机（光纤拉丝机除外）	10					0	0	0
84752919	其他玻璃热加工设备	10					0	0	0
84752990	其他玻璃及其制品的制造或热加工机器	10					0	0	0
84759000	税目84.75所列机器的零件	8					0	0	0
84762100	装有加热或制冷装置的饮料自动销售机	14					0	0	
84762900	其他饮料自动销售机	15					0	0	
84768100	装有加热或制冷装置的自动售货机	14					0	0	
84768900	其他自动售货机	15					0	0	
84769000	税目84.76所列机器的零件	10					0	0	0
84771010	注塑机	0					0	0	0
84771090	其他加工橡胶或塑料的注射机	0					0	0	0
84772010	塑料造粒机	5					0	0	0
84772090	其他加工橡胶或塑料的挤出机	5					0	0	0
84773010	挤出吹塑机	5					0	0	0
84773020	注射吹塑机	5					0	0	0
84773090	其他吹塑机	5					0	0	0
84774010	塑料中空成型机	5					0	0	0
84774020	塑料压延成型机	5					0	0	0
84774090	其他真空模塑及热成型机器	5					0	0	0
84775100	用于充气轮胎或内胎模塑或翻新的机器	5					0	0	0
84775910	三维打印机（3D打印机）	5					0	0	0
84775990	其他模塑或成型机器	5					0	0	0
84778000	其他橡胶或塑料加工机器	5					0	0	0
84779000	橡胶、塑料等加工机器的零件	0					0	0	0
84781000	其他未列名的烟草加工及制作机器	5					0	0	
84789000	烟草加工及制作机器用的零件	10					0	0	
84791021	沥青混凝土摊铺机	8					0	0	0
84791022	稳定土摊铺机	8					0	0	0
84791029	其他摊铺机	8					0	0	0
84791090	其他公共工程用的机器	8					0	0	0
84792000	提取加工动物或植物油脂的机器	10					0	0	0
84793000	木碎料板或木纤维板的挤压机	10					0	0	0
84794000	绳或缆的制造机器	7					0	0	0

税则号列 Tariff Item	商品名称（简称） Article Description	最惠国税率（%） M. F. N.	特惠税率（%） The Special Preferential Tariff Rates						
			亚太2国	东盟			37国	3国	1国
				缅甸 Myanmar	老挝 Laos	柬埔寨 Cambodia			
84795010	多功能工业机器人	0					0	0	0
84795090	其他工业机器人	0					0	0	0
84796000	蒸发式空气冷却器	10					0	0	0
84797100	机场用旅客登机桥	0					0	0	0
84797900	其他旅客登机（船）桥	0					0	0	0
84798110	绕线机	9.5					0	0	0
84798190	其他处理金属的机械	9.5					0	0	0
84798200	其他混合、揉捏、轧碎、研磨、筛选、均化、乳化或搅拌机器	7					0	0	0
84798910	船舶用舵机及陀螺稳定器	0					0	0	0
84798920	空气增湿器及减湿器	0					0	0	0
84798940	邮政用包裹、印刷品分拣设备	0					0	0	0
84798950	放射性废物压实机	0					0	0	0
84798961	自动插件机	0					0	0	0
84798962	自动贴片机	0					0	0	0
84798969	印刷电路板的其他加工设备	0					0	0	0
84798992	自动化立体仓储设备	0					0	0	0
84798999	第八十四章其他税号未列名机器及机械器具	0					0	0	0
84799010	船舶用舵机及陀螺稳定器零件	0					0	0	0
84799020	空气增湿器及减湿器零件	0					0	0	0
84799090	税目84.79所列机器的其他零件	0					0	0	0
84801000	金属铸造用型箱	10					0	0	0
84802000	型模底板	8					0	0	0
84803000	阳模	10					0	0	0
84804110	压铸模	8					0	0	0
84804120	粉末冶金用压模	8					0	0	0
84804190	其他金属、硬质合金用注模或压模	8					0	0	0
84804900	金属、硬质合金用其他型模	8					0	0	0
84805000	玻璃用型模	8.4					0	0	0
84806000	矿物材料用型模	8.4					0	0	0
84807110	硫化轮胎用囊式型模	0					0	0	0
84807190	其他塑料或橡胶用注模或压模	0					0	0	0
84807900	塑料或橡胶用其他型模	5					0	0	0
84811000	减压阀	5					0	0	0
84812010	油压传动阀	5					0	0	0
84812020	气压传动阀	5					0	0	0
84813000	止回阀	5					0	0	0
84814000	安全阀或溢流阀	5					0	0	0
84818021	电磁换向阀	7					0	0	0
84818029	其他换向阀	7					0	0	0
84818031	电子膨胀阀	7					0	0	0
84818039	其他流量阀	7					0	0	0
84818040	其他阀门	7					0	0	0
84818090	未列名龙头、旋塞及类似装置	5					0	0	0
84819010	阀门用零件	8					0	0	0

税则号列 Tariff Item	商品名称（简称） Article Description	最惠国税率（%） M. F. N.	特惠税率（%） The Special Preferential Tariff Rates						
			亚太2国	东盟			37国	3国	1国
				缅甸 Myanmar	老挝 Laos	柬埔寨 Cambodia			
84819090	龙头、旋塞及类似装置的零件	8					0	0	0
84821010	调心球轴承	8					0	0	0
84821020	深沟球轴承	8					0	0	0
84821030	角接触轴承	8					0	0	0
84821040	推力球轴承	8					0	0	0
84821090	其他滚珠轴承	8					0	0	0
84822000	锥形滚子轴承	8					0	0	0
84823000	鼓形滚子轴承	8					0	0	0
84824000	滚针轴承	8					0	0	0
84825000	其他圆柱形滚子轴承	8					0	0	0
84828000	其他滚动轴承及球、柱混合轴承	8					0	0	0
84829100	滚珠、滚针及滚柱	8					0	0	0
84829900	滚动轴承的其他零件	6					0	0	0
84831011	船舶用柴油机曲轴	6					0	0	0
84831019	其他船舶用传动轴	6					0	0	0
84831090	其他传动轴及曲柄	6					0	0	0
84832000	装有滚珠或滚子轴承的轴承座	6					0	0	0
84833000	未装滚珠或滚子轴承的轴承座	6					0	0	0
84834010	滚子螺杆传动装置	8					0	0	0
84834020	行星齿轮减速器	8					0	0	0
84834090	其他齿轮及齿轮传动装置	8					0	0	0
84835000	飞轮、滑轮及滑轮组	8					0	0	0
84836000	离合器及联轴器（包括万向节）	8					0	0	0
84839000	单独报验的带齿的轮及其他传动元件、零件	8					0	0	0
84841000	金属片密封垫或类似接合衬垫	8					0	0	0
84842000	机械密封件	8					0	0	0
84849000	其他材料制密封垫及类似接合衬垫	8					0	0	0
84861010	利用温度变化处理单晶硅的机器及装置	0			0		0	0	0
84861020	制作单晶硅或晶圆的研磨设备	0					0	0	0
84861030	制作单晶硅或晶圆的切割设备	0					0	0	0
84861040	制作单晶硅或晶圆的化学机械抛光设备	0					0	0	0
84861090	制作单晶硅或晶圆的其他设备	0					0	0	0
84862010	制造半导体器件或集成电路用的热处理设备	0			0		0	0	0
84862021	制造半导体器件或集成电路用的化学气相沉积装置	0					0	0	0
84862022	制造半导体器件或集成电路用的物理气相沉积装置	0					0	0	0
84862029	制造半导体器件或集成电路用的其他薄膜沉积设备	0					0	0	0
84862031	制造半导体器件或集成电路用的分步重复光刻机	0					0	0	0
84862039	制造半导体器件或集成电路用的其他光刻设备	0					0	0	0
84862041	制造半导体器件或集成电路用的等离子体干法刻蚀机	0					0	0	0
84862049	制造半导体器件或集成电路用的其他刻蚀及剥离设备	0					0	0	0
84862050	制造半导体器件或集成电路用的离子注入机	0					0	0	0
84862090	制造半导体器件或集成电路用的其他机器及装置	0					0	0	0
84863010	制造平板显示器用的热处理设备	0			0		0	0	0
84863021	制造平板显示器用的化学气相沉积装置	0					0	0	0
84863022	制造平板显示器用的物理气相沉积装置	0					0	0	0

税则号列 Tariff Item	商品名称（简称） Article Description	最惠国税率（%） M. F. N.	特惠税率（%） The Special Preferential Tariff Rates						
			亚太 2 国	东盟 缅甸 Myanmar	东盟 老挝 Laos	东盟 柬埔寨 Cambodia	37 国	3 国	1 国
84863029	制造平板显示器用的其他薄膜沉积设备	0					0	0	0
84863031	制造平板显示器用的分步重复光刻机	0					0	0	0
84863039	制造平板显示器用的其他光刻设备	0					0	0	0
84863041	制造平板显示器用的超声波清洗装置	6.7					0	0	0
84863049	制造平板显示器用的其他湿法蚀刻、显影、剥离、清洗装置	0					0	0	0
84863090	制造平板显示器用的其他机器及装置	0					0	0	0
84864010	专用于制作和修复掩膜版的装置	0					0	0	0
84864021	专用于装配与封装半导体器件或集成电路的塑封机	3.3					0	0	0
84864022	专用于装配与封装半导体器件或集成电路的引线键合设备	5.3					0	0	0
84864029	专用于装配与封装半导体器件或集成电路的机器及装置	0					0	0	0
84864031	集成电路工厂专用的自动搬运机器人	0					0	0	0
84864039	其他集成电路或液晶显示屏工厂专用升降、装卸、搬运装置	3.3					0	0	0
84869010	升降、搬运、装卸机器用零件及附件（自动搬运设备用除外）	2.5					0	0	0
84869020	引线键合装置用零件及附件	3					0	0	0
84869091	带背板的溅射靶材组件	0					0	0	0
84869099	其他半导体器件、集成电路、液晶显示器生产专用设备的零件及附件	0					0	0	0
84871000	船或小艇用推进器及桨叶	6					0	0	0
84879000	第八十四章其他税号未列名机器零件	8					0	0	0
85011010	输出功率≤37.5 瓦玩具电动机	24.5					0	0	0
85011091	机座 20 毫米≤直径＜39 毫米微电机	9					0	0	0
85011099	其他输出功率≤37.5 瓦微电机	9					0	0	0
85012000	输出功率＞37.5 瓦交直流两用电动机	12					0	0	0
85013100	输出功率≤750 瓦直流电动机、发电机	12					0	0	0
85013200	750 瓦＜输出功率≤75 千瓦直流电动机、发电机	10					0	0	0
85013300	75 千瓦＜输出功率≤375 千瓦直流电动机、发电机	5					0	0	0
85013400	输出功率＞375 千瓦直流电动机、发电机	12					0	0	0
85014000	单相交流电动机	12					0	0	0
85015100	输出功率≤750 瓦多相交流电动机	5					0	0	0
85015200	750 瓦＜输出功率≤75 千瓦多相交流电动机	10					0	0	0
85015300	输出功率＞75 千瓦多相交流电动机	12					0	0	0
85016100	输出功率≤75 千伏安交流发电机	5					0	0	0
85016200	75 千伏安＜输出功率≤375 千伏安交流发电机	12					0	0	0
85016300	375 千伏安＜输出功率≤750 千伏安交流发电机	12					0	0	0
85016410	750 千伏安＜输出功率＜350 兆伏安交流发电机	10					0	0	0
85016420	350 千伏安≤输出功率＜665 兆伏安交流发电机	5.8					0	0	0
85016430	输出功率≥665 兆伏安交流发电机	6					0	0	0
85021100	输出功率≤75 千伏安柴油发电机组	10					0	0	0
85021200	75 千伏安＜输出功率≤375 千伏安柴油发电机组	10					0	0	0
85021310	375 千伏安＜输出功率≤2 兆伏安柴油发电机组	10					0	0	0

税则号列 Tariff Item	商品名称（简称） Article Description	最惠国税率（%） M. F. N.	特惠税率（%）The Special Preferential Tariff Rates						
			亚太2国	东盟 缅甸 Myanmar	东盟 老挝 Laos	东盟 柬埔寨 Cambodia	37国	3国	1国
85021320	输出功率>2兆伏安柴油发电机组	10					0	0	0
85022000	装有点燃式活塞发动机的发电机组	10					0	0	0
85023100	风力驱动的发电机组	8					0	0	0
85023900	其他发电机组	10					0	0	0
85024000	旋转式变流机	10					0	0	0
85030010	玩具用电动机微电机零件	12					0	0	0
85030020	输出功率>350兆伏安交流发电机零件	3					0	0	0
85030030	风力驱动发电机组的零件	3					0	0	0
85030090	其他电动机、发电机（组）零件	8					0	0	0
85041010	电子镇流器	10					0	0	0
85041090	其他放电灯或放电管用镇流器	10					0	0	0
85042100	额定容量≤650千伏安的液体介质变压器	10.5					0	0	0
85042200	650千伏安<额定容量≤10兆伏安的液体介质变压器	12.6					0	0	0
85042311	10兆伏安<额定容量≤220兆伏安的液体变压器	10					0	0	0
85042312	200兆伏安≤额定容量<330兆伏安的液体变压器	10					0	0	0
85042313	330兆伏安≤额定容量<400兆伏安的液体变压器	10					0	0	0
85042321	400兆伏安≤液体变压器额定容量<500兆伏安	6					0	0	0
85042329	其他额定容量≥500兆伏安的液体变压器	6					0	0	0
85043110	额定容量≤1千伏安的互感器	5					0	0	0
85043190	额定容量≤1千伏安的其他变压器	5					0	0	0
85043210	1千伏安<额定容量≤16千伏安的互感器	5					0	0	0
85043290	1千伏安<额定容量≤16千伏安的其他变压器	5					0	0	0
85043310	额定容量超过16千伏安，但不超过500千伏安的互感器	5					0	0	0
85043390	其他额定容量超过16千伏安，但不超过500千伏安的变压器、静止式变流器（例如，整流器）及电感器	5					0	0	0
85043410	额定容量超过500千伏安互感器	14					0	0	
85043490	其他额定容量超过500千伏安的变压器、静止式变流器（例如，整流器）及电感器	14					0	0	
85044013	税目84.71所列机器用的稳压电源	0					0	0	0
85044014	功率<1千瓦高精度直流稳压电源	4.7					0	0	0
85044015	功率<10千瓦高精度交流稳压电源	0					0	0	0
85044019	其他稳压电源	0					0	0	0
85044020	不间断供电电源（UPS）	6.7					0	0	0
85044030	逆变器	6.7					0	0	0
85044091	具有变流功能的半导体模块	6.7					0	0	0
85044099	其他未列名静止式变流器	6.7					0	0	0
85045000	其他电感器	0					0	0	0
85049011	额定容量>400千伏安液体介质变压器零件	3.3					0	0	0
85049019	其他变压器零件	5.3					0	0	0
85049020	稳压电源及不间断供电电源零件	5.3					0	0	0
85049090	其他静止式变流器及电感器零件	5.3					0	0	0
85051110	稀土的永磁铁及磁化后准备制永磁铁的物品	7					0	0	0
85051190	其他金属的永磁铁及磁化后准备制永磁铁的物品	7					0	0	0
85051900	非金属永磁体	7					0	0	0

税则号列 Tariff Item	商品名称（简称） Article Description	最惠国税率（%） M. F. N.	特惠税率（%）The Special Preferential Tariff Rates						
			亚太2国	东盟			37国	3国	1国
				缅甸 Myanmar	老挝 Laos	柬埔寨 Cambodia			
85052000	电磁联轴节、离合器及制动器	8					0	0	0
85059010	电磁起重吸盘	8					0	0	0
85059090	电磁夹具等及税目85.02的零件	8					0	0	0
85061011	扣式碱性锌锰电池	20					0	0	
85061012	圆柱形碱性锌锰电池	20					0	0	
85061019	其他碱性锌锰电池	20					0	0	
85061090	二氧化锰的原电池及原电池组	20					0	0	
85063000	氧化汞的原电池及原电池组	14					0	0	
85064000	氧化银的原电池及原电池组	14					0	0	
85065000	锂的原电池及原电池组	14					0	0	
85066000	锌空气的原电池及原电池组	14					0	0	
85068000	其他原电池及原电池组	14					0	0	0
85069010	二氧化锰原电池或原电池组的零件	14					0	0	
85069090	其他原电池组或原电池组的零件	10					0	0	
85071000	启动活塞式发动机用铅酸蓄电池	10					0	0	
85072000	其他铅酸蓄电池	10					0	0	
85073000	镍镉蓄电池	10					0	0	
85074000	镍铁蓄电池	12					0	0	
85075000	镍氢蓄电池	12					0	0	
85076000	锂离子蓄电池	12					0	0	
85078030	全钒液流电池	12					0	0	
85078090	其他蓄电池	12					0	0	
85079010	铅酸蓄电池零件	10	5				0	0	
85079090	其他蓄电池零件	8	4				0	0	0
85081100	功率不超过1500瓦，且带有容积不超过20升的集尘袋或其他集尘容器的电动真空吸尘器	10					0	0	0
85081900	其他电动真空吸尘器	0					0	0	0
85086000	其他真空吸尘器	0					0	0	0
85087010	税号8508.1100所列电动真空吸尘器用零件	12					0	0	
85087090	其他真空吸尘器用零件	0					0	0	0
85094010	水果或蔬菜榨汁机	10					0	0	
85094090	食品研磨机及搅拌器	10					0	0	
85098010	地板打蜡机	30					0	0	
85098020	厨房废物处理器	20					0	0	
85098090	其他家用电动器具	30					0	0	
85099000	家用电动器具的零件	12					0	0	
85101000	电动剃须刀	30					0	0	
85102000	电动毛发推剪	30					0	0	
85103000	电动脱毛器	20					0	0	
85109000	税目85.10所列货品的零件	24.5					0	0	
85111000	火花塞	10					0	0	
85112010	机车、航空器及船舶用点火磁电机、永磁直流发电机、磁飞轮	5					0	0	0
85112090	其他点火磁电机、磁飞轮	10					0	0	0
85113010	机车、航空器及船舶用分电器及点火线圈	5					0	0	0

税则号列 Tariff Item	商品名称（简称） Article Description	最惠国税率(%) M. F. N.	特惠税率（%） The Special Preferential Tariff Rates						
			亚太2国	东盟			37 国	3 国	1 国
				缅甸 Myanmar	老挝 Laos	柬埔寨 Cambodia			
85113090	其他用途用分电器、点火线圈	8.4					0	0	0
85114010	机车等用启动电机及两用启动发电机	5					0	0	0
85114091	输出功率≥132.39 千瓦启动电机	8.4					0	0	0
85114099	其他用途的启动电机	8.4					0	0	0
85115010	其他机车、航空器、船舶用发电机	5					0	0	0
85115090	其他附属于内燃发动机的发电机	8.4					0	0	0
85118000	发动机用电点火、启动的其他装置	8.4					0	0	0
85119010	机车、船、航空器用电点火、启动装置零件	4.5					0	0	0
85119090	其他用电点火、启动装置的零件	5					0	0	0
85121000	自行车用照明或视觉信号装置	10.5					0	0	0
85122010	机动车辆用照明装置	10					0	0	0
85122090	其他机动车用照明或视觉信号装置	10					0	0	0
85123011	机动车辆用喇叭、蜂鸣器	10					0	0	0
85123012	防盗报警器	10					0	0	0
85123019	其他机动车辆用音响信号装置	10					0	0	0
85123090	其他车辆用音响信号装置	10					0	0	0
85124000	车辆风挡刮水器、除霜器及去雾器	10					0	0	0
85129000	税目 85.12 所列装置的零件	8					0	0	0
85131010	手电筒	15					0	0	0
85131090	其他自供能源手提式电灯	17.5					0	0	
85139010	手电筒零件	14					0	0	0
85139090	其他自供能源手提式电灯零件	14					0	0	
85141010	可控气氛热处理炉	0					0	0	0
85141090	工业、实验室用其他电阻加热炉及烘箱	0					0	0	0
85142000	工业、实验室用通过感应或介质损耗工作的炉及烘箱	0					0	0	0
85143000	工业、实验室用其他电炉及电烘箱	0					0	0	0
85144000	其他通过感应或介质损耗工作的加热设备	10					0	0	0
85149010	炼钢电炉用零件	8					0	0	0
85149090	工业用电阻加热炉及烘箱等零件	0					0	0	0
85151100	钎焊机器及装置用烙铁及焊枪	10					0	0	0
85151900	其他钎焊机器及装置	10					0	0	0
85152120	电阻焊接机器人	10					0	0	0
85152191	直缝焊管机	10					0	0	0
85152199	其他全自动或半自动电阻焊接机器及装置	10					0	0	0
85152900	其他电阻焊接机器及装置	10					0	0	0
85153120	电弧（包括等离子弧）焊接机器人	10					0	0	0
85153191	螺旋焊管机	10					0	0	0
85153199	其他全自动或半自动的电弧（包括等离子弧）焊接机器及装置	10					0	0	0
85153900	其他电弧焊接机器及装置	10					0	0	0
85158010	激光焊接机器人	8					0	0	0
85158090	其他机器及装置	8					0	0	0
85159000	电气等焊接机器及装置零件	6					0	0	0
85161010	储存式电热水器	10					0	0	0
85161020	即热式电热水器	10					0	0	0

税则号列 Tariff Item	商品名称（简称） Article Description	最惠国税率（%） M. F. N.	特惠税率（%）The Special Preferential Tariff Rates						
			亚太2国	东盟			37国	3国	1国
				缅甸 Myanmar	老挝 Laos	柬埔寨 Cambodia			
85161090	其他电热的快速热水器、浸入式液体加热器	10					0	0	0
85162100	电气储存式散热器	35					0	0	
85162910	电气土壤加热器	10					0	0	0
85162920	辐射式空间加热器	10					0	0	0
85162931	风扇式对流式空间加热器	10					0	0	0
85162932	充液式对流式空间加热器	10					0	0	0
85162939	其他对流式空间加热器	10					0	0	0
85162990	电气空间加热器	10					0	0	0
85163100	电吹风机	10					0	0	0
85163200	其他电热理发器具	35					0	0	
85163300	电热干手器	35					0	0	
85164000	电熨斗	35					0	0	
85165000	微波炉	15					0	0	
85166010	电磁炉	15					0	0	
85166030	电饭锅	15					0	0	
85166040	电炒锅	15					0	0	
85166050	电烤箱	15					0	0	
85166090	其他电热炉	15					0	0	
85167110	滴液式咖啡机	32					0	0	
85167120	蒸馏渗滤式咖啡机	32					0	0	
85167130	泵压式咖啡机	32					0	0	
85167190	其他电热咖啡机或茶壶	32					0	0	
85167210	家用自动面包机	32					0	0	
85167220	片式烤面包机（多士炉）	32					0	0	
85167290	电热烤面包器	32					0	0	
85167910	电热饮水机	32					0	0	
85167990	其他电热器具	32					0	0	
85168000	加热电阻器	10					0	0	0
85169010	土壤加热器及加热电阻器零件	8					0	0	0
85169090	税目 85.16 所列货品的其他零件	12					0	0	0
85171100	无绳电话机	0					0	0	0
85171210	手持（包括车载）式无线电话机	0					0	0	0
85171220	对讲机	0					0	0	0
85171290	用于蜂窝网络或无线网络的其他电话机	0					0	0	0
85171800	其他电话机	0					0	0	0
85176110	移动通信基站	0					0	0	0
85176190	其他通信基站	0					0	0	0
85176211	数字式局用电话交换机、长途电话交换机、电报交换机	0					0	0	0
85176212	数字式移动通信交换机	0					0	0	0
85176219	数字式其他电话交换机	0					0	0	0
85176221	光端机及脉冲编码调制设备	0					0	0	0
85176222	波分复用光传输设备	0					0	0	0
85176229	其他光通讯设备	0					0	0	0
85176231	通信网络时钟同步设备	0					0	0	0

税则号列 Tariff Item	商品名称（简称） Article Description	最惠国税率（%） M. F. N.	特惠税率（%） The Special Preferential Tariff Rates						
			亚太2国	东盟 缅甸 Myanmar	东盟 老挝 Laos	东盟 柬埔寨 Cambodia	37国	3国	1国
85176232	以太网络交换机	0					0	0	0
85176233	IP电话信号交换机	0					0	0	0
85176234	调制解调器	0					0	0	0
85176235	集线器	0					0	0	0
85176236	路由器	0					0	0	0
85176237	有线网络接口卡	0					0	0	0
85176239	其他有线数字通信设备	0					0	0	0
85176292	无线网络接口卡	0					0	0	0
85176293	无线接入固定台	0					0	0	0
85176294	无线耳机	0					0	0	0
85176299	其他接收、转换并且发送或再生声音、图像或数据用的设备	0					0	0	0
85176910	其他无线设备	6					0	0	0
85176990	其他有线设备	0					0	0	0
85177010	数字式程控电话或电报交换机零件	0					0	0	0
85177020	光端机、脉冲编码调制设备的零件	0					0	0	0
85177030	手持式无线电话机零件（天线除外）	0					0	0	0
85177040	对讲机零件（天线除外）	4					0	0	0
85177060	光通信设备的激光收发模块	0					0	0	0
85177070	税目85.17所列设备用天线及其零件	1					0	0	0
85177090	发送或接收声音、图像或数据的设备用其他零件	0					0	0	0
85181000	传声器（麦克风）及其座架	5					0	0	0
85182100	单喇叭音箱	5					0	0	0
85182200	多喇叭音箱	5					0	0	0
85182900	其他扬声器	0					0	0	0
85183000	其他耳机、耳塞机	0					0	0	0
85184000	音频扩大器	6					0	0	0
85185000	电气扩音机组	5					0	0	0
85189000	税目85.18所列货品的零件	5.3					0	0	0
85192000	用硬币、钞票、银行卡、代币使其工作的声音录放设备	20					0	0	
85193000	转盘（唱机唱盘）	30					0	0	
85195000	电话应答机	0					0	0	0
85198111	不带录音功能的盒式磁带型声音重放装置，编辑节目用放声机除外	8.5					0	0	
85198112	装有声音重放装置的盒式磁带型录音机	15					0	0	
85198119	其他使用磁性媒体的声音录放机	10					0	0	
85198121	不带录音功能的激光唱机	15					0	0	
85198129	使用光学媒体的其他声音录放装置	10					0	0	
85198131	闪速存储器型声音录放机	10					0	0	
85198139	使用半导体媒体的其他声音录放装置	10					0	0	
85198910	不带录制装置的其他唱机，不论是否带有扬声器	15					0	0	
85198990	其他声音录制或重放设备	10					0	0	
85211011	广播级录像机	①					0	0	

①15.0%与“完税价格不高于2000美元/台：30%；完税价格高于2000美元/台：3%，加3283元/台”从低执行。

税则号列 Tariff Item	商品名称（简称） Article Description	最惠国税率（%） M. F. N.	特惠税率（%）The Special Preferential Tariff Rates						
			亚太2国	东盟 缅甸 Myanmar	东盟 老挝 Laos	东盟 柬埔寨 Cambodia	37国	3国	1国
85211019	其他磁带录像机	①					0	0	
85211020	磁带放像机	②					0	0	
85219011	视频高密光盘机 VCD	10					0	0	
85219012	数字化视频光盘机 DVD	10					0	0	
85219019	其他激光视盘放像机	10					0	0	
85219090	其他视频信号录制或重放设备	10					0	0	
85221000	拾音头	35					0	0	
85229010	转盘或唱机用零件、附件	18.8					0	0	
85229021	录音机走带机构（机芯）	18.8					0	0	
85229022	磁头	18.8					0	0	
85229023	磁头零件	15					0	0	
85229029	盒式磁带录音机或放声机其他零件	22.5					0	0	
85229031	激光视盘机的机芯	22.5					0	0	
85229039	其他视频信号录放设备的零件附件	22.5					0	0	
85229091	车载音频转播器或发射器	15					0	0	0
85229099	声音录制或重放设备用其他零件	15					0	0	0
85232110	未录制的磁条卡	8.8					0	0	
85232120	已录制的磁条卡	7.5					0	0	
85232911	未录制磁盘	0					0	0	0
85232919	已录制磁盘	0					0	0	0
85232921	宽度≤4毫米的未录制磁带	0					0	0	0
85232922	4毫米＜宽度≤6.5毫米的未录制磁带	0					0	0	0
85232923	宽度＞6.5毫米的未录制磁带	0					0	0	0
85232928	用于重放声音或图像信息的磁带	5					0	0	0
85232929	已录制其他信息的磁带	0					0	0	0
85232990	其他磁性媒体	0					0	0	0
85234100	未录制的光学媒体	0					0	0	0
85234910	仅用于重放声音、信息的光学媒体	5					0	0	
85234920	用于重放声音、图像以外信息的，税目84.71所列机器用的光学媒体	0					0	0	0
85234990	其他已录制的光学媒体	0					0	0	0
85235110	未录制信息的闪速存储器	0					0	0	0
85235120	已录制信息的闪速存储器	0					0	0	0
85235210	未录制内容的“智能卡”	0					0	0	0
85235290	已录制内容的“智能卡”	0					0	0	0
85235910	未录制信息的其他半导体媒体	0					0	0	0
85235920	已录制信息的其他半导体媒体	0					0	0	0
85238011	已录制的唱片	7.5					0	0	
85238019	未录制的唱片	0					0	0	0
85238021	税目84.71所列机器用未录制内容的其他媒体	0					0	0	0
85238029	税目84.71所列机器用已录制内容的其他媒体	0					0	0	0

①15.0%与“完税价格不高于2000美元/台：30%；完税价格高于2000美元/台：3%，加3283元/台”从低执行。

②15.0%与“完税价格不高于2000美元/台：30%；完税价格高于2000美元/台：3%，加3283元/台”从低执行。

税则号列 Tariff Item	商品名称（简称） Article Description	最惠国税率（%） M. F. N.	特惠税率（%）The Special Preferential Tariff Rates						
			亚太2国	东盟			37国	3国	1国
				缅甸 Myanmar	老挝 Laos	柬埔寨 Cambodia			
85238091	其他未录制内容的媒体	0					0	0	0
85238099	其他已录制内容的媒体	0					0	0	0
85255000	广播电视发送设备	0					0	0	0
85256010	卫星地面站设备	0					0	0	0
85256090	其他装有接收装置的广播电视发送设备	0					0	0	0
85258011	特种用途电视摄像机	6.7					0	0	
85258012	非特种用途的广播级电视摄像机	①					0	0	
85258013	非特种用途的其他电视摄像机	②					0	0	
85258021	特种用途的数字照相机	0					0	0	0
85258022	非特种用途的单反数字照相机	0					0	0	0
85258025	非特种用途的其他可换镜头的数字照相机	0					0	0	0
85258029	非特种用途的其他数字照相机	0					0	0	0
85258031	特种用途的视频摄录一体机	0					0	0	0
85258032	非特种用途的广播级视频摄录一体机	0					0	0	0
85258033	非特种用途的家用视频摄录一体机	0					0	0	0
85258039	非特种用途的其他视频摄录一体机	0					0	0	0
85261010	导航用雷达设备	1					0	0	
85261090	其他雷达设备	2.5					0	0	
85269110	机动车辆用	1					0	0	
85269190	其他无线电导航设备	1					0	0	
85269200	无线电遥控设备	3.3					0	0	
85271200	不需外接电源袖珍盒式磁带收放机	10					0	0	
85271300	不需外接电源收录（放）音组合机	7.5					0	0	
85271900	不需外接电源无线电收音机	7.5					0	0	
85272100	需外接电源汽车收录（放）音组合机	15					0	0	
85272900	需外接电源汽车用无线电收音机	7.5					0	0	
85279100	其他收录（放）音组合机	7.5					0	0	
85279200	带时钟的收音机	7.5					0	0	
85279900	其他收音机	15					0	0	
85284200	可直接连接且设计用于税目84.71的自动数据处理设备的阴极射线管监视器	0					0	0	0
85284910	其他彩色阴极射线管监视器	15					0	0	
85284990	单色的阴极射线管监视器	9.5					0	0	
85285211	专用于或主要用于税目84.71的自动数据处理系统的液晶监视器	0					0	0	0
85285212	其他彩色液晶监视器，可直接连接且设计用于税目84.71的自动数据处理设备的	30					0	0	
85285219	其他单色液晶监视器，可直接连接且设计用于税目84.71的自动数据处理设备的	19					0	0	
85285291	其他监视器，专用于或主要用于税目84.71的自动数据处理系统的	0					0	0	0

①23.3%与“完税价格不高于5000美元/台，35%；完税价格高于5000美元/台：3%，加9728元/台”从低执行。

②23.3%与“完税价格不高于5000美元/台，35%；完税价格高于5000美元/台：3%，加9728元/台”从低执行。

税则号列 Tariff Item	商品名称（简称） Article Description	最惠国税率（%） M. F. N.	特惠税率（%） The Special Preferential Tariff Rates 亚太2国	东盟 缅甸 Myanmar	东盟 老挝 Laos	东盟 柬埔寨 Cambodia	37国	3国	1国
85285292	其他彩色监视器	30					0	0	
85285299	其他单色监视器	19					0	0	
85285910	其他彩色监视器	30					0	0	
85285990	单色的其他监视器	19					0	0	
85286210	专用于或主要用于税目84.71的自动数据处理系统的投影机	0					0	0	0
85286220	其他投影机，彩色的	30					0	0	
85286290	其他投影机，单色的	15					0	0	
85286910	其他彩色投影机	30					0	0	
85286990	单色的其他投影机	15					0	0	
85287110	不带显示屏的彩色卫星电视接收机	20					0		
85287180	不带显示屏的其他彩色电视接收机	20					0		
85287190	单色的不带视频显示器的电视接收机	10					0	0	
85287211	其他彩色模拟电视接收机，带阴极射线显像管的	30					0		
85287212	其他彩色数字电视接收机，带阴极射线显像管的	30					0		
85287219	其他彩色电视接收机，带阴极射线显像管的	30					0		
85287221	其他彩色模拟电视接收机，带液晶显示器的	30					0		
85287222	其他彩色数字电视接收机，带液晶显示器的	30					0		
85287229	其他彩色电视接收机，带液晶显示器的	30					0		
85287231	其他彩色模拟电视接收机，带等离子显示器的	30					0		
85287232	其他彩色数字电视接收机，带等离子显示器的	30					0		
85287239	其他彩色电视接收机，带等离子显示器的	30					0		
85287291	其他彩色模拟电视接收机	30					0	0	
85287292	其他彩色数字电视接收机	30					0		
85287299	其他彩色电视接收机	30					0		
85287300	其他单色的电视接收装置	15					0	0	
85291010	雷达及无线电导航设备天线及零件	0.8					0	0	
85291020	收音机、电视机天线及其零件	0					0	0	0
85291090	其他无线电设备天线及其零件	1					0	0	
85299010	电视发送、差转等设备零件	0					0	0	0
85299041	特种用途电视摄像机、视频摄录一体机、数字照相机零件	8					0	0	
85299042	非特种用途的取像模块	12					0	0	
85299049	其他电视摄像机、视频摄录一体机、数字照相机零件	12					0	0	
85299050	雷达设备及无线电导航设备零件	1.5					0	0	
85299060	无线电收音机及其组合机的其他零件	15					0	0	0
85299081	彩色电视接收机用（等离子显像组件及其零件、有机发光二极管显示屏除外）	15					0	0	
85299083	有机发光二极管显示屏	15					0	0	
85299089	其他电视机零件	0					0	0	0
85299090	税目85.25至85.28所列设备的零件	0					0	0	0
85301000	铁道或电车道用电气信号、安全或交通管理设备	10					0	0	
85308000	其他用电气信号、安全或交通管理设备	8					0	0	0
85309000	税目85.30所列设备的零件	8					0	0	0
85311000	防盗或防火报警器及类似装置	10					0	0	0

税则号列 Tariff Item	商品名称（简称） Article Description	最惠国税率（%） M. F. N.	特惠税率（%） The Special Preferential Tariff Rates						
			亚太2国	东盟			37国	3国	1国
				缅甸 Myanmar	老挝 Laos	柬埔寨 Cambodia			
85312000	有液晶装置或发光管的显示板	0					0	0	0
85318010	蜂鸣器	15					0	0	
85318090	其他电气音响或视觉信号装置	7.5					0	0	
85319010	防盗、防火及类似装置用零件	0					0	0	0
85319090	其他音响或视觉信号装置用零件	0					0	0	0
85321000	固定电容器，用于50/60赫兹电路，其额定无功功率不低于0.5千瓦（电力电容器）	0					0	0	0
85322110	片式钽电容器	0					0	0	0
85322190	其他钽电容器	0					0	0	0
85322210	片式铝电解电容器	0					0	0	0
85322290	其他铝电解电容器	0					0	0	0
85322300	单层瓷介电容器	0					0	0	0
85322410	片式多层瓷介电容器	0					0	0	0
85322490	其他多层瓷介电容器	0					0	0	0
85322510	片式纸介质或塑料介质电容器	0					0	0	0
85322590	其他纸介质或塑料介质电容器	0					0	0	0
85322900	其他固定电容器	0					0	0	0
85323000	其他可变或可调（微调）电容器	0					0	0	0
85329010	税号8532.1000所列电容器零件	0					0	0	0
85329090	其他电容器零件	0					0	0	0
85331000	合成或薄膜式固定碳质电阻器	0					0	0	0
85332110	额定功率≤20瓦片式固定电阻器	0					0	0	0
85332190	额定功率≤20瓦其他固定电阻器	0					0	0	0
85332900	其他额定功率＞20瓦固定电阻器	0					0	0	0
85333100	额定功率≤20瓦线绕可变电阻器	0					0	0	0
85333900	额定功率＞20瓦电位器	0					0	0	0
85334000	其他可变电阻器	0					0	0	0
85339000	各种电阻器零件	0					0	0	0
85340010	大于四层的印刷电路	0					0	0	0
85340090	小于等于四层的印刷电路	0					0	0	0
85351000	电路熔断器（电压＞1000伏）	14					0	0	
85352100	电压＜72.5千伏自动断路器	14					0	0	
85352910	用于电压在72.5千伏及以上，但不高于220千伏的线路的自动断路器	10					0	0	0
85352920	用于电压高于220千伏，但不高于750千伏的线路的自动断路器	10					0	0	0
85352990	其他电压≥72.5千伏自动断路器	10					0	0	0
85353010	用于电压在72.5千伏及以上，但不高于220千伏的线路的隔离开关及断续开关	10					0	0	0
85353020	用于电压高于220千伏，但不高于750千伏的线路的隔离开关及断续开关	10					0	0	0
85353090	其他隔离开关及断续开关	10					0	0	0
85354000	避雷器、电压限幅器及电涌抑制器	18					0	0	
85359000	其他电压＞1000伏电路开关等电气装置	10					0	0	0
85361000	熔断器（电压≤1000伏）	10					0	0	0

税则号列 Tariff Item	商　品　名　称（简称） Article Description	最惠国税率（%） M. F. N.	特惠税率（%） The Special Preferential Tariff Rates						
			亚太2国	东盟			37国	3国	1国
				缅甸 Myanmar	老挝 Laos	柬埔寨 Cambodia			
85362000	电压≤1000伏自动断路器	9					0	0	0
85363000	电压≤1000伏其他电路保护装置	6					0	0	0
85364110	用于电压不超过36伏线路的继电器	10					0	0	0
85364190	用于电压超过36伏，但不超过60伏线路的继电器	10					0	0	0
85364900	电压>60伏的继电器	10					0	0	0
85365000	电压≤1000伏的其他开关	0					0	0	0
85366100	电压≤1000伏的灯座	10					0	0	0
85366900	电压≤1000伏的插头及插座	0					0	0	0
85367000	光导纤维、光导纤维束或光缆用连接器	8					0	0	0
85369011	工作电压不超过36伏的接插件	0					0	0	0
85369019	其他接插件	0					0	0	0
85369090	其他电路的开关、保护或连接用的电气装置	0					0	0	0
85371011	可编程序控制器	5					0	0	0
85371019	其他数控装置	5					0	0	0
85371090	其他电力控制或分配的装置	8.4					0	0	0
85372010	电压≥500千伏高压开关装置	8.4					0	0	0
85372090	其他电力控制或分配装置	8.4					0	0	0
85381010	税号8537.2010所列装置的零件	5.6					0	0	0
85381090	税目85.37货品用的其他盘、板等	4.7					0	0	0
85389000	税目85.35、85.36、85.37装置的零件	7					0	0	0
85391000	封闭式聚光灯	10					0	0	0
85392110	科研、医疗专用卤钨灯	8					0	0	0
85392120	火车、航空器及船舶用卤钨灯	8					0	0	0
85392130	机动车辆用卤钨灯	10					0	0	0
85392190	其他卤钨灯	10.5					0	0	0
85392210	科研、医疗用功率≤200瓦白炽灯泡	10.5					0	0	0
85392290	其他用功率≤200瓦白炽灯泡	5					0	0	0
85392910	科研、医疗专用其他白炽灯泡	5					0	0	0
85392920	火车、航空及船舶用其他白炽灯泡	10.5					0	0	0
85392930	机动车辆用其他白炽灯泡	5					0	0	0
85392991	电压≤12伏未列名的白炽灯泡	12					0	0	0
85392999	其他未列名的白炽灯泡	12					0	0	0
85393110	科研、医疗专用热阴极荧光灯	8					0	0	0
85393120	火车、航空器、船舶用热阴极荧光灯	8					0	0	0
85393191	紧凑型荧光灯	8					0	0	0
85393199	其他热阴极荧光灯	8					0	0	0
85393230	钠蒸气灯	8					0	0	0
85393240	汞蒸气灯	8					0	0	0
85393290	金属卤化物灯	8					0	0	0
85393910	科研、医疗专用其他放电灯	8					0	0	0
85393920	火车、航空器、船舶用其他放电灯	8					0	0	0
85393990	其他用途的其他放电灯管	8					0	0	0
85394100	弧光灯	8					0	0	0
85394900	紫外线或红外线灯	8					0	0	0
85395000	发光二极管（LED）灯泡（管）	10					0	0	0

税则号列 Tariff Item	商品名称（简称） Article Description	最惠国税率(%) M. F. N.	特惠税率（%）The Special Preferential Tariff Rates						
			亚太2国	东盟 缅甸 Myanmar	东盟 老挝 Laos	东盟 柬埔寨 Cambodia	37国	3国	1国
85399000	税目85.39所列货品的零件	8					0	0	0
85401100	彩色阴极射线电视显像管	12					0	0	
85401200	黑白或单色阴极射线电视显像管	15					0	0	
85402010	电视摄像管	12					0	0	
85402090	变像管、图像增强管及光阴极管	8					0	0	0
85404010	彩色的数据/图形显示管，屏幕荧光点间距小于0.4毫米	8					0	0	0
85404020	单色的数据/图形显示管	8					0	0	0
85406010	雷达显示管	6					0	0	0
85406090	其他阴极射线管	8					0	0	0
85407100	磁控管	8					0	0	0
85407910	调速管	8					0	0	0
85407990	其他微波管	8					0	0	0
85408100	接收管或放大管	8					0	0	0
85408900	其他电子管	8					0	0	0
85409110	电视显像管零件	6					0	0	0
85409120	雷达显示管零件	5					0	0	0
85409190	其他阴极射线管零件	8					0	0	0
85409910	电视摄像管零件	8					0	0	0
85409990	其他热电子管、冷阴极管零件	8					0	0	0
85411000	二极管	0					0	0	0
85412100	耗散功率<1瓦的晶体管	0					0	0	0
85412900	耗散功率≥1瓦的晶体管	0					0	0	0
85413000	半导体及可控硅等开关元件	0					0	0	0
85414010	发光二极管	0					0	0	0
85414020	太阳能电池	0					0	0	0
85414090	其他光敏半导体器件，包括不论是否装在组件内或组装成块的光电池	0					0	0	0
85415000	其他半导体器件	0					0	0	0
85416000	已装配的压电晶体	0					0	0	0
85419000	税目85.41所列货品零件	0					0	0	0
85423111	多元件集成电路，具有变流功能的半导体模块	6.7					0	0	0
85423119	其他多元件集成电路处理器及控制器，不论是否带有存储器、转换器、逻辑电路、放大器、时钟及时序电路或其他电路	2.5					0	0	0
85423190	其他集成电路处理器及控制器，不论是否带有存储器、转换器、逻辑电路、放大器、时钟及时序电路或其他电路	0					0	0	0
85423210	多元件集成电路存储器	2.7					0	0	0
85423290	其他集成电路存储器	0					0	0	0
85423310	多元件集成电路放大器	2.7					0	0	0
85423390	其他集成电路放大器	0					0	0	0
85423910	其他多元件集成电路	2.7					0	0	0
85423990	其他集成电路	0					0	0	0
85429000	集成电路的零件	0					0	0	0

税则号列 Tariff Item	商品名称（简称） Article Description	最惠国税率（%） M. F. N.	特惠税率（%） The Special Preferential Tariff Rates						
			亚太2国	东盟 缅甸 Myanmar	东盟 老挝 Laos	东盟 柬埔寨 Cambodia	37国	3国	1国
85431000	其他粒子加速器	5					0	0	0
85432010	输出信号频率＜1500米赫兹的通用信号发生器	11.3					0	0	
85432090	输出信号频率≥1500米赫兹的通用信号发生器	6					0	0	0
85433000	电镀、电介或电泳设备及装置	0					0	0	0
85437091	金属、矿藏探测器	0					0	0	0
85437092	高、中频放大器	0					0	0	0
85437093	电篱网激发器	10					0	0	0
85437099	未列名的电气设备及装置	0					0	0	0
85439010	粒子加速器用零件	0					0	0	0
85439021	输出信号频率＜1500米赫兹通用信号发生器零件	0					0	0	0
85439029	输出信号频率≥1500米赫兹通用信号发生器零件	0					0	0	0
85439030	金属、矿藏探测器用零件	0					0	0	0
85439040	高、中频放大器用零件	0					0	0	0
85439090	第八十五章其他未列名电气设备的零件	0					0	0	0
85441100	铜制绕组电线	10					0	0	0
85441900	其他绕组电线	20					0	0	
85442000	同轴电缆及其他同轴电导体	10					0	0	0
85443020	机动车辆用点火布线组及其他布线组	10					0	0	0
85443090	车辆用点火布线组	5					0	0	0
85444211	耐压≤80伏有接头电缆	0					0	0	0
85444219	耐压≤80伏有接头电导体	0					0	0	0
85444221	1000伏≥耐压＞80伏有接头电缆	0					0	0	0
85444229	1000伏≥耐压＞80伏有接头电导体	0					0	0	0
85444911	耐压≤80伏无接头电缆	0					0	0	0
85444919	耐压≤80伏无接头电导体	0					0	0	0
85444921	1000伏≥耐压＞80伏无接头电缆	6					0	0	0
85444929	1000伏≥耐压＞80伏无接头电导体	12					0	0	0
85446012	额定电压不超过35千伏的电缆	10					0	0	0
85446013	额定电压超过35千伏，但不超过110千伏的电缆	8.4					0	0	0
85446014	额定电压超过110千伏，但不超过220千伏的电缆	8.4					0	0	0
85446019	其他额定电压超过1000伏的电缆	8.4					0	0	0
85446090	耐压＞1千伏的其他电导体	21					0	0	
85447000	光缆	0					0	0	0
85451100	炉用碳电极	8					0	0	0
85451900	其他碳电极	10.5					0	0	0
85452000	碳刷	10.5					0	0	0
85459000	灯碳棒、电池碳棒及其他石墨制品	10.5					0	0	0
85461000	玻璃制绝缘子	10.5					0	0	0
85462010	输变电线路绝缘瓷套管	6					0	0	0
85462090	其他陶瓷制绝缘子	12					0	0	0
85469000	其他材料制绝缘子	10					0	0	0
85471000	陶瓷制绝缘零件	8					0	0	0
85472000	塑料制绝缘零件	8					0	0	0
85479010	内衬绝缘材料的贱金属导管及其接头	10					0	0	0
85479090	其他材料制绝缘配件	8					0	0	0

税则号列 Tariff Item	商品名称(简称) Article Description	最惠国税率(%) M. F. N.	特惠税率(%) The Special Preferential Tariff Rates						
			亚太2国	东盟			37国	3国	1国
				缅甸 Myanmar	老挝 Laos	柬埔寨 Cambodia			
85481000	电池废碎料及废电池	8	4				0	0	
85489000	第八十五章其他未列名的电气零件	12					0	0	
86011011	微机控制的外部直流电动铁道机车	3					0	0	0
86011019	由外部直流电驱动的其他铁道机车	3					0	0	0
86011020	由外部交流电驱动的铁道机车	3					0	0	0
86011090	由其他外部电力驱动的铁道机车	3					0	0	0
86012000	由蓄电池驱动的铁道电力机车	3					0	0	0
86021010	微机控制的柴油电力铁道机车	3					0	0	0
86021090	其他柴油电力铁道机车	3					0	0	0
86029000	其他铁道机车及机车煤水车	3					0	0	0
86031000	由外电力驱动铁道及电车道用机动客车、货车、敞车	3					0	0	0
86039000	其他铁道及电车道用机动客车、货车、敞车	3					0	0	0
86040011	隧道限界检查车	3					0	0	0
86040012	钢轨在线打磨列车	3					0	0	0
86040019	铁道及电车道用其他检验车及查道车	5					0	0	0
86040091	电气化接触网架线机(轨行式)	5					0	0	0
86040099	铁道及电车道用其他维修或服务车	7					0	0	0
86050010	铁道及电车道用非机动客车	5					0	0	0
86050090	铁道及电车道用其他非机动客车	5					0	0	0
86061000	铁道及电车道用非机动油罐货车及类似车	5					0	0	0
86063000	铁道及电车道用非机动自卸货车	5					0	0	0
86069100	铁道及电车道用非机动带篷及封闭货车	5					0	0	0
86069200	铁道及电车道用非机动厢高＞60厘米敞篷货车	5					0	0	0
86069900	税目86.06所列其他未列名非机动车	5					0	0	0
86071100	铁道及电车道机车的驾驶转向架	3					0	0	0
86071200	铁道及电车道机车非驾驶转向架	3					0	0	0
86071910	铁道及电车道机车用车轴	3					0	0	0
86071990	转向轮及其零件	3					0	0	0
86072100	铁道及电车道机车用空气制动器及其零件	3					0	0	0
86072900	铁道及电车道机车用非空气制动器	3					0	0	0
86073000	铁道及电车道机车用钩、联结器、缓冲器及其零件	3					0	0	0
86079100	铁道及电车道机车用其他零件	3					0	0	0
86079900	铁道及电车道非机车用其他零件	3					0	0	0
86080010	轨道自动计轴设备	3					0	0	0
86080090	铁道及电车道轨道固定装置及附件	4					0	0	0
86090011	20英尺保温式集装箱	10.5					0	0	0
86090012	20英尺罐式集装箱	10.5					0	0	0
86090019	20英尺其他集装箱	10.5					0	0	0
86090021	40英尺保温式集装箱	10.5					0	0	0
86090022	40英尺罐式集装箱	10.5					0	0	0
86090029	40英尺其他集装箱	10.5					0	0	0
86090030	45、48、53英尺的集装箱	10.5					0	0	0
86090090	其他集装箱	10.5					0	0	0
87011000	手扶拖拉机	9					0	0	
87012000	半挂车用的公路牵引车	6					0		

税则号列 Tariff Item	商品名称(简称) Article Description	最惠国税率(%) M. F. N.	特惠税率(%) The Special Preferential Tariff Rates 亚太2国	东盟 缅甸 Myanmar	东盟 老挝 Laos	东盟 柬埔寨 Cambodia	37国	3国	1国
87013000	履带式牵引车、拖拉机	6					0	0	
87019110	发动机功率不超过18千瓦的拖拉机	8					0	0	
87019190	发动机功率不超过18千瓦的其他车辆	8					0	0	
87019210	超过18千瓦,但不超过37千瓦的拖拉机	8					0	0	
87019290	超过18千瓦,但不超过37千瓦的其他车辆	8					0	0	
87019310	超过37千瓦,但不超过75千瓦的拖拉机	8					0	0	
87019390	超过37千瓦,但不超过75千瓦的其他车辆	8					0	0	
87019410	超过75千瓦,但不超过130千瓦的拖拉机	8					0	0	
87019490	超过75千瓦,但不超过130千瓦的其他车辆	8					0	0	
87019510	超过130千瓦的拖拉机	8					0	0	
87019590	超过130千瓦的其他车辆	8					0	0	
87021020	机坪客车	4					0	0	
87021091	≥30座大型客车(柴油型)	25					0		
87021092	20~29座客车	25					0		
87021093	10~19座客车	25					0		
87022010	同时装有压燃式活塞内燃发动机(柴油或半柴油发动机)及驱动电动机的机坪客车	4					0	0	
87022091	同时装有压燃式活塞内燃发动机(柴油或半柴油发动机)及驱动电动机的其他30座及以上大型客车	25					0		
87022092	同时装有压燃式活塞内燃发动机(柴油或半柴油发动机)及驱动电动机的20座及以上,但不超过29座的客车	25					0		
87023010	同时装有点燃往复式活塞内燃发动机及驱动电动机的30座及以上大型客车	25					0		
87023020	同时装有点燃往复式活塞内燃发动机及驱动电动机的20座及以上,但不超过29座的客车	25					0		
87023030	同时装有点燃往复式活塞内燃发动机及驱动电动机的10座及以上,但不超过19座的客车	25					0	0	
87024010	仅装有驱动电动机的30座及以上大型客车	25					0		
87024020	仅装有驱动电动机的20座及以上,但不超过29座的客车	25					0		
87024030	仅装有驱动电动机的10座及以上,但不超过19座的客车	25					0	0	
87029010	≥30座大型客车(非柴油型)	25					0		
87029020	20~29座客车(非柴油型)	25					0		
87029030	10~19座客车(非柴油型)	25					0	0	
87031011	全地形车	25					0	0	
87031019	其他高尔夫球车及类似车辆	25					0	0	
87031090	雪地行走专用车	25					0	0	
87032411	3升<排气量≤4升的小轿车	25					0		
87032412	3升<排气量≤4升的越野车	25					0		
87032413	3升<排气量≤4升,≤9座的小客车	25					0		
87032419	3升<排气量≤4升的其他车辆	25					0		
87032421	排气量>4升的小轿车	25					0		
87032422	排气量>4升的越野车	25					0		

税则号列 Tariff Item	商品名称（简称） Article Description	最惠国税率（%） M. F. N.	特惠税率（%）The Special Preferential Tariff Rates						
			亚太2国	东盟 缅甸 Myanmar	东盟 老挝 Laos	东盟 柬埔寨 Cambodia	37国	3国	1国
87032423	排气量>4 升，≤9 座的小客车	25					0		
87032429	排气量>4 升的其他车辆	25					0		
87033111	排气量≤1 升的柴油型小轿车	25					0		
87033119	排气量≤1 升的柴油型其他车辆	25					0	0	
87033129	1 升<排气量≤1.5 升的柴油型其他车辆	25					0	0	
87033321	3 升<排气量≤4 升的柴油型小轿车	25					0		
87033322	3 升<排气量≤4 升的柴油型越野车	25					0		
87033323	3 升<排气量≤4 升，≤9 座的柴油型小客车	25					0		
87033329	3 升<排气量≤4 升的柴油型其他车辆	25					0		
87033361	排气量>4 升的柴油型小轿车	25					0		
87033362	排气量>4 升的柴油型越野车	25					0		
87033363	排气量>4 升，≤9 座的柴油型小客车	25					0		
87033369	排气量>4 升的柴油型其他车辆	25					0		
87034061	同时装有点燃往复式活塞内燃发动机及驱动电动机的其他车辆，可通过接插外部电源进行充电的除外气缸容量（排气量）超过 3000 毫升，但不超过 4000 毫升小轿车	25					0		
87034062	同时装有点燃往复式活塞内燃发动机及驱动电动机的其他车辆，可通过接插外部电源进行充电的除外气缸容量（排气量）超过 3000 毫升，但不超过 4000 毫升越野车（4 轮驱动）	25					0		
87034063	同时装有点燃往复式活塞内燃发动机及驱动电动机的其他车辆，可通过接插外部电源进行充电的除外气缸容量（排气量）超过 3000 毫升，但不超过 4000 毫升 9 座及以下的小客车	25					0		
87034069	同时装有点燃往复式活塞内燃发动机及驱动电动机的其他车辆，可通过接插外部电源进行充电的除外气缸容量（排气量）超过 3000 毫升，但不超过 4000 毫升其他车辆	25					0		
87034071	同时装有点燃往复式活塞内燃发动机及驱动电动机的其他车辆，可通过接插外部电源进行充电的除外气缸容量（排气量）超过 4000 毫升小轿车	25					0		
87034072	同时装有点燃往复式活塞内燃发动机及驱动电动机的其他车辆，可通过接插外部电源进行充电的除外气缸容量（排气量）超过 4000 毫升越野车（4 轮驱动）	25					0		
87034073	同时装有点燃往复式活塞内燃发动机及驱动电动机的其他车辆，可通过接插外部电源进行充电的除外气缸容量（排气量）超过 4000 毫升 9 座及以下的小客车	25					0		
87034079	同时装有点燃往复式活塞内燃发动机及驱动电动机的其他车辆，可通过接插外部电源进行充电的除外气缸容量（排气量）超过 4000 毫升其他车辆	25					0		
87034090	同时装有点燃往复式活塞内燃发动机及驱动电动机的其他车辆，可通过接插外部电源进行充电的除外其他车辆	25					0	0	

税则号列 Tariff Item	商品名称（简称） Article Description	最惠国税率（%） M. F. N.	特惠税率（%） The Special Preferential Tariff Rates						
			亚太2国	东盟 缅甸 Myanmar	东盟 老挝 Laos	东盟 柬埔寨 Cambodia	37国	3国	1国
87035011	同时装有压燃式活塞内燃发动机（柴油或半柴油发动机）及驱动电动机的其他车辆，可通过接插外部电源进行充电的除外气缸容量（排气量）不超过1000毫升小轿车	25					0		
87035019	同时装有压燃式活塞内燃发动机（柴油或半柴油发动机）及驱动电动机的其他车辆，可通过接插外部电源进行充电的除外气缸容量（排气量）不超过1000毫升其他车辆	25					0	0	
87035029	同时装有压燃式活塞内燃发动机（柴油或半柴油发动机）及驱动电动机的其他车辆，可通过接插外部电源进行充电的除外气缸容量（排气量）超过1000毫升，不超过1500毫升的其他车辆	25					0	0	
87035061	同时装有压燃式活塞内燃发动机（柴油或半柴油发动机）及驱动电动机的其他车辆，可通过接插外部电源进行充电的除外气缸容量（排气量）超过3000毫升，但不超过4000毫升小轿车	25					0		
87035062	同时装有压燃式活塞内燃发动机（柴油或半柴油发动机）及驱动电动机的其他车辆，可通过接插外部电源进行充电的除外气缸容量（排气量）超过3000毫升，但不超过4000毫升越野车（4轮驱动）	25					0		
87035063	同时装有压燃式活塞内燃发动机（柴油或半柴油发动机）及驱动电动机的其他车辆，可通过接插外部电源进行充电的除外气缸容量（排气量）超过3000毫升，但不超过4000毫升9座及以下的小客车	25					0		
87035069	同时装有压燃式活塞内燃发动机（柴油或半柴油发动机）及驱动电动机的其他车辆，可通过接插外部电源进行充电的除外气缸容量（排气量）超过3000毫升，但不超过4000毫升9座及以下的其他车辆	25					0		
87035071	同时装有压燃式活塞内燃发动机（柴油或半柴油发动机）及驱动电动机的其他车辆，可通过接插外部电源进行充电的除外气缸容量（排气量）超过4000毫升小轿车	25					0		
87035072	同时装有压燃式活塞内燃发动机（柴油或半柴油发动机）及驱动电动机的其他车辆，可通过接插外部电源进行充电的除外气缸容量（排气量）超过4000毫升越野车（4轮驱动）	25					0		
87035073	同时装有压燃式活塞内燃发动机（柴油或半柴油发动机）及驱动电动机的其他车辆，可通过接插外部电源进行充电的除外气缸容量（排气量）超过4000毫升9座及以下的小客车	25					0		
87035079	同时装有压燃式活塞内燃发动机（柴油或半柴油发动机）及驱动电动机的其他车辆，可通过接插外部电源进行充电的除外气缸容量（排气量）超过4000毫升其他车辆	25					0		
87035090	同时装有压燃式活塞内燃发动机（柴油或半柴油发动机）及驱动电动机的其他车辆，可通过接插外部电源进行充电的除外其他车辆	25					0	0	

税则号列 Tariff Item	商品名称（简称） Article Description	最惠国税率（%） M. F. N.	特惠税率（%）The Special Preferential Tariff Rates						
			亚太2国	东盟			37国	3国	1国
				缅甸 Myanmar	老挝 Laos	柬埔寨 Cambodia			
87037000	同时装有压燃往复式活塞内燃发动机及驱动电动机、可通过接插外部电源进行充电的其他车辆	25					0	0	
87038000	仅装驱动电动机的其他车辆	25					0	0	
87039000	其他车辆	25					0	0	
87041030	非公路用电动轮货运自卸车	6					0	0	0
87041090	其他非公路用货运自卸车	6					0	0	0
87042100	柴油型其他小型货车	25					0		
87042230	柴油型其他中型货车	20					0	0	
87042240	柴油型其他重型货车	20					0	0	
87042300	柴油型的其他超重型货车	15					0		
87043100	汽油型车辆总重量≤5吨的其他货车	25					0		
87043230	汽油型5吨＜车辆总重量≤8吨的其他货车	20					0	0	
87043240	汽油型车辆总重量＞8吨的其他货车	20					0	0	
87049000	装有其他发动机的货车	25					0	0	
87051021	最大起重重量≤50吨的全路面汽车起重车	15					0	0	
87051022	50吨＜最大起重重量≤100吨的全路面汽车起重车	10					0	0	0
87051023	最大起重重量＞100吨的全路面汽车起重车	10					0	0	0
87051091	最大起重重量≤50吨的其他汽车起重车	15					0	0	
87051092	50吨＜最大起重重量≤100吨的其他汽车起重车	10					0	0	0
87051093	最大起重重量＞100吨的其他汽车起重车	10					0	0	0
87052000	机动钻探车	12					0	0	0
87053010	装有云梯的救火车	3					0	0	0
87053090	其他机动救火车	3					0	0	0
87054000	机动混凝土搅拌车	15					0	0	
87059010	无线电通信车	9					0	0	0
87059020	机动放射线检查车	9					0	0	0
87059030	机动环境监测车	12					0	0	
87059040	机动医疗车	12					0	0	
87059051	航空电源车（频率为400赫兹）	12					0	0	
87059059	其他机动电源车	12					0	0	
87059060	飞机加油车、调温车、除冰车	12					0	0	
87059070	道路（包括跑道）扫雪车	12					0	0	
87059080	石油测井车、压裂车、混沙车	12					0	0	
87059091	混凝土泵车	12					0	0	
87059099	其他特殊用途的机动车辆	12					0	0	
87060010	非公路用货运自卸车底盘	8					0	0	
87060021	车辆总重量≥14吨的货车底盘	10					0		
87060022	车辆总重量＜14吨的货车底盘	10					0	0	
87060030	大型客车底盘	20					0		
87060040	汽车起重机底盘	20					0	0	
87060090	其他机动车辆底盘	10					0	0	
87071000	税目87.03所列车辆用车身（含驾驶室）	10					0	0	
87079010	税号8702.1092、8702.1093、8702.9020及8702.9030所列车辆用车身	10					0	0	
87079090	其他车辆用车身（含驾驶室）	10					0	0	

税则号列 Tariff Item	商品名称（简称） Article Description	最惠国税率（%） M. F. N.	特惠税率（%）The Special Preferential Tariff Rates 亚太2国	东盟 缅甸 Myanmar	东盟 老挝 Laos	东盟 柬埔寨 Cambodia	37国	3国	1国
87081000	缓冲器（保险杠）及其零件	10					0	0	0
87082100	座椅安全带	10					0	0	0
87082930	车窗玻璃升降器	10					0	0	0
87082941	汽车电动天窗	10					0	0	0
87082942	汽车手动天窗	10					0	0	0
87082951	侧围	10					0	0	0
87082952	车门	10					0	0	0
87082953	发动机罩盖	10					0	0	0
87082954	前围	10					0	0	0
87082955	行李箱盖（或背门）	10					0	0	0
87082956	后围	10					0	0	0
87082957	翼子板（或叶子板）	10					0	0	0
87082959	车身的其他覆盖件	10					0	0	0
87082990	车身的未列名零部件	10					0	0	0
87083010	装在蹄片上的制动摩擦片	10					0	0	0
87083021	牵引车、拖拉机、非公路自卸车用防抱死制动系统（ABS）	6					0	0	0
87083029	其他车辆用防抱死制动系统（ABS）	10					0	0	0
87083091	牵引车、拖拉机用制动器及其零件	6					0	0	0
87083092	大型客车用制动器及其零件	10					0	0	0
87083093	非公路自卸车用制动器及其零件	6					0	0	0
87083094	柴、汽油轻型货车用制动器及零件	10					0	0	0
87083095	柴油型重型货车用制动器及其零件	10					0	0	0
87083096	特种车用制动器及其零件	10					0	0	0
87083099	其他未列名机动车辆用制动器及零件	10					0	0	0
87084010	牵引车、拖拉机用变速箱及零件	6					0	0	0
87084020	大型客车用变速箱及零件	10					0		
87084030	非公路自卸车用变速箱及零件	6					0		
87084040	柴、汽油轻型货车用变速箱及零件	10					0		
87084050	其他柴油型重型货车用变速箱及零件	10					0		
87084060	特种车用变速箱及零件	10					0	0	0
87084091	自动换挡变速箱及零件	10					0		
87084099	未列名机动车辆用变速箱及零件	10					0		
87085071	牵引车、拖拉机用驱动桥及零件	6					0	0	0
87085072	其他大型客车用驱动桥及零件	10					0	0	0
87085073	非公路自卸车用驱动桥及零件	6					0	0	0
87085074	柴、汽油型轻型货车用驱动桥及零件	10					0	0	0
87085075	其他柴油型重型货车用驱动桥及零件	10					0	0	0
87085076	特种车用驱动桥及零件	10					0	0	0
87085079	未列名机动车辆用驱动桥及零件	10					0	0	0
87085081	牵引车、拖拉机用非驱动桥及零件	6					0	0	0
87085082	座位≥30客车用非驱动桥及零件	15					0	0	
87085083	非公路自卸车用非驱动桥及零件	6					0	0	0
87085084	柴、汽油轻货车用非驱动桥及零件	10					0	0	0
87085085	柴油重型货车用非驱动桥及零件	10					0	0	0

税则号列 Tariff Item	商 品 名 称（简称） Article Description	最惠国税率（%） M. F. N.	特惠税率（%）The Special Preferential Tariff Rates						
			亚太2国	东盟			37国	3国	1国
				缅甸 Myanmar	老挝 Laos	柬埔寨 Cambodia			
87085086	特种车用非驱动桥及其零件	10					0	0	0
87085089	未列名机动车辆用非驱动桥及零件	10					0	0	0
87087010	牵引车及拖拉机用车轮及其零件、附件	6					0	0	0
87087020	大型客车用车轮及其零件、附件	10					0	0	0
87087030	非公路货运自卸车用车轮及其零件	6					0	0	0
87087040	中、小型货车用车轮及其零件	10					0	0	0
87087050	大型货车用车轮及其零件	10					0	0	0
87087060	特种车用车轮及其零件	10					0	0	0
87087091	铝合金制的车轮及其零件、附件	10					0	0	0
87087099	其他车轮及其零件、附件	10					0	0	0
87088010	税目 87.03 所列车辆用的悬挂减震器及零件	10					0	0	0
87088090	机动车辆用的其他悬挂减震器及零件	10					0	0	0
87089110	水箱散热器	10					0	0	0
87089120	机油冷却器	10					0	0	0
87089190	其他散热器及其零件	10					0	0	0
87089200	机动车辆的消声器及排气管及零件	10					0	0	0
87089310	牵引车、拖拉机用离合器及其零件	6					0	0	0
87089320	座位≥30 客车用离合器及其零件	10					0	0	0
87089330	非公路自卸车用离合器及其零件	6					0	0	0
87089340	柴、汽油轻型货车用离合器及零件	10					0	0	0
87089350	总重≥14 吨柴油货车离合器及零件	10					0	0	0
87089360	特种车用的离合器及其零件	10					0	0	0
87089390	未列名机动车辆用离合器及其零件	10					0	0	0
87089410	牵引车、拖拉机用转向盘、转向柱及转向器及零件	6					0	0	0
87089420	大型客车用转向盘、转向柱及转向器及零件	10					0	0	0
87089430	非公路自卸车用转向盘、转向柱及转向器及零件	6					0	0	0
87089440	柴、汽油轻货车用转向盘、转向柱及转向器及零件	10					0	0	0
87089450	柴油型重型货车用转向盘、转向柱及转向器及零件	10					0	0	0
87089460	特种车用转向盘、转向柱及转向器及零件	10					0	0	0
87089490	未列名机动车辆用转向盘、转向柱及转向器及零件	10					0	0	0
87089500	机动车辆的安全气囊装置	10					0		
87089910	牵引车及拖拉机用其他零件、附件	6					0	0	0
87089921	税号 8702.1091 及 8702.9010 所列车辆用车架	25					0	0	
87089929	大型客车用其他零件、附件	25					0	0	
87089931	税号 8704.1030 及 8704.1090 所列车辆用车架	6					0	0	0
87089939	非公路货运自卸车用其他零件、附件	6					0	0	0
87089941	税号 8704.2100、8704.2230、8704.3100 及 8704.3230 所列车辆用车架	25					0	0	
87089949	中、小型货车用其他零件、附件	25					0	0	
87089951	税号 8704.2240、8704.2300 及 8704.3240 所列车辆用车架	10					0	0	0
87089959	总重≥14 吨货车用其他零件、附件	10					0	0	0
87089960	特种车用其他零件、附件	15					0	0	
87089991	其他税号所列车辆用车架	10					0	0	0
87089992	汽车传动轴	10					0	0	0

税则号列 Tariff Item	商品名称（简称） Article Description	最惠国税率（%） M. F. N.	特惠税率（%） The Special Preferential Tariff Rates						
			亚太2国	东盟 缅甸 Myanmar	东盟 老挝 Laos	东盟 柬埔寨 Cambodia	37国	3国	1国
87089999	机动车辆用未列名零件、附件	10					0	0	0
87091110	短距离运输货物电动牵引车	10					0	0	0
87091190	其他电动短矩离运货车	10					0	0	0
87091910	短距离运输货物其他牵引车	10.5					0	0	0
87091990	其他非电动短矩离运货车	10.5					0	0	0
87099000	短距离运货车、站台牵引车用零件	8.4					0	0	0
87100010	坦克及其他机动装甲战斗车辆	15					0	0	
87100090	坦克及其他机动装甲战斗车辆零件	15					0	0	
87111000	汽油型微马力摩托车及脚踏两用车	45					0	0	
87112010	装有往复式活塞发动机，气缸容量超过50毫升，但不超过100毫升的汽油型小马力摩托车及脚踏两用车	45					0	0	
87112020	装有往复式活塞发动机，气缸容量超过100毫升，但不超过125毫升的汽油型小马力摩托车及脚踏两用车	45					0	0	
87112030	装有往复式活塞发动机，气缸容量超过125毫升，但不超过150毫升的汽油型小马力摩托车及脚踏两用车	45					0	0	
87112040	装有往复式活塞发动机，气缸容量超过150毫升，但不超过200毫升的汽油型小马力摩托车及脚踏两用车	45					0		
87112050	装有往复式活塞发动机，气缸容量超过200毫升，但不超过250毫升的汽油型小马力摩托车及脚踏两用车	45					0		
87113010	汽油型中、小马力摩托车及脚踏两用车	45					0		
87113020	汽油型中、大马力摩托车及脚踏两用车	45					0		
87114000	汽油型大马力摩托车及脚踏两用车	40					0		
87115000	汽油型超大马力摩托车及类似车	30					0		
87116000	装有驱动电动机的其他摩托车（包括机器脚踏两用车）及装有辅助发动机的脚踏车，不论有无边车；边车	45					0		
87119000	其他摩托车（包括机器脚踏两用车）及装有辅助发动机的脚踏车，不论有无边车	45					0		
87120020	竞赛型自行车	13					0	0	
87120030	山地自行车	13					0	0	
87120041	16、18、20英寸自行车	13					0	0	0
87120049	其他越野自行车	13					0	0	
87120081	≤16英寸的未列名自行车	13					0	0	
87120089	其他未列名自行车	13					0	0	
87120090	其他非机动脚踏车	23					0	0	
87131000	非机械驱动的残疾人用车	6					0	0	
87139000	其他机动残疾人用车	4					0	0	
87141000	摩托车及机动脚踏两用车用零件、附件	30					0	0	
87142000	残疾人车辆用零件、附件	5					0	0	0
87149100	非机动脚踏车车架、轮叉及其零件	12					0	0	
87149210	轮圈	12					0	0	
87149290	辐条	12					0	0	
87149310	非机动脚踏车的轮毂	12					0	0	
87149320	飞轮	12					0	0	
87149390	其他非机动脚踏车的飞轮	12					0	0	

税则号列 Tariff Item	商品名称（简称） Article Description	最惠国税率（%） M. F. N.	特惠税率（%） The Special Preferential Tariff Rates						
			亚太2国	东盟 缅甸 Myanmar	东盟 老挝 Laos	东盟 柬埔寨 Cambodia	37国	3国	1国
87149400	非机动脚踏车的制动器及其零件	12					0	0	
87149500	非机动脚踏车的鞍座	12					0	0	
87149610	非机动脚踏车脚蹬及其零件	12					0	0	
87149620	非机动脚踏车曲柄、链轮及其零件	12					0	0	
87149900	非机动脚踏车的其他零件、附件	12					0	0	
87150000	婴孩车及其零件	20					0	0	
87161000	供居住或野营用厢式挂车及半挂车	10					0	0	
87162000	农用自装或自卸式挂车及半挂车	10					0	0	
87163110	油罐挂车及半挂车	10					0	0	
87163190	其他罐式挂车及半挂车	10					0	0	
87163910	货柜挂车及半挂车	10					0	0	
87163990	其他货运挂车及半挂车	10					0	0	
87164000	其他未列名挂车及半挂车	10					0	0	
87168000	其他未列名非机械驱动车辆	10					0	0	
87169000	挂车、半挂车及非机动车用零件	10					0	0	0
88010010	滑翔机及悬挂滑翔机	3					0	0	0
88010090	气球、飞艇及其他无动力航空器	3					0	0	0
88021100	空载重量≤2吨的直升机	2					0	0	0
88021210	2吨＜空载重量≤7吨的直升机	2					0	0	0
88021220	空载重量＞7吨的直升机	2					0	0	0
88022000	小型飞机及其他航空器	5					0	0	0
88023000	中型飞机及其他航空器	4					0	0	0
88024010	大型飞机及其他航空器	5					0	0	0
88024020	特大型飞机及其他航空器	1					0	0	0
88026000	航天器（包括卫星）及其运载工具	2					0	0	0
88031000	飞机等用推进器、水平旋翼及零件	1					0	0	0
88032000	飞机等用起落架及其零件	1					0	0	0
88033000	飞机及直升机的其他零件	1					0	0	
88039000	其他未列名的航空器、航天器零件	0					0	0	0
88040000	降落伞及其零件、附件	2					0	0	0
88051000	航空器的发射装置及其零件等	1.5					0	0	0
88052100	空战模拟器及其零件	0.8					0	0	
88052900	其他地面飞行训练器及其零件	0.8					0	0	0
89011010	机动巡航船、游览船及各式渡船	5					0	0	
89011090	非机动巡航船、游览船及各式渡船	8					0	0	
89012011	载重≤10万吨的成品油船	9					0	0	
89012012	10万吨＜载重≤30万吨的成品油船	9					0	0	
89012013	载重＞30万吨的成品油船	6					0	0	
89012021	载重≤15万吨的原油船	9					0	0	
89012022	15万吨＜载重≤30万吨的原油船	9					0	0	
89012023	载重＞30万吨的原油船	6					0	0	
89012031	容积≤20000立方米的液化石油气船	9					0	0	
89012032	容积＞20000立方米的液化石油气船	6					0	0	
89012041	容积≤20000立方米的液化天然气船	9					0	0	
89012042	容积＞20000立方米的液化天然气船	6					0	0	

税则号列 Tariff Item	商 品 名 称（简称） Article Description	最惠国税率（%） M.F.N.	特惠税率（%） The Special Preferential Tariff Rates 亚太2国	东盟 缅甸 Myanmar	东盟 老挝 Laos	东盟 柬埔寨 Cambodia	37国	3国	1国
89012090	其他液货船	9					0	0	
89013000	冷藏船	9					0	0	
89019021	可载标准集装箱≤6000 箱的机动集装箱船	9					0	0	
89019022	可载标准集装箱>6000 箱的机动集装箱船	6					0	0	
89019031	载重≤2 万吨的机动滚装船	9					0	0	
89019032	载重>2 万吨的机动滚装船	6					0	0	
89019041	载重≤15 万吨的机动散货船	9					0	0	
89019042	15 万吨<载重≤30 万吨的机动散货船	9					0	0	
89019043	载重>30 万吨的机动散货船	9					0	0	
89019050	机动多用途船	9					0	0	
89019080	其他机动货运船舶	9					0	0	
89019090	非机动货运船舶及客货兼运船舶	8					0	0	
89020010	机动捕鱼船	7					0	0	
89020090	非机动捕鱼船	8					0	0	
89031000	充气的娱乐或运动用快艇	10					0	0	0
89039100	帆船	8					0	0	0
89039200	汽艇	10.5					0	0	0
89039900	娱乐或运动用其他船舶或快艇	10					0	0	0
89040000	拖轮及顶推船	9					0	0	0
89051000	挖泥船	3					0	0	0
89052000	浮动或潜水式钻探或生产平台	6					0	0	0
89059010	浮船坞	8					0	0	0
89059090	其他不以航行为主要功能的船舶	3					0	0	0
89061000	军舰	5					0	0	
89069010	其他未列名的机动船舶	5					0	0	0
89069020	非机动船舶	8					0	0	0
89069030	未制成或不完整的船舶，包括船舶分段	8					0	0	0
89071000	充气筏	8					0	0	0
89079000	其他浮动结构体	8					0	0	0
89080000	供拆卸的船舶及其他浮动结构体	3					0	0	0
90011000	光导纤维束及光缆	5					0	0	0
90012000	偏振材料制的片及板	5.3					0	0	0
90013000	隐形眼镜片	10					0	0	0
90014010	玻璃制变色镜片	20					0	0	
90014091	玻璃制太阳镜片	20					0	0	
90014099	玻璃制其他眼镜片	20					0	0	
90015010	非玻璃材料制变色镜片	20					0	0	
90015091	非玻璃材料制太阳镜片	20					0	0	
90015099	非玻璃材料制其他眼镜片	20					0	0	
90019010	彩色滤光片	6					0	0	0
90019090	其他光学元件	6					0	0	0
90021110	特殊用途照相机用物镜	8					0	0	0
90021120	缩微阅读机用物镜	8					0	0	0
90021131	单反相机镜头	15					0	0	
90021139	其他照相机用镜头	15					0	0	0

税则号列 Tariff Item	商品名称（简称） Article Description	最惠国税率（%） M. F. N.	特惠税率（%） The Special Preferential Tariff Rates						
			亚太2国	东盟			37国	3国	1国
				缅甸 Myanmar	老挝 Laos	柬埔寨 Cambodia			
90021190	其他照相机、投影仪等用物镜	15					0	0	0
90021910	摄影机或放映机用物镜	11.3					0	0	
90021990	税目90.02未列名的其他物镜	11.3					0	0	0
90022010	照相机用滤色镜	11.3					0	0	
90022090	其他光学仪器或装置滤色镜	11.3					0	0	
90029010	照相机用未列名光学元件	11.3					0	0	
90029090	其他光学仪器用未列名光学元件	11.3					0	0	0
90031100	塑料制眼镜架	18					0	0	
90031910	金属材料制眼镜架	10					0	0	
90031920	天然材料制眼镜架	10					0	0	
90031990	其他眼镜架	10					0	0	
90039000	眼镜架零件	10					0	0	
90041000	太阳镜	20					0	0	
90049010	变色镜	16					0	0	
90049090	其他眼镜	20					0	0	
90051000	双筒望远镜	15					0	0	
90058010	天文望远镜及其他天文仪器	3					0	0	0
90058090	其他光学望远镜	12					0	0	0
90059010	天文望远镜及其他天文仪器用零件	2					0	0	0
90059090	其他望远镜零件、附件	8					0	0	0
90063000	特种用途的照相机	9					0	0	0
90064000	一次成像照相机	5					0	0	0
90065100	通过镜头取景的照相机	25					0		
90065210	缩微照相机	9					0	0	0
90065290	使用胶片宽＜35毫米的其他照相机	25					0		
90065300	其他照相机	20					0	0	
90065910	激光照排设备	9					0	0	0
90065921	电子分色机	12					0	0	0
90065929	其他制版照相机	10					0	0	0
90065990	其他照相机	25					0		
90066100	放电式（电子式）闪光灯装置	18					0	0	
90066910	闪光灯泡、方形闪光灯及类似品	18					0	0	
90066990	其他照相闪光灯装置	18					0		
90069110	税号9006.3000、9006.5921、9006.5929所列照相机用零件、附件	8	0				0	0	0
90069120	一次成像照相机的零件、附件	5	0				0	0	0
90069191	照相机自动调焦组件	10	0				0	0	0
90069192	其他照相机的快门组件	10	0				0	0	0
90069199	其他照相机的其他零件、附件	10	0				0	0	0
90069900	照相闪光灯装置及闪光灯泡的零件	12					0	0	0
90071010	高速摄影机	14					0	0	
90071090	其他摄影机	14					0	0	
90072010	数字式放映机	14					0	0	
90072090	放映机	14					0	0	
90079100	电影摄影机用零件、附件	8.4					0	0	

税则号列 Tariff Item	商 品 名 称（简称） Article Description	最惠国税率（%）M. F. N.	特惠税率（%）The Special Preferential Tariff Rates						
			亚太2国	东盟 缅甸 Myanmar	东盟 老挝 Laos	东盟 柬埔寨 Cambodia	37 国	3 国	1 国
90079200	电影放映机用零件、附件	8.4					0	0	
90085010	幻灯机	14					0	0	
90085020	缩微胶卷、缩微胶片或其他缩微品的阅读机，不论是否可以进行复制	10					0	0	
90085031	正射投影仪	18					0	0	
90085039	其他影像投影仪	18					0	0	
90085040	照片（电影片除外）放大机及缩片机	20					0	0	
90089010	缩微阅读机的零件、附件	8					0	0	
90089020	照片放大机及缩片机的零件、附件	14					0	0	
90089090	其他影像投影仪的零件、附件	14					0	0	
90101010	电影用胶卷的自动显影装置及设备	14					0	0	
90101020	特种照相胶卷自动显影装置及设备	8.4					0	0	0
90101091	彩色胶卷用的自动显影及设备	25					0	0	
90101099	其他胶卷用的自动显影装置及设备	15					0	0	
90105010	负片显示器	7					0	0	
90105021	电影用的洗印装置	7					0	0	
90105022	特种照相用的洗印装置	4.2					0	0	0
90105029	其他照相用的洗印装置	8.5					0	0	
90106000	银幕及其他投影屏幕	9.3					0	0	
90109010	电影洗印用装置的零件、附件	0					0	0	0
90109020	特种照相洗印用装置的零件、附件	0					0	0	0
90109090	其他洗印用装置的零件、附件	0					0	0	0
90111000	立体显微镜	0					0	0	0
90112000	缩微照相等用的其他显微镜	0					0	0	0
90118000	其他显微镜	4.7					0	0	
90119000	复式光学显微镜的零件、附件	0					0	0	0
90121000	其他非光学显微镜及衍射设备	0					0	0	0
90129000	非光学显微镜及衍射设备的零件	0					0	0	0
90131000	武器用望远镜瞄准具及其他望远镜	8					0	0	
90132000	激光器	4					0	0	
90138010	放大镜	12					0	0	
90138020	光学门眼	12					0	0	
90138090	其他液晶装置及光学仪器	5					0	0	
90139010	激光器、望远镜等装置的零件、附件	6					0	0	
90139020	税号 9013.8030 所列货品用零件、附件	4.2					0	0	
90139090	税目 90.13 所列其他货品的零件、附件	4.2					0	0	
90141000	定向罗盘	1					0	0	0
90142010	自动驾驶仪	1					0	0	0
90142090	其他航空或航天导航仪器及装置（罗盘除外）	1					0	0	0
90148000	其他导航仪器及装置	1					0	0	0
90149010	自动驾驶仪用零件、附件	0.8					0	0	0
90149090	其他导航仪器及设备用零件、附件	0.8					0	0	
90151000	测距仪	6					0	0	0
90152000	经纬仪及视距仪	6					0	0	0
90153000	水平仪	9					0	0	0

税则号列 Tariff Item	商品名称（简称） Article Description	最惠国税率（%） M. F. N.	特惠税率（%） The Special Preferential Tariff Rates						
			亚太 2 国	东盟			37 国	3 国	1 国
				缅甸 Myanmar	老挝 Laos	柬埔寨 Cambodia			
90154000	摄影测量用仪器及装置	6					0	0	0
90158000	其他大地测量仪器及装置	3.3					0	0	0
90159000	大地测量仪器及装置的零件、附件	3.3					0	0	0
90160010	感量为 0.1 毫克或更精密的天平	9					0	0	0
90160090	0.1 毫克＜感量≤50 毫克的天平	10.5					0	0	0
90171000	绘图台及绘图机，不论是否自动	8					0	0	0
90172000	其他绘图、划线或数学计算器具	0					0	0	0
90173000	千分尺、卡尺及量规	8					0	0	0
90178000	其他手用测量长度的器具	8					0	0	0
90179000	绘图计算器具等仪器的零件、附件	0					0	0	0
90181100	心电图记录仪	2.5					0	0	0
90181210	B 型超声波诊断仪	5.3					0	0	0
90181291	彩色超声波诊断仪	3.8					0	0	0
90181299	其他超声扫描装置	3.8					0	0	0
90181310	核磁共振成像成套装置	4					0	0	0
90181390	其他核磁共振成像装置	4					0	0	0
90181400	闪烁摄影装置	5					0	0	0
90181930	病员监护仪	2.7					0	0	0
90181941	听力计	2.7					0	0	0
90181949	其他听力诊断装置	2.7					0	0	0
90181990	其他电气诊断装置	2.7					0	0	0
90182000	紫外线及红外线装置	2					0	0	0
90183100	注射器	8					0	0	0
90183210	管状金属针头	8					0	0	0
90183220	缝合用针	4					0	0	0
90183900	导管、插管及类似品	4					0	0	0
90184100	牙钻机	4					0	0	0
90184910	装有牙科设备的牙科用椅	4					0	0	0
90184990	牙科用其他仪器及器具	4					0	0	0
90185000	眼科用其他仪器及器具	2.7					0	0	0
90189010	听诊器	4					0	0	0
90189020	血压测量仪器及器具	4					0	0	0
90189030	内窥镜	2.7					0	0	0
90189040	肾脏透析设备（人工肾）	2.7					0	0	0
90189050	透热疗法设备	2.7					0	0	0
90189060	输血设备	2.7					0	0	0
90189070	麻醉设备	4					0	0	0
90189091	宫内节育器	4					0	0	0
90189099	税目 90.18 未列名的医疗或兽医用仪器及器具	4					0	0	0
90191010	按摩器具	15					0	0	
90191090	机械疗法器具、心理功能测验装置	4					0	0	0
90192000	臭氧治疗器、氧气治疗器等器具	4					0	0	0
90200000	其他呼吸器具及防毒面具	8					0	0	0
90211000	矫形或骨折用器具	4					0	0	0
90212100	假牙	4					0	0	0

税则号列 Tariff Item	商　品　名　称（简称） Article Description	最惠国税率（%） M. F. N.	特惠税率（%）The Special Preferential Tariff Rates						
			亚太2国	东盟			37国	3国	1国
				缅甸 Myanmar	老挝 Laos	柬埔寨 Cambodia			
90212900	牙齿固定件	4					0	0	0
90213100	人造关节	4					0	0	0
90213900	其他人造的人体部分	4					0	0	0
90214000	助听器，不包括零件、附件	4					0	0	0
90215000	心脏起搏器，不包括零件、附件	2.7					0	0	0
90219011	血管支架	2.7					0	0	0
90219019	其他支架	2.7					0	0	0
90219090	其他税目90.21中未列名的矫形器具	2.7					0	0	0
90221200	X射线断层检查仪	4					0	0	0
90221300	其他牙科用X射线应用设备	2					0	0	0
90221400	其他医疗或兽医用X射线应用设备	2.7					0	0	0
90221910	低剂量X射线安全检查设备	2.7					0	0	0
90221920	X射线无损探伤检测仪	2.7					0	0	0
90221990	其他非医疗用X射线设备	2.7					0	0	0
90222100	医疗用α、β、γ射线设备	2					0	0	0
90222910	γ射线无损探伤检测仪	4					0	0	0
90222990	其他非医疗用α、β、γ射线设备	4					0	0	0
90223000	X射线管	1.3					0	0	0
90229010	X射线影像增强器	3					0	0	0
90229090	税目90.22所列其他设备及零件	6					0	0	0
90230010	教习头	3.5					0	0	0
90230090	其他专供示范（例如教学或展览）而无其他用途的仪器、装置及模型	3.5					0	0	0
90241010	电子万能试验机	4.7					0	0	0
90241020	硬度计	4.7					0	0	0
90241090	其他金属材料的试验用机器及器具	4.7					0	0	0
90248000	非金属材料的试验用机器及器具	3.8					0	0	0
90249000	各种材料的试验用机器零件、附件	4					0	0	0
90251100	可直接读数的液体温度计	4					0	0	0
90251910	非液体的工业用温度计及高温计	5.6					0	0	0
90251990	非液体的其他温度计、高温计	5.6					0	0	0
90258000	其他温度计、比重计、湿度计等仪器	11					0	0	
90259000	比重计、温度计等类似仪器的零件	5.3					0	0	0
90261000	测量、检验液体流量或液位的仪器	0					0	0	0
90262010	压力/差压变送器	0					0	0	0
90262090	测量、检验压力的仪器及装置	0					0	0	0
90268010	测量气体流量的仪器及装置	0					0	0	0
90268090	测量或检验气体的除流量、压力以外其他变化量的仪器及装置	0					0	0	0
90269000	液体或气体的测量或检验仪器零件	0					0	0	0
90271000	气体或烟雾分析仪	5.3					0	0	0
90272011	气相色谱仪	0					0	0	0
90272012	液相色谱仪	0					0	0	0
90272019	其他色谱仪	0					0	0	0
90272020	电泳仪	0					0	0	0

税则号列 Tariff Item	商 品 名 称（简称） Article Description	最惠国税率（%） M. F. N.	特惠税率（%）The Special Preferential Tariff Rates						
			亚太 2国	东盟 缅甸 Myanmar	东盟 老挝 Laos	东盟 柬埔寨 Cambodia	37国	3国	1国
90273000	分光仪、分光光度计及摄谱仪	0					0	0	0
90275000	使用光学射线的其他仪器及装置	0					0	0	0
90278011	集成电路生产用氦质谱检漏台	0					0	0	0
90278012	质谱联用仪	0					0	0	0
90278019	其他质谱仪	0					0	0	0
90278091	曝光表	9.3					0	0	
90278099	其他理化分析仪器及装置	0					0	0	0
90279000	检镜切片机；理化分析仪器零件	0					0	0	0
90281010	煤气表	10					0	0	
90281090	其他气量计	10					0	0	
90282010	水表	10					0	0	
90282090	其他液量计	10					0	0	
90283011	单相感应式电度表	5					0	0	
90283012	三相感应式电度表	5					0	0	
90283013	单相电子式（静止式）电度表	5					0	0	
90283014	三相电子式（静止式）电度表	5					0	0	
90283019	其他电度表	5					0	0	
90283090	其他电量计	5					0	0	
90289010	工业用计量仪表零件、附件	4.2					0	0	0
90289090	非工业用计量仪表零件、附件	4.2					0	0	0
90291010	转数计	15					0	0	
90291020	车费计、里程计	15					0	0	
90291090	产量计数器、步数计及类似仪表	15					0	0	
90292010	车辆用速度计	10					0	0	
90292090	其他速度计及转速表、频闪观测仪	10					0	0	
90299000	转数计、车费计及类似仪表零件	6					0	0	0
90301000	离子射线的测量或检验仪器及装置	3.3					0	0	0
90302010	测试频率＜300兆赫的通用示波器	4					0	0	0
90302090	其他阴极射线示波器	2.5					0	0	0
90303110	量程小于等于五位半的数字万用表，不带记录装置	7.5					0	0	
90303190	其他不带记录装置的万用表	2.5					0	0	0
90303200	带记录装置的万用表	5.3					0	0	0
90303310	量程小于等于五位半的数字电流表、电压表，不带记录装置	11.3					0	0	
90303320	不带记录装置的电阻测试仪	14					0	0	
90303390	检测电压、电流及功率的其他仪器，不带记录装置	6.8					0	0	0
90303900	检测电压、电流、电阻或功率的其他仪器，带记录装置	5.3					0	0	0
90304010	测试频率＜12.4千兆赫兹数字式频率计	0					0	0	0
90304090	其他无线电通讯专用仪器及装置	0					0	0	0
90308200	检测半导体晶片或器件的仪器	0					0	0	0
90308410	电感及电容测试仪	6.7					0	0	
90308490	其他电量的测量或检验仪器及装置	5.3					0	0	0
90308910	其他电感及电容测试仪	9.3					0	0	
90308990	其他电量的测量或检验仪器及装置	5.3					0	0	0

税则号列 Tariff Item	商　品　名　称（简称） Article Description	最惠国税率（%） M. F. N.	特惠税率（%）The Special Preferential Tariff Rates						
			亚太 2 国	东盟			37 国	3 国	1 国
				缅甸 Myanmar	老挝 Laos	柬埔寨 Cambodia			
90309000	税目 90.30 所属货品的零件及附件	4.7					0	0	0
90311000	机械零件平衡试验机	4.7					0	0	0
90312000	试验台	7					0	0	0
90314100	制造半导体器件时检验半导体晶片、器件或检验光掩模或光栅用	0					0	0	0
90314910	轮廓投影仪	6.7					0	0	0
90314920	光栅测量装置	0					0	0	0
90314990	其他光学测量或检验仪器和器具	0					0	0	0
90318010	光纤通信及光纤性能测试仪	5					0	0	0
90318020	坐标测量仪	5					0	0	0
90318031	超声波探伤检测仪	5					0	0	0
90318032	磁粉探伤检测仪	5					0	0	0
90318033	涡流探伤检测仪	5					0	0	0
90318039	其他无损探伤检测仪器（射线探伤仪除外）	5					0	0	0
90318090	未列名测量、检验仪器器具及机器	5					0	0	0
90319000	税目 90.31 的仪器及器具的零件	0					0	0	0
90321000	恒温器	7					0	0	0
90322000	恒压器	4.7					0	0	0
90328100	液压或气压的其他仪器及装置	4.7					0	0	0
90328911	列车自动防护系统（ATP）车载设备	7					0	0	0
90328912	列车自动运行系统（ATO）车载设备	7					0	0	0
90328919	其他列车自动控制系统（ATC）车载设备	7					0	0	0
90328990	非液压或气压的其他自动调节或控制仪器及装置	7					0	0	0
90329000	自动调节或控制仪器零件、附件	5					0	0	0
90330000	第九十章未列名零件、附件	6					0	0	0
91011100	机械指示式的贵金属电子手表	11					0	0	
91011910	光电显示式的贵金属电子手表	16					0	0	
91011990	其他贵金属电子手表	15					0	0	
91012100	自动上弦的贵金属机械手表	11					0	0	
91012900	非自动上弦贵金属机械手表	15					0	0	
91019100	贵金属电子怀表及其他电子表	15					0	0	
91019900	贵金属机械怀表及其他机械表	20					0	0	
91021100	机械指示式的其他电子手表	12.5					0	0	
91021200	光电显示式的其他电子手表	23					0	0	
91021900	其他电子手表	15					0	0	
91022100	其他自动上弦的机械手表	11					0	0	
91022900	其他非自动上弦的机械手表	15					0	0	
91029100	电力驱动的电子怀表及其他电子表	15					0	0	
91029900	其他机械怀表、秒表及其他表	20					0	0	
91031000	以表芯装成的电子钟	23					0	0	
91039000	以表芯装成的机械钟	20					0	0	
91040000	仪表板钟及车辆船舶等用的类似钟	10					0	0	
91051100	电子闹钟	23					0	0	0
91051900	机械闹钟	20					0	0	
91052100	电子挂钟	23					0	0	

税则号列 Tariff Item	商品名称(简称) Article Description	最惠国税率(%) M. F. N.	特惠税率(%) The Special Preferential Tariff Rates 亚太2国	东盟 缅甸 Myanmar	东盟 老挝 Laos	东盟 柬埔寨 Cambodia	37国	3国	1国
91052900	机械挂钟	20					0	0	
91059110	电子天文钟	3					0	0	0
91059190	其他电子钟	23					0	0	
91059900	其他机械钟	16					0	0	
91061000	考勤钟、时刻记录器	16					0	0	
91069000	其他时间记录器及其他类似装置	16					0	0	
91070000	定时开关	12					0	0	
91081100	已组装的机械指示式完整电子表芯	16					0	0	
91081200	已组装的光电显示式完整电子表芯	16					0	0	
91081900	其他已组装的完整电子表芯	16					0	0	
91082000	已组装的自动上弦完整表芯	16					0	0	
91089010	已组装表面≤33.8毫米机械完整表芯	16					0	0	
91089090	其他已组装完整机械表芯	16					0	0	
91091000	已组装的完整电子钟芯	16					0	0	
91099000	已组装的完整机械钟芯	16					0	0	
91101100	未组装的完整表机芯	16					0	0	
91101200	已组装的不完整表机芯	16					0	0	
91101900	未组装的不完整表机芯	16					0	0	
91109010	未组装的完整的钟机芯	16					0	0	
91109090	不完整的钟机芯	16					0	0	
91111000	贵金属或包贵金属制的表壳	14					0	0	
91112000	贱金属制的表壳	14					0	0	
91118000	非金属制的表壳	14					0	0	
91119000	表壳的零件	14					0	0	
91122000	钟壳	14					0	0	
91129000	钟壳零件	12					0	0	
91131000	贵金属或包贵金属制的表带及零件	20					0	0	
91132000	贱金属制的表带及其零件	14					0	0	
91139000	非金属制的表带及其零件	14					0	0	0
91141000	钟、表的发条	14					0	0	
91143000	钟面或表面	14					0	0	
91144000	钟、表的夹板及横担(过桥)	14					0	0	
91149010	钟、表的宝石轴承	14					0	0	
91149090	钟、表的其他零件	14					0	0	
92011000	竖式钢琴	17.5					0	0	
92012000	大钢琴	17.5					0	0	
92019000	其他钢琴	17.5					0	0	
92021000	弓弦乐器	17.5					0	0	0
92029000	其他弦乐器	17.5					0	0	0
92051000	铜管乐器	17.5					0	0	0
92059010	键盘管风琴、簧风琴及类似乐器	20					0	0	
92059020	手风琴及类似乐器	21					0	0	
92059030	口琴	21					0	0	
92059090	其他管乐器,但游艺场风琴和手摇风琴除外	17.5					0	0	
92060000	打击乐器	17.5					0	0	0

税则号列 Tariff Item	商　品　名　称（简称） Article Description	最惠国税率（%） M. F. N.	特惠税率（%）The Special Preferential Tariff Rates						
			亚太 2 国	东盟			37 国	3 国	1 国
				缅甸 Myanmar	老挝 Laos	柬埔寨 Cambodia			
92071000	通过电产生或扩大声音的键盘乐器	30					0	0	
92079000	其他通过电产生或扩大声音的乐器	30					0	0	
92081000	百音盒	22					0	0	
92089000	第九十二章未列名的其他乐器	22					0	0	
92093000	乐器用的弦	17.5					0	0	
92099100	钢琴的零件、附件	17.5					0	0	
92099200	税目 92.02 所列乐器的零件、附件	17.5					0	0	0
92099400	税目 92.07 所列乐器的零件、附件	17.5					0	0	
92099910	节拍器、音叉及定音管	17.5					0	0	
92099920	百音盒的机械装置	17.5					0	0	
92099990	第九十二章其他编号未列名的乐器零件	17.5					0	0	0
93011010	自动推进的火炮武器	13					0	0	
93011090	其他火炮武器	13					0	0	
93012000	火箭发射装置、火焰喷射器等	13					0	0	
93019000	其他军用武器	13					0	0	
93020000	左轮手枪及其他手枪	13					0	0	
93031000	前装枪	13					0	0	
93032000	其他运动、狩猎或打靶用滑膛枪	13					0	0	
93033000	其他运动、狩猎或打靶用步枪	13					0	0	
93039000	其他火器及类似装置	13					0	0	
93040000	其他武器（如弹簧枪、气枪、警棍等）	13					0	0	
93051000	左轮手枪或其他手枪的零件及附件	13					0	0	
93052000	猎枪或步枪用零件及附件	13					0	0	
93059100	军用武器的零件、附件	13					0	0	
93059900	其他武器的零件、附件	13					0	0	
93062100	猎枪弹	13					0	0	
93062900	猎枪弹的零件及气枪弹丸	13					0	0	
93063080	接机或类似工具用子弹及其零件	13					0	0	
93063090	其他子弹及其零件	13					0	0	
93069000	其他弹药和射弹及其零件	13					0	0	
93070010	军用剑、短弯刀、刺刀、长矛和类似的武器及其零件；军用刀鞘、剑鞘	13					0	0	0
93070090	其他剑、短弯刀、刺刀、长矛和类似的武器及其零件；其他刀鞘、剑鞘	13					0	0	0
94011000	飞机用坐具	0					0	0	0
94012010	皮革或再生皮革面的机动车辆用坐具	10					0	0	
94012090	机动车辆用坐具	10					0	0	
94013000	可调高度的转动坐具	0					0	0	0
94014010	皮革或再生皮革面的能作床用的两用椅	0					0	0	0
94014090	能作床用的两用椅	0					0	0	0
94015200	竹制坐具	0			0		0	0	0
94015300	藤制坐具	0			0		0	0	0
94015900	柳条及类似材料制的坐具	0			0		0	0	0
94016110	皮革或再生皮革面的装软垫的木框架其他坐具	0					0	0	0
94016190	装软垫的木框架的其他坐具	0					0	0	0

税则号列 Tariff Item	商品名称（简称） Article Description	最惠国税率（%） M. F. N.	特惠税率（%） The Special Preferential Tariff Rates						
			亚太2国	东盟			37国	3国	1国
				缅甸 Myanmar	老挝 Laos	柬埔寨 Cambodia			
94016900	其他木框架的坐具	0					0	0	0
94017110	皮革或再生皮革面的装软垫的金属框架其他坐具	0					0	0	0
94017190	带软垫的金属框架的坐具	0					0	0	0
94017900	其他金属框架的坐具	0					0	0	0
94018010	石制坐具	0					0	0	0
94018090	其他坐具	0					0	0	0
94019011	机动车辆的座椅调角器	10					0	0	0
94019019	机动车辆用坐具的其他零件	0					0	0	0
94019090	其他用途坐具的零件	0					0	0	0
94021010	理发用椅及其零件	0					0	0	0
94021090	牙科及类似用途的椅及其零件	0					0	0	0
94029000	其他医疗、外科或兽医用家具及零件	0					0	0	0
94031000	办公室用金属家具	0					0	0	0
94032000	其他金属家具	0					0	0	0
94033000	办公室用木家具	0			0	0	0	0	0
94034000	厨房用木家具	0				0	0	0	0
94035010	卧室用红木制家具	0				0	0	0	0
94035091	卧室用漆木家具	0				0	0	0	0
94035099	卧室用其他木家具	0				0	0	0	0
94036010	其他红木制家具	0				0	0	0	0
94036091	其他漆木家具	0				0	0	0	0
94036099	其他木家具	0				0	0	0	0
94037000	塑料家具	0					0	0	0
94038200	竹制家具	0				0	0	0	0
94038300	藤制家具	0				0	0	0	0
94038910	柳条及类似材料制家具	0				0	0	0	0
94038920	石制的家具	0					0	0	0
94038990	其他材料制的家具	0					0	0	0
94039000	税目 94.03 所列物品的零件	0					0	0	0
94041000	弹簧床垫	20					0	0	0
94042100	海绵橡胶或泡沫塑料制褥垫	20					0	0	0
94042900	其他材料制褥垫	20					0	0	0
94043010	羽毛或羽绒填充的睡袋	20					0	0	0
94043090	其他睡袋	20					0	0	0
94049010	羽绒或羽毛填充的寝具及类似品	20					0	0	0
94049020	兽毛填充的寝具及类似品	20					0	0	0
94049030	丝棉填充的寝具及类似品	20					0	0	0
94049040	化纤棉填充的寝具及类似品	20					0	0	0
94049090	其他材料制的寝具及类似品	20					0	0	0
94051000	枝形吊灯	10					0	0	0
94052000	电气台灯、床头灯、落地灯	20					0	0	0
94053000	圣诞树用的成套灯具	16					0	0	0
94054010	探照灯	17.5					0	0	0
94054020	聚光灯	17.5					0	0	0
94054090	其他电灯及照明装置	10					0	0	0

税则号列 Tariff Item	商　品　名　称（简称） Article Description	最惠国税率（%） M. F. N.	特惠税率（%）The Special Preferential Tariff Rates						
			亚太2国	东盟 缅甸 Myanmar	东盟 老挝 Laos	东盟 柬埔寨 Cambodia	37 国	3 国	1 国
94055000	非电气灯具及照明装置	20					0	0	
94056000	发光标志、发光铭牌及类似品	20					0	0	
94059100	税目 94.05 所列物品的玻璃制零件	20					0	0	
94059200	税目 94.05 所列物品的塑料制零件	20					0	0	
94059900	税目 94.05 所列物品其他材料制零件	20					0	0	0
94061000	木制活动房屋	10					0	0	0
94069000	其他活动房屋	10					0	0	0
95030010	供儿童乘骑的带轮玩具及玩偶车	0					0	0	0
95030021	玩具动物	0					0	0	0
95030029	其他玩偶	0					0	0	0
95030060	智力玩具	0					0	0	0
95030083	带动力装置的玩具及模型	0					0	0	0
95030089	其他未列名玩具	0					0	0	0
95030090	玩具的零件	0					0	0	0
95042000	台球用品及附件	0					0	0	0
95043010	投币式电子游戏机	0					0	0	0
95043090	投币式其他游戏用品	0					0	0	0
95044000	扑克牌	0					0	0	0
95045011	与电视接收机配套使用的视频游戏控制器及设备零件及附件	0					0	0	0
95045019	其他与电视接收机配套使用的游戏机	0					0	0	0
95045091	其他视频游戏控制器及设备零件及附件	0					0	0	0
95045099	其他游戏机	0					0	0	0
95049010	其他电子游戏机	0					0	0	0
95049021	保龄球自动分瓶机	0					0	0	0
95049022	保龄球	0					0	0	0
95049023	保龄球瓶	0					0	0	0
95049029	其他保龄球自动球道设备及器具	0					0	0	0
95049030	中国象棋、国际象棋、跳棋等棋类用品	0					0	0	0
95049040	麻将及类似桌上游戏用品	0					0	0	0
95049090	其他游艺场、桌上或室内游戏用品	0					0	0	0
95051000	圣诞节用品	0					0	0	0
95059000	其他节日用品或娱乐用品	0					0	0	0
95061100	滑雪屐	14					0	0	
95061200	滑雪屐扣件（滑雪屐带）	14					0	0	
95061900	其他滑雪用具	14					0	0	
95062100	帆板	12					0	0	
95062900	其他水上运动用具	14					0	0	
95063100	完整的高尔夫球棍	14					0	0	0
95063200	高尔夫球	12					0	0	
95063900	其他高尔夫球用具	14					0	0	0
95064010	乒乓球	12					0	0	
95064090	其他乒乓球运动用品及器械	14					0	0	
95065100	草地网球拍	14					0	0	
95065900	其他网球拍、羽毛球拍或类似球拍	14					0	0	

税则号列 Tariff Item	商品名称（简称） Article Description	最惠国税率（%） M. F. N.	特惠税率（%） The Special Preferential Tariff Rates 亚太2国	东盟 缅甸 Myanmar	东盟 老挝 Laos	东盟 柬埔寨 Cambodia	37国	3国	1国
95066100	草地网球	12					0	0	
95066210	篮球、足球、排球	12					0	0	
95066290	其他可充气的球	12					0	0	
95066900	其他球	12					0	0	
95067010	溜冰鞋	14					0	0	
95067020	旱冰鞋	14					0	0	
95069111	跑步机	12					0	0	
95069119	其他健身及康复器械	12					0	0	
95069120	滑板	12					0	0	
95069190	一般的体育活动、体操或竞技用品	12					0	0	0
95069900	其他未列名的第九十五章用品及设备	12					0	0	
95071000	钓鱼竿	21					0	0	
95072000	钓鱼钩	21					0	0	0
95073000	钓线轮	21					0	0	
95079000	其他钓鱼用品	21					0	0	
95081000	流动马戏团及流动动物园	15					0	0	
95089000	其他旋转木马、秋千等游乐场娱乐设备	15					0	0	
96011000	已加工的兽牙及其制品	20					0	0	
96019000	其他已加工动物质雕刻料及其制品	20					0	0	0
96020010	装药用胶囊	10.5					0	0	
96020090	已加工植物或矿物质雕刻料及制品	25					0	0	0
96031000	用枝条或其他植物材料捆扎成的帚	25					0	0	
96032100	牙刷，包括齿板刷	25					0	0	
96032900	剃须刷、发刷、睫毛刷等人体化妆用刷	15					0	0	0
96033010	画笔	25					0	0	
96033020	毛笔	20					0	0	
96033090	化妆用的类似笔	25					0	0	
96034011	猪鬃制漆刷及类似刷	20					0	0	
96034019	其他材料制漆刷及类似刷	23					0	0	
96034020	油漆块垫及滚筒	23					0	0	
96035011	作为机器、器具零件的金属丝刷	14					0	0	
96035019	作为车辆零件的金属丝刷	14					0	0	
96035091	作为机器、器具零件的其他刷	14					0	0	
96035099	作为车辆零件的其他刷	14					0	0	
96039010	羽毛掸	21					0	0	
96039090	其他帚、刷、拖把及其他毛掸	15					0	0	
96040000	手用粗筛、细筛	21					0	0	
96050000	个人梳妆、缝纫等用成套旅行用品	15					0	0	
96061000	揿扣及其零件	21					0	0	
96062100	塑料制纽扣，未用纺织材料包裹	21					0	0	0
96062200	贱金属制，未用纺织材料包裹的纽扣	15					0	0	0
96062900	其他纽扣	15					0	0	0
96063000	纽扣芯及纽扣的其他零件	15					0	0	0
96071100	装有贱金属齿的拉链	21					0	0	0
96071900	其他拉链	21					0	0	

税则号列 Tariff Item	商　品　名　称（简称） Article Description	最惠国税率（%） M. F. N.	特惠税率（%） The Special Preferential Tariff Rates						
			亚太2国	东盟			37国	3国	1国
				缅甸 Myanmar	老挝 Laos	柬埔寨 Cambodia			
96072000	拉链零件	21					0	0	
96081000	圆珠笔	15					0	0	0
96082000	毡尖和其他渗水式笔、尖笔及唛头笔	21					0	0	
96083010	墨汁画笔	21					0	0	
96083020	自来水笔	21					0	0	0
96083090	其他钢笔	21					0	0	0
96084000	活动铅笔	21					0	0	
96085000	含有两种笔及以上的成套货品	21					0	0	
96086000	圆珠笔芯	21					0	0	
96089100	钢笔头及笔尖粒	12					0	0	
96089910	机器、仪器用笔	17.5					0	0	
96089920	蜡纸铁笔、钢笔杆、铅笔杆等	21					0	0	
96089990	其他笔零件	21					0	0	
96091010	铅笔	21					0	0	0
96091020	颜色铅笔	21					0	0	
96092000	黑的或其他颜色的铅笔芯	21					0	0	
96099000	蜡笔、图画炭笔、书写或绘画用粉笔	15					0	0	
96100000	具有书写或绘画面的石板、黑板	15					0	0	
96110000	手用日期戳、封缄戳、编号戳及类似印戳	21					0	0	
96121000	打字机色带或类似色带	10.5					0	0	0
96122000	印台	25					0	0	
96131000	一次性袖珍气体打火机	25					0	0	
96132000	可充气袖珍气体打火机	25					0	0	
96138000	其他打火器	25					0	0	
96139000	打火机及打火器零件	25					0	0	
96140010	烟斗及烟斗头	25					0	0	
96140090	烟嘴及其零件	25					0	0	
96151100	硬质橡胶或塑料制梳子、发夹及类似品	18					0	0	0
96151900	其他材料制梳子、发夹及类似品	18					0	0	0
96159000	其他发夹、卷发器等及其零件	18					0	0	0
96161000	香水喷雾器或类似的化妆用喷雾器	18					0	0	
96162000	施敷脂粉或化妆品用粉扑及粉拍	18					0	0	
96170011	玻璃内胆制保温瓶	24					0	0	
96170019	其他保温瓶	24					0	0	
96170090	其他真空容器及零件	18					0	0	
96180000	裁缝用人体模型及其他人体模型	21					0	0	
96190011	婴儿尿布及尿裤	7.5					0	0	0
96190019	其他尿布及尿裤	7.5					0	0	0
96190020	卫生巾（护垫）及止血塞	10					0	0	0
96190090	任何材料制的卫生巾或尿布的类似品	14					0	0	0
96200000	独脚架、双脚架、三脚架及类似品	9					0	0	0
97011011	唐卡	12					0	0	0
97011019	其他手绘油画、粉画及其他画	12					0	0	0
97011020	手绘油画、粉画及其他画的复制品	14					0	0	0
97019000	拼贴画及类似装饰板	14					0	0	0

税则号列 Tariff Item	商品名称（简称） Article Description	最惠国税率（%） M. F. N.	特惠税率（%） The Special Preferential Tariff Rates						
			亚太2国	东盟			37国	3国	1国
				缅甸 Myanmar	老挝 Laos	柬埔寨 Cambodia			
97020000	雕版画、印制画、石印画的原本	12					0	0	
97030000	各种材料制的雕塑品原件	12					0	0	0
97040010	使用或未使用的邮票	8					0	0	0
97040090	其他使用或未使用的印花税票及类似票证	14					0	0	
97050000	具有动、植、矿物学意义的收藏品	0					0	0	0
97060000	超过一百年的古物	0					0	0	0

附表3　关税配额商品进口税率表
Table 3　Tariff Quota Rate on Import Goods

商品类别 Article Description	税则号列 Tariff Item	普通税率 (%) General	最惠国税率 (%) M. F. N.	关税配额税率 (%) In Quota	国别关税配额税率 (%) (中国—新西兰自贸区) Country-specific Quota Duty Rate (China-New Zealand FTA)	国别关税配额税率 (%) (中国—澳大利亚自贸区) Country-specific Quota Duty Rate (China-Australia FTA)
小麦 Wheat	10011100	180	65	1		
	10011900	180	65	1		
	10019100	180	65	1		
	10019900	180	65	1		
	11010000	130	65	6		
	11031100	130	65	9		
	11032010	180	65	10		
玉米 Corn	10051000	180	20	1		
	10059000	180	65	1		
	11022000	130	40	9		
	11031300	130	65	9		
	11042300	180	65	10		
稻谷和大米 Rice, whether or not busked	10061011	180	65	1		
	10061019	180	65	1		
	10061091	180	65	1		
	10061099	180	65	1		
	10062010	180	65	1		
	10062090	180	65	1		
	10063010	180	65	1		
	10063090	180	65	1		
	10064010	180	65/10	1		
	10064090	180	65/10	1		
	11029011	130	40	9		
	11029019	130	40	9		
	11031921	70	10	9		
	11031929	70	10	9		

商品类别 Article Description	税则号列 Tariff Item	普通税率(%) General	最惠国税率(%) M. F. N.	关税配额税率(%) In Quota	国别关税配额税率(%)(中国—新西兰自贸区) Country-specific Quota Duty Rate (China-New Zealand FTA)	国别关税配额税率(%)(中国—澳大利亚自贸区) Country-specific Quota Duty Rate (China-Australia FTA)
糖 Sugar	17011200	125	50	15		
	17011300	125	50	15		
	17011400	125	50	15		
	17019100	125	50	15		
	17019910	125	50	15		
	17019920	125	50	15		
	17019990	125	50	15		
羊毛 Wool	51011100	50	38	1	0	0
	51011900	50	38	1	0	0
	51012100	50	38	1	0	0
	51012900	50	38	1	0	0
	51013000	50	38	1	0	0
	51031010	50	38	1	0	0
毛条 Wool tops	51051000	50	38	3	0	
	51052100	50	38	3	0	
	51052900	50	38	3	0	
棉花 Cotton	52010000	125	40①	1		
	52030000	125	40	1		
化肥 Chemical fertilizer	31021000	150	50	4②		
	31052000	150	50	4③		
	31053000	150	50	4④		

①对配额外进口的一定数量的棉花，适用滑准税形式暂定关税，具体方式如下：

(a) 当进口棉花完税价格高于或等于15元/千克时，按0.570元/千克计征从量税；

(b) 当进口棉花完税价格低于15元/千克时，暂定关税税率按下式计算：

Ri=9.337/Pi +2.77%×Pi−1 (Ri≤40%)

对上式计算结果四舍五入保留3位小数。其中Ri为暂定关税税率，当按上式计算值高于40%时，Ri取值40%；Pi为关税完税价格，单位为元/千克。

Sliding tariff rates shall be applied to the specified quantity of cotton imported outside the tariff quota. The calculation is specified as follows:

(a) When the customs value of import cotton≥CNY15/kg, the specific rate is CNY0.570/kg;

(b) When the customs value of import cotton<CNY15/kg, the interim duty rate should be calculated by the formula below:

Ri=9.337/Pi +2.77%×Pi−1 (Ri≤40%)

The above result should be kept within 3 digits after the radix point.

In the formula:

Ri—The interim duty rate, when the result≥40% calculated by the formula, Ri equals 40%;

Pi—The customs value of goods (CNY/kg).

②③④暂定税率为1%。

②③④The interim duty rate is 1%.

附表 4　进口商品暂定税率表
Table 4　Interim Duty Rate on Import Goods

ex①	税则号列 Tariff Item	商品名称	最惠国税率 (%) M. F. N.	暂定税率 (%) Interim	Article Description
	01061211	改良种用鲸、海豚和鼠海豚；改良种用海牛及儒艮	10	0	Whales, dolphins and propoises, for pure-bred breeding; manatees and dugongs, for pure-bred breeding
	03031300	冻大西洋鲑鱼及多瑙哲罗鱼	10	5	Atlantic salmon (*Salmo salar*) and Danube salmon (*Hucho Hucho*), frozen
	03033110	冻格陵兰庸鲽鱼，但食用杂碎除外	10	5	Frozen Greenland halibut, other than edible fish offal
	03033200	冻鲽鱼，但食用杂碎除外	12	2	Frozen plaice, other than edible fish offal
	03034100	冻长鳍金枪鱼，但食用杂碎除外	12	6	Frozen albacore or longfinned tunas (*Thunnus alalunga*), other than edible fish offal
	03034200	冻黄鳍金枪鱼，但食用杂碎除外	12	6	Frozen yellowfin tunas (*Thunnus albacares*), other than edible fish offal
	03034400	冻大眼金枪鱼，但食用杂碎除外	12	6	Frozen bigeye tunas (*Thunnus obesus*), other than edible fish offal
	03034510	冻大西洋蓝鳍金枪鱼，但食用杂碎除外	12	6	Frozen atlantic bluefin tunas (*Thunnus thynnus*), other than edible fish offal
	03034520	冻太平洋蓝鳍金枪鱼，但食用杂碎除外	12	6	Frozen pacific bluefin tunas (*Thunnus orientalis*), other than edible fish offal
	03034600	冻南方蓝鳍金枪鱼，但食用杂碎除外	12	6	Frozen southern bluefin tunas (*Thunnus maccoyii*), other than edible fish offal
	03035100	冻鲱鱼，但食用杂碎除外	10	2	Frozen herrings, other than edible fish offal
ex	03035900	冻毛鳞鱼，但食用杂碎除外	10	5	Mallotus villosus, other than edible fish offal
	03036300	冻鳕鱼，但食用杂碎除外	10	2	Frozen cod, other than edible fish offal
	03036700	冻狭鳕鱼，但食用杂碎除外	10	5	Frozen Alaska Pollack (*Theragra chalcogramma*), other than edible fish offal
	03038910	冻带鱼，但食用杂碎除外	10	5	Frozen scabbard fish (*Trichiurus*), other than edible fish offal
	03061490	其他冻蟹	10	5	Other crabs, frozen
	03061612	冻的北方长额虾	5	2	Other, Northem pandalus (*Pandalus*)
	03061719	冻其他小虾	5	2	Other frozen shrimps
	03063190	活鲜冷的其他岩礁虾和其他龙虾	15	5	Rock lobster and other sea crawfish (*Palinurus spp.*, *Panulirus spp.*, *Jasus spp.*), live, fresh or chilled
	03063290	活鲜冷的其他鳌龙虾	15	10	Other Lobsters (*Homarus spp.*), live, fresh or chilled
	03063399	其他活鲜冷的蟹	14	7	Other crabs, live, fresh or chilled
	03078190	活、鲜或冷的其他鲍鱼	14	7	Other abalone (*Haliotis spp.*), live, fresh or chilled

① "ex"表示应税商品范围以"商品名称"描述为准，其余以税号为准。其他各表中的"ex"所表示的意义同此。

The tariff lines prefixed by "ex" indication their import interim tariff rate apply to the import goods that conform to the respective article description. "ex" in other tables has the same meaning as mentioned thereof.

ex	税则号列 Tariff Item	商 品 名 称	最惠国税率 (%) M. F. N.	暂定税率 (%) Interim	Article Description
ex	03079190	活、鲜或冷的象拔蚌	14	10	Geoduck clam, live, fresh or chilled
	04041000	乳清及改性乳清	6	2	Whey and modified whey
	04062000	各种磨碎或粉化的乳酪	12	8	Grated or powdered cheese, of all kinds
	04063000	经加工的乳酪（但磨碎或粉化的除外）	12	8	Processed cheese, not grated or powdered
	04064000	蓝纹乳酪和娄地青霉生产的带有纹理的其他乳酪	15	8	Blue-veined cheese and other cheese containing veins produced by penicillium roqueforti
	04069000	其他乳酪	12	8	Other cheese
	05051000	填充用羽毛；羽绒	10	2	Feathers of a kind used for stuffing; down
	05119111	受精鱼卵	12	0	Fertilized fish eggs
	08011100	干的椰子	12	7	Desiccated coconuts
	08012100	鲜或干的未去壳巴西果	10	7	Brazil nuts in shell, fresh or dried
	08012200	鲜或干的去壳巴西果	10	7	Shelled Brazil nuts, fresh or dried
	08013100	鲜或干的未去壳腰果	20	7	Cashew nuts in shell, fresh or dried
	08013200	鲜或干的去壳腰果	10	7	Shelled cashew nuts, fresh or dried
	08021100	鲜或干的扁桃核	24	10	Almonds in shell, fresh or dried
	08024190	鲜或干的未去壳栗子（板栗除外）	25	20	Chestnuts (*Castanea spp.*), in shell, fresh or dried, other than chestnuts (*castanea mollissima blume*)
	08024290	鲜或干的去壳栗子（板栗除外）	25	20	Chestnuts (*Castanea spp.*), shelled, fresh or dried, other than chestnuts (*castanea mollissima blume*)
	08025100	鲜或干的未去壳阿月浑子果（开心果）	10	5	Pistachios in shell, fresh or dried
	08025200	鲜或干的去壳阿月浑子果（开心果）	10	5	Pistachios, shelled, fresh or dried
	08026190	未去壳非种用马卡达姆坚果（夏威夷果）	24	12	Macadamia nuts in shell, not for seed
	08026200	去壳马卡达姆坚果（夏威夷果）	24	12	Macadamia nuts, shelled
	08029020	鲜或干的白果	25	20	Gingko nuts, fresh or dried
ex	08029090	碧根果	24	7	Pecans
	08044000	鲜或干鳄梨	25	7	Avocados, fresh or dried
ex	08104000	鲜蔓越橘	30	15	Cranberries, bilberries and other fruits of the genus Vaccinium
ex	08134090	蔓越橘干	25	15	Dried cranberry
	12119036	甘草	6	0	Liquorice roots
ex	12119039	鲜或干的红豆杉皮、枝叶	6	1	Bark, branch, leave of Chinese yew, fresh or dried
	12122190	其他适合供人食用的海草及藻类	15	2	Other seaweeds and algae of a kind used primarily for human consumption
	12122910	马尾藻	15	2	Sargassum
	12122990	其他海草及藻类	15	2	Other seaweeds and other algae
ex	12149000	其他紫苜蓿（粗粉及团粒除外）	9	7	Other Lucerne (alfalfa) (excluding meal and pellets)

ex	税则号列 Tariff Item	商品名称	最惠国税率(%) M. F. N.	暂定税率(%) Interim	Article Description
ex	12149000	以除紫苜蓿外的禾本科和豆科为主的多种混合天然饲草	9	4	Varied mixture of natural fodder grass based on gramineae and leguminous, not including lucerne
	13021200	甘草汁液及浸膏	6	0	Saps and extracts of liquorice
ex	14049090	椰糠（条/块）	15	4	Coconut coir (strip or block)
	15021000	牛羊油脂	8	2	Tallow
	15029000	其他牛羊脂肪	8	4	Other fats of bovine animals, sheep or goats
ex	15042000	鱼油软胶囊	12	6	Fats and oils of fish, capsuled
ex	15119020	固态棕榈硬脂（50℃≤熔点≤56℃）	8	2	Solid palm stearin (melting point on less than 50℃ and no more than 56℃)
	15200000	粗甘油；甘油水及甘油碱液	20	6	Glycerol, crude; glycerol waters and glycerol lyes
	16010010	动物肉、杂碎及血制天然肠衣香肠	15	8	Sausages of meat, meat offal or blood, coated with natural casings
	16010020	动物肉、杂碎及血制其他肠衣香肠	15	8	Sausages of meat, meat offal or blood, coated with other casings
	18010000	整颗或破碎的可可豆，生的或焙炒的	8	2	Cocoa beans, whole or broken, raw or roasted
	19011010	供婴幼儿食用的零售包装配方奶粉	15	5	Infant formula, put up for retail sale
	19011090	其他供婴幼儿食用的零售包装食品	15	2	Other preparations for infant use, put up for retail sale
	19019000	麦精以及细粉、粗粉、粗粒、淀粉或麦精制的其他未列名食品	10	5	Other food prep. s of flour, etc
	19021900	其他未包馅或未制作的生面食	15	8	Other uncooked pasta, not stuffed or Other wise prepared
	20071000	烹煮制成的果子均化食品	30	15	Homogenized preparations of cooked fruits
	21031000	酱油	28	15	Soya sauce
	21069050	海豹油胶囊	20	10	Seal oil capsules
ex	21069090	乳蛋白部分水解配方、乳蛋白深度水解配方、氨基酸配方、无乳糖配方特殊婴幼儿奶粉	20	0	Special formula for infant and children, milk protein partial hydrolysate, milk protein deeply hydrolysate, amino acid, or lactose free formula
	22011010	矿泉水	20	10	Mineral waters
	22029000	无酒精饮料	35	20	Non-alcoholic drink
	22051000	装入 2 升及以下容器的味美思酒及其他加植物或香料的用鲜葡萄酿造的酒	65	14	Vermouth and other wine of fresh grapes flavoured with plants or aromatic substances, in containers holding 2L or less
	22082000	蒸馏葡萄酒制得的烈性酒	10	5	Spirits obtained by distilling grape wine or grape marc
	22083000	威士忌酒	10	5	Whiskies
	22090000	醋及醋酸制得的醋代用品	20	15	Vinegar and substitutes for vinegar obtained from acetic acid
	23091010	零售包装的狗食或猫食罐头	15	4	Dog or cat food in airtight containers, put up for retail sale

ex	税则号列 Tariff Item	商品名称	最惠国税率(%) M. F. N.	暂定税率(%) Interim	Article Description
	23091090	除罐头以外的零售包装的狗食或猫食	15	4	Dog or cat food, put up for retail sale, other than those in airtight containers
	23099090	其他配制的动物饲料	6.5	4	Other preparations of a kind used in animal feeding
ex	24039100	再造烟草	57	40	Reconstituted tobacco
	25020000	未焙烧的黄铁矿	3	2	Unroasted iron pyrites
	25030000	硫磺	3	1	Sulphur
	25041010	鳞片石墨	3	1	Graphite in flakes
	25051000	硅砂及石英砂，不论是否着色	3	1	Silica sands and quartz sands, whether or not coloured
	25059000	其他天然砂，不论是否着色	3	1	Other natural sands, whether or not coloured
	25061000	石英	3	1	Quartz
	25062000	石英岩，不论是否切割成矩形板、块	3	1	Quartzite, wether or not by sawing into blocks or slabs of a rectangular shape
	25070010	高岭土	3	1	Kaolin
	25070090	高岭土的类似土	3	1	Other kaolinic clays
	25083000	耐火黏土，不论是否煅烧	3	1	Fire-clay, whether or not calcined
	25101010	未碾磨的磷灰石	3	0	Unground apatites
	25102010	已碾磨的磷灰石	3	0	Ground apatites
	25151100	原状或粗加修正的大理石	4	0	Marble and travertine, crude or roughly trimmed
	25151200	矩形大理石及石灰华	4	0	Marble and travertine, merely cut into a square or rectangular shape
	25152000	其他石灰质碑用或建筑用石；蜡石，不论是否粗加修整或切割成矩形板块	3	0	Ecaussine and other calcarcous monumental or building stone; alabaster, whether or not roughly trimmed or cut into blocks or slabs of a rectangular (incl. square) shape
	25161100	原状或粗加修正的花岗石	4	0	Granite, crude or roughly trimmed
	25161200	矩形或正方形的花岗岩	4	0	Granite, merely cut into blocks or slabs of a rectangular (incl. square) shape
	25162000	原状或粗加修正的砂岩	3	0	Sandstone, crude or roughly trimmed
	25169000	其他碑用或建筑用石	3	0	Other monumental or building stone
	25181000	未煅烧或烧结的白云石	3	0	Dolomite, not calcinecd or sintered
	25182000	已煅烧或烧结的白云石	3	0	Calcined or sintered dolomite
	25183000	夯混白云石	3	0	Dolomite ramming mix
	25191000	天然碳酸镁（菱镁矿）	3	1	Natural magnesium carbonate (magnesite)
	25199010	熔凝镁氧矿（电熔镁，包括喷补料）	3	1	Fused magnesia, including gunning mix
	25199020	烧结镁氧矿（重烧镁，包括喷补料）	3	1	Dead-burned (sintered) magnesia, including gunning mix
	25199030	碱烧镁（轻烧镁）	3	1	Light-burned magnesia (light calcined magnesia)
ex	25199099	其他氧化镁含量在70%（含70%）以上的矿产品	3	1	Other mineral products containing by weight more than 70% of magnesium oxide
	25251000	原状云母或破开的云母片	5	1	Crude mica and mica rifted into sheets or splittings

ex	税则号列 Tariff Item	商品名称	最惠国税率(%) M. F. N.	暂定税率(%) Interim	Article Description
	25261020	未破碎及未研粉的滑石	3	1	Talc, not crushed or powdered
	25262020	已破碎或已研粉的其他天然滑石	3	1	Talc, crushed or powdered
	25280010	天然硼砂及其精矿	3	0	Natural sodium borates and concentrates thereof
	25280090	天然粗硼酸，含硼酸干重不超过85%	5	0	natural boric acid containing not more than 85% of H_3BO_3 calculated on the dry weight
	25291000	长石	3	1	Felspar
ex	25309099	天青石	3	1	Celestite
ex	25309099	锂辉石矿	3	0	Spodumene
ex	25309099	未煅烧的水镁石	3	1	Brucite, not calcinecd
ex	26180010	冶炼钢铁产生的锰渣，含锰量大于25%	4	1	Granulated slag mainly containing manganese (slag sand) from the manufacture of iron or steel, containing by weight more than 25% of Mn
	27040010	煤制焦炭及半焦炭不论是否成型	5	0	Coke and semi-coke, whether or not agglomerated
	27040090	甑炭	5	0	Retort carbon
	27050000	煤气、水煤气、炉煤气及类似气体，石油气及其他烃类气除外	5	1	Coal, water, producer gas and similar gases, other than petroleum gases and gaseous hydrocarbons
	27060000	从煤、褐煤、或泥煤蒸馏所得的焦油及矿物焦油，不论是否脱水或部分蒸馏，包括再造焦油	6	1	Tar distilled from coal, lignite or peat and other mineral tars, whether or not dehydrated or partially distilled, incl. reconstituted tars
	27073000	粗二甲苯	6	2	Xylole
ex	27082000	针状沥青焦	6	3	Needle Pitch coke
	27101210	车用汽油及航空汽油	5	1	Motor gasoline, aviation gasoline
	27101220	石脑油	6	0	Naphtha
ex	27101291	壬烯（碳九混合异构体含量高于90%）	9	4	Nonene (mixed isomers of C9>90%)
ex	27101299	异戊烯同分异构体混合物	9	5	Mixture of isomers of isoamylene
	27101911	航空煤油	9	0	Aviation kerosene
ex	27101919	正构烷烃（C9～C13）	6	2	n-Alkanes (C9～C13)
	27101922	5－7号燃料油	6	1	Fuel oil No. 5 to No. 7 (National Code)
	27101923	柴油	6	1	Diesel oil
ex	27101929	350度以下馏出物体积百分比小于20%，550度以下馏出物体积百分比大于80%的蜡油	6	0	Paraffin oils: 350℃ distillage<20%, 550℃ distillage>80%
	27111200	液化丙烷	5	1	Liquefied propane
	27111390	其他液化丁烷	5	1	Other liquefied butanes
	27149010	天然沥青	8	4	Natural bitumen and asphalt
	28013020	溴	5.5	1	Bromine
	28020000	升华硫磺、沉淀硫磺、胶态硫磺	5.5	1	Sulphur, sublimed or precipitaed; colloidal sulphur
ex	28045000	碲	5.5	0	Tellurium
	28049090	其他硒	5.5	0	Selenium

ex	税则号列 Tariff Item	商品名称	最惠国税率 (%) M. F. N.	暂定税率 (%) Interim	Article Description
	28051200	钙	5.5	1	Calcium
	28051910	锂	5.5	1	Lithium
	28051990	其他碱金属及碱土金属	5.5	1	Other alkali metals and alkaline earth metals
	28053011	钕	5.5	0	Neodymium
	28053012	镝	5.5	0	Dysprosium
	28053013	铽	5.5	0	Terbium
	28053014	镧	5.5	0	Lanthanum
	28053015	铈	5.5	0	Cerium
	28053016	镨	5.5	0	Praseodymium
	28053017	钇	5.5	0	Yttrium
	28053019	其他未相互混合或熔合的稀土金属、钪及钇	5.5	0	Rare-earth metals, scandium and yttrium, not intermixed or interalloyed
	28053021	已相互混合或熔合的稀土金属、钪及钇，电池级	5.5	0	Rare-earth metals, scandium and yttrium, intermixed or interalloyed, battery quality
	28053029	其他已相互混合或熔合的稀土金属、钪及钇	5.5	0	Rare-earth metals, scandium and yttrium, intermixed or interalloyed, other than battery quality
	28070000	硫酸、发烟硫酸	5.5	1	Sulphuric acid; oleum
ex	28121900	氯化亚砜	5.5	2	Sulphoxide chloride
	28141000	氨	5.5	0	Anhydrous ammonia
	28142000	氨水	5.5	0	Ammonia in aqueous solution
	28164000	锶或钡的氧化物、氢氧化物及过氧化物	5.5	2	Oxide, hydroxide and peroxide of strontium or of barium
	28182000	氧化铝，但人造刚玉除外	8	0	Aluminium oxide, other than artificial conundum
	28220010	四氧化三钴	5.5	2	Cobalt tetroxide
	28220090	其他钴的氧化物和氢氧化物	5.5	2	Other Cobalt oxides and hydroxides
	28254000	镍的氧化物和氢氧化物	5.5	2	Nickel oxides and hydroxides
	28332400	镍的硫酸盐	5.5	2	Nickel sulphates
ex	28332990	钴的硫酸盐	5.5	2	Cobalt sulphates
	28342110	肥料用硝酸钾	4	1	Nitrates of potassium, use as fertilizer
ex	28342990	硝酸钡	5.5	2	Barium nitrate
	28366000	碳酸钡	5.5	1	Barium carbonate
	28369100	锂的碳酸盐	5.5	2	Lithium carbonates
	28369200	锶的碳酸盐	5.5	2	Strontium carbonate
	28369930	碳酸钴	5.5	2	Cobaltous carbonate
ex	28399000	锆的硅酸盐	5.5	2	Ziconium silicate
	28401100	无水四硼酸钠	5.5	2	Anhydrous disodium tetraborate
	28401900	其他四硼酸钠	5.5	2	Disodium tetraborate, other than anhydrous
ex	28419000	钴酸锂	5.5	2	Lithium cobaltate
ex	28419000	铼酸盐	5.5	0	Rhenate
ex	28441000	天然铀及其化合物	5.5	0	Natural uranium and its compounds
ex	28442000	含铀235浓度低于5%的低浓铀及其化合物	5.5	0	Uranium enriched in U235 and its compounds, containing less than 5% of U235
	28461010	氧化铈	5.5	0	Cerium oxide
	28461020	氢氧化铈	5.5	0	Cerium hydroxide

ex	税则号列 Tariff Item	商　品　名　称	最惠国税率 (%) M. F. N.	暂定税率 (%) Interim	Article Description
	28461030	碳酸铈	5.5	0	Cerium carbonate
	28461090	铈的其他化合物	5.5	0	Cerium compounds
	28469011	氧化钇	5.5	0	Yttrium oxide
	28469012	氧化镧	5.5	0	Lanthanum oxide
	28469013	氧化钕	5.5	0	Neodymium oxide
	28469014	氧化铕	5.5	0	Europium oxide
	28469015	氧化镝	5.5	0	Dysprosium oxide
	28469016	氧化铽	5.5	0	Terbium oxide
	28469017	氧化镨	5.5	0	Praseodymium oxide (sesquioxide)
	28469019	其他氧化稀土	5.5	0	Other Rare-earth oxides
	28469021	氯化铽	5.5	0	Terbium chloride
	28469022	氯化镝	5.5	0	Dysprosium chloride
	28469023	氯化镧	5.5	0	Lanthanum chloride
	28469024	氯化钕	5.5	0	Neodymium chloride
	28469025	氯化镨	5.5	0	Praseodymium chloride
	28469026	氯化钇	5.5	0	Yttrium chloride
	28469028	混合氯化稀土	5.5	0	Other rare-earth chlorinates, mixed
	28469029	未混合氯化稀土	5.5	0	Other rare-earth chlorinates, unmixed
	28469031	氟化铽	5.5	0	Terbium fluoride
	28469032	氟化镝	5.5	0	Dysprosium fluoride
	28469033	氟化镧	5.5	0	Lanthanum fluoride
	28469034	氟化钕	5.5	0	Neodymium fluoride
	28469035	氟化镨	5.5	0	Praseodymium fluoride
	28469036	氟化钇	5.5	0	Yttrium fluoride
	28469039	其他氟化稀土	5.5	0	Other rare-earth fluorides
	28469041	碳酸镧	5.5	0	Lanthanum carbonates
	28469042	碳酸铽	5.5	0	Terbium carbonates
	28469043	碳酸镝	5.5	0	Dysprosium carbonates
	28469044	碳酸钕	5.5	0	Neodymium carbonate
	28469045	碳酸镨	5.5	0	Praseodymium carbonate
	28469046	碳酸钇	5.5	0	Yttrium carbonate
	28469048	混合碳酸稀土	5.5	0	Rare-earth carbonates other than of cerium, mixed
	28469049	未混合碳酸稀土	5.5	0	Rare-earth carbonates other than of cerium, unmixed
	28469091	镧的其他化合物	5.5	0	Other compounds of lanthanum
	28469092	钕的其他化合物	5.5	0	Other compounds of neodymium
	28469093	铽的其他化合物	5.5	0	Other compounds of terbium
	28469094	镝的其他化合物	5.5	0	Other compounds of dysprosium
	28469095	镨的其他化合物	5.5	0	Other compounds of praseodymium
	28469096	钇的其他化合物	5.5	0	Other compounds of yttrium
	28469099	稀土金属、钇、钪的其他化合物	5.5	0	Other compounds of rare-earth metal, yttrium or scandium
	29012100	乙烯	2	1	Ethylene
	29012200	丙烯	2	1	Propene (propylene)

ex	税则号列 Tariff Item	商 品 名 称	最惠国税率 (%) M. F. N.	暂定税率 (%) Interim	Article Description
	29031500	1,2-二氯乙烷（ISO）	5.5	1	1,2-Dichloroethane（ISO）（ethylene dichloride）
	29032100	氯乙烯	5.5	1	Chloroethylene
	29051210	正丙醇	5.5	3	Propan-l-ol（propyl alcohol）
	29053200	1,2-丙二醇	5.5	3	1,2-dihydroxypropare
ex	29053990	1,3-丙二醇	5.5	3	1,3-dihydroxypropare
	29054500	丙三醇（甘油）	14	3	Glycerol
	29061310	固醇	5.5	3	Sterol
	29071211	间甲酚	5.5	3	m-Cresols
	29071212	邻甲酚	5.5	3	o-Cresols
	29071910	邻仲丁基酚、邻异丙基酚	4	2	o-Sec-butyl phenol，o-Isopropyl phenol
	29094100	二甘醇	5.5	3	2,2-Oxydiethanol（diethylene glycol，digol）
ex	29121900	乙二醛	5.5	3	Glyoxal（Ethanedial）
	29155010	丙酸	5.5	3	Propionic acid
ex	29209000	碳酸二苯酯	6.5	2	Diphenyl carbonate
	29211920	异丙胺	6.5	2	Isopropyl amine
	29224190	赖氨酸盐及其酯	6	5	Salts of lysine，esters of lysine and its salts
	29224210	谷氨酸	10	5	Glutamic acid
ex	29225090	苏氨酸	6.5	5	Threonine
	29261000	丙烯腈	6.5	3	Acrylonitrile
ex	29269090	己二腈	6.5	1	Hexanedinitrile
	29304000	蛋氨酸	6.5	5	Methionine
ex	29329990	阿卡波糖水合物	6.5	4	Acarbose hydrate
ex	29339900	阿托伐他汀钙	6.5	4	Atorvastatin Calcium
ex	29419090	吗替麦考酚酯	6	4	Mycophenolate Mofetil
	30021100	疟疾诊断试剂盒	3	0	Malaria diagnostic test kits
	30021200	抗血清及其他血份	3	0	Antisera and other blood fractions
	30021300	非混合的免疫制品，未配定剂量或制成零售包装	3	0	Immunological products，unmixed，not put up in measured doses or in forms or packings for retail sale
	30021400	混合的免疫制品，未配定剂量或制成零售包装	3	0	Immunological products，mixed，not put up in measured doses or in forms or packings for retail sale
	30021500	免疫制品，已配定剂量或制成零售包装	3	0	Immunological products，put up in measured doses or in forms or packings for retail sale
	30021900	其他修饰免疫制品（不论是否通过生物工艺加工制得）	3	0	Other modified immunological products，whether or not obtained by means of biotechnological processes
	30022000	人用疫苗	3	0	Vaccines for human medicine
	30029040	遗传物质和基因修饰生物体	3	0	Genetics material and Gene modified organism
	30029090	人血；治病、防病或诊断用动物血制品；其他毒素、培养微生物（不包括酵母）及类似产品	3	0	Human blood；animal blood prepared for therapeutic，prophylactic or diagnostic uses；other toxins，cultures of microorganisms（excl. yeasts）and similar products

ex	税则号列 Tariff Item	商　品　名　称	最惠国税率 (%) M. F. N.	暂定税率 (%) Interim	Article Description
	30041011	氨苄青霉素制剂（混合，治病或防病用，已配定剂量或制成零售包装）	6	2	Ampicillin consisting of mixed or unmixed products for therapeutic or prophylactic uses, put up in measured doses or in forms or packings for retail sale
	30041012	羟氨苄青霉素制剂（两种或两种以上成分混合而成的，治病或防病用，已配定剂量或制成零售包装）	6	2	Amoxycillin consisting of mixed or unmixed products for therapeutic or prophylactic uses, put up in measured doses or in forms or packings for retail sale
	30041013	青霉素V制剂（两种或两种以上成分混合而成的，治病或防病用，已配定剂量或制成零售包装）	6	2	Penicillin V consisting of mixed or unmixed products for therapeutic or prophylactic uses, put up in measured doses or in forms or packings for retail sale
	30041019	其他青霉素制剂（混合或非混合，治病或防病用，已配定剂量或制成零售包装）	6	2	Other penicillins medicaments consisting of mixed or unmixed products for therapeutic or prophylactic uses, put up in measured doses or in forms or packings for retail sale
	30041090	含有其他青霉素及具有青霉烷酸结构的青霉素衍生物或链霉素及其衍生物的药品（混合或非混合，治病或防病用，已配定剂量或制成零售包装）	6	2	Other penicillins medicaments containing penicillins or derivatives thereof, with a penicillanic acid structure, or streptomycins or their derivatives, consisting of mixed or unmixed products for therapeutic or prophylactic uses, put up in measured doses or in forms or packings for retail sale
	30042011	头孢噻肟制剂（混合或非混合，治病或防病用，已配定剂量或制成零售包装）	6	2	Cefotaxime consisting of mixed or unmixed products for therapeutic or prophylactic uses, put up in measured doses or in forms or packings for retail sale
	30042012	头孢他啶制剂（混合或非混合，治病或防病用，已配定剂量或制成零售包装）	6	2	Ceftazidime consisting of mixed or unmixed products for therapeutic or prophylactic uses, put up in measured doses or in forms or packings for retail sale
	30042013	头孢西丁制剂（混合或非混合，治病或防病用，已配定剂量或制成零售包装）	6	2	Cefoxitin consisting of mixed or unmixed products for therapeutic or prophylactic uses, put up in measured doses or in forms or packings for retail sale
	30042014	头孢替唑制剂（混合或非混合，治病或防病用，已配定剂量或制成零售包装）	6	2	Ceftezole consisting of mixed or unmixed products for therapeutic or prophylactic uses, put up in measured doses or in forms or packings for retail sale
	30042015	头孢克罗制剂（混合或非混合，治病或防病用，已配定剂量或制成零售包装）	6	2	Cefaclor consisting of mixed or unmixed products for therapeutic or prophylactic uses, put up in measured doses or in forms or packings for retail sale
	30042016	头孢呋辛制剂（混合或非混合，治病或防病用，已配定剂量或制成零售包装）	6	2	Cefuroxime consisting of mixed or unmixed products for therapeutic or prophylactic uses, put up in measured doses or in forms or packings for retail sale

ex	税则号列 Tariff Item	商品名称	最惠国税率 (%) M. F. N.	暂定税率 (%) Interim	Article Description
	30042017	头孢三嗪（头孢曲松）制剂（混合或非混合，治病或防病用，已配定剂量或制成零售包装）	6	2	Ceftriaxone consisting of mixed or unmixed products for therapeutic or prophylactic uses, put up in measured doses or in forms or packings for retail sale
	30042018	头孢哌酮制剂（混合或非混合，治病或防病用，已配定剂量或制成零售包装）	6	2	Cefoperazone consisting of mixed or unmixed products for therapeutic or prophylactic uses, put up in measured doses or in forms or packings for retail sale
	30042019	含有其他头孢菌素制剂（混合或非混合，治病或防病用，已配定剂量或制成零售包装）	6	2	Other medicaments containing cephalosporins, consisting of mixed or unmixed products for therapeutic or prophylactic uses, put up in measured doses or in forms or packings for retail sale
	30042090	含有其他抗菌素的药品（混合或非混合，治病或防病用，已配定剂量或制成零售包装）	6	2	Other medicaments containing antibiotics, consisting of mixed or unmixed products for therapeutic or prophylactic uses, put up in measured doses or in forms or packings for retail sale
	30043110	含有重组人胰岛素但不含抗菌素的药品（混合或非混合，治病或防病用，已配定剂量或零售包装）	5	2	Containing recombinant human insulin but not containing antibiotics, consisting of mixed or unmixed products for therapeutic or prophylactic uses, put up in measured doses or in forms or packings for retail sale
	30043190	含有其他胰岛素但不含抗菌素的药品（混合或非混合，治病或防病用，已配定剂量或零售包装）	5	2	Other containing insulin but not containing antibiotics, consisting of mixed or unmixed products for therapeutic or prophylactic uses, put up in measured doses or in forms or packings for retail sale
	30043200	含肾上腺皮混合或非混合质激素但不含抗菌素的药品（混合或非混合，治病或防病用，已配定剂量或零售包装）	5	2	Containing corticosteroid hormones, their derivatives and structural analogues, consisting of mixed or unmixed products for therapeutic or prophylactic uses, put up in measured doses or in forms or packings for retail sale
	30043900	含有税目 29.37 其他产品但不含抗菌素的药品（混合或非混合，治病或防病用，已配定剂量或零售包装）	5	2	Containing other products of heading 29.37 but not containing antibiotics, consisting of mixed or unmixed products for therapeutic or prophylactic uses, put up in measured doses or in forms or packings for retail sale
	30045000	含有维生素或税目 29.36 其他产品的其他药品（混合或非混合，治病或防病用，已配定剂量或零售包装）	6	2	Other, containing vitamins or other products of heading 29.36, consisting of mixed or unmixed products for therapeutic or prophylactic uses, put up in measured doses or in forms or packings for retail sale
	30046010	含有青蒿素及其衍生物的中成药	4	2	Medicaments of Chinese type , containing artemisinins and their derivatives
	30046090	其他含有第三十章子目注释二所列抗疟疾活性成分的药品	4	2	Other medicaments, containing antimalarial active principles described in Subheading Note 2 to this Chapter

ex	税则号列 Tariff Item	商　品　名　称	最惠国税率 (%) M. F. N.	暂定税率 (%) Interim	Article Description
	30049010	含有磺胺类的药品（两种或两种以上成分混合而成的，治病或防病用，已配定剂量或零售包装）	6	2	Containing sulfa drugs consisting of mixed or unmixed products for therapeutic or prophylactic uses, put up in measured doses or in forms or packings for retail sale
	30049051	中药酒（混合或非混合，治病或防病用，已配定剂量或零售包装）	3	2	Medicated liquors or wines consisting of mixed or unmixed products for therapeutic or prophylactic uses, put up in measured doses or in forms or packings for retail sale
	30049054	清凉油（混合或非混合，治病或防病用，已配定剂量或零售包装）	3	2	Essential balm consisting of mixed or unmixed products for therapeutic or prophylactic uses, put up in measured doses or in forms or packings for retail sale
	30049059	其他中式成药（混合或非混合，治病或防病用，已配定剂量或零售包装）	3	2	Other medicaments of Chinese type consisting of mixed or unmixed products for therapeutic or prophylactic uses, put up in measured doses or in forms or packings for retail sale
	30049090	其他药品（混合或非混合，治病或防病用，已配定剂量或零售包装）	4	2	Other medicaments consisting of mixed or unmixed products for therapeutic or prophylactic uses, put up in measured doses or in forms or packings for retail sale
	31031110	重过磷酸钙	4	1	Triple superphosphates
	31031190	其他按重量计五氧化二磷含量在35%以上的过磷酸钙	4	1	Other superphosphates, containing by weight 35 % or more of diphosphorus pentaoxide (P_2O_5)
	31031900	其他过磷酸钙	4	1	Other superphosphates
	31039000	其他矿物磷肥或化学磷肥	4	1	Mineral or chemical fertilizers, phosphatic
	31042090	其他氯化钾	3	1	Potassium chloride
	31043000	硫酸钾	3	1	Potassium sulphate
	31049010	光卤石、钾盐及其他天然粗钾盐	3	1	Carnallite, sylvite and other crude natural potassium salts
	31049090	其他矿物钾肥及化学钾肥	3	1	Mineral or chemical fertilizers, potassic
	31051000	制成片状及类似形状或每包毛重不超过10千克的第三十一章各货品	4	1	Goods of chapter 31 in tables or similar forms or in packages of a gross weight≤10kg
	31054000	磷酸二氢铵及磷酸二氢铵与磷酸氢二铵的混合物	4	1	Ammonium dihydrogenorthophosphate (monoammonium phosphate) and mixtures thereof with diammonium hydrogenorthophosphate (diammonium phosphate)
	31055100	含有硝酸盐及磷酸盐的肥料	4	1	Mineral or chemical fertilizers containing nitrates and phosphates
	31055900	其他含氮、磷两种肥效元素的矿物肥料或化学肥料	4	1	Mineral or chemical fertilizers containing the two fertilizing elements nitrogen and phosphorus
	31056000	含磷、钾两种元素的肥料	4	1	Mineral or chemical fertilizers with phosphorus and potassium
	31059010	有机—无机复混肥料	4	1	Fertilizers containing the two fertilizing elements organic and inorganic
	31059090	其他肥料	4	1	Mineral or chemical fertilizers

ex	税则号列 Tariff Item	商品名称	最惠国税率 (%) M. F. N.	暂定税率 (%) Interim	Article Description
ex	32029000	无铬鞣剂	6.5	3	Tanning preparations without chromium
ex	32082010	分散于或溶于非水介质的光导纤维用涂料（主要成分为聚胺酯丙烯酸酯类化合物）	10	6	Paint for optical fibers (based on polyaminate acrylate resin polymers), dispersed or dissolved in a nonaqueous medium
ex	32089010	光导纤维用涂料（主要成分为聚胺酯丙烯酸酯类化合物）	10	6	Paint for optical fibers (based on polyaminate acrylate resin polymers)
ex	32100000	光导纤维用涂料	10	6	Paint for optical fiber
	33012500	其他薄荷油	15	5	Other mints
ex	33012999	黄樟油	15	7	Sassafras oil
	33013010	鸢尾凝脂（香膏类）	20	10	Balsam of irises
	33030000	香水及花露水	10	5	Perfumes and toilet waters
	33041000	唇用化妆品	10	5	Lip make-up preparations
	33042000	眼用化妆品	10	5	Eye make-up preparations
	33043000	指（趾）甲化妆品	15	5	Manicure or pedicure preparations
	33049100	香粉，不论是否压紧	10	5	Powders, whether or not compressed
	33049900	其他美容品或化妆品及护肤品	6.5	2	Other beauty or make-up preparations and preparations for the care of the skin
	33051000	洗发剂（香波）	6.5	2	Shampoos
	33052000	烫发剂	15	5	Preparations for permanent waving or straightening
	33053000	定型剂	15	5	Hair lacquers
	33059000	其他护发品	10	5	Other preparations for use on the hair
	33061010	牙膏	10	5	Toothpastes
	33061090	其他洁齿品	10	5	Other dentifrices
	33062000	牙线	10	5	Yarn used to clean between the teeth (dental floss)
	33069010	漱口剂	10	5	Gargle
	33069090	其他口腔及牙齿清洁剂	10	5	Other preparations for oral or dental hygiene
	33071000	剃须用制剂	10	5	Pre-shave, shaving or after-shave preparations
	33072000	人体除臭剂及止汗剂	10	5	Personal deodorants and antiperspirants
	33073000	香浴盐及其他沐浴用制剂	10	5	Perfumed bath salts and other bath preparations
	33074100	神香及其他通过燃烧散发香气制品	10	5	Agarbatti and other odoriferous preparations which operate by burning
	33074900	室内除臭制品	10	5	Prepared room deodorizers
	33079000	脱毛剂、其他编号未列名的芳香料制品及化妆盥洗品	9	5	Depilatories and other perfumery, cosmetic or toilet preparations, not elsewhere specified or included
	34011990	其他用肥皂及有机表面活性产品，条、块状或模制形状的，以及用肥皂或洗涤剂浸渍、涂面或包覆的纸、絮胎、毡呢及无纺织物	15	10	Other soap and organic surface-active products and preparations for use as soap, in bars, cakes, moulded pieces or shapes; paper, wadding, felt and nonwovens, impregnated, coated or covered with soap or detergent
	34012000	其他形状的肥皂	15	10	Soap in other forms

ex	税则号列 Tariff Item	商　品　名　称	最惠国税率 (%) M. F. N.	暂定税率 (%) Interim	Article Description
ex	34029000	十二烷基苯磺酸钙甲醇溶液（十二烷基苯磺酸钙含量应高于70%）	9	7	Calcium dodecyl benzosulfonate methanol solution (Calcium dodecyl benzosulfonate content>70%)
	34031100	用于纺织、皮革、毛皮或其他材料油脂处理的制剂	10	8	Preparations for the treatment of textile materials, leather, furskins or other materials
	34031900	其他含有石油或从沥青矿物提取的油类	10	8	Other containing petroleum oils or oils obtained from bituminous minerals
	34039100	处理纺织材料、皮革、毛皮或其他材料的制剂	10	8	Preparations for the treatment of textiles, materials, leathers, furskins or other materials
ex	35030010	明胶	12	5	Gelatin
	35051000	糊精及其他改性淀粉	12	6	Dextrins and other modified starches
	37011000	X光片	20	10	Photographic plates and film for X-ray, in the flat, sensitized, unexposed, of any material other than paper, paperboard or textiles
ex	37019920	石英玻璃基质的未曝光感光硬片	7.5/6.3[注2]	5	Unexposed sensitized plates of quartz glass matrix
ex	37024292	红色或红外激光胶片，宽度大于80厘米，长度大于1000米	2.4元/平方米	1.05元/平方米	Red or infrared laser film of a width exceeding 80cm and a length exceeding 1000m
ex	37071000	感光乳剂（不含银的）	8	4	Sensitizing emulsions (without silver component)
	38011000	人造石墨	6.5	3	Artificial graphite
	38151200	以贵金属及其化合物为活性物的载体催化剂	6.5	4	Supported catalysts with precious metal or its compounds as the active substances
	38231200	油酸	16	8	Oleic acid
ex	38231900	植物酸性油	16	5	Botanic acid oil
	38237000	工业用脂肪醇	13	9	Aliphatic alcohols for industrial uses
ex	38249999	高钛渣（二氧化钛质量百分含量大于70%的）	6.5	0	Titanium slag (containing by weight more than 70%TiO2)
ex	38249999	按重量计氧化锌含量在50%及以上的混合物	6.5	3	Mixtures containing no less than 50% of zinc oxide by weight
ex	39011000	比重小于0.94的聚乙烯（进口CIF价高于3800美元/吨）	6.5	3	Polyethylene having a specific gravity of less than 0.94 (import CIF≥USD3800/t)
ex	39012000	比重在0.94及以上的聚乙烯（进口CIF价高于3800美元/吨）	6.5	3	Polyethylene having a specific gravity of 0.94 or more (import CIF≥USD3800/t)
ex	39021000	电工级初级形状聚丙烯树脂（灰分含量不大于30ppm）	6.5	3	Electrotechonical polypropylene resin in primary forms (Ash content not more than 30PPM)
	39072010	聚四亚甲基醚二醇	6.5	3	Polytetramethylene Ether Glycol
ex	39073000	溴的质量百分含量在18%及以上或进口CIF价格高于3800美元/吨的环氧树脂（如溶于溶剂，以纯环氧树脂折算溴的百分含量）	6.5	4	Epoxyresins containing 18% or more by weight of Bromine) or import CIF > USD3800/t (base on pure epoxyresins if dissolved in solvent)
	39074000	初级形状的聚碳酸酯	6.5	3	Polycarbonates in primary forms
	39077000	初级形状的聚乳酸	6.5	3	Poly lactic acid in primary forms

ex	税则号列 Tariff Item	商品名称	最惠国税率(%) M. F. N.	暂定税率(%) Interim	Article Description
ex	39119000	偏苯三酸酐和异氰酸预缩聚物	6.5	3	Prepoly condensate of trimelltic anhydride and isocyanic acid
ex	39119000	芳基酸与芳基胺预缩聚物	6.5	3	Prepolycondensate of arylacid and arylamine
ex	39119000	改性三羟乙基脲酸酯类预缩聚物	6.5	3	Prepolycondensate of modified 3-hydroxyethyl urea esters
	39201010	乙烯聚合物制电池隔膜	6.5	3	Battery separator, of polymers of ethylene
ex	39209100	聚乙烯醇缩丁醛膜（厚度不超过3毫米）	6.5	3	Polyvinyl butyral membrane (of a thickness not exceeding 3mm)
ex	39209990	聚酰亚胺膜（厚度不超过0.03毫米）	6.5	3	Polyimide film (of a thickness not exceeding 0.03mm)
ex	39219090	离子交换膜	6.5	5	Ion exchange membrane
ex	39269090	聚氨酯制避孕套	10	0	Sheath contraceptives of polyurethane
	40011000	天然胶乳	20	10%或900元/吨，两者从低	Natural rubber latex
	40012100	烟胶片	20	20%或1500元/吨，两者从低	Smoked sheets of natural rubber
	40012200	技术分类天然橡胶	20	20%或1500元/吨，两者从低	Technically specified natural rubber, in primary forms or in plates, sheets or strip
ex	40112000	断面宽度30英寸及以上的轮胎	10	8	Tyres, having a fracture surface of a width of 30 inches or more
ex	40117010	断面宽度24英寸及以上的轮胎	17.5	8	Tyres, having a fracture surface of a width of 24 inches or more
ex	40118012	断面宽度24英寸及以上的轮胎	17.5	8	Tyres, having a fracture surface of a width of 24 inches or more
ex	40118092	断面宽度24英寸及以上的轮胎	25	8	Tyres, having a fracture surface of a width of 24 inches or more
ex	40119010	断面宽度30英寸及以上的轮胎	17.5	8	Tyres, having a fracture surface of a width of 30 inches or more
ex	40119090	断面宽度30英寸及以上的轮胎	25	8	Tyres, having a fracture surface of a width of 30 inches or more
	40121300	航空器用翻新轮胎	20	4	Retreaded tyres used on aircraft
ex	40169500	液压隔离式蓄能器用胶囊	18	9	Capsules for hydraulic accumulator isolation room
ex	40169910	奶衬	8	4	Milking liner
ex	40169990	动车组用胶囊、外风挡板	10	5	Capsules, external wind baffles for motor train unit
ex	41012020	生驴皮	5	2	Whole raw hides and skins of donkeys
	41041111	全粒面未剖层或粒面剖层蓝湿牛皮	7	3	Chrome-tanned bovine leather (wet blue skin leather), full grain, unsplit, or grain splits, not further prepared
	41041911	其他蓝湿牛皮	6	3	Wet blue bovine leather, not further prepared
	41041920	其他湿马皮	7	5	Equine leather, wet state, not further prepared

ex	税则号列 Tariff Item	商品名称	最惠国税率(%) M. F. N.	暂定税率(%) Interim	Article Description
	41044100	全粒面未剖层革 粒面剖层革的牛干革（坯革）	5	3	Bovine or equine leather, without hair on, dry state (crust), full grains, unsplit, or grain splits, not further prepared
	41051010	蓝湿绵羊、羔羊皮	14	10	Wet-blue sheep or lamb skin leather, without wool on, but not further prepared, whether or not split
ex	41062100	蓝湿山羊皮	14	10	Goat skin leather, in the wet-blue state, without hair on, but not further prepared, whether or not split
	41063110	蓝湿猪皮	14	10	Wet-blue swine leather, without hair on, but not further prepared, whether or not split
	41071210	已鞣粒面剖层整张牛皮革	8	6	Leather further prepared after tanning or crusting, including parchment-dressed leather, of bovine (including buffalo) animals, without hair on, other than leather of heading41. 14, whole hides and skins, grain splits
	42021110	以皮革、再生皮革作面的衣箱	15	10	Trunks with outer surface of leather or of composition 1eather
	42021210	以塑料或纺织材料作面的衣箱	20	10	Trunks with outer surface of plastics or of textile materials
	42021290	塑料或纺织材料作面的其他箱包	20	10	Other cases with outer surface of plastics or of textile materials
	42021900	其他材料制箱包	20	10	Cases with outer surface of other materials
	42022900	以钢纸或纸板作面的手提包	20	10	Handbag with outer surface of vulcanized fibre or of paperboard
	42023200	以塑料或纺织品作面的钱包等物品	20	10	Purse and other articles with outer surface of plastic sheeting or of textile materials
	42023900	以钢纸或纸板作面的钱包等物品	20	10	Purse and other articles with outer surface of vulcanized fiber or paperboard materials
	42029900	以钢纸或纸板作面的其他容器	20	10	Other containers with outer surface of vulcanized fiber or paperboard materials
	43011000	整张水貂皮，不论是否带头、尾、爪	15	10	Of mink, whole, with or without head, tail or paws
	43016000	整张狐皮，不论是否带头、尾、爪	20	10	Of fox, whole, with or without head, tail or paws
	43031010	毛皮衣服	23	10	Articles of appare
	44089012	温带非针叶木制饰面用单板	3	1	Veneer sheets of temperate non-coniferous wood
ex	44089019	家具饰面单板	3	1	Veneer sheets for furniture
ex	44089029	胶合板用旋切单板	3	1	Peeled sheets for plywood
	45011000	未经加工或简单加工的天然软木	6	1	Natural cork, raw or simply prepared
	45031000	天然软木塞子	8	4	Corks and stoppers
ex	45041000	压制软木塞	8. 4	4	Agglomerated corks and stoppers
	48022010	照相原纸	7. 5	5	Photopaper base
	48064000	高光泽透明或半透明纸	7. 5	5	Glassine and other glazed transparent or translucent papers

ex	税则号列 Tariff Item	商品名称	最惠国税率(%) M. F. N.	暂定税率(%) Interim	Article Description
	48070000	成卷或成张的复合纸及纸板，未经表面涂布或未浸渍	7.5	5	Composite paper and paperboard, not surface-coated or impregnated, in rolls or sheets
	48115110	彩色相纸用双面涂塑纸，每平方米重量超过150克	7.5	1	Paper coated on both sides with plastics (excl. adhesives) for color photography, bleached, weighing > 150g/m², in rolls or sheets
ex	49070090	特许权使用凭证（包括软件升级许可证、软件用户许可证等。但游戏软件升级许可证、游戏软件用户许可证除外）	7.5	0	Certificate of Franchise license (including software upgrade license, software user license, etc, other than game software upgrade license, game software user license)
	52101100	与化纤混纺未漂白轻质平纹棉布	12	6	Unbleached plain weave of cotton, with man-made fibres, weighing not more than 200g/m²
	52101990	与化纤混纺未漂白轻质其他棉布	12	6	Other unbleached fabrics of cotton, with man-made fibres, weighing not more than 200g/m²
	52111100	与化纤混纺未漂白重质平纹棉布	12	6	Unbleached woven fabrics of cotton, plain weave, mixed with man-made fibres, with< 85% cotton, >200g/m²
	52111200	化纤混纺未漂白重质三线或四线斜纹棉布	12	6	Unbleached woven fabrics of cotton, 3 or 4-thread twill, mixed with man-made fibres, with<85% cotton, >200g/m²
	52122100	未漂白的其他混纺重质棉布	12	6	Other unbleached woven fabrics of cotton, mixed with other fibres, >200g/m²
	53012100	破开的麻或打成的麻	6	1	Broken or scutched flax
	53013000	亚麻短纤及废麻	6	1	Flax tow and waste
	53062000	亚麻多股纱线或缆线	10	5	Multiple or cabled flax yarn
ex	56013000	由两种或两种以上有机聚合物纺制的纤维（横截面为皮芯结构或并列结构或海岛结构），长度不超过5毫米	10	5	Of two or more kinds of polymers (with cross section of skin-core or juxtapose or island structure), length not more than 5mm
ex	56039110	乙烯聚合物制电池隔膜基布	10	5	Nonwovens, of polymers of Ethylene, used for battery separator (weight not more than 25g/m²)
ex	56039210	乙烯聚合物制电池隔膜基布	10	5	Nonwovens, of polymers of Ethylene, used for battery separator (weight more than 25g/m² but not more than 70g/m²)
ex	56039310	乙烯聚合物制电池隔膜基布	10	5	Nonwovens, of polymers of ethylene, used for battery separator (weight more than 70g/m² but not more than 150g/m²)
	61019010	毛制针织或钩编男式大衣、防风衣	25	10	Men's or boy's overcoats, wind-jackets, knitted or crocheted, of wool or fine animal hair
	61021000	毛制针织或钩编女式大衣、防风衣	25	10	Women's or girl's overcoats, wind-jackets, knitted or crocheted, of wool or fine animal hair

ex	税则号列 Tariff Item	商品名称	最惠国税率(%) M. F. N.	暂定税率(%) Interim	Article Description
	61029000	其他纺织材料制针织或钩编女式大衣、防风衣	20	10	Women's or girls' overcoats, wind-cheaters, knitted or crocheted, of other textile materials
	61031010	毛制针织或钩编男式西服套装	25	10	Men's or boys' suits, knitted or crocheted of wool or fine animal hair
	61031020	合纤制针织或钩编男西服套装	25	10	Men's or boys' suits, knitted or crocheted of synthetic fibres
	61032200	棉制针织或钩编男式便服套装	20	10	Men's or boys' ensembles, knitted or crocheted of cotton
	61032300	合纤制针织或钩编男便服套装	25	10	Men's or boys' ensembles, knitted or crocheted of synthetic fibres
	61032910	毛制针织或钩编男式便服套装	25	10	Men's or boys' ensembles, knitted or crocheted of wool or fine animal hair
	61032990	其他纺织材料制针织或钩编男式便服套装	25	10	Men's or boys' ensembles, knitted or crocheted of other textile materials
	61041300	合纤制针织或钩编女西服套装	25	10	Women's or girls' suits, knitted or crocheted of synthetic fibres
	61042300	合纤制针织或钩编女便服套装	25	10	Women's or girls' ensembles knitted or crocheted of synthetic fibres
	61101200	克什米尔山羊细毛制针织或钩编套头衫等	14	5	Jerseys and similar articles, knitted or crocheted, of cashmere (Kashmir)
	62011100	毛制男式大衣、斗篷及类似品	16	5	Men's or boy's overcoats, cloaks and similar articles, of wool or fine animal hair
	62011290	棉制男式大衣、斗篷及类似品	16	5	Men's or boy's overcoats, cloaks and similar articles, of cotton
	62021100	毛制女式大衣、斗篷及类似品等	16	5	Women's or girl's overcoats, cloaks and similar articles, of wool or fine animal hair
	62021290	棉制女式大衣、斗篷及类似品等	16	5	Women's or girl's overcoats, cloaks and similar articles, of cotton
	62031100	毛制男式西服套装	17.5	5	Men's or boy's suits, of wool or fine animal hair
	62033100	毛制男式上衣	16	5	Men's or boy's jackets and blazers, of wool or fine animal hair
	62041100	毛制女式西服套装	17.5	5	Women's or girl's suits, of wool or fine animal hair
	62042300	合纤制女式便服套装	20	10	Women's or girls' ensembles of synthetic fibres
	62042910	丝及绢丝制女式便服套装	20	10	Women's or girls' ensembles of silk or silk waste
	62043100	毛制女式上衣	16	5	Women's or girl's jackets and blazers, of wool or fine animal hair
	62141000	丝制披巾、头巾、围巾及类似品	14	5	Shawls, scarves, mufflers and the like, of silk
	62142010	羊毛制披巾、领巾、围巾、披纱、面纱及类似品	14	5	Shawls, scarves, mufflers, mantillas, veils and the like, of wool
	62142020	山羊绒制披巾、领巾、围巾、披纱、面纱及类似品	14	5	Shawls, scarves, mufflers, mantillas, veils and the like, of cashmere

ex	税则号列 Tariff Item	商品名称	最惠国税率 (%) M. F. N.	暂定税率 (%) Interim	Article Description
	63012000	毛制毯子及旅行毯	16	5	Blanket (other than electric blankets) and travelling rugs, of wool or fine animal hair
	64011010	橡胶制鞋面的装金属护头的塑料、橡胶制防水鞋靴	24	12	Waterproof Footwear incorporating a protective metal toe-cap and uppers of rubber
	64011090	塑料制鞋面的装金属护头的塑料、橡胶制防水鞋靴	24	12	Waterproof Footwear incorporating a protective metal toe-cap and uppers of plastics
	64019210	橡胶制鞋面的橡胶、塑料底及面的中、短统防水靴	24	12	Waterproof Footwear covering the ankle but not covering the knee, with uppers of rubber under the kind of outer soles and uppers of rubber or plastics
	64019290	塑料制鞋面的橡胶、塑料底及面的中、短统防水靴	24	12	Waterproof Footwear covering the ankle but not covering the knee, with uppers of plastics under the kind of outer soles and uppers of rubber or plastics
	64019900	其他橡胶、塑料制外底及鞋面防水靴	24	12	Other Waterproof Footwear, with outer soles and uppers of rubber or plastics
	64029100	其他橡胶、塑料短统靴(过踝)	24	12	Other footwear (covering the ankle) with outer soles and uppers of rubber or plastics
	64029910	橡胶制鞋面的其他橡胶、塑料鞋靴	24	12	Other footwear with uppers of rubber and outer soles of rubber or plastics
	64041100	纺织材料制鞋面的运动鞋靴	24	12	Sports footwear with uppers of textile materials and outer soles of rubber or plastics
	64042010	皮革或再生皮革制外底的拖鞋	24	12	Slippers, with outer soles of leather or composition leather
	64042090	纺织材料制鞋面皮革底的其他鞋靴	24	12	Other Footwear, with uppers of textile materials and outer soles of leather
	64051010	橡胶、塑料、皮革及再生皮革制外底的皮革或再生皮革制面的其他鞋靴	24	12	Other footwear with uppers of leather or composition leather and outer soles of rubber, plastics, leather or composition leather
	64051090	其他材料制外底的皮革或再生皮革制面的其他鞋靴	24	12	Other footwear with uppers of leather or composition leather and outer soles of other materials
	64052000	纺织材料制面的其他鞋靴	22	12	Other footwear with uppers of textile materials
ex	68061090	矿物纤维,渣球含量小于5%	10.5	5	Mineral fiber, of a shot content less than 5%
	69051000	陶瓷制屋顶瓦	24.5	15	Roofing tiles, ceramic
	69060000	陶瓷套管、导管、槽管及管子配件	15	10	Ceramic pipes, conduits, guttering and pipe fittings
	69099000	农业用、运输或盛装货物用陶瓷容器	21	15	Ceramic troughs, tubes etc used in agriculture, ceramic pots etc
	69111011	骨瓷餐具	12	8	Tableware of bone china
	69111019	其他瓷餐具	12	8	Other tableware of porcelain or china
	69111021	瓷刀具	15	10	Knives of porcelain or china
	69111029	其他瓷厨房器具	15	10	Kitchenware of porcelain or china
	69120010	陶餐具	15	10	Ceramic tableware

ex	税则号列 Tariff Item	商品名称	最惠国税率 (%) M. F. N.	暂定税率 (%) Interim	Article Description
	69120090	陶制厨房器具	15	10	Ceramic kitchenware and other household or toilet articles
	70023110	光导纤维用波导级石英玻璃管	5	1	Tubes of fused quartz, of waveguide-level, for optical fibre use
ex	70023900	光通信用微光组件的玻璃毛细管、定位管（外径小于3毫米）	12	3	Micro capillary and galass tube for optical communication (out diameter<3mm)
ex	70031900	液晶或有机发光二极管（OLED）显示屏用原板玻璃，包括保护屏用含碱玻璃	17.5	3	Rough glass plate used for LCD or OLED including alkali-containing glassplate used for protection screen
ex	70049000	光学平板玻璃，厚度0.7毫米以下	17.5	9	Optical flat glass, of a thickness less than 0.7mm
ex	70052900	液晶或有机发光二极管（OLED）显示屏用原板玻璃，包括保护屏用含碱玻璃	15	3	Rough glass plate used for LCD or OLED including alkali-containing glassplate used for protection screen
ex	70060000	液晶玻璃基板，6代（1850毫米×1500毫米）以上，不含6代	15	4	Glass parts for liquid crystal display, size exceeding 1850mm×1500mm (6 generation)
ex	70060000	液晶玻璃基板，6代（1850毫米×1500毫米）及以下	15	6	Glass parts for liquid crystal display, size exceeding 1850mm×1500mm (6 generation)
ex	70071110	空载重量25吨及以上飞机的挡风玻璃	2	1	Windshield for airplane unloaden weight ≥25t
ex	70099100	槽式太阳能抛物面反射镜	21	10	Parabolic trough solar reflectors
ex	70112090	显示管玻壳及其零件	10	6	Glass envelopes and parts thereof for display tubes
	70132200	铅晶质高脚杯	24.5	15	Stemware drinking glasses of lead crystal
	70133300	其他铅晶质玻璃杯	24.5	15	Other drinking glasses, of lead crystal, other than of glass-ceramics
	70134100	铅晶质玻璃制餐桌、厨房用器皿	24.5	15	Glassware of a kind used for table kitchen, etc, of lead crystal
ex	70140090	带有抗红外和防反射薄膜的滤波玻璃	17.5	9	Wave-filter galss with anti-IR and anti-reflection film
ex	70182000	熔融球形二氧化硅微粉，直径小于等于100微米	20	5.5	Silica micro powder, fused, spherical, having a diameter of 100μm or less
	70189000	玻璃假眼；灯工方法制的玻璃塑像及玻璃饰品	20	10	Glass eyes, statuetts and oth ornaments of lamp-worked glass
ex	70195200	覆铜板用玻璃纤维长丝平纹布，开纤或每平方米重不超过180克	12	10	Glass fiber colth, covered with copper foil, open filament fabric or weighting less than or equal to 180g/m²
	70200011	导电玻璃	10.5	7	Conductive glass
ex	70200099	石英玻璃，平整度小于等于1微米	15	4	Quartz glass, of a flatness less than or equal to 1μm
	71011011	未分级的天然黑珍珠	21	0	Ungraded tahitian pearls
	71011091	分级的天然黑珍珠	21	0	Graded tahitian pearls
ex	71012110	未加工的未分级养殖黑珍珠	21	0	Unworked and ungraded cultured tahitian pearls
ex	71012190	未加工的已分级养殖黑珍珠	21	0	Unworked and graded cultured tahitian pearls

ex	税则号列 Tariff Item	商品名称	最惠国税率 (%) M. F. N.	暂定税率 (%) Interim	Article Description
ex	71012210	已加工的未分级养殖黑珍珠	21	0	Worked and ungraded cultured tahitian pearls
ex	71012290	已加工的已分级养殖黑珍珠	21	0	Worked and graded cultured tahitian pearls
ex	71049012	蓝宝石衬底（由人造刚玉加工而成，厚度小于0.5毫米）	6	1	Underlay with sapphire, made of artificial corundum, thickness less than 0.5mm
ex	71129220	铂含量在3%以上的其他含铂或铂化合物的废碎料	6	0	Waste and scrap with plutinum containing by weight more than 3% plutinum
	71159010	工业或试验室用贵或包金属制品	3	0	Other articles of precious metalor or of metal clad with precious metal, for technical or lab use
	72024100	铬铁，含碳量>4%	2	0	Ferro-chromium containing by weight more than 4% of carbon
	72024900	铬铁，含碳量≤4%	2	1	Ferro-chromium, containing by weight not more than 4% of carbon
	72026000	镍铁	2	0	Ferro-nickel
	72027000	钼铁	2	1	Ferro-molybdenum
	72028010	钨铁	2	1	Ferro-tungsten
	72029300	铌铁	2	1	Ferro-niobium
ex	72031000	热压铁块	2	0	Hot Briguetted Iron (HBI)
	72041000	铸铁废碎料	2	0	Waste and scrap, cast iron
	72043000	镀锡钢铁废碎料	2	0	Waste and scrap, of tinned iron or steel
	72044100	机械加工中产生的钢铁废料	2	0	Ferrous waste and scrap, of iron or steel, from the mechanical working of metal
	72091810	厚度小于0.3毫米的冷轧卷材，宽度大于或等于600毫米	6	4	Flat-rolled products of a width of 600mm or more, of a thickness of less than 0.3mm, cold-rolled, in coils
ex	72269990	铁镍合金带材（生产集成电路框架用），宽度小于600毫米	7	4	Fe-Ni alloy strip (production of the frame for electronic integrated circuits), of a width less than 600mm
	73239100	餐桌、厨房等家用铸铁制器具	20	10	Table, kitchen and other household articles and parts thereof, of cast iron not enamelled
	73239200	餐桌、厨房等家用铸铁制搪瓷器	20	10	Table, kitchen and other household articles and parts, of cast iron, enamelled
	73239420	钢铁制搪瓷烧锅	20	10	Casserole of iron or steel, enamelled
	73241000	不锈钢制洗涤槽及脸盆	18	10	Sinks and wash basins, stainless steel
	73242900	其他钢铁制浴缸	30	15	Other iron baths
	73249000	其他钢铁制卫生器具及零件	25	15	Sanitary ware and parts thereof, of iron or steel, for example bedpans, douche cans
ex	74010000	铜锍	2	0	Copper mattes
	74020000	未精炼铜、电解精炼用铜阳极	2	0	Unrefined copper, copper anodes for electrolytic refining
	74031111	精炼铜阴极，按重量计铜含量超过99.9935%的	2	0	Cu cathodes containing more than 99.9935% Cu by weight, unwrought
	74031119	其他精炼铜阴极	2	0	Other Cu cathodes, unwrought
	74031190	精炼铜阴极型材	2	0	Cu cathodes and sections of cathodes unwrought
	74031200	精炼铜线锭	2	0	Wire bars, refined copper

ex	税则号列 Tariff Item	商　品　名　称	最惠国税率 (%) M. F. N.	暂定税率 (%) Interim	Article Description
	74031300	精炼铜坯段	2	0	Billets, refined copper
	74031900	其他未锻轧精炼铜	2	0	Other refined copper products, unwrought
	74040000	铜废碎料	1.5	0	Copper waste and scrap
ex	74081900	其他含氧量小于5PPM的精炼铜丝	4	2	Other refined copper wire, containing oxygen less than 5 PPM
ex	74111019	其他含氧量小于5PPM，外径不超过25毫米的精炼铜管	4	2	Other refined copper tubes, having the external diameter not exceeding 25mm, containing oxygen less than 5 PPM
	74181090	餐桌厨房等家用铜制器具及其零件	18	10	Table, kitchen articles and parts thereof, of copper
	74182000	铜制卫生器具及其零件	18	10	Sanitary ware and parts thereof of Cu
	75011000	镍锍	3	0	Nickel matte
	75012010	镍湿法冶炼中间品	3	0	Nickel intermediate products obtained by hydrometallurgical processing
	75012090	其他冶炼镍时所得的中间品	3	0	Ni oxide sinters and other intermediate products of Ni metallurgy
	75021010	按重量计镍、钴总量在99.99%及以上的，但钴含量不超过0.005%的非合金镍	3	1	Nickel, contain more than 99.99% Nickel and Cobalt, and Cobalt less than 0.005% by weight
	75021090	其他非合金镍	3	2	Other Nickel, not alloyed
	75030000	镍废碎料	1.5	1	Nickel waste and scrap
	76011090	电解铝	5	0	Al unwrought, not alloyed
	76020000	铝废碎料	1.5	0	Aluminium waste and scrap
	76061129	厚度在0.3毫米及以上，但不超过0.36毫米的其他非合金铝制矩形板、片、带	6	4	Aluminium plates, of a thickness of 0.3mm or more but not exceeding 0.36mm
ex	76071900	化成箔	6	3	Formed A1 foil
	76151090	餐桌厨房等家用铝制器具及其零件	15	10	Table, kitchen articles and parts thereof, of aluminium
	79011110	按重量计含锌量在99.995%及以上的未锻轧锌	3	1	Unwrought zinc, not alloyed, containing by weight 99.995% or more of zinc
	79011190	含锌量不小于99.99%，并小于99.995%的未锻轧锌	3	1	Unwrought zinc, not alloyed, containing by 99.99%≤weight<99.995% of zinc
	79011200	含锌量<99.99%的未锻轧锌	3	1	Unwrought zinc, not alloyed, containing by weight<99.99% of zinc
	79012000	未锻轧锌合金	3	1	Zinc alloys, unwrought
	79020000	锌废碎料	1.5	1	Zinc waste and scrap
	81019700	钨废碎料	3	1	Tungsten waste and scrap
	81033000	钽废碎料	6	0	Tantalum waste and scrap
	81052010	钴湿法冶炼中间品	4	0	Cobalt intermediate products obtained by hydrometallurgical processing
ex	81052090	钴锍及其他冶炼钴时所得的中间产品	4	0	Cobalt mattes and other inter-mediate products of cobalt metallurgy
ex	81060010	未锻轧铋	3	1	Unwroght Bismuth
	81089031	厚度≤0.8毫米钛板、片、带、箔	8	4	Titanium plates, sheets, strap, foil of a thickness not more than 0.8mm

ex	税则号列 Tariff Item	商品名称	最惠国税率 (%) M. F. N.	暂定税率 (%) Interim	Article Description
	81089032	厚度>0.8毫米钛板、片、带、箔	8	4	Titanium plates, sheets, strap, foil of a thickness more than 0.8mm
	81101010	未锻轧锑	3	1	Unwrought antimony
ex	81129220	未锻轧、废碎料或粉末状的钒氮合金	3	0	Vanadium and nitrogen alloys, unwrought; waste and scrap; powders
	81129240	未锻轧铌；铌废碎料；铌粉末	3	1	Niobium, unwrought, waste and scrap, powders
ex	81129920	其他钒氮合金	3	0	Other vanadium and nitrogen alloys
ex	82073000	加工税目87.03所列车辆车身冲压件用的4种关键模具（侧围外板模具、翼子板模具、拼接整体侧围内板模具、拼焊整体侧围加强板模具）	8	6	Four key dies used for processing stamping parts of the vehicles' body, which for the heading 87.03 (body side die, running-boards die, die for tailor-welded blanks inner side panel, die for tailor-welded blanks body side reinforcement panel)
ex	82073000	加工税目87.03所列车辆车身冲压件用的4种特种模具（σb≥980N/mm^{2}的冷冲压模具、热成型模具、内高压成型模具和铝板模具）	8	6	Four key dies used for processing stamping parts of the vehicles' body, which for the heading 87.03 (σb≥980N/mm^2, molds of cold stamping, thermoforming, inner high pressure forming and used for aluminium sheet)
	82111000	以刀为主的成套货品	18	10	Sets of assorted knives
	82119100	刃面固定的餐刀	18	10	Table knives having fixed blades
	82119300	可换刃面刀	18	10	Pocket and pen knives and other knives with folding blades
	82159900	其他非成套的厨房或餐桌用具	18	10	Tableware articles not in sets and not plated with precious metal
ex	84041010	使用（可再生）生物质燃料的非水管蒸汽锅炉的辅助设备	7	5	Auxiliary plant for nonwatertube steam generating boilers used with BiomassMoulding-Fuel (renewable)
	84041020	税目84.03所列锅炉的辅助设备	10	5	Auxiliary plant for use with boilers of heading 84.03
	84042000	水蒸气或其他蒸汽动力装置的冷凝器	14	5	Condensers for steam or other vapour power units
	84049010	集中供暖热水锅炉辅助设备的零件	10	5	Parts of the auxiliary plant of central heating boilers
ex	84049090	使用（可再生）生物质燃料的非水管蒸汽锅炉的辅助设备的零件；水蒸气或其他蒸汽动力装置的冷凝器的零件	7	5	Parts of the auxiliary plant for nonwatertube boilers use with BiomassMouldingFuel (renewable); Parts of the condensers for steam or other vapour power units
ex	84079090	叉车用汽油发动机（800r/min≤转速≤3400r/min）	18	9	Gasoline engine of a kind used for forklift trucks (800r/min≤rotating speed ≤3400r/min)
ex	84079090	立式输出轴汽油发动机	18	9	Petrol engines with a vertical crankshaft
ex	84082010	输出功率在441千瓦（600马力）及以上的柴油发动机	9	4	Diesel engines with an output power of 441kW (600hp) or more
ex	84082090	升功率≥50千瓦的轿车用柴油发动机	25	20	Diesel engines for cars, of a rated output power not less than 50kW

ex	税则号列 Tariff Item	商品名称	最惠国税率(%) M. F. N.	暂定税率(%) Interim	Article Description
ex	84099999	电控柴油喷射装置及其零件	8.4	5	Electronic diesel oil injection devices and parts thereof
ex	84118100	涡轮轴航空发动机	15	1	Turboshaft aeroengine
ex	84119910	涡轮轴航空发动机用零件	5	1	Parts of turbo shaft engines
ex	84122990	抓桩器（抱桩器）	14	7	Pile Grabber (pile gripper)
ex	84122990	压力值在20MPa以上的飞机用液压作动器	14	1	Hydraulic actuator for aircraft, with pressure above 20mpa
ex	84123100	三坐标测量机用平衡气缸	14	7	Cylinder balance for coordinate measuring machine of three dimensions
ex	84129090	风力发动机零件	8	5	Parts of wind engines
	84131100	分装燃料或润滑油的泵	10	6	Pumps for dispersing fuel or lubricants used in filing-stations or in garage
	84131900	其他装有或可装计量装置的泵	10	6	Pumps fitted or designed to be fitted with a measuring device
	84135010	气动式往复式排液泵	10	6	Pneumatic reciprocating positive displacement pumps
	84135020	电动式往复式排液泵	10	6	Electric reciprocating positive displacement pumps
	84135031	液压式往复式柱塞泵	10	6	Plunger pump
	84135039	液压式往复式排液泵	10	6	Hydraulic reciprocating positive displacement pumps
	84135090	其他往复式排液泵	10	6	Other reciprocating positive displacement pumps
	84136021	电动式齿轮回转泵	10	6	Electric gear rotary pump
ex	84136022	回转式液压油泵，输入转速＞2000r/min，输入功率＞190kW，最大流量＞2×280 L/min	10	3	Rotating hydraulic oil pump, input rotating speed＞2000r/min, input power＞190kW, maximum flow＞2×280 L/min
ex	84136022	其他液压式齿轮回转泵	10	6	Other hydraulic gear pumps (rotary positive displacement pumps)
	84136029	其他齿轮回转泵	10	6	Other gear rotary pump
	84136031	电动式叶片回转泵	10	6	Electric vane rotary pump
	84136032	液压式叶片回转泵	10	6	Hydraulic vane rotary pump
	84136039	其他叶片回转泵	10	6	Other vane rotary pump
	84136040	螺杆回转泵	10	6	Screw rotary pump
	84136050	径向柱塞泵	10	6	Radial plunger pump
	84136060	轴向柱塞泵	10	6	Axial plunger pump
	84136090	其他回转式排液泵	10	8	Other rotary positive displacement pumps
	84137091	电动潜油泵及潜水电泵	10	8	Submersible oil pump and submersible pump
	84139200	液体提升机用零件	6	4	Parts of liquid elevators
ex	84141000	真空泵（专门或主要用于半导体晶圆或平板显示屏制造的除外）	8	5	Vacuum pumps, other than those of a kind used solely or principally for the manufacture of semiconductor wafers or flat panel displays
	84146010	抽油烟机	10	6	Range hoods
ex	84148030	乘用车机械增压器	7	5	Mechanical superchargers of passenger car
	84149011	用于制冷设备的压缩机进、排气阀片	8	5	Air inlet on discharge valve plates for compressoors for refrigerating equipment

ex	税则号列 Tariff Item	商 品 名 称	最惠国税率 (%) M. F. N.	暂定税率 (%) Interim	Article Description
	84149019	其他用于制冷设备的压缩机零件	8	5	Other parts of compressors for refrigerating equipment
	84149020	风机、风扇、通风罩及循环气罩零件	12	6	Parts of machines of ventilators, fan, ventilating or recycling hoods
	84149090	税目 84.14 其他所列机器的零件	7	4	Parts of machines of other subheadings of 84.14
	84151021	制冷量≤4 千大卡/时的窗式或壁式分体式空气调节器	15	10	Split-system air conditioning machines, which of a refrigerating effect not exceeding 4000 Cal per hour, window or wall types
	84152000	机动车辆上供人使用的空气调节器	20	10	Air conditioning machines used for persons in motor vehicles
	84158110	制冷量≤4 千大卡/时热泵式空气调节器	15	10	Heat pump air conditioning machines, which of a refrigerating effect not exceeding 4000 Cal per hour
	84158120	制冷量＞4 千大卡/时热泵式空气调节器	20	12	Air-conditioner, with refrigerating unit of a refrigerating effect＞4000kCal/h and a valve for reversal of cooling/heat cycle
	84158210	制冷量≤4 千大卡/时的其他空气调节器	15	10	Other air conditioning machines, which of a refrigerating effect not exceeding 4000 Cal per hour
	84158220	制冷量＞4 千大卡/时的其他空气调节器	20	12	Other air-conditioner, with refrigerating unit of a refrigerating effect＞4000kCal/h
	84159010	制冷量≤4 千大卡/时的空气调节器的零件	10	6	Parts of air conditners with rerefrigerating unit of a refrigerating effect≤4000kCal/h
	84159090	制冷量＞4 千大卡/时的空气调节器的零件	10	6	Parts of air conditioners with refrigerating unit of a refrigerating effect＞4000kCal/h
ex	84162011	溴化锂空调用天然气燃烧机	10.5	5	Natural gas burners for lithium bromide air conditioners
ex	84162090	溴化锂空调用复式燃烧机	10.5	5	Combination burners for lithium bromide air conditioners
	84178050	垃圾焚烧炉	10	5	Incinerators for waste
ex	84178090	热裂解炉	10	5	Thermal cracking furnaces
ex	84179090	垃圾焚烧炉和放射性废物焚烧炉的零件	7	5	Parts of incinerators for waste and radioactive waste
	84182910	半导体制冷式家用型冷藏箱	30	15	Refrigerators of semiconductor freezing, household type
	84182990	其他家用型冷藏箱	30	15	Other Refrigerators, household type
	84183021	制冷温度＞－40℃，容积 500～800 升柜式冷冻箱	23	12	Freezers of the chest type, which of a capacity exceeding 500L but not exceeding 800L and a refrigerating temperature higer than －40℃
	84183029	制冷温度＞－40℃，容积≤500 升柜式冷冻箱	30	15	Freezers of the chest type, which of a capacity not exceeding 500L and a refrigerating temperature higer than －40℃
	84184029	制冷温度＞－40℃，容积≤500 升立式冷冻箱	30	15	Freezers of the upright type, which of a capacity not exceeding 500L and a refrigerating temperature higer than －40℃

ex	税则号列 Tariff Item	商品名称	最惠国税率(%) M. F. N.	暂定税率(%) Interim	Article Description
	84189910	制冷机组及热泵用零件	10	6	Parts of refrigerating units and heat pumps
	84189991	制冷温度≤－40℃冷冻设备零件	9.5	6	Parts of freezing equipment of refrigeration temperature≤－40℃
	84189992	制冷温度＞－40℃，容积＞500升冷藏设备零件	10	6	Parts of refrigerating or freezing equip of refrigeration temperature＞－40℃，capacity＞500L
	84189999	税目84.18其他制冷设备用零件	10	6	Parts of other refrigerating or freezing equipment of subheadng 84.18
	84191910	太阳能热水器	35	5	Solar water heaters
ex	84193990	污泥干燥机	9	5	Sludge dryers
ex	84193990	生产奶粉用干燥器	9	4	Dryers for producing powdered milk
ex	84196090	通过冷凝分离和去除污染物的气体液化设备	10	5	Gas liquefaction apparatus，separated and removed pollutants by condensation
	84198100	加工热饮料、烹调、加热食品的机器	10	6	Machinery for making hot drinks of for cooking or heating food，non domestic
ex	84201000	织物轧光机	8.4	6	Woven fabrics calender
	84211910	脱水机	10	6	Dehydrators
	84212110	家用型过滤或净化水的机器及装置	25	5	Filtering or purifying machines for water，household type
ex	84212199	船舶压载水处理设备用过滤器	5	2	Filters for ship's ballast water treatment equipment
ex	84212199	喷灌设备用叠式净水过滤器	5	1	Stacked water purification filters used in spray irrigation equipment
	84213910	家用型气体过滤、净化机器及装置	15	5	Filtering or purifying machines for gases，household type
ex	84213930	摩托车发动机排气过滤及净化装置	5	3	Filtering or purifying machines for motorcycle engine
	84219910	家用型过滤、净化装置用零件	10	5	Parts of filtering or purifying machines for water，household type
	84221100	家用型洗碟机	10	6	Dish washing machines of the home type
ex	84223010	乳品加工用自动化灌装设备	12	10	Automatic bottling or canning equipment for producing dairy
ex	84223030	全自动无菌灌装生产线用包装机，加工速度≥20000只/小时	10	6	Packing machines of automatic aseptic filling producion line，processing output ≥ 20000 package/hour
ex	84223090	全自动无菌灌装生产线用贴吸管机，加工速度≥22000只/小时	10	6	Straw applicators of automatic aseptic filling prodution line，processing output ≥ 20000 package/hour
	84229010	洗碟机用零件	10.5	6	Parts of dish washing machines
ex	84281010	无障碍升降机	8	4	Lift facilities for the disabled
	84312090	叉车及装有升降或搬运装置的工作车用其他零件	6	3	Parts of fork-lift and other works trucks fitted with lifting equip
ex	84313100	无障碍升降机的零件	3	1	Parts，for lift facilities for the disabled
ex	84335100	功率≥160马力的联合收割机	8	5	Combine harvester-threshers，power≥160hp
ex	84335300	功率≥160马力的土豆、甜菜收获机	8	4	Potato or sugar beet harvestors，power ≥ 160hp

ex	税则号列 Tariff Item	商品名称	最惠国税率(%) M. F. N.	暂定税率(%) Interim	Article Description
ex	84335910	功率≥160马力的甘蔗收获机	8	4	Sugarcane harvestors, power≥160hp
	84335920	棉花采摘机	8	5	Cotton pickers
ex	84335990	茶叶采摘机	8	4	Tea pickers
ex	84335990	自走式青储饲料收获机	8	5	Self-propelled forage harvesters
	84342000	乳品加工机器	6	2	Dairy machinery
ex	84368000	自走式饲料搅拌投喂车	10	5	Self-propelled feed mixing feeding car
ex	84368000	青储饲料切割上料机	10	3	Forage cutting feeders
ex	84419010	切纸机用横切刀单元	8	3	Cross-cutting knives unit of paper-cutting machines
ex	84419010	切纸机用弧形辊	8	4	Curved roll of paper-cutting machines
ex	84423021	凹版式计算机直接制版设备	4.5/2.3	1～6月[注5]：3%	Gravure computer-to-plate equipments
ex	84424000	计算机直接制版机器用零件	3.5/1.8	1	Parts of computer-to-plate equipments
ex	84431313	四色平张纸胶印机，对开单张纸单面印刷速度≥17000张/小时；对开单张纸双面印刷速度≥13000张/小时；全张或超全张单张纸单面印刷速度≥13000张/小时	10	7	Four-color sheet-fed offset printing machines, maximum output≥17000 folio size/h (single side); maximum output ≥13000 folio size/h (double sides); maximum output≥13000 full sheet or super large format size/h (single side)
ex	84431319	五色及以上平张纸胶印机，对开单张纸单面印刷速度≥17000张/小时；对开单张纸双面印刷速度≥13000张/小时；全张或超全张单张纸单面印刷速度≥13000张/小时	10	7	Five-color (or above) sheet-fed offset printing machines, maximum output≥17000 folio size/h (single side); maximum output ≥13000 folio size/h (double sides); maximum output≥13000 full sheet or super large format size/h (single side)
ex	84431600	苯胺印刷机（柔性版印刷机），线速度≥350米/分钟，幅宽≥800毫米	10	3	Flexographic printing machinery, linear speed ≥ 350m/min, breadth ≥ 800mm (flexographic presses, machines using the goods of heading 84.42 for printing)
ex	84431600	具有烫印或全息或丝网印刷功能单元的机组式柔性版印刷机，线速度≥160米/分钟，250毫米≤幅宽<800毫米	10	5	Unit-type Flexographic Presses, Linear speed ≥160m /min, 250mm< breadth < 800mm (Supporting thermoprinting, holographic printing or screen printing
ex	84431700	凹版印刷机，印刷速度≥350米/分钟	18	9	Gravure printing machinery, printing speed≥350m/min
ex	84431921	纺织用圆网印花机	10	6	Cylinder screen woven fabric printing range
ex	84431922	纺织用平网印花机	10	6	Flate screen woven fabric printing range
	84433110	静电感光式多功能一体机	6.7/5	3	Electrostatic photo type multifunctional machines
	84433221	可与网络或自动数据处理设备连接的喷墨印刷机	5.3/4	1～6月[注5]：5%	Ink-jet printing machines capable of connecting to an automatic data processing machine or to a network
	84433222	可与网络或自动数据处理设备连接的静电照相印刷设备（激光印刷机）	5.3/4	1～6月[注5]：5%	Electrostatic photographic printing machines (laser printing machines) capable of connecting to an automatic data processing machine or to a network

ex	税则号列 Tariff Item	商品名称	最惠国税率 (%) M. F. N.	暂定税率 (%) Interim	Article Description
ex	84439111	卷筒料自动给料机，给料线速度≥12米/秒	8/6	4	Automatic web feeders, feeding line speed≥12m/s
	84439119	其他传统印刷机用辅助机器	8/6	1～6月[注5]:6%	Other machines for uses ancillary to printing
ex	84439190	胶印机用墨量遥控装置（包括墨色控制装置、墨量调节装置、墨斗体等组成部分）	4/3	1	Remote controllers for controlling the use of ink by offset printers (including ink colour control devices, ink amount regulation devices, and ink fountain containers, etc)
ex	84439190	传统印刷机用零件及附件（胶印机用墨量遥控装置除外）	4/3	1～6月[注5]:3%	Parts and accessories of traditional printing machines (other than remote controllers of ink amount regulation devices for offset printers)
ex	84439929	压电式喷墨头	4/3	1～6月[注5]:3%	Piezoelectric ink-jet print head for digital printing machines
ex	84451190	宽幅非织造布梳理机，工作幅宽>3.5米，工作速度>120米/分钟	10	6	Nonwoven carding machines, working width >3.5m, working speed>120m/min
ex	84452031	全自动转杯纺纱机	10	5	Automatic rotor spinning machines
	84463050	喷气织机	8	3	Air jet looms
ex	84481100	多臂机或提花机，转速指标：500转/分以上	8	3	Dobbies or Jacquards, rotational speed >500r/min
	84483920	电子清纱器	6	3	Electronic yarn cleaner
	84483930	空气捻接器	6	3	Air twisting devices
	84483990	税目84.45所列机器用的其他零件、附件	6	3	Other parts or accessories of machines of 84.45
	84484920	引纬、送经装置	6	3	Catching and throwing shuttle boxes
	84484990	织机及其辅助机器用其他零件、附件	6	3	Other parts and accessories of weaving machs or of their auxiliary machines
	84485900	税目84.47机器用的其他零件、附件	6	3	Other parts and accessories of machns of 84.47 or of their auxiliary machinery
ex	84490010	高速针刺机，针刺频率>2000次/分钟	8	6	High speed needle punching machine, punching frequecny>2000bis/min
ex	84490020	高速宽幅水刺设备，工作幅宽>3.5米，工作速度>250米/分钟，水刺压力≥400帕	8	6	High speed width spunlace equipment, working width > 3.5m, working speed > 250m/min, spunlace pressuer≥400Pa
	84501200	干衣量≤10千克的装有离心甩干机的非全自动洗衣机	30	15	Washing machines with built-in centrifugal drier, which of each of a dry linen capacity not exceeding 10kg, other than fully-automatic type,
	84501900	干衣量≤10千克的其他洗衣机	30	15	Other Washing machines of each of a dry linen capacity exceeding 10kg
	84509090	干衣量>10千克的洗衣机零件	16	5	Parts of washing machines, dry linen capacity >10kg
ex	84518000	预缩机	12	10	Pre-shrinking machines
ex	84518000	柔软整理机	12	10	Softening machines
ex	84518000	服装定型焙烘炉	12	10	Clothing stereotyped baking furnaces

ex	税则号列 Tariff Item	商品名称	最惠国税率 (%) M. F. N.	暂定税率 (%) Interim	Article Description
ex	84518000	剪毛联合机	12	10	Shearing combined machines
ex	84518000	服装液氨整理机	12	10	Clothes ammonia finishing machines
ex	84518000	罐蒸机、精炼机	12	10	Pot steaming machine, refining machines
ex	84518000	涂层机	12	8	Coating machine
ex	84518000	磨毛机、丝光机	12	10	Sanding machines, mercerization machines
ex	84518000	定型机	12	10	Shaping machines
ex	84518000	剪绒、洗缩联合机	12	10	Shearing, washing-shrinking combined machines
	84689000	焊接机器用零件	7	3	Welding machinery parts
	84734010	自动柜员机出钞器和循环出钞器	5.3/2.6	1～6月[注5]:5%	Banknote dispensers and recyclers of automated tellers
ex	84734090	钞票清分机零件、附件	5.3/2.6	1～6月[注5]:3%	Parts of banknote processing system
	84789000	烟草加工及制作机器的零件	10	5	Parts of machinery for preparing or making up tobacco
	84794000	绳或缆的制造机器	7	5	Rope or cable-making machines
ex	84798200	用于废物和废水处理的混合、搅拌、轧碎、研磨、筛选、均化或乳化机器	7	5	Mixing, kneading, crushing, grinding, screening, sifting, homogenizing, emulsifying or stirring machines for dispose waste and waster water
ex	84811000	喷灌设备用减压阀	5	2	Pressure reducing valves for sprinkler equipment
	84818040	其他阀门	7	5	Other valves
	84819010	阀门用零件	8	4	Parts of valves
ex	84821040	飞机发动机用外径30厘米的推力球轴承	8	1	Thrust ball bearings with outer diameter 30CM for aircraft engines
	84823000	鼓形滚子轴承	8	6	Bearings, spherical roller
	84824000	滚针轴承	8	6	Bearings, needle roller
ex	84825000	三环、二环偏心滚动轴承	8	4	Three-ring and double-ring eccentric roller bearings
	84829100	滚珠、滚针及滚柱	8	6	Balls, needles and rollers for bearings
	84829900	滚动轴承的其他零件	6	3	Other parts of bearings
	84833000	未装滚珠或滚子轴承的轴承座；滑动轴承	6	4	Beating housings, not incorporating ball or roller bearing; plain shaft bearing
ex	84836000	压力机用组合式湿式离合/制动器，离合扭矩为60KNM～300KNM，制动扭矩为30KNM～100KNM	8	4	Hydraulic actuated clutch/brake, for press machinery, 60kNm ≤ clutch torque ≤ 300kNm, 30kNm≤braking torque≤100kNm
ex	84839000	车用凸轮轴相位调节器	8	4	Phase regulators for vehicle cam shafts
	84841000	金属片密封垫或类似接合衬垫	8	5	Gaskets of metal sheeting combined with other material
	84842000	机械密封件	8	5	Mechnical seals
	84849000	其他材料制密封垫及类似接合衬垫	8	5	Gasket sets consisting of gaskets of different materials

ex	税则号列 Tariff Item	商　品　名　称	最惠国税率 (%) M. F. N.	暂定税率 (%) Interim	Article Description
	84863041	制造平板显示器用超声波清洗装置	6.7/5	1～6月[注5]：5%	Cleaning apparatus opparatus operated by ultrasonic process, for the manufacture of flat panel displays
ex	85011091	激光视盘机机芯精密微型电机（1瓦≤功率≤18瓦，20毫米≤直径≤30毫米）	9	5	Precision micro-motors for the movement of laser disc players (20mm≤diameter≤30mm, 1W≤power≤18W)
ex	85011091	摄像机、摄录一体机用精密微型电机（0.5瓦≤功率≤10瓦，20毫米≤直径≤39毫米）	9	5	Precision micro-motors for cameras or video camera recorders (20mm≤diameter≤39mm; 0.5W≤power≤10W)
ex	85011099	功率不大于0.5瓦（圆柱形：直径不大于6毫米，高不大于25毫米；扁圆型：直径不大于15毫米，厚不大于5毫米）非用于激光视盘机机芯的微型电机	9	5	Power ≤0.5W, micro-motors not for the movement of laser disc players (cylindrical diameter ≤6mm; height ≤25mm; oblate diameter ≤15mm; thickness ≤5mm)
ex	85011099	激光视盘机机芯用精密微型电机（0.5瓦≤功率≤2瓦，5毫米≤直径<20毫米）	9	5	Precision micro-motors for the movement of laser disc players (5mm≤diameter<20mm, 0.5W≤power≤2W)
ex	85011099	摄像机、摄录一体机用精密微型电机（0.5瓦≤功率≤10瓦，5毫米≤直径<20毫米或39毫米<直径≤40毫米）	9	5	Precision micro-motors for cameras or video camera recorders (5mm≤diameter<20mm or 39mm<diameter≤40mm; 0.5W≤power ≤10W)
ex	85015300	高速（200千米/小时及以上）电力机车的交流异步牵引电动机	12	3	AC asyncronous traction motor for high speed electric locomotive (≥200km/h)
ex	85016410	由使用可再生燃料锅炉和涡轮机组驱动的交流发电机，750KVA<输出功率≤350MVA	10	5	AC generators driven by renewable fuel boilers and turbine sets, 750kVA<output power ≤350MVA
ex	85016420	由使用可再生燃料锅炉和涡轮机组驱动的交流发电机，350MVA<输出功率≤665MVA	5.8	5	AC generators driven by renewable fuel boilers and turbine sets, 350MVA<output power≤665MVA
ex	85016430	由使用可再生燃料锅炉和涡轮机组驱动的交流发电机，输出功率>665MVA	6	5	AC generators driven by renewable fuel boilers and turbine sets, output power >665MVA
	85023100	风力驱动的发电机组	8	5	Wind-powered generating sets
ex	85023900	依靠可再生能源（太阳能、小水电、潮汐、沼气、地热能、生物质/余热驱动的汽轮机）生产电力的发电机组	10	5	Generationg sets relying on renewable energy (solar energy, small hydropower, tidal energy, methane energy, geothermal energy, turbines driven by biomass or waste heat)
	85030030	风力发电设备的零件	3	1	Parts of windmill generating sets
ex	85030090	由使用可再生燃料锅炉和涡轮机组驱动的输出功率超过750KVA的交流发电机的零件；依靠可再生能源（太阳能、小水电、潮汐、沼气、地热能、生物质/余热驱动的汽轮机）生产电力的发电机组的零件	8	5	Parts of AC generators driven by renewable fuel boilers and turbine sets (output power>750kVA); Parts of generationg sets relying on renewable energy (solar energy, small hydropower, tidal energy, methane energy, geothermal energy, turbines driven by biomass or waste heat)

ex	税则号列 Tariff Item	商品名称	最惠国税率 (%) M. F. N.	暂定税率 (%) Interim	Article Description
	85044014	功率小于1千瓦，稳压系数低于万分之一的直流稳压电源（税目84.71所列机器用除外）	4.7/3.5	3	DC voltage-stabilized suppliers of a power of less than lkW and an accuracy of not better than 0.0001 (excluding those used for the machines of heading 84.71)
ex	85044030	纯电动或混合动力汽车用逆变器模块，功率密度≥8千瓦/升	6.7/5	1~6月[注5]：6%	Inverter modules for electric vehicles or hybrid vehicles, power density≥8kW/L
ex	85044091	其他具有变流功能的半导体模块	6.7/5	1~6月[注5]：5%	Semiconductor modules with converting function
ex	85044099	高速（200千米/小时及以上）电力机车的牵引变流器	6.7/5	3	Traction converter for electric express locomotives (for electric locomotives with the speed of 200km/h or above)
ex	85044099	纯电动汽车或插电式混合动力汽车用车载充电机	6.7/5	1~6月[注5]：6%	Chargers installed in vehicles for electric vehicles and plug-in hybrid vehicles
ex	85044099	汽车冲压线用压力机变频调速装置	6.7/5	1~6月[注5]：5%	Frequency and speed control devices for automobile press line
ex	85044099	纯电动汽车或混合动力汽车用电机控制器	6.7/5	4	Motor controllers for blade electric vehicles and hybrid power vehicles
ex	85049090	用于将可再生能源发电机组输出的直流电转换成交流电的逆变器的零件	5.3/4	1~6月[注5]：5%	Parts of the inverters which convert the output DC of renewable energy generating sets to AC
ex	85076000	纯电动汽车或插电式混合动力汽车用锂离子蓄电池单体，容量≥10Ah，比能量≥110Wh/kg	12	8	Lithium-ion electric accumulator cells for electric vehicles and plug-in hybrid vehicles, capacity ≥ 10Ah, weight-to-energy ratio ≥ 110Wh/kg
ex	85076000	纯电动汽车或插电式混合动力汽车用锂离子蓄电池系统（包含蓄电池模块、容器、盖、冷却系统、管理系统等），比能量≥80Wh/kg	12	10	Lithium-ion electric accumulator systems for electric vehicles and plug-in hybrid vehicles (including electric accumulator modules, containers, lids, cooling systems, managerial systems), weight-to-energy ratio ≥ 80Wh/kg
ex	85079010	铅酸蓄电池电极（仅保留电极）	10	5	Electrodes of lead-acid electric accumulator
	85079090	其他蓄电池（铅酸蓄电池除外）用零件	8	5	Parts of other electric accumulators
	85094010	水果或蔬菜榨汁机	10	6	Fruit or vegetable juice extractors
	85094090	食品研磨机及搅拌器	10	6	Other domestic food grinders and mixers; fruit or veg juice extractors
	85098010	地板打蜡机	30	15	Floor waxers
	85098020	厨房废物处理器	20	10	Kitchen waste disposers
ex	85098090	电动牙刷	30	10	Electric toothbrush
ex	85098090	其他家用电动器具（电动牙刷除外）	30	15	Other electro-mechanical domestic appliances (excluding electric toothbrush)
	85099000	家用电动器具用零件	12	6	Parts of electro-mechanical domestic appliances with electric motor
	85101000	电动剃须刀	30	10	Shavers, with self-contained electric motor
	85102000	电动毛发推剪	30	15	Hair clippers, with self-contained electric motor

ex	税则号列 Tariff Item	商　品　名　称	最惠国税率 (%) M. F. N.	暂定税率 (%) Interim	Article Description
	85103000	电动脱毛器	20	10	Hair-removing appliances, with self-contained electric motor
	85109000	税目85.10所列货品的零件	24.5	12	Parts of heading 85.10
ex	85144000	焊缝中频退火装置	10	7	Intermediate frequency annealing device for weld
ex	85152120	汽车生产线电阻焊接机器人	10	5	Resistant welding robots for assembly line of automobile
ex	85158010	汽车生产线激光焊接机器人	8	5	Laser welding robots for assembly line of automobile
	85159000	电气等焊接机器及装置零件	6	3	Parts of electric machine for weld/cut metal
	85162100	电气储存式散热器	35	17	Electric storage heating radiators
	85163200	其他电热理发器具	35	17	Other electro-thermic hair-dressing apparatus
	85163300	电热干手器	35	17	Electro-thermic hand-drying apparatus
	85164000	电熨斗	35	10	Electric smoothing irons
	85165000	微波炉	15	8	Microwave ovens
	85166030	电饭锅	15	8	Electric cookers
	85166050	电烤箱	15	8	Electric oven
	85166090	其他电热炉	15	10	Other electric ovens
	85167110	滴液式咖啡机	32	10	Drip coffee makers
	85167120	蒸馏渗滤式咖啡机	32	10	Steam espresso makers
	85167130	泵压式咖啡机	32	10	Pump espresso makers
	85167190	其他电热咖啡壶或茶壶	32	16	Other electric-thermic coffee or tea makers
	85167210	家用自动面包机	32	16	Household automated bread makers
	85167220	片式烤面包机（多士炉）	32	16	Slice pop-up toasters
	85167290	其他电热烤面包器	32	16	Other electro-thermic toasters
	85167910	电热饮水机	32	16	Electro-thermic water dispensers
ex	85167990	电智能马桶盖	32	10	Eletric automatic toilet seat
ex	85167990	其他电热器具（电智能马桶盖除外）	32	16	Other electro-thermic appliances (excluding eletric automatic toilet seat)
	85169090	税目85.16所列货品的其他零件	12	8	Parts of ofther apparatus of heading 85.16
ex	85219090	光盘型广播级录像机	10/5	1～6月，10%与复合税1[注3]从低执行；7～12月：5%与复合税1从低执行	CD-type video recorder, broadcast quality
ex	85229031	车载导航仪视频播放机机芯	22.5/18.8	17	Movements of video player of radio navigational aid apparatus for motor vehicles
	85229039	其他视频信号录制或重放设备的零件	22.5/18.8	15	Parts of other video recording or reproducing apparatus
	85229099	声音录制或重放设备用其他零件	15/12.5	10	Other parts/accessories for sound recorder or playback equipment

ex	税则号列 Tariff Item	商品名称	最惠国税率 (%) M. F. N.	暂定税率 (%) Interim	Article Description
ex	85258013	手机用摄像组件（由镜头＋CCD/CMOS＋数字信号处理电路三部分构成）	23.3% 与复合税2[注4]从低执行/17.5% 与复合税2从低执行	4	Camera components for cellphones (including lens, CCD/CMOS and digital signal processing electric circuit)
ex	85258013	高清摄像头（必须满足以下三个条件：1. 镜头元件必须使用5层及以上玻璃镜头；2. 使用USB2.0及以上高速接口；3. 硬件传感器像素达到130万及以上）	23.3% 与复合税2从低执行/17.5% 与复合税2从低执行	10	High definition cameras (the following three requirements must be fulfilled: 1. 5 or more-layers glass lens; 2. USB2. 0 High speed interface; 3. Hardware Sensor: 130 Mega pixel and above)
ex	85261090	飞机机载雷达（包括气象雷达、地形雷达和空中交通管制应答系统）	2.5/1.3	1	Airborne radars (including aero-radars, terrain-following radars and air-traffic-control-interrogator-responder systems)
ex	85261090	雷达生命探测仪	2.5/1.3	1～6月[注5]：2%	Radar life detecting instrument
ex	85285910	专用于车载导航仪的液晶监视器	30	15	LCD monitors solely used in radio navigational aid apparatus for motor vehicles
ex	85299042	电视摄像机、摄录一体机、数码相机用取像模块	12/10	3	Image pick-up modules for television camaras, camcorders and digital cameras
ex	85299042	手机、平板电脑用取像模块	12/10	4	Image pick-up modules for cellphones, tablet computors
	85299049	摄像机、摄录一体机、数码相机的其他零件	12/10	2	Parts for cameras and video camera recorders
	85299060	无线电收音机及其组合机用零件	15	7	Parts for radio broadcast receivers and their combinations
	85299081	彩色电视机零件（等离子组件及其零件、有机发光二极管显示屏除外）	15/12.5	6	Parts for colour TV receivers (with the exception of Plasma display modules and parts or Organic light emitting diode (OLED) screens)
	85299082	等离子显像组件及其零件（含滤光片）	15/12.5	5	Plasma display modules and parts thereof (including filter glass)
	85299083	彩色电视机的有机发光二极管显示屏	15	5	Organic light emitting diode (OLED) screens for color television receiver
ex	85318010	音量不超过110dB的小型蜂鸣器	15	7.5	Minitype electric buzzers, maximum volume not exceeding 110dB
ex	85371011	机床用可编程序控制器（PLC）	5	3	Programmable logic controllers (PLC) for machine tools
ex	85371019	机床用数控单元（包括单独进口的CNC操作单元）	5	3	Numerical control equipment for machine tools (including CNC unit imported seperately)
ex	85371090	电梯用控制柜及控制柜专用印刷电路板	8.4	4	Control cabinets for elevator and printed circuits solely used for control cabinets
ex	85393240	彩色投影机的照明光源	8	3	Illumination lamps for color projector

ex	税则号列 Tariff Item	商品名称	最惠国税率(%) M. F. N.	暂定税率(%) Interim	Article Description
	85409190	其他阴极射线管零件	8	4	Other parts of cathode-ray tubes
ex	85423111	其他具有变流功能的半导体模块(多元件集成电路)	6.7/5	1～6月[注5]:5%	Semiconductor modules with converting function (Multi-component integrated circuits)
	85441100	铜制绕组电线	10	6	Insulated winding wire of copper
ex	85443020	车辆用电控柴油机的线束	10	5	Wiring harness of electric diesel engines used for vehicles
ex	85446090	额定电压为500千伏及以上的气体绝缘金属封闭输电线	21	10	Gas insulated metal enclosed transmission lines, for a voltage≥ 500kV
ex	85462090	输变电架空线路用长棒形瓷绝缘子瓷件(单支长度为1～2米,实芯)	12	3	Long solid rod ceramic insulator body for power overhead transmission and converting lines (each rod is 1～2 meters in length)
ex	85489000	电磁干扰滤波器	12	3	Electro-magnetic interference filters
ex	85489000	非电磁干扰滤波器	12	6	Non-electro-magnetic interference filters
ex	87019410	功率超过110千瓦,但不超过130千瓦的轮式拖拉机	8	5	Wheeled tractors (110hp<power≤130hp)
ex	87019510	功率超过130千瓦的轮式拖拉机	8	5	Wheeled tractors with power>130hp
ex	87042300	车辆总重量≥31吨清障车专用底盘	15	10	Chassis for wrecker truck (g. v. w≥31 tons)
ex	87042300	装有驾驶室的固井水泥车、压裂车、混砂车、连续油管车、液氮泵车用底盘(车辆总重量>35吨,装驾驶室)	15	10	Chassis of cementing unit trucks, fracturing unit trucks, mixing sand trucks, coiled tubing unit trucks and liquid nitrogen pump trucks (g. v. w>35t, incorapating cabs)
ex	87042300	起重55吨及以上的汽车起重机用底盘	15	8	Chassis for crane lorries (lifting capacity≥55 tons, with compression-ignition internal combustion piston engine)
ex	87059099	跑道除冰车	12	10	Runway deicing trucks
ex	87083099	纯电动或混合动力汽车用电动制动器(由制动器电子控制单元、踏板行程模拟器、制动执行器等组成)	10	5	Electric brakes (composed of control units, pedal stroke simulator and brake actuator) for electric vehicles and hybrid vehicles
ex	87084010	发动机功率65千瓦及以上的动力换挡拖拉机用变速箱	6	3	Gear boxes for power-shifted tractors, with power 65Kw or more
ex	87084030	扭矩>1500牛顿·米(N.m)非公路自卸车用变速箱	6	3	Gear boxes of dumpers designed for off-highway use, torque>1500Nm
ex	87084091	小轿车用自动换挡变速箱及其零件(6挡及6挡以上)	10	6.5	Automatic gearshifts for saloon cars and the parts thereof (6 gears or more)
ex	87085071	发动机功率65千瓦及以上的动力换挡拖拉机用驱动桥	6	3	Drive-axle for power-shifted tractors, with power 65Kw or more
ex	87085072	轴荷≥10吨的中后驱动桥的零件	10	8	Parts of middle and rear drive-axles, axle capacity≥10t
ex	87089310	发动机功率65千瓦及以上的动力换挡拖拉机用离合器	6	3	Clutches for power-shifted tractors, engine power≥65Kw
ex	87089420	30座及以上客车用转向器的零件	10	8	Parts of steering boxes of buses with 30 seats of more
ex	87089450	总重≥14吨柴油型货车转向器的零件	10	8	Parts of steering boxes for diesel trucks of GVW≥14t

ex	税则号列 Tariff Item	商 品 名 称	最惠国税率 (%) M. F. N.	暂定税率 (%) Interim	Article Description
ex	87089490	采用电动转向系统的转向盘、转向柱及转向器及其零件	10	8	Steering wheels, steering columns, steering gears with electric powder steering and their parts
	87089939	非公路用自卸车未列名零部件	6	3	Not specified parts of dumpers designed for off-highway use
ex	87089999	混合动力汽车动力传动装置（由发电机、电动机和动力分配装置等组成）及其零件	10	6	Hybrid vehicle transmission unit (composed of generator, motor, power delivery unit) and the parts thereof
ex	87141000	星型轮及碟刹件	30	10	Star-shaped wheel and Disc brakes
ex	87150000	婴孩车	20	10	Baby carriages
	89080000	供拆卸的船舶及其他浮动结构体	3	1	Vessels and other floating structures for breaking up
	90013000	隐形眼镜片	10	6	Contact lenses
	90014010	玻璃制变色镜片	20	15	Spetacle lenses of glass, photochromic
	90015010	非玻璃制变色镜片	20	15	Spectable lenses of other materials, photochromic
	90015099	非玻璃材料制其他眼镜片	20	12	Spectacle lenses of other materials, not photochromic
ex	90019090	光通信用微光组件的光学元件（包括工作波长为800nm～1700nm的薄膜滤光片、自聚焦透镜、法拉第旋转片）	6/5	1	Optical elements of low-light optical components for optical communication (including thin film filters with wave length standing between 800nm and 1700nm, self-focusing lens, faraday rotation tablets)
ex	90019090	激光视盘机激光收发装置用的微型镜片	6/5	3	Micro-lenses (for video CD players and laser transceiver devices)
ex	90019090	液晶显示屏背光模组的光学元件（包括导光板、反射板、扩散片、增亮片）	6/5	2	Optical components of LCD backlight units (including light guide plates, reflectors, diffusion sheets, and brightening sheets)
	90021131	单反相机的镜头	15	3	Lens of digital single lens reflex camera
	90021139	普通相机（单反相机除外）的镜头	15	3	Lens of digital camera (exception to digital single lens reflex camera)
ex	90021190	彩色投影机和数字光处理器的镜头及镜头组件	15	3	Lens and lens assembly of digital light processor and color projector
ex	90021990	摄像机、摄录一体机的镜头	11.3/9.4	3	Lenses for vidicons and camcorders
ex	90021990	手机、平板电脑用物镜（800万像素及以上）	11.3/9.4	8	Objective lenses for cellphones and tablet computors (with resolution not less than 8 million pixels)
ex	90029010	照相机用带屈光度调节装置的目镜	11.3/9.4	1～6月[注5]：10%	Eyepiece with diopter adjustment device of photo cameras
ex	90029090	掩膜版	11.3/9.4	1～6月[注5]：10%	Mask
ex	90029090	其他带屈光度调节装置的目镜	11.3/9.4	1～6月[注5]：10%	Other eyepiece with diopter adjustment device
	90031100	塑料制眼镜架	18	12	Frames and mountings for spectacles, goggles or the like, of plastic

ex	税则号列 Tariff Item	商品名称	最惠国税率 (%) M. F. N.	暂定税率 (%) Interim	Article Description
	90031910	金属材料制眼镜架	10	6	Frames and mountings for spectacles, goggles or the like, of metal
	90039000	眼镜架零件	10	6	Parts for frames and mountings for spectacles, goggles or the like
	90041000	太阳镜	20	6	Sunglasses
	90049010	变色镜	16	8	Photochromic spectacles
	90049090	其他眼镜	20	12	Other spectacles, goggles
ex	90066100	照相机外置式电子闪光灯（闪光指数 GN≥30，具有无线闪光功能，支持自动变焦）	18	15	External electronic flashlight apparatus for cameras (GN ≥ 30, with wireless flashing function, support automatic zooming)
ex	90066100	照相手机用闪光灯组件	18	4	Flashlight assemblies of camera-phone
	90069191	照相机自动调焦组件	10	6	Automatic focal setting units of photo cameras
	90069192	其他照相机的快门组件	10	6	Shutter units of photo cameras
	90069199	其他照相机的其他零件、附件	10	6	Parts and accessories of other photo cameras
ex	90072010	2K 及以上分辨率的硬盘式数字电影放映机	14	8	Hard disk digital movie projectors, of resolution ratio ≥ 2000ppi
	90079100	电影摄影机用零件、附件	8.4	5	Parts and accessories for cinematographic cameras
ex	90079200	电影放映机（不包括 2K 及以上分辨率的硬盘式）用零件、附件	8.4	5	Parts and accessories of film cinematographic projectors except those hard disk digital with the resolution ratio of 2K or above
ex	90079200	2K 及以上分辨率的硬盘式数字电影放映机用零件、附件	8.4	3	Hard disk digital film cinematographic projectors with the resolution ratio of 2K or above
ex	90118000	高倍测量显微镜，放大倍数≥1000 倍，分辨率≤0.08 微米	4.7/3.5	3	High power measuring microscope, maganification≥1000, resolution≤0.08μm
ex	90132000	用于 2.5GB/s 及以上光通信设备的 850 纳米、1260～1625 纳米，且功率≤200 毫瓦的激光器（泵浦激光器除外）	4/3	1～6 月[注5]：3%	850nm and 1260～1625nm lasers (exception to pump lasers), power≤200mW, for optical communication equipments with transmission rate≥2.5GB/s
ex	90132000	用于 2.5GB/s 及以上 SDH、波分复用光传输设备的 980 纳米、1480 纳米的泵浦激光器	4/3	1～6 月[注5]：3%	Pump lasers, including optical transmission equipments of 980nm～1480nm for SDH and WDM of 2.5GB/S and above
ex	90132000	激光切割机用气体激光发生器，切割功率≥2 千瓦	4/3	1～6 月[注5]：3%	Gas laser generators for laser cutting machines, cutting power ≥2kW
	90200000	其他呼吸器具及防毒面具	8	4	Other breathing appliances and gas masks
	90212900	牙齿固定件	4	2	Other dental fittings
	90215000	心脏起搏器，不包括零件、附件	2.7/2	1～6 月[注5]：2%	Pacemakers for stimulating heart muscles, excluding parts and accessories
	90219011	血管支架	2.7/2	1～6 月[注5]：2%	Stents in blood vessel
	90219019	其他支架	2.7/2	1～6 月[注5]：2%	Other stents
ex	90219090	人工耳蜗植入装置	2.7/2	0	Cochlear implant devices
ex	90229090	射线发生器的零部件	6	1	Parts of ray generators

ex	税则号列 Tariff Item	商品名称	最惠国税率 (%) M. F. N.	暂定税率 (%) Interim	Article Description
ex	90229090	数字化X射线摄影系统平板探测器	6	3	Flat panel detector used for digital X-ray Radiography system
ex	90251990	红外线人体测温仪	5.6/4.2	4	Infrared thermometers for human body
ex	90259000	红外线测温仪传感器元件	5.3/4	3	Component of sensors for infrared thermometers
	90271000	气体或烟雾分析仪	5.3/4.4	1～6月[注5]：5%	Gas or smoke analysis apparatus
	90314910	轮廓投影仪	6.7/5	1～6月[注5]：5%	Profile projectors
	90318033	涡流探伤仪	5	3	Inspection instrument for eddy current testing
ex	90318090	音频生命探测仪	5	2	Audio life-detection instrument
ex	90318090	音视频生命探测仪	5	2	Audio-video life-detection instrument
ex	90318090	集成电路测试分选设备	5	2	Devices used for IC test and sorting
ex	90318090	跑道摩擦系数测试仪	5	3	Runway friction coefficient testers
ex	90328990	电喷点火程序控制单元	7	3	Control unit for electrojet ignition procedure (automatic controlling and regulating devices)
ex	90328990	机床用成套数控伺服装置（包括CNC操作单元，带有配套的伺服放大器和伺服电机）	7	3	Numerical control servo set for machine tools (including CNC operation units, with matched servo amplifiers and servo motors)
ex	90328990	印刷机用成套数控伺服传动装置（包括运动控制器或可编程序自动控制器、人机界面单元，带有配套的伺服驱动器和伺服电机）	7	3	Sets of CNC servo gear for printing machinery (including the motion controller or programmable automation controllers, human-machine interface unit, with matching servo drive and servo motor)
ex	90328990	三坐标测量机用自动控制柜	7	3	Automatic control cabinets for Coordinate Measuring Machine (CMM)
ex	90328990	纯电动或混合动力汽车用电机控制器总成	7	4	Motor controller assembly for blade electric vehicles and hybrid power vehicles (automatic control device)
ex	90328990	飞机自动驾驶系统（包括自动驾驶、电子控制飞行、自动故障分析、警告系统配平系统及推力监控设备及其相关仪表）	7	1	Aircraft autopilot system (including autopilot system, electronic flight control system, automatic trouble analysis system, warning system, trimming system, thrust monitoring devices and its related meters)
ex	90328990	具有可再生能源和智能电网应用的自动电压和电流调节器；非液压或气压的自动调控流量、液位和湿度的仪器	7	5	Automatic voltage and current regulator for renewable energy and smart grid, instrument for adjusting the flow, level and humidity (automatic controlling and regulating devices, not hydraulic pressure and air pressure)
ex	90329000	飞机自动驾驶系统（包括自动驾驶、电子控制飞行、自动故障分析、警告系统配平系统及推力监控设备及其相关仪表）的零件	5	1	Parts of automatic pilotting systems for aircraft (including automatic pilotting, electronic flight contral, automatic failure analysis, warning systems, trimming systems, thrust monitoring equipments and the meters therof)

ex	税则号列 Tariff Item	商 品 名 称	最惠国税率(%) M. F. N.	暂定税率(%) Interim	Article Description
ex	90330000	用于第九十章下列环境产品，包括太阳能定日镜、其他测量海洋、水文、气象或地球物理用仪器及设备，测量，检验液体流量或液位的仪器，测量、检验压力的仪器及装置，税目90.26下其他税号未列名的液体或气体测量仪器及装置，气体或烟雾分析仪，色谱仪和电泳仪，使用光学射线(紫外线，可见光，红外线)的分光仪、分光光度计及摄谱仪以及其他理化分析仪器及装置，用于测量、记录、分析和评估环境样品或对环境的影响的理化分析仪器及装置，检镜切片机，轮廓投影仪，光栅测量装置，其他光学测量或检验仪器和器具，测振仪，手振动仪，具有可再生能源和智能电网应用的自动电压和电流调节器，自动调控流量、液位和湿度的仪器，且在其他税目未列名的零件、附件	6	5	Parts and accessories (not specified or included elsewhere) used for the following environmental products of Chapter 90, including solar heliostats, other surveying oceanographic, hydrological, meteorological or geophysical instruments and equipment, instruments and apparatus for measuring or checking the flow or level of liquids, instruments and apparatus for measuring or checking pressure, instruments and apparatus (not specified or included elsewhere in heading 90.26) for measuring liquids and gases, gas or smoke analysis apparatus, chromatographs and electrophoresis instruments, spectrometers, spectrophotometers, spectrographs and other physical or chemical analysis instruments and apparatus using optical radiations (UV, visible, IR), physical or chemical analysis instruments and apparatus used for measuring, recording, analyzing and evaluating the environmental samples or the impact on the environment, microtomes, profile projectors, optical grating measuring devices, other optical measuring or checking instruments and appliances, vibration meters, hand vibration meters, automatic voltage and current regulators with applications of renewable energy and smart grid, non-hydraulic or non-pneumatic instruments for automatic regulating and controlling the flow, level and humidity
	91081100	已组装的机械指示式完整电子表芯	16	10	Electric atch movements, assembled, with mechnical display
ex	92012000	完税价格50000美元及以上的大钢琴	17.5	1	Grand pianos, the duty-paying value ≥ USD50000
ex	92021000	完税价格15000美元及以上的弓弦乐器	17.5	1	Played with a bow, the duty-paying value≥ USD15000
ex	92051000	完税价格2000美元及以上的铜管乐器	17.5	1	Brass-wind instruments, the duty- paying ualue≥USD2000
cx	92059090	完税价格10000美元及以上的其他管乐器	17.5	1	Other wind musical instruments, the duty-paying value≥USD10000
	92071000	通过电产生或扩大声音的键盘乐器	30	15	Electric keyboard instruments other than accordions
	92099400	税目92.07所列乐器的零件、附件	17.5	10	Parts and accessories for musical instruments of heading 92.07
	94041000	弹簧床垫	20	10	Mattress supports
	94042100	海绵橡胶或泡沫塑料制褥垫	20	10	Mattresses of cellular rubber or plastics
	94042900	其他材料制褥垫	20	10	Mattresses fitted with springs or stuffed Iwith any material
	94043010	羽毛或羽绒填充的睡袋	20	10	Sleeping bags, feather or down stuffed

ex	税则号列 Tariff Item	商 品 名 称	最惠国税率 (%) M. F. N.	暂定税率 (%) Interim	Article Description
	94043090	其他睡袋	20	10	Sleeping bags
	94049010	羽绒或羽毛填充的寝具及类似品	20	10	Articles of bedding/furnishing, feather or down stuffed
	94049020	兽毛填充的寝具及类似品	20	10	Articles of bedding/furnishing, animal hair stuffed
	94049030	丝棉填充的寝具及类似品	20	10	Articles of bedding/furnishing, silk wadding stuffed
	94049040	化纤棉填充的寝具及类似品	20	10	Articles of bedding/furnishing, man-made fibre stuffed
	94049090	其他材料制的寝具及类似品	20	10	Articles of bedding/furnishing, stuffed
	95061100	滑雪屐	14	7	Skis
	95061200	滑雪屐扣件(滑雪屐带)	14	7	Ski-fastenings (ski-bindings)
	95061900	其他滑雪用具	14	7	Other snow-ski equipment
	95064090	其他乒乓球运动用品及器械	14	7	Articles and equipment for table-tennis, excl balls
	95066210	篮球、足球、排球	12	6	Basketballs, footballs and volleyballs
	95067010	溜冰鞋	14	7	Ice skates
	95067020	旱冰鞋	14	7	Roller skates
	95069111	跑步机	12	6	Running machines
	95069119	其他健身及康复器械	12	6	Other gymnasium or recovered equipment
	95069120	滑板	12	6	Skateboards
	95069190	一般的体育活动、体操或竞技用品	12	6	General physica exercise/gymnastics/athletics articl/equipment
	96032100	牙刷,包括齿板刷	25	8	Tooth brushes, including dental-plate brushes
	96032900	剃须刷、发刷、睫毛刷等人体化妆用刷	15	8	Shaving brushes, hair brushes and eyelash brushes and other toilet brushes for use on the person
	96033010	画笔	25	8	Artists' brushes
	96033020	毛笔	20	8	Writing brushes
	96033090	化妆用的类似笔	25	8	Similar brushes for the application of cosmetics
	96081000	圆珠笔	15	8	Ball point pens
	96082000	毡尖和其他渗水式笔尖笔及唛头笔	21	12	Felt tipped and other porous-tipped pens and markers
	96083010	墨汁画笔	21	12	Indian ink drawing pens
	96083020	自来水笔	21	12	Fountain pens
	96083090	其他钢笔	21	12	Other pens
	96084000	活动铅笔	21	12	Propelling or sliding pencils
	96085000	含有两种及以上笔的成套货品	21	12	Sets of articles from two or more of the foregoing subheadings
	96086000	圆珠笔芯	21	12	Refills for ball point pens, comprising the ball point and ink-reservoir
	96089100	钢笔头及笔尖粒	12	8	Pen nibs and nib points
	96089920	蜡纸铁笔、钢笔杆、铅笔杆等	21	12	Duplicating stylos; pen-holders, pencil-holders and similar holders
	96091010	铅笔	21	12	Pencils

ex	税则号列 Tariff Item	商品名称	最惠国税率 (%) M. F. N.	暂定税率 (%) Interim	Article Description
	96091020	颜色铅笔	21	12	Crayons
	96092000	铅笔芯，黑的或其他颜色的	21	12	Pencil leads，black or coloured
	96099000	蜡笔、图画碳笔、书写或绘画用粉笔	15	8	Crayons，drawing charcoals，writing or drawing chalks
	96151100	硬质橡胶或塑料制梳子、发夹及类似品	18	8	Combs，hair-slides and the like，of hard rubber or plastics
	96151900	其他材料制梳子、发夹及类似品	18	8	Combs，hair-slides and the like，of other materials
	96159000	其他发夹、卷发器等及其零件	18	8	Other hair-pins，curling pins，curling grips，haircurlers and the like，parts of thereof
	96161000	香水喷雾器或类似的化妆用喷雾器	18	8	Scent sprays and similar toilet sprays
	96162000	施敷脂粉或化妆品用粉扑及粉拍	18	8	Powder puffs and pads for the application of cosmetics or toilet preparations
	96170011	玻璃内胆制保温瓶	24	8	Vacuum flasks of glass internal liner
	96170019	其他保温瓶	24	8	Vacuum cups
	96170090	其他真空容器及零件	18	8	Other vacuum vessels and parts thereof
	96190011	婴儿尿布及尿裤	7.5	0	Diapers and napkins for babies
	96190019	其他尿布及尿裤	7.5	0	Other diapers and napkins
	96190020	卫生巾（护垫）及止血塞	10	5	Sanitary towels (pads) and tampons
	96190090	任何材料制的卫生巾或尿布的类似品	14	8	0ther Sanitary towels，napkins and similar articles，of any material
	97011019	其他手绘油画、粉画及其他画	12	3	Original paintings，drawings and pastels，executed by hand (except for thangkas)
	97020000	雕版画、印制画、石印画的原本	12	3	Original engravings，prints and lithographs
	97030000	各种材料制的雕塑品原件	12	3	Original sculptures and statuary，in any material

[注 1]："ex" 表示实施暂定税率的商品应在该税号范围内，以具体商品描述为准。

[注 2]：如税率中间有 "/"，"/" 前后分别为上半年（2018 年 1 月 1 日至 6 月 30 日）和下半年（2018 年 7 月 1 日至 12 月 31 日）的使用税率。

[注 3]：复合税 1：完税价格不高于 7000 美元/台：15%；完税价格高于 7000 美元/台：5%，加 4256 元/台。

[注 4]：复合税 2：完税价格不高于 5000 美元/台，35%；完税价格高于 5000 美元/台：3%，加 9728 元/台。

[注 5]：2018 年 7 月 1 日起取消。

附表 5　出口商品暂定税率和特别关税税率表

Table 5　Interim Duty Rate and Special Duty Rate on Export Goods

ex①	税则号列 Tariff Item	商品名称（简称） Article Description	暂定税率（%） Interim
ex	05069090	已脱胶骨、角柱 Degelantinized bones	0
	25085000	红柱石、蓝晶石及硅线石，不论是否煅烧	10
	25086000	富铝红柱石	10
	25101010	未碾磨磷灰石	10
	25101090	未碾磨天然磷酸钙、天然磷酸铝钙及磷酸盐白垩，磷灰石除外	10
	25102010	已碾磨磷灰石	10
	25102090	已碾磨天然磷酸钙、天然磷酸铝钙及磷酸盐白垩，磷灰石除外	10
	25112000	天然碳酸钡（毒重石），不论是否煅烧	10
	26011110	平均粒径小于0.8毫米的未煅烧铁矿砂及其精矿；但焙烧黄铁矿除外	10
	26011120	平均粒径不小于0.8毫米，但不大于6.3毫米的未煅烧铁矿砂及其精矿；但焙烧黄铁矿除外	10
	26011190	平均粒径大于6.3毫米的未烧结铁矿砂及其精矿，但焙烧黄铁矿除外	10
	26011200	已烧结铁矿砂及其精矿	10
	26012000	焙烧黄铁矿	10
	26040000	镍矿砂及其精矿	10
ex	26080000	灰色饲料氧化锌（氧化锌 ZnO 含量大于 80%） Gray feed grade zinc oxide (containing by weight more than 80% of ZnO)	0
	26090000	锡矿砂及其精矿	20
	26121000	铀矿砂及其精矿	10
	26140000	钛矿砂及其精矿	10
	26151000	锆矿砂及其精矿	10
	26161000	银矿砂及其精矿	10
	26169000	其他贵金属矿砂及其精矿	10
	26179010	朱砂（辰砂）	10
	26179090	其他矿砂及其精矿	10
	26180010	冶炼钢铁产生的锰渣	10
	26180090	冶炼钢铁产生的其他粒状熔渣（熔渣砂）	10
	26190000	冶炼钢铁产生的熔渣、浮渣、氧化皮及其他废料	10
	26202100	含铅汽油的淤渣及含铅抗震化合物的淤渣	10
	26202900	其他主要含铅的矿灰及残渣	10
	26203000	主要含铜的矿灰及残渣	10
	26206000	含砷、汞、铊及其混合物，用于提取或生产砷、汞、铊及其化合物的矿灰及残渣	10
	26209100	含锑、铍、镉、铬及其混合物的矿灰及残渣	10

①未标注 ex 的商品英文品名见“进出口税则”主表。
Article description in English which tariff lines are not prefixed by “ex” is noted in “Import and Export Tariff” main table.

ex	税则号列 Tariff Item	商 品 名 称（简称） Article Description	暂定税率（%） Interim
	26209990	含其他金属及化合物的矿灰及残渣	10
	27011100	未制成型的无烟煤，不论是否粉化	3
	27011210	未制成型的炼焦烟煤，不论是否粉化	3
	27011290	未制成型的其他烟煤，不论是否粉化	3
	27011900	未制成型的其他煤，不论是否粉化	3
	27012000	煤砖、煤球及类似用煤制固体燃料	3
	27021000	褐煤	3
	27022000	制成型的褐煤	3
	27030000	泥煤（包括肥料用泥煤）不论是否成型	3
ex	27060000	从煤、褐煤或泥煤蒸馏所得的焦油及矿物焦油，不论是否脱水或部分蒸馏，包括再造焦油（含蒽油≥50%及沥青≥40%的“炭黑油”除外） Tar distilled from coal, lignite or peat, and other mineral tars, whether or not dehydrated or partially distilled, including reconstituted tars (excluding carbon black oil, which anthracence oil≥50%, bituminous≥40%)	10
	27071000	粗苯	10
	27090000	石油原油及从沥青矿物提取的原油	5
	28047090	其他磷	10
	28342110	肥料用硝酸钾	5
	29022000	苯	0
	31042090	其他氯化钾	600元/吨
	31043000	硫酸钾	600元/吨
	31049010	光卤石、钾盐及其他天然粗钾盐	30
	31049090	其他矿物钾肥及化学钾肥	30
	31052000	三元复合肥	100元/吨
	31056000	含磷、钾两种元素的肥料	5
	44012100	针叶木木片或木粒	10
	44012200	非针叶木木片或木粒	10
	44091010	针叶木地板条（块）	10
	44092910	其他非针叶木地板条	10
	44199010	木制一次性筷子	10
	44219010	木制圆签、圆棒、冰果棒、压舌片及类似一次性制品	10
	47010000	机械木浆	10
	47020000	化学木浆，溶解级	10
	47031100	未漂白针叶木碱木浆或硫酸盐木浆	10
	47031900	未漂白非针叶木碱木浆或硫酸盐木浆	10
	47032100	漂白针叶木碱木浆或硫酸盐木浆	10
	47032900	漂白非针叶木碱木浆或硫酸盐木浆	10
	47041100	未漂白的针叶木亚硫酸盐木浆	10
	47041900	未漂白的非针叶木亚硫酸盐木浆	10
	47042100	漂白的针叶木亚硫酸盐木浆	10
	47042900	漂白的非针叶木亚硫酸盐木浆	10
	47050000	半化学木浆	10
	47062000	从回收纸或纸板提取的纤维浆	10

ex	税则号列 Tariff Item	商品名称(简称) Article Description	暂定税率(%) Interim
	47063000	竹浆	10
	47069100	其他纤维状纤维素机械浆	10
	47069200	其他纤维状纤维素化学浆	10
	47069300	其他纤维状纤维素半化学浆	10
ex	72011000	高纯生铁(含锰量<0.08%,含磷量<0.03%,含硫量<0.02%,含钛量<0.03%) High purity pig iron (containing by weight less than 0.08% of manganese, less than 0.03% of phosphorus, less than 0.02% of sulfur, less than 0.03% of titanium)	10
	72022100	硅铁,含硅量>55%	20
	72022900	硅铁,含硅量≤55%	20
	72024100	铬铁,含碳量>4%	15
	72024900	铬铁,含碳量≤4%	15
	72025000	硅铬铁	10
	72029100	钛铁及硅钛铁	10
	72029290	其他钒铁	10
	72029300	铌铁	10
	72031000	直接从铁矿还原的铁产品	10
	72039000	其他铁、海绵铁,产品纯度>99.94%	10
	72061000	铁及非合金钢锭	10
	72069000	其他初级形状的铁及非合金钢	10
	72071100	宽度<厚度两倍的矩形截面钢坯,C<0.25%	10
ex	72071200	其他矩形截面钢坯,C<0.25%(厚度大于400毫米连铸板坯除外) Other, of rectangular (other than square) cross-section, containing by weight less than 0.25% of carbon, other than continuous casting slab which thickness measuring more than 400mm	10
ex	72071900	其他含碳量<0.25%的钢坯(厚度大于400毫米连铸板坯除外) Other, containing by weight less than 0.25% of carbon, other than continuous casting slab which thickness measuring more than 400mm	10
ex	72072000	含碳量≥0.25%的钢坯(直径为380毫米和450毫米,公差±1.2%,含碳量:0.38%~0.85%,含锰量:0.68%~1.2%,含磷量≤0.012%,总氧化物含量≤0.0012%的车轮用连铸圆坯除外) Containing by weight 0.25% or more of carbon, other than continuous casting round billet for road wheels, which diameter measuring 380mm and 450mm, tolerance ±1.2%, weight 0.38%~0.85% of carbon, 0.68%~1.2% of manganese, less than 0.012% of phosphorus, less than 0.0012% of total oxide	10
ex	72072000	车轮用连铸圆坯(直径为380毫米和450毫米,公差±1.2%,含碳量:0.38%~0.85%,含锰量:0.68%~1.2%,含磷量≤0.012%,总氧化物含量≤0.0012%) Continuous casting round billet for road wheels, which diameter measuring 380mm and 450mm, tolerance ±1.2%, weight 0.38%~0.85% of carbon, 0.68%~1.2% of manganese, less than 0.012% of phosphorus, less than 0.0012% of total oxide	5
	72181000	不锈钢锭及其他初级形状产品	5
	72189100	矩形截面的不锈钢半制成品	5
	72189900	其他不锈钢半制成品	5

ex	税则号列 Tariff Item	商 品 名 称（简称） Article Description	暂定税率（%） Interim
	72191312	厚度在3毫米及以上，但小于4.75毫米的未经酸洗的按重量计含锰量在5.5%及以上的铬锰系不锈钢卷板	5
	72191322	厚度在3毫米及以上，但小于4.75毫米的经酸洗的按重量计含锰量在5.5%及以上的铬锰系不锈钢卷板	5
	72191412	厚度小于3毫米的未经酸洗的按重量计含锰量在5.5%及以上的铬锰系不锈钢卷板	5
	72191422	厚度小于3毫米的经酸洗的按重量计含锰量在5.5%及以上的铬锰系不锈钢卷板	5
	72241000	合金钢锭及其他初级形状合金钢	5
	72249010	单重≥10吨的粗铸锻件坯	5
ex	72249090	其他合金钢坯，直径≥700毫米的合金钢圆坯除外 Other Semi-finished products of alloy steel, other than those of diameter 700mm or more	5
	74020000	未精炼铜，电解精炼用的铜阳极	15
ex	74031111	高纯阴极铜（铜含量不低于99.9999%） High-purity cathodes copper (containing copper not less than 99.9999%)	0
ex	74031111	高纯阴极铜（铜含量高于99.9935%，但低于99.9999%） High-purity cathodes copper (containing copper 99.9935% or more but less than 99.9999%)	5
	74031119	其他阴极精炼铜	10
	74031190	其他精炼铜的阴极型材	10
	74031200	精炼铜的线锭	10
	74031300	精炼铜的坯段	10
	74031900	其他未锻轧的精炼铜	10
	74032100	未锻轧的铜锌合金（黄铜）	5
	74032200	未锻轧的铜锡合金（青铜）	5
	74032900	未锻轧的其他铜合金	5
	74040000	铜废碎料	15
	74050000	铜母合金	10
	74071010	铬锆铜制条、杆及型材及异型材	0
	74071090	其他精炼铜制条、杆及型材及异型材	0
	74072111	直线度不大于0.5毫米/米的铜锌合金条、杆	0
	74072119	其他铜锌合金条、杆	0
	74072190	其他铜锌合金型材及异型材	0
	74072900	其他铜合金条杆、型材及异型材	0
	74081100	最大截面尺寸>6毫米的精炼铜丝	0
	74081900	其他精炼铜丝	0
	74082100	铜锌合金丝	0
	74082210	铜镍锌铅合金（加铅德银）丝	0
	74082290	其他白铜或德银丝	0
	74082900	其他铜合金丝	0
	74091110	含氧量不超过10PPM的成卷的精炼铜板、片、带	0
	74091190	其他成卷的精炼铜板、片、带	0

ex	税则号列 Tariff Item	商品名称（简称） Article Description	暂定税率（%） Interim
	74091900	其他精炼铜板、片、带	0
	74092100	成卷的铜锌合金板、片、带	0
	74092900	其他铜锌合金板、片、带	0
	74093100	成卷的铜锡合金板、片、带	0
	74093900	其他铜锡合金板、片、带	0
	74094000	铜镍合金或铜镍锌合金板、片、带	0
	74099000	其他铜合金板、片、带	0
	75021010	高纯镍（镍含量大于 99.99%，钴含量不大于 0.005%）	5
	75021090	未锻轧的非合金镍	15
	75022000	未锻轧镍合金	15
	75030000	镍废碎料	10
	75089010	电镀用镍阳极	15
	76011010	按重量计含铝量在 99.95%及以上的非合金铝	0
	76011090	按重量计含铝量在 99.95%以下的非合金铝	15
ex	76012000	碱金属含量（Na＋K＋Ca）＜10ppm，氢含量＜0.12ml/100gAl 的低碱精炼铝合金 Low alkali refined aluminum alloys（totaly containing less than 10ppm of sodium，potassium and calcium，less than 0.12ml of hydrogen/100g of aluminium)	0
ex	76012000	其他未锻轧铝合金 Other unwrought aluminum alloys	15
	76020000	铝废碎料	15
	76041010	非合金铝条、杆	0
	76041090	非合金铝型材及异型材	0
	76042100	铝合金制空心异型材	0
ex	76042910	截面周长大于等于 210 毫米的铝合金制条、杆 Bars，rods of Al alloyed，the perimeter of cross section is 210mm or more	0
ex	76042910	截面周长小于 210 毫米的铝合金制条、杆 Bars，rods of Al alloyed，the perimeter of cross section is less than 210mm	0
	76042990	铝合金制其他型材及异型材	0
	76051100	最大截面尺寸超过 7 毫米的非合金铝丝	0
	76051900	其他非合金铝丝	0
	76052100	最大截面尺寸超过 7 毫米的铝合金丝	0
	76052900	其他铝合金丝	0
	76061121	厚度在 0.3 毫米及以上，但不超过 0.36 毫米的非合金铝与塑料复合的矩形铝板、片、带	0
	76061129	厚度在 0.3 毫米及以上，但不超过 0.36 毫米的其他非合金铝制矩形铝板、片、带	0
	76061191	非合金铝与塑料复合的矩形的其他板、片、带	0
	76061199	非合金铝制矩形的其他板、片、带	0
	76061220	厚度小于 0.28 毫米的铝合金制矩形铝板、片、带	0
	76061230	厚度在 0.28 毫米及以上，但不超过 0.35 毫米的铝合金制矩形铝板、片、带	0

ex	税则号列 Tariff Item	商 品 名 称（简称） Article Description	暂定税率（%） Interim
	76061251	厚度在 0.35 毫米以上，但不超过 4 毫米的铝合金与塑料复合的矩形铝板、片、带	0
	76061259	厚度在 0.35 毫米以上，但不超过 4 毫米的其他铝合金制矩形铝板、片、带	0
	76061290	厚度＞4 毫米的铝合金制矩形铝板、片、带	0
	76069100	非合金铝制非矩形的板、片、带	0
	76069200	铝合金制非矩形的板、片、带	0
	79011110	按重量计含锌量在 99.995％及以上的未锻轧锌	0
	79011190	99.99％≤含锌量＜99.995％的未锻轧锌	5
	79011200	含锌量＜99.99％的未锻轧锌	15
	79012000	未锻轧锌合金	0
	81101010	未锻轧锑	5

附表 6　进口商品从量税、复合税税率表
Table 6　Specific and Compound Duty Rate on Import Goods

税则号列 Tariff Item	商品名称（简称） Article Description	普通税率（元/计量单位） Gen. (CNY/unit)	最惠国税率（元/计量单位） M. F. N. (CNY/unit)
02071200	冻的整只鸡	5.6/kg	1.3/kg
02071411	冻的带骨鸡块（包括鸡胸脯、鸡大腿等）	4.2/kg	0.6/kg
02071419	冻的不带骨鸡块（包括鸡胸脯、鸡大腿等）	9.5/kg	0.7/kg
02071421	冻的鸡翼（不包括翼尖）	8.1/kg	0.8/kg
02071422	冻的鸡爪	3.2/kg	1/kg
02071429	冻的其他食用鸡杂碎（包括鸡翼尖、鸡肝等）	3.2/kg	0.5/kg
05040021	冷、冻的鸡胗（即鸡胃）	7.7/kg	1.3/kg
22030000	麦芽酿造的啤酒	7.5/L	0
27090000	石油原油（包括从沥青矿物提取的原油）	85/t	0
37023190	其他未曝光无齿孔彩色窄胶卷（窄胶卷指宽度≤105 毫米，彩色摄影用）	433/m^2	56/m^2
37023220	照相制版涂卤化银液无齿孔窄胶卷（成卷未曝光感光胶片，窄胶卷指宽度≤105 毫米）	104/m^2	4.5/m^2
37023290	其他涂卤化银乳液无齿孔窄胶卷（成卷未曝光感光胶片，窄胶卷指宽度≤105 毫米）	202/m^2	21/m^2
37023920	照相制版用其他无齿孔窄感光胶卷（成卷未曝光感光胶片，窄胶卷指宽度≤105 毫米）	104/m^2	12/m^2
37023990	其他用无齿孔窄感光胶卷（成卷未曝光感光胶片，窄胶卷指宽度≤105 毫米）	202/m^2	24/m^2
37024100	未曝光无齿孔宽长彩色胶卷（宽长胶卷指宽度＞610 毫米，长度＞200 米）	202/m^2	7.1/m^2
37024221	印刷电路板制造用光致抗蚀干膜（宽度＞610 毫米，长度＞200 米）	110/m^2	0.6/m^2
37024229	照相制版其他未曝光无齿宽长胶卷（宽长胶卷指宽度＞610 毫米，长度＞200 米）	110/m^2	1.6/m^2
37024292	红色或红外激光胶片	213/m^2	2.4/m^2
37024299	黑白其他未曝光无齿孔宽长胶卷（宽长胶卷指宽度＞610 毫米，长度＞200 米）	213/m^2	7/m^2
37024329	其他照相制版用的未曝光无齿孔胶卷（宽度＞610 毫米，长度≤200 米）	104/m^2	3.7/m^2
37024390	彩色或黑白其他用的未曝光无齿孔中长胶卷（中长胶卷指宽度＞610 毫米，长度≤200 米）	202/m^2	17/m^2
37024421	照相制版用的未曝光激光照排片（105 毫米＜宽度≤610 毫米）	115/m^2	2.0/m^2
37024422	印刷电路板制造用光致抗蚀干膜（105 毫米＜宽度≤610 毫米）	115/m^2	5/m^2
37024429	其他照相制版用无齿孔未曝光胶卷（105 毫米＜宽度≤610 毫米）	115/m^2	2.9/m^2

税则号列 Tariff Item	商 品 名 称（简称） Article Description	普通税率 （元/计量单位） Gen. (CNY/unit)	最惠国税率 （元/计量单位） M. F. N. (CNY/unit)
37024490	彩色或黑白其他用无齿孔未曝光中宽胶卷（中宽胶卷指 105 毫米＜宽度≤610 毫米）	202/m^2	27/m^2
37025200	彩色摄影用的未曝光彩色胶卷，宽度≤16 毫米	433/m^2	95/m^2
37025300	幻灯片用的未曝光彩色摄影胶卷（16 毫米＜宽度≤35 毫米，长度≤30 米）	433/m^2	128/m^2
37025410	非幻灯片用彩色摄影胶卷（宽度＝35 毫米，长度≤2 米）	433/m^2	18/m^2
37025490	其他非幻灯片用彩色摄影胶卷（16 毫米＜宽度≤35 毫米，长度≤30 米）	433/m^2	24/m^2
37025520	未曝光的窄长彩色电影胶卷（窄长胶卷指 16 毫米＜宽度≤35 毫米，长度＞30 米）	232/m^2	9/m^2
37025590	其他未曝光窄长彩色胶卷（窄长胶卷指 16 毫米＜宽度≤35 毫米，长度＞30 米）	433/m^2	27/m^2
37025620	未曝光的中宽彩色电影胶卷（中宽胶卷指宽度＞35 毫米）	232/m^2	13/m^2
37025690	其他未曝光的中宽彩色胶卷（中宽胶卷指宽度＞35 毫米）	433/m^2	74/m^2
37029600	未曝光非彩色胶卷（宽度≤35 毫米，长度≤30 米）	210/m^2	21/m^2
37029700	未曝光非彩色胶卷（宽度≤35 毫米，长度＞30 米）	210/m^2	9/m^2
37029800	未曝光非彩色胶卷，宽度＞35 毫米	210/m^2	10/m^2
85211011	广播级磁带录像机	①	②
85211019	其他磁带录像机	①	②
85211020	磁带放像机	①	②
85258012	非特种用途的广播级电视摄像机	③	④
85258013	非特种用途的其他电视摄像机	③	④
85258022	非特种用途的单镜头反光型数字照相机	③	0
85258025	非特种用途的其他可换镜头的数字照相机	③	0
85258029	非特种用途的其他数字照相机	③	0
85258032	非特种用途的广播级视频摄录一体机	③	0
85258039	非特种用途的其他视频摄录一体机（家用型摄录一体机除外）	③	0

①完税价格不高于 2000 美元/台：130%；完税价格高于 2000 美元/台：6%，加 20600 元。

If the DPV of each product is less than or equal to USD2000, it should be imposed an Ad Valorem duty of 130%; If the DPV is higher than USD2000, it should be imposed a compound duty, i. e. a specific duty of CNY20600 plus an Ad Valorem duty of 6% for each one.

②完税价格不高于 2000 美元/台：30%；完税价格高于 2000 美元/台：3%，加 3283 元。

If the DPV of each product is less than or equal to USD2000, it should be imposed an Ad Valorem duty of 30%; If the DPV is higher than USD2000, it should be imposed a compound duty, i. e. a specific duty of CNY3283 plus an Ad Valorem duty of 3% for each one.

③完税价格不高于 5000 美元/台：130%；完税价格高于 5000 美元/台：6%，加 51500 元。

If the DPV of each product is less than or equal to USD5000, it should be imposed an Ad Valorem duty of 130%; If the DPV is higher than USD5000, it should be imposed a compound duty, i. e. a specific duty of CNY51500 plus an Ad Valorem duty of 6% for each one.

④完税价格不高于 5000 美元/台：35%；完税价格高于 5000 美元/台：3%，加 9728 元。

If the DPV of each product is less than or equal to USD5000, it should be imposed an Ad Valorem duty of 35%; If the DPV is higher than USD5000, it should be imposed a compound duty, i. e. a specific duty of CNY9728 plus an Ad Valorem duty of 3% for each one.

附表 7 信息技术产品进口税率表
Table 7 Duty Rate on Information Technology Products

税则号列	EX[注4]	信息技术产品名称	2018 年 1 月 1 日至 6 月 30 日最惠国税率（%）	2018 年 7 月 1 日至 12 月 31 日最惠国税率（%）
32151100	ex	黑色，用于装入子目 8443.31、8443.32 或 8443.39 所列设备的工程形态的固体油墨	4.3	3.3
32151900	ex	其他，用于装入子目 8443.31、8443.32 或 8443.39 所列设备的工程形态的固体油墨	4.3	3.3
35069190	ex	专门或主要用于显示屏或触摸屏制造的光学透明膜黏合剂和光固化液体黏合剂	5.0	2.5
37013021		激光照排片（任何一边超过 255 毫米），用纸、纸板及纺织物以外任何材料制成	5.0	2.5
37013022		PS 版（预涂感光版）（任何一边超过 255 毫米），用纸、纸板及纺织物以外任何材料制成	5.0	2.5
37013024		CTP 版	5.0	2.5
37013025		柔性印刷版	5.0	2.5
37013029		其他未曝光照相制版用感光硬片及软片（任何一边超过 255 毫米），用纸、纸板及纺织物以外任何材料制成	5.0	2.5
37013090		未曝光其他用途的感光硬片及软片（任何一边超过 255 毫米），用纸、纸板及纺织物以外任何材料制成	10.0	5.0
37019920		照相制版用其他未曝光软片及硬片，用纸、纸板及纺织物以外任何材料制成（任何一边超过或等于 255 毫米）	7.5	6.3
37019990		其他用未曝光软片及硬片，用纸、纸板及纺织物以外任何材料制成（任何一边超过或等于 255 毫米）	18.8	15.6
37050010		已曝光已冲洗的教学专用幻灯片	0	0
37050021		书籍、报刊用的已曝光已冲洗的缩微胶片	0	0
37050029		已曝光已冲洗的缩微胶片，书籍、报刊用除外	2.0	1.0
37050090		已曝光已冲洗的其他摄影硬片及软片	9.0	4.5
37079010		冲洗胶卷及相片用化学制剂或摄影用未混合品（定量包装或零售包装可立即使用的）	12.0	10.0
37079020		复印机用化学制剂或摄影用未混合品（定量包装或零售包装可立即使用的）	7.5	6.3
37079090		其他摄影用化学制剂或摄影用未混合品（定量包装或零售包装可立即使用的）	6.0	5.0
39079991	ex	热塑性液晶芳香族聚酯共聚物	4.3	3.3
39079999	ex	热塑性液晶芳香族聚酯共聚物	4.3	3.3
39199090	ex	半导体晶圆制造用自粘式圆形抛光垫	4.3	3.3
39231000	ex	子目 3923.10 或 8486.90 的，具有特定形状或装置，供运输或包装半导体晶圆、掩模或光罩的塑料盒、箱、板条箱及类似物品	5.0	2.5
49070090	ex	给予存取、安装、复制或使用软件（含游戏）、数据、互联网内容物（含游戏内或应用程序内内容物）、服务或电信服务（含移动服务）权利的印刷品[注1]	5.0	3.8
49119910	ex	给予存取、安装、复制或使用软件（含游戏）、数据、互联网内容物（含游戏内或应用程序内内容物）、服务或电信服务（含移动服务）权利的印刷品[注1]	5.0	3.8

税则号列	EX[注4]	信息技术产品名称	2018 年 1 月 1 日至 6 月 30 日最惠国税率（%）	2018 年 7 月 1 日至 12 月 31 日最惠国税率（%）
49119990	ex	给予存取、安装、复制或使用软件（含游戏）、数据、互联网内容物（含游戏内或应用程序内内容物）、服务或电信服务（含移动服务）权利的印刷品[注1]	5.0	3.8
59119000	ex	半导体晶圆制造用自粘式圆形抛光垫	5.3	4.0
84141000	ex	专门或主要用于半导体晶圆或平板显示屏制造的真空泵	5.3	4.0
84145990	ex	专门或主要用于微处理器、电信设备、自动数据处理设备或装置的散热扇	5.3	4.0
84195000	ex	用氟聚合物制造的、入口管和出口管内径不超过 3 厘米的热交换装置	6.7	5.0
84201000	ex	专门或主要用于印刷电路板基板或印刷电路制造的滚压机	4.2	2.1
84212910	ex	用氟聚合物制造的厚度不超过 140 微米的过滤膜或净化膜的液体过滤或净化机器及装置	3.3	2.5
84212990	ex	用氟聚合物制造的厚度不超过 140 微米的过滤膜或净化膜的液体过滤或净化机器及装置	3.3	2.5
84213921	ex	装备不锈钢外壳、入口管和出口管内径不超过 1.3 厘米的气体过滤或净化机器及装置	3.3	2.5
84213922	ex	装备不锈钢外壳、入口管和出口管内径不超过 1.3 厘米的气体过滤或净化机器及装置	3.3	2.5
84213923	ex	装备不锈钢外壳、入口管和出口管内径不超过 1.3 厘米的气体过滤或净化机器及装置	3.3	2.5
84213924	ex	装备不锈钢外壳、入口管和出口管内径不超过 1.3 厘米的气体过滤或净化机器及装置	3.3	2.5
84213929	ex	装备不锈钢外壳、入口管和出口管内径不超过 1.3 厘米的气体过滤或净化机器及装置	3.3	2.5
84213930	ex	装备不锈钢外壳、入口管和出口管内径不超过 1.3 厘米的气体过滤或净化机器及装置	3.3	2.5
84213940	ex	装备不锈钢外壳、入口管和出口管内径不超过 1.3 厘米的气体过滤或净化机器及装置	3.3	2.5
84213950	ex	装备不锈钢外壳、入口管和出口管内径不超过 1.3 厘米的气体过滤或净化机器及装置	3.3	2.5
84213990	ex	装备不锈钢外壳、入口管和出口管内径不超过 1.3 厘米的气体过滤或净化机器及装置	3.3	2.5
84219990	ex	用厚度不超过 140 微米的氟聚合物制造的液体过滤或净化机器及装置的零件；装备不锈钢外壳、入口管和出口管内径不超过 1.3 厘米的气体过滤或净化机器及装置的零件	3.3	2.5
84232010		电子皮带秤	5.0	2.5
84233010	ex	以电子方式称重的恒定秤、物料定量装袋或装容器用的衡器，包括库秤	5.3	2.6
84233030	ex	以电子方式称重的恒定秤、物料定量装袋或装容器用的衡器，包括库秤	5.3	2.6
84233090	ex	以电子方式称重的恒定秤、物料定量装袋或装容器用的衡器，包括库秤	5.3	2.6
84238110		最大称量不超过 30 千克的计价秤	5.3	2.6
84238190	ex	其他以电子方式称重的衡器，最大称量不超过 30 千克	5.3	2.6
84238210	ex	其他以电子方式称重的衡器，最大称量大于 30 千克但不超过 5000 千克，但对车辆称重的衡器除外	5.3	2.6

税则号列	EX[注4]	信息技术产品名称	2018年1月1日至6月30日最惠国税率（%）	2018年7月1日至12月31日最惠国税率（%）
84238290	ex	其他以电子方式称重的衡器，最大称量大于30千克但不超过5000千克，但对车辆称重的衡器除外	5.3	2.6
84238910	ex	其他以电子方式称重的衡器，最大称量超过5000千克，但对车辆称重的衡器除外	5.0	2.5
84238920	ex	其他以电子方式称重的衡器，最大称量超过5000千克，但对车辆称重的衡器除外	5.0	2.5
84238930	ex	其他以电子方式称重的衡器，最大称量超过5000千克，但对车辆称重的衡器除外	5.0	2.5
84238990	ex	其他以电子方式称重的衡器，最大称量超过5000千克，但对车辆称重的衡器除外	5.0	2.5
84239000	ex	以电子方式称重的衡器的零件，但对车辆称重的衡器零件除外	5.0	2.5
84248920	ex	喷涂机器人	0	0
84248999	ex	专门或主要用于印刷电路或印刷电路组件制造的喷射、散布或喷雾机械器具	0	0
84249090	ex	专门或主要用于印刷电路或印刷电路组件制造的喷射、散布或喷雾机械器具的零件	0	0
84423010		铸字机	4.5	2.3
84423021		计算机直接制版设备	4.5	2.3
84423029		其他制版机器、器具及设备	4.5	2.3
84423090		其他铸字、制版用机器、器具及设备	4.5	2.3
84424000		铸字、排字、制版机器的零件	3.5	1.8
84425000		活字、印刷用版、片及其他部件	3.5	1.8
84433110		静电感光式多功能机	6.7	5.0
84433190		其他多功能机	0	0
84433211		针式打印机	0	0
84433212		激光打印机	0	0
84433213		喷墨打印机	0	0
84433214		热敏打印机	0	0
84433219		其他打印机	0	0
84433221		可以网络连接的喷墨印刷机	5.3	4.0
84433222		可以网络连接的静电照相印刷机（激光印刷机）	5.3	4.0
84433229		可以网络连接的其他数字印刷设备	5.3	4.0
84433290		其他可与网络连接的传真机或打字机	0	0
84433911		直接法静电感光复印设备	0	0
84433912		间接法静电感光复印设备	7.5	6.3
84433921		带有光学系统的感光复印设备	0	0
84433922		接触式感光复印设备	16.5	13.8
84433923		热敏复印设备	16.5	13.8
84433924		热升华复印设备	16.5	13.8
84433931		其他独立的喷墨印刷机	6.0	5.0
84433932		其他独立的静电照相印刷机（激光印刷机）	6.0	5.0
84433939		其他独立的数字印刷设备	6.0	5.0
84433990		其他独立的电传打字机	0	0
84439111		卷筒料给料机	8.0	6.0
84439119		其他传统印刷机用辅助机器	8.0	6.0

税则号列	EX[注4]	信息技术产品名称	2018 年 1 月 1 日至 6 月 30 日最惠国税率（%）	2018 年 7 月 1 日至 12 月 31 日最惠国税率（%）
84439190		传统印刷机用零件及附件	4.0	3.0
84439910		数字印刷设备用辅助机器	8.0	6.0
84439921		热敏打印头	4.0	3.0
84439929		数字印刷设备的其他零件	4.0	3.0
84439990		其他打印机、复印机、传真机用零件	0	0
84561100	ex	用激光、其他光、光子束处理的专门或主要用于印刷电路或印刷电路组件、税目 85.17 所列货品的零件及自动数据处理机器的零件的加工机床	0	0
84561200	ex	用激光、其他光、光子束处理的专门或主要用于印刷电路或印刷电路组件、税目 85.17 所列货品的零件及自动数据处理机器的零件的加工机床	0	0
84669310	ex	专门或主要用于制造印刷电路、印刷电路组件、税目 85.17 所列货品的零件、自动数据处理设备的零件的，用激光、其他光或光子束处理的加工机床的零件及附件；专门或主要用于制造印刷电路、印刷电路组件、税目 85.17 所列货品的零件、自动数据处理设备的零件的，以超声工艺处理的加工机床的零件及附件；专门或主要用于制造税目 85.17 所列货品的零件、自动数据处理设备的零件的加工中心的零件及附件；专门或主要用于制造税目 85.17 所列货品的零件、自动数据处理设备的零件的加工中心的零件及附件；专门或主要用于制造税目 85.17 所列货品的零件、自动数据处理设备的零件的数控机床（其他车床）的零件及附件；专门或主要用于税目 85.17 所列货品的零件、自动数据处理设备的零件制造的数控机床（其他钻床）的零件及附件；专门或主要用于制造税目 85.17 所列货品的零件、自动数据处理设备的零件的数控机床（其他铣床）的零件及附件；专门或主要用于制造税目 85.17 所列货品的零件、自动数据处理设备的零件的锯床或切断车床的零件及附件；专门或主要用于制造印刷电路、印刷电路组件、税目 85.17 所列货品的零件、自动数据处理设备的零件的以放电方式处理的加工机床的零件及附件	0	0
84669390	ex	专门或主要用于制造印刷电路、印刷电路组件、税目 85.17 所列货品的零件、自动数据处理设备的零件的，用激光、其他光或光子束处理的加工机床的零件及附件；专门或主要用于制造印刷电路、印刷电路组件、税目 85.17 所列货品的零件、自动数据处理设备的零件的，以超声工艺处理的加工机床的零件及附件；专门或主要用于制造税目 85.17 所列货品的零件、自动数据处理设备的零件的加工中心的零件及附件；专门或主要用于制造税目 85.17 所列货品的零件、自动数据处理设备的零件的加工中心的零件及附件；专门或主要用于制造税目 85.17 所列货品的零件、自动数据处理设备的零件的数控机床（其他车床）的零件及附件；专门或主要用于税目 8517 所列货品的零件、自动数据处理设备的零件制造的数控机床（其他钻床）的零件及附件；专门或主要用于制造税目 85.17 所列货品的零件、自动数据处理设备的零件的数控机床（其他铣床）的零件及附件；专门或主要用于制造税目 85.17 所列货品的零件、自动数据处理设备的零件的锯床或切断车床的零件及附件；专门或主要用于制造印刷电路、印刷电路组件、税目 85.17 所列货品的零件、自动数据处理设备的零件的以放电方式处理的加工机床的零件及附件	0	0

税则号列	EX[注4]	信息技术产品名称	2018年1月1日至6月30日最惠国税率（%）	2018年7月1日至12月31日最惠国税率（%）
84721000		胶版复印机、油印机	7.0	3.5
84729010		自动柜员机	0	0
84729021		打洞机	0	0
84729022		订书机	0	0
84729029		其他装订用机器	0	0
84729030		碎纸机	0	0
84729040		地址印写机及地址铭牌压印机	7.0	3.5
84729090		其他办公室用机器	0	0
84734010		自动柜员机用出钞器和循环出钞机	5.3	2.6
84734020		打字机、文字处理机的零件、附件	4.0	2.0
84734090		税目84.72所列其他办公室用机器零件、附件	5.3	2.6
84752100		制造光导纤维及其预制棒的机器	7.5	6.3
84759000	ex	子目8475.21所列机器的零件	5.3	4.0
84768900	ex	钱币兑换机	7.5	3.8
84769000	ex	钱币兑换机的零件	5.0	2.5
84798961	ex	专门或主要用于印刷电路组件制造的电子元件自动装配机	0	0
84798962	ex	专门或主要用于印刷电路组件制造的电子元件自动装配机	0	0
84798969	ex	专门或主要用于印刷电路组件制造的电子元件自动装配机	0	0
84798999	ex	用于从电子显微样品或样品基板上去除有机污染物的等离子清洗机器	0	0
84799090	ex	专门或主要用于印刷电路组件制造的电子元件自动装配机的零件	0	0
84861010		利用温度变化处理单晶硅的机器及装置	0	0
84861020		制作单晶硅或晶圆的研磨设备	0	0
84861030		制作单晶硅或晶圆的切割设备	0	0
84861040		制作单晶硅或晶圆的化学机械抛光设备	0	0
84861090		制作单晶硅或晶圆的其他设备	0	0
84862010		制造半导体器件或集成电路用的热处理设备	0	0
84862021		制造半导体器件或集成电路用的化学气相沉积装置	0	0
84862022		制造半导体器件或集成电路用的物理气相沉积装置	0	0
84862029		制造半导体器件或集成电路用的其他薄膜沉积设备	0	0
84862031		制造半导体器件或集成电路用的分步重复光刻机	0	0
84862039		制造半导体器件或集成电路用的其他光刻设备	0	0
84862041		制造半导体器件或集成电路用的等离子体干法刻蚀机	0	0
84862049		制造半导体器件或集成电路用的其他刻蚀及剥离设备	0	0
84862050		制造半导体器件或集成电路用的离子注入机	0	0
84862090		制造半导体器件或集成电路用的其他机器及装置	0	0
84863010		制造平板显示器用的热处理设备	0	0
84863021		制造平板显示器用的化学气相沉积装置	0	0
84863022		制造平板显示器用的物理气相沉积装置	0	0
84863029		制造平板显示器用的其他薄膜沉积设备	0	0
84863031		制造平板显示器用的分步重复光刻机	0	0
84863039		制造平板显示器用的其他光刻设备	0	0
84863041		制造平板显示器用的超声波清洗装置	6.7	5.0
84863049		制造平板显示器用的其他湿法蚀刻、显影、剥离、清洗装置	0	0

税则号列	EX[注4]	信息技术产品名称	2018年1月1日至6月30日最惠国税率（%）	2018年7月1日至12月31日最惠国税率（%）
84863090		制造平板显示器用的其他机器及装置	0	0
84864010		专用于制作和修复掩膜版的装置	0	0
84864021		专用于装配与封装半导体器件或集成电路的塑封机	3.3	2.5
84864022		专用于装配与封装半导体器件或集成电路的引线键合设备	5.3	4.0
84864029		专用于装配与封装半导体器件或集成电路的机器及装置	0	0
84864031		集成电路工厂专用的自动搬运机器人	0	0
84864039		其他集成电路或液晶显示屏工厂专用升降、装卸、搬运装置	3.3	2.5
84869010		升降、搬运、装卸机器用零件及附件（自动搬运设备用除外）	2.5	1.3
84869020		引线键合装置用零件及附件	3.0	1.5
84869091		带背板的溅射靶材组件	0	0
84869099		其他半导体器件、集成电路、液晶显示器生产专用设备的零件及附件	0	0
85044013		税目84.71所列机器用的稳压电源	0	0
85044014		功率小于1千瓦高精度直流稳压电源	4.7	3.5
85044015		功率小于10千瓦高精度交流稳压电源	0	0
85044019		其他稳压电源	0	0
85044020		不间断供电电源（UPS）	6.7	5.0
85044030		逆变器	6.7	5.0
85044091	ex	自动数据处理设备机器及组件、电讯设备用的具有变流动能的半导体模块	0	0
85044091	ex	其他具有变流功能的其他半导体模块	6.7	5.0
85044099	ex	自动数据处理设备机器及组件、电讯设备用的其他静止变流器；ITA产品用的印刷电路组件，包括外接组件，如符合PCMCIA标准的卡	0	0
85044099	ex	其他未列名静止式变流器	6.7	5.0
85045000		其他电感器	0	0
85049011		额定容量大于400千伏安液体介质变压器零件	3.3	2.5
85049019		其他变压器零件	5.3	4.0
85049020		稳压电源及不间断供电电源零件	5.3	4.0
85049090		其他静止式变流器及电感器零件	5.3	4.0
85059090	ex	专门或主要用于核磁共振成像装置的电磁体，但税目90.18所列电磁铁除外	4.0	2.0
85143000	ex	专门或主要用于印刷电路或印刷电路组件制造的其他炉及烘箱	0	0
85149090	ex	专门或主要用于印刷电路或印刷电路组件制造的其他炉及烘箱的零件	0	0
85151900	ex	专门或主要用于印刷电路组件制造的其他波峰焊接机器	6.7	5.0
85159000	ex	专门或主要用于印刷电路组件制造的其他波峰焊接机器的零件	4.0	3.0
85176110		移动通信基站	0	0
85176190		其他通信基站	0	0
85176211		数字式局用电话交换机；长途电话交换机；电报交换机	0	0
85176212		数字式移动通信交换机	0	0
85176219		数字式其他电话交换机	0	0

税则号列	EX[注4]	信息技术产品名称	2018年1月1日至6月30日最惠国税率（%）	2018年7月1日至12月31日最惠国税率（%）
85176221		光端机及脉冲编码调制设备	0	0
85176222		波分复用光传输设备	0	0
85176229		其他光通讯设备	0	0
85176231		通信网络时钟同步设备	0	0
85176232		以太网络交换机	0	0
85176233		IP电话信号交换机	0	0
85176234		调制解调器	0	0
85176235		集线器	0	0
85176236		路由器	0	0
85176237		有线网络接口卡	0	0
85176239		其他有线数字通信设备	0	0
85176292		无线网络接口卡	0	0
85176293		无线接入固定台	0	0
85176294		无线耳机	0	0
85176299		其他接收、转换并且发送或再生声音、图像或数据用的设备	0	0
85176910	ex	用于呼叫、提示和寻呼的便携式接收器	0	0
85176910	ex	其他无线设备	6.0	4.5
85176990		其他有线设备	0	0
85177010		数字式程控电话或电报交换机零件	0	0
85177020		光端机、脉冲编码调制设备的零件	0	0
85177030		手持式无线电话机用（天线除外）	0	0
85177040		对讲机用（天线除外）	4.0	2.0
85177060		光通信设备的激光收发模块	0	0
85177070	ex	无线电话电报装置的天线	0	0
85177070	ex	税目85.17所列设备用其他天线及其零件	1.0	0.5
85177090		发送或接收声音、图像或数据的设备用其他零件	0	0
85181000	ex	电讯用麦克风，频率范围在300赫兹到3.4千赫之间，直径不超过10毫米，高度不超过3毫米	0	0
85181000	ex	其他传声器（麦克风）及其座架	5.0	2.5
85182100		单喇叭音箱	5.0	2.5
85182200		多喇叭音箱	5.0	2.5
85182900		其他扬声器	0	0
85183000		其他耳机、耳塞机	0	0
85184000	ex	列入ITA的有线电话重复器用的电器扩音器	0	0
85184000	ex	其他音频扩大器	6.0	3.0
85185000		电气扩音机组	5.0	2.5
85189000	ex	列入ITA的有线电话重复器用的电器扩音器的零件	0	0
85189000	ex	税目85.18所列货品的其他零件	5.3	2.6
85198111		不带录音功能的盒式磁带型声音重放装置，编辑节目用放声机除外	8.5	4.3
85198112		装有声音重放装置的盒式磁带型录音机	15.0	7.5
85198119		其他使用磁性媒体的声音录放机	10.0	5.0
85198121		不带录音功能的激光唱机	15.0	7.5
85198129		使用光学媒体的其他声音录放装置	10.0	5.0
85198131		闪速存储器型声音录放机	10.0	5.0

税则号列	EX[注4]	信息技术产品名称	2018年1月1日至6月30日最惠国税率（%）	2018年7月1日至12月31日最惠国税率（%）
85198139		使用半导体媒体的其他声音录放装置	10.0	5.0
85198910		不带录制装置的其他唱机，不论是否带有扬声器	15.0	7.5
85198990		其他声音录制或重放设备	10.0	5.0
85211011		广播级录像机	15.0%与复合税1[注3]从低执行	7.5%与复合税1[注3]从低执行
85211019		其他磁带录像机	15.0%与复合税1[注3]从低执行	7.5%与复合税1[注3]从低执行
85211020		磁带放像机	15.0%与复合税1[注3]从低执行	7.5%与复合税1[注3]从低执行
85219011		视频高密光盘机VCD	10.0	5.0
85219012		数字化视频光盘机DVD	10.0	5.0
85219019		其他激光视盘放像机	10.0	5.0
85219090		其他视频信号录制或重放设备	10.0	5.0
85229010		转盘或唱机用零件、附件	18.8	15.6
85229021		录音机走带机构（机芯）	18.8	15.6
85229022		磁头	18.8	15.6
85229023		磁头零件	15.0	12.5
85229029		盒式磁带录音机或放声机其他零件	22.5	18.8
85229031		激光视盘机的机芯	22.5	18.8
85229039		其他视频信号录放设备的零件附件	22.5	18.8
85229091		车载音频转播器或发射器	15.0	12.5
85229099		声音录制或重放设备用其他零件	15.0	12.5
85232110		未录制的磁条卡	8.8	4.4
85232120		已录制的磁条卡	7.5	3.8
85232911		未录制磁盘	0	0
85232919		已录制磁盘	0	0
85232921		宽度≤4毫米的未录制磁带	0	0
85232922		4毫米＜宽度≤6.5毫米的未录制磁带	0	0
85232923		宽度＞6.5毫米的未录制磁带	0	0
85232928		用于重放声音或图像信息的磁带	5.0	2.5
85232929		已录制其他信息的磁带	0	0
85232990		其他磁性媒体	0	0
85234100		未录制的光学媒体	0	0
85234910		仅用于重放声音信息的光学媒体	5.0	2.5
85234920		用于重放声音、图像以外信息的，税目84.71所列机器用的光学媒体	0	0
85234990		其他已录制的光学媒体	0	0
85235110		未录制信息的闪速存储器	0	0
85235120		已录制信息的闪速存储器	0	0
85235210		未录制内容的“智能卡”	0	0
85235290		已录制内容的“智能卡”	0	0
85235910		未录制信息的其他半导体媒体	0	0
85235920		已录制信息的其他半导体媒体	0	0

税则号列	EX[注4]	信息技术产品名称	2018年1月1日至6月30日最惠国税率（%）	2018年7月1日至12月31日最惠国税率（%）
85238011		已录制的唱片	7.5	3.8
85238019		未录制的唱片	0	0
85238021		税目84.71所列机器用未录制内容的其他媒体	0	0
85238029		税目84.71所列机器用已录制内容的其他媒体	0	0
85238091		其他未录制内容的媒体	0	0
85238099		其他已录制内容的媒体	0	0
85255000		广播电视发送设备	0	0
85256010		卫星地面站设备	0	0
85256090		其他装有接收装置的广播电视发送设备	0	0
85258011		特种用途的电视摄像机	6.7	5.0
85258012		非特种用途的广播级电视摄像机	23.3%与复合税2[注3]从低执行	17.5%与复合税2[注3]从低执行
85258013		非特种用途的其他电视摄像机	23.3%与复合税2[注3]从低执行	17.5%与复合税2[注3]从低执行
85258021		特种用途的数字照相机	0	0
85258022		非特种用途的单反数字照相机	0	0
85258025		非特种用途的其他可换镜头的数字照相机	0	0
85258029		非特种用途的其他数字照相机	0	0
85258031		特种用途的视频摄录一体机	0	0
85258032		非特种用途的广播级视频摄录一体机	0	0
85258033		非特种用途的家用视频摄录一体机	0	0
85258039		非特种用途的其他视频摄录一体机	0	0
85261010		导航用雷达设备	1.0	0.5
85261090		其他雷达设备	2.5	1.3
85269110		机动车辆用	1.0	0.5
85269190		其他无线电导航设备	1.0	0.5
85269200		无线电遥控设备	3.3	2.5
85271200		不需外接电源袖珍盒式磁带收放机	10.0	5.0
85271300		不需外接电源收录（放）音组合机	7.5	3.8
85271900		不需外接电源无线电收音机	7.5	3.8
85272100	ex	具备接收和转换数字广播数据系统信号功能需外接电源的汽车用收录（放）音组合机	7.5	3.8
85272900		需外接电源汽车用无线电收音机	7.5	3.8
85279100		其他收录（放）音组合机	7.5	3.8
85279200		带时钟的收音机	7.5	3.8
85279900		其他收音机	15.0	7.5
85284910		其他彩色阴极射线管监视器	15.0	7.5
85284990		单色的阴极射线管监视器	9.5	4.8
85287110		不带显示屏的彩色卫星电视接收机	20.0	15.0
85287180		不带显示屏的其他彩色电视接收机	20.0	15.0
85287190		单色的不带视频显示器的电视接收机	10.0	7.5
85291010		雷达及无线电导航设备天线及零件	0.8	0.4
85291020		收音机、电视机天线及其零件	0	0
85291090		其他无线电设备天线及其零件	1.0	0.5

税则号列	EX[注4]	信息技术产品名称	2018年1月1日至6月30日最惠国税率（%）	2018年7月1日至12月31日最惠国税率（%）
85299010		电视发送、差转等设备零件	0	0
85299041		特种用途电视摄像机、静像视频摄像机及其他视频摄录一体机，数字相机零件	8.0	6.7
85299042		非特种用途的取像模块	12.0	10.0
85299049		其他电视摄像机、静像视频摄像机及其他视频摄录一体机、数字相机零件	12.0	10.0
85299050		雷达及无线电导航设备零件	1.5	1.3
85299060		收音机及其组合机的其他零件	15.0	12.5
85299081	ex	其他，但子目8528.72或8528.73的装置用有机发光二极管模组和显示屏除外	15.0	12.5
85299082		等离子显像组件及其零件	15.0	12.5
85299089		其他电视机零件	0	0
85299090		税目85.25至85.28所列设备的零件	0	0
85318090		其他电气音响或视觉信号装置	7.5	6.3
85319010		防盗、防火及类似装置用零件	0	0
85319090		其他音响或视觉信号装置用零件	0	0
85363000		电压≤1000伏的其他电路保护装置	6.0	4.5
85365000		电压≤1000伏的其他开关	0	0
85369011	ex	其他装置，但税目87.02、87.03、87.04和87.11所列的机动车用电池夹除外	0	0
85369019	ex	其他装置，但税目87.02、87.03、87.04和87.11所列的机动车用电池夹除外	0	0
85369090	ex	其他装置，但税目87.02、87.03、87.04和87.11所列的机动车用电池夹除外	0	0
85381010		税号8537.2010所列装置的零件	5.6	4.2
85381090		税目85.37货品用的其他盘、板等	4.7	3.5
85393990	ex	用于平板显示器背光源的冷阴极管荧光灯	4.0	2.0
85423111	ex	多元件集成电路中的自动数据处理设备机器及组件、电讯设备用的具有变流动能的半导体模块	0	0
85423111	ex	多元件集成电路中的其他具有变流功能的半导体模块	6.7	5.0
85423119		其他多元件集成电路处理器及控制器[注2]	2.5	1.9
85423190		集成电路处理器及控制器，不论是否带有存储器、转换器、逻辑电路、放大器、时钟及时序电路或其他电路	0	0
85423210		多元件集成电路存储器[注2]	2.7	2.1
85423290		集成电路存储器	0	0
85423310		多元件集成电路放大器[注2]	2.7	2.1
85423390		集成电路放大器	0	0
85423910		其他多元件集成电路[注2]	2.7	2.1
85423990		其他集成电路	0	0
85429000		集成电路的零件	0	0
85432010		输出信号频率<1500兆赫兹的通用信号发生器	11.3	9.4
85432090		输出信号频率≥1500兆赫兹的通用信号发生器	6.0	5.0
85433000	ex	专门或主要用于印刷电路制造的电镀、电解设备	0	0
85437092	ex	微波放大器	0	0
85437099	ex	可与有线或无线网络连接具备混音功能的数字信号声音处理设备	0	0

税则号列	EX[注4]	信息技术产品名称	2018 年 1 月 1 日至 6 月 30 日最惠国税率（%）	2018 年 7 月 1 日至 12 月 31 日最惠国税率（%）
85437099	ex	以红外线传送的无线视频游戏控制器	0	0
85437099	ex	设计主要供儿童使用的便携交换式电子教学设备	0	0
85437099	ex	用于录放文本、图像和声音用便携式电池驱动式电子阅读器	0	0
85437099	ex	专门设计用于连接电报或电话装置或设备连接或电信网络的连接器	0	0
85437099	ex	飞行数据记录仪	0	0
85439010		粒子加速器用零件	0	0
85439021		输出信号频率＜1500 兆赫兹的通用信号发生器零件	0	0
85439029		输出信号频率≥1500 兆赫兹的通用信号发生器零件	0	0
85439030		金属、矿藏探测器用零件	0	0
85439040		高、中频放大器用零件	0	0
85439090		第八十五章其他未列名电气设备的零件	0	0
85489000	ex	触摸感应数据输入装置（即触摸屏）无显示的性能，安装于有显示屏的设备中，通过检测显示区域内触摸动作的发生及位置进行工作。触摸感应可通过电阻、静电电容、声学脉冲识别、红外光或其他触摸感应技术来获得	8.0	6.0
88026000	ex	通信卫星	1.0	0.5
88039000	ex	通信卫星的零件	0	0
88052100		空战模拟器及其零件	0.8	0.4
88052900		其他地面飞行训练器及其零件	0.8	0.4
90012000		偏振材料制的片及板	5.3	4.0
90019010		彩色滤光片	6.0	5.0
90019090		其他光学元件	6.0	5.0
90021910		摄影机或放映机用物镜	11.3	9.4
90021990		税目 90.02 未列名的其他物镜	11.3	9.4
90022010		照相机用滤色镜	11.3	9.4
90022090		其他光学仪器或装置滤色镜	11.3	9.4
90029010		照相机用未列名光学元件	11.3	9.4
90029090		其他光学仪器用未列名光学元件	11.3	9.4
90105010		负片显示器	7.0	3.5
90105021		电影用的洗印装置	7.0	3.5
90105022		特种照相用的洗印装置	4.2	2.1
90105029		其他照相用的洗印装置	8.5	4.3
90106000		银幕及其他投影屏幕	9.3	7.0
90109010	ex	子目 9010.50 和 9010.60 所列货品的零件及附件	0	0
90109020	ex	子目 9010.50 和 9010.60 所列货品的零件及附件	0	0
90109090	ex	子目 9010.50 和 9010.60 所列货品的零件及附件	0	0
90111000		立体显微镜	0	0
90118000		其他显微镜	4.7	3.5
90119000		复式光学显微镜的零件、附件	0	0
90121000		其他非光学显微镜及衍射设备	0	0
90129000		非光学显微镜及衍射设备的零件	0	0
90131000	ex	设计用为第九十章或第十六类的机器、设备、仪器或器具部件的望远镜	4.0	2.0
90132000		激光器	4.0	3.0

税则号列	EX[注4]	信息技术产品名称	2018年1月1日至6月30日最惠国税率（%）	2018年7月1日至12月31日最惠国税率（%）
90139010	ex	零件及附件，但武器用望远镜瞄准器具或潜望镜式望远镜用零件及附件除外	3.0	1.5
90139020		税号9013.8030所列液晶显示板用零件及附件	4.2	2.1
90139090		零件及附件，但武器用望远镜瞄准器具或潜望镜式望远镜用零件及附件除外	4.2	2.1
90141000		定向罗盘	1.0	0.5
90142010		自动驾驶仪	1.0	0.5
90142090		其他航空或航天导航仪器及装置（罗盘除外）	1.0	0.5
90148000		其他导航仪器及装置	1.0	0.5
90149010		自动驾驶仪用零件、附件	0.8	0.4
90149090		其他导航仪器及设备用零件、附件	0.8	0.4
90151000		测距仪	6.0	4.5
90152000		经纬仪及视距仪	6.0	4.5
90154000		摄影测量用仪器及装置	6.0	4.5
90158000		其他大地测量仪器及装置	3.3	2.5
90159000		大地测量仪器及装置的零件、附件	3.3	2.5
90181100		心电图记录仪	2.5	1.3
90181210		B型超声波诊断仪	5.3	4.4
90181291		彩色超声波诊断仪	3.8	3.1
90181299		其他超声扫描装置	3.8	3.1
90181310		核磁共振成像成套装置	4.0	4.0
90181390		其他核磁共振成象装置	4.0	4.0
90181930		病员监护仪	2.7	2.0
90181941		听力计	2.7	2.0
90181949		其他听力诊断装置	2.7	2.0
90181990		其他电气诊断装置	2.7	2.0
90182000		紫外线及红外线装置	2.0	1.0
90185000		眼科用其他仪器及器具	2.7	2.0
90189020	ex	电血压测量仪器及器具	2.7	2.0
90189030		内窥镜	2.7	2.0
90189040		肾脏透析设备（人工肾）	2.7	2.0
90189050		透热疗法设备	2.7	2.0
90189060		输血设备	2.7	2.0
90189070	ex	电麻醉设备	2.7	2.0
90189099	ex	电外科或电子医疗仪器及器具及其零件及附件	2.7	2.0
90215000		心脏起搏器，不包括零件、附件	2.7	2.0
90219011		血管支架	2.7	2.0
90219019		其他支架	2.7	2.0
90219090		其他税目90.21中未列名的矫形器具	2.7	2.0
90221200		X射线断层检查仪	4.0	3.3
90221300		其他牙科用X射线应用设备	2.0	1.0
90221400		其他医疗或兽医用X射线应用设备	2.7	2.0
90221910		低剂量X射线安全检查设备	2.7	2.0
90221920		X射线无损探伤检测仪	2.7	2.0
90221990		其他非医疗用X射线设备	2.7	2.0
90222100		医疗用α、β、γ射线设备	2.0	1.0

税则号列	EX[注4]	信息技术产品名称	2018年1月1日至6月30日最惠国税率（%）	2018年7月1日至12月31日最惠国税率（%）
90222910		γ射线无损探伤检测仪	4.0	3.0
90222990		其他非医疗用α、β、γ射线设备	4.0	3.0
90223000		X射线管	1.3	1.0
90229010		X射线影像增强器	3.0	1.5
90230010		教习头	3.5	1.8
90230090		其他专供示范（例如，教学或展览）而无其他用途的仪器、装置及模型	3.5	1.8
90241010		电子万能试验机	4.7	3.5
90241020		硬度计	4.7	3.5
90241090		其他金属材料的试验用机器及器具	4.7	3.5
90248000		非金属材料的试验用机器及器具	3.8	3.1
90249000		各种材料的试验用机器零件、附件	4.0	3.0
90251910		非液体的工业用温度计及高温计	5.6	4.2
90251990		非液体的其他温度计、高温计	5.6	4.2
90259000		比重计、温度计等类似仪器的零件	5.3	4.0
90271000		气体或烟雾分析仪	5.3	4.4
90278011		集成电路生产用氦质谱捡漏台	0	0
90278012		质谱联用仪	0	0
90278019		其他质谱仪	0	0
90278091		曝光表	9.3	7.0
90278099		其他理化分析仪器及装置	0	0
90279000		检镜切片机；理化分析仪器零件	0	0
90283011		单相感应式电度表	5.0	2.5
90283012		三相感应式电度表	5.0	2.5
90283013		单相电子式（静止式）电度表	5.0	2.5
90283014		三相电子式（静止式）电度表	5.0	2.5
90283019		其他电度表	5.0	2.5
90283090		其他电量计	5.0	2.5
90289010		工业用计量仪表零件、附件	4.2	2.1
90289090		非工业用计量仪表零件、附件	4.2	2.1
90301000		离子射线的测量或检验仪器及装置	3.3	2.5
90302010		测试频率＜300兆赫的通用示波器	4.0	2.0
90302090		其他阴极射线示波器	2.5	1.3
90303110		量程≤五位半的数字万用表，不带记录装置	7.5	3.8
90303190		其他不带记录装置的万用表	2.5	1.3
90303200		带记录装置的万用表	5.3	4.0
90303310		量程≤五位半的数字电流表、电压表，不带记录装置	11.3	9.4
90303390		检测电压、电流及功率的其他仪器，不带记录装置	6.8	5.6
90303900		检测电压、电流、电阻或功率的其他仪器，带记录装置	5.3	4.0
90308410		电感及电容测试仪	6.7	5.0
90308490		其他电量的测量或检验仪器及装置	5.3	4.0
90308910		其他电感及电容测试仪	9.3	7.0
90308990		其他电量的测量或检验仪器及装置	5.3	4.0
90309000	ex	用于检测半导体晶片及器件的仪器的零件和附件；ITA产品用的印刷电路组件，包括外接组件，如符合PCMCIA标准的卡	0	0

税则号列	EX[注4]	信息技术产品名称	2018年1月1日至6月30日最惠国税率（%）	2018年7月1日至12月31日最惠国税率（%）
90309000	ex	税目90.30所属货品的其他零件及附件	4.7	3.5
90311000		机械零件平衡试验机	4.7	3.5
90314910		轮廓投影仪	6.7	5.0
90314920		光栅测量装置	0	0
90314990		其他光学测量或检验仪器和器具	0	0
90318010		光纤通信及光纤性能测试仪	5.0	5.0
90318020		坐标测量仪	5.0	5.0
90318031		超声波探伤检测仪	5.0	5.0
90318032		磁粉探伤检测仪	5.0	5.0
90318033		涡流探伤检测仪	5.0	5.0
90318039		其他无损探伤检测仪器（射线探伤仪除外）	5.0	5.0
90318090		未列名测量、检验仪器器具及机器	5.0	5.0
90319000		税目90.31的仪器及器具的零件	0	0
90322000		恒压器	4.7	3.5
90328100		液压或气压的其他仪器及装置	4.7	3.5
95043010		投币式电子游戏机	0	0
95043090		投币式其他游戏用品	0	0
95045011		与电视接收机配套使用的视频游戏控制器及设备零件及附件	0	0
95045019		其他与电视接收机配套使用的游戏机	0	0
95045091		其他视频游戏控制器及设备零件及附件	0	0
95045099		其他游戏机	0	0
95049010		其他电子游戏机	0	0

注1：取消印刷品的关税仅影响参加方有关货物贸易的权利和义务，即不影响关税以外的其他市场准入。ITA扩围协议不妨碍ITA成员监管此类货物的内容物，其中包括互联网内容物。ITA扩围协议不影响一成员有关服务贸易市场准入的权利和义务，也不妨碍其监管服务市场。

注2：多元件集成电路（MCOs）：由一个或多个单片、混合或多芯片集成电路以及下列至少一个元件组成：硅基传感器、执行器、振荡器、谐振器或其组件所构成的组合体，或者具有税目85.32、85.33、85.41所列商品功能的元件，或税目85.04的电感器。其像集成电路一样实际上不可分割地组合成一体，作为一种元件，通过引脚、引线、焊球、底面触点、凸点或导电压点进行连接，组装到印刷电路板（PCB）或其他载体上。

在本定义中：

（1）"元件"可以是分立的，独立制造后组装到多元件（MCO）的其余部分上，或者集成到其他元件内。

（2）"硅基"是指在硅基片上制造，或由硅材料制造而成，或者制造在集成电路裸片上。

①硅基传感器是由在半导体材料内部或表面制作的微电子或机械结构组成，具有探测物理量和化学量并将其转换成电信号（因电特性变化或机械结构位移而产生）的功能。"物理量或化学量"与现实世界的现象相关，例如，压力、声波、加速度、振动、运动、方向、张力、磁场强度、电场强度、光、放射性、湿度、流量和化学浓度等。

②硅基执行器是由在半导体材料内部或表面制作的微电子或机械结构组成，具有将电信号转换成物理运动的功能。

③硅基谐振器是由在半导体材料内部或表面制作的微电子或机械结构组成，具有按预先设定的频率产生机械或电振荡的功能，频率取决于响应外部输入的结构的物理参数。

④硅基振荡器是有缘器件，由在半导体材料内部或表面制作的微电子或机械结构组成，具有按预先设定的频率产生机械或电振荡的功能，频率取决于这些结构的物理参数。

注3：复合税1：完税价格不高于2000美元/台：30%；完税价格高于2000美元/台：3%，加3283元/台。

复合税2：完税价格不高于5000美元/台，35%；完税价格高于5000美元/台：3%，加9728元/台。

注4："ex"表示本表所列实施最惠国税率的商品应在该税号范围内，以具体商品描述为准。

附表 8 进境物品进口税率表
Table 8 Duty Rate on Inward Articles

序号 No.	商品名称	Article Description	税率 (%) Duty Rate
1	书报、刊物、教育专用电影片、幻灯片、原版录音带、录像带，金、银及其制品，计算机、视频摄录一体机、数字照相机等信息技术产品，照相机，食品、饮料，本表 2、3、4 税号及备注不包含的其他商品	Books, newspapers, journals, movie copies for education, slides, cassettes, video cassettes, gold, silver or articles, computers, video camera recorders, digital cameras and other IT products, photographic cameras, food, beverage, and articles other than item 2, 3, 4	10
2	纺织品及其制成品，电视摄像机及其他电器用具、自行车、手表、钟表（含配件、附件）	Textile and textile articles, television cameras, and other electrical products, bicycles, watches, clocks (including accessories and parts)	20
3	高尔夫球及球具、高档手表	Golf balls and golf equipment, luxurious watches	30
4	烟、酒、化妆品	Tobacco, spirits, wine, beer and cosmetics	50

注：避孕用具和避孕药品，超过海关规定的自用合理数量部分按有关规定予以退运或按货物进口程序办理报关及验放手续。

Note: About contraceptive instruments and contraceptive medicines, the extra amount of which exceeding the reasonable self-using level set by customs regulations should be backtrack, or apply for customs registration and examination as required by goods-importing procedures.